...S ROUTES
... route
... artielles
... entre principales villes.
...au p.5
...sur autoroute, sur route,
texte de la localité.

PRINCIPALI STRADE

N4
17 — Numero della strada
Distanze parziali
Distanze fra le principali città,
vedere tabella p.5
⌂ ⌂ MOTEL: sulle autostrade, sulle
strade, vedere al testo della località.

MAIN ROADS

N4
17 — Road number
Intermediary distances
Distances between major towns,
see table p.5
MOTEL: on motorways, on other
roads, see text under town heading

HAUPTVERKEHRSSTRASSEN

N4
17 — Straßennummer
Teilentfernungen
Entfernungen zwischen
Großstädten, siehe Tabelle S. 5
⌂ ⌂ MOTEL: an der Autobahn, an
sonstigen Straßen, siehe Text der
betreffenden Ortschaft.

...TION: En France, modifications en cours dans la
numérotation des routes nationales.

...TENTION: The numbering of French national or
N roads is subject to modification.

ATTENZIONE: Modifiche in corso nella numerazione
delle strade statali francesi.

ACHTUNG: Die Numerierung der Hauptverkehrs-
straßen in Frankreich wird zur Zeit geändert.

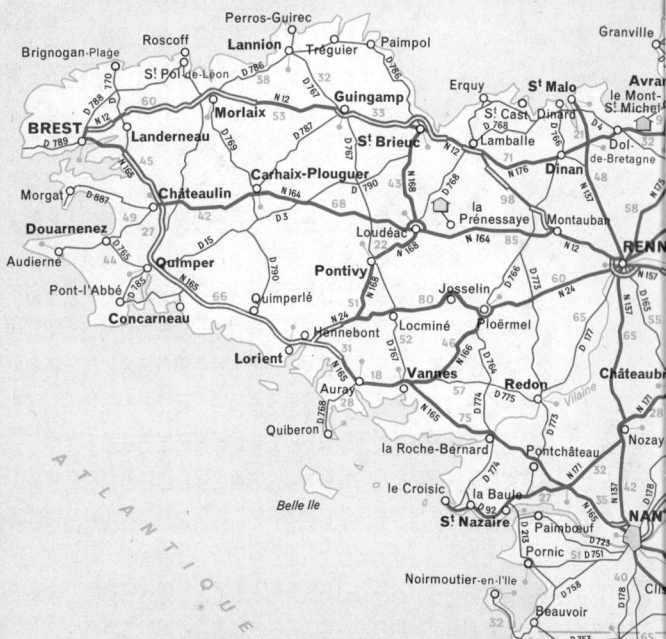

D0561408

Sommario

Inhaltsverzeichnis

DISTANCES *Quelques précisions :*

Au texte de chaque localité vous trouverez la distance des villes environnantes et celle de Paris. Lorsque ces villes sont celles du tableau ci-contre, leur nom est précédé d'un losange ♦.
Les distances intervilles de ce tableau complètent ainsi celles données au texte de chaque localité.

La distance d'une localité à une autre n'est pas toujours répétée en sens inverse : voyez au texte de l'une ou de l'autre. Utilisez aussi les distances portées en bordure des plans.

Les distances sont comptées à partir du centre-ville et par la route la plus pratique, c'est-à-dire celle qui offre les meilleures conditions de roulage, mais qui n'est pas nécessairement la plus courte.

DISTANCES *Commentary :*

The text on each town includes its distance from its immediate neighbours and from Paris. Those cited opposite are preceded by a lozenge ♦ in the text.
The kilometrage in the table completes that given under individual town headings for calculating total distances.

A town's distance from another is not necessarily repeated in the text under both town names, you may have to look, therefore, under one or the other to find it. Note also that some distances appear in the margins of the town plans.

Distances are calculated from centres and along the best roads from a motoring point of view - not necessarily the shortest.

DISTANZE *Qualche chiarimento :*

Nel testo di ciascuna località troverete la distanza dalle città viciniori e da Parigi. Quando queste città sono quelle della tabella a lato, il loro nome è preceduto da una losanga ♦.
Le distanze fra le città di questa tabella completano quelle indicate nel testo di ciascuna località.

La distanza da una località ad un'altra non è sempre ripetuta in senso inverso : vedete al testo dell'una o dell'altra. Utilizzate anche le distanze riportate a margine delle piante.

Le distanze sono calcolate a partire dal centro delle città e seguendo la strada più pratica, ossia quella che offre le migliori condizioni di viaggio ma che non è necessariamente la più breve.

ENTFERNUNGEN *Einige Erklärungen :*

In jedem Ortstext finden Sie Entfernungen zu größeren Städten in der Umgebung und nach Paris. Wenn diese Städte auf der nebenstehenden Tabelle aufgeführt sind, sind sie durch eine Raute ♦ gekennzeichnet. Die Kilometerangaben dieser Tabelle ergänzen somit die Angaben des Ortstextes.

Da die Entfernung von einer Stadt zu einer anderen nicht immer unter beiden Städten zugleich aufgeführt ist, sehen Sie bitte unter beiden entsprechenden Ortstexten nach. Eine weitere Hilfe sind die am Rande der Stadtpläne erwähnten Kilometerangaben.

Die Entfernungen gelten ab Stadtmitte unter Berücksichtigung der günstigsten (nicht immer kürzesten) Strecke.

DISTANCES ENTRE PRINCIPALES VILLES
DISTANCES BETWEEN MAJOR TOWNS
DISTANZE TRA LE PRINCIPALI CITTÀ
ENTFERNUNGEN ZWISCHEN DEN GRÖSSEREN STÄDTEN

803 km (exemple)

Distance matrix between principal towns (triangular distance chart). Cities listed along the axes:

Amiens, Bâle, Bayonne, Besançon, Bordeaux, Brest, Caen, Calais, Clermont-Ferrand, Dijon, Genève, Grenoble, Le Havre, Lille, Limoges, Lyon, Le Mans, Marseille, Metz, Montpellier, Mulhouse, Nancy, Nantes, Nice, Orléans, Paris.

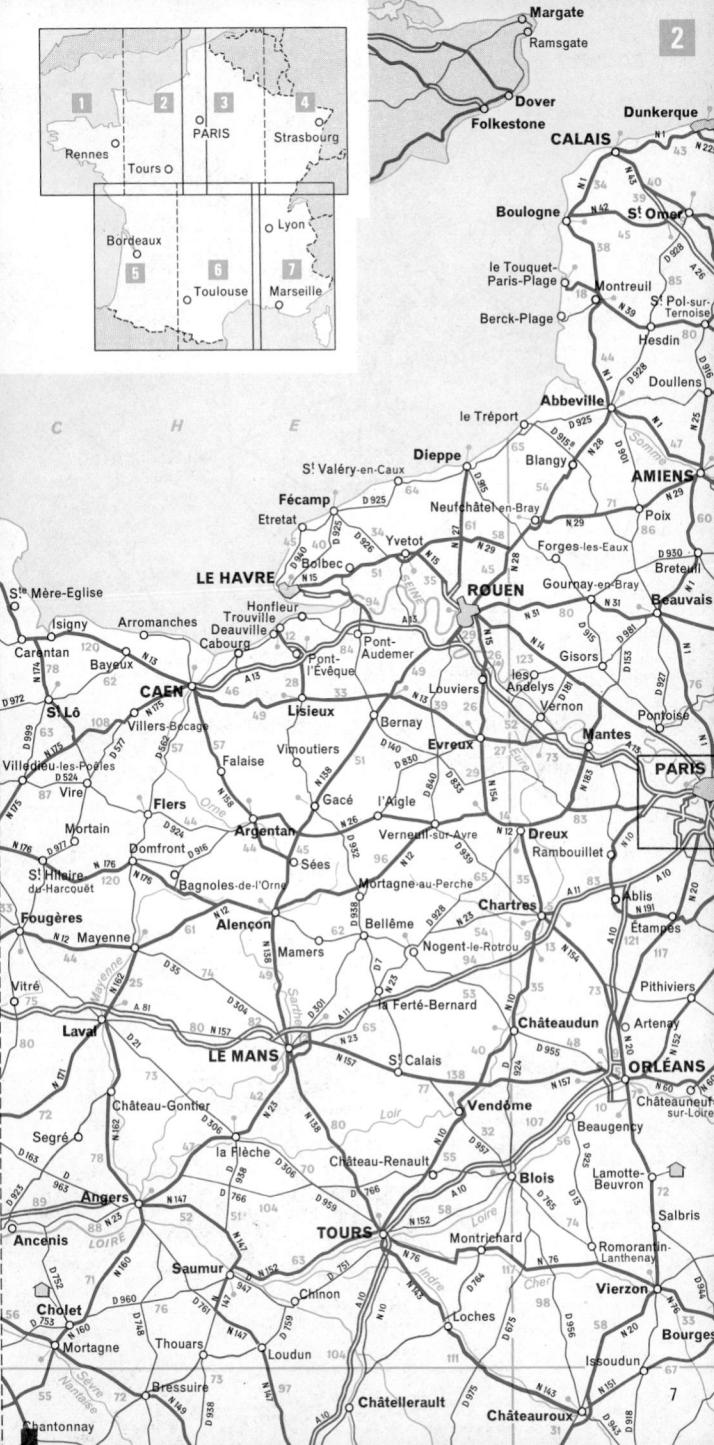

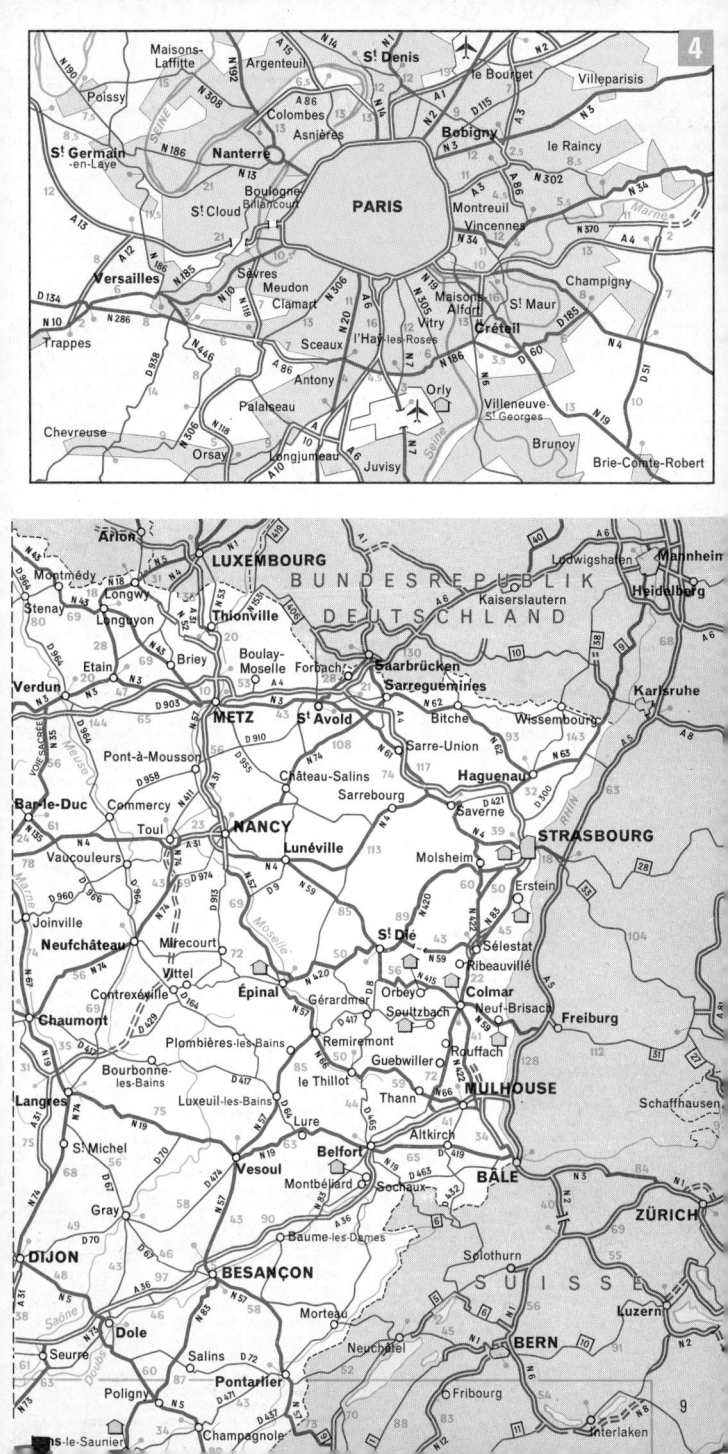

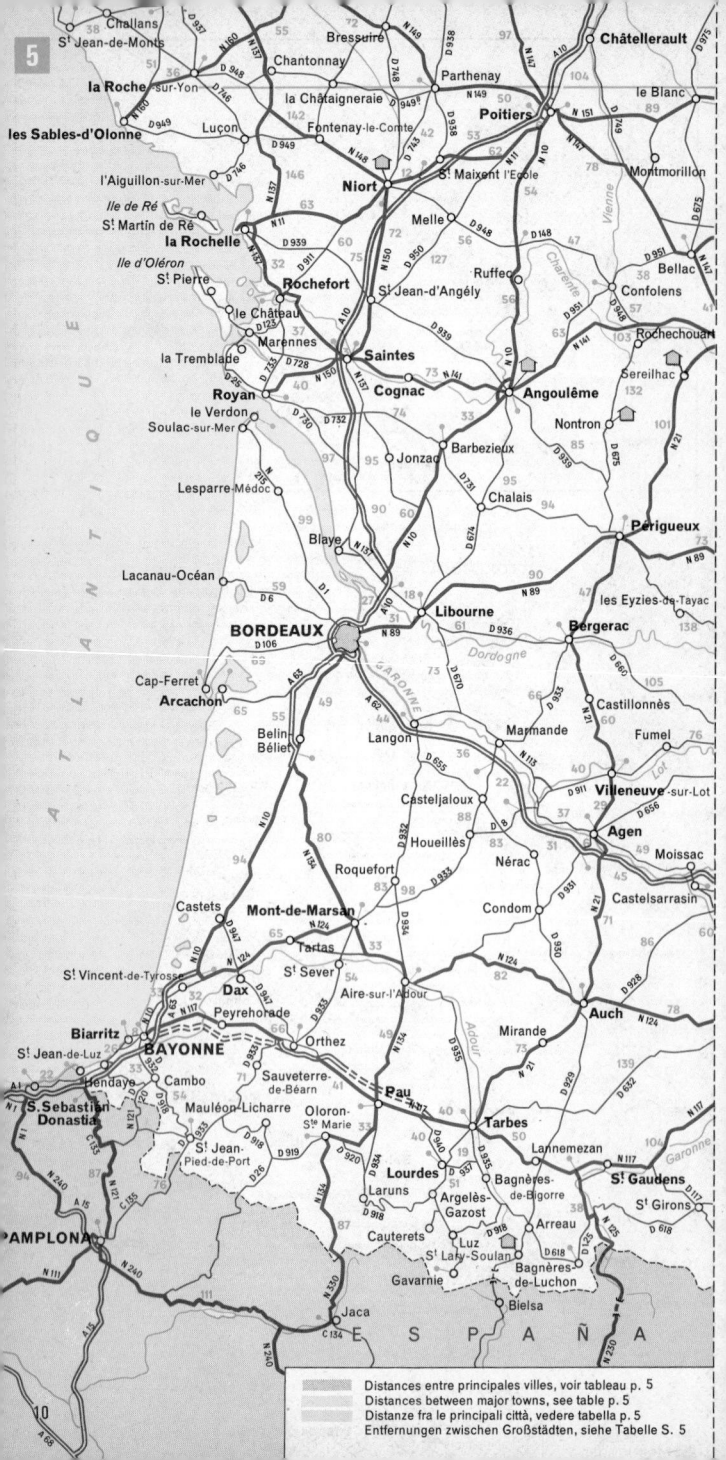

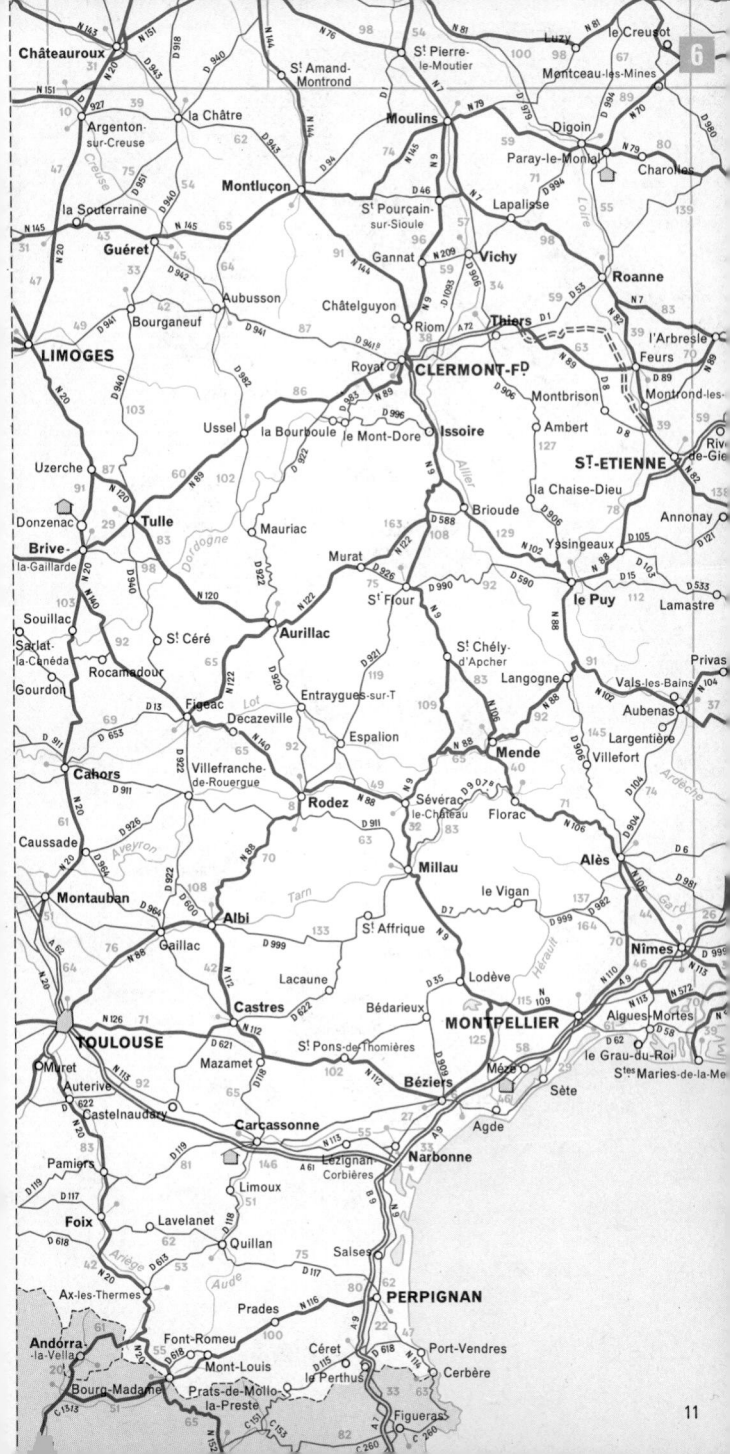

	Bordeaux	Calais	Clermont-Fd	Lille	Lyon	Marseille	Nice	Paris	Reims	Rennes	Strasbourg	Toulouse	Tours
Amsterdam	1084	365	891	284	964	1280	1435	504	419	848	634	1211	735
Athina	3034	3089	2804	2977	2604	2632	2443	2932	2790	3272	2455	3003	2993
Barcelona	640	1387	644	1309	630	495	655	1092	1101	1089	1118	387	1001
Beograd	2018	1966	1681	1854	1481	1509	1320	1809	1667	2149	1332	1880	1870
Berlin	1637	932	1329	891	1234	1549	1344	1057	923	1402	753	1768	1289
Bern	809	878	556	767	318	594	552	554	586	866	241	813	647
Bruxelles	888	198	696	116	768	1085	1240	308	213	653	432	1015	540
București	2620	2568	2283	2456	2083	2111	1922	2411	2269	2751	1934	2482	2472
Budapest	2113	1564	1687	1471	1546	1598	1409	1570	1429	1911	1066	1968	1797
Dublin	1437	560	1245	672	1318	1633	1789	857	851	672	1197	1561	1089
Edinburgh	1628	751	1436	863	1509	1824	1980	1048	1042	899	1388	1752	1280
Hamburg	1487	762	1329	669	1187	1503	1473	907	773	1249	707	1614	1139
Helsinki	2578	1853	2385	1782	2279	2594	2564	1998	1864	2340	1798	2705	2230
København	1783	1058	1590	987	1484	1799	1769	1203	1069	1545	1003	1910	1435
Lisboa	1225	2108	1594	2080	1889	1754	1914	1814	1948	1667	2293	1324	1579
London	998	121	806	233	879	1194	1350	418	412	346	758	1122	650
Luxembourg	949	417	602	312	506	821	978	374	233	715	220	1040	601
Madrid	728	1451	1097	1533	1243	1108	1268	1317	1451	1170	1731	827	1082
Milano	1007	1160	638	1018	438	504	315	865	838	1177	493	875	859
München	1283	972	935	878	751	1066	877	846	723	1205	359	1260	1091
Oslo	2366	1641	2173	1570	2067	2382	2352	1786	1652	2128	1586	2493	2018
Praha	1620	1118	1191	1006	1095	1411	1192	1045	904	1386	615	1630	1272
Roma	1504	1722	1166	1595	966	880	691	1427	1415	1739	1070	1251	1421
Sofia	2404	2352	2167	2240	1867	1895	1706	2195	2053	2535	1718	2266	2256
Stockholm	2413	1688	2220	1617	2114	2429	2399	1833	1699	2175	1633	2540	2065
Warszawa	2191	1486	1894	1445	1799	2049	1860	1611	1477	1956	1318	2333	1843
Wien	1865	1311	1434	1218	1293	1345	1156	1317	1176	1658	813	1715	1544

Exemple   Esempio
Example   Beispiel
Budapest - Reims

1429 km

13

Découvrez
le guide...

et sachez l'utiliser pour en tirer le meilleur profit. Le Guide Michelin n'est pas seulement une liste de bonnes tables ou d'hôtels, c'est aussi une multitude d'informations pour faciliter vos voyages.

La clé du Guide

Elle vous est donnée par les pages explicatives ci-après.

Sachez qu'un même symbole, qu'un même caractère, en rouge ou en noir, en maigre ou en gras, n'a pas tout à fait la même signification.

La sélection des hôtels et des restaurants

Ce Guide n'est pas un répertoire complet des ressources hôtelières, il en présente seulement une sélection volontairement limitée. Cette sélection est établie après visites et enquêtes effectuées régulièrement sur place. C'est lors de ces visites que les avis et observations de nos lecteurs sont examinés.

Les plans de ville

Ils indiquent avec précision les rues piétonnes et commerçantes, les voies de traversée ou de contournement de l'agglomération, la localisation : des hôtels (sur de grandes artères ou à l'écart), de la poste, de l'office de tourisme, des grands monuments, des principaux sites, etc...

Pour votre véhicule

Au texte de la plupart des localités figure une liste de représentants des grandes marques automobiles avec leur adresse et leur numéro d'appel téléphonique. En route, vous pouvez ainsi faire entretenir ou dépanner votre voiture, si nécessaire.

Sur tous ces points et aussi sur beaucoup d'autres, nous souhaitons vivement connaître votre avis. N'hésitez pas à nous écrire, nous vous répondrons.

Merci d'avance.

Services de Tourisme Michelin
46, avenue de Breteuil, 75341 PARIS CEDEX 07

Bibendum vous souhaite d'agréables voyages.

Le choix d'un hôtel, d'un restaurant

Notre classement est établi à l'usage de l'automobiliste de passage. Dans chaque catégorie les établissements sont cités par ordre de préférence.

CLASSE ET CONFORT

🏰	Grand luxe et tradition	XXXXX
🏨	Grand confort	XXXX
🏨	Très confortable	XXX
🏨	De bon confort	XX
🏠	Assez confortable	X
🏠	Simple mais convenable	
M	Dans sa catégorie, hôtel d'équipement moderne	
sans rest	L'hôtel n'a pas de restaurant	
	Le restaurant possède des chambres	avec ch

L'INSTALLATION

Les hôtels des catégories 🏨, 🏨 et 🏨 possèdent tout le confort et assurent en général le change, les symboles de détail n'apparaissent donc pas dans le texte de ces hôtels.

Dans les autres catégories, nous indiquons les éléments de confort existants mais certaines chambres peuvent ne pas en être pourvues.

30 ch	Nombre de chambres
🛗 ▤	Ascenseur - Air conditionné
📺	Télévision dans la chambre
🛁wc 🛁	Salle de bains et wc privés, Salle de bains privée sans wc
🚿wc 🚿	Douche et wc privés, Douche privée sans wc
☎	Téléphone dans la chambre relié par standard
☎	Téléphone dans la chambre, direct avec l'extérieur (cadran)
⅙	Chambres accessibles aux handicapés physiques
🍴	Repas servis au jardin ou en terrasse
⌇ ⌇	Piscine : de plein air ou couverte
🏖 🌳	Plage aménagée - Jardin de repos
🎾	Tennis à l'hôtel
🏛 25 à 150	Salles de conférences : capacité des salles
🚗	Garage gratuit (une nuit) aux porteurs du Guide de l'année
🚗	Garage payant
Ⓟ	Parc à voitures réservé à la clientèle
	Accès interdit aux chiens :
🐕	dans tout l'établissement
🐕 rest	au restaurant seulement
🐕 ch	dans les chambres seulement
mai-oct.	Période d'ouverture, communiquée par l'hôtelier
sais.	Ouverture probable en saison mais dates non précisées
	Les établissements ouverts toute l'année sont ceux pour lesquels aucune mention n'est indiquée.

L'AGRÉMENT

Le séjour dans certains hôtels se révèle parfois particulièrement agréable ou reposant.

Cela peut tenir d'une part au caractère de l'édifice, au décor original, au site, à l'accueil et aux services qui sont proposés, d'autre part à la tranquillité des lieux.

De tels établissements se distinguent dans le guide par les symboles rouges indiqués ci-après.

🏰🏰🏰 à 🏠	Hôtels agréables
XXXXX à X	Restaurants agréables
« Parc fleuri »	Élément particulièrement agréable
🐾	Hôtel très tranquille ou isolé et tranquille
🐾	Hôtel tranquille
≤ mer	Vue exceptionnelle
≤	Vue intéressante ou étendue

Consultez les cartes p. 46 à 53, elles faciliteront vos recherches.

Nous ne prétendons pas avoir signalé tous les hôtels agréables, ni tous ceux qui sont tranquilles ou isolés et tranquilles.

Nos enquêtes continuent. Vous pouvez les faciliter en nous faisant connaître vos observations et vos découvertes.

Le choix d'un hôtel, d'un restaurant

LA TABLE

Les étoiles : voir les cartes p. 54 à 61.

En France, de nombreux hôtels et restaurants offrent de bons repas et de bons vins.

Certains établissements méritent toutefois d'être signalés à votre attention pour la qualité de leur cuisine. C'est le but des étoiles de bonne table.

Nous indiquons pour ces établissements trois spécialités culinaires et des vins locaux. Essayez-les, à la fois pour votre satisfaction et pour encourager le chef dans son effort.

❂
534
Une très bonne table dans sa catégorie

L'étoile marque une bonne étape sur votre itinéraire.

Mais ne comparez pas l'étoile d'un établissement de luxe à prix élevés avec celle d'une petite maison où à prix raisonnables, on sert également une cuisine de qualité.

❂❂
90
Table excellente, mérite un détour

Spécialités et vins de choix... Attendez-vous à une dépense en rapport.

❂❂❂
18
Une des meilleures tables, vaut le voyage

Table merveilleuse, grands vins, service impeccable, cadre élégant... Prix en conséquence.

R
Les repas soignés à prix modérés

Tout en appréciant les bonnes tables à étoiles, vous souhaitez parfois trouver sur votre itinéraire, des restaurants plus simples à prix modérés. Nous avons pensé qu'il vous intéresserait de connaître des maisons qui proposent, pour un rapport qualité-prix particulièrement favorable un repas soigné, souvent de type régional.

Consultez les cartes p. 64 à 70 et

ouvrez votre guide au nom de la localité choisie. La maison que vous cherchez se signale à votre attention par la lettre **R** en rouge, ex. : **R** 48.

Les vins et les mets : voir p. 62 et 63

Le choix d'un hôtel, d'un restaurant

LES PRIX

Les prix que nous indiquons dans ce guide ont été établis en septembre 1983. Ils sont susceptibles d'être modifiés si le coût de la vie subit des variations importantes. Ils doivent, en tout cas, être considérés comme des prix de base.

Entrez à l'hôtel le Guide à la main, vous montrerez ainsi qu'il vous conduit là en confiance.

Les hôtels et restaurants figurent en gros caractères lorsque les hôteliers nous ont donné tous leurs prix et se sont engagés à les appliquer aux touristes de passage porteurs de notre guide.

Prévenez-nous de toute majoration paraissant injustifiée. Si aucun prix n'est indiqué, nous vous conseillons de demander les conditions.

Repas

←	Établissement proposant un menu simple à **moins de 50 F**
SC	Établissement pratiquant le service compris ou prix nets
R 40/85	**Repas à prix fixe** minimum 40 et maximum 85
30/75	Repas à prix fixe minimum 30 non servi les dimanches et jours de fête
R 48	Repas soigné à **prix modérés**
bc	Boisson comprise
🍶	vin de table en carafe à prix modéré
R carte 60 à 115	**Repas à la carte** — Le premier prix correspond à un repas normal comprenant : hors-d'œuvre, plat garni et dessert Le 2e prix concerne un repas plus complet (avec spécialité) comprenant : deux plats, fromage et dessert *sauf indication spéciale bc, la boisson est facturée en supplément aux prix fixes et à la carte*
🍵 12	Prix du petit déjeuner servi dans la chambre
☕ 10	Prix du petit déjeuner non servi dans la chambre

Chambres

ch 70/160	Prix minimum 70 pour une chambre d'une personne et prix maximum 160 pour la plus belle chambre occupée par deux personnes
ch 🍵	Le prix du petit déjeuner est inclus dans le prix de la chambre

Pension

P 115/255	Prix minimum et maximum de la pension complète par personne et par jour, en saison (voir détails p. 19)
AE ⓓ E VISA	Principales **cartes de crédit** acceptées par l'établissement : American Express — Diners Club — Eurocard — Visa (carte bleue).

18

QUELQUES PRÉCISIONS UTILES

Petit déjeuner. — Quelques établissements n'acceptent pas de servir le petit déjeuner en chambre, le signe tasse en noir ☕ marque cette restriction.

Le prix du petit déjeuner est parfois inclus dans le prix de la chambre mais cette formule ne peut pas être imposée.

Le dîner à l'hôtel. — Les hôteliers sont tenus de vous loger sans que vous ayez obligation de dîner chez eux. Toutefois, ils apprécieront que vous diniez, chaque fois que possible.

La pension. — Nous n'indiquons que des prix de haute saison, en pension complète (deux repas, chambre, petit déjeuner). Il s'agit de prix par jour et par personne, ils sont donnés à titre indicatif et il est indispensable de s'entendre par avance avec l'hôtelier pour conclure un arrangement définitif.

Il est presque toujours possible d'obtenir sur demande des conditions de demi-pension.

Hors saison, c'est-à-dire avant le 1er juillet, après la mi-septembre et en dehors des périodes de fêtes, des tarifs spéciaux sont pratiqués, réclamez-les lors de votre réservation. Dans les stations de sports d'hiver, les prix pratiqués en été sont généralement moins élevés qu'en saison d'hiver.

Nota : Une personne seule occupant une chambre de deux personnes, se voit parfois appliquer une majoration.

La mention "SC" (service compris). — Aucune majoration pour le Service ne doit figurer sur votre note. Les taxes sont toujours incluses dans le prix que nous vous indiquons, sauf éventuellement la taxe de séjour.

Les arrhes. — Certains hôteliers demandent parfois le versement d'arrhes. Il s'agit d'un dépôt-garantie qui engage l'hôtelier comme le client. Bien faire préciser les dispositions de cette garantie.

Sauf arrangement spécial, leur montant correspond généralement à trois nuitées (chambre sans pension) ou à quatre journées en pension complète. Demandez à l'hôtelier de vous fournir dans sa lettre d'accord toutes précisions utiles sur la réservation et les conditions de séjour.

LA VOITURE, LES PNEUS

Garagistes, réparateurs, fournisseurs de pneus Michelin

RENAULT	Concessionnaire (ou succursale) de la marque Renault.
PEUGEOT	Agent de la marque Peugeot.
Gar. de la Côte	Garagiste qui ne représente pas de marque de voiture.
ⓓ	Spécialistes du pneu.

Établissements généralement fermés samedi ou parfois lundi.

Dans nos agences, nous nous faisons un plaisir de donner à nos clients tous conseils pour la meilleure utilisation de leurs pneus.

Dépannage

N   **La nuit** — Cette lettre désigne des garagistes qui assurent, la nuit, les réparations courantes.

Le dimanche — Il existe dans toutes les régions un service de dépannage le dimanche.

La Police, la Gendarmerie peuvent en général indiquer, le garagiste de service le plus proche ou le numéro téléphonique d'appel du groupement départemental d'assistance routière.

Pour visiter une ville et ses environs

LES CURIOSITÉS

Intérêt

★★★	Vaut le voyage
★★	Mérite un détour
★	Intéressant

Situation

Voir	Dans la ville
Env.	Aux environs de la ville
N, S, E, O	La curiosité est située : au Nord, au Sud, à l'Est, à l'Ouest
②, ④	On s'y rend par la sortie ② ou ④ repérée par le même signe sur le plan du Guide et sur la carte
2 km	Distance en kilomètres
	Les musées sont généralement fermés le mardi

LES VILLES

63300	Numéro de code postal de la localité (les deux premiers chiffres correspondent au numéro du département)
⊠ **57130 Ars**	Numéro de code postal et nom du bureau distributeur du courrier
✆ 28	Indicatif téléphonique de zone
Ⓟ	Préfecture
⟨SP⟩	Sous-préfecture
🔢 ⑤	Numéro de la Carte Michelin et numéro du pli
G. Jura	Voir le Guide Vert Michelin Jura
1 057 h.	Population
alt. 175	Altitude de la localité
Stat. therm.	Station thermale
Sports d'hiver	Sports d'hiver
1 200/1 900	Altitude de la station et altitude maximum atteinte par les remontées mécaniques
2 ⛷	Nombre de téléphériques ou télécabines
14 ⛷	Nombre de remonte-pentes et télésièges
⛷	Ski de fond
BY **B**	Lettres repérant un emplacement sur le plan
⛳	Golf et nombre de trous
⁂ <	Panorama, point de vue
✈	Aéroport
🚗	Localité desservie par train-auto. Renseignements au numéro de téléphone indiqué
⚓	Transports maritimes
⛴	Transports maritimes pour passagers seulement
🛈	Information touristique
A.C.	Automobile Club

Pour visiter une ville et ses environs

LES PLANS

Voirie

═══		Autoroute, route à chaussées séparées
◄ ◄ ❶ ❹		échangeur : complet, partiel, numéro
▬▬	▭▭	Grande voie de circulation
← ◄ ɪ=====ɪ		Sens unique - Rue impraticable
⊨⊨⊨	⟶	Rue piétonne - Tramway
Pasteur 🅿 🅿		Rue commerçante - Parc de stationnement
╬ ╪┠ ╪┠		Porte - Passage sous voûte - Tunnel
▬ 🚂		Gare et voie ferrée
🅵 🅱 △		Bac pour autos - Pont mobile

Curiosités — Hôtels Restaurants

▮▮ ▭		Bâtiment intéressant et entrée principale
		Édifice religieux intéressant :
🏛 🏛 ⚑ ⚑		Cathédrale, église ou chapelle
☒ ▦		Mosquée - Synagogue
✕ ∴		Château - Ruines
✦ ▲		Moulin à vent - Curiosités diverses
B		Lettre identifiant une curiosité
□ ■ ◉ ● e		Hôtel, restaurant. Lettre les identifiant

Signes divers

🛈	AGENCE MICHELIN	Information touristique - Agence Michelin
⊞ ▭ 🜊 ✿		Hôpital - Marché couvert - Château d'eau - Usine
▨▨ ✝ ✝ ɪ		Jardin, parc, bois - Cimetière - Calvaire
◠ 🏉		Stade - Golf
≋ ≋ 🏒		Piscine de plein air, couverte - Patinoire
✈ 🏇 ◄ 🔅		Aéroport - Hippodrome - Vue - Panorama
ₒ┼┼┼┼ₒ ₒ▬▬▬ₒ		Funiculaire - Téléphérique, télécabine
▪ ⊙		Monument, statue - Fontaine
⚓ 🜄		Port de plaisance - Phare
		Transport par bateau :
▬▲▬	▭▭	passagers et voitures, passagers seulement
▰▰	▭	Bâtiment public repéré par une lettre :
A C		Chambre d'agriculture - Chambre de commerce
H		Hôtel de ville
J G 👮		Palais de justice - Gendarmerie
M T		Musée - Théâtre
P		Préfecture, sous-préfecture
POL.		Police (commissariat central)
U		Université, grande école
③		Repère commun aux plans et aux cartes Michelin détaillées
▤ ⊗ ☎		Bureau principal de poste restante, téléphone
⚔ ▼		Caserne - Table d'orientation
🜚		Tour ou pylône de télécommunications
◉ 🚌		Station de métro - Gare routière
4ᵐ2 15ᴛ ⑮		Passage bas (inf. à 4 m 30) - Pont à charge limitée (inf. à 16 t.)
Ⓐ 🦁 ◈ 🐢		Garage : Citroën, Peugeot, Renault (Alpine), Talbot (Service Chrysler-Simca, Matra, Sunbeam)

Discover
the guide...

To make the most of the guide, know how to use it. The Michelin Guide offers in addition to the selection of hotels and restaurants a wide range of information to help you on your travels.

The key to the guide

...is the explanatory chapters which follow.
Remember that the same symbol and character whether in red or black or in bold or light type, have different meanings.

The selection of hotels and restaurants

This book is not an exhaustive list of all hotels but a selection which has been limited on purpose. The final choice is based on regular on the spot enquiries and visits. These visits are the occasion for examining attentively the comments and opinions of our readers.

Town plans

These indicate with precision pedestrian and shopping streets ; major through routes in built up areas ; exact locations of hotels whether they be on main or side streets ; post offices ; tourist information centres ; the principal historic buildings and other tourist sights.

For your car

Each entry includes a list of agents for the main car manufacturers with their addresses and telephone numbers. Therefore even while travelling you can have your car serviced or repaired.

Your views or comments concerning the above subjects or any others, are always welcome. Your letter will be answered.

Thank you in avance.

Services de Tourisme Michelin
46, av. de Breteuil, F-75341 PARIS CEDEX 07

Bibendum wishes you a pleasant journey.

Choosing your hotel or restaurant

We have classified the hotels and restaurants with the travelling motorist in mind. In each category they have been listed in order of preference.

CLASS, STANDARD OF COMFORT

🏨	Luxury in the traditional style	ХХХХХ
🏨	Top class comfort	ХХХХ
🏨	Very comfortable	ХХХ
🏨	Good average	ХХ
🏛	Quite comfortable	Х
🏫	Modest comfort	
M	In its class, hotel with modern amenities	
sans rest	The hotel has no restaurant	
	The restaurant has bedrooms	avec ch

HOTEL FACILITIES

Hotels in categories 🏨, 🏨, 🏨, usually have every comfort and exchange facilities ; details are not repeated under each hotel.

In other categories, we indicate the facilities available, however, they may not be found in each room.

30 ch		Number of rooms
🛗	🗔	Lift (elevator) - Air conditioning
	📺	Television in room
🛁wc 🛁		Private bathroom with toilet, private bathroom without toilet
🚿wc 🚿		Private shower with toilet, private shower without toilet
	☎	Telephone in room : outside calls connected by the operator
	☎	Telephone in room : direct dialling for outside calls
	♿	Rooms accessible to the physically handicapped
	🍽	Meals served in garden or on terrace
🏊 🏊		Outdoor or indoor swimming pool
🏖	🌳	Beach with bathing facilities - Garden
	🎾	Hotel tennis court
🏛 25 à 150		Equipped conference hall (minimum and maximum capacity)
	🚗	Free garage (one night) for those having the current Michelin Guide.
	🚗	Charge made for garage
	🅿	Car park for customers only
	🐕	Dogs are not allowed : in any part of the hotel
🐕 rest		in the restaurant
🐕 ch		in the bedrooms
mai-oct.		Dates when open, as indicated by the hotelier
sais.		Probably open for the season - precise dates not available.
		Where no date or season is shown, establishments are open all year round.

Choosing your hotel or restaurant

AMENITY

Your stay in certain hotels will sometimes be particularly agreeable or restful.

Such a quality may derive from the hotel's fortunate setting, its decor, welcoming atmosphere and service.

Such establishments are distinguished in the Guide by the red symbols shown below.

🏨🏨🏨 to 🏠	Pleasant hotels
XXXXX to X	Pleasant restaurants
« Parc fleuri »	Particularly attractive feature
⑤	Very quiet or quiet secluded hotel
⑤	Quiet hotel
≤ mer	Exceptional view
≤	Interesting or extensive view

By consulting the maps on pp. 46 to 53 you will find it easier to locate them.

We do not claim to have indicated all the pleasant, very quiet or quiet, secluded hotels which exist.

Our enquiries continue. You can help by letting us know your opinions and discoveries.

Choosing your hotel or restaurant

CUISINE

The stars : refer to the maps on pp. 54 to 61.

In France, a large number of hotels and restaurants offer good food and fine wines.

Certain establishments merit being brought to your particular attention for the quality of their cooking. That is the aim of the stars for good food.

In the text of these establishments we show some of the culinary specialities, to a maximum of three and some of local wines, that we recommend you to try.

⁂ 534   **An especially good restaurant in its class**

The star indicates a good place to stop on your journey.

But beware of comparing the star given to a « de luxe » establishment with accordingly high prices, with that of a simpler one, where for a lesser sum one can still eat a meal of quality.

⁂⁂ 90   **Excellent cooking, worth a detour**

Specialities and wines of first class quality... do not expect such meals to be cheap.

⁂⁂⁂ 18   **Exceptional cuisine, worth a special journey**

Superb food, fine wines, faultless service, elegant surroundings. One will pay accordingly !

R   **Good food at moderate prices**

Apart from those establishments with stars we have felt that you might be interested in knowing of other establishments which offer good value for money with a high standard of cooking, often of regional dishes.

Refer to the map on pp. 47 to 55 and turn to the appropriate pages in the text. The establishments in this category are shown with the word **R** in red, e. g. **R** 48.

Food and Wines : see pp. 62 and 63.

PRICES

Valid for late 1983 the rates shown may be revised if the cost of living changes to any great extent. In any event they should be regarded as basic charges.

Your recommendation is self-evident if you always walk into a hotel, Guide in hand.

Hotels and restaurants whose names appear in bold type have supplied us with their charges in detail and undertaken to abide by them if the traveller is in possession of this year's Guide.

If you think you have been overcharged, let us know.
Where no rates are shown it is best to enquire about terms in advance.

Meals

◆	Establishment serving a plain menu **for less than 50 F**
SC	Establishment where service is included or prices quoted are nett
R 40/85	**Set meals** — Lowest 40 and highest 85 prices for set meals
30/75	The cheapest set meal 30 is not served on Sundays or holidays
R 48	Good meals **at moderate prices**
bc	Drink included
(carafe)	Table wine available by the carafe at a moderate price
R carte 60 à 115	**« A la carte » meals** — The first figure is for a plain meal and includes hors-d'œuvre, main dish of the day with vegetables and dessert. The second figure is for a fuller meal (with « spécialité » and includes 2 main courses, cheese, dessert *Except where specifically stated* bc. *drinks are payable in addition to the fixed and « à la carte » prices*
(breakfast) 12	Price of continental breakfast served in the bedroom
(breakfast) 10	Price of continental breakfast served in the dining room

Rooms

ch 70/160	Lower price 70 for a comfortable single and highest price 160 for the best double room
ch (breakfast)	Breakfast is included in the price of the room

Full-Board

P 145/255	Lowest and highest prices per person, per day in the season (see page 27)
AE ⓓ E VISA	**Credit cards** — Principal credit cards accepted by establishments : American Express — Diners Club — Eurocard (Access - MasterCard) — Visa (Barclaycard).

prite
uida...

utilizzare per trarre il miglior van-
uida Michelin è un elenco dei mi-
hi e ristoranti, naturalmente. Ma
rie di utili informazioni per i Vostri

e »

gine che seguono e comprenderete !

no stesso simbolo o una stessa parola in rosso o
carattere magro o grasso, non ha lo stesso

ne degli alberghi e ristoranti

La guida non elenca tutte le risorse alberghiere. E'
una selezione, volontariamente limitata, stabilita
isite ed inchieste effettuate sul posto. E, durante
amici lettori, vengono tenute in evidenza le Vs.
s. apprezzamenti !

di città

precisione : strade pedonali e commerciali, il
e per attraversare od aggirare il centro, l'esatta
gli alberghi e ristoranti citati, della posta centrale,
ormazioni turistiche, dei monumenti più importanti
tre ancora utili informazioni per Voi !

automobile

lefono delle principali marche automobilistiche
alati nel testo di ogni località. Così, in caso di
rete dove trovare il « medico » per la Vs. vettura.

punti e su altri ancora, gradiremmo conoscere il
iveteci e non mancheremo di risponderVi !

vices de Tourisme Michelin
Breteuil, F-75341 PARIS CEDEX 07

Grazie e buon viaggio.

A FEW USEFUL DETAILS

Breakfast. — Some establishments will not serve breakfast
in the room. The black symbol for breakfast 🍵 indicates this
restriction.
The price of breakfast is sometimes included in the room
charge. But the customer is not obliged to take breakfast or be
charged for it.

Dinner at the hotel. — Hoteliers are required by law to
offer accommodation without obliging you to take dinner in
their restaurant. However they will appreciate your dining there
whenever possible.

Full Board. — We indicate only high season prices for full
board, which comprises bedroom, breakfast and two meals.
These rates are per day and per person and are intended for
guidance only. It is essential to agree terms with the hotelier
before making a firm reservation.
It is nearly always possible to obtain half board terms on
request.
Out of season, that is to say before the 1st July, after mid-
September and excluding other holiday periods, special rates
usually operate. Ask for details when you make your reservation.
In winter sports resorts rates charged in summer are generally
lower than in winter.

N.B. - Rooms are charged on a unit basis ; a single person
occupying a double room may therefore pay an increased
board charge.

The letters "SC" — These indicate an establishment where no
service charge should be added to your bill. Taxes are always
included in prices quoted in the Guide except for local lodging
taxes where these are applicable.

Deposits. — Certain hoteliers require the payment of a
deposit. This constitutes a mutual guarantee of good faith.
Apart from any special arrangement the amount is generally
approximately the charge for 3 nights in the case of bed and
breakfast or 4 days in the case of full board.
Ask the hotelier to provide you, in his letter of confirmation,
with all terms and conditions applicable to your reservation.

CAR, TYRES

Car dealers and repairers Michelin tyre suppliers

RENAULT	Renault main agent.
PEUGEOT	Peugeot dealer.
Gar. de la Côte	General repair garage.
🅜	Tyre specialist.

These workshops are usually closed on Saturdays and occasionally on
Mondays.
The Staff at our Depots will be pleased to give advice on the best way to
look after your tyres.

Breakdown service

N At night — Symbol indicating garage offering night
breakdown service.

On Sunday — Each town has a breakdown service available on Sunday.
In any event, the Gendarmerie, Police, etc., will usually be able to give the
address of the garage on duty.

SIGHTS

Star-rating

★★★	Worth a journey
★★	Worth a detour
★	Interesting

Finding the sights

Voir	Sights in town
Env.	On the outskirts
N, S, E, O	The sight lies north, south, east or west of the town
②, ④	Sign on town plan and on the Michelin road map indicating the road leading to a place of interest
2 km	Distance in kilometres
	Museums and art galleries are generally closed on Tuesdays.

TOWNS

63300	Local postal number (the first two numbers represent the department number)
✉ 57130 Ars	Postal number and name of the post office serving the town
✆ 28	Telephone dialling code
Ⓟ	Prefecture
⟨SP⟩	Sub-prefecture
🔟 ⑤	Number of the appropriate sheet and section of the Michelin road map
G. Jura	See the Michelin Green Guide Jura
1 057 h.	Population
alt. 175	Altitude (in metres)
Stat. therm.	Spa
Sports d'hiver	Winter sports
1 200/1 900	Altitude (in metres) of resort and highest point reached by lifts
2 🚡	Number of cable-cars
14 🚠	Number of ski and chair-lifts
🎿	Cross country skiing
BX B	Letters giving the location of a place on the town plan
🏌	Golf course and number of holes
☀ ≼	Panoramic view. Viewpoint
✈	Airport
🚗	Places with a motorail connection. Further information from phone no. listed
⚓	Shipping line
⚓	Passenger transport only
🅱	Tourist Information Centre
A.C.	Automobile Club

TOW

Roads

	Motorway, dua
◂ ◂ ❶ ❷	Interchange
	Major through
← ◂ ⌁⌁⌁	One-way stree
⊢⊢⊢⊢	Pedestrian str
Pasteur Ⓟ Ⓟ	Shopping stre
⟊ ⟊⟊ ⟊⟊	Gateway - Str
	Station and ra
Ⓕ Ⓑ △	Car ferry - Lev

Sights — H

	Place of inter
	Interesting pl
🕌 🕌 ⚑ ⚑	Cathedral,
☿ ⚘	Mosque, S
✖ ∴ ⚔ ▲	Castle - Ruins
B	Reference let
□ ▪ ◉ ● e	Hotel, restau

Various sig

🅱	AGENCE MICHELIN	Tourist Infor
✚ ✉ ⚕ ⚘	Hospital - C
⚘⚘ ⫶⫶ ⚘	Garden, park
⬭	🏐	Stadium - G
⚓ ⚓ 🏃	Outdoor or i
✈ 🦌 ⚘ 🎇	Airport - Ra
⊶⊶⊶ ⊶●⊶	Funicular -
▪ ◎	Monument,
⚓	🛥	Pleasure bo
▬ ⬭	Ferry servic
A C	Public build
H	Chamber
J G 🛡	Town Ha
M T	Law Cou
P	Museum
POL.	Prefectu
U	Police (in
	Universi
③	Reference scale Mich
🎁 ✉ ☻	Main post
⚔⚔ ▾	Barracks -
🛕	Communic
◉ 🚃	Undergrou
④ᵐ² ⒖T ⑮	Low head (under 16
⚛ 🌴 ◈	Garage :
Ⓣ	Talbot

Sc

la g

e sappiatel
taggio. La
gliori alber
anche una
viaggi !

La « chia

Leggete le
Sapete che
in nero, in
significato

La selezi

Attenzione
il risultato
in seguito a
queste visit
critiche ed i

Le piante

Indicano co
modo migli
ubicazione
dell'ufficio in
e poi altre e

Per la Vs.

Indirizzo e
vengono se
necessità, sa

Su tutti que
Vs. parere. S

S

46, av. d

La scelta di un albergo, di un ristorante

La nostra classificazione è stabilita ad uso dell'automobilista di passaggio.
In ogni categoria, gli esercizi vengono citati in ordine di preferenza.

CLASSE E CONFORT

🏨🏨	Gran lusso e tradizione	XXXXX
🏨	Gran confort	XXXX
🏨	Molto confortevole	XXX
🏨	Di buon confort	XX
🏛	Abbastanza confortevole	X
🏠	Semplice, ma conveniente	
M	Nella sua categoria, albergo con attrezzatura moderna	
sans rest	L'albergo non ha ristorante	
	Il ristorante dispone di camere	avec ch

INSTALLAZIONI

I 🏨🏨, 🏨🏨, 🏨🏨 offrono ogni confort, per questi alberghi non specifichiamo quindi il dettaglio delle installazioni.

Nelle altre categorie indichiamo gli elementi di confort esistenti ; alcune camere possono talvota esserne sprovviste.

30 ch	Numero di camere
🛗 ▦	Ascensore - Aria condizionata
📺	Televisione in camera
🛁wc 🛁	Bagno e wc privati, bagno privato senza wc
🚿wc 🚿	Doccia e wc privati, doccia privata senza wc
☎	Telefono in camera collegato con il centralino
☎	Telefono in camera comunicante direttamente con l'esterno
⚖	Camere d'agevole accesso per i minorati fisici
🍴	Pasti serviti in giardino o in terrazza
⊃ ⊃	Piscina : all'aperto, coperta
🏖 🌳	Spiaggia attrezzata - Giardino da riposo
✗	Tennis appartenente all'albergo
🏛 25 à 150	Sale per conferenze : capienza minima e massima delle sale
🚗	Garage gratuito (una notte) per chi presenta la guida dell'anno
🚗	Garage a pagamento
Ⓟ	Parcheggio
🐕	E'vietato l'accesso ai cani : ovunque
🐕 rest	soltanto al ristorante
🐕 ch	soltanto nelle camere
mai-oct.	Periodo di apertura comunicato dall'Albergatore
sais.	Possibile apertura in stagione, ma periodo non precisato.
	Gli esercizi senza tali indicazioni sono aperti tutto l'anno.

AMENITÀ

Il soggiorno in alcuni alberghi si rivela talvolta particolarmente ameno o riposante.

Ciò può dipendere dalle caratteristiche dell'edificio, dalle decorazioni non comuni, dalla sua posizione, dall'accoglienza e dal servizio offerti sia dalla tranquillità dei luoghi.

Questi esercizi sono cosi contraddistinti :

🏛🏛🏛 a 🏛	Alberghi ameni
✗✗✗✗✗ a ✗	Ristoranti ameni
« Parc fleuri »	Un particolare piacevole
⌂	Albergo molto tranquillo o isolato e tranquillo
⌂	Albergo tranquillo
⩽ mer	Vista eccezionale
⩽	Vista interessante o estesa

Consultate le carte da p. 46 a 53.

Non abbiamo la pretesa di aver segnalato tutti gli alberghi ameni, nè tutti quelli molto tranquilli o isolati e tranquilli.

Le nostre ricerche continuano. Le potrete agevolare facendoci conoscere le vostre osservazioni e le vostre scoperte.

LA TAVOLA

Le Stelle — Vedere le carte da p. 54 a p. 61.

In Francia numerosi alberghi e ristoranti offrono buoni pasti e buoni vini.

Tuttavia alcuni esercizi meritano di essere segnalati alla Vostra attenzione per la qualità della loro cucina : è questo lo scopo delle « stelle di ottima tavola ».

Per questi esercizi indichiamo tre specialità culinarie e vini locali. Provateli, tanto per vostra soddisfazione quanto per incoraggiare l'abilità del cuoco.

   ❀   **Un'ottima tavola nella sua categoria.**
534

La stella indica una tappa gastronomica sul Vostro itinerario.

Non mettete però a confronto la stella di un esercizio di lusso, dai prezzi elevati, con quella di un piccolo esercizio dove, a prezzi ragionevoli, viene offerta una cucina di qualità.

  ❀❀ **Tavola eccellente : merita una deviazione.**
90

Specialità e vini scelti... AspettateVi una spesa in proporzione.

❀❀❀ **Una delle migliori tavole : vale il viaggio.**
18

Tavole meravigliose

Grandi vini, servizio impeccabile, ambientazione accurata, ... Prezzi conformi.

  R   **Pasti accurati a prezzi contenuti**

Oltre alle ottime tavole contrassegnate con stelle, abbiamo pensato potesse interessarVi conoscere degli esercizi che, per un rapporto qualità-prezzo particolarmente favorevole, offrono un pasto accurato spesso a carattere tipicamente regionale.

Consultate le carte da p. 64 a p. 70

e aprite la Vostra guida in corrispondenza della località prescelta.

L'esercizio che cercate richiamerà la vostra attenzione grazie alla lettera **R** evidenziata in rosso. Es. **R** 48

I buoni vini : vedere p. 62/63.

La scelta di un albergo, di un ristorante

I PREZZI

Questi prezzi, redatti alla fine dell'anno 1983, possono venire modificati qualora il costo della vita subisca notevoli variazioni. Essi debbono comunque essere considerati come prezzi base.

Entrate nell'albergo o nel ristorante con la guida alla mano dimostrando in tal modo la fiducia in chi vi ha indirizzato.

Gli alberghi e ristoranti figurano in carattere grassetto quando gli albergatori ci hanno comunicato tutti i loro prezzi e si sono impegnati ad applicarli ai turisti di passaggio in possesso della nostra pubblicazione.

Segnalateci eventuali maggiorazioni che Vi sembrano ingiustificate. Quando i prezzi non sono indicati, Vi consigliamo di chiedere preventivamente le condizioni.

Pasti

←	Esercizio che presenta un menu semplice per **meno di 50 F**
SC	Esercizio che pratica il servizio compreso o prezzi netti
R 40/85	**Prezzo fisso** minimo 40 e massimo 85
30/75	Prezzo fisso minimo 30, non applicato la domenica e nei giorni festivi
R 48	Pasto accurato a **prezzo contenuto**
bc	Bevanda compresa
🍷	Vino da tavola in caraffa a prezzo modico
R carte 60 à 115	**Alla carta** — Il primo prezzo corrisponde ad un pasto semplice comprendente : antipasto, piatto con contorno, dessert Il secondo prezzo corrisponde ad un pasto più completo (con specialità) comprendente : due piatti, formaggio e dessert.

> *« Salvo speciale indicazione bc, le bevande non sono comprese nei prezzi, sia fissi che alla carta ».*

☕ 12	Prezzo della prima colazione servita in camera
🍵 10	Prezzo della prima colazione non servita in camera

Camere

ch 70/160	Prezzo minimo 70 per una camera singola e prezzo massimo 160 per la camera più bella per due persone
ch ☕	Il prezzo della prima colazione è compreso nel prezzo della camera

Pensione

P 145/255	Prezzo minimo e massimo della pensione completa per persona e per giorno, in alta stagione (vedere dettagli a p. 35)
AE ⓘ E VISA	**Carte di credito :** principali carte di credito accettate da un albergo o ristorante : American Express — Diners Club — Eurocard (Mastercard) — Visa (Bank Americard).

La scelta di un albergo, di un ristorante

QUALCHE CHIARIMENTO UTILE

Prima colazione. — Alcuni esercizi non servono la prima colazione in camera : in tal caso il simbolo della tazzina viene stampato in nero ☕. Il prezzo della prima colazione alle volte è incluso nel prezzo della camera, ma questa formula non può essere imposta.

La cena in albergo. — Gli albergatori sono tenuti ad alloggiarvi senza che siate obbligati a pranzare presso l'albergo. Tuttavia, apprezzeranno che voi pranziate presso di loro ogni qualvolta vi è possibile.

La pensione. — Indichiamo soltanto i prezzi di pensione completa (camera, prima colazione e due pasti), per giorno e per persona, praticati in alta stagione. Poichè tali prezzi vengono dati a titolo indicativo è indispensabile prendere accordi preventivamente con l'albergatore per stabilire le condizioni definitive.

E' quasi sempre possibile su richiesta, ottenere condizioni di mezza-pensione.

In bassa stagione, da metà settembre a fine giugno con l'esclusione dei periodi festivi, vengono praticati prezzi speciali : richiedeteli al momento della prenotazione.

Nelle stazioni di sport invernali i prezzi praticati in estate sono generalmente meno elevati che durante la stagione invernale.

Nota : per le persone sole che occupano una camera doppia il prezzo indicato può essere suscettibile di maggiorazione.

La menzione "SC" (servizio compreso). — Nessuna maggiorazione per il servizio dovrà quindi figurare sul conto. Le tasse, salvo eventualmente la tassa di soggiorno, sono sempre comprese nei prezzi da noi indicati.

Le caparre. — Alle volte alcuni albergatori chiedono il versamento di una caparra. É un deposito-garanzia che impegna tanto l'albergatore che il cliente. Salvo accordi speciali, l'importo corrisponde generalmente al prezzo di tre notti (camera senza pensione) o di quattro giornate di pensione completa. Chiedete all'albergatore di fornirVi, nella sua lettera di conferma, ogni dettaglio sulla prenotazione e sulle condizioni di soggiorno, nonchè di precisarVi le norme riguardanti la reciproca garanzia di tale caparra.

L'AUTOMOBILE, I PNEUMATICI

Garagisti riparatori, rivenditori di pneumatici Michelin

RENAULT	Concessionario (o Succursale) della Renault.
PEUGEOT	Agente della marca Peugeot.
Gar. de la Côte	Garagista non rappresentante di marche vettura.
ⓜ	Specialista in pneumatici.

Questi esercizi sono generalmente chiusi il sabato o talvolta il lunedì.
Le nostre Succursali sono in grado di dare ai nostri clienti tutti i consigli relativi per la migliore utilizzazione dei pneumatici.

Servizio riparazioni d'emergenza

Ⓝ Notturno — Questa lettera indica garagisti che assicurano durante la notte il servizio di normali riparazioni.

Domenicale — Esiste anche di domenica un servizio di riparazione. La polizia e la « gendarmerie » sono generalmente in grado di precisare l'officina in servizio più vicina o il numero telefonico del gruppo dipartimentale di assistenza stradale.

Per visitare una città ed i suoi dintorni

LE CURIOSITÀ

Grado d'interesse

★★★	Vale il viaggio
★★	Merita una deviazione
★	Interessante

Situazione

Voir	Nella città
Env.	Nei dintorni della città
N, S, E, O	La curiosità è situata : a Nord, a Sud, a Est, a Ovest
②, ④	Ci si va dall'uscita ② o ④ indicata con lo stesso segno sulla pianta della guida e sulla carta stradale
2 km	Distanza chilometrica
	I musei sono generalmente chiusi il martedì.

LE CITTÀ

63300	Codice di avviamento postale (le prime due cifre corrispondono al numero del dipartimento)
⊠ 57130 Ars	Numero di codice e sede dell'Ufficio postale
✆ 28	Prefisso telefonico interurbano
Ⓟ	Prefettura
⟨SP⟩	Sottoprefettura
80 ⑤	Numero della carta Michelin e numero della piega
G. Jura	Vedere la guida Verde Michelin Jura
1 057 h.	Popolazione
alt. 175	Altitudine
Stat. therm.	Stazione termale
Sports d'hiver	Sport invernali
1 200/1 900	Altitudine della località e altitudine massima raggiungibile dalle risalite meccaniche
2 ⛷	Numero di funivie o cabinovie
14 ⛷	Numero di sciovie, seggiovie
⛷	Sci di fondo
BX **B**	Lettere indicanti l'ubicazione sulla pianta
⛳	Golf e numero di buche
☀ ≤	Panorama, vista
✈	Aeroporto
⇌	Località con servizio auto su treno. Informarsi al numero di telefono indicato
⛴	Trasporti marittimi
⛴	Trasporti marittimi (solo passeggeri)
ⓘ	Ufficio informazioni turistiche
A.C.	Automobile Club

Per visitare una città ed i suoi dintorni

LE PIANTE

Viabilità

Autostrada, strada a carreggiate separate
svincolo : completo, parziale, numero
Grande via di circolazione
Senso unico - Via impraticabile
Via pedonale - Tranvia
Pasteur Via commerciale - Parcheggio
Porta - Sottopassaggio - Galleria
Stazione e ferrovia
Battello per auto - Ponte mobile

Curiosità — Alberghi - Ristoranti

Edificio interessante ed entrata principale
Costruzione religiosa interessante :
Cattedrale, chiesa o cappella
Moschea - Sinagoga
Castello - Ruderi - Mulino a vento - Curiosità varie
B Lettera che identifica una curiosità
Albergo, Ristorante. Lettera di riferimento che li
identifica sulla pianta

Simboli vari

Ufficio informazioni turistiche - Centro di distribuzione Michelin
Ospedale - Mercato coperto - Torre idrica - Fabbrica
Giardino, parco, bosco - Cimitero - Calvario
Stadio - Golf
Piscina : all'aperto, coperta - Pista di pattinaggio
Aeroporto - Ippodromo - Vista - Panorama
Funicolare - Funivia, Cabinovia
Monumento, statua - Fontana
Porto per imbarcazioni da diporto - Faro
Trasporto con traghetto :
passeggeri ed autovetture, solo passeggeri
Edificio pubblico indicato con lettera :
A C Camera di Agricoltura - Camera di Commercio
H P Municipio - Prefettura, sottoprefettura
J G Palazzo di giustizia - Gendarmeria
M T Museo - Teatro
POL. Polizia (Questura, nelle grandi città)
U Università, grande scuola
③ Simbolo di riferimento comune alle piante ed alle carte Michelin particolareggiate
Ufficio centrale di fermo posta, telefono
Caserma - Tavola d'orientamento
Torre o pilone per telecomunicazione
Stazione della Metropolitana - Autostazione
Sottopassaggio (altezza inferiore a m 4,30) - Ponte a portata limitata (inf. a 16 t)
Garage : Citroën, Peugeot, Renault (Alpine),
Talbot (Servizio Chrysler-Simca, Matra, Sunbeam)

Der
Michelin-Führer...

Er ist nicht nur ein Verzeichnis guter Restaurants und Hotels, sondern gibt zusätzlich eine Fülle nützlicher Tips für die Reise. Nutzen Sie die zahlreichen Informationen, die er bietet.

Zum Gebrauch dieses Führers

Die Erläuterungen stehen auf den folgenden Seiten.
Beachten Sie dabei, daß das gleiche Zeichen rot oder schwarz, fett oder dünn gedruckt verschiedene Bedeutungen hat.

Zur Auswahl der Hotels und Restaurants

Der Rote Michelin-Führer ist kein vollständiges Verzeichnis aller Hotels und Restaurants. Er bringt nur eine bewußt getroffene, begrenzte Auswahl. Diese basiert auf regelmäßigen Überprüfungen durch unsere Inspektoren an Ort und Stelle. Bei der Beurteilung werden auch die zahlreichen Hinweise unserer Leser berücksichtigt.

Zu den Stadtplänen

Sie informieren über Fußgänger- und Geschäftsstraßen, Durchgangs- oder Umgehungsstraßen, Lage von Hotels und Restaurants (an Hauptverkehrsstraßen oder in ruhiger Gegend), wo sich die Post, das Verkehrsamt, die wichtigsten öffentlichen Gebäude und Sehenswürdigkeiten u. dgl. befinden.

Hinweise für den Autofahrer

In jedem Ortstext sind Adresse und Telefonnummer der Vertragshändler der großen Automobilfirmen angegeben. So können Sie Ihren Wagen im Bedarfsfall unterwegs warten oder reparieren lassen.

Ihre Meinung zu den Angaben des Führers, Ihre Kritik, Ihre Verbesserungsvorschläge interessieren uns sehr. Zögern Sie daher nicht, uns diese mitzuteilen... wir antworten bestimmt.

Services de Tourisme Michelin
46, avenue de Breteuil, F-75341 PARIS CEDEX 07

Vielen Dank im voraus und angenehme Reise !

Wahl eines Hotels, eines Restaurants

Unsere Auswahl ist für Durchreisende gedacht. In jeder Kategorie drückt die Reihenfolge der Betriebe eine weitere Rangordnung aus.

KLASSENEINTEILUNG UND KOMFORT

🏰	Großer Luxus und Tradition	XXXXX
🏰	Großer Komfort	XXXX
🏰	Sehr komfortabel	XXX
🏠	Mit gutem Komfort	XX
🏠	Mit ausreichendem Komfort	X
🏡	Bürgerlich	
M	Moderne Einrichtung	
sans rest	Hotel ohne Restaurant	
	Restaurant vermietet auch Zimmer	avec ch

EINRICHTUNG

Für die 🏰, 🏰, 🏰 geben wir keine Einzelheiten über die Einrichtung an, da diese Hotels jeden Komfort besitzen.

In den Häusern der übrigen Kategorien nennen wir die vorhandenen Einrichtungen. Diese können in einigen Zimmern fehlen.

30 ch	Anzahl der Zimmer
🛗 ▤	Fahrstuhl - Klimaanlage
TV	Fernsehen im Zimmer
🛁wc 🛁	Privatbad mit wc, Privatbad ohne wc
🚿wc 🚿	Privatdusche mit wc, Privatdusche ohne wc
☎	Zimmertelefon mit Außenverbindung über Telefonzentrale
☎	Zimmertelefon mit direkter Außenverbindung
🚴	Für Körperbehinderte leicht zugängliche Zimmer
🌳	Garten-, Terrassenrestaurant
🏊 🏊	Freibad, Hallenbad
🏖 🌳	Strandbad - Liegewiese, Garten
🎾	Hoteleigener Tennisplatz
🏛 25 à 150	Konferenzräume (Mindest- und Höchstkapazität)
🚗	Garage kostenlos (nur für eine Nacht) für die Besitzer des Michelin-Führers des Jahres
🚗	Garage wird berechnet
🅿	Parkplatz reserviert für Gäste
	Das Mitführen von Hunden ist unerwünscht :
🐕	im ganzen Haus
🐕 rest	nur im Restaurant
🐕 ch	nur im Hotelzimmer
mai-oct.	Öffnungszeit, vom Hotelier mitgeteilt
sais.	Unbestimmte Öffnungszeit eines Saisonhotels
	Die Häuser, für die wir keinerlei Schließungszeiten angeben, sind das ganze Jahr hindurch geöffnet.

ANNEHMLICHKEITEN

In manchen Hotels ist der Aufenthalt wegen der schönen, ruhigen Lage, der nicht alltäglichen Einrichtung und Atmosphäre und dem gebotenen Service besonders angenehm und erholsam.

Solche Häuser und ihre besonderen Annehmlichkeiten sind im Führer durch folgende Symbole gekennzeichnet :

🏰🏰🏰 ... 🏠		Angenehme Hotels
XXXXX ... X		Angenehme Restaurants
« Parc fleuri »		Besondere Annehmlichkeit
	⅀	Sehr ruhiges, oder abgelegenes und ruhiges Hotel
	⅀	Ruhiges Hotel
	≤ mer	Reizvolle Aussicht
	≤	Interessante oder weite Sicht

Die Übersichtskarten S. 46 bis 53 helfen Ihnen bei der Suche nach besonders ausgezeichneten Häusern.

Wir wissen, daß diese Auswahl noch nicht vollständig ist, sind aber laufend bemüht, weitere solche Häuser für Sie zu entdekken ; dabei sind uns Ihre Erfahrungen und Hinweise eine wertvolle Hilfe.

KÜCHE

Die Sterne : siehe Karten S. 54 bis 61.

Zahlreiche Hotels und Restaurants in Frankreich bieten gute Mahlzeiten und gute Weine.

Aufgrund der Qualität ihrer Küche verdienen einige jedoch Ihre besondere Beachtung. Auf diese Häuser hinzuweisen, ist das Ziel der « Sterne für gute Küche ».

Bei den mit « Stern » ausgezeichneten Betrieben nennen wir drei kulinarische Spezialitäten und regionale Weine, die Sie probieren sollten.

    ❀   **Eine sehr gute Küche : verdient Ihre besondere**
   534   **Beachtung.**

        Der Stern bedeutet eine angenehme Unterbrechung Ihrer Reise. Vergleichen Sie aber bitte nicht den Stern eines sehr teuren Luxusrestaurants mit dem Stern eines kleineren oder mittleren Hauses, wo man Ihnen zu einem annehmbaren Preis eine ebenfalls vorzügliche Mahlzeit reicht.

   ❀❀   **Eine hervorragende Küche : verdient einen**
   90   **Umweg.**

        Ausgesuchte Menus und Weine... angemessene Preise.

  ❀❀❀ **Eine der besten Küchen : eine Reise wert.**
   18

        Ein denkwürdiges Essen, edle Weine, tadelloser Service, gepflegte Atmosphäre... entsprechende Preise.

    R   **Sorgfältig zubereitete, preiswerte Mahlzeiten.**

        Wir glauben, daß es für Sie interessant ist, außer den Stern-Restaurants auch solche Häuser zu kennen, die ein besonders preisgünstiges, gutes, vorzugsweise landesübliches Essen bieten.

        Orte mit solchen Häusern finden Sie auf den Karten S. 64 bis 70. Im Text sind die betreffenden Häuser durch den roten Buchstaben **R** gekennzeichnet, z.B. : **R** 48.

    Gute Weine : Siehe S. 62/63.

PREISE

Die in diesem Führer genannten Preise wurden uns Ende September 1983 angegeben. Sie sind als Richtpreise zu betrachten und können sich in Anpassung an die allgemeinen Lebenshaltungskosten ändern.

Halten Sie beim Betreten des Hotels den Führer in der Hand, Sie zeigen damit, daß Sie aufgrund dieser Empfehlung gekommen sind.

Die Namen der Hotels und Restaurants, die ihre Preise genannt haben, sind fettgedruckt. Gleichzeitig haben sich diese Häuser verpflichtet, die angegebenen Preise den Benutzern des Michelin-Führers zu berechnen.

Informieren Sie uns bitte über jede unangemessen erscheinende Preiserhöhung. Wenn keine Preise angegeben sind, raten wir Ihnen, sich beim Hotelier danach zu erkundigen.

Mahlzeiten

✦	Restaurant, das ein einfaches **Menu unter 50 F** anbietet
SC	Bedienung inbegriffen
R 40/85	**Feste Menupreise** — Mindestpreis 40 F, Höchstpreis 85 F
30/75	Mindestpreis 30 F für ein Menu, das an Sonn - und Feiertagen nicht angeboten wird
R 48	Sorgfältig zubereitete, **preiswerte** Mahlzeiten
bc	Getränke inbegriffen
🍷	Preiswerter Tischwein in Karaffen
R carte 60 à 115	**Mahlzeiten « à la carte »** — Der erste Preis entspricht einer einfachen Mahlzeit und umfaßt Vorspeise, Tagesgericht mit Beilage, Nachtisch. Der zweite Preis entspricht einer reichlicheren Mahlzeit (mit Spezialgericht) bestehend aus : zwei Hauptgängen, Käse, Nachtisch *Wenn bc nicht vermerkt ist, sind die Getränke in den Preisen nicht inbegriffen*
🛏 12	Frühstückspreis (im Zimmer serviert)
☕ 10	Preis des Frühstücks, im Frühstücksraum serviert

Zimmer

ch 70/160	Mindestpreis 70 F für ein Einzelzimmer und Höchstpreis 160 F für zwei Personen
ch 🛏	Übernachtung mit Frühstück

Pension

P 145/255	Mindestpreis und Höchstpreis für Vollpension pro Person und Tag während der Hauptsaison (s. S. 43)

AE ⑩ E VISA	**Kreditkarten :** von den Hotels und Restaurants angenommene Kreditkarten : American Express — Diners Club — Eurocard (Mastercard) — Visa (carte bleue).

Wahl eines Hotels, eines Restaurants

EINIGE NÜTZLICHE HINWEISE

Frühstück. — In einigen Hotels wird das Frühstück nicht im Zimmer serviert : das schwarze Zeichen ☕ weist auf diese Einschränkung hin. Der Frühstückspreis ist meistens nicht im Zimmerpreis inbegriffen. Die Einnahme des Frühstücks sollte jedoch nicht aufgedrängt werden.

Abendessen im Hotel. — Nach den Bestimmungen muß der Hotelier Sie beherbergen, ohne daß Sie gezwungen wären, das Abendessen im Hotel einzunehmen. Dennoch wird jeder Hotelbesitzer es zu schätzen wissen, wenn Sie so oft wie möglich in seinem Restaurant speisen.

Pension. — Wir geben nur die Vollpensionspreise (Zimmer, Frühstück, 2 Mahlzeiten) in der Hochsaison an. Die Preise gelten pro Person und Tag und sind als Richtpreise anzusehen. Wir raten Ihnen dringend, sich vor Antritt der Reise mit dem Hotelier über den Endpreis zu verständigen. Halbpension wird von den meisten Häusern angeboten - Preise auf Anfrage. In der Vor- und Nachsaison, d.h. vor dem 1. Juli und ab Mitte September (ausgenommen Feiertagswochen) werden häufig günstige Sonderpreise oder -arrangements angeboten. Fragen Sie bei der Zimmerbestellung danach.
In den Wintersportorten sind die Preise im Sommer meistens niedriger als im Winter.

Anmerkung : Für Personen, die ein Doppelzimmer allein belegen, werden die angegebenen Preise manchmal erhöht.

Das Zeichen « SC ». — Es besagt « Bedienung inbegriffen » und bedeutet, daß kein Aufschlag für Bedienung bei der Abrechnung erhoben werden darf. Die im Führer angegebenen Preise verstehen sich inklusiv Mehrwertsteuer, mit Ausnahme einer eventuellen Kurtaxe.

Anzahlung. — Einige Hoteliers verlangen eine Anzahlung. Diese ist als Garantie sowohl für den Hotelier als auch für den Gast anzusehen. Sofern keine besonderen Vereinbarungen getroffen werden, entspricht die Anzahlung gewöhnlich dem Preis von drei Übernachtungen (Zimmer ohne Pension) oder von vier Tagen bei Vollpension. Bitten Sie den Hotelier, daß er Ihnen in seinem Bestätigungsschreiben alle seine Bedingungen mitteilt.

DAS AUTO, DIE REIFEN

Reparaturwerkstätten, Lieferanten von Michelin-Reifen

RENAULT	Renault-Zweigstelle (oder Niederlassung)
PEUGEOT	Peugeot-Vertragswerkstatt
Gar. de la Côte	Unabhängige Reparaturwerkstatt
ⓦ	Reifenhändler

Im allgemeinen sind diese Werkstätten am Samstag und eventuell am Montag geschlossen
In unseren Depots geben wir unseren Kunden gerne Auskunft über alle Reifenfragen.

Reparaturdienst

Ⓝ Nachts — Dieser Buchstabe weist auf Autoreparaturwerkstätten hin, die auch nachts Reparaturen ausführen.

Sonntags — An Sonntagen ist in jeder französischen Stadt eine Reparaturwerkstatt geöffnet. Notfalls kann die Gendarmerie oder die Polizei die entsprechende Werkstatt angeben.

HAUPTSEHENSWÜRDIGKEITEN

Bewertung

★★★	Eine Reise wert
★★	Verdient einen Umweg
★	Sehenswert

Lage

Voir	In der Stadt
Env.	In der Umgebung der Stadt
N, S, E, O	Im Norden (N), Süden (S), Osten (E), Westen (O) der Stadt.
②, ④	Zu erreichen über Ausfallstraße ②, ④, die auf dem Stadtplan und auf der Michelin-Karte durch das gleiche Zeichen gekennzeichnet ist
2 km	Entfernung in Kilometern
	Museen sind im allgeneinen dienstags geschlossen.

STÄDTE

63300	Zuständige Postleitzahl (die zwei ersten Zahlen sind ebenfalls Nummer des Departements)
⊠ **57130 Ars**	Postleitzahl und Name des Verteilerpostamtes
☎ 28	Ortsnetzkennzahl - Vorwahlnummer
ℙ	Präfektur
⟨SP⟩	Unterpräfektur
𝟴𝟬 ⑤	Nummer der Michelin-Karte und Faltseite
G. Jura	Siehe Grünen Michelin-Reiseführer Jura
1 057 h.	Einwohnerzahl
alt. 175	Höhe
Stat. therm.	Thermalbad
Sports d'hiver	Wintersport
1 200/1 900	Höhe des Wintersportortes und Maximal-Höhe, die mit Kabinenbahn oder Lift erreicht werden kann
2 ⛷	Anzahl der Kabinenbahnen
14 ⛷	Anzahl der Schlepp- oder Sessellifts
⛷	Langlaufloipen
BY **B**	Markierung auf dem Stadtplan
⛳	Golfplatz und Lochzahl
⁂ ≤	Rundblick - Aussichtspunkt
✈	Flughafen
🚂	Ladestelle für Autoreisezüge - Nähere Auskunft unter der angegebenen Telefonnummer
⛴	Autofähre
⛴	Personenfähre
🛈	Informationsstelle
A.C.	Automobil Club

44

STADTPLÄNE

Straßen

Autobahn, Straße mit getrennten Fahrbahnen

Anschlußstelle : Autobahneinfahrt und/oder -ausfahrt, Nummer

Hauptverkehrsstraße

Einbahnstraße - nicht befahrbare Straße

Fußgängerzone - Straßenbahn

Pasteur   Einkaufsstraße - Parkplatz

Tor - Passage - Tunnel

Bahnhof und Bahnlinie

Autofähre - Bewegliche Brücke

Sehenswürdigkeiten — Hotels - Restaurants

Sehenswertes Gebäude mit Haupteingang

Sehenswerter Sakralbau :

Kathedrale, Kirche oder Kapelle

Moschee - Synagoge

Schloß - Ruine - Windmühle

Sonstige Sehenswürdigkeiten

B   Referenzbuchstabe einer Sehenswürdigkeit

e   Hotel, Restaurant - Referenzbuchstabe

Sonstige Zeichen

AGENCE MICHELIN

Informationsstelle - Michelin-Niederlassung

Krankenhaus - Markthalle - Wasserturm - Fabrik

Garten, Park, Wäldchen - Friedhof - Bildstock

Stadion - Golfplatz - Freibad - Hallenbad - Eisbahn

Flughafen - Pferderennbahn - Aussicht - Rundblick

Standseilbahn - Seilschwebebahn

Denkmal, Statue - Brunnen

Jachthafen - Leuchtturm

Schiffsverbindungen : Autofähre - Personenfähre

Öffentliches Gebäude, durch einen Buchstaben gekennzeichnet :

A   C   Landwirtschaftskammer - Handelskammer

G   H   J   Gendarmerie - Rathaus - Gerichtsgebäude

M   T   P   Museum - Theater - Präfektur, Unterpräfektur

POL.   Polizei (in größeren Städten Polizeipräsidium)

U   Universität, Hochschule

③   Straßenkennzeichnung (identisch auf Michelin-Stadtplänen und - Abschnittskarten)

Hauptpostamt (postlagernde Sendungen), Telefon

Kaserne - Orientierungstafel

Funk-, Fernsehturm

U-Bahnstation - Autobusbahnhof

Unterführung (Höhe bis 4,30 m) - Brücke mit beschränkter Belastung (unter 16 t)

Reparaturwerkstätten : Citroën, Peugeot, Renault (Alpine)

Talbot (Reparaturdienst für Chrysler-Simca, Matra, Sunbeam)

L'AGRÉMENT	AMENITÀ	le texte text il testo Ortstext	la carte map la carta Karte
AMENITY	**ANNEHMLICHKEIT**		
		🛋	◇
		🏘️ .... 🏠	◈
		🏘️ ... 🏠 + 🛋	◆

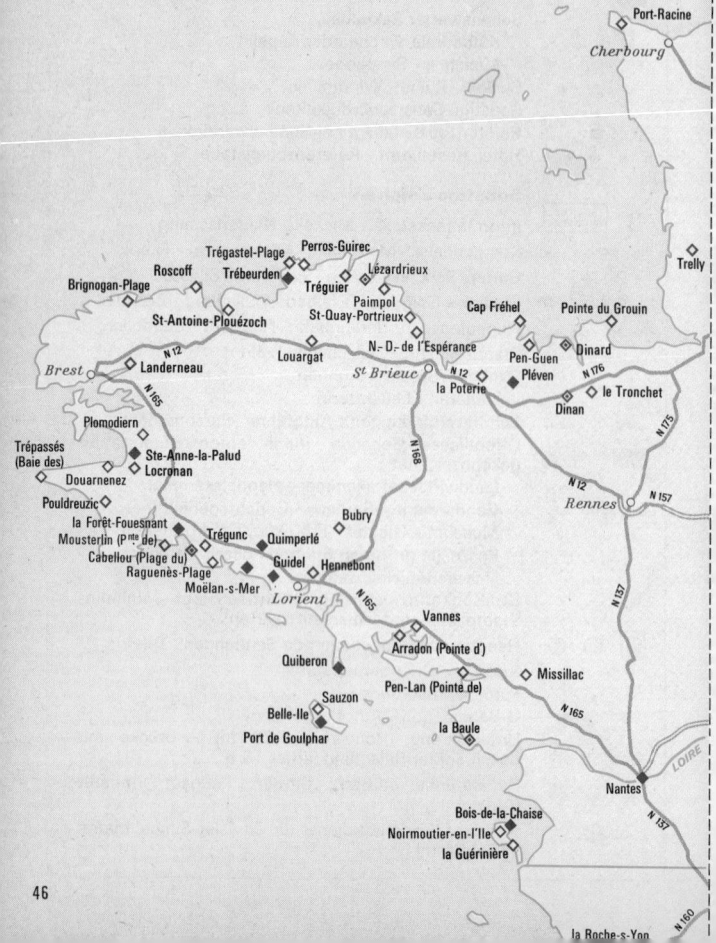

Port-Racine ◇

Cherbourg

Trégastel-Plage ◇ Perros-Guirec ◇

Roscoff ◇ Trébeurden ◇ Lézardrieux ◇

Brignogan-Plage ◇ Tréguier ◇ Trelly ◇

St-Antoine-Plouézoch ◇ Paimpol ◇ Cap Fréhel ◇ Pointe du Grouin ◇

St-Quay-Portrieux ◇

N 12 N.-D.-de-l'Espérance ◇ Pen-Guen ◇ Dinard ◇

Brest ◇ Landerneau ◇ Louargat ◇ *St Brieuc* N 12 Pléven ◇ N 176 le Tronchet ◇

la Poterie ◇ Dinan ◇ N 175

Plomodiern ◇

Trépassés ◇ Ste-Anne-la-Palud ◆ N 168 N 12 N 157

(Baie des) Locronan ◇ *Rennes* ◇

Douarnenez ◇

Pouldreuzic ◇ Bubry ◇

la Forêt-Fouesnant ◇

Mousterlin (Pte de) ◇ Trégunc ◇ Quimperlé ◇

Cabellou (Plage du) ◇ Guidel ◇ Hennebont ◇ N 137

Raguenès-Plage ◆

Moëlan-s-Mer ◆ *Lorient* N 165

Vannes ◇

Arradon (Pointe d') ◇

Quiberon ◆ Missillac ◇

Pen-Lan (Pointe de) ◇

Sauzon ◇ N 165

Belle-Ile ◇ la Baule ◇

Port de Goulphar ◆

LOIRE

Nantes ◇

Bois-de-la-Chaise ◇ N 137

Noirmoutier-en-l'Ile ◇

la Guérinière ◇ N 160

la Roche-s-Yon

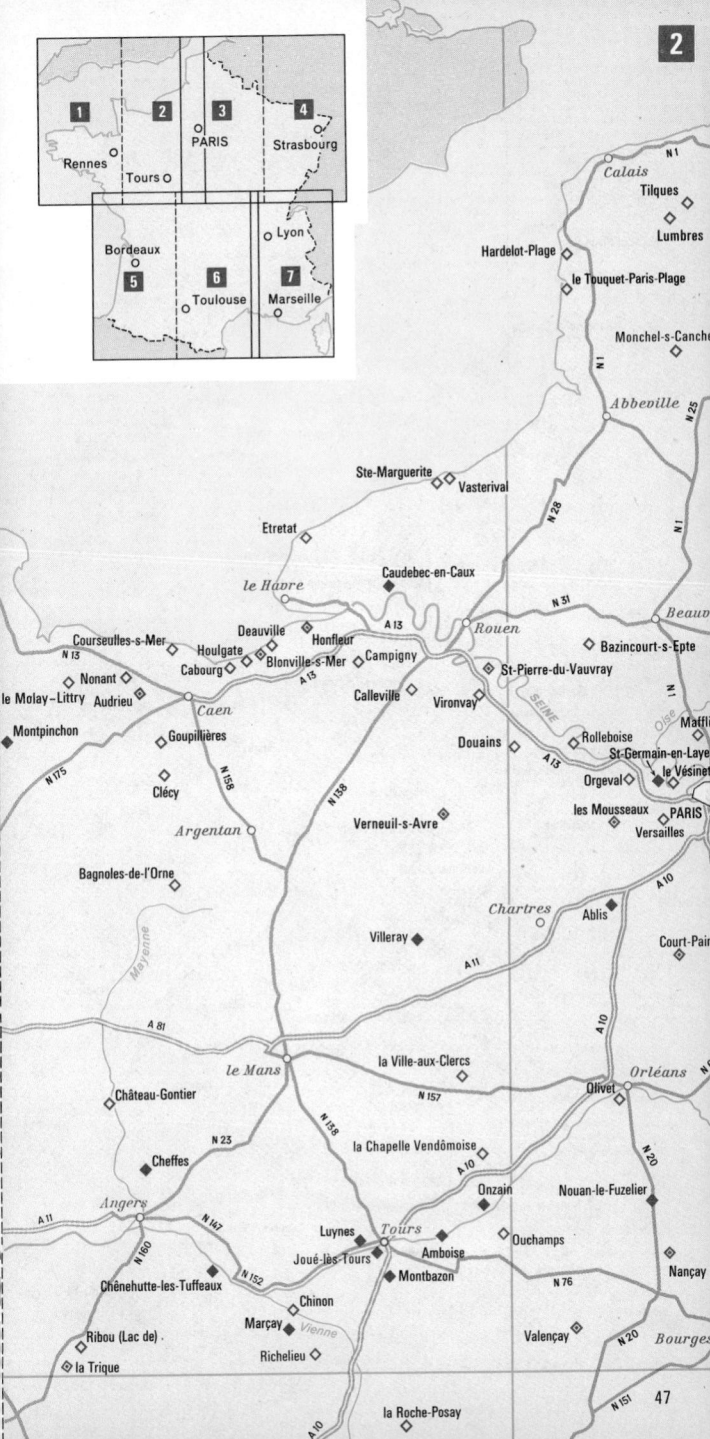

1
2
3
4
PARIS
Strasbourg
Rennes
Tours

Bordeaux
Lyon
5
6
7
Toulouse
Marseille

Calais
N 1
Tilques
Lumbres
Hardelot-Plage
le Touquet-Paris-Plage
Monchel-s-Canche
N 1
Abbeville
N 25

Ste-Marguerite
Vasterival
Etretat
N 28
N 1
Caudebec-en-Caux
le Havre
N 31
Beauve
Rouen
A 13
Bazincourt-s-Epte
Courseulles-s-Mer
Deauville
Honfleur
N 13
Houlgate
Blonville-s-Mer
Campigny
St-Pierre-du-Vauvray
Nonant
Cabourg
A 13
Calleville
le Molay–Littry
Audrieu
Caen
Vironvay
SEINE
Oise
Montpinchon
Goupillières
Douains
Rolleboise
Maffli
St-Germain-en-Laye
N 175
N 158
A 13
le Vésinet
Clécy
N 138
Orgeval
les Mousseaux
PARIS
Argentan
Verneuil-s-Avre
Versailles
A 10
Bagnoles-de-l'Orne
Chartres
Ablis
Mayenne
Villeray
Court-Pain
A 11
A 10
A 81
le Mans
la Ville-aux-Clercs
Orléans
N 6
Olivet
N 157
Château-Gontier
N 20
N 23
la Chapelle Vendômoise
N 138
A 10
Cheffes
Onzain
Nouan-le-Fuzelier
Angers
N 147
Luynes
Tours
A 11
N 160
Joué-lès-Tours
Amboise
Ouchamps
Nançay
Chênehutte-les-Tuffeaux
N 152
Montbazon
N 76
Chinon
Ribou (Lac de)
Marçay
Vienne
Valençay
N 20
Bourges
la Trique
Richelieu
N 151
la Roche-Posay
A 10
47

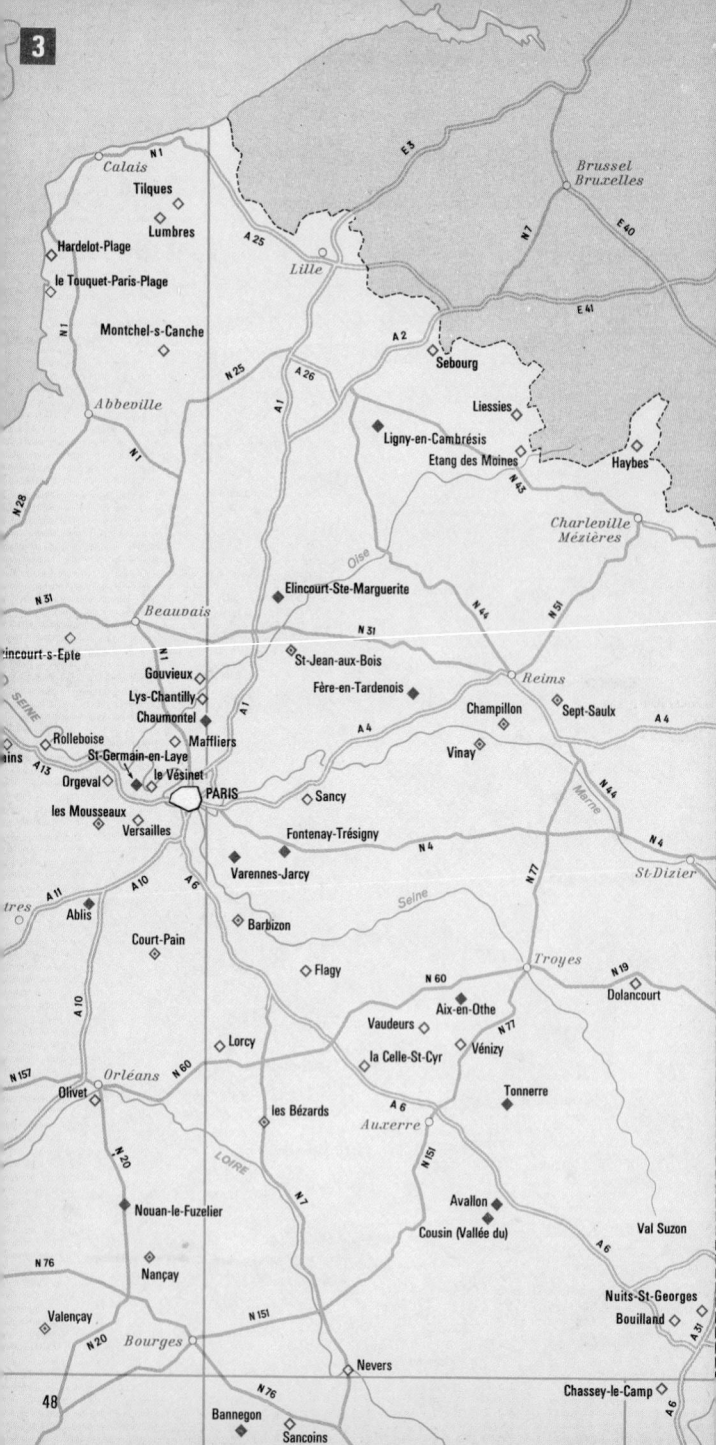

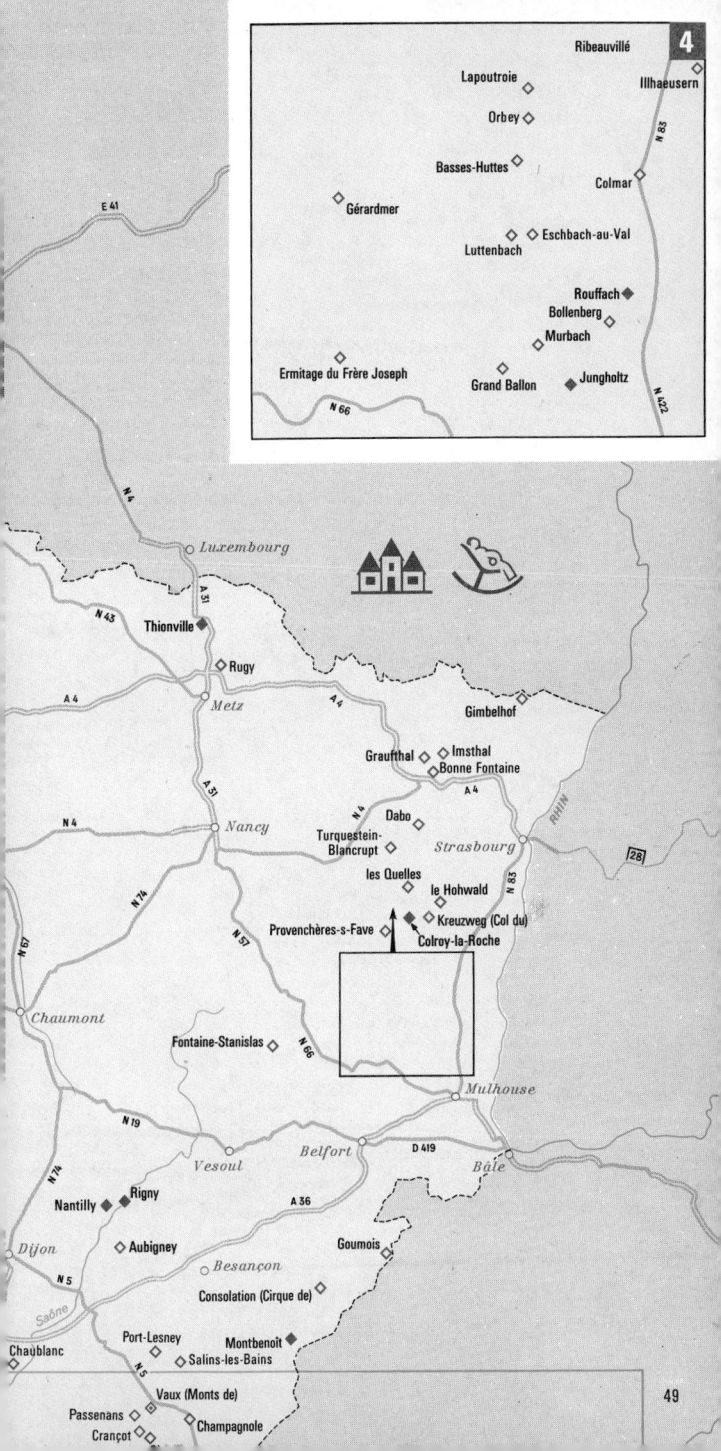

4

Ribeauvillé

Lapoutroie

Illhaeusern

Orbey

Basses-Huttes

Colmar

N 83

Gérardmer

Eschbach-au-Val

Luttenbach

Rouffach

Bollenberg

Murbach

Ermitage du Frère Joseph

Grand Ballon

Jungholtz

N 66

N 422

Luxembourg

E 41

N 4

N 43

Thionville

Rugy

Gimbelhof

A 4

Metz

A 4

Graufthal

Imsthal

Bonne Fontaine

N 31

N 4

Dabo

A 4

N 4

Nancy

Turquestein-Blancrupt

Strasbourg

RHIN

28

les Quelles

le Hohwald

N 74

N 57

Provenchères-s-Fave

Kreuzweg (Col du)

Colroy-la-Roche

N 67

N 83

Chaumont

Fontaine-Stanislas

N 66

Mulhouse

N 19

Vesoul

Belfort

Bâle

N 74

A 36

D 419

Nantilly

Rigny

Dijon

Aubigney

Goumois

N 5

Besançon

Saône

Consolation (Cirque de)

Chaublanc

Port-Lesney

Montbenoît

Salins-les-Bains

N 5

Vaux (Monts de)

Passenans

Champagnole

Crançot

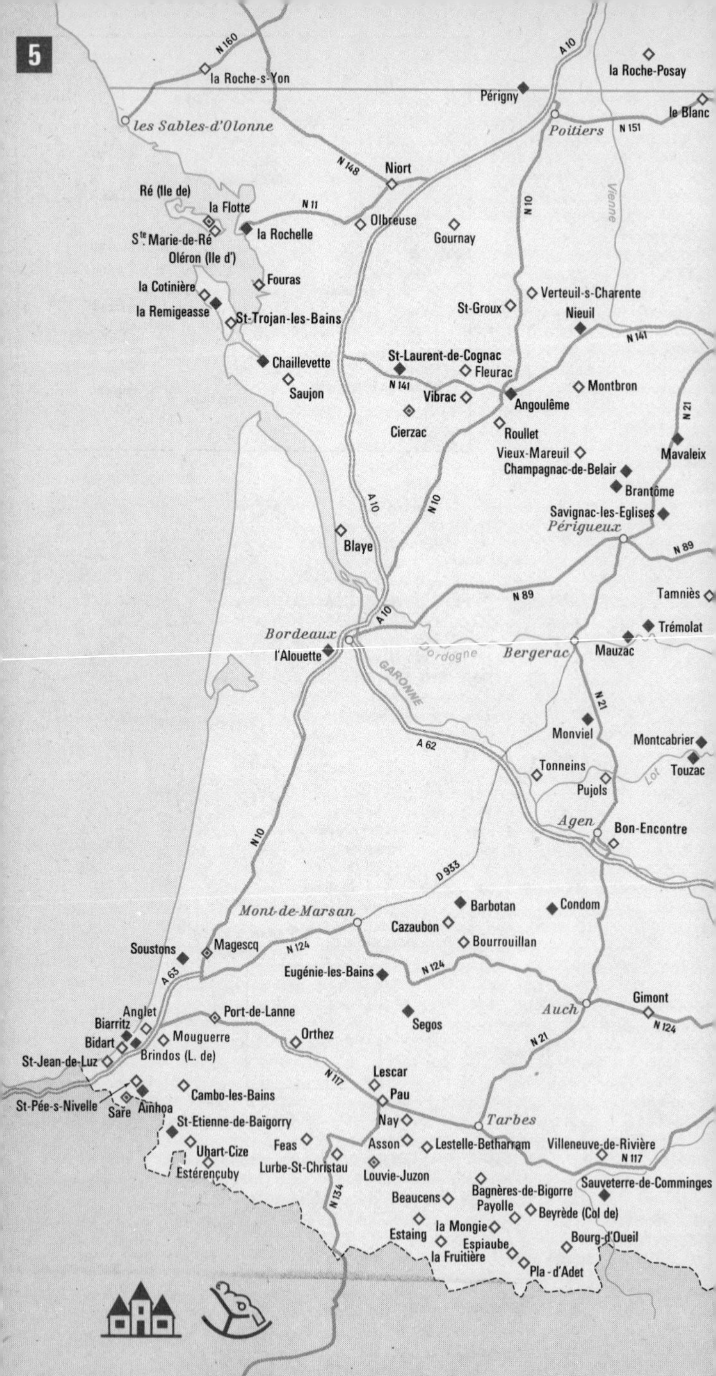

la Roche-s-Yon

N 160

A 10

la Roche-Posay

Périgny

le Blanc

les Sables-d'Olonne

Poitiers

N 151

N 148

Niort

Vienne

N 10

Ré (Ile de)

la Flotte

N 11

Olbreuse

Ste-Marie-de-Ré

la Rochelle

Gournay

Oléron (Ile d')

la Cotinière

Fouras

la Remigeasse

St-Trojan-les-Bains

St-Groux

Verteuil-s-Charente

Nieuil

N 141

Chaillevette

St-Laurent-de-Cognac

Saujon

Fleurac

Montbron

N 141

Vibrac

Angoulême

N 21

Cierzac

Roullet

Vieux-Mareuil

Mavaleix

Champagnac-de-Belair

Brantôme

Savignac-les-Eglises

A 10

Périgueux

N 89

Blaye

N 10

Tamniès

Trémolat

N 89

Bordeaux

Dordogne

Bergerac

l'Alouette

Mauzac

N 21

GARONNE

Monviel

Montcabrier

A 62

Tonneins

Touzac

Lot

Pujols

Agen

Bon-Encontre

N 10

D 933

Mont-de-Marsan

Barbotan

Condom

Cazaubon

Bourrouillan

Soustons

Magescq

N 124

Eugénie-les-Bains

N 124

Auch

Gimont

Anglet

Port-de-Lanne

Segos

N 21

N 124

Biarritz

Mouguerre

Orthez

St-Jean-de-Luz

Brindos (L. de)

Lescar

N 117

Pau

St-Pée-s-Nivelle

Cambo-les-Bains

Nay

Tarbes

Sare

Aïnhoa

St-Etienne-de-Baïgorry

Asson

Lestelle-Bétharram

Villeneuve-de-Rivière

Uhart-Cize

Feas

N 117

Estérençuby

Lurbe-St-Christau

Louvie-Juzon

Sauveterre-de-Comminges

N 134

Beaucens

Bagnères-de-Bigorre

Payolle

Beyrède (Col de)

Estaing

la Mongie

Bourg-d'Oueil

Espiaube

la Fruitière

Pla - d'Adet

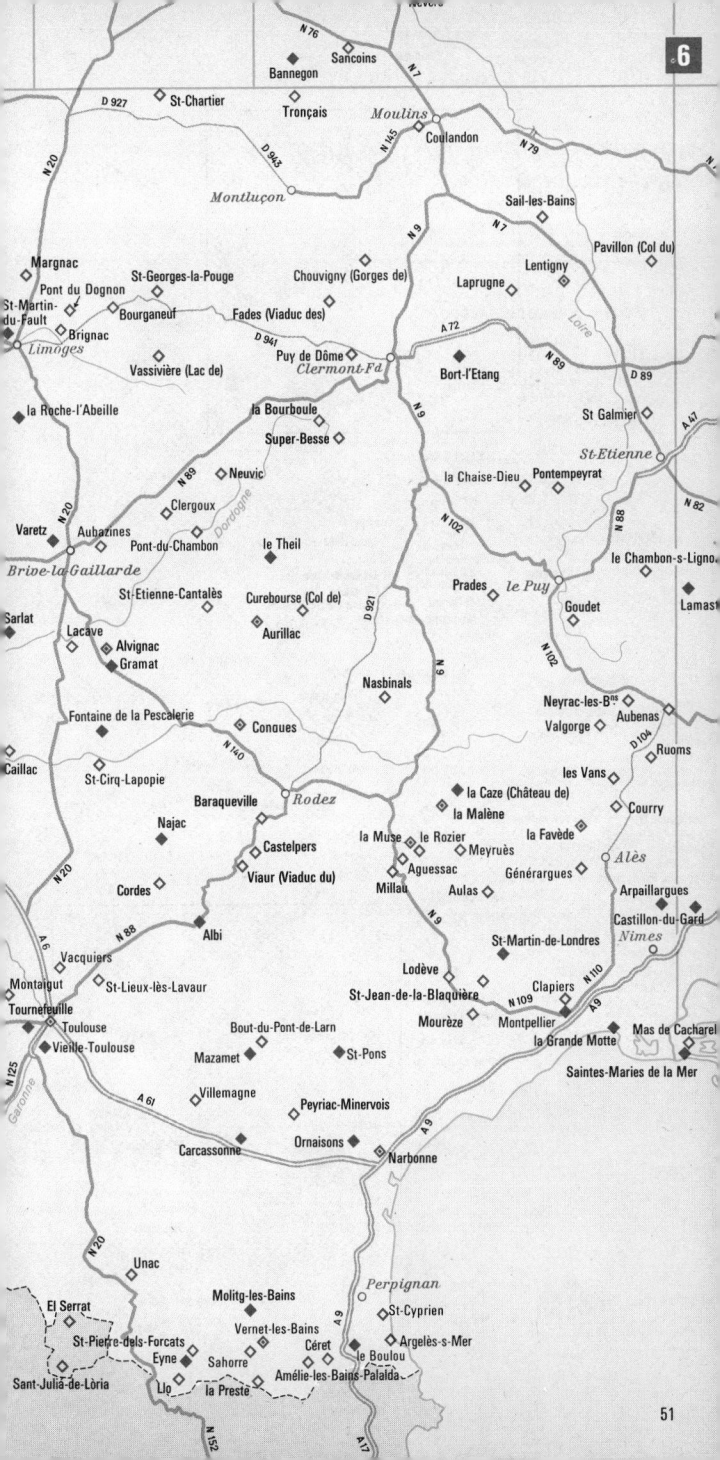

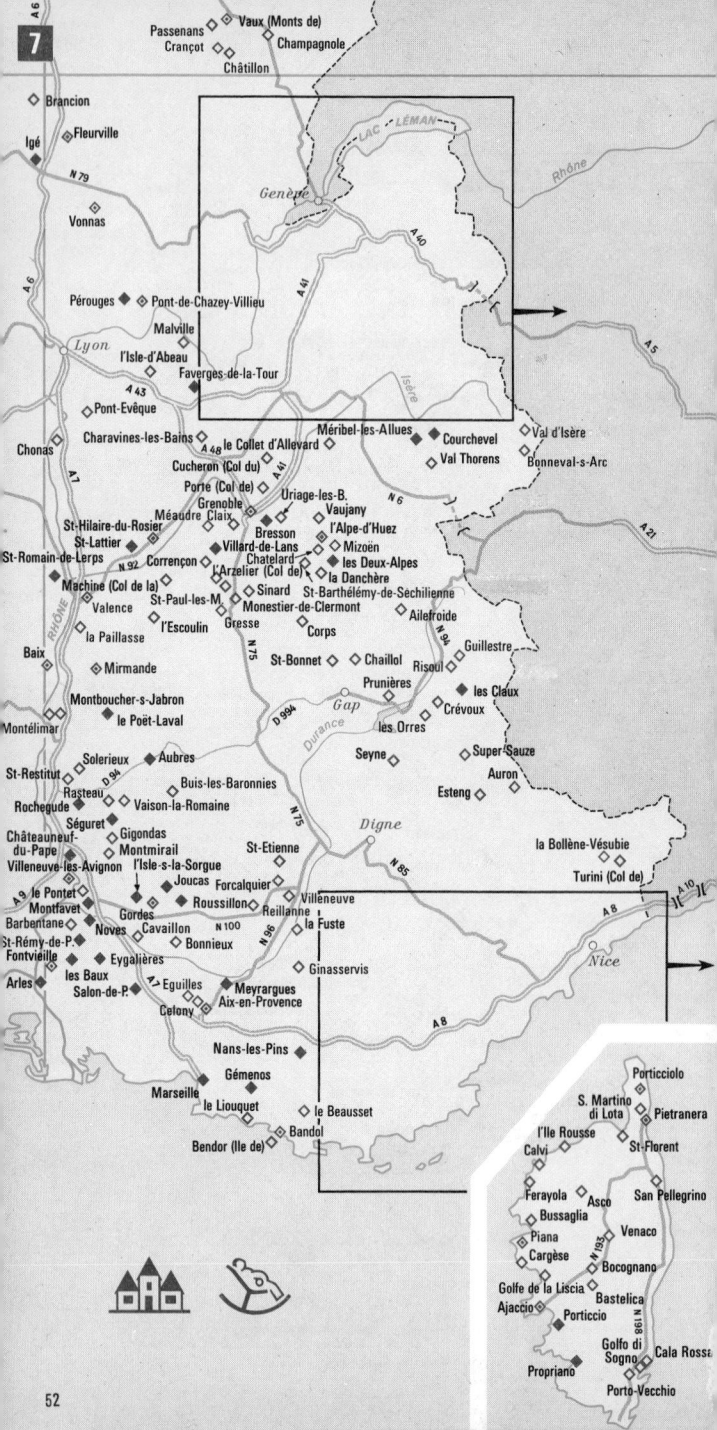

7

A 6

Passenans
Crançot
Vaux (Monts de)
Champagnole

Châtillon

◇ Brancion

Igé ◆ Fleurville

N 79

Vonnas

Genève

LAC LÉMAN

Rhône

A 6

A 41

A 40

Pérouges ◆ ◇ Pont-de-Chazey-Villieu

Malville

Lyon ◇ l'Isle-d'Abeau

A 43 Faverges-de-la-Tour ◆

◆ Pont-Evêque

Charavines-les-Bains ◇ le Collet d'Allevard

A 48
Cucheron (Col du)

Porte (Col de) ◇
Grenoble

Chonas
Méribel-les-Allues ◇ ◆ Courchevel

◇ Val Thorens

◇ Val d'Isère

Bonneval-s-Arc

A 1

Uriage-les-B. ◆ Vaujany
St-Hilaire-du-Rosier
Méaudre Claix ◇ l'Alpe-d'Huez
St-Lattier ◆ Bresson ◇
St-Romain-de-Lerps ◆ Villard-de-Lans ◆ Mizoën
N 92 Corrençon Chatelard ◆ les Deux-Alpes
Machine (Col de la) l'Arzelier (Col de) ◆ la Danchère
St-Paul-les-M. ◇ Sinard St-Barthélémy-de-Séchilienne
Valence ◆ Monestier-de-Clermont ◆ Ailefroide
l'Escoulin ◇ Gresse ◆
la Paillasse Corps
N 75
Baix ◇ St-Bonnet ◇ ◇ Chaillol Guillestre
◆ Mirmande ◆ Prunières Risoul ◇
Gap ◆ les Claux
Montboucher-s-Jabron ◆ Crévoux ◇
Montélimar ◆ le Poët-Laval les Orres ◇
D 994 Durance
Solerieux ◇ ◆ Aubres Seyne ◇ Super-Sauze ◇
St-Restitut ◆ Buis-les-Baronnies Auron ◇
Rasteau ◇ Vaison-la-Romaine Esteng ◇
Rochegude ◆ Séguret ◇ Digne
Châteauneuf- ◇ Gigondas
du-Pape ◆ Montmirail la Bollène-Vésubie ◇
Villeneuve-les-Avignon ◆ l'Isle-s-la-Sorgue St-Etienne ◇ Turini (Col de) ◇
Joucas ◇ Forcalquier ◇
A 9 le Pontet ◆ Roussillon ◇ Villeneuve N 85
Montfavet ◆ Reillanne ◇ la Fuste
Barbentane ◆ Gordes ◇
St-Rémy-de-P. ◆ Noves ◆ Cavaillon N 100 Nice
Fontvieille ◆ Bonnieux ◇
les Baux ◆ Eygalières ◆ Ginasservis ◇ A 8
Arles ◇ Salon-de-P. ◇ Eguilles ◇ Meyrargues
Celony ◇ Aix-en-Provence

A 7

A 8

A 10

Nans-les-Pins ◆

Gémenos ◆

Marseille ◆ le Liouquet ◇ le Beausset ◇

Bandol ◇

Bendor (Ile de) ◇

Porticciolo ◇

S. Martino ◇
di Lota ◇ Pietranera

l'Ile Rousse ◇ ◇ St-Florent
Calvi ◇

Ferayola ◇ Asco ◇ San Pellegrino
Bussaglia ◇
Piana ◇ Venaco ◇
Cargèse ◇ ◇ Bocognano

Golfe de la Liscia ◇ Bastelica ◇
Ajaccio ◇ Porticcio ◇ N 193

Golfo di
Sogno ◇ Cala Rossa ◇
Propriano ◆ N 198
Porto-Vecchio ◇

52

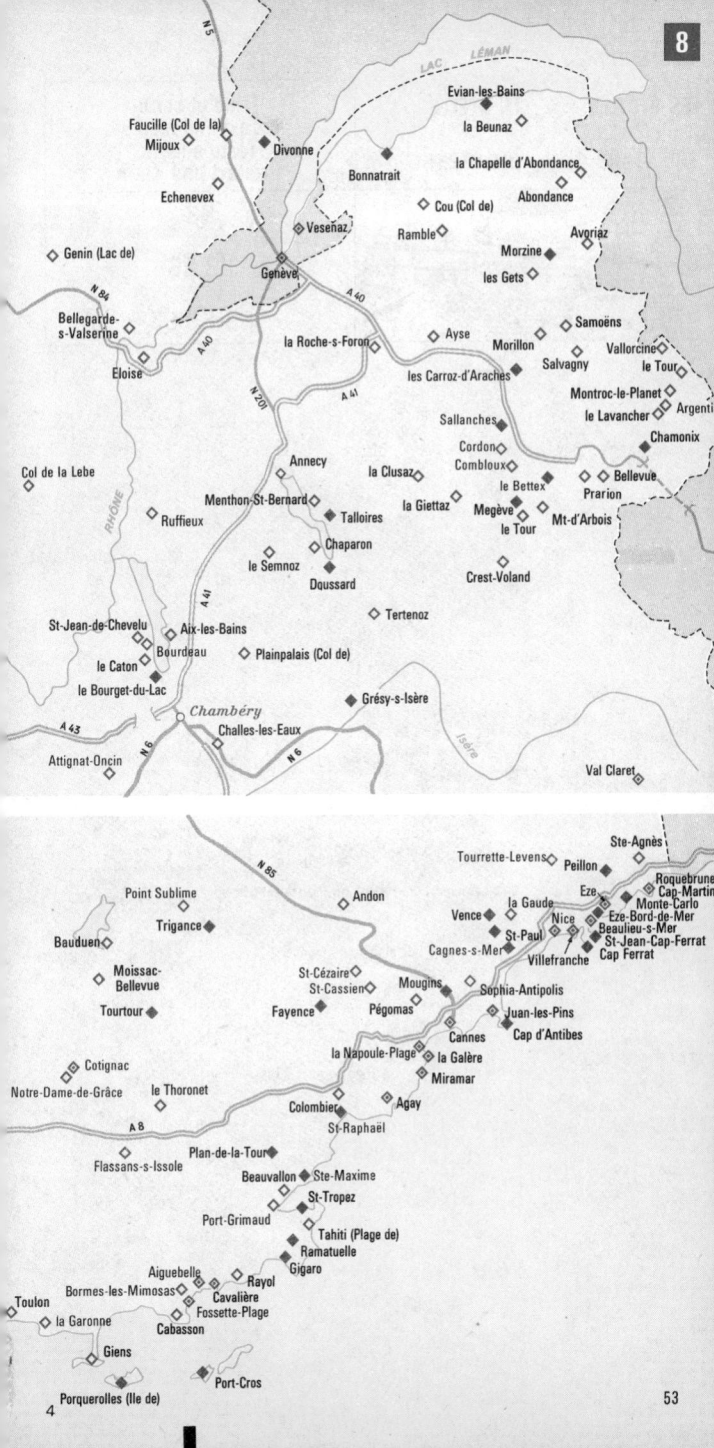

Map 8 (top):

N 5
LAC LÉMAN
Evian-les-Bains
Faucille (Col de la)
Mijoux
Divonne
la Beunaz
la Chapelle d'Abondance
Bonnatrait
Echenevex
Cou (Col de)
Abondance
Vesenaz
Ramble
Avoriaz
Genin (Lac de)
Morzine
Genève
les Gets
N 84
A 40
Bellegarde-
s-Valserine
la Roche-s-Foron
Ayse
Samoëns
Morillon
Vallorcine
A 40
Salvagny
le Tour
Eloise
N 206
A 41
les Carroz-d'Araches
Montroc-le-Planet
le Lavancher
Argentie
Sallanches
Chamonix
Cordon
Col de la Lebe
Annecy
la Clusaz
Combloux
Bellevue
le Bettex
Prarion
RHÔNE
Menthon-St-Bernard
la Giettaz
Mt-d'Arbois
Ruffieux
Talloires
Mégève
A 41
Chaparon
le Tour
le Semnoz
Crest-Voland
Doussard
St-Jean-de-Chevelu
Tertenoz
Aix-les-Bains
Bourdeau
Plainpalais (Col de)
le Caton
le Bourget-du-Lac
Chambéry
A 43
Grésy-s-Isère
N 6
Challes-les-Eaux
Attignat-Oncin
N 6
Val Claret
Isère

Map 4 (bottom):

N 85
Ste-Agnès
Tourrette-Levens
Peillon
Point Sublime
Andon
Roquebrune-
Cap-Martin
la Gaude
Eze
Monte-Carlo
Bauduen
Trigance
Vence
Nice
Eze-Bord-de-Mer
Beaulieu-s-Mer
St-Paul
St-Jean-Cap-Ferrat
Moissac-
Bellevue
Cagnes-s-Mer
Villefranche
Cap Ferrat
St-Cézaire
Mougins
Tourtour
St-Cassien
Sophia-Antipolis
Fayence
Pégomas
Juan-les-Pins
Cotignac
Cannes
Cap d'Antibes
Notre-Dame-de-Grâce
le Thoronet
la Napoule-Plage
la Galère
A 8
Colombier
Miramar
Agay
Plan-de-la-Tour
St-Raphaël
Flassans-s-Issole
Beauvallon
Ste-Maxime
St-Tropez
Port-Grimaud
Tahiti (Plage de)
Aiguebelle
Ramatuelle
Bormes-les-Mimosas
Rayol
Gigaro
Toulon
Cavalière
la Garonne
Cabasson
Fossette-Plage
Giens
Port-Cros
Porquerolles (Ile de)

LES ÉTOILES   LE STELLE

THE STARS   DIE STERNE

	Texte et carte
	Text and map
	Testo e carta
	Ortstext und Karte
	❀
	❀ ❀
	❀ ❀ ❀

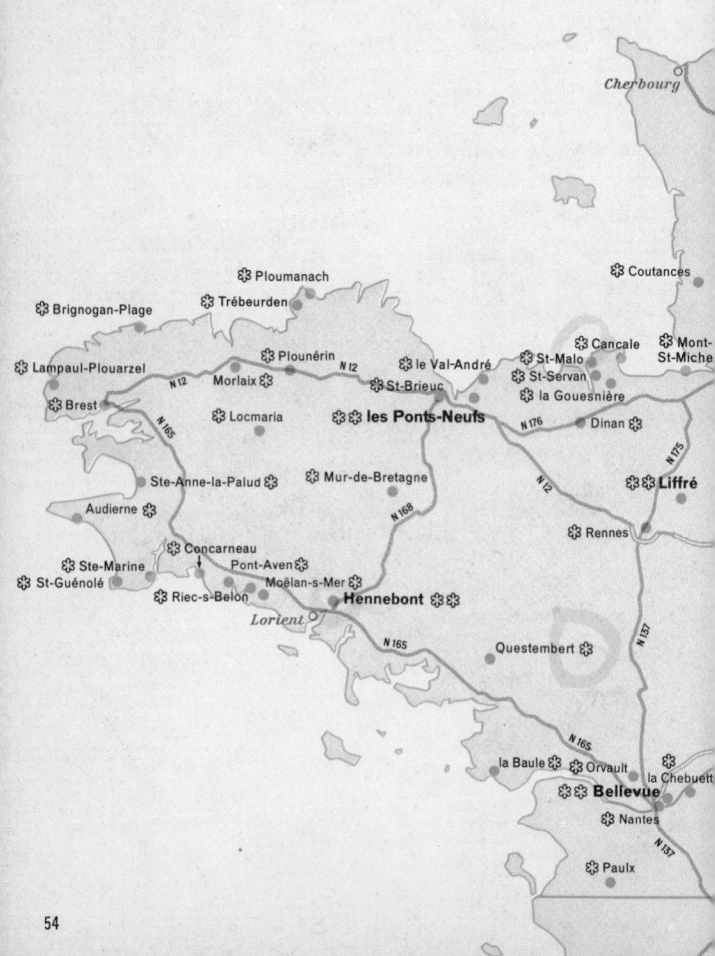

Cherbourg

❀ Ploumanach   ❀ Coutances

❀ Brignogan-Plage   ❀ Trébeurden

❀ Lampaul-Plouarzel ❀ Plounérin ❀ le Val-André ❀ St-Malo ❀ Cancale ❀ Mont-St-Miche

N 12 Morlaix ❀ N 12 ❀ St-Brieuc ❀ St-Sérvan

❀ Brest ❀ Locmaria ❀ ❀ les Ponts-Neufs ❀ la Gouesnière

N 165 N 176 ❀ Dinan ❀

Ste-Anne-la-Palud ❀ ❀ Mur-de-Bretagne N 175 ❀ ❀ Liffré

Audierne ❀ N 168 N 12

❀ Concarneau ❀ Rennes

❀ Ste-Marine Pont-Aven ❀

❀ St-Guénolé Moëlan-s-Mer ❀

❀ Riec-s-Belon Hennebont ❀ ❀

Lorient

N 165 Questembert ❀ N 137

N 165

la Baule ❀ ❀ Orvault ❀ la Chebuett

❀ ❀ Bellevue

❀ Nantes N 137

❀ Paulx

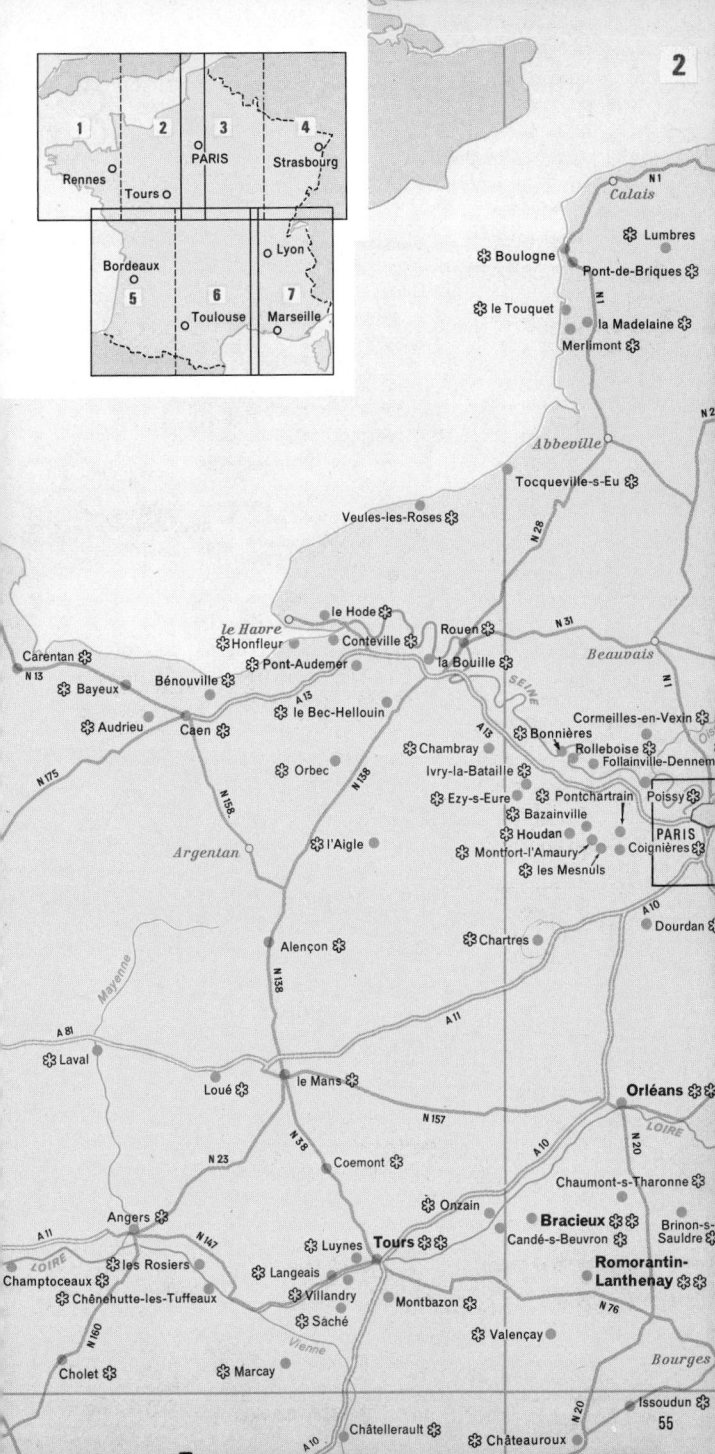

2

1 | 2 | 3 | 4
Rennes ○ | Tours ○ | ○ PARIS | Strasbourg ○

Bordeaux ○ | ○ Lyon
5 | **6** | **7**
○ Toulouse | Marseille ○

N 1

Calais

❀ Lumbres

❀ Boulogne ● Pont-de-Briques

❀ le Touquet ● la Madelaine

Merlimont ❀

N 1

N 2

Abbeville ○

Tocqueville-s-Eu ❀

Veules-les-Roses ❀

N 28

N 31

le Hode ❀

le Havre ● ❀ Honfleur

❀ Conteville ❀ Rouen ●

Carentan ❀ ❀ Pont-Audemer ❀ la Bouille ❀ *Beauvais* ○

N 13 Bénouville ❀ A 13 *SEINE*

❀ Bayeux ❀ le Bec-Hellouin Cormeilles-en-Vexin ❀

❀ Audrieu Caen ❀ A 13 ❀ Bonnières *Oise*

❀ Chambray Rolleboise ❀

N 175 ❀ Orbec Ivry-la-Bataille ❀ Follainville-Dennem ❀

N 158 ❀ Ezy-s-Eure ❀ Pontchartrain Poissy ❀

Argentan ○ ❀ l'Aigle ❀ Bazainville **PARIS**

❀ Houdan Coignières ❀

Montfort-l'Amaury ❀

❀ les Mesnuls

Alençon ❀ ❀ Chartres ● A 10 Dourdan ●

Mayenne N 158

A 81 A 11

❀ Laval

N 23 Loué ❀ le Mans ❀ N 157 **Orléans** ❀ ❀

LOIRE

N 20

Coemont ❀ Chaumont-s-Tharonne ●

N 58 A 10 **Bracieux** ❀ ❀

Angers ❀ ❀ Onzain Brinon-s-

A 11 N 147 ❀ Luynes **Tours** ❀ ❀ Candé-s-Beuvron ● Sauldre ❀

LOIRE ❀ les Rosiers ❀ Langeais **Romorantin-**

Champtoceaux ❀ ❀ Villandry **Lanthenay** ❀ ❀

❀ Chênehutte-les-Tuffeaux ❀ Saché Montbazon ❀ N 76

N 160 *Vienne* ❀ Valençay ●

Cholet ● ❀ Marcay *Bourges*

N 20

Issoudun ❀

A 10 Châtellerault ❀ ❀ Châteauroux **55**

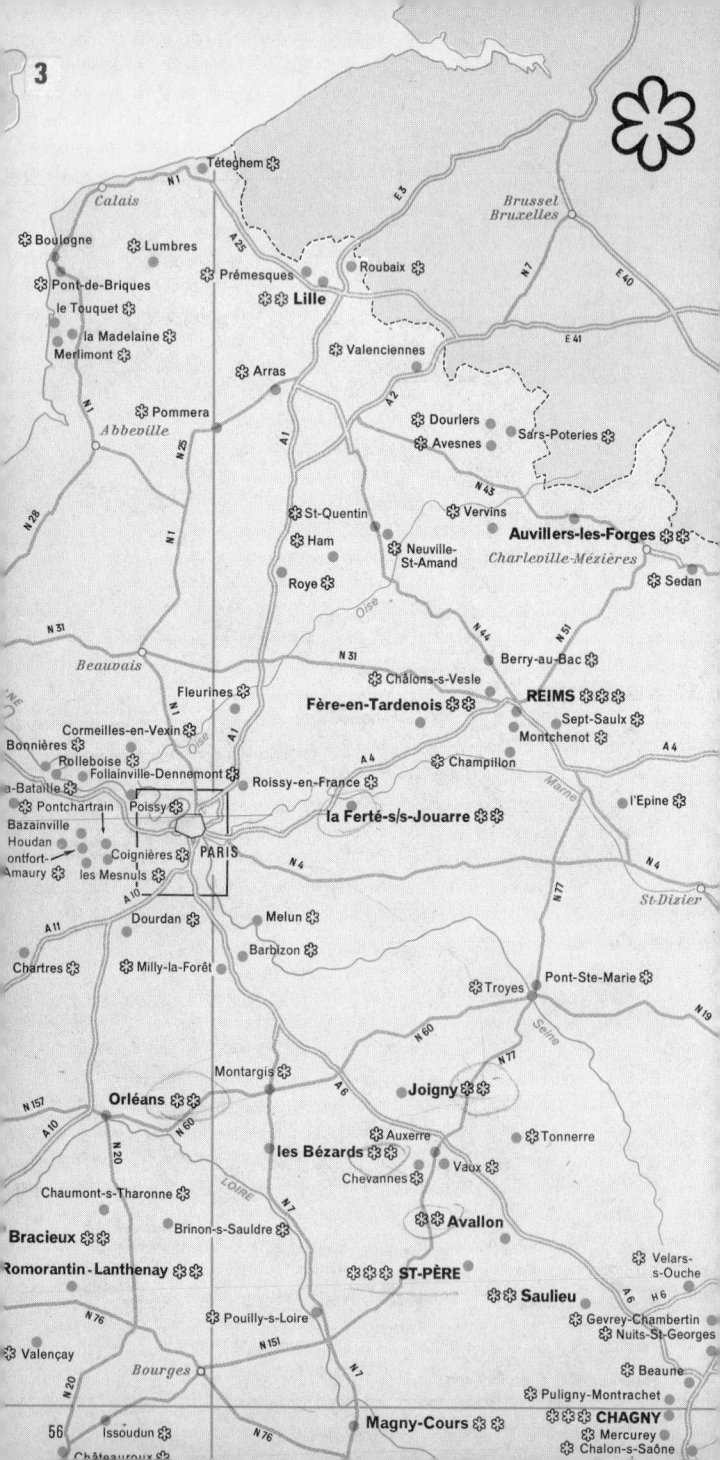

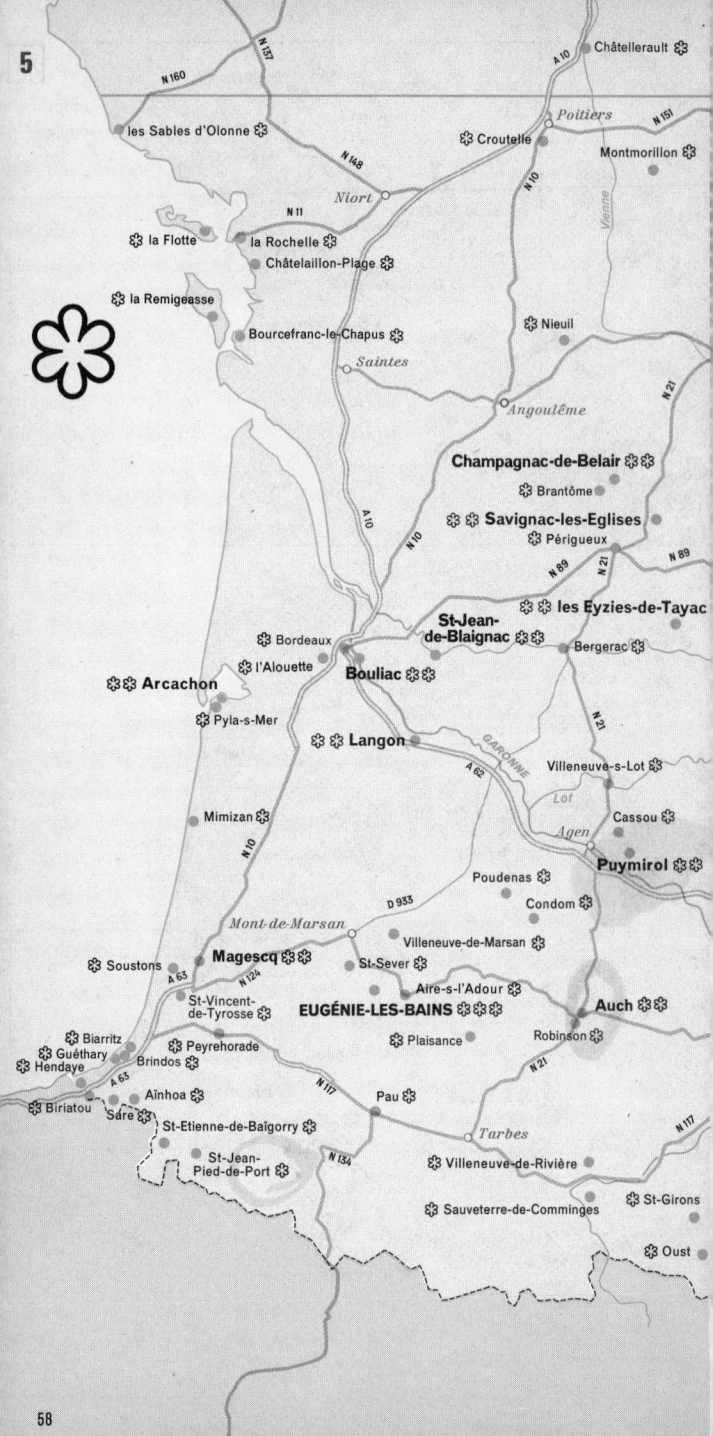

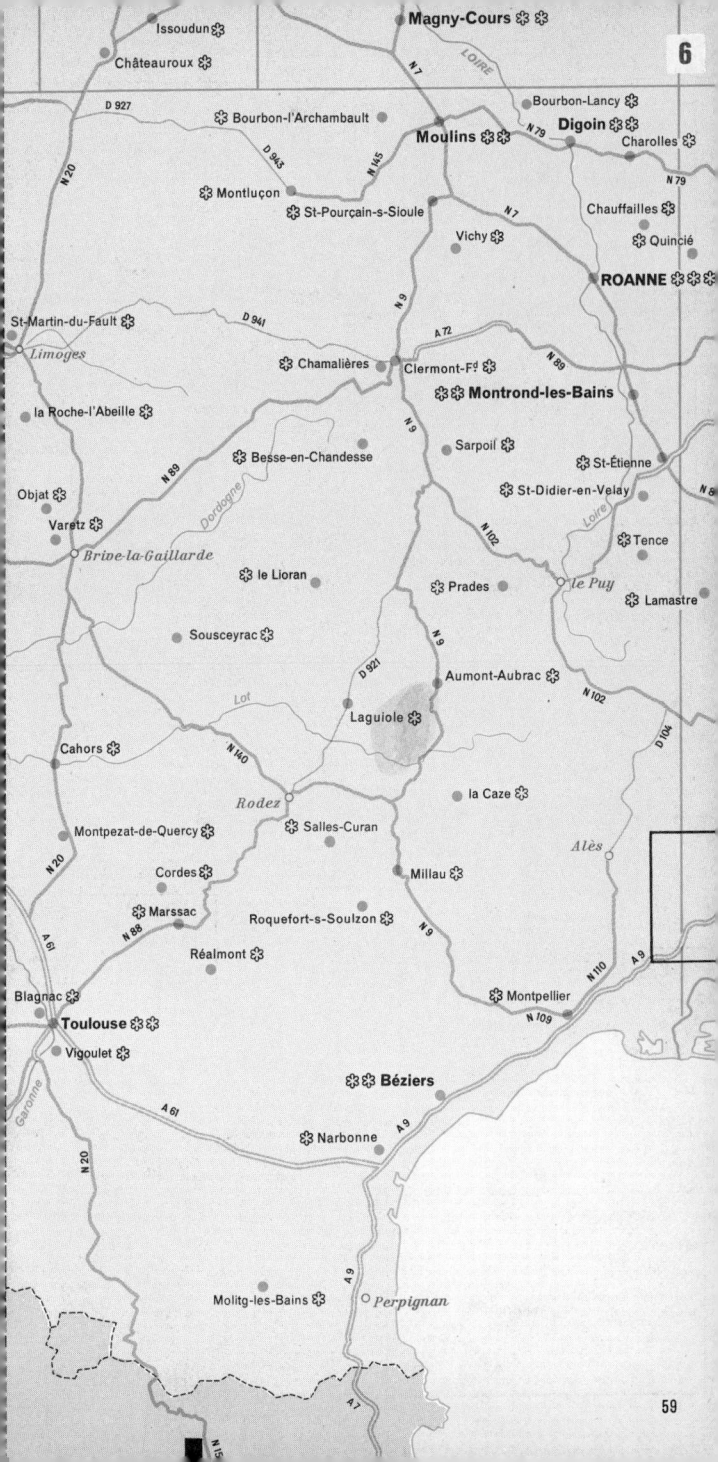

Issoudun ❄
Magny-Cours ❄ ❄
Châteauroux ❄
D 927
Bourbon-Lancy ❄
Bourbon-l'Archambault ❄
Moulins ❄ ❄
Digoin ❄ ❄
N 79
Charolles ❄
D 943
N 145
N 79
Montluçon ❄
St-Pourçain-s-Sioule ❄
N 7
Chauffailles ❄
N 20
Vichy ❄
Quincié ❄
N 9
ROANNE ❄ ❄ ❄
St-Martin-du-Fault ❄
D 941
A 72
Limoges
Chamalières ❄
Clermont-Fd ❄
N 89
la Roche-l'Abeille ❄
❄ ❄ **Montrond-les-Bains**
N 89
Besse-en-Chandesse ❄
N 9
Sarpoil ❄
St-Étienne ❄
Objat ❄
Dordogne
St-Didier-en-Velay ❄
N 8
Varetz ❄
N 102
Tence ❄
Brive-la-Gaillarde
le Lioran ❄
Loire
Prades ❄
le Puy
Lamastre ❄
Sousceyrac ❄
N 9
D 921
Aumont-Aubrac ❄
N 102
Laguiole ❄
D 104
Cahors ❄
N 140
Lot
la Caze ❄
Rodez
Montpezat-de-Quercy ❄
Salles-Curan ❄
Alès
Cordes ❄
Millau ❄
Marssac ❄
Roquefort-s-Soulzon ❄
N 9
Réalmont ❄
N 88
A 61
Blagnac ❄
N 110
A 9
Toulouse ❄ ❄
Montpellier ❄
Vigoulet ❄
N 109
Garonne
A 61
❄ ❄ **Béziers**
N 20
Narbonne ❄
A 9
A 9
Molitg-les-Bains ❄
Perpignan
A 7
N 15

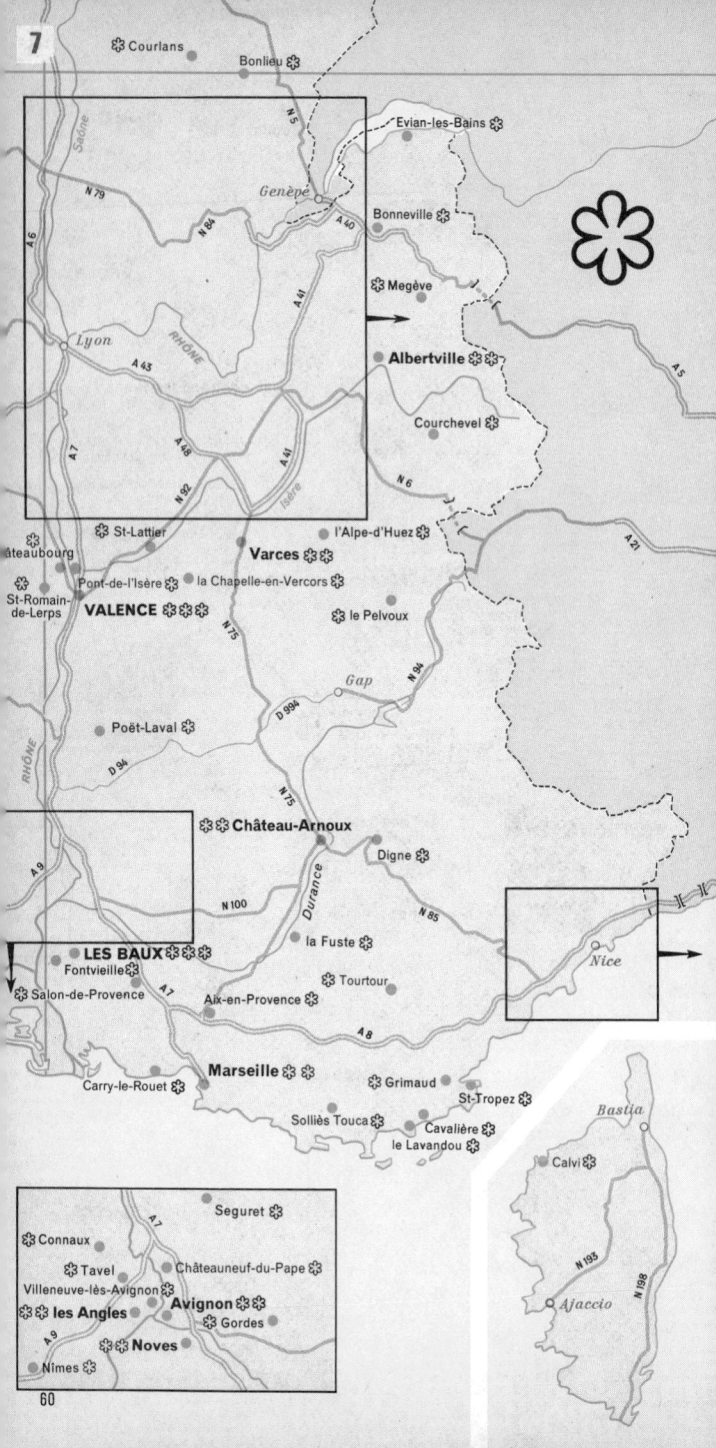

❀ Courlans
Bonlieu ❀

N 5
Evian-les-Bains ❀

Saône
Genêpe ●

N 79
A 40
Bonneville ❀

A 6
N 84
A 41
Megève ❀

Lyon
RHÔNE
A 43
Albertville ❀ ❀

A 48
N 92
A 41
Isère
Courchevel ❀

N 6

A 7
❀ St-Lattier
l'Alpe-d'Huez ❀

Châteaubourg
Varces ❀ ❀

Pont-de-l'Isère ❀ ❀ la Chapelle-en-Vercors ❀

St-Romain-de-Lerps
VALENCE ❀ ❀ ❀
❀ le Pelvoux

N 75
Gap ○
N 94

❀ Poët-Laval
D 994

RHÔNE
D 94
N 75

❀ ❀ Château-Arnoux
Digne ❀

A 9
N 100
Durance
N 85

❀ LES BAUX ❀ ❀ ❀
Fontvieille ❀
la Fuste ❀

❀ Salon-de-Provence
A 7
Aix-en-Provence ❀
Tourtour ❀

A 8
Nice ○

❀ MARSEILLE ❀ ❀
❀ Grimaud
St-Tropez ❀

Carry-le-Rouet ❀
Solliès Toucas ❀
Cavalière ❀ ❀
le Lavandou ❀

Bastia ○

❀ Calvi ❀

Séguret ❀

A 7

❀ Connaux
Châteauneuf-du-Pape ❀

❀ Tavel
Villeneuve-lès-Avignon ❀
N 193
N 198

A 9
les Anges ❀
Avignon ❀ ❀
Gordes ❀

❀ ❀ Noves
Ajaccio ○

Nîmes ❀

7

A 5

A 21

60

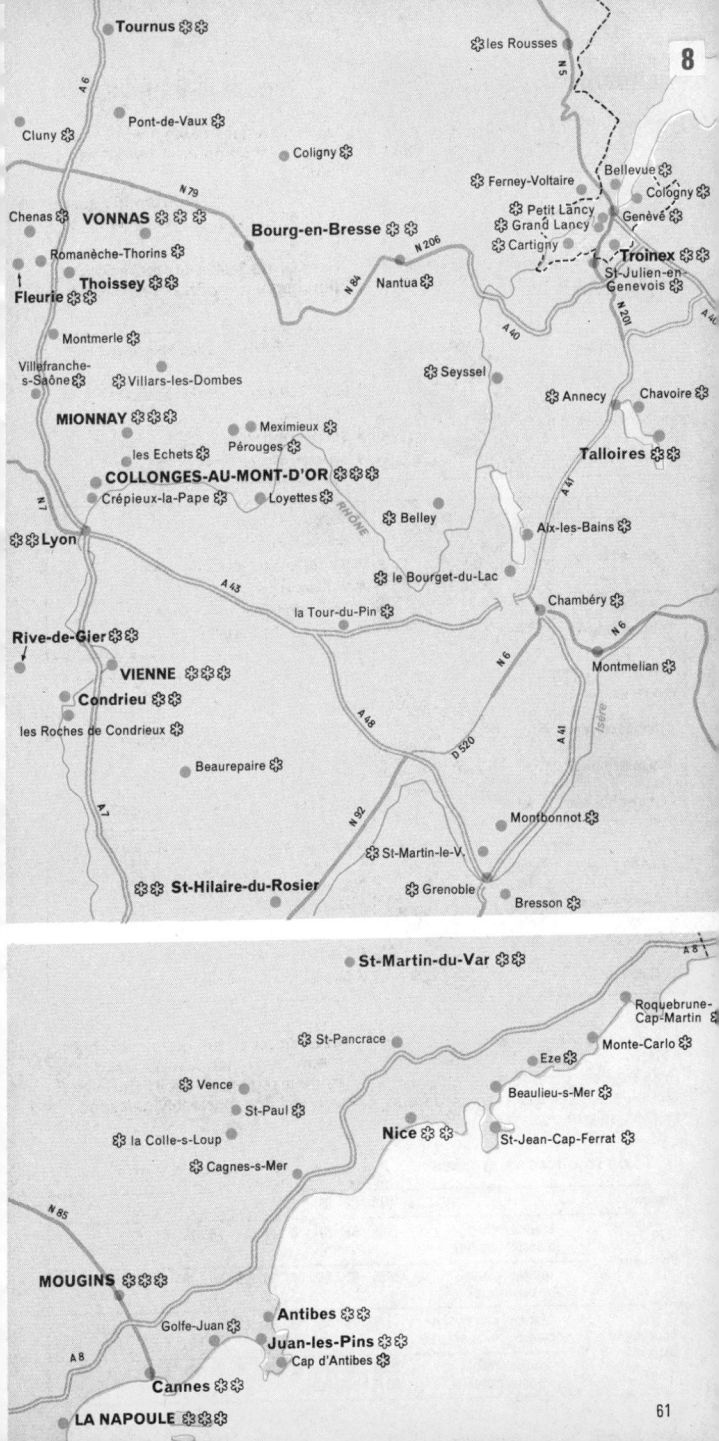

8

Tournus

les Rousses

Cluny
Pont-de-Vaux
Coligny
Ferney-Voltaire
Bellevue
Cologny
Genève
Chenas
VONNAS
Petit Lancy
Grand Lancy
Romanèche-Thorins
Bourg-en-Bresse
Cartigny
Troinex
St-Julien-en-
Genevois
Thoissey
Nantua
Fleurie
Montmerle
Seyssel
Villefranche-
s-Saône
Villars-les-Dombes
Annecy
Chavoire
MIONNAY
Méximieux
Talloires
les Echets
Pérouges
COLLONGES-AU-MONT-D'OR
Crépieux-la-Pape
Loyettes
Aix-les-Bains
Lyon
Belley
le Bourget-du-Lac
la Tour-du-Pin
Chambéry
Rive-de-Gier
VIENNE
Montmélian
Condrieu
les Roches de Condrieux
Beaurepaire
Montbonnot
St-Hilaire-du-Rosier
St-Martin-le-V.
Grenoble
Bresson

St-Martin-du-Var

Roquebrune-
Cap-Martin
St-Pancrace
Eze
Monte-Carlo
Vence
Beaulieu-s-Mer
St-Paul
Nice
la Colle-s-Loup
St-Jean-Cap-Ferrat
Cagnes-s-Mer

MOUGINS

Antibes
Golfe-Juan
Juan-les-Pins
Cap d'Antibes
Cannes
LA NAPOULE

LES VINS et LES METS

Un mets préparé avec une sauce au vin s'accommode, si possible, du même vin.

Vins et fromages d'une même région s'associent souvent avec succès.

Voici quelques suggestions de vins selon les mets :

FOOD and WINE

Dishes prepared with a wine sauce are best accompanied by the same kind of wine.

Wines and cheeses from the same region usually go very well together.

Here are a few hints on selecting the right wine with the right dish :

Vins blancs secs / Dry white wines / Vini bianchi secchi / Herber Weißwein		1 Muscadet, Pouilly-s-L., Sancerre, Vouvray sec 2 Graves secs 3 Chablis, Meursault, Pouilly-Fuissé, Viré 4 Brut ou sec 5 St-Péray, Hermitage 6 Sylvaner, Riesling, Pinot
Vins rouges légers / Light red wines / Vini rossi leggeri / Leichter Rotwein		1 Bourgueil, Chinon 2 Graves, Médoc 3 Côte de Beaune, Mercurey, Beaujolais... 4 Brut ou sec (blanc) 5 Tavel (rosé), Côtes de Provence 6 Pinot noir, Riesling (blanc)
Vins rouges corsés / Full bodied red wines / Vini rossi robusti / Kräftiger Rotwein		1 2 Pomerol, St-Émilion 3 Chambertin, Côte-de-Nuits, Pommard... 4 Brut (blanc) 5 Châteauneuf-du-Pape, Cornas, Côte-Rôtie 6 Gewurztraminer (blanc pour fromages)
Vins de dessert / Sweet wines / Vini da dessert / Süßer Wein		1 Anjou 2 Sauternes, Monbazillac 3 Rivesaltes 4 Demi-sec 5 Beaumes-de-Venise 6 Muscat, Gewurztraminer (vins secs)

En dehors des grands crus, il existe en maintes régions de France des vins locaux qui, bus sur place, vous réserveront d'heureuses surprises.

In addition to the fine wines there are many French wines, best drunk in their region of origin and which you will find extremely pleasant.

Les meilleures années / The best vintages

Alsace		1979 82 83									
Bordeaux	blancs (white) (bianchi) (weiße)	1955 61 67 70 71 75 78 79 81 82									
	rouges (claret) (rossi) (rote)	1955 61 66 67 70 75 76 78 79 81 82									
Bourgogne Burgundy Burgunder	blancs (white) (bianchi) (weiße)	1971 75 78 79 81 82									
	rouges (red) (rossi) (rote)	1961 69 71 72 76 78 79 81 82 83 (Beaujolais)									

I VINI e le VIVANDE

Un piatto preparato con una salsa al vino si accorda, se possibile, con lo stesso vino.

Vini e formaggi di una stessa regione si associano molte volte con successo.

Qui accanto qualche suggerimento sul consumo dei vini :

WELCHER WEIN ZU WELCHER SPEISE

Wenn die Sauce eines Gerichts mit Wein zubereitet ist, so wählt man nach Möglichkeit diesen als Tischwein.

Weine und Käse aus der gleichen Region harmonieren oft geschmacklich besonders gut.

Nebenstehend Vorschläge zur Wahl der Weine.

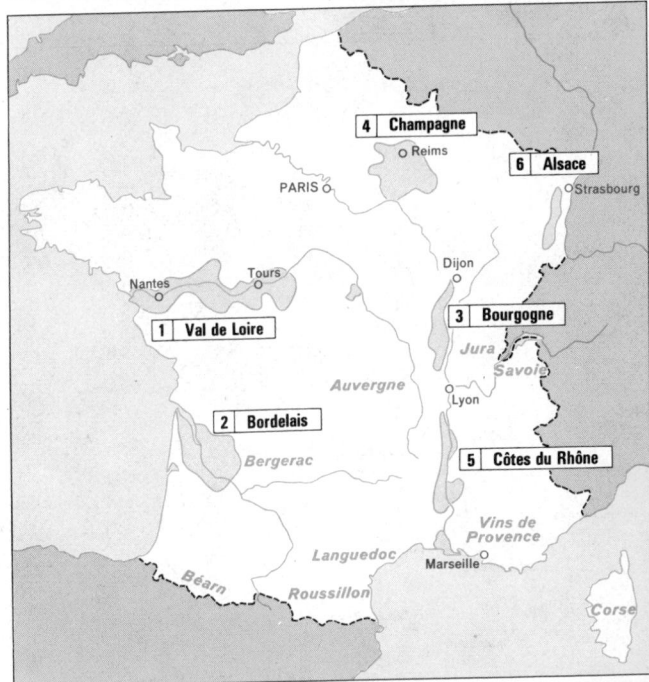

Al di fuori dei grandi vini, esistono in molte regioni francesi dei vini locali che, bevuti sul posto, Vi riserveranno piacevoli sorprese.

Neben den Spitzengewächsen gibt es in manchen französischen Regionen Landweine, die Sie am Anbauort trinken sollten. Sie werden angenehm überrascht sein.

Le migliori annate		Die besten Jahrgänge										
Champagne		1973	75	76	79							
Côtes-du-Rhône		1967	69	70	71	72	76	78	79	80	82	
Vins de la Loire	Muscadet	1981	82	83								
	Anjou - Touraine	1955	59	69	71	75	76	78	81	82		
	Pouilly - Sancerre	1978	79	81	82	83						

REPAS SOIGNÉS A PRIX MODÉRÉS

GOOD FOOD AT MODERATE PRICES

PASTI ACCURATI A PREZZI CONTENUTI

SORGFÄLTIG ZUBEREITETE, PREISWERTE MAHLZEITEN

R 48

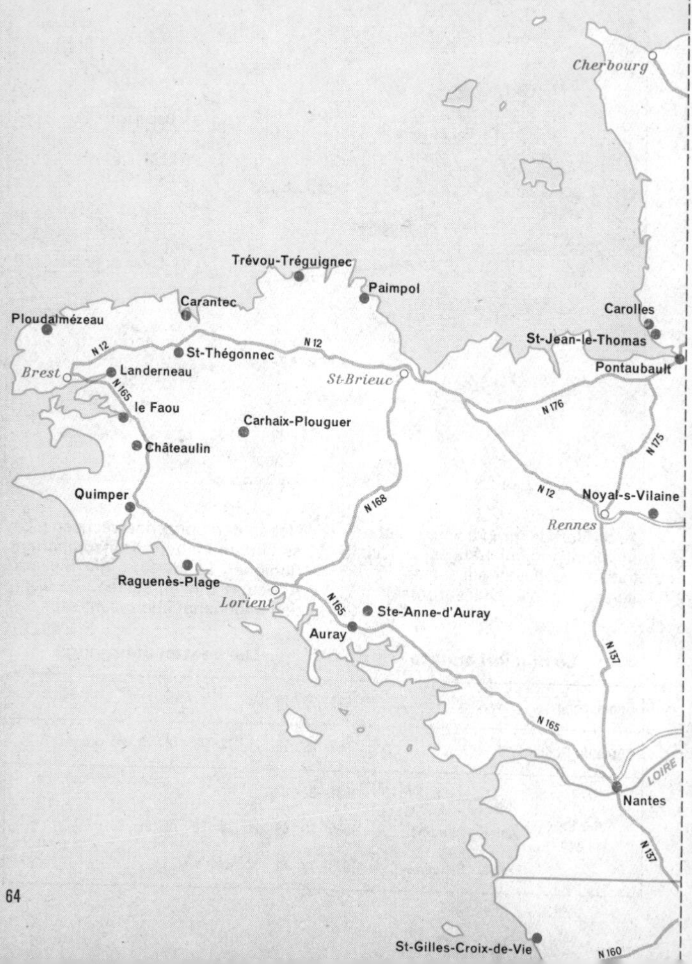

Cherbourg

Trévou-Tréguignec

Paimpol

Carantec

Carolles

Ploudalmézeau

St-Jean-le-Thomas

N 12

Pontaubault

Brest

St-Thégonnec

N 12

St-Brieuc

Landerneau

N 165

N 176

le Faou

Carhaix-Plouguer

N 175

Châteaulin

N 12

Noyal-s-Vilaine

Quimper

N 168

Rennes

Raguenès-Plage

Lorient

Ste-Anne-d'Auray

N 165

N 157

Auray

N 165

LOIRE

Nantes

N 157

St-Gilles-Croix-de-Vie

N 160

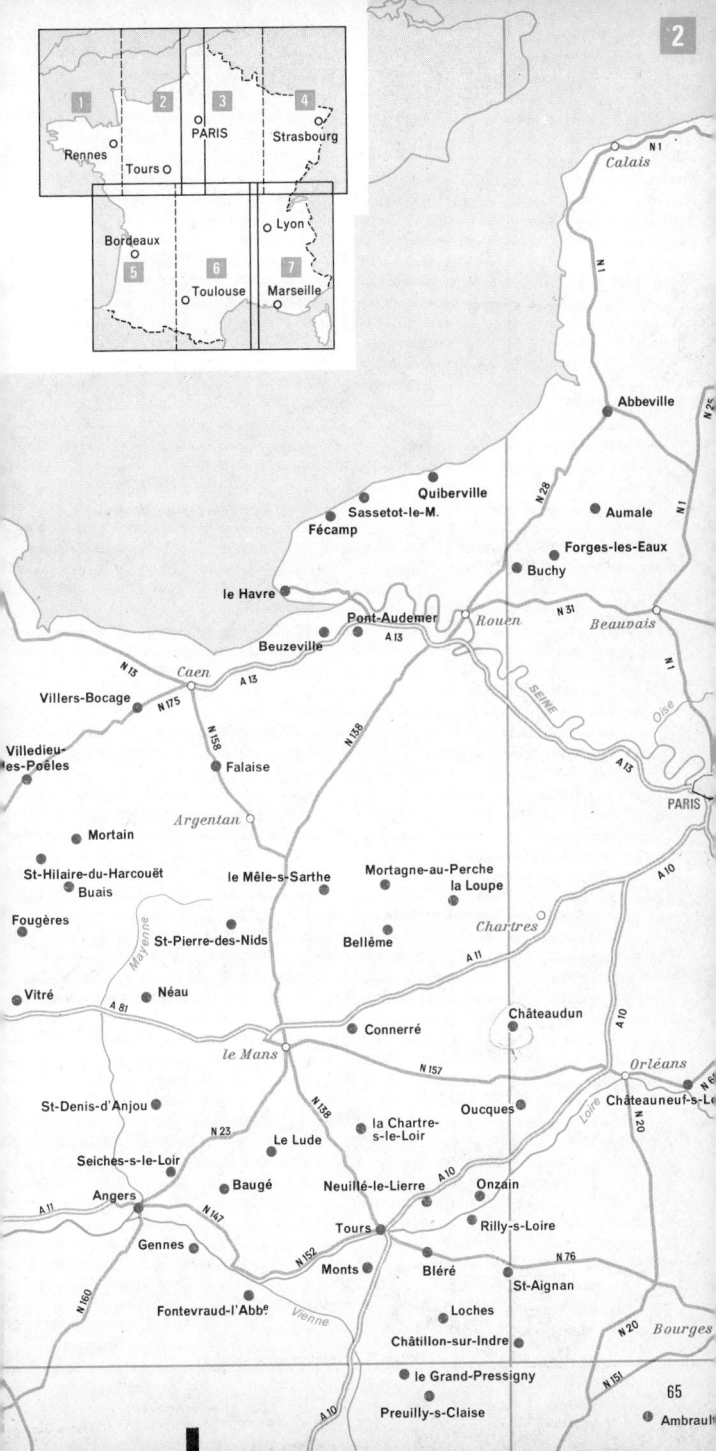

Calais

N 1

N 25

Abbeville

N 28

Aumale

Quiberville
Sassetot-le-M.
Fécamp

Forges-les-Eaux
Buchy

N 1

le Havre

Pont-Audemer

Rouen

Beauvais

N 31

Beuzeville

A 13

SEINE

Oise

N 1

N 15

Caen

A 13

Villers-Bocage

N 175

N 158

A 13

PARIS

Villedieu-
les-Poêles

Falaise

N 158

Argentan

Mortain

St-Hilaire-du-Harcouët
Buais

le Mêle-s-Sarthe

Mortagne-au-Perche
la Loupe

A 10

Fougères

Mayenne

St-Pierre-des-Nids

Bellême

Chartres

A 11

Vitré

A 81

Néau

Connerré

Châteaudun

A 10

le Mans

N 157

Orléans

St-Denis-d'Anjou

N 23

Le Lude

la Chartre-
s-le-Loir

Oucques

Loire

Châteauneuf-s-Le

N 6

Seiches-s-le-Loir

Baugé

Neuillé-le-Lierre

A 10

Onzain

N 20

Angers

N 147

Tours

Rilly-s-Loire

A 11

Gennes

N 152

Monts

Bléré

N 76

St-Aignan

N 160

Vienne

Fontevraud-l'Abbᵉ

Loches

Châtillon-sur-Indre

N 20

Bourges

le Grand-Pressigny

N 151

Preuilly-s-Claise

A 10

Ambrauh

Calais N 1

N 1

A 25

Lille

A 1

Bruay-en-Artois

N 25 A 26 A 2

E 3

Brussel
Bruxelles

N 7 E 40

E 41

N 43

Abbeville

N 1

N 28

Aumale

Forges-les-Eaux

N 31

Montdidier

Beauvais

A 1

Charleville-Mézières

Oise N 44

N 51

N 1

Soissons N 31

Reims

A 1

A 4 Marne A 4

SEINE

Epernay

N 44

A 13

PARIS

Vertus

N 4 N 4 Perthes

N 77 St Dizier

A 10 A 6

A 11

Chartres

Chailly-en-Bière

Seine

Troyes N 19

St-Valérien N 60

Colombey-les-Deux-Eglises

Sens

Gyé-s-Seine

Orléans N 60

Migennes N 77

Arc-en-Barrois

A 10

Châteauneuf-s-Loire

Auxerre

ues

N 20

Gien

Loire

N 151

A 6

N 76

St-Martin-d'Auxigny

N 7

Pouilly-s-Loire

Saulieu

gnan N 20

Bourges N 151

Meursault

A 31

66

Nevers Montigny-aux-Amognes

N 76

Autun

Ambrault

Etang-s-Arroux

Châlon-s-Saône

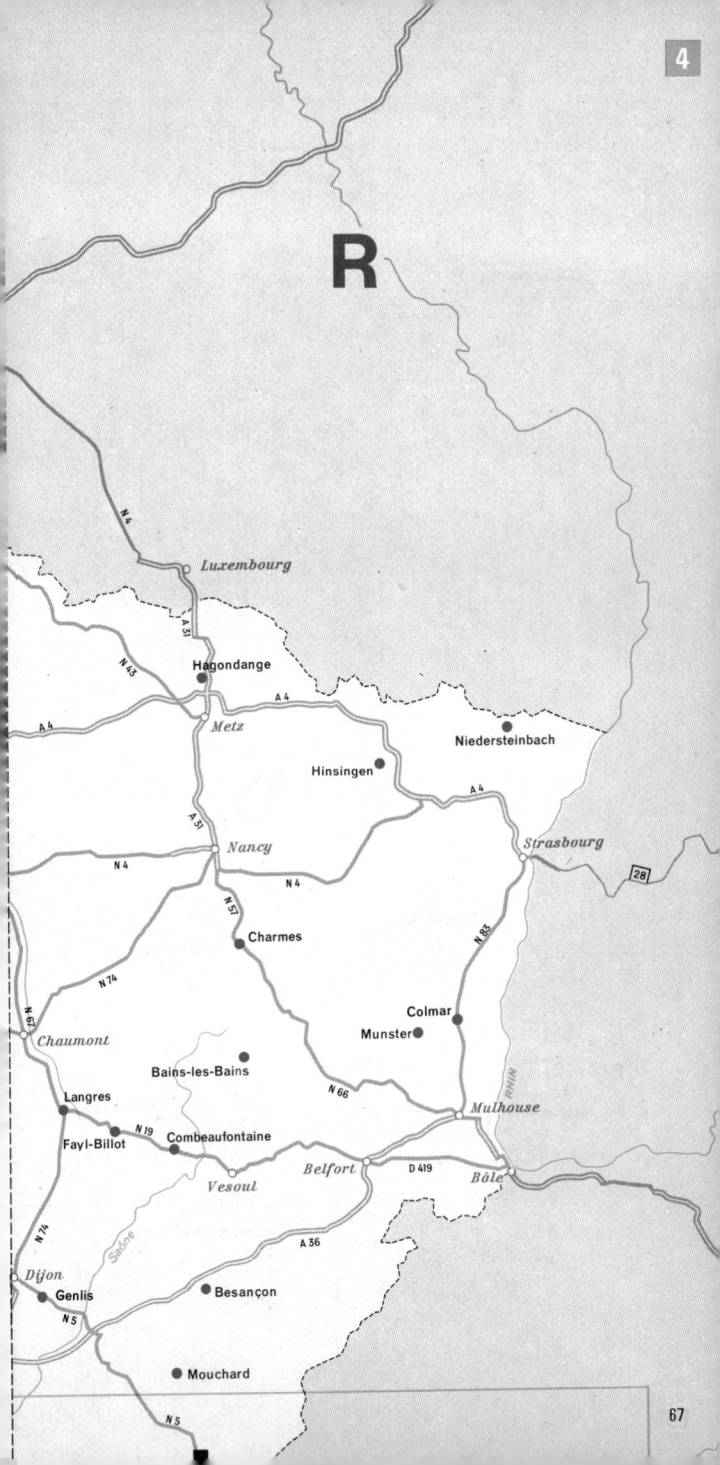

R

Luxembourg

N 4

A 31

N 43

Hagondange

A 4

A 4

Metz

Niedersteinbach

A 31

Hinsingen

A 4

N 4

Nancy

Strasbourg

28

N 4

N 57

N 83

Charmes

N 74

Colmar

Munster

N 67

Chaumont

Bains-les-Bains

N 66

Mulhouse

Langres

N 19

Combeaufontaine

Fayl-Billot

Belfort

D 419

Bôle

Vesoul

RHIN

N 74

Saône

A 36

Dijon

Genlis

Besançon

N 5

Mouchard

N 5

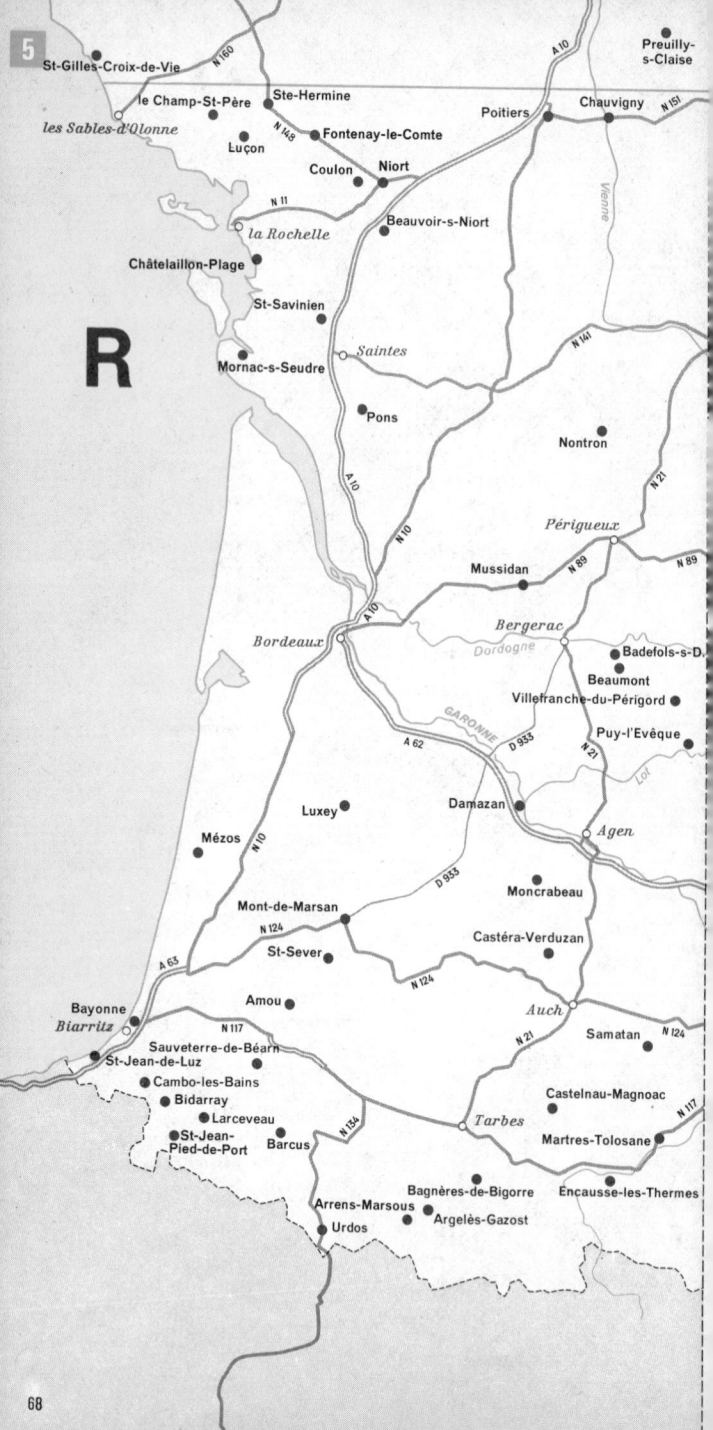

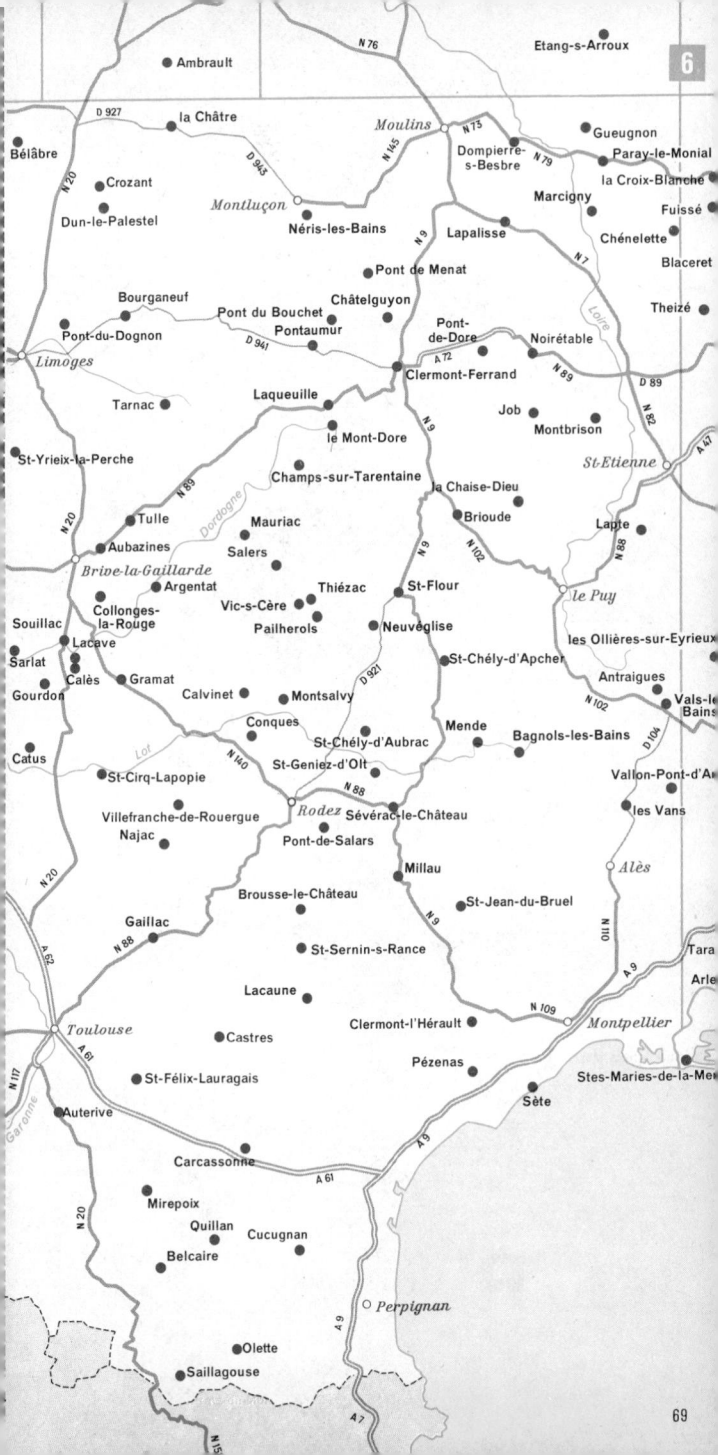

Etang-s-Arroux

Ambrault

la Châtre

Moulins

N 76

N 73

Gueugnon

Dompierre-
s-Besbre

Paray-le-Monial

D 927

D 945

N 145

N 79

la Croix-Blanche

Bélâbre

Crozant

Marcigny

Fuissé

Dun-le-Palestel

Montluçon

Néris-les-Bains

Lapalisse

N 9

Chénelette

N 7

Blaceret

Pont de Menat

Bourganeuf

Pont du Bouchet

Châtelguyon

Theizé

Pont-du-Dognon

Pontaumur

D 941

Pont-
de-Dore

A 72

Noirétable

N 89

D 89

N 82

Limoges

Tarnac

Laqueuille

Clermont-Ferrand

Job

Montbrison

St-Yrieix-la-Perche

le Mont-Dore

Champs-sur-Tarentaine

la Chaise-Dieu

St-Etienne

A 47

N 89

Dordogne

N 9

N 102

Brioude

Tulle

Mauriac

Lapte

N 88

Aubazines

Salers

Brive-la-Gaillarde

Argentat

Thiézac

St-Flour

le Puy

Souillac

Collonges-
la-Rouge

Vic-s-Cère

Pailherols

Neuvéglise

les Ollières-sur-Eyrieux

Sarlat

Lacave

D 921

St-Chély-d'Apcher

Antraigues

Calès

Gramat

Calvinet

Montsalvy

N 102

Vals-les-
Bains

Gourdon

Conques

Mende

Bagnols-les-Bains

D 104

Catus

Lot

N 140

St-Chély-d'Aubrac

St-Geniez-d'Olt

N 88

Vallon-Pont-d'Ar

St-Cirq-Lapopie

Rodez

Sévérac-le-Château

les Vans

Villefranche-de-Rouergue

Najac

Pont-de-Salars

Millau

Alès

N 20

Brousse-le-Château

St-Jean-du-Bruel

N 9

N 110

Gaillac

N 88

St-Sernin-s-Rance

Tara

A 62

Lacaune

N 109

A 9

Arle

Toulouse

A 61

Castres

Clermont-l'Hérault

Montpellier

N 117

St-Félix-Lauragais

Pézenas

Stes-Maries-de-la-Mer

Garonne

Auterive

Sète

A 9

Carcassonne

A 61

N 20

Mirepoix

Quillan

Cucugnan

Belcaire

Perpignan

A 9

Olette

A 7

Saillagouse

N 15

69

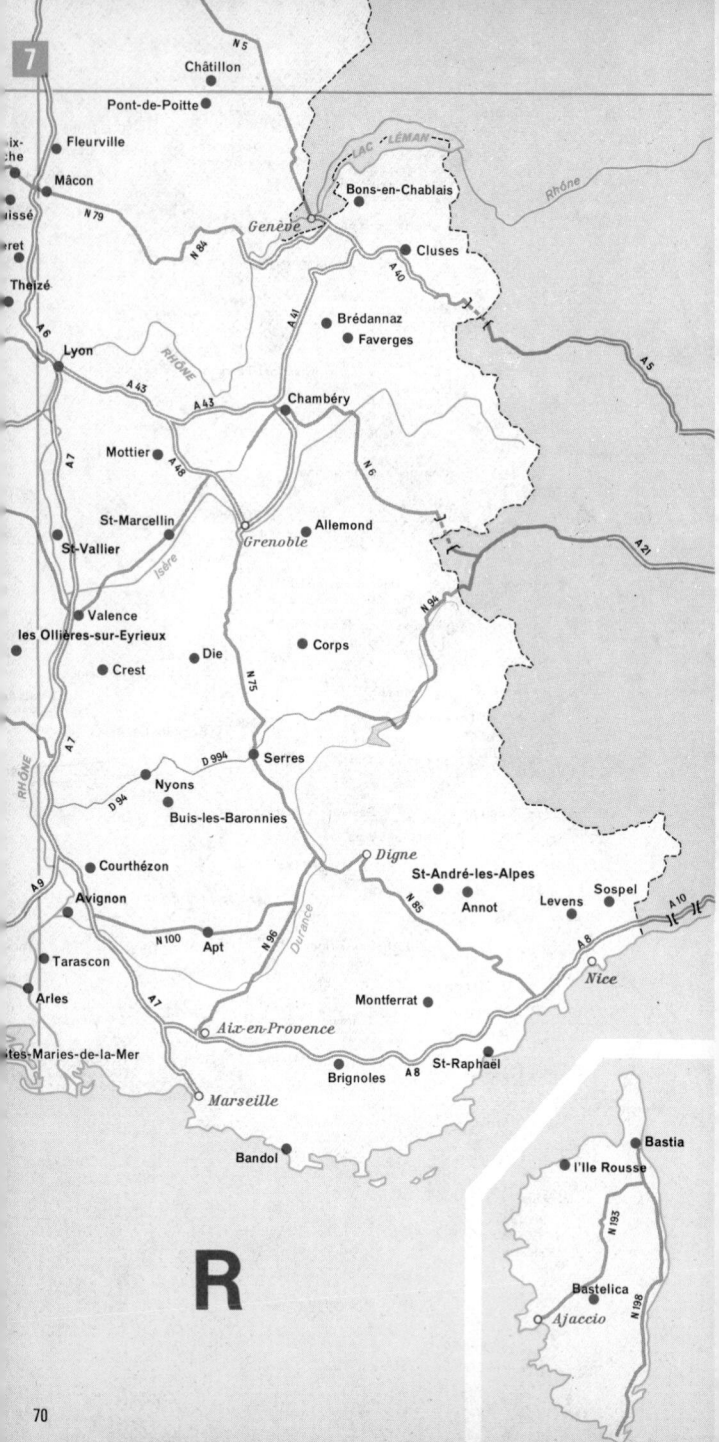

7

Châtillon

Pont-de-Poitte

Fleurville

Mâcon

N 5

N 79

Theizé

Lyon

A 6

A 7

A 43

A 48

Mottier

St-Marcellin

St-Vallier

Valence

les Ollières-sur-Eyrieux

Crest

Die

A 7

RHÔNE

RHÔNE

Genève

LAC LÉMAN

Rhône

Bons-en-Chablais

Cluses

A 40

Brédannaz

Faverges

Chambéry

N 6

Allemond

Grenoble

Isère

Corps

N 75

N 94

Serres

D 994

Nyons

D 94

Buis-les-Baronnies

Courthézon

Avignon

A 9

Tarascon

Arles

A 7

N 100

Apt

N 96

Durance

Digne

St-André-les-Alpes

Annot

N 85

Levens

Sospel

A 10

A 8

Nice

Montferrat

Aix-en-Provence

Brignoles

A 8

St-Raphaël

tes-Maries-de-la-Mer

Marseille

Bandol

A 5

A 41

A 84

R

70

Bastia

l'Ile Rousse

N 193

Bastelica

Ajaccio

N 198

LOCALITÉS
par ordre alphabétique

PLACES
in alphabetical order

LOCALITÀ
in ordine alfabetico

Alphabetisches
ORTSVERZEICHNIS

Plan page suivante

ABBEVILLE ◆ 80100 Somme 🗺️ ⑥ ⑦ **G. Nord de la France** – 25 998 h. – ✦ 22.

Voir Château de Bagatelle★ CZ – Façade★ de l'église St-Vulfran BY E – Musée Boucher de Perthes ★ BY M.

Env. St-Riquier : intérieur★★ de l'église★ 9 km par ② – Vallée de la Somme★ par ⑤.

🔖 Syndicat d'Initiative 26 pl. Libération (fermé dim. et lundi) ☎ 24.27.92 – A.C. 85 r. Saint-Gilles ☎ 24.30.69.

Paris 163 ④ – ◆Amiens 45 ③ – Arras 76 ② – Beauvais 87 ④ – Béthune 83 ② – Boulogne-sur-Mer 80 ① – Dieppe 64 ⑥ – ◆Le Havre 163 ⑥ – ◆Rouen 99 ⑤ – St-Omer 86 ①.

🏛 **France**, 19 pl. Pilori ☎ 24.00.42 – 🕽 📺 🛏wc 🛏wc ☎ � & 🚗 – 🛥 35. ㏂ ⊙ 🇪
🌇 rest   BY **a**
SC : **R** *(fermé 15 déc. au 15 janv.)* 58 bc/115 ⅄ – ⊑ 16,50 – **77 ch** 57/180.

🏠 **Chalet**, 2 av. Gare ☎ 24.21.57 – 🛏wc ℗   AZ **r**
◆ *fermé 15 déc. au 15 janv. et dim. soir sauf fêtes et sais.* – SC : **R** 43/60 ⅄ – 🛥 14 –
12 ch 70/130.

XX **Au Châteaubriant**, 1 pl. Hôtel de Ville ☎ 24.08.23 – 🇪 🌇   BY **z**
◆ *fermé 15 sept. au 8 oct., 1ᵉʳ au 15 mars, dim. soir et lundi sauf fériés* – SC : **R** 130
bc/50.

XX **L'Escale en Picardie**, 15 r. Teinturiers ☎ 24.21.51, Poissons et coquillages – ㏂
⊙ 🇪 🌇. 🌇   BXY **s**
fermé août, vacances de fév., dim. soir, soirs de fêtes et lundi – SC : **R** 82/150.

XX **Aub. de la Corne**, 32 chaussée du Bois ☎ 24.06.34 – ㏂ 🇪 🌇   BY **e**
◆ *fermé 1ᵉʳ au 21 juin, 1ᵉʳ au 15 mars, dim. soir et lundi* – SC : **R** 64/156.

X **Condé** avec ch, 14 pl. Libération ☎ 24.06.33 – 🌇 ch   BY **u**
◆ *fermé 15 août au 8 sept., 24 déc. au 8 janv. et dim.* – SC : **R** 46/78 ⅄ – 🛥 12 – **7 ch**
60/90.

à Épagnette par ④ : 3 km – ✉ 80580 Pont-Rémy :

XX **La Picardière**, ☎ 24.15.28 – ℗. ㏂ ⊙ 🇪 🌇   ◆
◆ *fermé 3 au 12 avril, mardi soir et merc.* – SC : **R** 45/120.

CITROEN Gar. République, 214 bd République ☎ 24.30.80 🅽
FIAT, LANCIA-AUTOBIANCHI Picardie-Autom., Zone Ind., av. R.-Schumann ☎ 24.47.63
FORD Abbeville-Autom., 29 Chaussée Hocquet ☎ 24.08.54
MERCEDES-BENZ, V.A.G. Gar. Hochede, 30 r. Pados ☎ 24.23.62
PEUGEOT-TALBOT Les Gds Gar. de l'Avenir, 8 bd République ☎ 24.77.55

RENAULT Palais Autom., Zone Ind., rte Doullens par ② ☎ 24.29.80
V.A.G. S.A.D.R.A., 53 av. R.-Schuman, Zone Ind. ☎ 24.34.81

⊛ Abbeville Pneus, 214 bd de la République ☎ 24.20.42
Lagrange-Pneus, 76 rte Doullens ☎ 24.14.72

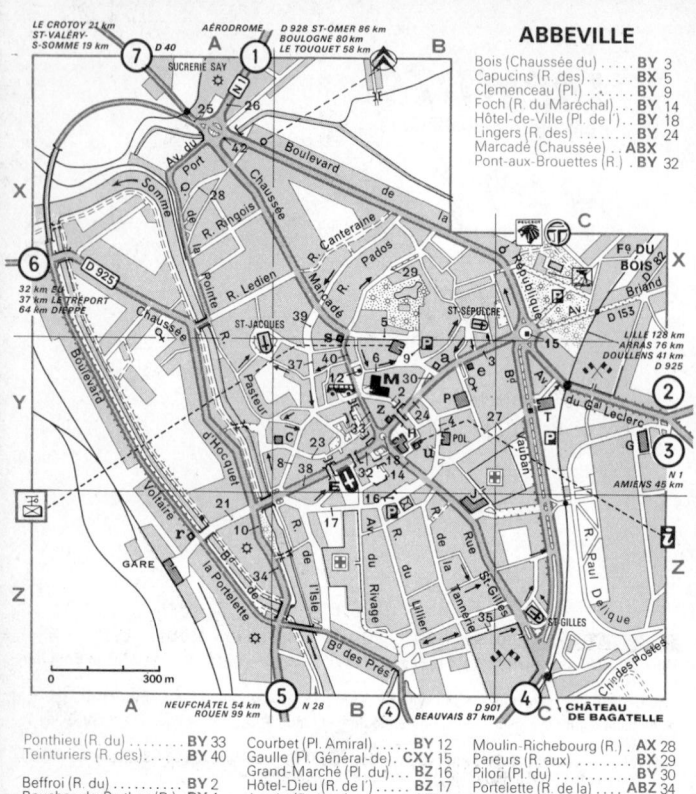

ABBEVILLE

☞ *Les localités dont les noms sont soulignés de rouge
sur les cartes Michelin à 1/200 000 sont citées dans ce guide.
Utilisez une carte récente pour profiter
de ce renseignement régulièrement mis à jour.*

L'ABER-WRAC'H 29 Finistère 🝰🝱 ④ G. Bretagne – alt. 53 – ✉ **29214** Lannilis – ✆ 98.
Paris 599 – ◆Brest 28 – Landerneau 35 – Landivisiau 44 – Morlaix 68 – Quimper 96.

  🏛 **Belle Vue**, ☏ 04.90.01, ≤, – 🚻wc 🅟, 🕱 rest
    1er avril-15 sept. – SC : **R** 55/300 – 🍺 20 – **44 ch** 85/185 – P 200/260.

ABLIS 78660 Yvelines 🝰🝰 ⑨, 🝰🝱🝲 ⑳ – 1 367 h. alt. 178 – ✆ 3.
Paris 63 – Chartres 31 – Étampes 30 – Mantes 64 – ◆Orléans 76 – Rambouillet 14 – Versailles 45.

  🍴 **Croix Blanche,** ☏ 059.10.31 – 🆎 ⓸ *VISA*
  ✦ *fermé 24 au 28 déc., 28 janv. au 10 mars, mardi soir et merc. sauf juil. et août* –
    SC : **R** 50/150.

  à l'Ouest : 6 km par D 168 – ✉ **28700** Auneau :

  🏰 **Château d'Esclimont** ⑤, ☏ (37) 34.15.15, Télex 780560, ≤, « parc », ⚞, 🕱 –
    🛗📺 🕿 🅟 – 🔬 60. 🆎 🕔 E *VISA*. 🕱 rest
    R 145/260 – 🖵 35 – **40 ch** 350/820, 8 appartements – P 490/750.

  à Craches NO : 7 km par N 10 et D 101 – ✉ **78660** Ablis :

  🏛 **Les Quatre Saisons** ⑤, 15 r. Libération ☏ 484.40.00, ☞ – 📶 🅟. 🆎 ⓸ *VISA*
    fermé jeudi midi et merc. – SC : **R** carte 100 à 140 – 🍺 15 – **7 ch** 110/150.

ABONDANCE 74360 H.-Savoie 70 ⑱ G. Alpes – 1 240 h. alt. 930 – Sports d'hiver : 1 000/1 800 m
🎿1 🚠13 – 🏕 50.

Voir Fresques★ du cloître.

🅸 Office de Tourisme à la Mairie (fermé sam. et dim. hors sais.) ☎ 73.02.90.

Paris 607 – Annecy 102 – Évian-les-Bains 28 – Morzine 39 – Thonon-les-Bains 28.

- 🏨 **Bel Air** Ⓜ ⌂, à Richebourg NE : 3 km ☎ 73.01.71, ← – ➙wc 🛏wc ☎ 🅿. ❄️
  26 mai-9 sept., 15 déc.-Pâques et fermé merc. hors sais. – SC : **R** 60/90 – ☲ 18 –
  23 ch 90/150 – P 160/170.
- 🏨 **Les Touristes,** ☎ 73.02.15, 🚗 – ➙wc 🛏 ☎ 🚗 🅿. ❄️
  15 juin-15 sept. et 15 déc.-Pâques – SC : **R** 65/95 – ☲ 15,50 – **28 ch** 100/200 –
  P 150/230.

CITROEN Trincaz, à Richebourg ☎ 73.03.16   RENAULT Gar. des Alpes, ☎ 73.01.41 🅽

ABRESCHVILLER 57560 Moselle 62 ⑧ – 1 309 h. alt. 290 – 🏕 8.
Paris 464 – Lunéville 56 – ✦Metz 102 – Sarrebourg 16 – Saverne 32 – ✦Strasbourg 71.

- 🏨 **Cigognes,** ☎ 703.70.09, 🗐, 🚗 – 📺 ➙wc 🛏 ☎ 🚗 🅿 – 🔬 25. ⑩
  SC : **R** 52/120 ⅄ – ☲ 16 – **29 ch** 115/170 – P 160/200.

ABREST 03 Allier 73 ⑤ – rattaché à Vichy.

Les ABRETS 38490 Isère 74 ⑭ – 2 795 h. alt. 399 – 🏕 76.
Paris 534 – Aix-les-B. 41 – Belley 33 – Chambéry 35 – ✦Grenoble 51 – La Tour-du-Pin 12 – Voiron 22.

- 🏨 **Host. Abrésienne,** rte Grenoble ☎ 32.04.28 – 🛏 🚗 🅿. 𝚅𝙸𝚂𝙰
  ✦ fermé 24 sept. au 14 oct. et mardi – SC : **R** 43/105 ⅄ – 🍽 14 – **22 ch** 60/94 –
  P 145/165.
- ✗ **Belle Étoile** avec ch, ☎ 32.04.97 – ➙wc 🛏wc ☎ 🚗 – **15 ch.**

CITROEN Gar. Central, ☎ 32.04.31   PEUGEOT-TALBOT Gar. Moderne, ☎ 32.04.13
PEUGEOT, TALBOT Bosse-Platière, ☎ 32.06.77

ACQUIGNY 27 Eure 55 ⑰ – rattaché à Louviers.

ADÉ 65 H.-Pyr. 85 ⑧ – rattaché à Lourdes.

Les ADRETS-DE-L'ESTÉREL 83 Var 84 ⑧, 195 ㉝ – 689 h. – ⊠ 83600 Fréjus – 🏕 94.
Env. Mt Vinaigre ✳★★★ S : 8 km puis 30 mn, G. Côte d'Azur.
Paris 889 – Cannes 25 – Draguignan 45 – Grasse 37 – Mandelieu 17 – St-Raphaël 21.

- ✗ Le Logis des Manons avec ch, ☎ 97.90.95, ← – 🛏wc 🅿 – sais. – **6 ch.**

AGAY 83 Var 84 ⑧, 195 ㉝㉞ G. Côte d'Azur – alt. 5 à 200 – ⊠ 83700 St-Raphaël – 🏕 94.
🅸 Office de Tourisme bd Mer N 98 (fermé matin hors sais., dim. et oct.) ☎ 44.01.85.
Paris 886 – Cannes 31 – Draguignan 43 – ✦Nice 63 – St-Raphaël 9.

- 🏨 **Sol e Mar** Ⓜ, au Dramont SO : 2 km ☎ 95.25.60, ← Ile d'Or et cap du Dramont, 🏊,
  ⛵ – 🖟 🅿
  début avril-15 oct. – SC : **R** 92/133 – ☲ 22 – **47 ch** 255/330 – P 300/353.
- 🏨 **France-Soleil** sans rest, ☎ 82.01.93, ←, ⛵, 🚗 – ➙wc 🚗 🅿. 🄰🄴 ❄️
  Pâques-oct. – SC : ☲ 18 – **16 ch** 230/295.
- 🏨 **Beau Site,** à Camp Long SO : 1 km par N 98 ☎ 82.00.45 – ➙wc 🛏wc 🚗 🅿.
  ❄️ rest
  15 mars-15 oct. – SC : **R** (dîner seul.) 70 – ☲ 16 – **25 ch** – ½ p 160/182.
- ✗ **Aub. de la Rade,** bd Bord de Mer ☎ 82.00.37, ←
  Pâques-fin sept. – SC : **R** 60/95.

AGDE 34300 Hérault 83 ⑮⑯ G. Causses – 13 235 h. – 🏕 67.
Voir Ancienne cathédrale St-Étienne★ E.
🅸 Office de Tourisme r. Louis Bages (fermé sam. hors sais. et dim. sauf matin en saison)
☎ 94.29.68.
Paris 815 ④ – Béziers 22 ③ – Lodève 60 ④ – Millau 121 ④ – ✦Montpellier 58 ④ – Sète 23 ②.

Plan page suivante

- 🏨 **Bon Repos** sans rest, 15 r. Rabelais **(e)** ☎ 94.16.26 – 🛏wc. ❄️
  fermé nov. – 🍽 14 – **14 ch** 70/120.
- ✗✗ **Aub. de la Grange,** 29 bis quai Cdt-Reveille **(s)** ☎ 94.20.66 – 🅿
  fermé janv., fév. et mardi sauf juil.-août – SC : **R** 75/125.

  à La Tamarissière SO : 4 km par D 32E – ⊠ 34300 Agde :

- 🏨 **La Tamarissière,** ☎ 94.20.87, 🏡 – 📺 ➙wc 🛏wc ☎ 🅿. 🄰🄴 ⑩ 🄴 𝚅𝙸𝚂𝙰. ❄️
  15 mars-15 déc. et fermé dim. soir et lundi hors sais. – SC : **R** 80/175 – ☲ 17 –
  30 ch 110/260.

AGDE

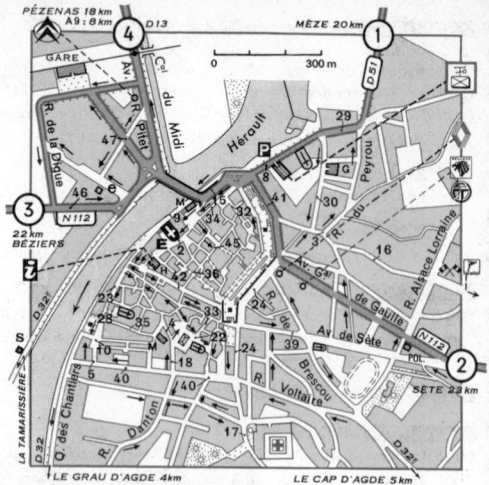

au Cap d'Agde SE : 5 km par D 32E – ⊠ **34300** Agde :

🛈 Office de Tourisme av. des Sergents (fermé dim.) ⏁ 94.08.58.

🏨 **Matago** Ⓜ, r. Trésor Royal ⏁ 26.00.05, Télex 480979, ≤, 佘, ⌁ – 🛓 cuisinette 🎺 🅿 – 🔬 50. 🖭 ⑩ 🅴 . 綠 rest
Pâques-15 oct. – SC : **R** carte 115 à 180 – ⌶ 28 – **90 ch** 200/300, 8 appartements 230/370.

🏨 **St-Clair et rest. 3 Sergents** Ⓜ, ⏁ 94.36.44, Télex 480464, ⌁ – 🛓 🖭 📺 ☎ ⟺ 🅿 – 🔬 30 à 100. 🖭 ⑩ 𝘝𝘐𝘚𝘈
hôtel : fermé déc. et janv. – **R** (fermé 15 déc. au 31 janv. et lundi hors sais.) 70/150 – ⌶ 22 – **82 ch** 265/270 – P 280/297.

🏨 **Les Pins** Ⓜ sans rest, Mont-St-Martin ⏁ 26.00.11, Télex 480942, ⌁ – 📺 ⌁wc ☎ 🛂 🅿 – 🔬 25. 🖭 ⑩
SC : ⌶ 20 – **40 ch** 255/275.

🏨 **Gde Conque** ≶ sans rest, ⏁ 94.71.01, ≤ le large – 🛓 ⌁wc 🛋 🕾 🅿. 𝘝𝘐𝘚𝘈
1er avril-31 oct. – SC : ⌶ 20 – **32 ch** 160/270.

🍴 **Le Boucanier**, Tour de la Vigie ⏁ 94.73.76
1er avril-30 sept. et fermé lundi sauf le soir en juil.-août – **R** 85.

🍴 **Le Pétoulet**, ⏁ 26.00.70, 佘 – ▤. 𝘝𝘐𝘚𝘈
R 69/147.

AGEN 🄿 **47000** L.-et-G. 🛢🟨 ⑮ G. Périgord – 32 893 h. alt. 48 – ✪ 53.

Voir Musée★★ AYZ M.

🛫 d'Agen-la Garenne : T.A.T. ⏁ 96.22.50 par ⑤ : 3 km.

🛈 Office de Tourisme ⏁ 47.36.09 (fermé sam. hors sais. et dim.) et A.C. ⏁ 47.34.88 bd Carnot.

Paris 735 ⑤ – Albi 145 ③ – Auch 71 ④ – ◆Bayonne 225 ⑤ – ◆Bordeaux 139 ⑤ – Brive-la-Gaillarde 173 ① – Pau 156 ⑤ – Périgueux 136 ① – Tarbes 114 ④ – ◆Toulouse 114 ③.

Plan page ci-contre

🏨 **Résidence Jacobins** ≶ sans rest, 1 ter pl. Jacobins ⏁ 47.03.31, « Décorée avec recherche, meubles anciens » – ⌁wc 🛋wc 🕾 🛂 🅿   AZ **f**
SC : ⌶ 25 – **17 ch** 120/250.

🏨 **Atlantic H.** Ⓜ sans rest, 133 av. J.-Jaurès par ③ ⏁ 96.16.56 – 🛓 ⌁wc 🛋wc ☎ ⟺ 🅿. 🖭 🅴 . 綠
fermé août – SC : ⌶ 18 – **30 ch** 118/177.

🏨 **Bordeaux** sans rest, 8 pl. Jasmin ⏁ 47.25.66 – ⌁wc 🛋wc 🕾. 綠   AY **u**
fermé 13 au 27 juil. et 23 déc. au 15 janv. – SC : ⌶ 17 – **23 ch** 85/193.

🏨 **Régina** sans rest, 139 bd Carnot ⏁ 47.07.97 – 🛓 ⌁wc 🛋wc ☎ ⟺. 🅴 𝘝𝘐𝘚𝘈   BY **e**
fermé 15 déc. au 10 janv. – **32 ch**.

AGEN

Président-Carnot (Bd)... **BYZ**
République (Bd de la).. **ABY**

Barbusse (Av. H.).....**BY** 2
Cornières (R.)........**AY** 3
Desmoulins (R. C.)....**BY** 4
Dolet (R. E.)..........**AZ** 5
Durand (Pl. J.-B.).....**AY** 6

Esquirol (Pl.)..........**AZ** 7
Fallières (Pl. A.)......**AZ** 8
Garonne (R.).........**AY** 9
Héros-de-la-Résistance
  (R. des)............**BY** 10
Jacobins (⊟)........**AZ**
Lattre de Tassigny
  (R. Maréchal de)....**AZ** 20
Leclerc
  (Av. du Maréchal)...**AZ** 21
Lomet (R.)...........**AZ** 22

Montesquieu (R.).....**AYZ** 23
Rabelais (Pl.).........**BY** 24
Richard-Cœur-de-Lion
  (R.)................**AZ** 26
Sacré-Cœur (⊟).......**BZ**
St-Caprais (⊟)........**BY**
St-Hilaire (⊟).........**AY**
Washington (Cours)...**BZ** 28
9e-de Ligne (Cours du)..**AZ** 29
14-Juillet (Cours du)...**BY** 30
14-Juillet (Pl. du).....**BY** 32

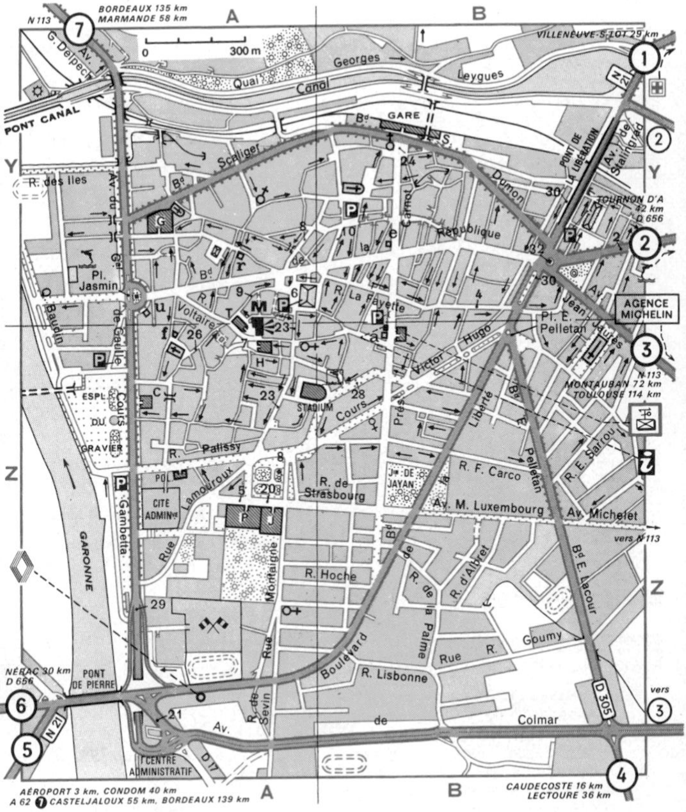

🏨 **Ibis** M, 105 bd Carnot ☎ 47.31.23, Télex 541331 – 📶 📺 🚻wc ☎ – 🅰 50. 🅴 𝗩𝗜𝗦𝗔
   SC : **R** (fermé dim.) carte environ 65 ⅄ – 🍴 18 – **39 ch** 158/170.   BZ **a**

🏨 **Quercy,** 10 r. Gde-Horloge ☎ 66.35.49 – 🚻wc ☎. 𝗩𝗜𝗦𝗔. ✋ ch   AY **r**
   fermé 10 au 29 août – SC : **R** (fermé dim.) 55/110 ⅄ – 🍴 16 – **12 ch** 95/160 –
   P 200/260.

à Galimas par ① : 11 km – ⊠ 47340 Laroque Timbaut :

🏨 **La Sauvagère** M, ☎ 95.60.39, 🚗 – 📺 🚻wc 🏛wc ☎ 🅿. 🅰🅴 ① 🅴 𝗩𝗜𝗦𝗔
   hôtel fermé dim. hors sais. – SC : **R** (diner seul. dim. en sais. et lundi) 50/120 – 🍴
   20 – **12 ch** 160/230.

à Bon-Encontre par ③ : 5 km – ⊠ 47240 Bon-Encontre :

🏨 **Château St-Marcel** 🏡, ☎ 96.61.30, ≤, parc, 🌳 – 🅿 – 🅰 30. 🅰🅴 ① 𝗩𝗜𝗦𝗔.
   ✋ rest
   SC : **R** (fermé dim. soir et lundi) 90 bc/120 – 🍴 25 – **11 ch** 190/275 – P 300/380.

🏨 **Sxandra** M sans rest, N 113 ☎ 96.37.02, Télex 560800 – 📺 🏛wc ☎ 🅿 – 🅰 30.
   𝗩𝗜𝗦𝗔
   SC : 🍴 20 – **38 ch** 140/200.

🏨 **Parc** M sans rest, r. République ☎ 96.17.75 – 🚻wc 🏛wc ☎ 🅿
   SC : 🍴 14 – **10 ch** 100/157.

à Cassou par ③ et D 269 : 11 km – ⊠ 47240 Bon Encontre :

※※ ✿ **La Table de Cœur**, ☎ 96.10.73 – 🅿. ⏻
fermé fév., dim. soir et lundi – SC : **R** 115/185.

à l'Aéroport par ⑤ : 3 km – ⊠ 47000 Agen :

※※ **Aéroport**, ☎ 96.38.95, ≤, 🏛 – 🗏 🅿. AE E VISA ❀
fermé août, dim. soir et sam. – SC : **R** 95/180.

par ⑦ rte de Marmande :

※※※ **Host. La Rigalette** ⓈⓈ avec ch, 2 km sur D 302 ☎ 47.37.44, ≤, 🏛, « Parc fleuri »
– 🛏wc ⋔ ☎ 🅿 – 🛦 30. AE ⏻
fermé 20 au 31 déc., dim. soir et lundi – SC : **R** 65 bc/245 – 🖙 11 – **9 ch** 65/86.

※※ **La Corne d'Or** Ⓜ avec ch, 1,5 km N 113 ⊠ 47450 Colayrac ☎ 47.02.76, ≤ –
🗏 rest 🛏wc ☎ 🅿 – 🛦 40. AE ⏻ VISA
fermé 15 juil. au 15 août et dim. soir – SC : **R** 70/190 ⅃ – 🖙 16 – **14 ch** 120/180.

MICHELIN, Agence régionale, 4 r. Denis Papin, Z.I. Jean Malèze à Bon Encontre par ③
☎ 96.28.47

BLF Tastets, 182 bd Liberté ☎ 47.10.63
FORD France-Auto, 33 av. Gén.-de-Gaulle ☎ 47.32.07
OPEL Palissy Garage, impasse Caserne Valence, le Gravier ☎ 66.59.83
PEUGEOT, TALBOT Palais de l'Automobile, rue Boillot par ② ☎ 47.12.21 🆕
RENAULT S.A.V.R.A., 84 av. J.-Jaurès par ③ ☎ 66.81.75

RENAULT SERVAUTO, 14 bd Liberté ☎ 96.87.90

🛞 Agen-Pneus, 612 av. Léon-Blum ☎ 66.49.55
Estibal, 47 cours 14-Juillet ☎ 47.34.18
Lacan, 95 av. Michelet ☎ 96.24.00

Périphérie et environs

ALFA-ROMEO Escande, Cambès, rte d'Auch à Boé ☎ 96.44.44
BMW, Gar. Chollet, rte de Toulouse à Boé ☎ 96.29.55
CITROEN S.A.G.G., bd Ed.-Lacour prolongé, Boé par ④ ☎ 96.47.03 🆕
DATSUN S.A.G.A.I., rte Toulouse, Boé ☎ 96.15.46
FIAT Pradat-Auto, bd Ed.-Lacour prolongé, Boé ☎ 96.43.78
LADA, SKODA Gar. de France, Zone Ind. J.-Malèze, Bon Encontre ☎ 96.16.78 🆕

MERCEDES-BENZ Gar. T.V.I., rte Toulouse, Bon Encontre ☎ 96.22.25
V.A.G. SAGAUTO, N 21, Foulayronnes ☎ 95.82.00

🛞 Dalomis, N 113 à Las Pradines ☎ 96.39.83
Faure-Pneu, Zone Ind. J.-Malèze, Bon Encontre ☎ 96.08.63
Pneu-Service, Zone Ind. J.-Malèze, Bon Encontre ☎ 96.38.13
Solapneu, rte Layrac, Boé ☎ 96.46.43

AGOS 65 H.-Pyr. 🌃🥉 ⑰⑱ – rattaché à Argelès-Gazost.

AGUESSAC 12520 Aveyron 🌃🔟 ⑭ – 615 h. alt. 372 – ✪ 65.

Paris 621 – Florac 76 – Millau 7 – Rodez 66 – Sévérac-le-Château 25.

🏠 **Les Artys** ⓈⓈ, 2 km par D 907 ☎ 60.85.42, ≤, 🏛, parc, 🏊, – 🛏wc ☎ 🅿. ⏻ VISA
Pâques-fin sept. – SC : **R** 62 ⅃ – ☛ 18 – **26 ch** 140/170 – P 205/220.

🏠 **Le Rascalat**, NO : 2 km N 9 ☎ 60.80.43, 🌿 – ⋔ 🅿. VISA
1er avril-31 déc. ; fermé dim. soir et lundi du 1er avril au 30 juin et du 15 sept. au 31 déc. – SC : **R** 51/110 – ☛ 16 – **22 ch** 70/107 – P 208/326.

☆ **Ballon Rond**, ☎ 60.80.18, 🌿 – 🛏 🅿
1er mars-30 sept. et fermé lundi du 1er mars au 1er juin – SC : **R** 52/95 ⅃ – 🖙 17,50
– **20 ch** 81/97 – P 162/173.

L'AIGLE 61300 Orne 🌃🔟 ⑤ G. Normandie – 10 182 h. alt. 209 – ✪ 33.

🖪 Syndicat d'Initiative pl. de la Mairie (avril-15 sept., fermé lundi et jeudi) ☎ 24.12.40.

Paris 140 ③ – Alençon 59 ⑤ – Chartres 79 ③ – Dreux 58 ③ – Évreux 55 ② – Lisieux 56 ①.

Plan page ci-contre

🏛 ✿ **Dauphin (Bernard)**, pl. Halle ☎ 24.43.12, Télex 170979, « Belle décoration intérieure » – 📺 – 🛦 30 à 50. AE ⏻ E VISA   B a
SC : **R** 85/180 – 🖙 20 – **24 ch** 129/290 – P 319/423
Spéc. Langouste au Porto, Filets de sole normande, Rognons de veau à la moutarde.

par ③ : 3,5 km – ⊠ 61300 L'Aigle :

※※ **Aub. St-Michel**, ☎ 24.20.12 – 🅿. E VISA
fermé 6 au 17 fév., merc. soir et jeudi – SC : **R** 58/110.

à Chandai par ③ : 8,5 km – ⊠ 61300 L'Aigle :

※※ **Le Trou Normand**, N 26 ☎ 24.08.54 – E VISA
fermé janv., lundi soir et mardi – SC : **R** 75/160.

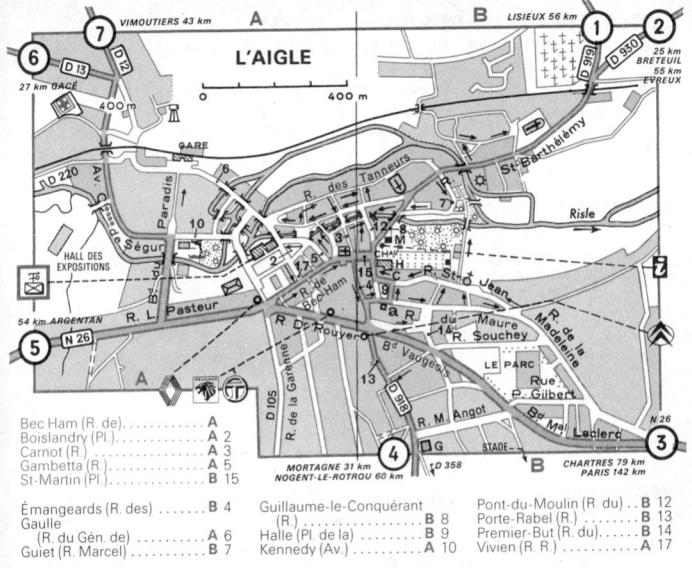

L'AIGLE

VIMOUTIERS 43 km — A — B — LISIEUX 56 km

25 km BRÉTEUIL
55 km ÉVREUX

27 km GACÉ

54 km ARGENTAN — N 26

MORTAGNE 31 km
NOGENT-LE-ROTROU 60 km

CHARTRES 79 km
PARIS 142 km

Bec Ham (R. de)	A
Boislandry (Pl.)	A 2
Carnot (R.)	A 3
Gambetta (R.)	A 5
St-Martin (Pl.)	B 15

Émangeards (R. des)	B 4
Gaulle (R. du Gén. de)	A 6
Guiet (R. Marcel)	B 7

Guillaume-le-Conquérant (R.)	B 8
Halle (Pl. de la)	B 9
Kennedy (Av.)	A 10

Pont-du-Moulin (R. du)	B 12
Porte-Rabel (R.)	B 13
Premier-But (R. du)	B 14
Vivien (R. R.)	A 17

CITROEN Escalmel, 1 r. Dr-Rouyer ☎ 24.24.66
Ⓝ ☎ 24.51.50
FIAT-LANCIA-AUTOBIANCHI Bongiovanni,
rte de Paris, à St-Sulpice-sur-Risle ☎ 24.06.87
PEUGEOT-TALBOT Centre Autom., Aiglon, rte
de Paris par ③ à St-Sulpice sur Risle ☎ 24.14.66
PEUGEOT-TALBOT Dufay, 12 r. Dr-Rouyer ☎
24.12.32
RENAULT Pavard, rte de Paris par ③ ☎ 24.
18.99

RENAULT Gar. Dano, 4 r. L.-Pasteur ☎ 24.
00.34
V.A.G. Poirier, rte de Paris à St-Michel-
Tubœuf ☎ 24.02.43
Dehail, à Chandai ☎ 24.16.43

⊚ Lallemand-Pneus, Anglures ☎ 24.48.24

AIGOUAL (Mont) 30 Gard **80** ⑯ G. Causses – alt. 1 567.

Voir Observatoire ※★★★ – Accès par le col de la Séreyrède ≤★.

AIGUEBELETTE (Lac d') ★ 73 Savoie **74** ⑮ G. Alpes – ❀ 79.

Voir Site★ de la Combe.

🛈 Syndicat d'Initiative pl. Gare à Lépin-le-Lac (1er juil.-31 août et fermé dim.) ☎ 36.00.02.

D'Aiguebelette-le-Lac : Paris 553 – Belley 36 – Chambéry 21 – ◆Grenoble 59 – Voiron 42.

à la Combe – ⊠ 73610 Lépin-le-Lac :

✗ **de la Combe « chez Michelon »** 🐾 avec ch, ☎ 70.59.52, ≤, 🍴 – 🛏 🏮wc ❶.
VISA. 🛇 ch
fermé 23 oct. au 20 nov., 24 déc. au 2 janv., lundi soir et mardi hors sais. – SC : **R**
68/120 – ☲ 15 – **10 ch** 80/155 – P 140/190.

à Lépin-le-Lac – 191 h. – ⊠ 73610 Lépin-le-Lac :

🏠 **Clos Savoyard** 🐾, ☎ 36.00.15, ≤, 🌿 – ❶. 🅰🅴 🛇 rest
1er juin-15 sept. – SC : **R** 70/150 – ☲ 18 – **18 ch** 80/95 – P 120.

à Novalaise-Lac – 1 017 h. alt. 427 – ⊠ 73470 Novalaise :

🏨 **Novalaise-Plage** 🐾, ☎ 36.02.19, ≤, 🍴, 🛶 – 🛏wc 🏮 ⊛ ❶. 🛇 rest
1er avril-31 oct. ; fermé lundi soir hors sais. et mardi – SC : **R** 58/120 – ☲ 18,50 –
16 ch 88/200 – P 154/240.

à St-Alban-de-Montbel – 226 h. alt. 440 – ⊠ 73610 Lépin-le-Lac :

🏨 **St-Alban-Plage** 🐾 sans rest., NE : 1,5 km D 921 ☎ 36.02.05, ≤, 🛶, 🌿 –
🛏wc 🏮wc ⊛ ❶ – 🅰 30. 🛇
mai-oct. – SC : ☲ 17 – **16 ch** 120/250.

à Attignat-Oncin S : 7 km par D 39 – ⊠ 73610 Lépin-le-Lac :

✗✗ **Mont-Grêle** 🐾 avec ch, ☎ 36.64.01, ≤, 🌿 – 🛏wc ⊛ 🚗 ❶. 🛇 ch
1er mars-30 nov. et fermé lundi soir et mardi – SC : **R** 66/185 🍷 – ☲ 16 – **11 ch**
90/198 – P 150/220.

77

AIGUEBELLE 73220 Savoie 🔢 ⑰ – 1 044 h. alt. 323 – ⊕ 79.

Paris 598 – Albertville 26 – Allevard 31 – Chambéry 37 – St-Jean-de-Maurienne 34.

🏠 **Poste,** ⍩ 36.20.05 – 🛏wc 📶 🅿
↔ fermé 20 déc. au 1er fév. et sam. – SC : **R** 45/75 – � 12 – **21 ch** 75/140 – P 120/140.

🏠 **Soleil,** ⍩ 36.20.29, ⏚ – 📶 🚙 🅿
↔ fermé 15 oct. au 4 fév., dim. soir et lundi – SC : **R** 50/130 – 🍽 12 – **17 ch** 60/120.

CITROEN Pitton, ⍩ 36.20.16
PEUGEOT-TALBOT Villard, ⍩ 36.20.56
RENAULT Batistella, ⍩ 36.31.31 🅽 ⍩ 36.34.28

AIGUEBELLE 83 Var 🔢 ⑰ – G. Côte d'Azur – ✉ 83980 Le Lavandou – ⊕ 94.

Paris 885 – Hyères 28 – Le Lavandou 5,5 – St-Tropez 34 – Ste-Maxime 38 – ♦Toulon 46.

🏨 **Roches Fleuries,** ⍩ 71.05.07, « Agréables terrasses en bordure de mer, 🏊 » ≤
– ☎ 🅿 🆎 ⓪ 💳 ⁂ rest
30 mai-20 sept. – SC : **R** 135/160 – **48 ch** ⊆ 350/680 – P 465/595.

🏨 **Résidence Soleil** Ⓜ sans rest, ⍩ 05.84.18, ≤ – 🛏wc 📶wc 📠 🅿 ⓪ 🅴 💳
mars-oct. – SC : **24 ch** ⊆ 287/310.

🏨 **Gd Pavois,** ⍩ 05.81.38, ≤, � – 🛏wc 📶wc 📠 🅿 ⓪ 🅴 💳 ⁂ rest
15 mars-15 oct. – SC : **R** 90 – **29 ch** ⊆ 295/300 – P 350.

🏨 **Plage** sans rest, ⍩ 05.80.74, ≤, 🚙 – 🛏wc 📶wc 📠
25 mai-24 sept. – SC : ⊆ 15,50 – **52 ch** 140/270.

🏨 **Beau Soleil,** ⍩ 05.84.55, 🌤 – 📶wc 📠 🅿 🅴 ⁂ rest
mars-oct. – SC : **R** 71 – **18 ch** ⊆ 216.

AIGUEPERSE 63260 P.-de-D. 🔢 ④ G. Auvergne – 2 740 h. alt. 355 – ⊕ 73.

Paris 359 – ♦Clermont-Ferrand 31 – Gannat 9 – Montluçon 74 – Riom 16 – Thiers 44 – Vichy 28.

🏠 **Host. Blondeau,** ⍩ 63.61.78, � – 🛏wc 📶 🚙 🅿 🅴 💳 ⁂ ch
fermé 1er nov. au 15 déc. – SC : **R** 53/110 – 🍽 15 – **21 ch** 64/107 – P 140/160.

🏠 **Marché,** ⍩ 63.61.96 – 📶wc ☎ 🅴 💳
↔ fermé oct. – SC : **R** 36/120 – ⊆ 21 – **20 ch** 70/140 – P 120/160.

AIGUES-MORTES 30220 Gard 🔢 ⑧ G. Provence (plan) – 4 475 h. – ⊕ 66.

Voir Remparts★★ et tour de Constance★★ : ⁂★★ – Tour Carbonnière ⁂★ NE : 3,5 km.

🅱 Office de Tourisme pl. St-Louis (1er avril-15 oct. et fermé lundi) ⍩ 51.95.00 et à la Mairie
(15 nov.-31 mars, fermé sam. et dim.) ⍩ 51.83.10.

Paris 749 – Arles 47 – ♦Montpellier 29 – Nîmes 41 – Sète 63.

🏨 **Host. Remparts** 🌤, pl. Armes ⍩ 51.82.77, 🌤, « Demeure ancienne aména-
gée » – ☎ 🆎 ⓪ 🅴 💳
fermé 30 nov. au 22 déc. et 5 au 20 janv. – SC : **R** (fermé merc. sauf fériés, juil., août
et sept.) 109/169 – **19 ch** ⊆ 230/370.

🏨 **St-Louis** 🌤, r. Amiral-Courbet ⍩ 51.02.68, 🌤 – 🛏wc 📶wc 📠
fermé janv. et fév. – SC : **R** (fermé lundi) 85/150 – ⊆ 18,50 – **23 ch** 180/210 –
P 300/350.

✗✗ **Arcades,** 23 bd Gambetta ⍩ 51.81.13, 🌤
fermé 5 au 30 nov., janv., mardi midi et lundi sauf juil.-août – SC : **R** 85/150.

✗✗ **Camargue,** r. République ⍩ 51.86.88, 🌤, ambiance typiquement locale le soir
– 🆎 ⓪ 🅴
fermé 4 janv. au 4 fév. et lundi hors sais. – **R** 80/120.

CITROEN Gar. de la Gare, ⍩ 51.04.52
PEUGEOT-TALBOT Gar. du Golfe, ⍩ 51.96.55
RENAULT Gar. Guyon-autom., ⍩ 51.81.10 🅽

AIGUILLON 47190 L.-et-G. 🔢 ⑭ – 4 239 h. alt. 35 – ⊕ 53.

Paris 704 – Agen 30 – Houeillès 31 – Marmande 28 – Nérac 26 – Villeneuve-sur-Lot 33.

🏨 **Les Cygnes,** rte Villeneuve ⍩ 79.60.02, Télex 570800, ≤, 🌤, « Parc » – 🛏wc
📶wc 📠 🅿 🆎 ⓪ 🅴 ⁂ rest
fermé 27 avril au 5 mai, 22 déc. au 22 janv. et sam. sauf juil. et août – SC : **R** 53/128
– ⊆ 15,50 – **11 ch** 118/175 – P 170/195.

L'AIGUILLON-SUR-MER 85460 Vendée 🔢 ⑪ G. Côte de l'Atlantique – 2 152 h. – ⊕ 51.

Paris 455 – Luçon 21 – La Rochelle 50 – La Roche-sur-Yon 53 – La Tranche-sur-Mer 11.

🏨 **Port,** ⍩ 56.40.08, 🏊, ⁂ – 🛏wc 📶wc 📠 🅿 🅴 💳
↔ – SC : **R** 45/120 – ⊆ 16 – **33 ch** 65/150 – P 160/190.

à la Faute-sur-Mer O : 0,5 km – ✉ 85460 Aiguillon-sur-Mer.

🅱 Office de Tourisme Rond Point fleuri (juin-15 sept. et fermé dim.) ⍩ 56.45.19.

🏨 **Les Chouans** Ⓜ sans rest., ⍩ 56.45.56 – 🛏wc 📶wc 📠 💳
fermé 15 oct. au 15 déc. et lundi – SC : ⊆ 15 – **22 ch** 135/205.

AIGUINES 83 Var 🎴 ⑥ G. Côte d'Azur – 161 h. alt. 823 – ⊠ 83630 Aups – ✪ 94.

Voir Cirque de Vaumale ⩽⋆⋆ E : 4 km – Col d'Illoire ⩽⋆ E : 2 km.

Paris 809 – Castellane 57 – Digne 65 – Draguignan 59 – Manosque 67 – Moustiers-Ste-Marie 17.

  ✗ **Altitude 823** avec ch, ☎ 70.21.09, ⩽ – **E**
    1ᵉʳ avril-2 nov. – SC : **R** 53/130 – ⊑ 16 – **11 ch** 60/85 – P 170/190.

AIGURANDE 36140 Indre 🎴 ⑩ – 2 182 h. alt. 425 – ✪ 54.

Paris 316 – Argenton-sur-C. 33 – Châteauroux 48 – La Châtre 26 – Guéret 35 – La Souterraine 40.

  🏠 **Berry**, ☎ 30.30.38, 🚗 – 🛏wc 🛆 **O**
    fermé oct., vend. de nov. à mars et dim. soir – SC : **R** 90/150 🛆 – ⊑ 20 – **10 ch**
    80/150 – P 200/250.

  ✗ **Relais de la Marche**, ☎ 30.31.58 – 🛆. **E** 𝗩𝗜𝗦𝗔
  ↔ *fermé nov. et lundi (sauf juil.-août)* – SC : **R** 50/100 – ⊑ 14 – **7 ch** 60/85 – P 180.

FORD LANCIA, AUTOBIANCHI Guillebaud,   Yvernault ☎ 30.30.59
☎ 30.31.12 🆕
PEUGEOT-TALBOT Buvat, ☎ 30.33.15 🆕   🛞 Tisseron, ☎ 30.30.54
RENAULT Gar. Dumontet, av. Georges Sand
☎ 30.30.30

AILEFROIDE 05 H.-Alpes 🎴 ⑰ – rattaché à Pelvoux (Commune de).

AIME 73210 Savoie 🎴 ⑱ G. Alpes – 1 795 h. alt. 690 – ✪ 79.

Voir Ancienne basilique St-Martin⋆.

Paris 646 – Albertville 38 – Bourg-St-Maurice 13 – Chambéry 85 – Moutiers 11.

  🏠 **Le Cormet** Ⓜ sans rest, N 90 ☎ 09.71.14 – 🛏wc ☎
    fermé 1ᵉʳ au 15 juin et dim. soir hors sais. – SC : ⊑ 16 – **14 ch** 125/145.

CITROEN Gar. Vagneur, ☎ 55.70.36   RENAULT Villien, ☎ 09.71.25
PEUGEOT-TALBOT Silvestre, ☎ 09.70.58

AINCILLE 64 Pyr.-Atl. 🎴 ③ – rattaché à St-Jean-Pied-de-Port.

AINGERAY 54 M.-et-M. 🎴 ④ – rattaché à Liverdun.

AINHOA 64 Pyr.-Atl. 🎴 ② G. Pyrénées – 544 h. alt. 124 – ⊠ 64250 Cambo-les-Bains – ✪ 59.

Voir Rue principale⋆.

Paris 798 – ◆Bayonne 26 – Cambo-les-Bains 11 – Pau 124 – St-Jean-de-Luz 23.

  🏨 ✿ **Argi-Eder** (Dottax) Ⓜ 🍴, ☎ 29.91.04, Télex 570067, ⩽, « Jardin », 🏊, ✗ – 🔲
    📺 ☎ **O** – 🛆 35. 🖭 Ⓞ **E** 𝗩𝗜𝗦𝗔. 🛠 ch
    fermé 15 nov. au 1ᵉʳ avril, dim. soir et merc. hors sais. – SC : **R** (dim. prévenir)
    105/235 – ⊑ 24 – **30 ch** 240/350, 6 appartements 350/400 – P 370/410
    Spéc. Truite Aïnhoarra, Magret de canard au porto, Sorbet de framboises. **Vins** Jurançon, Irouléguy.

  🏨 ✿ **Ithurria** (Isabal), ☎ 29.92.11, « Maison basque du 17ᵉ s., jardin » – 🔳 rest ☎ **O**
    – 🛆 25. 🖭 Ⓞ 𝗩𝗜𝗦𝗔. 🛠 ch
    10 mars au 15 nov., 23 déc. au 2 janv. et fermé mardi soir et merc. sauf vacances
    scolaires – SC : **R** (dim. prévenir) 105/180 – ⊑ 20 – **28 ch** 180/230 – P 230/280
    Spéc. Foie gras des Landes, Darne de louvine grillée au beurre blanc, Confit de canard. **Vins**
    Jurançon, Madiran.

  🏨 **Oppoca**, ☎ 29.90.72, ⩽, 🍴, 🚗 – 🛏wc 🛆wc **O**. 𝗩𝗜𝗦𝗔. 🛠 ch
    fermé mi janv. à mi fév. et mardi hors sais. – SC : **R** 70/135 – ⊑ 18 – **12 ch** 120/180
    – P 190/210.

  🏠 **Ohantzea**, ☎ 29.90.50, ⩽, 🍴, « Maison basque du 17ᵉ s. », 🚗 – 🛏wc 🛆 🚗
    fermé déc., janv. et lundi – SC : **R** 58/149 – ⊑ 14 – **10 ch** 99/154 – P 160/187.

  à Dancharia S : 3 km – ⊠ 64250 Cambo-les-Bains :

  🏡 **Ur Hegian**, ☎ 29.91.16, 🚗 – 🛆 **O**. 🖭 **E**. 🛠 rest
    fermé merc. et hôtel du 20 nov. au 23 déc. et 5 au 25 janv. – SC : **R** (fermé nov.)
    55/120 – ⊑ 15 – **22 ch** 90/140 – P 145/160.

AIRAINES 80270 Somme 🎴 ⑦ G. Nord de la France – 2 385 h. alt. 49 – ✪ 22.

Paris 142 – Abbeville 21 – ◆Amiens 28 – Beauvais 66 – Le Tréport 47.

  ✗ **Pont d'Hure**, à Allery O : 5 km sur rte d'Oisemont ☎ 26.02.10, ⩽ – **O** – 🛆 35
    fermé 1ᵉʳ au 15 janv., mardi et le soir sauf sam. – SC : **R** 58/150.

PEUGEOT-TALBOT Gar. Lambre, ☎ 26.00.29   RENAULT Gar. Mille, ☎ 26.00.71 🆕

AIRE 62120 P.-de-C. 🎴 ⑭ G. Nord de la France – 10 012 h. alt. 22 – ✪ 21.

Voir Bailliage⋆ B – Collégiale St-Pierre⋆ E.

🎫 Office de Tourisme à la Mairie (fermé sam. et dim.) ☎ 39.07.22.

Paris 236 ② – Arras 56 ② – Béthune 25 ② – Boulogne 60 ③ – ◆Lille 57 ① – Montreuil 55 ③.

AIRE

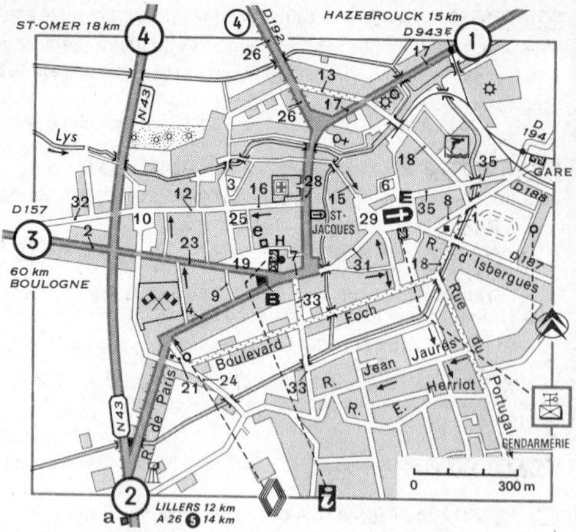

Europ H. sans rest, 14 Gde-Place **(e)** ☎ 39.04.32 – 🛗 Ⓟ. AE E VISA. ✂
SC : ☕ 13 – **16 ch** 53/73.

XXX **Host. Trois Mousquetaires** ⛰ avec ch, **Château de la Redoute (a)** ☎ 39.01.11, « Parc » – TV ⛀wc ☎ Ⓟ – 🏃 30. VISA
fermé 15 janv. au 15 fév., dim. soir et lundi – **R** 58/150 🍷 – ☕ 19 – **8 ch** 70/215.

CITROEN Warmé, 11 r. Lyderic ☎ 39.00.31
PEUGEOT-TALBOT Aire Autom 79 rte St-Omer, St-Martin par ④ ☎ 39.00.76
RENAULT Gar. Delgery, 5 pl. Jéhan d'Aire ☎ 39.02.98

Auto-Pneu, 1 r. Alsace-Lorraine ☎ 39.07.08

AIRES **34** Hérault **83** ④ – rattaché à Lamalou-les-Bains.

AIRE-SUR-L'ADOUR **40800** Landes **82**
①② **G. Pyrénées** – 7 216 h. alt. 80 – ⚙ 58.

Voir Sarcophage de Ste-Quitterie★ dans l'église Ste-Quitterie B.

ℹ Office de Tourisme pl. de-Gaulle (1er mai-30 sept. et fermé dim.) ☎ 76.64.70.

Paris 736 ⑤ – Auch 82 ② – Condom 67 ② – Dax 76 ⑤ – Mont-de-Marsan 31 ⑤ – Orthez 59 ④ – Pau 49 ③ – Tarbes 69 ②.

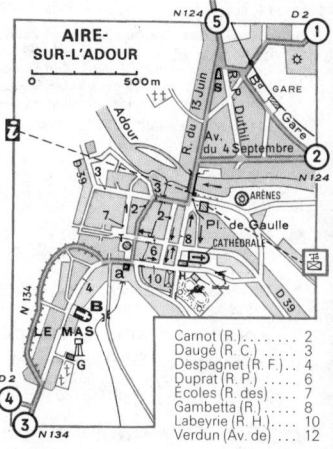

Dupouy, 22 r. 13-juin **(s)** ☎ 76.71.76, 🌳 – 🛗 ☎ Ⓟ – 🏃 25. VISA
fermé lundi – SC : **R** 45/160 🍷 – ☕ 14,50 – **14 ch** 65/145 – P 120/155.

XX **Commerce** avec ch, **3 r. Labeyrie (a)** ☎ 76.60.06, 🍽 – ⛀wc 🛗 ☎ – 🏃 60. ✂ ch
fermé 5 au 20 janv., hôtel dim. et rest. lundi sauf juil.-août – SC : **R** 55/140 🍷 – ☕ 14 – **20 ch** 68/150 – P 145/180.

à ***Segos*** (32 Gers) par ③, N 134 rte Pau et D 260 : 9 km – ✉ **32400** Riscle – ⚙ 62

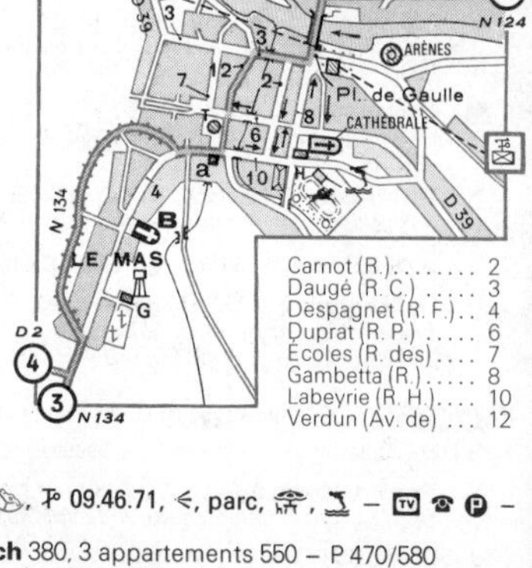

🏰 ✿ **Domaine du Bassibé** (Capelle) ⛰, ☎ 09.46.71, ←, parc, 🌳, 🏊 – TV ☎ Ⓟ – 🏃 40. AE ⓞ E VISA. ✂ rest
Pâques-15 oct. – **R** 180 – ☕ 38 – **6 ch** 380, 3 appartements 550 – P 470/580
Spéc. Soupe en croûte aux cèpes, Vinaigrette de sole aux poireaux, Lapereau en cocotte. **Vins** Côtes de St-Mont, Pacherenc.

FORD Gar. Daudon-Sadra, 52 av. du 4-Septembre ☎ 76.60.64
MERCEDES, V.A.G. Perron, rte de Pau ☎ 76.61.62

PEUGEOT, TALBOT Labarthe, Zone Ind. Cap de la Coste, N 124 par ⑤ ☎ 76.71.95
RENAULT S.A.E.M.A., rte Bordeaux par ⑤ ☎ 76.60.01 N

AIRVAULT 79600 Deux-Sèvres 🖥🖥 ② G. Côte de l'Atlantique – 2 516 h. alt. 126 – ✿ 49.

Voir Porche★ de l'église St-Pierre.

Paris 350 – Bressuire 28 – Châtellerault 55 – Niort 64 – Parthenay 24 – Poitiers 51 – Thouars 22.

🏠 **Aub. du Vieux Relais**, 🏠 64.70.31, 🛲 – ⌂wc 🍴wc 🅿
 ⟶ fermé 30 sept. au 16 oct., 15 au 22 fév. et lundi – SC : **R** 50/180 🍴 – ⚏ 18 – **12 ch**
  85/160 – P 150/190.

CITROEN Poumaliou, 🏠 64.70.20 🄽   RENAULT Gar. du Cygne, 🏠 64.70.15 🄽

AISEY-SUR-SEINE 21 Côte-d'Or 🖥🖥 ⑧ – 147 h. alt. 256 – ✉ 21400 Châtillon-sur-Seine – ✿ 80.

Paris 253 – Châtillon-sur-Seine 16 – ◆Dijon 68 – Montbard 28.

🏠 **Roy** 🦢, 🏠 93.21.63, 🛲 – ⌂wc 🍴 🕾 🅿 – 🏌 40
 ⟶ fermé 1er déc. au 3 janv. et mardi – SC : **R** 40/150 – ⚏ 15 – **10 ch** 70/130 –
  P 170/190.

AIX (Ile d') ★ 17123 Char.-Mar. 🖥🖥 ⑬ G. Côte de l'Atlantique – 173 h. – ✿ 46.

Accès par transports maritimes :

⛴ depuis la **Pointe de la Fumée** (2,5 km NO de Fouras). En 1983 : de juin à sept.,
service toutes les 1/2 heures, hors saison, 4 services quotidiens. Traversée 25 mn – 30 F
(AR) - 🏠 42.61.48 (La Rochelle).

⛴ depuis **La Rochelle**. En 1983 : de fin mai au 15 sept., 4 services quotidiens - Traversée
1 h 15 mn – 54 F (AR) - 🏠 42.61.48 (La Rochelle).

⛴ depuis **Boyardville** (Ile d'Oléron). En 1983 : du 15 juin au 10 sept., 6 services quoti-
diens- Traversée 30 mn – 35 F (AR) - 🏠 42.61.48 (La Rochelle).

AIX-EN-OTHE 10160 Aube 🖥🖥 ⑮ – 2 349 h. alt. 132 – ✿ 25.

Voir Jubé★ dans l'Église de Villemaur-sur-Vanne N : 4,5 km, G. Nord de la France.

Paris 155 – Nogent-sur-Seine 39 – St-Florentin 33 – Sens 39 – Troyes 31.

🏠 **Aub. Scierie** 🦢, à la Vove S : 1,5 km 🏠 46.71.26, ≤, « Parc et rivière », 🛋 –
  ⌂wc 🍴wc 🕾 🅿 🖭 ⓪ 𝚅𝙸𝚂𝙰
  1er avril-1er nov. – SC : **R** (fermé lundi soir et mardi) 130/170 – ⚏ 28 – **10 ch**
  180/200 – P 260.

PEUGEOT, TALBOT Gar. Léon, 🏠 46.70.44   RENAULT Gar. Carton, 🏠 46.70.13 🄽

AIX-EN-PROVENCE ◆ 13100 B.-du-R. 🖥🖥 ③, 🖥🖥 ⑬ G. Provence – 124 550 h. alt. 177 –
Stat. therm. – Casino AY – ✿ 42.

Voir Cours Mirabeau★★ BY – Le Vieil Aix★★ BXY : Cathédrale St-Sauveur (Triptyque du
Buisson Ardent★★, baptistère★ et vantaux★ du portail BX R), – Musée des Tapisseries★
BX M1, Cloître St-Sauveur★ BX N, Cour★ de l'Hôtel de Ville BY H – Fontaine des
Quatre-Dauphins★ BY S – Eglise St-Jean de Malte : Nef★ CY V – Musée Granet★ CY
M3 – Vierge★ et triptyque de l'Annonciation★ dans l'église Ste-Marie-Madeleine CY Y
– Fondation Vasarely★ AV M.

🛪 d'Aix-Marseille 🏠 24.20.41 par ④ et D 9 : 8,5 km.

🖪 Office de Tourisme, pl. Gén.-de-Gaulle (fermé dim. hors sais.) 🏠 26.02.93, Télex 430466.

Paris 753 ⑤ – Avignon 75 ⑦ – ◆Marseille 31 ④ – ◆Nice 176 ② – Nîmes 105 ⑤ – ◆Toulon 81 ②.

Plans page suivante

🏨 **Roy René**, 14 bd Roi-René 🏠 26.03.01, Télex 410888, 🛋 – 🛗 📺 🚗 🅿 – 🏌
  350. 🖭 ⓪ 🅴 𝚅𝙸𝚂𝙰   BZ **r**
  SC : **R** 175 🍴 – ⚏ 38 – **65 ch** 420/600 – P 500/600.

🏨 **Paul Cézanne** 🄼 sans rest, 40 av. Victor-Hugo 🏠 26.34.73, « Bel aménagement
  intérieur » – 🛗 📺 🕾 🖭   BZ **h**
  SC : ⚏ 33 – **44 ch** 280/575.

🏨 **P.L.M. ''Le Pigonnet''** 🄼 🦢, av. Pigonnet ✉ 13090 🏠 59.02.90, Télex 410629,
  🛋, 🝙 – 🛗 📺 🕾 🅿 – 🏌 80. 🖭 ⓪ 🅴 𝚅𝙸𝚂𝙰   AV **t**
  SC : **R** (fermé dim. soir du 1er nov. au 31 mars) 135/160 – **48 ch** ⚏ 290/510 – P
  520/615.

🏨 **Gd H. Nègre Coste** sans rest, 33 cours Mirabeau 🏠 27.74.22, Télex 440184 – 🛗
  📺 🚗 🖭 ⓪ 🅴 𝚅𝙸𝚂𝙰   BY **m**
  SC : ⚏ 23 – **36 ch** 190/315.

🏨 **Thermes Sextius**, 55 cours Sextius 🏠 26.01.18, Télex 410888, « Parc », 🛋, 🝙 –
  🛗 📺 🕭 🅿 – 🏌 30. 🖭 ⓪ 🅴 𝚅𝙸𝚂𝙰 𝒮𝒴 rest   AX **s**
  SC : **R** 92/110 – ⚏ 29 – **64 ch** 134/310 – P 270/532.

🏠 **St-Christophe** sans rest, 2 av. Victor-Hugo 🏠 26.01.24 – 🛗 ⌂wc 🍴wc 🕾 🚗.
  𝒮𝒴   BY **a**
  fermé janv. – SC : ⚏ 18 – **54 ch** 115/190.

🏠 **Résidence Rotonde** 🄼 sans rest, 15 av. Belges 🏠 26.29.88 – 🛗 ⌂wc 🍴wc 🕭
  🅿. 🖭 ⓪ 🅴 𝚅𝙸𝚂𝙰   AZ **u**
  fermé 15 déc. au 10 janv. – SC : ⚏ 18 – **42 ch** 175/230.

tourner →

81

AIX-EN-PROVENCE

Agard (Passage) . . . CY 2
Bagniers (R. des) . . . BY 4
Clemenceau (R.) . . . BY 18
Cordeliers (R. des) . BY 20
Espariat (R.) . . . . BY 26
Fabrot (R.) . . . . BY 28
Méjanes (R.) . . . . . . BY 51
Mirabeau (Cours) . . BY
Paul-Bert (R.) . . . . . . BX 66
Thiers (R.) . . . . CY 80

Berger (Av. G.) . . . . . BV 7
Bon-Pasteur (R. du) AX 9
Boulégon (R.) . . . . . BX 12
Brossolette (Av.) . . . AV 13
Cardeurs (Pl. des) . . BY 16
Cézanne (Av. P.) . . . BV 17
Dalmas (Av. J.) . . . . AV 23
De-la-Roque (R. J.) . BX 25
Fourane (Av. de la) . AV 32
Hôtel-de-Ville (Pl. de l') . . . . BY 37
Italie (R. d') . . . . CY 42
Matheron (R.) . . . . . BY 49
Mauriat (Av. H.) . . . . BV 50
Minimes (Crs des) . AV 52
Montigny (R. de) . . . BY 55
Moulin (Av. J.) . . . . . BV 56
Napoléon Bonaparte (Av.) . AY 57
Nazareth (R.) . . . . . . BY 58
Opéra (R. de l') . . . . CY 62
Poilus (Bd des) . . . . BV 67
Prêcheurs (Pl. des) . CY 70
Richelme (Pl.) . . . . . BY 72
St-Honoré (Pl.) . . . . BY 73
Saporta (R. G.-de) . . BX 75
Solari (Av. Ph.) . . . . . AV 76
Thermes (Av. des) . . AY 78
Verdun (Pl. de) . . . . . CY 86
4-Septembre (R.) . . . BZ 87

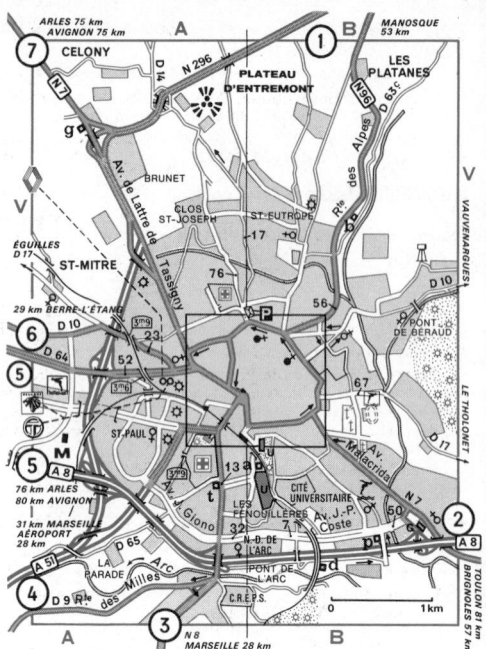

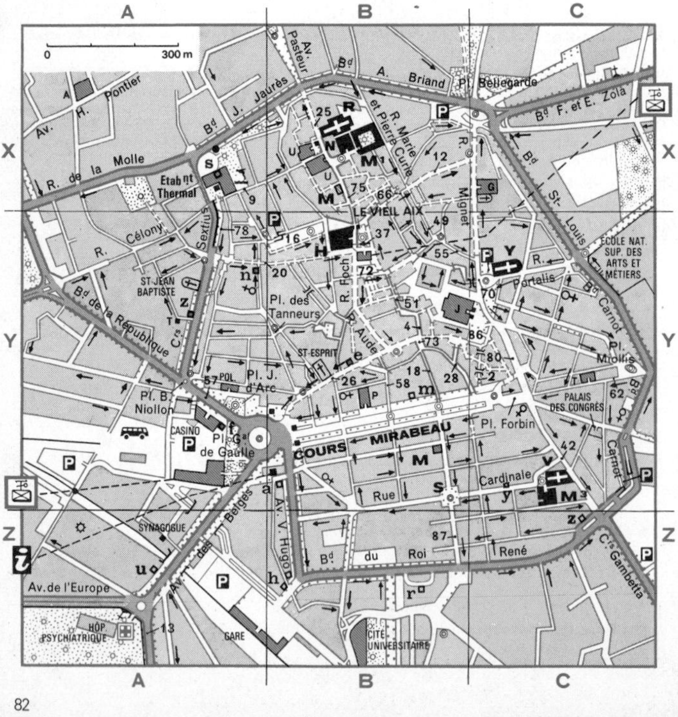

🏨 **Caravelle** sans rest, 29 bd Roi-René ℱ 62.53.05, Télex 401015 – 🛗 🚻wc 🏮wc
🕾 🖭 ⓞ Ɛ 𝒱𝐼𝒮𝒜 CZ **z**
SC : ☲ 17 – **30 ch** 125/190.

🏨 **Le Moulin** 🎹 sans rest, 1 av. Schumann (près nouvelles facultés) ⊠ 13090
ℱ 59.41.68 – 🗖 cuisinette 🖭 🚻wc 🏮wc 🕾 ℗. 🖭 𝒱𝐼𝒮𝒜 BV **a**
fermé 15 déc. au 5 janv. – SC : ☲ 18 – **37 ch** 113/186.

🏠 **Moderne** sans rest, 34 av. Victor-Hugo ℱ 26.05.16 – 🛗 🚻wc 🏮wc 🕾. 🖭 ⓞ
𝒱𝐼𝒮𝒜. 🛠 BZ **h**
SC : ☲ 18 – **22 ch** 134/206.

🏠 **Cardinal** sans rest, 24 r. Cardinale ℱ 38.32.30 – 🛗 🚻wc 🏮wc 🕾 CY **y**
SC : ☲ 16 – **18 ch** 110/178.

XXX **Vendôme**, 2 bis av. Napoléon Bonaparte ℱ 26.01.00, �├, « Terrasse ombragée »
– ℗. 🖭 ⓞ Ɛ 𝒱𝐼𝒮𝒜 AY **f**
fermé mardi soir et merc. sauf juil.-août – SC : **R** 170/250.

XXX ❀ **Caves Henri IV**, 32 r. Espariat ℱ 27.86.39 – 🍽. 𝒱𝐼𝒮𝒜 🛠 BY **e**
fermé 11 juin au 2 juil., 24 fév. au 10 mars, dim. et lundi sauf le soir en juil. – SC : **R**
carte 160 à 240
Spéc. Foie gras chaud de canard, Poissons, Pâtisseries.

XX **Abbaye des Cordeliers**, 21 r. Lieutaud ℱ 27.29.47, �├ – 🖭 ⓞ Ɛ 𝒱𝐼𝒮𝒜 BY **n**
ouvert 15 mars-20 sept. (fermé mardi et merc. midi) et 1er déc.-15 janv. (fermé lundi
soir et mardi) – SC : **R** (nombre de couverts limité-prévenir) 96/130 🛠.

XX **Le Clam's**, 22 cours Sextius ℱ 27.64.78, produits de la mer AY **z**
fermé mi juil. à fin août et merc. – **R** 130.

au Nord

🏠 **Le Prieuré** 🐾 sans rest, par ① : 3 km rte Sisteron ℱ 21.05.23, ≤ – 🚻wc 🏮 🕾
℗ 🛠 BV **b**
SC : ☲ 15,50 – **30 ch** 90/190.

au Sud-Est 3 km ou par sortie d'autoroute Aix-Est :

🏨 **Novotel Aix Est** 🎹, Résidence Beaumanoir ℱ 27.47.50, Télex 400244, 🏊 – 🛗
🍽 🖭 🕾 ዿ ℗ – 🛎 200. 🖭 ⓞ Ɛ 𝒱𝐼𝒮𝒜 BV **p**
R snack carte environ 90 – ☲ 28 – **102 ch** 223/278.

🏨 **Novotel Aix Sud** 🎹, ℱ 27.90.49, Télex 420517, 🏊 – 🛗 🍽 🖭 🕾 ዿ ℗ – 🛎 200.
🖭 ⓞ Ɛ 𝒱𝐼𝒮𝒜 BV **d**
R snack carte environ 90 – ☲ 28 – **80 ch** 229/279.

à Celony 3 km sur N 7 – ⊠ 13090 Aix-en-Provence :

🏨 **Mas d'Entremont** 🎹 🐾, ℱ 23.45.32, ≤, « Demeure provençale avec terrasses
dans un parc, 🏊 » – 🖭 🕾 ℗ – 🛎 80 AV **g**
15 mars-1er nov. – SC : **R** (fermé dim. soir et lundi midi) 125 – ☲ 30 – **9 ch** 280, 7
bungalows 350 – P 420/455.

à Éguilles par D 17 AV : 11 km – 4 473 h. – ⊠ 13510 Éguilles :

🏨 **Aub. du Belvédère** 🐾, ℱ 92.52.92, ≤, �├, « Jardin en terrasse », 🏊 – 🚻wc
🏮wc 🕾 ℗ – 🛎 60. 🖭 ⓞ Ɛ 𝒱𝐼𝒮𝒜
SC : **R** 78/171 – ☲ 20 – **21 ch** 169/267, 9 appartements 266/425 – P 260/390.

Voir aussi ressources hôtelières de *Beaurecueil* par ② et D 58 : 10 km, de *Roque-
favour* par ⑤ et D 64 : 12 km, de *Châteauneuf-le-Rouge* par ② N 7 : 13 km et de
Meyrargues par ① : 16 km.

ALFA-ROMEO SOCODIA, av. du Club Hippi-
que, D 65 ℱ 59.01.32
BMW Gar. Continental, 8 av. De-Lattre-de-
Tassigny ℱ 23.24.33
FORD NOVO, Zéda-la Pioline, les Milles ℱ
20.17.17 et 39 bd A.-Briand ℱ 23.16.20
MERCEDES MASA, 40 r. Irma Moreau ℱ 64.
45.45
PEUGEOT-TALBOT Galice Auto, 7 rte Galice
ℱ 64.43.43
PEUGEOT-TALBOT Gds Gar. de Provence,
Zéda-La Pioline, rte des Milles AV ℱ 20.01.45
RENAULT Verdun-Aix, 5 rte Galice ℱ 27.98.05
TOYOTA, VOLVO Gar. Briand, N 7, La Calade,
Puyricard ℱ 23.36.88

V.A.G. Gar. Ste-Eutrope, Zéda-la Pioline, les
Milles ℱ 20.14.08

❀ Cambi-Pneus, 9 r. Signoret ℱ 23.06.77
Josserand-Pneus, rte Alpes ℱ 21.17.55
Jules-Pneus, Pont de l'Arc, les Milles ℱ 27.
67.02
Omnica, 19 av. H.-Pontier ℱ 23.52.73
Pyrame, 66 cours Gambetta ℱ 62.49.16 et r.
André Ampère, Zone Ind. les Milles ℱ 51.91.48
Rome, 13 bd J.-Jaurès ℱ 23.16.54
Roques, 31 cours Gambetta ℱ 62.42.81
Station Pneumatic, 31 bd A.-Briand ℱ 23.32.28
Verret, 7 cours Gambetta ℱ 62.42.68

AIXE-SUR-VIENNE 87700 H.-Vienne 📖 ⑰ G. Périgord – 5 650 h. alt. 230 – ✿ 55.
Paris 406 – Angoulême 96 – ◆Limoges 13 – Nontron 56 – Périgueux 88 – St-Junien 29 – Uzerche 65.

XX **Aub. des Deux Ponts**, av. Gare ℱ 70.10.22 – Ɛ 𝒱𝐼𝒮𝒜. 🛠
◆ fermé 15 août au 7 sept., vacances de fév., dim. soir, mardi soir et lundi – SC : **R**
50/200 🛠.

PEUGEOT, TALBOT Ribet, 33 av. de la Gare ℱ
70.21.62
PEUGEOT-TALBOT Villelongue, 27 av. Pasteur
ℱ 70.21.58

RENAULT Gauduffe, 45 av. Pasteur ℱ 70.20.59
RENAULT Colapinto, 16 av. Prt-Wilson ℱ 70.
20.44

AIX-LES-BAINS

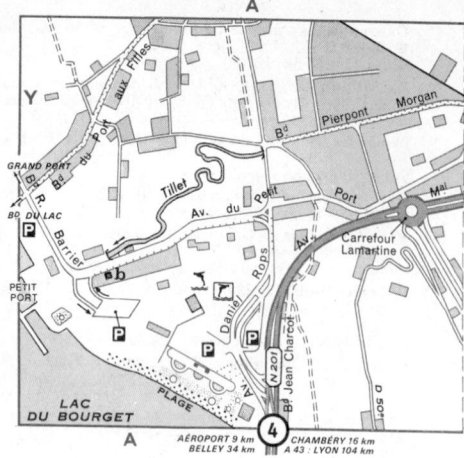

AIX-LES-BAINS 73100 Savoie **74** ⑮ G. Alpes – 22 534 h. alt. 260 – Stat. therm. : Aix-les-Bains (1er janv.-31 déc.) et Marlioz (1er avril-30 nov.) – Casinos Palais de Savoie BYZ, Nouveau Casino BY – ✆ 79.

Voir Boulevard du Lac★ AY – Escalier★ de l'Hôtel de Ville CYZ H – Musée du Docteur Faure★ CY M1.

Env. Le tour du lac du Bourget★★ 51 km par ④, en bateau★ : 4 h – Abbaye de Hautecombe★★ (Chant Grégorien), en bateau : 2 h – Renseignements sur excursions en bateau : Cie Aixoise de Navigation, – Grand Port ☎ 35.05.19 – ≤★★ sur lac du Bourget, à la Chambotte par ① : 14 km.

🏌 ☎ 61.23.35 par ③ : 3 km.

✈ de Chambéry-Aix-les-Bains : T.A.T. ☎ 61.46.00, au Bourget-du-Lac par ④ : 8 km.

🖪 Office de Tourisme (fermé sam. après-midi et dim. hors sais.) et Accueil de France (Informations et réservations d'hôtels, pas plus de 5 jours à l'avance) pl. M.-Mollard ☎ 35.05.92. Télex 980015 et Palais des fleurs r. J.-Mennard (fermé sam. après-midi et dim.) ☎ 61.00.66 – ROBOTEL (entre l'Office et les Thermes) : appareil automatique suppléant l'Office aux heures de fermeture.

Paris 567 ④ – Annecy 34 ① – Bourg-en-Bresse 109 ④ – Chambéry 16 ④ – ♦Lyon 104 ④.

🏨🏨 **Ariana** Ⓜ ⤶, av. de Marlioz à Marlioz, par ③ : 1,5 km ☎ 88.08.00, Télex 980266, 🏚, « parc », 🔲 – 🛗 🗺 👌 🅿. 🅰🅴 ⓪ 🅴 🎫. ⅏ rest
fermé janv. – SC : 90/180 – ⱬ 30 – **60 ch** 250/450 – P 330/500.

🏨🏨 **Cloche,** 9 bd Wilson ☎ 35.01.06 – 🛗 🅰🅴 ⓪. ⅏ rest — BY b
22 avril-1er oct. – SC : **R** 70/75 – ⱬ 21 – **59 ch** 200/280 – P 225/300.

🏨🏨 **Iles Britanniques** ⤶, pl. Établissement Thermal ☎ 61.03.77, ≤, « Jardins fleuris » – 🛗 ⟵ 🅿. 🅰🅴. ⅏ rest — CY s
1er mai-30 sept. – SC : **R** 88 – **88 ch** ⱬ 90/370 – P 187/357.

🏨🏨 **International Rivollier,** 18 av. Ch.-de-Gaulle ☎ 35.21.00 – 🛗 ▦ rest ☎. 🅰🅴 ⓪ 🅴 🎫. ⅏ rest — BZ e
SC : 90/175 – ⱬ 23 – **62 ch** 140/295 – P 205/295.

🏨🏨 **Bristol,** 6 r. Casino ☎ 35.08.14, 🏚 – 🛗 🅿. 🅰🅴 ⓪. ⅏ rest — CY b
10 avril-20 oct. – SC : **R** 60/90 – **85 ch** ⱬ 125/280.

🏨🏨 **Le Manoir** ⤶, 37 r. Georges-1er ☎ 61.44.00, Télex 980793, 🏚 – 🛗 🗺 ☎ ⟵ 🅿 – 🛁 80. ⓪ 🅴 🎫. ⅏ rest — CZ w
fermé 24 déc. au 31 janv. – SC : **R** 90/140 – ⱬ 22 – **72 ch** 145/290 – P 200/350.

🏨 **Vendôme** Ⓜ, 12 av. Marlioz ☎ 61.23.16 – 🛗 ⌂wc ⋔ ☎ 🅿. ⓪ — CZ a
1er fév.-31 oct. – SC : **R** 65/180 – ⱬ 22 – **32 ch** 160/270 – P 200/350.

🏨 **La Régence** Ⓜ, 33 bd Wilson ☎ 35.02.26 – 🛗 ⌂wc ⋔wc ☎ ⟵ 🅿
32 ch. — BZ e

🏨 **Métropole** sans rest, 23 r. Casino ☎ 35.17.53 – 🛗 ⌂wc 🖭. ⅏ — CY x
15 mars-1er nov. – SC : **80 ch** ⱬ 110/210.

🏨 **Revotel** sans rest, 40 r. Genève ☎ 35.03.37 – 🛗 🗺 ⌂wc ⋔wc 🖭. ⅏ — CY v
fermé 15 déc. au 15 janv. – ⱬ 16 – **16 ch** 127/150.

🏨 **Parc,** 28 r. Chambéry ☎ 61.29.11 – 🛗 ⌂wc 🖭. ⅏ rest — CZ n
20 avril-25 oct. – SC : **R** 65/80 – ⱬ 19 – **50 ch** 110/225 – P 190/230.

🏨 **Paix,** 11 r. Lamartine ☎ 35.02.10, 🏚 – 🛗 ⋔wc 🖭 ⟵ 🅿. ⅏ rest — CY d
15 mars-10 nov. – SC : **R** 60/65 – ⱬ 17 – **70 ch** 90/180.

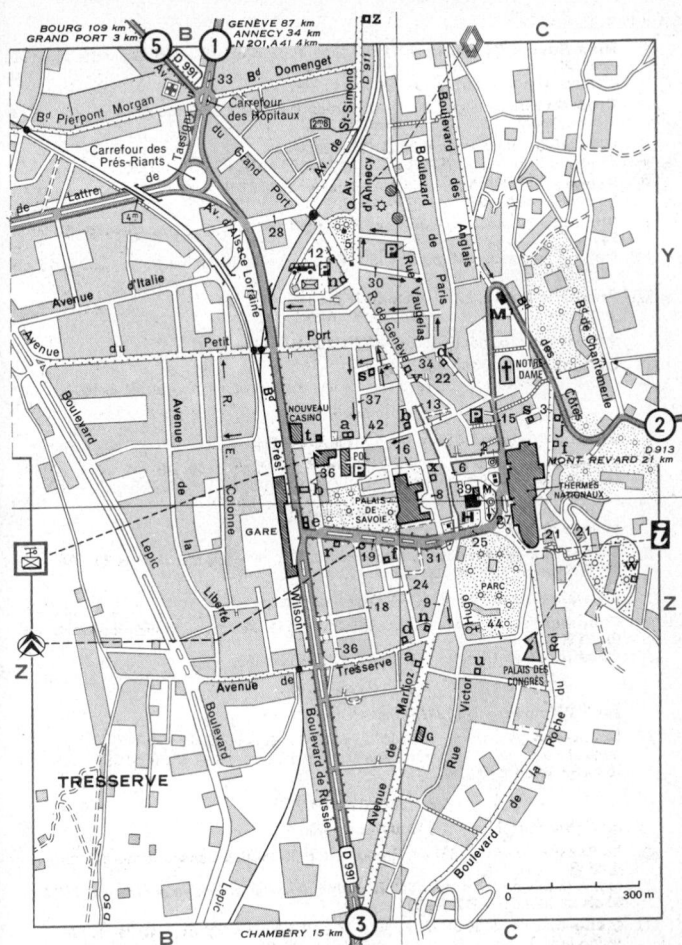

Beaulieu, 29 av. Ch.-de-Gaulle ☏ 35.01.02, 🚗 – 🛗 ⇌wc 🗚wc 🕾. ⑩ 🇪 *VISA*.
🛇 rest BZ **r**
1er avril-15 déc. – SC : **R** *(fermé dim. soir)* 65/160 – � 19 – **31 ch** 130/190 –
P 190/250.

Eglantiers, 20 bd Bertholet ☏ 61.43.21, 🏠 – 🛗 ⇌wc 🗚wc 🕾 ⑫ – 🏛 30. ⑩
VISA. 🛇 rest CY **f**
fermé 4 janv. au 1er mars – SC : **R** *(fermé merc.)* 65/180 – ⊏ 20 – **23 ch** 110/165 –
P 192/250.

Azur sans rest, 18 av. Victoria ☏ 35.00.96, 🚗 – 🗚wc 🕾 ⑫. 🇦🇪 ⑩ *VISA* BY **a**
fermé 1er déc. au 5 fév. – SC : ⊏ 16,50 – **16 ch** 90/175.

Soleil Couchant, 130 av. St-Simond ☏ 35.05.83, 🏠, 🚗 – ⇌wc 🗚wc 🕾 ⑫
🛇 5 mai-15 oct. – SC : **R** 56/150 – ⊏ 18 – **31 ch** 90/182 – P 180/220. BY **z**

Dauphinois, 14 av. Tresserve ☏ 61.22.56, 🏠, 🚗 – 🛗 ⇌wc 🗚wc 🕾 ⑫. 🇦🇪 ⑩ *VISA*.
🛇 CZ **d**
1er mars-30 nov. – SC : **R** 75/165 – ⊏ 18 – **84 ch** 130/210 – P 180/260.

Cécil H. sans rest, 20 av. Victoria ☏ 35.04.12 – 🛗 📺 ⇌wc 🗚wc 🕾. 🛇 BY **a**
fermé 20 fév. au 10 mars – SC : ⊏ 16 – **21 ch** 99/152.

Gallia-Beauséjour, 24 bd Bertholet ☏ 61.21.09, 🚗 – 🛗 ⇌wc 🗚wc 🕾. 🛇
15 avril-1er nov. – SC : **R** 73 – ⊏ 18 – **44 ch** 78/195 – P 185/
255. CY **j**

5 85

🏨 **Nice-Savoie** 🦢 sans rest, 11 r. Isaline ☎ 61.04.00, 🏤 – 🛗 cuisinette 🚿wc 📶
📶 🦢
1er mars-11 nov. – SC : 🛏 13 – **34 ch** 140/165.
CZ **u**

🏨 **Croix du Sud** sans rest, 3 r. Dr-Duvernay ☎ 35.05.87 – 🚪wc 📶
15 avril-15 oct. – SC : 🛏 16 – **16 ch** 101/151.
BZ **f**

🏨 **Central**, 6 r. H.-Murger ☎ 35.21.19 – 📶. 🦢 ch
1er mars-20 nov. – SC : **R** 40/62 🦪 – 🍽 12 – **20 ch** 52/88 – P 116/130.
BY **s**

🏨 **Palma** sans rest, 19 bis square A.-Boucher ☎ 35.01.10 – 🚿 📶. **E**
mi-avril-fin oct. – SC : 🛏 14,50 – **16 ch** 71/121.
BY **n**

🍴🍴 **Platanes** 🦢 avec ch, Petit Port ☎ 61.40.54, 🏤, 🏤, 🏤 – 🚪wc 🚿wc 📶 🅿 🆎 **E**
VISA
mars-15 nov. et fermé mardi – SC : **R** (dim. prévenir) 61/165 – 🛏 17,50 – **19 ch**
149/200 – P 220/250.
AY **b**

🍴🍴 **Brasserie Poste**, 32 av. Victoria ☎ 35.00.65 – 🆎. 🦢
fermé 31 oct. au 10 déc. et lundi – SC : **R** 55/110 🦪.
BY **t**

à Gresy-sur-Aix par ① : 5 km – ⊠ 73100 Aix-les-Bains :

🍴🍴 **Le Pont Neuf,** ☎ 35.12.04 – 🅿
fermé 16 août au 10 sept, vacances de fév., sam. et dim. soir – SC : **R** 45/110 🦪.

par la sortie ② :

à Pugny-Chatenod 4,5 km – ⊠ 73100 Aix-Les-Bains :

🏨 **Clairefontaine,** ☎ 61.47.09, ≤, 🏤, 🏤, 🦢 – 🚿 📶 🅿. **VISA** 🦢 rest
25 mars-15 oct. – SC : **R** 63/125 – 🛏 17 – **19 ch** 98/182 – P 160/235.

par la sortie ③ :

avenue du golf : 3 km :

🏨 **Campanile** 🦢, ☎ 61.30.66, Télex 980090, 🏤, 🏤 – 📺 🚪wc 📶 ᪶ 🅿. **VISA**
SC : **R** 60 bc/81 bc – 🍽 22 – **39 ch** 170.

à Viviers-du-Lac : 4 km – ⊠ 73420 Viviers-du-Lac :

🏨 **Chambaix H.** Ⓜ sans rest, CD 991 ☎ 61.31.11, 🏤, 🦢 – 🛗 🚪wc 🚿wc ☎ 📶
🅿. 🆎 **E** **VISA**
fermé 15 oct. au 15 janv. – SC : 🛏 17 – **29 ch** 130/185.

par la sortie ④ :

sur N 201 : 5 km – ⊠ 73420 Viviers-du-Lac :

🍴🍴 **Week-end** 🦢 avec ch, ☎ 63.40.22, ≤, 🏤 – 🍽 rest 🚪wc 📶 ☎
fermé 1er déc. au 1er fév., mardi soir et merc. d'oct. à mai – SC : **R** 58/150 – 🛏 17 –
16 ch 90/180 – P 180/190.

par la sortie ⑤ :

au Grand Port 3 km – ⊠ 73100 Aix-les-Bains :

🏨 **La Pastorale** Ⓜ 🦢, 221 av. Grand Port ☎ 35.25.36, « Dans la verdure, jardin » –
🛗 ☎ 🅿
fermé 15 fév. au 30 mars – SC : **R** (fermé dim. soir et lundi d'oct. à avril) 72/140 –
30 ch 190/235 – P 235/260.

🍴🍴🍴 ❀ **Lille** avec ch, ☎ 35.04.22, ≤, 🏤, 🏤 – 🛗 📺 🚪wc ☎ 🅿 – ᪶ 25. 🆎 ⓪
fermé janv. et fév. – **R** (fermé merc.) (dim. et fêtes - prévenir) 100/250 – 🛏 25 –
18 ch 205/230
Spéc. Omble au Champagne, Volaille "Mère Lille", Soufflé aux framboises (mai-sept.). **Vins** Roussette, Chignin.

🍴🍴🍴 **Davat** 🦢 avec ch, à 100 m Grand Port ☎ 35.09.63, « Cadre de verdure, jardin
fleuri » – 🚪wc 📶 ☎ 🅿
25 mars-2 nov. et fermé mardi – SC : **R** (dim. prévenir) 75/160 – **20 ch** 🛏 170/235 –
P 230/260.

à Brison-les-Oliviers : 9 km D 991 – ⊠ 73100 Aix-les-Bains :

🍴🍴 **Bocquin,** ☎ 54.21.81 – 🅿
Pâques-1er nov. et fermé mardi – SC : **R** 75/125.

Voir aussi ressources hôtelières et curiosités de *Mont-Revard*.
par ② et D 913 : 21 km. Albens par ① : 11 km, St-Félix par ① et N 201 : 14 km.

AJACCIO P 2A Corse-du-Sud 90 ⑰ – voir à Corse.

ALBAN 81250 Tarn 80 ⑫ G. Causses – 1 068 h. alt. 614 – ✆ 63.
Paris 735 – Albi 29 – Castres 54 – Lacaune 39 – Réalmont 32 – Rodez 85 – St-Affrique 53.

🏠 **Bon Accueil,** ✆ 55.81.03, ⇆ – 🚽wc 🛁wc ⊛. VISA. ✻ ch
fermé fév. et lundi sauf juil. et août – SC : **R** 60/200 – 🖵 15 – **15 ch** 80/150 – P 130/150.

RENAULT Saunal, 6 r. de Ladrech ✆ 55.82.32

ALBENS 73410 Savoie 74 ⑮ – 2 105 h. alt. 353 – ✆ 79.
Paris 578 – Aix-les-Bains 11 – Annecy 22 – Bellegarde-sur-Valserine 44 – Chambéry 27 – Rumilly 9.

✕ **Auberge Fleurie** avec ch, ✆ 63.00.18 – 🛁wc ⇆ 📞 ⓟ. AE E VISA
fermé 25 oct. au 1ᵉʳ déc., 23 fév. au 1ᵉʳ mars, lundi soir et mardi (sauf juil.-août)
– **R** 50/160 – 🖵 20 – **9 ch** 120/185 – P 128/150.

CITROEN Gar. Gare, ✆ 63.00.22   PEUGEOT-TALBOT Gar. du Centre, ✆ 63.00.83

ALBERTVILLE ⊛ 73200 Savoie 74 ⑰ G. Alpes – 17 537 h. alt. 345 – ✆ 79.
Voir à Conflans : Bourg★, Porte de Savoie ⩽★ B.
Env. Route du fort du Mont ⩽★★ E : 11 km.
🅸 Syndicat d'Initiative pl. Gare (fermé matin et sam. hors sais.) ✆ 32.04.22.
Paris 610 ③ – Annecy 45 ① – Chambéry 49 ③ – Chamonix 67 ① – ♦Grenoble 86 ③.

ALBERTVILLE

🏨 ✿✿ **Million,** 8 pl. Liberté **(a)** ✆ 32.25.15, 🍽, ⇆ – 🛗 📞 ⇆. AE ⓞ VISA. ✻
fermé 29 avril au 15 mai, 1ᵉʳ au 13 juil. et 29 sept. au 10 oct. – SC : **R** (fermé lundi sauf le soir du 14 juil. au 1ᵉʳ sept. et dim. soir) 115/280 et carte – 🖵 28 – **29 ch** 115/260
Spéc. Soupe de crabe aux langoustines, Coquilles St-Jacques (nov. à mai), Pâtisseries. Vins Chignin, Roussette.

🏨 **La Berjann** 🅼 ⟋, 33 rte Tours **(s)** ✆ 32.47.88, ⩽, 🍽, « Belle décoration intérieure », ⇆ – 🚽wc 🛁wc ⊛ ⓟ. ✻ ch
SC : **R** (fermé dim. soir d'oct. à Pâques) 56/180 ⅃ – 🖵 18 – **11 ch** 120/170 – P 185/210.

🏠 **Costaroche,** 1 chemin Pierre-du-Roy **(e)** ✆ 32.02.02, ⇆ – 🚽wc 🛁wc ⊛ ⓟ. ✻
fermé dim. soir et lundi midi hors sais. – SC : **R** 65/115 ⅃ – 🖵 19 – **20 ch** 115/152 – P 196/236.

✕✕✕ ✿ **Alain Rayé** (Chez Uginet), Pont des Adoubes **(d)** ✆ 32.00.50, ⩽, 🍽 – ⓟ. AE ⓞ VISA
fermé 26 juin au 3 juil., 11 nov. au 5 déc. et mardi – SC : **R** 90/260
Spéc. Terrine de foie gras au naturel, St-Jacques au citron vert et endives, Pains maison. Vins Chignin, Crépy.

87

ALBERTVILLE

MICHELIN, Entrepôt, 24 r. F.-Chautemps ☏ 32.10.96

BMW Portier, rte de Moutiers ☏ 32.23.32 **N**
CITROEN Gar. Pierre du Roy, 9 rte de Grignon, pt. Albertin par D 925 ☏ 32.47.37 **N**
CITROEN Gar. Hôte, 48 av. Chasseurs-Alpins ☏ 32.00.94 **N**
FIAT, LANCIA-AUTOBIANCHI S.A.V.A., rte de Moutiers ☏ 32.06.82
FORD Tarentaise-Auto, 1 rte de Grignon, carr. Pierre du Roy ☏ 32.04.98
OPEL Gar. Gare, 25 av. Victor-Hugo ☏ 32.02.28
PEUGEOT-TALBOT Arly-Auto, r. Pasteur ☏ 32.23.75

RENAULT S.A.G.A.M., N 90 ☏ 32.45.70
V.A.G. Gar. des Quatre Vallées, 32 av. J.-Jaurès ☏ 32.31.97
VOLVO Olagnon-Automobiles, par ③ ☏ 32.08.05
Gar. des Alpes, 5 av. Gén.-de-Gaulle ☏ 32.23.09

⊕ Piot-Pneu, Zone Ind. du Chiriac, r. A.-Croizat ☏ 32.56.15
Tessaro-Pneus, Zone Ind. du Chiriac, 156 r. L.-Armand ☏ 32.04.60

☞ *Les localités citées dans le* **guide Michelin** *sont soulignées de rouge sur les* **cartes Michelin** *à 1/200 000.*

ALBI 🅟 81000 Tarn 🞮🞮 ⑩ G. Causses – 48 341 h. alt. 174 – ✪ 63.

Voir Cathédrale★★★ AY – Palais de la Berbie★ : collections Toulouse-Lautrec★★ du musée★ AY M – Pont du 22-Août ⩟★ BX.
Env. Église St-Michel de Lescure★ 5,5 km par ①.
Autodrome 2 km par ⑤.
⪢ Le Séquestre : T.A.T. ☏ 54.45.28 par ⑤.
🎗 Office de Tourisme et A.C. 19 pl. Ste-Cécile (fermé dim. sauf juil. et août) ☏ 54.22.30.
Paris 707 ⑤ – Béziers 144 ④ – ✦Clermont-Ferrand 301 ① – ✦St-Étienne 336 ① – ✦Toulouse 76 ⑤.

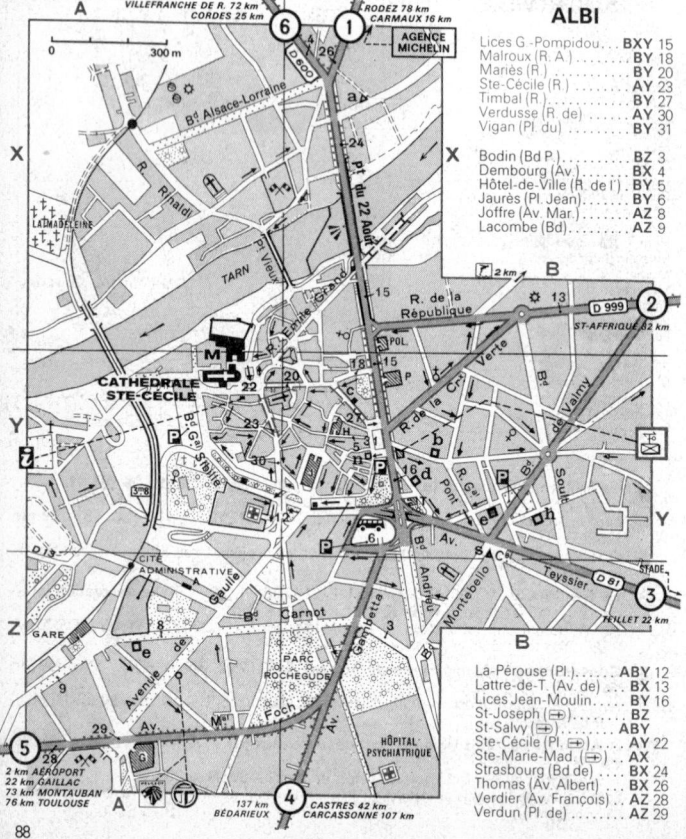

ALBI

🏩🏩 **La Réserve** Ⓜ ⍋, rte Cordes par ⑥ : 3 km ⌦ 60.79.79, Télex 520850, ⩽, 🍴,
« Dans un parc au bord du Tarn », ⍭, ⍗ – ⊡ ☎ 🅿 – 🏌 80. 🆎 ⓪ Ⓔ 𝗩𝗜𝗦𝗔.
�屋 rest
avril-oct. – SC : **R** 110/200 – ⌧ 35 – **20 ch** 290/500 – P 350/520.

🏩🏩 **Host. St-Antoine** Ⓜ ⍋, 17 r. St-Antoine ⌦ 54.04.04, Télex 520850, « Jardin,
meubles anciens » – ⧰ ⊡ ☎ ⟿ 🅿 – 🏌 50. 🆎 ⓪ Ⓔ 𝗩𝗜𝗦𝗔   BY **d**
SC : **R** (fermé sam. hors sais.) 80/200 – ⌧ 28 – **56 ch** 220/420 – P 300/430.

🏩🏩 **Chiffre** Ⓜ, 50 r. Séré-de-Rivières ⌦ 54.04.60 – ⧰ ▤ rest ⊡ 🅿 – 🏌 400. 🆎 ⓪
Ⓔ 𝗩𝗜𝗦𝗔. �屋 rest   BY **b**
SC : **R** (fermé dim. du 2 nov. au 31 mars) 60/160 – ⌧ 20 – **39 ch** 140/260 –
P 240/340.

🏩 **Le Vigan,** 16 pl. Vigan ⌦ 54.01.23, Télex 530328 – ⧰ ⊡ ⊟wc ⋔wc ☎ ⟿ – 🏌
➡   40 à 200. 🆎 ⊡ Ⓔ 𝗩𝗜𝗦𝗔   BY **n**
SC : **R** (fermé 20 au 30 déc.) 50/170 – ⌧ 18,50 – **37 ch** 129/250.

🏠 **Cantepau** sans rest, 9 r. Cantepau ⌦ 60.75.80 – ⧰ ⊟wc ⋔wc ☎ 🅿   BX **a**
fermé 24 déc. au 31 janv. – SC : ⌧ 15 – **34 ch** 90/160.

🏠 **George V** sans rest, 29 av. Mar.-Joffre ⌦ 54.24.16 – ⋔wc ⟿   AZ **e**
fermé vacances de fév. – ⌧ 15 – **10 ch** 86/140.

🏠 **Parking** sans rest, 31 pl. Fernand-Pelloutier ⌦ 54.09.07 – ⋔. �屋   BY **h**
fermé 1er au 15 sept. – ⌧ 14 – **15 ch** 85.

XX **Moderne Pujol** avec ch., 22 av. Col. Teyssier ⌦ 54.02.92 – ▤ rest ⊡ ⊟wc
⋔wc ☎ ⟿ – 🏌 60. 🆎 ⓪ 𝗩𝗜𝗦𝗔. �屋   BY **s**
fermé 21 juin au 15 juil. et vacances de fév. – SC : **R** (fermé vend. soir et sam.)
80/160 – ⌧ 17 – **21 ch** 115/170 – P 180/230.

XX **Relais Gascon et Aub. Landaise** avec ch, 1 r. Balzac ⌦ 54.26.51 – ⊡ ⋔wc ⟿
fermé nov., dim. soir et lundi (sauf hôtel en été) – SC : **R** 55/180 ⅃ – ⌧ 16 – **15 ch**
110/160 – P 240/260.   BY **e**

Marssac-sur-Tarn par ⑤ : 10 km – ✉ 81150 Marssac-sur-Tarn :

XXX ✿ **Francis Cardaillac,** ⌦ 55.41.90, ⩽, parc, ⍭ – ▤ 🅿. 🆎 ⓪ Ⓔ
fermé janv., dim. soir et lundi – SC : **R** (nombre de couverts limité - prévenir)
110/240
Spéc. Feuilletés au foie chaud au basilic, Filet de sandre à l'estragon, Desserts. **Vins** Gaillac,
Castanet.

MICHELIN, Agence, bd Mar.-Lannes par ① ⌦ 60.78.04

ALFA-ROMEO, Mauriès, 101 av. Gambetta ⌦
54.06.75
AUTOBIANCHI, FIAT, LANCIA, MERCEDES
S.A.T.A., rte de Castres ⌦ 54.03.02
BMW Gar. Auriol, 14 av. Gambetta ⌦ 54.06.51
CITROEN Gar. Marlaud, rte Rodez, Lescure
par ① ⌦ 60.70.84
DATSUN A.C.A., 174 av. De-Lattre-de-Tassi-
gny ⌦ 60.35.00
FORD Albi-Auto., 22 av. A.-Thomas ⌦ 60.79.03
FORD Brison, rte Castres, Ranteil ⌦ 54.49.10
LADA, SKODA, VOLVO Gar. Grimal, 128 av.
A.-Thomas ⌦ 60.72.05

PEUGEOT-TALBOT Samad, 43 av. De-Gaulle
⌦ 54.21.89
RENAULT Ets Puech, 179 av. Gambetta par
④ ⌦ 54.68.00
V.A.G. Courant, rte de Castres, Ranteil ⌦ 54.
36.44

⊛ Bellet Pneus, rte Castres ⌦ 54.23.47
Escoffier-Pneus, 101 av. F.-Verdier ⌦ 54.04.99
Jau, 27 bd Lude ⌦ 54.12.26
Pneu Service, 10 av. De-Gaulle ⌦ 54.06.80 et 51
av. A.-Thomas ⌦ 60.71.98

ALBIEZ-LE-JEUNE 73 Savoie 77 ⑦ – 78 h. alt. 1 350 – ✉ 73300 St-Jean-de-Maurienne –
✿ 79.
Paris 648 – Chambéry 87 – St-Jean-de-Maurienne 16 – St-Michel-de-Maurienne 26.

X **L'Escale** ⍋ avec ch, ⌦ 64.20.00, ⩽ – ⋔
fermé 15 oct. au 15 nov. et merc. hors sais. – SC : **R** 70/150 – ⌧ 20 – **12 ch** 80/100
– P 160.

ALBIEZ-LE-VIEUX 73 Savoie 77 ⑦ – 275 h. alt. 1 522 – ✉ 73300 St-Jean-de-Maurienne –
✿ 79.
Voir Col du Mollard ⩽★ S : 3 km, G. Alpes .
Paris 648 – Chambéry 87 – St-Jean-de-Maurienne 16 – St-Sorlin-d'Arves 15.

🏠 **Rua** ⍋, ⌦ 56.71.99, ⩽ – ⊟wc ⋔wc ☎ 🅿. �屋 rest
➡   fermé 20 avril au 15 mai et nov. – SC : **R** 48/120 – ⌧ 17 – **22 ch** 95/160 – P 165/210.

ALBIGNY 74 H.-Savoie 74 ⑥ – rattaché à Annecy.

ALBIGNY-SUR-SAÔNE 69810 Rhône 74 ① – 2 653 h. alt. 185 – ✿ 7.
Voir Musée de l'Électricité★ dans la maison d'Ampère O : 4,5 km, G. Vallée du Rhône.
Paris 452 – Bourg-en-Bresse 52 – ◆Lyon 18 – Mexímieux 35 – Villefranche-sur-Saône 19.

XX **des Iles,** sur D 51 ✉ 69250 Neuville-sur-Saône ⌦ 891.30.88 – 🅿
fermé 1er fév. au 15 mars, lundi soir et mardi – SC : **R** 80/130, dîner à la carte ⅃.

ALENÇON 🅿 61000 Orne 60 ③ G. Normandie – 32 526 h. alt. 135 – ⚙ 33.

Voir Église N.-Dame★ BY **E** – Musée des Beaux-Arts et de la Dentelle★ AY **H**.

Env. Forêt de Perseigne★ 9 km par ③.

Office de Tourisme 60 Grande-Rue (fermé lundi matin hors saison et dim.) ☏ 26.11.36 – A.C.O. 2 cours Clemenceau ☏ 26.51.75.

Paris 191 ② – Chartres 116 ③ – Évreux 118 ② – Laval 91 ⑤ – ◆Le Mans 49 ④ – ◆Rouen 146 ①.

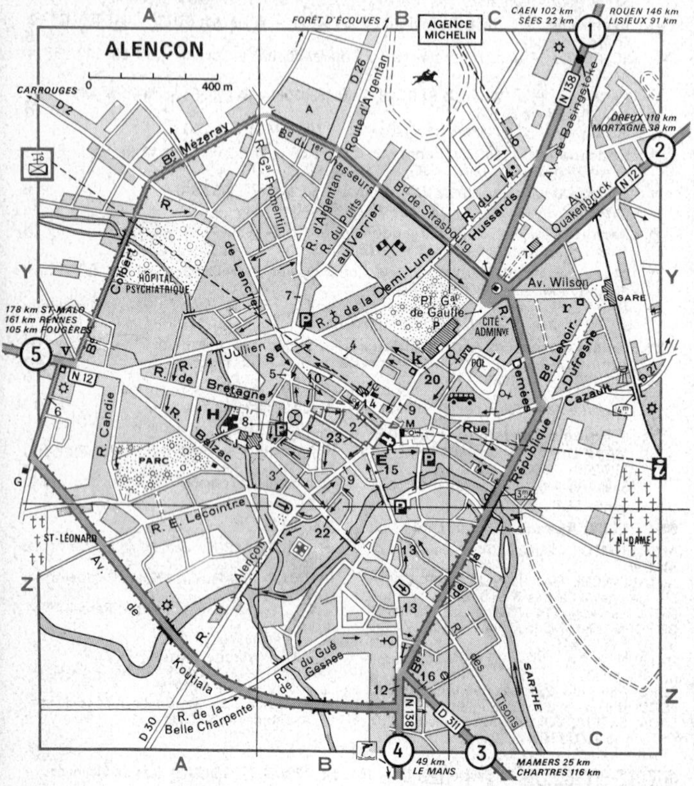

Bercail (R. du)	**BY** 2
Grande-Rue	**BY** 9
Mans (R. du)	**BZ** 13
Pont-Neuf (R. du)	**BY** 15
Sieurs (R. aux)	**BY** 23
Château (R. du)	**BY** 3
Clemenceau (Cours)	**BY** 4
Collège (R. du)	**BY** 5
Duchamp (Bd)	**AY** 6
Écusson (R. de l')	**BY** 7
Foch (Pl.)	**AY** 8
Jeudi (R. du)	**BY** 10
Leclerc (Av. du Gén.)	**BZ** 12
Montsort (⊕)	**BZ**
Notre-Dame (⊕)	**BY**
Palais (Pl. du)	**BY** 14
Rhin et Danube (Av.)	**BCZ** 16
St-Blaise (R.)	**BY** 20
St-Léonard (⊕)	**BYZ**
Sarthe (R. de)	**BZ** 22

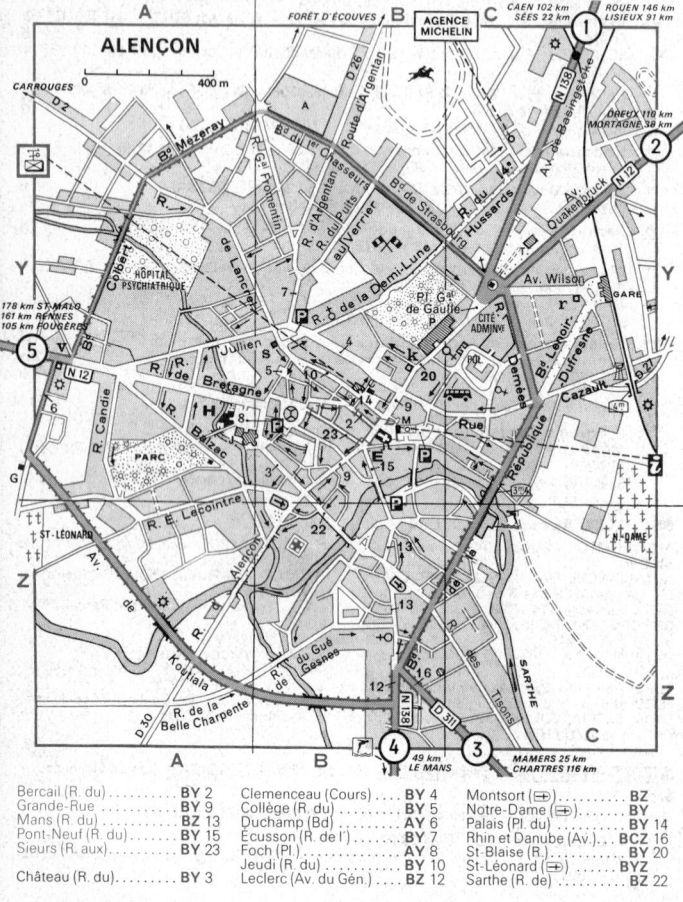

Gd Cerf, 21 r. St-Blaise ☏ 26.00.51, – | TV wc wc ☎. AE E VISA — BY **k**
fermé 15 déc. au 15 janv. et dim. du 1er oct. au 30 mars – SC : **R** 50/200 – 18 – **33 ch** 95/250 – P 230/350.

Chapeau Rouge sans rest, 117 r. Bretagne ☏ 26.20.23 – wc ☎ 🅿 — AY **v**
16 – **16 ch** 90/170.

Gare, 50 av. Wilson ☏ 29.03.93 – TV wc wc ☎ 🅿. AE E VISA — CY **r**
fermé 20 déc. au 6 janv. – SC : **R** *(fermé dim. sauf le soir en juil., août et sam. soir de janv. au 15 mai)* 41/60 – 17 – **22 ch** 85/220.

XXX ✿ **Petit Vatel** (Lerat), 72 pl. Cdt-Desmeulles ☏ 26.23.78 – AE ◑ E VISA — BY **s**
fermé 15 au 31 août, vacances de fév. et merc. – SC : **R** 88/168
Spéc. St-Jacques aux blancs de poireaux, Saint-Pierre aux concombres, Glaces et sorbets.

au Londeau par ② – ✉ 61000 Alençon :

Campanile, rte Paris ☏ 29.53.85, Télex 171908 – TV wc ☎ 🅿. VISA
SC : **R** 60 bc/81 bc – 22 – **28 ch** 157.

par ④ : 4 km sur N 138 :

🏠 **Host. du Château de Maleffre,** ✉ 72610 Saint-Paterne 𝄐 31.82.78, ≤, parc — 🛏 🕅 🅿 🄴 VISA ⇙ rest
fermé vacances de Noël – SC : **R** *(fermé vend., sam., dim. et fériés)* (dîner seul.) 100 bc/110 bc – 🛏 16 – **13 ch** 75/220.

Voir aussi ressources hôtelières de *St-Denis-sur-Sarthon* par ⑤ : 12 km.

MICHELIN, Agence, 20-22 r. Ampère CY𝄐 29.13.26

AUSTIN, ROVER, TRIUMPH Gar. de Bretagne, 141 r. de Bretagne 𝄐 26.08.27
CITROEN Roques, N 138 rte du Mans par ④ 𝄐 26.50.50 🄽
FIAT, LANCIA-AUTOBIANCHI Kosellek, 45 av. de Quakenbruck 𝄐 29.40.67
FORD Legrand-Autos, 132 av. de Quaken-bruck par ② 𝄐 29.45.61
PEUGEOT, TALBOT Gds Gar. de l'Orne, 111 av. de Basingstoke par ① 𝄐 29.22.22 🄽
RENAULT SODIAC, N 12, rte de Paris à Cerisé par ② 𝄐 29.20.22

RENAULT Chantepie, 37 r. Marchant-Saillant par R. Cazault CY𝄐 29.21.60
TOYOTA Baroche, 136 av. Rhin et Danube 𝄐 29.60.86
V.A.G. Gar. Marcade, r. Ampère ZI Nord 𝄐 29.60.55
VOLVO Gar. Guérin, 21 r. Demées, 𝄐 29.06.15

🛞 Alençon-Pneus, 71 av. de Basingstoke 𝄐 29.16.22

ALÈS ⬙ 30100 Gard 🎱🄾 ⑰⑱ G. Causses – 44 343 h. alt. 140 – 🕐 66.
🄷 Office de Tourisme avec A.C. (𝄐 52.51.69) 3 r. Michelet (Chambre de Commerce) (fermé sam. et dim.) 𝄐 52.21.15, Télex 490855 et pl. G.-Péri (Pâques-1er nov. et fermé dim.) 𝄐 52.32.15.

Paris 709 ② – Albi 230 ④ – Avignon 71 ③ – ♦Montpellier 70 ④ – Nîmes 44 ③ – Valence 146 ②.

ALÈS

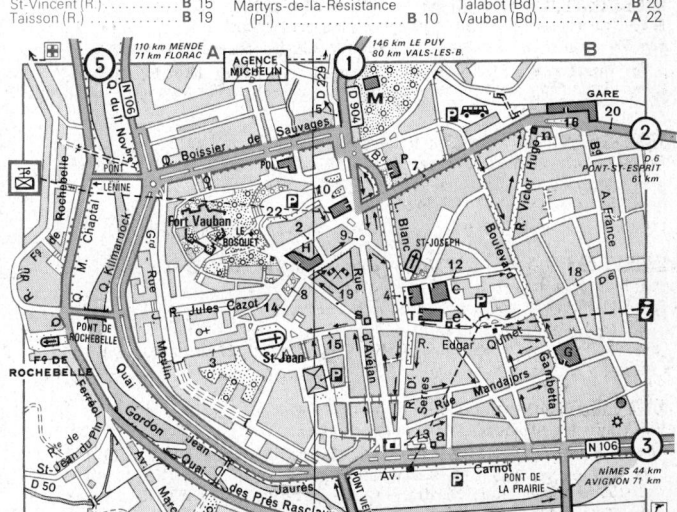

🏨 **Mercure** Ⓜ, r. E.-Quinet 𝄐 52.22.07, Télex 480830 – 🛗 🍽 📺 ☎ 🕹 🅿 – 🛎 30 à 100. 🄰🄴 ⓞ 🄴 VISA
R carte environ 90 🍴 – ⚏ 23 – **75 ch** 212/252.   B e

🏠 **Gd Hôtel,** 17 bis pl. G.-Péri 𝄐 52.19.01 – 🛗 🚻wc 🕅wc ☎ ⇦ – 🛎 30   B a
SC : **R** *(fermé nov. à mars, sam. soir.et dim. hors sais.)* 58 – ⚏ 18 – **42 ch** 95/245.

tourner →

91

ALÈS

🏨 **L'Écusson** Ⓜ sans rest, par ③ : 4 km sur N 106 ⊠ 30560 St-Hilaire-de-Brethmas
℡ 30.10.52, ⌁ – 📶wc ☎ 🅿️ VISA
SC : 🛏 16 – **20 ch** 85/190.

🏨 **Orly** sans rest, 10 r. Avéjan ℡ 52.43.27 – 📳 🔲 ⌂wc 📶 ☎ ① Ⓔ VISA. ⌀   B s
fermé 1er au 15 janv. – SC : 🛏 18 – **36 ch** 132/163.

✕✕ **Parc** avec ch, 174 rte Nîmes par ③ : 2 km ℡ 30.62.33, ⌖, ⛫ – 📶wc ☎ 🅿️
⌀ ch
SC : **R** 65/115 – 🛏 20 – **5 ch** 150/170 – P 210 bc/280 bc.

✕✕ **Aub. St-Hilaire,** par ③ : 4 km sur N 106 ⊠ 30560 St-Hilaire-de-Brethmas
℡ 30.11.42, ⌖ – 🅿️ VISA. ⌀
fermé dim. soir et lundi sauf fériés – SC : **R** 90/160.

✕ **Le Riche,** 42 pl. Sémard ℡ 86.00.33 – 🅰🅴 Ⓔ VISA   B n
fermé 1er au 31 juil. – SC : **R** 50/120 ⅜.

MICHELIN, Agence, 4 r. du Canal (au Nord par D 229) ℡ 30.06.22

ALFA-ROMEO Gar. Grégori, 3 r. J.-Louche ℡ 30.80.34
BMW-FIAT Cévennes-Autom., rte d'Aubenas à St Martin de Valgalgues ℡ 30.22.46 🄽 ℡ 86.54.59
CITROEN Alès-Auto, 78 rte de Bagnols par ② ℡ 86.42.40
DATSUN-LADA SKODA-VOLVO Gar. Chauvet, 92 bis rte Alsace ℡ 30.13.80
FORD Morel, 15 av. Gibertine ℡ 86.44.73
LANCIA-AUTOBIANCHI Gar. Juveau, 2 bd L.-Blanc ℡ 52.39.31
PEUGEOT-TALBOT Ets Guiraud, 1165 rte d'Uzès par ③ ℡ 86.41.87
OPEL-GM Gar. SOGIR, rte de Nîmes à St-Hilaire de Brethmas ℡ 86.22.97

RENAULT Auto-Christol, Rte de Montpellier à St. Christol les Alès par N 110 B ℡ 52.86.44
RENAULT Sud-Auto, rte de Nîmes par ③ ℡ 86.49.64
V.A.G. Provence-Auto, Km 3, rte de Nîmes à St-Hilaire de Brethmas ℡ 30.81.23

🅐 Ayme-Pneus, Imp. Rameau, zone Ind. Croupillac ℡ 30.22.10
Beltran, 6 r. J.-Louche ℡ 30.07.58
Escoffier-Pneus, 8 pl. Barbusse ℡ 52.38.72 et Zone Ind. de Bruèges ℡ 55.68.41
Pneus-Rouveyran, 35 av. Marcel Cachin, près Rasclaux ℡ 52.51.83

ALFORTVILLE 94 Val-de-Marne 🖟🖟 ①, 🖟🖟🖟 ㉘ – voir à Paris, Environs.

ALLANCHE 15160 Cantal 🖟🖟 ③④ – 1 383 h. alt. 985 – ☺ 71.
🛈 Syndicat d'Initiative à la Mairie (juil.-août matin seul.) ℡ 20.40.31.
Paris 486 – Aurillac 74 – Brioude 48 – Issoire 64 – Massiac 26 – Murat 23 – St-Flour 36.

🏨 **Modern'H.,** ℡ 20.40.06, ⛫ – ⌂wc 📶 ⛮ 🅿️ ① Ⓔ VISA. ⌀ rest
fermé 11 au 24 oct., 3 nov. au 1er déc., 3 au 25 janv. et dim. hors sais. – SC : **R** 46/140 – 🛏 19 – **35 ch** 80/152 – P 140/191.

ALLASSAC 19240 Corrèze 🖟🖟 ⑧ G. Périgord – 3 560 h. alt. 170 – ☺ 55.
Paris 480 – Brive-la-Gaillarde 16 – ♦Limoges 84 – Tulle 34.

🏨 **Midi,** av. Victor-Hugo ℡ 84.90.35 – 📶wc
fermé – SC : **R** 50/75 ⅜ – 🛏 17 – **10 ch** 80/120 – P 130/150.

CITROEN Bouillaguet, ℡ 24.90.22   RENAULT Vignal, ℡ 24.91.22

ALLÈGRE 43270 H.-Loire 🖟🖟 ⑥ G. Auvergne – 1 375 h. alt. 1 021 – ☺ 71.
Voir Ruines du château ⌖⁎.
Paris 484 – Ambert 48 – Brioude 40 – Langeac 34 – Le Puy 28.

🏨 **Voyageurs,** ℡ 00.70.12 – 📶wc 🅿️
fermé 15 déc. au 15 mars – SC : **R** 39/50 ⅜ – 🍽 11 – **27 ch** 70/120 – P 120/150.

CITROEN Gar. J.-M.-Allès, ℡ 00.70.50   PEUGEOT-TALBOT Gar. Marrel, ℡ 00.70.62 🄽

ALLEMOND 38114 Isère 🖟🖟 ⑥ – 1 207 h. alt. 820 – ☺ 76.
Voir Traverse d'Allemond ⌖⁎⁎ O : 4 km, G. Alpes.
Paris 611 – Le Bourg-d'Oisans 11 – ♦Grenoble 45 – St-Jean-de-Maurienne 54 – Vizille 29.

🏨 **Giniès** ⌀, ℡ 80.70.03, ≤, ⛫ – 📶 📶 🅿️ ⌀
SC : **R** *(2 mai-8 sept.)* 60/120 ⅜ – 🛏 20 – **18 ch** 85/110 – P 150/170.

🏡 **Tilleuls,** ℡ 80.70.24, ≤, parc – 🅿️ ⌀ rest
Pâques-1er oct. – SC : **R** 55/120 – 🛏 20 – **21 ch** 60/140 – P 160/180.

ALLÉRIOT 71 S.-et-L. 🖟🖟 ⑩, 🖟🖟 ② – rattaché à Chalon-sur-Saône.

ALLERY 80 Somme 🖟🖟 ⑦ – rattaché à Airaines.

ALLEVARD 38580 Isère 🖟🖟 ⑯, 🖟🖟 ⑥ G. Alpes – 2 391 h. alt. 475 – Stat. therm. (15 mai-22 sept.) – ☺ 76.
Voir Route du Collet⁎⁎ par ② – O : Route de Brame-Farine⁎.
🛈 Office de Tourisme pl. Résistance (fermé dim. et fêtes après-midi) ℡ 45.10.11.
Paris 596 ① – Albertville 47 ① – Chambéry 35 ① – ♦Grenoble 38 ③ – St-Jean-de-Maurienne 65 ①.

ALLEVARD

Baroz (R.) 2
Bir-Hakeim (R. de) 3
Breda (R. du) 4
Charamil (R.) 5
Chenal (R.) 6
Davallet (Av.) 7
Docteur-Chataing (R.) 8
Docteur-Mansord (R.) 9
Docteur-Niepce (R.) 10
Ferry (Bd Jules) 14
Gerin (Av. Louis) 15
Grand-Pont (R. du) 19
Libération (R. de la) 21
Louaraz (Av.) 23
Ponsard (R.) 24
Rambaud (Pl. P.) 25
Résistance (Pl. de la) 27
Savoie (Av. de) 28
Stalingrad (R. de) 29
Tallard (R. E.) 31
Verdun (Pl. de) 32

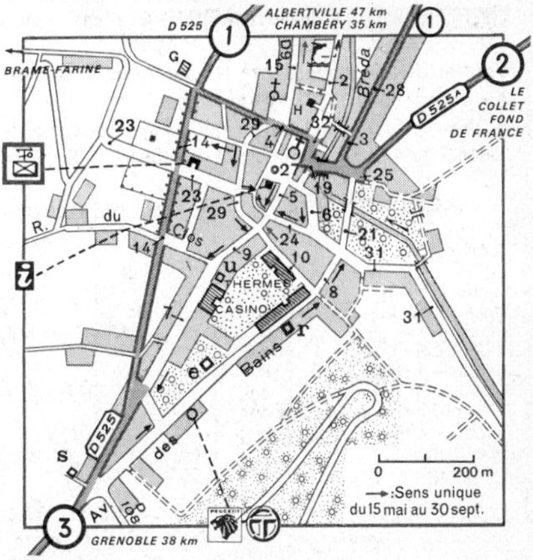

Ermitage ⑤, **(e)** ✆ 97.51.41, ≤, parc, ✗ – |⧈| ⌂wc ☎ ⓟ. ✻ rest
14 mai-23 sept. – SC : **R** 75 – **50 ch** ⊒ 82/230 – P 181/263.

Les Pervenches ⑤, **(s)** ✆ 97.50.73, ≤, parc, ✗ – ⌂wc ⋔wc ☎ ♿ ⓟ. ✻ rest
14 mai-20 sept. – SC : **R** 66/100 – **34 ch** ⊒ 75/195 – P 176/245.

Parc ⑤ sans rest, **(u)** ✆ 97.54.22, ≤ parc, ✗ – |⧈| ⌂wc ☎ ⓟ
14 mai-23 sept. – SC : **50 ch** ⊒ 107/210.

Continental, (r) ✆ 45.03.25, ⌂ – |⧈| ⋔wc ☎ ⌂ ⓟ. ✻
15 mai-30 sept. – SC : **R** 55 – ⊒ 16 – **40 ch** 90/160 – P 150/200.

à Pinsot S : 7 km par D 525 A – ✉ **38580** Allevard :

Pic Belle Étoile ⑤, ✆ 97.53.62, ≤, ⌂, ✗ – ⌂wc ⓟ. VISA. ✻ rest
17 mai-24 sept. et 22 déc.-15 avril – SC : **R** 68/105 – ⊒ 15,50 – **35 ch** 71/156 – P 160/204.

au Collet d'Allevard par ② : 10 km – alt. 1 450 – Sports d'hiver : 1 450/2 100 m ⚡15 – ✉ **38580** Allevard – ℹ Office de Tourisme (15 déc.-15 avril) ✆ 45.01.88.

Plein Ciel ⑤, ✆ 97.52.30, ≤ massif de Chartreuse – ⌂wc ⋔wc ☎ ⓟ. VISA
1er déc.-25 avril – SC : **R** 65/130 ⅋ – ⊒ 16 – **20 ch** 135/160 – P 197/280.

PEUGEOT-TALBOT Gar. Tissot, ✆ 97.50.62 RENAULT Gar. des Alpes, ✆ 97.51.26

ALLIGNY-EN-MORVAN 58 Nièvre **65** ⑰ – 709 h. alt. 454 – ✉ **58230** Montsauche – ⚙ 86.

Paris 263 – Autun 32 – Château-Chinon 34 – Clamecy 79 – Nevers 100 – Saulieu 11.

Aub. du Morvan avec ch, ✆ 76.13.90 – ⋔. ✻ ch
22 avril-1er nov. et 22 déc.-2 janv. – **R** *(fermé jeudi et le soir hors sais.)* 47/120 – ⊒ 17 – **5 ch** 82/137 – P 140.

ALLONZIER-LA-CAILLE 74 H.-Savoie **74** ⑥ – 661 h. alt. 643 – ✉ **74350** Cruseilles – ⚙ 50.

Voir Ponts de la Caille★ N : 1,5 km, G. Alpes.

Paris 555 – Annecy 13 – Bellegarde-sur-Valserine 49 – Bonneville 31 – •Genève 30.

Manoir ⑤, ✆ 46.81.82, ≤, ⌂ – TV ⌂wc ⋔wc ☎ ⌂ ⓟ – ⚠ 40. E VISA
fermé 1er nov. au 20 déc. et lundi hors sais. – SC : **R** 70/160 – ⊒ 20 – **18 ch** 120/185 – P 190/220.

ALLOS **04260** Alpes-de-H.-P. **81** ⑧ **G. Alpes** – 681 h. alt. 1 425 – Sports d'hiver à La Foux : 1 800/2 600 m ⛷2 ⚡19 et au Seignus – ⚙ 92.

Env. ✻★★ du col d'Allos NO : 15 km.

ℹ Syndicat d'Initiative à la Mairie ✆ 83.02.81.

Paris 824 – Barcelonnette 36 – Colmars 8 – Digne 79.

au Seignus O : 2 km par D 26 – alt. 1 500 – Sports d'hiver : 1 500/2 450 m ⚡9 – ✉ **04260** Allos :

Altitude 1500 ⑤, ✆ 83.01.07, ≤ – ⌂ ⋔ ⓟ. ✻ ch
1er juin-28 août et 20 déc.-24 avril – **R** (nombre de couverts limité - prévenir) 58/62 – ⊒ 16,50 – **16 ch** (pens. seul.) – P 147/153.

ALMANARRE 83 Var **84** ⑮⑯ – rattaché à Hyères.

L'ALOUETTE 33 Gironde **71** ⑨ – rattaché à Bordeaux.

L'ALPE D'HUEZ 38750 Isère **77** ⑥ G. Alpes − alt. 1 860 − Sports d'hiver : 1 860/3 350 m ⛷ 5 ⟨46, ⟨⟩ − ⊘ 76.

Voir Pic du Lac Blanc ✵✵✵ NE par téléphérique B − **Env.** Lac Besson★ N : 5,5 km.

Altiport ⊁ 80.41.15, SE : 1,5 km.

🛈 Office de Tourisme Place Paganon (fermé sam. et dim. hors sais.) ⊁ 80.35.41, Télex 320892.
Paris 627 ① − Le Bourg-d'Oisans 14 ① − Briançon 79 ① − ♦Grenoble 62 ①.

ALPE D'HUEZ

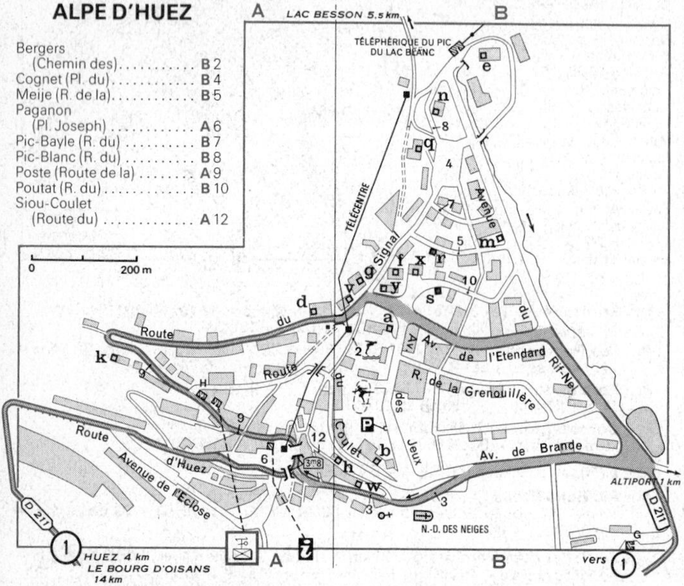

🏨🏨 **Ours Blanc** Ⓜ ⟨⟩, ⊁ 80.31.11, Télex 320807, ≼ massif de l'Oisans, 🍽 − 🛋 Ⓟ.
ᴀᴇ ⓞ ᴇ 𝗩𝗜𝗦𝗔. ✺ rest   B **b**
Noël-Pâques − SC : **R** (dîner seul.) 135/175 − **37 ch** (1/2 pens. seul.) − 1/2 p 380/540.

🏨🏨 **Petit Prince** ⟨⟩, ⊁ 80.33.51, ≼ massif de l'Oisans, 🍽 − 🛗 ☎ Ⓟ − 🏋 25. ᴀᴇ
ⓞ. ✺ rest   A **k**
Noël-Pâques − SC : **R** 105/135 − � 28 − **40 ch** 260/410 − P 270/445.

🏨🏨 **Vallée Blanche,** ⊁ 80.30.51, ≼ massif de l'Oisans − 🛗 cuisinette 📺 ☎ Ⓟ − 🏋
40. ⓞ 𝗩𝗜𝗦𝗔. ✺ rest   B **h**
1er juil.-août et 15 déc.-30 avril − SC : R̶ 105/170 − ⧠ 25 − **42 ch** 190/440 −
P 300/440.

🏨🏨 **Les Gdes Rousses,** ⊁ 80.33.11, ≼ massif de l'Oisans, ⟨⟩, ✺ − 🛗 📺 ☎ 🛋 Ⓟ
− 🏋 30. 𝗩𝗜𝗦𝗔   A **d**
15 juin-10 sept. et 10 déc.-1er mai − SC : **R** 110 − ⧠ 25 − **45 ch** 370 − P 370/410.

🏨🏨 ✿ **Au Chamois d'Or** (Seigle) ⟨⟩, ⊁ 80.31.32, ≼ pistes et montagnes, 🍽 − 🛗 Ⓟ.
                                                                                      B **e**
18 déc.-24 avril − SC : **R** 78/110 − ⧠ 24 − **40 ch** 100/320 − P 260/400
Spéc. Gratin de queues d'écrevisses, Huitres chaudes aux épinards, Gratin et parfait glacé de
framboises. **Vins** Crépy.

🏨🏨 **Le Chaix** Ⓜ, ⊁ 80.30.22, ≼ massif de l'Oisans − 🛗 ☎ Ⓟ. ✺ rest   B **m**
15 déc.-25 avril − SC : **R** 85 − ⧠ 22 − **27 ch** 230/345 − P 225/320.

🏨🏨 **Hermitage,** ⊁ 80.35.43, ≼ − 🛗 ☎ Ⓟ − 🏋 35. ✺ rest   B **f**
juil.-août et 10 déc.-Pâques − SC : **R** 65/120 − ⧠ 28 − **37 ch** 290/295, 5 appartements
350 − P 260/380.

🏨🏨 **Le Dôme** Ⓜ, ⊁ 80.32.11, ≼ massif de l'Oisans, 🍽 − 🛗 📺 ☎ 🛋 Ⓟ. ᴀᴇ ⓞ ᴇ
𝗩𝗜𝗦𝗔. ✺ rest   B **q**
juil.-août et déc.-avril − SC : **R** 60/140 − ⧠ 24 − **18 ch** 275/380 − P 380/420.

🏨 **Le Christina** ⟨⟩, ⊁ 80.33.32, ≼ massif de l'Oisans, ✺ − 🛗 ⌂wc 🚿wc 🛋 Ⓟ. 𝗩𝗜𝗦𝗔.
✺ rest   B **n**
1er juil-20 août et 1er déc.-fin avril − SC : ⧠ 25 − **28 ch** − P 296/368.

🏨 **Belle Aurore,** ⊁ 80.33.17, ≼ − 🛗 ⌂wc 🚿 🛋. ✺ rest   B **g**
Noël-Pâques − SC : **R** 115/140 − **37 ch** 260/400 − P 295/370.

🏨 **La Dauphinoise,** ⊁ 80.32.61, ≼ − 🛗 ⌂wc 🚿wc 🛋 Ⓟ. ✺ rest   B **x**
20 déc.-20 avril − SC : **R** 79/90 − ⧠ 17 − **27 ch** 119/205 − P 232/259.

館 **Les Bruyères,** ⏏ 80.32.74, ⩽ − 🛁wc 🚿wc ☎ **🄿.** ⅋ rest   B y
1er juil.-31 août et Noël-Pâques − SC : **R** 68/90 − � 23 − **20 ch** 200/270.

館 **Alp'Azur** sans rest, ⏏ 80.34.02, ⩽ − 🛁wc 🚿wc 🕾. *VISA*   B v
fermé 25 mai au 25 juin − SC : � 22 − **20 ch** 145/225.

館 **Le Chamois,** ⏏ 80.31.19, ⩽ − 🛁wc 🚿wc 🕾. *AE*   B w
1er juil.-25 août et 20 déc.-1er mai − SC : **R** 65/80 − � 20 − **16 ch** 192/220 −
P 246/256.

XX **L'Outa** avec ch, ⏏ 80.34.56, ⩽, 🍃 − 🛁wc 🚿wc 🕾. *AE* ⓞ *E* *VISA*   B s
5 juil.-25 août et 15 déc.-1er mai − SC : **R** 52/86 − **11 ch** � 120/180 − P 190/280.

XX **La Cordée,** ⏏ 80.35.39   B r
sam. et dim. en juil.-août et 1er nov.-4 mai − SC : **R** 80/130.

     à Huez par ① : 4 km par D 211 − alt. 1 495 − ⊠ 38750 Alpe d'Huez :

🏚 Gai Vallon, ⏏ 80.30.52, ⩽ − 🚿 **🄿** − *sais.* − **12 ch.**

Garage du Pic-Blanc, av. des Jeux ⏏ 80.32.20

ALTKIRCH ⬗ 68130 H.-Rhin 🄌🄆 ⑨ G. Vosges − 6 129 h. alt. 312 − ✪ 89.
Paris 529 − ◆Bâle 31 − Belfort 35 − Montbéliard 52 − ◆Mulhouse 20 − Thann 28.

     à Wittersdorf E : 3 km par D 419 − ⊠ 68130 Altkirch :

館 Kuentz-Bix Ⓜ, ⏏ 40.95.01 − 📺 🛁wc 🚿wc 🕾 **🄿** − **18 ch.**

     sur D 419 O : 3,5 km − ⊠ 68130 Altkirch :

館 **Aub. Sundgovienne,** ⏏ 40.97.18, 🍃 − 🛗 🛁wc 🚿wc ☎ **🄿.** *AE* ⓞ *E* *VISA*.
🡒 ⅋ ch
fermé 24 déc. au 1er fév., mardi midi et lundi − SC : **R** 46/93 🍷 − � 14 − **31 ch**
57/140 − P 145/200.

     à Hirtzbach S : 4 km − ⊠ 68118 Hirtzbach :

XX **Ottié-Baur** avec ch, à la bifurcation de D 432 et D 17 ⏏ 40.93.22, 🍃 − 🛁wc 🚿
🡒 🕾 **🄿.** ⅋ ch
fermé juil., lundi soir (sauf rest. en août) et mardi − **R** 40/130 🍷 − � 15 − **13 ch**
50/120 − P 140/170.

PEUGEOT, TALBOT Maute gar. du Centre, 21   RENAULT Gar. Fritsch, 29 r. du 3-Zouaves ⏏
r. de l'Ill ⏏ 40.01.15   40.01.07

ALVIGNAC 46 Lot 🄍🄎 ⑲ G. Périgord − 566 h. alt. 390 − Stat. therm. (1er mai-30 sept.) −
⊠ 46500 Gramat − ✪ 65.
Paris 544 − Brive-la-Gaillarde 52 − Cahors 64 − Figeac 43 − Gourdon 41 − Rocamadour 9 − Tulle 78.

館 **Palladium** (Hôtel d'Application Hôtelière) ⚘, ⏏ 33.60.23, ⩽, 🍃, ⬛, 🍃 −
🛁wc 🚿wc **🄿.** *AE.* ⅋
1er mai-30 sept. − SC : **R** 63/139 − � 18 − **27 ch** 165/225 − P 235/258.

館 **Nouvel H.,** ⏏ 33.60.30, 🍃 − 🛁wc 🚿wc **🄿**
🡒 *15 mars-15 nov. et fermé vend. soir, dim. soir et sam. du 15 oct. à Pâques* − SC : **R**
45/140 🍷 − � 12,50 − **13 ch** 63/120 − P 119/155.

館 **Château,** ⏏ 33.60.14, 🍃, 🍃 − 🛁 🚿 🕾. *E* *VISA.* ⅋ rest
🡒 *1er mai-25 sept.* − SC : **R** 43/160 − � 13 − **30 ch** 60/160 − P 130/185.

XX **Aub. Madeleine,** ⏏ 33.61.47, 🍃
🡒 *Pâques-fin sept.* − SC : **R** 40/80.

AMBÉRIEU-EN-BUGEY 01500 Ain 🄎🄐 ③ − 10 470 h. alt. 250 − ✪ 74.
Voir SE : Cluse de l'Albarine★, G. Jura.
🄰 Syndicat d'Initiative, r. A.-Bérard (fermé mardi, jeudi, vend. le matin et lundi) ⏏ 38.18.17.
Paris 457 − Belley 45 − Bourg-en-Bresse 30 − ◆Lyon 46 − Nantua 44 − La Tour-du-Pin 53.

館 **Savoie** Ⓜ, N : 2 km sur rte Bourg-en-Bresse ⏏ 38.06.90 − 🛗 📺 🛁wc ☎ **🄿** −
🛆 60. *AE* ⓞ *E* *VISA*
fermé 24 déc. au 29 janv. − SC : � 23,50 − **45 ch** 180/200.

CITROEN Gar. de la Gare, 85 av. R.-Salengro   ⓝ Comptoir Départemental Pneu, 64 r.
⏏ 38.00.15   A.-Bérard ⏏ 34.62.66
PEUGEOT-TALBOT Gar. Pussier, 193 r.
A.-Bérard ⏏ 38.20.36
RENAULT Arpin-Gonnet, 25 r. A.-Bérard ⏏
38.00.60

AMBÉRIEUX-EN-DOMBES 01 Ain 🄎🄐 ①② − 848 h. alt. 300 − ⊠ 01330 Villars-les-Dombes −
✪ 74.
Paris 448 − Bourg-en-Bresse 39 − ◆Lyon 34 − Mâcon 53 − Villefranche-sur-Saône 16.

館 **Aub. des Bichonnières** ⚘, rte d'Ars sur Formans ⏏ 00.82.07, « ancienne ferme
bressanne », 🍃 − 🚿wc ☎ **🄿.** *VISA* ⅋
SC : **R** *(fermé merc. soir)* 65/153 − � 16 − **9 ch** 148/187.

AMBERT <🖼> 63600 P.-de-D. 🔢 ⑯ **G. Auvergne** – 8 026 h. alt. 537 – 🕐 73.

Voir Église St-Jean★ E.

🛈 Syndicat d'Initiative 4 pl. Hôtel de Ville (fermé sam. et dim.) ☎ 82.01.55, Télex 990643 et pl. G.-Courtial (1er juil.-15 sept.) ☎ 82.14.15.

Paris 436 ① – Brioude 73 ③ – ◆Clermont-Fd 78 ④ – Montbrison 46 ② – Le Puy 74 ③ – Thiers 54 ①.

🏨 **Livradois,** 1 pl. Livradois **(d)** ☎ 82.10.01 – 📺wc 🎨 ☎ ⟵ 🄰🄴 ⓞ 🄴 **VISA**
fermé 7 au 29 nov., 2 au 16 janv., dim. soir de nov. à Pâques et lundi – SC : **R** 77/170 – ⟶ 14,50 – **14 ch** 58/177.

🏠 **Chaumière,** 41 av. Mar.-Foch **(e)** ☎ 82.14.94 – 📺wc 🎨wc ☎ ⓟ 🄰🄴 🄴 **VISA**
fermé 10 mars au 8 avril, 1er au 16 sept. et sam. – SC : **R** (fermé sam. et dim. soir) 52/130 🍷 – ⟶ 14 – **15 ch** 60/150 – P 140/180.

CITROEN Rigaud, rte de Clermont par ① ☎ 82.01.57
FORD Colomb, Rte de Clermont ☎ 82.01.28
PEUGEOT-TALBOT Mavel, 22 av. Mar.-Foch ☎ 82.00.50 🈁 ☎ 82.06.31
RENAULT Chanoine, 33 av. 11-novembre ☎ 82.08.56

Ⓦ Arcis-Pneus, 34 av. de la Dore ☎ 82.02.69

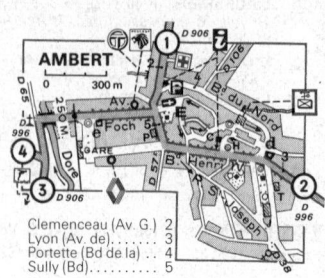

Clemenceau (Av. G.) 2
Lyon (Av. de) 3
Portette (Bd de la) 4
Sully (Bd) 5

AMBOISE 37400 I.-et-L. 🔢 ⑯ **G. Châteaux de la Loire** – 11 415 h. alt. 57 – 🕐 47.

Voir Château★★ B : ≤★ de la Terrasse, ≤★ de la tour des Minimes – Clos-Lucé★ B **M1** – Pagode de Chanteloup★ 3 km par ④.

🛈 Office de Tourisme quai Gén.-de-Gaulle (fermé dim. hors sais.) ☎ 57.09.28.

Paris 221 ① – Blois 35 ① – Loches 34 ④ – ◆Tours 25 ⑤ – Vierzon 91 ③.

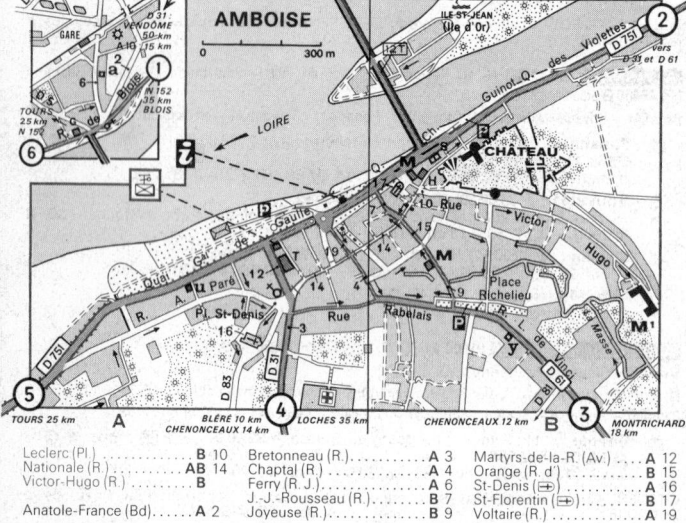

Leclerc (Pl.) . . . . B 10
Nationale (R.) . . . . **AB** 14
Victor-Hugo (R.) . . . . **B**

Anatole-France (Bd) . . . . . . **A** 2

Bretonneau (R.) . . . . **A** 3
Chaptal (R.) . . . . **A** 4
Ferry (R. J.) . . . . **A** 6
J.-J.-Rousseau (R.) . . . . **B** 7
Joyeuse (R.) . . . . **B** 9

Martyrs-de-la-R. (Av.) . . . . **A** 12
Orange (R. d') . . . . **B** 15
St-Denis (⟵⟶) . . . . **A** 16
St-Florentin (⟵⟶) . . . . **B** 17
Voltaire (R.) . . . . **A** 19

🏨 **Novotel** 🄼 ⟍, S : 2 km par rte de Chenonceaux ☎ 57.42.07, Télex 751.203, ≤, 🍴, 🔁, 🐎, ✻, 🏊 ☎ 🄿 – 🔥 180. 🄰🄴 ⓞ 🄴 **VISA**
R snack carte environ 90 🍷 – ⟶ 28 – **82 ch** 209/276.

🏨 **Belle Vue,** 12 quai Ch.-Guinot ☎ 57.02.26 – 🔋 📺 📺wc 🎨wc ☎. **VISA** ✻ B **s**
fermé 15 nov. au 15 déc., janv. et dim. soir hors sais. – SC : **R** voir rest Monseigneur – ⟶ 16 – **30 ch** 110/180.

🏨 **Chanteloup** sans rest, rte de Bléré par ④ : 1,5 km ☎ 57.10.90 – 🔋 📺wc 🎨wc ☎ 🄿 ✻
1er avril-19 août et 8 sept.-15 déc. – SC : ⟶ 25 – **25 ch** 190/290.

Lion d'Or, 17 quai Ch.-Guinot ☎ 57.00.23 – wc wc. VISA. rest
15 mars-2 nov. – SC : **R** 95/165 – ☐ 20 – **22 ch** 100/190. B **s**

Parc, 8 r. L.-de-Vinci ☎ 57.06.93, – wc wc . E VISA. B **y**
1er mars-2 nov. – SC : **R** 75/125 – ☐ 25 – **17 ch** 118/260.

La Brèche, 26 r. J.-Ferry ☎ 57.00.79, – wc . AE VISA. rest
fermé 1er déc. au 10 janv. et dim. d'oct. à Pâques – SC : **R** 49/79 – ☐ 16 – **15 ch** 58/170 – P 170/195. A **a**

Auberge du Mail avec ch, 32 quai Gén.-de-Gaulle ☎ 57.60.39 – wc . VISA. ch A **u**
fermé fin déc. à début fév. et mardi – SC : **R** 75/150 – ☐ 18,50 – **14 ch** 85/175 – P 200/320.

Monseigneur, 12 quai Ch. Guinot ☎ 57.07.60 – AE VISA B **s**
fermé 15 nov. au 15 déc., dim. soir et vend. hors sais. – SC : **R** 68/103.

au Nord-Est – ✉ **37400** Amboise :

Château de Pray , par ② : 2,5 km ☎ 57.23.67, ≤, , « Terrasse dominant la vallée, parc » – wc . AE E VISA. rest
fermé 31 déc. au 10 fév. – SC : **R** 115/145 – ☐ 28 – **16 ch** 218/297 – P 374/387.

La Bonne Étape, par ② : 2 km ☎ 57.08.09, – . AE E VISA
fermé vacances de Noël, fév. et mardi – SC : **R** 72/102.

à Négron par ⑥ : 3 km – ✉ **37400** Amboise :

Petit Lussault sans rest, N 152 ☎ 57.30.30, – wc wc .
1er avril-10 oct. – SC : ☐ 15 – **20 ch** 100/160.

FIAT, LANCIA-AUTOBIANCHI, V.A.G. Gar. du Relais des Châteaux, rte Chenonceaux ☎ 57.07.64
FORD Gar. A.-France, bd A.-France ☎ 57.11.30
OPEL, TOYOTA Gar. Moderne Sport, 12 r. de Blois ☎ 57.11.32
PEUGEOT-TALBOT C.G.F., 108 r. St-Denis par D 83 ☎ 57.42.82
RENAULT S.A.V.E.A., rte de Bléré par ④ ☎ 57.06.54

AMBONNAY 51 Marne 56 ⑰ – 801 h. alt. 102 – ✉ 51150 Tours-sur-Marne – 26.

Paris 161 – Châlons-sur-Marne 22 – Épernay 21 – •Reims 26 – Vouziers 66.

Aub. St-Vincent, r. St-Vincent ☎ 59.01.98 – . E. ch
1er avril-31 déc. ; fermé dim. soir et lundi – SC : **R** 60/130 – ☐ 13 – **10 ch** 87/111 – P 120/180.

AMBRAULT 36 Indre 68 ⑨ – 642 h. alt. 180 – ✉ 36120 Ardentes – 54.

Paris 265 – Châteauroux 24 – La Châtre 24 – Issoudun 20 – St-Amand-Montrond 46.

Commerce avec ch, ☎ 49.01.07, – wc – 40.
fermé 26 mars au 1er avril, 24 sept. au 20 oct., 31 déc. au 8 janv., dim. soir et lundi – SC : **R** (dim. prévenir) 60/110 – ☐ 15 – **10 ch** 70/100.

AMBRIÈRES-LE-GRAND 53300 Mayenne 59 ⑳ – 2 241 h. alt. 115 – 43.

Paris 252 – Alençon 60 – Domfront 23 – Fougères 46 – Laval 42 – St-Hilaire-du-Harcouët 49.

Gué de Gênes, rte Lassay ☎ 04.95.44 – wc . VISA
fermé 1er au 15 oct., 1er au 15 fév. et merc. d'oct. à mai – SC : **R** 43/120 – ☐ 12 – **10 ch** 58/115 – P 120/160.

CITROEN Gar. Bigot-Duchesne, ☎ 04.95.57 N
RENAULT Gar. Anne, ☎ 04.91.04 N

AMÉLIE-LES-BAINS-PALALDA 66110 Pyr.-Or. 86 ⑱⑲ G. Pyrénées – 3 779 h. alt. 230 – Stat. therm. (9 janv.-23 déc.) – Casino – 68.

Voir Vallée du Mondony★ S : voir plan.

Office de Tourisme, pl. République (fermé sam. après-midi et dim.) ☎ 39.01.98, Télex 500711.

Paris 944 ② – Céret 8 ② – •Perpignan 38 ② – Prats-de-Mollo-la-Preste 23 ③ – Quillan 105 ②.

Plan page suivante

Gd H. Reine-Amélie M, bd Petite-Provence **(t)** ☎ 39.04.38, ≤ – . AE E
SC : **R** 89/155 – ☐ 20 – **69 ch** 240/250 – P 215/286.

Gd H. Thermes , pl. Mar.-Joffre **(n)** ☎ 39.01.00, ≤, – . rest
fermé 23 déc. au 6 janv. – SC : **R** 80/100 – ☐ 21 – **83 ch** 140/298.

Le Catalogne , Route Vieux Pont **(s)** ☎ 39.02.26, ≤, – **38 ch.**

tourner →

AMÉLIE-LES-BAINS
PALALDA

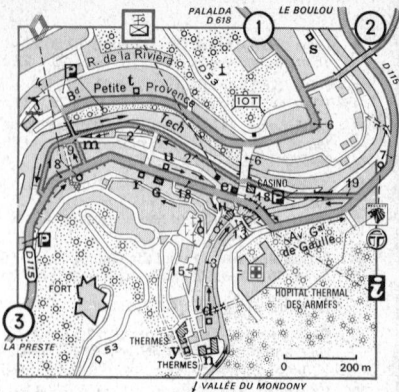

Une voiture bien équipée
possède à son bord
des **cartes Michelin** à jour.

Palmarium H. Ⓜ, av. Vallespir **(u)** Ⓟ 39.19.38 – |≋| ▤ rest ⌂wc ⋔wc ☎ ᠼ ⟷ Ⓟ
fermé 15 déc. au 23 janv. – SC : **R** 64/115 – ⬚ 16 – **63 ch** 130/200 – P 182/220.

Martinet ⟆, r. Hermabessière **(d)** Ⓟℹ 39.00.64, ≼ – |≋| ⌂wc ⋔wc ᠗. 虚 💳. ※ rest
fermé 21 déc. au 1ᵉʳ fév. – SC : **R** 70/85 – ⬚ 22 – **32 ch** 150/160 – P 180/200.

Gorges ⟆, pl. Arago **(y)** Ⓟℹ 39.29.02 – |≋| ⌂wc ⋔wc ☎. ※ rest
fermé 20 déc. au 1ᵉʳ mars – SC : **R** 70/120 – ⬚ 15 – **36 ch** 70/130 – P 150/183.

Castel Émeraude ⟆, par rte de la Corniche - ouest du plan Ⓟℹ 39.02.83, ≼, ᠼ – |≋| ⌂wc ⋔wc ᠗ Ⓟ 💳. ※ ch
fermé déc. et janv. – SC : **R** 55/175 – ⬚ 16 – **31 ch** 150/190 – P 200/230.

Host. Toque Blanche, av. Vallespir **(r)** Ⓟℹ 39.00.57 – |≋| ⌂wc ⋔wc ᠗. ※ rest
fermé 15 déc. au 25 janv. – SC : **R** 50/112 – ⬚ 13 – **43 ch** 85/121 – P 122/145.

Ensoleillade et Rive sans rest, 70 r. J. Coste **(m)** Ⓟℹ 39.06.20, ᠼ – |≋| cuisinette ⋔wc ᠗ Ⓟ
début avril-fin nov. – SC : ⬚ 16 – **20 ch** 135/160.

Central, av. Vallespir **(e)** Ⓟℹ 39.05.49 – |≋| ⋔wc ᠗ ⟷. 💳
fermé 17 déc. au 1ᵉʳ fév. – SC : **R** 55/80 – ⬚ 13 – **21 ch** 65/120 – P 115/140.

PEUGEOT-TALBOT Gar. Cédo, Ⓟℹ 39.29.05   RENAULT Gar. du Vallespir, Ⓟℹ 39.05.05

L'AMÉLIE-SUR-MER 33 Gironde 🔢 ⑯ – rattaché à Soulac-sur-Mer.

AMIENS Ⓟ 80000 Somme 🔢 ⑧ G. Nord de la France – 136 358 h. alt. 27 – ✦ 22.

Voir Cathédrale★★★ CY – Hortillonnages★ AU – Hôtel de Berny★ CY M2 – Musée de Picardie★★ BZ M1.

📷 Ⓟℹ 91.02.04 par ② : 7 km.

✈ Ⓟℹ 91.77.77.

🆔 Office de Tourisme r. J.-Catelas (fermé dim.) Ⓟℹ 91.79.28 – A.C. 15 r. Marc-Sangnier Ⓟℹ 91.64.73.

Paris 148 ③ – ✦Lille 115 ② – ✦Reims 170 ③ – ✦Rouen 116 ⑤ – St-Quentin 74 ③.

Plans pages suivantes

Univers sans rest, 2 r. Noyon Ⓟℹ 91.52.51 – |≋| 📺 ▤ ᠼ – 🛗 60. 虚 ⓞ Ⓔ 💳
SC : ⬚ 24 – **41 ch** 202/250.   CZ **a**

Nord-Sud, 11 r. Gresset Ⓟℹ 91.59.03 – ⌂wc ☎ – 🛗 30. 虚 ⓞ 💳   BY **u**
SC : **R** 70/103 – ⬚ 17 – **26 ch** 94/180.

Carlton-Belfort, 42 r. Noyon Ⓟℹ 92.26.44 – |≋| 📺 ⌂wc ⋔wc ☎. 虚 ⓞ Ⓔ 💳
※   CZ **d**
SC : **R** *(fermé dim. en juil. et août)* 104/155 – ⬚ 24 – **36 ch** 160/290 – P 350/480.

Normandie sans rest, 1 bis r. Lamartine Ⓟℹ 91.74.99 – ⌂wc ⋔wc ☎ ⟷ CY **f**
SC : ⬚ 16 – **26 ch** 75/180.

Ibis, 4 r. Mar.-De-Lattre-de-Tassigny Ⓟℹ 92.57.33, Télex 140 765 – |≋| 📺 ⌂wc ᠗
– 🛗 25. Ⓔ 💳   BY **e**
SC : **R** carte environ 65 🍷 – 🍽 18 – **94 ch** 169/189.

Paix sans rest, 8 r. République Ⓟℹ 91.39.21 – ⋔wc ᠗ Ⓟ. ※   BY **r**
fermé 15 déc. au 25 janv. – SC : ⬚ 14 – **26 ch** 75/128.

Le Rallye, 24 r. Otages Ⓟℹ 91.76.03 – ⌂wc ⋔wc ᠗. 虚 Ⓔ 💳   CZ **s**
fermé dim. – SC : **R** 53 (sauf sam. et fêtes)/120 🍷 – 🍽 15 – **20 ch** 72/135 –
P 210/400.

AMIENS

Abbé-de-l'Épée (R.) .... **AU** 2
Allende (Av. Salvador) .... **AU** 4
Australie (R. d') ...... **AU** 6
Beauvillé (Bd de) ...... **AU** 10
Blanc (Av. Louis) ...... **AU** 15

Boutillerie (R. de) ...... **AV** 17
Cayeux (R. Octave) .... **AU** 18
Châteaudun (Bd de) .... **AV** 21
Clemenceau
  (Carrefour G.) ...... **AV** 25
Cottenchy (R.) ...... **AV** 28
Dupontreue (R. L.) .... **AV** 37
Dury (Bd de) ...... **AV** 38

Faubourg-de-Hem
  (R. du) .... **AU** 40
Fédérés (Bd des) ...... **AV** 42
Foch (Pl. du Maréchal) .. **AV** 47
Foy (Av. du Général) .... **AV** 48
Gourdain (R. R.) ...... **AU** 58
Labarre (R.) .... **AU** 71
Laurent (R. J.-M.) ...... **AU** 77
Lecointe (R. Lucien) .... **AU** 78
Lescouvé (R.) .... **AU** 81
Matifas (R. Georges) ... **AU** 89
Onfray (R. Roger) ...... **AV** 92
Pont-Noyelles (Bd de) .. **AV** 99
Prom. de la Hotoie ..... **AU** 104
St-Honoré (R.) .... **AV** 110
Strasbourg (Bd de) .... **AV** 116
Thuillier-
  Delambre (R.) ...... **AU** 118
14-Juillet 1789 (Av.) ... **AV** 126

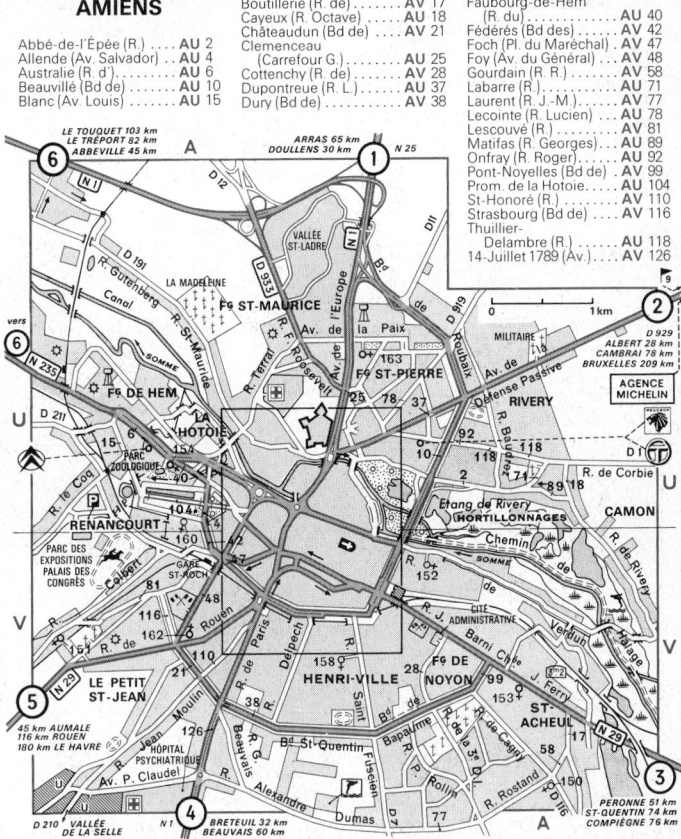

XX **Joséphine,** 20 r. Sire-Firmin-Leroux ☏ 91.47.38. 𝗩𝗜𝗦𝗔   CY **h**
fermé août, dim. soir et lundi – **R** 76/200.

XX **Mermoz** avec ch, 7 r. J.-Mermoz ☏ 91.50.63 – ⌂wc ☏. 𝖠𝖤 𝗩𝗜𝗦𝗔   CY **b**
fermé 6 juil. au 5 août, vacances de fév., dim. soir et sam. – SC : **R** 85/125 – ☕ 14 –
7 ch 60/100.

à Dury par ④ : 5 km – ⊠ 80480 Saleux :

XX **Bonne Auberge,** rte Nationale ☏ 95.03.33 – **E** 𝗩𝗜𝗦𝗔
fermé dim. soir et lundi sauf août et fériés – **R** 60/163 ⅃.

XX **L'Aubergade,** 78 rte Nationale ☏ 95.00.09 – 𝗩𝗜𝗦𝗔
fermé août, 23 au 30 déc., sam. et dim. – SC : **R** 62/135.

à Dreuil-lès-Amiens O : 5 km par N 235 – ⊠ 80730 Dreuil-lès-Amiens :

XX **Le Cottage,** ☏ 43.15.85 – 𝗩𝗜𝗦𝗔
fermé dim. soir et lundi – **R** 54/98.

à Longueau par ③ : 6 km – 5 319 h. – ⊠ 80330 Longueau :

XX **La Potinière,** ☏ 46.22.83 – **E** 𝗩𝗜𝗦𝗔
fermé 15 août au 15 sept., vacances de fév., dim. soir, jeudi soir et lundi – SC : **R**
65/130.

par ③ : 6,5 km – ⊠ 80440 Boves :

🏨 **Novotel** 🅼 ⚘, ☏ 46.22.22, Télex 140731, ⊒, ⌳ – 🗏 rest 📺 ☏ ♿ 🅿 – 🔬
25 à 300. 𝖠𝖤 ⓪ **E** 𝗩𝗜𝗦𝗔
R snack carte environ 90 ⅃ – ⊇ 27 – **92 ch** 209/308.

MICHELIN, Agence régionale, 212 av. de la Défense-Passive, D 929 à Rivery par ②
☏ 92.47.28

AMIENS

ALFA-ROMEO, DATSUN Péchon, 87 av. Défense-Passive ☎ 44.50.72
BLF Fiszel Autom., 33 av. Europe ☎ 43.58.15
BMW La Veillère, 12 r. de la Résistance ☎ 91.80.26
CITROEN Gds Gar. de Picardie, 3 bd Belfort CZ ☎ 91.57.45 🅽
CITROEN Fournier, r. d'Australie AU ☎ 43.01.16
FIAT Auto Picardie, 7 bd Beauville ☎ 44.53.12
FORD Éts Leroux, 92 r. Gaulthier-de-Rumilly ☎ 95.37.20
LANCIA, OPEL, GM Renel, N 16, Dury-lès-Amiens ☎ 95.42.42
MERCEDES-BENZ Gar. de l'Europe, 85 bd Alsace-Lorraine ☎ 91.28.63
PEUGEOT-TALBOT Ste Ind. Auto Nord, 35 N 1 Dury-lès-Amiens par ④ ☎ 95.08.37
PEUGEOT-TALBOT Le Nôtre-Autom., 126 r. Valentin-Haüy AU ☎ 92.18.34

RENAULT Gueudet Auto, 19 r. Otages CZ ☎ 92.09.41
RENAULT SARVA, 7 rte de Paris ☎ 95.17.60
RENAULT Gar. Citadelle, 3 chaussée St-Pierre CX ☎ 43.70.87
TOYOTA Gar. Pruvost, 23 av. Défense-Passive ☎ 44.86.20
V.A.G. Éts Cresson, rte de St-Quentin, Longueau ☎ 46.12.91
VOLVO Gar. Picard, 35 ter r. J.-Lefèvre ☎ 95.66.26
Gar. Sueur, 1 r. Fg-Hem ☎ 43.14.44

⊚ Fischbach Pneu, 40 bd du Port-d'Amont ☎ 91.66.50
Picardie-Pneus, 126 r. Gaulthier-de-Rumilly ☎ 95.33.89

AMILLY 45 Loiret 🖂🖂 ② – rattaché à Montargis.

AMMERSCHWIHR 68770 H.-Rhin 🖂🖂 ⑱⑲ G. Vosges – 1 639 h. alt. 230 – ✪ 89.

Voir Nécropole nationale à Sigolsheim ⁂ * du terre-plein central N : 2 km puis 15 mn.

Paris 508 – Colmar 7 – Gérardmer 55 – St-Dié 49 – Sélestat 25.

🏠 **Arbre Vert**, ☎ 47.12.23 – 🛏wc 🛏wc 📺. ⁑ ch
    fermé 25 nov. au 10 déc., 15 fév. au 25 mars et mardi – **R** 55/190 ⅃ – �吏 15 – **13 ch** 59/155.

✗✗✗ ❀❀ **Aux Armes de France** (Gaertner) avec ch, ☎ 47.10.12 – 🛏wc ☎ 🅿. 🄰🄴 🄾 🄴 𝑽𝑰𝑺𝑨. ⁑ ch
    fermé 5 au 26 janv., jeudi midi et merc. – **R** (prévenir) 150/215 et carte – ⊑ 25 – **8 ch** 160/220
    Spéc. Foie gras frais, Gratin de queues d'écrevisses, Pièce de boeuf au pinot rouge. **Vins** Riesling, Edelzwicker.

Hiltenfinck, ☎ 47.13.00

AMOU 40330 Landes 🖂🖂 ⑦ – 1 462 h. alt. 41 – ✪ 58.

🅱 Syndicat d'Initiative à la Mairie (fermé sam. après-midi et dim.) ☎ 89.00.22.

Paris 737 – Aire-sur-l'Adour 52 – Dax 31 – Hagetmau 18 – Mont-de-Marsan 47 – Orthez 14 – Pau 49.

🏠 **Voyageurs**, ☎ 89.02.31 – 🛏wc 🏧 🅿 – 🏄 50
➜   fermé fév. et sam. en hiver – SC : **R** 45/110 ⅃ – ⊑ 11 – **15 ch** 60/130 – P 115/145.

🏠 **Commerce**, ☎ 89.02.28 – 🛏wc 🏧 ☎ 🅿 – 🏄 40, 🄰🄴 🄾 🄴 𝑽𝑰𝑺𝑨
➜   fermé nov. et lundi hors sais. – **R** 45/120 – ⊑ 15 – **20 ch** 80/160 – P 150/180.

RENAULT Gar. Basque, ☎ 89.00.40

AMPHION-LES-BAINS 74 H.-Savoie 🖂🖂 ⑰ G. Alpes – alt. 375 – 🖂 74500 Évian – ✪ 50.

🅱 Syndicat d'Initiative La Rive (15 juin-15 sept., fermé sam. après-midi et dim.) ☎ 72.00.63.

Paris 585 – Annecy 80 – Évian-les-Bains 3,5 – ♦Genève 39 – Thonon-les-Bains 5,5.

🏨 **Plage** ⑤, ☎ 72.00.06, <, parc, ⚊, 🐾, ⁑ – 🛏wc 🏧wc 📺 🅿 – 🏄 30. ⁑ rest
    25 mai-20 sept. – SC : **R** 65/95 – ⊑ 18 – **38 ch** 80/183 – P 165/245.

🏨 **Parc et Beauséjour**, ☎ 75.14.52, <, parc, 🐾, ⁑ – 🛗 🛏wc 🏧 📺 👌 � 🅿
    – 🏄 30 à 100. 🄾 🄴
    fermé 15 oct. au 11 déc., dim. soir et lundi de déc. à avril – SC : **R** 60/110 – ⊑ 18 – **50 ch** 75/180 – P 165/215.

🏠 **Princes**, ☎ 75.02.94, <, parc – 🛗 🛏wc 🏧wc 📺 🅿
    10 mai-20 sept. – SC : **R** 60/100 – ⊑ 18 – **35 ch** 90/220 – P 180/220.

🏠 **Tilleul**, ☎ 72.00.39, 🚗 – 🛗 🛏wc 🏧wc ☎ 🅿 🄴 𝑽𝑰𝑺𝑨. ⁑ rest
➜   fermé janv. – SC : **R** (fermé dim. soir et lundi hors sais.) 50/130 – ⊑ 17 – **30 ch** 90/220 – P 150/200.

🏠 **Chablais** ⑤, à Publier S : 1 km 🖂 74500 Évian ☎ 75.28.06, <, 🌲, 🚗 – 🛏wc
➜ 🏧wc 📺 🅿 – ⁑ rest
    fermé 24 mars au 1er avril, 1er au 21 oct. et dim. d'oct. à mai – SC : **R** 50/95 ⅃ – ⊑ 14 – **25 ch** 70/148 – P 111/160.

✗✗ **Le Relais** avec ch, ☎ 72.00.21, <, 🌲 – 🛏wc. 🄰🄴 🄾 𝑽𝑰𝑺𝑨
    fermé déc., janv. et lundi sauf juil. et août – SC : **R** 66/155 – ⊑ 15 – **5 ch** 72/120 – P 140/170.

Ensure that you have up to date **Michelin maps** in your car.

ANCENIS 44150 Loire-Atl. 63 ⑱ **G. Châteaux de la Loire** – 7 263 h. alt. 13 – 40.

Office de Tourisme pl. Pont (fermé lundi sauf juil., août) ☎ 83.07.44.

Paris 342 ① – Angers 53 ① – Châteaubriant 47 ① – Cholet 47 ③ – Laval 94 ① – ♦Nantes 42 ① – Niort 161 ③ – La Rochelle 163 ③ – La Roche-sur-Yon 88 ③ – Vannes 146 ①.

ANCENIS

Anjou (R. d') .... BZ 3
Clemenceau (R. G.) .... BYZ
Pont (R. du) .... BZ 13

Alsace-Lorraine (Pl.) .... BZ 2
Basse (Grande-Rue) .... BZ 4
Briand (R. Aristide) ...... BZ 5
Charost (R.) .... AZ 6
Château (R. du) .... BZ 7
Châteaubriant (R. de) ... BY 8
Huchon (Bd) .... AZ 10
Leclerc (R. du Général) .. AZ 12
République (Pl. de la) ... AZ 14
Tonneliers (R. des) ...... AZ 15
64e-R.I. (R. du) .... ABZ 18

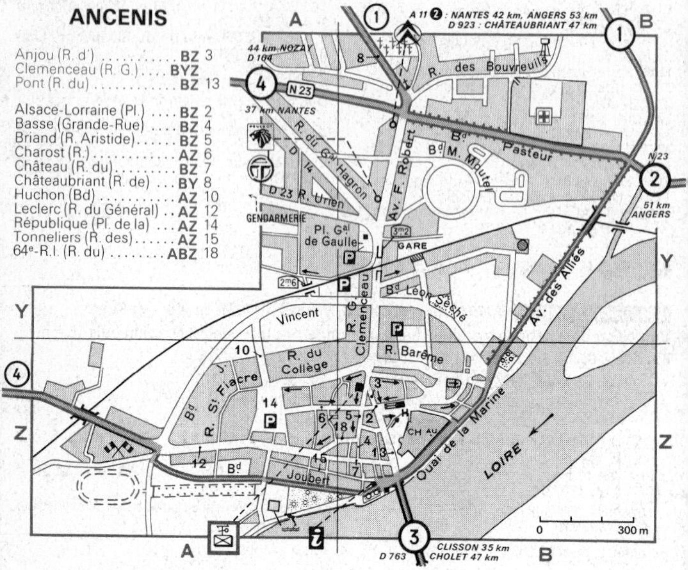

Val de Loire M, Le Jarier d'Ancenis par ② : 2 km ☎ 96.00.03, Télex 711592 – wc ☎ – 80. E VISA
SC : **R** *(fermé sam.)* 47/127 – 15,50 – **30 ch** 138/155 – P 172/232.

XXX **Aub. Bel Air,** rte d'Angers par ② : 1 km ☎ 83.02.87 – . VISA.
fermé 15 au 30 août, 21 au 28 fév., dim. soir et lundi – SC : **R** 120/200.

CITROEN Gar. Moderne, 339 av. F.-Robert ☎ 83.28.06
PEUGEOT-TALBOT Ancenis-Autos, 145 av. F.-Robert ☎ 96.21.11
RENAULT Gar. Leroux, Zone Ind. rte Châteaubriant BY ☎ 83.23.20
Clinique du Pneu, 151 r. de Barème ☎ 83.27.73

Les ANCIZES-COMPS 63770 P.-de-D. 73 ③ **G. Auvergne** – 1 985 h. alt. 710 – 73.

Office de Tourisme à la Mairie (juil.-août) ☎ 86.80.14.

Paris 397 – Aubusson 61 – ♦Clermont-Ferrand 50 – Montluçon 70 – Vichy 67 – Ussel 78.

Vieille Ferme, ☎ 86.81.25, – wc . VISA
fermé sam. du 1er nov. au 1er avril – SC : **R** 40/100 – 12,50 – **14 ch** 65/110 – P 110/140.

PEUGEOT-TALBOT Brousse, ☎ 86.80.37

ANCY-LE-FRANC 89160 Yonne 65 ⑦ **G. Bourgogne** – 1 063 h. alt. 193 – 86.

Voir Château★★.

Paris 218 – Auxerre 54 – Châtillon-sur-Seine 38 – Montbard 27 – Tonnerre 19.

PEUGEOT-TALBOT Gar. Piat, ☎ 75.12.21
RENAULT Mignard, ☎ 75.15.29

ANDARD 49 M.-et-L. 64 ⑪ – 1 758 h. alt. 24 – 49800 Trelazé – 41.

Paris 287 – Angers 14 – Baugé 26 – La Flèche 46 – Saumur 41 – Seiches-sur-le-Loir 18.

XX **Le Dauphin,** ☎ 80.41.59 –
fermé 30 juil. au 21 août, 18 janv. au 3 fév., dim. soir, lundi soir et mardi – SC : **R** 35/90.

ANDELNANS 90 Ter.-de-Belf. 66 ⑧ – rattaché à Belfort.

ANDELOT-EN-MONTAGNE 39 Jura **70** ⑤ – 555 h. alt. 604 – ⊠ **39110** Salins-les-Bains – ✆ 84.

Voir Forêt de la Joux★★ : sapin Président★ E : 4 km, G. Jura.

Paris 420 – Arbois 19 – Champagnole 16 – Lons-le-Saunier 50 – Pontarlier 38 – Salins-les-Bains 14.

　☖　**Bourgeois,** ☎ 51.43.77 – ⓝwc ⇔ ⋘
　　　fermé nov. – SC : **R** 38/65 – ⇌ 11,50 – **15 ch** 50/100 – P 110/135.

Les ANDELYS ⟨S⟩ **27700** Eure **55** ⑰, **196** ① **G. Normandie** – 8 214 h. alt. 23 – ✆ 32.

Voir Ruines du Château Gaillard★★ ABZ – Église N.-Dame★ CX **B.**

🛈 Office de Tourisme r. Philippe-Auguste (saison et fermé mardi) ☎ 54.41.93.

Paris 92 ③ – Beauvais 63 ③ – Évreux 36 ④ – Gisors 31 ③ – Mantes-la-Jolie 52 ④ – ♦Rouen 39 ①.

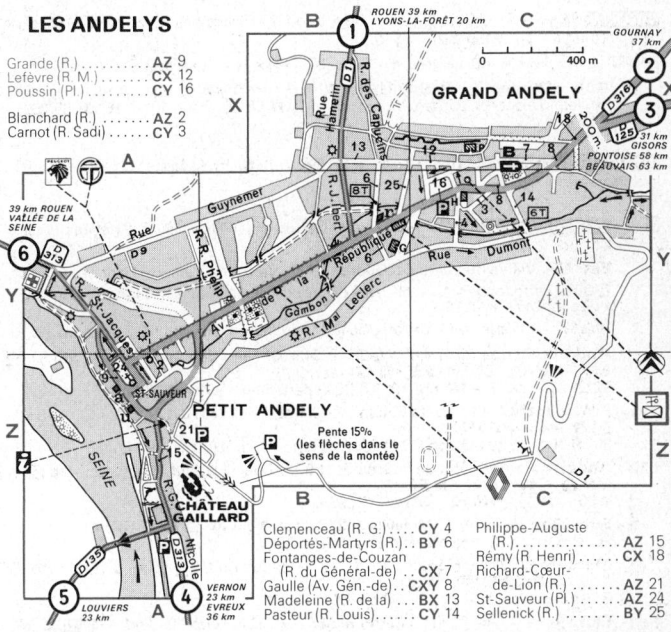

LES ANDELYS

Grande (R.) .... **AZ** 9
Lefèvre (R. M.) ...... **CX** 12
Poussin (Pl.) .... **CX** 16

Blanchard (R.) .... **AZ** 2
Carnot (R. Sadi) ..... **CY** 3

Clemenceau (R. G.) .... **CY** 4
Déportés-Martyrs (R.) . **BY** 6
Fontanges-de-Couzan
　(R. du Général-de) . **CX** 7
Gaulle (Av. Gén.-de) . **CXY** 8
Madeleine (R. de la) . **BX** 13
Pasteur (R. Louis) .... **CY** 14

Philippe-Auguste
　(R.) .... **AZ** 15
Rémy (R. Henri) ...... **CX** 18
Richard-Cœur-
　de-Lion (R.) .... **AZ** 21
St-Sauveur (Pl.) ..... **AZ** 24
Sellenick (R.) .... **BY** 25

　XX　**Chaîne d'Or** ⌂ avec ch, 27 r. Grande ☎ 54.00.31, ← – ⇱wc ⓝwc ☎ 🅿 ⅤⅠＳＡ　　AZ **a**
　　　⋘
　　　fermé janv., lundi soir et mardi – SC : **R** 60/160 – ⇌ 18 – **12 ch** 85/240.

　XX　**Normandie** avec ch, 1 r. Grande ☎ 54.10.52 – ⓝ 🅿 ⅤⅠＳＡ　　　　　　　AZ **u**
　　　fermé 1ᵉʳ déc. au 4 janv., merc. soir et jeudi – SC : **R** 50/100 – ⇌ 14 – **11 ch** 64/143.

　X　**Paris** avec ch, 10 av. République ☎ 54.00.33, 🍽, 🐎 – 🅿 ⅤⅠＳＡ　　　　　　BY **r**
　　　fermé fév., dim. soir et merc. – SC : **R** 41/120 – ⇌ 14 – **8 ch** 65/80.

CITROEN SEAC, 30 av. Gén. de Gaulle ☎ 54.
04.40
MAZDA, Gouedard, 27 r. Rémy ☎ 54.11.36
🅽 ☎ 54.34.05
PEUGEOT, TALBOT Giroux, 75 av. République
☎ 54.21.49 🅽

RENAULT Boclet, 47 av. République ☎ 54.
11.35
V.A.G Vexin Autom., Zone Ind. rte de Rouen
☎ 54.14.35

ANDERNOS-LES-BAINS **33510** Gironde **78** ① **G. Côte de l'Atlantique** – 5 985 h. – Casino
– ✆ 56.

🛈 Office de Tourisme 33 av. Gén.-de Gaulle (fermé dim. après-midi et lundi hors sais.) ☎ 82.02.95.

Paris 627 – Arcachon 40 – ♦Bayonne 172 – ♦Bordeaux 46 – Dax 137 – Mont-de-Marsan 118.

　🏠　**Aub. Le Coulin,** 3 av. d'Arès ☎ 82.04.35, 🍽 – ⓝ 🅿 ⅤⅠＳＡ ⋘
　　　fermé 20 déc. au 1ᵉʳ fév. et lundi – SC : **R** 46/110 – ⇌ 10 – **11 ch** 80/98.

CITROEN Millot, 108 av. Bordeaux ☎ 82.13.06

RENAULT Gar. Beaudoin, 144 bd République
☎ 82.00.88

ANDLAU 67 B.-Rhin 62 ⑨ G. Vosges – 1 760 h. alt. 246 – ⊠ 67140 Barr – ✪ 88.

Voir Église★ : porche★★.

Paris 526 – Erstein 23 – Le Hohwald 8 – Molsheim 22 – Sélestat 18 – ◆Strasbourg 39.

  🏠 **Kastelberg** ⑤, ☏ 08.97.83 – 🚪wc ⋔wc 🅿 – 🛏 30. 𝗩𝗜𝗦𝗔. ⋘
     SC : **R** voir est Au Canon – ⊑ 22 – **28 ch** 160/240 – P 280/310.

  ✕✕ **Au Canon** avec ch, ☏ 08.95.08, 🍽 – 🚪wc 🅿. 𝗩𝗜𝗦𝗔. ⋘ ch
     fermé 2 au 10 juil., 25 nov. au 4 déc., 1ᵉʳ au 22 fév., lundi soir de nov. à mai et mardi
     – SC : **R** carte 130 à 195 🍷 – ⊑ 22 – **10 ch** 96/160 – P 250/300.

  ✕✕ **Boeuf Rouge,** ☏ 08.96.26 – 𝖠𝖤 ⓞ 𝗩𝗜𝗦𝗔
     fermé 27 déc. à fin janv., merc. soir et jeudi – SC : **R** carte 120 à 190.

ANDOLSHEIM 68 H.-Rhin 62 ⑱ – rattaché à Colmar.

ANDON 06 Alpes-Mar. 84 ⑧. 195 ㉓ – 249 h. alt. 1 182 – Sports d'hiver : station de l'Audibergue 1 182/1 600 m ↿6 – ⊠ 06750 Caille – ✪ 93.

Paris 834 – Castellane 36 – Draguignan 78 – Grasse 34 – ◆Nice 73 – St-Raphaël 76 – Vence 46.

  🏠 **Aub. d'Andon** ⑤, ☏ 60.45.11, ≤, 🍽 – 🚪wc ⋔ ⟺ 🅿. 𝗩𝗜𝗦𝗔. ⋘ ch
     1ᵉʳ juin-31 oct. et 25 déc.-1 mars – SC : **R** 65/85 – ⊑ 20 – **15 ch** 85/260 –
     P 190/220.

ANDORRE (Principauté d') ★★ 86 ⑭⑮. 43 ⑥⑦ G. Pyrénées – 39 940 h. – ✪ 078 :
interurbain avec la France.

   Andorra-la-Vieille (Andorra La Vella) capitale de la Principauté G. Pyrénées (plan) –
alt. 1 029.

   Env. NE : Vallée du Valira del Orient★ – N : Vallée du Valira del Nord★.

   🛈 Office de Tourisme r. Anna M.-Jaher (fermé dim. et fêtes après-midi) ☏ 20.2.14 – A.C.A.
4 r. Babot Camp ☏ 20.8.90.

   Paris 895 – Barcelona 220 – Carcassonne 165 – Foix 103 – ◆Perpignan 166 – ◆Toulouse 186.

  🏨 **Andorra Center** Ⓜ, 7 r. Dr Nequi ☏ 24.9.99, Télex 203 And, ⥮, – 🛗 🍴 rest 📺
     ⟺ – 🛏 40 à 180. 𝖠𝖤 ⓞ 𝖤 𝗩𝗜𝗦𝗔. ⋘ rest
     SC : **R** 61 – ⊑ 18 – **140 ch** 169/300. 10 appartements 384 – P 229/291.

  🏨 **Président** Ⓜ, 40 av. Santa Coloma ☏ 22.9.22, Télex 233 And, ≤, 🖼 – 🛗 cuisinette
     📺 🅿 – ⓞ 𝖤 𝗩𝗜𝗦𝗔. ⋘ rest
     SC : **R** 75 – ⊑ 20 – **90 ch** 175/260, 14 appartements 260/325 – P 227/260.

  🏨 **Andorra Palace,** Prat de la Creu ☏ 21.0.72, Télex 208 And, ≤, 🖼, ✕ – 🛗 📺 ♿
     ⟺ 🅿 – 🛏 100. 𝖠𝖤 ⓞ 𝗩𝗜𝗦𝗔. ⋘
     R 90 – ⊑ 25 – **140 ch** 190/360 – P 395/495.

  🏨 **Eden Roc** Ⓜ, av. Dr-F.-Mitjavila ☏ 21.0.00 – 🛗 📺 🅿. 𝖠𝖤 ⓞ 𝖤 𝗩𝗜𝗦𝗔. ⋘
     SC : **R** 90 – ⊑ 20 – **55 ch** 240/330 – P 250/330.

  🏨 **Mercure** Ⓜ, 58 av. Méritxell ☏ 20.7.73, Télex 208 And, 🖼, ✕ – 🛗 📺 ☎ ⟺ 🅿
     – 🛏 35. 𝖠𝖤 ⓞ 𝖤 𝗩𝗜𝗦𝗔. ⋘ rest
     R carte environ 90 – ⊑ 27 – **70 ch** 200/257.

  🏨 **Flora** Ⓜ sans rest, 23 Antic Carrer Major ☏ 21.5.08, Télex 209 And – 🛗 📺. 𝖤 𝗩𝗜𝗦𝗔
     SC : ⊑ 26 – **45 ch** 192.

  🏨 **Sasplusgas** ⑤, av. del Co Princep Iglesias ☏ 20.3.11, ≤ – 🛗 🚪wc 🛁 ⟺. 𝖠𝖤
     ⓞ 𝖤 𝗩𝗜𝗦𝗔. ⋘ rest
     SC : **R** 55/70 – ⊑ 15 – **26 ch** 158/217 – P 175/195.

  🏨 **Isard,** 32 av. Méritxell ☏ 20.0.92, Télex 203 And – 🛗 📺 🚪wc ⋔wc 🛁 ⟺ 🅿.
     𝖠𝖤 ⓞ 𝖤 𝗩𝗜𝗦𝗔. ⋘ rest
     SC : **R** 60 – ⊑ 18 – **55 ch** 115/195 – P 207/220.

  🏠 **Florida** sans rest, 11 r. Llacuna ☏ 20.1.05 – 🛗 🚪wc ⋔wc 🛁. ⓞ 𝖤 𝗩𝗜𝗦𝗔
     SC : **37 ch** ⊑ 80/140.

  🏠 **Cassany,** 28 av. Méritxell ☏ 20.6.36 – 🛗 🚪wc ⋔wc 🛁. 𝖠𝖤 ⓞ 𝖤 𝗩𝗜𝗦𝗔. ⋘ rest
  ◆   SC : **R** *(fermé mardi)* 45/70 – **50 ch** ⊑ 125/150 – P 150/170.

  🏠 **Consul,** 5 pl. Rebes ☏ 20.1.96 – 🛗 🚪wc ⋔wc 🛁. 𝖠𝖤 ⓞ 𝖤 𝗩𝗜𝗦𝗔
     fermé 10 janv. au 10 fév. – **R** *(fermé lundi sauf Pâques, de juil. à sept. et Noël)* 55/80
     – **56 ch** ⊑ 95/137 – P 165/200.

  ✕✕ **Moli Dels Fanals,** Prada Casadet ☏ 21.3.81 – 🅿. 𝖠𝖤 ⓞ 𝖤 𝗩𝗜𝗦𝗔
     fermé 25 juin au 15 juil. et lundi – **R** 53/104.

ALFA-ROMEO, PORSCHE-MITSUBISHI Automobiles Sud-América, 94 av. Meritxell ☏ 20. 6.26
AUTOBIANCHI-LANCIA 107 av. Santa Coloma ☏ 20.3.83
BLF, DATSUN-LADA-ROVER-SKODA 12 Virgen del Pilar ☏ 20.1.44
FERRARI Buenaventura Riveraygua ☏ 20.1.28
FIAT-SEAT 5 Avda D.F. Mitjavila ☏ 20.4.71

FORD Autos-Servei, 3, av. Princep Benlloch ☏ 20.0.23
OPEL-G.M. Motorauto, 52 av. Santa Coloma ☏ 20.6.22
PEUGEOT-TALBOT Gar. International, av. Tarragona ☏ 21.4.92
TOYOTA Carret. La Comella ☏ 24.4.13
V.A.G. 100 av. Méritxell ☏ 21.3.74

Arinsal – alt. 1 445 – Sports d'hiver : 1 150/2 550 m ⚡14 – ⊠ La Massana.

Andorre-la-Vieille 9.

🏨 **Solana** Ⓜ, ℡ 35.1.27, ≤, ⅞ – ⋮⋮ ⌂wc ⋔wc ⊛ ⟵, ஊ ⓪ Ɛ ₥₥. ⅞ rest
→ fermé 15 oct. au 15 nov. – SC : **R** 40/80 – � 20 – **40 ch** 75/140 – P 110/145.

🏠 **Poblado,** ℡ 35.1.22, ≤ – ⌂wc ⋔wc ⊛ ⟵ ⓟ. ₥₥. ⅞ rest
→ fermé 1er nov. au 1er déc. – SC : **R** 40 – 🍴 8 – **37 ch** (pens. seul.) – P 95/115.

🏠 **Residencia Janet** ⌂ sans rest, à Erts S : 1,5 km ℡ 35.0.88, ≤ – ⌂wc ⋔wc. ⅞
fermé 15 oct. au 1er déc. – SC : ⊡ 10 – **20 ch** 50/110.

Canillo – alt. 1 531 – ⊠ Canillo.

Voir Crucifixion★ dans l'église de Sant Joan de Caselles NE : 1 km.

Andorre-la-Vieille 11.

🏨 **Pélissé** Ⓜ, rte Pas de la Case : 1 km ℡ 51.2.05, ≤ – ⋮⋮ ⌂wc ⊛ ⓟ. ஊ ⓪ Ɛ ₥₥.
⅞ rest
fermé 25 oct. au 30 nov. – SC : **R** 58/65 – ⊡ 16 – **36 ch** 80/145 – P 165/175.

Encamp – alt. 1 313.

Voir Les Bons : site★ N : 1 km.

Andorre-la-Vieille 6.

🏠 **Univers,** ℡ 31.0.05 – ⋮⋮ ⌂wc ⋔wc ⊛ ⓟ. ⓪ Ɛ ₥₥. ⅞
→ fermé 1er nov. au 1er déc. – SC : **R** 40/50 – 🍴 10 – **41 ch** 50/120 – P 125/135.

Les Escaldes – alt. 1 105 – ⊠ Andorre-la-Vieille – Andorre-la-Vieille 1.

🏨🏨 **Delfos** Ⓜ ⌂, av. del Fener ℡ 24.6.42, Télex 242 And – ⋮⋮ ▤ rest ⓣⱽ ⟵ – ⌂
100 à 200. ஊ ⓪ Ɛ ₥₥. ⅞ rest
SC : **R** 67 – ⊡ 22 – **200 ch** 117/189 – P 205.

🏨🏨 **Roc Blanc,** (centre thermal), 5 pl. dels Co-Princeps ℡ 21.4.86, Télex 224 And, ⅃,
⬛ – ⋮⋮ ⓣⱽ ⟵ – ⌂ 120. ஊ ⓪ Ɛ ₥₥. ⅞ rest
R 80/125 l'Entrecôte (snack) **R** 70 – ⊡ 28 – **96 ch** 185/285 – P 260/320.

🏨🏨 **Comtes d'Urgell,** 29 av. de les Escoles à Engordany ℡ 20.6.21, Télex 226 And –
⋮⋮ ⌂wc ⋔wc ⊛ ⟵. ஊ ⓪ Ɛ ₥₥. ⅞ rest
SC : **R** 45 – ⊡ 19 – **200 ch** 97/156 – P 159.

🏨 **Espel** Ⓜ, 1 pl. Creu Blanca à Engordany ℡ 20.9.44 – ⋮⋮ ⌂wc ⊛ ⟵ ⓟ. ஊ Ɛ
→ ₥₥. ⅞
fermé nov. – SC : **R** 38 bc/55 bc – **102 ch** ⊡ 90/150 – P 115/130.

🏨 **La Grandalla,** 14 av. Carlemany ℡ 21.1.25 – ⋮⋮ ⌂wc ⋔wc ⊛
40 ch.

🏠 **Hostal Andorra,** 34 av. Carlemany ℡ 20.8.31 – ⋮⋮ ⌂wc ⋔wc ⊛. ஊ Ɛ ₥₥. ⅞
→ fermé 10 janv. au 10 fév. – SC : **R** 45/70 – ⊡ 12 – **35 ch** 105/160 – P 110/150.

BLF CITROEN Garage Central, 34 bis av. Car-
lemany ℡ 20.5.01

MAZDA 10 Av. de les Escoles ℡ 21.2.66

La Massana – alt. 1 241 – ⊠ La Massana – Andorre-la-Vieille 5.

🏨 **Rutllan** Ⓜ, ℡ 35.0.00, ≤, ⅃, ⛲, ⅞ – ⋮⋮ ⌂wc ⊛ ⟵ ⓟ. ஊ ⓪ Ɛ ₥₥. ⅞ rest
→ SC : **R** 50/70 – ⊡ 18 – **70 ch** 120/170 – P 150/170.

✕✕ **La Borda de l'Avi,** rte Arinsal ℡ 35.1.54 – ⓟ. ஊ ⓪ Ɛ ₥₥.
SC : **R** carte 95 à 155.

Ordino – alt. 1 304 – Andorre-la-Vieille 7.

🏨🏨 **Coma** Ⓜ ⌂, ℡ 35.1.16, ≤, ⅃, ⛲, ⅞ – ⋮⋮ ⟵ ⓟ, Ɛ ₥₥. ⅞
fermé 30 sept. au 15 déc. – SC : **R** 55 – **48 ch** ⊡ 156/212 – P 170.

Pas-de-la-Case – alt. 2 091 – Sports d'hiver : 2 050/2 850 m ⚡8 ⚹.

Voir Port d'Envalira ❅★★ O : 4 km.

Andorre-la-Vieille 30.

🏨🏨 **Sporting** Ⓜ, ℡ 55.4.55, Télex 255 And, ≤ – ⋮⋮ ☎ ⟵
sais. – **76 ch**, 5 appartements.

🏨 **dels Isards,** ℡ 55.1.55,, Télex 289 And, ≤ – ⌂wc ⋔wc ⊛. ஊ ⓪ Ɛ ₥₥. ⅞
→ SC : **R** 50/72 – ⊡ 25 – **38 ch** 120/180 – P 210.

Santa-Coloma – alt. 970 – ⊠ Andorre-la-Vieille – Andorre-la-Vieille 3.

🏨 **Cerqueda** ⌂, ℡ 20.2.35, ≤, ⅃, ⛲ – ⋮⋮ ⌂wc ⊛ ⓟ. ⓪ Ɛ ₥₥. ⅞ rest
→ fermé 8 janv. au 8 mars – SC : **R** 50/75 – ⊡ 15 – **75 ch** 80/150 – P 147/158.

🏠 **La Roureda** ⌂, ℡ 20.6.81, ≤, ⅃, ⛲ – ⋔ ⊛ ⓟ. ⅞
→ 1er juin-30 sept. – SC : **R** 40 bc – ⊡ 12 – **36 ch** 130 – P 135.

ALFA-ROMEO Europe-Auto. 72 av. de Enclar
℡ 21.6.32

RENAULT Renault Servei, 140 av. d'Enclar ℡
20.6.72

ANDORRE (Principauté d')

■ **Sant-Julia-de-Loria** – alt. 909.
Andorre-la-Vieille 7.

🏨 **Sant Eloi** Ⓜ, ₽ 41.1.00, Télex 239 And – 📶 📺 ☎ 🚗 – 🛏️ 100. ① Ⓔ 𝖵𝖨𝖲𝖠.
※ rest
SC : **R** 53 – ☷ 16 – **88 ch** 141/265 – P 190/241.

🏨 **Pol** Ⓜ, ₽ 41.1.22, Télex 272, 🚗 – 📶 📺 ➡️wc ☎ ⓟ. Ⓔ 𝖵𝖨𝖲𝖠.
1er mars-15 nov. et 25 déc.-15 janv. – SC : **R** 53 – ☷ 14 – **80 ch** 115/127 –
P 151/185.

🏨 **Barcelona**, N : 1 km ₽ 41.1.77 – ➡️wc 🏚️wc ⓟ. Ⓔ 𝖵𝖨𝖲𝖠. ※ rest
➡ *Pâques-début janv.* – SC : **R** 45/55 – ☛ 12 – **50 ch** 100/180 – P 140/170.

🏠 **Coma Bella** ⑊, SE : 7 km par VO ₽ 41.2.20, ≼, « dans la forêt de la Rabassa »,
➡ alt. 1 300, parc – 🏚️wc ⓟ. Ⓔ 𝖵𝖨𝖲𝖠.
fermé 15 nov. au 20 déc. et 8 au 30 janv. – SC : **R** 45 🍴 – ☷ 10 – **28 ch** 122/152 –
P 110/136.

BMW-MERCEDES Prat de la Tresa ₽ 41.9.64   VOLVO 59 av. Virgen de Canolich ₽ 41.1.43

■ **El Serrat** – alt. 1 539 – ✉ Ordino – Andorre-la-Vieille 16.

🏠 **Del Serrat** ⑊, ₽ 35.2.96, ≼ – 🏚️wc ☎ ⓟ. ① Ⓔ 𝖵𝖨𝖲𝖠. ※
➡ *fermé 10 janv. au 15 mars* – SC : **R** 47 – ☷ 15 – **20 ch** 85/117 – P 144.

■ **Soldeu** – alt. 1 826 – Sports d'hiver : 1 800/2 460 m 🎿12 – ✉ Soldeu.
Andorre-la-Vieille 19.

🏨 **Del Tarter** Ⓜ, O : 3 km ₽ 51.1.65, ≼ – 📶 ➡️wc 🏚️wc ☎ ⓟ. ① Ⓔ 𝖵𝖨𝖲𝖠. ※
➡ *fermé 1er nov. au 1er déc.* – SC : **R** 50/65 – ☷ 15 – **35 ch** 85/145 – P 168/190.

XX **La Borda Del Rector**, NO : 1 km ₽ 51.0.30 – ⓟ.

ANDRÉZIEUX-BOUTHÉON 42160 Loire 🖩🖪 ⑱ – 8 957 h. alt. 378 – ✪ 77.

Voir St-Rambert-sur-Loire : église★, bronzes★ du musée S : 4,5 km.

Env. Lac de Grangent★★ S : 9 km, G. Vallée du Rhône.

Paris 458 – ◆Lyon 76 – Montbrison 19 – Roanne 66 – ◆St-Étienne 17.

🏨 **Novotel** Ⓜ ⑊, Z.I. Centre-Vie ₽ 36.55.63, Télex 900722, 🏊 – 📶 🗄️ 📺 ☎ 🚻 ⓟ
– 🛏️ 25 à 200. 🅰Ⓔ ① Ⓔ 𝖵𝖨𝖲𝖠
R snack, carte environ 90 🍴 – ☷ 25 – **98 ch** 198/244.

AUSTIN, ROVER G.A.M.M.A., 2 r. Lamartine   CITROEN Berthet, 23 av. de St-Étienne ₽ 55.
₽ 55.03.05   02.74

ANDUZE 30140 Gard 🖪🄌 ⑦ G. Causses – 2 787 h. alt. 131 – ✪ 66.

🅑 Syndicat d'Initiative plan de Brie (15 juin-15 sept. et fermé dim. après-midi) ₽ 61.98.17.
Paris 722 – Alès 13 – Florac 67 – Lodève 86 – ◆Montpellier 67 – Nîmes 47 – Le Vigan 52.

à Générargues : NO 5,5 km par D 129 et D 50 – ✉ 30140 Anduze :

🏨 **Trois Barbus** ⑊, ₽ 61.72.12, ≼, 🏊 – ⓟ – 🛏️ 40. ※ rest
15 mars-2 nov. – SC : **R** *(fermé lundi sauf juil.-août)* 100/200 – ☷ 22 – **36 ch**
200/260 – P 315.

à Mialet NO : 10 km par D 50 – ✉ 30140 Anduze.

Voir Le Mas Soubeyran : musée du Désert★ (souvenirs protestants 17e-18e s.)
S : 3 km.

Env. Grotte de Trabuc★ : les Cent mille soldats★★ (concrétions) E : 6 km.

🏠 **Grottes de Trabuc** ⑊, sur D 50 ₽ 85.32.81, ≼ – 🏚️wc ⓟ. ※ rest
21 mars-2 oct. et fermé mardi – SC : **R** 55/85 – ☛ 13 – **8 ch** 85/140 – P 135/155.

ANET 28260 E.-et-L. 🖪🖪, ⑦, 🖩🖪🖪 ⑬ G. Environs de Paris – 2 431 h. alt. 71 – ✪ 37.
Voir Château★.

Paris 80 – Chartres 51 – Dreux 16 – Évreux 37 – Mantes-la-Jolie 28 – Versailles 59.

XX **Aub. de la Rose** avec ch, ₽ 41.90.64 – 🏚️ ☎. ※
fermé 30 juil. au 21 août, vacances de fév., dim. soir et lundi – SC : **R** 59/130 – ☷ 17
– **9 ch** 66/91 – P 168.

XX **Manoir d'Anet**, ₽ 41.91.05
fermé 2 au 12 oct., 15 janv. au 10 fév., mardi soir et merc. – SC : **R** 72/125 🍴.

à Ézy-sur-Eure (27 Eure) NO : 2 km – ✉ 27530 Ézy – ✪ 37 (E.-et-L.).

XXX ✿ **Maître Corbeau**, rte Ivry ₽ 64.73.29, 🈴, 🚗 – ⓟ 🅰Ⓔ ① Ⓔ 𝖵𝖨𝖲𝖠
fermé 4 janv. au 2 fév., mardi soir et merc. – SC : **R** *(dim. et fêtes - prévenir)* 135/175
Spéc. Salade de lapereau, Saumon sauvage au concassé de tomates, Pâtisseries.

CITROEN Bonnin, ₽ 41.90.51   RENAULT Ezy Auto, à Ezy-sur-Eure (27 Eure)
PEUGEOT-TALBOT Lepert, ₽ 41.91.02   ₽ 64.74.33

Voir Château★★★ AYZ : tenture de l'Apocalypse★★★, tenture de la Passion★, tapisseries★ du Logis du Gouverneur – Vieille ville★★ : cathédrale★★ BY, galerie romane★★ de la Préfecture★ BZ P, maison d'Adam★ BYZ K, Logis Barrault★ BZ B, hôtel Pincé★ BY M2 – Rive droite★ : musée Lurçat★★ dans l'anc. hôpital St-Jean★ ABX, la Doutre★ – Chœur★★ de l'église St-Serge★ CY E.

🛫 de St-Jean-des-Mauvrets ⬧ 91.92.15 par ④ : 8 km.

🛈 Office de Tourisme (fermé dim. hors sais.) et Accueil de France (Informations et réservations d'hôtels, pas plus de 5 jours à l'avance) pl. Kennedy ⬧ 88.69.93 et pl. Gare St-Laud (fermé dim.) ⬧ 87.72.50, ✦841.✦ – A.C.O. 21 bd Foch ⬧ 88.40.22.

Paris 289 ① – ✦Caen 216 ⑥ – Cholet 61 ④ – Laval 73 ⑥ – ✦Le Mans 88 ① – ✦Nantes 89 ⑤ – ✦Orléans 210 ① – Poitiers 133 ④ – ✦Rennes 126 ⑤ – Saumur 52 ② – ✦Tours 106 ①.

Plans pages suivantes

🏨🏨 **Mercure** M ⌘, pl. Mendès-France ⬧ 60.34.81, Télex 722139 – 🛗 🍽 📺 ☎ & 🅿
AE ⓞ E VISA
CY a
R carte environ 100 ⚖ – 🖵 34 – **83 ch** 321/345.

🏨🏨 **Concorde** M, 18 bd Mar.-Foch ⬧ 87.37.20, Télex 720923 – 🛗 🍽 rest 📺 ☎ & –
🔧 25 à 200. AE ⓞ E VISA
BZ u
SC : **R** (brasserie) 70 ⚖ – 🖵 33 – **73 ch** 270/360.

🏨🏨 **Anjou et rest. Salamandre**, 1 bd Mar.-Foch ⬧ 88.24.82, Télex 720521 – 🛗 📺
☎ ⬧ – 🔧 25 à 120. AE ⓞ E VISA ⌘ rest
CZ h
SC : **R** (fermé dim.) carte 115 à 160 – 🖵 20 – **51 ch** 180/290 – P 270/365.

🏨 **France et rest. Plantagenets**, 8 pl. Gare ⬧ 88.49.42, Télex 720895 – 🛗 🍽 rest
📺 📺wc ⌘. AE ⓞ E VISA
BZ t
SC : **R** (fermé dim. midi. et sam.) carte 85 à 110 ⚖ – 🖵 22 – **64 ch** 95/250.

🏨 **Progrès** M sans rest, 26 r. D.-Papin ⬧ 88.10.14, Télex 720982 – 🛗 📺 📫wc 📫wc
☎. AE ⓞ E VISA
AZ x
SC : 🖵 20 – **41 ch** 200/235.

🏨 **Champagne** M sans rest, 34 r. Denis Papin ⬧ 88.78.06 – 🛗 📺 📫wc 📫wc 📞.
AE ⓞ E VISA
AZ x
fermé 22 déc. au 3 janv. – SC : 🖵 17,50 – **30 ch** 120/210.

🏨 **Europe** M sans rest, 3 r. Châteaugontier ⬧ 88.67.45 – 📺 📫wc 📫wc ☎ 📞. VISA
BZ a
SC : 🖵 16 – **29 ch** 106/171.

🏨 **Iéna** sans rest, 27 r. Marceau ⬧ 87.52.40 – 🛗 📺 📫wc 📫wc 📞. VISA
AZ n
SC : 🖵 17 – **22 ch** 160/195.

🏨 **Univers** sans rest, 16 r. Gare ⬧ 88.43.58 – 🛗 📫wc 📫wc ☎ – 🔧 40. AE ⓞ E
VISA
BZ m
SC : 🖵 15 – **45 ch** 80/170.

🏨 **Royal** sans rest, 8 bis pl. Visitation ⬧ 88.30.25 – 🛗 📫wc 📫wc 📞. VISA ⌘
BZ k
SC : 🖵 16 – **40 ch** 68/140.

🏨 **Croix de Guerre** sans rest, 23 r. Châteaugontier ⬧ 88.66.59 – 📫wc 📫wc 📞
⬧ 📞 – 🔧 40. AE ⓞ VISA
BZ s
SC : 🖵 17 – **28 ch** 81/165.

🏨 **Mail** ⌘ sans rest, 8 r. Ursules ⬧ 88.56.22 – 📺 📫wc 📫wc 📞 & 📞. VISA
CY b
fermé vacances de fév. – SC : 🖵 17 – **20 ch** 100/200.

🏨 **Roi René** sans rest, 16 r. Marceau ⬧ 88.88.62 – 🛗 📫wc 📫wc 📞. ⌘
AZ p
fermé août – SC : 🖵 16 – **25 ch** 83/155.

🏨 **St-Jacques**, 83 r. St-Jacques ⬧ 48.51.05 – 📫wc 📫wc 📞 🚗 📞. VISA
CV r
SC : **R** (fermé 15 août au 12 sept. et dim.) 45/145 – 🖵 17 – **19 ch** 90/200.

🏨 **Jeanne de Laval** sans rest, 34 bd Roi-René ⬧ 88.51.95 – 📫wc 📫wc 📞 – 🔧
30 à 120. ⌘
BZ f
fermé 5 au 26 août et 23 déc. au 1er janv. – SC : 🖵 13 – **16 ch** 70/165.

🏨 **St Raphaël** ⌘ sans rest, 13 r. de l'Esvière ⬧ 87.55.58 – 📫wc 📫wc 📞
AZ d
fermé 10 au 26 août – SC : 🖵 16 – **10 ch** 68/145.

XXX **Le Quéré**, 9 pl. Ralliement ⬧ 87.64.94 – AE ⓞ VISA
BY e
fermé 1er au 24 juil., vacances de fév., vend. soir et sam. – SC : **R** 88/135.

XX ✿ **Le Toussaint** (Bignon), 7 r. Toussaint ⬧ 87.46.20 – VISA ⌘
BZ v
fermé 13 août au 3 sept., vacances de fév., dim. et lundi – SC : **R** 92/135
Spéc. Compote de lapin aux girolles, Souffié aux pêches.

XX **Le Vert d'Eau**, 9 bd G.-Dumesnil ⬧ 48.52.86 – 📞. AE VISA
AY s
fermé 30 juil. au 27 août, dim. soir et lundi – SC : **R** 70/150.

XX ✿ **Le Logis** (Guinet), 17 r. St-Laud ⬧ 87.44.15, produits de la mer – E VISA
BY u
fermé 15 juil. au 15 août, sam., dim. et fêtes – SC : **R** 100/250
Spéc. Pâté de Saint-Pierre, St-Jacques aux endives, Lotte au safran. **Vins** Savennières, Champigny.

XX **L'Entr'acte**, 9 r. L.-de-Romain ⬧ 87.71.82 – VISA
BY r
fermé 14 juil. au 15 août. – SC : **R** 80/200.

XX **Petit St-Germain**, 3 r. St-Laud ⬧ 87.52.67 – AE E VISA
BY g
fermé 15 juil. au 5 août, 23 déc. au 1er janv., lundi – SC : **R** 61/95.

X **L'Entrecôte**, av. Joxé (M.I.N.) par av. Besnardière ⬧ 43.71.77 – 📞. VISA
CV z
fermé août, 24 au 31 déc., sam. et dim. – SC : **R** (déj. seul.) 50/75 ⚖.

ANGERS

Alsace (R. d') . . . **BZ**
Beaurepaire (R.) . . . . **AY**
Bressigny (R.) . . **CZ**
Chaperonnière (R.) . . . . **BY** 13
Foch (Bd Mar.) . **BZ**
Laiterie (Pl.) . . . . **AY** 36
Lenepveu (R.) . . **BY** 38
Lices (R. des) . . . **BZ** 42
Lionnaise (R.) . . **AX**
Plantagenet (R.) **BY** 49
Ralliement (Pl.) . **BY** 55
Roë (R. de la) . . . **BY** 61
St-Aubin (R.) . . . **BZ** 63
St-Julien (R.) . . . **BZ** 67
Voltaire (R.) . . . . **BZ** 78

Académie (Pl.) . **AZ** 2
Anjou (R. d') . . . **BZ**
Arago (Bd) . . . . . **BX**
Arbrissel (Bd) . . **CX**
Arnauld (Bd H.) **AY**
Ayrault (Bd) . . . . **BY**
Barra (R.) . . . . . . **CV** 3
Baumette (Pr.) . **CX** 4
Bazin (Quai R.) . **BY**
Beaussier (Bd) . **BV** 5
Bedier (Bd J.) . . **CX** 6
Bessonneau (Bd) . . . . **CY**
Bichat (R.) . . . . . . **AX** 7
Blancheraie (Av.) . . . . **AZ**
Blanchoin (Bd) . **CX**
Boisnet (R.) . . . . **BY**
Bon-Pasteur (Bd du) . . . . . **CV** 8
Bout-du-Monde (Prom. du) . . . **BY** 10
Birgé (Bd G.) . . . . **DV**
Capucins (Ch.) . **CV**
Carmes (Q. des) **AY**
Carnot (Bd) . . . . **CY**
Chalouère (R.) . . **DV** 14
Chaumin (Bd E.) **CX** 16
Clemenceau (Bd) . . . . **CV**
David-d'Angers (R.) . . . . **BY** 21
Daviers (Bd) . . . . **AX**
Denis-Papin (R.) . . . . **BZ** 22
Descazeaux (Bd) . . . . **AY**

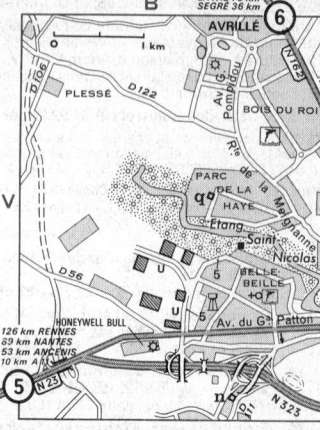

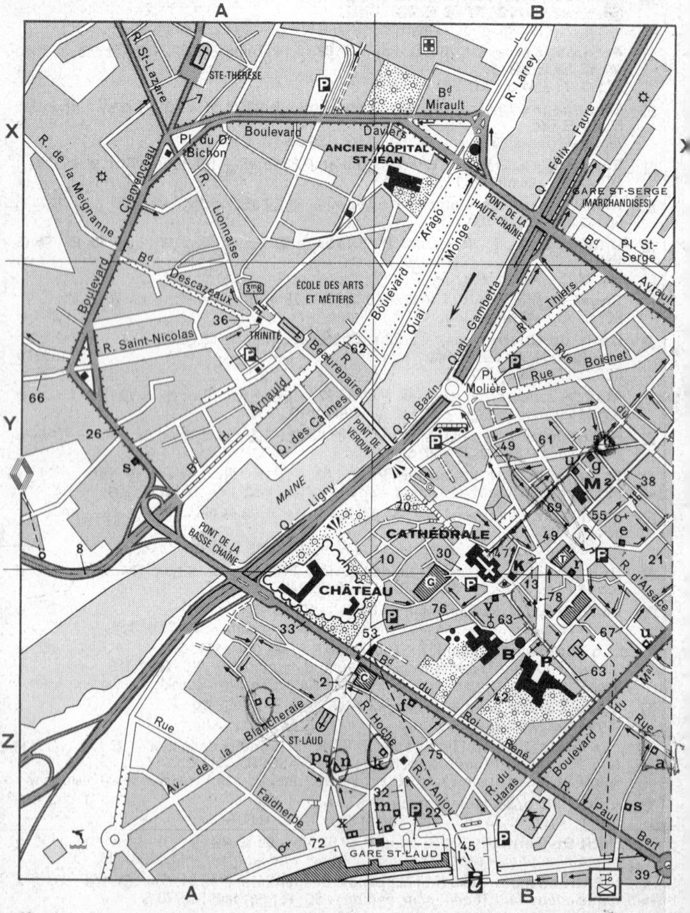

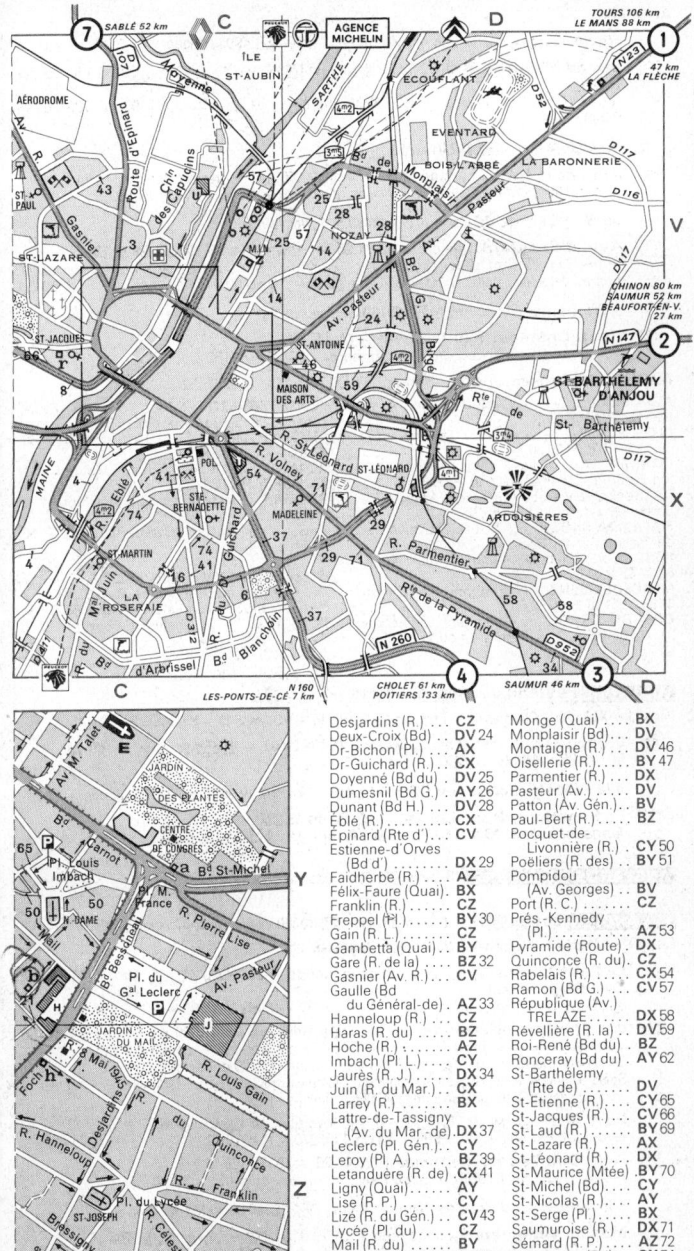

109

rte de Nantes sortie Lac de Maine O : 2 km – ✉ **49000** Angers :

Lac de Maine Ⓜ, ☎ 48.02.12 – |⇕| ▤ rest 📺 ⌂wc ☎ ♿ Ⓟ – 🏛 10 à 140. AE ⓓ E VISA BV **n**
fermé 24 déc. au 3 janv. – SC : **R** *(fermé dim.)* 70 🍷 – ☕ 23 – **80 ch** 183/252 – P 340.

au NO : 4 km – ✉ **49240** Avrillé :

Aub. de la Haye, parc de la Haye ☎ 69.33.58, 🌳, « Jardin fleuri » – Ⓟ BV **q**
fermé 9 au 23 janv., 13 août au 3 sept., dim. soir et lundi – SC : **R** 70/150.

au NE : 6 km rte de Paris – ✉ **49480** St-Sylvain-d'Anjou :

Aub. d'Éventard avec ch, ☎ 43.74.25 – ⌂wc ⋒wc ☎ Ⓟ. AE ⓓ E VISA. ✱
fermé 3 au 25 sept., 2 au 15 janv., dim. soir, lundi et du sam. soir au lundi soir du 1er juil. au 1er sept. – SC : **R** 100 bc/200 – ☕ 16 – **10 ch** 80/140. DV **f**

à Erigné par ④ : 12 km – ✉ **49130** Les Ponts de Cé :

Host. Château, ☎ 91.12.31, 🌳 – Ⓟ. AE VISA
fermé juil., 9 au 16 fév., dim. soir et merc. – SC : **R** 100/165.

MICHELIN, Agence, 18 bd G.-Ramon, Z.I. St-Serge CV ☎ **43.65.52**

ALFA-ROMEO V.A.G. Anjou-Autom., 4 av. Pasteur ☎ 87.69.57
BLF Gar. Rallye-Service, 4 bis r. St-Maurille ☎ 88.03.39 **N** ☎ 66.82.66
CITROEN Succursale, 3 r. Vaucanson, Zone Ind. St-Serge CV ☎ 43.16.24 **N** ☎ 66.82.66
DATSUN France-Sce-Auto, rte d'Angers, St-Barthélemy-d'Anjou ☎ 43.55.38
FIAT-LADA-SKODA S.A.D.R.A., av. de Lattre-de-Tassigny ☎ 44.48.48
FORD Gar. Clénet, 4 r. Albéric-Dubois ☎ 88.84.32 **N** ☎ 34.53.46
MERCEDES-BENZ Gar. Bretagne, 4 bd Carnot ☎ 88.51.51 **N** ☎ 66.82.66
OPEL-GM-US Gar. du Gd Angers, Landrau, N 23, rte de Paris, St-Sylvain-d'Anjou ☎ 69.58.33 **N**
PEUGEOT-TALBOT S.I.A.A., 9 quai F.-Faure, Zone Ind. St-Serge CV ☎ 43.23.55
PEUGEOT Messié, 21 pl. Lafayette CX ☎ 88.42.20
RENAULT G.A.M.A., 17 quai F.-Faure CV ☎ 43.15.31 **N** ☎ 34.53.46
RENAULT Succursale, bd Bon-Pasteur AY ☎ 48.35.34
VAG Pioger, av. de Lattre-de-Tassigny ☎ 66.56.77

Ⓜ Cailleau, 9 r. Thiers ☎ 88.73.20
Doizé-Pneu, 4 av. Besnardière ☎ 43.67.49
Perry-Pneus, 30 r. Auguste Gautier ☎ 88.70.19
Rodier-Pneu, 374 av. Pasteur ☎ 43.95.14

ANGERVILLE 91670 Essonne 60 ⑲ – 2 638 h. alt. 141 – ⚙ 6.

Paris 71 – Ablis 29 – Chartres 45 – Étampes 18 – Évry 57 – ♦Orléans 49 – Pithiviers 26.

France Ⓜ sans rest, 2 pl. du Marché ☎ 495.20.03 – |⇕| ⌂wc ⋒wc ☎. AE VISA
SC : ☕ 25 – **16 ch** 160/200.

à la Poste de Boisseaux (28 E.-et-L.) S : 7 km sur N 20 – ✉ **28310** Janville – ⚙ 38

La Panetière, ☎ 39.58.26, 🌳 – Ⓟ. AE ⓓ E VISA
fermé en août et 10 au 26 déc. – SC : **R** (déj. seul.) carte 155 à 210.

ANGLARDS-DE-SALERS 15 Cantal 76 ② – rattaché à Salers.

Les ANGLES 30 Gard 81 ⑪ – 5 570 h. alt. 66 – ✉ 30400 Villeneuve-lès-Avignon – ⚙ 90.

Paris 692 – Alès 67 – Avignon 4 – Nîmes 39 – Remoulins 18.

Le Petit Manoir Ⓜ 🐌, chemin de la Pinède ☎ 25.03.36, 🌳, 🏊, 🌳 – 📺 ⌂wc ⋒wc ☎ Ⓟ. ✱ rest
SC : **R** *(fermé lundi hors sais.)* 60/100 – ☕ 16 – **40 ch** 110/185 – P 115/165.

✿✿ **Ermitage-Meissonnier** avec ch, à Bellevue sur D 900 rte Nîmes ✉ 30400 Villeneuve-lès-Avignon ☎ 25.41.68, 🌳, « jardin fleuri » – Ⓟ. AE ⓓ VISA
SC : **R** *(fermé dim. soir de nov. à mars et lundi)* 160/220 et carte
Spéc. Bisquebouille d'Avignon, Crépinette d'aile de canard et foie gras, Tartelette d'aubergines au canon d'agneau. **Vins** Crozes-Hermitage, Châteauneuf-du-Pape.

Host. Ermitage Ⓜ, ☎ 25.41.02 – 📺 ⌂wc ⋒wc ☎ Ⓟ. AE ⓓ VISA
fermé janv.et fév. – SC : ☕ 38 – **16 ch** 170/270 – P 450/550.

Aub. Dou Terraie, rte Nîmes ☎ 25.49.26 – Ⓟ. AE ⓓ E VISA
fermé 22 juil. au 14 août, 1er au 8 janv., mardi soir et merc. – SC : **R** 88/152 🍷.

à la Fontaine du Buis rte Nîmes : 4 km – ✉ **30650** Rochefort-du-Gard :

Mas de Valiguière 🐌 sans rest, ☎ 31.73.04 – ⌂wc ⋒wc ☎ Ⓟ. VISA
fermé 1er au 15 fév. et jeudi hors sais. – SC : ☕ 15 – **10 ch** 115/150.

à la Bégude de Saze par rte Nîmes : 6 km – ✉ **30650** Rochefort-du-Gard :

La Gélinotte 🐌 avec ch., ☎ 31.72.13, ≤, 🌳, 🏊, 🌳 – ⌂wc Ⓟ
fermé fin oct. au 15 déc., dim. soir et lundi hors sais. – SC : **R** 75/80 – ☕ 20 – **5 ch** 160/190.

Les ANGLES 66 Pyr.-Or. **80** ⑯ – 475 h. alt. 1 600 – Sports d'hiver : 1 600/2 400 m ⚹ 2 ⚹ 16 ☒ – ⊠ **66210** Mont-Louis – ✆ 68.

🛈 Office de Tourisme Résidence "La Matté" (fermé sam. après-midi et dim. hors sais.) ☏ 04.43.62.
Paris 1 004 – Mont-Louis 13 – ♦Perpignan 92 – Quillan 59.

🏨 **Le Llaret** ⚶, ☏ 04.42.02, ≤ – ⚏wc 🍴 ⚙ **P**. 🆎
  juin-sept. et déc.-20 avril – SC : **R** 69/74 – ⚌ 13,50 – **28 ch** 89/144 – P 190/215.

XX **La Ramballade**, ☏ 04.43.48, « Cadre rustique » – 🆎
  1er juil.-30 sept., vacances de Toussaint et 15 déc.-30 avril – SC : **R** carte 80 à 130.

ANGLES 85 Vendée **71** ㉑ – rattaché à la Tranche-sur-Mer.

ANGLET 64600 Pyr.-Atl. **78** ⑱ G. Pyrénées – 30 364 h. alt. 28 – ✆ 59.

🏌 de Chiberta ☏ 63.83.20, N : 5 km.

✈ de Biarritz-Parme : Air Inter ☏ 23.93.80, SO : 2 km.

🛈 Office de Tourisme 1 av. Chambre-d'Amour ☏ 03.77.01.
Paris 775 – ♦Bayonne 3 – Biarritz 4 – Cambo-les-Bains 19 – Pau 110 – St-Jean-de-Luz 19.

Plan : voir Biarritz-Anglet-Bayonne

🏨🏨 **Chiberta et du Golf** 🅼 ⚶, 104 bd Plages – AX ☏ 63.88.30, Télex 550637, ≤, 🏖,
  « en lisière du Golf », 🏊, 🎾 – 🛗 🍴 rest 📺 ☎ & **P** – 🏛 80. 🆎 ⓪ 🅴 💳
  🍴 rest
  SC : **le Chiberta R** 80/112 – **l'Orangerie** (fermé dim. soir, lundi hors sais) **R** 170/240
  – **75 ch** ⚌ 330/430, 5 appartements 698 – P 360/440.

🏠 **Fine** sans rest, par rte la Barre ☏ 63.00.09 – 🍴 ⚙. 🍽   BX **b**
  SC : ⚌ 15 – **11 ch** 75/105.

XX **Relais de Parme**, à l'aéroport SO : 2 km ☏ 23.93.84 – 🆎 ⓪ 💳   BX
  fermé sam. – **R** 95/278.

  au lac de Brindos SO : 3,5 km par N 10 – XXXX ⚙ avec ch, voir à Biarritz.

FIAT-LANCIA Gd Gar. du Palais, bd du B.A.B.   RENAULT Gar. Aylies Fres, 54 av. Espagne ☏
☏ 63.89.85   03.98.13
FORD Auto-Durruty, Zone Ind. des Pontots,
bd du B.A.B. ☏ 63.09.68

ANGON 74 H.-Savoie **74** ⑥ – rattaché à Talloires.

ANGOULÊME 🅿 16000 Charente **72** ⑬⑭ G. Côte de l'Atlantique – 50 151 h. alt. 72 – ✆ 45.

Voir Site★ – Promenade des Remparts★★ YZ – Cathédrale★ : façade★★ Y F.

🏌 de l'Hirondelle ☏ 61.16.94, S : 2 km - X.

🛈 Office de Tourisme à l'Hôtel de Ville (fermé dim. sauf matin en juil.et août) ☏ 95.16.84, Télex
791605 - A.C. 10 r. Prudent ☏ 95.16.14.
Paris 446 ① – Agen 198 ③ – ♦Bordeaux 116 ⑤ – Châteauroux 208 ② – ♦Limoges 103 ① – Niort 112
① – Périgueux 85 ③ – Poitiers 110 ① – La Rochelle 128 ⑦ – Royan 108 ⑥.

Plans page suivante

🏨🏨 **Host. du Moulin du Maine Brun** 🅼 ⚶, par traversée de ville et sortie ⑥ rte
  Cognac : 10 km, ⊠ 16290 Hiersac ☏ 96.92.62, Télex 791053, ≤, 🏖, « Élégante
  installation avec beau mobilier, parc, 🏊 » – 📺 ☎ **P** – 🏛 30 à 300. 🆎 ⓪ 💳
  fermé 1er nov. au 31 janv., dim. soir et lundi du 1er fév. au 31 mars – SC : **R** 130/270
  – ⚌ 30 – **20 ch** 315/405.

🏨🏨 **Gd H. France,** 1 pl. Halles ☏ 95.47.95, 🎾 – 🛗 ⟷ **P** – 🏛 60. 🆎 ⓪ 🅴 💳.   Y
  🍽 rest   **e**
  SC : **R** (fermé 20 déc. au 10 janv. et sam. hors sais.) 85/100 – **61 ch** ⚌ 110/340 –
  P 230/300.

🏨🏨 **Novotel** 🅼, par ① : 6 km sur N 10 près échangeur Nord, ⊠ 16430 Champniers
  ☏ 68.53.22, Télex 790153, 🏖, 🏊, 🎾 – 🛗 🍴 ☎ & **P** – 🏛 150. 🆎 ⓪ 💳
  R snack carte environ 90 & – ⚌ 28 – **100 ch** 236/261.

🏨 **Trois Piliers** sans rest, 3 bd Bury ☏ 92.42.11 – 🛗 ⚏wc ⟷ – 🏛 60   Z **a**
  SC : ⚌ 17 – **50 ch** 130/166.

🏨 **Épi d'Or** sans rest, 66 bd René-Chabasse ☏ 95.67.64 – 🛗 ⚏wc 🍴wc ⚙ **P**. 🆎   X **v**
  ⓪ 🅴 💳
  SC : ⚌ 17 – **32 ch** 157/180.

🏨 **Palais** sans rest, 4 pl. Fr.-Louvel ☏ 92.54.11 – ⚏wc 🍴wc ⚙ ⟷. 🆎 ⓪ 🅴 💳   Y **s**
  SC : ⚌ 15 – **53 ch** 91/193.

🏠 **Les Valois** sans rest, 32 r. Pisany ☏ 68.22.40 – ⚏wc ⚙ – 🏛 25   X **t**
  fermé août et dim. – SC : ⚌ 15 – **18 ch** 90/165.

🏠 **Coq d'Or** sans rest, 98 r. Périgueux ☏ 95.02.45 – ⚏wc 🍴wc ⚙. 🅴 💳   X **r**
  ⚌ 13 – **25 ch** 72/124.

🏠 **H. Terminus**, pl. Gare ☏ 92.39.00 – 🛗 ⚏wc 🍴 ⚙. 🍽   X **n**
  SC : **R** voir rest Terminus – ⚌ 18 – **38 ch** 90/150.

111

ANGOULÊME

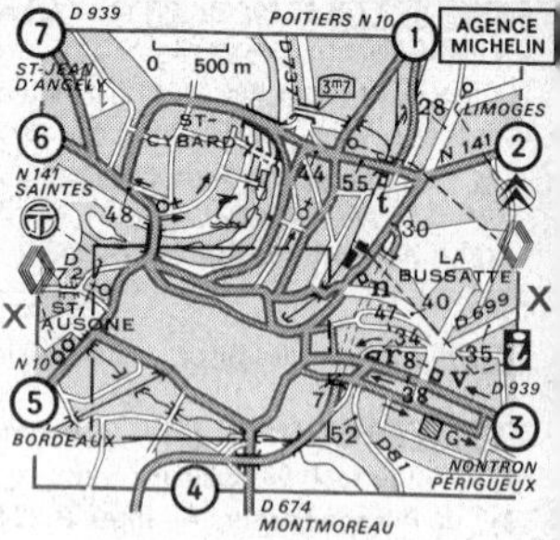

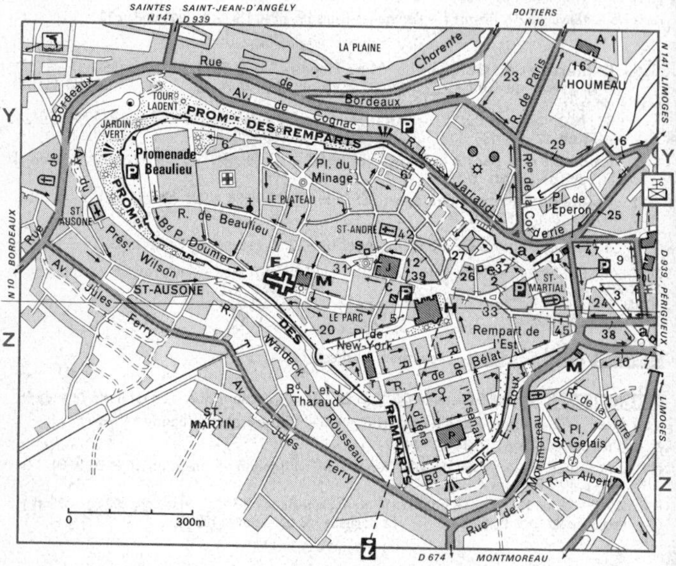

XXX **La Chamade,** 13 rampe d'Aguesseau ℗ 38.41.33 – AE ① E VISA — Y a
fermé en août, vacances de fév., sam. midi et dim. – SC : **R** carte 180 à 220.

X **Rest. Terminus,** pl. Gare ℗ 95.27.13 — X n
fermé 1er au 28 juil., 24 au 31 déc., vend. soir et sam. – SC : **R** 45/110.

X **Le Palma,** 4 rampe d'Aguesseau ℗ 95.22.89. VISA — Y u
fermé 21 déc. au 13 janv., vend. soir et dim. – SC : **R** 32/80 ♂.

X **Le Chandelier,** 7 r. de Saintes, à St Cybard ✉ 16000 Angoulême – AE ① VISA
fermé merc. – SC : **R** 70/120.

***Par la sortie* ① :**

route de Poitiers : 7 km – ✉ **16430** Champniers :

Motel PM 16 M, ℗ 68.03.22, Télex 790345, – TV wc wc ☎ P – 50. AE ① E VISA
fermé sam. et dim. d'oct. à mars – SC : **R** voir rest. Feu de Bois – ☕ 18,50 – **41 ch** 170/220.

XX **Le Feu de Bois,** ℗ 68.69.96 – P
fermé en janv., lundi sauf juil.-août et fériés – SC : **R** 50/150.

***Par la sortie* ③ :**

à Soyaux : 4 km – 11 070 h. – ✉ **16800** Soyaux :

X **La Cigogne,** ℗ 95.16.74, , « Terrasse sur campagne » – P.
fermé déc., vacances de fév., dim. soir et lundi – SC : **R** 75/130.

à *Maison Neuve* D 939, D 4 et D 25 : 17 km – ✉ **16410** Dignac :

XX **Orée des Bois** Ⓜ ⬡ avec ch, ☎ 60.72.61, 佡, 🚗 – 📺 ⇔wc 🛏wc ☜ ⑆ Ⓟ
fermé 12 au 30 nov. et lundi hors sais. – SC : **R** 90/130 – ⌧ 18 – **11 ch** 90/160 –
P 180/320.

Par la sortie ⑤ :

à *Nersac* N 10 et D 699 : 10 km – ✉ **16440** Roullet-St-Estèphe :

XX **Aub. Pont de la Meure,** rte Hiersac ☎ 97.60.48 – 🄰🄴 𝓥𝓘𝓢𝓐
fermé août, vend. soir et sam. – SC : **R** 70/110.

à *Roullet* : 14 km – ✉ **16440** Roullet :

XXX **Vieille Étable** Ⓜ ⬡ avec ch, rte Mouthiers ☎ 66.31.75, parc, 佡, ⚒ – ⇔wc
🛏wc ☎ ⑆ – ♨ 60. 🄰🄴 ⓞ 🄴 𝓥𝓘𝓢𝓐, ⚒ rest
fermé 15 fév. au 15 mars et dim. soir du 15 sept. au 15 mai – SC : **R** 56/175 – ⌧ 18
– **13 ch** 160 – P 275.

MICHELIN, Agence, r. Salvador-Allende, Zone Ind. n°3, Isle d'Espagnac, par av. Mar.
Juin X ☎ 68.09.66

ALFA-ROMEO Frayssinhes, 57 r. Broquisse ☎
61.24.28
BMW, LANCIA-AUTOBIANCHI Gar. Chenel,
52 r. Bordeaux ☎ 92.08.50
RENAULT Succursale, 11 rte Paris X ☎ 68.
90.66 et 412 rte Bordeaux X ☎ 95.13.73
TALBOT Gar. Berland, 444 rte Bordeaux X ☎
95.28.75
V.A.G. Gar. Magne, 313 r. Périgueux ☎ 95.
05.33

V.A.G. Gar. D.A.E. rte Périgueux, Soyaux ☎
92.88.91
VOLVO Gar. Bris, 340 rte de Bordeaux ☎ 95.
12.31

⓪ Piot-Pneu, L'Houmeau ☎ 92.06.04
Piot-Pneu, 145 rte Bordeaux ☎ 95.91.40
Piot-Pneu, 8 bd République ☎ 95.05.01
Rogeon-Pneus, Zone Ind. de Rabion ☎ 92.96.22

Périphérie et environs

CITROEN SOCHAC, Zone Ind., Gond-Pon-
touvre par av. Mar.-Juin X ☎ 68.90.77 🄽
CITROEN SAMA, Zone d'Emploi, Puymoyen
par ④ ☎ 92.60.86
MERCEDES-BENZ SAFI-16, Zone Ind., n°3,
Gond-Pontouvre ☎ 68.00.11
OPEL Angoulême-Nord-Auto, rte de Paris à
Champniers ☎ 68.74.33

PEUGEOT Perga, Zone Ind. à l'Isle-d'Espa-
gnac par ② ☎ 68.78.33
PEUGEOT, TALBOT Prud'homme, Zone d'Em-
ploi, Puymoyen par ④ ☎ 61.25.19
Gar. Richeboeuf, Zone Ind. N° 3, La Madeleine
☎ 68.70.55

▨ **ANIANE** 34 Hérault 🐼 ⑥ – rattaché à Gignac.

▨ **ANNEBAULT** 14 Calvados 🐼 ⑰ – 259 h. – ✉ **14430** Dozulé – ✿ 31.
Paris 207 – Cabourg 15 – ♦Caen 35 – Pont-L'Evêque 12.

XX **Aub. Le Cardinal** avec ch, ☎ 64.81.96, 佡 – 🛏 ⑆. 🄰🄴 ⓞ 🄴 𝓥𝓘𝓢𝓐
fermé déc., mardi soir et merc. – SC : **R** 65/100 – ⌧ 15 – **8 ch** 110.

☞ *En mars 1985, ce guide ne sera plus valable.*
Achetez le guide de l'année !

▨ **ANNECY** Ⓟ 74000 H.-Savoie 🐼 ⑥ G. Alpes – 51 593 h. alt. 448 – ✿ 50.

Voir Avenue d'Albigny⋆⋆ CXY – Le Vieil Annecy⋆ : Descente de Croix⋆ dans l'église
St-Maurice BY B, – Pont sur le Thiou ⋜⋆ BY N – Jardin public⋆ CY – Forêt du Crêt du
Maure⋆ : ⋜⋆⋆ 3 km par ④.

Env. Tour du lac⋆⋆⋆ 39 km (ou en bateau 1 h 30) – Gorges du Fier⋆⋆ et collections⋆ du
château de Montrottier : 11 km par ⑦.

🏌 du lac d'Annecy ☎ 60.12.89 par ② : 10 km.

✈ d'Annecy-Meythet : T.A.T. ☎ 22.08.29 par ⑦ et D 14 : 4 km.

🄳 Office de Tourisme clos Bonlieu 1 r. Jean-Jaurès (fermé dim. matin hors sais.) ☎ 45.00.33 - A.C.
15 r. Préfecture ☎ 45.09.12.

Paris 549 ⑦ – Aix-les-Bains 34 ⑥ – ♦Genève 57 ① – ♦Lyon 137 ⑥ – ♦St-Étienne 188 ⑥.

Plans page suivante

🏨 **Trésoms et Forêt** ⬡, 3 bd Corniche ☎ 51.43.84, « Situation dominant le lac et
⋜ montagnes », 🚗 – 🛗 ☎ ⑆ Ⓟ – ♨ 150. 🄰🄴 ⓞ 𝓥𝓘𝓢𝓐. ⚒ rest   CV **a**
1er avril-30 nov. – SC : **R** 175/200 – ⌧ 37 – **33 ch** 220/415, 3 appartements 660 – P
383/465.

🏨 **Carlton** Ⓜ sans rest, 5 r. Glières ☎ 45.47.75 – 🛗 📺 ☎. 🄰🄴 ⓞ 𝓥𝓘𝓢𝓐   AY **g**
SC : ⌧ 21 – **50 ch** 165/220.

🏨 **Splendid H.** sans rest, 4 quai E.-Chappuis ☎ 45.20.00, Télex 385233 – 🛗 ☎ – ♨
30. 𝓥𝓘𝓢𝓐   BY **s**
SC : ⌧ 20 – **50 ch** 190/220.

tourner →

ANNECY

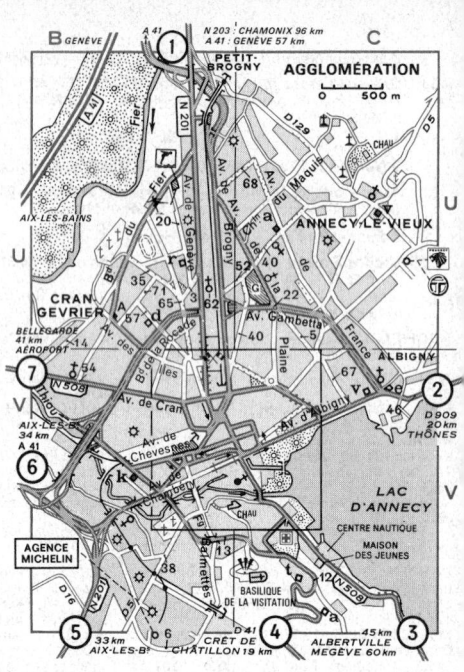

PARTIE CENTRALE

AGENCE MICHELIN

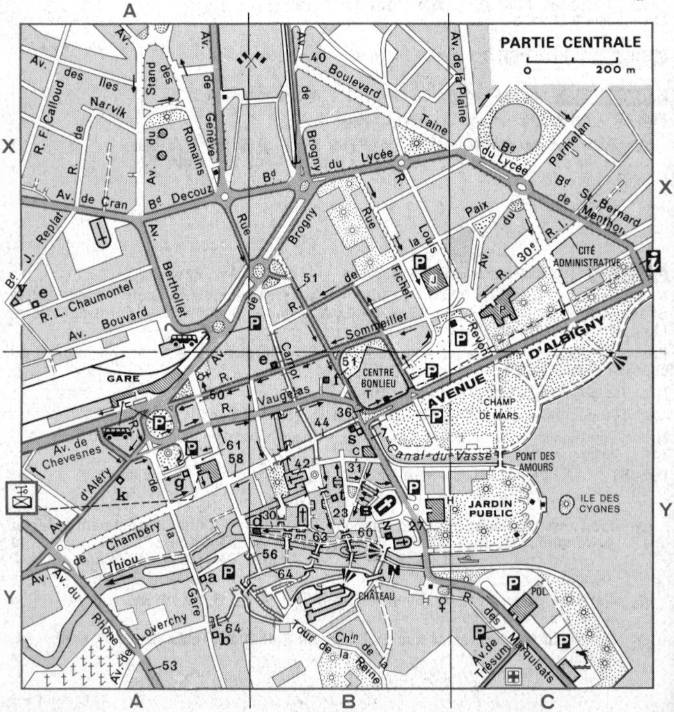

🏨 **Faisan Doré,** 34 av. Albigny ℘ 23.02.46 – |♦| ⇔wc ⋒wc ☎ CV **e**
SC : **R** *(fermé 1er nov. au 23 janv. et dim. hors sais.)* 70/150 – ☕ 24 – **41 ch** 90/270 – P 200/300.

🏨 **Crystal H.** Ⓜ sans rest, 20 r. L.-Chaumontel ℘ 57.33.90 – |♦| TV ⇔wc ⋒wc ☎ Ⓟ. VISA AX **e**
SC : ☕ 17 – **22 ch** 160/178.

🏨 **Réserve,** 21 av. Albigny ℘ 23.50.24, ≤, « jardin » – ⇔wc ⋒ ☎ Ⓟ. ⓓ E VISA
fermé 24 juin au 7 juil. et 21 déc. au 21 janv. – SC : **R** 70/165 🍷 – ☕ 16 – **12 ch** 150/190 – P 215/235. CV **v**

🏠 **Semnoz** sans rest, 1 fg Balmettes ℘ 45.04.12 – ⇔wc ⋒wc ☎. AE E VISA. ✂
fermé 20 déc. au 14 janv., sam. et dim. en hiver – SC : ☕ 20 – **24 ch** 160/220. AY **b**

🏠 **Ibis,** 12 r. Gare ℘ 45.43.21, Télex 385585 – |♦| ⇔wc – 🏛 40. E VISA AY **a**
SC : **R** carte environ 65 🍷 – ☕ 18,50 – **83 ch** 170/200.

🏠 **Parmelan,** 41 av. Romains ℘ 57.14.89, 🌳 – ⋒wc ☎ Ⓟ. ✂ BU **d**
1er avril-1er oct. – SC : **R** (dîner seul.) 53/80 – ☕ 17,50 – **30 ch** 90/180.

🏠 **Parc** sans rest, 43 chemin des Fins, vers le parc des sports ℘ 57.02.98, 🌳 – ⇔wc ⋒wc ☎ Ⓟ BU **r**
fermé 24 juin au 1er juil. et 1er déc. au 5 janv. – SC : ☕ 15 – **24 ch** 73/132.

🏠 **Paris** sans rest, 15 bd J.-Replat ℘ 57.35.98 – ⇔ ⋒ ☎. AE. ✂ AX **y**
fermé 1er au 15 nov. – SC : ☕ 15 – **12 ch** 80/148.

🏠 **Coin Fleuri** sans rest, 3 r. Filaterie ℘ 45.27.30 – ⇔wc ⋒wc ☎ BY **t**
fermé 23 déc. au 4 janv. – SC : ☕ 18,50 – **14 ch** 88/154.

🏠 **d'Aléry** sans rest, 5 av. Aléry ℘ 45.24.75 – ⇔wc ⋒ ☎. E VISA AY **k**
fermé 14 déc. au 15 janv. – SC : ☕ 16 – **18 ch** 100/187.

XXX **Salino,** 13 r. J.-Mermoz à Annecy-le-Vieux par av. France et rte Thônes ℘ 23.07.90. AE VISA CU **v**
fermé 18 juin au 11 juil., 6 au 13 fév., dim. soir et merc. – SC : **R** 110/220.

XXX **Aub. de l'Éridan,** 7 av. de Chavoire, Petit Port ℘ 66.22.04, ≤, 🍽 – Ⓟ. AE ⓓ E VISA
fermé en janv., dim. soir et merc. – SC : **R** 160/350.

XX ✿ **Auberge de Savoie** (Collon), 1 pl. St-François ℘ 45.03.05 – ▤. AE ⓓ BY **z**
fermé 15 juin au 15 juil., mardi soir d'oct. à juin et merc. – SC : **R** 120/200, dîner à la carte
Spéc. Terrine chaude de brochet, Aiguillettes de canard aux coings, Périgourdine glacée. **Vins** Roussette de Seyssel, Crépy.

XX **Aub. Pré Carré,** impasse Pré Carré 10 r. Vaugelas ℘ 51.17.65 – AE E VISA. ✂
fermé 11 au 20 juil., 1er au 16 janv., lundi midi et dim. – SC : **R** 82/165. BY **f**

XX **Amandier,** 6 av. Mandallaz ℘ 51.74.50 – AE ⓓ VISA BV **k**
fermé 28 juil. au 16 août, 5 au 8 fév. et dim. sauf fêtes – SC : **R** 60/130.

XX **Le 1930,** 2 r. Louis-Armand ℘ 23.05.41, 🍽 – ✂ CU **a**
fermé 23 juil. au 20 août, 9 au 16 janv., dim. soir et lundi – SC : **R** 98/185.

XX **Aub. du Lyonnais,** 9 r. République ℘ 51.26.10 – AE BY **d**
fermé déc., janv., mardi soir et merc. – SC : **R** 150.

X **Garcin,** (1er étage), 11 r. Pâquier ℘ 45.20.94 – AE E VISA BY **s**
fermé 15 juin au 7 juil., vacances de fév. et merc. – SC : **R** 60/150 🍷.

X **Fer à Cheval,** 21 r. Sommeiller ℘ 45.13.35 – AE E BY **e**
fermé sept., dim. soir et lundi – SC : **R** 54 🍷.

à Albigny par ② : 1,5 km – alt. 448 – ✉ **74000** Annecy :

🏠 **Muses,** ℘ 23.29.26 – ⋒ ☎ Ⓟ. VISA. ✂ rest
fermé 20 déc. au 20 janv. – SC : **R** *(fermé dim. soir et lundi midi du 15 sept. au 31 mai)* 47/108 – ☕ 17,50 – **30 ch** 68/108 – P 139/170.

rte d'Aix-les-Bains par ⑤ : 3 km – ✉ **74600** Seynod :

🏨 **Mercure** Ⓜ, ℘ 51.03.47, Télex 385303, ⛱ – ▤ rest TV ☎ ♿ Ⓟ – 🏛 80. AE ⓓ E VISA
R carte environ 90 🍷 – ☕ 23 – **69 ch** 207/273.

rte du Semnoz par ④ – ✉ **74000** Annecy :

XX **Belvédère** 🐚 avec ch, 2 km ℘ 45.04.90, ≤ Annecy et lac – ⋒ ☎ Ⓟ. VISA. ✂
hôtel : 15 mai-30 sept. ; rest. : fermé 18 mars au 18 avril, 28 oct. au 30 nov., dim. soir et lundi – SC : **R** 120/220 – ☕ 16 – **10 ch** 100/120 – P 195/210. CV **t**

X **Super Panorama** 🐚 avec ch, 3,5 km ℘ 45.34.86, ≤ lac et montagne, 🌳 – Ⓟ. ✂ rest
fermé 5 janv. au 15 fév. et mardi – SC : **R** 75/160 – ☕ 25 – **5 ch** 135.

à Pont de Brogny par ① : 4 km rte Genève – ✉ **74370** Pringy :

XX **Fier** avec ch, ℘ 46.11.10, 🌳 – ⋒ Ⓟ
fermé 30 oct. au 15 nov., mardi soir et merc. sauf juil.-août – SC : **R** 90/170 – ☕ 18 – **10 ch** 75/150 – P 150/170.

à Chavoire par ② : 4,5 km – alt. 480 – ✉ **74290** Veyrier-du-Lac :

XXX ❀ **Pavillon Ermitage** (Tuccinardi) avec ch, ☎ **60.11.09, « Jardin fleuri et belle vue sur le lac »** – ⇔wc ☎ 🚗. AE
début mars-fin oct. – SC : **R** (nombre de couverts limité - prévenir) 135/250 – ☕ 20 – **11 ch** 180/230 – P 235/350
Spéc. Omble chevalier, Soufflé de brochet, Poularde de Bresse. **Vins** Crépy, Seyssel.

à St-Martin-Bellevue **N : 11 km par ①, N 203, D 14** – ✉ **74370** Pringy :

🏨 **Beau Séjour** 🐕, **à la gare : 1 km** ☎ **60.30.32,** ⋞ – 🛗 ⇔wc ⋒ ☎ 🅟 – 🏋 40. VISA. ✻ rest
15 mars-15 déc., fermé dim. soir et lundi midi sauf juil.-août – SC : **R** 67/140 – ☕ 21 – **35 ch** 125/215 – P 190/235.

Voir aussi ressources hôtelières des localités citées autour du Lac **74** ⑥⑯.

MICHELIN, Agence régionale, Z.I. de Vovray, 5 r. de Sansy, Seynod V ☎ **51.59.70**

FIAT, LANCIA-AUTOBIANCHI Gar. Pont-Neuf, 1 av. Pont-Neuf ☎ 51.40.30
MAZDA, VOLVO Cochet, 59 av. de Genève ☎ 57.02.45
Bruyère, 18 ch. des Fins ☎ 57.16.68
Dupanloup, 119 av. Genève ☎ 57.03.81
Frasson, 2 bis av. du Stade ☎ 57.16.88

◉ Blanc, 3 r. Rumilly ☎ 51.13.02

Périphérie et environs

BLF Gar. Ducros, 72 av. d'aix, Seynod ☎ 45.42.65
BMW Aravis Automobile, 100 av. d'Aix les Bains à Seynod ☎ 45.32.36
CITROEN Dieu, rte d'Aix, Seynod par ⑤ ☎ 51.54.15
FORD Delachenal, av. d'Aix, Seynod ☎ 51.41.36
MERCEDES-BENZ SEVI 74, Zone Ind. des Césardes, D 16, Seynod ☎ 51.59.83
OPEL Gar. du Parmelan, av. Petit-Port, Annecy-le-Vieux ☎ 23.12.85
PEUGEOT-TALBOT Gar. Central, 28 av. des Carrés, Annecy-le-Vieux ☎ 23.23.13
RENAULT Savoie-Automobile, av d'Aix, Seynod par ⑤ ☎ 45.82.13
V.A.G. SAT, Z.I. des Césardes, rte des Creuses à Seynod ☎ 45.33.62

◉ Auto Diffusion Service, 5 r. Zanaroli à Seynod ☎ 51.49.76
Piot-Pneu, 6 r. de la Césière, Zone Ind. de Vovray à Seynod ☎ 51.72.85

Die im Michelin-Führer
*verwendeten Zeichen und Symbole haben – dünn oder **fett** gedruckt, rot oder schwarz – jeweils eine andere Bedeutung.*
Lesen Sie daher die Erklärungen (S. 38 bis 45) aufmerksam durch.

ANNEMASSE **74100** H.-Savoie **74** ⑥ **G. Alpes** – **26 438 h. alt. 433** – ✪ **50.**

ℹ Office de Tourisme r. de la Gare (fermé sam. après-midi hors sais. et dim.) ☎ 92.53.03.

Paris 550 ⑦ – **Annecy 51** ① – **Bonneville 22** ① – ♦**Genève 8** ⑥ – **St-Julien-en-Genevois 15** ⑥.

ANNEMASSE

Commerce (R. du)	5
Gare (R. de la)	12
Briand (Av. Aristide)	2
Chablais (R. du)	3
Clos-Fleury (R. du)	4
David (R. Fernand)	6
Deffaugt (Pl. J.)	7
Faucigny (R. du)	9
Genève (R. de)	13
Libération (Pl. de la)	15
Pasteur (Av.)	16
St-André (⊞)	18
St-Joseph (⊞)	19
Vaillat (R. L.)	21

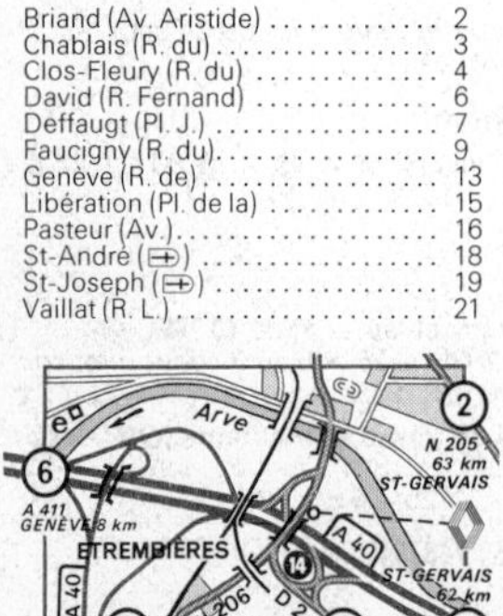

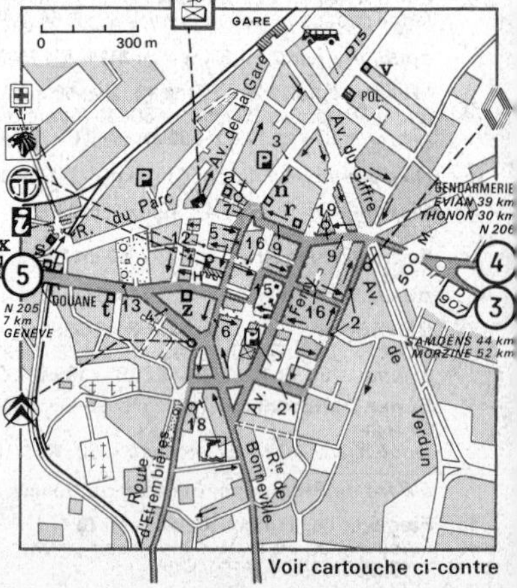

Voir cartouche ci-contre

Mercure [M] ⛰, r. des jardins **(e)** ✉ 74240 Gaillard ☎ 92.05.25, Télex 385815, 🏞, 🏊 – 🛗 ▤ rest 📺 ☎ ♿ 🅿 – 🏔 25 à 150. AE ⦿ E VISA
R carte environ 90 🍷 – ☕ 24 – **78 ch** 196/273.

Helvetia [M], 4 rte Genève **(x)** ☎ 38.59.80, Télex 385925 – 🛗 📺 ☎ 🅿 – 🏔 100. AE ⦿ E VISA
SC : **R** *(fermé dim.)* 55/110 – ☕ 19 – **65 ch** 185/230 – P 280/300.

Genève [M] sans rest, rte de Genève ☎ 38.70.66, Télex 385472 – 🛗 📺 ☎ 🅿 – 🏔 60. AE ⦿ E VISA
SC : ☕ 16,50 – **100 ch** 170/200.

Parc [M] sans rest, 19 r. Genève **(t)** ☎ 38.44.60 – 🛗 📺 ☎. AE ⦿ E VISA
SC : ☕ 20 – **30 ch** 149/231.

Central H. [M] sans rest, pl. Hôtel de Ville **(z)** ☎ 38.27.06 – 🛗 ▤ 📺 🛁wc 🚿wc ☎. AE ⦿ E VISA
SC : ☕ 17,50 – **28 ch** 105/205.

Hague sans rest, 42 r. Genève **(s)** ☎ 38.47.14 – 🛗 ▤ 📺 🛁wc ☎ 🅿. AE ⦿ E VISA
fermé 24 déc. au 10 janv. – SC : ☕ 18 – **22 ch** 140/190.

National [M] sans rest, pl. J.-Deffaugt **(n)** ☎ 92.06.44 – 🛗 🛁wc 🚿wc ☎ 🅿. AE ⦿ E VISA
SC : ☕ 17 – **45 ch** 140/170.

Pax H. sans rest, 22 av. Gare **(a)** ☎ 38.25.46 – 🛗 🛁wc 🚿wc ☎ 🚗
SC : ☕ 19 – **44 ch** 105/158.

Eden sans rest, 11 r. Faucigny **(r)** ☎ 92.21.57 – 🛁wc 🚿wc ☎ 🚗. VISA
SC : ☕ 18 – **14 ch** 125/184.

Savoie sans rest, 52 r. Chablais **(v)** ☎ 37.05.06, 🏞 – 🅿
SC : ☕ 16 – **32 ch** 88/139.

XXX **Le Château,** à Gaillard 47 r. Vignes ✉ 74240 Gaillard ☎ 38.65.38, 🏞 – 🅿. AE ⦿ E VISA
fermé lundi – SC : **R** 90/200.

XXX **Entre Nous,** 2 r. Zone à Ambilly **(s)** ☎ 38.35.85, 🏞 – AE ⦿ VISA
fermé 15 août au 7 sept., 15 au 31 janv., dim. soir et lundi – **R** 85/220.

à la douane de Moellesulaz par ⑤ : 2 km – ✉ **74240** Gaillard :

X **Chez Mado,** ☎ 38.09.58 – 🅿
fermé juil. et merc. – SC : **R** 45/85.

au Pas de l'Échelle par ⑦ : 4 km – ✉ **74100** Annemasse :

Tilleuls sans rest, N 206 ☎ 37.61.79 – 🚿 🅿
fermé août et dim. – SC : ☕ 14 – **12 ch** 75/110.

Pittet, rte téléphérique ☎ 37.61.42, 🏞, 🌳 – 🚗 🅿. AE VISA. 🐕 ch
fermé sept. et sam. – SC : **R** 65/80 🍷 – ☕ 18 – **14 ch** 75/90 – P 150/180.

à la Bergue par ③ : 5,5 km – alt. 547 – ✉ **74380** Bonne :

XX **La Pergola,** ☎ 39.30.27, 🌳 – 🅿
fermé juil. et jeudi – **R** 55/170.

AUSTIN, MORRIS, TRIUMPH Gar. Maurice, 13 r. du Faucigny ☎ 92.21.96
BMW, DATSUN Borgel, r. de Montréal, Zone Ind., Ville-la-Grand ☎ 37.07.60 N ☎ 92.08.03
CITROEN SADAL, rte de Taninges à Vetraz-Monthoux par ③ ☎ 37.42.45
CITROEN Gar. de Savoie, 4 r. Étrembières ☎ 92.11.75
FIAT, LANCIA-AUTOBIANCHI Gar. du Chablais, Zone Ind. Mont-Blanc, r. de la Résistance ☎ 37.30.37
FORD Gar. de la rte blanche, 90 rte de Bonneville ☎ 37.10.54
OPEL Gar. Bel, 28 r. de la République à Ville-la-Grand ☎ 92.10.48
PEUGEOT-TALBOT Fort Autom., 57 rte de Thonon par ④ ☎ 37.70.22
PEUGEOT-TALBOT Automobile 23, 10 r. A.-Ligué ☎ 92.53.06
RENAULT Ets Berra, 1 r. A.-Briand ☎ 37.25.30
RENAULT S.A.D.I.A., Pont d'Étrembières ☎ 92.05.11
TOYOTA Degenève, 63 rte Genève à Gaillard ☎ 38.09.55
V.A.G. Gar. International, r. de la Résistance, Zone Ind. ☎ 37.13.43

⊛ Auto-Diffusion-Sce., Zone Ind., r. de la Résistance ☎ 37.64.69
Blanc, 3 av. du Giffre ☎ 37.78.04
Piot-Pneu, 75 rte des Vallées ☎ 37.27.11

ANNONAY 07100 Ardèche **77** ① **G. Vallée du Rhône** – 20 085 h. alt. 357 – ⚙ 75.

ℹ Office de Tourisme pl. des Cordeliers (fermé lundi matin et dim.) ☎ 33.24.51.

Paris 534 ① – ♦Grenoble 103 ① – ♦St-Étienne 43 ④ – Tournon 35 ① – Valence 53 ① – Vienne 43 ① – Yssingeaux 58 ③.

Plan page suivante

Midi sans rest, 17 pl. Cordeliers **(n)** ☎ 33.23.77 – 🛗 🛁wc ☎ 🚗. AE ⦿ E VISA
fermé 20 déc. au 20 janv. et dim. en hiver – SC : ☕ 16 – **40 ch** 70/150.

Gare sans rest, 31 av. M.-Seguin **(e)** ☎ 33.29.11 – 🚿
1er avril-30 sept. – SC : ☕ 16 – **13 ch** 70/150.

XX **Château,** 2 montée du Château **(a)** ☎ 32.19.78 – AE ⓓ VISA
fermé 1er au 15 mars, 1er au 15 sept. et merc. – SC : **R** 75/140.

XX **Le Bilboquet,** 2 pl. Cordeliers **(s)** ☎ 33.30.20 – AE VISA
fermé 18 au 28 déc. et lundi – SC : **R** 48/110.

XX **Célerien,** face gare **(e)** ☎ 33.46.97. AE VISA
fermé vacances de fév., le soir sauf en juil. et août, dim. soir et sam. – SC : **R** 50/145.

à Davezieux par ① : 4,5 km sur D 82 – ✉ **07100** Annonay :

Don Quichotte et Siesta M, rte Valence ☎ 33.11.99, ←, , – ▤ rest wc wc ☎ – 50 à 80. AE VISA
SC : **R** *(fermé sam. du 1er oct. au 31 mars)* 72/130 – 14 – **56 ch** 101/225 – P 259/314.

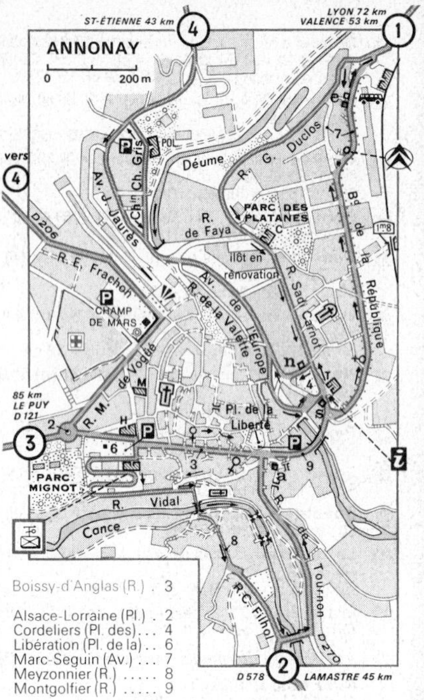

Boissy-d'Anglas (R.) . 3
Alsace-Lorraine (Pl.) . 2
Cordeliers (Pl. des) . . . 4
Libération (Pl. de la) . . 6
Marc-Seguin (Av.) . . . 7
Meyzonnier (R.) 8
Montgolfier (R.) 9

ALFA-ROMEO, BLF Gar. Tartavel, Davezieux ☎ 33.26.07
CITROEN Gar. Pyramide, 17 av. M.-Seguin ☎ 33.31.91
CITROEN Gar. du Vivarais, Zone Ind. La Lombardière, Davezieux par ① ☎ 33.26.32 N ☎ 33.42.27
FIAT Gar. Dhennin, 47 bd République ☎ 33.24.43
FORD Caule, rte de Lyon, Davezieux ☎ 33.22.98
PEUGEOT-TALBOT Desruol, N 82, St-Clair par ① ☎ 33.10.98
RENAULT Grosjean, rte de Lyon, Davezieux par ① ☎ 33.20.21
V.A.G. Siterre, 33 bd République ☎ 33.42.10

Eyraud, 45 bd de la République ☎ 33.42.19
Jurdit, 47 r. G.-Duclos ☎ 33.27.49

CONSTRUCTEUR : Renault Véhicules Industriels, Rte de Roanne ☎ **33.11.11**

ANNOT **04240** Alpes-de-H.-P. **81** ⑱, **195** ⑫ **G. Côte d'Azur** – 1 062 h. alt. 700 – ✪ 92.
Voir Vieille ville★ – Clue de Rouaine★ S : 4 km.
Paris 815 – Castellane 32 – Digne 70 – Manosque 111.

Gd H. Grac, ☎ **83.20.02,** , – wc wc P. AE. rest
1er avril-30 oct., 15 janv.-15 mars et fermé merc. sauf d'avril au 15 sept. – SC : **R** 53/110 – 15 – **24 ch** 60/140 – P 135/180.

Avenue, ☎ **83.22.07** – wc. rest
1er avril-3 nov. – SC : **R** 40/74 – 12 – **16 ch** 65/115 – P 115/165.

aux Scaffarels SE : 2 km – alt. 700 – ✉ **04240** Annot :

Honnoraty, ☎ **83.22.03** – wc P. rest
1er fév.-15 déc. – SC : **R** 52/82 – 12 – **12 ch** 75/102 – P 122/148.

RENAULT Gar. Pellegrin, ☎ 83.23.46 N ☎ 83.22.59

ANOST **71550** S.-et-L. **69** ⑦ **G. Bourgogne** – 848 h. alt. 550 – ✪ 85.
Voir ☼★ de Notre-Dame de l'Aillant : 2 km par D 2 puis 30 mn.
Paris 294 – Autun 24 – Château-Chinon 20 – Mâcon 136 – Montsauche 17.

X **La Galvache,** ☎ **82.70.88** – VISA
fermé 10 au 28 déc. et merc. sauf juil.-août – SC : **R** 40/130.

ANSE **69480** Rhône **74** ① – 3 745 h. alt. 176 – ✪ 74.
Paris 442 – L'Arbresle 19 – Bourg-en-Bresse 56 – ♦Lyon 26 – Mâcon 47 – Villefranche-sur-Saône 6.

St-Romain M, rte Graves ☎ **68.05.89,** – TV wc ☎ P – 40. AE ⓓ E VISA
SC : **R** *(fermé dim. soir du 30 nov. au 30 mars)* 58/160 – 17 – **22 ch** 145/180 – P 220/240.

RENAULT Blanc, ☎ 67.01.71

ANTHÉOR 83 Var 84 ⑧, 195 ㉞ G. Côte d'Azur – ⊠ 83700 St-Raphaël – ❸ 94.

Paris 890 – Cannes 27 – Draguignan 47 – ♦Nice 59 – St-Raphaël 13.

🏠 **Réserve d'Anthéor,** N 98 🕾 44.80.05, ≤, ♠ – ⊟wc 🕅wc 🕾 🅿 🔟
fév.-oct. – SC : **R** 72/125 – ☑ 15 – **13 ch** 131/192 – P 210/235.

🏠 **Flots Bleus,** 🕾 44.80.21, ≤ – ⊟wc 🕅 🕾 🅿
1er mars-25 oct. – SC : **R** 67/90 – ☑ 20 – **19 ch** 95/147 – P 210/240.

ANTIBES 06600 Alpes-Mar. 84 ⑨, 195 ㉟⑩ G. Côte d'Azur – 63 248 h. – Casino ''la Siesta''
sur D 41 – ❸ 93.

Voir Vieille ville★ X : Av. Amiral-de-Grasse ≤★ – Château Grimaldi (Déposition de
Croix★, Musée Picasso★) X B – Marineland★ 4 km par N 7.

🕝 de Biot 🕾 65.08.48, NO : 4 Km.

🛿 Office de Tourisme 12 pl. Gén.-de-Gaulle (fermé dim.) 🕾 33.95.64, Télex 470915.

Paris 916 ② – Aix-en-Provence 158 ② – Cannes 11 ③ – ♦Nice 23 ①.

ANTIBES

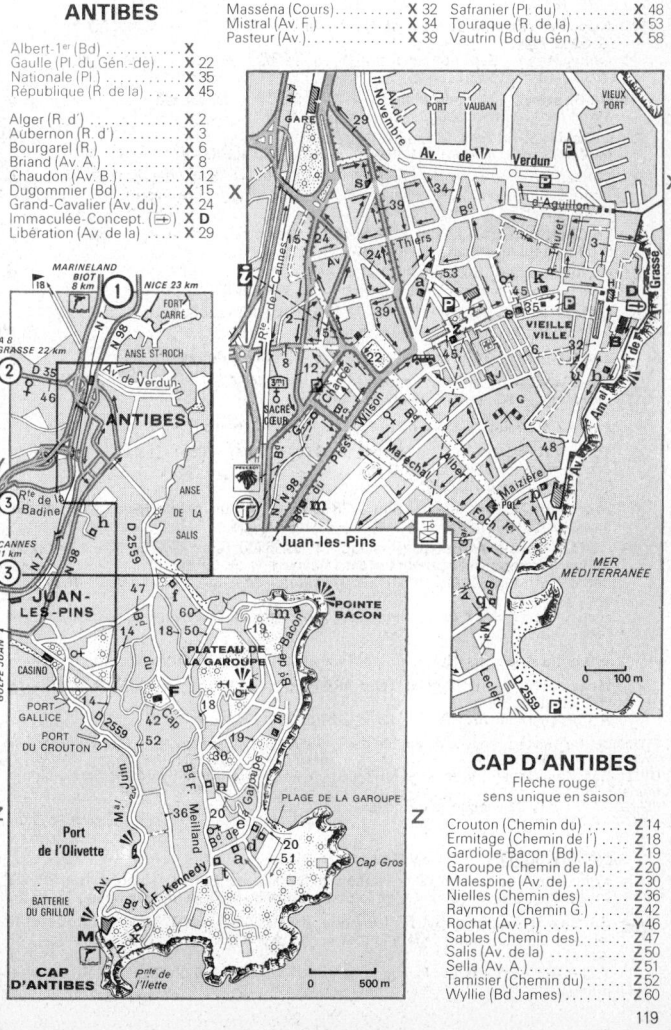

CAP D'ANTIBES
Flèche rouge
sens unique en saison

🏨 **Royal et Rest. Le Dauphin,** bd Gén.-Leclerc ☎ 34.03.09, ≼, 🍴, 🐾 – 🛗 ᴁᴇ
⓪ **VISA** ⚶ rest
X q
1er fév.-31 oct. – SC : **R** *(fermé merc. hors sais.)* 100/110 – � 28 – **43 ch** 180/346 –
P 275/368.

🏨 **Josse,** 8 bd James Wyllie ☎ 61.41.24, ≼, 🍴 – ■ ch ⌂wc ☎ 🔄, **VISA**   Z f
fév.-31 oct. – SC : **R** *(fermé merc. sauf juil.-août)* 75/85 🍷 – districts 25 – **20 ch** 280/320, 4
appartements 640 – P 330/355.

🏠 **Mas Djoliba** ⚘, 29 av. Provence ☎ 34.02.48, 🍴, « Jardin » – ⌂wc 🛏wc ⚛
ℙ. ᴁᴇ ⓪. ⚶ rest
Y h
SC : **R** *(dîner seul.)* 58/100 – ⊠ 22 – **14 ch** 165/300.

XXX **Les Vieux Murs,** av. Amiral-de-Grasse ☎ 34.06.73, ≼, 🍴 – ᴁᴇ **VISA**   X b
fermé 12 nov. au 18 déc. et merc. sauf juil.-août – SC : **R** carte 195 à 260.

XXX **L'Écurie Royale,** 33 r. Vauban ☎ 34.76.20 – ■ ᴁᴇ ⓪ **E VISA**   X t
fermé 20 nov. au 31 déc., du dim. soir au mardi midi d'oct. à mai et lundi – SC : **R**
(*du 1er juin au 30 sept. dîner seul sauf lundi*) 120/180.

XXX **La Marguerite,** 11 r. Sadi Carnot ☎ 34.08.27 – ■ **VISA**   X s
fermé 1er au 15 mars, dim. soir hors sais., mardi midi du 15 juin au 15 sept. et lundi
– SC : **R** 115/190.

XX **Aub. Provençale** avec ch, pl. Nationale ☎ 34.13.24, 🍴 – ■ rest 📺 ⌂wc ⚛.
ᴁᴇ ⓪ **E VISA**
X k
fermé 24 oct. au 15 nov., mardi midi en été, dim. soir en hiver et lundi – SC : **R**
60/160 – **4 ch** 120/280.

XX **Du Bastion,** 1 av. Gén.-Maizière ☎ 34.13.88, 🍴 – ᴁᴇ ⓪ **VISA**   X p
fermé janv. et mardi sauf juil. et août – SC : **R** 90/145.

XX **L'Oasis,** 35 bd Prés.-Wilson ☎ 34.02.35, 🍴 – ℙ   X m
fermé mai, nov. et merc. – SC : **R** *(en hiver : déj. seul.)* 100.

XX **Le Caméo** avec ch, pl. Nationale ☎ 34.24.17, 🍴 – ■ rest ⌂wc 🛏 ⚛   X e
fermé 5 au 18 déc., 5 au 28 janv. – SC : **R** *(fermé mardi hors sais.)* 80/105 – districts 14 –
10 ch 150/180.

XX **La Calèche,** 25 r. Vauban ☎ 34.40.44, cuisine nord-africaine, 🍴 – **VISA**   X a
R *(dîner seul.)* carte environ 90.

X **l'Armoise,** 2 r. Touraque ☎ 74.37.05 – **VISA**   X u
fermé mi-nov. à mi-déc., mardi soir et merc. – SC : **R** 90/110.

X **L'Oursin,** 16 r. République ☎ 34.13.46, Dégustation produits de la mer – ■   X z
fermé août, mardi soir et merc. – **R** carte 70 à 110 🍷.

sur N 7 par ① : 3 km, Quartier Fontonne – ✉ **06600** Antibes :

🏨 **Bleu Marine** Ⓜ sans rest, r. des 4 Chemins ☎ 74.84.84, ≼ – 🛗 ⌂wc ☎ ℙ
fermé nov. – SC : ⊠ 19 – **18 ch** 180/220.

sur N 7 N : 4 km, quartier de la Brague – ✉ **06600** Antibes :

🏨 **Tananarive** sans rest, rte de Nice ☎ 33.30.00, Télex 470851, ⬛, ⚓ – ■ 📺 ☎
🔄 ℙ – 🔒 50 à 300. ᴁᴇ ⓪ **E VISA**
SC : ⊠ 27 – **50 ch** 190/332.

🏠 **Mercator** ⚘ sans rest, rte Biot ☎ 33.50.75, 🍸 – cuisinette ⌂wc ⚛ ℙ. ⓪ **VISA**
fermé 15 nov. au 15 déc. – SC : ⊠ 20 – **18 ch** 206/228.

XXXXX ⚬⚬ **La Bonne Auberge** (Rostang) ⚛ ☎ 33.36.65, Télex 470989, 🍴, « Agréable
salle à manger provençale et terrasse fleurie » – ℙ ᴁᴇ **VISA**
fermé 15 nov. au 20 déc., 1er au 10 mars et lundi sauf juil., août et fêtes – **R** 280/370
et carte
Spéc. Soupe de homard aux ravioles, Minute de loup grillé, Noisettes d'agneau en crépinette. Vins
Palette, Rians.

à Sophia Antipolis NO : 9 km par D 35 et D 103 – ✉ **06560** Valbonne :

🏨 **Novotel** Ⓜ ⚘, ☎ 33.38.00, Télex 970914, 🍴, ⬛, ⚓, 🍸 – ■ 📺 ☎ 🚾 ℙ – 🔒
200. ᴁᴇ ⓪ **E VISA**
R snack carte environ 90 🍷 – ⊠ 30 – **97 ch** 282/355.

CITROEN Gar. Riviera, Bretelle Autoroute par
② ☎ 33.04.90 Ⓝ ☎ 76.92.98
OPEL Gar. Dugommier, rte de Nice, la Fon-
tonne ☎ 33.92.24
PEUGEOT-TALBOT Cheringou, angle bd Foch
et N7 ☎ 34.04.22

RENAULT Charreau-Auto, Bretelle Autoroute
par ② ☎ 33.29.00 Ⓝ
V.A.G. Sport-Auto-Route, Sortie Autoroute,
Péage d'Antibes ☎ 33.28.59

⚙ Massa-Pneus, 127 rte de Grasse ☎ 74.27.01

Cap d'Antibes – ✉ **06600** Antibes.

Voir Le tour du Cap★★ YZ – Plateau de la Garoupe ⁂★★ Z – Jardin Thuret★ Z F
– ≼★ Pointe Bacon Z – ≼★ de la plate-forme du bastion (musée naval) Z.

🏨 **du Cap d'Antibes** ⚘, bd Kennedy ☎ 61.39.01, Télex 470763, ≼ littoral et le
large, « Gd parc fleuri face à la mer », ⬛, 🐾, 🍸 – 🛗 ■ ☎ ⚛ 🔄 – 🔒 140.
⚶
Z x
Pâques-mi-oct. – **R** voir Pavillon Eden Roc – ⊠ 60 – **100 ch** 760/1 400, 10 apparte-
ments.

🏨 **Levant** 🅼 ⑤ sans rest, à la Garoupe ℱ 61.41.33, ≤, 🏊, – 🛏wc ☎ 🅿. Z e
31 mars-31 oct. – SC : ⚏ 18 – **27 ch** 300/350.

🏨 **Motel Axa** ⑤ sans rest, bd de la Garoupe ℱ 61.36.51, « jardin fleuri », 🔟, 🎾 –
cuisinette 🛏wc 🅿 Z a
SC : **20 ch** ⚏ 330/380.

🏨 **Résidence Beau Site** sans rest, 141 bd Kennedy ℱ 61.53.43, 🌲 – 🛏wc 🛁wc
🅿 🅿 Z t
15 avril-30 sept. – SC : ⚏ 16 – **26 ch** 245.

🏨 **La Gardiole** ⑤, chemin La Garoupe ℱ 61.35.03, 🌲, 🌲 – 🛏wc 🛁wc ☎. 🆎
⑩ 🇪 💳 Z n
1er fév.-2 nov. – SC : **R** 100/150 – ⚏ 20 – **20 ch** 135/280 – P 280/320.

🏨 **Miramar** ⑤ sans rest, chemin Plage ℱ 61.52.58 – 🛁wc 🅿 Z d
fermé 15 nov. au 20 déc. – SC : ⚏ 22 – **12 ch** 260/285.

XXXX **Pavillon Eden Roc**, bd Kennedy ℱ 61.39.01, ≤ littoral et les îles, 🌲, « Isolé sur
un roc, en bordure de mer, 🔟 » – 🔳 🅿. 🎾 Z z
Pâques-mi-oct. – **R** carte 230 à 320.

XXXX ❀ **Bacon**, bd Bacon ℱ 61.50.02, ≤ baie des Anges et les Alpes, 🌲 – 🅿. ⑩. 🎾
fermé 15 nov. au 31 janv., dim. soir et lundi – **R** 170/250, dîner à la carte Z m
Spéc. Bouillabaisse, Délices de loup truffé, Poissons du pays à la vapeur. **Vins** La Londe les Maures,
Cassis.

XXX **Le Cabestan**, bd Garoupe ℱ 61.77.70, ≤, 🌲 – 🅿. 🆎 ⑩ 🇪 💳 Z s
fermé lundi soir hors saison et mardi – SC : **R** 160/270.

Voir aussi ressources hôtelières de *Juan-les-Pins*

ANTICHAN 65 H.-Pyr. 🎱🎱 ⑳ – 31 h. alt. 632 – ⌂ 65370 Loures-Barousse – ✪ 62.
Paris 819 – Bagnères-de-Luchon 30 – Lannemezan 30 – Montrejeau 15 – St-Gaudens 22 – Tarbes 65.

🏨 **Host. Ourse** ⑤, au Pont de l'Ourse ℱ 99.25.02, ≤, 🌲 – 🅿. 🎾 rest
Pâques-31 août, 1er oct. au 5 nov., vacances scolaires Noël et de fév. et fermé vend.
hors sais. – SC : **R** (diner résidents seul.) 40/100 – ⚏ 16 – **10 ch** 60/70 – P 150/160.

ANTICHAN-DE-FRONTIGNES 31 H.-Gar. 🎱🎱 ① – 75 h. alt. 580 – ⌂ 31510 Barbazan –
✪ 61.
Paris 817 – Bagnères-de-L. 25 – Lannemezan 34 – St-Girons 60 – ♦Toulouse 110.

🏨 **La Palombière** ⑤, carrefour D 9 et D 618 ℱ 79.67.01, ≤, 🌲 – 🛏 🛁 🅿
1er avril-31 oct. et fermé merc. hors sais. – SC : **R** 48/100 – ⚏ 15 – **11 ch** 86/120 –
P 160/180.

ANTRAIGUES 07530 Ardèche 🎱🎱 ⑱ G. Vallée du Rhône – 523 h. alt. 471 – ✪ 75.
Paris 644 – Aubenas 14 – Lamastre 58 – Langogne 66 – Privas 42 – Le Puy 79.

XX **Lo Podello,** près église ℱ 38.71.48, Meubles et bibelots anciens
fermé juin et jeudi du 1er oct. au 31 mai – SC : **R** 50/170.

X **La Remise,** au pont de l'Huile ℱ 38.70.74, Authentique cadre rustique
fermé nov. et vend. sauf juil.-août – **R** 60/100.

AOSTE 38 Isère 🎱🎱 ⑭ – 1 537 h. alt. 225 – ⌂ 38490 Les Abrets – ✪ 76.
Paris 532 – Belley 26 – Chambéry 33 – ♦Grenoble 54 – ♦Lyon 69.

à la Gare de l'Est NE : 2 km sur N 516 – ⌂ 38490 Les Abrets :

🏨 **Bellet,** N 516 ℱ 31.60.04, 🌲, « jardin fleuri » – 🛏wc 🛁wc 🅿 🚗 🅿. 💳.
🎾 ch
fermé janv., dim. soir et lundi – SC : **R** 95/185 – ⚏ 19 – **20 ch** 100/170 – P 175/195.

XX **Vieille Maison** avec ch, rte St-Didier ℱ 31.60.15, 🌲, 🌲, 🎾 – 🛏wc 🅿 🅿
fermé 20 août au 20 sept., 23 déc. au 3 janv., dim. soir, mardi soir et merc. – SC : **R**
60/170 🍴 – ⚏ 14 – **12 ch** 80/170.

RENAULT Ponson, à St Genix sur Guiers (Savoie) ℱ 31.63.35

APPOIGNY 89380 Yonne 🎱🎱 ⑤ G. Bourgogne – 2 625 h. alt. 110 – ✪ 86.
Paris 165 – Auxerre 9,5 – Joigny 17 – St-Florentin 30.

XXX **Relais St-Fiacre,** ℱ 53.21.80, 🔟 – 🅿. 🆎 ⑩ 💳
fermé janv., dim. soir et lundi – SC : **R** 90 bc/240 bc.

XX **Aub. Les Rouliers,** ℱ 53.20.09 – 🅿
fermé 27 juin au 12 juil., 1er au 15 oct., 1er au 15 mars, mardi soir et merc. – SC : **R**
56/125.

RENAULT Gar. Lacour, ℱ 53.22.43

APT <SP> **84400** Vaucluse **81** ⑭ **G. Provence** – 11 560 h. alt. 221 – ⚙ 90.

Env. Mourre Nègre ⁂★★★ **SE : 17 km par D 48 puis 15 mn.**

ℹ Office de Tourisme av. Ph. de Girard (fermé lundi) ☎ 74.03.18.

Paris 732 ③ – Aix-en-P. 55 ② – Avignon 52 ③ – Carpentras 48 ③ – Cavaillon 31 ③ – Digne 91 ①.

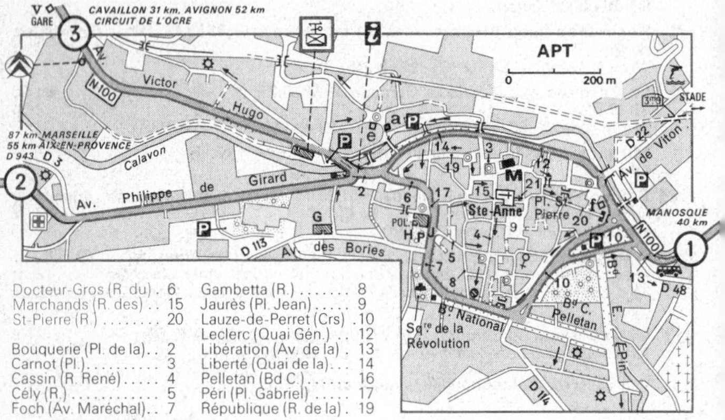

CAVAILLON 31 km, AVIGNON 52 km
CIRCUIT DE L'OCRE
GARE
APT
0
200 m
STADE
Av. Victor Hugo
N 100
87 km MARSEILLE
55 km AIX-EN-PROVENCE
D 943
D 3
Calavon
Av. Philippe de Girard
D 113
Av. des Bories
Ste-Anne
Pl. St-Pierre
Av. de Viton
D 22
MANOSQUE 40 km
D 48
Bd National
Bd C. Pelletan
Sq.re de la Révolution
D 114
POL.
H

Docteur-Gros (R. du) . 6
Marchands (R. des) .. 15
St-Pierre (R.) 20

Bouquerie (Pl. de la).. 2
Carnot (Pl.).......... 3
Cassin (R. René)..... 4
Cély (R.)............ 5
Foch (Av. Maréchal).. 7

Gambetta (R.) 8
Jaurès (Pl. Jean)..... 9
Lauze-de-Perret (Crs) .10
Leclerc (Quai Gén.) .. 12
Libération (Av. de la) . 13
Liberté (Quai de la)... 14
Pelletan (Bd C.)...... 16
Péri (Pl. Gabriel) 17
République (R. de la) . 19

🏨 **Le Ventoux,** 67 av. V.-Hugo **(v)** ☎ **74.07.58** – 🛗 📺 ⛀wc ⛆wc ☎. AE ⓓ E VISA
1er mars-1er déc. et fermé dim. soir (sauf hôtel) et lundi de sept. à juin – SC : **R** 56/130 🍷 – ☕ 18 – **13 ch** 102/166.

🏨 **Aptois H.** sans rest, **6 cours Lauze-de-Perret (f)** ☎ **74.02.02** – 🛗 ⛀wc ☎. 🐕
fermé 15 fév. au 15 mars – SC : ☕ 17 – **26 ch** 75/120.

🏨 **Ste Anne** sans rest, **28 pl. Balet (e)** ☎ **74.00.80** – ⛀wc ⛆wc ☎
☕ 16 – **8 ch** 100/150.

🍴🍴 **Luberon** avec ch, **17 quai Léon-Sagy (a)** ☎ **74.12.50,** ⛱ – 📺 ⛀wc ☎. VISA
fermé 2 au 11 juil. et 17 déc. au 20 janv. – SC : **R** *(fermé dim. soir de janv. à mai, d'oct. à déc. et lundi)* 57/150 – ☕ 18,50 – **10 ch** 145/180 – P 160/180.

par ③ **N 100 : 7 km** – ✉ **84400** Apt :

🍴 **La Grasille,** ☎ **74.25.40,** ⛱ – ▤ **P**. ⓓ
fermé 12 au 22 juin, 28 nov. au 28 déc., mardi soir et merc. – SC : **R** Grill 65/100 🍷.

à ***St-Martin-de-Castillon*** **par ① rte de Vions : 10 km** – ✉ **84640** St-Martin-de-Castillon :

🍴🍴 **La Source,** ☎ **75.21.58,** ⛱ – **P**
fermé 5 janv. au 15 fév., dim. soir et lundi – SC : **R** 110 à 150.

CITROEN Aymard, 53 av. Victor-Hugo ☎ 74.04.39
FORD Germain, 56 av. Victor-Hugo ☎ 74.10.17
PEUGEOT-TALBOT Splendid Gar., Quartier Lançon, N 100, rte Avignon par ③ ☎ 74.02.11
RENAULT D.A.V., quartier Lançon, N 100 par ③ ☎ 74.18.41

Ⓜ Apta-Pneus, quartier Lançon, N 100 ☎ 74.07.78
Pneus-Sce, 64 av. Victor-Hugo ☎ 74.31.04

ARAVIS (Col des) **74** H.-Savoie **74** ⑦ **G. Alpes** – alt. 1 498 – ✉ **74220** La Clusaz – ⚙ 50.

Voir ⋞★★.

Paris 588 – Albertville 32 – Annecy 39 – Bonneville 34 – La Clusaz 7,5 – Megève 21.

🍴 **Rhododendrons,** ☎ **02.41.50,** ⋞
15 mai-25 sept. – SC : **R** 46/90.

ARBOIS **39600** Jura **70** ④ **G. Jura** – 4 167 h. alt. 291 – ⚙ 84.

Voir Maison paternelle de Pasteur★ E – Reculée des Planches★★ et grottes des Planches★ 4,5 km par ②.

Env. Cirque du Fer à Cheval★★ 7 km par ③ puis 15 mn.

ℹ Office de Tourisme à l'Hôtel de Ville (1er avril-30 sept., fermé dim.) ☎ 66.07.45.

Paris 401 ⑤ – ♦Besançon 49 ① – Dole 35 ⑤ – Lons-le-Saunier 38 ④ – Salins-les-Bains 14 ①.

Plan page ci-contre

🏨 **Messageries** sans rest., **promenade Pasteur (z)** ☎ **66.15.45** – ⛀wc ⛆wc ☎ 🚗 – 🏋 40. VISA
1er mars-30 nov. – SC : ☕ 20 – **26 ch** 90/180.

XX ❀ **de Paris** (Jeunet) avec
ch, r. de l'Hôtel de Ville
(r) ☏ 66.05.67, ☞ –
🛏wc ☏ ⛟. 🅰🅴 ⓪
🄴 VISA
15 mars-15 nov. – SC : **R**
*(fermé mardi sauf vacances
scolaires)* 85/260 – ☷ 25
– **18 ch** 120/250
Spéc. Soufflé de brochet à la
bisque d'écrevisses (juin-nov.),
Poularde au vin jaune et moril-
les. **Vins** Arbois, Pupillin.

CITROEN Gar. des Sports, ☏ 66.
13.63
PEUGEOT-TALBOT Ganeval, ☏ 66.
02.78
RENAULT Dupré, par D 246 ☏ 66.
05.70

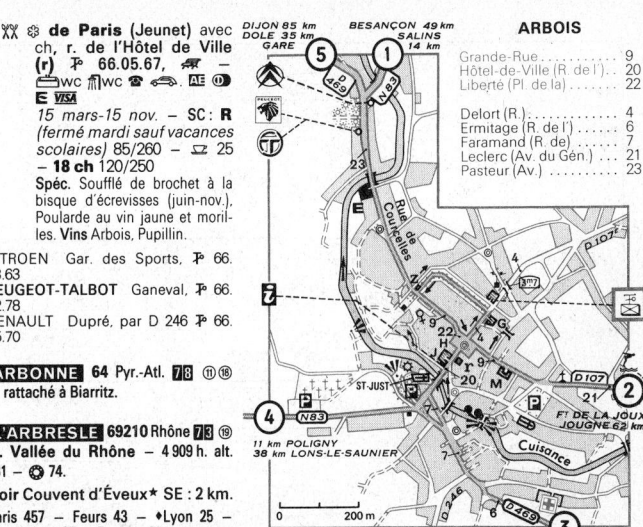

ARBOIS

ARBONNE 64 Pyr.-Atl. **78** ⑪⑱
– rattaché à Biarritz.

L'ARBRESLE 69210 Rhône **73** ⑲
G. Vallée du Rhône – 4 909 h. alt.
231 – ❀ 74.

Voir Couvent d'Éveux★ SE : 2 km.

Paris 457 – Feurs 43 – ♦Lyon 25 –
Montbrison 57 – Roanne 61.

XX **Le Vieux Four**, NO : 6
km par N 7 ☏ 01.02.67, ☞ – 🅿. 🅰🅴 🄴 VISA
fermé 7 au 28 janv. et jeudi – SC : **R** 52/115 ♨.

CITROEN Gar. Gabriel Péri, ☏ 01.00.04
PEUGEOT, TALBOT Barberet et Roux, ☏ 01.
03.36

PEUGEOT-TALBOT Gar. Ville, ☏ 01.00.09
RENAULT Gar. du Stade, ☏ 01.45.34

ARCACHON 33120 Gironde **78** ②⑫ G. Côte de l'Atlantique – 13 664 h. – Casino – ❀ 56.

Voir Boulevard de la Mer★ AX.

🛬 ☏ 22.44.00 par ② : 4 km.

🛈 Office de Tourisme Quinconces de la Gare (fermé dim. hors sais.) ☏ 83.01.69, Télex 570503.

Paris 653 ① – Agen 193 ① – Auch 243 ① – ♦Bayonne 181 ① – Biarritz 184 ① – ♦Bordeaux 64 ① –
Dax 144 ① – Mont-de-Marsan 126 ① – Pau 206 ① – Royan 200 ① – Villeneuve-sur-Lot 196 ①.

Plans pages suivantes

🏨 **Arc Hôtel** 🅼 🌭, 89 bd Plage ☏ 83.06.85, <, ⬙, ☞ – 🛗 📺 ☏ 🅿. 🅰🅴 ⓪ VISA ❄
SC : **R** voir rest Le Mareyeur – ☷ 33 – **30 ch** 180/530, 3 appartements. DY **b**

🏨 **Point France** 🅼 sans rest, 1 r. Grenier ☏ 83.46.74 – 🛗 📺 ☏ ⛟. 🅰🅴 ⓪ 🄴 VISA
1er mars-15 nov. – SC : **34 ch** ☷ 260/375. DY **q**

🏨 **Gd H. Richelieu** 🅼 sans rest, 185 bd Plage ☏ 83.16.50, < – 🛗 ☏ 🅿. VISA CY **n**
15 mars-2 nov. – SC : **43 ch** ☷ 180/370.

🏨 **Atlantic** 🅼 sans rest, 14 av. République ☏ 83.84.50 – 🛗 📺 ☏ ♿ 🅿. 🅰🅴 ⓪ VISA
fermé 15 déc. au 1er fév. – SC : ☷ 22 – **52 ch** 230/335, 3 appartements. EZ **x**

🏨 **Les Ormes** 🅼 🌭, 1 r. Hovy ☏ 83.09.27, <, 🎐, ☞ – 🛗 📺 🛏wc 🎛wc ☏ 🅿 –
🕍 50. VISA
SC : **R** 72/168 – ☷ 29 – **24 ch** 290/361 – P 348/355. EY **d**

🏨 **Le Nautic** 🅼 sans rest, 20 bd Plage ☏ 83.01.48 – 🛗 📺 🛏wc 🎛wc ☏ 🅿. 🅰🅴 ⓪
VISA
SC : ☷ 22 – **36 ch** 190/215. EZ **y**

🏨 **Les Vagues** 🌭, 9 bd Océan ☏ 83.03.75, < – 🛗 🛏wc ☏ 🅿. 🅰🅴 ⓪ VISA ❄ rest
15 avril-30 oct. – SC : **R** 100 – ☷ 22 – **22 ch** 181/333. BY **b**

🏨 **Mimosas** 🅼 sans rest, 77 bis av. République ☏ 83.45.86 – 🛏wc 🎛wc ☏ 🅿
SC : ☷ 18 – **21 ch** 170/220. DZ **f**

🏨 **Le Novel** 🅼 sans rest, 24 av. Gén.-de-Gaulle ☏ 83.40.11 – 🛏wc 🎛wc ☏. 🅰🅴
VISA
SC : ☷ 15 – **20 ch** 196/220. DZ **g**

🏨 **Roc Hôtel et Moderne**, 200 bd Plage ☏ 83.07.43 – 🛗 🛏wc 🎛 ☏. 🄴 DY **e**
1er avril-15 oct. – SC : **R** 60/100 – ☷ 21 – **54 ch** 180/310.

🏚 **Marinette** 🌭 sans rest, 15 allées J.-M. de Hérédia ☏ 83.06.67, ⬙, – 🛏wc 🎛wc
☏ 🅿 CZ **k**
25 mars-15 oct. – SC : ☷ 15,50 – **24 ch** 185/250.

🏚 **Plage**, 10 av. N.-Deganne ☏ 83.06.23, ☞ – 🛏 🎛wc ☏. VISA DY **s**
➥ SC : **R** *(1er avril-15 oct. et fermé merc.)* 50/90 – ☷ 16 – **24 ch** 100/180 – P 148/197.

123

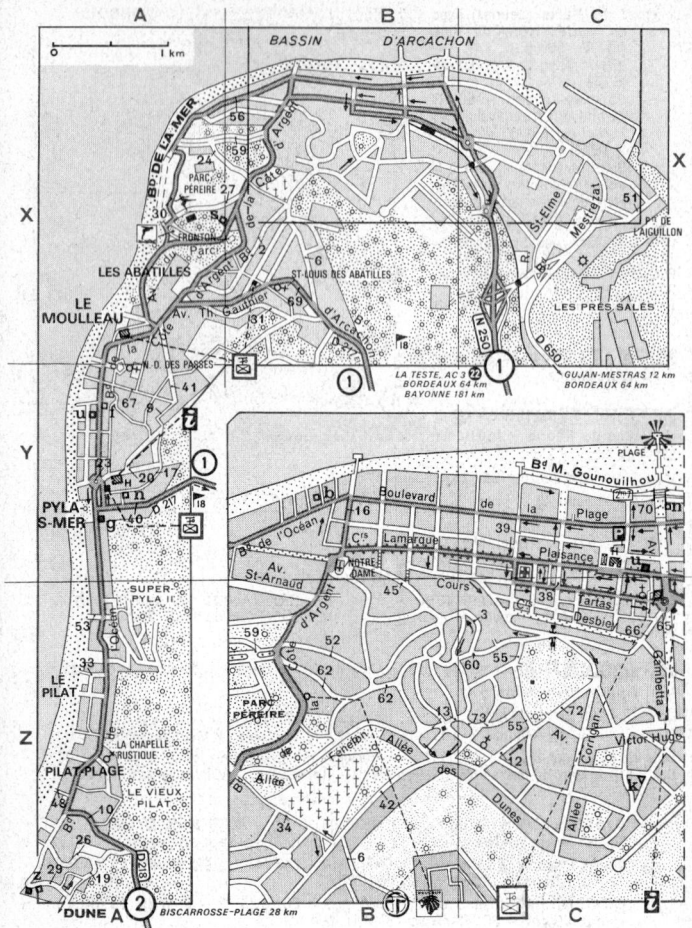

XXXX ✿✿ **Mareyeur** (Perre), 89 bd Plage ℡ 83.35.45, ≼ – ▤ **P.** 🅰🅴 ⓪ **VISA** 🛇   DY **a**
29 mars-30 sept. et fermé dim. soir (sauf juil. et août) et lundi sauf fêtes – SC : **R**
(nombre de couverts limité - prévenir) carte 235 à 310.

XX **Chez Boron,** 15 r. Prof.-Jolyet ℡ 83.29.96, Produits de la mer – 🅰🅴 ⓪ **E** **VISA**
fermé 15 nov. au 15 déc. et merc. hors saison – SC : **R** carte 110 à 150.   DY **v**

X **Bayonne** avec ch, 9 cours Lamarque ℡ 83.33.82 – ▥wc ☎. 🅰🅴   CY **u**
hotel : 30 mars-30 sept. ; rest. : 1ᵉʳ mai-30 sept. – SC : **R** 58/100 – ⬛ 15.50 – **18 ch**
100/175 – P 158/182.

aux Abatilles SO : 2 km – ⊠ 33120 Arcachon :

🏨 **Parc** Ⓜ sans rest, 5 av. Parc ℡ 83.10.58 – ▤ 📺 **P** – 🏊 80. 🛇   ABX **s**
1ᵉʳ mai-1ᵉʳ oct. – SC : ⬛ 25 – **30 ch** 255/300.

au Moulleau SO : 5 km – ⊠ 33120 Arcachon :

🏨 **Les Buissonnets** 🗠, 12 r. L. Garros ℡ 22.00.83, 🏡, 🌲, – ▭wc ▥wc ☎. 🛇
fermé 15 au 31 oct. – SC : **R** 65/80 – ⬛ 16 – **8 ch** 145/182 – P 218/229.

FORD Intégral Station, 59 cours Lamarque ℡ 83.40.96
MERCEDES-BENZ, V.A.G. Dupin, 61 bd Mestrezat ℡ 83.13.28

PEUGEOT, TALBOT Gleizes, 36 bd Côte-d'Argent ℡ 83.06.43
RENAULT Sté Arc-Auto, 31 bd Gén.-Leclerc ℡ 66.44.50 🅽 ℡ 22.41.10

ARCACHON LE MOULLEAU PYLA-SUR-MER

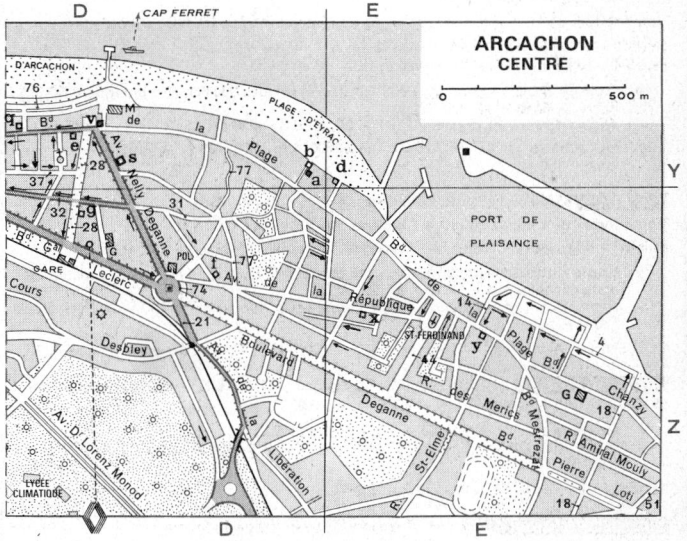

👉 *Les pastilles numérotées des plans de ville ①, ②, ③
sont répétées sur les **cartes Michelin** à 1/200 000.
Elles facilitent ainsi le passage entre les **cartes** et les **guides Michelin**.*

ARCANGUES 64 Pyr.-Atl. 🗖🗗 ⑱ – rattaché à Biarritz.

ARC-EN-BARROIS 52210 H.-Marne 🗖🗖 ② **G. Bourgogne** – 835 h. alt. 270 – ✪ 25.
Paris 265 – Bar-sur-Aube 48 – Châtillon-sur-Seine 42 – Chaumont 24 – Langres 30.

 🏠   **Parc**, 🕾 02.53.07 – 🛏wc ☎ – 🎱 80
 ➔   *fermé 10 fév. au 20 mars, dim. soir et lundi hors sais.* – SC : **R** 38/97 🍷 – 🖵 15 –
   19 ch 64/147 – P 125/160.

ARCENS 07 Ardèche 🗖🗗 ⑱ – 484 h. alt. 610 – ⊠ **07310** St-Martin-de-Valamas – ✪ 75.
Paris 620 – Le Cheylard 16 – Privas 64 – St-Agrève 22.

 🏠   **de l'Eysse**, 🕾 30.43.85 – 🛏wc 🍴wc ☎ 🅿
 ➔   *fermé 14 au 30 nov., janv., dim. soir et lundi hors sais.* – SC : **R** 48/95 – 🖵 15 –
   13 ch 80/120 – P 150.

 🏔   **Chalet des Cévennes** ⌖, 🕾 30.41.90, ≤, 🍴 – 🛏wc 🍴 🚗 🅿 ❀ ch
 ➔   *fermé oct.* – SC : **R** 45/100 🍷 – 🖵 12 – **18 ch** 65/95 – P 140/160.

125

ARC-ET-SENANS 25610 Doubs **70** ④ G. Jura – 1 303 h. alt. 236 – ✪ 81.

Voir Saline Royale★.

Paris 404 – ♦Besançon 37 – Dole 38 – Lons-le-Saunier 55 – Poligny 28 – Salins-les-Bains 17.

　　🏠 **Le Relais,** ☎ 86.40.60 – ⋔ *VISA* ⁄ ❄️ ch
　→ *fermé 25 juin au 3 juil., 1ᵉʳ au 23 oct., 23 déc. au 1ᵉʳ janv. et lundi hors sais.* – SC : **R**
　　40/120 ⅊ – ☛ 13 – **11 ch** 70/92.

RENAULT Gar. des Salines, ☎ 86.40.77 **N** ☎ 86.43.62

ARCIS-SUR-AUBE 10700 Aube **61** ⑦ G. Nord de la France – 3 258 h. alt. 92 – ✪ 25.

Paris 163 – Châlons-sur-Marne 50 – Nogent-sur-Seine 54 – Troyes 27.

　　✕ **Saint-Hubert,** 2 r. Marine près du Pont ☎ 37.86.93 – **E** *VISA*
　→ *fermé 3 au 24 août, 25 au 31 déc., vend. soir et sam. sauf du 29 juin au 2 août* – SC :
　　R 42/79 ⅊.

CITROEN Allais, ☎ 37.84.82　　　　　　　　　　　V.A.G. Gar. Leroy, ☎ 37.84.52 **N**

L'ARCOUEST (Pointe de) 22 C.-du-N. **59** ② – rattaché à Paimpol.

Les ARCS 73 Savoie **74** ⑱ G. Alpes – alt. 1 600 – Sports d'hiver : 1 600/3 220 m ⁄≼2 ⁄≼50 ⁄≼ –
✉ 73700 Bourg-St-Maurice – ✪ 79.

Voir Arc 1800 ❄️★★ – Arc 1600 ≼★ – ⌐ᵣ de Chantel ☎ 07.26.00, NO : 5 km.

🅱 Office de Tourisme ☎ 07.41.88, Télex 980404.

Paris 674 – Bourg-St-Maurice 12 – Chambéry 113 – Val-d'Isère 43.

　　🏨 **Golf** Ⓜ 🦢, S : 4 km - alt. 1 800 – ☎ 07.25.17, Télex 980404, ≼ montagnes, 🌳, 🔟,
　　※ – 🛗 ☎ **℗** – 🛎 300. ❄️
　　15 juin-15 sept. et 15 déc.-20 avril – SC : **R** 80 ⅊ – **280 ch** � 280/360 – P 446/503.
　　🏨 **La Cachette** Ⓜ 🦢, ☎ 07.25.25, Télex 980016, ≼, 🌳 – 🛗 – 🛎 300
　　sais. – **150 ch.**

Les ARCS 83460 Var **84** ⑦ G. Côte d'Azur – 3 915 h. alt. 74 – ✪ 94.

Voir Polyptyque★ dans l'église – Chapelle Ste-Roseline★ NE : 4 km.

Paris 854 – Brignoles 41 – Cannes 61 – Draguignan 10 – St-Raphaël 29 – Ste-Maxime 32.

　　✕✕ **Logis du Guetteur** 🦢 avec ch, NE par D 57 ☎ 73.30.82, « Pittoresque installation
　　dans un vieux fort » – ⋔wc **℗** *AE* ⓘ **E**
　　fermé 15 nov. au 15 déc. – SC : **R** *(fermé vend. hors sais.)* 58/190 – � 20 – **10 ch**
　　135 – P 200.

CITROEN Gar. Audibert ☎ 73.91.41　　　　　　RENAULT Gar. des 4 chemins ☎ 47.40.43 **N**

ARCY-SUR-CURE 89 Yonne **65** ⑤ G. Bourgogne – 527 h. alt. 133 – ✉ 89270 Vermenton –
✪ 86 – Paris 216 – Auxerre 31 – Avallon 19 – Vézelay 20.

　　✕ **Grottes** avec ch, N 6 ☎ 40.91.47 – ⌂wc ⋔ **℗**
　→ *fermé 10 au 31 janv. et merc. d'oct. à mai* – SC : **R** 43/100 – � 19 – **7 ch** 79/152 – P
　　150/190.

RENAULT Gar. Tessier, ☎ 40.90.42 **N** ☎ 40.91.95

L'ARDÈCHE (Gorges de) ★★★ 07 Ardèche **80** ⑨ G. Vallée du Rhône.

Ressources hôtelières : Voir *à Bidon* et *Vallon Pont d'Arc.*

ARDENTES 36120 Indre **68** ⑨ G. Périgord – 3 287 h. alt. 163 – ✪ 54.

Paris 279 – Argenton 38 – Châteauroux 14 – La Châtre 22 – Issoudun 33 – St-Amand-Montrond 57.

　　🏠 **Chêne Vert,** 22 av. de Verdun ☎ 36.22.40 – ⌂ **E** *VISA*
　　SC : **R** *(fermé sam. soir et dim. soir)* 70/85 – � 15 – **10 ch** 68/85.
　　✕ **Gare,** ☎ 36.20.24 – **℗**. *VISA*
　　fermé juil., vacances de fév., dim. soir, lundi et soir de fêtes – SC : **R** 80/120.

MERCEDES-BENZ Gar. Marteau, ☎ 36.22.95

ARDRES 62610 P.-de-C. **51** ② G. Nord de la France – 3 390 h. alt. 11 – ✪ 21.

Paris 280 – Arras 100 – Boulogne-sur-Mer 37 – ♦Calais 17 – Dunkerque 41 – ♦Lille 87 – St-Omer 23.

　　🏨 **Clément** 🦢, Espl. Mar.-Leclerc ☎ 35.40.66, 🌬 – ⌂wc ⋔wc ☎ ⇐ **℗** – 🛎
　　50. *AE* ⓘ **E** *VISA*. ❄️ ch
　　fermé 15 janv. au 15 fév., lundi et mardi midi d'oct. à mars – SC : **R** 135/260 ⅊ – �
　　20 – **18 ch** 135/215 – P 300/450.
　　✕✕ **La Bonne Auberge** avec ch, à Brêmes O : 1,5 km sur D 231 ☎ 35.41.09, 🌬 – ⋔
　　℗. **E** *VISA*. ❄️ ch
　　fermé 1ᵉʳ au 10 janv., dim. soir et lundi sauf du 1ᵉʳ mai au 15 sept. – SC : **R**
　　51/116 – ☛ 13,50 – **8 ch** 72/90 – P 155/190.

CITROEN Gar. Carpentier, 55 r. Cdt Quéval ☎ 35.42.16

ARFEUILLES 03640 Allier **73** ⑥ – 881 h. alt. 424 – ✪ 70.

Paris 359 – Lapalisse 15 – Moulins 65 – Roanne 38 – Thiers 59 – Vichy 41.

☂ **Nord,** ℡ 55.50.22, 綸 – 🅟
↔ fermé 11 nov. au 5 déc., 2 au 13 fév. et dim. soir de sept. à avril – SC : **R** 50/100 ⚱ –
☞ 16 – **9 ch** 60/160.

Désormière Frères, ℡ 99.19.68 ℕ ℡ 99.21.22

ARGEIN 09 Ariège **86** ② – 193 h. alt. 560 – ✉ 09800 Castillon-en-Couserans – ✪ 61.

Paris 816 – Foix 60 – St-Girons 16.

☂ **Host. la Terrasse,** ℡ 96.70.11, 綸 – 🛏wc 🛏wc 綸
↔ mars-20 sept. – SC : **R** 60/130 ⚱ – ☞ 14 – **10 ch** 100/150.

ARGELÈS-GAZOST ◁🆂▷ 65400 H.-Pyr. **85** ⑰ G. Pyrénées – 3 456 h. alt. 463 – Stat. therm.
(1ᵉʳ juin-30 sept.) – ✪ 62.

Voir Route du Hautacam★ à l'Est par D 100 Y.

🅱 Office de Tourisme pl. de la République (fermé dim.) ℡ 97.00.25.

Paris 838 ① – Lourdes 13 ① – Tarbes 33 ①.

🏨 **Miramont,** r. Pasteur ℡
↔ 97.01.26, « jardin fleuri »
– 🛏wc 🛏wc 綸 🅟. 綸
fermé 25 oct. au 20 déc. –
SC : **R** (fermé lundi du 15
janv. au 1ᵉʳ mai sauf vacan-
ces scolaires) (nombre de
couverts limité - prévenir)
46/130 – ☞ 14 – **29 ch**
123/162 – P 140/180.
Z n

🏨 **Les Cimes** 綸, 1 pl. Ou-
↔ rout ℡ 97.00.10, 綸 – 🛗
🛏wc 🛏wc 綸 🅟. **E**
綸 rest Z a
fermé 15 oct. au 15 déc. –
SC : **R** 42/105 – ☞ 14,50 –
27 ch 105/148 – P 143/165.

🏨 **Bernède,** r. Mar.-Foch ℡
↔ 97.06.64, Télex 531040, 綸
– 🛗 📺 🛏wc 綸 🅟. 🆎
🄾 **E** 🆅🅸🆂🅰. 綸 rest Y s
fermé 15 oct. au 20 déc. –
SC : **R** (fermé lundi de janv.
au 1ᵉʳ mai) 55/160 – ☞
16,50 – **42 ch** 110/190 – P
150/175.

🏨 **Mon Cottage** 綸, r. Yser
↔ ℡ 97.07.92, 綸 – 🛗 🛏wc
綸 🅟. 綸 Z e
15 avril-5 oct. et vacances
scolaires d'hiver – SC : **R**
50 – ☞ 13,50 – **20 ch**
130/150 – P 140/150.

🏨 **Printania,** N 21 ℡ 97.
↔ 06.57, 綸 – 🛏 綸 🅟. **E**
綸 rest Y t
SC : **R** 38/60 – ☞ 12 –
20 ch 56/115 – P 110/132.

🏨 **Gabizos,** N 21 ℡ 97.01.36, 綸 – 🛏wc 🛏wc 綸 🅟 Z x
↔ Pâques, 18 mai-21 oct. et vacances de fév. – SC : **R** 38/65 – ☞ 13 – **26 ch** 52/116 –
P 130/155.

🏨 **Primerose,** r. Yser ℡ 97.06.72 – 🛏wc 🛏wc 綸 🅟. 綸 rest Z f
↔ 1ᵉʳ juin-30 sept. – SC : **R** 80/105 – ☞ 15 – **22 ch** 86/134 – P 146/177.

🏨 **Bon Repos,** rte du Stade ℡ 97.01.49, 綸 – 🛏wc 🅟. 綸 rest
↔ Pâques, fin mai-début oct., vacances de Noël et de fév. – SC : **R** 45/80 – ☞ 13 –
20 ch 64/140 – P 120/155.

🏨 **Val du Bergons,** par ① : 3 km ℡ 97.08.76, ≤ – 🛏wc 綸 🅟
↔ fermé janv. et lundi – SC : **R** 45/100 – ☞ 12 – **16 ch** 67/105 – P 108/135.

🍴🍴 **Brasero** (grill), rte Lourdes par ① ℡ 97.05.12 – 🅟
↔ mai-fin sept. et week-end seul. en oct. et nov. – SC : **R** 44.

LOURDES 13 km

ARGELÈS-
GAZOST

300 m

CAUTERETS 17 km
COL DU TOURMALET 36 km
GAVARNIE 36 km

30 km COL
D'AUBISQUE
42 km
EAUX-BONNES

Barère-de-Vieuzac (R.)	Y 2	Russel (R. du Cte-H.)	Z 10
Dambé (Av. Jules)	Y 3	Sassère (R. Hector)	Y 12
Digoy (R. Capitaine)	YZ 4	Sorbé-Bualé (R.)	Y 13
Hébrard (Av. Adrien)	YZ 5	Victoire (Pl. de la)	Y 14
La Terrasse	Z 6	Victor-Hugo (Av.)	Z 15
Mairie (Pl. de la)	Z 7		
Marne (Av. de la)	Y 8		

tourner →

à St-Savin S : 3 km par D 101 - Z - alt. 580 - ✉ **65400** Argelès-Gazost.

Voir Site★ de la Chapelle de Piétat S : 1 km.

Panoramic ⛰, ☎ 97.08.22, ≤ vallée, ⛱, 🌳 - ⇔wc ⋒wc ☎. VISA. ✻ rest
1er avril-10 oct. - SC : **R** 56/110 - ☐ 14 - **22 ch** 80/150 - P 135/175.

Viscos ⛰, ☎ 97.02.28 - ⇔wc ⋒wc ☎ Ⓟ. AE E VISA
fermé 20 nov. au 25 déc., 3 au 20 janv. et merc. en janv., mars, oct. et nov. - SC : **R** 72/140 - ☐ 15 - **16 ch** 140 - P 154/170.

à Agos par ① : 5 km - ✉ **65400** Argelès-Gazost :

Chez Pierre d'Agos, ☎ 97.05.07, 🌳 - |≡| ⇔wc ⋒wc ☎ Ⓟ
SC : **R** 36/83 - ☐ 11,50 - **41 ch** 107/122 - P 117/142.

à Beaucens SE : 5 km par D 100 - Y - et D 13 - Stat. therm. (10 mai-10 oct.) - ✉ **65400** Argelès-Gazost :

Thermal ⛰, ☎ 97.04.21, ≤, « Parc » - ⇔wc ⋒wc ☎ 🚗 Ⓟ. ✻ rest
14 mai-6 oct. - SC : **R** 55/105 - ☐ 15 - **30 ch** 100/180 - P 170/190.

ARGELÈS-SUR-MER

66700 Pyr.-Or. 86 ⑳ - 5 753 h. alt. 15 - Casino à Argelès-Plage - ☎ 68.

Paris 930 - Céret 26 - ♦Perpignan 21 - Port-Vendres 10 - Prades 58.

Mouettes Ⓜ, rte Collioure : 3 km ☎ 81.21.69, ≤, ⛱, 🏊, ✂ - ⇔wc ☎ Ⓟ. AE ⓓ VISA
SC : **R** (dîner seul.) 65/85 🍷 - ☐ 17 - **24 ch** 180/285.

Golfe sans rest, rte Collioure : 3 km ☎ 81.14.73, ≤ - ⇔wc ⋒wc ☎ Ⓟ. ✻
Pâques-15 oct. - SC : ☐ 15 - **30 ch** 170/180.

Gd H. Commerce, rte Nationale ☎ 81.00.33 - |≡| ⇔wc ⋒wc ☎ Ⓟ. AE ⓓ VISA
fermé 1er janv. au début fév. - SC : **R** *(fermé lundi de nov. à mai et dim. soir)* 46/112 🍷 - ☐ 16 - **40 ch** 98/157 - P 150/190.

Annexe le Parc Ⓜ ⛰, ☎ 81.05.52, 🏊, 🌳
1er juin-30 sept. - SC : ☐ 16 - **23 ch** 170/182 - P 202/215.

Soubirana, rte Nationale ☎ 81.01.44 - ⇔wc ⋒wc
fermé 1er nov. au 20 déc. - **R** *fermé vend. soir et sam.* 42/55 🍷 - ☕ 12 - **20 ch** 60/110 - P 145/180.

Le Cottage ⛰, r. A.-Rimbaud ☎ 81.07.33 - ⋒wc ☎ Ⓟ. ⓓ. ✻ rest
1er avril-fin oct. - SC : **R** (dîner seul.) 59/85 🍷 - ☐ 16,50 - **14 ch** 75/165.

à Argelès-Plage E : 2,5 km **G. Pyrénées** - ✉ **66700** Argelès-sur-Mer.

Voir SE : Côte Vermeille★★.

ℹ Office de Tourisme pl. Arènes (fermé dim. hors sais.) ☎ 81.15.85, Télex 500911.

Lido, bd Mer ☎ 81.10.32, ≤, 🏊, 🌳 - |≡| ☎ Ⓟ - 🏛 25. VISA. ✻ rest
20 mai-2 oct. - SC : **R** 85/110 - ☐ 23 - **65 ch** 220/290 - P 260/320.

Plage des Pins Ⓜ, ☎ 81.09.05, ≤, 🏊 - |≡| ⇔wc ⋒wc ☎ Ⓟ. ⓓ. ✻
2 juin-24 sept. - SC : **R** 85/107 - ☐ 18,60 - **49 ch** 245/287 - P 265/287.

Marbella sans rest, ☎ 81.12.24 - |≡| ⇔wc ⋒wc ☎. ✻
31 mai-15 sept. - SC : ☐ 13,50 - **37 ch** 132/177.

Solarium, av. Vallespir ☎ 81.10.74 - ⇔wc ⋒wc ☎. ✻
mai-sept. - SC : **R** (dîner seul.) 62 - ☕ 14 - **18 ch** 70/185.

à Racou-Plage SE : 3 km - ✉ **66700** Argelès-sur-Mer :

Val Marie, ☎ 81.11.27, 🌳 - ⇔wc ⋒wc, sans 📺
1er mai-15 oct. - SC : **R** Grill 38 🍷 - ☐ 15 - **28 ch** 75/160.

RENAULT Cadmas, ☎ 81.12.29

ARGENTAN

<SP> **61200** Orne 60 ②③ **G. Normandie** - 18 002 h. alt. 160 - ☎ 33.

Voir Église St-Germain★ F.

ℹ Office de Tourisme pl. Marché (fermé sam. aprés-midi, dim. et lundi matin) ☎ 67.12.48.

Paris 194 ② - Alençon 45 ③ - ♦Caen 57 ⑥ - Chartres 133 ② - Dreux 112 ② - Évreux 117 ② - Flers 45 ④ - Laval 104 ④ - Lisieux 58 ① - ♦Rouen 127 ②.

Plan page ci-contre

France, 8 bd Carnot **(r)** ☎ 67.03.65, 🌳 - ⇔wc ⋒ ☎. E VISA. ✻ ch
fermé 15 fév. au 15 mars, 1er au 10 sept., lundi (sauf hôtel) et dim. soir - SC : **R** 45/110 🍷 - ☐ 14,50 - **12 ch** 62/175 - P 160/250.

Renaissance avec ch, 20 av. 2e-D.-B. **(n)** ☎ 67.16.11 - ⇔wc ⋒wc ☎ Ⓟ - 🏛 25. AE ⓓ VISA
fermé dim. sauf fériés - SC : **R** 100/135 - **La Marmite** 49/78 🍷 - ☐ 17 - **15 ch** 85/200 - P 205/400.

ARGENTAN

Pour bien lire
les plans de villes,
voir signes et abréviations p. 21

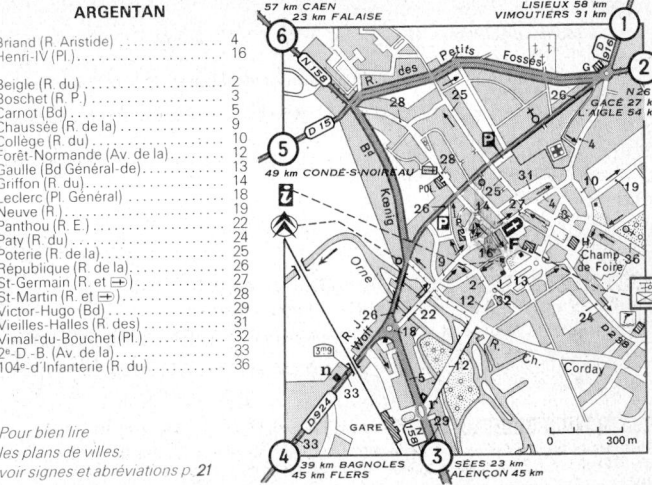

à *Fontenai-sur-Orne* par ④ : 4,5 km – ⊠ **61200** Argentan :

🏠 **Faisan Doré**, ☎ 67.18.11, 🚗 – 😀🛁wc 🛏 ☎ **ⓟ** – 🏛 80. **E** 𝘝𝘐𝘚𝘈
→ *fermé 1er au 20 août et dim. soir* – SC : **R** 50/95 ⅛ – ⌇ 19 – **20 ch** 100/165.

CITROEN Brunet, 21 r. République ☎ 67.14.66
FORD Ghislain, 59 r. République ☎ 67.02.66
RENAULT SVDVA, Bd Victor Hugo par ③ ☎
67.09.87

⊛ Marsat-Argentan-Pneus, 30 av. de la 2e D.B.
☎ 67.26.79

Si vous devez faire étape dans une station ou dans un hôtel isolé,
prévenez par avance, **surtout en saison.**
Une réservation confirmée par écrit est toujours plus sûre.

ARGENTAT 19400 Corrèze 🔟🔟 ⑩ G. Périgord – 3 424 h. alt. 188 – ✪ 55.

Voir Site★.

🛈 Office de Tourisme av. Pasteur (15 juin-15 sept.) ☎ 28.10.91.

Paris 513 – Aurillac 54 – Brive-la-Gaillarde 44 – Mauriac 51 – St-Céré 42 – Tulle 30.

🏠 **Gilbert**, r. Vachal ☎ 28.01.62, 🚗 – 😀🛁wc 🛏wc ☎ **ⓟ** 𝘝𝘐𝘚𝘈
→ *fermé 20 déc. au 1er fév.* – SC : **R** *(fermé sam. sauf 15 juin au 15 sept.)* 55/135 – ⌇
17 – **30 ch** 80/200 – P 140/220.

🏠 **Fouillade**, pl. Gambetta ☎ 28.10.17, 🚗 – 😀wc 🛏wc
→ *fermé 5 nov. au 15 déc. et lundi du 1er juin au 30 sept. sauf fêtes* – SC : **R** 45/80 – ⌇
14 – **30 ch** 70/130 – P 130/160.

CITROEN Frizon, 25 av. des Xaintries ☎ 28.
10.79
FORD Joassim, ☎ 28.00.17
RENAULT Gar. Gambetta, 14 pl. Gambetta ☎
28.00.58

⊛ Corrèze-Pneus, 30 av. d'Aurillac ☎ 28.14.31

ARGENTEUIL ⟨SP⟩ 95 Val-d'Oise 🔟🔟 ㉓, 🔟🔟 ⑭ – voir à Paris, Environs.

ARGENTIÈRE 74 H.-Savoie 🔟🔟 ⑨ G. Alpes – alt. 1 253 – Sports d'hiver : 1 400/3 300 m ⚡3 🚡2 –
⊠ **74400** Chamonix-Mont-Blanc – ✪ 50.

Voir SE : Aiguille des Grands Montets ≤★★ par téléphérique – Trélechamp ≤★★ N :
2,5 km.

Paris 632 – Annecy 104 – Chamonix 8 – Vallorcine 7,5.

🏠 **Grands Montets** M 🐾 sans rest, au téléphérique de Lognan ☎ 54.06.66, ≤, 🚗
→ – 😀 📺 😀wc ☎ 🚗 **ⓟ**. **E** 𝘝𝘐𝘚𝘈
fermé 1er oct. au 10 déc. – SC : **40 ch** ⌇ 294.

🏠 **Bellevue et rest. Bois Rose**, ☎ 54.00.03, ≤, 🔥 – cuisinette 📺 😀wc 🚗. 𝘝𝘐𝘚𝘈
→ *15 juin-15 sept.. 15 déc.-15 mai et fermé mardi* – **R** 42/85 – ⌇ 18 – **18 ch** 100/220.

XX **Dahu** avec ch, ☎ 54.01.55, ≤, 🔥 – 😀wc 🛏 ☎ **ⓟ**. 𝘈𝘌 **E** 𝘝𝘐𝘚𝘈
→ *15 juin-15 oct. et 10 déc.-15 mai* – SC : **R** *(fermé merc. du 15 sept. au 15 oct.)* 42/80
– ⌇ 19 – **22 ch** 75/161.

à Montroc-Le Planet NE : 2 km par N 506 et VO – alt. 1 384 – ⌗ **74400** Chamonix-Mont-Blanc :

🏠 **Becs Rouges** Ⓜ ⚤, ℡ 54.01.00, ≤ vallée et montagnes, ☞ – 🛗 ⇌wc ⌗wc ☎ Ⓟ ⒶⒺ ⓪ 𝚅𝙸𝚂𝙰
15 juin-15 sept. et 15 déc.-30 avril – SC : **R** 90/130 ⚑ – ⊡ 21,50 – **24 ch** 105/250 – P 233/308.

au Tour NE : 3 km par N 506 et VO – alt. 1 450 – Sports d'hiver : 1 460/2 150 m ⚡2 ⚡3 –
⌗ **74400** Chamonix-Mont-Blanc :

🏠 **Igloo** ⚤, ℡ 54.00.41, ≤, ⌖, ☞ – ⇌wc ⌗wc ☎ Ⓟ 𝚅𝙸𝚂𝙰
fermé 15 sept. au 15 déc. – SC : **R** 85 – ⊡ 15 – **25 ch** 230 – P 200/240.

PEUGEOT-TALBOT Gar. des Drus, ℡ 54.04.30

ARGENTON-L'ÉGLISE 79290 Deux-Sèvres 🄬🄭 ① – 1 278 h. alt. 58 – ✪ 49.

Paris 332 – Angers 60 – Bressuire 36 – Cholet 54 – Niort 89 – Thouars 8,5.

✕✕ **Host. du Moulin** ⚤ avec ch, O : 1 km sur D 61 ℡ 67.02.53, ≤, parc, ✕ – ⇌wc ⌗wc ☎ – 🄰 45. ⒶⒺ **E** 𝚅𝙸𝚂𝙰 ⚥
fermé 25 janv. au 1ᵉʳ mars, dim. soir et lundi sauf fériés – SC : **R** 60 bc/177 – ⊡ 12 – **4 ch** 75/85 – P 160/185.

ARGENTON-SUR-CREUSE 36200 Indre 🄬🄭 ⑰⑱ G. Périgord – 6 141 h. alt. 108 – ✪ 54.

Voir Vieux pont ≤⋆ K – ≤⋆ de la terrasse de la chapelle N.-D.-des-Bancs E – Vallée de la Creuse⋆ SE par D 48 – Église⋆ de St-Marcel 2 km par ⑤.

🅴 Office de Tourisme Hotel de Scévolle (fermé dim. et lundi) ℡ 24.05.30.

Paris 302 ① – Châteauroux 31 ① – Guéret 67 ③ – ✦Limoges 94 ④ – Montluçon 101 ② – Poitiers 99 ⑤ – ✦Tours 125 ⑤.

🏠 **Manoir de Boisvilliers** ⚤ sans rest, 11 r. Moulin-de-Bord (e) ℡ 24.13.88, ≤, ☞ – ⇌wc ⌗wc ☎ Ⓟ
SC : ⊡ 15 – **15 ch** 80/175.

🏠 **Cheval Noir,** 27 r. Auclert-Descottes (n) ℡ 24.00.06 – ⇌wc ⌗wc ☎ Ⓟ 𝚅𝙸𝚂𝙰
fermé 25 déc. au 31 janv. – SC : **R** 60/110 ⚑ – ⊡ 15 – **34 ch** 90/200.

🏠 **Central H.,** 2 av. Rollinat (b) ℡ 24.10.17 – ⇌wc ⌗ ☎ ♿ Ⓟ
30 ch.

🏠 **France,** 8 r. J.-J.-Rousseau (a) ℡ 24.03.31 – ⇌wc ⌗wc ☎ Ⓟ **E** 𝚅𝙸𝚂𝙰
fermé 15 nov. au 15 déc. et sam. (sauf hôtel en sais.) – SC : **R** 48/90 ⚑ – ⊡ 14 – **26 ch** 75/148.

✕ **Chez Maître Jean,** 67 av. Rollinat (u) ℡ 24.02.09 – Ⓟ **E** 𝚅𝙸𝚂𝙰
fermé 15 au 31 oct., 1ᵉʳ au 15 fév. et merc. – SC : **R** 45/90 ⚑.

à St-Marcel par ① : 2 km – ⌗ **36200** Argenton-sur-Creuse

🏠 **Le Prieuré,** ℡ 24.05.19, ≤, ⌖, – ⇌wc ⌗wc ☎ Ⓟ **E** 𝚅𝙸𝚂𝙰, ⚥ rest
fermé fév. et lundi – SC : **R** 45/100 ⚑ – ⊡ 15 – **12 ch** 60/140 – P 140/190.

à Tendu par ① : 8 km – ⌗ **36200** Argenton-sur-Creuse :

✕✕ **Moulin des Eaux Vives,** E : 4 km par D 30 rte Mosnay ℡ 24.12.25, ⌖ – **E** 𝚅𝙸𝚂𝙰
R (dim. prévenir) 63/98.

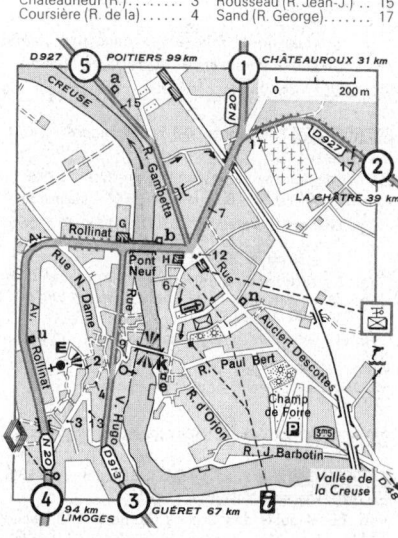

ARGENTON-SUR-CREUSE

Chap. N.-D. (R. de la)	2
Châteauneuf (R.)	3
Coursière (R. de la)	4
Grande (Rue)	6
Ledru-Rollin (R.)	7
Raspail (R.)	9
République (Pl. de la)	12
Rochers-St-Jean (R.)	13
Rousseau (R. Jean-J.)	15
Sand (R. George)	17

CITROEN, LANCIA-AUTOBIANCHI Gar. Besson, N 20 à Tendu par ① ℡ 24.12.26
PEUGEOT-TALBOT Chavegrand, rte de Limoges par ④ ℡ 24.04.32 🅽

RENAULT Berthiol, rte de Limoges ℡ 24.06.24

🅶 Gebhard-Pneu, rte de Limoges, N 20 ℡ 24.13.08

ARGENT-SUR-SAULDRE 18410 Cher 🔟 ⑪ G. Châteaux de la Loire – 2 687 h. alt. 171 –
❀ 48.

🎆 Syndicat d'Initiative à la Mairie (fermé sam. et dim.) ☎ 73.60.12.

Paris 174 – Bourges 56 – Cosne-sur-Loire 46 – Gien 20 – ◆Orléans 59 – Salbris 42 – Vierzon 53.

  XX **Relais de la Poste** avec ch, ☎ 73.60.25 – 🛁wc 🏠 🖾 🚗, 🗲 VISA
       fermé fév. et lundi sauf juil., août et sept. – SC : **R** 55/110 ⅜ – 🖃 15 – **10 ch** 65/160
       – P 150/200.

  XX **Relais du Cor d'Argent** avec ch, ☎ 73.63.49, 🏤, 🥀 – 🛁 🏠 ❷
       fermé 15 janv. au 15 fév. et merc. – SC : **R** 60/120 ⅜ – 🖃 20 – **8 ch** 65/150 –
       P 160/200.

PEUGEOT Gge Dabert, ☎ 73.63.06   RENAULT Carlot, ☎ 73.61.83

ARINSAL Principauté d'Andorre 🎖 ⑭, 🔢 ⑥ – voir à Andorre.

ARINTHOD 39240 Jura 🔟 ⑭ G. Jura – 1 135 h. alt. 445 – ❀ 84.

Voir Église★ de St-Hymetière S : 4 km.

Paris 445 – Bourg-en-Bresse 50 – Lons-le-Saunier 37 – Nantua 37 – St-Amour 35.

  🏚 **Tour**, ☎ 48.00.05 – 🛁wc 🏠 🖾 🚗, 🗲 ch
     SC : **R** 45/80 – 🖃 11 – **14 ch** 60/113 – P 120/150.

ARLEMPDES 43 H.-Loire 🔟 ⑰ G. Vallée du Rhône – 182 h. alt. 840 – ✉ 43490 Costaros –
❀ 71 – Voir ❦←★ du château.

Paris 544 – Aubenas 76 – Langogne 28 – Le Puy 28.

  🏚 **Manoir** ⑤, ☎ 57.17.14, ❦ – 🏠 🗲 ch
     1ᵉʳ mars-31 oct. – SC : **R** 45/95 ⅜ – 🖃 14 – **16 ch** 62/100 – P 120/130.

ARLES ❂ 13300 B.-du-R. 🎆 ⑩ G. Provence – 50 772 h. alt. 9 – ❀ 90.

Voir Arènes★★ YZ – Théâtre antique★★ Z – Cloître St-Trophime★★ et église★ Z :
portail★★ – les Alyscamps★ X – Palais Constantin★ Y F – Musées : Art chrétien★★ et
galerie souterraine★ Z M1, Arlaten★ Z M3, Art païen★ Z M2, Réattu★ Y M4 – Ruines de
l'abbaye de Montmajour★ 5 km.

🎆 Office de Tourisme Esplanade des Lices ☎ 96.29.35, Télex 440096 - A.C. 12 r. Liberté ☎ 96.40.28.

Paris 729 ① – Aix-en-Provence 76 ② – Avignon 37 ① – Béziers 136 ⑤ – Cavaillon 44 ① – ◆Marseille
91 ② – ◆Montpellier 73 ⑤ – Nîmes 30 ⑥ – Salon-de-Provence 41 ② – Sète 103 ⑤.

Plans page suivante

  🏨 **Jules César**, bd Lices ☎ 93.43.20, Télex 400239, « Ancien couvent avec son
     cloître, jardins intérieurs », 🥀 – 📺 ☎ 🚗 – 🔬 50 à 100. 🖾 ⓞ 🗲 VISA   Z b
     fermé début nov. au 22 déc. – **R** voir Lou Marquès – 🖃 35 – **55 ch** 250/600.

  🏨 **D'Arlatan** ⑤ sans rest, 26 r. Sauvage (près pl. Forum) ☎ 93.56.66, « Demeure du
     15ᵉ s., beau mobilier, patio et jardin » – 🚗, 🖾 ⓞ   Y f
     SC : 🖃 28 – **46 ch** 215/358.

  🏦 **Forum** sans rest, 10 pl. Forum ☎ 93.48.95, 🏊 – 🛗 🛁wc 🏠 🖾 🗲   Z z
     15 fév.-15 nov. – SC : 🖃 20 – **43 ch** 90/250.

  🏦 **Select** 🅼 sans rest, 35 bd G.-Clemenceau ☎ 96.08.31 – 🛗 🖿 🛁wc 🏠 🖾 🚗.
     🖾 ⓞ 🗲 VISA   Z u
     SC : 🖃 17 – **24 ch** 160/300.

  🏦 **Mireille** 🅼, 2 pl. St-Pierre ☎ 93.70.74, Télex 440308, 🏤, 🏊 – 🖿 🛁wc 🏠.
     🖾 ⓞ 🗲 VISA. 🗲 rest   Y h
     1ᵉʳ mars-15 nov. – SC : **R** 75/100 – 🖃 21 – **35 ch** 154/290 – P 239/310.

  🏦 **St-Trophime** sans rest, 16 r. Calade ☎ 96.88.38 – 🛗 🛁wc 🏠wc 🏠   Z x
     1ᵉʳ mars-15 nov. – SC : 🖃 14,50 – **22 ch** 105/170.

  🏦 **Mirador** sans rest, 3 r. Voltaire ☎ 96.28.05 – 🛁wc 🏠wc 🏠   Y n
     fermé 5 janv. au 15 mars – SC : 🖃 14,50 – **15 ch** 110/165.

  🏦 **Calendal** sans rest, 22 pl. Pomme ☎ 96.11.89, « Jardin ombragé » – 🛁wc 🏠wc
     ☎. 🖾 VISA. 🗲   Z s
     1ᵉʳ mars-15 nov. – SC : 🖃 15,50 – **26 ch** 120/200.

  🏠 **Lou Gardianoun**, 15 r. Noguier ☎ 93.66.28 – 🛁wc 🏠wc 🏠 🚗. VISA. 🗲
     SC : **R** 50/110 ⅜ – 🖃 19 – **20 ch** 150/170.   Y e

  🏠 **Le Cloître** sans rest, 18 r. Cloître ☎ 96.29.50 – 🛁wc 🏠wc 🏠 🚗. VISA. 🗲   Z a
     15 mars-15 nov. – SC : 🖃 14,50 – **33 ch** 125/175.

  🏠 **La Roseraie** ⑤ sans rest, à Pont-de-Crau E : 2 km par N 453 - X ☎ 96.06.58, 🥀
     – 🏠wc 🚗 🚻 ❷. 🗲   X k
     15 mars-15 oct. – SC : 🖃 15,50 – **11 ch** 140/180.

  🏠 **Constantin** sans rest, 59 bd Craponne ☎ 96.04.05 – 🛗 🛁wc 🏠wc 🏠   Z k
     1ᵉʳ mars-1ᵉʳ nov. – SC : 🖃 15 – **15 ch** 82/152.

  XXX **Lou Marquès**, ☎ 93.43.20, 🏤 – 🚗. 🖾 ⓞ 🗲 VISA   Z b
     fermé début nov. au 22 déc. et mardi de début janv. à mi-mars – **R** 110/200.

  XX **Vaccarès**, pl. Forum (1ᵉʳ étage) ☎ 96.06.17, 🏤   Z y
     fermé 15 au 30 juin, 20 déc. au 20 janv., dim. et lundi sauf fêtes – SC : **R** 135.

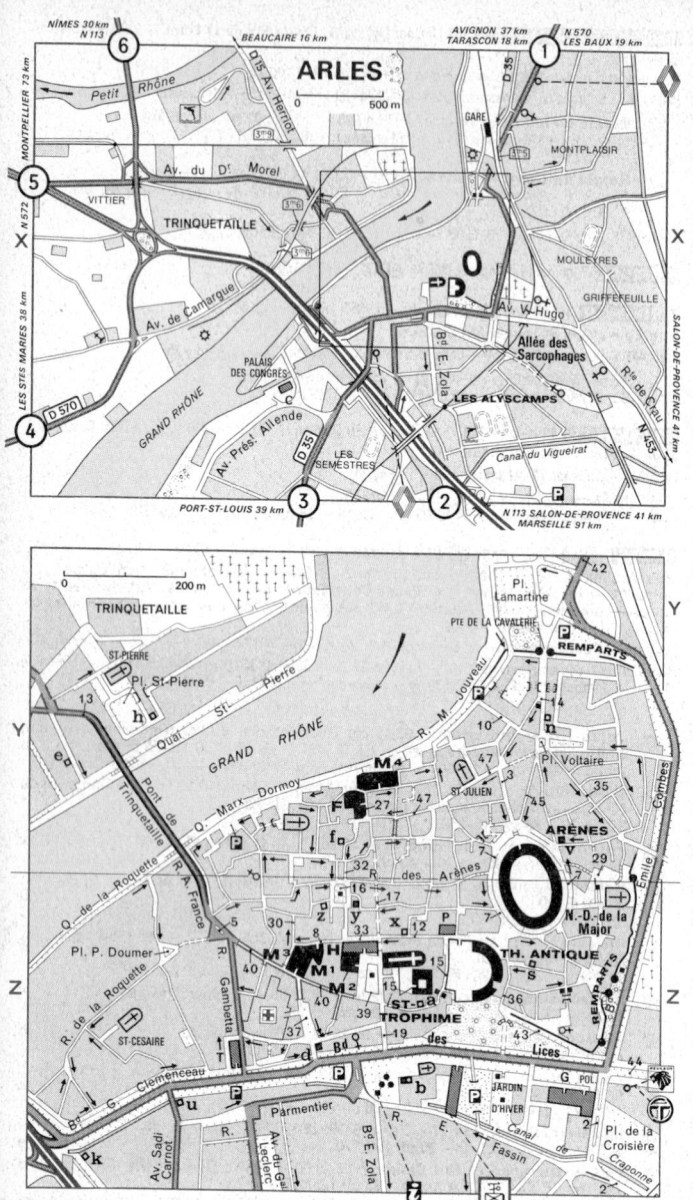

✗ **Panorama,** 14 r. Rotonde ☎ 96.05.20, �´, 🅰🅴   Z **d**
fermé 15 déc. au 15 fév. et lundi sauf du 15 juin à fin sept. – SC : **R** 52 bc/95.

✗ **Host. des Arènes,** 62 r. Refuge ☎ 96.13.05, �´ – **E** *VISA*   Y **v**
➡ *fermé 20 au 30 juin, 18 déc. au 30 janv., mardi soir hors sais. et merc.* – SC : **R** 46/72
⅄.

au Nord : 4,5 km par D 35 et VO - X – ✉ **13200** Arles :

✗✗✗ Mas de la Chapelle Ⓜ ⅍ avec ch, ☎ 96.73.43, ≤, �´, « Ancienne Chapelle du 16ᵉ
s., parc », 🏊, ✗ – ⇌wc ☎ ℗ – 🅰 35
7 ch.

à l'Est : 7,5 km par N 453 et chemin privé - X – ✉ **13200** Arles :

🏨 **Aub. la Fenière** Ⓜ ⅍, ☎ 98.45.34, ≤, 🍽 – ▤ ch ⇌wc 🛁wc 🕿 ᶘ ⟶ ℗ –
🅰 25, 🅰🅴 ⊙ **E** *VISA*. ✵ rest
SC : **R** *(fermé 1ᵉʳ nov. au 20 déc. et sam.)* (dîner seul. du 22 avril au 1ᵉʳ nov.) 102/144
– ⇌ 27 – **25 ch** 175/394.

Voir aussi ressources hôtelières de *Fontvieille* par ① : 9,5 km

BMW Gar. de la Verrerie, 10 av. Dr.-Morel,
Trinquetaille ☎ 96.19.59
CITROEN Trébon Autos, 35 av. de la Libération
par ① ☎ 96.42.83
PEUGEOT-TALBOT Roux, 3 av. Victor-Hugo
☎ 93.98.59
RENAULT Arles Autom. Services, 84 av. Sta-
lingrad ☎ 96.82.82
RENAULT Lacoste, 27 av. Sadi-Carnot ☎ 96.
37.76

TOYOTA Gar. Provem, 10 ☎ 93.53.55
V.A.G. Gar. de l'Avenir, 5 av. de la Libération
☎ 96.98.10

⦿ Ayme-Pneus, Zone Ind. Nord ☎ 93.56.95
Gay-Pneus, av. Pont-Crau, N 113 ☎ 93.60.13
Jauffret-Pneus, 22 bd Victor Hugo ☎ 93.50.14
Vulcania, 8 bd Victor-Hugo ☎ 96.02.03

ARLES-SUR-TECH 66150 Pyr.-Or. 🞱🞶 ⑱ **G. Pyrénées** – 2 921 h. alt. 270 – ✪ 68.

🗺 Syndicat d'Initiative Gare routière (fermé dim.) ☎ 39.11.99.

Paris 948 – Amélie-les-Bains-Palalda 4 – ♦Perpignan 42 – Prats-de-Mollo-la-Preste 19.

🏨 **Glycines,** r. Joc-de-Pilota ☎ 39.10.09, �´, 🍽 – ⇌wc 🛁 🕿 ℗. *VISA*
fermé 1ᵉʳ au 20 déc. et janv. – SC : **R** *(fermé lundi)* 75/140 – ⇌ 15 – **34 ch** 85/155 –
P 150/200.

ARMBOUTS-CAPPEL 59 Nord 🞵🞱 ③ – rattaché à Dunkerque.

ARMENTIÈRES 59280 Nord 🞵🞱 ⑮ **G. Nord de la France** – 25 992 h. alt. 19 – ✪ 20.

Paris 237 ③ – Dunkerque 59 ⑥ – Kortrijk 36 ② – Lens 41 ③ – ♦Lille 19 ③ – St-Omer 50 ⑥.

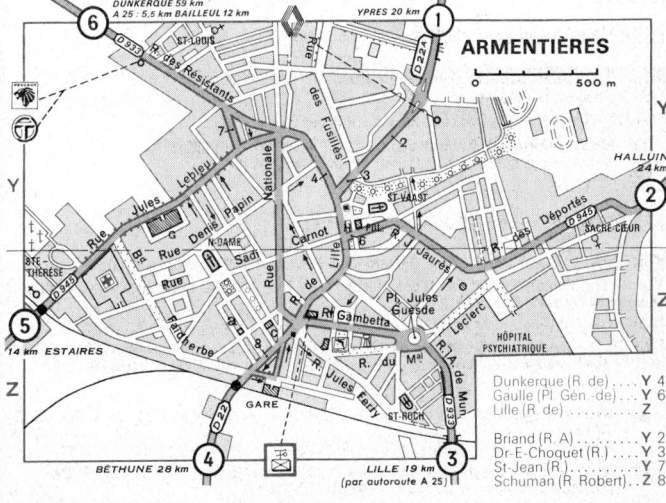

Dunkerque (R. de)	**Y** 4
Gaulle (Pl. Gén.-de) ...	**Y** 6
Lille (R. de)	**Z**
Briand (R. A.)	**Y** 2
Dr-E-Choquet (R.)	**Y** 3
St-Jean (R.)	**Y** 7
Schuman (R. Robert) ..	**Z** 8

🏨 **Albert** sans rest, 28 r. Robert Schuman ☎ 77.31.02 – ⇌wc 🛁wc 🕿. ✵   Z **a**
fermé août et dim. – SC : 🕿 18 – **19 ch** 80/155.

ARMENTIÈRES

DATSUN Gar. Duretz, 1 r. J.-Ferry ☎ 77.09.52
PEUGEOT-TALBOT Gar. des Flandres, 29 av. P.-Brossolette, Zone Ind. ☎ 77.04.16
RENAULT Gar. de la Lys, 1797 r. d'Armentières, Nieppe par ⑥ ☎ 77.20.13 **N**
RENAULT Duflos, 34 bis r. Nungesser ☎ 77.24.14

V.A.G. Gar. Delabie, 37 r. J.-Ferry ☎ 77.09.57

Ⓟ Crépy-Pneus, 5 r. Mar.-Foch ☎ 77.10.88
Hennette, rte Nationale à Ennetières-Wez-Macquart ☎ 35.85.28

ARMOY 74 H.-Savoie 🝆🝆 ⑰ – rattaché à Thonon-les-Bains.

ARNAC-LA-POSTE 87 H.-Vienne 🝆🝆 ⑧ – 1 118 h. alt. 300 – ⊠ 87160 St-Sulpice-les-Feuilles – ✪ 55 – Paris 343 – Bellac 39 – Châteauroux 72 – Guéret 45 – ◆Limoges 55 – La Souterraine 11.

☎ **Moderne** ⤴, ☎ 76.80.44, 🌠 – 🏠 Ⓟ. 𝘝𝘐𝘚𝘈
➔ SC : **R** 41/70 ⅜ – � 10 – **7 ch** 60/135 – P 115/130.

ARNAC-POMPADOUR 19230 Corrèze 🝆🝆 ⑧ G. Périgord – 1 474 h. alt. 421 – ✪ 55.

🛈 Syndicat d'Initiative à la Mairie (fermé sam. après- midi et dim.) ☎ 73.30.43.
Paris 455 – Brive-la-Gaillarde 52 – ◆Limoges 59 – Périgueux 68 – St-Yrieix 24 – Uzerche 25.

🏛 **Aub. de la Marquise** ⤴, à la gare ☎ 73.33.98 – 📺 🛁wc 🏠wc ☎ Ⓟ. 𝘈𝘌 𝘝𝘐𝘚𝘈. 💆 ch
15 juin-7 oct. et fermé mardi en juin et sept. – SC : **R** 90/220 – � 19 – **10 ch** 140/162 – P 170/190.

🏠 **Hippodrome**, ☎ 73.35.03 – 🏠 Ⓟ. 💆
R (fermé sam. du 15 nov. au 15 avril) 50/70 ⅜ – ☛ 14 – **10 ch** 68/70 – P 100/120.

CITROEN Nouaille, à Pompadour ☎ 73.30.18 **N**
PEUGEOT Coulaud, 17 Av. du Midi ☎ 73.37.42

RENAULT Debernard, à Pompadour ☎ 73.30.57

ARNAGE 72 Sarthe 🝆🝆 ③ – rattaché au Mans.

ARNAY-LE-DUC 21230 Côte-d'Or 🝆🝆 ⑱ G. Bourgogne – 2 431 h. alt. 374 – ✪ 80.
Paris 289 – Autun 28 – Beaune 34 – Chagny 40 – ◆Dijon 57 – Montbard 71 – Saulieu 28.

🏠 **Poste** sans rest, ☎ 90.00.76 – 🛁wc 🏠wc ☎ ⟵. 💆
juin-fin sept. – SC : � 16 – **14 ch** 100/160.

XXX **Chez Camille** avec ch, ☎ 90.01.38 – 🛁wc. 𝘈𝘌 ⓞ 𝘌 𝘝𝘐𝘚𝘈
fermé 15 au 25 janv. – **R** (fermé dim. soir) 95 bc/111 bc – � 25 – **12 ch** 220.

X **Terminus**, N 6 ☎ 90.00.33 – Ⓟ
fermé 6 janv. au 6 fév. et merc. – SC : **R** 55/150 – � 12 – **10 ch** 55/95.

CITROEN Binet, à St-Prix ☎ 90.10.07 **N**
PEUGEOT, TALBOT Gar. de L'Arquebuse, ☎ 90.05.16 **N**

PEUGEOT-TALBOT Gar. Lucotte, à St-Prix ☎ 90.10.44 **N**
RENAULT Gar. Contant, ☎ 90.07.09

ARPAILLARGUES 30 Gard 🝆🝆 ⑱ – rattaché à Uzès.

ARQUES-LA-BATAILLE 76880 S.-Mar. 🝆🝆 ④ G. Normandie – 2 742 h. alt. 14 – ✪ 35.
Voir Ruines du château★.
Paris 199 – Dieppe 7 – Neufchâtel-en-Bray 28 – ◆ Rouen 60.

XX **Host. Manoir d'Archelles**, sur D 1 ☎ 85.50.16 – Ⓟ. 𝘈𝘌 𝘌. 💆
➔ fermé 24 sept. au 7 oct., dim. soir et lundi – SC : **R** 45/150.

CITROEN Féron, ☎ 85.50.41

ARRADON 56 Morbihan 🝆🝆 ③ – rattaché à Vannes.

ARRAS Ⓟ 62000 P.-de-C. 🝆🝆 ② G. Nord de la France – 45 364 h. alt. 72 – ✪ 21.
Voir Grand'Place★★ et Place des Héros★★ CY 16 – ≼★ du beffroi CY H – Ancienne abbaye St-Vaast★ : musée★ BY M.

🛈 Office de Tourisme 7 pl. Mar. Foch (fermé dim.) ☎ 51.26.95 - A.C. bd Carnot ☎ 21.06.39.
Paris 178 ② – ◆Amiens 65 ④ – ◆Caen 299 ④ – ◆Calais 117 ① – Charleville-Mézières 159 ② – Douai 26 ① – ◆Le Havre 245 ④ – ◆Lille 52 ① – ◆Rouen 175 ④ – St-Quentin 75 ② – Troyes 294 ②.

Plan page ci-contre

🏨 **Univers** ⤴, 3 pl. Croix-Rouge ☎ 71.34.01 – 🕭 ⟵ Ⓟ – 🏛 25 à 200. 𝘈𝘌 𝘌. 💆 rest
R 60/130 – � 23 – **36 ch** 120/280 – P 260/350. BZ **k**

🏨 **Moderne** sans rest, 1 bd Faidherbe ☎ 23.39.57 – 🕭 📺 🛁wc ☎. 𝘈𝘌 ⓞ 𝘝𝘐𝘚𝘈
fermé 24 au 31 déc. – SC : � 17 – **43 ch** 150/215. CZ **u**

🏠 **Astoria**, 12 pl. Foch ☎ 21.08.14, Télex 160768 – 🛁wc 🏠wc ☎. 𝘈𝘌 ⓞ 𝘌 𝘝𝘐𝘚𝘈
fermé 24 déc. au 6 janv. – SC : **R** (fermé 2 au 15 juil. et dim. soir) 75/92 ⅜ – � 19 – **31 ch** 118/212. CZ **s**

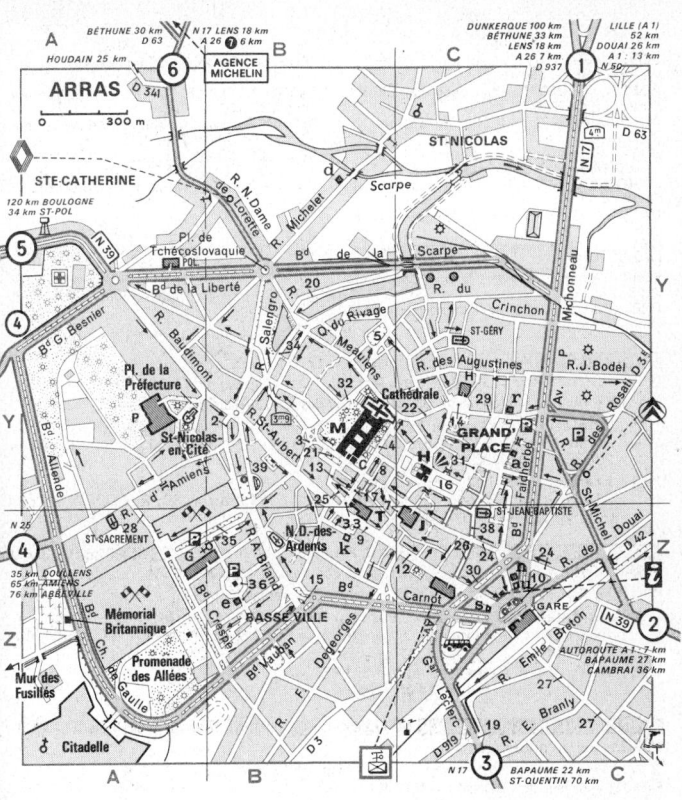

ARRAS

Ernestale (R.) .... **BZ** 9	Doumer (R. Paul) .... **BY** 8	Robespierre (R.) .... **BY** 25
Gambetta (R.) .... **CZ** 12	Foch (R. Maréchal) .... **CZ** 10	St-Quentin (R. de) .... **CZ** 27
Ronville (R.) .... **CZ** 26	Gouvernance (R.) .... **BY** 13	Ste-Claire (R.) .... **AZ** 28
St-Aubert (R.) .... **BY**	Guy Mollet (Pl.) .... **CY** 14	Ste-Croix (R.) .... **CY** 29
Théâtre (Pl. du) .... **BYZ** 33	Hagerue (Carr. d') .... **BZ** 15	Strasbourg (Bd de) .... **CY** 30
	Héros (Pl. des) .... **CY** 16	Taillerie (R. de la) .... **CY** 31
Adam (R. Paul) .... **BY** 2	Jongleurs (R. des) .... **BY** 17	Teinturiers (R. des) .... **BY** 32
Agaches (R. des) .... **BY** 3	Lobbedez (R. F.) .... **CZ** 19	Turenne (R. de) .... **BY** 34
Albert-1er de Belg. (R.).. **BY** 4	Louis-Blanc (R.) .... **BY** 20	Verdun (Cours de) .... **BZ** 35
Ancien-Rivage (Pl. de l') **BY** 5	Madeleine (Pl. de la) .. **BY** 21	Victor-Hugo (Pl. et R.) . **BZ** 36
Cardinal (R. du) .... **CY** 6	Marché-au-Filet (R. du). **CY** 22	Wacquez-Glasson (R.) . **CZ** 38
Delansorne (R. D.).... **BYZ** 7	Pasteur (R.) .... **BY** 24	29-Juillet (R. du) .... **CY** 39

XXX ❀ **Ambassadeur** (Buffet Gare), ☎ 23.29.80 – 🆎 ⓸ 🖃 ⓋⓘⓈⒶ, 💱 CZ
fermé dim. soir – **R** 82/140
Spéc. Ecrevisses au poivre vert (sauf mars à juin). Ris de veau "Médard", Caneton aux raisins secs.

XXX **Le Régent** avec ch, r. A.-France à St Nicolas-lès-Arras ⊠ 62223 St-Laurent-Blangy
☎ 21.51.09, ☞ – ⌂wc 🛁wc ⓟ. ⓋⓘⓈⒶ BY **d**
fermé 1er au 21 août et lundi sauf fériés – SC : **R** 60/260 – ⇆ 20 – **11 ch** 100/210.

XX **Chanzy** avec ch, 8 r. Chanzy ☎ 21.02.02 – ⌂wc 🛁 ☎ – 🔌 25. 🆎 ⓸ 🖃 ⓋⓘⓈⒶ
SC : **R** 70/130 – ⇆ 20 – **19 ch** 80/190, 4 appartements 320. CZ **n**

XX **Victor Hugo**, 11 pl. Victor Hugo ☎ 23.34.96, produits de la mer – 🆎 ⓸ 🖃 ⓋⓘⓈⒶ
fermé août, dim. soir et lundi – **R** 152 bc/62. BZ **e**

XX **L'Auberge**, à Beaurains par ③ : 3 km ⊠ 62000 Arras ☎ 71.59.30 – ⓟ. 🆎 ⓸ 🖃
◆ ⓋⓘⓈⒶ
fermé dim. soir – SC : **R** 50/160 🍷

XX **La Rapière**, 44 Gd'Place ☎ 55.09.92 – 🆎 ⓸ 🖃 ⓋⓘⓈⒶ CY **a**
◆ *fermé 11 août au 3 sept., 24 déc. au 2 janv., vend. soir et dim.* – SC : **R** 45/70 🍷

X **Grandes Arcades**, 8 Grand' Place ☎ 23.30.89 – 🖃 ⓋⓘⓈⒶ CY **r**
◆ *fermé d'oct. à mai* – SC : **R** 42/95 🍷

MICHELIN, Agence régionale, rte de Béthune, D 63, Ste-Catherine-lès-Arras par ⑥
☎ 21.12.08

135

ARRAS

ALFA-ROMEO Gar. Hanot-Mariani, 95 av. W.-Churchill ☏ 71.54.41
AUSTIN, TRIUMPH Gar. Leclercq, 38 bd Strasbourg ☏ 21.62.33
AUTOBIANCHI Specq, 21 r. du Saumon ☏ 73.59.20
BMW Centre Autom. Artésien, r. Leblanc, Zone Portuaire à St-Laurent-Blangy ☏ 21.12.20
CITROEN SO. CA. AR., 2 r. des Rosati ☏ 55.39.10
DATSUN Gar. Kennedy, 22 av. Kennedy ☏ 21.65.79
FIAT Gar. Michonneau, 6 av. Michonneau ☏ 55.37.51
FORD Liévinoise Autom., 16 av. Michonneau ☏ 55.42.42
OPEL-GM Gar. Méral av. d'Immercourt à St-Laurent-Blangy ☏ 73.18.24

PEUGEOT, TALBOT Gaffet, av. W.-Churchill par ⑤ ☏ 23.28.45
PEUGEOT TALBOT Cyr-Leroy, 75 rte Cambrai par ② ☏ 73.26.26
RENAULT Arras Sud-Autom., rte de Cambrai par ② à Beaurains ☏ 73.59.59
RENAULT Nouv. Gar. de l'Artois, 40 voie N.-Dame-de-Lorette ☏ 23.02.56
V.A.G. Willerval, 13 bis r. G.-Clemenceau à St-Laurent-Blangy ☏ 55.30.75

🅖 Chamart, 245 av. Kennedy ☏ 21.31.95
Delit-Pneus, av. Michonneau prolongée. St-Nicolas ☏ 55.38.25
Pneus et Services DK, 8 r. Diderot ☏ 51.74.84 et 7 r. Croix-de-Grès à Ste-Catherine ☏ 21.26.29

ARREAU 65240 H.-Pyr. 🎴 ⑲ – 816 h. alt. 704 – ✦ 62.
🆔 Syndicat d'Initiative pl. Monument aux Morts (fermé dim. après-midi) ☏ 98.63.15.
Paris 895 – Auch 90 – Bagnères-de-Luchon 32 – Lourdes 60 – St-Gaudens 54 – Tarbes 57.

🏨 **Angleterre**, rte Luchon ☏ 98.63.30, 🌿 – ⌷wc 🛁wc ☎ 🅿. 🛇
  ↔ fermé mai, 10 oct. au 26 déc. et merc. hors sais. – SC : **R** 40/100 ⅓ – ⌷ 13 – **20 ch** 95/150 – P 150/180.

🏨 **France**, ☏ 98.61.12 – ⌷wc 🛁wc. 🛇
  1er juin-1er oct., 25 déc.-30 mai et fermé mardi hors sais. – SC : **R** 55/120 ⅓ – ⌷ 14 – **17 ch** 80/180 – P 170/220.

ARRENS-MARSOUS 65 H.-Pyr. 🎴 ⑰ G. Pyrénées – 827 h. alt. 878 – ✉ 65400 Argelès-Gazost – ✦ 62 – 🆔 Syndicat d'Initiative r. Tech (fermé oct., sam. et dim.) ☏ 97.02.64.
Paris 850 – Argelès-Gazost 12 – Laruns 36 – Lourdes 20 – Tarbes 45.

🏨 **Au Relais des Cols**, NE : 3,5 km par N 618 ☏ 97.05.53, ≤, 🌿 – ⌷wc 🅿. 🛇
  Pâques-fin sept. et vacances scol. de fév. – SC : **R** 55/150 – ☲ 13 – **17 ch** 74/116 – P 128/160.

🏨 **Host. Val d'Azun** sans rest, ☏ 97.00.55 – 🛁
  juin-sept. – SC : ☲ 12 – **14 ch** 72/95.

ARROMANCHES-LES-BAINS 14117 Calvados 🎴 ⑮ G. Normandie – 395 h. alt. 15 – ✦ 31.
Voir Musée du débarquement.
🆔 Syndicat d'Initiative r. Mar.-Joffre (1er juin-30 sept.) ☏ 22.36.45.
Paris 275 – Bayeux 10 – ♦Caen 29 – St-Lô 45.

🏨 **Marine**, ☏ 22.34.19, ≤ – ⌷wc 🛁wc ☎ 🅿. 🅰🅴
  1er mars-15 nov. – SC : **R** 52/105 – ⌷ 16 – **20 ch** 100/170.

ARS-EN-RÉ 17 Char.-Mar. 🎴 ⑫ – voir à Ré (île de).

ARSONVAL 10 Aube 🎴 ⑱ – rattaché à Bar-sur-Aube.

ARS-SUR-FORMANS 01 Ain 🎴 ① G. Vallée du Rhône – 719 h. alt. 250 – ✉ 01480 Jassans-Riottier – ✦ 74.
Paris 441 – Bourg-en-Bresse 41 – ♦Lyon 36 – Mâcon 46 – Villefranche-sur-Saône 9.

🏨 **Régina**, ☏ 00.73.67 – ⌷wc 🛁wc ☎ 🅿. 🛇 ch
  mars-nov. – SC : **R** 55/110 – ⌷ 15 – **31 ch** 70/145 – P 130/190.

🏨 **Gd H. Basilique**, ☏ 00.73.76, 🌳 – ⌷wc 🛁wc 🅿. 🅰🅴
  ↔ 1er avril-31 oct. – SC : **R** 40/80 ⅓ – ☲ 15 – **60 ch** 60/150 – P 130/190.

ARS-SUR-MOSELLE 57 Moselle 🎴 ⑬ – rattaché à Metz.

ARTEMARE 01 Ain 🎴 ④ – 914 h. alt. 258 – ✉ 01510 Virieu-le-Grand – ✦ 79.
Voir Cascade de Cerveyrieu★ NO : 3 km, G. Jura.
Paris 502 – Aix-les-Bains 34 – Belley 17 – Bourg-en-Bresse 75 – ♦Genève 71 – Nantua 47.

🏨 **Jacquier**, ☏ 87.30.24 – 🛁 🚗 🅿. 🛇
  ↔ fermé 15 sept. au 15 oct. et merc. (sauf hôtel en juin, juil. et août) – SC : **R** 38/100 ⅓ – ☲ 15 – **12 ch** 58/105 – P 105/150.

à Luthézieu NO : 8 km par D 31 et D 8 – ✉ 01260 Champagne :

🏨 **Vieux Tilleul** 🌿, ☏ 87.64.51, ≤, 🌳 – 🛁 🚗 🅿. 🅴. 🛇 ch
  ↔ fermé 2 janv. au 10 fév. et merc. sauf en été – SC : **R** 50/190 ⅓ – ⌷ 15 – **11 ch** 95/110 – P 132/150.

CITROEN Mochon, ☏ 87.30.14 🔃
PEUGEOT-TALBOT Gar. Pochet, ☏ 87.32.67 🔃

RENAULT Boléa, ☏ 87.30.43

ARTIGUELOUVE 64 Pyr.-Atl. 𝟾𝟻 ⑥ – 822 h. alt. 156 – ⊠ 64230 Lescar – ✆ 59.
Paris 795 – ♦Bayonne 104 – Orthez 38 – Pau 10.

XX **Chez Mariette**, ⴕ 32.45.08 – **Ⓟ**. 🖭 𝚅𝙸𝚂𝙰
  fermé 6 au 22 fév., dim. soir et merc. – SC : **R** 65/200.

XX **Aub. Semmarty**, sur D 146 ⴕ 32.38.12, 🥘 **Ⓟ**
◆ *fermé juil., dim. soir et lundi* – SC : **R** 50/120.

ARTIX 64170 Pyr.-Atl. 𝟾𝟻 ⑥ – 3 332 h. alt. 108 – ✆ 59.
Paris 789 – Mourenx-Ville-Nouvelle 7 – Oloron-Ste-Marie 31 – Orthez 21 – Pau 20.

🏠 **Navarre** sans rest, av. République ⴕ 60.25.57, 🥘 – 🛏wc 🏠 ☎ **Ⓟ** – 🔏 80
  SC : ☷ 11 – **22 ch** 80/165.

ARTZENHEIM 68 H.-Rhin 𝟨𝟤 ⑱ – 557 h. alt. 182 – ⊠ 68320 Muntzenheim – ✆ 89.
Paris 528 – Colmar 16 – ♦Mulhouse 50 – Sélestat 20 – ♦Strasbourg 67.

XX **Aub. d'Artzenheim** ⚘ avec ch, ⴕ 71.60.51, « Joli décor d'auberge, jardin » –
  🛏wc 🏠wc ☎ **Ⓟ** – 🔏 50. 🖭 ⓿ 𝚅𝙸𝚂𝙰. ❄
  fermé 15 fév. au 15 mars – SC : **R** *(fermé lundi soir et mardi)* 70/160 ♨ – ☷ 15,50 –
  10 ch 80/140 – P 125/175.

ARUDY 64260 Pyr. Atl. 𝟾𝟻 ⑥ G. Pyrénées – 2 705 h. alt. 410 – ✆ 59.
Paris 811 – Argelès-Gazost 56 – Lourdes 43 – Oloron-Ste-Marie 18 – Pau 26.

🏠 **France**, pl. Hôtel de Ville ⴕ 05.60.16, 🥘 – 🛏wc 🏠wc ☎ **Ⓟ**. ❄
◆ *fermé mai, sam. hors sais. et vacances scolaires* – SC : **R** 45 bc/78 ♨ – ☷ 13,50 –
  21 ch 60/110 – P 133/158.

ARVERT 17530 Char.-Mar. 𝟽𝟷 ⑭ – 2 543 h. alt. 23 – ✆ 46.
Paris 513 – Marennes 13 – Rochefort 35 – La Rochelle 67 – Royan 21 – Saintes 45.

🏠 **Villa Fantaisie** ⚘, ⴕ 36.40.09, ≤, parc – 🛏wc 🏠wc ☎ **Ⓟ**. ❄ rest
  fermé 2 janv. au 28 fév., dim. soir et lundi hors sais. – SC : **R** 80/140 – ☷ 20 – **23 ch**
  130/250 – P 220/300.

ARVIEU 12 Aveyron 𝟾𝟶 ②③ – 1 082 h. alt. 710 – ⊠ 12120 Cassagnes-Begonhès – ✆ 65.
Paris 642 – Albi 66 – Millau 60 – Rodez 33 – St-Affrique 60 – Sévérac-le-Château 57.

🏡 **Bon Accueil**, ⴕ 46.72.13 – ❄ ch
◆ *1er mars-30 sept.* – SC : **R** 43/70 – 🍽 13 – **15 ch** 70/75 – P 120.

ARVIEUX 05 H.-Alpes 𝟽𝟽 ⑱ G. Alpes – 351 h. alt. 1 544 – Sports d'hiver : 1 800/2 280 m 🎿6 🎿 –
⊠ 05350 Château-Ville-Vieille – ✆ 92.
Paris 737 – Briançon 32 – Gap 81 – Guillestre 21 – Col d'Izoard 11.

🏠 **La Borne Ensoleillée** ⚘, à la Chalp N : 2 km ⴕ 45.72.89, ≤ – 🛏wc 🏠 ☎ 🚍
  Ⓟ
  20 juin-5. sept. et 20 déc.-18 avril – SC : **R** 52/70 – ☷ 18 – **15 ch** 160/195 – P
  180/205.

ARVILLARD 73 Savoie 𝟽𝟺 ⑯ – 787 h. alt. 480 – ⊠ 73110 La Rochette – ✆ 79.
Paris 595 – Albertville 41 – Allevard 8 – Chambéry 34 – St-Jean-de-Maurienne 59.

🏠 **Les Iris** ⚘, ⴕ 25.51.29, ≤, 🌳, 🥘 – 🛏wc 🏠wc ☎ **Ⓟ**. 🖪 𝚅𝙸𝚂𝙰
◆ *fermé 12 nov. au 12 déc.* – SC : **R** 45/90 ♨ – ☷ 11 – **27 ch** 50/130 – P 140/178.

ARZ (Ile d') 56840 Morbihan 𝟨𝟥 ⑬ G. Bretagne – 277 h. – ✆ 97.
Accès par transports maritimes.

🛳 depuis **Vannes**. En 1983 : de Pâques au 30 sept. 2 à 5 services quotidiens - Traversée
30 mn – 22 F (AR) - Renseignements : Vedettes Vertes ⴕ 63.79.99.

🛳 depuis **Conleau**. En 1983 : du 15 juin au 15 sept. 13 services quotidiens, hors saison 9
services quotidiens - Traversée 15 mn – 13 F (AR) - Renseignements : ⴕ 66.92.57.

🏠 **L'Escale** ⚘, au débarcadère ⴕ 44.32.15, ≤ – 🏠. ❄ ch
◆ *1er avril-30 sept.* – SC : **R** 45/85 – ☷ 17 – **11 ch** 70/116 – P 143/167.

L'ARZELIER (Col de) 38 Isère 𝟽𝟽 ④ – rattaché à Château-Bernard.

ASCAIN 64310 Pyr.-Atl. 𝟾𝟻 ② G. Pyrénées – 2 159 h. alt. 30 – ✆ 59.
🛈 Syndicat d'Initiative à la Mairie ⴕ 54.00.84.
Paris 800 – Cambo-les-Bains 26 – Hendaye 21 – Pau 135 – St-Jean-de-Luz 7.

🏰 **La Hacienda** 🅼, NO : 2 km sur rte St-Jean-de-Luz ⴕ 54.02.47, ≤, parc, 🌳, 🏊 –
  Ⓟ – 🔏 40. 🖭 𝚅𝙸𝚂𝙰. ❄ rest
  hôtel : fermé 10 janv. au 10 mars ; rest. : fermé fin nov. à Pâques et mardi hors sais.
  – SC : **R** 95/172 – ☷ 22 – **26 ch** 220/320 – P 350/380.

tourner →

🏨 **Rhûne,** (Annexe : 🦢, 🍴, parc - 15 ch 🛁wc), 🕿 54.00.04, ≤, 🛋 – 🛁wc 🛗wc 🕮 🅿. 🛎 rest
15 fév.-15 nov. – SC : **R** 65/100 – 🖭 30 – **27 ch** 165/230 – P 180/250.

🏨 **Basque,** 🕿 54.00.12, 🍴, 🛋, – 🛁wc 🛗wc 🕮 🅿. 🛎 rest
15 avril-15 oct. – SC : **R** (dîner seul.) 69 – 🖭 20 – **37 ch** 140/220.

🏨 **Etchola,** 🕿 54.00.08, 🍴 – 🛁wc 🛗 🕮 🚗 🖭
juin-oct. – SC : **R** (fermé mardi) 70/145 – **22 ch** 🖭 110/230.

🏨 **Trinquet-Larralde,** 🕿 54.00.10, 🍴, 🛋 – 🛁wc 🛗wc 🕮. 🛎
fermé 1er au 15 déc., janv. – SC : **R** (fermé lundi de fév. à mai) 65/140 – 🖭 20 –
30 ch 130/220 – P 180/220.

🍴🍴 **Pont** avec ch, N : 1 km sur D 918 🕿 54.00.40, 🍴, 🛋, – 🛁wc 🕮 🅿. 🛎 rest
1er juin-fin sept. – SC : **R** 75/135 – 🖭 27 – **26 ch** 310 – P 220/295.

au col de St-Ignace SE : 3,5 km – ✉ 64310 Ascain :

🍴 **Les Trois Fontaines,** 🕿 54.20.80, 🍴 – 🅿
➤ *fermé fév. et merc. sauf du 1er juin au 30 sept.* – SC : **R** 42/75.

ASCARAT 64 Pyr.-Atl. 🎱🎱 ③ – rattaché à St-Jean-Pied-de-Port.

ASNIÈRES-SUR-SEINE 92 Hauts-de-Seine 🎱🎱 ⑳. 🎱🎱🎱 ⑮ – voir à Paris, Environs.

ASPIN (Col d') 65 H.-Pyr. 🎱🎱 ⑱ G. Pyrénées – alt. 1 489.
Voir ✳✳✳.
Paris 851 – Arreau 13 – Bagnères-de-Bigorre 25.

ASSEVILLERS (Aire d') 80 Somme 🎱🎱 ⑫ – voir à Péronne.

ASSY (Plateau d') 74480 H.-Savoie 🎱🎱 ⑧ G. Alpes – alt. 1 000 – ☺ 50.
Voir Église✳ : décoration✳✳ – Pavillon de Charousse ✳✳ O : 2,5 km puis 30 mn – Lac
Vert✳ NE : 5 km.
Env. Plaine-Joux ≤✳✳ NE : 5,5 km.
🅸 Office de Tourisme av. J.-Arnaud (fermé sam. après-midi et dim. hors saison) 🕿 58.80.52.
Paris 609 – Annecy 80 – Bonneville 41 – Chamonix 32 – Megève 25 – Sallanches 12.

🏠 **Tourisme** sans rest., 🕿 58.80.54, ≤, 🛋 – 🛁wc 🕮 🅿
fermé 20 oct. au 10 nov., merc. du 1er sept. au 20 déc. et de Pâques au 1er juil. –
SC : 🖭 17 – **15 ch** 58/145.

🏠 **Chamois d'Or,** à Bay SO : 4 km par D 43 🔲 74190 Le Fayet 🕿 58.82.48, ≤ massif
du Mt-Blanc, 🍴 – 🛁 🛗wc 🕮 🅿. 🛎
fermé lundi – SC : **R** 75/135 – 🖭 15 – **16 ch** 93/130 – P 140/167.

PEUGEOT-TALBOT Gar. Legon, à Passy 🕿 78.   RENAULT Gar. du Plateau, 🕿 58.80.63
33.74

ASTAFFORT 47220 L.-et-G. 🎱🎱 ⑮ – 2 004 h. alt. 59 – ☺ 53.
Paris 743 – Agen 17 – Auch 54 – Condom 31.

🍽 **Commerce,** N 21 🕿 67.10.27
➤ SC : **R** (fermé 24 déc. au 10 janv. et sam. du 1er. oct. au 1er mai) 45/150 🍷 – 🍺 15 –
10 ch 70/92 – P 140/160.

ATTIGNAT 01 Ain 🎱🎱 ⑫⑬ – 1 682 h. alt. 223 – ✉ 01340 Montrevel-en-Bresse – ☺ 74.
Paris 408 – Bourg-en-Bresse 11 – Lons-le-Saunier 65 – Louhans 44 – Mâcon 37 – Tournus 43.

🍴🍴 **Relais Bressan,** D 975 🕿 30.92.24 – 🅿
➤ *fermé 12 au 25 juin, 10 au 17 janv., lundi soir et mardi* – SC : **R** 45/90.
RENAULT Gar. des Prés, 🕿 30.92.28

ATTIGNAT-ONCIN 73 Savoie 🎱🎱 ⑮ – rattaché à Aiguebelette (Lac d').

AUBAGNE 13400 B.-du-R. 🎱🎱 ⑬⑭ G. Provence – 38 571 h. alt. 102 – ☺ 42.
Voir Musée de la Légion Etrangère✳.
Paris 794 – Aix-en-Provence 36 – Cannes 145 – Draguignan 105 – ✦Marseille 17 – ✦Toulon 48.

à St-Pierre N : 5 km N 96 – ✉ 13400 Aubagne :

🍴🍴 **La Source** avec ch, N 🕿 82.11.01, parc, 🍴 – 🛁wc 🛗wc 🕮 🅿
fermé 1er au 15 oct., vacances de Noël et de fév. – SC : **R** (fermé dim. soir et lundi)
carte 180 à 240 – 🖭 19 – **10 ch** 100/195 – P 319/359.

Voir aussi ressources hôtelières de *Gémenos* E : 5,5 km

MICHELIN, Agence Régionale, Zone Ind. de St-Mître 🕿 03.60.81

CITROEN Parascandola, C.D. 2, Camp Major ☎ 03.47.14

CITROEN Provence Autom., Quart. des Aubes ☎ 82.10.85

FORD Gar. Gargalian, 31 av. des Goums ☎ 03.04.99

LADA, TOYOTA Gar. Bordinelli, C.D.2, Camp Major ☎ 03.03.27

PEUGEOT-TALBOT Gar. Richelme, rte La Ciotat ☎ 82.13.10

RENAULT D.A.T.A.C, N 8, zone Ind. de St-Mitre ☎ 03.60.50

TALBOT Gar. Aveline, Zone Ind. des Paluds ☎ 82.23.56 **N** ☎ 70.02.93

⊚ Chivalier, Zone Ind. St-Mitre ☎ 03.29.33
Omnica, N 8, Quartier des Fyols ☎ 82.16.02

AUBAZINES 19 Corrèze **75** ⑨ G. Périgord – 673 h. alt. 345 – ⊠ **19190** Beynat – ✪ 55.

Voir Église★ : tombeau de St-Étienne★★ – Puy de Pauliac ≤★ NE : 3,5 km puis 15 mn.

☖ du Coiroux ☎ 27.24.69, E : 4 km.

Paris 506 – Aurillac 86 – Brive-la-Gaillarde 14 – St-Céré 53 – Tulle 19.

- 🏠 **de la Tour,** ☎ 25.71.17 – ⇔wc ☎. **VISA**
  → fermé vend. du 1er oct. au 1er juin – SC : **R** (dim. prévenir) 45/100 ⅃ – ⊆ 15 – **20 ch** 80/145 – P 140 bc/180 bc.

- 🏠 **St-Étienne,** ☎ 25.71.01 – ⇔wc 🛏wc **Ⓟ** – ♨ 40
  1er mars-20 nov. – SC : **R** 55/60 ⅃ – ⊆ 14 – **32 ch** 60/140 – P 140/180.

- 🏡 **Saut de la Bergère** ⑤, E : 2 km par D 48 ☎ 25.74.09 – **Ⓟ**. ⨯ rest
  → fermé vacances scol. de nov. et de fév. et merc. d'oct. à avril – SC : **R** 40/65 – ⊆ 15 – **10 ch** 65/95 – P 150/160.

Seat belts are compulsory in France, wear them at all times.

AUBENAS 07200 Ardèche **76** ⑯ G. Vallée du Rhône – 13 134 h. alt. 300 – ✪ 75.

Voir Site★.

🄰 Office de Tourisme pl. Airette (fermé lundi) ☎ 35.24.87.

Paris 633 ② – Alès 74 ④ – Mende 112 ④ – Montélimar 43 ③ – Privas 30 ① – Le Puy 91 ①.

AUBENAS

Gambetta (Bd) ....
Gaulle (Pl. Gén.-de) ... 6
Grande-Rue 8
Vernon (Bd de) 33

Bouchet (R. Auguste) ... 2
Champ-de-Mars (Pl.) .. 3
Couderc (R. G.) 5
Grenette (Pl. de la) 9
Hoche (R.) 12
Hôtel-de-Ville (Pl.) 13
Jaurès (R. Jean) 15
Jourdan (R.) 16
Laprade (Bd C.) 18
Lesin-Lacoste (R.) 19
Liberté (Av. de la) 20
Nationale (R.) 21
Radal (R.) 24
République (R. de la) ... 26
Réservoirs (R. des) 27
Roure (Pl. Jacques) 29
St-Benoît (Rampe) 30
Silhol (R. Henri) 32
4-Septembre (R.) 35

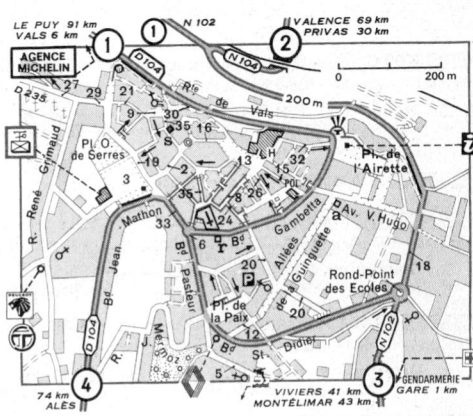

- 🏨 **La Pinède** ⑤, NO : 1,5 km par D 235 ☎ 35.25.88, ≤ vallée, parc, ⨯ – ⇔wc 🛏wc ☎ **Ⓟ**. **VISA** ⨯
  fermé 15 déc. au 20 janv. – SC : **R** (fermé lundi) 55/110 – ⊆ 15 – **32 ch** 165/190 – P 178/235.

- 🏨 **Le Cévenol** sans rest, 77 bd Gambetta (r) ☎ 35.00.10 – 🛗 ⇔wc 🛏wc ☎ **Ⓟ**. ⨯
  SC : ⊆ 16 – **45 ch** 100/210.

- 🏠 **L'Orangerie** sans rest., 7 allées de la Guinguette (a) ☎ 35.30.42 – ⇔wc 🛏 ☎
  Ⓟ. **AE**. ⨯
  SC : ⊆ 16,50 – **16 ch** 150/230.

- 🏡 **Le Dôme** sans rest, 37 rte de Vals par ① ☎ 35.18.51 – 🛏 **Ⓟ**. ⨯
  SC : 👄 11 – **10 ch** 64/81.

- ✗ **Le Fournil,** 34 r. 4-Septembre (s) ☎ 35.58.68 – ⨯
  fermé 5 juin au 5 juil., 15 janv. au 15 fév., mardi et merc. hors sais. et du 5 juil. au 30 sept. merc. seul. – SC : **R** 75/160.

MICHELIN, Agence, 61 rte de Vals par ① ☎ 35.29.44.

AUBENAS

ALFA-ROMEO, B.L.F. Nave, 8 bd St-Didier ℡ 35.26.76
CITROEN Gar. Bonnet, rte de Montélimar par ③ ℡ 35.05.77 🆖
FIAT Gounon, 22 bd St-Didier ℡ 35.08.21
PEUGEOT, TALBOT Gd Gar., r. Dr.-Pargoire ℡ 35.67.55 🆖

RENAULT Chanéac, 4 bd St-Didier ℡ 35.70.88
VOLVO Coudène, 28 rte de Vals ℡ 35.22.05

🔩 Maison du Pneu, 36 rte de Vals ℡ 35.20.53
R.I.P.A., rte de Vals ℡ 35.40.66

AUBIGNEY 70 H.-Saône 🔲🔲 ⑬⑭ — rattaché à Gray.

AUBIGNY-SUR-NÈRE 18700 Cher 🔲🔲 ⑪
G. Châteaux de la Loire — 5 693 h. alt. 168 —
🏌 48.

Voir Maisons anciennes★ B.

🛈 Syndicat d'Initiative à la Mairie (fermé dim. et lundi) ℡ 58.00.09.

Paris 181 ① — Bourges 46 ③ — Cosne 41 ② —
Gien 30 ① — ✦Orléans 75 ⑥ — Salbris 32 ⑤ —
Vierzon 43 ④.

Dames (R. des) . . 6
Prieuré (R. du) . . 8

Beaumont (R. Pont) 2
Cambournac (R.) . 3
Cygne (R. du) . . . 5
Leclerc (Av.) 7

AUBIGNY-S-NÈRE
0   300 m

🏨 **La Chaumière,** 1 pl. Paul-Lasnier (a) ℡ 58.04.01 — 🛁wc 🚿wc 🕿.
Ⓐ🅴 ⑩ 🅴 𝕍𝕀𝕊𝔸
fermé 10 janv. au 10 fév. et lundi du 10 oct. à Pâques — SC : **R** 55/150 🕯 — ☲ 16 — **16 ch** 60/180 — P 350/450 (pour 2 pers.).

à Ste Montaine O : 9 km par D 13 🔲🔲 ㉒ — ⊠ 18700 Aubigny-sur-Nère :

🏨 **Le Cheval Blanc** ⌂, ℡ 58.06.92 — 🚿wc 🅿. 🛇 ch
✦ *fermé 1er au 28 sept., 24 déc. au 2 janv., dim. soir et lundi midi hors sais.* — SC : **R** 45/100 🕯 — ☲ 15 — **18 ch** 78/150 — P 160/200.

CITROEN Guérard, par ③ ℡ 58.00.64
PEUGEOT-TALBOT Bouchet, par ③ ℡ 58.05.30 🆖

RENAULT Petat, ℡ 58.00.26 🆖
Vercingétorix-Autos, ℡ 58.00.43

AUBRAC 12 Aveyron 🔲🔲 ⑭ G. Auvergne — alt. 1 300 — ⊠ 12470 St-Chély-d'Aubrac — 🏌 65.
Paris 557 — Mende 67 — Rodez 59 — St-Flour 67.

🏨 **Moderne** ⌂, ℡ 44.28.42, 🍴 — 🛁wc 🚿wc 🕿 🅿. 🛇
✦ *Pâques, Ascension, 10 juin-3 oct. et fév.* — SC : **R** 43/95 — ☲ 14,50 — **27 ch** 81/154 — P 155/190.

AUBRES 26 Drôme 🔲🔲 ③ — rattaché à Nyons.

AUBREVILLE 55 Meuse 🔲🔲 ⑳ — 359 h. alt. 186 — ⊠ 55120 Clermont-en-Argonne — 🏌 29.
Paris 240 — Bar-le-Duc 54 — Dun-sur-Meuse 35 — Ste-Menehould 20 — Verdun 27.

🏨 **Commerce,** ℡ 87.40.35 — 🚗 🅿. 🛇 rest
✦ *fermé 1er au 15 oct.* — SC : **R** 45/70 🕯 — ☲ 13 — **10 ch** 60/85 — P 120/140.

AUBRIVES 08 Ardennes 🔲🔲 ⑧⑨ — 1 022 h. alt. 106 — ⊠ 08320 Vireux-Molhain — 🏌 24.
Paris 269 — Charleville-Mézières 49 — Fumay 17 — Givet 7 — Rocroi 35.

🗙🗙 **Debette** avec ch, ℡ 55.64.72, 🛇 — 🛁wc 🚿 🕭 🅿 𝕍𝕀𝕊𝔸
✦ *fermé 20 déc. au 10 janv.* — SC : **R** 45/120 🕯 — ☲ 15 — **21 ch** 85/125 — P 180/190.

AUBUSSON ⬛ 23200 Creuse 🔲🔲 ① G. Périgord — 6 153 h. alt. 430 — 🏌 55.
Voir Exposition tapis et tapisseries★ à l'Hôtel de Ville H — Salle de tapisserie contemporaine★ dans le centre culturel Jean Lurçat F.

🛈 Syndicat d'Initiative r. Vieille (Pâques-15 nov.) ℡ 66.32.12.

Paris 382 ① — ✦Clermont-Ferrand 93 ④ — Guéret 42 ⑥ — ✦Limoges 88 ⑤ — Montluçon 63 ① — Tulle 108 ④ — Ussel 59 ④.

Plan page ci-contre

🏨 **France,** 6 r. Déportés (s) ℡ 66.10.22 — 📺 🛁wc 🚿wc 🕿 🚗. Ⓐ🅴 ⑩ 🅴 𝕍𝕀𝕊𝔸
✦ *fermé dim. soir et lundi du 15 sept. à Pâques* — SC : **R** 50/150 — ☲ 15 — **25 ch** 65/230 — P 180/260.

à la Seiglière par ④ : 3 km — ⊠ 23200 Aubusson :

🏨 **Seiglière** 🅼, ℡ 66.37.22, Télex 590073, 🍴 — 🍴 🛁wc 🕿 🅿 — 🔏 60. Ⓐ🅴 ⑩ 🅴. 🛇
fermé janv. — SC : **R** rest. *(fermé lundi hors sais.)* 80/170 -Grill *(Pâques-30 sept. et fermé mardi hors sais.)* **R** carte env. 80 🕯 — ☲ 18 — **42 ch** 170 — P 250/310.

AUBUSSON

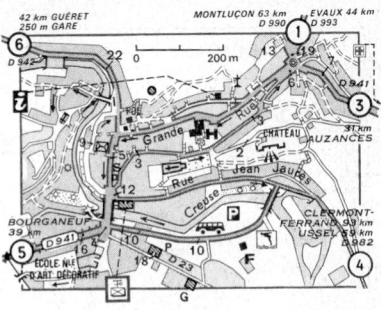

à Moutier-Rozeille par ④ : 5,5 km sur D 982 – ⊠ 23200 Aubusson :

X **Petit Vatel** avec ch, ☎ 66.13.15 – 🛏wc 🚗 **P**. 🛠
➔ _fermé vacances de fév., vend. soir, dim. soir et sam. hors sais._ – SC : **R** 47/140 – 🖵 15 – **12 ch** 50/165 – P 120/180.

à Fourneaux par ⑥ : 11 km – ⊠ 23220 Aubusson :

🏠 **Tuilerie** M, ☎ 66.24.92, 🔍 – 🛏wc 🚗 **P** – 🔬 30. 🖭 ⓞ **E** 𝑉𝐼𝑆𝐴
fermé 5 au 12 nov. – SC : **R** 60/120 🖵 – 🖵 20 – **24 ch** 180/220 – P 230/360.

PEUGEOT-TALBOT Hirlemann, à Moutier Rozeille par ④ ☎ 66.29.33
RENAULT Gar. Aubussonnais, rte de Clermont par ③ ☎ 66.14.54 🔟 ☎ 66.38.38

TALBOT Barraud, Pont d'Alleyrat par ⑥ ☎ 66.19.91

🅖 Loulergue, 14 bis rte Clermont ☎ 66.10.50

AUBUSSON-D'AUVERGNE 63 P.-de-D. 🔢 ⑮ – 194 h. alt. 418 – ⊠ 63120 Courpière – ✪ 73.
Paris 406 – Ambert 39 – ♦ Clermont-Ferrand 59 – Thiers 24.

X **Au Bon Coin,** ☎ 53.07.82 – 🖭 𝑉𝐼𝑆𝐴. 🛠
➔ _fermé 15 sept. au 1ᵉʳ oct. et lundi d'oct. au 15 juin_ – SC : **R** 45/140.

AUCH 🅿 32000 Gers 🔢 🔢 G. Pyrénées – 25 543 h. alt. 136 – ✪ 62.

Voir Cathédrale★ : stalles★★★, vitraux★★ AZ.

🅩 Office de Tourisme (fermé dim. et lundi sauf après-midi en saison) et A.C. pl. Cathédrale ☎ 05.22.89.

Paris 797 ① – Agen 71 ① – ♦Bayonne 204 ⑤ – ♦Bordeaux 189 ⑤ – Lourdes 92 ④ – Montauban 86 ② – Mont-de-Marsan 104 ⑤ – Pau 104 ④ – St-Gaudens 76 ④ – Tarbes 73 ④ – ♦Toulouse 78 ②.

Plan page suivante

🏠 ✿✿✿ **France** (Daguin), pl. Libération ☎ 05.00.44, Télex 520474, « Belle décoration intérieure » – 🕌 ▤ 📺 ☎ – 🔬 30. 🖭 ⓞ **E** 𝑉𝐼𝑆𝐴   AZ **a**
SC : **R** _(fermé janv., dim. soir et lundi hors sais.)_ (dim. prévenir) 220/330 et carte, rest Le **Neuvième R** 110 – 🖵 36 – **30 ch** 187/550 – P 400/500
Spéc. Grandes soupes, Foies gras, Desserts au chocolat. **Vins** Colombard, Madiran.

🏠 **Relais de Gascogne,** 5 av. Marne ☎ 05.26.81 – 🛏wc 🚿 ☎ 🚗 **E** 𝑉𝐼𝑆𝐴   BY **s**
fermé 20 déc. au 10 janv. – SC : **R** 66/138 🖵 – 🖵 18,50 – **29 ch** 76/240 – P 215/330.

XX **Claude Laffitte,** 38 r. Dessoles ☎ 05.04.18 – 🖭 ⓞ **E** 𝑉𝐼𝑆𝐴   AY **e**
fermé du 1ᵉʳ au 15 juin, 1ᵉʳ au 15 nov., lundi (sauf du 1ᵉʳ juil. au 30 sept.) et dim. soir
– SC : **R** 68/250.

à Robinson par ④ : 2 km – ⊠ 32000 Auch :

🏠 **Robinson** sans rest, rte Tarbes ☎ 05.02.83 – 🛏wc 🚿wc 🚗 **P**. **E**
SC : 🖵 17,50 – **26 ch** 120/180.

XXX ✿ **Toulousy,** ☎ 05.22.79, 🌳 – **P**. 🖭 ⓞ **E** 𝑉𝐼𝑆𝐴 _(transfert prévu à Toulouse)_
fermé 5 au 19 fév., dim. soir et lundi (sauf juil.-août) – **R** 80/190
Spéc. Ravioli de foie gras frais, Poissons, Filet de veau à la crème. **Vins** Jurançon, Côtes de St-Mont.

à Ste-Christie au Nord par ①, N 21 et D 172 : 12 km – ⊠ 32290 Montestruc :

XX **Relais du Cardeneau,** ☎ 65.51.80 – **P**. ⓞ
fermé janv. et lundi – SC : **R** 60/200 🖵.

MICHELIN, Entrepôt, Z.I. Est, chemin d'Engachies par ② ☎ 63.13.19

ALFA-ROMEO, FIAT Beaulieu-Auto-Sce, rte Tarbes ☎ 05.57.45
FORD Lamazouère, 14 pl. anc.-Foirail ☎ 05.63.07
PEUGEOT, TALBOT Téchené, rte Toulouse par ② ☎ 63.15.44
RENAULT S.A.D.A.G., rte Toulouse par ② ☎ 63.11.33

V.A.G. Gd Gar. Auscitain, 50 av. de la Marne ☎ 63.01.77

🅖 Rivière, 193 r. Victor-Hugo ☎ 05.64.21
Solapneu, Zone Ind. Nord, rte Agen ☎ 63.14.41

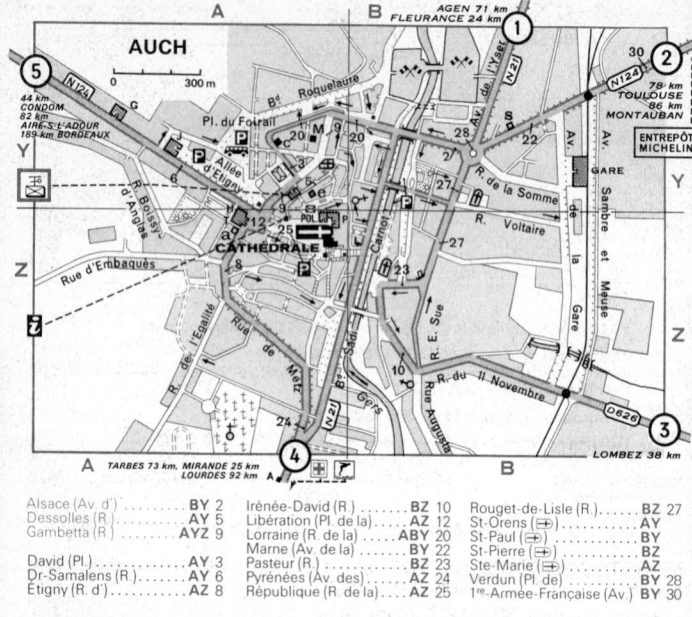

AGEN 71 km
FLEURANCE 24 km

AUCH

0   300 m

44 km CONDOM
82 km AIRE-S-L'ADOUR
189 km BORDEAUX

78 km TOULOUSE
86 km MONTAUBAN

ENTREPÔT MICHELIN

TARBES 73 km, MIRANDE 25 km
LOURDES 92 km

LOMBEZ 38 km

Alsace (Av. d')	**BY** 2	Irénée-David (R.)	**BZ** 10	Rouget-de-Lisle (R.)	**BZ** 27
Dessolles (R.)	**AY** 5	Libération (Pl. de la)	**AZ** 12	St-Orens (➩)	**AY**
Gambetta (R.)	**AYZ** 9	Lorraine (R. de la)	**ABY** 20	St-Paul (➩)	**BY**
		Marne (Av. de la)	**BY** 22	St-Pierre (➩)	**BZ**
David (Pl.)	**AY** 3	Pasteur (R.)	**BZ** 23	Ste-Marie (➩)	**AZ**
Dr-Samalens (R.)	**AY** 6	Pyrénées (Av. des)	**AZ** 24	Verdun (Pl. de)	**BY** 28
Étigny (R. d')	**AZ** 8	République (R. de la)	**AZ** 25	1re-Armée-Française (Av.)	**BY** 30

AUDIERNE 29113 Finistère 🖪🖪 ⑬ 🕲 G. Bretagne – 3 094 h. – 🕲 98.

Voir Site★ – Chapelle de St-Tugen★ O : 4,5 km.

🖪 Office de Tourisme pl. Liberté (15 juin-31 oct. et fermé dim.) ☎ 70.12.20.

Paris 591 – Douarnenez 22 – Pointe du Raz 15 – Pont-l'Abbé 32 – Quimper 35.

🏫 ✿ **Le Goyen** (Bosser) 🖾, sur le port ☎ 70.08.88, ≤ – 🛗 📺 ⇔wc 🛱wc ☎ 🅿 – 🛦 30. 🖭. 🛠 rest
fermé mi-nov. à mi-déc., en fév. sauf vacances scol. et lundi hors sais. sauf fériés –
SC : **R** 105/260 – ⊈ 28 – **29 ch** 190/210, 5 appartements 356
Spéc. Ragoût de homard au basilic, Poissons, Aiguillette de canard au vinaigre d'hydromel.

🏫 **Roi Gradlon**, sur la plage ☎ 70.04.51, ≤ – ⇔wc 🛱wc ☎
1er mars-30 nov. et fermé lundi hors sais. – SC : **R** 58/155 – ⊈ 22 – **17 ch** 140/220
– P 190/245.

🏠 **Cornouaille** sans rest, face au port ☎ 70.09.13, ≤ – ⇔wc 🛱wc ☎ 🕾 🚗. 🛠
1er juil.-fin sept. – SC : ⊈ 18 – **10 ch** 105/230.

PEUGEOT Bonis, ☎ 70.07.57

AUDINCOURT 25400 Doubs 🖪🖪 ⑧ 🕲 G. Jura – 17 580 h. alt. 322 – 🕲 81.

Voir Église du Sacré-Coeur★ B.

Paris 481 – ◆Bâle 66 – Baume-les-D. 45 – Belfort 21 – ◆Besançon 79 – Montbéliard 6 – Morteau 70.

Voir plan de Montbéliard agglomération

à Taillecourt N : 1,5 km rte de Sochaux – ✉ 25400 Audincourt :

🍴🍴🍴 **Aub. La Gogoline,** ☎ 94.54.82, 🛲 – 🅿. 🖭 ⓞ 💳   CY **k**
fermé 1er au 20 sept., vac. de fév., sam. midi, dim. soir et lundi midi – SC : **R** 90/180.

🍴🍴 **Cigogne d'Alsace,** ☎ 94.54.49 – 🅿   CY **a**
fermé août, dim. soir et lundi – SC : **R** 51/150.

V.A.G. Nass, Zone Ind. des Arbletiers ☎ 35.
59.68

Pneus et Services D.K 33 r. Audincourt, Exin-
court ☎ 94.51.36

🅰 Kautzmann, Zone Ind. des Arbletiers, r. de
Belfort ☎ 35.56.32

AUDRESSELLES 62 P.-de-C. 🖪🖪 ① – 538 h. alt. 10 – ✉ 62164 Ambleteuse – 🕲 21.

Paris 313 – Boulogne-sur-Mer 13 – ◆Calais 29 – St-Omer 59.

🏠 **Nouvel H. et rest. Champenois,** ☎ 32.94.68 – 🛱wc 🅿. 🖪 💳 🛠
15 mars-15 nov. et fermé merc. sauf juil.-août – SC : **R** 61/115 👶 – 🍽 15 – **12 ch**
120/180.

AUDRIEU 14 Calvados 55 ⑪ – rattaché à Bayeux.

AUDUN-LE-TICHE 57390 Moselle 57 ③ – 6 391 h. alt. 317 – ✿ 8.
Paris 328 – Longwy 23 – Luxembourg 23 – ◆Metz 57 – Thionville 28 – Verdun 62.

🏠 **Poste**, 59 r. Mar.-Foch ☎ 283.10.40 – ➡ 🛎wc ☎ 🚗 **P** – 🔏 40. 🖭 ◑ **E** 𝓥𝓘𝓢𝓐
fermé 4 au 16 mars – SC : **R** *(fermé dim. soir et lundi midi)* 55/110 🍷 – ☱ 15 – **15 ch**
70/180 – P 165/200.

CITROEN Doll, 610 r. S. Allende ☎ 283.23.96   RENAULT Rea, r. du Moulin ☎ 283.21.72 **N** ☎
PEUGEOT-TALBOT Blasi, 467 r. Clemenceau   289.19.94
☎ 283.21.63 **N**

AUIGNAC 24 Dordogne 72 ⑮ – rattaché à Nontron.

AULAS 30 Gard 80 ⑯ – rattaché au Vigan.

AULNAY 17 Char.-Mar. 72 ② G. Côte de l'Atlantique – 1 505 h. alt. 89.
Voir Église St-Pierre★★.
Paris 420 – Poitiers 83 – St-Jean-d'Angély 18.

AULNAY-SOUS-BOIS 93 Seine-St-Denis 56 ⑪, 101 ⑰ – voir à Paris, Environs.

AULT 80460 Somme 52 ⑤ G. Nord de la France – 2 058 h. alt. 21 – ✿ 22.
Paris 171 – Abbeville 30 – ◆Amiens 75 – Blangy-sur-Bresle 27 – Dieppe 38 – Le Tréport 11.

🏠 **Malvina**, à Onival ⊠ 80460 Ault ☎ 25.40.43 – ➡wc 🛎 **P**
➡ *fermé oct. et 15 au 31 janv.* – SC : **R** *(fermé vend. soir, dim. soir hors vac. scolaires
et hors sais.)* 45/50 🍷 – ☱ 14 – **28 ch** 50/125 – P 125/160.

CITROEN Gar. Grandsert, ☎ 25.40.14 **N**

AULUS-LES-BAINS 09 Ariège 86 ③④ G. Pyrénées – 208 h. alt. 762 – ⊠ 09140 Seix –
✿ 61.
🛈 Syndicat d'Initiative allées Thermes (1er juil.-30 sept.) ☎ 66.94.59 et à la Mairie (fermé sam.
après-midi et dim.) ☎ 66.93.55.
Paris 833 – Foix 77 – Oust 16 – St-Girons 33.

🏠 **Beauséjour**, ☎ 66.93.00, ≤, 🌳 – ➡wc 🛎wc **P**. 🍴 rest
juil.-août et vacances de fév. – ☱ 19 – **33 ch** 110/170 – P 160/230.

🏨 **France**, ☎ 66.93.15, ≤, 🌳 – **P**. 🍴 rest
➡ *fermé 10 oct. au 10 déc.* – SC : **R** 50/120 – ☱ 9 – **30 ch** 50/120 – P 120/150.

AUMALE 76390 S.-Mar. 52 ⑯ G. Normandie – 3 023 h. alt. 131 – ✿ 35.
Paris 124 ② – ◆Amiens 45 ② – Beauvais 48 ③ – Dieppe 62 ⑤ – Gournay-en-Bray 38 ③ – ◆Rouen 71
⑤.

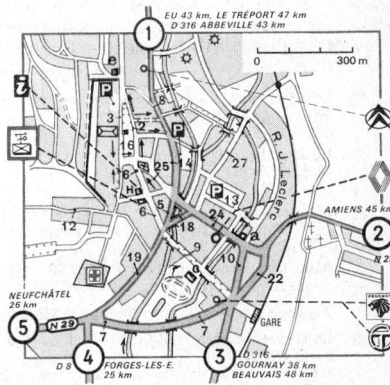

🏠 **Dauphin**, r. St-Lazare (a) ☎ 93.41.92 – ➡wc 🛎 **P**. 🖭 𝓥𝓘𝓢𝓐
➡ *fermé 20 déc. au 20 janv., dim. soir et lundi* – SC : **R** 50/110 – ☱ 15 – **11 ch** 75/120.

🍴🍴 **Mouton gras**, 2 r. de Verdun (e) ☎ 93.41.32, « Maison normande fin 17e s. bel
intérieur », 🌳 – **P**. 🖭 ◑ 𝓥𝓘𝓢𝓐. 🍴
➡ *fermé 16 août au 10 sept., lundi soir et mardi* – SC : **R** 90.

143

à Sénarpont-Gare par ① : 14 km – ✉ **76340** Blangy-sur-Bresle :

✕ **Gare,** ☎ **93.55.30** – Ⓟ. AE ⓓ E VISA
fermé 26 juin au 16 juil., 24 déc. au 7 janv., dim. soir et lundi sauf fêtes – SC : **R** (week-end prévenir) 50/140 ♁.

CITROEN Legrand, ☎ 93.42.04
PEUGEOT-TALBOT Gar. Fertun, ☎ 93.41.21
RENAULT Ducrocq, ☎ 93.41.17 N
Gar. Le Dain, ☎ 93.42.68 N

AUMONT-AUBRAC 48130 Lozère 76 ⑮ – 1 049 h. alt. 1 043 – ☎ 66.

Paris 535 – Espalion 58 – Marvejols 23 – Mende 42 – Le Puy 91 – St-Chély-d'Apcher 10.

Chez Camillou M, N 9 ☎ 42.80.22 – |♦| ⇔wc ☎ Ⓟ – 🏛 80. E VISA
fermé 2 nov. au 20 déc. – SC : **R** 51/105 – ☕ 17,50 – **41 ch** 145/165 – P 165/220.

❀ **Gd H. Gare** (Prouheze), ☎ 42.80.07 – TV ⇔wc ⋒wc ☎ Ⓟ – 🏛 35. AE ⓓ E VISA
1er fév.-31 oct. – SC : **R** 95/230 – ☕ 22 – **30 ch** 160/280 – P 230/260
Spéc. Cassolette d'escargots aux cèpes, Escalopes de truite aux mousserons, Délice de canette au miel.

Gar. Benoit, ☎ 42.80.17

AUNAY-SUR-ODON 14260 Calvados 54 ⑮ **G. Normandie** – 3 039 h. alt. 188 – ☎ 31.

Voir Village★.

Paris 269 – ♦Caen 29 – Falaise 40 – Flers 36 – St-Lô 39 – Vire 32.

✕✕ **St-Michel** avec ch, **r. Caen** ☎ **77.63.16** – Ⓟ. ✻ ch
fermé vacances de nov., en janv., dim. soir et lundi hors sais. – SC : **R** 38/100 ♁ – ☕ 15 – **7 ch** 67 – P 161.

CITROEN Liébard, ☎ 77.62.10
PEUGEOT Gar. de l'Odon, ☎ 77.62.88
RENAULT Aunay-Gar., ☎ 77.63.48

AUPS 83630 Var 84 ⑥ **G. Côte d'Azur** – 1 652 h. alt. 505 – ☎ 94.

Paris 854 – Aix-en-Provence 93 – Castellane 72 – Digne 84 – Draguignan 29 – Manosque 60.

Auberge de la Tour ⛰, ☎ **70.00.30** – ⇔wc ⋒wc ☎ ♿
SC : **R** 55/134 – ☕ 16,50 – **24 ch** 130/170 – P 192/205.

à Moissac-Bellevue NO : 7 km par D 9 – ✉ **83630** Aups :

Le Calalou M ⛰, ☎ **70.03.16**, ←, ⛱, ⛱, 🌳, ✂ – ⇔wc ⋒wc ☎ Ⓟ. AE E
15 mars-15 déc. et fermé lundi hors sais. – SC : **R** 85/125 – ☕ 27 – **39 ch** 176/225 – P 275/324.

RENAULT Gar. Louis, ☎ 70.00.54

AURAY 56400 Morbihan 63 ② **G. Bretagne** – 10 185 h. alt. 36 – ☎ 97.

Voir Quartier St-Goustan★ – Promenade du Loch ←★ – Église St-Gildas★ **B** – Ste-Avoye : Jubé★ et charpente★ de l'église 4 km par ①.

⛳18 de St-Laurent-Ploërmel ☎ **56.85.18, par** ③ : **11 km** – 🚗 ☎ **24.02.02.**

ℹ Office de Tourisme pl. République (fermé sam. après-midi hors sais. et dim.) ☎ 24.09.75.

Paris 474 ① – Lorient 36 ④ – Pontivy 48 ⑤ – Quimper 97 ④ – Vannes 18 ①.

Plan page ci-contre

Loch et rest. La Sterne M ⛰, **quartier Petite Forêt** ☎ **56.48.33**, 🌳 – |♦| ⇔wc ☎ Ⓟ – 🏛 50. E VISA. ✻ rest
SC : **R** *(fermé lundi du 1er sept. au 30 juin)* 60/170 ♁ – ☕ 17,50 – **30 ch** 166/208.

Le Branhoc M sans rest, **1,5 km par rte du Bono** ☎ **56.41.55**, 🌳 – ⇔wc ⋒wc ☎ ♿ Ⓟ. E VISA
SC : ☕ 15 – **15 ch** 150/175.

Mairie, 24 pl. Mairie **(r)** ☎ **24.04.65** – ⇔wc ⋒wc ☎. ✻ ch
fermé fin sept. à début nov., sam. soir et dim. hors sais. – SC : **R** 50/110 – ☕ 16,50 – **21 ch** 85/182.

✕ **Aub. La Plaine,** r. Lait **(v)** ☎ **24.09.40** – ⋒
fermé 15 au 30 mars, 15 oct. au 10 nov. et mardi – SC : **R** 50/120.

à Baden par ① et D 101 : 9 km – ✉ **56870** Baden :

Le Gavrinis M, à Toul-Broche E : 2 km ☎ **57.00.82**, 🌳 – ⇔wc ⋒wc ☎ Ⓟ – 🏛 30. E VISA. ✻ rest
fermé 16 nov. au 15 janv., dim. soir hors sais. et lundi (sauf hôtel en sais.) – SC : **R** 55/200 – ☕ 19 – **22 ch** 65/200.

CITROEN Olliveaud, rte de Ste-Anne-d'Auray, Kerfontaine par ① ☎ 24.01.71 N ☎ 55.04.34
PEUGEOT-TALBOT Laine, rte Lorient, par ④ ☎ 24.05.14 N ☎ 24.94.34
RENAULT S.C.A.D.A., Rte de Ste Anne d'Auray par ① ☎ 24.05.94
V.A.G. Kermorvant, rte de Quiberon, Zone Ind. ☎ 24.11.73

Ⓟ Auray-Pneus, r. de la Paix ☎ 56.50.55

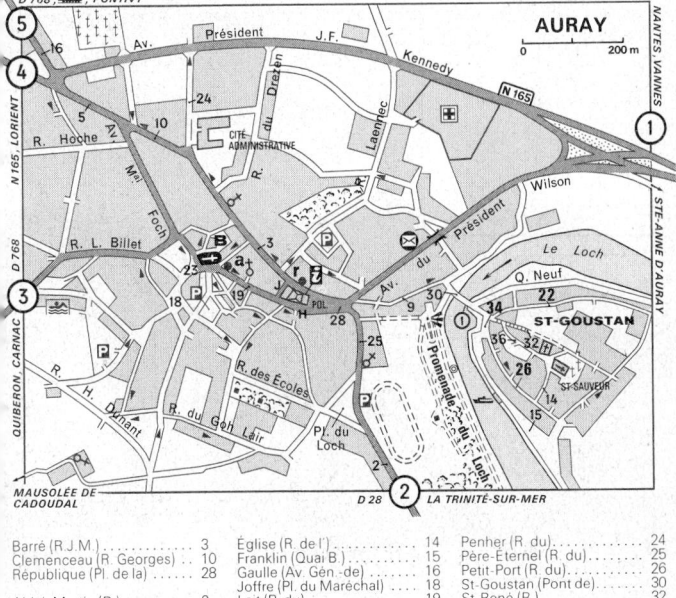

Barré (R.J.M.) 3	Église (R. de l') 14	Penher (R. du) 24
Clemenceau (R. Georges) .. 10	Franklin (Quai B.) 15	Père-Eternel (R. du) 25
République (Pl. de la) 28	Gaulle (Av. Gén.-de) 16	Petit-Port (R. du) 26
	Joffre (Pl. du Maréchal) 18	St-Goustan (Pont de) 30
Abbé-Martin (R.) 2	Lait (R. du) 19	St-René (R.) 32
Briand (R. Aristide) 5	Neuve (R.) 22	St-Sauveur (Pl.) 34
Château (R. du) 9	Notre-Dame (Pl.) 23	St-Sauveur (R.) 36

AUREC-SUR-LOIRE 43110 H.-Loire **76** ⑧ – 4 563 h. alt. 432 – ✪ 77 (Loire).

🛈 Office de Tourisme 17 r. du Monument (1er juil.-15 sept. et fermé dim. après-midi) �🅟 35.42.65 et 9 r. du Monument (fermé dim. après-midi et lundi) �🅟 35.40.48.

Paris 542 – Firminy 11 – Montbrison 42 – Le Puy 60 – ◆St-Étienne 21 – Yssingeaux 33.

※※   **Watelet** avec ch, à la gare �🅟 35.40.07, 🦋 – ⌷wc ⊕. ※ ch
fermé fév., dim. soir et lundi – SC : **R** 55/160 ⅃ – ⌸ 18 – **7 ch** 95/150.

   à Semène NE : 3 km par D 46 – ✉ 43110 Aurec-sur-Loire :

🏠   **Coste,** �🅟 35.40.15, 🦋 – ⊕ – ⌂ 30
◆   fermé août, dim. soir et lundi – SC : **R** 38/112 ⅃ – ♨ 13 – **6 ch** 61 – P 116.

PEUGEOT-TALBOT Verot, �🅟 35.41.03 **N**   RENAULT Parrat, �🅟 35.40.01

AUREL 84 Vaucluse **81** ⑭ – rattaché à Sault.

AURILLAC 🅟 15000 Cantal **76** ⑫ G. Auvergne – 33 197 h. alt. 631 – ✪ 71.

Voir Maison des Volcans** (Château St-Étienne) CX **D** – Route des Crêtes** NE par D 35, CX – 🛈 Office de Tourisme pl. Square (fermé dim. hors sais.) �🅟 48.46.58.

Paris 546 ② – Brive-la-G. 98 ④ – ◆Clermont-Fd 160 ② – Montauban 167 ③ – Montluçon 224 ④.

Plan page suivante

🏛🏛   **La Thomasse** Ⓜ ※ sans rest, r. Dr.-Mallet �🅟 48.26.47, 🦋 – ☎ 🕭 ⊕. 🆎 ⓞ **VISA**
SC : ⌸ 24 – **21 ch** 190/200.   AZ **d**

🏛🏛   **Gd. H. St-Pierre,** Prom. du Gravier �🅟 48.00.24, Télex 393160 – 🛗 ⇔ ⊕. 🆎 ⓞ
Ⓔ **VISA**   CY **a**
fermé nov. – SC : **R** *(fermé dim. soir et lundi midi de déc. à fin mai)* 60/220 ⅃ – ⌸ 25 – **30 ch** 120/300 – P 235/325.

🏛   **La Ferraudie** Ⓜ ※ sans rest, 15 r. Bel Air �🅟 48.72.42 – 🛗 📺 ⌷wc ☎ ⊕. Ⓔ
VISA ※   AZ **b**
SC : ⌸ 18 – **22 ch** 165/220.

🏛   **Bordeaux** sans rest, 2 av. République �🅟 48.01.84, Télex 990316 – 🛗 📺 ⌷wc
🕭wc ☎ ⇔ – ⌂ 25 à 40. 🆎 ⓞ Ⓔ **VISA**   BY **r**
fermé 20 déc. au 20 janv. – SC : ⌸ 22 – **37 ch** 160/230.

🏛   **Relax H.** Ⓜ, 113 av. Gén.-Leclerc par rte de Rodez ③ �🅟 63.60.00, 🦋 – 🛗 ⌷wc
◆   🕭wc ☎ ⊕. Ⓔ **VISA** ※ rest
SC : **R** *(fermé dim.)* 45/75 ⅃ – ⌸ 20 – **30 ch** 140/210 – P 200/210.

145

AURILLAC

🏨 **Renaissance**, pl. Square ☎ 48.09.80 – 📶 flwc ☎. 🆅🅸🆂🅰 ⚡ ch   BY **k**
fermé 1er au 15 juil. et 20 déc. au 15 janv. – SC : **R** *(fermé dim. soir et lundi midi)*
60 ⚙ – ☲ 18 – **25 ch** 110/220.

🏨 **Voyageurs**, 4 pl. P.-Sémard ☎ 48.01.44 – 📶 ⌷wc flwc ☎. 🆀🅴 🆎 🅴 🆅🅸🆂🅰   AZ **n**
fermé nov. – SC : **R** *(fermé dim.)* 65/160 ⚙ – ☲ 18 – **30 ch** 123/220 – P 192/285.

🏛 **Univers**, 2 pl. P.-Sémard ☎ 48.24.57, 🎐 – 📶 flwc ☎ ⟵ 🆎 🅴. ❀   AZ **e**
SC : **R** 55/95 – ☲ 23 – **45 ch** 110/200.

🏛 **Terminus** sans rest, 8 r. Gare ☎ 48.01.17 – ⌷wc flwc ☎ ⟵   AZ **s**
SC : ☲ 17 – **22 ch** 75/190.

XX **Reine Margot**, 19 r. G.-de-Veyre ☎ 48.26.46 – 🅴 🆅🅸🆂🅰   BYZ **u**
fermé lundi sauf août – **R** 60/200 ⚙.

Les Quatre Chemins par ④ : 3,5 km – alt. 632 – ⊠ 15000 Aurillac

XX **La Crémaillère**, rte Tulle ☎ 48.10.70 – 🅿. 🆅🅸🆂🅰. ❀
fermé dim. – SC : **R** 57/137 ⚙.

MICHELIN, Entrepôt, 21 r. d'Estaing ABZ ☎ **48.32.23**

ALFA-ROMEO, VOLVO Tachet, 24 av. Cdt-
H.-Monraisse ☎ 63.76.15
BMW Couderc et Teissèdre, 9 r. A. Pinard ☎
48.22.23 🅽 ☎ 63.55.56
CITROEN Donnadieu, bd du Vialenc, Zone
Ind. de Lescudilier par r. F.-Maynard AZ ☎ 63.
53.80
CITROEN Gar. de la Plaine, à Jussac par ④ ☎
46.66.68
DATSUN Gar. Coste, 12 r. F.-Maynard ☎ 48.26.48
FIAT Gar. Moderne Ladoux, 29 r. P.-Doumer
☎ 48.37.86
FORD Gar. Dalbouze, Bd du Vialenc ☎ 64.
14.43
LADA, OPEL Vidal, 47 av. Pupilles-de-la-
Nation ☎ 48.01.51
MERCEDES-VAG Automobile Sce, av. G.
Pompidou ☎ 63.41.83

PEUGEOT-TALBOT Socauto, av. G.-Pompi-
dou, Zone Ind.-de Sistrières par ③ ☎ 63.66.00
PEUGEOT-TALBOT Gar. du Centre, 46 av. Pu-
pilles-de-la-Nation ☎ 48.08.84
PEUGEOT Socauto, à Jussac par ④ ☎ 46.60.55
RENAULT Malroux, 100 av. Ch.-de-Gaulle par
r. F.-Maynard AZ ☎ 63.76.22
RENAULT Gar. Moderne, 9 av. des Raux à
Jussac par ③ ☎ 46.65.23 🅽 ☎ 46.64.13

◉ Cantal-Pneu, 8 r. Gutenberg, Zone Ind. de
Lescudillier ☎ 63.57.30
Collange, 30 r. P.-Doumer ☎ 48.09.01
Estager-Pneu, rte Conthe ☎ 63.40.60
Ladoux-France-Pneus, 1 bd Verdun ☎ 48.17.01
Laval, av. Gén.-Leclerc ☎ 63.61.42
Maisonobe, 14 pl. du Square ☎ 48.03.03

AURIOL 13390 B.-du-R. 🎱🎲 ⑭ – 5 222 h. alt. 192 – ✪ 42.

Paris 789 – Aix-en-Provence 27 – Brignoles 38 – ♦Marseille 28 – ♦Toulon 56.

🏠 **Commerce** ॐ, ℙ 04.70.25 – 🍴 🗐 🅿. ❄️
fermé fév. et merc. sauf juil. et août – SC : **R** 65/90 – ☲ 12 – **11 ch** 75/95 – P 110.

AURON 06 Alpes-Mar. 🎱① ⑨, 🔢🔢 ④ G. Côte d'Azur – alt. 1 608 – Sports d'hiver : 1 600/2 450 m
🚡2 ✚23 ✚ – ⊠ **06660** St-Étienne-de-Tinée – ✪ 93.

Voir Décor peint★ de la chapelle St-Érige – SO : Las Donnas ≼★★ par téléphérique.

🎫 Office de Tourisme Immeuble la Ruade ℙ 23.02.66, Télex 470300.

Paris 802 – Barcelonnette 65 – Cannes 117 – ♦Nice 98 – St-Étienne-de-Tinée 7.

🏨 **Pilon** ॐ, ℙ 23.00.15, ≼, patinoire, 🏊(été) – 🛗 🅿. 🆎 ⓪ 🆅🆂🅰. ❄️ rest
1er juil.-31 août et 15 déc.-20 avril – SC : **R** grill (hiver : dîner seul. ; été : déjeuner
seul.) carte environ 140 – **26 ch** ☲ 210/410, 4 appartements 630.

🏨 **Savoie**, ℙ 23.02.51, ≼, 🍽 – 🛗 ☎ – 🏂 60. ❄️ rest
23 juin-9 sept. et 17 déc.-mi-avril – SC : **R** 90/140 – ☲ 26 – **22 ch** 216/280 –
P 290/370.

🏠 **Las Donnas** ॐ, ℙ 23.00.03, ≼ – 🍴wc 🗐 🕾. ❄️
15 déc.-20 avril – SC : **R** 85 – ☲ 16 – **48 ch** 135/240 – P 175/275.

AUROUX 48 Lozère 🔟 ⑯ – 438 h. alt. 1 000 – ⊠ **48600** Grandrieu – ✪ 66.

Paris 563 – Langogne 15 – Mende 50 – Le Puy 54.

🏤 **France**, D 988 ℙ 69.05.02, ≼ – 🍴 🗐. ❄️ ch
fermé 15 déc. au 15 janv. – SC : **R** 42/75 – ☲ 11 – **23 ch** 52/95 – P 110/150.

AUSSOIS 73 Savoie 🔟 ⑧ G. Alpes – 501 h. alt. 1 489 – Sports d'hiver : 1 500/2 750 m ⬅10 –
⊠ **73500** Modane – ✪ 79.

Voir Site★ – Monolithe de Sardières★ NE : 3 km.

Paris 669 – Chambéry 108 – Lanslebourg-Mont-Cenis 16 – Modane 7 – St-Jean-de-Maurienne 38.

🏠 **Le Choucas** ॐ, ℙ 05.02.77, ≼ – 🍴wc 🕾. 🆅🆂🅰. ❄️ rest
1er juin-30 sept. et 1er déc.-30 avril – SC : **R** 55/65 – ⬤ 16 – **28 ch** 110/130 – P 180.

🏠 **Soleil**, ℙ 05.02.42 – 🍴wc 🗐🕾 ☎ 🅿. ❄️ rest
10 juin-15 oct. et 10 déc.-15 mai – SC : **R** 45/60 🥄 – **23 ch** ☲ 70/125 – P 160/170.

AUTERIVE 31190 H.-Gar. 🎱② ⑱ – 5 436 h. alt. 186 – ✪ 61.

Paris 742 – Carcassonne 87 – Castres 82 – Muret 20 – St-Gaudens 74 – ♦Toulouse 33.

🏠 **Pyrénées,** rte Espagne ℙ 50.61.43 – 🗐 🚗. **E**
fermé 25 oct. au 30 nov. et lundi de déc. à juin – SC : **R** 41/150 – ☲ 15 – **16 ch**
57/89 – P 140 bc/150 bc.

CITROEN Gimbrède N 20 ℙ 50.61.48

AUTOROUTES Consultez l'**Atlas Michelin des autoroutes de France,**.

Motels sur autoroute, voir à : Beaune, Mâcon, Nemours, Péronne, Salon-de-Provence.

AUTRANS 38880 Isère 🔟 ④ – 1 595 h. alt. 1 050 – Sports d'hiver : 1 050/1 610 m ⬅12, ✚ – ✪ 76.

🎫 Syndicat d'Initiative pl. Mairie (fermé dim. et merc. hors saison) ℙ 95.30.70, Télex 980718.

Paris 589 – ♦Grenoble 36 – Romans-sur-Isère 58 – St-Marcellin 45 – Villard-de-Lans 15.

🏠 **La Buffe**, ℙ 95.33.26, ≼ – 🍴wc 🗐wc 🕾 🅿. 🆎 **E** 🆅🆂🅰. ❄️ rest
1er juin-3 sept. 15 oct.-15 avril, fermé mardi soir et merc. en juin, oct. et nov. –
SC : **R** 66/130 – ☲ 19,50 – **18 ch** 185 – P 235/280.

🏠 **Poste**, ℙ 95.31.03, 🍽, 🚗 – 🍴wc 🗐 ☎. **E** 🆅🆂🅰. ❄️ rest
fermé 20 avril au 5 mai et 15 oct. au 15 déc. – SC : **R** 50/150 – ☲ 17,50 – **30 ch**
115/150 – P 185/205.

🏠 **Ma Chaumière**, ℙ 95.30.12, 🏊 – 🍴wc ☎. **E**. ❄️ ch
15 juin-20 sept. et 1er déc.-30 avril – SC : **R** 55/75 – ☲ 16 – **20 ch** 90/150 –
P 175/200.

🏠 **Feu de Bois**, ℙ 95.33.32, ≼, 🚗 – 🅿
1er juil.-30 sept. et 15 déc.-fin mai – SC : **R** 55/90 – ☲ 18 – **15 ch** 100/120 –
P 160/180.

à Méaudre S : 5,5 km – ⊠ **38112** Méaudre :

🏠 **Prairie** ॐ, ℙ 95.22.55, ≼, 🚗 – 🍴wc ☎ 🚗 🅿
fermé 15 oct. au 15 nov. – SC : **R** 50/120 🥄 – ☲ 20 – **23 ch** 110/145 – P 195.

PEUGEOT Gouy et Velay, ℙ 95.30.04 **N**   RENAULT Joubert, ℙ 95.30.22 **N** ℙ 95.36.20

AUTREVILLE 88 Vosges 🎱② ④ – 119 h. alt. 308 – ⊠ **88300** Neufchâteau – ✪ 8.

Paris 313 – ♦Nancy 44 – Neufchâteau 20 – Toul 23.

✕ **L'Auberge Fleurie**, ℙ 352.04.35 – ❄️
fermé du 16 au 30 sept. et sam. – SC : **R** 47/96 🥄.

AUTRY-LE-CHÂTEL 45 Loiret **65** ② – 944 h. alt. 195 – ⊠ **45500** Gien – ☺ 38.

Paris 163 – Bonny-sur-Loire 23 – Bourges 71 – Gien 11 – ♦Orléans 75.

XX **Commerce** avec ch, ℡ 36.81.40 – 🚗. **VISA**
   ◆ *fermé 16 au 31 juil., 13 au 28 fév. et dim. sauf fêtes* – SC : **R** 50/90 – � 10 – **10 ch**
   60 – P 130/150.

AUTUN ◁SP▷ 71400 S.-et-L. **69** ⑦ G. Bourgogne – 16 320 h. alt. 306 – ☺ 85.

Voir Cathédrale★★ : tympan★★★ BZ – Porte St-André★ BY **E** – Grilles★ du lycée
Bonaparte AZ **B** – Manuscrits★ (bibliothèque de l'Hôtel de ville) BZ **H** – Musée Rolin★ :
statuaire romane★★, Nativité★ du Maître de Moulins et vierge★★ BZ **M1**.

Env. Château de Sully★★ 15 km par ③ – Croix de la Libération ≼★ SO : 6 km par D 120
BZ.

🗊 Office de Tourisme avec A.C. 3 av. Ch. de Gaulle (fermé sam. après-midi et dim. hors saison)
℡ 52.20.34.

Paris 293 ① – Auxerre 128 ① – Avallon 80 ① – Chalon-sur-Saône 53 ④ – ♦Dijon 85 ② – ♦Lyon 179
④ – Mâcon 112 ④ – Moulins 98 ⑤ – Nevers 103 ⑥ – Roanne 121 ⑤ – Vichy 138 ⑤.

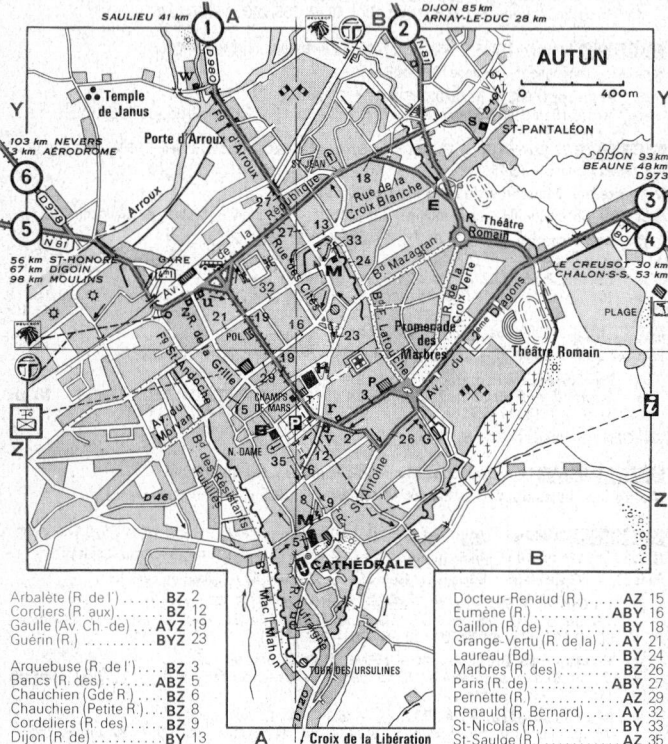

Arbalète (R. de l')	BZ 2	Docteur-Renaud (R.)	AZ 15
Cordiers (R. aux)	BZ 12	Eumène (R.)	ABY 16
Gaulle (Av. Ch.-de)	AYZ 19	Gaillon (R. de)	BY 18
Guérin (R.)	BYZ 23	Grange-Vertu (R. de la)	AY 21
		Laureau (Bd)	BY 24
Arquebuse (R. de l')	BZ 3	Marbres (R. des)	BZ 26
Bancs (R. des)	ABZ 5	Paris (R. des)	ABY 27
Chauchien (Gde R.)	BZ 6	Pernette (R.)	AZ 29
Chauchien (Petite R.)	BZ 8	Renaud (R. Bernard)	AY 32
Cordeliers (R. des)	BZ 9	St-Nicolas (R.)	BY 33
Dijon (R. de)	BY 13	St-Saulge (R.)	AZ 35

A / Croix de la Libération

🏨 **Ursulines** Ⓜ ⑤, 14 r. Rivault ℡ 52.68.00, Télex 801958, ≤, 🚗 – 📺 ☎ ৬ 🚗 –
   🔒 200. 🆎 ⓪ **VISA**. ✁ rest   AZ **e**
   fermé 6 déc. au 15 janv. – SC : **R** *(fermé merc.)* 80/185 – district 24 – **25 ch** 185/
   215, 4 appartements 350 – P 294/379.

🏨 **St-Louis**, 6 r. Arbalète ℡ 52.21.03, 🏤 – 📺 🛁wc 🛁wc ☎ 🅿 🆎 ⓪ **E** **VISA**
   15 mars-15 nov. – SC : **R** *(fermé mardi midi)* 55/120 🍷 – district 20 – **52 ch** 85/265 –
   P 265/335.   BZ **v**

🏨 **Moderne et Tête Noire**, 3 r. Arquebuse ℡ 52.25.39 – 🛁wc 🛁wc ☎ 🚗. **E**
   VISA   BZ **r**
   fermé mars, 20 au 31 oct. et sam. (sauf hôtel en sais.) – SC : **R** 53/99 🍷 – district 14 –
   20 ch 75/170.

🏨 **Arcades** sans rest, 22 av. République ℡ 52.30.03 – 🛁wc 🛁wc ☎   AY **u**
   15 mars-15 nov. – SC : district 16 – **38 ch** 66/190.

AUTUN

🏠 **France** sans rest, 18 av. République ℡ 52.14.00 – 🛁wc 🛠   AY **z**
SC : 🍴 13,50 – **23 ch** 60/140.

🏠 **Commerce Touring H.**, 20 av. République ℡ 52.17.90 – 🛁 🛠 **🅿. E**   AY **u**
← *fermé lundi* 40/90 🍴 – 🍴 13,50 – **23 ch** 70/125.

XXX **Host. Vieux Moulin** 🌾 avec ch, porte Arroux D 980 ℡ 52.10.90, �, « Joli
jardin au bord de l'eau » – 🛁wc 🛠wc 🕿 🚗 **🅿. AE ① VISA**   AY **w**
fermé 20 déc. au 1er mars, dim. soir et lundi hors sais. – SC : **R** 98/170 – 🍴 17 –
18 ch 73/200.

X **Chalet Bleu**, à St-Pantaléon par Porte St-André ✉ 71400 Autun ℡ 52.25.16   BY **s**
← *fermé 10 juin au 10 juil., dim. soir et mardi* – SC : **R** 40/110.

    par ⑥ : 3 km – ✉ **71400** Autun :

XX **Clef des Champs**, face aérodrome ℡ 52.12.30, 🌾 – **🅿. E**
fermé 1er au 28 fév., dim. soir et lundi – SC : **R** (nombre de couverts limité-prévenir)
75/140.

ALFA-ROMEO, MERCEDES, TOYOTA De-
planque, Zone Ind., rte d'Arnay RN 494 ℡ 52.
20.02
BMW, LANCIA-AUTOBIANCHI Bosset, 28 r.
B.-Renault ℡ 52.30.21
CITROEN Auto-Gar. Lemaître, 56 rte d'Arnay,
Zone Ind. par ② ℡ 52.15.32 🅽
PEUGEOT, TALBOT Chardigny et Petit, Zone
Ind., rte d'Arnay à St-Pantaléon ℡ 52.13.10

PEUGEOT, TALBOT Blondeau, 8 av. Répu-
blique ℡ 52.31.84
RENAULT Autun-Automobile, rte de Moulins
N 81 par ⑤ ℡ 52.02.74

🅰 Agostini, carr. de la Légion ℡ 52.29.38
Gouillardon-Gaudry, rte Étang-s-Arroux, La
Verrerie ℡ 52.16.62
Tout pour le pneu, bd de l'Industrie ℡ 52.20.79

AUVERS-SUR-OISE 95430 Val-d'Oise 🗺 ⑳, 🗺 ⑥ G. Environs de Paris – 5 722 h. alt. 71
– ✪ 3.

🛈 Office de Tourisme Parc Van Gogh (fermé matin sauf sam. et dim.) ℡ 036.10.06.
Paris 36 – Beauvais 47 – Chantilly 29 – L'Isle-Adam 7 – Pontoise 6,5 – Taverny 6.

XX **Host. du Nord**, r. Gén.-de-Gaulle ℡ 036.70.74, 🌾, 🌾
← *fermé août, dim. soir et lundi* – SC : **R** 47, carte le dim..

AUVILLERS-LES-FORGES 08 Ardennes 🗺 ⑰ – 800 h. alt. 210 – ✉ 08260 Maubert-Fontaine
– ✪ 24.
Paris 228 – Charleville-Mézières 31 – Hirson 24 – Laon 69 – Rethel 56 – Rocroi 14.

XXX ✿✿ **Host. Lenoir** 🌾 avec ch, ℡ 54.30.11, 🌾 – 🛗 🛁wc 🛠wc 🕿 🅿. AE ① E
VISA
fermé janv., fév. et vend. – **R** (nombre de couverts limité - prévenir) 149 bc/199 et
carte – 🍴 19,50 – **21 ch** 100/205, 3 appartements 287
Spéc. Ravioles d'écrevisses, Noisettes d'agneau aux morilles, Pâtisseries et sorbets.

AUXERRE 🅿 89000 Yonne 🗺 ⑤ G. Bourgogne – 40 698 h. alt. 127 – ✪ 86.
Voir Cathédrale★★ : trésor★ BY – Ancienne abbaye St-Germain★ BY **E.**
Env. Gy-l'Évêque : Christ aux Orties★ de la chapelle 9,5 km par ③.
🛈 Office de Tourisme (fermé dim. hors sais.) 2 quai République ℡ 52.06.19 - A.C. 1 pl. St Etienne
℡ 92.11.74.
Paris 168 – Bourges 145 ④ – Chalon-sur-Saône 175 ② – Chaumont 141 ② – ♦Dijon 148 ② –
♦Lyon 298 ② – Nevers 112 ③ – ♦Orléans 150 ⑥ – Sens 57 ① – Troyes 81 ①.

Plan page suivante

🏠 **H. Le Maxime** Ⓜ, 2 quai Marine ℡ 52.14.19 – 🛗 🚗. AE ① E VISA 🍴   BY **e**
SC : **R** voir rest Maxime – 🍴 22 – **25 ch** 192/297.

🏠 **Normandie** sans rest, 41 bd Vauban ℡ 52.57.80 – 🛁wc 🛠wc 🕿 🚗 – 🅰 30.
AE ① E VISA 🍴   AY **b**
SC : 🍴 15 – **48 ch** 104/156.

🏠 **Les Clairions** Ⓜ 🌾, av. Worms par ⑥ ℡ 46.85.64, Télex 800039 – 🛗 📺 🛁wc
← 🛠wc 🕿 🅿 – 🅰 100. AE E VISA 🍴 rest
SC : **R** 45/105 🍴 – 🍴 17,50 – **42 ch** 160/185.

🏠 **Cygne** sans rest, 14 r. 24-Août ℡ 52.26.51 – 📺 🛁wc 🛠wc 🕿 🚗. VISA   AZ **r**
SC : 🍴 17 – **24 ch** 116/216.

🏠 **Seignelay**, 2 r. Pont ℡ 52.03.48 – 🛁wc 🛠 🚗 – 🅰 70   BZ **n**
fermé 11 janv. au 12 fév. et lundi d'oct. à juil. – SC : **R** 55/118 – 🍴 15 – **24 ch**
70/190.

🏠 **Commerce**, 5 r. R.-Schaefer ℡ 52.03.16 – 🛠wc 🚗 🚗. ① VISA   AZ **s**
fermé 16 au 30 déc. et dim. sauf hôtel en sais. – SC : **R** 55/135 🍴 – 🍴 15 – **20 ch**
82/165.

🏠 **Pont Paul Bert**, 4 av. Gambetta ℡ 46.90.26 – 🛁wc 🛠 🚗 – 🅰 25. VISA   BZ **a**
fermé sam. midi et dim. – **R** 62/110 🍴 – 🍴 20 – **16 ch** 78/156.

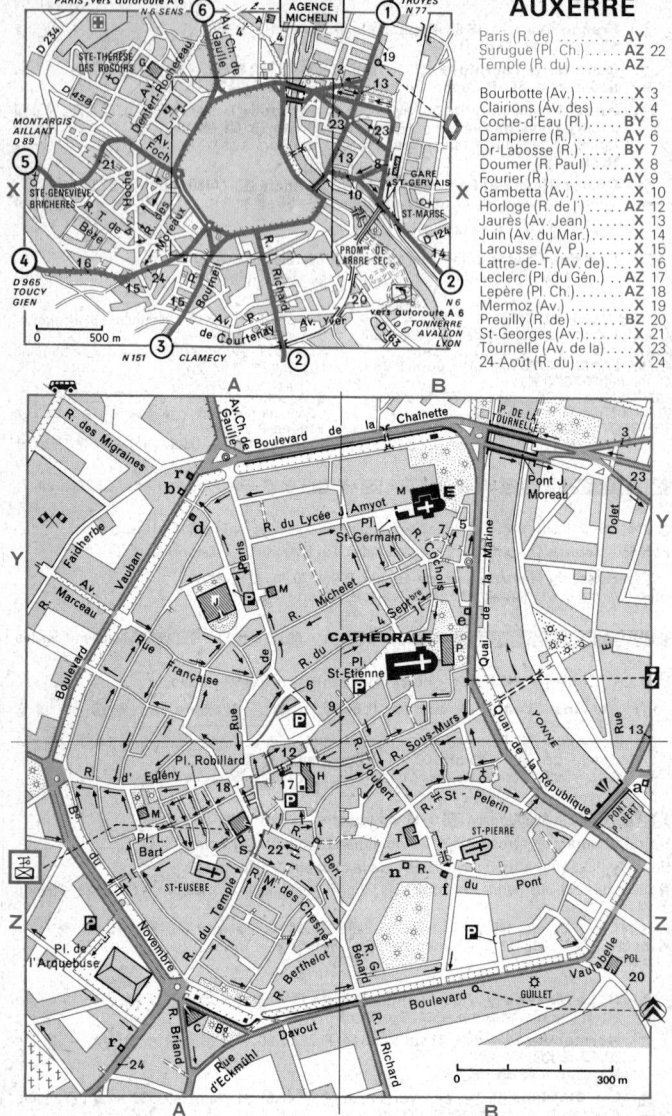

AUXERRE

XX **Rest. Maxime,** 5 quai Marine ☎ 52.04.41 – AE ⓘ E VISA   BY **e**
fermé vacances de fév., jeudi midi du 1ᵉʳ avril au 1ᵉʳ nov. et sam. du 1ᵉʳ nov. au 1ᵉʳ avril – SC : **R** 95/155.

XX ❀ **Jardin Gourmand** (Boussereau), 56 bd Vauban ☎ 51.53.52, 斋 – AE ⓘ VISA
fermé 1ᵉʳ au 15 mai, 1ᵉʳ au 16 sept., vacances de fév., mardi et merc. (hors sais.) et merc. de juin au 31 août – SC : **R** 89/195   AY **d**
Spéc. Melon de homard (juin à sept.), Turbot au vinaigre de framboises, Salade tiède de pigeonneau aux choux.

XX **La Marmite,** 34 r. Pont ☎ 51.08.83 – VISA   BZ **f**
fermé 1ᵉʳ au 22 juil., 1ᵉʳ au 8 mars, sam. soir, dim. et fériés – SC : **R** 63/140.

X **La Grilladerie,** 45 bis bd Vauban ☎ 46.95.70 – ▤. AE VISA   AY **r**
fermé 1ᵉʳ au 15 juin, 1ᵉʳ au 15 nov., lundi midi et dim. – SC : **R** carte 90 à 130 ♨.

à Vaux SE : 6 km par D 163 – ⊠ **89290** Champs-sur-Yonne :

※※ ❀ **La Petite Auberge** (Barnabet), ℡ 53.80.08, ≼ – **Ⓟ**. *VISA*. ※
fermé 2 au 16 juil., 17 fév. au 4 mars, dim. soir et lundi – SC : **R** 100/200
Spéc. Feuilleté de légumes, Ris de veau braisés, Gâteau fondant au chocolat.

à l'Aérodrome : 7 km par ⑥ et D 31 – ⊠ **89000** Auxerre :

🏨 **Les Bruyères** M ఏ, ℡ 53.07.22, Télex 800039 – 📺 ⛨wc ☎ **Ⓟ** – ⚙ 150. 🖭 **E**
VISA. ※ rest
1er mars-31 oct. – SC : **R** 45/105 ⅓ – ⴾ 17,50 – **36 ch** 160/215 – P 230/250.

à Champs-sur-Yonne par ② et N 6 : 11 km – ⊠ **89290** Champs-sur-Yonne :

※※ **Les Rosiers**, ℡ 53.31.11, ☞ – **Ⓟ**
fermé 15 déc. au 15 janv., mardi soir, dim. soir et merc. – SC : **R** 62/86.

à Chevannes par ③ et D1 : 8 km – ⊠ **89240** Pourrain :

※※ ❀ **La Chamaille** (Siri), ℡ 41.24.80, ☞ – **Ⓟ**. 🖭 ⓞ *VISA*
fermé 22 août au 5 sept., 23 au 26 déc., fév., mardi soir, dim. soir et merc. – SC : **R**
(nombre de couverts limité - prévenir) 98
Spéc. Feuilleté de saumon aux girolles, Foie de veau à la compote d'oignons, Filet de boeuf au jus
de truffes.

MICHELIN, Agence, r. Rozanoff, Z.A.C. des Pieds de Rats, X ℡ 46.98.66

ALFA-ROMEO, FIAT Noué, 14 r. J.-Ferry ℡ 46.98.27
CITROEN Auxerre Autos, 18 bd Vaulabelle ℡ 51.59.33
DATSUN, VOLVO Carette, 34 av. Charles-de-Gaulle ℡ 46.96.38
FORD Gd Gar. Gambetta, 8 av. Gambetta ℡ 46.97.18
MERCEDES-BENZ Europe-Auto, 11 av. Charles-de-Gaulle ℡ 46.90.23

PEUGEOT-TALBOT Gd Gar. de la Route de Paris, 31 av. Gén.-de-Gaulle par ⑥ ℡ 46.96.50
RENAULT SODIVA, 2 av. J.-Mermoz ℡ 46.75.75
V.A.G. Jeannin, 40-47 av. Charles-de-Gaulle ℡ 46.95.86

Ⓞ Auxerre-Pneus, 7 av. Marceau ℡ 52.09.22
Pneu-Centre, rte de Troyes ℡ 52.58.94
S.O.V.I.C. 14 allée Frères Lumière ℡ 46.93.57

AUXEY-DURESSES 21 Côte-d'Or 🖥🖥 ⑨ G. Bourgogne – 345 h. alt. 260 – ⊠ **21190** Meursault – 🕲 80.

Voir Site★ du château de la Rochepot SO : 5 km.

Paris 324 – Arnay-le-Duc 30 – Autun 40 – Beaune 8 – Chagny 12.

※※ **La Crémaillère**, ℡ 21.22.60 – **Ⓟ**. ※
fermé 1er fév. au 15 mars, lundi soir et mardi – SC : **R** 70/130.

AUXONNE 21130 Côte-d'Or 🖥🖥 ⑬ G. Bourgogne – 7 868 h. alt. 188 – 🕲 80.

🖪 Office de Tourisme Porte de Comté (fermé dim. et lundi) ℡ 37.34.46.

Paris 345 – ◆Dijon 32 – Dole 16 – Gray 36 – Vesoul 80.

🏨 **Corbeau,** 1 r. Berbis ℡ 38.11.88 – ⛨wc 🁢 ☎ **Ⓟ**. 🖭 ⓞ **E** *VISA*. ※ ch
fermé 20 déc. au 24 janv., dim. soir d'oct. au 1er avril et lundi (sauf hôtel) – SC : **R**
52/120 – ⴾ 15 – **10 ch** 113/160.

à Villers-les-Pots NO : 5 km par N 5 et D 976 – ⊠ **21130** Auxonne :

🏨 **Aub. du Cheval Rouge,** ℡ 37.34.11, ☞ – ⛨wc 🁢 ☎ **Ⓟ**
fermé sam. de oct. à mars – SC : **R** 45/110 – ⴾ 15 – **10 ch** 90/122 – P 135/150.

aux Maillys S : 8 km par D 20 – ⊠ **21890** les Maillys :

※ **Virion,** ℡ 37.42.52 – **E** *VISA*
fermé fév., dim. soir d'oct. à mars et lundi – SC : **R** 65 bc/135 bc.

PEUGEOT, TALBOT Bourg, à Tillenay ℡ 36.35.53.
RENAULT Cône, rte de Dole ℡ 37.32.20

AUZANCES 23700 Creuse 🖥🖥 ② – 1 777 h. alt. 552 – 🕲 55.

🖪 Syndicat d'Initiative à la Mairie (mai-oct.) ℡ 67.00.17.

Paris 362 – Aubusson 31 – ◆Clermont-Ferrand 69 – Guéret 62 – Montluçon 42 – Ussel 71.

🏨 **Relais Fleuri,** ℡ 67.00.46 – 🁢. ※
fermé 15 sept. au 22 oct., dim. hors sais., lundi en sais. – SC : **R** 52/100 ⅓ – ⴾ 16 –
16 ch 64/87 – P 122/150.

CITROEN Gar. St-Christophe, ℡ 67.00.25 🅝 ℡ 67.07.99
RENAULT Grange, ℡ 67.01.24 🅝

AUZOUVILLE-SUR-SAÂNE 76 Seine-Mar. 🖥🖥 ⑭ – 164 h. alt. 73 – ⊠ **76730** Bacqueville-en-Caux – 🕲 35.

Paris 183 – Dieppe 28 – Fontaine-Le-Dun 14 – ◆Rouen 44 – Yvetot 25.

※※※ **Aub. Orée du Bois,** ℡ 83.23.71, ☞ – **Ⓟ**. 🖭 **E**
fermé 21 au 30 nov., 3 au 28 janv., merc. soir et jeudi – SC : **R** 125/160.

151

AVALLON <SP> **89200 Yonne** 65 ⑯ **G. Bourgogne** – 9 186 h. alt. 254 – ✪ 86.

Voir Site★ – Portails★ de l'église St-Lazare AZ **B** – **Vallée du Cousin★ par D 427** AZ.

🅘 Office de Tourisme 24 pl. Vauban (1er avril-30 sept. et fermé dim.) ☏ 34.14.19 et pl. St-Lazare (1er juil.-30 sept. et fermé lundi) ☏ 34.09.12.

Paris 225 ③ – **Auxerre 51** ⑥ – **Beaune 107** ③ – **Chaumont 137** ② – **Nevers 107** ⑤ – **Troyes 103** ①.

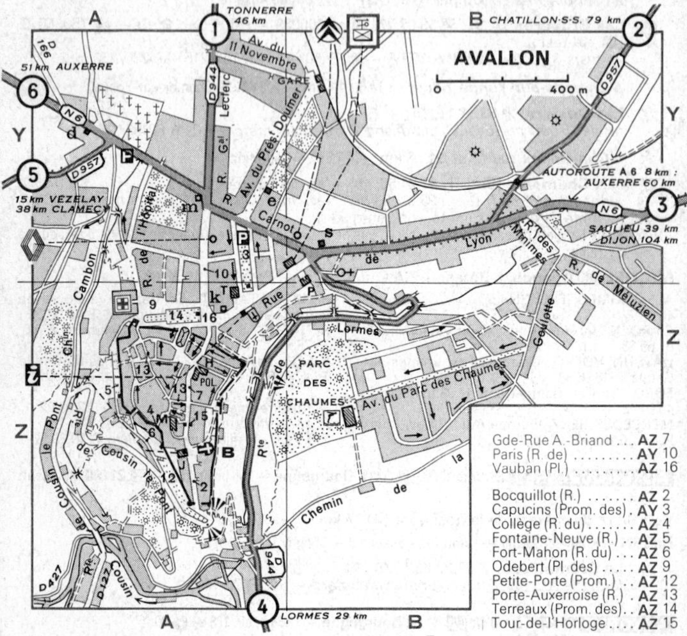

Gde-Rue A.-Briand . . . **AZ** 7
Paris (R. de) . . . . **AY** 10
Vauban (Pl.) . . . . **AZ** 16

Bocquillot (R.) . . . . . . **AZ** 2
Capucins (Prom. des) . **AY** 3
Collège (R. du) . . . . . . **AZ** 4
Fontaine-Neuve (R.) . . **AZ** 5
Fort-Mahon (R. du) . . . **AZ** 6
Odebert (Pl. des) . . . . . **AZ** 9
Petite-Porte (Prom.) . . **AZ** 12
Porte-Auxerroise (R.) . **AZ** 13
Terreaux (Prom. des) . . **AZ** 14
Tour-de-l'Horloge . . . . **AZ** 15

🏨 ✿✿ **Hostellerie de la Poste** 🐎, 13 pl. Vauban ☏ 34.06.12, ⛱, ⛱ – ☎ 🚗. AE ⓓ VISA — AZ **k**
fermé déc. – **R** carte 270 à 340 – ☕ 35 – **24 ch** 250/600, 6 appartements 750
Spéc. Amusettes de l'hostellerie, Filet de bar au beurre safrané, Ris et rognons de veau. **Vins** Chablis, Coulanges-la-Vineuse.

🏨 **Moulin des Ruats** 🐎, dans la vallée du Cousin par ⑤ et D 427 : 4,5 km ☏ 34.07.14, ⩤, ⛱, « Frais jardin au bord de l'eau » – Ⓟ. AE ⓓ E VISA
4 mars-25 oct. et fermé mardi midi et lundi – **R** 145 – ☕ 26 – **21 ch** 210/230.

🏨 **Relais Fleuri** Ⓜ 🐎, rte de Saulieu N 6, 5 km par ③ ✉ 89200 Avallon ☏ 34.02.85, Télex 800084, ⛱ – TV ☎ ♿ Ⓟ – 🏛 40. VISA
SC : **R** 77/130 – ☕ 22 – **48 ch** 172/210.

🏨 **Moulin des Templiers** 🐎 sans rest, dans la vallée du Cousin par ⑤ : 4 km ☏ 34.10.80, ⩤, « Jardin au bord de l'eau » – 🚿wc ☎ Ⓟ
15 mars-2 nov. – SC : ☕ 18 – **14 ch** 120/190.

🏨 **Vauban** sans rest, 53 r. Paris ☏ 34.36.99, parc – 🛗 TV 🛁wc ☎ ♿ Ⓟ — AY **m**
fermé 18 nov. au 9 déc. – SC : ☕ 20 – **26 ch** 200/255.

XXX ✿ **Morvan** (Breton), 7 rte Paris ☏ 34.18.20, ⛱, parc – Ⓟ. AE ⓓ E VISA — AY **d**
fermé 15 au 30 nov., en janv., lundi sauf fériés et le soir hors sais. sauf sam. – SC : **R** 100/158
Spéc. Le Rougeot (filet canard sauvage fumé), Timbale d'escargots au Chablis et noisettes, Suprême de canard sauvage poivrade aux nouilles fraîches (août-janv.). **Vins** Epineuil, St-Bris.

XX **Les Capucins** avec ch, 6 av. P.-Doumer ☏ 34.06.52, ⛱ – Ⓟ. VISA — AY **e**
fermé 10 au 20 juin, 20 déc. au 15 janv., mardi soir et merc. sauf fériés – SC : **R** 76/155 🍷 – ☕ 15 – **12 ch** 60/95.

X **Cheval Blanc,** 55 r. Lyon ☏ 34.12.05 – Ⓟ. AE VISA — BY **s**
fermé 8 au 16 mars, 12 nov. au 8 déc. et lundi sauf fêtes – SC : **R** 41/110 🍷.

à Pontaubert par ⑤ : 5 km – ✉ **89200** Avallon :

XX **Les Fleurs** avec ch, ☏ 34.13.81, ⛱ – 🛁wc 🚿wc ☎ Ⓟ
fermé en oct., 25 janv. au 28 fév., mardi soir (hors sais.) et merc. – SC : **R** 75/120 – ☕ 14 – **9 ch** 65/150 – P 130/160.

CITROEN Ets Michot, 10 r. Carnot ☏ 34.01.23
RENAULT Gueneau, 26 r. Paris ☏ 34.19.27
VAG Lenoir Autom., 15 r. Carnot ☏ 34.06.47

⊛ Comptoir du Pneu, Zone Ind. rte de Sauvigny ☏ 34.16.19
Ets Laurent, 10 rte Paris ☏ 34.04.77

AVEN ARMAND ★★★ 48 Lozère 80 ⑤ G. Causses.

Les AVENIÈRES 38630 Isère 74 ⑭ – 3 495 h. alt. 281 – ✪ 74.

Paris 504 – Belley 24 – Chambéry 40 – ♦Grenoble 65 – ♦Lyon 76 – La Tour du Pin 17.

🏠 **Bourjaillat,** ☏ 88.60.87, 🍴 – 📺 ⌂wc 🛁wc ☏ 🅿. 🖭 **E** 𝗩𝗜𝗦𝗔
➤ fermé 20 déc. au 20 janv. et vend. soir sauf août – SC : **R** 36/100 ⅄ – ⊈ 16 – **10 ch** 106/150 – P 110/130.

CITROEN Gar. du Champ de Mars, ☏ 88.64.55
PEUGEOT-TALBOT Grégot, ☏ 88.60.10

RENAULT Gar. du Parc, ☏ 88.61.30 🗈 ☏ 88.85.72

AVENTIGNAN 65 H.-Pyr. 85 ⑳ – rattaché à Montréjeau.

☛ *La gratuité du garage, à l'hôtel, est souvent réservée
aux usagers du guide Michelin.
Présentez votre guide de l'année.*

AVESNES-SUR-HELPE ◁SP▷ 59440 Nord 53 ⑥ G. Nord de la France – 6 502 h. alt. 152 –
✪ 27.

Voir Vallée de l'Helpe Majeure★★ E par D 133.

Paris 205 ③ – Charleroi 52 ① – St-Quentin 66 ③ – Valenciennes 49 ⑤ – Vervins 33 ③.

AVESNES-SUR-HELPE	
Albret (R. d').	2
Aulnoye (R. d').	3
Berlaimont (R. de).	4
Cambrésienne (R.).	6
Crapauds (Ch. des).	7
Foch (Av. du Maréchal).	8
France (R. de).	12
Gossuin (R.).	13
Guillemin (Pl.).	15
Jessé-de-Forest (Av.).	16
Lagrange (R. Léo).	19
Leclerc (Pl. du Général).	20
Loucheur (Av. Louis).	21
Mons (R. de).	23
Pasqual (R. Léon).	24
Poudrière (R. de la).	25
Prisse-d'Avenne (R.).	27
Ste Croix (R.).	28
Stroh (Av.).	29
Villien (R.).	32
84e-Régt-d'Infanterie (Av. du).	33

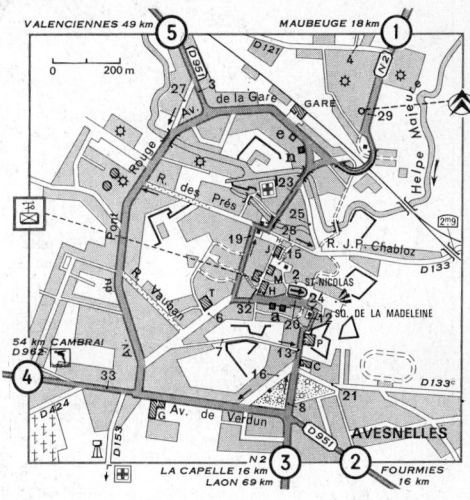

XXX ⊛ **Crémaillère** (Lelaurain), 26 pl. Gén.-Leclerc (a) ☏ 61.02.30 – 🖭 ⓞ **E** 𝗩𝗜𝗦𝗔
fermé 1er au 15 juil., 3 au 24 janv., lundi soir et mardi – SC : **R** 75/140 ⅄
Spéc. Goujonnettes de sole, Rosette d'agneau champenois, Gourmandise d'orange au Grand-Marnier (sauf juil.-août).

XX **Carillon,** 12 pl. Gén.-Leclerc (a) ☏ 61.17.80 – 🖭 ⓞ **E** 𝗩𝗜𝗦𝗔
➤ fermé 18 déc. au 3 janv. et lundi – SC : **R** 42/180 ⅄.

XX **Terminus** avec ch, 15 av. Gare (e) ☏ 61.17.79 – ⌂wc ☏ 🅿 – 🛆 80. 🖭 ⓞ **E**
𝗩𝗜𝗦𝗔
fermé dim. soir et vend. – SC : **R** 50/145 – ⊈ 18 – **17 ch** 71/154 – P 207 /272.

XX **La Grignotière,** 5 av. Gare (n) ☏ 61.10.70 – 🖭 ⓞ 𝗩𝗜𝗦𝗔
➤ fermé 25 juin au 10 juil., 24 déc. au 8 janv., mardi soir et lundi – SC : **R** 50/155 ⅄.

Voir aussi ressources hôtelières de *Dourlers* par ① : 6,5 km

CITROEN Deshayes frères et Courtois, 15 av.
Stroh ☏ 61.00.08
FIAT Avesnoise Autom., 63 av. du 84ème R.I. ☏
61.01.75

PEUGEOT-TALBOT Ets Depret, 39 rte de
Sains, Avesnelles par ② ☏ 61.15.70
RENAULT Gar. Moderne, rte de Maubeuge
par ① ☏ 61.09.73 🗈

153

Voir Palais des Papes★★★ BY – Petit Palais★★ BY – Rocher des Doms ≤★★ BY – Pont St-Bénézet★★ ABY – Remparts★ ACYZ – Vieux hôtels★ (rue Roi-René) BZ K – Coupole★ de la cathédrale BY – Façade★ de l'hôtel des Monnaies BY B – Vantaux★ de l'église St-Pierre BY – Retable★ et fresques★ de l'église St-Didier BYZ – Musées : Calvet★ AZ M2, Lapidaire★ BZ M3, Louis Vouland (collection★ de faïences et porcelaines) AY M4.

✈ Aéroport d'Avignon-Caumont : 𝖯 88.43.49 par ④ et N 7 : 8 km.

🚗 𝖯 86.35.39.

🛈 Office de Tourisme (fermé dim. hors sais.) et Accueil de France (Informations et réservations d'hôtels, pas plus de 5 jours à l'avance), 41 cours Jean-Jaurès 𝖯 82.65.11, Télex 432877 - A.C. 2 r. République 𝖯 86.28.71.

Paris 689 ② – Aix-en-Pr. 75 ④ – Arles 37 ⑤ – ♦Marseille 100 ④ – Nîmes 43 ⑥ – Valence 125 ②.

🏨 **Europe et rest. Vieille Fontaine,** 12 pl. Crillon 𝖯 82.66.92, Télex 431661, « Belle demeure du 16ᵉ s. » – 🔊 🗐 ch 📺 ☎ – 🚗 25 à 200. 🆎 ⓞ   AY **d**
SC : **R** *(fermé janv. et dim.)* 100/190 – 🖙 35 – **64 ch** 270/550, 6 appartements 550.

🏨 **Sofitel Pont d'Avignon** Ⓜ 🦢, Quartier Balance 𝖯 85.91.23, Télex 431215, 🏖
– 🗐 📺 ☎ 🚗 – 🚗 80 à 200. 🆎 ⓞ Ⓔ 𝘝𝘐𝘚𝘈   BY **r**
R carte 125 à 170 – 🖙 35 – **86 ch** 340/460, 3 appart. 600.

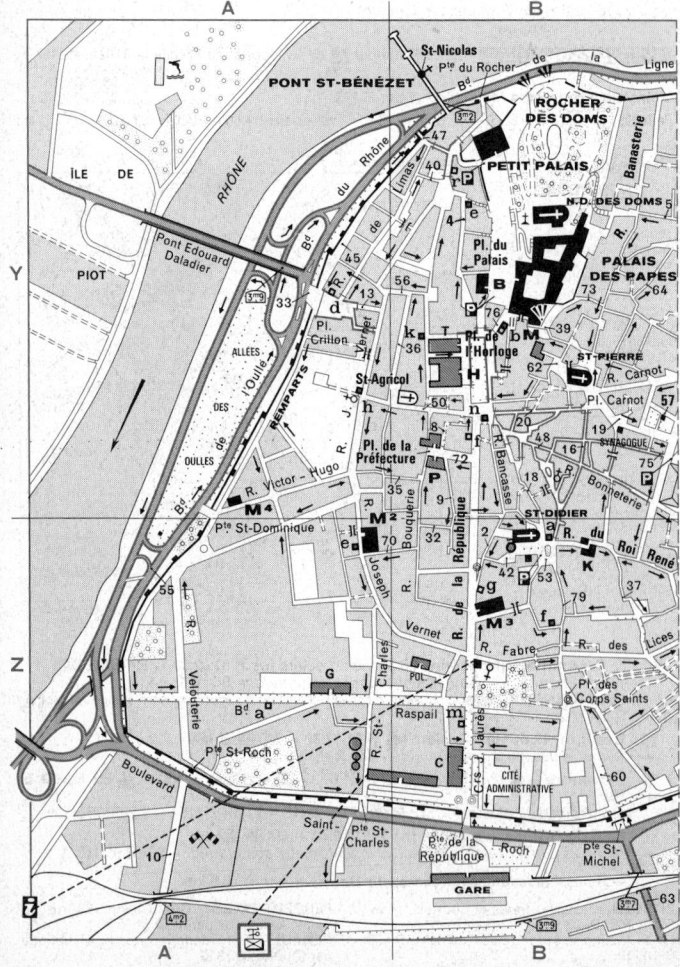

154

Mercure [M], rte de Marseille ☎ 88.91.10, Télex 431994, – 🅿 – 25 à 300. AE ⓓ E VISA — X **m**
R carte environ 90 – ☕ 23 – **105 ch** 232/299.

Cité des Papes [M] sans rest, 1 r. J.-Vilar ☎ 86.22.45, Télex 432734 – AE ⓓ VISA — BY **b**
fermé 17 déc. au 22 janv. – SC : ☕ 21 – **63 ch** 215/255.

Novotel [M], rte de Marseille ☎ 87.62.36, Télex 432878, – ch – 🅿 – 25 à 200. AE ⓓ E VISA — X **n**
R snack carte environ 90 – ☕ 28 – **79 ch** 227/276.

Bristol-Terminus sans rest, 44 cours J.-Jaurès ☎ 82.21.21, Télex 432730 – wc wc – 30. AE ⓓ E VISA — BZ **m**
fermé fév. – SC : ☕ 18 – **85 ch** 100/240.

Midi sans rest, 53 r. République ☎ 82.15.56, Télex 431074 – wc wc AE ⓓ E — BZ **g**
fermé 10 déc. au 25 janv. – SC : **54 ch** ☕ 185/260.

Régina sans rest, 6 r. République ☎ 86.49.45 – wc wc. VISA — BY **f**
SC : ☕ 20 – **39 ch** 175/207.

AVIGNON

Fourbisseurs (R. des) . . . . BY 16
Jaurès (Cours J.) . . . BZ
Marchands (R. des) . BY 20
République (R.) . . . BYZ
St-Agricol (R. et ⊞) . . . . BY 50
Vernet (R. J.) . . . . . . AY
Vieux-Sextier (R. du) BY 75

Aubanel (R. Théodore) . . . BZ 2
Balance (R. de la) . . BY 4
Bertrand (R.) . . . . . . BY 5
Campane (R.) . . . . . . CY 6
Collège-du-Roure (R. du) . . . . BY 8
Dorée (R.) . . . . BY 9
Eisenhower (Av.) . . . AZ 10
Folco-de-Baroncelli (R.) . . . AY 13
Four-de-la-Terre (R. du) . . . . CZ 17
Galante (R.) . . . . BY 18
Jérusalem (Pl.) . . . . . BY 19
Masse (R. de la) . . . . CZ 23
N.-D.-des-Doms (⊞) . . . . BY
Ortolans (R. des) . . . BZ 32
Oulle (Pte de l') . . . . AY 33
Petite-Calade (R. de la) . . . . BY 35
Petite-Fusterie (R. de la) . . . . AY 36
Pétramale (R.) . . . . . BZ 37
Peyrollerie (R.) . . . . . BY 39
Pont (R. du) . . . . BY 40
Prévot (R.) . . . . BZ 42
Rascas (R. de) . . . . . CY 43
Rempart-du-Rhône (R. du) . . . . AY 45
Rempart-St-Michel (R. du) . . . . CZ 46
Rhône (Pte du) . . . . . BY 47
Rouge (R.) . . . . BY 48
St-Didier (R. et ⊞) BYZ 53
St-Dominique (Bd) . AZ 55
St-Étienne (R.) . . . ABY 56
St-Jean-le-Vieux (Pl.) . . . . BY 57
St-Jean-le-Vieux (R.) . . . . . CY 59
St-Michel (R.) . . . . . . BZ 60
St-Pierre (Pl. et ⊞) . BY 62
St-Ruf (Av.) . . . . BZ 63
St-Symphorien (⊞) CY
Ste-Catherine (R.) . . BY 64
Sources (Av. des) . . CZ 67
Vernet (R. Horace) . ABZ 70
Viala (R. Jean) . . . . . BY 72
Vice-Légat (R. du) . . BY 73
Vilar (R. Jean) . . . . . BY 76
Visitation (⊞) . . . . . CY
3 - Faucons (R. des) BZ 79
3 - Pilats (R. des) . . . CY 80

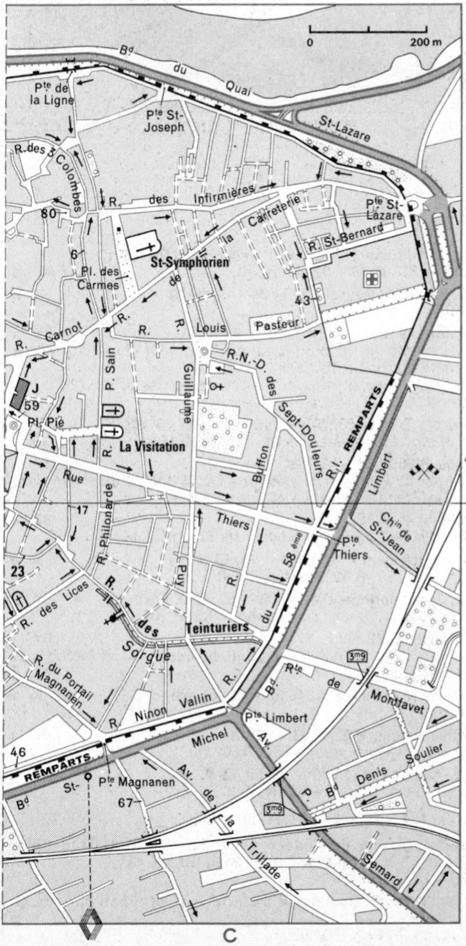

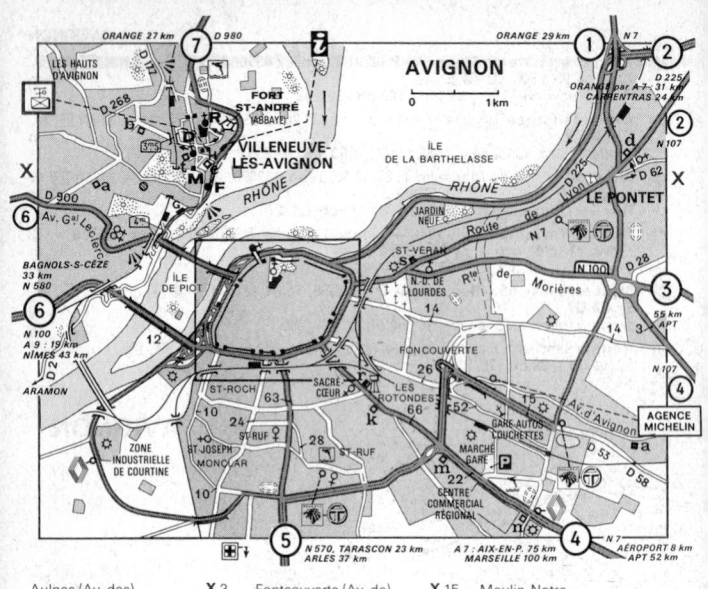

🏛 Angleterre sans rest, 29 bd Raspail ℡ 86.34.31 – 🛗 ➿wc filwc ☎ 🅿. ⅍   AZ **a**
fermé 15 déc. au 15 janv. – SC : ☲ 14 – **37 ch** 120/200.

🏠 St-George sans rest, rte de Marseille ℡ 88.54.34 – fil ☜ 🅿   X **k**
SC : ☲ 14 – **21 ch** 95/107.

XXX ✿✿ Hiely, 5 r. République, entresol ℡ 86.17.07 – ▤   BY **n**
fermé 12 juin au 5 juil., 23 déc. au 10 janv., lundi sauf juil.-août et mardi – SC : **R**
(nombre de couverts limité - prévenir) 180/200
Spéc. Ragoût de nouilles fraîches soles et palourdes, Feuilleté de légumes au coulis de truffes,
Tourte de cailles au foie gras. **Vins** Tavel, Châteauneuf-du-Pape.

XXX Le Vernet, 58 r. J.-Vernet ℡ 86.64.53, 😊, « Jardin » – 🆎 ⓞ 𝚅𝙸𝚂𝙰. ⅍   AZ **e**
fermé nov., déc., sam. et dim. sauf de mai à août – SC : **R** 90/170.

XXX ✿ Brunel, 46 r. Balance ℡ 85.24.83 – ▤. ⅍   BY **e**
fermé 1ᵉʳ au 20 août, 24 fév. au 9 mars, dim. et lundi – SC : **R** 150/170, dîner à la carte
Spéc. Huîtres chaudes au curry, Poissons, Desserts. **Vins** Côtes du Rhône.

XX St Didier, 41 r. Saraillerie ℡ 86.16.50   BZ **a**
fermé 1ᵉʳ au 21 mai, 21 août au 4 sept., mardi hors sais. et lundi – SC : **R** 80/130.

XX Les Mayenques, 41 bis rte Lyon ℡ 82.45.98 – 🅿. 🆎 🄴 𝚅𝙸𝚂𝙰   X **s**
fermé 2 au 12 janv. et merc. – SC : **R** 90 (sauf fêtes)/150.

XX Auberge de France, 28 pl. Horloge ℡ 82.58.86 – 🆎 ⓞ 🄴 𝚅𝙸𝚂𝙰   BY **b**
fermé 12 au 30 juin, 10 au 30 janv., merc. soir et jeudi – SC : **R** 150.

XX La Fourchette, 7 r. Racine ℡ 82.56.01   BY **k**
fermé 15 au 30 juin, 10 au 20 oct., 10 au 25 janv., dim. et lundi – SC : **R** (nombre de
couverts limité - prévenir) 75/90.

XX Au Pied de Bœuf, 49 rte Marseille ℡ 82.16.52 – 🆎 ⓞ 𝚅𝙸𝚂𝙰   X **r**
fermé juil. et dim. – **R** 58/100.

X Trois Clefs, 26 r. Trois Faucons ℡ 86.51.53 – 🆎 𝚅𝙸𝚂𝙰   BZ **f**
fermé 20 au 30 août, merc. et dim. sauf juil. – SC : **R** 82/130.

X La Férigoulo, 30 r. J.-Vernet ℡ 82.10.28 – ▤. 🆎 ⓞ 🄴. ⅍   AY **h**
fermé 4 au 27 juin, 1ᵉʳ au 15 nov. et dim. – SC : **R** 75/160.

au Pontet NE : 5 km par N 7 – 13 137 h. – ⊠ **84130** Le Pontet :

🏛 Host. de Cassagne 🅼 ⅍, rte de Védene par D 62 - X - ℡ 31.04.18, Télex
432997, 😊, « Beau jardin, 🎨 » – 📺 ➿wc filwc ☎ 🅿. 🆎 𝚅𝙸𝚂𝙰. ⅍
SC : **R** 120/195 – ☲ 25 – **13 ch** 250/310.

🏛 Christina 🅼 sans rest, 34 av. G.-Goutarel ℡ 31.13.62 – 🛗 ▤ ➿wc filwc ☜ 🅿.
⅍   X **d**
15 avril-30 sept. – SC : ☲ 14 – **46 ch** 160/195.

à Montfavet E : 5,5 km par av. Avignon - X – ⊠ 84140 Montfavet :

🏨 **Les Frênes** Ⓜ ⌂, av. Vertes-Rives ℡ 31.17.93, Télex 431164, ⌘, « Mobilier ancien, parc, ⌁ » – 📶 ▤ ch 📺 ☎ & 🅟 – 🏊 35. ﷼ ⓞ Ɐ 🆅🆂🅰. ⌘ rest
1er mars-fin oct. – SC : **R** carte 200 à 270 – ⊈ 41 – **16 ch** 333/697.

✕ **Ferme St-Pierre**, av. Avignon ℡ 87.12.86 – 🅟 ﷼ ﷼ Ⓔ 🆅🆂🅰.   X a
fermé 5 au 26 août, 12 au 26 fév., lundi soir, mardi soir, merc. soir et dim. – SC : **R** 78
🌢.

à l'Échangeur A 7 Avignon Nord : 7 km par ② – ⊠ 84700 Sorgues :

🏨 **Sofitel** Ⓜ ⌂, ℡ 31.16.43, Télex 432869, ⌘, ⌁, ⟲, ⌘ – 📶 ▤ 📺 ☎ & 🅟 – 🏊
40 à 200. ﷼ ⓞ Ɐ 🆅🆂🅰.
rest. **Le Majoral R** carte 100 à 155 – ⊈ 35 – **98 ch** 310/495.

à Morières-les-Avignon par ③ : 9 km – ⊠ 84310 Morières-les-Avignon :

🏠 **Le Paradou**, av. L.-Blum ℡ 22.35.85, ⌘, ⌁, ⟲, ⌘ – 📺 ⌷wc ▥wc ☎ 🅟 –
🏊 25. ﷼ Ⓔ 🆅🆂🅰. ⌘ rest
SC : **R** *(fermé dim. soir)* 75/150 – ⊈ 20 – **29 ch** 154/210 – P 300/350.

Voir aussi ressources hôtelières de *Villeneuve-lès-Avignon* X : 2 km, *Les Angles* par ⑥ : 4 km, *Barbentane* par ⑤ et D 35 : 11 km, *Noves par* ④ : *13 km*.

MICHELIN, Agence régionale, 109 av. de Montfavet X ℡ 88.11.10

ALFA-ROMEO Sud-Autom., 30 bd St-Roch ℡
86.28.33
BLF Auto-Service, 4 bd Limbert ℡ 86.39.58
BMW Gd Gar. Parking, 77 av. de Marseille ℡
88.27.00
CITROEN Sté Comm. Citroen, Route de Marseille, N 7 par ④ ℡ 87.05.45
DATSUN Gar. Danse, Zone Ind. de Courtine,
r. Petit Mas ℡ 86.48.37
FIAT, LANCIA, AUTOBIANCHI Gar. Royal, 46
bd St-Roch ℡ 82.44.15
FORD Gar. Scandolera, N 7, 1 bis rte Morières
℡ 82.16.76
MERCEDES-BENZ Autom. Avignonnaise,
Centre Commercial Cap Sud, rte de Marseille
℡ 88.01.35
OPEL S.A.R.V.I.A., 124 av. de Marseille ℡ 88.
50.47
PEUGEOT-TALBOT Vaucluse-Auto, 35 av.
Fontcouverte, Zone Ind. ℡ 88.07.61 et 68 rte
d'Avignon au Pontet ℡ 31.03.73
PEUGEOT-TALBOT Gar. de l'Abbaye 4 et 6 av.
Reine Jeanne ℡ 82.15.51

RENAULT A.S.A., rte de Marseille, N 7 ℡ 87.
08.51
RENAULT Autom. des Remparts, 14 bd St-
Michel ℡ 85.34.55
RENAULT Courtine-Autos, av. Aulanière,
Zone Ind. Courtine ℡ 86.03.85
V.A.G. E.G.S.A., Centre Commercial Cap Sud
℡ 87.63.22 et N 7, Zone Portuaire au Pontet ℡
32.20.33
Ets Michel, 7 bis quai St-Lazare ℡ 82.47.10

⦿ Ayme-Pneus, 32 bd St-Michel ℡ 82.71.38 et
av. de l'étang, Zone Ind. ℡ 87.65.37
Dibon-Pneus, 1 rte de Marseille ℡ 86.31.65 et
Le Pigeonnier, N 7 au Pontet ℡ 31.14.13
Maison du Pneu, 25 et 27 bd Limbert ℡ 86.00.80
Page-Pneus, 37 ter bd Sixte-Isnard ℡ 82.06.85
Perrot-Pneus, 110 rte Tarascon ℡ 82.03.70
Pla-Pneus, 103 bd 1re.-D.-B. ℡ 88.58.00
Vailles-Pneus, 2 bd St-Jean ℡ 86.59.96

⬛ **AVORIAZ** 74 H.-Savoie ⁊⁊ ⑧ – rattaché à Morzine.

⬛ **AVRANCHES** ◁⊕▷ 50300 Manche ⁊⁊ ⑧ G. Normandie – 10 419 h. alt. 10 à 103 – ✪ 33.
Voir Manuscrits✱✱ du Mont-St-Michel (musée de l'Avranchin) **M** – Jardin des Plantes :
❊✱ E – "plate-forme" ❊✱ **K**.
🛈 Office de Tourisme r. Gén.-de-Gaulle (fermé sam. et dim. hors sais.) ℡ 58.00.22.

Paris 343 ① – Alençon 127 ③ – ✦Caen 101 ① – ✦Cherbourg 134 ① – Dinan 67 ③ – Flers 70 ① –
Fougères 40 ③ – ✦Rennes 75 ③ – St-Lô 56 ① – St-Malo 65 ③ – Vire 50 ①.

Plan page suivante

🏨 **Croix d'Or** ⌂, 83 r. Constitution **(s)** ℡ 58.04.88, « Décor rustique normand,
jardin » – ⌷wc ▥wc ☜ ⟺ 🅟 🆅🆂🅰. ⌘ rest
fermé 20/12-20/1 – SC : **R** 70/200 – ⊈ 20 – **30 ch** 68/250.

🏨 **Les Abrincates** Ⓜ sans rest, 37 bd Luxembourg **(e)** ℡ 58.66.64 – 📶 ⌷wc ▥wc
☎ 🅟 🆅🆂🅰. ⌘
fermé 22 déc. au 1er fév. et dim. – SC : ⊈ 20 – **27 ch** 170/220.

🏨 **Auberge St-Michel**, 7 pl. Gén.-Patton **(u)** ℡ 58.01.91, ⟲ – ⌷wc ▥wc ☜ ⟺
🅟 Ⓔ 🆅🆂🅰.
fermé déc., dim. soir hors sais. et lundi sauf le soir en sais. – SC : **R** 59/134 – ⊈
15,50 – **24 ch** 79/166 – P 240/290.

🏠 **Central** sans rest, 2 r. Jardin des Plantes **(a)** ℡ 58.16.59 – ⌷wc ☜. 🆅🆂🅰. ⌘
fermé 14 au 28 oct., vacances de fév. et sam. soir du 1er nov. au 1er avril – SC : ⊈ 13
– **10 ch** 59/143.

à St-Quentin-sur-le-Homme SE : 5 km par D 78 – ⊠ 50220 Ducey :

✕✕ **Gué du Holme**, ℡ 58.18.87 – 🆅🆂🅰.
⟻ *fermé 1er au 15 juil., 22 déc. au 7 janv., dim. soir et lundi sauf fériés* – SC : **R** 45/145.

AVRANCHES

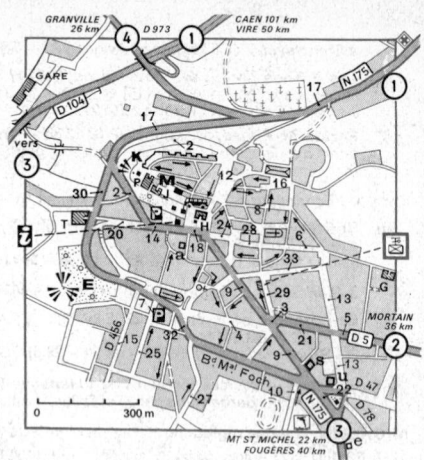

CITROEN Mazet-Avranches, bd Luxembourg, Val-St-Père par ③ ℱ 58.23.15 N ℱ 58.01.84
FIAT Mauviel, 1 r. Valhubert ℱ 58.01.74 N
LANCIA Dupont, ZI r. Div.-Leclerc ℱ 58.41.91
OPEL Verdier, Le Chesnel, St-Martin-des-Champs ℱ 58.12.41
PEUGEOT-TALBOT Pavie, D 911, Marcey-les-Grèves par ④ ℱ 58.04.22

RENAULT Poulain, r. Cdt-Bindel par ② ℱ 58.09.00 N ℱ 58.27.14
V.A.G. Avranches-Autom., rte St-Quentin, St-Martin-des-Champs ℱ 58.14.96

Ⓜ Relais Pneu, 17 bd du Luxembourg ℱ 58.04.24

AVRILLÉ 85 Vendée 🖸🔼 ⑬ – 940 h. alt. 20 – ⊠ 85440 Talmont-St-Hilaire – 🕓 51.

Paris 439 – Luçon 25 – La Rochelle 76 – La Roche-sur-Yon 26 – Les Sables-d'Olonne 24.

XX **Relais de la Dinanderie,** 10 av. de La Rochelle ℱ 33.32.15 – 🕮 – . ⓓ 𝘝𝘐𝘚𝘈
♦ *fermé 17 sept. au 6 oct., fév., dim. soir et lundi hors sais.* – SC : **R** 45/230.

RENAULT Gar. Bérieau, ℱ 33.32.08

AX-LES-THERMES 09110 Ariège 🖸🖸 ⑮ G. Pyrénées – 1 510 h. alt. 720 – Stat. therm. (6 fév.-31 déc.) – Sports d'hiver au Saquet par route du plateau de Bonascre ✶ (8 km) et télécabine : 1 400 / 2 300 m ≲ 1 ≲ 14 – Casino – 🕓 61.

Voir Vallée d'Orlu ✶ au SE.

🛈 Office de Tourisme 2 av. Delcassé ℱ 64.20.64. Télex 530806.

Paris 834 – Andorre-la-Vieille 61 – Carcassonne 104 – Foix 42 – Prades 112 – Quillan 53.

🏨 **Royal Thermal** Ⓜ, ℱ 64.22.51 – 🛗 🛏wc 🕾 🅿 – 🛁 100. 🕮 🖭 ⓓ 𝗘 𝘝𝘐𝘚𝘈. 🛪 rest
SC : **R** 99/146 – 🖵 24 – **57 ch** 159/270, 11 appartements 476 – P 209/229.

🏨 **Roy René** Ⓜ, ℱ 64.22.28 – 🛗 🛏wc 🍽wc 🕾 🅿. 𝗘. 🛪 rest
1er fév.-20 oct. – SC : **R** 55/145 – 🖵 16 – **30 ch** 98/155 – P 176/220.

🏨 **Le Teich** 🦢, ℱ 64.22.99, parc – 🛗 🛏wc 🍽wc 🕾 🅿. 𝖠𝖤 ⓓ 𝘝𝘐𝘚𝘈. 🛪 rest
SC : **R** 66/80 – 🖵 19 – **50 ch** 100/220 – P 194/218.

🏨 **Terminus,** ℱ 64.20.55 – 🛏wc 🍽wc 🕾 🅿. 𝖠𝖤 𝗘 𝘝𝘐𝘚𝘈
fermé oct., dim. soir et lundi sauf vacances scolaires – SC : **R** 52/82 🍸 – 🖵 16,50 – **26 ch** 110/170 – P 170/190.

🏨 **Chalet** 🦢, ℱ 64.24.31 – 🛏wc ☎
♦ SC : **R** 48/100 – 🍽 16 – **10 ch** 125/170 – P 165/210.

au Castelet NO : 4 km – alt. 660 – ⊠ 09110 Ax-les-Thermes :

🏨 **Le Castelet** 🦢, ℱ 64.24.52, ≤, 🍴, 🌳 – 🛏wc 🍽wc 🕾 ⇜ 🅿. 🛪 rest
fermé 15 oct. au 20 déc., mardi soir et merc. hors sais. – SC : **R** *(du 20 déc. au 30 avril : dîner seul.)* 75/162 – 🖵 18 – **28 ch** 102/192 – P 150/190.

à Unac NO : 9 km par N 20 et D 2 – ⊠ 09250 Luzenac :

XX **L'Oustal** 🦢 avec ch, ℱ 64.48.44, ≤, « Auberge rustique », 🌳
fermé janv., mardi et merc. hors sais. – **R** 88/132 – 🖵 13 – **8 ch** 90/127.

Garage Chague, ℱ 64.21.66

AYGUADE-CEINTURON 83 Var 🖸🖸 ⑯ – rattaché à Hyères.

AYSE 74 H.-Savoie **74** ⑦ – rattaché à Bonneville.

AYTRÉ 17 Char.-Mar. **71** ⑫ – rattaché à la Rochelle.

AZAY-LE-RIDEAU 37190 I.-et-L. **64** ⑭ G. Châteaux de la Loire (plan) – 2 915 h. alt. 44 –
✪ 47.

Voir Château★★★ (spectacle son et lumière★★) – Façade★ de l'église St-Symphorien.

🛈 Syndicat d'Initiative 26 r. Gambetta (15 mars-15 sept. et fermé dim.) ☏ 43.34.40 et à la Mairie
(fermé sam. après-midi et dim.) ☏ 43.32.11.

Paris 262 – Châtellerault 60 – Chinon 21 – Loches 54 – Saumur 46 – ✦Tours 28.

🏰 **Gd Monarque**, pl. République ☏ 43.30.08, 🌭, 🍴, – 🛏wc 📶 📞 🅿. 🖭 E 𝖵𝖨𝖲𝖠
SC : **R** *(1ᵉʳ mars-nov.)* 92/220 ⅄ – ☲ 23 – **30 ch** 85/275 – P 260/425.

🏠 **Biencourt** sans rest, r. Balzac ☏ 43.38.44 – 📶wc 📞
SC : ☲ 16,50 – **8 ch** 121/160.

🏠 **Balzac**, r. A.-Riché ☏ 43.32.08 – 📶 🅿. 🖭 ✂ ch
➡ hôtel *(fermé Pâques-15 sept.)* – SC : **R** *(fermé 15 sept. au 15 oct., sam. et dim.)* 40/80 ⅄ –
☲ 15 – **11 ch** 120/200.

✕ **Le Muscadin**, 10 r. A.-Riché ☏ 43.23.96, 🌭, – 🖭 ⓞ E 𝖵𝖨𝖲𝖠
fermé 15 nov. au 30 nov., 15 au 31 janv., mardi soir et merc. – SC : **R** 60/160.

à Saché SE : 6,5 km par D 17 – ✉ 37190 Azay-le-Rideau :

✕✕ ✪ **Aub. du XIIᵉ siècle** (Niqueux), ☏ 26.86.58, « Cadre médiéval », 🍴, – 🖭 ⓞ E
𝖵𝖨𝖲𝖠
fermé 22 janv. à fin fév., merc. hors sais. et mardi – SC : **R** carte 155 à 200
Spéc. Salade tiède de lotte, Œuf à la coque avec purée de morilles, Turbot aux huîtres et bigorneaux.
Vins Saché, Chinon.

CITROEN Gar. Central, ☏ 43.30.26   Gar. Martin, à la chapelle St-Blaise ☏ 43.32.02
RENAULT Relais des Loges, N 751, La Loge
☏ 43.36.89 **N** ☏ 96.70.24

AZÉ 71 S.-et-L. **70** ⑪ G. Bourgogne – 649 h. alt. 249 – ✉ 71260 Lugny – ✪ 85.

Paris 391 – Cluny 12 – ✦Lyon 90 – Mâcon 19 – Tournus 25.

✕ **A la Fortune du Pot**, ☏ 33.31.37
fermé 17 déc. au 18 janv. et jeudi – SC : **R** 70/78.

AZERAILLES 54 M.-et-M. **62** ⑥ – 798 h. alt. 259 – ✉ 54120 Baccarat – ✪ 8.

Paris 428 – Épinal 47 – Lunéville 19 – ✦Nancy 54 – St-Dié 31 – Sarrebourg 42.

✕ **Gare** avec ch, r. Gare ☏ 375.15.17, 🌭, 🍴 – 🅿
8 ch.

Le BABORY 43 H.-Loire **76** ④ – rattaché à Blesle.

BACCARAT 54120 M.-et-M. **62** ⑦ G. Vosges – 5 437 h. alt. 274 – ✪ 8.

🛈 Syndicat d'Initiative Résidence du Centre (1ᵉʳ juil.-31 août, fermé dim. et lundi)
☏ 375.13.37.

Paris 434 – Épinal 41 – Lunéville 25 – ✦Nancy 60 – St-Dié 25 – Sarrebourg 42.

🏠 **Renaissance**, r. Cristalleries ☏ 375.11.31 – 🛏wc 📶. 🖭 ⓞ E 𝖵𝖨𝖲𝖠
➡ *fermé 15 janv. au 15 fév.* – SC : **R** *(fermé vend. soir et sam. hors sais.)* 42/100 ⅄ – ☲
15 – **18 ch** 60/145 – P 160/230.

BADEFOLS-SUR-DORDOGNE 24 Dordogne **75** ⑮⑯ G. Périgord – 150 h. alt. 50 – ✉ 24150
Lalinde – ✪ 53.

Env. Cloître★★ et église★ de Cadouin SE : 7,5 km.

Paris 549 – Bergerac 27 – Périgueux 63 – Sarlat-la-Canéda 47.

🏠 **Lou Cantou** ♨, ☏ 22.50.36 – 🛏wc 📶 ☎ 🅿
➡ *1ᵉʳ avril-2 oct.* – SC : **R** 45 bc/110 bc – ☲ 11 – **12 ch** 85/127 – P 135/206.

BADEN 56 Morbihan **63** ② – rattaché à Auray.

Participez à notre effort permanent
de mise à jour

Adressez-nous vos remarques
et vos suggestions.

Cartes et guides Michelin
46 avenue de Breteuil - 75341 Paris Cedex 07

BAGNÈRES-DE-BIGORRE ⬦⬦ 65200 H.-Pyr. 🎿🎿 ⑱ G. Pyrénées – 9 850 h. alt. 556 – Stat. therm. (7 mai-20 oct.) – Casino AZ – ✆ 62.

Voir Parc thermal de Salut★ par D 153 AZ – Grotte de Médous★★ par ② : 2,5 km – Vallée de Lesponne★ 4,5 km par ②.

🛈 Office de Tourisme pl. Lafayette (fermé dim. hors sais.) ☎ 95.01.62.

Paris 826 ③ – Lourdes 22 ③ – St-Gaudens 57 ① – Tarbes 21 ③.

BAGNÈRES-DE-BIGORRE

Coustous (Allées des)	**BZ** 7
Foch (R. Maréchal)	**BY** 8
Lafayette (Pl.)	**ABY** 22
Strasbourg (Pl. de)	**BZ** 32
Thermes (R. des)	**AZ** 34
Victor-Hugo (R.)	**AZ** 35

Alsace-Lorraine (R. d')	**AZ** 2
Arras (R. du Pont d')	**AZ** 3
Belgique (Av. de)	**AY** 4
Clemenceau (Pl. G.)	**AY** 5
Costallat (R.)	**BY** 6
Fontaine-Ferrugineuse (Av.)	**AY** 9
Frossard (R. Émilien)	**BZ** 12
Gambetta (R.)	**AY** 13
Gaulle (Av. Gén. de)	**BY** 14
Horloge (R. de l')	**AZ** 16
Joffre (Av. Maréchal)	**AY** 17
Jubinal (Pl. A.)	**BZ** 20
Leclerc (Av. Général)	**AY** 23
Lorry (R. de)	**BZ** 25
Pasteur (R.)	**BZ** 26
Pyrénées (R. des)	**BZ** 27
République (R. de la)	**AY** 28
Salles (R. de)	**AZ** 30
Thermes (Pl. des)	**AZ** 33
Vigneaux (R. des)	**BY** 37
Vigneaux (Sq. des)	**BZ** 38
3-Frères-Duthu (R.)	**BZ** 39

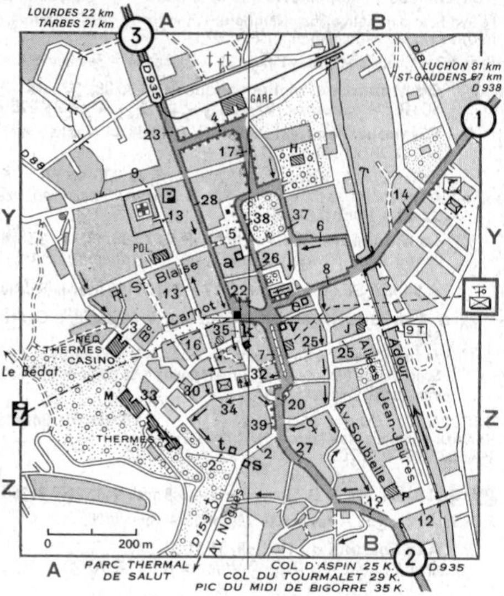

🏛 **La Résidence** 🏖, Parc Thermal de Salut ☎ 95.03.97, ≤, 🏊, 🎾 – 🚪wc 🛁wc ☎ 🅿 � par av. P.-Noguès AZ
1er avril-15 oct., vacances de fév. et de printemps – SC : **R** 70/96 – ☑ 17 – **41 ch** 173/184 – P 210/226.

🏛 **Trianon** 🏖, pl. Thermes ☎ 95.09.34, parc – 🚪wc 🛁wc ☎ & 🅿 �✦ rest ABZ **s**
1er mai-25 oct. – SC : **R** 52/100 – ☑ 16 – **31 ch** 72/190 – P 185/220.

🏛 **Host. d'Asté**, par ② : 4 km ☎ 95.20.27, ≤, 🎾, ✦ – 🚪wc 🛁wc ☎ 🅿 – 🔬 50.
VISA ✦
fermé 24 avril au 24 mai et 1er nov. au 6 déc. – SC : **R** (fermé merc. sauf vacances scolaires) 39/90 – ☑ 15,50 – **23 ch** 90/172 – P 165/201.

🏠 **Gd H. Angleterre** sans rest, pl. La-Fayette ☎ 95.22.24 – 🛗 🚪wc 🛁wc ☎
fermé 23 avril au 13 mai – SC : ☑ 13 – **35 ch** 60/130. BZ **v**

🏠 **Lutétia**, 13 pl. G.-Clemenceau ☎ 95.00.45, 🎾 – 🛗 🚪wc 🛁wc ☎ ✦ AY **a**
fermé 20 oct. au 20 déc. – SC : **R** 80/100 (hors sais. pour résidents seul.) – ☑ 15 – **27 ch** 80/155 – P 150/200.

🏠 **St-Vincent**, 31 r. Mar.-Foch ☎ 95.01.66 – 🚪wc 🛁wc ☎ BY **e**
fermé oct. et lundi sauf vacances scolaires – SC : **R** 50/90 & – ☑ 12 – **22 ch** 71/190 – P 142/177.

🏠 **Glycines** sans rest, 12 pl. Thermes ☎ 95.28.11 – 🚪wc 🛁wc ☎ AZ **t**
15 mai-15 oct.et vacances scolaires – SC : ☑ 15 – **16 ch** 75/135.

🍴🍴 **Le Bigourdan**, 14 r. V.-Hugo ☎ 95.20.20 ABZ **k**
fermé 1er au 15 juin et lundi sauf juil. et août – SC : **R** 35/80 &.

FIAT, LANCIA-AUTOBIANCHI Gar. Garcia, 1 r. J.-Meynier ☎ 95.26.03
FORD Gar. Pomiers, av. Gén.-Leclerc ☎ 95.21.65

PEUGEOT, TALBOT Laloubère, rte Tarbes par ③ ☎ 95.26.84 🅽

🔧 Pneu-Sce, 4 r. Saint-Vincent ☎ 95.03.58

BAGNÈRES-DE-LUCHON 31 H.-Gar. 🎿🎿 ⑳ – voir à Luchon.

BAGNEUX 49 M.-et-L. 🎿🎿 ⑫ – rattaché à Saumur.

Les **cartes Michelin** sont constamment tenues à jour.

🛅 d'Andaine ☏ 37.09.14 par ☺ : 3 km.

🔼 Office de Tourisme pl. Gare (Pâques-30 sept.) ☏ 37.85.66.

Paris 233 ① – Alençon 48 ② – Argentan 39 ① – Domfront 19 ③ – Falaise 45 ① – Flers 27 ④.

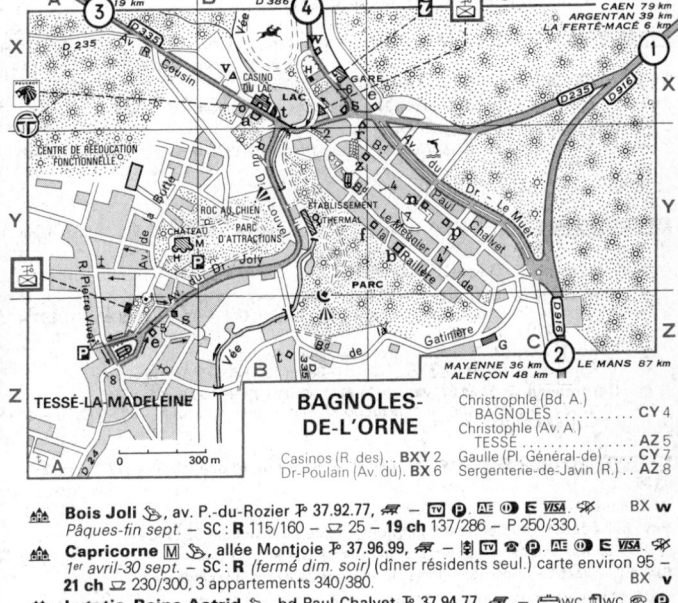

BAGNOLES-DE-L'ORNE

Casinos (R. des).. **BXY** 2
Dr-Poulain (Av. du). **BX** 6

Christrophle (Bd. A.)	
BAGNOLES.............	**CY** 4
Christophle (Av. A.)	
TESSE...............	**AZ** 5
Gaulle (Pl. Général-de) ..	**CY** 7
Sergenterie-de-Javin (R.) .	**AZ** 8

🏨 **Bois Joli** ⚲, av. P.-du-Rozier ☏ 37.92.77, 🌿 – 📺 🅿 ᴁ ⓪ Ε 🆅🆂🅰 ✂   BX **w**
Pâques-fin sept. – SC : **R** 115/160 – 🍽 25 – **19 ch** 137/286 – P 250/330.

🏨 **Capricorne** Ⓜ ⚲, allée Montjoie ☏ 37.96.99, 🌿 – 🚿 📺 🅿 🅿 ᴁ ⓪ Ε 🆅🆂🅰 ✂
1ᵉʳ avril-30 sept. – SC : **R** *(fermé dim. soir)* (dîner résidents seul.) carte environ 95 –
21 ch 🍽 230/300, 3 appartements 340/380.   BX **v**

🏨 **Lutetia-Reine Astrid** ⚲, bd Paul Chalvet ☏ 37.94.77, 🌿 – 🚻wc 🏖wc 🕭 🅿
– 🔺 50. ᴁ ⓪ 🆅🆂🅰 ✂ rest   CY **n**
début avril-15 oct. – SC : **R** 85/220 – 🍽 20 – **34 ch** 129/232 – P 246/316.

🏨 **Beaumont** ⚲, 26 bd Le Meunier-de-la-Raillère ☏ 37.91.77, 🌿 – 🚻wc 🏖wc ☎
🅿 – 🔺 25. ✂   BCY **f**
20 avril-30 sept. – SC : **R** 75/185 – 🍽 18,50 – **40 ch** 145/238 – P 245/290.

🏨 **Gayot** ⚲, pl. République ☏ 37.90.22 – 🚿 🏖wc 🕭 ఉ 🅿 ᴁ ⓪ Ε   CX **e**
1ᵉʳ avril-30 oct., fermé merc. en avril et oct. – SC : **R** 75/130 – 🍽 18 – **18 ch** 130/200
– P 260/300.

🏨 **Le Gd Veneur** ⚲, pl. République ☏ 37.86.79 – 🚿 🏖wc 🕭 🅿 – 🔺 30   BXY **r**
25 avril-30 sept. – SC : **R** 66/77 – 🍽 18 – **23 ch** 118/216 – P 240.

🏨 **Ermitage** ⚲ sans rest, 24 bd P.-Chalvet ☏ 37.96.22, 🌿 – 🏖wc 🏖wc ☎ 🚃 🅿   CY **p**
🆅🆂🅰
fin avril-fin sept. – SC : 🍽 17 – **39 ch** 120/160.

🏨 **Camélias** ⚲, av. Chât.-de-Couterne ☏ 37.93.11, 🌿 – 🏖wc 🏖wc 🕭 🅿 ✂ rest
28 avril-30 sept. – SC : **R** 70/72 – 🍽 20 – **35 ch** 150/180 – P 140/200.   BZ **t**

🏨 **Terrasse** sans rest, pl. République ☏ 37.92.39 – 🏖wc ☎ 🅿 Ε 🆅🆂🅰 ✂   BX **s**
SC : 🍽 15 – **27 ch** 65/155.

🏨 **Capucines** ⚲, bd Le Meunier-de-la-Raillère ☏ 37.82.59, ≤, 🌿 – 🏠 🕭 🅿 ✂
↔ *20 avril-1ᵉʳ oct.* – SC : **R** 40/80 – 🍽 18 – **18 ch** 70/150 – P 155/200.   CY **b**

🏨 **Nancy**, av. R.-Cousin ☏ 37.97.00, 🌿 – 🏖wc 🕭 🅿 ✂   BX **a**
↔ *27 avril-30 sept.* – SC : **R** 48/70 – 🍽 14 – **44 ch** 60/110 – P 140/180.

🏨 **Christol et du Dante** ⚲, bd P.-Chalvet ☏ 37.80.31, 🌿 – 🅿 ✂   BY **z**
↔ *27 avril-30 sept.* – SC : **R** 50/70 – 🍽 14 – **26 ch** 63/113 – P 140/160.

🍴🍴 **Café de Paris**, av. R.-Cousin ☏ 37.81.76, ≤, Cuisine italienne – ᴁ ⓪ Ε 🆅🆂🅰 ✂
1ᵉʳ avril-30 sept., fermé lundi (sauf fériés) et le midi en semaine – SC : **R** 88/154.
BX **t**

à Tessé-la-Madeleine – ⊠ 61140 Bagnoles-de-l'Orne :

🏨 **Nouvel H.**, av. A.-Christophle ☏ 37.81.22, 🌿 – 🚿 🏖wc 🏖wc ☎ 🅿 ✂ rest
fin avril-début oct. – SC : **R** 60/90 – 🍽 15 – **30 ch** 120/165 – P 200/240.   AZ **e**

🍴 **Celtic** avec ch, av. A.-Christophle ☏ 37.92.11, 🌿 – 🏖wc 🏖wc 🕭 ᴁ Ε 🆅🆂🅰 ✂
fermé fin nov. au 15 janv. – SC : **R** 65/140 – 🍽 15 – **29 ch** 66/240 – P 187/280.
AZ **s**

BAGNOLES-DE-L'ORNE

par ① : 5 km par D 916 et D 387 – ⊠ 61410 Couterne :

🏠 **Vallée de la Cour** ⑤, ₸ 37.08.90, ≤, « En forêt face au lac », 🐴 – 🛏wc 🚿wc
☎ 🅿. 🅓
fin mars-3 nov. et fermé mardi – SC : **R** 55/200, dîner à la carte – � 15 – **9 ch**
180/250 – P 400 (pour 2 pers.).

PEUGEOT-TALBOT Constant, 8 av. R.-Cousin ₸ 37.83.11

BAGNOLET 93 Seine-St-Denis 🗗🗗 ⑩, 🎯🎯🎯 ⑯ – voir à Paris, Environs.

BAGNOLS 63810 P.-de-D. 🗗🗗 ⑫ – 891 h. alt. 850 – ✿ 73.

Paris 455 – ◆Clermont-Ferrand 68 – Condat 30 – Mauriac 49 – Le Mont-Dore 25 – Ussel 64.

🏠 **Voyageurs,** ₸ 22.20.12 – 🛏 🚿 🅓
◆ *Pâques, 1er mai-20 sept., Noël et 10 fév.-10 mars* – SC : **R** 50/95 – ⊆ 15 – **20 ch**
65/145 – P 110/145.

CITROEN Gar. Moulie, ₸ 22.20.59 🅽

BAGNOLS-LES-BAINS 48190 Lozère 🗗🗗 ⑥ G. Causses – 240 h. alt. 913 – Stat. therm.
(15 avril-15 oct.) – ✿ 66.

Paris 594 – Langogne 53 – Mende 21 – Villefort 38.

🏠 **Modern'H. et Malmont,** ₸ 47.60.04, 🐴 – 🛏wc 🚿 ☎ 🅿. 🅔
◆ *Pâques-3 nov. et vacances scolaires* – SC : **R** 42/100 ▒ – ⊆ 18 – **28 ch** 100/150
– P 154/210.

🏠 **Pont,** ₸ 47.60.03, 🍽, 🐴 – cuisinette 🛏wc 🚿wc ☎. 🅔
◆ *1er fév.-3 oct.* – SC : **R** 43/80 ▒ – ⊆ 15 – **30 ch** 100/130 – P 145/220.

🏠 **Commerce,** ₸ 47.60.07, 🐴 – 🛏 🚿wc ☎ 🍴 🅿. 🅔. 🚿 rest
1er avril-20 oct. et fermé lundi (sauf hôtel) et dim. soir hors sais. – SC : **R** 52/78 – ⊆
18 – **28 ch** 69/135 – P 155/220.

BAGNOLS-SUR-CÈZE 30200 Gard 🗗🗗 ⑩ G. Vallée du Rhône (plan) – 17 777 h. alt. 51 –
✿ 66.

Voir Musée★.

Env. Belvédère★★ du Centre d'Énergie Atomique de Marcoule SE : 9,5 km.

🅭 Office de Tourisme esplanade Mont-Cotton (fermé sam. et dim.) ₸ 89.54.61.

Paris 659 – Alès 50 – Avignon 33 – Nîmes 40 – Orange 29 – Pont-St-Esprit 11.

🏰 Château de Coulorgues ⑤, rte Avignon ₸ 89.52.78, 🏛, « Maison bourgeoise
dans un parc », 🍽, 🚿 – 📺 🅿 – 🏛 50
23 ch.

🍴🍴 **Florence,** 16 pl. Bertin-Boissin ₸ 89.58.24, Spécialités italiennes – 𝖵𝖨𝖲𝖠
fermé 30 avril au 7 mai, oct., dim. soir et lundi – SC : **R** 55/82 ▒.

rte de Pont-St-Esprit N : 5,5 km par N 86 – ⊠ 30200 Bagnols-sur-Cèze :

🏰 **Valaurie** 🅜 sans rest, ₸ 89.66.22, ≤, 🐴 – 🛏wc ☎ 🍴 🅿. 🅔 𝖵𝖨𝖲𝖠. 🚿
fermé 15 déc. au 15 janv. – SC : ⊆ 17 – **22 ch** 120/160.

à Connaux S : 8,5 km sur N 86 – ⊠ 30330 Connaux :

🍴🍴 ✿ **Maître Itier,** ₸ 82.00.24 – 🔲 🅿. 🚿
fermé 15 au 30 juin, 31 janv. au 16 fév., dim. soir et lundi – SC : **R** (dîner prévenir)
85/170
Spéc. Salade de St-Pierre, Baudroie à la provençale, Aiguillettes de canard. **Vins** Bagnols, Château-
neuf du Pape.

CITROEN Jeolas, rte d'Avignon ₸ 89.60.43
FIAT Électro-Diesel, 29 rte Nîmes ₸ 89.61.20
OPEL Electronic-Auto, 731 rte d'Avignon ₸
89.56.07
PEUGEOT-TALBOT Pailhon, rte Nîmes ₸ 89.
54.95

RENAULT Gar. Stolard, 282 av. Alphonse
Daudet ₸ 89.56.36
V.A.G. Gar. Paulus, 37 av. Nîmes ₸ 89.60.30

🅭 Bellard, 55 rte Nîmes ₸ 89.52.11
Piot-Pneu, 39 av. du Pont ₸ 89.54.19

BAILLEUL 59270 Nord 🗗🗗 ⑤ G. Nord de la France – 13 412 h. alt. 44 – ✿ 28.

Voir 🚿★ du beffroi.

Paris 248 – Armentières 12 – Béthune 30 – Dunkerque 44 – Ieper 19 – Lille 30 – St-Omer 36.

🍴🍴 **Pomme d'Or** avec ch, 27 r. Ypres ₸ 43.11.01 – 🛏wc – 🏛 40. 🔴 🅔 𝖵𝖨𝖲𝖠. 🚿 ch
◆ *fermé 6 au 26 août, 2 au 15 janv., lundi soir et mardi soir* – SC : **R** 46/160 ▒ – ⊆ 15
– **4 ch** 100/160.

au Mont-Noir N : 7 km par D 10 et D 318 – ⊠ 59299 Boeschepe :

🍴 **Mont-Noir** ⑤ avec ch, ₸ 42.51.33, ≤ campagne belge, 🐴 – 🛏 🚿 🅿. 🅔 𝖵𝖨𝖲𝖠
fermé début janv. à début fév. et vend. – SC : **R** 55/150 ▒ – ⊆ 15 – **7 ch** 70/160 –
P 160.

BAIN-DE-BRETAGNE 35470 I.-et-V. 63 ⑥⑦ – 5 316 h. alt. 103 – 99.

Paris 353 – Châteaubriant 29 – ♦Nantes 75 – Ploërmel 61 – Redon 44 – ♦Rennes 32 – Vitré 50.

des Quatre Vents, rte Rennes ☎ 43.71.49 – wc. E
fermé 20 déc. au 15 janv., dim. soir et lundi d'oct. à avril – SC : **R** 40/130 – 16 – **20 ch** 78/160 – P 160/180.

Croix Verte, pl. Henri-IV ☎ 43.71.55 – E. ch
fermé 1er au 17 sept., 22 déc. au 2 janv., sam. soir, dim. et fêtes – SC : **R** 42/50 – 10 – **10 ch** 55/91 – P 122/149.

BAINS-LES-BAINS 88240 Vosges 62 ⑮ **G. Vosges** – 1 792 h. alt. 308 – Stat. therm. (15 avril-20 oct.) – 29.

Office de Tourisme pl. Bain-Romain (saison et fermé dim. après-midi) ☎ 36.31.75.

Paris 372 ④ – Épinal 30 ① – Luxeuil-les-Bains 29 ② – ♦Nancy 101 ① – Neufchâteau 71 ④ – Vesoul 50 ② – Vittel 42 ④.

BAINS-LES-BAINS

Hôtel-de-Ville (R. de l') 6

Chavanne (Av. du Lieutenant-Colonel) 2
Demazure (Av.) 3
Docteur-Bailly (Av. du) 4
Docteur-Mathieu (Av. du) 5
Leclerc (R. du Général) 7
Poirot (R. Marie) 10
Verdun (R. de) 12
2e-D.-B. (Pl. de la) 14

Les plans de villes sont orientés le Nord en haut.

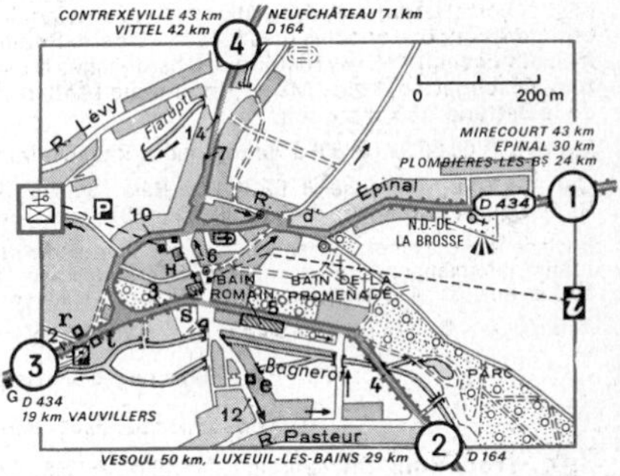

Poste, r. de Verdun **(e)** ☎ 36.31.01 – wc wc.
fermé sam. et dim. du 1er oct. au 15 avril – SC : **R** 52/100 – 16 – **30 ch** 95/150 – P 145/215.

Promenade, (r) ☎ 36.30.06, – wc.
avril-nov. et fermé lundi en oct. – SC : **R** 50/140 – 15,50 – **33 ch** 100/140 – P 165/195.

Les Ombrées, 13 r. Million, au Sud par r. Verdun, ☎ 36.31.85, – wc wc. E.
avril-fin oct. – SC : **R** 63/85 – 20 – **20 ch** 84/147 – P 150/215.

Nouvel H., (t) ☎ 36.32.40, – wc. E
20 avril-15 oct. – SC : **R** 50/112 – 16 – **30 ch** 60/140 – P 150/210.

Sources, (s) ☎ 36.30.23 – E. rest
1er mai-30 sept. – SC : **R** 43/66 – 14 – **40 ch** 55/85 – P 120/150.

BAIX 07 Ardèche 77 ⑪ – 1 017 h. alt. 86 – **07210** Chomerac – 75.

Paris 595 – Crest 28 – Montélimar 20 – Privas 20 – Valence 32.

La Cardinale et sa Résidence, ☎ 85.80.40, ←, , « Ancienne demeure seigneuriale » – – 30. AE E. rest
fermé 3 janv. au 15 fév., merc. soir et jeudi hors sais. – SC : **R** 150/250 – **5 ch** 450/600.

La Résidence, à 2 km, parc, – wc. AE E. rest
fermé 3 janv. au 15 fév., merc. soir et jeudi hors sais. – SC : **R** voir La Cardinale – **5 ch** 600, 5 appartements.

BALARUC-LES-BAINS 34540 Hérault 83 ⑯ **G. Causses** – 4 369 h. alt. 4 – Stat. therm. (14 fév.-10 déc.) – 67.

Office de Tourisme av. Thermes (fermé sam. hors saison et dim.) ☎ 48.50.07.

Paris 786 – Agde 32 – Béziers 48 – Frontignan 8 – Lodève 66 – ♦Montpellier 29 – Sète 7.

Gd Hôtel sans rest, av. Port ☎ 48.50.26 – wc
15 mars-15 nov. – SC : 15 – **12 ch** 127/150.

Pins sans rest, ☎ 48.50.15, – wc
15 mars-15 déc. – SC : 17,50 – **20 ch** 77/116.

Martinez, ☎ 48.50.22, –
fermé 15 janv. au 15 mars, dim. soir et lundi du 1er déc. au 1er avril – SC : **R** 70/185.

BALBIGNY 42510 Loire **73** ⑱ – 2 469 h. alt. 334 – ✿ 77.

Voir Gorges de la Loire★ NO : 3 km, G. Vallée du Rhône.

Paris 422 – L'Arbresle 52 – Roanne 30 – ✦St-Étienne 47 – Thiers 62 – Villefranche-sur-Saône 63.

  XX **Europe** avec ch, ℡ 28.13.42 – △wc ⓢ 〜
          1ᵉʳ mai-31 oct. et fermé merc. – SC : **R** 56/160 – 🗙 20 – **7 ch** 60/165 – P 200.

  XX **Paix,** ℡ 28.11.49
  ✦   fermé 8 au 14 août, vacances de fév., dim. soir et sam. hors sais. – SC : **R** 50/120.

Villard, ℡ 28.10.20

BALDENHEIM 67 B.-Rhin **62** ⑨ – rattaché à Sélestat.

BÂLE (BASEL) 4000 Suisse **66** ⑩, **216** ④ G. Suisse – 180 463 h. alt. 273 – ✿ Bâle et les environs : de France 19-41-61, de Suisse 061.

Voir Cathédrale (Münster)★★ : ≼★ CY B – Jardin zoologique (Zoologischer Garten)★★★ ABZ – Port (Hafen)⁂★, Exposition★ T – Fontaine du Marché aux poissons (Fischmarktbrunnen)★ BX D – Vieilles rues★ BXY – Oberer Rheinweg ≼★ CX – Musées : Beaux-Arts (Kunstmuseum)★★★ CY, Historique (Historisches Museum)★ BY M1 – Kirschgarten (Haus zum Kirschgarten)★ BCY M2, d'Art antique (Antikenmuseum)★ CY M3 – ⁂★ de la tour de la Batterie 3,5 km par ⑤ U.

🖎 privé ℡ 68.50.91 (℡ 89) à Hagenthal-le-Bas (68-France) SO : 10 km.

✈ de Bâle-Mulhouse ℡ 57.31.11 à Bâle (Suisse) par la Zollfreie Strasse 8 km T et à Saint-Louis (68-France) ℡ 69.00.00 (✿ 89)

🛈 Office de Tourisme, Blumenrain 2 (fermé sam. après-midi et dim.) ℡ 22.50.50, Télex 63318 et Tourist Information, Elisabethenpassage 15 (fermé sam. et dim. hors sais.) ℡ 22.36.84 – A.C. Suisse, Birsigstr. 4 ℡ 23.39.33 – T.C.S., Petrihof, Steinentorstr. 13 ℡ 23.19.55.

Paris 560 ⑦ – Bern 96 ④ – ✦Freiburg 71 ⑩ – ✦Lyon 405 ⑦ – ✦Mulhouse 35 ⑧ – ✦Strasbourg 145 ⑩.

Plans pages suivantes

Les prix sont donnés en francs suisses

🏨 **Trois Rois,** Blumenrain 8, ⊠ 4001, ℡ 25.52.52, Télex 62937, ≼, 🍴 – 🛗 🗏 📺 ☎
   – 🛗 80. 🆎 ⓪ 🄴 *VISA*. ✻ rest   BX a
   SC : **Rôtisserie des Rois R** 49/69 🍷 – rest **Rhy-Deck R** carte environ 45 🍷 – **80 ch**
   🗙 130/280, 5 appartements 380/520.

🏨 **Hilton** Ⓜ 〜, Aeschengraben 31, ⊠ 4059, ℡ 22.66.22, Télex 62055, 🅟 – 🛗 🗏
   📺 ☎ ₰ 〜 – 🛗 50 à 300. 🆎 ⓪ 🄴 *VISA*. ✻ rest   CZ d
   SC : **R** carte 60 à 80 🍷 – 🗙 9,50 – **217 ch** 115/225, 10 appartements.

🏨 **Hôtel International** Ⓜ 〜, Steinentorstrasse 25, ⊠ 4001, ℡ 22.18.70, Télex
   62370, 🅟 – 🛗 🗏 📺 ☎ 〜 – 🛗 25 à 250. 🆎 ⓪ 🄴 *VISA*. ✻ rest   BY b
   SC : **Steinepick R** carte 25 à 60🍷 - **Rôt. Charolaise R** carte 55 à 90 🍷 – **210 ch**
   🗙 165/230, 5 appartements.

🏨 **H. Basel** Ⓜ 〜, Münzgasse 12, ⊠ 4051, ℡ 25.24.23, Télex 64199, « Élégant
   aménagement intérieur » – 🛗 🗏 📺 ☎ 〜. 🆎 ⓪ 🄴 *VISA*   BY x
   SC : **R** carte 35 à 65 🍷 – **70 ch** 🗙 87/175.

🏨 **Euler,** Centralbahnplatz 14, ⊠ 4002, ℡ 23.45.00, Télex 62215 – 🛗 🗏 📺 ☎ 〜 –
   🛗 40 à 120. 🆎 ⓪ 🄴 *VISA*   BZ a
   SC : **R** carte 55 à 80 🍷 – **58 ch** 🗙 105/240, 8 appartements 270/500.

🏨 **Europe** Ⓜ, Clarastrasse 43, ⊠ 4058, ℡ 26.80.80, Télex 64103 – 🛗 🗏 📺 ☎ 〜
   – 🛗 180. 🆎 ⓪ 🄴 *VISA*. ✻ rest   CX k
   SC : **Les Quatre Saisons** *(fermé dim.)* **R** carte 55 à 80 🍷 – **170 ch** 🗙 95/178.

🏨 **Schweizerhof,** Centralbahnplatz 1, ⊠ 4002, ℡ 22.28.33, Télex 62373 – 🛗 🗏 📺
   ☎ 🅟 – 🛗 30 à 90. 🆎 ⓪ 🄴 *VISA*   BZ n
   SC : **R** carte 60 🍷 – **75 ch** 🗙 95/180.

🏨 **Victoria** Ⓜ, Centralbahnplatz 3, ⊠ 4002, ℡ 22.55.66, Télex 62362 – 🛗 🗏 rest 📺
   ☎ – 🛗 25. 🆎 ⓪ 🄴 *VISA*   BZ n
   SC : **R** carte environ 45 🍷 – **115 ch** 🗙 60/150.

🏨 **Métropol** sans rest, Elisabethenanlage 5 ⊠ 4051 ℡ 22.77.21, Télex 62268 – 🛗
   📺 ☎ – 🛗 120. 🆎 ⓪ 🄴 *VISA*   BZ a
   SC : **46 ch** 🛏 77/122.

🏨 **Alexander** Ⓜ, Riehenring 85, ⊠ 4058, ℡ 26.70.00, Télex 63325 – 🛗 📺 🛄wc ☎
   〜. 🆎 ⓪ 🄴 *VISA*   CX s
   SC : **R** carte 35 à 55 🍷 – **63 ch** 🗙 77/176 – P 115/148.

🏨 **City,** Henric Petri-Strasse 12, ⊠ 4010, ℡ 23.78.11, Télex 62427 – 🛗 🗏 📺 △wc
   🛄wc ⓢ. 🆎 ⓪ 🄴 *VISA*   CY f
   SC : **R** carte environ 40 🍷 – **85 ch** 🗙 55/150.

🏨 **Krafft am Rhein,** Rheingasse 12, ⊠ 4058, ℡ 26.88.77, Télex 64360, ≼, 🍴 – 🛗
   △wc 🛄wc ⓢ. 🆎 ⓪ 🄴 *VISA*   CX z
   SC : **R** carte environ 45 🍷 – **52 ch** 🗙 47/125 – P 89/130.

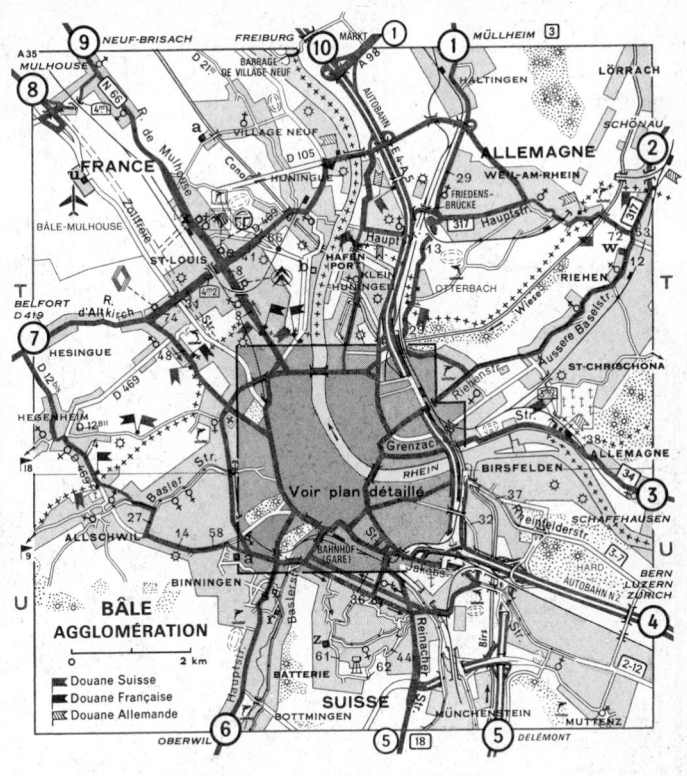

RÉPERTOIRE DES RUES DU PLAN DE BÂLE

165

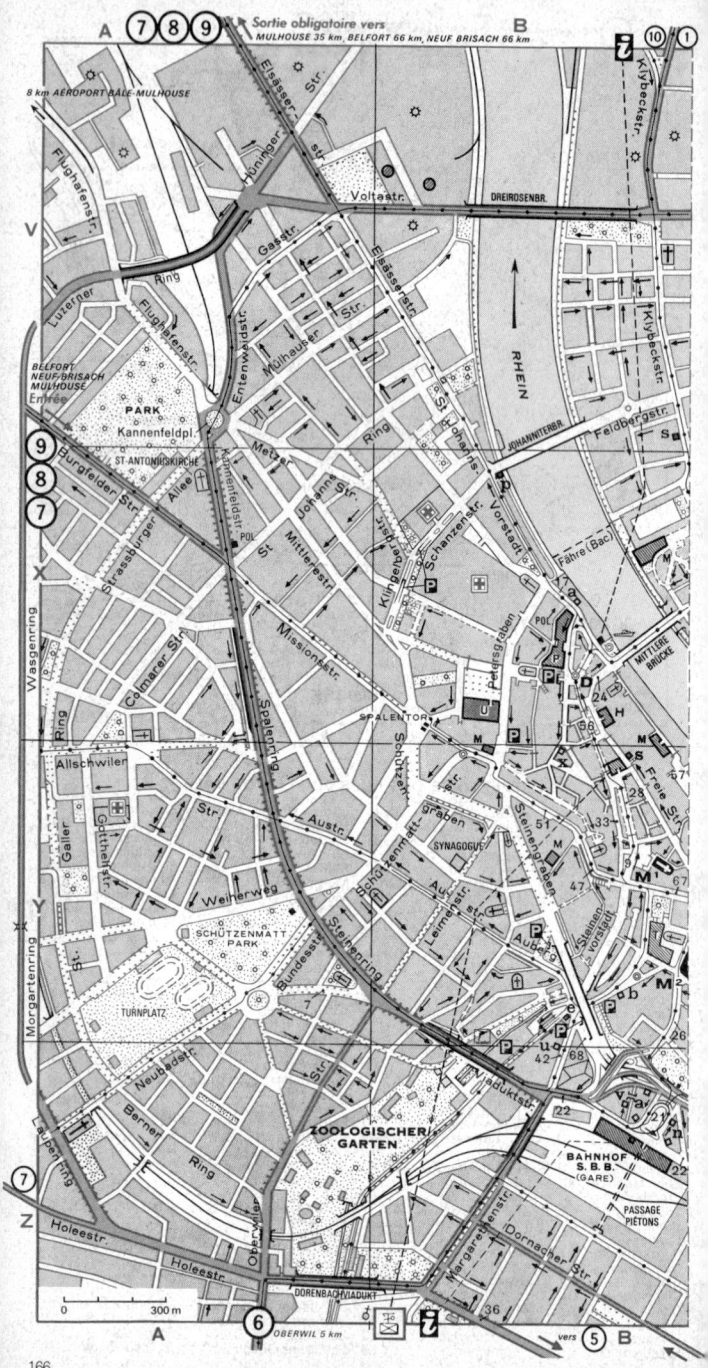

BÂLE

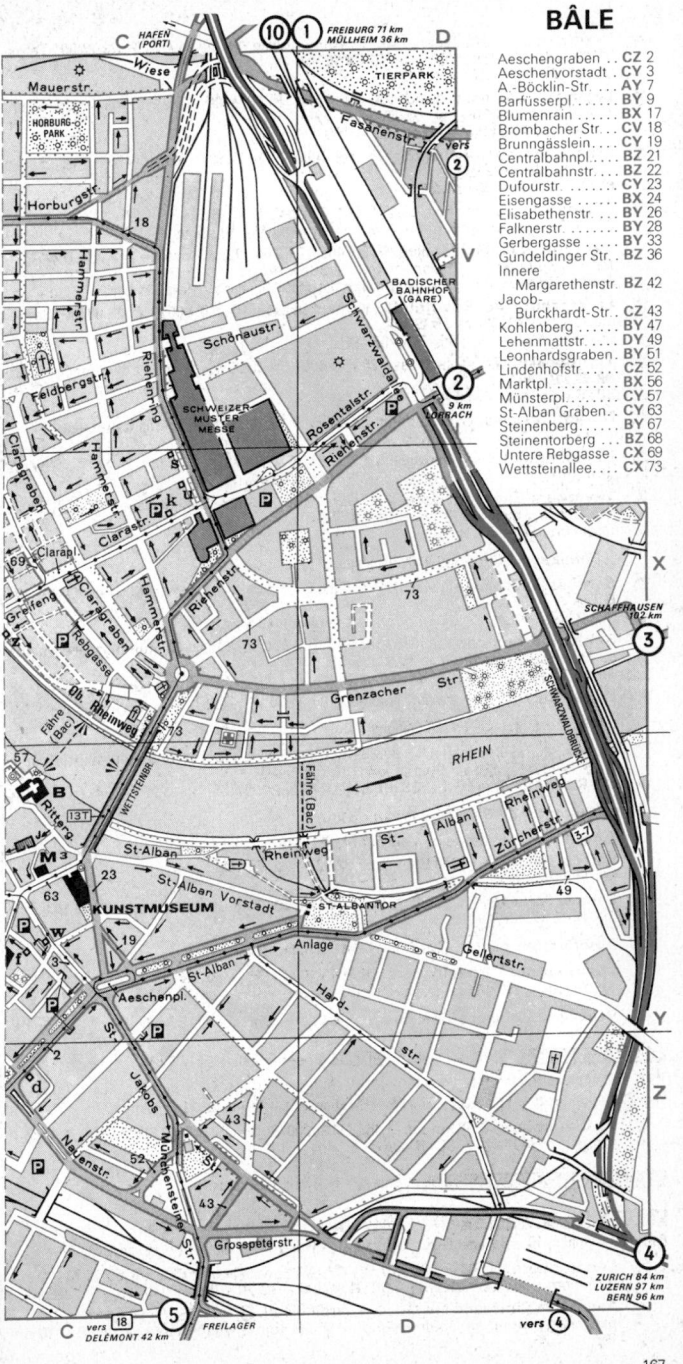

🏨 **Bernina** sans rest, Innere Margarethenstrasse 14, ⊠ 4051, ☎ 23.73.00, Télex 63813 – |฿| 🆃🆅 🛏wc 🛁 🖔 🖪 ⑩ 🇪 𝘝𝘐𝘚𝘈
SC : **36 ch** ⚊ 50/180.
BYZ u

🏨 **Drachen,** Aeschenvorstadt 24, ⊠ 4010, ☎ 23.90.90, Télex 62346 – |฿| 🖿 ch 🛏wc 🛁wc 🖖 🖔 – 🔬 40. 🖪 ⑩ 🇪 𝘝𝘐𝘚𝘈
SC : **R** carte 40 à 65 ₰ – **40 ch** ⚊ 44/108.
CY w

🏨 **Muenchnerhof,** Riehenring 75, ⊠ 4056 ☎ 26.77.80, Télex 64476 – |฿| 🛏wc 🛁wc 🖖. 🖪 ⑩ 🇪 𝘝𝘐𝘚𝘈
SC : **R** 10/30 ₰ – **40 ch** ⚊ 50/160.
CX u

🏨 **Flügelrad,** Küchengasse 20, ⊠ 4051, ☎ 23.42.41 – 🛁wc
SC : **R** *(fermé sam. soir et dim.)* carte environ 30 ₰ – **30 ch** ☎ 35/120.
BZ v

XXXX 🕸🕸 **Stucki,** Bruderholzallee 42, ⊠ 4059, ☎ 35.82.22, « Terrasse » – ⑩ 𝘝𝘐𝘚𝘈
fermé 16 juil. au 6 août, dim. et lundi – SC : **R** 80/135
Spéc. Gelée de lapin aux poireaux, Demi homard grillé, Mignons d'agneau à la moëlle.
U z

XX **La Marmite des Beaujolais,** Klybeckstrasse 15, ⊠ 4057, ☎ 33.03.54, Cadre moderne – 🖿 🅿. 🖪 🇪 𝘝𝘐𝘚𝘈
fermé dim. et fêtes – SC : **R** 30/55 ₰.
BV s

XX **Schlüsselzunft,** Freiestrasse 25, ⊠ 4051, ☎ 25.20.46, Maison corporative – 🖪 ⑩ 🇪 𝘝𝘐𝘚𝘈
SC : **R** carte environ 55 ₰.
BY s

XX **Donati,** St-Johannsvorstadt 48, ⊠ 4056, ☎ 57.09.19, Spécialités italiennes
fermé juil. et lundi – SC : **R** 22/26 ₰.
BX p

XX **Heuwaage,** Binningerstrasse 5, ⊠ 4051, ☎ 23.12.63
fermé 15 juil. au 15 août et sam. – SC : **R** carte environ 45 ₰.
BY e

X **Taverne l'Escargot** (sous-sol Gare SBB), Centralbahnstrasse 10, ⊠ 4002, ☎ 22.53.33, Télex 62538 – 🖿. 🖪 ⑩ 𝘝𝘐𝘚𝘈
fermé en juil. – SC : **R** 18/30 ₰.
BZ

à Binningen 2 km – ⊠ 4102 Binningen :

🏨 **Schlüssel,** Schlüsselgasse 1 ☎ 47.25.65, 🌳, 🌴 – |฿| 🛏wc 🛁wc 🖖 🅿. 🖪 ⑩ 🇪 𝘝𝘐𝘚𝘈
SC : **R** *(fermé 2 au 22 juil. et dim.)* carte environ 40 ₰ – **29 ch** ⚊ 45/80.
U s

XXX **Schloss Binningen,** Schlossgasse 5 ☎ 47.20.55, 🌳, « Gentilhommière du 16ᵉ s., bel intérieur, jardin » – 🅿. 🖪 🇪 𝘝𝘐𝘚𝘈
fermé 11 au 18 mars, 8 au 22 juil., dim. soir et lundi – SC : **R** 65/95 ₰.
U r

XXX Holee-Schloss, Hasenrainstrasse 59 ☎ 47.24.30, ≼ – 🖿
U a

à Riehen 5 km – ⊠ 4125 Riehen :

🏨 **Ascot** 🅼, Baselstrasse 67 ☎ 67.39.51, Télex 62424, « Bel aménagement intérieur » – |฿| 🖿 rest 🆃🆅 🛏wc 🛁wc 🖖 🖘. 🖪 ⑩ 🇪 𝘝𝘐𝘚𝘈
SC : **R** carte environ 55 ₰ – **23 ch** ⚊ 84/140 – P 134/168.
T w

à l'Aéroport de Bâle-Mulhouse : 8 km :

XX **Airport rest,** 5ᵉ étage de l'aérogare, ≼ – 🖿
T u

Secteur Suisse, ⊠ 4030 Bâle ☎ 57.32.32 – 🖿. 🖪 ⑩
SC : **R** 24/45 ₰.

Secteur Français, ⊠ 68300 St-Louis ☎ (89) 69.77.48 St-Louis – 🖿. 🖪 ⑩ 𝘝𝘐𝘚𝘈
SC : **R** 40/130 FF ₰.

à Hofstetten par ⑥ : 12,5 km – ⊠ 4114 Hofstetten :

X **Landgasthof ''Rössli''** avec ch, ☎ 75.10.47, 🌳 – 🅿. 🖪 ⑩
fermé janv. – SC : **R** *(fermé merc.)* carte environ 50 ₰ – ☎ 5 – **7 ch** 25/50.

Voir aussi ressources hôtelières de *St-Louis* (France) NO : 5 km

---

BALLON D'ALSACE 90 Ter.-de-Belf. 🆖🆖 ⑧ G. Vosges – alt. 1 250 – 🕲 84.
Voir ❊❊❊❊ du col 0,5 km puis 30 mn.
Paris 529 – Belfort 28 – Épinal 66 – Lure 46 – ◆Mulhouse 51 – Thann 42 – Le Thillot 16.

X **La Chaumière,** S : 2 km par D 465 ⊠ 90200 Giromagny ☎ 29.30.08, ≼ – 🅿. 𝘝𝘐𝘚𝘈
fermé nov. et mardi – SC : **R** 40/65.

BALLON DE GUEBWILLER 68 H.-Rhin 🆖🆖 ⑱ – voir à Grand Ballon.

La BALME-DE-SILLINGY 74330 H.-Savoie 🆖🆖 ⑥ – 1 996 h. alt. 487 – 🕲 50.
Paris 538 – Annecy 10 – Bellegarde-sur-Valserine 31 – Belley 59 – Frangy 15 – ◆Genève 45.

🏨 **Les Rochers,** N 508 ☎ 68.70.07, ≼, 🌳 – 🛏wc 🛁wc 🖖 🖘 – 🔬 50. 🇪 𝘝𝘐𝘚𝘈. 🌸
fermé nov., dim. soir et lundi – SC : **R** 60/175 – ⚊ 20 – **25 ch** 100/170 – P 170/210.

Annexe La Chrissandière 🌑, ≼, « Jardin fleuri, 🏊 » – 🛏wc 🖖 🅿. 🌸
mai-oct. et fermé dim. soir et lundi – SC : **R** voir H. des Rochers – ⚊ 20 – **10 ch** 195 – P 220.

BANDOL 83150 Var 84 ⑭ G. Côte d'Azur – 6 713 h. – Casino – ⚙ 94.

Voir Allées Jean-Moulin★.

🛈 Office de Tourisme Allées Vivien ☎ 29.41.35, Télex 400383.

Paris 826 ① – Aix-en-Provence 68 ② – ✦Marseille 51 ② – ✦Toulon 17 ②.

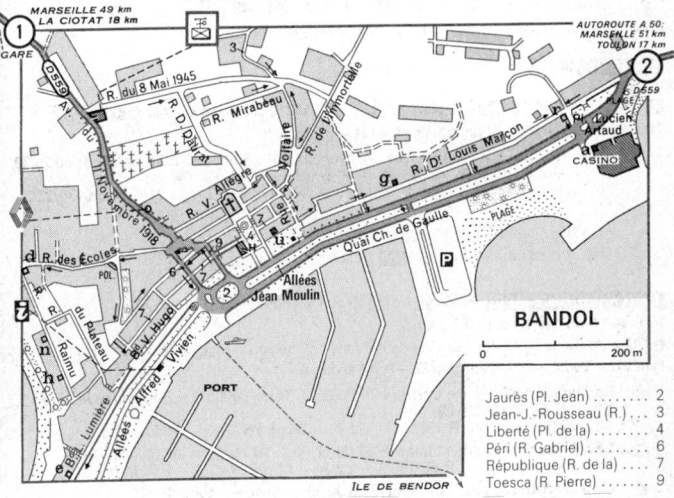

MARSEILLE 49 km
LA CIOTAT 18 km
① GARE

AUTOROUTE A 50:
MARSEILLE 51 km
TOULON 17 km
②

R. du 8 Mai 1945
R. Mirabeau
R. D. David
R. de l'Immortelle
R. du Dr. Louis Marçon
CASINO
R. Lucien Artaud

R. V. Allègre
g
R. des Écoles
POL.
u
PLAGE
Quai Ch. de Gaulle
P
PLAGE

R. du Puisard
R. Raimu
Bd. A. V. Hugo
Allées Jean Moulin
Allées Q. Alfred Vivien
Bd. Lumière

PORT

BANDOL

0   200 m

ÎLE DE BENDOR

Jaurès (Pl. Jean) 2
Jean-J.-Rousseau (R.) . . . 3
Liberté (Pl. de la) 4
Péri (R. Gabriel) 6
République (R. de la) . . . 7
Toesca (R. Pierre) 9

🏨 **Ile Rousse** Ⓜ ⌂, bd L.-Lumière (e) ☎ 29.46.86, Télex 400372, ≤, ⤢, ⛵, – ⫟
☰ 📺 ⟷ – 🏊 2Ⓠ à 100. ᴀᴇ ⓪ ᴇ 𝘝𝘐𝘚𝘈
SC : **Les Oliviers** R 140 - La Goélette à la plage *(1er juil.-31 août)* R (déj. seul.) 65 ⌘
– ⊑ 40 – **53 ch** 480/830 – P 795/1 055.

🏨 **Le Provençal**, r. Écoles (d) ☎ 29.52.11, Télex 400308 – 📺 🚿wc 🛁wc ☎. ᴀᴇ ⓪
ᴇ 𝘝𝘐𝘚𝘈. ⌘
1er janv.-31 oct. – SC : R 70/105 – ⊑ 17,50 – **22 ch** 200 – P 265/275.

🏨 **Les Pieds dans l'Eau** Ⓜ, rte de Sanary par ② ☎ 74.05.82, Télex 400366, ≤, « Sur la
plage » – 🚿wc ☎ 🅿 – 🏊 60
sais. – **45 ch**.

🏨 **Baie** Ⓜ sans rest, 62 r. Dr L.-Marçon (r) ☎ 29.40.82 – 📺 🚿wc ☎. ᴇ 𝘝𝘐𝘚𝘈
fermé janv. – SC : ⊑ 18 – **14 ch** 180.

🏨 **Golf H.** ⌂ sans rest, sur plage Rènecros par bd L.-Lumière ☎ 29.45.83, ≤, ⛵
– 🚿wc 🛁wc ☎ 🅿. ⌘
Pâques-mi oct. – SC : ⊑ 18 – **20 ch** 190/370.

🏨 **La Ker Mocotte** ⌂, r. Raimu (n) ☎ 29.46.53, ≤, « Terrasses surplombant la
mer », ⛵ – 📺 🚿wc 🛁wc ☎ – 🏊 40. ᴀᴇ. ⌘ ch
15 fév.-25 oct. – SC : R 75/84 🍷 – ⊑ 21 – **19 ch** 182/241 – P 246/280.

🏨 **Les Galets**, par ② : 0,5 km ☎ 29.43.46 – 🚿wc 🛁 🍴 🕾 🅿. ⌘
29 mars-31 oct. – SC : R *(1er juin-30 sept.)* (dîner seul.) 70 – ⊑ 14 – **22 ch** 66/164.

🏠 **La Brunière** ⌂, av. Château par bd L.-Lumière ☎ 29.52.08, ≤, « Jardin ombragé
surplombant la baie » – 🚿wc 🍴 🕾 🅿. ᴀᴇ ⓪ ᴇ 𝘝𝘐𝘚𝘈
SC : ⊑ 16 – **16 ch** 80/200.

🏠 **Coin d'Azur** ⌂, r. Raimu (h) ☎ 29.40.93, ≤, 🚗 – 🛁wc 🅿
sais. – **21 ch**.

🍴🍴🍴 **Réserve** avec ch, rte de Sanary par ② ☎ 29.42.71, ≤ – 🚿wc 🛁wc ☎ 🅿. ⓪
𝘝𝘐𝘚𝘈. ⌘ ch
fermé 21 au 30 mai, 3 déc. au 17 janv. – SC : R *(fermé dim. soir sauf en juil.-août et
lundi)* (nombre de couverts limité - prévenir) 99 – **16 ch** ⊑ 111/284 – P 235/320.

🍴🍴🍴 **Aub. du Port**, 9 allées J.-Moulin (u) ☎ 29.42.63 – ᴀᴇ ⓪ 𝘝𝘐𝘚𝘈
fermé 15 au 31 janv. et lundi hors sais. – SC : R carte 160 à 210.

🍴🍴 **Le Lotus**, pl. L.-Artaud (a) ☎ 29.49.03, ≤, Cuisine française et chinoise – 🅿
fermé merc. – R 77.

🍴 **Grotte Provençale**, 21 r. Dr-L.-Marçon (g) ☎ 29.41.52 – ▦. 𝘝𝘐𝘚𝘈
fermé 15 nov. au 15 déc., 9 au 19 janv., mardi soir et merc. sauf juil.-août – SC : R
110 bc/55.

BANDOL

dans l'Ile de Bendor − ⊠ 83150 Bandol.

Accès par vedette 7 mn - En 1983 : voyageurs 11 F (AR) - ☎ 29.44.34 (Bandol).

🏨🏨 **Le Delos** ॐ (annexe : 🏨 Le Palais - 36 ch), ☎ 29.42.33, Télex 400383, ≤ baie de Bandol, 🏊, 🏖, 🎾 − 🛗 − 🔬 250. 🅰🅴 ⊙ 🅴 𝘝𝘐𝘚𝘈, 🦐
15 mars-15 déc. − SC : **R** 100/160 − **55 ch** 235/442.

RENAULT Gar. Pieraccini, 6 av. du 11-Novembre ☎ 29.40.24

BANGOR 56 Morbihan 🔟🔟 ⑪ − voir à Belle-Ile.

BANNEGON 18 Cher 🔟🔟 ② − 297 h. alt. 180 − ⊠ 18210 Charenton-du-Cher − 🏵 48.
Paris 269 − Bourges 42 − St-Amand-Montrond 24 − Sancoins 18.

XX **Aub. Moulin de Chaméron** ॐ avec ch, SE : 3 km par D 76 et VO ☎ 60.75.80, 🏖, « Moulin du 18e s. », 🏊, 🏖 − ⌂wc 🛁wc 🕭 ♿ 🅿, 𝘝𝘐𝘚𝘈, 🦐 rest
15 mars-2 nov. et fermé jeudi hors sais. − SC : **R** 100/210 − ☲ 21 − **10 ch** 130/210.

How do you find your way around the Paris suburbs?
*Use the **Michelin map** no 𝟙𝟘𝟙 : clear, precise, up to date.*

BANYULS-SUR-MER 66650 Pyr.-Or. 🔟🔟 ⑳ G. Pyrénées − 4 250 h. − 🏵 68.
Voir ⛰⋆⋆ du cap Réderis E : 2 km.
🛈 Office de Tourisme à l'Hôtel de Ville (fermé sam. hors saison et dim.) ☎ 88.31.58.
Paris 947 − Cerbère 10 − ◆Perpignan 37 − Port-Vendres 6.

🏨🏨 **Le Catalan** Ⓜ ॐ, rte Cerbère ☎ 88.02.80, Télex 500557, ≤ Banyuls et la côte, 🏊, 🎾 − 🛗 🔽 🕿 🅿, 🅰🅴 ⊙
1er avril-30 oct. − SC : **R** 130/270 − ☲ 22 − **36 ch** 260/360 − P 350/440.

🏨 **Les Elmes**, plage des Elmes ☎ 88.03.12, ≤ − 🔲 ch 🛁wc 🕭 🅿, 𝘝𝘐𝘚𝘈, 🦐
25 mars-15 oct. − SC : **R** 65/150 ⅙ − ☲ 24 − **21 ch** 180/250 − P 220/255.

🏠 **Cap Doune** sans rest, pl. Reig ☎ 88.30.56 − 🛁wc 🕭, sans 🛗. 🦐
1er juin-fin sept. − SC : ☲ 17 − **12 ch** 67/125.

XX **Le Sardinal**, pl. Reig ☎ 88.31.14, 🏖 − 🅰🅴 ⊙ 🅴 𝘝𝘐𝘚𝘈
fermé 15 au 31 oct., janv., dim. soir et lundi hors sais. − SC : **R** 65/170.

X **La Pergola** avec ch, av. Fontaulé ☎ 88.02.10 − 🛁wc 🕭, 𝘝𝘐𝘚𝘈
1er avril-4 nov. − SC : **R** 55/120 − ☲ 18 − **17 ch** 120/200 − P 200/250.

BAPAUME 62450 P.-de-C. 🔟🔟 ⑫ − 4 085 h. alt. 121 − 🏵 21.
Paris 155 − ◆Amiens 47 − Arras 27 − Cambrai 29 − Douai 42 − Doullens 49 − St-Quentin 48.

🏠 **Paix**, av. A.-Guidet ☎ 07.11.03 − ⌂wc 🚗 🅿, 🅴 𝘝𝘐𝘚𝘈, 🦐
fermé 1er au 15 août et 20 déc. au 3 janv. − SC : **R** *(fermé sam.)* 52/100 ⅙ − ☲ 15 − **16 ch** 75/150 − P 160/200.

CITROEN Zuliani-Roose, 42 fg d'Arras ☎ 58.
90.22

PEUGEOT-TALBOT Greselle-Desvignes, 38 r.
de Péronne ☎ 07.14.13

BAPEAUME 76 S.-Mar. 🔟🔟 ⑥ − rattaché à Rouen.

La BARAQUE 63 P.-de-D. 🔟🔟 ⑭ − rattaché à Clermont-Ferrand.

BARAQUEVILLE 12160 Aveyron 🔟🔟 ② − 2 225 h. alt. 791 − 🏵 65.
Paris 628 − Albi 59 − Millau 74 − Rodez 19 − Villefranche-de-Rouergue 43.

🏨 **Ségala Plein Ciel** Ⓜ ॐ, rte Albi ☎ 69.03.45, ≤, 🏊, 🎾 − 🛗 ⌂wc 🕭 🕭 🅿 − 🔬 30 à 200. 𝘝𝘐𝘚𝘈, 🦐 ch
fermé 1er janv. au 15 fév., vend. soir, dim. soir et lundi du 10 oct. à Pâques − SC : **R** 60/140 − ☲ 16 − **47 ch** 110/185 − P 210/230.

🏠 **Agriculture**, ☎ 69.00.06 − ⌂ 🕭
◆ *fermé vacances de nov., vend. soir et sam. midi hors sais.* − SC : **R** 38/115 − ☲ 10 − **10 ch** 52/58 − P 121/126.

PEUGEOT-TALBOT Sacrispeyre, ☎ 69.00.43 🆖

BARBAZAN 31510 Hte-Garonne 🔟🔟 ① − 386 h. alt. 450 − 🏵 61.
Paris 812 − Bagnères-de-Luchon 31 − Lannemezan 24 − St-Gaudens 13 − Tarbes 59 − ◆Toulouse 103.

🏨 **Host. de l'Aristou** ॐ, rte Sauveterre ☎ 88.30.67 − 🔽 ⌂wc 🕭 🅿 − 🔬 50. 🅰🅴 ⊙ 🅴 𝘝𝘐𝘚𝘈, 🦐
fermé dim. soir et lundi midi hors sais. − SC : **R** 72/155 − ☲ 24 − **7 ch** 125/250 − P 290/415.

La BARBEN 13 B.-du-R. 🔟🔟 ② − rattaché à Salon-de-Provence.

170

BARBENTANE 13570 B.-du-R. 🎱🔟 G. Provence – 3 249 h. alt. 52 – 🎱 90.

Voir Décoration intérieure★ du château – Abbaye St-Michel-de-Frigolet : boiseries★ de la chapelle N.-D.-du-Bon-Remède S : 5 km.

🛈 Syndicat d'Initiative à la Mairie(fermé sam. et dim.) ☏ 95.50.39.

Paris 698 – Avignon 9,5 – Arles 33 – ◆Marseille 105 – Nîmes 40 – Tarascon 15.

🏨 **Castel Mouisson** Ⓜ ⑂, quartier Castel-Mouisson ☏ 95.51.17, ⤒, ⚘, ✵ –
⌂wc ☎ 🕭 🅿 ✻
15 mars-15 oct. – **R** (snack le soir pour résidents sauf juil. et août) – 🍴 18 – **17 ch**
160/175.

🏠 **St-Jean,** ☏ 95.50.44 – 🍴 rest ⚏ ✵ ch
fermé 1ᵉʳ janv. au 28 fév. et merc. (sauf hôtel en saison) – SC : **R** 45/90 ⚗ – 🍴 13 –
12 ch 80/115 – P 150/185.

BARBERAZ 73 Savoie 🔟⑮ – rattaché à Chambéry.

BARBEREY-ST-SULPICE 10 Aube 🔟⑯ – rattaché à Troyes.

BARBEZIEUX 16300 Charente 🔟⑫ G. Côte de l'Atlantique – 5 067 h. alt. 79 – 🎱 45.

🛈 Syndicat d'Initiative 3 bd Chanzy (1ᵉʳ juil.-30 août et fermé dim.) ☏ 78.02.54 et à la Mairie (fermé après-midi et dim.) ☏ 78.20.22.

Paris 478 ① – Angoulême 33 ① – ◆Bordeaux 84 ⑤ – Cognac 34 ⑦ – Jonzac 23 ⑥ – Libourne 67 ⑤.

BARBEZIEUX

Carnot (R. Sadi)	Y
Église (Pl. de l')	Y 8
Jambon (R. Marcel)	Z 15
Marché (Pl. du)	Y 16
République (R. de la)	Z 18
St-Mathias (R.)	Y 20
Victor-Hugo (R.)	YZ 29
Alma (R. de l')	Z 2
Banchereau (R.A.)	Z 4
Basses-Douves (R. des)	Y 5
Champ-de-Foire (Pl. du)	Z 6
Chanzy (Bd)	YZ 7
Europe (Av. de l')	Y 9
Foucaud (R. du Cdt-Léo)	Z 10
Fougerat (R. du Cdt-H.)	Z 12
Gambetta (Bd)	Z 14
Trarieux (R.)	Z 24
Veillon (R. Thomas)	Z 25
Verdun (Pl. de)	Y 27
Viaud (Av.)	Y 28
Vinet (R. Élie)	Y 30

Pour un bon usage des plans de villes, voir les signes conventionnels p. 21

🏨 **La Boule d'Or,** 9 bd Gambetta ☏ 78.22.72, 🏡, ⚘ – ⌂wc ⚏wc ☎ ⟷ 🅿 –
⚗ 30 à 60. 🅰🅴 🅔 𝗩𝗜𝗦𝗔   Z a
SC : **R** 38/120 – 🖙 17 – **28 ch** 70/123 – P 250/290.

🏠 **La Venta** Ⓜ, à Bois-Vert par ⑤ : 11 km sur N 10 ⌧ 16360 Baignes-Ste-Radegonde
☏ 78.40.95, 🏡, ⤒, ✵ – ⌂wc ⚏wc ☎ 🅿 – ⚗ 30. 𝗩𝗜𝗦𝗔
fermé vend. soir et sam. midi d'oct. à mars sauf vacances scolaires – SC : **R** 44/105
⚗ – 🖙 12 – **23 ch** 80/111 – P 160/190.

FORD Gar. de Bellevue, ☏ 78.17.58   🛞 Charente-Pneus, St-Hilaire ☏ 78.03.58
RENAULT Cholet, ☏ 78.11.66 🅽 ☏ 78.57.95
V.A.G. Puyravaud, ☏ 78.12.13

BARBIZON 77630 S.-et-M. 🔟 ①②, 🔟🔟🔟 ㊺ G. Environs de Paris – 1 273 h. alt. 80 – 🎱 6.

Voir Gorges d'Apremont★ : Grand Belvédère★ E : 4 km puis 15 mn.

🛈 Office de Tourisme 41 r. Grande (fermé merc.) ☏ 066.41.87.

Paris 59 – Étampes 39 – Fontainebleau 9,5 – Melun 11 – Pithiviers 47.

🏨🏨 **Bas-Bréau** Ⓜ ⑂, ☏ 066.40.05, Télex 690953, 🏡, « Jardin fleuri », parc, ✵
– 📺 ☎ 🕭 ⟷ 🅿 – ⚗ 30. 🅰🅴 🅔 𝗩𝗜𝗦𝗔
fermé début janv. à mi fév. – **R** carte 210 à 290 – 🖙 50 – **12 ch** 550/
750, 7 appartements
Spéc. Écrevisses aux herbes à tortue, Filet de Charolais en feuilleté, Grouse d'Écosse rôti aux cèpes
(mi-août à fin sept.).

🏨 **Les Alouettes** ⑂, ☏ 066.41.98, parc, ✵ – ⌂wc ⚏ 🕭 🅿 – ⚗ 35. 🅰🅴 🅞 🅔
𝗩𝗜𝗦𝗔
fermé fév. et dim. soir – SC : **R** carte 120 à 190 – 🖙 20 – **20 ch** 105/170 –
P 170/220.

XXX **Les Pléiades** ⌂ avec ch, ☎ 066.40.25, ≤, 🍴, 🌳 – 🛏wc ☎ 🚗 – 🏨 25. 🆎 ⓘ Ⓔ 𝗩𝗜𝗦𝗔
SC : R 120/220 – ☐ 22 – **15 ch** 160/200 – P 260/320.

XXX **Host. Clé d'Or** ⌂ avec ch, ☎ 066.40.96, 🍴, 🌳 – 🛏wc 🛁wc 🅰 🚻 🅿 – 🏨
25. 🆎 ⓘ Ⓔ 𝗩𝗜𝗦𝗔
fermé 15 nov. au 15 déc., dim. soir et lundi – SC : **R** 135 bc. carte le dim. – ☐ 25 –
15 ch 140/285.

X **Le Relais de Barbizon,** ☎ 066.40.28, 🍴 – 𝗩𝗜𝗦𝗔
fermé 16 août au 1er sept., 17 déc. au 5 janv., mardi et merc. – SC : R 85/120.

sur la N 7, à l'orée de la forêt E : 1,5 km – ✉ 77630 Barbizon :

XXX **Grand Veneur,** ☎ 066.40.44, « Salle rustique avec grande broche devant un feu
de bois » – 🅿 🆎 ⓘ 𝗩𝗜𝗦𝗔
fermé 26 juil. au 24 août, 16 au 23 fév., merc. soir et jeudi sauf fériés – **R** carte 155 à
220.

X **Broche de Barbizon,** ☎ 066.40.76 – 🅿
fermé 24 juil. au 10 août, 10 au 27 janv., merc. soir et jeudi – SC : **R** 51/100.

BARBOTAN-LES-THERMES 32 Gers 🎵🎵 ⑫ G. Côte de l'Atlantique – alt. 136 – Stat.
therm. (1er avril-30 nov.) – ✉ 32150 Cazaubon – ✪ 62.
🆔 Office de Tourisme pl. Armagnac (fermé sam. hors sais. et dim.) ☎ 09.52.13.
Paris 728 – Aire-sur-l'Adour 36 – Auch 72 – Condom 36 – Marmande 70 – Nérac 43.

🏨 **La Bastide Gasconne** Ⓜ ⌂, ☎ 69.52.09, Télex 521009, 🍴, 🏊, 🌳, 🎾 –
cuisinette 🅿 – 🏨 25. 🆎 �⚬ rest
1er avril-31 oct. – **R** 155/220 – ☐ 30 – **47 ch** 250/370 – P 325/500.

🏨 **Château de Bégué** ⌂, SO : 2 km par D 656 ✉ 32150 Cazaubon ☎ 69.50.08, ≤,
« Petit manoir dans un parc », 🏊 – 🛏wc 🚻 🅿. 𝗩𝗜𝗦𝗔 🌚 rest
mai-oct. – SC : **R** (fermé lundi) 100/110 – **30 ch** ☐ 140/243 – P 258/320.

🏨 **Cante Grit,** ☎ 69.52.12, 🌳 – 🛏wc 🛁wc 🚻 🅿 🆎 𝗩𝗜𝗦𝗔 🌚 rest
15 avril-30 oct. – SC : **R** 74/136 – ☐ 26,50 – **23 ch** 171/229 – P 265/339.

🏨 **Beauséjour,** ☎ 69.52.01, ≤, 🍴, 🌳 – 🛏wc 🛁wc 🚻 🅿. 🌚
mi avril-fin oct. – SC : **R** 80/100 – ☐ 20 – **30 ch** 100/220 – P 260/380.

🏨 **Roseraie,** ☎ 69.53.26, 🌳 – 🛗 🛁wc 🚻 🅿. 🌚 rest
avril-fin oct. – SC : **R** 75/120 – ☐ 22 – **33 ch** 105/198 – P 208/306.

à Cazaubon SO : 3 km par D 626 – ✉ 32150 Cazaubon :

🏨 **Château Bellevue** ⌂, ☎ 09.51.95, ≤, « dans un parc », 🏊 – 🛗 🅿 – 🏨 50. 🆎
ⓘ
fermé janv., fév. et mardi en déc. et mars – SC : **R** 100/195 – ☐ 27 – **27 ch** 140/305
– P 275/350.

Le BARCARÈS 66420 Pyr.-Or. 🎵🎵 ⑫ – 2 221 h. – Casino à Port-Barcarès – ✪ 68.
🆔 Office de Tourisme Front de Mer (fermé sam. et dim. hors sais.) ☎ 86.16.56.
Paris 910 – Narbonne 64 – ◆Perpignan 21 – Quillan 84.

à Port-Barcarès G. Pyrénées.

🏨 **Lydia Playa** Ⓜ, ☎ 86.25.25, Télex 500837, ≤, 🍴, 🏊, 🏊, 🎾 – 🛗 🍽 📺 ☎ 🅿 –
🏨 40 à 200. 🆎 ⓘ 𝗩𝗜𝗦𝗔
29 avril-30 oct. – SC : **R** 80 – **192 ch** ☐ 178/416 – P 332/472.

XX **Don Quichotte,** ☎ 86.06.57 – 🍽
fermé 5 janv. au 5 fév. et merc. sauf juil.-août – SC : **R** 83/133.

Gar. Leucate-Barcarès-Auto, N 9, Port-Barcarès ☎ 86.06.66 🅽

BARCELONNETTE ❰❱ 04400 Alpes-de-H.-P. 🎵🎵 ⑧ G. Alpes – 3 314 h. alt. 1 132 – Sports
d'hiver au Sauze SE : 4 km, à Super-Sauze SE : 10 km et à Pra-Loup SO : 8,5 km – ✪ 92.
🆔 Office de Tourisme av. Libération (fermé dim. sauf le matin en juil.et août) ☎ 81.04.71.
Paris 737 – Briançon 84 – Cannes 221 – Cuneo 100 – Digne 87 – Gap 69 – ◆Nice 209.

🏨 **La Grande Épervière** Ⓜ sans rest, 18 r. Frères-Arnaud ☎ 81.00.70, ≤, 🌳 –
🛏wc 🚻 🅿. 🌚
fermé 15 nov. au 22 déc., en janv. et dim. hors sais. – SC : ☐ 18,50 – **10 ch** 160/183.

🏠 **Gaudissart,** pl. A.-Gassier ☎ 81.00.45, 🌳 – 🛁 🚻. 🌚 rest
fermé 1er au 15 juin, dim. soir et lundi – SC : **R** 60/150 – 🍽 14 – **10 ch** 100/115 – P
120/135.

XX **Le Passe-Montagne,** SO : 3 km rte Cayolle ☎ 81.08.58, 🍴 – 🅿. 🆎
fermé 15 nov. au 10 déc. et merc. – SC : **R** 73.

XX **La Mangeoire,** pl. 4-Vents ☎ 81.01.61 – 🅿. 𝗩𝗜𝗦𝗔
fermé 6 au 29 mai, 11 nov. au 7 déc. et lundi du 1er avril au 1er janv. – SC : **R** (dîner
seul. du 1er janv. au 1er avril) sauf juil. – **R** 73.

X **L'Aupillon** ⌂ avec ch, rte de St-Pons ☎ 81.01.09, 🍴, 🌳 – 🅿. 🆎 𝗩𝗜𝗦𝗔
fermé mai et nov. – **R** (fermé mardi hors sais.) 50/70 – 🍽 18 – **7 ch** 85/95 – P 165.

au Sauze SE : 4 km par D 900 et D 209 − alt. 1 380 − Sports d'hiver : 1 400/2 400 m ⚡21 ⚡ − ⊠ 04400 Barcelonnette.

🛈 Office de Tourisme (fermé dim. hors sais.) ☏ 81.05.61.

🏨 **Alp'H.** ⌂, ☏ 81.05.04, Télex 420437, ≤, 🍴, 🚗 − ⬚ 🕿 🚗 ℗. 🆎 𝗩𝗜𝗦𝗔
10 juin-30 oct. et 10 déc.-30 avril − SC : **R** 48/80 − ⊊ 25 − **24 ch** 220/260 − P 250/275.

🏨 **L'Équipe** ⌂, ☏ 81.05.12, ≤ − 🛁wc 🕿 🚗 ℗. 𝗩𝗜𝗦𝗔. ⚘ rest
20 juin-10 sept. et 15 déc.-15 avril − SC : **R** 65/75 − ⊊ 18 − **24 ch** 120/180 − P 175/220.

🏨 **Séolanes** ⌂, ☏ 81.05.10, ≤ − 🛁wc 🛁wc 🕿 ℗. ⚘ rest
26 juin-4 sept. et Noël-Pâques − SC : **R** (résidents seul.) − ⊊ 15 − **16 ch** 76/160 − P 126/199.

🏨 **Les Flocons,** ☏ 81.05.03, ≤ − 🛁 ℗. 𝗩𝗜𝗦𝗔. ⚘ rest
15 juin-15 sept. et 15 déc.-30 avril − SC : **R** 60/90 − ⊊ 18 − **20 ch** 100/130 − P 175/200.

à Super-Sauze S : 10 km par D 9 et D 9A − alt. 1 700 − Sports d'hiver : voir au Sauze − ⊠ 04400 Barcelonnette :

🏨 **Pyjama** Ⓜ ⌂ sans rest, ☏ 81.12.00, ≤ − 🛁wc 🕿 ℗
1er juil.-1er sept.-1er mai − SC : ⊊ 20 − **10 ch** 185/200, 4 appartements.

🏨 **OP Traken** ⌂, ☏ 81.05.22, ≤, 🍴 − 🛁wc 🛁wc 🕿. 🆎
1er juil.-1er sept. et 20 déc.-20 avril − SC : **R** 70/90 − ⊊ 25 − **12 ch** 180/200 − P 200/250.

🏨 **Ourson** ⌂, ☏ 81.05.21, ≤, 🍴, 🖼 − 🛁wc 🛁wc 🕿 🚗 ℗. ⚘ rest
1er juil.-31 août et 15 déc.-20 avril − SC : **R** 50/70 − ⊊ 20 − **20 ch** 140/160 − P 180/200.

à Pra-Loup SO : 8,5 km − alt. 1 600 − Sports d'hiver : 1 630/2 500 m ⚡5 ⚡32 − ⊠ 04400 Barcelonnette.

🛈 Office de Tourisme La Maison de Pra-Loup ☏ 84.10.04, Télex 420269.

🏨 **Les Airelles** Ⓜ ⌂ sans rest, ☏ 84.13.24, ≤ − 🛁wc 🕿 ℗. ⚘
juil.-sept. et déc.-mai − SC : ⊊ 20 − **20 ch** 200/260.

🏨 **Le Prieuré** ⌂, à Molanès ☏ 84.11.43, 🍴 − 🛁wc 🛁wc. 𝗩𝗜𝗦𝗔
23 juin-16 sept., 15 déc.-20 avril − SC : **R** carte environ 100 − ⊊ 21 − **15 ch** 95/183 − P 180/230.

CITROEN Gar. de la Gravette, ☏ 81.01.66 Ⓝ ☏ 81.17.52

FIAT Gar. S.A.T.A., ☏ 81.00.11
PEUGEOT Gar. de l'Ubaye, ☏ 81.02.45

BARCUS 64 Pyr. Atl. 🔢 ⑤ − 916 h. alt. 210 − ⊠ 64130 Mauléon-Soule − 😊 59.

Paris 831 − Mauléon-Licharre 15 − Oloron-Ste-Marie 16 − Pau 49 − St-Jean-Pied-de-Port 55.

🍴 **Chilo** avec ch, ☏ 28.14.79, 🚗 − 🛁 🕿 ℗
fermé 20 sept. au 10 oct. et lundi − SC : **R** 38/75 🍷 − ⊊ 10 − **13 ch** 52/75.

BARÈGES 65 H.-Pyr. 🔢 ⑱ G. Pyrénées − 344 h. alt. 1 250 − Stat. therm. (14 mai-10 oct.) − Sports d'hiver : 1 250/2 350 m ⚡1 ⚡19 ⚡ − ⊠ 65120 Luz-St-Sauveur − 😊 62.

🛈 Syndicat d'Initiative (fermé dim. après-midi hors sais.) ☏ 92.68.19, Télex 521995.

Paris 863 − Arreau 54 − Bagnères-de-Bigorre 40 − Lourdes 38 − Luz-St-Sauveur 7 − Tarbes 58.

🏨 **Europe,** ☏ 92.68.04, 🚗 − ⬚ 🛁wc 🛁wc 🕿. 𝗩𝗜𝗦𝗔. ⚘ rest
6 juin-24 sept. et 24 déc.-15 avril − SC : **R** 54/140 − ⊊ 16,50 − **53 ch** 69/167 − P 148/215.

🏨 **Richelieu,** ☏ 92.68.11, ⬚ 🛁wc 🛁wc. 🆎 𝗩𝗜𝗦𝗔. ⚘ rest
1er juin-23 sept. et 18 déc.-23 avril − SC : **R** 45/150 − ⊊ 16 − **36 ch** 120/180 − P 150/200.

BAREMBACH 67 B.-Rhin 🔢 ⑤ − 849 h. alt. 350 − ⊠ 67130 Schirmeck − 😊 88.

Paris 477 − Lunéville 68 − Molsheim 28 − St Dié 42 − Sélestat 45 − ♦ Strasbourg 49.

🏨 **Relais du Château** ⌂, 5 r. Mar.-de-Lattre-de-Tassigny ☏ 97.97.50 − 📺 🛁wc 🕿 ℗. 🆎 ⓞ Ⓔ 𝗩𝗜𝗦𝗔
SC : **R** 70/190 − ⊊ 19,50 − **15 ch** 120/290 − P 230/280.

BARENTIN 76360 S.-Mar. 🔢 ⑥ G. Normandie − 12 776 h. alt. 75 − 😊 35.

Paris 156 − Dieppe 49 − Duclair 10 − ♦Rouen 17 − Yerville 15 − Yvetot 19.

🍴 **Aub. Gd St-Pierre,** 19 av. Victor-Hugo ☏ 91.03.37 − ℗. 🆎 ⓞ 𝗩𝗜𝗦𝗔
fermé août, vacances de fév., dim. soir, mardi soir et merc. − SC : **R** 50/100.

PEUGEOT-TALBOT Barbier, 32 av. V.-Hugo ☏ 91.22.64

RENAULT Roussel, r. A.-Briand ☏ 91.10.52

BARFLEUR 50760 Manche 🗺️ ③ G. Normandie – 630 h. – ✦ 33.

Voir Phare de la Pointe de Barfleur★ : ※★★ N : 4 km.

Env. La Pernelle ※★★ S : 6,5 km.

🇮 Office de Tourisme 64 r. St-Thomas-Becket (juil.-août) ☎ 54.02.48.

Paris 358 – ◆Caen 117 – Carentan 48 – ◆Cherbourg 27 – St-Lô 76 – Valognes 25.

🏨 **Phare,** ☎ 54.02.07, 🦐 – 🚻wc 🛏️wc 🐦 🅿️. ※ rest
fermé 1ᵉʳ janv. au 4 mars, dim. soir et lundi sauf juil. et août – SC : **R** 75/170 – 🖵 15
– **20 ch** 80/150 – P 170/200.

CITROEN   Pesnelle, à Anneville en Saire ☎
54.00.77

RENAULT Gonzalve, à Montfarville ☎ 54.04.21

BARGEMON 83620 Var 🗺️ ⑦ G. Côte d'Azur – 1 110 h. alt. 465 – ✦ 94.

Paris 884 – Castellane 43 – Comps-sur-Artuby 20 – Draguignan 21 – Grasse 44.

XX **La Taverne** (Chez Pierrot), ☎ 76.62.19 – *VISA*
fermé 1ᵉʳ fév. au 1ᵉʳ mars, dim. soir et lundi sauf juil. et août – SC : **R** (nombre de
couverts limité - prévenir) 70/150.

XX **Maître Blanc,** ☎ 76.60.24
fermé déc., janv., le soir de sept. à juin et merc. – **R** 49/90.

BARJOLS 83670 Var 🗺️ ⑤ G. Côte d'Azur – 2 016 h. alt. 288 – ✦ 94.

Paris 823 – Aix-en-Provence 64 – Brignoles 22 – Digne 86 – Draguignan 45 – Manosque 51.

🏨 **Pont d'Or,** rte St-Maximin ☎ 77.05.23 – 🛏️wc 🚗. ※ rest
◆ *fermé 1ᵉʳ déc. au 15 janv.* – SC : **R** (fermé dim. soir et lundi du 1ᵉʳ oct. au 31 mai)
45/110 – 🖵 15 – **15 ch** 65/110 – P 160/170.

CITROEN Inaudi, ☎ 77.06.13

RENAULT Penal, ☎ 77.00.51

Au moment de chercher un hôtel ou un restaurant, soyez efficace.
Sachez utiliser les noms soulignés en rouge sur les **cartes Michelin** *à 1/200 000.*
Mais ayez une carte à jour !

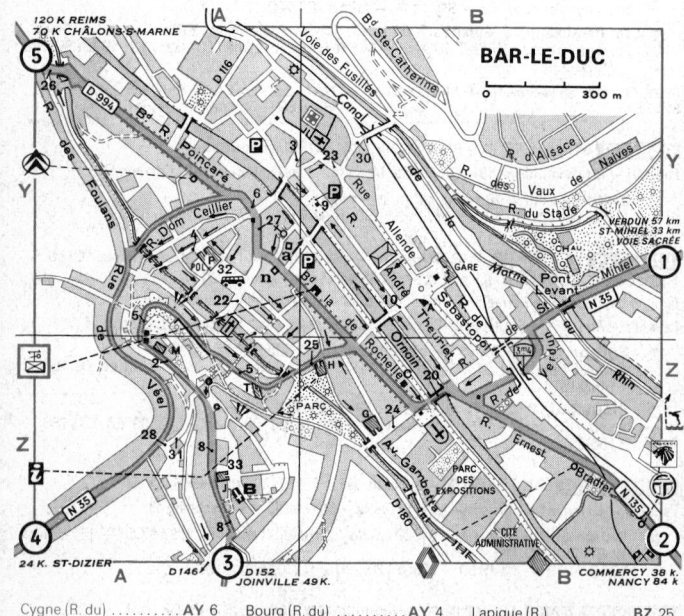

BAR-LE-DUC 🅿 55000 Meuse 🗺 ① G. Vosges – 20 029 h. alt. 184 – ✪ 29.

Voir Le "Squelette"★★ dans l'église St-Étienne AZ **B**.

🏌 de Combles-en-Barrois 🟊 45.16.03 par ④ : 5 km.

🛈 Office de Tourisme à l'Hôtel de Ville (fermé dim. et lundi) 🟊 79.11.13 – A.C. 14 r. A.-Maginot 🟊 79.03.76.

Paris 263 ⑤ – Châlons-sur-Marne 70 ⑤ – Charleville-Mézières 140 ⑤ – Épinal 151 ② – ✦Metz 126 ① – ✦Nancy 84 ② – Neufchâteau 73 ② – ✦Reims 120 ⑤ – St-Dizier 24 ④ – Verdun 57 ①.

Plan page ci-contre

🏛 **Gd H. Metz et Commerce,** 17 bd de La Rochelle 🟊 79.02.56, 🛋 – 🛏wc 🛆wc
✦ – 🛎 40 à 150. 💯 rest   AY **n**
SC : **R** 48/150 – ⊿ 14,50 – **51 ch** 70/145.

🏛 **Exelmans** sans rest, 5 r. du Gué 🟊 76.21.06 – 🛆 🖩 ☎. 💯   AY **a**
fermé 1er au 15 janv. – SC : ⊿ 11 – **14 ch** 44/70.

à Trémont-sur-Saulx par ④ et D 3 : 9,5 km – ⊠ 55000 Bar-le-Duc :

🏛 **Aub. de la Source** ⑤, 🟊 70.45.22 – 🖵 🛏wc 🖩 ☎ 🅿. **E**. 💯 rest
fermé 6 au 27 août, 30 janv. au 13 fév., dim. soir et lundi – SC : **R** 52/150 ⌀ – ⊿ 16 –
16 ch 135/170 – P 210/280.

CITROEN Gd Gar. Lorrain, 16 bd R.-Poincaré   RENAULT Gar. Central, Parc Bradfer 🟊 79.
🟊 45.30.22 rte de Reims à Fains Veel par ⑤   40.66
FIAT LANCIA-AUTOBIANCHI Gar. Marinoni,
38 r. J.-d'Arc 🟊 76.22.65   🖩 Barrois-Pneus, 31 r. Bradfer 🟊 79.13.01
PEUGEOT-TALBOT Gar. Billet, 83 r. Bradfer
🟊 79.01.30

BARNEVILLE 14 Calvados 🗺 ③ – rattaché à Honfleur.

BARNEVILLE-CARTERET 50270 Manche 🗺 ① G. Normandie (plan) – 2 327 h. alt. 43 –
✪ 33.

Paris 353 – ✦Caen 113 – Carentan 43 – ✦Cherbourg 37 – Coutances 48 – St-Lô 63.

à Barneville-Plage.

Voir Décoration romane★ de l'église.

🏛 **Les Isles** ⑤, 🟊 04.90.76, ≤, « jardin » – 🛏wc 🛆wc ☎. 🆎 ⓪ **E**
fermé 15 nov. au 15 janv. – SC : **R** 60/150 – ⊿ 17 – **34 ch** 100/236 – P 192/259.

🏛 **Jersey** ⑤ sans rest, 🟊 04.91.23 – 🛏wc 🛆wc ☎ 🅿. 💯
SC : ⊿ 14 – **20 ch** 100/140.

à Carteret.

Voir Le tour du Cap★★ et phare ≤★.

Excurs. à l'île de Jersey★ (voir à Jersey).

🏛 **Marine,** 🟊 53.83.31, ≤ – 🛏wc 🖩 ☎ 🅿
1er mars-10 nov. – SC : **R** (fermé dim. soir hors sais. et lundi sauf juil. et août) 66/155
– ⊿ 17 – **31 ch** 73/217 – P 200/250.

🏛 **Plage et du Cap** ⑤, le Cap 🟊 53.86.96, ≤, 🛋 – 🛆 🖩wc ☎. 💯
fermé merc. hors sais. – SC : ⊿ 15,50 – **15 ch** 65/151.

XX **L'Hermitage-Maison Duhamel,** sur le port 🟊 54.96.29, ≤ – ⓪
fermé 15 nov. au 15 déc., 10 au 20 fév. et merc. – SC : **R** 65/150.

PEUGEOT, TALBOT Gar. de la Poste, 🟊 54.   RENAULT Gar. Leboisselier Quesnot, 🟊 50.
85.62 🖩   80.14 🖩 🟊 54.83.56

Le BARP 33114 Gironde 🗺 ② – 2 238 h. alt. 72 – ✪ 56.

Paris 618 – Arcachon 42 – Belin 13 – ✦Bordeaux 32 – Langon 58 – Villandraut 43.

à Lavignolle S : 4 km – ⊠ 33770 Salles :

XX **Chez Lisette** avec ch, 🟊 88.62.01 – 🛏wc 🖩 ☎ 🚗 🅿 – **15 ch.**

BARR 67140 B.-Rhin 🗺 ⑨ G. Vosges – 4 615 h. alt. 201 – ✪ 88.

🛈 Syndicat d'Initiative pl. Hôtel de Ville (fermé sam. et dim.) 🟊 08.94.24.

Paris 526 – Colmar 39 – Le Hohwald 12 – Saverne 45 – Sélestat 17 – ✦Strasbourg 35.

🏛 **Manoir** sans rest, 11 r. St-Marc 🟊 08.03.40 – 🛏wc 🖩wc ☎ 🅿 – 🛎 60. 💯
fermé 21 déc. au 31 janv. – SC : ⊿ 17 – **18 ch** 118/170.

🏛 **Maison Rouge,** av. Gare 🟊 08.90.40, 🍴 – 🛏wc 🖩wc ☎ 🅿 – 🛎 30. 💳
✦ fermé 15 janv. au 15 mars et lundi – SC : **R** brasserie 35/160 ⌀ – 🍽 15 – **13 ch**
90/160 – P 150/170.

rte Ste-Odile : 2 km par D 854 – ⊠ 67140 Barr :

🏛 **du Château d'Andlau** ⑤ sans rest, 🟊 08.96.78, 🛋 – 🛏wc 🖩wc ☎ 🅿. 💯
SC : ⊿ 15 – **27 ch** 70/160.

CITROEN Dallemagne, à Gertwiller 🟊 08.91.61   PEUGEOT-TALBOT Gar. Karrer, 🟊 08.94.48

175

BARRAGE voir au nom propre du barrage.

Les BARRAQUES-EN-VERCORS 26 Drôme 🗺 ③④ – alt. 676 – ⊠ **26420** La Chapelle-en-Vercors – ⊙ 75.

Env. NO : Gorges des Grands-Goulets★★★, G. Alpes.

Paris 602 – Die 45 – Romans-sur-Isère 40 – St-Marcellin 27 – Valence 58 – Villard-de-Lans 23.

  🏠 **Grands Goulets** ⌂, 🅟 48.22.45, ≤, 🎄 – 🛏wc 🍴 🕮 🚗 🅿, 🎿 rest
  ↳ 1er mai-30 sept. – SC : **R** 50/100 – 🖵 17 – **30 ch** 78/200 – P 150/210.

BARRÊME 04330 Alpes-de-H.-P. 🗺 ⑰ G. Côte d'Azur – 421 h. alt. 720 – ⊙ 92.

Voir Senez : tapisseries★ dans l'ancienne cathédrale SE : 5 km.

Paris 775 – Castellane 24 – Colmars 41 – Digne 30 – Manosque 71 – Puget-Théniers 58.

  🏠 **Alpes H.,** 🅟 34.20.09 – 🛏 🚗 🅿
  ↳ fév.-oct. et fermé jeudi de fév. à mai – SC : **R** 50/85 – 🖵 12 – **11 ch** 49/75 – P 107/118.

CITROEN Gar. Aune, 🅟 34.20.17

BARSAC 33 Gironde 🗺 ①② G. Côte de l'Atlantique – 2 085 h. alt. 10 – ⊠ **33720** Podensac – ⊙ 56.

Paris 634 – ◆Bordeaux 38 – Langon 8 – Libourne 45 – Marmande 45.

  XXX **Host. du Château de Rolland** 🅼 avec ch, 🅟 27.15.75, 🏛, « Belle demeure dans les vignes », 🎄 – 🛏wc ☎ 🅿 – 🛁 35. 🖭 ⑩ 𝘝𝘐𝘚𝘈 🎿 ch
  fermé 1er au 15 nov. – SC : **R** (fermé merc. hors sais.) 75 – 🖵 25 – **7 ch** 200/320.

BAR-SUR-AUBE ◐ 10200 Aube 🗺 ⑲ G. Nord de la France – 7 146 h. alt. 165 – ⊙ 25.

🛈 Syndicat d'Initiative à la Mairie (fermé sam. après-midi, dim. et lundi matin) 🅟 27.04.21.

Paris 217 ③ – Châtillon-sur-Seine 59 ② – Chaumont 42 ② – Troyes 52 ③ – Vitry-le-François 66 ③.

Armand (R.)	2
Aubertin (Pl.)	4
Chenot (R.)	6
Belfort (Fg de)	8
Beugnot (R.)	9
Beurnonville (R. Gén.)	12
Bourbon (R.)	14
Brossolette (R. Pierre)	15
Carnot (Pl.)	16
Collège (R. du)	18
Croix-du-Temple (R.)	20
Danton (R.)	22
Gaillard (R. du Château)	26
Gaulle (R. du Gén.)	27
Jaurès (Pl. Jean)	28
Leclerc (Av. du Gén.)	29
Masson-de-Morfontaine (R.)	30
Mathaux (Promenade)	32
Payn (R. B.)	34
Romagon (R.)	36
St-Jean (R.)	38
St-Maclou (R.)	39
St-Pierre (R.)	40
Sommerard (R. du)	42
Thiers (R.)	44
Vouillemont (R. du Gén.)	46

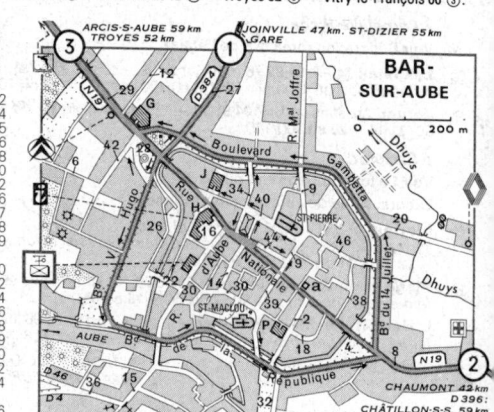

  🏨 **Commerce** 🅼, 38 r. Nationale **(a)** 🅟 27.08.76 – 🛏wc 🍴wc ☎ 🚗 🅿, 🖭 ⑩ 𝘝𝘐𝘚𝘈
  fermé début janv. à début fév., dim. soir et lundi du 30 sept. au 30 mai sauf fériés – SC : **R** 100/145 – 🖵 22 – **16 ch** 95/240.

  à **Arsonval** par ③ : 6 km – ⊠ **10200** Bar-sur-Aube :

  X **La Chaumière,** 🅟 26.11.02 – 🅿, **E** 𝘝𝘐𝘚𝘈
  ↳ fermé 12 au 27 oct., 20 fév. au 6 mars et lundi sauf juil.-août – **R** 45/110.

  à **Dolancourt** par ③ : 9 km – ⊠ **10200** Bar-sur-Aube :

  🏨 **Moulin du Landion** ⌂, 🅟 26.12.17, ≤, 🎄 – 🛏wc 🕮 🅿 – 🛁 30. ⑩ **E** 𝘝𝘐𝘚𝘈
  🎿 rest
  fermé 5 déc. au 5 janv., vacances de fév., dim. soir et lundi d'oct. à mai – SC : **R** 83/165 – 🖵 20 – **16 ch** 160/180 – P 255/350.

CITROEN Lhenry, 11 av. Gén.-Leclerc 🅟 27.01.23
FORD Gar. Roussel, 2 fg Belfort 🅟 27.14.00
PEUGEOT-TALBOT Vauthier, N 19 par ② 🅟 27.15.03

RENAULT Maigrot, 23 r. Croix-du-Temple 🅟 27.01.29

BAR-SUR-SEINE 10110 Aube 61 ⑰⑱ G. Nord de la France – 3 851 h. alt. 152 – 25.

Voir Intérieur★ de l'église St-Étienne.

Paris 200 – Bar-sur-Aube 38 – Châtillon-sur-Seine 35 – St-Florentin 57 – Tonnerre 49 – Troyes 33.

Barséquanais, 6 av. Gén.-Leclerc ☎ 38.82.75 – wc wc
fermé 22 au 28 oct., 24 déc. au 25 janv., dim. soir et lundi midi sauf juil., août – **R** 45/70 – 14 – **24 ch** 72/160 – P 150/180.

Commerce, pl. République ☎ 38.86.36 – . ch
fermé 20 sept. au 15 oct., 1er au 15 mars, dim. soir et lundi – SC : **R** 46/85 – 14 – **12 ch** 62/120 – P 150/170.

CITROEN Éts Lhenry, ☎ 38.80.20
FIAT Gar. Barthélemy, ☎ 38.85.65
RENAULT Jollois, ☎ 38.87.45

BARTENHEIM 68870 H.-Rhin 66 ⑩ – 2 452 h. alt. 261 – 89.

Paris 550 – Altkirch 21 – ♦Bâle 15 – Belfort 55 – Colmar 63 – ♦Mulhouse 24.

Aub. d'Alsace, à la Gare E : 1 km ☎ 68.31.26 – . VISA
fermé 27 juin au 19 juil., merc. soir et jeudi – SC : **R** 60/160.

BASEL Suisse 66 ⑩, 21 ④ – voir à Bâle.

BAS-RUPTS 88 Vosges 62 ⑰ – rattaché à Gérardmer.

BASSE-GOULAINE 44 Loire-Atl. 67 ③④ – rattaché à Nantes.

BASSES-HUTTES 68 H.-Rhin 62 ⑱ – rattaché à Orbey.

BASSOUES 32 Gers 82 ③④ G. Pyrénées – 503 h. alt. 225 – ✉ 32320 Montesquiou – 62.

Voir Donjon★.

Paris 820 – Aire-sur-l'Adour 48 – Auch 35 – Tarbes 54.

Host. du Donjon avec ch, ☎ 64.90.04, – . ch
fermé 1er fév. au 1er mars et merc. hors sais. – SC : **R** 40 bc/140 – 10,50 – **9 ch** 60/100 – P 110/135.

BASTIA P 2B H.-Corse 90 ③ – voir à Corse.

La BASTIDE 83 Var 84 ⑦, 195 ㉒ – 115 h. alt. 1 000 – ✉ 83840 Comps-sur-Artuby – 94.

Env. Signal de Lachens ※★★ NE : 10 km puis 30 mn, G. Côte d'Azur.

Paris 822 – Castellane 24 – Comps-sur-Artuby 12 – Draguignan 44 – Grasse 49.

de Lachens , ☎ 76.80.01, –
fermé nov., déc. et vend. – SC : **R** 50/95 – 13 – **14 ch** 70/120 – P 155/170.

La BASTIDE-DE-SÉROU 09240 Ariège 86 ④ G. Pyrénées – 962 h. alt. 410 – 61.

Paris 809 – Foix 17 – Le Mas-d'Azil 18 – St-Girons 27.

Ferré, rte St-Girons ☎ 64.50.26, – . ch
fermé 12 au 26 nov., 3 au 16 janv., dim. soir et lundi hors sais. – SC : **R** 40/150 – 10 – **9 ch** 55/70.

RENAULT Montané, ☎ 64.50.06

BATILLY-EN-PUISAYE 45 Loiret 65 ②③ – 123 h. alt. 180 – ✉ 45420 Bonny-sur-Loire – 38.

Paris 168 – Auxerre 64 – Gien 22 – Montargis 54 – ♦Orléans 86.

Aub. de Batilly avec ch, ☎ 31.24.18 – wc
fermé 1er au 15 sept. – SC : **R** 48/60 – 8,50 – **9 ch** 60/110 – P 140/165.

BATZ (Ile de) 29253 Finistère 58 ⑥ G. Bretagne – 744 h. – 98.

Accès par transports maritimes.

depuis **Roscoff** En 1983 : du 15 juin au 15 sept., 14 services quotidiens et du 16 sept. au 14 juin, 8 services quotidiens - Traversée 15 mn - 16 F (AR). Renseignements ☎ 61.79.66.

Les BAUDIÈRES 89 Yonne 65 ⑤ – ✉ 89550 Hery – 86.

Paris 179 – Auxerre 17 – Chablis 20 – Joigny 22 – St-Florentin 15 – Tonnerre 36.

Soleil Levant avec ch, ☎ 40.11.51 – . AE VISA
fermé fév. et lundi – SC : **R** 53/152 – 22 – **8 ch** 95/105 – P 155.

BAUDUEN 83 Var 🎱🎱 ⑥ – 184 h. alt. 483 – ⊠ **83630** Aups – ✪ 94.

Paris 869 – Draguignan 45 – Moustiers-Ste-Marie 33.

🏠 **Aub. du Lac** ⚬, ☏ 70.08.04, ≤ lac – 🖵wc 🅿. ✸✸
1ᵉʳ mars-30 nov. – SC : **R** 61/140 – 🖵 16 – **10 ch** 165 – P 201/250.

BAUGÉ 49150 M.-et-L. 🎱🎱 ⑫ **G. Châteaux de la Loire** (plan) – 3 906 h. alt. 56 – ✪ 41.

Voir Croix d'Anjou✶✶ dans la chapelle des Filles du Coeur de Marie – Pharmacie✶ de l'hôpital St-Joseph – Le Vieil-Baugé : choeur✶ de l'église SO : 2 km par D 61 – Forêt de Chandelais✶ SE : 3 km – Pontigné : peintures murales✶ dans l'église E : 5 km par D 141.

Paris 259 – Angers 38 – La Flèche 18 – ◆Le Mans 60 – Saumur 33 – ◆Tours 68.

🏠 **Boule d'Or**, 4 r. Cygne ☏ 89.82.12 – 🏠 🚗. ✸✸ ch
fermé janv. et lundi – SC : **R** 52/140 🕭 – 🖵 15 – **14 ch** 75/160.

CITROEN Michaud, ☏ 89.18.12   RENAULT Kisseleff, ☏ 89.10.46 �N ☏ 89.26.20

La BAULE 44500 Loire-Atl. 🎱🎱 ⑭ **G. Bretagne** – 14 688 h. – Casino BZ – ✪ 40.

Voir Front de mer✶✶ – Parc des Dryades✶ FZ – La Baule-les-Pins✶✶ EFZ.

🏌 de la Baule ☏ 60.46.18 par ② : 7 km.

✈ de St-Nazaire-Montoir-La Baule : T.A.T. ☏ 22.35.06 par ③ : 24 km.

🛈 Office de Tourisme (fermé dim. hors saison) et Accueil de France (Informations et réservations d'hôtels, pas plus de 5 jours à l'avance), 8 pl. Victoire ☏ 24.34.44, Télex 710050 et 5 pl. Palmiers (juil.-août) ☏ 60.22.13.

Paris 445 ② – ◆Nantes 74 ② – ◆Rennes 136 ② – St-Nazaire 17 ③ – Vannes 71 ①.

Plan page ci-contre

🏰🏰🏰🏰 **Hermitage** ⚬, espl. F.-André ☏ 60.37.00, Télex 710510, ≤, 🍴, 🏊, 🐾, 🐎 – 🛗
▦ 📺 🅿 – 🏌 35 à 200. 🖭 ⑩ E 🆅🆂🅰. ✸✸ rest   BZ **h**
mi avril-mi oct. – **R** 175 Grill **R** carte environ 160 - Plage *(juil.-août)* **R** carte environ 170 (déj. seul.) – 🖵 38 – **210 ch** 740/1 180, 20 appartements – P 680/1 760.

🏰🏰 ✿ **Castel Marie-Louise** ⚬, espl. Casino ☏ 60.20.60, ≤, 🍴, « parc » – 🛗 📺 🅿
🅿 – 🏌 25. 🖭 ⑩ E 🆅🆂🅰. ✸✸ rest   BZ **g**
fermé 30 janv. au 6 mars – **R** (en saison - prévenir) 145 ; carte seul. le soir en juil.-août – 🖵 38 – **28 ch** 260/820, 3 appartements – P 435/680
Spéc. Saumon fumé, Aiguillettes de bar aux laitues fraîches, Magret de canard.

🏰🏰 **Royal** ⚬, espl. F.-André ☏ 60.33.06, ≤, parc – 🛗 ☎ 🅿 – 🏌 80. 🖭 ⑩ E 🆅🆂🅰.
✸✸ rest   BZ **t**
avril-oct. – **R** 130/140 – **120 ch** 🖵 320/680 – P 365/540.

🏰🏰 **Bellevue-Plage** Ⓜ, 27 bd Océan ☏ 60.28.55, Télex 710459, ≤ – 🛗 ▦ rest 📺 ☎
🅿 🖭 ⑩ E 🆅🆂🅰. ✸✸ rest   EZ **r**
20 mars-10 oct. et fermé merc. du 25 avril au 23 mai – SC : **R** 95/130 – 🖵 23 – **34 ch** 220/340 – P 315/410.

🏰🏰 **Majestic** sans rest, esplanade F.-André ☏ 60.24.86, ≤ – 🛗 🅿 – 🏌 60   BZ **e**
18 avril-30 sept. – SC : **61 ch** 🖵 235/353, 6 appartements 595.

🏰🏰 **Alexandra**, 3 bd R.-Dubois ☏ 60.30.06, ≤ – 🛗 🅿. 🖭 ⑩ E. ✸✸ rest   DZ **u**
20 mars-30 sept. – SC : **R** 135/190 – 🖵 19 – **36 ch** 170/295 – P 300/370.

🏠 **La Cantellerie** Ⓜ ⚬ sans rest, 8 av. Saumur ☏ 60.26.28, « jardin fleuri » – 🛗
🖵wc ☎ 🚾 🅿.   EZ **a**
9 juin-9 sept. – SC : 🖵 19 – **24 ch** 255/345.

🏠 **Les Alizés** Ⓜ, 10 av. de Rhuys ☏ 60.34.86, 🐾 – 🛗 🖵wc 🏠 🖭. 🖭 E 🆅🆂🅰.
✸✸ rest   FZ **e**
SC : **R** *(1ᵉʳ juil.-31 août)* 88/165 – 🖵 23 – **32 ch** 242/341 – P 335/368.

🏠 **Les Dunes** sans rest, **Le Maréchal**, 277 av. De-Lattre-de-Tassigny ☏ 24.53.70 –
🛗 ▦ rest 🖵wc 🛗wc ☎ 🅿. ✸✸   DY **v**
fermé fév. et lundi du 1ᵉʳ oct. au 30 avril – SC : **R** 65/173 – 🖵 18,50 – **38 ch** 167/230 – P 213/225.

🏠 **Alcyon** Ⓜ sans rest, 19 av. Pétrels ☏ 60.19.37 – 🛗 🖵wc 🛗wc 🚾. 🆅🆂🅰   CY **s**
fermé janv. – SC : 🖵 18 – **32 ch** 200/225.

🏠 **Concorde** sans rest, 1 av. Concorde ☏ 60.23.09 – 🛗 🖵wc 🛗wc ☎. ✸✸   CZ **f**
26 mars-10 oct. – SC : 🖵 18 – **42 ch** 187/285.

🏠 **Christina**, 26 bd Hennecart ☏ 60.22.44, ≤ – 🛗 🖵wc 🛗wc 🚾 🅿 – 🏌 30. 🖭 E
🆅🆂🅰. ✸✸   DZ **d**
SC : **R** *(1ᵉʳ juin-20 sept.)* 110/155 – 🖵 20 – **36 ch** 140/275 – P 280/330.

🏠 **La Palmeraie** ⚬, 7 allée Cormorans ☏ 60.24.41, « Cour fleurie » – 🖵wc 🛗wc
🚾. 🖭 ⑩ E 🆅🆂🅰. ✸✸ rest   CZ **n**
1ᵉʳ avril-fin sept. – SC : **R** 77/87 – 🖵 17 – **23 ch** 180/215 – P 205/250.

🏠 **Helios**, 7 bd Dr. René Dubois ☏ 60.22.38, ≤ – 🛗 🖵wc 🛗wc 🚾. ⑩ 🆅🆂🅰. ✸✸ rest
Pâques-fin sept. – SC : **R** 82/165 – 🖵 15,50 – **32 ch** 194/226 – P 226/250.   DZ **a**

tourner →

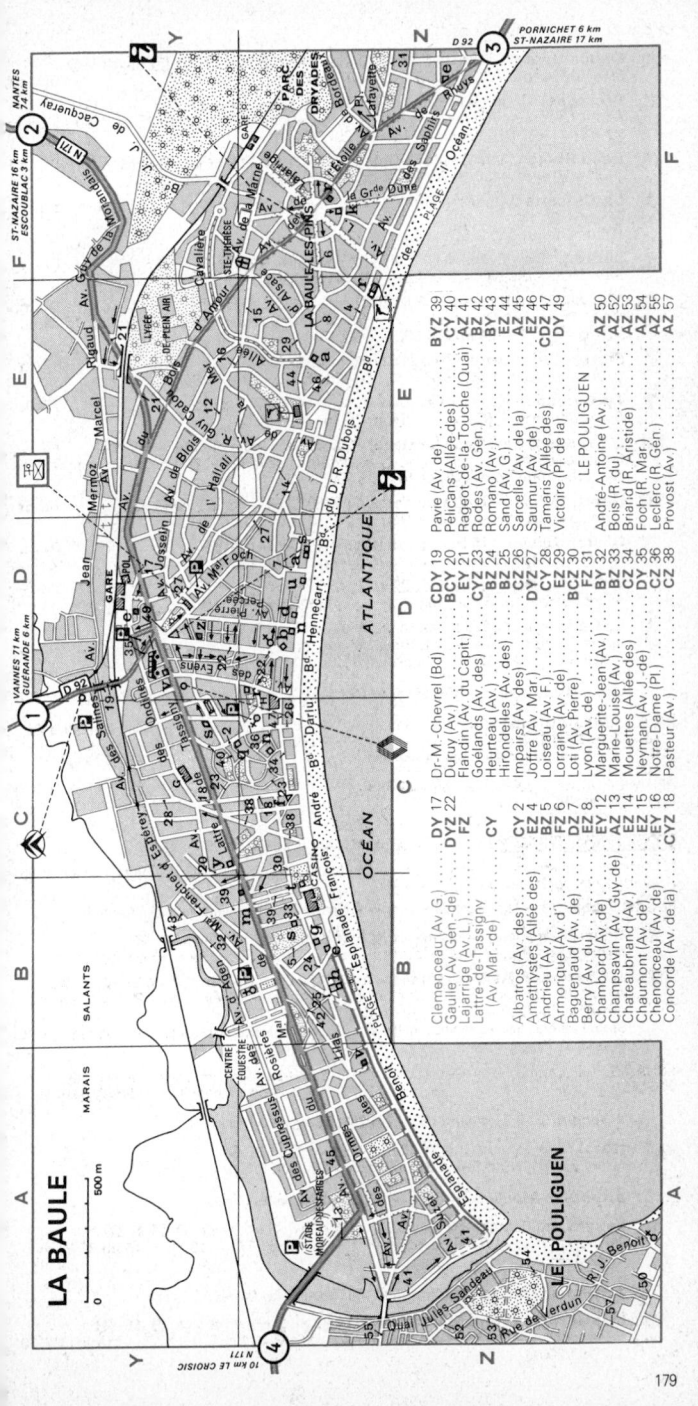

LA BAULE

Clemenceau (Av G.)	DY 17	Dr-M.-Chevrel (Bd)	CDY 19	Pavie (Av de)	BYZ 39
Gaulle (Av Gén.-de)	DYZ 22	Duruy (Av)	BCY 20	Pélicans (Allée des)	CY 40
Lajarge (Av L.)	FZ	Flandin (Av du Capit)	EY 21	Rageot-de-la-Touche (Quai)	AZ 41
Lattre-de-Tassigny (Av. Mar-de)	CY	Goelands (Av des)	CYZ 23	Rodes (Av. Gén)	BZ 42
		Heurteau (Av)	BZ 24	Romano (Av)	EY 43
		Hirondelles (Av des)	BZ 25	Sand (Av. G)	BZ 44
Albatros (Av des)	CY 2	Impairs (Av des)	BZ 26	Sarcelle (Av de la)	EZ 45
Améthystes (Allée des)	BZ 4	Joffre (Av Mar)	DYZ 27	Saumur (Av de la)	EZ 46
Andrieu (Av F.)	BZ 5	Loiseau (Av F.)	EZ 28	Yamans (Allée des)	CDZ 47
Armorique (Av d')	FZ 7	Lorraine (Av de)	EZ 29	Victoire (Pl de la)	DY 49
Baguenaud (Av de)	DZ 8	Loti (Av Pierre)	BCZ 30		
Berry (bord du)	FZ 31	Lyon (Av de)	BY 32	LE POULIGUEN	
Champsavin (Av Guy-de)	EY 12	Margueritte-Jean (Av)	BZ 33	André-Antoine (Av)	AZ 50
Chateaubriand (Av)	EY 13	Marg.-Louise (Av)	CZ 34	Bois (R des)	AZ 52
Chaumont (Av de)	EI 14	Mouettes (Allée des)	DY 35	Briard (R Aristide)	AZ 53
Chenonceau (Av de)	EI 15	Neyman (Av J.-de)	CZ 36	Foch (R Mar)	AZ 54
Concorde (Av. de la)	CYZ 18	Notre-Dame (Pl)	CZ 38	Leclerc (R Gén)	AZ 55
		Pasteur (Av)		Provost (Av)	AZ 57

🏨 **Delice H.** Ⓜ ⏩ sans rest, 19 av. Marie-Louise ☏ 60.23.17 — 📺 🍴wc ☜ 🅿️
  30 mai-22 sept. — SC : ⬒ 18,50 — **14 ch** 180/230.   BZ **s**

🏨 **Bretagne**, pl. Gén.-Leclerc ☏ 60.21.92 — ▐ 🛏wc 🍴wc ☜ 🐾   DZ **b**
  fermé 15 déc. au 15 janv. — **R** *(fermé mardi soir au jeudi midi du 15 sept. au 15 juin)*
  62/168 — ⬒ 15,50 — **24 ch** 88/189 — P 207/244.

🏨 **Beau Rivage**, 8 bd Dr.-René-Dubois ☏ 60.21.10 — ▐ 🛏wc 🍴wc ☎
  31 mai-30 sept. — SC : R 70/115 — ⬒ 16 — **29 ch** 139/225 — P 188/246.   DZ **s**

🏠 **La Closerie** Ⓜ sans rest, 173 av. De-Lattre-de-Tassigny ☏ 60.22.71 — 🛏wc
  🍴wc ☜ 🅿️ ⏩   CY **y**
  Pâques-début oct. — SC : ⬒ 16,50 — **13 ch** 130/207.

🏠 **Lutétia**, 13 av. Evens ☏ 60.25.81 — 🛏wc 🍴wc 🐾, 𝒱𝐼𝒮𝒜   DZ **r**
  fermé déc. — SC : R 65/100 — ⬒ 17 — **14 ch** 110/190 — P 210/220.

🏠 **Mariza**, 22 bd Hennecart ☏ 60.20.21, ≼ — 🛏wc 🍴 🐾 ⓪   DZ **n**
  4 fév.-15 avril et 1er mai-1er nov. — SC : **R** *(fermé jeudi sauf du 15 juin au 15 sept.)*
  90/165 — ⬒ 16 — **24 ch** 150/200 — P 190/260.

🏠 **Parc** ⏩, av. Albatros ☏ 60.24.52, 🌳 — 🍴 🅿️ ⏩ rest   CYZ **q**
  Pâques-fin sept. — SC : **R** 80 — ⬒ 16 — **20 ch** 110/190 — P 180/210.

🏠 **Ty-Gwenn** sans rest, 25 av. Gde-Dune ☏ 60.37.07 — 🍴wc   FZ **k**
  fermé oct.-nov. — SC : ⬒ 13 — **14 ch** 78/161.

XXX **L'Espadon**, 2 av. Plage (5e étage) ☏ 60.05.63, ≼ baie et côte — ⓪ 𝒱𝐼𝒮𝒜   AZ **v**
  fév.-oct., fermé dim. soir et lundi sauf saison et fériés — **R** *(en saison nombre de
  couverts limité - prévenir)* carte 210 à 280.

XXX **Henri**, 161 av. De-Lattre-de-Tassigny ☏ 60.23.65 — ▦. 🅰🅴 ⓪ 🄴 𝒱𝐼𝒮𝒜   BZ **m**
  fermé 5 au 18 nov. — SC : **R** 75/160.

XX **Chalet Suisse**, 114 av. Gén.-de-Gaulle ☏ 60.23.41 — 𝒱𝐼𝒮𝒜   DY **z**
  fermé fév., mardi soir et merc. sauf juil.-août — SC : **R** 160.

X **L'Ankou**, 38 av. Étoile ☏ 60.22.47. 𝒱𝐼𝒮𝒜   FZ **r**
  fermé 15 nov. au 15 déc., mardi midi et lundi hors sais. — **R** carte 120 à 170.

X **Le Paris** avec ch, 138 av. Ondines ☏ 60.30.53 — 🍴. 🅰🅴 𝒱𝐼𝒮𝒜. ⏩ ch   DY **e**
  fermé 25 sept. au 5 nov., vacances de Noël et de fév., sam. et dim. de nov. à Pâques
  — SC : **R** 60/120 — ⬒ 16 — **16 ch** 100/130 — P 170/200.

Voir aussi ressources hôtelières à *Batz-sur-Mer*, *Pornichet* et au *Pouliguen*

BMW, LANCIA-AUTOBIANCHI Gilot, 4 pl. La   ⓦ Le Pneu Baulois, 79 av. Mar.-De-Lattre-De-
Fayette ☏ 60.28.06 Ⓝ ☏ 24.12.86   Tassigny ☏ 24.22.46
CITROEN Salines-Automobiles pl. des salines
☏ 60.20.71
RENAULT Richard, 206 av. De-Lattre-de-Tas-
signy ☏ 60.20.30

▌BAUME-LES-DAMES▐ 25110 Doubs 🝖🝖 ⑯ G. Jura — 5 696 h. alt. 291 — ✪ 81.

🄴 Office de Tourisme à la Mairie (sept.-juin et fermé dim.) ☏ 84.06.02 et Chalet Accueil N 83
(1er juil.-1er oct. après-midi seul.) ☏ 84.01.41.

Paris 444 — Belfort 63 — ◆Besançon 29 — Lure 45 — Montbéliard 47 — Pontarlier 62 — Vesoul 48.

🏠 **Central** sans rest, 3 r. Courvoisier ☏ 84.09.64 — 🛏wc 🍴wc 🐾. ⏩
  fermé 20 au 31 janv. et dim. du 1er nov. au 31 mai — SC : ⬒ 14 — **12 ch** 70/135.

XXX ✿ **Château d'As** (Aubrée) avec ch, ☏ 84.00.66, ≼ — 🛏wc 🍴wc 🐾 🅿️. 🅰🅴 𝒱𝐼𝒮𝒜
  fermé 15 déc. au 15 fév., dim. soir et lundi sauf fériés — SC : **R** *(dim. et fêtes
  prévenir)* 130/220 — ⬒ 22 — **10 ch** 120/170
  Spéc. Foie gras frais en terrine, Soufflé de saumon, Casserolette d'escargots au champagne. Vins
  Marsannay, Poligny.

RENAULT Gar. Central, 10 av. Gén.-Leclerc ☏   Gar. Droz, 2 av. Gén.-Leclerc ☏ 84.05.48
84.02.45   Gar. Routhier, à Pont les Moulins ☏ 84.02.15

à Sechin O : 6,5 km sur N 83 — ✉ **25110** Baume-les-Dames :

🏨 **Hôtel 73** Ⓜ sans rest, ☏ 84.10.57 — 🛏wc 🍴wc 🐾 🅿️
  fermé 23 déc. au 1er fév. — SC : ⬒ 15,50 — **20 ch** 136/156.

à Pont-les-Moulins S : 6 km — ✉ **25110** Baume-les-Dames :

🏨 **Levant**, rte Pontarlier ☏ 84.09.99 — 📺 🛏wc 🍴wc 🐾 🅿️. 🅰🅴 ⓪ 🄴 𝒱𝐼𝒮𝒜
  1er mars-2 nov. et fermé vend. en oct. — SC : **R** 69/170 — ⬒ 18 — **15 ch** 107/188 —
  P 212/244.

à Hyèvre-Paroisse E : 7 km — ✉ **25110** Baume-les-Dames :

🏨 **Ziss et rest. Crémaillère** Ⓜ, ☏ 84.07.88 — ▐ 🛏wc ☎ ⇦ 🅿️. 🅰🅴 𝒱𝐼𝒮𝒜
➡ *fermé oct. et sam. du 1er nov. au 28 fév.* — SC : **R** 45/125 🕯 — ⬒ 17 — **21 ch** 130/180
  — P 180/200.

BAUME-LES-MESSIEURS 39 Jura 🗺 ④ G. Jura – 174 h. alt. 320 – ✪ 84.

Voir Retable à volets* dans l'église – Belvédère des Roches de Baume ≼*** sur cirque*** et grottes* de Baume S : 3,5 km.

Paris 424 – Champagnole 27 – Dole 54 – Lons-le-Saunier 17 – Poligny 30.

✗ **Grottes et Roches**, aux Grottes S : 3 km ✉ 39210 Voiteur ☎ 44.61.59, ≼, 🍽 –
◆ 🅿
1er avril-15 oct. – SC : **R** (déj. seul.) 50/110.

Les BAUX-DE-PROVENCE 13 B.-du-R. 🟨 ① G. Provence (plan) – 433 h. alt. 280 – ✉ **13520**
Maussane-les-Alpilles – ✪ 90.

Voir Site*** – Château ≰** – Monument Charloun Rieu ≼** – Place St-Vincent* – Rue du Trencat* – Tour Paravelle ≼* – Fête des Bergers (Noël, messe de minuit)** – Cathédrale d'Images* N : 1 km par D 27 – ≰*** sur chaîne des Alpilles N : 2,5 km par D 27.

🛈 Office de Tourisme Hôtel de Manville (Pâques-oct.) ☎ 97.34.39.

Paris 718 – Arles 19 – ◆Marseille 86 – Nîmes 44 – St-Rémy-de-Provence 9,5 – Salon-de-Provence 32.

au Village :

🏨 **Host. de la Reine Jeanne** ⍒, ☎ 97.32.06, ≼ – 🛏wc 🛆wc. 🆅🆂🅰
fermé 30 nov. au 1er fév. et mardi du 15 oct. au 15 mars – SC : **R** 65/100 – ⊆ 18 –
12 ch 125/185.

dans le Vallon :

XXXXX ✿✿✿ **Oustaù de Baumanière** (Thuilier) M ⍒ avec ch, ☎ 97.33.07, Télex 420203,
≼ « Demeures anciennes aménagées avec élégance, terrasses fleuries, 🍽, ✗,
🏊, club hippique », 🚗 – 🔳 ch 📺 🛏wc ☎ 🗫 🅿. 🆎 ⓞ 🅔 🆅🆂🅰
fermé 15 janv. au 1er mars, jeudi midi et merc. du 31 oct. au 31 mars – **R** carte 220 à
300 – ⊆ 50 – **15 ch** 600, 11 appartements
Spéc. Filets de rougets au vinaigre, Gigot d'agneau en croûte, Crêpes Baumanière. **Vins** Gigondas,
Coteaux des Baux.

XXX ✿ **La Riboto de Taven**, ☎ 97.34.23, 🍽, « Terrasse ombragée et jardin fleuri au
pied des rochers » – 🅿. 🆎 🆅🆂🅰
fermé 10 janv. au 20 fév., dim. soir hors sais. et lundi – SC : **R** carte 200 à 240
Spéc. Huîtres de Bouzigues en feuillantine, Baudroie aux deux poivrons, Agneau des Alpilles. **Vins**
Château Fonsalette, Coteaux des Baux.

XXX ✿ **La Cabro d'Or** M ⍒ avec ch, ☎ 97.33.21, Télex 401810, ≼, 🍽, « Terrasses
ombragées, pièce d'eau », 🏊, 🚗, ✗ – 🔳 ch 📺 🛏wc ☎ 🅿 – 🅪 80. 🆎 ⓞ 🅔
🆅🆂🅰
fermé 12 nov. au 20 déc., mardi midi et lundi du 15 oct. au 31 mars – SC : **R** 170/200
– ⊆ 36 – **19 ch** 310/500 – P 550/650
Spéc. Terrine de légumes au confit de tomates, Salade du pêcheur, Agneau de lait en croûte. **Vins**
Coteaux des Baux.

à l'Est sur D 27 A :

🏨 **Mas d'Aigret** ⍒, ☎ 97.33.54, ≼, 🏊, 🚗 – 🛏wc 🗫 🅿. 🆎 ⓞ 🅔 🆅🆂🅰. 🞉 rest
fermé 11 nov. au 20 déc. – SC : **R** *(fermé jeudi)* (dîner seul.) 86/120 ⅄ – ⊆ 22 –
17 ch 185/350.

au Sud-Ouest sur D 78 F :

🏨 **La Benvengudo** ⍒, ☎ 97.32.50, ≼, « Jardin fleuri », 🏊, 🚗, ✗ – 🛏wc 🛆wc
☎ 🅿. 🞉 rest
1er fév.-1er nov. – SC : **R** (dîner seul.) 110/150 – ⊆ 28 – **16 ch** 220/350.

Voir aussi ressources hôtelières de *Maussane-les-Alpilles* S : 5 km

BAVAY 59570 Nord 🗺 ⑤ G. Nord de la France – 4 431 h. alt. 123 – ✪ 27.

Paris 227 – Avesnes 24 – Le Cateau 29 – Lille 76 – Maubeuge 14 – Mons 24 – Valenciennes 23.

✗ **Carrefour de Paris**, porte Gommeries ☎ 63.12.58 – 🅿. 🆎 🅔 🆅🆂🅰
fermé merc. soir et lundi sauf fériés – SC : **R** 70/100 ⅄.

CITROEN Gar. de La Chaussée, ☎ 63.11.30
RENAULT Gar. Dal, N 49 ☎ 63.17.08 🅽

V.A.G. Gar. Claeys, 10 r. des Clouteries ☎ 63.
11.47 🅽

BAY 74 H.-Savoie 🗺 ⑧ – rattaché à Assy.

BAYEUX <SP> 14400 Calvados 54 ⑮ G. Normandie – 15 237 h. alt. 50 – ⚙ 31.

Voir Tapisserie de la reine Mathilde★★★ BCZ **M¹** – Cathédrale★★ BZ **B**.

Env. Brécy : portail★ et jardins★ du château SE : 10 km par D 126 CZ.

Office de Tourisme 1 r. Cuisiniers (fermé dim. hors saison) ☏ 92.16.26.

Paris 268 ② – ♦Caen 28 ② – ♦Cherbourg 92 ⑥ – Flers 68 ③ – St-Lô 35 ④ – Vire 59 ③.

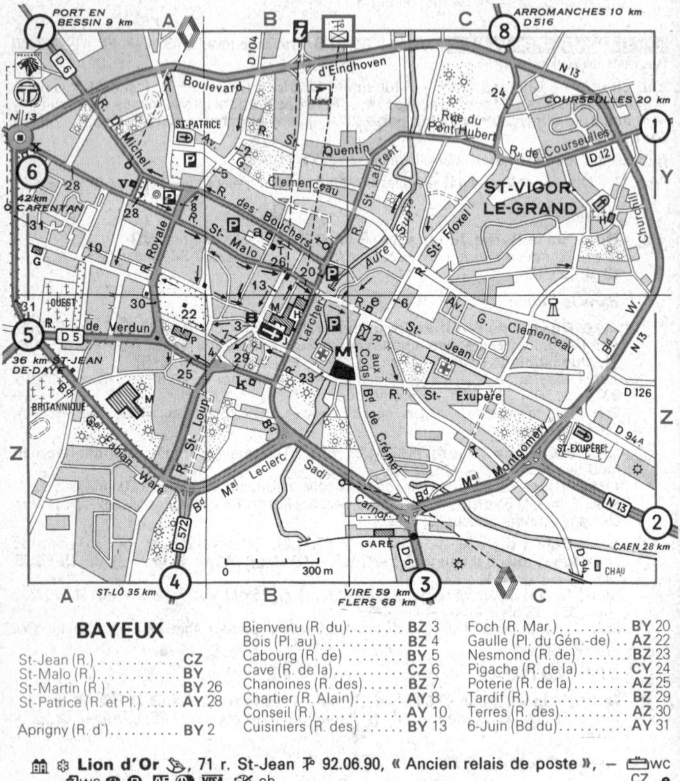

BAYEUX

- St-Jean (R.) . . . . CZ
- St-Malo (R.) . . . . BY
- St-Martin (R.) . . . . BY 26
- St-Patrice (R. et Pl.) . . . . AY 28
- Aprigny (R. d') . . . . BY 2
- Bienvenu (R. du) . . . . BZ 3
- Bois (Pl. au) . . . . BZ 4
- Cabourg (R. de) . . . . BY 5
- Cave (R. de la) . . . . CZ 6
- Chanoines (R. des) . . . . . . BZ 7
- Chartier (R. Alain) . . . . . . AY 8
- Conseil (R.) . . . . AY 10
- Cuisiniers (R. des) . . . . . . BY 13
- Foch (R. Mar.) . . . . BY 20
- Gaulle (Pl. du Gén.-de) . . AZ 22
- Nesmond (R. de) . . . . BZ 23
- Pigache (R. de la) . . . . . . CY 24
- Poterie (R. de la) . . . . AZ 25
- Tardif (R.) . . . . BZ 29
- Terres (R. des) . . . . AZ 30
- 6-Juin (Bd du) . . . . AY 31

🏨 ✿ **Lion d'Or** ⛑, 71 r. St-Jean ☏ **92.06.90, « Ancien relais de poste »**, – ⛀wc ⛆wc ☎ Ⓟ. AE ⓓ VISA. ✻ ch — CZ **e**
fermé 16 déc. au 20 janv. – SC : **R** 72/170 – ☕ 22 – **30 ch** 105/240 – P 230/375
Spéc. Terrine de canard aux myrtilles, Filets de sole homardine, Ris de veau aux groseilles.

🏨 **Luxembourg,** 25 r. Bouchers ☏ **92.00.04** – ⛀wc ⛆wc ☎ Ⓟ. AE. ✻ ch — BY **a**
SC : **R** 65/170 – ☕ 18 – **31 ch** 120/220 – P 200/335.

🏨 **Pacary,** 117 r. St-Patrice ☏ **92.16.11, Télex 170176**, ⛱, ✿ – TV ⛀wc ☎ Ⓟ – 🏊 200. VISA — AY **x**
SC : **R** 59/120 – ☕ 22 – **65 ch** 185/253 – P 264/341.

🏨 **Bayeux** ⛑ sans rest, **9 r. Tardif** ☏ **92.70.08** – ⛀wc ⛆wc ♿ 🚗 — BZ **k**
15 mars-15 nov. – SC : ☕ 20 – **23 ch** 165/250.

✕ **Gourmets,** pl. St-Patrice ☏ **92.02.02** — AY **v**
fermé 10 au 26 oct., 16 fév. au 1er mars, merc. soir et jeudi – SC : **R** 34/74 🍷.

à Nonant par ② et D 33 : 7 km – ✉ **14400** Bayeux :

🏨 **Manoir du Chêne** ⛑, au Sud ☏ **92.58.81**, ✿, ⚔ – ⛀wc ⛆wc ☎ Ⓟ. ✻ rest
28 fév.-1er nov. – SC : **R** *(fermé lundi hors sais.)* (en sem. diner seul.) 80/110 – ☕ 25 – **19 ch** 145/254 – P 256/299.

à Audrieu par ② et D 158 : 13 km – ✉ **14250** Tilly-sur-Seulles :

🏨 ✿ **Relais Château d'Audrieu** M ⛑, ☏ **80.21.52**, ≤, **« Château du 18e, parc »**, ⛱ – ☎ Ⓟ. AE VISA. ✻ rest
fermé 1er déc. au 28 fév. – SC : **R** *(fermé merc. (sauf le soir en sais.) et vend. midi en saison)* 230/280 – ☕ 38 – **19 ch** 481/699, 3 appartements – P 604/835
Spéc. Soupe d'escargots et de homard, Escalope de saumon au persil, Grande assiette de desserts.

CITROEN St-Patrice-Auto, rte de Cherbourg à Vaucelles par ⑥ ℡ 92.18.35 🅽 ℡ 92.35.47
DATSUN, LADA, OPEL, SKODA Bodin, 26 pl. au Bois ℡ 92.02.51 🅽
PEUGEOT, TALBOT Fortin, bd du 6-Juin ℡ 92.09.77
RENAULT Gd Gar. de la Gare, 16 bd Carnot ℡ 92.00.70 🅽 ℡ 92.35.47

RENAULT Gar. James, 3 r. Dr-Michel ℡ 92.02.94
Villeroy, à Tour en Bessin ℡ 92.40.46 🅽

🏴 Bayeux Pneus, ZI rte de Caen ℡ 92.01.61
Schmitt-Pneus, bd Eindhoven ℡ 92.02.98

Pour un bon usage des plans de villes, voir les signes conventionnels p. 21.

BAYONNE ◁▷ 64100 Pyr.-Atl. 🔢 ⑱ G. Pyrénées – 42 970 h. alt. 5 – ✪ 59.

Voir Cathédrale★ AY, et cloître★ AY B – Musées : Bonnat★★ BY M1, basque★★ BY M2 – Grandes fêtes★ (fin juil.-début août).

Env. Route Impériale des Cimes★ au Sud-Est par ③ – Croix de Mouguerre ☀★ SE : 5,5 km par D 52 BY – voir plan de Biarritz BX.

✈ de Biarritz-Parme : Air-Inter ℡ 23.93.80, SO : 5 km par N 10 AZ.

🅱 Office de Tourisme pl. Liberté (fermé sam. après-midi hors sais. et dim.) ℡ 59.31.31.

Paris 773 ① – ◆Bordeaux 184 ① – Pamplona 118 ⑤ – ◆Perpignan 438 ② – S.-Sebastián 54 ⑤ – ◆Toulouse 283 ①.

🏨 **Agora** Ⓜ ⚫, av. J.-Rostand �𝒫 63.30.90, Télex 550621 – 🛗 🔲 rest 📺 ☎ 🅿 – 🔬
180. 🖭 ⓪ 🖪 𝚅𝙸𝚂𝙰
SC : **La Grande Assiette** R 70 🍴 – ☲ 25 – **108 ch** 166/258. ABZ **e**

🏨 **Capagorry** sans rest, 14 r. Thiers ⟋⟋ 25.48.22, Télex 540376 – 🛗 ☎ – 🔬 25. 🖭
⓪ 🖪 𝚅𝙸𝚂𝙰
SC : ☲ 20 – **48 ch** 225/265. AY **t**

🏨 **Aux Deux Rivières** sans rest, 21 r. Thiers ⟋⟋ 42.14.61 – 🛗 🖭 ⓪ 🖪 𝚅𝙸𝚂𝙰 AY **n**
SC : ☲ 22 – **63 ch** 120/250.

🏩 **Basses-Pyrénées**, 12 r. Tour-de-Sault ⟋⟋ 59.00.29 – 🛗 ⇔wc 🕾wc ☎ 🅿. 🖭 ⓪
🖪 𝚅𝙸𝚂𝙰 AZ **s**
fermé 17 déc. au 10 janv. – SC : **R** *(fermé dim. soir et lundi midi)* 55/85 🍴 – ☲ 17,50
– **48 ch** 79/168.

🏩 **Loustau**, 1 pl. République ⟋⟋ 55.16.74, ← – 🛗 ⇔wc 🕾wc 🐾 BX **k**
fermé 20 nov. au 20 janv. – SC : **R** *(fermé dim. sauf fêtes d'oct. à juin)* 48/95 – ☲ 16
– **48 ch** 64/150 – P 180/250.

🏠 **Bordeaux** sans rest, pl. Gare ⟋⟋ 55.04.07 – 🛗 ⇔wc 🕾wc 🐾. 🖭 𝚅𝙸𝚂𝙰 BX **a**
SC : ☲ 16 – **40 ch** 67/185.

🏠 **Côte Basque** sans rest, pl. République ⟋⟋ 55.10.21 – 🛗 ⇔wc 🕾wc 🐾. 🖭 🖪 BX **a**
SC : ☲ 16 – **44 ch** 66/185.

🏠 **Mendi Alde** sans rest, rte Cambo-les-Bains par ④ : 3,4 km ⟋⟋ 63.58.44, 🛳 –
⇔wc 🐾 🅿. 🐾 plan Biarritz BX **f**
SC : ☲ 16 – **9 ch** 85/145.

🍴🍴🍴 **Beluga**, 15 r. Tonneliers ⟋⟋ 25.52.13 – 🍴 BY **r**
fermé 1er au 15 juin, janv. et dim. – SC : **R** carte 130 à 175.

🍴🍴🍴 **La Tanière**, 53 av. Cap. Resplandy par allées Boufflers (bords de l'Adour)
⟋⟋ 25.53.42, Produits de la mer. 🖭 𝚅𝙸𝚂𝙰 plan Biarritz CX **v**
fermé 15 au 30 juin, 15 au 28 fév., lundi soir et mardi hors sais. – SC : **R** 110.

🍴🍴 **Aub. Cheval blanc**, 68 r. Bourgneuf ⟋⟋ 59.01.33 – 🖭 ⓪ 🖪 𝚅𝙸𝚂𝙰 BY **b**
fermé mi juin à mi fév. et lundi sauf fériés – **R** 55/90.

🍴 **Euzkalduna**, 61 r. Pannecau ⟋⟋ 59.28.02 BY **d**
fermé 10 au 24 juin, 14 oct. au 3 nov., dim. soir et lundi – SC : **R** carte environ 100 🍴.

à Mouguerre par ③ et D 936 : 7,5 km – ⊠ 64990 St-Pierre-d'Irube :

🏠 **Kuluska** ⚫, ⟋⟋ 31.83.60, 🛳 – ⇔wc 🐾 🅿. 🐾
fermé au 10 fév., 1er au 8 nov. et vend. soir d'oct. à juin – SC : **R** 50 bc/110 – ☲ 20
– **10 ch** 110/140 – P 220/240.

MICHELIN, Agence, 50-52 bd Alsace-Lorraine BY ⟋⟋ 55.13.73

BLF Marmande, av. Mal Juin ⟋⟋ 55.05.61
BMW Gar. Durruty, av. Légion-Tchèque ⟋⟋ 25.
60.25 Ⓝ ⟋⟋ 24.04.98
CITROEN Gar. Côte Basque, 44 av. de
Bayonne, Anglet N10 AZ ⟋⟋ 63.04.04
FERRARI, FIAT Daverat, 7 quai Lesseps ⟋⟋
55.07.48
LANCIA-AUTOBIANCHI Gar. Armada, 32 av.
Dubrocq ⟋⟋ 59.02.64 Ⓝ
MAZDA-VOLVO Le Crom, 30 av. Dubrocq ⟋⟋
59.25.67
OPEL Centre Auto, 19 r. Etcheverry ⟋⟋ 55.13.34
OPEL Gar. Lafontaine, allées Paulmy ⟋⟋ 25.
68.65

PEUGEOT-TALBOT Gambade, av. Mar.-Soult,
N 10 AZ ⟋⟋ 63.37.79
RENAULT Sté Basque Autom., allées Paulmy
⟋⟋ 59.35.35
TOYOTA Gar. Lafontaine, ZA St-Frédéric ⟋⟋
55.89.80
V.A.G. P.B.A., Zone Ind., chem. Barthes. ⟋⟋
63.30.29

⊜ Central-Pneu, 35 allées Marines ⟋⟋ 59.18.26
Comptoir du Pneu, 4 av. Mar.-Foch ⟋⟋ 59.11.73
Maison du Pneu, 8 r. J.-Laffitte ⟋⟋ 59.14.28
Sud-Ouest Sécurité, 34-36 bd Alsace Lorraine
⟋⟋ 55.04.72

BAZAINVILLE 78 Yvelines 🈐 ⑧. 🈑🈒🈓 ⑮ – rattaché à Houdan.

BAZAS 33430 Gironde 🈟🈟 ② G. Côte de l'Atlantique – 5 190 h. alt. 79 – ⊛ 56.
Voir Cathédrale★.
🚹 Office de Tourisme pl. Cathédrale (fermé dim. et lundi) ⟋⟋ 25.25.84.
Paris 653 – Agen 85 – ◆Bordeaux 59 – Marmande 42 – Mont-de-Marsan 68 – Nérac 60.

🏨 **Relais de Fompeyre** Ⓜ, rte Mont-de-Marsan ⟋⟋ 25.04.60, Télex 550684, ←, 🌲,
« Parc fleuri », 🏊, 🐾 – 🛗 📺 🅿 – 🔬 100. 🖭 ⓪ 🖪 𝚅𝙸𝚂𝙰
SC : **R** 100 – ☲ 25 – **30 ch** 200/250, 4 appartements 350 – P 300/370.

🏠 **Host. St-Sauveur** sans rest, cours Gén.-de-Gaulle ⟋⟋ 25.12.18 – ⇔wc 🐾 ⇜.
𝚅𝙸𝚂𝙰
fermé 1er au 20 juin et dim. sauf juil.-août – SC : ☲ 16 – **10 ch** 95/150.

🍴🍴 **France** avec ch, cours Gén.-de-Gaulle ⟋⟋ 25.02.37 – 🍴 rest 🕾wc ☎. 🖪 𝚅𝙸𝚂𝙰
fermé janv. – SC : **R** 48/135 – ☲ 15 – **13 ch** 110/200. Ⓝ

PEUGEOT-TALBOT Doux et Trouillot, rte Bordeaux ⟋⟋ 25.00.73 Ⓝ

BAZINCOURT-SUR-EPTE 27 Eure 🈐 ⑧⑨ – rattaché à Gisors.

BAZOUGES-SUR-LE-LOIR 72 Sarthe 64 ② G. Châteaux de la Loire – 1 313 h. alt. 28 – ✉ 72200 La Flèche – ⚙ 43.

Voir Pont ≤★.

Paris 248 – Angers 40 – La Flèche 7 – ♦Le Mans 49.

✗ **Croissant,** N 23 ℡ 94.30.06
fermé 15 janv. au 15 fév., dim. soir et lundi – SC : **R** 58/90 ♫.

BEAUCAIRE 30300 Gard 81 ⑪ G. Provence – 13 015 h. alt. 18 – ⚙ 66.

Voir Château★ : ✳★★ Y.

🅘 Office de Tourisme 6 r. Hôtel de Ville (fermé dim. et lundi) ℡ 59.26.57.

Paris 710 ⑥ – Alès 67 ⑥ – Arles 20 ③ – Avignon 25 ① – Nîmes 24 ⑤ – St-Rémy-de-Pr. 17 ②.

BEAUCAIRE

Ledru-Rollin (R.) . Z 17
Nationale (R.) . . . . Z

Barbès (R.) . . . . . . Z 2
Bijoutiers (R. des) . . . . . YZ 3
Charlier (R.) . . . . . Y 4
Château (R. du) . . Y 5
Clemenceau (Pl. Georges) . . Z 6
Danton (R.) . . . . YZ 7
Denfert-Rochereau (R.) Z 8
Écluse (R. de l') . . Z 9
Foch (Bd Maréchal) YZ 12
Gambetta (Cours) . . . . Z 13
Hôtel-de-Ville (R. de l') . . . . . . Z 14
Jaurès (Pl. Jean) . . . . . Y 15
Jean-Jacques-Rousseau (R.) . Y 16
N.-D.-des-Pommiers (⊞) Y
Pasqual (R. Ruger) . . . . . Z 21
République (Pl. de la) . . . . . Y 22
République (R. de la) . . . . . . Y 23
St-Paul (⊞) . . . . . Z
Victor-Hugo (R.) . Y 25

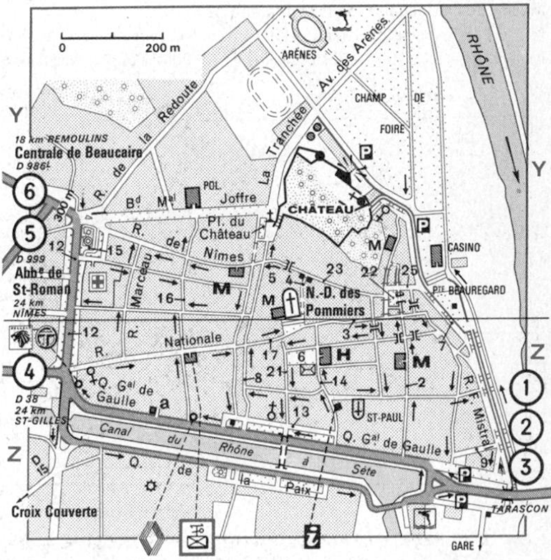

🏨 **Vignes Blanches,** rte Nîmes par ⑤ ℡ 59.13.12, Télex 480690, ≤, 🏊 – 🛗 ▤ rest ⛀wc ⛀wc ☎ Ⓟ – 🚗 50. VISA
1er avril-15 oct. – SC : **R** 80 – ☕ 19,50 – **55 ch** 135/218.

🏨 **Les Doctrinaires,** quai Gén.-de-Gaulle et 32 r. Nationale ℡ 59.41.32, 🌳 – 🛗 ⛀wc ☎ Ⓟ – 🚗 80. VISA Z **a**
SC : **R** 80/120 – ☕ 22 – **30 ch** 200/220 – P 240.

🏨 **Robinson** ♘, rte du Pont-du-Gard par ⑥ : 2 km ✉ 30300 Beaucaire ℡ 59.21.32, ◆ 🏊, 🌳, ✗ – ⛀wc ⛀ ☎ ♿ Ⓟ – 🚗 80
fermé fév. – SC : **R** 42 bc/100 – ☕ 15 – **30 ch** 110/175 – P 170/200.

PEUGEOT-TALBOT Soullier, 1 quai De-Gaulle ℡ 59.13.63
RENAULT SOGARHO, Gar. du Delta, 10 quai De-Gaulle ℡ 59.12.30

Ⓜ Ayme-Pneus, 28 quai De-Gaulle ℡ 59.23.98

BEAUCENS 65 H.-Pyr. 85 ⑱ – rattaché à Argelès-Gazost.

BEAUCHAMPS 50 Manche 59 ⑧ – 299 h. alt. 115 – ✉ 50320 La Haye Pesnel – ⚙ 33.

Paris 332 – Avranches 20 – Granville 17 – Villedieu-les-Poêles 11.

✗✗ **Les Quatre Saisons,** Le Scion ℡ 61.30.47, 🌳 – Ⓟ. ⓓ
◆ *fermé 25 sept. au 20 oct., lundi soir et mardi soir* – SC : **R** (week-end prévenir) 45/68.

PEUGEOT-TALBOT Garage Fizel, ℡ 61.30.20

Donnez-nous votre avis sur les tables que nous recommandons,
sur leurs spécialités et leurs vins.

BEAUFORT 73270 Savoie 74 ⑰⑱ G. Alpes – 1 976 h. alt. 743 – ✿ 79.

🛈 Syndicat d'Initiative pl. Mairie (fermé sam. après-midi hors sais. et dim. sauf matin en saison)
☎ 31.23.40.

Paris 630 – Albertville 20 – Chambéry 69 – Megève 41.

🏠 **de la Roche,** ☎ 31.20.16, ≼, 🎄
↳ fermé 1ᵉʳ nov. au 15 déc. et jeudi sauf vacances scolaires – SC : **R** 50/120 – ☄ 17 –
18 ch 78/92 – P 135/146.

🏠 **Gd Mont,** ☎ 31.20.18 – *VISA*
↳ fermé 25 sept. au 1ᵉʳ nov., vend. soir et sam. midi hors sais. – SC : **R** 45/96 🍴 – ☄
18 – **16 ch** 65/80 – P 145/160.

BEAUGENCY 45190 Loiret 64 ⑧ G. Châteaux de la Loire – 7 339 h. alt. 106 – ✿ 38.

Voir Église N.-Dame ✶ BZ **E** – Donjon ✶ BZ **B** – Tentures ✶ dans l'hôtel de Ville BZ **H** –
Musée de l'Orléanais ✶ dans le château BZ **F.**

🛈 Office de Tourisme 28 pl. Martroi (1ᵉʳ mars-31 oct., fermé merc. et dim.) ☎ 44.54.42.

Paris 151 ① – Blois 31 ④ – Châteaudun 41 ⑧ – ✦Orléans 25 ① – Vendôme 48 ⑤ – Vierzon 84 ②.

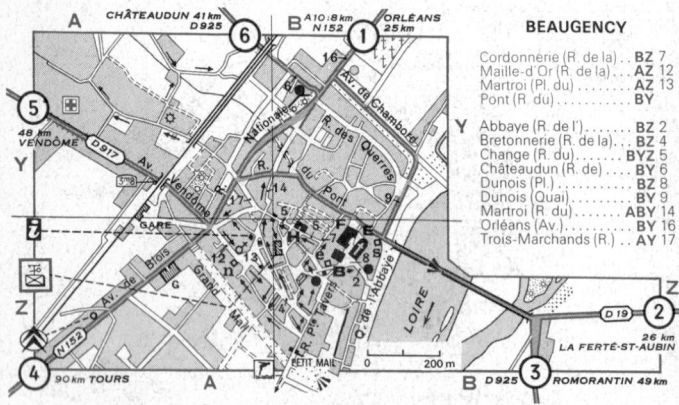

BEAUGENCY

Cordonnerie (R. de la)	**BZ** 7
Maille-d'Or (R. de la)	**AZ** 12
Martroi (Pl. du)	**AZ** 13
Pont (R. du)	**BY**
Abbaye (R. de l')	**BZ** 2
Bretonnerie (R. de la)	**BZ** 4
Change (R. du)	**BYZ** 5
Châteaudun (R. de)	**BY** 6
Dunois (Pl.)	**BY** 8
Dunois (Quai)	**BY** 9
Martroi (R. du)	**ABY** 14
Orléans (Av.)	**BY** 16
Trois-Marchands (R.)	**AY** 17

🏩 **L'Abbaye,** quai Abbaye ☎ 44.67.35, Télex 780038, ≼ – ☎ ⓟ 🖭 ⓪ *VISA* BZ **s**
SC : **R** 150 – **13 ch** ☄ 300/400, 5 appartements 440.

🏨 **Écu de Bretagne,** pl. Martroi ☎ 44.67.60 – ⇌wc 🎇wc 🕿 ⓟ 🖭 ⓪ 🅴 *VISA*
fermé 24 janv. au 28 fév. – SC : **R** 75/130 – ☄ 15 – **26 ch** 70/200. AZ **n**

🏠 **Sologne** sans rest, pl. St-Firmin ☎ 44.50.27 – ⇌wc 🎇wc 🕿. 🎄 BZ **e**
fermé 15 déc. au 15 fév. et dim. soir du 1ᵉʳ nov. au 1ᵉʳ mai – SC : ☄ 14 – **16 ch**
77/178.

à Tavers par ④ : 3 km – 🖂 45190 Beaugency :

🏨 **La Tonnellerie** 🌜, ☎ 44.68.15, 🎛, 🏊, 🎄 – 劇 ⇌wc 🎇wc 🕿 ⓟ ⓪ 🎄 rest
20 avril-30 sept. – SC : **R** 110/155 – ☄ 27 – **28 ch** 270/340 – P 335/400.

CITROEN Asklund 30 av. de Blois ☎ 44.52.33
PEUGEOT Mahu, 49 av. de Blois par ④ ☎
44.53.20

RENAULT Gar. de la Mardelle, Zone Ind., 63
av. d'Orléans par ① ☎ 44.50.40

BEAULAC 33 Gironde 79 ② – alt. 66 – 🖂 33430 Bazas – ✿ 56.

Paris 661 – ✦Bordeaux 66 – Langon 23 – Marmande 50 – Mont-de-Marsan 60 – Nérac 68.

🍴🍴 **Mallet** avec ch, ☎ 25.07.26, 🎛, 🎄 – ⇌wc 🎇wc 🚗 ⓟ *VISA*
SC : **R** 58/203 🍴 – ☄ 15 – **11 ch** 60/120 – P 195/235.

BEAULIEU-EN-ARGONNE 55 Meuse 56 ⑳ – 46 h. alt. 273 – 🖂 55250 Seuil d'Argonne –
✿ 29.

Paris 238 – Bar-le-Duc 36 – Futeau 10 – Ste-Menehould 23 – Verdun 50.

🏠 **Host. Abbaye** 🌜, ☎ 70.72.81, ≼, 🍴 – ⇌ 🎇. 🎄 ch
↳ fermé 15 déc. au 1ᵉʳ fév. et dim. soir du 1ᵉʳ oct. au 1ᵉʳ avril – SC : **R** 45/110 🍴 – ☄ 16
– **10 ch** 65/110 – P 135/170.

BEAULIEU-SUR-DORDOGNE 19120 Corrèze 75 ⑲ G. Périgord – 1 603 h. alt. 144 – ✿ 55.

Voir Église ✶ : portail méridional ✶✶ et vierge romane ✶ du trésor.

🛈 Syndicat d'Initiative pl. Marbot (juin-30 sept. et fermé dim. après-midi) ☎ 91.09.94.

Paris 523 – Aurillac 65 – Brive-la-Gaillarde 47 – Figeac 60 – Sarlat-la-Canéda 76 – Tulle 40.

🏥 **Le Turenne**, ☏ 91.10.16 – 🛏wc ⓜwc ☎. 🅰🅴 ⓞ 🅴 𝓥𝓘𝓢𝓐
20 avril-18 oct. – SC : **R** (dim. prévenir) 75/150 – � 20 – **21 ch** 105/230.

🏥 **Central H. Fournié**, ☏ 91.01.34 – 🛏wc ⓜ ☎ 🅿
15 mars-15 nov. – SC : **R** 45/110 👗 – ⊡ 15 – **32 ch** 90/160 – P 140/190.

RENAULT Lavastroux, ☏ 91.12.82

BEAULIEU-SUR-MER 06310 Alpes-Mar. 🞘🞘 ⑩, 🄑🄑🄑 ㉗ ⓖ. Côte d'Azur – 4 302 h. alt. 1 à 100
– Casino – ✿ 93 – Voir Site★ de la Villa Kerylos★ M – Baie des Fourmis★.

🄑 Office de Tourisme pl. Gare (fermé sam. après-midi sauf saison et dim.) ☏ 01.02.21.

Paris 944 ④ – Menton 20 ③ – ✦Nice 10 ④.

BEAULIEU-SUR-MER			
Marinoni (Bd) 19			
		Gaulle (Pl. Ch. de) 12	
		Gauthier (Bd Eug.) 13	
Albert-1er (Av.) 2		Hellènes (Av. des) 14	
Blundell Maple (Av.) 3		Joffre (Bd Mar.) 15	
Cavell (Av. E.) 4		Leclerc (Bd Mar.) 18	
Clemenceau (Pl. et R.) . . 5		May (Av. F.) 21	
Doumer (R. P.) 6		Orangers (Montée des) . . 22	
		St-Jean (Pont) 25	
		Yougoslavie (R. de) 27	

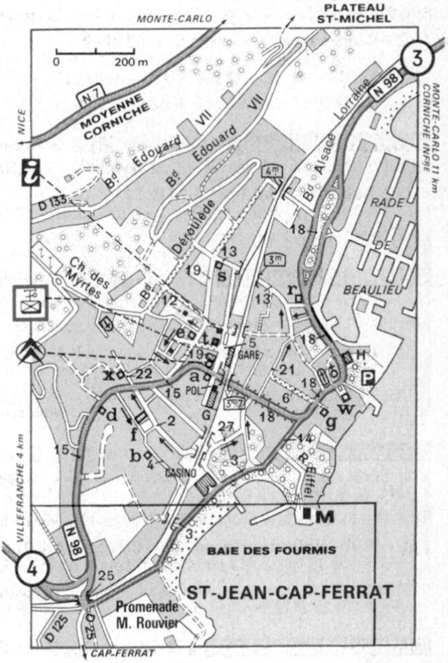

🏨 ✿ **La Réserve** Ⓜ ⑤, bd Mar.-Leclerc (w) ☏ 01.00.01, Télex 470301, ≤, ☎, « Intérieur luxueux en bordure de mer, ⤮ », ☞ – 🛎 🗖 ch ⇔ 🅿
fermé 1er déc. au 9 janv. – **R** 255/360 – ⊡ 44 – **50 ch** 560/1 320
Spéc. Brouillade aux fruits de mer, Carré d'agneau, Soufflé aux framboises. **Vins** Côtes de Provence, Cassis.

🏨 ✿ **Métropole** ⑤, bd Mar.-Leclerc (g) ☏ 01.00.08, Télex 470304, ≤, ☎, « Vaste terrasse sur mer, parc, ⤮, ⚓ » – 🛎 🗖 📺 ☎ 🅿
fermé 1er nov. au 20 déc. – SC : **R** 290 – ⊡ 50 – **50 ch** 420/1 420, 3 appartements – P 840/1 235
Spéc. Arc en ciel de légumes, Court-bouillon de la mer, Soufflé au café. **Vins** Bellet, Gassin.

🏨 **Carlton** ⑤, 7 av. E.-Cavell (b) ☏ 01.14.70, Télex 970421, ⤮, ☞ – 🛎 🗖 📺 ☎ 🅿 🅰🅴 ⓞ 🅴 𝓥𝓘𝓢𝓐, ❀ rest
fermé 1er nov. au 15 déc. – SC : **R** 135/160 – ⊡ 35 – **33 ch** 420/660, 6 appartements.

🏨 **La Résidence** Ⓜ ⑤, sans rest, 9 bis av. Albert-1er (f) ☏ 01.06.02, ☞ – 🛎 🗖 🖧 🅿 – 🕮 40. 🅰🅴 𝓥𝓘𝓢𝓐
1er fév.-30 sept. – SC : ⊡ 30 – **21 ch** 330/510.

🏨 **Frisia** sans rest, bd gen.-Leclerc (r) ☏ 01.01.04, ≤ – 🛎 🛏wc ☎. 🅰🅴 ⓞ 𝓥𝓘𝓢𝓐
fermé 30 oct. au 22 déc. – SC : **35 ch** ⊡ 300/345.

🏨 **Comté de Nice** Ⓜ sans rest, 25 bd Marinoni (s) ☏ 01.19.70 – 🛎 🛏wc ⓜwc ☎ ⇔. 🅰🅴 ⓞ 𝓥𝓘𝓢𝓐. ❀
fermé 31 oct. au 10 déc. – SC : ⊡ 18 – **33 ch** 185/220.

🏨 **Don Grégorio** Ⓜ sans rest, 5 bd Mar.-Joffre (a) ☏ 01.12.15, Télex 970444 – 🛎 🗖 🛏wc ☎ 🅿 – 🕮 60. 🅰🅴 ⓞ 🅴 𝓥𝓘𝓢𝓐. ❀
1er fév.-31 oct. – SC : ⊡ 22 – **70 ch** 330.

🏨 **Le Havre Bleu** sans rest, 29 bd Mar. Joffre (d) ☏ 01.01.40 – 🛏wc ⓜwc ☎ 🅿. ❀
1er fév.-31 oct. – SC : ⊡ 16 – **18 ch** 145/195.

🏨 **Select** sans rest, 1 montée Myrtes (e) ☏ 01.05.42 – 🛏 ⓜ. 𝓥𝓘𝓢𝓐
fermé 20 oct. au 20 déc. – SC : ⊡ 11 – **20 ch** 63/166.

✕ **Les Agaves**, 4 r. Mar.-Foch (t) ☏ 01.12.09 – 𝓥𝓘𝓢𝓐
fermé nov., 28 juin au 6 juil., dim. soir sauf en été et merc. – SC : **R** (nombre de couverts limité - prévenir) 75/120.

Voir aussi ressources hôtelières de : St-Jean-Cap-Ferrat et Villefranche

CITROEN Gar. de la Poste, ☏ 01.00.13

BEAUMES-DE-VENISE 84190 Vaucluse 🎯 ⑫ – 1 721 h. alt. 150 – ✪ 90.

Voir Clocher* de la chapelle N.-D. d'Aubune O : 1,5 km, **G. Provence**.

🛈 Office de Tourisme cours Jean-Jaurès (saison et fermé dim.) ☎ 62.94.39.

Paris 684 – Avignon 33 – Carpentras 9 – Nyons 40 – Orange 23 – Vaison-la-Romaine 24.

à Montmirail NO : 6,5 km par D 81 et rte Vacqueyras – ⊠ **84190** Beaumes-de-Venise :

🏨 **Montmirail** Ⓜ ⑳, ☎ 65.84.01, Télex 431511, ≤, parc, 🏊 – 🛁wc 🚽wc ☎ 🅿 – 🚗 25 à 50. 🆎 ⓪ 🆅🆂🅰
   1er mars-1er déc. – SC : **R** *(fermé lundi)* 85/140 – ☑ 20 – **46 ch** 183/220.

BEAUMONT 24440 Dordogne 🎯 ⑮ **G. Périgord** – 1 302 h. alt. 160 – ✪ 53.

🛈 Syndicat d'Initiative à la Mairie (15 juin-15 sept.) ☎ 22.30.24.

Paris 583 – Bergerac 29 – Fumel 50 – Périgueux 68 – Sarlat-la-Canéda 53 – Villeneuve-sur-Lot 47.

✕✕ **Voyageurs** avec ch, ☎ 22.30.11 – 🛁
   mars-sept., déc. et fermé lundi – SC : **R** *(dim. prévenir)* 55/180 – ☑ 11 – **10 ch** 70/140.

RENAULT Delpech, ☎ 22.30.16

BEAUMONT-DE-LOMAGNE 82500 T.-et-G. 🎯 ⑥ **G. Pyrénées** – 3 949 h. alt. 102 – ✪ 63.

Paris 692 – Agen 58 – Auch 52 – Castelsarrasin 25 – Condom 61 – Montauban 36 – ♦Toulouse 57.

🏧 **Commerce**, r. Mar.-Foch ☎ 02.31.02 – 🚽wc 🚗, **E 🆅🆂🅰**, 🍴 ch
   fermé 27 mai au 4 juin, 15 déc. au 10 janv., dim. soir et lundi hors sais. – SC : **R** 39/108 – 🍴 12 – **12 ch** 56/115 – P 100/125.

PEUGEOT, TALBOT Gar. Oustric, ☎ 02.41.18 🅽 ☎ 02.25.58

BEAUMONT-EN-AUGE 14950 Calvados 🎯 ③ **G. Normandie** – 397 h. alt. 95 – ✪ 31.

Paris 202 – ♦Caen 40 – Lisieux 20 – Pont-l'Évêque 6 – Trouville-Deauville 12.

✕✕ **Aub. de l'Abbaye**, ☎ 64.82.31
   fermé janv., mardi et merc. sauf juil.-août – SC : **R** 110/175.

RENAULT Voidet, ☎ 64.84.91

BEAUMONT-LE-ROGER 27170 Eure 🎯 **G. Normandie** – 2 738 h. alt. 91 – ✪ 32.

🛈 Syndicat d'Initiative à l'Hôtel de Ville (fermé sam. après-midi et dim.) ☎ 45.23.88.

Paris 134 – L'Aigle 41 – Bernay 17 – Évreux 32 – Louviers 35 – ♦Rouen 51 – Verneuil 51.

✕✕ **Paris ''Chez Mimi''**, r. St-Nicolas ☎ 45.22.23 – 🅿. 🆎 ⓪ 🅴 🆅🆂🅰
   fermé 23 juil. au 17 août, 24 déc. au 7 janv..jeudi soir et vend. – SC : **R** 75/140.

PEUGEOT-TALBOT Potier et Terrier, ☎ 45.   PEUGEOT-TALBOT Gar. du Centre, ☎ 45.20.49
20.73   RENAULT Auger, ☎ 45.22.16

BEAUMONT-SUR-OISE 95260 Val-d'Oise 🎯 ⑳. 🎯 ⑦ – 8 312 h. alt. 41 – ✪ 3.

Voir Forêt de Carnelle* SE : 2 km par D 85 – Retable* de l'église de Chambly NO : 4,5 km, **G. Environs de Paris**.

Paris 40 – Beauvais 38 – Chantilly 17 – Pontoise 19 – Villiers-le-Bel 21.

✕ **Aub. Beaumontoise**, 2 av. Carnot ☎ 470.01.83 – 🆅🆂🅰
   fermé 15 juil. au 14 août, mardi soir et merc. – **R** 85 bc/120 bc.

CITROEN Ets Lagabrielle, rte de Clermont à   RENAULT Trubert, r. Corentin-Quideau à Per-
Persan ☎ 034.13.27 🅽 ☎ 470.51.09   san ☎ 470.92.20

BEAUMONT-SUR-SARTHE 72170 Sarthe 🎯 ⑪ – 1 938 h. alt. 85 – ✪ 43.

Paris 223 – Alençon 23 – La Ferté-Bernard 47 – Mamers 26 – ♦Le Mans 26 – Mayenne 62.

🏨 **Chemin de Fer**, à la Gare E : 1,5 km par D 26 ☎ 97.00.05, 🐎 – 🚽wc 🚖 🚗. **E 🆅🆂🅰**
   fermé 13 au 29 oct., 4 au 28 fév., dim. soir et lundi du 1er oct. à Pâques – SC : **R** 45/125 🍴 – ☑ 15 – **16 ch** 60/130 – P 115/160.

CITROEN Gar. Llobet, ☎ 97.03.23   RENAULT Gar. du Centre, ☎ 97.00.03
PEUGEOT, TALBOT Gar. Noyer, ☎ 97.01.14
PEUGEOT, TALBOT Thureau, à la Croix Mar-
got-Juillé ☎ 97.00.33 🅽

BEAUMONT-SUR-VESLE 51 Marne 🎯 ⑦ – 480 h. alt. 100 – ⊠ **51400** Mourmelon – ✪ 26.

Voir Faux de Verzy* S : 3,5 km, **G. Nord de la France**.

Paris 157 – Châlons-sur-Marne 28 – Épernay 34 – ♦Reims 16 – Ste-Menehould 62.

🏨 **La Maison du Champagne**, ☎ 61.62.45, 🐎 – 🚽wc 🚖 🚗 🅿. ⓪ 🅴 🆅🆂🅰
   🍴 ch
   fermé 1er au 15 oct., 1er au 20 fév., dim. soir et lundi – SC : **R** *(dim. et fêtes - prévenir)* 35/87 – ☑ 13,50 – **10 ch** 65/117 – P 130/180.

RENAULT Lacondemine, ☎ 61.60.59

188

BEAUNE 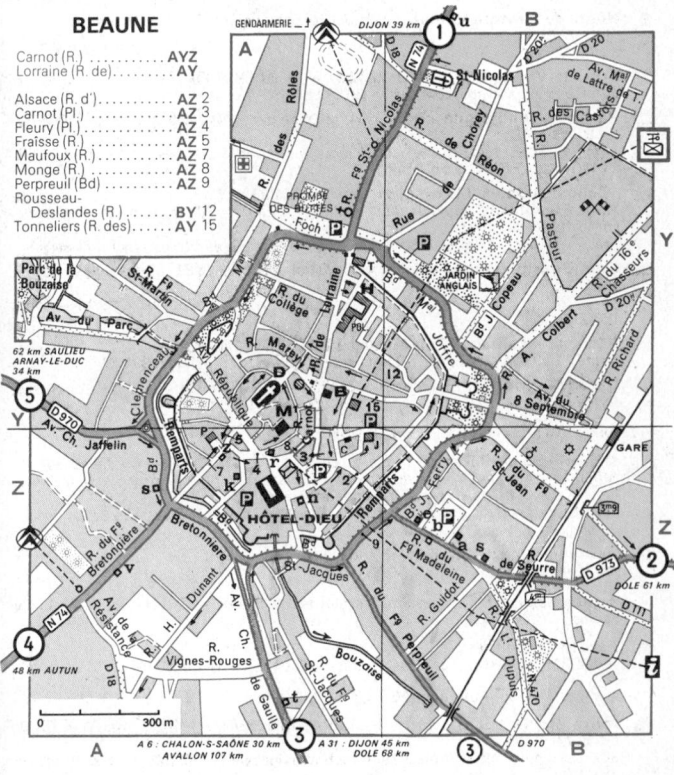 21200 Côte-d'Or 📖 ⑨ G. Bourgogne – 21 127 h. alt. 218 – ⊙ 80.

Voir Hôtel-Dieu★★ et polyptyque du Jugement dernier★★★ (musée★) AZ – Collégiale N.-Dame★ : tapisseries★★ AY D – Hôtel de la Rochepot★ AY B – Musée du vin de Bourgogne★ AY M1.

🛈 Office de Tourisme et A.C. face Hôtel-Dieu 🕿 22.24.51, et antenne Touristique A 6 🕿 21.46.78.

Paris 316 ③ – Autun 48 ④ – Auxerre 151 ③ – Chalon-sur-Saône 30 ③ – ✦Dijon 45 ③ – Dole 68 ③.

BEAUNE

🏨 **Poste,** 1 bd Clemenceau 🕿 22.08.11, 🏤 – 🕸 🕿 ⇔. 🅐🅔 ⓞ 🄴 𝓥𝓘𝓢𝓐   AZ **s**
1er avril-19 nov. – SC : **R** 265 – **21 ch** ⇆ 420/538, 4 appartements.

🏨 **Le Cep** ⮑ sans rest., 27 r. Maufoux 🕿 22.35.48, « Ameublement de style » – 🕿   AZ **z**
🅐🅔 ⓞ 🄴 𝓥𝓘𝓢𝓐
31 mars-fin nov. – SC : ⇆ 27 – **21 ch** 330/500.

🏨 **Bourgogne** Ⓜ, av. Gén.-de-Gaulle 🕿 22.22.00, Télex 350666, 🏊, – 🕸 🛏️wc 🕿 ♿   AZ **t**
🅿 – 🏛️ 120 à 180. 🅐🅔 ⓞ 🄴 𝓥𝓘𝓢𝓐
23 mars-20 nov. – SC : **R** 78 – 🍴 16,50 – **120 ch** 190/210.

🏨 **La Closerie** Ⓜ ⮑ sans rest, par ④ rte Autun N 74 🕿 22.15.07, 🏊, 🛞 – 📺
🛏️wc 🕿 🅿. 🅐🅔 ⓞ 🄴 𝓥𝓘𝓢𝓐
fermé 25 déc. à fin janv. et dim. hors sais. – SC : ⇆ 16 – **30 ch** 230.

🏨 **Samotel** Ⓜ, par ④ rte Autun N 74 🕿 22.35.55, Télex 350596, ≼, 🏊 – 📺 🛏️wc
🕿 ♿ 🅿 – 🏛️ 50. 🅐🅔 ⓞ 🄴 𝓥𝓘𝓢𝓐
fermé 24 nov. au 16 déc. – SC : **R** 60/85 – ⇆ 19 – **62 ch** 218/284, 4 appartements 284.

🏨 **Grillon,** 21 rte Seurre par ② 🕿 22.44.25, 🛞 – 🛏️wc 🚿wc 🅿. 🅐🅔 ⓞ
fermé 15 janv. au 8 fév. – SC : **R** (fermé merc.) (dîner seul) 65/95 – ⇆ 17 – **18 ch** 140/185.

🏨 **Central H.,** 2 r. V.-Millot 🕿 24.77.24 – 🛏️wc 🚿wc 🕿. 𝓥𝓘𝓢𝓐   AZ **n**
1er avril-19 nov. et fermé merc. – SC : **R** 100/150 – ⇆ 25 – **22 ch** 95/250.

tourner →

La Cloche, 42 fg Madeleine ☎ 22.22.75 – rest ⇔wc ⋔wc ☎ Ⓟ – 30 à 60. AE VISA BZ **b**
fermé 25 nov. au 5 janv. lundi soir du 15 oct. au 30 avril, merc. midi du 1er mai au 15 oct. et mardi – SC : **R** 105/165 – ☕ 18 – **16 ch** 95/185.

Le Home sans rest, 138 rte Dijon ☎ 22.16.43, – ⇔wc ⋔wc ☎ ♿ Ⓟ BY **u**
SC : ☕ 16 – **20 ch** 140/206.

Host. de Bretonnière sans rest, 43 fg Bretonnière ☎ 22.15.77, – ⇔wc ⋔wc ☎ Ⓟ AZ **v**
SC : ☕ 18 – **21 ch** 90/179.

Aub. St-Vincent, pl. Halle ☎ 22.42.34 – . AE ⓓ E VISA AZ **r**
fermé déc. et dim. soir hors sais. – SC : **R** 98/170.

Raisin de Bourgogne avec ch, 164 rte Dijon par ① ☎ 24.69.48 – ⇔wc ⋔wc ☎ Ⓟ. AE ⓓ E VISA
fermé 13 au 21 juin, 15 déc. au 31 janv., jeudi midi hors sais. et merc. – SC : **R** 85/170 – ☕ 15,50 – **11 ch** 75/190.

✿ **Relais de Saulx** (Monnoir), 6 r. Very ☎ 22.01.35 AZ **k**
fermé 8 au 31 août, 23 au 31 déc., dim. soir et lundi – SC : **R** (nombre de couverts limité - prévenir) 67/150
Spéc. Filet de bar au Crémant de Bourgogne, Suprême de volaille de Bresse, Chariot de desserts.

Aub. Bourguignonne avec ch, 4 pl. Madeleine ☎ 22.23.53 – ⇔wc ⋔wc ☎. AE VISA. ch BZ **a**
fermé 22 déc. au 22 janv. et lundi sauf fériés – SC : **R** 73/148 – ☕ 14 – **8 ch** 174/210.

Rôtisserie La Paix, 47 fg Madeleine ☎ 22.33.33 – AE VISA BZ **s**
fermé 1er au 9 janv., 27 fév. au 12 mars, dim. soir et lundi – SC : **R** 90/170.

Chez Maxime, 3 pl. Madeleine ☎ 22.17.82, – AE E VISA BZ **e**
fermé 20 déc. au 10 janv., dim. soir et lundi – SC : **R** 48/95.

par ① (Beaune Nord) sur rte de Dijon :

✿ **Ermitage de Corton** (Parra) avec ch, à 4 km ☎ 22.05.28, ≤ – Ⓟ. AE ⓓ VISA
fermé 1er au 9 juil., 20 janv. au 20 fév., dim. soir et lundi – **R** (nombre de couverts limité - prévenir) 110/295 – ☕ 30, 3 appartements 650
Spéc. Salade de pigeon, Paupiette de saumon, Canette à l'infusion de cassis. **Vins** Corton, Chorey-lès-Beaune.

Bareuzai, à 2 km ☎ 22.02.90, ≤ – Ⓟ
fermé janv. et 1er au 15 fév. – SC : **R** 53/160.

à Levernois SE : 5 km par rte Verdun sur le Doubs et D 111 - BZ – ✉ **21200** Beaune :

Parc Ⓜ sans rest, ☎ 22.22.51, parc – ⇔wc ⋔wc ☎
fermé 20 nov. au 6 déc. et 1er au 15 mars – SC : ☕ 17 – **20 ch** 96/140.

par ③ : 7 km sur Autoroute A6 – ✉ **21200** Beaune :

Motel Relais P.L.M. Ⓜ , ☎ 21.46.12, Télex 350627 – TV ⇔wc ☎ ♿ Ⓟ. AE ⓓ E VISA
SC : rest d'autoroute sur place dont **La Bourguignotte R** 120/150, – ☕ 23 – **150 ch** 226/238.

BMW Savy 21, r. J.-Germain ZI à Savigny les Beaune ☎ 22.88.69
CITROEN Gar. Champion, 1 rte Pommard ☎ 22.28.14 N
CITROEN Gar. Chaffraix, 47 r. fg St-Nicolas ☎ 22.17.55
FIAT Bolatre, 40 fg Bretonnière ☎ 22.31.30 N ☎ 22.28.03
PEUGEOT, TALBOT Champion, 42 rte de Pommard par ④ ☎ 22.12.30
PEUGEOT-TALBOT Gar. Moreau, 135 bis rte de Dijon par ① ☎ 22.27.00 N
RENAULT Beaune-Auto, 78 rte de Pommard par ④ ☎ 22.25.48 N ☎ 22.87.04

Gouillardon Gaudry, 4 r. Lt Dupuis ☎ 22.14.21
Techni-Pneu, 4 bd Bretonnière ☎ 22.80.10

BEAUNE-LE-FROID 63 P.-de-D. 73 ⑬ – rattaché à Murol.

BEAUPRÉAU 49600 M.-et-L. 67 ⑤ **G. Châteaux de la Loire** – 6 195 h. alt. 86 – 41.
Paris 340 – Ancenis 29 – Angers 51 – Châteaubriant 74 – Cholet 18 – ♦Nantes 48 – Saumur 74.

France, pl. Gén.-Leclerc ☎ 55.00.26 – ⇔wc ⋔ Ⓟ. AE VISA
fermé 20 fév. au 8 mars, vend. soir (sauf hôtel) et sam. – SC : **R** 42/100 – ☕ 14 – **13 ch** 72/125 – P 125/165.

CITROEN Pineau, ☎ 55.00.15 N ☎ 55.00.03
FIAT Gar. Rouillère, ☎ 55.00.48
RENAULT Gar. Humeau, ☎ 55.00.58

BEAURAINS 62 P.-de-C. 53 ② – rattaché à Arras.

BEAURAINVILLE 62990 P.-de-C. 🔟 ⑫ – 1 977 h. alt. 14 – ✿ 21.

Paris 250 – Arras 72 – Hesdin 14 – Montreuil 12 – St-Omer 53.

　✗　**Val de Canche** avec ch, ⌖ 90.32.22, 🐕 – 🏠 🅿 VISA 🎿
　　fermé 24 déc. au 2 janv., fév., dim. soir et lundi – SC : **R** 45/105 – 🍽 15,50 – **10 ch**
　　93/165 – P 155/180.

V.A.G. Gar. Flament, ⌖ 90.30.33

BEAURECUEIL 13 B.-du-R. 🗟 ③ – 458 h. alt. 254 – ✉ 13100 Aix-en-Provence – ✿ 42.

Paris 769 – Aix-en-Provence 10 – Aubagne 31 – Brignoles 53 – ◆Marseille 41.

　✗✗　**Relais Ste-Victoire** 🕭 avec ch, D 46 ⌖ 28.94.34, ≤, ⒊, 🐕, 🎿 – 🔲 rest 📺 🏠
　　🕭 🅿 – 🚗 30. 🆎 ⓪ 🗉
　　fermé vacances de Toussaint, fév., dim. soir et lundi – SC : **R** 170/220 – 🖵 17 –
　　9 ch 120/200 – P 250.

BEAUREGARD 01 Ain 🔼 ① – rattaché à Villefranche-sur-Saône.

BEAUREPAIRE 38270 Isère 🔽 ② – 3 840 h. alt. 257 – ✿ 74.

Paris 522 – ◆Grenoble 64 – Romans 39 – ◆St-Étienne 78 – Tournon 55 – Vienne 30.

　✗✗✗　✿ **Fiard** (Zorelle) avec ch, r. République ⌖ 84.62.02 – 🛏 🏠wc 🕭, 🆎 ⓪ 🗉 VISA
　　fermé janv., 1er au 15 fév. et dim. soir hors sais. – SC : **R** 70/220 – 🖵 22 – **21 ch**
　　85/180
　　Spéc. Mousseline de truite, Turbot aux petits légumes, Nougat glacé. **Vins** St-Joseph, Chante-
　　Alouette.

FIAT, PEUGEOT, TALBOT Boyet, ⌖ 84.61.37　　　　　RENAULT Gar. des Terreaux, ⌖ 84.61.50 🖸
PEUGEOT, TALBOT Gar. Perriat, ⌖ 84.60.65

BEAUREPAIRE-EN-BRESSE 71 S.-et-L. 🔽 ③ – rattaché à Louhans.

BEAUSOLEIL 06 Alpes-Mar. 🗟 ⑩, 🔢 ㉗ – rattaché à Monaco.

Le BEAUSSET 83330 Var 🗟 ⑭ – 5 329 h. alt. 180 – ✿ 94.

Voir ≤✶ de la chapelle N.-D. du Beausset-Vieux S : 4 km, G. Côte d'Azur.

🛈 Syndicat d'Initiative à la Mairie (1er-juil.- 8 sept. et hiver dim.) ⌖ 90.55.10.

Paris 822 – Aix-en-Provence 64 – ◆Marseille 47 – ◆Toulon 17.

　🏠　**Motel la Cigalière** 🖻 🕭, N : 1,5 km par N 8 et VO ⌖ 98.64.63, ≤, ⒊, 🐕 –
　　🏠wc 🕭 🅿
　　fermé 30 sept. au 15 oct. et merc. hors sais. – SC : **R** (dîner seul.) 80/100 – 🍽 20 –
　　12 ch 200/220.

　✗　**L'Estagnon,** ⌖ 98.62.62 – ⓪
　　fermé 15 nov. au 15 déc. et lundi – SC : **R** 95.

　　au Nord : 3,5 km par N 8 et VO – ✉ 83330 Le Beausset :

　✗　**Aub. Couchoua,** ⌖ 98.72.24 – 🅿. 🎿
　　fermé 12 au 28 mars, 15 au 31 oct., dim. soir et merc. – SC : **R** (grillades) (en août
　　dîner seul.) 83.

RENAULT Central-Gar., ⌖ 98.70.10 🖸　　　　　　　🔘 Michel Pneum., ⌖ 90.44.70

BEAUVAIS 🅿 60000 Oise 🗟 ⑨ ⑩ G. Environs de Paris – 54 147 h. alt. 64 – ✿ 4.

Voir Cathédrale✶✶✶ : horloge astronomique✶ – Église St-Étienne✶ : vitraux✶✶ et arbre
de Jessé✶✶✶ – Musée départemental de l'Oise✶ dans l'ancien palais épiscopal **M.**

🖰 de Beauvais-Tillé ⌖445.01.06 par ② : 4 km.

🛈 Office de Tourisme 6 r. Malherbe (fermé août lundi et dim.) ⌖ 445.08.18 et r. St-Pierre
(1er avril-30 sept.) ⌖ 445.25.26.

Paris 76 ④ – ◆Amiens 60 ① – Arras 153 ① – Boulogne-sur-Mer 167 ① – Compiègne 57 ③ – Dieppe
98 ⑦ – Évreux 98 ⑥ – ◆Reims 151 ③ – ◆Rouen 80 ⑦ – St-Quentin 111 ③ – Troyes 232 ③.

Plan page suivante

　🏠　**Chenal** 🖻 sans rest, 63 bd Gén.-de-Gaulle **(a)** ⌖ 445.03.55 – 🛗 📺 🏠wc 🏠wc
　　🕭. 🆎 ⓪ 🗉 VISA
　　SC : 🖵 25 – **25 ch** 200/265.

　🏠　**Palais** 🕭 sans rest, 9 r. St-Nicolas **(s)** ⌖ 445.12.58 – 🏠wc 🏠wc 🕭. 🆎 🎿
　　fermé 15 août au 1er et 15 janv. – SC : 🖵 15,50 – **14 ch** 100/170.

　🏠　**La Résidence** 🕭 sans rest, 22 r. Louis-Borel **(b)** ⌖ 448.30.98 – 🏠wc 🕭 🅿. 🎿
　　fermé 25 déc. au 2 janv. et dim. – SC : 🖵 13 – **24 ch** 72/146.

　🏠　**Bristol** sans rest, 60 r. Madeleine **(k)** ⌖ 445.01.31 – 🛏 🏠
　　fermé 15 déc. au 15 janv. – SC : 🖵 14 – **19 ch** 65/142.

tourner →

BEAUVAIS

XXX **A la Côtelette,** 8 r. Jacobins **(e)** ℡ 445.04.42, ㎡ – ◰ ◑ ◕ 🆅🆂🅰
  fermé 2 au 23 juil., dim. soir et lundi sauf fériés – SC : **R** 130 bc/70.

XX **Relais de la Folie,** par ② : 1 km face aéroport ℡ 448.09.58 – **℗**. 🆅🆂🅰
  fermé dim. soir en juil. et août et lundi sauf le midi de sept. à juin – SC : **R** 70
  bc/135 ⬧.

XX **La Crémaillère,** 1 r. G.-Patin **(n)** ℡ 445.03.13 – 🆅🆂🅰
  fermé merc. – SC : **R** 66 ⬧.

XX **Marignan,** 1 r. Malherbe **(u)** ℡ 448.15.15 – 🆅🆂🅰
  fermé 1er au 15 sept., 1er au 21 fév., dim. soir et lundi – **R** 50/110.

  à Tillé par ① : 4 km – ⊠ **60000** Beauvais :

X **Le Pradou,** 45 r. Ile de France ℡ 445.66.14, ㎡ – **℗**. ◰ ◕ 🆅🆂🅰
  fermé 3 au 13 sept., fév., dim. soir et lundi – **R** 58/126.

MICHELIN, Agence, av. Blaise-Pascal par ④ ℡ 402.01.36

BEAUVAIS

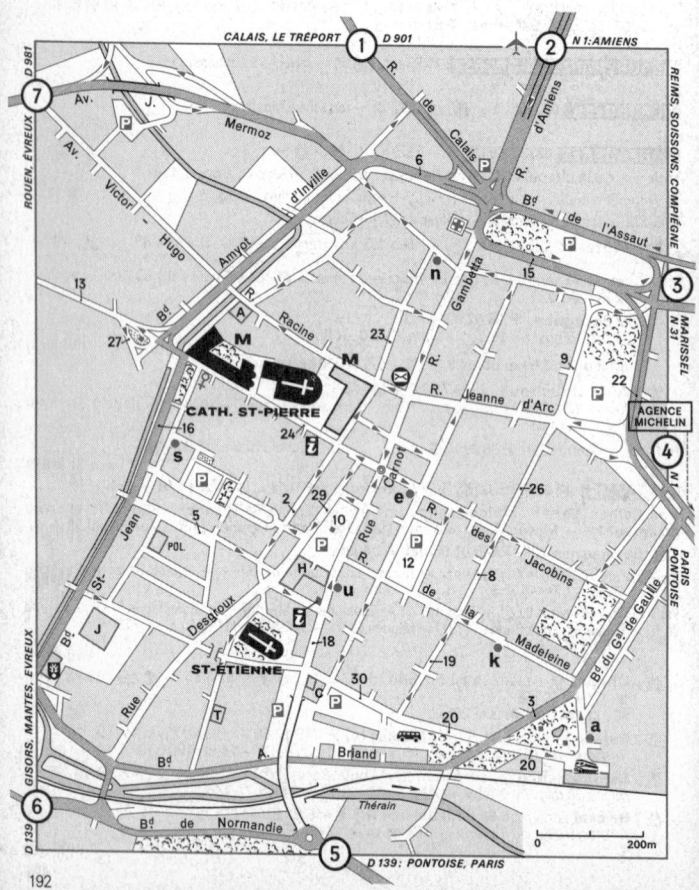

ALFA-ROMEO, DATSUN Gar. Jerez, 41 r. Correus ☎ 445.80.40
BMW, TOYOTA Gar. du Franc-Marché, av. P. et M. Curie ZAC St-Lazare ☎ 405.15.25
CITROEN Gd Gar. Paintré, 63 r. Calais par ① ☎ 445.62.37 🆕 🅽 ☎ 448.05.22
CITROEN Gar. St-Just, 23 r. St-Just-des-Marais par r. Gén.-Leclerc ☎ 445.23.68
FIAT Gar. Piscine, 99 r. d'Amiens ☎ 445.18.75
FORD Automobiles et Sce de Beauvais, r. Gay-Lussac ☎ 402.21.42
LADA, SKODA Gar. Roulot, 155 r. St. Just-des-Marais ☎ 445.24.81
OPEL Beauvais-Autos, Z.A.C. St Lazare r. P. et M. Curie ☎ 445.13.27

PEUGEOT-TALBOT Le Nouveau Gar., 2 r. Gay-Lussac, N 1 par ④ ☎ 402.15.81
PEUGEOT-TALBOT Gar. Buquet, 75 r. Calais par ① ☎ 445.11.72
PEUGEOT TALBOT Gar. Verbregue, 11 r. N.-D.-du-Thil par ① ☎ 445.15.18
RENAULT Gueudet, N 181, rte d'Amiens par ② ☎ 448.25.78
V.A.G. S.A.G.A. 60, r. de Clermont ☎ 405.45.47
VOLVO Autom. du Marais, 202 r. St-Just-des-Marais ☎ 445.10.51

🅖 Beauvais Pneum., 5 r. du 51-R.I. ☎ 445.91.23
Cacaux, 21 av. Blaise-Pascal, Zone Ind. n°2 ☎ 402.00.60

BEAUVALLON 83 Var 🎱 ⑰ G. Côte d'Azur – ⊠ 83120 Ste-Maxime – 🟢 94.

🎏 ☎ 96.16.98.

Paris 876 – Hyères 50 – Le Lavandou 38 – St-Tropez 9,5 – Ste-Maxime 4,5 – ✦Toulon 69.

🏨 **Golf H.** ⑤, ☎ 96.06.09, Télex 470480, ≤, parc, 🐎, ✬ – 🍽 🅿 – 🔳 200. 🆎 ⑩ 🇪 𝒱𝐼𝒮𝒜
hôtel : Pâques et 31 mai-23 sept. ; rest. : 1er juil.-31 août – SC : **R** 135 – ☲ 35 – **80 ch** 250/550.

🏨 **Host. Beauvallon** Ⓜ ⑤, ☎ 43.81.11, ≤, 🔳, 🐎, ✬ – 🚪wc ☎ 🅿. 🆎. ✘ rest
hôtel : Pâques-fin sept. ; rest. : 31 mai-15 sept. – SC : **R** 110 – ☲ 34 – **20 ch** 440 – P 440.

🏠 **Marie-Louise** ⑤, à Guerrevieille NE : 1 km ☎ 96.06.05, ≤, 🐎 – 🚪wc ☕ 🅿. ✘ rest
1er fév.-15 oct. – SC : **R** (de juin à sept. 1/2 pension seul.) 55/100 – ☲ 22 – **14 ch** 200.

BEAUVEZER 04440 Alpes-de-H.-P. 🎱 ⑧ G. Côte d'Azur – 237 h. alt. 1 150 – 🟢 92.

Voir Route du col de la Colle St-Michel★ S.

Paris 810 – Annot 32 – Castellane 44 – Digne 66 – Manosque 107 – Puget-Théniers 54.

🏠 **Verdon** ⑤, ☎ 83.44.44, ≤, 🐎 – 🚪wc 🚿wc 🅿. ✘
fermé 31 oct. au 20 déc. – SC : **R** 54/93 – ☲ 14,50 – **26 ch** 68/146 – P 154/242.

BEAUVOIR 50 Manche 🎱 ⑦ – rattaché au Mont-St-Michel.

BEAUVOIR-SUR-MER 85230 Vendée 🎱 ①② – 3 165 h. alt. 20 – 🟢 51.

🚹 Office de Tourisme L'Ardoise Verte (15 juin-15 sept.) ☎ 68.71.13 et à la Mairie (16 sept.-15 juin, fermé sam. et dim.) ☎ 68.70.32.

Paris 437 – Challans 16 – ✦Nantes 60 – Noirmoutier-en-l'Ile 22 – Pornic 32 – La Roche-sur-Yon 54.

🏠 **Touristes,** rte du Gois ☎ 68.70.19 – 🚪wc 🚿 🅿 – 🔳 80. 🆎 ⑩ 🇪 𝒱𝐼𝒮𝒜
➥ fermé 15 nov. au 15 déc. et janv. – SC : **R** 47/168 🍴 – 🖵 16,50 – **20 ch** 76/153 – P 167/215.

RENAULT Boutolleau, ☎ 68.70.28

BEAUVOIR-SUR-NIORT 79360 Deux-Sèvres 🎱 ① – 759 h. alt. 66 – 🟢 49.

Paris 418 – Niort 17 – La Rochelle 57 – St-Jean-d'Angély 28.

✕ **Aub. des Voyageurs,** ☎ 09.70.16 – 🆎 ⑩ 🇪 𝒱𝐼𝒮𝒜
➥ fermé 15 au 30 sept., 15 au 28 fév., merc. hors sais. et dim. soir – SC : **R** 46/143.

à **Virollet** SE : 7 km par D 1 – ⊠ **79360** Beauvoir-sur-Niort :

✕ **Aub. des Cèdres** avec ch, ☎ 09.60.53 – 🚿 🅿 – 🔳 30. 𝒱𝐼𝒮𝒜 ✘ rest
➥ SC : **R** (fermé lundi) 48/115 – ☲ 10 – **4 ch** 120 – P 130/135.

RENAULT Gar. Savin, ☎ 09.70.12

Le BEC-HELLOUIN 27 Eure 🎱 ⑮ G. Normandie – 476 h. alt. 70 – ⊠ 27800 Brionne – 🟢 32.

Voir Abbaye★★.

Paris 151 – Bernay 21 – Évreux 47 – Pont-Audemer 24 – Pont-l'Évêque 45 – ✦Rouen 42.

✕✕✕ **Aub. de l'Abbaye** ⑤ avec ch, ☎ 44.86.02, 🐎 – 🚪wc ☕ 🅿. 𝒱𝐼𝒮𝒜. ✘ ch
fermé 8 janv. au 22 fév., lundi soir et mardi – SC : **R** (dim. prévenir) carte 125 à 190 – ☲ 28 – **8 ch** 200/240.

Une voiture bien équipée, possède à son bord
des cartes Michelin à jour.

BÉDARIEUX 34600 Hérault 83 ④ – 6 525 h. alt. 196 – ☎ 67.

Paris 859 – Béziers 35 – Lacaune 55 – Lodève 29 – ♦Montpellier 71 – Pézenas 33 – St-Affrique 80.

Moderne sans rest, **64 av. J.-Jaurès ☎ 95.01.52** – wc ⋒wc ☎. AE ◑ E VISA
fermé 5 déc. au 20 janv. – **SC** : ☐ 16 – **28 ch** 60/180.

CITROEN Gar. Pascal, 5 av. Cot ☎ 95.03.57
RENAULT Gar. Sandoval, 42 av. Jean-Jaurès ☎ 95.00.30
Vulc. Bédaricienne, 50 bis av. J.-Jaurès ☎ 95.08.00

BÉDÉE 35 I.-et-V. 59 ⑯ – 2 726 h. alt. 85 – ✉ **35160** Montfort – ☎ 99.

Paris 374 – Dinan 35 – Loudéac 63 – Montfort 4,5 – ♦Rennes 22.

Commerce, pl. Église ☎ **07.00.37** – ⋒ ☎. E VISA
fermé 16 au 29 juil. et 24 au 30 déc. – **SC** : **R** *(fermé dim. soir et vend.)* 42/85 ♁ – ☐ 16 – **22 ch** 85/98.

BÉDOIN 84410 Vaucluse 81 ⑬ **G. Provence** – 1 842 h. alt. 310 – ☎ 90.

Voir Le Paty ≤* NO : 4,5 km.

Office de Tourisme pl. Marché (Pâques-fin sept.) ☎ 65.63.95 et à la Mairie (fermé sam. et dim.) ☎ 65.60.08.

Paris 699 – Avignon 39 – Carpentras 15 – Nyons 38 – Sault 35 – Vaison-la-Romaine 22.

L'Escapade, ☎ **65.60.21**
fermé 1er au 17 nov., 1er au 24 fév. et merc. du 1er oct. au 30 mai – **SC** : **R** 54/90 ♁ – ☐ 15 – **11 ch** 80/110.

XX **L'Oustau d'Anaïs,** rte de Carpentras ☎ **65.67.43** – Ⓟ. ⛌
fermé oct., lundi et mardi – **SC** : **R** 70/140 ♁.

BÉGAAR 40 Landes 78 ⑥ – rattaché à Tartas.

BEG-MEIL 29 Finistère 58 ⑮ **G. Bretagne** – ✉ **29170** Fouesnant – ☎ 98.

de Quimper et de Cornouaille ☎ 56.97.09, NE : 9,5 km.

Paris 555 – Carhaix-Plouguer 75 – Concarneau 19 – Pont-l'Abbé 25 – Quimper 21 – Quimperlé 44.

Thalamot ⛭, ☎ **94.97.38,** – ⋒wc ☎. AE VISA. ⛌
21 avril-10 oct. – **SC** : **R** 60/140 – ☐ 18,50 – **35 ch** 100/195 – P 190/290.

La BÉGUDE DE SAZE 30 Gard 81 ⑪ – rattaché aux Angles.

BÉLÂBRE 36370 Indre 68 ⑯ – 1 068 h. alt. 92 – ☎ 54.

Paris 312 – Argenton-sur-Creuse 36 – Bellac 55 – Le Blanc 13 – Châteauroux 57 – Montmorillon 28.

XX **L'Écu** avec ch., ☎ **37.60.82** – wc ⋒. AE ◑ E VISA
fermé 12 au 19 juin, 10 sept. au 2 oct., vacances de fév., dim. soir et lundi – **SC** : **R** (dim. prévenir) 70/200 ♁ – ☐ 16 – **7 ch** 90/180 – P 200/250.

CITROEN Nibodeau, ☎ 37.62.44

BELCAIRE 11 Aude 86 ⑥ – 421 h. alt. 1 002 – ✉ **11340** Espezel – ☎ 68.

Voir Forêts** de la Plaine et Comus NO, **G. Pyrénées.**

Paris 988 – Ax-les-Thermes 26 – Carcassonne 77 – Quillan 27.

Bayle, ☎ **20.31.05,** – ⋒ Ⓟ. ⛌
fermé nov., vend. soir et sam. midi – **SC** : **R** 45/130 – ☐ 13 – **14 ch** 56/100 – P 128/154.

BELFORT Ⓟ **90000** Ter.-de-Belf. 66 ⑧ **G. Jura** – 52 739 h. alt. 358 – ☎ 84.

Voir Le Lion* BZ – Citadelle* : ☼* de la terrasse du fort BZ.

✈ **de Belfort-Fontaine : T.A.T. ☎ 21.35.35 par ③ : 14 km.**

Office de Tourisme pl. Dr-Corbis (fermé dim.) ☎ 28.12.23 - A.C. 7 Quai Vauban ☎ 28.00.30.

Paris 499 ⑥ – ♦Bâle 66 ③ – ♦Besançon 98 ④ – Colmar 74 ③ – ♦Dijon 191 ④ – Épinal 108 ⑥ – ♦Genève 244 ④ – ♦Mulhouse 43 ③ – ♦Nancy 178 ⑥ – Troyes 269 ⑥ – Vesoul 64 ⑥.

Plan page ci-contre

Gd H. du Lion, 2 r. G.-Clemenceau ☎ **21.17.00, Télex 360914** – |ª| TV ☎ Ⓟ – 150. AE ◑ E VISA BX **k**
SC : **Le Vauban** *(fermé dim. midi et sam. du 15 déc. au 31 mars)* **R** carte environ 120 ♁ – ☐ 24 – **82 ch** 195/231.

Modern H. Ⓜ sans rest, **9 av. Wilson ☎ 21.59.45** – |ª| wc ⋒wc ☎ Ⓟ. AE VISA. ⛌ AZ **a**
fermé 21 déc. au 7 janv. et dim. de déc. à mars – **SC** : ☐ 16 – **46 ch** 80/210.

Américain sans rest, **2 r. Pont-Neuf ☎ 21.57.01** – wc ⋒wc ☎. AE ◑ E VISA AZ **z**
SC : ☐ 14 – **40 ch** 70/150.

Capucins, 20 fg Montbéliard ☎ **28.04.60** – wc ⋒wc ☎. VISA BZ **n**
fermé 30 mars au 15 avril, 22 déc. au 7 janv., sam. et dim. du 15 sept. au 15 juin – **SC** : **R** 55/115 ♁ – ☐ 16 – **35 ch** 75/190.

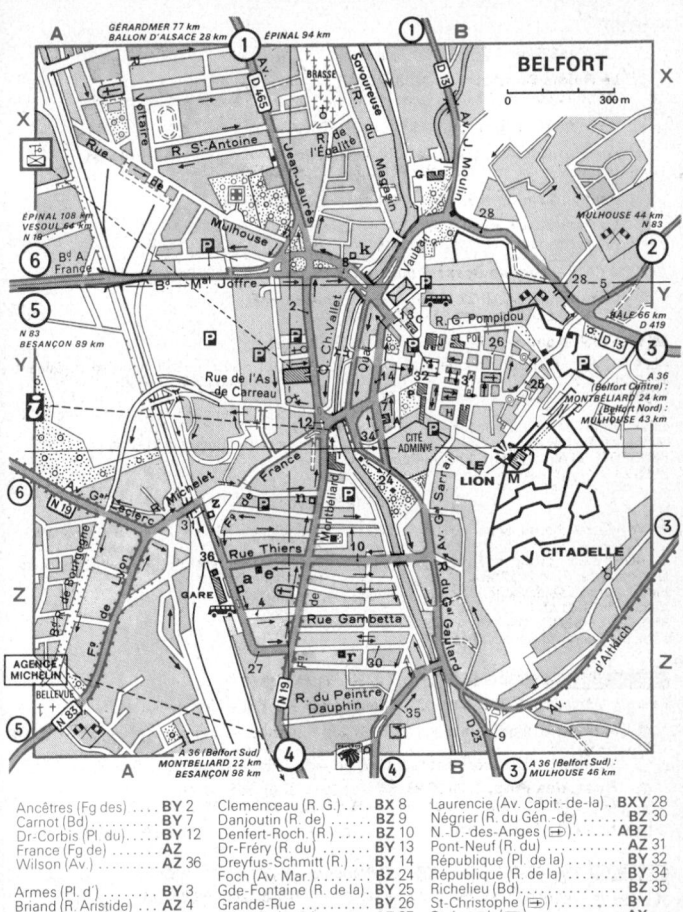

Ancêtres (Fg des) .... **BY** 2	Clemenceau (R. G.) .... **BX** 8	Laurencie (Av. Capit.-de-la) . **BXY** 28
Carnot (Bd) .... **BY** 7	Danjoutin (R. de) ...... **BZ** 9	Négrier (R. du Gén.-de) ..... **BZ** 30
Dr-Corbis (Pl. du).... **BY** 12	Denfert-Roch. (R.) ..... **BZ** 10	N.-D.-des-Anges (⊞) .... **ABZ**
France (Fg de) .... **AZ**	Dr-Fréry (R. du) .... **BY** 13	Pont-Neuf (R. du) .... **AZ** 31
Wilson (Av) .... **AZ** 36	Dreyfus-Schmitt (R.)... **BY** 14	République (Pl. de la) ...... **BY** 32
	Foch (Av. Mar.) .... **BY** 24	République (R. de la) ...... **BY** 34
Armes (Pl. d') .... **BY** 3	Gde-Fontaine (R. de la) **BY** 25	Richelieu (Bd) .... **BZ** 35
Briand (R. Aristide) ... **AZ** 4	Grande-Rue .... **BY** 26	St-Christophe (⊞) .... **BY**
Brisach (Fg de) ...... **BY** 5	Koechlin (R. G.) ...... **AZ** 27	St-Joseph (⊞) .... **AX**

XXX ✿✿ **Host. du Château Servin** ⑤ avec ch, 9 r. Gén.-Négrier ☎ 21.41.85, « Cadre élégant », ☞ – 🛉 🚗wc 🅿. 🆎 ⓪. ❄ ch BZ **r**
fermé 4 au 31 août, fin mars et vend. – SC : **R** *(nombre de couverts limité - prévenir)* carte 245 à 290 – ☑ 33 – **10 ch** 220/290
Spéc. Salade tiède "Dominique", Fricassée de crustacés "R. Servin", Foie de canard chaud au vinaigre de framboises. **Vins** Kaefferkopf, Pinot.

XX ✿ **Le Sabot d'Annie** (Barbier), D 13 entrée Offemont -BX- N : 3 km ⊠ 90300 Valdoie ☎ 26.01.71 – 🅿. 🆎 ⓪ 🆅🆂🅰
fermé août, vacances de fév., sam. et dim. sauf fériés – SC : **R** carte 160 à 220
Spéc. Ravioli de grenouilles, Pannequet de bar aux langoustines, Gigot de volaille au ris de veau. **Vins** Kaefferkopf, Pinot noir.

XX Buffet Gare, 1 av. Wilson ☎ 21.57.20 AZ

X ✿ **Thiers** avec ch, 9 r. Thiers ☎ 28.10.24 – 🗼 🆅🆂🅰 AZ **e**
fermé 21 déc. au 2 janv., dim. et fériés sauf juil.-août – SC : **R** *(fermé sam. soir, dim. et fériés)* 52/180 ⓛ – ☑ 14,50 – **20 ch** 65/120.

à Danjoutin par ④ : 3 km – 3 451 h. – ⊠ 90400 Danjoutin :

🏨 **Mercure Belfort-Danjoutin** Ⓜ ⑤, ☎ 21.55.01, Télex 360801, 🏊, – 🗏 rest 📺 🚗wc ☎ ᕹ 🅿 – ⚓ 100. 🆎 ⓪ 🅴 🆅🆂🅰
R carte environ 90 ⓛ – ☑ 25 – **80 ch** 244/265.

XX ✿ **Pot d'Étain** (Clévenot), ☎ 28.31.95 – 🅿. 🆅🆂🅰
fermé 2 au 24 juil., 2 au 13 janv., sam. midi, dim. soir et lundi – SC : **R** 140/210
Spéc. Poissons, Gibiers (en saison). **Vins** Pinot noir, Riesling.

195

par ④ : 3,5 km – ⊠ **90400** Danjoutin :

XX **Le Relais Comtois**, sur N 19 ⏚ 28.31.17, ☞ – **ⓟ**
fermé 15 août au 15 sept., dim. soir et lundi sauf fériés – SC : **R** 58/120 ⅄.

à Valdoie par ① : 5 km – 4 572 h. – ⊠ **90300** Valdoie :

XX **Au Bon Accueil**, D 465 ⏚ 26.18.49, « Cadre de verdure », ☞ – **ⓟ**. _VISA_
fermé 1er au 30 juil., dim. soir et lundi – SC : **R** 58/170.

par ② : 4 km sur N 83, rte de Colmar – ⊠ **90000** Belfort :

X **La Petite Auberge**, ⏚ 29.82.91 – **ⓟ**. ⚘
➥ *fermé fév., lundi et mardi* – SC : **R** 45/109 ⅄.

à l'échangeur de Bessoncourt par ③ : 7 km – ⊠ **90160** Bessoncourt :

🏠 **Campanile** ⌂, ⏚ 22.12.56 – ⇔wc **☎** & **ⓟ**. _VISA_
SC : **R** 60 bc/81 bc – **☛** 22 – **42 ch** 170.

MICHELIN, Agence, Z.I. Danjoutin par ④ ⏚ 28.21.89

ALFA-ROMEO, FERRARI Centre Autom., 37
av. J.-Jaurès ⏚ 21.61.77
FORD Turenne Autom., 15 r. Turenne ⏚ 21.
63.99
OPEL Diffusion Autom. Belfortaine, 33 r. de
Mulhouse ⏚ 21.41.89
PEUGEOT S.I.A. de Belfort, 10 r. du Rhône ⏚
21.53.23

RENAULT Gd Gar. Belfortain, bd H.-Dunant
par bd Richelieu BZ ⏚ 21.46.90

Ⓖ Chapuis-Pneus, 58 r. de la 1= Armée ⏚
26.42.00
Salomon, 23 r. Brasse ⏚ 21.60.50

Périphérie et environs

BMW Gar. Richelieu, Zone Ind. de Bavilliers
⏚ 22.23.16
CITROEN Gar. du fg de France, Zone Ind.,
Danjoutin par ④ ⏚ 21.22.08
FIAT Autom. Valdoyenne, 37 r. de Turenne,
Valdoie ⏚ 21.40.73
MERCEDES-BENZ Gar. Monin, 29 av. d'Al-
sace, Les Écarts de Denney ⏚ 29.81.02

Ⓖ Equipneu Service, Z.I.-de Bavilliers ⏚ 22.
25.08
Pneus et Services D.K., 1 rte Montbéliard,
Andelnans ⏚ 28.03.55

BELIN-BÉLIET 33830 Gironde 🔲🔲 ③ – 2 439 h. alt. 44 – ◯ 56.

Paris 638 – Arcachon 44 – ◆Bayonne 133 – ◆Bordeaux 45 – Dax 96 – Mont-de-Marsan 78.

🏠 **Aliénor d'Aquitaine** ⌂, ⏚ 88.01.23, « Intérieur rustique », ☞ – ⇔wc 🎇wc
🅰 **ⓟ**. ⚘
SC : **R** (dîner pour résidents seul.) 60 bc – ⌷ 16,50 – **12 ch** 130/160.

🏠 **Host. des Pins**, ⏚ 88.00.23, 🕱 – ⇔wc 🎇 **ⓟ**. _VISA_ ⚘ ch
➥ *fermé 15 oct. au 15 nov. et merc.* – **R** 40/128 – **☛** 13 – **12 ch** 65/145.

CITROEN Gar. Souleyreau, ⏚ 88.00.63   RENAULT Gar. Dubourg ⏚ 88.00.84

BELLAC ◈ 87300 H.-Vienne 🔲🔲 ⑦ G. Périgord – 5 465 h. alt. 242 – ◯ 55.

🄑 Office de Tourisme 1 bis r. Jouvet (fermé sam. après-midi et dim.) ⏚ 68.12.79.
Paris 360 – Angoulême 99 – Châteauroux 109 – Guéret 74 – ◆Limoges 41 – Poitiers 78.

🏛 **Châtaigniers** Ⓜ, O : 2 km rte Poitiers ⏚ 68.14.82, ⊐, ☞ – ⇔wc 🎇wc **☎** & **ⓟ**.
🅰🅔 _VISA_
15 mai-3 nov. – SC : **R** 65/170 – ⌷ 21 – **27 ch** 135/210.

CITROEN Lachaise, 7 r. F.-Foureau ⏚ 68.07.13
FORD Gar. Boos, à Mézières-sur-Issoire ⏚ 68.
30.28

PEUGEOT, TALBOT Nogaret, rte de poitiers
⏚ 68.00.10
RENAULT Ducoing, ⏚ 68.00.14

BELLEGARDE 45270 Loiret 🔲🔲 ① G. Châteaux de la Loire – 1 582 h. alt. 114 – ◯ 38.

Voir Château★.

Paris 112 – Gien 40 – Montargis 23 – Nemours 39 – ◆Orléans 48 – Pithiviers 27.

🎇 **Agriculture**, ⏚ 90.10.48 – 🎇 **ⓟ**
➥ *fermé 2 au 23 oct., 5 au 21 fév. et mardi* – SC : **R** 40/95 ⅄ – ⌷ 14 – **18 ch** 45/110 – P
155/205.

BELLEGARDE-SUR-VALSERINE 01200 Ain 🔲🔲 ⑤ G. Jura – 11 787 h. alt. 350 – ◯ 50.

Voir Perte de la Valserine★ 30 mn.

Env. La Valserine★★ par ④ – Défilé de l'Écluse★★ par ② : 10 km – Barrage de
Génissiat★★ 16 km par ③.

🄑 Syndicat d'Initiative 32 r. République (fermé dim. et lundi) ⏚ 48.48.68.
Paris 508 ④ – Aix-les-Bains 57 ③ – Annecy 41 ③ – Bourg-en-Bresse 81 ④ – ◆Genève 41 ③ – ◆Lyon
121 ④ – St-Claude 46 ④.

🏠 **La Belle Époque,** 10 pl. Gambetta (b) ☎ 48.14.46 – 🛏️wc 🅜wc ☎. 🆎 **E**
fermé 4 au 26 juil., 5 au 27 janv., lundi soir (sauf hôtel) et mardi du 15 sept. au 4 juil. – SC : **R** *(en août fermé mardi midi et merc. midi)* 54/230 – ☲ 19 – **10 ch** 100/160.

🏠 **Central-Colonne,** 1 r. Bertola (e) ☎ 48.10.45 – 🛗 🛏️wc 🅜 ☏. 🆎 ⑩ **E** **VISA**
fermé 15 oct. au 15 nov., lundi (rest. seul.) et dim. soir et août – SC : **R** 55/130 – ☲ 15 – **30 ch** 85/150.

à Lancrans par ① : 3 km – alt. 500 – ⊠ 01200 Bellegarde-sur-Valserine :

🏠 **Sorgia** ॐ, ☎ 48.15.81, 🚗 ← – 🛏️wc 🅜 🖕
fermé 15 sept. au 8 oct., 5 au 15 janv., dim. soir et lundi midi – SC : **R** 45/90 🍴 – ☲ 13 – **20 ch** 65/110 – P 160/190.

par ① : 4 km sur N 84 – ⊠ 01200 Bellegarde-sur-Valserine :

🏠 **Campanile,** ☎ 48.14.10 – 🛏️wc 🖕 🅟. **VISA**
SC : **R** 60 bc/81 bc – 🍴 22 – **39 ch** 157.

à Ochiaz O : par D 101 : 5 km – ⊠ 01200 Bellegarde-sur-Valserine :

🍴🍴 **Aub. de la Fontaine** ॐ avec ch, ☎ (50) 48.00.66, 🚗 – 🛏️wc 🅜wc ☏ 🅟. 🆎 ⑩ **E** **VISA**
fermé janv., dim. soir et lundi – SC : **R** 88/200 – ☲ 15 – **7 ch** 64/107.

à Éloise (74 H.-Savoie) par ③ : 5 km – ⊠ 01200 Bellegarde-sur-Valserine (01 Ain)

🏠 **Le Fartoret** ॐ, ☎ 48.07.18, ≤, parc, 🏊, ⚜, 🐾 – 🛗 🛏️wc 🅜wc ☏ 🅟 – 🔩 60. **E** **VISA**
fermé 24 déc. au 5 janv. – SC : **R** *(fermé lundi hors sais.)* 62/165 – ☲ 22 – **40 ch** 160/235 – P 220/250.

route du Plateau de Retord O : 12 km par Ochiaz D 101 – ⊠ 01200 Bellegarde-sur-Valserine :

🍴 **Aub. Le Catray** ॐ avec ch, ☎ 48.02.25, ≤ – 🅜 🅟. **E**
← *fermé sept., lundi soir sauf hôtel et mardi* – SC : **R** 50/100 – ☲ 12 – **10 ch** 90 – P 150.

RENAULT Gar. de la Michaille, r. Mar.-Leclerc par D101 E. Zone artisanale Musinens ☎ 48. 27.21
Gar. Coudouin, rte Genève à Coupy ☎ 48.14.47 Ⓝ

BELLEGARDE-S-VALSERINE

Bérard (Pl. Victor) 2
Bertola (R. Joseph) 3
Dumont (R. Louis) 4
Ferry (R. Jules) 5
Gambetta (Pl.) 6
Painlevé (R. Paul) 8

☛ *Die numerierten Ausfallstraßen auf den Stadtplänen ①, ②, ③ finden Sie ebenfalls auf den Michelin-Karten im Maßstab 1: 200 000. Dadurch wird das Auffinden der Anschlußstrecke erleichtert.*

BELLE-ILE-EN-MER ⋆⋆ 56 Morbihan 🔢 ⑪⑫ G. Bretagne (plan) – ✪ 97.

Accès : Transports maritimes, pour **Le Palais** (en été réservation indispensable pour le passage des véhicules : 6 F).

🚢 depuis **Quiberon** (Port-Maria). En 1983 : de fin juin au 15 sept. : 10 services quotidiens (en hiver : 2 à 4 services quotidiens) - Traversée 45 mn – Voyageurs 54 F (AR), autos aller 110 à 260 F. Renseignements : Cie Morbihannaise de Navigation ☎ 31.80.01 (Le Palais).

L'Apothicairerie (Grotte de) ⋆⋆ – NO de l'Ile.

Bangor – ⊠ 56360 Le Palais.

🍴🍴 **La Forge,** Sur D 190, Route de Port-Goulphar ☎ 31.51.76, 🏡 – 🅟. 🆎 **E** **VISA**
1er avril-15 nov. – SC : **R** 85.

197

BELLE-ILE-EN-MER

Le Palais – 2 389 h. – ⌧ 56360 Le Palais.

Voir Citadelle★.

🛈 Syndicat d'Initiative quai Bonnelle (fermé dim. sauf juil., août) ℱ 31.81.93.

🛏 **Bretagne,** quai Macé ℱ 31.80.14, ≤ – ⇌wc ⋔wc ⊛, ⅍ rest
→ *fermé 2 nov. au 15 déc.* – SC : **R** 36/75 – ⚏ 13 – **29 ch** 60/120 – P 150/200.

CITROEN Lauden, ℱ 31.82.50   V.A.G Marion, ℱ 31.40.17
RENAULT Huchet, ℱ 31.80.43

Port-Goulphar – ⌧ 56360 Le Palais.

Voir Site★ – Aiguilles de Port-Coton★★ NO : 1 km – Grand Phare★ : ⅍★★ N : 2,5 km.

🏛 **Castel Clara** Ⓜ ⌂, ℱ 31.84.21, ≤ crique et falaises, 🏠, ⌱, 🎣, ⅍ – 📶 📺 ☎ ⊛ ⅏ ⓟ – 🛢 35 à 70. ⅍ rest
15 mars-15 nov. – SC : **R** 140/180 – ⚏ 33 – **41 ch** 400/790 – P 400/490.

🏛 **Manoir de Goulphar** ⌂, ℱ 31.83.95, ≤ crique et falaises, 🎣 – ⇌wc ⋔wc ☎ ⓟ. ⅍ rest
20 mars-3 nov. – SC : **R** 82/150 – ⚏ 14 – **55 ch** 120/221 – P 215/260.

Port-Donnant .

Voir Site★★.

Poulains (Pointes des) ★

Voir ⅍★.

Sauzon – 563 h. – ⌧ 56360 Le Palais.

Voir Site★.

🏛 **Le Cardinal** Ⓜ ⌂, à la pointe du Cardinal ℱ 31.87.04, ≤ – ⓟ – 🛢 50 à 100. ⅍ rest
15 juin-30 sept. – SC : **R** 90/150 – ⚏ 16 – **80 ch** 200/250 – P 265/330.

BELLE-ISLE-EN-TERRE 22810 C.-du-Nord ⑤⑨ ① G. Bretagne – 1 216 h. alt. 99 – ✪ 96.

Voir Loc-Envel : jubé★ et voûte ★ de l'église S : 4 km.

🛈 Syndicat d'Initiative à la Mairie (juil.-août) ℱ 43.30.38.

Paris 504 – Guingamp 20 – Lannion 28 – Morlaix 36 – St-Brieuc 51.

🛏 **Relais de l'Argoat,** ℱ 43.00.34 – ⇌wc ⋔ ☎ ⓟ – 🛢 50. 🇪 𝚅𝙸𝚂𝙰. ⅍ rest
→ *fermé fév. et lundi* – SC : **R** 49/120 – ⚏ 20 – **10 ch** 105/135 – ½ p 160/190.

RENAULT Le Quenven, ℱ 43.30.45

BELLÊME 61130 Orne ⑥⓪ ⑭⑮ G. Normandie (plan) – 1 849 h. alt. 225 – ✪ 33.

Voir N : Forêt★.

Paris 168 – Alençon 41 – Chartres 75 – La Ferté-Bernard 23 – ♦Le Mans 54 – Mortagne-au-Perche 17.

🏨 Boule d'Or, ℱ 73.10.32
   9 ch.

✕✕ **Paix,** ℱ 73.03.32 – 𝚅𝙸𝚂𝙰
   fermé 15 janv. au 15 fév., dim. soir et lundi – SC : **R** 51/151 🍴.

PEUGEOT-TALBOT Bonhomme, ℱ 73.10.37 🅽   Ⓜ Fauconnier, ℱ 73.04.31
RENAULT Gar. Hiron, ℱ 73.12.31

BELLENTRE 73 Savoie ⑦④ ⑱ – 631 h. alt. 765 – ⌧ 73210 Aime – ✪ 79.

Paris 655 – Albertville 46 – Bourg-St-Maurice 8 – La Plagne 25.

🏛 **Bellecôte** Ⓜ ⌂, à Montchavin SE : 8 km ℱ 07.13.99, Télex 980265, ≤ – ⇌wc.
→ ⓘ 𝚅𝙸𝚂𝙰
   15 juin-15 sept. et 15 déc.-17 avril – SC : **R** (fermé lundi) 50/220 🍴 – ⚏ 20 – **25 ch** 250/320 – P 280/320.

BELLERIVE-SUR-ALLIER 03 Allier ⑦③ ⑤ – rattaché à Vichy.

BELLES-HUTTES 88 Vosges ⑥② ⑰ – rattaché à La Bresse.

BELLEVAUX 74470 H.-Savoie ⑦⓪ ⑰ G. Alpes – 1 086 h. alt. 907 – ✪ 50.

Voir Site★.

Paris 587 – Annecy 72 – Bonneville 33 – ♦Genève 43 – Thonon-les-Bains 24.

🏨 **La Cascade,** ℱ 73.70.22, 🎣 – ⓟ. 𝙰𝙴. ⅍ rest
→ *1er juin-20 sept. et 15 déc.-25 avril* – SC : **R** 42/65 🍴 – ⚏ 15 – **26 ch** 60/75 – P 130/145.

à *Hirmentaz* SO : 7 km par D 26 et D 32 – ⊠ **74470** Bellevaux :

🏨 **Panoramic** M ⑤, ⌕ 73.70.34, ≤, ⊒ – ⌂wc ☞ **P**. ⅋
25 juin-5 sept. et 20 déc.-25 avril – SC : **R** 65/70 – ⯊ 15 – **25 ch** 120/140 – P
160/192.

🏨 **Christania** M ⑤, ⌕ 73.70.77, ≤ – ⌂wc ☎ **P**. ⅋
1er juil.-1er sept. et 15 déc.-20 avril – SC : **R** 65/95 – ⌷ 22 – **29 ch** 110/140 – P
155/220.

BELLEVILLE 54940 M.-et-M. 🗗🗗 ⑬ – 1 165 h. alt. 191 – ✿ 8.

Paris 316 – ♦Metz 40 – ♦Nancy 20 – Pont-à-Mousson 13 – Toul 28.

XXX ✿ **Bistroquet** (Mme Ponsard), ⌕ 324.90.12 – **P**. 🆎 ⓪ 💳
fermé août, 2 au 10 janv., sam. midi, dim. soir et lundi – **R** (nombre de couverts
limité - prévenir) carte 170 à 230
Spéc. Filet de boeuf en pot-au-feu, Fricassée d'escargots de pays (saison). Vins Côtes de Toul.

BELLEVILLE 69220 Rhône 🗗🗗 ① G. Vallée du Rhône – 6 580 h. alt. 190 – ✿ 74.

🖪 Syndicat d'Initiative 105 bis r. République (1er juil.-15 sept., fermé sam. et dim.) ⌕ 66.17.10 –
Maison du Beaujolais (fermé 15 janv. au 15 fév. et jeudi) à St-Jean-d'Ardières sur N 6 : 1,5 km ⌕
66.16.46 : dégustations de vins et collations.

Paris 420 – Bourg-en-Bresse 39 – ♦Lyon 45 – Mâcon 25 – Villefranche-sur-Saône 18.

🏨 **Gare** sans rest, 43 r. Mar.-Foch ⌕ 66.34.68 – ⌂wc ⋔wc ☎ **P**. 🆎 💳. ⅋
fermé 16 déc. au 15 janv. – SC : ⌷ 16 – **32 ch** 72/202.

XX **Beaujolais**, 40 r. Foch ⌕ 66.05.31 – **P**. ⅋
fermé 15 nov. au 13 déc., mardi soir et merc. – SC : **R** 68/160.

à *Taponas* NE : 3 km – ⊠ 69220 Belleville :

🏨 **Aub. des Sablons** M ⑤, ⌕ 66.34.80 – ⌂wc ☎ ♿ **P**. 💳
✦ *fermé 1er au 14 fév.* – SC : **R** (fermé mardi midi hors sais.) 48/130 – ⯊ 19,50 – **15 ch**
165.

PEUGEOT-TALBOT Gerin, 171 r. République
⌕ 66.08.46
RENAULT Dépérier, 172 r. République ⌕ 66.
17.15

VAG Girardier, N 6, à St-Jean d'Ardières ⌕
66.39.69

BELLEVUE 44 Loire-Atl. 🗗🗗 ③④ – rattaché à Nantes.

BELLEVUE 74 H.-Savoie 🗗🗗 ⑧ – rattaché aux Houches.

BELLEVUE 92 Hauts-de-Seine 🗗🗗 ⑩, 🗗🗗🗗 ㉓ – voir à Paris, Environs (Meudon).

BELLEY ⬙ 01300 Ain 🗗🗗 ⑭ G. Jura – 8 372 h. alt. 277 – ✿ 79.

Voir Choeur★ de la cathédrale E.

🖪 Office de Tourisme pl. Victoire (fermé merc. et dim.) ⌕ 81.29.06.

Paris 502 ① – Aix-les-Bains 34 ② –
Bourg-en-Bresse 75 ① – Chambéry 36
② – Nantua 64 ① – La Tour-du-Pin
41 ② – Voiron 55 ②.

🏨 ✿ **Pernollet**, 9 pl. Victoire
(a) ⌕ 81.06.18 – ⌂wc ☜
☜. 🆎 ⓪ 💳. ⅋ rest
fermé 15 nov. au 15 déc. –
SC : **R** (fermé merc.) 100/220
– ⌷ 25 – **20 ch** 160/220 –
P 260/285
Spéc. Gâteau de foies blonds
aux écrevisses, Filet truffé mode
bugiste, Lavaret glacé au vin
blanc (juin à sept.). Vins Seyssel,
Montagnieu.

XX ✿ **Chabert** avec ch, 2 bd
Mail (e) ⌕ 81.01.56 –
⌂wc ☞ ☜. 💳
*fermé 14 au 26 juin, 14 au
26 oct., dim. soir et lundi
sauf août* – SC : **R** 58/178 ⚲
– ⌷ 18 – **17 ch** 75/185 –
P 195
Spéc. Chausson de queues
d'écrevisses Nantua, Mousse-
line de truite, Filet aux morilles.
Vins Manicle.

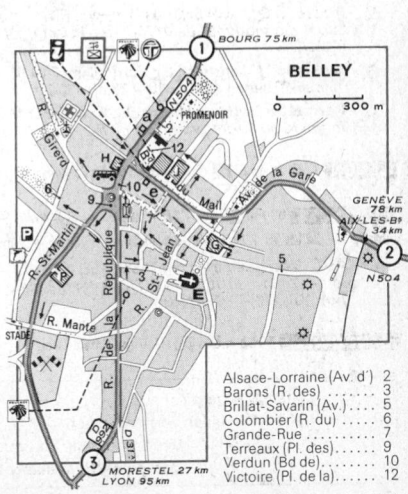

BOURG 75 km

BELLEY

0   300 m

PROMENOIR

GENÈVE
78 km
AIX-LES-B!
34 km

N 504

MORESTEL 27 km
LYON 95 km

Alsace-Lorraine (Av. d') ... 2
Barons (R. des) 3
Brillat-Savarin (Av.) 5
Colombier (R. du) 6
Grande-Rue 7
Terreaux (Pl. des) 9
Verdun (Bd de) 10
Victoire (Pl. de la) 12

BELLEY

CITROEN Callet, rte de Lyon par ③ ℡ 81.06.43
CITROEN Lambert, rte de Lyon par ③ ℡ 81. 15.60
OPEL Gar. du Mail, 27 bd du Mail ℡ 81.23.65
PEUGEOT-TALBOT Belley Autom., 19 av. Alsace-Lorraine ℡ 81.05.53
PEUGEOT Gar. Coquemer, 73 r. République ℡ 81.29.44 🅽 ℡ 81.50.34

RENAULT Benat, Zone Ind. de Coron, N 504 par ② ℡ 81.03.51

🕲 Comptoir Départemental du Pneu, rte Virieu-le-Grand ℡ 81.20.09

BENDOR (Ile de) 83 Var 🞵🞰 ⑭ — rattaché à Bandol.

BENESSE-MAREMNE 40 Landes 🞷🞸 ⑰ — 1 175 h. — ⊠ 40230 St-Vincent-de-Tyrosse — ✪ 58.
Paris 752 — ◆Bayonne 21 — Capbreton 5,5 — Mont-de-Marsan 78 — St-Vincent-de-Tyrosse 6.

🏠 **Centre**, N 10 ℡ 77.04.16. 🞽 ch
↦ fermé oct. et sam. hors sais. — SC : R 38/90 — ☕ 14 — **14 ch** 85/130 — P 125/150.

BÉNODET 29118 Finistère 🞵🞸 ⑮ G. Bretagne (plan) — 2 286 h. — Casino — ✪ 98.

Voir Phare 🞽★ — Pont de Cornouaille ⇐★ NO : 1 km.

Excurs. L' Odet★★ en bateau (1 h 30).

🞼 de Quimper et Cornouaille ℡ 56.97.09, NE : 12 km.

Pont de Cornouaille - Péage (1983) : auto 3,50 à 5 F (conducteur compris), motos 1,20 F, camion 6 F.

🅱 Office de Tourisme 51 av. Plage (fermé oct., sam. après-midi hors sais. et dim. sauf matin en saison) ℡ 57.00.14.

Paris 556 — Concarneau 22 — Fouesnant 9 — Pont-l'Abbé 12 — Quimper 16 — Quimperlé 48.

🏨 **Gwel-Kaër** 🅼, av. Plage ℡ 57.04.38, ≤ — 🛗 🅿 — 🍴 80. 𝗩𝘐𝘚𝘈. 🞽
fermé 15 déc. au 22 janv. et lundi hors sais. — SC : R 60/250 — ☕ 25 — **24 ch** 160/350 — P 250/350.

🏨 **Ker Moor** 🞨, av. Plage ℡ 57.04.48, ≤, « parc », 🞕, 🞽 — 🛗 ☎ 🅿. 🞽 rest
fin mars-fin sept. — SC : R 90/200 — ☕ 25 — **70 ch** 200/300 — P 300/325.

🏨 **Kastel Moor** 🅼, av. Plage ℡ 57.05.01, ≤, 🞕, 🞲, 🞽 — 🛗 ☎ 🅿 — 🍴 25 à 80
fin mars-fin sept. — R voir Ker Moor — ☕ 25 — **23 ch** 200/300.

🏨 **Menez-Frost** 🞨 sans rest, près poste ℡ 57.03.09, 🞕, 🞲, 🞽 — 🚗 🅿. 🞽
Pâques-1er oct. — SC : ☕ 22 — **52 ch** 200/320.

🏩 **Le Minaret** 🞨, ℡ 57.03.13, ≤ jardin et estuaire — 🛗 ⊟wc 🛁wc ☎ 🅿. 🄴.
🞽 rest
fin mars-début nov. — SC : R (fermé mardi en oct.) 60/150 — ☕ 17 — **21 ch** 200/300.

🏩 **Ker Vennaick** 🅼, av. Plage ℡ 57.15.40 — ⊟wc 🛁wc ☎ 🞽 🚗 🅿. 🄰🄴 ⓞ
15 mars-15 nov. — R voir H. Poste — ☕ 20 — **16 ch** 220/260.

🏩 **Ancre de Marine**, au Port ℡ 57.05.29 — ⊟wc 🛁 🍴 🅿. 🄴 𝗩𝘐𝘚𝘈. 🞽
début mars-début nov. — SC : R (fermé lundi hors sais.) 70/150 — ☕ 22 — **25 ch** 100/230.

🏠 **Poste**, r. Église ℡ 57.01.09 — ⊟wc 🛁wc ☎ 🚗 🅿. 🄰🄴 ⓞ
SC : R (fermé lundi du 1er oct. au 1er avril) 70/150 🛢 — ☕ 19 — **20 ch** 130/300 — P 190/258.

🏠 **Armoric H.** sans rest, 3 r. Penfoul ℡ 57.04.03, 🞲 — ⊟wc ☎ 🅿
15 mai-20 sept. — SC : ☕ 16 — **38 ch** 130/200.

🞂🞂 **Ferme du Letty**, au Letty SE : 2 km par D 44 et VO ℡ 57.01.27 — 🅿. 🄴. 🞽
fermé 10 au 30 oct., vacances de fév., jeudi midi et merc. — SC : R carte 95 à 165.

BENON 17 Char.-Mar. 🞷🞱 ② — rattaché à La Laigne.

BÉNONCES 01 Ain 🞷🞴 ⑭ — 274 h. alt. 484 — ⊠ 01470 Serrières-de-Briord — ✪ 74.
Paris 482 — Belley 28 — Bourg-en-Bresse 55 — ◆Lyon 66 — Nantua 69 — La Tour du Pin 38.

🞂🞂 **Aub. Terrasse** avec ch, ℡ 36.73.56, 🞮, 🞲 — ⊟wc ☎ 🅿. 🄴 𝗩𝘐𝘚𝘈
fermé 2 janv. au 16 mars — SC : R (fermé merc. sauf juil.-août) 68/155 🛢 — ☕ 13 — **7 ch** 101/176 — P 154/220.

BÉNOUVILLE 14 Calvados 🞵🞶 ② — rattaché à Caen.

BERCK-PLAGE 62600 P.-de-C.
🗺 ⑩ G. Nord de la France –
15 671 h. – ✪ 21.

Voir Phare ❄*❄ B – Parc d'attractions de Bagatelle* 5 km par ①.

🏌 de Nampont St-Martin ☎ 29.92.90 par ③ : 15 km.

🛈 Office de Tourisme r. Casimir Perrier (fermé lundi et dim. hors sais.) ☎ 09.01.20.

Paris 209 ③ – Abbeville 46 ③ – Arras 99 ② – Boulogne-sur-Mer 42 ① – Montreuil 17 ② – St-Omer 73 ② – Le Touquet-Paris-Plage 18 ①.

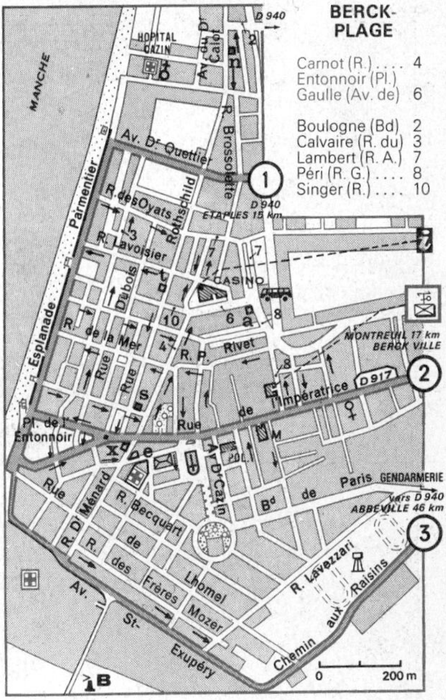

BERCK-PLAGE

Carnot (R.)	4
Entonnoir (Pl.)	5
Gaulle (Av. de)	6
Boulogne (Bd)	2
Calvaire (R. du)	3
Lambert (R. A.)	7
Péri (R. G.)	8
Singer (R.)	10

🏨 **Comme chez Soi**, 48 pl. Entonnoir **(x)** ☎ 09.04.65 – 📶wc 🛁wc ☎. 𝘝𝘐𝘚𝘈 🕮 rest
fermé 20 déc. au 20 janv., dim. soir et lundi sauf vacances scolaires – **R** 47/115 – ☷ 13 – **19 ch** 80/162.

🏨 **Florida**, 3 r. Ancien-Calvaire **(e)** ☎ 09.15.21 – 📶wc 🛁wc ☎. 🕮
SC : **R** 53/80 – ☷ 17 – **12 ch** 225/225 – P 235/250.

🏨 **Terrasse et Terminus** sans rest, pl. Gare routière **(a)** ☎ 09.09.88 – 🛁 🕮
SC : ☷ 17,50 – **28 ch** 86/190.

🏨 **Renaissance**, 57 r. Rothschild **(t)** ☎ 09.05.44 – 📶 🕮 rest
fermé du 3 au 3 fév. et dim. soir hors sais. – SC : **R** 55/100 ♨ – ☷ 18 – **16 ch** 66/140 – P 134/165.

🍴🍴 **Banque** avec ch, 43 r. Division-Leclerc **(s)** ☎ 09.01.09 – 🛁 🕮 ch
fermé 26 sept. au 26 oct., dim. soir et lundi (sauf de juin au 15 sept.) – SC : **R** 61/101 – ☷ 15 – **14 ch** 81/184.

🍴 **Le Mauritius**, 6 r. du Dr Calot **(n)** ☎ 09.18.61
➡ *fermé oct. et lundi sauf juil. et août –* **R** 30/62 ♨.

CITROEN Artois-Autom., Zone Ind., rte Abbeville par ③ ☎ 09.26.42 🔃 84.30.39
PEUGEOT-TALBOT Damour, Zone Ind. rte Abbeville par ③ ☎ 09.43.50

RENAULT Campion-Berck, pl. Fontaine par ② ☎ 09.04.11

*Ensure that you have up to date **Michelin maps** in your car.*

BERGERAC ◀▶ 24100 Dordogne 🗺 ⑭⑮ G. Périgord – 27 704 h. alt. 37 – ✪ 53.

Voir Musée du Tabac* AZ **M**.

🛈 Office de Tourisme 97 r. Neuve d'Argenson (fermé dim. et lundi) ☎ 57.03.11.

Paris 555 ⑥ – Agen 89 ③ – Angoulême 109 ⑥ – ✦Bordeaux 92 ⑤ – Pau 214 ④ – Périgueux 47 ①.

Plan page suivante

🏨 **La Flambée**, rte Périgueux par ① : 3 km ☎ 57.52.33, parc, �, 🍴 – 📶wc 🛁wc ☎ 🅿 – 🚲 70. 🖭 🛈 🅴 𝘝𝘐𝘚𝘈
fermé 11 au 25 juin, 2 au 22 janv., dim. et lundi du 1er nov. au 30 mars – SC : **R** *(fermé dim. soir du 1er nov. au 30 mars et lundi)* 75/170 – ☷ 18 – **21 ch** 100/190.

🏨 **France** sans rest, 18 pl. Gambetta ☎ 57.11.61, 🌿 – 📺 📶wc 🛁wc ☎. 🅴 𝘝𝘐𝘚𝘈
SC : ☷ 17 – **20 ch** 130/160.
AY **u**

🏨 **Commerce** 🅼, 36 pl. Gambetta ☎ 27.30.50 – 🛗 📺 📶wc 🛁wc ☎. 🛈 🅴 𝘝𝘐𝘚𝘈 🕮 rest
fermé fév. et dim. soir du 1er nov. au 30 mars – SC : **R** 65/185 – ☷ 20 – **30 ch** 110/220.
AY **f**

🏨 **Bordeaux**, 38 pl. Gambetta ☎ 57.12.83, 🌿 – 🛗 🍴 rest 📶wc 🛁wc ☎ 🚐 – 🚲 40. 🖭 🛈 🅴 𝘝𝘐𝘚𝘈
fermé 10 déc. au 10 janv. – SC : **R** *(fermé lundi hors sais.)* 62/145 ♨ – ☷ 18.50 – **42 ch** 150/185 – P 200/230.
AY **f**

tourner →

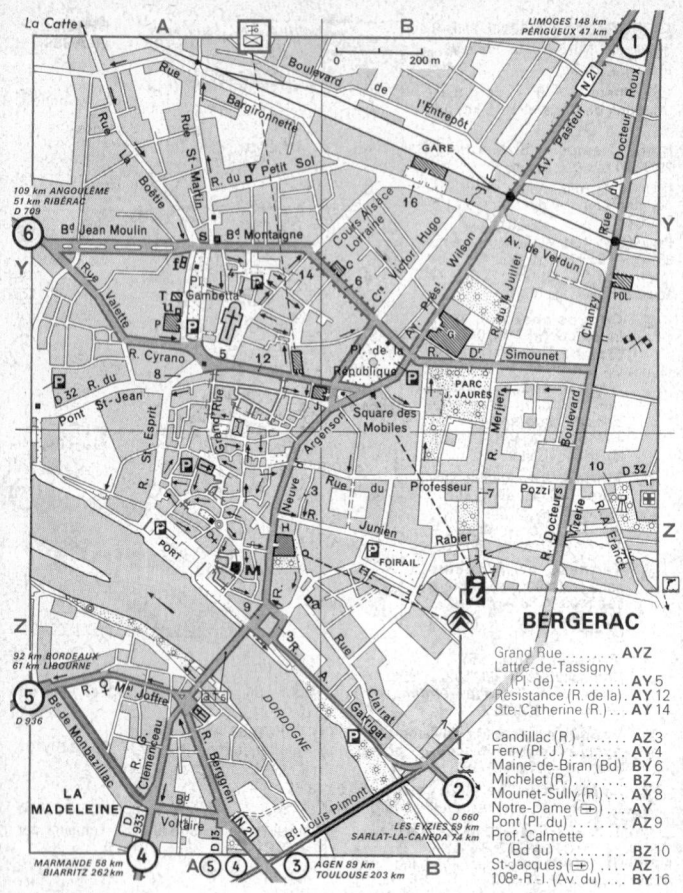

BERGERAC

🏨 **Europ-H.** ⚫ sans rest, 20 r. Petit-Sol ℡ 57.06.54 – 🛏wc 🗍wc ☎ ♨ **Ⓟ**   AY **v**
fermé 15 au 29 fév. et sam. hors sais. – SC : ☲ 15 – **22 ch** 105/145.

🏠 **Provence** sans rest, 2 r. Clairat ℡ 57.12.88 – 🗍   AZ **a**
SC : ☲ 15 – **11 ch** 60/100.

XXX ✪ **Le Cyrano** (Turon) avec ch, 2 bd Montaigne ℡ 57.02.76 – 🛏wc 🗍 ☎. 🖭
fermé 28 juin au 12 juil., 2 au 26 déc., dim. soir d'oct. à avril et lundi – SC : **R** 60/140
– ☲ 17 – **10 ch** 95/150.   AY **s**
Spéc. Salade d'artichauts et saumon, Roulé de lapereau, Charlotte aux pruneaux. **Vins** Bergerac,
Pécharmant.

à St-Naixent par ③ et D 19 : 6 km – ⊠ **24520** Mouleydier :

XX **La Vieille Grange,** ℡ 58.30.87 – **Ⓟ**. 🖭 ⓪ **E** 𝘝𝘐𝘚𝘈
fermé 23 sept. au 11 oct., 26 janv. au 15 fév. et jeudi sauf juil.-août – SC : **R** 65/160.

par ④ sur D 933 : 6 km – ⊠ **24240** Sigoulès :

XX **Relais de la Diligence** avec ch, ℡ 58.30.48, ≤ vignoble, 🏡 – 🗍wc ☎ **Ⓟ**. **E**
𝘝𝘐𝘚𝘈. 🐾 ch
fermé 15 au 30 juin, 15 au 30 sept., mardi soir et merc. hors sais. – SC : **R** 60/160 –
☲ 15 – **8 ch** 120/140.

à Monbazillac S : 7 km par D 13 – ⊠ **24240** Sigoulès :

XX **Closerie St-Jacques,** ℡ 58.37.77, 🏡 – 🖭 **E** 𝘝𝘐𝘚𝘈
fermé nov., fév., lundi et mardi – SC : **R** 60/210.

ALFA-ROMEO, MERCEDES-BENZ Parisot, 1 bd Dr-Roux ☎ 27.22.11
CITROEN Cazes et Barthet, 31 r. Candillac ☎ 57.73.77 🅽
DATSUN Chabelard, rte de Bordeaux, ☎ 57.69.05
FIAT, LANCIA-AUTOBIANCHI Gar. de Naillac, 35 av. Bordeaux ☎ 57.36.08
FORD Centre Autom. Pecou, rte Périgueux par ① ☎ 57.27.41 🅽
LADA, SKODA, TOYOTA Gar. Guérault, 32 av. du 108e R.I. ☎ 57.31.11

PEUGEOT-TALBOT Géraud, 117 r. Clairat par ② ☎ 57.62.72
RENAULT Bergerac-Autos, Le Saut rte de Périgueux par ① ☎ 57.42.11 🅽
V.A.G. Gar. Wilson, 26 av. Wilson ☎ 27.20.08

Martial, pl. Clairat ☎ 57.19.97
S.I.A.B. PNEUS, 112 av. Pasteur ☎ 57.46.77
B. Soubzmaigne et Peyrichou, pl. Deux-Conils, ☎ 57.05.21
P. Soubzmaigne, rte Eymet ☎ 57.19.54

BERGÈRES-LÈS-VERTUS **51 Marne 56 ⑯ – rattaché à Vertus.**

La BERGUE **74 H.-Savoie 74 ⑥⑦ – rattaché à Annemasse.**

BERGUES **59380 Nord 51 ④ G. Nord de la France (plan) – 4 743 h. – 28.**
Voir Couronne d'Hondschoote*.
Office de Tourisme Beffroi (1er juil.-15 sept. et fermé vend.).
Paris 283 – Bourbourg 18 – Dunkerque 8 – Hazebrouck 34 – ♦Lille 65 – St-Omer 31.

Tonnelier, près église ☎ 68.70.05 – 25. ch
fermé 17 août au 12 sept., 1er au 15 janv. et vend. sauf fériés – **R** 45/130 – 14 – **12 ch** 70/170 – P 150/210.

Commerce sans rest, **près église ☎ 68.60.37** –
fermé 25 juin au 14 juil. et 12 déc. au 9 janv. – SC : 14,50 – **18 ch** 66/167.

Cornet d'Or, 26 r. Espagnole ☎ **68.66.27** – VISA
fermé 15 juin au 7 juil. et lundi – **R** 85/135.

RENAULT Gar. Moderne Desmidt, à Esquelbecq ☎ 65.61.44
RENAULT Houtland Autom, à Wormhout ☎ 65.62.72 🅽
VOLVO Gar. Maecker, à Socx ☎ 68.63.50 🅽 ☎ 68.61.44

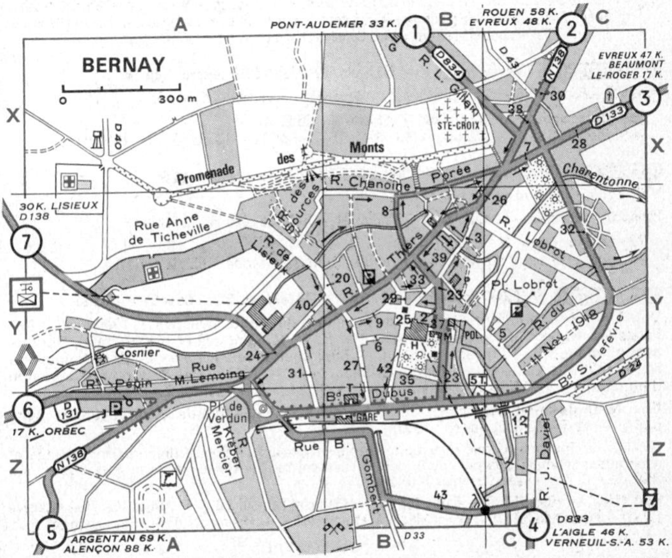

Alexandre (R.) .... BY 3
Gaulle (R. du Gén.-de) ... AY 24
Leclerc (R. du Gén.) ..... CY 26
Thiers (R.) .... BY
Union (R. de l') .... BY 39

Abbatiale (R. de l') ...... BY 2
Charentonne (R. de la) .. CY 5
Comédie (R. de la) .... BY 6
Concorde (R. de la) ...... CX 7
Delamotte (R.) .... BY 8
Descours (R. M.-H.) ...... BY 9
Dupont-de-l'Eure (Pl.) ... CZ 12
Folloppe (R. Gaston) ..... BY 20
Gambetta (R.) .... BY 23
Hôtel-de-Ville (Pl. de l') .. BY 25
Leprevost (R. A.) .... BY 27
Le-Prévost-de-Beaumont (R.) .... CX 28
Lindet (R. Robert) .... BY 29
Lottin-de-Laval (Av.) ..... CX 30
Morsan (R. de) .... AY 31
Normandie (Bd de) .... CY 32
Parissot (R. A.) .... BY 33
Puel (R. Léon) .... BY 35
République (Pl. de la) .... BY 37
Rouen (R. de) .... CX 38
Vallée (R. Gabriel) .... AY 40
Victoire (R. de la) .... BY 42
8-Mai-1945 (Av. du) ...... BZ 43

BERNAY ⬡ 27300 Eure 🔠 ⑮ ⑮ G. Normandie – 10 952 h. alt. 108 – ✪ 32.

Voir Promenade des Monts★ ABX.

🛈 Syndicat d'Initiative à l'Hôtel de Ville (fermé matin sauf sam. et dim.) 🕾 43.32.08.

Paris 150 ② – Argentan 69 ⑤ – Évreux 48 ② – ♦Le Havre 86 ② – Louviers 51 ② – ♦Rouen 58 ②.

Plan page précédente

XX **Trois Vals,** rte Rouen par ② : 1 km 🕾 43.21.54
fermé 16 août au 9 sept., mardi soir et merc. – SC : **R** 90/140.

CITROEN Levard, rte de Rouen à Menneval
par ② 🕾 43.44.43
DATSUN, LANCIA-AUTOBIANCHI Edouin,
carr. Malbrouck, N 13 à Carsix 🕾 43.23.59
FORD Maucarre, r. Jacques Daviel 🕾 43.03.42
LADA MERCEDES Blondel, carr. Malbrouck,
N 13 à Carsix 🕾 43.23.16 ℕ
OPEL Gar. Robillard, rte de Broglie, Zone Ind.
🕾 43.09.99

PEUGEOT Lefèvre, N 138, rte de Broglie, Zone
Ind. par ⑤ 🕾 43.34.28
RENAULT Modern Gar. Bernayen, 26 r. G.-Pé-
pin 🕾 43.01.17

Ⓦ Subé-Pneurama, 5 r. L.-Gillain 🕾 43.37.78

BERNEX 74 H.-Savoie 🔟 ⑱ G. Alpes – 638 h. alt. 1 000 – Sports d'hiver : 1 000/1 600 m ✚15 ⚹ –
✉ 74500 Évian-les-Bains – ✪ 50.

Paris 595 – Annecy 91 – Évian-les-Bains 14 – Morzine 36 – Thonon-les-Bains 16.

🏨 **Chez Tante Marie** ⩜, 🕾 73.60.35, <, 🐾 – ⌷wc 🕾 ☎ ●, ◉, ⚹
fermé 15 oct. au 1er déc. – SC : **R** 55/100 ♨ – � 18 – **25 ch** 130/155 – P 160/210.

à La Beunaz NO : 1,5 km par D 52 – alt. 1 000 – ✉ 74500 Évian-les-Bains :

🏨 **Bois Joli** ⩜, 🕾 73.60.11, <, 🐾 – ⌷wc 🕼wc 🕾 & ●, ◉, ⚹ rest
fermé 15 nov. au 15 déc. et 1er au 15 mars – SC : **R** *(fermé mardi)* 90/130 – � 22 –
25 ch 230 – P 220/230.

X **Relais Savoyard** avec ch, 🕾 73.60.14, <, 🐾 – 🕼wc ●
fermé 15 oct. au 15 déc. – SC : **R** 57/82 – � 15 – **13 ch** 90/155 – P 150/190.

BERRY-AU-BAC 02 Aisne 🔠 ⑥ – 388 h. alt. 56 – ✉ 02190 Guignicourt – ✪ 23.

Paris 162 – Laon 27 – ♦Reims 20 – Rethel 44 – Soissons 47 – Vouziers 64.

XXX ✿ **Rest. Cote 108** (Courville), 🕾 22.45.04, 🐾 – ●, �₳Ⓔ ◉ 🆅🆂🅰
fermé 9 au 17 juil., 23 déc. au 22 janv., dim. soir et lundi – **R** (dim. prévenir) 100/225
Spéc. Minute de bar aux pleurottes (mai à oct.), Gratin d'huîtres et St-Jacques au safran (15 oct. au
30 avril), Filet d'agneau à l'ail doux. Vins Coteaux Champenois.

BERTHOLÈNE 12 Aveyron 🔠 ③ – 782 h. alt. 592 – ✉ 12310 Laissac – ✪ 65.

Paris 605 – Espalion 26 – Pont-de-Salars 21 – Rodez 31 – Sévérac-le-Château 27.

🏠 **Bancarel,** 🕾 69.62.10, 🐾 – 🌐 – ●, 🄰🄴 Ⓔ
🚗 *fermé 25 sept. au 15 oct.* – SC : **R** 40/75 ♨ – � 13 – **13 ch** 69/95 – P 110/125.

BERVEN 29 Finistère 🔠 ⑤ G. Bretagne – ✉ 29225 Plouzevedé – ✪ 98.

Voir Église★ : clôture★ du choeur.

Paris 560 – ♦Brest 43 – Landivisiau 14 – Morlaix 24 – St-Pol de Léon 14.

XX **Voyageurs,** 🕾 69.98.17 – ●
🚗 *fermé 12 sept. au 12 oct., dim. soir et lundi sauf fériés* – SC : **R** 38/110 ♨.

BESANÇON 🄿 25000 Doubs 🔠 ⑮ G. Jura – 119 687 h. alt. 242 – Casino BY – ✪ 81.

Voir Site★ – Citadelle★★ BZ : <★★ des chemins de ronde, musées★ – Vieille ville★ BZ :
Palais Granvelle★ D, Vierge aux Saints★ et Rose de Saint-Jean★ (Cathédrale), Horloge
astronomique★ F – Préfecture★ AZ P – Bibliothèque municipale★ BZ B – Promenade
Micaud★ BY – Grille★ de l'Hôpital St-Jacques AZ – Musée des Beaux-Arts★ : section
d'horlogerie★ AY M1 – Fort Chaudanne <★ S : 2 km puis 15 mn X E.

Env. N.-D.-de-la-Libération <★ SE : 5,5 km X K – Belvédère de Montfaucon <★ 8 km
par ③ – 🔝 🕾 55.73.54 par ③ : 13 km.

🛈 Office de Tourisme (fermé dim. hors saison) et Accueil de France (Informations, change et
réservations d'hôtels, pas plus de 5 jours à l'avance) pl. 1re-Armée-Française 🕾 80.92.55, Télex
360242 - A.C. 7 av. Élisée-Cusenier 🕾 81.26.11.

Paris 411 ⑥ – ♦Bâle 159 ③ – Berne 157 ② – ♦Clermont-Ferrand 351 ⑥ – ♦Dijon 102 ⑥ – ♦Genève
177 ③ – ♦Grenoble 291 ③ – ♦Lyon 256 ⑤ – ♦Nancy 202 ⑥ – ♦Reims 317 ⑤ – ♦Strasbourg 242 ⑥.

Plan page ci-contre

🏩 **Frantel** 🅼, av. E.-Droz 🕾 80.14.44, Télex 360268 – 📳 🍽 rest 📺 ☎ ● – 🛗 220.
🄰🄴 ◉ Ⓔ 🆅🆂🅰
BY **d**
SC : rest. **Le Vesontio** *(fermé sam. midi et dim.)* **R** carte 130 à 170 – � 28 – **96 ch**
252/388.

🏩 **Novotel** 🅼 ⩜, r. Trey 🕾 50.14.66, Télex 360009, ⅃, 🐾 – 📳 🍽 📺 ☎ & ● – 🛗
25 à 200. 🄰🄴 ◉ Ⓔ 🆅🆂🅰
X **e**
R snack carte environ 90 ♨ – � 28 – **107 ch** 235/282.

tourner →

BESANÇON

Battant (R.) . . . . AY
Belfort (R. de) . . . . BY
Bersot (R.) . . . . BZ
Carnot (Av.) . . . . BY
Grande-Rue . . . . ABZ
Granges (R. des) . . . . . BYZ
République (R. de la) . . . BY 26

Battant (Pont) . . . . AY 3
Bibliothèque (R. de la) . . BZ 4
Chaprais (R. des) . . . . . . BY 7
Fusillés-de-la-Résistance (R. des) . . BZ 10
Granvelle (Prom.) . . . . . . BZ 13
Jacobins (Pl. des) . . . . . . BZ 16
Janvier (R. Antide) . . . . . AZ 17
Lagrange (Av. Léo) . . . . . . X 18
Lattre-de-Tassigny (Pl. Mar.-de) . . . . BZ 19
Leclerc (Pl. du Mar.) . . . AY 20
Orme-de-Chamars (R.) . AZ 22
Péclet (R.) . . . . BZ 24
Pontarlier (R. de) . . . . . . BZ 25
Révolution (Pl. de la) . . . AY 28
Rivotte (Fg) . . . . BZ 29
Rivotte (R.) . . . . BZ 30
Ronchaux (R.) . . . . BZ 32
Vesoul (R. de) . . . . X 34
1ʳᵉ-Armée Française (Pl.) . . . . . . BZ 36

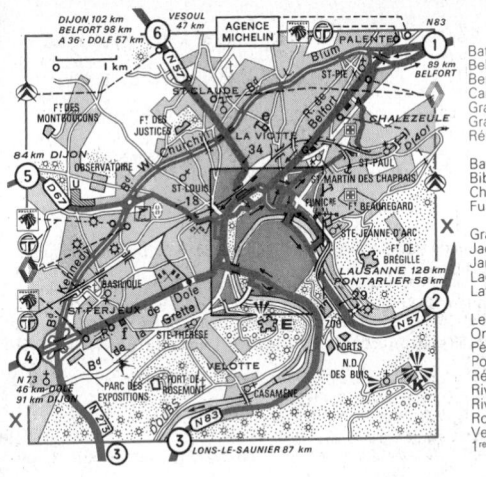

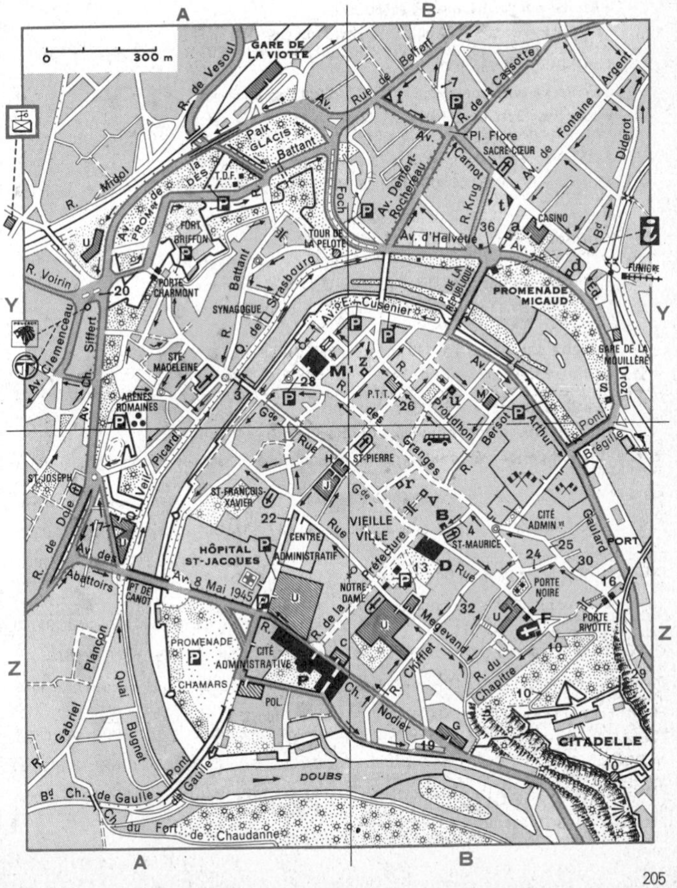

🏩 **Ibis,** 4 av. Carnot ℡ 80.33.11, Télex 361276 — 📶 ⌷wc ☎ & 🄿 — 🅰 50. 🖃 𝓥𝓘𝓢𝓐
SC : **R** carte environ 65 ⅋ — 🍷 19,50 — **66 ch** 188/210.   BY **a**

🏩 **Nord** sans rest, 8 r. Moncey ℡ 81.34.56 — 📶 ⌷wc ⌷wc ☎ ⟺. 🄰🄴 ⓞ 🖃 𝓥𝓘𝓢𝓐
SC : ⌷ 14,50 — **44 ch** 82/155.   BZ **r**

🏩 **Gambetta** sans rest, 13 r. Gambetta ℡ 82.02.33 — ⌷wc ⌷wc ⌷. 🄰🄴 ⓞ 🖃 𝓥𝓘𝓢𝓐
SC : ⌷ 15 — **26 ch** 95/195.   BY **z**

🏩 **Terrass'H.,** 38 av. Carnot ℡ 88.03.03 — ⌷wc ⌷wc ⌷ 🄿. 🄰🄴 ⓞ 🖃 𝓥𝓘𝓢𝓐   BY **f**
�'t SC : **R** (fermé dim.) 50/154 - **Grill** ▦ (fermé lundi soir et dim.) **R** 50/154 — ⌷ 16,50 —
38 ch 80/210.

🏩 **Regina** ⑊ sans rest, 91 Gde-Rue ℡ 81.50.22 — ⌷wc ⌷. ⓞ 𝓥𝓘𝓢𝓐   BZ **v**
fermé 22 déc. au 12 janv. — SC : ⌷ 14 — **19 ch** 80/140.

XX **Le Chaland,** promenade Micaud, près pont Brégille ℡ 80.61.61, bateau-restaurant
— 🄰🄴 ⓞ 𝓥𝓘𝓢𝓐   BY **s**
fermé 1er au 20 août, vacances scolaires de fév., sam. midi et dim. — SC : **R** 95/180.

XX **Poker d'As,** 14 square St-Amour ℡ 81.42.49, Sculptures sur bois — 🄰🄴 ⓞ 𝓥𝓘𝓢𝓐
fermé 9 juil. au 6 août, 23 déc. au 2 janv., dim. soir et lundi — SC : **R** 66/160 ⅋.   BY **u**

XX **Tour de la Pelote,** 39 quai Strasbourg ℡ 82.14.58, « Tour du 16e s. » — ▦. 🄰🄴 ⓞ
🖃   AY
fermé 29 juil. au 21 août, 24 déc. au 7 janv. et lundi — SC : **R** 85 bc/150 bc.

XX **Le Chaudanne,** 95 r. Dole ℡ 52.06.13 — 🄿   X **f**
fermé vacances scolaires de Noël, de fév. et dim. — SC : **R** (déj. seul.) 52/100.

X **Carnot** avec ch, 8 av. Carnot ℡ 88.06.23 — 𝓥𝓘𝓢𝓐 ⌿ ch   BY **t**
�'t fermé 6 au 31 août, 24 déc. au 3 janv. et dim. — **R** 37/75 ⅋ — ⌷ 16,50 — **11 ch**
65/115 — P 150.

à Morre par ② : 5 km — ⌧ 25660 Saône :

X **Le Vigny** avec ch, ℡ 82.26.12 — ⌷wc ⌷wc ⌷. 𝓥𝓘𝓢𝓐
fermé 25 au 31 déc., lundi sauf hôtel et dim. soir — SC : **R** 45/120 ⅋ — ⌷ 13,50 —
8 ch 90/130 — P 135/190.

à École Valentin par ⑥ : 5 km — ⌧ 25480 Miserey Salines :

XX **Valentin,** 19 rte Épinal ℡ 55.31.62, ⌖ — 🄿. 🄰🄴 ⓞ 𝓥𝓘𝓢𝓐
fermé 23 juil. au 13 août, vacances de fév., dim. soir et lundi — SC : **R** 76/210.

à Château-Farine par ④ et N 73 : 6 km — ⌧ 25000 Besançon :

🏨 **Mercure** Ⓜ, ℡ 52.04.00, Télex 360167, 🏊, — 📶 ▦ rest 📺 ⌷wc ☎ & 🄿 — 🅰
120. 🄰🄴 ⓞ 𝓥𝓘𝓢𝓐
R carte environ 90 ⅋ — ⌷ 34 — **59 ch** 272/296.

XX **Sosthène,** ℡ 52.21.03 — 🄿. 🄰🄴 ⓞ 🖃 𝓥𝓘𝓢𝓐
�'t fermé 29 juil. au 28 août, dim. soir et lundi soir — SC : **R** 48/120 ⅋.

à Chalezeule par ① et D 217 : 7 km — ⌧ 25220 Chalezeule :

🏩 **Trois Iles** ⑊ sans rest, ℡ 88.00.66, ⌖ — ⌷wc ⌷wc ⌷ 🄿
SC : ⌷ 20 — **16 ch** 115/180.

à Pugey par ③ et D 473 : 10 km — ⌧ 25720 Beure :

🏩 **Champ Fleuri** ⑊, ℡ 52.61.54 — ⌷wc ⌷ ☎ 🄿. 𝓥𝓘𝓢𝓐
�'t fermé 24 déc. au 22 janv. — SC : **R** (fermé dim. soir (sauf été) et lundi) 40/110 ⅋ — ⌷
15 — **35 ch** 80/200 — P 210/250.

Voir aussi ressources hôtelières de *Etuz* par ⑥ et D 1 : 16 km.

MICHELIN, Agence régionale, rte de Besançon à Thise par Roche-lès-Beaupré X
℡ 80.24.53

ALFA-ROMEO Tarallo, Z.I. de Thise à Thise ℡
80.68.31
BLF C.L.M. Automobiles, 27 bd L.-Blum ℡
50.07.43
BMW, OPEL Bever, 4 r. Pergaud ℡ 52.46.41
CITROEN Succursale, 228 rte Dole par ④ ℡
51.16.66
CITROEN Cassard, 123 r. de Vesoul, ℡ 50.45.24
CITROEN Gar. des Maisonnettes, à Ecole-
Valentin par ⑥ ℡ 55.32.43
CITROEN Gar. Petitjean, 124 r. de Belfort ℡
80.11.90
DATSUN Gar. Camel Carrez, 72 r. de Belfort ℡
88.29.23
FORD Est-Auto, 18 av. Carnot ℡ 80.85.11
LADA, TOYOTA Gar. Nicey Autopoint, 9 r.
chât. rose ℡ 88.21.63
MERCEDES-BENZ Gd Gar. Franc Comtois, r.
Th.-Edison, Zone Ind. Tilleroyes ℡ 50.47.34
PEUGEOT-TALBOT Sté Ind. Autom. Besan-
çon Est, rte de Belfort à Chalezeule ℡ 80.41.02
PEUGEOT-TALBOT Sté Ind. Autom. Besançon
ouest, bd Kennedy, Zone Ind. Trépillot ℡ 53.
30.55

PEUGEOT, TALBOT Gar. Cretin, 1 av. G.-Cle-
menceau ℡ 81.29.66
PEUGEOT-TALBOT Gar. Girard, 129 r. de Dole
℡ 52.05.39
RENAULT Succursale, bd Kennedy ℡ 53.81.15
RENAULT Gar. Betteto, 148 r. Belfort ℡ 80.
41.70
RENAULT Masson, 91 r. de Dole ℡ 52.05.22
RENAULT Gar. Salmer, 5 r. des Grands-Bas ℡
50.26.19
VOLVO Oudot, 100 r. de Dole ℡ 52.06.02

🛞 Eco-Pneu rte de Vesoul à Ecole-Valentin ℡
55.31.53
Eco-Pneu, 27 av. Carnot ℡ 88.36.59
La Maison du Pneu, Mariotte, 10 r. de Dole ℡
81.23.89
Pneus et Services D.K., 8 bd L.-Blum ℡ 50.29.30
et 6 r. Weiss ℡ 50.05.54
S.E.B.A.T.-Est, Zone Ind. de Planoise, 5 r. Belin
℡ 52.73.67

BESSANS 73 Savoie **77** ③ G. Alpes – 273 h. alt. 1 700 – Sports d'hiver : 1 700/2 200 m ⚿3, ⚜ – ✉ 73480 Lanslebourg-Mont-Cenis – ☎ 79.

Voir Peintures★ de la chapelle St-Antoine.

Paris 697 – Chambéry 136 – Lanslebourg-Mont-Cenis 12 – Val-d'Isère 37.

🏠 **Vanoise** ⑤, ☎ 05.96.79, ≤ – 🚻wc 🏨wc **℗**
⬦ 15 juin-30 sept. et 1er déc.-30 avril – SC : **R** 44/85 – 🍽 18 – **27 ch** 130/165 – P 150/180.

🏠 **Mont-Iseran,** ☎ 05.95.97, ≤ – 🏨 🍽 **℗** _VISA_. ⚒ rest
⬦ 25 juin-30 sept. et 20 déc.-26 avril – SC : **R** 47/80 – 🍽 15 – **17 ch** 114/148 – P 134/153.

Le BESSAT 42 Loire **76** ⑨ – 214 h. alt. 1 160 – Sports d'hiver : 1 300/1 500 m ⚿2, ⚜ – ✉ 42660 St-Genest-Malifaux – ☎ 77.

Paris 528 – Annonay 30 – Bourg-Argental 15 – St-Chamond 19 – ✦St-Étienne 18 – Yssingeaux 64.

🏠 **France,** ☎ 20.40.99, 🌫 – 🚻wc 🏨wc 🍽 – 🛁 30. ⚒
⬦ fermé 1er au 15 avril, 25 août au 25 sept. et 21 au 26 déc. – SC : **R** (fermé dim. soir et lundi) 30/90 🍷 – 🍽 15 – **30 ch** 60/140 – P 140/160.

BESSE-EN-CHANDESSE 63610 P.-de-D. **73** ⑬⑭ G. Auvergne (plan) – 1 742 h. alt. 1 050 – Sports d'hiver à Super Besse – ☎ 73.

Voir Église St-André★ – Rue de la Boucherie★ – Porte de ville★.

Env. Lac Pavin ★★ par D978 : 4 km – Vallée de Chaudefour★★ NO : 11 km – Puy de Montchal ⚹★★ S : 4 km.

🛈 Office de Tourisme pl. Gd-Mèze (fermé dim. hors sais.) ☎ 79.52.84.

Paris 437 – ✦Clermont-Ferrand 51 – Condat 28 – Issoire 35 – Le Mont-Dore 25.

🏰 ⚙ **Mouflons** (Sachapt) Ⓜ ⑤, rte Super-Besse ☎ 79.51.31, ≤, 🌫 – **℗** _AE_ _VISA_.
⚒ rest
1er juin-23 sept. et 20 déc.-20 mars – SC : **R** 75/180 – 🍽 19 – **50 ch** 200/210 – P 245/265
Spéc. Saumon de fontaine, Fricassée de la criée aux tomates fraîches, Noisettes d'agneau aux oignons confits. Vins Corent, Chanturgue.

🏠 **Charmilles** Ⓜ sans rest, rte Super-Besse ☎ 79.50.79 – 🚻wc 🏨wc 🍽 **℗**
15 juin-15 sept., vacances de Noël et de fév. – SC : 🍽 14 – **18 ch** 130/150.

🏠 **Gazelle** ⑤, rte Compains ☎ 79.50.26, ≤ – 🚻wc 🍽 **℗**. ⚒
⬦ fermé 20 sept. au 1er oct. et 30 oct. au 12 déc. – SC : **R** 45/55 – 🍽 14 – **28 ch** 110/130 – P 125/140.

🏠 **Levant,** ☎ 79.50.17, 🌫 – 🚻wc ☎ 🚗 🍷. ⚒ rest
⬦ 15 juin-20 sept. et 20 déc.-23 avril – SC : **R** 55/90 – 🍽 13,50 – **18 ch** 57/130 – P 112/150.

🏠 **Le Clos** ⑤, rte Mt-Dore ☎ 79.52.77, 🌫 – 🏨 **℗**. ⚒ rest
⬦ 15 juin-25 oct. et 20 déc.-25 avril – SC : **R** 48/70 – 🍽 12 – **20 ch** 70/100 – P 118/130.

à Super-Besse O : 7 km – alt. 1 350 – Sports d'hiver : 1 350/1 850 m ⚿1 ⚿20, ⚜ – ✉ 63610 Besse-en-Chandesse.

🛈 Office de Tourisme (20 juin-4 sept., 15 déc.-15 avril et fermé matin) ☎ 79.60.29.

🏰 **Gergovia** Ⓜ ⑤, ☎ 79.60.15, Télex 394021, ≤ – 🛁 40
20 juin-20 sept. et 20 déc.-10 avril – SC : **R** 65/95 – 🍽 17 – **53 ch** 118/200 – P 220/405.

CITROEN Chareyre, à St-Pierre-Colamine ☎ 96.77.19   RENAULT Gar. des Lacs, ☎ 79.50.07
LADA-PEUGEOT-TOYOTA Gar. Fabre, ☎ 79.51.10

BESSENAY 69690 Rhône **73** ⑲ – 1 617 h. alt. 390 – ☎ 74.

Paris 468 – ✦Lyon 36 – Montbrison 51 – ✦St-Étienne 63.

✕✕ **Aub. de la Brevenne** avec ch, ☎ 70.80.01 – **℗**. _AE_ _VISA_. ⚒ ch
fermé dim. soir et lundi – SC : **R** 60/160 🍷 – 🍽 15 – **7 ch** 60/70.

BESSINES-SUR-GARTEMPE 87250 H.-Vienne **72** ⑧ – 2 593 h. alt. 344 – ☎ 55.

Paris 360 – Argenton-sur-Creuse 58 – Bellac 32 – Guéret 48 – ✦Limoges 37 – La Souterraine 21.

🏠 **Vallée,** N 20 ☎ 76.01.66 – 🚻wc 🏨 🍽 🚗 **℗**
⬦ fermé fév. et dim. soir – SC : **R** 39/117 – 🍽 15,50 – **20 ch** 64/123 – P 140/196.

🏚 **Centre,** ☎ 76.03.17 – 🏨 **℗**. ⚒ rest
fermé 20 sept. au 20 oct. et dim. hors sais. – SC : **R** 42/100 – 🍽 13 – **13 ch** 75/160 – P 150/170.

✕ **Bellevue,** N 20 ☎ 76.01.99
fermé 10 fév. au 10 mars et lundi de sept. à fin juin sauf fêtes – SC : **R** 34/80 🍷.

FIAT Manin, N20 à Razès ☎ 71.00.33   RENAULT Gar. Desmoulins, ☎ 76.05.23

BÉTHARRAM (Grottes de) ★★ 64 Pyr.-Atl. 🆖 ⑰ G. Pyrénées.
Ressources hôtelières : voir à Lestelle-Bétharram.

BÉTHUNE ◁SP▷ 62400 P.-de-C. 🗓 ⑭ G. Nord de la France – 26 105 h. alt. 25 – ✪ 21.
🄱 Office de Tourisme (fermé sam. et dim.) et A.C. 34 Grand'Place ✆ 25.26.29.
Paris 213 ② – ◆Amiens 87 ④ – Arras 33 ④ – Boulogne 93 ⑤ – Douai 39 ② – Dunkerque 67 ⑥.

BÉTHUNE

Arras (R. d')........... Z 3
Clemenceau
 (Pl. G.) .... Z 4
Grand'Place .... Y 5
Haynaut (R. Eug.)... Z 6
Sadi-Carnot (R.)..... Y
Treilles (R. des) ..... Y 10

Jaurès (Av. Jean)... Z 7
Kennedy
 (Av. Président)... Y 8
Leclerc (Bd Gén.)... Z 9

🏨 **France II** 🅼 ⑊, à Beuvry par ② : 4 km rte Lille ⊠ 62660 Beuvry ✆ 57.34.34,
 Télex 110691, parc – 🛗 📺 ⌷wc ☎ 🅿 – 🔄 150. 🅰🅴 ⓞ 🅴 𝒱𝐼𝒮𝒜.
 SC : **R** 90/170 – ⊇ 20 – **52 ch** 240/270.

🏨 **Vieux Beffroy**, 48 Grand'Place ✆ 25.15.00 – 🛗 📺 ⌷wc 🎜wc 🐾. 🅰🅴 ⓞ 🅴 𝒱𝐼𝒮𝒜.
 ⚘ rest   Y e
 SC : **R** 55/130 🍷 – ⊇ 17 – **64 ch** 80/180.

🏠 **Bernard et Gare**, pl. Gare ✆ 57.20.02 – ⌷wc 🎜wc 🐾 – 🔄 50. ⓞ 🅴   Z z
◆ SC : **R** (fermé dim. soir) 50/130 🍷 – ⊇ 14 – **35 ch** 65/130.

🏠 **Commerce**, 719 bd R.-Poincaré ✆ 57.30.11 – 🎜 🚗   Z b
◆ fermé sam. (sauf hôtel) et dim. – SC : **R** 47/57 🍷 – ⚌ 13 – **21 ch** 52/100 –
 P 159/197.

BMW Gar. Cornuel, rte de Lille à Beuvry ✆
56.17.40
CITROEN SO.CA.BE., 1220 av. Winston-Chur-
chill par ③ ✆ 57.65.70 🄽 ✆ 57.16.83
FIAT Gar. du Beffroi, 66 r. Sadi Carnot ✆ 01.
38.99
FORD St.-Vaast Autom., ZI rte d'Armentières
✆ 56.19.19
MERCEDES Cappelle, 92 av. du 8 Mai 1945 ✆
57.22.08
OPEL Plantzu-Dubois, 189 bd Kitchener ✆ 57.
65.88

PEUGEOT-TALBOT Mizon, 329 av. Kennedy
✆ 57.12.05 🄽 ✆ 56.16.83
PEUGEOT-TALBOT Bondu, 136 rte Nationale,
Beuvry par ② ✆ 57.38.85
RENAULT Dist.-Autom.-Béthunoise, 255 bd
Thiers ✆ 57.24.30
TOYOTA Ets Duhem, 4 av. Winston-Churchill
✆ 57.20.60
V.A.G. Gar. Roger, N 41, Labuissière ✆ 53.
57.30

🛞 La Maison du Pneu, 371 r. d'Aire ✆ 57.02.10

BETON-BAZOCHES 77 S.-et-M. 🗺 ④ – 538 h. alt. 135 – ⊠ **77320** La Ferté-Gaucher – 🕲 6.

Paris 82 – Coulommiers 20 – Melun 54 – Provins 21 – Sézanne 36.

🏠 **Croix d'Or**, ☎ 401.01.48, 🛖 – 🚗 ⚘ ch
   fermé 8 au 24 juil., 8 au 20 sept. et merc. – **R** 32/58 🍷 – ⚏ 17 – **8 ch** 50/65.

🛪 **Aub. St-Christophe**, N 4 ☎ 401.01.09 – 🅟
   fermé juil., mardi soir et merc. – SC : **R** 42/100 🍷.

BETTEX 74 H.-Savoie 🗺 ⑧ – rattaché à St-Gervais.

BEUIL 06 Alpes-Mar. 🗺 ⑨. 🗺 ④ G. Côte d'Azur – 387 h. alt. 1 450 – Sports d'hiver : 1 450/
2 000 m 🎿7, 🎿 – ⊠ **06470** Guillaumes – 🕲 93.

Voir Site★ – Route de la Vionène★ E.

Paris 860 – Barcelonnette 83 – Digne 115 – ◆Nice 79 – Puget-Théniers 30 – St-Martin-Vésubie 53.

🏠 **L'Escapade**, ☎ 02.31.27, ≤ – 🚻wc 🛏wc ☎
   SC : **R** 55/80 – ⚏ 15 – **8 ch** 110/140.

🛪 **Bellevue** avec ch, ☎ 02.30.04, ≤, 🛖 – 🅟. ⚘ ch
   fermé 30 avril au 20 juin et 15 sept. au 15 déc. – SC : **R** 44/77 🍷 – ⚏ 13,50 – **6 ch** 78
   – P 133/165.

La BEUNAZ 74 H.-Savoie 🗺 ⑱ – rattaché à Bernex.

BEUVEILLE 54 M.-et-M. 🗺 ② – rattaché à Longuyon.

BEUVRON-EN-AUGE 14 Calvados 🗺 ⑦ G. Normandie – 276 h. – ⊠ **14430** Dozulé – 🕲 31.

Voir 🌼★ de l'église de Clermont-en-Auge NE : 3 km.

Paris 224 – Cabourg 15 – ◆Caen 31 – Lisieux 28 – Pont-L'Évêque 32.

🛪 **Pavé d'Auge**, ☎ 79.26.71, « Halles anciennes » – 🆎 🚾
   fermé 10 au 20 déc., 15 janv. au 15 fév., lundi, mardi et merc. le soir hors sais. – SC :
   R 74/165.

🛪 **Aub. Boule d'Or**, ☎ 79.25.26 – **E** 🚾
   fermé 7 janv. au 7 fév., mardi soir et merc. – SC : **R** (prévenir) 65/135.

BEUZEVILLE 27210 Eure 🗺 ④ – 2 536 h. alt. 125 – 🕲 32.

🛈 Syndicat d'Initiative à la Mairie (fermé sam.) ☎ 57.72.10.

Paris 184 – Bernay 40 – Deauville 24 – Évreux 79 – Honfleur 15 – ◆Le Havre 48 – Pont-l'Évêque 14.

🏠 **Petit Castel** 🅼 sans rest, ☎ 57.76.08, 🛖 – 📺 🚻wc ☎. **E** 🚾. ⚘
   fermé 15 déc. au 15 janv. – SC : ⚏ 15 – **16 ch** 188/205.

🛪 **Aub. Cochon d'Or** avec ch, ☎ 57.70.46 – 🛏. **E** 🚾. ⚘
   fermé 15 déc. au 15 janv. et lundi – SC : **R** 48/135 – ⚏ 15 – **7 ch** 80/100 –
   P 180/220.

CITROEN Perrin, ☎ 57.70.52
PEUGEOT Bouloché, à Boulleville ☎ 41.21.31
🆕 ☎ 56.63.06

PEUGEOT Gar. Normandy, ☎ 57.70.94
RENAULT Coquerel, ☎ 57.70.26 🆕

BEYNAC et CAZENAC 24 Dordogne 🗺 ⑰ G. Périgord – 460 h. alt. 60 – ⊠ **24220** St-Cyprien
– 🕲 53.

Voir Château : site★★, ≤★★ – Château de Castelnaud★ : site★★, 🌼★★★ S : 4 km.

Paris 551 – Bergerac 63 – Fumel 64 – Gourdon 33 – Périgueux 64 – Sarlat-la-Canéda 11.

🏠 **Bonnet**, ☎ 29.50.01, ≤, 🛖 – 🚻wc 🛏wc ☎ 🚗 🅟. ⚘
   15 avril-15 oct. – SC : **R** 75/150 – ⚏ 20 – **22 ch** 85/185 – P 220/240.

   à Vézac SE : 2 km – ⊠ **24220** St-Cyprien :

🏠 **Oustal de Vézac** 🅼 ⚘ sans rest, ☎ 29.54.21, ≤ – 🚻wc ☎ 🅟
   sais. – **20 ch**.

🛪 **Le Souqual**, ☎ 29.50.59, 🛖, « Jardin » – 🅟. 🚾
   15 mars-15 oct. et fermé mardi sauf juil.-août – SC : **R** 60/165 🍷.

BEYNAT 19190 Corrèze 🗺 ⑨ – 1 117 h. alt. 480 – 🕲 55.

Paris 512 – Argentat 24 – Brive-la-Gaillarde 20 – Figeac 90 – Tulle 25.

🏠 **Touristes**, ☎ 85.50.20 – 🛏 🅟
   fermé oct. et vend. – SC : **R** 45/80 🍷 – ⚏ 13 – **13 ch** 55/85 – P 140.

CITROEN Saulle, ☎ 85.50.52

RENAULT Gar. de la Mairie, ☎ 85.50.12 🆕 ☎
85.56.64

BEYRÈDE (Col de) 65 H.-Pyr. 🗺 ⑱ – alt. 1 417 – ⊠ **65200** Bagnères-de-Bigorre – 🕲 62.

Paris 849 – Auch 92 – Bagnères-de-Bigorre 23 – Lannemezan 29 – St-Gaudens 56 – Tarbes 59.

🛪 **Relais du Col** ⚘ avec ch, ☎ 91.83.70 – 🛏 🅟
   sais. – **5 ch**.

Les BÉZARDS 45 Loiret 🔢 ② – alt. 163 – ⊠ 45290 Nogent-sur-Vernisson – 🔘 38.

Paris 138 – Auxerre 76 – Cosne-sur-Loire 50 – Gien 16 – Joigny 58 – Montargis 23 – ◆Orléans 69.

🏨 🕸🕸 **Auberge des Templiers** 🕅 ⅍, ⍤ 31.80.01, Télex 780998, 🍴, « Bel ensemble hôtelier dans un parc », 🏊, 🎾 – 📺 ☎ ₺, 🚗 🅿 – 🏛 30. 🆎 ⓪ 🅴 𝐕𝐈𝐒𝐀
fermé mi-janv. à mi-fév. – **R** 210/310 et carte – 🖵 40 – **22 ch** 440/660, 6 appartements
Spéc. Mousse blonde de foies de volaille aux raisins, Gibiers de Sologne (saison), Turbot rôti aux aromates. **Vins** Sancerre, Pouilly-Fumé.

🏨 **Château des Bézards** ⅍, ⍤ 31.80.03, Télex 780335, ≼, 🍴, « Parc », 🏊, 🅟, 🎾 – ☎ 🅿 – 🏛 40 à 60. 🆎 ⓪ 🅴 𝐕𝐈𝐒𝐀
SC : **R** 95/160 – 🖵 28 – **38 ch** 200/360, 5 appartements 495 – P 400/610.

BÉZAUDUN-LES-ALPES 06 Alpes-Mar. 🔠 ㉒, 🔢 ㉙ – 80 h. alt. 800 – ⊠ 06510 Carros – 🔘 93 – Paris 864 – Castellane 65 – Grasse 42 – ◆Nice 46 – St-Martin-Vésubie 59 – Vence 24.

🍴 **Les Lavandes** ⅍ avec ch, ⍤ 59.01.08, ≼ – 🏠
fermé 1er oct. au 30 juin – **R** *(fermé jeudi)* 80 – 🖵 15 – **9 ch** (pens. seul.) – P 170.

BÉZIERS ◈ 34500 Hérault 🔠 ⑮ G. Causses – 78 477 h. alt. 70 – 🔘 67.

Voir Anc. cathédrale St-Nazaire★ AY **E** : terrasse ≼★.

🛫 de Béziers-Vias ; T.A.T. ⍤ 94.02.80 par ③ : 18 km.

🚩 Office de Tourisme 27 r. Quatre-Septembre (fermé dim. sauf matin en saison) ⍤ 49.24.19.

Paris 825 ③ – ◆Clermont-Fd 370 ③ – ◆Marseille 227 ③ – ◆Montpellier 67 ③ – ◆Perpignan 93 ⑤.

Plan page ci-contre

🏨 **Nord** sans rest, 15 pl. Jaurès ⍤ 28.34.09 – 🛗 🔲 📺 ☎ – 🏛 80. 🛇   BZ **z**
SC : 🖵 14 – **43 ch** 130/235.

🏨 **Europe** sans rest, 87 av. Prés.-Wilson ⍤ 76.08.97, Télex 490064 – 🛗 🔲 📺 ☎ 🚙 🅿, 🆎 ⓪ 🅴 𝐕𝐈𝐒𝐀   CZ **b**
SC : 🖵 21 – **30 ch** 160/330.

🏨 **Imperator** sans rest, 28 allées P.-Riquet ⍤ 49.02.25 – 🛗 📺 🚿wc 🛁wc 🚙 🚗 🆎 ⓪ 🅴   BY **n**
SC : 🖵 19,50 – **45 ch** 130/230.

🏨 **Midi et Rest. La Rascasse**, 13 r. Coquille ⍤ 49.13.43 – 🛗 📺 🚿wc 🛁wc ☎. 🆎 ⓪ 🅴 𝐕𝐈𝐒𝐀   BY **s**
hôtel fermé 12 nov. au 1er déc. – SC : **R** *(fermé dim. sauf août)* 70/95 – 🖵 20 – **31 ch** 120/285 – P 230/305.

🏨 **Splendid H.** sans rest, 24 av. du 22-Août ⍤ 28.23.82 – 🛗 🛁wc 🚗. 🆎 ⓪ 🅴   BY **w**
SC : 🖵 13 – **26 ch** 72/180.

🏨 **Concorde** sans rest, 7 r. Solférino ⍤ 28.31.05 – 🚿 🛁 🚗. 🛇   BY **a**
SC : 🖵 13 – **32 ch** 61/110.

🏨 **Poètes** sans rest, 80 allées P.-Riquet ⍤ 76.38.66 – 🚿wc 🛁 🚗. 🛇   BZ **e**
SC : 🖵 14 – **14 ch** 80/190.

🍴🍴🍴 🕸🕸 **L'Olivier** (Roque), 12 r. Boïeldieu ⍤ 28.86.64 – 🔳. 🆎 ⓪ 🅴 𝐕𝐈𝐒𝐀   BY **u**
fermé 18 au 31 mai, 16 au 29 nov., dim. et lundi (sauf le soir en juil. et août) – **R** (nombre de couverts limité - prévenir) carte 160 à 240
Spéc. Salade de homard, Escalope de saumon, Foie de canard aux essences de cerneaux. **Vins** Corbières, Pezenas.

🍴🍴 **Le Jardin**, 37 av. J.-Moulin ⍤ 28.82.61 – 🔳. 🆎 ⓪ 🅴 𝐕𝐈𝐒𝐀   BX **k**
fermé 25 mai au 15 juin, 14 au 27 déc., sam. midi et dim. – SC : **R** 95/230.

🍴🍴 **Ragueneau**, 36 allées P.-Riquet ⍤ 28.35.17 – 🔳. ⓪ 🅴   BY **n**
fermé 24 déc. au 24 janv., vend. soir et sam. – SC : **R** 75/100.

🍴 **Cigale**, 60 allées P.-Riquet ⍤ 28.21.56 – 🔳. 🆎 ⓪ 🅴 𝐕𝐈𝐒𝐀   BZ **r**
fermé 15 sept. au 1er oct., 15 fév. au 1er mars, lundi soir et mardi – SC : **R** 68/160 🍷.

par ③ : 5 km à l'échangeur A 9 Est – ⊠ 34420 Villeneuve-lès-Béziers :

🏨 **Ibis**, ⍤ 62.55.14, Télex 480938, 🍴 – 🛗 📺 🚿wc ☎ ₺ 🅿 – 🏛 25 à 60. 🆎 ⓪ 🅴 𝐕𝐈𝐒𝐀
SC : **R** carte environ 65 🍷 – 🍺 21,50 – **50 ch** 184/244.

MICHELIN, Agence, av. de la Devèze, Z.I. du Capiscol V ⍤ 76.23.71.

ALFA-ROMEO Gar. Gayraud, 18 bd Kennedy ⍤ 30.36.28
CITROEN Ets Tressol, rte Agde ⍤ 76.90.90
CITROEN Avenir-Autos, 130 av. Foch ⍤ 31.07.30
FORD Chapat, 21 r. A.-de-Musset ⍤ 76.55.34
MERCEDES-BENZ S.A.B.V.I.-Verdoux, le Manteau Bleu, rte de Narbonne ⍤ 28.86.04
OPEL France-Auto, rte de Bessan ⍤ 62.07.21
PEUGEOT-TALBOT Gds Gar. du Biterrois, rte de Bessan par ③ ⍤ 76.16.03
RENAULT Succursale, 123 av. Prés.-Wilson ⍤ 62.01.85
TOYOTA S.A.D.A., rte de Pézenas, Le Garissou ⍤ 30.14.27

V.A.G. St-Saens-Autos, N112, zone Artisanale Capiscol ⍤ 76.50.25
VOLVO SOCRA, 49 bd de Verdun ⍤ 76.57.54

🔘 Estournet, 65 bd Mistral ⍤ 28.22.82
Fogues, 135 av. Foch ⍤ 31.18.65
Gautrand-Pneu, 62 av. Clemenceau ⍤ 28.20.58
Longuelanes, 16 av. Pont-Vieux ⍤ 49.00.47
Midi-Pneus, 102 bd de la Liberté ⍤ 76.47.98
Pagès, 27 quai Port-Notre-Dame ⍤ 28.61.53
Piot-Pneu, av. de la Devèze, Zone Ind. du Capiscol ⍤ 76.11.15

BÉZIERS

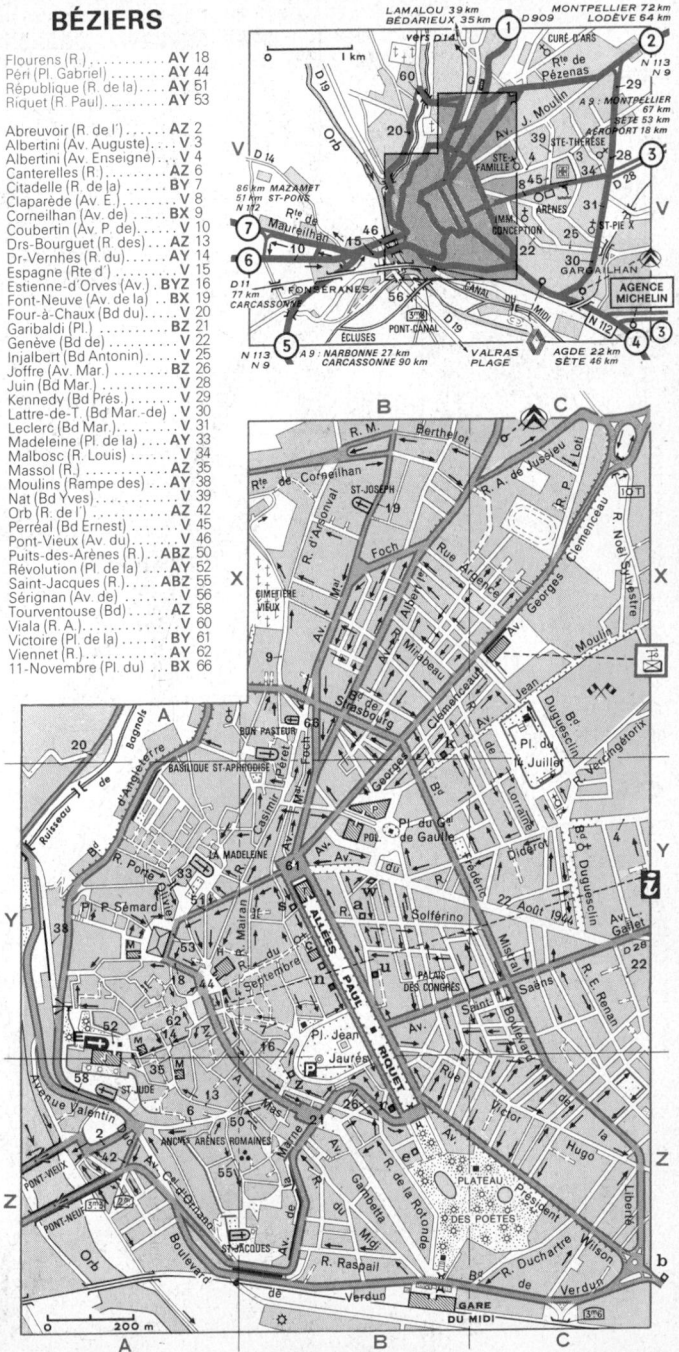

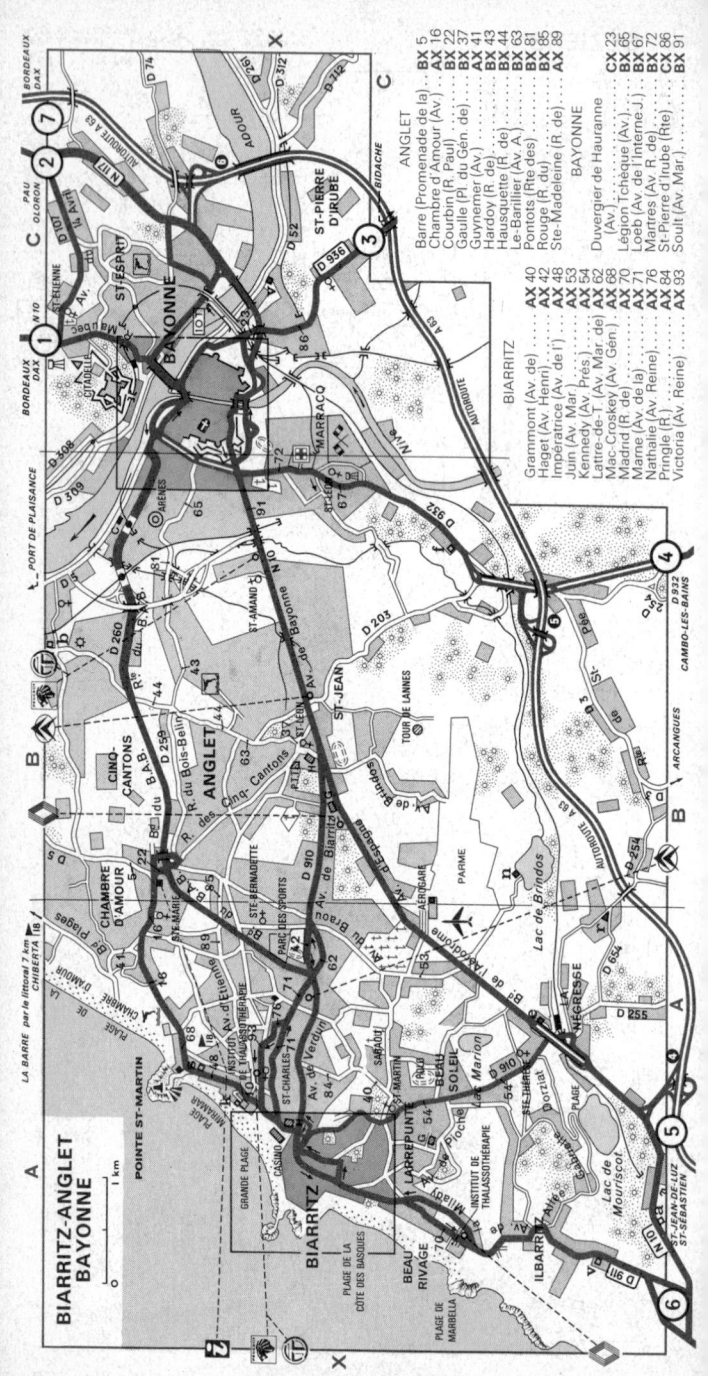

BIARRITZ-ANGLET BAYONNE

1 km

212

BIARRITZ 64200 Pyr.-Atl. **78** ⑪ ⑯, **85** ② G. Pyrénées – 26 647 h. alt. 40 – Casino : Municipal EY – ⚙ 59.

Voir ≤** de la Perspective DZ **E** – ⚜* du phare et de la Pointe St-Martin AX – Rocher de la Vierge* DY – Musée de la mer* DY **M**.

🛆 ℡ 03.71.80 NE : 1 km - AX ; 🛆 de Chiberta ℡ 63.83.20 N : 5 km.

✈ de Biarritz-Parme ; Air-Inter ℡ 23.93.80 : 2 km - ABX.

🚅 ℡ 24.00.94.

🛈 Office de Tourisme square d'Ixelles (fermé dim. hors sais.) ℡ 24.20.24, Télex 570032.

Paris 780 ⑦ – ◆Bayonne 8 – ◆Bordeaux 184 ⑦ – Pau 115 ② – S.-Sebastiàn 50 ⑤.

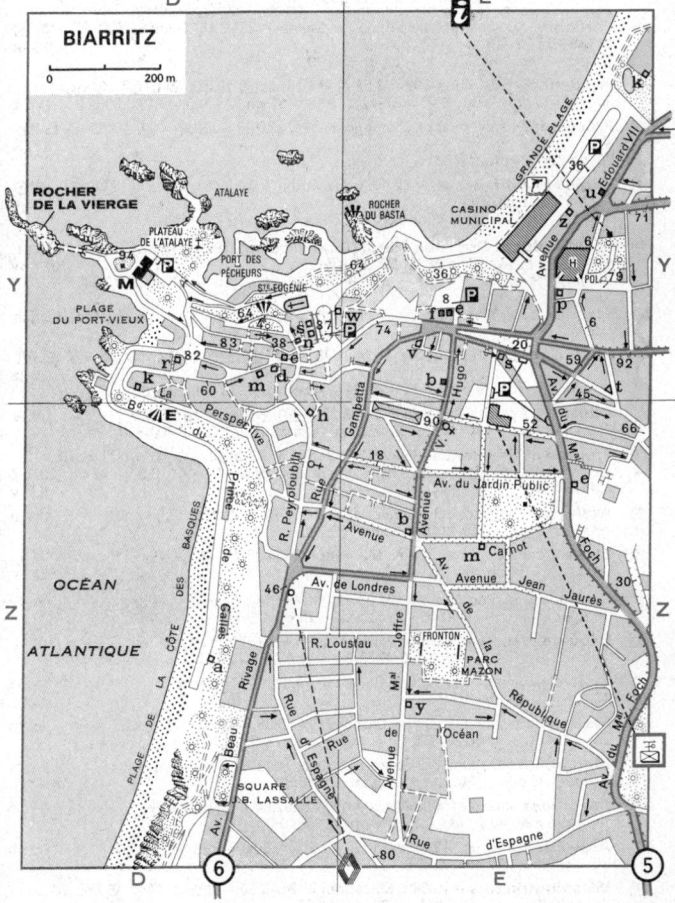

Palais 🏨 , 1 av. Impératrice ☎ 24.09.40, Télex 570000, ≤, « Belle piscine avec grill », ♣ – 📲 📺 rest 📺 ☎ ♿ 🅿 – 🔬 200. 🆎 ⚫ 🖪 *VISA*. 🛠 rest EY **k**
mai-oct. – SC : **R** à la piscine (déj. seul.) carte environ 180, au rest. carte 225 à 290 – 📧 52 – **140 ch** 740/1 150, 20 appartements – P 940/1 170.

Miramar M 🔊, av. Imperatrice ☎ 24.85.20, Télex 540831, ≤, 🛎 – 📲 ▦ rest 📺 ☎ ♿ 🅿 – 🔬 80 à 500. 🆎 ⚫ 🖪 *VISA*. 🛠 AX **k**
fermé janv. – SC : **R** 170 – 📧 36 – **110 ch** 530/650, 17 appartements.

Plaza M, av. Édouard-VII ☎ 24.74.00, Télex 570048, ≤ – 📲 📺 ♿ 🅿 – 🔬 30. 🆎 ⚫ 🖪 *VISA*. 🛠 rest EY **p**
SC : **R** *(fermé dim. hors sais.)* 110 – 📧 35 – **60 ch** 250/435.

Eurotel 🔊, 19 av. Perspective ☎ 24.32.33, Télex 570014, ≤ mer – 📲 cuisinette ▦ 📺 – 🔬 40. 🆎 *VISA*. 🛠 rest DY **k**
fermé nov. – SC : **R** *(fermé dim.)* 100/160 – 📧 35 – **60 ch** 280/510 – P 435/490.

Carlina M 🔊 sans rest, bd Prince-de-Galles ☎ 23.03.86, Télex 550873, ≤ – 📲 📺 ☎ 🚐 🆎 ⚫ *VISA* DZ **a**
15 avril-1er nov. – SC : 📧 40 – **31 ch** 350/700.

Windsor M, Gde Plage ☎ 24.08.52 – 📲 ▦ rest 📺 ☎. 🆎 ⚫ 🖪 *VISA*. 🛠 rest EY **z**
30 mars-10 nov. – SC : **R** 75/150 – 📧 18,50 – **37 ch** 138/320 – P 220/320.

Président M sans rest, pl. Clémenceau ☎ 24.66.40 – 📲 ☎ – 🔬 40. 🆎 ⚫ 🖪 *VISA*. 🛠 EY **s**
SC : 📧 21 – **64 ch** 240/320.

Régina et Golf sans rest, 52 av. Impératrice ☎ 24.09.60, Télex 541330, ≤ – 📲 🅿 – 🔬 100. 🆎 ⚫ *VISA* AX **s**
mai-oct. – SC : 📧 28 – **48 ch** 300/330, 6 appartements 420/450.

El Mirador et Rôt. Coq Hardi (Doyhamboure), 10 pl. Ste-Eugénie ☎ 24.13.81, ≤ – 📲 📺 🚻wc 🛁wc ☎ 🅿. 🆎 ⚫ *VISA* DEY **w**
fermé 15 janv. au 1er mars – SC : **R** 100/180 – 📧 25 – **27 ch** 270/430 – P 350/390
Spéc. Terrine de turbot en gelée, Marmite du pêcheur, Charlotte aux poires. Vins Jurançon, Madiran.

Florida M, pl. Ste-Eugénie ☎ 24.01.76 – 📲 📺 🚻wc 🛁wc ☎ 🅿. 🆎 ⚫ 🖪 *VISA*. 🛠 rest DY **s**
15 avril-25 oct. – SC : **R** 52/75 – 📧 19 – **40 ch** 200/375 – P 260/330.

Océan M, 9 pl. Ste-Eugénie ☎ 24.03.27 – 📺 🚻wc 🚐 🅿. 🆎 🖪 *VISA*. 🛠 DY **s**
1er avril-30 nov. – SC : **R** 55/105 – 📧 22 – **24 ch** 200/320 – P 300/380.

Fronton et Résidence, 35 av. Mar.-Joffre ☎ 23.09.49 – 📲 🚻wc 🛁 🚐 🅿 EZ **y**
fermé 20 oct. au 20 nov. et 19 au 31 mars – SC : **R** 45/80 – 📧 13,50 – **42 ch** 120/175 – P 185/210.

Atalaye 🔊 sans rest, 6 r. Goélands ☎ 24.06.76 – 📲 🚻wc 🛁wc ☎ DY **n**
1er avril-15 oct. – SC : 📧 16 – **25 ch** 180/218.

Etche Gorria sans rest, 21 av. Mar.-Foch ☎ 24.00.74, 🌳 – 🚻wc 🛁wc 🚐. 🛠 EZ **e**
SC : 📧 15 – **14 ch** 100/189.

Beau Lieu, pl. Port-Vieux ☎ 24.23.59, ≤ – 🚻wc 🛁wc 🚐. 🛠 rest DY **r**
1er mars-8 janv. – SC : **R** 60/72 – 📧 17 – **28 ch** 129/195 – P 192/220.

Édouard-VII, 21 av. Carnot ☎ 24.07.20 – 🚻wc 🛁wc 🚐. 🛠 rest EZ **b**
fermé 15 oct. au 15 déc. – SC : **R** 70/80 – 📧 17,50 – **24 ch** 140/210 – P 180/245.

Central sans rest, 8 r. Maison-Suisse ☎ 22.02.06 – 🛁wc ☎ EY **t**
SC : 📧 14 – **14 ch** 83/145.

Maïtagarria sans rest, 34 av. Carnot ☎ 24.26.65 – 🚻wc 🛁wc 🚐 EZ **m**
SC : 📧 14,50 – **17 ch** 80/116.

Monguillot sans rest, 3 r. Gaston-Larre ☎ 24.12.23 – 🛁wc 🚐. 🛠 DY **m**
1er mars-15 déc. – SC : 📧 16 – **15 ch** 115/185.

Port Vieux sans rest, 43 r. Mazagran ☎ 24.02.84 – 🛁wc 🚐. 🛠 DY **d**
fermé 1er déc. au 1er fév. – SC : **18 ch** 📧 108/180.

Argi-Eder sans rest, 13 r. Peyroloubilh ☎ 24.22.53 – 🚻wc 🛁wc 🚐. 🛠 DZ **h**
SC : 📧 16,50 – **17 ch** 120/205.

Washington sans rest, 34 r. Mazagran ☎ 24.10.80 – 🛁wc 🛁 ☎. 🖪 *VISA*. 🛠 DY **e**
1er avril-30 sept. – SC : 📧 18 – **20 ch** 74/190.

Palacito sans rest, 1 r. Gambetta ☎ 24.04.89 – 🚻 🛁 🚐. 🆎 🖪 *VISA*. 🛠 EY **v**
SC : **26 ch** 📧 95/165.

Café de Paris (Laporte), 5 pl. Bellevue ☎ 24.19.53, ≤, « Cadre élégant » – ▦. 🆎 ⚫ *VISA*. 🛠 EY **f**
fermé fév. et lundi hors sais. – **R** carte 250 à 340
Spéc. Soupe de poissons, Sole aux morilles, Canard aux citrons verts.

Belle Epoque, 10 av. Victor Hugo ☎ 24.66.06, « patio » – 🆎 ⚫ 🖪 *VISA* EZ **b**
fermé 1er au 20 nov. et lundi de sept. à juin – SC : **R** carte 80 à 135 🍴.

XX **L'Operne,** 17 av. Edouard VII ☎ 24.30.30, ←, 🌳 – ▤. AE VISA — EZ **u**
fermé janv. et merc. – SC : **R** carte 95 à 145.

XX **Aub. de la Négresse,** bd Aérodrome (sous viaduc) ☎ 23.15.83 – ▤ — AX **e**
fermé 1er oct. au 6 nov. et lundi – **R** carte 60 à 95.

XX **Aub. de Chapelet,** rte d'Arcangues ☎ 23.54.63, 🌳, 🌲 – **P** — AX **r**
fermé 22 fév. au 22 mars, mardi soir et merc. du 1er nov. au 30 juin – **R** carte 95 à 150.

X **L'Alambic,** 5 pl. Bellevue ☎ 24.53.41, ← – ▤. 🐕 — EY **e**
fermé fév. et lundi – **R** carte environ 110.

au Lac de Brindos SE : 5 km - BX – ✉ **64600** Anglet :

XXXX ✿ **Chât. de Brindos** M 🌿 avec ch, près aéroport ☎ 23.17.68, Télex 541428, « Belle décoration intérieure, bord du lac, parc », ←, 🏊, 🎾 – TV ⛀wc ☎ **P** – 🔔 30 à 60. AE ⓓ E VISA — BX **n**
SC : **R** *(fermé 10 janv. au 1er mars)* carte 150 à 220 – ☕ 38 – **16 ch** 450/650
Spéc. Soupe au foie gras, Mousseline de turbot en feuilleté, Poussin en surprise.

à Arbonne S : 6 km par Pont de la Négresse et D 255 - AX – ✉ **64210** Bidart :

XX **Ferme d'Arbonne,** ☎ 23.55.17, 🌳, 🌲 – AE VISA
SC : **R** 90 bc/200 bc.

à Arcangues S : 7 km par D 254 et D 3 - BX – ✉ **64200** Biarritz.
Voir ✻★ du cimetière.

🏠 **Marie-Eder** sans rest, ☎ 23.57.09, ← – 🚿 ☎ **P**. 🐕
fermé 7 au 31 oct. et mardi hors sais. – SC : ☕ 17 – **8 ch** 100/200.

Voir aussi ressources hôtelières d'*Anglet*.

CITROEN Artola, 88 av. Marne ☎ 24.18.19
PEUGEOT-TALBOT Gar. Victoria, 13 av. Reine Victoria ☎ 24.53.80
RENAULT Central-Auto-Gar., 1 carr. Hélianthe ☎ 23.02.30
RENAULT Gar. Ventura, 70 av. de la Milady ☎ 23.01.21 **N**
V.A.G. Paris-Biarritz Autom., 48 av. Foch ☎ 23.05.83

BIDARRAY 64 Pyr.-Atl. 85 ③ G. Pyrénées – 631 h. alt. 71 – ✉ 64780 Osses – ✪ 59.

Paris 807 – Cambo-les-Bains 16 – Pau 122 – St-Étienne-de-Baïgorry 16 – St-Jean-Pied-de-Port 19.

🏠 **Pont d'Enfer** 🌿, ☎ 37.09.67, ←, 🌳, 🌲 – ⛀wc 🚿wc ☎ **P**
1er mars-30 oct. – SC : **R** 70/100 – ☕ 14 – **18 ch** 85/190 – P 135/200.

🏠 **Erramundeya,** D918 ☎ 37.10.89, ←, 🌳, 🌲 – 🚿wc **P**. 🐕 rest
◆ *1er mars-30 nov. et fermé mardi sauf juil.-août* – SC : **R** 35/60 – ☕ 14 – **10 ch** 90/110 – P 140/160.

🏠 **Noblia,** D 918 ☎ 37.09.68, 🌳 – 🚿 **P**. VISA
◆ SC : **R** 40/80 – ☕ 12 – **13 ch** 55/100 – P 105/120.

BIDART 64210 Pyr.-Atl. 78 ⑪⑱ G. Pyrénées – 3 052 h. – ✪ 59.

Voir Chapelle Ste-Madeleine ✻★.

i Office de Tourisme r. Gde-Plage (1er juin-30 sept.) ☎ 54.93.85.

Paris 786 – ◆Bayonne 14 – Biarritz 6 – Pau 121 – St-Jean-de-Luz 9.

🏠 **Bidartea** M, N : 3 km sur N 10 ☎ 54.94.68, ←, 🏊, 🌲 – 🛗 TV **P** – 🔔 50 à 100. AE ⓓ E VISA. 🐕 rest — plan Biarritz AX **a**
15 mars-5 nov. et 15 déc.-15 janv. – **R** *(fermé lundi hors sais.)* 68/98 – ☕ 22 – **32 ch** 170/320 – P 290/340.

🏠 **Les Dunes,** à Ilbarritz N : 3 km sur D 911 ☎ 23.00.28, 🌲 – ⛀ 🚿 **P**. AE ⓓ.
◆ 🐕 rest — plan Biarritz AX **v**
15 avril-31 déc. et fermé merc. – SC : **R** 42/95 – ☕ 19 – **16 ch** 65/100 – P 130/155.

🏠 **Itsas-Mendia,** ☎ 54.90.23, ←, 🌲 – ⛀wc 🚿wc **P**. 🐕
1er mars-15 oct. – SC : **R** 53/80 – ☕ 15 – **18 ch** 80/100 – P 145/160.

🏠 **Ypua** 🌿, rte Chapelle ☎ 54.93.11, 🌲 – 🚿wc ☎ **P**. E. 🐕 rest
◆ *fermé nov., janv., fév. et mardi du 15 sept. au 1er juin* – SC : **R** 43/100 🍷 – ☕ 14 – **12 ch** 101/112 – P 170/192.

XXX **Le Chistera,** N 10 ☎ 26.51.07, « Bel intérieur rustique » – **P**. AE VISA
15 mars-15 nov. et fermé mardi hors sais. – SC : **R** (dîner seul.) carte 125 à 190.

XX **L'Hacienda** 🌿 avec ch, rte d'Ahetze au SE : 2,5 km ☎ 54.92.82, 🌲 – ⛀wc 🚿wc ☎ **P**. 🐕 ch
fermé 5 janv. au 25 fév. et merc. hors sais. – SC : **R** 65 bc/110 🍷 – ☕ 22 – **16 ch** 130/210 – P 200/235.

X **Élissaldia,** pl. Église ☎ 54.90.03 – 🐕
fermé 15 nov. au 15 déc. et merc. du 1er oct. au 1er juin – SC : **R** 55/80.

RENAULT Gar. Sabate-Cazenave ☎ 54.92.57

BIDON 07 Ardèche 🔟 ⑨ G. Vallée du Rhône – 59 h. alt. 275 – ⊠ **07700** Bourg-St-Andéol – ✪ 75 (Drôme).

Voir Aven de Marzal★★ O : 2 km.

Paris 644 – Montélimar 38 – Pierrelatte 16 – Pont-St-Esprit 18 – Privas 65 – Vallon-Pont-d'Arc 20.

✗ **Aub. du Pouzat,** S : 4 km par rte des Gorges ☏ 04.27.28, 🛋 – 🅿 🛇
  15 avril-15 sept. – **R** 54/66.

BIESHEIM 68 Haut-Rhin 🔞 ⑲ – rattaché à Neuf-Brisach.

BIÈVRES 08 Ardennes 🔟 ⑩ – 87 h. alt. 210 – ⊠ **08370** Margut – ✪ 24.

Paris 255 – Charleville-Mézières 57 – Longuyon 39 – Sedan 35 – Verdun 61.

✗✗ **Relais de St-Walfroy,** ☏ 22.61.62 – 🅿
  fermé mardi – SC : **R** 58/100 🍴.

BIGANOS 33 Gironde 🔟 ② – rattaché à Facture.

BILLIERS 56 Morbihan 🔞 ⑭ – rattaché à Muzillac.

BILLOM 63160 P.-de-D. 🔟 ⑮ G. Auvergne (plan) – 4 164 h. alt. 355 – ✪ 73.

Voir Église St-Cerneuf★.

🛈 Syndicat d'Initiative 13 r. Carnot (1ᵉʳ juin-15 sept.) ☏ 68.39.85.

Paris 412 – Ambert 51 – ✦Clermont-Ferrand 27 – Issoire 32 – Le Mont-Dore 66 – Thiers 28 – Vichy 55.

✗ **Voyageurs** avec ch, pl. A.-Thomas ☏ 68.40.28 – 🛋 **E** 🛇
✦ fermé fin déc. à fin janv. et sam. hors sais. – SC : **R** 38/75 🍴 – ⊊ 13 – **14 ch** 60/100
  – P 120/150.

CITROEN Gar. Central, ☏ 68.40.35   RENAULT Gar. Ceretta, ☏ 68.40.90
PEUGEOT-TALBOT Gar. Espagnol, ☏ 68.40.58

BIOT 06410 Alpes-Mar. 🔞 ⑨, 🔟 ㉘ G. Côte d'Azur – 3 680 h. alt. 80 – ✪ 93.

Voir Musée Fernand Léger★★ – Retable du Rosaire★ dans l'église.

🛐 ☏ 65.08.48 S : 1,5 km.

Paris 924 – Antibes 8 – Cagnes-sur-Mer 10 – Grasse 18 – ✦Nice 22 – Vence 19.

✗✗ **Aub. du Jarrier,** au village ☏ 65.11.68, 🛋 – **E** 🎟
  fermé 15 nov. au 15 déc., lundi soir hors sais. et mardi – SC : **R** 115/170.

✗✗ **Les Terrailers,** ☏ 65.01.59, « Ancienne poterie du XVIᵉ s. » – 🅿 🅰 ① **E**
  fermé nov. et merc. – SC : **R** 95/160.

✗✗ **Café de la Poste,** ☏ 65.00.07
  1ᵉʳ fév.-15 nov. et fermé merc. – SC : **R** 110/220.

Le BIOT 74 Hte-Savoie 🔟 ⑱ – 286 h. alt. 820 – ⊠ **74430** St-Jean-d'Aulps – ✪ 50.

🛈 Syndicat d'Initiative (1ᵉʳ juil.-31 août et fermé dim.) ☏ 79.63.94.

Paris 601 – Annecy 95 – Chamonix 81 – ✦Genève 54 – Thonon-les-Bains 21.

🏠 **Tilleuls** 🦢 ☏ 79.60.41, 🛇 – 🛁wc 🚿wc 🕿 🅿 ① **E** 🎟
✦ fermé 1ᵉʳ au 15 mai, 1ᵉʳ au 15 oct. et lundi hors sais. – SC : **R** 44/120 🍴 – ⊊ 18 –
  17 ch 120/195 – P 160/210.

RENAULT Gar. Morand, ☏ 796168

BIRIATOU 64 Pyr.-Atl. 🔞 ① – rattaché à Hendaye.

BISCARROSSE 40600 Landes 🔟 ⑬ G. Côte de l'Atlantique – 8 979 h. alt. 24 – ✪ 58.

🛈 Office de Tourisme 19 ter av. Plage à Biscarrosse-Plage (fermé sam. après-midi, dim. et lundi
matin hors sais.) ☏ 78.20.96.

Paris 661 – Arcachon 39 – ✦Bayonne 132 – ✦Bordeaux 72 – Dax 95 – Mont-de-Marsan 87.

  à Biscarrosse-Bourg :

🏠 **Le Relais** sans rest, rte Parentis ☏ 78.10.46 – 🛁wc 🕿 🅿 🎟
  fermé 23 déc. au 3 janv. – SC : ⊊ 18 – **24 ch** 105/160.

  à Navarrosse N : 3,5 km par D 652 – ⊠ **40600** Biscarrosse :

🏠 **Transaquitain** sans rest, ☏ 78.13.13 – 🛁wc 🚿wc 🕿 🛇
  Pâques-30 sept. et fermé vend. sauf du 1ᵉʳ juin au 15 sept. – SC : ⊊ 17 – **10 ch**
  150/175.

  à Ispe N : 6 km – ⊠ **40600** Biscarrosse :

🏠 **La Caravelle** 🦢, ☏ 78.02.67, ≼, 🛋 – 🛁wc 🚿 🅿 🛇
  fermé 20 déc. au 25 janv., dim. soir et lundi – SC : **R** 60/130 – ⊊ 18 – **11 ch** 100/180
  – P 160/210.

à la Plage NO : 9,5 km par D 146 – ⊠ 40520 Biscarrosse-Plage :

🏨 **La Forestière**, av. Pyla ⌀ 78.24.14 – ⌷wc ☜ **🅿** _VISA_
　　fermé nov. et vend. hors sais. – SC : **R** 56/135 – ⲧ 19,50 – **34 ch** 150/205 –
　　P 230/290.

🏠 **Aub. Régina**, av. Libération ⌀ 78.23.34, ⌷ – 🕅wc
　　fin mars-15 sept. – SC : **R** 49/141 🟡 – ⲧ 19,50 – **11 ch** 122/176 – P 193/219.

PEUGEOT, TALBOT Labarthe, N 652, Zone Ind.　　RENAULT Auto-Côte-d'Argent, av. A.-Daudet
⌀ 78.12.46　　⌀ 78.06.66 🆖 ⌀ 82.83.18

BISCHWIHR 68 H.-Rhin 🖸🖸 ⑲, 🖸🖸 ⑦ – rattaché à Colmar.

BITCHE 57230 Moselle 🖸🖸 ⑱ G. Vosges – 7 768 h. alt. 243 – 🟢 8.

Voir Fort du Simserhof★ O : 4 km.

🮲 Office de Tourisme à la Mairie (fermé sam. et dim.) ⌀ 706.00.13.

Paris 427 – Haguenau 42 – Sarrebourg 63 – Sarreguemines 34 – Saverne 49 – Wissembourg 47.

🍴🍴 **Strasbourg** avec ch, 24 r. Teyssier ⌀ 706.00.44 – 🕅 🛏 **E** _VISA_ ⌷ ch
　　fermé 20 août au 20 sept., vacances de fév., dim. soir et lundi – SC : **R** 45/55, carte
　　dim. midi – 🍷 13,50 – **10 ch** 64/120 – P 150/180.

CITROEN Riwer, 1 r. du Bastion ⌀ 796.00.08　　RENAULT Bang Bitche r. J.-J.-Kieffer ⌀ 796.
🆖　　07.08
FORD Bitche Autos, 40 r. de Sarreguemines　　RENAULT Gar. Rébmeister 47 r Pasteur à
⌀ 796.05.26 🆖　　Rohrbach ⌀ 709.70.36 🆖
PEUGEOT-TALBOT Feger, pl. de la gare ⌀　　RENAULT Gar. Hemmer, 52 r. d'Ingwiller à
706.04.57　　Goetzenbruck ⌀ 796.80.96 🆖 ⌀ 796.80.61

BLACERET 69 Rhône 🖸🖸 ⑨ – alt. 250 – ⊠ 69830 St-Georges-de-Reneins – 🟢 74.

Paris 429 – Bourg-en-Bresse 47 – Chauffailles 46 – ♦Lyon 42 – Mâcon 35 – Villefranche-sur-S. 9,5.

🍴🍴 **Beaujolais**, ⌀ 67.54.75 – 🆎 ⓪ **E** _VISA_
　　fermé fév., lundi et mardi – SC : **R** 75/140.

RENAULT Bénétullière, Le Perréon ⌀ 03.22.67

Dans ce guide

un même symbole, un même caractère
*imprimé en rouge ou en noir, en maigre ou en **gras***
n'ont pas tout à fait la même signification.
Lisez attentivement les pages explicatives (p. 14 à 21).

BLAESHEIM 67113 B.-Rhin 🖸🖸 ⑨⑩ – 934 h. alt. 162 – 🟢 88.

Paris 490 – Erstein 15 – Molsheim 15 – Obernai 14 – Sélestat 34 – ♦Strasbourg 19.

🍴🍴🍴 🟢 **Au Boeuf** (Voegtling), ⌀ 68.81.31 – 🔳 ☜ 🆎 ⓪ **E** _VISA_
　　fermé 1ᵉʳ au 18 août, 1ᵉʳ au 18 fév., dim. soir et lundi sauf fériés – SC : **R** 93/200.
　　dîner à la carte
　　Spéc. Barbue aux poireaux, Jambon façon dames du couvent, Noisette de chevreuil forestière
　　(saison chasse). **Vins** Sylvaner, Riesling.

🍴🍴 **Schadt**, ⌀ 68.86.00 – 🆎 ⓪ _VISA_
　　fermé 14 au 31 juil., 9 au 23 fév. et jeudi – **R** carte 100 à 160.

BLAGNAC 31 H.-Gar. 🖸🖸 ⑧ – rattaché à Toulouse.

BLAINVILLE 60 Oise 🖸🖸 ⑩ – rattaché à Noailles.

Le BLANC ⟨🆂🅿⟩ 36300 Indre 🖸🖸 ⑯ G. Périgord – 8 051 h. alt. 81 – 🟢 54.

🮲 Office de Tourisme place Libération (15 juin-15 sept.) ⌀ 37.05.13 et Hôtel de Ville (16 sept.-
14 juin, fermé sam. et dim.) ⌀ 37.23.40.

Paris 299 ① – Bellac 61 ⑤ – Châteauroux 60 ③ – Châtellerault 53 ① – Poitiers 60 ⑥.

Plan page suivante

🏨 **Domaine de l'Étape** ⌷, par ④ et D 10 : 6 km ⌀ 37.18.02, ≼, parc – ⌷wc 🕅wc
　　☜ **🅿** 🆎 ⓪ **E**
　　SC : **R** (dîner résidents seul.) 45/60 – ⲧ 20 – **21 ch** 85/215.

🏠 **Promenade**, 36 r. Saint-Lazare (a) ⌀ 37.48.80 – ⌷ 🕅 ☜ **🅿** **E** _VISA_
　　fermé 14 au 29 oct., dim. et lundi sauf juil.-août – SC : **R** 50/155 🟡 – ⲧ 15 – **21 ch**
　　65/160 – P 170/265.

🛢 Perry-Pneus, 14 bd Chanzy ⌀ 37.00.39

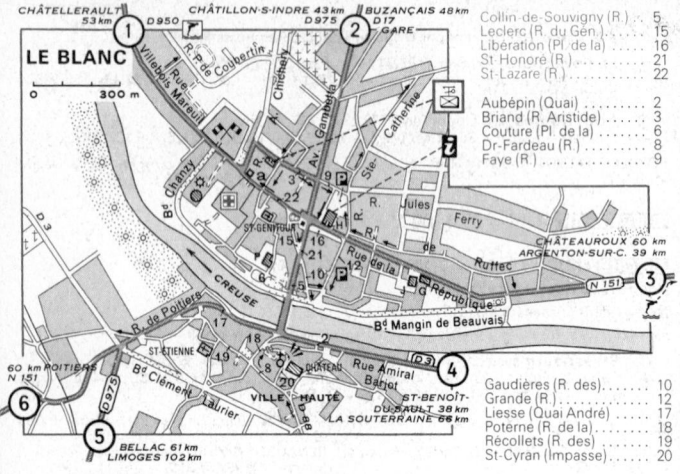

In questa guida

uno stesso simbolo, uno stesso carattere
*stampati in rosso o in nero, in magro o in **grassetto***
hanno un significato diverso.

Leggete attentamente le pagine esplicative (p. 30 a 37).

Le BLANC-MESNIL 93 Seine-St-Denis 🗺️ ⑪, 🗺️ ⑰ – voir Paris, Environs (Le Bourget).

BLANGY-SUR-BRESLE 76340 S.-Mar. 🗺️ ⑥ – 3 456 h. alt. 48 – ✪ 35.

Paris 146 – Abbeville 25 – ◆Amiens 54 – Beauvais 70 – Dieppe 49 – ◆Rouen 74.

- ✗ **H. de Ville** avec ch, r. N.-Dame ⌖ 93.55.30 – 💳
- ⟶ fermé 6 août au 2 sept. et dim. – SC : **R** 45/125 ⅗ – 🍽 15 – **8 ch** 85/130 – P 165/195.

CITROEN Gar. Leleux, ⌖ 93.50.52
CITROEN Gar. Letellier, ⌖ 93.50.12
OPEL-GM Gar. Déné, à Bouttencourt (Somme) ⌖ 93.51.06

PEUGEOT-TALBOT Blangier, à Bouttencourt (Somme) ⌖ 93.50.49 🅽
RENAULT Gar. Fauvel, ⌖ 93.50.42 🅽

BLAYE ⬦ 33390 Gironde 🗺️ ⑦⑧ G. Côte de l'Atlantique (plan) – 4 750 h. alt. 8 – ✪ 57.

Voir Citadelle★.

Bac renseignements ⌖ 42.04.49.

🛈 Office de Tourisme Allées Marines (1er juin-oct.) ⌖ 42.02.45.

Paris 545 – ◆Bordeaux 51 – Cognac 77 – Libourne 46 – Royan 80 – Saintes 76.

- 🏛 **La Citadelle** Ⓜ ⚶, dans la citadelle ⌖ 42.17.10, ≼ estuaire, ⌇ – 📺 🛏wc 🕾 🅿 – 🍴 40. 🅰🅴 ⓪ 💳
SC : **R** 70/140 – 🍽 20 – **21 ch** 160/220 – P 240/320.

  à St-Seurin-de-Cursac NE : 5,5 km par D 937 – ⌖ 33390 Blaye :

- ⾕ **La Renaissance**, ⌖ 42.18.06 – 🏠
- ⟶ fermé 15 au 21 sept. et lundi – **R** 40 bc/50 ⅗ – 🍽 12 – **10 ch** 65/130 – P 110/120.

CITROEN Blaye Autom., à St-Martin-Lacaussade ⌖ 42.13.91
PEUGEOT-TALBOT Ferandier-Sicard, à St-Martin-Lacaussade ⌖ 42.03.41

RENAULT Bernicot, 39 r. l'Hôpital ⌖ 42.01.44
V.A.G. Gar. Menaud, Zone Ind., 30 crs Bacalan ⌖ 42.12.80

BLÉNEAU 89220 Yonne 🗺️ ③ – 1 697 h. alt. 171 – ✪ 86.

Paris 156 – Auxerre 52 – Bonny-sur-Loire 20 – Briare 19 – Clamecy 73 – Gien 29 – Montargis 41.

- ✗✗ **Aub. du Point du Jour**, 8 r. A.-Briand ⌖ 74.94.38 – ⓪ 🄴
fermé 15 janv. au 15 fév., dim. soir et lundi sauf fériés – SC : **R** (dîner sur commande) 70/120 ⅗.

CITROEN, Gar. Goude, ⌖ 74.94.39

PEUGEOT-TALBOT Gar. Guilbert, ⌖ 74.91.42 🅽 ⌖ 74.80.57

BLÉRANCOURT 02 Aisne 📖 ③ G. Nord de la France – 1 207 h. alt. 68 – ⊠ 02300 Chauny – ۞ 23.

Voir Musée de l'Amitié Franco-Américaine.

Paris 115 – Chauny 14 – Compiègne 33 – Laon 46 – Noyon 14 – St-Quentin 45 – Soissons 23.

🏠 **Host. Le Griffon** ⬗, Château de Blérancourt ☏ 39.60.11, 🌂, parc – ⇌wc 🗍
🕿 🅿 – 🔥 30. 🖭 ⓞ 🖪 ❄
fermé 24 au 30 déc., dim. soir et lundi – SC : **R** 85/150 – ☲ 19 – **26 ch** 90/170.

BLÉRÉ 37150 I.-et-L. 📖 ⑯ G. Châteaux de la Loire – 4 060 h. alt. 60 – ۞ 47.

🛈 Syndicat d'Initiative pl. de la Libération (1ᵉʳ juil.-15 sept.) ☏ 57.93.00 et 11 r. Vauloger (16 sept.-30 juin) ☏ 57.90.81.

Paris 233 – Blois 45 – Château-Renault 35 – Loches 25 – Montrichard 16 – ♦Tours 27.

🏠 **Cher,** r. Pont ☏ 57.95.15, 🌂 – 🗍wc. 𝘝𝘐𝘚𝘈. ❄ ch
➡ fermé 15 nov. au 15 déc. – SC : **R** (fermé vend. midi du 1ᵉʳ oct. au 31 mars) 48/96 –
☲ 15 – **19 ch** 85/121 – P 130/140.

✕ **Boeuf Couronné** avec ch, rte Tours ☏ 57.90.42 – 🅿. 🖪 𝘝𝘐𝘚𝘈
➡ fermé 15 déc. au 15 janv., dim. soir et lundi (en juil. et août fermé lundi midi seul.) –
SC : **R** 44/145 – ☲ 15 – **10 ch** 70/100 – P 150/180.

CITROEN Caillet, ☏ 30.26.26.　　　　　　　　PEUGEOT-TALBOT Gar. Bellevue, ☏ 57.90.39
PEUGEOT Gar. Vigean, La Croix-en-Touraine　　RENAULT Gar. Caille, La Croix-en-Touraine ☏
☏ 57.94.14　　　　　　　　　　　　　　　　57.94.18

BLÉRIOT-PLAGE 62 Pas-de-Calais 📖 ② – rattaché à Calais.

BLESLE 43450 H.-Loire 📖 ④ G. Auvergne (plan) – 851 h. alt. 500 – ۞ 71.

Voir Église St-Pierre★ – Gorges de l'Alagnon★ NE.

Paris 456 – Brioude 23 – Issoire 34 – Murat 44 – Le Puy 83 – St-Flour 39 – St-Germain-Lembron 26.

au Babory-de-Blesle SE : 1,5 km N 9 – alt. 500 – ⊠ 43450 Blesle :

🏠 **Gare,** N 9 ☏ 76.21.10 – ⇌ 🕿 🅿
➡ fermé 1ᵉʳ oct. au 1ᵉʳ nov. et sam. – SC : **R** 50/85 – ☲ 18 – **16 ch** 85/120 – P 140/160.

🏠 **Tourist'H.,** N 9 ☏ 76.22.10 – ⇌wc 🕿 🅿
➡ fermé 15 nov. au 15 déc. et lundi hors sais. – SC : **R** 40/70 – ☲ 12 – **12 ch** 65/110 –
P 120/130.

BLETTERANS 39140 Jura 📖 ③ – 1 380 h. alt. 201 – ۞ 84.

Paris 387 – Chalon-sur-Saône 48 – Dole 30 – Lons-le-Saunier 13 – Poligny 20.

🏠 **de la Cloche,** ☏ 85.01.48 – 🗍 ⬅ 🖪
➡ fermé sam. de sept. à Pâques – **R** 40/75 ⅃ – ☲ 10 – **12 ch** 50/90 – P 120/140.

🏡 **Jura,** ☏ 85.04.11 – 🗍 🖪
➡ fermé 24 déc. au 24 janv. et vend. – SC : **R** 44/72 – ☲ 10,50 – **24 ch** 60/75 –
P 110/125.

CITROEN Gar. Central, ☏ 85.00.89　　　　　　RENAULT Gar. Moderne, ☏ 85.00.31

BLIGNY-SUR-OUCHE 21360 Côte-d'Or 📖 ⑨ G. Bourgogne – 776 h. alt. 362 – ۞ 80.

Paris 292 – Autun 43 – Beaune 19 – ♦Dijon 47 – Pouilly-en-Auxois 21 – Saulieu 43.

✕ **Host. Trois Faisans** avec ch, ☏ 20.10.14 – ⇌wc 🗍 🅿. 🖭 ⓞ 🖪 𝘝𝘐𝘚𝘈. ❄ rest
fermé 15 déc. au 31 janv., dim. soir et lundi – SC : **R** 55/110 ⅃ – ☲ 16 – **7 ch** 90/180
– P 160/230.

✕ **Aub. du Val d'Ouche** avec ch (annexe 🏠 Ⓜ⬗), ☏ 20.12.06 – 🗍wc 🕿 ⬅
➡ fermé 22 nov. au 5 déc. – SC : **R** 50/100 – ☲ 15 – **23 ch** 80/110 – P 135/145.

BLODELSHEIM 68 Haut-Rhin 📖 ⑱ – 1 198 h. – ⊠ 68740 Fessenheim – ۞ 89.

Voir Bief de Fessenheim★ NO : 5 km, G. Vosges.

Paris 564 – Colmar 33 – ♦Mulhouse 24.

au SO : 4 km par D 50 et chemin forestier – ⊠ 68740 Fessenheim :

✕✕ **Aub. Poney-Parc,** ☏ 81.28.48, 🌂, 🐎 – 🅿. 🖪 𝘝𝘐𝘚𝘈
fermé 24 déc. au 31 janv., dim. soir et lundi – SC : **R** 55/88 ⅃.

BLOIS 🅿 41000 L.-et-Ch. 64 ⑦ G. Châteaux de la Loire – 49 422 h. alt. 73 – ✪ 54.

Voir Château* Z : musée des Beaux-Arts* – Vieux Blois* : pavillon Anne de Bretagne* YZ F, église St-Nicolas* Z E, hôtel d'Alluye* Y D – jardins de l'Evêché ≤* Y B, jardin du Roi ≤* Z K.**

Office de Tourisme (fermé dim. hors sais.) et Accueil de France (Informations et réservations d'hôtels, pas plus de 5 jours à l'avance) Pavillon Anne de Bretagne, 3 av. Jean-Laigret ☏ 74.06.49, Télex 750135 – A.C.O. 23 bis r. Denis-Papin ☏ 74.03.21.

Paris 181 ① – Angers 152 ⑥ – ♦Le Mans 109 ⑦ – ♦Orléans 59 ① – ♦Tours 63 ①.

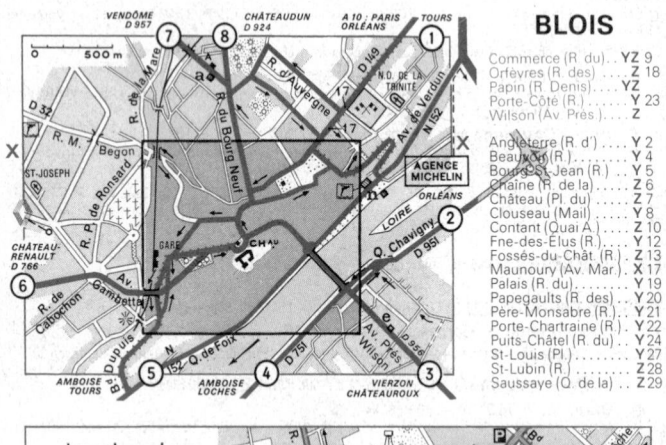

BLOIS

Commerce (R. du) . . YZ 9
Orfèvres (R. des) . . . . Z 18
Papin (R. Denis) . . . . YZ
Porte-Côté (R.) . . . . . . Y 23
Wilson (Av. Prés.) . . . . Z

Angleterre (R. d') . . . . Y 2
Beauvoir (R.) . . . . Y 4
Bourg-St-Jean (R.) . . Y 5
Chaîne (R. de la) . . . . . Z 6
Château (Pl. du) . . . . . Z 7
Clouseau (Mail) . . . . . Y 8
Contant (Quai A.) . . . . Z 10
Fne-des-Élus (R.) . . . . Y 12
Fossés-du-Chât. (R.) . Z 13
Maunoury (Av. Mar.) . X 17
Palais (R. du) . . . . Y 19
Papegaults (R. des) . . Y 20
Père-Monsabre (R.) . . Y 21
Porte-Chartraine (R.) . Y 22
Puits-Châtel (R. du) . . Y 24
St-Louis (Pl.) . . . . Y 27
St-Lubin (R.) . . . . Z 28
Saussaye (Q. de la) . . Z 29

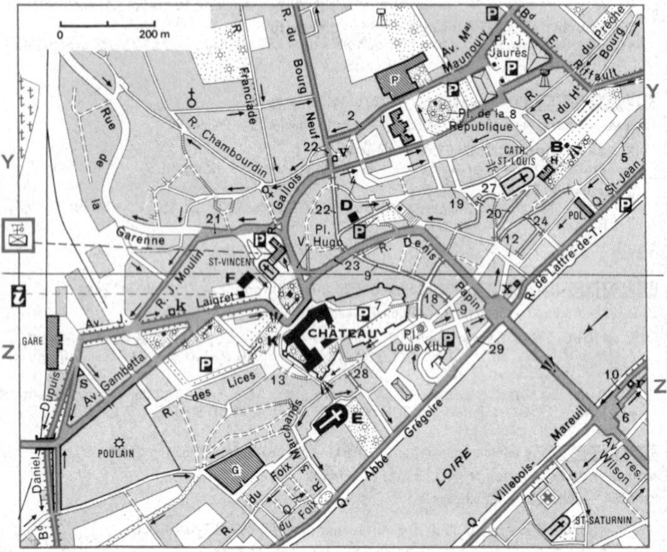

🏨 **Ibis,** par ⑧ : 2 km près échangeur A 10, r. Guignières ZI ☏ 74.60.60, Télex 750959, – 📺 wc ☎ 🅿. E VISA
SC : **R** carte environ 65 – 19 – **40 ch** 168/200.

🏨 **Campanile,** par ⑧ : 2 km près échangeur A10, r. Vallée Maillard ☏ 74.44.66, Télex 751628 – wc ☎ ♿ 🅿. VISA
SC : **R** 60 bc/81 bc – 22 – **41 ch** 170.

🏨 **Gd Cerf,** 40 av. Wilson ☏ 78.02.16 – wc ☎ 🅿. VISA. ✗ ch X **e**
fermé 28 janv. au 4 mars et vend. – SC : **R** 46/170 – 16,50 – **14 ch** 52/135.

⌂ **Viennois,** 5 quai A.-Contant ☎ 74.12.80 – 🛏wc ⌂ 🕿. ❄   Z **r**
→   *fermé 15 déc. au 15 janv., dim. soir et lundi midi hors sais.* – SC : **R** 42/78 ⅓ – ☲ 14
  – **26 ch** 52/145.

⌂ **Monarque,** 61 r. Porte-Chartraine ☎ 78.02.35 – 🛏wc ⌂wc 🕿 **🅿**. *VISA*   Y **v**
  fermé 12 déc. au 1er janv. – SC : **R** 55/88 – ☲ 17,50 – **22 ch** 76/185.

⌂ **Anne de Bretagne** sans rest, 31 av. J.-Laigret ☎ 78.05.38 – 🛏wc ⌂   Z **k**
  fermé 17 fév. au 17 mars – SC : ☲ 14,50 – **30 ch** 61/200.

⌂ **St-Jacques** sans rest, pl. Gare ☎ 78.04.15 – ⌂ ⌂wc   Z **s**
  fermé 21 déc. au 10 janv. – ☲ 16,50 – **28 ch** 75/120.

XXX **Host. Loire** avec ch, 8 r. Mar.-de-Lattre-de-Tassigny ☎ 74.26.60 – 🛏wc ⌂ 🕿.
  AE ⓞ *VISA*   Z **x**
  fermé 15 janv. au 15 fév. et 12 au 19 juin – SC : **R** *(fermé dim.)* 80 *(sauf fêtes)*/190 –
  ☲ 20 – **17 ch** 75/205.

XX **La Péniche,** prom. du Mail ☎ 74.37.23, péniche aménagée – *VISA*. ❄   X **n**
  SC : **R** 110.

XX **L'Espérance,** par ⑤ : 2 km N 152 ☎ 78.09.01, ≤ – **🅿**. *AE* ⓞ E *VISA*
  fermé vac. de fév., dim. soir et lundi – SC : **R** 98/160.

XX **Noë,** 10 bis av. Vendôme ☎ 74.22.26 – E *VISA*   X **a**
  fermé 15 au 22 août, vac. de Noël, dim. d'oct. à juin et sam. sauf le soir de juin à oct.
  – SC : **R** 75.

  à La Chaussée St-Victor par ① : 4 km – ⊠ **41260** La Chaussée-St-Victor :

🏨 **Novotel** M ❄, ☎ 78.33.57, Télex 750232, ⴉ, 🛎 – 🛗 📺 🕿 ⅙ **🅿** – 🔬 150. *AE*
  ⓞ E *VISA*
  R snack carte environ 90 ⅙ – ☲ 25 – **116 ch** 245/279.

XX **La Tour,** N 152 ☎ 78.98.91, 🏡 – **🅿**. E *VISA*
  fermé dim. soir et lundi sauf fériés – SC : **R** 90/160.

  à Ménars par ① : 8 km – ⊠ **41500** Mer :

XX **L'Époque,** N 152 ☎ 46.81.07 – *VISA*
  fermé 25 juin au 6 juil., 24 déc. au 13 janv., mardi soir et merc. sauf juil. et août –
  SC : **R** 63/125.

MICHELIN, Agence, Z.I. de Vineuil ☎ 78.03.42

AUSTIN, ROVER, TRIUMPH Gd Gar. Central,
12 bis av. Wilson ☎ 78.02.15
BMW, LANCIA-AUTOBIANCHI Gar. Papon,
44 r. Mar.-De-Lattre-de-Tassigny ☎ 78.77.06
CITROEN SAPTA, rte Châteaudun par ⑧ ☎
78.42.22
FIAT Blanc, 42 av. Mar.-Maunoury ☎ 78.04.62
FORD Peigné, 20 av. Mar.-Maunoury ☎ 74.
06.34
MAZDA Camboulas, 6 r. Gutenberg ☎ 43.
39.68
MERCEDES-BENZ Malard, rte Paris, la
Chaussée-St-Victor ☎ 78.34.40
PEUGEOT, TALBOT Sté Autom. Blésoise, rte
d'Orléans, la Chaussée-St-Victor par ① ☎ 78.
12.12

RENAULT Blois Saules Autom. 129 av. Châ-
teaudun par ⑧ ☎ 74.02.99
RENAULT S.E.R.V.A., 148 av. Mar.-Maunoury
par D149 ☎ 78.42.85
RENAULT Gar. Latard, 26-28 r. Fénelon ☎ 78.
17.06
V.A.G. Auto-Service, av. R.-Schuman ☎ 78.
67.84
VOLVO Gar. Ribout, 6 r. Berthonneau ☎ 78.
16.45

⊚ Perry-Pneus, av. de Chateaudun ☎ 78.18.74
Terovulca Blois Pneus, 48 av. Foch ☎ 43.82.40
14 av. Wilson ☎ 78.20.55
Terovulca Blois Pneus, 44 av. de Vendome ☎
43.48.40

BLONVILLE-SUR-MER 14910 Calvados 🖥🖥 ③ G. Normandie – 889 h. – ✪ 31.

🛈 Office de Tourisme allée des Villas (Pâques et 1er juil.-15 sept.) ☎ 87.91.14.

Paris 212 – Cabourg 14 – ◆Caen 38 – Deauville 5 – Lisieux 32.

🏨 **Gd Hôtel** M ❄, ☎ 87.90.54, Télex 170385, ≤, ⴉ – 🛗 cuisinette 📺 🕿 **🅿** – 🔬
  40. *AE* *VISA*. ❄ rest
  fermé janv., fév. et jeudi – SC : **R** 100 – ☰ 25 – **50 ch** 200/300, 5 appartements 500.

⌂ **H. de la Mer** sans rest, ☎ 87.93.23, ≤ – 🛏wc 🕿 **🅿**. ❄
  avril-sept. – SC : ☲ 15,50 – **20 ch** 70/180.

La BOCCA 06 Alpes-Mar. 🖥🖥 ⑧ ⑨ – rattaché à Cannes.

BOËGE 74420 H.-Savoie 🖥🖥 ⑦ – 1 056 h. alt. 738 – ✪ 50.

Paris 570 – Annecy 54 – Annemasse 18 – Bonneville 24 – ◆Genève 29 – Thonon-les-Bains 27.

🏡 **Savoie,** ☎ 39.10.10, 🛎 – ⌂ 🚗. ❄
→   *fermé fin avril au 15 mai, 12 oct. au 15 nov. et jeudi sauf juil., août* – SC : **R** 40/70 –
  ☲ 16 – **9 ch** 70/120 – P 110/130.

RENAULT Gar. Périllat, ☎ 39.12.62

Le BOËL 35 I.-et-V. 🖥🖥 ⑥ – rattaché à Rennes.

BOGNY-SUR-MEUSE 08120 Ardennes 53 ⑱ – 6 262 h. alt. 145 – ✪ 24.

Voir N : Rocher des Quatre Fils Aymon★, G. Nord de la France.

Paris 242 – Charleville-Mézières 18 – Givet 41 – Monthermé 3,5 – Rocroi 33.

Micass'H., pl. République ☎ 32.02.72 – ⊟ ⋔ ☎. E VISA. ✲ ch
fermé 15 août au 1er sept. et dim. soir – SC : **R** 37/81 ♁ – ☕ 15,50 – **14 ch** 46/88.

BOIS DE LA CHAISE 85 Vendée 67 ① – voir à Noirmoutier (Ile de).

BOIS-DU-FOUR 12 Aveyron 80 ④ – alt. 800 – ✉ **12780** St-Léons – ✪ 65.

Paris 617 – Aguessac 16 – Millau 21 – Pont-de-Salars 25 – Rodez 50 – Sévérac-le-Château 18.

Relais du Bois du Four ⛰, ☎ 62.86.17, parc – ⊟wc ⋔wc ☎ 🚗 Ⓟ. ✲ rest
15 mars-15 nov., fermé mardi soir et merc. hors sais. – SC : **R** 40/100 ♁ – ☕ 13 – **27 ch** 70/130 – P 120/150.

BOISEMONT 95 Val-d'Oise 55 ⑲, 196 ⑤, 101 ① – 464 h. alt. 150 – ✉ **95000** Cergy – ✪ 3.

Paris 46 – Gisors 36 – Mantes-la-Jolie 27 – Meulan 8 – Pontoise 9 – St-Germain-en-Laye 19.

XXX **Les Coteaux,** sur D 22 ☎ 442.30.12, ≤, 🌳 – Ⓟ. AE ⓓ E VISA
fermé mardi – SC : **R** carte 95 à 135.

BOIS-L'ABBESSE 67 B.-Rhin 62 ⑲ – rattaché à Liepvre.

Le BOIS-PLAGE 17 Char.-Mar. 71 ⑫ – voir à Ré (Ile de).

La BOISSE 01 Ain 74 ⑫ – rattaché à Montluel.

Les BOISSES 73 Savoie 74 ⑲ – rattaché à Tignes.

BOISSET 15 Cantal 76 ⑪ – 756 h. alt. 425 – ✉ **15600** Maurs – ✪ 71.

Paris 570 – Aurillac 29 – Calvinet 17 – Entraygues-sur-Truyère 49 – Figeac 36 – Maurs 14.

Gramond ⛰, ☎ 62.20.69, ≤ – ⋔ 🚗
hôtel : 15 juin-10 sept., rest : ouvert toute l'année – SC : **R** *(fermé sam. hors sais.)* 50/100 ♁ – ☕ 14 – **18 ch** 60/95 – P 110/120.

BOISSEUIL 87 H.-Vienne 72 ⑰⑱ – 1 239 h. alt. 383 – ✉ **87220** Feytiat – ✪ 55.

Paris 406 – Bourganeuf 45 – ♦Limoges 10 – Nontron 71 – Périgueux 96 – Uzerche 47.

Le Relais, ☎ 71.11.83 – ⋔ Ⓟ. ✲
fermé 1er au 15 mai, 8 au 14 oct., 1er au 15 déc. et merc. sauf juil.-août – SC : **R** 45/80 – ☕ 12,50 – **14 ch** 74/160 – P 130/150.

BOISSY-LE-CHÂTEL 77 S.-et-M. 56 ⑬, 61 ③ – rattaché à Coulommiers.

BOLANDOZ 25 Doubs 70 ⑥ – 294 h. alt. 644 – ✉ **25330** Amancey – ✪ 81.

Paris 436 – ♦Besançon 36 – Pontarlier 29 – Salins-les-Bains 25.

Rochanon, ☎ 86.62.07 – ⊟wc. ✲
fermé mardi – **R** 45/95 ♁ – ☕ 20 – **8 ch** 120/130 – P 140/150.

BOLBEC 76210 S.-Mar. 55 ④ – 12 578 h. alt. 51 – ✪ 35.

Paris 189 ④ – Fécamp 25 ⑤ – ♦Le Havre 30 ④ – ♦Rouen 56 ② – Yvetot 21 ②.

Fécamp sans rest, 15 r. J.-Fauquet (a) ☎ 31.00.52 – ⊟wc ⋔. E. ✲
fermé 15 fév. au 1er mars – SC : ☕ 14 – **26 ch** 72/150.

CITROEN Gar. du Viaduc, 125 r. G.-Clémenceau par ④ ☎ 31.01.62
PEUGEOT, TALBOT Lefebvre, 68 av. Mar.-Joffre ☎ 31.07.11
RENAULT Périer, 54 r. G.-Clemenceau par ④ ☎ 31.06.47
V.A.G. Lebreton, 81 r. Gambetta ☎ 31.06.43

Ⓦ Vulcanisation Normande, 83 r. G.-Clemenceau ☎ 31.06.87

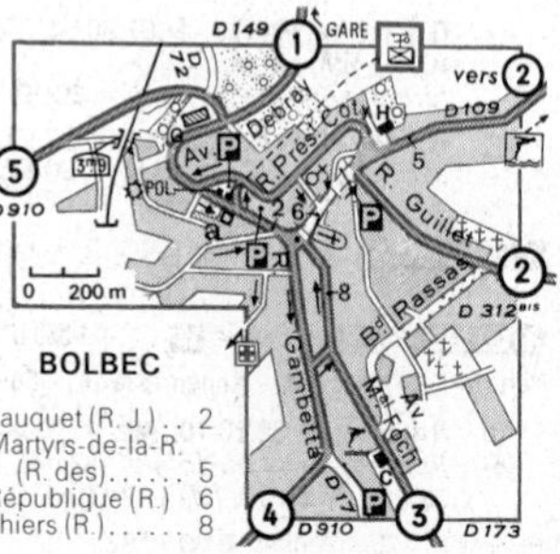

BOLBEC

Fauquet (R. J.) . . . 2
Martyrs-de-la-R. (R. des) 5
République (R.) 6
Thiers (R.) 8

BOLLENBERG 68 H.-Rhin 62 ⑱⑲ – rattaché à Rouffach.

BOLLÈNE 84500 Vaucluse **81** ① G. **Provence** (plan) – 12 690 h. alt. 58 – ✆ 90.

Env. Barry : ≤✶✶ sur ouvrages de Donzère-Mondragon✶ N : 6 km, G. Vallée du Rhône.

🛈 Office de Tourisme pl. Reynaud de la Gardette (fermé lundi hors sais. et dim. sauf matin en saison) ☏ 30.14.43.

Paris 640 – Avignon 52 – Montélimar 34 – Nyons 35 – Orange 25 – Pont-St-Esprit 10.

🏠 **du Lez** sans rest, 16 cours République ☏ 30.16.19 – 🛖wc ☎ 🚗 **🅿**. **E** **VISA**
SC : ☟ 14,50 – **17 ch** 117.

🍽🍽 **Mas des Grès** 🦔 avec ch, 1 km par rte St-Restitut ☏ 30.10.79, 🍽, 🌳 – 🛏wc
🛖 **🅿** – ☐ **VISA**. 🛠
fermé 1er au 15 oct., 1er au 15 janv., 2 au 8 mai, dim. soir, lundi et soirs de fêtes –
SC : **R** 84/125 – ☟ 18 – **13 ch** 124/207 – P 193/246.

   à Rochegude (26 Drôme) SE : 7,5 km – 🏰 voir à Orange

RENAULT S.E.G.S., rte de St-Paul 3 Chateaux, sortie Autoroute ☏ 30.40.66
TALBOT Balbi, av. Pont-Neuf ☏ 30.10.61
V.A.G. Sodiba, 1 chemin Souvenir ☏ 30.12.23

Gar. Marignan, av. M.-Coulon ☏ 30.11.51

🛞 Ayme-Pneus, r. J.-Verne ☏ 30.13.21
Pneus-Service, 15 av. Carnot ☏ 30.14.40

La BOLLÈNE-VÉSUBIE 06 Alpes-Mar. **84** ⑲. **195** ⑰ G. **Côte d'Azur** – 262 h. alt. 690 –
✉ 06450 Lantosque – ✆ 93.

Voir Chapelle St-Honorat ≤✶ S : 1 km.

Paris 889 – ✦Nice 54 – Puget-Théniers 58 – Roquebillière 6,5 – St-Martin-Vésubie 16 – Sospel 37.

🏠 **Gd H. du Parc** 🦔, D 70 ☏ 03.01.01, parc, 🍽 – 🛗🛏wc 🛖wc ☎ 🅿. ☐. 🛠 rest
⬅ *Pâques-10 oct.* – SC : **R** 50/120 – ☟ 16 – **42 ch** 70/199 – P 182/370.

BOLLEZEELE 59 Nord **51** ③ – 1 500 h. – ✉ 59470 Wormhout – ✆ 28.

Paris 280 – ✦Calais 47 – Dunkerque 24 – ✦Lille 68 – St. Omer 19.

🏠 **Host. St-Louis** 🅼 🦔, 47 r. Église ☏ 68.81.83, 🌳 – 🛏wc 🅿 – 🏋 90. ☐ **E**
VISA. 🛠 ch
fermé 14 janv. au 15 fév. – SC : **R** *(fermé dim. soir et lundi)* 90/200 – ☟ 25 – **15 ch**
140/180.

La BOLLINE 06 Alpes-Mar. **84** ⑧⑲. **195** ⑤ – rattaché à Valdeblore.

BONAGUIL 47 L.-et-G. **79** ⑥ – ✉ 46700 Puy-l'Évêque – ✆ 58.

Voir Château✶✶, G. Périgord.

Paris 609 – Agen 64 – Cahors 54 – Gourdon 50 – Villeneuve-sur-Lot 35.

BON-ENCONTRE 47 L.-et-G. **79** ⑮ – rattaché à Agen.

Le BONHOMME 68 H.-Rhin **62** ⑱ G. **Vosges** – 612 h. alt. 700 – Sports d'hiver : 830/1 240 m ≰10
🎿 – ✉ 68650 Lapoutroie – ✆ 89.

Paris 491 – Colmar 24 – Gérardmer 38 – St-Dié 32 – Ste-Marie-aux-Mines 16 – Sélestat 39.

🏠 **Poste**, ☏ 47.51.10, 🌳 – 🛏wc 🛖wc ☎ 🅿. **E** **VISA**. 🛠 rest
fermé 10 nov. au 20 déc., 15 au 30 mars, mardi soir et merc. hors sais. –
SC : **R** 55/130 – ☟ 19 – **18 ch** 72/165 – P 140/182.

🏠 **Lion d'Or**, ☏ 47.51.18 – 🛖 🅿. 🛠 rest
⬅ *fermé fin nov. à début déc. et merc.* – SC : **R** (dîner seul.) 45/90 🍷 – 🍺 13 – **12 ch**
63/88.

BONLIEU 39 Jura **70** ⑮ G. **Jura** – 158 h. alt. 780 – ✉ 39130 Clairvaux-les-Lacs – ✆ 84.

Voir Belvédère de la Dame Blanche ≤✶ NO : 2 km puis 30 mn.

Paris 440 – Champagnole 24 – Lons-le-Saunier 33 – Morez 25 – St-Claude 41.

🍽🍽 ✆ **Poutre** (Moureaux) avec ch, ☏ 25.57.77 – 🛖wc ☎ 🅿
fermé 25 oct. au 12 nov., 1er déc. au 25 janv., mardi et merc. sauf juil.-août – SC : **R**
75/180 – ☟ 24 – **10 ch** 90/180
Spéc. Crêpe Jurassienne, Ragoût d'écrevisses, Tournedos aux morilles.

BONNATRAIT 74 H.-Savoie **70** ⑰ G. **Alpes** – alt. 406 – ✉ 74140 Douvaine – ✆ 50.

🛈 Syndicat d'Initiative à la Mairie de Sciez (fermé sam. après-midi et dim.) ☏ 72.60.09.

Paris 571 – Annecy 67 – Bonneville 38 – ✦Genève 24 – Thonon-les-Bains 9.

🏰 **Hôtellerie Château de Coudrée** 🦔, ☏ 72.62.33, 🍽, « Château médiéval dans
un parc au bord du lac », 🏊, 🎣, 🎾 – ☎ 🅿 – 🏋 40 à 100. ☐ ⑩ **E** **VISA**
⬅ *1er mai-30 oct.* – SC : **R** 165/230 – ☟ 35 – **18 ch** 395/556 – P 572/626.

🏠 **Relais Savoyard**, N 5 ☏ 72.60.06, 🌳 – 🛏wc 🛖 🅿. **E**
fermé sept. et merc. – SC : **R** 70/160 – ☟ 18 – **26 ch** 70/180 – P 150/200.

BONNE 74380 H.-Savoie 💶 ⑥ ⑦ – 1 639 h. alt. 493 – ✿ 50.

Paris 560 – Annecy 44 – Bonneville 13 – ◆Genève 19 – Morzine 44 – Thonon-les-Bains 30.

  XX **Baud** avec ch, ℘ 39.20.15, ☞ – 🛏wc 🔥 🕾 🅿
  ◆ *fermé 1er au 15 juin. et mardi sauf juil.-août* – SC : **R** 50/180 – ☲ 20 – **13 ch** 80/200
     – P 150/200.

  XX **La Saulaie**, ℘ 39.20.19, ☞ – 🅿. 🖭 ⓪ 𝗩𝗜𝗦𝗔
     fermé 13 au 19 juin, 5 au 11 déc., lundi soir et mardi – **R** carte 70 à 115.

BONNE-FONTAINE 57 Moselle 𝟧𝟩 ⑰ – rattaché à Phalsbourg.

BONNÉTABLE 72110 Sarthe 𝟨𝟢 ⑭ – 3 875 h. alt. 110 – ✿ 43.

Paris 184 – Bellême 26 – Mamers 24 – ◆Le Mans 28 – Nogent-le-Rotrou 41.

  🏠 **Lion d'Or**, ℘ 29.30.19 – 🕾. ℁
  ◆ *fermé 1er au 15 sept.* – SC : **R** 49/90 ♨ – ☲ 14 – **13 ch** 60/100 – P 138/165.

CITROEN Gar. Dubuisson, ℘ 29.30.72   PEUGEOT-TALBOT Gar. de la forêt, ℘ 29.30.40
                                                                 N

BONNEVAL-SUR-ARC 73 Savoie 𝟽𝟦 ⑱ G. Alpes – 211 h. alt. 1 800 – Sports d'hiver : 1 800/
3 000 m 🚠 10 – ✉ 73480 Lanslebourg-Mont-Cenis – ✿ 79.

🄸 Office de Tourisme (fermé dim. hors sais.) ℘ 05.95.95.

Paris 704 – Chambéry 145 – Lanslebourg 19 – Val-d'Isère 30.

  🏨 **La Marmotte** Ⓜ ℁, ℘ 05.94.82, ≤, 🍴 – 🛏wc 🕾 🚐 🅿. ℁
     17 juin-16 sept. et 20 déc.-1er mai – SC : **R** 70/125 ♨ – ☲ 16 – **28 ch** 145/170 –
     P 200/220.

  🏨 **La Bergerie** Ⓜ ℁, ℘ 05.94.97, ≤, 🍴 – 🛏wc 🔥 🕾 🅿. **E**
  ◆ *15 juin-25 sept. et 15 déc.-1er mai* – SC : **R** 50/120 – ☲ 15 – **22 ch** 105/140 –
     P 175/195.

  XX **Aub. Pré Catin**, ℘ 05.95.07. **E**
     23 juin-30 sept., 15 déc.-7 mai et fermé lundi – SC : **R** 64/92.

BONNEVILLE 🖘 74130 H.-Savoie 𝟽𝟦 ⑦ G. Alpes – 9 106 h. alt. 450 – ✿ 50.

🄸 Syndicat d'Initiative r. Carroz (fermé dim.) ℘ 97.20.64.

Paris 570 ③ – Albertville 73 ② – Annecy 41 ③ – Chamonix 56 ② – Nantua 86 ③ – Thonon 52 ③.

BONNEVILLE

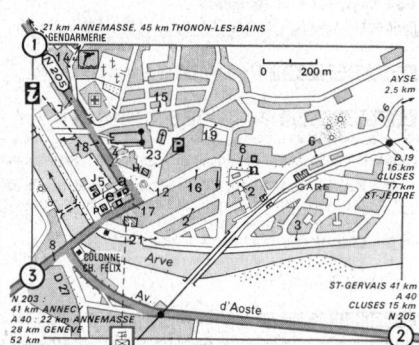

  🏨🏨 ✿ **Sapeur H. et Grill La Vivandière** (Guénon) Ⓜ, pl. de l'Hôtel de Ville **(a)**
     ℘ 97.20.68, « Grill élégant au sous-sol » – 🍴 🔲 rest 📺. 🖭 ⓪ 𝗩𝗜𝗦𝗔. ℁
     fermé 27 août au 11 sept., 26 déc. au 9 janv., dim. soir sauf juil., août et lundi – SC :
     R 80/130 – ☲ 25 – **14 ch** 130/175, 4 appartements 240 – P 190/220
     Spéc. Foie gras d'oie, Suprême de saumon aux écrevisses, Râble de lapereau à la sariette. **Vins**
     Roussette, Gamay rouge.

  🏨 **Alpes**, 85 r. Gare **(n)** ℘ 97.10.47 – 🛏wc 🔥 🕾 🅿. **E** 𝗩𝗜𝗦𝗔
     fermé 1er au 15 juil. et 15 au 30 déc. – SC : **R** *(fermé vend.)* 52/90 ♨ – ☲ 15 – **16 ch**
     100/130 – P 160/180.

  🏨 **Arve**, r. du Pont **(e)** ℘ 97.01.28 – 🛏wc 🔥wc 🕾 🚐. ℁
     fermé sept., vend. soir et sam. – SC : **R** 55/155 – ☲ 15,50 – **17 ch** 78/154 – P 190.

  🏠 **Bellevue** ℁, à Ayse E : 2,5 km par D 6 ℘ 97.20.83, ≤, ☞ – 🛏wc 🔥wc 🅿
     ℁ rest
     1er juil.-1er sept. – SC : **R** 55/91 – ☲ 15,50 – **22 ch** 85/130 – P 127/140.

à St-Pierre-en-Faucigny par ③, D 12 et D 208 : 5 km – ✉ **74800** La Roche-sur-Foron.
Voir Gorge des Eveaux ★ S : 1 km.

Franco-Suisse, ☏ 03.70.01 – ⇔wc Ⓟ
fermé 20 juin au 5 juil. et sam. sauf juil.-août – SC : **R** 55/68 – ☕ 15 – **7 ch** 90/120.

LADA, VOLVO Gar. Bel, le Bouchet à Aysé ☏ 97.25.64
PEUGEOT-TALBOT Andréoléty, 403 av. des Glières par ③ ☏ 97.20.93
Barret, 744 av. de Genève ☏ 97.02.22

BONNEVILLE (La) 95 Val d'Oise 55 ⑳, 196 ⑥ – rattaché à Cergy-Pontoise (Pontoise).

BONNIÈRES-SUR-SEINE 78270 Yvelines 55 ⑱, 196 ② – 3 362 h. alt. 20 – ✪ 3.
Paris 71 – Évreux 34 – Magny-en-Vexin 25 – Mantes-la-Jolie 13 – Vernon 12 – Versailles 56.

XXX ✿ **Host. Bon Accueil** (Mme Paris), rte Vernon : 1,5 km ☏ 093.01.00 – Ⓟ. AE ⓓ VISA
fermé 2 août au 5 sept., vacances de fév., mardi soir et merc. – SC : **R** carte 190 à 220
Spéc. Cassolette de petits gris à la nage, Panaché des pêcheurs, Pigeonneau rôti au coulis d'échalotes.

PEUGEOT-TALBOT Bonnières-Autos, ☏ 093.00.80

BONNIEUX 84480 Vaucluse 81 ⑬ **G. Provence** (plan) – 1 385 h. alt. 400 – ✪ 90.
Voir Tableaux★ dans l'église – Terrasse ≤★.
Syndicat d'Initiative 12 r. République (1er juil.-30 août) ☏ 75.88.34.
Paris 728 – Aix-en-Provence 48 – Apt 13 – Avignon 47 – Carpentras 43 – Cavaillon 26.

Host. du Prieuré , ☏ 75.80.78, , « Ancien Prieuré, beau mobilier », – TV ⇔wc ⋒wc ☎ Ⓟ. ch
15 fév.-15 nov. et fermé mardi – SC : **R** 90/140 – ☕ 30 – **10 ch** 260/290.

César, ☏ 75.80.18 – ⇔wc ⋒ ☎
fermé 15 nov. au 15 déc., 5 janv. au 5 fév. et merc. – SC : **R** 65/95 – ☕ 18 – **14 ch** 106/150.

au SE : 6 km par D 36, D 943 et chemin privé – ✉ **84480** Bonnieux :

L'Aiguebrun , ☏ 74.04.14, ≤, , « dans un vallon du Lubéron, parc » – ⇔wc ☎ Ⓟ. E VISA.
1er avril-31 déc. – SC : **R** *(fermé lundi midi)* carte 130 à 190 – ☕ 22 – **8 ch** 280.

RENAULT Graille, ☏ 75.80.84 N ☏ 75.86.99

BONNY-SUR-LOIRE 45420 Loiret 65 ⑫ – 1 868 h. alt. 149 – ✪ 38.
Office de Tourisme à la Mairie (fermé dim. et lundi) ☏ 31.64.91.
Paris 169 – Auxerre 65 – Clamecy 60 – Cosne-sur-Loire 19 – Montargis 54 – ♦Orléans 86 – Vierzon 76.

Fimotel, NO : 2 km sur N 7 ☏ 31.64.62, ≤ – TV ⇔wc ⋒wc ☎ & Ⓟ – 120. AE VISA
SC : **R** 42/70 – ☕ 16,50 – **46 ch** 160/200 – P 180/250.

RENAULT Gar. Parot, ☏ 31.63.32

BONS-EN-CHABLAIS 74890 H.-Savoie 70 ⑰ – 2 781 h. alt. 548 – ✪ 50.
Syndicat d'Initiative à la Mairie (fermé jeudi après-midi et sam.) ☏ 43.10.30.
Paris 564 – Annecy 60 – Bonneville 29 – ♦Genève 22 – Thonon-les-Bains 15.

XX **Progrès** avec ch, ☏ 43.11.09 – ⇔wc ⋒wc ☎
fermé 1er au 10 mai, 2 au 5 fév., dim. soir et lundi sauf juil.-août – SC : **R** 50/170 – ☕ 16 – **16 ch** 100/140 – P 130/150.

XX **Couronne** avec ch, ☏ 43.11.17, – ⋒wc Ⓟ. AE ⓓ VISA
fermé 20 déc. au 1er fév., dim. soir et lundi – SC : **R** 60/180 – ☕ 15,50 – **14 ch** 66/200.

BORAN-SUR-OISE 60 Oise 56 ⑪, 196 ⑦ – 1 968 h. alt. 36 – ✉ **60530** Neuilly-en-Thelle – ✪ 4.
Paris 41 – Beauvais 43 – Pontoise 27 – Senlis 19.

XX **Ty Noz,** rte Gouvieux ☏ 456.93.69 – Ⓟ. E VISA
fermé août, 1er au 15 fév. et lundi – SC : **R** 88/220.

BORDEAUX 🅿 33000 Gironde **71** ⑨ G. Côte de l'Atlantique – 211 197 h. communaute urbaine 617 705 h. alt. 5 – ✪ 56.

Voir Grand Théâtre★★ CDVX – Cathédrale★ et tour Pey Berland★ CX E – Place de la Bourse★ DX – Basilique St-Michel★ DY F – Place du Parlement★ DX 65 – Façade★ de l'église Ste-Croix DY K – Façade★ de l'église N.-Dame CX D – Musée des Beaux-Arts★★ CX M1 – Établissement monétaire★ de Pessac S B.

🔟 Club Bordelais 🏧 28.13.95, NO par D 109 : 4 km AT ; 🔟🔟 de Bordeaux 🏧 50.92.72, N par D2 : 10 km R ; 🔟🔟 de Cameyrac 🏧 30.96.79, par ② : 18 km.

🛬 de Bordeaux-Mérignac : 🏧 34.84.84 par ⑧ : 11 km.

🚂 🏧 91.34.60.

🖪 Office de Tourisme (fermé dim. hors sais.) et Accueil de France, (Informations, change et réservations d'hôtels, pas plus de 5 jours à l'avance) 12 cours 30-Juillet 🏧 44.28.41, Télex 570362 – A.C. 8 pl. Quinconces 🏧 44.22.92 – Maison du vin de Bordeaux, 1 cours 30-juillet (Informations, dégustation - fermé sam. après-midi et dim.) 🏧 52.82.82 CV **z.**

Paris 583 ① – ◆Lyon 577 ② – ◆Nantes 329 ① – ◆Strasbourg 1 062 ① – ◆Toulouse 253 ⑤.

Plans : Bordeaux p. 1 bis à 5

Sauf indication spéciale, voir emplacement sur Bordeaux p. 4 et 5

🏨🏨 **Frantel** 🅼, 5 r. R.-Lateulade 🏧 90.92.37, Télex 540565 – 📶 🖿 📺 ☎ ⅙ – 🔙 350.
🕮 ⓞ Ε 𝖵𝖨𝖲𝖠. 🍽 rest
BX **w**
SC : rest. **Le Mériadeck** R carte 120 à 190 – ☲ 38 – **196 ch** 363/473.

🏨🏨 **Gd H. et Café de Bordeaux,** 2 pl. Comédie 🏧 90.93.44, Télex 541658 – 📶 🖿 ch
📺 ☎ – 🔙 30 à 50. 🕮 ⓞ Ε 𝖵𝖨𝖲𝖠
CVX **b**
SC : **R** 100/200 – ☲ 25 – **95 ch** 275/370, 3 appartements 660.

🏨🏨 **Normandie** sans rest, 7 cours 30-Juillet 🏧 52.16.80, Télex 570481 – 📶 📺 ☎. 🕮
ⓞ Ε 𝖵𝖨𝖲𝖠
CV **z**
SC : ☲ 25 – **100 ch** 155/295.

🏨🏨 **Majestic** sans rest, 2 r. Condé 🏧 52.60.44 – 📶 📺 ☎ 🚗. 🕮 𝖵𝖨𝖲𝖠
DV **b**
SC : ☲ 22 – **50 ch** 180/260.

🏨🏨 **Terminus,** gare St-Jean ✉ 33800 🏧 92.71.58, Télex 540264 – 📶 📺 ☎ ℗ – 🔙
60. 🕮 ⓞ Ε 𝖵𝖨𝖲𝖠
Bordeaux p. 3 DZ **e**
R 85 bc/120 🍷 – ☲ 28 – **80 ch** 197/344 – P 470/495.

🏨 **Royal Médoc** 🅼 sans rest, 3 r. Sèze 🏧 81.72.42 – 📶 ⌂wc 🎬wc ☎. Ε 𝖵𝖨𝖲𝖠. 🍽
SC : ☲ 24 – **45 ch** 140/225.
CV **u**

🏨 **Tour Intendance** 🅼 sans rest, 16 r. Vieille Tour 🏧 81.46.27 – 📶 ⌂wc 🎬wc ☎.
🕮 ⓞ 𝖵𝖨𝖲𝖠
CX **t**
fermé 27 juil. au 27 août – SC : ☲ 21 – **20 ch** 130/230.

🏨 **Sèze** sans rest, 23 allées Tourny 🏧 52.65.54 – 📶 ⌂wc ☎. 🕮 ⓞ 𝖵𝖨𝖲𝖠
CV **u**
SC : ☲ 23 – **25 ch** 120/245.

🏨 **Français** sans rest, 12 r. Temple 🏧 48.10.35, Télex 550587 – 📶 ⌂wc 🎬wc ☎. 🕮
ⓞ 𝖵𝖨𝖲𝖠
CX **u**
SC : ☲ 19,50 – **36 ch** 132/245.

🏠 **Bayonne** sans rest, 4 r. Martignac 🏧 48.00.88 – 📶 ⌂wc 🎬wc ☎. 🕮
CX **p**
SC : ☲ 20 – **37 ch** 105/205.

🏠 **St-Martin** sans rest, 2 r. St-Vincent-de-Paul ✉ 33800 🏧 91.55.40 – ⌂wc 🎬wc
☎. 𝖵𝖨𝖲𝖠. 🍽
Bordeaux p. 3 DZ **a**
SC : ☲ 20 – **18 ch** 123/230.

🏠 **Modern'H** 🐾, sans rest, 21 r. P.-Loti ✉ 33800 🏧 91.66.11, 🚗 – 🎬wc
Bordeaux p. 3 DZ **v**
SC : 🍴 15,50 – **16 ch** 94/138.

🏠 **Etche Ona** sans rest, 11 r. Mautrec 🏧 44.36.49 – 📶 ⌂wc 🎬wc ☎. 🕮
CVX **f**
fermé 24 déc. au 4 janv. – SC : ☲ 19 – **35 ch** 90/215.

🏠 **Presse** sans rest, 6 r. Porte Dijeaux 🏧 48.53.88 – 📶 ⌂wc 🎬wc ☎. 🍽
CX **s**
SC : ☲ 16 – **26 ch** 90/200.

🏠 **Printania** sans rest, 34 r. Servandoni 🏧 96.56.72 – ⌂wc 🎬 ☎. Ε
BY **f**
SC : ☲ 18 – **17 ch** 75/186.

🏠 **Pyrénées** sans rest, 12 r. St-Rémi 🏧 81.66.58 – 📶 ⌂wc 🎬wc ☎
DX **s**
fermé 13 au 30 août et 23 déc. au 3 janv. – SC : ☲ 15 – **18 ch** 90/180.

🏠 **Centre** sans rest, 8 r. Temple 🏧 48.13.29 – 🎬. 🍽
CX **r**
fermé 17 juil. au 12 août – SC : ☲ 15 – **16 ch** 70/100.

🕸🕸🕸🕸 ✿ **Dubern,** 42 allées Tourny 🏧 48.03.44 – 🕮 ⓞ 𝖵𝖨𝖲𝖠
CV **s**
fermé sam. midi, dim. et fêtes – **R** carte 150 à 200
Spéc. Suprême de bar aux poivrons rouges, Fricassée de homard au Sauternes, Magret de canard.
Vins Graves, Médoc.

🕸🕸🕸 ✿ **Le Rouzic** (Gautier), 34 Cours du Chapeau rouge 🏧 44.39.11 – 🕮 ⓞ Ε 𝖵𝖨𝖲𝖠
DX **b**
fermé dim. midi et sam. – SC : **R** 150/220
Spéc. Queues de langoustines en feuilleté aux morilles et ris d'agneau, Matelote d'anguilles, Rognon de veau à la crème de tourteau. Vins Graves, Médoc.

BORDEAUX

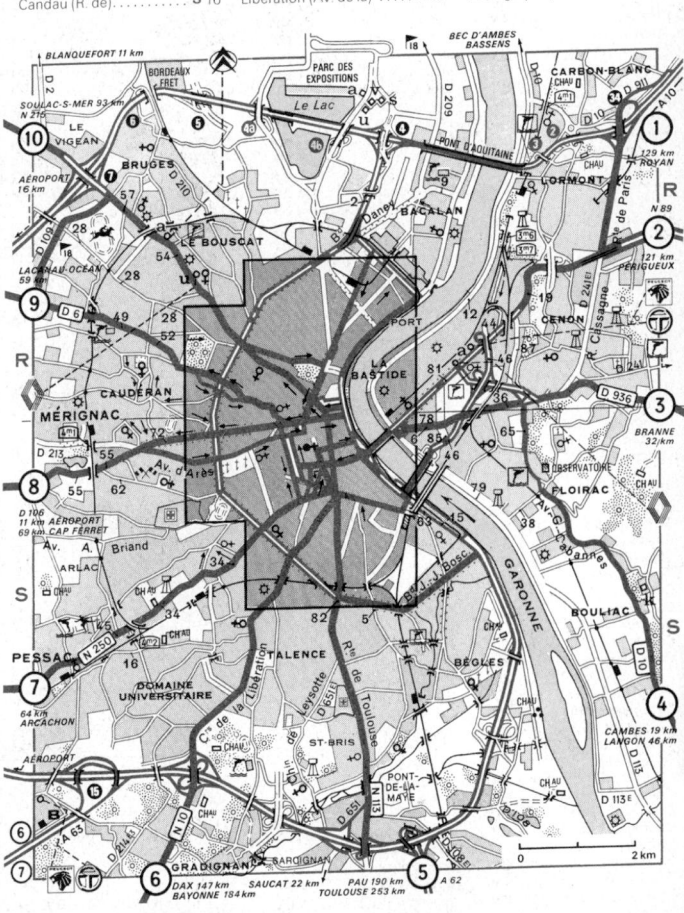

XXX ✿ **Clavel** (Garcia), 44 r. Ch.-Domercq ⊠ 33800 ☎ 92.91.52 – ✿
fermé 10 au 31 juil., vacances de fév., dim. et lundi – SC : **R** carte 170 à 240
Spéc. Feuilleté d'escargots, Foie gras aux fruits, Rêve d'enfant (desserts).

Bordeaux p. 3   DZ **n**
DX **k**

XXX ✿ **Christian Clément**, 58 r. Pas St-Georges ☎ 81.01.39
fermé 25 août au 3 sept., sam. midi et dim. – SC : **R** (nombre de couverts limité -
prévenir) carte 170 à 220
Spéc. Saumon frais au fumet d'huîtres, Filets de rougets au foie gras, Mignon de veau au salpicon
de crustacés. **Vins** Médoc.

tourner →

RÉPERTOIRE DES RUES DU PLAN DE BORDEAUX

Rues du Plan d'agglomération
Voir Bordeaux p. 1 bis

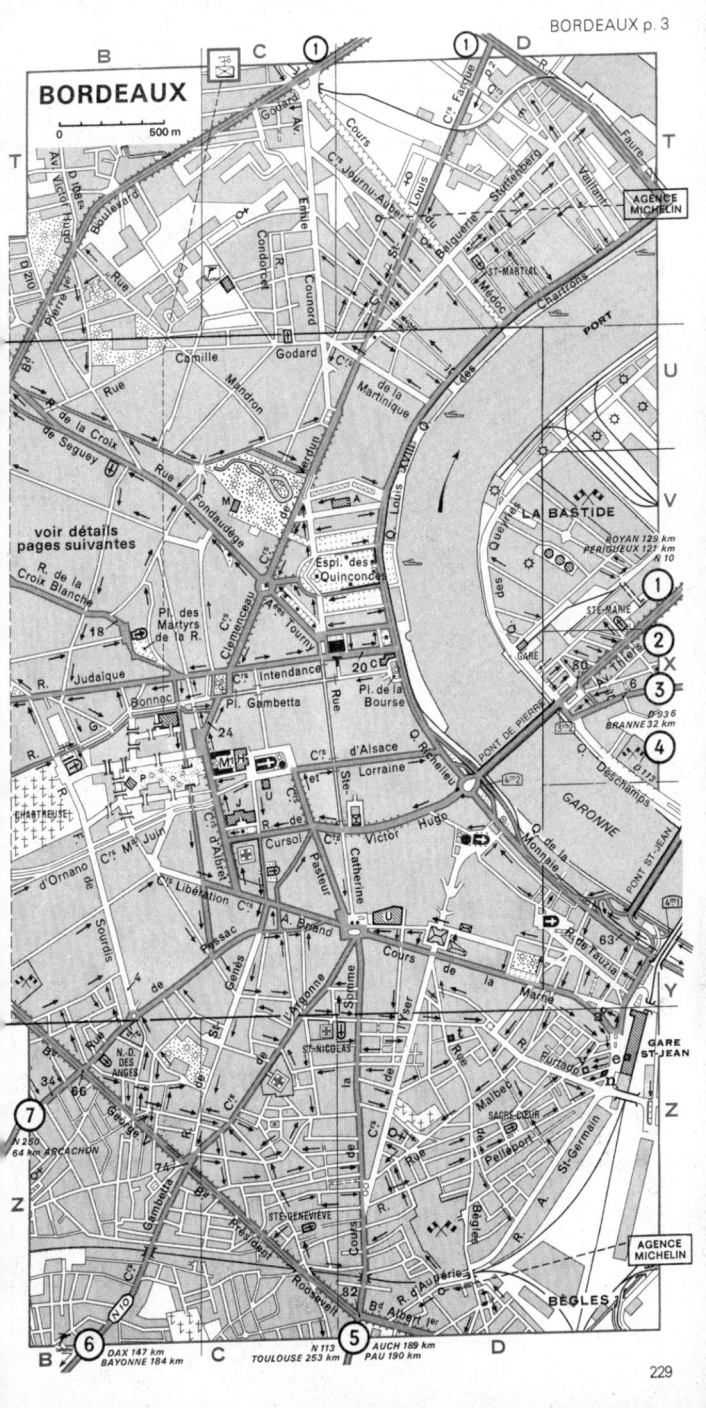

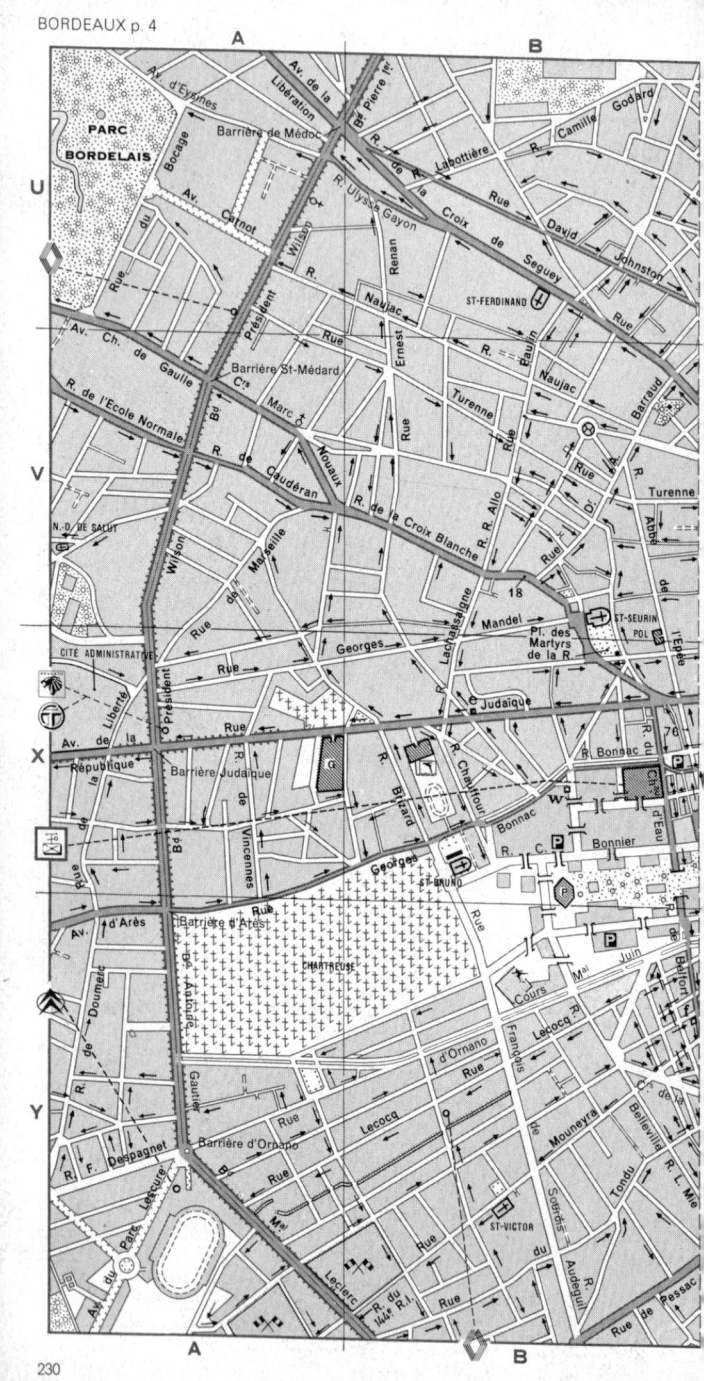

BORDEAUX

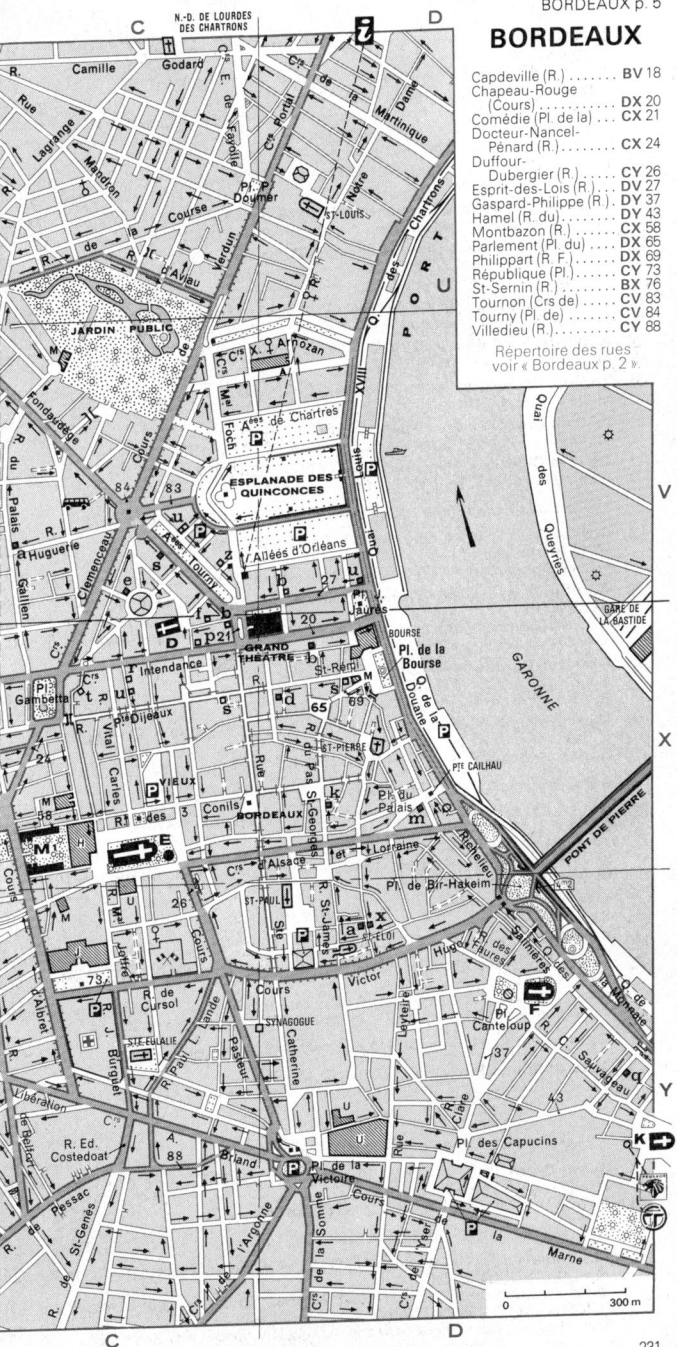

XXX ❀ **La Chamade** (Carrere), 20 r. Piliers de Tutelle ☏ 48.13.74 — 🆎   DX **d**
SC : **R** carte 160 à 220
Spéc. Salade "Chamade", Escalope de filet de canard aux raisins, Tourte paysanne.

XXX ❀ **Ramet,** 7 pl. J. Jaurès ☏ 44.12.51   DV **u**
fermé 24 mars au 8 avril, 13 au 25 août, sam. et dim. — SC : **R** carte 190 à 230
Spéc. Gâteau de St-Jacques (oct.-avril), Escalope de foie au vinaigre de framboises, Ris d'agneau à
la crème (déc.-mai). Vins Podensac, Haut-Médoc.

XX **Le Cailhau,** 3 pl. du Palais ☏ 81.79.91 — 🆎 ⓘ 𝘝𝘐𝘚𝘈   DX **m**
fermé sam. midi et dim. — **R** 130/190.

XX **Le Vieux Bordeaux,** 27 r. Buhan ☏ 52.94.36 — 🆎 ⓘ 𝘝𝘐𝘚𝘈. 🍽   DY **a**
fermé 1er au 28 août, vacances de fév., sam. midi et dim. — SC : **R** 86/139.

XX **Le Buhan,** 28 r. Buhan ☏ 52.80.86 — 🆎 ⓘ 𝘝𝘐𝘚𝘈. 🍽   DY **x**
fermé 15 au 30 juin, 25 déc. au 15 janv., sam. (sauf le soir en hiver) et dim. — SC : **R**
110/160.

XX **La Jabotière,** 86 r. Bègles ✉ 33800 ☏ 91.69.43 — 🆎 ⓘ   Bordeaux p. 3   DZ **t**
fermé août, sam. midi et dim. — SC : **R** 85/195.

XX **Auberge,** 3 r. Buffon ☏ 52.18.50 — 🆎 ⓘ 🇪 𝘝𝘐𝘚𝘈   CV **e**
fermé dim. et fériés — **R** 75/150 🍷.

X **Tupina,** 6 r. Porte de la Monnaie ☏ 91.56.37 — 𝘝𝘐𝘚𝘈   DY **q**
fermé dim. — **R** carte 85 à 130.

X **l'Alhambra,** 111 bis r. Judaïque ☏ 96.06.91 — 🍽   BX **e**
fermé 14 juil. au 15 août, sam. midi et dim. — SC : **R** carte 95 à 145.

X **Chez le Chef,** 14 r. Huguerie ☏ 81.67.07, 🌤. 🆎 ⓘ 𝘝𝘐𝘚𝘈   CV **a**
fermé 1er au 15 oct., 4 au 18 fév., dim. soir et lundi — SC : **R** 60/160.

au Parc des Expositions : Nord de la ville — ✉ **33300** Bordeaux :

🏨 **Sofitel** Ⓜ, ☏ 50.90.14, Télex 540097, 🌤, 🏊, 🍽 — 🛗 ☰ 📺 ☎ ♿ 🅿 — 🔼 120. 🆎
ⓘ 🇪 𝘝𝘐𝘚𝘈. 🍽 rest   R **s**
rest. **La Pinasse R** carte 130 à 165 — ☕ 35 — **95 ch** 320/465, 5 appartements 800.

🏨 **Aquitania** Ⓜ, ☏ 50.83.80, Télex 570557, ≤, 🏊, — 🛗 ☰ 📺 ☎ ♿ 🅿 — 🔼 25 à 600.
🆎 ⓘ 🇪 𝘝𝘐𝘚𝘈   R **u**
rest. **Les Acanthes** *(fermé dim.)* **R** 132 bc/157 bc - **le Pub R** carte environ 110 🍷 — ☕
33 — **204 ch** 290/450, 8 appartements.

🏨 **Novotel-Bordeaux le Lac** Ⓜ, ☏ 50.99.70, Télex 570274, 🌤, 🏊, — 🛗 ☰ 📺 ☎
♿ 🅿 — 🔼 350. 🆎 ⓘ 🇪 𝘝𝘐𝘚𝘈   R **a**
R snack carte environ 90 🍷 — ☕ 28 — **173 ch** 247/270.

🏨 **Mercure** Ⓜ, ☏ 50.90.30, Télex 540077 — 🛗 ☰ 📺 🚽wc ☎ ♿ 🅿 — 🔼 250. 🆎 ⓘ
🇪 𝘝𝘐𝘚𝘈   R **v**
R carte environ 90 🍷 — ☕ 27 — **108 ch** 280/332.

à Bouliac vers ④ — ✉ **33270** Floirac :

XXX ❀❀ **Le St-James** (Amat), pl. C. Hosteins, près église ☏ 20.52.19, ≤, 🌤, 🎐 —
🆎 ⓘ 𝘝𝘐𝘚𝘈. 🍽   S **k**
fermé 15 janv. au 28 fév. et lundi de sept. au 30 avril — **R** 100/200 et carte
Spéc. Terrine d'aubergines au cumin, Langoustines aux raviolis d'huîtres, Râble de lapin au vinaigre
de Xérès. Vins Graves, Haut-Médoc.

Par la sortie ⑥ :

à Talence : 6 km — ✉ **33400** Talence :

🏨 **Guyenne** (Lycée hôtelier) Ⓜ, av. F.-Rabelais ☏ 80.75.08 — 🛗 📺 🚽wc ☎ 🅿.
🍽
fermé vacances scolaires — SC : **R** *(fermé sam. soir et dim.)* (nombre de couverts
limité - prévenir) 62/91 — ☕ 19 — **27 ch** 130/182, 3 appartements 284.

à Courrejan S : 11 km par N 113 et D 108 — ✉ **33140** Pont de la Maye :

XX **Aub. du Vieux Port,** ☏ 87.14.31 — 🅿. 🆎 ⓘ 𝘝𝘐𝘚𝘈
fermé 1er au 24 août, 27 déc. au 4 janv., dim. soir et mardi — SC : **R** 85/145.

Par la sortie ⑦ :

à Pessac : 7 km — 50 543 h. — ✉ **33600** Pessac :

🏨 **Royal Brion** Ⓜ 🛏 sans rest, 10 r. Pin Vert ☏ 45.07.72 — 📺 🚽wc 🔔wc ☎ ♿
🌀 🅿 — 🔼 30. 🆎 ⓘ
fermé 23 déc. au 17 janv. — SC : ☕ 19,50 — **25 ch** 177/231.

à l'Alouette : 9 km — ✉ **33600** Pessac :

🏨 ❀ **La Réserve** Ⓜ 🛏, av. Bourgailh ☏ 07.13.28, Télex 560585, 🍽, « Parc » — 📺
🅿 — 🔼 70. 🆎 ⓘ
fermé vacances de Noël, hôtel : sam. en hiver, rest. : sam. sauf le soir en été — **R**
120/220 — ☕ 25 — **20 ch** 160/410
Spéc. Mousse de persil, Paupiettes de sole, Magret aux framboises. Vins Graves, Médoc.

Par la sortie ⑧ :

à Mérignac : 5 km par D 106 et D 213 – ⊠ **33700** Mérignac :

XX **Charmilles** avec ch, 408 av. de Verdun ☏ 97.53.01, 斎, 舞 – 🏧wc **Ⓟ**
fermé 31 juil. au 27 août, sam. soir et dim. – SC : **R** 70/150 – ⊆ 15 – **16 ch** 60/90.

à l'Aéroport : 11 km par D 106E – ⊠ **33700** Mérignac :

🏨 **Novotel-Mérignac** Ⓜ, ☏ 34.10.25, Télex 540320, 斎, 🏊, 舞 – 📧 📺 ☎ 🔥 **Ⓟ** –
🏧 25 à 200. 🅰🅴 ⓞ 🅴 𝐕𝐈𝐒𝐀
R snack carte environ 90 ⅃ – ⊆ 28 – **100 ch** 250/292.

Par la sortie ⑨ :

à la Forêt : 8,5 km par ⑨ – ⊠ **33320** Eysines :

XX **Les Tilleuls,** ☏ 28.04.56, 斎 – **Ⓟ**. ⁓
fermé août, 25 au 30 déc., sam. (sauf le midi du 15 sept. au 30 juin) et dim. – SC : **R**
carte 120 à 170.

à St-Médard-en-Jalles : 15 km – 18 665 h. alt. 13 – ⊠ **33160** St-Médard-en-Jalles :

🏨 **La Chaumière** ⑤, rte Lacanau : 1 km ☏ 05.07.64, 舞 – 🏧wc ☎ **Ⓟ** – 🏧 60.
𝐕𝐈𝐒𝐀. ⁓ ch
SC : **R** *(fermé lundi et le soir : dim. et fêtes)* 66/110 – ⊆ 11 – **22 ch** 113/124.

X **Tournebride,** rte Porge : 2 km ☏ 05.09.08 – **Ⓟ** 🅰🅴 𝐕𝐈𝐒𝐀 – SC : **R** 55
fermé juil., 12 au 21 fév., mardi soir et merc. soir du 1er nov. au 1er mai – SC : **R** 55
bc/150 bc.

MICHELIN, Agences régionales, 20 r. Aupérie DZ ☏ 92.70.25 et 72 cours Journu-Auber
DT ☏ 39.41.04

BMW S.A.C.A, 161 av. Thiers ☏ 86.86.86
CITROEN Gar. Parc Sports, 2 av. Parc-Lescure
AY ☏ 98.65.63
DATSUN Daret Autom., 5 r. Chevalier ☏ 81.
01.32
FERRARI, JAGUAR, ROVER Mercier, 166 r.
de la Benauge ☏ 86.21.33
FIAT Gar. d'Aquitaine, 19 pl. Victoire ☏ 91.
60.54
LADA Berrous 158 crs de la Marne ☏ 92.86.08
LANCIA-AUTOBIANCHI Anglada, 44 r.
Temps-Passé ☏ 52.10.60
PEUGEOT, TALBOT S.I.A.S.O., 350 av. Thiers
R a ☏ 86.84.02
PEUGEOT-TALBOT S.I.A.S.O. 90 Bd Wilson
AX ☏ 96.80.62
PEUGEOT, TALBOT Girondine-Automobiles,
8 pl. Renaudel DY ☏ 91.54.15
RENAULT Succursale, 236 av. Thiers R a ☏
86.24.09 𝐍

RENAULT Richard, 62 r. Héron BY ☏ 96.61.52
RENAULT Gar. Wilson, 273 bd Wilson, AU ☏
08.70.50
V.A.G. Splendid-Gar 76 r. Chevalier ☏ 24.55.55
Mondial Autos, 146 cours Médoc ☏ 39.45.78

🅿 Bordeaux Pneus, 56 quai de Paludate ☏ 85.
61.53
Bouyssalet-Pneus, 83 r. de Tauzia ☏ 91.49.54
Casanave, 35 quai des Chartrons ☏ 52.53.50
Central-Pneu, 80 cours Dupré-de-St-Maur ☏
50.84.58
Comet, 91 av. République ☏ 02.43.80
Compt. Cent. Pneum. r. p.-Baour, Centre Com-
mercial Bordeaux Nord ☏ 50.23.00
Durieux, 103 r. Croix-Blanche ☏ 81.62.00
Station du Pneu, 226 av. Thiers ☏ 86.24.13

Périphérie et environs

ALFA-ROMEO Auto-Sport, av. J.-F.-Kennedy,
Mérignac ☏ 34.16.14
AUTOBIANCHI, FIAT, LANCIA Auto-Port, 83
bd Godard, Le Bouscat ☏ 50.84.84
BLF Stewart et Arden, 24 av. de la Marne Mé-
rignac ☏ 96.86.62
BMW Patrick Mercier Autom., rte de Marti-
gnas à Mérignac ☏ 34.28.22 𝐍 86.61.70
CITROEN Succursale, 357 av. Libération, Le
Bouscat R a ☏ 08.84.84
CITROEN Succursale, 411 rte Toulouse, Ville-
nave d'Ornon S ☏ 37.37.37
FIAT Daret, 54 av. Jean-Jaurès, Pessac ☏ 45.
02.42
FORD Palau, 419 rte du Médoc, Bruges ☏
28.84.66
MAZDA Cammas, 295 av. Libération, Le
Bouscat ☏ 08.84.70
MERCEDES-BENZ SO.BO.VA., 7 av. Rivière,
Cenon ☏ 86.14.09 262 av. Libération, Le Bous-
cat ☏ 08.78.85
OPEL-GM-US Pigeon, 469 rte de Médoc, Bru-
ges ☏ 28.84.28 𝐍 ☏ 87.20.99

PEUGEOT, TALBOT Auto-Pessac, av. G.-Eiffel,
Parc Industriel, Pessac S ☏ 36.25.21
PEUGEOT, TALBOT S.I.A.S.O, 84 av. Libéra-
tion, Le Bouscat AT ☏ 08.84.89
PORSCHE, MITSUBISHI Egreteaud, 14bis av.
J.-Jaurès, Cenon ☏ 86.14.27
RENAULT Pessac-Autos, 306 av. Pasteur,
Pessac par ⑦ ☏ 36.25.64 𝐍 36.25.80
RENAULT Succursale, 253 av. Libération, Le
Bouscat R u ☏ 08.84.24
RENAULT Succursale Pont-de-la-Maye, 50 av.
des Pyrénées, à Villenave d'Ornon par ⑤ ☏
87.84.60 𝐍
V.A.G. Splendid-Gar., av. Libération, Lormont
☏ 32.66.66, 422 av. Libération, Le Bouscat ☏
02.10.08 et 413 rte Toulouse, Pont de la Maye
☏ 37.22.82

🅿 Comptoir Aquitain du Pneu, 7 r. Marceau à
Talence ☏ 04.31.42
Vallejo, Zone Ind. de Pinel, av. G.-Cabannes à
Floirac ☏ 86.40.62

Larges, par Michelin
MXL · MXV · TRX

BORMES-LES-MIMOSAS 83230 Var 🅱️4 ⑯ G. Côte d'Azur – 3 841 h. alt. 120 – ☺ 94.
Voir Site★ – ⇜★ du château – Forêt domaniale du Dom★ N : 4 km.
🏌️ de Valcros �💬 66.81.02, NO : 12 km.
🇮 Office de Tourisme, r. J.-Aicard (fermé sam. après-midi, dim. et lundi matin) �💬71.15.17.
Paris 879 – Hyères 22 – Le Lavandou 5 – Ste-Maxime 39 – ◆Toulon 40.

🏨 **Palma** Ⓜ️, N 559 �💬 71.17.86, 😈 – ⚌wc 🅿️ 🅰️🅴 ⓘ 🅴
  *fermé nov. – SC : **R** (fermé dim. soir et lundi d'oct. à juin) 110/120 – ⚌ 22 – **20 ch**
  180/280.*

🏨 **Safari H.** Ⓜ️ 🍽, rte Stade �💬 71.09.83, ≤ baie et les îles, 🏊, 🌳, 🍽 – ⚌wc 🅿️
  🅿️ ⓘ 🅴 🆅🅸🆂🅰 🛁
  *1er avril-10 oct. – SC : **R** Grill (fermé dim.) (dîner seul.) carte environ 100 – ⚌ 24 –
  33 ch 280/380.*

🏨 **Paradis H.** 🍽 sans rest, Mont des Roses quartier du Pin �💬 71.06.85, ≤, 🌳 –
  ⚌wc 🕿 🅿️ 🛁
  *fin mars-10 oct. – SC : ⚌ 13 – **20 ch** 180/220.*

🏠 **Belle-Vue**, pl. Gambetta �💬 71.15.15, ≤, 😈 – 🕸
  *1er fév.-1er oct. – SC : **R** 85/95 – ⚌ 14 – **15 ch** 75/120 – P 200/215.*

XX **Tonnelle des Délices**, pl. Gambetta �💬 71.34.84, 😈 –
  *1er avril-30 sept. et fermé le midi sauf sam. et dim. – SC : **R** 100/150.*

X **La Cassole**, ruelle Moulin �💬 71.14.86
  *fin mars-mi oct. ; fermé le midi du 15 juin au 15 sept. et le lundi sauf fériés – SC : **R**
  85/150.*

  à Cabasson S : 8 km par D 41 – ⌧ 83230 Bormes-les-Mimosas :

🏠 **Palmiers** 🍽 transformations prévues, �💬 64.80.00, 🌳 – 🅿️
  *fermé 6 janv. au 10 fév. – **21 ch**.*

BORNY 57 Moselle 🅵7 ⑭ – rattaché à Metz.

BORT-LES-ORGUES 19110 Corrèze 🅷6 ② G. Auvergne – 4 950 h. alt. 430 – ☺ 55.
Voir Barrage★★ N : 1 km – Orgues de Bort★ : ⋇★★ SO : 3 km puis 15 mn.
🇮 Office de Tourisme Pavillon de Tourisme (fermé. sam. après-midi hors sais. et dim. sauf matin
en saison) �💬 96.02.49.
Paris 470 – ◆Clermont-Fd 84 – Mauriac 30 – Le Mont-Dore 48 – St-Flour 88 – Tulle 71 – Ussel 31.

🏨 **Central**, 65 av. Gare �💬 96.74.82 – ⚌wc 🕸wc 🕿 ♿ ⬛ – 🔺 50. 🅴 🆅🅸🆂🅰 🛁 ch
◆ *fermé 10 janv. au 1er mars, dim. soir et lundi du 15 sept. au 15 juin – SC : **R** 50/150 –
  ⚌ 18 – **25 ch** 68/150 – P 195/220.*

🏠 **Pavillon et Barrage**, Champ de Foire �💬 96.72.09, 🌳 – ⚌wc. 🆅🅸🆂🅰
◆ *fermé 10 déc. au 10 janv., dim. et lundi midi hors sais. – SC : **R** 36/55 🍷 – ⚌ 14 –
  10 ch 65/105 – P 135/170.*

🏠 **Gare**, av. Gare �💬 96.00.47 – 🕸wc 🚗 🅴 🆅🅸🆂🅰
  R 50/58 🍷 – ⚌ 16 – **25 ch** 70/155 – P 155/200.

🏠 **Val H.** sans rest, av. Gare �💬 96.02.56 – 🕸
  *fermé 30 mai au 13 juin et 5 au 15 oct. – SC : ⚌ 15 – **9 ch** 60/90.*

🏠 **Barrage** sans rest, 851 av. Gare �💬 96.73.22 – 🕸. 🛁
  *20 juin-20 sept. – SC : ⚌ 13 – **12 ch** 53/77.*

  à Veillac (15 Cantal) N : 5 km sur D 922 – ⌧ 15270 Champs-sur-Tarentaine – ☺ 71.
  Voir Val : site★★, château★ NO : 4 km.

X **Beau Rivage** avec ch, �💬 40.31.11 – 🕸wc 🅿️ 🛁 rest
◆ *fermé janv. et fév. – SC : **R** 35/90 🍷 – ⚌ 15 – **8 ch** 65/105 – P 115/150.*

BMW, TOYOTA Gar. Carloni, �💬 96.70.59 🅽
CITROEN Serre, à Lanobre �💬 40.30.06
FORD Rouel, à Granges ⍰ 96.71.40
PEUGEOT, TALBOT Monteil, à Lanobre ⍰ 40.
30.05 🅽
PEUGEOT Vergeade, ⍰ 96.74.78

BORT-L'ÉTANG 63 P.-de-D. 🅷3 ⑮ – rattaché à Lezoux.

BOSSEY 74 H.-Savoie 🅷4 ⑥ – 450 h. – ⌧ 74160 St-Julien-en-Genevois – ☺ 50.
Paris 544 – Annecy 36 – Annemasse 8 – ◆Genève 6 – St-Julien-en-Genevois 6.

🏯 **Salève**, ⍰ 43.60.76, 😈 –
◆ *fermé 20 déc. au 10 janv. et sam. – SC : **R** 40/55 – 🍽 12 – **10 ch** 55/65 – P 100/120.*

Les BOSSONS 74 H.-Savoie 🅷4 ⑧ – rattaché à Chamonix.

BOUCONVILLE-SUR-MADT 55 Meuse 🅵7 ⑫ – 83 h. alt. 238 – ⌧ 55300 St-Mihiel – ☺ 29.
Env. Butte de Montsec : ⋇★★, monument★ N : 13 km, G. Vosges.

X **Relais des Deux Cheminées**, ⍰ 91.07.29 – 🅿️ 🛁
  *fermé 1er au 15 sept. et 1er au 15 fév., lundi soir et mardi – SC : **R** (nombre de
  couverts limité, prévenir) 90/130 🍷.*

BOUGIVAL 78 Yvelines 55 ⑳, 101 ⑬ – voir à Paris, Environs.

BOUILLAND 21 Côte-d'Or 66 ⑪ **G. Bourgogne** – 136 h. alt. 410 – ✉ **21420** Savigny-lès-Beaune – ✆ 80.

Paris 304 – Autun 55 – Beaune 16 – Bligny-sur-Ouche 12 – ♦Dijon 44 – Saulieu 55.

XXX **Host. du Vieux Moulin** ⛰ avec ch, ☎ 21.51.16, ← – ⇔wc ☎ Ⓟ. AE ⓞ VISA
fermé 17 déc. au 24 janv., jeudi midi et merc. sauf fériés – SC : **R** (nombre de couverts limité - prévenir) 120/160 – ☕ 28 – **8 ch** 160/195.

La BOUILLE 76 S.-Mar. 55 ⑥ **G. Normandie** – 550 h. alt. 5 – ✉ **76530** Grand Couronne – ✆ 35.

Voir Château de Robert le Diable★ : ✻★ SE : 3 km – Moulineaux : vitrail★ de l'église E : 3 km.

Bac : renseignements ☎ 23.80.37.

Paris 137 – Bernay 41 – Elbeuf 15 – Louviers 30 – Pont-Audemer 35 – ♦Rouen 20.

XXX ✿ **St-Pierre** (Kukurudz) avec ch, ☎ 23.80.10, ←, 🌳 – ⇔wc ⋔wc ☎. VISA. ✂
fermé 30 oct. au 16 nov., vacances de fév., mardi soir et merc. du 1er nov. au 31 mars – SC : **R** 120/180 – ☕ 25 – **7 ch** 200/250
Spéc. Escalopine de Caneton au vinaigre de cidre, Soufflé au calvados.

XX **Les Gastronomes,** ☎ 23.80.72 – AE ⓞ VISA
fermé 10 au 30 sept., vacances de fév., merc. soir et jeudi – SC : **R** 87/200.

XX **Maison Blanche,** ☎ 23.80.53, ← – VISA
fermé 15 juil. au 3 août, 16 déc. au 5 janv., dim. soir et lundi – **R** 90/145.

XX **Poste,** ☎ 23.83.07, ← – VISA
fermé 24 déc. au 21 janv., lundi soir et mardi – SC : **R** 85/180.

BOUILLY 38 Isère 77 ④ – rattaché à Lans-en-Vercors.

BOULIAC 33 Gironde 71 ⑨ – rattaché à Bordeaux.

BOULIGNEUX 01 Ain 74 ② – rattaché à Villars-les-Dombes.

BOULOGNE-BILLANCOURT 92 Hauts-de-Seine 55 ⑳, 101 ㉔ – voir à Paris, Environs.

BOULOGNE-SUR-MER ⟨SP⟩ **62200** P.-de-C. 51 ① **G. Nord de la France** – 48 349 h. – Casino Y – ✆ 21.

Voir Ville haute★★ YZ : Coupole★, Crypte et trésor★ de la basilique Y **B**, ←★ du Beffroi YZ **D**, – perspectives★ des remparts YZ – Calvaire des marins ←★ X **E** – Colonne de la Grande Armée★ : ✻★★ 5 km par ① – Corniche de la Côte d'Opale★ par ①.

Env. St-Étienne-au-Mont ←★ 7 km par ④.

⛳18 de Wimereux ☎ 32.43.20 par : ① 8 km.

🚗 ☎ 30.78.77.

🛈 Office de Tourisme quai Chanzy (fermé dim. et lundi hors sais.) ☎ 31.68.38 - A.C. 63 av. J.-F.-Kennedy ☎ 92.26.90.

Paris 300 ③ – ♦Amiens 122 ④ – Arras 120 ④ – ♦Calais 34 ② – ♦Le Havre 249 ④ – ♦Lille 116 ③ – ♦Rouen 179 ④.

Plans page suivante

🏨 **Métropole** sans rest, 51 r. Thiers ☎ 31.54.30, 🌳 – 🛗 ⇔wc ⋔wc ☎ — Z e
fermé 16 déc. au 6 janv. – SC : ☕ 16 – **27 ch** 101/190.

🏨 **Faidherbe** sans rest, 12 r. Faidherbe ☎ 31.60.93 – 🛗 ⇔wc ⋔wc ☎ — Z t
SC : ☕ 20 – **35 ch** 135/197.

🏨 **Ibis,** bd Diderot ☎ 30.12.40, Télex 160485 – 🛗 TV ⇔wc – 🏛 40. E VISA — Z a
SC : **R** carte environ 65 🍷 – ☕ 18 – **79 ch** 168/192.

🏨 **Lorraine** sans rest, 7 pl. Lorraine ☎ 31.34.78 – ⇔wc ⋔wc ☎. ✂ — Y v
fermé 15 déc. au 15 janv. et dim. du 15 nov. au 15 mars – SC : ☕ 15 – **21 ch** 95/150.

🏨 **Londres** sans rest, 22 pl. France ☎ 31.35.63 – 🛗 ⇔wc ⋔wc ☎. VISA — Z n
fermé dim. du 15 nov. au 15 mars – SC : ☕ 15 – **20 ch** 95/130.

XXX ✿ **La Matelote** (Lestienne), 80 bd Ste-Beuve ☎ 30.17.97 – E VISA — Y q
fermé 15 juin au 1er juil., 22 déc. au 15 janv., dim. soir et mardi – SC : **R** carte 135 à 190
Spéc. St Jacques en papillote (oct. à avril), Filets de turbotin aux écrevisses, Gâteau de langoustines à la mousse de courgettes.

XXX **La Liègeoise,** 10 r. A.-Monsigny ☎ 31.61.15 – AE ⓞ E VISA — Z s
fermé dim. soir et vend. – SC : **R** 82/190.

XX **Plage** avec ch, 124 bd Ste-Beuve ☎ 31.45.35 – ⇔ ⋔ — Y r
fermé 15 déc. au 20 janv., dim. soir et lundi du 15 sept. au 1er juil. – SC : **R** 59/120 🍷 – ☕ 14,50 – **10 ch** 85/120.

BOULOGNE-SUR-MER

Faidherbe (R.) . . . . . Y
Grande-Rue . . . . Z
Lampe (R. de la) . . . . Z 33
Thiers (R. Adolphe) . Y 58
Victor-Hugo (R.) . . . . Z

Adam (R. H.) . . . . X 2
Alsace (R. d') . . . . . . Z 3
Ansart-Rault (R.) . . . X 4
Apolline (R.) . . . . X 5
Aumont (R. d') . . . . . Z 7
Beaucerf (Bd) . . . . . . Z 8
Beaurepaire (R. de) . X 9
Bras-d'Or (R. du) . . . Z 12
Chanoine-Pillons (R.) . . . . . . X 16
Colonne (R. de la) . . X 17
Diderot (Bd) . . . . X 18
Duflos (R. Louis) . . . X 19
Dutertre (R.) . . . . Y 20
Égalité (R. de l') . . . . X 22
Entente-Cordiale (Pont de l') . . . . . . Z 23
Huguet (Bd A.) . . . . . X 29
Jaurès (Bd Jean) . . . X 30
J.-J.-Rousseau (Bd) X 32
Lavocat (R. Albert) . . X 34
Liberté (Bd de la) . . . X 35
Lille (R. de) . . . . Y 37
Marguet (Pont) . . . . . Z 38
Michelet (R. Jules) . . X 39
Montesquieu (Bd) . . X 40
Mont-Neuf (R. du) . . X 42
Orme (R. de l') . . . . . X 44
Perrochel (R.) . . . . . . Z 47
Porte-Neuve (R.) . . . . Y 48
Puits-d'Amour (R.) . . Z 49
Résistance (Pl.) . . . YZ 50
St-Louis (R.) . . . . Y 54
St-Omer (R. de) . . . . Y 55
Ste-Beuve (Bd) . . . . X 57
Tour-N.-Dame (R.) . . Y 59
Voltaire (Bd) . . . . Z 62
Wicardenne (R. de) . X 63

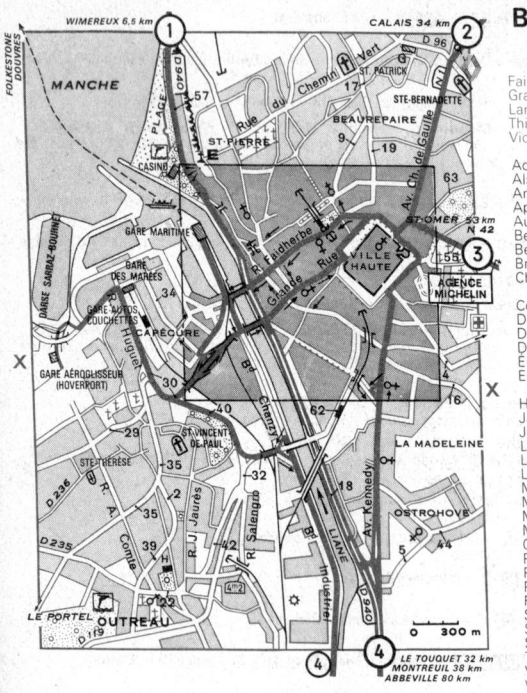

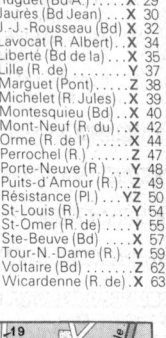

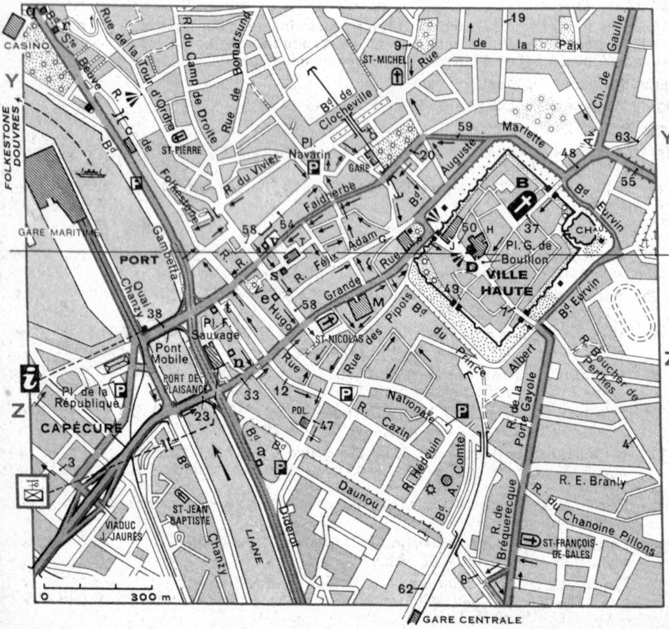

à Pont-de-Briques par ④ : 5 km – ⊠ **62360** Pont-de-Briques St-Étienne :

XXX ❀ **Host. de la Rivière** (Martin) avec ch, 17 r. Gare ℡ 32.22.81 – ⚯ ch
fermé en août, 3 au 11 mars, dim. soir et lundi – SC : R 75/180 – ☲ 13 – **10 ch**
72/115 – P 230/250
Spéc. Pâté chaud aux trois poissons, Sole braisée au vinaigre de cidre, Millefeuille.

au Portel SO : 5 km – 11 074 h. – ⊠ **62480** Le Portel.

🛈 Office de Tourisme pl. Poincaré (juin-sept.) ℡ 31.45.93.

🏔 **Beau Rivage,** pl. Mgr.-Bourgain ℡ 31.59.82 – ▥. VISA. ⚯ ch
fermé 1er déc. au 1er fév., vend. soir et dim. soir – SC : R 50/120 ⚬ – ☲ 16 – **11 ch**
85/135 – P 120/160.

X **Gd Large,** r. Mar.-Foch ℡ 31.71.51 – VISA
fermé janv. et vend. soir du 1er oct. au 1er mai – R 50/90 ⚬.

à La Capelle-lès-Boulogne par ③ : 7 km – ⊠ **62360** Pont-de-Briques St-Étienne :

XX **Aub. de la Forêt,** ℡ 31.82.05 – ❷. AE ⓞ E VISA
fermé fév., dim. soir et mardi – SC : R 69/120 ⚬.

MICHELIN, Agence, r. P.-Martin, Z.I. Inqueterie à St-Martin Boulogne par ③ 92.29.48

ALFA-ROMEO, OPEL Gar. St-Christophe, bd
Liane, Zone Ind. ℡ 92.09.11
BMW Éts Cornuel-Boulogne, 13 r. Quéhen ℡
91.11.14
CITROEN Succursale, bd Liane par bd Indus-
triel, Zone Ind. à St-Léonard ℡ 92.21.11 N
FIAT Gar. Avenue, bd Liane, Zone Ind. ℡ 30.
44.11
FORD Gar. de Paris, 33 av. Kennedy ℡ 92.05.22
PEUGEOT-TALBOT Venière, 122 bd Liane par
bd Industriel, Zone Ind. ℡ 31.97.40
RENAULT Balavoine, r. de Calais à St-Martin-
les-Boulogne ℡ 92.24.22 N

RENAULT Legrand Boulogne, bd Liane par
bd Industriel, Zone Ind. ℡ 91.18.44 N
V.A.G. Gar. Eau-Belle, Parking Auchan à St-
Martin-les-Boulogne ℡ 92.19.37

🛞 Peuvion-Pneus, 12 r. de Constantine ℡ 31.
85.62
Pneu Fauchille, 10 r. Gerhard-Hansen ℡ 91.
04.44
Renova-Pneu, 3 pl. du Franc Marché ℡ 80.72.72

Le BOULOU 66160 Pyr.-Or. 86 ⑱ G. Pyrénées – 4 292 h. alt. 89 – Stat. therm. (10 avril-31 oct.)
– Casino – ❀ 68.

🛈 Syndicat d'Initiative pl. Mairie (fermé sam. après-midi et dim.) ℡ 83.15.60.
Paris 931 – Amélie-les-Bains 16 – Argelès-sur-Mer 19 – Barcelona 165 – Céret 9 – ◆Perpignan 24.

🏨 **Relais des Chartreuses** M ⚞, SE : 4,5 km par D 618 ℡ 83.15.88, ≤, 🎄, ⚊,
🎄, ⚯ – ⌁wc ☎ ♿ ❷
fermé 12 nov. au 24 déc. et lundi – SC : R (prévenir) carte environ 200 – ☲ 25 –
10 ch 245/290.

🏚 **Grillon d'Or,** r. République ℡ 83.03.60, Télex 500483, ⚊ – ▤ ⌁wc ▥wc ☎ ⇦
❷. AE ⓞ E VISA
hôtel fermé 4 janv. au 10 fév. ; rest. fermé 1er au 13 nov., 1er janv. au 15 fév. et merc.
de nov. à mai – SC : R 45/80 ⚬ – ☲ 16 – **40 ch** 93/156 – P 185/230.

🏚 **Canigou,** r. Bousquet ℡ 83.15.29 – ⌁wc ▥wc. VISA. ⚯ rest
15 avril-31 oct. – SC : R 50/120 – ☲ 18 – **17 ch** 86/195 – P 170/220.

🏔 **Centre** sans rest, r. Arago ℡ 83.15.73 – ▥
1er mars-30 nov. – SC : ☲ 12 – **27 ch** 70/99.

à l'Écluse S : 4 km par rte Perthus – ⊠ **66400** Céret :

🏨 **Aub. de l'Écluse** M, ℡ 83.15.70, 🎄, « Cadre style catalan », ⚊, 🎄, ⚯ – TV
☎ ❷ – 🛣 30. ⓞ VISA
fermé fév., lundi et mardi – SC : R 85/225 – ☲ 30 – **21 ch** 230/450 – P 690/910.

à Vivès O : 5 km par D 115 et D 13 – ⊠ **66400** Céret :

X Hostalet de Vivès, ℡ 83.05.52.

CITROEN Monforte, ℡ 83.17.28

RENAULT Montigny, ℡ 83.17.29

BOULOURIS 83 Var 84 ⑧, 195 ㉝ – rattaché à St-Raphaël.

BOUNIAGUES 24 Dordogne 75 ⑮ – 462 h. alt. 140 – ⊠ **24560** Issigeac – ❀ 53.
Paris 567 – Beaumont 23 – Bergerac 13 – Périgueux 60 – Villeneuve-sur-Lot 47.

XX **Voyageurs** avec ch, ℡ 58.32.26, 🎄, 🎄 – ▥ ❷
fermé 15 oct. au 15 nov. et lundi – SC : R 40/160 ⚬ – ☲ 16 – **13 ch** 70/120 –
P 125/150.

PEUGEOT Gouyou, ℡ 58.32.32

Le BOUPÈRE 85510 Vendée 67 ⑮ G. Côte de l'Atlantique – 2 893 h. alt. 123 – ❀ 51.
Paris 383 – Bressuire 36 – Cholet 34 – Les Herbiers 14 – ◆Nantes 77 – La Roche-sur-Yon 50.

🏚 **Le Bocage,** ℡ 91.42.82 – ⌁ ▥. E VISA
SC : R *(fermé lundi hors sais.)* 37/175 ⚬ – ☲ 13,50 – **12 ch** 65/106 – P 138/165.

237

BOURBON-LANCY 71140 S.-et-L. **69** ⑯ G. Bourgogne – 6 507 h. alt. 276 – Stat. therm. (15 avril-15 oct.) – ☸ 85.

Voir Maison de bois et tour de l'horloge★ B.

🛈 Office de Tourisme (fermé matin hors sais. et dim.) avec A.C. pl. Aligre ☎ 89.18.27.

Paris 312 ④ – Autun 62 ① – Mâcon 112 ③ – Montceau-les-M. 53 ② – Moulins 36 ④ – Nevers 72 ④.

BOURBON-LANCY

Pour un bon usage des plans de villes, voir les signes conventionnels p. 21.

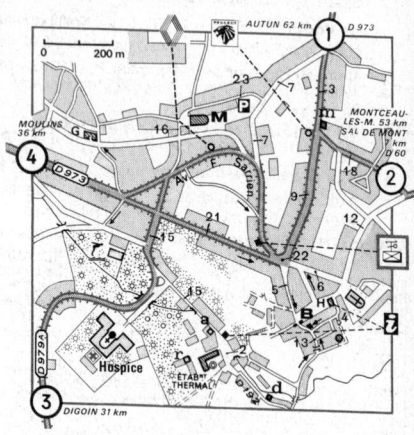

🏨 **Gd Hôtel** ⚭, (r) ☎ 89.08.87, parc – 🛗 ⌂wc 🚿wc ☎ 🅿
15 avril-15 oct. – SC : **R** 52/90 – ☲ 14,50 – **22 ch** 77/161 – P 149/231.

🏨 **La Roseraie** sans rest, r. Martyrs-de-la-Libération (a) ☎ 89.07.96, 🌴 – ⌂wc ☎ ⚙ 🅿
15 avril-1er nov. – SC : ☲ 18 – **12 ch** 75/175.

XX ☼ **Raymond** avec ch, 8 r. Autun (m) ☎ 89.17.39 – 🍽 rest ⌂wc 🚿wc ☎ 🅿 🟦 E
VISA 🚿 rest
fermé 28 avril au 4 mai, 17 nov. au 7 déc., dim. soir de nov. à fin mai, vend. soir, sam. midi sauf juil. et août – SC : **R** (nombre de couverts limité - prévenir) 60/200 – ☲ 16 – **19 ch** 70/160 – P 160/240
Spéc. Andouillette de cèpes (saison). Fricassée d'écrevisses, Bavarois au caramel.

XX **Villa Vieux Puits** ⚭ avec ch, 7 r. Bel-Air (d) ☎ 89.04.04, 🌴 – 🚿 . **VISA**
Pâques-mi déc. et fermé lundi hors sais. – SC : **R** 60/150 🍸 – ☲ 16,50 – **17 ch** 65/160 – P 120/150.

CITROEN Blanc, 47 av. Puzenat par ④ ☎ 89.11.07
PEUGEOT Puzenat, 41 av. Gén.-de-Gaulle ☎ 89.16.14

RENAULT Ségaud, 30 av. F.-Sarrien ☎ 89.19.38 **N**

BOURBON-L'ARCHAMBAULT 03160 Allier **69** ⑬ G. Auvergne – 2 550 h. alt. 260 – Stat. therm. – ☸ 70.

Voir Allées Montespan ≼★ B – Château ≼★ E.

Env. St-Menoux : chœur★★ de l'église★ 9 km par ②.

🛈 Office de Tourisme 1 pl. Thermes (1er avril-15 oct. et fermé dim.) ☎ 67.09.79.

Paris 291 ① – Montluçon 48 ③ – Moulins 23 ② – Nevers 51 ① – St-Amand-Montrond 55 ③.

Plan page ci-contre

🏨 ☼ **Thermes** (Barichard), av. Ch.-Louis-Philippe (a) ☎ 67.00.15, 🌴 – ⌂wc 🚿wc ☎ ⚙. 🚿 rest
25 mars-31 oct. – SC : **R** 61/195 – ☲ 16 – **22 ch** 92/197 – P 210/246.
Spéc. Foie gras maison, Langouste grillée, Tournedos Rossini. Vins St-Pourçain, Sancerre.

🏨 **Gd H. Montespan-Talleyrand,** pl. Thermes (e) ☎ 67.00.24, 🌴 – 🛗 ⌂wc 🚿wc ☎ ⚙. **VISA** 🚿 rest
1er avril-30 oct. – SC : **R** 62/77 – ☲ 16 – **60 ch** 69/170 – P 130/200.

🏨 **Gd H. Parc et Établissement,** r. Parc (b) ☎ 67.02.55, 🌴 – 🛗 ⌂wc 🚿wc ☎ 🅿. 🚿 rest
avril-mi-oct. – SC : **R** 59/64 – ☲ 11,50 – **59 ch** 96/296 – P 103/154.

🏨 **Sources,** av. Thermes (a) ☎ 67.00.15, 🌴 – 🚿wc ☎. 🚿 rest
25 mars-31 oct. – SC : **R** 50/64 – ☲ 13 – **20 ch** 82/148 – P 146/170.

🏨 **France,** r. République (z) ☎ 67.00.04, 🌴 – ⟿ . E. 🚿 rest
5 avril-15 oct. – SC : **R** 50/120 – ☲ 15 – **30 ch** 55/120 – P 120/160.

BOURBON-
L'ARCHAMBAULT

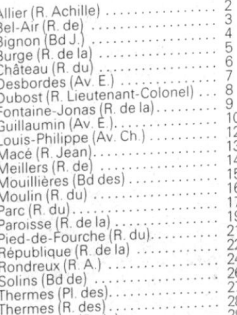
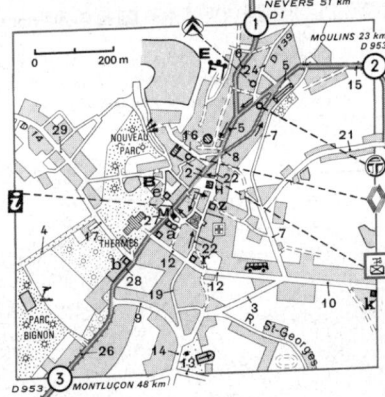

🏠 ❄ **Acacias** (Dubost), av. Ch.-Louis-Philippe (r) ☎ 67.06.24, 🚗 – 🛁wc 🛏 –
fermé fin janv. au 20 mars et lundi soir – SC : **R** 60/200 – � 12 – **25 ch** 50/135 –
P 125/145
Spéc. Terrine de caille, Ris de veau aux morilles, Charolais. Vins St-Pourçain, Sancerre.

🏠 **Trois Puits,** r. Trois-Puits (a) ☎ 67.08.35 – ❄ rest
5 avril-15 oct. – SC : **R** 55/80 – � 18 – **28 ch** 56/110 – P 112/141.

✗ **L'Oustalet,** av. E.-Guillaumin (k) ☎ 67.01.48 – 🅿 E 💳
fermé 15 au 30 oct., 8 au 18 mars, vend. soir et dim. soir hors sais. – SC : **R** 65/160
♿

CITROEN Deschamps, ☎ 67.00.71 Ⓝ   TALBOT Gar. Gilliet, ☎ 67.00.68
RENAULT Gar. de la Poste, ☎ 67.00.19

BOURBONNE-LES-BAINS 52400 H.-Marne 🖥🗺 ⑬ ⑭ G. Vosges – 2 926 h. alt. 260 – Stat.
therm. (1er mars-30 nov.) – ♨ 25.

🅱 Office de Tourisme pl. Bains (1er mars-30 nov. et fermé dim. après-midi) ☎ 90.01.71.
Paris 312 ④ – Chaumont 53 ④ – ◆Dijon 111 ④ – Langres 43 ④ – Neufchâteau 53 ① – Vesoul 56 ②.

BOURBONNE-
LES-BAINS

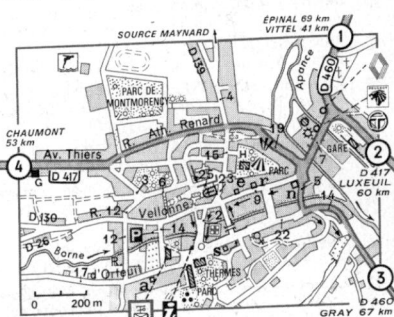

🏛 **Jeanne d'Arc,** r. Amiral-Pierre (s) ☎ 90.12.55 – 🛗 📺 🛁wc 🛏wc ☎ 🚗 🅿 🆎
🔸 ⓞ E 💳. ❄ rest
début avril-15 oct. – SC : **R** 49/90 – � 18 – **37 ch** 100/195 – P 168/240.

🏠 **Hérard,** Gde-Rue (e) ☎ 90.13.33 – 🛗 📺 🛏wc ☎ 🅿 🆎 ⓞ E 💳
🔸 SC : **R** 54/150 ♿ – � 16 – **42 ch** 103/190 – P 130/190.

🏠 **Orfeuil,** r. Orfeuil (a) ☎ 90.05.71, parc – 🛗 🛏wc ☎ 💳 ❄ rest
🔸 *1er avril-28 oct.* – SC : **R** 39/70 – � 12 – **56 ch** 50/138 – P 125/211.

🏠 **Régina,** pl. Libération (n) ☎ 90.06.24 – 🛁wc 🛏wc 🚗 E 💳 ❄ rest
🔸 *fermé 25 déc. au 5 janv.* – SC : **R** 42/85 ♿ – � 12 – **15 ch** 60/130 – P 165/195.

🏠 **Étoile d'Or,** 53 Gde Rue (r) ☎ 90.06.05 – 🛁wc 🛏wc 🚗 E 💳
🔸 *15 avril-20 oct.* – SC : **R** 50/65 ♿ – � 12 – **29 ch** 50/125 – P 115/162.

CITROEN Michaud, par ① ☎ 90.03.12   RENAULT Beau, ☎ 90.00.72
PEUGEOT-TALBOT André, ☎ 90.00.56

La BOURBOULE 63150 P.-de-D. **78** ⑬ G. Auvergne – 2 403 h. alt. 852 – Stat. therm. (2 mai-30 sept.) – ✆ 73.

Voir Parc Fenêtre★ B – Roche Vendeix ❄★ 4 km par ② puis 30 mn.

Env. La Banne d'Ordanche ❄★★ NE : 7 km par D 88 B puis 30 mn.

🛈 Office de Tourisme pl. Hôtel de Ville (fermé sam. après-midi et dim. hors saison) ☎ 81.07.99.

Paris 439 ③ – Aubusson 86 ③ – ✦Clermont-Ferrand 53 ③ – Mauriac 70 ③ – Ussel 53 ③.

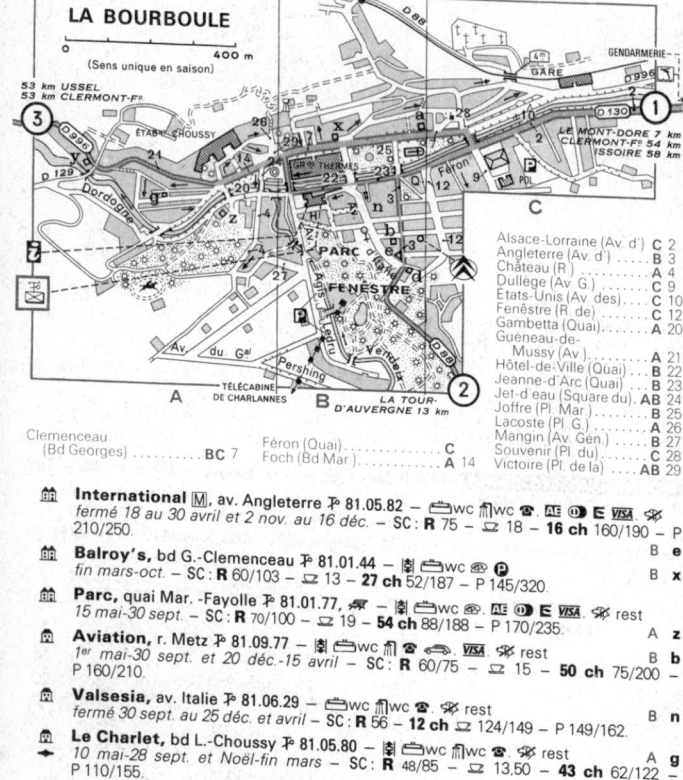

Alsace-Lorraine (Av. d') . . . . C 2
Angleterre (Av. d') . . . . B 3
Château (R.) . . . . A 4
Dullège (Av. G.) . . . . C 9
États-Unis (Av. des) . . . . . C 10
Fenêtre (R. de) . . . . C 12
Gambetta (Av.) . . . . B 20
Guéneau-de-
  Mussy (Av.) . . . . A 21
Hôtel-de-Ville (Quai) . . . . . B 22
Jeanne-d'Arc (Quai) . . . . . B 23
Jet-d'eau (Square du) . . . AB 24
Joffre (Pl. Mar.) . . . . B 25
Lacoste (Pl. G.) . . . . A 26
Mangin (Av. Gén.) . . . . . . B 27
Souvenir (Pl. du) . . . . C 28
Victoire (Pl. de la) . . . . . AB 29

Clemenceau
(Bd Georges) . . . . BC 7

Féron (Quai) C
Foch (Bd Mar.) . . . . A 14

🏨 **International** M, av. Angleterre ☎ 81.05.82 – ⌁wc ⋔wc ☎. AE ⓞ E VISA. ❄
   fermé 18 au 30 avril et 2 nov. au 16 déc. – SC : **R** 75 – ⥮ 18 – **16 ch** 160/190 – P
   210/250.
   B e

🏨 **Balroy's**, bd G.-Clemenceau ☎ 81.01.44 – ⧈⌁wc ☎ ⓟ
   fin mars-oct. – SC : **R** 60/103 – ⥮ 13 – **27 ch** 52/187 – P 145/320.
   B x

🏨 **Parc**, quai Mar.-Fayolle ☎ 81.01.77, ☞ – ⧈⌁wc ☎. AE ⓞ E VISA. ❄ rest
   15 mai-30 sept. – SC : **R** 70/100 – ⥮ 19 – **54 ch** 88/188 – P 170/235.
   A z

🏨 **Aviation**, r. Metz ☎ 81.09.77 – ⧈⌁wc ⋔ ☎ ⟵. VISA. ❄ rest
   1er mai-30 sept. et 20 déc.-15 avril – SC : **R** 60/75 – ⥮ 15 – **50 ch** 75/200 –
   P 160/210.
   B b

🏨 **Valsesia**, av. Italie ☎ 81.06.29 – ⌁wc ⋔wc ☎. ❄ rest
   fermé 30 sept. au 25 déc. et avril – SC : **R** 56 – **12 ch** ⥮ 124/149 – P 149/162.
   B n

🏨 **Le Charlet**, bd L.-Choussy ☎ 81.05.80 – ⌁wc ⋔wc ☎. ❄ rest
   ← 10 mai-28 sept. et Noël-fin mars – SC : **R** 48/85 – ⥮ 13,50 – **43 ch** 62/122 –
   P 110/155.
   A g

🏨 **Pavillon**, av. Angleterre ☎ 81.01.42, ≤, ☞ – ⧈ ⋔wc ☎. ❄
   20 mai-20 sept. – **R** 55/65 – ⥮ 14 – **26 ch** 140/190 – P 160/180.
   B d

🏨 **Les Fleurs**, av. Guéneau-de-Mussy ☎ 81.09.44 – ⌁wc ⋔wc ☎ ⓟ. VISA. ❄
   ← fin avril-30 sept., 25 déc.-10 avril, vacances scolaires et week-ends l'hiver – SC : **R**
   50/104 – ⥮ 15 – **24 ch** 85/182 – P 159/220.
   A y

🏨 **Genève**, bd G.-Clemenceau ☎ 81.04.85 – ⌁wc ⋔wc
   ← 1er mai-25 sept. et vacances scolaires d'hiver – SC : **R** 46/75 – ⥮ 12 – **40 ch** 60/135
   – P 115/165.
   B a

au Nord : 1,5 km par D 88 - B :

🍴 **Aub. Tournebride** ⤴ avec ch, rte Murat-le-Quaire ⌗ 63150 La Bourboule
   ☎ 81.01.91, ≤ – ⓟ. ❄
   fermé 16 au 23 avril, lundi sauf sais. et vacances scolaires – SC : **R** 70/130 – ⥮ 15 –
   8 ch 120/150 – P 195/210.

au NE 2 km par D 996 :

🏨 **L'Horizon** M, av. Mar. Leclerc ☎ 81.08.40 – ⌁wc ⋔wc ☎ ⓟ. VISA. ❄ rest
   ← SC : **R** 45/80 – ⥮ 17 – **18 ch** 140/170 – P 225.

CITROEN Gar. Aviation, r. Metz ☎ 81.02.88

BOURBOURG 59630 Nord 🗺️ ③ – 7 341 h. – 🟢 28.

Paris 287 – ◆Calais 28 – Cassel 28 – Dunkerque 18 – ◆Lille 83 – St-Omer 26.

  XX **La Gueulardière**, 4 pl. Hôtel de Ville 🕿 22.20.97 – 🆎
    fermé août et lundi sauf fériés – SC : **R** 45/55 🥄

BOURCEFRANC-LE-CHAPUS 17560 Char.-Mar. 🗺️ ⑭ – rattaché à Marennes.

BOURDEAU 73 Savoie 🗺️ ⑮ – rattaché au Bourget-du-Lac.

BOURDEAUX 26460 Drôme 🗺️ ⑬ – 578 h. alt. 407 – 🟢 75.

🛈 Syndicat d'Initiative pl. de la Lève (1er juil.-30 sept. et fermé dim.).

Paris 614 – Crest 24 – Montélimar 40 – Nyons 44 – Pont-St-Esprit 74 – Valence 52.

  🏠 **Trois Châteaux**, rte Nyons 🕿 49.33.92 – 🛏️ 🍽️
    fermé 26 sept. au 7 nov. – SC : **R** 57/91 – 🍽️ 11 – **14 ch** 50/160 – P 135/162.

BOURDEILLES 24 Dordogne 🗺️ ⑤ – rattaché à Brantôme.

BOURGANEUF 23400 Creuse 🗺️ ⑨ G. Périgord (plan) – 1 868 h. alt. 446 – 🟢 55.

Voir Charpente★ de la tour Zizim – Tapisserie★ dans l'Hôtel de Ville.

🛈 Syndicat d'Initiative Tour Lastic (1er juil.-31 août. fermé dim. et lundi) et à la Mairie (fermé sam. et dim.) 🕿 64.07.61.

Paris 387 – Aubusson 39 – Guéret 33 – ◆Limoges 49 – Tulle 103 – Uzerche 80.

  🏠 **Commerce**, r. Verdun 🕿 64.14.55 – 🛁wc 🕿 🚗 – 🏊 100
    fermé 22 déc. au 15 fév., dim. soir et lundi hors sais. sauf fêtes – SC : **R** 54/180 – 🍽️
    18 – **16 ch** 71/195 – P 180/280.

  🏠 **Boule d'Or** sans rest, av. Turgot 🕿 64.12.02 – 🛁wc 🕿 🅿️ – 🏊 30
    fermé oct. et lundi – SC : 🍽️ 14 – **16 ch** 63/140.

  🏠 **Coupole**, av. Turgot 🕿 64.08.99 – 🛏️ 🅿️ 🆎 🗲
    fermé nov. et sam. – SC : **R** 43/59 🥄 – 🍽️ 13,50 – **13 ch** 58/80 – P 130/150.

  au Sud-Ouest : 13 km par D 941 et D 22 – ✉️ 23400 Bourganeuf :

  🏠 **Moulin de Montaletang** 🌲, 🕿 54.92.72, ≤, parc – 🛁wc 🛏️wc 🕿 🅿️ 💳
    🍽️ rest
    15 mars-1er nov. et fermé merc. hors sais. – SC : **R** 72/135 – 🍽️ 22 – **14 ch** 120/195
    – P 190/260.

CITROEN Lacourie, 🕿 64.00.23   TALBOT Barlet, 🕿 64.08.76
RENAULT Gaumet, 🕿 64.14.22

BOURG-ARGENTAL 42220 Loire 🗺️ ⑨ G. Vallée du Rhône – 3 202 h. alt. 534 – 🟢 77.

🛈 Syndicat d'Initiative r. République (1er juil.-1er sept. et fermé dim. après-midi) 🕿 52.63.49 et à la Mairie (fermé dim.) 🕿 52.61.34.

Paris 545 – Annonay 15 – Le Puy 77 – ◆St-Étienne 28 – Vienne 54 – Yssingeaux 49.

  XXX **France** avec ch, pl. 11 Novembre 🕿 52.60.28 – 🛁wc 🕿 💳
    fermé fév. et lundi – SC : **R** 65/180 – 🍽️ 12.50 – **20 ch** 75/140 – P 172/250.

Garage Moderne, 🕿 52.62.14 🅽

BOURG-CHARENTE 16 Charente 🗺️ ⑫ – rattaché à Jarnac.

BOURG D'ARUD 38 Isère 🗺️ ⑥ – alt. 950 – ✉️ 38143 Venosc – 🟢 76.

Paris 627 – Le Bourg-d'Oisans 13 – ◆Grenoble 62 – Col du Lautaret 42.

  🏠 **Château de la Muzelle** 🌲, 🕿 80.06.71, ≤, 🌳 –, sans 🛏️ 🚗 🅿️ 🍽️ rest
    1er juin-10 sept. – SC : **R** 75/100 – 🍽️ 17 – **32 ch** 72/110 – P 145/155.

BOURG-DE-PÉAGE 26 Drôme 🗺️ ② – rattaché à Romans-sur-Isère.

BOURG-DE-SIROD 39 Jura 🗺️ ⑤ – rattaché à Champagnole.

In this guide,
a symbol or a character,
printed in red or black, in light or **bold** type,
does not have the same meaning.
Please read the explanatory pages carefully
(pp. 22 to 29).

241

Le BOURG-D'OISANS 38520 Isère 77 ⑥ G. Alpes – 3 071 h. alt. 719 – ✪ 76.

Voir Cascade de la Sarennes★ NE : 1 km puis 15 mn – Gorges de la Lignarre★ NO : 3 km.

🛈 Office de Tourisme quai Girard (fermé dim.) ☏ 80.03.25.

Paris 614 – Briançon 67 – Gap 118 – ◆Grenoble 49 – St-Jean-de-Maurienne 94 – Vizille 32.

  🏨 **l'Oberland**, ☏ 80.24.24, ☆, ♨, 舒 – 🛗 🗍wc 🗍wc ☎ ℗. 歴 ⴹ 𝘝𝘐𝘚𝘈 ⬦ rest
    24 mai-fin sept. et 20 déc.-fin avril – SC : **R** 52/125 – 🖵 15 – **30 ch** 135/152 –
    P 182/190.

  au Châtelard NE : 12 km par D 211, D 211A et VO – ⊠ 38520 Bourg d'Oisans :

  🏠 **La Forêt de Maronne** 🌄, ☏ 80.00.06, ≤ – 🗍wc ℗. ⬦ rest
    15 juin-20 sept., 15 déc.-5 mai et week-ends sauf en mai et nov. – SC : **R** 55/96 ⅃ –
    🖵 14,50 – **12 ch** 65/140 – P 130/162.

CITROEN Gar. Bonnenfant, les Sables-
en-Oisans ☏ 80.07.00
PEUGEOT-TALBOT Gar. Pouchot, ☏ 80.02.56
N ☏ 80.23.47

RENAULT Gar. Corroyez, ☏ 80.01.62
Gar. Caix, ☏ 80.02.60

BOURG-D'OUEIL 31 H.-Gar. 85 ⑳ – 21 h. alt. 1 350 – ⊠ 31110 Luchon – ✪ 61.

Voir Vallée d'Oueil★ au SE – Kiosque de Mayrègne ✳★ SE : 5 km, G. Pyrénées.

Paris 858 – Luchon 15 – St-Gaudens 61 – Tarbes 105 – ◆Toulouse 151.

  🏠 **Sapin Fleuri** 🌄, ☏ 79.21.90, ≤ – ℗. ⬦ rest
    fermé 1er oct. au 20 déc. – **R** 60/80 – 🖵 15 – **22 ch** 80/100 – P 160/180.

BOURG-EN-BRESSE 🅿 01000 Ain 74 ③ G. Bourgogne – 43 675 h. alt. 240 – ✪ 74.

Voir Église de Brou★★ : tombeaux★★★, chapelles et oratoires★★★ BZ B – Monastère★ : musée de l'Ain★ BZ E – Stalles★ de l'église N.-Dame BY K.

🛈 Office de Tourisme 6 av. Alsace Lorraine (fermé dim.) ☏ 22.49.40 et bd de Brou (15 juin-3 sept.) ☏ 22.27.76 – A.C. 5 r. du Palais ☏ 22.43.11.

Paris 427 ⑦ – Annecy 122 ③ – ◆Besançon 149 ② – Bourges 271 ④ – Chambéry 117 ④ – ◆Clermont-Fd 223 ⑤ – ◆Dijon 156 ⑦ – ◆Genève 120 ④ – ◆Lyon 62 ⑤ – Roanne 119 ⑥.

Plan page ci-contre

  🏩 **Prieuré** Ⓜ sans rest, 49 bd Brou ☏ 22.44.60, « Bel aménagement intérieur », 舒
    – 🛗 📺 ☎ &. ℗. 歴 ⓞ 𝘝𝘐𝘚𝘈. ⬦
    SC : 🖵 32 – **14 ch** 250/400.   BZ **a**

  🏨 **Le Logis de Brou** Ⓜ sans rest, 132 bd Brou ☏ 22.11.55 – 🛗 ☎ ⇦. 歴 ⓞ 𝘝𝘐𝘚𝘈
    SC : 🖵 22 – **30 ch** 100/240.   BZ **k**

  🏨 **Chantecler** Ⓜ, 10 rte St-Étienne du Bois par ② ☏ 22.44.88, Télex 380468, 舒, 舒
    – 📺 🗍wc ☎ ℗ – 🔏 60. 歴 ⓞ ⴹ 𝘝𝘐𝘚𝘈. ⬦ rest
    fermé 23 déc. au 7 janv. – SC : **R** (fermé dim. hors sais.) 62/135 – 🖵 19 – **28 ch**
    150/175.

  🏩 **Ariane** Ⓜ, bd Kennedy ☏ 22.50.88, 舒 – 🛗 📺 🗍wc ☎ &. ⇦ ℗ – 🔏 30. ⴹ
    𝘝𝘐𝘚𝘈   BY
    fermé 24 déc. au 2 janv. – SC : **R** (fermé dim. et fêtes) (dîner seul. pour résidents)   BY **s**
    65/80 – 🖵 22 – **29 ch** 150/180.

  🏩 **France**, 19 pl. Bernard ☏ 23.30.24 – 🛗 🗍wc 🗍wc 🕭 ⇦. 歴 ⓞ ⴹ 𝘝𝘐𝘚𝘈   BY **e**
    SC : **R** (fermé 18 nov. au 18 déc., sam. midi et dim.) 62/104 – 🖵 19 – **52 ch** 107/225.

  🏨 **Ibis** Ⓜ, ZAC Croix Blanche bd Ch.-de-Gaulle ☏ 22.52.66, Télex 900471 – 📺
    🗍wc ☎ &. ℗ – 🔏 60. ⴹ 𝘝𝘐𝘚𝘈
    SC : **R** (fermé dim. midi) carte environ 65 ⅃ – 🖵 18 – **42 ch** 157/188.   BZ **d**

  🏠 **Régina** 🌄 sans rest, r. Malivert par r. Ch.-Robin ☏ 23.12.81 – 🗍. ⴹ
    SC : 🖵 14 – **13 ch** 69/125.   BY **u**

  XXXX ❀❀ **Auberge Bressane** (Vullin), face église de Brou ☏ 22.22.68, 舒 – ℗. 歴 ⓞ
    𝘝𝘐𝘚𝘈   BZ **f**
    fermé 12 au 26 juin, 20 nov. au 13 déc., lundi soir et mardi – **R** 130/270 et carte
    Spéc. Émincé de turbot à la vinaigrette de truffes, Ragoût de langouste et homard, Volaille de
    Bresse pochée aux truffes. Vins Montagnieu, Seyssel.

  XXX ❀ **Mail** (Charolles) avec ch, 46 av. Mail ☏ 21.00.26 – 🗍wc 🕭 ℗. ⓞ. ⬦   AZ **v**
    fermé 9 au 24 juil., 24 déc. au 15 janv., dim. soir et lundi – SC : **R** (nombre de
    couverts limité - prévenir) 75/160 – 🖵 16 – **11 ch** 80/180 – P 230/300
    Spéc. Grenouilles sautées aux fines herbes, Poissons, Volaille de Bresse rôtie. Vins Beaujolais-
    Villages, St-Véran.

  XX **Le Français**, 7 av. Alsace-Lorraine ☏ 22.55.14 – 歴 ⴹ 𝘝𝘐𝘚𝘈   BY **r**
    fermé 11 août au 3 sept., 23 au 31 déc., sam. soir et dim. – SC : **R** 70/150.

  XX **Savoie**, 15 r. P.-Pioda ☏ 23.29.24 – 歴 ⴹ 𝘝𝘐𝘚𝘈   BY **n**
    fermé nov., mardi soir, merc. soir et jeudi – SC : **R** 43/130 ⅃.

  XX **Chalet de Brou**, face église de Brou ☏ 22.26.28   BZ **f**
    fermé au 15 juin, 23 déc. au 27 janv., jeudi soir et vend. – SC : **R** 45/160.

  XX **Trichard**, 4 cours Verdun ☏ 23.11.24

  X **Rest. de l'Église de Brou**, face église de Brou ☏ 22.15.28   BZ **f**
    fermé 1er au 23 juil., 16 au 31 déc., mardi et merc. – SC : **R** 48/120 ⅃.

BOURG-EN-BRESSE

Foch (R. Mar.) . . . . **BY** 10
Gambetta (R.) . . . . . . **BY** 12
Notre-Dame (R.) . . . . **BY** 18

Basch (R. Victor) . . . . **BYZ** 2
Bastion (Pl. du) . . . . . **ABZ** 3
Champ-de-Foire (Av.). **BY** 7

Debeney (R. Gén.) . . . . **AY** 8
Espagne (R. d') . . . . . . **BY** 9
Herriot (Bd E.) . . . . . . **BY** 13
Kennedy (Bd) . . . . **BY** 14
Lèvrier (R. André) . . . . **BY** 15
Maginot (Av.) . . . . **BY** 16
Neuve (Pl.) . . . . **BY** 17
Palais (R. du) . . . . **AY** 19
Samaritaine (R.) . . . . . **BZ** 20
Verdun (Cours de) . . . . **BY** 22
4-Septembre (R. du) . . **BY** 23

à St-Just par ③ : 3 km D 979 – ⊠ **01250** Ceyzeriat :

XX **La Petite Auberge,** ⏚ 22.30.04, 斧, « Auberge fleurie » – *VISA*
fermé 5 janv. au 5 fév., lundi soir et mardi sauf juil.-août – SC : **R** (prévenir) 90/180
(dîner à la carte)

à La Vavrette par ④ : 9,5 km – ⊠ **01250** Ceyzeriat :

XX **Ferme H. de la Vavrette** avec ch, rte Pont d'Ain ⏚ 51.60.36, 斧, ⌁, 幕 – 🛏
🍴 ☎ **P**
fermé 15 nov. au 15 déc., dim. soir et lundi – SC : **R** 55/170 – 🛏 18 – **9 ch** 90/140.

à Lent par ⑤ et D 22 : 10 km – ⊠ **01240** St-Paul-de-Varax :

X **Place,** ⏚ 52.76.84
fermé fév., en sept. et mardi – SC : **R** 58/101 🍴.

MICHELIN, Agence, rte de Marboz, Z.I. Extention-Nord par ① ⏚ 23.21.43

ALFA-ROMEO A.R.N.O., bd Ed.-Herriot, Zone Ind.
ALFA-ROMEO Gar. de France, 22 r. 4-Sep-
tembre ⏚ 23.19.34
BLF, VOLVO Meunier, rte de Strasbourg N 83
à Viriat ⏚ 22.20.80
BMW Sodimat, La Neuve à Viriat ⏚ 22.24.44
CITROEN D.A.R.A., Zone Ind. Nord av. d'Ar-
sonval par ⑦ ⏚ 22.36.44 **N**
FIAT S.E.R.M.A., rte de Paris la Neuve à Viriat
⏚ 23.19.55 **N**
FORD Gar. du Bugey, rte de Pont-d'Ain, face
Parc des Expositions ⏚ 22.32.66 **N** ⏚ 22.39.16
PEUGEOT, TALBOT S.I.C.M.A., 19 bd Joliot-
Curie ⏚ 23.14.55

RENAULT A.R.N.O., bd Ed.-Herriot, Zone Ind.
Nord ⏚ 23.35.55
V.A.G. Europe-Gar., rte de Ceyzeriat ⏚ 23.
31.12

🏍 Carronnier, 13 r. G.-Vicaire et r. A.-Mercier
⏚ 23.27.04
Comptoir Départemental Pneu, r. F.-Arago,
Zone Ind. Nord ⏚ 23.34.41
Ruder-Pneus, 738 av. de Lyon, Péronnas ⏚ 21.
20.99

CONSTRUCTEUR : Renault Véhicules Industriels, Rte de Ceyzeriat ⏚ 22.82.00

Michelin Maps are kept up to date.

243

BOURGES ℗ 18000 Cher 🔟🔟 ① G. Périgord – 79 408 h. alt. 130 – ✪ 48.

Voir Cathédrale★★★ Z – Palais Jacques-Coeur★★ Y – Jardin des Prés-Fichaux★ Y –
Hôtel Lallemant★ Y B – Jardins de l'Archevêché★ Z – Tour octogonale★ de l'Hôtel des
Échevins Y D – Hôtel Cujas★ : collections archéologiques★ du musée du Berry Y E.

🛈 Office de Tourisme 14 pl. É. Dolet (fermé dim. hors sais.) ℡ 24.75.33 – A.C. 40 av. J.-Jaurès
℡ 24.01.36.

Paris 227 ① – Châteauroux 67 ⑥ – ✦Dijon 245 ② – Nevers 69 ③ – ✦Orléans 106 ⑨ – ✦Tours 150 ⑧.

🏨 **Olympia** sans rest, 66 av. Orléans ℡ 70.49.84 – 🛗 ⌂wc ⃒wc ☎ 🚗 🅿. 🆎 ⓪
E
SC : ⌂ 15 – **42 ch** 110/168.
V t

🏨 **Monitel** Ⓜ sans rest, 73 r. Barbès ℡ 50.23.62 – 🛗 ⌂wc ⃒wc ☎ 🚗 🅿 – 🏊
40. 🆎 🄴 🆅🅸🆂🅰
SC : ⌂ 17 – **48 ch** 130/182.
Z u

🏨 **Tilleuls** sans rest, 7 pl. Pyrotechnie ℡ 20.49.04, ⚓ – 📺 ⌂wc ⃒wc ☎ 🅿. 🆎 ⓪
🆅🅸🆂🅰
SC : ⌂ 17,50 – **29 ch** 99/154.
X s

🏨 **Christina** sans rest, 5 r. Halle ℡ 70.56.50 – 🛗 ⌂wc ⃒wc 🚗 🅿 – 🏊 60. 🆅🅸🆂🅰
SC : ⌂ 15 – **76 ch** 109/166.
Z m

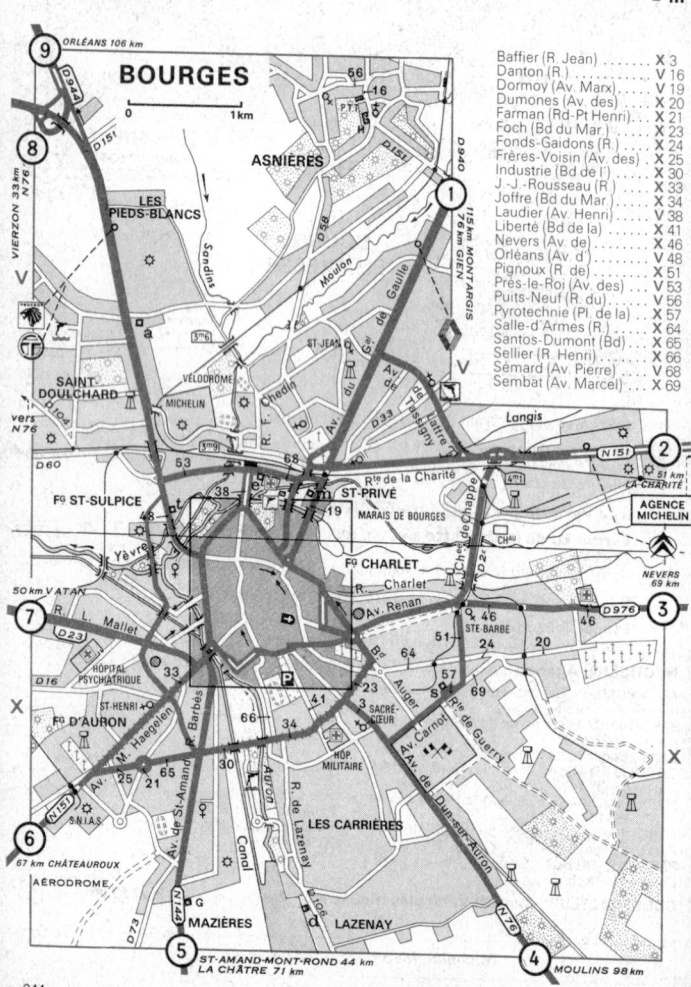

🏛 **Le D'Artagnan,** 19 pl. Séraucourt ℡ 24.67.51 – 🛗 🛁wc 🚿wc ☎ – 🅰 40. ⅄ b
① Ⓔ
fermé 24 oct. au 14 nov. et vacances de fév. – SC : **R** *(fermé lundi)* 60/100 🍷 – 🖵 18
– **73 ch** 110/220.

🏛 **Le Cygne** sans rest, 10 pl. Gén.-Leclerc ℡ 70.51.05 – 🛗 🛁wc 🚿wc ☎ ⇔   V e
fermé 1er au 29 juil., 15 au 22 janv. et dim. – SC : 🖵 21 – **21 ch** 115/200.

🏠 **Host. Gd Argentier,** 9 r. Parerie ℡ 24.84.31, 🏡, Maison du 15e s. – 🛁wc 🚿
⇔. ⅄E ① Ⓥ𝘐𝘚𝘈   Y k
fermé 22 déc. au 20 janv. – SC : **R** *(fermé dim. soir et lundi hors sais.)* 70/100 – 🖵
19 – **14 ch** 120/215.

🏠 **Étrangers** sans rest, 6 r. Cambournac ℡ 24.01.15 – 🛗 🛁wc 🚿wc ☎ ⇔   Y r
fermé 8 au 23 août et 22 déc. au 10 janv. – SC : 🖵 17 – **32 ch** 70/200.

🏠 **St-Jean** sans rest, 23 av. M.-Dormoy ℡ 24.13.48 – 🛗 🛁 🚿wc ☎ ⇔ Ⓟ Ⓔ Ⓥ𝘐𝘚𝘈
fermé fév. – SC : 🖵 13 – **24 ch** 73/134.   V m

🏠 **Poste** sans rest, 22 r. Moyenne ℡ 70.08.06 – 🛗 🛁wc ☎ Ⓟ Ⓥ𝘐𝘚𝘈   Z s
SC : 🖵 15 – **33 ch** 108/128.

tourner →

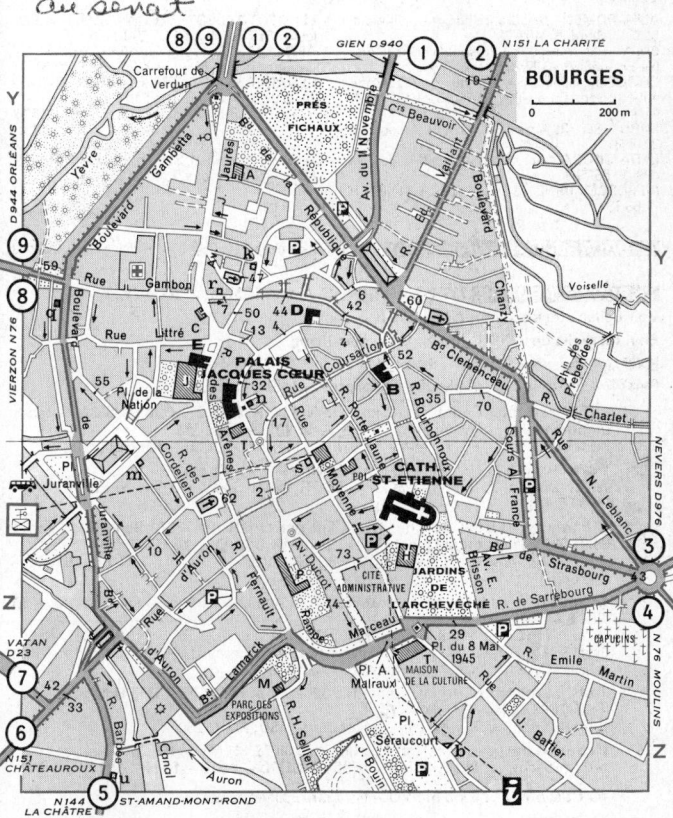

XXX **Jacques Coeur,** 3 pl. J.-Coeur ℡ 70.12:72. 🅰🅴 🍷   Y n
fermé 13 juil. au 13 août, 24 déc. au 2 janv., dim. soir et sam. – SC : **R** carte 155 à 200.

XX **Ile d'Or,** 39 bd Juranville ℡ 24.29.15 – 🅰🅴 🍷 🅴 𝘝𝘐𝘚𝘈   Y q
fermé au 16 sept., 15 fév. au 1er mars, lundi midi et dim. – SC : **R** carte 130 à 165.

XX **Aub Val d'Auron,** 170 r. Lazenay ℡ 20.13.22 – 🅿 🍷 𝘝𝘐𝘚𝘈   X d
fermé 15 août au 1er sept., vac. de fév., merc. et sam. midi – SC : **R** 68/160.

à St-Doulchard NO : 3 km – 7 928 h. – ✉ 18230 St-Doulchard :

🏨 **Logitel** Ⓜ *sans rest,* ℡ 70.07.26 – ➡wc ☎ ⟵ 🅿 🅰🅴 🍷 🅴 𝘝𝘐𝘚𝘈   V a
SC : ⌑ 16 – **30 ch** 154/178.

à Fenestrelay E : 5 km par av. Renan, chaussée de la Chappe (XV) et ② –
✉ 18390 St-Germain-du-Puy :

X **Aub. du Vieux Moulin,** ℡ 24.60.45, 🍽 – 🅿 𝘝𝘐𝘚𝘈
fermé août, dim. soir et lundi – **R** 52 (sauf sam. soir)/100.

MICHELIN, Agence régionale, Zone Ind. de la Charité à St-Germain-du-Puy par ② ℡ 24.64.11

ALFA-ROMEO Gar. Barbellion rte d'Orléans, St-Doulchard ℡ 24.24.30
BMW Gar. Vergès, av. Prospective, Asnières-lès-Bourges ℡ 70.47.20
CITROEN Générale-Auto, rte Charité, Zone Ind. St-Germain-du-Puy ℡ 24.65.29 Ⓝ ℡ 24.44.44
FORD Gar. St-Amand, 19 av. St Amand ℡ 20.06.31
LADA-SKODA Gar. Salmon 3 bis r. de l'Ile d'Or ℡ 65.79.40
MERCEDES-BENZ SAVIB r. Louis Mallet ℡ 21.03.59

PEUGEOT-TALBOT Gd Gar. du Cher, rte Orléans, St-Doulchard ℡ 24.72.01
RENAULT Bourges-Carrières-Autom, Les Carrières, rte de Moulins par ④ ℡ 20.20.78
RENAULT S.C.A.C., 259 av. Gén.-de-Gaulle ℡ 24.99.97 Ⓝ ℡ 24.99.97
V.A.G. Laudat, 99 rte de la Charité ℡ 70.15.17

🛵 Berry-Pneus, 99 av. Dun ℡ 20.34.24
La Maison du Pneu, 21 r. Parmentier ℡ 70.19.91
Mathé, 58 bd Avenir ℡ 50.19.30

Le BOURGET (Aéroport de Paris) 93 Seine-St-Denis 🟧🟧 ⑪. 🟥🟥🟥 ⑦⑰ – voir à Paris, Environs.

Le BOURGET-DU-LAC 73370 Savoie 🟧🟧 ⑮ G. Alpes – 2 570 h. alt. 262 – ✪ 79.

Voir Eglise : frise sculptée★ du choeur – Lac★★.

Env. Chapelle de l'Étoile ≤★★ N : 9 km puis 15 mn.

🛈 Office de Tourisme pl. du Gén.-Sevez (25 juin-5 sept.) ℡ 25.01.99.

Paris 562 – Aix-les-Bains 9 – Belley 25 – Chambéry 11 – La Tour-du-Pin 48.

🏨 ✿ **Ombremont** (Carlo), N : 2 km par N 504 ℡ 25.00.23, Télex 980832, ≤ lac et montagnes, 🏊 dans un parc, 🍽, 🏊 – ☎ 🅿 🅰🅴 🍷 🅴
Pâques-mi oct. – SC : **R** *(fermé lundi midi)* 145/240 – ⌑ 35 – **18 ch** 350/505.

🏨 **Port,** ℡ 25.00.21, ≤, 🍽 – 🛎 ➡wc 🛁wc ⟵ – 🦽 30. 𝘝𝘐𝘚𝘈 ✂
fermé 20 déc. au 5 fév. et jeudi – SC : **R** 70/115 – ⌑ 18,50 – **30 ch** 115/175 – P 200/220.

🏨 **L'Etraz** 🏊, tunnel du Chat N : 4 km par N 504 ✉ 73370 Bourget-du-Lac ℡ 25.01.02, ≤ lac et montagnes, 🍽 – ➡wc 🛁wc ☎ 🅿 – 🦽 50. 🅰🅴 🍷 ✂ rest
15 janv.-1er nov. et fermé merc. – SC : **R** 80/200 – ⌑ 24 – **22 ch** 110/200 – P 175/250.

XXX ✿ **Bateau Ivre** (Jacob), ℡ 25.02.66, 🍽, « Ancienne grange à sel, jardin » – 🅿 🅰🅴 🍷 𝘝𝘐𝘚𝘈
mi mai-1er nov. et fermé mardi – **R** 130/260
Spéc. Salade tiède aux trois poissons, Fricassée de ris et rognons de veau aux queues d'écrevisses, Rouelle en chemise. Vins Chignin, Marestel.

XXX **Aub. Lamartine,** rte du Tunnel N : 3,5 km par N 504 ✉ 73370 Bourget-du-Lac, ℡ 25.01.03, ≤ lac, 🍽, 🌳 – 🅿
fermé 1er déc. au 20 janv., dim. soir et lundi – SC : **R** 110/200.

XX **Beaurivage** 🏊 avec ch, bord du lac ℡ 25.00.^8, ≤, 🍽 – ➡ 🅿 ✂ ch
fermé 15 janv. au 15 fév. et mardi – SC : **R** 85/170 – ⌑ 18 – **10 ch** 120/145.

au Caton NO : 2,5 km par VO – ✉ 73370 Bourget-du-Lac :

🏨 **La Cerisaie** 🏊, rte Dent-du-Chat ℡ 25.01.29, ≤ lac et montagnes, 🍽, 🌳 – 🛁 🅿 𝘝𝘐𝘚𝘈
fermé 16 déc. au 2 fév. – **R** 55/104 – ⌑ 13,50 – **8 ch** 63/105 – P 124/138.

à Bourdeau N : 4 km par D 14 – ✉ 73370 Bourget-du-Lac :

🏨 **Terrasse** Ⓜ 🏊, au village ℡ 25.01.01, ≤, 🌳 – ➡wc ⟵ 🅿 🍷 🅴 𝘝𝘐𝘚𝘈 ✂ ch
4 fév.-30 sept. et fermé mardi soir (sauf hôtel) et merc. – SC : **R** 63/105 – ⌑ 20 – **12 ch** 163 – P 200/220.

RENAULT Girardon, face Base Aérienne ℡ 25.01.91

BOURG-LASTIC 63760 P.-de-D. **73** ⑫ – 1 259 h. alt. 750 – ✪ 73.

Paris 444 – Aubusson 63 – ◆Clermont-Ferrand 58 – Mauriac 81 – Montluçon 107 – Ussel 28.

 ✕ **Pomme d'Or** avec ch, ☎ 21.80.18 – 🛏 🅿 **VISA**
 ◆ *fermé déc. et merc. hors sais.* – SC : **R** 45/90 ⅄ – ⊑ 14 – **4 ch** 90/140 – P 130/150.

PEUGEOT Gourgeonnet, ☎ 21.80.29 **N**   RENAULT Gar. Laurier, ☎ 21.80.46

BOURG-LES-VALENCE 26 Drôme **77** ⑫ – rattaché à Valence.

BOURG-MADAME 66760 Pyr.-Or. **86** ⑯ G. Pyrénées – 1 346 h. alt. 1 130 – ✪ 68.

🛈 Syndicat d'Initiative pl. Mairie (15 juin-15 sept. et fermé dim.) ☎ 04.55.35.

Paris 1012 – Andorre-la-Vieille 66 – Ax-les-Thermes 55 – Carcassonne 139 – Foix 97 – ◆Perpignan 100.

 🏠 **Host. Cerdane**, ☎ 04.53.16, 🛋 – 📺wc 🛏wc 🕿 🅿 ⓄⒺ **VISA**
  SC : **R** 60 bc/130 – ⊑ 14 – **37 ch** 85/155 – P 160/210.

 🏠 **Celisol** sans rest, ☎ 04.53.70, 🛋 – 📺wc 🛏wc 🚗 🅿
  SC : ⊑ 15 – **14 ch** 116/132.

RENAULT Gar. Pallarès, ☎ 04.50.01

Le BOURGNEUF-LA-FORÊT 53 Mayenne **59** ⑱ – 1 397 h. alt. 120 – ⊠ 53410 Port-Brillet –
✪ 43.

Paris 293 – Domfront 62 – Ernée 17 – Fougères 29 – Laval 19 – Mayenne 34 – Vitré 23.

 ✕✕ **A la Vieille Auberge** avec ch, ☎ 01.51.12 – 🛏wc 🚗 Ⓔ
 ◆ *fermé 19 au 29 sept., janv., dim. soir et fériés le soir* – SC : **R** (dim. prévenir) 38/100
  – ⊑ 13 – **8 ch** 70/100 – P 115/135.

  Quando cercate un albergo o un ristorante, siate pratici.
  Approfittate delle località sottolineate in rosso sulle carte stradali 1:200 000.
  Ma che le carte siano recenti !

BOURGOIN-JALLIEU 38300 Isère **74** ⑬ G. Vallée du Rhône – 22 951 h. alt. 254 – ✪ 74.

🛈 Office de Tourisme avec A.C. pl. Carnot (fermé dim. et lundi matin hors sais.) ☎ 93.47.50.

Paris 503 ⑦ – Bourg-en-Bresse 78 ① – ◆Grenoble 64 ③ – ◆Lyon 41 ⑦ – La Tour-du-Pin 15 ③ –
Vienne 38 ⑥.

BOURGOIN-JALLIEU

Belmont (R. Robert)	**B** 3	St-Michel (Pl.)	**B** 22	Génin (R. Ambroise)	**A** 8
Libération (R. de la)	**B** 12	23-Août (Pl. du)	**B** 27	Halle (Pl. de la)	**B** 10
Liberté (R. de la)	**B** 13			Moulin (R. J.)	**B** 14
Pontcottier (R.)	**B**	Alsace-Lorraine (Av. d')	**A** 2	Moulins (R. des)	**B** 15
République (R. de la)	**AB** 20	Carnot (Pl.)	**B** 4	Paix (R. de la)	**A** 16
		Carnot (R.)	**AB** 5	Pouchelon (R. de)	**B** 17
		Clemenceau (R. Georges)	**A** 6	République (R. de la)	**A** 18
		Gambetta (Av.)	**A** 7	Seigner (R. Joseph)	**AB** 23
				Victor-Hugo (R.)	**B** 26

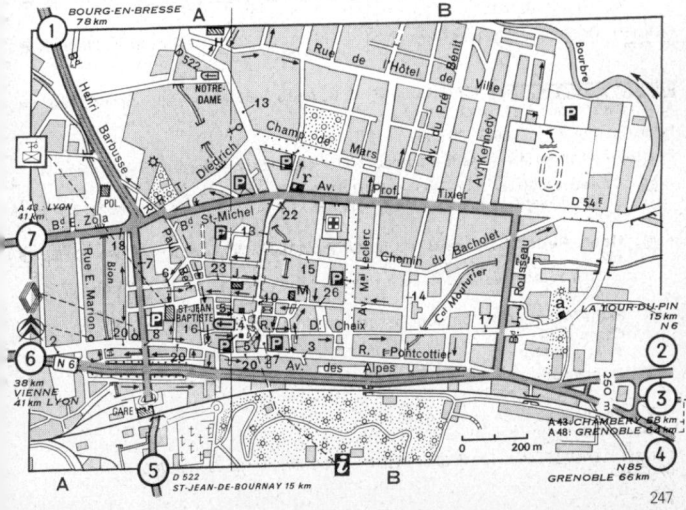

BOURGOIN-JALLIEU

🏦 **Commerce** sans rest, av. Tixier ☎ 93.38.01 – 🚗
fermé août et dim. – SC : ☕ 15 – **20 ch** 48/100.   B r

✗✗ **Chavancy,** av. Tixier ☎ 93.63.88 – 🔳. **E** VISA   B r
fermé août, vacances de fév., dim. soir et lundi – SC : **R** 55/200 🍷.

à La Grive par ⑥ : 4 km – ✉ 38300 Bourgoin-Jallieu :

✗ **Petite Auberge** avec ch, N 6 ☎ 93.48.52 – 🅿 VISA
fermé août et sam. – SC : **R** 48/70 🍷 – ☕ 15 – **5 ch** 50/60.

à L'Isle-d'Abeau par ① et D 208 : 4,5 km – ✉ 38300 Bourgoin-Jallieu :

🏨 **Campanile** M 🕭, échangeur A 43 Bourgoin ouest ☎ 27.01.22, ← – 🛏wc 📺 ⅙
🅿 – 🛎 30. VISA
SC : **R** 60 bc/81 bc – ☕ 22 – **50 ch** 170.

🏨 **Relais du Çatey** 🕭, ☎ 27.02.97, 🏡, 🌳 – 🛏wc 🕯 🅿 💠 ch
fermé août – SC : **R** *(fermé dim. soir et sam.)* 49/138 🍷 – ☲ 16 – **10 ch** 67/137.

à La Combe des Éparres par ③ : 7 km – ✉ 38300 Bourgoin-Jallieu :

🏦 **L'Auberge,** sur N 85 ☎ 92.01.17 – 🛏wc
fermé 25 août au 25 sept. et lundi – SC : **R** 36/100 🍷 – ☕ 15 – **10 ch** 65/110 –
P 135/165.

à St-Savin par ① : 7 km – ✉ 38300 Bourgoin-Jallieu :

🏨 **La Rivière** 🕭, ☎ 93.72.16, 🏡, 🌳 – 🕯 🅿 – 🛎 25. 💠 ch
fermé 19 juil. au 17 août, dim. soir et merc. – SC : **R** 42/96 🍷 – ☲ 13 – **10 ch** 53/82
– P 139.

✗✗ **Les Trois Faisans,** ☎ 93.73.74, 🏡 – VISA
fermé 27 août au 16 sept., en fév., dim. soir en juil. et août et lundi – SC : **R** 55/125.

CITROEN J.-B. Pellet, 5 av. Alsace-Lorraine ☎
93.25.63
FORD Parenton, 15 r. Pontcottier ☎ 93.34.10
PEUGEOT, TALBOT Pellet, ZAC La Maladière
par ⑦ ☎ 93.00.90
RENAULT Girard, quai de la Bourbre par D522
A ☎ 93.08.36
RENAULT Gar. Pin, 63 r. République ☎ 93.
18.04

VOLVO Blondet, N 6, Ruy ☎ 93.43.24

🅐 Mathieu-Pneus, 14 bis r. de Funas ☎ 28.
00.22
Piot-Pneu, Zone Ind. La Maladière ☎ 93.66.31
Prieur-Pneus, 17 av. Alsace-Lorraine ☎ 93.31.34
Tessaro-Pneus, 74 av. Prof. Tixier ☎ 28.33.10

BOURG-ST-ANDÉOL 07700 Ardèche 🗟🗍 ⑨⑩ G. Vallée du Rhône (plan) – 7 665 h. alt. 68 –
☻ 75.

Voir Église★.

🛈 Syndicat d'Initiative pl. Champ-de-Mars (1er avril-30 sept. et fermé dim.) ☎ 54.54.20.

Paris 630 – Montélimar 28 – Nyons 51 – Pont-St-Esprit 15 – Privas 55 – Vallon-Pont-d'Arc 30.

🏨 **Moderne,** pl. Champ-de-Mars ☎ 54.50.12 – 🛏wc 🕯wc 📺 🚗. **E.** 💠 rest
mars-nov. – SC : **R** *(fermé sam. midi et dim. soir)* 45/105 🍷 – ☲ 15,50 – **21 ch**
70/150 – P 160/200.

CITROEN Goussard, 13 fg Notre-Dame ☎ 54.
50.27 🖲

RENAULT Provence-Gar., av. F.-Chalamel ☎
04.51.88

BOURG-ST-MAURICE 73700 Savoie 🗟🖸 ⑱ G. Alpes – 6 712 h. alt. 840 – Sports d'hiver aux
Arcs : 1 600/3 000 m ⛷1 ⛷43 – ☻ 79.

🗻 de Chantel ☎ 07.26.00 S : 20 km.

Paris 662 – Albertville 54 – Aosta 86 – Chambéry 101 – Chamonix 83 – Moûtiers 27 – Val d'Isère 31.

🏨 **Concorde** M, av. Mar.-Leclerc ☎ 07.08.90 – 🛗 🛏wc 📺 🚗
27 mai-30 sept. et 25 nov.-26 avril – SC : **R** 70/80 – ☲ 21 – **32 ch** 170/200 – P 220/
240.

🏨 **Host. Petit St-Bernard,** av. Stade ☎ 07.04.32, 🏡 – 🛏wc 📺 🚗 🅿 AE ⓞ
VISA
20 juin-20 sept. et 20 déc.-20 avril – SC : **R** 55/68 🍷 – ☲ 18 – **24 ch** 90/150 –
P 160/190.

🏨 **Petite Auberge** 🕭, au pont par rte de Moûtiers ☎ 07.05.86, ←, 🏡, 🌳, 💠 –
🛏wc 🕯 🅿
sais. – **15 ch.**

🏦 **Bon Repos** sans rest, r. Centenaire ☎ 07.01.78 – 🕯. VISA 💠
SC : ☕ 12 – **11 ch** 62/90.

✗ **Edelweiss,** face gare ☎ 07.05.55
fermé juin et 1er au 15 nov. – **R** 40/75.

PEUGEOT-TALBOT Martin A., ☎ 07.01.44 🖲 ☎
07.03.06

RENAULT Gar. Guyon, ☎ 07.27.11

BOURGTHEROULDE-INFREVILLE 27520 Eure 55 ⑥ G. Normandie – 2 559 h. alt. 134 – ☎ 35.

Paris 142 – Bernay 32 – Elbeuf 11 – Évreux 46 – Louviers 26 – Pont-Audemer 31 – ♦Rouen 26.

XXX **Corne d'Abondance** avec ch, ☎ 87.60.08, – Ⓟ. E VISA
fermé août, vacances de fév., dim. soir, mardi et merc. – SC : **R** 60/185 – ☐ 16 – **9 ch** 65/160 – P 200/350.

PEUGEOT-TALBOT Martin, ☎ 87.60.83

Parmentier-Pneus, ☎ 87.60.16

BOURGUEIL 37140 I.-et-L. 64 ⑬ G. Châteaux de la Loire – 4 185 h. alt. 42 – ☎ 47.

Syndicat d'Initiative à la Mairie (fermé sam. et dim.) ☎ 97.70.50.

Paris 278 – Angers 63 – Chinon 17 – Saumur 22 – ♦Tours 45.

Le Thouarsais sans rest, ☎ 97.72.05, – wc wc
fermé fév. – SC : ☐ 12 – **30 ch** 55/130.

XX **Germain,** ☎ 97.72.22 – E
fermé 1er au 21 oct., dim. soir et lundi sauf fêtes – SC : **R** 70/100.

PEUGEOT-TALBOT Delafuye, av. de St-Nicolas, la Villatte ☎ 97.70.48
RENAULT Gozillon, à St-Nicolas-de-Bourgueil ☎ 97.71.03

Chommeloux, ☎ 97.71.26

La BOURNE (Gorges de) ★★★ 38 Isère 77 ④ G. Alpes.

BOURROUILLAN 32 Gers 82 ③ – rattaché à Eauze.

BOURTH 27580 Eure 60 ⑤ – 1 013 h. alt. 192 – ☎ 32.

Paris 127 – l'Aigle 14 – Évreux 43 – Verneuil sur Avre 10.

XX **Aub. Chantecler,** face Église ☎ 32.61.45 – E VISA
fermé fév., dim. soir et lundi – SC : **R** 55/135.

BOUSSAC 23600 Creuse 68 ⑳ G. Périgord – 1 954 h. alt. 334 – ☎ 55.

Voir Site★ du château.

Env. Toulx Ste-Croix : ※★★ de la tour S : 11 km.

Paris 337 – Aubusson 47 – La Châtre 36 – Guéret 41 – Montluçon 34 – St-Amand-Montrond 52.

XX **Relais Creusois** avec ch, rte La Châtre ☎ 65.02.20 – VISA
fermé 18 au 24 juin, janv. à début fév., dim. soir et lundi – SC : **R** 85/200 – ☐ 20 – **5 ch** 85 – P 300.

à Nouzerines NO : 11 km par D 97 – ✉ **23600** Boussac :

La Bonne Auberge ⑤, ☎ 82.01.18 – wc ☎.
fermé 25 août au 15 sept., vacances de fév. et sam. de sept. à Pâques – SC : **R** 31/80 – ☐ 10 – **8 ch** 53/130 – P 113/207.

FORD Chabridon, ☎ 65.03.08
PEUGEOT-TALBOT Chauvet, ☎ 65.04.11
PEUGEOT-TALBOT Privat, ☎ 65.04.25
RENAULT Chaubron, ☎ 65.01.32

BOUSSENS 31 H.-Gar. 86 ② – 735 h. alt. 271 – ✉ **31360** St-Martory – ☎ 61.

Paris 775 – Auch 80 – Auterive 50 – Pamiers 73 – St-Gaudens 24 – St-Girons 34 – ♦Toulouse 66.

Lac, ☎ 90.01.85, ←, , – wc Ⓟ. AE
fermé déc. – SC : **R** 55/160 – ☐ 15 – **12 ch** 65/110 – P 140/170.

BOUT-DU-LAC 74 H.-Savoie 74 ⑯ – alt. 448 – ✉ **74210** Faverges – ☎ 50.

Voir Combe d'Ire★ S : 3 km, G. Alpes.

Paris 566 – Albertville 28 – Annecy 17 – Megève 43.

au Bord du Lac :

XX **Sautreau** avec ch, ☎ 44.30.02, ←, , , – wc Ⓟ. VISA
15 mars-fin sept. et fermé merc. sauf juil.-août – SC : **R** 70/170 – ☐ 16 – **12 ch** 130/180 – P 160/220.

XX **Chappet** avec ch, ☎ 44.30.19, ←, , – wc Ⓟ
10 fév.-fin sept. et fermé mardi soir et merc. hors sais. – SC : **R** 65/200 – ☐ 18 – **11 ch** 85/220 – P 150/220.

à Doussard S : 3 km par N 508 et VO – ✉ **74210** Faverges :

Marceau ⑤, à Marceau-Dessus O : 2 km par VO ☎ 44.30.11, ← lac et montagnes, , , – wc ☎ Ⓟ. AE VISA
1er fév.-2 nov. – SC : **R** 80/200 – ☐ 25 – **20 ch** 100/400 – P 270/450.

BOUT-DU-PONT-DE-LARN 81 Tarn 🔢 ⑫ – rattaché à Mazamet.

BOUTENAC-TOUVENT 17 Ch.-Mar. 🔢 ⑥ – 231 h. alt. 45 – ⊠ 17120 Cozes – ✪ 46.
Paris 506 – Blaye 55 – Jonzac 30 – Pons 22 – Royan 29 – Saintes 33.

  ✗ **Le Relais** avec ch, à Touvent ℱ 90.63.06 – 🅿. ✆
  ➔ *fermé 15 sept. au 15 oct. et lundi* – SC : **R** 50/125 – ☲ 15 – **9 ch** 69/102.

BOUXWILLER 67330 B.-Rhin 🔢 ⑱ G. Vosges – 2 766 h. alt. 220 – ✪ 88.
Env. Tapisseries** dans l'église St-Pierre et St-Paul* de Neuwiller-les-Saverne
O : 7 km.
Paris 457 – Bitche 34 – Haguenau 25 – Sarrebourg 38 – Saverne 15 – ♦Strasbourg 42.

  🏠 **Heintz**, 84 Grand'Rue ℱ 70.72.57, ☛ – 🛏wc 📞. ✆
  ➔ *fermé 20 janv. au 15 fév. et dim. soir* – SC : **R** 44/92 ⅃ – ☲ 12 – **14 ch** 85/115 –
    P 127/140.

CITROEN Stehly, à Ingwiller ℱ 89.42.41   PEUGEOT, TALBOT Matter, ℱ 70.70.39
FIAT, LADA, SKODA Gunther, ℱ 70.72.11 🅽   RENAULT Fritsch, ℱ 70.70.30

BOUZIGUES 34 Hérault 🔢 ⑯ – rattaché à Mèze.

BOUZONVILLE 57320 Moselle 🔢 ⑤ – 4 319 h. alt. 210 – ✪ 8.
Paris 359 – ♦Metz 37 – Saarbrücken 43 – Saarlouis 21 – Thionville 32.

  🏠 **La Bonne Auberge**, rte Thionville ℱ 778.27.52 – 🛁wc 🛏wc 📞 🅿. 𝚅𝙸𝚂𝙰
    R 48/110 ⅃ – ☲ 20 – **12 ch** 90/180 – P 155/200.

PEUGEOT-TALBOT Gar. Landry, ℱ 778.27.70   RENAULT Champlon, ℱ 778.49.18

BOYARDVILLE 17 Char.-Mar. 🔢 ⑬ – voir à Oléron.

BOZOULS 12340 Aveyron 🔢 ③ G. Causses – 2 032 h. alt. 610 – ✪ 65.
Voir Trou de Bozouls*.
Paris 589 – Espalion 11 – Mende 95 – Rodez 22 – Sévérac-le-Château 41.

  🏠 **A la Route d'Argent**, sur N 88 ℱ 44.92.27 – 🛏wc 📞 🅿
  ➔ *fermé 18 déc. au 2 janv. et vend. soir hors sais.* – SC : **R** 38/100 – ☲ 12 – **20 ch**
    55/100 – P 130/150.

  ✗✗ **Le Belvédère** ⅏ avec ch, ℱ 44.92.66, ≤ Trou de Bozouls – 🛁wc 🛏 📞. 🅴 𝚅𝙸𝚂𝙰
    fermé 1er au 21 oct. et fév. – SC : **R** *(fermé lundi soir hors sais. et sam. midi)* 51/95 –
    ☲ 12 – **9 ch** 72/107 – P 130/160.

BRACIEUX 41250 L.-et-Ch. 🔢 ⑱ G. Châteaux de la Loire – 1 150 h. alt. 81 – ✪ 54.
Paris 183 – Blois 18 – Châteauroux 91 – Montrichard 40 – ♦Orléans 53 – Romorantin-Lanthenay 32.

  🏠 **Le Cygne et rest. Autebert**, r. Brun ℱ 46.41.07 – 🛁wc 🅿. 𝚅𝙸𝚂𝙰
    fermé 15 janv. au 15 mars et mardi d'oct. à juin – SC : **R** 75/106 – ☲ 15 – **17 ch**
    80/180 – P 160/200.

  ✗✗ ✿✿ **Le Relais** (Robin), 1 av. Chambord ℱ 46.41.22, ≤. 🅰🅴 ⓪ 𝚅𝙸𝚂𝙰
    fermé 19 déc. au 20 janv., lundi soir et mardi – SC : **R** (nombre de couverts limité -
    prévenir) 158/280 et carte
    Spéc. Carpe à la Chambord (10 sept. au 30 mai), Filets de pigeonneau au citron, Gibier (1er oct. au
    15 janv.). Vins Cheverny, Oisly.

RENAULT Gar. Warsemann, ℱ 46.42.46   Gar. Chambon, ℱ 46.41.10 🅽

La BRAGUE 06 Alpes-Mar. 🔢 ⑨. 🔢 ㉕㊵ – rattaché à Antibes.

BRANCION 71 S.-et-L. 🔢 ⑪ – rattaché à Tournus.

BRANDÉRION 56 Morbihan 🔢 ① – rattaché à Hennebont.

BRANNE 33420 Gironde 🔢 ⑫ – 850 h. alt. 15 – ✪ 57.
Paris 616 – Bergerac 55 – ♦Bordeaux 32 – Libourne 13 – Marmande 57.

  🏠 **France**, ℱ 84.50.06 – 🛁wc 🛏 📞. ✆
    fermé oct. et mardi de nov. à fin avril – SC : **R** 55/130 ⅃ – ☲ 15 – **15 ch** 105/185 – P
    196/240.

RENAULT Peyron, ℱ 84.50.16

250

BRANTÔME 24310 Dordogne 🔟 ⑤ G. Périgord – 2 101 h. alt. 103 – ✪ 53. *

Voir Site★ – Clocher★★ de l'église abbatiale.

🛈 Syndicat d'Initiative Pavillon Renaissance (1er juin- 30 sept.) ⌘ 05.80.52.

Paris 483 – Angoulême 58 – ◆Limoges 90 – Nontron 22 – Périgueux 27 – Ribérac 37 – Thiviers 26.

🏨 ✿ **Chabrol** (Charbonnel), ⌘ 05.70.15 – 🔟 ☎. 🆎 𝘝𝘐𝘚𝘈. ✼
   fermé 12 nov. au 9 déc., vacances de fév., dim. soir et lundi du 1er oct. au 30 juin –
   SC : **R** (dim. prévenir) 85/250 – ⚏ 22 – **21 ch** 160/200
   Spéc. Hure de la mer, Feuilleté de saumon frais, St-Jacques au beurre de poireaux. **Vins** Leparon, Pécharmant.

XXX ✿ **Moulin de l'Abbaye** (Bulot) Ⓜ avec ch, ⌘ 05.80.22, Télex 560570, ≼, �,
   « Terrasse au bord de l'eau », 🚗 – 🔟 ☎ 🚗. 🆎 ⓄⒺ 𝘝𝘐𝘚𝘈
   15 mai-2 oct. – SC : **R** (fermé lundi) 120/250 – ⚏ 40 – **10 ch** 420 – P 550/600
   Spéc. Salade de ris de veau et langoustines, Fondant de volaille aux truffes, Gratin de fruits rouges aux liqueurs. **Vins** Cahors, Bergerac.

X **Aub. du Soir** avec ch, ⌘ 05.82.93 – 🏠. 🆎 𝘝𝘐𝘚𝘈
   fermé 15 janv. au 28 fév. et lundi d'oct. au 1er avril – SC : **R** 50/160 – ⚏ 20 – **9 ch**
   100/150 – P 160.

   à Champagnac de Belair NE : 6 km par D 78 et D 83 – ⌧ 24530 Champagnac de Belair :

XXX ✿✿ **Moulin du Roc** (Mme Gardillou) Ⓜ avec ch, ⌘ 54.80.36, ≼, 🌶, « Ancien moulin à huile au bord de l'eau », 🚗 – 🔟 🏠wc 🚗 🚗 Ⓟ. 🆎 ⓄⒺ 𝘝𝘐𝘚𝘈.
   ✼ rest
   fermé 15 nov. au 15 déc. et 15 janv. au 15 mars – SC : **R** (fermé merc. midi et mardi)
   (nombre de couverts limité-prévenir) 90/220 et carte – ⚏ 35 – **8 ch** 280/350
   Spéc. Foie gras poêlé à la ciboulette, Filets de truite fourrés aux cèpes, Aiguillettes de canette au madiran. **Vins** Pécharmant.

   à Bourdeilles SO : 10 km – ⌧ 24310 Brantôme.

   Voir château★ et mobilier★★.

🏨 **Griffons**, ⌘ 05.75.61 – 🏠wc 🚗 Ⓟ. Ⓔ 𝘝𝘐𝘚𝘈. ✼ rest
   1er avril-15 oct. – SC : **R** 85/160 – ⚏ 21 – **10 ch** 195 – P 280.

CITROEN Tournier et Tamisier, ⌘ 05.70.29   RENAULT Périgord Vert Autom., ⌘ 05.70.24

BRAS 83149 Var 🔠 ⑤ – 677 h. alt. 315 – ✪ 94.

Paris 812 – Aix-en-Provence 53 – Aubagne 43 – Brignoles 15 – Draguignan 52 – ◆Toulon 57.

X **des Allées** avec ch, ⌘ 78.73.03 – 🏠
   hôtel : Pâques-oct., rest. : fermé janv. et jeudi sauf juil-août – SC : **R** 50/95 – ⚏
   12,50 – **14 ch** 55/85 – P 130.

BRASSAC-LES-MINES 63570 P.-de-D. 🔟 ⑤ – 4 108 h. alt. 409 – ✪ 73.

Env. Auzon : site★, statue de N.-D.-du-Portail★★ dans l'église SE : 6,5 km, G. Auvergne.

Paris 443 – Brioude 17 – Issoire 20 – Murat 60 – Le Puy 77 – St-Flour 59.

🏨 **Le Limanais**, rte Lempdes ⌘ 54.13.98 – 🏠wc 🏠wc Ⓟ. 𝘝𝘐𝘚𝘈
   fermé juin et lundi – SC : **R** 43/90 – ⚏ 15 – **18 ch** 75/150 – P 120/140.

FORD Gar. Jourdes, ⌘ 54.10.02

BRÉDANNAZ 74 H.-Savoie 🔠 ⑥⑯ – alt. 450 – ⌧ 74210 Faverges – ✪ 50.

Paris 551 – Albertville 30 – Annecy 15 – Megève 45.

🏨 **Azur du Lac**, ⌘ 68.67.49, ≼, 🌶, 🐾, 🚗 – 🏠wc 🏠wc 🚗 🚗 Ⓟ. ✼ rest
   1er mars-30 sept. – SC : **R** 60/120 – ⚏ 15 – **30 ch** 72/185 – P 142/205.

🏨 **Port et Lac**, ⌘ 68.67.20, ≼, 🌶, 🐾 – 🏠wc 🏠wc 🚗 Ⓟ
   fermé 30 nov. au 1er fév. – SC : **R** 65/150 – ⚏ 16 – **19 ch** 80/195 – P 162/230.

   à Chaparon S : 1,5 km par VO – ⌧ 74210 Faverges :

🏨 **Châtaigneraie**, ⌘ 44.30.67, ≼, 🌶, « Prairie ombragée », 🚗 – 🏠wc 🏠wc
   🚗 Ⓟ – 🏠 25. 🆎 Ⓔ 𝘝𝘐𝘚𝘈. ✼
   1er fév.-1er nov. et fermé lundi du 1er oct. au 1er mai – SC : **R** 58/175 – ⚏ 20 – **21 ch**
   165/200 – P 185/210.

BRÉHAL 50290 Manche 🔠 ⑦ – 2 392 h. alt. 52 – ✪ 33.

🔋 ⌘ 61.60.73 O : 5 km.

🛈 Syndicat d'Initiative r. Gén.-de-Gaulle (15 juin-15 sept. et fermé dim.) ⌘ 61.64.13.

Paris 347 – Coutances 19 – Granville 10 – St-Lô 46 – Villedieu-les-Poêles 26.

🏨 **Gare**, ⌘ 61.61.11 – Ⓟ. ✼ ch
   fermé 19 déc. au 1er fév., 25 sept. au 10 oct., dim. soir et lundi – SC : **R** 41/114 – ⚏
   14 – **9 ch** 67/75 – P 149/169.

CITROEN Gar. Bréhalais, ⌘ 61.61.30   RENAULT Lainé, ⌘ 61.62.52

251

BRÉHAT (Ile de) ★ 22870 C.-du-N. **59** ② G. Bretagne – 511 h. alt. 52 – **✿** 96.

Voir Tour de l'île★★ en vedette 1 h – Phare du Paon★ – Croix de Maudez ⩽★ – Chapelle St-Michel ⩽★ – Bois de la citadelle ⩽★.

Accès : Transports maritimes, pour **Port-Clos.**

⛴ depuis **St-Quay-Portrieux.** En 1983 : de juin à sept. services quotidiens suivant marées - Traversée 1 h 30 – 75 F (AR). Renseignements : Vedettes de Bréhat ℡ 20.00.66.

⛴ depuis la **Pointe de l'Arcouest.** En 1983 : de 5 (hiver) à 20 (été) services quotidiens - Traversée 10 mn – 14 F (AR). Renseignements : Vedettes de Bréhat ℡ 20.00.66.

 🏨 **Vieille Auberge** ⌂, au bourg ℡ 20.00.24 – ⛁wc ⓶wc ☏. ⌘ ch
  Pâques-début nov. – SC : **15 ch** (pens. seul.) – P 260.

 🏚 **Bellevue** ⌂, Port-Clos ℡ 20.00.05, ⩽, ⌨ – ⓶. ⌘
  Pâques-fin sept. – SC : **R** *(15 juin-15 sept.)* (pens. seul.) – ⚏ 16 – **13 ch** 80/130 – P 175/185.

BREIL-SUR-ROYA 06540 Alpes-Mar. **84** ⑳. **195** ⑱ G. Côte d'Azur – 2 159 h. alt. 286 – **✿** 93.

Env. Saorge : site★★, ⩽★, Couvent des Franciscains ⩽★ et gorges★★ N : 9 km.

Paris 993 – Menton 36 – ◆Nice 60 – Tende 21 – Ventimiglia 25.

 🏨 **Relais des Salines** [M], N : 1 km sur N 204 ℡ 04.43.66, parc, ⌨ – ⛁wc ☏.
  ⌘ rest
  28 fév.-2 nov. – SC : **R** 85/190 – ⚏ 25 – **14 ch** 230.

BREITENBACH 68 H.-Rhin **62** ⑱ – rattaché à Munster.

BRÊMES 62 P.-de-C. **51** ② – rattaché à Ardres.

La BRESSE 88250 Vosges **62** ⑰ G. Vosges – 5 370 h. alt. 650 – Sports d'hiver : 900/1 350 m ⩽26, ⚐ – ✿ 29.

🛈 Office de Tourisme 21 quai Iranées (fermé lundi hors sais. et dim. après-midi) 25.41.29, Télex 960573.

Paris 444 – Colmar 54 – Épinal 60 – Gérardmer 14 – Remiremont 33 – Thann 42 – Le Thillot 19.

 🏨 **Vallées et sa Résidence** [M] ⌂, r. P.-Claudel ℡ 25.41.39, Télex 960573, ⩽,
 → « Parc », ⛱, ⌘ – ⛁ 🆃🆅 ☎ ⇌ ☏ – ⚿ 25 à 40. ⒶⒺ ⓪ Ⓔ 𝘝𝘐𝘚𝘈
  fermé 10 nov. au 10 déc. – SC : **R** 50/160 ⚐ – ⚏ 17 – **60 ch** 180/210, 60 studios 220/300 – P 200/235.

 🏚 **du Chevreuil Blanc**, 5 r. P. Claudel ℡ 25.41.08 – ⛁wc ☏ ☏. ⌘ rest
 → *fermé 4 au 24 juin et 20 au 30 sept.* – SC : **R** 49/68 ⚐ – ⚏ 15 – **10 ch** 145 – P 180.

 au NE : 6,5 km par D 34 et D 34D – ✉ 88250 La Bresse :

 🗙🗙 **Aub. du Pêcheur** ⌂ avec ch., ℡ 25.43.86, ⩽ – cuisinette 🆃🆅 ⓶wc ☏. ⒶⒺ ⓪
 → 𝘝𝘐𝘚𝘈
  fermé 15 juin au 1er juil. et 1er au 15 déc. – SC : **R** *(fermé mardi soir et merc.)* 44/85 ⚐ – ☛ 12 – **4 ch** 80/90.

 à Belles Huttes NE : 8 km par D 34 et D 34D – ✉ 88250 La Bresse :

 🗙 **Le Slalom**, ℡ 25.41.72, ⩽ – ☏
 → *fermé 1er nov. au 1er déc.* – SC : **R** 50/160 ⚐.

BRESSOLLES 03 Allier **69** ⑭ – rattaché à Moulins.

BRESSON 38 Isère **77** ⑤ – rattaché à Grenoble.

BRESSUIRE ⬤ 79300 Deux-Sèvres **67** ⑰ G. Côte de l'Atlantique – 12 040 h. alt. 184 – ✿ 49.

🛈 Office de Tourisme (fermé sam. après-midi hors sais. et dim.) avec A.C. pl. Hôtel de Ville ℡ 65.10.27.

Paris 356 ① – Angers 82 ① – Cholet 45 ④ – Niort 62 ③ – Poitiers 82 ② – La Roche-sur-Yon 82 ④.

Plan page ci-contre

 🏚 **Boule d'Or**, 15 pl. E.-Zola (e) ℡ 65.02.18 – ⛁ ⓶ ☏. ⒶⒺ 𝘝𝘐𝘚𝘈 ⌘ ch
 → *fermé 2 au 23 juil., Noël, 1er au 11 fév., dim. soir et lundi* – SC : **R** 45/80 ⚐ – ⚏ 12 – **15 ch** 75/150.

FIAT Chauvin-Besse, 5 r. du Gén.-André ℡ 65.06.14

PEUGEOT-TALBOT Gar. Cornu, bd de Thouars par ① ℡ 74.20.44

RENAULT Goyault et Jolly, rte de Poitiers ℡ 74.15.33

V.A.G. Chollet, rte de Nantes ℡ 65.04.00

⬢ Bressuire-Pneus, 89 bd de Poitiers ℡ 74.13.86

BRESSUIRE

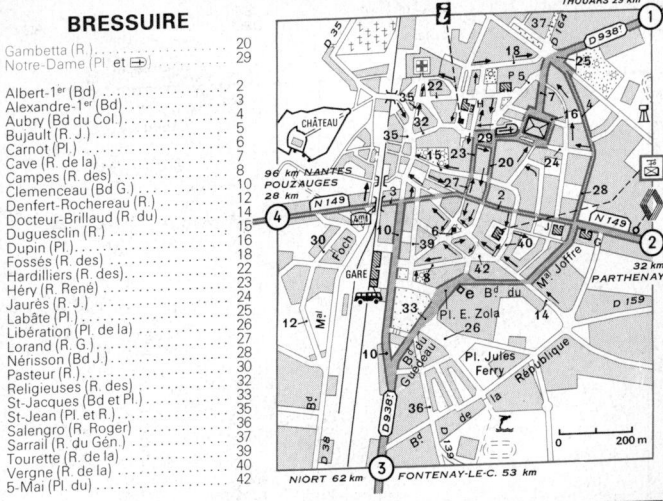

BREST ⟨SP⟩ 29200 Finistère 58 ④ G. Bretagne – 160 355 h. communauté urbaine 223 854 h. alt. 34 – ☼ 98 – Voir Cours Dajot ≤★★ EZ – Traversée de la rade★ et promenade en rade★ – Visite arsenal et base navale★ DZ – Musée★ EZ **M.**

Env. Pont Albert-Louppe ≤★ 7,5 km par ⑤.

☖ d'Iroise ⚲ 85.16.17 par ④ : 25 km.

✈ de Brest-Guipavas : ⚲ 84.61.49 par ③ : 10 km.

🛈 Office de Tourisme pl. Liberté (fermé sam. hors sais. et dim.) ⚲ 44.24.96 – A.C.O. Finistère 9 r. Siam ⚲ 44.32.89.

Paris 597 ② – Lorient 136 ⑤ – Quimper 71 ⑤ – ♦Rennes 244 ② – St-Brieuc 144 ②.

Plans pages suivantes

🏨 **Oceania** Ⓜ, 82 r. Siam ⚲ 80.66.66, Télex 940951 – ⫴ 🗏 rest 📺 ☎ & – 🔼 200.
AE ① E VISA
R 90/160 🍷 – 🖙 28 – **82 ch** 283/390.
　　　　　　　　　　　　　　　　　　　　　　　　　　　EY **r**

🏨 **Continental**, square Tour d'Auvergne ⚲ 80.50.40, Télex 940575 – ⫴ 🗏 rest 📺
☎ & – 🔼 200. AE ① E VISA
SC : **R** (fermé vacances de fév., dim. et fêtes) 54/97 🍷 – 🖙 22 – **75 ch** 149/264.
　　　　　　　　　　　　　　　　　　　　　　　　　　　EY **f**

🏨 ✿ **Voyageurs**, 15 av. Clemenceau ⚲ 80.25.73 – ⫴ 📺 🍴wc 🛏wc ☎. AE ① E VISA
fermé 16 juil. au 7 août et 2 au 16 janv. – **R** (fermé dim. soir et lundi) 48/170 🍷 grill
R 47 – 🖙 22 – **39 ch** 100/280　　　　　　　　　　　　　　　　　EY **n**
Spéc. Fricassée de St-Jacques aux cèpes (d'oct. à avril), Marinière de coquillages, Soupe de poissons à la brestoise.

🏨 **Bretagne** sans rest, 24 r. Harteloire ⚲ 80.41.18 – 🛏wc ☎. E VISA. ✗ 　　BX **e**
fermé 24 déc. au 1er janv. – SC : 🖙 15 – **21 ch** 107/180.

🏨 **Paix** sans rest, 32 r. Algésiras ⚲ 80.12.97 – ⫴ 🍴wc 🛏wc ☎. AE ① E 　　EY **a**
SC : 🖙 15 – **25 ch** 88/175.

🏨 **Vauban**, 17 av. G.-Clemenceau ⚲ 46.06.88 – ⫴ 🍴 🛏 ☎ – 🔼 100. E. ✗ ch
◆ SC : **R** (fermé 15 sept. au 15 oct. et vend.) 37/81 🍷 – 🖙 15 – **52 ch** 90/219.　　EY **n**

🏨 **Colbert** sans rest, 12 r. de Lyon ⚲ 80.47.21 – 🍴wc 🛏wc ☎. E VISA. ✗ 　　EY **k**
SC : 🖙 15 – **27 ch** 80/180.

🏨 **Astoria** sans rest, 9 r. Traverse ⚲ 80.19.10 – 🍴wc 🛏wc ☎ 　　　　　　　EZ **e**
fermé 19 déc. au 11 janv. – SC : 🖙 16 – **24 ch** 65/131.

🏨 **Bellevue** sans rest, 53 r. V.-Hugo ⚲ 80.51.78 – ⫴ 🛏wc ☎ 　　　　　　　BX **u**
SC : 🖙 15,50 – **26 ch** 107/150.

🏨 **Rade** sans rest, 6 r. Siam ⚲ 44.47.76, ≤ – 🍴 🛏 ☎ 　　　　　　　　　　DZ **t**
SC : 🖙 15 – **30 ch** 70/120.

🏨 **Pasteur** sans rest, 29 r. L.-Pasteur ⚲ 46.08.73 – 🛏. ✗ 　　　　　　　　　EY **d**
fermé dim. en hiver – SC : 🖙 16 – **20 ch** 70/105.

🏨 **Gare** sans rest, 4 bd Gambetta ⚲ 44.47.01 – ⫴ 🚗 　　　　　　　　　　　EY **x**
SC : 🖙 15 – **20 ch** 65/76.

🍴 **Frère Jacques**, 15 bis r. Lyon ⚲ 44.38.65 　　　　　　　　　　　　　　　EY **q**
fermé 29 juil. au 5 août, sam. midi et dim. – **R** carte 130 à 170.

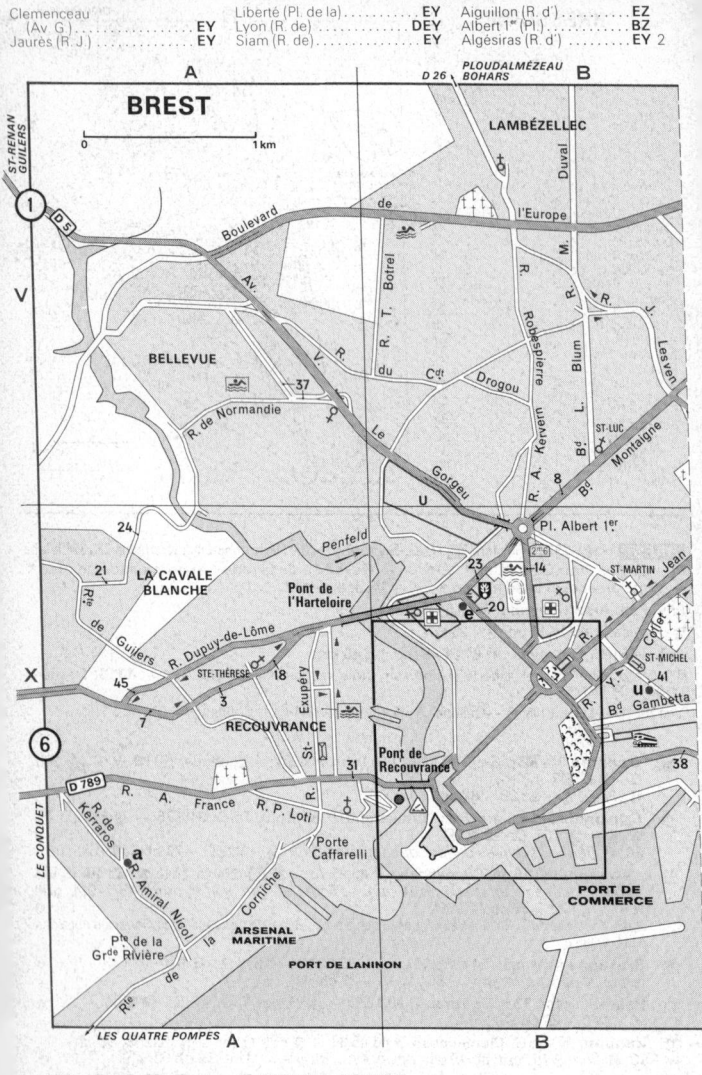

BREST

XXX **Vatel,** 23 r. Fautras ℡ 44.51.02 – 🆎 🄴 VISA   EY **a**
 ◆ fermé 8 au 27 août, sam. midi et dim. – **R** 46/180 ⚱.

XX **Le Poulbot,** 26 r. Aiguillon ℡ 44.19.08 – 🆎 ① VISA   EZ **s**
 fermé 20 août au 9 sept., en fév., sam. midi et dim. – SC : **R** 65/215.

à Recouvrance par rte de la Corniche – ✉ 29200 Brest :

🏨 **Ajoncs d'Or** Ⓜ, 1 r. Amiral Nicol ℡ 45.12.42, ✀ – 🛏️wc 🕿 🅿 – 🔏 25. 🄴 VISA
 SC : **R** *(fermé sam.)* 70/100 – ⇌ 20 – **16 ch** 190/210 – P. 360/380.   AX **a**

par ② : 6 km – ✉ 29200 Brest :

🏨 **Novotel** Ⓜ, Z.A Kergaradec ℡ 02.32.83, Télex 940470, 🌭, ⚘, 🚲 – 🗐 rest 📺
 🕿 ⅋ 🅿 – 🔏 25 à 240. 🆎 ① 🄴 VISA
 R snack carte environ 90 ⚱ – ⇌ 28 – **85 ch** 261/309.

MICHELIN, Agence, bd Gabriel-Lippmann par ② Zone Activité Kergaradec à Gouesnou
℡ 02.21.08

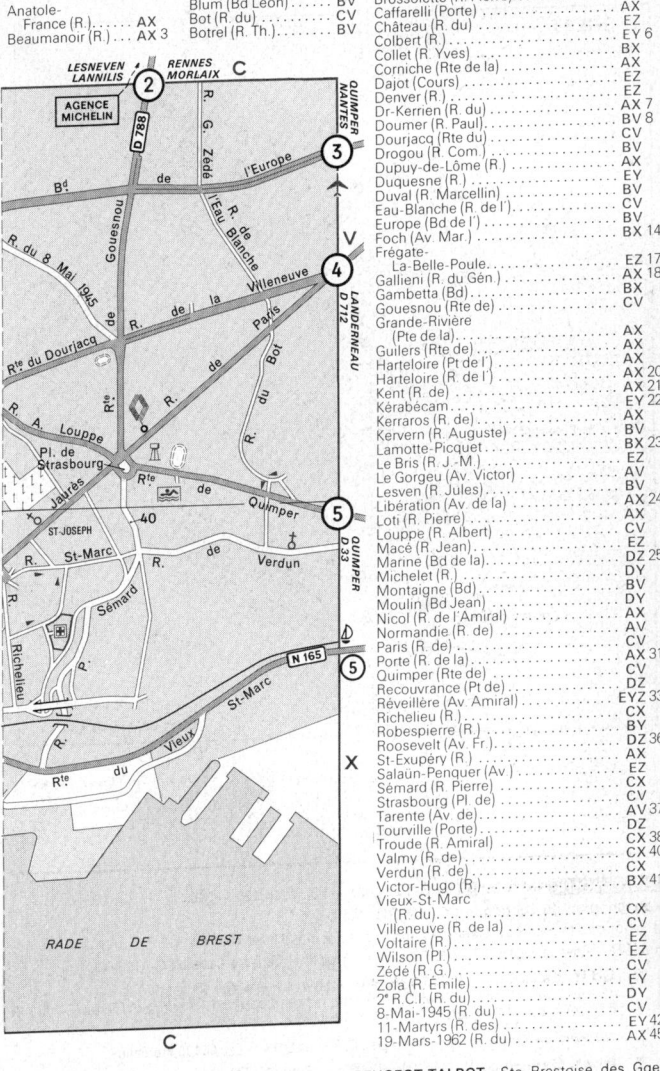

RADE DE BREST

C

ALFA-ROMEO, TOYOTA Brest Autom., 84 rte de Gouesnou ℡ 02.21.82
BLF Sébastopol-Autom., 56 r. Sébastopol ℡ 44.19.79
BMW Ouest-Autom., r. G.-Plante, Zone Activité Kergaradec à Gouesnou ℡ 02.11.15
CITROEN Succursale, r. G.-Zédé, Zone Ind. de Kergonan par ② ℡ 02.23.96
FIAT Gar. Bodier, 159 rte de Gouesnou ℡ 02.64.44
FORD Herrou et Lyon, rte Gouesnou à Kerguen ℡ 02.35.62
MERCEDES-BENZ, OPEL Gar. de l'Etoile, 4 bd de l'Europe Zone Ind. de Kergonan ℡ 41.80.80

PEUGEOT-TALBOT Ste Brestoise des Gges de Bretagne Lavallot. Rte de Guipavas par ④ ℡ 02.20.20
RENAULT Auto-Sce Brestois, 20 rte Paris ℡ 02.20.20
V.A.G. Gar. St-Christophe, 132 rte de Gouesnou ℡ 02.19.80
VAG Plymouth Autom., 137 bd de Plymouth ℡ 45.59.90

🛞 Jarniou-Pneus, 263 r. Jean-Jaurès ℡ 02.24.32
Jarniou-Pneus Mesmerien, rte de Gouesnou ℡ 02.35.26
Lorans-Pneus, 70 r. P.-Sémard ℡ 02.02.11
Madec-Pneus, 19 r. Kerjean-Vras ℡ 44.43.13
Simon-Pneus, 74 rte de Gouesnou ℡ 02.38.66

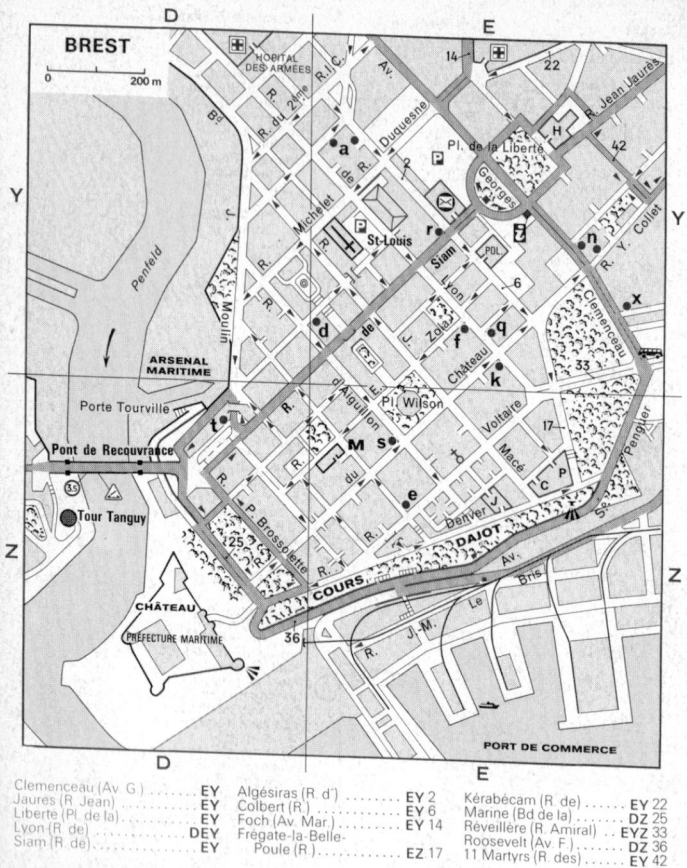

BREST

échelle 0 — 200 m

BRETENOUX 46130 Lot **75** ⑱ G. Périgord – 1 213 h. alt. 126 – ✪ 65.

Voir Château de Castelnau★★ : ≤★ SO : 3,5 km.

🛈 Syndicat d'Initiative av. Libération (fermé sam. et dim.) ℱ 38.40.23.

Paris 537 – Brive-la-Gaillarde 45 – Cahors 85 – Figeac 51 – Sarlat-la-Canéda 67 – Tulle 49.

🏛 **Gd H. de la Cère,** ℱ 38.40.19, 🐎 – 🛁wc 🕿 ⇔ 🅿, 🛇 rest
  fermé 1er au 15 nov., 15 au 31 déc., sam. et dim. sauf du 1er juil. au 15 sept. – SC : **R**
  52/130 – 🖵 16 – **26 ch** 110/180 – P 170/190.

  au Port de Gagnac NE : 6 km par D 940 et D 14 – ⊠ 46130 Bretenoux :

🏠 **Host. Bellerive,** ℱ 38.50.04, ≤, 🏤 – 🛁wc 🕿 🅿, 🎉 📹 🛇
  → mars-oct. – SC : **R** 50/150 🎈 – 🖵 15 – **15 ch** 75/150 – P 145/180.

CITROEN Gar. Croix Blanche, à St-Michel-
Loubéjou ℱ 38.11.88
PEUGEOT-TALBOT Bretenoux-Auto, ℱ 38.
45.60

PEUGEOT-TALBOT Peuch, à Biars-sur-Cère ℱ
38.40.37
RENAULT Bassat, ℱ 38.45.84

🔘 Biars-Pneus, à Biars-sur-Cère ℱ 38.58.34

BRETEUIL 27160 Eure **55** ⑯ G. Normandie – 3 415 h. alt. 172 – ✪ 32.

🛈 Syndicat d'Initiative à la Mairie (fermé sam. après-midi et dim.) ℱ 32.82.45.

Paris 127 – L'Aigle 25 – Évreux 32 – Verneuil-sur-Avre 11.

🏛 **Mail** 🗂, r. Neuve-de-Bémécourt ℱ 29.81.54, 🏤, 🐎 – 🛁wc 🛁wc 🕿 – 🛄 30.
  VISA
  SC : **R** 98/160 – 🖵 30 – **13 ch** 185/300 – P 300/350.

🔘 Goy-Pneus, ℱ 29.71.88

BRETEUIL 60120 Oise 🗺 ⑱ – 3 875 h. alt. 83 – ✪ 4.

Paris 111 – ♦Amiens 32 – Beauvais 38 – Clermont 34 – Compiègne 56 – Montdidier 21.

🏨 **Cap Nord** Ⓜ, r. de Paris ⅌ 447.10.33 – ⊟wc ☎ 🅿 – 🛁 50
➥ *hôtel : fermé 22 au 29 déc. ; rest. : fermé 29 juin au 17 juil. et 21 déc. au 8 janv. –*
SC : **R** *(fermé vend. soir du 1ᵉʳ nov. au 28 fév. et sam.)* 46 🍴 – ⊑ 16 – **38 ch** 132/165.

✗✗ Globe, r. République ⅌ 447.01.78, 😊, 🌳.

CITROEN Minard, 2 r. de Paris ⅌ 447.00.36   RENAULT Gueudet, av. Gal-Frère ⅌ 447.00.18
PEUGEOT-TALBOT Caullier, 55 av. Gal-Frère
⅌ 447.00.13

Le BREUIL 71 S.-et-L. 🗺 ⑧ – rattaché au Creusot.

Le BREUIL-EN-AUGE 14 Calvados 🗺 ⑰ ⑱ – 751 h. alt. 38 – ⊠ 14130 Pont-l'Évêque – ✪ 31.
Paris 204 – ♦ Caen 55 – Deauville 20 – Lisieux 9.

✗ **Aub. Dauphin,** ⅌ 64.72.24 – 𝘝𝘐𝘚𝘈, 🌿
fermé 7 au 21 mars, 1ᵉʳ au 30 oct., mardi et merc. – SC : **R** 72/180.

BREVANS 39 Jura 🗺 ③ – rattaché à Dôle.

Les BRÉVIAIRES 78 Yvelines 🗺 ⑨, 🗺 ㉘ – rattaché au Perray-en-Yvelines.

BRÉVIANDES 10 Aube 🗺 ⑯ ⑰ – rattaché à Troyes.

BRÉVILLE-SUR-MER 50 Manche 🗺 ⑦ – rattaché à Granville.

BRÉVONNES 10 Aube 🗺 ⑰ ⑱ – 655 h. alt. 116 – ⊠ 10220 Piney – ✪ 25.
Paris 191 – Bar-sur-Aube 31 – St-Dizier 58 – Troyes 26 – Vitry-le-François 52.

🏯 **Vieux Logis,** ⅌ 46.30.17, 🌳 – 🅿 𝘝𝘐𝘚𝘈, 🌿 ch
➥ *fermé dim. soir et lundi midi* – SC : **R** 44/101 🍴 – ⊑ 12 – **7 ch** 67/118 – P 112/150.

✗ **Aub. du Bourricot Fleuri,** ⅌ 46.30.22
fermé 15 août au 5 sept., mardi soir et merc. – **R** 35/90.

BREZOLLES 28270 E.-et-L. 🗺 ⑥ – 1 429 h. alt. 162 – ✪ 37.
Paris 108 – Alençon 88 – Argentan 90 – Chartres 43 – Dreux 23.

🏠 **Le Relais,** ⅌ 48.20.84 – 🛁wc 🅿
➥ *fermé 6 au 19 août et dim. soir* – SC : **R** 45/120 🍴 – ⊑ 15 – **21 ch** 60/120 –
P 140/180.

BRIANÇON ◁➡ 05100 H.-Alpes 🗺 ⑱ G. Alpes – 11 544 h. alt. 1 321 – Sports d'hiver à
Serre-Chevalier par ④ : 6 km, puis téléphérique – ✪ 92.

Voir Ville haute★★ : Grande Rue★, Pont d'Asfeld★, Remparts ≼★, Citadelle 🌿★, – Puy
St-Pierre ≼★★ de l'église SO : 3 km par D35.

Env. Croix de Toulouse ≼★★ par ④ et D 32 : 8,5 km.

🚂 ⅌ 21.00.50.
🅱 Office de Tourisme Porte de Pignerol (fermé dim. hors sais.) ⅌ 21.08.50, Télex 410898.

Paris 681 ④ – Digne 146 ③ – Gap 87 ③ – ♦Grenoble 116 ④ – ♦Nice 263 ③ – Torino 108 ①.

Plan page suivante

🏨 **Vauban,** 13 av. Gén.-de-Gaulle (n) ⅌ 21.12.11, ≼, 🌳 – 📶 ☎ 🅿
SC : **R** 95/135 – ⊑ 22 – **44 ch** 200/255 – P 240/300.

🏨 **Aub. Le Mt-Prorel** 🌿, 5 av. R.-Froger (e) ⅌ 20.22.88, ≼, 🌳 – ⊟wc 📶 📶 🅿
𝘈𝘌 ⓞ Ⓔ 𝘝𝘐𝘚𝘈, 🌿
fermé 16 avril au 7 mai et 26 nov. au 20 déc. – SC : **R** *(fermé lundi en oct., nov. et
mai)* 70 – ⊑ 20 – **18 ch** 150/229 – P 180/259.

🏨 **Le Cristol** Ⓜ, 6 rte Italie (x) ⅌ 20.20.11, ≼ – ⊟wc 📶 ☎, 🌿 ch
hôtel : fermé 25 oct. au 20 déc. – SC : **R** *(fermé 1ᵉʳ oct. au 1ᵉʳ juin)* 70 – ⊑ 19 –
16 ch 125/190 – P 230/245.

🏠 **Edelweiss** sans rest, 32 av. République (r) ⅌ 21.02.94 – ⊟wc 📶wc ☎ 🅿 𝘝𝘐𝘚𝘈,
🌿
fermé 1ᵉʳ nov. au 15 déc. – SC : ⊑ 16 – **23 ch** 126/209.

🏠 **Mont-Brison** sans rest, 3 av. Gén.-de-Gaulle (s) ⅌ 21.14.55 – 📶 ⊟wc 📶wc ☎
🅿, 🌿
fermé 1ᵉʳ nov. au 20 déc. – SC : 🍴 18 – **44 ch** 116/180.

Voir aussi ressources hôtelières de *Serre-Chevalier* par ④ : 6 km

ALFA-ROMEO, RENAULT Jullien, 21 av.   PEUGEOT-TALBOT Gar. de la Gare, av. du
M.-Petsche ⅌ 21.30.00   Gén. de Gaulle ⅌ 20.27.20
CITROEN Ets Pellet, 3 av. Baldenberger ⅌   PEUGEOT-TALBOT S.E.P.R.A., 3 rte de Gap ⅌
21.08.02   21.10.02

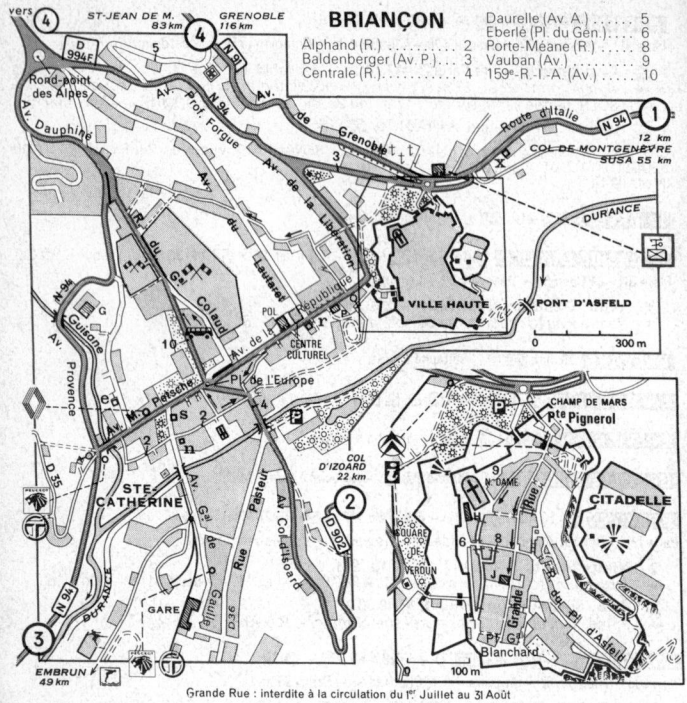

BRIANÇON

Alphand (R.) 2
Baldenberger (Av. P.) ... 3
Centrale (R.) 4
Daurelle (Av. A.) 5
Eberlé (Pl. du Gén.) ... 6
Porte-Méane (R.) 8
Vauban (Av.) 9
159e-R.-I.-A. (Av.) 10

Grande Rue : interdite à la circulation du 1er Juillet au 31 Août

---

BRICQUEBEC 50260 Manche 54 ② G. Normandie – 3 750 h. alt. 34 – ✦ 33.

Voir Donjon★ du Château.

Paris 353 – Barneville-Carteret 16 – ✦Cherbourg 22 – Coutances 54 – St-Lô 69 – Valognes 13.

- **Vieux Château** ⑤, ℡ 52.24.49 – ⟶wc ⋔wc ☎ ⟵ 🅿. **E**
  fermé 1er janv. au 15 fév., vend. soir et dim. soir du 15 fév. au 15 avril – SC : **R** 42/90
  – � 15 – **22 ch** 90/212 – P 125/175.

CITROEN Gar. Legarand, ℡ 52.27.72 **N**   RENAULT Lecocq, ℡ 52.27.91 **N**

BRIDES-LES-BAINS 73 Savoie 74 ⑰⑱ G. Alpes – 583 h. alt. 572 – Stat. therm. (16 avril-22 oct.) – Casino – ⊠ **73600** Moutiers Tarentaise – ✦ 79.

🛈 Syndicat d'Initiative (fermé dim. hors sais.) ℡ 55.20.64.

Paris 640 – Annecy 77 – Chambéry 79 – Courchevel 18 – Moûtiers 6.

- **Gd H. Thermes,** ℡ 24.25.77 – ▐⧄ 🅃🅅 ☎ & 🅿. ✦ rest
  1er mai-30 sept. – SC : **R** 80/92 – ⊑ 21 – **88 ch** 250/350 – P 370/460.

- **Sources** ⑤, ℡ 24.10.22, ≼ – ▐⧄ 🅃🅅 ⟶wc & ⟵ 🅿. ✦ rest
  4 fév.-21 oct. – SC : **R** 60/70 – ⊑ 16,50 – **74 ch** 120/165 – P 154/315.

- **Savoy,** ℡ 55.20.55, ≼ – ▐⧄ 🅃🅅 ⟶wc ⋔wc ☎ 🅿. ✦ rest
  6 mai-30 sept. – SC : **R** 77/87 – ⊑ 20 – **40 ch** 162/242 – P 210/275.

- **Verseau** Ⓜ ⑤, ℡ 24.18.44, ≼, 🍴, 🏊 – ▐⧄ 🅃🅅 ⟶wc ☎ 🅿. ✦ rest
  19 avril-20 oct. – SC : **R** 65/78 – ⊑ 22 – **32 ch** 215/240 – P 230/335.

- **Bains** Ⓜ ⑤, ℡ 55.22.05, ≼ – ▐⧄ ⟶wc ☎ ⟵ 🅿. ✦ rest
  15 avril-15 oct. – SC : **R** 60/85 – ⊑ 20 – **34 ch** 200/220 – P 265/295.

- **Golf,** ℡ 24.00.12, ≼ – ▐⧄ ⟶wc ⋔wc ☎ 🅿. **VISA** ✦ rest
  1er mai-30 sept. – SC : **R** 88 – ⊑ 25 – **48 ch** 142/264 – P 225/306.

- **Val Vert,** ℡ 55.22.62, 🍴 – 🅃🅅 ⟶wc ⋔wc & 🅿. **VISA** ✦
  15 avril-30 oct. – SC : **R** 60/84 – ⊑ 18 – **21 ch** 132/209 – P 200/225.

- **Hautes Rives** Ⓜ ⑤ sans rest, ℡ 55.23.60, ≼ – cuisinette 🅃🅅 ⟶wc ☎
  fév.-mi-oct. – SC : **15 ch** ⊑ 136/175.

- **La Grillade,** résid. Le Royal ℡ 55.20.90, 🍴 – 🅿. **VISA**
  fermé 15 oct. au 20 déc. et merc. du 20 déc. au 1er avril – SC : **R** 65/120.

BRIEC 29112 Finistère 58 ⑮ – 4 711 h. alt. 158 – ✪ 98.

Paris 549 – Carhaix-Plouguer 43 – Châteaulin 18 – Morlaix 65 – Pleyben 17 – Quimper 16.

☆ **Midi**, ☏ 57.90.10, ☞ – **🅿** **E**. ⁓ ch
  fermé 15 sept. au 7 oct., dim. soir et sam. sauf en juil.-août – SC : **R** 47/130 ⅊ – ☲ 13,50 – **15 ch** 62/71 – P 130/155.

BRIE-COMTE-ROBERT 77170 S.-et-M. 61 ②, 196 ㉝, 101 ㊲ G. Environs de Paris – 10 565 h. alt. 88 – ✪ 6 – **Voir** Verrière★ du chevet de l'église.

Paris 31 – Brunoy 9,5 – Évry 21 – Melun 18 – Provins 56.

✗ **A la Grâce de Dieu**, ☏ 405.00.76 – **🅿** **E** **VISA**
  fermé 31 juil. au 1er sept., dim. soir et merc. – **R** 75/90 ⅊.

FORD Zélus Autom., 22 r. Gén. Leclerc ☏ 405. 03.10
PEUGEOT, TALBOT Ets Lespourci, 1 r. Gén. Leclerc ☏ 405.50.50

RENAULT Escoffier-Brie, 4 av. Gén. Leclerc ☏ 405.21.18

BRIENNE-LE-CHÂTEAU 10500 Aube 61 ⑱ G. Nord de la France – 4 112 h. alt. 126 – ✪ 25.

Paris 198 – Bar-sur-Aube 24 – Châtillon 72 – St-Dizier 45 – Troyes 40 – Vitry-le-François 42.

☆ **Le Briennois** sans rest, à Brienne-la-Vieille S : 2 km par D 443 ☏ 77.83.71 – **🅿**
  SC : ☲ 14,50 – **8 ch** 65/100.

✗ **Croix Blanche** avec ch, av. Pasteur ☏ 77.80.27 – 🛏 **🅿**. ⓞ **E** **VISA**
  fermé 15 déc. au 15 janv., dim. soir et lundi (sauf juil. et août) – **R** 52/95 ⅊ – ☲ 15 – **12 ch** 60/110.

CITROEN Gar. Deravet, ☏ 77.80.15
FORD Gar. Blavot, ☏ 77.80.39

RENAULT Consigny, ☏ 77.80:48

BRIGNAC 87 H.-Vienne 72 ⑱ – rattaché à St-Léonard-de-Noblat.

BRIGNOGAN-PLAGE 29238 Finistère 58 ④⑤ G. Bretagne – 881 h. – ✪ 98.

Voir Clocher★ de l'église de Goulven SE : 3,5 km.

🛈 Syndicat d'Initiative r. Gén.-de-Gaulle (1er juil.-15 sept. et fermé dim.) ☏ 83.41.08.

Paris 594 – ♦Brest 37 – Carhaix-Plouguer 95 – Landerneau 26 – Morlaix 56 – St-Pol-de-Léon 31.

🏨 ✿ **Castel Régis** ⑤, plage Garo ☏ 83.40.22, ≤, ⚓, ☞, ⁓, ⁓ – 🚻wc ☎ **🅿**. ⁓ rest
  avril-23 sept. – SC : **R** (prévenir), 95/275 – ☲ 20.50 – **10 ch** 211/293 – P 330/345
  Spéc. Homard grillé, Turbot hollandaise, Brochettes de St-Jacques forestière.

  à Plounéour-Trez S : 1,5 km – ☒ 29238 Brignogan-Plage :

☆ **Chaudron d'Argent**, ☏ 83.41.18 – 🛏 ⁓ ch
  SC : **R** 60/120 ⅊ – ▬ 18 – **10 ch** 70/120 – P 150/170.

BRIGNOLES ⬙ 83170 Var 84 ⑮ G. Côte d'Azur (plan) – 10 894 h. alt. 215 – ✪ 94.

Voir Sarcophage de la Gayole★ dans le musée M.

🛈 Office de Tourisme pl. St-Louis (fermé sam. après-midi et dim.) et A.C. ☏ 69.01.78.

Paris 815 – Aix-en-Provence 57 – Cannes 98 – Draguignan 53 – ♦Marseille 64 – ♦Toulon 50.

✗✗ **Univers** avec ch, pl. Carami ☏ 69.11.08 – 🚻wc 🛏wc ☎. **AE** **E** **VISA**
  fermé lundi – SC : **R** 60 bc – ☲ 12 – **10 ch** 65/150 – P 175/200.

  au Sud : 2,5 km par D 554 rte de Toulon – ☒ 83170 Brignoles :

🏨 **Mas la Cascade** M ⑤, ☏ 69.07.85, « Bel aménagement intérieur, jardin » – 🚻wc **🅿** – 🏊 25. **AE** ⓞ
  fermé 29 janv. au 1er mars, mardi soir et merc. du 1er oct. au 1er juil. – SC : **R** 100/190 – ☲ 30 – **9 ch** 185/320.

  sur N 7 O : 6 km – ☒ 83170 Brignoles :

🏨 **Host. St-Louis de Brignoles**, ☏ 69.09.20, parc – 🚻wc **🅿**. **AE** **VISA**. ⁓
  SC : **R** 40/120 – ▬ 12 – **12 ch** 70/120 – P 110/230.

CITROEN Gar. Pascal et Gasquet, rte de Nice ☏ 69.38.13
PEUGEOT-TALBOT Gge Blanc et Rochebois, N 7, rte d'Aix ☏ 69.21.23
PEUGEOT-TALBOT Brun, 13 ch. de la Burlière ☏ 69.06.27

RENAULT S.A.D.A.P., Zone Ind. ☏ 69.23.28

Ⓜ Aude, Zone Ind. ☏ 69.34.13
Omnica, N 7, Cante-Perdrix ☏ 69.02.04

La BRIGUE 06 Alpes-Mar. 84 ⑳, 195 ⑨ G. Côte d'Azur – 495 h. alt. 765 – ☒ 06430 Tende – ✪ 93 – **Voir** Église St-Martin★ : retable de l'Adoration de l'Enfant★ Notre-Dame des Neiges★ – Fresques★★ de la chapelle N.-D.-des-Fontaines E : 4 km.

Paris 1018 – ♦Nice 82 – Sospel 39.

☆ **Fleur des Alpes**, pl. St-Martin ☏ 04.61.05 – 🛏wc. ⁓ rest
  1er mars-20 déc. et fermé merc. d'oct. à mai – SC : **R** 50/84 – ☲ 10 – **7 ch** 100/140 – P 130/160.

BRINDOS (Lac de) 64 Pyr.-Atl. 78 ⑱ – rattaché à Biarritz.

BRINON-SUR-SAULDRE 18 Cher 64 ⑳ – 1 249 h. alt. 138 – ⊠ 18410 Argent-sur-Sauldre – ✿ 48.

Paris 188 – Bourges 64 – Cosne-sur-Loire 59 – Gien 36 – ♦Orléans 57 – Salbris 30.

🏠 ✿ **La Solognote** (Girard) 🏖, ☎ 58.50.29, 🗞 – 🏧wc ☎ ☎ ☎ ℗. ❖ ch
◆ fermé 8 au 23 mai, 5 au 20 sept., en fév., mardi sur du 1er oct. au 30 juin et merc. –
SC : **R** 75/175 – ☲ 17 – **10 ch** 160/200
Spéc. Foie gras frais, Escalope de saumon au beurre de cresson, Petit salé de canard en potée.

✕ **Le Dauphin,** ☎ 58.52.90
fermé 15 au 30 août, 10 au 30 mars et jeudi – SC : **R** 55/125 🍷.

PEUGEOT, TALBOT Gar. Moderne, ☎ 58.53.17   RENAULT Gar. de la Jacque, ☎ 58.50.37 **N**

BRIONNE 27800 Eure 55 ⑮ G. Normandie (plan) – 5 038 h. alt. 57 – ✿ 32.

🚺 Syndicat d'Initiative pl. Église (1er juil.-15 sept., fermé dim. après-midi et lundi) ☎ 44.80.37.
Paris 145 – Bernay 15 – Évreux 31 – Lisieux 39 – Pont-Audemer 28 – ♦Rouen 43.

🏠 **Le Logis de Brionne,** pl. St-Denis ☎ 44.81.73 – 🏧wc 🏧 ☎. **E** 𝘝𝘐𝘚𝘈
◆ fermé 14 au 20/5, 22/12 au 22/1, dim. soir et lundi midi en sais., vend. soir, dim. soir
et lundi hors sais. – SC : **R** 45/150 – ☲ 18 – **17 ch** 66/145.

✕✕ **Aub. Vieux Donjon** avec ch, r. Soie ☎ 44.80.62, 🗞 – ℗ 𝘝𝘐𝘚𝘈
fermé 15 nov. au 4 déc., 15 fév. au 3 mars, dim. soir de nov. à mars et lundi – SC : **R**
45/150 – ☲ 16 – **10 ch** 70/100.

à Calleville E : 3 km par D 26 – ⊠ 27800 Brionne :

🏠 **Manoir de Calleville** 🏖, ☎ 44.94.11, parc, 🏊, ❖ – 🏧wc ℗. 🅐🅔 ⓐ. ❖ rest
fermé mardi hors sais. – SC : **R** 80/150 – ☲ 26 – **8 ch** 165/245.

CITROEN Rotrou, à Aclou ☎ 44.83.66
RENAULT Gar. Leroy, 19 bd de la République
☎ 44.80.16 **N**
RENAULT Maulion, 24 r. Tragin ☎ 44.82.02

BRIOUDE ⬙ 43100 H.-Loire 76 ⑤ G. Auvergne – 7 854 h. alt. 434 – ✿ 71.
Voir Basilique St-Julien ★★.
Env. Lavaudieu : fresques★ de l'église et cloître★ de l'ancienne abbaye 9,5 km par ①.
🚺 Office de Tourisme 3 bd Dr-Devins (hors sais. matin seul., fermé sam. après-midi et dim.)
☎ 50.05.35.
Paris 456 ④ – Aurillac 108 ③ – ♦Clermont-Fd 70 ④ – Issoire 33 ④ – Le Puy 60 ② – St-Flour 52 ③.

*Les principales
voies commerçantes
figurent en rouge
au début de la liste
des rues des plans de villes.*

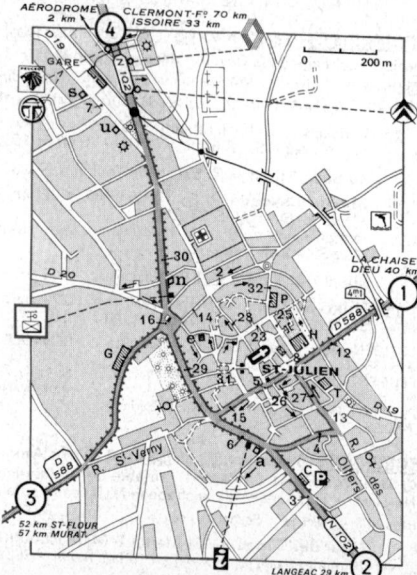

🏨 **Le Brivas** Ⓜ ⌂, rte Puy par ② ☎ 50.10.49, ≤, ☞ – 🛏wc 🝔wc ☎ Ⓟ – 🏥 40.
🏧 🄰🄳 ⑩ Ｅ 𝘝𝘐𝘚𝘈
fermé 20 nov. au 28 déc., vend. soir et sam. midi du 15 oct. au 15 mars – SC : **R**
60/130 – � 16 – **30 ch** 110/195.

🏨 **Moderne,** 12 av. Victor-Hugo **(n)** ☎ 50.07.30 – 🛏wc 🝔wc ☎ ⇔. 🄰🄴 ⑩ Ｅ 𝘝𝘐𝘚𝘈
fermé 1er janv. au 15 fév., dim. soir et lundi midi sauf juil. et août – SC : **R** 60/170 –
ardcl 18 – **17 ch** 130/225.

🏨 **Poste et Champanne** (annexe Ⓜ 10 ch - 🛏wc), 1 bd Dr-Devins **(a)** ☎ 50.14.62
◆ – 🛏wc Ⓟ – 🏥 50. ℀ ch
SC : **R** 48/60 ♨ – 🍽 14 – **20 ch** 68/120 – P 120/150.

🏨 **La Chaumine** sans rest, 13 av. Gare **(u)** ☎ 50.14.10 – 🝔
fermé 15 janv. au 15 fév. et dim. soir hors sais. – SC : ardcl 13 – **17 ch** 57/140.

🏩 **Continental,** 35 pl. Gare **(s)** ☎ 50.09.11 – 🝔 ⇔
◆ *fermé 10 sept. au 10 oct. et sam. sauf août* – SC : **R** 100 bc/40 – 🍽 13 – **11 ch**
55/115 – P 95/130.

✗ **Julien,** 7 r. Assas **(e)** ☎ 50.00.03 – 𝘝𝘐𝘚𝘈
◆ *fermé oct. et lundi sauf juil., août, sept.* – SC : **R** 43/70 ♨.

CITROEN Delmas, av. Victor-Hugo ☎ 50.12.06
CITROEN Legrand G., N 102, Ste Anne,
Vieille-Brioude par ② ☎ 50.32.42
FIAT Legrand, 32 av. Victor-Hugo ☎ 50.08.54
Ⓝ
PEUGEOT-TALBOT Gar. d'Auvergne, av.
d'Auvergne ☎ 50.06.05
RENAULT Fournier, rte de Clermont ☎ 50.
02 01

RENAULT Moncel, av. du Velay par ② ☎ 50.
00.63

Ⓖ Da-Silva-Pneu, av. d'Auvergne ☎ 50.10.86
Estager-Pneu, av. d'Auvergne ZI St-Ferréol, ☎
50.37.01

BRISON-LES-OLIVIERS 73 Savoie 🔟🔢 ⑮ – rattaché à Aix-les-Bains.

BRISSAC-QUINCÉ 49320 M.-et-L. 🔢🔢 ⑪ G. Châteaux de la Loire – 2 072 h. alt. 59 – ✪ 41.
Voir Château★★.
🛈 Syndicat d'Initiative à la Mairie (fermé sam. après-midi et dim.) ☎ 91.22.13.
Paris 306 – Angers 18 – Cholet 55 – Saumur 39.

🏨 **Le Castel** sans rest, ☎ 91.24.74, ☞ – 🛏wc 🝔wc ☎. ℀
1er avril-30 oct. – SC : ardcl 19 – **11 ch** 140/170.

BRIVE-LA-GAILLARDE ◁ 19100 Corrèze 🔟🔢 ⑧ G. Périgord – 54 032 h. alt. 142 – ✪ 55.
Voir Musée Ernest-Rupin★ BY Ⓜ – Hôtel de Labenche★ BZ **X**.
🛬 ☎ 74.23.97.
🛈 Office de Tourisme (fermé dim. sauf matin en saison) et A.C. pl. 14-Juillet ☎ 24.08.80.
Paris 493 ⑦ – Albi 214 ⑤ – ◆Clermont-Ferrand 175 ② – ◆Limoges 96 ⑦ – ◆Montpellier 347 ⑤ –
◆Toulouse 217 ⑤.

Plan page suivante

🏨 **Truffe Noire,** 22 bd A.-France ☎ 74.35.32, 🍽 – 🝔 – 🏥 30. 🄰🄴 ⑩ Ｅ   AY **r**
SC : **R** 80/150 – ardcl 22 – **35 ch** 112/250 – P 250/320.

🏨 **Mercure** Ⓜ, rte Varetz par ⑦ et D 170 : 5,5 km ☎ 87.15.03, Télex 590096, 🍽, 🏊,
☞ – 🛗 rest 📺 ☎ ♨ Ⓟ – 🏥 30 à 100. 🄰🄴 ⑩ Ｅ 𝘝𝘐𝘚𝘈
R carte environ 90 ♨ – ardcl 25 – **57 ch** 213/256.

🏨 **Paris** Ⓜ, 32 r. M.-Roche ☎ 74.34.70 – 🛗 ☎ ⇔ Ⓟ. 🄰🄴 ⑩   AY **u**
fermé 20 déc. au 6 janv. – SC : ardcl 21 – **55 ch** 145/200.

🏨 H. le Quercy sans rest, 8 bis q. Tourny ☎ 74.09.26 – 🛗 🛏wc 🝔 ⇔   BY **s**
74 ch.

🏨 **Terminus,** face Gare ☎ 74.21.14, ☞ – 🛗 🛏wc 🝔wc ⇔ ⇔   AZ **d**
SC : **R** *(fermé 1er déc. au 10 janv. et dim. du 10 nov. au 1er avril)* 60/110 – ardcl 18 –
50 ch 70/220 – P 200/280.

🏨 **Montauban,** 6 av. E.-Herriot ☎ 24.00.38 – 🛏wc 🝔wc ⇔ ⇔. 𝘝𝘐𝘚𝘈   AZ **n**
fermé 15 déc. au 30 janv. – SC : **R** *(fermé lundi midi)* 52/83 ♨ – ardcl 15 – **21 ch**
76/130.

🏩 **Champanatier,** 15 r. Dumyrat ☎ 74.24.14 – 🛏   AZ **e**
fermé 9 au 21 juil. et vacances de fév. – SC : **R** *(fermé vend. soir et sam. midi sauf
juil.-août)* 55/80 – ardcl 13 – **12 ch** 57/105 – P 120/160.

✗✗✗ **La Crémaillère** avec ch, 53 av. Paris ☎ 74.32.47 – 🛏wc ⇔. 🄰🄴. ℀   AY **z**
*fermé 22 fév. au 7 mars, 25 août au 7 sept., dim. soir et lundi de début sept. à fin
mai* – SC : **R** 60/160 – ardcl 18 – **12 ch** 100/170.

✗✗ **La Périgourdine,** 15 av. Alsace-Lorraine ☎ 24.26.55, 🍽, ☞ – 𝘝𝘐𝘚𝘈   BZ **a**
fermé 13 au 20 mars, 14 juil. au 15 août et dim. – SC : **R** 72/195.

tourner →

BRIVE-
LA-GAILLARDE

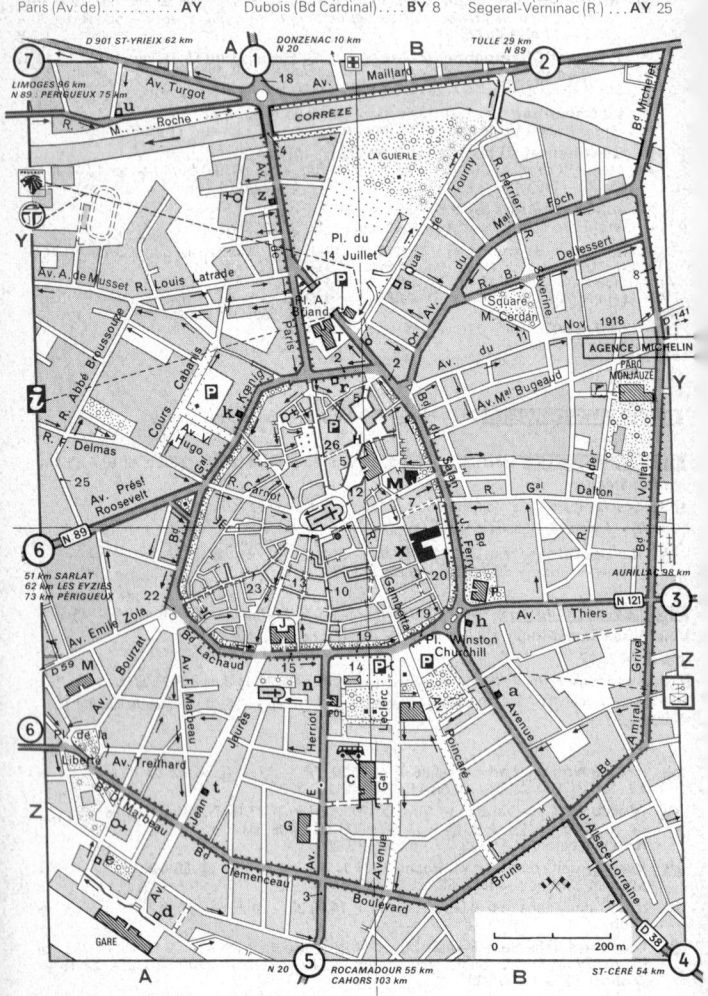

XX **Régent** avec ch, 3 pl. W.-Churchill ☎ 74.09.58, 😕 – 🛗 🛏wc 🛎 ☎. 𝗩𝗜𝗦𝗔   BZ **h**
SC : **R** *(fermé oct., dim. soir et lundi)* 55/150 – 😐 14 – **24 ch** 88/160 – P 211/239.

XX **La Belle Époque**, 27 av. J. Jaurès ☎ 74.08.75 – 𝗩𝗜𝗦𝗔. 😕   AZ **t**
fermé 30 juil. au 12 août et dim. – SC : **R** 55/180.

X **l'Ermitage**, 25 bd Kœnig ☎ 23.63.11, 😕 – 🅿 🆎 𝗩𝗜𝗦𝗔   AY **k**
fermé dim. – SC : **R** carte 90 à 125 🍷.

à Ussac par ① et D 57 : 5 km – ⌂ **19270** Donzenac :

🏠 **Aub. St-Jean** 🦌, ☎ 88.30.20 – 🛏wc ☎ 🚗
→ *fermé oct.* – SC : **R** *(fermé vend. soir du 1er oct. au 1er juil.)* 45/150 – 😐 18 – **12 ch**
110/160 – P 160/170.

à Varetz par ⑦ et D 152 : 10 km – ⊠ **19240** Allassac :

🏛 ⚙ **Château de Castel Novel** (Parveaux) ⤢, ℡ 85.00.01, Télex 590065, ≤,
« Demeure ancienne isolée dans un grand parc », ⏋, ⚙ – 📳 ☎ 🅿 – 🛎 120. 🅰🅴
🆔 🅴 𝖵𝖨𝖲𝖠
5 mai-20 oct. – SC : **R** 180/250 – ⌁ 38 – **23 ch** 380/540, 5 appartements 575 – P
610/685
Spéc. Salade de cèpes et de gésiers, Ragoût de truffes et foie gras, Tourtière de volaille aux salsifis.
Vins Cahors, Bergerac.

MICHELIN, Agence, rue de l'Industrie à Malemort sur Corrèze par D 141 BY ℡ 74.38.76

AUSTIN, MORRIS, TRIUMPH Crémoux, 20 av.
Mar.-Bugeaud ℡ 23.69.22
BMW Taurisson, 23 av. Ed.-Herriot ℡ 74.25.42
CITROEN Midi-Auto, av. Jean-Charles Rivet
par ⑥ ℡ 87.90.55
FIAT, LANCIA, AUTOBIANCHI Auto-Sport,
Palisse à Mallemort-sur-Corrèze ℡ 74.24.71
FORD Baudin-Autom., 30 av. du 18 juin ℡
87.32.65
OPEL Cournil 147 av. Ribot ℡ 87.02.99
PEUGEOT-TALBOT Morance, Z.I. de Cana, rte
d'Objat par ⑦ ℡ 88.04.06
PEUGEOT-TALBOT Morance, 3 av. du 14 Juil-
let ℡ 74.27.13
RENAULT Gar. Beauregard, N 89, Estavel par
⑥ ℡ 87.36.67
RENAULT S.A.D.A.B., rte de Tulle à Malemort
par bd Michelet BY ℡ 23.20.10 🅽 ℡ 24.37.63

RENAULT Mournetas, 51 av. de Bordeaux, Es-
tavel par ⑥ ℡ 87.26.32
TOYOTA Chambon, r. A. Devaud ℡ 88.30.13
V.A.G. S.O.C.O.D.A., av. Prés.-Kennedy ℡ 74.
07.31
VOLVO Gar. Valenti, 71 av. 11-Novembre ℡
23.77.64
Gar. de l'Avenue, 19 av. P.-Sémard ℡ 87.02.23
Chastanet, rte de Paris, la Pigeonnie ℡ 74.39.28
Gar. Pascaloux M., 37 av. Foch ℡ 24.06.09

⚙ Aux Bons Pneus, av. L.-Lagrange ℡ 24.40.42
Brive-Pneus, 44 av. P.-Sémard ℡ 87.27.58
Estager-Pneu, 26 av. J.-C.-Rivet, Zone de Beau-
regard ℡ 87.35.20
Lagier, à Malemort ℡ 24.11.43
Pneu 2000, 115 av. G.-Pompidou ℡ 74.07.61
Rouhaud, 25 bd du Salan ℡ 24.03.45

Le BROC 63 P.-de-D. 🎴 ⑭⑮ – rattaché à Issoire.

BROGLIE 27270 Eure 🎴🎴 ⑭ G. Normandie – 1 126 h. alt. 142 – ⚙ 32.
Paris 156 – L'Aigle 35 – Alençon 76 – Argentan 58 – Bernay 11 – Évreux 54 – Lisieux 31.

%% **Poste,** ℡ 44.60.18 – 🅰🅴 🅴 𝖵𝖨𝖲𝖠
fermé 1er au 16 oct., 22 déc. au 10 janv., mardi soir et merc. – SC : **R** 72/190.

CITROEN Chéron, ℡ 44.60.67   RENAULT Tavel, ℡ 44.60.40

BROLLES 77 S.-et-M. 🎴🎴 ②, 🎴🎴🎴 ㊺ – ⊠ **77590** Bois-le-Roi – ⚙ 6.
Paris 59 – Chailly-en-Bière 6 – Fontainebleau 10 – Melun 7,5.

🏠 Host. Forêt, ℡ 069.60.31, 🌳 – 🚽wc 🎐wc ☎ 🅿 – 🛎 30.

BRON 69 Rhône 🎴🎴 ⑫ – rattaché à Lyon.

BROQUIÈS 12480 Aveyron 🎴🎴 ⑬ – 755 h. alt. 388 – ⚙ 65.
Paris 666 – Albi 62 – Millau 45 – Rodez 57 – St-Affrique 30.

🏠 **Le Pescadou** ⤢, S : 2,5 km rte St-Izaire ℡ 99.40.21, ≤, 🌳 – 🚽wc 🅿. 🍽 rest
fermé oct. – SC : **R** 40/65 – ⌁ 12 – **14 ch** 50/62 – P 120/140.

BROU 01 Ain 🎴🎴 ③ G. Bourgogne.
Curiosités★★★ et ressources hôtelières : rattachées à Bourg-en-Bresse.

BROU

Baudin (R. E.) 2
Briand (Av. A.) 3
Canettes (R. des) 4
Chevalerie (R. de la) 5
Courtalain (R. de) 6
Gaulle (Av. Général de) 7
Halles (Pl. des) 9
Hôtel-de-Ville (R.) 12
Mail (R. du) 13
Nation (Pl. de la) 15
Président-Kennedy (Av.) 16
St-Jean (R.) 17

Pour bien lire
les plans de villes
voir signes et abréviations p. 21.

BROU 28160 E.-et-L. 🔟 ⑯ G. Châteaux de la Loire – 3 844 h. alt. 159 – ✆ 37.

Voir Yèvres : boiseries★ de l'église 1,5 km par ③.

Paris 128 ② – Alençon 93 ⑦ – Chartres 38 ② – Châteaudun 22 ③ – Dreux 69 ② – ◆Le Mans 81 ⑦.

Plan page précédente

🏠 **Plat d'Étain**, pl. Halles (e) 🕾 47.03.98 – 🍽 🗒 🚗 🅿 AE
◆ fermé 15 déc. au 15 janv. – SC : **R** 42/125 ♨ – 😑 16 – **18 ch** 68/137.

CITROEN Froissant, 🕾 47.00.44   PEUGEOT, TALBOT Henry, 🕾 47.00.68 🅽 🕾
                                              21.94.39

BROUIS (Col de) 06 Alpes-Mar. 🔟 ㉚ ⓲ – rattaché à Sospel.

BROUSSE-LE-CHÂTEAU 12 Aveyron 🔟 ⑫ G. Causses – 225 h. alt. 232 – ✉ 12480 Broquiès
– ✆ 65.

Paris 669 – Albi 54 – Cassagnes-Bégonhès 34 – Lacaune 54 – Rodez 60 – St-Affrique 39.

🏠 **Relays du Chasteau** ⑤, 🕾 99.40.15, ← – 🗒wc 🗒 🅿 ⑳
◆ fermé 15 déc. au 15 janv., vend. soir et sam. midi d'oct. à mai – SC : **R** 47/68 – 😑 16
   – **14 ch** 55/88 – P 120/140.

BROUVELIEURES 88 Vosges 🔟 ⑯⑰ – rattaché à Bruyères..

BRUAY-EN-ARTOIS 62700 P.-de-C. 🔟 ⑭ – 23 200 h. alt. 40 – ✆ 21.

🆔 Syndicat d'Initiative pl. Europe avec A.C. (fermé matin et lundi) 🕾 26.47.46.

Paris 213 – Arras 36 – Béthune 9 – Lens 26 – ◆Lille 47 – St-Omer 40 – St-Pol-sur-Ternoise 20.

🏠 **Park H.** sans rest, pl. Cdt-L'Herminier 🕾 62.40.28, 🍴 – 🗒wc 🗒wc 🕿 🅿 E
   SC : 😑 14 – **20 ch** 71/159.

🏠 **Univers**, 30 r. H.-Cadot 🕾 62.40.31 – 🗒wc 🗒 🕿 🅿 E VISA
◆ fermé 1er au 21 août – SC : **R** (fermé dim. soir, soirs de fêtes et sam.) 46/100 ♨ – 😑
   16,50 – **16 ch** 58/123.

   à Gauchin-Le Gal S : 8 km par D 341 🔟 ① – ✉ 62150 Houdain.
   Voir Château★ d'Olhain NE : 3 km, G. Nord de la France.

XX **Hatton**, 🕾 59.00.10
   fermé 16 au 31 août, dim. soir et lundi – SC : **R** 170 bc/75.

FIAT Catteau, 45 rte Nationale à Labuissière   RENAULT Gar. Lourme, 6 r. d'Aire à Labuis-
🕾 53.44.45   sière 🕾 52.28.19
PEUGEOT-TALBOT Gar. Ste-Barbe, 1 r.
A.-France 🕾 53.44.19

BRUÈRE-ALLICHAMPS 18 Cher 🔟 ① – rattaché à St-Amand-Montrond.

Le BRUGERON 63 P.-de-D. 🔟 ⑯ – 411 h. alt. 817 – ✉ 63880 Olliergues – ✆ 73.

Paris 418 – Ambert 28 – ◆Clermont-Ferrand 71 – Montbrison 57 – Roanne 67 – Thiers 36.

🏠 Gaudon, 🕾 72.60.46, ←
   8 ch.

BRUMATH 67170 B.-Rhin 🔟 ⑱ – 7 702 h. alt. 150 – ✆ 88.

Paris 468 – Haguenau 21 – Molsheim 30 – Saverne 30 – ◆Strasbourg 17.

🏠 **Ville de Paris**, 13 r. Gén.-Rampont 🕾 51.11.02 – 🗒 🗒wc 🗒 🕿 🅿 – 🏧 30
   fermé 16 juin au 13 juil. – SC : **R** (fermé dim. soir et vend.) 80/125 ♨ – 😑 14 – **14 ch**
   65/115.

XXX ✿ **Écrevisse** (Orth) avec ch, 4 av. Strasbourg 🕾 51.11.08, 🍴 – 🗒 🗒wc 🗒wc 🕿
   🚗 – 🏧 30. VISA
   fermé 16 juil. au 9 août, vacances de fév., lundi soir et mardi – SC : **R** 60/210 ♨ – 😑
   14,50 – **21 ch** 47/142
   Spéc. Foie gras à la cuiller, Écrevisses fine champagne, Selle de chevreuil "Grand Veneur". Vins
   Riesling, Pinot noir.

   à Mommenheim NO : 6 km par D 421 – ✉ 67670 Mommenheim :

XXX **Manoir de la Tour St Georges**, 165 rte Brumath 🕾 51.61.78, 🎪, 🍴 – 🅿 AE
◆ ⓪ E
   fermé dim. soir et lundi – SC : **R** 40/110 ♨.

PEUGEOT-TALBOT Gar. Pierre, 1 r. Pfaffen-   RENAULT Gar. Weibel, 6 pl. du Marché 🕾
hoffen 🕾 51.11.29   51.12.12

BRUNEHAMEL 02 Aisne 🔟 ⑰ – 652 h. alt. 242 – ✉ 02360 Rozoy-sur-Serre – ✆ 23.

Paris 209 – Charleville-Mézières 49 – Hirson 23 – Laon 51 – Reims 68 – St-Quentin 77.

🏠 **H. de la Hure**, 🕾 97.60.14 – 🚗
◆ fermé 1er au 21 août et dim. soir – **R** 40/100 ♨ – 🍽 14 – **9 ch** 53/67 – P 105.

BRUNOY 91800 Essonne 🖽 ①. 🔟🔟 ㉗ – voir à Paris, Environs.

Le BRUSC 83 Var 🖾 ⑭ G. Côte d'Azur – alt. 10 – ⊠ **83140** Six-Fours-Plages – 🔁 94.
Excurs. à l'île des Embiez★ : Fondation océanographique Ricard★ : ≤★★ en bateau 12 mn.
Paris 835 – Aix-en-Provence 77 – La Ciotat 33 – ♦Marseille 60 – Sanary-sur-Mer 6 – ♦Toulon 15.

XX **Mont-Salva,** chemin Mt-Salva ☎ 25.03.93, 🚗 – 🅿 𝑉𝐼𝑆𝐴
    fermé 16 au 30 oct., 27 fév. au 30 mars, en hiver ouv. du vend. au lundi midi et tous les jours du 22/12 au 2/1 – SC : R 100/132 (sauf fêtes).

XX Trou Normand, ☎ 25.00.47.

X **Au Royaume de la Bouillabaisse,** au Gaou SO : 1,2 km par D 16 ☎ 25.00.40,
   Produits de la mer – 🍽. **E**
   fermé nov., lundi soir et mardi de sept. à juin – SC : R 95/160.

BRUSQUE 12 Aveyron 🖾 ④ – 527 h. alt. 465 – ⊠ **12360** Camares – 🔁 65.
Paris 697 – Albi 91 – Béziers 75 – Lacaune 35 – Lodève 50 – Rodez 107 – St-Affrique 35.

🏛 **La Dent de St-Jean** 🍃, ☎ 99.52.87, ≤ – 🗎wc 🅿 🕱 ch
    *1er mars-1er nov. – SC : R 53/100 👌 – ☛ 12 – **20 ch** 85/110 – P 128/156.*

BRUYÈRES 88600 Vosges 🖾 ⑯⑰ – 3 834 h. alt. 500 – 🔁 29.
🖪 Syndicat d'Initiative pl. Stanislas (1er juil.-31 août et fermé dim.) ☎ 50.51.33.
Paris 416 – Colmar 68 – Épinal 27 – Gérardmer 23 – Lunéville 55 – Remiremont 30 – St-Dié 25.

🏛 **Renaissance** sans rest, 25 pl. J.-Jaurès ☎ 50.12.00 – 🗎wc 🗎wc 🕮
    SC : ☛ 16,50 – **20 ch** 100/187.

XX **Chantecler,** 20 r. Cameroun (1er étage) ☎ 50.18.08 – ⓞ **E** 𝑉𝐼𝑆𝐴
◆   *fermé 1er au 15 oct., 16 au 31 janv., dim. soir et lundi sauf juil.-août et fériés – SC : R 50/150.*

    à Brouvelieures N : 3,5 km par D 423 et N 420 – alt. 400 – ⊠ **88600** Bruyères :

🏛 **Dossmann,** ☎ 50.20.14 – 🗎wc 🗎wc 🕮
    *fermé 16 déc. au 16 janv. – SC : R 55/145 👌 – ☛ 16 – **15 ch** 80/145 – P 140/180.*

BUAIS 50 Manche 🖾 ⑨⑲ – 776 h. alt. 231 – ⊠ **50640** Le Teilleul – 🔁 33.
Paris 280 – Domfront 27 – Fougères 34 – Laval 58 – Mayenne 44 – St-Hilaire-du-H. 11 – St-Lô 80.

XX **Rôtisserie Normande,** ☎ 59.41.10, Cadre Vieux Normand – 🅿. 🕮 **E** 𝑉𝐼𝑆𝐴
◆   *fermé 20 janv. au 20 fév. et lundi du 15 sept. à Pâques – SC : R 35/110.*

BUBRY 56310 Morbihan 🖾 ② – 2 563 h. alt. 183 – 🔁 97.
Paris 481 – Carhaix-Plouguer 56 – Lorient 34 – Pontivy 22 – Quimperlé 32 – Vannes 53.

🏛 **Coet Diquel** 🍃, O : 1 km par VO ☎ 51.70.70, ≤, « parc », 🏊, 🕱 – 🗎wc 🗎wc
    🅿 🅿 – 🔌 25 à 30. **E** 𝑉𝐼𝑆𝐴
    *fermé 12 nov. au 15 janv. – SC : R 55/150 – ☛ 25 – **22 ch** 75/200 – P 165/220.*

BUCHY 76750 S.-Mar. 🖾 ⑦ – 1 160 h. alt. 192 – 🔁 35.
Paris 129 – Les Andelys 43 – Dieppe 46 – Neufchâtel-en-Bray 23 – ♦Rouen 27 – Yvetot 54.

X **Nord** avec ch, gare de Buchy NO : 3 km par D 41 ☎ 34.40.16 – 🅿. 🕱 ch
◆ *fermé 11 au 31 déc., dim. soir et lundi sauf fériés – SC : R 40/60 👌 – ☛ 9,50 – **7 ch** 69/77.*

CITROEN Gar. Guérard, ☎ 34.40.33   RENAULT Lucas, ☎ 34.40.30

Le BUET 74 H.-Savoie 🖾 ⑨ – rattaché à Vallorcine.

Le BUGUE 24260 Dordogne 🖾 ⑯ G. Périgord – 2 784 h. alt. 68 – 🔁 53.
Voir Gouffre de Proumeyssac★ S : 3 km.
Paris 528 – Bergerac 48 – Brive-la-Gaillarde 73 – Cahors 84 – Périgueux 41 – Sarlat-la-Canéda 32.

🏛🏛 **Royal Vézère** 🅜, pl. H. de Ville ☎ 06.20.01, Télex 540710, ≤, « Au bord de la Vézère, sur le toit-terrasse : 🏊 » – 🛗 👍 ⟵ – 🔌 30 à 150. 🕮 ⓞ **E** 𝑉𝐼𝑆𝐴
    *20 avril-10 oct. – SC : R voir rest. Albuca – ☛ 26 – **48 ch** 241/347, 4 appartements 432.*

🏛 **La Ferme Gourmande** sans rest, rte Eyzies : 2 km ☎ 06.24.97, 🏊 – 🗎wc 🗎wc
    🅿
    *8 juin-20 sept. – SC : ☛ 17 – **12 ch** 110/154.*

XXX **L'Albuca,** pl. H. de Ville ☎ 06.28.73, ≤, 🍽 – 🕮 ⓞ **E** 𝑉𝐼𝑆𝐴
    20 avril-10 oct. et fermé merc. midi et jeudi midi sauf du 8 au 23 août et fêtes – SC : R 90/210.

X **Les Trois Fontaines,** ☎ 06.23.44
    1er juil.-31 août et week-ends de Pâques au 1er juil. – SC : R 55/150 👌.

à Campagne SE : 4 km – ⊠ **24260** Le Bugue :

🏠 **du Château,** ☎ 06.23.50, 🍴, – 📥wc 🍴 ☜ 🅿 🛇 ch
avril-oct. – SC : **R** 55/180 – 🖃 18 – **19 ch** 100/180 – P 200/240.

PEUGEOT-TALBOT Bruneteau, ☎ 06.26.72   RENAULT Gouaud, ☎ 06.20.49

BUIS-LES-BARONNIES 26170 Drôme 📶 ③ G. Provence – 1 957 h. alt. 370 – ✿ 75.

🛈 Syndicat d'Initiative Pl. des Quinconces (1er juil.-31 août et fermé dim.) ☎ 28.04.59.

Paris 693 – Carpentras 40 – Nyons 30 – Orange 49 – Sault 37 – Sisteron 75 – Valence 130.

🏨 **Les Oliviers** 🎇 🛇, quartier du Pont Neuf ☎ 28.08.77, ← – 📥wc ☜ 🅿 🛇 ch
fermé 5 janv. au 10 fév. – SC : **R** *(fermé merc. hors sais.)* 60/90 – 🖃 17 – **23 ch**
155/170 – P 200/220.

🏠 **Lion d'Or** 🛇 sans rest, sous les Arcades ☎ 28.11.31, 🍴 – 🍴 ☜. 🛇
fermé 15 oct. au 15 nov. – SC : 🖃 15 – **16 ch** 70/120.

PEUGEOT-TALBOT Enguent, ☎ 28.09.97
RENAULT Gar. des Platanes, ☎ 28.04.92   V.A.G Mathieu, ☎ 28.05.80

BUJALEUF 87460 H.-Vienne 📶 ⑱⑲ G. Périgord – 1 079 h. alt. 380 – ✿ 55.
Voir Pont ← ★.

Paris 432 – Aubusson 64 – Guéret 61 – ✦Limoges 36 – Tulle 87.

🏨 **H. Alary,** r. Lac ☎ 69.50.18 – 🍴 ☜
fermé nov. – SC : **R** 42/68 🛇 – 🖃 13 – **9 ch** 59/82 – P 110/130.

BULLY-LES-MINES 62160 P.-de-C. 📶 ⑮ – 12 554 h. alt. 60 – ✿ 21.

Paris 200 – Arras 18 – Béthune 14 – Bruay-en-Artois 18 – Lens 9 – ✦Lille 43.

🏠 **Moderne et rest. Johnny,** 144 r. Gare ☎ 29.14.22 – 📥wc 🍴wc 🅿. **E**
SC : **R** *(fermé sam.)* 45/100 🛇 – 🖃 13,50 – **36 ch** 80/150 – P 130/160.

PEUGEOT-TALBOT Pruvost-Desfassiaux, 13 r. Gare ☎ 29.12.08

BUSSANG 88540 Vosges 📶 ⑧ G. Vosges – 1 920 h. alt. 599 – ✿ 29.
Env. Petit Drumont 🎇★★ NE : 9 km puis 15 mn.

🛈 Syndicat d'Initiative 7 r. Alsace (vacances scolaires) ☎ 61.50.37.

Paris 450 – Belfort 43 – Épinal 61 – Gérardmer 44 – ✦Mulhouse 49 – Thann 27.

🏠 **Tremplin,** ☎ 61.50.30 – 🍴wc ☜ 🅿. 🅰🅴 ⑩ **VISA**. 🛇 ch
fermé 20 sept. au 20 oct. et lundi sauf vacances scolaires – SC : **R** 42/110 🛇 – 🖃 16
– **20 ch** 70/150 – P 140/160.

🏠 **Sources** 🛇, NE : 2,5 km par D 89 ☎ 61.51.94, ←, 🍴 – 📺 📥wc 🍴wc ☜ 🅿. **VISA**
🛇
en oct. et nov. prévenir – SC : **R** 52/160 – 🖃 20 – **9 ch** 123/190 – P 163/190.

🏠 **Deux Clefs,** ☎ 61.51.01, 🍴 – 📥wc 🍴wc ☜ ☜. ⑩ **E** **VISA**
fermé 1er au 15 déc. et merc. midi – SC : **R** 45/95 🛇 – 🖃 15 – **17 ch** 54/140 –
P 125/145.

RENAULT Hans, ☎ 61.50.32 🅽

BUSSEAU 23 Creuse 📶 ⑩ – ⊠ **23150** Ahun – ✿ 55.

Paris 372 – Aubusson 30 – Guéret 18.

XX **Viaduc** avec ch, ☎ 62.40.62, ← – 📥 🅿. **VISA**. 🛇 ch
fermé 15 déc. au 30 janv., dim. soir et lundi – SC : **R** 41/155 🛇 – 🖃 13 – **8 ch** 65/85
– P 140/160.

BUSSIÈRE-POITEVINE 87320 H.-Vienne 📶 ⑥ – 1 120 h. alt. 225 – ✿ 55.

Paris 380 – Confolens 40 – ✦Limoges 61 – Montmorillon 24 – Poitiers 59 – La Souterraine 49.

🏨 **Le Relais,** ☎ 68.40.26 – 📥 🍴 ☜. 🅰🅴 **VISA**
fermé 15 au 31 oct., sam. soir et dim. hors sais. – SC : **R** 40/55 – 🖃 14 – **11 ch**
60/76 – P 130.

PEUGEOT-TALBOT Sélébran, Le Bourg Rte de   RENAULT Lebraud, ☎ 68.40.18
Gueret-Montluçon ☎ 68.40.81 🅽

BUTHIERS 77 S.-et-M. 📶 ⑪ – rattaché à Malesherbes.

BUXEROLLES 86 Poitiers 📶 ⑭ – rattaché à Poitiers.

Les CABANNES 09310 Ariège 📶 ⑤ – 469 h. alt. 535 – ✿ 61.

Paris 819 – Ax-les-Thermes 15 – Foix 27.

🏨 **Taverne Larcatoise,** ☎ 64.77.84 – 🍴wc. **VISA**
fermé 15 nov. au 15 déc. et merc. – SC : **R** 45/160 – 🖃 15 – **16 ch** 65/120 –
P 225/310 (pour 2 pers.).

CABASSON 83 Var 84 ⑯ – rattaché à Bormes-les-Mimosas.

CABELLOU (Plage du) 29 Finistère 58 ⑪⑮ – rattaché à Concarneau.

CABOURG 14390 Calvados 55 ② **G. Normandie** – 3 249 h. – Casino A – ⚙ 31.

18 ✆ **91.25.56 par ⑤ : 3 km.**

Office de Tourisme Jardins du Casino (fermé dim. après-midi hors sais.) ✆ 91.01.09.

Paris 225 ③ – •Caen 24 ④ – Deauville-Trouville 19 ① – Lisieux 33 ② – Pont-l'Évêque 27 ②.

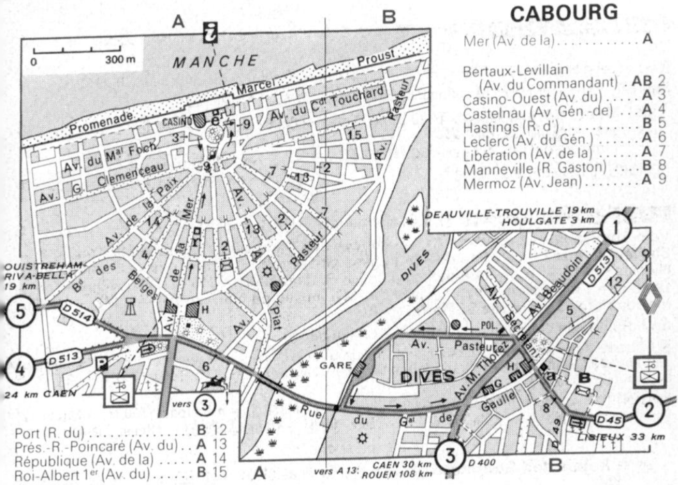

CABOURG

Mer (Av. de la) . . . . A

Bertaux-Levillain (Av. du Commandant) . AB 2
Casino-Ouest (Av. du) . . . . . A 3
Castelnau (Av. Gén.-de) . . . A 4
Hastings (R. d') . . . . B 5
Leclerc (Av. du Gén.) . . . . . . A 6
Libération (Av. de la) . . . . . . A 7
Manneville (R. Gaston) . . . . B 8
Mermoz (Av. Jean) . . . . A 9

Port (R. du) . . . . B 12
Prés.-R.-Poincaré (Av. du) . . A 13
République (Av. de la) . . . . . A 14
Roi-Albert 1er (Av. du) . . . . . . B 15

Gd Hôtel P.L.M et rest Le Balbec Ⓜ ⛱, prom. M. Proust ✆ 91.01.79, Télex 171364, ≤ – 🛗 TV ☎ – 🏃 300. AE ⦿ VISA — A e
SC : **R** 120/150 – ☕ 35 – **70 ch** 430/620.

Paris sans rest, 39 av. Mer ✆ 91.31.34 – 🛁wc 🚿wc ☎ — A r
fév.-15 nov. – SC : ☕ 18 – **23 ch** 110/200.

à Dives-sur-Mer : Sud du plan – 5 732 h. – ✉ **14160** Dives-sur-Mer :.

Voir Halles★ B **B**.

XXX **Guillaume le Conquérant,** 2 r. Hastings ✆ 91.07.26, ☂, « Ancien relais de poste du XVIIe-siècle » – AE ⦿ VISA — B a
fermé 15 au 30 déc., 1er au 15 fév., mardi soir et merc. sauf juil.-août – SC : **R** 115/240.

par ④ et rte de Gonneville : 7,5 km – ✉ **14860** Ranville :

XXX **Host. Moulin du Pré** ⛱ avec ch, ✆ **78.83.68,** ≤, parc – 🚿wc ☎ **P**. AE ⦿ VISA. 🚭 ch
fermé oct., 1er au 15 mars, dim. soir et lundi sauf juil., août et fériés – SC : **R** carte 135 à 185 – ☕ 17 – **10 ch** 95/165.

RENAULT Couesnon, 15 r. du Port, à Dives ✆ 91.04.51

CABRERETS 46330 Lot 79 ⑨ **G. Périgord** – 213 h. alt. 130 – ⚙ 65.

Voir Château de Gontaut-Biron★ – ≤★ sur village de la rive gauche du Célé – Grotte du Pech Merle★★ NO : 3 km.

Paris 593 – Cahors 33 – Figeac 44 – Gourdon 44 – St-Céré 64 – Villefranche-de-Rouergue 42.

Grottes ⛱, ✆ 31.27.02, ≤, ☂, « Terrasse sur la rivière », 🏊 – 🛁wc 🚿wc ☎ **P**. 🚭 ch
15 avril-8 oct. – SC : **R** *(fermé sam. midi hors sais.)* 49/90 – ☕ 15 – **17 ch** 78/138.

à la Fontaine de la Pescalerie NE : 2,5 km rte Figeac – ✉ **46330** Cabrerets :

La Pescalerie Ⓜ ⛱, ✆ 31.22.55, ≤ parc, ☂ – TV ☎ **P**. AE ⦿ VISA
1er avril-1er nov. – SC : **R** (nombre de couverts limité - prévenir) 160/175 – ☕ 38 – **10 ch** 300/440.

RENAULT Redon, ✆ 31.27.17

CABRIS 06 Alpes-Mar. 84 ⑧, 195 ㉔ – rattaché à Grasse.

CADENET 84160 Vaucluse **84** ③ G. Provence – 2 640 h. alt. 234 – ✪ 90.

Voir Fonts baptismaux★ de l'église – Château de Lourmarin★ N : 4,5 km par D943.

Paris 738 – Aix-en-Provence 32 – Apt 23 – Avignon 60 – Manosque 48 – Salon-de-Provence 31.

☗ **Commerce,** ✆ 68.02.35 – 🏠 ⛌ 🅰🅴 ① 🅴. ✻
→ hôtel : 1er mars-15 oct. ; rest. : fermé 1er nov., 23 déc. au 6 janv. et sam. – SC :
R (en hiver déj. seul.) 35/40 ⅄ – ☕ 10 – **10 ch** 75/110 – P 105/115.

✕✕ **Aux Ombrelles** avec ch, ✆ 68.02.40, 🥀 – 🛏wc 🏠 🅿 ⛽. ✻
fermé 1er déc. au 1er fév. et lundi hors sais. – SC : **R** 50/160 ⅄ – ☕ 18 – **11 ch** 75/160
– P 170/210.

La CADIÈRE-D'AZUR 83740 Var **84** ⑭ G. Côte d'Azur – 2 411 h. alt. 144 – ✪ 94.

Voir ≤★.

🄴 Syndicat d'Initiative Rond-Point R.-Salengro (1er juin-30 sept. après-midi seul.) ✆ 29.32.56.

Paris 821 – Aix-en-Provence 63 – Brignoles 53 – ◆Marseille 46 – ◆Toulon 22.

🏨 **Host. Bérard** M ⅀, ✆ 29.31.43, Télex 400509, ≤, ⤳, 🥀 – 📺 🛏wc 🏠wc ⛽
⇆ – 🚗 40. 🅰🅴 🆅🅸🆂🅰. ✻
fermé 15 oct. au 30 nov. – SC : **R** 77/222 – ☕ 27 – **38 ch** 155/370.

CITROEN Jansoulin, ✆ 29.30.36

RENAULT Gar St-Éloi, av. de la Libération ✆
29.32.47

CAEN 🄿 14000 Calvados **55** ⑩ ⑫ G. Normandie – 117 119 h. alt. 8 – ✪ 31.

Voir Abbaye aux Hommes★★ AY – Abbaye aux Dames BX : Église de la Trinité★★ –
Chevet★★, frise★★ et voûtes★★ de l'Église St-Pierre★ AY L – Église et cimetière St-
Nicolas★ AY E – Tour-lanterne★ de l'église St-Jean BZ N – Hôtel d'Escoville★ AY B –
Château★ : musée des Beaux-Arts★★ AX M1, musée de Normandie★ AX M2 – Vieilles
maisons★ (n° 52 et 54 rue St-Pierre) AY K.

Env. Ruines de l'abbaye d'Ardenne★ AV 6 km par ⑩.

🄴 Office de Tourisme et Accueil de France (Informations, change et réservations d'hôtels, pas plus
de 5 jours à l'avance), pl. St-Pierre (fermé dim. hors saison) ✆ 86.27.65, Télex 170353 – A.C.O. 20
av. 6-juin ✆ 85.47.35.

Paris 241 ④ – Alençon 102 ⑥ – ◆Amiens 240 ④ – ◆Brest 372 ⑧ – ◆Cherbourg 120 ⑩ – Évreux 121
⑤ – ◆Le Havre 108 ④ – Lille 350 ④ – Le Mans 151 ⑥ – ◆Rennes 176 ⑧ – ◆Rouen 124 ④.

Plans page ci-contre

🏨 ✿ **Relais des Gourmets** M, 15 r. Geôle ✆ 86.06.01 – 🛗 📺 ☎ – 🚗 45. 🅰🅴 ① 🅴
🆅🅸🆂🅰
R carte 120 à 165 – ☕ 22 – **26 ch** 160/240   AY t
Spéc. St-Jacques au naturel (1er oct.-15 avril), "Poisson à la bon'iau", Rognon de veau flambé.

🏨 **Moderne et rest. 4 Vents,** 18 bd Mar.-Leclerc ✆ 86.04.23,, Télex 171106 – 🛗
📺 ☎ ⛌. 🅰🅴 ① 🅴 🆅🅸🆂🅰
SC : **R** (fermé dim. soir du 15 oct. au 27 mars) 75/170 – ☕ 19 – **54 ch** 190/325, 3
appartements 330 – P 290/452.   AY d

🏨 **Malherbe** sans rest, pl. Foch ⊠ 14300 ✆ 84.40.06, Télex 170555 – 🛗 📺 ☎ – 🚗
40 🅰🅴 ① 🅴 🆅🅸🆂🅰
SC : ☕ 23 – **43 ch** 95/280.   BZ z

🏨 **Métropole** sans rest, 16 pl. Gare ⊠ 14300 ✆ 82.26.76, Télex 170165 – 🛗 📺
🛏wc 🏠wc ⛽ 🅿. 🅰🅴 ① 🅴 🆅🅸🆂🅰. ✻
SC : ☕ 19 – **71 ch** 80/180.   BZ y

🏨 **France** sans rest, 10 r. Gare ⊠ 14300 ✆ 82.16.99 – 🛗 🛏wc 🏠wc ⛽ 🅿 – 🚗 30.
① 🅴 ✻
fermé 20 déc. au 3 janv. et dim. soir de nov. à fin fév. – SC : ☕ 16,50 – **41 ch** 84/180.
BZ h

🏨 **Quatrans** sans rest, 17 r. Gemare ⊠ 14300 ✆ 86.25.57 – 🛗 🛏 🏠wc ⛽. 🆅🅸🆂🅰 ✻
SC : ☕ 16 – **26 ch** 85/156.   AY p

🏨 **Château** sans rest, 5 av. du 6-juin ⊠ 14300 ✆ 86.15.37 – 🛗 🛏wc 🏠wc ☎
fermé 20 déc. au 5 janv. – SC : ☕ 16,50 – **21 ch** 85/188.   BY a

🏨 **Royal** sans rest, 1 pl. République ⊠ 14300 ✆ 86.55.33 – 🛗 🛏wc 🏠wc ⛽. 🆅🅸🆂🅰
SC : ☕ 15 – **45 ch** 76/188.   AY e

🏨 **Bristol** sans rest, 31 r. 11-Novembre ⊠ 14300 ✆ 84.59.76 – 🛗 🛏wc 🏠wc ⛽ 🅿
SC : ☕ 18 – **25 ch** 123/225 – P 190/210.   BZ v

🏨 **Central H.** sans rest, 23 pl. J.-Letellier ⊠ 14300 ✆ 86.18.52 – 🛏 🏠 ⛽
SC : ☕ 14,50 – **25 ch** 69/161.   AY u

✕✕✕ ✿ **La Bourride** (Bruneau), 15 r. Vaugueux ✆ 93.50.76, « Maison du vieux Caen »
– 🅰🅴 ✻
fermé 16 au 31 août, 8 au 21 janv., dim. et lundi – SC : **R** 150/260   BX x
Spéc. Marinade de bar tiède à l'estragon, Carré d'agneau aux deux gousses, Poelée de pommes
façon Tatin.

✕✕✕ **Le Dauphin** ⅀ avec ch, 29 r. Gemare ⊠ 14300 ✆ 86.22.26, Télex 171707 – 🛗 📺
🛏wc 🏠wc ⛽ 🅿 🅰🅴 ① 🅴 🆅🅸🆂🅰
SC : **R** (fermé 16 juil. au 14 août, vacances de fév. dim. soir et sam.) 95/270 – ☕ 25 –
21 ch 165/240.   AXY y

✕✕✕ **Echevins,** 36 r. Écuyère ⊠ 14300 ✆ 86.37.44 – 🅰🅴 ① 🅴 🆅🅸🆂🅰
fermé 11 juin au 3 juil., dim. et lundi midi – SC : **R** 110/165.   AY s

268

CAEN

- Alliés (Bd des) .... ABY 2
- Ecuyère (R.) .... AY 17
- Guillouard (Pl. L.) .... AY 23
- Leclerc (Bd Mar.) ...... AYZ 26
- St-Jean (R.) .... BYZ
- St-Pierre (R.) .... AY 47
- Strasbourg (R. de) ...... AY 50
- 6-Juin (Av. du) .... BZY
- Bernières (R. de) ...... ABY 7
- Clemenceau (Av. G.) .... BV 9
- Côte-Fleurie (Rte de la) .... AV 10
- Courtonne (Pl.) .... BY 13
- Délivrande (R. de la) AV BX 16
- G.-le-Conquérant (R.) ... AY 20
- Havre (R. du) .... BZ 24
- Juifs (R. aux) .... AX 25
- Libération (Av. de la) .. ABX 27
- Montalivet (Cours) .. BV BZ 28
- Montoir-Poissonnerie (R.) ..... AY 29
- Pasteur (R.) .... BV 33
- Père Ch. de Foucauld (Av.) ...... ABV 34
- République (Pl. de la) ... AY 35
- Richemond (Bd) .... AV 36
- St-Manvieu (R.) .... AY 45
- Vaucelles (R. de) .... BZ 52
- Vaugueux (R. du) .... BX 53
- Verdun (Av. de) .... BZ 55

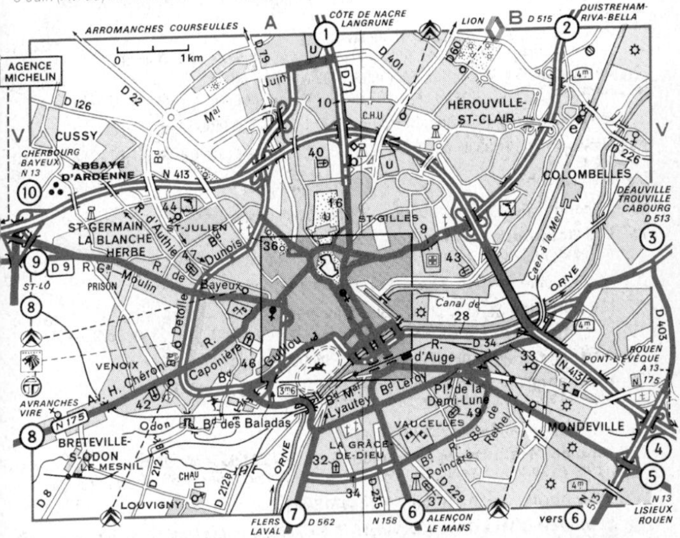

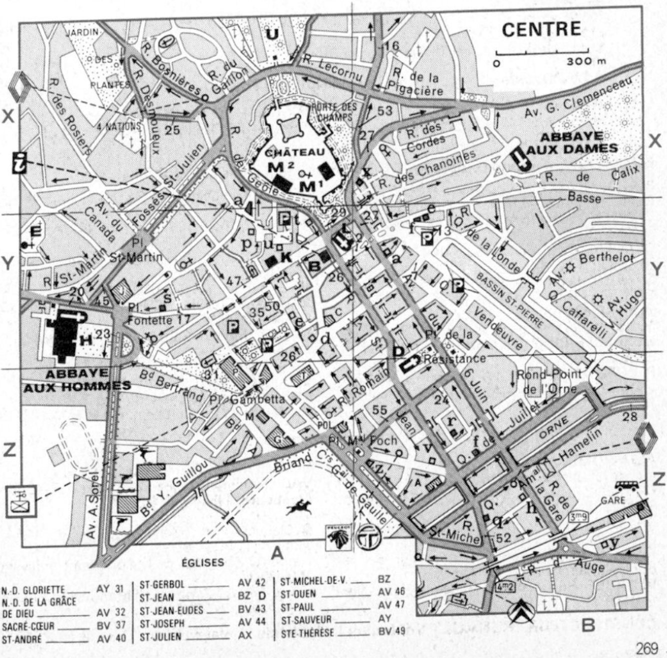

ÉGLISES

N.-D. GLORIETTE	AY 31	ST-GERBOL	AV 42	ST-MICHEL-DE-V.	BZ		
N.-D. DE LA GRÂCE DE DIEU	AV 32	ST-JEAN	BZ D	ST-OUEN	AV 46		
SACRÉ-CŒUR	BV 37	ST-JEAN-EUDES	BV 43	ST-PAUL	AV 47		
ST-ANDRÉ	AV 40	ST-JOSEPH	AV 44	ST-SAUVEUR	AY		
		ST-JULIEN	AX	STE-THÉRÈSE	BV 49		

XX **St-Andrew's**, 9 quai Juillet ⊠ 14300 ℡ 86.26.80 – ᴬᴱ ⓞ ▨ — BZ **f**
fermé 6 au 20 août, lundi soir et dim. – SC : **R** 80/110.

XX **Alcide**, 1 pl. Courtonne ℡ 93.58.29 — BY **f**
→ *fermé 30 juin au 1ᵉʳ août et sam.* – **R** 45/75.

XX **Pub William's**, pl. Courtonne ℡ 93.45.52 – ▨ — BY **e**
fermé 1ᵉʳ au 19 août, dim. et fêtes – **R** carte 85 à 135.

XX **Relais Normandy** (Buffet de la Gare), pl. Gare ⊠ 14300 ℡ 82.24.58. ᴬᴱ ▨
R 52/150. — BZ

X **Poêle d'Or**, 7 r. Laplace ℡ 85.39.86 – ▨ — BZ **r**
→ *fermé 22 juin au 15 juil., 24 déc. au 6 janv., sam. et dim.* – SC : **R** 40/80.

X **Le Chalut**, 3 r. Vaucelles ⊠ 14300 ℡ 82.01.06 – ⋘ — BZ **q**
→ *fermé 16 août au 16 sept., 21 déc. au 28 déc. lundi et mardi* – SC : **R** 50/133.

rte de Douvres (bretelle du bd périphérique) – ⊠ **14000** Caen :

🏨 **Novotel** Ⓜ, ℡ 93.05.88, Télex 170563, ⌇ – ▯ ■ rest ▣ ☎ ᕃ Ⓟ – 🔺 200. ᴬᴱ
ⓞ E ▨
R snack carte environ 90 ⅃ – ⊊ 25 – **126 ch** 246/274. — AV **b**

à Mondeville 3,5 km – 9 629 h. – ⊠ **14120** Mondeville :

XX **Les Gourmets**, 41 rte de Rouen ℡ 82.37.59 – ⋘ — BV **r**
fermé 27 juil. au 26 août, 1ᵉʳ au 10 fév., sam. midi et dim. – SC : **R** 55/86.

à Hérouville St-Clair 3 km – 24 470 h. – ⊠ **14200** Hérouville :

X **L'Espérance** ⅁ avec ch, r. Abbé Allix ℡ 93.20.33, ← – ᵐ Ⓟ. ▨ — BV **e**
→ *fermé août, vacances de fév. et lundi* – SC : **R** 46/80 – ⊊ 14 – **11 ch** 75/95 – P 180.

à Fleury-sur-Orne par ⑦ : 4 km – ⊠ **14000** Caen :

XX **Ile Enchantée**, au bord de l'Orne ℡ 82.15.52 – Ⓟ. ᴬᴱ ⓞ ▨
fermé 4 août au 3 sept., dim. soir et lundi – SC : **R** 88/120.

à Louvigny S : 4 km – ⊠ **14111** Louvigny :

XX **Aub. de l'Hermitage**, au bord de l'Orne ℡ 73.38.66 – ᴬᴱ ⓞ E
fermé 16 août au 3 sept., fév., dim. soir et lundi sauf fériés – SC : **R** 85/130.

à Bénouville par ② : 10 km – ⊠ **14970** Bénouville :

XXX 🍴 **Manoir d'Hastings** (Scaviner), ℡ 93.30.89, « Prieuré du 17ᵉ s., jardin » – Ⓟ.
ᴬᴱ ⓞ ▨
fermé 1ᵉʳ au 15 oct., 1ᵉʳ au 15 fév., dim. soir et lundi sauf fériés – SC : **R** (sam. et dim.
prévenir) 110/280
Spéc. Salade terre mer, Homard au cidre, Petite pêche.

à La Jalousie par ⑥ : 13 km – ⊠ **14540** Bourguébus :

XX **Aub. de la Jalousie** avec ch, N 158 ℡ 23.51.69 – ☜ Ⓟ. ▨ ⋘
→ *fermé 20 au 30 août, 30 janv. au 28 fév. et lundi* – SC : **R** 50/100 – ⊊ 15 – **4 ch** 75 –
P 152/192.

MICHELIN, Agence régionale, Z.I. Carpiquet, rte Bayeux par ⑩ ℡ 74.47.30

BLF Gar. J.F.C. 6 pl. Courtonne ℡ 95.42.23
BMW Regnault, 19 prom. du Fort ℡ 86.17.61
CITROEN Succursale, rte de Lion-sur-Mer ℡ 94.72.82 🆖
CITROEN Gar. Hôtel de Ville, 10 r. Bayeux ℡ 86.32.90
CITROEN Lenrouilly, 35 av. Chéron ℡ 74.55.98
CITROEN Gar. St Michel, 13 r. du puits de Jacob, ℡ 82.37.51
FORD Viard, 6 av. de Paris ℡ 82.09.98
MERCEDES-BENZ Gar. Royal, 30 rte Paris ℡ 82.38.42
PEUGEOT-TALBOT S.I.A. de Normandie, 17 r. 11-Novembre ℡ 82.44.40 bd André Detolle ℡ 74.55.50

RENAULT Succursale, 2 r. de la Gare ℡ 82. 21.22
RENAULT Fortier, 77 bis r. de Falaise ℡ 82. 38.01
RENAULT Gar. Université, 18 r. Bosnières ℡ 85.49.63
VAG Sanem, 11 rte de Paris ℡ 82.38.65
VAG Auto-Technic, ZI Nord-Est rte de Lion-sur-Mer ℡ 95.36.37
VOLVO Modern'Gar., 79 et 81 av. Henry-Chéron, ℡ 74.53.09

🅖 Bouet L., 24 r. d'Auge ℡ 82.37.63
Clabeaut-Pneu, 13 prom. du Fort ℡ 86.12.05
Vallée-Pneu, 2 r. du Chemin Vert ℡ 74.44.09

Périphérie et environs

ALFA-ROMEO, TOYOTA Inter-Auto, Zone Ind. de la Sphère à Hérouville ℡ 93.02.31
CITROEN Petit Gar., 8 rte Paris, Mondeville ℡ 82.20.28
DATSUN, OPEL Transac-Auto ZI Sphère à Hérouville ℡ 94.71.63
FIAT Caen-Auto-Service, Zone Ind. de la Sphère à Hérouville ℡ 93.34.25
RENAULT Succursale, r. Pasteur à Hérouville ℡ 94.59.65

RENAULT Gar. Bry, à Évrecy ℡ 80.50.22
VAG Sanem, rte de Paris à Cagny ℡ 23.45.35
Lerebourg, à Évrecy ℡ 80.51.17

🅖 Clabeaut-Pneu, Zone Ind., rte de Paris, Mondeville ℡ 82.30.93
Laguerre, Zone Ind. de la Sphère à Hérouville ℡ 93.75.24
Vallée-Pneus, Zone Ind. Mondeville-Sud à Grentheville ℡ 82.37.15

CONSTRUCTEUR : RENAULT Véhicules Industriels, à Blainville-sur-Orne ℡ 84.81.33

CAGNES-SUR-MER 06800 Alpes-Mar. 🔞 ⑨. 📖 ㉘ G. Côte d'Azur – 35 426 h. alt. 77 –
❀ 93.

Voir Haut-de-Cagnes* X – Château-musée* X : patio**, ✵* de la tour – Musée
Renoir Y M1 : Paysages des Collettes*, Vénus* (jardin).

🖪 Office de Tourisme 26 av. Renoir (fermé dim.) ☎ 20.61.64.

Paris 922 ⑤ – Antibes 10 ④ – Cannes 21 ⑤ – Grasse 26 ⑥ – ♦Nice 13 ② – Vence 9 ①.

Plans page suivante

🏨 **Le Cagnard** Ⓜ ॐ, r. Pontis-Long au Haut-de-Cagnes ☎ 20.73.22, ≤, 🍴 – 🛗 📺
    X e
SC : **R** *(fermé 1er nov. au 15 déc. et jeudi midi)* 220 – **10 ch** ⌂ 240/400, 9 appartements
450/700.

🏨 **Tiercé H.** Ⓜ sans rest, 33 bd Kennedy ☎ 20.02.09, ≤ – 🛗 🗏 📺 🛁wc ☎ 🖛
    🅿. ✵   Y v
fermé 25 oct. au 30 nov. – SC : ⌂ 21 – **23 ch** 190/280.

🏨 **Brasilia** Ⓜ sans rest, les Grands-Plans ☎ 20.25.03 – 🛗 📺 🛁wc ☎ 🅿. 🖭 ⓞ **E**
    Y r
VISA. ✵
SC : ⌂ 18 – **18 ch** 225/265.

🏨 **Savournin** sans rest, 17 av. Renoir ☎ 20.60.58, 🏊, � – 📺 🛁wc 🍴wc ⚙ 🅿. 🖭
    Z a
VISA. ✵
fermé 1er oct. au 30 nov. – SC : **30 ch** ⌂ 150/285.

🏨 **Les Collettes** Ⓜ ॐ sans rest, av. Collettes ☎ 20.80.66, ≤, 🏊 – cuisinette
    🛁wc ⚙ 🅿   Y f
fermé 1er nov. au 15 déc. – SC : ⌂ 20 – **13 ch** 200/270.

🏠 **Le Derby**, av. Germaine ☎ 20.08.57 – 🍴wc 🅿. *VISA*. ✵ rest   Y b
fermé 1er nov. au 1er janv. – SC : **R** *(résidents seul.)* – 🍽 13,50 – **11 ch** 100/165 –
P 160/190.

XX **Josy-Jo**, 2 r. Planastel ☎ 20.68.76, 🍴   X a
fermé 22 déc. au 24 janv. et dim. – SC : **R** carte 120 à 160.

XX **Peintres**, 71 montée Bourgade au Haut de Cagnes ☎ 20.83.08 – 🖭 **E** *VISA*   X s
fermé 15 déc. au 15 janv. et merc. – SC : **R** 80/110.

X **Le Neptune**, bd Plage ☎ 20.10.59, ≤, 🍴 – 🅿   Y x
R 70/90.

CITROEN Gar. de l'Avenir, 6 r. des Reynes ☎   PEUGEOT Gd Gar. Principal, 34 av. Renoir ☎
20.67.24 🔃 ☎ 73.75.21   20.65.04
FORD Coll-Auto-Sce, 81 bis av. Gare ☎ 20.
98.77   ⚙ Massa-Pneus, rte la Pénétrante ☎ 20.94.01
OPEL Gar. du Stade, 5 av. de Nice ☎ 73.26.06   Pneu-Sce, 156 rte de Nice, N 7 ☎ 31.17.07
PEUGEOT-TALBOT Ortelli, rte la Pénétrante
quartier St-Jean ☎ 20.30.40

      à Cros-de-Cagnes SE : 2 km – ✉ 06170 Cros-de-Cagnes :

🏨 **Horizon** sans rest, 111 bd Plage ☎ 31.09.95, ≤ – 🛗 cuisinette 🗏 🛁wc 🍴wc ⚙
    🅿. 🖭 ⓞ **E** *VISA*   Y k
fermé nov. – SC : **44 ch** ⌂ 168/357.

🏨 **Val Duchesse** ॐ sans rest, 11 r. Paris ☎ 20.10.04, 🏊 – cuisinette 🛁wc 🍴wc
    ⚙   Y a
SC : ⌂ 14 – **18 ch** 110/240.

🏨 **Le Minaret** sans rest, allée Serre ☎ 20.16.52, 🌿 – cuisinette 🛁wc 🍴wc ⚙ 🅿.
    Y a
SC : ⌂ 15 – **20 ch** 120/175.

🏠 **La Serre**, 22 bd Plage ☎ 20.10.54, ≤, 🌿 – 🛁wc 🍴 ⚙ 🅿. ✵ rest   Y a
fermé oct. et nov. – **R** *(fermé merc.)* 80/120 – ⌂ 20 – **26 ch** 90/170 –
P 150/180.

🏠 **Beaurivage**, bd Plage ☎ 20.16.09, ≤ – 🍴wc ⚙ 🅿   Y m
SC : **R** 65/85 – ⌂ 15 – **21 ch** 90/130 – P 155/190.

🏠 **Mas d'Azur** sans rest, 42 av. Nice ☎ 20.19.19 – cuisinette 🍴wc ⚙ 🅿   Y d
fermé dim. du 1er nov. au 1er mars – SC : ⌂ 14 – **11 ch** 120/180 – P 407/422.

XXX ❀ **La Réserve** (Bertho), 91 bd Plage ☎ 31.00.17 – 🗏   Y s
fermé 5 juil. au 3 sept., 23 déc. au 2 janv., sam. soir, dim. et fêtes – SC : **R** *(nombre
de couverts limité - prévenir)* carte 145 à 220
Spéc. Soufflet de poutine (15 fév. à avril), St-Pierre au four. Vins Bellet, Gassin.

XX **Villa du Cros**, Port du Cros ☎ 07.57.83 – 🗏, 🖭. ✵   Y s
*fermé fin oct. à début déc., vacances scolaires de fév., dim. soir et lundi sauf
juil-août* – **R** 120/190.

XX **Aub. du Port** avec ch, 93 bd Plage ☎ 31.08.53, 🍴 – cuisinette 📺 🛁wc ⚙. 🖭
    ⓞ **E** *VISA*   Y t
fermé 2 nov. au 26 déc. – SC : **R** *(fermé merc. sauf juil. et août)* 75/130 🍴 – ⌂ 20 –
5 ch 200/220 – P 260.

XX **Deauville**, 60 bd Plage ☎ 31.06.77, 🍴   Y n
fermé nov. et merc. – SC : **R** 69, carte le dim.

PEUGEOT-TALBOT Gar. des Tritons, N7 ☎ 31.   RENAULT Succursale, 104 bd de la Plage ☎
06.78 🔃 ☎ 22.60.99   20.01.02

CAGNES-SUR-MER-VILLENEUVE-LOUBET

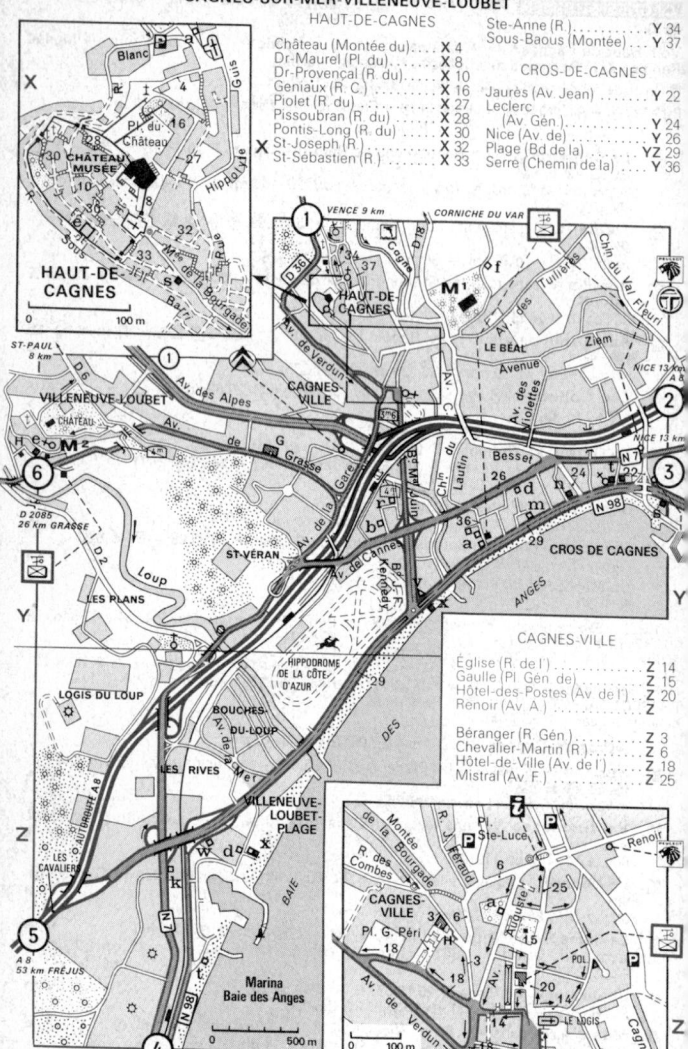

au Hameau du Soleil NO : 3,5 km par D 6 - Y – ⊠ 06270 Villeneuve-Loubet :

Hamotel Ⓜ ⧖ sans rest, ☏ 20.86.60, Télex 470623 – 🛗 📺 ☎ 🚗 🅿 – 🕭 50.
AE ① Ⓔ VISA
fermé 8 nov. au 15 déc. – SC : **32 ch** 🖙 216/293.

Pour bien lire les plans de villes, voir signes et abréviations p. 21.

CAGNOTTE 40 Landes **7 8** ⑦ – 472 h. – ⊠ 40300 Peyrehorade – ✪ 58.
Paris 751 – ◆Bayonne 43 – Dax 14 – Pau 76.

🏠 **Boni**, ☏ 73.03.78, ⌘ – 🍽wc 🅿 Ⓔ ⌘ rest
◆ *fermé 20 au 31 oct., 8 au 28 fév., lundi (sauf hôtel) et dim. soir du 1er nov. au 30 avril*
– SC : **R** 48/130 🍷 – 🖙 15 – **10 ch** 84/120 – P 132/190.

CAHORS 🅿 46000 Lot 🏷️79 ⑧ G. Périgord – 20 774 h. alt. 128 – ✪ 65.

Voir Site★ – Pont Valentré★★ AZ – Cathédrale★ BY E : portail Nord★★ et cloître★ – Barbacane et tour St-Jean★ ABY K – Mont-St-Cyr ⩽★ BZ.

Env. Mercuès : site★ et ⩽★ du château NO : 8 km par ①.

🅱 Office de Tourisme (fermé dim.) pl. A.-Briand ☎ 35.09.56 – A.C. Chambre de Commerce. quai Cavaignac ☎ 35.28.89.

Paris 595 ① – Agen 92 ④ – Albi 111 ④ – Aurillac 136 ② – Bergerac 105 ① – ◆Bordeaux 212 ① – Brive-la-Gaillarde 103 ① – Castres 138 ④ – Montauban 61 ④ – Périgueux 137 ① – Rodez 118 ③.

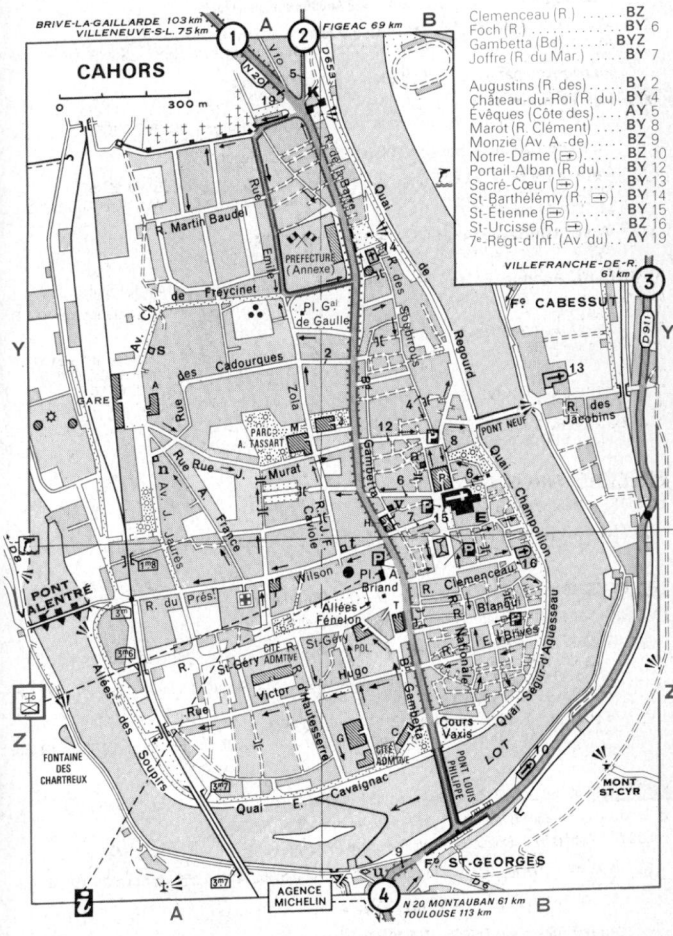

Clemenceau (R.) .... BZ
Foch (R.) .... BY 6
Gambetta (Bd) .... BYZ
Joffre (R. du Mar.) ..... BY 7

Augustins (R. des) ...... BY 2
Château-du-Roi (R. du) .. BY 4
Evêques (Côte des) ...... AY 5
Marot (R. Clément) ...... BY 8
Monzie (Av. A.-de) ...... BY 9
Notre-Dame (⊟) .... BZ 10
Portail-Alban (R. du) ... BY 12
Sacré-Cœur (⊟) .... BY 13
St-Barthélémy (R. ⊟) ... BY 14
St-Étienne (⊟) .... BY 15
St-Urcisse (R. ⊟) ...... BZ 16
7e-Régt-d'Inf. (Av. du) .. AY 19

🏨 **Wilson** Ⓜ sans rest, 72 r. Prés.-Wilson ☎ 35.41.80 – 🛗 📺 ☎ 🅿 – 🔬 25. 🖹 𝑉𝐼𝑆𝐴
SC : ⊇ 21 – **36 ch** 176/330.   BZ **t**

🏨 **France** Ⓜ sans rest, 252 av. J.-Jaurès ☎ 35.16.76, Télex 520394 – 🛗 📺 ☎ 🚗 🅿
– 🔬 50. 🖺 ⓞ 🖹 𝑉𝐼𝑆𝐴 ⌘ – SC : ⊇ 16 – **79 ch** 125/190.   AY **n**
fermé vacances de Noël

🏨 **H. La Chartreuse**, fg St-Georges ☎ 35.17.37, ⩽ – 🛏️wc 🚿wc ☎ 🅿 – 🔬 120
fermé 30 oct. au 23 nov. et 24 déc. au 2 janv. – SC : **R** voir rest. La Chartreuse – ⊇
16 – **34 ch** 130/231.   BZ **u**

🏨 **Terminus** sans rest, 5 av. Ch.-de-Freycinet ☎ 35.24.50 – 🛗 🛏️wc 🚿wc 🚻 🚗.
𝑉𝐼𝑆𝐴 ⌘
SC : ⊇ 19 – **31 ch** 140/220.   AY **s**

273

XX ✿ **La Taverne** (Lannes), 41 r. J.-B.-Delpech ☏ 35.28.66 – AE ⓓ E VISA — BY **v**
fermé nov., dim. soir et lundi – SC : **R** 90/190 ♨
Spéc. Foie gras frais, Pigeon rôti aux girolles, Gâteau aux noix.

XX **Rest. La Chartreuse,** fg St. Georges ☏ 35.13.48, ≤ – Ⓟ — BZ **u**
fermé 1er au 21 nov., vacances de fév. et lundi – SC : **R** 44/120.

X **Préfecture,** 64 r. Préfecture ☏ 35.12.54 – AE ⓓ E VISA — BY **a**
SC : **R** (prévenir) 52/148.

à Lamagdelaine par ② : 7 km – ✉ **46090** Lamagdelaine :

XXX **Marco,** ☏ 35.30.64, 🏠, 🌳 – Ⓟ. AE VISA
fermé 22 au 29 oct., fév., dim. soir et lundi sauf de juin à mi sept. – SC : **R** 80/160.

au Montat par ④ et D 47 : 8,5 km – ✉ **46000** Cahors :

XXX **Les Templiers,** ☏ 21.01.23
fermé 1er au 12 juil., fév., dim. soir sauf juil.-août et lundi – SC : **R** 70/165.

route de Toulouse par ④ : 13 km – ✉ **46230** Lalbenque :

🏨 **Aquitaine** Ⓜ, ☏ 21.00.51, ≤, 🏊 – 🛗 ⇔wc ☎ Ⓟ – 🏛 40. AE ⓓ E VISA
fermé 24 déc. au 15 janv. et dim. du 15 oct. au 15 avril – SC : **R** voir rest. Aquitaine – ☕ 16 – **44 ch** 181/207.

XX **Rest. Aquitaine,** ☏ 21.00.53 – Ⓟ. AE ⓓ E VISA
fermé 15 déc. au 15 janv., dim. soir et lundi – SC : **R** 55/140.

MICHELIN, Agence, Z.I. de l'Aerodrome Cahors - L'Albenque - Le Montat par ④ 21.00.01

CITROEN Quercy Autom., Rte de Toulouse par ④ ☏ 35.27.61
FIAT, LANCIA-AUTOBIANCHI Gar. Avenue, rte de Toulouse ☏ 35.16.37
FORD Auto Sce du Lot, rte de Toulouse ☏ 35.67.25
MERCEDES-BENZ, V.A.G. Gar. Navarre, rte de Toulouse ☏ 35.77.00
PEUGEOT-TALBOT Gd Gar. du Boulevard, rte de Toulouse par ④ ☏ 35.16.57
RENAULT Noyer, rte de Toulouse par ④ ☏ 35.15.95

Ⓜ Central Pneu, rte de Toulouse ☏ 35.09.02
Desprat, 129 bd Gambetta ☏ 35.04.36
Vidaillac A., av. de Paris ☏ 35.06.36
Vidaillac J.-L., 68 bd Gambetta ☏ 35.32.17

Le CAILAR 30740 Gard 83 ⑧ – 1 412 h. – ✪ 66.
Paris 741 – ♦Montpellier 38 – Nîmes 31.

🏨 **Le Sanglier,** N 572 ☏ 88.05.40, 🏊, 🌳 – ⇔wc ☎ Ⓟ – 🏛 80. E VISA
SC : **R** 70/120 – ☕ 20 – **27 ch** 150/195 – P 260/290.

CAILLAC 46 Lot 79 ⑦⑧ – 416 h. alt. 112 – ✉ **46140** Luzech – ✪ 65.
Paris 602 – Cahors 11 – Gourdon 39 – Villeneuve-sur-Lot 70.

🏨 **Relais des Champs** Ⓜ 🐦, ☏ 30.92.35, 🏊, 🌳 – cuisinette 📺 ⇔wc ☎ ♿ Ⓟ – 🏛 60. VISA. ⚘ ch
fermé 30 nov. au 15 janv. et lundi hors sais. – SC : **R** voir H. Nadal – ☕ 20 – **22 ch** 135/335 – P 270/365.

🏨 **Nadal** 🐦, ☏ 30.91.55, parc, 🏠 – 🚿wc Ⓟ. VISA
fermé 30 nov. au 15 janv. et lundi hors sais. – SC : **R** 55/165 – ☕ 13,50 – **18 ch** 56/130 – P 195/235.

CAJARC 46160 Lot 79 ⑨ – 1 184 h. alt. 152 – ✪ 65.
ℹ Syndicat d'Initiative à la Mairie (fermé sam. et dim.) ☏ 40.65.20.
Paris 609 – Cahors 51 – Figeac 25 – Villefranche-de-Rouergue 26.

🏨 **Roses d'Or** Ⓜ 🐦, rte Figeac D 662 ☏ 40.65.35, 🌳 – ⇔wc 🚿wc ☎ Ⓟ. AE ⓓ E VISA
SC : **R** 75/150 – ☕ 20 – **20 ch** 230/250.

au NE : 9 km sur D 662 – ✉ **46160** Cajarc :

XX **La Ferme de Montbrun,** ☏ 40.67.71, ≤ – Ⓟ. AE
25 mai-1er oct. et fermé merc. sauf juil. et août – SC : **R** carte 125 à 175.

CALAIS ⟨SP⟩ 62100 P.-de-C. 51 ② **G. Nord de la France** – 76 935 h. – ✪ 21.
Voir Monument des Bourgeois de Calais★★ Y – **Phare** ✻ **★★** X **E** – **Musée★** X **M.**
🚗 ☏ 34.40.17.
ℹ Office de Tourisme et Accueil de France (Informations et réservations d'hôtels, pas plus de 5 jours à l'avance) 12 bd Clemenceau (fermé dim. hors sais.) ☏ 96.62.40, Télex 130886.
Paris 297 ② – ♦Amiens 156 ③ – Boulogne-sur-Mer 34 ③ – Dunkerque 43 ① – ♦Le Havre 283 ③ – ♦Lille 112 ① – Oostende 97 ① – ♦Reims 291 ② – ♦Rouen 213 ③ – St-Omer 40 ②.

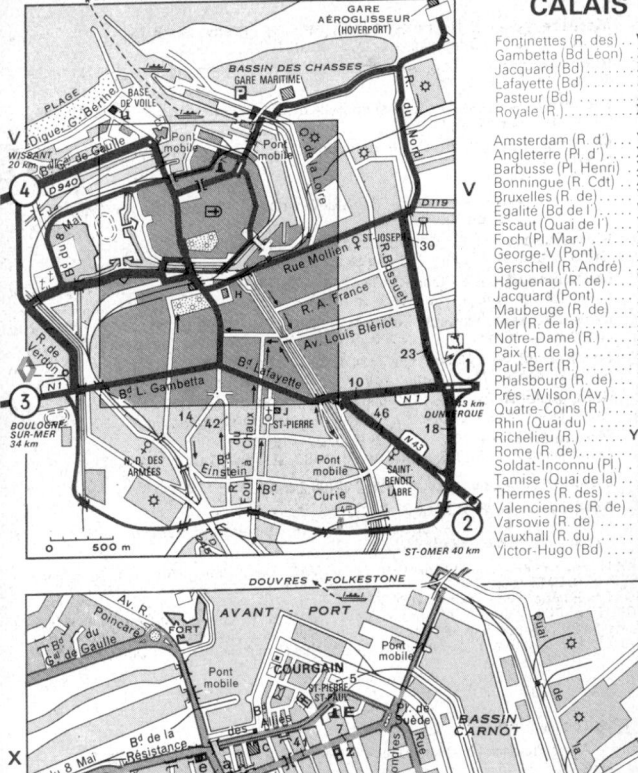

CALAIS

275

CALAIS

🏨 **Meurice** ⚗, 5 r. E.-Roche ☎ 34.57.03, 📞 – 🔆 📺 📶 🚗 📶 🅰🅴 ⓘ *VISA*　　　　X **v**
SC : **R** voir rest. La Diligence – ⌺ 20 – **40 ch** 155/195.

🏛 **Bellevue** sans rest, 23 pl. Armes ☎ 34.53.75 – 🔆 📺 📶 🛏 📶wc 🚗 ⑤. *VISA*　　X **a**
SC : ⌺ 13 – **42 ch** 72/182.

🏛 **Richelieu** sans rest, 17 r. Richelieu ☎ 34.61.60 – 🛏wc 📶wc 🚗 🅰🅴 **E** *VISA* ❀
SC : ☎ 15 – **18 ch** 95/207.　　　　　　　　　　　　　　　　　　　　　　　XY **k**

🏛 **Windsor** sans rest, 2 r. Cdt-Bonninge ☎ 34.59.40 – 🛏wc 📶wc 🚗 🚗. 🅰🅴 ⓘ
E *VISA* ❀　　　　　　　　　　　　　　　　　　　　　　　　　　　　　　　　X **z**
SC : ⌺ 15 – **15 ch** 82/180.

🏛 **H. Sole Meunière** sans rest, 53 r. Mer ☎ 34.36.08 – 🛏wc 📶wc 🚗. *VISA* ❀
SC : ⌺ 17.50 – **15 ch** 130/190.　　　　　　　　　　　　　　　　　　　　　　X **e**

🏛 **Victoria** sans rest, 8 r. Cdt-Bonningue ☎ 34.38.32 – 🛏wc 📶 🚗 ⑤　　　　X **z**
fermé 20 déc. au 10 janv. – SC : **15 ch** ⌺ 85/220.

XX **La Diligence**, 5 r. E.-Roche ☎ 96.40.68 – 🅰🅴 ⓘ *VISA*　　　　　　　　　X **v**
fermé déc. et merc. – SC : **R** carte 95 à 150.

XX **Côte d'Argent**, Plage de Calais ☎ 34.68.07, ⩽ – 🅰🅴 ⓘ **E** *VISA* ❀　　　V **u**
fermé au 15 sept., 1er au 15 fév. et lundi en été – **R** (hiver : déj. seul.) 48/120.

XX **Le Channel**, 3 bd Résistance ☎ 34.42.30 – 🅰🅴 ⓘ **E** *VISA* ❀　　　　　X **e**
fermé 15 déc. au 15 janv., dim. soir et mardi – SC : **R** 195 bc/60.

X **Rest. Sole Meunière**, 1 bd Résistance ☎ 34.43.01 – 🅰🅴 *VISA* ❀　　　　X **e**
◆ fermé 18 au 25 juin, 20 déc. au 17 janv., dim. soir hors sais., et lundi – SC : **R** 47/165.

X **Moulin à Poivre**, 10 r. Neuve ☎ 96.22.32 – **E** ❀　　　　　　　　　　　　　Z
fermé 1er au 20 janv., lundi midi et dim. – SC : **R** carte 95 à 125.

à Blériot-Plage par ④ : 2 km – ✉ 62100 Calais :

XX **Dunes** avec ch, ☎ 34.54.30 – 🅿 🅰🅴 *VISA* ❀ ch
fermé 1er au 23 oct., vacances de fév., dim. soir et lundi sauf juil.-août – SC : **R**
62/155 – ⌺ 15,50 – **12 ch** 77/120.

CITROEN Succursale, rte de St-Omer Le Virval　　　　VAG Gar. Ricquart, Zone Ind. Beau Marais r.
par ② ☎ 97.50.90 🅽 ☎ 97.92.13　　　　　　　　　Courbet ☎ 97.34.32
FORD Gar. Europe, 58 rte St-Omer ☎ 34.35.75
PEUGEOT-TALBOT Calais Nord Autom., 361　　　　🅖 Argot, 62 av. A.-de-St-Exupéry ☎ 96.58.34
av. A.-de-St-Exupéry par ① ☎ 96.72.42 🅽　　　　　François, r. C.-Ader, Zone Ind. ☎ 96.42.36
RENAULT Cadet Autom., r. de Verdun ☎ 34.　　　　Pneu Fauchille, 155 rte St-Omer ☎ 34.68.17
36.17
RENAULT Gar. Dieu, 58 av. A.-de-St-Exupéry
par ① ☎ 97.20.99 🅽

CALAS 13 B.-du-R. 🞓🞓 ③ ⑬ – ✉ 13480 Cabriès – ❋ 42.

Paris 766 – Aix-en-Provence 12 – Marignane 15 – ♦Marseille 21 – Salon-de-Provence 43.

XXX **Aub. Bourrelly** avec ch, ☎ 69.13.13 – 🛏wc ☎ 🅿. 🅰🅴 ⓘ **E** *VISA*
fermé 10 août au 1er sept., 10 fév. au 1er mars, dim. soir et lundi – SC : **R** 96/220 – ⌺
22 – **16 ch** 150/170 – P 320/350.

Ouest : 2 km sur D 9 – ✉ 13480 Cabriès :

🏛 **Hostellerie du Lac Bleu** ⚗, ☎ 69.07.82, Télex 440619, 🏊, 📞 – 🛏wc 🚗 🅿 –
🏛 25. 🅰🅴 ⓘ *VISA*
fermé oct., janv. et lundi sauf été – SC : **R** 110/195 – ⌺ 19 – **12 ch** 142/160 – P 320.

CALÈS 46 Lot 🞑🞑 ⑱ G. Périgord – 130 h. alt. 271 – ✉ 46350 Payrac – ❋ 65.

Paris 552 – Brive-la-Gaillarde 60 – Cahors 57 – Gourdon 20 – Rocamadour 16 – St-Céré 41.

🏛 **Pagès** ⚗, ☎ 37.95.87 – 🛏wc 📶wc ☎ 🅿. ❀ rest
◆ fermé 1er au 29 nov. et mardi hors sais. – SC : **R** 45/140 – ⌺ 15 – **15 ch** 95/180 –
P 165/200.

🏛 **Petit Relais** ⚗, ☎ 37.96.09, 🌳 – 📶 *VISA*. ❀ rest
◆ fermé vacances de fév. et sam. hors sais. – SC : **R** 38/140 – ⌺ 15 – **9 ch** 80/150 – P
150.

CALLAC 22160 C.-du-N. 🞓🞓 ⑪ – 2 957 h. alt. 170 – ❋ 96.

Paris 512 – Carhaix-Plouguer 20 – Guingamp 28 – Morlaix 40 – St-Brieuc 58.

X **Garnier** avec ch, face gare ☎ 45.50.09 – 🅿. **E** *VISA* ❀ ch
◆ fermé 20 sept. au 20 oct. et lundi – SC : **R** 45/120 🍷 – ⌺ 15 – **8 ch** 60/80 – P 150.

CITROEN Gar. Laurent ☎ 45.50.30　　　　　　　RENAULT Gar. Lucia, ☎ 45.50.41

CALLEVILLE 27 Eure 🞓🞓 ⑮ – rattaché à Brionne.

L'EUROPE en une seule feuille
carte Michelin n° 🞓🞒🞐.

CALVINET 15340 Cantal 🔢 ⑪ – 408 h. alt. 600 – ❸ 71.

Paris 585 – Aurillac 39 – Entraygues-sur-Truyère 32 – Figeac 39 – Maurs 17 – Rodez 61.

- 🏨 **Beauséjour,** ☎ 49.91.68 – 🍴 🅿 🎜 rest
  → 15 mars-10 oct. – SC : R 40/100 – ☲ 13,50 – **20 ch** 52/86 – P 115/125.
- 🏠 **Terrasse,** ☎ 49.91.59 – 🅿 🎜 rest
  1er avril-31 oct. – SC : R 40/90 🍴 – ☲ 14 – **13 ch** 50/85 – P 120/140.

PEUGEOT-TALBOT Lavigne, ☎ 49.91.57

CAMARÈS 12360 Aveyron 🔢 ⑬ – 1 258 h. alt. 390 – ❸ 65.

Paris 683 – Albi 78 – Lodève 53 – Millau 53 – Rodez 103.

- 🏨 **Demeure du Dourdou** 🦢, rte St-Affrique ☎ 99.54.08, ≤, « Jardin fleuri » –
  → 🛁wc ☏ 🅿 ⑩
  1er avril-30 sept. – SC : R 50/100 🍴 – ☲ 20 – **11 ch** 95/165 – P 180.

CAMARET-SUR-MER 29129 Finistère 🔢 ③ G. Bretagne – 3 064 h. – ❸ 98.

Voir Pointe de Penhir★★★ SO : 3,5 km.

Env. Pointe des Espagnols★★ NE : 13 km.

Paris 594 – ◆Brest 66 – Châteaulin 43 – Crozon 8,5 – Morlaix 85 – Quimper 64.

- 🏨 **France** Ⓜ, ☎ 27.93.06, ≤ – 🛗 🛁wc 🍴wc ☎ ⑩ E VISA 🎜
  15 mars-15 nov. et fermé vend. hors sais. – SC : R 75/220 – ☲ 21 – **22 ch** 110/280 –
  P 180/296.
- 🏠 **Styvel,** ☎ 27.92.74, ≤ – 🍴
  1er avril-30 sept. et fermé jeudi sauf juil.-août – SC : R 65/120 – ☲ 16,50 – **13 ch**
  90/105.
- 🏠 **Vauban** sans rest, ☎ 27.91.36, ≤ – 🍴
  15 mars-15 oct. – SC : ☲ 15 – **14 ch** 85/110.

CAMBES 33880 Gironde 🔢 ⑩ – 924 h. alt. 10 – ❸ 56.

Paris 595 – ◆Bordeaux 16 – Langon 29 – Libourne 34.

- 🍴🍴 **Host. A la Varenne** avec ch, à Esconac NO : 1 km ☎ 21.31.15, ≤, 🌳 – 🛁wc
  🍴wc ☏ 🅿 – 🏛 30
  SC : R (fermé dim. soir) 85/105 – 🍷 20 – **12 ch** 135/200.

CAMBO-LES-BAINS 64250 Pyr.-Atl. 🔢 ③ G. Pyrénées – 5 051 h. alt. 65 – Stat. therm.
(1er fév.-23 déc.) – ❸ 59.

Voir Arnaga★ (villa d'Edmond Rostand) Ⓜ – Vallée de la Nive★ au Sud.

🅱 Office de Tourisme parc St-Joseph (fermé nov. sam. après-midi et dim.) ☎ 29.70.25.

Paris 791 ④ – ◆Bayonne 19 ④ – Pau 113 ① – St-Jean-de-Luz 31 ③ – St-Jean-Pied-de-Port 34 ② –
S.-Sebastián 63 ③.

CAMBO-LES-BAINS

Chiquito de Cambo	2
Espagne (Av. d')	3
Mairie (Av. de la)	4
Marronniers (Allée des)	5
Navarre (Av. de)	6
Neubourg (Allées A.-de)	7
Professeur-Grancher (Bd du)	8
Rostand (Allées)	9
Terrasses (R. des)	12
Thermes (Av. des)	13

To go a long way quickly,
use Michelin maps
at a scale of 1:1 000 000.

- 🏨 **Errobia** 🦢 sans rest, av. Chanteclerc (e) ☎ 29.71.26, ≤, « Villa basque, parc » –
  🛁wc ☏ 🅿 VISA
  Pâques et 1er mai-30 oct. – SC : ☲ 18 – **12 ch** 100/200.
- 🏠 **Bellevue,** r. Terrasses (f) ☎ 29.73.22, ≤, 🏡, 🌳 – 🛁wc 🍴wc ☎ 🅿 VISA
  🎜 rest
  1er fév.-15 nov. et fermé dim. soir et lundi du 1er sept. au 1er juin – SC : R 65/145 🍴 –
  ☲ 15,50 – **28 ch** 74/179 – P 144/200.
- 🏠 **St-Laurent,** r. Terrasses (s) ☎ 29.71.10 – 🍴wc ☎ 🅿 🎜 rest
  fermé 9 oct. au 15 nov. – SC : R (fermé vend.) 55/120 – ☲ 12 – **14 ch** 54/103 – P
  127/154.
- 🏠 **Trinquet** sans rest, r. Trinquet (a) ☎ 29.73.38 – 🍴 VISA
  fermé 2 au 30 nov. et mardi – SC : ☲ 12 – **13 ch** 62/82.

11

CAMBRAI — 59400 Nord 53 ③ ④ G. Nord de la France — 36 618 h. alt. 75 — ✪ 27.

Voir Mise au tombeau★ dans l'église St-Géry AY F.

🛈 Office de Tourisme 48 r. de Noyon ☎ 78.26.90 – A.C. 17 mail St-Martin ☎ 81.30.75.

Paris 177 ⑧ – ✦Amiens 78 ⑧ – Arras 36 ⑥ – ✦Lille 64 ⑦ – St-Quentin 39 ⑤ – Valenciennes 31 ①.

CAMBRAI

🏛 **Beatus** ⟩ sans rest, rte Paris par ⑤ : 1,3 km ☎ 81.45.70 – **P**. **AE** ⓞ **E** **VISA**
SC : ⌑ 25 – **26 ch** 200/240.

🏛 **Mouton Blanc**, 33 r. Alsace Lorraine ☎ 81.30.16, Télex 133365 – ⊠ cuisinette
← 🔲 rest **TV** ⌑wc ⋔⋔wc. **AE** ⓞ **E** **VISA**   BY **a**
SC : **R** *(fermé août, dim. soir et lundi)* 74 bc/240 – Quick **R** carte environ 50 – ⌑ 16 –
32 ch 105/235.

🏛 **Poste** sans rest, 58 av. Victoire ☎ 81.34.69 – ⊠ ⌑wc ⋔⋔ ☎ **P**   AZ **f**
SC : ⌑ 17 – **32 ch** 154/196.

🏚 **France** sans rest, 37 r. Lille ☎ 81.38.80 – ⌑wc ⋔⋔wc ☎. **AE**. ❄   BY **d**
fermé août – SC : ⌑ 18 – **24 ch** 69/144.

※※ **L'Escargot**, 10 r. Gén.-De-Gaulle ☎ 81.24.54 – **VISA**   BZ **e**
fermé 17 au 30 sept., janv. et lundi sauf fériés – SC : **R** 58/150 ⌗.

X **Les Arcades,** 12 r. Mar.-de-Lattre-de-Tassigny ☏ 81.30.80 – AE ⓓ E VISA
R 56/180 ♁. BZ **n**

X **Buffet Gare,** ☏ 81.26.86 – AE ⓓ VISA BY
SC : **R** 42 bc/72.

par ⑥ : 2 km – ✉ **59400** Cambrai :

Motel Ulys sans rest, 67 rte d'Arras ☏ 83.83.25, parc – TV ⇔wc ☎ Ⓟ. AE ⓓ E VISA
fermé dim. – SC : ☕ 17,50 – **31 ch** 90/190.

par rte de Bapaume à l'échangeur A 2 : 3 km – ✉ **59400** Cambrai :

Ibis M, ☏ 83.54.54, Télex 135074 – TV ⇔wc ☎ ♿ Ⓟ. E VISA
SC : **R** *(fermé dim.)* 60/120 ♁ – ☕ 18 – **27 ch** 189/215 – P 335/380.

à Marquion (Pas-de-Calais) par ⑥ et D 939 : 10,5 km – ✉ **62860** Marquion – ⚙ 21

X **La Crémaillère,** ☏ 73.00.31 – Ⓟ. E
fermé sept., dim. soir et lundi – **R** 48/120 ♁.

AUSTIN, ROVER, TRIUMPH Gds Gar. du Beffroi, 8 r. 11-Novembre ☏ 81.21.76
CITROEN Diffusion Autom. Cambraisienne, 2 095 av. Paris par ⑤ ☏ 83.68.45
FIAT S.A.G.A. 26 r. Cantimpré ☏ 83.88.76
FORD Gar. Chandelier, 101 bd Faidherbe ☏ 83.82.31
OPEL Auto-Vente, 132 bd Faidherbe ☏ 81.57.05
PEUGEOT-TALBOT Auto du Cambrésis, 80 av. de Dunkerque ☏ 83.84.23
RENAULT S.A.N.A.C., 200 rte Solesmes par ② ☏ 83.82.56 N ☏ 81.58.48

Ⓜ Lesage-Pneus, 28 bd Faidherbe ☏ 83.84.85
Tonnoir, 14 av. V.-Hugo ☏ 83.70.54

CAMOËL 56 Morbihan 63 ⑭ – rattaché à Roche-Bernard.

CAMORS 56 Morbihan 63 ② – 2 321 h. alt. 113 – ✉ **56330** Pluvigner – ⚙ 97.
Paris 466 – Auray 22 – Lorient 36 – Pontivy 26 – Vannes 32.

Ar Brug M, ☏ 39.20.10 – ⇔wc ⋒wc ☎. E VISA. ✻ ch
SC : **R** 40/85 ♁ – ☕ 18 – **20 ch** 80/133 – P 120/145.

CAMPAGNE 24 Dordogne 75 ⑯ – rattaché au Bugue.

CAMPAN 65 H.-Pyr. 85 ⑱⑲ – rattaché à Ste-Marie-de-Campan.

CAMPIGNY 27 Eure 55 ④⑤ – rattaché à Pont-Audemer.

CAMPS 19 Corrèze 75 ⑳ – 265 h. alt. 546 – ✉ **19430** Mercoeur – ⚙ 55.
Voir Rocher du Peintre ≤★ S : 1 km, G. Périgord.
Paris 537 – Aurillac 44 – St-Céré 28 – Tulle 54.

X **Lac** ⛟ avec ch, ☏ 28.51.83, ≤ – Ⓟ. VISA
fermé 1er au 15 nov., 15 janv. au 1er mars, mardi soir et merc. sauf juil., août et sept. – SC : **R** 50/155 – ☕ 13 – **4 ch** 50/60 – P 148.

CAMP-ST-LAURENT 83 Var 84 ⑭ – rattaché à Toulon.

CANCALE 35260 I.-et-V. 59 ⑥ **G. Bretagne** – 4 693 h. alt. 50 – ⚙ 99.
Voir Site★ du port★ – ✻★ de la tour de l'église St-Méen Z **B** – **Pointe du Hock ≤★** Z
ℹ Syndicat d'Initiative r. du Port (1er juin-31 août) ☏ 89.63.72.
Paris 396 ① – Avranches 59 ① – Dinan 34 ① – Fougères 74 ① – Le Mont-St-Michel 46 ①.

Plan page suivante

Continental, au port ☏ 89.60.16, ≤, ☂ – ⇔wc ⋒wc ☎. VISA. ✻ rest Z **s**
13 avril-11 nov. – SC : **R** *(fermé lundi)* 85/165 – ☕ 19 – **21 ch** 82/282 – P 227/294.

XXX ✿ **de Bricourt** (Roellinger), 1 r. Duguesclin ☏ 89.64.76, ☂ – E VISA Y **n**
1er mars-30 nov. et fermé mardi et merc. – SC : **R** (nombre de couverts limité - prévenir) 80, carte sam. et dim.
Spéc. Huîtres tièdes, Blanc de barbue à la rhubarbe, Ris de veau braisé.

XX **Le Cancalais** avec ch, quai Gambetta ☏ 89.61.93, ≤ Z **u**
fermé 15 au 30 nov. et 8 au 31 janv. – SC : **R** carte 90 à 140 – ☕ 15 – **8 ch** 70/103.

XX **Phare** avec ch, au Port ☏ 89.60.24, ≤ – ⇔ ⋒. VISA Z **a**
fermé 5 au 20 déc., 14 fév. au 14 mars et merc. – SC : **R** 60/160 – ☕ 13 – **7 ch** 70/130.

XX **Ty Breiz,** quai Gambetta ☏ 89.60.26, ≤ – AE VISA Z **e**
fermé déc., janv. et mardi – SC : **R** 110.

CANCALE

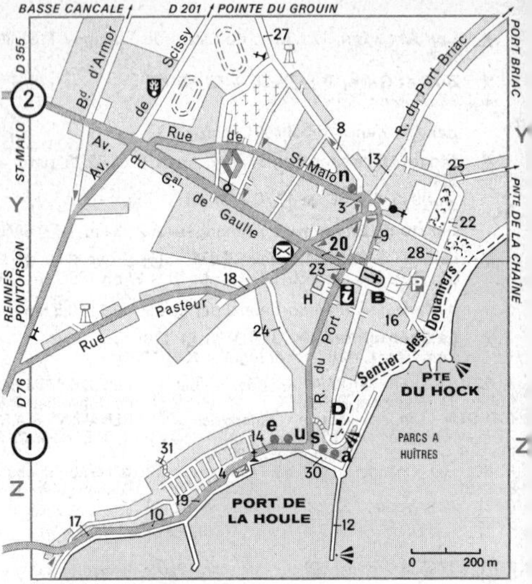

Les plans de villes sont orientés le Nord en haut.

par ② et D 355 : 3 km – ✉ **35350** St-Coulomb :

XX **Aub. de la Motte-Jean,** ☏ 89.00.12, – Ⓟ
fermé oct. et merc. – SC : **R** 75/90.

à la Pointe du Grouin ** N : 4,5 km par D 201 – ✉ **35260** Cancale :

Pointe du Grouin, ☏ 89.60.55, ≤ îles et baie du Mt-St-Michel – wc ☎ Ⓟ. VISA
10 avril-30 sept. – SC : **R** *(fermé mardi sauf juil. et août)* 80/115 – 19,50 – **17 ch** 100/220 – P 220/280.

RENAULT Colson, ☏ 89.60.65

CANCON **47290** L.-et-G. 79 ⑤ – 1 334 h. alt. 158 – 53.
Paris 595 – Agen 48 – Bergerac 41 – Cahors 81 – Marmande 42.

XX **Aub. des Glycines** avec ch, N 21 ☏ 01.61.39, , – wc wc ☎ Ⓟ
fermé 1er nov. au 20 déc. et lundi du 1er sept. à Pâques – SC : **R** 39/110 – 11 – **7 ch** 99/120 – P 145.

à Monviel NO : 10,5 km par D 124, D 241 et VO – ✉ **47290** Cancon :

Château de Monviel , ☏ 01.71.64, Télex 560800, ≤, parc, , – TV Ⓟ. AE VISA
1er avril-6 janv. – SC : **R** *(fermé dim. soir)* 95/195 – 25 – **8 ch** 266/320 – P 355/450.

CITROEN Saphy, ☏ 01.60.41 N

RENAULT Sanson à Castelnaud de Gratecambe ☏ 01.63.12

CANDÉ-SUR-BEUVRON **41** L.-et-Ch. 64 ⑰ – 916 h. alt. 86 – ✉ **41120** Les Montils – 54.
Paris 196 – Blois 14 – Chaumont-sur-Loire 6,5 – Montrichard 23 – ♦Tours 49.

Lion d'Or, ☏ 44.04.66, – wc ☎ Ⓟ.
fermé 23 nov. au 29 déc. et mardi – SC : **R** 36/96 – 13,50 – **10 ch** 66/171 – P 141/187.

XXX ❁ **Host. Caillère** (Guindon), rte Montils ☏ 44.03.08, ≤, – Ⓟ. AE VISA.
fermé 15 nov. au 1er déc., dim. soir du 1er nov. au 1er avril et merc. – SC : **R** 120/220
Spéc. Salade de raie et foie gras aux câpres, Fricassée de St-Jacques, grenouilles et petits gris, Millefeuille aux fruits. **Vins** Cheverny, Gamay.

Pour vos voyages, en complément de ce guide utilisez :
– Les **guides Verts Michelin** régionaux
paysages, monuments et routes touristiques.
– Les **cartes Michelin** à 1/1 000 000 grands itinéraires
1/200 000 cartes détaillées.

CANET-PLAGE 66140 Pyr.-Or. 🔠 ㉖ G. Pyrénées – Casino – ❸ 68.

🅩 Office de Tourisme pl. de la Méditerranée (fermé sam. après-midi et dim. hors saison) 🌣 80.20.65, Télex 500997.

Paris 919 – Argelès-sur-Mer 16 – Narbonne 72 – ✦Perpignan 13.

🏢 **Galion** 🅜 sans rest, 20 bis av. Gd Large 🌣 80.28.23, 🌧 – 🛗 🛁wc ☎ 🅿. 🆎 ⓞ *VISA*
1er avril-30 sept. – SC : 🖃 19 – **24 ch** 180/280, 4 appartements 345.

🏢 **Clos des Pins** 🅜 🐁, 34 av. Roussillon 🌣 80.32.63, 🌧 – 🛁wc ♒wc ☎ 🅿. 🆎 ⓞ. ✾
avril-oct. – SC : **R** (dîner seul. pour résidents) – 🖃 19,50 – **20 ch** 215/245.

🏢 **Althéa** 🅜 sans rest., 120 prom. Côte Vermeille, ≤, – 🛗 📺 🛁wc ☎ 🅿. 🆎 ⓞ 🅴 *VISA*. ✾
1er avril-31 oct. – SC : 🖃 19 – **48 ch** 302.

🏢 **Les Sables** 🅜 sans rest, r. Vallée-du-Rhône 🌣 80.23.63, 🏊 – 🛗 📺 🛁wc ♒wc ☎ 🅿. 🆎 ⓞ 🅴 *VISA*
SC : 🖃 20 – **41 ch** 160/250.

🏢 **Aquarius** 🅜, av. Roussillon 🌣 80.25.48, 🏊 – 🛗 🛁wc ♒wc ☎ 🅿. 🅑 🅿. ✾
1er avril-30 sept. – SC : **R** 58 bc – 🖃 18 – **40 ch** 190/230 – P 180/235.

🏢 **du Port** 🅜, 21 bd Jetée 🌣 80.62.44 – 🛗 🛁wc ☎ 🅿. 🅿. ✾ rest
✦ *mars-31 oct.* – SC : **R** 40/80 ♨ – 🖃 19 – **36 ch** 295 – P 260.

🏠 **La Chalosse** sans rest, av. Méditerranée 🌣 80.35.69 – 🛗 🛁wc ♒wc ☎ 🅿. *VISA*. ✾
SC : 🖃 15 – **15 ch** 132/198.

CANILLO Andorre 🔠 ⑭ – voir à Andorre.

CANNES 06400 Alpes-Mar. 🔠 ⑨, 🔢 ㉘㉘ G. Côte d'Azur – 72 787 h. – Casinos : Les Fleurs BZ, Palm Beach X, Municipal BZ – ❸ 93.

Voir Boulevard de la Croisette★★ BCZ – Pointe de la Croisette★ X – ≤★ de la tour du Mont-Chevalier AZ **V** – Musée de la Castre★ AZ **M** – Observatoire de Super-Cannes ⚹★★★ E : 4 km, VX **B** – Chemin des Collines★ NE : 4 km **V** – La Croix des Gardes **V** E ≤★ O : 5 km puis 15 mn.

🅖 Country-Club de Cannes-Mougins 🌣 75.79.13 par ⑤ : 9 km ; 🅖🅖 Golf Club de Cannes-Mandelieu 🌣 49.55.39 par ② : 6,5 km ; 🅖 de Biot 🌣 65.08.48 par ⑤ : 14 km ; 🅖 de Valbonne 🌣 42.00.08 par ⑤ : 15 km.

🅩 Office de Tourisme et Accueil de France (Informations, change et réservations d'hôtels, pas plus de 5 jours à l'avance), Gare S.N.C.F. 🌣 99.19.77, Télex 470749 – A.C. 21 quai St-Pierre 🌣 39.38.94.
Congrès, La Croisette 🌣 39.24.53, Télex 470749 – A.C. 21 quai St-Pierre 🌣 39.38.94.

Paris 909 ⑤ – Aix-en-Provence 151 ⑤ – ✦Grenoble 314 ④ – ✦Marseille 163 ⑤ – ✦Nice 34 ⑤ – ✦Toulon 128 ⑤.

Plans pages suivantes

🏨🏨 **Carlton**, 58 bd Croisette 🌣 68.91.68, Télex 470720, ≤, 🏖 – 🛗 🗏 📺 ☎ 🅿 🅴 🚗 – 🔬 80. 🆎 ⓞ 🅴. ✾ rest
CZ **e**
R 200 – Grill carte environ 200 – 🖃 40 – **295 ch** 615/1 290, 30 appartements – P 803/1 520.

🏨🏨 **Majestic** 🅜, bd Croisette 🌣 68.91.00, Télex 470787, ≤, 🏖, 🏊, 🏖, 🌧 – 🛗 🗏 📺 🗏 🚗 – 🔬 30 à 120. 🆎 ⓞ 🅴 *VISA*. ✾ rest
BZ **n**
fermé 1er nov. au 15 déc. – **R** (dîner seul. en été) carte 180 à 270 – Grill *(fin mars-mi-nov.)* **R** (déj. seul.) carte environ 200 – 🖃 35 – **248 ch** 820/1 220, 12 appartements.

🏨🏨 **Martinez-Concorde**, 73 bd Croisette 🌣 68.91.91, Télex 470708, ≤, 🏖, 🏊, 🏖 – 🛗 🗏 ch 📺 ☎ 🅿 🅿 – 🔬 40 à 700. 🆎 ⓞ 🅴 *VISA*. ✾ rest
CDZ **u**
fermé nov. et déc. – SC : **R** carte 140 à 240 – 🖃 45 – **428 ch** 500/1 500, 15 appartements.

🏨🏨 **Gray d'Albion** 🅜, 38 r. Serbes 🌣 48.54.54, Télex 470744, 🏠, 🏖 – 🛗 🗏 📺 ☎ – 🔬 30 à 200. 🆎 ⓞ 🅴 *VISA*
BZ **d**
fermé fév. – SC : **Royal Gray** voir ci-après – **Les 4 Saisons R** carte environ 155 – 🖃 45 – **174 ch** 811/1 149, 14 appartements.

🏨🏨 **Sofitel Méditerranée** 🅜, 2 bd J.-Hibert 🌣 99.22.75, ≤, « Piscine et terrasses sur le toit, ≤ baie de Cannes » – 🛗 🗏 📺 ☎ 🚗 – 🔬 150. 🆎 ⓞ 🅴 *VISA*. ✾ rest
AZ **n**
fermé 20 nov. au 20 déc. – SC : **R** carte 120 à 180 – 🖃 35 – **150 ch** 335/630, 5 appartements.

🏨🏨 **Montfleury Inter-Continental** 🅜 🐁, 25 av. Beauséjour 🌣 68.91.50, Télex 470039, ≤, 🏠, « Jardin », 🏊 – 🛗 🗏 📺 ☎ 🚗 🅿 – 🔬 400. 🆎 ⓞ 🅴 *VISA* DY **r**
fermé déc. – SC : **R** 150 – 🖃 45 – **229 ch** 690/990, 6 appartements.

🏨🏨 **Gd Hôtel** 🐁, 45 bd Croisette 🌣 38.15.45, Télex 470727, ≤, 🏖 – 🛗 🗏 📺 ☎ 🅿. 🆎
CZ **q**
R voir rest. Lamour 🖃 50 – **74 ch** 540/910 – P 650/1 110.

🏨🏨 **Frantel Beach** 🅜 sans rest, 13 r. Canada 🌣 38.22.32, Télex 470034, 🏊 – 🛗 🗏 📺 ☎ 🅿 🚗 – 🔬 30 à 60. 🆎 ⓞ 🅴 *VISA*
CZ **v**
fermé 15 nov. au 15 janv. – SC : 🖃 40 – **89 ch** 473/699, 6 appartements.

🏨🏨 **Splendid** sans rest, 4 r. F.-Faure ℡ 99.53.11, Télex 470990, ≤ – 🛗 cuisinette 📺
🕿 AE ⓸ E *VISA*
SC : **63 ch** ♋ 250/484.
BZ **a**

🏨🏨 **Victoria** Ⓜ sans rest, 122 r. d'Antibes ℡ 99.36.36, Télex 470817, ⅃ – 🛗 ▤ 📺
⇔ AE ⓸ E *VISA*
fermé 15 oct. au 25 nov. – SC : **25 ch** ♋ 340/540.
CZ **x**

🏨🏨 **Fouquet's** Ⓜ sans rest, 2 Rd-Pt Duboys-d'Angers ℡ 38.75.81 – ▤ 📺 🚗 AE
⓸ E
fermé 20 oct. au 20 déc. – SC : **10 ch** ♋ 490/740.
CZ **y**

🏨🏨 **Solhotel et rest. Le Trident** Ⓜ, 61 av. Dr Picaud par ③ ✉ 06150 Cannes La
Bocca ℡ 47.63.00, Télex 970956, ≋, ⅃, 🛲 – 🛗 ▤ 📺 ☎ 🚗 – 🔬 150. AE ⓸
VISA
fermé 1ᵉʳ nov. au 15 déc. – SC : **R** 90 – ♋ 20 – **101 ch** 315/450 – P 455/560.

tourner →

CANNES - LE CANNET - VALLAURIS

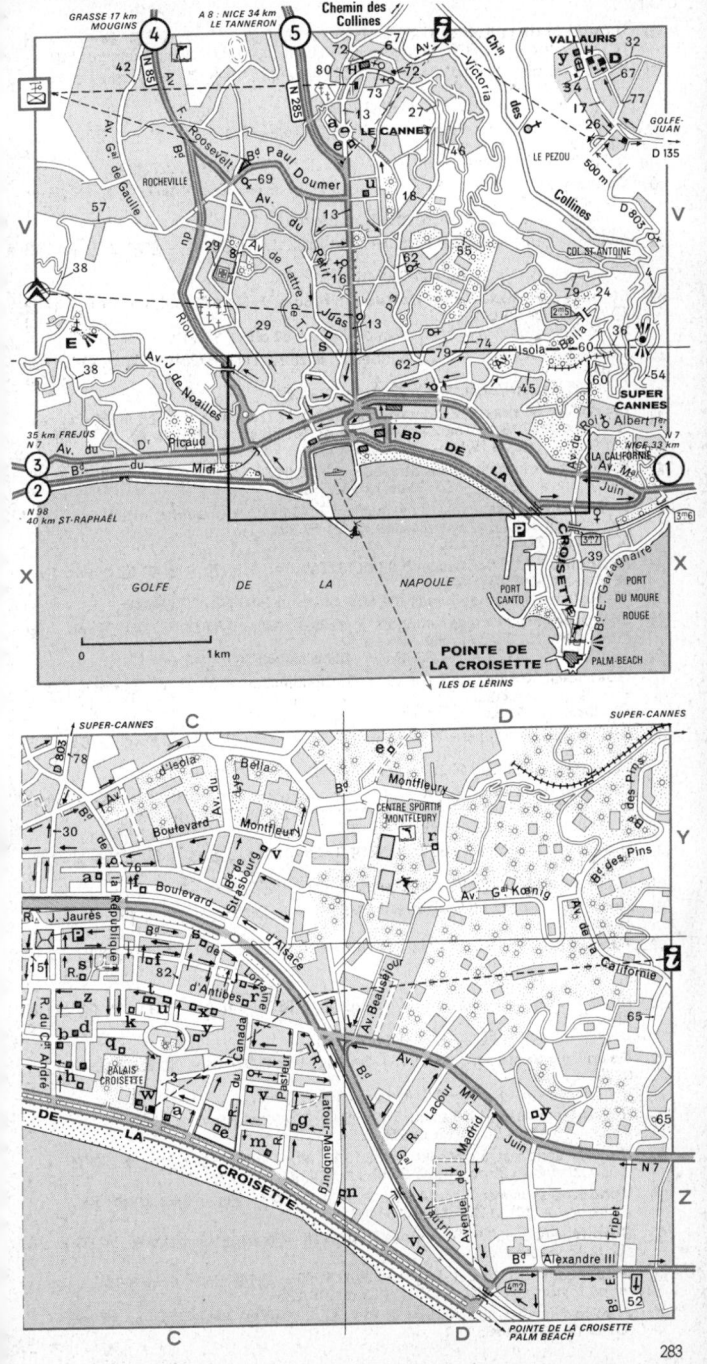

🏛️ **Gonnet et de la Reine,** 42 bd Croisette ℡ 38.40.00, ≤ – 🛗 AE VISA. 🛠 CZ **h**
20 janv.-8 oct. – SC : **R** (résidents seul.) – **50 ch** ☑ 400/600, 4 appartements 800.

🏛️ **Paris** sans rest, 34 bd d'Alsace ℡ 38.30.89, Télex 470995, ⤴, ☞ – 🛗 ☎ – 🔔
40. ⓘ E VISA
21 janv.-9 nov. – SC : ☑ 20 – **48 ch** 358/396.
CY **a**

🏛️ **Beau Séjour** Ⓜ, 5 r. Fauvettes ℡ 39.63.00, Télex 470975, ⤴, ☞ – 🛗 TV ⇦. AE
ⓘ E VISA. 🛠 rest
fermé 1er nov. au 19 déc. – SC : **R** (dîner seul.) 80 ⅞ – **46 ch** ☑ 220/460.
AZ **d**

🏛️ **Century** Ⓜ sans rest, 133 r. d'Antibes ℡ 99.37.64, Télex 470090 – 🛗 ▤ TV ☎
⇦. AE ⓘ VISA
fermé 15 nov. au 20 déc. – SC : **35 ch** ☑ 300/450.
CZ **r**

🏛️ **Abrial** Ⓜ sans rest, 24 bd Lorraine ℡ 38.78.82, Télex 470761 – 🛗 ▤ ☎ 🕭 ⇦. AE
ⓘ VISA
15 janv.-5 nov. – SC : **48 ch** ☑ 250/410.
CY **s**

🏛️ **Embassy et rest. As de Carreau,** 6 r. Bône ℡ 38.79.02, Télex 470081 – 🛗 ▤
TV ☎ ⇦. AE ⓘ E VISA
SC : **R** (fermé lundi midi et mardi midi) 70/90 – **60 ch** ☑ 370/410 – P 385/550.
CZ **j**

🏛️ **Canberra** sans rest, 120 r. d'Antibes ℡ 38.20.70, Télex 470817 – 🛗 ▤ ℗. AE ⓘ
E VISA
fermé 25 nov. au 25 déc. – SC : **37 ch** ☑ 230/425.
CZ **u**

🏠 **Licorn'H. et rest. l'Echanson** Ⓜ, 23 av. Fr.-Tonner par ③ ⊠ 06150 Cannes-
La-Bocca ℡ 47.18.46, Télex 470818 – 🛗 TV 🚿wc 🛁wc ☎ ℗. ⓘ E VISA
fermé nov. – SC : **R** 75/80 – **45 ch** ☑ 248/358 – P 280/335.

🏠 **Ruc Hôtel** sans rest, 15 bd Strasbourg ℡ 38.64.32 – 🛗 ▤ TV 🚿wc ☎. AE E VISA
fermé nov. au 23 déc. – SC : **30 ch** ☑ 240/380.
CY **v**

🏠 **La Madone** 🐦 sans rest, 5 av. Justinia ℡ 43.57.87, « Coquette installation », ⤴,
☞ – cuisinette TV 🚿wc 🛁wc 🕭 ℗. AE ⓘ VISA
SC : ☑ 25 – **22 ch** 270/420.
DZ **y**

🏠 **Acapulco** Ⓜ, 16 bd Alsace ℡ 99.16.16, Télex 470929, ⤴, – 🛗 ▤ TV 🚿wc 🛁wc
☎ ⇦. AE ⓘ E VISA. 🛠 rest
SC : **R** (fermé 17 nov. au 22 déc.) 64/80 – **59 ch** ☑ 304/468 – P 394/604.
BY **t**

🏠 **Les Orangers,** 1 r. des Orangers ℡ 39.99.92, Télex 470873, ≤, ☆, ⤴, ☞ – 🛗
🚿wc 🛁wc ☎. AE ⓘ E VISA. 🛠 rest
fermé 1er nov. au 20 déc. – SC : **R** 92 – **40 ch** ☑ 240/380 – P 350.
AZ **k**

🏠 **Host. de L'Olivier** sans rest, 90 r. G.-Clemenceau ℡ 39.53.28, ⤴, ☞ – 🚿wc
🛁wc ☎ ℗. AE ⓘ VISA
SC : **23 ch** ☑ 200/380.
AZ **k**

🏠 **Provence,** 9 r. Molière ℡ 38.44.35, ☆ – 🛗 ▤ ch TV 🚿wc 🛁wc 🕭. AE ⓘ E
VISA. 🛠 rest
SC : **R** (fermé d'oct. au 20 déc. et dim.) 90/100 – ☑ 20 – **30 ch** 150/300.
CZ **t**

🏠 **Château de la Tour** 🐦, 10 av. Font-de-Veyre par ③ ⊠ 06150 Cannes-La-Bocca
℡ 47.32.23, Télex 470906, ☞ – 🛗 🚿wc 🛁wc 🕭 ℗. AE ⓘ. 🛠 rest
SC : **R** 82 – **42 ch** ☑ 220/360 – P 380/395.

🏠 **Univers** Ⓜ, 2 r. Mar.-Foch ℡ 39.59.19, Télex 470972 – 🛗 ▤ ch TV 🚿wc ☎.
AE ⓘ E VISA
SC : **R** (au 6e étage) 60/70 – **68 ch** ☑ 292/422 – P 312/349.
BZ **r**

🏠 **Palma** sans rest, 77 bd Croisette ℡ 94.22.16, ≤ – 🛗 🚿wc 🛁wc 🕭 ℗
52 ch.
DZ **v**

🏠 **Toboso** 🐦 sans rest, 7 allée des Oliviers ℡ 38.20.05, ☞ – cuisinette TV 🚿wc
☎ ℗
SC : ☑ 20 – **10 ch** 350.
DY **e**

🏠 **Belle Plage** sans rest., 6 r. J.-Dollfus ℡ 39.86.25, Télex 461689 – 🛗 TV 🚿wc
🛁wc ☎. AE
20 janv.-1er nov. – SC : ☑ 16 – **40 ch** 205/390.
AZ **b**

🏠 **Dauphins Verts** sans rest, 9 r. J.-Dollfus ℡ 39.45.83, ☞ – 🛗 ▤ TV 🚿wc 🛁wc
🕭. AE ⓘ VISA
fermé 30 nov. au 8 janv. – SC : **17 ch** ☑ 168/262.
AZ **b**

🏠 **Régina** sans rest, 31 r. Pasteur ℡ 94.05.43 – 🛗 🚿wc 🛁wc ☎ ℗
20 janv.-15 oct. – SC : **20 ch** ☑ 265/365.
CZ **g**

🏠 **Molière** sans rest, 5 r. Molière ℡ 38.16.16, ☞ – 🛗 TV 🚿wc 🛁wc ☎. ⓘ E. 🛠
fermé 20 nov. au 20 déc. – SC : **33 ch** ☑ 190/290.
CZ **t**

🏠 **Vendôme** sans rest, 37 bd Alsace ℡ 38.34.33, ☞ – 🚿wc 🛁wc 🕭 ℗. ⓘ
fermé nov. – SC : ☑ 20 – **18 ch** 160/420.
CY **f**

🏠 **Corona** sans rest, 55 r. d'Antibes ℡ 39.69.85 – 🛗 ▤ 🚿wc 🛁wc 🕭. AE ⓘ E VISA
SC : ☑ 15 – **20 ch** 260.
BZ **q**

🏠 **Select** sans rest, 16 r. H.-Vagliano ℡ 99.51.00 – 🛗 TV 🚿wc 🛁wc 🕭. AE
fermé 15 nov. au 15 déc. – ☑ 15 – **30 ch** 210/220.
BY **r**

🏠 **France** sans rest, 85 r. Antibes ℡ 39.23.34 – 🛗 ▤ TV 🚿wc 🛁wc ☎. AE VISA
SC : ☑ 17 – **34 ch** 185/260.
CZ **s**

🏠 **El Puerto** 🦐, 45 av. Petit-Juas ℡ 68.39.75, 舒 – 🚿wc 🛁wc ☎ **🅿**. 🍽️   V s
fermé 1er oct. au 15 déc. – SC : **R** *(fermé dim. soir et lundi)* 80 – ☄ 20 – **22 ch**
180/250 – P 190/280.

🏠 **Cheval Blanc** sans rest, 3 r. de-Maupassant ℡ 39.88.60 – 📺 🚿wc 🛁wc ☎
SC : ☄ 16 – **16 ch** 210/220.   AY a

🏠 **Athénée** sans rest, 6 rue Lecerf ℡ 38.69.54 – 📺 🚿wc 🛁wc ☎. 🅰🅴 ⓪ E. 🍽️
fermé nov. et déc. – SC : ☄ 18 – **16 ch** 210/330.   CZ f

🏠 **Wagram**, 140 r. d'Antibes ℡ 94.55.53, 舒 – 📶 ▤ 🚿wc 🛁wc ☎. 🍽️   CZ x
fermé 15 nov. au 20 déc. – SC : **R** 82 – ☄ 20 – **23 ch** 155/297 – P 261/332.

🏠 **Roches Fleuries** sans rest, 92 r. G.-Clemenceau ℡ 39.28.78, 舒 – 📶 🚿wc 🛁wc
☎ **🅿**. 🍽️
fermé 12 nov. au 27 déc. – SC : **24 ch** ☄ 97/199.   AZ q

🏠 **Festival** sans rest, 3 r. Molière ℡ 38.69.45 – cuisinette 🛁wc ☎   CZ k
fermé 10 au 30 nov. – SC : ☄ 15 – **17 ch** 125/275.

🏠 **Campanile**, Aérodrome de Cannes-Mandelieu par ③ : 6 km ⌧ 06150 Cannes-
La-Bocca ℡ 48.69.41, Télex 470886 – 📺 🚿wc ☎ **🅿**. 🚗🅰
SC : **R** 60 bc/81 bc – 🍵 22 – **48 ch** 182.

🏠 **Poste** sans rest, 31 r. Bivouac-Napoléon ℡ 39.22.58 – 📶 🚿wc 🛁wc ☎. 🍽️
SC : ☄ 14 – **22 ch** 125/210.   BZ m

🏠 **Modern** sans rest, 11 r. Serbes ℡ 39.09.87 – 📶 📺 🛁wc ☎
fermé 15 nov. au 20 déc. – SC : ☄ 16 – **19 ch** 119/294.   BZ b

🏠 **Touring H.** sans rest, 11 r. Hoche ℡ 38.34.40 – 📶 📺 🚿wc 🛁wc ☎. 🚗🅰   BYZ z
SC : ☄ 14 – **30 ch** 100/230.

XXXX ❀❀ **Royal Gray** 2 r. des Etats-Unis, ℡ 48.54.54, 舒, « Elégant décor contempo-
rain » – ▤. 🅰🅴 ⓪ E 🚗🅰   BZ d
fermé fév., dim. soir hors sais. et lundi – **R** carte 215 à 260
Spéc. Escalope de foie gras poêlée, Fricassée de homard, Millefeuille aux pommes. **Vins** la Motte,
St-Tropez.

XXXX **Bistingo**, Palais des Festivals ℡ 38.12.11 – ▤. 🅰🅴 ⓪ 🚗🅰   BZ u
SC : **R** carte 200 à 250.

XXX **Félix**, 63 bd Croisette ℡ 94.00.61, ≤, 舒 – ▤. 🅰🅴   CZ m
fermé nov., déc., jeudi midi et merc. – **R** carte 160 à 220.

XXX **Gaston-Gastounette**, 7 quai St-Pierre ℡ 39.47.92, ≤, 舒 – 🅰🅴 ⓪ E 🚗🅰   AZ h
fermé 1er au 20 déc., 3 au 20 janv. et lundi du 7 nov. au 1er fév. – **R** 140.

XXX **Reine Pédauque**, 6 r. Mar.-Joffre ℡ 39.40.91 – ▤. 🚗🅰   BZ s
fermé 25 juin au 16 juil., 6 au 19 déc. et lundi – **R** (nombre de couverts limité -
prévenir) 130/240.

XXX ❀ **Fredante** (Villa), 14 r. Bateguier ℡ 68.30.30 – ⓪   CZ h
fermé dim. de sept. au 30 juin et le midi en juil.-août – **R** carte 160 à 210
Spéc. Blanc de St-Pierre en fricassée, Selle d'agneau poêlée en rognonnade provençale, Péchés
gourmands. **Vins** Côtes de Provence.

XXX **Poêle d'Or**, 23 r. États-Unis ℡ 39.77.65 – ▤. 🅰🅴 ⓪ 🚗🅰   BZ v
fermé 25 juil. au 10 août, 1er au 15 fév., mardi soir hors sais. et merc. – **R** 120.

XXX **Le Festival**, 52 bd Croisette ℡ 38.04.81, 舒 – ▤. 🅰🅴 ⓪   CZ a
fermé 30 nov. au 26 déc. – **R** carte 130 à 200.

XXX **Rescator**, 7 r. Mar.-Joffre ℡ 39.44.57 – ▤. 🚗🅰   BZ e
fermé lundi hors sais. – **R** (en juil.-août, dîner seul.) 130/250.

XXX **Lamour**, 45 bd Croisette ℡ 99.49.60, 舒, 🛥️ – **🅿**. 🅰🅴 🚗🅰   CZ q
R 115.

XX Blue Bar, ancien Palais des Festivals ℡ 39.03.04, 舒 – ▤   CZ w

XX **Le Croquant**, 18 bd J.-Hibert ℡ 39.39.79, ≤ – ▤. 🅰🅴 ⓪ E   AZ u
fermé fév., 15 nov. au 1er déc. et lundi – **R** (du 15 sept. au 15 mai ouvert dim. midi et
le soir en sais.) carte 130 à 185.

XX **Caveau Provençal**, 45 r. Félix-Faure ℡ 39.06.33, 舒 – ▤. 🅰🅴 ⓪ E 🚗🅰   BZ f
fermé 24 au 31 mars – **R** 72 (sauf fêtes)/130.

XX **Voile au Vent**, 17 quai St-Pierre ℡ 39.27.84, ≤, 舒 – 🅰🅴 ⓪ 🚗🅰   AZ m
fermé 1er nov. au 25 déc. et jeudi hors sais. – **R** carte 120 à 170.

XX **Monsieur Madeleine**, 12 bd Jean Hibert ℡ 39.72.22, ≤, 舒 – 🚗🅰   AZ t
fermé janv., merc. soir et jeudi – **R** 100/130.

XX **Mère Besson**, 13 r. Frères-Pradignac ℡ 39.59.24, Cuisine provençale – 🅰🅴 🚗🅰   CZ d
fermé dim. – SC : **R** carte 125 à 155.

XX **Poivre Vert**, 11 r. L.-Blanc ℡ 39.07.67 – 🅰🅴 ⓪ E   AZ s
fermé 1er au 14 juil. et merc. – SC : **R** carte environ 115.

XX **La Cigale**, 1 r. Florian ℡ 39.65.79 – ▤. 🅰🅴   CZ z
fermé dim. soir et lundi hors sais. – SC : **R** 65/99.

XX **Taverna Romana**, 10 pl. Suquet ℡ 39.96.05, spécialités italiennes – ▤   AZ e
R 115.

XX **Gilbert de Cassis**, 17 r. G.-Monod ℡ 39.24.95 – ▤. 🅰🅴 ⓪ E 🚗🅰   CZ h
fermé 18 juin au 9 juil. et lundi – SC : **R** 83/115.

XX **La Coquille,** 65 r. Félix-Faure ☎ 39.26.33, 😚 – ▦ 🅰🅴 ⓞ ⋿ 𝘝𝘐𝘚𝘈   BZ **p**
fermé 26 nov. au 14 déc. – **R** 65/86.

XX **La Croisette,** 15 r. Cdt-André ☎ 39.86.06 – 🅰🅴 ⓞ 𝘝𝘐𝘚𝘈   CZ **b**
fermé 15 déc. au 15 janv. et mardi – SC : **R** 59 bc/65 ♨.

XX **Au Mal Assis,** 15 quai St-Pierre ☎ 39.13.38, ≤ – 🅰🅴 ⋿ 𝘝𝘐𝘚𝘈   AZ **h**
fermé 10 oct. au 22 déc. – SC : **R** 66.

X **L'Olivier,** 9 r. Rouguière ☎ 39.91.63 – 🅰🅴 ⓞ ⋿ 𝘝𝘐𝘚𝘈   BZ **e**
fermé 10 déc. au 15 janv. et sam. – **R** 50/80.

X **Le Monaco,** 15 r. 24-août ☎ 38.37.76   BY **e**
fermé 1er nov. au 10 déc. et dim. – SC : **R** 55/80 ♨.

X **Aux Bons Enfants,** 80 r. Meynadier – 🍴   AZ **r**
fermé avril, merc. soir hors sais. et dim. – SC : **R** 55 ♨.

    route de Pégomas par ③ : 8 km – ⊠ 06150 Cannes-la-Bocca :

XXX **L'Oriental,** 286 av. M.-Jourdan ☎ 47.43.99, « Décor Mauresque », cuisine du
    Maghreb – ⓞ 𝘝𝘐𝘚𝘈
fermé janv., dim. soir et lundi hors sais. – SC : **R** 175.

    Voir aussi ressources hôtelières de *Mougins* par ④ : 8 km

CITROËN Carnot Autom., 48 bd Carnot ☎ 68.
20.25 et 205 bd Tonner, La Bocca par ③ ☎
47.24.00
PEUGEOT-TALBOT Ortelli, 1 av. A.-Dozol, an-
gle N 7, La Bocca par ③ ☎ 47.21.98
PORSCHE-MITSUBISHI Gar. Gras, 17 bd Val-
lombrosa ☎ 39.34.27

RENAULT Succursale, N7, av. des Arlucs, la
Bocca par ③ ☎ 47.00.01

🅰 Massa-Pneu, 9 bd Vallombrosa ☎ 39.25.22
Sud-Est-Pneus, 20 r. Cdt-Vidal ☎ 38.58.14

Le CANNET 06110 Alpes-Mar. 🐼 ⑨. 🔢 😣😣 G. Côte d'Azur – 37 430 h. alt. 110 – ۞ 93.

🚹 Syndicat d'Initiative 2 bd Carnot ☎ 46.74.00 et av. Campon ☎ 45.34.27.

Paris 907 – Antibes 13 – Cannes 3 – Grasse 15 – ◆Nice 31 – Vence 28.

    Voir plan d'agglomération de Cannes-le-Cannet-Vallauris

🏨 **Gde Bretagne** sans rest, bd Sadi-Carnot ☎ 45.66.00, Télex 470918 – cuisinette
    ▤ 🅿. 🅰🅴 ⓞ 𝘝𝘐𝘚𝘈   V **a**
fermé 4 nov. au 15 déc. – SC : ⊂⊃ 18,50 – **34 ch** 274/369.

🏠 Ibis, 87 bd Carnot ☎ 45.79.76, Télex 470095 – ▮ 📺 ⌷wc 🕾 – **40 ch**   V **e**

X Marinette, 11 r. Rebuffel ☎ 45.99.47   V **u**

ALFA-ROMEO Gar. Europa, bretelle de l'autoroute ☎ 45.17.00

Le CANNET DES MAURES 83 Var 🐼 ⑱ – 2 570 h. alt. 127 – ⊠ 83340 Le Luc – ۞ 94.

Paris 839 – Brignoles 25 – Cannes 73 – Draguignan 26 – St-Tropez 38 – ◆Toulon 55.

🏠 **Mas du Four** ⑤, E : 2,5 km par N 7 et rte de l'E.A. Alat ☎ 60.74.64, ⚖, 🍴 –
    ⌷wc 🅿. 🍴 rest
fermé 16 janv. au 15 fév., dim. soir et lundi du 3 sept. au 2 juil. – SC : **R** 58/135 – ⊂⊃
18 – **10 ch** 90/175 – P 205/250.

La CANOURGUE 48500 Lozère 🔟 ④⑤ G. Causses – 1 391 h. alt. 563 – ۞ 66.

Voir Sabot de Malepeyre★ SE : 4 km.

🚹 Office de Tourisme (15 juin-15 sept.) ☎ 32.83.67 et à la Mairie (fermé dim. et lundi) ☎ 32.81.47.

Paris 580 – Espalion 54 – Florac 53 – Mende 46 – Rodez 67 – Sévérac-le-Château 22.

🏨 **Commerce** Ⓜ, ☎ 32.80.18 – ▮ ⌷wc 🛁wc 🕾 ➝ 🅿. – 🛎 30 à 50. 𝘝𝘐𝘚𝘈
    fermé déc., janv., vend. soir et sam. d'oct. à fin mai – SC : **R** 42/78 ♨ – ⊂⊃ 14,50 –
32 ch 120/165 – P 175/190.

PEUGEOT-TALBOT Condomines, ☎ 32.80.16 🔃

CAPBRETON 40130 Landes 🔟 ⑰ G. Côte de l'Atlantique – 4 703 h. – Casino – ۞ 58.

🚹 Office de Tourisme av. G.-Pompidou (fermé merc. et dim.) ☎ 72.12.11.

Paris 756 – ◆Bayonne 22 – Mont-de-Marsan 84 – St-Vincent-de-Tyrosse 12 – Soustons 21.

    à la Plage NO : 1 km – ⊠ 40130 Capbreton :

🏨 **Atlantic,** av. de-Lattre-De-Tassigny ☎ 72.11.14, ⚖ – ⌷wc 🛁wc 🕾 🅿. 🍴 rest
hôtel : Pâques et 17 mai-30 sept., rest. : 1er juin-10 sept. – SC : **R** 65/105 – ⊂⊃ 18 –
53 ch 90/195 – P 160/230.

🏨 **Océan,** av. Plage ☎ 72.10.22, ≤ – ▮ ⌷wc 🛁wc 🕾 🅿. 🅰🅴 ⓞ ⋿. 🍴
1er mars-31 oct. – SC : **R** 80/130 – ⊂⊃ 15 – **45 ch** 95/150.

🏨 **Miramar,** front de Mer ☎ 72.12.82, ≤ – ⌷wc 🛁wc 🕾 🅿. 🅰🅴 ⋿. 🍴
début mai-20 sept. – SC : **R** 70/120 – ⊂⊃ 17 – **42 ch** 230.

🏠 **Terrasses,** front de Mer ☎ 72.10.20, ≤ – 🛁wc 🕾 🅿. 🅰🅴. 🍴 rest
mai-20 sept. – SC : **R** 75/200 – ⊂⊃ 18 – **24 ch** 90/120 – P 190/210.

XX **Mille Sabords,** au port de Plaisance ☎ 72.26.65, ≤ – AE ⓓ E. ✻
15 juin-15 sept. – SC : **R** 77.

XX **La Sardinière,** 87 av. G.-Pompidou ☎ 72.10.49, ≤ – AE ⓓ
15 janv.-15 nov. et fermé jeudi – SC : **R** carte 125 à 170.

CITROEN Barbe, ☎ 72.10.15 RENAULT Gar. Puyau, ☎ 72.10.52

CAP COZ 29 Finistère 58 ⑮ – rattaché à Fouesnant.

CAP D'AGDE 34 Hérault 83 ⑯ – rattaché à Agde.

CAP D'AIL 06320 Alpes-Mar. 84 ⑩, 195 ㉗ **G. Côte d'Azur** – 4 402 h. alt. 96 – ✆ 93.
Paris 951 – Menton 12 – Monte-Carlo 3 – ♦Nice 17.

Miramar, av. du 3-Septembre ☎ 78.06.60, ≤ – ▤ rest ⋒wc ☎. VISA. ✻ rest
15 janv.-15 nov. – SC : **R** (1/2 pension seul. du 1er mai à fin sept.) – ▭ 17 – **27 ch**
105/180 – ½ p 145/170.

CAP D'ANTIBES 06 Alpes-Mar. 84 ⑨, 195 ㉟㊱㊵ – rattaché à Antibes.

La CAPELLE 02260 Aisne 53 ⑯ **G. Nord de la France** – 2 265 h. alt. 228 – ✆ 23.
Voir Pierre d'Haudroy (monument commémoratif de l'Armistice 1918) NE : 2 km.
Paris 189 – Avesnes-sur-Helpe 16 – Le Cateau 30 – Fourmies 11 – Guise 23 – Laon 53 – Vervins 17.

XX **Gd Cerf,** av. Gén.-de-Gaulle ☎ 97.20.61
fermé juil., dim. soir d'oct. à mars et lundi sauf fêtes – **R** 60/220.

La CAPELLE-LÈS-BOULOGNE 62 P.-de-C. 51 ① – rattaché à Boulogne-sur-Mer.

CAPENDU 11700 Aude 83 ⑫ – 1 270 h. alt. 83 – ✆ 68.
Paris 889 – Carcassonne 17 – Lézignan-Corbières 18 – Olonzac 21 – St-Pons 58.

Top du Roulier, ☎ 79.03.60 – ⛀wc ⋒ ☎ ⓟ – 🏔 100
30 ch.

CAPESTANG 34310 Hérault 83 ⑭ **G. Causses** – 2 679 h. alt. 22 – ✆ 67.
Paris 841 – Béziers 15 – Carcassonne 63 – ♦Montpellier 84 – Narbonne 18 – St-Pons 40.

Franche-Comté, D 11 ☎ 93.31.21 – ⛀wc ⋒wc ☎ ⇔. ✻
fermé 10 au 25 oct. et 26 déc. au 25 janv. – SC : **R** *(fermé dim.)* (dîner seul. pour résidents) 50 – ▭ 15 – **15 ch** 117/152.

CAP FERRAT 06 Alpes-Mar. 84 ⑩⑲ – rattaché à St-Jean-Cap-Ferrat.

CAP FERRET 33970 Gironde 78 ⑫ **G. Côte de l'Atlantique** – ✆ 56.
Voir ✳★ du phare.
ℹ Office de Tourisme pl. Marché (fermé dim. après midi et lundi matin) ☎ 60.63.26.
Paris 653 – Arcachon 69 – ♦Bordeaux 71 – Lacanau-Océan 58 – Lesparre-Médoc 86.

Dunes Ⓜ ⛰ sans rest, av. Bordeaux ☎ 60.61.81 – ⛀wc ⋒wc ☎ ⓟ
3 avril-25 sept. – SC : ▭ 16 – **13 ch** 115/155.

Pins sans rest, r. des Fauvettes ☎ 60.60.11, 🌳 – ⋒wc. ✻
1er juin-30 sept. – SC : ▭ 16,50 – **14 ch** 117/200.

X **Quatre Saisons** avec ch, av. Océan ☎ 60.68.13, ☂, 🌳 – VISA
fermé 15 oct. au 3 nov. et lundi d'oct. au 30 mai – SC : **R** 55/75 – ▭ 12 – **13 ch**
75/110 – P 170/185.

CITROEN Gar. du Phare, ☎ 60.61.20 PEUGEOT, TALBOT Gava, ☎ 60.64.20

CAP FREHEL 22 C.-du-N. 59 ⑤ **G. Bretagne** – alt. 57 – ✉ **22240** Fréhel – ✆ 96.
Voir Site★★★ – ✳★★★.
Paris 433 – Dinan 45 – Dinard 38 – Lamballe 36 – ♦Rennes 97 – St-Brieuc 49.

Relais de Fréhel ⛰, S : 2,5 km par D 16 et VO ☎ 41.43.02, 🌳 – ⋒wc ⓟ. ✻
15 mars-5 nov. et vacances de Noël – SC : **R** 53/100 – ▭ 20 – **13 ch** 90/160 – P
170/180.

CAP GRIS-NEZ 62 P.-de-C. 51 ① **G. Nord de la France** – alt. 50 – ✉ **62179** Wissant – ✆ 21.
Voir ≤★★.
Paris 320 – Arras 131 – Boulogne-sur-Mer 20 – ♦Calais 29 – Marquise 13 – St-Omer 58.

Mauves ⛰, ☎ 32.96.06, 🌳 – ⋒wc ⓟ. ✻
30 mars-15 nov. – SC : **R** 76/160 – ▭ 22 – **16 ch** 120/230 – P 220/270.

XX **La Sirène,** ☎ 32.95.97, ≤ mer – ⓟ
fermé 12 nov. au 24 déc., lundi sauf juil.-août et dim. soir – SC : **R** 66/130.

CAP MARTIN 06 Alpes-Mar. 84 ⑩, 195 ㉘ – rattaché à Roquebrune-Cap Martin.

CAPVERN-LES-BAINS 65130 H.-Pyr. 85 ⑨ G. Pyrénées – 952 h. alt. 450 – Stat. therm. (2 mai-15 oct.) – Casino – ✿ 62.

Voir Donjon du château de Mauvezin ✳★ O : 4,5 km.

🔟 de Lannemezan et Capvern-les-Bains ⴺ 98.01.01 E : 12 km.

🖪 Office de Tourisme pl. Thermes ⴺ 39.00.46.

Paris 832 – Arreau 31 – Bagnères-de-Bigorre 20 – Lannemezan 9 – Tarbes 27.

🏨 **Laca** M 🐾, rte Mauvezin ⴺ 39.02.06, Télex 521929, ≤, 🔲 – 📶 🅿 – 🏊 40. 🖭 ⑩ **E** VISA, 🍴 rest
1er mai-15 oct. – SC : **R** 107 – 😊 20 – **47 ch** 171/360, 8 appartements 360 – P 407/550 (pour 2 pers.).

🏨 **Paris**, ⴺ 39.00.15 – 📶 🗗wc 🗗wc ☎ 🚗 🖭. 🍴 rest
1er mai-30 sept. – SC : **R** 60/90 🥄 – 😊 15 – **50 ch** 85/184 – P 160/225.

🏨 **Beau Site** 🐾 sans rest, rte Mauvezin ⴺ 39.00.31, ≤, 🚗, 🍴 – 🗗wc ☎ 🅿
1er mai-15 oct. – SC : 😊 12 – **14 ch** 150/180.

🏨 **Moderne**, ⴺ 39.00.14, 🚗 – 📶 🔳 rest 🗗wc 🗗wc ☎. 🍴 rest
1er mai-15 oct. – SC : **R** 60/120 – 😊 18 – **82 ch** 80/180 – P 200/260.

🏠 **Square**, ⴺ 39.03.51 – 📶 🗗wc 🗗wc ☎. 🍴 rest
✦ 1er mai-15 oct. – SC : **R** 42/60 – 😊 12 – **48 ch** 90/120 – P 143/175.

🏠 **St-Paul**, ⴺ 39.03.54, 🚗 – 📶 🗗wc 🗗wc ☎ 🅿. 🍴 rest
✦ 1er mai-15 oct. – SC : **R** 44/49 🥄 – 😊 11 – **29 ch** 68/104 – P 144/165.

🏠 **Central**, ⴺ 39.00.22 – ☎
sais. – **23 ch**.

🏠 **Bellevue** 🐾, rte Mauvezin ⴺ 39.00.29, ≤, 🚗, 🗗wc 🅿. 🍴 rest
✦ 2 mai-9 oct. – SC : **R** 46/65 – 😊 10 – **34 ch** 46/88 – P 128/182.

à **Gourgue** NO : 4 km par D 81 – ✉ 65130 Capvern-les-Bains :

✗ **Relais des Bandouliers** avec ch, ⴺ 39.02.21, �ुʼ – 🗗wc 🅿. 🍴 ch
fermé 15 oct. au 15 nov., 5 au 25 janv., mardi soir et merc. du 15 nov. au 1er mai –
SC : **R** 56/80 – 😊 15 – **10 ch** 85/140 – P 143/175.

CARANTEC 29226 Finistère 58 ⑥ G. Bretagne – 2 522 h. alt. 45 – ✿ 98.

Voir Croix de procession★ dans l'église – "Chaise du Curé" ≤★ – Pointe de Pen-al-Lann ≤★ E : 1,5 km puis 15 mn.

🖪 Office de Tourisme r. A.-Louppe (1er avril-15 sept., fermé dim. et fêtes) ⴺ 67.00.43.

Paris 553 – ✦Brest 71 – Lannion 53 – Morlaix 15 – Quimper 90 – St-Pol-de-Léon 10.

🏨 **Pors Pol** 🐾, plage Pors-Pol ⴺ 67.00.52, ≤, 🚗 – 🗗wc 🗗 🅿. 🍴 rest
✦ 31 mars-15 avril et 31 mai-19 sept. – SC : **R** 48/140 – 😊 12 – **40 ch** 68/130 – P 126/154.

🏠 **Falaise**, ⴺ 67.00.53, 🚗 – 🗗 – 🗗 🅿. 🍴
Pâques et 31 mai-17 sept. – SC : **R** 54/100 – 😊 13 – **26 ch** 57/125 – P 136/150.

CITROEN Fauqueux ⴺ 67.03.43 🅽 ⴺ 67.04.06   RENAULT Kerrien, ⴺ 67.01.71

CARCANS-PLAGE 33 Gironde 71 ⑱ – rattaché à Maubuisson.

CARCASSONNE 🅿 11000 Aude 83 ⑪ G. Pyrénées – 42 450 h. alt. 111 – ✿ 68.

Voir La Cité★★★ (embrasement★★★ 14 juil.) CZ – Basilique St-Nazaire★★ CZ L – Musée du château Comtal : calvaire★ de Villanière CZ **M1**.

🛬 de Carcassonne-Salvaza, Air Littoral : ⴺ 25.12.33 par ④ : 3 km.

🖪 Office de Tourisme bd Camille-Pelletan (fermé dim. hors sais.) ⴺ 25.07.04 et Porte Narbonnaise (Pâques et juil.-sept.) ⴺ 25.68.81.

Paris 907 ② – Albi 107 ① – Béziers 90 ② – Narbonne 61 ② – ✦Perpignan 113 ② – ✦Toulouse 92 ③.

Plan page ci-contre

🏨 **Terminus** sans rest, 2 av. Mar.-Joffre ⴺ 25.25.00, Télex 500198 – 📶 📺 🚗 – 🏊 150. 🖭 ⑩ **E** VISA   BY t
fermé nov. – SC : 😊 20 – **112 ch** 115/280.

🏨 **Montségur**, 27 allée d'Iéna ⴺ 25.31.41, « mobilier ancien » – 📶 🔳 🗗wc 🗗wc ☎ 🅿 🖭 ⑩ **E**. 🍴 ch   AZ r
SC : **R** voir rest. Languedoc – 😊 21 – **21 ch** 120/250.

🏨 **Pont Vieux** sans rest, 32 r. Trivalle ⴺ 25.24.99 – 🗗wc 🗗wc ☎ 🚗. 🖭 **E** VISA
SC : 😊 18 – **14 ch** 125/165.   CZ s

✗✗ **Languedoc**, 32 allée d'Iéna ⴺ 25.22.17, �ुʼ – 🖭 ⑩ **E**   AZ z
fermé 18 juin au 3 juil., 17 déc. au 9 janv., dim. soir et lundi – SC : **R** 65/122 🥄.

✗✗ **Logis de Trencavel** avec ch, 290 av. Gén.-Leclerc par ② : 3 km ⴺ 71.09.53, �ुʼ
– 🗗wc 🗗wc ☎ 🚗 🅿. 🖭 ⑩ **E** VISA
fermé 10 janv. au 10 fév. – SC : **R** (fermé merc.) 90/160 – 😊 26 – **12 ch** 100/225 – P 310/443.

CARCASSONNE

à l'entrée de la Cité, près porte Narbonnaise :

🏠 **Aragon** sans rest, 15 montée Combéléran ℱ 47.16.31 – 📺 🚿wc 🛁wc ☎ 🅿️ 🆎 ⓪ 🇪 VISA
SC : ☎ 22 – **19 ch** 165/212. CZ **k**

XXX **Aub. Pont Levis**, ℱ 25.55.23, 🌳, 🌇 – 🔲, 🆎 ⓪ 🇪 VISA, ❄ CZ **x**
fermé 31 juil. au 13 août, 14 janv. au 4 fév., dim. soir et lundi – SC : **R** (1er étage) 95/204.

dans la Cité - Circulation réglementée en été :

🏰 **Cité** 🌟, pl. Église ℱ 25.03.34, ≤, « Jardin ombragé dans les remparts » – 🎐 ⚙
🍴 🆎 ⓪ VISA, ❄ rest CZ **e**
20 avril-15 oct. – SC : **R** (fermé lundi) 100/280 – ☎ 35 – **51 ch** 395/620.

🏠 **Donjon** sans rest, 2 r. Comte-Roger ℱ 71.08.80, Télex 505012, ≤, 🌳 – 🎐 📺
🚿wc 🛁wc ☎ 🚗 – 🏛 50. 🆎 ⓪ 🇪 VISA CZ **a**
fermé 4 janv. au 1er fév. – SC : ☎ 22 – **36 ch** 170/260.

XX **La Crémade**, 1 r. Plo ℱ 25.16.64 – 🆎 ⓪ 🇪 VISA CZ **u**
fermé 13 au 24 nov., 18 déc. au 24 janv. et jeudi – SC : **R** 55/120 🍴.

au Sud-Est : 2,5 km par D 118 et D 104 - CZ, D 42 et D 342 – ✉️ **11000** Carcassonne :

🏰 **Domaine d'Auriac** 🌟, rte St-Hilaire ℱ 25.72.22, Télex 500385, ≤, « Demeure du 19e siècle dans un parc », 🏊, 🎾 – 🎐 ☎ 🅿️ – 🏛 80. 🆎 🇪 VISA
fermé 15 au 31 janv., lundi midi et dim. – SC : **R** 140/175 – ☎ 30 – **23 ch** 300/400.

à l'Aéroport par ④ : 4 km – ✉️ **11000** Carcassonne :

🏠 **Motel Salvaza** 🎮, ℱ 25.02.73, Télex 500379, ≤ – 🛁wc ☎ 🅿️. 🆎 ⓪ 🇪 VISA
SC : **R** 73/160 🍴 – ☎ 19 – **25 ch** 145/175.

au carrefour de Bezons par ① : 5 km – ✉️ **11600** Conques-sur-Orbiel :

X **Le Grillon**, ℱ 25.23.43, 🌇 – 🅿️. 🇪. ❄
fermé oct. et lundi – SC : **R** 60/90.

MICHELIN, Agence, bd Gay-Lussac, Z.I. de la Bouriette par ④ ℱ 25.21.77

CARCASSONNE

BLF Autos 11, Zone Ind. de Félines, rte Toulouse ☎ 47.99.62

BMW Gar. Claret, 17 av. du Gén. Leclerc ☎ 47.14.14

CITROEN Ménard, 30 av. F.-Roosevelt ☎ 25.75.30 **N** ☎ 79.68.16

DATSUN, LADA, VOLVO Campagnaro, Plateau de Grazailles ☎ 25.33.34

FIAT-LANCIA-AUTOBIANCHI Gar. Vignal, rte de Montréal ☎ 25.81.31 et 10 bd Omer Sarraut ☎ 25.81.31

FORD Laporta, 47 av. H.-Gout ☎ 25.11.50

MERCEDES-BENZ Bary, 270 av. Gén.-Leclerc ☎ 71.01.96

OPEL Bourguignon, 79 av. F.-Roosevelt ☎ 25.10.43

PEUGEOT-TALBOT Auto Cité, 133 av. F.-Roosevelt par ⑤ ☎ 47.84.36

PEUGEOT-TALBOT Gar. du Palais, 21 r. du Palais ☎ 25.26.52

PEUGEOT, TALBOT Audoise Autom., rte Montréal par ④ ☎ 47.82.00

RENAULT Alaux et Gestin, rte Narbonne par ② ☎ 25.77.12 **N** ☎ 77.13.65

V.A.G. Cathala, rte Narbonne ☎ 25.90.01

⑩ Central-Pneu, 46 bis av. F.-Roosevelt ☎ 25.46.66

Gastou, Zone Ind. la Bouriette ☎ 25.35.42
Grulet, 58 av. F.-Roosevelt ☎ 25.09.46
Laguzou-Pneus, 20 av. F.-Roosevelt ☎ 25.25.88
SO.DI.CA., 16 r. Châteaudun ☎ 25.54.63

CARCÈS 83570 Var ⑧⑭ ⑥ G. Côte d'Azur – 2 093 h. alt. 138 – ✪ 94.

Paris 832 – Aix-en-Provence 74 – Draguignan 29 – ◆Marseille 81 – ◆Toulon 63.

🏠 **Chez Nous,** ☎ 04.50.89 – ⌂ 🍴 🚗
1er mars-1er nov. et fermé lundi sauf en juil.-août – SC : **R** 52/110 ⓖ – ☲ 14 – **13 ch** 65/127 – P 198/230.

CARDAILLAC 46 Lot ⑦⑨ ⑩ – rattaché à Figeac.

CARENNAC 46 Lot ⑦⑤ ⑱ ⑥ G. Périgord – 376 h. alt. 126 – ✉ **46110** Vayrac – ✪ 65.

Voir Portail★ et Mise au tombeau★ dans l'église.

Paris 532 – Brive-la-Gaillarde 40 – Cahors 78 – Martel 18 – St-Céré 18 – Sarlat 62 – Tulle 58.

🏠 **Host. Fénelon** ⑤, ☎ 38.47.16, ⇐ – ⌂wc 🍴 **P**. 🄥🄸🄸🄰
fermé 1er fév. au 10 mars, vend. et sam. midi hors sais. – SC : **R** 51/163 – ☲ 15 – **22 ch** 65/130 – P 145/185.

🏠 **Aub. Vieux Quercy** ⑤, ☎ 38.47.01, 🌳 – ⌂wc 🍴wc **P**. 🄥🄸🄸🄰
◆ *fermé 15 déc. au 1er fév. et lundi hors sais.* – SC : **R** 45/130 ⓖ – ☲ 15 – **18 ch** 72/138 – P 140/180.

CARENTAN 50500 Manche ⑤⑭ ⑬ G. Normandie – 6 939 h. alt. 6 – ✪ 33.

Paris 310 ① – Avranches 84 ① – ◆Caen 70 ① – ◆Cherbourg 50 ③ – Coutances 35 ② – St-Lô 28 ①.

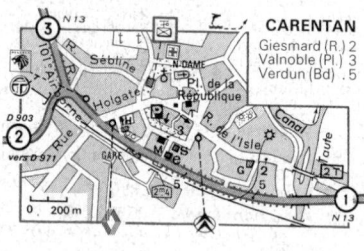

CARENTAN
Giesmard (R.) 2
Valnoble (Pl.) 3
Verdun (Bd) . 5

XXX ✿ **Aub. Normande** (Bonnefoy), bd Verdun (e) ☎ 42.02.99 – **P**. 🄾 🄴 🄥🄸🄸🄰
fermé 15 au 28 oct., 25 janv. au 10 fév., dim. soir et lundi hors sais. – SC : **R** (dim. et fêtes prévenir) 60/160
Spéc. Marché du pêcheur en salade, St-Jacques à la feuille de choux (oct.-avril), Soufflé glacé.

X **Marché et des Herbagers,** pl. Valnoble (s) ☎ 42.06.88 – **P**
◆ *fermé 30 juin au 12 juil., 10 au 20 fév., sam. soir et dim. (en juil. et août fermé dim. soir seul.)* – SC : **R** 40/130 ⓖ.

CITROEN Lelandais, 2 r. Torteron ☎ 42.04.99
PEUGEOT-TALBOT Carentanaise-Automobile, 12 r. du 101-Airborn ☎ 42.02.33
PEUGEOT-TALBOT, MECATOL, Z. I. Pommenauque, rte de Cherbourg par ③ ☎ 42.23.73

RENAULT STAGA, rte de Cherbourg par ③ ☎ 42.08.01
RENAULT Santini, 7 bd de Verdun ☎ 42.02.66 **N**

CARHAIX-PLOUGUER 29270 Finistère ⑤⑧ ⑰ G. Bretagne – 9 100 h. alt. 140 – ✪ 98.

🅩 Syndicat d'Initiative r. Brizeux (15 juin-15 sept.) ☎ 93.04.42 et 36 r. Eglise (15 sept.-15 juin) ☎ 93.14.40.

Paris 505 ② – ◆Brest 86 ③ – Concarneau 64 ③ – Guingamp 48 ① – Lannion 67 ① – Lorient 78 ③ – Morlaix 47 ④ – Pontivy 57 ② – Quimper 60 ③ – ◆Rennes 153 ② – St-Brieuc 79 ②.

Plan page ci-contre

🏛 **Gradlon** Ⓜ, 12 bd République (s) ☎ 93.15.22 – 📶 📺 ⌂wc ☎ 🄿 – 🛄 80. 🄰🄴
◆ 🄾 🄴 🄥🄸🄸🄰
fermé dim. d'oct. au 1er avril – SC : **R** 40/75 – ☲ 15 – **43 ch** 150/185 – P 200/230.

🏠 **D'Ahès** sans rest, 1 r. F.-Lancien (e) ☎ 93.00.09 – ⌂wc 🍴wc
fermé vacances de fév. – SC : ☲ 18 – **10 ch** 90/130.

à Port de Carhaix par ③ : 6,5 km sur D 769 – ✉ **29270** Carhaix-Plouguer :

XX **Aub. du Poher,** ☎ 99.51.18, 🌳 – **P**. 🄰🄴 🄴 🄥🄸🄸🄰
fermé fév. et lundi – SC : **R** 58/130.

CARHAIX-PLOUGUER

Brizeux (R.) 3
Félix-Faure (R.) 8
Lambert (R. Gén.) 12
Lancien (R. F.) 14
Martyrs (R. des)

Briand (R. A.) 2
Carmes (R. des) 5
Église (R. de l') 6
Emeriau (R. Amiral) 7

Hôpital (R. de l') 9
Oberhausen (R.) 15
République (Bd de la) 18
Verdun (Pl. de) 20

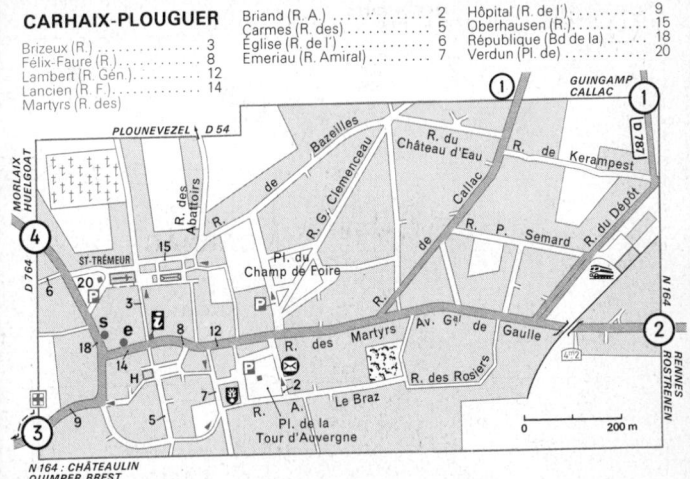

N 164 : CHÂTEAULIN
QUIMPER, BREST

RENAULT Autom. Centre Bretagne, rte de
Rennes par ② ☎ 93.18.22 🅽
VAG S.G.C., bd Jean Moulin ☎ 93.26.25

🔘 Begot-Pneus, rte de Callac ☎ 93.05.41
Desserrey-Pneus, rte de Rostrenen ☎ 93.05.84

CARIGNAN 08110 Ardennes 🗺️ ⑩ – 3 646 h. alt. 167 – ☸ 24.
Paris 258 – Charleville-Mézières 42 – Dun-sur-Meuse 37 – Longuyon 49 – Sedan 20.

🏠 Gd Cerf, pl. de la Fontaine ☎ 22.05.88 – 🛏 🋀 🚗 – **17 ch**.

CARLING 57 Moselle 🗺️ ⑮ G. Vosges – 3 422 h. – ⊠ 57490 L'Hôpital – ☸ 8.
Voir Centrale Emile Huchet★.
Paris 370 – ◆Metz 45 – Sarreguemines 32 – Saarbrücken 32.

✗ **La Choucroutière,** 176 r. Principale ☎ 793.64.64 – *VISA*
fermé 12 juil. au 1ᵉʳ août, 6 au 13 fév. et vend. – **R** 55/140 🍴.

CARMAUX 81400 Tarn 🗺️ ⑪ – 12 230 h. alt. 241 – ☸ 63.
🄳 Syndicat d'Initiative à l'Hôtel de Ville (juil.-août, fermé dim. et lundi) ☎ 76.76.67.
Paris 685 – Albi 16 – Rodez 62 – St-Affrique 87 – Villefranche-de-Rouergue 64.

à Mirandol-Bourgnounac N : 13 km par N 88 et D 905 – ⊠ 81190 Mirandol-Bourg-
nounac :

🏠 **Voyageurs** 🏚, ☎ 76.90.10 – 🋀. 🍽 rest
✦ *fermé 27 août au 17 sept.* – **R** *(déj. seul. du 1ᵉʳ nov. au 1ᵉʳ avril)* 42 bc/85 – 🛏 14 –
11 ch 60/110 – P 120/140.

CITROEN Revellat, 80 av. de Rodez ☎ 76.52.63
PEUGEOT, TALBOT Rey, 173 av. A.-Thomas ☎
76.51.52
RENAULT Carmaux Automobile, N 88, Pont
de Blaye ☎ 36.48.67

VAG Cadars, Bois-Redon ☎ 76.55.00

🔘 Auriol, 101 av. A.-Thomas ☎ 76.53.75
Carrère, 67 av. J.-Jaurès ☎ 76.53.14

CARNAC 56340 Morbihan 🗺️ ⑫ G. Bretagne – 3 964 h. alt. 22 – ☸ 97.
Voir Alignements du Ménec★★ par D 196 Y, de Kermario★ par ② – Église St-Cornély★
Y E – Tumulus St-Michel★ : ◀ ★ Y F – Musée préhistorique★★ Y M – Alignements de
Kerlescan★ par ② : 4,5 km – Tumulus du Moustoir★ par ② : 4 km, de Kercado★ par ② :
4,5 km – dolmen de Kériaval★ N : 4 km – Dolmens de Mané-Kérioned★ N : 4 km.
🏌 de St-Laurent-Ploemel, ☎ 56.85.18 N : 8 km par D 196.
🄳 Office de Tourisme av. Druides (fermé lundi et dim. hors sais.) ☎ 52.13.52.
Paris 487 ② – Auray 13 ② – Lorient 37 ① – Quiberon 18 ① – Quimperlé 56 ① – Vannes 31 ②.

Plan page suivante

🏨 **Novotel Tal Ar Mor** 🅼 🏚, av. Atlantique ☎ 52.16.66, Télex 950324, ◀, 🏊, 🎾, 🛥
🗽 ▤ rest 📺 🅿 & 🅿 – 🔔 50. 🄰🄴 🕕 🄴 *VISA*
fermé 24 nov. au 2 janv. – **R** snack carte environ 90 – 🍽 25 – **106 ch** 286/352.
Z s

🏨 **Diana** 🅼, 21 bd Plage ☎ 52.05.38, ◀, 🏖 – 🔔 📺 🛏wc 🋀wc ☎ 🅿
31 mai-fin sept. – SC : **R** 110/247 – 🍽 33 – **33 ch** 260/456 – P 553/995.
Z r

🏨 **Alignements,** 45 r. St-Cornély ☎ 52.06.30 – 🔔 🛏wc 🋀wc ☎. 🍽
✦ *26 mai-22 sept.* – SC : **R** (dîner seul.) 45/98 – 🍽 17 – **27 ch** 183/240.
Y d

291

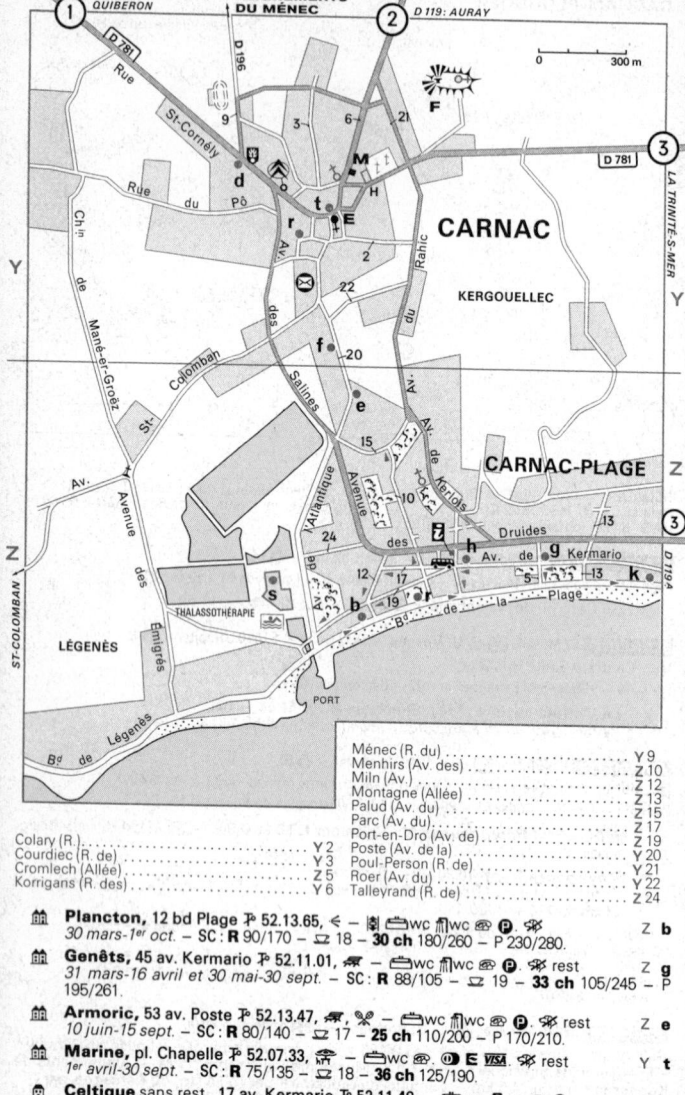

Plancton, 12 bd Plage ℡ 52.13.65, ≤, – 🛎 🛏wc 🛁wc ⚙ 🅿. 🕸
30 mars-1er oct. – SC : **R** 90/170 – 🖵 18 – **30 ch** 180/260 – P 230/280.
Z b

Genêts, 45 av. Kermario ℡ 52.11.01, 🌿, – 🛏wc 🛁wc ⚙ 🅿. 🕸 rest
31 mars-16 avril et 30 mai-30 sept. – SC : **R** 88/105 – 🖵 19 – **33 ch** 105/245 – P 195/261.
Z g

Armoric, 53 av. Poste ℡ 52.13.47, 🌿, 🍴 – 🛏wc 🛁wc ⚙ 🅿. 🕸 rest
10 juin-15 sept. – SC : **R** 80/140 – 🖵 17 – **25 ch** 110/200 – P 170/210.
Z e

Marine, pl. Chapelle ℡ 52.07.33, 🌿 – 🛏wc ⚙ 🅿 🎫 🕸 rest
1er avril-30 sept. – SC : **R** 75/135 – 🖵 18 – **36 ch** 125/190.
Y t

Celtique sans rest., 17 av. Kermario ℡ 52.11.49 – 🛏wc 🛁wc ⚙ 🅿
1er juin-25 sept. – SC : 🖵 16 – **35 ch** 112/215.
Z h

Ker Ihuel, 59 bd Plage ℡ 52.11.38, ≤ – 🛏 🛁 ⚙ 🅿. 🕸 rest
vacances scolaires de Pâques et 31 mai-25 sept. – **R** 60/100 – 🖵 18 – **29 ch** 120/180 – P 195/216.
Z k

Lann Roz avec ch, av. Poste ℡ 52.10.48, ≤, « Jardin fleuri » – 🛏wc ☎ 🅿. 🕸
fermé 15 nov. au 15 déc. et merc. hors sais. – SC : **R** 95/210 – 🖵 18 – **12 ch** 215.
Y f

Calypso, au Pô O : 1,5 km ℡ 52.06.14 – 🕸
fermé 2 nov. au 20 déc., vacances de fév., mardi soir hors sais. et merc. – SC : **R** 70/110.

Le Râtelier 🌙 avec ch, 4 chemin du Douet ℡ 52.05.04, 🌿 – 🛁wc ⚙ 🅿 🎫
fermé oct., nov. et mardi – SC : **R** 60/150 – 🖵 18 – **10 ch** 170 – P 250/270.
Y r

à Plouharnel par ① : 3 km – ✉ **56720** Plouharnel.
Voir Dolmens de Rondossec★.

XX **Aub. de Kérank,** rte Quiberon ☎ 52.35.36, ⩽, 🌳 – **P**. VISA
fermé 3 janv. au 4 fév. et lundi sauf vacances scolaires – SC : **R** 107/130.

CITROEN Piedcoq, ☎ 52.07.25

PEUGEOT-TALBOT Dréan, à Plouharnel par ① ☎ 52.08.53

CAROLLES **50740** Manche **59** ⑦ **G. Normandie** (plan) – alt. 60 – ⚙ 33.
Voir Pignon Butor ⩽★ NO : 1 km – Cabane Vauban ⩽★ SO : 1 km puis 15 mn.
Paris 354 – Avranches 20 – Granville 11 – Le Mont-Saint-Michel 42 – St-Lô 67.

Relais de la Diligence, ☎ 61.86.42, 🌳 – **P**. **O**. ✂ rest
fermé 24 sept. au 29 oct., 1er au 15 mars, dim. soir et lundi sauf juil.-août – SC : **R** 58/100 – ☕ 13 – **35 ch** 45/90 – P 125/130.

CARPENTRAS SP **84200** Vaucluse **81** ⑫⑬ **G. Provence** – 25 886 h. alt. 102 – ⚙ 90.
Voir Ancienne cathédrale de St-Siffrein★ : trésor★ BY F.
i Office de Tourisme 170 av. Jean-Jaurès (fermé dim. hors saison) ☎ 63.00.78.
Paris 684 ⑥ – Aix-en-Provence 89 ⑤ – Avignon 24 ⑤ – Digne 139 ④ – Gap 150 ① – ♦Marseille 114 ⑤ – Montélimar 78 ⑥ – Le Puy 200 ⑥ – Salon-de-Provence 60 ⑤ – Valence 121 ⑥.

Briand (Pl. A.) .... BZ 3
Évêché (R. de l') .... BX 4
Halles (R. des) .... BX 7
Inguimbert (Pl. d') .... BX 20
République (R. de la) .... BY

Gaulle (Pl. du Gén.-de) .... BY 19
Inguimbert (R. d') .... BX 22
Mazan (R. de la Porte-de) .... CX 24
Mont-de-Piété (R. du) .... CV 25
Monteux (R. de la Porte-de) .... AX 26
Nord (Bd du) .... BV 27
Observance (R. et ⊞) .... BV 29
Orange (R. de la Porte-d') .... BX 30
Raspail (R.) .... ABX 33
Sous-Préfecture (R. de la) .... BX 36
Wilson (Av.) .... BZ 37

Safari M 🐎, Rte d'Avignon par ⑤ ☎ 63.35.35, 🌳, 🏊, 🎾 – 🛗 📺 ⛽wc 🚿wc ☎ ♿ **P** – 🎤 25 à 50. AE **O** E VISA. ✂ rest
SC : **R** *(fermé 24 déc. au 10 janv. et dim. hors sais.)* 65/101 🍷 – ☕ 22 – **42 ch** 150/210 – P 290/362.

Fiacre 🐎 sans rest, 153 r. Vigne ☎ 63.03.15 – ⛽wc 🚿wc ☎. E VISA — CX **a**
SC : **17 ch** ☕ 112/262.

Univers, pl. A.-Briand ☎ 63.00.05 – 📺 ⛽wc 🚿wc ☎ 🚗 — BZ **a**
fermé fin déc. à début janv. – SC : **R** *(fermé sam. hors sais.)* 42/84 🍷 – ☕ 17 – **25 ch** 94/193.

X **Marijo,** 73 r. Raspail ☎ 63.18.96 – ✂ — BX **e**
fermé dim. – **R** (prévenir) 55/65 🍷.

à Monteux par ⑤ : 4,5 km – 7 552 h. – ⊠ 84170 Monteux :

🏨 **La Genestière** Ⓜ ⑤, ☏ 62.27.04, Télex 432770, 😤, ☑, 🚗, ⅍ – 📺 ⌂wc
🛁wc ☎ ☏, 🅰 ⓔ 🄴 𝘝𝘐𝘚𝘈
SC : **R** (fermé dim. soir en hiver) 85 bc/140 – ☲ 24 – **20 ch** 260/280 – P
650 (pour 2 pers.).

🏨 **Select,** ☏ 62.27.91, 😤, ☑, – 📺 ⌂wc 🛁wc ☏, 𝘝𝘐𝘚𝘈, ⅍
fermé 20 déc. au 3 janv. et sam. hors sais. – SC : **R** (fermé sam. midi) 60/115 – ☲
20 – **9 ch** 135/180 – P 250/280.

à Mazan par ③ : 7 km – ⊠ 84380 Mazan :

🏨 **Le Siècle** sans rest, ☏ 69.75.70 – 🛁wc. 𝘝𝘐𝘚𝘈
fermé janv. et dim. hors sais. – SC : 🍽 20 – **12 ch** 96/160.

CITROEN Gar. Bernard, rte de Pernes par ④
☏ 63.33.18
FIAT Meunier, rte de Pernes les Fontaines ☏
63.23.80
PEUGEOT-TALBOT Grimaud, rte de St-Didier
par D 4 ☏ 67.16.22

RENAULT S.O.V.A., rte Avignon par ⑤ ☏ 63.
07.72
V.A.G. S.I.A.B., rte de Pernes ☏ 63.27.36

⍟ Ayme-Pneus, av. Pont-des-Fontaines et 131
bd Gambetta ☏ 63.11.73

▮**CARQUEFOU**▮ 44 Loire-Atl. 🗗🗗 ③ – rattaché à Nantes.

▮**CARQUEIRANNE**▮ 83320 Var 🗗🗗 ⑮ – 6 199 h. – 🕒 94.
🖪 Office de Tourisme à la Mairie (fermé sam. après-midi et dim.) ☏ 58.60.78.
Paris 853 – Draguignan 82 – Hyères 10 – ♦Toulon 14.

🏨 **Richiardi** Ⓜ, port des Salettes ☏ 58.50.13, ≤, 😤 – ⌂wc 🛁wc ☏
sais. – **10 ch**.

🏨 **Plein Sud** sans rest, av. Gén.-de-Gaulle ☏ 58.52.86 – ⌂wc 🛁wc ☏ 🅰 ☏. ⅍
fermé 1er nov. au 15 déc. – SC : ☲ 19 – **17 ch** 148/175.

✗ **La Réserve** avec ch, port des Salettes ☏ 58.50.02, ≤ – 🛁
fermé mi oct. à mi nov. – SC : **R** (fermé merc. soir, dim. soir, soirs de fêtes et lundi
hors sais.) 68/235 – ☲ 13 – **18 ch** 72/130 – P 168/198.

▮**CARROS**▮ 06510 Alpes-Mar. 🗗🗗 ⑨, 🖽🖽 ㉖ G. Côte d'Azur – 8 457 h. – 🕒 93.
Voir Site★ – ⅍★★ du vieux moulin.
Paris 942 – Antibes 33 – ♦Nice 25 – Puget-Théniers 52 – St-Martin-Vésubie 52 – Vence 16.

🏨 **Host. Lou Castelet,** au plan de Carros NE : 2 km par D1 ☏ 29.16.66, ≤, 🚗, ⅍
– ⌂wc 🛁wc ☎ ☏ – 🍴 60 à 200
fermé nov. – SC : **R** (fermé lundi) 60/180 – ☲ 20 – **20 ch** 100/180 – P 160/200.

▮**CARROUGES**▮ 61320 Orne 🗖🗖 ② – 787 h. alt. 328 – 🕒 33.
Voir Château★ SO : 1 km, G. Normandie.
🖪 Syndicat d'Initiative à la Mairie (matin seul., fermé sam.) ☏ 27.20.38.
Paris 210 – Alençon 29 – Argentan 23 – Domfront 39 – La Ferté-Macé 17 – Mayenne 54 – Sées 26.

✗ **St-Pierre** avec ch, ☏ 27.20.02 – 🚐 ☏. 𝘝𝘐𝘚𝘈
fermé 18 au 26 déc., fév., mardi d'oct. à fin mars et merc. – SC : **R** (fermé mardi sauf
le midi d'avril à fin sept. et merc.) 52/150 – ☲ 16 – **7 ch** 62/150.

CITROEN Lehec, ☏ 27.20.13 🖪

▮**Les CARROZ-D'ARÂCHES**▮ 74 H.-Savoie 🗗🗗 ⑧ G. Alpes – alt. 1 140 – Sports d'hiver :
1 140/2 200 m ⅍2 ⅍38 ⅍ – ⊠ 74300 Cluses – 🕒 50.
🖪 Office de Tourisme (fermé dim. hors saison) ☏ 90.00.04, Télex 385281.
Paris 596 – Annecy 73 – Bonneville 27 – Chamonix 51 – Cluses 13 – Megève 34 – Morzine 33.

🏨 **Arbaron** Ⓜ ⑤, ☏ 90.02.67, ≤, 😤, 🚗 – ⌂wc 🛁wc ☏ ☏ – 🍴 30. 🅰 🄴 𝘝𝘐𝘚𝘈
⅍ rest
15 juin-15 sept. et 15 déc.-Pâques – SC : **R** 85/125 – ☲ 25 – **30 ch** 175/281 – P
235/270.

🏨 **Croix de Savoie** ⑤, S : 1 km ☏ 90.00.26, ≤ montagnes et vallée – 🛁wc ☏ ☏.
🅰 𝘝𝘐𝘚𝘈
10 juin-20 sept. et 15 déc.-20 avril – SC : **R** 45/65 🍴 – ☲ 25 – **19 ch** 110/150 – P
170/205.

🏨 **Escale Blanche** ⑤, ☏ 90.00.10, ≤ montagnes et vallée, 😤, 🚗 – ⌂ 🛁wc ☏ ☏
sans rest – **18 ch**.

▮**CARRY-LE-ROUET**▮ 13620 B.-du-R. 🗗🗗 ⑫ G. Provence – 4 570 h. – Casino – 🕒 42.
🖪 Office de Tourisme à l'Hôtel de Ville (fermé dim.) ☏ 45.00.08.
Paris 774 – Aix-en-Provence 40 – ♦Marseille 27 – Martigues 16 – Salon-de-Provence 51.

🏨 **Modern'H.,** pl. C.-Pelletan ☏ 45.00.12, 😤 – ⌂wc 🛁wc ☏ ☏. ⅍ ch
1er mars-1er déc. – **R** (fermé merc. hors sais.) 75/90 – ☲ 23 – **15 ch** 173/200 –
P 240.

XXX ❀ **L'Escale,** 🕾 45.00.47, 🍽, « Terrasses surplombant le port, belle vue » – 🆎
① 𝗩𝗜𝗦𝗔
1er mars-fin oct. et fermé lundi sauf le soir en juil. et août – SC : **R** (dim. prévenir)
carte 220 à 290
Spéc. Cervelas de rascasse au pistou, Ragoût de la marée, Langouste sauce estragon. **Vins** Cassis,
Côteaux d'Aix.

XX **La Brise,** quai Vayssière 🕾 45.30.55, 🍽 – 🆎 ① 𝗩𝗜𝗦𝗔
*fermé 12 au 30 nov., 7 au 27 janv., dim. soir du 15 sept. à Pâques et mardi sauf le
soir en sais.* – **R** carte 140 à 200.

CITROEN Gar. Merotte, 🕾 45.23.43

CARTERET 50 Manche ⑤④ ① – voir à Barneville-Carteret.

CASSAGNES-BÉGONHÈS 12120 Aveyron ⑧⓪ ⑫ – 1 059 h. alt. 530 – ✪ 65.
Paris 635 – Albi 60 – Millau 69 – Rodez 26 – St-Affrique 67 – Villefranche-de-Rouergue 72.

🏠 **Voyageurs,** 🕾 46.70.07 – 🛏 🗏 🚗
SC : **R** 60/85 – ☲ 18 – **14 ch** 70/92 – P 130/140.

RENAULT Gar. Couderc, 🕾 46.71.18 🆚

CASSEL 59670 Nord ⑤① ④ G. Nord de la France (plan) – 2 351 h. alt. 175 – ✪ 28.
Voir Site★ – Jardin public ❅★★.
Paris 271 – Armentières 39 – Dunkerque 29 – Hazebrouck 14 – Ieper 33 – ◆Lille 53 – St-Omer 21.

XXX **Sauvage,** 🕾 42.40.88, ≤ – 🆎 ∈ 𝗩𝗜𝗦𝗔
fermé 1er au 27 fév., dim. soir et merc. – **R** 94/174.

CASSIS 13260 B.-du-R. ⑧④ ⑬ G. Provence – 6 318 h. alt. 4 à 130 – Casino – ✪ 42.
Voir Site★ – O : les Calanques★★ : de Port-Miou, de Port-Pin★, d'En-Vau★★ (à faire de
préférence en bateau : 1 h) – Mt de la Saoupe ❅★★ E : 2 km par D 41A.
Env. Cap Canaille ≤★★★ E : 9 km par D 41A – Corniche des Crêtes★★ de Cassis à la
Ciotat E : 16 km par D 41A.
🛈 Office de Tourisme pl. Baragnon 🕾 01.71.17.
Paris 803 ① – Aix-en-Provence 46 ② – La Ciotat 11 ② – ◆Marseille 23 ① – ◆Toulon 44 ②.

CASSIS

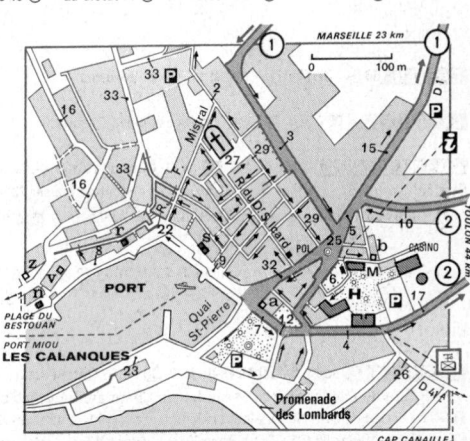

🏨 **Plage et rest Bestouan,** plage Bestouan O : 0,7 km 🕾 01.05.70, ≤ – 🕽 ☎.
❅ ch
1er avril-15 oct. – SC : **R** carte 120 à 175 – ☲ 18 – **29 ch** 100/282 – P 220/290.

🏨 **Rade** Ⓜ sans rest, av. Dardanelles (z) 🕾 01.02.97, 🏊 – ☎ 🚗 🅿. 🆎 ① 𝗩𝗜𝗦𝗔
fermé 5 janv. au 5 fév. – SC : ☲ 22 – **27 ch** 187/235, 3 appartements 352.

🏨 **Roches Blanches** ⑤, rte Port-Miou SO : 1 km 🕾 01.09.30, « Jardins en terrasse
avec ≤ mer et Cap Canaille », 🌸 – 🕽 📺 ☎ 🅿. 🆎 ① 𝗩𝗜𝗦𝗔. ❅ rest
1er mars-31 oct. – SC : **R** snack (pour résidents seul.) carte environ 120 – ☲ 18 –
35 ch 110/330.

🏨 **Les Jardins du Campanile** ⑤ sans rest, par ① : 1 km 🕾 01.84.85, 🏊, 🌸 – 🅿.
🆎 ① 𝗩𝗜𝗦𝗔 ❅
1er avril-15 oct. – SC : ☲ 30 – **30 ch** 260/350.

295

🏨 **Gd Jardin** Ⓜ sans rest, 2 r. P.-Eydin **(b)** ☎ 01.70.10 – ⇔wc ⋒wc ☎ 🚗. AE ⓓ E VISA. ✗
fermé janv. – SC : ☕ 17 – **26 ch** 110/175.

🏨 **Liautaud,** 2 r. Victor-Hugo **(a)** ☎ 01.75.37, ≤ port – ⧉ ⇔wc ⋒wc ☎ 🚗. ✗ ch
fermé 1er nov. au 15 déc. – SC : **R** 86/135 – ☕ 15,50 – **32 ch** 160/175 – P 165/280.

🏨 **Golfe** sans rest, quai Barthélémy **(v)** ☎ 01.00.21, ≤ – ⋒wc ☎. ✗
mars-10 nov. – SC : ☕ 16 – **30 ch** 150/188.

XXX **La Presqu'île,** quartier Port-Miou 50 ☎ 01.03.77, ≤ – Ⓟ. AE ⓓ
21 avril-30 sept. et fermé dim. soir et lundi sauf juil.-août – SC : **R** carte 200 à 270.

XX **Chez Gilbert,** quai Baux **(s)** ☎ 01.71.36, ≤ – AE ⓓ VISA
fermé 15 déc. au 15 fév., dim. soir et mardi – SC : **R** carte 165 à 225.

XX **Le Flibustier,** impasse Gd Carnot **(n)** ☎ 01.02.73, ≤ – AE ⓓ
fermé fév., jeudi du 15 sept. au 31 mars – SC : **R** 149 bc/90.

XX **Nino,** quai Barthélemy **(r)** ☎ 01.74.32, ≤ – VISA
1er mars-30 nov. et fermé lundi – SC : **R** carte 150 à 200.

XX **L'Oustau de la Mar,** quai Baux **(s)** ☎ 01.78.22, ≤ – VISA
fermé nov., mardi midi et jeudi midi en été, vend. midi et jeudi en hiver – SC : **R** 75/140.

CASSOU **47** Lot-et-Gar. **79** ⑮ – rattaché à Agen.

CASTAGNIERS **06** Alpes-Mar. **84** ⑨, **195** ㉖ – 1 076 h. alt. 340 – ✉ **06670** St-Martin-du-Var – ⊛ 93.

Voir Aspremont : ✻★ de la terrasse de l'ancien château SE : 4 km, **G. Côte d'Azur.**

Paris 945 – Antibes 35 – Cannes 44 – Contes 25 – Levens 15 – ♦Nice 18 – Vence 23.

🏨 **Michel** 🐦, ☎ 08.05.15, ≤, 🏊 – ⋒ Ⓟ
fermé nov. et merc. hors sais. – SC : **R** 55/120 – ☕ 18 – **11 ch** 75/95 – P 140/160.

à Castagniers-les-Moulins O : 6 km – ✉ **06670** St-Martin-du-Var :

XX **Les Moulins** avec ch (annexe 40 ch), N 202 ☎ 08.13.87, 🏊, 🌳, 🎾 – ▤ rest ⋒ Ⓟ. AE
fermé 1er au 25 oct. et 2 au 15 janv. – SC : **R** 65/120 – ☕ 16 – **14 ch** 80/120 – P 150/170.

CITROEN Ciossa-Autos, ☎ 08.13.48

CASTEIL **66** Pyr.-Or. **86** ⑰ – rattaché à Vernet-les-Bains.

Le CASTELET **09** Ariège **86** ⑮ – rattaché à Ax-les-Thermes.

CASTELJALOUX **47700** L.-et-G. **79** ⑬ **G. Côte de l'Atlantique** – 5 257 h. alt. 69 – ⊛ 53.

Paris 691 – Agen 55 – Langon 40 – Marmande 23 – Mont-de-Marsan 73 – Nérac 30.

🏨 **Cordeliers** sans rest, r. Cordeliers ☎ 93.02.19 – ⧉ ⇔wc ⋒ ☎ ♿ 🚗 Ⓟ – 🏛 30. E VISA
SC : ☕ 18 – **24 ch** 70/200.

XX **Vieille Auberge,** r. Posterne ☎ 93.01.36 – ⋒ Ⓟ. AE E
◆ *fermé 18 au 26 juin, 16 oct. au 6 nov., 1er au 10 mars, dim. soir et lundi sauf fériés* – SC : **R** 50/155.

CITROEN S.E.G.A.D., ☎ 93.01.59

CASTELLANE ⟨SP⟩ **04120** Alpes-de-H.-P. **81** ⑱ **G. Côte d'Azur** – 1 406 h. alt. 724 – ⊛ 92.

Voir Route de Demandolx ≤★★ sur lac de Chaudanne★ et lac de Castillon★ par ①.

ℹ Office de Tourisme r. Nationale (fermé sam. après-midi et dim.) ☎ 83.61.14.

Paris 799 ③ – Digne 54 ③ – Draguignan 60 ② – Grasse 63 ① – Manosque 112 ③.

Plan page ci-contre

🏨 **Nouvel H. Commerce** Ⓜ, pl. Église **(e)** ☎ 83.61.00, 🍴, 🌳 – ⧉ ⇔wc ⋒wc ☎ Ⓟ. ✗ rest
15 avril-12 nov. – SC : **R** 55/180 – ☕ 22 – **46 ch** 140/210 – P 250/265.

🏨 Ma Petite Auberge, **(n)** ☎ 83.62.06, 🍴 – ⇔wc ⋒wc
sais. – **18 ch**.

à la Garde par ① : 6 km sur N 85 – ✉ **04120** Castellane :

🏠 **Aub. du Teillon,** ☎ 83.60.88 – ⋒wc Ⓟ. ✗ ch
fermé mars, 15 au 31 oct., dim. soir et jeudi – SC : **R** 58/100 – ☕ 14 – **8 ch** 80/150 – P 150/193.

PEUGEOT-TALBOT Castellane-Gar., ☎ 83.61.62

CASTELLANE

Nationale (R.) 6
Sauvaire (Pl. Marcel) ... 13

Bains (R. des) 2
Blondeau (R. du Lt) 3
Liberté (Pl. de la) 4
Mitan (R. du) 5
République
(Bd de la) 7
Roc (Chemin du) 8
St-Michel (Bd) 9
St-Victor (R.) 12

Les plans de villes sont orientés le Nord en haut.

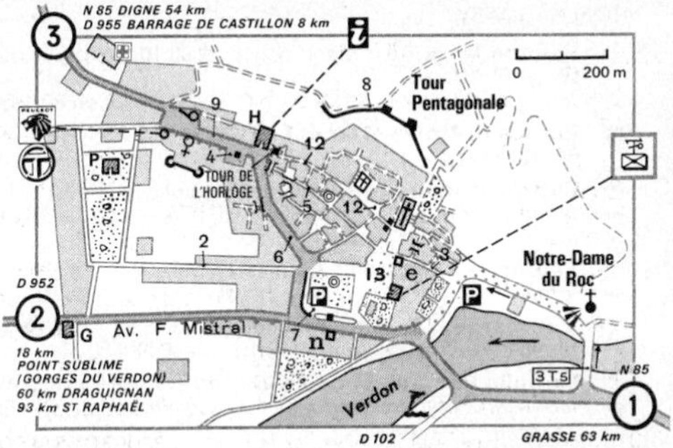

If you are held up on the road - from 7 pm onwards confirm your hotel booking by telephone. It is safer and quite an accepted practice.

Le CASTELLET 83 Var 84 ⑭ **G. Côte d'Azur** – 2 332 h. alt. 283 – ⊠ **83330** Le Beausset – ✪ 94.

Circuit automobile permanent N : 11 km.

Paris 824 – Brignoles 50 – La Ciotat 18 – •Marseille 45 – •Toulon 20.

XXX **Castel Lumière** Ⓜ avec ch, au village ✆ 90.62.20, ≤ montagnes et vallées – wc wc ☎. AE ⓓ
fermé 2 au 30 nov. et mardi – SC : **R** 125/185 – ⊒ 30 – **5 ch** 120/160.

*à **Ste-Anne-du-Castellet*** N : 4,5 km par D 226 et D 26 – ⊠ **83330** Le Beausset :

Motel Castel Ste-Anne Ⓜ, ✆ 90.60.08, ⛱, – wc ☎ Ⓟ. AE ⓓ VISA. rest
1er avril-15 oct. – SC : **R** 85 – ⊒ 18 – **17 ch** 149/214.

CASTELNAUDARY 11400 Aude 82 ⑳ **G. Causses** – 11 381 h. alt. 165 – ✪ 68.

Ⓘ Office de Tourisme pl. de la République (fermé matin hors saison et dim.) ✆ 23.05.73.

Paris 768 ④ – Carcassonne 41 ④ – Foix 65 ④ – Pamiers 49 ⑤ – •Toulouse 59 ④.

CASTELNAUDARY

Dunkerque (R. de) ...... AYZ 6

Ader (R. Clément) ...... AZ 2
Cassieu (Allée du) ...... AZ 4
Dejean (R. du Gén.) ..... AZ 5
Gare (Av. de la) .... AZ 7
Horloge (Av. de l') .... AY 9
Miséricorde (R. de la) ... AZ 10
Pasteur (R.) .... BY 12
Pyrénées (Av. des) ...... BZ 13
République (Pl.) .... AY 14
Riquet (R.) .... AZ 15
Vidal (R. A.) .... AZ 17
11-Novembre (R. du) .... AY 19

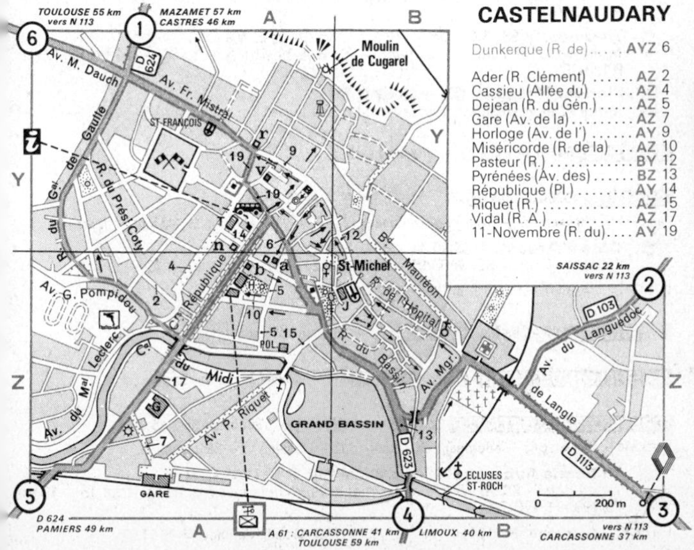

🏩 **Palmes** Ⓜ 🦢, 10 r. Mar.-Foch 🕿 23.03.10, Télex 500372 – 🚿 🖾 📺 🚗 – 🛗 30.
ᴁ ⓪ Ᵽ 𝘝𝘐𝘚𝘈   AYZ **b**
fermé 2 à fin janv. – SC : **R** 90/140 – ⊆ 17 – **20 ch** 80/198 – P 330/360.

🏛 **France et Notre-Dame,** 2 r. F.-Mistral 🕿 23.10.18 – 🛁wc 🇮 ☜ ❷ – 🛗 100
SC : **R** 51/70 🖑 – ⊆ 16,50 – **30 ch** 74/171.   AY **r**

🏠 **Centre et Lauragais,** 31 cours République 🕿 23.14.31 – 🛁wc 🇮 ☎. 𝘝𝘐𝘚𝘈
◆ *fermé 1er nov. au 10 déc.* – SC : **R** 45/75 🖑 – ⊆ 17 – **16 ch** 120/160 – P 200/220.
                                                                                                                       AY **n**

✕✕ **Fourcade** avec ch, 14 r. Carmes 🕿 23.02.08 – 📺 🛁wc 🇮wc ☜. ᴁ ⓪ Ᵽ 𝘝𝘐𝘚𝘈
◆ *fermé merc. de nov. à mars* – SC : **R** 48/150 🖑 – ⊆ 18 – **13 ch** 60/117.   AY **v**

✕ **L'Auberge,** 22 cours République 🕿 23.15.32 – ᴁ ⓪ 𝘝𝘐𝘚𝘈   AYZ **b**
fermé 15 au 31 déc., sam. et dim. soir – **R** 55/100 🖑.

✕ **La Belle Époque,** 55 r. Gén.-Dejean 🕿 23.39.72 – ᴁ ⓪ 𝘝𝘐𝘚𝘈   AZ **a**
◆ *fermé janv. et jeudi (sauf vacances scolaires et fêtes)* – SC : **R** 45/75.

CITROEN Lauragais-Automobiles, rte de Tou-
louse par ⑥ 🕿 23.00.78
FIAT Gar. du Faubourg, 148 av. F.-Mistral 🕿
23.13.77
OPEL-G.M. Dupont-Magnabal, rte Carcas-
sonne 🕿 23.13.36

PEUGEOT-TALBOT S.N.G.L. ancienne rte de
Toulouse par ⑥ 🕿 23.01.47
RENAULT Franco, av. Monseigneur de Langle
🕿 23.18.82

🅿 Central-Pneu, rte de Carcassonne 🕿 23.11.44

CASTELNAU-MAGNOAC 65230 H.-Pyr. 🎔🎔 ⑩ – 950 h. alt. 350 – ✪ 62.

Paris 846 – Auch 41 – Lannemezan 26 – Mirande 34 – St-Gaudens 43 – Tarbes 45 – ◆Toulouse 94.

🏛 **Dupont,** 🕿 99.80.02, ≼ – 🛁wc 🇮wc ☜ – 🛗 40
◆ SC : **R** 35/70 – ⊆ 10 – **20 ch** 60/100 – P 115/130.

CASTELNOU 66 Pyr.-Or. 🎔🎔 ⑱ G. Pyrénées – 152 h. alt. 350 – ✉ 66300 Thuir – ✪ 68.

Paris 929 – Argelès-sur-Mer 32 – Céret 29 – ◆Perpignan 19 – Prades 37.

✕ **L'Hostal,** 🕿 53.45.42, 🍽 – Ᵽ
fermé merc. soir et lundi sauf juil., août et week-end de janv.-fév. – SC : **R** 70 bc/120
bc.

CASTELPERS 12 Aveyron 🎔🎔 ⑫ – rattaché à Naucelle.

CASTÉRA-VERDUZAN 32410 Gers 🎔🎔 ④ – 753 h. alt. 180 – Stat. therm. (1er mai-30 oct.) –
✪ 62.

Paris 793 – Agen 59 – Auch 25 – Condom 19.

🏠 **Ténarèze,** 🕿 68.10.22 – 🛁wc 🇮wc ❷ – 🛗 30. 𝘝𝘐𝘚𝘈
fermé 11 nov. au 3 déc. – **R** voir rest. Florida – ⊆ 17,50 – **22 ch** 107/142 –
P 192/300.

🏠 **Thermes,** 🕿 68.13.07, 🍽 – 🛁wc 🇮wc ❷. ᴁ Ᵽ 𝘝𝘐𝘚𝘈
◆ *fermé vend. soir de nov. à mars* – SC : **R** 45 bc/151 🖑 – ⊆ 12 – **24 ch** 63/121 –
P 138/163.

✕✕ **Florida,** 🕿 68.13.22, 🍽 – ᴁ ⓪ Ᵽ 𝘝𝘐𝘚𝘈
◆ *fermé 11 nov. au 3 déc., dim. soir et lundi d'oct. à mai* – **R** 40/170 🖑.

CASTÉTIS 64 Pyr.-Atl. 🎔🎔 ⑤ – rattaché à Orthez.

CASTETS 40260 Landes 🎔🎔 ⑯ – 1 453 h. alt. 48 – ✪ 58.

Paris 714 – ◆Bayonne 57 – Belin 75 – ◆Bordeaux 125 – Dax 22 – Mimizan 51 – Mont-de-Marsan 60.

☎ **Côte d'Argent,** 🕿 89.40.33, 🍽 – ☜ ❷. 🦷 ch
1er avril-31 oct. – SC : **R** 60/90 – 🍽 – **12 ch** 80/100 – P 120/140.

PEUGEOT, TALBOT Modern'Gar.. 🕿 89.40.21 Ⓝ

CASTILLON 06 Alpes-Mar. 🎔🎔 ⑳, 🅸🟫🟫 ⑱ – rattaché à Menton.

CASTILLON-DU-GARD 30 Gard 🎔🎔 ⑲, 🎔🎔 ⑪ – rattaché à Pont-du-Gard.

CASTILLON-LA-BATAILLE 33350 Gironde 🎔🎔 ⑫⑬ – 3 207 h. alt. 20 – ✪ 56.

Paris 544 – Bergerac 43 – ◆Bordeaux 49 – Langon 42 – Libourne 18 – Périgueux 76.

✕✕ **La Bonne Auberge** avec ch, r. 8-Mai 1945 🕿 40.11.56 – 🇮 ☜
◆ *fermé nov.* – SC : **R** *(fermé sam. midi et lundi hors sais.)* 43/155 🖑 – ⊆ 15 – **10 ch**
78/198 – P 170/200.

CITROEN Anconière, 🕿 40.04.26

🅿 Maison du Pneu, 🕿 40.11.67

Voir Musée★ : oeuvres de Goya★★ BZ H – Env. Le Sidobre★★ 9 km par ②.

🛈 Office de Tourisme pl. Alsace Lorraine (fermé lundi sauf matin en saison et dim.) ☎ 59.92.44 -
A.C. 6 av. E. de Villeneuve ☎ 59.84.40.

Paris 733 ⑧ – Albi 42 ① – Béziers 102 ④ – Carcassonne 65 ④ – ◆Toulouse 71 ⑥.

GAILLAC 49 km
LAUTREC 15 km
ALBI 42 km
VABRE 31 km
CASTRES
0   300 m

96 km MONTAUBAN
39 km LAVAUR

LACAUNE 47 km

MAZAMET 18 km
CARCASSONNE 65 km
BÉZIERS 102 km

REVEL 27 km
TOULOUSE 71 km
– GARE

Henri-IV (R.) . . . . **ABY**	Carras (Quai du) . . . . . . **BY** 4
Jaurès (Pl. Jean) . . . . **BY** 22	Docteurs-Aribat (Bd) . . . **BZ** 6
Villegoudou (R.) . . . . . . **BZ** 29	Docteurs-Sicard (R.) . . . **AY** 7
Zola (R. Émile) . . . . **AY**	Évêché (R. de l') . . . . . . **BZ** 8
	Galiber (R. Amiral) . . . . . **AZ** 10
Albinque (Pl. de l') . . . . **AY** 2	Gambetta (R.) . . . . **AZ** 12

Gaulle (Av. Ch.-de) . . . . . **BZ** 14	
Hôtel-de-Ville (R. de l') . **AZ** 20	
Jacobins (R. des) . . . . . . **BZ** 21	
Joffre (Bd Mar.) . . . . **BY** 23	
N.-D.-de-la-Platé (⛪) . . . **AZ**	
Malroux (Av. Augustin) . . **AY** 24	
Sabatier (R.) . . . . **AZ** 26	
St-Benoit (⛪) . . . . **BZ**	
St-Jacques (⛪) . . . . **BY**	
St-Jean-St-Louis (⛪) . . . . **AY**	
Tourcaudière (Quai) . . . . **BY** 27	
Victor-Hugo (R.) . . . . **AZ** 28	
Villeneuve (Av. E.-de) . . . **BZ** 30	

🏨🏨 **Occitan** Ⓜ sans rest, 201 av. Ch.-de-Gaulle par ④ ☎ 35.34.20 – 📺 ⟨⟩ Ⓟ. 🛇
fermé 1er au 13 août, 20 déc. au 4 janv., sam. et dim. – SC : 🖙 20 – **30 ch** 110/225.

🏨 **Gd Hôtel**, 11 r. Libération ☎ 59.00.30 – 📳 📺 🚿wc 🛁wc ☎. Ⓐ Ⓞ Ⓔ 𝘝𝘐𝘚𝘈
fermé 15 déc. au 15 janv. – SC : **R** *(fermé 15 juin au 15 sept. et sam.)* 60/110 ⅄ – 🖙
14 – **40 ch** 110/200.
BZ **n**

XX **La Caravelle**, 150 av. Roquecourbe ☎ 59.27.72, <, « Terrasse au bord de l'eau »
– Ⓟ. Ⓐ Ⓞ Ⓔ 𝘝𝘐𝘚𝘈
15 juin-15 sept. et fermé sam. – SC : **R** 60/110.
BY **u**

XX **Chapon Fin**, 8 quai Tourcaudière ☎ 59.06.17 – 🍽. Ⓐ Ⓞ 𝘝𝘐𝘚𝘈
fermé 1er au 15 juil., 1er au 21 fév., dim. soir et lundi – SC : **R** 55/190.
BY **b**

Les Salvages par ② : 5 km – ⬜ 81100 Castres :

XX **Café du Pont**, ☎ 35.08.21, <, 🍴, 🐟 – Ⓐ Ⓞ Ⓔ. 🛇
fermé fév. et lundi – SC : **R** 54/160 ⅄.

BLF Gar. Gonzales, Zone Ind. Melou, r. Industrie ☎ 59.58.00
CITROEN Sud Auto, ZAC Chartreuse, rte Toulouse par ⑥ ☎ 59.92.10
FIAT, LANCIA-AUTOBIANCHI, MERCEDES S.A.T.A., 111 av. Albert-1er ☎ 59.26.22
FORD Chambon, rte de Toulouse, Zone Ind. Melou ☎ 59.02.52 🅽 ☎ 59.44.42
LADA-SKODA Gar. Pirola, 126 av. du Sidobre ☎ 35.07.10
PEUGEOT, TALBOT Gar. Maurel, r. de Crabié ☎ 35.74.64

RENAULT Sté Tarnaise Autom., rte Toulouse, Mélou par ⑥ ☎ 59.41.17
V.A.G. Gar. Négrier, rte Toulouse, Zone Ind. de la Chartreuse ☎ 59.30.55

Ⓥ Bernard, 52 bd de l'Arsenal ☎ 59.07.26
Escoffier-Pneus, 215 av. Albert-1er ☎ 59.27.00
P.A.P.I.-Pneus, 88 rte Toulouse, Zone Ind. Mélou ☎ 59.33.83
Pneus-Service, 9 allées Corbières ☎ 59.33.22
Solapneu, 160 av. Ch de Gaulle ☎ 35.20.86

CASTRIES 34160 Hérault 83 ⑦ – 3 419 h. alt. 50 – ✪ 67.

Voir Château de Castries★, G. Causses.

Paris 755 – Lunel 15 – ♦ Montpellier 12 – Nîmes 46.

✕ **L'Art du Feu,** ☎ 70.05.97 – E. ✻
fermé 22 août au 8 sept., 25 janv. au 7 fév. et merc. – SC : **R** 57/70.

Le CATELET 02 Aisne 53 ⑬⑭ – 243 h. alt. 92 – ✉ **02420** Bellicourt – ✪ 23.

Paris 167 – Cambrai 21 – Le Cateau 26 – Laon 64 – Péronne 28 – St-Quentin 18.

✕✕ **Croix d'Or,** ☎ 66.21.71 – Ⓟ. VISA
fermé 25 juil. au 12 août, 2 au 20 janv., dim. soir et lundi – SC : **R** 70/150.

Le CATON 73 Savoie 74 ⑮ – rattaché au Bourget-du-Lac.

CATUS 46150 Lot 79 ⑦ **G. Périgord** – 775 h. alt. 168 – ✪ 65.

ℹ Syndicat d'Initiative à la Mairie (15 juin-15 sept.) ☎ 22.70.31.

Paris 589 – Cahors 16 – Gourdon 28 – Villeneuve-sur-Lot 65.

à St-Médard-Catus SO : 5 km – ✉ **46150** Catus :

✕✕ **Gindreau,** ☎ 36.22.27, ←,
fermé 30 oct. au 21 nov., 7 au 22 fév., mardi soir, merc. hors sais. et lundi en juil.-août – SC : **R** (dim. prévenir) 62/170.

CAUDEBEC-EN-CAUX 76490 S.-Mar. 55 ⑤ **G. Normandie** (plan) – 2 477 h. – ✪ 35.

Voir Église★ – Vallon de Rançon★ NE : 2 km – Pont de Brotonne★ : péage : auto 10 F, camion et véhicule supérieur à 1,7 t. 7 à 22 F, E : 1,5 km.

ℹ Syndicat d'Initiative Maison des Templiers (juil.-août) ☎ 96.11.12.

Paris 167 – Lillebonne 16 – ♦Rouen 36 – Yvetot 12.

Marine, quai Guilbaud ☎ 96.20.11, Télex 770404, ← – |♯| ⇔wc ⋒wc ☎ Ⓟ – 60. AE ⓓ E VISA
fermé 1er au 20 janv., vend. et sam. midi du 1er oct. au 31 mars – SC : **R** 130/175 – ☕ 24 – **33 ch** 150/235.

Manoir de Rétival ⚘ sans rest, rue St Clair ☎ 96.11.22, ← vallée de la Seine, parc – ⇔wc ⋒wc ☎ Ⓟ – 30. AE ⓓ
30 mars-2 nov. – SC : ☕ 25 – **10 ch** 150/320.

✕✕ **Normandie** avec ch, quai Guilbaud ☎ 96.25.11, ← – ⇔wc ⋒wc ☎ Ⓟ. VISA
✦ *fermé 27 août au 16 sept. et vacances de fév.* – SC : **R** *(fermé dim. soir)* 44/110 – ☕ 14,50 – **16 ch** 100/150.

CITROEN Modern'Gar., ☎ 96.20.44
PEUGEOT Gar. du Centre, ☎ 96.12.45
V.A.G. Caudebec Autom., ☎ 96.13.44

CAUDON-DE-VITRAC 24 Dordogne 75 ⑰ – rattaché à Vitrac.

CAUDRY 59540 Nord 53 ④ – 14 118 h. alt. 119 – ✪ 27.

Paris 192 – Cambrai 15 – Le Cateau 11 – ♦Lille 79 – St-Quentin 37 – Valenciennes 30.

à Ligny-en-Cambrésis SO : 3 km par D 16 – ✉ **59191** Ligny-en-Cambrésis :

Château de Ligny ⚘, ☎ 85.25.84, Télex 820211, parc – Ⓟ. VISA
fermé janv., mardi midi et lundi de nov. à Pâques – SC : **R** *(fermé lundi midi de Pâques à fin oct.)* 150/180 – ☕ 35 – **6 ch** 350/370.

route de Cambrai O : 4 km – ✉ **59157** Beauvois-en-Cambrésis :

✕✕ **La Buissonnière,** ☎ 85.29.97 – Ⓟ. VISA
fermé 13 fév. au 1er mars, 15 août au 1er sept., dim. soir et lundi – SC : **R** 70/200.

PEUGEOT-TALBOT Caudry-Autom., Zone Ind., bd du 19 Mars 1962 ☎ 85.25.61
RENAULT Haesaert, N 43 à Beauvois-en-Cambrésis ☎ 85.62.34
Ⓦ Daffé Pneus, 35 r. de la Paix ☎ 85.15.24

CAULIÈRES 80 Somme 52 ⑰ – rattaché à Poix de Picardie.

CAUSSADE 82300 T.-et-G. 79 ⑱ **G. Périgord** – 6 132 h. alt. 109 – ✪ 63.

Paris 634 – Albi 72 – Cahors 39 – Montauban 22 – Villefranche-de-Rouergue 51.

Dupont, r. Recollets ☎ 93.05.02 – ⇔wc ⋒wc ☎ Ⓟ. ✻
fermé 1er au 6 mai, nov., vend. soir, sam. de sept. à fin mai et sam. midi du 1er juin au 31 août – SC : **R** 54/129 ⅓ – ☕ 14,50 – **31 ch** 71/119.

PEUGEOT, TALBOT Bayol, 72 av. Gén.-Leclerc ☎ 93.22.22
PEUGEOT, TALBOT Soccol, 73 av. Gén.-Leclerc ☎ 93.09.87
RENAULT Mousquetaires-Autom., 59 av. Ed.-Herriot ☎ 93.03.03
Ⓦ Caussade Pneu, pl. des Douches ☎ 93.18.30
Taquipneu, 16 av. Gén.-Leclerc ☎ 93.10.91

CAUTERETS 65110 H.-Pyr. 85 ⑰ **G. Pyrénées** – 1 113 h. alt. 930 – Stat. therm. – Sports d'hiver : 930/2 340 m ⛷2 ⛷15 ⛷ – Casino – ⚙ 62. **Voir Cascade★★** et vallée★ de Lutour S : 2,5 km par D 920 – Route et site du pont d'Espagne★★ (chutes du Gave) au Sud par D 920.

Env. SO : Site★★ du lac de Gaube accès du pont d'Espagne par télésiège puis 1h.

ℹ Office de Tourisme pl. Hôtel de Ville (fermé dim. après-midi hors sais.) ☎ 92.50.27, Télex 530337.

Par ① : Paris 855 – Argelès-Gazost 17 – Lourdes 30 – Tarbes 50.

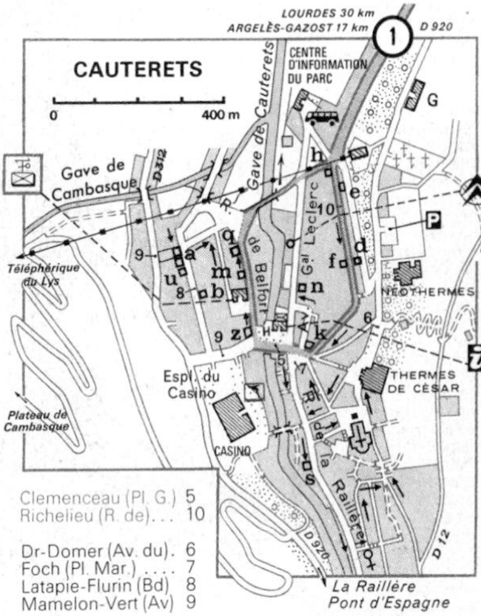

LOURDES 30 km
ARGELÈS-GAZOST 17 km
D 920
CAUTERETS
0
400 m
CENTRE D'INFORMATION DU PARC
G
Gave de Cambasque
Gave de Cauterets
D 312
R. de Belfort
Gal Leclerc
Téléphérique du Lys
NÉOTHERMES
THERMES DE CÉSAR
Espl. du Casino
CASINO
Plateau de Cambasque
R. de la Raillère
D 920
D 12
La Raillère
Pont d'Espagne
Clemenceau (Pl. G.) 5
Richelieu (R. de) . . . 10
Dr-Domer (Av. du) . 6
Foch (Pl. Mar.) 7
Latapie-Flurin (Bd) 8
Mamelon-Vert (Av) 9

🏨 **Bordeaux** Ⓜ, r. Richelieu **(f)** ☎ 92.52.50 – 🛗 📺 🛁wc 🚿wc ☎. 🅟. AE ⓓ E VISA. 🚫 rest
1er mai-30 sept. et 15 déc.-20 avril – **R** *(fermé merc.)* 88/165 – ☕ 27 – **20 ch** 175/262, 6 appartements 262/312 – P 215/232.

🏨 **Etche Ona,** r. Richelieu **(d)** ☎ 92.51.43 – 🛗 🛁wc 🚿wc ☎
2 mai-30 sept. et 15 déc.-15 avril – SC : **R** 70/140 – ☕ 17 – **35 ch** 96/190 – P 165/210.

🏨 **Mouré,** r. Belfort **(q)** ☎ 92.51.09 – 🛗 🛁wc 🚿wc ☎ 🅟. AE E. 🚫 rest
fermé 22 avril au 28 mai et 30 sept. au 18 déc. – SC : **R** 50/90 – ☕ 18,50 – **37 ch** 54/162 – P 147/220.

🏨 **Trois Pics,** av. Leclerc **(n)** ☎ 92.53.64, ≤ – 🛗 🛁wc 🚿wc ☎ – 🏔 25. AE ⓓ E VISA
1er juin-5 nov. et 15 déc.-15 avril – SC : **R** 75/150 – ☕ 20 – **30 ch** 190/240 – P 220/240.

🏨 **Bellevue et George V,** pl. Gare **(h)** ☎ 92.50.21 – 🛗 🛁wc 🚿wc ☎. 🚫
15 mai-30 sept. et 15 déc.-30 avril – SC : **R** 50/75 – ☕ 18 – **41 ch** 142/154 – P 182/188.

🏨 **Le Sacca,** bd Latapie-Flurin **(a)** ☎ 92.50.02 – 🛗 🛁wc 🚿wc ☎. VISA. 🚫 rest
fermé 1er nov. au 15 déc. – SC : **R** 50/105 – ☕ 13,50 – **29 ch** 75/177 – P 140/250.

🏨 **Ste Cécile,** bd Latapie-Flurin **(b)** ☎ 92.50.47, 🍽 – 🛗 ▤ rest 🛁wc ☎. AE VISA. 🚫 rest
fermé 25 sept. au 15 déc. – SC : **R** 55/90 – ☕ 16 – **36 ch** 180/220 – P 163/225.

🏨 **Les Édelweiss,** bd Latapie-Flurin **(u)** ☎ 92.52.75 – 🛁wc 🚿wc ☎. 🚫 rest
Pâques, 1er juin-30 sept., vacances scolaires de Noël et fév. – SC : **R** 50/55 – ☕ 16 – **26 ch** 100/153 – P 168/177.

🏨 **Victoria,** bd Latapie-Flurin **(a)** ☎ 92.50.43 – 🛗 🛁wc 🚿wc ☎. 🚫 rest
20 mai-fin sept. et 20 déc.-fin avril – SC : **R** 54/64 – ☕ 17,50 – **30 ch** 92/161 – P 147/230.

🏨 **Paris** sans rest, pl. Mar.-Foch **(k)** ☎ 92.53.85 – 🛗 cuisinette 🛁wc 🚿wc ☎. 🚫
fermé 2 nov. au 10 déc. et 20 avril au 1er mai – SC : ☕ 14,50 – **15 ch** 100/166.

🏨 **Centre et Poste,** r. Belfort **(m)** ☎ 92.52.69 – 🛗 🛁wc 🚿wc ☎
8 mai-25 sept. et 15 déc.-10 avril – SC : **R** 50/80 – ☕ 13 – **40 ch** 70/120 – P 120/155.

🏨 **La Rotonde,** 38 r. Richelieu **(e)** ☎ 92.52.68 – 🚿wc. VISA. 🚫 rest
fermé 28 avril au 9 mai et 1er nov. au 20 déc. – SC : **R** 43/60 – ☕ 10 – **22 ch** 60/100 – P 122/130.

🏨 **Le Peguère,** r. Raillère **(s)** ☎ 92.51.08, ≤ – 🛁. 🚫
6 mai-30 sept. et vacances scol. – SC : **R** 46/60 – ☕ 12 – **16 ch** 52/99 – P 118/140.

🏨 **Astoria** sans rest, av. Mamelon-Vert **(z)** ☎ 92.53.77 – 🚿wc ☎
fermé 30 sept. au 15 déc. – SC : ☕ 13 – **16 ch** 62/117.

à La Fruitière S : 6 km par N 21c et RF – alt. 1 400 – ✉ **65110** Cauterets :

✕ **Host. La Fruitière** 🐌 avec ch, ☎ 92.52.04, ≤, 🍽 – 🅟. VISA
20 mai-30 sept. – SC : **R** *(fermé dim. soir)* (dim. prévenir) 47/96 – ☕ 14 – **8 ch** 83/105 – P 130/190.

au Pont d'Espagne SO : 8 km par N 21c – alt. 1 497.

✕ **Pont d'Espagne** 🐌 avec ch, ✉ 65110 Cauterets ☎ 92.54.10, ≤, 🍽 – 🚫
hôtel : 15 mai-15 sept., rest. : 1er avril-15 oct., vacances de Noël, de fév. et de Pâques – SC : **R** 46/105 – ☕ 12 – **18 ch** 53/64 – P 107/120.

CITROEN Dansaut, ☎ 92.51.01

CAVAILLON 84300 Vaucluse 81 ⑫ **G. Provence** – 20 830 h. alt. 75 – ✪ 90.

Voir Musée : collection archéologique★ **M** – Chapelle St-Jacques ※★.

ℹ Office de Tourisme r. Saunerie (fermé sam. après-midi hors sais. et dim.) ☎ 71.32.01.

Paris 705 ④ – Aix-en-P. 52 ④ – Arles 44 ④ – Avignon 27 ④ – Manosque 71 ②.

CAVAILLON

Bournissac (Cours) .. 3
Castil-Blaze (Pl.) 5
Clos (Pl. du) 7
République (R. de la) . 34
Victor-Hugo (Cours) .. 40

Berthelot (Av.) 2
Clemenceau (Av. G.) . 6
Coty (Av. R.) 9
Crillon (Bd) 10
Diderot (R.) 12
Donné (Chemin) 13
Doumer (Av. P.) 14
Dublé (Av. Véran) 15
Durance (R. de la) 16
Gambetta (Cours L.) .. 17
Gambetta (Pl. L.) 19
Gaulle (Av. Gén. de) .. 20
Grand-Rue 22
Jaurès (Av. Jean) 23
Joffre (Av. Mar.) 25
Kennedy (Av. J.F.) ... 26
Pasteur (R.) 28
Péri (Av. Gabriel) 29
Pertuis (Rte de) 30
Raspail (R.) 32
Renan (Cours E.) 33
Sarnette (Av. Abel) ... 35
Saunerie (R.) 36
Sémar (Av. P.) 38
Tourel (Pl. F.) 39

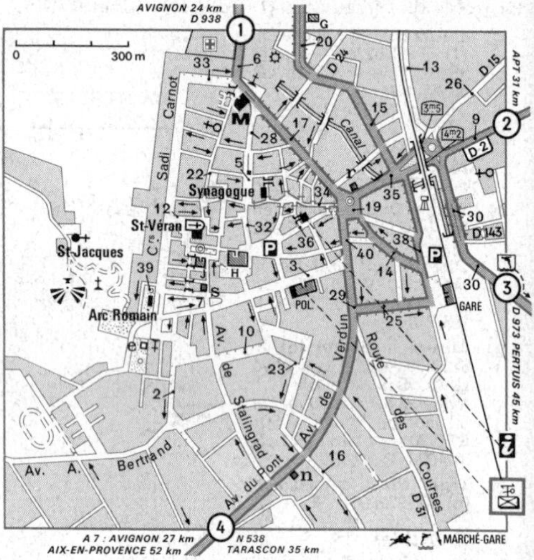

Christel Ⓜ 🐚, par ④ : 2 km ☎ 71.07.79, Télex 431547, ≤, ⛱, 🌳, 🎾 – |‡| ▤ TV ☎ Ⓟ – 🏛 200. AE ⓓ E VISA
SC : **R** *(fermé sam. midi et dim. midi hors sais.)* 95/120 – ☕ 20 – **105 ch** 200/270
4 appartements 400 – P 300/380.

Parc sans rest., pl. du Clos **(e)** ☎ 71.57.78 – TV ⌂wc ⚘wc ☎ Ⓟ. E VISA. ✂
SC : ☕ 16 – **23 ch** 100/180.

XX **L'Assiette au Beurre,** 353 av. Verdun **(n)** ☎ 71.32.43 – ▤. ✂
fermé 14 juil. au 15 août, dim. soir et lundi – SC : **R** 95/125.

XX **Nicolet,** 13 pl. Gambetta (1er étage) **(r)** ☎ 78.01.56 – VISA. ✂
fermé 12 au 27 fév., 1er au 24 juil., lundi midi et dim. – SC : **R** 90/160.

XX **Fin de Siècle,** 46 pl. du Clos (1er étage) **(s)** ☎ 71.12.27 – AE ⓓ
fermé 1er au 21 sept. et merc. – **R** 65/170.

à Robion par ② et D 2 : 5 km – ✉ **84440** Robion :

X **Maison de Samantha,** ☎ 76.55.56 – Ⓟ. AE VISA
fermé fév., mardi soir et merc. – SC : **R** 58/120.

CITROEN Chabas, rte d'Avignon par ①, q. du Grand-Grès ☎ 71.27.40 Ⓝ ☎ 71.14.11
FORD Central Gar., 86 av. Paul-Doumer ☎ 71.14.80
PEUGEOT-TALBOT Gar. Berbiguier, rte de Carpentras par ① ☎ 71.39.23
RENAULT Autom. Cavaillonnaise, 287 av. G.-Clemenceau par ① ☎ 71.34.96

Ⓜ Chabas, 339 route des Courses ☎ 71.04.73
Anrès, 154 av. Stalingrad ☎ 78.03.91
Comptoir de L'Auto, 261 av. G.-Chauvin ☎ 71.25.16
Pneus-Atrini, 154 cours Gambetta ☎ 78.01.44

CAVALAIRE-SUR-MER 83240 Var 84 ⑰ **G. Côte d'Azur** – 3 912 h. alt. 5 à 150 – ✪ 94.

ℹ Office de Tourisme square de-Lattre-de-Tassigny (fermé sam. après-midi et dim. hors saison et nov.) ☎ 64.08.28.

Paris 900 – Draguignan 58 – Le Lavandou 21 – St-Tropez 18 – Ste-Maxime 22 – ♦Toulon 61.

Calanque 🐚, r. Calanque ☎ 64.04.27, Télex 400293, ≤ mer, ⛱ – ☎ Ⓟ. AE ⓓ VISA. ✂
fin mars-fin sept. – SC : **R** 85/150 – ☕ 22 – **33 ch** 340/370.

Porto di Mare Ⓜ sans rest, pl. J.-Moulin ☎ 64.30.16, ≤ – |‡| ⌂wc ☎ 🚗. AE VISA. ✂
25 mai-24 sept. – SC : ☕ 20 – **40 ch** 200/310.

Pergola Ⓜ, av. Port ☎ 64.06.86, 🌳, 🌳 – ⌂wc ⚘wc ☎ Ⓟ. ⓓ VISA
fermé fin oct. au 22 déc., 12 au 24 mars – SC : **R** 70 (déj. seul.)/135 – ☕ 18 – **32 ch** 183/194 – P 235/245.

🏨 **H. Raymond et rest. Le Mistral**, ☎ 64.07.32, 🍽 – ⌂wc ⎕wc ☎ 🅿. ⒜Ⓔ ⓪
E
Pâques-30 sept. et fermé merc. sauf du 15 juin au 15 sept. – SC : **R** 63/115 ⚬ – ⚏
16 – **35 ch** 105/205 – P 160/240.

🏨 **Bonne Auberge**, rte Nationale ☎ 64.02.96, 🍽 , 🚗 – ⌂wc ⎕wc 🅿. 🍽
1ᵉʳ mars-30 oct. – SC : **R** (pens. seul.) – ⚏ 13,50 – **31 ch** 88/183 – P 152/216.

🏠 **Bel Ombra** ⤸, av. Maures ☎ 64.04.68, 🍽 , 🚗 – ⌂wc ⎕wc ☎ 🅿. 🍽 rest
1ᵉʳ juin-23 sept. – SC : **R** 80/100 – ⚏ 23 – **24 ch** 110/225 – P 170/235.

PEUGEOT-TALBOT Guimelli, au Parc de Cavalaire ☎ 64.08.45

CAVALIÈRE 83 Var 🞰🞰 ⑰ G. Côte d'Azur – ⊠ 83980 Le Lavandou – ✪ 94.
Paris 887 – Draguignan 71 – Le Lavandou 8 – St-Tropez 31 – Ste-Maxime 35 – ◆Toulon 48.

🏛 ✿ **Le Club** Ⓜ ⤸, ☎ 05.80.14, Télex 420317, ≤, 🍽 , « Élégant ensemble au bord
de la mer, 🍽 , ⛱, 🚗 , 🚗 » – ⎅ ▤ ch 📺 ☎ 🅿. ⒜Ⓔ ⓪ 🆅🆂🅰. 🍽 rest
10 mai-24 sept. – SC : **R** (fermé lundi) (nombre de couverts limité - prévenir) carte
170 à 240 – 🍽 p 540/720
Spéc. Bouillabaisse de langouste, Loup en croûte, Millefeuille chaud de loup. **Vins** Bandol, La
Londe.

🏨 **Surplage**, ☎ 05.84.19, ≤, ⛱, 🚗 – ▤ ⚬ 🅿. 🍽 rest
mai-oct. – SC : **R** 100/120 – ⚏ 20 – **63 ch** 236/290.

🏨 **Gd Hôtel Moriaz**, ☎ 05.80.01, ≤, 🍽 , 🚗 – ⌂wc ⎕. 🍽 rest
hôtel : Pâques-20 oct., rest. : 1ᵉʳ juin-20 oct. – SC : **R** 90/110 – ⚏ 19 – **28 ch** 225 –
P 230/300.

🏨 **Cap Nègre H.**, ☎ 05.80.46, ≤ – ▤ ⌂wc ⎕wc 🗭 🅿. **E** 🆅🆂🅰. 🍽 rest
Pâques-fin sept. – SC : **R** 88/125 – ⚏ 23 – **30 ch** 210/258 – P 270/310.

à Pramousquier E : 2 km sur N 559 – ⊠ 83980 Le Lavandou.

Env. Col de Canadel ≤★★ NE : 6,5 km.

🏠 **Beau Site**, ☎ 05.80.08, ≤ – ⎕wc 🅿. 🍽 rest
1ᵉʳ avril-30 sept. – SC : **R** 68/100 – ⚏ 17,50 – **17 ch** 184 – P 220/233.

CAVALIERS (Falaises des) 83 Var 🞰🞰 ⑥ G. Côte d'Azur – ⊠ 83630 Aups – ✪ 94.
Voir ≤★★ – Tunnels de Fayet ≤★★★ E : 2 km.

Le CAYLAR 34520 Hérault 🞰🞰 ⑱ G. Causses – 295 h. alt. 732 – ✪ 67.
Voir Pas de l'Escalette★ S : 5 km.
Paris 673 – Ganges 48 – Lodève 19 – Millau 42 – ◆Montpellier 73 – St-Affrique 50 – Le Vigan 49.

🏤 **Larzac**, ☎ 44.50.02 – ⎕wc 🚗
➤ **R** 45/90 – ⚍ 18 – **15 ch** 90/170 – P 150/180.

CAYLUS 82160 T.-et-G. 🞰🞰 ⑱ G. Périgord – 1 520 h. alt. 230 – ✪ 63.
Voir Christ en bois★ dans l'église.
🇮 Syndicat d'Initiative à la Mairie (fermé sam. et dim.) ☎ 30.73.06.
Paris 656 – Albi 67 – Cahors 61 – Montauban 44 – Villefranche-de-Rouergue 29.

🏠 **Bellevue** ⤸, O : 2 km par D 926 et VO ☎ 30.76.57, ≤, 🍽 , parc – ⌂wc ⎕ 🅿.
➤ 🍽 ch
fermé 1ᵉʳ déc. au 15 janv. – SC : **R** 45/80 ⚬ – ⚏ 15 – **11 ch** 80/110 – P 150/170.

RENAULT Gar. Apchie, ☎ 30.75.82

La CAYOLLE (Col de) 04 Alpes-de-H.-P. 🞰🞰 ⑧⑨, 🞰🞰🞰 ② G. Alpes – alt. 2 326.
Voir ❋★★.
Paris 767 – Barcelonnette 30.

Ressources hôtelières voir à *Esteng* (Alpes-Mar.)

CAYROLS 15 Cantal 🞰🞰 ⑪ – 229 h. alt. 583 – ⊠ 15290 Le Rouget – ✪ 71.
Paris 562 – Aurillac 27 – Boisset 8 – Figeac 40 – Le Rouget 3,5 – Tulle 79.

🏤 **Au Point du Jour**, ☎ 46.11.06, 🚗 – 🅿
➤ *1ᵉʳ avril-30 sept.* – SC : **R** 38/60 – ⚏ 14 – **22 ch** 58/140 – P 92/110.

CITROEN Gar. Fau, ☎ 46.11.03 🅽   PEUGEOT, TALBOT Lajarrige, ☎ 46.15.63

CAZAUBON 32 Gers 🞰🞰 ⑫ – rattaché à Barbotan-les-Thermes.

303

La CAZE (Château de) 48 Lozère 80 ⑤ – rattaché à La Malène.

CAZÈS-MONDENARD 82 T.-et-G. 79 ⑰ – 1 342 h. alt. 140 – ⊠ 82110 Lauzerte – ✪ 63.
Paris 642 – Agen 61 – Cahors 47 – Montauban 38.

  🏠 **L'Atre** ⑤, ☎ 94.68.67 – ⑪. ⊗
  ➔ *fermé nov. et lundi* – SC : **R** 40 bc/100 – ⊊ 10 – **10 ch** 59/80 – P 138.

CÉAUX 50 Manche 59 ⑥ – rattaché à Pontaubault.

CEIGNES 01 Ain 74 ④ – 136 h. alt. 612 – ⊠ 01430 Maillat – ✪ 74.
Paris 469 – Aix-les-Bains 79 – Belley 62 – Bourg-en-Bresse 40 – Lyon 82 – Nantua 14.

  ✗ **Molard** avec ch, à Moulin Chabaud N 84 ☎ 75.70.04 – ⟵ ⓟ
  ➔ *fermé 23 déc. au 15 fév., lundi soir et mardi* – SC : **R** 40/120 – ⊋ 12 – **9 ch** 58/91.

CEILLAC 05 H.-Alpes 77 ⑱⑲ G. Alpes – 292 h. alt. 1 643 – Sports d'hiver : 1 643/2 500 m ⚡6 –
⊠ 05600 Guillestre – ✪ 92.
Voir Vallon du Mélezet★.
🄸 Syndicat d'Initiative à la Mairie (fermé sam. hors sais., dim. et fêtes) ☎ 45.05.74.
Paris 730 – Briançon 49 – Gap 74 – Guillestre 14.

  🏠 **Les Veyres** ⑤, ☎ 45.01.91, ≤ – ⟵wc ⑪ ⓟ. ⊗
  ➔ *9 juin-30 sept. et 20 déc.-20 avril* – SC : **R** 46/58 – ⊊ 12 – **34 ch** 57/129 –
      P 123/172.

La CELLE-ST-CYR 89970 Yonne 65 ④ – 623 h. alt. 112 – ✪ 86.
Paris 147 – Auxerre 36 – Joigny 9 – Montargis 52 – Nemours 66 – Sens 39.

  ✗✗ **Aub. de la Fontaine aux Muses** ⑤, avec ch, ☎ 73.40.22, parc, ⬛, ✗ – ⟵wc
    ⑪wc ⓔ ⓟ. ⊗
  ➔ *fermé mardi midi et lundi* – SC : **R** carte 115 à 155 – ⊊ 18,50 – **9 ch** 172/200.

La CELLE-SUR-LOIRE 58 Nièvre 65 ⑬ – 759 h. alt. 146 – ⊠ 58440 Myennes – ✪ 86.
Paris 181 – Bonny-sur-Loire 12 – Cosne-sur-Loire 7 – Neuvy-sur-Loire 7 – Nevers 59.

  ✗ **Aub. Nivernaise,** N 7 ☎ 28.26.23 – ⓟ. ⒶⒺ ⓪
  ➔ SC : **R** (déj. seul.) 50 bc/90.

CELLIERS 73 Savoie 74 ⑰ – 58 h. alt. 1 282 – ⊠ 73260 Aigueblanche – ✪ 79.
Paris 644 – Albertville 36 – Chambéry 83 – Moûtiers 21 – St-Jean-de-Maurienne 39.

  🏠 **Gd Pic,** ☎ 24.03.72, ≤, 🍽 – ⑪wc. ⊗ rest
  ➔ *15 juin-30 sept. et 20 déc.-30 avril* – SC : **R** 42/85 – ⊊ 15 – **13 ch** 55/105 –
      P 120/150.

CELON 36 Indre 68 ⑰ – 372 h. alt. 201 – ⊠ 36200 Argenton-sur-Creuse – ✪ 54.
Paris 312 – Argenton-sur-Creuse 9,5 – Châteauroux 40 – ✦Limoges 84 – La Souterraine 32.

  ✗ **L'Étape** avec ch, N 20 ☎ 25.33.19, 🚗 – ⓟ. ⒺⒺ 𝒱𝐼𝒮𝒜. ⊗
  ➔ *fermé fév., lundi soir et mardi du 1er sept. au 1er juil.* – SC : **R** 55/260 – ⊊ 18 – **7 ch**
    65/86.

CELONY 13 B.-du-R. 84 ③ – rattaché à Aix-en-Provence.

CERBÈRE 66290 Pyr.-Or. 86 ⑳ – 1 726 h. – ✪ 68.
Voir NO : La Côte Vermeille★★, G. Pyrénées.
🄸 Syndicat d'Initiative 1 av. de la Côte Vermeille (15 juin-15 sept.) ☎ 88.42.36.
Paris 957 – ✦Perpignan 47 – Port-Vendres 16.

  🏠 **Dorade,** ☎ 88.41.93 – ⑪wc ☏. ⓪ 𝒱𝐼𝒮𝒜
  ➔ *25 mars-1er oct. et fermé mardi hors sais.* – SC : **R** 52/62 – ⊊ 17 – **25 ch** 95/140 –
    P 340/390 (pour 2 pers.).

La CERCENÉE 88 Vosges 62 ⑰ – rattaché à Gérardmer.

CERCY-LA-TOUR 58340 Nièvre 69 ⑤ – 2 372 h. alt. 201 – ✪ 86.
Paris 291 – Autun 65 – Château-Chinon 39 – Digoin 62 – Moulins 51 – Nevers 52.

  ✗✗ **La Clef des Champs,** rte Fours SE : 4 km ☎ 50.55.96 – ⓟ. 𝒱𝐼𝒮𝒜
  ➔ *fermé 1er au 10 oct., dim. soir et lundi* – SC : **R** 58/100.

CITROEN Guerin, ☎ 50.53.11	PEUGEOT-TALBOT Nesly, ☎ 50.54.96
PEUGEOT Baudot, ☎ 50.51.77 Ⓝ	RENAULT Boissier, ☎ 50.52.88 Ⓝ

CERDON 01 Ain 🔢 ④ – 647 h. alt. 299 – ⊠ **01450** Poncin – ✪ 74.

Paris 461 – Belley 67 – Bourg-en-Bresse 34 – Lyon 74 – Nantua 23 – La Tour-du-Pin 73.

à Labalme N : 6 km N 84 – ⊠ **01450** Poncin :

🏠 **Carrier,** 🕾 39.97.22 – 🚽wc 🐂 🚗 **P.** 🗚 **VISA**
➔ *fermé 8 au 15 sept., 3 au 31 janv., mardi soir et merc. sauf juil.-août* – SC : **R** 50/140
📖 – ⊡ 15 – **17 ch** 75/150 – P 145/160.

CÉRET 🚡 66400 Pyr.-Or. 🔢 ⑱ G. Pyrénées (plan) – 6 909 h. alt. 171 – ✪ 68.

Voir Vieux pont★ – Musée d'Art Moderne★.

🏛 Syndicat d'Initiative av. G.-Clemenceau (fermé matin hors saison, sam. et dim.) 🕾 87.00.53.

Paris 938 – Gerona 75 – ♦Perpignan 31 – Port-Vendres 36 – Prades 55.

🏰 **La Châtaigneraie** M ⤸, rte Fontfrède O : 2 km par D 13F 🕾 87.03.19, ≤ plaine et Canigou, 🌴, ambiance guest house, « villa dans la verdure et les rochers »,
🏊, 🐂 – 🗇wc 🐂 **P.** ❀
1er mai-9 oct. – SC : **R** *(fermé dim.)* (dîner pour résidents seul.) carte environ 120 –
⊡ 24 – **8 ch** 200/300.

🏰 **La Terrasse au Soleil** ⤸, rte Fontfrède O : 1,5 km par D 13F 🕾 87.01.94, ≤, 🌴,
🏊 – 🗇wc 🗟wc 🐂 **P.**
1er avril-31 oct. – SC : **R** *(fermé mardi midi et lundi)* carte 145 à 170 – ⊡ 22 – **12 ch**
266/331.

🏠 **Les Arcades** M sans rest, 1 pl. Picasso 🕾 87.12.30 – 🛗 🗇wc 🗟wc 🐂 🚗. 🗚
① **E.** ❀
fermé 15 au 30 nov. – SC : ⊡ 15,50 – **21 ch** 111/164.

🏠 **Pyrénées** ⤸, 7 r. République 🕾 87.11.02 – 🗇wc 🗟wc 🐂
fermé 28 nov. au 18 déc. et mardi d'oct. à avril – SC : **R** 65 📖 – 🍽 14,50 – **22 ch**
90/218.

✗✗ **Clemenceau,** 15 av. Clemenceau ♀ 87.07.91, 🌴.

CITROEN Gar. du Pont, 8 pl. du Pont 🕾 87.   FORD Gar. Mach, av. des Aspres 🕾 87.05.30
00.17.   **N**
CITROEN Taza, av. d'Espagne 🕾 87.02.65   VAG Gar. St-Ferréol, 8 r. St-Ferréol 🕾 87.01.31

Le CERGNE 42 Loire 🔢 ⑧ – 598 h. alt. 673 – ⊠ **42460** Cuinzier – ✪ 74.

Paris 421 – Charlieu 16 – Chauffailles 16 – ♦Lyon 81 – Roanne 32 – ♦St-Étienne 109.

✗✗ **Bel'vue** ⤸ avec ch, 🕾 89.77.56, ≤ – 🗟. **VISA**
fermé 12 au 25 juin, 24 déc. au 4 janv., dim. soir et lundi – SC : **R** 65/150 📖 – ⊡ 14
8 ch 65/80 – P 120/130.

CERGY-PONTOISE 🅿 95 Val-d'Oise 🔢 ⑳, 🔢 ⑤, 🔢 ② G. Environs de Paris – ✪ 3

Cergy 95000 Val-d'Oise – 17 703 h..

Paris 37 – Pontoise 4.

🏨 **Novotel** M ⤸, près préfecture 🕾 030.39.47, Télex 697264, 🌴, 🏊, 🐂 – 🛗 🗐
📺 🕾 🕭 **P.** – 🛎 25 à 200. 🗚 **①** **E** **VISA**
R snack carte environ 90 📖 – ⊡ 28 – **194 ch** 229/270.

✗✗ **Le Zinc** pl. Touleuses (Secteur Sud), 🕾 030.42.90 – **①** **VISA**
fermé lundi soir et dim. – SC : **R** 89/174.

⊛ Inter-Pneu Melia, Cité Artisanale 67 r. F.-Combes 🕾 030.11.91

Pontoise 🚡 95300 Val-d'Oise – 29 411 h. alt. 27.

🏛 Office de Tourisme 6 pl. Petit-Martroy (fermé matin, dim. et lundi) 🕾 038.24.45.

Paris 36 ④ – Beauvais 50 ① – Dieppe 135 ⑦ – Mantes 40 ⑥ – ♦Rouen 89 ⑥.

Plan page suivante

✗ **Aub. du Chou,** rte Auvers NE : 1,5 km par ② 🕾 038.03.68, ≤, 🌴 – **P.** **VISA**
fermé 15 sept. au 15 oct., lundi soir et mardi – SC : **R** 105.

à Cormeilles-en-Vexin par ⑦ : 9,5 km – ⊠ **95830** Cormeilles-en-Vexin :

✗✗✗ ⛯ **Relais Ste-Jeanne** (Cagna), sur D 915 🕾 466.61.56, « Jardin » – **P.** 🗚 **①**
VISA
fermé 16 août au 6 sept., Noël, vacances de fév., dim. soir, mardi soir et lundi – SC :
R (nombre de couverts limité - prévenir) 180/270
Spéc. Flan de foie gras chaud aux truffes, Pigeon en cocotte, Fricassée de soles à l'estragon.

à la Bonneville : par ③ : 5,5 km, N 322 – ⊠ **95540** Mery-sur-Oise :

✗✗ **Le Chiquito,** r. de l'Oise 🕾 036.40.23 – **P.** 🗚 **①** **VISA** ❀
fermé août, sam. midi et dim. – SC : **R** 170 bc/220 bc.

AUSTIN, ROVER, TRIUMPH, VOLVO SOGEL,   PEUGEOT TALBOT Pontoise Autos, 17 r.
10 r. Séré-Depoin 🕾 032.55.55   Thiers 🕾 032.23.00
FORD Gar. Marzet, 87 r. P.-Butin 🕾 032.56.04

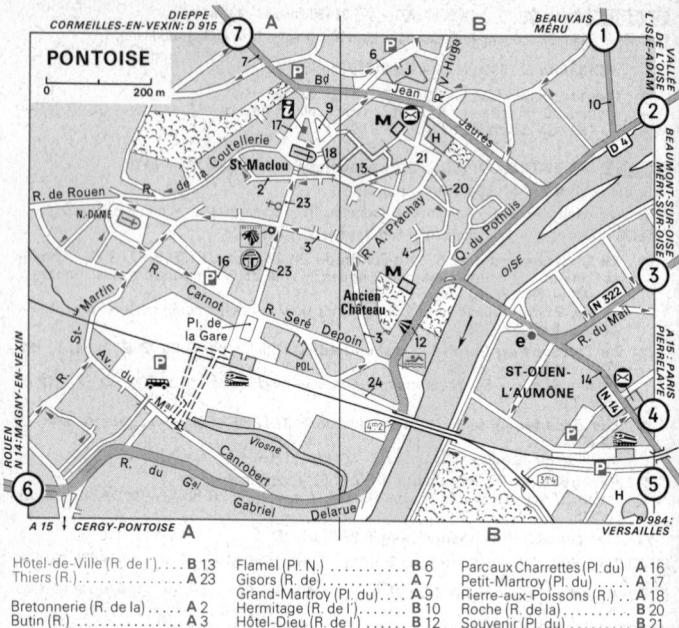

St-Ouen-l'Aumône 95310 Val-d'Oise – 17 213 h..

XX **Gd Cerf** avec ch, 59 r. Gén.-Leclerc ☏ 464.03.13, collection d'oiseaux naturalisés
– ⊟ wc ☎, AE ◑ E VISA
B e
fermé août et 1er au 15 fév. – SC : **R** (fermé mardi soir et merc.) 50/165 ⅃ – ☑ 20 –
10 ch 105/202.

ALFA-ROMEO, MERCEDES Vigneux, 44 r.
Gén.-Leclerc ☏ 464.01.14
DATSUN Arnauts, 36 av. Gén. Leclerc ☏ 037.
01.93
FIAT STCA., 29 av. Gén.-Leclerc ☏ 037.31.87
OPEL Valdoise Motors, 31 r. Paris ☏ 037.20.78

RENAULT Hinaux, 1 r. St-Henri par ③ ☏ 037.
14.14
VAG Vert-Galant Autom., Zone Ind., r. du
Vert-Galant ☏ 037.14.35

⑩ La Centrale du Pneu, 1 av. de Verdun ☏
464.07.50

Osny 95520 Val-d'Oise – 10 928 h – Pontoise 3.

XXX **Moulin de la Renardière,** rte Ennery ☏ 030.21.13, « Parc, rivière » – ℗. AE ◑
VISA
fermé 15 au 31 août, dim. soir et sam. – SC : **R** (nombre de couverts limité -
prévenir) carte 130 à 170.

CITROEN Rousseau, 2 chaussée J.-César par
⑥ ☏ 031.00.00

PEUGEOT, TALBOT Cergy-Pontoise-Autom.,
8 chaussée J.-César par ⑥ ☏ 030.12.12

CÉRILLY 03350 Allier ⑥⑨ ⑫ – 1 834 h. alt. 330 – ✆ 70.

Env. Forêt de Tronçais★★★ O : 7 km, G. Auvergne.

Paris 298 – Montluçon 40 – Moulins 46 – St-Amand-Montrond 32 – St-Pierre-le-Moutier 35.

☎ **Commerce,** ☏ 67.53.10 – ⊟ ☞ ℗. AE E
fermé janv. et vend. – SC : **R** 42/70 ⅃ – ☑ 15 – **14 ch** 42/75 – P 150.

CITROEN Levistre, ☏ 67.52.22

CERIZAY 79140 Deux-Sèvres ⑥⑦ ⑯ – 4 881 h. alt. 173 – ✆ 49.

Paris 381 – Bressuire 14 – Cholet 37 – Niort 66 – La Roche-sur-Yon 68.

🏦 **Cheval Blanc,** av. du 25-Août ☏ 80.50.13, ☞ – ⊟ wc ℿ wc ☎ ℗ – ₳ 30. VISA
fermé 21 déc. au 7 janv. et sam. sauf juil.-août – SC : **R** 36/99 ⅃ – ☑ 13 – **25 ch**
65/185 – P 177/300.

CITROEN Coulais, ☏ 80.51.51 N

FIAT-PEUGEOT-TALBOT Bodet, ☏ 80.50.19

CERNAY 51 Marne ⑤⑥ ⑥ – rattaché à Reims.

CERNAY 68700 H.-Rhin 66 ⑨ G. Vosges – 10 334 h. alt. 275 – ✪ 89.

🛈 Office de Tourisme 1 r. Latouche (1er juin-15 sept., fermé dim. et fêtes) ☏ 75.50.35.

Paris 531 – Altkirch 25 – Belfort 39 – Colmar 36 – Guebwiller 15 – ◆Mulhouse 19 – Thann 6.

🏠 **Frantz**, à Uffholtz N : 1 km ☏ 75.54.52 – 🛏wc 🕭 ☎ ⓟ. *VISA*
↔ fermé du 24 janv. – SC : **R** *(fermé lundi)* 37/195 ⅄ – 🍴 16,50 – **50 ch** 90/175 –
P 150/210.

🏠 **Aub. du Relais**, à Uffholtz N : 1 km ☏ 75.56.19 – 🛏wc 🕭wc ☜ ⓟ. *VISA*
↔ fermé 17 déc. au 7 janv. – SC : **R** *(fermé vend.)* (1/2 pens. seul.) ⅄ – 🍴 16,50 –
24 ch 74/165.

✕ **Host. Alsace** avec ch, 61 r. Poincaré ☏ 75.59.81 – 🕭wc ☜ ⓟ. 🎴 ⓞ ᴱ *VISA*
↔ fermé 15 au 31 juil., 20 déc. au 10 janv., dim. soir et lundi – SC : **R** 48/178 ⅄ – 🍴 19
– **10 ch** 80/125 – P 183.

PEUGEOT-TALBOT Soriano, 1 r. de l'Industrie   RENAULT Courtois, 2 fg de Belfort ☏ 75.48.27
☏ 75.44.85 🔃 ☏ 75.50.10   🔃 ☏ 75.51.23

CÉRONS 33 Gironde 79 ② – 1 308 h. alt. 15 – ✉ 33720 Podensac – ✪ 56.
Paris 631 – ◆Bordeaux 38 – Langon 11 – Libourne 42 – Villandraut 22.

🏠 **Grappe d'Or**, rte St Symphorien ☏ 27.11.61 – 🛏wc 🕭 ⓟ. *VISA*
fermé 20 déc. au 20 janv. – SC : **R** carte environ 70 – 🍴 15 – **11 ch** 84/130.

CESSIEU 38 Isère 74 ⑬ – rattaché à la Tour-du-Pin.

CESSON 22 C.-du-N. 59 ③ – rattaché à St-Brieuc.

CESSON-SÉVIGNÉ 35 I.-et-V. 59 ⑰ – rattaché à Rennes.

CÉVENNES (Corniche des) ★★★ 48 Lozère et 30 Gard 80 ⑥ ⑮ ⑰ G. Causses.

CEYRAT 63122 P.-de-D. 73 ⑭ – 4 742 h. alt. 560 – ✪ 73.
🛈 Syndicat d'Initiative à la Mairie (fermé sam. après-midi et dim.) ☏ 61.42.55.
Paris 396 – ◆Clermont-Ferrand 6 – Issoire 39 – Le Mont-Dore 41 – Royat 6.

Voir plan de Clermont-Ferrand agglomération

🏨 **La Châtaigneraie** Ⓜ ﮸ sans rest, av. Châtaigneraie ☏ 61.34.66, ≤ – 🛏wc
🕭wc ☜ ⓟ. ﹩   S p
fermé sam. et dim. – SC : 🍴 14 – **16 ch** 115/178.

🏠 **Promenade**, av. Wilson ☏ 61.40.46 – 🛏wc 🕭wc ☜. ᴱ *VISA*   S r
↔ fermé lundi – SC : **R** 38/150 – 🍴 12 – **12 ch** 60/100.

✕✕✕ **Host. de la Poste** avec ch, av. Wilson ☏ 61.30.01 – 🛏wc 🕭wc ☜. 🎴 ᴱ *VISA*
fermé 23 juil. au 9 août, vacances de fév., dim. soir (sauf hôtel) et lundi – SC : **R**
55/95 – 🍴 14 – **4 ch** 90/140 – P 140/160.   S k

à *Saulzet-le-Chaud* S : 3 km par N 89 – ✉ 63540 Romagnat :

✕ **Aub. de Montrognon**, ☏ 61.30.51, ≤ – ⓟ
fermé oct., lundi soir et mardi – SC : **R** 70/110.

CEYSSAT (Col de) 63 P.-de-D. 73 ⑬ ⑭ – rattaché à Clermont-Ferrand.

CEYZÉRIAT 01250 Ain 74 ③ – 1 982 h. alt. 320 – ✪ 74.
Paris 435 – Bourg-en-Bresse 8 – Nantua 32.

🏠 **Mont-July** ﮸, ☏ 30.00.12, ≤, 雨 – 🛏wc 🕭 ☜ ⓟ. 🎴 ᴱ. ﹩ ch
20 mars-15 oct. et fermé jeudi du 20 mars au 1er juil. – SC : **R** (dim. prévenir) 60/120
– 🍴 18 – **19 ch** 130/150 – P 180/200.

✕✕ **Balcon** avec ch, ☏ 30.00.16 – 🛏wc ☜ ⓟ
fermé 23 nov. au 30 déc. et merc. – SC : **R** (dim. et fêtes - prévenir) 55/130 ⅄ – 🍴 20
– **10 ch** 70/230 – P 180/230.

✕ **du Relais de la Tour** avec ch, ☏ 30.01.87 – 🛏wc. ᴱ
↔ fermé 10 oct.-10 nov. et lundi sauf vacances scolaires (hôtel seul.) 50/150 ⅄ – 🍴 15 – **7 ch** 59/120.

à *Villereversure* NE : 9 km par D 979 et D 81 – ✉ 01250 Ceyzériat :

🏠 **Chez Condemine**, à la Gare ☏ 30.65.98, 雨 – 🛏wc
fermé oct. et merc. – SC : **R** 64/155 ⅄ – 🍴 15 – **7 ch** 62/104 – P 135/152.

RENAULT Gar. Froment, ☏ 30.03.97

CHABANAIS 16150 Charente 72 ⑤ – 2 254 h. alt. 156 – ✪ 45.
Paris 425 – Angoulême 57 – Confolens 18 – ◆Limoges 46 – Nontron 52 – St-Junien 16.

🏠 **Croix Blanche**, pl. Croix Blanche ☏ 89.22.18 – ▤ rest 🛏wc 🕭 ☜ ⓟ. ᴱ *VISA*
↔ fermé oct. et lundi – SC : **R** 40/160 ⅄ – 🍴 15 – **17 ch** 85/170 – P 160/240.

CITROEN Mourgaud, ☏ 89.00.46

CHABEUIL 26120 Drôme 🔟 ⑫ – 4 391 h. alt. 205 – ✆ 75.

Paris 573 – Crest 20 – Romans-sur-Isère 16 – Valence 11.

🏠 **Relais du Soleil,** rte Romans ☎ 59.01.81, ≼, 🍴, 🚗 – 🛏wc 🛁wc 🅿 ⇔ 🅿.
🆎 ⓞ ℰ 𝖵𝖨𝖲𝖠. ❄️
fermé vacances de nov., fév., dim. soir et lundi en sais. – SC : **R** 55/115 ⅃ – ☲ 18
– **21 ch** 120/190 – P 210/250.

🏠 **Commerce,** Pl. Génissieu ☎ 59.00.23 – 🛏wc 🛁wc 🅿 🅿
◆ *fermé oct.* – SC : **R** *(fermé sam. de nov. à Pâques)* 40/85 ⅃ – ☲ 16 – **21 ch** 100/140
– P 160/180.

CHABLIS 89800 Yonne 🔟 ⑥ G. Bourgogne (plan) – 2 414 h. alt. 144 – ✆ 86.

🛈 Syndicat d'Initiative Chapelle de l'Ancien Hôtel-Dieu (15 juil.-31 août et fermé lundi) ☎ 42.11.73.

Paris 184 – Auxerre 19 – Avallon 39 – Joigny 45 – Montbard 54 – Nemours 106 – Tonnerre 16.

🏠 **Étoile-Bergerand,** ☎ 42.10.50 – 🛏wc 🛁 ⇔
fermé 18 au 23 juin, 17 déc. au 1ᵉʳ fév., mardi midi et lundi – SC : **R** 60/140 – ☲ 14
– **15 ch** 90/160.

CITROEN Lucas ☎ 42.40.22   RENAULT Bellat, ☎ 42.11.55

CHABRELOCHE 63250 P.-de-D. 🔟 ⑧ – 1 421 h. alt. 620 – ✆ 73.

Paris 403 – ◆Clermont-Ferrand 57 – Montbrison 54 – Noirétable 10 – Roanne 45 – Thiers 14.

aux Crocs d'Arconsat N : 4 km par D 86 et D 64 – ✉ 63250 Chabreloche :

☎ **Aub. du Montoncel** ⑤, ☎ 94.20.96, ≼, 🚗 – 🛏wc 🅿 🅿. ℰ. ❄️ ch
◆ *fermé 1ᵉʳ au 15 oct. et merc. hors sais.* – SC : **R** 40/80 – ☲ 18 – **9 ch** 70/110 –
P 150/170.

CITROEN Gge Gardette Thérias, ☎ 94.20.19

🖙 *Pour aller loin rapidement,*
utilisez les cartes Michelin à 1/1 000 000.

CHABRIÈRES 04 Alpes-de-H.-P. 🔟 ⑰ – alt. 621 – ✉ 04270 Mézel – ✆ 92.

Voir Clue de Chabrières★ O : 1,5 km, G. Côte d'Azur.

Paris 763 – Castellane 36 – Colmars 53 – Digne 18 – Manosque 59 – Puget-Théniers 70.

☎ **Relais de Chabrières,** N 85 ☎ 31.06.69, 🍴 – 🛁 ⇔
1ᵉʳ avril-30 sept. et fermé lundi et mardi sauf juil.-août – **R** 62/85 – ☲ 17 – **13 ch**
113/152.

CHAGNY 71150 S.-et-L. 🔟 ⑨ G. Bourgogne – 5 604 h. alt. 216 – ✆ 85.

Env. Mont de Sène ❊❊★★ O : 10 km.

🛈 Syndicat d'Initiative r. des Halles (Pâques, Pentecôte, 1ᵉʳ juin-30 sept. et fermé dim.) ☎ 87.25.95.

Paris 331 ① – Autun 43 ① – Beaune 15 ① – Chalon-s-S. 17 ② – Mâcon 75 ② – Montceau 44 ④.

🏩 ❀❀❀ **Lameloise** Ⓜ, pl. d'Armes (e) ☎ 87.08.85, « Ancienne maison bourgui-
gnonne aménagée avec élégance » – 📺 ☎ ⇔. 𝖵𝖨𝖲𝖠. ❄️ rest
fermé 18 au 26 juil., 5 déc. au 3 janv., jeudi midi et merc. – SC : **R** *(prévenir),*
carte 195 à 250 – ☲ 30 – **25 ch** 170/380
Spéc. Cassolette de queues d'écrevisses, Pigonneau
de Bresse en vessie, Soufflé chaud au citron. Vins
Rully, Chassagne-Montrachet.

🏠 **Poste** sans rest, 17 r. Poste (a) ☎ 87.08.27
– 🛏wc 🛁wc 🅿 ⇔ 🅿. ❄️
fermé 1ᵉʳ déc. au 1ᵉʳ mars et dim. hors sais. –
SC : ☲ 18 – **11 ch** 150/190.

🏠 **Nouvel H.** sans rest, bd Liberté (u) ☎ 87.
07.47, 🚗 – 🛏wc 🛁wc 🅿 🅿. 𝖵𝖨𝖲𝖠
fermé 20 nov. au 20 déc. et dim. hors sais. –
SC : ☲ 18 – **13 ch** 100/180.

par ② : 2 km par N 6 et VO – ✉ 71150
Chagny :

🍴🍴 **Host. Bellecroix** ⑤, avec ch, ☎ 87.13.86,
≼, 🚗 – 🛏wc 🛁wc 🅿 🅿. 🆎 ⓞ 𝖵𝖨𝖲𝖠
fermé 20 déc. au 1ᵉʳ fév. et merc. – SC : **R**
75/135 – ☲ 20 – **16 ch** 180/400.

sur N 6 par ② : 2 km rte Chalon – ✉ 71150
Chagny :

🏠 **Bonnard,** ☎ 87.21.49 – 🛏wc 🛁wc 🅿 ⇔
🅿
Pâques-2 nov. – SC : **R** 55/125 – ☲ 17 –
20 ch 140/200.

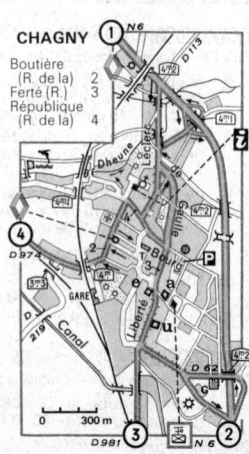

CHAGNY

Boutière
(R. de la)   2
Ferté (R.)   3
République
(R. de la)   4

à *Chassey-le-Camp* par ④ et D 109 : 6 km – ⊠ **71150** Chagny :

🏠 **Aub. du Camp Romain** ⤢, ₸ 87.09.91, ≤, 🍴, 🌳 – ⌷wc 🚿wc ☎ 🚗 **Ⓟ**. VISA

fermé 5 janv. au 15 fév. – SC : **R** *(fermé merc. du 15 sept. au 31 mars)* 65/120 – ⊡ 15 – **20 ch** 90/190, 5 appartements 250.

Voir aussi ressource hôtelière de *Santenay* par ④ : 4,5 km

RENAULT Guyot, N 6 ₸ 87.22.28   RENAULT Gar. Guillemot, ₸ 87.17.91

CHAILLEVETTE 17890 Char.-Mar. **71** ⑭ – 1 019 h. – 😊 46.
Paris 511 – Marennes 20 – Rochefort 41 – La Rochelle 73 – Royan 17 – Saintes 43.

🏠 **La Brousse** ⤢, ₸ 36.60.93, ≤, parc, « Ancienne ferme aménagée », ⤓ – ⌷wc 🍽 **Ⓟ**. 🌸
1er juil.-7 sept. – SC : **R** 90 – ⊡ 22 – **13 ch** 220.

CHAILLOL 05 H.-Alpes **77** ⑯ – alt. 1 450 – ⊠ **05260** Chabottes – 😊 92.
Paris 664 – Gap 25 – Orcières 22 – St-Bonnet 9.

🏔 **L'Étable** ⤢, ₸ 50.48.35, ≤ – ⌷ 🍽 **Ⓟ**. 🌸 rest
↖ *31 juin-18 sept. et 20 déc.-20 avril* – SC : **R** 48/70 – 🍴 12 – **9 ch** 60/84 – P 124/140.

à *Chaillol 1600* N : 2 km – ⊠ **05260** Chabottes :

🏠 **La Louzière** ⤢, ₸ 50.48.44, ≤ – 🛗 ⌷wc 🚿wc ☎. AE **E**. 🌸
↖ *15 juin-30 oct. et 15 déc.-30 avril* – SC : **R** 45/83 – ⊡ 18,50 – **29 ch** 90/166 – P 166/208.

CHAILLY-EN-BIÈRE 77960 S.-et-M. **61** ②, **196** ㊺ G. Environs de Paris – 1 757 h. alt. 64 – 😊 6.
Paris 59 – Étampes 41 – Fontainebleau 9,5 – Melun 9.

XXX **Chalet du Moulin**, S : 1,5 km par N 7 et VO ₸ 066.43.42, ≤, « Chalet dans un cadre de verdure » – **Ⓟ**. AE VISA
fermé août, lundi soir et mardi – **R** carte 175 à 235.

XX **Aub. de l'Empereur**, N 7 ₸ 066.43.38 – ⓪ VISA
fermé 20 janv. au 1er mars, merc. soir, dim. soir et jeudi – SC : **R** 68/125.

La CHAISE-DIEU 43160 H.-Loire **76** ⑥ G. Auvergne (plan) – 953 h. alt. 1 082 – 😊 71.
Voir Église abbatiale★★ : tapisseries★★★.
🚹 Syndicat d'Initiative pl. Mairie (Pâques, Pentecôte et 1er juin-30 sept. fermé lundi et vend. matin) ₸ 00.01.16.
Paris 469 – Ambert 33 – Brioude 40 – Issoire 57 – Le Puy 41 – ◆St-Étienne 79 – Yssingeaux 57.

🏠 **L'Écho et de l'Abbaye** ⤢, pl. Écho ₸ 00.00.45 – ⌷wc 🚿wc ☎. AE **E** VISA. 🌸
1er avril-2 nov. et vacances de fév. – SC : **R** 51/120 – ⊡ 16 – **11 ch** 92/195 – P 180/210.

🏠 **Au Tremblant**, D 906 ₸ 00.01.85, 🌳 – ⌷wc 🚿wc ☎ 🚗 **Ⓟ** – 🏕 25
15 mars-1er déc. – SC : **R** 52/100 – ⊡ 15 – **28 ch** 80/190 – P 160/220.

Plan d'eau de la Tour N : 2 km par D 906 – ⊠ **43160** La Chaise-Dieu :

🏠 **Le Vénéré** ⤢, ₸ 00.01.08, ≤, 🌳 – ⌷wc 🚿wc 🚗 **Ⓟ**. 🌸 ch
↖ *fermé 4 janv. au 4 fév. et mardi du 1er oct. au 15 mars* – SC : **R** 49/90 🍴 – ⊡ 15 – **18 ch** 55/155 – P 135/170.

PEUGEOT TALBOT Gar. Causse, ₸ 00.00.62   RENAULT Fayet, ₸ 00.00.88

Les CHAISES 78 Yvelines **60** ⑧, **196** ㉗ – rattaché à Rambouillet.

CHALABRE 11230 Aude **86** ⑥ – 1 441 h. alt. 372 – 😊 68.
🚹 Office de Tourisme cours Colbert (1er juil.-31 août et fermé dim. après-midi) ₸ 69.20.10.
Paris 959 – Carcassonne 48 – Castelnaudary 51 – Foix 48 – Lavelanet 21 – Pamiers 43 – Quillan 24.

X **France**, ₸ 69.20.15 – **E** VISA
↖ *fermé 10 sept. au 10 oct.* – SC : **R** 45/100.

FORD Gar. Gomez, Z.A. le Cazal ₸ 69.20.35   RENAULT Gar. Loutre, ₸ 69.20.13
N ₸ 69.26.75

CHALAMONT 01320 Ain **74** ②③ G. Vallée du Rhône – 1 415 h. alt. 293 – 😊 74.
Paris 443 – Belley 62 – Bourg-en-Bresse 24 – ◆Lyon 43 – Nantua 55 – Villefranche-sur-Saône 40.

XX **Clerc** avec ch, ₸ 61.70.30 – 🚿wc **Ⓟ**
↖ *fermé 5 fév. au 10 mars, mardi sauf le midi en sais. et merc.* – SC : **R** 46/180 – ⊡ 15 – **7 ch** 80/110.

CITROEN Riondy, ₸ 61.70.12 N   RENAULT Berlie, ₸ 61.70.27

CHALEZEULE 25 Doubs **66** ⑮ – rattaché à Besançon.

CHALLANS 85300 Vendée 🔟🔟 ⑫ G. Côte de l'Atlantique – 13 060 h. alt. 11 – ✿ 51.

🛈 Office de Tourisme 4 r. Gambetta (fermé matin hors-sais., lundi et dim.) ☎ 93.19.75.

Paris 432 ② – Cholet 83 ② – ◆Nantes 60 ① – La Roche-sur-Yon 40 ③ – Les Sables-d'Olonne 43 ④.

CHALLANS	F.F.I. (Bd des) . . . 4
	Lattre-de-T.
Dodin (Bd)	(R. Mar.-de) . . 7
Gambetta (R.) . . 5	Leclerc (R. Gén.). 8
Gaulle (Pl de) .	Monnier (R. P.) . . 9
Bonne-	Nantes (R. de) . . . 10
Fontaine (R.) . 2	Strasbourg (Bd) . 12
Briand (Pl. A.) . 3	Viaud-Gd-Marais
	(Bd) 14

🏠 **Antinéa** ⚞ sans rest, 14 r. Gallieni **(a)**
☎ 68.02.84, 🚗, – 📺 ⇨wc ⋔wc ☎ 🅿.
🅰🅴 ⓞ 🅴 𝓥𝓘𝓢𝓐
fermé sept. et dim. hors sais. – SC : ☲
17,50 – **12 ch** 130/220.

🏠 **Rocotel** Ⓜ, 9 bd Gare **(e)** ☎ 93.07.48 –
📺 ⇨wc ☎ 🅿 – 🚗 30. 🅰🅴 ⓞ 𝓥𝓘𝓢𝓐 ⚞ rest
fermé dim. et fériés – SC : **R** (self) carte
environ 50 ⚖ et rest. **Le Dauphin R** 68/183
⚖ – ☲ 20 – **21 ch** 157/213.

🏠 **Commerce** sans rest, 17 pl. A.-Briand **(r)**
☎ 68.06.24 – ⇨wc ⋔wc ☎. 🅴 𝓥𝓘𝓢𝓐
fermé janv. et dim. de nov. à mars – SC : ☲
18 – **20 ch** 115/200.

🏠 **Champ de Foire,** 10 pl. Champ de Foire
(s) ☎ 68.17.54 – ⋔wc. ⓞ
*fermé 10 déc. au 15 janv., vend. soir et sam.
sauf juil.-août –* SC : **R** 45/160 – 🍺 12 –
11 ch 70/125.

✕ **Le Marais** avec ch, 16 pl. Gén.-de-Gaulle
(x) ☎ 93.15.13 – 📺 ⋔wc ☎. 𝓥𝓘𝓢𝓐 ⚞ ch
fermé oct. – SC : **R** 45/160 – ☲ 20 – **15 ch**
75/100.

par ⑤ : 3 km rte Soullans – ✉ 85300
Challans :

✕✕ **La Gîte du Tourne-Pierre,** ☎ 68.14.78
– 🅿. 🅰🅴 ⓞ 🅴 𝓥𝓘𝓢𝓐
*fermé 15 sept. au 1er oct., 1er au 15 mars, vend. soir, sam. midi et dim. soir sauf
juil.-août –* SC : **R** carte 125 à 190.

par ⑦ : 5,5 km sur D 948 – ✉ 85300 Challans :

🏠 **Relais des Quatre Moulins,** ☎ 68.11.85 – ⋔ ☎ 🅿. ⚞
*fermé 28 sept. au 23 oct., 22 déc. au 12 janv., dim. sauf Pâques, Pentecôte, juil. et
août –* **R** (en juil. et août, dîner pour résidents seul.) 40/102 ⚖ – ☲ 16,50 – **10 ch**
93/105 – P 149.

CITROEN Atlantic-Autom., 52 rte de St-Jean-
de-Monts par ⑥ ☎ 93.15.99
PEUGEOT, TALBOT Retail, rte de Soullans, ☎
93.16.52
RENAULT Vendée-Autom., 29 rte de St-Jean-
de-Monts par ⑥ ☎ 93.26.55

RENAULT Pontoizeau, 3 Bd des F.F.I. ☎ 68.
11.55
V.A.G. Gar. Yvernogeau, rte de La Roche-sur-
Yon ☎ 93.09.71

CHALLES-LES-EAUX 73190 Savoie 🔟🔟 ⑮ G. Alpes – 2 744 h. alt. 310 – Stat. therm. (3 mai-
25 sept.) – Casino – ✿ 79.

🛈 Office de Tourisme av. Chambéry (1er mai-30 sept., fermé dim. après-midi et lundi matin)
☎ 85.20.13.

Paris 567 – Albertville 44 – Chambéry 6 – ◆Grenoble 51 – St-Jean-de-Maurienne 66.

🏨 **Château de Challes** ⚞, ☎ 85.21.45, « Terrasse fleurie : parc », ☴, ✕ – ᵴ 🅿.
⚞ rest
14 mai-25 sept. – SC : **R** 64/103 – ☲ 22 – **74 ch** 64/205.

🏠 **Nieder H.** sans rest, av. Chambéry ☎ 85.20.72 – 🛗 ⇨wc ⋔wc ☎ ⟵ 🅿. 𝓥𝓘𝓢𝓐
fermé nov. – SC : ☲ 12 – **25 ch** 78/120.

CHALMAZEL 42920 Loire 🔟🔟 ⑰ G. Vallée du Rhône – 670 h. alt. 867 – Sports d'hiver :
1 130/1 630 m ≤1 ≤6 ⚞ – ✿ 77.

Paris 438 – Ambert 37 – L'Arbresle 81 – Montbrison 37 – Roanne 67 – ◆St-Étienne 73 – Thiers 50.

✕ **Château** avec ch, ☎ 24.81.00 – 🅴 𝓥𝓘𝓢𝓐 ⚞
fermé nov., lundi soir et mardi sauf vacances scolaires – SC : **R** 48/90 – 🍺 15 –
10 ch 90/140 – P 160/190.

Gar. des Pistes, ☎ 24.81.84 Ⓝ

CHALONNES-SUR-LOIRE 49290 M.-et-L. 🔟🔟 ⑲⑳ G. Châteaux de la Loire – 5 358 h. alt. 23
– ✿ 41 – Voir E : Corniche angevine★.

Paris 313 – Ancenis 36 – Angers 25 – Châteaubriant 70 – Cholet 39 – ◆Nantes 71 – Saumur 70.

🏠 **France,** r. Nationale ☎ 78.00.12 – ⋔ ⟵. 🅴 𝓥𝓘𝓢𝓐
fermé 15 déc. au 15 janv., vend. soir et sam. sauf juil. et août – SC : **R** 43/107 ⚖ – ☲
11,50 – **10 ch** 47/105 – P 118/156.

CHALONS 17 Ch.-Mar. 🔟🔟 ⑮ – rattaché à Saujon.

CHÂLONS-SUR-MARNE

Bourgeois (R. Léon) . . . . . . BY
Croix-des-Teinturiers (R.) . AZ 17
Foch (Pl. Mar.) . . . . AY 21
Jaurès (R. Jean) . . . . X 31
Marne (R. de la) . . . . AYZ 37
République (Pl. de la) . . . . . AZ 51

Ablancourt (R. P. d') . . . . . . AY 2
Alliés (Av. des) . . . . X 3
Arche Mauvillan (Pt de l') . BZ 4
Arsenal (R. de l') . . . . BZ 6
Barbat (Quai) . . . . AY 7
Becquerel (Av. Henri) . . . . . . X 8
Brossolette (Av. Pierre) . . . . X 10
Camp-d'Attila (R. du) . . . . . . X 12
Chastillon (R. de) . . . . ABZ 13
Châtelet (R. du) . . . . BY 14
Compère (R. du Gén.) . . . . BY 15
Conflans (R. Eust. de) . . . . AZ 16
Dr-Pellier (R.) . . . . X 18
Flocmagny (R. du) . . . . BY 20
Forêts (Allées de) . . . . X 22
Four (R. du) . . . . BY 23
Garinet (R.) . . . . BY 24
Godart (Pl.) . . . . AY 26
Grignon (R. Louis) . . . . X 27
Jacquiert (R. Clovis) . . . . X 28
Jeanne-d'Arc (Av.) . . . . X 32
Leclerc (Av. du Gén.) . . . . . AZ 33
Libération (Pl. de la) . . . . . . AZ 34
Lochet (R.) . . . . AZ 35
Mariniers (Pt des) . . . . AY 36
Martyrs-de-la-Résistance (R. des) . . . . BY 38
Metz (Av. de) . . . . X 39
Mgr-Tissier (Pl.) . . . . ABY 40
Notre-Dame (Quai) . . . . AY 41
Oehmichen (R. Étienne) . . . . X 42
Ormesson (Cours d') . . . . . . AZ 43
Patton (Av. du Gén.) . . . . X 44
Perrier (Quai Eugène) . . . . AY 45
Porte-Murée (R.) . . . . BY 47
Prieur-de-la-Marne (R.) . . BY 48
Récamier (R. Juliette) . . . AZ 49
Roosevelt (Av. du Prés.) . . . X 53
St-Dominique (R.) . . . . AY 55
Sémard (Av. Pierre) . . . . X 59
Strasbourg (Av. de) . . . . . . BZ 60
Traversière (R.) . . . . BY 61
Ursulines (Pl. des) . . . . BY 62
Vaux (R. de) . . . . AY 63
Vieilles-Postes (R. des) . . . . X 64
Viviers (Pt des) . . . . AY 65
Voltaire (Allées) . . . . BZ 66
Zola (Bd Émile) . . . . BY 67
29-Août 1944 (R. du) . . . . X 68
106e R. I. (Av. du) . . . . X 69

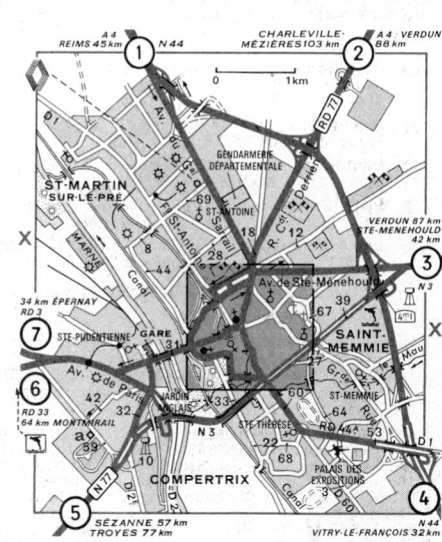

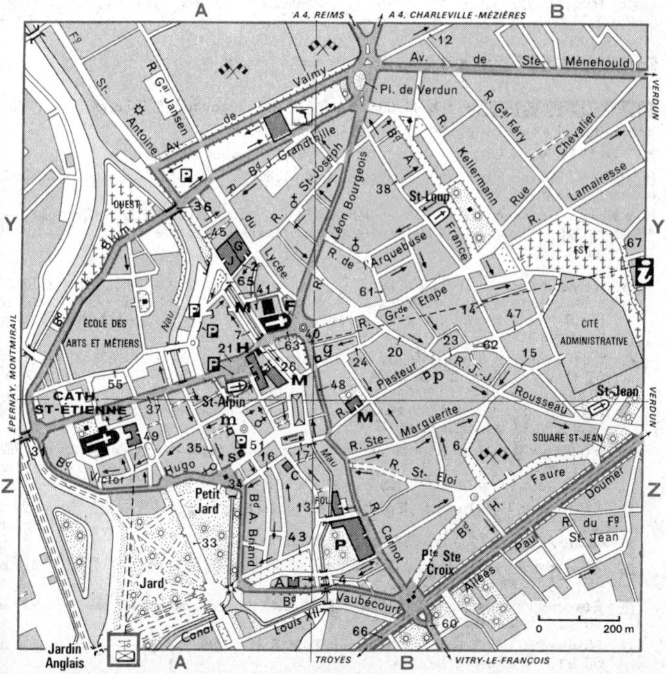

CHÂLONS-SUR-MARNE P 51000 Marne 𝟱𝟲 ⑰ G. Nord de la France – 54 359 h. alt. 83 – ✿ 26.

Voir Cathédrale★★ AZ – Église N.-D.-en-Vaux★ : intérieur★★ AY F – Musée du cloître de N.-D.-en-Vaux★★ AY M1.

🛈 Office de Tourisme (fermé dim. et fêtes) pl. Godart ℡ 65.17.89 (Transfert prévu quai des Arts).

Paris 187 ① – Belfort 310 ④ – ◆Besançon 272 ④ – Charleville-Mézières 103 ② – ◆Dijon 238 ④ – ◆Metz 157 ② – ◆Nancy 162 ④ – ◆Orléans 298 ① – ◆Reims 45 ① – Troyes 77 ⑤.

Plans page précédente

🏨 **Angleterre,** 19 pl. Monseigneur-Tissier ℡ 68.21.51, 😤 – P ⓪ E 𝘝𝘐𝘚𝘈, 𝒮𝒴 ch
fermé 15 fév. au 15 mars, dim. soir et lundi midi sauf fériés – SC : **R** 60/210 – ☲ 20
– **18 ch** 115/218. BY **g**

🏨 **Bristol** sans rest, 77 av. P.-Sémard ℡ 68.24.63 – ⇌wc ⋔wc 🕾 ⟵ P, 𝒮𝒴
SC : ☲ 13 – **24 ch** 105/140. X **a**

🏨 **Pasteur** ॐ sans rest, 46 r. Pasteur ℡ 68.10.00 – ⇌wc ⋔wc ☎ P, 𝘝𝘐𝘚𝘈 BY **p**
SC : ☲ 13,50 – **28 ch** 59/145.

🏠 **Pot d'Étain** sans rest, 18 pl. République ℡ 68.09.09 – ⇌wc ⋔ 🕾, 𝘝𝘐𝘚𝘈, 𝒮𝒴
fermé 22 déc. au 21 janv. – SC : ☲ 17 – **24 ch** 73/218. AZ **m**

✕✕ **Les Ardennes,** 34 pl. République ℡ 68.21.42 – 𝘝𝘐𝘚𝘈 AZ **s**
fermé 1ᵉʳ au 27 août, dim. soir et lundi – **R** 60/136.

à l'*Épine* par ③ : 8,5 km – ⊠ 51000 Châlons-sur-Marne.

Voir Basilique N.-Dame★★.

🏨 ✿ **Aux Armes de Champagne,** ℡ 68.10.43, Télex 830998, 😤 – ⇌wc ⋔wc 🕾
⟵ P – 🏛 25 à 150. ⓪ E 𝘝𝘐𝘚𝘈, 𝒮𝒴
fermé 10 janv. au 15 fév. – SC : **R** 61/169 – ☲ 21 – **37 ch** 127/255
Spéc. Escargots au Champagne, Blanc de turbot aux échalotes rôties, Magret de canard au riz sauvage. **Vins** Epernay, Vertus.

AUSTIN, ROVER, TRIUMPH Poiret, 16 ter r. Martyrs-de-la-Résistance ℡ 68.08.45
BMW, FIAT Guyot, 170 av. Gén.-Sarrail ℡ 68.38.86
CITROËN Ardon, 19 av. W.-Churchill par ④ ℡ 64.42.42 🅽
FORD Hall Automobiles, 34 av. W. Churchill ℡ 64.49.37
LADA, TOYOTA Marchand, 17 r. du Camp-d'Attila ℡ 68.22.18

OPEL Gar. de l'Avenue, 1 r. Oradour ℡ 68.11.63
PEUGEOT-TALBOT Sporting Gar., 47 rte de Vitry à St-Memmie par ④ ℡ 68.34.91
RENAULT Gar. Central, 7 av. 106·R.-I., Zone Ind. ℡ 68.57.06

Ⓐ Auto-Pneu-Marché, 14 r. Martyrs-de-la-Résistance ℡ 68.26.57
Châlons-Pneus, 46 pl. de la République ℡ 68.07.17

CHÂLONS-SUR-VESLE 51 Marne 𝟱𝟲 ⑥ – rattaché à Reims.

CHALON-SUR-SAÔNE 🅟 71100 S.-et-L. 𝟲𝟵 ⑨ G. Bourgogne – 57 967 h. alt. 179 – ✿ 85.
Voir Réfectoire★ de l'hôpital CZ B – Musée Denon★ BZ M1.

🏌 ℡ 48.61.99, NE : 3 km X.

🛈 Office de Tourisme (fermé dim. et fêtes sauf après-midi en saison) et A.C. Square Chabas, bd République ℡ 48.37.97.

Paris 340 ⑧ – ◆Besançon 132 ⑧ – Bourg-en-Bresse 89 ④ – ◆Clermont-Fd 219 ⑤ – ◆Dijon 69 ⑧ – ◆Genève 210 ④ – ◆Lyon 126 ④ – Mâcon 58 ④ – Montluçon 213 ⑤ – Roanne 133 ⑤.

Plans page ci-contre

🏨 **Royal et rest. Trois Faisans** M, 8 r. Port Villiers ℡ 48.15.86, Télex 801610,
« Bel aménagement intérieur » – 🛗 ▤ rest �📺 ☎ ⅁ ⟵, 🄰🄴 ⓪ E 𝘝𝘐𝘚𝘈 BZ **u**
SC : **R** *(fermé dim. de nov. à Pâques et lundi midi)* 76/190 – ☲ 25 – **43 ch** 175/245, 8 appartements 320/370.

🏨 ✿ **St-Georges** (Choux) M, 32 av. Jean-Jaurès ℡ 48.27.05, Télex 800330 – 🛗 ▤
�📺 ☎ ⟵ – 🏛 30. 🄰🄴 ⓪ E 𝘝𝘐𝘚𝘈 AZ **s**
R *(fermé sam. midi)* 70/200 – ☲ 25 – **48 ch** 165/260
Spéc. Escargots de bourgogne en feuilletés, Filet de loup infusé au vin rouge, Mignon de veau aux morilles. **Vins** Aligoté, Bourgogne.

🏨 **St-Régis** M, 22 bd République ℡ 48.07.28, Télex 801624 – 🛗 ▤ �📺 ☎ ⟵, 🄰🄴
⓪ E 𝘝𝘐𝘚𝘈 BZ **v**
SC : **R** *(fermé dim.)* 80/178 – ☲ 23 – **40 ch** 125/250.

🏨 **St-Hubert** M sans rest, 35 pl. Beaune ℡ 46.22.81, Télex 801177 – �📺 ⇌wc ⋔wc
☎, 🄰🄴 ⓪ E 𝘝𝘐𝘚𝘈 BY **r**
fermé 22 déc. au 2 janv. – SC : ☲ 22 – **51 ch** 140/215.

🏠 **St-Jean** sans rest, 24 quai Gambetta ℡ 48.45.65 – �📺 ⇌wc ⋔ 🕾 BZ **s**
SC : ☲ 14 – **25 ch** 70/180.

🏠 **Europe** sans rest, 13 r. Port-Villiers ℡ 48.70.48 – ⇌wc ☎ ⟵, E 𝘝𝘐𝘚𝘈 BZ **e**
SC : ☲ 19 – **23 ch** 76/183.

🏠 **Nouvel H.** sans rest, 7 av. Boucicaut ℡ 48.07.31 – ⋔wc 🕾 P AZ **a**
SC : ☲ 14 – **27 ch** 60/130.

CHALON-SUR-SAÔNE

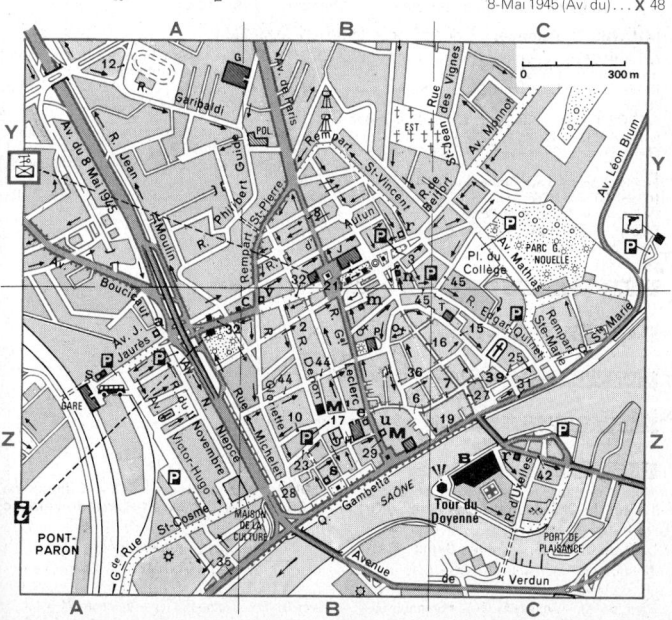

XXX **Le Bourgogne,** 28 r. Strasbourg ℱ 48.89.18, « Maison du 17e s., caveau » – E VISA — CZ r
fermé 26 nov. au 2 déc., 24 au 30 janv. et dim. soir – SC : **R** 45/97.

XX **Le Provençal,** 22 pl. Beaune ℱ 48.03.65 – VISA — BY n
fermé dim. – SC : **R** 65/150.

XX **Luc Pasquier,** pl. Gare ℱ 48.29.33, – AE ⓓ VISA — AZ s
fermé dim. soir et lundi – SC : **R** 60/210 ß.

X **La Réale,** 8 pl. Gén.-de-Gaulle ℱ 48.07.21. VISA — BZ m
fermé 15 au 28 fév., sam. midi, dim. soir et lundi – SC : **R** 59/85.

près Échangeur A6 Chalon-Nord – ✉ **71100** Chalon-sur-Saône :

Mercure M, av. Europe ℱ 46.51.89, Télex 800132, – TV ☎ ♿ P – 50 à 150. AE ⓓ E VISA — X a
R carte environ 90 ß – ☕ 25 – **85 ch** 224/274.

Ibis M sans rest, ℱ 46.64.62, Télex 800132 – TV wc ☎ P. E VISA — X u
SC : ☕ 18 – **41 ch** 155/202.

Ouest par D 69 - X – ✉ **71530** Chalon-sur-Saône :

XX **Aub. des Alouettes,** 4 km rte Givry ℱ 48.32.15 – P — X e
fermé 31 juil au 28 août, 13 au 19 fév., dim. soir et jeudi – SC : **R** (dim. prévenir) 58/120 ß.

à St-Marcel E : 3 km par N 73 et D 978 - X – 4 006 h. – ✉ **71380** St-Marcel :

XX **Commerce,** rte Louhans ℱ 96.56.16 – P — X r
fermé dim. soir et lundi – SC : **R** 60/180.

à Lux S : 5 km par N 6 - X – ✉ **71100** Chalon-sur-Saône :

Charmilles M, par ③ : 5 km ℱ 48.58.08 – wc wc ☎ ♿ P
SC : **R** *(fermé 15 fév. au 15 mars et dim. soir du 15 oct. au 15 avril)* (dîner seul.) 55/130 ß – ☕ 15 – **32 ch** 90/149.

à Alleriot par ① et VO : 7 km – ✉ **71380** St-Marcel :

X **La Frairie de Saône,** ℱ 46.42.39 – P. VISA
fermé 1er au 15 oct., fév., merc. et jeudi – SC : **R** (prévenir) 55/125.

à St-Loup-de-Varennes par ③ : 7 km – ✉ **71240** Sennecey-le-Grand :

X **St-Loup,** ℱ 44.21.58 – P.
fermé 1er juil. au 8 août, 1er au 8 janv. et lundi – SC : **R** (déj. seul.) 55/180.

Voir aussi ressources hôtelières de **Mercurey** par ⑥ : 13 km.

MICHELIN, Agence, Z.I. de Châtenoy-le-Royal X ℱ **46.22.51**

ALFA-ROMEO Sport auto Bourgogne, 113 av. Boucicaut ℱ 46.30.52
BMW Gar. République, 8 pl. République ℱ 48.16.90
CITROEN Gar. Moderne de Chalon-sur-Saône r. des Poilus-d'Orient ℱ 46.52.12
FIAT Duval, 10 rte Lyon, St-Rémy ℱ 48.76.63 N
FORD Soreva, 4 av. Kennedy ℱ 46.49.45
PEUGEOT-TALBOT Nedey, Rte d'Autun à Châtenoy-le-Royal ℱ 46.30.12
PEUGEOT-TALBOT Rocade-Autom., 91 av. Paris ℱ 43.00.77
RENAULT Chalon Sud, Autom. de Bourgogne, Centre routier-av. de Verdun ℱ 48.54.85
RENAULT SODIRAC, av. de l'Europe, Centre Commercial de la Thalie ℱ 46.25.89

Chalon-Pneus Zone Ind. Verte - Chatenoy-Le-Royal ℱ 46.45.77
Perret-Pneu, 40 rte de Lyon, N.6 à St Rémy ℱ 48.30.21
Piot-Pneu, r. P.-de-Coubertin, Zone Ind. ℱ 46.50.12

CHALO-ST-MARS 91 Essonne 60 ⑨, 196 ㊶ – rattaché à Étampes.

La CHALP 05 H.-Alpes 77 ⑱ – rattaché à Arvieux.

CHALVIGNAC 15 Cantal 76 ① – rattaché à Mauriac.

CHAMALIÈRES 63 P.-de-D. 73 ⑭ – voir à Clermont-Ferrand.

CHAMBÉRY P **73000** Savoie 74 ⑮ **G. Alpes** – 54 896 h. alt. 272 – 79.

Voir Château★ AZ – Diptyque★ dans la Cathédrale métropolitaine BY **D** – Grilles★ de l'hôtel de Châteauneuf (rue Croix-d'Or) BZ – Crypte★ de l'église St-Pierre de Lémenc BX **B**.

de Chambéry-Aix-les-Bains : T.A.T ℱ 61.46.00 au Bourget-du-Lac par ⑤ : 8 km.

Office de Tourisme bd de la Colonne (fermé dim.) ℱ 33.42.47 - A.C. 222 av. Comte-Vert ℱ 69.14.72.

Paris 561 ⑤ – Annecy 49 ⑤ – ♦Grenoble 55 ② – ♦Lyon 98 ⑤ – Torino 203 ② – Valence 124 ④.

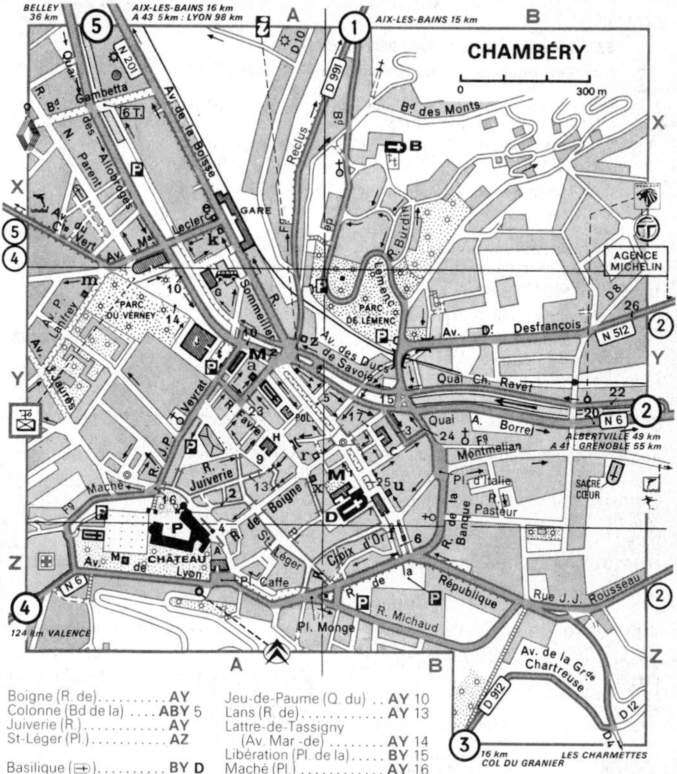

Boigne (R. de) .... AY
Colonne (Bd de la) .... ABY 5
Juiverie (R.) .... AY
St-Léger (Pl.) .... AZ

Basilique (⊞) .... BY D
Basse-du-Château (R.) .. AY 2
Charvet (R. François) .... BY 3
Château (Pl. du) .... AYZ 4
Denfert-Rochereau (R.) .. BZ 6
Hôtel-de-Ville (Pl. de l') .... AY 9

Jeu-de-Paume (Q. du) .. AY 10
Lans (R. de) .... AY 13
Lattre-de-Tassigny (Av. Mar.-de) .... AY 14
Libération (Pl. de la) ..... BY 15
Maché (Pl.) .... AY 16
Martin (R. Claude) ...... BY 17
Notre-Dame (⊞) ...... AY
Poincaré (Quai R.) ...... BY 20
Rize (Quai de) .... BY 22
St-Antoine (R.) .... AY 23
St-François (R.) .... BY 24

St-Joseph (⊞) .... AX
St-Pierre-de-Lémenc (⊞) BX B
St-Pierre-de-Maché (⊞) . AZ
Théâtre (Bd du) .... BY 25
Turin (Av. de) .... BY 26

Gd Hôtel Ducs de Savoie, 6 pl. Gare ☎ 69.54.54, Télex 320910 – |◆| ▤ rest [TV] ☎ 🚗 – 🏛 40 à 200. AE ⓞ VISA — AX **k**
SC : **R** *(fermé dim.)* 90/190 – ☕ 26 – **50 ch** 210/440, 5 appartements 540.

Le France Ⓜ sans rest, 22 fg Reclus ☎ 33.51.18 – |◆| ▤ [TV] ☎ 🚗 – 🏛 100 à 150. AE ⓞ E VISA — AY **z**
SC : ☕ 22 – **48 ch** 180/240.

Princes sans rest, 4 r. Boigne ☎ 33.45.36 – |◆| 🛁wc 🚿wc ☎. AE ⓞ E VISA — AY **r**
SC : ☕ 20 – **49 ch** 100/235.

Lion d'Or sans rest, pl. Gare ☎ 69.04.96 – |◆| 🛁wc 🚿wc ☎. AE ⓞ E VISA — AX **e**
SC : ☕ 18 – **40 ch** 120/220.

XXX ✿ **Roubatcheff,** 6 r. Théâtre ☎ 33.24.91 – ▤. AE ⓞ VISA — BY **u**
fermé 10 juil. au 10 août, dim. soir et lundi – SC : **R** (nombre de couverts limité - prévenir) 100/270
Spéc. Terrine de saumon frais, Blanc de turbot aux truffes, Escalope de ris de veau. **Vins** Chignin, Mondeuse.

XX **La Vanoise,** 44 av. P.-Lanfrey ☎ 69.02.78 – ▤. AE ⓞ E VISA — AY **m**
fermé 5 au 26 août, 23 déc. au 2 janv. et dim. – SC : **R** 92/218.

XX **St-Réal,** 10 r. St-Réal ☎ 70.09.33 — AY **x**
fermé dim. – SC : **R** 90/200.

XX **Chaumière,** 14 r. Denfert-Rochereau ☎ 33.16.26 – VISA — BZ **f**
fermé 6 août au 1er sept., 19 au 25 mars, merc. soir de sept. à mai, sam. soir de juin à sept. et dim. – SC : **R** 58/110 🍷.

X **Le Tonneau,** 2 r. St-Antoine ☎ 33.78.26 – AE E VISA — AY **a**
◆ *fermé 1er au 21 août, 16 au 31 janv., lundi et mardi* – **R** 35/95.

CHAMBÉRY

SE : 2 km par D 4 - BZ – ⊠ **73000** Chambéry :

🏨 **Aux Pervenches** ⟨⟩, aux Charmettes ℡ 33.34.26, ≼, 龠 – ⓜwc ☎ **Ⓟ**. **⓪ E**.
⟨⟩⟨⟩
fermé 16 août au 6 sept. et 20 fév. au 1ᵉʳ mars – SC : **R** *(fermé dim. soir et merc.)*
42/118 – ⌧ 12 – **13 ch** 67/107.

XXX **du Mont Carmel**, à Barberaz ℡ 70.06.63, 龠 – **Ⓟ**. 𝘝𝘐𝘚𝘈. ⟨⟩
fermé 16 au 23 août, 7 au 21 nov., 20 au 28 fév., lundi soir et mardi – **R** 90/150.

à La Motte Servolex N : 3 km par ⑤ 211 h. – ⊠ **73000** Chambéry :

🏨 **Novotel** Ⓜ, ℡ 69.21.27, Télex 320446, 龠, ⊿, – 📧 �📺 ☎ & **Ⓟ** – 🄰 230. **AE ⓪ E**
𝘝𝘐𝘚𝘈
R snack carte environ 90 ⅃ – ⌧ 28 – **103 ch** 234/257.

🏨 **Ibis** Ⓜ, ℡ 69.28.36, Télex 320457, ≼ – 📧 �📺 ⌸wc **Ⓟ** – 🄰 30. **E** 𝘝𝘐𝘚𝘈
SC : **R** carte environ 65 ⅃ – ☞ 19.50 – **89 ch** 157/196.

à Voglans : par ⑤ : 9 km – ⊠ **73420** Viviers-du-Lac :

🏨 **Cerf Volant** Ⓜ ⟨⟩, ℡ 63.40.44, ≼, 龠, ⊿, 龠, ⟨⟩ – �📺 ☎ ⟨⟩ **Ⓟ** – 🄰 40. **AE**
⓪ E 𝘝𝘐𝘚𝘈. ⟨⟩ rest
fermé 20 déc. au 5 janv., sam. et dim. midi d'oct. au 31 mars – SC : **R** 95/170 – ⌧ 30
– **30 ch** 240/300 – P 350/400.

MICHELIN, Agence, 555 av. de Chambéry à St-Alban-Leysse par av. de Turin BY
℡ 33.45.91

AUSTIN, ROVER, TRIUMPH Gar. Actual-Auto, 381 av. du Covet ℡ 69.16.96
BLF Falletti, 35 pl. Caffe ℡ 33.63.45
CITROËN Dieu, 250 r. E.-Ducretet par ⑤ ℡ 62.25.90
CITROËN Gar. du Château, 11 av. de Lyon ℡ 69.39.08
PEUGEOT-TALBOT Comtet, 15 quai Rize ℡ 33.28.09

RENAULT Chambéry Nord Auto, r. E.-Ducretet par ⑤ ℡ 62.36.37
RENAULT Lapierre, 547 r. N.-Parent ℡ 62.08.44
V.A.G. Lain, Zone Ind. des Landiers, voie rapide urbaine nord, ℡ 62.37.91

◉ Chamnord Equip'Auto, r. E.-Ducretet ℡ 69.48.35

Périphérie et environs

ALFA-ROMEO, TOYOTA Alpha-Savoie, r. Pierre et Marie Curie, La Ravoire ℡ 33.77.27
CITROËN Gar. Schiavon, av. Turin, Bassens par N512 BY ℡ 33.03.53
FORD Madelon, 70 rte de Lyon, Cognin ℡ 69.09.27
OPEL Savauto, av. Chambéry à St-Alban-Leysse ℡ 33.30.63
PEUGEOT-TALBOT Gar. Favre, rte de Challes, N 6 La Ravoire par av. de Turin BY ℡ 33.07.27
RENAULT Lapierre, 282 av. de Chambéry à St-Alban-Leysse par av. de Turin BY ℡ 33.21.45

VOLVO Gar. Bonomi, N 6 à la Ravoire ℡ 33.56.72

◉ Auto-Diffusion-Service, r. Boliet à Bassens ℡ 33.22.49
Piot-Pneu, Zone Ind. de la Trousse, N 6, La Ravoire ℡ 70.52.27
Savoy-Pneus, av. de la Houille Blanche, Zone Ind. Bissy ℡ 69.30.72
Tessaro-Cavasin, N 6 à St-Alban-Leysse ℡ 33.20.09

CHAMBON (Lac) ★★ 63 P.-de-D. **73** ⑬ G. Auvergne – alt. 877 – Sports d'hiver : 1 150/1 750 m
⟨⟩ 7 – ⊠ **63790** Murol – ◉ 73.
De la plage : Paris 435 – ◆Clermont-Ferrand 37 – Condat 41 – Issoire 33 – Le Mont-Dore 18.

🏨 **Bellevue**, ℡ 88.61.06, ≼, 龠 – ⌸wc ⓜwc ☎ **Ⓟ**. ⟨⟩ rest
hôtel : fév.-sept. ; rest. : juin-sept. (dîner seul.) – SC : **R** 70/150 – ⌧ 14,50 – **22 ch**
80/170, 3 appartements 237.

🏨 **Grillon**, ℡ 88.60.66, 龠 – ⓜwc ☎ **Ⓟ**. ⟨⟩ rest
vacances de printemps-30 sept. – SC : **R** 52/72 – ⌧ 13 – **20 ch** 64/140 – P 128/187.

🏨 **Pavillon Bleu** sans rest, ℡ 88.63.18, ≼, 龠 – ⌸wc ⓜ ☎ **Ⓟ**
sais. – **15 ch**.

🏨 **Lac**, ℡ 88.60.17, ≼ – ⌸wc ⓜwc ☎ **Ⓟ**. ⟨⟩ rest
Pâques-30 sept. (rest.) 30 oct. (hôtel) et vacances de fév. – SC : **R** 59/100 – **13 ch**
⌧ 100/138 – P 110/164.

🏠 **Beau Cottage**, ℡ 88.62.11, ≼ – ⓜ **Ⓟ**
fermé 1ᵉʳ oct. au 1ᵉʳ déc. – SC : **R** 45/90 ⅃ – ⌧ 10 – **14 ch** 55/80 – P 110/130.

Le CHAMBON-SUR-LIGNON 43400 H.-Loire **76** ⑧ G. Vallée du Rhône – 3 039 h. alt. 960 –
◉ 71.
🅱 Office de Tourisme pl. Marché (fermé dim. après-midi) ℡ 59.71.56.
Paris 582 – Annonay 50 – Lamastre 32 – Privas 84 – Le Puy 46 – ◆St-Étienne 62 – Yssingeaux 28.

🏨 **Bel Horizon** ⟨⟩, chemin de Molle ℡ 59.74.39, ≼, ⊿, 龠, ⟨⟩ – �📺 ⌸wc ⓜwc
☎ **Ⓟ**
fermé 23 sept. au 12 oct. et 2 au 15 déc. – SC : **R** *(fermé merc. sauf vacances scolaires)* 60/75 – ⌧ 15,50 – **21 ch** 75/195 – P 176/210.

🏨 **Central**, ℡ 59.70.67 – ⌸wc ⓜwc ☎
fermé 28 sept. au 28 oct. et du 1ᵉʳ nov. au 15 juin : hôtel le lundi, rest. le mardi – SC :
R 42/130 – ⌧ 14 – **25 ch** 75/160 – P 160/200.

à l'Est : 3,5 km par D 157 et D 185 – ✉ **43400** Chambon-sur-Lignon :

Clair Matin, ☎ 59.73.03, ≤, parc, ⛱, – 📺 wc wc ☎ 🅟 – 25. E. rest
fermé 20 nov. au 20 déc., 5 au 25 janv. et 1er au 15 mars – SC : **R** 70/85 – ☕ 18 – **31 ch** 160/190 – P 170/210.

CITROEN Grand, ☎ 59.76.18
PEUGEOT-TALBOT Argaud, ☎ 59.74.49 N
RENAULT Roux Ch., à le Sarzier ☎ 59.74.31

Le CHAMBON-SUR-VOREY 43 H.-Loire 76 ⑦ – rattaché à Vorey.

CHAMBON-SUR-VOUEIZE 23170 Creuse 73 ② **G. Périgord** – 1 288 h. alt. 331 – 55.
Voir Église ★.
Paris 345 – Aubusson 39 – ♦Clermont-Ferrand 89 – Guéret 47 – Montluçon 25.

Estonneries, 41 av. Clemenceau ☎ 82.14.66, – wc wc ☎ 🅟 – . VISA
fermé 20 déc. au 5 janv. et lundi – SC : **R** 59/165 – ☕ 16,50 – **10 ch** 60/214 – P 144/240.

CHAMBORD 41 L.-et-Ch. 64 ⑦⑧ – 206 h. alt. 71 – ✉ **41250** Bracieux – 54.
Voir Château★★★ (spectacle son et lumière★★), **G. Châteaux de la Loire.**
Paris 175 – Blois 18 – Châteauroux 99 – ♦Orléans 45 – Romorantin-Lanthenay 40 – Salbris 54.

St-Michel, ☎ 20.31.31, , « Face au Château », – wc ☎ 🅟. VISA. ch
fermé 12 nov. au 22 déc. – SC : **R** *(fermé lundi soir et mardi sauf fêtes du 15 oct. au 1er avril)* (dim. et fêtes prévenir) 75/140 – ☕ 19 – **38 ch** 90/230.

CHAMBORIGAUD 30530 Gard 80 ⑦ – 874 h. – 66.
Paris 626 – Alès 29 – Florac 54 – La Grand-Combe 19 – Nîmes 73 – Villefort 26.

XX **Les Camisards,** ☎ 61.47.93 – E.
fermé 15 au 30 juin, 15 nov. au 15 déc. et merc. sauf le soir en saison – SC : **R** 70/102 .

CHAMBOULIVE 19450 Corrèze 75 ⑨ – 1 218 h. alt. 435 – 55.
Paris 468 – Aubusson 92 – Bourganeuf 80 – Brive-la-Gaillarde 42 – Seilhac 9 – Tulle 23 – Uzerche 16.

Deshors Foujanet, ☎ 21.62.05, – ☎ 🅟. rest
fermé 1er au 28 oct. – SC : **R** 45/110 – ☕ 12 – **30 ch** 52/100 – P 110/145.

CITROEN Gar. Meyrignac, ☎ 21.60.42
FIAT Gar. Constanty, ☎ 21.61.54
RENAULT **Gar. Verdier,** ☎ 21.60.69

CHAMBRAY 27 Eure 55 ⑰ – 383 h. – ✉ **27120** Pacy-sur-Eure – 32.
Paris 96 – Evreux 18 – Louviers 22 – Mantes-la-Jolie 37 – ♦Rouen 52 – Vernon 18.

XXX ✿ **Le Vol au Vent,** ☎ 36.70.05 – E VISA
fermé 24 au 31 oct., janv., dim. soir, lundi et mardi midi – SC : **R** carte 140 à 200
Spéc. Huîtres en Sabayon de cidre, Feuilleté de ris de veau aux morilles, Millefeuille aux fraises.

CHAMONIX-MONT-BLANC 74400 H.-Savoie 74 ⑧⑨ **G. Alpes** – 9 255 h. alt. 1 037 – Sports d'hiver : 1 035/3 275 m 12 29, – Casino AY – 50.
Env. E : Mer de glace★★★ et le Montenvers★★★ par chemin de fer électr. AY – SE : Aiguille du midi ★★★ par téléphérique AY – (station intermédiaire : plan de l'Aiguille★★ BZ) – NO : Le Brévent★★★ par téléphérique – (station intermédiaire : Planpraz★★) AZ.
18 ☎ 53.06.28 N : 3 km BZ.
Tunnel du Mont-Blanc : **Péage en 1983** aller simple : autos 47 à 95 F, camions 235 à 475F - Tarifs spéciaux AR pour autos et camions.
Office de Tourisme pl. Église ☎ 53.00.24, Télex 385022.
Paris 624 ③ – Albertville 67 ③ – Annecy 96 ③ – Aosta 62 ② – Bern 172 ① – Bourg-en-Bresse 198 ③ – ♦Genève 83 ③ – Lausanne 114 ① – Mont-Blanc (Tunnel du) 7 ② – Torino 175 ②.

Plans pages suivantes

Alpina M, av. Mt-Blanc ☎ 53.47.77, Télex 385090, ≤ – 📺 ☎ – 250. AE E VISA. rest AX **t**
1er mars-30 sept. et 15 déc.-28 fév. – SC : **R** 105 – **134 ch** ☕ 275/426, 8 appartements 554/799 – P 290/385.

Mont-Blanc et rest. Le Matafan, pl. Église ☎ 53.05.64, Télex 385614, ≤, , ⛱, , – 📺 ☎ 🅟. AE E VISA AY **g**
fermé 15 oct. au 15 déc. – SC : **R** 120/150 – **46 ch** ☕ 265/420, 6 appartements 570 – P 300/390.

tourner →

CHAMONIX-MONT-BLANC

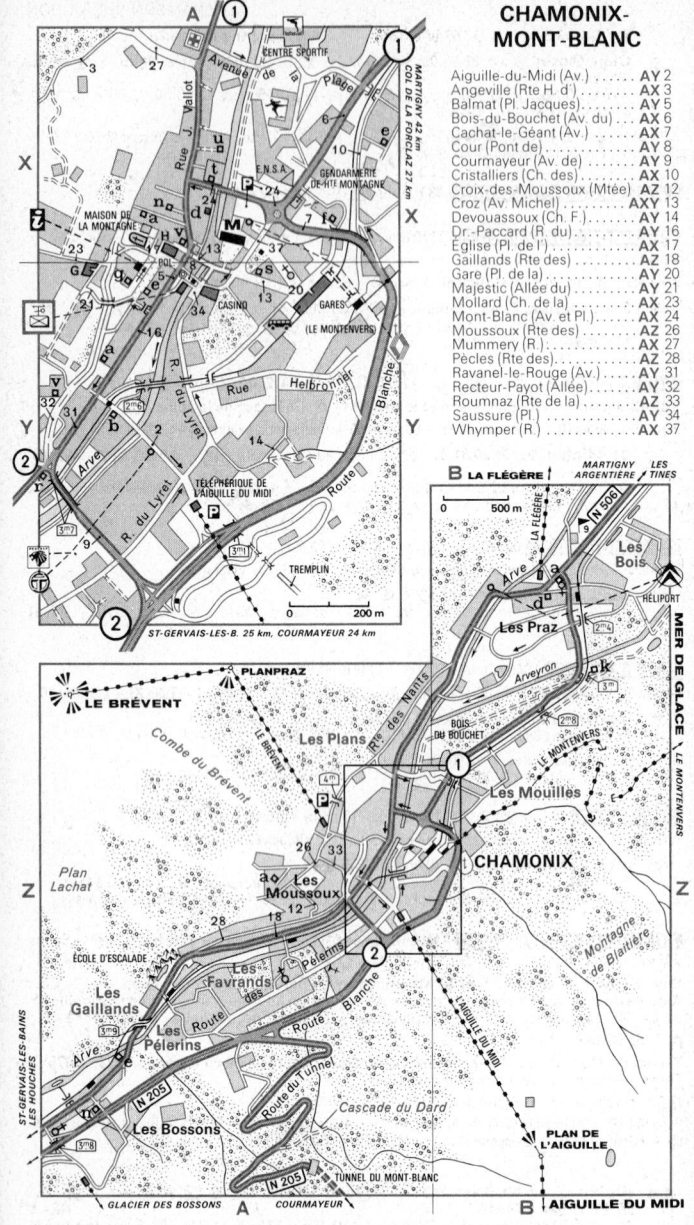

Routes enneigées

Pour tous renseignements pratiques, consultez
les cartes Michelin **« Grandes Routes »** 998 , 999 , 916 ou 989 .

RESSOURCES HÔTELIÈRES
AUX ENVIRONS DE CHAMONIX ET SAINT GERVAIS

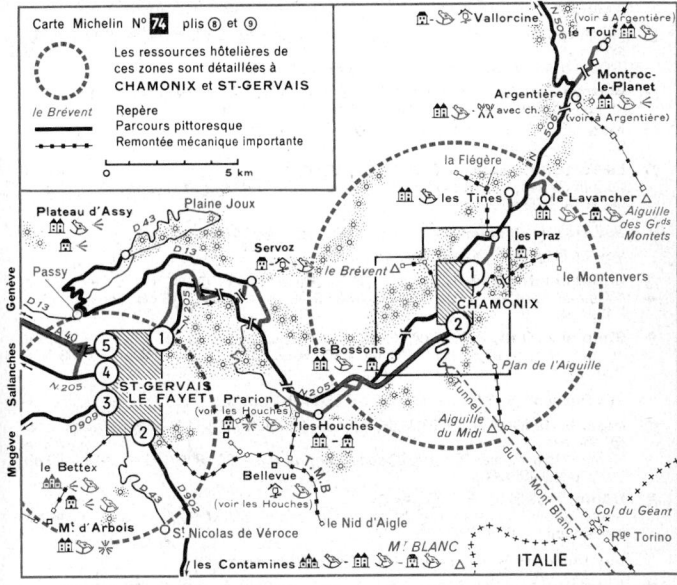

🏨 **Aub. du Bois Prin** Ⓜ 🕸, aux Moussoux ☎ 53.33.51, ≼ massif du Mont-Blanc, 🍴 – 🛗 📺 ☎ 🅿 🔟 ⓪ 𝘝𝘐𝘚𝘈.
AZ **a**
10 juin-7 oct. et 20 déc.-5 mai – SC : **R** *(fermé merc. hors sais.)* (dîner seul.) 105/125 – **11 ch** 🖙 385/580.

🏨 **Albert Ier et Milan** Ⓜ, ☎ 53.05.09, Télex 380779, 🏡, « Jardin fleuri », 🚽, 🎾 – 🛗 📺 ☎ 🚗 🅿 🔟 ⓪ 𝘝𝘐𝘚𝘈. 🛁 rest
AX **f**
fermé 24 avril au 25 mai et 1er oct. au 29 nov. – SC : **R** 88/165 – 🖙 24 – **32 ch** 225/285 – P 240/280.

🏨 **Park H. et rest. La Calèche,** av. Majestic ☎ 53.07.58, Télex 385720, 🚽 – 🛗 📺 ☎ 🚗 🔟 ⓪ 𝙀 𝘝𝘐𝘚𝘈. 🛁 rest
AY **e**
fermé 15 sept. au 15 déc. – SC : **R** 65/105 – **68 ch** 🖙 165/260.

🏨 **Croix Blanche,** 87 r. Vallot ☎ 53.00.11, ≼, 🏡 – 🛗 ☎ 🅿 🔟 ⓪ 𝙀 𝘝𝘐𝘚𝘈
AX **v**
fermé mai et juin – **R** brasserie carte environ 90 – **38 ch** 🖙 142/265.

🏨 **Le Prieuré** Ⓜ, allée Payot ☎ 53.20.72, ≼, 🌳 – 🛗 cuisinette 🚽wc ☎ 🕭 🅿 🔟 ⓪ 𝙀 𝘝𝘐𝘚𝘈
AY **v**
fermé 1er oct. au 15 déc. et 28 avril au 19 mai – SC : **R** *(dim. seul.)* 65/75 – 🖙 20 – **89 ch** 170/245 – P 246/275.

🏨 **Hermitage et Paccard** 🕸, r. Cristalliers ☎ 53.13.87, ≼, 🏡, 🌳 – 🚽wc 🕭 🅿 🔟 ⓪ 𝘝𝘐𝘚𝘈
AX **e**
1er juin-30 sept. et 15 déc.-25 avril – SC : **R** 60/120 – 🖙 23 – **32 ch** 116/275, 3 appartements 470 – P 180/270.

🏨 **Richemond,** 228 r. Dr.-Paccard ☎ 53.08.85, ≼, 🌳 – 🛗 🚽wc 🕭 🅿 🔟 𝙀 𝘝𝘐𝘚𝘈
AY **a**
16 juin-16 sept. et 20 déc.-Pâques – SC : **R** *(dîner seul.)* 67/75 – 🖙 18 – **52 ch** 82/244.

🏨 **Pointe Isabelle,** 165 av. M. Croz ☎ 53.12.87 – 🛗 🚽wc 🖥wc 🕭 🅿 🔟 𝘝𝘐𝘚𝘈. 🛁 rest
AY **s**
fermé 30 sept. au 20 déc. – SC : **R** 80/105 – 🖙 20 – **38 ch** 195/300 – P 268/287.

🏨 **Arve,** r. J.-Vallot ☎ 53.02.31, ≼ – 🛗 🚽wc 🖥wc 🕭 🅿 🔟 𝘝𝘐𝘚𝘈. 🛁 rest
AX **u**
15 juin-30 sept., 15 janv.-20 avril et sans rest. 20 avril-15 juin, oct. et vacances de Noël – SC : **R** 60/72 – 🖙 18 – **40 ch** 90/190 – P 175/230.

🏨 **Roma** sans rest, 289 r. Ravanel-le-Rouge ☎ 53.00.62, ≼, 🌳 – 🚽wc 🖥wc 🅿 🛁
AY **r**
fermé début oct. au 15 déc. – SC : **34 ch** 🖙 98/216.

tourner →
319

🏠 **Arveyron** ⚿, av. du Bouchet ☎ 53.18.29, ≤, 霜, 森 – 🛁wc 🚿wc ⊛ **🅿**.
➡ 🍴 rest   BZ **k**
2 juin-16 sept. et 20 déc.-Pâques – SC : **R** 49/70 – ⌿ 17 – **22 ch** 92/194 –
P 149/199.

🏠 **Au Bon Coin** sans rest, 80 av. Aiguille-du-Midi ☎ 53.15.67, ≤, 森 – 🛁wc ⊛ **🅿**
                                                                                                    AY **b**
1er juil.-5 oct. et 18 déc.-5 mai – SC : **20 ch** ⌿ 150/200.

🏠 **Marronniers** ⚿ sans rest, r. J.-Vallot ☎ 53.05.73, ≤ – 🛁wc 🚿wc ⊛. _VISA_. 🍴
1er juin-15 sept. et 15 déc.-15 avril – SC : **19 ch** ⌿ 135/220.   AX **a**

🏠 **Midi** sans rest, r. J.-Vallot ☎ 53.05.62, ≤ – 🚿wc ⊛   AX **n**
SC : 🛏 18 – **18 ch** 117/157.

✕✕ **La Tartiffle**, r. Moulins ☎ 53.20.02 – _AE_ _O_ _VISA_   AX **d**
29 juin-30 sept., 21 déc.-11 mai et fermé mardi sauf août et vacances scolaires –
SC : **R** carte 95 à 135.

aux Praz-de-Chamonix N : 2,5 km – alt. 1 060 – ⊠ 74400 Chamonix.

Voir La Flégère ≤✶✶ par téléphérique BZ

🏠 **Rhododendrons**, ☎ 53.06.39, ≤, 霜 – 🛁wc 🚿wc ⊛ **🅿**. 🍴 rest   BZ **a**
➡ 10 juin-30 sept. et 20 déc.-30 avril – SC : **R** 48/75 – ⌿ 22 – **16 ch** (pens. seul.) –
P 145/180.

🏠 **Simond et Golf**, ☎ 53.06.08, ≤, 森 – 🛗 🛁wc 🚿wc ⊛ **🅿**. **E**   BZ **d**
15 juin-20 sept. et 26 déc.-30 avril – SC : **R** 53/58 – ⌿ 15 – **24 ch** 66/198 – P
164/208.

aux Bossons S : 3,5 km – alt. 1 005 – ⊠ 74400 Chamonix :

🏨 **Aiguille du Midi** ⚿, ☎ 53.00.65, ≤, « Jardin fleuri », ⬙, 🍴 – 🛗 🛁wc 🚿wc ☎
🅿. 🍴 rest   AZ **n**
29 mars-16 avril, mai-20 sept., 22 déc.-4 janv. et fév. – SC : **R** 75/100 – ⌿ 19 – **50 ch**
160/216 – P 190/260.

🏠 **Dôme**, ☎ 53.00.01, ≤ – 🚿 🚗 **🅿**   AZ **e**
fermé 20 avril au 1er mai et 1er oct. au 10 déc. – SC : **R** 65/80 – ⌿ 17 – **16 ch**
(pens. seul.) – P 140/160.

aux Tines par ① : 4 km – alt. 1 085 – ⊠ 74400 Chamonix :

🏨 **Excelsior** ⚿, ☎ 53.18.36, ≤, ⬙, 森, 🍴 – 🛗 🛁wc 🚿wc ☎ **🅿**. _VISA_. 🍴 rest
1er mai-20 sept. et 20 déc.-15 avril – SC : **R** 72/90 – ⌿ 22 – **60 ch** 100/350 –
P 177/308.

au Lavancher par ① : 6 km – alt. 1 100 – Sports d'hiver : voir à Chamonix – ⊠ 74400
Chamonix.

Voir ≤✶✶.

🏨 **Les Gentianes** ⚿, ☎ 54.01.31, ≤, « Jardin fleuri » – 🛁wc 🚿wc ⊛ 🚗 **🅿**. 🍴
30 mai-23 sept et 22 déc.-20 avril – SC : **R** 80/98 – ⌿ 22 – **14 ch** 104/242 –
P 161/245.

🏠 **Beausoleil** ⚿, ☎ 54.00.78, ≤, « jardin fleuri », 🍴 – 🛁wc 🚿wc ⊛ 🚗 **🅿**.
🍴 rest
fermé 20 sept. au 20 déc. – SC : **R** 55/80 – **17 ch** (pens. seul.) – P 160/225.

CITROEN Greffoz, 1 273 rte des Praz ☎ 53.
18.32
FORD Gar. Olympic, av. du Bouchet ☎ 53.
09.15
PEUGEOT-TALBOT Gar. du Grépon, Le Fouilly
☎ 53.19.94

RENAULT Gar. du Bouchet, pl. Mont-Blanc ☎
53.01.75
V.A.G. Gar. Vouillamoz, av. Aiguille-du-Midi
☎ 53.12.76

CHAMPAGNAC-DE-BELAIR 24530 Dordogne 🔟🔟 ⑤ – rattaché à Brantôme.

CHAMPAGNE-AU-MONT-D'OR 69 Rhône 🔟🔟 ⑪ – rattaché à Lyon.

CHAMPAGNE-SUR-OISE 95660 Val-d'Oise 🔟🔟 ⊛, 🔟🔟🔟 ⑥ – 3 110 h. alt. 47 – ✿ 3.
Paris 41 – Beauvais 39 – Chantilly 21 – Pontoise 20.

✕✕✕ Épis d'Or, près Église ☎ 470.25.92

PEUGEOT, TALBOT Blondeau, ☎ 470.10.27

CHAMPAGNEY 70290 H.-Saône 🔟🔟 ⑦ – rattaché à Ronchamp.

Pour vos promenades du dimanche
la carte Michelin 🔟🔟🔟
" Sports et loisirs Environs de Paris "

CHAMPAGNOLE 39300 Jura 🔟 ⑤ G. Jura – 10 076 h. alt. 538 – ✦ 84.

🄰 Office de Tourisme, r. Baronne Delort (15 mai-15 sept. et fermé dim.) et à la Mairie (15 sept.-15 mai, fermé lundi et lundi) ⍗ 52.14.56.

Paris 426 ④ – ✦Besançon 71 ④ – Dole 60 ④ – ✦Genève 89 ② – Lons-le-Saunier 34 ③ – Pontarlier 43 ① – St-Claude 52 ②.

🏨🏨 **La Vouivre** Ⓜ ⑤, O : 2 km par D
5 et VO ⍗ 52.10.44, parc, ⹂ – 🄣🅅
☎ 🄿 – 🄐 30. ⹂ rest
*fermé 24 déc. au 15 janv. et dim.
soir d'oct. à juin* – SC : **R** 55/120 –
⍊ 18 – **20 ch** 155/185 – P 299/326.

🏨🏨 **Ripotot,** 54 r. Mar.-Foch (e) ⍗ 52.
15.45, parc, ⹂ – 🛗 ⟵, 🄐 🄾 🄴
𝕍𝕀𝕊𝔸
avril-oct. et fermé dim. – SC : **R** voir
rest. Belle Epoque – ⍊ 18 – **60 ch**
85/190.

🏩 **Parc,** 13 r. P.-Cretin (v) ⍗ 52.13.20
⟵ – 🛏wc 🛀wc 🅟, 🄐 🄾 🄴
𝕍𝕀𝕊𝔸
*fermé 19 au 28 mai, nov. et dim. hors
sais.* – SC : **R** (hors sais. dîner seul.)
45/100 🛇 – ⍊ 16 – **20 ch** 80/170 –
P 160/190.

🏯 **Pont de Gratteroche,** par ④ : 5
⟵ km sur N 5 ⍗ 52.05.52, 🕿 – 🅟. 🄴
𝕍𝕀𝕊𝔸
fermé 15 sept. au 10 oct., 23 déc. au 1ᵉʳ janv., dim. soir et lundi du 15 oct. au 1ᵉʳ juin
– SC : **R** 50, carte le dim. – ⍊ 14 – **23 ch** 50/70 – P 120.

XX **Beile Epoque,** 54 r. Mar.-Foch (e) ⍗ 52.28.86 – 🄐 🄾 🄴 𝕍𝕀𝕊𝔸
4 fév.-fin oct. et fermé merc. sauf du 15 juin au 15 sept. – SC : **R** 72/175.

rte de Genève par ② : 7,5 km – ✉ 39300 Champagnole :

XX **Aub. des Gourmets** avec ch, ⍗ 52.01.64, ⟵, 🕿 – 🛏wc 🅟. 🄴 𝕍𝕀𝕊𝔸. ⹂ rest
fermé 15 nov. au 15 déc. et dim. soir – SC : **R** 68/170 – ⍊ 18 – **7 ch** 145/160 –
P 250/320.

à Bourg-de-Sirod SE : 8 km par D 84 et D 277 – ✉ 39300 Champagnole :

X **Pertes de l'Ain,** ⍗ 52.26.31 – 🅟. 𝕍𝕀𝕊𝔸
⟵ *fermé 2 au 25 mai, 1ᵉʳ au 8 janv. et lundi sauf fêtes* – SC : **R** 46/90.

ALFA-ROMEO Gar. Cuynet, r. Baronne-Delort
⍗ 52.09.78
OPEL Gar. Prost-Boucle, 22 r. Baronne-Delort
⍗ 52.00.54
PEUGEOT-TALBOT Ganeval, av. De-Lattre-
de-Tassigny ⍗ 52.07.78

RENAULT Gar. Pillard, rte de Genève ⍗ 52.
13.67 🄽

⬤ Girardot, r. de l'Egalité ⍗ 52.21.52
Pneus-Maréchal, 44 r. de la Liberté ⍗ 52.07.96

---

*Si vous cherchez un hôtel tranquille,
ne consultez pas uniquement les cartes p. 46 à 53,
mais regardez également dans le texte
les établissements indiqués avec le signe* ⑤.

CHAMPDIEU 42 Loire 🔟 ⑰ – rattaché à Montbrison.

CHAMPEIX 63320 P.-de-D. 🔟 ⑭ G. Auvergne – 1 166 h. alt. 456 – ✦ 73.
Paris 415 – ✦Clermont-Ferrand 30 – Condat 50 – Issoire 13 – Le Mont-Dore 38 – Thiers 56.

X **Promenade** avec ch, ⍗ 96.70.24
*fermé 28 mars au 12 avril, 1ᵉʳ au 15 sept., Noël, dim. soir, mardi soir et merc. sauf
juil.-août* – SC : **R** 55/130 🛇 – ⍊ 20 – **7 ch** 80.

PEUGEOT Gar. Thiers, ⍗ 96.73.18

CHAMPENOUX 54 M.-et-M. 🔟 ⑤ – rattaché à Nancy.

CHAMPIGNY 89370 Yonne 🔟 ⑬ – 1 424 h. alt. 59 – ✦ 86.
Paris 101 – Auxerre 76 – Fontainebleau 34 – Montereau-faut-Yonne 17 – Nemours 37 – Sens 19.

XXX **La Vieille France,** au Petit Chaumont O : 2,5 km ⍗ 66.21.07, 🕿 – 🅟. 🄾 𝕍𝕀𝕊𝔸
fermé 15 au 30 nov., vacances de fév., mardi soir et merc. – SC : **R** 85/115.

CHAMPILLON 51 Marne 🔟 ⑯ – rattaché à Épernay.

CHAMPROSAY 91 Essonne 🔟 ①, 🔟🔟 ⑰ – voir à Paris, Environs.

321

Le CHAMP-ST-PÈRE 85 Vendée 🇬🇳 ⑭ – 1 376 h. alt. 25 – ⊠ 85540 Moutiers les Mauxfaits – ❸ 51.

Paris 439 – Fontenay-le-Comte 46 – Luçon 17 – La Roche-sur-Yon 24 – Les Sables-d'Olonne 36.

　　※※ **Aub. de la Motte Freslon,** 1 km par rte La Roche-sur-Yon ⏍ 40.94.66 – 🅿
　　　　fermé 1er oct. au 1er nov., lundi soir et mardi – SC : **R** (déj. seul. du 1er nov. au
　　　　1er avril) 58/85.

CITROEN Chabot, ⏍ 40.94.09 🅽

CHAMPS-SUR-TARENTAINE 15270 Cantal 🇬🇳 ② – 1 030 h. alt. 495 – ❸ 71.

Env. Gorges de la Rhue★★ SE : 9 km, G. Auvergne.

Paris 478 – Aurillac 93 – ♦Clermont-Ferrand 92 – Condat 24 – Mauriac 37 – Ussel 37.

　　🏨 **Aub. du Vieux Chêne** Ⓜ 🦢, ⏍ 78.71.64, 🌹 – 🛏wc 🛗 📞 🅿
　　　　fermé janv., dim. soir et lundi sauf juil.-août – SC : **R** 52/137 – 🖵 20 – **20 ch**
　　　　105/150 – P 154/187.

　　🏠 **Host. de l'Artense,** ⏍ 78.70.15 – 🛗
　　＋　*fermé nov. et déc.* – SC : **R** 50/90 🍷 – 🖵 15 – **21 ch** 65/95 – P 135/140.

CHAMPS-SUR-YONNE 89 Yonne 🇬🇳 ⑤ – rattaché à Auxerre.

CHAMPTOCEAUX 49 M.-et-L. 🇬🇳 ⑱ G. Châteaux de la Loire – 1 396 h. alt. 70 – ⊠ 49270
St-Laurent-des-Autels – ❸ 40 (Loire-Atlantique).

Voir Site★ – Promenade de Champalud ≼★★.

🛈 Syndicat d'Initiative à la Mairie (fermé sam. et dim.) ⏍ 83.52.31.

Paris 351 – Ancenis 10 – Angers 63 – Beaupréau 30 – Cholet 49 – Clisson 34 – ♦Nantes 31.

　　🏨 **Côte,** ⏍ 83.50.39 – 🛏wc 🛗wc 📞 🚗 🅿 – 🛀 100. 𝗩𝗜𝗦𝗔
　　＋　*fermé 1er au 22 janv. et vend. du 1er oct. à Pâques* – SC : **R** 43/177 – 🖵 15 – **28 ch**
　　　　66/149 – P 163/333.

　　🏠 **Chez Claudie,** Le Cul du Moulin NO : 1 km sur D 751 ⏍ 83.50.43 – 🛏 🛗 📞 🅿
　　＋　– 🛀 30
　　　　fermé 1er au 15 oct. et lundi – SC : **R** 50/130 – 🖵 15 – **21 ch** 70/110.

　　🏠 **Voyageurs,** ⏍ 83.50.09 – 🛏wc 🛗wc – 🛀 30. 𝗩𝗜𝗦𝗔
　　＋　*fermé 15 nov. au 15 déc. et lundi d'oct. à avril* – SC : **R** 35/140 🍷 – 🖵 12 – **18 ch**
　　　　52/140.

　　※※ ❀ **Aub. de la Forge** (Pauvert), 1 bis pl. des Piliers ⏍ 83.56.23 – 🇪 𝗩𝗜𝗦𝗔
　　　　fermé 25 juin au 4 juil., 10 au 24 oct., 7 au 23 janv., dim. soir et merc. – SC : **R** 74/149
　　　　🍷
　　　　Spéc. Mosaïque de poisson à l'aneth, Muscadette d'escargots, Ris de veau au vinaigre de cidre.

CHAMROUSSE 38 Isère 🇬🇳 ⑤ G. Alpes – alt. 1 650 – Sports d'hiver : 1 650/2 250 m ⛷1 ⛷24, 🎿
– ⊠ 38410 Uriage – ❸ 76.

Env. E : Croix de Chamrousse ❄★★★ par téléphérique.

🛈 Office de Tourisme Le Recoin ⏍ 97.02.65.

Paris 596 – Allevard 59 – Chambéry 80 – ♦Grenoble 29 – Uriage-les-Bains 19 – Vizille 28.

　　🏨 **Hermitage,** le Recoin ⏍ 97.03.21, ≼ – 🚗. 🛝 ch
　　　　20 déc.-15 avril – SC : **R** 80/100 – 🖵 24 – **48 ch** 220/270 – P 275/320.

　　🏠 **La Grenouillère** 🦢, le Recoin ⏍ 97.00.27, ≼, 🌳 – 🛗 📞 🅿. 🛝
　　　　18 déc.-20 avril – SC : **R** 60/110 – 🖵 16 – **17 ch** 185 – P 190/220.

CHANAC 48230 Lozère 🇬🇳 ⑤ – 976 h. alt. 650 – ❸ 66.

🛈 Syndicat d'Initiative à la Mairie (juil.-août et fermé dim.) ⏍ 48.20.21 et pl. Triadou (15 sept.-
30 juin et fermé dim. après-midi) ⏍ 48.20.08.

Paris 580 – Espalion 77 – Florac 46 – Mende 21 – Rodez 90 – Sévérac-le-Château 46.

　　🏠 **Voyageurs,** ⏍ 48.20.16, 🌹 – 🛗 🚗 🅿
　　＋　SC : **R** 45/100 🍷 – 🖵 12,50 – **15 ch** 68/120 – P 120/160.

CITROEN Daudé, ⏍ 48.20.99

CHANDAI 61 Orne 🇬🇳 ⑤ – rattaché à L'Aigle.

CHANTELLE 03140 Allier 🇬🇳 ④ G. Auvergne – 1 084 h. alt. 324 – ❸ 70.

🛈 Syndicat d'Initiative pl. Oscambre (1er juil.-1er sept. et fermé dim.).

Paris 339 – Aubusson 109 – Gannat 17 – Montluçon 54 – Moulins 45 – St-Pourçain-sur-Sioule 14.

　　🏠 **Poste,** ⏍ 56.62.12, 🌳, – 🚗 🅿
　　＋　*fermé 27 sept. au 28 oct.* – SC : **R** 35/70 – 🍽 12 – **12 ch** 65/120 – P 120/130.

PEUGEOT-TALBOT Gar. Arnaud, ⏍ 56.66.54　　　RENAULT Touzain, ⏍ 56.61.55

CHANTEMERLE 05 H.-Alpes 🇬🇳 ⑱ – rattaché à Serre-Chevalier.

CHANTEMESLE 95 Val-d'Oise 🇬🇳 ⑱, 🇬🇳 ③ – rattaché à La Roche-Guyon.

322

CHANTILLY 60500 Oise 56 ⑪, 196 ⑧ G. Environs de Paris – 10 208 h. alt. 57 – ✪ 4.

Voir Château★★ B : musée★★, parc★★, jardin anglais★ – Grandes Écuries★★ B : musée vivant du Cheval★.

Env. Site★ du château de la Reine-Blanche S : 5,5 km – Église★ de St-Leu-d'Esserent 5,5 km par ⑤ – 9 18 ☎ 457.04.43 N : 1,5 km par D 44 B.

Office de Tourisme Camp Bourrillon, av. Mar.-Joffre (1er mars-15 nov. et fermé mardi) ☎ 457.08.58.

Paris 49 ② – Beauvais 51 ⑤ – Clermont 25 ⑤ – Compiègne 45 ① – Meaux 51 ② – Pontoise 36 ④.

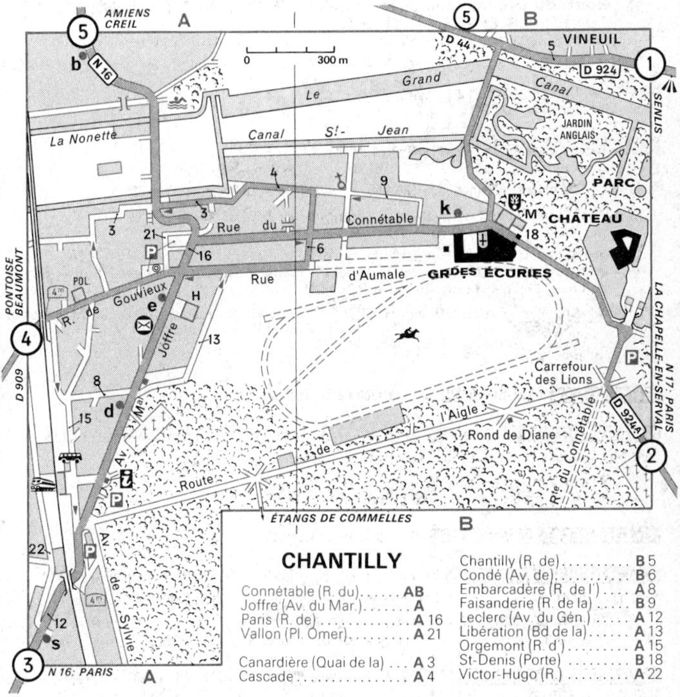

CHANTILLY

Connétable (R. du) . . . . . AB
Joffre (Av. du Mar.) . . . . . . A
Paris (R. de) . . . . A 16
Vallon (Pl. Omer) . . . . A 21
Canardière (Quai de la) . . . A 3
Cascade . . . . A 4
Chantilly (R. de) . . . . B 5
Condé (Av. de) . . . . B 6
Embarcadère (R. de l') . . . . A 8
Faisanderie (R. de la) . . . . . B 9
Leclerc (Av. du Gén.) . . . . . A 12
Libération (Bd de la) . . . . . . A 13
Orgemont (R. d') . . . . A 15
St-Denis (Porte) . . . . B 18
Victor-Hugo (R.) . . . . A 22

Campanile ⛱, rte Creil par ⑤ ☎ 457.39.24, Télex 140065 – ⇔wc ♿ Ⓟ. VISA
SC : **R** 60 bc/81 bc – ☕ 22 – **46 ch** 170.

XXX **Relais Condé,** 42 av. Mar.-Joffre ☎ 457.05.75, 余 – AE ⓓ VISA — A **d**
fermé 9 au 31 juil., 7 au 31 janv., lundi et mardi – SC : **R** (dim. prévenir) 95.

XXX **Relais du Coq Chantant,** 21 rte de Creil ☎ 457.01.28 – AE ⓓ E — A **b**
fermé 18 au 31 juil. et en fév. – SC : **R** 85/120.

XX **Quatre Saisons,** 9 av. Gén.-Leclerc ☎ 457.04.65 – AE ⓓ E VISA — A **s**
fermé fév. et lundi sauf fériés – **R** 75/107.

XX **Tipperary,** 6 av. Mar.-Joffre ☎ 457.00.48 – AE ⓓ VISA — A **e**
fermé 15 août au 1er sept. et jeudi – **R** 85 bc/110.

X **Château** avec ch, 22 r. Connétable ☎ 457.02.25, 余 – ⇔ ⋒. VISA. ✂ ch — B **k**
fermé 5 au 26 nov., vacances de fév., mardi soir et merc. – SC : **R** 95/160 🌡 – ☕ 14 – **8 ch** 96/130.

rte de Creil par ⑤ : 3,5 km – ✉ **60740** St-Maximin :

XX **Verbois,** N 16 ☎ 424.06.22, 余, 余 – Ⓟ. VISA
fermé 16 au 31 août, 10 au 31 janv., dim. soir et lundi – SC : **R** 90/135.

à Gouvieux par ④ : 3 km – 9 345 h. – ✉ **60270** Gouvieux :

Château de la Tour ⛱, ☎ 457.07.39, ≤, parc, ✂ – ⇔wc ☎ Ⓟ. AE
SC : **R** *(fermé 16 juil. au 13 août et dim. soir en hiver)* 90/125 – ☕ 19,50 – **15 ch** 170/240 – P 310/410.

à Mongrésin par ② : 5 km – ✉ **60560** Orry-la-Ville :

X **Forêt,** ☎ 458.91.26, 余, parc – E VISA
fermé lundi soir et mardi – SC : **R** 116 bc.

à Toutevoie par ④ et D 162 : 6,5 km – ⊠ **60270** Gouvieux :

🏨 **Pavillon St-Hubert** ⑤, ☏ 457.07.04, ≤, 🍴, « Terrasse au bord de l'eau » – 🛏wc 🏧 🚗 **℗** – 🏧 30
SC : **R** *(fermé août)* 75/95 – ⊆ 25 – **19 ch** 100/165.

au Lys-Chantilly par ③ : 7 km – ⊠ **60260** Lamorlaye.

Voir Abbaye de Royaumont★★ S : 1,5 km – 🛏🛏 ☏ 421.26.00 au NO.

🏨 **Host. du Lys** ⑤, rond-point de la Reine ☏ 421.26.19, Télex 150298, 🍴, 🐎 – 🛏wc 🏧wc ☎ **℗** – 🏧 100. 🆎 ⑩ **E**
fermé 21 déc. au 5 janv. – SC : **R** 120/135 – ⊆ 25 – **35 ch** 190/265 – P 350/400.

CITROEN Mainguy, à Gouvieux par ⑤ ☏ 457.02.98
FIAT, LANCIA-AUTOBIANCHI Chantilly-Gar., 29 av. Mar.-Joffre ☏ 457.13.83

OPEL Gar. Sadell, 33 av. Mar.-Joffre ☏ 457.05.09

CHANTONNAY 85110 Vendée 🔠 ⑮ – 6 470 h. alt. 65 – ✿ 51.

🅱 Office de Tourisme pl. Liberté (fermé sam. hors sais. et dim.) ☏ 94.46.51.
Paris 401 – Cholet 52 – ◆Nantes 73 – Niort 69 – Poitiers 118 – La Roche-sur-Yon 33.

🏨 **Petit Lundi** sans rest, 40 av. G. Clemenceau ☏ 94.31.45, 🐎 – 📬
SC : ⊆ 24 – **10 ch** 65/135.

🏨 **Mouton,** ☏ 94.30.22 – 🛏 🏧 📬 **℗**. **VISA**
fermé 15 oct. au 15 nov., dim. soir sauf vacances scol. et lundi sauf août – SC : **R** 41/110 – ⊆ 18 – **12 ch** 75/155 – P 175/215.

CITROEN Chauveau-Puaud, 20 av. G.-Clemenceau ☏ 94.32.55
PEUGEOT-TALBOT Gar. Réau, 42 av. Batiot ☏ 94.30.23 🅽 ☏ 94.36.70

RENAULT Villeneuve, 59 av. G. Clemenceau ☏ 94.31.86

CHAPARON 74 H.-Savoie 🔠 ⑯ – rattaché à Brédannaz.

CHAPEAUROUX 48 Lozère 🔠 ⑯ G. Auvergne – alt. 745 – ⊠ **48600** Grandrieu – ✿ 66.
Paris 546 – Auroux 17 – Cayres 15 – Langogne 32 – Mende 67 – Le Puy 37.

🏨 **Beauséjour,** ☏ 46.32.01 – 🛏 🏧 🚗 **℗**
SC : **R** 38/55 ♨ – 🍽 11 – **26 ch** 55/115 – P 112/140.

La CHAPELLE 56 Morbihan 🔠 ④ – rattaché à Ploërmel.

La CHAPELLE-AUBAREIL 24 Dordogne 🔠 ⑰ – 308 h. – ⊠ **24290** Montignac – ✿ 53.
Paris 508 – Bergerac 84 – Brive-la-Gaillarde 49 – Périgueux 58 – Sarlat-la-Canéda 19.

🏨 **Jardin** ⑤, ☏ 50.72.09 – 🛏wc **℗**. 🆎 **VISA** 🛇 rest
1ᵉʳ avril-30 sept. – SC : **R** 50/90 ♨ – ⊆ 15 – **9 ch** 90/110 – P 150/170.

La CHAPELLE-D'ABONDANCE 74 H.-Savoie 🔠 ⑱ – 552 h. alt. 1 020 – Sports d'hiver : 1 020/1 650 m ≼10, 🎿 – ⊠ **74360** Abondance – ✿ 50.

🅱 Syndicat d'Initiative (15 juin-15 sept. et 15 déc.-15 avril) ☏ 73.02.64.
Paris 613 – Annecy 109 – Châtel 5,5 – Évian-les-Bains 34 – Morzine 45 – Thonon-les-Bains 34.

🏨 **Le Chabi** Ⓜ ⑤, ☏ 73.23.34, ≤ – 🛏wc 📬 **℗**. 🛇 rest
20 juin-10 sept. et 17 déc.-15 avril – SC : **R** 90/140 – ⊆ 20 – **22 ch** 140/190 – P 190/250.

🏨 **Cornettes** (annexe 🏨 Ⓜ - 22 ch 🛗 cuisinette ☎), ☏ 73.20.01, 🐎 – 🛏wc 📬 🚗 **℗**. 🛇 rest
21 mai-19 oct. et 16 déc.-19 avril – SC : **R** 55/180 – ⊆ 18 – **35 ch** 160 – P 150/210.

🏨 **L'Ensoleillé,** ☏ 73.23.29, 🐎 – 🛗 🛏wc 🏧wc 📬 **℗**
20 juin-10 sept. et Noël-Pâques – SC : **R** 55/170 – ⊆ 18 – **34 ch** 110/160 – P 150/210.

🏨 **Le Rucher** Ⓜ ⑤, à la Pantiaz E : 1,5 km ☏ 73.21.33, ≤ – 🛏wc 🏧wc ☎ **℗**. 🛇
20 juin-15 sept. et 15 déc.-20 avril – SC : **R** 50/80 – ⊆ 13 – **22 ch** 90/160 – P 165/195.

🏨 **L'Alpage,** ☏ 73.20.26, 🐎 – 🛏wc 🏧wc **℗**. 🛇 rest
15 juin-15 sept. et 20 déc.-20 avril – SC : **R** 38/60 – ⊆ 15 – **25 ch** 55/86 – P 107/140.

La CHAPELLE-EN-VALGAUDEMAR 05 H.-Alpes 🔠 ⑯ G. Alpes – 184 h. alt. 1 100 – ⊠ **05800** St-Firmin – ✿ 92.

Voir Chemin des Portes ≼★★ S : 3,5 km – **Cascade du Casset★** NE : 3,5 km.

🅱 Syndicat d'Initiative (1ᵉʳ juil.-31 août, fermé matin et dim.) ☏ 55.23.21.
Paris 656 – Gap 48 – ◆Grenoble 91 – La Mure 53.

🏨 **Mont-Olan** ⑤, ☏ 55.23.03, ≤, 🐎 – 🏧wc 🚗 **℗**. **E**
25 mars-15 sept. – SC : **R** 50/78 – ⊆ 17 – **35 ch** 78/152 – P 140/170.

La CHAPELLE-EN-VERCORS 26420 Drôme **77** ⑭ G. Alpes – 728 h. alt. 945 – Sports d'hiver au Col de Rousset : 1 255/1 800 m ≰6 ⚐ – ⊕ 75.

🛈 Syndicat d'Initiative à l'Hôtel de Ville (fermé sam. et dim. hors sais.) ℡ 48.22.54.
Paris 607 – Die 40 – ♦Grenoble 62 – Romans-sur-Isère 45 – St-Marcellin 32 – Valence 63.

🏨 ⚛ **Bellier** ⑤, ℡ 48.20.03, ☞ – 🛏wc ☎ ℗. ﷼ ① 𝚅𝙸𝚂𝙰
　　10 juin-25 sept. – SC : **R** 112/185 – ☲ 15 – **17 ch** 65/230 – P 200/300
　　Spéc. Truite "Bellier", Poulet aux écrevisses, Pintadeau au genièvre. Vins Crozes-Hermitage, Chatillon.

🏠 **Nouvel H.,** ℡ 48.20.09, ≤ – ☜. ❀ rest
➡ fermé 10 oct. au 22 déc. et 4 au 22 janv. – SC : **R** 46/74 🍴 – ☲ 12 – **30 ch** 67/82 – P 130/155.

🏠 **Sports,** ℡ 48.20.39 – 🏬. ❀ ch
➡ fermé 19 au 30 mars, 12 nov. au 26 déc. et dim. soir hors sais. – SC : **R** 50/70 – ☲ 15 – **15 ch** 60/100 – P 120/140.

　　à St-Agnan S : 4 km par D 518 – ✉ 26420 La Chapelle-en-Vercors :

🏠 **Le Veymont** ⑤, ℡ 48.20.19 – 🛏wc 🏬wc ☎. ﷼ ① 𝙴
　　fermé nov. – SC : **R** 75/180 – ☲ 18 – **19 ch** 90/160 – P 190/220.

　　NO : 8 km sur D 518 – ✉ 26190 St-Jean-en-Royans :

🏨 **Le Refuge** Ⓜ ⑤, ℡ 48.68.32, ≤ Vercors – 🛏wc ☎ – 🏊 35. ﷼ 𝙴 𝚅𝙸𝚂𝙰
➡ fermé 15 nov. au 15 déc., dim. soir et lundi sauf vacances scolaires – SC : **R** 50/95 – ☲ 17,50 – **20 ch** 140/175 – P 176/195.

La CHAPELLE-VENDOMOISE 41330 L.-et-Ch. **64** ⑦ – 623 h. – ⊕ 54.
Paris 194 – Blois 13 – ♦ Orléans 72 – ♦ Tours 76 – Vendôme 32.

✕✕ **Flambée,** ℡ 20.16.04 – 𝚅𝙸𝚂𝙰
　　fermé fév., mardi soir et merc. – SC : **R** 60/135.

　　Si vous êtes retardé sur la route, dès 19 h,
　　confirmez votre réservation par téléphone,
　　c'est plus sûr... et c'est l'usage.

Le CHAPUS 17 Char.-Mar. **71** ⑭ – voir à Marennes (Bourcefranc-le-Chapus).

CHARAVINES 38850 Isère **74** ⑭ G. Vallée du Rhône – 1 189 h. alt. 510 – ⊕ 76.
Voir Lac de Paladru★ N : 1 km.

🛈 Syndicat d'Initiative (15 mai-30 sept. et fermé dim. après-midi) ℡ 06.60.31.
Paris 540 – Belley 49 – Chambéry 52 – ♦Grenoble 40 – La Tour-du-Pin 22 – Voiron 13.

🏨 **Poste,** ℡ 06.60.41, 🏛 – 🛏wc 🏬wc ☎ ㄥ. 𝚅𝙸𝚂𝙰. ❀ rest
　　1er mars-30 oct. et fermé dim. soir et lundi hors sais. – SC : **R** 65/137 – ☲ 19 – **20 ch** 88/180 – P 159/217.

🏠 **Host. Lac Bleu,** N : 1,5 km par D 50 ℡ 06.60.48, ≤, 🏛, 🚣 – 🏬wc ☎ ℗. ❀ ch
　　15 mars-15 oct., fermé lundi soir et mardi de mars à mai et sept.-oct. – SC : **R** 60/140 – ☲ 18 – **13 ch** 82/200 – P 155/200.

🏠 Le Fayard ⑤, NO : 1,5 km par D 50 et VO ℡ 06.60.01, ≤, 🏛 – ℗
　　9 ch.

PEUGEOT, TALBOT Gar. Lambert, ℡ 06.60.43

CHARBONNIÈRES-LES-BAINS 69 Rhône **74** ⑪ – rattaché à Lyon.

CHARBONNIÈRES-LES-VIEILLES 63 P.-de-D. **73** ④ – 866 h. alt. 618 – ✉ 63410 Manzat – ⊕ 73.

Voir Gour (lac) de Tazenat★ S : 2 km, G. Auvergne.
Paris 378 – Aubusson 84 – ♦Clermont-Ferrand 36 – Montluçon 72 – Riom 21 – Vichy 48.

🏠 **Parc,** ℡ 86.63.20, ☞ – 🏬. ❀ ch
➡ fermé merc. hors sais. – SC : **R** 45/80 – ☲ 11 – **10 ch** 55/80 – P 110/130.

CITROEN Gar. Chaud, ℡ 86.63.15　　　　　　RENAULT Gar. Marchand, ℡ 86.63.05

CHARENTON 58 Nièvre **65** ⑬ – rattaché à Pouilly-sur-Loire.

La CHARITÉ-SUR-LOIRE 58400 Nièvre **65** ⑬ G. Bourgogne – 6 422 h. alt. 175 – ⊕ 86.
Voir Basilique N.-Dame★★.

🛈 Office de Tourisme 49 Grande-Rue (15 juin-15 sept. et fermé dim.) et à la Mairie (15 sept.-15 juin, fermé sam. après-midi et dim.) ℡ 70.16.12.
Paris 216 ① – Autun 127 ③ – Auxerre 95 ② – Bourges 51 ④ – Montargis 101 ① – Nevers 24 ③.

🏠 **Terminus,** 23 av. Gambetta **(s)** 🌼 70.09.61, 🍴 – 🛏wc 🛋wc 🅰 🅿 **E** 🕏
fermé 23 déc. au 31 janv. et lundi – SC : **R** 47/105 – ☲ 16 – **10 ch** 60/160.

🏠 **Bon Laboureur,** quai R. Mollot (Ile de la Loire) par ④ 🌼 70.01.99, 🍴 – 📺 🛏wc 🛋wc 🅰 🚗 🅿 **E** **VISA**
fermé 21 au 31 oct., janv., sam. (sauf hôtel) et dim. hors sais. – SC : **R** (dîner seul.) 65/150 – ☲ 20 – **17 ch** 165/175.

XX **A la Bonne Foi,** 91 r. C.-Barrère **(a)** 🌼 70.15.77. **E** **VISA**
fermé 15 au 30 sept., 15 au 28 fév., dim. soir et lundi – SC : **R** 55/144 ⬧.

XX **Gd Monarque** avec ch, 33 quai Clemenceau **(e)** 🌼 70.21.73 – 🛏wc 🛋wc 🅰 🚗 **AE** **E** **VISA**
SC : **R** 55/165 – 🍷 18 – **9 ch** 65/163 – P 202/257.

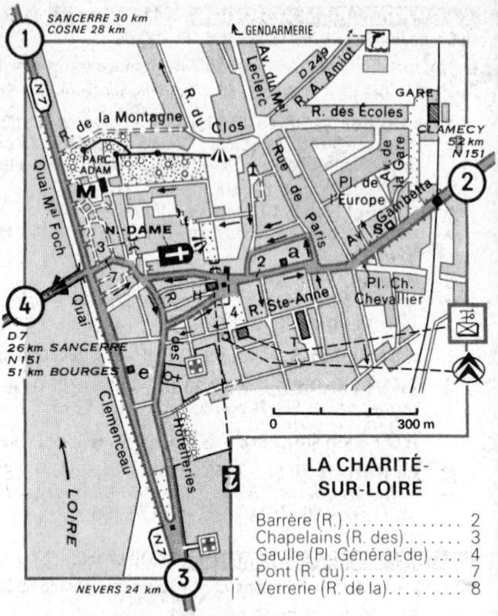

LA CHARITÉ-SUR-LOIRE

rte de Paris par ① : 5 km sur N 7 – ⊠ **58400** La Charité-sur-Loire :

🏠 **Castor Motel** sans rest, 🌼 70.10.80 – 🛏wc 🛋wc 🅿 ☲ 19 – **12 ch** 98/158.

CITROEN Gar. de la Mairie, pl. Gén.-de-Gaulle 🌼 70.18.00
PEUGEOT-TALBOT Minetti, N 7, rte de Nevers par ③ 🌼 70.13.03
PEUGEOT-TALBOT Gar. St Lazare, 53 av. Gambetta par ② 🌼 70.05.07
RENAULT S.A.V.R.A.C., av. Mal Leclerc 🌼 70.06.32

RENAULT Violette, 26 av. Gambetta par ② 🌼 70.04.78

🛢 Garnier, N 7 🌼 70.14.96
Pasquette, 21 r. Gén.-Auger 🌼 70.15.93

CHARLEVAL 27 Eure 55 ⑦ – 1 755 h. alt. 47 – ⊠ 27380 Fleury-s-Andelle – ❄ 32.
Voir Ruines de l'abbaye de Fontaine Guérard★ SO : 5 km, G. Normandie.
Paris 101 – Les Andelys 17 – Évreux 53 – Gournay-en-Bray 35 – Lyons-la-Forêt 10 – ◆Rouen 26.

XX **Charles IX,** 🌼 49.01.51, 🍴 – **VISA**
fermé 2 au 31 janv., mardi soir et merc. – SC : **R** 48/160.

MAZDA Collemare, 🌼 49.01.01

CHARLEVILLE-MÉZIÈRES 🅟 08000 Ardennes 53 ⑱ G. Nord de la France – 61 588 h. alt. 150 – ❄ 24.
Voir Place Ducale★★ à Charleville ABX.
🛈 Office de Tourisme, 2 r. Mantoue (fermé dim. et lundi) 🌼 33.00.17 - A.C. 10 cours A.-Briand 🌼 33.35.89.
Paris 225 ⑤ – Charleroi 90 ⑥ – Liège 153 ① – Luxembourg 125 ④ – ◆Metz 161 ④ – Namur 110 ⑥ – ◆Nancy 205 ④ – ◆Reims 83 ⑤ – St-Quentin 119 ⑥ – Sedan 22 ④ – Valenciennes 131 ⑥.

Plan page ci-contre

🏨 **Le Clèves** Ⓜ, 37 r. Clèves 🌼 33.10.75 – 🛗 🛏wc 🛋wc ☎ 🚗 – 🛎 100. **AE** **①** **E** **VISA** BY **b**
R 70/180 ⬧ – **49 ch** 🖂 195/315.

🏨 **Paris** sans rest, 24 av. G.-Corneau 🌼 33.34.38 – 🛏wc 🛋wc 🅰 🅿. 🕏 BY **n**
fermé 15 déc. au 1er janv. – SC : ☲ 18 – **29 ch** 85/170.

XX **La Cigogne,** 40 r. Dubois-Crancé 🌼 33.25.39 – **VISA** AY **a**
fermé 25 juil. au 12 août, dim. soir et lundi – SC : **R** (1er étage) 53/150.

XX **Mont-Olympe,** r. Paquis 🌼 33.20.77 – **R** 50/145 ⬧. BX **e**
fermé dim. soir (sauf août) et lundi soir – **R** 50/145 ⬧.

XX **Aub. de la Forest,** par ② : 4 km sur D 1 🌼 33.37.55 – 🅿. 🕏
fermé dim. soir et lundi – SC : **R** 56/110.

à Villers-Semeuse par ④ : 5 km – 3 076 h. – ⊠ 08340 Villers-Semeuse :

🏨 **Mercure** Ⓜ, 🌼 57.05.29, Télex 840076, 🏊, 🌳 – 🛗 🖭 rest 📺 ☎ 🕭 🅿 – 🛎 25 à 160. **AE** **①** **E** **VISA**
R carte environ 90 ⬧ – ☲ 25 – **67 ch** 245/268.

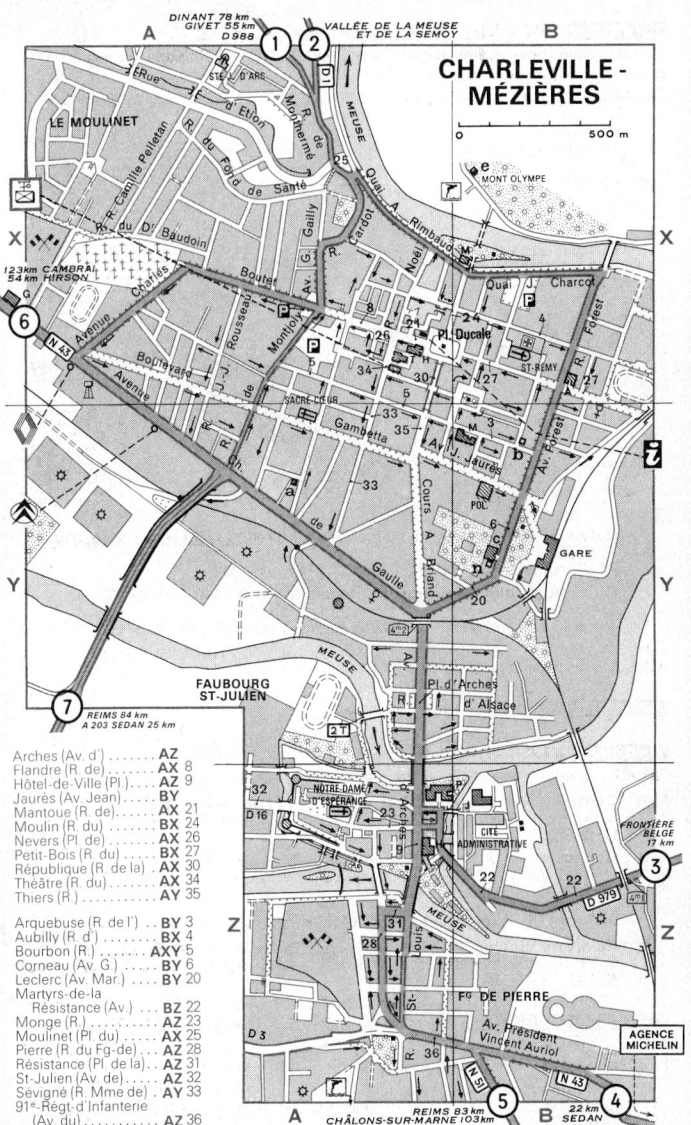

CHARLEVILLE-MÉZIÈRES

DINANT 78 km
GIVET 55 km
D 988

VALLÉE DE LA MEUSE
ET DE LA SEMOY

0   500 m

LE MOULINET

123 km CAMBRAI
54 km HIRSON

FAUBOURG
ST-JULIEN

REIMS 84 km
A 203 SEDAN 25 km

REIMS 83 km
CHÂLONS-SUR-MARNE 103 km

22 km
SEDAN

FRONTIÈRE
BELGE
17 km

MONT OLYMPE

Pl. Ducale

NOTRE-DAME
D'ESPÉRANCE

CITÉ
ADMINISTRATIVE

FG DE PIERRE

AGENCE
MICHELIN

MICHELIN, Agence, Z.I. de Mohon, r. C.-Didier, Villers-Semeuse par ④ ☏ **57.13.21**

ALFA-ROMEO Gar. Toury, 148 av. Ch.-Boutet ☏ 56.00.44
BMW, OPEL Ardennes Motors, centre cial Ayvelles à Villers Semeuse ☏ 58.22.73
CITROEN Froussart, 129 av. Charles-de-Gaulle ☏ 56.11.33 **N**
FORD Cailloux, 50 chaussée de Sedan ☏ 57.01.01
MERCEDES Covema, r. C.-Didier Zone Ind. de Mohon ☏ 58.17.65
PEUGEOT S.I.G.A., rte de Warnecourt à Prix-lès-Mézières par D3 AZ ☏ 37.37.45

RENAULT Ardennes-Auto - Charleville-Nord, 165 av. Charles-de-Gaulle ☏ 56.00.22
RENAULT Ardennes-Autos-Charleville-Sud, 2 r. C.-Didier, Zone Ind. de Mohon par ④ ☏ 57.91.81
V.A.G. Gar Petit, La Bellevue du Nord à Warcq ☏ 56.40.07
Gar. Mary, 13 r. M.-Sembat ☏ 57.02.44

⑩ Legros, 87 r. Bourbon ☏ 33.31.13
Palais-du-Pneu, 7 av. Ch.-de-Gaulle ☏ 33.28.32
SO.NE.GO., rte Paris ☏ 37.23.45

CHARLIEU 42190 Loire 🔢 ⑧ G. Bourgogne – 4 380 h. alt. 265 – ✪ 77.

Voir Ancienne abbaye bénédictine★ : grand portail★★ E – Cloître des Cordeliers★ K.

🅸 Syndicat d'Initiative r. A.-Farinet (1er juil.-31 août, fermé dim. et lundi) ☏ 60.12.42.

Paris 405 ④ – Digoin 45 ④ – Lapalisse 56 ④ – Mâcon 77 ② – Roanne 19 ④ – ◆St-Étienne 96 ④.

CHARLIEU

*Pour bien lire les plans de villes,
voir signes et abréviations p. 21*

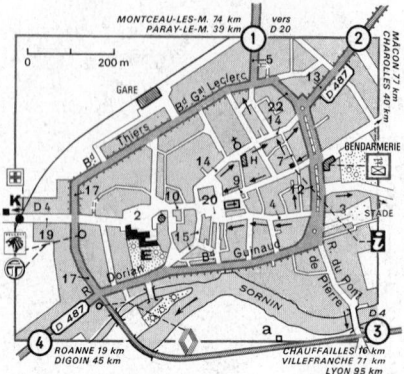

🏛 **Relais de l'Abbaye** Ⓜ, La Montalay (a) ☏ 60.00.88 – 📺 🛁wc ☎ 🅿 – 🏊 100.
◆ 🅰🅴 🄴 𝑽𝑰𝑺𝑨
  SC : **R** *(fermé dim. soir)* 42/180 – ⌧ 16 – **27 ch** 150/190.

XX **Aub. du Moulin de Rongefer,** rte de Pouilly, O : 2 ☏ 60.01.57, 🍴, 🐎 – 🅿.
  𝑽𝑰𝑺𝑨
  fermé 16 août au 7 sept., 7 au 20 fév., lundi soir et mardi – SC : **R** 80/160 🍴.

PEUGEOT-TALBOT Chirat, ☏ 60.16.22   RENAULT Saunier, ☏ 60.07.55
RENAULT Dechavanne, par ③ ☏ 60.03.30

CHARMEIL 03 Allier 🔢 ⑤ – rattaché à Vichy.

CHARMES 88130 Vosges 🔢 ⑤ G. Vosges – 5 457 h. alt. 283 – ✪ 29.

Paris 417 – Épinal 24 – Lunéville 35 – ◆Nancy 44 – Neufchâteau 58 – St-Dié 59 – Toul 54 – Vittel 41.

🏠 **Central,** r. Capucins ☏ 38.02.40, 🍴 – 🛁wc 🏠wc ☎ 🚗, 🄴 𝑽𝑰𝑺𝑨
  fermé 15 au 31 oct., 15 au 28 fév., dim. soir et lundi – SC : **R** 56/160 🍴 – ⌧ 16 –
  11 ch 66/157.

XX **Dancourt** avec ch, 6 pl. H.-Breton ☏ 38.03.09 – 🏠wc. 𝑽𝑰𝑺𝑨
  fermé 29 juin au 13 juil., 6 au 20 janv., sam. midi et vend. – SC : **R** 60/180 – ⌧ 16 –
  10 ch 80/130 – P 160/210.

  à Vincey SE : 4 km par N 57 – ✉ 88450 Vincey :

🏛 **Relais de Vincey,** ☏ 67.40.11, 🐎 – 📺 🛁wc 🏠wc ☎ 🚗 🅿. 𝑽𝑰𝑺𝑨
  fermé 10 au 30 août, 24 déc. au 1er janv. et sam. – SC : **R** 65/150 🍴 – ⌧ 20 – **24 ch**
  90/140 – P 150/200.

CHARMES-SUR-RHÔNE 07 Ardèche 🔢 ⑪⑫ – 1 550 h. alt. 111 – ✉ 07800 La Voulte-sur-
Rhône – ✪ 75.

Paris 579 – Crest 25 – Montélimar 38 – Privas 28 – St-Péray 11 – Valence 11.

XX **La Vieille Auberge** Ⓜ avec ch, ☏ 60.80.10 – ▣ 🛁wc ☎ 🚗, 🅰🅴 ⓞ 🄴 𝑽𝑰𝑺𝑨
  fermé 3 août au 3 sept., 7 au 13 janv., dim. soir et merc. – SC : **R** 80/190 – ⌧ 22 –
  7 ch 180/210.

CHARMETTES 73 Savoie 🔢 ⑮ – rattaché à Chambéry.

CHARNY 89120 Yonne 🔢 ③ – 1 620 h. alt. 139 – ✪ 86.

🅸 Syndicat d'Initiative à la Mairie (fermé sam. après-midi, dim. et lundi) ☏ 63.63.56.

Paris 149 – Auxerre 49 – Cosne-sur-Loire 78 – Gien 47 – Joigny 27 – Montargis 35 – Sens 46.

🏠 **Gare** 🌦, ☏ 63.61.59 – 🏠wc 🚗, 🍽 ch
◆ *fermé 2 au 9 sept., 16 déc. au 15 janv., dim. soir et lundi* – SC : **R** 38/62 🍴 – ⌧ 12 –
  12 ch 86/134 – P 120/142.

CITROEN Gar. de la gare, ☏ 63.62.14   PEUGEOT-TALBOT Guérin, ☏ 63.61.81 🅽
PEUGEOT-TALBOT Carpentier, ☏ 63.65.99 🅽   RENAULT Hivon, ☏ 63.65.12

CHAROLLES <SP> 71120 S.-et-L. 🔢 ⑰⑱ G. Bourgogne – 3 758 h. alt. 282 – ✿ 85.

🛈 Office de Tourisme Couvent des Clarisses (fermé sam. hors sais., lundi en sais. et dim.) ☏ 24.05.95.

Paris 409 ① – Autun 73 ⑤ – Chalon-sur-Saône 69 ① – Mâcon 55 ① – Moulins 83 ④ – Roanne 59 ③.

🏨 ✿ **Moderne** (Bonin), av. Gare (a) ☏ 24. 07.02, ☒, ⇶ – ⇌wc 🏧wc 🕿 ⇌ *VISA*
fermé 24 déc. au 1er fév., dim. soir du 15 sept. au 30 juin et lundi sauf le soir du 1er mai au 15 oct. – SC : **R** 68/175 – ☲ 18 – **18 ch** 85/250
Spéc. Terrine de foies de volailles, Aiguillettes de canard au cassis, Filet de charolais au poivre vert. Vins Julienas, Rully.

🏨 **France**, av. Gare (e) ☏ 24.06.66 – 🏧wc ☎. **E**
fermé 15 déc. au 28 janv. et dim. – SC : **R** 65/95 ☒ – ☲ 16,50 – **12 ch** 120/190.

🏨 **Poste**, av. Libération (s) ☏ 24.11.32 – ⇌wc 🏧 🕿. **E** *VISA*
fermé nov., dim. soir et lundi sauf juil. et août – SC : **R** 70/160 ☒ – ☲ 20 – **9 ch** 95/135.

à Viry NE : 7 km – ⊠ 71120 Charolles :

XX **Le Monastère**, ☏ 24.14.24
⇌ *fermé 1er au 15 janv., mardi soir en hiver et merc. sauf juil. et août* – **R** 41/130.

CITROEN Gar. Central, ☏ 24.08.54 🄽   FORD Pluriel Modern gar., ☏ 24.01.36
CITROEN Moulin, par ③ ☏ 24.01.10   PEUGEOT-TALBOT François, ☏ 24.03.83 🄽

CHAROST 18290 Cher 🔢 ⑩ G. Périgord – 1 152 h. alt. 127 – ✿ 48.

Paris 239 – Bourges 26 – Issoudun 12 – Vierzon 29.

🏨 **Relais de Charost**, ☏ 26.20.39 – 🏧wc ☎ **🅿**. *VISA*. ⚒ ch
fermé 15 fév. au 15 mars, dim. soir et lundi midi sauf du 15 mai au 15 sept. – **R** 65/160 – ☲ 20 – **12 ch** 85/148 – P 170/190.

CITROEN Maxime, ☏ 26.20.21 🄽   RENAULT Martinat, ☏ 26.20.13

CHARQUEMONT 25140 Doubs 🔢 ⑱ – 2 265 h. alt. 900 – ✿ 81.

Paris 485 – Bâle 102 – Belfort 66 – ◆Besançon 75 – Montbéliard 78 – Pontarlier 60.

🏨 **Poste**, ☏ 44.00.20, ⇶ – ⇌wc 🏧wc ☎ **🅿**. **E** *VISA*
⇌ *fermé nov.* – SC : **R** *(fermé vend. soir et sam. midi hors sais.)* 50/96 ☒ – ☲ 15 – **32 ch** 88/124 – P 169/180.

CITROEN Gar. Cassard, ☏ 44.01.06   RENAULT Gar. Binetruy ☏ 44.01.29 🄽
PEUGEOT-TALBOT Gar. Aubry, ☏ 44.00.27

CHARROUX 86250 Vienne 🔢 ④ G. Côte de l'Atlantique – 1 552 h. alt. 165 – ✿ 49.

Voir Ancienne abbaye St-Sauveur★ : tour★★, sculptures★★ du cloître, trésor★.

Paris 402 – Confolens 27 – Niort 75 – ◆Poitiers 53.

RENAULT Gar. Fournier, ☏ 87.50.36

CHARTRES 🅿 28000 E.-et-L. 🔢 ⑦⑧, 🔢 ㊲ G. Environs de Paris – 39 243 h. alt. 142 - Grand pèlerinage des étudiants (fin avril-début mai) – ✿ 37 – **Voir** Cathédrale★★★ BY – Vieux Chartres★ BYZ – Église St-Pierre★ CZ Y – ≤★ sur l'église St-André, des bords de l'Eure BYB – ≤★ du Monument des Aviateurs militaires CY Z – Musée : émaux★ BYM.

🛈 Office de Tourisme 7 Cloître Notre-Dame (fermé dim. hors sais.) ☏ 21.54.03 – A.C.O. 10 av. Jehan-de-Beauce ☏ 21.03.79.

Paris 89 ② – Évreux 77 ① – ◆Le Mans 116 ④ – ◆Orléans 73 ④ – ◆Tours 139 ④.

Plan page suivante

🏨 ✿ **Grand Monarque**, 22 pl. Épars ☏ 21.00.72, Télex 760777 – ⫴ 📺 🕿 ⇌. **AE ⓞ** **E** *VISA*
         AZ **e**
fermé fév. – SC : **R** *(fermé dim. soir et lundi midi du 1er nov. au 1er avril)* 140/208 – ☲ 25 – **42 ch** 181/307
Spéc. Pâté de Chartres (oct. à janv.), Pièce de boeuf à la moelle au Chinon, Soufflé aux fruits.

🏨 **Mercure** 🅼 sans rest., 8 av. Jehan-de-Beauce ☏ 21.78.00, Télex 780728 – ⫴ 📺 🕿 ⴺ **🅿**. **AE ⓞ** **E** *VISA*
         AY **n**
SC : ☲ 23 – **47 ch** 225/252.

🏨 **Ibis** 🅼, à Lucé par ⑥ : 3 km sur N 23 ⊠ 28110 Lucé ☏ 35.76.00, Télex 780348 – 📺 ⇌wc ⴺ **🅿** – ⚎ 30. **E** *VISA*
SC : **R** *(fermé dim. du 1er oct. au 31 mars)* 56/75 – ☲ 20 – **52 ch** 173/212.

🏨 **Jehan de Beauce** sans rest, 19 av. Jehan-de-Beauce ☏ 21.01.41 – ⫴ 🏧wc ☎
fermé 15 déc. au 15 janv. – SC : ☲ 15 – **46 ch** 67/141.
         AY **m**

329

Champagny (R.) . 4   **Gambetta** (R.) . . 5
Libération (Av.) . 7   **Verdun** (Av. de) . 8

CHARTRES

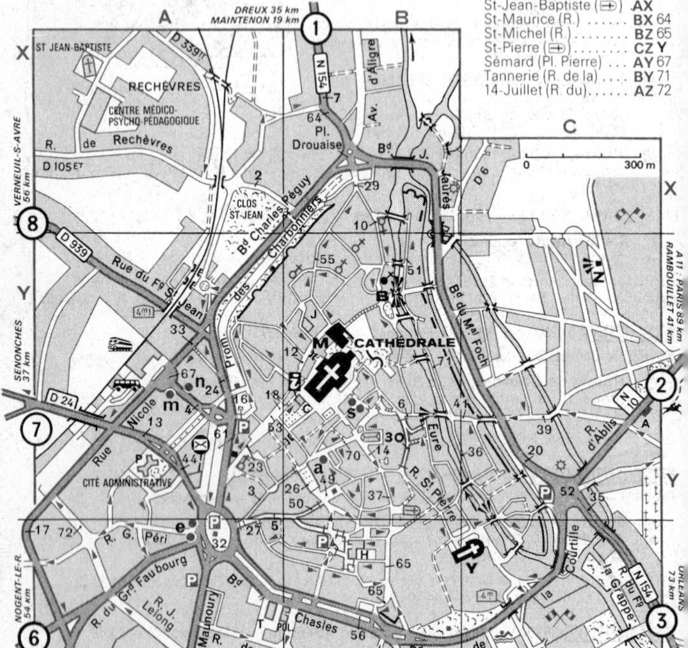

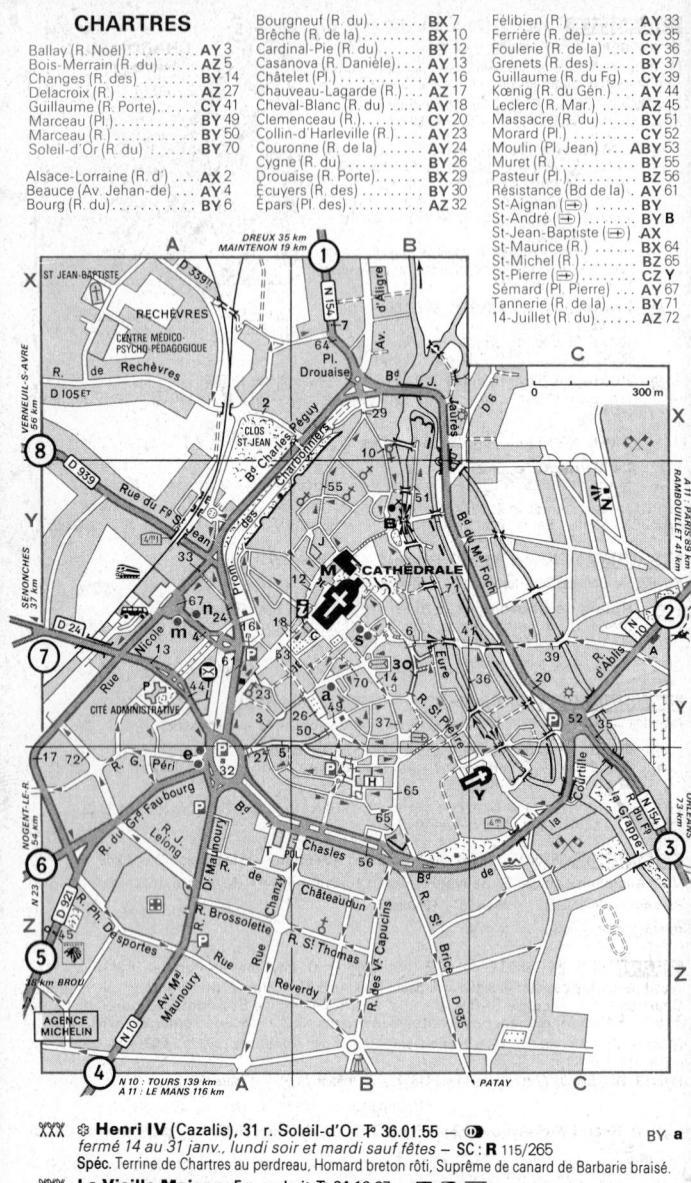

XXX ❀ **Henri IV** (Cazalis), 31 r. Soleil-d'Or ☎ 36.01.55 – ⓓ — BY **a**
fermé 14 au 31 janv., lundi soir et mardi sauf fêtes – SC : **R** 115/265
Spéc. Terrine de Chartres au perdreau, Homard breton rôti, Suprême de canard de Barbarie braisé.

XXX **La Vieille Maison,** 5 r. au Lait ☎ 34.10.67 – AE ⓓ VISA — BY **s**
fermé 21 juin au 4 juil., 2 au 16 janv., dim. soir et lundi – SC : **R** 130/250.

XX Buisson Ardent, 10 r. au Lait ☎ 34.04.66 — BY **s**

XX **Normand,** 24 pl. Épars ☎ 21.04.38 — AZ **e**
fermé 5 au 27 déc. et lundi sauf fêtes – **R** 65/150.

par ② : N 10 – ✉ **28630** Chartres :

Novotel Ⓜ, à 4 km ☎ 34.80.30, Télex 781298, ⛱, 🏊, ⛺ – ⎈ ▤ rest 📺 ☎ ♿ Ⓟ – 🏛 200. AE ⓓ E VISA
R snack carte environ 90 🍷 – ☕ 28 – **78 ch** 238/272.

à Thivars par ④ : 7,5 km N 10 – ✉ **28630** Chartres :

XX **La Sellerie,** ☎ 26.41.59 – **🅿** VISA
fermé 1er au 19 août, 3 au 20 janv., dim. soir de nov. à fin mars, lundi soir et mardi –
SC : **R** 97.

MICHELIN, Agence régionale, r. de Fontenay, Z.I. de Lucé par ⑤ ☎ 35.66.42

BMW Thireau, 20 bd Foch, 17 r. des Fileurs ☎
34.82.76
CITROEN S.E.R.A.C., 12 r. Dieudonné Coste
par ② ☎ 34.57.80 **N**
RENAULT Gar. Chartrains, ZUP Madeleine av.
M. Proust par ② ☎ 34.86.84
RENAULT Ruelle, 104 r. fg-la-Grappe par ③
☎ 28.51.19

PEUGEOT-TALBOT Gar. St Thomas, 49 bis
av. d'Orléans ③ ☎ 21.33.83
V.A.G. Gar. Electric-Auto, av. d'Orléans, N 154
☎ 28.07.35

🛞 Breton, 26 r. G.-Fessard ☎ 21.18.98

Périphérie et environs

ALFA-ROMEO, LANCIA-AUTOBIANCHI,
MERCEDES-BENZ Cogedi Auto, 158 r. Répu-
blique à Lucé ☎ 35.88.80
BLF Chartres-Auto-Sport, rte d'Illiers à Lucé
☎ 35.24.79
FORD Gar. Paris-Brest, 80 r. F.-Lépine à Lui-
sant ☎ 28.13.88
OPEL Gar. Ouest, 43 r. Château d'Eau à Main-
villiers ☎ 36.37.87

PEUGEOT-TALBOT Gar. St-Thomas, rte d'Il-
liers à Lucé par ⑤ ☎ 34.00.85
RENAULT Gd gar. de Luce, 23 r. Kennedy à
Lucé par ⑤ ☎ 34.00.99 **N**
TOYOTA Socalu, 5 r. de Fontenay à Lucé ☎
28.02.40

🛞 Marsat-Chartres-Pneus, 14 r. République à
Lucé ☎ 35.86.94

La CHARTRE-SUR-LE-LOIR 72340 Sarthe **64** ④ G. Châteaux de la Loire – 1 791 h. alt. 57
– **❀** 43 – **Env. Escalier★★ du château★** de Poncé NE : 8 km.
🛈 Syndicat d'Initiative 20 pl. Carnot (15 juin-15 sept. et fermé dim.) ☎ 44.00.04.
Paris 215 – La Flèche 57 – ◆Le Mans 46 – St-Calais 29 – ◆Tours 40 – Vendôme 43.

🏨 **France,** ☎ 44.40.16 – 🛏wc 🚿wc 🍴 **🅿** – 🔥 30. VISA
fermé 17 au 28 oct. et 21 nov. au 15 déc. – SC : **R** (dim. prévenir) 52/140 🍷 – ☱ 14 –
32 ch 60/150 – P 120/150.

🏨 **Cheval Blanc,** ☎ 44.40.01 – 🚿wc 🚿. VISA
fermé 15 janv. au 15 fév. et lundi – SC : **R** 50/115 – ☱ 13,50 – **12 ch** 59/127 –
P 130/165.

PEUGEOT, TALBOT Gar. Vallée du Loir, ☎ 44.41.12

CHASSE 38 Isère **74** ⑪ – rattaché à Vienne.

CHASSELAY 69 Rhône **73** ⑩ – 1 708 h. alt. 211 – ✉ **69380** Lozanne – **❀** 7.
Paris 448 – L'Arbresle 14 – ◆Lyon 21 – Villefranche-sur-Saône 15.

XX **Lassausaie,** ☎ 847.62.59 – **🅿** AE VISA
fermé 6 août au 8 sept., 16 au 23 fév., mardi soir et merc. – SC : **R** 57/180.

CITROEN Gar. du Mont-Verdun, ☎ 847.62.23

CHASSENEUIL-SUR-BONNIEURE 16260 Charente **72** ⑭⑮ G. Côte de l'Atlantique –
3 185 h. alt. 120 – **❀** 45 – **Voir Mémorial de la Résistance.**
Paris 448 – Angoulême 33 – Confolens 30 – ◆Limoges 70 – Nontron 52 – Ruffec 40.

XX **Gare** avec ch, ☎ 39.50.36 – 🛏wc 🚿 🚿. **E** VISA
fermé 28 juin au 9 juil., 2 au 15 janv. et lundi – SC : **R** 35/200 – ☱ 11 – **12 ch** 45/140
– P 125/175.

CHASSERADES 48 Lozère **80** ⑦ – 188 h. alt. 1 174 – ✉ **48250** La Bastide Puylaurent – **❀** 66.
Paris 581 – Langogne 30 – Mende 41 – Villefort 39.

🏚 **Sources** 🦐, rte de la Bastide ☎ 46.01.14, ← – 🍴 **🅿**
SC : **R** 45/65 – ☱ 13 – **10 ch** 70/130 – P 140/165.

CHASSEY-LE-CAMP 71 S.-et-L. **69** ⑨ – rattaché à Chagny.

CHÂTEAU-ARNOUX 04160 Alpes-de-H.-P. **81** ⑯ G. Côte d'Azur – 5 662 h. alt. 440 – **❀** 92.
Voir ❀★ de la chapelle St-Jean S : 2 km puis 15 mn.
🛈 Office de Tourisme 1 r. Maurel (1er juin-15 sept., fermé sam. et dim.) ☎ 64.02.64.
Paris 720 – Digne 25 – Forcalquier 30 – Manosque 39 – Sault 74 – Sisteron 14.

🏨🏨 ❀❀ **La Bonne Étape** (Gleize) M 🦐, ☎ 64.00.09, « **Bel aménagement intérieur** »,
🏊, 🌳 – 📺 ☎ 🚗 **🅿**. AE ⓞ **E** VISA
fermé 19 au 25 nov., 3 janv. au 15 fév., dim. soir et lundi d'oct. à mai – SC : **R**
160/300 et carte – ☱ 42 – **11 ch** 300/400, 7 appartements 480
Spéc. Gâteau de mostèle, Agneau de Sisteron, Pâtisseries. Vins Vacqueyras, Palette.

au Nord 3 km N 85 – ✉ **04290** Volonne :

🏚 **Relais Alpes-Côte d'Azur,** ☎ 64.06.16, 🍴, 🌳 – **🅿**. AE ⓞ **E**
fermé 5 au 30 nov., mardi soir et merc. midi – SC : **R** 50/120 – ☲ 15 – **12 ch** 55/90
– P 150/160.

CHÂTEAU-ARNOUX

à St-Auban SO : 4 km par N 96 :

🏛 **Villiard** sans rest, ⊠ 04600 St-Auban � 64.17.42, 🚲 – ➡wc ⑂wc *sans sais.* – SC : ⊡ 23 – **20 ch** 120/260.
fermé nov. et sam. hors sais. – SC : ⊡ 23 – **20 ch** 120/260.

XX **Le Barrasson,** ⊠ 04160 Château-Arnoux ⋔ 64.17.12, 🍴 – ❷. 𝗩𝗜𝗦𝗔
fermé dim. soir et lundi – SC : **R** 62/125.

CITROEN Plantevin, 70 av. Gén. de Gaulle ⋔   VOLVO Gar. de la Durance, N 96 à St-Auban
64.06.15 🆕   ⋔ 64.17.37
RENAULT Guillaume, N 96 à St-Auban ⋔ 64.
17.10 🆕

CHÂTEAU-BERNARD 38 Isère 77 ⑭ – 131 h. – ⊠ 38650 Monestier-de-Clermont – ✪ 76.
Paris 601 – ◆Grenoble 36 – Monestier-de-Clermont 12.

au col de l'Arzelier N : 4 km – ⊠ 38650 Monestier-de-Clermont :

🏛 **Deux Soeurs** Ⓜ ⑤, ⋔ 72.37.68, ≤ – ➡wc ⑂wc ⇔ ❷ – ⚲ 30. 🄴
SC : **R** 54/117 – ⊡ 16 – **24 ch** 110/144 – P 180/193.

CHÂTEAUBOURG 07 Ardèche 77 ⑪⑫ G. Vallée du Rhône – 180 h. alt. 125 – ⊠ 07130
St-Péray – ✪ 75 (Drôme) – Paris 564 – Lamastre 42 – Tournon 8 – Valence 10.

XXX ✿ **Host. du Château** (Reynaud), ⋔ 40.33.28, 🍴 – ❷. 🄰🄴 ⓪
fermé 16 au 24 août, 10 janv. au 10 fév., dim. soir et lundi – SC : **R** 100/200
Spéc. Cassolette de crevettes, Truite de mer à la crème d'ail, Filet de canard aux légumes confits.
Vins Hermitage, St-Joseph.

CHÂTEAUBOURG 35220 I.-et-V. 59 ⑰⑱ – 2 486 h. alt. 125 – ✪ 99.
Paris 330 – Angers 109 – Châteaubriant 56 – Fougères 44 – Laval 53 – ◆Rennes 21.

🏨🏨 **Ar Milin** ⑤, ⋔ 00.30.91, Télex 740083, « Vieux moulin dans un parc au bord de
l'eau », %ͯ – 💳 ❷ – ⚲ 60. 🄰🄴 ⓪ 🄴 𝗩𝗜𝗦𝗔
fermé 15 déc. au 15 janv. – SC : **R** 110, carte le dim. – ⊡ 19 – **33 ch** 110/260 –
P 316/435.

à la Peinière E : 6 km par D 857 et D 106 – ⊠ 35220 Châteaubourg :

🏠 **Pen'Roc** ⑤, ⋔ 00.33.02, 🚲 – 📺 ➡wc ⑂wc ⇔ ❷ – ⚲ 60. 🄰🄴 ⓪ 🄴 𝗩𝗜𝗦𝗔
fermé 1er au 24 nov. – SC : **R** *(fermé dim. soir)* 64/150 – ⊡ 17,50 – **15 ch** 130/180.

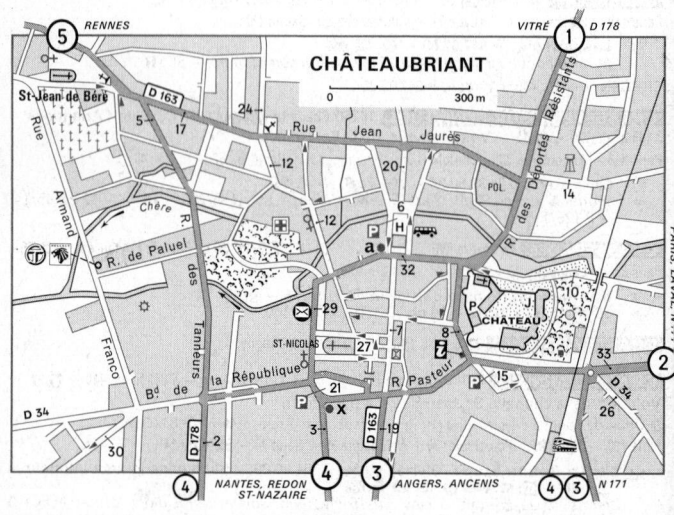

CHÂTEAUBRIANT

CHÂTEAUBRIANT ⟨S⟩ 44110 Loire-Atl. **BB** ⑦⑧ G. Bretagne – 14 415 h. alt. 56 à 70 – ✪ 40.

Voir Château★.

🛈 Office de Tourisme 40 r. Château (fermé sam. après-midi, dim. et lundi matin) ☏ 81.04.53.

Paris 355 ① – Ancenis 47 ③ – Angers 71 ③ – La Baule 100 ④ – Cholet 92 ③ – Fougères 80 ① – Laval 67 ② – ✦Nantes 70 ④ – ✦Rennes 55 ⑤ – St-Nazaire 87 ④ – Vannes 115 ④.

Plan page ci-contre

🏨 **Host. La Ferrière** M ⟨S⟩, par ④ : 1,5 km ☏ 28.00.28, ≼, parc – 🚾wc 🏤wc ☏ 🅿 – ⬆ 50. 🆎 ⓵ 🅴 𝑽𝑰𝑺𝑨
SC : **R** 56/120 – 🍽 21 – **25 ch** 180/230 – P 230/290.

🏨 **Châteaubriant** M sans rest., 30 r. 11 Novembre (a) ☏ 28.14.14 – 📶 📺 🚾wc 🏤wc ☏ 🅿. 🆎 ⓵ 🅴 𝑽𝑰𝑺𝑨
SC : 🍽 15 – **35 ch** 120/180.

🏠 **Armor** sans rest, 19 pl. la Motte (x) ☏ 81.11.19 – 📶 🚾wc 🏤 🕾. 🆎 ⓵
SC : 🍽 13 – **20 ch** 54/113.

CITROEN Cavalan, rte St-Nazaire, Zone Ind. par ④ ☏ 81.00.07
FORD Mérel, Zone Ind., rte d'Ancenis ☏ 81. 15.29
PEUGEOT-TALBOT Arvor. Autom., r. A.-Franco ☏ 81.03.83
PEUGEOT-TALBOT Charron, 42 r. M.-Grimaud par ③ ☏ 81.01.05

RENAULT SADAC, rte de St-Nazaire, Zone Ind. par ④ ☏ 81.26.84 🖪 ☏ 81.23.32
V.A.G. Gar. du Centre, 15 bis r. St-Georges ☏ 81.19.89

🅖 Castel-Pneus, Z.I. r. du Prés. Kennedy ☏ 28.01.94

CHÂTEAU-CHINON ⟨S⟩ 58120 Nièvre **BB** ⑥ G. Bourgogne (plan) – 2 679 h. alt. 534 – ✪ 86 – Voir Site★ – Calvaire ✳★★ – Promenade du château★.

🛈 Office de Tourisme porte Notre-Dame (15 juin-15 sept. et fermé dim.) ☏ 85.06.58.

Paris 287 – Autun 37 – Avallon 62 – Clamecy 68 – Moulins 86 – Nevers 66 – Saulieu 49.

🏠 **Au Vieux Morvan**, ☏ 85.05.01, ≼ – 🏤wc 🕾. 🅴
fermé 12 nov. à début janv. – SC : **R** (dim. et fêtes-prévenir) 53/145 ⅄ – 🍽 16 – **23 ch** 57/170 – P 150/200.

CITROEN Gagnard, ☏ 85.07.80
FIAT Gar. de la Poste, ☏ 85.11.65 🖪
PEUGEOT-TALBOT Jeannot-Roblin, ☏ 85.02.76

RENAULT Gar. Moderne, ☏ 85.09.99

CHÂTEAU D'IF (Ile du) 13 B.-du-R. **84** ⑬ G. Provence.
⛴ au départ de Marseille pour le château d'If★★ (✳✳★★★) 1 h 30.

Le CHÂTEAU D'OLÉRON 17 Char.-Mar. **71** ⑭ – voir à Oléron (Ile d').

CHÂTEAU-DU-LOIR 72500 Sarthe **64** ④ G. Châteaux de la Loire – 5 891 h. alt. 50 – ✪ 43.

🛈 Syndicat d'Initiative à la Mairie (fermé sam. après-midi, dim. et fêtes) ☏ 44.00.38.

Paris 237 – Château-la-Vallière 20 – La Flèche 41 – ✦Le Mans 40 – ✦Tours 42 – Vendôme 59.

🏠 **Gare**, 170 av. J.-Jaurès ☏ 44.00.14 – 🅿. 🅴 ✁ ch
fermé 25 août au 10 sept., 15 déc. au 6 janv. et dim. sauf le midi en été – SC : **R** 40/92 ⅄ – 🍽 13 – **16 ch** 60/80.

à Coëmont SE : 2 km par N 138 – ✉ 72500 Château-du-Loir :

❌❌ **André Paul** (Plunian), 2 r. Basse ☏ 44.11.75 – 🆎 🅴 𝑽𝑰𝑺𝑨
fermé 3 au 16 août, 6 au 28 fév., dim. soir et lundi – SC : **R** carte 160 à 210 ⅄
Spéc. Salade de canard, Escalope de barbue à la graine de moutarde, Sorbets aux fruits frais. Vins Jasnières, Saumur-Champigny.

CITROEN Chapu, 97 av. J.-Jaurès ☏ 44.00.40
PEUGEOT-TALBOT Boutellier, rte du Mans à Luceau ☏ 44.00.67
PEUGEOT-TALBOT Gachet, 63 av. Jean Jaurès ☏ 44.00.68

RENAULT Gar. Cosnier, rte du Mans à Luceau ☏ 44.00.92 🖪

CHÂTEAUDUN ⟨S⟩ 28200 E.-et-L. **60** ⑦ G. Châteaux de la Loire – 16 094 h. alt. 140 – ✪ 37.

Voir Château★★ A – Vieille ville★ A: église de la Madeleine★ B – Promenade du Mail ≼★ A – Musée : Collection d'oiseaux★ A M.

🛈 Office de Tourisme 3 r. Toufaire (fermé dim.) ☏ 45.22.46.

Paris 132 ① – Alençon 115 ⑥ – Argentan 142 ⑥ – Blois 57 ③ – Chartres 44 ① – Fontainebleau 121 ② – ✦Le Mans 103 ⑥ – Nogent-le-Rotrou 53 ⑥ – ✦Orléans 48 ② – ✦Tours 95 ③ – Vendôme 40 ③.

Plan page suivante

🏨 **Beauce** sans rest, 50 r. Jallans ☏ 45.14.75 – 🚾wc 🏤wc 🕾. 🆎 𝑽𝑰𝑺𝑨   B s
fermé 5 déc. au 15 janv. et dim. du 15 oct. au 15 mai – 🍽 20 – **24 ch** 86/170.

🏠 **St-Michel** sans rest, 5 r. Péan ☏ 45.15.70 – 🚾wc 🏤wc 🕾. 𝑽𝑰𝑺𝑨   A a
fermé 15 au 23 août, 21 déc. au 1ᵉʳ janv. et dim. soir – SC : 🍽 15 – **19 ch** 80/140.

333

CHÂTEAUDUN

Gambetta (R.) . . . . . . **A**
République (R.) . . . **AB**
18-Octobre (Pl. du) . . **A 10**

Huileries (R. des) . . . **A 4**
Luynes (R. de) . . . . . **A 5**
Lyautey (R. Mar.) . . . **A 6**
St-Médard (R.) . . . . . **A 9**

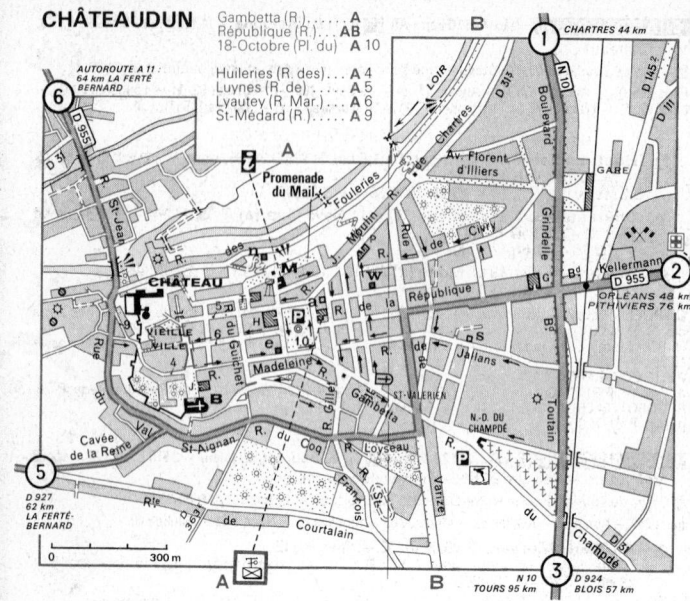

XX **La Rose** avec ch, 12 r. Lambert-Licors ℡ 45.21.83 – ▤ rest ⋔wc ⇔. ⓞ 𝕍𝕀𝕊𝔸
🐾 ch
 A w
   fermé 10 au 30 sept., 10 déc. au 2 janv., dim. soir et lundi – SC : **R** 100/135 ⅜ – ☕
   16 – **8 ch** 78/93 – P 170/229.

XX **Caveau des Fouleurs,** 33 r. Fouleries ℡ 45.23.72, « anciennes caves dans la
   roche » – ▤ **P**. ⓞ 𝕍𝕀𝕊𝔸
 A n
   fermé 15 août au 1er sept., 15 fév. au 1er mars, dim. soir et lundi – SC : **R** 70 bc/115.

X **La Licorne,** 6 pl. 18-Octobre ℡ 45.32.32 – **E** 𝕍𝕀𝕊𝔸
 A e
→ fermé 12 au 22 juin, 24 déc. au 23 janv. soir et lundi – SC : **R** 45/98.

CITROEN Gar. Mourice-Rebours, 91 bd Kel-
lermann par ② ℡ 45.10.87
OPEL Lejeune-Arsant, 67 bd Kellermann ℡
45.23.98
PEUGEOT, TALBOT Gar. Lemasson, rte Char-
tres par ① ℡ 45.20.98

RENAULT Giraud, rte Tours à la Chapelle du
Noyer par ③ ℡ 45.10.74 🄽
V.A.G. Touchard, bd du 8-Mai ℡ 45.03.32

⓪ Central Pneu, N 10 ℡ 45.11.17
La Centrale du Pneu, 98 r. Varize ℡ 45.68.54

CHÂTEAU-FARINE 25 Doubs 𝟨𝟨 ⑮ – rattaché à Besançon.

CHÂTEAUFORT 78 Yvelines 𝟨𝟶 ⑩, 𝟷𝟶𝟷 ㉒ – voir à Paris, Environs.

CHÂTEAUGIRON 35410 I.-et-V. 𝟨𝟹 ⑦ G. Bretagne – 3 265 h. alt. 60 – ✆ 99.
Paris 338 – Angers 107 – Châteaubriant 42 – Fougères 51 – Nozay 64 – ◆Rennes 16 – Vitré 27.

🏠 **Cheval Blanc et Château,** ℡ 37.40.27 – 🍽 **P**. **E**
→ SC : **R** (fermé dim. soir du 15 sept. au 15 juin) 38/92 ⅜ – 🖵 15,50 – **14 ch** 57/105 –
   P 120/145.

XX **Aubergade,** ℡ 00.41.35
   fermé 5 au 27 août, 2 au 16 janv., dim. soir et lundi – SC : **R** 105/220.

Pinel, ℡ 00.41.54

CHÂTEAU-GONTIER ⟨Ⓢ⟩ 53200 Mayenne 𝟨𝟹 ⑩ G. Châteaux de la Loire – 8 352 h. alt. 43
– ✆ 43 – Voir Intérieur★ de l'église St-Jean B.
🄴 Syndicat d'Initiative à la Mairie (fermé sam. et dim.) ℡ 07.07.10.
Paris 284 ② – Angers 43 ④ – Châteaubriant 56 ⑥ – Laval 30 ① – ◆Le Mans 80 ② – ◆Rennes 86 ⑥.

Plan page ci-contre

🏨 Parc H. Ⓜ 🐾, 46 av. Joffre **(s)** ℡ 07.28.41, ◁, parc, ⛴, ❨ – 🍽wc ☎ **P** – 🏛
   25 – **R** voir La Brasserie – **22 ch.**

🏠 **Cerf** sans rest, 31 r. Garnier **(b)** ℡ 07.25.13 – 🍽wc ⋔wc ☎ **P**. **E** 𝕍𝕀𝕊𝔸
   SC : 🖵 11 – **22 ch** 70/86.

334

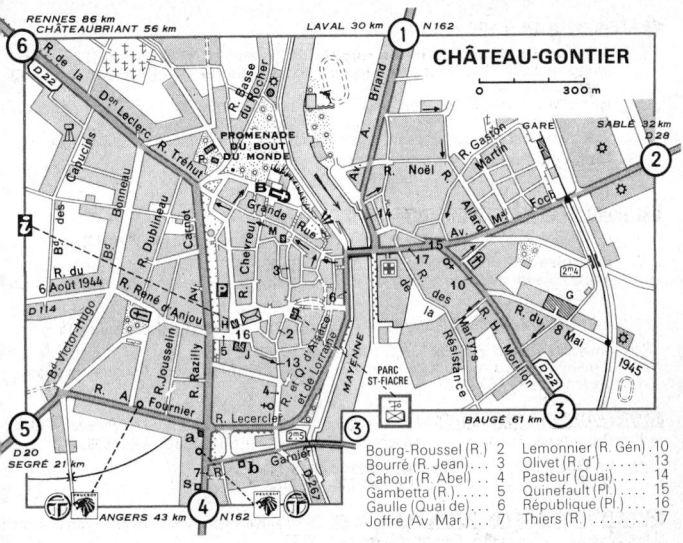

RENNES 86 km
CHÂTEAUBRIANT 56 km

LAVAL 30 km N 162

CHÂTEAU-GONTIER

0   300 m

SABLÉ 32 km
D 28

GARE

BAUGÉ 61 km

D 20
SEGRÉ 21 km

ANGERS 43 km N 162

Bourg-Roussel (R.) 2	Lemonnier (R. Gén) 10
Bourré (R. Jean) 3	Olivet (R. d') 13
Cahour (R. Abel) 4	Pasteur (Quai) 14
Gambetta (R.) 5	Quinefault (Pl.) 15
Gaulle (Quai de) 6	République (Pl.) 16
Joffre (Av. Mar.) 7	Thiers (R.) 17

XX **La Brasserie** avec ch, av. Joffre **(a)** ☏ 07.10.80 – ⇌wc ⋔ ☎ – ⚑ 50 – **20 ch.**

XX **Host. Mirwault** ⟋ avec ch, N : 2 km par r. Basse-du-Rocher ☏ 07.13.17, « Au bord de la Mayenne », ⚘ – ⋔wc ☎ ☻. ⓪ 🄴 𝖵𝖨𝖲𝖠, ✀ ch
fermé 1ᵉʳ au 28 fév. et dim. soir – SC : **R** 75 – ⟳ 18 – **9 ch** 90/140.

PEUGEOT-TALBOT Gar. Fourmond, 6 av. Mar.-Joffre ☏ 07.22.57

PEUGEOT-TALBOT Gar. Huchedé, 28 r. A.-Fournier ☏ 07.21.72

⚙ Cailleau, 1 pl. Quinefault ☏ 07.12.10

CHÂTEAULIN ⟨SP⟩ 29150 Finistère 𝟝𝟠 ⑮ G. Bretagne – 6 102 h. alt. 8 – ✆ 98.

Env. Enclos paroissial★★ de Pleyben E : 10 km.

🛈 Office de Tourisme quai Cosmao (15 juin-15 sept. fermé lundi matin et dim.) ☏ 86.02.11 et à la Mairie (16 sept.-15 juin, fermé sam. après-midi et dim.) ☏ 86.05.10.

Paris 551 – ◆Brest 47 – Carhaix-Plouguer 46 – Concarneau 51 – Douarnenez 27 – Landerneau 38 – Lorient 93 – Morlaix 59 – Quimper 29 – Vannes 142.

🏨 **Au Bon Accueil**, à Port Launay NE : 2 km par D 770 ☏ 86.15.77, ≤, ⚘ – 🛗
⇌ 🍽 rest ⇌wc ⋔wc ☎ ☻. – ⚑ 100. 🄰🄴 ⓪ 🄴 𝖵𝖨𝖲𝖠, ✀ ch
fermé janv. – SC : **R** *(fermé lundi du 15 sept. au 30 avril)* 49/250 – ⟳ 18 – **59 ch** 80/180 – P 145/230.

XX **Aub. Ducs de Lin** ⟋ avec ch, rte Quimper : 1,5 km ☏ 86.04.20, ≤, ⚘ – ⇌wc
☻. 🄴
fermé 5 au 24 mars, 17 sept. au 6 oct., dim. soir et lundi (sauf hôtel en juil. et août) – SC : **R** 72/190 – ⟳ 21 – **6 ch** 182.

CITROEN Gar. de Cornouaille, ☏ 86.04.40
PEUGEOT, TALBOT Viénot, ☏ 86.06.50

RENAULT Gar. de l'Aulne ☏ 86.12.08 🅽

⚙ Simon-Pneus, ☏ 86.16.09

CHÂTEAUNEUF 83 Var 𝟠𝟜 ⑭ – rattaché à Nans-les-Pins.

CHÂTEAUNEUF-DU-FAOU 29119 Finistère 𝟝𝟠 ⑯ G. Bretagne – 4 048 h. alt. 130 – ✆ 98.
🛈 Office de Tourisme pl. Marché (1ᵉʳ juil.-31 août et fermé dim. après-midi) ☏ 81.83.90.
Paris 529 – ◆Brest 65 – Carhaix-Plouguer 23 – Châteaulin 24 – Morlaix 51 – Quimper 36.

🏠 **Relais de Cornouaille**, rte Carhaix ☏ 81.75.36
⇌ *fermé oct., dim. soir et sam.* – SC : **R** 39/120 ⅃ – ➑ 11 – **8 ch** 52/65 – P 117/120.

CHÂTEAUNEUF-DU-PAPE 84230 Vaucluse 𝟠𝟙 ⑫ G. Provence – 2 060 h. alt. 117 – ✆ 90.

Voir ≤★★ du château des Papes.

🛈 Office de Tourisme pl. Portail (fermé dim. et lundi matin) ☏ 39.71.08.

Paris 674 – Alès 78 – Avignon 18 – Carpentras 24 – Orange 13 – Roquemaure 10.

🏨 **Le Logis d'Arnavel**, O : 3 km sur D 17 ☏ 39.73.22, Télex 431625, ⚘, ⅃ – ⇌wc ⋔wc ☎ ☻. 🄰🄴 🄴 𝖵𝖨𝖲𝖠
fermé 23 déc. au 1ᵉʳ fév. – SC : **R** *(fermé dim. soir et lundi)* 60/82 – ⟳ 17 – **15 ch** 145/215 – P 220/240.

XXX ❀ **Host. Château des Fines Roches** Ⓜ ⌂ avec ch, S : 3 km par D 17 et voie privée ℡ 83.70.23, « Dans un domaine viticole, belle vue » – 📺 ⌷wc ☎ ⇦ Ⓟ – ⚓ 50 à 80. ※
fermé Noël à début fév., dim. soir et lundi sauf été – SC : **R** *(fermé lundi)* (nombre de couverts limité - prévenir) 160 – ⛝ 38 – **7 ch** 250/420
Spéc. Assiette dégustation, Filets de rougets, Chariot de desserts. Vins Châteauneuf-du-Pape.

XXX **Mule-du-Pape,** ℡ 39.73.30, ← – 🔲. **E** 𝑉𝐼𝑆𝐴
fermé lundi soir et mardi – SC : **R** 70/110.

CHÂTEAUNEUF-EN-THYMERAIS 28170 E.-et-L. 🔟 ⑦ – 2 339 h. alt. 212 – ✪ 37.
Paris 103 – Chartres 25 – Châteaudun 64 – Dreux 21 – ◆Le Mans 115 – Verneuil-sur-Avre 31.

XX **Écritoire** avec ch, ℡ 51.60.57 – ⌷wc ⋔ Ⓟ. **E**. ※
fermé 16 août au 9 sept., 25 janv. au 7 fév. et mardi – SC : **R** 90/185 – ⛝ 26 – **5 ch** 120/200.

à St-Jean-de-Rebervilliers N : 4 km par D 928 – ✉ **28170** Châteauneuf-en-Th. :

XXX **Aub. St-Jean,** ℡ 51.62.83, ⇞, ☞ – Ⓟ. 𝐀𝐄 ⓪ **E** 𝑉𝐼𝑆𝐴
fermé 13 fév. au 16 mars, jeudi soir et vend. – SC : **R** (nombre de couverts limité - prévenir) carte 150 à 220.

CHÂTEAUNEUF-LE-ROUGE 13 B.-du-R. 🔢 ③ – 1 071 h. alt. 230 – ✉ **13790** Rousset – ✪ 42
– Paris 770 – Aix-en-Provence 12 – Aubagne 30 – Brignoles 52 – ◆Marseille 35 – Rians 30.

🏠 **La Galinière,** N7 ℡ 58.62.04 – ⌷wc ⋔ ⊛ Ⓟ
SC : **R** 75/150 ⚘ – ⛝ 17 – **21 ch** 90/210 – P 215/270.

CHÂTEAUNEUF-LES-BAINS 63 P.-de-D. 🔢 ③ G. Auvergne – 374 h. alt. 390 – Stat. therm. (2 mai-30 sept.) – ✉ **63390** St-Gervais-d'Auvergne – ✪ 73.
🛈 Office de Tourisme (2 mai-30 sept.) ℡ 86.67.86.
Paris 375 – Aubusson 82 – ◆Clermont-Ferrand 49 – Montluçon 55 – Riom 34 – Ussel 96.

🏠 **Château,** ℡ 86.67.01, ← – ⌷wc ⋔wc Ⓟ. 𝑉𝐼𝑆𝐴
◆ *19 mai-25 sept. –* SC : **R** 48/88 – ⛝ 15 – **38 ch** 56/123 – P 86/150.
🏠 **La Pergola et Poste,** ℡ 86.67.95, ← – ⌷wc ⊛
◆ *1er mai au 30 sept. –* SC : **R** 32/70 ⚘ – ⛝ 15 – **19 ch** 55/110 – P 100/150.

CHÂTEAUNEUF-SUR-LOIRE 45110 Loiret 🔟 ⑩ G. Châteaux de la Loire – 6 029 h. alt. 135 – ✪ 38 – Voir Mausolée★ dans l'église St-Martial – Germigny-des-Prés : mosaïque★★ de l'église★ SE : 4,5 km.
🛈 Office de Tourisme pl. A.-Briand (1er avril-1er oct., fermé dim. après-midi et lundi) ℡ 58.44.79.
Paris 134 – Bourges 102 – Gien 39 – Montargis 46 – ◆Orléans 25 – Pithiviers 39 – Vierzon 89.

🏠 **La Capitainerie,** Gde-Rue ℡ 58.42.16, ⇞ – ⌷wc ⋔wc ⊛ Ⓟ. **E** 𝑉𝐼𝑆𝐴
fermé 1er janv. au 15 fév. et mardi sauf hôtel en saison – SC : **R** 75/140 – ⛝ 20 –
14 ch 70/200 – P 200/235.
🏠 **Nouvel H. du Loiret,** pl. A.-Briand ℡ 58.42.28 – ⌷wc ⋔wc ⊛ ⇦
fermé 20 déc. au 20 janv., dim. soir (sauf l'hôtel du 1er juin au 30 sept.) et lundi –
SC : **R** 65/135 – ⛝ 16 – **20 ch** 70/150 – P 215/295.

RENAULT Carrascosa, 18 r. Bonne Dame ℡ 58.42.57   RENAULT Poignard, 123 av du Gatinais ℡ 58.42.11

CHÂTEAUNEUF-SUR-SARTHE 49330 M.-et-L. 🔟 ① – 2 555 h. alt. 23 – ✪ 41.
🛈 Syndicat d'Initiative 1 r. Nationale (juil.-août, fermé merc. et dim. après-midi).
Paris 274 – Angers 31 – Château-Gontier 26 – La Flèche 33.

🏠 **Ondines** Ⓜ, ℡ 42.10.40, ← – 🛗 ⌷wc ⋔wc ⊛ Ⓟ – ⚓ 50
SC : **R** *(fermé 15 déc. au 15 janv.)* 55/130 – ⛝ 20 – **30 ch** 80/185 – P 175/310.
XX **Sarthe** avec ch, ℡ 42.11.30, ← – ⌷wc ⋔. ※
◆ *fermé oct., dim. soir et lundi sauf juil.-août –* SC : **R** 45/145 ⚘ – ⛝ 15 – **7 ch** 70/160
– P 145/200.

CHÂTEAURENARD 13160 B.-du-R. 🔢 ⑫ G. Provence – 11 072 h. alt. 43 – ✪ 90.
Voir Château féodal : ❊★ de la tour du Griffon.
🛈 Syndicat d'Initiative à la Mairie (fermé sam. et dim.) ℡ 94.07.27.
Paris 698 – Avignon 10 – Carpentras 34 – Cavaillon 21 – ◆Marseille 96 – Nîmes 44 – Orange 41.

🏠 **Phec** Ⓜ, r. R.-Ginoux (face Marché aux Primeurs) ℡ 94.23.78 – 🛗 🔲 rest 📺 ⋔wc ⊛. 𝐀𝐄 ⓪ **E** 𝑉𝐼𝑆𝐴. ※
fermé dim. – SC : **R** *(fermé 1er déc. au 1er fév. et dim.)* 80/200 – ⛟ 20 – **20 ch** 160/180.
🏠 **Provence,** 10 av. Georges-Perrier ℡ 94.01.20 – ⌷wc ⋔wc ⊛. **E** 𝑉𝐼𝑆𝐴
fermé 1er nov. au 15 déc. – SC : **R** *(fermé vend. soir et sam. midi)* 57/137 ⚘ – ⛝ 15 –
17 ch 110/170 – P 220/290.

✗ **Les Glycines** avec ch, 14 av. V. Hugo 🕾 94.10.66 – 🖃 rest 🛏wc 🗊 🕿. 🖭 E 𝗩𝗜𝗦𝗔.
🞧 ch
fermé lundi – SC : **R** 55/90 – 🖙 14 – **10 ch** 90/140 – P 150/180.

✗ **Central** avec ch, 27 cours Carnot 🕾 94.10.90 – 🛏 🗊🖂wc 🕾. 𝗩𝗜𝗦𝗔. 🞧 rest
◆ *fermé 23 au 30 oct., 20 déc. au 20 janv., vend. soir et sam. du 1er oct. au 20 mars –*
SC : **R** 38/110 🍴 – 🖴 14 – **15 ch** 70/125 – P 140/180.

FIAT Abbé, rte Avignon 🕾 94.12.05
PEUGEOT-TALBOT Blanc, 10 av. F.-Mistral 🕾 94.04.80
PEUGEOT-TALBOT Lafon, 10 r. Henri Brisson 🕾 94.12.04

RENAULT Châteaurenard-Autom., bd Genevet 🕾 94.24.98

🞮 Omnica, 30 bd Gambetta 🕾 94.10.93

CHÂTEAU-RENAULT 37110 I.-et-L. 🖼🖪 ⑤⑥ G. Châteaux de la Loire (plan) – 6 170 h. alt. 88 – 🞧 47.

🖪 Syndicat d'Initiative Parc Vauchevrier (1er avril-30 sept.) 🕾 56.54.43.

Paris 198 – Angers 118 – Blois 34 – Loches 60 – ◆Le Mans 86 – ◆Tours 30 – Vendôme 26.

🏠 **Lurton** sans rest, 37 pl. J.-Jaurès 🕾 56.80.26 – 🛏wc 🕾 🅿
fermé 1er au 15 sept. – 🖴 15 – **10 ch** 105/130.

🏠 **Lion d'Or**, 166 r. République 🕾 56.96.50 – 🛏 🗊 🕾 🛬. 🕦
◆ *fermé en mars, nov., dim. soir et lundi hors sais.* – SC : **R** 47/140 – 🖴 13 – **10 ch** 60/135 – P 140/175.

✗✗ **Écu de France** avec ch, pl. J.-Jaurès 🕾 56.50.72 – 🛏wc 🗊 🕾. 🖭 ⑩ 𝗩𝗜𝗦𝗔
fermé 15 au 28 fév., dim. soir et lundi midi sauf du 1er juil. au 15 sept. – **R** 50/110 🍴 – 🖴 13,50 – **7 ch** 161/209.

au NE : sur N 10 :

✗✗ **Aub. de la Diligence** avec ch, 3 km ✉ 37110 Château-Renault 🕾 56.28.11 –
◆ 🗊🖂wc 🕾 🅿. 𝗩𝗜𝗦𝗔
fermé 15 au 30 sept. 15 au 28 fév. et sam. hors sais. – SC : **R** 45/130 🍴 – 🖴 15 – **6 ch** 120/160 – P 150/200.

✗✗ **Le Gastinais**, 7 km sur N 10 ✉ 41310 Villechauve (L.-et-Ch.) 🕾 (54) 80.33.30 –
🅿
fermé 3 au 21 sept., 2 au 27 janv., mardi soir et merc. – SC : **R** (dim. et fêtes - prévenir) 51/102 🍴.

RENAULT Tortay, 19 r. Gambetta 🕾 56.50.97

CHÂTEAUROUX 🅿 36000 Indre 🖲🖇 ⑧ G. Périgord – 53 967 h. alt. 154 – 🞧 54.

Voir Clocher★ de l'ancienne abbaye de Déols 2 km par ①.

🖪 Office de Tourisme pl. de la Gare (fermé dim. et lundi) 🕾 34.10.74 - A.C. 57 r. Belle Isle 🕾 22.92.24.

Paris 269 ① – Blois 98 ⑧ – Bourges 67 ① – Châtellerault 103 ⑦ – Guéret 89 ③ – ◆Limoges 125 ⑤ – Montluçon 98 ③ – ◆Orléans 137 ① – Poitiers 120 ⑤ – ◆Tours 112 ⑦ – Vierzon 58 ①.

Plan page suivante

🏠 **Relais St-Jacques** 🅼, par ① : 5 km sur N 20 ✉ 36130 Déols 🕾 22.87.10, Télex 751176, 🛲 – 📺 🛏wc 🕿 🖒 🅿 – 🛄 60 à 120. 🖭 ⑩ E 𝗩𝗜𝗦𝗔
SC : **R** 55/85 🍴 – 🖴 16 – **46 ch** 170/200 – P 250/350.

🏠 **France**, 16 r. Victor-Hugo 🕾 27.00.80, Télex 751676 – 🖃 🖃 rest 📺 🛏wc 🗊🖂wc 🕾 🛬 – **42 ch**.   BZ **e**

🏠 **Elysée H.** 🅼 sans rest, 2 r. J.-J.-Rousseau 🕾 22.33.66 – 🖃 📺 🛏wc 🕿. 🖭 ⑩ 𝗩𝗜𝗦𝗔   AZ **s**
fermé dim. – SC : 🖴 25 – **17 ch** 185/250.

🏠 **Boischaut** sans rest, 135 av. Châtre par ③ 🕾 22.22.34 – 🖃 📺 🛏wc 🗊🖂wc 🕿 🖒 🅿. E 𝗩𝗜𝗦𝗔
fermé 25 déc. au 1er janv. – SC : 🖴 15 – **27 ch** 90/155.

🏠 **Christina** sans rest, 250 av. La Châtre par ③ 🕾 34.01.77 – 🖃 🛏wc 🗊🖂wc 🕾 🛬. 🅿. E 𝗩𝗜𝗦𝗔
fermé 25 déc. au 3 janv. – SC : 🖴 15 – **33 ch** 80/155.

🏠 **Voltaire**, 42 pl. Voltaire 🕾 34.17.44 – 📺 🛏wc 🗊🖂wc 🅿. 🖭 ⑩ E 𝗩𝗜𝗦𝗔   BZ **n**
fermé du 1er au 15 août, 24 déc. au 2 janv., dim. et fêtes – SC : **R** snack 70 🍴 – 🖴 17 – **29 ch** 125/190.

🏠 **Gare**, pl. gare 🕾 22.77.80 – 📺 🛏wc 🕾 🅿. 🖭 ⑩ E 𝗩𝗜𝗦𝗔   BZ **r**
SC : **R** 65/130 🍴 – 🖴 18 – **28 ch** 118/200.

🏠 **Aub. Arc en Ciel**, à la Forge de l'Isle par ③ : 6 km ✉ 36330 Le Poinçonnet 🕾 34.09.83 – 🛏wc 🗊🖂wc 🕾 🅿 – 🛄 120
◆ SC : **R** (fermé dim. soir) 44/160 🍴 – 🖴 16 – **27 ch** 79/180.

🏠 **St-Hubert**, 25 r. Poste 🕾 34.06.74 – 🗊🖂wc 🛬. 🖭 𝗩𝗜𝗦𝗔   BZ **f**
SC : **R** Brasserie *(fermé dim. et fêtes)* carte environ 65 🍴 – 🖴 19 – **12 ch** 105/170.

🏠 **Le Parc**, 148 av. Paris 🕾 34.36.83 – 🛏wc 🗊🖂wc 🛬 🅿   BY **a**
fermé nov. – SC : **R** *(fermé nov. et sam. du 1er déc. au 1er mai)* 60/100 🍴 – 🖴 20 – **27 ch** – P 230/260.

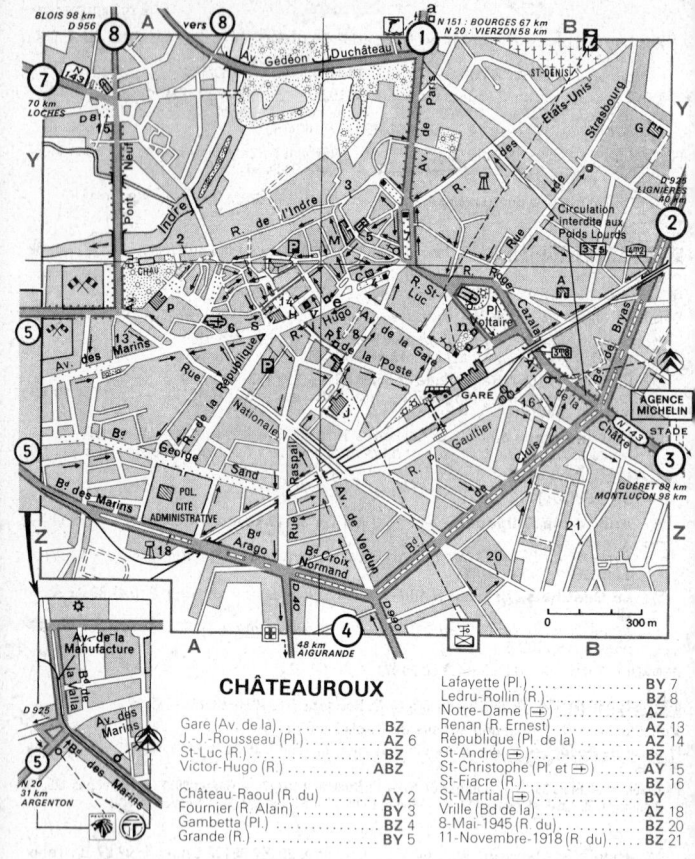

CHÂTEAUROUX

Gare (Av. de la)	BZ
J.-J.-Rousseau (Pl.)	AZ 6
St-Luc (R.)	BZ
Victor-Hugo (R.)	ABZ
Château-Raoul (R. du)	AY 2
Fournier (R. Alain)	BY 3
Gambetta (Pl.)	BZ 4
Grande (R.)	BY 5

Lafayette (Pl.)	BY 7
Ledru-Rollin (R.)	BZ 8
Notre-Dame (☒)	AZ
Renan (R. Ernest)	AZ 13
République (Pl. de la)	AZ 14
St-André (☒)	BZ
St-Christophe (Pl. et ☒)	AY 15
St-Fiacre (R.)	BZ 16
St-Martial (☒)	BY
Vrille (Bd de la)	AZ 18
8-Mai-1945 (R. du)	BZ 20
11-Novembre-1918 (R. du)	BZ 21

XXX ❀ **Jean Bardet**, 1 r. J.-J.-Châtre ☎ 34.82.69 — 🅰🅴 ⓞ 🄴 *VISA* AZ **s**
fermé dim. du 1ᵉʳ juil. au 30 sept., dim. soir et lundi d'oct. au 30 juin — **R** 90/280
Spéc. Filet de turbot au maïs, riz sauvage et canelle, Sauté d'agneau aux épices orientales, Aiguillettes de caneton au miel. **Vins** Quincy, Reuilly.

X **A l'Escargot**, 7 r. J.-Jaurès ☎ 22.06.75 — *VISA* AZ **v**
fermé lundi — **SC** : **R** 70 bc/130 bc.

MICHELIN, Agence, Z.I., 19 bd d'Anvaux par ③ ☎ 22.23.31

CITROEN Maublanc, 28 av. de La Châtre ☎ 22.29.68 🔃 ☎ 34.30.28
CITROEN Gar. Bisson, 76 bd des Marins ☎ 34.12.66
FORD Pabanel, 54 av. Gare ☎ 22.97.17
PEUGEOT-TALBOT Gd Gar. du Berry, 9 av. Argenton ☎ 22.35.88
RENAULT Sarraf, 34 Av. d'Argenton par ⑤ ☎ 22.22.22 🔃

V.A.G. Caberry, La Poterie Rocade Sud ☎ 22.14.49

Ⓜ Central Pneu, 86 bd de Cluis ☎ 34.12.22
Chirault, r. Folie-Comtois ☎ 34.40.78 Zone Ind. allée des maisons rouges ☎ 34.39.19
Leseche, 1 bis av. de l'Ambulance ☎ 22.36.03
Récup-Auto, rte d'Issoudun à Déols ☎ 34.91.90
Tous les pneus, 206 av. de Verdun ☎ 22.37.26

Les plans de villes sont orientés le Nord en haut.

CHÂTEAU-THIERRY ◁SP▷ 02400 Aisne 🗟🗟 ⑭ G. Environs de Paris — 14 920 h. alt. 63 — ✆ 23.

Voir Église St-Ferréol★ d'Essômes 2,5 km par ⑤.

🅱 Office de Tourisme pl. Hôtel de Ville (fermé sam. hors sais. et dim.) ☎ 83.10.14.

Paris 96 ① — Épernay 48 ③ — Meaux 50 ⑥ — ✦Reims 58 ① — Soissons 41 ① — Troyes 110 ④.

338

CHÂTEAU-THIERRY

Carnot (R.) . . . . B
Gaulle (R. Gén.-de) . . . . . . B 7
Grande-Rue . . . . AB

Doumer (Pl. Paul) . . . . B 4
États-Unis (Pl. des) . . . . . . B 5
Joussaume-Latour (Av.) . B 9
La-Fontaine (R. J.-de) . . . A 12
Poterne (Quai de la) . . . . . B 15
St-Crépin (R.) . . . . A 17
Vallée (R.) . . . . B 18

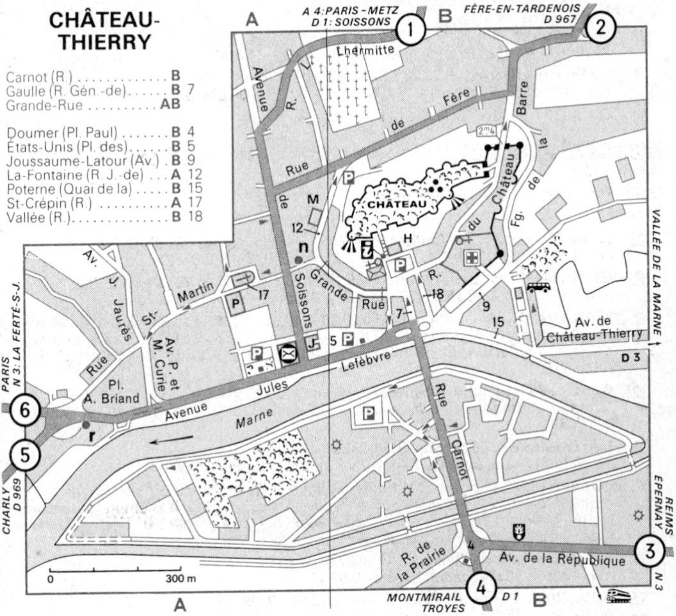

🏨 **Ile de France,** par ① : 2 km rte de Soissons ☎ 69.10.12, Télex 150666 – 🛗 📺 🛁wc 🚿wc ☎ 🅟 – 🏔 30. AE ⓞ E VISA
R 42/120 🌡 – ☕ 19 – **56 ch** 86/247.

🏨 **La Girafe** sans rest, pl. Aristide-Briand ☎ 83.02.06 – 🛁wc 🚿wc 🚗 🅟. VISA. 🐕
SC : ☕ 16 – **30 ch** 70/150. A **r**

✕ **St-Éloi** avec ch, 27 av. Soissons ☎ 83.02.33, 🌳 A **n**
fermé 15 au 30 sept., 1er au 20 fév. et merc. – SC : **R** 45/140 – ☕ 12 – **13 ch** 82/100.

BMW-OPEL Gar. Bachelet, av. Gén.-de-Gaulle à Essômes ☎ 83.21.78
CITROEN Aisne-Auto, 8 av. Montmirail par ④ ☎ 83.23.80
FORD Gar. Desaubeau, N 3 à Chierry ☎ 83.00.86
MERCEDES-BENZ Gar. des Cordeliers, 8 r. de la Plaine, Zone Ind. ☎ 83.45.88
PEUGEOT-TALBOT Verdel, 18 av. Essômes par ⑤ ☎ 83.20.25
PEUGEOT-TALBOT Gar. de la Prairie, Zone Ind. par r. de la Prairie B ☎ 83.24.42
RENAULT Gds Gar. de l'Avenue, 51-58 av. Essômes par ⑤ ☎ 83.14.48
V.A.G. Gar. Delattre, N 3, Blesmes ☎ 83.24.57

Ⓜ La Centrale du Pneu, 38 av. de Paris ☎ 83.02.79

CHÂTEL **74390** H.-Savoie **70** ⑱ **G. Alpes** – 1 024 h. alt. 1 235 – Sports d'hiver : 1 200/2 100 m 🚡2 ⛷40 ⛷ – ⛸ 50.

Voir Site★ – Pas de Morgins★ S : 3 km.

Env. Pic de Morclan ✱★★ par télécabine.

🅸 Office de Tourisme (fermé dim. hors saison) ☎ 73.22.44, Télex 385856.

Paris 618 – Annecy 114 – Évian-les-Bains 40 – Morzine 50 – Thonon-les-Bains 39.

🏨 **Macchi** Ⓜ, ☎ 73.24.12, ≤ – 🛗 ♿ 🚗 🅟 – 🏔 50. 🐕 rest
5 juil.-31 août et 20 déc.-15 avril – **R** 50/90 – ☕ 22 – **26 ch** 180/250 – P 260/308.

🏨 **Fleur de Neige,** ☎ 73.20.10, ≤, 🌳 – 🛗 ☎ 🅟
16 juin-16 sept. et 18 déc.-vacances de printemps – SC : **R** 90/220 – ☕ 22 – **45 ch** 210/330 – P 230/330.

🏨 **Panoramic H.** Ⓜ, ☎ 73.22.15, ≤, 🌳 – 🛁wc ☎ 🅟. 🐕
14 juil.-18 août et 22 déc.-Pâques – SC : **R** (sans rest. en juil.-août) 56/100 – ☕ 24 – **28 ch** 225/240 – P 228/320.

🏨 **Belalp,** ☎ 73.24.39, ≤ – 🛁wc 🚿wc ☎ 🅟. 🐕
1er juil.-31 août et 20 déc.-vacances de printemps – SC : **R** 58/145 – ☕ 20 – **30 ch** 140/225 – P 170/270.

🏨 **Christiania,** ☎ 73.24.19, ≤ – 🛁wc 🚿wc ☎ 🅟
fermé fin avril à début mai, sam. et dim. en nov. – SC : **R** 45/90 – ☕ 14 – **26 ch** 80/140 – P 180/200.

tourner →

CHÂTEL

🏠 **Le Choucas** sans rest, ☏ 73.22.57, ≤ – ⌂ ⓜwc ⊗ 🅿
25 juin-10 sept. et 15 déc.-20 avril – SC : ⌂ 13 – **14 ch** 113/152.

🏠 **La Savoyarde** ⑊, ☏ 73.23.13, ≤ – ⓜ 🅿. 🦐 rest
juil.-août et Noël-Pâques – SC : R 55/65 – ⌂ 17 – **30 ch** 55/130 – P 126/155.

PEUGEOT-TALBOT Premat. ☏ 73.24.87 🅽

CHÂTELAILLON-PLAGE 17340 Char.-Mar. 🚹 ③ G. Côte de l'Atlantique – 5 469 h. –
Casino – ✪ 46.

🛈 Office de Tourisme allées du Stade (fermé sam. et dim. sauf juil.-août) ☏ 56.26.97.

Paris 468 – Niort 62 – Rochefort 21 – La Rochelle 12 – Surgères 28.

🏨 **Host. Select,** 1 r. G.-Musset ☏ 56.24.31 – ⌂wc ⊗ 🅿. 🆎 ⓞ E 𝘝𝘐𝘚𝘈
SC : R *(fermé lundi)* 65/185 – ⌂ 18 – **21 ch** 90/160 – P 170/210.

🏨 **Gd Hôtel,** 13 av. Gén.-Leclerc ☏ 56.20.97 – ⌂wc ⓜ ⊗ 🅿. 🆎 ⓞ E 𝘝𝘐𝘚𝘈
Pâques-15 oct. – SC : R 75/95 – ⌂ 18 – **27 ch** 90/160 – P 170/210.

🏨 **Majestic H.,** bd Libération ☏ 56.20.53 – ⌂wc ⓜ ⊗ ⇔. 🆎 ⓞ E 𝘝𝘐𝘚𝘈. 🦐 rest
*fermé vacances scol. de nov., 20 déc. au 20 janv., vacances de fév., sam. et dim. de
fin sept. à fin avril* – SC : R *(résidents seul.)* 70/95 ⓪ – ⌂ 16,50 – **31 ch** 83/165 –
P 155/215.

🏨 **Centre,** 45 r. Marché ☏ 56.23.57 – ⓜwc 🅿. 🆎 E 𝘝𝘐𝘚𝘈
◆ *fermé lundi midi et dim. hors sais.* – SC : R 47/110 ⓪ – ⌂ 16 – **20 ch** 74/170 –
P 160/210.

🏨 **Les Goélands,** 69 bd Mer ☏ 56.18.68 – ⓜwc ⊗
SC : R *(dîner seul. pour résidents)* 70 – ⛟ 17 – **12 ch** 140/160.

🍴🍴 ✿ **Océan (Bailly)** avec ch, 121 bd République ☏ 56.25.91 – ⌂ ⓜwc. 🦐 rest
fermé 2 fév. au 2 mars, dim. soir et lundi hors sais. – SC : R *(nombre de couverts
limité - prévenir)* 75/240 ⓪ – ⌂ 16,50 – **24 ch** 82/165 – P 190/240
Spéc. Homard flambé, Sole Océan, Salade des boucholeurs. Vins Graves.

🍴🍴 **Armor,** au port de Plaisance ☏ 56.27.91 – 🅿
mars-oct. – SC : R *(déjeuner seul.)* 90/150.

🍴🍴 **Aub. Chez Yannick,** 23 bd Libération ☏ 56.25.08
◆ *fermé 1er au 15 fév., lundi et mardi hors sais.* – SC : R 50/100.

CHÂTELARD 38 Isère 🚵 ⑥ – rattaché à Bourg d'Oisans.

CHÂTELGUYON 63140 P.-de-D. 🚳 ④ G. Auvergne – 3 649 h. alt. 409 – Stat. therm. (3 mai-
15 oct.) – Casino BZ– ✪ 73 – Voir Gorges d'Enval★ 3 km par ③ puis 30 mn.

🛈 Office de Tourisme parc E.-Clementel (1er avril-15 oct.) ☏ 86.01.17.

Paris 378 ① – Aubusson 99 ③ – ◆Clermont-Fd 20 ② – Gannat 28 ① – Vichy 47 ① – Volvic 12 ③.

Plan page ci-contre

🏰🏰 **Splendid** ⑊, r. Angleterre ☏ 86.04.80, Télex 990585, ≤, « Jardin ombragé en
terrasses », ⬟, – ⇌ 🅿 – ⋔ 30. 🆎 ⓞ 𝘝𝘐𝘚𝘈. 🦐 rest   AZ x
25 avril-15 oct. – SC : R 116 – **93 ch** ⊗ 232/464 – P 387/527.

🏨🏨 **Mont Chalusset** ⑊, r. Punett ☏ 86.00.17, ≤, 🌳 – ⇌ – ⋔ 30. 🆎 ⓞ E. 🦐 rest
2 mai-30 sept. – SC : R 95/190 – ⌂ 25 – **70 ch** 153/237 – P 251/300.   BZ q

🏨🏨 **International** ⑊, r. Punett ☏ 86.06.72, ≤, 🌳 – ⇌. 🦐 rest   ABZ k
2 mai-30 sept. – SC : R 81/115 – ⌂ 20 – **68 ch** 119/233 – P 221/323.

🏨 **Paris,** 1 r. Dr Levadoux ☏ 86.00.12 – ⇌ ⌂wc ⊗. 🦐 rest   BZ u
2 mars-10 oct., 1er déc.-Pâques, fermé dim. et fériés le soir – SC : R *(prévenir)* 70/140
– ⌂ 20 – **62 ch** 150/220 – P 214/297.

🏨 **Hirondelles,** av. États-Unis ☏ 86.09.11, 🌳 – ⌂wc ⓜwc ☎ 🅿. 🆎. 🦐 rest
28 avril-16 oct. – SC : R 50/100 ⓪ – ⌂ 14 – **52 ch** 87/160 – P 155/220.   BZ p

🏨 **Bains,** av. Baraduc ☏ 86.07.97, 🌳 – ⇌ ⌂wc ⓜwc ☎. 🦐 rest   BZ m
2 mai-30 sept. – SC : R 60/90 – ⌂ 16 – **36 ch** 113/150 – P 193/250.

🏨 **Printania,** av. Belgique ☏ 86.15.09, 🌳 – ⇌ ⌂wc ⓜwc 🅿. 𝘝𝘐𝘚𝘈. 🦐 rest
Pâques-30 sept. – SC : R 67/97 – ⌂ 14 – **40 ch** 90/135 – P 181/235.   AY z

🏨 **Établissement,** av. Brocqueville ☏ 86.03.43, ≤, 🌳 – ⇌ ⌂wc ⓜwc ☎ 🅿.
🦐 rest   AZ e
mai-sept. – SC : R 65/77 – **62 ch** ⊗ 88/189 – P 154/242.

🏨 **Thermalia,** av. Baraduc ☏ 86.00.11, 🌳 – ⇌ ⌂wc ⓜwc ⊗. 🦐 rest   BZ m
début mai-30 sept. – SC : R 86/165 – ⌂ 15 – **49 ch** 100/184 – P 203/276.

🏨 **Excelsior,** av. Brocqueville ☏ 86.06.63, ≤, 🌳 – ⇌ ⌂wc ⊗ 🅿. 🦐 rest   AZ f
début mai-30 sept. – SC : R 64 – ⌂ 14 – **54 ch** 67/130, 3 bungalows 136 – P
168/220.

🏠 **Beau Site** ⑊, 2 r. Chalusset ☏ 86.00.49, 🌳 – ⓜwc ☎ 🅿. 🦐 rest   AZ n
1er mai-30 sept. – SC : R 53/110 – ⌂ 14 – **31 ch** 104/158 – P 173/193.

🏠 **Univers,** av. Baraduc ☏ 86.02.71 – ⌂wc ⓜwc ⊗. 🆎   BZ v
fermé mi-déc. à mi-janv. et dim. soir – SC : R *(fermé lundi hors sais.)* 67/130 – ⌂
13 – **41 ch** 54/132 – P 135/189.

CHÂTELGUYON

VICHY 47 km
MONTLUÇON 75 km, GANNAT 28 km

🏨 **Bérénice,** av. Baraduc ℡ 86.09.86 – ⇌wc ☎. ⅍ rest BZ n
2 mai-5 oct. – SC : **R** 60/120 ⅋ – ⊆ 18 – **11 ch** 115/185.

🏨 **Les Bruyères** ⑤, r. Chalusset ℡ 86.01.09, ≤ – ⇌wc ⋔wc ⊛ **P**. ⅍ AZ d
3 mai-3 oct. – SC : **R** 51/82 – ⊆ 14 – **26 ch** 48/189 – P 145/187.

🏨 **Régence,** av. États-Unis ℡ 86.02.60 – ⇌wc ⋔wc ⊛. 𝖵𝖨𝖲𝖠. ⅍ rest CZ y
3 mai-15 oct. – SC : **R** 55/70 – ⊆ 14,50 – **28 ch** 68/148 – P 142/203.

🏨 **Paix,** av. États-Unis ℡ 86.06.90, 🏠 – ⋔wc ⊛ CZ y
20 avril-30 sept. – SC : **R** 53/117 – ⊆ 13 – **32 ch** 60/140 – P 138/190.

🏨 **Bellevue** ⑤, r. Punett ℡ 86.07.62, ≤, ⋪ – ☖ ⋔wc ⊛ BZ a
sais. – **40 ch**.

🏨 **Chante-Grelet,** av. Gén.-de-Gaulle ℡ 86.02.05 – ⇌wc ⋔wc ⊛. ⅍ rest BY r
15 avril-15 oct. – SC : **R** 63/100 – ⊆ 14,50 – **35 ch** 109/135 – P 155/190.

XX **La Grilloute,** av. Baraduc ℡ 86.04.17 BZ w
5 mai-5 oct. et fermé mardi – SC : **R** 65/75.

à St-Hippolyte par ② et bd Desaix : 2 km – ⊠ 63140 Châtelguyon :
🛈 Office de Tourisme 16 r. du Lac (1er déc.-31 mars et fermé dim.) ℡ 86.06.13.

🏨 **Le Cantalou** ⑤, ℡ 86.04.67, ≤ – ⇌wc ⋔wc ☎ **P**. ⅍ rest
◆ 15 mars-15 oct. – SC : **R** (fermé lundi sauf résidents) 42/66 ⅋ – ⊆ 13,50 – **30 ch**
65/110 – P 125/150.

PEUGEOT-TALBOT Gar. Thermal, ℡ 86.08.77

CHÂTELLERAULT ⬠ 86100 Vienne ⓰⓱ ④ G. Côte de l'Atlantique – 36 110 h. alt. 60 –
✆ 49.

Voir Musée de l'automobile et de la technique★ AZ **M.**

🛈 Office de Tourisme bd Blossac (fermé lundi hors sais et dim.) ℡ 21.05.47 – A.C.O. r. C.-Krebs
℡ 21.03.46.

Paris 306 ① – Châteauroux 103 ② – Cholet 128 ⑤ – Poitiers 35 ④ – ✦Tours 72 ①.

Plan page suivante

🏨 ❀ **Gd H. Moderne et rest. La Charmille** (Proust), 74, bd Blossac ℡ 21.30.11, BY n
◆ Télex 791801 – 📺 ⇌wc ⋔wc ☎ ⅍ ⊛ ⅍ ⟻ – ⚖ 25. 𝖠𝖤 ⓪ 𝖤 𝖵𝖨𝖲𝖠
SC : **R** (fermé 2 janv. au 4 fév., merc. midi et mardi sauf fériés) 140/150 – **Grill** (fermé
6 déc. au 2 janv. et dim.) **R** 45bc/60bc – ⊆ 25 – **37 ch** 110/350
Spéc. Salade ''Charmille'', Millefeuille de turbot, Aiguillettes de canard à la rhubarbe et citron vert
(juin à sept.).

tourner →

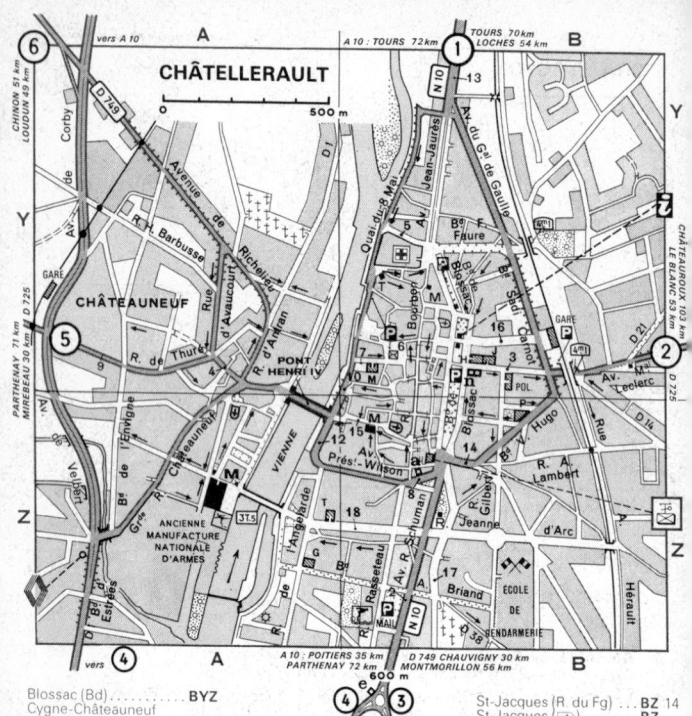

CHÂTELLERAULT

0   500 m

Ibis M, quartier de la Forêt 🕿 21.75.77, Télex 791488 – 🛗 📺 🖛wc 🕿 ℗ – 🚗 30 à 60. E VISA   BZ e
SC : **R** carte environ 65 ⅜ – **72 ch** 🛏 181/224.

Univers, 4 av. G.-Clemenceau 🕿 21.23.53 – 🛗 🖛wc 🏚wc 📷 🚗 AE E VISA
fermé 20 déc. au 15 janv., sam. d'oct. à fin mars et dim. (sauf hôtel) d'avril à fin sept.
– SC : **R** (dîner seul.) carte 70 à 100 ⅜ – 🖙 16 – **30 ch** 110/183.   BY n

Croissant, 19 av. J.-F.-Kennedy 🕿 21.01.77 – 🖛wc 🏚 📷. AE E VISA   BZ a
fermé 23 déc. au 9 janv., lundi (sauf hôtel) et dim. soir – SC : **R** 48/150 ⅜ – 🖙 18,50
– **20 ch** 83/160.

L'Escale sans rest, sortie Nord sur N 10 🕿 21.13.50, 🚗 – 🛗 🏚wc 📷 ℗. E
SC : 🖙 16 – **32 ch** 88/172.

à *Naintré-les-Barres* par ④ : 9 km sur N 10 – ✉ **86530** Naintré :

La Grilllade, 🕿 90.03.42 – ℗. VISA
fermé 5 au 20 août, 5 au 25 janv., mardi soir et lundi – SC : **R** 70/185.

CITROEN Raison, l'Orée du Bois rte de Poitiers par bd d'Estrées AZ 🕿 21.32.22
FIAT, TOYOTA Touzalin, 107 r. d'Antran 🕿 21.14.29
FORD Tardy, 40 bd d'Estrées 🕿 21.48.44
PEUGEOT-TALBOT Georget, N 10, Sortie Sud par bd d'Estrées 🕿 21.08.32
RENAULT Burban et Lanoue, l'Orée du Bois, N 10 Sud par bd d'Estrées AZ 🕿 21.30.90
RENAULT Robin, 159 bd d'Estrées 🕿 21.09.85

VAG Eurosport, 20 av. Louis-Ripault 🕿 21.35.78

🛞 Chartier-Pneus, 124 r. Camille Page 🕿 21.58.22
Comptoir du Pneu, 🕿 23.36.07
Lavigne-Pneus, Av. Robert Schumann 🕿 21.56.66
Leroux, 44 bd V.-Hugo 🕿 21.11.42

CHÂTILLON 39 Jura 🔟 ⑭ – 133 h. alt. 511 – ✉ **39130** Clairvaux-les-Lacs – ✪ 84.
Paris 427 – Champagnole 23 – Lons-le-Saunier 20 – Morez 44 – Poligny 35.

Chez Yvonne ⬠ avec ch, E : 2,5 km D 39 🕿 25.70.82, ≤, 🎪 – 🏚 ℗
fermé 1er janv. au 15 fév., lundi soir et mardi – SC : **R** 80/100 – 🖙 18 – **8 ch** 62/75.

342

CHÂTILLON-SUR-CHALARONNE 01400 Ain 74 ② G. Vallée du Rhône – 3 687 h. alt. 230 – 💠 74 – Voir Triptyque★ dans l'Hôtel de Ville.

🅑 Syndicat d'Initiative pl. Champ-de-Foire (saison, fermé matin, merc. et jeudi) ☎ 55.02.27.

Paris 420 – Bourg-en-Bresse 24 – ♦Lyon 54 – Mâcon 25 – Meximieux 34 – Villefranche-sur-Saône 27.

🏦 **Chevalier Norbert,** av. C. Desormes ☎ 55.02.22 – 🍴 rest 🛁wc ☎ 🔥 🚗 AE
① VISA
fermé janv. – SC : **R** *(fermé lundi)* 89/205 – 😋 19 – **31 ch** 120/260.

XX **de la Tour** avec ch, pl. République ☎ 55.05.12 – 🛁wc 🚿wc ☎
fermé 10 fév. au 15 mars, dim. soir hors sais. et merc. – SC : **R** 70/170 – 😋 18 – **12 ch** 80/160.

route de Marlieux SE : 2 km sur D 7 – 🖂 01400 Châtillon-sur-Chalaronne :

XX **Aub. de Montessuy,** ☎ 55.05.14, ≤, 🏡 – 🅿 E VISA
fermé 8 au 16 oct., 2 janv. au 2 fév., lundi soir et mardi – SC : **R** 72/158.

CITROEN Gar. de l'Hippodrome, ☎ 55.02.16   RENAULT Chatillon Auto, ☎ 55.03.23 🅝
PEUGEOT-TALBOT Ambrosi, ☎ 55.00.73

CHÂTILLON-SUR-INDRE 36700 Indre 68 ⑥ G. Châteaux de la Loire (plan) – 3 560 h. alt. 88 – 💠 54.

🅑 Syndicat d'Initiative 81 r. Grande (fermé dim.) ☎ 38.70.96.

Paris 256 – Le Blanc 43 – Blois 76 – Châteauroux 48 – Châtellerault 64 – Loches 22.

XX **Auberge de la Tour** avec ch, ☎ 38.72.17 – 🚿 🚗 E VISA
◆ *fermé 15 déc. au 31 janv., dim. soir du 1er nov. à Pâques et lundi* – SC : **R** 47/95 – 🍽 15 – **11 ch** 80/140 – P 150/245.

X **Promenade,** pl. Champ de Foire ☎ 38.71.95
◆ *fermé 1er au 15 juil., mardi soir et merc.* – SC : **R** 47/110 ⅃.

CITROEN Cholet, ☎ 38.75.04   Gar. Moderne, ☎ 38.75.27
RENAULT Goullier, ☎ 38.71.09

CHÂTILLON-SUR-LOIRE 45360 Loiret 65 ② – 2 512 h. alt. 135 – 💠 38.

Paris 164 – Auxerre 75 – Cosne-sur-Loire 29 – ♦Orléans 79 – Montargis 49.

🏦 **Le Marois** 🅼 sans rest, 11 r. Champault ☎ 31.11.40 – 🛁wc ☎. AE. 🚿
SC : 😋 15 – **9 ch** 120/140.

PEUGEOT-TALBOT Gar. Lachaux, ☎ 31.45.22   RENAULT Gar. Theurier, ☎ 31.40.34

CHÂTILLON-SUR-SEINE
21400 Côte-d'Or 65 ⑧ G. Bourgo-
gne – 7 963 h. alt. 224 – 💠 80.

Voir Source de la Douix★ F –
Musée★ M : trésor de Vix★★.

🅑 Syndicat d'Initiative avec A.C. pl.
Marmont (fermé dim. et lundi sauf
après-midi en saison) ☎ 91.13.19.

Paris 248 ⑤ – Auxerre 83 ⑤ – Avallon
79 ⑤ – Chaumont 58 ① – ♦Dijon 84
③ – Langres 72 ① – Saulieu 78 ④ –
Troyes 68 ⑥.

🏦 **Côte d'Or** 🦢, r. Ronot
(t) ☎ 91.13.22, 🏡, « Jar-
din ombragé » – 🛁wc
🚿wc ☎ – 🔬 25. AE
① VISA
*fermé janv., dim. soir, lundi
sauf fériés, juil. et août* –
SC : **R** 64/176 – 😋 29 –
10 ch 140/290.

🏦 **Sylvia H.** sans rest, 9 av.
Gare (a) ☎ 91.02.44, 🌧 –
🛁wc 🚿wc ☎ 🔥 🚗 🅿.
VISA
fermé 5 au 28 fév. – SC : 😋
18 – **21 ch** 60/168.

🏠 **Jura** sans rest, 19 r. Dr
Robert (s) ☎ 91.26.96 –
🚿wc ☎
*fermé janv. et vend. hors
sais.* – SC : 😋 15 – **10 ch**
70/150.

X **Europa H.,** pl. Résistance
◆ (n) ☎ 91.04.10
R 31/120 ⅃.

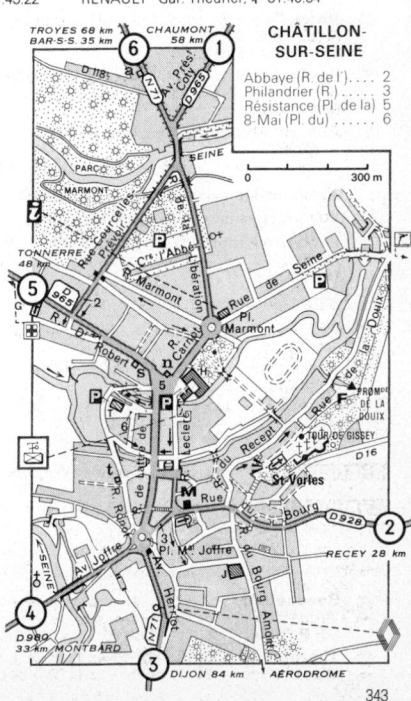

CHÂTILLON-SUR-SEINE

Abbaye (R. de l')..... 2
Philandrier (R.)..... 3
Résistance (Pl. de la) 5
8-Mai (Pl. du) 6

343

CITROEN Folléa Auto., av. E.-Hériot par ③ ☎ 91.19.63
FIAT Gar. Châtillonnais, 20 av. Gare ☎ 91.11.13
FORD Gar. Centre, 3 r. Marmont ☎ 91.15.41 🅽 ☎ 91.22.31
OPEL Gar. du Val-de-Seine, 13 av. E.-Herriot ☎ 91.06.84
PEUGEOT-TALBOT Berthier, rte de Troyes par ⑥ ☎ 91.13.80
RENAULT STECA, 14 bis av. Ed.-Herriot ☎ 91.14.04

Pneus-Service-Deschamps, 17 r. Courcelles-Prévoir ☎ 91.05.34

LA CHÂTRE

LA CHÂTRE 36400 Indre 68 ⑲ **G. Périgord** – 5 142 h. alt. 222 – 54.

Office de Tourisme square G.-Sand (15 juin-15 sept.) ☎ 48.22.64.

Paris 301 ① – Bourges 71 ② – Châteauroux 36 ① – Guéret 53 ④ – Montluçon 62 ③ – Poitiers 138 ⑤ – St-Amand-Montrond 49 ②.

LA CHÂTRE

Abbaye (Pl. de) 2
Beaufort (R. de) 3
Belgique (R. de) 4
Fleury (R. A.) 6
Galliéni (R.) 7
Gambetta (Av.) 8
George-Sand (Av.) 9
Lion d'Argent (R. du) 12
Maget (Pl.) 13
Maquis (R. du) 14
Marché (Pl. du) 15
Nationale (Rue) 17
Pacton (R. J.) 18
Périgois (R. E.) 19
Prés-Burat (R. des) 22
République (Pl. de la) 23
Rollinat (R. M.) 25
14 Juillet (R. du) 26

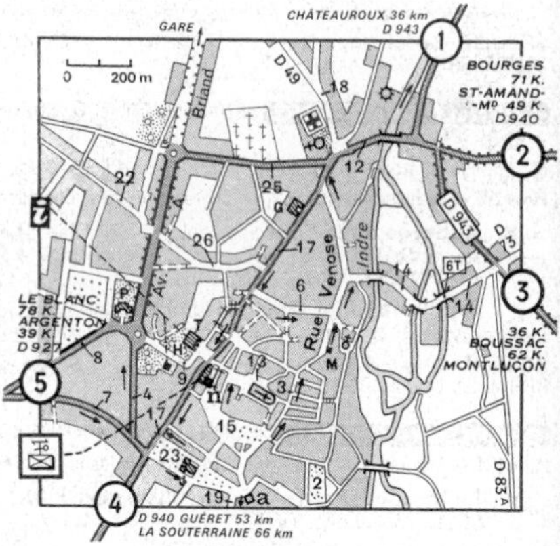

Pour un bon usage des plans de villes, voir les signes conventionnels p. 21.

Notre Dame sans rest, 4 pl. N.-Dame **(a)** ☎ 48.01.14 – wc wc ☎ . AE E VISA.
SC : 20 – **16 ch** 82/195.

Poste, 10 r. Basse-du-Mouhet **(n)** ☎ 48.05.62 – AE E VISA
fermé 24 au 30 juin, 5 au 25 sept., 25 déc. au 31 déc., dim. soir et lundi – SC : **R** 65/200 .

Aub. du Moulin Bureau, r. fg. St-Abdon S : 1 km par pl. de l'Abbaye ☎ 48.04.20 – . VISA
fermé 4 au 12 oct., 10 janv. au 2 fév., mardi soir et merc. – SC : **R** 56/120.

à ***Nohant-Vic*** par ① : 6 km – ✉ **36400** La Châtre.

Voir Vic : fresques★ de l'église NO : 2 km.

La Petite Fadette , ☎ 31.01.48, – wc wc ☎ . E
fermé 3 janv. au 3 fév. et mardi sauf du 1er juil. au 15 sept. – SC : **R** 65/110 – 15 – **15 ch** 80/130.

à ***St-Chartier*** par ① et D 918 : 9 km – ✉ **36400** La Châtre :

Château Vallée Bleue , rte Verneuil ☎ 31.01.91, ≤, parc – wc wc ☎ .
1er avril-15 nov. – SC : **R** *(fermé jeudi)* (dîner seulement) 72 – 17 – **11 ch** 75/165.

CITROEN Gar. Patry, par ④ ☎ 48.04.83 🅽
PEUGEOT-TALBOT Gge de la Vallée Noire, Rte de Chateauroux à Montgivray par ① ☎ 48.02.79
Chirault, ☎ 48.04.10
Récup-Auto, ☎ 48.04.62

CHAUBLANC 71 S.-et-L. 70 ② – rattaché à Verdun-sur-le-Doubs.

CHAUDES-AIGUES

CHAUDES-AIGUES 15110 Cantal 76 ⑭ **G. Auvergne** (plan) – 1 267 h. alt. 750 – Stat. therm. (1er mai-15 oct.) – 71.

Office de Tourisme 1 av. G.-Pompidou (1er mai-15 oct. et fermé dim.) ☎ 23.52.75.

Paris 522 – Aurillac 94 – Entraygues-sur-T. 62 – Espalion 56 – St-Chély-d'Apcher 29 – St-Flour 32.

Beauséjour, ☎ 23.52.37, – wc ☎ – 80. E
1er mars-15 nov. et fermé sam. sauf du 1er mai au 15 oct. et vacances scolaires – SC : **R** 40/130 – 15 – **47 ch** 90/210 – P 136/190.

Thermes, ☎ 23.51.18 – wc wc ☎ . E
25 avril-15 oct. – SC : **R** 39/75 – 14,50 – **34 ch** 90/153 – P 144/185.

Valette, ☎ 23.52.43 – 🛗 ⋒wc ☏. **E.** ✻ rest
1er mai-15 oct. – SC : **R** 55/100 – ☕ 14 – **45 ch** 64/180 – P 140/170.

Résidence sans rest, ☎ **23.51.89** – 🛗 ⋒wc ☏
fermé 10 fév. au 15 mars et dim. du 15 oct. au 15 mai – SC : ☕ 11,50 – **15 ch** 50/115.

Aux Bouillons d'Or Ⓜ avec ch, ☎ **23.51.42** – 🛗 TV ⌂wc ☎
1er avril-30 nov. et fermé mardi du 15 oct. au 1er mai – SC : **R** 51/166 – ☕ 14,50 – **12 ch** 138/151 – P 160/274.

CITROEN Gar. Moderne, ☎ 23.52.52
RENAULT Gascuel, ☎ 23.52.82

CHAUFFAILLES 71170 S.-et-L. 73 ⑧ – 4 868 h. alt. 405 – ⚙ 85.

ℹ Syndicat d'Initiative au Château ☎ 26.07.06.

Paris 442 – Charolles 32 – •Lyon 88 – Mâcon 68 – Roanne 36 – Vichy 99 – Villefranche-sur-Saône 61.

✿ **Paix** (Jury), pl. République ☎ **26.02.60** – ⌂wc ⋒wc ☏ 🚗. ⓓ
25 mars-4 oct., fermé dim. soir et lundi sauf juil.-août – SC : **R** (dim. prévenir) 63/185 – ☕ 20 – **19 ch** 75/220 – P 195/250
Spéc. Terrine tiède d'escargots, Beignets de langoustines, Mignons de canard. **Vins** St-Véran, St-Amour.

CITROEN Gar. Millière, à Le Foulon ☎ 26.02.09
FIAT Demurger, rte de Lyon ☎ 26.04.67
RENAULT Gar. Moderne, ☎ 26.04.12
V.A.G. Comte, La Bardinière ☎ 26.00.71
Ⓟ Pneu-Service, à Le Foulon ☎ 26.10.87

CHAUFFRY 77 S.-et-M. 61 ③ – rattaché à Coulommiers.

CHAUFOUR-LÈS-BONNIÈRES 78 Yvelines 55 ⑱, 196 ① – 300 h. alt. 158 – ✉ **78270** Bonnières-sur-Seine – ⚙ 3.

Paris 77 – Bonnières-sur-Seine 8 – Évreux 25 – Mantes-la-Jolie 19 – Vernon 10 – Versailles 61.

Au Bon Accueil avec ch, **N 13** ☎ **476.11.29** – Ⓟ. VISA
fermé juil. et sam. – SC : **R** 48/95 – ☕ 10 – **15 ch** 50/80.

La CHAULME 63 P.-de-D. 73 ⑰ – 150 h. alt. 1 150 – ✉ **63660** St-Anthème – ⚙ 73.

Paris 467 – Ambert 31 – •Clermont-Ferrand 116 – Montbrison 33 – Le Puy 65 – •St-Étienne 47.

Creux de l'Oulette 🌿 avec ch, ☎ **95.41.16** – ⋒. VISA
fermé 5 nov. au 20 mars et mardi hors sais. – SC : **R** 35/170 🍷 – **11 ch** ☕ 65/103 – P 107/117.

La CHAUME 85 Vendée 67 ⑫ – rattaché aux Sables-d'Olonne.

CHAUMONT Ⓟ 52000 H.-Marne 62 ⑪ **G. Nord de la France** – 28 429 h. alt. 314 – ⚙ 25.

Voir Viaduc★ AZ – **Basilique St-Jean-Baptiste**★ BY **E.**

ℹ Syndicat d'Initiative (1er juil.-15 sept., fermé sam. et dim.) avec A.C. (03.02.10) 18 bd Thiers ☎ 03.04.74.

Paris 259 ⑤ – Auxerre 141 ④ – Épinal 130 ② – Langres 35 ③ – St-Dizier 74 ① – Troyes 94 ⑤.

Plan page suivante

Terminus-Reine, pl. Gén.-de-Gaulle ☎ **03.66.66, Télex 840920** – 🛗 TV ⌂wc ⋒wc ☎ 🚗 Ⓟ – 🏛 50. AE ⓓ **E** BZ **a**
SC : **R** *(fermé dim. soir du 1er nov. à Pâques)* 74/184 🍷 – ☕ 20 – **63 ch** 100/270 – P 260/390.

Le Gd Val, rte Langres par ③ : 2,5 km ☎ **03.90.35** – 🛗 TV ⌂wc ⋒wc ☎ 🚗 Ⓟ. AE ⓓ **E** VISA
fermé 20 déc. au 1er janv. et dim. du 1er nov. au 30 mars – SC : **R** 40/100 – ☕ 15 – **64 ch** 72/172.

Étoile d'Or, rte de Langres par ③ ☎ **03.02.23** – ⌂wc ⋒wc ☏ Ⓟ
fermé oct., dim. soir et lundi midi – SC : **R** 40/100 – ☕ 15 – **16 ch** 75/160.

Royal sans rest, **31 r. Mareschal** ☎ **03.01.08** – ⋒wc Ⓟ BZ **b**
fermé août et dim. – SC : ☕ 12 – **19 ch** 50/100.

Buffet de France (gare), pl. Gén. de Gaulle ☎ **03.15.49** – AE **E** VISA BZ
fermé août et sam. – SC : **R** 47/79.

BMW, TOYOTA SODECO, 38 av. Gen. Leclerc ☎ 03.49.04
CITROEN Montigny, 34 av. Gén.-Leclerc par ③ ☎ 03.74.79
FIAT Gar. Diderot, rte de Neuilly ☎ 03.23.37
FORD Centre Autom., 21, 24 bd Thiers ☎ 03.36.11
PEUGEOT, TALBOT Gar. Lorinet, rte de Neuilly par ③ ☎ 03.14.50
PEUGEOT, TALBOT Gar. François, N 19, rte de Langres par ③ ☎ 03.08.88 🅽 ☎ 03.23.36
RENAULT Relais Paris-Bâle, rte Langres par ③, km 3 ☎ 03.72.22
RENAULT Boni, 11 r. P.-Burello ☎ 03.04.55
V.A.G., Petitprêtre, 5 rte de Choignes ☎ 32.19.86

Ⓟ Garcia, 9 Fg de la Maladière ☎ 03.12.52
Station-Pernot-Delord, 60 av. République ☎ 03.08.43

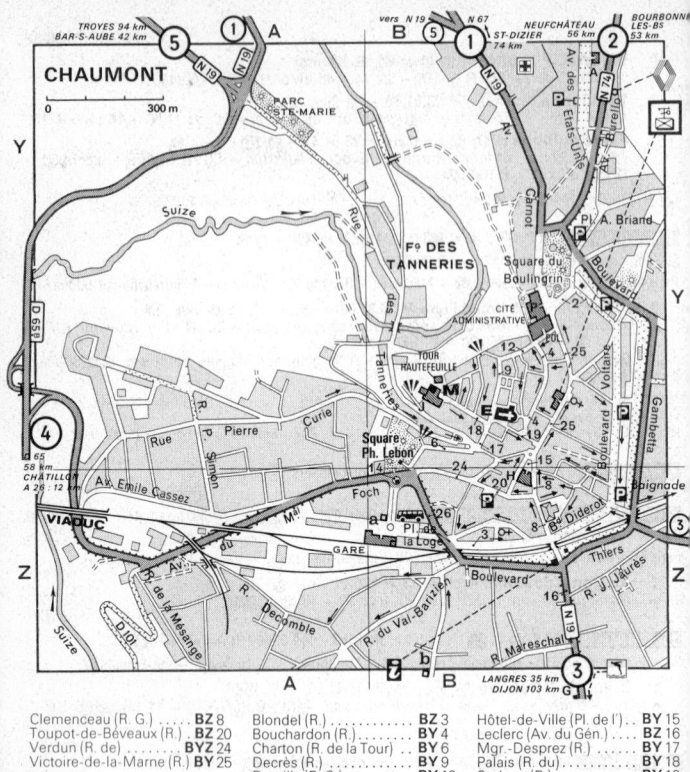

CHAUMONT

0   300 m

TROYES 94 km
BAR-S-AUBE 42 km

vers N 19
ST-DIZIER
N 67
NEUFCHÂTEAU 56 km
BOURBONNE-LES-BS 53 km

LANGRES 35 km
DIJON 103 km

CHAUMONTEL 95 Val-d'Oise 🗺️ ⑪, ⑲⑥ ⑧ – rattaché à Luzarches.

CHAUMONT-EN-VEXIN 60240 Oise 🗺️ ⑨ G. Environs de Paris – 2 697 h. alt. 69 – 🎣 4.
Voir Église ★ – 🐎 de Bertichères 🕿 449.00.81 NO : 2 km.
Paris 66 – Beauvais 29 – Gisors 9 – Magny-en-Vexin 18 – Mantes-la-Jolie 40 – Pontoise 32.
　XX　**Gd Cerf,** 🕿 449.00.57
　　➡ fermé août, 10 au 25 janv. et lundi – SC : **R** (déj. seul.) 49/120 🍴.
PEUGEOT Gaillet, 🕿 449.00.01　　　　　　RENAULT Gar. Chaumontois, 🕿 449.00.10

CHAUMONT-SUR-LOIRE 41 L.-et-Ch. 🗺️ ⑯⑰ G. Châteaux de la Loire – 842 h. alt. 65 –
✉ 41150 Onzain – 🎣 54 – Voir Château★★.
Paris 200 – Amboise 17 – Blois 17 – Montrichard 18 – ◆Tours 41.
　🏨　**Host. Château** sans rest, 🕿 46.98.04, 🏊, 🐎 – 🛏wc 📶 📞 🅿 – 🔥 25. 🆎 ⓸ 🇪
　　VISA
　　15 avril-15 oct. – SC : 🍽 28 – **15 ch** 248/484.
RENAULT Gar. Lefebvre, 🕿 46.98.65

CHAUMONT-SUR-THARONNE 41 L.-et-Ch. 🗺️ ⑨ G. Châteaux de la Loire – 905 h. alt. 126
– ✉ 41600 Lamotte-Beuvron – 🎣 54.
Paris 167 – Blois 51 – ◆Orléans 35 – Romorantin-Lanthenay 33 – Salbris 26.
　XXX　❀ **Croix Blanche** (Madame Crouzier) ⑧ avec ch, 🕿 88.55.12, 😀, 🐎 – 🛏wc
　　🖫wc 📶 🦽 🅿 🆎 ⓸ 🇪 **VISA** 🛁 ch
　　fermé 26 juin au 7 juil., 11 janv. au 20 fév. et merc. sauf juil.-août – SC : **R** (dim. et
　　fêtes prévenir) 150/350 – 🍽 28 – **15 ch** 140/400 – P 400/500
　　Spéc. Délicatesse des étangs solognots, Surprise de porc, Canard Gd Large (août au 10 janv.). Vins
　　Montlouis.
RENAULT Brinet, 🕿 88.55.09

CHAUNY 02300 Aisne 📶 ③④ – 14 016 h. alt. 47 –
✈ 23 – 🛈 Office de Tourisme pl. de l'Hôtel de Ville (fermé
matin sauf vend., dim. et lundi) 🕾 52.10.79.

Paris 123 ③ – Laon 36 ① – Noyon 17 ① – St-Quentin 30 ①
– Soissons 32 ②.

XX **Gare et rest Chateaubriand** avec ch, **(a)** 🕾 52.
11.91 – 🚻wc 🛏wc ☎ – **19 ch**.

à Ognes par ③ : 1 km – ⊠ 02300 Chauny :

XX **Relais St-Sébastien,** 🕾 52.15.77
fermé août, dim. soir et lundi – **R** 69 bc/198 bc.

PEUGEOT-TALBOT Chaunoise Autom., 108 r. Pasteur par
① 🕾 52.11.59
RENAULT Charbonnier, 137 r. Pasteur par ① 🕾 52.31.47

🅼 Dupont-Pneus, N 32 à Condren 🕾 57.00.58

CHAUNY

A. France (R.)	2
Brouage (R.)	3
Déportés (R. des)	4
Lacroix (R. A.)	6
République (R.)	7
V.-Hugo (Av.)	8

CHAUSEY (Iles) 50 Manche 📄 ⑦ G. Normandie.

Voir Grande Ile★.

Accès par transports maritimes.

🚢 depuis **Granville.** En 1983 : mai à sept. 1 à 3 services quotidiens - Traversée 1 h –
58 F (AR) par Vedettes Vertes Granvillaises 1 r. Le Campion 🕾 (33) 50.16.36 (Granville) et
en saison, 1 à 2 services quotidiens, hors saison : 3 services hebdomadaires - Traversée
55 mn - 58 F (AR) par Vedette Jolie France Gare Maritime 🕾 (33) 50.31.81 (Granville).

🚢 depuis **St-Malo.** En 1983 : juil.-août, 1 service quotidien - Traversée 1 h 30 - 78 F
(AR) par Vedettes Blanches Gare Maritime de la Bourse 🕾 (99) 56.63.21 (St-Malo).

La CHAUSSÉE-ST-VICTOR 41 L.-et-Ch. 📄 ⑦ – rattaché à Blois.

CHAUSSIN 39120 Jura 📄 ③ – 1 487 h. alt. 191 – ✈ 84.

Paris 366 – Beaune 53 – ♦Besançon 78 – Chalon-sur-S. 55 – ♦Dijon 52 – Dole 20 – Lons-le-Saunier 43.

🏠 **Voyageurs ''Chez Bach'',** pl. Gare 🕾 81.80.38 – 🚻 🅿. 🗲 𝚅𝙸𝚂𝙰
➔ fermé 15 déc. au 15 janv. et vend soir – SC : **R** 45/120 🍷 – 🖙 14 – **12 ch** 90/120 –
P 130/150.

CHAUVIGNY 86300 Vienne 📄 ⑭⑮ G. Côte de l'Atlantique (plan) – 6 426 h. alt. 67 – ✈ 49.

Voir Ville haute★ – Église St-Pierre★ : chapiteaux du choeur★★.

🛈 Syndicat d'Initiative pl. Marché aux Volailles (juil.-août et fermé dim. après-midi) et à la Mairie
(hors saison, fermé sam. après-midi, dim. et lundi matin) 🕾 46.30.21.

Paris 336 – Bellac 63 – Le Blanc 37 – Châtellerault 30 – Montmorillon 26 – Poitiers 23 – Ruffec 74.

🏠 **Lion d'Or,** 8 r. Marché 🕾 46.30.28 – 🚻wc 🛏wc ☎ 🅿. 𝚅𝙸𝚂𝙰 good beds
➔ fermé 15 déc. au 15 janv. et dim. soir du 1er nov. au 30 mars – **SC : R** 58/136 – 🖙 18
– **27 ch** 95/190.

🏠 **Beauséjour,** 18 r. Vassalour 🕾 46.31.30, 🞇 – 🚻wc 🛏 🅿. 🗲 𝚅𝙸𝚂𝙰
➔ fermé 24 déc. au 5 janv. – SC : **R** (fermé dim.) 40 (sauf fêtes)/85 🍷 – 🖙 13,50 –
19 ch 70/160.

CITROEN Chargelegue, 48 rte St-Savin 🕾 46.30.65

CHAUX-DES-PRÉS 39 Jura 📄 ⑮ – 166 h. alt. 876 – ⊠ 39150 St-Laurent-en-Grandvaux –
✈ 84.

Paris 447 – Champagnole 33 – Lons-le-Saunier 40 – Morez 18 – St-Claude 22.

X **Aub. du Grandvaux** 🞇 avec ch, 🕾 60.40.65 – 🚻wc 🚗 🅿 – 🏦 100. 🞇 rest
➔ fermé mars et merc. – SC : **R** 40/100 – 🖙 15 – **10 ch** 80/140 – P 150/200.

CHAVAGNES 49 M.-et-L. 📄 ⑪ – 702 h. alt. 86 – ⊠ 49380 Thouarcé – ✈ 41.

Paris 306 – Angers 28 – Cholet 45 – Saumur 35.

🏠 **Faisan,** 🕾 91.43.18 – 🚻wc 🛏wc
➔ fermé 2 au 11 août, 15 nov. au 20 déc., dim. soir (sauf hôtel) et lundi – SC : **R** 45/110
🍷 – 🖙 12 – **10 ch** 80/160 – P 150/180.

CHAVANAY 42 Loire 📄 ① – 1 858 h. alt. 154 – ⊠ 42410 Pelussin – ✈ 74.

Paris 510 – Annonay 27 – ♦St-Étienne 50 – Serrières 12 – Tournon 49 – Vienne 18.

XX **Alain Charles,** rte Nationale 🕾 59.10.02, 🞇, 🞇 – 🗐 🗲 𝚅𝙸𝚂𝙰
➔ fermé 17 août au 4 sept., 2 au 21 janv., dim. soir et lundi – SC : **R** 49/140.

CITROEN Milamant, 🕾 59.10.45 🅽   PEUGEOT, TALBOT Gar. Jay, 🕾 59.10.15

347

CHAVOIRE 74 H.-Savoie **74** ⑥ − rattaché à Annecy.

La CHEBUETTE 44 Loire-Atl. **67** ④ − rattaché à Nantes.

CHEF-DU-PONT 50 Manche **54** ② − 817 h. alt. 12 − ⊠ **50360** Picauville − ✪ 33.
Paris 323 − Carentan 13 − Carteret 38 − ◆Cherbourg 40.

　☎ **Normandie**, pl. Gare ℡ 41.32.06, ⟷ − **P**
　← fermé 15 déc. au 15 janv. et dim. − SC : **R** 31/75 ⅃ − � 13,50 − **9 ch** 72/116.

RENAULT Lecathelinais, à Ste-Mére-l'Église ℡ 41.43.09

CHEFFES 49 M.-et-L. **64** ① − 811 h. alt. 20 − ⊠ **49330** Châteauneuf-sur-Sarthe − ✪ 41.
Paris 278 − Angers 24 − Château-Gontier 33 − La Flèche 37.

　▥ **Château de Teildras** ⟨⟩, ℡ 42.61.08, ≤, « Demeure du 16e s. dans un parc » −
　　P. ⒜Ⓔ ⓞ **E** ☒☒☒. ❀ rest
　　15 mars-15 nov. − SC : **R** (fermé mardi midi) 160/195 − � 35 − **11 ch** 360/590 −
　　P 590/790.

Le CHEIX 63 P.-de-D. **73** ⑭ − alt. 682 − ⊠ **63320** Champeix − ✪ 73.
Voir Gorges de Courgoul★ SE : 5 km, G. Auvergne.
Paris 429 − Besse-en-Chandesse 8,5 − ◆Clermont-Ferrand 43 − Issoire 27 − Le Mont-Dore 33.

　☎ **Relais des Grottes**, ℡ 96.77.65, ≤ − ▥ **P**. ❀ ch
　← fermé 20 oct. au 20 déc. − SC : **R** 50/70 ⅃ − � 14 − **10 ch** 65/75 − P 115/120.

CHELLES 77 S.-et-M. **56** ②, **101** ⑲ − voir à Paris, Environs.

CHÉNAS 69 Rhône **74** ① G. Vallée du Rhône − 328 h. alt. 250 − ⊠ **69840** Juliénas − ✪ 85.
Paris 411 − Chauffailles 50 − Juliénas 5 − ◆Lyon 62 − Mâcon 17 − Villefranche-sur-Saône 35.

　☒☒ ✿ **Robin**, aux Deschamps ℡ 36.72.67, ≤, « Terrasse et jardin ouvrant sur le
　　vignoble » **P**. ⒜Ⓔ
　　fermé mi fév. à mi mars et merc. − SC : **R** (déj. seul.) 115/215
　　Spéc. Foie gras de canard, Andouillette de Chénas, Pièce Charollaise. **Vins** Vins du pays.

CHENECEY-BUILLON 25 Doubs **66** ⑮ − 462 h. alt. 279 − ⊠ **25440** Quingey − ✪ 81.
Paris 420 − ◆Besançon 18 − Poligny 48 − Salins-les-Bains 33.

　☎ **Gervais Pape** ⟨⟩, ℡ 52.67.71 − ▥ **P**. ❀
　　fermé 30 sept. au 30 oct. et mardi − SC : **R** 53/85 − � 16 − **8 ch** 52/105.

CHÉNEHUTTE-LES-TUFFEAUX 49 M.-et-L. **64** ⑫ − rattaché à Saumur.

CHÉNELETTE 69 Rhône **73** ⑨ G. Vallée du Rhône − 270 h. alt. 662 − ⊠ **69430** Beaujeu −
✪ 74.
Paris 445 − Bourg-en-B. 65 − ◆Lyon 70 − Mâcon 50 − Roanne 53.

　☒☒ **Le Relais du Tourvéon** avec ch, ℡ 03.71.55
　　fermé vac. scolaires de fév., mardi soir hors sais. et merc. − SC : **R** 60/165 − � 16 −
　　7 ch 80/165.

CHENERAILLES 23130 Creuse **73** ① G. Périgord − 701 h. alt. 558 − ✪ 55.
Voir Haut-relief★ dans l'église.
Paris 364 − Aubusson 19 − La Châtre 65 − Guéret 33 − Montluçon 44.

　☒ **Coq d'Or** avec ch, ℡ 62.30.83 − ▥ ⟷
　← fermé janv., vend. soir et sam. − SC : **R** 35/82 ⅃ − � 15,50 − **7 ch** 61/130 −
　　P 145/170.

RENAULT Gar. Bogeard ℡ 62.30.25

CHENNEVIÈRES-SUR-MARNE 94 Val-de-Marne **61** ①, **101** ㉘ − voir à Paris, Environs.

CHENONCEAUX 37 I.-et-L. **64** ⑯ − 361 h. alt. 62 − ⊠ **37150** Bléré − ✪ 47.
Voir Château★★★, G. Châteaux de la Loire.
🛈 Syndicat d'Initiative 1 bis r. Château (1er juin-31 août) ℡ 29.94.45.
Paris 224 − Amboise 12 − Château-Renault 35 − Loches 32 − Montrichard 9,5 − ◆Tours 35.

　▥ **Bon Laboureur et Château**, ℡ 29.90.02, ㎡, ⟷ − ☐wc ▥wc ☎ **P**. ⒜Ⓔ ⓞ **E**
　　☒☒☒
　　fin mars-début nov. − SC : **R** 90/170 − � 24 − **29 ch** 95/270.

　☒ **Gâteau Breton**, ℡ 29.90.14, ㎡, ☒☒☒
　← fermé 15 nov. au 15 déc. et mardi − SC : **R** 36/60 ⅃.

Garage Bodin, à Civray ℡ 29.92.03 **N** ℡ 29.93.32

Voir Fort du Roule ☀*★ CZ — Château de Tourlaville★ : parc★ 5 km par ①.

🏻 La Glacerie 🕿 44.45.48 par ② et D 122 : 7 km.

✈ de Cherbourg-Maupertus 🕿 53.45.07 par ① : 13 km.

🛈 Office de Tourisme 🕿 43.52.02 (fermé sam. après-midi hors sais. et dim.) avec A.C.O. 🕿 53.05.44,
2 quai Alexandre-III et Gare Maritime (15 mai-15 sept. après-midi seul.) 🕿 44.39.92.

Paris 361 ② — ◆Brest 405 ② — ◆Caen 120 ② — Laval 222 ② — ◆Le Mans 271 ② — ◆Rennes 209 ②.

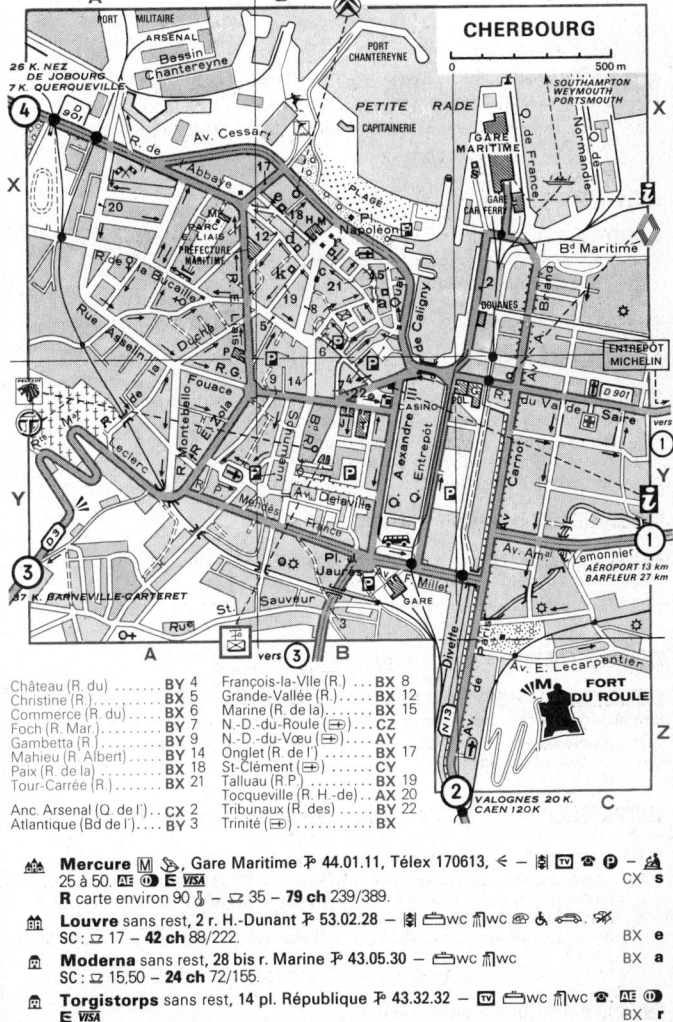

Château (R. du) ..... **BY** 4
Christine (R.) ..... **BX** 5
Commerce (R. du) ..... **BY** 6
Foch (R. Mar.) ..... **BY** 9
Gambetta (R.) ..... **BY** 14
Mahieu (R. Albert) ..... **BX** 18
Paix (R. de la) ..... **BX** 21
Tour-Carrée (R.) ..... **BY**

Anc. Arsenal (Q. de l') .. **CX** 2
Atlantique (Bd de l') ..... **BY** 3

François-la-Vlle (R.) ..... **BX** 8
Grande-Vallée (R.) ..... **BX** 12
Marine (R. de la) ..... **BX** 15
N.-D.-du-Roule (⊟) ..... **CZ**
N.-D.-du-Vœu (⊟) ..... **AY**
Onglet (R. de l') ..... **BX** 17
St-Clément (⊟) ..... **CY**
Talluau (R.P.) ..... **BX** 19
Tocqueville (R. H.-de) ... **AX** 20
Tribunaux (R. des) ..... **BY** 22
Trinité (⊟) ..... **BX**

🏨 **Mercure** Ⓜ 🍴, Gare Maritime 🕿 44.01.11, Télex 170613, ≼ — 🛗 📺 ☎ 🅿 — 🏊
25 à 50. 🅰🅴 ⑩ 🅴 𝘝𝘐𝘚𝘈
R carte environ 90 🍷 — 😐 35 — **79 ch** 239/389.
CX s

🏨 **Louvre** sans rest, 2 r. H.-Dunant 🕿 53.02.28 — 🛗 🚽wc 🛁wc ☎ 🚗. ❄
SC : 😐 17 — **42 ch** 88/222.
BX e

🏨 **Moderna** sans rest, 28 bis r. Marine 🕿 43.05.30 — 🚽wc 🛁wc
SC : 😐 15,50 — **24 ch** 72/155.
BX a

🏨 **Torgistorps** sans rest, 14 pl. République 🕿 43.32.32 — 📺 🚽wc 🛁wc ☎. 🅰🅴 ⑩
🅴 𝘝𝘐𝘚𝘈
SC : 😐 15 — **13 ch** 92/225.
BX r

🏨 **Beauséjour** sans rest, 26 r. Gde Vallée 🕿 53.10.30 — 🛁wc ☎
SC : 😐 14,50 — **27 ch** 53/220.
BX d

🏨 **Angleterre** sans rest, 8 r. P. Talluau 🕿 53.70.06 — 🚽wc 🛁. ❄
😐 14 — **22 ch** 73/163.
BX k

MICHELIN, Entrepôt, 8 r. Carnot à Tourlaville par ① 🕿 44.21.61

CHERBOURG

ALFA-ROMEO Manche Alfa, r. Vintras ☎ 43.
45.30
BMW-LANCIA-AUTOBIANCHI Gar. Renouf,
bd de l'Est à Tourlaville ☎ 53.33.98
CITROEN Burnouf, 36 pl. Napoléon ☎ 53.17.82
Ⓝ ☎ 52.06.50
DATSUN Relet, 15 Cité Fougères, ☎ 53.21.89
FORD Lemasson, bd Amiral Lemonnier ZI ☎
43.05.22
PEUGEOT-TALBOT Leprévost, 46 bis r. An-
cien-Quai ☎ 53.03.34
RENAULT Gar. du Cotentin, 47 r. Val-de-Saire
☎ 44.12.00
RENAULT Coipel, 427 r. du 8 Mai Les Fla-
mands à Tourlaville par ① ☎ 40.29.09

RENAULT Gar. Ecourtemer, 76 r. S.-Carnot,
Octeville par ③ ☎ 53.27.35
RENAULT Gar. Marie, 95 r. Gén.-de-Gaulle,
Equeurdreville par ④ ☎ 53.78.23
V.A.G. Gar. du Stade, Pl. Hôtel de Ville,
Equeurdreville ☎ 93.88.67

🏵 Cherbourg-Pneus, 12 r. Loysel ☎ 53.06.49
Destres, r. A.-Briand à Tourlaville ☎ 53.13.99
Francis-Pneus, Bd de l'Est ZI à Tourlaville ☎
53.40.41
Schmitt-Pneus, 13 r. du Maupas ☎ 44.05.42

Les CHÈRES 69 Rhône 🄴 ① – 814 h. alt. 210 – ✉ 69750 Chasselay – 🕙 7.
Paris 444 – L'Arbresle 14 – ◆Lyon 21 – Meximieux 45 – Trévoux 10 – Villefranche-sur-Saône 11.

XX **Aub. du Pont de Morancé,** O : 1 km par D 100 ✉ 69480 Anse ☎ 847.65.14, �,
◆ « Jardin » – 🅿 🆎
fermé 16 au 30 août, mardi soir et merc. – SC : R 49/130 🍴

CHÉRISY 28 E.-et-L. 🄵🄾 ⑦, 🔢🔢🔢 ㉘ – rattaché à Dreux.

CHÉROY 89690 Yonne 🄱🄸 ⑬ – 1 024 h. alt. 127 – 🕙 86.
Paris 104 – Auxerre 67 – Fontainebleau 40 – Montargis 39 – Nemours 24 – Sens 22.

XX **Tour d'Argent,** ☎ 97.53.43, � – 💳 VISA 🛏
fermé janv., lundi et mardi – SC : R 57/110.

RENAULT Rondelez, ☎ 88.50.11

CHERVINGES 69 Rhône 🄴 ① – rattaché à Villefranche-sur-Saône.

Le CHESNE 08390 Ardennes 🄵🄵 ⑨ **G. Nord de la France** – 1 063 h. alt. 168 – 🕙 24.
Paris 214 – Charleville-Mézières 37 – Rethel 35 – Sedan 30 – Stenay 35 – Vouziers 17.

🏠 **Charrue d'Or,** ☎ 30.10.41 – 🄴 VISA 🛏
◆ *fermé lundi soir – SC : R 50/100 🍴 – 🍽 19 – 8 ch 70/83 – P 130.*

CITROEN Gar. Pierron, ☎ 30.10.99 Ⓝ   PEUGEOT-TALBOT Gar Touzelet ☎ 30.10.68

Le CHEVALON 38 Isère 🄷🄷 ④ – rattaché à Grenoble.

CHEVANCEAUX 17 Char.-Mar. 🄷🄵 ② – 1 209 h. alt. 127 – ✉ 17210 Montlieu-la-Garde – 🕙 46.
Paris 498 – Barbezieux 20 – ◆Bordeaux 62 – Jonzac 23.

XX **Relais de Saintonge** avec ch, rte Bordeaux ☎ 04.60.66, 🌼 – 🅿 🄴
◆ *fermé fév. et merc. – SC : R 45/95 🍴 – 🍽 12,50 – 7 ch 70/92.*

CHEVANNES 89 Yonne 🄱🄱 ⑤ – rattaché à Auxerre.

CHEVILLY 45 Loiret 🄵🄾 ⑱ – 2 626 h. alt. 114 – ✉ 45410 Artenay – 🕙 38.
Paris 103 – Chartres 58 – Châteaudun 45 – Étampes 52 – ◆Orléans 15 – Pithiviers 42.

🏠 **Gerbe de Blé,** ☎ 80.10.31 – 🚿wc 🛁wc 🕾 🅿 – 🎱 150. 🄴 VISA 🛏
◆ *fermé janv., vacances de fév., dim. soir et lundi – SC : R 49/160 🍴 – 🍽 15 – 11 ch
90/120.*

CHEVREUSE 78460 Yvelines 🄵🄾 ⑤, 🔢🔢🔢 ㉙, 🔟🔟🔟 ③ **G. Environs de Paris** (plan) – 4 823 h.
alt. 85 – 🕙 3 – **Voir Site★** – **Vallée de Chevreuse★**.
Paris 32 – Étampes 45 – Longjumeau 23 – Rambouillet 19 – Versailles 16.

XX **Lou Basquou,** rte Madeleine ☎ 052.15.77, ≤ – 🅿 VISA 🛏
fermé 10 août au 1er sept., merc. soir et jeudi – R 90/130.

X **Aub. du Moulin,** 56 r. Porte-de-Paris ☎ 052.16.45, 🌼 – VISA 🛏
◆ *fermé 16 août au 7 sept., vacances scolaires d'hiver, lundi soir et mardi – SC : R
100/130.*

PEUGEOT, TALBOT Baudouin, ☎ 052.15.07   RENAULT Follain, ☎ 052.15.05 Ⓝ

CHEVRY 01 Ain 🄷🄾 ⑮ – rattaché à Gex.

CHEYLADE 15 Cantal 🄷🄶 ③ **G. Auvergne** – 424 h. alt. 950 – ✉ 15400 Riom-Ès-Montagnes –
🕙 71 – **Voir Cascade du Sartre★** S : 2,5 km.
Paris 508 – Aurillac 82 – Mauriac 51 – Murat 31 – St-Flour 56.

🏠 **Gd H. de la Vallée,** ☎ 78.90.04 – 🚿 🍴 🅿 🛏
◆ *fermé 15 au 30 oct. – SC : R 40/65 🍴 – 🍽 15 – 16 ch 55/95 – P 110/120.*

Le CHEYLARD 07160 Ardèche 🗍🗍 ⑲ – 4 381 h. alt. 430 – ✪ 75.

Voir Vallée de l'Eyrieux★ SE, G. Vallée du Rhône.

Paris 604 – Aubenas 51 – Crest 72 – Lamastre 21 – Privas 48 – Le Puy 77 – St-Agrève 25.

　🏠　**Voyageurs,** r. Temple 🕿 29.05.88 – 🚿wc 🏠. 🖭 𝚅𝙸𝚂𝙰. 🦞 rest
　　fermé 14 sept. au 8 oct., 7 au 21 fév. et dim. soir d'oct. au 17 juin – SC : **R** 41/80 – 🖵
　　14 – **17 ch** 55/125 – P 105/135.

PEUGEOT-TALBOT Cuer et Chazal, 🕿 29.09.08　　　RENAULT Gar. de l'Eyrieux, 🕿 29.02.09

CHÉZERY-FORENS 01410 Ain 🗍🗍 ⑤ – 337 h. alt. 582 – ✪ 50.

Paris 514 – Bellegarde-sur-Valserine 17 – Bourg-en-Bresse 88 – Gex 40 – Nantua 31 – St-Claude 44.

　🏠　**Commerce,** 🕿 59.71.97 – 🏠
　　fermé 15 au 30 sept. et merc. hors sais. – SC : **R** 40/90 🍴 – 🖵 15 – **10 ch** 80/110 –
　　P 120/130.

La CHICANE 85 Vendée 🗍🗍 ① – rattaché à Fontenay-le-Comte.

CHILLEURS-AUX-BOIS 45 Loiret 🗍🗍 ⑳ – 1 432 h. alt. 120 – ✉ 45170 Neuville-aux-Bois –
✪ 38 – Paris 97 – Châteauneuf-sur-Loire 28 – Etampes 47 – ◆Orléans 28 – Pithiviers 15.

　🗶🗶　**Au Bon Laboureur,** 27 Gde Rue 🕿 39.87.21 – 𝚅𝙸𝚂𝙰
　　fermé 6 au 31 août, vacances de fév., lundi soir et mardi – SC : **R** 52/120.

CITROEN Gar. Guinet, 🕿 39.87.11 🅽

CHILLY-MAZARIN 91380 Essonne 🗍🗍 ⑩, 🔟🔟 ㉟ – voir à Paris, Environs.

CHINAILLON 74 H.-Savoie 🗍🗍 ⑦ – rattaché au Grand-Bornand.

CHINDRIEUX 73310 Savoie 🗍🗍 ⑮ – 951 h. alt. 282 – ✪ 79.

Env. Abbaye de Hautecombe★★ (chant grégorien) SO : 10 km, G. Alpes.

Paris 519 – Aix-les-Bains 17 – Bellegarde-sur-Valserine 38 – Bourg-en-Bresse 92 – Chambéry 33.

　🏠🏠　**Relais de Chautagne,** 🕿 54.20.27 – 🚿wc 🏠wc 🕿 🅿. 🦞 ch
　　fermé 26 déc. au 14 fév. et lundi sauf juil.-août – SC : **R** 55/130 🍴 – 🖵 17 – **15 ch**
　　100/140 – P 180/190.

　🗶🗶　**Colombié,** 🕿 54.20.13 – 🖭. 🦞
　　fermé 1er au 15 sept., 15 au 28 fév. et merc. du 1er oct. au 1er mai – SC : **R** (nombre
　　de couverts limité, prévenir) 85/160.

CITROEN Gar. de Chautagne, 🕿 54.20.32 🅽

CHINON ◁🛱▷ 37500 I.-et-L. 🗍🗍 ⑨ G. Châteaux de la Loire – 8 873 h. alt. 37 – ✪ 47.

Voir Vieux Chinon★★ : Grand Carroi★★ A B, Rue Haute-St-Maurice★ A, Rue Voltaire★
A 14 – Château★★ : ≤★★ A – Quai Danton ≤★★ A.

Env. Château d'Ussé★★ 14 km par ①.

🛈 Office de Tourisme 12 r. Voltaire (fermé dim. hors sais.) 🕿 93.17.85.

Paris 283 ① – Châtellerault 51 ③ – Poitiers 96 ③ – Saumur 29 ③ – Thouars 44 ③ – ◆Tours 49 ①.

Plan page suivante

　🏠🏠　**France** sans rest, 47 pl. Gén. de Gaulle 🕿 93.33.91 – 🚿wc 🏠wc 🕿 🚗. 𝚅𝙸𝚂𝙰. 🦞
　　15 mars-1er déc., fermé sam. et dim. hors sais. – SC : 🖵 17 – **24 ch** 90/210.　　A s

　🏠　**Chris'Hotel** sans rest, 12 pl. Jeanne d'Arc 🕿 93.36.92 – 📺 🚿wc 🏠wc 🕿.
　　🛈 🖪 𝚅𝙸𝚂𝙰　　　　　　　　　　　　　　　　　　　　　　　　　　　　　B e
　　SC : 🖵 18 – **30 ch** 110/220.

　🏠　**La Giraudière** ⹝, sans rest, rte Savigny par ④ : 5 km ✉ 37420 Avoine 🕿
　　58.40.36, parc – cuisinette 🚿wc 🏠wc 🚗 🅿 – 🏛 30. 🖭 🛈 𝚅𝙸𝚂𝙰
　　15 mars-début nov. – SC : 🖵 16 – **25 ch** 160/280.

　🏠　**Diderot** sans rest, 7 r. Diderot 🕿 93.18.87 – 🚿wc 🏠wc 🕿 🕭 🅿. 🖪 𝚅𝙸𝚂𝙰. 🦞
　　fermé 15 déc. au 15 mars – SC : 🖵 17 – **20 ch** 90/200.　　　　　　　B n

　🗶🗶🗶　**Au Plaisir Gourmand,** 2 r. Parmentier 🕿 93.20.48, 🍽 – 🖭 𝚅𝙸𝚂𝙰
　　fermé vacances de fév. et dim. soir – **R** (nombre de couverts limité, prévenir)
　　100/150.

　🗶🗶　**Boule d'Or** avec ch, 66 quai Jeanne-d'Arc 🕿 93.03.13, 🍽 – 🚿wc 🏠 🏠. 🖭 🛈
　　🖪 𝚅𝙸𝚂𝙰　　　　　　　　　　　　　　　　　　　　　　　　　　　　　　B a
　　mars-nov. et fermé vend. hors sais. – SC : **R** 52/150 🍴 – 🖵 18 – **19 ch** 75/160 – P
　　170/250.

　　à Marçay par ③ et D 116 : 7 km – ✉ 37500 Chinon :

　🏠🏠　✿　**Château de Marçay** ⹝, 🕿 93.03.47, Télex 751475, ≤, 🍽, « Château 15e s.,
　　parc », ⌇, 🗶 – 🗄 🕿 🅿 – 🏛 40 à 150. 🖭 🛈 𝚅𝙸𝚂𝙰. 🦞 rest
　　fermé début janv. à début mars – SC : **R** carte 160 à 230 – 🖵 35 – **23 ch** 290/730, 3
　　appartements 800 – P 590/840
　　Spéc. Oeufs à la coque, Choucroute de poissons, Soufflé au coulis rouge (oct. à déc.). Vins Chinon,
　　Bourgueil.

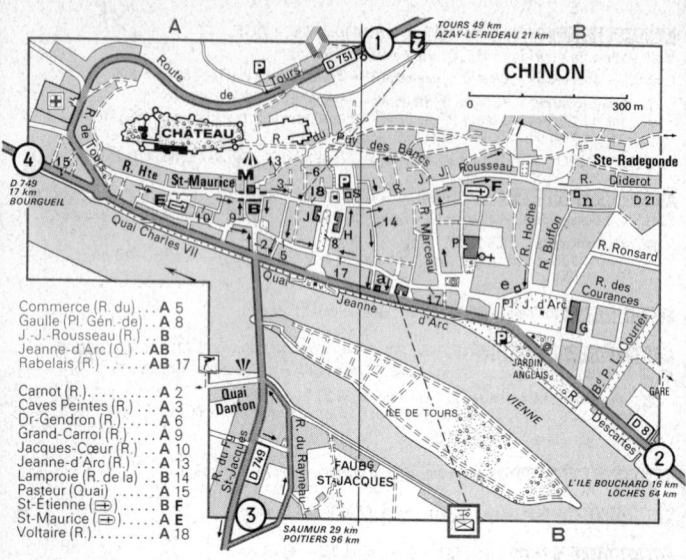

CHINON

TOURS 49 km
AZAY-LE-RIDEAU 21 km

0   300 m

CITROEN S.A.R.V.A., 10 r. A.-Correch par r. des Courances ℱ 93.06.58 Ⓝ ℱ 93.27.36
FIAT, LANCIA-AUTOBIANCHI Gar. Central, 7 r. du Commerce ℱ 93.04.86
PEUGEOT-TALBOT Gd Gar. du Chinonais, à St-Louans par ④ ℱ 93.28.29

RENAULT S.I.V.A., rte de Tours ℱ 93.05.27
RENAULT Gar. de la Gare, 8 pl. Gare ℱ 93.03.67
VAG Gar. du Chateau, rte de Tours ℱ 93.04.65

CHITENAY 41 L.-et-Ch. 🖫 ⑰ – 787 h. alt. 88 – ⊠ 41120 Les Montils – ⬡ 54.

Voir Galerie des Illustres★★ du château de Beauregard★ N : 5 km, G. Châteaux de la Loire.

Paris 193 – Blois 12 – Châteauroux 88 – Contres 12 – Montrichard 24 – Romorantin-Lanthenay 38.

🏠 **Aub. du Centre,** ℱ 70.42.11, � – 🖵wc 🗄wc ☎ Ⓟ. 𝚅𝙸𝚂𝙰
➔ fermé 17 au 24 sept., 7 janv. au 3 fév. et lundi d'oct. à Pâques – SC : **R** 50/175 🖟 – ⊑ 15 – **16 ch** 72/170 – P 142/190.

✗ **La Clé des Champs** avec ch, ℱ 70.42.03, 🍴, � – 🗄 Ⓟ. Ⓔ 𝚅𝙸𝚂𝙰
fermé 12 au 22 nov., 2 au 31 janv., lundi et mardi – SC : **R** 105/140 – ⊑ 13 – **10 ch** 71/132.

CHOISY-AU-BAC 60 Oise 🖫 ②, 🖫🖫🖫 ⑩ – rattaché à Compiègne.

CHOLET ⟨ᴾ⟩ 49300 M.-et-L. 🖫 ⑤⑥ G. Châteaux de la Loire – 54 862 h. alt. 125 – ⬡ 41.

Voir Musées : d'Histoire★ Y **M1**, des Arts★ Y **M2**.

🛈 Office de Tourisme (fermé dim.) pl. Rougé ℱ 62.22.35.

Paris 349 ① – Ancenis 47 ⑥ – Angers 61 ① – ◆Nantes 61 ⑤ – Niort 107 ② – Poitiers 125 ② – La Rochelle 125 ④ – La Roche-sur-Yon 65 ④ – Les Sables-d'Olonne 101 ④.

Plan page ci-contre

🏨🏨 **Fimotel** Ⓜ, av. Sables-d'Olonne par ④ ℱ 62.45.45 – 🖨 📺 Ⓟ – 🔒 200. 🖭 Ⓞ 𝚅𝙸𝚂𝙰. 🍸
fermé 1er au 21 août, 15 au 31 déc. et sam. – SC : **R** (pour résidents seul.) – ⊑ 20 – **42 ch** 134/225.

🏨 **Europe,** 8 pl. Gare ℱ 62.00.97 – 📺 🖵wc 🗄wc 🚗 🚘. 🖭 Ⓞ Ⓔ 𝚅𝙸𝚂𝙰   Y n
SC : **R** voir rest. James Baron – ⊑ 17 – **23 ch** 89/165.

🏨 **Gd. H. Poste,** 20 bd G.-Richard ℱ 62.07.20 – 🖨 🖵wc 🗄wc ☎ 🚗 Ⓟ – 🔒 100.   Y e
Ⓔ 𝚅𝙸𝚂𝙰
SC : **R** (fermé 1er au 21 août, sam. soir et dim.) 54/145 🖟 – ⊑ 17 – **58 ch** 85/190.

🏨 **Parc** sans rest, 4 av. A.-Manceau ℱ 62.65.45 – 🖨 🖵wc 🗄wc ☎ 🚗 Ⓟ – 🔒 50   Z x
SC : ⊑ 20 – **46 ch** 102/234.

🏠 **Aub. du Vieux Chouan,** 77 av. Mar.-Leclerc : par ① ℱ 46.10.99, � – 🗄wc ☎ Ⓟ. Ⓔ. 🍸 rest
fermé 1er au 22 août, 22 au 31 déc. et sam. – SC : **R** (fermé sam. et dim.) 64 bc/95 🖟 – ⊑ 14 – **19 ch** 100/135.

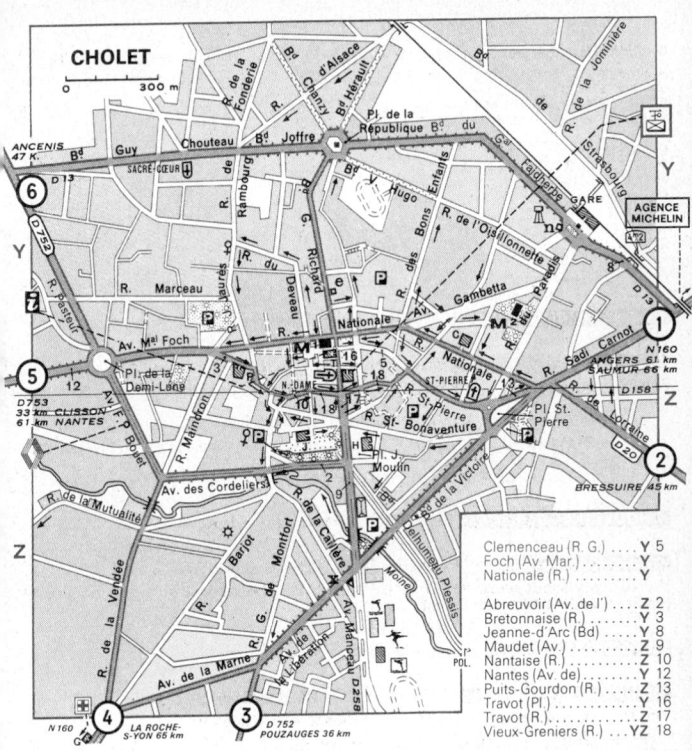

CHOLET

0   300 m

ANCENIS 47 K.

AGENCE MICHELIN

ANGERS 61 km
SAUMUR 66 km

D753
33 km CLISSON
61 km NANTES

BRESSUIRE 45 km

N 160
LA ROCHE-
S/YON 65 km

LA ROCHE-
S-YON 65 km

D 752
POUZAUGES 36 km

Clemenceau (R. G.)	Y 5
Foch (Av. Mar.)	Y
Nationale (R.)	Y
Abreuvoir (Av. de l')	Z 2
Bretonnaise (R.)	Y 3
Jeanne-d'Arc (Bd)	Y 8
Maudet (Av.)	Z 9
Nantaise (R.)	Z 10
Nantes (Av. de)	Y 12
Puits-Gourdon (R.)	Z 13
Travot (Pl.)	Y 16
Travot (R.)	Z 17
Vieux-Greniers (R.)	YZ 18

XXX **James Baron,** 8 pl. Gare ℱ 62.14.20 – AE ⓞ E VISA   Y n
fermé sam. midi – SC : **R** 88/190.

XX **La Touchetière,** Rd Point St-Léger par ⑥ : 1,5 km ℱ 62.55.03 – ⓟ VISA
fermé dim. soir et lundi – SC : **R** 62/150.

XX **La Grange,** O : 2 km par r. Mutualité - Z- ℱ 62.09.83 – ⓟ VISA
fermé août, vacances de fév., dim. et lundi – SC : **R** 65/110.

par ④ : rte Sables-d'Olonne – ⊠ **49300** Cholet :

🏨 **Cormier** sans rest, à 4,5 km ℱ 62.46.24 – ➪wc ⋔wc ☎ ⓟ VISA. ⚘.
fermé dim. – SC : � 19 – **14 ch** 94/161.

XX **Château de la Tremblaye,** à 5,5 km ℱ 58.40.17, Parc – ⓟ
fermé 1er au 21 août, lundi sauf fêtes et dim. soir – SC : **R** 52/144 ⚘.

au Lac de Ribou par ② : 5 km par D 20 – ⊠ **49300** Cholet :

XXX ❀ **Le Belvédère** (Inagaki) M ⚘ avec ch, ℱ 62.14.02, ≼ – ▣ ➪wc ☎ ⓟ – ⚒
25 à 50. AE ⓞ VISA
fermé août, vac. de fév. et dim. soir sauf Pâques et Pentecôte – SC : **R** (*nombre de couverts limité - prévenir*) 75/180 – � 19 – **8 ch** 185/215
Spéc. Sandre aux écrevisses (juil. à avril), Pain de saumon aux St-Jacques (oct. à avril), Aiguillettes de canard aux navets. **Vins** Saumur-Champigny, Savennières.

à La Tessoualle S : 6,5 km par D 258 – ⊠ **49300** Cholet :

🏨 **Central,** ℱ 56.32.88 – ➪wc ⋔wc ☎ ⟺ ⓟ VISA. ❀ ch
fermé 1er au 21 août, 25 au 31 déc., vend. soir et sam. – SC : **R** 47/150 ⚘ – � 18 –
21 ch 55/125 – P 170/350.

à Nuaillé par ① : 7,5 km – ⊠ **49340** Trémentines :

XX **Baumotel et Relais des Biches** avec ch, pl. Église ℱ 62.38.99, ⌿, ⚘ – ▣
➪wc ⋔wc ☎ ⟺ ⓟ AE ⓞ VISA. ❀ rest
fermé 20 déc. au 8 janv. – SC : **R** (*fermé dim.*) 60/150 ⚘ – � 20 – **12 ch** 138/200.

Voir aussi ressources hôtelières à *Mortagne-sur-Sèvre* par ④ : 10 km et
St-Laurent-sur-Sèvre par ③ : 12 km.

CHOLET

MICHELIN, Agence, 2 r. de la Blanchardière, Z.I. la Blanchardière par ① ☎ 62.22.34

ALFA-ROMEO Hall des Sports, 1 pl. Républi-
que ☎ 62.08.48.
BMW, LANCIA-AUTOBIANCHI Gar. de la
Victoire, 5 av. Libération ☎ 62.12.73 **N** ☎ 62 58
97
CITROEN Succursale, av. Ed.-Michelet par ①
☎ 65.42.77 **N** ☎ 62.58.97
FIAT Chauvin-Besse, 30 bd Victoire ☎ 62.65.63
FORD Gaubard-Autom., 2 bd Edmond Miche-
let ☎ 65.84.66
OPEL Ets Belloeil, 97 bd Richard ☎ 62.27.78
N ☎ 62.58.97
PEUGEOT-TALBOT Menanteau, rte Nantes
par ⑤ ☎ 62.23.03

RENAULT Autom. Choletaise, 17 bd du Poitou
par ① ☎ 62.25.91
RENAULT Gar. Boucheron, 7 av. F.-Bouet ☎
62.66.02
V.A.G. Dugast, Le Cormier ☎ 62.03.74
Gar. Merand, av. Ed.-Michelet ☎ 62.06.71

🛢 Bossard, 15 r. St-Martin ☎ 62.29.53
Buloup-Pneus, 106 bd de Strasbourg ☎ 65.
28.09
Cailleau, 29 bd Richard ☎ 62.21.55

CHONAS-L'AMBALLAN 38 Isère **74** ⑪ – rattaché à Vienne.

CHORGES 05230 H.-Alpes **77** ⑰ – 1 412 h. alt. 854 – ✪ 92.
Paris 685 – Barcelonnette 57 – Briançon 70 – Digne 79 – Gap 17 – Guillestre 43 – Sisteron 61.

à *Prunières* E : 4 km par D 9 et D 109 – ⊠ 05230 Chorges :

🏨 **Le Preyret** ⑤, ☎ 50.62.29, ≤, 🏛, 🏊, 🛥, 🌾 – cuisinette 🛏wc 🛁wc 😩 🅿 –
🏃 30. 🝙 ⑩ 🗉. 🌾
fermé 1ᵉʳ nov. au 20 déc. – SC : **R** 85 bc – **40 ch** 🛏 218.

CHOUVIGNY (Gorges de) 03 Allier **73** ④ – rattaché à Pont-de-Menat.

CIANS (Gorges du) ★★★ 06 Alpes-Mar. **81** ⑲, **195** ⑭ G. Côte d'Azur.
Voir Gorges supérieures★★★ (D 28 de Beuil à Pra d'Astier) et gorges inférieures★★
(de Pra d'Astier au Pont de Cians).

CIBOURE 64 Pyr.-Atl. **85** ② – rattaché à St-Jean-de-Luz.

CIERP-GAUD 31 H.-Gar. **86** ① – 944 h. alt. 500 – ⊠ 31440 St-Béat – ✪ 61.
Paris 829 – Lannemezan 38 – Luchon 16 – St-Gaudens 30 – ✦Toulouse 120.

🏨 **Pyrénées,** ☎ 79.50.12 – 🛏wc 🛁wc. 🌾 ch
↠ *fermé 4 nov. au 20 déc.* – SC : **R** 40/150 🍴 – � 15 – **15 ch** 70/95 – P 130/150.
✗ **La Bonne Auberge** avec ch, ☎ 79.54.47
fermé oct. et merc. du 1ᵉʳ nov. au 31 mars – SC : **R** 60 – 🛏 12 – **5 ch** 80/120.

FIAT Gar. Fernandez, à Gaud ☎ 79.50.26   RENAULT Fraysse, à Cierp ☎ 79.50.10

CIERZAC 17 Char.-Mar. **72** ⑫ – rattaché à Cognac.

La CIOTAT 13600 B.-du-R. **84** ⑭ G. Provence (plan) – 31 727 h. – Casino – ✪ 42.
Voir Calanque de Figuerolles★ SO : 1,5 km puis 15 mn AZ.
Env. Sémaphore ≤★★★ O : 5,5 km AZ.
Excurs. à l'Ile Verte ≤★ en bateau 30 mn BZ.
🛈 Office de Tourisme 2 quai Ganteaume (fermé dim. hors saison) ☎ 08.61.32. Télex 420656.
Paris 806 ⑤ – Aix-en-Provence 49 ⑤ – Brignoles 60 ⑤ – ✦Marseille 32 ⑤ – ✦Toulon 37 ③.

Plan page ci-contre

🏨 **La Rotonde** Ⓜ sans rest, 44 bd République ☎ 08.67.50 – 📶 🛁wc 🕿 🅿. 🌾
SC : � 15 – **32 ch** 100/140.   BZ **a**
🏨 **Lavandes** Ⓜ sans rest, 38 bd République ☎ 08.42.81 – 🛏wc 🛁wc 🕿. 🝙 ⑩ 🗉
SC : � 20 – **15 ch** 145/210.   BZ **e**
✗ **Golfe,** 14 bd A.-France ☎ 08.42.59   BZ **b**
↠ *fermé 1ᵉʳ nov. au 5 déc. et mardi* – SC : **R** 35/100.

à *La Ciotat-Plage* NE : 1,5 km par D 559 - ABY – ⊠ 13600 La Ciotat :

🏨 **Provence Plage,** 3 av. Provence ☎ 83.09.61 – 📶 🕿 🅿. 𝚅𝙸𝚂𝙰. 🌾 ch   BY **d**
SC : **R** 65/95 – ⊔ 14 – **20 ch** 110/180 – P 180/210.

le Liouquet par ③ : 6 km – ⊠ 13600 La Ciotat :

🏨 **Ciotel** Ⓜ ⑤, ☎ 83.90.30, 🏊, 🛥, 🌾 – 🗉 rest 🕿 🅿 – 🏃 60. 🝙 ⑩ 𝚅𝙸𝚂𝙰. 🌾
Pâques-15 oct. – SC : **R** 145/180 – ⊔ 30 – **42 ch** 370/540.
✗✗ **Aub. Le Revestel (Chez Gève)** ⑤ avec ch, ☎ 83.11.06, ≤ – 📶 🕿 🅿
7 ch.

354

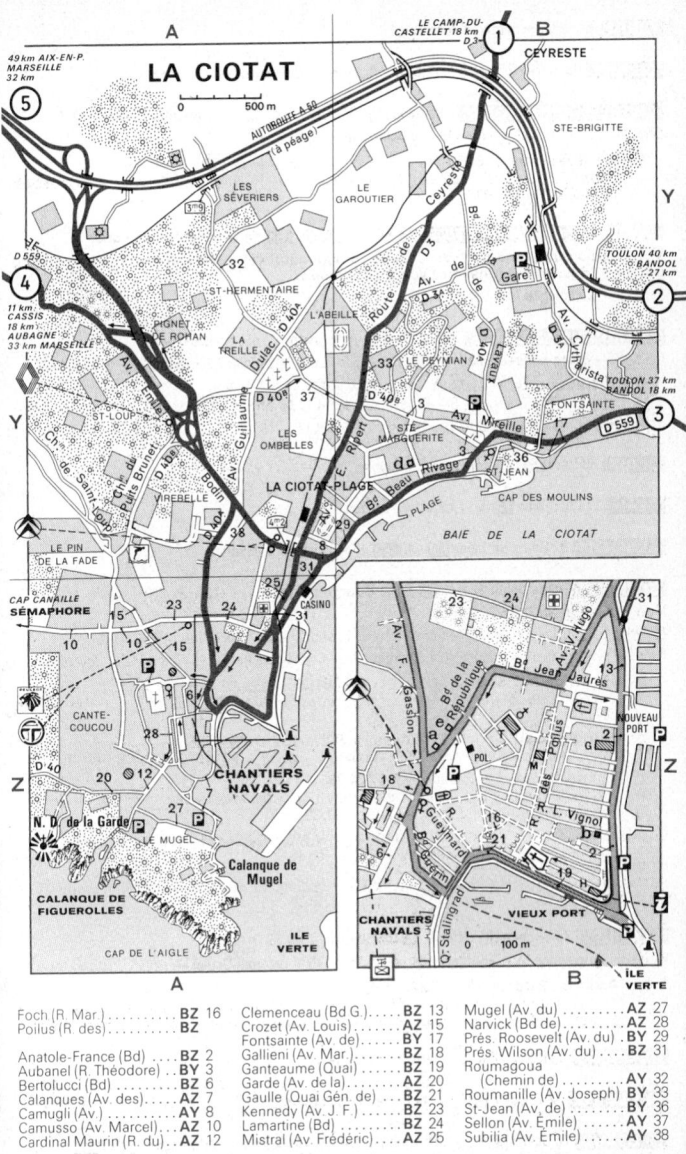

LA CIOTAT

Foch (R. Mar.) . . . . **BZ** 16	Clemenceau (Bd G.) . . . . **BZ** 13	Mugel (Av. du) . . . . **AZ** 27
Poilus (R. des) . . . . **BZ**	Crozet (Av. Louis) . . . . . **AZ** 15	Narvick (Bd de) . . . . **AZ** 28
	Fontsainte (Av. de) . . . . **BY** 17	Prés. Roosevelt (Av. du) . **BY** 29
Anatole-France (Bd) . . . . **BZ** 2	Gallieni (Av. Mar.) . . . . . **BZ** 18	Prés. Wilson (Av. du) . . . . **BZ** 31
Aubanel (R. Théodore) . . **BY** 3	Ganteaume (Quai) . . . . . **BZ** 19	Roumagoua
Bertolucci (Bd) . . . . **BZ** 6	Garde (Av. de la) . . . . . **AZ** 20	(Chemin de) . . . . **AY** 32
Calanques (Av. des). . . **AZ** 7	Gaulle (Quai Gén. de) . . **BZ** 21	Roumanille (Av. Joseph) **BY** 33
Camugli (Av.) . . . . **AY** 8	Kennedy (Av. J. F.) . . . . **BZ** 23	St-Jean (Av. de) . . . . . . **BZ** 36
Camusso (Av. Marcel). . **AZ** 10	Lamartine (Bd) . . . . **BZ** 24	Sellon (Av. Émile) . . . . . **BY** 37
Cardinal Maurin (R. du). . **AZ** 12	Mistral (Av. Frédéric) . . **AZ** 25	Subilia (Av. Émile) . . . . . **AY** 38

CITROEN Gar. Léger, 53 bd République ☏ 08.
41.69
CITROEN Viviani, rte de Marseille ☏ 83.46.14
et av. Ernest Subilia ☏ 71.67.17
PEUGEOT-TALBOT Gar. Colomb, av. Kennedy
☏ 08.66.26

RENAULT Gimenes, Carrefour de-Lattre-de-
Tassigny ☏ 83.90.10

Ⓖ Ciotat-Pneus, r. Pasteur et r. Parmentier ☏
08.32.21

This symbol indicates restaurants serving a plain meal at a moderate price.	🏠 ✕ → →

CIRQUE Voir au nom propre du cirque.

CIVAUX 86 Vienne 🔟 ⑭ ⑮ – rattaché à Lussac-les-Châteaux.

CIVRIEUX-D'AZERGUES 69 Rhône 🔟 ① – 898 h. alt. 212 – ✉ **69380** Lozanne – ✿ 7.
Paris 449 – L'Arbresle 9 – ✦Lyon 19 – Villefranche-sur-Saône 16.

  🏠 **La Roseraie,** 🕾 843.01.78 – ⟷wc 🛏wc ☎ ⟵ **E** **VISA**
     fermé 12 au 29 nov. et 2 au 10 janv. – SC : **R** *(fermé jeudi)* 55/120 ⅃ – ⌷ 17 – **12 ch**
     75/160 – P 140/180.

CLAIRIÈRE DE L'ARMISTICE ✶✶ 60 Oise 🔟 ③, 🔟 ⑪ G. Environs de Paris.
Voir Statue du Maréchal Foch – Dalle commémorative – Wagon historique (reconstitution) – Ressources hôtelières voir à *Compiègne.*
Paris 89 – Compiègne 7.

CLAIRVAUX-LES-LACS 39130 Jura 🔟 ⑭ G. Jura – 1 432 h. alt. 541 – ✿ 84.
Paris 429 – Bourg-en-Bresse 83 – Champagnole 34 – Lons-le-Saunier 22 – Morez 36 – St-Claude 37.

  🏨 **Ethevenard,** 🕾 44.82.21, 🌄 – 🛏wc. 🍴
  ✦ *Pentecôte-18 sept.* – SC : **R** 45/60 – ☛ 14 – **26 ch** 60/110 – P 105/115.

CITROEN Martelet, 🕾 25.82.52 🔲

CLAIX 38 Isère 🔟 ④ – rattaché à Grenoble.

CLAM 17 Char.-Mar. 🔟 ⑥ – rattaché à Jonzac.

CLAMART 92 Hauts-de-Seine 🔟 ⑩, 🔟 ㉔ – voir à Paris, Environs.

CLAMECY ⬧ 58500 Nièvre 🔟 ⑮ G. Bourgogne (plan) – 5 826 h. alt. 160 – ✿ 86.
Voir Église St-Martin✶.
🛈 Office de Tourisme r. Grand-Marché (1ᵉʳ juin-15 sept., fermé dim. et lundi) 🕾 27.02.51.
Paris 211 – Auxerre 43 – Avallon 38 – Bourges 103 – Cosne-sur-Loire 54 – ✦Dijon 142 – Nevers 69.

  🏠 **Host. de la Poste,** 9 pl. E.-Zola 🕾 27.01.55 – ⟷ 🕾. **VISA**. 🍴 ch
     fermé 17 au 27 juin, 22 déc. au 20 janv. et lundi – SC : **R** 52/95 – ⌷ 15 – **17 ch**
     66/134.

  ✗ **Bon Accueil** avec ch, 3 rte Auxerre 🕾 27.06.32 – ⟷. **VISA**
     fermé déc., janv. et mardi – SC : **R** 65/150 – ⌷ 18 – **10 ch** 70/120 – P 145/175.

  ✦ **Grenouillère,** 6 r. J.-Jaurès 🕾 27.31.78
     fermé fin août-début sept., Noël-jour de l'An, vacances de fév., dim. soir et lundi –
     SC : **R** (déj. seul. du 15 sept. à Pâques) 37/93.

CITROEN Rougeaux, rte Beaugy 🕾 27.11.87
FIAT Gar. Michel, 43 rte de Pressures 🕾 27.00.48
RENAULT S.A.M.A.S., 22 rte de Pressures 🕾 27.02.78 🔲

V.A.G. Gar. Lenoir, 3 à 7 rte d'Armes 🕾 27.05.45
🅿 Coignet, Le Foulon, Rte de Pressures 🕾 27.19.38

CLAOUEY 33 Gironde 🔟 ① ⑪ – ✉ **33950** Lège – ✿ 56.
Paris 662 – ✦Arcachon 54 – ✦Bordeaux 56 – Cap-Ferret 15 – Lacanau-Océan 43.

  ✗ **Aub. du Bassin,** 🕾 60.70.22, ≤, 🍴
     fermé 10 déc. au 10 janv., mardi soir et merc. du 22 avril au 15 juin et du 15 sept. au
     30 oct. – SC : **R** *(du 1ᵉʳ nov. à Pâques dîner seul. et fermé mardi et merc.)* 55/135.

CLAPIERS 34 Hérault 🔟 ⑦ – rattaché à Montpellier.

La CLARTÉ 22 C.-du-N. 🔟 ① – rattaché à Perros-Guirec.

Le CLAUX 15 Cantal 🔟 ③ – 341 h. alt. 1 060 – ✉ **15400** Riom-ès-Montagne – ✿ 71.
Paris 515 – Aurillac 50 – Mauriac 57 – Murat 24.

  🏠 **Peyre-Arse** (ex. Poste), 🕾 78.93.32 – 🛏wc 🕾 🅿. **E**
  ✦ SC : **R** 40/90 ⅃ – ⌷ 20 – **30 ch** 100/150 – P 150/165.

Les CLAUX 05 H.-Alpes 🔟 ⑱ – rattaché à Vars.

CLAYE-SOUILLY 77410 S.-et-M. 🔟 ⑫, 🔟 ㉒ – 8 334 h. alt. 50 – ✿ 6.
Paris 32 – Meaux 15 – Melun 52 – Senlis 48.

  ✗✗ **La Grillade,** 19 r. J.-Jaurès 🕾 026.00.68 – 🆎 **E**
     fermé août, dim. soir et lundi – **R** carte 150 à 200.

La CLAYETTE 71800 S.-et-L. 🗺️ ⑰⑱ G. Bourgogne – 2 712 h. alt. 369 – ✪ 85.

Voir Château de Drée★ N : 4 km.

Paris 428 – Charolles 19 – Lapalisse 62 – ♦Lyon 97 – Mâcon 57 – Roanne 41.

🏠 **Poste**, 🅿 28.02.45 – 🚭 🏠wc 🕿 🚗, 🖭 ⓘ 🇪 💳. 🕸 ch
  fermé 15 au 30 sept., 22 déc. au 12 janv., vend. soir, dim. soir et sam. hors sais. –
  SC : **R** 50/160 🍴 – 🖵 16,50 – **15 ch** 91/170 – P 185/225.

PEUGEOT-TALBOT Gar. Jugnet, à Varennes-   🔘 Matequip, 🅿 28.11.46
sous-Dun 🅿 28.03.60
RENAULT Éts Hermey, 🅿 28.04.81

CLÉCY 14570 Calvados 🗺️ ⑪ G. Normandie – 1 197 h. alt. 81 – ✪ 31.

Voir Croix de la Faverie ≤★ S : 2 km puis 15 mn.

Paris 246 – ♦Caen 37 – Condé-sur-Noireau 9,5 – Falaise 30 – Flers 21 – Vire 35.

🏰 **Moulin du Vey** 🌳, E : 2 km par D 133 🅿 69.71.08, ≤, 🍽, « Parc au bord de
  l'eau » – 🅿 – 🏛 25 à 100. 🖭 ⓘ 💳. 🕸 rest
  fermé 1er au 24 déc. et 4 au 20 janv. – SC : **R** 95/235 – 🖵 21 – **19 ch** 180/245 –
  P 300/330.

  Annexe Relais de Surosne, à 3 km – **7 ch**.

✕✕ **Site Normand** avec ch, 🅿 69.71.05 – 🚭wc 🅿
  15 mars-15 nov. et fermé lundi du 1er oct. au 15 nov. – SC : **R** 70/155 – 🖵 15 –
  12 ch (1/2 pens. seul.) – ½ p 139/203.

PEUGEOT-TALBOT Pichon, 🅿 69.71.40

CLÉDEN-CAP-SIZUN 29 Finistère 🗺️ ⑬ – 1 422 h. alt. 45 – ⊠ 29113 Audierne – ✪ 98.

Voir Pointe de Brézellec ≤★ N : 2 km, G. Bretagne.

Paris 601 – Audierne 10 – Douarnenez 32 – Quimper 45.

✕ **L'Étrave**, pl. église 🅿 70.66.87 – 🕸
  1er avril-30 sept. et fermé merc. – SC : **R** (prévenir) 50/150 🍴.

CLÉDER 29 Finistère 🗺️ ⑤ – 3 928 h. alt. 46 – ⊠ 29221 Plouescat – ✪ 98.

🇮 Office de Tourisme pl. Ch.-de-Gaulle (1er juil.-31 août et fermé lundi) 🅿 69.43.01.

Paris 567 – ♦Brest 48 – Brignogan-Plage 22 – Morlaix 30 – St-Pol-de-Léon 9,5.

✕✕ **Le Temps de Vivre**, 9 r. Armorique 🅿 69.42.48 – 🇪 🕸
  fermé 2 au 13 fév., merc. soir (sauf juil.-août) et lundi – SC : **R** 90/175.

CLELLES 38930 Isère 🗺️ ⑭ – 319 h. alt. 766 – ✪ 76.

Paris 614 – Die 50 – Gap 75 – ♦Grenoble 49 – La Mure 32 – Serres 58.

🏠 **Ferrat**, 🅿 34.42.70, 🍽, 🐎 – 🚭wc 🕿 🚗 🅿. 🕸
  25 mars-5 nov. et fermé mardi hors sais. – SC : **R** 80/120 – 🖵 16 – **16 ch** 100/240 –
  P 170/240.

RENAULT Gar. du Trièves, 🅿 34.40.35 🗈

CLEREY-SUD 10 Aube 🗺️ ⑰ – rattaché à Troyes.

CLERGOUX 19 Corrèze 🗺️ ⑩ – 390 h. alt. 540 – ⊠ 19320 Marcillac-la-Croisille – ✪ 55.

Paris 507 – Mauriac 46 – St-Céré 74 – Tulle 24 – Ussel 47.

🏠 **Chammard**, 🅿 27.84.04, 🐎 – 🏠 🅿. 🕸 ch
  Pentecôte-30 sept. – SC : **R** 65/85 🍴 – 🖵 14 – **18 ch** 85 – P 140/150.

🏠 Lac 🌳, NE : 2 km par D 10 🅿 27.83.15, ≤ – 🏠 🅿
  sais. – **30 ch**.

CLERMONT 🔵 60600 Oise 🗺️ ① G. Environs de Paris – 8 724 h. alt. 119 – ✪ 4.

Voir Église★ d'Agnetz O : 2 km par ④.

Paris 77 ③ – ♦Amiens 66 ① – Beauvais 26 ④ – Mantes-la-Jolie 97 ③ – Pontoise 56 ③.

Plan page suivante

🏰 **Clermotel**, par ④ : 1 km 🅿 450.09.90 – 📺 🚭wc 🏠wc 🕿 🅿 – 🏛 40. ⓘ 💳
  SC : **R** (fermé sam. de nov. à mars) 53 bc/89 🍴 – 🖵 16 – **30 ch** 140/184.

🏛 **France**, 36 av. Déportés (a) 🅿 450.00.56 – 🅿. 🕸 ch
  fermé vend. (sauf sam.) et sam. – **R** 35/80 🍴 – 🖵 12 – **15 ch** 48/75.

CITROEN Thiré-Drouard, 75 r. Gén.-de-Gaulle   RENAULT SOCLA, Imp. Henri Barbusse 🅿
🅿 450.28.17 🗈 🅽 🅿 450.09.88   450.08.73
PEUGEOT-TALBOT Carlier, av. des Déportés,
rte Compiègne par ② 🅿 450.00.94

CLERMONT
OISE

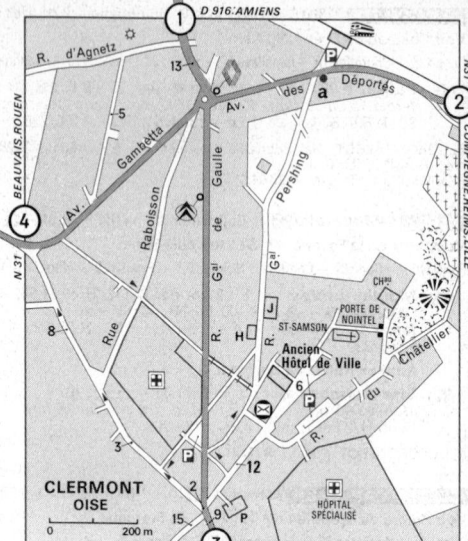

Le feu

est le plus terrible

ennemi de la forêt

soyez prudent !

CLERMONT-FERRAND P 63000 P.-de-D. 73 ⑭ G. Auvergne – 151 092 h. alt. 401 – ✿ 73.

Voir Le Vieux Clermont** BX : Basilique de N.-D.-du-Port** (choeur***) CX, Cathé-drale** (vitraux**) BX, Fontaine d'Amboise* BX E, cour* de la maison de Savaron BX B – Jardin Lecoq* BCZ – Musée du Ranquet* BX M1 – Escalier* dans la rue des Petits-Gras (n° 6) BX 53 – Le Vieux Montferrand* R : Hôtel de Fontfreyde*, Hôtel de Lignat*, Hôtel de Fontenilhes*, cour* de l'Hôtel Regin, Porte* de l'Hôtel d'Albiat, Bas-relief* de la Maison d'Adam et d'Ève – Belvédère du D 941A ≼** R – Av. Thermale ≼* RS.

Env. Puy de Dôme ⁕*** 15 km par ⑥.

Circuit automobile d'Auvergne S.

✈ de Clermont-Ferrand-Aulnat ☏ 91.71.00 par ② et D 54 : 6 km.

🚗 ☏ 30.11.66.

🛈 Office de Tourisme, 69 bd Gergovia (fermé dim. du 16 sept. au 14 juin) ☏ 93.30.20 et Gare S.N.C.F. (15 juin-15 sept.) ☏ 91.87.89 - A.C. pl. Galliéni ☏ 93.47.67.

Paris 390 ① – ◆Bordeaux 369 ① – ◆Grenoble 286 ② – ◆Lyon 208 ② – ◆Marseille 484 ② – ◆Montpellier 361 ③ – ◆Moulins 96 ① – ◆Nantes 453 ⑥ – ◆St-Étienne 150 ② – ◆Toulouse 392 ⑥.

Plans pages suivantes

🏨 **Frantel** M, 82 bd Gergovia ☏ 93.05.75, Télex 392658 – 🛗 ▤ rest 📺 ☎ ᵬ ♿ – 🍴 200. ⌷ ◑ ⒠ VISA. ⛛ rest
BZ **v**
fermé 24 au 30 déc. – SC : rest. **La Rétirade** *(fermé dim.)* **R** carte 130 à 180 – 🍽 27 – **124 ch** 290/355.

🏨 **Gallieni et rest. Le Charade** M, 51 r. Bonnabaud ☏ 93.59.69, Télex 392779 – 🛗 ▤ rest 📺 ☎ ♿ – 🍴 80. ⌷ ⒠ VISA
AY **t**
R *(fermé sam.)* 85 bc/150 – 🍽 20 – **80 ch** 137/255 – P 315/355.

🏨 **P.L.M. Arverne et rest Gergovie** M, 16 pl. Delille ☏ 91.92.06, Télex 392741 – 🛗 ▤ rest 📺 ☎ 🔄 – 🍴 45. ⌷ ◑ ⒠ VISA
CX **f**
SC : **R** *(fermé dim.)* 90/250 ⅜ – 🍽 29 – **57 ch** 280/325.

🏨 **Lafayette** M sans rest, 53 av. Union Soviétique ☏ 91.82.27, Télex 393706 – 🛗 📺 🛁wc ☎ ♿. ⌷ ◑ VISA
DX **n**
SC : **50 ch** 🍽 150/250.

🏨 **Colbert** sans rest, 19 r. Colbert ☏ 93.25.66, Télex 990125 – 🛗 📺 🛁wc 🚿wc ☎ 🔄 – 🍴 45. ⌷ ◑ ⒠ VISA
AY **q**
SC : 🍽 21 – **61 ch** 121/274, 4 appartements 255/274.

🏨 **St-André et rest. l'Auvergnat** M, 27 av. Union Soviétique ☏ 91.40.40 – 🛗 ▤ rest 📺 🛁wc 🚿wc ☎. ⌷ ⒠ VISA
➔
DX **d**
SC : **R** *(fermé dim.)* 49/85 – 🍽 18 – **25 ch** 150/185 – P 230/270.

🏨 **Lyon**, 16 pl. Jaude ☏ 93.32.55 – 🛗 🛁wc 🚿wc ☎. VISA. ⛛ rest
ABY **b**
SC : **R** carte environ 100 – 🍽 18 – **34 ch** 153/218.

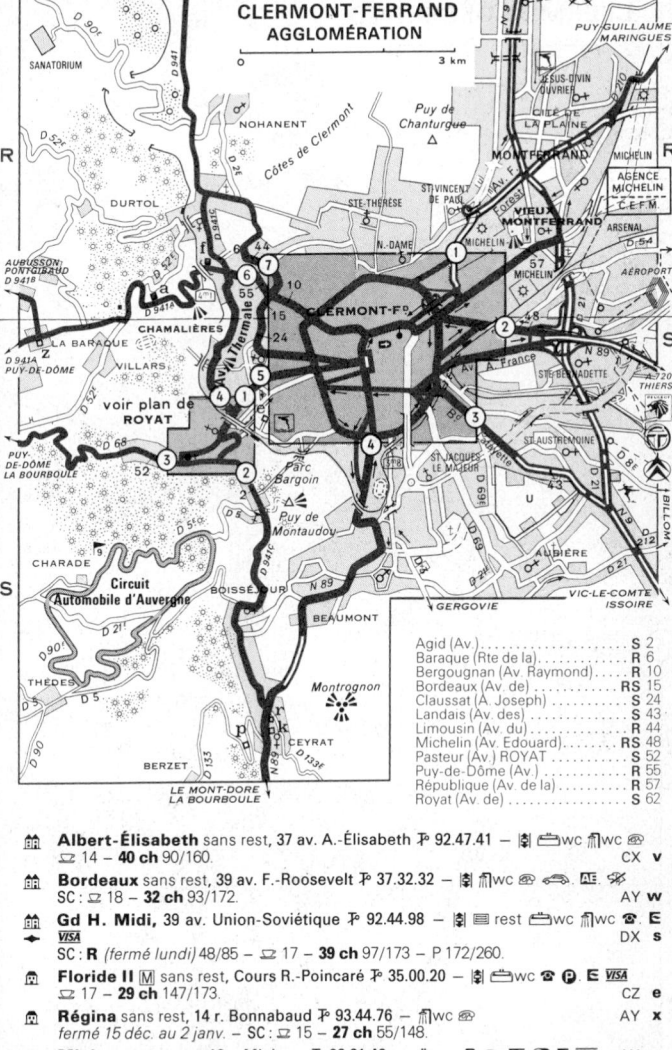

CLERMONT-FERRAND
AGGLOMÉRATION

0   3 km

Agid (Av.)	S 2
Baraque (Rte de la)	R 6
Bergougnan (Av. Raymond)	R 10
Bordeaux (Av. de)	RS 15
Claussat (A. Joseph)	S 24
Landais (Av. des)	S 43
Limousin (Av. du)	R 44
Michelin (Av. Edouard)	RS 48
Pasteur (Av.) ROYAT	S 52
Puy-de-Dôme (Av.)	R 55
République (Av. de la)	R 57
Royat (Av. de)	S 62

🏠 **Albert-Élisabeth** sans rest, 37 av. A.-Élisabeth ℡ 92.47.41 – 🛗 🛁wc 🛁wc 🅿
🖂 14 – **40 ch** 90/160.   CX v

🏠 **Bordeaux** sans rest, 39 av. F.-Roosevelt ℡ 37.32.32 – 🛗 🛁wc 🅿 🚗 🅰🅴
SC : 🖂 18 – **32 ch** 93/172.   AY w

🏠 **Gd H. Midi,** 39 av. Union-Soviétique ℡ 92.44.98 – 🛗 🍽 rest 🛁wc 🛁wc ☎ 🅴
SC : **R** *(fermé lundi)* 48/85 – 🖂 17 – **39 ch** 97/173 – P 172/260.   DX s

🏠 **Floride II** 🅼 sans rest, Cours R.-Poincaré ℡ 35.00.20 – 🛗 🛁wc ☎ 🅿 🅴 VISA
🖂 17 – **29 ch** 147/173.   CZ e

🏠 **Régina** sans rest, 14 r. Bonnabaud ℡ 93.44.76 – 🛁wc 🅿
fermé 15 déc. au 2 janv. – SC : 🖂 15 – **27 ch** 55/148.   AY x

🏠 **Minimes** sans rest, 10 r. Minimes ℡ 93.31.49 – 🛁wc 🅿 🅰🅴 🅾 🅴 VISA
SC : 🖂 16 – **28 ch** 84/174.   AX v

🏠 **Ravel** sans rest., 8 r. Maringues ℡ 91.51.33 – 🛁wc 🛁wc ☎
fermé dim. hors sais. – SC : 🖂 17 – **20 ch** 90/160.   CX m

🏠 **Fleury** sans rest, 2 bd Fleury ℡ 91.43.13 – 🛁 ☎
fermé 15 au 31 juil. – SC : 🍽 11 – **24 ch** 45/80.   CY r

XXX **Buffet Gare Routière,** 69 bd Gergovia ℡ 93.13.32 – 🅰🅴 🅾 🅴 VISA   BZ
fermé sam. en juil. et août – **R** (1ᵉʳ étage) carte 130 à 195, snack (rez-de-chaussée)
carte environ 65 &.

XX **Truffe d'Argent,** 17 r. Lamartine ℡ 93.22.42 – 🅴 VISA   AY r
fermé sam. midi, dim. et fériés – SC : **R** 80/130.

XX **Clavé,** 10-12 r. St-Augustin ℡ 36.46.30 – VISA   AX k
fermé dim. du 1ᵉʳ mai au 30 sept. – SC : **R** 110/176.

tourner →
359

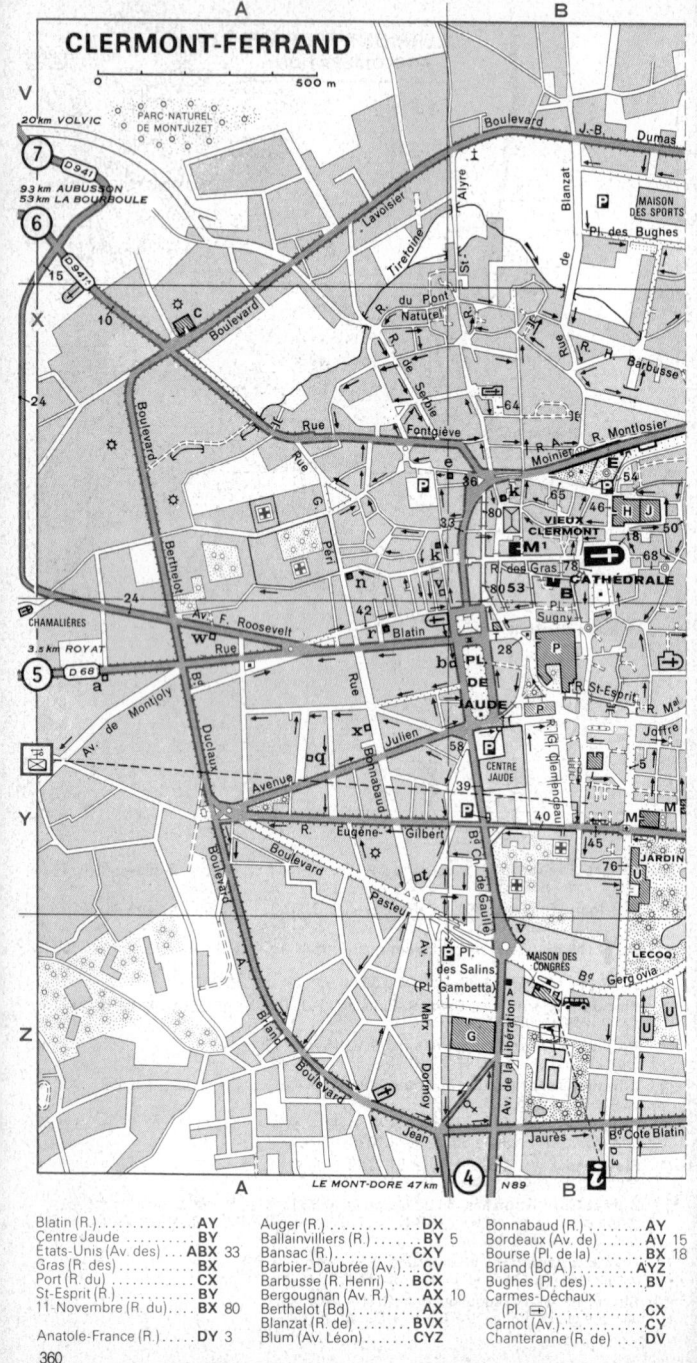

CLERMONT-FERRAND

360

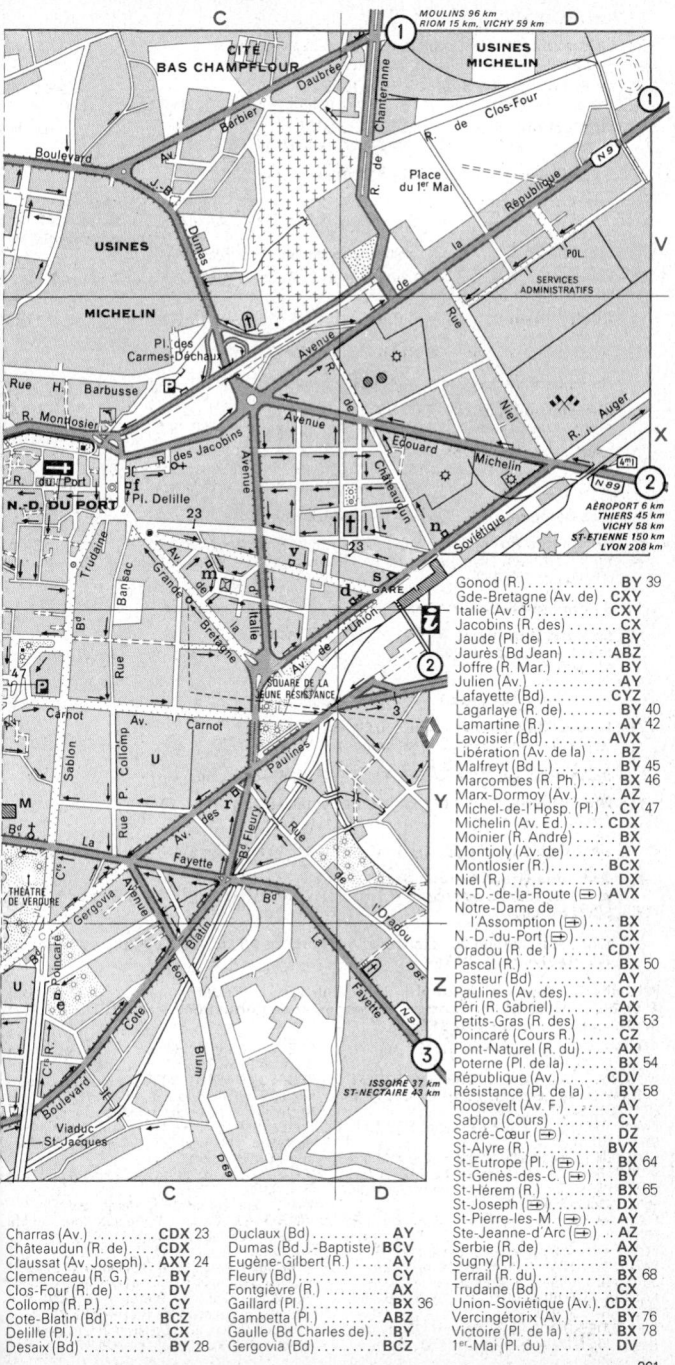

X **Le Brezou,** 51 r. St-Dominique ☎ 93.56.71 – Ⓟ. VISA — AX **n**
fermé dim. et fériés – SC : **R** 50/100 ♫.

X **Le Roi Mage,** 7 r. Ste-Rose ☎ 37.16.07 — ABX **e**
fermé 1er au 9 sept., fév. et mardi soir et merc. – SC : **R** 52/80.

X **Le Machon,** 26 pl. St. Pierre ☎ 37.15.02 — BX **k**
fermé dim. et fériés – SC : **R** (prévenir) carte 80 à 120 ♫.

à Chamalières – 17 905 h. – ✉ **63400** Chamalières :

⌂⌂ ✿ **Radio** (Mioche) ≫, av.P.-Curie ☎ 30.87.83, ≤, ⚘ – ⎘ ☎ Ⓟ. AE ⓞ E VISA
fermé janv. et fév. – SC : **R** *(fermé dim. soir et lundi)* 142/275 – ☕ 18 – **27 ch** 97/200 — Plan de Royat BY **w**
Spéc. Panaché de poissons, Aiguillettes de caneton aux choux, Feuillantine de fruits.

⌂ **Europe H.** Ⓜ sans rest, 29 av. Royat ☎ 37.61.35 – ⎘ ⇔wc ⋒wc ☎ ⇔. ⓞ
SC : ☕ 18,50 – **34 ch** 135/240. — AY **a**

⌂ **Chalet Fleuri** ≫, 37 av. Massenet ☎ 35.09.60, ⚘ – TV ⇔wc ⋒wc ☎ Ⓟ. ✂ rest
SC : **R** 75/140 – ☕ 15 – **39 ch** 110/165 – P 246/300. — S **e**

rte de La Baraque par ⑥ – ✉ **63830** Durtol :

XXX **L'Aubergade,** ☎ 37.84.64 – Ⓟ — R **a**
fermé 1er au 21 sept., 1er au 21 mars, dim. soir et lundi – SC : **R** 80/150.

XX ✿ **Aub. des Touristes** (Andrieux), ☎ 37.00.26 – Ⓟ. AE E — R **f**
fermé 6 au 31 août, vac. de fév., dim. et lundi – SC : **R** 90 (sauf fêtes)/210
Spéc. Terrine de foie gras, Gigot de mer aux pâtes fraîches, Carré d'agneau de lait en cocotte..

à La Baraque par ⑥ : 7 km – ✉ **63870** Orcines :

⌂ **Relais des Puys,** ☎ 62.10.51, ⚘ – ⇔wc ⋒wc ☎ Ⓟ. ✂ rest — S **z**
fermé déc.-janv., dim. soir hors sais. et lundi midi – SC : **R** 50/110 – ☕ 16 – **28 ch** 80/160 – P 155/182.

à Pérignat-lès-Sarliève par ③ : 8 km – ✉ **63170** Aubière :

XX **Le Petit Bonneval,** ☎ 79.11.11, ⌂, ⚘ – Ⓟ
fermé 25 juil. au 9 août, vacances de Pâques et de Noël, dim. soir et merc. – SC : **R** 70/175.

par ⑥ sur D 941 : 10 km – ✉ **63870** Orcines :

XX **La Clef des Champs,** ☎ 62.10.69, ⚘ – Ⓟ. VISA
fermé dim. soir, soirs de fêtes et mardi – SC : **R** 100/170.

à Orcet par ③, N 9 et D 978 : 13 km – ✉ **63670** Le Cendre :

XX **Ma Bohême,** ☎ 79.12.46, « roulottes aménagées », ⚘ – Ⓟ
fermé août, dim. soir et lundi – **R** 94/191.

au Col de Ceyssat par ⑥, D 941 A et D 68 : 14 km – ✉ **63870** Orcines :

XX **Aub. des Gros Manaux** ≫, ☎ 87.11.11 – Ⓟ. AE VISA
fermé 26 août au 8 sept., 25 oct. au 7 nov., vacances de fév., mardi soir et merc. – SC : **R** 66/160.

Voir aussi ressources hôtelières de ***Royat*** ⑤ : 4,5 km, de ***Ceyrat*** ④ : 6 km et de ***Montpeyroux*** ③ : 24 km

MICHELIN, Agence régionale, r. Cugnot, Z.I. du Brézet (R **plan agglomération**) ☎ 91.29.31 **MICHELIN, Centre d'Échanges et de Formation** r. Cugnot, Z.I. du Brézet (R **plan agglomération**) ☎ 92.91.55

ALFA-ROMEO Domes-Auto, rte de Paris, la Plaine ☎ 24.67.72
AUSTIN, JAGUAR, MORRIS, ROVER, TRIUMPH Gar. Estager, 26 bd de Gaulle ☎ 93.41.65
BMW Gar. Gergovie, N 9, rte Issoire ☎ 79.11.41 🅽 ☎ 91.01.01
CITROEN Succursale, 240 bd E.-Clémentel R ☎ 24.22.66 et 111 bd. G. Flaubert S ☎ 27.20.00
FERRARI, FIAT Auvergne-Moteurs-Gardette, 10 r. E.-Dolet ☎ 93.62.07
FIAT Gd Gar. d'Auvergne, 17 r. Bonnabaud ☎ 93.18.18
FORD Dugat, 23 av. Agriculture ☎ 91.17.67
LADA, TOYOTA, Bonaldi, 36 av. de Cournon, Zone Ind. à Aubière ☎ 26.34.48
LANCIA-AUTOBIANCHI Gar. Buire, 157 bd. G.-Flaubert ☎ 26.44.25
MERCEDES-BENZ Ets Portier, 33 av. du Roussillon N 9 à Aubière ☎ 26.34.50

OPEL Auvergne-Auto, 3 r. B.-Palissy, Z.I. du Brézet ☎ 91.76.56
PEUGEOT-TALBOT SCA Clermontoise Automobile 27 av. du Brezet S ☎ 92.14.12
RENAULT Succursale, r. Blériot, Zone Ind. du Brézet RS ☎ 92.42.30
RENAULT Mondial-Gar., 24 av. Grande-Bretagne CX ☎ 91.35.14
V.A.G. A.V.A., 65 av. de l'Agriculture ZI Brézet ☎ 91.23.89
V.A.G. Gar. Carnot, 17 av. Carnot ☎ 91.70.46
VOLVO Gar. Casas, r. E.-Reclus, Zone Ind. du Brézet ☎ 92.51.42

Ⓜ Estager-Pneu, 238bd Clémentel ☎ 92.42.51 et 11 av. J.-Claussat, Chamalières ☎ 37.36.05
Piot-Pneu, 80 av. du Brézet ☎ 92.13.50 et r. Gutenberg, Zone Ind. du Brézet ☎ 91.10.20
Poughon-Pneus, 15 r. Dr-Nivet ☎ 92.12.48
Ravel-Pneus, 9 av. Julien ☎ 93.24.84

CLERMONT-L'HÉRAULT 34800 Hérault 🗾 ⑤ G. Causses – 5 926 h. alt. 90 – ✆ 67.

Voir Église St-Paul★.

Env. Cirque de Mourèze★★ SO : 8 km.

🖪 Office de Tourisme r. René Gosse (juil.-août et fermé dim.) ☎ 96.23.86.

Paris 802 – Béziers 44 – Lodève 20 – ◆Montpellier 41 – Pézenas 21 – St-Pons 74 – Sète 52.

🏦 **Sarac** 🅼 sans rest, rte de Béziers ☎ 96.06.81 – ⇔wc ⋔wc ⊛ 🅿. ⅌
   fermé 15 déc. au 15 janv., sam. et dim. du 1ᵉʳ oct. au 1ᵉʳ mars – SC : ⛱ 12 – **22 ch**
   110/130.

🏤 **Terminus**, allées R.-Salengro ☎ 96.10.66, 🏠 – ⋔wc ⇔. 𝒱𝐼𝑆𝐴
   SC : **R** 65 bc/95 bc – ⛱ 12 – **32 ch** 60/120 – P 170/210.

ALFA-ROMEO, FIAT Gar. St-Christophe, 45 bis
bd Gambetta ☎ 96.12.07
PEUGEOT-TALBOT Ryckwaert, rte Montpel-
lier N 9 ☎ 96.07.31 🅽
RENAULT Diffusion-Auto-Clermontaise, rte
Montpellier ☎ 96.03.42

RENAULT Bouzou, 11 bd Ledru-Rollin ☎ 96.
01.17

🛞 Roques, av. de Montpellier ☎ 96.00.62

CLICHY 92 Hauts-de-Seine 🮐 ⑳, 🮐 ⑮ – voir à Paris, Environs.

CLIMBACH 67 B.-Rhin 🮐 ⑱ – 514 h. alt. 354 – ⊠ **67510** Lembach – ✆ 88.

Paris 465 – Bitche 38 – Haguenau 28 – ◆Strasbourg 60 – Wissembourg 9.

🏤 **Ange**, ☎ 94.43.72 – ⇔wc ☎ 🅿. ⅌
   fermé 2 au 16 août, nov., merc. soir et jeudi – SC : **R** carte 75 à 125 ⅃ – ⛱ 12 –
   15 ch 95/100 – P 130.

⅊⅊ **Cheval Blanc** avec ch, ☎ 94.41.95 – ⋔wc ☎ 🅿. ⅌ ch
   fermé 15 janv. au 20 fév., mardi soir et merc. – SC : **R** 65/90 ⅃ – ⬛ 11,50 – **10 ch**
   70/100 – P 105/125.

CLISSON 44190 Loire-Atl. 🮐 ④ G. Côte de l'Atlantique – 5 032 h. alt. 42 – ✆ 40.

🖪 Office de Tourisme pl. Minage (2 juil.-31 août et fermé vend.) ☎ 78.02.95 et à la Mairie (fermé
sam. après-midi et dim.) ☎ 78.35.14.

Paris 377 ⑤ – ◆Nantes 28 ⑤ – Niort 124 ② – Poitiers 150 ① – La Roche-sur-Yon 52 ②.

CLISSON

Bertin (R.)	2
Cacault (R.)	3
Clisson (R. O. de)	4
Dr-Boutin (R.)	6
Dimerie (R. de la)	7
Grand-Logis (R. du)	9
Halles (R. des)	12
Leclerc (Av. Gén.)	13
Nid-d'Oie (Pont de)	14
Nid-d'Oie (Rte de)	16
St-Hilaire (R. de)	17
St-Jacques (R.)	18
Trinité (Gde-R. de la)	22
Vallée (R. de la)	23

*Les plans de villes sont orientés le
Nord en haut.*

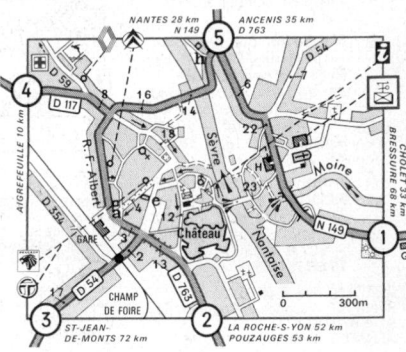

🏦 **Aub. de la Cascade** ⑤, à Gervaux **(h)** ☎ 78.02.41, ≤, 🏠 – ⇔wc 🅿. ⅌
   fermé 1ᵉʳ au 15 oct., vacances de fév – **R** 33/130 – ⛱ 15 – **10 ch** 42/125.

🏦 **Gare**, pl. Gare **(a)** ☎ 36.16.55 – ⇔wc ⋔ ⊛ – 🅰 100. 🄴 𝒱𝐼𝑆𝐴
   fermé en juil. – SC : **R** 47/88 ⅃ – ⛱ 12,50 – **34 ch** 77/150 – P 177/234.

⅊⅊ **Bonne Auberge**, 1 r. O.-de-Clisson **(e)** ☎ 78.01.90 – 𝒱𝐼𝑆𝐴
   fermé 15 août au 1ᵉʳ sept., 15 fév. au 1ᵉʳ mars, dim. soir et lundi – SC : **R** 70/170.

CITROEN Boullenger, ☎ 78.00.78
PEUGEOT-TALBOT Baudu, ☎ 78.00.67
RENAULT Clisson-Autos, à Gorges, ☎ 78.
30.55 🅽

Girard, ☎ 78.01.84

CLOHARS-CARNOËT 29121 Finistère 🮐 ⑫ – 3 428 h. alt. 42 – ✆ 98.

Paris 512 – Concarneau 31 – Lorient 22 – Quimper 48 – Quimperlé 10.

⅊⅊ **La Brissandière**, rte de Lorient : 4 km ☎ 71.51.34 – 🄰🄴 ⓪ 🄴 𝒱𝐼𝑆𝐴
   fermé fin sept. à fin oct., lundi soir et mardi – SC : **R** 51/140.

CLOUANGE 57 Moselle 🮐 ③ – rattaché à Rombas.

CLOYES-SUR-LE-LOIR 28220 E.-et-L. 🔢 ⑯⑰ G. Châteaux de la Loire – 2 653 h. alt. 105 – ✪ 37.

Paris 144 – Blois 53 – Chartres 56 – Châteaudun 12 – ♦Le Mans 92 – ♦Orléans 61.

🏛 **St-Georges**, pl. Église ℗ 98.54.36 – 🗐 ℗. ℀ ch
➼ SC : **R** 50/80 – 🖂 17 – **11 ch** 80/125.

🏛🏛🏛 **Host. St-Jacques** ॐ avec ch, r. Nationale ℗ 98.50.08, 🏠, 🛏 – 🚰wc 🗐wc
🐴 ℗. ℀ ℡ ◑ 𝒱𝒾𝒮𝒜. ℀ ch
fermé 15 nov. à début janv., dim. soir et lundi sauf fériés – SC : **R** 100/207 – 🖂 33 –
20 ch 123/220 – P 247/296.

✕ **Dauphin**, r. J.-Chauveau ℗ 98.51.14 – 𝒱𝒾𝒮𝒜
➼ *fermé fév., mardi soir et merc.* – SC : **R** 50/105.

PEUGEOT-TALBOT Cassonnet, ℗ 98.51.90 🔃 ℗ 98.55.84

CLUNY 71250 S.-et-L. 🔢 ⑲ G. Bourgogne – 4 734 h. alt. 248 – ✪ 85.

Voir Anc. abbaye★ : clocher de l'Eau Bénite★★ – Clocher★ de l'église St-Marcel B –
Musée Ochier★ M.

Env. Berzé-la-Ville : fresques★★ de la chapelle 13 km par ③ – Mt St-Romain ※★★
15 km par ② – Prieuré★ de Blanot 10 km par ② – Château★ de Berzé-le-Châtel 10 km
par ③.

🅱 Office de Tourisme r. Mercière ℗ 59.05.34.

Paris 391 ① – Chalon-sur-Saône 52 ① – Charolles 38 ③ – Mâcon 25 ③ – Montceau-les-Mines 42 ④
– Roanne 79 ③ – Tournus 37 ②.

🏛 ✪ **Bourgogne** (Gosse), pl.
Abbaye **(n)** ℗ 59.00.58,
« Face à l'abbaye » –
🚰wc 🗐wc 🐴 🚗. ℡ ◑
𝒱𝒾𝒮𝒜. ℀ rest
*25 fév.-15 nov.; fermé merc.
midi et mardi* – SC : **R**
108/250 – 🖂 23 – **18 ch**
120/250
Spéc. Foie gras frais, Canette au
baies roses, Chariot de desserts.
Vins Givry, Chassagne-Montra-
chet.

🏛 **Moderne**, par ③ : 1 km
au pont de l'Etang ℗ 59.
05.65 – 🚰wc 🐴. 𝒱𝒾𝒮𝒜
*1er avril-31 oct. et fermé
dim. soir et lundi sauf du
15 juin au 9 sept.* – SC : **R**
90/200 – 🖂 19 – **16 ch**
105/200.

🏛 **Abbaye**, av. Gare **(e)** ℗
59.11.14 – 🚰wc 🗐 🐴 ℗
*fermé début déc. à début
fév., dim. soir et lundi midi*
– SC : **R** 68/120 – 🖂 15 –
18 ch 75/165.

CITROEN Bay, ℗ 59.08.85
RENAULT Pechoux et Couratin, par
② ℗ 59.04.61
RENAULT Beaufort, ℗ 59.11.76

Lamartine (R.) . . 6
Conant (R.) 3
Filaterie (R.) 4
Gare (Av. de la) . 5
Levée (R. de la) . 8
Marché (Pl. du) . . 9
Mercière (R.) . . . 12
Pte-des-Prés (R.) 13
Prud'hon (R.) . . . 14
République (R.) . 15
11-Août (R. du) . 16

La CLUSAZ 74220 H.-Savoie 🔢 ⑦ G. Alpes – 1 687 h. alt. 1 100 – Sports d'hiver : 1 100/2 600 m
🚡 4 🚠 34, 🚵, 🛷 – ✪ 50.

Voir E : Vallon des Confins★ – Col de la Croix-Fry★ : ≤★ SO : 5 km.

🅱 Office de Tourisme (fermé dim. hors sais.) ℗ 02.60.92. Télex 385125.

Paris 568 – Albertville 40 – Annecy 32 – Bonneville 26 – Megève 29 – Morzine 65.

🏛🏛 **Le Panorama** 🅼 ॐ sans rest, ℗ 02.42.12, ≤ montagnes – 🛗 🐴 ℗. ℀
1er juil.-31 août et 20 déc.-Pâques – SC : 🖂 20 – **30 ch** 120/200.

🏛 **Cythéria** ॐ, ℗ 02.41.81, ≤ – 🛗 🚰wc 🗐wc 🕿 ℗
1er juil.-30 sept. et 20 déc.-20 avril – SC : **R** 69/110 – 🖂 30 – **30 ch** 120/250 –
P 210/320.

🏛 **Les Chalets de la Serraz** 🅼 ॐ sans rest, rte Col des Aravis : 4 km ℗ 02.48.29,
≤, 🛏 – cuisinette 🚰wc 🕿 ℗. ℡ ℰ 𝒱𝒾𝒮𝒜
15 juin-30 sept. et 15 déc.-1er mai – 🖂 24 – **10 ch** 225/310, 3 appartements 395.

🏛 **Aravis 1500** 🅼 ॐ, les Étages S : 3 km par D 909 ℗ 02.61.13, ≤, 🛋 – cuisinette
📺 🚰wc 🕿 🖕 ℗. ℀ rest
1er juil.-31 août et 20 déc.-20 avril – SC : **R** 65/75 – 🖂 22 – **13 ch** 236, 5 appartements
– P 270.

🏛 **Christiania**, ☎ 02.60.60, 🚗 – 🛗✉wc 🏠wc ☎ 🄿. ❄
30 juin-20 sept. et 20 déc.-16 avril – SC : **R** 60/110 – ☱ 18,50 – **30 ch** 110/200 – P 150/255.

🏛 **Le Gotty**, les Étages SE : 3 km par D 909 ☎ 02.43.28, ≤ – ✉wc 🏠wc ☎ ❄
18 déc.-20 avril – SC : **R** 85/110 – ☱ 20 – **28 ch** 135/190 – P 180/250.

🏛 **Sapins** ঌ, ☎ 02.40.12, ≤, 🏊 – 🛗✉wc 🏠wc ☎ 🄿
15 juin-15 sept. et 16 déc.-18 avril – SC : **R** 52/62 – ☱ 20 – **27 ch** 130/200 – P 165/238.

🏛 **Aravis** (au Village) (Annexe 🏛 - 16 ch), près Église ☎ 02.60.31, ≤, 🚗, ❄ –
🛗✉wc 🏠wc ☎. ❄ rest
23 juin-10 sept. et 20 déc.-Pâques – SC : **R** 48/96 – ☱ 18 – **41 ch** 85/214 – P 165/257.

🏛 **Nouvel H.**, ☎ 02.40.08 – 🛗✉wc 🏠 ☎. ❄ rest
1er juil.-15 sept. et 20 déc.-15 avril – SC : **R** 47/66 – ☱ 16 – **22 ch** 100/183 – P 180/220.

🏠 **Floralp**, ☎ 02.41.46 – ✉wc 🏠wc ☎. ❄ rest
20 juin-20 sept. et Noël-Pâques – SC : **R** 50/65 – ☱ 17 – **22 ch** 100/200 – P 155/215.

🏠 **Savoie**, ☎ 02.40.51 – ✉wc 🏠wc ☎
1er déc.-Pâques – SC : **R** 55/100 – ☱ 20 – **14 ch** 150/180 – P 180/250.

✗✗ **Vieux Chalet** ঌ avec ch, rte Crêt du Merle ☎ 02.41.53, ≤, 🚗 – ✉wc 🏠wc ☎ 🄿. ❄ ch
fermé mi juin à début juil., mi oct. au 11 nov., mardi, merc. et jeudi hors sais. – SC : **R** 65/149 – ☱ 19 – **7 ch** 170/225 – P 190/235.

✗✗ **L'Écuelle**, ☎ 02.42.03
10 juil.-25 août, 22 déc.-Pâques et fermé merc. – SC : **R** (dîner seul.) carte environ 135.

RENAULT Gar. du Rocher, ☎ 02.40.38

CLUSES 74300 H.-Savoie 74 ⑦ G. Alpes – 15 906 h. alt. 485 – ✪ 50.
🄸 Office de Tourisme Chalet Savoyard, pl. Allobroges (fermé mardi sauf du 15 juin au 31 août) ☎ 98.55.78.
Paris 584 – Annecy 64 – Bonneville 15 – Chamonix 42 – ◆Genève 45 – Megève 28 – Morzine 29.

🏠 **Mont-Blanc**, 10 r. J.-Nicollet ☎ 98.00.14 – ✉wc 🏠 ☎
fermé 26 mai au 4 juin, oct. et dim. – SC : **R** 50 🍴 – ☱ 13 – **21 ch** 65/145.

à Magland SE : 8 km par N 205 – ✉ 74300 Cluses :

✗✗ **Relais Mont-Blanc** avec ch, ☎ 90.75.33, ≤, 🚗 – 🏠wc ☎ 🄿. 𝘝𝘐𝘚𝘈. ❄ rest
fermé 6 au 22 juin et 2 au 18 janv. – SC : **R** (fermé dim. soir et lundi) 62/140 – ➥ 16,50 – **13 ch** 74/162.

CITROEN Gander, rte Sallanches ☎ 98.49.38
CITROEN Stat. du Stade r. Carnot ☎ 98.12.41
PEUGEOT, TALBOT Gar. Savoie, av. des Glières ☎ 98.82.88
RENAULT SECA, rte Scionzier ☎ 98.11.50

V.A.G Fillon, av. des Lacs, Scionzier ☎ 98.24.15

🖝 Blanc Frères 7 r. Pré Bénévix ☎ 98.76.39
Vaillant, 3 fg St-Nicolas ☎ 98.63.80

COCURÈS 48 Lozère 80 ⑥ – rattaché à Florac.

COËMONT 72 Sarthe 64 ④ – rattaché à Château-du-Loir.

COGNAC ⬗ 16100 Charente 72 ⑫ G. Côte de l'Atlantique – 20 995 h. alt. 27 – ✪ 45.
🄸 Office de Tourisme pl. J.-Monnet (fermé dim.) ☎ 82.10.71.
Paris 480 ⑥ – Angoulême 44 ① – ◆Bordeaux 121 ④ – Libourne 101 ③ – Niort 83 ⑥ – Poitiers 147 ⑥ – La Roche-sur-Yon 172 ⑥ – Saintes 26 ⑤.

Plan page suivante

🏛 **François 1er** Ⓜ sans rest, 3 pl. François 1er ☎ 32.07.18 – 🛗✉wc 🏠 🏠 ☎ 🚗. 🄰🄴 𝘝𝘐𝘚𝘈
fermé vacances de fév. – SC : ☱ 13,50 – **29 ch** 91/161. **Z n**

🏛 **Moderne** sans rest, 24 r. E.-Mousnier ☎ 82.19.53 – 🛗✉wc 🏠 🚗. 🄰🄴 𝘝𝘐𝘚𝘈
fermé 20 déc. au 10 janv., sam. et dim. du 15 oct. au 30 mars – SC : ☱ 16 – **26 ch** 115/150. **Z b**

🏛 **L'Étape**, 2 av. Angoulême N 141 par ① ☎ 32.16.15 – ✉wc 🏠wc ☎ 🄿. 🄾 🄴 𝘝𝘐𝘚𝘈
fermé 20 déc. au 5 janv. – SC : **R** (fermé dim. du 15 oct. au 15 juin) 51/110 🍴 – ☱ 15 – **22 ch** 63/165 – P 224/310.

🏠 **L'Auberge**, 13 r. Plumejeau ☎ 32.08.70 – ✉wc 🏠wc 🚗. 𝘝𝘐𝘚𝘈 **Z n**
hôtel : fermé 20 déc.-1er janv. ; rest : fermé 1er-15 juil., 21 déc.-6 janv. et sam. – SC : **R** 45/88 🍴 – ☱ 14 – **26 ch** 64/165.

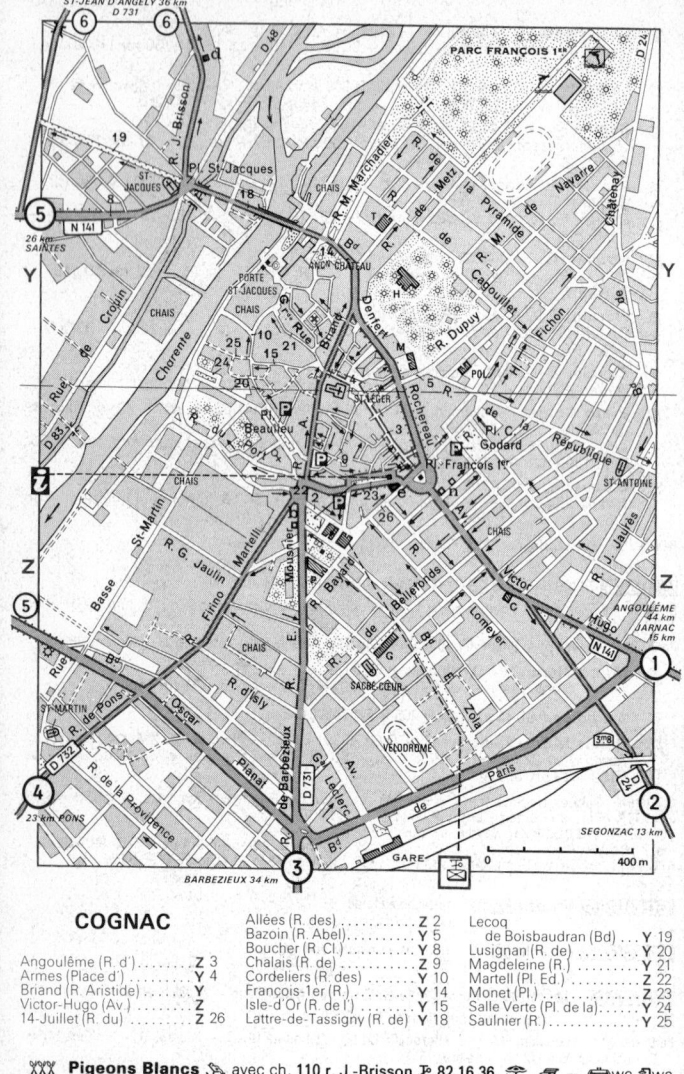

COGNAC

XXX **Pigeons Blancs** ⍺ avec ch, 110 r. J.-Brisson 🕾 82.16.36, 🏤, 🐎 – ⌂wc 🏢wc
🕾 ♿ 🅿 AE ⓪ VISA ✶ ch
fermé 1er au 15 janv. et dim. – SC : **R** 90/180 – ⌷ 20 – **6 ch** 130/250 – P 318/394.
Y **d**

XX **Le Coq d'Or**, 33 pl. François 1er 🕾 82.02.56 – AE ⓪ E VISA
fermé 20 août au 8 sept. et dim. – SC : **R** 54/170 ♨.
Z **e**

à St-Laurent-de-Cognac par ⑤ : 6 km – ⊠ 16100 Cognac :

🏨 **Logis de Beaulieu** ⍺, N 141 🕾 82.30.50, ≤, parc – 📺 ⌂wc 🏢wc 🕾 🚗 🅿 –
🛃 30. AE ⓪ VISA
fermé 15 déc. au 1er janv. – SC : **R** 93/180 – ⌷ 25 – **21 ch** 92/380 – P 300/450.

à Cierzac (17 Char.-Mar.) par ③ : 13 km D 731 :

XXX **Moulin de Cierzac** M ⍺ avec ch, ⊠ 16660 St-Fort-sur-le-Né 🕾 83.61.32, 🏤,
« Au bord de l'eau, parc » – 📺 ⌂wc 🏢 🕾 🅿 – 🛃 40
fermé janv. et lundi hors sais. – SC : **R** carte 140 à 180 – ⌷ 26 – **10 ch** 200/340.

366

CITROEN Gar. Santuret, rte Angoulême à Châteaubernard par ① ✆ 32.27.50 Ⓝ ✆ 90.40.76
MERCEDES-BENZ SO.CO.VA., 21 av. Angoulême ✆ 32.27.77
OPEL Inter-Auto, 17 r. de Bellefonds ✆ 82.19.12

PEUGEOT Cognac Gar., Le Buisson Moreau à Châteaubernard par ① ✆ 32.25.29
RENAULT G.A.M.C., 242 av. Victor-Hugo par ① ✆ 32.18.93 Ⓝ ✆ 96.40.76

🛞 Moyet-Pneus, rte Barbezieux ✆ 82.24.66

COGOLIN 83310 Var 🎱🎴 ⑰ G. Côte d'Azur – 5 647 h. alt. 14 – ✪ 94.

🄳 Office de Tourisme pl. République (fermé dim. sauf matin en saison) ✆ 56.36.52 et Marines de Cogolin (1er juil.-31 août) ✆ 56.03.73.

Paris 870 – Hyères 42 – Le Lavandou 31 – St-Tropez 9 – Ste-Maxime 13 – ◆Toulon 60.

🏠 **Coq H.** sans rest, pl. Gén.-de-Gaulle ✆ 56.12.66 – 🛏wc ☎ 🅿. 🆎 ⓄⒺ 𝘝𝘐𝘚𝘈
   fermé nov. – SC : ⌨ 18 – 18 ch 215.

🏠 **Clemenceau** sans rest, pl. République ✆ 56.19.23 – 🛗 🛏wc 🚿wc ☎. 🆎 ⓄⒺ 𝘝𝘐𝘚𝘈
   fermé janv. – SC : ⌨ 17 – 30 ch 130/202.

XX **Lou Capoun,** r. Marceau ✆ 54.44.57 – 🅿. ✾
   fermé dim. soir et lundi du 15 sept. au 15 juin – SC : R 70/145.

COIGNIÈRES 78 Yvelines 🎱🎴 ⑨, 🔢 ㉘ – 3 789 h. alt. 169 – ⊠ 78310 Maurepas – ✪ 3.

Paris 40 – Longjumeau 33 – Mantes-la-Jolie 42 – Rambouillet 13 – Versailles 18.

XXX ✿ **Aub. du Capucin Gourmand** (Lebrault), N 10 ✆ 050.30.06, 🍃 – 🆎 ⓄⒺ 𝘝𝘐𝘚𝘈
   SC : **R** carte 200 à 260
   Spéc. Velouté d'huîtres et de moules en feuilleté, St-Pierre au beurre blanc, Tournedos capucin.

XXX **La Maison d'Angèle,** 296 rte Nationale 10 ✆ 050.58.23 – 🅿. 🆎 Ⓞ
   fermé août, dim. soir et lundi – SC : R carte 175 à 230.

CITROEN Gar. Collet, 21 rte Nationale 10 ✆ 050.11.30
FIAT Éts Bigoteau, 46 av. Komarov, Zone Ind., Trappes ✆ 050.31.18
FORD Pouillat, N 12, Trappes ✆ 051.61.71
OPEL Gar. de la Fourche, 33 r. P.-V.-Couturier à Trappes ✆ 051.48.36 Ⓝ
PEUGEOT, TALBOT Trujas, 5 av. Komarov, Zone Ind., Trappes ✆ 050.34.09

RENAULT Succursale, 2 av. Komarov, Zone Ind., Trappes ✆ 062.43.19

🛞 Burlat, 42 av. Komarov, Zone Ind., Trappes ✆ 050.20.63
La Centrale du Pneu, N 10, Zone Ind. Pont-d'Aulneau ✆ 050.27.36

COL voir au nom propre du col.

COLIGNY 01270 Ain 🎱🎴 ⑬ – 1 132 h. alt. 291 – ✪ 74.

Paris 418 – Bourg-en-Bresse 21 – Lons-le-Saunier 40 – Mâcon 45 – Tournus 54.

XX ✿ **Au Petit Relais** (Guy), ✆ 30.10.07 – 🆎 Ⓔ 𝘝𝘐𝘚𝘈
   fermé 13 juin au 4 juil., vacances de fév., mardi soir et merc. – SC : R (nombre de couverts limité - prévenir) 72/190
   Spéc. St Jacques aux truffes (oct. à mars), Aiguillettes de canard, Chariot de desserts. **Vins** St-Véran, Brouilly.

   à Moulin-des-Ponts S : 5,5 km sur N 83 – ⊠ 01270 Coligny :

🏠 **Solnan** Ⓜ, ✆ 51.50.78, 🍃 – 🛏wc ☎ 🔄 🅿 – 🔏 40. 🆎 Ⓞ
   fermé 20 déc. au 20 janv., dim. soir et lundi midi hors sais. – SC : R 70/170 – ⌨ 18 – **20 ch** 98/170 – P 165/240.

La COLLE-SUR-LOUP 06480 Alpes-Mar. 🎱🎴 ⑨, 🔢 ㉘ G. Côte d'Azur – 4 749 h. alt. 96 – ✪ 93.

Voir Vallée du Loup★★ O : 2 km.

Paris 926 – Antibes 15 – Cagnes-sur-Mer 6 – Cannes 26 – Grasse 19 – ◆Nice 19 – Vence 8.

🏠 **Host. de l'Abbaye,** av. Libération ✆ 22.66.77, « Ancienne abbaye du 12e s. », 🏊, 🍃 – 🔟 ☎ 🅿 – 🔏 50. 🆎 Ⓞ
   fermé 1er fév. au 10 mars – SC : R 70/200 – ⌨ 20 – **19 ch** 230/300 – P 325/350.

🏠 **Marc Hély** Ⓜ 🍃, SE : 0,8 km par D 6 ✆ 22.64.10, « Confortable villa dans un jardin » ≤ – 🔟 🛏wc 🚿wc ☎ 🅿. ✾
   1er fév.-5 nov. et 19 déc.-7 janv. – SC : R (dîner pour résidents seul.) – ⌨ 25 – **13 ch** 190/300.

XXX ✿ **La Belle Époque** (Compagnat), SE : 2 km D 6 ✆ 20.10.92, 🌴, 🍃 – 🅿. 🆎 Ⓞ 𝘝𝘐𝘚𝘈
   fermé 5 janv. au 15 fév. et lundi sauf fériés – SC : R 145/240
   Spéc. Foie gras de canard à l'ail doux, Filet de sole à la vapeur de thym, Fricassée de poulet au vinaigre. **Vins** Bandol, Côteaux d'Aix.

   Voir aussi 🏠🏠 ✿ Mas d'Artigny à **St-Paul**

Le COLLET 88 Vosges 62 ⑱ – rattaché à la Schlucht.

Le COLLET-D'ALLEVARD 38 Isère 77 ⑯ – rattaché à Allevard.

COLLEVILLE-MONTGOMERY 14 Calvados 54 ⑱ – rattaché à Ouistreham.

COLLIOURE 66190 Pyr.-Or. 86 ⑳ G. Pyrénées (plan) – 2 741 h. – ✪ 68.

Voir Site** – Retables* dans l'église.

🛈 Syndicat d'Initiative av. C.-Pelletan (fermé matin et lundi hors saison et dim.) ☎ 82.15.47.

Paris 937 – Argelès-sur-Mer 6 – Céret 32 – ✦Perpignan 27 – Port-Vendres 4 – Prades 64.

🏨 **Casa Païral** ♨ sans rest, face au parking ☎ 82.05.81, « Bel aménagement intérieur et jardin fleuri », 🏊 – ☎ 🆅🅸🆂🅰 ❄
1er avril-2 nov. – SC : � 23 – **24 ch** 195/330.

🏨 **Ambeille** Ⓜ sans rest, rte Port-d'Avail ☎ 82.08.74, ≼ – ☐wc ▥wc ⊛ ℗. ❄
Pâques-fin sept. – SC : � 16,50 – **21 ch** 150/225.

🏨 **Madeloc** ♨ sans rest, r. R.-Rolland ☎ 82.07.56, ≼ – ☐wc ▥wc ⊛ ℗. 🅰🅴 ⓪ 🄴
🆅🅸🆂🅰
1er mai-15 oct. – SC : ⊇ 21 – **22 ch** 190/250.

🏨 **Méditerranée** Ⓜ sans rest, av. A.-Maillol ☎ 82.08.60 – ☐wc ▥wc ⊛ 🚗. ⓪
🆅🅸🆂🅰 ❄
1er mars-1er nov. – SC : ⊇ 18 – **23 ch** 162/224.

🏨 **Villa Basque** sans rest, 22 r. République ☎ 82.04.82, ☞ – ☐wc ▥wc ⊛
Pâques-mi oct. – SC : ⊇ 18 – **22 ch** 168/240.

🏩 **Les Templiers**, Quai Amirauté ☎ 82.05.58, �, « Collection de tableaux » –
☐wc ▥wc ⊛. 🆅🅸🆂🅰
mars-31 oct., vacances de Noël – SC : **R** (fermé lundi hors sais.) 75/105 – ⊇ 15 –
52 ch 110/250 – P 190/280.

🏩 **Le Bon Port**, rte Port-Vendres ☎ 82.06.08, ≼, �, ☞ – ☐wc ▥wc ⊛ ℗
Pâques-fin sept. – SC : **R** 75/95 – ⊇ 15,50 – **22 ch** 184.

🏩 **Les Caranques** ♨, rte Port-Vendres ☎ 82.06.68, « Terrasses et ≼ vieux port », ☞
– ▥wc ⊛. ❄
hôtel 1er avril-10 oct. – **R** (1er juin-30 sept.) – **16 ch.**

🏩 **Les Terrasses** sans rest, r. Jean Bart ☎ 82.06.52, ≼ – ▥wc ⊛. 🄴 🆅🅸🆂🅰
SC : ⊇ 15 – **20 ch** 80/180.

🏤 **Bona Casa**, av. République ☎ 82.06.62 – ▥
1er avril-15 oct. – SC : **R** (fermé merc. hors sais.) 65 – ⊇ 14 – **8 ch** 92/105.

XXX **La Balette**, rte Port-Vendres ☎ 82.05.07, �, « Terrasses et ≼ vieux port » – ℗
fermé 2 janv. au 24 mars, dim. soir et lundi sauf de juin à sept. – SC : **R** 85/145.

XX **La Bodega**, r. République ☎ 82.05.60 – 🅰🅴 ⓪ 🆅🅸🆂🅰
fermé 24 nov. au 23 déc., lundi soir et mardi du 15 sept. au 30 juin – SC : **R** 70/180.

X **Le Puits**, r. Arago ☎ 82.06.24 – 🄴 🆅🅸🆂🅰
fermé déc., janv., dim. soir et lundi sauf du 15 juin au 15 sept. – SC : **R** 78.

X **Chiberta**, 18 av. Gén.-de-Gaulle ☎ 82.06.60
18 avril-30 sept. et fermé lundi soir et mardi d'avril à juin – SC : **R** 48/66.

RENAULT Gar. Descarréga, ☎ 82.08.34

COLLONGES-AU-MONT-D'OR 69 Rhône 74 ⑪ – rattaché à Lyon.

COLLONGES-LA-ROUGE 19 Corrèze 75 ⑨ G. Périgord (plan) – 379 h. alt. 230 – ✉ 19500
Meyssac – ✪ 55.

Voir Village*.

Paris 513 – Aurillac 88 – Brive-la-Gaillarde 21 – Martel 19 – St-Céré 41 – Tulle 45.

🏩 **Relais St-Jacques de Compostelle** ♨, ☎ 25.41.02, �, ☞ – ☐wc ▥ ⊛.
🆅🅸🆂🅰
fermé 15 nov. au 15 déc. et merc. hors sais. – SC : **R** 40/160 – ⊇ 15 – **12 ch** 75/150
– P 120/180.

COLMAR 🅿 68000 H.-Rhin 62 ⑱ G. Vosges – 63 764 h. alt. 193 – ✪ 89.

Voir Retable d'Issenheim*** (musée d'Unterlinden**) BY – Ville ancienne** BY :
Maison Pfister** BY K, Église St-Martin* BY F, Maison des Arcades* BY E, Maison
Schongauer* BY R, Maison des Têtes* BY Y, Ancienne Douane* BY N, Ancien Corps de
Garde* BY L – Vierge au buisson de roses** et vitraux* de l'église des Dominicains
BY B – Quartier de la Krutenau* BZ : Tribunal civil* BY J – ≼* du pont St-Pierre BZ V
sur ''la petite Venise'' – Vitrail de la crucifixion* de l'église St-Matthieu CY D.

✈ de Colmar-Houssen : T.A.T. ☎ 23.23.22 par ① : 3 km.

🛈 Office de Tourisme, 4 r. Unterlinden (fermé sam. après-midi hors sais. et dim. sauf matin en
sais.) ☎ 41.02.29 – A.C. 58 av. République ☎ 41.31.56.

Paris 531 ① – ✦Bâle 70 ③ – Freiburg 52 ② – ✦Nancy 148 ⑥ – ✦Strasbourg 71 ①.

Boulangers (R. des) .... **BY** 3
Clefs (R. des) .... **BY**
Kléber (R.) .... **AY** 4
République (Av.) ..... **AYZ**
Têtes (R. des) .... **BY** 27
Vauban (R.) .... **CY**

Bains (R. des) .... **ABY** 2
Lattre-de-T. (Av. J.-de) . **AY** 5
Leclerc (Bd Gén.) .... **ABZ** 6
Marchands (R. des) .... **BY** 8
Neuf-Brisach (Rte de) .. **CY** 9
St-Joseph (Pl. et ⊞) ... **AX** 22
St-Léon (⊞) .... **CX**
St-Martin (⊞) .... **BY** F

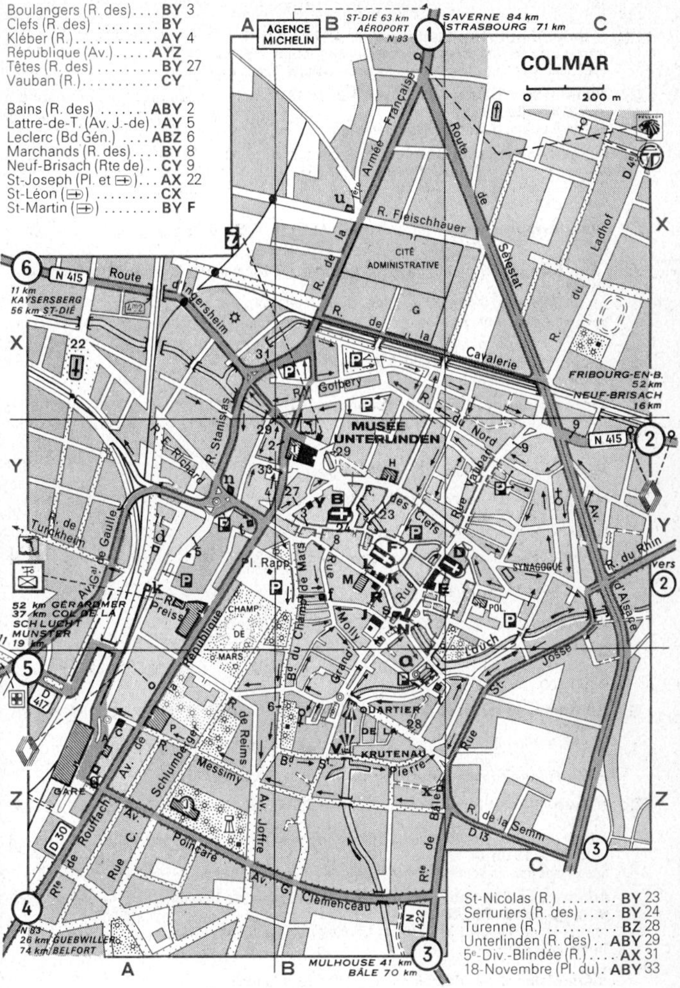

St-Nicolas (R.) .... **BY** 23
Serruriers (R. des) ..... **BY** 24
Turenne (R.) .... **BZ** 28
Unterlinden (R. des) .. **ABY** 29
5e-Div.-Blindée (R.) .... **AX** 31
18-Novembre (Pl. du) . **ABY** 33

Terminus-Bristol, 7 pl. Gare ☎ 23.59.59, Télex 880248 – |♦| TV ☎ – 🏋 35. AE ⓓ E VISA — AZ **g**
R voir rest. Rendez-vous de Chasse - SC : ☕ 25 – **85 ch** 220/320, 3 appartements 450 – P 365/440.

Colbert M sans rest, 2 r. Trois-Épis ☎ 41.31.05 – |♦| TV 🛁wc 🚿wc ☎. VISA
SC : ☕ 15 – **50 ch** 115/166. — AY **d**

Turenne M sans rest, 10 rte Bâle ☎ 41.12.26, Télex 880959 – |♦| TV 🛁wc 🚿wc ☎ 🚗 ⓟ. AE ⓓ E VISA — BZ **x**
☕ 14 – **74 ch** 110/179.

Majestic, 1 r. Gare ☎ 41.45.19 – |♦| 🛁wc 🚿wc ☎. ✗ rest — AY **k**
fermé mi déc. à mi janv. – SC : **R** *(fermé lundi soir et dim.)* 45/150 🍷 – ☕ 15 – **40 ch** 100/150.

de la Fecht M, 1 r. Fecht ☎ 41.34.08, Télex 880650 – TV 🛁wc 🚿wc ☎ ♿ ⓟ. AE ⓓ E VISA — BX **u**
SC : **R** *(fermé dim. soir et lundi)* 44/180 🍷 – ☕ 15 – **39 ch** 150/230 – P 220/260.

tourner →

XXXX ❀ **Schillinger,** 16 r. Stanislas ℡ 41.43.17 – ᴬᴱ ⓞ   AY **n**
fermé 9 au 30 juil., dim. soir et lundi sauf fériés – **R** 130/240 ᴊ
Spéc. Foie gras frais, Délice de sandre aux nouillettes, Caneton au citron.

XXX **Maison des Têtes,** 19 r. Têtes ℡ 24.43.43, « Belle maison du 17ᵉ s., atmosphère
locale » – ᴬᴱ ⓞ ᴇ   BY **y**
fermé fin janv. à mi-fév., dim. soir et lundi sauf fériés – SC : **R** 80/200.

XXX ❀ **Rendez-vous de Chasse,** 7 pl. Gare ℡ 23.59.59 – ᴬᴱ ⓞ ᴇ ᴠᴵˢᴬ AZ **g**
fermé 28 déc. au 9 janv. et dim. soir du 15 déc. au 31 mars – **R** 130/260
Spéc. Foie gras frais d'oie, Noisettes de chevreuil (juin à déc.), Vacherin glacé à l'Alsacienne. **Vins**
Sylvaner, Edelzwicker.

XXX **Meistermann,** 2a av. République ℡ 41.26.35 – ᴬᴱ ⓞ ᴇ ᴠᴵˢᴬ AY **t**
fermé 15 nov. au 1ᵉʳ déc. et merc. – **R** 60/174 ᴊ

XX ❀ **Fer Rouge** (Fulgraff), 52 Gde-Rue ℡ 41.37.24, « Vieille maison alsacienne » –
ᴬᴱ ᴠᴵˢᴬ   BY **s**
fermé 30 juil. au 7 août, 3 au 26 janv., dim. soir et lundi – **R** carte 170 à 210
Spéc. Foie d'oie tiède, Saumon poêlé, Blanc de volaille à la purée d'ail (mars à sept.). **Vins** Riesling,
Pinot blanc.

X **Rapp** avec ch, 16 r. B.-Molly ℡ 41.62.10 – 🛏 ⊚   BY **f**
12 ch

X **Trois Poissons,** 15 quai Poissonnerie ℡ 41.25.21 – ᴬᴱ   BZ **t**
fermé 24 juin au 15 juil., 21 déc. au 3 janv., mardi soir et merc. – SC : **R** 60/125, dîner
à la carte

au Nord par ① : 2 km – ⊠ **68000** Colmar :

🏨 **Novotel** Ⓜ, à l'Aérodrome ℡ 41.49.14, Télex 880915, ⬛, ⊸, 🍴 – 📺 ᑎwc ☎ ⓟ –
🄰 50. ᴬᴱ ⓞ ᴇ ᴠᴵˢᴬ
R snack carte environ 85 ᴊ – � 28 – **66 ch** 230/266.

🏨 **Motel Azur** sans rest, 50 rte Strasbourg ℡ 41.32.15, 🍴 – cuisinette ᑎwc 🛏 ⊚
ⓟ. ᴬᴱ. ❊
SC : ⊡ 13 – **21 ch** 79/136.

à Horbourg par ② : 3,5 km – 3 582 h. – ⊠ **68000** Colmar :

🏨 **Cerf,** ℡ 41.20.35, 🍴 – ᑎwc ☎ ⓟ. ⓞ. ❊
�– *fermé 15 janv. au 15 mars et lundi* – SC : **R** 50/150 ᴊ – ⊡ 16,50 – **26 ch** 105/170 –
P 150/200.

🏨 **Romains,** 13 rte Neuf-Brisach ℡ 23.46.46, 🍴 – 📶 📺 ᑎwc ☎ ⓟ – 🄰 80. ᴠᴵˢᴬ
❊ rest
SC : **R** *(fermé lundi midi)* 55/120 ᴊ – ⊡ 17 – **63 ch** 165/210 – P 235/300.

à Wettolsheim par ⑤ et D 1bis II : 4,5 km – ⊠ **68000** Colmar :

XXX ❀ **Aub. Père Floranc** avec ch, ℡ 41.39.14, 🍴 – ᑎwc 🛏 ☎ ⓟ. ᴬᴱ ⓞ ᴠᴵˢᴬ.
❊ ch
fermé 1ᵉʳ au 15 juil., 15 nov. au 15 déc., dim. soir hors sais. et lundi – SC : **R** 84/255 ᴊ
– ⊡ 22 – **13 ch** 74/175
Spéc. Foies gras, Sandre au Riesling, Tourte de cailles. **Vins** Edelzwicker, Riesling.

 Annexe : Le Pavillon 🏨 Ⓜ ⑊, « Collection de coquillages » – ᑎwc 🛏wc
☎ ᴊ. ⓟ. ᴬᴱ ⓞ ᴠᴵˢᴬ. ❊
fermé 1ᵉʳ au 15 juil., 15 nov. au 15 déc., dim. soir hors sais. et lundi – SC : ⊡ 22 –
19 ch 175/200.

à Andolsheim par ② : 6 km – ⊠ **68600** Neuf-Brisach :

🏨 **Soleil** ⑊, B.P. 3 ℡ 71.40.53, 🍴 – ᑎwc 🛏wc ⊚ ⟷ ⓟ ᴬᴱ ⓞ
fermé 20 au 27 juin, fév., mardi soir de nov. à mars et merc. – **R** 90/125 – ⊡ 18 –
17 ch 70/190.

à Bischwihr par ② et D 111 : 8 km – ⊠ **68320** Muntzenheim :

🏨 **Relais du Ried** Ⓜ ⑊, ℡ 47.47.06, 🍴 – 📺 ᑎwc 🛏wc ☎ ⓟ. ⓞ ᴇ ᴠᴵˢᴬ. ❊ rest
�– *fermé 15 déc. au 15 fév.* – SC : **R** *(dîner seul. pour résidents)* 48/85 ᴊ – ⊡ 15 –
61 ch 160/180.

à Wintzenheim par ⑤ : 6 km – 6 740 h. – ⊠ **68000** Colmar.
Voir O : route des Cinq Châteaux★.

X **Au Bon Coin,** 4 r. Logelbach ℡ 27.00.68 – ᴬᴱ ⓞ ᴇ ᴠᴵˢᴬ
fermé 2 au 19 juil., 4 au 21 fév., merc. soir et jeudi – SC : **R** 53/140 ᴊ.

à Logelheim SE par D 13 et D 45 - CZ - 9 km – ⊠ **68600** Neuf-Brisach :

X **Stoffel "A la Vigne"** ⑊ avec ch, ℡ 41.73.40 – ᑎwc. ⓞ. ❊
fermé 18 juin au 5 juil., 17 au 31 déc., mardi soir et merc. – **R** 70/125, dîner à la carte
– ⊡ 14 – **7 ch** 75/110 – P 160.

au Sud, rte d'Herrlisheim : 10 km par N 422 et D 1 – ✉ 68420 Herrlisheim-près-Colmar :

🏠 **Au Moulin** M ⟋, 🅿 49.31.20 – 🛗 ⏥wc ☎ 🅿
14 avril-5 nov. – SC : ⟷ 16 – **11 ch** 118/220.

MICHELIN, Agence, 3 r. Curie, Z.I. Nord par ① 🅿 41.15.42

ALFA-ROMEO Auto-Central, 11 r. Grenouillère 🅿 41.24.69
AUTOBIANCHI-LANCIA Sem' Autos, 31 r. de la Semm 🅿 24.11.42
BMW J.M.S. Auto, 124 rte Neuf-Brisach 🅿 24.25.53
CITROEN Alsauto, 4 r. Timken, Zone Ind. Nord par ① 🅿 24.29.24
FIAT Auto-Market-Colmar, 124 rte de Neuf-Brisach 🅿 41.57.80
FORD Bolchert, 77 r. Morat 🅿 79.11.25
MERCEDES Gar. Dietrich, à Ingersheim 🅿 27.04.77
OPEL Gangloff, 15 r. Stanislas 🅿 41.19.50
PEUGEOT, TALBOT Gar. de France, 1 rte de Strasbourg, 🅿 41.43.88
RENAULT Gar. Zeh, 50 av. République 🅿 23.99.43 🄽

RENAULT Gar. Reech, 1 Gde-Rue, Horbourg-Wihr 🅿 41.26.86 🄽 🅿 24.44.41
RENAULT Gar. Reecht, 71 a Gde-Rue à Horbourg-Wihr 🅿 41.27.28
TOYOTA, VOLVO Auto-Hall, 84 rte de Neuf-Brisach 🅿 41.81.10
V.A.G. Gar. Dittel, 138 rte de Neuf-Brisach 🅿 41.47.15
VAG Seg Salva, 42 rte d'Ingersheim 🅿 41.06.41
Europe-Autos-Colmar, 101 rte Rouffach par ④ 🅿 41.07.73

🛢 Kautzmann, 64 r. Papeteries 🅿 41.06.24
Pneus et Services D.K 5 r. J.-Preiss 🅿 41.26.01 et 11 r. des Frères-Lumière, Zone Ind. Nord 🅿 41.94.72

à Wintzenheim :

CITROEN Gar. Schaffhauser, 25 rte Rouffach par ⑤ 🅿 41.01.07 🄽

RENAULT Gar. Lauber, 6 r. Clemenceau par ⑤ 🅿 27.02.02

COLMARS 04370 Alpes-de-H.-Pr 🕸 ⑧ G. Côte d'Azur (plan) – 314 h. alt. 1 235 – 🕸 92.
Paris 816 – Barcelonnette 44 – Cannes 129 – Digne 71 – Draguignan 109 – ✦Nice 124.

🏠 **Le Chamois,** 🅿 83.43.29, ≤, 🎋 – ⏥wc 🍴wc ☎ 🅿. ॐ rest
1er juin-1er oct. et 24 déc.-29 avril – SC : **R** 58/70 – ⟷ 18 – **26 ch** 119/150 – P 174/202.

COLOMARS 06 Alpes-Mar. 🕸 ⑨, 🔢 ㉖ – 1 714 h. alt. 334 – ✉ 06670 St-Martin-du-Var – 🕸 93.
Paris 941 – Antibes 32 – Cannes 43 – Grasse 49 – Levens 22 – ✦Nice 17 – Vence 22.

🏠 **Rédier** ⟋, 🅿 08.11.36, ≤, 🛋, 🎋 – ⏥wc 🍴wc ☎ 🅿 – 🛎 40
fermé janv. – SC : **R** 70/120 – ⟷ 20 – **26 ch** 200/280 – P 220/250.

COLOMBEY-LES-DEUX-ÉGLISES 52330 H.-Marne 🕸 ⑱ G. Nord de la France – 347 h. alt. 352 – 🕸 25.

Voir Mémorial du Général-de-Gaulle et la Boisserie (musée).

Paris 232 – Bar-sur-Aube 15 – Châtillon-sur-Seine 62 – Chaumont 27 – Neufchâteau 70.

🏠 **Dhuits** M, N 19 🅿 01.50.10 – 📺 ⏥wc ☎ 🚗 🅿 – 🛎 50. ⅊ 🄴
✦ *fermé 20 déc. au 10 janv.* – **R** 40/110 – ⟷ 19,50 – **30 ch** 145/180 – P 240.

🍴 **Montagne** avec ch, 🅿 01.51.69, 🎋 – ⏥ 🍴 🅿. ॐ ch
✦ *fermé 15 janv. au 28 fév., lundi soir et mardi du 1er sept. au 1er juin* – SC : **R** 48/200 ⅃ – ⟷ 16 – **11 ch** 58/88.

Garage Archambaux, 🅿 01.51.43

COLOMBIER 83 Var 🕸 ⑧, 🔢 ㉝ – rattaché à Fréjus.

COLPO 56 Morbihan 🕸 ③ – 1 378 h. alt. 117 – ✉ 56390 Grandchamp – 🕸 97.
Paris 450 – Auray 28 – Josselin 28 – Locminé 9 – Plumelec 14 – Pluvigner 18 – Vannes 19.

🏠 **Aub. Korn et Hoët,** 🅿 66.82.02, 🎋 – ⏥wc 🍴 🚗 🅿. 🆅🆂🅰
fermé nov.-déc., dim. soir et lundi (en juil.-août : hôtel ouvert - rest. fermé lundi midi) – SC : **R** 65/150 – ⟷ 17,50 – **17 ch** 81/182.

COLROY-LA-ROCHE 67 B.-Rhin 🕸 ⑧ – 431 h. alt. 424 – ✉ 67420 Saales – 🕸 88.
Paris 474 – Lunéville 65 – St-Dié 31 – Sélestat 30 – ✦Strasbourg 62.

🏠 🕸 **Host. La Cheneaudière** M ⟋, 🅿 97.61.64, ≤, « Élégante hostellerie dans un jardin », 🎋, 🎾 – 📺 ☎ 🅿. ⅊ 🄴 🆅🆂🅰
fermé mi janv. à fin fév. – SC : **R** 170/210 – ⟷ 40 – **28 ch** 300/420
Spéc. Fricassée de langouste et fruits de mer, Tartare de saumon sauvage, Cuissot de chevreuil aux baies rouges (1er juin à fin déc.). **Vins** Pinot noir, Tokay.

RENAULT Gar. Wetta, St-Blaise-la-Roche 🅿 97.60.84 🄽

La COMBE 73 Savoie 🕸 ⑮ – rattaché à Aiguebelette (lac d').

COMBEAUFONTAINE 70120 H.-Saône 66 ⑤ – 490 h. alt. 252 – ⊕ 84.

Paris 345 – Bourbonne-les-B. 37 – Épinal 85 – Gray 40 – Langres 51 – Luxeuil-les-B. 47 – Vesoul 24.

🏛 **Balcon,** ⍗ 78.62.34 – ⏢wc ⟦wc ⊞ ⟵, ⚼ ⑪ Ⓔ 𝘝𝘐𝘚𝘈. ⚘
fermé 1ᵉʳ au 15 oct., 26 déc. au 10 janv., dim. soir hors sais. et lundi – SC : **R** 60/190
– ⟷ 18 – **26 ch** 75/200.

La COMBE-DES-ÉPARRES 38 Isère 74 ⑬ – rattaché à Bourgoin-Jallieu.

COMBE-LAVAL ★★★ 26 Drôme 77 ③⑬ G. Alpes.

COMBLOUX 74920 H.-Savoie 74 ⑧ G. Alpes – 1 421 h. alt. 1 000 – Sports d'hiver : 1 000/1 840 m
⚞1 ⚟18 – ⊕ 50.

Voir La Cry ⚘★★ O : 3 km.

🛈 Office de Tourisme (fermé dim. hors saison) ⍗ 58.60.49, Télex 385550.

Paris 605 – Annecy 65 – Bonneville 37 – Chamonix 35 – Megève 5 – Morzine 52 – St-Gervais-les-B. 8.

🏛 **Ducs de Savoie** Ⓜ ⚖, au Bouchet ⍗ 58.61.43, ≤ Mt-Blanc, ⛌, – 🛗 ☎ ⟵ ⓟ
– ⚿ 50. ⚼ 𝘝𝘐𝘚𝘈. ⚘ rest
8 juin-20 sept. et 18 déc.-Pâques – SC : **R** 85/100 – ⟷ 30 – **50 ch** 180/300 –
P 240/320.

🏛 **Coeur des Prés** ⚖, ⍗ 58.70.55, ≤ Aravis et Mt-Blanc, 🌳 – 🛗 ⏢wc ☎ ⟵ ⓟ
– ⚿ 40. ⚘ rest
1ᵉʳ juin-15 sept. et 20 déc.-10 avril – SC : **R** 61/110 – ⟷ 18 – **33 ch** 145/220 –
P 192/225.

🏛 **Aiguilles de Warens,** ⍗ 58.70.18 – 🛗 ⏢wc ⟦wc ☎. ⚼ 𝘝𝘐𝘚𝘈. ⚘ rest
20 juin-18 sept. et 20 déc.-16 avril – SC : **R** 76/98 – ⚌ 24 – **34 ch** 155/250 –
P 215/270.

🏛 **Idéal-Mont-Blanc** ⚖, ⍗ 58.60.54, ≤ Mt-Blanc, 🌳 – 🛗 ⏢wc ☎ ⓟ. ⚘ rest
16 juin-15 sept. et 19 déc.-Pâques – SC : **R** 90/112 – ⚌ 24 – **26 ch** 175/279 –
P 214/287.

🏛 **Plein Soleil** ⚖, ⍗ 58.60.81, ≤ Mt-Blanc, 🌳 – 🛗 ⏢wc ☎ ⓟ. ⑪ 𝘝𝘐𝘚𝘈. ⚘ rest
20 juin-25 sept. et Noël-Pâques – SC : **R** 84/100 – ⟷ 24 – **27 ch** 184/258 –
P 222/290.

🏠 **L'Fredi,** ⍗ 58.61.80 – ⏢ ⟦wc ⊞ ⓟ. 𝘝𝘐𝘚𝘈. ⚘ rest
15 juin-20 sept. et 20 déc.-Pâques – SC : **R** 75/88 – ⟷ 20 – **18 ch** 100/195 –
P 185/210.

🏠 **Édelweiss,** ⍗ 58.64.06, ≤, 🌳 – ⏢wc ⟦ ⊞ ⓟ. ⚘ rest
15 juin-15 sept. et 19 déc.-Pâques – SC : **R** 65/100 – ⟷ 17 – **25 ch** 145/210 –
P 170/220.

à Gemoën SE : 2 km – alt. 1 050 – ⊠ 74920 Combloux :

🏠 **Caprice des Neiges,** D 909 ⍗ 58.63.22, ≤ Aravis, 🌳 – ⏢wc ⟦wc ⊞ ⟵ ⓟ.
⟵ ⚘ rest
10 juin-20 sept. et 15 déc.-20 avril – SC : **R** 50/95 – ⟷ 22 – **20 ch** 110/165 –
P 145/195.

🏠 **Les Aravis,** D909 ⍗ 58.63.93, ≤ Aravis – ⏢wc ⟦ ⊞ ⓟ. ⚘
20 juin-20 sept. et 18 déc.-Pâques – SC : **R** 65/70 – ⟷ 17 – **14 ch** 120/140 –
P 125/182.

au Haut-Combloux O : 3,5 km – ⊠ 74920 Combloux :

🏛 **Rond-Point des Pistes** ⚖, ⍗ 58.68.55, ≤ Mt-Blanc – 🛗 ⧄ ⏢wc ☎ ⓟ.
⚘ rest
15 juin-15 sept. et 20 déc.-15 avril – SC : **R** 60/120 – ⟷ 32 – **30 ch** 200/288 –
P 235/335.

CITROEN Gar. du Perret, ⍗ 58.60.92　　　　　RENAULT Gar. des Cimes, ⍗ 58.63.61

COMBOURG 35270 I.-et-V. 59 ⑯ G. Bretagne – 4 763 h. alt. 66 – ⊕ 99.

Voir Château★.

🛈 Syndicat d'Initiative Maison de la Lanterne (1ᵉʳ juin-15 sept. et fermé dim. après-midi) ⍗
73.13.93 et à la Mairie (hors saison, fermé sam. après-midi et dim.) ⍗73.00.18.

Paris 369 – Avranches 50 – Dinan 24 – Fougères 47 – ✦Rennes 37 – St-Malo 36 – Vitré 56.

🏛 **Château et Voyageurs,** pl. Chateaubriand ⍗ 73.00.38, 🌳 – ⏢wc ⟦wc ☎ ⓟ
– ⚿ 35. ⚘
fermé 15 déc. au 25 janv., dim. soir et lundi hors sais. – SC : **R** *(fermé dim. soir et
lundi midi)* 90/190 – ⟷ 17 – **33 ch** 63/250 – P 190/280.

Campers...
Use the current Michelin Guide
Camping Caravaning France.

COMBREUX 45 Loiret 🗺 ⑩ G. Châteaux de la Loire – 183 h. alt. 127 – ⊠ **45530** Vitry-aux-Loges – ☎ 38.

Voir Étang de la Vallée★ NO : 2 km.

Paris 125 – Châteauneuf-sur-Loire 13 – Gien 49 – Montargis 36 – ♦Orléans 35 – Pithiviers 29.

🏠 **L'Auberge** ⑤, ☎ 59.47.63, 斎, « Cadre campagnard », 舟, ✖ – 🛏wc 🛋wc ☎ ℗ – 🏧 40. *VISA*
fermé vacances scolaires de Noël et de fév. – SC : **R** *(fermé vend. du 1er nov. à Pâques, sauf fêtes)* 70/110 – � 18 – **21 ch** 90/160 – P 200/220.

COMMENTRY 03600 Allier 🗺 ③ G. Auvergne – 9 399 h. alt. 385 – ☎ 70.

Paris 334 – Aubusson 77 – Gannat 49 – Montluçon 15 – Moulins 67 – Riom 68.

🏠 **St-Christophe** Ⓜ sans rest, 30 bis r. Lavoisier ☎ 64.31.27, 舟 – 🛏wc 🛋wc ☎ ℗
fermé 24 déc. au 2 janv. et sam. hors sais. – SC : ⱬ 14 – **19 ch** 93/113.

✖✖ **L'Auberge,** 47 r. J.-J.-Rousseau ☎ 64.30.41
fermé août, 24 au 27 déc., 6 au 13 fév., dim. soir et lundi – SC : **R** 60/170.

CITROEN Gauvin, 16 r. Danton ☎ 64.33.32   TALBOT Debizet, 12-29 r. J.-J.-Rousseau ☎ 64.30.91

COMMERCY ⬅ **55200** Meuse 🗺 ③ G. Vosges – 7 958 h. alt. 232 – ☎ 29.

A.C. 13 pl. Gén.-de-Gaulle ☎ 91.01.15.

Paris 267 ③ – Bar-le-Duc 38 ③ – ♦Metz 71 ① – Neufchâteau 51 ② – St-Dizier 55 ③ – Toul 32 ② – Verdun 53 ④.

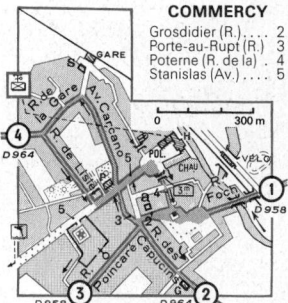

COMMERCY

Grosdidier (R.)	2
Porte-au-Rupt (R.)	3
Poterne (R. de la)	4
Stanislas (Av.)	5

🏠 **Stanislas** Ⓜ, 13 r. Grosdidier (a) ☎ 91.12.36 – 🛗 🛏wc ☎ – 🏧 90. *VISA*. ✖ rest
SC : **R** *(fermé lundi midi)* 46/143 🍴 – ☱ 14,50 – **32 ch** 135/148 – P 190/241.

✖✖ **Paris** avec ch, pl. Gare (s) ☎ 91.01.36, 斎, 舟 – 🛏wc 🛋wc ☎ – 🏧 30. *VISA*. ✖
fermé déc. et sam. du 1er oct. au 1er mars – SC : **R** 59/134 🍴 – ☱ 13,50 – **11 ch** 69/119 – P 167/205.

PEUGEOT, TALBOT Socobi, 112 r. 155e-Régt.-Inf. par ② ☎ 91.20.22

COMPIÈGNE ⬅ **60200** Oise 🗺 ②, 🗺 ⑩ G. Environs de Paris – 43 311 h. alt. 41 – ☎ 4.

Voir Palais★★ : musée de la voiture★★ H – Hôtel de ville★ H – Musée Vivenel : vases grecs★★ M.

Env. Forêt★★ : clairière de l'Armistice★★.

🏌 ☎ 440.15.73.

🅱 Office de Tourisme pl. H. de Ville ☎ 440.01.00.

Paris 82 ⑥ – ♦Amiens 76 ⑦ – Arras 106 ⑦ – Beauvais 57 ⑥ – Douai 121 ⑦ – St-Quentin 64 ① – Soissons 38 ②.

Plan page suivante

🏠 **Host. Royal Lieu** ⑤, 9 r. Senlis à Royallieu par ⑤ D 932A : 2 km ☎ 420.10.24, ≼, 斎, « Terrasse fleurie », parc – 🖵 🛏wc ☎ ℗. 🆎 ⓞ *VISA*. ✖ ch
SC : **R** 100/200 – ☱ 24 – **17 ch** 226, 3 appartements 319.

🏠 **Harlay** Ⓜ sans rest, 3 r. Harlay (a) ☎ 423.01.50 – 🛗 🛏wc 🛋wc ☎. 🆎 ⓞ 🄴 *VISA*
SC : ☱ 22 – **20 ch** 160/230.

✖✖ **La Rôtisserie-H. du Nord** avec ch, pl. Gare (b) ☎ 483.22.30 – 🛗 🖵 🛏wc 🛋wc ℗ – 🏧 *VISA*
SC : **R** *(fermé août et dim. soir)* 78/140 – ☱ 17,50 – **20 ch** 107/170.

✖ **Le Picotin,** 22 pl. H. de Ville (u) ☎ 440.04.06
fermé vacances de Noël et de fév., mardi soir et merc. – SC : **R** 50/138.

à Choisy-au-Bac par ② : 5 km – ⊠ **60750** Choisy-au-Bac :

✖✖ **Aub. des Étangs du Buissonnet,** ☎ 440.17.41, ≼, parc, 斎 – ℗. *VISA*
fermé 20 déc. au 20 janv., dim. soir et lundi sauf fériés (le midi) – SC : **R** carte 120 à 180.

à Trosly-Breuil par ② : 11 km – ⊠ **60350** Cuise-la-Motte :

✖✖ **Aub. de la Forêt,** 19 pl. Fêtes ☎ 485.62.30
fermé 16 août au 5 sept., 11 fév. au 3 mars, mardi et merc. – SC : **R** 75/160.

en forêt de Compiègne - voir ressources hôtelières à **St-Jean-aux-Bois, Vaudrampont, Vieux Moulin**

14   373

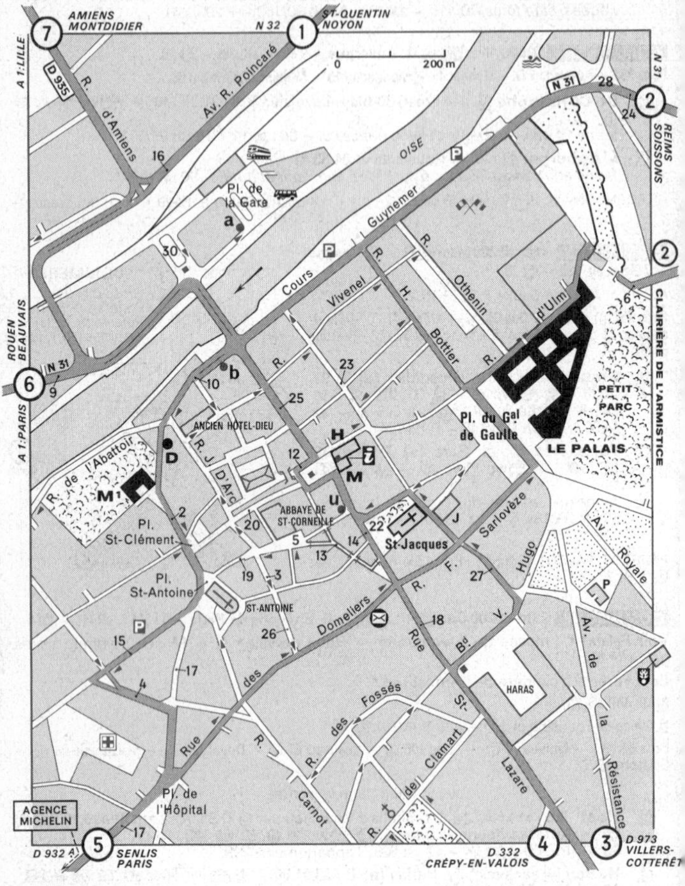

MICHELIN, Agence, r. Jacques de Vaucanson, Z.A.C. de Royallieu-Mercières par ⑤ ☏ 420.15.24

ALFA-ROMEO Gar. Deneuville, 2 bis r. du Chevreuil ☏ 420.29.94
BMW, OPEL Saint-Merri-Auto, 20 r. de Clermont ☏ 483.27.17
CITROEN Gar. Collard, N 31 à Venette par ⑥ ☏ 483.28.28 Ⓝ ☏ 483.28.84
FIAT SOVA, 24 r. du Bataillon de France ☏ 440.12.90
FORD Gar. Ile-de-France, 186 av. O.-Butin à Margny ☏ 483.32.32
MERCEDES-BENZ SAFI 60, ZAC de Mercières ☏ 423.08.22

PEUGEOT Safari-Compiègne, r. Cl.-Bayard par r. de l'Abattoir ☏ 420.19.63
PEUGEOT-TALBOT St-Jacques Autom, 80 r. Paris par ⑤ ☏ 420.08.85 Ⓝ ☏ 483.28.84
RENAULT Guinard, av. Gén.-Weigand par r. de l'Abattoir ☏ 420.32.57
V.A.G. Éts Thiry, Centre Commercial de Venette ☏ 483.29.92

⊚ Bouvet, 6 r. Austerlitz ☏ 423.22.17
Fischbach-Pneu, r. J.-de Vaucanson, ZAC de Mercières ☏ 420.20.22

To sightsee in the capital use the **Michelin Green Guide PARIS**

Env. Balcons de la Mescla★★★ NO : 14,5 km.

Paris 827 – Castellane 28 – Draguignan 32 – Grasse 60 – Manosque 99.

🏠 **Gd H. Bain,** ☎ 76.90.06, ≤ – ⇔wc ⬛wc ⇔ **P**. ⅌ ch
↑ *fermé 12 nov. au 22 déc. et jeudi du 15 oct. au 1ᵉʳ avril* – **SC : R** 45/105 – ⌐ 13,50 – **17 ch** 82/120 – P 190/210.

CONCARNEAU 29110 Finistère **5**|**8** ⑪ ⑮ G. Bretagne – 18 225 h. – ✪ 98.

Voir Ville Close★★ C – Musée de la Pêche★ C **M1** – Pont du Moros ≤★ B – Fête des Filets bleus★ (fin août).

🅱 de Quimper et Cornouaille ☎ 56.97.09 par ① : 8 km.

🅱 Office de Tourisme Quai d'Aiguillon (fermé sam. après-midi, dim. et lundi matin hors sais.) ☎ 97.01.44.

Paris 544 ① – ♦Brest 93 ① – Lorient 54 ① – Quimper 24 ① – St-Brieuc 130 ① – Vannes 103 ①.

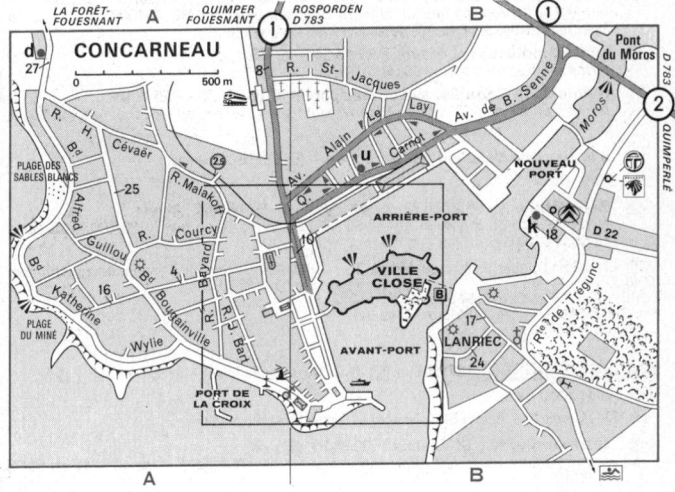

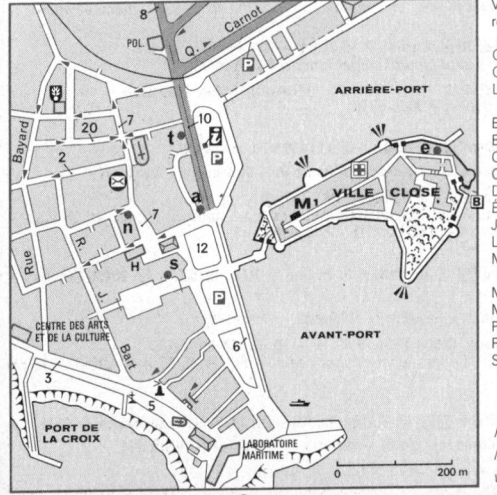

Ville close : Circulation
réglementée l'été

Gare (Av. de la) . . . . **A** 8
Guéguin (Av. Pierre) . . **B** 10
Le-Lay (Av. Alain) . . . . . **B**

Berthou (R. Joseph). . . **C** 2
Bougainville (Bd) . . . . . **C** 3
Courbet (R. Amiral) . . . **A** 4
Croix (Quai de la) . . . . . **C** 5
Dr-P.-Nicolas (Av. du) . **C** 6
Écoles (R. des) . . . . **C** 7
Jaurès (Pl. Jean) . . . . . . **C** 12
Libération (R. de la) . . . **A** 16
Mauduit-
 Duplessis (R.) . . . . . . **B** 17
Moros (R. du) . . . . **B** 18
Morvan (R. Gén.) . . . . . **C** 20
Pasteur (R.) . . . . **B** 24
Renan (R. Ernest) . . . . . **A** 25
Sables-Blancs (R. des) **A** 27

*Pour bien lire
les plans de villes
voir signes
et abréviations p. 21*

375

CONCARNEAU

🏨 **Ty Chupen Gwenn** Ⓜ ⚜ sans rest, plage Sables-Blancs ☎ 97.01.43, ≤ – 劇
⌷wc ⓕwc ☜
fermé 1er déc. au 3 janv. et dim. de nov. à avril – SC : ⌷ 26 – **15 ch** 185/270.
A d

🏨 **Gd Hôtel** sans rest, av. P.-Guéguin ☎ 97.00.28 – ⌷wc ⓕ ☜
Pâques-oct. – SC : ⌷ 15,50 – **33 ch** 114/220.
C a

🏨 **Sables Blancs** ⚜, plage Sables-Blancs par R. des Sables Blancs - A - ☎ 97.01.39,
≤ – ⌷wc ⓕwc ☜ ⚘ – ⚑ 40. ⒶⒺ ⓞ 𝘝𝘐𝘚𝘈
1er avril-2 nov. – SC : **R** 54/128 – ⌷ 16 – **49 ch** 105/238 – P 180/250.

🏠 **Jockey** sans rest, 11 av. P.-Gueguin ☎ 97.31.52 – ⓕwc ☜. ⚘
fermé 18 déc. au 22 janv. et dim. – ⌷ 15 – **14 ch** 115/165.
C t

🏠 **Modern'H.** sans rest, 5 r. Lin ☎ 97.03.36 – ⌷wc ⓕwc ☜ ⟵. ⚘
SC : ☞ 18 – **19 ch** 100/200.
B u

🏠 **Les Halles** sans rest, enclos de Servigny ☎ 97.11.41 – ⌷wc ⓕwc
fermé dim. soir hors sais. – SC : ☞ 12 – **23 ch** 69/170.
C s

XXX ✿ **Le Galion** (Gaonac'h), 15 r. St-Guénolé "Ville Close" ☎ 97.30.16 – Ⓔ 𝘝𝘐𝘚𝘈
fermé 9 au 16 déc., fin janv. à mi mars, dim. soir et lundi – SC : **R** 100/210
Spéc. Huîtres chaudes, Fricassée de langoustines, Civet de lotte.
C e

XX **La Gallandière,** 3 pl. Mairie ☎ 97.16.34 – Ⓔ 𝘝𝘐𝘚𝘈
fermé jeudi et dim. soir – SC : **R** 68/190.
C n

XX **Relais de la Coquille,** au nouveau port ☎ 97.08.52, 綿 – ⒶⒺ Ⓔ 𝘝𝘐𝘚𝘈
fermé 6 au 20 mai, 23 déc. au 10 janv., dim. soir (sauf en juil.-août) et lundi – SC : **R**
65/140.
B k

à la plage du Cabellou par ② : 5,5 km – ✉ 29110 Concarneau.

Voir ≤★.

🏨 **Belle Étoile** ⚜, ☎ 97.05.73, ≤, 綿, ⚘ – ⓟ. ⒶⒺ ⓞ 𝘝𝘐𝘚𝘈. ⚘ rest
fermé 1er oct. au 8 nov. et fév. – SC : **R** *(fermé mardi en hiver)* 130/190 – ⌷ 30 –
29 ch 350/480.

CITROEN Gar. Duquesne 4 r. du Moros ☎ 97.48.00
FORD Tilly, 106 av. Gare ☎ 97.35.00 Ⓝ
PEUGEOT-TALBOT Gar. du Moros, Zone Ind. du Moros ☎ 97.46.33

RENAULT Gar. de Penanguer, rte Quimper par ① ☎ 97.36.06

CONCHES-EN-OUCHE 27190 Eure 🗺 ⑯ G. Normandie (plan) – 3 856 h. alt. 144 – ✿ 32.

Voir Église Ste-Foy★.

Paris 120 – L'Aigle 37 – Bernay 34 – Dreux 47 – Évreux 18 – ✦Rouen 60.

🏨 **Normandie,** 10 r. St-Étienne ☎ 30.04.58, 綿, 綿
fermé 15 janv. au 15 fév., dim. soir et vend. – SC : **R** 38/85 ⚲ – ☞ 10 – **11 ch** 50/75
– P 110.

XX **Aub. du Donjon,** 55 r. Ste-Foy ☎ 30.04.75, 綿, 綿
fermé nov., vacances de fév., mardi soir du 1er oct. au 31 mars et merc. –
SC : **R** 62/100 ⚲.

X **Toque Blanche,** 18 pl. Carnot ☎ 30.01.54 – ⚘
fermé 20 août au 4 sept., mardi soir et lundi – SC : **R** 78/95.

PEUGEOT Peuret, ☎ 30.23.09 Ⓝ
PEUGEOT TALBOT Gar. Portier, ☎ 30.06.60 Ⓝ

RENAULT Marie, ☎ 30.23.50

CONCORET 56 Morbihan 🗺 ⑯ – 668 h. – ✉ 56430 Mauron – ✿ 97.

Paris 406 – Dinan 50 – Josselin 33 – Loudéac 49 – Redon 55 – St-Brieuc 73 – Vannes 71.

X **Chez Maxime** avec ch, ☎ 22.63.04, 綿 – ⓕ ⓟ – ⚑ 60
fermé 16 sept. au 8 oct., vacances de fév. et lundi sauf du 16 juil. au 26 août –
SC : **R** 39/140 – ⌷ 14 – **9 ch** 70/120 – P 125/152.

CONCOULES 30 Gard 🗺 ⑦ G. Vallée du Rhône – 241 h. alt. 635 – ✉ 30450 Génolhac –
✿ 66.

Paris 611 – Alès 44 – Florac 56 – Génolhac 7 – Nîmes 88 – Villefort 11.

🏨 **Aub. Beauséjour,** D 906 ☎ 61.12.43, ≤ – ⓟ. Ⓔ. ⚘ ch
fermé 15 nov. au 15 mars et merc. hors sais. – SC : **R** 45/75 ⚲ – ⌷ 14 – **16 ch**
80/160 – P 140.

CONCRESSAULT 18 Cher 🗺 ⑪⑫ – 216 h. alt. 190 – ✉ 18260 Vailly-sur-Sauldre – ✿ 48.

Paris 180 – Bourges 57 – Cosne-sur-Loire 31 – ✦Orléans 74 – Salbris 43 – Vierzon 54.

XX **Cheval Rouge** avec ch, ☎ 73.71.56 – ⓕ. ⚘ ch
fermé 3 au 9 sept., 10 fév. au 10 mars, lundi soir et mardi – **R** 50/95, dîner à la carte
⚲ – ⌷ 15 – **4 ch** 95/105.

La CONDAMINE Principauté de Monaco 🔢 ⑩, 🔢 ㉗㉙ – voir à Monaco.

CONDÉ-STE-LIBIAIRE 77 S.-et-M. 🔢 ⑫, 🔢 ㉒ – rattaché à Esbly.

CONDÉ-SUR-L'ESCAUT 59163 Nord 🔢 ⑤ G. Nord de la France – 13 672 h. alt. 22 – ✪ 27.
Paris 223 – Gent 74 – ✦Lille 53 – Valenciennes 13.

✗ **Host. du Berry**, ☏ 40.07.97
  fermé 20 août au 2 sept. et sam. – SC : **R** 52/75 ⚬.

CITROEN Gar. Kot, 211 rte de Bonsecours ☏ 40.09.46

CONDÉ-SUR-NOIREAU 14110 Calvados 🔢 ⑪ – 7 257 h. alt. 84 – ✪ 31.
Paris 250 – Argentan 49 – ✦Caen 45 – Falaise 31 – Flers 12 – Vire 26.

  à St-Germain-du-Crioult O : 4,5 km sur rte Vire – ⌧ 14110 Condé-sur-Noireau :

✗ **Aub. St-Germain** avec ch, ☏ 69.08.10 – 𝖵𝖨𝖲𝖠. ⚗
✦ *fermé dim. soir* – SC : **R** 50/85 – ☲ 13 – **4 ch** 75.

CITROEN Robbe, 272 r. St-Martin ☏ 69.00.73   RENAULT Gar. St-Jacques, 2 r. Vaubaillon ☏
PEUGEOT-TALBOT Chrétien, 27 r. Vieux-Châ-   69.00.45
teau ☏ 69.00.50   RENAULT Tougard, 45 r. St-Martin ☏ 69.01.05

CONDOM ⟨◈⟩ 32100 Gers 🔢 ⑭ G. Pyrénées – 7 836 h. alt. 81 – ✪ 62.
Voir Cathédrale St-Pierre★ E, Cloître★ H.

🅱 Syndicat d'Initiative pl. Bossuet (fermé dim. et lundi) ☏ 28.00.80.
Paris 740 ① – Agen 40 ② – Auch 44 ⑤ – Mont-de-marsan 81 ⑦ – ✦Toulouse 112 ④.

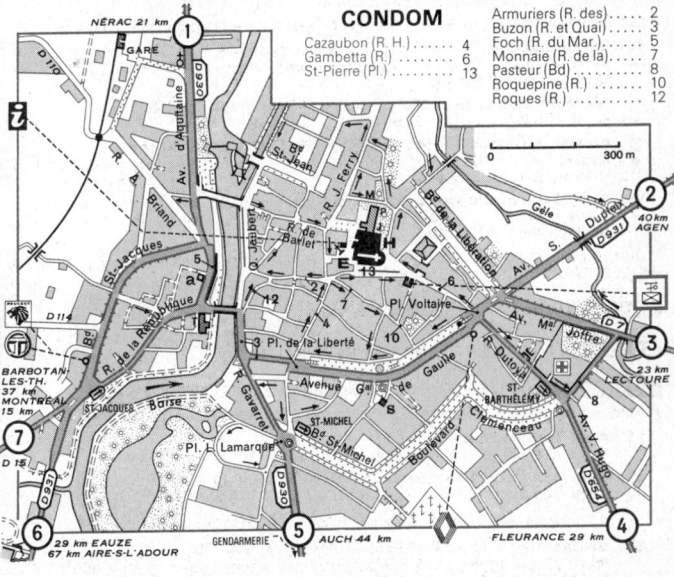

CONDOM

Cazaubon (R. H.) 4
Gambetta (R.) 6
St-Pierre (Pl.) 13

Armuriers (R. des) 2
Buzon (R. et Quai) 3
Foch (R. du Mar.) 5
Monnaie (R. de la) 7
Pasteur (Bd) 8
Roquepine (R.) 10
Roques (R.) 12

🏠 **Continental**, 20 av. Mar.-Foch **(a)** ☏ 28.00.58, 🚗 – 🛁wc 🏠 ☎
✦ *fermé déc.* – SC : **R** 50/130 – ☲ 14 – **20 ch** 82/150 – P 250/280.

✗✗✗ ✦ **Table des Cordeliers** (Michaud) Ⓜ ⌇ avec ch, Rue des Cordeliers **(s)** ☏
28.03.68, « Salle gothique », 🚗 – 🍽 rest 📺 🛁wc ☎ ⚙ 🅿 . 🄰🄴 ⓪ 𝖵𝖨𝖲𝖠
fermé janv., dim. soir et lundi hors sais. – SC : **R** (dim. et fêtes prévenir) 110/300 –
☲ 30 – **21 ch** 130/260
Spéc. Nouilles fraîches au foie gras et truffes, Aiguillettes de caneton aux airelles, Pot-au-feu de
cuisses de canettes. **Vins** Côtes de Buzet, Madiran.

FIAT, FORD Calmels, 28 bd St-Jacques ☏ 28.   RENAULT Rottier, pl.Voltaire ☏ 28.22.55
01.67
PEUGEOT, TALBOT Durrieu, bd St-Jacques   ◉ Rivière, 21 av. des Pyrénées ☏ 28.01.20
☏ 28.00.53   Solapneu, 8 bis av. Aquitaine ☏ 28.01.91

CONDRIEU 69420 Rhône **74** ⑪ G. Vallée du Rhône – 3 158 h. alt. 150 – ✪ 74.

Voir Calvaire ⩹⋆.

Paris 503 – Annonay 34 – ◆Lyon 40 – Rive-de-Gier 21 – Tournon 52 – Vienne 11.

🏦 ✿✿ **Hôt. Beau Rivage** (Mme Castaing) M, ℡ 59.52.24, ㈅, « Terrasse avec vue agréable sur le Rhône », 🐴 – ☎ ℗ Œ ⑩ Ε 𝗩𝗜𝗦𝗔
fermé 5 janv. au 15 fév. – **R** 145/220 et carte – ☲ 28 – **22 ch** 165/290
Spéc. Feuilleté d'anguilles, Blinis au saumon fumé, Etuvée de volaille (avril-oct.). **Vins** Côte Rotie, Viognier.

Voir aussi ressources hôtelières de *Roches de Condrieu* S : 1 km

Gar. Baronnier, ℡ 59.50.16

CONFLANS-STE-HONORINE 78700 Yvelines **55** ⑳, **101** ② G. Environs de Paris (plan) – 29 003 h. alt. 28 – Pardon national de la Batellerie (fin juin) – ✪ 3.

Voir ⩹⋆ de la terrasse du parc.

🅱 Office de Tourisme (fermé août, dim. et lundi) 23 r. M.-Berteaux ℡ 972.66.91.

Paris 30 – Mantes-la-Jolie 40 – Poissy 11 – Pontoise 8 – St-Germain-en-Laye 13 – Versailles 28.

✗ **Au Bord de l'Eau**, 15 quai Martyrs-de-la-Résistance ℡ 972.86.51
fermé 30 juil. au 30 août, 5 au 11 mars et lundi – **R** (déj. seul. sauf vend. et sam. : déj. et dîner) carte 100 à 150

✗ **Au Confluent de l'Oise**, 15 cours Chimay ℡ 972.60.31, ⩹ – ℗ Œ ⑩ 𝗩𝗜𝗦𝗔
fermé août, vacances de fév., dim. soir en hiver, merc. soir et lundi – **R** carte 100 à 150 ⑤.

PEUGEOT, TALBOT Conflans-Autos, 123 av. Carnot ℡ 919.78.78

CONFOLENS ⬛ 16500 Charente **72** ⑤ G. Côte de l'Atlantique (plan) – 3 320 h. alt. 152 – ✪ 45.

🅱 Office de Tourisme pl. Marronniers (fermé dim. et lundi matin) ℡ 84.00.77.

Paris 407 – Angoulême 63 – Bellac 36 – ◆Limoges 57 – Niort 103 – Périgueux 119 – Poitiers 72.

🏠 **Émeraude**, r. E.-Roux ℡ 84.12.77 – ⌂wc 🔔 🐴 🔺 30. Ε. ✷
◆ *fermé 17 sept. au 8 oct., 14 au 26 mars et lundi hors sais.* – SC : **R** 50/100 – ☲ 15 – **18 ch** 85/140 – P 160/190.

🏠 **Mère Michelet**, rte de Niort ℡ 84.04.11 – ⌂ 🔔 ℗ – 🔺 100
◆ SC : **R** 50/100 ⑤ – ☲ 13 – **24 ch** 65/140 – P 135/160.

🏠 **Vienne**, r. Ferrandie ℡ 84.09.24, ㈅ – ⌂ 🔔 🚗 Ε 𝗩𝗜𝗦𝗔, ✷ rest
◆ *fermé 22 oct. au 12 nov., 23 au 30 déc. et sam. hors sais.* – SC : **R** 46/80 – ☲ 12,50 – **14 ch** 66/107 – P 120/164.

✗✗ **Aub. Belle Étoile** avec ch, rte Angoulême ℡ 84.02.35, 🐴 – 🔔wc 🐴 🚗 ℗. ✷
fermé 1er au 25 oct., 31 janv. au 6 fév. et lundi d'oct. à juin – SC : **R** 51/104 – ☲ 15 – **14 ch** 85/148 – P 175/210.

CITROEN David, ℡ 84.12.42
PEUGEOT TALBOT Ets Vergnaud, ℡ 84.00.79

RENAULT Nord-Charente-Autom., ℡ 84.07.00

CONLEAU 56 Morbihan **63** ③ – rattaché à Vannes.

CONNAUX 30 Gard **80** ⑲⑳ – rattaché à Bagnols-sur-Cèze.

CONNERRÉ 72160 Sarthe **60** ⑭ G. Châteaux de la Loire – 2 636 h. alt. 76 – ✪ 43.

Paris 183 – Châteaudun 75 – Mamers 43 – ◆Le Mans 25 – Nogent-le-Rotrou 40 – St-Calais 27.

✗✗ **Aub. Tante Léonie** ℡ 89.00.24 – Œ Ε 𝗩𝗜𝗦𝗔
fermé 10 au 25 janv., lundi soir et mardi – SC : **R** 65/140.

✗ **Gare** avec ch, N : 1,5 km par D 33 ℡ 89.00.02, 🐴 – ℗ – 🔺 25
◆ *fermé 8 au 21 oct. et vend.* – SC : **R** 50/120 ⑤ – ☲ 17,50 – **12 ch** 80/120 – P 150.

à Thorigné-sur-Dué SE : 4 km par D 302 – ⊠ **72160** Connerré :

✗✗ **St-Jacques** avec ch, ℡ 29.95.50 – ⌂wc 🔔 ⑤ 🚗 ⑩
fermé 21 juin au 1er juil., 7 janv. au 4 fév., dim. soir et lundi en hiver – SC : **R** 60/170 ⑤ – ☲ 25 – **10 ch** 85/180 – P 155/185.

CITROEN Gar. Guérin, ℡ 29.00.51
PEUGEOT-TALBOT Chancerel, à Thorigné-sur-Dué ℡ 29.05.23

CONQUES 12 Aveyron **80** ①② G. Causses (plan) – 404 h. alt. 250 – ⊠ **12320** St-Cyprien-sur-Dourdou – ✪ 65.

Voir Site⋆⋆ – Église Ste-Foy⋆⋆ : tympan du portail Ouest⋆⋆⋆ et trésor⋆⋆⋆ – Site du Bancarel ⩹⋆ S : 3 km par D 901n.

Paris 603 – Aurillac 57 – Espalion 50 – Figeac 54 – Rodez 37.

🏠 **Ste-Foy** ⑤, ℡ 69.84.03 – ⌂wc 🔔wc 🐴 🚗. ✷ rest
1er avril-15 oct. et vacances de nov. – SC : **R** (dîner seul.) (nombre de couverts limité - prévenir) 80 ⑤ – ☲ 22 – **20 ch** 120/300.

Le CONQUET 29217 Finistère 58 ③ G. Bretagne – 2 011 h. – ✆ 98.

Voir Site★.

Paris 619 – ◆Brest 24 – Brignogan-Plage 57 – St-Pol-de-Léon 78.

🏛 **Pointe Ste-Barbe** ⑤, ℙ 89.00.26, ≤ mer – 🛏wc 🏠wc ☎ 🅿. ① 𝘝𝘐𝘚𝘈. ⑳ rest
   fermé 2 janv. au 11 fév. – SC : **R** (fermé lundi sauf 1ᵉʳ juil. au 16 sept.) 64/250 – � 16
   – **33 ch** 97/230 – P 198/263.

   à la Pointe de St-Mathieu S : 4 km – ⊠ 29217 Le Conquet.

   Voir Phare ※★★ – Ruines de l'église abbatiale★.

XX **Pointe St-Mathieu**, ℙ 89.00.19 – **E**. ⑳
   fermé 10 fév. au 20 mars, mardi sauf en juil.-août et dim. soir – SC : **R** 75/200.

RENAULT Gar. Taniou-le Goff ℙ 89.00.29

CONSOLATION (Cirque de) ★★ 25 Doubs 66 ⑰ G. Jura – alt. 793 – ✆ 81.

Voir La Roche du Prêtre ≤★★★ du D 41 15 mn – Vallée du Dessoubre★ N.

Paris 466 – Baume-les-Dames 53 – ◆Besançon 56 – Montbéliard 63 – Morteau 13.

X **Faivre** ⑤, avec ch, près D 39 à 5,5 km de Fuans ⊠ 25390 Orchamps-Vennes
   ℙ 43.55.38, ≤ – ☜ 🅿. ⑳ ch
   fermé 15 nov. au 15 déc., 15 au 31 janv. et mardi du 15 sept. au 15 juin sauf
   vacances scolaires – SC : **R** 62/130 ⑤ – � 15 – **10 ch** 65/90 – P 165.

Les CONTAMINES-MONTJOIE 74 H.-Savoie 74 ⑧ G. Alpes – 1 027 h. alt. 1 164 – Sports
d'hiver : 1 164/2 500 m ≰3 ≴22, ≰ – ⊠ 74190 Le Fayet – ✆ 50.

Voir ≤★ sur gorges de la Gruvaz NE : 5 km.

🇪 Office de Tourisme (fermé dim. hors saison) ℙ 47.01.58, Télex 385730.

Paris 618 – Annecy 96 – Bonneville 50 – Chamonix 34 – Megève 20 – St-Gervais-les-B. 8,5.

🏤 **La Chemenaz et rest La Trabla** Ⓜ ⑤, ℙ 47.02.44, ≤, ⛴, ⚛ – 🛎☎ 🅿
   15 mai-30 sept. et 15 déc.-15 avril – SC : **R** 70/105 – ⊴ 24 – **38 ch** 240/295 –
   P 272/308.

🏛 **Le Chamois**, ℙ 47.03.43, ≤, ⚛ – cuisinette 🛏wc 🏠wc ☎ 🅿
   fin juin-début sept. et Noël-Pâques – SC : **R** (hiver seul.) 80/100 – ⊴ 18 – **18 ch**
   152/204 – P 212/220.

🏛 **Gai Soleil** Ⓜ ⑤, ℙ 47.02.94, ≤, ⚛ – 🛏wc 🏠wc ☎ 🅿. **E**. ⑳ rest
   13 juin-20 sept. et 18 déc.-16 avril – SC : **R** 60/85 – ⊴ 20 – **19 ch** 140/240 –
   P 190/240.

🏠 **Le Christiania** sans rest, ℙ 47.02.72, ≤, ⛴, ⚛ – 🛏wc ☎ 🅿. ⑳
   25 juin-5 sept. et 20 déc.-20 avril – SC : ⊴ 17 – **16 ch** 83/180.

🏠 **Grizzli**, ℙ 47.02.43, ≤ – 🛏wc 🏠wc ☎ 🅿. ⑳ ch
   20 juin-10 sept. et 15 déc.-20 avril – SC : **R** 57/80 – ⊴ 17 – **16 ch** 174/186 –
   P 162/215.

🏠 **Dômes**, ℙ 47.02.86 – 🛏wc 🏠wc ☎. 𝘝𝘐𝘚𝘈. ⑳ ch
   15 mai-15 sept. et 20 déc.-20 avril – **R** 70/135 – ⊴ 18 – **24 ch** 80/200 – P 165/214.

🏠 **La Cordée** ⑤, ℙ 47.03.97, ≤ – 🛏wc 🏠wc ☎ 🅿. ⑳
➡ 1ᵉʳ juil.-15 sept. et 20 déc.-Pâques – SC : **R** 40/120 ⑤ – ⊴ 30 – **15 ch** 130/200 –
   P 175/220.

CONTES 06390 Alpes-Mar. 84 ⑳, 195 ⑰ G. Côte d'Azur – 4 992 h. alt. 260 – ✆ 93.

Voir Prédelle★ dans l'église.

Paris 953 – Levens 22 – ◆Nice 18 – Sospel 32.

X **Cellier** avec ch, D 15 ℙ 79.00.64 – 🛏. **E** 𝘝𝘐𝘚𝘈
   fermé 15 déc. au 7 janv. – SC : **R** (fermé dim. soir, lundi midi et vend.) 65/100 – ⬤
   13 – **5 ch** 90/150 – P 165/180.

CONTEVILLE 27 Eure 55 ④ – 580 h. alt. 30 – ⊠ 27210 Beuzeville – ✆ 32.

Paris 181 – Évreux 85 – ◆Le Havre 42 – Honfleur 13 – Pont-Audemer 13 – Pont-l'Évêque 27.

XXX ⊛ **Aub. Vieux Logis** (Louet), ℙ 57.60.16 – ⟐ ①
   fermé 10 janv. à fin fév., merc. soir et jeudi – SC : **R** (nombre de couverts limité -
   prévenir) carte 130 à 220
   Spéc. Foie gras frais de canard, Brochettes de Saint-Jacques aux herbes (oct. à mai), Aiguillettes de
   canette François Revert.

CARTES ET GUIDES MICHELIN
Bureau d'informations et de vente
46, avenue de Breteuil, Paris 7ᵉ - ℙ 539.25.00.
Ouvert du lundi au vendredi de 9 h à 11 h 30
et de 12 h 15 à 16 h 30.

CONTIS-PLAGE 40 Landes 🔟🔢 ⑮ − ✉ 40170 St-Julien-en-Born − ✪ 58.

Paris 721 − ♦Bayonne 87 − Castets 30 − Mimizan 24 − Mont-de-Marsan 76.

🏠 **Neptune** sans rest., 🕾 42.85.28 − ⋔⋔wc ☎ 🅿
Pâques-30 sept. − ⬛ 15 − **16 ch** 93/148.

CONTRES 41700 L.-et-Ch. 🔟🔢 ⑰ − 2 929 h. alt. 100 − ✪ 54.

Paris 201 − Blois 21 − Châteauroux 77 − Montrichard 21 − Romorantin-Lanthenay 26.

🏠 **France,** 🕾 79.50.14, 🎍 − ⊟wc ⋔wc ☎ 🅿. 🞥
fermé 1ᵉʳ fév. au 7 mars et vend. du 1ᵉʳ oct. à Pâques − SC : **R** 61/140 − � 19 −
43 ch 79/180 − P 170/220.

CITROEN Gar. Coutant, 🕾 79.52.37
PEUGEOT, TALBOT Morin, 🕾 79.50.42
RENAULT Gar. du Gd Mont, 🕾 79.53.79

RENAULT Gar. Réunis, 🕾 79.50.70 🅽 🕾 71.
32.71

CONTREXÉVILLE 88140 Vosges 🔢🔢 ⑭ G. **Vosges** − 4 582 h. alt. 337 − Stat. therm. (20 avril-
30 sept.) − Casino Y − ✪ 29.

🖪 Office de Tourisme galeries du Parc Thermal (1ᵉʳ avril-15 oct.) et à la Mairie (15 oct.-1ᵉʳ avril,
fermé sam. et dim.) 🕾 08.08.68.

Paris 329 − Épinal 48 ① − Langres 67 ② − Luxeuil 71 ② − ♦ Nancy 76 ① − Neufchâteau 28 ③.

🏨 **Cosmos,** r. Metz 🕾 08.15.90, ≤, « Parc »
− 🔋 ☎ 🅿. 🖭 ⓞ 𝘝𝘐𝘚𝘈, 🞥 rest   Y u
mai-sept. − SC : **R** 95/125 − ⊒ 21 − **70 ch**
193/231 − P 390/400.

🏨 **Gd H. Établissement,** 🕾 08.17.30 − 🔋 🅿.
🖭 ⓞ 𝘝𝘐𝘚𝘈 🞥 rest   Y e
6 mai-20 sept. − SC : **R** 95/125 − **Grill Relais
Stanislas R** 65 /70, dîner à la carte 🍴 − ⊒ 21 −
29 ch 87/231 − P 281/391.

🏨 **Souveraine,** dans le parc 🕾 08.13.79, ≤, −
⊟wc ⋔wc ☎ 🅿. 🖭 ⓞ 𝘝𝘐𝘚𝘈. 🞥 rest   Y r
10 mai-18 sept. − SC : **R** voir rest. H. Établisse-
ment − ⊒ 21 − **31 ch** 87/231 − P 281/391.

🏨 **Paris et Thermes,** av. Gde-Duchesse-Wla-
dimir 🕾 08.13.46 − 🔋 cuisinette ⊟wc ⋔wc
☎ 🅿. 🞥 rest   Z s
fin avril-début oct. − SC : **R** 95/180 − ⊒ 30 −
55 ch 100/250 − P 175/350.

🏨 **Sources,** r. Ziwer-Pacha 🕾 08.04.48 − ⊟wc
⋔wc ☎. 🖭   Z x
21 avril-30 sept. − SC : **R** 70/130 − ⊒ 19 −
40 ch 70/200 − P 170/290.

🏨 **France,** av. Roi-Stanislas 🕾 08.04.13 − ⊟wc
⋔wc ☎ 🅿. 🖭 🄴 𝘝𝘐𝘚𝘈. 🞥 rest   Z z
fermé janv. − SC : **R** 55/95 🍴 − ⊒ 16 − **42 ch**
70/180 − P 190/230.

🏠 **Beauséjour,** r. Ziwer-Pacha 🕾 08.04.89, 🌿
− ⋔wc. 🞥 rest   Z v
24 avril-10 oct. − SC : **R** 52/70, grill à la carte 🍴
− ⊒ 15 − **31 ch** 65/115 − P 155/210.

🕎 **Dalia,** av. E.-Daudet 🕾 08.04.40, 🌿 − ⋔wc
♦ ⇐ 🅿. 🞥 rest   Y a
Pâques-15 oct. − SC : **R** 50/100 🍴 − ⊒ 15 −
21 ch 70/100 − P 142/171.

✕✕ ✿ **L'Aubergade** (Obriot), r. 11 Septembre 🕾
08.04.39 − 🅿. 🖭   Y b
*fermé 1ᵉʳ au 15 oct., 1ᵉʳ au 15 mars, dim. soir et
lundi* − SC : **R** 110/240
Spéc. Nage de St-Jacques au Chablis (sept. à avril),
Emincé de rognon de veau au poivre, Gratin de fruits
(mai à sept.). **Vins** Côtes de Toul.

CONTREXÉVILLE

Daudet (R.) .... Y 2
Division-Leclerc (R.) .... Y 3
Hirschauer (R. du Gén.) .... Y 4
Shah-de-Perse (R. du) .... Y 5
Stanislas (R. du Roi) .... Z 6
Thomson (R. Gaston) .... Z 7
Victoire (R. de la) .... Y 8
Wladimir
(R. Grande-Duchesse) .... Z 9
Ziwer-Pacha (R.) .... Z 10

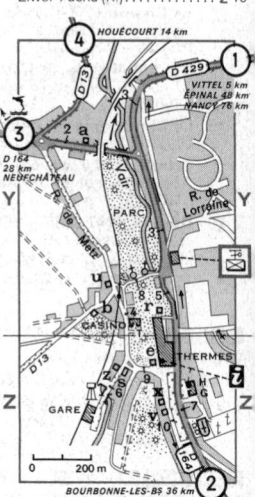

BOURBONNE-LES-B. 36 km
LUXEUIL 71 km, LANGRES 67 km

La COQUILLE 24450 Dordogne 🔢🔢 ⑯ − 1 578 h. alt. 340 − ✪ 53.

🖪 Syndicat d'Initiative r. République (fermé dim. après-midi) 🕾 52.81.21.

Paris 441 − Brive-la-Gaillarde 98 − ♦Limoges 48 − Nontron 31 − Périgueux 53 − St-Yrieix-la-Perche 23.

🏨 **Voyageurs,** N 21 🕾 52.80.13, 🌿 − ⊟wc ☎ ⇐ 🅿. 🖭 𝘝𝘐𝘚𝘈
5 avril-31 oct. − SC : **R** 78/160 − ⊒ 20 − **10 ch** 90/160 − P 180/220.

à Mavaleix S : 4,5 km par N 21, VO et voie privée − ✉ 24800 Thiviers :

🏨 **Château de Mavaleix** 🔊, 🕾 52.82.01, ≤, parc − 🅿 − 🏌 100, 🄴 𝘝𝘐𝘚𝘈. 🞥 rest
fermé janv. − SC : **R** 75/150 − ⊒ 26 − **30 ch** 240/290 − P 350/375.

PEUGEOT Fauriat, 🕾 52.80.60 🅽   RENAULT Gar. Fayol, 🕾 52.81.35

CORBEIL-ESSONNES 91100 Essonne 🆔 ①, 🔢 ② — voir à Évry.

CORDEMAIS 44 Loire-Atl. 🆔 ⑯ G. Bretagne — 2 004 h. alt. 16 — ✉ 44360 St-Étienne-de-Mont-Luc — ☎ 40.

Paris 404 — ♦Nantes 29 — St-Nazaire 35.

  XX **Aub. Les Bleuets,** rte du Milieu NE : 3 km ☎ 72.85.36 — **ₚ**. 𝚅𝙸𝚂𝙰. ⌘
    fermé 6 au 27 août, vacances de fév., dim. soir, merc. soir et lundi — SC : **R** 61/148.

CORDES 81170 Tarn 🆔 ⑳ G. Causses (plan) — 1 044 h. alt. 274 — ☎ 63.

Voir Site★★ — Maisons gothiques★.

🆔 Syndicat d'Initiative "Maison du Grand Fauconnier" (fermé 1er déc. au 15 fév.) 56.00.52.

Paris 683 — Albi 25 — Montauban 71 — Rodez 85 — ♦Toulouse 78 — Villefranche-de-Rouergue 47.

  🏰 ✿ **Grand Écuyer** ⊱, ☎ 56.01.03, ≼ vallée, « Demeure gothique, bel intérieur » —
    🆔 ①. ⌘ rest
    Pâques-15 oct. — SC : **R** *(fermé dim. soir et lundi sauf du 14 juil. au 30 août)* 100/250
    — ⊃ 35 — **16 ch** 200/360
    Spéc. Gratin de lapereau, Feuilleté d'escargots aux cèpes, Banane sauce créole. Vins Gaillac.

  🏠 **Cité** ⊱ sans rest, ☎ 56.03.53, ≼ — ⌷wc ⋔. 𝚅𝙸𝚂𝙰
    fermé 15 nov. au 15 déc. — SC : ⊃ 18 — **9 ch** 133/175.

  X **L'Esquirol,** ☎ 56.02.40
    1er avril-31 oct. et fermé mardi sauf du 1er juil. au 15 sept. — SC : **R** 44/76 ⅃.

CITROEN Andrieu, ☎ 56.00.33   PEUGEOT, TALBOT Barrié, ☎ 56.02.61

CORDON 74 H.-Savoie 🆔 ⑦⑧ — rattaché à Sallanches.

CORENC-MONTFLEURY 38 Isère 🆔 ⑤ — rattaché à Grenoble.

CORMEILLES-EN-PARISIS 95 Val d'Oise 🆔 ⑳, 🔢④ — voir à Paris, Environs.

CORMEILLES-EN-VEXIN 95830 Val-d'Oise 🆔 ⑨, 🔢 ⑤ — rattaché à Cergy-Pontoise.

CORNEVILLE-SUR-RISLE 27 Eure 🆔 ⑤ — rattaché à Pont-Audemer.

CORNY-SUR-MOSELLE 57 Moselle 🆔 ⑬ — ✉ 57680 Noveant-sur-Moselle — ☎ 87.

Paris 327 — ♦Metz 15 — ♦Nancy 47 — Pont-à-Mousson 16 — Verdun 63.

  X **Au Gourmet Lorrain,** r. Moselle ☎ 777.81.56
    fermé dim. et fêtes le soir et jeudi — **R** carte 90 à 135.

CORPS 38970 Isère 🆔 ⑮⑯ G. Alpes — 505 h. alt. 937 — N.-Dame-de-la-Salette :Pèlerinage (15 août) — ☎ 76.

Voir Barrage★★, pont★ et lac★ du Sautet O : 4 km.

Env. Route★★ et Basilique N.-D.-de-la-Salette : site★, ☀★ N : 15 km.

🆔 Office de Tourisme (Pâques, 15 juin-15 sept. et Noël) ☎ 30.03.85.

Paris 628 — Gap 40 — ♦Grenoble 63 — La Mure 25.

  🏠 **Le Napoléon** sans rest, ☎ 30.00.42 — ⌷wc ⋔wc ☎
    fermé 30 oct. au 15 déc. — SC : ⊃ 15 — **22 ch** 61/155.

  XX **Poste** avec ch, ☎ 30.00.03 — ⌷wc ⋔wc ☎ ←
    fermé 1er nov. au 18 déc. — SC : **R** 55/200 — ⊃ 17 — **14 ch** 80/180 — P 170/240.

  X **Le Tilleul,** ☎ 30.00.43
    1er nov. au 16 déc. — SC : **R** 36/72 ⅃.

    au NE : 4 km par rte La Salette et D 212c - alt. 1 260 — ✉ 38970 Corps :

  🏠 **Boustigue H.** ⊱, ☎ 30.01.03, ≼, ⊃, ☞, ⌘ — ⌷wc ⋔wc ☎ ₚ. ⌘ rest
    Pentecôte-20 sept. et Noël-Pâques — SC : **R** 80/150 — ⊃ 19 — **19 ch** 154/185 —
    P 230/250.

CITROEN Gar. du Dauphiné, ☎ 30.01.10   PEUGEOT, RENAULT Rivière, ☎ 30.01.13 🅽

CORRENÇON-EN-VERCORS 38 Isère 🆔 ④ — 259 h. alt. 1 109 — Sports d'hiver : 1 150/2 050 m
⚞13 ⚟ — ✉ 38250 Villard-de-Lans — ☎ 76.

Paris 593 — ♦Grenoble 40 — Villard-de-Lans 5,5.

  🏠 **La Clé des Champs** ⊱ sans rest, ☎ 95.16.63, ≼, ☞ — ⋔wc ← ₚ. ⌘
    1er juil.-31 août et 20 déc.-15 avril — SC : ⊃ 15 — **10 ch** 100/120.

  🏠 **Lièvre Blanc** ⊱, ☎ 95.16.79, ≼ — ⋔wc ☎ ₚ. ⌘ ch
    1er juin-30 sept. et 20 déc.-15 avril — SC : **R** 70/90 ⅃ — ⊃ 20 — **22 ch** 150/170 —
    P 400/410 (pour 2 pers.).

CORSE 2A Corse-du-Sud 2B Haute-Corse **90** G. Corse – 293 287 h. – ⊙ 95 – Relations avec le continent : 50 mn env. par avion, 6 à 10 h par bateau (voir à Marseille, Nice, Toulon).

Ajaccio 🅿 2A Corse-du-Sud **90** ⑰ – 55 279 h. alt. 18 – Casino Z – ⊠ **20000** Ajaccio.

Voir Maison Bonaparte★ Z – Place d'Austerlitz Y : monument de Napoléon Ier★ Y N – Jetée de la Citadelle ⩽★ Y – Place Gén.-de-Gaulle ⩽★ Z – Musée Fesch★★ Z M1.

Env. S : golfe d'Ajaccio★★ – Pointe de la Parata ⩽★★ 12 km par ③ puis 30 mn.

Excurs. aux Îles Sanguinaires★★.

✈ d'Ajaccio-Campo dell'Oro, Air France ☎ 21.16.70 par ② : 7 km.

🛈 Office de Tourisme av. Antoine Sérafini (fermé dim.) ☎ 21.40.87 – A.C. 1 av. E.-Macchini ☎ 21.14.07.

Bastia 153 ① – Bonifacio 140 ② – Calvi 159 ① – Corte 83 ① – L'Île-Rousse 155 ①.

Plans page ci-contre

🏨 **Campo dell'Oro** Ⓜ, rte aéroport par ② : 5 km ☎ 22.32.41, Télex 460087, ⩽, 🏊, ☞ – 🛗 🍴 ch ☎ 🅿 – 🛅 500. 🝏 ⓞ E 𝘝𝘐𝘚𝘈. 🛇 rest
SC : **R** (fermé janv. et fév.) 145 – 🍽 30 – **138 ch** 370/690 – P 495/700.

🏨 **Albion** Ⓜ sans rest, 15 av. Gén.-Leclerc ☎ 21.66.70 – 🛗 🍴 ☎ 🅿. 🝏 ⓞ E 𝘝𝘐𝘚𝘈
SC : 🍽 16 – **63 ch** 230/270.　　　　　　　　　　　　　　　　Y k

🏨 **Costa** Ⓜ 🛏 sans rest, 2 bd Colomba ☎ 21.43.02, ⩽ – 🛗 ☎. 🝏 ⓞ E 𝘝𝘐𝘚𝘈. 🛇
SC : 🍽 19 – **53 ch** 188/247.　　　　　　　　　　　　　　　　　Y x

🏨 **Fesch** Ⓜ sans rest, 7 r. Fesch ☎ 21.50.52 – 🛗 ☎. 🝏 ⓞ E 𝘝𝘐𝘚𝘈
SC : 🍽 16 – **77 ch** 215/300.　　　　　　　　　　　　　　　　　Z y

🏨 **Napoléon** Ⓜ sans rest, 4 r. Lorenzo-Vero ☎ 21.30.01 – 🛗 ⌂wc 🛁wc ☎. 🝏 ⓞ E 𝘝𝘐𝘚𝘈
SC : 🍽 16 – **40 ch** 217/245.　　　　　　　　　　　　　　　　　Z s

🏨 **Étrangers** 🛏, 2 r. Rossi ☎ 21.01.26 – 🛗 ⌂wc 🛁wc ☎
40 ch.　　　　　　　　　　　　　　　　　　　　　　　　　Y m

🏨 **San Carlu** Ⓜ sans rest, 8 bd Casanova ☎ 21.13.84 – 🛗 ⌂wc 🛁wc ☎. 🝏 ⓞ E 𝘝𝘐𝘚𝘈. 🛇
44 ch 222/240.　　　　　　　　　　　　　　　　　　　　　　Z f

🏨 **Impérial**, 6 bd Albert-1er ☎ 21.50.62, 🏖, ☞ – 🛗 ⌂wc 🛁wc ☎. 🝏 ⓞ. 🛇 rest
avril-oct. – SC : **R** 90 – 🍽 15 – **44 ch** 231/357 – P 390/435.　　　Y e

🏨 **Spunta Di Mare**, rte aéroport ☎ 22.41.42 – 🛗 ⌂wc 🛁wc ☎ 🅿 – 🛅 30. 🝏. 🛇 rest
Y s
SC : **R** (fermé 15 déc. au 15 janv. et dim. en hiver) 58/60 🍷 – **64 ch** 🍽 135/265 – P 214/312.

❌❌ **Bec Fin**, 3 bis bd Roi-Jérôme ☎ 21.30.52 – 🍽. 🝏 ⓞ 𝘝𝘐𝘚𝘈
Z n
fermé dim. sauf le soir du 1er juin au 30 sept. – **R** 50/120.

❌❌ **Côte d'Azur** (1er étage), 12 cours Napoléon ☎ 21.50.24 – 🝏 ⓞ E 𝘝𝘐𝘚𝘈
Z b
fermé 20 juin au 20 juil. et dim. et dim. – **R** 95/150.

❌❌ **Point "U"**, 59 bis r. Fesch ☎ 21.59.92 – SC : **R** 55.
Z t

❌ **La Grange**, 4 r. N.-Dame ☎ 21.25.32 – 🝏 ⓞ
Z r
1er mars-30 nov. et fermé lundi – carte 85 à 135.

❌ **France**, 59 r. Fesch ☎ 21.11.00 – 🝏 𝘝𝘐𝘚𝘈
Z t
fermé fév. et dim. – **R** 50/130.

❌ **Pardi** (chez Charlot), 60 r. Fesch ☎ 21.43.08 – 🝏
Z q
fermé 20 déc. au 31 janv., le soir du 1er fév. au 31 mars et dim. – SC : **R** 45 bc/70 bc.

route des Sanguinaires – ⊠ **20000** Ajaccio :

🏨 **Eden Roc** Ⓜ 🛏, par ③ : 8 km ☎ 52.01.47, ⩽ golfe, 🏊 – ☎ 🅿. 🛇
4 mai-30 sept. – SC : **R** 160 – **30 ch** (pens. seul.) – P 410/460.

🏨 **Cala di Sole** 🛏, par ③ : 6 km ☎ 21.39.14, ⩽, 🏊, 🏖, ❌ – 🍴 ch 🅿. 🝏 ⓞ E. 🛇 rest
1er avril-1er nov. – SC : **31 ch** (pens. seul.) – P 303/342.

🏨 **Palm Beach**, rte Sanguinaires par ③ : 5 km ☎ 21.35.62, ⩽, 🏖 – ⌂wc 🛁wc ☎
fermé janv. et fév. – **R** (fermé lundi du 1er oct. au 1er mai) carte 100 à 160 – 🍽 15 – **20 ch** 204.

à Bastelicaccia par ②, N 196 et D 3 : 11 km – ⊠ **20166** Porticcio :

❌❌ **Aub. Seta**, ☎ 20.00.16 – 🅿. 🝏 ⓞ 𝘝𝘐𝘚𝘈
fermé janv. au 15 fév. et merc. – SC : **R** carte 80 à 130.

MICHELIN, Agence, av. du Prince-Impérial Y ☎ 22.08.51

AJACCIO

0   400 m

ALATA 10 km, LES MILELLI 5,5 km

CORTE 83 km
APPIETTO 17 km
N 194

N 193
AÉROPORT 7 km
TOUR DE LA CASTAGNA
PROPRIANO 73 km
SARTÈNE 86 km

AGENCE MICHELIN

LES CANNES

LES SALINES

SALINES

Impérial

Rte d'Alata

Prince

MOUILLAGE DES CANNES

JETÉE DU MARGONAJO

MOUILLAGE DES CAPUCINS

ST-JEAN

Chemin de Biancarello

Chemin de

N.D. de LORETTO

Vitullo

FRANCISCAINES

GARE

JARDINS DE L'EMPEREUR

PIETRINA

Route de

D 11

Route du Salario

SAN SALVADORE

BELVÉDÈRE

Av. de Verdun

CHAPELLE-PERALDI

Av. N. Pietri

Place d'Austerlitz

SACRE-CŒUR

SPINOSI

Cours Grandval

Bd Lantivy

MOUILLAGE DE LA VILLE

JETÉE DE LA CITADELLE

POINTE DE LA PARATA
12 km
D 111

RTE DES SANGUINAIRES

GOLFE D'AJACCIO

ÎLES SANGUINAIRES

MARSEILLE, TOULON, NICE

0   100 m

ÎLES SANGUINAIRES

MARSEILLE TOULON NICE

JETÉE DES CAPUCINS

Bd Sampiero

R. des Trois Marie

ST-ROCH

PETIT ST-ROCH

PALAIS FESCH

GARE MARITIME S.N.C.M.

Av. Fesch

Av. du D.F. Cunéo d'Ornano

Impératrice Eugénie

R. Serg. Casalonga

AIR FRANCE

Sq. César Campinchi

PORT

Cardinal

R. du Roi Jérôme

Cours Napoléon

POL.

Av. de Paris

Cours Grandval

Pl. Gal de Gaulle

PALAIS DES CONGRÈS CASINO

PLAGE ST-FRANÇOIS

Bd Lantivy

Pl. Letizia

Pl. Mal Foch

MAISON BONAPARTE

Cathédrale

St-Erasme

Pl. Spinola

JETÉE DE LA CITADELLE

CITADELLE

ALFA-ROMEO, DATSUN Ajaccio-Technic-Autom., Résidence 1er Consul, r. Mar.-Lyautey ☎ 22.15.83
CITROEN Cital, av. Noël Franchini ☎ 22.19.92
FIAT Gar.Liberté, 4 r. du Dr. Dell-Pellegrino ☎ 21.11.88
LADA, SKODA Gar. Lombardi, r. Bonardi ☎ 22.43.85
PEUGEOT Muffraggi, N 193, rte de Mezzavia par ① ☎ 22.38.64

RENAULT Ajaccio Autom., N 193, les Salines par ② ☎ 22.38.00
TALBOT Gar. Casanova, rte de Mezzavia, "Le Pozzo" par ① ☎ 22.46.56
V.A.G. Cyrnos-Autom., rés. Castel-Vecchio ☎ 22.26.00
Gar. Emmanuelli, av. Prince-Impérial ☎ 22.09.76

◉ Maison du Pneu, 6 r. M.-Bozzi ☎ 23.38.88

Aléria 2B H.-Corse ⑨⓪ ⑥ – 2 410 h. – ⊠ 20270 Aléria.

Voir Musée Jérôme Carcopino★.

Env. NO : Vallée du Tavignano★.

Ajaccio 112 – Bastia 72 – Bonifacio 98 – Corte 50 – Porto-Vecchio 71.

🏠 **Le Petit Bosquet** sans rest, N 198 ☎ 57.02.16 – 🛁wc 🅿. ⚘
1er avril-31 oct. – **21 ch** 90/110.

Algajola 2B H.-Corse ⑨⓪ ⑬ – 228 h. – ⊠ 20220 Ile-Rousse.

Voir Citadelle★ – Descente de Croix★ dans l'église.

Ajaccio 164 – Calvi 15 – L'Ile-Rousse 9.

🏠 **Beau Rivage**, ☎ 60.73.99, < – 🛁wc ☎ 🅿. ⚘
1er mai-30 sept. – SC : R 60/65 – ⊑ 17 – **15 ch** 170 – P 210/220.

🏠 **Plage**, ☎ 60.72.12, < – 🛁wc 🅿. ⚘
1er mai-30 sept. – SC : R 60 – ⚕ 15 – **36 ch** (pens. seul.) – P 350/360 (pour 2 pers.).

Asco 2B H.-Corse ⑨⓪ ⑭ – 116 h. alt. 620 – ⊠ 20276 Asco.

Env. E : Gorges★★.

Ajaccio 125 – Bastia 64 – Corte 42.

au Haut-Asco SO : 12 km par D 147 – alt. 1 450 – ⊠ 20276 Asco.

Voir Site★.

🏠 **Le Chalet** ⚘, ☎ 47.81.08, < montagnes – 🛁wc 🛁wc 🅿. ⚘ ch
1er juin-30 sept. – SC : R 65/80 – ⚕ 20 – **19 ch** 130/150 – P 150/170.

Aullène 2A Corse-du-Sud ⑨⓪ ⑦ – 176 h. alt. 850 – ⊠ 20116 Aullène.

Ajaccio 70 – Bonifacio 88 – Corte 107 – Porto-Vecchio 61 – Propriano 43 – Sartène 34.

✕ **Poste** avec ch, ☎ 78.61.21, < – ⚘
15 avril-30 sept. – SC : R 60/75 – ⚕ 14 – **18 ch** 70/110 – P 150/170.

Barcaggio 2B H. Corse ⑨⓪ ① – ⊠ 20275 Essa.

Ajaccio 210 – Bastia 57 – St-Florent 67.

🏠 **La Giraglia** ⚘, ☎ 35.60.54, < La Giraglia, ☂ – 🛁wc 🛁wc
2 avril-27 sept. – SC : R 77/100 – ⚕ 17,50 – **23 ch** (pens. seul.) – P 230/255.

Barracone 2A Corse-du-Sud – rattaché à Cauro.

Bastelica 2A Corse-du-Sud ⑨⓪ ⑥ – 796 h. alt. 770 – ⊠ 20119 Bastelica.

Env. A 400 m du col de Mercujo : belvédère★★ et cirque★★ SO : 13,5 km.

Ajaccio 41 – Corte 62 – Propriano 71 – Sartène 84.

🏠 **U Castagnetu** Ⓜ ⚘, ☎ 28.70.71, < – 🛁wc 🅿. 𝗩𝗜𝗦𝗔
➡ *fermé nov. et mardi d'oct. à mai* – SC : R 45/80 – ⊑ 16 – **15 ch** 120/150 – P 200/220.

✕ **Chez Paul**, ☎ 28.71.59
➡ SC : R 48/65.

Bastelicaccia 2A Corse-du-Sud ⑨⓪ ⑰ – rattaché à Ajaccio.

Bastia 🅿 2B H.-Corse ⑨⓪ ③ – 45 081 h. alt. 15 à 71 (citadelle) – ⊠ 20200 Bastia.

Voir Terra-Vecchia★★ Y : le vieux port★★ Z, chapelle de l'Immaculée Conception★ Y B – Terra-Nova★ Z : chapelle Ste-Croix★ Z K – Assomption de la Vierge★★ dans l'église Ste-Marie Z F – Église Ste-Lucie <★★ NO par D31 X.

Env. ⁂★★★ de la Serra di Pigno 14 km par ③ – <★★ du col de Teghime 10 km par ③.

⛵ de Bastia-Poretta, ☎ 36.02.03 par ② : 20 km.

� Office de Tourisme 33 bd. Paoli (fermé sam. après-midi et dim.) ☎ 31.02.04 et pl. St Nicolas ☎ 31.00.99 – A.C. Le Cimbalo, av. César-Vezzani ☎ 31.42.75.

Ajaccio 153 ② – Bonifacio 170 ② – Calvi 93 ③ – Corte 70 ② – Porto 135 ②.

BASTIA

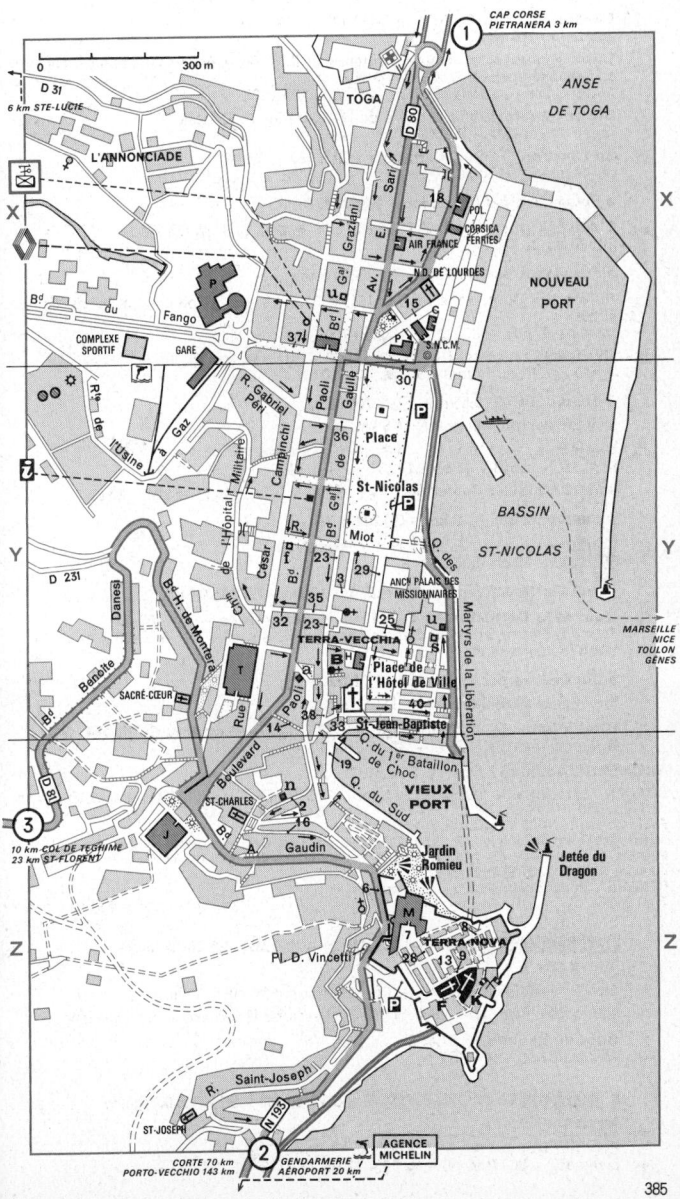

🏨 **Ostella** Ⓜ, 4 km rte Ajaccio par ② 🕽 33.51.05, 🛲 – 🖭 📺wc ⋔wc ☎ 🅿
30 ch.

🏨 **Posta Vecchia** Ⓜ sans rest, quai Martyrs-de-la-Libération 🕽 32.32.38 – 🖭
📺wc ⋔wc ☎. 🆎 ⓞ 🎨 *VISA*   Y s
SC : 😴 18 – **44 ch** 160/210.

🏩 **Bonaparte** sans rest, 45 bd Gén.-Graziani 🕽 34.07.10 – 📺wc ⋔wc ☎. 🆎 ⓞ 🎨
VISA   X u
SC : 😴 17 – **24 ch** 165/235.

🏤 **Central** sans rest, 3 r. Miot 🕽 31.71.12 – ⋔ ☎. 🏖   Y f
SC : 😴 15 – **18 ch** 110/200.

XXX **Chez Assunta,** pl. Neuve Fontaine 🕽 31.67.06, « Belle installation dans une
ancienne chapelle » – 🔳 🆎 ⓞ *VISA*   Y a
fermé 1er janv. au 10 fév. et dim. – **R** carte 100 à 135.

XX **Bistrot du Port,** quai Martyrs-de-la-Libération 🕽 32.19.83   Y u
fermé oct. et dim. – **R** 100/120.

X **La Taverne,** 9 r. Gén.-Carbuccia 🕽 31.17.87 – 🆎. 🏖   Z n
fermé lundi – **R** 70/90.

à Palagaccio par ① : 2,5 km – ⊠ 20200 Bastia :

🏨 **L'Alivi** Ⓜ 🏊 sans rest, 🕽 31.61.85, ≤ – 🖭 ☎ 🕭 🅿 – 🏛 60. *VISA*
SC : **35 ch** 😴 215/345.

à Pietranera par ① : 3 km – ⊠ 20200 Bastia :

🏨 **Pietracap** Ⓜ 🏊 sans rest, D 131 🕽 31.64.63, ≤, 🏊, parc – ☎ 🕭 🅿. 🆎 ⓞ
🎨 *VISA*
1er mars-30 nov. – SC : 😴 20 – **22 ch** 200/310.

🏨 **Cyrnea** Ⓜ sans rest, 🕽 31.41.71, ≤, 🛲 – ⋔wc ☎ 🚗 🅿. 🏖
fermé 23 déc. au 1er fév. – SC : 🛏 13 – **20 ch** 105/168.

à Miomo par ① : 5,5 km – ⊠ 20200 Bastia.
Voir Erbalunga : village★ N : 4,5 km.

🏨 **Sablettes,** 🕽 33.26.13, ≤ – 📺wc ⋔wc ☎ 🚗 🅿
R 80/150 – 😴 23 – **48 ch** 120/220 – P 310/320.
annexe Motel les Sablettes, (🏨 Ⓜ – 🖭 📺 📺wc ⋔wc ☎) – **20 ch.**

à Casatorra par ② : 9 km – ⊠ 20200 Bastia :

🏩 **Lancone** sans rest, 🕽 33.71.39 – 📺wc ☎ 🅿
SC : 😴 18 – **30 ch** 150/220.

à San Martino di Lota par ① et D 31 : 13 km – ⊠ 20200 Bastia :

🏤 **Coin de la Corniche** 🏊, 🕽 31.40.98, ≤ mer et vallée – 🚗 🅿. 🏖
1er mars-1er déc. et fermé dim. soir et lundi hors sais. – SC : **R** 53/88 🍷 – 😴 14 –
16 ch (pension seul) – P 165.

à Casamozza par ② : 20 km – ⊠ 20290 Borgo.
Env. Église de la Canonica★★ NE : 6 km.

🏨 **Chez Walter** Ⓜ, 🕽 36.00.09, 🏊, 🛲, 🎾 – 🖭 📺 📺wc ☎ 🕭 🅿. ⓞ *VISA*. 🏖 rest
R *(fermé lundi)* 79 – 😴 21 – **32 ch** 210/273 – P 301/378.

MICHELIN, Agence, Z.I. par ② 🕽 33.56.00

CITROEN Succursale, N 193, sortie Sud par
② 🕽 33.36.09
FIAT Corsauto, N 193 à Furiani 🕽 31.10.61
FORD Ets Schmitt, Zone Ind. 🕽 33.50.41
PEUGEOT Insulaire-Auto, N 193 Lupino à Fu-
riani par ② 🕽 31.22.27 🆖 🕽 31.53.89
RENAULT Doria-Autom., N 193 Lupino par ②
🕽 31.23.38

RENAULT Ginanni, 35 r. C.-Campinchi 🕽 31.
09.02 🆖 🕽 31.46.86

🏵 Ferrari, N 193 Précojo à Furiani 🕽 33.51.29
Seddas-Pneus, N 193 à Furiani 🕽 33.50.49

Bavella (Col de) 2A Corse-du-Sud 90 ⑦ – alt. 1 243 – ⊠ 20124 Zonza.
Voir 🌲★★★.
Env. E : Forêt de Bavella★★ – Col de Larone ≤★★ NE : 13 km.
Ajaccio 100 – Bastia 132 – Bonifacio 76 – Porto-Vecchio 49 – Propriano 48 – Sartène 46.

X **Aub. du Bavella,** 🕽 57.43.87
🔜 *15 mai-15 oct.* – **R** 45/55 🍷.

Bocognano 2A Corse-du-Sud 90 ⑥ – 315 h. alt. 640 – ⊠ 20136 Bocognano.
Ajaccio 40 – Corte 43.

🏩 **Premier Consul** 🏊, 🕽 27.82.96, ≤ – 📺wc ⋔ 🅿. 🏖
🔜 *avril-sept.* – SC : **R** 50/80 – 😴 12 – **15 ch** 110/140 – P 220/250.

Bonifacio 2A Corse-du-Sud 90 ⑨ G. Corse (plan) – 2 736 h. – ⊠ 20169 Bonifacio.

Voir Site★★★ – Vieille ville★★ – La Marine★ : Col St-Roch ⇐★★ – Phare de Pertusato ☀★ SE : 5 km – **Env.** Ermitage de la Trinité ⇐★★ NO : 6,5 km – Grotte du Sdragonato★ et tour des falaises★★ 45 mn en bateau.

⇗ de Figari, ☎ 71.00.22 N : 21 km.

Ajaccio 140 – Bastia 170 – Corte 148 – Sartène 54.

🏛 **Solemare** sans rest, ☎ 73.01.06, ⇐ – 🛗 ⌂wc 🍴wc 🕿 **©**. ☀
avril-oct. – SC : **59 ch** ☲ 220/320.

🏛 **Étrangers** sans rest, av. S. Bohn ☎ 73.01.09 – 🍴wc 🕿 **©**. **VISA**
SC : ☲ 15 – **30 ch** 100/135.

✗ **U. Ceppu**, golfe Santa Manza NE : 6 km par D 58 ☎ 73.05.83, ⇐ – **©**
fermé 5 janv. au 10 fév., mardi soir et merc. du 1er oct. au 31 mai – SC : **R** 77/170.

✗ **La Rascasse**, 6 quai J.-Comparetti ☎ 73.01.26, ⇐
sais.

Bussaglia 2A Corse-du-Sud 90 ⑮ – rattaché à Porto.

Calacuccia 2B H.-Corse 90 ⑮ – 418 h. alt. 830 – ⊠ 20224 Calacuccia.

Voir Site★★ – Tour du lac de barrage★★ – Défilé de la Scala di Santa Régina★★ NE : 5 km – Casamaccioli ⇐★ SO : 3 km – Chapelle St-Pancrace ⇐★ NE : 4 km puis 15 mn.

Cala Rossa 2A Corse du Sud 90 ⑧ – rattaché à Porto-Vecchio.

Calvi ⇐⑨ 2B H.-Corse 90 ⑬ – 3 636 h. alt. 29 – ⊠ 20260 Calvi.

Voir Citadelle★ : fortifications★ – La Marine★.

Env. Belvédère N.-D. de-la-Serra ⇐★★★ 6 km par ② – ☀★★ de la terrasse de l'église de Montemaggiore 11 km par ①.

Excurs. en bateau : Calvi-Girolata★★★.

⇗ de Calvi-Ste-Catherine : Air Inter ☎ 65.05.95, par ① : 7 km.

🛈 Office de Tourisme Esplanade de la Gare (fermé dim.) ☎ 65.05.87, Télex 406709.

Ajaccio 159 ① – Bastia 93 ① – Corte 96 ① – L'Ile-Rousse 24 ① – Porto 76 ①.

🏛🏛 **Gd Hôtel** sans rest, bd Président-Wilson (a) ☎ 65.09.74, Télex 460718 – 🛗 ♿ – 🔬 50. 🖭 ⓘ E **VISA**
1er avril-30 sept. – SC : ☲ 30 – **52 ch** 380/520, 6 appartements.

🏛 **St-Érasme** M sans rest, rte Ajaccio par ② : 0,8 km ☎ 65.04.50, ⇐ – 🍴wc 🕿 **©** 🖭 ⓘ
1er avril-20 oct. – SC : ☲ 24 – **31 ch** 120/220.

🏛 **Corsica** M ॐ, par ①, N 197 et rte Pietra Major : 2,5 km ☎ 65.03.64, ⇐, 🐎 – ⌂wc 🍴wc 🕿 **©**. ☀
1er avril-31 oct. – SC : **R** (résid. seul.) – **48 ch** ☲ 205/220.

🏛 **Kallisté**, av. Cdt-Marche (e) ☎ 65.09.81, ⇐, 🐎 – 🛗 ⌂wc 🍴wc 🕿 **©**. 🖭 **VISA**. ☀ rest
juin-oct. – **R** 70/90 – ☲ 25 – **24 ch** 200/230 – P 245/275.

🏛 **Résidence des Aloës** ॐ, quartier Donatéo SO : 1,5 km ☎ 65.01.46, ⇐ golfe, 🐎 – ⌂wc 🍴wc 🕿 **©**. 🖭 ⓘ **VISA**. ☀ rest
avril-oct. – **R** (dîner seul.) 100 – **25 ch** ☲ 180/220.

🏛 **Les Arbousiers** ॐ sans rest, par ① : 0,5 km ☎ 65.04.47, ⇐ – ⌂wc 🕿 🚗 **©** ☀
début mai-15 oct. – SC : **40 ch** ☲ 162/190.

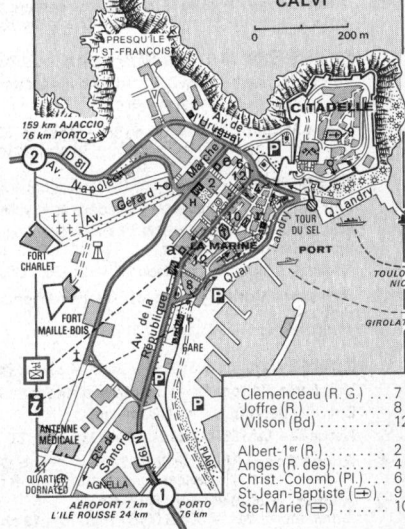

CALVI

0   200 m

PRESQU'ILE ST-FRANÇOIS

CITADELLE

159 km AJACCIO
76 km PORTO

Av. Napoléon

LA MARINE

TOUR DU SEL

PORT

FORT CHARLET

FORT MAILLE-BOIS

Av. de la République

GARE

TOULON NICE

GIROLATA

ANTENNE MÉDICALE

QUARTIER DONNATÉO

AGNELLA

AÉROPORT 7 km
L'ILE ROUSSE 24 km

PORTO
76 km

Clemenceau (R. G.) ... 7
Joffre (R.) 8
Wilson (Bd) 12

Albert-1er (R.) 2
Anges (R. des) 4
Christ.-Colomb (Pl.) .. 6
St-Jean-Baptiste (⊖) .. 9
Ste-Marie (⊖) 10

tourner →

Caravelle ⑤, à la plage par ① : 0,5 km par N 197 ☎ 65.01.21, ≤, pavillons dans un jardin – ⋒wc Ⓟ. ✻
1er mai-30 sept. – SC : **R** 70/85 – ☐ 14,50 – **20 ch** 126/173 – P 212/240.

Aria Marina sans rest, rte Ajaccio par ② : 1 km ☎ 65.04.42, ≤ – ⇔wc ⋒wc ☎ Ⓟ. AE VISA
15 avril-15 oct. – SC : **31 ch** ☐ 195/210.

XXX ✿ **Ile de Beauté,** quai Landry **(r)** ☎ 65.00.46, ≤ – ①. ✻
1er mai-20 sept., et fermé merc. sauf juil.-août – **R** carte 165 à 210
Spéc. Huîtres tièdes au citron vert, Fricassée de homard aux morilles, Petite lotte au vinaigre de vin vieux. **Vins** vins de Corse.

RENAULT Balagne Autos, par ① ☎ 65.11.63

Cap Corse (Tour du) ★★★ **2B** H.-Corse 90 ①② – 123 km au départ de Bastia.

Cargèse **2A** Corse-du-Sud 90 ⑯ – 898 h. alt. 82 – ✉ **20130** Cargèse.
Voir Église latine ≤★ – Ajaccio 51 – Calvi 108 – Corte 106 – Piana 20 – Porto 32.

Lentisques M ⑤, plage du Pero N : 1,5 km ☎ 26.42.34, ≤, ⚘ – ⇔wc ⋒wc ☎ Ⓟ. ✻
mai-fin sept. – SC : **R** 90/100 – ☐ 23 – **20 ch** 220.

Thalassa ⑤, à la plage du Pero N : 1,5 km ☎ 26.40.08, ≤, ⚘ – ⋒wc Ⓟ. ✻ rest
10 juin-30 sept. – SC : **R** (pens. seul.) – ☐ 15 – **22 ch** 120/150 – P 185/190.

La Spelunca sans rest, ☎ 26.40.12, ≤ – ⇔wc ☎ ⇔. ✻
Pâques-fin oct. – SC : ☐ 17 – **20 ch** 180/200.

Casamozza **2B** H.-Corse 90 ③ – rattaché à Bastia.

Casatorra **2B** H.-Corse 90 ③ – rattaché à Bastia.

Cauro **2A** Corse-du-Sud 90 ⑰ – 595 h. alt. 356 – ✉ **20117** Cauro.
Ajaccio 22 – Sartène 64.

XX **Napoléon,** ☎ 28.40.78 – VISA
fermé 25 fév. au 1er avril et lundi d'oct. à juin – **R** carte environ 105.

à Barracone O : 3 km sur N 196 – ✉ **20117** Cauro :

XX **U Barracone,** ☎ 28.40.55, « Cadre de verdure », ⚘ – Ⓟ. AE ① VISA
fermé 15 janv. au 28 fév. et lundi du 15 avril au 15 sept. – **R** 78.

Centuri-Port **2B** H.-Corse 90 ① – 195 h. – ✉ **20238** Centuri.
Voir La Marine★ – **Env.** ✲★★ du moulin Mattei NE : 6,5 km puis 30 mn.
Ajaccio 212 – Bastia 59 – St-Florent 60.

Vieux Moulin, ☎ 35.60.15, ≤, ✂ – ⋒wc Ⓟ. AE VISA
mars-oct. – SC : **R** 85/160 – ☐ 15 – **14 ch** 115/145 – P 210/230.

Corte ◇ **2B** H.-Corse 90 ⑤ **G. Corse** (plan) – 5 446 h. alt. 396 – ✉ **20250** Corte.
Voir Site★ – Ville haute★ : belvédère ✲★ – Mosaïques★ dans l'hôtel de ville.
Env. ✲★★ du Monte Cecu N : 7 km – SO : Vallée★★ et forêt★ de la Restonica – SE : Vallée du Tavignano★.
Ajaccio 83 – Bastia 70 – Bonifacio 148 – Calvi 96 – L'Ile-Rousse 72 – Porto 86 – Sartène 141.

Sampiero Corso M sans rest, av. Prés.-Pierucci ☎ 46.09.76 – |♦| ⇔wc ⋒wc ☎ ♿ Ⓟ. ✻
1er avril-1er oct. – SC : ☐ 14 – **31 ch** 150/170.

Evisa **2A** Corse-du-Sud 90 ⑮ – 248 h. alt. 830 – ✉ **20126** Evisa.
Voir Forêt d'Aïtone★★ – Cascades d'Aïtone★★ NE : 3 km puis 30 mn.
Env. Col de Vergio ≤★★ NE : 10 km.
Ajaccio 72 – Calvi 99 – Corte 63 – Piana 33 – Porto 23.

Scopa Rossa M ⑤, ☎ 26.20.22, ≤ – ⇔wc ⋒wc ⇔ Ⓟ. ✻
1er avril-30 oct. et vacances scol. d'hiver – SC : **R** 60/80 – ☐ 20 – **17 ch** 150/180.

Aïtone, ☎ 26.20.04, ≤ – ⋒wc. AE
fermé nov. et déc. – SC : **R** 60/80 – ☐ 16 – **19 ch** 80/170 – P 175/250.

Favone **2A** Corse du Sud 90 ⑦ – ✉ **20144** Ste Lucie-de-Porto-Vecchio.
Ajaccio 143 – Bastia 114 – Bonifacio 56.

U Dragulinu ⑤, ☎ 57.41.49 – ⋒wc Ⓟ. ✻ rest
1er mai-30 oct. – **R** carte 110 à 160 – ☐ 22 – **16 ch** 180/220 – P 270/290.

Feliceto 2B H.-Corse 90 ⑭ – 145 h. alt. 370 – ✉ **20225** Muro.

Ajaccio 156 – Calvi 26 – Corte 73 – L'Ile-Rousse 19.

Gd H. "Mare E Monti" ⛰, ☎ 61.73.06, ←, parc – ⇔wc ⋒wc ☎ Ⓟ
1er mai-30 sept. – SC : **R** 80/120 – ☐ 16 – **18 ch** 80/165 – P 165/200.

Ferayola 2B H.-Corse 90 ⑭ – rattaché à Galéria.

Galéria 2B H.-Corse 90 ⑭ – 306 h. alt. 35 – ✉ **20245** Galéria.

Voir Golfe★.

Env. Croisière Galéria-Porto★★★.

Ajaccio 133 – Calvi 33 – Porto 50.

Filosorma ⛰, ☎ 62.00.02, ← – ⇔wc ⋒wc ☎ Ⓟ
Pâques-fin sept. – SC : **R** 65/80 – ☐ 18 – **14 ch** 140/160.

L'Auberge avec ch, ☎ 62.00.15 – ✻
Pâques-fin sept. – SC : **R** (du 1er juil. à fin sept. dîner seul.) 50/57 🍷 – ☐ 18 – **6 ch** 95/115 – P 160.

*à **Ferayola*** N : 14 km par D 351 et D 81 – ✉ **20260** Calvi :

Aub. de Ferayola ⛰, ☎ 62.01.52, ←, ✂ – ⇔wc ⋒wc Ⓟ. VISA. ✻
15 mai-30 sept. – SC : **R** 63/71 – ☐ 22 – **10 ch** 130/175 – P 305/330.

Golfe de la Liscia 2A Corse-du-Sud 90 ⑯ – ✉ **20111** Calcatoggio.

Voir Calcatoggio ←★ SE : 5 km – Ajaccio 26 – Calvi 137 – Corte 96 – Vico 26.

Transat H. de San-Bastiano ⛰ (Hôtel Village), ☎ 28.20.35, Télex 460991, ⛱, ⛵, ⛱, ✂ – ⇔wc ⋒wc ☎, sans ▥ Ⓟ – 🏛 35 à 200. AE ⓓ E VISA. ✻ rest
29 avril-14 oct. – SC : **R** 110 🍷 – ☐ 21 – **200 ch** 200/305 – P 400.

Cinarca Ⓜ ⛰, à Tiuccia ☎ 28.21.39, ←, ⛱, ⛵, ⛱ – |‡| ⇔wc ☎ Ⓟ
sais. – **46 ch**.

Liscia Ⓜ sans rest, ☎ 28.21.40, ←, ⛱, ⛱, ✂ – cuisinette ⇔wc ⋒wc ☎ Ⓟ
1er mai-30 sept. – SC : ☐ 15 – **52 ch** 182/215.

Castel D'Orcino ⛰, à la pointe de Palmentojo ☎ 28.20.63, ← golfe, ⛱ – ⋒wc ☎ 🚗 Ⓟ. ✻ rest
1er mai-30 sept. – SC : **R** (grill) – ☐ 21 – **20 ch** 175/218.

Chez André avec ch, à Tiuccia ☎ 28.21.12, ←, ⛱ – ⋒ Ⓟ
sais. – **17 ch**.

Golfo di Sogno 2A Corse-du-Sud 90 ⑧ – rattaché à Porto-Vecchio.

L'Ile-Rousse 2B H.-Corse 90 ⑬ – 2 632 h. – ✉ **20220** l'Ile-Rousse.

Voir Ile de la Pietra★ : phare ←★ N : 2 km.

ℹ Syndicat d'Initiative pl. Paoli (1er avril-fin sept. fermé dim.) ☎ 60.04.35.

Ajaccio 155 – Bastia 69 – Calvi 24 – Corte 72.

La Pietra Ⓜ ⛰, rte du Port ☎ 60.01.45, ← mer et montagne – ⇔wc ⋒wc ☎ Ⓟ. AE ⓓ VISA. ✻ rest
1er avril-30 oct. – SC : **R** 140/160 – ☐ 20 – **40 ch** 250/280.

Isola Rossa Ⓜ ⛰ sans rest, rte du Port ☎ 60.01.32, ← – ⋒wc ☎ Ⓟ. AE ⓓ. ✻
SC : ☐ 18 – **20 ch** 135/145.

Le Grillon, av. P.-Doumer ☎ 60.00.49 – ⋒wc Ⓟ. ✻ rest
20 fév.-15 nov. et fermé mardi – SC : **R** 62/70 – ☐ 18 – **16 ch** 165/180 – P 462 (pour 2 pers.).

California, rte du Port ☎ 60.01.13, ← – Ⓟ
1er mars-nov. et fermé merc. – **R** 70, carte le dim..

Le Laetitia, sur le Port ☎ 60.01.90, ← – Ⓟ. ⓓ VISA
15 mars-15 oct. – SC : **R** 90 🍷.

Le Relais, av. Piccioni ☎ 60.00.72.

CITROEN Pissard, ☎ 60.00.73 Ⓝ ☎ 60.02.13

*à **Monticello*** SE : 3 km – ✉ **20220** l'Ile-Rousse :

A Pastorella ⛰, ☎ 60.05.65, ← – ⋒wc. ✻ rest
fermé nov., sam. et dim. du 1er déc. au 1er mars – **R** 65/75 – ☐ 18 – **14 ch** 110/150 – P 195/210.

*à **Lozari*** E : 8,5 km – ✉ **20226** Belgodère :

Les Mouettes ⛰, ☎ 60.09.32, ←, ⛱ – ⋒wc Ⓟ. AE ⓓ. ✻ ch
1er avril-1er oct. – **R** 50/75 – ☐ 17 – **20 ch** 160/170.

Lozari 2B H.-Corse 90 ⑬ – rattaché à l'Ile Rousse.

Miomo 2B H.-Corse 90 ② – rattaché à Bastia.

Monticello 2B H.-Corse 90 ⑬ – rattaché à l'Ile-Rousse.

Palagaccio 2B H.-Corse 90 ② – rattaché à Bastia.

Petreto-Bicchisano 2A Corse-du-Sud 90 ⑰ – 643 h. alt. 412 – ⊠ 20140 Petreto-Bicchisano – Ajaccio 50 – Sartène 36.

✗ **France** avec ch, à Bicchisano ☎ 24.30.55 – ⋔ ⓟ. ⅏
15 avril-15 nov. – SC : **R** (prévenir) 90/130 – � 25 – **3 ch** 90/110 – P 190/220.

Piana 2A Corse-du-Sud 90 ⑮ – 511 h. alt. 435 – ⊠ 20115 Piana.
Voir Col de Lava ≤★★ S : 1 km.
Env. NO : Route de Ficajola ≤★★★ – Capo Rosso ≤★★ O : 9 km.
Ajaccio 71 – Calvi 92 – Evisa 33 – Porto 12.

🏛 **Capo Rosso** Ⓜ �⎩, ☎ 26.12.35, ≤ mer et golfe, ♨, – 🛏wc ⋔wc 🕿 ⓟ. 🆎 ⓞ 𝗩𝗜𝗦𝗔. ⅏ ch
1er avril-15 oct. – **R** 60/160 – **57 ch** 170/280.

🏛 **L'Horizon**, rte Cargèse ☎ 26.11.77, ≤ – ⋔wc ⓟ
1er mars-30 nov. – **R** 50/100 – ⊃ 17 – **16 ch** 120/160 – P 210.

🏠 **Continental**, ☎ 26.12.02, 🌲 – ⋔wc ⓟ
1er avril-30 sept. – SC : **R** 55/95 – ⊃ 19 – **17 ch** 90/135.

Pietracorbara 2B H.-Corse 90 ② – 229 h. – ⊠ 20233 Sisco.
Env. Sisco : chapelle St-Michel ≤★★ 30 mn et Chef-reliquaire de St-Jean Chrysostome★ dans l'Église St-Martin, SO : 12 km.
Ajaccio 173 – Bastia 20.

🏠 **Macchia E Mare**, à la Marine ☎ 35.21.36, ≤ – 🛏wc, sans ⋔ ⓟ
15 mai-30 sept. – SC : **R** 65 – ⊃ 15 – **12 ch** 90/150 – P 160/190.

Pietranera 2B H.-Corse 90 ②③ – voir à Bastia.

Pinarello 2A Corse-du-Sud 90 ⑧ – ⊠ 20144 Ste-Lucie de Porto-Vecchio.
Ajaccio 151 – Bastia 131 – Bonifacio 47 – Porto-Vecchio 20.

🏠 **La Tour Gênoise** ⍩, ☎ 71.44.10, ≤ – ⋔wc 🕿 ⓟ. 🆎. ⅏ rest
1er juin-30 sept. – **32 ch**.

Porticcio 2A Corse-du-Sud 90 ⑰ – ⊠ 20166 Porticcio.
Ajaccio 17 – Sartène 80.

🏛🏛 **Sofitel** Ⓜ ⍩, ☎ 25.00.34, Télex 460708, ≤ golfe, ♨, ♨s, 🌲, ⅏ – 🛗 ▤ ch 📺 🕿 ⓟ – 🏊 100. 🆎 ⓞ 𝗘 𝗩𝗜𝗦𝗔. ⅏ rest
SC : rest. **Le Caroubier R** carte 180 à 250 – **100 ch** (1/2 pens. seul.), 4 appartements – 1/2 p 935/1 500.

🏛🏛 **Le Maquis** ⍩, ☎ 25.05.55, Télex 460597, ≤, ♨s, 🌲 – 📺 🕿 ⓟ. 🆎 ⓞ 𝗩𝗜𝗦𝗔. ⅏ rest
fermé 1er janv. au 15 fév. – **R** 170 – **22 ch** (1/2 pens. seul.) – 1/2 p 600/900.

🏛 **Isolella**, à Agnarello S : 4,5 km ☎ 25.41.36, ≤ – 🛏wc 🕿 ⓟ
R (avril-fin oct.) 57 – ⊃ 14 – **30 ch** (pens. seul.) – P 447/464 (pour 2 pers.).

✗✗ **Club**, plage de la Viva ☎ 25.00.42, ≤ – ⓟ. 🆎 ⓞ 𝗩𝗜𝗦𝗔
➤ fermé mardi d'oct. à mars – SC : **R** 50/150.

Porticciolo 2B H.-Corse 90 ② – ⊠ 20228 Luri.
Ajaccio 178 – Bastia 25.

🏛 **Caribou** Ⓜ ⍩, à la Marine de Porticciolo ☎ 35.00.33, ≤, ♨, ♨s, ⅏ – cuisinette 🛏wc ⋔wc 🕿 ⓟ. 🆎 ⓞ 𝗘 𝗩𝗜𝗦𝗔
15 juin-25 sept. – **R** 150/220 – ⊃ 25 – **30 ch** 200/260, 10 pavillons.

Porto 2A Corse-du-Sud 90 ⑮ – ⊠ 20150 Ota.
Voir La Marine★ – Env. Golfe de Porto★★★ – en vedette : SO : les Calanche★★★, N : Golfe de Girolata★★★ – Girolata★ ≤★★★ de la tour.
🛈 Syndicat d'Initiative 9 rte de la Marine (1er avril-30 sept., fermé sam. après-midi et dim.) ☎ 26.11.37.
Ajaccio 83 – Bastia 135 – Calvi 76 – Corte 86 – Évisa 23.

🏰 **Capo d'Orto** M, ☎ 26.11.14, ≤, ⌂ – 🛁wc ☎ **P**. 🍽 rest
1er avril-15 oct. – SC : **R** 70/105 – ☲ 17 – **30 ch** 160/172.

🏰 **Le Porto** M, ☎ 26.11.20, ≤ – 🛁wc 🛁wc **P**. 🖭 **E** 𝗩𝗜𝗦𝗔. 🍽
1er mai-30 sept. – SC : **R** 70/120 – ☲ 20 – **28 ch** (1/2 pens. seul.) – 1/2 p 150/170.

🏠 **Bella Vista** sans rest, ☎ 26.11.08, ≤, 🌳 – 🛁wc 🛁wc
30 avril-10 oct. – SC : ☲ 13 – **20 ch** 75/120.

🏠 **Le Cyrnée** ⑤, à La Marine ☎ 26.12.40, ≤ – 🛁wc 🛁wc **P**. 🖭 **E** 𝗩𝗜𝗦𝗔
1er avril-15 oct. – SC : **R** 65 – **10 ch** ☲ 160 – P 195.

✗ **Le Maquis** avec ch, ☎ 26.12.19, ≤ – 🛁wc 🛁 **P**. 🖭
15 mars-15 nov. et 15 déc.-5 janv. – SC : **R** 65/105 – ☲ 18 – **7 ch** 100/140.

vers la plage de Bussaglia N : 6 km par D 81 et VO – ✉ 20150 Ota :

🏠 **L'Aiglon** ⑤, ☎ 26.10.65, ≤, dans le maquis, 🌳 – 🛁wc 🛁wc ☎, sans 🛁 **P**. 🍽
10 mai-25 sept. – **R** 55/72 – ☲ 17 – **19 ch** 140/200 – P 165/190.

Porto-Pollo 2A Corse-du-Sud 🗺 ⑱ – ✉ 20140 Petreto Bicchisano.
Ajaccio 60 – Sartène 33.

🏠 **Les Eucalyptus** ⑤, ☎ 74.01.52, ≤, 🌳 – 🛁wc **P**. 🍽
10 mai-30 sept. – SC : **R** 58/90 – ☲ 16,50 – **24 ch** 172 – P 193.

🏠 **L'Escale**, ☎ 74.01.54, ≤, 🌳 – 🛁wc 🛁wc **P**
1er avril-30 sept. – **R** 52/78 – ☲ 15 – **20 ch** (pens. seul.) – P 194.

🛖 **Kallisté**, ☎ 74.02.38, ≤ – 🛁wc, sans 🛁
1er avril-30 sept. – SC : **R** 58/65 – ☲ 16 – **10 ch** 100/158 – P 161/180.

Porto-Vecchio 2A Corse-du-Sud 🗺 ⑧ – 8 103 h. alt. 70 – ✉ 20137 Porto-Vecchio.
Env. Golfe de Porto-Vecchio** – Castello* d'Arraggio ≤** N : 7,5 km – Phare
de la Chiappa ≤** E : 14 km.
🅱 Syndicat d'Initiative 2 r. Mar.-Juin (fermé sam. après-midi et dim.) ☎ 70.09.58.
Ajaccio 131 – Bastia 143 – Bonifacio 27 – Corte 121 – Sartène 63.

🏰 **du Roi Théodore** M ⑤, rte de Bastia : 2 km ☎ 70.14.94, ⌂, 🌳, 🍽 – ☎ **P** –
🅰 60. 🖭 𝗩𝗜𝗦𝗔. 🍽 rest
1er avril-30 oct. – SC : **R** 120 – ☲ 18 – **39 ch** 295/340.

🏰 **Cala Verde** M ⑤ sans rest, ☎ 70.11.55, ≤, 🌳 – 🚿 ☎ 🚗 **P**. 🖭 ⓞ **E** 𝗩𝗜𝗦𝗔
Pâques-15 oct. – SC : **40 ch** ☲ 300/380.

🏰 **Ziglione** M ⑤, rte Palombaggia E : 5 km par N 198 et VO ☎ 70.09.83, ≤ golfe,
🌳 – **P**
mai-sept. – SC : **R** carte environ 160 – **32 ch** (1/2 pens. seul.) – 1/2 p
624/686 (pour 2 pers.).

🏠 **L'Aiglon** sans rest, rte du Port ☎ 70.13.06 – 🛁wc ☎ **P**
1er mars-1er nov. – SC : ☲ 19 – **16 ch** 127/161.

🏠 **San Giovanni** M ⑤, rte d'Arca D : 3 km par D 659 ☎ 70.22.25, parc, ⌂, 🍽 –
🛁wc 🛁wc ☎ & **P**. 🖭. 🍽
1er avril-15 oct. – SC : **R** (dîner seul.) 80/130 – **26 ch** ☲ 175/270.

🏠 **Le Goëland** ⑤ sans rest, à La Marine ☎ 70.14.15, ≤, 🚣, 🌳 – 🛁wc 🛁wc ☎
P. 🍽
SC : ☲ 23 – **21 ch** 101/167.

🏠 **Roches Blanches** ⑤, à La Marine ☎ 70.06.96, ≤ – 🛁wc 🛁 ☎ **P**. 🍽
mai-15 oct. – SC : **R** 85 – ☲ 16 – **15 ch** 71/175.

✗✗ **Le Troubadour**, 13 r. Gén.-Leclerc ☎ 70.08.04 – 🖭 ⓞ **E** 𝗩𝗜𝗦𝗔
fermé 15 oct. au 15 déc. et merc. du 15 déc. au 31 mai – **R** (du 1er juin au 15 oct.
dîner seul.) carte 100 à 155 🍷.

✗✗ **Lucullus**, r. Gén.-de-Gaulle ☎ 70.10.17 – 🖭 ⓞ **E** 𝗩𝗜𝗦𝗔
fermé 15 janv. au 28 fév., lundi midi et dim. du 1er oct. au 1er juin – **R** carte 90 à 130.

au Golfe di Sogno NE : 7 km – ✉ 20137 Porto-Vecchio :

✗✗ **Stagnolo** ⑤ avec ch, rte de Cala Rossa ☎ 70.02.07, « Parmi les chênes lièges, ≤
golfe », 🌳 – cuisinette 🛁wc **P**. 🖭 ⓞ 𝗩𝗜𝗦𝗔
15 mars-30 sept. – SC : **R** (fermé le midi du 15 juin au 30 sept.) 80/150 – ☲ 18 –
26 ch 145/220.

à Cala Rossa NE : 10 km par N 198, D 568 et D 468 – ✉ 20137 Porto Vecchio :

🏰 **Gd H. Cala Rossa** ⑤, ☎ 70.09.65, 🚣, 🌳 – ☎ **P**. 🖭 ⓞ 𝗩𝗜𝗦𝗔. 🍽 rest
10 mai-30 sept. – SC : **R** carte 120 à 200 – **50 ch**, (1/2 pens. seul.) – 1/2 p 475/600.

RENAULT Balesi-Auto, N 198, La Poretta ☎ 70.15.55 🅽 ☎ 70.21.43

Propriano 2A Corse-du-Sud 🔟 ⑱ – 3 098 h. – Stat. therm. (fermé déc.) aux Bains de Baracci, NE : 3 km – ⊠ 20110 Propriano.

Voir Port★.

🛈 Office de Tourisme 17 r. Gén. de Gaulle (fermé sam. hors sais. et dim.) ☏ 76.01.49.

Ajaccio 73 – Bonifacio 67 – Corte 138 – Sartène 13.

🏨 **Miramar** Ⓜ sans rest., ☏ 76.06.13, ≤, « Bel aménagement intérieur, jardin, 𝕴 » 𝕴 – 🛏 🅿 – 🕍 30
sais. – **30 ch.**

🏨 **Roc é Mare**, ☏ 76.04.85, Télex 460962, ≤ golfe, 🏖 – ▧ 🅿 – *sais.* – **60 ch.**

🏨 **Ollandini** 🦢, rte Baracci NE : 2 km ☏ 76.05.10, 𝕴, 🎇 – 🛁wc 🛁wc 🕿 🅿. 🖭 𝕴
1er mai-15 oct. – SC : **R** 70/100 – ☑ 16,50 – **51 ch** 230/330.

XX **Lido** 🦢 avec ch, ☏ 76.06.37, ≤ – 🛁wc 🕿 🅿. 𝕴 ch
mai-fin sept. – SC : **R** 65/195 – ☑ 15 – **17 ch** 161/218.

X **Thalassa**, av. Gén.-de-Gaulle ☏ 76.08.39 – 🖭 🕦 𝓥𝓘𝓢𝓐
1er mai-15 oct. – **R** 65/150.

X **Casa Corsa**, 15 r. 9 Septembre ☏ 76.05.93 – 🖭 🕦 𝓥𝓘𝓢𝓐
fermé 20 déc. au 10 janv., fév., dim. et le soir du 15 déc. au 1er avril – **R** 54/150.

par rte de Baracci et voie privée NE : 4,5 km – ⊠ 20175 Vigianello :

🏨 **La Bergerie** Ⓜ 🦢, ☏ 76.00.37, ≤, « dans le maquis », 𝕴, 🎇 – 🛁wc 🕿 🅿. 🖭 🕦. 𝕴 rest
15 juin-15 sept. – SC : **R** 150/200 – ☑ 25 – **15 ch** 350/530.

PEUGEOT Casabianca, rte Corniche ☏ 76. 00.91

RENAULT Vesperini, N 196 Arconcello ☏ 76. 04.08

Quenza 2A Corse-du-Sud 🔟 ⑦ – 229 h. alt. 800 – ⊠ 20122 Quenza.

Ajaccio 84 – Bonifacio 74 – Porto-Vecchio 47 – Sartène 44.

🏨 **Sole e Monti**, ☏ 78.62.53, ≤ – 🛁wc 🅿. 🖭 E 𝓥𝓘𝓢𝓐. 𝕴 rest
1er juil.-31 août – SC : **R** 70/90 – ☑ 20 – **20 ch** 125/300 – P 263/350.

Sagone 2A Corse-du-Sud 🔟 ⑯ – ⊠ 20118 Sagone.

Voir Golfe de Sagone★.

Ajaccio 38 – Piana 33 – Porto 45.

🏨 **Santana**, à Esigna S : 2 km N 119 ⊠ 20118 Sagone ☏ 28.00.09, ≤ – 🛁wc 🛁wc 🕿, sans ▧ 🅿. 𝓥𝓘𝓢𝓐. 𝕴 rest
avril-sept. – SC : **R** 54/78 – ☑ 17 – **33 ch** 146 – P 209.

X **La Rascasse**, ☏ 28.02.22
fin mars-1er oct. – **R** 60/90.

St-Florent 2B H.-Corse 🔟 ③ – 1 217 h. – ⊠ 20217 St-Florent.

Voir Anc. cathédrale de Nebbio★★ – Vieille Ville★.

Env. Col de San Stéfano ≤★★ S : 13 km – Défilé de Lancone★★ SE : 13 km.

🛈 Office de Tourisme (1er avril-30 sept., fermé sam. et dim.) ☏ 37.06.04.

Ajaccio 176 – Bastia 23 – Calvi 70 – Corte 93 – L'Ile-Rousse 46.

🏨 **Dolce Notte** Ⓜ 🦢 sans rest, ☏ 37.06.26, ≤, 🎇 – 🛁wc 🛁wc 🕿 🅿. 𝕴
fin mars-15 nov. – SC : ☑ 20 – **24 ch** 190/280.

🏠 **Centre** sans rest, ☏ 37.00.68 – 🛁
1er avril-1er nov. – SC : 💺 13 – **12 ch** 85/105.

au Nord 2 km par D 81 et voie privée – ⊠ 20217 St-Florent :

🏨 **Bungalows de Treperi** 🦢 sans rest, ☏ 37.02.75, ≤ mer et montagne – cuisinette 🛁wc 🅿
Pâques-30 sept. – SC : ☑ 15 – **20 ch** 145/200.

San-Martino-di-Lota 2B H.-Corse 🔟 ② – 2 183 h. – voir à Bastia.

San Pellegrino 2B H.-Corse 🔟 ④ – ⊠ 20213 Castellare di Casinca.

Ajaccio 147 – Bastia 34 – Corte 64 – Porto-Vecchio 115.

🏨 **San Pellegrino** (H. pavillonnaire) 🦢, à Folelli-Plage ☏ 36.90.61, Télex 460398, ≤, parc, 🏖, 💥 – 🛁wc 🛁wc 🅿. 🖭 E. 𝕴 rest
2 mai-10 oct. – SC : **R** 78 – 💺 19 – **105 ch** 180/238 – P 248/288.

Sant'Antonino 2B H.-Corse 🔟 ⑬ – 79 h. alt. 497 – ⊠ 20269 Aregno.

Voir ≤★★ – Village★ – Aregno : église de la Trinité★ S : 5 km.

Env. Col de Salvi ≤★★ SO : 6 km – Lavatoggio : ≤★ de la terrasse de l'église.

Santa Maria-Siché 2A Corse-du-Sud 90 ⑰ – 439 h. alt. 480 – ⊠ 20190 Santa-Maria-Siché – Ajaccio 36 – Sartène 53.

🏠 **Santa Maria,** N 850 ☏ 24.72.65, ≤ – ➭wc ⋔wc ☞ **P**. ✺
R 47/79 ♨ – ☛ 20 – **22 ch** 120/150.

Sartène ≪**P**≫ 2A Corse-du-Sud 90 ⑱ G. Corse (plan) – 3 184 h. alt. 305 – ⊠ 20100 Sartène.

Voir Vieille ville★★ – Procession de Catenacciu★★ (vend. Saint) – Foce : belvé-dère ≤★★ E : 5 km.

Ajaccio 86 – Bastia 178 – Bonifacio 54 – Corte 141.

🏦 **Villa Piana** M sans rest, rte Propriano ☏ 77.07.04, ≤, parc, ✺ – ➭wc ☎ **P**.
♨ 60. ⅦⅥⅥ ✺
Pâques-fin sept. – SC : ⊡ 16 – **32 ch** 180/200.

✕✕ **La Chaumière,** 39 r. Capitaine Benedetti ☏ 77.07.13 – ℿ
fermé janv. et lundi d'oct. au 15 juin – **R** carte 90 à 130 ♨.

RENAULT Gar. Le Rond-Point, r. J.-Nicoli ☏ 77.02.14

Soccia 2A Corse-du-Sud 90 ⑮ – 172 h. – ⊠ 20125 Soccia.

Ajaccio 70 – Calvi 139 – Corte 99 – Vico 18.

🏠 **U Paese** ⑤, ☏ 28.31.92, ≤ – ➭wc ☞ **P**. ✺
fermé 1er nov. au 20 déc. – SC : **R** 55/100 – ⊡ 16 – **22 ch** 110/145 – P 175/185.

Solenzara 2A Corse-du-Sud 90 ⑦ – ⊠ 20145 Solenzara.

Ajaccio 131 – Bastia 103 – Bonifacio 67 – Sartène 77.

🏦 **Maquis et Mer** M sans rest, ☏ 57.42.37 – ▤ ➭wc ⋔wc ☎. ℿ ① E ⅦⅥⅥ
fermé nov. et déc. – SC : ⊡ 19,50 – **50 ch** 160/280.

🏠 **Solenzara** sans rest, ☏ 57.42.18, ☞, ✺ – ➭wc ⋔wc ⅙ **P**
SC : ⊡ 15 – **27 ch** 96/150.

✕✕ **Caravelle,** ☏ 57.42.27, ☞.

Speloncato 2B H.-Corse 90 ⑬ – 191 h. alt. 550 – ⊠ 20281 Speloncato.

Voir ≤★ – Village★.

Ajaccio 150 – Calvi 32 – Corte 67 – L'Ile-Rousse 19.

🏠 **Spelunca** ⑤, ☏ 61.31.21 – ⋔wc
1er juin-30 sept. – SC : **R** 60/100 – ⊡ 15 – **14 ch** 110/170 – P 206/280.

Tiuccia 2A Corse-du-Sud 90 ⑯ – rattaché à Golfe de la Liscia.

Venaco 2B H.-Corse 90 ⑤ – 747 h. alt. 600 – ⊠ 20231 Venaco.

Voir Col de Bellagranajo ✳★★ N : 3 km – Pont du Vecchio ≤★ S : 5 km.

Env. Col de Morello ≤★★ SE : 14,5 km.

Ajaccio 71 – Corte 12 – Sartène 128.

🏦 **Paesotel E Caselle** ⑤, au SE : 5 km par D 43 ⊠ 20231 Venaco ☏ 47.02.01,
Télex 460145, ≤, « Pavillons dans le maquis », ⊼, ✺ – ➭wc ⋔wc ☎ **P**. ℿ ①
ⅦⅥⅥ
1er mai-30 sept. – **R** Carte 100 à 160 ♨ – ☛ 32 – **47 ch** 235/261.

🏠 **Le Torrent** ⑤, à St-Pierre-de-Venaco N : 4 km par N 193 ⊠ 20250 Corte ☏
47.00.18, ☞ – ⋔wc **P**
fermé nov. – SC : **R** 60/70 – ⊡ 16 – **22 ch** 130/150.

Vero 2A Corse-du-Sud 90 ⑯ – 241 h. alt. 430 – ⊠ 20133 Ucciani.

Ajaccio 27 – Cargèse 65 – Corte 62.

✕ **Aub. Mamy,** à La Vignole SO : 5 km sur N 193 ☏ 27.80.37 – **P**
fermé fév., 24 au 31 oct., dim. soir et merc. – SC : **R** (prévenir) carte 110 à 170.

Vico 2A Corse-du-Sud 90 ⑮ – 1 312 h. alt. 385 – ⊠ 20160 Vico.

Voir Couvent St-François : christ en bois★ dans l'église conventuelle.

Ajaccio 52 – Calvi 121 – Corte 81.

🏠 **U Paradisu** ⑤, ☏ 26.61.62, ≤ – ⋔wc ☞. ✺ ch
fermé 15 janv. au 30 mars – **R** 65/130 – ⊡ 14 – **20 ch** 150/170 – P 165/180.

Vizzavona (Col de) 2B H.-Corse 90 ⑥ – alt. 1 161 – ⊠ 20219 Vivario.

Voir Forêt★★.

Ajaccio 49 – Bastia 104 – Bonifacio 144 – Corte 34.

🏠 **Monte d'Oro,** ☏ 47.21.06, ≤, ⑤, en forêt, ✺ – **P**. ✺ rest
1er juil.-15 sept. – **R** 80/100 ♨ – **45 ch** (pens. seul.) – P 205/225.

Zicavo 2A Corse-du-Sud **90** ⑦ – 269 h. alt. 730 – ✉ **20132** Zicavo.
Ajaccio 63 – Bonifacio 114 – Corte 81 – Porto-Vecchio 87 – Sartène 60.

Tourisme, ☎ 24.40.06, ← – wc. ch
R 43/55 – 11 – **15 ch** 84/110 – P 190/220.

Zonza 2A Corse-du-Sud **90** ⑦ – 1 503 h. alt. 784 – ✉ **20124** Zonza.
Ajaccio 91 – Aleria 56 – Bonifacio 67 – Corte 128 – Porto-Vecchio 40 – Sartène 37.

XX **Incudine** avec ch, ☎ **78.42.76** – TV wc
1er mai-31 oct. – SC : **R** 66/88 – 15 – **10 ch** 140/150 – P 430 (2 pers.).

X **Tourisme** avec ch, ☎ **78.42.31** –
mars-1er nov. – **R** 55/120 – 15 – **10 ch** 90/120.

Demandez chez le libraire le catalogue des cartes et guides Michelin

CORVOL-L'ORGUEILLEUX **58460** Nièvre **65** ⑭ – 868 h. alt. 175 – 86.
Paris 222 – La Charité-sur-Loire 44 – Clamecy 11 – Cosne-sur-Loire 44 – Nevers 62.

Aub. du Dr. Minxit, ☎ **29.12.81,** – wc P
fermé 10 au 25 juin, 10 au 30 janv. et mardi – SC : **R** 38/90 – 14 – **10 ch** 68/137 – P 130/170.

RENAULT Gar. de Oliveira, ☎ 29.14.77

COSNE-D'ALLIER **03430** Allier **69** ⑫ **G. Auvergne** – 2 464 h. alt. 230 – 70.
Paris 314 – Montluçon 25 – Moulins 42 – St-Amand-Montrond 47 – St-Pierre-le-Moutier 51.

Globe, ☎ **07.50.26**
fermé lundi – SC : **R** 40/90 – 13 – **8 ch** 53/90 – P 125/150.

CITROEN Larnaud, ☎ 07.50.01

COSNES-ET-ROMAIN **54** M.-et-M. **57** ② – rattaché à Longwy.

COSNE-SUR-LOIRE **58200** Nièvre **65** ⑬ **G. Bourgogne** – 11 084 h. alt. 148 – 86.
Office de Tourisme 17 r. A.-Baudin (15 juin-15 sept., fermé lundi et dim.) ☎ 28.11.85.
Paris 188 ① – Auxerre 84 ① – Bourges 61 ④ – Montargis 73 ① – Nevers 52 ③ – ♦Orléans 105 ①.

COSNE-SUR-LOIRE

St-Jacques (R. et) 22

Baudin (R. Alphonse) 2
Buchet-Desforges (R.) 4
Clemenceau (Pl. G.) 5
Dr-J.-Moineau (Pl. du) 6
Donzy (R. de) 7
Frères-Gambon (R. des) 8
Gambetta (R.) 9
Gaulle (R. du Général de) 12
Leclerc (R. du Général) 13
Pêcherie (Pl. de la) 14
Pelletan (R. Eugène) 16
République (Bd de la) 17
Rousseau (R. W.) 18
St-Agnan (R.) 21
Victor-Hugo (R.) 24
Vieille-Route (R.) 25
14-Juillet (R. du) 26

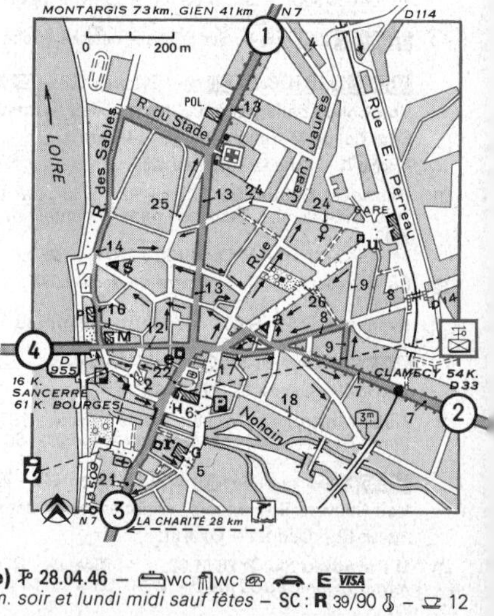

Pour un bon usage des plans de villes, voir les signes conventionnels p. 21.

Gd Cerf, 43 r. St-Jacques **(e)** ☎ **28.04.46** – wc wc . E VISA
fermé 10 déc. au 18 janv., dim. soir et lundi midi sauf fêtes – SC : **R** 39/90 – 12 – **21 ch** 55/130 – P 155.

Vieux Relais, 11 r. St-Agnan **(r)** ☎ **28.20.21** – wc – 25. E VISA
fermé fév. et merc. – SC : **R** 54/107 – 21 – **11 ch** 102/182.

St-Christophe, pl. Gare **(u)** ☎ **28.02.01** –
fermé 1er au 7 sept., fév. et vend. – SC : **R** 49/86 – 13,50 – **15 ch** 54/65 – P 132/140.

XX **Sévigné,** 16 r. du 14 juillet **(a)** ⏏ 28.27.50 – 🆎 🇪 🆅🇮🇸🇦
  fermé en oct. et lundi – SC : **R** 63/100 ⚬.

XX **La Panetière,** 18 pl. Pêcherie **(s)** ⏏ 28.11.70
  fermé 1er au 15 sept., vacances de fév., dim. soir et lundi – SC : **R** 74.

à Myennes par ① : 4 km – ✉ 58440 Myennes :

🏨 **Aub. des Croquets,** ⏏ 28.18.23 – 📺 🛁wc ☎ 🚗 . 🆅🇮🇸🇦
  fermé janv. et fév. – SC : **R** *(fermé dim. soir)* 60/140 ⚬ – ☲ 15,50 – **18 ch** 107/150 –
  P 180/200.

CITROEN Gar. Sanchez, 22 r. du Gros Orme
⏏ 28.53.66
PEUGEOT-TALBOT Gar. du Nivernais, N 7 Sud
par ③ ⏏ 28.22.52
RENAULT Ets Simonneau, 80 av. du 85e par
③ ⏏ 28.27.34

VAG Ste d'Exp. du Gar. Barre 97 r.
Mar.-Leclerc ⏏ 28.45.22

⚙ Benoît R., 33 r. Ch.-Floquet ⏏ 28.08.59
Cosne-Pneus, N 7, à l'Escargotière ⏏ 28.23.70

COSTAROS 43490 H.-Loire 🔢 ⑰ – 498 h. alt. 1 070 – ✪ 71.
Paris 528 – Aubenas 72 – Cayres 5,5 – Langogne 23 – Le Puy 19.

🏨 **Jouhannel,** N 88 ⏏ 57.16.05 – 🏠 🅿 . 🇪
◄ SC : **R** 32/75 ⚬ – ☲ 12 – **15 ch** 55/85 – P 120/130.

XX **Au Bec Fin,** N 88 ⏏ 57.16.22
◄ *fermé 29 juin au 14 juil. et 15 au 28 fév.* – SC : **R** 50/90.

COSTEBELLE 83 Var 🔢 ⑯ – rattaché à Hyères.

Le COTEAU 42 Loire 🔢 ⑦ – rattaché à Roanne.

La CÔTE-ST-ANDRÉ 38260 Isère 🔢 ③ G. Vallée du Rhône (plan) – 4 374 h. alt. 374 – ✪ 74.
Paris 528 – ♦Grenoble 49 – ♦Lyon 65 – La Tour-du-Pin 36 – Valence 84 – Vienne 41 – Voiron 30.

XX **France** avec ch, pl. Église ⏏ 20.25.99 – 🍴 rest 🏠wc 🚗 . 🆎
  fermé 9 janv. au 14 fév., dim. soir hors sais. et lundi sauf fériés – SC : **R** 55/165 ⚬ –
  ☲ 18 – **20 ch** 70/130 – P 140/160.

CITROEN Mary, ⏏ 20.50.99
PEUGEOT-TALBOT Cuzin, ⏏ 20.21.65

PEUGEOT, TALBOT Marazzi, ⏏ 20.32.33
RENAULT Porcher, ⏏ 20.40.44

COTIGNAC 83 Var 🔢 ⑤⑥ G. Côte d'Azur – 1 628 h. alt. 260 – ✉ 83570 Carcès – ✪ 94.
🅸 Syndicat d'Initiative 10 cours Gambetta ⏏ 04.61.87.
Paris 839 – Brignoles 24 – Draguignan 36 – St-Raphaël 66 – Ste-Maxime 68 – ♦Toulon 70.

🏨 **Lou Calen** 🐾, 1 crs Gambetta ⏏ 04.60.40, ≤, 🍴, ⛱, 🛋, 🌳 – 📺 🛁wc ☎ 🅿 . 🇪
  🆅🇮🇸🇦
  fin mars-fin sept. – SC : **R** *(fermé jeudi hors sais.)* 74/158 – ☲ 20 – **16 ch** 190/295 –
  P 263/335.

à Notre Dame de Grâce S : 1,5 km par rte Carcès – ✉ 83570 Carcès :

🏨 **Le Matécalou** 🐾 sans rest, ⏏ 04.65.28, ≤, parc, 🛋, 🌳 – 🏠wc 🅿
  1er avril-30 sept. – SC : **13 ch** 🍽 240.

La COTINIÈRE 17 Char.-Mar. 🔢 ⑬⑭ – voir à Oléron (Ile d').

COU (Col de) 74 H.-Savoie 🔢 ⑰ – rattaché à Habère-Poche.

COUBERT 77 S.-et-M. 🔢 ②, 🔢 ③, 🔢 ⑩ – 1 190 h. alt. 92 – ✉ 77170 Brie-Comte-Robert –
✪ 6 – Paris 38 – Coulommiers 39 – Évry 28 – Melun 15 – Provins 49.

X **Aub. de l'Écureuil,** N 19 ⏏ 406.71.29 – 🌳
◄ *fermé 30 avril au 7 mai, 6 au 27 août, 24 au 31 déc., lundi du 1er janv. au 31/8 et
  merc. du 1er/9 au 24/12* – SC : **R** 40/90 ⚬.

COUCHES 71490 S.-et-L. 🔢 ⑧ G. Bourgogne – 1 532 h. alt. 350 – ✪ 85.
Paris 358 – Autun 25 – Beaune 34 – Le Creusot 16 – Chalon-sur-Saône 28.

XX **Tour Bajole,** ⏏ 49.65.41 – 🇪 🆅🇮🇸🇦
  fermé 28 juin au 12 juil., 20 déc. au 5 janv., mardi soir et merc. – SC : **R** 44/105.

COUCOURON 07470 Ardèche 🔢 ⑰ G. Vallée du Rhône – 671 h. alt. 1 139 – ✪ 66.
Paris 557 – Langagne 25 – Privas 86 – Le Puy 48.

🏨 **Carrefour des Lacs,** ⏏ 46.12.70 – 🛁wc 🏠wc ☎ 🅿 . 🇪 🆅🇮🇸🇦
◄ *fermé 10 nov. au 19 déc.* – SC : **R** 45/120 ⚬ – ☲ 13 – **20 ch** 80/112 – P 150/160.

Garage Bonnet, ⏏ 46.10.08

Le COUGOU 44 Loire-Atl. 🔢 ⑮ – rattaché à Guenrouet.

COUHÉ 86700 Vienne 🔟🔟 ⑬ – 2 004 h. alt. 130 – ✆ 49.

🅱 Syndicat d'Initiative à la Mairie (juil.-août, fermé dim. et fêtes) ℡ 49.20.17.

Paris 371 – Confolens 65 – Montmorillon 61 – Niort 56 – Poitiers 36 – Ruffec 30.

🏠 **Chêne Vert**, rte des Bons Enfants ℡ 49.20.42 – 🍴 🚗
R 50/80 🍷 – 🛏 15 – **10 ch** 70/95 – P 150.

CITROEN Senelier, ℡ 49.22.30   RENAULT Gar. François ℡ 49.20.45

COULANDON 03 Allier 🔟🔟 ⑭ – rattaché à Moulins.

COULANGES-SUR-YONNE 89480 Yonne 🔟🔟 ⑮ – 597 h. alt. 148 – ✆ 86.

Paris 202 – Auxerre 34 – Avallon 47 – Clamecy 9 – Gien 84 – Montargis 95 – Toucy 35.

🏠 **Lion d'Or,** ℡ 29.71.72 – 🍴 🚗 🅿
🔻 fermé 5 au 25 oct., 20 déc. au 10 janv. et lundi du 15 sept. au 1ᵉʳ juin – SC : **R** 40/80
🍷 – 🛏 12 – **14 ch** 70/120 – P 120/140.

COULOMBS 28 E.-et-L. 🔟🔟 ⑧, 🔟🔟🔟 ㉖ – rattaché à Nogent-le-Roi.

COULOMMIERS 77120 S.-et-M. 🔟🔟 ③, 🔟🔟🔟 ㉔ – 12 251 h. alt. 73 – ✆ 6.

🅱 Office de Tourisme 11 r. Gén.-de-Gaulle (fermé dim. après-midi) ℡ 403.55.46.

Paris 60 ④ – Châlons-sur-Marne 107 ③ – Château-Thierry 43 ① – Créteil 54 ④ – Meaux 29 ④ –
Melun 46 ③ – Provins 38 ③ – Sens 77 ③.

COULOMMIERS

*Benutzen Sie bitte
immer die
neuesten Ausgaben
der
Michelin-Straßenkarten
und - Reiseführer.*

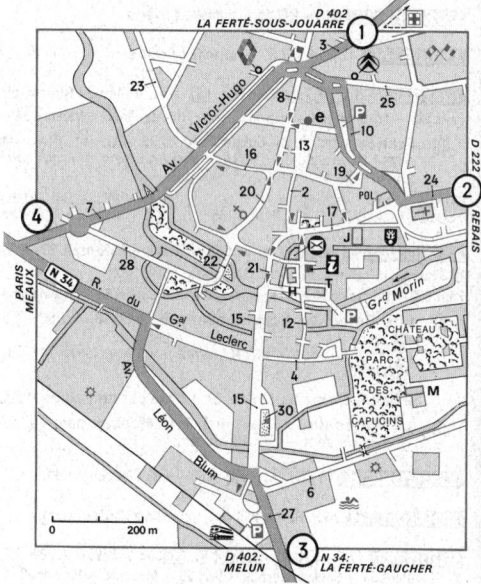

🍴🍴 **Central,** 34 pl. Marché (e) ℡ 403.01.69 – 🆎 ⓞ 🇪 𝗩𝗜𝗦𝗔 🍴
fermé 20 août au 3 sept., 24 au 31 déc., 4 au 14 mars, dim. soir, lundi soir et mardi –
R 87/160.

🍴 **Aub. de Montapeine,** 72 av. Strasbourg par ③ ℡ 403.09.16 – 🆎 🇪 𝗩𝗜𝗦𝗔
🔻 fermé 1ᵉʳ au 15 sept., lundi sauf fêtes, merc. soir et dim. soir – SC : **R** 40/67 🍷.

à Boissy-le-Chatel par ② : 4 km – ⊠ 77169 Boissy-le-Chatel :

🏠 **Place,** ℡ 403.08.47 – 🍴wc 🕿
🔻 SC : **R** (fermé août et lundi) 50/150 🍷 – 🛏 16 – **7 ch** 86/160.

à Chauffry par ② et D 66 : 8 km – ⊠ 77169 Boissy-le-Châtel :

🍴🍴🍴 **Taverne du Pot d'Étain,** ℡ 420.42.08, 🍴 – 🅿 🆎 🇪 𝗩𝗜𝗦𝗔
fermé fév., mardi et merc. – **R** 100/250.

CITROEN Gautier, 11 av. République ℡ 403.
81.00
PEUGEOT-TALBOT Riester, bd de la Marne,
Zone Ind. par ③ ℡ 403.01.92

RENAULT Metz, 23 av. V.-Hugo ℡ 403.32.33

🔘 La Centrale du Pneu, 22 av. V.-Hugo ℡ 403.
01.95

COULON 79 Deux-Sèvres **71** ② **G. Côte de l'Atlantique** – 1 662 h. alt. 15 – ⊠ **79270** Fron-
tenay-Rohan-Rohan – ☻ 49.

Voir Marais poitevin★ (promenades en barque★★, 1 h à 1 h 30).

🗓 Syndicat d'Initiative pl. Colombier (15 juin-15 sept.) ☏ 25.90.12.

Paris 419 – Fontenay-le-Comte 26 – Niort 11 – La Rochelle 59 – St-Jean-d'Angély 46.

  XX   **Central** avec ch., pl. Église ☏ 35.90.20, 🍴 – 🛏
    fermé 25 sept. au 25 oct., 6 au 22 fév., dim. soir et lundi (hors sais. hôtel ouvert
    mardi, merc., jeudi seul.) – SC : **R** 57/120 – ☑ 12,50 – **11 ch** 65/120.

  XX   **Au Marais** ⏖ avec ch, 46 quai Louis-Tardy ☏ 35.90.43, ≤ – ⚏wc ☎. ㏒ ⓞ **VISA**
    SC : **R** *(fermé lundi sauf juil.-août et dim. soir)* 61/132 – ☑ 18 – **11 ch** 157 –
    P 329.

COUPIAC 12550 Aveyron **83** ② – 718 h. – ☻ 65.

Paris 678 – Albi 65 – Rodez 69 – St-Affrique 50.

  🏠   **Host. Renaissance** ⏖, ☏ 99.78.44, ≤ – ⚏wc 🛏 **🅿**. **🄴**
  ◆   *fermé sam. sauf juil.-août* – SC : **R** 50/120 ⚖ – ☑ 18 – **9 ch** 85/150 – P 150/160.

COURBEVOIE 92 Hauts-de-Seine **55** ⑳, **101** ⑭ – voir à Paris, Environs.

COURCHEVEL 73120 Savoie **74** ⑱ **G. Alpes** – Sports d'hiver : 1 300/2 700 m ≼10 ≼64, ⚐ –
☻ 79.

De Courchevel 1850 par ① Paris 658 – Bozel 17 – Brides-les-Bains 18 – Chambéry 97 – Moûtiers 24.

   à Courchevel 1850.

   Voir ❊★.

   Env. SO : Sommet de la
   Saulire ❊★★ télécabine puis
   téléphérique.

   Altiport ☏ 08.26.02 SE : 4 km.

   🗓 Office de Tourisme La Croi-
   sette *(fermé sam. et dim. hors*
   saison) ☏ 08.00.29, Télex 980083.

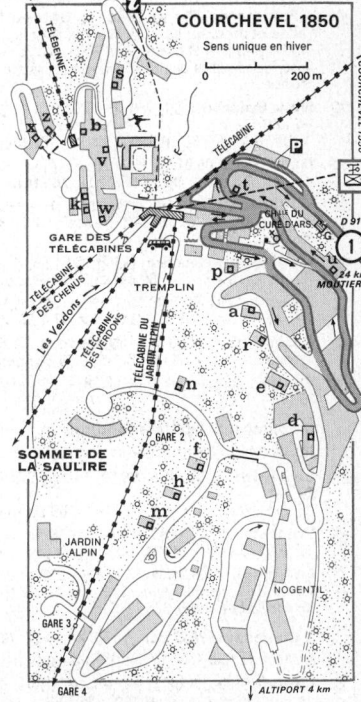

  🏨   **Annapurna** Ⓜ ⏖, rte Alti-
    port ☏ 08.04.60, Télex
    980324, ≤, 🍴, 🖾 – 🛗 📺
    ☎ ☜ 🅿 – 🕍 50. ㏒ ⓞ 🄴
    VISA. 🞕 rest
    20 déc.-15 avril – SC : **R** 210
    – ☑ 55 – **68 ch** (pens. seul.)
    – P 1 050.

  🏨   ✿ **Carlina** ⏖, (a) ☏ 08.
    00.30, Télex 980248, ≤, 🍴
    – 🛗 📺 ☎ 🅿. ㏒ ⓞ 🄴 **VISA**.
    🞕 rest
    Noël-Pâques – SC : **R** 175/185
    – ☑ 40 – **59 ch** 520/650 – P
    520/720
    Spéc. Saumon frais fumé, Fricas-
    sée de St-Pierre aux St-Jacques,
    Tulipe de fraises glacées au cassis.

  🏛   ✿ **H. Pralong 2000** (Par-
    veaux) Ⓜ ⏖, rte Altiport ☏
    08.24.82, Télex 980231, ≤, 🖾
    – 🛗 📺 ☎ ☜ 🅿
    20 déc.-15 avril – SC : **R** 190
    Le Paral (sous-sol) *fermé*
    lundi **R** (dîner seul.) carte 180
    à 250 – **68 ch** (pens. seul.) –
    P 425/820
    Spéc. Terrine des deux foies, Poê-
    lée de marée au beurre de poivron,
    Gratin de poires. **Vins** Apremont,
    Chautagne.

  🏨   **Bellecôte** Ⓜ ⏖, (d) ☏ 08.
    01.28, Télex 980421, ≤ vallée, 🍴, 🖾 – 🛗 ☎ 🅿. ㏒ **VISA**. 🞕
    20 déc.-20 avril – SC : **R** 180 – ☑ 40 – **57 ch** (pens. seul.) – P 430/775.

  🏨   **Gd H. Rond-Point des Pistes** Ⓜ, (b) ☏ 08.02.69, ≤, 🍴, « Intérieur élégant »
    – 📺 ☎ ⚅ 🅿. ㏒. 🞕 rest
    15 déc.-15 avril – SC : **R** 160 – ☑ 27 – **41 ch** 450/720 – P 480/630.

  🏨   **Lana** Ⓜ ⏖, (p) ☏ 08.01.10, Télex 980014, ≤, 🍴 – 🛗 📺 ☎ ☜ 🅿. **VISA**. 🞕 rest
    15 déc.-22 avril – **R** 180/220 – **64 ch** (pens. seul.), 8 appartements – P 830/1 050.

397

🏨 **Neiges** Ⓜ ⍋, **(e)** ☏ 08.03.77, Télex 980463, ≤, 🍴 – ☐ 📺 ☎ 📵. 🎿
Noël-Pâques – SC : **R** 188 – ⌧ 40 – **50 ch** (pens. seul.) – P 440/700.

🏨 ❀ **Chabichou** (Rochedy) Ⓜ ⍋, **(z)** ☏ 08.00.55, Télex 980416, ≤, 🍴 – 📺 ☎.
🎿 rest
25 juin-3 sept. et 25 nov.-25 avril – SC : **R** 110/210 – ⌧ 45 – **31 ch** 260/390, 5
appartements
Spéc. Escalope de bar poêlée, Pot au feu de canard, Savarin. **Vins** Chignin, Gamay.

🏨 **Savoy** Ⓜ ⍋, **(r)** ☏ 08.01.33, ≤ – 📳 ☎ ⌕ 📵. 🅰🅴. 🎿 rest
20 déc.-Pâques – SC : ⌧ 35 – **32 ch** (1/2 pens. seul.) – 1/2 p 480/580.

🏨 **Ducs de Savoie** Ⓜ ⍋, au Jardin Alpin **(f)** ☏ 08.03.00, Télex 980360, ≤ – 📳 ☎
⌕ 📵. 🎿
20 déc.-15 avril – SC : **R** 132 – ⌧ 40 – **40 ch** 224/400 – P 385/473.

🏨 **Crystal 2000** Ⓜ ⍋, rte Altiport ☏ 08.28.22, ≤, 🍴 – 📳 📺 ☎ ⌕ 📵
20 déc.-15 avril – SC : **R** 150 – **44 ch**, (1/2 pens. seul.) 7 appartements – 1/2 p
350/470.

🏨 **La Sivolière** Ⓜ ⍋ sans rest, NO : 1 km ☏ 08.08.33, ≤ – 📺 ☎ ⌕. 🎿
1er déc.-16 er mai – SC : ⌧ 35 – **16 ch** 275/480.

🏨 **La Loze** Ⓜ ⍋ sans rest, **(w)** ☏ 08.28.25 – 📳 📺 ☎. 🅰🅴 🅴 𝘝𝘐𝘚𝘈. 🎿
17 déc.-20 avril – SC : **26 ch** ⌧ 550/640.

🏨 **Airelles** Ⓜ ⍋, au Jardin Alpin **(h)** ☏ 08.02.11, Télex 980190, ≤, 🍴 – 📳 ☎ ⌕.
🎿
18 déc.-15 avril – SC : **R** 120 – **44 ch** 400/433 – P 308/467.

🏨 **Caravelle** Ⓜ ⍋, au Jardin Alpin **(m)** ☏ 08.02.42, Télex 980821, ≤, 🍴, 🔲 – 📳
☎ 📵 – ⚒ 45. 🎿 rest
10 déc.-30 avril – SC : **R** 140/220 – ⌧ 30 – **50 ch**. (1/2 pens. seul.) – 1/2 p 265/495.

🏨 ❀ **Pomme de Pin et rest. le Bâteau Ivre** (Jacob) Ⓜ ⍋, **(x)** ☏ 08.02.46, ≤
vallée et montagnes – 📳 ☎ ⌕. 🎿 rest
Noël-Pâques – **R** carte 170 à 260 – ⌧ 35 – **36 ch** 200/320 – P 440/470.
Spéc. Salade tiède aux trois poissons, Fricassée de ris et rognons aux écrevisses, Banane en
chemise.

🏨 **New Solarium** ⍋, **(n)** ☏ 08.02.01, ≤, 🔲 – 📳 📺 ⌁wc ♒wc ☎. 🅰🅴 ⓞ 𝘝𝘐𝘚𝘈.
🎿 rest
Noël-Pâques – SC : **R** 145 – ⌧ 28 – **57 ch** (pens. seul.) – P 390/470.

🏨 **Dahu**, **(v)** ☏ 08.01.18, ≤ – ⌁wc ♒wc ☜. 🎿
mi déc.-fin avril – SC : **R** 95/120 – **28 ch** ⌧ 330 – P 300/350.

🏨 **L'Albaron** Ⓜ ⍋, **(s)** ☏ 08.03.57, ≤ – ⌁wc ♒wc ☎.
1er juil.-20 août et 15 déc.-1er mai – SC : **R** (fermé dim.) (dîner sur réservation) –
30 ch ⌧ 280/450.

🏨 **Le Chamois** sans rest, **(k)** ☏ 08.01.56, ≤ – cuisinette 📺 ⌁wc ♒wc ☎
20 déc.-20 avril – SC : **30 ch** ⌧ 395/560, 8 studios.

🏨 **Tournier**, **(k)** ☏ 08.03.19 – ⌁wc ♒ ☎. 𝘝𝘐𝘚𝘈. 🎿 rest
17 déc.-20 avril – SC : **R** 200 – ⌧ 40 – **38 ch** (1/2 pens. seul.) – 1/2 p 345/470.

🏨 **Catina**, **(t)** ☏ 08.00.57 – 📳 ⌁wc ☎. 🅰🅴 🅴 𝘝𝘐𝘚𝘈. 🎿
1er déc.-31 mai – SC : **R** 55/140 – **35 ch** (pens. seul.) – P 305/320.

🏨 **Aub. Ensoleillée**, **(u)** ☏ 08.05.38 – ⌁wc ♒wc ☜ 📵
30 ch

à Courchevel 1650 (Moriond) par ① : 3,5 km – ✉ 73120 Courchevel.
🛈 Office de Tourisme (fermé sam. et dim. hors sais.) ☏ 08.03.29.

🏨 **Le Zénith** Ⓜ ⍋, ☏ 08.00.54, Télex 980587, ≤ vallées, 🍴 – 📳 📺 ☎ 📵 – ⚒ 50.
🅰🅴. 🎿
15 déc.-16 avril – SC : **R** 150/180 – **55 ch** (pens. seul.), 6 appartements – P 500/1180.

🏨 **Portetta** Ⓜ ⍋, ☏ 08.01.47, ≤ – 📳 ☎. 🎿
15 déc.-15 avril – SC : **R** 100 – **52 ch** (pens. seul.) – P 260/350.

🏨 **Le Signal**, ☏ 08.26.36, ≤ – ⌁wc ♒wc ☜. 🎿
fermé 20 avril au 20 juin, sam. et dim. du 15 sept. au 30 nov. – SC : **R** 50/100 – **28 ch**
⌧ 175/220 – P 195/225.

à Courchevel 1550 par ① : 5,5 km – ✉ 73120 Courchevel.
🛈 Office de Tourisme (1er juil.-1er sept. et 1er déc.-1er avril) ☏ 08.04.10.

🏨 **Lamay** Ⓜ ⍋, ☏ 08.27.66, ≤ – 📳 ⌁wc ☎ 📵. 🎿 rest
1er déc.-fin avril – SC : **R** 110 – **35 ch** ⌧ 280/400 – P 300/410.

🏨 **L'Adret d'Ariondaz** ⍋, ☏ 08.00.01, ≤ – 📳 ⌁wc ☎. 🅴 𝘝𝘐𝘚𝘈. 🎿
déc.-avril – SC : **R** 70 – ⌧ 18 – **33 ch** (pens. seul.) – P 245/299.

au Praz-St-Bon N : 8 km – alt. 1 300 – ✉ 73120 Courchevel :.
🛈 Office de Tourisme (juil.-août et déc.-avril) ☏ 08.12.19.

🏨 **Peupliers** Ⓜ, ☏ 08.11.61, ≤ – 📳 ⌁wc ☎. 🅰🅴 𝘝𝘐𝘚𝘈. 🎿 rest
fermé oct. et nov. – SC : **R** 60/215 – ⌧ 25 – **33 ch** 120/280 – P 200/300.

COUR-CHEVERNY 41 L.-et-Ch. 🖸🖸 ⑰⑱ – 2 130 h. alt. 89 – ⊠ **41700** Contres – 🔅 54.

Voir Château de Cheverny** : les appartements*** S : 1 km – Porte* de la Chapelle du Château de Troussay SO : 3,5 km, G, Châteaux de la Loire.

Paris 194 – Blois 13 – Bracieux 9 – Châteauroux 87 – Montrichard 28 – Romorantin-Lanthenay 28.

🏠 **Trois Marchands,** 🕾 79.96.44 – ➟wc ⋔wc ☎ 🅿 – 🔬 30. 🖭 ⑩ 🗉 𝑉𝐼𝑆𝐴
   fermé 15 janv. au 1ᵉʳ mars et mardi d'oct. à Pâques – SC : **R** 82/180 – � 20 – **43 ch** 100/190 – P 195/235.

🏠 **St-Hubert,** 🕾 79.96.60 – ➟wc ⋔wc ☎ 🅿 – 🔬 50. 𝑉𝐼𝑆𝐴. ✛
   fermé 5 déc. au 15 janv. et mardi – SC : **R** 70/145 – � 17 – **20 ch** 143/195.

CITROEN Girault, 🕾 79.96.41   PEUGEOT-TALBOT Duceau, 🕾 79.98.67

COURLANS 39 Jura 🖸🖸 ⑭ – rattaché à Lons-le-Saunier.

COURNON-D'AUVERGNE 63800 P.-de-D. 🖸🖸 ⑭ – 17 013 h. alt. 400 – 🔅 73.

Paris 396 – ◆Clermont-Ferrand 11 – Issoire 29 – Le Mont-Dore 52 – Thiers 38 – Vichy 53.

🏠 **Cep d'Or,** au Pont SE : 1,5 km 🕾 84.80.02, ≤ – 🛉⋔ ⋔ 🅿, 🗉. ✛
   fermé oct., dim. soir et vend. – SC : **R** 30/90 – � 8 – **11 ch** 50/61 – P 130/140.

PEUGEOT-TALBOT Clermontoise-Auto, 20 av.   RENAULT Gar. Bony, 23 av. Liberté 🕾 84.80.31
Foch 🕾 84.66.88

COURPIÈRE 63120 P.-de-D. 🖸🖸 ⑯ G. Auvergne – 5 029 h. alt. 331 – 🔅 73.

Voir Église*.

Paris 397 – Ambert 39 – ◆Clermont-Ferrand 50 – Issoire 53 – Lezoux 21 – Thiers 16.

XX **Clef des Champs,** S : 3,5 km sur D 906 🕾 53.01.83, ≤, 🐜 – 🅿. 🗉 𝑉𝐼𝑆𝐴
   fermé fév. et lundi sauf fêtes – SC : **R** 42/90 🍴.

CITROEN Gar. Brouillet, à Neronde sur Dore   PEUGEOT Fédide, 🕾 53.10.88 🖸
🕾 53.17.28   RENAULT Lenoir, 🕾 53.15.90

COURRÉJAN 33 Gironde 🖸🖸 ⑨ – rattaché à Bordeaux.

COURRY 30 Gard 🖸🖸 ⑧ – rattaché à St-Ambroix.

COURS 69470 Rhône 🖸🖸 ⑧ – 4 676 h. alt. 553 – 🔅 74.

Paris 420 – L'Arbresle 53 – Chauffailles 17 – ◆Lyon 78 – Roanne 29 – Villefranche-sur-Saône 55.

XX **du Pavillon** 🈘 avec ch, au Col du Pavillon E : 4 km par D 64 🕾 89.61.70, 🐜 – ⋔
   🅿. ✛ rest
   fermé fév. et mardi d'oct. à juin – SC : **R** 60/160 🍴 – � 18 – **8 ch** 68/100 – P 175/187.

X **Chalet des Tilleuls,** à Thel NE 8 km par D 64 🕾 89.61.53, ≤ – 🅿
   fermé 15 au 30 sept. – **R** 35/150 🍴.

CITROEN Central Gar., 🕾 89.75.91   RENAULT Jalabert, 🕾 89.71.10
OPEL Gar. Moderne, 🕾 89.95.50 🖸
PEUGEOT, TALBOT Pothier, 🕾 89.98.98 🖸 🕾
89.71.20

COUR-ST-MAURICE 25 Doubs 🖸🖸 ⑰⑱ – 175 h. alt. 520 – ⊠ **25380** Belleherbe – 🔅 81.

Paris 477 – Baume-les-Dames 45 – ◆Besançon 65 – Montbéliard 44 – Maiche 11 – Morteau 40.

X **La Truite du Moulin,** à Moulin Bas E : 2 km par VO et D 39 🕾 44.30.59, ≤ – 🅿
   fermé 25 juin au 8 juil., 20 oct. au 10 nov. et merc. – SC : **R** 60/85 🍴.

COURSEULLES-SUR-MER 14470 Calvados 🖸🖸 ① G. Normandie – 2 992 h. – 🔅 31.

Voir Clocher* de l'église de Bernières-sur-Mer E : 2,5 km.

Env. Château** de Fontaine-Henry S : 6,5 km.

🖪 Office de Tourisme 54 r. Mer (1ᵉʳ avril-30 sept.) 🕾 97.46.80.

Paris 262 – Arromanches-les-Bains 13 – Bayeux 20 – Cabourg 34 – ◆Caen 18.

🏠 **Crémaillère** (Annexe 🈘 🐜), 🕾 97.46.73, ≤ – ➟wc ⋔wc ☎ 🅿 – 🔬 25. 🖭 ⑩
   𝑉𝐼𝑆𝐴
   SC : **R** 70/182 – ⊷ 16,50 – **20 ch** 60/165 – P 200.

XXX **Belle Aurore** 🅼 avec ch, sur le port 🕾 97.46.23, ≤ – ➟wc ⋔wc ☎. 🖭 ⑩ 𝑉𝐼𝑆𝐴.
   ✛ rest
   fermé lundi du 15 sept. au 15 juin – SC : **R** 59/130 – ⊷ 15 – **7 ch** 134/170 – P 171.

XXX **Pêcherie,** 🕾 97.45.84 – 🖭 ⑩ 𝑉𝐼𝑆𝐴
   SC : **R** 53/182.

XX **Le Cursella** avec ch, 🕾 97.95.29 – ➟wc ⋔wc ☎. 🖭 ⑩ 𝑉𝐼𝑆𝐴
   SC : **R** 50/165 – ⊷ 16,50 – **7 ch** 154/165 – P 200.

COURSEULLES-SUR-MER

à Ver-sur-Mer O : 4 km sur D 514 – ⊠ **14114** Ver-sur-Mer :

Voir Tour ★ de l'église.

🏨 **Côte de Nacre**, ⌕ 22.20.49 – △wc ⋔wc ⌕ **P**. ☼
SC : **R** 79 – ☲ 16,50 – **18 ch** 75/173 – P 212/261.

PEUGEOT-TALBOT Gar. du Port, ⌕ 97.97.21   RENAULT Courseulles Gar., ⌕ 97.94.13
N

COURTENAY 45320 Loiret 📖 ⑬ – 3 150 h. alt. 161 – ✪ 38.

📌 de Savigny sur Clairis ⌕ 86.33.90 N : 7,5 km.

🛈 Office de Tourisme pl. du Mail (1er mai-30 sept., fermé dim. après-midi et lundi) ⌕ 97.00.60 et à la Mairie (1er oct.-30 avril, fermé sam. après-midi et dim.) ⌕ 97.40.46.

Paris 122 – Auxerre 53 – Nemours 44 – ◆Orléans 96 – Sens 26.

✕✕ **Le Relais** avec ch, 26 r. Nationale ⌕ 97.41.60 – ᴁᴇ **E** 𝖵𝖨𝖲𝖠 ☼ ch
fermé janv., dim. soir, lundi et le soir du 1er nov. au 1er mars sauf vacances scolaires
– SC : **R** 53/110 🍷 – ☲ 15 – **11 ch** 85/95.

✕ **Le Raboliot**, pl. Marché ⌕ 97.44.52 – **E** 𝖵𝖨𝖲𝖠
fermé 3 au 15 janv. et jeudi – **R** 52/110.

Les Quatre Croix SE : 2 km par D 32 – ⊠ 45320 Courtenay :

✕✕ **Aub. Clé des Champs**, ⌕ 97.42.68 – **P**
fermé 11 au 20 juin, 15 au 31 oct., 2 au 18 janv., lundi soir et mardi – SC : **R**
(prévenir) 86/200.

COURTHEZON 84350 Vaucluse 📖 ⑫ – 4 556 h. alt. 48 – ✪ 90.

Paris 669 – Avignon 21 – Carpentras 16 – Cavaillon 38 – Nyons 42 – Orange 8 – Sorgues 10.

✕ **Porte des Princes** avec ch, ⌕ 70.70.26, 🌳 – ⋔. **E** 𝖵𝖨𝖲𝖠
fermé 12 nov. au 4 déc. et merc. sauf l'hôtel d'avril à oct. – SC : **R** 42/121 🍷 – ☲ 17
– **9 ch** 65/102 – P 156/167.

COURT-PAIN 91 Essonne 📖 ⑳, 📖 ⑫ – rattaché à Étampes.

COUSIN (Vallée du) 89 Yonne 📖 ⑯ – rattaché à Avallon.

COUSSAC-BONNEVAL 87 H.-Vienne 📖 ⑰⑱ – 1 605 h. alt. 343 – ⊠ **87500** St-Yriex-la-Perche
– ✪ 55.

Voir Château★, G. Périgord.

Paris 440 – Brive-la-Gaillarde 67 – ◆Limoges 43 – St-Yriex 11 – Uzerche 32.

✕✕ **Voyageurs** 📎 avec ch, ⌕ 75.20.24, 🌳 – △wc ⋔wc ⌕. 𝖵𝖨𝖲𝖠
fermé janv., vacances de fév. et lundi d'oct. à avril – SC : **R** 50/135 – ☲ 18 – **12 ch**
61/115 – P 180.

COUSTELLET 84 Vaucluse 📖 ⑬ – ⊠ 84220 Gordes – ✪ 90.

Paris 710 – Apt 22 – Avignon 30 – Carpentras 26 – Cavaillon 9 – Sault 41.

✕ **Lou Revenent** 📎, avec ch (annexe : les Oliviers - ⋔wc ⌕), N 100 ⌕ 71.91.21,
🏊, 🌳, ☜ – 🍽 rest **P** – 🔋 100
fermé 15 au 31 oct., 15 au 28 fév. et lundi hors sais. – SC : **R** 50/110 🍷 – ☛ 15 –
16 ch 150/170 – P 200/230.

COUTAINVILLE 50 Manche 📖 ⑫ G. Normandie – Casino – ⊠ 50230 Agon-Coutainville –
✪ 33.

📌 ⌕ 47.03.31.

🛈 Office de Tourisme pl. 28-Juillet-1944 (15 juin-15 sept., fermé dim. après-midi et lundi matin) ⌕
47.13.82.

Paris 343 – Barneville-Carteret 48 – Carentan 48 – Cherbourg 77 – Coutances 13 – St-Lô 40.

🏨 **Neptune** Ⓜ sans rest, ⌕ 47.07.66, ≼ – △wc ⋔wc ⌕. ᴁᴇ ①
15 mars-31 oct. – SC : ☲ 22 – **11 ch** 150/220.

✕✕ **Hardy** avec ch, ⌕ 47.04.11 – △wc ⌕. ᴁᴇ ① **E** 𝖵𝖨𝖲𝖠. ☼ rest
fermé 13 au 28 oct., 4 janv. au 5 fév. et lundi sauf juil.-août – SC : **R** 67/190 🍷 – ☛
18 – **13 ch** 156 – P 230/284.

CITROEN Legrand, à Agon-Coutainville ⌕ 47.   RENAULT Huchet, ⌕ 47.08.55
02.68
PEUGEOT-TALBOT Gar. Jean, à Agon ⌕ 47.
00.22

COUTANCES ⑤⑫ 50200 Manche **54** ⑫ G. Normandie – 13 439 h. alt. 92 – ✪ 33.

Voir Cathédrale*** Z – Jardin public* YZ.

🛈 Office de Tourisme bd Als.-Lorraine (fermé sam. après-midi et dim.) ☏ 45.17.79.

Paris 330 ② – Avranches 47 ③ – ♦Cherbourg 75 ⑤ – St-Lô 27 ② – Vire 60 ③.

🏨 **Gd Hôtel,** pl. Gare ☏ 45.06.55 – 🛏wc 🛁wc ☎ 🚗. VISA Z a SC : **R** 60/110 – ☑ 18 – **25 ch** 85/180.

🏨 **Moderne** sans rest, 25 bd Alsace-Lorraine ☏ 45.13.77 – 🚗 🅿. 🅴 VISA Y e fermé 1er au 15 oct., 20 déc. au 3 janv. et week-ends d'oct. à Pâques – SC : ☑ 13,50 – **17 ch** 85/135.

✗ **Au P'tit Home,** 4 r. Harcourt ☏ 45.00.67 – VISA fermé 9 sept. au 8 oct., dim. soir et lundi – **R** 40/82 ⅃. Y v

à Gratot par ④ et D 244 : 4 km – ⊠ 50200 Coutances :

✗ **Le Tourne-Bride,** ☏ 45.11.00, �しています – 🅿 fermé 22 déc. au 5 janv. – SC : **R** 42/100.

à Montpinchon SE : 13 km par D 7 et D 27 - Z – ⊠ 50210 Cerisy-la-Salle :

🏰 ✿ **Château de la Salle** ⑤, ☏ 46.95.19, « Demeure ancienne dans un parc » – 📺 🅿. 🆎 ① VISA. ✿ rest 23 mars-4 nov. – SC : **R** (fermé lundi midi) 105/185 – ☑ 28 – **10 ch** 325/370 Spéc. Délice du Bois-Marquis (foie gras et ris de veau), Millefeuille de St-Pierre au beurre de cresson, Petits filets au jus de truffes.

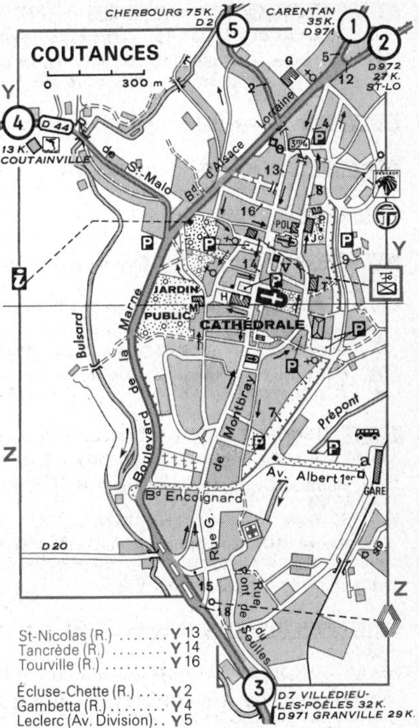

AUSTIN, ROVER Bernard, rte Lessay ☏ 45.16.33
CITROEN Lebouteiller, rte de St-Lô, Zone Ind. par ② ☏ 45.12.70
PEUGEOT-TALBOT Lebailly-Horel, r. des Acacias ☏ 45.02.44
RENAULT Sodiam, rte de St-Lô par ② ☏ 07.42.55

RENAULT Legoubin, 109 r. G-de-Montbray ☏ 45.11.70

🅶 Chanut, av. Div.-Leclerc ☏ 45.59.96
Chatel, 10 bd de la Marne ☏ 45.02.06

St-Nicolas (R.) .... Y 13
Tancrède (R.) .... Y 14
Tourville (R.) .... Y 16

Écluse-Chette (R.) .... Y 2
Gambetta (R.) .... Y 4
Leclerc (Av. Division).. Y 5
Legentil-de-la-Galaisière (Bd) ..... Z 7
Palais-de-Justice (R.) . Y 8
Paynel (Bd Jeanne) ... Y 9

République (Av. de la) Y 12
Teintures (R. des) ..... Z 15
Verdun (Av. de) .... Z 18

Ask your bookseller for the catalogue of Michelin Publications

COUTRAS 33230 Gironde **75** ② – 6 440 h. alt. 14 – ✪ 57.

🛈 Syndicat d'Initiative à la Mairie (sept.-fin juin, fermé sam. après-midi et dim.) ☏ 49.04.60 et pl. E. Barraud (saison et fermé dim. après-midi).

Paris 585 – Bergerac 67 – Blaye 55 – ♦Bordeaux 49 – Jonzac 54 – Libourne 18 – Périgueux 77.

✗ **Tivoli,** r. Gambetta ☏ 49.04.97 – VISA fermé lundi soir – SC : **R** 35/130 ⅃.

à Rolland NE : 6 km par D 674 – ⊠ 33230 Coutras :

🏨 **Aub. la Rollandière** ⑤, ☏ 49.11.63, ≤, étang, 🏊, 🌳 – 🛏wc 🛁wc ☎ 🅿 fermé avril et lundi – SC : **R** 68/125 – ☑ 19 – **9 ch** 120/190 – P 224/260.

CITROEN Debenat, Rte de Montpon, Zone Ind. ☏ 49.19.36 🅽

PEUGEOT-TALBOT Billard, rte d'Angoulême ☏ 49.12.67

COUZEIX 87 H.-Vienne **72** ⑦⑰ – rattaché à Limoges.

401

COYE-LA-FORÊT 60580 Oise 🔢 ⑪, 🔢 ⑧ − 3 306 h. alt. 30 − 🟢 4.

Paris 38 − Beauvais 60 − Chantilly 8,5 − Luzarches 6,5 − Senlis 15.

  XX **Les Étangs,** 🅟 458.60.15, 🍽, 🌳 − 🅰🅔 ⑩ 𝘝𝘐𝘚𝘈
    fermé fév., mardi soir et merc. − SC : **R** 108.

COZ (Cap) 29 Finistère 🔢 ⑮ − rattaché à Fouesnant.

CRACHES 78 Yvelines 🔢 ⑨ − rattaché à Ablis.

CRANÇOT 39 Jura 🔢 ④ − rattaché à Lons-le-Saunier.

CRANSAC 12 Aveyron 🔢 ① G. **Causses** (plan) − 2 583 h. alt. 279 − Stat. therm. (15 avril-15 oct.)
− ✉ **12110** Aubin − 🟢 65.

Paris 617 − Aurillac 75 − Espalion 57 − Figeac 33 − Rodez 37 − Villefranche-de-Rouergue 37.

  🏛 **Parc** ⌕, r. Prés-Wilson 🅟 63.01.78, ≤, parc − 🛏wc 🚿wc 🕿 🅿. 𝐄. 🍽 rest
    15 avril-15 oct. − SC : **R** 46/64 ⌔ − 🍽 14 − **30 ch** 64/158 − P 133/184.
  🏛 **Host. du Rouergue,** av. J.-Jaurès 🅟 63.02.11 − 🛏wc 🚿wc 🕿. 𝘝𝘐𝘚𝘈
    15 avril-15 oct. − SC : **R** 44/110 − 🍽 14,50 − **16 ch** 66/132 − P 132/180.

CRAON 53400 Mayenne 🔢 ⑨ G. **Châteaux de la Loire** − 5 021 h. alt. 48 − 🟢 43.

Paris 308 − Angers 56 − Châteaubriant 37 − Château-Gontier 19 − Laval 30 − ◆Rennes 67.

  🏛 **Boule d'Or,** pl. 11-Novembre 🅟 06.10.01, 🍽 − 🛏wc 🚿wc 🕿 🚗 − 🔺 50. 🅰🅔
    𝐄 𝘝𝘐𝘚𝘈
    SC : **R** 44/128 ⌔ − 🍽 11,50 − **25 ch** 54/130.
  XX **Ancre d'Or,** 2 av. prom. Ch.-de-Gaulle 🅟 06.14.11 − 𝐄
    fermé lundi soir et mardi soir − SC : **R** 45/160 ⌔.

PEUGEOT-TALBOT Boisseau, 🅟 06.10.94   RENAULT Gar. Lebascle, 🅟 06.17.29

CRÉCY-EN-PONTHIEU 80150 Somme 🔢 ⑦ G. **Nord de la France** − 1 457 h. alt. 36
− 🟢 22.

Paris 182 − Abbeville 19 − ◆Amiens 55 − Montreuil 32 − St-Omer 72.

  🏛 **Maye,** 13 r. St-Riquier 🅟 23.54.35 − 🚿 🅿. 𝐄 𝘝𝘐𝘚𝘈. 🍽 ch
    fermé vacances de fév. et lundi d'oct. à juin − SC : **R** 48/90 − 🍽 17 − **11 ch**
    72/132.

CRÉHEN 22130 C.-du-Nord 🔢 ⑤ − 1 476 h. alt. 51 − 🟢 96.

Paris 413 − Dinan 20 − Dinard 18 − St-Brieuc 50.

  🏠 **Deux Moulins,** D 768 🅟 84.15.40, 🌳 − 🚿 🅿. 𝐄
    fermé vacances de Noël, de fév., vend. soir et dim. soir − SC : **R** 40/150 ⌔ − 🍽 18 −
    14 ch 70/80 − P 130/150.

CREIL 60100 Oise 🔢 ①⑪ G. **Environs de Paris** − 36 128 h. alt. 30 − 🟢 4.

🅱 Office de Tourisme pl. Gén.-de-Gaulle (fermé août, matin et lundi) 🅟 455.16.07.

Paris 58 ③ − Beauvais 41 ① − Chantilly 8 ④ − Clermont 16 ① − Compiègne 38 ②.

Plan page ci-contre

  🏠 **Martinez** sans rest., 9 av. J.-Uhry (a) 🅟 455.00.39 − 🛏wc 🚿 🕿
    SC : 🍽 16 − **30 ch** 96/171.
  XX **Petite Alsace,** 8 r. Ch.-Brobeil (près gare) (e) 🅟 455.28.89 − 𝐄 𝘝𝘐𝘚𝘈
    fermé août, dim. soir et lundi − SC : **R** 80 bc.

à Nogent-s-Oise par ① : 2 km − 17 369 h. − ✉ **60100** Creil :

  🏛 **Sarcus** 🄼, 7 r. Châteaubriand 🅟 474.01.31, Télex 150047, 🍽 − 🛗 🛏wc 🚿wc 🕿
    🅿 − 🔺 50 à 200. 🅰🅔 ⑩ 𝐄 𝘝𝘐𝘚𝘈
    SC : **R** *(fermé en août et dim.)* 85/150 − 🍽 21 − **62 ch** 175/200 −
    P 500/520 (pour 2 pers.).

  X Host. des Trois Rois, 113 r. Gén.-de-Gaulle 🅟 471.63.23, 🌳.

ALFA-ROMEO, VOLVO Lemaire-Napoléon,
10 r. Clos Barrois, Zone Ind. Nogent-Villers 🅟
425.85.40
CITROEN Gd Gar. des Obiers, 38 av. du 8-Mai,
Nogent-sur-Oise par ① 🅟 471.72.62
FORD Gar. Brie et Picardie, r. du Marais Sec,
Zone Ind., Nogent-sur-Oise 🅟 425.69.40
LANCIA-AUTOBIANCHI, MAZDA, MERCE-
DES Dumont Autom., 83 r. Robert-Schuman
🅟 425.54.84

PEUGEOT-TALBOT Safari-Creil, 28 r. Voltaire
🅟 425.10.38
RENAULT Palais Autom., 12 r. Gambetta à
Nogent-sur-Oise par ① 🅟 455.10.54
V.A.G. Gar. Debuquoy, rte de Chantilly 🅟 425.
11.50

🛞 Creil-Paris-Pneu, 2 rte de Creil, St-Leu-d'Es-
serent 🅟 456.62.56
Piot-Pneu, Z.A.E.T. St-Maximin 🅟 424.47.18

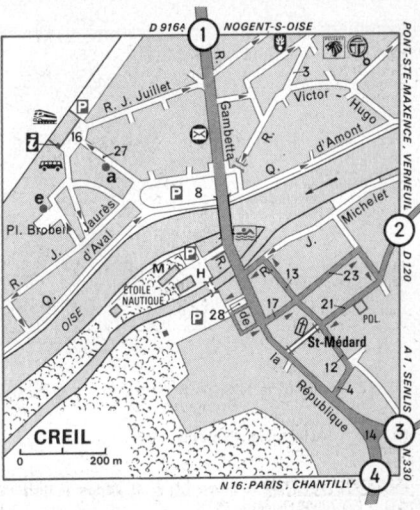

Pour un bon usage des
plans de villes, voir les
signes conventionnels
p. 21

Allacciate le cinture di
sicurezza sia in viaggio
sia in città.

☞ *Auf den Michelin-Straßenkarten im Maßstab 1 : 200 000 sind alle*
im Führer erwähnten Orte rot unterstrichen.

CREISSELS 12 Aveyron 80 ⑭ – rattaché à Millau.

CRÉMIEU 38460 Isère 74 ⑬ G. Vallée du Rhône (plan) – 2 466 h. alt. 212 – ✪ 74.
🛈 Office de Tourisme à la Mairie (fermé sam. après-midi et dim.) ☎ 90.70.92.
Paris 499 – Belley 48 – Bourg-en-B. 59 – ♦Grenoble 83 – ♦Lyon 37 – La Tour-du-Pin 34 – Vienne 40.

🏛 **La Petite Auberge,** ☎ 90.75.45 – ⇔wc �📶wc ☏ 🅿 VISA
    fermé 7 janv. au 7 fév., dim. soir et lundi d'oct. à juin – SC : **R** 62/200 – � 16 –
    14 ch 58/160 – P 155/185.

✕ **Aub. de la Chaite** avec ch, pl. Tilleuls ☎ 90.76.63 – �📶 🅿 E VISA
◆   fermé déc. et lundi – SC : **R** 50/110 – ☻ 15 – **12 ch** 80/120.

CRÉPIEUX-LA-PAPE 69 Rhône 74 ⑪⑫ – rattaché à Lyon.

CRESSENSAC 46 Lot 75 ⑱ – 639 h. alt. 309 – ✉ 46600 Martel – ✪ 65.
Env. Turenne : site★ du château★ et ⩮★★ de la tour de César NE : 9,5 km, G. Périgord.
Paris 512 – Brive-la-Gaillarde 20 – Cahors 83 – Gourdon 46 – Larche 17 – Sarlat-la-Canéda 46.

🏛 **La Truffière,** S : 5 km sur N 20 ☎ 37.88.95, parc, 🍽 – ⇔wc �📶wc ☏ 🚗 🅿 AE
    Pâques-3 nov., fermé dim. soir et lundi du 15 sept. au 1er nov. et de Pâques au 15
    juin sauf fêtes – SC : **R** 57/145 – ⊊ 16 – **20 ch** 70/160 – P 165/200.

✕✕ **Chez Gilles** avec ch, N 20 ☎ 37.70.06 – ⇔wc �📶wc ☏ 🚗 AE E VISA
    fermé fév. et merc. du 1er oct. au 15 juin – SC : **R** 67/170 – ⊊ 19 – **25 ch** 110/225 –
    P 190/245.

CREST 26400 Drôme 77 ⑫ G. Vallée du Rhône – 7 844 h. alt. 192 – ✪ 75.
Voir Donjon★ : ⩮★ F.
🛈 Syndicat d'Initiative bd Belgique (juin-sept. et fermé dim.) ☎ 75.11.38.
Paris 590 ④ – Die 37 ① – Gap 132 ① – ♦Grenoble 117 ④ – Montélimar 38 ② – Valence 28 ④.

Plan page suivante

🏛 **Gd Hôtel,** 60 r. Hôtel de Ville (a) ☎ 75.08.17 – ⇔wc �📶wc ☏. E VISA
    fermé 2 au 31 janv., dim. soir et lundi midi sauf été – SC : **R** 55/120 – ⊊ 15 – **20 ch**
    72/160 – P 145/220.

✕✕ **Porte Montségur,** par ① : 0,5 km ☎ 75.41.48, 🍽 – 🅿. AE E VISA
    fermé vacances de fév. et merc. – SC : **R** 58/155.

✕ **Kléber,** cours Joubernon (e) ☎ 75.11.69 – AE E VISA
◆   fermé vacances de fév., 24 au 30 sept., dim. soir et lundi (sauf juil. et août) – SC : **R**
    41/140 🍴.

403

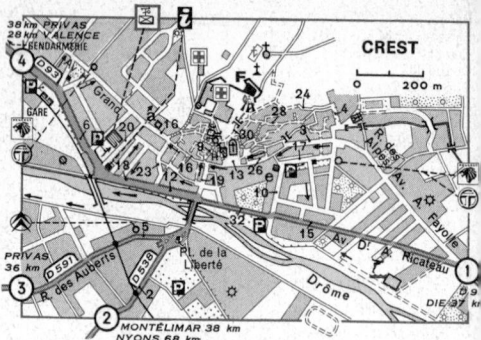

CITROEN Rolland, rte de Grâne ℡ 75.01.13 **N**
PEUGEOT, TALBOT Dromauto, 22 av.
H.-Grand ℡ 75.00.07
PEUGEOT, TALBOT Gar. Fontayne, cours Joubernon ℡ 75.10.63

⊚ Relais du Pneu, av. F.-Rozier, rte de Valence
℡ 75.44.51

CREST-VOLAND 73 Savoie **74** ⑰ G. Alpes – 310 h. alt. 1 230 – Sports d'hiver : 1 230/1 650 m
⫣11 – ⊠ **73590** Flumet – ✆ 79.

🛈 Syndicat d'Initiative (hors saison matin seul. et fermé dim.) ℡ 31.62.57.

Paris 605 – Albertville 27 – Annecy 56 – Bonneville 51 – Chambéry 77 – Megève 14.

🏠 **Caprice des Neiges** 🦌, rte Saisies : 1 km ℡ 31.62.95, ≤, 🍴 – ⇔wc ☎ **P**. **E**
　 VISA. 🎇 rest
　 1er juil.-9 sept. et 18 déc.-20 avril – SC : **R** 45/70 – 🖵 17 – **16 ch** 110/130 –
　 P 175/195.

🏠 **Aravis** 🦌, Au Cernix S : 1,5 km par VO ℡ 31.63.81, ≤ Aravis – ⇔wc 🍴wc ☎ **P**
　 juil.-août et 20 déc.-20 avril – SC : **R** 80 – 🖵 15 – **17 ch** 135/145 – P 190/200.

🏠 **Les Bartavelles**, ℡ 31.61.23, ≤ – ⇔wc 🍴 ☎ **P**. 🎇 rest
　 5 juil.-22 août et 18 déc.-18 avril – SC : **R** 54 – 🖵 15 – **18 ch** 86/142 – P 159/173.

🏠 La Gelinotte 🦌, ℡ 31.60.62, ≤, Ambiance chalet, ⌓ – ⇔ **P** – sais. – **10 ch**.

CRÊT-DE-CHATILLON 74 H.-Savoie **74** ⑯ G. Alpes – alt. 1 699.

Voir ⁂⋆⋆⋆.

Paris 567 – Aix-les-Bains 43 – Annecy 18.

CRÉTEIL 94 Val-de-Marne **61** ①, **101** ㉗ – voir à Paris, Environs.

Le CREUSOT 71200 S.-et-L. **69** ⑧ G. Bourgogne – 32 309 h. alt. 347 – ✆ 85.

🛈 Syndicat d'Initiative avec A.C. 1 r. Mar.-Foch (fermé sam. après-midi dim. et lundi) ℡ 55.02.46.

Paris 378 ② – Autun 29 ③ – Beaune 47 ① – Chalon-sur-Saône 39 ② – Mâcon 90 ②.

Plan page ci-contre

🏠 **Moderne**, 41 r. Mar.-Leclerc ℡ 55.16.63 – 📺 ⇔wc 🍴 ☎ 🚗 . **VISA**　　　A e
　 fermé dim. – SC : **R** 50/110 ⚖ – 🖵 18 – **56 ch** 89/205.

　 au Breuil par ① : 3 km – 3 415 h. – ⊠ **71670** Le Breuil :

🏨 **Moulin Rouge** 🦌, ℡ 55.14.11, 🌿 – 📺 ⇔wc 🍴wc ☎ **P** – 🔬 40. **E VISA**
　 fermé 1er au 15 janv., dim. soir et vend. – SC : **R** 60/160 ⚖ – 🖵 18 – **31 ch** 100/200.

　 à Torcy par ② : 4 km – ⊠ **71210** Montchanin :

✕✕ **Vieux Saule**, ℡ 55.09.53 – **P**. **E VISA**
　 fermé 30 juil. au 20 août, dim. soir et lundi – SC : **R** 78/130 ⚖.

　 à Montchanin par ② : 8 km – ⊠ **71210** Montchanin :

🏩 **Novotel** 🅼, ℡ 55.72.11, Télex 800588, ⌓ – 🖊 ▦ rest 📺 ☎ 🚻 **P** – 🔬 50 à 250.
　 AE ① **E VISA**
　 R snack carte environ 90 ⚖ – 🖵 29 – **87 ch** 249/279.

CITROEN Broin, 77 rte de Montcenis par D984
A ℡ 55.20.09
CITROEN Rameau, 31 r. Marceau ℡ 55.34.22
FORD Gar. Lemonnier et Fuchey, 13 r.
Mar.-Joffre ℡ 55.27.06
PEUGEOT, TALBOT Nedey-Guillemier, 97 r.
Foch ℡ 55.21.81 et 57 r. de Chanzy B ℡ 55.20.63

RENAULT Creusot-Gar., pl. Bozu ℡ 55.10.44
V.A.G. Gar. du Vieux Saule, à Torcy ℡ 56.20.72

⊚ Creusot-Pneus, av. des Abattoirs ℡ 55.60.93
Goesin, 35 av. de la République ℡ 55.44.17

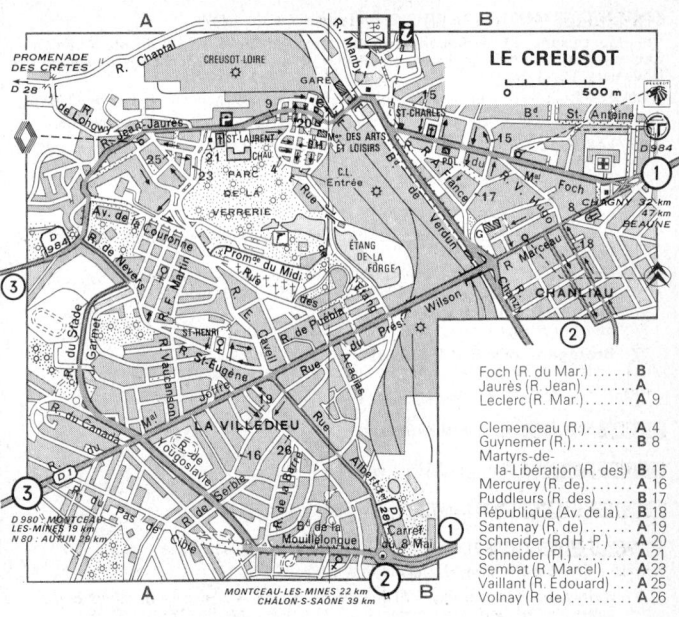

LE CREUSOT

PROMENADE DES CRÊTES

CREUSOT-LOIRE

MONTCEAU-LES-MINES 22 km
CHÂLON-S-SAÔNE 39 km

*Si vous devez faire étape dans une station
ou dans un hôtel isolé,
prévenez par téléphone, surtout en saison.*

CREUTZWALD 57150 Moselle 🗺 ⑤ – 15 157 h. alt. 219 – 🕓 8.
Paris 374 – Forbach 26 – ◆Metz 50 – Saarbrücken 35 – Sarreguemines 38 – Saarlouis 17.

  ✗✗ **Europe,** rte Saarlouis NE : 2 km N 33 ℡ 793.04.54 🅿.
  ✗ **Faisan d'Or,** rte Saarlouis NE : 2 km N 33 ℡ 793.01.36 – 🅿
      fermé août et lundi – SC : **R** 75/115.
  ✗ **Aub. du Vieux Cerf,** 23 r. Houve ℡ 793.04.17 – ᴀᴇ ① 𝘝𝘐𝘚𝘈
  ➡ *fermé mardi soir et merc.* – SC : **R** 40/110 🍴.

CREUZIER-LE-NEUF 03 Allier 🗺 ⑤ – rattaché à Cusset.

CRÈVECŒUR-EN-AUGE 14 Calvados 🗺 ⑰ G. Normandie – 515 h. alt. 60 – ⊠ 14340
Cambremer – 🕓 31.
Paris 191 – ◆Caen 29 – Falaise 32 – Lisieux 17.

  ✗ **La Galetière,** ℡ 63.04.28
  ➡ *fermé 15 janv. au 15 fév. et mardi* – SC : **R** 41/80.

CREVOUX 05 H.-Alpes 🗺 ⑱ G. Alpes – 115 h. alt. 1 577 – Sports d'hiver : 1 600/2 000 m 🚡3 🎿
– ⊠ 05200 Embrun – 🕓 92.
Paris 721 – Briançon 59 – Embrun 16 – Gap 54 – Guillestre 32.

  🏠 **Parpaillon** 🕭, ℡ 43.18.08, ≤ – ⌂wc 🏠wc 🐕 ⬅ 🅿. 🍴
      fermé 10 au 30 nov. – SC : **R** 55/80 🍴 – 🖃 17 – **28 ch** 90/130 – P 145/195.

CRILLON 60 Oise 🗺 ⑰ – 420 h. alt. 82 – ⊠ 60112 Milly-sur-Thérain – 🕓 4.
Paris 92 – Aumale 36 – Beauvais 16 – Breteuil 34 – Gournay-en-Bray 18.

  ✗✗ **La Petite France,** 5 rte de Gisors ℡ 481.01.13
  ➡ *fermé 19 août au 11 sept., 3 au 21 fév., dim. soir, lundi soir et mardi* – SC : **R** 45/82
      🍴.

Les CROCS D'ARCONSAT 63 P.-de-D. 🗺 ⑥ – rattaché à Chabreloche.

La CROISETTE 74 H.-Savoie 🗺 ⑥ – rattaché à Salève (Mont).

Le CROISIC 44490 Loire-Atl. 🖸🖸 ⑭ G. Bretagne – 4 365 h. – 🌀 40.

Voir Mont-Esprit ⩽★ – Aquarium de la Côte d'Amour★ – ⩽★ du Mont-Lénigo – Batz-sur-Mer : 🌸 ★★ de l'église ★, chapelle N.-D. du Mûrier ★, rochers ★ du sentier des Douaniers, SE : 3 km.

🗐 Office de Tourisme pl. Gare (fermé sam. après-midi, lundi matin hors sais. et dim.) 🕾 23.00.70.

Paris 455 – La Baule 10 – Guérande 10 – ◆Nantes 84 – Le Pouliguen 7 – Redon 68 – Vannes 75.

🏠 **Les Nids** ⑤, 83 bd Gén.-Leclerc à Port-Lin 🕾 23.00.63, « jardin fleuri » – 🏧wc ⌨. 💳
23 mars-24 avril et 29 mai-fin sept. – SC : **R** 51/142 – ⊊ 16,50 – **28 ch** 83/193 – P 167/238.

🏠 **L'Estacade**, 4 quai Lénigo 🕾 23.03.77 – 🚪. 💳
fermé 16 nov. au 15 déc. et jeudi du 15 sept. au 15 juin – SC : **R** 55/175 – ⊊ 14 – **10 ch** 70/130 – P 170/200.

XXX **Océan** avec ch, à Port-Lin 🕾 42.90.03, ⩽ côte et mer – 🚪wc ⌨
1er fév.-15 nov. – SC : **R** carte 105 à 185 – ⊊ 18 – **19 ch** 108/192.

XX **Filets Bleus**, 12 r. Marine 🕾 23.07.42 – 💳
fermé déc., janv. et lundi hors sais. – SC : **R** 100/220.

XX **Bretagne**, sur le Port 🕾 23.00.51
1er fév.-1er nov., fermé mardi soir hors sais. et merc. – SC : **R** 72/198.

CITROEN Gar. Rochard, 🕾 42.90.32   RENAULT Deleplanque, 🕾 23.02.09

CROIX 59 Nord 🖸🖸 ⑯ – rattaché à Roubaix.

CROIX (Col des) 88 Vosges 🖸🖸 ⑦ – rattaché au Thillot.

La CROIX-BAYARD 38 Isère 🖸🖸 ④ – rattaché à Voiron.

La CROIX-BLANCHE 71 S.-et-L. 🖸🖸 ⑲ – alt. 204 – ⊠ 71960 Pierreclos – 🌀 85.
Paris 409 – Charolles 41 – Cluny 12 – Mâcon 14 – Roanne 84.

🏠 **Relais du Mâconnais**, N 79 🕾 36.60.72, 🌾, 🍴 – 🏧wc ⌨ 🅿. 🆎 ① 🅴 💳
fermé janv. et lundi d'oct. à mars – SC : **R** 71/160 – ⊊ 18 – **12 ch** 103/178.

CROIX-FRY (Col de la) 74 H.-Savoie 🖸🖸 ⑦ – rattaché à Manigod.

CROIX-MARE 76 S.-Mar. 🖸🖸 ⑬ – rattaché à Yvetot.

La CROIX-VALMER 83420 Var 🖸🖸 ⑰ G. Côte d'Azur – 2 064 h. alt. 120 – 🌀 94.
Paris 880 – Brignoles 65 – Draguignan 52 – Le Lavandou 27 – Ste-Maxime 16 – ◆Toulon 62.

🏠 **Mer** ⑤, SO : 2 km par N 559 🕾 79.60.61, ⩽, �& , « Parc », 🏊 – 🏧wc 🏧wc ⌨ 🅿.
15 avril-30 sept. – SC : **R** (31 mai-30 sept.) (dîner seul.) 80/150 – ⊊ 20 – **31 ch** 140/360.

🏠 **Parc** ⑤ sans rest, E : 1 km par D 93 🕾 79.64.04, ⩽, parc – 🛗 🏧wc 🏧wc ⌨ 🅿. 💳 🍴
1er avril-1er oct. – SC : ⊊ 20 – **33 ch** 155/260.

XX **St-Laurent**, Odyssée 80 🕾 79.74.61, 🌾
fermé 1er déc. au 31 janv. et merc. – SC : **R** 80/100.

X **Esquinade**, domaine de Barbigoua SO : 3 km par rte Cavalaire 🕾 79.64.78, 🌾 – 🅿. 💳
juin-sept. – SC : **R** 85.

à Gigaro SE : 5 km par D 93 et VO – ⊠ 83420 La Croix-Valmer :

🏠 **Souleias** 🅼 ⑤, 🕾 79.61.91, Télex 970032, ⩽, 🌾, « Au faîte d'une colline dominant le littoral », 🏊, 🌾, 🍴 – ⌨ – 🛎 30 à 60. 🆎 ① 💳 🍴 rest
1er mars-31 oct. – SC : **R** 120/185 – ⊊ 39 – **37 ch** 340/620 – P 480/630.

🏠 **Les Moulins de Paillas** 🅼 ⑤ sans rest, 🕾 79.71.11, 🏊, 🌲, 🍴 – 🏧wc 🕾 🅿. ① 💳
20 mai-30 sept. – SC : ⊊ 25 – **30 ch** 350/480.

CRONENBOURG 67 B.-Rhin 🖸🖸 ⑩ – rattaché à Strasbourg.

CROS-DE-CAGNES 06 Alpes-Mar. 🖸🖸 ⑨, 🖸🖸🖸 ㉘ – rattaché à Cagnes.

Le CROTOY 80550 Somme 🖸🖸 ⑥ G. Nord de la France – 2 351 h. – Casino – 🌀 22.
Voir Butte du Moulin ⩽★.

🗐 Office de Tourisme Digue J.-Noiret (avril-sept.) 🕾 27.81.97.

Paris 184 – Abbeville 21 – Berck-Plage 28 – Montreuil 35 – St-Valéry-sur-Somme 13 – Le Tréport 40.

XX **Baie**, 🕾 27.81.22, ⩽
fermé 10 janv. au 1er fév. – SC : **R** 85/120.

406

CROTS 05 H.-Alpes 77 ⑰ – rattaché à Embrun.

CROUTELLE 86 Vienne 67 ⑲ – rattaché à Poitiers.

La CROUZILLE 87 H.-Vienne 72 ⑦⑧ alt. 432 – ✉ **87140** Nantiat – ✪ 55.
Voir St-Sylvestre : buste reliquaire★ dans l'église E : 4,5 km.
Env. Ambazac : trésor★★ de l'église SE : 7 km, **G. Périgord.**
Paris 376 – Argenton-sur-Creuse 74 – Bellac 34 – Guéret 61 – ♦Limoges 20

à Margnac NO : 1 km – ✉ **87140** Nantiat :

XX **Aub. du Moulin** 🐎 avec ch, ☎ 39.91.12, ≤ parc – Ⓟ
fermé merc. – SC : **R** 70/120 – ☕ 15 – **8 ch** 75/120.

CROZANT 23 Creuse 68 ⑱ **G. Périgord** – 732 h. alt. 277 – ✉ **23160** St-Sébastien – ✪ 55.
Voir Ruines du château★ – Vallée de la Creuse★ au N.
Paris 334 – Argenton-sur-C. 32 – La Châtre 48 – Guéret 40 – Montmorillon 76 – La Souterraine 30.

Lac 🐎, E : 1 km par D 72 et D 30 ☎ 89.81.96, ≤ – 🛁wc 🚿 Ⓟ. ✂ ch
Pâques-1er oct. – SC : **R** 37/85 🍷 – ☕ 14 – **10 ch** 100/160 – P 133/168.

X **Aub. de la Vallée,** ☎ 89.80.03
fermé 2 au 20 janv. et mardi du 15 oct. au 30 juin – SC : **R** 37/149.

CROZON 29160 Finistère 58 ④ **G. Bretagne** – 7 904 h. alt. 81 – ✪ 98.
Voir Retable★ de l'église.
Env. Pointe de Dinan ☼★★ SO : 6 km.
ℹ Office de Tourisme bd de la Plage à Morgat (1er juin-15 sept. et fermé dim. après-midi) ☎ 27.07.92 et Maison Communale (15 oct.-31 mai) ☎ 27.21.65.
Paris 585 – ♦Brest 57 – Châteaulin 34 – Douarnenez 46 – Morlaix 76 – Quimper 55.

au Fret N : 5,5 km par D 155 et D 55 – ✉ **29160** Crozon :

Host. de la Mer, ☎ 27.61.90, ≤, 🚗 – 🛁wc 🚿wc ☎. E VISA. ✂
hôtel : 1er avril-15 oct. ; rest. : 1er mai-25 sept. – SC : **R** 66/160 – ☕ 19,50 – **26 ch** 159/229 – P 235/254.

Voir aussi ressources hôtelières de ***Morgat*** S : 3 km par D 887

Prat-Pneus, rte Châteaulin ☎ 27.12.51

CRUSEILLES 74350 H.-Savoie 74 ⑥ **G. Alpes** – 2 533 h. alt. 783 – ✪ 50.
Paris 550 – Annecy 18 – ♦Genève 25 – St-Julien-en-Genevois 16.

Salève, ☎ 44.18.30 – TV 🛁wc 🚿wc ☎. AE ① E VISA
fermé 1er au 15 nov., 1er au 15 janv. et lundi sauf avril à sept. – **R** 38/50 🍷 – ☕ 18 – **33 ch** 170/200 – P 240/280.

CUCHERON (Col du) 38 Isère 77 ⑤ – rattaché à St-Pierre-de-Chartreuse.

CUCUGNAN 11 Aude 86 ⑧ – 113 h. alt. 320 – ✉ **11350** Tuchan – ✪ 68.
Voir Col Grau de Maury ☼★★ S : 2,5 km – Site★★ du château de Quéribus★ SE : 3 km.
Env. Château de Peyrepertuse★★ : ≤★★ NO : 7 km, **G. Pyrénées.**
Paris 911 – Carcassonne 100 – Limoux 77 – ♦Perpignan 40 – Quillan 50.

X **Aub. de Cucugnan,** ☎ 45.40.84
fermé 1er au 15 sept. et merc. du 1er janv. au 31 mars – SC : **R** 55 bc/130 bc.

à Duilhac-sous-Peyrepertuse NO : 4,5 km – ✉ **11350** Tuchan :

X **Le Clauozo,** ☎ 45.42.74, ≤
15 juin-15 sept. – SC : **R** 50 bc/80 bc.

CUCURON 84 Vaucluse 84 ③ **G. Provence** – 1 409 h. alt. 350 – ✉ **84160** Cadenet – ✪ 90.
Paris 746 – Aix-en-Provence 34 – Apt 26 – Avignon 67 – Manosque 35.

L'Étang Ⓜ, ☎ 77.21.25 – 🚿wc. E
fermé 20 déc. au 10 janv. et merc. hors sais. – SC : **R** 80/120 – ☕ 16,50 – **8 ch** 132 – P 210.

Aimer la nature,
c'est respecter la pureté des sources, la propreté des rivières,
des forêts, des montagnes...
c'est laisser les emplacements nets de toute trace de passage.

🛈 Office de Tourisme château des Princes d'Orange (1er juil.-31 août et fermé lundi) ☏ 72.71.27.

Paris 400 – Chalon-sur-S. 57 – Lons-le-Saunier 25 – Mâcon 57 – Orgelet-le-Bourget 29 – Tournus 47.

- XX **Nord** avec ch, ☏ 72.71.02 – ⌂wc 🚿 🚗 🅿. VISA. ⅏ rest
- → fermé 6 au 15 mars, 2 au 26 nov., vend. midi et jeudi – SC : **R** 45/140 – ⊡ 16 – **25 ch** 63/175.

- X **Commerce** avec ch, ☏ 72.71.79 – ⌂ 🏦wc 🚗 🅿. **E**
- → fermé 16 au 25 juin, 1er au 8 oct. et lundi (sauf hôtel en sais.) – SC : **R** 45/150 – ⊡ 13 – **9 ch** 90/116.

CUISERY 71290 S.-et-L. **70** ⑫ – 1 678 h. alt. 211 – ✪ 85.

Paris 373 – Bourg-en-Bresse 46 – Lons-le-Saunier 48 – Mâcon 37 – St-Amour 39 – Tournus 8.

- XXX **Host. Bressane** avec ch, ☏ 40.11.63 – ⌂wc 🏦wc ☎ 🅿
- fermé 1er déc. au 1er fév., mardi soir et merc. sauf août – SC : **R** 70/170 – ⊡ 18 – **9 ch** 130/170.

PEUGEOT, TALBOT Hengy, ☏ 40.14.36

CULAN 18270 Cher **69** ⑪ G. Périgord – 1 055 h. alt. 280 – ✪ 48.

Voir Château★.

Paris 302 – Bourges 69 – La Châtre 29 – Guéret 68 – Montluçon 33 – St-Amand-Montrond 25.

- 🏠 **Poste,** ☏ 56.66.57 – ⌂ 🏦wc 🚗. ⅏ rest
- → fermé 5 janv. au 15 fév. et lundi – SC : **R** 37/90 ⅃ – ⊡ 15 – **14 ch** 65/150.

CITROEN Sauthon, ☏ 56.63.08
PEUGEOT-TALBOT Plaveret M., Place du Champ de Foire ☏ 56.64.10
RENAULT Gar. du Pavillon, ☏ 56.61.54

La CURE 39 Jura **70** ⑯ – rattaché aux Rousses.

CUREBOURSE (Col de) 15 Cantal **76** ⑫ ⑬ – rattaché à Vic-sur-Cère.

Le CURTILLARD 38 Isère **77** ⑥ – alt. 1 012 – Sports d'hiver à Sept Laux-Le Pleyney : 1 450/2 100 m ⅀7 – ✉ 38580 Allevard – ✪ 76.

Paris 611 – Allevard 15 – ✦Grenoble 53 – Pinsot 8.

- 🏠 **Baroz** ⑤, ☏ 97.50.81, ≤, 🌣, 🐎, ⅏ – cuisinette ⌂wc 🏦wc ☎ 🅿. VISA. ⅏ ch
- 20 juin-début sept. et Noël-Pâques – SC : **R** 60/100 – ⊡ 16 – **21 ch** 73/120 – P 180/190.

- 🏠 **Curtillard** ⑤, ☏ 97.50.82, ≤, 🌣, 🐎, ⅏ – cuisinette ⌂wc 🏦wc 🚿 🅿 – 🏊 70. VISA.
- 1er juin-15 sept. et 20 déc.-20 avril – SC : **R** 58/120 – ⊡ 15,50 – **25 ch** 84/157 – P 165/200.

CUSSAY 37 I.-et-L. **68** ⑤ – rattaché à Ligueil.

CUSSET 03300 Allier **73** ⑤ G. Auvergne – 14 876 h. alt. 274 – ✪ 70.

🛈 Syndicat d'Initiative r. S.-Arlaing (juil.-août et fermé dim.) ☏ 31.39.41.

Paris 348 ② – Lapalisse 23 ② – Moulins 54 ② – Vichy 3 ①.

CUSSET

Arloing (R. S.) .... **Z** 2
Constitution (R.) .... **Z** 8
Gambetta (R.) .... **Z** 12
Rocher-Favyé (R.) ..... **Z** 25

Barge (R. de la) .... **Z** 3
Carnot (R.) .... **Z** 5
Centenaire (Pl. du) .... **Z** 6
Gaulle (Bd Gén.-de) .. **Z** 9
Giraudoux (R. J.) ...... **Y** 13
Industrie (R. de l') .... **Y** 14
Lafayette (Cours) ...... **Z** 15
Louis-Blanc (Pl.) ...... **Z** 19
Prés.-Wilson (R.) ...... **Z** 20
Radoult-de-la
  Fosse (Pl.) .... **Z** 22
République (Pl.) .... **Z** 23
République (R.) .... **Z** 24
Tracy (Cours) .... **Z** 26
Victor-Hugo (Pl.) ...... **Z** 27
29-Juillet (R. du) ..... **Z** 28

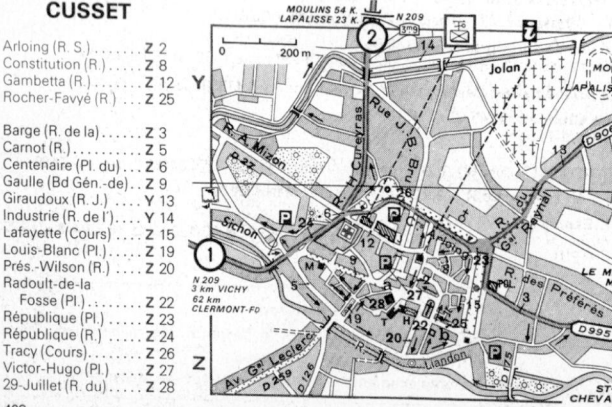

🏠 **Globe**, 1 r. Pasteur ℡ 97.82.31 – 🛁wc 🛁wc ☜ **🅟** – 🏨 30. **AE ⓘ E VISA**   Z **b**
SC : **R** *(fermé dim. soir du 1er déc. au 1er avril)* 52/102 – 🍽 20 – **25 ch** 95/165 – P 195/260.

✕✕ **Taverne Louis XI**, près Église ℡ 98.39.39 – **VISA**   Z **a**
fermé 1er au 25 oct., vacances de fév., dim. soir et lundi – SC : **R** 75/155.

à Creuzier-le-Neuf par ② : 5,5 km – ✉ 03300 Cusset :

✕✕ **Bon Accueil** avec ch, N 209 ℡ 98.06.01 – **🅟**. **E**
◄ *fermé 20 janv. au 20 fév. et merc. sauf juil.-août* – SC : **R** 35/110 – 🍽 13 – **6 ch** 62/68 – P 110/130.

OPEL, LADA Bourdin, 77 rte Paris ℡ 98.98.26

CUSTINES 54670 M.-et-M. 🗺 ⑭ – 2 843 h. alt. 196 – ✦ 8.
Paris 318 – ♦Metz 45 – ♦Nancy 13 – Pont-à-Mousson 18 – Toul 32.

🏠 **L'Ile** sans rest, NO : 2 km D 40 ℡ 349.39.56 – cuisinette 🛁wc 🛁 ☜ **🅟**. **VISA**
fermé 24 déc. au 5 janv. – SC : 🍽 13,50 – **34 ch** 65/165.

DABO 57850 Moselle 🗺 ⑧ G. Vosges – 2 946 h. alt. 450 – ✦ 8.
Voir Site★ – Rocher de Dabo ⚡★ SE : 2 km.
Paris 447 – Haguenau 63 – ♦Metz 116 – Sarrebourg 21 – Saverne 25 – ♦Strasbourg 49.

🏠 **Belle Vue**, ℡ 707.40.21, ≤ – 🛁 🛁 **🅟**. ⚘
fermé 20 déc. au 1er mars, mardi soir et merc. du 1er oct. au 1er avril – SC : **R** 65/160 🍷 – ☞ 19 – **16 ch** 85/150 – P 135/165.

✕✕ **Rocher** 🍴 avec ch, au Rocher de Dabo SE : 2 km ℡ 707.40.14, ≤ forêt et montagne – ⚘ rest
début mars-début oct. et rest. dim. toute l'année – SC : **R** 80/300 🍷 – ☞ 20 – **10 ch** 60/100 – P 150/160.

Garage Erb, à Schaeferhof ℡ 707.41.11 **N**

La DAILLE 73 Savoie 🗺 ⑱ – rattaché à Val-d'Isère.

DAMAZAN 47160 L.-et-G. 🗺 ⑭ – 1 273 h. alt. 55 – ✦ 53.
Paris 698 – Agen 38 – ♦Bordeaux 104 – Mont de Marsan 84 – Villeneuve-sur-Lot 39.

🏠 **du Canal** 🍴, ℡ 79.42.84, ≤ – 🛁wc ☎ **🅟**
SC : **R** 60 bc/150 – 🍽 12 – **20 ch** 85/130 – P 145/190.

DAMGAN 56750 Morbihan 🗺 ⑬ – 905 h. alt. 6 – ✦ 97.
🛈 Syndicat d'Initiative pl. Presbytère (1er mai-15 sept.) ℡ 41.11.32.
Paris 447 – Muzillac 9,5 – Redon 47 – La Roche-Bernard 25 – Vannes 26.

🏠 **L'Albatros** 🅼 🍴, bd Océan ℡ 41.16.85, ≤ – 🛁wc ☜ **🅟**. ⚘ rest
1er avril-30 sept. – SC : **R** carte environ 80 – 🍽 17 – **16 ch** 98/172 – P 155/188.

DAMMARIE-LES-LYS 77 S.-et-M. 🗺 ② , 🗺 ㊺ – rattaché à Melun.

DAMPIERRE-EN-YVELINES 78720 Yvelines 🗺 ⑨, 🗺 ㉙, 🗺 ㉚ G. Environs de Paris – 898 h. alt. 100 – ✦ 3.
Voir Château★★ – Vaux de Cernay★ SO : 4 km.
Paris 36 – Coignières 11 – Longjumeau 27 – Rambouillet 16 – Versailles 18.

✕✕✕ **Aub. du Château** avec ch, ℡ 052.52.89 – 🛁 🛁 **ⓘ VISA**. ⚘ ch
fermé 1er au 13 août, 1er au 7 janv., dim. soir et lundi – SC : **R** 245 bc /95 – 🍽 18 – **17 ch** 115/155.

au Nord : 3 km par D 91, carrefour D 13 – ✉ 78460 Chevreuse :

✕✕ **La Puszta** avec ch, ℡ 461.18.35, Cuisine hongroise, « Décor rustique hongrois, jardin » – 🛁wc **🅟** – 🏨 70. **VISA**. ⚘ ch
fermé lundi soir et mardi – **R** 120 – 🍽 27 – **6 ch** 310.

DAMPRICHARD 25450 Doubs 🗺 ⑱ – 1 907 h. alt. 825 – ✦ 81.
Paris 492 – ♦Bâle 95 – Belfort 67 – ♦Besançon 82 – Montbéliard 49 – Pontarlier 67.

🏠 **Lion d'Or**, ℡ 44.22.84 – 🛁wc 🛁wc ☜ **🅟** – 🏨 100. **ⓘ E VISA**
fermé 1er au 21 mars, 15 au 31 oct. et dim. soir – SC : **R** 55/165 🍷 – 🍽 18 – **16 ch** 86/165 – P 158/178.

Les DAMPS 27 Eure 🗺 ⑦ – rattaché à Pont-de-l'Arche.

DAMVILLERS 55150 Meuse 🗹 ① – 717 h. alt. 208 – ✿ 29.

🖪 Syndicat d'Initiative à la Mairie (fermé sam. et dim.) 📞 85.60.28.

Paris 288 – Bar-le-Duc 82 – Longuyon 27 – ✦Metz 75 – Sedan 66 – Verdun 26.

　✗　**Croix Blanche** avec ch, 📞 85.60.12 – 🏠 🅿 🆎 ⓪ 🅔 VISA
　　　fermé fév., dim. soir de sept. à mai et lundi – SC : **R** 50/130 ⅃ – 🍺 14 – **9 ch** 65/93
　　　– P 140/165.

CITROEN Gar. Iori, 📞 85.60.25 🗎

DANCHARIA 64 Pyr.-Atl. 🔠 ② – rattaché à Aïnhoa.

La DANCHÈRE 38 Isère 🗹 ⑥ – ⊠ 38143 Vénosc – ✿ 76.

Paris 625 – Le Bourg-d'Oisans 11 – La Grave 29 – ✦Grenoble 60 – Col du Lautaret 40.

　🏔　**Lauvitel** ⑤, 📞 80.06.77, ≤, 🚗 – 🚐 🅿 ⚡ 🍴
　　　SC : **R** 60/70 – ⚏ 15 – **22 ch** 80/120 – P 170.

DANGÉ-ST-ROMAIN 86220 Vienne 🔠 ④ – 2 877 h. alt. 48 – ✿ 49.

Paris 292 – Le Blanc 59 – Châtellerault 16 – Chinon 53 – Loches 40 – Poitiers 49 – ✦Tours 57.

　✗　**La Crémaillère**, 56 rte Nationale 📞 86.40.24
　　　fermé merc. – SC : **R** 46/210 ⅃.

PEUGEOT-TALBOT Semam Sud Ouest, 📞 86.　　　RENAULT Judes, 📞 86.40.39
43.12 🗎

DANJOUTIN 90 Ter.-de-Belf. 🔠 ⑧ – rattaché à Belfort.

DANNEMARIE 68210 H.-Rhin 🔠 ⑨ – 1 939 h. alt. 317 – ✿ 89.

Paris 519 – ✦Bâle 41 – Belfort 24 – Colmar 59 – ✦Mulhouse 30 – Thann 26.

　✗✗　**Wach**, 📞 25.00.01 – 🅔
　　　fermé 20 déc. au 15 janv. et lundi – **R** 40/115 ⅃.
　✗　**Ritter**, 📞 25.04.30, 🚗 – 🅿 VISA
　　　fermé 10 au 28 déc., lundi soir et mardi – SC : **R** 40/180 ⅃.

PEUGEOT, TALBOT Gar. Ingold, 📞 25.00.23　　　RENAULT Gar. Raab, 📞 25.02.71 🗎

DAVÉZIEUX 07 Ardèche 🗹 ⑩ – rattaché à Annonay.

　☞　*All towns having at least one establishment included in this Guide*
　　　are underlined in red on the Michelin maps scale 1:200 000.

DAX ⬛ 40100 Landes 🗹 ⑧⑦ G. Côte de l'Atlantique – 19 636 h. alt. 12 – Stat. therm. :
Atrium – Casino BY – ✿ 58.

🖪 Office de Tourisme (fermé sam. après-midi et dim. hors saison) et A.C. pl. Thiers 📞 74.82.33.

Paris 736 ① – ✦Bayonne 49 ⑤ – ✦Bordeaux 142 ① – Mont-de-Marsan 52 ② – Pau 78 ③.

Plan page ci-contre

　🏨　**Splendid**, cours Verdun 📞 74.59.30, Télex 540085, ≤, ⅃, 🚗 – 🛗 📺 – 🏊 50. 🆎
　　　⓪ 🅔. 🍴 rest
　　　1ᵉʳ mars-30 nov. – SC : **R** 75/130 – ⚏ 14.50 – **174 ch** 194/227, 6 appartements
　　　227/260 – P 155/313.
　　　　　　　　　　　　　　　　　　　　　　　　　　　　　　　　　　BY **a**
　🏨　**Gd Hôtel**, r. Source 📞 74.84.58, 🚗 – 🛗 cuisinette ▦ rest 📺 ☎ 🅿 – 🏊
　　　50 à 150. 🆎 ⓪. 🍴 rest
　　　SC : **R** 70/130 – ⚏ 16.50 – **128 ch** 141/204, 7 appartements 239/285 – P 187/248.
　　　　　　　　　　　　　　　　　　　　　　　　　　　　　　　　　　BY **d**
　🏨　**Parc**, 1 pl. Thiers 📞 74.86.17, Télex 540481 – 🛗 📺. 🆎 ⓪ 🅔 VISA 🍴 rest　BY **e**
　　　SC : **R** *(fermé vend. du 1ᵉʳ nov. au 30 mars)* 85/200 – ⚏ 38 – **38 ch** 210/290 – P
　　　380/440.
　🏩　**Miradour** 🅼, av. Milliès-Lacroix 📞 74.98.86, Télex 540085, ≤ – 🛗 ⛁wc 🛁wc 📞
　　　🅿. 🆎 ⓪ 🅔 🍴 rest
　　　SC : **R** 84/170 – ⚏ 14.50 – **120 ch** 153/189 – P 189/266.
　　　　　　　　　　　　　　　　　　　　　　　　　　　　　　　　　　BY **v**
　🏩　**Ecureuils** 🅼 sans rest, 1 r. Croix Blanche 📞 90.07.71, 🚗 – 🛗 cuisinette 📺
　　　⛁wc 🛁wc ☎ ⚡ 🅿
　　　4 mars-début déc. – SC : ⚏ 15 – **50 ch** 110/150.
　　　　　　　　　　　　　　　　　　　　　　　　　　　　　　　　　　BY **k**
　🏩　**Régina et Tarbelli** 🅼, bd Sports 📞 74.84.58 – 🛗 cuisinette 📺 ⛁wc 🛁wc ☎
　　　🅿. 🆎 ⓪. 🍴 rest
　　　1ᵉʳ mars-15 déc. – SC : **R** 63/127 – ⚏ 14 – **150 ch** 126/244, 25 appartements
　　　228/250 – P 165/218.
　　　　　　　　　　　　　　　　　　　　　　　　　　　　　　　　　　BY **d**
　🏩　**Relais des Thermes** 🅼, av. Mar.-Foch à St-Paul-lès-Dax ⊠ 40990 St-Paul-lès-
　　　Dax 📞 74.84.37, 🚗 – 🛗 📺 ⛁wc ☎ ⚡ 🅿 – 🏊 100. ⓪ VISA 🍴 ch
　　　fermé 22 déc. au 15 janv. et lundi de janv. à fin avril – SC : **R** 55/110 – ⚏ 15 – **20 ch**
　　　110/155 – P 178/190.
　　　　　　　　　　　　　　　　　　　　　　　　　　　　　　　　　　AZ **f**

410

DAX

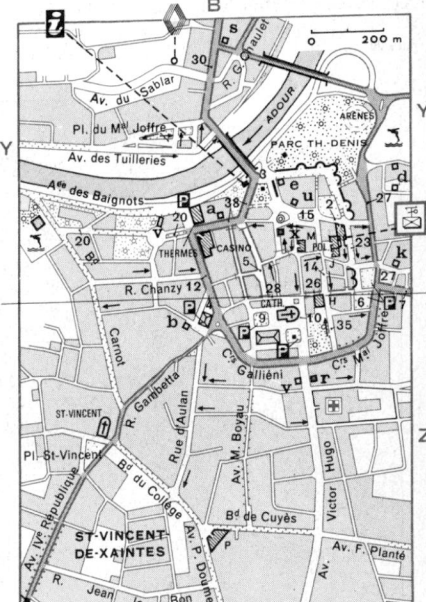

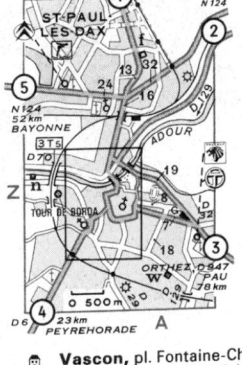

🏠 **Vascon,** pl. Fontaine-Chaude ℡ 74.12.14 – 📶 🛏️wc ☎   **BY u**
    1er avril-15 déc. – SC : **R** (résidents seul.) 48 🥄 – 🖵 15 – **28 ch** 100/124 – P 136/181.

🏠 Tuc d'Eauze, 3 r. Tuc-d'Eauze ℡ 74.02.71 – 🛏️wc 📶wc ☎   **BZ b**
    27 ch.

🏠 **Nord** sans rest, 68 av. St-Vincent-de-Paul ℡ 74.19.87 – 📶 🅿️   **BY s**
    fermé 14 déc. au 2 janv. – SC : 🖵 11 – **19 ch** 70/77.

🏠 **Peyroux,** 8 av. V.-Hugo ℡ 74.26.10 – 🛏️ 📶 ☎ 🅿️   **BZ v**
    fermé 15 déc. au 1er mars – SC : **R** 55/135 – 🖵 12 – **27 ch** 65/110 – P 145/165.

XX **Richelieu** avec ch, 13 av. V.-Hugo ℡ 90.05.78, 🍽 – 📶 ☎. 🆎 ① **VISA**. 🦐 rest
    fermé fév., dim. soir et lundi du 1er oct. au 1er juin – SC : **R** 60/150 🥄 – 🖵 14 – **20 ch**
    70/120 – P 155/176.   **BZ r**

XX **Bois de Boulogne,** O : 1 km par allée des Baignots ℡ 74.23.32, ≤, 🍽   **AZ n**
➡   *fermé oct., et lundi* – SC : **R** 45/100 🥄.

XX Aub. des Pins 🦢 avec ch, 86 av. F.-Planté (Village des Pins) ℡ 74.22.46, 🪑 – 📶   **AZ w**
➡ ☎ 🅿️
    14 ch.

X **Fin Gourmet,** 3 r. Pénitents ℡ 74.04.26 – 🍽. **E**   **BY x**
➡   *fermé 15 déc. au 15 fév.* – SC : **R** 50/140 🥄.

   à l'ouest par ⑤ : 3 km – ⊠ **40990** St-Paul-lès-Dax :

XX **Relais des Plages** Ⓜ avec ch, ℡ 91.78.86, 🎋, 🛏️wc 📶 ☎ 🅿️. 🦐 ch
➡   *fermé 15 nov. au 20 déc. et lundi* – SC : **R** 40/70 🥄 – 🖵 13,50 – **10 ch** 92/135 – P
    120/150.

AUSTIN, MORRIS, OPEL, TRIUMPH Duprat-
Desclaux, rte Bayonne, St-Paul-lès-Dax ℡ 91.
78.04
CITROEN P. Gigot, 40 av. Résistance, St-
Paul-lès-Dax ℡ 91.71.01
FIAT Debibié, 145 av. V.-de-Paul ℡ 74.88.74
LANCIA-AUTOBIANCHI Modern Garage, r.
J.-Delaurens ℡ 90.10.51
PEUGEOT, TALBOT Dax-Auto, rte Bayonne,
St-Paul-lès-Dax par ⑤ ℡ 91.77.42

PEUGEOT, TALBOT Gar. Ducasse, rte d'Orthez
à Narrosse ℡ 74.44.58
RENAULT Autom. Landaises, av. du Sablar ℡
74.83.44 🄽

☎ Bizet, rte Montfort ℡ 74.21.00
Frey, 122 av. V.-de-Paul ℡ 74.08.40
Morès, pl. du Chanoine-Bordes ℡ 74.05.26 et
Z.I N° 1, rte Peyrehorade ℡ 74.94.66

DEAUVILLE 14800 Calvados 🔢 ③ G. Normandie – 4 769 h. – Casinos : été AY, et hiver BY –
❸ 31.

Voir Mont Canisy ≤★ 5 km par ③ puis 20 mn.

🏌 🏌 New-Golf 🕾 88.20.53 S : 3 km par D 278 BZ.

✈ de Deauville-St-Gatien : 🕾 88.31.28 S : 3 km CY.

🛈 Office de Tourisme pl. Mairie (fermé dim. hors sais.) 🕾 88.21.43, Télex 170220.

Paris 207 ② – ♦Caen 43 ③ – Évreux 102 ② – ♦Le Havre 75 ② – Lisieux 30 ② – ♦Rouen 91 ②.

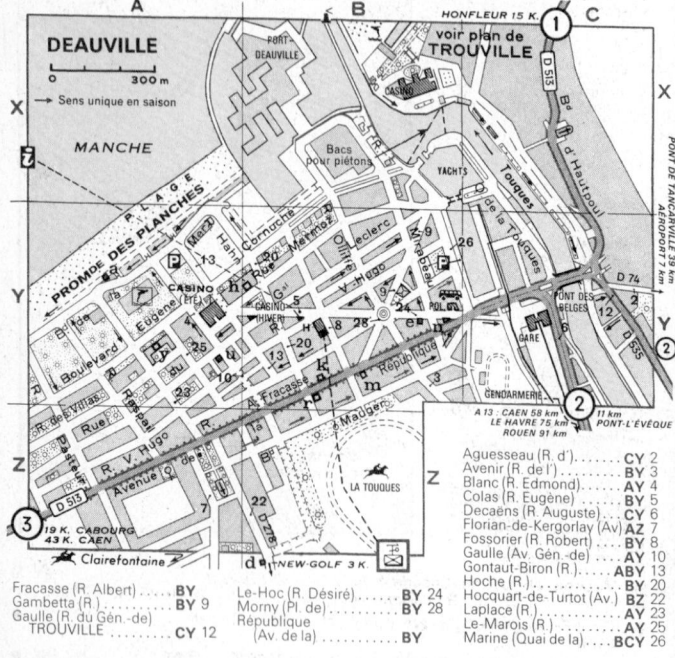

🏨🏨 **Royal**, bd E.-Cornuché 🕾 88.16.41, Télex 170549, ≤, 🏤, ⛱, ✗ – 🛗 📺 ☎ 🕭 ☗ – 🔥 25 à 250. 🖭 ⑩ 🗉 𝘝𝘐𝘚𝘈, ✗ rest
Pâques-mi-oct. – **R** 165 – **310 ch** ⅏ 530/980, 17 appartements – P 790/1 240.
AY **y**

🏨🏨 **Normandy**, 38 r. J.-Mermoz 🕾 88.09.21, Télex 170617, ≤, 🏤, 🞈 – 🛗 📺 ☎ 🕭, – 🔥 120. 🖭 ⑩ 🗉 𝘝𝘐𝘚𝘈, ✗ rest
R 165 – **306 ch** ⅏ 450/900, 22 appartements – P 720/1 110.
ABY **h**

🏨 **La Fresnaye** sans rest, 81 av. République 🕾 88.09.71 – 📺 🛁wc 🎜 ☎ ☗. 🖭
𝘝𝘐𝘚𝘈
SC : ⅏ 21 – **14 ch** 100/355.
BY **r**

🏨 **Continental** sans rest, 1 r. Désiré-Le-Hoc 🕾 88.21.06 – 🛁wc 🎜wc ☎. 🖭 ⑩
𝘝𝘐𝘚𝘈
15 mars-15 nov. – SC : **49 ch** ⅏ 118/230.
BY **n**

🏨 **Marie-Anne** sans rest, 142 av. République 🕾 88.35.32 – 📺 🛁wc ☎ ☗. 🖭 ⑩
🗉 𝘝𝘐𝘚𝘈
fermé 21 nov. au 15 déc. et 3 au 18 janv. – SC : **21 ch** ⅏ 180/350, 3 appartements 450.
BY **k**

🏨 **Résidence** sans rest, 55 av. République 🕾 88.07.50 – 🛁wc 🎜wc ☎. 𝘝𝘐𝘚𝘈
SC : ⅏ 16 – **16 ch** 142/178.
BY **m**

XXX **Ciro's**, prom. Planches 🕾 88.22.62, ≤, 🏤 – 🖭 ⑩ 𝘝𝘐𝘚𝘈
R carte 160 à 215.
AY **a**

XX **Saratoga** avec ch, 1 av. Gén.-de-Gaulle 🕾 88.24.33, 🏤 – 🛁wc ☎. 🖭 ⑩ 𝘝𝘐𝘚𝘈
fermé 5 janv. au 5 fév. – SC : **R** *(fermé lundi soir et mardi hors sais.)* carte 120 à 210
– ⅏ 16 – **8 ch** 175/195.
AY **u**

XX **Chez Camillo**, 13 r. Désiré-Le-Hoc 🕾 88.79.78 – 🖭 ⑩ 𝘝𝘐𝘚𝘈
fermé fév. et merc. hors sais. – **R** carte 120 à 200.
BY **e**

X **Yearling**, 38 av. Hocquart-de-Turtot 🕾 88.33.37 – 🖭 𝘝𝘐𝘚𝘈
15 mars-15 déc. et fermé lundi et mardi sauf du 14 juil. au 10 sept. – SC : **R** 78/200.
BZ **d**

au New-Golf S : 3 km par D 278 - BZ – ✉ **14800** Deauville :

🏨 **Golf** ⤴, ☏ 88.19.01, Télex 170448, alt. 100, 🏤, « Dans la campagne normande, ≤ mer et vallée », parc, ⤴, ⤴ – 🛆 100. 🅰🅴 ⓪ 🅴. ⤴ rest
15 mai-1ᵉʳ oct. – **R** 130 – **165 ch** ⤴ 350/560, 6 appartements – P 580/760.

à Touques par ② : 2,5 km – ✉ **14800** Deauville :

🏨 **L'Amirauté** Ⓜ, N 177 ☏ 88.90.62, Télex 171665, 🏤, ⤴, ⤴ – 📶 📺 ☎ 🅿 – 🛆
50 à 250. 🅰🅴 ⓪ 🅴 🆅🆂🅰
SC : **R** carte 130 à 190 – ⤴ 30 – **114 ch** 470/520, 6 appartements.

🟤🟤 **Aux Landiers,** 90 r. Louvel-et-Brière ☏ 88.00.39 – 🅰🅴 ⓪ 🅴 🆅🆂🅰
fermé 15 au 30 juin, mardi, merc. et jeudi sauf vacances scolaires – SC : **R** 92.

Voir aussi ressources hôtelières de *Blonville*.

ALFA-ROMEO-OPEL Gar. de la Plage, 26 r. Gén.-Leclerc ☏ 88.28.67
BLF Clairefontaine Automobile, 30-32 r. Hoche ☏ 88.21.79
CITROEN Succursale, r. de Paris par ② ☏ 88.85.44 🅽 ☏ 62.16.99
FIAT, LANCIA-AUTOBIANCHI Moreau, 41 av. République ☏ 88.21.15

FORD Bastien, 22 r. Fracasse ☏ 88.04.31
PEUGEOT-TALBOT SODEVA, rte de Paris par ② ☏ 88.66.22
RENAULT Les Autom. Deauvillaises, rte de Paris par ② ☏ 88.21.34

🅖 Callac, 23 r. Oliffe ☏ 88.36.32

▮▮ DECAZEVILLE 12300 Aveyron 🌆🔟 ① **G. Causses** – 9 204 h. alt. 225 – 🕭 65.

🄸 Office de Tourisme 15 av. Cabrol (fermé sam. et dim.) ☏ 43.06.27 et Pavillon du Tourisme pl. Wilson (1ᵉʳ juin-31 août et fermé dim.) ☏ 43.18.36.

Paris 612 – Aurillac 68 – Figeac 28 – Rodez 37 – Villefranche-de-Rouergue 38.

🏨 **France,** pl. Cabrol ☏ 43.00.07 – 📶 ⤴wc 🛁wc 🛁 ⤴ 🚗. 🅰🅴 🅴 🆅🆂🅰
SC : **R** *(fermé lundi)* 30/60 – ⤴ 18 – **24 ch** 95/150 – P 140/160.

🏨 **Pontier,** 71 Av. Paul Ramadier ☏ 43.04.04 – ⤴wc 🛁 🚗 ⤴ 🅿 – 🛆 30. 🆅🆂🅰
SC : **R** *(fermé dim. soir sauf juil. et août)* 45/140 – ⤴ 13 – **24 ch** 70/140 – P 130/150.

🏨 **Moderne,** 16 av. A.-Bos ☏ 43.04.33 – 🛁. ⤴ ch
fermé 15 sept. au 15 oct. – SC : **R** 33/130 🍷 – ⤴ 13 – **19 ch** 50/95 – P 130/150.

PEUGEOT-TALBOT Fiches, pl. de la Gare ☏ 43.01.27
RENAULT Esculié, Zone Ind. des Prades ☏ 43.24.38

🅖 Sigal, pl. G.-Abraham ☏ 43.02.33

▮▮ DECIZE 58300 Nièvre 🌆🔟 ④⑤ **G. Bourgogne** – 7 522 h. alt. 197 – 🕭 86.

🄸 Office de Tourisme à l'Hôtel de Ville (fermé sam. et dim.) ☏ 25.03.23.

Paris 274 ① – Autun 78 ② – Bourbon-Lancy 38 ② – Château-Chinon 53 ② – Clamecy 75 ① – Digoin 66 ② – Moulins 33 ③ – Nevers 34 ①.

DECIZE

Champ-de-Foire (Pl.)	2
Foch (R. Mar.)	3
Hôtel-de-Ville (Pl.)	4
Jaurès (Pl. Jean)	5
J.-J.-Rousseau (R.)	6
Loire (Quai de)	7
Moulins (Rte de)	9
République (R.)	12
St-Just (Pl.)	20
Saint-Just (R.)	21
Verdun (Av. de)	22
Voltaire (Bd)	24
14-Juillet (Av. du)	25

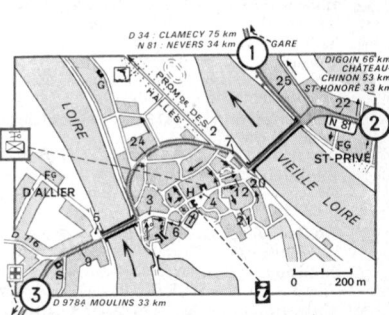

🏨 **Agriculture,** 20 rte Moulins (s) ☏ 25.05.38 – 🛁 🅿. ⤴
fermé 1ᵉʳ au 20 oct. et dim. (sauf le midi en sais.) – SC : **R** 43/95 🍷 – ⤴ 12,50 –
18 ch 65/126 – P 130/160.

🏨 **Capucines,** av. Gare par ① ☏ 25.04.12, « Jardin au bord de la rivière » – 🛁 🅿
SC : **R** *(fermé dim. soir et lundi de sept. à fin juin)* 38/82 🍷 – ⤴ 12 – **33 ch** 47/84 –
P 120/150.

CITROEN Dubois-Dallois, 109 bis av. Verdun par ② ☏ 25.15.88
PEUGEOT-TALBOT Becouse-Autom., rte Moulins par ③ ☏ 25.13.32
RENAULT SAVRAL, RN81 à St-Léger-des-Vignes par ① ☏ 25.09.73 🅽

V.A.G. Gar. Boiteau, 8 av. du 14-Juillet ☏ 25.06.12

🅖 Jousse, Les Champs Monares rte de Moulins ☏ 25.14.39

DELLE 90100 Ter.-de-Belf. 66 ⑧ – 6 898 h. alt. 360 – ✪ 84.

🛈 Office de Tourisme av. Gén.-de-Gaulle (fermé sam. et dim.) ☏ 36.03.06.

Paris 496 – ♦Bâle 51 – Belfort 19 – Montbéliard 18.

   XX **National** avec ch, à la Gare ☏ 36.03.97, 🚗 – 🛏wc ⋔wc ☎ 🅟 🆅🆂🅰 ❄
       SC : **R** (fermé lundi) 80/190 ⅃ – � 15,50 – **14 ch** 80/140.

DELME 57590 Moselle 57 ⑭ – 698 h. alt. 221 – ✪ 8.

Paris 356 – Château-Salins 13 – ♦Metz 32 – ♦Nancy 35 – Pont-à-Mousson 32 – St-Avold 41.

   🏠 **A la Douzième Borne**, ☏ 701.30.18 – 🛗🛏 🖂. 🆀🆉 ⓞ 🅴 🆅🆂🅰
  ➦ SC : **R** 42/161 – ⊇ 14 – **19 ch** 70/129 – P 140.

DEMOISELLES (Grotte des) ★★★ 34 Hérault 80 ⑯⑰ G. Causses.

DÉSAIGNES 07 Ardèche 76 ⑲ – rattaché à Lamastre.

DESCARTES 37160 I.-et-L. 68 ⑤ G. Châteaux de la Loire – 4 357 h. alt. 51 – ✪ 47.

🛈 Syndicat d'Initiative à la Mairie (fermé sam. après-midi et dim.) ☏ 59.70.50.

Paris 291 – Châteauroux 91 – Châtellerault 23 – Chinon 52 – Loches 31 – ♦Tours 56.

   🏠 **Aub. de l'Islette**, à Lilette (86 Vienne) O : 3 km par D 58 et D 5 🖂 37160
  ➦ Descartes (37 I.-et-L.) ☏ 59.72.22 – 🛏wc ⋔wc ♿ 🅟 – 🛎 30. 🆅🆂🅰
       fermé déc. et sam. hors sais. – SC : **R** 35/84 – ⊇ 11 – **18 ch** 45/113 – P 107/135.

CITROEN Gar. Dain, 34 r. Boylesve ☏ 59.85.80   RENAULT Chabauty, 12 av. de la gare ☏ 59.
🖪   70.40

Les DEUX-ALPES (Alpes de Mont-de-Lans et de Vénosc) 38860 Isère 77 ⑥ G. Alpes
– alt. 1 644 Alpe de Vénosc, 1 660 m Alpe de Mont-de-Lans – Sports d'hiver : 1 650/3 423 m ⛷ 6 ≸ 50 ⚐
– ✪ 76.

Voir Belvédère de la Croix ★.

🛈 Office de Tourisme (fermé dim.) ☏ 79.22.00, Télex 320883 et réservations hôtelières ☏ 80.54.38.

De l'Alpe de Vénosc : Paris 640 – Le Bourg-d'Oisans 25 – La Grave 26 – ♦Grenoble 74 – Col du Lautaret
37.

   🏨 **La Farandole** Ⓜ ⌂, ☏ 80.50.45, Télex 320029, ≤ massif de la Muzelle, 🏊, 🚗 –
       🛗 📺 ☎ ⟺ 🅟 – 🛎 60. 🆀🅴 ⓞ 🅴 🆅🆂🅰. ❄ rest
       23 juin - 9 sept. et 1er déc. - 2 mai – SC : **R** 140/250 – **46 ch** ⊇ 250/550, 14
       appartements – P 350/550.

   🏨 **La Bérangère** Ⓜ ⌂, ☏ 79.24.11, Télex 320 878, ≤, 🏊 – 🛗 📺 ☎ 🅟 – 🛎 25.
       🆅🆂🅰. ❄ rest
       15 déc.-22 avril – SC : **R** 130/210 – ⊇ 32 – **59 ch** 200/410 – P 250/430.

   🏨 **Marmottes** Ⓜ, ☏ 79.21.91, Télex 320700, ≤, 🏊, 🎾 – 🛗 ♿ 🅟 – 🛎 80. ❄ rest
       25 juin-10 sept. et 5 déc.-1er mai – SC : **R** 120/140 – ⊇ 28 – **30 ch** 180/275, 10
       appartements 275/350 – P 255/390.

   🏨 **L'Adret** Ⓜ ⌂, ☏ 79.24.30, ≤, 🍴, 🚗, 🎾 – 🛗 📺 ⟺ 🅟 ⓞ 🆅🆂🅰
       23 juin-30 août et 21 déc.-1er mai – SC : **R** 75/110 – ⊇ 20 – **21 ch** 200/297, 4
       appartements 375 – P 220/355.

   🏠 **La Mariande** ⌂, ☏ 80.50.60, ≤ massif de la Muzelle, 🍴, 🚗, 🎾 – 🛏wc ⋔ 🖂
       ♿ 🅟. ❄ rest
       23 juin-31 août et 22 déc.-25 avril – SC : **R** 105 – ⊇ 21 – **23 ch** 183/337 – P 250/350.

   🏠 **Edelweiss** Ⓜ, ☏ 79.21.22, ≤, 🍴 – 🛗 🛏wc ⋔ ☎ ⟺ 🅟 – 🛎 40. ❄ rest
       26 juin-2 sept. et 15 déc.-26 avril – SC : **R** 85/160 – ⊇ 28 – **26 ch** 200/300 –
       P 220/350.

   🏠 **Souleil'Or** Ⓜ ⌂, ☏ 79.24.69, ≤ – 🛗 🛏wc 🖂 🅟. ❄ rest
       25 juin-10 sept. et 20 déc.-30 avril – SC : **R** 75 – ⊇ 20 – **33 ch** 150/185 – P 230/285.

   🏠 **Mélèzes**, ☏ 80.50.50, ≤ – 🛏wc ⋔ 🖂 🅟. ❄ rest
       15 déc.-20 avril – SC : **R** 65/120 – ⊇ 18,50 – **32 ch** 165/225 – P 194/255.

   🏠 **Chalet Mounier** ⌂, ☏ 80.56.90, 🍴 – 🛏wc ⋔ ☎ 🅟 – 🛎 30. 🆅🆂🅰. ❄ rest
       25 juin-9 sept. et 10 déc.-1er mai – SC : **R** 75/110 – **37 ch** ⊇ 120/260 – P 180/275.

   🏠 **Muzelle-Sylvana**, ☏ 80.50.93 – 🛗 🛏wc ⋔wc ☎ ⟺ 🅟 – 🛎 35. 🆅🆂🅰. ❄ rest
       15 déc.-15 avril – SC : **R** 85/100 – ⊇ 20 – **30 ch** 265 – P 220/310.

   🏠 **Cairn**, ☏ 80.52.38, ≤, 🍴 – 🛏wc ⋔wc 🖂 🅟. ❄ rest
       20 juin-15 sept. et 20 déc.-1er mai – SC : **R** 60/120 – ⊇ 18,50 – **23 ch** 140/200 –
       P 175/250.

   🏠 **Le Provençal**, ☏ 80.52.58 – 🛏wc 🖂 🅟. ❄ rest
       1er juil.-31 août et 15 déc.-20 avril – SC : **R** 70 – ⊇ 19 – **18 ch** 150/195 – P 205/235.

   X **La Bougie**, ☏ 79.23.13, 🍴 – 🆅🆂🅰
       début juin-mi-sept., début déc.-début mai et fermé mardi midi – SC : **R** carte 90 à
       140.

VOLVO Gar. de la Vallée, Alpes-de-Mont-de-Lans ☏ 79.22.10 🖪

DHUIZON 41 L.-et-Ch. 64 ⑧ – 1 057 h. alt. 130 – ✉ **41220** La Ferté-St-Cyr – ✆ 54.
Paris 173 – Beaugency 22 – Blois 28 – Orléans 43 – Romorantin-Lanthenay 27.

XX **Aub. Gd Dauphin** avec ch, ☎ 98.31.12 – Ⓟ. VISA
fermé 14 janv. au 2 mars, mardi soir et merc. sauf juil.-août – SC : **R** 58/185 – ☕ 20 – **9 ch** 95/115 – P 480/520 (pour 2 pers.).

DIE <SP> **26150** Drôme 77 ⑬⑭ **G. Alpes** (plan) – 4 047 h. alt. 410 – ✆ 75.
ℹ Office de tourisme 3 bd A.-Ferrier (fermé matin, sam. et dim.) ☎ 22.23.28 et pl. St-Pierre (15 juin-début sept.) ☎ 22.03.03.
Paris 627 – Gap 95 – ♦Grenoble 97 – Montélimar 77 – Nyons 83 – Sisteron 99 – Valence 65.

La Petite Auberge, av. Sadi-Carnot (face gare) ☎ 22.05.91, – wc wc ☎ Ⓟ. ✻ rest
fermé déc., janv., dim. soir et lundi sauf juil. et août – SC : **R** 80/150 ♁ – ☕ 16 – **15 ch** 80/135.

St-Domingue, 44 r. C.-Buffardel ☎ 22.03.08 – wc ☎
fermé nov. – SC : **R** 40/82 ♁ – ☕ 15 – **26 ch** 128/148 – P 138/223.

Relais de Chamarges, rte Valence : 1 km ☎ 22.00.95, – wc wc ☎ Ⓟ
fermé fév. et lundi sauf de mai à fin sept. – SC : **R** 45/130 – ☕ 12 – **10 ch** 143/160 – P 143/162.

CITROEN Gar. des Alpes, ☎ 22.01.89
FORD Mocellin, ☎ 22.04.97 Ⓝ
PEUGEOT, TALBOT Gar. du Viaduc, ☎ 22.01.47
PEUGEOT, TALBOT Querol, ☎ 22.06.47
RENAULT Favier, ☎ 22.02.11
Gar. de la Pierre Pointue, ☎ 22.01.55

DIEFMATTEN 68 H.-Rhin 66 ⑨ – 232 h. alt. 300 – ✉ **68780** Sentheim – ✆ 89.
Paris 522 – Belfort 24 – Colmar 49 – ♦Mulhouse 21 – Thann 17.

XXX ✿ **Cheval Blanc** (Schlienger), ☎ 26.91.08, – Ⓟ
fermé 18 au 29 juin, en janv., lundi et dim. soir sauf fériés – SC : **R** 95/210 ♁
Spéc. Foie gras frais, Turbot au pinot noir et au thym, Pigeon de Bresse en cocotte.

Orte mit ruhigen und abseits gelegenen Hotels
finden Sie auf der Karte S. 46-53.
Die ruhigen Hotels sind im Text durch das Zeichen ✇ *gekennzeichnet.*

DIELETTE 50 Manche 54 ① **G. Normandie** – alt. 90 – ✉ **50340** Flamanville – ✆ 33.
Paris 378 – Carteret 23 – ♦Cherbourg 26 – Valognes 38.

Falaise, ☎ 52.43.66 – TV wc wc ☎. AE ⓓ E VISA
fermé Noël au 1er janv. – SC : **R** *(fermé vend. de sept. à Pâques)* 60/165 – ☕ 15 – **20 ch** 150/180 – P 210/240.

DIENNE 15 Cantal 76 ③ **G. Auvergne** – 396 h. alt. 1 050 – ✉ **15300** Murat – ✆ 71.
Paris 505 – Allanche 22 – Aurillac 56 – Condat 31 – Mauriac 52 – Murat 10 – St-Flour 35.

Manoir des Gentianes ✇, ☎ 20.80.06 – wc Ⓟ. ✻
fermé 1er nov. au 20 déc. – SC : **R** 32/50 – ☕ 11 – **12 ch** 55/85 – P 115/140.

Poste, ☎ 20.80.40 – wc Ⓟ. E. ✻
fermé 15 nov. au 15 déc. – SC : **R** 50/70 – ☕ 13 – **10 ch** 75/130 – P 130/150.

DIEPPE <SP> **76200** S.-Mar. 52 ④ **G. Normandie** – 23 628 h. – Casino Municipal AXY – ✆ 35.
Voir Église St-Jacques★ BY **E** – Boulevard de la Mer <★ AY – Chapelle N.-D.-de-Bon-Secours <★ CX **D** – Musée du château : ivoires★ AY **M.**
18 ☎ 84.25.05 par ⑥ : 2 km.
ℹ Office de Tourisme bd Gén.-de-Gaulle (fermé dim.) ☎ 84.11.77 et Rotonde plage (juil.-août, fermé lundi et mardi matin) ☎ 84.28.70 – A.C.O. 63 r. St-Jacques ☎ 84.24.71.
Paris 200 ④ – Abbeville 64 ① – Beauvais 98 ④ – ♦Caen 168 ④ – ♦Le Havre 105 ④ – ♦Rouen 61 ④.

Plan page suivante

La Présidence Ⓜ, 1 bd Verdun ☎ 84.31.31, Télex 180865, < – ▮ ▤ rest TV ☎ ♿ – 🏛 150. AE ⓓ E VISA AY **z**
SC : **R** (4e étage) grill carte 105 à 155 ♁ – ☕ 27 – **88 ch** 165/340.

Univers, 10 bd Verdun ☎ 84.12.55, Télex 770741, <, « Beau mobilier ancien » – ▮ TV ☎ ♿ Ⓟ – 🏛 30. AE ⓓ E VISA. ✻ rest AX **f**
fermé 15 déc. au 15 janv. – SC : **R** 75/170 – ☕ 23 – **30 ch** 180/330 – P 240/350.

Aguado Ⓜ sans rest, 30 bd Verdun ☎ 84.27.00, < – ▮ TV. ✻ BX **s**
SC : ☕ 23 – **55 ch** 226/275.

Windsor, 18 bd Verdun ☎ 84.15.23, < – ▮ ▤ rest wc ☎ Ⓟ – 🏛 40. AE ⓓ E VISA. ✻ rest AX **a**
fermé 12 nov. au 17 déc. – SC : **R** *(fermé dim. soir d'oct. à Pâques)* 71/120 – ☕ 17 – **46 ch** 119/204 – P 186/340.

tourner →

DIEPPE

NEWHAVEN

0   500 m

CAR FERRY (accueil)

LE POLLET

D 925

Av. Gal Leclerc

1

LE TREPORT 30 km
EU 31 km
ABBEVILLE 63 km

GARE MARITIME

NEUFCHATEL 36 km

2

34 km ST-VALERY
4,5 km POURVILLE

6

CENTRE CULTUREL

32 km ST-VALERY
64 km FECAMP

5

SACRÉ-CŒUR

4

YVETOT 53 km
ROUEN 61 km

FORGES-LES-EAUX 54 km

Barre (R. de la) . . . . . . AY 2
Grande-Rue . . . . AX
St-Jacques (R.) . . . . . . AY 36

Belleteste (R. Jean) .BXY 3
Brunel (R. J.) . . . . CX 7
Cale (Quai de la) . . . BX 8
Carénage (Q. du) . . . BX 10
Clemenceau (Bd G.) . BZ 20
Desmarets (R.) . . . . . AY 22
Duquesne (Quai) . .BXY 23
Duquesne (R.) . . . . . BX 24
Écosse (R. d') . . . . . ABY 25
Gaulle (Bd Gén.-de) . BY 26
Groulard (R. C.) . . . . AY 27
Henri-IV (Quai) . . . . BX 28
Joffre (Bd Mar.) . . . . AYZ 29
Levasseur (R.) . . . . . CXY 31
Mer (Bd de la) . . . . . AY 32
Nationale (Pl.) . . . . .ABX 33
Pénétrante (La) . . . . BZ 34
Pollet (Gde-R. du) . . CX 35
St-Jean (R.) . . . . BX 37
Sygogne (R. de). . . . AY 38
Toustain (R.). . . . . . . AY 40
Victor-Hugo (R.) . . . . AY 42

🏨 **Select H.** sans rest, 1 r. Toustain ☎ 84.14.66 – 🛗 🛁wc 🕾. 🖭 VISA
SC : ♐ 16 – **25 ch** 110/260.   AY v

🏨 **Plage** sans rest, 20 bd Verdun ☎ 84.18.28, ← – 🛗 🛁wc 🕿 🚗. VISA. 🛇   AX n
fermé 11 nov. au 25 déc. – SC : ♐ 16,50 – **40 ch** 125/180.

🏠 **Relais Gambetta**, 95 av. Gambetta ☎ 84.12.91 – 🛁wc 🕿 🚗 🅿. 🖭 ① VISA.
🛇 rest   AZ s
fermé 30 sept. au 1er nov., lundi soir et mardi d'oct. au 15 juil. – SC : **R** 70/140 – ♐
18 – **18 ch** 115/197 – P 213/255.

XXX Horizon, au casino 2e étage ☎ 04.94.95, ←   AXY e

XX **Marmite Dieppoise**, 8 r. St-Jean ☎ 84.24.26 – 🖭 ① Ε VISA   BXY k
→ fermé 22 juin au 6 juil., 22 déc. au 5 janv., jeudi soir, dim. soir et lundi – SC : **R** 48
(sauf dîner du vend. et sam.)/138.

XX **Armorique**, 17 quai Henri-IV ☎ 84.28.14 – VISA   BX t
fermé 1er au 15 juin, 26 sept. au 11 oct., dim. soir et lundi – SC : **R** carte 110 à 185.

XX **Le Sully**, 97 quai Henri-IV ☎ 84.23.13 – VISA   BX h
→ fermé 15 nov. au 15 déc., mardi (sauf midi en sais.) et merc. – SC : **R** 50/92.

X **Port**, 99 quai Henri-IV ☎ 84.36.64 – 🖭 Ε VISA   BX h
fermé 10 déc. au 15 janv. et jeudi – SC : **R** 63/89.

aux Vertus par ④ : 3,5 km sur N 27 – ⊠ **76550** Offranville :

XXX **La Bucherie**, ☎ 84.83.10 – 🅿. 🖭 ① VISA
fermé 20 sept. au 10 oct., vacances de fév. et lundi – SC : **R** (nombre de couverts
limité - prévenir) 90 (sauf sam. soir)/140.

Voir aussi ressources hôtelières de *Martin-Église* par ② : 6,5 km

416

ALFA ROMEO, MERCEDES Gar. Quesnel, 2 r.
Thiers ☎ 82.60.86
CITROEN Ets Leprince, Zone Ind., voie La Pénétrante BZ ☎ 84.16.77 🆕
DATSUN Gar. Gosse, 1 r. J.-Flouest ☎ 84.21.49
FIAT Gar. J.-Jaurès, 8 av. J.-Jaurès ☎ 82.72.35
FORD Gar. de la Plage, 4 r. Bouzard ☎ 84.10.36
LANCIA-AUTOBIANCHI, OPEL Vasseur 17 ch.
Course, à Rouxmesnil-Bouteilles ☎ 84.18.54
PEUGEOT-TALBOT Laffillé, Zone Ind., voie La
Pénétrante BZ ☎ 82.24.50

RENAULT Gds Gar. Normandie, 33 r. Thiers
☎ 82.23.40
RENAULT Novocar, 36 av. J.-Jaurès ☎ 82.
40.40 🆕 ☎ 83.20.79
V.A.G. Picard, Zone Ind. à Neuville-lès-Dieppe
☎ 82.02.16

🛞 Diepneu, 46 r. Thiers ☎ 84.39.99
Léveillard Pneus, 7 quai Trudaine ☎ 84.17.00

CONSTRUCTEUR : Alpine, av. de Bréauté ☎ 84.37.21

DIEULEFIT 26220 Drôme 🎱 ② **G. Vallée du Rhône** – 2 990 h. alt. 386 – ⏰ 75.

🛈 Office de Tourisme pl. Abbé Magnet (Pâques, 1er juil.-31août, Noël et fermé dim.) ☎ 46.42.49.
Paris 635 – Crest 37 – Montélimar 27 – Nyons 31 – Orange 58 – Pont-St-Esprit 61 – Valence 72.

🏠 **Chez Nous** ⑤, ☎ 46.40.59, ⌖, « jardin » – ⫛wc ⫚wc ☜ **P** – 🅰 30
    fermé 22 nov. au 31 janv. – SC : **R** 56/170 – ⊆ 22 – **22 ch** 73/300 – P 220/360.

🏠 **Relais du Serre**, rte Nyons ☎ 46.43.45 – ⫚wc ☜ **P**. 🆎 ⑩ **E**
    fermé fév. et lundi – SC : **R** 45/130 – ⊆ 16 – **7 ch** 100/130 – P 165/190.

🏠 **Les Brises**, rte Nyons à 2 km ☎ 46.41.49 – ✘ rest
    fermé 16 au 27 sept. janv. et mardi sauf juil.-août – SC : **R** 50/100 – 🍽 14 – **9 ch** 75
    – P 140.

    au Poët-Laval O : 5 km par D 540 – ✉ 26160 La Bégude-de-Mazenc.

    Voir Site★.

🏠 ✿ **Les Hospitaliers** Ⓜ ⑤, ☎ 46.22.32, ≼ vallée, ⌖, « Au vieux village », 🏊, ⛲
    – **P** – 🅰 30. 🆎 ⑩ **VISA**
    fermé 15 nov. au 1er mars – SC : **R** (fermé mardi hors sais.) 160/280 – ⊆ 40 – **20 ch**
    240/500 – P 480/650
    Spéc. Emincé de selle d'agneau rôtie, Foie gras de canard, Poissons. **Vins** Coteaux-du-Tricastin,
    Côtes-du-Rhône.

CITROEN Chauvin. ☎ 46.44.47
PEUGEOT Henry, ☎ 46.43.59 🆕 ☎ 46.33.31

RENAULT Gar. Benoit, ☎ 46.32.33

DIGNE 🅿 04000 Alpes-de-H.-Pr 🎱 ⑦ **G. Côte d'Azur** – 16 391 h. alt. 608 – Stat. therm.
(mars-nov.) Ét. thermal, E : par D 19 B et D 20 : 3,5 km – ⏰ 92.

Voir Cadre★.

Env. Courbons : ≼★ de l'église 6 km par ③ – ≼★ du Relais de télévision 8 km par ③.
🛈 Office de Tourisme avec A.C. (☎ 31.29.26) le Rond-Point (fermé dim.) ☎ 31.42.73, Télex 430605.
Paris 745 ③ – Aix-en-Provence 110 ③ – Antibes 139 ② – Avignon 143 ③ – Cannes 134 ② –
Carpentras 139 ③ – Gap 87 ③ – ✦Grenoble 180 ③ – ✦Nice 153 ② – Valence 203 ③.

Plan page suivante

🏠 ✿ **Gd Paris** (Ricaud), 19 bd Thiers ☎ 31.11.15, ⌖ – 🛎 📺 ☎ – 🅰 25. 🆎 ⑩ **VISA**
    SC : **R** (fermé début janv. à fin fév., dim. soir et lundi hors sais.) 110/270 – ⊆ 31 –
    27 ch 180/300, 5 appartements 420 – P 260/360   A **a**
    Spéc. Escalope de truite aux poivrons rouges, Agneau persillé et moutardé, Charlotte aux fruits.
    Vins Lirac, Vignelaure.

🏠 **Ermitage Napoléon**, bd Gambetta par ② ☎ 31.01.09, ⌖ – 🛎 📺 ⫛wc ⫚wc
    ☎ ☜ **P** – 🅰 100. 🆎 **VISA**   A **n**
    fermé 25 janv. au 10 mars, lundi (sauf hôtel) et dim. soir hors sais. – SC : **R** 80/150 –
    ⊆ 25 – **59 ch** 175/320 – P 300/350.

🏠 **Mistre**, 65 bd Gassendi ☎ 31.00.16 – ⫛wc ⫚wc ☜ ⟵   A **e**
    fermé 10 nov. au 5 janv. – SC : **R** (fermé sam. sauf juil. et août) 86/190 – ⊆ 18 –
    18 ch 95/230 – P 220/260.

🏠 **Host. Aiglon**, 1 r. Provence ☎ 31.02.70 – ⫛ ⫚wc ☜ ⟵. 🆎 ⑩ **E** **VISA**   A **e**
    fermé déc. et janv. – SC : **R** (fermé vend.) 47/122 – ⊆ 16,50 – **33 ch** 76/158 – P
    158/198.

🏠 **Coin Fleuri**, 9 bd V.-Hugo ☎ 31.04.51, ⛲ – ⫚wc ☜. 🆎   B **s**
    1er mars-31 oct. – SC : **R** (fermé dim. en mars, avril, mai et oct.) 45/132 – ⊆ 16,50 –
    15 ch 72/150 – P 176/250.

🏠 **Le Petit St-Jean**, 14 cours Arès ☎ 31.30.04 – ⫚ ⟵   B **u**
    fermé 20 déc. au 1er fév. – SC : **R** (fermé lundi de nov. à mars) 52/90 – ⊆ 13 – **18 ch**
    58/112 – P 145/180.

    aux Sieyes par ③ : 2 km – ✉ 04000 Digne :

🏠 **St-Michel** sans rest, ☎ 31.45.66 – ⫚wc ☜ ⟵ **P**
    SC : ⊆ 20 – **21 ch** 126/189 – P 200/220.

DIGNE

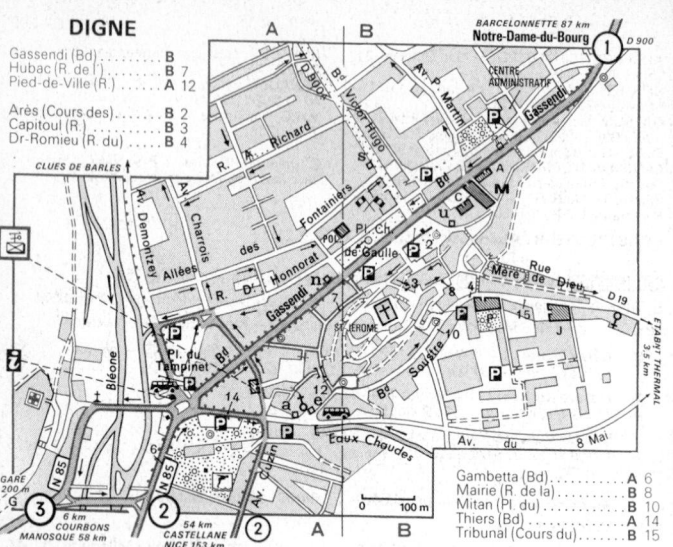

CITROEN Autos Hory, quartier de la Tour, rte Marseille par ③ ℡ 31.31.24 🅽 ℡ 31.05.56
FIAT Liotard, quartier des Sièyes, rte Marseille ℡ 31.05.56 🅽 ℡ 34.62.47
OPEL Meyran, 77 av. Verdun par ③ ℡ 31.02.47
PEUGEOT-TALBOT Gar. Giraud, quartier St-Christophe, rte Marseille par ③ ℡ 31.06.11

RENAULT Gar. Hte Provence, quartier de la Tour, rte Marseille par ③ ℡ 31.25.86

Ⓜ Parenti-Pneus, pl. Tampinet ℡ 31.34.67

DIGOIN 71160 S.-et-L. 🔢 ⑯ G. Bourgogne – 11 341 h. alt. 236 – ✪ 85.

🚺 Office de Tourisme 8 r. Guilleminot (1ᵉʳ juin-oct. et fermé dim.) ℡ 53.00.81.

Paris 360 ① – Autun 67 ① – Charolles 25 ② – Moulins 59 ④ – Roanne 54 ③ – Vichy 71 ④.

🏨 ✿✿ **Gare** (Billoux) 79 av. Gén.-de-
Gaulle (s) ℡ 53.03.04, 🛋 – 🍴 rest
🛏wc 🅵wc ☎ 🅿. 🆎 ① 💳
fermé 20 au 28 juin, janv. et merc. sauf
de juil. au 12 sept. – SC : **R** 95/260 et
carte – 🖵 28 – **13 ch** 160/200
Spéc. Terrine de pigeonneau à l'ail, Navarin
de filets de sole, Côte de charolais à l'estragon.
Vins Morgon, St-Véran.

🍴🍴 ✿ **Diligences** (Beck) avec ch, 14 r.
Nationale (a) ℡ 53.06.31 – 🍴 rest
🛏wc 🅵wc ☎ 🅿. 🆎 ① 🅴 💳
fermé 2 au 10 mai, 13 nov. au 12 déc.,
lundi soir hors sais. et mardi – SC : **R**
(dim. et fêtes prévenir) 75/230 – 🖵 19
– **10 ch** 70/130
Spéc. Ris de veau en papillote, Aiguillettes de
canard au citron vert, Chateaubriand à la
moëlle. Vins St-Véran, Juliénas.

à Neuzy par ① : 4 km – ⊠ **71160**
Digoin :

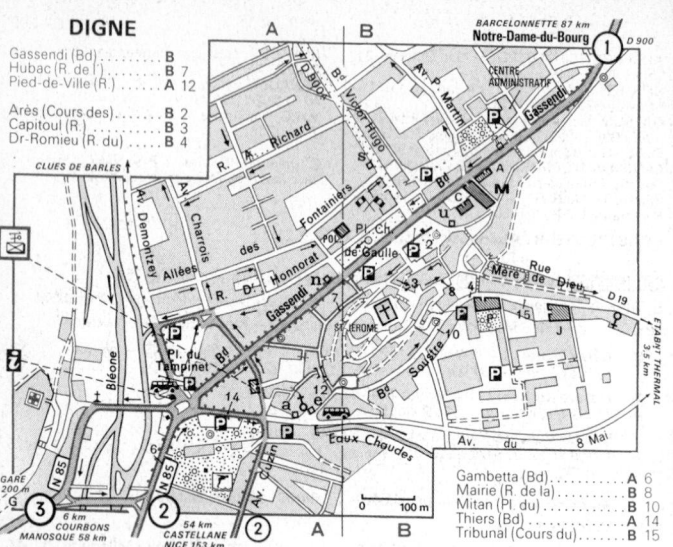

DIGOIN

🏨 **Merle Blanc,** ℡ 53.17.13 – 🛏wc ☎ 🔥 🅿 – 🔥 40. 🆎 🅴
→ SC : **R** 45/130 🎍 – 🖵 16 – **12 ch** 100/140 – P 160/170.

🍴 **Aub. des Sables,** ℡ 53.07.64 – 🅿 🅴 💳
→ fermé vacances de fév. et merc. hors sais. – SC : **R** 48/160 🎍.

CITROEN Gar. Central, 2 av. Gén.-de-Gaulle
℡ 53.08.37
CITROEN Martel, rte Vichy à Molinet (Allier)
par ④ ℡ 53.11.04
FIAT, MERCEDES Pulcina, 20 r. L.-Pic ℡ 53.
24.74
FORD Narbot, 68 r. Bartoli ℡ 53.04.38 🅽 ℡
53.32.77

PEUGEOT Brechat, Chavannes à Molinet (Al-
lier) par ④ ℡ 53.01.10
PEUGEOT-TALBOT Henry, 19 av. des Platanes
℡ 53.03.15
RENAULT Portrat, 71 av. Gén.-de-Gaulle ℡
53.05.25

Ⓜ Gouillardon-Gaudry, La Fontaine St-Martin
Molinet ℡ 53.12.21

DIJON 𝒫 **21000** Côte-d'Or **66** ⑫ **G. Bourgogne** – 145 569 h. alt. 247 – ⊛ 80.

Voir Palais des Ducs et des États de Bourgogne★ DY – **Tour Philippe-le-Bon** <★ DY **L** – **Rue des Forges★** DY – **Église N.-Dame★** DY **E** – **Quartier du Palais de Justice★** : **plafonds★** (Palais de Justice) DY **J** – **Chartreuse de Champmol★** : **Puits de Moïse★★** A **V** – **Église St-Michel★** DY **F** – **Jardin de l'Arquebuse★** CY – **Crypte★ de la cathédrale** CY **K** – **Musées : Beaux-Arts★★ (salle des Gardes★★★)** DY **M1**, **Archéologique★** CY **M2**.

⛳9 **de Bourgogne** ☎ **31.71.10 par ①: 10 km** – 🚗 ☎ **41.50.50.**

ℹ Office de Tourisme et Accueil de France (Informations, change et réservations d'hôtels, pas plus de 5 jours à l'avance), pl. Darcy ☎ 43.42.12, Télex 350912 et 34 r. Forges (fermé sam. après-midi et dim.) ☎ 30.35.39 - A.C. 4 r. Montmartre ☎ 41.61.35.

Paris 313 ⑦ – Auxerre 148 ⑦ – ♦Bâle 252 ③ – ♦Besançon 102 ③ – ♦Clermont-Ferrand 288 ④ – ♦Genève 200 ③ – ♦Grenoble 296 ④ – ♦Lyon 192 ④ – ♦Reims 283 ① – ♦Strasbourg 335 ③.

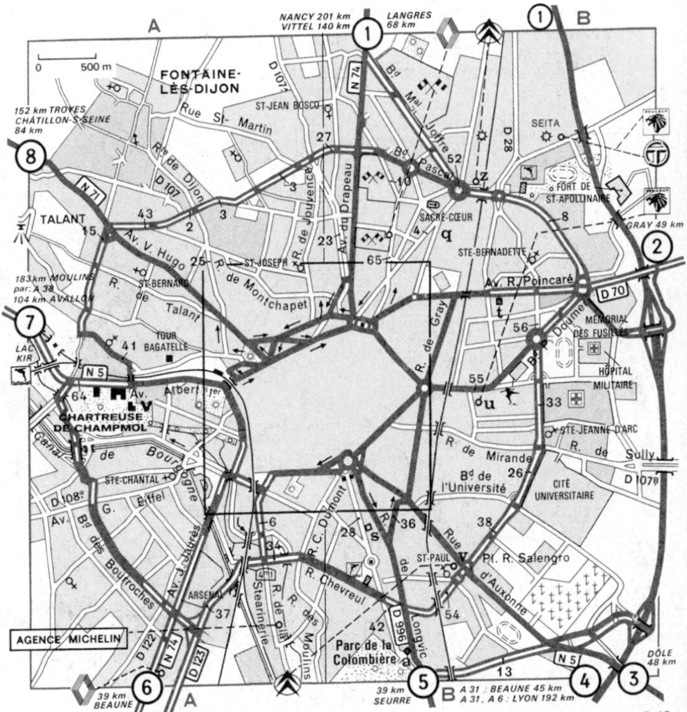

NANCY 201 km
VITTEL 140 km
LANGRES 68 km
A
B
0
500 m
FONTAINE-LÈS-DIJON
152 km TROYES
CHÂTILLON-S-SEINE 84 km
Rue St-Martin
ST-JEAN BOSCO
Bd Mal Joffre
Bd Pascal
SEITA
FORT DE ST-APOLLINAIRE
TALANT
GRAY 49 km
Av. V. Hugo
R. de Montchapet
ST-JOSEPH
SACRÉ-CŒUR
STE-BERNADETTE
Av. R. Poincaré
183 km MOULINS par A 38
104 km AVALLON
ST-BERNARD
R. de Talant
TOUR BAGATELLE
MÉMORIAL DES FUSILLÉS
LAC KIR
HÔPITAL MILITAIRE
Av. Albert 1er
CHARTREUSE DE CHAMPMOL
STE-JEANNE-D'ARC
R. de Sully
Canal de Bourgogne
R. de Mirande
Bd de l'Université
CITÉ UNIVERSITAIRE
STE-CHANTAL
Av. G. Eiffel
Bd des Bourroches
Av. J. Jaurès
R. Chevreul
Rue d'Auxonne
Pl. R. Salengro
ST-PAUL
ARSENAL
AGENCE MICHELIN
Parc de la Colombière
R. de Longvic
R. des Moulins
DÔLE 48 km
39 km BEAUNE
39 km SEURRE
A 31 : BEAUNE 45 km
A 31, A 6 : LYON 192 km

DIJON

Aiguillottes (Bd des) . . . . . . A 2
Allobroges (Bd des) . . . . . . A 3
Briand (Av. A.) . . . . B 4
Castel (Bd du) . . . . A 6
Champollion (R.) . . . . B 8
Châteaubriand (R. de) . . . . B 10
Chicago (Bd de) . . . . B 13
Clomiers (Bd des) . . . . A 15
Fauconnet (R. Gén.) . . . . . AB 23
Fontaine-lès-Dijon (R.) . . . A 25
Gabriel (Bd) . . . . B 26
Galliéni (Bd Mar.) . . . . AB 27
Gaulle (Crs Gén. de) . . . . . . B 28
Jeanne-d'Arc (Bd) . . . . B 33
Kennedy (Bd J.) . . . . A 34
Magenta (R.) . . . . B 36
Maillard (Bd) . . . . A 37
Mansard (Bd) . . . . B 38
Ouest (Bd de l') . . . . A 41
Parc (Cours du) . . . . B 42
Pompon (Bd F.) . . . . A 43
Saint-Exupéry (Pl.) . . . . B 52
Schumann (Bd Robert) . . . B 54
Strasbourg (Bd de) . . . . B 55
Trimolet (Bd) . . . . B 56
1re-Division-Blindée (Av.) . A 64
26e-Dragons (R. du) . . . . . . B 65

Répertoire des rues, voir pages suivantes.

🏨 **La Cloche et rest. des Caves de la Cloche** Ⓜ, 14 pl. Darcy ☎ **30.12.32, Télex 350498,** 🌳 – |♦| ▤ 📺 ☎ Ⓟ – 🏛 50 à 160. AE ◑ E VISA. ✂ rest CY **f**
SC : **R** 150 bc/240 – ☕ 34 – **76 ch** 368/552, 4 appartements – P 660/790.

🏨 **Frantel** Ⓜ, 22 bd Marne ✉ 21100 ☎ **72.31.13, Télex 350293,** 🏊, 🌳 – |♦| ▤ 📺 ☎ ♿ 🚗 – 🏛 40 à 150. AE ◑ E VISA EX **z**
SC : **R Le Château de Bourgogne** 135 bc/175 – ☕ 29 – **117 ch** 290/335 – P 560/675.

🏨 ✿ **Chapeau Rouge,** 5 r. Michelet ☎ **30.28.10, Télex 350535** – |♦| 📺 ☎ 🚗. AE ◑ E VISA. ✂ rest CY **a**
fermé 20 déc. au 10 janv. – **SC** : **R** (nombre de couverts limité - prévenir) carte 160 à 215 – ☕ 30 – **30 ch** 240/460,, 3 appartements 700 –
Spéc. Aiguillettes de canard, Paupiette de saumon au crémant de Bourgogne (mars à nov.), Mignons de veau à la crème de poivron doux. **Vins** Bourgogne.

Grésill'H. M, 16 av. R.-Poincaré ☎ 71.10.56, Télex 350549 – |‡| TV ☎ P – 🏊 25. AE ◑ VISA B **t**
fermé 5 au 25 août – SC : **R** voir rest. des Congrès – ☕ 19,50 – **49 ch** 110/213.

Ibis Central, 3 pl. Grangier ☎ 30.44.00, Télex 350606 – |‡| ▤ rest TV ▭wc ⫴wc ☎ – 🏊 30 à 60. E VISA DY **e**
SC : **R** *(fermé dim.)* grill carte environ 130 🍷 – ☕ 19 – **90 ch** 165/210 – P 300/350.

Jura sans rest, 14 av. Mar.-Foch ☎ 41.61.12, Télex 350485, 🌳 – |‡| TV ▭wc ⫴wc ☎ ♿ – 🏊 60. AE ◑ E VISA CY **r**
fermé 23 déc. au 16 janv. – SC : ☕ 19 – **75 ch** 115/240.

Poste et rest Gd Café, 5 r. Château ☎ 30.51.64 – |‡| ▤ rest ▭wc ⫴wc ☎. ◑ VISA DY **e**
SC : **R** 65/75 🍷 – ☕ 20 – **62 ch** 170/200 – P 222.

Villages H. M, 15 av. Albert 1er ☎ 43.01.12, Télex 350515 – |‡| ▤ rest TV ▭wc ☎ ♿ P – 🏊 120. VISA CY **n**
SC : **R** carte environ 95 🍷 – ☕ 18 – **128 ch** 168/182.

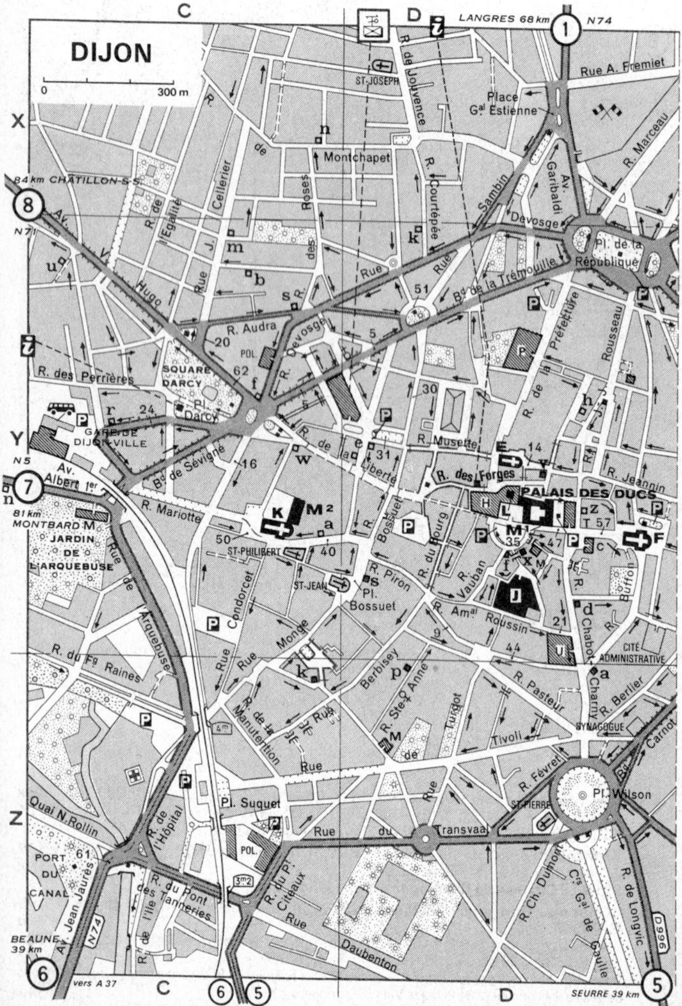

🏛 **Nord,** 2 r. Liberté ℡ 30.58.58 – 🛗 🛁wc 🗌 🕾. 🄰🄴 🄾 🄴 𝑽𝑰𝑺𝑨 CY **w**
fermé 24 déc. au 15 janv. – SC : **R** 90/150 – ☲ 17 – **22 ch** 94/222.

🏛 **Victor Hugo** sans rest, 23 r. Fleurs ℡ 43.63.45 – 🛁 🗌wc 🕾 🚗. **E.** 🛠 CY **b**
SC : ☲ 14,50 – **23 ch** 96/162.

🏛 **Europe** sans rest, 4 r. Audra ℡ 30.78.08, 🌂 – 🛗 📺 🛁wc 🗌wc 🕾 🚗 🅿. 🄰🄴
🄾 🄴 𝑽𝑰𝑺𝑨 CY **s**
SC : ☲ 19 – **28 ch** 150/220.

🏛 **Montchapet** sans rest, 26 r. J.-Cellerier ℡ 55.33.31 – 📺 🛁wc 🗌wc 🕾. 🄰🄴 𝑽𝑰𝑺𝑨 CY **m**
SC : ☲ 18 – **45 ch** 85/175.

🏚 **Jacquemart** sans rest, 32 r. Verrerie ℡ 73.39.74 – 🛁wc 🗌wc 🕾. 𝑽𝑰𝑺𝑨 DY **h**
SC : ☲ 14 – **33 ch** 72/160.

🏚 **Allées** sans rest, 27 cours Gen.-de-Gaulle ℡ 66.57.50, 🌂 – 🛗 🗌wc 🕾 B **s**
fermé 1er au 15 août – SC : ☲ 15 – **37 ch** 100/156.

🏚 **St-Bernard** sans rest, 7 bis r. Courtépée ℡ 30.74.67 – 🛁wc 🗌wc ☎ 🚗 DY **k**
SC : ☲ 13 – **19 ch** 79/185.

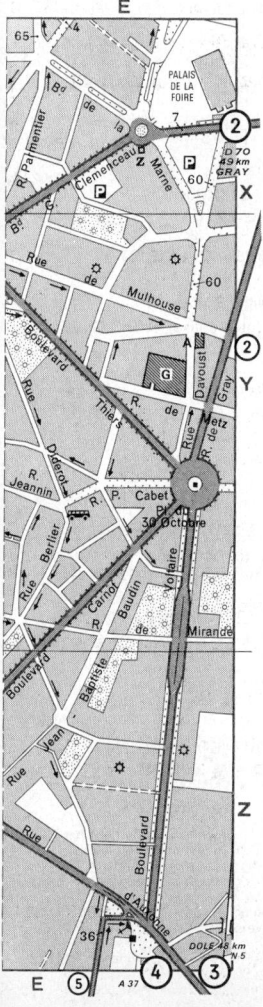

RÉPERTOIRE DES RUES DU PLAN DE DIJON

🏠 **Thurot** sans rest, 4 passage Thurot ⌂ 43.57.46 – 🛏wc ⊛ 🅿. ⚡ ch   CY **u**
SC : 🛏 12,50 – **20 ch** 77/145.

🏠 **Les Rosiers** sans rest, 22 bis r. Montchapet ⌂ 55.33.11 – 🛏wc ⊛. 𝘝𝘐𝘚𝘈   CX **n**
SC : 🛏 14,50 – **10 ch** 83/154.

XXX **Pré aux Clercs et Trois Faisans,** 13 pl. Libération ⌂ 67.11.33 – 🄰🄴 ① 🄴 𝘝𝘐𝘚𝘈
fermé dim. soir – SC : **R** 105/140.   DY **x**

XXX ✿ **La Chouette** (Breuil), 1 r. la Chouette ⌂ 30.18.10 – 🄰🄴 ① 🄴 𝘝𝘐𝘚𝘈   DY **v**
fermé janv. et mardi – SC : **R** 85 (sauf sam. soir)/230
Spéc. Marbré de lapin dans sa gelée d'orange, Panaché de poissons aux petits légumes, Pigeon de Bresse à la crème d'ail. Vins Bourgogne rosé, Côte de Nuits Villages.

XX **Les Oenophiles « la Toison d'Or »,** 18 r. Ste-Anne ⌂ 30.73.52, « Demeures anciennes, caveau-musée » – 🄰🄴 ① 🄴 𝘝𝘐𝘚𝘈   DZ **p**
fermé août, sam. midi, dim. et fériés – SC : **R** 85/145.

XX **Le Vinarium,** 23 pl. Bossuet ⌂ 30.36.23, « aménagé dans une crypte du 13ᵉ s. »
– 🄰🄴 𝘝𝘐𝘚𝘈   DY **s**
fermé dim. – SC : **R** 75/140 ⬧.

XX ✿ **Le Rallye,** 39 r. Chabot-Charny ⌂ 67.11.55 – 🄰🄴   DY **d**
fermé 14 juil. à début août, 14 fév. à début mars, lundi midi, dim. et fêtes – SC : **R** 65/140
Spéc. Petite salade de foie gras frais, Panaché de poissons au beurre de cerfeuil, Canard de Bresse aux airelles. Vins Aligoté, Mercurey.

XX **des Congrès,** 16 av. R.-Poincaré ⌧ 21100 ⌂ 71.52.84 – 🍽 🅿. 🄰🄴 ① 𝘝𝘐𝘚𝘈   B **t**
fermé 5 au 25 août et dim.

XX **Parc** avec ch, 49 cours Parc ⌂ 65.18.41, 🌤, 🌲 – 🛏wc ⊛ – 🏊 50 à 80   B **a**
fermé 12 août au 1ᵉʳ sept., 13 au 28 fév., dim. soir et merc. – SC : **R** 75/110 – 🛏 15 –
8 ch 50/105.

XX **Thibert,** 23 r. Crebillon ⌂ 30.52.34 – 𝘝𝘐𝘚𝘈   CZ **k**
fermé 1ᵉʳ au 15 août, en janv., lundi midi et dim. – SC : **R** 75/190.

XX **Pierre Fillion,** 39 r. Buffon ⌂ 66.65.77 – 🄰🄴 ① 🄴 𝘝𝘐𝘚𝘈   DZ **a**
fermé dim. – **R** 40/120 ⬧.

X **Chasse Royale,** 15 pl. de la Libération ⌂ 67.15.75 – 🄰🄴 ① 🄴 𝘝𝘐𝘚𝘈   DY **f**
fermé lundi – **R** carte 95 à 140.

à Talant par ⑧ : 3 km – 11 665 h. – ⌧ 21240 Talant – *Voir* ⚜★.

🏠 **La Bonbonnière** ⤳ sans rest, 24 r. Orfèvres (près église) ⌂ 57.31.95, ≤, 🌲 –
🛗 🛏wc 🛏wc ☎ 🅿. ① 𝘝𝘐𝘚𝘈
SC : 🛏 17 – **20 ch** 120/175.

à Sennecey-lès-Dijon par ③ : 5 km – ⌧ 21800 Quétigny :

🏨 **La Flambée** Ⓜ, ⌂ 47.35.35, 🌲 – 🛗 🍽 🄽 ☎ 🅿 – 🏊 25. 🄰🄴 ① 🄴 𝘝𝘐𝘚𝘈
SC : **R** grill 50/155 ⬧ – 🛏 27 – **22 ch** 260/300.

au Lac Kir par ⑦ : 4 km – ⌧ 21370 Plombières-lès-Dijon :

XX **Le Cygne,** ⌂ 41.02.40 – ⊠
fermé fév., dim. soir et lundi – SC : **R** 70 (sauf fériés)/140.

à Hauteville-lès-Dijon par ⑧ et D 107 : 7 km – ⌧ 21121 Fontaine-lès-Dijon :

🏠 **La Musarde** ⤳, ⌂ 56.22.82, 🌲 – 🛏wc 🛏 ⊛ 🅿. ① 🄴 𝘝𝘐𝘚𝘈
fermé 8 janv. au 8 fév., lundi (sauf hôtel) et dim. soir – SC : **R** 52 bc – 🛏 15 – **11 ch**
80/170 – P 170/250.

à Marsannay-la-Côte par ⑥ : 8 km – 5 942 h. – ⌧ 21160 Marsannay-la-Côte :

🏨 **Novotel** Ⓜ, rte Beaune ⌂ 52.14.22, Télex 350728, ⬥, 🌲 – 🍽 rest 🄽 ☎ 🖐 🅿 – 🏊
25 à 150. 🄰🄴 ① 🄴 𝘝𝘐𝘚𝘈
R snack carte environ 90 ⬧ – 🛏 28 – **124 ch** 228/277.

XX **Gourmets,** 8 r. Puits de Têt ⌂ 52.16.32, 🌲 – 🄰🄴 ① 𝘝𝘐𝘚𝘈
fermé janv., lundi soir et mardi – SC : **R** 80/210.

à Perrigny-lès-Dijon par ⑥ : 9 km – ⌧ 21160 Marsannay-la-Côte :

🏠 **Ibis,** ⌂ 52.86.45, Télex 351510 – 🄽 🛏wc ⊛ 🅿 – 🏊 25. 🄴 𝘝𝘐𝘚𝘈
SC : **R** (fermé dim.) 60 ⬧ – 🛏 19 – **49 ch** 166/195.

MICHELIN, Agence régionale, 15 r. de la Stearinerie A ⌂ 41.26.01

CITROEN Succursale, Impasse Chanoine-Bardy B z ⌂ 71.81.42
CITROEN Gar. Bartman, 154 r. Auxonne B v ⌂ 66.46.73
FIAT Gar. Bohner, 2 av. R.-Poincaré ⌂ 71.14.12
FORD Gar. Montchapet, 12 r. Gagnereaux ⌂ 73.41.11
PEUGEOT Gar. Château-d'Eau, 1 bd Fontaine-des-Suisses B u ⌂ 65.40.34
RENAULT Succursale, 139 av. J.-Jaurès A ⌂ 52.51.34 🄽

RENAULT Segelle, 5 bd de l'Europe à Quetigny par D 107B B ⌂ 46.02.54
VAG Gd gar. Diderot, 4 r. Diderot ⌂ 65.46.01
VOLVO Gar. du Transvaal, 25 r. du Transvaal ⌂ 67.71.51
Gar. Lignier, 3 r. Gds-Champs ⌂ 66.39.05 🄽
Gar. Neveux, 94 r. Chateaubriand ⌂ 71.23.15

🅿 Dijon-Pneus, 50 r. Fg Raines ⌂ 45.47.12
Madica, 29 r. Mulhouse ⌂ 72.32.77
Radial-Pneu, 29 r. Tivoli ⌂ 30.32.64

Périphérie et environs

ALFA-ROMEO, MERCEDES-BENZ Gar. Vincent-Gremeau, 2 r. Gay Lussac à Chenove ℡ 52.11.66

BMW Gar. Massoneri, Impasse des Charrières à Quetigny ℡ 46.01.51

CITROEN Succursale, rte de Beaune à Marsannay-la-Côte ℡ 52.11.20

DATSUN Gar. de la Rocade, rte de Gray à St-Apollinaire ℡ 71.12.12

MAZDA Auto-Sud, à perrigny les Dijon ℡ 52.99.50

OPEL Gar. Heinzlé, r. Prof.-L.-Neel, Zone Ind. à Longvic ℡ 66.52.78

PEUGEOT-TALBOT Bourgogne Autom., r. de Cracovie Zone Ind. à St-Apollinaire B ℡ 71.47.23

PEUGEOT-TALBOT Bourgogne Autom., 5 rte Beaune à Chenove ℡ 52.21.20

PORSCHE-MITSUBISHI Auto Centre Est, rte de Gray à St-Apollinaire ℡ 71.65.67 **N** ℡ 52.66.58

RENAULT Maréchal, 47 RN 74 à Marsannay-la-Côte ℡ 52.12.15

TOYOTA Gar. Nello Cheli 22 rte de Dijon à Chenove ℡ 52.51.78

V.A.G. Gd gar. Diderot, imp. P. Langevin à Chenove ℡ 52.61.50

🅟 Briday Pneus, 11 r. A.-Becquerel, Zone Ind. à Chenove ℡ 52.54.70
Métifiot, 41 r. de Longvic à Chenove ℡ 52.05.80
Piot-Pneu, rte de Gray, St-Apollinaire ℡ 71.36.66

☞ *To go a long way quickly, use **Michelin maps** at a scale of 1: 1 000 000.*

DINAN ⟨SP⟩ 22100 C.-du-N. 59 ⑮ G. Bretagne – 14 157 h. alt. 76 – ✦ 96.

Voir Vieille ville★ BY : Tour de l'Horloge ⁂★★ BZ **E**, Jardin anglais ≼★★ BY, Place des Merciers★ BZ 33, rue du Jerzual★ BY 28, Promenade de la Duchesse Anne ≼★ BZ – Château★ ⁂★ AZ – Lanvallay ≼★ 2 km par ②.

🛈 Office de Tourisme 6 r. Horloge (fermé lundi hors sais. et dim. sauf matin en sais.) ℡ 39.75.40.

Paris 393 ② – Alençon 180 ② – Avranches 67 ② – Flers 140 ② – Fougères 77 ② – Lorient 150 ③ –
♦Rennes 51 ② – St-Brieuc 59 ③ – St-Malo 29 ① – Vannes 114 ③.

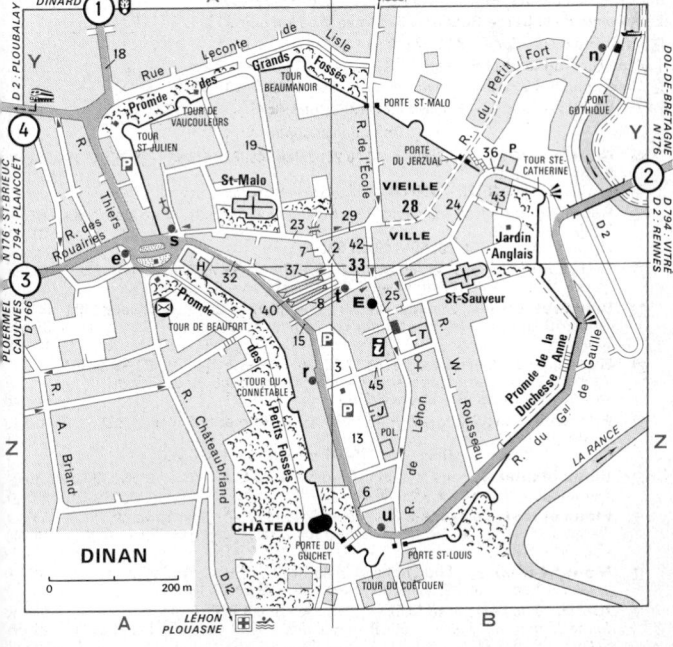

🏨 **D'Avaugour** [M], 1 pl. du Champ ☏ 39.07.49, ⚑ – 劇 📺 ⇌wc 🏧wc ☜. 🖭 ⓞ 🄴 **VISA** – **R** (fermé lundi du 1er oct. au 1er mai) 75/240 – � 20 – **27 ch** 230/280. AZ **r**

🏨 **Remparts** sans rest, 6 r. Château ☏ 39.10.16 – 劇 ⇌wc 🏧wc ☜ ⟵. 🄴 **VISA**
fermé 20 déc. au 10 janv. – SC : ⊆ 16 – **36 ch** 88/178. BZ **u**

🏨 **Les Alleux** [M], rte Ploubalay ☏ 85.16.10 – ⇌wc ☎ ☝ 🄿 – 🅐 30 à 70.
SC : **R** (fermé vend. hors sais.) 60/105 ⅄ – ⬛ 19 – **29 ch** 155/195 – P 225.

🏨 **Bretagne** [M], 1 pl. Duclos ☏ 39.46.15 – 劇 ⇌wc 🏧wc ☎. 🖭 ⓞ 🄴 **VISA** AYZ **e**
SC : **R** carte environ 100 ⅄ – ⊆ 20 – **46 ch** 180/200 – P 210/240.

🍴🍴 **Relais Corsaires**, 5 et 7 r. du quai (au port) ☏ 39.40.17, maison 18e s. – ▣. 🖭
ⓞ 🄴 **VISA** ✁ BY **n**
fermé dim. soir sauf juil.-août et lundi – SC : **R** 55/200.

🍴🍴 **Mère Pourcel,** 3 pl. Merciers ☏ 39.03.80, « Maison bretonne du 15e s. » – 🖭 ⓞ
🄴 **VISA** BZ **t**
fermé 1er déc. au 28 fév. et lundi – SC : **R** 95/185.

🍴🍴 ❀ **Caravelle** (Marmion) (annexe 🏠 - ⇌), 14 pl. Duclos ☏ 39.00.11 – ⟵. 🖭
ⓞ AY **s**
fermé 5 oct. au 5 nov. et merc. de nov. au 30 juin – SC : ⊆ 13 – **11 ch** 75/130
Spéc. Étuvée piquante de langoustines royales aux choux verts, Paupiettes de bar, Civet de homard.

CITROEN Gar. Jago, Zone Ind. par ④ ☏ 39.
04.91
FORD Dinannaise-Autom., rte de Ploubalay
☏ 39.64.95
PEUGEOT-TALBOT Gd Gar. Dinan, Zone Ind.
par ④ ☏ 39.24.38

RENAULT S.A.D.A., Zone Ind. par ④ ☏ 39.
34.83 🄽
V.A.G. Meyer, 21 r. Pivents ☏ 39.12.72

Ⓦ Savouré-Henry, Zone Ind. ☏ 85.10.62

DINARD 35800 I.-et-V. 🔠 ⑤ G. Bretagne – 10 016 h. – Casino BY – ❀ 99.
Voir Pointe du Moulinet ⩽** BY – Grande Plage ou Plage de l'Écluse* BY – Promenade
du Clair de Lune* BYZ – Pointe de la Vicomté ⩽** par avenue Vicomté BZ 2 km – La
Rance** en bateau – St-Lunaire : pointe du Décollé ⩽** et grotte des Sirènes* 4,5 km
par ② – Usine marémotrice de la Rance : digue ⩽* SE : 4 km.
Env. Pointe de la Garde Guérin* : ⚡** par ② : 6 km puis 15 mn.
🅖 de St-Briac-sur-Mer ☏ 88.32.07 par ② : 7,5 km.
✈ de Dinard-Pleurtuit St-Malo : T.A.T. ☏ 46.15.76 par ① : 5 km.
🅱 Office de Tourisme 2 bd Feart (fermé dim.) ☏ 46.94.12, Télex 950470.
Par ① : Paris 413 – Dinan 22 – Dol-de-Bretagne 27 – Lamballe 47 – ◆Rennes 72.

Plan page ci-contre

🏨 **Gd Hôtel**, 46 av. George-V ☏ 46.10.28, Télex 740522, ⩽, ⚑ – 劇 📺 ☎ 🄿. 🖭 ⓞ
🄴 **VISA**. ✁ rest BY **v**
avril-oct. – SC : **R** 125 – **100 ch** ⊆ 350/620 – P 380/530.

🏨 **Reine Hortense** ⍓ sans rest, 19 r. Malouine ☏ 46.54.31, ⩽ St-Malo, 🄵, ⚑ –
📺 🄿. 🖭 ⓞ **VISA** BY **e**
25 mars-15 nov. – SC : ⊆ 35 – **10 ch** 500/700.

🏨 **Émeraude-Plage**, 1 bd Albert-1er ☏ 46.15.79 – ⇌wc 🏧wc ☜ ⟵. ✁ BY **z**
7 avril-20 sept. – SC : **R** (dîner seul.) 80/100 – ⊆ 16 – **49 ch** 140/312.

🏨 **Balmoral** sans rest, 26 r. Mar.-Leclerc ☏ 46.16.97 – 劇 ⇌wc 🏧wc ☜. **VISA**. ✁
fermé 10 janv. au 10 fév. et lundi du 1er nov. au 31 mars – SC : ⊆ 17 – **31 ch**
185/223. BY **b**

🏨 **Dunes**, 5 r. G.-Clemenceau ☏ 46.12.72, ⚑ – ⇌wc 🏧wc ☜. 🖭 ⓞ 🄴 **VISA**
20 mars-30 sept. et vacances de noël. – SC : **R** (fermé lundi sauf du 1er juil. au 15
sept.) 51/105 – ⊆ 18 – **32 ch** 98/251. BY **u**

🏨 **Printania**, 5 av. George-V ☏ 46.13.07, ⩽ St-Malo et la Rance – ⇌wc 🏧wc ☜.
🖭 ⓞ **VISA**. ✁ rest BY **h**
Pâques-1er oct. – SC : **R** 85 – ⊆ 17 – **77 ch** 85/270 – P 190/260.

🏨 **Vieux Manoir** ⍓ sans rest, 21 r. Gardiner ☏ 46.14.69, ⚑ – ⇌wc 🏧wc ☜ ☝ 🄿
1er mai-30 sept. – SC : ⬛ 18 – **26 ch** 130/185. AY **d**

🏨 **Plage et rest. Le Trezen,** 3 bd Féart ☏ 46.14.87 – ⇌wc 🏧wc ☜ BY **s**
15 mars-15 oct. – SC : **R** (fermé merc. soir et jeudi midi) 55/120 – ⊆ 17 – **19 ch**
170/230 – P 225.

🏨 **Mont St-Michel**, 54 bd Lhotelier ☏ 46.10.40 – ⇌wc 🏧wc ☜ AY **f**
1er avril-1er oct. – SC : **R** (s'informer) – ⊆ 16 – **22 ch** 82/187.

🏨 **Altaïr**, 18 bd Féart ☏ 46.13.58 – ⇌wc ☜. 🖭 ⓞ **VISA** BY **k**
fermé 15 déc. au 15 janv. – SC : **R** (fermé dim. soir et merc.) 52/172 – ⊆ 16 – **22 ch**
87/181 – P 162/205.

🍴🍴 **Prieuré** avec ch, 1 pl. Gén.de-Gaulle ☏ 46.13.74, ⩽ – 🏧wc ☎. 🄴 **VISA** BZ **n**
fermé déc., juil. et lundi – SC : **R** (fermé dim. soir hors sais.) 50/119 – ⊆ 17 **8 ch**
120/200 – P 215/230.

🍴🍴 **Host. Le Petit Robinson,** 3 km sur D 114 - BZ – ✉ 35780 La Richardais ☏
46.14.82 – 🄿. 🖭 ⓞ 🄴 **VISA**
fermé 15 nov. au 10 déc., 15 au 28 fév., mardi soir et merc. – SC : **R** 49/110.

DINARD

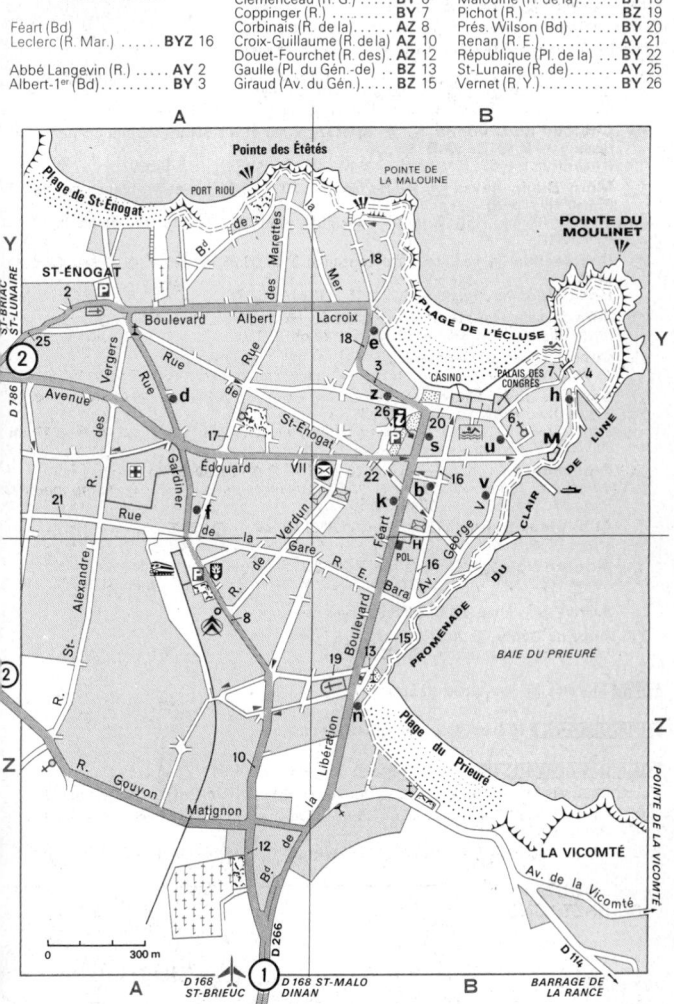

BLF Gar. Parc, 10 r. Y.-Verney ☎ 46.13.38
CITROEN Macé, 21 r. de la Corbinais ☎ 46.
13.43
PEUGEOT-TALBOT Gar. de la Rive Gauche,
ZA l'Hermitage à la Richardais par ② ☎ 46.
75.78 🅽 ☎ 46.42.39
RENAULT Martin, Z.A. la Richardais par ① ☎
46.10.69

Gar. Crolard, Z A de l'Hermitage, la Richardais
☎ 46.62.21

🅜 Emeraude Pneumatiques, La Fourberie à
St-Lunaire ☎ 46.11.26

La DIOSAZ (Gorges de) 74 H.-Savoie ⁷⁴ ⑧ – voir à Servoz.

DIOU 36 Indre ⁶⁸ ⑨ – rattaché à Issoudun.

DIVES-SUR-MER 14 Calvados ⁵⁴ ⑰ – rattaché à Cabourg.

Les plans de villes sont orientés le Nord en haut.

DIVONNE-LES-BAINS 01220 Ain **70** ⑯ **G. Jura** (plan) – 4 783 h. alt. 500 – Stat. therm. – Casino – 50 – ☎ 20.07.19 O : 2 km.

Office de Tourisme r. des Bains (fermé dim. hors saison) ☎ 20.01.22.

Paris 506 – Bourg-en-Bresse 112 – •Genève 19 – Gex 7,5 – Lausanne 50 – Nyon 13.

Les Grands Hôtels , ☎ 20.06.63, Télex 385716, ≤, , « Parc ombragé », , – – 120. AE E VISA. rest
SC : **R** 150/280 – **135 ch** 380/590, 7 appartements – P 540/680.

Château de Divonne , ☎ 20.00.32, ≤ lac et Mt-Blanc, « Dans un parc, terrasse » – . AE E. rest
2 mai-31 oct. – SC : **R** 135/250 – 40 – **34 ch** 380/570 – P 570/590.

Mont-Blanc-Favre , rte Grilly ☎ 20.12.54, ≤ lac et Mt-Blanc, , – wc wc
25 mars-1er nov. – SC : **R** *(fermé merc.)* (déj. seul.) 85/165 – 16 – **18 ch** 75/165 – P 240/280.

Coccinelles sans rest, rte Lausanne ☎ 20.06.96, ≤, – wc wc . E
fermé 20 déc. au 31 janv. – SC : 15 – **18 ch** 120/165.

Jura sans rest, rte Arbère ☎ 20.05.95, – wc wc
fermé 15 nov. au 20 déc. – SC : 12 – **24 ch** 70/150.

Champagne, av. Genève ☎ 20.13.13, ≤, – . VISA
fermé 20 au 30 juin, 20 déc. au 20 janv., jeudi midi et merc. – SC : **R** carte 100 à 150.

Bellevue-rest. Marquis avec ch, par av. d'Arbère ☎ 20.02.16, ≤, – wc wc . AE E VISA. rest
2 mai-17 oct. – SC : **R** *(fermé mardi midi et lundi)* 100/175 – 14,50 – **17 ch** 85/150 – P 185/265.

Provençal avec ch, r. Genève ☎ 20.01.87 – . AE E VISA. ch
fermé 2 au 10 juil., 22 oct. au 14 nov. et vacances de fév. – SC : **R** *(fermé mardi et merc.)* 80/185 – 16 – **12 ch** 70/85.

Aub. Vieux Bois, rte Gex : 1 km ☎ 20.01.43, – . AE E
fermé 24 sept. au 6 oct., fév., dim. soir et lundi – SC : **R** 50/160 .

Mouton Noir avec ch, Gde-rue ☎ 20.12.69 – wc wc. AE. ch
fermé déc., janv., dim. soir et lundi – SC : **R** 56/118 – 11 – **8 ch** 54/101.

à Grilly S : 4 km – 01220 Divonne-les-Bains :

Aub. de Grilly, ☎ 20.71.63
fermé dim. soir et lundi – SC : **R** 155/210.

DIZY 51 Marne **56** ⑯ – rattaché à Epernay.

DOLANCOURT 10 Aube **61** ⑱ – rattaché à Bar-sur-Aube.

DOL-DE-BRETAGNE 35120 I.-et-V. **59** ⑥ **G. Bretagne** – 4 974 h. alt. 16 – 99.

Voir Cathédrale★★ – Promenade des Douves★ : ≤★ – Mont-Dol ★ 4,5 km par ④.

Office de Tourisme 1 Gde r. des Stuarts (1er juin-15 sept. et fermé dim.) ☎ 48.15.37 et à la Mairie (fermé sam. et dim.) ☎ 48.00.17.

Paris 373 ① – Alençon 154 ① – Dinan 26 ③ – Fougères 51 ① – •Rennes 54 ② – St-Malo 24 ④.

DOL-DE-BRETAGNE

Châteaubriand (Pl.) 7
Grande-rue-des-Stuarts 10
Le Jamptel (R.) 12

Briand (Av. Aristide) ... 2
Carmes (R. des) 3
Cathédrale (Pl. de la) .. 4
Ceinte (R.) 6
Écoles (R. des) 8
Mairie (Pl. de la) 13
Normandie (Bd de) 14
Paris (R. de) 15
Saint-Malo (R. de) 17
Touliers (Pl.) 19

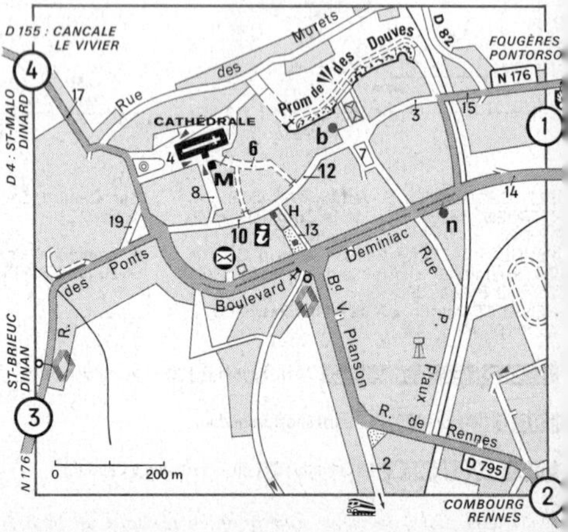

Pour bien lire les plans de villes voir signes et abréviations p 21

🏠 **Logis Bresche Arthur,** 36 bd Deminiac (n) ⓟ 48.01.44, 🛋 – 🛏wc ⃒wc ☎
↔ 🅿 AE ⓪ E VISA
  fermé 2 nov. au 2 déc. – SC : **R** 39/154 – 🍽 21 – **25 ch** 160/180 – P 220/250.

🏠 **Bretagne,** pl. Châteaubriand (b) ⓟ 48.02.03 – ⃒ ☎ ⇔ VISA
↔ *fermé 26 sept. au 17 oct.* – SC : **R** *(fermé sam. d'oct. à mars)* 46/80 ⅄ – 🍽 13 –
  30 ch 59/114 – P 116/148.

RENAULT Hocquart, ⓟ 48.02.12   RENAULT Gar. Nominoé, ⓟ 48.02.63 🅽

DOLE ⏞ 39100 Jura 🗺 ③ G. Jura – 27 694 h. alt. 231 – ✪ 84.

Voir Le Vieux Dole★ BY – Grille★ en fer forgé de l'église St-Jean-l'Evangéliste AZ **N.**

🛈 Office de Tourisme 6 pl. Grévy (fermé dim.) ⓟ 72.11.22.

Paris 370 ① – ◆Besançon 57 ① – Chalon-sur-Saône 63 ④ – ◆Dijon 48 ⑤ – ◆Genève 149 ③ –
Lons-le-Saunier 52 ③.

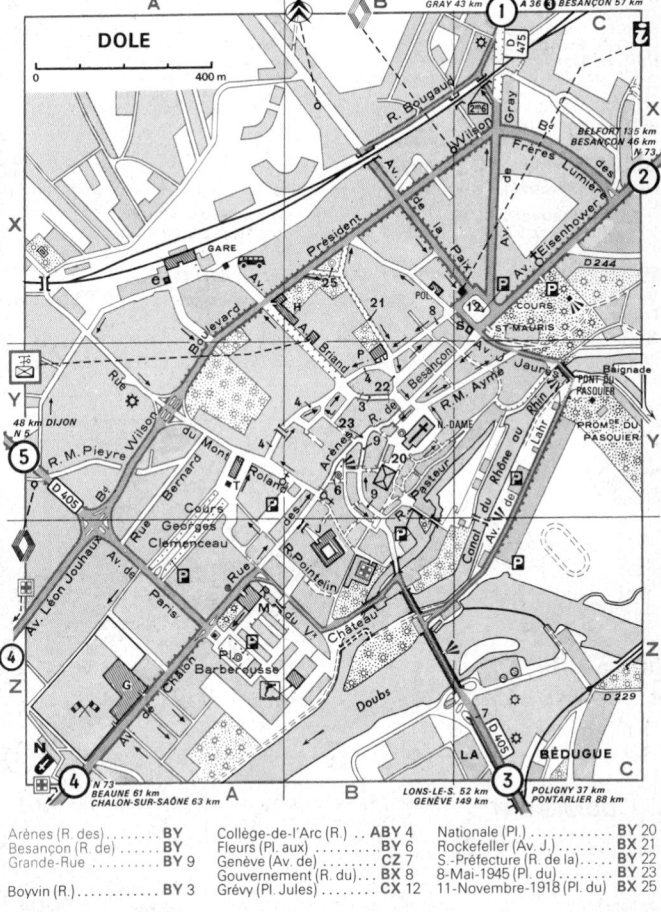

Arènes (R. des)	**BY**	Collège-de-l'Arc (R.)	**ABY** 4	Nationale (Pl.)	**BY** 20
Besançon (R. de)	**BY**	Fleurs (Pl. aux)	**BY** 6	Rockefeller (Av. J.)	**BX** 21
Grande-Rue	**BY** 9	Genève (Av. de)	**CZ** 7	S.-Préfecture (R. de la)	**BY** 22
		Gouvernement (R. du)	**BX** 8	8-Mai-1945 (Pl. du)	**BY** 23
Boyvin (R.)	**BY** 3	Grévy (Pl. Jules)	**CX** 12	11-Novembre-1918 (Pl. du)	**BX** 25

🏨 **Gd H. Chandioux,** pl. Grévy ⓟ 79.00.66, Télex 360498 – 📺 ☎ ⇔ 🅿 – 🔔 70.
AE ⓪ E VISA   CX **s**
SC : **R** *(fermé sam. midi, dim. soir, lundi midi du 15 oct. au 15 mars sauf vacances
scol.)* 75/250 – **33 ch** 🍽 180/350.

tourner →

🏨 **La Chaumière** Ⓜ, 346 av. Genève par ③ : 3 km 🅟 79.03.45, 🍽 – 📺 ⌂wc 🛏wc
☎ 🅟 – 🏛 25. 🌼
fermé 15 au 25 juin, 15 déc. au 15 janv., sam. midi, dim. soir (sauf hôtel) et vend. soir
– SC : **R** 55/120 – ⌂ 18 – **18 ch** 144/218 – P 280/350.

✗ **Buffet Gare,** 🅟 82.00.48   AX **e**
➤ *fermé jeudi soir* – SC : **R** 45/100.

à Brévans NE : 2 km par D 244 – ✉ 39100 Dole :

🏠 **Au Village** ⌂, 🅟 72.56.40, 🏡, 🌲 – 📺 ⌂wc 🛏wc ☎ 🅟. 🌼 rest
fermé vend. soir, sam. midi et dim. soir du 1er oct. au 1er mai – SC : **R** *(fermé 8 au 22
juil. et 23 déc. au 2 janv.)* 56/130 👶 – ⌂ 16 – **18 ch** 75/180.

à Parcey par ③ : 10 km sur N 5 – ✉ 39100 Dole :

✗✗ **As de Pique** avec ch, S : 1,5 km 🅟 71.00.76, 🌲 – ⌂wc 🛏 📶 🚗 🅟. 🅰🅴 🅴 🆅🅸🆂🅰
fermé dim. soir et lundi – SC : **R** 66/170 – ⌂ 15 – **15 ch** 75/165.

BMW-FORD Gar. Jacquot, 53 av. de Paris 🅟
72.37.55
CITROEN Jeanperin, 2 av. de Gray 🅟 72.20.23
CITROEN Bongain, 8 av. Landon 🅟 72.07.97
FIAT Est-Autom., av. Eisenhower 🅟 82.19.01
FORD Gar. Sussot, 52 av. Eisenhower 🅟 82.
12.06
PEUGEOT, TALBOT Dole-Autom., 32 av. de
Lattre de Tassigny par ① 🅟 72.26.38

RENAULT Morilhat, 8 bd Wilson 🅟 82.00.86
Ⓝ
RENAULT Chifflet, 4 r. C.-de-Persan 🅟 72.24.69
Jeanblanc, 34 av. Eisenhower 🅟 72.27.44
Piquet, 104 fg de Chalon 🅟 82.00.89 Ⓝ

Ⓖ R.-Lehmann, 42 av. de Genève 🅟 72.61.77
Tissot, 22 bd des Frères Lumière 🅟 72.49.31

DOMÈNE 38420 Isère 🟥🟥 ⑤ – 5 308 h. alt. 220 – ✪ 76.

Paris 578 – Chambéry 50 – ◆Grenoble 8,5 – Uriage-les-Bains 11.

🏨 **Le Beauvoir,** 🅟 77.20.91, ≤, 🌲 – ⌂wc 🛏wc 📶 🅟. 🅰🅴. 🌼 rest
SC : **R** *(fermé dim. soir et lundi)* 55/122 – ⌂ 16 – **15 ch** 95/203 – P 160/180.

DOMFRONT 61700 Orne 🟥🟥 ⑩ G. Normandie – 4 553 h. alt. 209 – ✪ 33.

Voir Site★ – Église N.-D-sur-l'Eau★ A B – Jardin du donjon 🌼★ A D – Croix du
Faubourg 🌼★ B **E.**

🅘 Syndicat d'Initiative r. Fossés Plissons (1er juin-15 sept. et fermé dim.) 🅟 38.53.97.

Paris 252 ③ – Argentan 55 ② – Avranches 66 ⑥ – Fougères 58 ⑥ – Mayenne 35 ⑤ – Vire 40 ⑧.

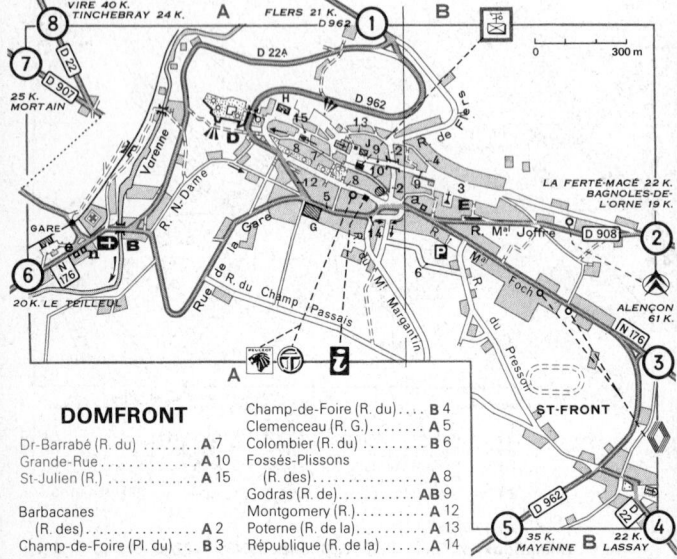

DOMFRONT

🏨 **Poste,** r. Foch 🅟 38.51.00 – ⌂wc 🛏wc 📶 🚗 🅟 – 🏛 30. 🅰🅴 🅾 🅴   B **a**
fermé 5 janv. au 25 fév., dim. et lundi du 1er oct. au 30 mai sauf fériés – SC : **R** 55/140
– ⌂ 15 – **28 ch** 70/166 – P 200/280.

🏛 **France**, r. Mt-St-Michel ☎ 38.51.44, 🚗, 🍽 – 🛏wc 🛀 🕾 🅿 – 🛗 30 à 100. 🆎
⊙ Ε 𝖵𝖨𝖲𝖠
fermé 2 nov. au 9 déc. et mardi du 15 sept. au 15 juil. – SC : **R** 44/85 – 🖃 15 –
22 ch 81/183 – P 134/191.

🏠 **Gare** (Villa annexe 🏛 🚗 🅿), r. Mt-St-Michel ☎ 38.64.99, 🚗 – 🛏 🚗. Ε
𝖵𝖨𝖲𝖠
fermé janv. et vend. d'oct. à mai – SC : **R** 42/110 – 🖃 18 – **19 ch** 70/120 – P 145.

CITROEN Savary, ☎ 38.66.28   RENAULT S.A.D.A., ☎ 38.62.44
PEUGEOT-TALBOT Champ, ☎ 38.42.35   RENAULT Fossey, ☎ 38.53.35

DOMFRONT-EN-CHAMPAGNE 72 Sarthe �︀𝟘 ③ – 720 h. alt. 132 – ⊠ **72240** Conlie – ☎ 43.
Paris 215 – Alençon 44 – Laval 76 – ◆Le Mans 18 – Mayenne 56.

✗✗ **Midi**, D 823 ☎ 20.52.04 – Ε
fermé 16 au 27 août, fév., dim. soir, mardi soir et lundi – SC : **R** 62/110 🛀.

DOMME 24250 Dordogne 🚷 ⑰ G. Périgord (plan) – 910 h. alt. 212 – ☎ 53.
Voir Promenade des Falaises★★ : ⁂★★★ – Belvédère de la barre ⁂★★ – Grottes★.
🅑 Syndicat d'Initiative 50 pl. Halle (1er avril-31 oct.) ☎ 28.37.09.
Paris 552 – Cahors 52 – Fumel 57 – Gourdon 26 – Périgueux 75 – Sarlat-la-Canéda 13.

🏛 **Esplanade** 🕹, ☎ 28.31.41, ⇐ – 🛏wc 🕾. 🆎
fermé nov., fév. et lundi hors sais. – SC : **R** 75/180 – 🖃 25 – **15 ch** 150/250 – P
230/270.

DOMPAIRE 88270 Vosges 🚲𝟤 ⑮ – 881 h. alt. 303 – ☎ 29.
Paris 356 – Épinal 19 – Lunéville 63 – Luxeuil-les-Bains 60 – ◆Nancy 63 – Neufchâteau 55 – Vittel 24.

✗✗ **Commerce** avec ch, ☎ 36.50.28, 🍽 – 🛏wc 🕾. 🆎 ⊙ Ε 𝖵𝖨𝖲𝖠
fermé 20 déc. au 10 janv. – SC : **R** *(fermé lundi sauf juil.-août)* 45/175 🛀 – 🖃 16,50
– **11 ch** 100/145 – P 135/160.

DOMPIERRE-SUR-BESBRE 03290 Allier 🚲𝟫 ⑮ – 4 050 h. alt. 234 – ☎ 70.
Voir Vallée de la Besbre★, G. Auvergne.
Paris 327 – Bourbon-Lancy 18 – Decize 45 – Digoin 26 – Lapalisse 36 – Moulins 32.

🏛 **Paix,** pl. Commerce ☎ 34.50.09 – 🛏wc 🕾. 🍽
fermé 25 oct. au 15 nov., dim. soir et lundi – SC : **R** 45/100 – 🖃 13,50 – **9 ch** 52/120
– P 125/180.

✗✗ **Aub. de l'Olive** avec ch, r. Gare ☎ 34.51.87 – 🛏wc 🛀
fermé 15 nov. au 15 déc. et vend. – SC : **R** 40/75 🛀 – 🖃 13,50 – **11 ch** 60/120.

CITROEN Cortier, ☎ 34.50.37   RENAULT Bailly, ☎ 34.52.34
PEUGEOT-TALBOT Bujon, 172 r. Nat. ☎ 34.   TALBOT Cannet, ☎ 34.51.61
50.10   Gar. Cartier, Sept-Fons ☎ 34.54.84

DOMPIERRE-SUR-MER 17 Char.-Mar. 🚷𝟣 ⑫ – rattaché à La Rochelle.

DOMPIERRE-SUR-VEYLE 01 Ain 🚷𝟦 ③ – 745 h. alt. 355 – ⊠ **01240** St-Paul-de-Varax –
☎ 74.
Paris 443 – Belley 72 – Bourg-en-Bresse 16 – ◆Lyon 53 – Nantua 50 – Villefranche-sur-Saône 50.

✗ **Aubert**, ☎ 30.31.19, 🚗 – 🅿
fermé 4 au 11 juil., fév., dim. soir, mardi soir et merc. – SC : **R** 35/138 🛀.

DOMRÉMY-LA-PUCELLE 88 Vosges 🚲𝟤 ③ G. Vosges – 205 h. alt. 270 – ⊠ **88300** Neufchâ-
teau – ☎ 29.
Voir Maison natale de Jeanne d'Arc★.
Paris 290 – Bar-le-Duc 62 – Commercy 40 – Épinal 79 – ◆Nancy 57 – Neufchâteau 11.

🏠 **de la Pucelle,** ☎ 06.95.72 – 🛏wc 🛀. 🍽
fermé 1er janv. au 15 fév. et lundi d'oct. à Pâques – SC : **R** 32/65 – 🍺 15 – **12 ch**
60/75.

Participez à notre effort permanent
de mise à jour

Adressez-nous vos remarques
et vos suggestions.

Cartes et guides Michelin
46 avenue de Breteuil - 75341 Paris Cedex 07

DONGES 44480 Loire-Atl. 🖪🖪 ⑮ G. Bretagne – 6 988 h. – 🕲 40.

Voir Église★.

Paris 422 – La Baule 28 – ♦Nantes 51 – Redon 43 – St-Nazaire 16.

XX **La Closerie des Tilleuls,** N : 1 km par D4 ⌷ 45.20.23, « Jardin fleuri », 🐜 – 🅿
🛰
fermé 13 au 31 août, 24 déc. au 6 janv., sam. et dim. – SC : **R** 66/150.

Le DONJON 03130 Allier 🖪🖳 ⑯ – 1 372 h. alt. 293 – 🕲 70.

Env. Puy St-Ambroise ≼★★ NO : 12,5 km, G. Auvergne.

Paris 342 – Digoin 24 – Moulins 48 – Roanne 55 – Vichy 47.

🏠 **La Bonne Marmite,** ⌷ 99.53.87 – 🗐 🚗. **E**
➡ *fermé 20 déc. au 20 janv., dim. soir et lundi du 1er oct. au 1er avril* – SC : **R** 44/132 🅙
– 🖵 15 – **9 ch** 68/85 – P 160/180.

PEUGEOT Gar. Rotat. ⌷ 99.53.89   RENAULT Gar. Pascalini et Périchon, ⌷ 99.50.76 🖪

DONON (Col du) 67 B.-Rhin 🖪🖳 ⑧ G. Vosges – alt. 727 – ⊠ 67130 Schirmeck – 🕲 88.

Paris 465 – Lunéville 56 – St-Dié 50 – Sarrebourg 40 – Sélestat 53 – ♦Strasbourg 59.

🏠 **Donon** ⌷ 97.20.69, ≼, 🐜 – 🚽wc 🗐wc 🅙 🛆 🅿
➡ *fermé 15 nov. au 1er déc. et jeudi hors saison* – SC : **R** 55/120 🅙 – 🍽 16 – **21 ch** 140/170 – P 180/190.

DONZENAC 19270 Corrèze 🗐🗐 ⑧ G. Périgord – 1 947 h. alt. 204 – 🕲 55.

🎗 Syndicat d'Initiative r. M.-Lagarre (1er juil.-31 août et fermé dim. après-midi) et à la Mairie (fermé sam. après-midi) ⌷ 25.72.33.

Paris 478 – Brive-la-Gaillarde 9,5 – ♦Limoges 83 – Tulle 28 – Uzerche 26.

🏨 **Soph' Motel** 🅜, rte Limoges : 10 km ⌷ 85.73.81, ≼, parc, 🛏, 🎾 – 📺 🚽wc ☎
➡ 🅿 – 🛆 40. 🕮 ⊕ 𝘝𝘐𝘚𝘈
SC : **R** 69/160 – 🖵 25 – **25 ch** 220 – P 250/310.

🏠 **H. La Gamade et rest. Le Périgord,** ⌷ 85.71.07 – 🗐wc 🗟. 🕮 ⊕ 𝘝𝘐𝘚𝘈
➡ SC : **R** *(fermé mardi du 15 nov. au 15 mars)* 45/150 – 🖵 16 – **10 ch** 110/150 – P 170/190.

sur N 20 – ⊠ 19270 Donzenac :

🏨 **Relais Bas Limousin,** N : 6 km rte Uzerche ⌷ 84.52.06, 🐜 – 🚽wc 🗐wc 🗟 🅿
➡ *fermé 24 sept. au 8 oct.* – SC : **R** *(fermé dim. soir et lundi midi hors sais.)* 47/120 🅙 – 🖵 16 – **20 ch** 75/140 – P 170/210.

🏠 **La Maleyrie,** N : 5 km ⌷ 84.50.67, 🐜 – 🗐wc 🗟 🚗 🅿
➡ *Pâques-1er oct.* – SC : **R** *(dîner seul.)* 40/90 🅙 – 🖵 14 – **15 ch** 50/120.

PEUGEOT-TALBOT Gar. Chanourdie, ⌷ 85.78.76 🖪 ⌷ 85.65.56

DONZÈRE 26290 Drôme 🖪🗐 ① G. Vallée du Rhône – 4 322 h. alt. 64 – 🕲 75.

Paris 624 – Aubenas 47 – Montélimar 13 – Nyons 41 – Orange 39 – Pont-St-Esprit 23 – Valence 60.

🏨 **Roustan** 🦢, ⌷ 51.61.27, 🐜 – 📺 🚽wc 🗐wc 🗟 🚗. 🕮 𝘝𝘐𝘚𝘈
fermé fév. et merc. – SC : **R** 75/95 – 🖵 20 – **11 ch** 130/195 – P 265/280.

RENAULT Gonnet, ⌷ 51.61.09 🖪 ⌷ 51.65.00

DONZY 58220 Nièvre 🖳🗐 ⑬ G. Bourgogne – 1 890 h. alt. 188 – 🕲 86.

Paris 205 – Auxerre 65 – Château-Chinon 87 – Clamecy 37 – Cosne-sur-Loire 17 – Nevers 49.

🏨 **Ermitage** 🅜, ⌷ 39.30.62 – 📺 🚽wc 🗐wc 🗟 🅿. 𝘝𝘐𝘚𝘈
fermé vacances de fév. et vend. sauf juil.-août – SC : **R** voir rest Talvanne – 🖵 17 – **20 ch** 140/150 – P 190.

🎭 **Gd Monarque,** près Église ⌷ 39.35.44 – 🚽 🗐 🅿. 🛰
➡ *fermé fév., dim. soir et lundi midi* – SC : **R** 50/80 🅙 – 🖵 16,50 – **17 ch** 60/165 – P 150/230.

XX **Talvanne,** ⌷ 39.35.61 – 🅿. 𝘝𝘐𝘚𝘈
fermé vacances de fév. et vend. sauf juil.-août – SC : **R** 52/140 🅙.

Le DORAT 87210 H.-Vienne **72** ⑦ G. Périgord – 2 421 h. alt. 209 – 🕒 55.

Voir Collégiale St-Pierre★★.

🛃 Office de Tourisme pl. Église (1er juil.-15 sept. et fermé dim.) ⌾ 60.76.81.

Paris 348 – Bellac 12 – Le Blanc 49 – Guéret 68 – ♦Limoges 53 – Poitiers 74.

  🏠 **Bordeaux**, 39 pl. Ch.-de-Gaulle ⌾ 60.76.88 – 🛁wc. 🛇 ch
  ← fermé janv. et dim. soir – SC : **R** 42/78 ⅃ – ⊡ 12 – **10 ch** 58/98 – P 165/195.

  ✗ **La Promenade** avec ch, 3 av. Verdun ⌾ 60.72.09 – 🛁 🅿. 🛇 ch
  ← fermé 1er au 21 sept., vacances de fév., dim. soir et lundi – SC : **R** 39/128 ⅃ – 🍺 9,50
  – **8 ch** 56/75 – P 130/150.

CITROEN Laguzet, ⌾ 60.72.79

DORDIVES 45680 Loiret **61** ⑫ – 1 951 h. alt. 71 – 🕒 38.

Paris 97 – Montargis 18 – Nemours 15 – ♦Orléans 89 – Sens 45.

  🏠 **César** 🅂 sans rest, 8 r. République ⌾ 92.73.20 – 🛁wc 🛁wc 🕭 🅿
  SC : ⊡ 18 – **20 ch** 58/180.

DORMANS 51700 Marne **56** ⑮ G. Nord de la France – 2 937 h. alt. 71 – 🕒 26.

Paris 119 – Châlons-sur-Marne 57 – Château-Thierry 23 – Fère-en-Tardenois 27 – ♦Reims 38.

  ✗✗ **Host. Demoncy** avec ch, ⌾ 50.20.86, 🌫 – 🛁wc 🛁wc 🕭 🅿 🛇 ch
  ← fermé 24 janv. au 1er mars, lundi soir et mardi – SC : **R** 82/142 – ⊡ 14 – **10 ch**
  65/112.

RENAULT Chaplart, ⌾ 50.20.47

DORNES 58390 Nièvre **69** ⑭ – 1 257 h. alt. 228 – 🕒 86.

Paris 279 – Decize 17 – Luzy 61 – Moulins 18 – Nevers 39 – St-Pierre-le-Moutier 22.

  ✗ **Commerce** avec ch, ⌾ 50.60.21 – 🅿. 🄴
  ← fermé fév. et lundi – SC : **R** 40/70 ⅃ – 🍺 12 – **9 ch** 70/100 – P 140.

CITROEN Dachet, ⌾ 50.61.21   RENAULT Vareme, ⌾ 50.63.90

DORRES 66 Pyr.-Or. **86** ⑯ G. Pyrénées – 156 h. alt. 1 450 – ✉ 66760 Bourg-Madame – 🕒 68.

Voir Angoustrine : Retables★ dans l'église O : 5 km.

Paris 1 022 – Ax-les-Thermes 58 – Bourg-Madame 10 – ♦Perpignan 110 – Prades 67.

  🏠 **Marty** 🅂, ⌾ 30.07.52 – 🛁 🚗 🅿. 🛇 rest
  ← fermé 11 nov. au 15 déc. – SC : **R** 54 bc/80 ⅃ – ⊡ 14 – **34 ch** 70/120 – P 135/150.

DOUAI ⬚ 59500 Nord **53** ③ G. Nord de la France – 44 515 h. alt. 24 – 🕒 27.

Voir Beffroi★ BY D – Musée★ dans l'ancienne Chartreuse AX M – Cortège des Gayants★
(début juil.).

🛃 Office de Tourisme 70 pl. d'Armes (fermé sam. matin et dim.) ⌾ 87.26.63 – A.C. 155 pl. Armes ⌾
88.90.79.

Paris 193 ④ – ♦Amiens 89 ④ – Arras 26 ④ – Beauvais 168 ④ – Charleville-Mézières 149 ③ – Lens
22 ⑤ – ♦Lille 38 ① – St-Quentin 65 ③ – Tournai 38 ① – Valenciennes 37 ②.

Plan page suivante

  🏠 **Gd Cerf**, 46 r. St-Jacques ⌾ 88.79.60 – 🛁wc 🛁 🕭 🅿 – 🔬 30 à 200   BY **e**
  ← SC : **R** (fermé dim. soir et sam.) 49/98 – ⊡ 17,50 – **38 ch** 96/198.

  ✗✗ **La Terrasse** avec ch, 8 terrasses St-Pierre ⌾ 88.70.04 – 📺 🛁wc 🛁wc ☎. 🆅🆂🅰
  SC : **R** 51/255 – ⊡ 18 – **23 ch** 147/259.   BY **a**

  ✗ **Au Turbotin**, ⌾ 87.04.16 – 🅰🅴 🄴 🆅🆂🅰   AY **s**
  fermé 23 juil. au 20 août, dim. soir et lundi – SC : **R** 60/120.

  ✗ **Buffet Gare**, ⌾ 88.99.26. 🄴   BY
  ← fermé sam. – **R** 45/120 ⅃.

  par ④ : 7 km sur N 50 – ✉ **62117** Brébières – 🕒 21 :

  ✗✗ **Air Accueil**, ⌾ 50.02.66 – 🅿. 🅾 🆅🆂🅰
  fermé 1er au 28 août et dim. soir – SC : **R** 70/95.

ALFA-ROMEO, OPEL Faiderbe-Auto, 211 bd
Faiderbe ⌾ 87.34.27
CITROEN Cabour, 884 r. de la République ⌾
87.36.22
FIAT C.A.D.O., 124 av. R.-Salengro à Sin-le-
Noble ⌾ 88.82.28
FORD Paty, N 17 Le Raquet à Lambres ⌾
87.30.63
LADA, SKODA, TOYOTA Gar. du Nord, rte de
Cambrai à Ferin ⌾ 88.55.09

PEUGEOT-TALBOT Charpentier, 537 rte Cam-
brai par ③ ⌾ 87.22.76
RENAULT Gd Gar. Douaisien, rte Cambrai par
③ ⌾ 87.29.72
V.A.G. Gar. Carlier, 36 N 17 à Lambres-les-
Douai ⌾ 98.50.65

🛞 Europneus, 5 r. de Warenghien ⌾ 87.00.63
et 174 av. R.-Salengro à Sin-le-Noble ⌾ 88.
69.70

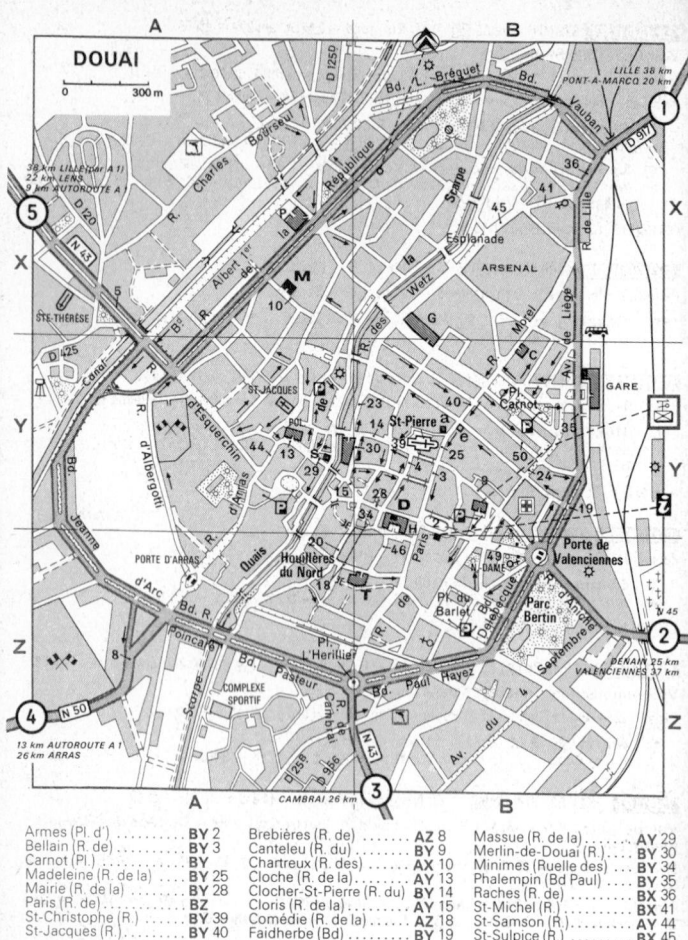

DOUAI

0 ————— 300 m

DOUAINS 27 Eure 55 ⑰. 196 ① – rattaché à Pacy-sur-Eure.

DOUARNENEZ 29100 Finistère 58 ⑭ G. Bretagne – 17 813 h. – ✪ 98.

Voir Boulevard Jean-Richepin ≤⋆ Y – Nouveau port : jetée ≤⋆ V – Port du Rosmeur⋆
Y – Ploaré : tour⋆ de l'église X B – Pointe de Leydé ≤⋆ NO : 5 km V.

🛈 Office de Tourisme r. Docteur-Mével (fermé dim. et fêtes) ☎ 92.13.35.

Paris 578 ① – ✦Brest 74 ① – Châteaulin 27 ① – Lorient 88 ② – Quimper 22 ② – Vannes 137 ②.

Plan page ci-contre

🏨 **Aub. de Kervéoc'h** 🚿, par ② : 5 km rte de Quimper et VO ☎ 92.07.58, parc –
🛏wc 🚿wc 🕿 🅿 **VISA** ✗ rest
fin mars-début nov. et vacances scolaires – SC : **R** 55/190 – ♘ 16 – **14 ch** 152/164.

🏨 **Le Bretagne** sans rest, 23 r. Duguay-Trouin ☎ 92.30.44 – ▮ 🛏wc 🚿wc 🕿
SC : ♘ 15 – **27 ch** 90/157.
                                                                                      Z e

CITROEN Belbéoch, 33 r. L.-Pasteur ☎ 92.29.00   RENAULT Carrot, 89 r. L.-Pasteur ☎ 92.04.11
PEUGEOT-TALBOT Barré, 42 rte Quimper par
② ☎ 92.11.72

Tréboul – V du plan – ⊠ 29100 Douarnenez :

XX **Arcades** avec ch, 67 r. Cdt-Fernand ☏ 74.00.64 – 🛏wc. **E**. ⚑ ch   X **r**
  fermé oct., dim. soir (sauf hôtel) et lundi – SC : **R** 55/170 – ☲ 18 – **20 ch** 80/150 – P
  150/170.

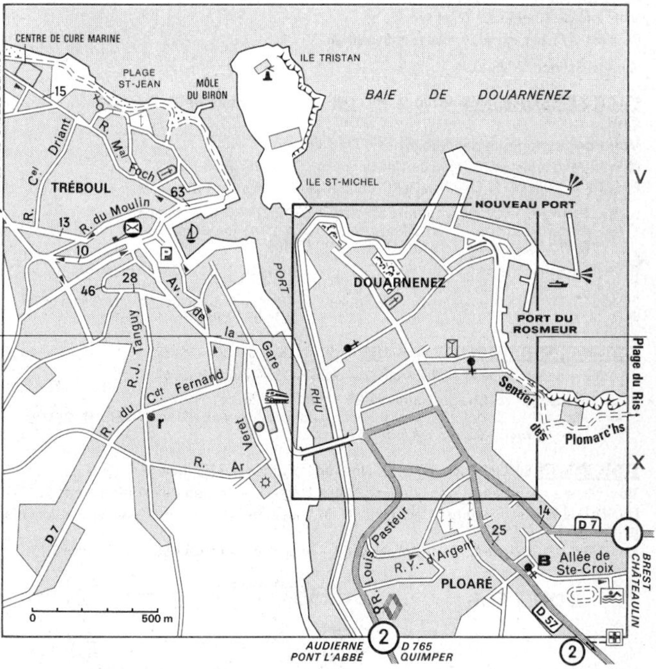

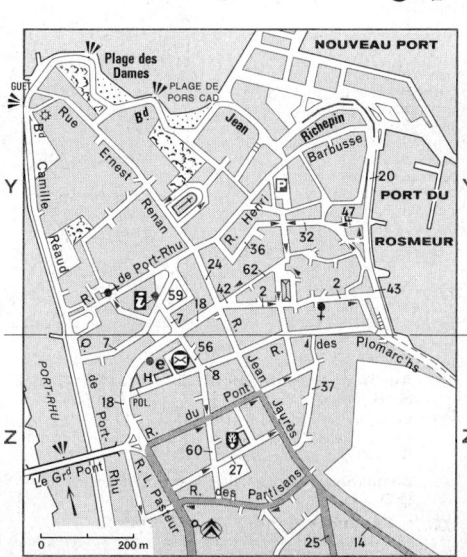

DOUARNENEZ
TRÉBOUL PLOARÉ

DOUBS 25 Doubs 🗺 ⑥ – rattaché à Pontarlier.

DOUBS (Vallée du) ⋆⋆ 25 Doubs 🗺🗺 ⑱ G. Jura.
Voir Gorges⋆⋆ – Lac de Chaillexon⋆⋆ et saut du Doubs⋆⋆⋆.

DOUCIER 39 Jura 🗺 ⑭⑮ G. Jura – 202 h. alt. 528 – ✉ **39130** Clairvaux-les-Lacs – 🕿 84.
Voir Lac de Chalain⋆⋆ N : 4 km.
Paris 433 – Champagnole 21 – Lons-le-Saunier 26.

Garage Gaillard, ☏ 25.70.94

DOUÉ-LA-FONTAINE 49700 M.-et-L. 🗺 ⑧ G. Châteaux de la Loire – 6 855 h. alt. 76 –
🕿 41.

Voir Parc zoologique des Minières⋆⋆ O : 2 km.
🅱 Syndicat d'Initiative pl. Hôtel de Ville (fermé dim. et lundi) ☏ 59.18.53.
Paris 316 – Angers 41 – Châtellerault 84 – Cholet 49 – Saumur 17 – Thouars 26.

　🏨 **France,** 17 pl. du Champ-de-Foire ☏ 59.12.27 – 🛁wc ☎ **VISA**
　➜ *fermé 15 juin au 7 juil., 24 déc. au 15 janv., dim. soir et lundi sauf juil. et août* – SC :
　R 45/110 – ⇋ 18 – **18 ch** 80/120 – P 145/165.

CITROEN Belien, rte de Saumur ☏ 59.12.59　　　RENAULT Bouchet, 11 rte de Montreuil ☏ 59.
PEUGEOT Hayot, rte de Saumur ☏ 59.18.57　　　10.72
PEUGEOT, TALBOT Blondeau, 20 r. de Cholet　　　RENAULT Chaillou, 49 r. de Cholet ☏ 59.10.55
☏ 59.11.00　　　　　　　　　　　　　　　　　　　Ⓝ ☏ 59.12.16

DOULAINCOURT 52270 H.-Marne 🗺 ⑪⑫ – 1 089 h. alt. 220 – 🕿 25.
Paris 262 – Bar-sur-Aube 48 – Chaumont 32 – Joinville 19 – Neufchâteau 44.

　🏨 **Paris** 🍴, pl. Ch.-de-Gaulle ☏ 95.31.18 – 🛁 ch
　➜ *fermé 8 au 22 oct., 14 au 31 janv. et lundi du 22 oct. au 31 mai* – SC : **R** 38/69 🍴 – ⇋
　14 – **10 ch** 65/90 – P 145/150.

DOULLENS 80600 Somme 🗺 ⑧ G. Nord de la France – 7 897 h. alt. 64 – 🕿 22.
Voir Mise au tombeau⋆ dans l'église Notre-Dame F – Vallée de l'Authie⋆ par ④.
🅱 Office de Tourisme Beffroi r. Bourg (1ᵉʳ juil.-31 août et fermé dim. après-midi) et 10 r. Marjolaine
(fermé dim.) ☏ 77.09.28.
Paris 178 ③ – Abbeville 41 ④ – ✦Amiens 30 ③ – Arras 35 ① – Péronne 54 ② – St-Omer 83 ⑤.

DOULLENS

Arras (R. d')　　　　　　　　　3
Bourg (R. du)　　　　　　　　　6
Commandement-Unique
　(R. du)　　　　　　　　　　　9
Tempez (R. André)　　　　　　23

Andrieu (Pl.)　　　　　　　　　2
Boucheries (R. des)　　　　　　5
Clemenceau (R. G.)　　　　　　7
Dehée (Bd E.)　　　　　　　　12
Foch (Av. du Mar.)　　　　　　13
Haig (R. du Mar.)　　　　　　　15
Leclerc (Av. du Gén.)　　　　　16
Milner (Bd Lord)　　　　　　　18
Neuf-Moulins (R. des)　　　　　19
Pont-St-Ladre (R. du)　　　　　21

*Les plans de villes
sont orientés
le Nord en haut.*

　🍴🍴 **Aux Bons Enfants** avec ch, 23 r. Arras (f) ☏ 77.06.58 – 🛏 🛁 🅿. 🇪 **VISA**. 🛀 ch
　　SC : **R** *(fermé sam.)* 55/150 🍴 – ⇋ 15 – **7 ch** 70/110.
　🍴🍴 **Le Sully** avec ch, 45 r. Arras (u) ☏ 77.10.87 – 🛁wc ☎ 🅿
　　fermé 1ᵉʳ au 13 juil., lundi du 1ᵉʳ oct. au 30 avril et merc. du 1ᵉʳ mai au 1ᵉʳ oct. – SC :
　　R 59/99 🍴 – ⇋ 12 – **8 ch** 72/128.

　　à Pommera (Pas-de-Calais) par ① : 7,5 km sur rte Arras – ✉ **62760** Pas en Artois –
　　🕿 21
　🍴🍴🍴 🕸 **Faisanderie,** ☏ 48.20.76 – 🅿. 🖭 🇪 **VISA**
　　fermé 7 au 28 août, vacances de fév., dim. soir et lundi – **R** 70/205 🍴
　　Spéc. Petits feuilletés, Gibiers (saison).

PEUGEOT Gar. Cailly, 14 rte Amiens ☎ 77.08.36
RENAULT Gar. Moderne, 55 av. Flandres-Dunkerque par ① ☎ 77.02.77

RENAULT Roger, 32 r. A.-Tempez ☎ 77.08.42
V.A.G. Gar. St-Christophe, 6 r. Pont-St-Ladre ☎ 77.06.54

DOURDAN 91410 Essonne 🗗🗗 ⑨, 🗗🗗🗗 ④ G. Environs de Paris – 8 057 h. alt. 117 – ☼ 6.

Voir Place du Marché aux grains★.

🖪 Office de Tourisme pl. Gén.-de-Gaulle (fermé dim. après-midi et lundi) ☎ 492.86.97.

Paris 55 – Chartres 42 – Étampes 18 – Évry 41 – ♦Orléans 79 – Rambouillet 22 – Versailles 37.

🏰 ⚭ Host. Blanche de Castille Ⓜ, pl. Halles ☎ 459.68.92, Télex 690902, ☞ – 🛗
📺 ☎ 🅿 – 🛄 100. 🖭 ⓞ 🗺
SC : R 180 – ☡ 30 – 40 ch 220/260
Spéc. Foie gras d'oie frais, Homard, Agneau.

CITROEN S.A.C.A.D Zone Ind. de la Gaudrée ☎ 459.64.00
LANCIA-AUTOBIANCHI, TOYOTA Huberty, rte d'Étampes, D 836 ☎ 459.66.65

PEUGEOT Gar. Côte de Liphard, 10 rte Liphard ☎ 459.71.86
RENAULT Lesage, 30 av. de Paris ☎ 492.70.83

DOURLERS 59228 Nord 🗗🗗 ⑥ – 623 h. alt. 171 – ☼ 27.

Paris 213 – Avesnes-sur-Helpe 8 – ♦Lille 95 – Maubeuge 13 – Le Quesnoy 26 – Valenciennes 42.

XX ⚭ Aub. du Châtelet (Mme Carlier), Les Haies à Charmes S : 1 km sur N 2 ⊠ 59440 Avesnes-sur-Helpe ☎ 61.06.70, ☞ – 🅿 🛲 rest
fermé 16 août au 11 sept., 2 au 12 janv., dim. et fériés le soir et merc. – SC : R (nombre de couverts limité - prévenir) 170 bc/70 🛦
Spéc. St-Jacques aux petits légumes (oct. à mai), Homard grillé au fenouil, Gigue de chevreuil aux airelles (fin oct. à janv.).

DOUSSARD 74 H.-Savoie 🗗🗗 ⑯ – rattaché à Bout-du-Lac.

DOUVAINE 74140 H.-Savoie 🗗🗗 ⑯ – 2 740 h. alt. 429 – ☼ 50.

🖪 Syndicat d'Initiative pl. Mairie (fermé dim. et lundi) ☎ 94.10.55.

Paris 564 – Annecy 62 – Annemasse 17 – Bonneville 31 – ♦Genève 17 – Thonon-les-Bains 16.

🏠 Couronne, ☎ 94.10.62 – 🛏wc 🛋wc ☏ 🚗 🅿 🛲 ch
fermé 24 au 29 avril, 9 au 29 sept., janv. et sam. sauf juil. et août – SC : R 52/200 🛦 – ☡ 17 – 12 ch 88/200 – P 130/196.

🏠 Poste sans rest, ☎ 94.01.19 – 🛏wc 🛋wc ☏. 🖭 🗺 🛲
SC : ☡ 15 – 18 ch 80/110.

XX Aub. Gourmande, à Massongy E : 2 km par N 5 ⊠ 74140 Douvaine ☎ 94.16.97, ≤, 🏡 – 🅿 🖭 ⓞ 🗲 🗺
fermé 3 au 12 sept., 5 au 14 mars et merc. – SC : R 65/190.

X Écaille d'Argent ⚬ avec ch, à Tougues NO : 4 km par D 20 ⊠ 74140 Douvaine ☎ 94.04.16, ≤, 🏡 – 🅿 🗲 🗺
Pâques-30 sept. et fermé mardi, merc. sauf juil. et août – SC : R 46 – ☡ 14 – 7 ch 62.

RENAULT Gar. du Chablais, ☎ 94.00.36

DRAGUIGNAN ⊲🕭⊳ 83300 Var 🗗🗗 ⑦ G. Côte d'Azur – 28 194 h. alt. 181 – ☼ 94.

🖪 Office de Tourisme (fermé dim. hors sais.) et A.C. 9 bd Clemenceau ☎ 68.63.30, Télex 970059.

Paris 864 ② – Aix-en-Provence 106 ② – Antibes 72 ② – Cannes 65 ② – Digne 114 ④ – Fréjus 29 ② – Grasse 56 ① – Manosque 89 ③ – ♦Marseille 118 ② – ♦Nice 90 ② – ♦Toulon 81 ②.

Plan page suivante

🏰 Col de l'Ange Ⓜ, par ③ : 2,5 km ☎ 68.23.01, Télex 970423, ≤, 🏡, 🏊, ☞ – 📺 🛏wc 🛋wc ☎ 🅿 🖭 ⓞ 🗲 🗺 Y a
SC : R (fermé nov. et dim. du 1er oct. au 1er juin) 90/150 – ☡ 25 – 30 ch 200/300.

🏠 Parc, 21 bd Liberté ☎ 68.53.84, ☞ – 🛏wc 🛋wc ☏ 🅿 🗲 Y a
fermé 15 déc. au 15 janv. – SC : R (fermé dim. hors sais.) 65/130 – ☡ 20 – 20 ch 150/215 – P 462/500 (pour 2 pers.).

XX La Calèche, 7 bd G.-Péri ☎ 68.13.97 – 🖩 🗲 🗺 Z v
fermé dim. (sauf le midi d'oct. à juin) et lundi – SC : R 60/140 🛦.

à Flayosc par ③ et D 557 : 7 km – ⊠ 83780 Flayosc :

🏨 Provençal, ☎ 70.41.44 – 🛋 🅿 🖭
fermé 1er au 14 oct. – SC : R (fermé lundi) 45/86 – ☡ 12 – 13 ch 59/88 – P 154/183.

X Oustaou, ☎ 70.42.69
fermé 13 au 27 juin, 10 au 24 oct., vacances de fév., mardi soir et merc. – R 58/99.

DRAGUIGNAN

CASTELLANE 60 km   LE MALMONT

| Cisson (R.) | YZ 3 |
| Clemenceau (Bd) | Z 4 |

Blanqui (Bd)	Y 2
Clément (R. P.)	Z 5
Daudet (Av. A.)	Y 6
Joffre (Bd Mar.)	Z 9
Juiverie (R. de la)	Y 12
Lattre-de-Tassigny (Rond-Point de)	Z 14
Leclerc (Bd Gén.)	Z 15

Marchands (R. des)	Y 16
Marché (Pl. du)	Y 17
Marx-Dormoy (Bd)	Z 18

Mireur (R. F.)	Y 19
Observance (R. de l')	Y 20
République (R. de la)	Z 23

CITROEN S.I.V.A., rte de Trans par ② ☏ 68.12.43
FORD Gar. d'Azur, 748 rte de Lorgues ☏ 68.18.71
PEUGEOT-TALBOT Gar. Labrette, 386 av. P.-Brossolette ☏ 68.14.20
RENAULT S.A.V.A., quartier de la Foux par ② ☏ 68.15.64

V.A.G. S.O.D.R.A., Zone Ind., rte de Lorgues ☏ 68.82.44

🏍 Forni-Pneus 49 bd Carnot ☏ 68.06.83 et Zone Ind. les Incapis ☏ 67.13.53

Le DRAMONT 83 Var 🎼 ⑧ – rattaché à Agay.

DRAVEIL 91 Essonne 🎼 ①, 🎼 ㊱ – voir à Paris, Environs.

DREUIL-LÈS-AMIENS 80 Somme 🎼 ⑧ – rattaché à Amiens.

DREUX ◁◈▷ 28100 E.-et-L. 🎼 ⑦, 🎼 ㉘ G. Environs de Paris – 33 760 h. alt. 104 – ✪ 37.
Voir Beffroi★ AY B – Vitraux★ de la chapelle royale AY.
🖸 Office de Tourisme 4 r. Porte-Chartraine (fermé dim.) ☏ 46.01.73.
Paris 82 ② – Alençon 110 ⑥ – Argentan 112 ⑥ – ◆Caen 163 ⑥ – Chartres 35 ④ – Évreux 42 ⑥ – ◆Le Havre 162 ⑥ – ◆Le Mans 136 ④ – Mantes-la-Jolie 44 ① – ◆Orléans 108 ④ – ◆Rouen 97 ⑥.

Plan page ci-contre

🏠 **Bec Fin,** 8 bd Pasteur ☏ 42.04.13 – 📺 🛁wc 🛏wc ☎   BZ **a**
fermé 6 au 26 août et 22 déc. au 3 janv. – **R** (fermé sam. soir et dim.) 70/120 🌡 – ⊡ 22 – **25 ch** 155/240 – P 200/260.

🏠 **H. de l'Aub. Normande** sans rest, 12 pl. Métézeau ☏ 50.02.03 – 🛏wc ☎. 🆎 **VISA**   AZ **e**
SC : ⊡ 16 – **16 ch** 140/185.

à *Chérisy* par ② : 4,5 km – ⊠ 28500 Vernouillet :

XX **Vallon de Chérisy,** ☏ 43.70.08, 🌳
fermé 1er déc. au 10 janv., merc. et le soir sauf sam. – SC : **R** carte 75 à 130.

à *Écluzelles* par ③ : 5,5 km – ⊠ 28500 Vernouillet :

XX **L'Aquaparc,** ☏ 43.74.75 – 🅿 🆎 ⑩ 🇪
fermé 1er au 20 fév., mardi soir et merc. – SC : **R** 89/159.

436

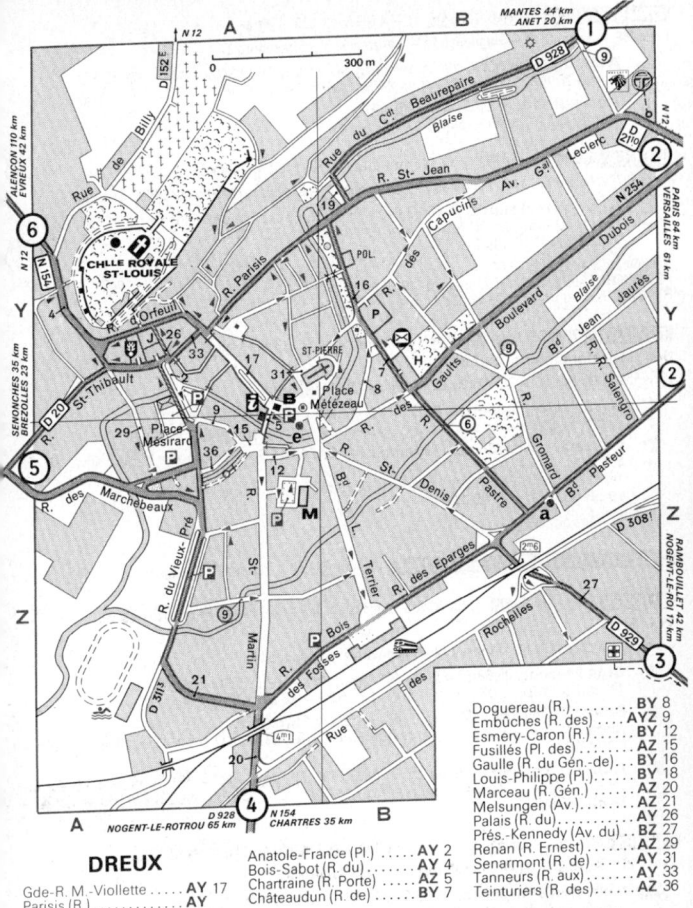

MANTES 44 km
ANET 20 km

ALENÇON 110 km
EVREUX 42 km

PARIS 84 km
VERSAILLES 61 km

SÉNONCHES 35 km
BREZOLLES 23 km

RAMBOUILLET 42 km
NOGENT-LE-ROI 17 km

NOGENT-LE-ROTROU 65 km

N 154
CHARTRES 35 km

CHLE ROYALE
ST-LOUIS

ST-PIERRE

Place
Métézeau

Place
Mésirard

Doguereau (R.)	**BY** 8
Embûches (R. des)	**AYZ** 9
Esmery-Caron (R.)	**BY** 12
Fusillés (Pl. des)	**AZ** 15
Gaulle (R. du Gén.-de)	**BY** 16
Louis-Philippe (Pl.)	**BY** 18
Marceau (R. Gén.)	**AZ** 20
Melsungen (Av.)	**AZ** 21
Palais (R. du)	**AY** 26
Prés.-Kennedy (Av. du)	**BZ** 27
Renan (R. Ernest)	**AZ** 29
Senarmont (R. de)	**AY** 31
Tanneurs (R. aux)	**AY** 33
Teinturiers (R. des)	**AZ** 36

DREUX

Gde-R. M.-Viollette	**AY** 17
Parisis (R.)	**AY**

Anatole-France (Pl.)	**AY** 2
Chartraine (R. Porte)	**AZ** 5
Châteaudun (R. de)	**BY** 7

à *Ste-Gemme-Moronval* par ② N 12 puis D 308 2 : 6 km — ⊠ **28500** Vernouillet :

XX **L'Escapade**, ☎ 43.72.05 — **℗**. VISA
fermé 9 au 31 juil., 12 au 28 fév., lundi et mardi – SC : **R** carte 105 à 150.

par rte de Montreuil ①, D 928 et D 116 : 8,5 km :

XXX **Aub. Gué des Grues** ⓢ avec ch, ☎ 43.50.25, ≤, 🏠, « jardin fleuri » – 🛏 🍴
🚗 **℗** ⓪ VISA
fermé 8 au 29 janv., lundi soir et mardi – SC : **R** carte 135 à 210 – ⊇ 20 – **5 ch**
75/180.

AUSTIN Gar. de l'Ouest, 51 av. Fenots ☎ 46.
11.45
CITROEN Mauger, 64 av. Fenots par ⑥ ☎
46.12.51 **N** ☎ 46.04.16
FORD Perrin, bd Europe à Vernouillet ☎ 46.
23.31
MERCEDES-BENZ Gar. Avenue, Zone Ind.
Nord ☎ 46.17.98
PEUGEOT C.A.D., 33 rte Chartres, Vernouillet
par ④ ☎ 46.17.25

PEUGEOT-TALBOT Touchard et Girot, 49 av.
Gén.-Leclerc ☎ 42.12.72
RENAULT Chanoine, N 12, Les Fenots par ⑥
☎ 46.17.35 **N**

⬤ Dubreuil-Pneus, 115 r. Bois-Sabot ☎ 46.
04.11
Marsat-Dreux-Pneus, 9 pl. du Vieux Pré ☎ 50.
02.53

DRUSENHEIM 67410 B.-Rhin 📙 ⑳ – 4 309 h. alt. 125 – ✪ 88.

Paris 489 – Brumath 21 – Haguenau 17 – Saverne 52 – ♦Strasbourg 27.

XXX **Aub. du Gourmet,** rte Strasbourg SO : 1 km 🕿 63.30.60, 🌧 – ℗. 🗉 *VISA*
   fermé 15 juil. au 15 août, 1er au 14 fév., mardi soir et merc. – SC : **R** 75/160 ⅄.

X **Au Saumon,** 🕿 63.31.55 – ℗. 🍴
➤ *fermé juil. et lundi* – SC : **R** 32/120 ⅄.

DUCEY 50220 Manche 📙 ⑧ G. Normandie – 2 165 h. alt. 15 – ✪ 33.

Paris 307 – Avranches 11 – Fougères 37 – ♦Rennes 71 – St-Hilaire-du-Harcouët 16 – St-Lô 67.

🏠 **Aub. de la Sélune,** 🕿 48.53.62, « *jardin en bordure de rivière* » – 🛏wc 🕿
➤ *fermé 20 janv. au 20 fév. et lundi hors sais.* – SC : **R** 42/105 ⅄ – 🖵 13,50 – **11 ch**
   149/161 – P 161/174.

CITROEN Pautret, 🕿 48.50.74
PEUGEOT, TALBOT Gar. Débesne, 🕿 48.50.55
RENAULT Modern Gar., 🕿 48.51.11

🖉 Lefrançois St-Quentin sur le Homme 🕿 58.
15.31

DUCLAIR 76480 S.-Mar. 📙 ⑥ G. Normandie (plan) – 3 487 h. alt. 8 – ✪ 35.

Bac : renseignements 🕿 37.53.11.

Paris 159 – Dieppe 59 – Lillebonne 32 – ♦Rouen 20 – Yvetot 20.

XX **Parc,** rte de Caudebec 🕿 37.50.31, ≤, 🌧 – ℗. 🖎 ⓪ 🗉 *VISA*
   fermé 31 juil. au 7 août, 17 déc. au 14 janv. et dim. soir – SC : **R** 65/89.

XX **Poste** avec ch, 286 quai Libération 🕿 37.50.04, ≤ – cuisinette 🛏wc 🗍wc 🕿. 🖎
➤ 🗉
   fermé au 14 juil., fév., lundi (sauf hôtel) et dim. soir – SC : **R** 48/150 – 🖵 20 –
   19 ch 96/150 – P 175/200.

CITROEN Dutrait, 🕿 37.51.02

DUILHAC-SOUS-PEYREPERTUSE 11 Aude 📙 ⑧ – rattaché à Cucugnan.

DUINGT 74 H.-Savoie 📙 ⑥ G. Alpes – 446 h. alt. 450 – ⊠ 74410 St-Jorioz – ✪ 50.
Voir Site★.

Paris 549 – Albertville 33 – Annecy 12 – Megève 48 – St-Jorioz 3,5.

🏠 **Clos Marcel,** 🕿 68.67.47, ≤, 🌤, 🐎, 🌧 – 🛏wc 🗍wc ℗. 🍴 rest
   1er mai-30 sept. – SC : **R** 77/105 – 🖵 16,50 – **15 ch** 132/202 – P 230/275.

🏠 **Bains,** 🕿 68.66.48, 🌤, 🐎, 🌧 – 🛏wc 🗍wc ℗. 🗉
   fermé 1er nov.-15 déc. et mardi hors sais. – SC : **R** 55/100 – 🖵 15 – **24 ch** 80/145 –
   P 134/182.

XX **Aub. du Roselet** 🅜 avec ch, 🕿 68.67.19, 🌤, 🐎, 🌧 – 🛏wc 🕿 🚗 ℗. 🖎 🗉
   1er janv.-15 oct., fermé merc. sauf du 1er juin au 15 sept. – SC : **R** 68/150 – 🖵 20 –
   15 ch 160/200.

DUNES 82 Tarn-et-Gar. 📙 ⑮ – 769 h. alt. 120 – ⊠ 82340 Auvillar – ✪ 63.

Paris 748 – Agen 21 – Auch 70 – Moissac 28 – Montauban 57.

XX **Aub. des Templiers,** 🕿 39.91.34, 🌤 – 🖎 ⓪ *VISA*. 🍴
   fermé 1er au 15 sept., 1er au 15 fév., dim. soir et lundi – SC : **R** 90/185.

DUNKERQUE 🄈 59 Nord 📙 ③④ G. Nord de la France – 73 282 h. Communauté urbaine
206 752 h. – ✪ 28.

Voir Port★★ – Musée★ CZ M1.

🖪 Office de Tourisme Beffroi, r. Amiral Ronarc'h (fermé dim.) 🕿 66.79.21 et Digue de Mer (1er juil.-31
août et fermé dim. après-midi) 🕿 63.61.34 – A.C. 2 r. Amiral-Ronarc'h 🕿 66.70.68.

Paris 291 ② – ♦Amiens 146 ② – ♦Calais 43 ③ – Ieper 48 ② – ♦Lille 73 ② – Oostende 54 ①.

Plans pages suivantes

à Dunkerque 01 – ⊠ 59140.

🏨 **Europ'H.** 🅜, 13 r. Leughenaer 🕿 66.29.07, Télex 120084 – ≣ cuisinette 📺 🕿 ఉ
   ➔ – 🍽 25 à 200. 🖎 🗉 *VISA*   CY s
   SC : **Le Mareyeur** *(fermé dim. soir et lundi)* **R** 66/90 ⅄ – **Europ Grill** *(fermé dim.)* **R**
   carte environ 110 – 🖵 23 – **130 ch** 169/232, 4 appartements 271 – P 235.

🏨 **Frantel** 🅜 sans rest, 2 r. J.-Jaurès 🕿 65.97.22, Télex 110587, ≤ ville et port – ≣
   📺 🕿 ఉ – 🍽 120. 🖎 ⓪ 🗉 *VISA*   CY r
   SC : 🖵 30 – **126 ch** 250/330.

🏨 **Borel** 🅜 sans rest, 6 r. L'Hermitte 🕿 66.51.80, Télex 820050 – ≣ 📺 🛏wc 🕿. 🖎
   ⓪ 🗉 *VISA*   CY u
   SC : 🖵 20 – **40 ch** 186/210.

🏨 **Métropole** sans rest, 28 r. Thiers 🕿 66.84.18 – 🛏wc 🗍wc 🕿. 🖎 🗉 *VISA*   CZ y
   fermé les week-ends en hiver – SC : 🖵 20 – **17 ch** 80/250.

438

Berteaux (Av. M.) ...... **AX** 10
Bonpain (Pl. de l'Abbé). **BX** 13

Cambon (Bd P.) .... **BX** 17
Clemenceau (R.) ST-POL **AX** 22
Coquelle (R. Félix) ..... **BX** 24
Darses (Chaussée des). **AX** 25
Jaurès (R. Jean) .... **BX** 38

Lille (R. de) .... **BX** 45
Malo (R. Célestin) ..... **BX** 50
Pasteur (R.) .... **BX** 56
République (R. de la)... **AX** 61
Waldeck-Rousseau (R.) . **BX** 73

		CZ **v**
XXX	**Richelieu** (Buffet gare), pl. Gare ☎ 66.52.13 – *VISA*	
	fermé dim. soir et sam. – rest. : **R** 79/125 - brasserie : **R** 45 ᕰ.	

		CZ **y**
XX	**Rest. Métropole,** 28 r. Thiers ☎ 66.85.01 – *AE* *①* *E* *VISA*	
	SC : **R** 60/100 ᕰ.	

		CY **h**
XX	**Aux Ducs de Bourgogne,** 29 r. Bourgogne ☎ 66.78.69 – *AE*	
	fermé 2 au 20 juil. et le soir sauf sam. – **R** 95/170.	

		CY **e**
XX	**Victoire,** 35 av. Bains ☎ 66.56.45	
	fermé en août, 1er au 7 janv., sam. midi et dim. – SC : **R** 115 ᕰ.	

à Malo-les-Bains (Dunkerque 02) – ⊠ 59240 Dunkerque :

		DY **d**
🏠	**Trianon** ⑤ sans rest, 20 r. Colline ☎ 63.39.15 – 亡wc 🗻 ☎	
	SC : ⚏ 14 – **13 ch** 85/130.	

		DY **r**
🏠	**Hirondelle,** 46 av. Faidherbe ☎ 63.17.65 – 亡 🗻wc ☎ – ⛟ 40. ⛟	
	fermé 16 août au 10 sept. – SC : **R** *(fermé dim. soir et lundi)* 41/110 – ⚏ 16 – **32 ch** 68/143.	

		DY **n**
🏠	**Au Rivage,** 7 r. Flandre ☎ 63.19.62 – 亡wc ☎ – ⛟ 60. **E** *VISA*	
	fermé 1er au 22 oct., 4 au 17 janv., vend. sauf du 1er juil. au 31 août et dim. soir – SC : **R** 40/120 ᕰ – ⚏ 12 – **14 ch** 66/118 – P 160/170.	

à Teteghem par ① et D 204 : 6 km – 5 265 h. – ⊠ 59229 Teteghem :

XXXX	⚬ **La Meunerie** (Delbé), SE : 2 km par D 4 ☎ 61.86.89, « élégante installation » – ▤ **P**. *AE* *①* *VISA*. ⛟
	fermé 24 déc. au 28 janv., lundi et le soir des dim. et fêtes – **R** carte 205 à 300
	Spéc. Soupe glacée de melon et citronelle au homard (été), Filet de bar au coulis de poivrons truffé, Desserts.

au Lac d'Armbouts-Capell S : 7 km par D 916 et D 252B - A – ⊠ 59380 Bergues :

🏠	**Novotel** ⑤, Z.I Petite Synthe ☎ 65.97.33, Télex 820916, 🔲 – ▤ rest 📺 亡wc 🗻wc ☎ 🅿 – ⛟ 30 à 150. *AE* *①* *E* *VISA*
	R snack carte environ 90 ᕰ – ⚏ 28 – **64 ch** 230/266.

MICHELIN, Agence, 11 r. G.-Péri, Z.I. St-Pol-sur-Mer AX ☎ 64.68.94

ALFA-ROMEO, MERCEDES-BENZ SOCATRI, 39 r. de la Verrerie ☎ 64.21.30
BMW Munter, 99-101 av. A.-Geeraert ☎ 69. 26.63
FIAT Patfoort, 9 r. du Leughenaer ☎ 66.51.12
FORD Flandres-Auto, 70 r. de Lille ☎ 25.06.00
OPEL Gar. des Hauts de France, 11 r. du Jeu-de-Mail ☎ 61.89.40

RENAULT Renault-Dunkerque, 561 av. de la Villette ☎ 25.25.11
RENAULT Gar. Dewynter, 12 r. Esplanade ☎ 66.41.55

🛞 La Clinique du Pneu, 12 quai des 4 écluses ☎ 64.62.70
Renova-Pneu, 47 r. Abbé Choquet ☎ 24.36.15

DUNKERQUE

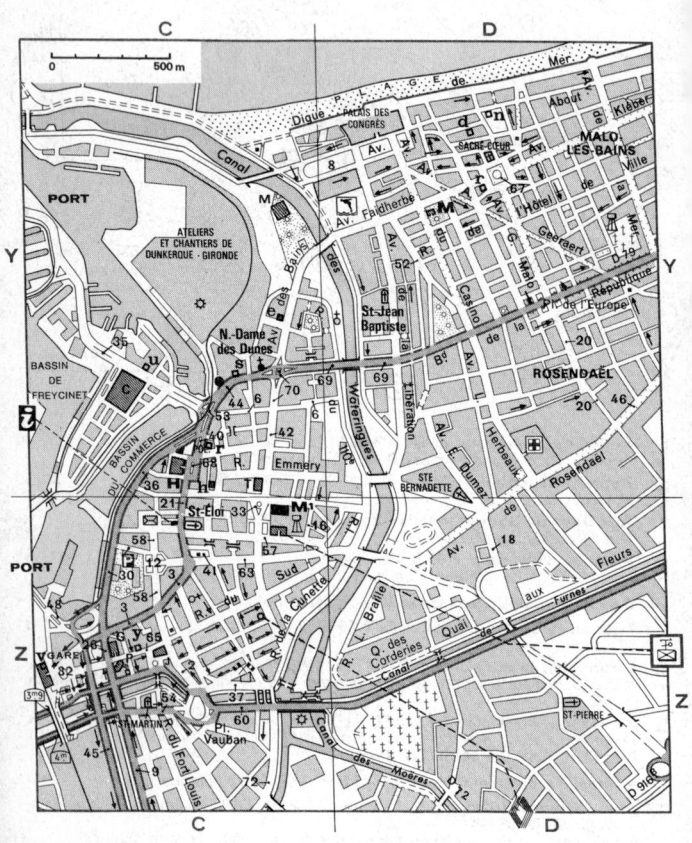

Périphérie et environs

DUN-LE-PALESTEL 23800 Creuse **68** ⑱ − 1 293 h. alt. 366 − ✇ 55.

🛈 Office de Tourisme r. Sabots (Pâques-1er nov. et fermé dim. après-midi) ☏ 89.00.75 et à la Mairie (fermé sam. après-midi et dim.) ☏ 89.01.30.

Paris 341 − Aigurande 22 − Argenton-sur-Creuse 39 − La Châtre 48 − Guéret 27 − La Souterraine 18.

🏠 **Joly,** ☏ 89.00.23 − ⇔wc ⋔wc 🚗 **E.** ⅋ rest
♦ fermé 10 au 25 oct., 20 fév. au 15 mars, dim. soir et lundi midi − SC : **R** 40/160 👗 −
🖵 14 − **15 ch** 68/130 − P 130/165.

🏠 **France,** rte Argenton ☏ 89.07.72, 🍴 − ⇔ ⋔ 🅿 **E** 🆅🆂🅰
♦ fermé 1er au 15 oct., 1er au 15 fév. et sam. sauf juil.-août − SC : **R** 38/80 👗 − 🖵 12 −
16 ch 58/140 − P 115/150.

CITROEN Chambraud, ☏ 89.01.78   RENAULT Constantin, ☏ 89.01.26

DURAS 47120 L.-et-G. **75** ⑬ G. Côte de l'Atlantique − 1 244 h. alt. 122 − ✇ 53.

Paris 635 − Agen 81 − Marmande 23 − Ste-Foy-la-Grande 21.

🏠 **Host. des Ducs,** ☏ 83.74.58 − ⇔wc ⋔wc ☎ 🅿 − 🛁 30. **E** 🆅🆂🅰
fermé dim. soir et lundi hors sais. − SC : **R** 55/160 👗 − 🖵 18,50 − **15 ch** 129/203 − P 172/195.

DURFORT 30 Gard **80** ⑰ − 388 h. alt. 140 − ⊠ **30170** St-Hippolyte-du-Fort − ✇ 66.

Paris 734 − Alès 25 − Florac 79 − Ganges 23 − Nîmes 51.

✗ **Le Real,** O: sur D 982 ☏ 77.50.68, ← − 🅿 − SC : **R** (du 15 sept. au 30 juin, déj. seul.) 65 bc/140.

DURY 80 Somme **52** ⑱ − rattaché à Amiens.

EAUX-BONNES 64 Pyr.-Atl. **85** ⑯ G. Pyrénées − 526 h. alt. 750 − Stat. therm. (15 mai-30 sept.)
− ⊠ **64440** Laruns − ✇ 59.

Paris 828 − Argelès-Gazost 42 − Lourdes 55 − Oloron-Ste-Marie 38 − Pau 43.

🏠 **Poste,** ☏ 05.33.06 − ⇔wc ⋔ 🏤 🐾 **E.** ⅋ rest
♦ 15 mai-1er oct. et 20 déc.-Pâques − SC : **R** 50/135 👗 − 🖵 16 − **20 ch** 65/165 − P 150/192.

EAUZE 32800 Gers **82** ③ G. Pyrénées − 4 338 h. alt. 141 − ✇ 62.

🛈 Syndicat d'Initiative à la Mairie (fermé sam. et dim.) ☏ 09.85.62.

Paris 743 − Aire-sur-l'Adour 38 − Auch 52 − Condom 29 − Mont-de-Marsan 52.

à Manciet SO : 9 km − ⊠ **32370** Manciet :

✗✗ **La Bonne Auberge** avec ch, ☏ 08.50.04 − 📺 ⇔wc ⋔wc ☎ 🆎 🅾 **E** 🆅🆂🅰
fermé 15 janv. au 15 fév., dim. soir et lundi sauf juil.-août − SC : **R** 55/160 − 🖵 18 −
13 ch 140/180 − P 160/190.

à Bourrouillan SO par D 931 et D 153 : 15 km − ⊠ **32370** Manciet :

✗✗ **Moulin du Comte** ⑤ avec ch, ☏ 09.06.72, 🍴, 🏊, 🍴 − ⇔wc 🅿
fermé janv. et lundi de Pâques à fin sept. ; ouvert week-end et fêtes d'oct. à mars −
SC : **R** 65/160 − 🖵 15 − **6 ch** 100/130 − P 180/240.

CITROEN Fitte J.P., à Manciet ☏ 08.50.15   RENAULT Junca, ☏ 09.83.23 🄽 ☏ 09.71.01
CITROEN Réquena, ☏ 09.95.90   🛞 Solapneu, ☏ 09.81.52
FIAT Fourteau, ☏ 09.80.04
PEUGEOT, TALBOT Ducos, ☏ 09.86.21

EBREUIL 03450 Allier **73** ④ G. Auvergne − 1 224 h. alt. 316 − ✇ 70.

Voir Église St-Léger★.

🛈 Syndicat d'Initiative à l'Hôtel de Ville (1er juil.-31 août et fermé dim.) ☏ 90.71.33.

Paris 360 − Aigueperse 18 − Aubusson 105 − Gannat 10 − Montluçon 58 − Moulins 66 − Riom 31.

🏠 **Commerce,** ☏ 90.72.66 − ⇔wc ⋔ ☎ − 🛁 40. ⅋ ch
♦ fermé oct. et lundi sauf juil.-août − SC : **R** 50/120 − 🖵 14 − **21 ch** 60/170 − P 165/185.

CITROEN Jarles, ☏ 90.71.88   PEUGEOT-TALBOT Pouzadoux, ☏ 90.72.05

ECHALLON 01 Ain **74** ④⑤ − 462 h. alt. 760 − ⊠ **01490** St-Germain-de-Joux − ✇ 74.

Voir Site★ du lac Génin O : 3 km, G. Jura.

Paris 501 − Bellegarde-sur-V. 17 − Bourg-en-Bresse 62 − Nantua 18 − Oyonnax 13 − St-Claude 29.

🏠 **Poncet** ⑤, au Crêt N : 1,5 km ☏ 76.48.53, ←, 🍴 − ⇔wc ⋔wc ☎ 🚗 🅿. ⅋ ch
♦ fermé 12 au 30 mars, 1er nov. au 23 déc., 8 au 22 janv. et mardi sauf vacances scolaires − SC : **R** 50/160 − 🖵 16,50 − **16 ch** 62/180 − P 145/200.

✗✗ **Aub. de la Semine** ⑤ avec ch, ☏ 76.48.75, 🍴, 🍴 − ⋔ 🅿. ⅋ rest
♦ fermé 25 mars au 3 avril, 15 nov. au 20 déc., dim. soir et lundi sauf vac. scolaires −
SC : **R** 36/105 👗 − 🖵 12,50 − **11 ch** 70/95 − P 117/127.

ÉCHENEVEX 01 Ain **70** ⑮ – rattaché à Gex.

Les ÉCHETS 01 Ain **74** ② – alt. 276 – ✉ **01700** Miribel – ✪ 7.
Paris 458 – L'Arbresle 28 – Bourg-en-Bresse 45 – ♦Lyon 17 – Meximieux 28 – Villefranche-sur-S. 26.

XXX ❀ **Douillé** avec ch, ℡ 891.80.05, ☞ – 🖵 ⌷wc ☎ ⇦ 🅿 ᴁᴇ 🛈 **E**
fermé 6 au 15 août, 1ᵉʳ au 18 fév., lundi soir et mardi – SC : **R** 110/200 – ⇆ 22 –
8 ch 190/220
Spéc. Loup grillé à la crème de cresson, Fricassée de volaille à la crème, Fraisier. **Vins** Chiroubles,
St-Véran.

XXX **Host. Le Sarto** avec ch, ℡ 891.80.02, Télex 305141, « Jardin fleuri » – ⌷wc ⯑
☎ ⇦ 🅿 ᴁᴇ 🛈 **E** *VISA*
R *(fermé dim. soir et lundi midi d'oct. à avril)* 98/250 – ⇆ 25 – **8 ch** 140/190 – P
400/450.

XXX ❀ **Marguin** avec ch, ℡ 891.80.04, ☞ – ⌷wc ⯑wc ☎ ⇦ 🅿 ᴁᴇ 🛈 *VISA*. ❦ ch
fermé 3 au 12 sept., 27 déc. au 24 janv., mardi soir et merc. – SC : **R** 85/220 – ⇆ 21
– **9 ch** 100/210
Spéc. Mousseline de grenouilles, Feuilleté chaud de canard, Poulet à la crème. **Vins** Chardonnay,
Gamay.

ÉCHIGEY 21 Côte-d'Or **66** ⑫ – rattaché à Genlis.

ÉCHIROLLES 38 Isère **77** ⑤ – rattaché à Grenoble.

L'ÉCLUSE 66 Pyr.-Or. **86** ⑲ – rattaché au Boulou.

ÉCLUZELLES 28 E.-et-L. **60** ⑦, **196** ㉘ – rattaché à Dreux.

ÉCOLE VALENTIN 25 Doubs **66** ⑮ – rattaché à Besançon.

ÉCOMMOY 72220 Sarthe **64** ③ – 4 150 h. alt. 87 – ✪ 43.
Paris 220 – Château-la-Vallière 39 – La Flèche 35 – ♦Le Mans 21 – St-Calais 44 – ♦Tours 61.

🏠 **Commerce,** 19 pl. République ℡ 27.10.34 – ⯑ ⇦. ❦ ch
fermé 15 sept. au 15 oct., 24 déc. au 3 janv., dim. soir et lundi midi – SC : **R** 52/115 –
⇆ 18 – **13 ch** 76/138 – P 160/187.

CITROEN Pichon, 15 rte du Mans ℡ 27.11.04 **N**   PEUGEOT, TALBOT Glinche, rte du Mans ℡
27.10.43 **N**

ÉCOUCHÉ 61150 Orne **60** ② – 1 494 h. alt. 152 – ✪ 33.
Paris 202 – Alençon 52 – Argentan 9 – Bagnoles-de-l'Orne 30 – Domfront 46.

XX **Lion d'Or,** 1 r. Pierre Pigot ℡ 35.16.92, ☞ – 🅿 *VISA*
♦ *fermé 15 au 31 août et lundi* – SC : **R** 43/100 ⅃.

ÉCOUEN 95 Val d'Oise **56** ⑪, **101** ⑥ – voir à Paris, Environs.

ÉGLETONS 19300 Corrèze **75** ⑩ – 5 912 h. alt. 650 – ✪ 55.
🛈 Syndicat d'Initiative 9 r. Ventadour (1ᵉʳ juin-16 sept. et fermé dim.) ℡ 93.04.34.
Paris 457 – Aubusson 77 – ♦Limoges 101 – Mauriac 53 – Tulle 31 – Ussel 29.

🏠 **Armes de Ventadour** sans rest, N 89 ℡ 93.12.73 – ⌷ ⯑ 🅿. ❦
fermé 22 déc. au 22 janv. et dim. en hiver – SC : ⇆ 12 – **13 ch** 54/106.

CITROEN Gar. Courteix, ℡ 93.07.64   FORD Gar. Lachaud, ℡ 93.14.33

ÉGLISENEUVE-D'ENTRAIGUES 63850 P.-de-D. **76** ③ – 783 h. alt. 952 – ✪ 73.
Paris 454 – Besse-en-Chandesse 17 – ♦Clermont-Ferrand 67 – Issoire 52 – Le Mont-Dore 42.

🏠 **d'Entraigues,** ℡ 71.90.09 – ❦ ch
♦ *fermé 10 nov. au 20 déc. et 3 au 31 janv.* – SC : **R** 45/90 – ☙ 15 – **20 ch** 60/85 – P
125/130.

ÉGUILLES 13 B.-du-R. **84** ③ – rattaché à Aix-en-Provence.

ÉGUISHEIM 68 H.-Rhin **62** ⑱⑲ G. Vosges – 1 438 h. alt. 204 – ✉ **68420** Herrlisheim – ✪ 89.
Voir Village★ – Route des Cinq Châteaux★ SO : 3 km.
Paris 518 – Belfort 71 – Colmar 6, 5 – Gérardmer 52 – Guebwiller 21 – ♦Mulhouse 39 – Rouffach 10.

🏠🏠 **Aub. Alsacienne,** ℡ 41.50.20 – ⌷wc ⯑wc ☎ 🅿. ❦ ch
fermé 15 déc. au 31 janv. – **R** *(fermé lundi soir et mardi)* (dîner seul) carte environ
85 ⅃ – ⇆ 16,50 – **20 ch** 85/180.

XX **Le Caveau,** ℡ 41.08.89 – 🛈
fermé 15 janv. au 1ᵉʳ mars, merc. soir et jeudi – **R** (nombre de couverts limité -
prévenir) 102/205 ⅃.

442

ÉGUZON 36270 Indre 68 ⑱ **G. Périgord** – 1 364 h. alt. 267 – ✪ 54.

Voir Site★ du barrage NE : 4 km.

Syndicat d'Initiative r. A.-Bassinet (1er juil.-sept. et fermé dim.) ☎ 47.43.69.

Paris 321 – Aigurande 27 – Châteauroux 50 – Guéret 48 – ♦Limoges 85 – Montmorillon 63.

Pont des Piles, NE : 3 km par D 45 ☎ **47.43.33,** ≤ – wc ☎ **P**. VISA
15 mars-30 nov. et fermé jeudi sauf juil. et août – SC : **R** 39/78 – 12 – **13 ch** 65/120 – P 120/150.

CITROEN Dumonteil, ☎ 47.40.08 **N**

*Un automobiliste averti utilise le **guide Michelin** de l'année.*

ELBEUF 76500 S.-Mar. 55 ⑥ **G. Normandie** – 17 362 h. alt. 11 – ✪ 35.

Office de Tourisme 28 r. Henry (fermé sam. et dim.) ☎ 77.03.78.

Paris 130 ⑥ – Bernay 43 ④ – Évreux 37 ② – ♦Le Havre 82 ⑤ – Lisieux 67 ④ – ♦Rouen 20 ⑤.

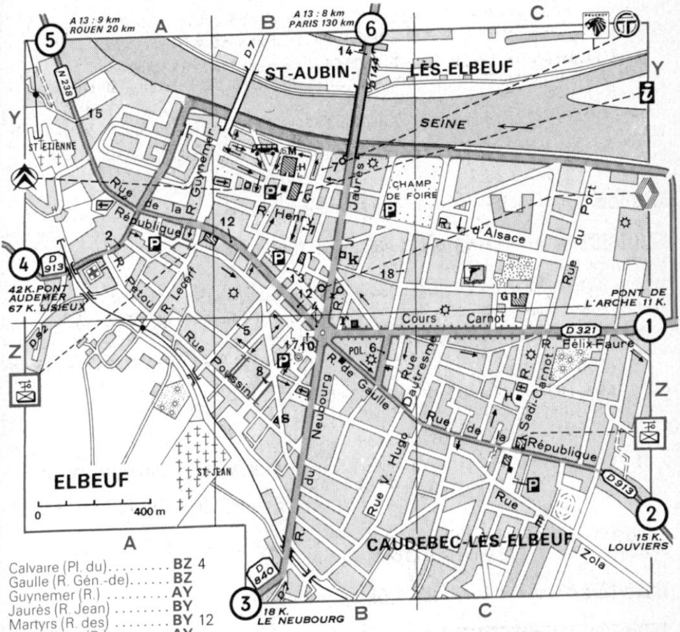

Calvaire (Pl. du) . . . . BZ 4
Gaulle (R. Gén.-de) . . . . . . BZ
Guynemer (R.) . . . . AY
Jaurès (R. Jean) . . . . BY
Martyrs (R. des) . . . . BY 12
République (R.) . . . . AY
République (R.) CAUDEBEC . . . . CZ

Boucher-de-Perthes (R.) . . . . AY 2
Chennevière (R. Th.) . . . . BZ 5
Cousin-Corblin (R.) . . . . . BZ 6
Fraenkel (R. Paul) . . . . . . BY 7
Gambetta (Av.) . . . . BZ 8
Immaculée-Conception (⊕) . . . . BZ
Leclerc (R. du Gén.) . . . . BZ 10
Notre-Dame (⊕) . . . . . CZ
Prés.-Roosevelt (R.) . . . . BY 13
République (R.) ST-AUBIN . . . . BY 14
Rouen (R. de) . . . . AY 15
St-Étienne (⊕) . . . . AY
St-Jacques (R.) . . . . BZ 17
St-Jean (⊕) . . . . BY
11-Novembre-1918 (R. du) BY 18

Nouvel H. sans rest, 43 r. Jean-Jaurès ☎ 81.01.02 – wc ☎. BY **k**
fermé 26 mai au 3 juin et août – SC : 14,50 – **17 ch** 87/115.

Europe sans rest, 18 r. Mar.-Gallieni ☎ 81.10.63 – wc **P** BZ **s**
fermé août et dim. – SC : 17 – **13 ch** 85/120.

Au Gastronome, 56 cours Carnot ☎ 77.01.69 BZ **r**
fermé en juil., vacances de fév., dim. soir et lundi – SC : **R** 39/90.

à St-Aubin-lès-Elbeuf par ⑥ – 9 424 h. – ✉ **76410** St-Aubin-lès-Elbeuf :

Parc Fleuri, 96 r. Gén.-Leclerc D 7 ☎ 81.04.06, , – **P**.

à Cléon par ⑥ : 2 km sur D 7 – 5 089 h. – ✉ **76410** Cléon :

Campanile, ☎ 81.38.00, Télex 172691 – TV wc ♿ **P**. VISA
SC : **R** 60 bc/81 bc – 22 – **42 ch** 170.

ELBEUF

CITROEN S.E.M.V.A., 40 bis r. Henry ☏ 77.06.65
FORD S.E.D.R.A., 40 r. J.-Jaurès ☏ 81.05.22
OPEL Étienne, 26 r. J.-Jaurès ☏ 77.44.77
PEUGEOT-TALBOT S.E.C.A., 2 r. J.-Jaurès ☏ 77.46.87
RENAULT SCEMAMA, 44 r. J.-Jaurès ☏ 81.31.55

V.A.G. Gar. du Cours Carnot, rte de Tourville à Cléon ☏ 81.68.77

🏵 Comptoir Elbeuvien du Pneu, 1 r. Mar.-de-Lattre-De-Tassigny ☏ 81.06.22
Subé-Pneurama, 23 r. de Roanne ☏ 81.04.47

ELINCOURT-STE-MARGUERITE 60157 Oise 56 ② – 634 h. alt. 97 – ✪ 4.

Paris 96 – Beauvais 63 – Compiègne 15 – Montdidier 27 – Noyon 22 – Roye 22 – St-Just-en-C. 34.

🏰 **Château de Bellinglise** ⓢ, ☏ 476.04.76, ≤, parc, ✕ – ⌂wc ⋔wc ☎ 🚗 🅿
– 🛏 50. ⓞ 🄴 𝗩𝗜𝗦𝗔 ✕ rest
fermé dim. soir et lundi – SC : **R** 85/185 – �$ 23 – **32 ch** 175/270 – P 350.

ELNE 66200 Pyr.-Or. 86 ⑳ 🅖 **G. Pyrénées** (plan) – 6 202 h. alt. 52 – ✪ 68.

Voir Cloître★★.

🄳 Syndicat d'Initiative pl. République (1ᵉʳ juin-31 août, fermé sam. et dim.) ☏ 22.05.07.

Paris 923 – Argelès-sur-Mer 7 – Céret 29 – ◆Perpignan 14 – Port-Vendres 17 – Prades 51.

🏠 **Le Carrefour,** 1 av. P.-Reig ☏ 22.06.08 – 🍽 rest ⌂wc ⋔wc 🚗. ✕
◆ *fermé 15 oct. au 31 déc. et dim. hors sais.* – SC : **R** 50/100 – ⚊ 15 – **20 ch** 82/230 – P 175/195.

CITROEN Mary, rte de Perpignan ☏ 22.01.01 🄽
CITROEN Subiros, rte d'Alenya, Zone Ind. ☏ 22.07.02 🄽
PEUGEOT-TALBOT Jammet, 9 bd Voltaire ☏ 22.08.58
RENAULT Martre, rte de Perpignan ☏ 22.23.00

ÉLOISE 74 H.-Savoie 74 ⑤ – rattaché à Bellegarde-sur-Valserine.

EMBRUN 05200 H.-Alpes 77 ⑰⑱ 🅖 **G. Alpes** – 5 813 h. alt. 870 – ✪ 92.

Voir Église N.-Dame★ : trésor★.

🄳 Office de Tourisme pl. Général-Dosse (fermé dim. sauf matin en sais.) ☏ 43.01.80.

Paris 706 – Barcelonnette 56 – Briançon 49 – Digne 97 – Gap 38 – Guillestre 22 – Sisteron 82.

🏠 **Notre-Dame,** av. Gén.-Nicolas ☏ 43.08.36, 🍴, 🐴 – ⋔ 🄴
◆ *fermé nov. et lundi sauf vacances scolaires* – SC : **R** 44/87 – ⚊ 14,50 – **15 ch** 82/137 – P 179/212.

✕✕ **Lac,** au Plan d'Eau SO : 1 km ☏ 43.11.08 – 🅿
début juin-début sept. : SC : **R** 52/72.

à Crots S : 4 km – ✉ **05200** Embrun :

🏰 **Les Bartavelles** Ⓜ, O : 1 km sur N 94 ☏ 43.20.69, Télex 401480, ≤, 🛋, 🐴 –
⌂wc ⋔wc ☎ 🕭 🅿 – 🛏 30. 🄰🄴 ⓞ 🄴 𝗩𝗜𝗦𝗔
SC : **R** (fermé 2 nov. au 12 déc.) 90 – ⚊ 17 – **36 ch** 167/254, 7 appartements 346/366
– P 216/386.

CITROEN-TALBOT Espitallier, ☏ 43.02.49
PEUGEOT, TALBOT Gar. Esmieu, ☏ 43.04.18
RENAULT Dusserre-Bresson, à Baratier ☏ 43.02.79 🄽

ENCAMP Principauté d'Andorre 86 ⑭. 43 ⑥ – voir à Andorre.

ENCAUSSE-LES-THERMES 31 H.-Gar. 86 ① – 523 h. alt. 363 – ✉ **31160** Aspet – ✪ 61.

Paris 810 – Luchon 51 – St-Gaudens 11 – St-Girons 42 – Sauveterre 8 – ◆Toulouse 101.

✕✕ **Marronniers** ⓢ avec ch, ☏ 89.17.12, 🍴 – 🅿
◆ *fermé oct., 15 au 31 janv., dim. soir (sauf hôtel) et lundi du 1ᵉʳ nov. à Pâques* – SC :
R 47/90 – ⚊ 15 – **11 ch** 45/80 – P 115/125.

ENGENTHAL 67 B.-Rhin 62 ⑧ – rattaché à Wangenbourg.

ENGHIEN-LES-BAINS 95 Val-d'Oise 55 ⑳, 101 ⑤ – voir à Paris, Environs.

ENGLOS 59 Nord 51 ⑮ – rattaché à Lille.

ENSISHEIM 68190 H.-Rhin 66 ⑩ 🅖 **G. Vosges** – 5 780 h. alt. 217 – ✪ 89.

Paris 548 – Colmar 24 – Guebwiller 13 – ◆Mulhouse 15 – Thann 25.

✕✕✕ **Couronne** avec ch, 47 r. 1ᵉ Armée Française ☏ 81.03.72, « maison du 17ᵉ s. » –
cuisinette 📺 ⌂wc. 🄰🄴 ⓞ 𝗩𝗜𝗦𝗔
fermé 15 fév. au 1ᵉʳ mars, dim. soir et lundi – SC : **R** 85/225 – ⚊ 25 – **8 ch** 150/250.

ENTRAIGUES 84 Vaucluse 81 ⑫ – rattaché à Sorgues.

ENTRAYGUES-SUR-TRUYÈRE 12140 Aveyron **76** ⑫ G. Causses (plan) – 1 586 h. alt. 230 –
✆ 65.

Voir Pont gothique★ – Rue Basse★.

Env. SE : Gorges du Lot★★ – Barrage de Couesque★ N : 8 km, G. Auvergne.

🛈 Syndicat d'Initiative 30 Tour-de-Ville (fermé déc., janv. et dim. après-midi) ☎ 44.56.10.

Paris 595 – Aurillac 49 – Figeac 71 – Mende 128 – Rodez 42 – St-Flour 95.

　🏨　**Truyère** Ⓜ, ☎ 44.51.10, ≤ – 📶 ➡wc 🔳 ☜ ᕃ ⇦ ᕕ **ᕲ**. E. ⅏ rest
　　　fermé lundi d'oct. à juin – SC : **R** 57/130 ⅊ – ⌷ 17,50 – **26 ch** 130/200 – P 180/235.

　🏨　**Deux Vallées,** ☎ 44.52.15 – 📶 ➡wc 🔳wc ☎ ᕲ
　←　SC : **R** 40/85 ⅊ – ⌷ 15 – **18 ch** 110/150 – P 160/180.

RENAULT Marty, 21 av. du Pt de Truyère ☎ 44.51.14

ENTRECHAUX 84 Vaucluse **81** ③ G. Provence – 724 h. alt. 281 – ⌧ **84340** Malaucène –
✆ 90.

Paris 678 – Avignon 49 – Montélimar 72 – Nyons 23 – Orange 34 – Pont-St-Esprit 48 – Sault 46.

　✗　**St-Hubert,** ☎ 36.07.05, ☞ – ᕲ
　←　fermé 1er au 18 oct., 1er au 28 fév., merc. soir et jeudi – SC : **R** 45/110 ⅊.

CITROEN Gar. Meffre, à Malaucène ☎ 65.20.26　　　RENAULT Gar. du Ventoux, à Malaucène ☎
　　　　　　　　　　　　　　　　　　　　　　　　　65.20.23

ENVEITG 66 Pyr.-Or. **86** ⑯ – 616 h. alt. 1 200 – ⌧ **66760** Bourg-Madame – ✆ 68.

Paris 1 019 – Andorre-la-Vieille 60 – Ax-les-Thermes 49 – Font-Romeu 17 – ◆Perpignan 106.

　🏨　**Transpyrénéen** ⬙, ☎ 04.81.01, ≤, ☞ – ➡wc 🔳wc ☜ ᕃ ᕲ ⓘ *VISA*. ⅏ rest
　　　25 mai-1er oct. et 10 déc.-30 avril – SC : **R** 60/90 – ⌷ 18 – **38 ch** 78/180 – P 150/220.

　✗　**Mirasol** avec ch, ☎ 04.80.16, ≤ – *VISA*. ⅏
　←　fermé oct., nov. et lundi hors sais. – SC : **R** 60/100 – ☟ 10 – **14 ch** 55/80 – P 130.

ENVERMEU 76630 S.-Mar. **52** ⑤ G. Normandie – 1 629 h. alt. 11 – ✆ 35.

Voir Chœur★ de l'église.

Paris 165 – Blangy 34 – Dieppe 15 – Neufchâtel-en-Bray 27 – ◆Rouen 72 – Le Tréport 28.

　✗　**Aub. Caves Normandes,** rte St-Nicolas ☎ 85.71.28 – ᕲ
　←　fermé mi déc. à mi janv., dim. soir en hiver et lundi sauf fêtes – SC : **R** 49/72.

ÉPAGNETTE 80 Somme **52** ⑦ – rattaché à Abbeville.

ÉPERNAY ⬙ 51200 Marne **56** ⑯ G. Nord de la France – 28 876 h. alt. 72 – ✆ 26.

Voir Caves de Champagne★ ABZ – Musée du Champagne et de Préhistoire★ BYZ M –
Côte des Blancs★ par ③.

🛈 Office de Tourisme (fermé dim. hors sais.) et A.C. pl. Mendès-France ☎ 51.51.66.

Paris 143 ④ – Châlons-sur-Marne 34 ② – Château-Thierry 48 ④ – Meaux 95 ③ – ◆Reims 27 ① –
Soissons 72 ① – Troyes 111 ②.

Plan page suivante

　🏨　**Champagne** Ⓜ sans rest, 30 r. E.-Mercier ☎ 55.30.22 – 📶 ➡wc 🔳wc ☜　　AZ **v**
　　　SC : ⌷ 23 – **30 ch** 160/211.

　🏨　**Berceaux,** 13 r. Berceaux ☎ 55.28.84 – ➡wc 🔳wc ☜. *AE* ⓘ E *VISA*　　　AZ **a**
　　　SC : **R** (fermé dim. soir) 110/250 – ⌷ 22 – **25 ch** 175/205 – P 395/470.

　🏨　**St-Pierre** sans rest, 14 av. P.-Chandon ☎ 54.40.80 – 🔳. E. ⅏　　　　　　AZ **s**
　　　fermé 23 août au 8 sept. et dim. – SC : ☟ 16 – **15 ch** 58/92.

　✗✗　**Jean-Burin,** 8 pl. Mendès-France ☎ 51.66.69 – *AE* ⓘ E *VISA*　　　　　ABY **n**
　　　R 68/150.

　✗✗　**Chapon Fin,** 2 pl. Mendès-France ☎ 55.40.03 – *VISA*　　　　　　　　　　AY **u**
　←　fermé 24 au 31 déc. et vend. – SC : **R** 45/85.

　✗　**La Terrasse** avec ch, 7 quai Marne ☎ 55.26.05 – ➡wc ☜. E *VISA*　　　　BY **d**
　←　fermé 11 au 28 juil., 7 au 28 fév., mardi soir et merc. – SC : **R** 48/120 ⅊ – ⌷ 13 –
　　　7 ch 47/75.

　à Dizy par ① : 3 km – ⌧ 51200 Epernay :

　✗　**Aub. du Relais,** ☎ 55.25.11 – ᕲ
　←　fermé 1er au 15 août, 1er au 15 fév., lundi soir et mardi – SC : **R** 44/107.

　à Champillon par ① : 6 km – alt. 180 – ⌧ 51160 Ay :

　✗✗✗　✿ **Royal Champagne** Ⓜ ⬙ avec ch, N 51 ☎ 51.11.51, ≤, ☞ – ➡wc 🔳wc ☎
　　　ᕲ – 🉐 80. *AE* ⓘ E *VISA*
　　　SC : **R** 150/300 – ⌷ 30 – **22 ch** 280/500
　　　Spéc. Salade au rouget et aux queues de langoustines, Panaché de saumon en sauce tiède, Agneau
　　　blanc "Pierrette". **Vins** Chouilly, Cumières.

tourner →

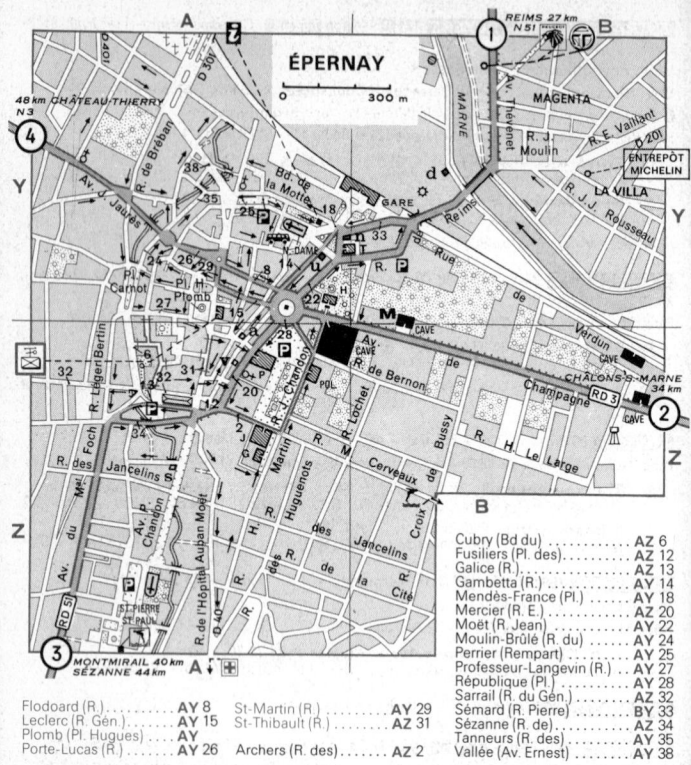

ÉPERNAY

REIMS 27 km N 51

48 km CHÂTEAU-THIERRY N 3

300 m

Cubry (Bd du)	AZ 6
Fusiliers (Pl. des)	AZ 12
Galice (R.)	AZ 13
Gambetta (R.)	AY 14
Mendès-France (Pl.)	AY 18
Mercier (R. E.)	AY 20
Moët (R. Jean)	AY 22
Moulin-Brûlé (R. du)	AY 24
Perrier (Rempart)	AY 25
Professeur-Langevin (R.)	AY 27
République (Pl.)	AY 28
Sarrail (R. du Gén.)	AZ 32
Sémard (R. Pierre)	BY 33
Sézanne (R. de)	AZ 34
Tanneurs (R. des)	AY 35
Vallée (Av. Ernest)	AY 38

Flodoard (R.)	AY 8
Leclerc (R. Gén.)	AY 15
Plomb (Pl. Hugues)	AY
Porte-Lucas (R.)	AY 26
St-Martin (R.)	AY 29
St-Thibault (R.)	AZ 31
Archers (R. des)	AZ 2

à Vinay par ③ : 6 km – ⌧ 51200 Épernay :

🏤 **La Briqueterie** M ⹀, ☎ 54.11.22, 🛱 – ⚹ 🅟 – 🛎 45. 🖭 ⓞ 🖃 𝗩𝗜𝗦𝗔
SC : **R** carte 160 à 210 – ⌤ 30 – **38 ch** 230/315, 4 appartements 415 – P 470/560.

à Vauciennes-la-Chaussée par ④ : 7 km – ⌧ 51200 Épernay :

✗ **Aub. de la Chaussée** avec ch, ☎ 52.40.66 – ⌷wc 🏵wc 🅟
fermé 25 août au 15 sept. et lundi soir – SC : **R** 38/83 – ⌤ 11,50 – **9 ch** 57/135 – P 135/150.

MICHELIN, Entrepôt, 1 r. J.-de-La-Fontaine, rive droite BY ☎ 53.19.77

BMW Guimier, 5 av. E.-Vallé ☎ 51.50.89 🔃 ☎ 51.52.09
CITROEN Ardon-Épernay, rte de Reims à Dizy par ① ☎ 53.15.11
FIAT Magenta-Automobiles, 64 av. A.-Thévenet à Magenta ☎ 51.04.56

PEUGEOT-TALBOT Gar. Beuzelin, 71 av. Thévenet à Magenta ☎ 51.10.66

⊛ La Centrale du Pneu, 25 av. de Champagne ☎ 55.28.58
Guillemin, 6 r. G.-Cagneaux à Magenta ☎ 51.27.47

ÉPINAL 🅿 88000 Vosges 🖽 ⑯ G. Vosges – 40 954 h. alt. 340 – ✪ 29.

Voir Basilique★ BY E – Parc du château★ BY – Église N.-Dame★ AX D – Musée : Vosges et Imagerie★★ AY.

🅱 Office de Tourisme 13 r. Comédie (fermé dim. hors sais.) ☎ 82.53.32, Télex 960536 – A.C. 10 r. C.-Gellée ☎ 35.18.14.

Paris 389 ⑥ – Belfort 108 ④ – Colmar 93 ② – ✦Mulhouse 110 ④ – ✦Nancy 70 ⑥ – Vesoul 85 ④.

Plan page ci-contre

🏤 **Le Colombier** M sans rest, 104 fg Ambrail sortie Épinal centre par ③ ☎ 35.50.05 – ⛉ ⌷wc ☎ 🚙 🅟 – 🛎 25. 🖭 ⓞ 🖃 𝗩𝗜𝗦𝗔
fermé 17 juil. au 7 août et 22 déc. au 7 janv. – SC : ⌤ 19,50 – **32 ch** 155/240.

🏤 **Cadet Roussel et rest. Mouton Blanc,** 13 pl. E.-Stein ☎ 35.18.68, Télex 960277 – ⛉ 📺 ⌷wc 🏵wc ☎ – 🛎 180. 🖭 ⓞ 🖃 𝗩𝗜𝗦𝗔
SC : **R** 55/120 – ⌤ 23 – **50 ch** 135/275 – P 221/290.
AY **e**

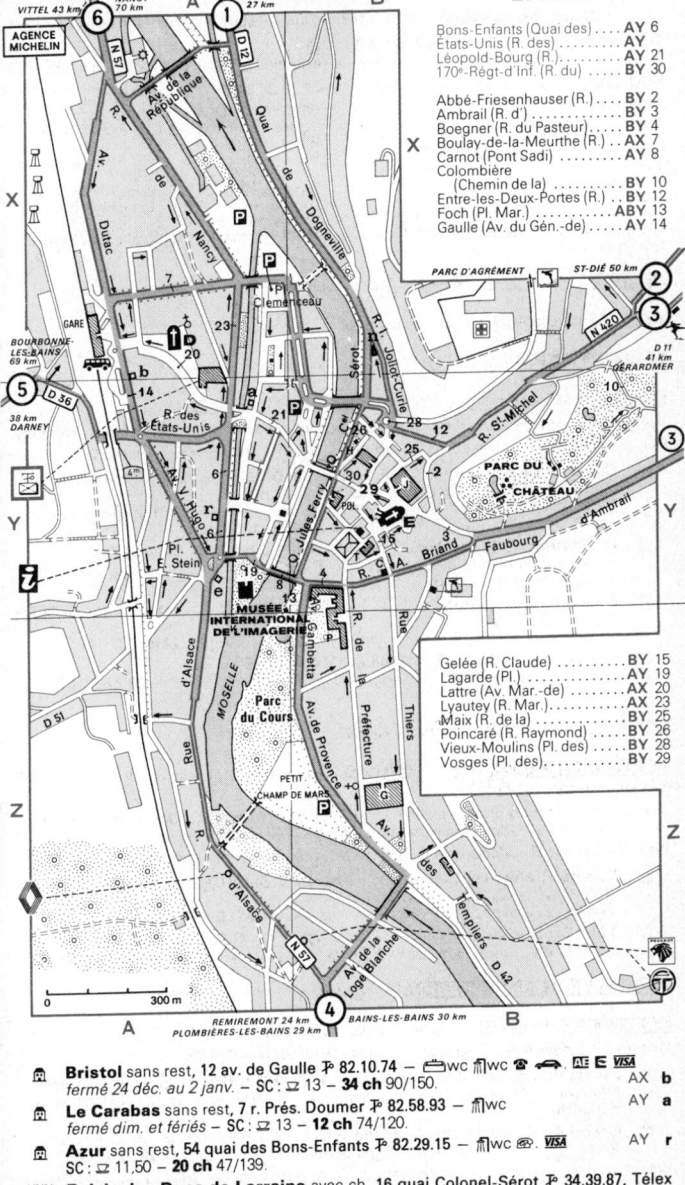

ÉPINAL

🏨 **Bristol** sans rest, 12 av. de Gaulle ☏ 82.10.74 – 🛏wc 🛁wc ☎ 🚗, 🝙 🗲 *VISA*
fermé 24 déc. au 2 janv. – SC : 🖙 13 – **34 ch** 90/150.   AX **b**

🏨 **Le Carabas** sans rest, 7 r. Prés. Doumer ☏ 82.58.93 – 🛁wc
fermé dim. et fériés – SC : 🖙 13 – **12 ch** 74/120.   AY **a**

🏨 **Azur** sans rest, 54 quai des Bons-Enfants ☏ 82.29.15 – 🛁wc 🝙. *VISA*   AY **r**
SC : 🖙 11,50 – **20 ch** 47/139.

XXX **Relais des Ducs de Lorraine** avec ch, 16 quai Colonel-Sérot ☏ 34.39.87, Télex
960573 – 📺 🛏wc 🛁wc 🝙. 🝙 🕦 🗲 *VISA*   BX **n**
fermé 16 juil. au 6 août, 6 au 22 janv., dim. soir et lundi – SC : **R** 85/200 – 🖙 20 –
10 ch 135/210.

à Golbey par ⑥ : 5 km sur N 57 – 8 900 h. – ⊠ 88190 Golbey :

🏨 **Motel Côte Olie et rest La Mansarde** Ⓜ, ☏ 34.28.28, 🎜, – 📺 🛏wc ☎ 🕭 🅿
🗲 – 🕿 40. 🝙 🕦 *VISA*. 🛠 rest
SC : **R** *(fermé dim.)* 49/165 🕯 – 🖙 19 – **24 ch** 178/214.

à Thaon-les-Vosges par ⑥ et D 157 : 10 km — 7 516 h. — ⊠ **88150** Thaon-les-Vosges :

🏛 **Marigny,** 147 r. Lorraine ℡ 39.14.31 — **℗**
→ *fermé dim.* – SC : **R** (dîner seul. et pour résidents) 37 – � 11,50 – **15 ch** 52/83.

MICHELIN, Agence, Voie B, Z.I. à Golbey par ⑥ ℡ **34.39.29**

CITROEN Anotin, Zone Ind., Golbey par ⑥ ℡
34.42.87 **N** ℡ 34.55.54
FIAT Lorraine-Auto., av. de St-Dié ℡ 34.20.20
FORD Gds Gar. Spinaliens, 17 r. Mar.-Lyautey
℡ 82.47.47
LANCIA-AUTOBIANCHI Thietry, 40 quai Do-
gneville ℡ 34.06.51
OPEL Gar. Europe, 7 r. Ponscarme ℡ 35.45.05
PEUGEOT-TALBOT Épinal-Autom., 91 r. d'Al-
sace ℡ 82.05.94

PEUGEOT-TALBOT Habonnel Autom., 31 av.
de Beaulieu à Golbey par ⑥ ℡ 34.45.54 **N**
RENAULT Succursale, 58 r. d'Alsace ℡ 82.
98.44

🅑 Burke, 47 av. de la Fontenelle ℡ 34.21.53
Louis-Pneus, 15 r. Mal. Lyautey ℡ 35.42.08 N
57 à Chavelot ℡ 34.02.12
Malnoy-Pneus, 17 fg de Nancy ℡ 82.22.93

L'ÉPINE 51 Marne 🆅🆅 ⑱ — rattaché à Châlons-sur-Marne.

L'ÉPINE 85 Vendée 🆅🆅 ① — voir à Noirmoutier.

EQUEMAUVILLE 14 Calvados 🆅🆅 ③ — rattaché à Honfleur.

ERDEVEN 56 Morbihan 🆅🆅 ① — 2 169 h. alt. 18 — ⊠ **56410** Étel — ⚙ 97.
Voir Alignements de Kerzerho★ SE : 1 km — Dolmen de Crucuno★ SE : 4 km, G. Bretagne.
Paris 488 — Auray 14 — Carnac 8,5 — Lorient 28 — Quiberon 21 — Quimperlé 47 — Vannes 32.

🏰 **Château de Keravéon** 🌲, NE : 1,5 km par D 105 ℡ 55.34.14, « Château du 18e s.
dans un parc », ⛳, — 🛗 **℗**. 🆎 ⓞ 🅴 **VISA**, ✗ rest
*hôtel : début mai-15 sept. ; rest. : 31 mai-15 sept., fermé le lundi hors sais. et le midi
sauf sam. et dim.* – SC : **R** 146/224 – ⊂ 34 – **20 ch** 420/530.

🏨 **Le Narbon** Ⓜ 🌲, rte Plage ℡ 55.46.11 — 🛁wc 🕿 ⅙ **℗**. 🆎 ⓞ 🅴 **VISA**
fermé jeudi du 2 nov. au 31 mars – SC : **R** (fermé nov., fév. et jeudi en déc., janv. et
mars) 85 bc/125 bc – ⊂ 19 – **22 ch** 173/230.

🏨 **Relais du Sous-Bois** 🌲, NO : 1 km rte Pont-Lorois ℡ 55.34.31, Télex 950581 —
🛁wc 🕿 **℗**. 🆎 ⓞ 🅴 **VISA**
1er avril-15 oct. – SC : **R** (fermé merc. midi) 51/113 – ⊂ 18 – **22 ch** 172.

🏨 **Voyageurs,** r. Océan ℡ 55.34.04 — 🛁wc 🕿 **℗**. 🅴. ✗ ch
→ *1er avril-30 sept. et fermé mardi* – SC : **R** 41/99 – ⊂ 13,50 – **20 ch** 72/157 – P
131/170.

ERIGNÉ 49 M.-et-L. 🆅🆅 ⑳ — rattaché à Angers.

ERMENONVILLE 60 Oise 🆅🆅 ⑫. 🄸🄾🄾 ⑨ G. Environs de Paris — 778 h. alt. 92 — ⊠ **60440**
Nanteuil-le-Haudouin — ⚙ 4.

Voir Parc★ — Forêt d'Ermenonville★ — Abbaye de Chaalis★ N : 3 km — Mer de Sable★
N : 3 km — Clocher★ de l'église de Montagny-Ste-Félicité E : 4 km.
Paris 47 — Beauvais 65 — Compiègne 45 — Meaux 24 — Senlis 14 — Villers-Cotterêts 35.

✗✗ **Rabelais,** à Ver-sur Laumette, S : 3 km par D 84 ⊠ 60520 La Chapelle-en-Serval
℡ 454.01.70 — 🆎 **VISA**
fermé nov., vacances de fév., lundi soir et mardi – SC : **R** 90/160 ⅙.

✗✗ **Aub. Croix d'Or** avec ch, ℡ 454.00.04, 🌡, — 🛏 🛁 **℗** — ⅛ 30. ✗ ch
fermé 16 déc. au 24 fév. et vend. – SC : **R** 80 – ⊂ 14 – **11 ch** 98/143 – P 165/190.

ERMITAGE DU FRÈRE JOSEPH 88 Vosges 🆅🆅 ⑰ — rattaché à Ventron.

ERNÉE 53500 Mayenne 🆅🆅 ⑲ G. Normandie — 6 132 h. alt. 116 — ⚙ 43.
Paris 304 — Domfront 45 — Fougères 20 — Laval 30 — Mayenne 24 — Vitré 29.

🏨 **Relais Poste,** pl. Église ℡ 05.20.33 — 🛗 📺 🛁wc 🛁wc 🕿 **℗** — ⅛ 35. 🅴 **VISA**
→ *fermé dim. soir sauf hôtel en juil.-août* – SC : **R** 49/130 ⅙, — ⊂ 15 – **35 ch** 93/160 —
P 165/240.

✗✗ **Grand Cerf** avec ch, 19 r. A.-Briand ℡ 05.13.09 — 🛁wc 🕿. 🅴. ✗
fermé 15 janv. au 15 fév. – SC : **R** (fermé lundi) 52/110 – ⊂ 15 – **12 ch** 75/120.

CITROEN Coulange, 2 bd Pasteur ℡ 05.12.43
N
PEUGEOT Garnier, 8 rte de Fougères ℡ 05.
11.60

RENAULT Sadon, 29 av. A.-Briand ℡ 05.16.68
N
Gar. Lory, 14 bd Duvivier ℡ 05.11.89 **N**

ERSTEIN 67150 B.-Rhin 🔢 ⑩ — 8 172 h. alt. 150 — ☺ 88.

Paris 511 — Colmar 49 — Molsheim 27 — St-Dié 68 — Sélestat 25 — ◆Strasbourg 24.

　🏨　**Motel Au Brochet** ॐ, 94 r. Gén-de-Gaulle ☎ 98.03.70, 🌳 – 🏠wc ☎ 🚗 **ℙ**.
　　　🅰🅴 **E** 𝓥𝓘𝓢𝓐
　　　fermé 15 déc. au 2 janv. – SC : **R** 62/120 ⅃ – ⴲ 18,50 – **31 ch** 118/180 – P 199/219.

　🏡　**Agneau**, 50 r. 28 Novembre ☎ 98.02.12 – ℛ ch
　　　fermé 2 au 21 juil. – SC : **R** *(fermé merc.)* 36/42 ⅃ – ⴲ 14 – **8 ch** 55/70 – P 140/160.

CITROEN　Fechter, 10 r. Gen.-de-Lattre ☎ 98.　　　PEUGEOT, TALBOT　Busche, r. de la Dordogne
04.24　　　　　　　　　　　　　　　　　　　　　☎ 98.23.87
PEUGEOT-TALBOT　Gar. Louis, rte de Lyon, ☎
98.07.13

ERTS Principauté d'Andorre 🔢 ⑭ – voir Andorre (Arinsal).

ESBLY 77450 S.-et-M. 🔢 ⑫, 🔢 ㉒ – 4 227 h. alt. 50 – ☺ 6.

Paris 42 — Coulommiers 23 — Lagny 11 — Meaux 9 — Melun 50.

　　à Condé-Ste-Libiaire SE : 2,5 km – ⊠ 77450 Esbly :

　💥💥　**Vallée de la Marne**, quai Marne ☎ 004.31.01, ≼, 🌳, 🚗 – **ℙ**. 𝓥𝓘𝓢𝓐
　　　fermé 16 juil. au 13 août, vacances de fév., mardi soir et merc. – SC : **R** 90/160.

PEUGEOT, TALBOT　Luce et Riester, ☎ 004.34.21

Les ESCALDES Principauté d'Andorre 🔢 ⑭, 🔢 ⑥ – voir à Andorre.

L'ESCARÈNE 06440 Alpes-Mar. 🔢 ⑲, 🔢 ⑰ – 1 424 h. alt. 357 – ☺ 93.

Voir Gorges du Paillon★ SE.

Env. Lucéram : site★, retables★★ et trésor★ dans l'église N : 7 km, G. Côte d'Azur.

Paris 956 — Contes 10 — ◆Nice 21 — St-Martin-Vésubie 54 — Sospel 22.

　💥　**Host. Castellino** ॐ avec ch, ☎ 91.50.11, ≼, cuisine toulousaine, 🌳 – 🏠. ℛ
　　　fermé 20 sept. au 1ᵉʳ nov. et lundi – SC : **R** 40/120 – ⴲ 11 – **10 ch** 79/95 – P
　　　121/146.

ESCHBACH-AU-VAL 68 H.-Rhin 🔢 ⑱ – rattaché à Munster.

ESCLIMONT 78 Yvelines 🔢 ⑧⑨, 🔢 ㉙ – rattaché à Ablis.

ESCONAC 33 Gironde 🔢 ⑨⑩ – rattaché à Cambes.

ESCOS 64 Pyr.-Atl. 🔢 ⑧ – 256 h. alt. 40 – ⊠ 64270 Salies-de-Béarn – ☺ 59.

Paris 784 — Cambo-les-Bains 47 — Orthez 28 — Pau 69 — Peyrehorade 15 — St-Jean-Pied-de-Port 52.

　💥💥　**Relais des Voyageurs** avec ch, ☎ 38.42.39, 🌳 – 🏠wc 🏠wc. 🅰🅴
　　　fermé 15 déc. au 20 janv., dim. soir et lundi sauf du 1ᵉʳ juil. au 15 sept. – SC : **R**
　　　46/150 – ⴲ 13 – **8 ch** 95/150 – P 147/187.

L'ESCOULIN 26 Drôme 🔢 ⑬ – alt. 520 – ⊠ 26400 Crest – ☺ 75.

Paris 613 — Crest 23 — Die 21 — Valence 51.

　🏨　**Capoue** ॐ, ☎ 76.41.29, ≼, 🌴, 🔾, 🌳, ℛ – 🏠wc ☎ **ℙ** – 🛡 40
　　　juil.-août – SC : **R** 100/140 – ⴲ 30 – **15 ch** 150/300 – P 260/380.

ESCRINET (Col de l') 07 Ardèche 🔢 ⑲ – rattaché à Privas.

ESNANDES 17 Ch.-Mar. 🔢 ⑫ **G. Côte de l'Atlantique** – 1 370 h. alt. 12 – ⊠ 17137 Nieul-sur-Mer – ☺ 46 – **Voir Église★**.

Paris 450 — Fontenay-le-Comte 40 — Luçon 28 — La Rochelle 12.

　🏡　**Port,** ☎ 01.32.11 – 🏠 🚗. ℛ ch
　　　fermé 15 au 30 oct. et mardi hors sais. – SC : **R** 52/120 – ⴲ 17,50 – **11 ch** 71/190.

　💥💥　**Paix,** ☎ 01.32.02, 🌳, 🌳 – **ℙ**. ℛ
　　　fermé mardi sauf juil.-août – SC : **R** 50/180 ⅃.

ESPALION 12500 Aveyron 🔢 ③ **G. Causses** (plan) – 4 883 h. alt. 343 – ☺ 65.

Voir Église de Perse★ SE : 1 km.

🅱 Office de Tourisme à la Mairie (fermé sam. et dim.) ☎ 44.05.46.

Paris 578 — Aurillac 76 — Figeac 94 — Mende 95 — Millau 79 — Rodez 30 — St-Flour 88.

　🏨　**Moderne,** bd Guizard ☎ 44.05.11 – 🏠wc 🏠wc ☎ 🚗. **E** 𝓥𝓘𝓢𝓐
　　　mars-oct. – SC : **R** *(fermé dim. soir et lundi midi de mars à juin et de sept. à oct.)*
　　　60/150 ⅃ – ⴲ 17 – **30 ch** 64/198 – P 170/215.

　🏨　**Central H.** sans rest, av. Gare ☎ 44.05.25, 🌳 – 🏠wc ☎
　　　1ᵉʳ avril-31 déc. – SC : ⴲ 15 – **26 ch** 59/152.

ESPALION

✗ **Le Méjane,** 8 r. Méjane ☎ 48.22.37 – ⑩ *VISA*
→ *fermé 7 au 23 mai, 17 au 30 déc., dim. soir et merc. sauf juil. et août* – SC : **R** 46/93
↓.

✗ **Soleil d'Or,** pl. St-Georges ☎ 44.03.30 – *VISA*
→ *fermé lundi sauf juil. et août* – **R** 42/70 ↓.

à St-Côme-d'Olt E : 4,5 km par D 587 N – ⊠ **12500** Espalion.
Voir Bourg fortifié★.

🏠 **Voyageurs,** ☎ 44.05.83 – 🛏 ⇌. ❊
→ *fermé oct. et sam.* – **R** 38/55 ↓ – ⊇ 15 – **23 ch** 48/79 – P 136/169.

PEUGEOT-TALBOT Ginisty-Privat ☎ 44.01.64   RENAULT Cadars, ☎ 44.00.73
N
PEUGEOT-TALBOT Gar. Guerin-Pons, ☎ 44.   ❊ Vulcanisation-Espalionnaise, ☎ 44.01.78
05.10

ESPELETTE 64 Pyr.-Atl. 85 ③ G. Pyrénées – 1 411 h. alt. 80 – ⊠ **64250** Cambo-les-Bains –
✪ 59.
Paris 790 – ✦Bayonne 20 – Biarritz 23 – Cambo-les-Bains 5,5 – Pau 119 – St-Jean-de-Luz 25.

🏠 **Euzkadi,** ☎ 29.91.88, ≤, 🚗 – 🛁wc 🛏wc ❊
→ *fermé 25 avril au 1er mai, 1er nov. au 18 déc., mardi (sauf juil.-août) et lundi* – SC : **R**
50/110 – ⊇ 15 – **28 ch** 90/130 – P 165/180.

L'ESPÉROU 30570 Gard 80 ⑯ G. Causses – alt. 1 230 – ✪ 67.
Paris 654 – Alès 95 – Mende 85 – Millau 98 – Nîmes 111 – Le Vigan 30.

🏠 **La Source** ⚘, ☎ 82.60.35 – 🛁wc ❊ ⓟ
Pâques, fin juin-fin sept. et Noël-début mars – SC : **R** 58/130 – ⊇ 18 – **10 ch**
157/177 – P 212.

ESPIAUBE 65 H.-Pyr. 85 ⑲ – rattaché à St-Lary-Soulan.

ESQUIÈZE-SÈRE 65 H.-Pyr. 85 ⑱ – rattaché à Luz-St-Sauveur.

ESTAING 12190 Aveyron 80 ③ G. Causses – 666 h. alt. 300 – ✪ 65.
Voir Château★.
🛈 Syndicat d'Initiative r. F. d'Estaing (juil.-août).
Paris 588 – Aurillac 66 – Conques 40 – Espalion 10 – Figeac 75 – Rodez 41.

🏠 **Aux Armes d'Estaing,** ☎ 44.70.02 – 🛏wc ☎ ⇌. *VISA*
→ *1er mars-1er nov.* – SC : **R** 38/60 ↓ – ⊇ 12 – **47 ch** 55/110 – P 120/140.
🏠 **Raynaldy,** ☎ 44.70.03, 🚗 – ⇌
→ *1er avril-1er oct.* – SC : **R** 40/80 – ⊇ 14 – **16 ch** 50/80 – P 115/130.

RENAULT Rigal, ☎ 44.70.09

ESTAING 65 H.-Pyr. 85 ⑰ – 91 h. alt. 1 000 – ⊠ **65400** Argelès-Gazost – ✪ 62.
Voir Lac d'Estaing★ S : 4 km.
Paris 849 – Argelès-Gazost 11 – Arrens 6, 5 – Laruns 43 – Lourdes 24 – Tarbes 44.

✗ **Lac** ⚘ avec ch, au Lac S : 4 km ☎ 97.06.25, ≤ – ⓟ
→ *fermé 5 au 31 janv. et 1er au 15 mars* – SC : **R** 50/100 – ⊇ 15 – **11 ch** 65/100 – P
125/140.

ESTENG 06 Alpes-Mar. 81 ⑧⑨, 195 ② – alt. 1 800 – ⊠ **06470** Guillaumes – ✪ 93.
Paris 776 – Barcelonnette 39 – Castellane 81 – ✦Nice 122 – St-Martin-Vésubie 97.

🏠 **Relais de la Cayolle** ⚘, ☎ 05.51.33, ≤, 🍴 – ⇌ ⓟ
→ *avril-sept., 15 déc.-fév.* – SC : **R** 50/70 – ⊋ 17 – **18 ch** 75/80 – P 150.

L'ESTEREL (Massif de) ★★★ 83 Var 84 ⑧ G. Côte d'Azur – NE de St-Raphaël.

ESTÉRENÇUBY 64 Pyr.-Atl. 85 ③ – rattaché à St-Jean-Pied-de-Port.

ESTIVAREILLES 03 Allier 69 ⑫ – rattaché à Montluçon.

ESTRABLIN 38 Isère 74 ⑫ – rattaché à Vienne.

450

ÉTABLES 86 Vienne 🔠🔠 ③ – ✉ 86170 Neuville-de-Poitou – 🔘 49.

Paris 337 – Bressuire 60 – Châtellerault 35 – Chinon 61 – Parthenay 47 – Poitiers 20 – Saumur 71.

  🏠 **Regina**, N 147 ☏ 51.21.99, 🚲 – 🛏️wc 🍽 🕾 🅿 – 🔺 80
    15 ch.

ÉTABLES-SUR-MER 22680 C.-du-N. 🔢🔢 ③ G. Bretagne – 2 039 h. – 🔘 96.

🏌 des Ajoncs d'Or ☏ 70.48.13 O : 9 km.

🛈 Office de Tourisme 9 r. République (fermé sam. et dim. hors sais.) ☏ 70.65.41.

Paris 468 – Guingamp 28 – Lannion 55 – Paimpol 28 – St-Brieuc 17.

  à N. D.-de-L'Espérance N : 2,5 km sur D 786 – ✉ 22680 Étables-sur-Mer :

  XX **La Colombière** 🅼 ⩘ avec ch, ☏ 70.61.64, ≤, « Jardin ombragé dominant la
    mer » – 🛏️wc ☎ 🕾 VISA ⟂
    fermé 15 au 30 nov.,15 janv. au 15 fév. et lundi sauf du 15 juin au 15 sept. – SC : **R**
    100/260 – ⟂ 30 – **5 ch** 200/350 – P 330/400.

ÉTAIN 55400 Meuse 🔢🔢 ⑫ G. Vosges – 3 811 h. alt. 205 – 🔘 29.

A.C. pl. Martinique ☏ 87.11.12.

Paris 286 – Briey 24 – Longwy 46 – ◆Metz 47 – Stenay 55 – Verdun 20.

  🏠 **Sirène**, r. Prud'homme-Havette ☏ 87.10.32 – 🛏️wc 🅿, **E** VISA ⟂ ch
    fermé janv. et lundi – SC : **R** 65/100 ⅃ – ⟂ 18 – **30 ch** 60/120 – P 170.

RENAULT Beauguitte et Cao, ☏ 87.12.90 🅝

ÉTAMPES ⬦⬦ 91150 Essonne 🔢🔢 ⑩, 🔢🔢🔢 ㊷ G. Environs de Paris – 19 491 h. alt. 90 – 🔘 6.

Voir Cathédrale N.-Dame★ A **B**.

🛈 Office de Tourisme Maison Anne de Pisseleu, (fermé dim. et lundi) ☏ 494.21.63.

Paris 51 ① – Chartres 61 ⑦ – Évry 37 ① – Melun 43 ② – ◆Orléans 68 ⑤ – Versailles 54 ①.

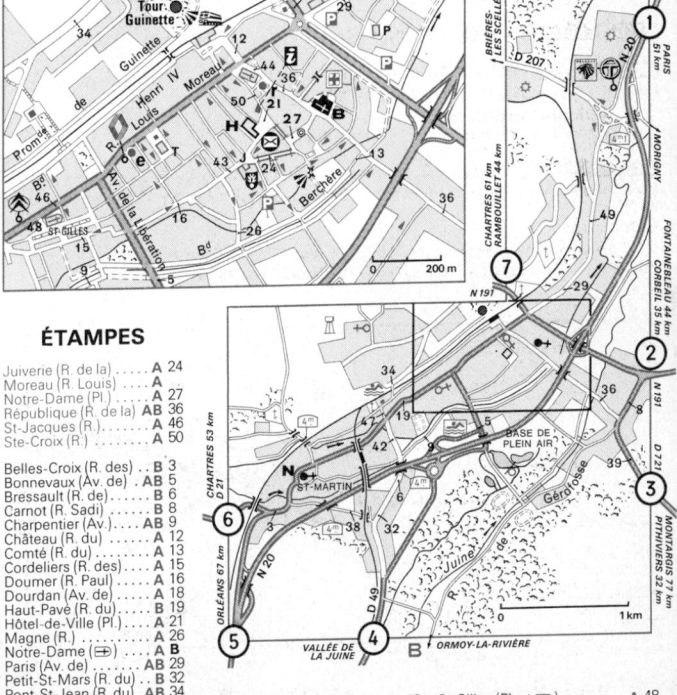

ÉTAMPES

Juiverie (R. de la)	A 24
Moreau (R. Louis)	A
Notre-Dame (Pl.)	A 27
République (R. de la)	AB 36
St-Jacques (R.)	A 46
Ste-Croix (R.)	A 50

Belles-Croix (R. des)	B 3
Bonnevaux (Av. de)	AB 5
Bressault (R. de)	B 6
Carnot (R. Sadi)	A 8
Charpentier (Av.)	AB 9
Château (R. du)	A 12
Comté (R. du)	A 13
Cordeliers (R. des)	A 15
Doumer (R. Paul)	A 16
Dourdan (Av. de)	A 18
Haut-Pavé (R. du)	B 19
Hôtel-de-Ville (Pl.)	A 21
Magne (R.)	A 26
Notre-Dame (➡)	A **B**
Paris (Av. de)	AB 29
Petit-St-Mars (R. du)	B 32
Pont-St-Jean (R.)	AB 34
Reverseleux (R.)	B 38
Sablon (R. du)	B 39
Saclas (R. de)	B 42

St-Antoine (R.)	A 43		St-Gilles (Pl. et ➡)	A 48
St-Basile (➡)	A 44		St-Martin (R. et ➡)	B **N**
St-Jean (R.)	B 47		St-Michel (Bd)	B 49

451

🏠 **L'Europe ''A l'Escargot'',** 71 r. St-Jacques ⌀ 494.02.96 – ⌂wc 🏠wc 🕿 ⇦.
VISA . 🕸 ch
A e
fermé 20 juin au 28 juil. et 15 sept. au 1er oct. – SC : **R** *(fermé merc.)* 39/46 🍷 – 🖙
10,50 – **25 ch** 60/119 – P 142/209.

XXX **Le Gd Monarque,** 1 pl. Romanet ⌀ 494.29.90 – 🅰🅴 ⓞ 🄴 *VISA*
A r
fermé 7 au 22 fév., dim. soir et lundi – SC : **R** 38/50.

à Châlo-St-Mars par ⑥ : 7,5 km – ⌂ **91780** Châlo-St-Mars :

XX **Aub. des Alouettes,** ⌀ 495.44.27 – 🅰🅴 ⓞ 🄴
fermé fév., merc. soir et jeudi – SC : **R** 130.

à Court-Pain par ③ et D 721 : 9 km – ⌂ **91690** Saclas :

🏠 **Aub. de Courpain,** ⌀ 495.67.04, 🏡, 🐎 – ⌂wc 🏠wc 🕿 🅿 – 🏌 30 à 50. 🅰🅴
ⓞ
SC : **R** 110 – 🖙 22 – **14 ch** 150/250, 3 appartements 360.

AUSTIN, MORRIS, ROVER Gar. St-Pierre, rte
de Pithiviers par ③ ⌀ 494.90.00
CITROEN Sté Ind. Autom., 146 r. St-Jacques
⌀ 494.01.81
FIAT, LANCIA, AUTOBIANCHI Sergent, 90 r.
St-Jacques ⌀ 494.57.27

PEUGEOT, TALBOT J. Auclert, ZI à Morigny
⌀ 494.16.72
RENAULT Roulleau, r. Plisson ⌀ 494.52.22
TOYOTA, Dagte, 31 av. de Paris ⌀ 494.16.64

🅖 Central-Pneu, 69 av. de Paris ⌀ 494.94.44

ÉTANG-DES-MOINES 59 Nord 🟦 ⑯ – rattaché à Fourmies.

ÉTANG-SUR-ARROUX 71190 S.-et-L. 🟨 ⑦ – 1 874 h. alt. 277 – ✪ 85.
Env. Uchon : site★ et ※★★ du signal SE : 11 km, G. Bourgogne.
Paris 310 – Autun 17 – Chalon-sur-Saône 62 – Decize 66 – Digoin 50 – Mâcon 102.

🏠 **Host. du Gourmet,** rte Toulon ⌀ 82.20.88 – ⌂wc 🏠 🕿. ⓞ 🄴 *VISA*
fermé 2 janv. au 1er fév., dim. soir hors sais. et lundi (sauf hôtel en juil.-août) – SC :
R 46/107 – 🖙 14 – **13 ch** 66/119 – P 130/213.
RENAULT Raffin, N 494 ⌀ 82.21.48 🅽

ÉTIOLLES 91 Essonne 🟦 ①, 🟦 ㉜, 🟦 ㊲ – rattaché à Évry (Corbeil-Essonnes).

ÉTOUVELLES 02 Aisne 🟦 ⑤ – rattaché à Laon.

ÉTRÉAUPONT 02580 Aisne 🟦 ⑯ – 955 h. alt. 127 – ✪ 23.
Paris 180 – Avesnes 25 – Hirson 15 – Laon 44 – St-Quentin 51.

X **Aub. du Val d'Oise,** N 2 ⌀ 97.40.18
fermé 20 au 29 août, 10 au 21 fév., mardi soir et merc. – SC : **R** 50 bc/150.

ÉTRETAT 76790 S.-Mar. 🟦 ⑪ G. Normandie – 1 577 h. – Casino A – ✪ 35.
Voir Chapelle N.-D.-de-la-Garde ⇐★ A E – Falaise d'Aval★★★ A : 1 h – Falaise d'Amont★
au N.
🏌 ⌀ 27.04.89 A.
🄳 Office de Tourisme pl. Hôtel de Ville (1er juil.-15 sept. et fermé mardi) ⌀ 27.05.21.
Paris 218 ③ – Bolbec 28 ③ – Fécamp 17 ② – ♦Le Havre 28 ④ – ♦Rouen 86 ②.

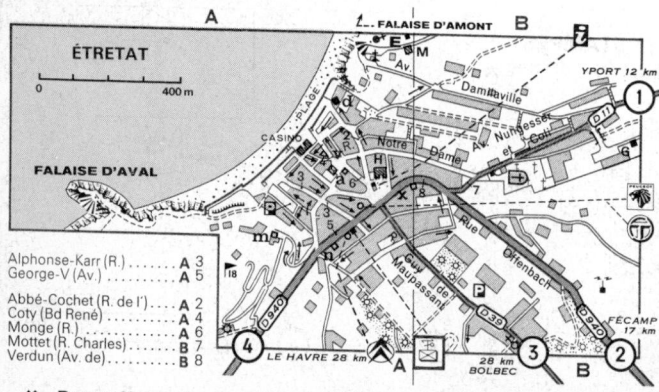

Alphonse-Karr (R.) . . . . **A** 3
George-V (Av.) . . . . **A** 5

Abbé-Cochet (R. de l') . . . . **A** 2
Coty (Bd René) . . . . **A** 4
Monge (R.) . . . . **A** 6
Mottet (R. Charles) . . . . . . **A** 7
Verdun (Av. de) . . . . **B** 8

🏠 **Dormy House** 🏖, rte du Havre ⌀ 27.07.88, ⇐ falaises et la mer, 🐎 – ⌂wc 🕿
🅿 – 🏌 35. 🕸 rest
A m
6 avril-12 nov. – SC : **R** 105 – 🖙 25 – **27 ch** 135/325 – P 289/388.

Falaises sans rest, bd René-Coty ℡ 27.02.77 – ⌂wc ⌂wc ☎. ⚙ A **v**
SC : ⚏ 17 – **24 ch** 86/197.

Welcome ⚱, 10 av. Verdun ℡ 27.00.89, 🚗 – ⌂wc ⌂wc ☎ ⓟ, VISA. ⚙ rest AB **x**
fermé fév. et merc. – SC : **R** 68/149 – ⚏ 19,50 – **15 ch** 165/187 – P 248.

Angleterre, av. George-V ℡ 27.01.65 – ⌂wc. ⚙ A **n**
fermé 25 sept. au 26 oct., mardi soir et merc. – SC : **R** 58/150 – ⚑ 13 – **16 ch**
80/160 – P 205/240.

L'Escale, pl. Mar.-Foch ℡ 27.03.69 – ⌂ ⌂. ⚙ ch A **a**
fermé déc., janv., mardi soir et merc. – SC : **R** 60/83 – ⚑ 13 – **11 ch** 72/135.

Roches Blanches, r. Abbé-Cochet ℡ 27.07.34, ≤. VISA A **d**
fermé oct., 15 janv. au 15 fév., mardi, jeudi hors sais. et merc. – SC : **R** 59/116.

CITROEN Gar. Enz. ℡ 27.04.69 🅽 ℡ 27.06.64   PEUGEOT, TALBOT Capron, ℡ 27.03.98

ETSAUT 64490 Pyr.-Atl. 85 ⑯ – 104 h. alt. 600 – ✆ 59.

Paris 854 – Jaca 51 – Oloron-Ste-Marie 36 – Pau 69.

Pyrénées, ℡ 34.88.62 – ⌂wc ⌂wc 🚗
fermé 16 nov. au 20 déc. et 6 au 31 janv. – SC : **R** 55/100 ⚐ – ⚑ 14 – **16 ch** 82/132
– P 132/150.

ÉTUZ 70 H.-Saône 66 ⑮ – 382 h. alt. 210 – ⊠ 70150 Marnay – ✆ 81 (Doubs).

Paris 416 – ◆Besançon 15 – Combeaufontaine 46 – Gray 39 – Vesoul 41.

La Sablière (Chardigny), rte Cussey-sur-l'Ognon ℡ 56.78.50, 🚗 – ⓟ. VISA
fermé 20 août au 10 sept., vacances de fév., dim. et fériés le soir et jeudi – SC : **R**
(dim. et fêtes prévenir) 85/220, dîner à la carte
Spéc. Truite Belle-Comtoise, Coq au Pupillin et aux morilles, Rable de lièvre sauce poivrade (saison
de chasse). Vins Pupillin, Champlitte.

EU 76260 S.-Mar. 52 ⑤ G. Normandie – 8 712 h. alt. 17 – ✆ 35.

Voir Église★ E – Mausolées★
dans la chapelle du Collège K.

🛈 Office de Tourisme 41 r. P.-Bignon
(fermé jeudi hors sais. et dim. sauf
matin en sais.) ℡ 86.04.68.

Paris 165 ⑤ – Abbeville 32 ⑥ – Blangy 21 ⑤ – Dieppe 31 ③ – ◆Rouen 92
③ – Le Tréport 4,5 ①.

EU

Abbaye (R. de l')	2
Carnot (Pl.)	4
Collège (R. du)	5
Faidherbe (Bd)	6
Hélène (Bd)	7
Lecomte (R. Octave)	8
Morin (R. Charles)	9
Normandie (R. de)	10
Verdun (R. de)	15

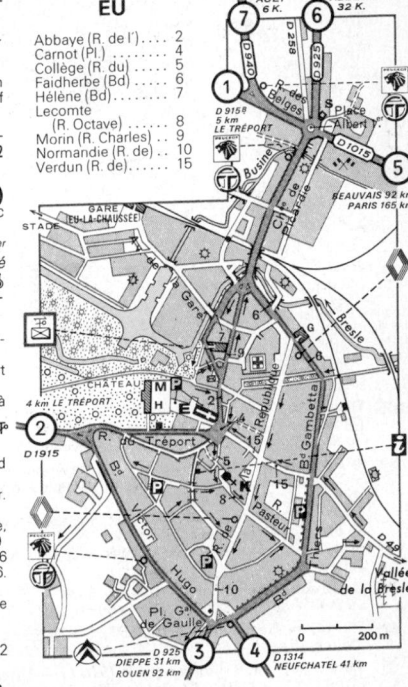

Relais, 1 pl. Albert-1er **(s)**
℡ 86.14.88, 🚗 – ⌂wc
⌂wc ☎ ♿
fermé 1er au 23 sept. et 1er
au 15 fév. – SC : **R** (fermé
dim. soir et lundi) 48/84 ⚐
– ⚏ 16 – **14 ch** 97/200 –
P 156/215.

CITROEN Amand, 18 pl. Gén.-de-
Gaulle ℡ 86.00.89
CITROEN Hebert, 205 rte du Tréport
par ② ℡ 86.30.13
LADA, SKODA Gar. de la Pipe, à
Étalondes ℡ 86.12.94
OPEL Gar. Gérard, 6 pl. Albert-1 ℡
86.00.45
PEUGEOT-TALBOT Roussel, 21 bd
Victor-Hugo ℡ 86.56.44
PEUGEOT-TALBOT Vassard, 22 r.
des Belges ℡ 86.34.16
PEUGEOT-TALBOT Gar. de Picardie,
141 chaussée de Picardie ℡ 86.11.99
RENAULT Carrosserie Eudoise, 26
bd Faidherbe ℡ 86.27.34 🅽 ℡ 86.
38.50
RENAULT Sonnet, 19 r. République
℡ 86.01.90

Morelle, 7 r. des Belges ℡ 86.29.12

EUGÉNIE-LES-BAINS 40 Landes 82 ① – 408 h. alt. 90 – Stat.
therm. (1er avril-31 oct.) – ⊠ 40320 Geaune – ✆ 58.

🛈 Syndicat d'Initiative à la Mairie (fermé sam. et dim.) ℡ 58.15.37.

Paris 743 – Aire-sur-l'Adour 14 – Dax 69 – Mont-de-Marsan 26 – Orthez 53 – Pau 53.

🏨🏨 ✿✿✿ **Les Prés d'Eugénie** (Guérard) 🅼 ⟨, ☎ 58.19.01, Télex 540470, « Demeure du XIXe s. élégamment décorée - parc », ⟨, ✕ – 🛗 📺 ☎ 🕭 🅿. 🆎 ✕
30 mars-5 nov. – **R** (menu minceur, résidents seul.) 120/140 **rest. Michel Guérard R** (nombre de couverts limité - prévenir) 250/280 et carte – ☲ 45 – **28 ch** 545/565, 7 appartements 725/785
Spéc. Homard roti et fumé, Rissoles de caille au fumet de Pauillac, Millefeuille à l'impératrice. **Vins** Blanc de pays, St-Émilion.

🛖 Le Bistrot d'Eugénie, ☎ 58.19.07
sais. – **13 ch**.

ÉVIAN-LES-BAINS 74500 H.-Savoie 🗗🗗 ⑰ G. Alpes – 6 133 h. alt. 374 – Stat. therm. (1er mars-25 déc.) – Casino B – ✿ 50.

Voir Lac Léman★★★.

🏌 Royal Golf Club ☎ 75.00.61 SO : 2,5 km.

🚂 ☎ 75.25.26.

🛈 Office de Tourisme et Accueil de France (Informations et réservations d'hôtels, pas plus de 5 jours à l'avance), pl. d'Allinges (fermé sam. hors sais. et dim.) ☎ 75.04.26, Télex 385661.

Paris 588 ③ – Annecy 84 ③ – Chamonix 109 ③ – ◆Genève 42 ③ – Montreux 38 ①.

Libération (Pl. de la) . . . . C 6
Nationale (R.). . . . . B 9

Folliet (R. Gaspard) . . . . B 3
Grottes (Av. des) . . . . C 4
Larringes (Av. de) . . . . AB 5
Monnaie (R. de la) . . . . B 7
Narvik (Av. de) . . . . B 8
Neuvecelle (Av. de) . . . . . . C 10
Port (Pl. du) . . . . C 12

🏨🏨🏨 **Royal** ⟨, ☎ 75.14.00, Télex 385759, ≤ lac et montagnes, parc, 🍴, ⟨, ✕ – 🛗 📺 ☎ 🅿 – 🔬 30 à 170. 🆎 🕦 🅴 *VISA* ✕ rest
15 fév.-15 nov. – SC : **R** 210 – ☲ 40 – **200 ch** 900/1 300, 20 appartements.   C z

🏨🏨 ✿ **La Verniaz et ses Chalets** ⟨, rte Abondance ☎ 75.04.90, Télex 385715, 🍴, « Chalets isolés dans la verdure et hameau hippique : jolie vue ⟨ », ✕ – 🛗 ☎ 🅿 – 🔬 40. 🆎 🕦 🅴 *VISA*
fermé déc. et janv. – SC : **R** *(fermé dim. soir et lundi hors sais.)* 135/200 – ☲ 35 – **35 ch** 400/640, **5 chalets** – P 535/640   C q
Spéc. Terrine de truite saumonée, Suprêmes de caille évianaise, Filet de boeuf à la broche. **Vins** Seyssel, Marin.

🏨 **Bellevue,** face au Port ☎ 75.01.13, ≤, 🍴 – 🛗 🛁wc 🛊wc 🕭. *VISA* ✕ rest
20 mai-20 sept. – SC : **R** 110/125 – **50 ch** ☲ 200/350 – P 330/350.   C f

🏨 **Plage,** av. Gén.-Dupas ☎ 75.29.50, ≤ – 🛗 🛁wc 🕭. ✕ rest
1er juin-15 sept. – SC : **R** 110/125 – **40 ch** ☲ 250/350 – P 330/350.   A y

🏨 **Terrasse,** 10 r. B.-Moutardier ☎ 75.00.67 – 🛁wc 🛊wc ☎ 🚗
SC : **R** 57/70 – ☲ 16 – **32 ch** 120/220 – P 160/215.   C r

🏠 **Paris** sans rest, 3 r. Casino ☎ 75.12.33 – 🛗 🛁wc ☎. 🆎 🕦 *VISA*
Pâques-fin sept. – SC : ☲ 14 – **31 ch** 71/180.   B x

🏠 **Régence,** 2 av. J.-Léger ☎ 75.13.75, ≤ – 🛁wc 🛊wc 🕭. 🆎 🅴 *VISA* ✕ ch
1er avril-20 sept. – SC : **R** voir Brasserie Régence – ☲ 18 – **24 ch** 90/165.   C a

ⓜ **Terminus** sans rest, av. Gare ☏ 75.15.07, ≤ — 📠wc ⋔wc ☜   A s
1er mars-31 oct. – SC : ☷ 15 – **18 ch** 75/175.

ⓜ **Palais** sans rest, 69 r. Nationale ☏ 75.00.46 – ▤ ⋔wc ☜ ⟺. ஊ ⓞ E   B d
fermé 26 mars au 20 avril et 15 oct. au 26 déc. – SC : ☷ 18 – **45 ch** 75/175.

ⓜ **Continental** sans rest, 65 r. Nationale ☏ 75.37.54 – ▤ 📠wc ⋔wc ☜   B m
31 mars-30 sept. – SC : ☷ 16 – **29 ch** 87/193.

ⓜ **Palmiers,** 28 av. des Sources ☏ 75.03.16 – 📠wc ⋔wc. ⚙   B e
1er avril-1er oct. – SC : **R** (déj. pour résidents seul.) – ☷ 13 – **24 ch** 65/140.

XXXX ❀ **Lapierre,** au Casino ☏ 75.03.78 – ℗. ஊ ⓞ E 𝑽𝑰𝑺𝑨. ⚙   B
R (dîner seul.) 210
Spéc. Poêlée de pâtes fraîches aux crustacés ou au foie gras, Méli-mélo de ris et rognon de veau à
la crème de safran, Chariot des douceurs.

XX ❀ **Bourgogne (Riga)** Ⓜ avec ch, 73 r. Nationale ☏ 75.01.05 – 📺 📠wc ☎. ஊ ⓞ
E 𝑽𝑰𝑺𝑨   B d
fermé 28 oct. au 21 déc. – **R** (fermé lundi midi en juil.-août, mardi soir et merc. hors
sais.) 115/175 – ☷ 20 – **8 ch** 230
Spéc. Foie gras d'oie au Porto, Filets de truite à la crème de basilic, Crêpes flambées. **Vins** Crépy,
Roussette.

XX **Da Bouttau,** quai baron de Blonay ☏ 75.02.44, 🌳 – ஊ ⓞ E 𝑽𝑰𝑺𝑨   B b
fermé 1er nov. au 15 déc., lundi soir et mardi en hiver – SC : **R** 80/170.

XX **Brasserie Régence,** pl. Port ☏ 75.13.75, ≤ – ஊ E 𝑽𝑰𝑺𝑨   C a
1er avril-20 sept. et fermé mardi – SC : **R** 55/120.

hors de l'agglomération :

ⓜ **Panorama** Ⓜ, Grande-Rive par ① : 1,8 km ☏ 75.14.50, ≤, 🌳 – 📠wc ⋔wc ☎.
⚙ ch
30 avril-30 sept. – SC : **R** 55/100 – ☷ 16 – **29 ch** 165/185 – P 185/205.

ⓜ **Cygnes,** Grande-Rive par ① : 1,5 km ☏ 75.01.01, ≤ – 📠wc ⋔ ☜
28 mai-20 sept. – SC : **R** 70/95 – **45 ch** ☷ 165/215 – P 170/220.

ⓜ **Florida** ⌂ sans rest, à Milly par rte d'Abondance ② : 2 km ☏ 75.00.44, ≤, 🌳 –
📠wc ⋔wc ☜ ℗. 𝑽𝑰𝑺𝑨
15 juin-15 sept. – SC : ☷ 16 – **25 ch** 115/200.

ⓜ **Flots Bleus** ⌂ sans rest., rte Abondance par ② ☏ 75.14.64, ≤, 🌳 – 📠wc ☜
℗   C u
15 mai-15 sept. – SC : ☷ 17 – **32 ch** 65/180.

rte de Thollon par ② : 7 km – alt. 825 – ✉ 74500 Évian-les-Bains :

ⓜ **Les Prés Fleuris sur Evian** Ⓜ ⌂, ☏ 75.29.14, ≤ lac et montagnes, 🌳, 🌳 –
📺 ☎ ℗. ஊ ⓞ E 𝑽𝑰𝑺𝑨. ⚙ rest
15 avril-25 oct. – **R** (nombre de couverts limité - prévenir) 180/250 – ☷ 40 –
12 ch 480/680 – P 500/700.

CITROEN Gar. du Boulevard bd Jaurès ☏ 75.
13.99
OPEL Giroud, Petite-Rive, Maxilly-sur-Léman
☏ 75.13.00

PEUGEOT, TALBOT Impérial-Gar., 9 av.
d'Abondance ☏ 75.01.90
RENAULT Gar. Sautenet, av. Gare ☏ 75.00.32

❚ÉVREUX❚ ℗ 27000 Eure 🇵🇵 ⑯⑰ G. Normandie – 48 653 h. alt. 65 – ✦ 32.

Voir Cathédrale★ BZ – Châsse★★ dans l'église St-Taurin AZ B – Musée★ BZ M.

🄸 Office de Tourisme 35 r. Dr.-Oursel (Chambre de commerce) (fermé sam. après-midi et dim.) ☏
38.21.61, Télex 770581 – A.C.O. 6 r. Borville-Dupuis ☏ 33.03.84.

Paris 103 ② – Alençon 118 ④ – Beauvais 98 ② – ✦Caen 121 ④ – Chartres 77 ③ – ✦Le Havre 120 ①
– Laval 209 ④ – Lisieux 72 ④ – ✦Le Mans 153 ④ – ✦Rennes 279 ④ – ✦Rouen 55 ①.

Plan page suivante

ⓜ **Normandy,** 37 r. E.-Feray ☏ 33.14.41 – 📺 ☎ ☜ ℗ – 🔺 40. ஊ ⓞ 𝑽𝑰𝑺𝑨   BY n
SC : **R** (fermé août et dim.) 57/135 ⚖ – ☷ 21 – **26 ch** 102/255 – P 160/300.

ⓜ **France,** 29 r. St-Thomas ☏ 39.09.25 – 📺 📠wc ☎ ℗ ஊ 𝑽𝑰𝑺𝑨. ⚙   AY e
SC : **R** (fermé 1er au 15 août, 15 au 28 fév. et lundi) 168/245 – ☷ 18 – **16 ch** 91/234.

ⓜ **L'Orme** sans rest, 13 r. Lombards ☏ 39.34.12 – 📺 📠wc ⋔wc ☜. ஊ E 𝑽𝑰𝑺𝑨   BY t
SC : ☷ 19 – **27 ch** 92/194.

ⓜ **Grenoble** sans rest, 17 r. St-Pierre ☏ 33.07.31 – 📠wc ⋔ ☎ ☜. 𝑽𝑰𝑺𝑨. ⚙   BY d
SC : ☷ 16,50 – **19 ch** 85/190.

ⓜ **Ibis** Ⓜ, r. W. Churchill (par ② : 3 km) ☏ 38.16.36, Télex 172748 – 📠wc ☎ & ℗
– 🔺 40. ஊ 𝑽𝑰𝑺𝑨
SC : **R** (fermé dim.) carte environ 65 ⚖ – ☷ 18 – **39 ch** 165/190.

XX **Le Kélan,** 87 r. Joséphine ☏ 33.05.70 – E 𝑽𝑰𝑺𝑨   AZ u
fermé 2 au 31 juil., merc. soir et dim. – SC : **R** 75/90 **brasserie R** carte environ 60 ⚖.

XX **Vieille Gabelle,** 3 r. Vieille-Gabelle ☏ 39.38.54 – ஊ 𝑽𝑰𝑺𝑨   BY s
↝ fermé dim. soir et lundi – SC : **R** 49/184 ⚖.

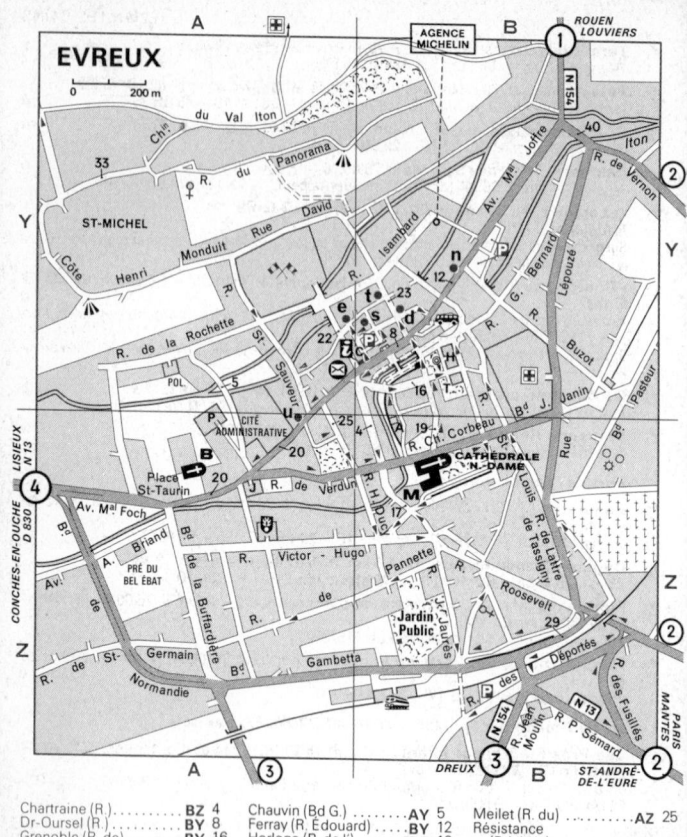

EVREUX

(map labels)

ROUEN LOUVIERS
du Val Iton
R. du Panorama
ST-MICHEL
Rue David
R. Henri Monduit
R. de la Rochette
Isambard
R. Sauvin
CITÉ ADMINISTRATIVE
Place St-Taurin
Av. Mal Foch
R. A. Briand
PRÉ DU BEL ÉBAT
de la Buffardière
R. Germain
R. St-Normandie
R. Victor-Hugo
Jardin Public
Gambetta
R. de Verdun
CATHÉDRALE N.-DAME
R. Ch. Corbeau
R. Louis de Tassigny
Pannette
Roosevelt
AGENCE MICHELIN
N 154
Iton
R. de Vernon
Av. Mal Joffre
R. G. Bernard
Buzot
B. J. Janin
Pasteur
Déportés
R. des Fusillés
N 154
N 13
R. P. Sémard
ST-ANDRÉ-DE-L'EURE
DREUX
PARIS MANTES
LISIEUX N 13
CONCHES-EN-OUCHE D 830

Chartraine (R.)	**BZ** 4	Chauvin (Bd G.)	**AY** 5
Dr-Oursel (R.)	**BY** 8	Ferray (R. Édouard)	**BY** 12
Grenoble (R. de)	**BY** 16	Horloge (R. de l')	**BZ** 19
Harpe (R. de la)	**BZ** 17	Leclerc (R. Mar.)	**AY** 22
Joséphine (R.)	**AZ** 20	Lombards (R. des)	**BY** 23

Meilet (R. du)	**AZ** 25
Résistance (Bd de la)	**BZ** 29
St-Michel (Ch. de)	**AY** 33
Vigor (R.)	**BY** 40

MICHELIN, Agence, angle r. Isambard et r. 28-R.I. BY ℡ **39.16.60**

ALFA-ROMEO   Sté Joffre-Autom., 57 r. Mar.-Joffre ℡ 39.54.63 **N** ℡ 34.74.08
AUSTIN, ROVER, TRIUMPH   Lemoine, Zone Ind. n° 1, r. de Cocherel ℡ 39.40.73
CITROEN   Succursale, rte Orléans par ③ ℡ 39.32.54 **N** ℡ 34.04.10
FIAT   Normandy-Gar., N 13 rte de Paris ℡ 33.13.88
FORD   Gar. Hôtel de Ville, 4 r. G.-Bernard ℡ 39.58.63
MERCEDES-BENZ   Blondel, à Angerville ℡ 39.27.45
OPEL   Gar. de Paix de Coeur, 101 av. A.-Briand, Gravigny ℡ 33.16.15

PEUGEOT-TALBOT   Gar. Ouest, N 154, rte Rouen à Normanville par ① ℡ 39.38.78 **N** ℡ 34.74.08
RENAULT   Succursale, 2 r. Jacquard, Zone Ind. n° 2 par ③ ℡ 38.11.47 13 bis r. Victor Hugo ℡ 38.11.47
V.A.G.   S.A.G.G.A.M., rte d'Orléans à Angerville ℡ 39.12.56
Gar. Carrère, 16 bis r. Lepouze ℡ 39.33.49
D.P.W. Vendôme, 180 rte d'Orléans par ③ ℡ 39.38.10

⊕ Marsat-Comptoir du Pneu, 54 av. Foch ℡ 33.42.43
Royer, 23 r. G.-Bernard ℡ 33.06.72

EVRON 53600 Mayenne **60** ⑪ G. Normandie (plan) – 6 774 h. alt. 114 – ✪ 43.

Voir Basilique★ : chapelle N.-D.-de l'Épine★★ et trésor★★.

🛈 Syndicat d'Initiative pl. Basilique (fermé sam. et dim.) ℡ 01.63.75.

Paris 259 – Alençon 59 – La Ferté-Bernard 90 – La Flèche 66 – Laval 32 – ✦Le Mans 64 – Mayenne 24.

  Gare avec ch, pl. Gare ℡ 01.60.29 – 🛏 🚗 E *VISA* 🛁 ch
    fermé 3 au 21 août, dim. soir et lundi – SC : **R** 42/130 ⅄ – 🖵 12 – **10 ch** 70/93 – P 145.

  Les Coevrons avec ch, pl. Basilique (4 r. Prés) ℡ 01.62.16 – 🛏 E *VISA*
    SC : **R** (fermé vend. soir) 50/120 ⅄ – 🛏 15 – **6 ch** 70/105 – P 130.

à Mézangers NO : 7 km par rte Mayenne – ✉ **53600** Evron :

Relais du Gué de Selle ⛰, ☎ 01.92.05 – TV ⛀wc ☎ P. AE ⓓ E VISA
fermé 1er janv. au 28 fév., dim. soir et lundi du 15 sept. au 15 juin – **SC** : **R** 60/150 – ☕ 20 – **18 ch** 160/180 – P 200.

CITROEN Chauvat, ☎ 01.60.44
PEUGEOT-TALBOT Pottier, ☎ 01.60.56
RENAULT Lemercier, ☎ 01.60.10

ÉVRY CORBEIL-ESSONNES 91 Essonne 61 ①, 196 ㉜, 101 ㊲ – ❂ 6

Évry 91000 Essonne **G. Environs de Paris** – **29 578 h. alt. 55.**

Voir Agora★ – ⛳9, ⛳18 **du Coudray** ☎ **493.81.76 par ④ : 7,5 km.**

ℹ Syndicat d'Initiative pl. de l'Agora (fermé sam. après-midi et dim.) ☎ 077.36.98.

Paris 34 – Chartres 87 – Créteil 20 – Étampes 37 – Melun 25 – Versailles 38.

Novotel Paris Évry M, **par autoroute A6 sortie Corbeil Nord et Evry Z.I.** ☎ **077.82.70, Télex 600685,** ⛱, ⛱ – |♦| ▤ rest TV ☎ ♿ P – 🏛 400. AE ⓓ E VISA
R snack carte environ 90 🍷 – ☕ 27 – **179 ch** 240/290.

RENAULT Mazière, Angle bd Decauville et voie 7 ☎ 077.32.48 N

Corbeil-Essonnes 91100 Essonne – **29 578 h. alt. 38.**

⛳18 **de Villeray** ☎ **075.17.47 NE : 5 km.**

ℹ Office de Tourisme (fermé matin sauf le sam. et dim.) pl. Vaillant-Couturier ☎ 496.23.97.

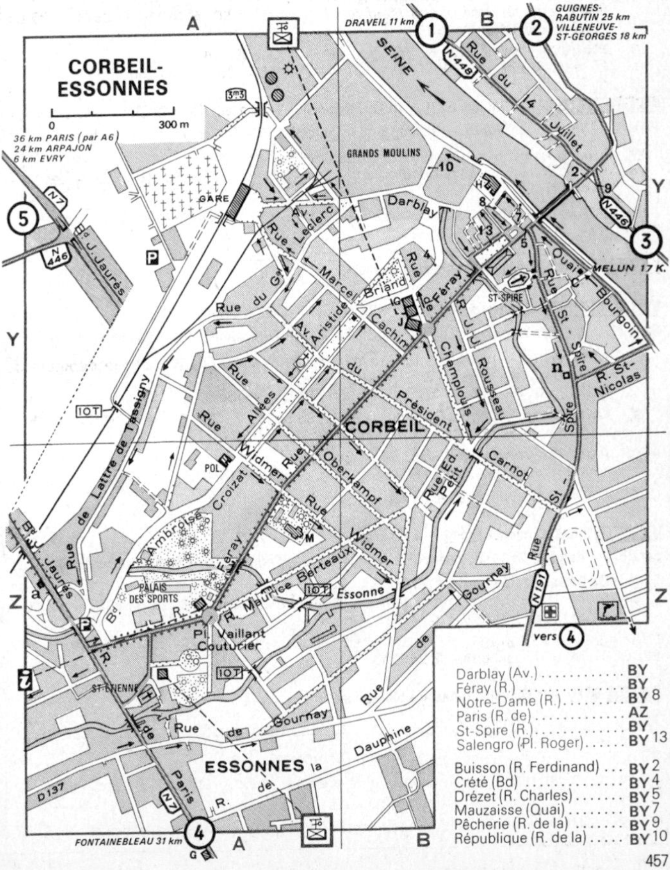

CORBEIL-ESSONNES
0
300 m
A
B
Y
Z
DRAVEIL 11 km
GUIGNES-RABUTIN 25 km
VILLENEUVE-ST-GEORGES 18 km
36 km PARIS (par A6)
24 km ARPAJON
6 km EVRY
MELUN 17 K.
FONTAINEBLEAU 31 km
vers 4
SEINE
GRANDS MOULINS
GARE
Rue du 14 Juillet
N 448
N 446
N 7
N 191
D 137
Bd J. Jaurès
Darblay
Av. Leclerc
Rue du Gd
Rue Marcel Briand
Av. Aristide
Rue de Féray
Rue Cachin
Rue du Président
R. J.-J. Rousseau
Champlouis
ST-SPIRE
Quai Bourgoin
Rue St-Spire
R. St-Nicolas
Allées
Rue Widmer
Rue Oberkampf
CORBEIL
Carnot
Rue Ed. Petit
Rue de Lattre de Tassigny
Croizat
Ambroise
Féray
POL.
PALAIS DES SPORTS
R. Maurice Berteaux
Essonne
Gournay
Rue St-Spire
Pl. Vaillant Couturier
ST-ETIENNE
Rue de Paris
Rue de Gournay
Rue de la Dauphine
ESSONNES
IOT
M
H

Darblay (Av.) .... BY
Féray (R.) .... BY
Notre-Dame (R.) .... BY 8
Paris (R. de) .... AZ
St-Spire (R.) .... BY
Salengro (Pl. Roger) .... BY 13

Buisson (R. Ferdinand) ... BY 2
Crété (Bd) .... BY 4
Drézet (R. Charles) .... BY 5
Mauzaisse (Quai) .... BY 7
Pêcherie (R. de la) .... BY 9
République (R. de la) .... BY 10

🏛 **Central H.**, 68 r. St-Spire ☎ 088.06.06, Télex 691650 – 📶 🖤wc 🏛wc ☎ 🅿 – 🔒
➤ 80. VISA 🛏 ch   BY **n**
fermé 1er au 15 août – **R** *(fermé dim.)* 38/62 ⅙ – ⊑ 18 – **48 ch** 160/240.

🍴🍴 **Aux Armes de France** avec ch, 1 bd J.-Jaurès ☎ 496.24.04 – 🏛wc ☎ 🅿 AE ⓞ
VISA 🛏 rest   AZ **a**
fermé août – SC : **R** 70/166 – ⊑ 14 – **12 ch** 96/132.

à Étiolles par ① : 2,5 km – ⊠ **91450** Soisy-sur-Seine :

🍴 **La Fontaine**, N 448 ☎ 075.45.33, ← – 🅿

CITROEN Corbeil Essonnes Automobiles, 33
av. 8 Mai 1945 par ⑤ N 446 ☎ 089.21.10
FIAT Corbeil-Autos, 119 bd J.-Kennedy ☎
088.16.30
PEUGEOT-TALBOT Desrues, 29 bd J.-Kenne-
dy par ④ ☎ 088.20.90
RENAULT Gd Gar. Féray, 46 av. 8-Mai-1945
par ⑤ N 446 ☎ 088.92.20 🅽 ☎ 046.34.19
TALBOT France-Europe-Auto, 35 bd Fontai-
nebleau par ④ ☎ 089.26.72

V.A.G. Diffusion-Auto-Européenne, 27 bd
Fontainebleau ☎ 089.14.14
Gar. G.T.C., 52 r. De La Liberté ☎ 496.26.24

🛞 Coursaux-Pneus, 116 bd J.-Kennedy ☎ 088.
07.09
Piot-Pneu, 80 bd de Fontainebleau ☎ 089.15.25

EXCENEVEX 74 H.-Savoie 🔟 ⑦ G. Alpes – 461 h. alt. 375 – ⊠ **74140** Douvaine – ✪ 50.
🅱 Syndicat d'Initiative à la Mairie *(fermé sam. après-midi, dim. et merc.)* ☎ 72.81.27.
Paris 574 – Annecy 72 – Bonneville 41 – Douvaine 10 – ✦Genève 27 – Thonon-les-Bains 13.

🏛 **Les Crêtes**, ☎ 72.81.05, ≤ lac, ⅃, 🐴 – 📶 ⌷wc 🏛wc ☎ 🅿 – 🔒 50
1er mars-30 nov. – SC : **R** 70/200 – ⊑ 25 – **33 ch** 90/250 – P 160/270.

🏛 **Léman**, ☎ 72.81.17, 🐴 – 🏛wc 🅿. 🛏
fermé janv. fév., mardi soir (sauf rest.) et merc. – SC : **R** 60/110 – ⊑ 15 – **25 ch**
105/140 – P 155/190.

🏛 **Plage** 🛏, ☎ 72.81.12, ≤, 🍽, 🐟, 🐴 – ⌷wc 🅿. 🛏
25 mars-31 oct. – SC : **R** 65/80 – ⊑ 15 – **20 ch** 88/130 – P 155/166.

EXCIDEUIL 24160 Dordogne 🔟 ⑥⑦ G. Périgord – 1 584 h. alt. 150 – ✪ 53.
Paris 463 – Brive-la-Gaillarde 63 – ✦Limoges 68 – Périgueux 35 – Thiviers 19.

🏛 **Fin Chapon,** pl. Château ☎ 62.42.38 – ⌷wc 🏛. 🛏 ch
➤ *fermé 20 déc. au 31 janv., dim. soir et lundi hors sais.* – SC : **R** 41/150 – 🍽 13 –
12 ch 66/150.

AUTOBIANCHI, FIAT, LANCIA Combreze, ☎
62.40.19

RENAULT Portail, ☎ 62.40.47

EYBENS 38 Isère 🔟 ⑤ – rattaché à Grenoble.

EYGALIÈRES 13810 B.-du-R. 🔠 ① G. Provence – 1 427 h. alt. 105 – ✪ 90.
Paris 715 – Avignon 28 – Cavaillon 13 – ✦Marseille 81 – St-Rémy-de-Pr. 12 – Salon-de-Pr. 27.

🏛 **Mas de la Brune**, N : 1,5 km par D 74ᴬ ☎ 95.90.77, 🍽, « belle demeure du
16e s., parc » – ⌷wc ☎ – 🔒 40
R 120 – ⊑ 25 – **12 ch** 250/350 – P 430/550 (pour 2 pers.).

🏛 **Crin Blanc** Ⓜ 🛏, E : 2 km sur D 24ᴮ ☎ 95.93.17, ≤, 🍽, ⅃, 🐴 – ⌷wc ☎ 🅿
fermé fév. – SC : **R** *(fermé lundi)* 90/150 – ⊑ 25 – **10 ch** 200 – P 220.

🍴🍴 **Aub. Provençale**, ☎ 95.91.00 – 🅿
fermé 15 au 30 nov., 15 au 28 fév. et merc. – SC : **R** 125/160.

CITROEN Gar. Barrouyer, ☎ 95.90.83

EYMET 24500 Dordogne 🔟 ⑭ – 2 493 h. alt. 50 – ✪ 53.
Paris 579 – Bergerac 25 – ✦Bordeaux 95 – Marmande 33 – Périgueux 72 – Villeneuve-sur-Lot 51.

🏨 **Château**, r. Couvent ☎ 23.81.35 – 🏛
➤ *fermé 1er au 25 oct., merc. sauf du 1er juin au 30 sept.* – SC : **R** 44/80 ⅙ – ⊑ 10 –
10 ch 60/80 – P 120/125.

FIAT Augieras, ☎ 23.81.09
PEUGEOT-TALBOT Jauberthie, ☎ 23.80.46

RENAULT Sud Ouest Gge, ☎ 23.82.60

EYNE 66 Pyr.-Or. 🔠 ⑯ – rattaché à Saillagouse.

Aimer la nature,
c'est respecter la pureté des sources, la propreté des rivières,
des forêts, des montagnes...
c'est laisser les emplacements nets de toute trace de passage.

Les EYZIES-DE-TAYAC 24620 Dordogne **75** ⑯ G. Périgord – 750 h. alt. 74 – ✪ 53.

Voir Musée national de Préhistoire★ – Grotte du grand Roc★★ – Gorges d'Enfer★ – Grotte de Font-de-Gaume★.

🔼 Syndicat d'Initiative pl. Mairie (1er avril-11 nov. et fermé dim.) ☎ 06.97.05.

Paris 532 – Brive-la-Gaillarde 62 – Fumel 64 – Lalinde 37 – Périgueux 45 – Sarlat-la-Canéda 21.

🏫 ✿✿ **Centenaire** M, ☎ 06.97.18, 🏠, 🦐 – 📺 ☎ ☎ ⓟ, 🖭 ⓘ E 🚾. 🍴 ch
  *18 avril-5 nov. – SC : R (fermé mardi midi) 100/270 et carte – ☲ 30 – **29 ch** 130/140, 3 appartements 400 – P 300/360*
  Spéc. Foie gras poêlé, Homard rôti au jus de truffes, Steak de canard à la crème d'échalotes. **Vins** Bergerac, Cahors.

🏫 ✿ **Cro-Magnon** M, ☎ 06.97.06, 🏠, « Jardin fleuri, terrasse ombragée, 🏊 » – ☎
  🔥 ⓟ, 🖭 ⓘ E 🚾. 🍴 rest
  *20 avril-10 oct. – SC : R 90/220 – ☲ 24 – **24 ch** 180/285, 3 appartements 480 – P 230/340*
  Spéc. Escalope de foie de canard au vinaigre de cidre, Truffe sous la cendre, Ragoût de champignons. **Vins** Clos de Gamot, Sigoulès.

🏠 **Moulin de la Beune** M ⌂ sans rest, ☎ 06.94.33, 🦐 – 🚻wc 🏠wc ☎ ⓟ, 🚾
  *25 mars-2 nov. – SC : ☲ 19 – **20 ch** 160/185.*

🏠 **Les Glycines**, ☎ 06.97.07, ≼, « Parc » – 🚻wc – 🚻wc 🕮 🚗 ⓟ, 🖭 🚾. 🍴 rest
  *15 avril-15 oct. – SC : R 85/195 – ☲ 24 – **25 ch** 180/230 – P 230/280.*

🏠 **Centre,** ☎ 06.97.13, 🏠 – 🚻wc 🕮. 🚾
  *fermé 15 nov. au 6 fév. et mardi en fév.-mars – SC : R 63/165 – ☲ 17 – **18 ch** 115/150 – P 170/190.*

🏠 **Les Roches** sans rest, rte Sarlat ☎ 06.96.59, 🦐 – 🚻wc 🕮 ⓟ, 🖭. 🍴
  *15 mars-20 oct. – SC : ☲ 16 – **19 ch** 137/168.*

🏠 **France et Aub. du Musée,** ☎ 06.97.23, 🏠 – 🚻wc 🏠wc 🕮 ⓟ
  *1er avril-3 nov. – SC : R 59 (sauf fêtes)/175 – ☲ 17 – **16 ch** 92/154 – P 159/205.*

CITROEN Gar. de la Patte-d'Oie ☎ 06.97.29   RENAULT Dupuy, ☎ 06.97.32

ÈZE 06 Alpes-Mar. **84** ⑩, **195** ㉗ G. Côte d'Azur (plan) – 2 064 h. alt. 427 – ⊠ 06360 Èze-Village – ✪ 93 – Voir Site★★ (village perché) – Jardin exotique 🌸★★★ – Les rues d'Eze★ – Belvédère d'Eze ≼★★ O : 4 km – 🔼 Syndicat d'Initiative à la Mairie (fermé sam. après-midi et dim.) ☎ 41.03.03 – Paris 946 – Cap-d'Ail 7 – Menton 18 – Monte-Carlo 8 – ◆Nice 12.

🏠 **Hermitage du Col d'Èze** ⌂, NO : 2,5 km sur D 46 ☎ 41.00.68, ≼, 🏠 – 🚻wc
  🏠 ⓟ, 🖭 E 🚾. 🍴 rest
  *fermé nov. au 29 déc. – SC : R (fermé avril à juin et sept. : dim. soir et lundi ; juil.-août : ouvert dim., fériés et le soir ; oct. à mars : ouvert vend., sam. et le midi) 56/130 – ☲ 18 – **12 ch** 120/180.*

🍴🍴🍴🍴 ✿ **Château de la Chèvre d'Or** ⌂ avec ch, r. Barri ☎ 41.12.12, Télex 970839, « Site pittoresque dominant la mer », 🏊 – 📺 🚻wc ☎, 🖭 ⓘ 🚾
  *fermé mi-nov. à mi-fév. – R (fermé merc. du 1er oct. à Pâques) 220, dîner à la carte – ☲ 40 – **6 ch** 350/860, 3 appartements*
  Spéc. Saumon mariné, Blanc de turbot farci, Suprême de pigeonneau en feuilleté. **Vins** Bellet, Bandol.

🍴🍴🍴 ✿ **La Couletta** (Ferri), pl. de Gaulle ☎ 41.05.23, 🏠 – 🖭 ⓘ 🚾
  fermé 15 fév. au 20 mars, dim. soir et lundi du 15 sept. au 15 juin, lundi midi et dim. du 15 juin au 15 sept. – R carte 185 à 260
  Spéc. Filets de rougets en ratatouille, Goujonnettes de sole et homard aux pâtes vertes, Selle d'agneau à la crème d'ail. **Vins** Bellet.

ÈZE-BORD-DE-MER 06360 Alpes-Mar. **84** ⑩, **195** ㉗ G. Côte d'Azur – ✪ 93.

Paris 947 – Beaulieu 3 – Cap d'Ail 5 – Menton 18 – ◆Nice 13.

🏫 **Cap Estel** M ⌂, ☎ 01.50.44, Télex 470305, ≼, 🏠, « Parc, 🏊, 🏊, ⚓ » – 📶
  🔲 ch ☎ 🔥 E. 🍴 rest
  *1er fév.-31 oct. – SC : R 200/230 – **37 ch.** (pens. seul.) : 950/1 200, 9 appartements.*

🏠 **H. Cap Roux** sans rest, Basse Corniche ☎ 01.51.23, ≼ – 📶 cuisinette 🔲 🚻wc
  🏠wc 🕮 ⓟ
  *15 mars-30 sept. – SC : ☲ 15 – **30 ch** 165/214.*

🏠 **Aub. Le Soleil,** Basse Corniche ☎ 01.51.46, 🏠 – 🚻wc 🏠wc 🕮 ⓟ
  ◆ *fermé 12 nov. au 12 déc. – SC : R 36/70 – ☲ 15 – **9 ch** 125 – P 180.*

🍴 **Rest. Cap Roux,** Basse Corniche ☎ 01.50.17 – 🖭 E 🚾
  ◆ *15 mars-15 oct., 15 déc.-5 janv. et fermé le soir sauf sam. et dim. – SC : R 40/120 🔥.*

ÉZY-SUR-EURE 27 Eure **55** ⑦, **196** ⑬ – rattaché à Anet.

FACTURE 33 Gironde **78** ② – alt. 13 – ✪ 56.

Paris 633 – Andernos-les-Bains 16 – Arcachon 24 – ◆Bordeaux 39.

  à Biganos NO : 1 km – 4 588 h. – ⊠ 33380 Biganos :

🔺 **Chez Marie,** D 3E ☎ 82.60.37 – 🏠 ⓟ, 🚾
  ◆ *fermé sam. sauf juil. et août – R 36/130 🔥 – ☲ 15 – **20 ch** 55/150 – P 150/200.*

FADES (Viaduc des) ★ 63 P.-de-D. **73** ③ G. Auvergne – alt. 576 – ⊠ 63770 Les Ancizes-Comps – ☎ 73.

Paris 383 – Aubusson 71 – ◆Clermont-Ferrand 56 – Montluçon 64 – Riom 40 – Ussel 85.

※ **Gare** ⑤, avec ch, ☎ 86.80.05, ≤ viaduc et vallée – ※ ch
→ Pâques-15 oct. – SC : **R** 45/60 – ☲ 12 – **4 ch** 60.

FALAISE 14700 Calvados **55** ⑫ G. Normandie – 8 820 h. alt. 132 – ☎ 31.

Voir Château★ A – Église de la Trinité★ A E.

🛈 Office de Tourisme 32 r. G.-Clemenceau (fermé mardi en sais., dim. et lundi hors saison) ☎ 90.17.26.

Paris 216 ③ – Argentan 23 ③ – ◆Caen 34 ① – Flers 43 ⑤ – Lisieux 49 ① – St-Lô 79 ①.

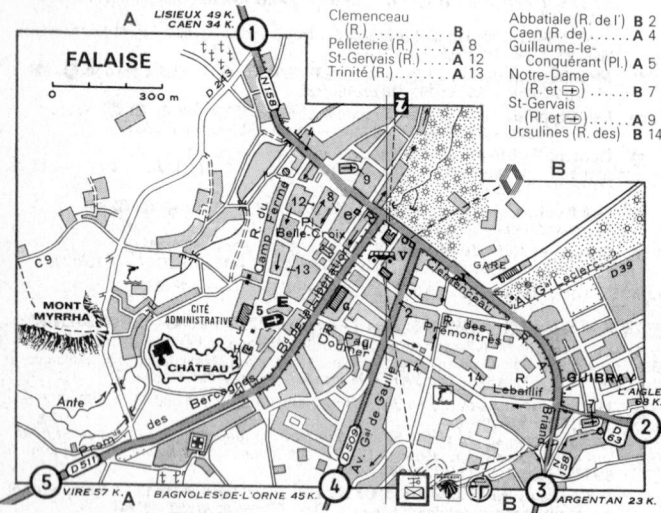

Clemenceau
(R.) . . . . **B**
Pelleterie (R.) . . . . . **A 8**
St-Gervais (R.) . . . . . **A 12**
Trinité (R.) . . . . **A 13**

Abbatiale (R. de l') **B 2**
Caen (R. de) . . . . . **A 4**
Guillaume-le-
Conquérant (Pl.) **A 5**
Notre-Dame
(R. et ⇄) . . . . . . **B 7**
St-Gervais
(Pl. et ⇄) . . . . . . **A 9**
Ursulines (R. des) **B 14**

🏨 **Normandie**, 4 r. Amiral-Courbet ☎ 90.18.26 – ➱wc 🛁wc ☎ ◄ A **e**
→ SC : **R** (fermé dim.) 42/62 👌 – ☲ 14,50 – **30 ch** 75/130 – P 150/170.

🏨 **Poste**, 38 r. G.-Clemenceau ☎ 90.13.14 – ➱wc 🛁wc ℗. 🆅🆂🅰 B **v**
→ fermé 15 au 21 oct., 20 déc. au 15 janv., dim. soir et lundi – SC : **R** 47/100 – ☲ 14,50
– **18 ch** 65/115 – P 130/160.

✕✕ **La Fine Fourchette**, 52 r. G.-Clemenceau ☎ 90.08.59 – ℗. 🆅🆂🅰 B **r**
fermé 1er au 15 fév. et merc. soir hors sais. – SC : **R** 53/141.

FORD Lacoudrée, 51 av. Hastings ☎ 90.19.69
PEUGEOT-TALBOT Falaise-Autos., rte d'Argentan par ③ ☎ 90.04.89
PEUGEOT-TALBOT Cornu, pl. Reine-Mathilde ☎ 90.11.53 ℕ ☎ 90.11.57

RENAULT Gar. Poste, 34 r. G.-Clemenceau ☎ 90.01.00

Le FALGOUX 15 Cantal **76** ② – 292 h. alt. 930 – Sports d'hiver : 930/1 400 m ⤋2 – ⊠ 15380 Anglards de Salers – ☎ 71.

Env. Cirque du Falgoux★★ SE : 6 km – Pas de Peyrol★★ SE : 12 km, G. Auvergne.
Paris 519 – Aurillac 51 – Mauriac 33 – Murat 34 – Salers 14.

🏠 **Voyageurs et Touristes**, ☎ 69.51.59, ≤ – 🛁. **E**. ※
→ fermé nov. – **R** 38/70 – ☲ 12 – **18 ch** 48/60 – P 110/120.

FALICON 06950 Alpes-Mar. **84** ⑩, **195** ㉖ G. Côte d'Azur – 1 065 h. alt. 307 – ☎ 93.

Voir Terrasse ≤★.

Env. Mont Chauve d'Aspremont ☀★★ N : 8,5 km puis 30 mn.
Paris 946 – Aspremont 10 – Colomars 15 – Levens 17 – ◆Nice 10 – Sospel 44.

✕ **Bellevue**, ☎ 84.94.57, ≤
fermé oct. et mardi – SC : **R** 72.

FALLIÈRES 88 Vosges **62** ⑯ – rattaché à Remiremont.

460

Le FAOU 29142 Finistère 58 ⑤ G. Bretagne – 1 574 h. alt. 10 – ✪ 98.

Voir Site★ – Retables★ dans l'église de Rumengol E : 2,5 km – Quimerc'h ⇐★ SE : 4,5 km.

🛈 Syndicat d'Initiative 10 r. Gén. de Gaulle (15 juin-15 sept. et fermé dim. après-midi) ☏ 81.90.44.

Paris 562 – ◆Brest 30 – Carhaix-P. 56 – Châteaulin 16 – Landerneau 22 – Morlaix 49 – Quimper 41.

  🏠 **Vieille Renommée** M., pl. Mairie ☏ 81.90.31 – 📶 📺 ⇨wc 🗄wc ☎ – 🚗 40 à 150. **E** 𝓥𝓘𝓢𝓐
    fermé oct., fév., dim. soir et lundi sauf juil.-août – SC : **R** 55/165 ⅊ – ⎓ 17 – **38 ch** 140/180.

  🏠 **Relais de la Place**, pl. Mairie ☏ 81.91.19 – ⇨wc 🗄wc ☎ – 🚗 40. **E**. ⚘
    fermé 2 au 14 mai, 15 sept. au 15 oct., vend. soir et sam. sauf 1ᵉʳ juil. au 15 sept. – SC : **R** 60/160 ⅊ – ⎓ 16 – **40 ch** 70/150.

CITROEN Le Velly, ☏ 81.91.06 **N**   RENAULT Kervella, ☏ 81.90.69

FARROU 12 Aveyron 79 ⑩ – rattaché à Villefranche-de-Rouergue.

La FAUCILLE (Col de) ★★ 01 Ain 70 ⑮ G. Jura – alt. 1 323 – Sports d'hiver : 1 000/1 550 m ✇1 ≨9, ⚐ – ⊠ 01170 Gex – ✪ 50.

Voir Descente sur Gex (N 5) ⇐★★ SE : 2 km.

Paris 487 – Bourg-en-Bresse 132 – ◆Genève 28 – Gex 11 – Morez 27 – Nantua 75 – Les Rousses 18.

  🏨 **La Mainaz** ⑤, S : 1 km par N5 ☏ 41.77.17, ≤ lac Léman et les Alpes, 🚵 – ☎ 🚗 🅿. 🗚 ① **E** 𝓥𝓘𝓢𝓐 ⚘ rest
    fermé 15 juin au 1ᵉʳ juil. et 1ᵉʳ nov. au 15 déc. – SC : **R** 70/150 – ⎓ 25 – **25 ch** 165/260 – P 265/295.

  🏠 **Couronne** ⑤, ☏ 41.81.26, ≤ – ⇨wc ☎ 🅿
    fermé 15 avril au 15 mai et 1ᵉʳ oct.au 15 déc. – SC : **R** 60/110 – ⎓ 15 – **23 ch** 95/155 – P 170/200.

  🏠 **La Petite Chaumière** ⑤, ☏ 41.75.02, ≤ – ⇨wc ☎ 🅿
    1ᵉʳ juin-10 oct. et 15 déc.-20 avril – SC : **R** 60/110 – ⚌ 18 – **32 ch** 100/150 – P 190/215.

  à Mijoux O : 8,5 km par D 936 – ⊠ 01410 Chézery-Forens.
  🛈 Syndicat d'Initiative à la Mairie (fermé matin hors sais., jeudi et dim.) ☏ 41.48.31.

  🏠 **Vallée** ⑤, ☏ 41.80.13 – ⇨wc ☎ 🅿 – 🚗 60
  ➜ *1ᵉʳ juin-31 oct. et 15 déc.-25 avril* – SC : **R** 43/100 ⅊ – ⎓ 16 – **25 ch** 72/176 – P 138/220.

  🏠 **Egravines** M ⑤, ☏ 41.66.47, ≤ – 🗄wc ☎ 🅿. 𝓥𝓘𝓢𝓐 ⚘ ch
    30 juin-2 sept. et 22 déc.-Pâques – SC : **R** 70/100 – ⎓ 21 – **16 ch** 135/193 – P 210/237.

La FAUTE-SUR-MER 85 Vendée 71 ⑪ – rattaché à Aiguillon-sur-Mer.

La FAVÈDE 30 Gard 80 ⑦ – rattaché à La Grand-Combe.

FAVERGES 74210 H.-Savoie 74 ⑯⑰ G. Alpes – 6 330 h. alt. 516 – ✪ 50.

🛈 Syndicat d'Initiative pl. M.-Piquand (vacances scolaires et fermé dim.) ☏ 44.60.24.

Paris 575 – Albertville 19 – Annecy 26 – Megève 34.

  🏠 **Alpes**, pl. Gambetta ☏ 44.50.05, 🍽 – ⇨wc 🗄wc ☎ 🅿. 🗚 ① **E** 𝓥𝓘𝓢𝓐
    fermé nov., dim. soir et lundi sauf juil.-août – SC : **R** 60/180 – ⎓ 18 – **20 ch** 80/185 – P 160/230.

  🏠 **Parc**, rte Albertville ☏ 44.50.25, 🚵 – ⇨wc 🗄wc 🅿. **E** 𝓥𝓘𝓢𝓐 ⚘
  ➜ *fermé 11 au 28 juin et 25 sept. au 15 oct.* – SC : **R** *(fermé sam. midi et mardi hors sais.)* 50/120 ⅊ – ⚌ 16 – **14 ch** 75/180.

  à Vesonne NO : 4 km par D 282 puis rte de Montmin – ⊠ 74210 Faverges.
  Env. Col de la Forclaz ⇐★★ NO : 11,5 km.

  🏡 **Bon Repos**, sur D 42 ☏ 44.50.92, ≤, 🍽, 🚵 – 🅿
  ➜ *fermé nov.* – SC : **R** 48/100 – ⎓ 14,50 – **14 ch** 80/95 – P 135.

  au Tertenoz SE : 4 km par D 12 et VO – ⊠ 74210 Faverges :

  🏠 **Gay Séjour** ⑤, ☏ 44.52.52, ≤, 🍽 – ⇨wc 🗄wc ☎ 🅿 – 🚗 30. 🗚 ① **E** 𝓥𝓘𝓢𝓐 ⚘
    fermé 15 au 30 oct., 20 déc. au 25 janv., dim. soir et lundi sauf vacances scolaires – SC : **R** 55/180 – ⎓ 22 – **14 ch** 90/175 – P 230.

CITROEN Copel, ☏ 44.53.04   RENAULT Gar. Fontaine, ☏ 44.51.09
PEUGEOT-TALBOT Gar. de l'Étoile, ☏ 27.43.27

FAVERGES-DE-LA-TOUR 38 Isère 74 ⑭ – rattaché à La Tour du Pin.

FAVIÈRE (Plage de la) 83 Var 84 ⑯ – rattaché au Lavandou.

FAYENCE 83440 Var **84** ⑦, **195** ㉒ G. Côte d'Azur – 2 652 h. alt. 325 – ✪ 94.

Voir ≼✳ de la terrasse de l'église.

🛈 Syndicat d'Initiative pl. Léon-Roux (fermé dim. après-midi et lundi en juin et sept.) ☏ 76.20.08.

Paris 905 – Castellane 55 – Draguignan 35 – Fréjus 34 – Grasse 27 – St-Raphaël 37.

🏦 **Moulin de la Camandoule** ⌂, SO : 3 km par D 19 et chemin N.-D.-des-Cyprès ☏ 76.00.84, ≼, « Ancien moulin à huile », parc, ⛲ – ⌂wc �📶wc ☎ ℗
hôtel fermé janv. et fév. – SC : **R** (ouvert 1er avril-1er oct. et fermé mardi sauf le soir en juil. et août) 104/145 – 🍽 25 – **10 ch** 190/270.

🏦 **Les Oliviers** M sans rest, quartier Ferrage ☏ 76.13.12, ≼ – ⌂wc �📶wc ☎ 🚗 ℗
fermé 6 nov. au 15 déc. et 15 au 25 janv. – SC : 🍽 22 – **23 ch** 170/210.

✕ **France**, 1 r. du Château ☏ 76.00.14, 🉐
fermé 15 au 30/6, 15 au 31/12, le soir du 1er/11 au 28/2, merc. soir hors sais., vend. midi en sais. et jeudi – SC : **R** (prévenir) 64/140.

Le FAYET 74 H.-Savoie **74** ⑧ – rattaché à St-Gervais-les-Bains.

FAYL-BILLOT 52500 H.-Marne **66** ④ G. Jura – 1 524 h. alt. 333 – ✪ 25.

Voir École nationale d'Osiériculture et de Vannerie.

Paris 320 – Bourbonne-les-Bains 29 – Chaumont 61 – ◆Dijon 80 – Gray 46 – Langres 26 – Vesoul 49.

✕✕ **Cheval Blanc** avec ch, pl. Barre ☏ 88.61.44 – ⌂wc. **E**
fermé 12 au 20 nov. et lundi – SC : **R** 45/120 🍶 – 🍽 15 – **10 ch** 58/150.

FAY-SUR-LIGNON 43430 H.-Loire **76** ⑱ G. Vallée du Rhône – 480 h. alt. 1 180 – ✪ 71.

Voir ≼✳ du cimetière.

Env. St-Clément : ≼✳✳ SE : 7 km par D 262 et D 247.

Paris 599 – Aubenas 80 – Langogne 69 – Le Puy 46 – St-Agrève 22 – ◆St-Étienne 78.

🏠 **du Lignon** sans rest, ☏ 59.51.44. ⛟
SC : 🍽 15 – **7 ch** 68/80.

RENAULT Debard, ☏ 59.54.80 **N** ☏ 59.74.76

FÉAS 64 Pyr.-Atl. **85** ⑤ – rattaché à Oloron-Ste-Marie.

☞ Les pastilles numérotées des plans de ville ①, ②, ③
sont répétées sur les **cartes Michelin** à 1/200 000.
Elles facilitent ainsi le passage entre les **cartes** et les **guides Michelin**.

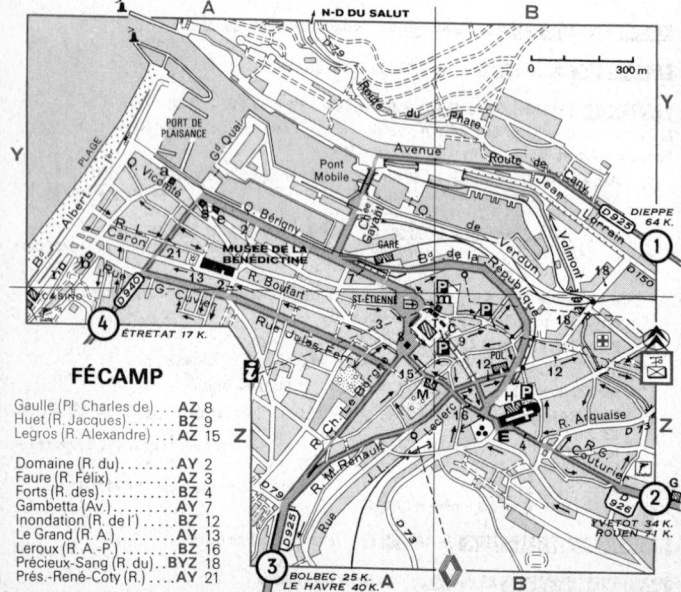

FÉCAMP

Gaulle (Pl. Charles de) .... **AZ** 8
Huet (R. Jacques) .... **BZ** 9
Legros (R. Alexandre) ... **AZ** 15

Domaine (R. du) .... **AY** 2
Faure (R. Félix) .... **AZ** 3
Forts (R. des) .... **BZ** 4
Gambetta (Av.) .... **AY** 7
Inondation (R. de l') ..... **BZ** 12
Le Grand (R. A.) .... **AY** 13
Leroux (R. A.-P.) .... **BZ** 16
Précieux-Sang (R. du) ..**BYZ** 18
Prés.-René-Coty (R.) ....**AY** 21

FÉCAMP 76400 S.-Mar. 🗲 ⑫ G. Normandie – 21 696 h. alt. 14 – Casino AZ – ✦ 35.

Voir Église de la Trinité★★ BZ **E** – Musée de la Bénédictine★ AY.

Env. Chapelle N.-D.-du-Salut ≤★★ AY.

🛈 Office de Tourisme pl. Bellet (fermé dim. et lundi) ☎ 28.20.51.

Paris 214 ③ – ✦Amiens 163 ② – ✦Caen 118 ③ – Dieppe 64 ① – ✦Le Havre 40 ③ – ✦Rouen 71 ②.

Plan page ci-contre

🏨 **Angleterre** sans rest, 93 r. Plage ☎ 28.01.60 – 📺 🛏wc ☜ 🅿. 🖭 *VISA*. 🎇   AY **b**
   fermé 20 nov. au 28 déc. – SC : 🖵 17 – **28 ch** 155/195.

🏨 **Mer** sans rest, 89 bd Albert 1er ☎ 28.24.68, ≤ – 🛏wc ☜. 🎇   AY **r**
   fermé 23 déc. au 31 janv. – SC : 🖵 14,50 – **8 ch** 78/179.

XX **Le Maritime**, 2 pl. N.-Selles ☎ 28.21.71, ≤ – 🖭 ⓞ **E** *VISA*   AY **s**
   fermé 26 mars au 3 avril et 17 sept. au 5 oct. – SC : **R** (🏛 1er étage) 60/165.

XX **La Marine**, 23 quai Vicomté ☎ 28.15.94 – 🖭 ⓞ **E** *VISA*   AY **a**
   fermé 22 déc. au 12 janv. et merc. – SC : **R** 65/140 ⅓.

XX **Aub. de la Rouge**, par ③ : 2 km ☎ 28.07.59 – 🅿. 🖭 ⓞ **E** *VISA*
   fermé jeudi soir et vend. – SC : **R** 55/160 ⅓.

X **L'Escalier**, 101 quai Berigny ☎ 28.26.79 – ⓞ **E** *VISA*   AY **e**
   fermé 15 nov. au 3 déc., 8 au 25 fév., dim. soir et lundi hors sais. – SC : **R** 70/130 ⅓.

X **Martin** avec ch, 18 pl. St-Étienne ☎ 28.23.82 – 🛏 🏠wc. *VISA*. 🎇 ch   ABZ **m**
→ *fermé 1er au 20 mars et 1er au 20 sept.* – SC : **R** (fermé dim. soir et lundi sauf fériés)
   44/88 – 🖵 14 – **7 ch** 61/100.

CITROEN Rouen, 45 bd de la République ☎
29.25.72
FIAT, LANCIA-AUTOBIANCHI Gar. des Hallet-
tes, 6 r. Gustave Couturier ☎ 28.14.48
FORD Lefebvre, 15 r. Prés.-Coty ☎ 28.05.75
PEUGEOT, TALBOT Lachèvre, rte du Havre à
St-Léonard par ③ ☎ 28.20.30
RENAULT S.E.L.C.O., 23 r. J.-L.Leclerc ☎ 28.
24.02

V.A.G. Boivin, D 925 à St-Léonard ☎ 28.00.22
VOLVO Gar. Lair, 22 pl. Bigot ☎ 28.09.44

⦿ Brument, 6 rte de Valmont ☎ 28.28.81
Comptoir Fécampois du Pneu, 8 et 10 r.
Ch.-Le-Borgne ☎ 28.14.99

La FÉCLAZ 73 Savoie 🗖 ⑮ G. Alpes – alt. 1 350 – Sports d'hiver : 1 350/1 550 m ✫11, ⚐ –
✉ 73230 St-Alban-Leysse – ✦ 79.

🛈 Syndicat d'Initiative Les Déserts (fin juin-15 sept. et 15 déc.-15 avril) ☎ 25.80.49.

Paris 581 – Aix-les-Bains 26 – Annecy 40 – Chambéry 19 – Lescheraines 14.

🏨 **Bon Gîte** ᠗, ☎ 25.82.11, ≤, 🔼, ☞, 🎇 – 🍴 cuisinette 🛏wc 🏠 ☜ 🛵 🅿 – 🚗
   30
   16 juin-10 sept. et Noël-Pâques – SC : **R** 55/116 – 🚅 26 – **28 ch** 95/260, 6 apparte-
   ments 340/440 – P 137/226.

🏨 **Central et Terrasses Fleuries**, ☎ 25.81.68, ≤ – 🏠 🅿
   juil.-août et Noël-Pâques – SC : **R** 53/75 – 🖵 12 – **25 ch** 44/110 – P 140/176.

   au Col de Plainpalais E : 4 km par D 913 et D 912 – Sports d'hiver 1180/1500 m ✫2 –
   ✉ 73230 St-Alban-Leysse :

🏨 **Plaimpalais** ᠗, ☎ 25.81.79, ≤ – 🛏wc 🏠wc ☜ 🅿. 🎇 rest
   1er juin-30 sept. et 15 déc.-fin avril – SC : **R** 57/96 – 🖵 18 – **20 ch** 165/210 – P
   190/220.

FELLETIN 23600 Creuse 🗖 ① G. Périgord – 3 130 h. alt. 541 – ✦ 55.

Paris 391 – Aubusson 12 – ✦ Clermont-Ferrand 96 – Ussel 48.

XX **Gare** avec ch, ☎ 66.48.29 – 🏠wc. **E** *VISA*
→ SC : **R** 40/150 ⅓ – 🖵 16 – **11 ch** 60/165 – P 170/260.

FENESTRELAY 18 Cher 🗖 ① – rattaché à Bourges.

La FÈRE 02800 Aisne 🗖 ④ G. Nord de la France – 3 925 h. alt. 51 – ✦ 23.

Voir Musée Jeanne-d'Aboville★.

🛈 Syndicat d'Initiative Musée d'Aboville (fermé mardi) ☎ 56.29.05.

Paris 135 – Laon 24 – Noyon 29 – St-Quentin 23 – Soissons 42 – Vervins 50.

   à Vendeuil N : 7 km N 44 – ✉ 02800 La Fère :

XXX **L'Aub. de Vendeuil** ᠗ avec ch, ☎ 66.85.22 – 📺 🛏wc ☎ 🕭 🅿 – 🚗 25. 🖭 ⓞ
   VISA. 🎇 ch
   SC : **R** 70 bc/140 bc – 🖵 23 – **22 ch** 170/195 – P 200/380.

CITROEN Gar. Marchand, 54 av. Gal-Leclerc
☎ 56.20.52
PEUGEOT Gar. Ménoire, 13 r. du Bourget ☎
56.21.34

RENAULT Gar. Central, 33 r. de la République
☎ 56.22.39

FÈRE-CHAMPENOISE 51230 Marne 🔟 ⑥ – 2 435 h. alt. 110 – ✿ 26.
Paris 139 – Châlons-sur-Marne 36 – Épernay 37 – Sézanne 21 – Troyes 66 – Vitry-le-François 44.

　🏠 **France,** ℡ 42.40.24 – 🏠 🅿
　➡ *fermé 15 au 31 juil. et lundi* – SC : **R** 38/85 – ☲ 12 – **10 ch** 65/135 – P 130.

FÈRE-EN-TARDENOIS 02130 Aisne 🔟 ⑭⑮ – 3 295 h. alt. 125 – ✿ 23.
Voir Château de Fère★ : Pont monumental★★ N : 3 km, G. Environs de Paris.
Paris 110 – Château-Thierry 26 – Laon 54 – ◆Reims 45 – Soissons 26.

　au Nord 3 km par D 967 : – ⊠ 02130 Fère-en-Tardenois :

　🏛 ✿✿ **Host. du Château** ⤳ *par rte forestière,* ℡ 82.21.13, Télex 145526, ≼, « Belle
　demeure du 16ᵉ s., parc », ⚘ – 📺 🕿 🕭 🅿 – 🏊 30, 🖭 E 🗺 ⚘ rest
　fermé 1ᵉʳ janv. au 1ᵉʳ mars – SC : **R** (nombre de couverts limité - prévenir) 200/300 et
　carte – ☲ 30 – **13 ch** 280/480, 7 appartements 500/660
　Spéc. Bar au beurre de truffes, Turbot sauce corail, Farandole des desserts. **Vins** Crémant, Bouzy.

　❌❌ **Aub. du Connétable,** *sur D 967* ℡ 82.24.25, 🍽 – 🅿 🖭 E
　fermé 1ᵉʳ janv. au 10 fév. et lundi – SC : **R** 68/170.

PEUGEOT Dumont, ℡ 82.22.05　　　　　　　⊛ Fischbach Pneu, ℡ 82.23.23
RENAULT Huguenin, ℡ 82.21.85

FERNEY-VOLTAIRE 01210 Ain 🔟 ⑯ G. Jura – 6 400 h. alt. 436 – ✿ 50.
➴ de Genève-Cointrin : Air France ℡ 31.33.30 S : 4 km.
Paris 508 – Bellegarde-sur-Valserine 36 – Bourg-en-Bresse 117 – ◆Genève 7 – Gex 10 – Nyon 23.

　　　　　　　Voir plan agglomération de Genève

　🏨 **Novotel** 🅼, *par D 35c* ℡ 40.85.23, Télex 385046, 🍽, ⬛, ⚘, ℀, – ⬛ rest 📺 🕿
　　& 🅿 – 🏊 120, 🖭 ⓞ E 🗺　　　　　　　　　　　　　　　　　　　AU　x
　　R snack carte environ 90 ⅊ – ☲ 25 – **79 ch** 178/282.

　🏠 **Campanile** 🅼, *Chemin de la Planche Brûlée* ℡ 40.74.79 – 📺 ➡wc 🕿 & 🅿, 🗺　AU　e
　　SC : **R** 60 bc/81 bc – ➡ 22 – **42 ch** 170.

　🏠 **Bellevue,** *5 r. Gex* ℡ 40.58.68, 🍽 – ➡ 🏠 ☎, ℀　　　　　　　　AU　s
　➡ *fermé 15 oct. au 15 nov.* – SC : **R** *(fermé dim. soir et sam.)* 48/100 ⅊ – ☲ 15 – **12 ch**
　　59/135 – P 123/135.

　❌❌❌ ✿ **Le Pirate** (Bechis), *av. Genève* ℡ 40.63.52 – 🅿 🖭 ⓞ E 🗺　　BU　r
　　fermé 14 juil. au 6 août, 26 déc. au 6 janv., lundi midi et dim. – SC : **R** (nombre de
　　couverts limité - prévenir) 160/230
　　Spéc. Paupiettes d'huîtres, Filets de sole, Quadrillé de saumon et de turbot.

CITROEN Gar. Dunand, ℡ 40.61.94　　　　　RENAULT Pinget, ℡ 40.59.52

FERRANVILLE 78 Yvelines 🔟 ⑱, 🔟🔟 ⑮ – ⊠ 78910 Orgerus – ✿ 3.
Paris 56 – Dreux 36 – Mantes-la-Jolie 21 – Rambouillet 37 – St-Germain-en-Laye 33 – Versailles 35.

　❌❌ Clos d'Élan, ℡ 487.23.44, ⚘ – 🅿.

FERRETTE 68480 H.-Rhin 🔟 ⑨⑩ G. Vosges – 727 h. alt. 470 – ✿ 89.
Voir Site★ – Ruines du Château ≼★.
🛈 Syndicat d'Initiative à l'Hôtel de Ville (fermé sam. et dim.) ℡ 40.40.01.
Paris 546 – Altkirch 19 – ◆Bâle 27 – Belfort 47 – Colmar 79 – Montbéliard 46.

　🏠 **Bonne Auberge** ⤳, ℡ 40.40.34 – ➡wc 🏠wc 🕿 🕭 🖭 ⓞ E 🗺
　➡ *fermé 2 janv. au 11 fév., lundi (sauf de juin à sept. pour l'hôtel) et mardi midi* – SC :
　　R 55/130 ⅊ – ☲ 15 – **20 ch** 60/140 – P 135.

　　à Moernach O : 5 km par D 473 – ⊠ 68480 Ferrette :

　❌❌ **Au Raisin** *avec ch,* ℡ 40.80.73 – 🏠 🅿, ⚘ rest
　　fermé 5 au 21 mars, 1ᵉʳ au 17 oct. et merc. – **R** 55/120 ⅊ – ➡ 15 – **5 ch** 65/75.

　　à Lutter SE : 8 km par D 23 – ⊠ 68480 Ferrette :

　❌❌ **Aub. Paysanne** *avec ch,* 24 r. de Woischwille ℡ 40.71.67 – ➡wc ☎ 🅿
　　fermé 15 janv.-15 fév. et lundi – SC : **R** 55/135 ⅊ – ➡ 13 – **7 ch** 60/125 – P 110/125.

RENAULT Fritsch, ℡ 40.41.41

La FERRIÈRE-SUR-RISLE 27760 Eure 🔟 ⑲⑳ G. Normandie – 309 h. alt. 128 – ✿ 32.
Paris 134 – Bernay 20 – Evreux 32 – ◆Rouen 70.

　🏠 **Croissant,** ℡ 30.70.13 – 📺 ➡wc 🏠wc ☎ 🅿, E, ⚘
　　fermé 15 déc. au 15 janv., dim. soir et lundi – SC : **R** 58/100 – ☲ 20 – **15 ch** 65/180
　　– P 220/280.

464

La FERTÉ-BERNARD **72400** Sarthe **60** ⑮
G. Normandie – 10 053 h. alt. 91 – ✪ 43.

Voir Église N.-D.-des Marais** **B**.

Paris 164 ③ – Alençon 56 ⑥ – Chartres 76 ③ – Châteaudun 64 ③ – ♦Le Mans 49 ③ – Mortagne-au-Perche 40 ⑦.

🏨 **St-Jean** sans rest, **13 r. R.-Garnier (s)** ☎ 93.12.83 – 🛁wc 🚿wc
SC : ☕ 15 – **16 ch** 66/150.

XX **Perdrix** avec ch, **2 r. Paris (e)** ☎ 93.00.44 – 🚿 🚗. 🐕 ch
fermé 1er au 25 juin, 24 déc. au 2 janv., dim. soir en hiver et mardi – SC : **R** 62/75 – ☕ 18 – **10 ch** 80/110.

CITROEN Brion, 2 r. Virette ☎ 93.00.37
PEUGEOT, TALBOT Gar. Val d'Huisne, 39 av. Verdun ☎ 93.01.15
RENAULT Gd Gar. Fertois, av. Verdun par ① ☎ 93.05.10
PEUGEOT **TALBOT** Grassin, 32 av. Gén.-Leclerc par ④ ☎ 93.01.36

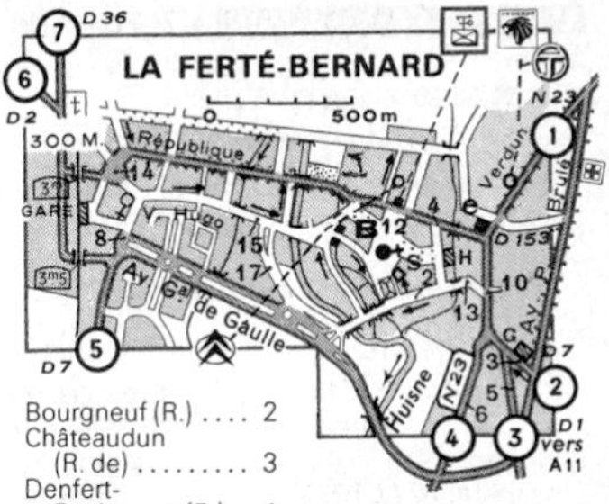

Bourgneuf (R.) 2
Châteaudun (R. de) 3
Denfert-Rochereau (R.).. 4
Faidherbe (R.) 5
Gambetta (R.) 6
Marceau (R.) 8
Paris (R. de) 10
République (Pl.) 12
Thiers (R.) 13
Voltaire (Pl.) 14
4-Septembre (R.) 15
8-Mai-1945 (Av.) 17

⚙ Botras, 12 pl. Dr-Collière ☎ 93.03.03

La FERTÉ-IMBAULT **41** L.-et-Ch. **64** ⑲ – 1 104 h. alt. 99 – ✉ **41300** Salbris – ✪ **54**.

Paris 196 – ♦Orléans 65 – Romorantin-Lanthenay 17 – Vierzon 23.

XX **Aub. A La Tête de Lard** avec ch, ☎ 83.22.32 – **P**. **E** VISA
fermé 26 août au 9 sept., fév., dim. soir et lundi – SC : **R** 48/130 ℥ – ☕ 14 – **10 ch** 66/77 – P 180.

La FERTÉ-MACÉ **61600** Orne **60**
①② **G. Normandie** – 7 391 h. alt. 111 – ✪ 33.

i Office de Tourisme 11 r. Victoire (fermé lundi matin et dim.) ☎ 37.10.97.

Paris 227 ② – Alençon 46 ④ – Argentan 33 ② – Domfront 22 ⑤ – Falaise 39 ① – Flers 25 ⑥ – Mayenne 41 ④.

🏨 **Nouvel H.,** 6 r. Victoire **(n)** ☎ 37.22.33 – 🛁wc 🚿. **E** VISA. 🐕 rest
fermé oct. – SC : **R** *(fermé lundi)* 40/90 ℥ – ☕ 15 – **22 ch** 60/140 – P 150/180.

XX **Aub. de Clouet** 🌿 avec ch, **(a)** ☎ 37.18.22, ←, « Terrasse fleurie » – 🛁wc ☎ **P**. 🐕 ch
fermé janv., dim. soir et lundi du 1er oct. au 31 mars – SC : **R** 55/200 – ☕ 16 – **7 ch** 130/195 – P 220/248.

par ④ : 2 km par D 916 :

X **Aub. d'Andaines,** ☎ 37.20.28, ⛱, « Jardin fleuri » – **P**
fermé janv., mardi soir et merc. midi hors sais. – SC : **R** 45/130.

à ***St-Michel-des-Andaines*** par ⑤ : 4,5 km – ✉ **61600** La Ferté-Macé :

🏨 **La Bruyère,** ☎ 37.22.26, 🌳 – 🛁wc 🚿wc ☎ **P**. **E** VISA
fermé nov., dim. soir et lundi en hiver – SC : **R** 58/110 ℥ – ☕ 15,50 – **20 ch** 110/176 – P 150/176.

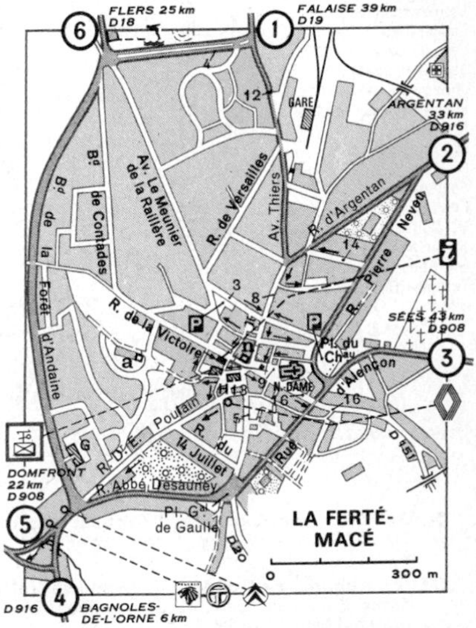

Hautvie (R. d') 8
Leclerc (Pl. du Gén.) 9
République (Pl.) 13
Amand-Macé (R.) 3
Amonic (Bd A.) 4
Barre (R. de la) 5
Prés.-Coty (Av. du) 12
Sorbiers (Av. des) 14
Teinture (R. de la) 16

CITROEN Gar. Central, 74 r. Dr-Poulain ☎ 37.09.11 **N**
PEUGEOT-TALBOT Derouet, 76 r. Dr-Poulain ☎ 37.16.33
RENAULT Dubourg, 9 r Dr-Poulain ☎ 37.20.97
RENAULT Guillochin, rte de Paris par ② ☎ 37.07.11 **N**

La FERTÉ-SAINT-AUBIN 45240 Loiret ⬛⬛ ⑨ G. Châteaux de la Loire – 5 498 h. alt. 92 – ✪ 38.

🟩 ⲣ 91.52.30 à l'ouest : 5 km.

Paris 152 – Blois 54 – ✦Orléans 21 – Romorantin-Lanthenay 47 – Salbris 35.

  🏠 **Perron,** r. Gén.-Leclerc ⲣ 76.53.36 – 🛁wc 🛁wc 🅿 ⓘ E 𝘝𝘐𝘚𝘈
        fermé 20 janv. au 4 fév. et lundi en janv. et fév. – SC : **R** 68/112 – ⌧ 17,50 – **30 ch**
        73/185 – P 213/250.

  XX **Ferme de la Lande,** NE : 2,5 km par rte Marcilly ⲣ 76.64.37, « Ferme aménagée »
        – 🅿
        fermé lundi – SC : **R** carte 140 à 190.

  XX **Aub. de L'Écu de France,** 6 r. Gén.-Leclerc ⲣ 91.52.20
        fermé 15 au 30 sept., fév. et jeudi – SC : **R** (déj. seul.) 55/120.

CITROEN Gorin, 238 r. gén.-Leclerc ⲣ 91.50.36
FIAT, LANCIA, AUTOBIANCHI Gar. Gidoin, N
20 ⲣ 91.51.17
FORD Bouthinon, 6 r. des 29 Fusillés ⲣ 91.
52.32 🅽 ⲣ 64.60.41

PEUGEOT-TALBOT Trémillon, 73 bd Mar. Foch
ⲣ 91.64.09

La FERTÉ-SOUS-JOUARRE 77260 S.-et-M. ⑤⑥ ⑬, ⑲⑥ ㉔ – 7 020 h. alt. 62 – ✪ 6.

Voir Jouarre : crypte★ de l'abbaye 3 km par ⑤, G. Environs de Paris.

Paris 66 ⑥ – Melun 63 ⑤ – ✦Reims 82 ① – Troyes 117 ③.

LA FERTÉ-SOUS-JOUARRE

Ne cherchez pas au hasard
un hôtel agréable et tranquille
mais consultez les cartes
p. 46 à 53

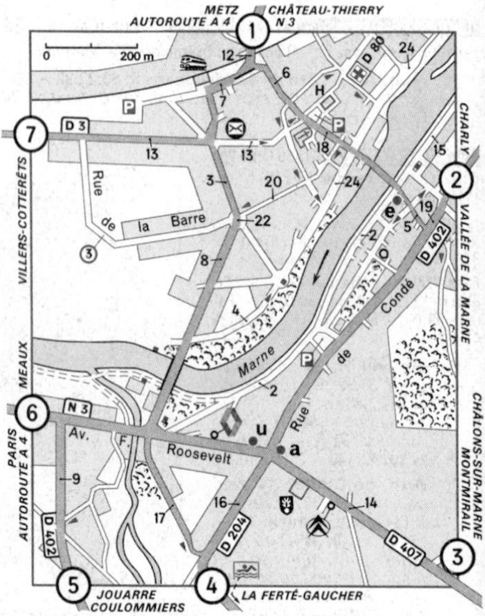

  🏠 **Bec Fin,** 1 quai Anglais **(e)** ⲣ 022.01.27 – 🛁wc 🛁wc ⌯, E 𝘝𝘐𝘚𝘈
        fermé 16 août au 8 sept., mardi soir et merc. – SC : **R** 65/98 ⅃ – ⌧ 15 – **12 ch**
        85/125.

  XXXX ✿✿ **Auberge de Condé (a)** 1 av. Montmirail ⲣ 022.00.07 – 🅿 ⒶⒺ ⓘ E 𝘝𝘐𝘚𝘈
        fermé 16 août au 7 sept., vacances de fév., lundi soir et mardi sauf fériés – **R** (dim.
        prévenir) carte 210 à 290
        Spéc. Foie gras d'oie frais, Suprême de turbot sauce caviar, Filet et ris de veau au champagne rosé.

  XX **Le Relais,** 4 av. F.-Roosevelt **(u)** ⲣ 022.02.03, 🍴 – 🅿 𝘝𝘐𝘚𝘈
        fermé 29 juil. au 12 août, 3 au 24 déc., merc. soir et jeudi – **R** 50/100.

AUTOBIANCHI, FIAT, LANCIA Gar. Dubois, 29
av. F. Roosevelt ⲣ 022.01.89
CITROEN Gar. du Parc, 10 av. Montmirail ⲣ
022.90.00 🅽
RENAULT SOGAF, 12 av. F.-Roosevelt ⲣ 022.
39.54

Ⓜ Maassen, 1 bis r. de la République ⲣ 022.
09.95
Pezetta Dememe 42 av. F.-Roosevelt ⲣ 022.
34.45

Don't get lost, use **Michelin Maps** which are kept up to date.

FEURS 42110 Loire 🔢 ⑱ **G. Vallée du Rhône** — 8 103 h. alt. 345 — ✪ 77.

🛈 Office de Tourisme 3 r. V.-de-Laprade (fermé matin) ☎ 26.05.27.

Paris 431 — ♦Lyon 68 — Montbrison 25 — Roanne 39 — ♦St-Étienne 38 — Thiers 69 — Vienne 87.

🏠 **La Sauzée**, 30 av. J.-Jaurès ☎ 26.07.22 — ⇌wc ☎ 🅿. 🛇 rest
fermé 15 oct. au 15 nov. — SC : **R** *(fermé mardi soir et merc.)* 60/140 🍷 — ⇌ 20 — **30 ch** 90/200.

🏛🏛🏛 **Chapeau Rouge**, 21 r. de Verdun ☎ 26.02.56 — **E** **VISA**
fermé début juil., vacances de nov. et de fév., mardi soir et merc. sauf août — SC : **R** 60/160 🍷.

🏛🏛 **Chalet Boule d'Or**, rte Lyon ☎ 26.20.68 — 🅿. **VISA**
← *fermé 16 août au 1ᵉʳ sept., 15 janv. au 1ᵉʳ fév., dim. soir et lundi* — SC : **R** 50/160.

🏛🏛 **Commerce**, 2 r. Loire ☎ 26.05.87 — 🍽 🅿
fermé 4 au 15 juin, 5 au 21 fév., mardi soir et merc. hors sais. — SC : **R** 53/175 🍷.

ALFA-ROMEO Gar. Cheminal, 15 r. de la Loire
☎ 26.08.14 🅽 ☎ 26.24.63
AUSTIN, ROVER, TRIUMPH Sporting-Gar.,
rte de St-Étienne ☎ 26.35.76
CITROEN Gar. du Parc, rte de St-Étienne ☎ 26.14.34
FIAT Fraisse, 10 Ch. de la Minette ☎ 26.06.00
FIAT Boichon, 9 r. de la Minette ☎ 26.15.96
FORD Gar. du Forez, 6 r. Victor-Hugo ☎ 26.15.14

PEUGEOT TALBOT S.O.C.A.F., 16 rte de Lyon
☎ 26.03.65
RENAULT Rhône Loire Distribution Auto, rte
de St-Etienne ☎ 26.45.12
Gar. Brunel, 32 r. de Verdun ☎ 26.07.96

🔘 Feurs-Pneus, rte de Valeille, Zone Ind. des
Artisans ☎ 26.39.98

FIGEAC ◁🅿▷ 46100 Lot 🔢 ⑩ **G. Périgord** — 10 511 h. alt. 214 — ✪ 65.

Voir Vallée du Célé★ par ⑤.

🛈 Office de Tourisme pl. Vival (fermé matin et dim. hors saison) ☎ 34.06.25.

Paris 584 ⑥ — Aurillac 67 ① — Brive-la-Gaillarde 92 ⑥ — Cahors 69 ⑤ — Rodez 65 ② — Villefranche-de-Rouergue 36 ③.

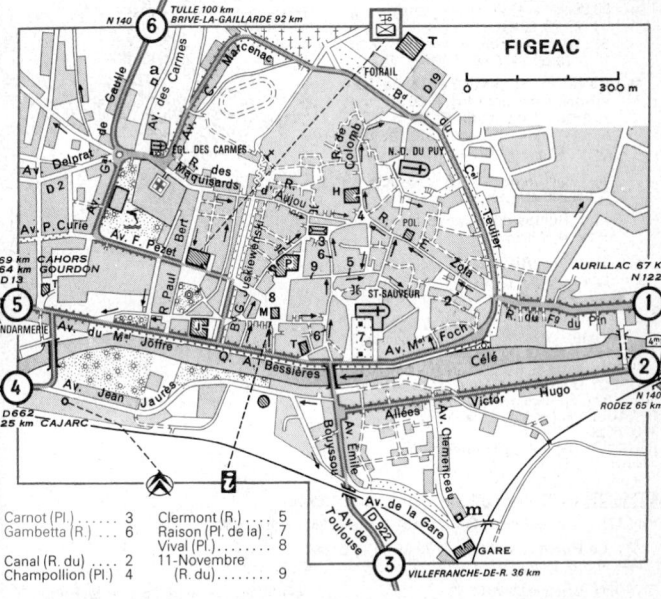

Carnot (Pl.) 3
Gambetta (R.) . . 6
Canal (R. du) 2
Champollion (Pl.) 4
Clermont (R.) 5
Raison (Pl. de la) . 7
Vival (Pl.) 8
11-Novembre
    (R. du) 9

🏛🏛🏛 **des Carmes** Ⓜ, Enclos des Carmes (a) ☎ 34.20.78, Télex 520794, 🌳, 🏊, 🎾 — 📶 📺 ☎ 🅿 — 🔼 30. 🆔 ⑩ **E** **VISA**
fermé dim. soir du 1ᵉʳ oct. au 1ᵉʳ juil. — SC : **R** *(fermé du 15 déc. au 15 janv., dim. soir du 1ᵉʳ oct. au 30 juin et lundi sauf le soir de juil. au 30 sept.)* 80/150 — ⇌ 22 — **34 ch** 168/228.

🏛 **Terminus St-Jacques**, 27 av. Clemenceau (m) ☎ 34.00.43 — ⇌wc 🛁wc 🅿. **E**
← **VISA**
fermé 15 déc. au 15 fév. — SC : **R** *(fermé dim. soir et lundi hors sais.)* 50/140 🍷 — 🍽 15 — **14 ch** 65/140 — P 140/165.

à St-Julien-d'Empare par ② : 10 km – ✉ **12700** Capdenac-Gare (Aveyron) :

🏠 **Aub. la Diège** M, ☎ 64.70.54, ⏚, ☞ – ⌷wc ⅏wc ☎ ❷. 🗉 VISA
↪ fermé 23 déc. au 23 janv. – SC : **R** (fermé vend. soir et sam. hors sais.) 50/155 – ⊒
16 – **16 ch** 132/162 – P 170/260.

au Pont de la Madeleine par ③ : 8,5 km – ✉ **12700** Capdenac-Gare (Aveyron) –
❸ 65 :

🏠 **Belle Rive**, ☎ 64.62.14, ≤, 綿 – ⌷wc ⅏wc ☎ ⇔ ❷. 🗉 ⓪ VISA
↪ 1er avril-31 déc. et fermé sam. sauf juil.-août – SC : **R** 39/98 ⅊ – ⊒ 16 – **11 ch**
86/130 – P 117/200.

à Cardaillac par ⑥ et D 15 : 9,5 km – ✉ **46100** Figeac :

✗ **Chez Marcel**, ☎ 40.11.16
↪ fermé 15 au 31 oct. et lundi sauf août – **R** 45/135.

ALFA-ROMEO Chabbaud, 9 av. F.-Pezet ☎
34.24.03
CITROEN Larroque, 31 av. J.-Jaurès ☎ 34.
06.67
CITROEN Regy, 38 av. Salvador Allendé à
Capdenac-Gare par ② ☎ 64.76.40
MERCEDES-BENZ, V.A.G. Navarre, 38 av. J.
Loubet ☎ 34.18.78
PEUGEOT-TALBOT Rech, rte de Cahors par
⑤ ☎ 34.14.69

RENAULT S.A.F.D.A., rte de Cahors, Zone Ind.
par ⑤ ☎ 34.00.23
RENAULT Central Gar., 16 av. Ch.-de-Gaulle à
Capdenac-Gare par ② ☎ 64.74.78
Bessieres, 19 av. Gén.-de-Gaulle ☎ 34.22.74

⑩ Quercy-Auvergne-Pneus, 21 av. G.-Pompi-
dou ☎ 34.20.30
Tout Pour le Pneu, av. d'Aurillac ☎ 34.11.44

FILLÉ 72 Sarthe ⑥④ ③ – rattaché à Guécélard.

FIRMINY 42700 Loire ⑦⑥ ⑧ G. Vallée du Rhône – 24 356 h. alt. 473 – ❸ 77.

Paris 531 ② – Ambert 85 ⑤ – Montbrison 39 ⑤ – ◆St-Étienne 12 ② – Yssingeaux 39 ③.

🏦 **Firm'H** M, 37 r. J.-Jaurès (s) ☎
↪ 56.08.99 – ⌷wc ⅏wc ☎ ❷ – ⬜
50. 🗉 ⓪ 🗉 VISA
SC : **R** (fermé dim. soir) 45/115 – ⊒
15 – **20 ch** 113/166 – P 196/225.

🏦 **Pavillon et rest. Table du Pa-
villon**, 4 av. Gare (a) ☎ 56.91.11 –
↪ 🗒⌷wc ⅏wc ☎ ❷. 🗉 ⓪ 🗉 VISA
SC : **R** (dim. déj. seul) 51 (sauf fê-
tes)/140 ⅊ – **22 ch** ⊒ 160/190.

au Pertuiset par ④ : 5 km –
✉ **42240** Unieux :.

Env. Ruines du château d'Essalois
≤★★ N : 13 km.

✗✗ **Verdier Riffat**, ☎ 35.71.11, ≤
Loire, ☞ – ❷. 🗉 🗉
fermé 1er au 15 fév., mardi soir et
merc. – SC : **R** 60/167.

Jean-Jaurès (R.).... 6
Victor-Hugo (R.)

Breuil (Pl. du) 2

Gare (Av. de la).... 4
République (R.)..... 7
Tour de Varan (R.).. 8
Verdier (R.) 9

ALFA-ROMEO, AUSTIN Jouve, 23 r. Gambetta
☎ 56.09.88
CITROEN Barel, 10 bd St-Charles ☎ 56.12.22
PEUGEOT-TALBOT Masson, ZAC des Bru-
neaux, 82 r. V.-Hugo par ③ ☎ 56.14.32
RENAULT Durand, 16 r. de la Tour-de-Varan
☎ 56.35.66
RENAULT Gar. Sias, 1 r. du Vigneron à Frais-
ses par ④ ☎ 56.00.73

⑩ Technique Pneus, ZAC des Bruneaux, 78 r.
V.-Hugo ☎ 56.30.12
Saumet, 1 rte de Roche ☎ 56.04.78

FISMES 51170 Marne ⑤⑥ ⑤ – 4 818 h. alt. 62 – ❸ 26.

Paris 129 – Château-Thierry 45 – Laon 34 – ◆Reims 26 – Soissons 30.

✗ **Le Pinot**, r. d'Ardre ☎ 78.05.30 – 🗉 VISA
↪ fermé 1er au 20 juil., dim. soir et lundi – SC : **R** 41/97 ⅊.

CITROEN Levêque, ☎ 78.06.82

PEUGEOT Crochet, ☎ 78.05.46 ⒩ ☎ 78.13.28

FIXIN 21 Côte-d'Or ⑥⑥ ⑫ G. Bourgogne – 883 h. alt. 292 – ✉ **21220** Gevrey-Chambertin –
❸ 80.

Paris 316 – Beaune 30 – ◆Dijon 11 – Dole 64.

✗✗ **Chez Jeannette** ⍲ avec ch, ☎ 52.45.49, 綿 – ⅏. 🗉 ⓪ 🗉 VISA
fermé 20 nov. au 20 déc., 5 au 12 janv. et jeudi – SC : **R** 60/135 – ⬛ 16 – **11 ch**
64/132.

FLAGY 77 S.-et-M. ⑥① ⑬ – rattaché à Montereau.

FLAINE 74 H.-Savoie **74** ⑧ G. Alpes – alt. 1 600 – Sports d'hiver : 1 600/2 600 m 🚡3 ⚡25 –
✉ 74300 Cluses – ✿ 50 – 🛈 Office de Tourisme (fermé sam. et dim. hors sais.) ☎ 90.80.01, Telex
385662 – Paris 611 – Annecy 79 – Bonneville 42 – Chamonix 66 – Megève 49 – Morzine 48.

🏨🏨 **Totem** Ⓜ 🕭, ≤ – ⯐ 📺 ☎ ⓰ &, ⸦Ⴁ ⓞ 𝚅𝙸𝚂𝙰
22 déc.-16 avril – SC : **R** 140 – **54 ch** ⯐ 250/390 – P 340/400.

🏨🏨 **Gradins Gris** Ⓜ 🕭, ☎ 90.81.10, ≤ – ☎ – ⸦Ⴁ 60. ⸦Ⴁ ⓞ 𝚅𝙸𝚂𝙰. 🕭 rest
17 déc.-24 avril – SC : **R** 90 – **51 ch** ⯐ 180/325 – P 330/410.

🏨 **Aujon** Ⓜ 🕭, ☎ 90.80.10, Télex 385662, ≤ – ⯐🖳wc 🕭wc ☎ – ⸦Ⴁ 60. ⸦Ⴁ ⓞ 🇪
𝚅𝙸𝚂𝙰. 🕭 rest
20 déc.-15 avril – SC : **R** 75 bc – **191 ch** ⯐ 115/310 – P 284.

FLASSANS-SUR-ISSOLE 83 Var **84** ⑯ – rattaché au Luc.

FLAVIGNY-SUR-MOSELLE 54 M.-et-M. **62** ⑤ – rattaché à Nancy.

FLAYOSC 83 Var **84** ⑦ – rattaché à Draguignan.

La FLÈCHE ◁SP▷ 72200 Sarthe **64** ② G. Châteaux de la Loire – 16 421 h. alt. 30 – ✿ 43.

Voir Prytanée militaire* – Boiseries* de la chapelle N.-D.-des-Vertus E – Parc animalier
du Tertre Rouge* 5 km par ② puis D 104.

🛈 Syndicat d'Initiative 23 pl. Marché-au-Blé (fermé dim. et lundi) ☎ 94.02.53 et Maison du Tourisme
bd Montréal (1ᵉʳ juil.-31 août, fermé dim. et lundi) ☎ 94.49.82.

Paris 241 ① – Angers 47 ④ – Châteaubriant 109 ④ – Laval 68 ⑤ – ◆Le Mans 41 ① – ◆Tours 72 ②.

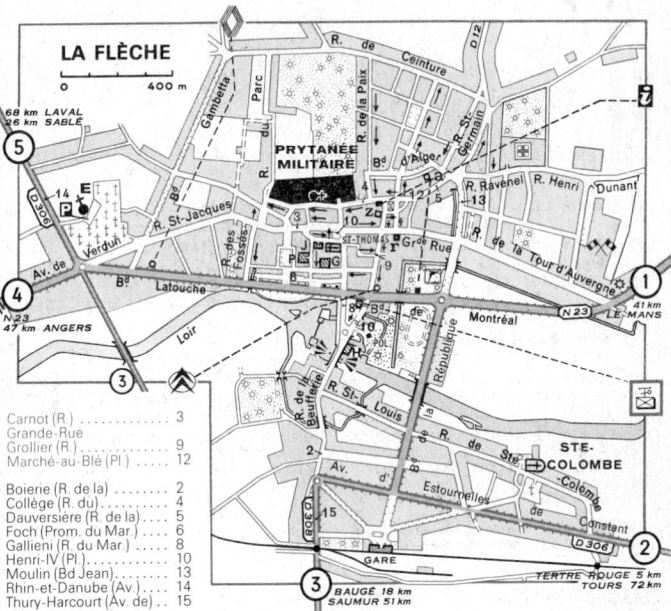

Carnot (R.) 3
Grande-Rue
Grollier (R.) 9
Marché-au-Blé (Pl.) 12

Boierie (R. de la) 2
Collège (R. du) 4
Dauversière (R. de la) ... 5
Foch (Prom. du Mar.) 6
Gallieni (R. du Mar.) 8
Henri-IV (Pl.) 10
Moulin (Bd Jean) 13
Rhin-et-Danube (Av.) 14
Thury-Harcourt (Av. de) . 15

🏨 **Relais Cicéro et rest. l'Estagnier** 🕭, 18 bd Alger (a) ☎ 94.14.14, « Belle
décoration intérieure », 🐎 – 🖳wc 🕭wc 🅿️. 𝚅𝙸𝚂𝙰
1ᵉʳ avril-5 nov. – SC : **R** 90/120 – ⯐ 24 – **21 ch** 200/240.

🏠 **Quatre Vents** sans rest, 11 r. Marché-au-Blé (z) ☎ 94.00.61 – 🕭 🚗 🇪 𝚅𝙸𝚂𝙰
SC : ⯐ 12 – **15 ch** 57/102.

🍴 **Vert Galant** avec ch, 70 Gde-Rue (r) ☎ 94.00.51 – 🖳 🕭, 🕭 ch
fermé 17 déc. au 4 janv. et jeudi – SC : **R** 52/138 – ⯐ 14 – **11 ch** 57/165 – P
107/150.

AUSTIN, ROVER, TRIUMPH gar. Gambetta,
51 bd Gambetta ☎ 94.06.20
CITROEN Bastard, bd de Montréal ☎ 94.01.41
FORD Bouttier, av. de Verdun ☎ 94.04.08
PEUGEOT-TALBOT Gar. Rhin-et-Danube, av.
Rhin-et-Danube par ⑤ ☎ 94.01.73

RENAULT Gar. du Loir, 24 bd Latouche ☎
94.04.35
V.A.G. Gar. Clerfond, la Jalêtre, rte de Sablé
☎ 94.10.48
Gar. Boistard, rte du Lude ☎ 94.09.59 🅽 ☎
94.11.36

🛈 Office de Tourisme pl. Gén.-de-Gaulle (fermé lundi matin et dim.) ⏀ 65.06.75.

Paris 238 ② – Alençon 77 ② – Argentan 45 ② – ♦Caen 57 ① – Fougères 79 ④ – Laval 86 ④ – Lisieux 92 ① – St-Lô 70 ⑥ – St-Malo 138 ④ – Vire 31 ⑥.

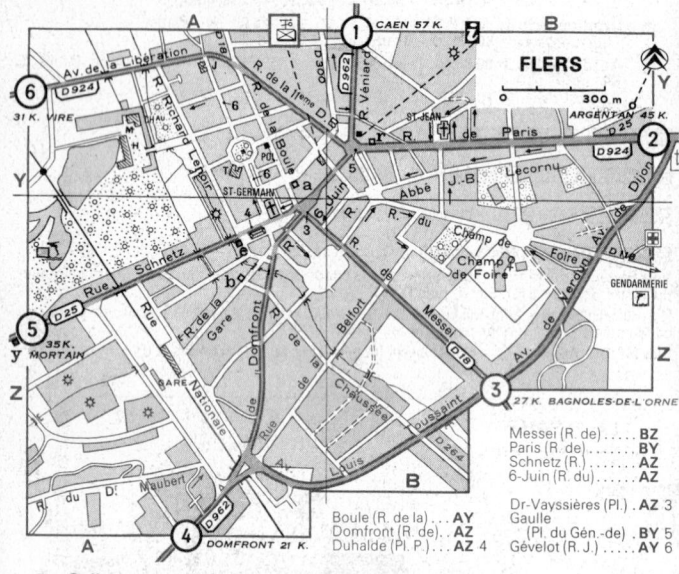

Messei (R. de)	**BZ**
Paris (R. de)	**BY**
Schnetz (R.)	**AZ**
6-Juin (R. du)	**AZ**

Dr-Vayssières (Pl.)	**AZ** 3
Gaulle (Pl. du Gén.-de)	**BY** 5
Gévelot (R. J.)	**AY** 6

Boule (R. de la)	**AY**
Domfront (R. de)	**AZ**
Duhalde (Pl. P.)	**AZ** 4

🏚 **Galion** sans rest, 22 r. Gare ⏀ 65.03.45 – 📺wc ☎. **E** **VISA**   AZ **b**
   fermé 22 juil. au 12 août – SC : ⛄ 13,50 – **11 ch** 96/127.

🏚 **Oasis** sans rest, 3 bis r. de Paris ⏀ 65.10.34 – ⛲wc 📺wc ☎   BY **r**
   fermé 22 déc. au 5 janv. – SC : ⛄ 17,50 – **30 ch** 87/181.

🏚 **Ouest,** 14 r. Boule ⏀ 65.23.10 – ⛲wc 📺 ⇔ **VISA** ❄ ch   AY **a**
   fermé 28 juil. au 28 août, vend. soir (sauf hôtel) et sam. – SC : **R** 50/95 ♨ – ⛄ 15 – **12 ch** 66/135.

XXX **Aub. Relais Fleuri,** 115 r. Schnetz ⏀ 65.23.89   AZ **y**
   fermé 21 juil. au 21 août, sam. soir et dim. – **R** carte 115 à 160.

XX **Normandie** avec ch, 44 pl. P.-Duhalde ⏀ 65.23.38 – 📺wc. **VISA** ❄   AZ **e**
↔ *fermé 29 juin au 23 juil., dim. soir sauf fêtes et vend.* – SC : **R** 50/85 – ⛄ 16 – **12 ch** 57/120.

CITROEN Gar. Basse-Normandie-Auto, 17 r. d'Athis ⏀ 65.22.53
FORD Gge des Canadiens, 59 r. Messei ⏀ 65.08.55
OPEL Bedouelle, 29 r. Abbé-Lecornu ⏀ 65.22.21
PEUGEOT, TALBOT Gar. Bazil, r. des Canadiens à St-Georges-des-Groseillers par ① ⏀ 65.25.98

RENAULT Groussard, rte Domfront, Zone Ind. par ④ ⏀ 65.77.55
V.A.G. Masseron, 184 r. H. Véniard à St-Georges-des-Groseilliers ⏀ 65.24.88

🛞 Alexandre, 58 Bis r. de Messei ⏀ 65.02.15
Clabeaut-Pneu, pl. du 14-Juillet ⏀ 65.26.18
Grosos, Le Tremblay ⏀ 65.29.60

FLÊTRE 59 Nord **51** ④ – 662 h. – ⊠ 59190 Hazebrouck – **۞** 28.

Paris 258 – Dunkerque 40 – ♦ Lille 36 – St-Omer 33.

XX **Vieille Poutre,** ⏀ 43.05.31 – **℗** **VISA**
   fermé août, dim. soir et lundi – SC : **R** 120/170.

FLEURAC 16 Charente **72** ⑬ – rattaché à Jarnac.

FLEURANCE 32500 Gers **82** ⑤ **G. Pyrénées** – 6 089 h. alt. 98 – **۞** 62.

🛈 Syndicat d'Initiative 100 r. Pasteur (1er juin-30 sept. et fermé dim. après-midi) ⏀ 06.27.80 et à la Mairie (fermé sam. et dim.) ⏀ 06.10.01.

Paris 781 – Agen 47 – Auch 24 – Castelsarrasin 59 – Condom 29 – Montauban 70 – ♦Toulouse 83.

🏨 **Fleurance et rest. Cusinato** Ⓜ, rte Agen : 2 km ⏀ 06.14.85, ⬅, 🏃, ☀ – ⛲wc 📺 ♨ & **℗** – 🔬 30. **AE** **E** **VISA**
   fermé 15 déc. au 15 janv. – SC : **R** *(fermé lundi sauf en été)* 70/205 – ⛄ 21 – **25 ch** 100/220 – P 200/260.

🏫 **Le Relais** Ⓜ sans rest, rte Auch ℡ 06.05.08 – 🛏wc 🛁wc 📶 **P**
fermé 20 janv. au 15 fév. – SC : ☲ 16 – **25 ch** 100/155.

CITROEN Maigné, 5 bis Allées A.-Briand ℡ 06.11.73
06.11.73
PEUGEOT, TALBOT Collodel, r. R.-Trémoulet
℡ 06.18.78

RENAULT Carol, av. Pyrénées ℡ 06.11.81

FLEURIE 69820 Rhône 🛐 ① G. Vallée du Rhône – 1 151 h. alt. 295 – 🔆 74.
Env. La Terrasse ✳✳ près du col du Fut d'Avenas O : 10 km.
Paris 416 – Bourg-en-Bresse 48 – Chauffailles 46 – ◆Lyon 58 – Mâcon 21 – Villefranche-sur-Saône 31.

XX 🏵🏵 **Aub. du Cep** (Cortembert), ℡ 04.10.77 – 🖽
fermé déc., dim. soir et lundi sauf fériés – SC : **R** (dîner prévenir) 150/200 et carte
Spéc. Mousseline de Sandre, Coq au vin, Entremets moka nougatine. **Vins** Beaujolais, Fleurie.

CITROEN Gar. Renon, ℡ 04.10.36 Ⓝ

FLEURINES 60 Oise 🛐 ① – 1 649 h. alt. 116 – ✉ 60700 Pont-Ste-Maxence – 🔆 4.
Paris 56 – Beauvais 51 – Clermont 26 – Compiègne 31 – Roye 59 – Senlis 6,5.

XXX 🏵 **Vieux Logis** avec ch, ℡ 454.10.13, 🌿, 🐎 – 🛏wc 🛁wc 📶 **P**. ⓞ 𝓥𝓘𝓢𝓐 ✂ ch
fermé dim. soir et lundi – SC : **R** carte 160 à 210 – ☲ 16 – **5 ch** 177
Spéc. Pâté chaud de fruits de mer, Assiette du pêcheur, Canard à l'aigre doux.

FLEURVILLE 71 S.-et-L. 🛐 ⑲⑳ – 464 h. alt. 177 – ✉ 71260 Lugny – 🔆 85.
Paris 378 – Cluny 24 – Mâcon 17 – Pont-de-Vaux 5 – St-Amour 40 – Tournus 13.

🏫 **Château de Fleurville**, ℡ 33.12.17, ≤, parc – 🛏wc ☎ 🚿 🖽 ⓞ 𝓥𝓘𝓢𝓐.
✂ rest
fermé 15 nov. au 15 déc. et fév. (sauf week-end) – SC : **R** (fermé lundi midi) 85/185
– **15 ch** ☲ 260.

XX **Le Fleurvil** avec ch, ℡ 33.10.65 – 🛏wc 🛁 📶 **P**. 𝓥𝓘𝓢𝓐
fermé 12 au 20 juin, 15 nov. au 15 déc., lundi soir hors sais. et mardi – SC : **R** 55/130
– ☲ 14 – **9 ch** 63/125.

à St-Oyen-Montbellet N : 3 km par N6 – ✉ 71260 Lugny :

XX **La Chaumière** avec ch, ℡ 33.10.41, 🌿, 🐎 – 🛏wc 🛁wc ☎ **P**
fermé 1er au 15 déc., jeudi midi et merc. – SC : **R** 67/155 🍷 – ☲ 17 – **14 ch** 95/140.

FLEURY-SUR-ORNE 14 Calvados 🛐 ⑩ – rattaché à Caen.

FLÉVIEU 01 Ain 🛐 ⑭ – alt. 205 – ✉ 01470 Serrières-de-Briord – 🔆 74.
Paris 484 – Belley 31 – Bourg-en-B. 56 – ◆Lyon 66 – Meximieux 33 – Nantua 71 – La Tour-du-Pin 34.

X **Mille**, ℡ 36.71.20, 🌿
◆ *fermé 1er oct. au 5 nov., lundi soir et mardi soir* – **R** 44/85 🍷.

FLORAC ⬧ 48400 Lozère 🛐 ⑥ G. Causses (plan) – 2 104 h. alt. 545 – 🔆 66.
🅹 Office de Tourisme av. Jean-Monestier (15 juin-15 sept. et fermé dim.) ℡ 45.01.14.
Paris 611 – Alès 71 – Mende 39 – Millau 83 – Rodez 133 – Le Vigan 73.

🏫 **Gd H. Parc**, ℡ 45.03.05, ≤, « parc » – 🛏wc 🛁wc 📶 **P**. 𝓥𝓘𝓢𝓐 ✂ ch
15 mars-1er déc. et fermé dim. soir et lundi hors sais. – SC : **R** 55/130 – ☲ 17 –
58 ch 85/190. P 180/230.

🏠 **Gorges du Tarn** 🕭 sans rest, ℡ 45.00.63 – 🛏wc 🛁 📶 **P**. ✂
1er mai-30 sept. – SC : ☲ 15 – **31 ch** 85/160.

à Cocurès NE : 5,5 km – alt. 600 – ✉ 48400 Florac :

🏚 **La Lozerette** 🕭, par N 106 et D 998 ℡ 45.06.04 – 🛏wc 🛁wc **P**. ✂
1er juin.-15 sept. – SC : **R** 54/90 🍷 – ☲ 16 – **17 ch** 85/115 – P 155/185.

PEUGEOT-TALBOT Pascal. ℡ 45.00.65

FLORANGE 57190 Moselle 🛐 ③ – rattaché à Thionville.

FLORENSAC 34510 Hérault 🛐 ⑮ – 3 152 h. – 🔆 67.
Paris 812 – Agde 9,5 – Béziers 24 – Lodève 55 – Mèze 16 – ◆Montpellier 50 – Pezenas 14.

🏠 **Léonce**, pl. République ℡ 77.03.05 – 🔲 rest 🛏 🛁 📶. 𝓥𝓘𝓢𝓐. ✂ rest
fermé 11 sept. au 2 oct., 28 janv. au 18 fév., dim. soir sauf juil.-août et lundi – SC : **R**
106/190 🍷 – ☲ 17 – **18 ch** 84/150.

FLORENT-EN-ARGONNE 51 Marne 🛐 ⑲ – rattaché à Ste-Menehould.

La FLOTTE 17 Char.-Mar. 🛐 ⑫ – voir à Ré (Ile de).

FLUMET 73590 Savoie **74** ⑦ G. Alpes – 727 h. alt. 1 000 – Sports d'hiver : 1 000/2 070 m ⚡13 – ✪ 79.

Altiport de Megève-Mont d'Arbois ☏ 21.31.90 E : 15 km.

🛈 Syndicat d'Initiative "Le Dodécagone" (fermé sam. hors saison et dim. sauf matin en saison) ☏ 31.61.08.

Paris 599 – Albertville 21 – Annecy 50 – Chambéry 71 – Megève 10.

🏨 **Host. Parc des Cèdres**, ☏ 31.72.37, ≤, 🏛, « parc » – 📺 🛁wc 🚿wc ☎ **P**. AE ① VISA
10 juin-30 sept. et 15 déc.-Pâques – SC : **R** 55/115 – ☲ 20 – **18 ch** 95/185, 3 appartements 210 – P 160/220.

🏠 **Balances**, ☏ 31.71.70 – E
1er juin-15 oct., 15 déc.-20 avril et fermé lundi en juin et sept. – SC : **R** 48/80 ⅃ – ☲ 16 – **12 ch** 78 – P 135/138.

Garage Joly, ☏ 31.71.86

FOIX **P** 09000 Ariège **86** ④⑤ G. Pyrénées – 10 064 h. alt. 380 – ✪ 61.

Voir Site★ – ☀★ de la tour du château A.

Env. Rivière souterraine de Labouiche★ NO : 6,5 km par D1.

🛈 Office de Tourisme 45 cours G.-Fauré (fermé sam. et dim. hors sais.) ☏ 65.12.12.

Paris 792 ① – Andorre-la-Vieille 103 ② – Auch 144 ① – Barcelona 328 ② – Carcassonne 81 ① – Castres 111 ① – ♦Perpignan 136 ② – St-Gaudens 90 ① – Tarbes 155 ③ – ♦Toulouse 83 ①.

FOIX

Bayle (R.) .... **B**
Delcassé (R. Th.) .... **B 4**
Marchands (R. des) ... **B 12**
St-James (R.) .... **A 22**

Alsace-
  Lorraine (Av.) ...... **B 2**
Chapeliers (R. des) ... **A 3**
Delpech (R. Lt P.) .... **A 5**
Duthil (Pl.) .... **B**
Fauré (Cours G.) ...... **AB 7**
Labistour (R. de) ..... **B 8**
Lazéma (R.) .... **A 9**
Lérida (Av. de) .... **A 10**
Préfecture (R. de la) ... **A 14**
Rocher (R. du) .... **A 20**
St-Volusien (Pl.) ..... **A 23**
Salenques (R. des) ... **A 24**

*Les plans de villes
sont orientés
le Nord en haut*

🏨 **Audoye**, 6 pl. G.-Duthil ☏ 65.52.44, ≤, 🏛 – ⬛ 🛁wc 🚿 ☎ – 🦺 50. AE ① E VISA
fermé sam. hors sais. – SC : **R** 48/105 – ☲ 13 – **35 ch** 105/190. **B d**

🏠 **Pyrène** M sans rest, par ② : 2 km sur N 20 ☏ 65.48.66, ☄, ☆ – 🛁wc ☎ & **P**. E VISA
fermé 15 déc. au 5 janv. – SC : ☲ 18 – **10 ch** 125/180.

✗ **XIXe Siècle**, 2 r. Delcassé ☏ 65.12.10, 🏛 **B r**
fermé 1er fév. au 20 mars et sam. hors sais. – SC : **R** 49/120.

au Sud par ② : 7 km bifurcation N 20 et D 117 – ⊠ 09260 St-Paul-de-Jarrat :

✗✗ **La Charmille** avec ch, ☏ 64.17.03 – 🛁wc 🚿wc ☎ **P**. VISA. ✗ ch
1er mars-25 sept., 5 oct.-15 déc. et fermé lundi – SC : **R** 48/150 – ☲ 17 – **10 ch** 80/170.

MICHELIN, Entrepôt 1 r. des Bruilhols par ① ☏ 65.12.21

CITROEN Grau, N 20, Peyssales par ② ☏ 65.50.66
PEUGEOT, TALBOT Stival-Auto, N 20, Zone Ind. de Labarre par ① ☏ 65.42.22
RENAULT Autorama, rte d'Espagne par ② ☏ 65.32.22

V.A.G. Marhuenda, 16 bis av. Mar.-Leclerc ☏ 02.74.44

🕎 Lautier Pneus, 16 av. de Barcelone ☏ 65.01.41
Central Pneu, 33 av. Mar.-Leclerc ☏ 65.01.68

FOLLAINVILLE 78 Yvelines **55** ⑱, **196** ③ – rattaché à Mantes la Jolie.

FONSEGRIVES 31 H.-Gar. **82** ⑧ – rattaché à Toulouse.

472

FONTAINEBLEAU 77300 S.-et-M. **61** ② ⑫, **196** ⑮ ⑯ G. Environs de Paris – 18 753 h. alt. 77 – ✿ 6.

Voir Palais★★★ ABZ – Jardins★ ABZ – Musée napoléonien d'Art et d'Histoire militaire : collection de sabres et d'épées★ AY M1 – Forêt★★★ – Gorges de Franchard★★ par ⑥ : 5 km.

Env. Site★ de Moret-sur-Loing, 10 km par ③.

☞ ☎ 422.22.95 par ⑤ : 1,5 km.

🛈 Office de Tourisme 38 r. Grande (fermé dim. après-midi) ☎ 422.25.68.

Paris 65 ⑦ – Auxerre 104 ④ – Châlons-sur-Marne 163 ① – Chartres 118 ⑦ – Meaux 73 ① – Melun 16 ① – Montargis 51 ④ – ✦Orléans 88 ⑤ – Sens 53 ③ – Troyes 114 ③.

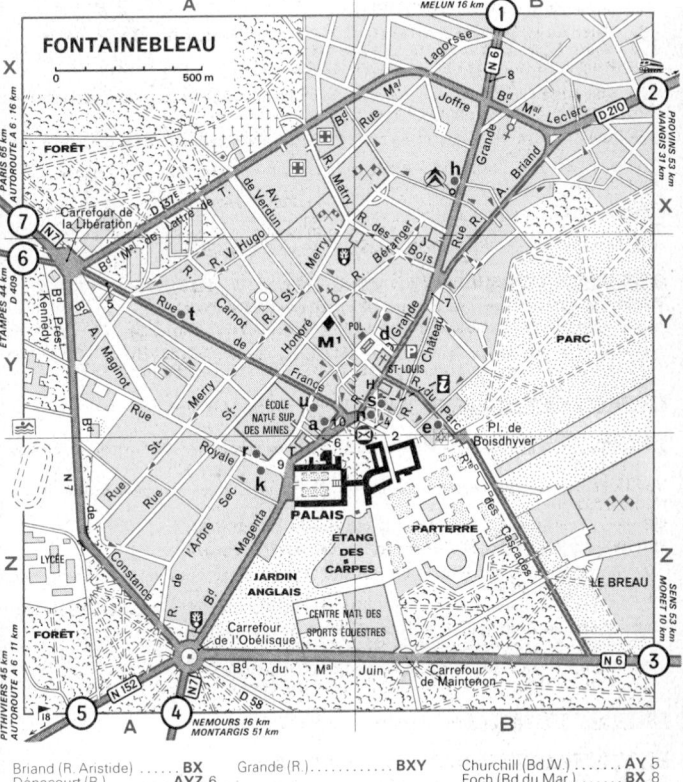

Briand (R. Aristide) .... **BX**	Grande (R.) .... **BXY**	Churchill (Bd W.) ...... **AY** 5
Dénecourt (R.) .... **AYZ** 6	Armes (Pl. d') .... **BYZ** 2	Foch (Bd du Mar.) ...... **BX** 8
Étape (Pl. de l') .... **BY** 7	Chancellerie (R. de la) .... **BY** 4	Gaulle (Pl. Gén.-de) ...... **AZ** 9
France (R. de) .... **AY**		Nap.-Bonaparte (Pl.) .... **AY** 10

🏰 **Aigle Noir** Ⓜ, 27 pl. Napoléon ☎ 422.32.65, Télex 600080, 🍴, « Bel aménagement intérieur » – 🛗 📺 ☎ 🚗 – 🏛 30. 🆎 ⓞ Ⓔ 𝗩𝗜𝗦𝗔   AY **a**
SC : **Le Beauharnais** *(fermé en fév., dim. soir et lundi)* **R** carte 185 à 245 – **Le Bivouac R** carte 80 à 135 – ☑ 43 – **26 ch** 390/595, 4 appartements 715.

🏨 **Legris et Parc,** 36 r. Parc ☎ 422.24.24, 🍴, 🌳 – 🚪wc 🏧wc 📶 – 🏛 25. Ⓔ 𝗩𝗜𝗦𝗔
fermé 18 déc. au 25 janv. – SC : **R** *(fermé dim. soir)* 74/120 – ☑ 22 – **30 ch** 150/225
– P 305/355.   BY **e**

🏨 **Londres,** pl. Gén.-de-Gaulle ☎ 422.20.21, ≤, 🍴 – 🚪wc 🏧wc 📶 Ⓟ   AZ **r**
fermé fév. – **R** 75/160 – ☑ 20 – **22 ch** 130/245.

🏨 **Toulouse** sans rest, 183 r. Grande ☎ 422.22.73 – 🚪wc 🏧wc 📶 🚗   BX **h**
fermé 15 au 30 nov. et 15 au 30 janv. – SC : **18 ch** ☑ 81/198.

🏨 **Victoria** sans rest, 112 r. France ☎ 422.23.33, 🌳 – 🚪wc 🏧wc ☎ Ⓟ Ⓔ 𝗩𝗜𝗦𝗔   AY **t**
SC : ☑ 17,50 – **18 ch** 95/240.

tourner →

XX **François 1er,** 3 r. Royale ℡ 422.24.68 – AE ⓓ E VISA — AZ **k**
fermé 11 déc. au 21 janv., lundi soir et mardi du 1er sept. au 15 juin – **R** 65/150.

XX **Filet de Sole,** 5 r. Coq-Gris ℡ 422.25.05 – AE ⓓ E VISA — BY **n**
fermé juil., mardi et merc. – SC : **R** 95/115.

XX **Le Dauphin,** 24 r. Grande ℡ 422.27.04 – E VISA — BY **s**
fermé 3 au 9 sept., fév., mardi soir et merc. – SC : **R** 52/85.

X **Bistro St-Antoine,** 26 r. Ferrare ℡ 422.15.33 – AE ⓓ E VISA — AY **u**
fermé août, dim. soir et lundi – **R** carte 65 à 90.

X **Le Grillardin,** 12 r. Pins ℡ 422.36.83 – VISA. ✻ — BY **d**
fermé dim. soir et lundi – SC : **R** 40 (sauf fêtes)/75.

*à **Ury*** par ⑤ : 10 km – ✉ **77116** Ury :

Novotel Ⓜ, NE par N 152 et VO ℡ 422.48.25, Télex 600153, – rest ☎ ♿ Ⓟ – 110. AE ⓓ E VISA
R snack carte environ 90 – 28 – **127 ch** 240/287.

Voir aussi à ***Vulaines-sur-Seine*** par ② : 5 km, ***Hericy*** par ② : 7 km, ***Samois*** par ② : 8 km ***Barbizon*** par ⑦ : 9,5 km.

ALFA-ROMEO, LADA Ile-de-France-Auto, 86 r. de France ℡ 422.31.59
AUSTIN, JAGUAR, MORRIS, ROVER, TRIUMPH Gar. St-Antoine, 111 r. de France ℡ 422.31.88
CITROEN Sud-Auto, 177 r. Grande ℡ 422.10.60 Ⓝ
FIAT Rucheton, 44 r. du Château ℡ 422.24.19
FORD Gar. François 1-9 r. Chancellerie ℡ 422.20.34
LANCIA-AUTOBIANCHI Gar. Europe, 2 av. F.-Roosevelt à Avon ℡ 422.38.71
PEUGEOT, TALBOT S.B.A., 29 av. Gén.-de-Gaulle à Avon par ② ℡ 072.21.79
RENAULT Gar. Centre, 56 av. de Valvins à Avon par ② ℡ 072.25.75

FONTAINE-CHAALIS 60 Oise 56 ⑫, 196 ⑨ – 366 h. alt. 120 – ✉ **60300** Senlis – ⓞ 4.
Voir Boiseries★ de l'église de Baron E : 4 km, G. Environs de Paris.
Paris 49 – Beauvais 62 – Compiègne 40 – Meaux 31 – Senlis 9 – Villers-Cotterets 34.

XX **Aub. de Fontaine** avec ch, ℡ **454.20.22** – wc wc. ✻ ch
fermé janv., fév., mardi et merc. – SC : **R** 90/130 – 15 – **7 ch** 160/175.

FONTAINE-DE-LA-PESCALERIE 46 Lot 79 ⑨ – rattaché à Cabrerets.

FONTAINE-DE-VAUCLUSE 84 Vaucluse 81 ⑬ **G. Provence** (plan) – 606 h. alt. 80 – ✉ **84800** L'Isle-sur-la-Sorgue – ⓞ 90.
Voir La Fontaine de Vaucluse★★★ 30 mn – Collection Casteret★ au musée souterrain de Norbert Casteret.
ℹ Syndicat d'Initiative pl. Église (Pâques-fin oct. et fermé dim.) ℡ 20.32.22.
Paris 705 – Apt 33 – Avignon 30 – Carpentras 21 – Cavaillon 17 – Orange 48.

XX **Parc** avec ch, ℡ **20.31.57**, ←, parc, **« Terrasse au bord de l'eau »** – wc wc Ⓟ. AE ⓓ
fermé 15 nov. au 15 déc. et merc. d'oct. à mars – SC : **R** 70/170 – 20 – **12 ch** 180.

XX **Host. du Château,** ℡ **20.31.54**, ←, **« Au bord de l'eau »**
fermé fév. et mardi hors sais. – SC : **R** 52/110.

X **Philip,** ℡ **20.31.81**, ←, **« Au pied des Cascades »**
1er avril-30 sept. – SC : **R** (du 1er avril au 30 juin et sept. : déj. seul.) 85/130.

La FONTAINE-DU-BUIS 30 Gard 81 ⑪ – rattaché aux Angles.

FONTAINE-LE-DUN 76740 S.-Mar. 52 ⑬ – 831 h. – ⓞ 35.
Paris 188 – Dieppe 24 – ♦Le Havre 79 – ♦Rouen 49 – St-Valéry-en-Caux 16 – Yvetot 28.

XX Le Gastronome, ℡ **97.40.10** – Ⓟ.

FONTAINE-STANISLAS 88 Vosges 62 ⑯ – rattaché à Plombières.

FONTENAI-SUR-ORNE 61 Orne 60 ② – rattaché à Argentan.

FONTENAY-LE-COMTE SP **85200** Vendée 71 ① **G. Côte de l'Atlantique** – 16 650 h. alt. 23 – ⓞ 51 – **Voir Clocher★ de l'église N.-Dame B.**
ℹ Office de Tourisme Tour de l'Octroi (fermé lundi hors saison et dim.) ℡ 69.44.99.
Paris 409 ① – Cholet 76 ① – La Rochelle 49 ④ – La Roche-sur-Yon 57 ⑤.

Plan page ci-contre

Rabelais Ⓜ, rte Parthenay **(a)** ℡ **69.86.20**, Télex **710703**, ←, parc, – TV wc wc ☎ Ⓟ – 100. AE ⓓ VISA
SC : **R** grill carte environ 85 – 19 – **35 ch** 170/212.

XX **Chouans Gourmets,** 6 r. Halles **(e)** ℡ **69.55.92** – E VISA
fermé 2 au 16 juil., vacances de fév., dim. soir et lundi sauf fêtes – SC : **R** 46/120

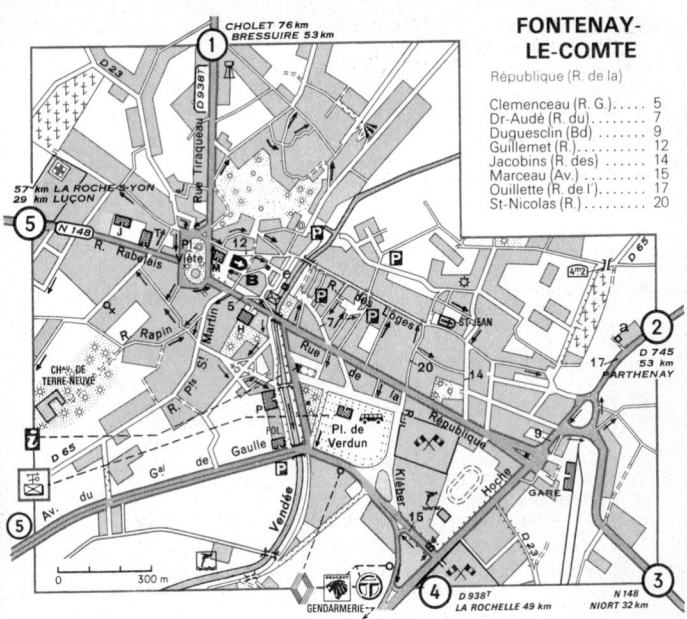

FONTENAY-LE-COMTE

République (R. de la)

à Mervent N : 11 km par D 65 – ⊠ **85200** Fontenay-le-Comte – **Voir** Ruines du château ≤★ – Barrage★ SO : 2 km – Forêt de Mervent-Vouvant★ O : 3 km.

🛈 Office de Tourisme (fermé lundi hors sais.) ☎ 00.20.97.

🏠 **Aub. de la Forêt** ⚭, NE : 3 km sur D 99A ☎ 00.21.09 – ➡wc ♒wc ⓟ
fermé 24 déc. au 15 janv. et lundi (sauf hôtel en été) – SC : **R** 58/120 ⅜ – ☵ 18 –
9 ch 130/176 – P 228.

✗ **Le Nautique,** la Vallée ☎ 00.20.30, ≤ – ⓟ. ⒠ 𝘝𝘐𝘚𝘈
fermé 1er au 21 oct., 1er au 15 fév., lundi soir et mardi – SC : **R** 54/130 ⅜.

à Velluire par ④, D 938 ter et VO : 11 km – ⊠ **85770** Vix :

✗✗ **Aub. de la Rivière** avec ch, ☎ 52.32.15, ≤ – ➡wc ⟷. ⒠
fermé 26 mars au 9 avril – SC : **R** (fermé dim. soir et lundi soir sauf juil.-août) 52/135
– ☵ 20 – **12 ch** 85/200 – P 135/170.

CITROEN Les Gar. Murs, Zone Ind., 67 r. de
l'Ancienne capitale du Bas Poitou par ③ ☎
69.06.76
FIAT Gar. Bourge, 86 r. République ☎ 69.30.98
PEUGEOT-TALBOT Fontenay-Automobiles,
24 r. Kléber ☎ 69.85.15

RENAULT Gar. Bichon, pl. Verdun ☎ 69.49.74
V.A.G. Gar. Couturier, av. Gén.-de-Gaulle ☎
69.92.67

Ⓐ Aubert, rte de Niort ☎ 69.30.79

FONTENAY-TRÉSIGNY 77610 S.-et-M. 🖫 ②, 𝟏𝟗𝟔 ㉞㉟ – 3 640 h. alt. 130 – 🌂 6.
Paris 52 – Coulommiers 23 – Meaux 30 – Melun 26 – Provins 39 – Sézanne 66.

🏠 **Le Manoir** ⚭, E : 4 km par N 4 et D 402 ☎ 425.91.17, Télex 690635, ≤, parc,
« Belle décoration intérieure », ☆☆ – ▭ ☎ ⓟ – 🕭 100 🝙 ⓔ ⒠ 𝘝𝘐𝘚𝘈
15 avril-15 nov. – SC : **R** carte 145 à 220 – ☵ 35 – **11 ch** 310/480, 3 appartements
600 – P 500/600.

✗ **Le Relais,** ☎ 425.90.41
fermé 15 au 31 juil., mardi et merc. – SC : **R** 63/100.

FONTEVRAUD-L'ABBAYE 49590 M.-et-L. 🖫 ⑨ **G. Châteaux de la Loire** – 1 850 h. alt. 80 –
🌂 41 – **Voir Abbaye★★** – Église St-Michel★.
Paris 306 – Angers 69 – Chinon 23 – Loudun 19 – Poitiers 74 – Saumur 16 – Thouars 36.

🏠 **Croix Blanche,** 7 pl. Plantagenets ☎ 51.71.11 – ➡wc ♒wc ⓟ – 🕭 40
➡ SC : **R** 36/108 ⅜ – ☵ 13,50 – **19 ch** 65/201 – P 151/189.

✗✗ **La Licorne,** r. R. d'Arbrissel ☎ 51.72.49, ☆ – 𝘝𝘐𝘚𝘈
fermé 1er au 15 oct., janv., dim. soir, mardi midi et lundi – SC : **R** 130.

✗ **Abbaye,** ☎ 51.71.04 – ⓟ
➡ fermé 10 oct. au 4 nov., 15 fév. au 4 mars, mardi (sauf le midi en hiver) et merc. (sauf
le midi en saison) – SC : **R** 47 bc/83 ⅜.

FONT-ROMEU 66120 Pyr.-Or. 🗓🗓 ⑯ G. Pyrénées – 3 136 h. alt. 1 800 – Sports d'hiver : 1 800/2 250 m ⚟ 1 ⚞ 23, ⚟ – Casino – ❄ 68.

Voir Ermitage★ : camaril★★ et calvaire ⁂★★ de Font-Romeu NE : 2 km puis 15 mn.

🄴 Office de Tourisme, av. E.-Brousse ⌘ 30.02.74, Télex 500802.

Paris 1 000 – Andorre-la-Vieille 77 – Ax-les-Thermes 66 – Bourg-Madame 18 – ◆Perpignan 88.

🏨 **L'Orée du Bois** Ⓜ sans rest, ⌘ 30.01.40, ≤ – ▐❙wc ▥wc ⌘ ᎑ ⇔
SC : ☲ 16,50 – **36 ch** 165/200.

🏨 **Carlit H.,** ⌘ 30.07.45 – ▐❙ ▣ ⊟wc ▥wc ☎ – ᎑ 50. **E**. ❀ rest
20 mai-15 oct. et 15 déc.-30 avril – SC : **R** 53/100 – ☲ 27 – **58 ch** 195/255 – P 275/325.

🏨 **Gd Tétras** Ⓜ, ⌘ 30.01.20 – ▐❙ ⊟wc ▥wc ☎ ᎑ ⇔ 🄰🄴 ⓞ **E**
15 juin-30 sept. et 15 déc.-1er mai – SC : **R** voir rest. la Potinière – ☲ 18 – **36 ch** 130/205, 4 appartements 330 – P 195/230.

🏨 **Clair Soleil** Ⓜ, rte Odeillo : 1 km ⌘ 30.13.65, ≤ montagnes et four solaire, 🐎 –
▐❙ ▣ ⊟wc ☎ ᎑ ℗. **E** 🆅🆂🅰. ❀ rest
1er mai-25 oct. et 18 déc.-18 avril – SC : **R** (fermé merc.) (dîner seul.) 66/80 – **31 ch**
☲ 100/220.

🏨 **Y Sem Bé** ⑤, ⌘ 30.00.54, ≤ Cerdagne – ⊟wc ▥wc ☎ ℗. ❀ rest
1er juin-20 oct. et 20 déc.-20 avril – SC : **R** (dîner seul.) 75 – ☲ 16 – **27 ch** 90/220.

🏨 **Pyrénées** ⑤, ⌘ 30.01.49, ≤ Cerdagne, 🍽 – ⊟wc ▥wc ☎. 🄰🄴. ❀ rest
10 mai-5 juin, 22 juin-31 oct. et 18 déc.-20 avril – SC : **R** 49/78 – ☲ 14 – **37 ch** 150/180 – P 190/230.

🏨 **Les Cimes** sans rest, ⌘ 30.07.83, 🐎 – cuisinette ▣ ⊟wc ▥wc 🕾
15 juin-15 sept. et 20 déc.-20 avril – SC : ☲ 27 – **23 ch** 110/235.

XX **La Potinière,** ⌘ 30.11.56 – 🄰🄴 **E**
20 juin-30 sept. 15 déc.-2 mai et fermé mardi en mai – SC : **R** 68/145.

à Odeillo SO : 3 km par D 29 – alt. 1 596 – ⊠ **66120** Font-Romeu :

🏨 **Coq Hardi,** ⌘ 30.11.02, ≤, 🐎 – ⊟wc ▥wc ☎ ℗. **E** 🆅🆂🅰. ❀ rest
1er juil.-15 nov. et 15 déc.-31 mai – SC : **R** 50/100 – ☲ 19,50 – **15 ch** 140/200 – P 180/200.

🏨 **Romarin,** ⌘ 30.09.66, ≤ Cerdagne, 🐎 – ⊟wc ▥wc 🕾 ℗. ❀ rest
20 juin-3 oct. et 15 déc.-20 avril – SC : **R** (dîner seul.) 54 🍴 – ☲ 15 – **14 ch** 124/189.

à Targassonne O : 4 km par D 10 E et D 618 – ⊠ **66120** Font-Romeu :

🏨 **La Tourane** ⑤, ⌘ 30.15.03, ≤ – ⊟ ▥ 🕾 ℗
fermé 30 avril au 15 déc. – SC : **R** 50/85 – ☲ 14 – **25 ch** 75/95 – P 130/150.

XX **La Griole,** ⌘ 30.16.22, 🍽 – ℗. **E**
fermé 10 au 30 janv., 1er mars au 30 avril et lundi du 15 sept. au 30 mai – SC : **R** 44/150 🍴.

à Via S : 5 km par D 29 – ⊠ **66120** Font-Romeu :

🏨 **L'Oustalet** ⑤, ⌘ 30.11.32, ≤, 🐎 – ⊟wc ▥wc ☎ ℗. **E** 🆅🆂🅰. ❀ rest
1er juin-30 sept. et 18 déc-30 avril – SC : **R** 40/75 – ☲ 14 – **32 ch** 107/161.

FONTVIEILLE 13990 B.-du-R. 🗓🗓 ⑩ G. Provence – 3 432 h. alt. 20 – ❄ 90 (Vaucluse).

Voir Moulin de Daudet ≤★ – Chapelle St-Gabriel★ N : 5 km.

Paris 718 – Arles 10 – Avignon 30 – ◆Marseille 92 – St-Rémy-de-Pr. 18 – Salon-de-Pr. 37.

🏨🏨 ❄ **La Regalido** (Michel) Ⓜ ⑤, ⌘ 97.70.17, 🍽, « Jardin fleuri » – ℗. 🄰🄴 ⓞ **E**
🆅🆂🅰
fermé 30 nov. au 15 janv. – SC : **R** (fermé mardi midi et lundi) (nombre de couverts limité - prévenir) carte 160 à 230 – ☲ 40 – **13 ch** 380/500.
Spéc. Mousseline de poissons à l'anis, Gratin de moules, Gigot d'agneau en casserole. Vins Coteaux-des-Baux, Châteauneuf-du-Pape.

🏨🏨 **La Peiriero** Ⓜ ⑤ sans rest, av. Baux ⌘ 97.76.10, ⊠, 🐎 – ▐❙ ▣ 🕾 ⇔ ℗ – ᎑
40. 🄰🄴 ⓞ **E** 🆅🆂🅰
1er avril-31 oct. et 20 déc.-5 janv. – SC : ☲ 22 – **33 ch** 225/370, 8 appartements 370.

🏨 **Valmajour** Ⓜ ⑤ sans rest, rte d'Arles ⌘ 97.70.37, ≤, « Parc », ⊠, ❀ – ⊟wc
▥wc 🕾 ℗. 🄰🄴
1er mars-31 oct. – SC : ☲ 20 – **28 ch** 120/240, 5 appartements 350.

🏨 **A la Grâce de Dieu** Ⓜ ⑤, 90 av. de Tarascon ⌘ 97.71.90, ≤ – ⊟wc 🕾 ℗. 🄰🄴
ⓞ 🆅🆂🅰
1er mars-31 oct. – SC : **R** (fermé mardi) 90/138 – ☲ 25 – **10 ch** 192/233.

🏨 **Bernard,** ⌘ 97.70.35, 🍽 – ⊟wc ▥wc. ❀ ch
fermé 25 oct. au 15 déc. et fév. – SC : **R** 55/62 – ☲ 12,50 – **25 ch** 83/130 – P 135/160.

XXX **Le Patio,** ⌘ 97.73.10, « Bergerie provençale »
fermé 5 janv. au 10 fév., mardi soir et merc. – SC : **R** 85/145.

XX **Le Homard,** 29 r. Nord ⌘ 97.75.34, 🍽 – 🄰🄴 ⓞ. ❀
fermé 1er nov. au 20 déc., fév., vend. midi et jeudi – SC : **R** 60/135.

FORBACH 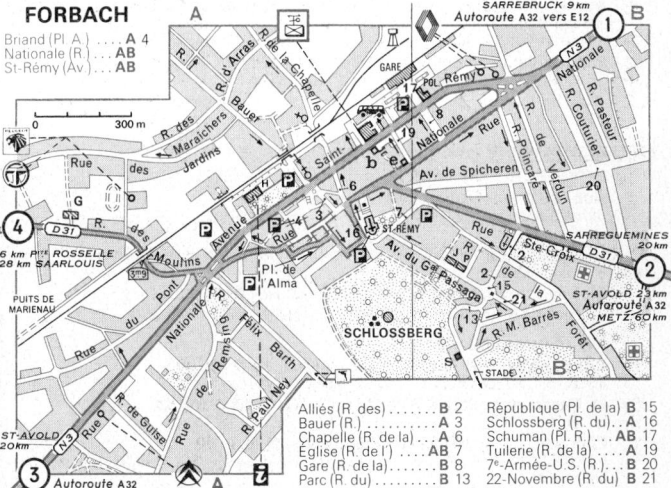 57600 Moselle 🔟 ⑥ G. Vosges – 27 321 h. alt. 210 – ❸ 8.

🚩 Office de Tourisme à l'Hôtel de Ville (fermé dim.) ☏ 785.02.43.

Paris 384 ② – ◆Metz 60 ② – St-Avold 23 ② – Sarreguemines 20 ② – Saarbrücken 9 ①.

FORBACH

Briand (Pl. A.) .... A 4
Nationale (R.) .... **AB**
St-Rémy (Av.) ... **AB**

Alliés (R. des) .... **B** 2	République (Pl. de la) **B** 15
Bauer (R.) .... **A** 3	Schlossberg (R. du).. **A** 16
Chapelle (R. de la) ... **A** 6	Schuman (Pl. R.) ... **AB** 17
Église (R. de l') ..... **AB** 7	Tuilerie (R. de la) ... **A** 19
Gare (R. de la) ...... **B** 8	7ᵉ-Armée-U.S. (R.).. **B** 20
Parc (R. du) .... **B** 13	22-Novembre (R. du) **B** 21

🏛 **Poste** sans rest, 57 r. Nationale ☏ 785.08.80 – 🚻wc 🛏wc ⊛ 🅿. ⋙ A e
SC : 🍽 15 – **29 ch** 85/123.

🏠 **Berg** sans rest, 50 av. St-Rémy ☏ 785.09.12 – 🛏wc ⊛ 🅿 – 🦽 30 A b
SC : 🍽 18 – **21 ch** 123/145.

XX **du Schlossberg**, 13 r. Parc ☏ 787.88.26, 🍴 – ⓞ 𝖵𝖨𝖲𝖠. ⋙ B s
fermé 15 au 31 juil., 15 au 28 fév., mardi soir et merc. – SC : **R** 115/175.

à Rosbruck par ③ : 6 km – ⊠ 57800 Freyming-Merlebach :

XXX **Aub. Albert Marie**, 1 r. Nationale ☏ 704.70.76 – 🅿
fermé août, dim. soir et lundi sauf fériés – **R** 50/130 , dîner à la carte ♨.

AUSTIN, JAGUAR, MORRIS, ROVER, TRIUMPH Gar. du Centre, 105 r. Nationale à Morsbach ☏ 785.06.70
CITROEN Gar. Herber, 210 r. Nationale ☏ 785. 11.89 🅽
FIAT, MERCEDES Gar. de l'Europe et de l'Autoroute 294 et 300 r. Nationale, ☏ 785.31.74
FORD Lehmann Autom., 143 r. Nationale à Stiring-Wendel ☏ 787.42.10
MAZDA Gar. de Guise, 208 r. Nationale ☏ 785.90.88
PEUGEOT TALBOT Est-Autom., r. de la Piscine Schoeser ☏ 785.11.23

RENAULT Pierrard, 7 pl. R.-Schuman ☏ 785. 47.37 et 3 av. St-Rémy ☏ 785.40.65

Ⓦ Leclerc-Pneus, Carr. du Schoeneck ☏ 785. 78.40
A.P.S 3 r. Nationale à Stiring-Wendel ☏ 787. 56.94
Berwald, 21 av. Spicheren ☏ 787.40.54
Leclerc-Pneus, carr. de l'Europe, Zone Ind. ☏ 785.46.26

FORCALQUIER 04300 Alpes-de-H.-Pr 🔟 ⑮ G. Côte d'Azur (plan) – 3 790 h. alt. 550 – ❸ 92.

Voir Cimetière ✶ – ✳✶ de la terrasse N.-D. de Provence.

🚩 Office de Tourisme pl. Bourguet (fermé mardi et dim. après-midi) ☏ 75.10.02.

Paris 774 – Aix-en-Provence 66 – Apt 42 – Digne 49 – Manosque 23 – Sisteron 44.

XX **Aub. Charembeau** 🔊 avec ch, E : 3,5 km par N 100 ☏ 75.05.69, ≤, 🚗, ⋙ – 🛏wc 🅿. 𝖵𝖨𝖲𝖠
fermé nov., déc. et janv. – SC : **R** (fermé dim. soir et lundi) 70/120 – 🍽 15 – **11 ch** 64/105 – P 132/175.

FOREST-SUR-MARQUE 59 Nord 🔟 ⑯ – rattaché à Roubaix.

FORÊT voir au nom propre de la forêt.

La FORÊT 33 Gironde 🔟 ⑨ – rattaché à Bordeaux.

477

La FORÊT-FOUESNANT 29133 Finistère 🟥🟥 ⑮ G. Bretagne – 2 149 h. alt. 20 – ✪ 98.

🇫🇷 de Quimper et de Cornouaille ☎ 56.97.09.

🛈 Office de Tourisme 2 r. du Port (fermé après-midi et lundi hors sais.) ☎ 56.94.09.

Paris 546 – Carhaix-Plouguer 66 – Concarneau 9,5 – Pont-l'Abbé 23 – Quimper 16 – Quimperlé 35.

   🏯 **Manoir du Stang** ⑤, N : 1,5 km accès par D 783 et chemin privé ☎ 56.97.37,
    « Beau manoir dans un parc fleuri, étangs », ❄ – ▮ ℗ – 🏊 50. ❄
    15 mai-20 sept. – SC : **R** 140/180 – ⱻ 33 – **26 ch** 250/460 – P 320/440.

   🏛 **Espérance** ⑤, pl. église ☎ 56.96.58, ☞ – 🛏wc 🏧wc ℗. ❄ rest
   ✦ 1er avril-14 oct. – SC : **R** 48/155 – ⱻ 16,50 – **33 ch** 81/186 – P 152/205.

   ✗ **Aub.St-Laurent**, E : 2,5 km rte Concarneau (bord de mer) ☎ 56.98.07, ☞ – ℗
    Pâques-fin sept., week-end et vacances scolaires hors sais. – SC : **R** 55/107 ♨.

FORÊT-SUR-SÈVRE 79380 Deux-Sèvres 🟥🟥 ⑯ – 796 h. alt. 157 – ✪ 49.

Paris 372 – Bressuire 16 – ✦Nantes 95 – Niort 61 – La Roche-sur-Yon 73.

   ✗ **Aub. du Cheval Blanc**, ☎ 80.86.35.
    fermé 5 au 20 août, 23 déc. au 2 janv. et sam. – **R** 60/100.

FORGES-LES-EAUX 76440 S.-Mar. 🟥🟥 ⑧ G. Normandie (plan) – 3 756 h. alt. 161 – Stat.
therm. – Casino – ✪ 35.

🛈 Office de Tourisme parc Hôtel de Ville (fermé dim. et lundi) ☎ 90.52.10.

Paris 114 – Abbeville 71 – ✦Amiens 70 – Beauvais 50 – ✦Le Havre 118 – ✦Rouen 42.

   aux Thermes et Casino

   🏛 **Continental**, ☎ 90.52.67 – 🛏wc 🏧 ℗. 🅰🅴 ⓄⒹ 🄴 𝖵𝖨𝖲𝖠. ❄
    SC : **R** voir rest. Le Cardinal – ⱻ 12 – **50 ch** 89/121.

   ✗✗✗ **Le Cardinal**, au Casino ☎ 90.52.67, ⟵ – ℗. 🅰🅴 ⓄⒹ 🄴 𝖵𝖨𝖲𝖠. ❄
    SC : **R** 107 bc/130.

   ✗✗ **Paix** avec ch, 17 r. Neufchatel ☎ 90.51.22 – 🏧 ℗. 🄴 𝖵𝖨𝖲𝖠
   ✦ fermé 15 déc. au 4 janv., dim. soir et lundi hors sais. – SC : **R** 48/98 ♨ – ⱬ 9,50 –
    6 ch 46/96.

   ✗✗ **Aub. du Beaulieu**, SE : 2 km sur D 915 ☎ 90.50.36 – 🅰🅴 ⓄⒹ 🄴 𝖵𝖨𝖲𝖠
    fermé 4 au 8 juin, 8 au 17 oct., 6 au 27 fév., mardi soir et merc. – SC : **R** 60/120.

CITROEN Belin, ☎ 90.50.66 🆗 ☎ 90.41.33   Ⓟ Parin, ☎ 90.50.95
RENAULT Gar. du Parc, ☎ 90.52.83 🆗 ☎ 90.
58.94

FORT-MAHON-PLAGE 80790 Somme 🟥🟥 ⑪ – 962 h. – Casino – ✪ 22.

🛈 Office de Tourisme pl. Bacquet (1er juil.-10 sept.) ☎ 27.70.75.

Paris 199 – Abbeville 35 – ✦Amiens 82 – Berck-Plage 20 – Étaples 29 – Montreuil 28.

   🏛 **Victoria**, ☎ 27.71.05 – 🛏 🏧
    SC : **R** 58 – ⱻ 13,50 – **16 ch** 82/135 – P 150/190.

   ✗✗ **Aub. du Fiacre**, SE : 2 km par rte de Rue ☎ 27.76.30, ☞ – ℗. 🅰🅴 𝖵𝖨𝖲𝖠
    fermé 1er au 28 fév., mardi soir et merc. sauf du 1er juin au 31 août – SC : **R**
    135 bc/70.

La FOSSETTE 83 Var 🟥🟥 ⑯⑰ – rattaché au Lavandou.

FOS-SUR-MER 13270 B.-du-R. 🟥🟥 ⑪ G. Provence – 9 446 h. alt. 157 – ✪ 42.

Voir Bassins de Fos★ – 🛈 Office de Tourisme av. J.-Jaurès (fermé sam. et dim.) ☎ 05.27.57.

Paris 760 – Aix-en-Provence 52 – Arles 40 – ✦Marseille 51 – Martigues 11 – Salon-de-Provence 30.

   🏛 **Mas de Cantegrillet** ⑤ sans rest, N : 2,5 km par N 569 ☎ 05.03.27 – 🛏wc 🏧
    ℗. 𝖵𝖨𝖲𝖠
    fermé 22 déc. au 3 janv. – SC : ⱻ 20 – **10 ch** 120/190.

FOUDAY 67 B.-Rhin 🟥🟥 ⑧ G. Vosges – 253 h. alt. 447 – ⌧ **67130** Schirmeck – ✪ 88.

Paris 475 – St-Dié 32 – Saverne 67 – Sélestat 35 – ✦Strasbourg 57.

   🏛 **Chez Julien**, N 420 ☎ 97.30.09 – 🛏wc 🏧wc ☎ ℗. 𝖵𝖨𝖲𝖠
   ✦ fermé 15 oct. au 2 nov., 1er au 15 mars, lundi soir et mardi sauf juil.-août – SC : **R**
    50/140 ♨ – ⱻ 14,50 – **10 ch** 107/115 – P 140.

FOUESNANT 29170 Finistère 🟥🟥 ⑮ G. Bretagne – 5 430 h. alt. 30 – ✪ 98.

🛈 Office de Tourisme r. Kérourgué (fermé sam. hors sais. et dim. sauf matin en sais.) ☎ 56.00.93.

Paris 549 – Carhaix-Plouguer 69 – Concarneau 13 – Quimper 15 – Quimperlé 39 – Rosporden 18.

   🏛 **Armorique** (annexe : 🏛 🅼⑤ - 12 ch 🛏wc🏧wc), 33 r. de Cornouaille ☎
    56.00.19 – 🏧wc ℗. 🄴. ❄
    15 avril-2 mai, 28 mai-fin sept. et fermé lundi sauf juil.-août – SC : **R** 55/120 – ⱻ 18
    – **25 ch** 88/200 – P 170/220.

   🏛 **Le Roudou** 🅼, rte St-Evarzec ☎ 56.01.26, ☞ – 🛏wc 🏧 ℗. 🄴. ❄ rest
   ✦ 1er mars-15 nov., fermé lundi du 1er oct. au 15 nov. et du 1er mars au 1er mai – SC : **R**
    42/120 – ⱻ 15 – **20 ch** 95/160.

Orée du Bois sans rest, 4 r. Kergoadig ⌂ 56.00.06 – 🛁wc
fermé vacances de Noël, sam. et dim. en hiver – SC : ⌸ 17 – **15 ch** 86/175.

Arvor, pl. Église ⌂ 56.00.35, 🌿 – 🛁 🅿. 🅴 VISA. 🛇
fermé nov. et jeudi d'oct. à mars – SC : **R** (en hiver déj. seul.) 46/140 – 🍽 14 –
12 ch 90/160 – P 170/200.

Pommiers, 40 r. Cornouaille ⌂ 56.00.26, 🌿 – 🛁 🅿. 🛇 ch
fermé 15 oct. au 30 nov., 24 déc. au 2 janv. et lundi sauf juil.-août – SC : **R** 49/110 –
⌸ 17 – **17 ch** 77/130 – P 150/170.

XXX L'Huîtrière, rte St-Evarzec ⌂ 56.06.62, Fruits de mer – 🅿. 🛇
juil.-août – SC : **R** (dîner seul.) 110/280.

RENAULT Bourhis, ⌂ 56.02.65 🅽

au Cap Coz SE : 2,5 km par VO – ✉ 29170 Fouesnant :

Celtique, ⌂ 56.01.79, ≤ – 🛁wc 🛁wc 🅿. 🅴. 🛇
14 au 30 avril (hôtel seul.) et 26 mai-17 sept. – SC : **R** 65/100 – ⌸ 18 – **54 ch** 85/180
– P 160/215.

Pointe Cap Coz 🐾, ⌂ 56.01.63, ≤ – 🛁wc 🛁 🅿. 🛇
1er avril-30 sept. et fermé merc. – SC : **R** 60/150 – ⌸ 18 – **24 ch** 75/210 – P 138/215.

à la Pointe de Mousterlin SO : 6 km par D 145 et D 134 – ✉ 29170 Fouesnant :

Pointe Mousterlin 🐾, ⌂ 56.04.12, ≤, 🌿, 🛇 – 🛁wc 🛁wc 🅿. 🅿. 🛇
30 mai-20 sept. – SC : **R** 87/155 – ⌸ 16 – **48 ch** 71/237 – P 164/288.

FOUGÈRES ⬧ 35300 I.-et-V. 🗺 ⑱ G. Bretagne – 25 131 h. alt. 134 – ✪ 99.

Voir Château★★ AY – Place aux Arbres★ : ≤★ AZ **B** – Église St-Sulpice★ AY – Jardin
public★ AY – Vitraux★ de l'église St-Léonard.

🇧 Office de Tourisme pl. A.-Briand (fermé dim.) ⌂ 94.12.20.

Paris 322 ③ – Avranches 40 ⑦ – Laval 48 ③ – ◆Le Mans 128 ③ – ◆Rennes 48 ⑤ – St-Malo 75 ⑥.

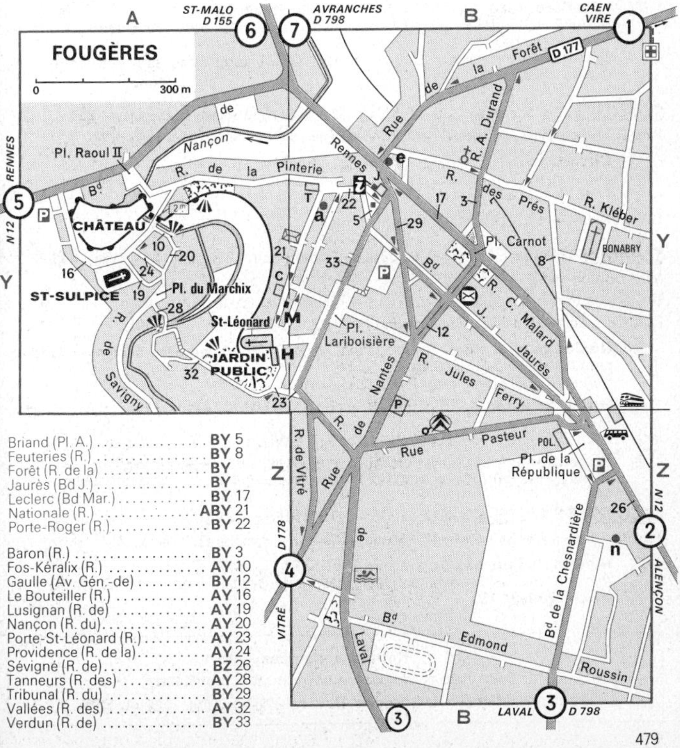

Briand (Pl. A.) .... **BY** 5
Feuteries (R.) .... **BY** 8
Forêt (R. de la) .... **BY**
Jaurès (Bd J.) .... **BY** 17
Leclerc (Bd Mar.) .... **BY**
Nationale (R.) .... **ABY** 21
Porte-Roger (R.) .... **BY** 22

Baron (R.) .... **BY** 3
Fos-Kéralix (R.) .... **AY** 10
Gaulle (Av. Gén.-de) .... **BY** 12
Le Bouteiller (R.) .... **AY** 16
Lusignan (R. de) .... **AY** 19
Nançon (R. du) .... **AY** 20
Porte-St-Léonard (R.) .... **AY** 23
Providence (R. de la) .... **AY** 24
Sévigné (R. de) .... **BZ** 26
Tanneurs (R. des) .... **AY** 28
Tribunal (R. du) .... **BY** 29
Vallées (R. des) .... **AY** 32
Verdun (R. de) .... **BY** 33

FOUGÈRES

🏨 **Mainotel** Ⓜ 🦢, par ② : 1,5 km sur N 12 🕿 99.81.55, 🎾 – 📺 🛏wc 🕿 🅿 – 🏌️
35. Ⓔ 𝑉𝐼𝑆𝐴
SC : **R** *(fermé dim. soir)* 53/140 – ⚏ 18 – **50 ch** 135/200 – P 220/280.

🏨 **H. Voyageurs** sans rest, 10 pl. Gambetta 🕿 99.08.20 – 🛗 🛏wc 🗓wc 🕿. 🅰🅴 ⓞ
Ⓔ 𝑉𝐼𝑆𝐴   BY **e**
fermé 23 déc. au 8 janv. – SC : ⚏ 16 – **36 ch** 112/160.

🏨 **Balzac** Ⓜ sans rest, 15 r. Nationale 🕿 99.42.46 – 🛗 🛏wc 🗓wc 🐾 ♿. 🎾   BY **a**
SC : ⚏ 15 – **21 ch** 105/165.

🏚 **Flaubert** sans rest, 1 r. G.-Flaubert par R. Alexandre III - BY - 🕿 99.00.43 – 🛏wc
🗓 ♿ ♿
SC : ⚏ 15 – **12 ch** 86/140.

🏯 **Commerce,** pl. Gd-Marché 🕿 99.01.01 – 🐾 🏚 🅿. Ⓔ 𝑉𝐼𝑆𝐴. 🎾 ch   BZ **n**
◆ *fermé 4 au 10 juil., 20 déc. au 2 janv. et dim. hors sais.* – SC : **R** 45/85 – ⚏ 15 –
23 ch 80/140 – P 180/190.

🍴🍴 **Rest. Voyageurs,** 10 pl. Gambetta 🕿 99.14.17 – 🍽. 🅰🅴 𝑉𝐼𝑆𝐴   BY **e**
fermé 17 août au 6 sept., dim. soir et sam. sauf juil. et août – SC : **R** (nombre de
couverts limité -prévenir) 60/130.

à la Templerie par ② : 11 km – ✉ 35133 Fougères :

🍴🍴 **Chez Galloyer « La Petite Auberge »,** 🕿 95.27.03 – 🅿. 𝑉𝐼𝑆𝐴
fermé août, dim. soir, mardi soir et merc. – SC : **R** (prévenir) 69/112.

CITROEN S.A.D.R.A.F., 17 bis r. Pasteur 🕿   RENAULT S.A.F.A., Z.A.C. la Guénaudière, bd
99.11.92   de Groslay par ② 🕿 99.42.82
FIAT Gar. du Centre, 12 r. J.-Ferry 🕿 99.02.07
FORD Gar. Gilbert, ZAC La Guénaudière II 🕿   Ⓜ Maison du Pneu, 12 bd de Rennes 🕿 99.
99.66.95   01.70
PEUGEOT Armor-Autom., 100 rte d'Ernée par   SOS Pneus, ZAC la Guénaudière rte de Paris 🕿
② 🕿 99.03.08   99.44.92

FOUGEROLLES 70220 H.-Saône 🔠🔠 ⑥ – 4 328 h. alt. 301 – ✪ 84.

🛈 Syndicat d'Initiative à la Mairie (1er juil.-15 sept. et fermé dim. après-midi).

Paris 370 – Épinal 43 – Luxeuil-les-Bains 9 – Plombières-les-Bains 11 – Remiremont 24 – Vesoul 39.

🍴🍴 ✪ **Au Père Rota** (Kuentz), 🕿 49.12.11 – 🅿. 🅰🅴 ⓞ 𝑉𝐼𝑆𝐴
fermé 2 au 9 juil., 19 nov. au 11 déc., vacances de fév., dim. soir et lundi sauf fériés
– SC : **R** 110/185
Spéc. Nage de turbot et écrevisses au vin jaune, Aiguillettes de canard aux chanterelles (saison),
Gratin de cerises.

FOULAIN 52 H.-Marne 🔠🔠 ⑪⑫ – 535 h. alt. 298 – ✉ 52800 Nogent-en-Bassigny – ✪ 25.

Paris 270 – Bourbonne-les-Bains 44 – Châtillon-sur-Seine 63 – Chaumont 11 – Langres 24.

🏚 **Chalet,** 🕿 31.11.11 – 🛏wc 🗓wc 🅿. ⓞ 𝑉𝐼𝑆𝐴
◆ *fermé 15 nov. au 15 déc., dim. soir et lundi sauf 15 juin au 15 sept.* – SC : **R** 42/115 🍴
– ☕ 12 – **12 ch** 53/114 – P 110/140.

DATSUN, LADA, SKODA Maitre, 🕿 31.10.16

FOURAS 17450 Char.-Mar. 🔠 ⑬ G. Côte de l'Atlantique – 3 297 h. alt. 40 – Casino – ✪ 46.

Voir Donjon 🌣 ★.

🛈 Office de Tourisme pl. Bugeau (fermé dim. hors sais.) 🕿 88.60.69.

Paris 478 – Châtelaillon-Plage 17 – Rochefort 14 – La Rochelle 27.

🏨 **Résidence Le Parc** 🦢 sans rest, 🕿 88.61.26, « Demeure ancienne dans un
parc » – 🛏wc 🗓wc 🐾 🅿. 🅰🅴
Pâques et 10 juin-fin sept. – SC : ⚏ 22 – **16 ch** 125/320.

🏨 **Gd H. des Bains,** 15 r. Gén.-Bruncher 🕿 84.03.44, 🌳 – 🛏wc 🗓wc 🐾 🚗.
🎾 rest
30 mai-24 sept. – SC : **R** 65/121 – ⚏ 15,50 – **36 ch** 118/156 – P 162/209.

🏚 **Roseraie** sans rest, 2 av. Port-Nord 🕿 88.64.89, 🌳 – 🛏wc 🗓wc
fermé 20 déc. au 10 janv. – SC : ⚏ 13,50 – **20 ch** 78/118.

FOURGES 27 Eure 🔠🔠 ⑱ – 453 h. alt. 115 – ✉ 27630 Ecos – ✪ 32.

Paris 72 – Les Andelys 33 – Gisors 24 – Mantes-la-Jolie 23 – Pontoise 40 – Vernon 14.

🍴🍴 **Moulin de Fourges** 🦢 avec ch, 🕿 52.12.12, ≤, 🌳 – 🗓
fermé 1er déc. au 1er mars, dim. soir (sauf rest.), lundi et mardi – SC : **R** 66/180 – ⚏
14,50 – **7 ch** 87/160.

Routes enneigées
Pour tous renseignements pratiques, consultez
les cartes Michelin **« Grandes Routes »** 🔲🔲🔲, 🔲🔲🔲, 🔲🔲🔲 ou 🔲🔲🔲.

FOURMIES 59610 Nord 53 ⑯ – 15 599 h. alt. 202 – ✪ 27.

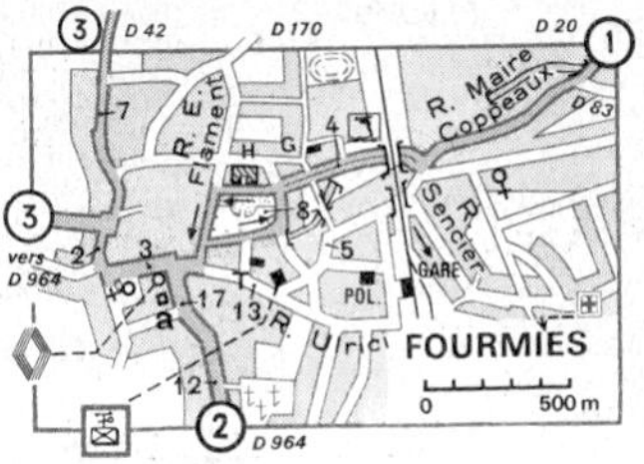

ℹ Office de Tourisme à la Mairie (fermé sam. après-midi, dim., lundi et le matin sauf sam.) ☎ 60.40.97.

Paris 200 ③ – Avesnes-sur-Helpe 16 ③ – Charleroi 61 ① – Guise 34 ③ – Hirson 13 ② – ♦Lille 116 ③ – Vervins 28 ③.

Providence, 12 r. Verpraet **(a)** ☎ 60.06.25 – wc 🕿. AE ⓓ E VISA. ✂
fermé août, dim. soir et lundi midi – SC : **R** 45/180 ₰ – ☕ 15 – **18 ch** 50/140 – P 190/240.

à l'Etang des Moines E : 2 km par D 964 et VO – ✉ **59610** Fourmies :

Ibis M sans rest, ☎ **60.21.54**, ← – wc Ⓟ – 30. E VISA
SC : ☕ 20 – **30 ch** 165/195.

Aub. des Étangs des Moines, ☎ 60.02.62, ← – Ⓟ. VISA
fermé 15 déc. au 15 janv. et vend. – SC : **R** 45/135.

Clavon (R. Xavier)	2	République (Pl.)	8
Cousin-Corbier (R.)	3	Rouets (R. des)	12
Gaulle (Av. Ch.)	4	St-Louis (R.)	13
Jaurès (R. J.)	5	Verpraet (R. Edouard)	17
Legrand (R. Th.)	7		

CITROEN Losson, 13 r. A.-Renaud par ① ☎ 60.14.68
PEUGEOT-TALBOT Gar. Legrand, 4 av. Prés.-Kennedy par ② ☎ 60.02.23
RENAULT Gar. Prévost, 2 r. Ed.-Verpraet ☎ 60.06.16

FOURNEAUX 23 Creuse 73 ① – rattaché à Aubusson.

Le FOUSSERET 31430 H.-Gar. 82 ⑯ – 1 375 h. alt. 319 – ✪ 61.
Paris 765 – Auch 68 – Foix 74 – Pamiers 63 – St-Gaudens 41 – St-Girons 51 – ♦Toulouse 56.

Voyageurs, ☎ 87.73.06, – . E. ✂
fermé 20 août au 20 sept., sam. soir et dim. soir – SC : **R** 45 bc/145 ₰ – ☕ 12 – **8 ch** 50/90 – P 100/110.

La FOUX 83 Var 84 ⑰ – rattaché à Port-Grimaud.

FRANCEVILLE-PLAGE 14 Calvados 55 ② – voir à Merville.

La FRANQUI 11 Aude 86 ⑩ – ✉ **11370** Leucate – ✪ 68.
Paris 882 – Carcassonne 86 – Leucate 5 – Narbonne 37 – ♦Perpignan 39 – Port-la-Nouvelle 19.

Plage, face plage ☎ 45.70.23, ← – 🕿 Ⓟ
Pâques-oct. – SC : **R** 50/90 ₰ – ☕ 15 – **20 ch** 140 – P 165.

FRAYSSINET 46 Lot 79 ⑧ – 241 h. alt. 247 – ✉ **46310** St-Germain-du-Bel-Air – ✪ 65.
Paris 563 – Brive-la-Gaillarde 71 – Cahors 32 – Figeac 54 – Gourdon 14 – St-Céré 49.

La Bonne Auberge, ☎ 31.00.02, ← – wc Ⓟ
fermé 20 janv. au 15 fév. – SC : **R** 45/130 – ☕ 15 – **10 ch** 80/170.

Le Relais, à Pont de Rhodes N : 1 km sur N 20 ☎ 31.00.16, , , – cuisinette wc Ⓟ
15 mars-15 nov. – SC : **R** 45/109 ₰ – ☕ 16 – **29 ch** 55/120 – P 160.

La FREISSINOUSE 05 H.-Alpes 81 ⑥ – 334 h. alt. 970 – ✉ **05000** Gap – ✪ 92.
Paris 678 – Clelles 67 – Die 87 – Gap 9 – La Saulce 22 – Serres 34 – Sisteron 52.

Azur, D 994 ☎ 57.81.30, ←, – wc 🕿 Ⓟ
fermé 20 nov. au 20 déc. – SC : **R** 65/90 ₰ – ☕ 15 – **40 ch** 90/135 – P 123/150.

FRÉJUS 83600 Var 84 ⑧, 195 ㉝ G. Côte d'Azur – 32 698 h. alt. 8 – ✪ 94.
Voir Quartier épiscopal★★ C : **baptistère**★★, **cloître**★★, **cathédrale**★ – **Ville romaine**★ A : **arènes**★ – **Parc zoologique**★ N : 5 km par ③.
18 de Valescure ☎ **52.16.58**, NE : 8 km – ☎ **95.13.89**.
ℹ Office de Tourisme pl. Calvini ☎ 51.53.87.
Paris 874 ③ – Brignoles 63 ③ – Cannes 40 ④ – Draguignan 29 ③ – Hyères 76 ②.

Plans page suivante

Le Vieux Four avec ch, 57 r. Grisolle ☎ **51.56.38**, « **intérieur rustique** » – wc 🕿. ⓓ VISA. ✂ ch C **a**
fermé 20 sept au 20 oct., vacances de fév., lundi soir et dim. – SC : **R** *(en sais. dîner seul.)* (prévenir) carte 170 à 205 – ☕ 17 – **8 ch** 130/160.

tourner →

FRÉJUS

XX **Les Potiers,** 135 r. Potiers ☏ 51.33.74 — C s
fermé 20 nov. au 20 déc., merc. hors sais. et sam. midi – SC : **R** (dîner seul. en saison) 80/160.

X **Lou Calen,** 9 r. Desaugiers ☏ 52.36.87 – 🅰🅴 — C n
fermé 15 déc. au 15 janv. et merc. – SC : **R** 85/130.

à Fréjus-Plage AB – ⊠ ☏ 3600 Fréjus.

🗊 Office de Tourisme bd Libération (1er juin-30 sept.) ☏ 51.48.42.

🏨 **Palmiers,** bd Libération ☏ 51.18.72, ≤ – 劇 🛏wc 🛏wc 🕿. 🅰🅴 — B k
avril-fin oct. – SC : **R** 59 – ☲ 14 – **55 ch** 202 – P 190/240.

🏨 **Le Ligure** M sans rest, 1074 av. Mar.-de-Lattre-de-Tassigny ☏ 53.63.63 – 🔲 📺 🛏wc 🕿 🅿. 🅰🅴 ⓞ ⅽ 𝐕𝐈𝐒𝐀 — B d
SC : ☲ 25 – **63 ch** 230/390.

B **h**

🏠 **H. Oasis** ⑤, r. H.-Fabre ☎ 51.50.44 – 🛁wc 🛁wc ⑳ **P**. ⁂
1er fév.-31 oct. – SC : **R** voir rest. Oasis – **27 ch** ⊡ 115/164 – P 136.

B **e**

✕✕ **Rest. Oasis**, bd Alger ☎ 51.06.72, ≤, – **E** 𝘝𝘐𝘚𝘈
fermé 17 oct. au 20 nov. – SC : **R** 110/183.

au Colombier par ③ et D 4 : 3 km – ⊠ 83600 Fréjus :

🏠🏠 **Les Résidences du Colombier** Ⓜ ⑤, ☎ 51.45.92, Télex 470328, parc, ⅃, ⁂
– 🔲 ☎ & **P** – 🔬 25 à 200. 🖭 ⓞ **E** 𝘝𝘐𝘚𝘈, ⁂ rest
1er avril-10 oct. – SC : **R** (fermé lundi du 1er juil. au 25 août et sam. hors sais.) 130 –
⊡ 35 – **60 ch** 315/460 – P 440.

ALFA-ROMEO Corfou, angle N 7 et rte de
Bagnols ☎ 51.49.82
CITROEN Gar. Moderne, 151 av. Verdun ☎
51.52.65
FIAT Gar. du Ponant, 1264 av. de-Lattre-De-
Tassigny ☎ 51.30.74
FORD Gar. Vagneur, 449 bd de la Mer ☎ 51.
38.39
MERCEDES-BENZ, PORSCHE-MITSUBISHI
International-Autos, 7 bd Col. Dessert à Puget-
sur-Argens ☎ 45.22.74

PEUGEOT-TALBOT Gar. Fréjus-Plage, bd Li-
bération ☎ 51.23.19
PEUGEOT-TALBOT Ortelli, 1370 av. de Lattre-
De-Tassigny ☎ 51.33.00 🄽 ☎ 51.03.56
RENAULT S.A.T.A.C., N7 par ③ ☎ 51.40.61
V.A.G. S.O.D.R.A., av. de-Lattre-De-Tassigny
☎ 51.53.84 🄽 ☎ 51.03.56

🕲 Omnica, 238 av. de Verdun ☎ 51.01.54
Piot-Pneu, Lotissement Ind. La Palud ☎ 51.
29.20

FRÉLAND 68 H.-Rhin 🗟🗟 ⑱ – 1 100 h. alt. 420 – ⊠ 68240 Kaysersberg – 🕲 89.
Paris 501 – Colmar 18 – Gérardmer 48 – St-Dié 42 – Sélestat 33.

🏠 **Kalblin** ⑤, ☎ 47.58.55, 🌴 – 🛁wc ⑳ 🚗. ⁂ rest
1er avril-31 oct. et 15 déc.-28 fév. – SC : **R** 56/80 ⅄ – ⊡ 15 – **14 ch** 72/142 – P
160/170.

Le FRENEY-D'OISANS 38142 Isère 🗟🗟 ⑥ – 180 h. alt. 900 – 🕲 76.
Voir Barrage du Chambon★★ SE : 2 km – Gorges de l'Infernet★ SO : 2 km, G. Alpes.
Paris 626 – Bourg-d'Oisans 12 – La Grave 16 – ♦Grenoble 61.

🏠 **Cassini**, ☎ 80.04.10, ≤, 🌴 – 🛁wc ⑳ 🚗 **P**. 𝘝𝘐𝘚𝘈
10 juin-7 oct. et 20 déc.-1er mai – SC : **R** 55/150 – ⊡ 17 – **14 ch** 90/160 – P 160/208.

à Mizoën NE : 3 km – ⊠ 38142 Le Freney d'Oisans :

🏠 **Panoramique** Ⓜ ⑤, ☎ 80.06.25, ≤ – 🛁wc ☎ **P**. ⁂ rest
1er juin-30 sept. et 15 déc.-30 avril – SC : **R** 48/65 – ⊡ 14,50 – **9 ch** 140 – P 160.

FRESNAY-EN-RETZ 44 Loire-Atl. 🗟🗟 ② – 877 h. alt. 5 – ⊠ 44580 Bourgneuf-en-Retz – 🕲 40.
Paris 416 – Challans 25 – ♦Nantes 39 – La Roche-sur-Yon 58 – St-Nazaire 39.

✕✕ **Le Colvert**, ☎ 21.46.79 – 𝘝𝘐𝘚𝘈. ⁂
fermé 15 oct. au 15 nov., vacances de fév., dim. soir et lundi – SC : **R** 51/130.

FRESNAY-SUR-SARTHE 72130 Sarthe 🗟🗟 ⑫⑬ G. Normandie – 2 692 h. alt. 81 – 🕲 43.
🎗 Syndicat d'Initiative à la Mairie (fermé sam. après-midi et dim.) ☎ 97.23.75.
Paris 235 – Alençon 20 – Laval 71 – Mamers 30 – ♦Le Mans 38 – Mayenne 58.

🏠 **Ronsin**, 5 av. Charles-de-Gaulle ☎ 97.20.10 – 🛁wc 🛁wc ⑳ 🚗. ⓞ 𝘝𝘐𝘚𝘈
fermé dim. soir et lundi midi sauf juil.-août – SC : **R** 42/115 ⅄ – ⊡ 18 – **12 ch**
90/175 – P 145/180.

CITROEN Goupil, ☎ 97.20.08
PEUGEOT-TALBOT Dallier, ☎ 97.20.34

RENAULT Labbé, ☎ 97.20.85

FRESNES-LÈS-MONTAUBAN 62 P.-de-C. 🗟🗟 ③ – 454 h. alt. 49 – ⊠ 62490 Vitry-en-Artois –
🕲 21.
Paris 180 – Arras 14 – Cambrai 39 – Douai 12 – ♦Lille 40.

🏠🏠 **Motel Grill** Ⓜ ⑤, N 50 près échangeur ☎ 50.00.13 – 📺 🛁wc ⑳ **P** – 🔬 150.
🖭 ⓞ **E** 𝘝𝘐𝘚𝘈
SC : **R** 50/115 ⅄ – ⊡ 22 – **41 ch** 205/235.

✕✕ **La Frenaie**, ☎ 50.17.19 – **P**. **E**
fermé 1er au 25 août, dim. soir et lundi – SC : **R** 40/52 ⅄.

Le FRET 29 Finistère 🗟🗟 ④ – rattaché à Crozon.

FRÉVENT 62270 P.-de-C. 🗟🗟 ⑬ G. Nord de la France – 4 301 h. alt. 79 – 🕲 21.
Paris 193 – Abbeville 41 – Arras 39 – Doullens 15 – Montreuil 48 – St-Pol-sur-Ternoise 13.

à Monchel-sur-Canche NO : 7,5 km par ⊃ 340 – ⊠ 62270 Frévent :

✕✕ **Vert Bocage** ⑤, avec ch, ☎ 04.26.75, ≤, parc – 🛁 **P**
SC : **R** 70, carte le dim. – 🍴 15 – **9 ch** 85/150 – P 180/210.

RENAULT Mercier, ☎ 04.21.97

FREYMING-MERLEBACH 57800 Moselle 57 ⑯ G. Vosges – 16 218 h. alt. 217 – ✪ 8.
Paris 374 – Forbach 11 – ♦Metz 49 – St-Avold 12 – Saarbrücken 20 – Sarreguemines 24.

Caveau de la Bière, face Gare routière ☎ 704.52.65 – ⇅ ⇔wc ⋒wc ☎. E
fermé dim. soir et sam. – **R** 45/110 ♨ – ☕ 17 – **22 ch** 54/180.

Le Charolais, 16 av. Roosevelt ☎ 704.78.68 – VISA. ✻
fermé fév. et lundi – **R** 55/150.

PEUGEOT TALBOT Gar. Derr, 1 r. Metz à Merlebach ☎ 781.40.10

RENAULT Wilmouth, 20 r. Rosselle à Merlebach ☎ 704.61.31

FROENINGEN 68 H.-Rhin 66 ⑨ – rattaché à Mulhouse.

FROMENTINE 85 Vendée 67 ① – ✉ **85550** La Barre-de-Monts – ✪ 51.
Paris 446 – Challans 24 – ♦Nantes 69 – Noirmoutier-en-l'Ile 24 – Pornic 41 – La Roche-sur-Yon 63.

Plage, ☎ 68.52.05 – ⋒wc ☎
hôtel : Pâques-30 sept. et fermé merc. de Pâques au 15 juin, rest : 15 juin-15 sept. et fermé merc. en juin – SC : **R** 55/120 – ☕ 16 – **17 ch** 78/165 – P 155/185.

FRONTIGNAN 34110 Hérault 83 ⑯⑰ G. Causses – 14 961 h. – ✪ 67.
ℹ Office de Tourisme Rond-Point de l'Esplanade (fermé après-midi hors saison et dim. sauf matin en saison) ☎ 48.33.94.
Paris 784 – Lodève 72 – ♦Montpellier 22 – Sète 7.

à La Peyrade SO : 3 km sur N 112 – ✉ **34110** Frontignan :

Vila sans rest, ☎ 48.77.42 – ⇔wc ⋒wc ☎ Ⓟ. E
SC : ☕ 16 – **30 ch** 94/175.

au Nord-Est 4 km sur N 112 – ✉ **34110** Frontignan :

Balajan, N 112 ☎ 48.13.99 – ⇔wc ⋒ ☎ 🚗 Ⓟ – 🏛 45. VISA. ✻ rest
fermé 26 déc. au 4 janv. et fév. – SC : **R** *(fermé lundi)* 54/150 – ☕ 20 – **21 ch** 108/278 – P 193/260.

à l'Est : 7 km par N 112 et D 114E – ✉ **34110** Frontignan :

L'Escale, Les Aresquiers ☎ 78.14.86, ≤, 🌳, Produits de la mer
fermé 2 janv. au 4 mars – SC : **R** (du 1er oct. au 1er mai fermé le soir et déj. sur commande) 70/280.

CITROEN Vernhet, av. des Vignerons ☎ 48.11.92

Si vous devez faire étape dans une station ou dans un hôtel isolé, prévenez par avance, ***surtout en saison.***
Une réservation confirmée par écrit est toujours plus sûre.

La FRUITIÈRE 65 H.-Pyr. 85 ⑰ – rattaché à Cauterets.

FUANS 25 Doubs 66 ⑰ – rattaché à Orchamps-Vennes.

FUISSÉ 71 S.-et-L. 69 ⑲ G. Bourgogne – 355 h. alt. 250 – ✉ **71960** Pierreclos – ✪ 85.
Paris 405 – Charolles 55 – Chauffailles 59 – Mâcon 8,5 – Villefranche-sur-Saône 45.

Pouilly Fuissé, ☎ 35.60.68, 🌳, 🍽 – VISA
fermé 10 au 19 sept., mi-fév. à mi-mars, mardi soir (sauf juil. et août) et merc. – SC : **R** (sam. et dim. prévenir) 48/96.

FUMEL 47500 L.-et-G. 79 ⑥ – 6 659 h. alt. 72 – ✪ 53.
Voir Église★ de Monsempron O : 2 km, G. Périgord.
ℹ Syndicat d'Initiative pl. G.-Escande (15 avril-15 sept., fermé matin en juin et lundi) ☎ 71.13.70.
Paris 610 – Agen 56 – Bergerac 74 – Cahors 48 – Montauban 76 – Villeneuve-sur-Lot 27.

Vistorte (annexe 🐎 - 8 ch ⋒wc), 77 av. E.-Zola ☎ 71.01.21, 🌳, 🍽 – ⋒wc Ⓟ
fermé 18 mai au 4 juin, 15 au 31 déc. et sam. – SC : **R** 48/150 – ☕ 16 – **23 ch** 80/140.

à Touzac E : 7,5 km – ✉ **46700** Puy-l'Évêque :

La Source Bleue 🐎, ☎ (65) 36.52.01, ≤, 🌳, « Parc au bord du Lot » – ⇔wc ☎ Ⓟ. ✻ rest
avril-15 oct. – SC : **R** 85/150 – ☕ 18 – **7 ch** 160/190.

à Montcabrier (Lot) NE : 12 km par D 911, D 673 et D 58 – ✉ **46700** Puy-l'Évêque :

Relais de la Dolce Ⓜ 🐎, ☎ (65) 36.53.42, parc, 🌳, 🏊 – ⇔wc ☎ ♿ Ⓟ. AE ⓓ E VISA. ✻ rest
du 1er oct. à Pâques - prévenir – SC : **R** *(fermé mardi)* (dîner seul.) 75/175 – ☕ 26 – **12 ch** 235/260.

CITROEN Calassou, rte de Périgueux, Zone Ind. ☎ 71.01.80
MERCEDES-BENZ Gras, 4 av. de la Gare, Monsempron-Libos ☎ 71.01.16
PEUGEOT-TALBOT Cousset, Montayral ☎ 71.03.58
PEUGEOT-TALBOT Rodriguez, r. de Jarrou, Monsempron-Libos, ☎ 71.12.47

RENAULT S.E.V.A., Zone Ind. Florimont ☎ 71.40.40

🏵 Solapneu, rte Villeneuve, Condezaygues ☎ 71.01.50

La FUSTE 04 Alpes-de-H.-P. 🗷🗍 ⑮ – rattaché à Manosque.

FUTEAU 55 Meuse 🗗🗗 ⑲ – 160 h. alt. 181 – ⊠ 55120 Clermont-en-Argonne – 🏵 29.
Paris 233 – Bar-le-Duc 42 – Ste-Ménehould 13 – Verdun 40.

XXX **L'Orée du Bois**, à Courupt S : 1 km ☎ 88.28.41, ≤, 🏤 – 🅿
fermé janv. et mardi – SC : **R** 60/150.

CITROEN Gar. Noel-Bievelot, à Les Islettes ☎ 87.28.20

FUVEAU 13710 B.-du-R. 🗗🗗 ③ – 4 029 h. alt. 283 – 🏵 42.
Paris 772 – Aix-en-Provence 14 – ✦Marseille 38 – St-Maximin-la-Ste-Baume 28.

XX **Mas d'Aurumy**, rte Gréasque ☎ 58.71.24 – 🅿
fermé août, dim. et fêtes le soir et merc. – SC : **R** carte 150 à 205.

GABAS 64 Pyr.-Atl. 🗗🗗 ⑯ G. Pyrénées – alt. 1 020 – ⊠ 64440 Laruns – 🏵 59.
Voir Pic de la Sagette 🏵✳✳ E : 2 km et téléphérique puis 30 mn – Lac✦ de Bious Artigues : ≤✳✳ SO : 4,5 km.
Paris 836 – Argelès-Gazost 58 – Eaux-Bonnes 16 – Laruns 14 – Pau 51.

🏛 **Vignau**, ☎ 05.34.06, 🏤 – 🛏🗍🅿. 🎇
➡ SC : **R** 50/112 – 🍵 12 – **16 ch** 65/160 – P 172/195.

GABRIAC 12 Aveyron 🗗🗍 ③ – 470 h. alt. 575 – ⊠ 12340 Bozouls – 🏵 65.
Paris 591 – Espalion 13 – Mende 88 – Rodez 27 – St-Geniez-d'Olt 19 – Sévérac-le-Château 34.

🏠 **Bouloc**, ☎ 44.92.89, 🏤 – 🛏wc 🚗 🅿
➡ fermé oct. et merc. sauf juil. à sept. – SC : **R** 34/85 – 🍵 14 – **14 ch** 58/125 – P 120/150.

La GACILLY 56200 Morbihan 🗗🗗 ⑤ – 2 164 h. alt. 20 – 🏵 99.
Paris 394 – Châteaubriant 66 – Dinan 87 – Ploërmel 30 – Redon 16 – ✦Rennes 58 – Vannes 55.

🏠 **France et Square** (Annexe : 🏦 🅼 - 16 ch 🛏wc 🐾), ☎ 08.11.15 – 🛏 🗍 🐾
➡ 🅿 – 🛎 25. 🖭 🖪 🆅🆂🅰. 🎇
SC : **R** 38/94 – 🍵 13 – **41 ch** 66/138 – P 150/195.

RENAULT Gar. Moderne, ☎ 08.10.37

GAGES-LE-HAUT 12630 Aveyron 🗗🗍 ③ – rattaché à Rodez.

GAILLAC 81600 Tarn 🗗🗗 ⑨⑩ G. Causses – 10 654 h. alt. 143 – 🏵 63.
🖪 Office de Tourisme pl. Libération (fermé dim. après-midi) ☎ 57.14.65.
Paris 684 ① – Albi 22 ② – Cahors 89 ① – Castres 49 ③ – Montauban 50 ⑥ – ✦Toulouse 54 ⑤.

Plan page suivante

🏛 **Occitan** 🅼 sans rest, pl. de la Gare (a) ☎ 57.11.52 – 🗍wc 🐾 🅿. 🆅🆂🅰
fermé 9 au 20 fév. – SC : 🍵 20 – **13 ch** 110/200.

XX **Le Vigneron**, par ⑤ : 1,5 km ☎ 57.07.20 – 🅿
➡ fermé 21 août au 15 sept., 1er au 15 janv., dim. soir et lundi sauf juil. et août – SC : **R** 48/125 🗍.

PEUGEOT-TALBOT Capmartin, 83 av. Ch. de Gaulle par ② ☎ 57.08.48
RENAULT Gaillac-Auto, av. St-Exupéry par ⑤ ☎ 57.17.50 🆗 🆗 ☎ 57.23.54
V.A.G⁣ᵃ Bergougnou, 85 rue des Frères Delga ☎ 57.10.98

🏵 Deldossi, 92 r. J.-Rigal ☎ 57.03.29
François, 24 bd Gambetta ☎ 57.13.96

La GAILLARDE 83 Var 🗗🗍 ⑱ – rattaché aux Issambres.

La GALÈRE 06 Alpes-Mar. 🗗🗍 ⑧, 🗍🗗🗍 ㉞ – rattaché à Théoule.

GALGON 33 Gironde 🗗🗍 ⑧. 🗗🗍 ⑫ – rattaché à Libourne.

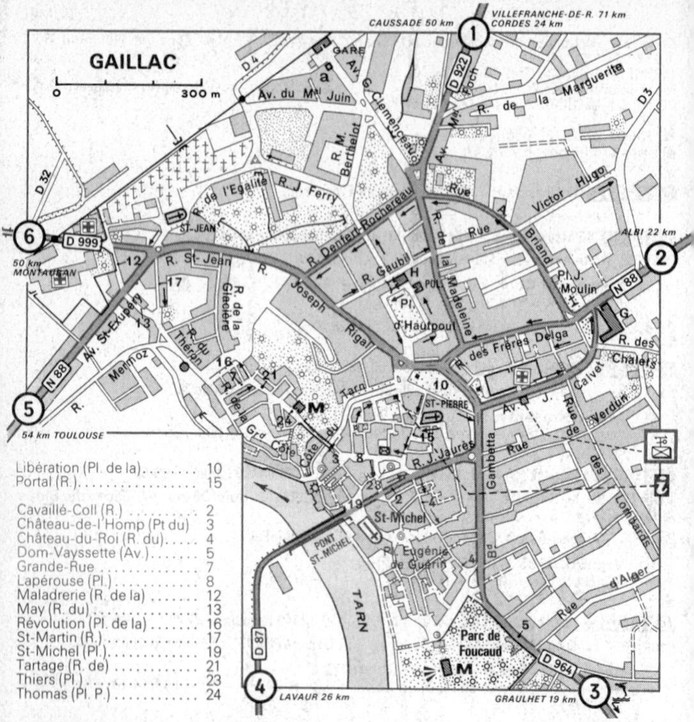

GALIMAS 47 L.-et-G. 79 ⑮ – rattaché à Agen.

GALLARDON 28320 E.-et-L. 60 ⑧, 196 ㊴ **G. Environs de Paris** – 2 101 h. alt. 140 – ✪ 37.

Voir "Silhouette"★ – Chœur★ de l'église.

Paris 76 – Ablis 13 – Chartres 21 – Dreux 37 – Épernon 11 – Maintenon 12 – Rambouillet 18.

✗ **Commerce,** pl. Église ☏ 31.00.07 – VISA
fermé 20 juil. au 20 août, dim. soir, lundi et mardi soir – SC : **R** carte 125 à 180.

GAMACHES 80220 Somme 52 ⑥ – 3 314 h. alt. 32 – ✪ 22.

Paris 153 – Abbeville 27 – ♦Amiens 58 – Blangy 9 – Le Tréport 17.

✗✗ **Gd Cerf** avec ch, ☏ 26.10.38 – ⋔ 🅟. E VISA
fermé 15 fév. au 30 mars et mardi soir du 15 sept. au 15 fév. – SC : **R** 56/75 – ☕ 14 – **8 ch** 100/150 – P 360.

FORD, MERCEDES Charpentier, 185 r. Ch.-de-Gaulle ☏ 30.93.19

Ⓜ Comptoir du Caoutchouc, 91 r. Ch.-de-Gaulle ☏ 26.11.23

GAMBAIS 78950 Yvelines 60 ⑧, 196 ㉗ – 1 365 h. alt. 119 – ✪ 3.

Paris 58 – Dreux 27 – Mantes-la-Jolie 31 – Montfort-l'Amaury 12 – Rambouillet 23 – Versailles 37.

✗ **Poule Faisane** avec ch, ☏ 487.01.09, 🐾 – **7 ch**.

GANGES 34190 Hérault 80 ⑯ **G. Causses** – 3 584 h. alt. 183 – ✪ 67.

Voir Gorges de la Vis★★ SO : 3 km.

ℹ Office de Tourisme pl. 8 Mai 1945 (fermé jeudi et dim. après-midi) ☏ 73.84.79.

Paris 757 – Alès 48 – Béziers 96 – Lodève 51 – ♦Montpellier 45 – Nîmes 64 – Le Vigan 17.

🏨 **Poste** sans rest, 8 plan Ormeau ☏ 73.85.88 – ⇔wc ⋔wc ☎. ⚹
SC : ☕ 13,50 – **26 ch** 70/148.

🏨 **Caves de l'Hérault,** av. Jeu-de-Ballon ☏ 73.81.09, ⛱, 🐾 – ⋔wc
✈ *fermé janv. et sam. d'oct. à mai* – SC : **R** 42/72 🍷 – ☕ 14 – **14 ch** 63/125 – P 145/176.

à St-Laurent-le-Minier O : 5 km par D 25 – ⊠ 30440 Sumène :

XX **Le Fournil**, ☏ 73.91.65
fermé fév., dim. soir et lundi hors sais. – SC : **R** 70/180.

CITROEN Cayrel, ☏ 73.81.30 ⧫ ☏ 73.92.93   RENAULT S.A.G.R., ☏ 73.92.47
PEUGEOT-TALBOT Jourdan, ☏ 73.81.65

GAP ℙ 05000 H.-Alpes ⁷⁷ ⑯ G. Alpes – 31 271 h. alt. 733 – ☺ 92.

🚗 ☏ 51.24.84.

🛈 Office de Tourisme (fermé dim.) et A.C. 16 r. Carnot ☏ 51.39.49, Télex 400331.
Paris 668 ① – Alès 212 ④ – Avignon 179 ④ – ◆Grenoble 103 ① – Montélimar 153 ④.

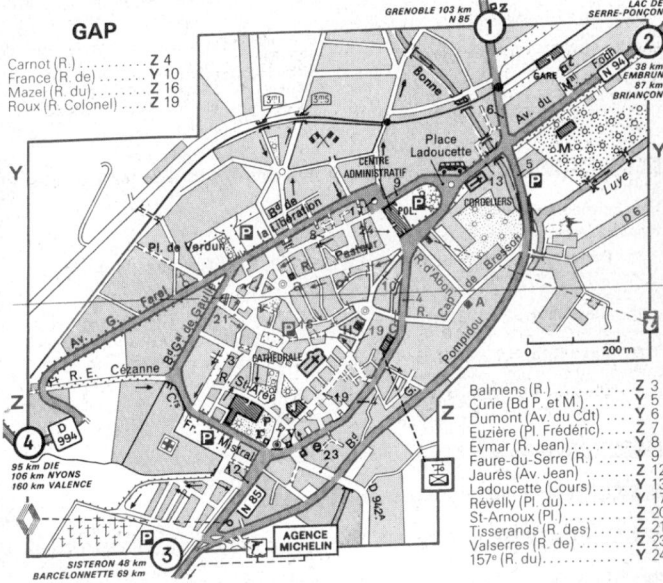

GAP

Carnot (R.)	Z 4
France (R. de)	Y 10
Mazel (R. du)	Z 16
Roux (R. Colonel)	Z 19

Balmens (R.)	Z 3
Curie (Bd P. et M.)	Y 5
Dumont (Av. du Cdt)	Y 6
Euzière (Pl. Frédéric)	Y 7
Eymar (R. Jean)	Y 8
Faure-du-Serre (R.)	Y 9
Jaurès (Av. Jean)	Y 12
Ladoucette (Cours)	Y 13
Révélly (Pl. du)	Z 17
St-Arnoux (Pl.)	Z 20
Tisserands (R. des)	Z 21
Valserres (R. de)	Z 23
157ᵉ (R. du)	Y 24

🏨 **La Grille**, 2 pl. F.-Euzière ☏ 53.84.84 – 🛗 ⌂wc 🚿wc ☏. 🆎 ⓪ Ⓔ 𝒱𝐼𝒮𝒜   Z r
fermé 5 déc. au 5 janv. – SC : **R** *(fermé lundi)* 52/120 🍷 – ⊃⊂ 17 – **30 ch** 120/190 – P
215/230.

🏨 **Le Clos** 🔧, 20 ter av. Cdt-Dumont ☏ 51.37.04, ☂, 🌳 – cuisinette ⌂wc 🚿wc   Y z
◆ ☏ ℗. 𝒱𝐼𝒮𝒜. 🍽 rest
fermé 20 oct. au 20 nov. – SC : **R** *(fermé dim. soir hors sais.)* 44/120 – ⊃⊂ 15 – **42 ch**
80/145 – P 300/390 (pour 2 pers.).

🏨 **Mokotel** Ⓜ sans rest, par ③ : 3 km, Quartier Graffinel, rte Marseille ☏ 51.57.82
– ⌂wc 🚿wc ☏ ℗ – 🅰 25. 🆎 𝒱𝐼𝒮𝒜
SC : ⊃⊂ 16 – **27 ch** 122/167.

🏨 **Ferme Blanche** 🔧 sans rest, par ① et D 92 : 2 km ☏ 51.03.41 – ⌂wc 🚿wc ☏.
🆎 𝒱𝐼𝒮𝒜
SC : ⊃⊂ 15,50 – **30 ch** 89/147.

🏨 **Fons Regina** 🔧, par ③ : 2,5 km, Quartier de Fontreyne ☏ 51.02.53, parc, ☂ –
⌂wc 🚿wc ☏ ℗. 🆎 ⓪ Ⓔ 𝒱𝐼𝒮𝒜
SC : **R** 55/120 – ⊃⊂ 22 – **23 ch** 82/180 – P 167/215.

🏨 **Paix** sans rest, 1 pl. F.-Euzière ☏ 51.03.29 – 🛗 ⌂wc 🚿wc ☏   Z v
fermé 16 oct. au 14 nov. – SC : ⊃⊂ 14,50 – **24 ch** 85/160.

🏨 **Michelet** sans rest., pl. Gare ☏ 51.27.86 – ⌂ 🚿wc ☏ ℗ 占 ◆ Ⓔ 𝒱𝐼𝒮𝒜   Y t
fermé 16 oct. au 15 nov. – SC : ⊃⊂ 15 – **12 ch** 107/148.

XXX **La Roseraie**, par ① et D 92 : 2 km ☏ 51.43.08, ← – ℗. Ⓔ 𝒱𝐼𝒮𝒜
fermé 1 semaine en nov., janv., dim. soir et jeudi – SC : **R** 85/200.

XX **Carré Long**, 32 r. Pasteur ☏ 51.13.10 – 🆎 ⓪ Ⓔ 𝒱𝐼𝒮𝒜   Y a
fermé 13 au 27 mai, 22 déc. au 10 janv., lundi midi et dim. – SC : **R** 68/105.

XX **Manoir de Malcombe**, par ④ : 5 km par D 994 ☏ 51.04.60, ☂ – ℗. 🆎 ⓪ Ⓔ
𝒱𝐼𝒮𝒜
fermé 25 juin au 10 juil., vacances de nov., de fév. et lundi – SC : **R** 90/190.

X **Pique Feu,** par ③ : 2,5 km, Quartier Graffinel ☎ 52.16.06, 🍴 – **🅿** 𝕍𝕀𝕊𝔸
fermé janv., dim. soir et lundi – SC : **R** 69/94.

X **La Petite Marmite,** 79 r. Carnot ☎ 51.14.20 – **E**
fermé 15 au 30 juin et merc. – SC : **R** 51/83.   Z e

MICHELIN, Agence, rte de la Luye par ③ **et** D 900B ☎ 51.63.32

ALFA-ROMEO, DATSUN Alpes-Sport-Autom.
Zone Ind. les Fauvins ☎ 51.18.65
AUSTIN, ROVER, TRIUMPH Gar. de Verdun,
4 r. P.-Bert, pl. de Verdun ☎ 51.26.18
BMW, FIAT Transalp-Auto, av. d'Embrun ☎
52.02.57
CITROEN Succursale, 24 av. d'Embrun par ②
☎ 53.88.11
FORD Gar. Europ-Autom, rte de Briançon ☎
52.05.46
LANCIA-AUTOBIANCHI Gar. Rouit, rte Mar-
seille Fontreyne ☎ 51.18.26
MAZDA-VOLVO Gar. des Eyssagnières, Zone
Ind. des Eyssagnières ☎ 52.32.12 **N** ☎ 52.05.82
OPEL Provensal, Cours Victor-Hugo ☎ 51.
02.95

PEUGEOT, TALBOT Éts Brotons, rte Marseille
par ③ ☎ 52.15.17
RENAULT Gap-Autom., av. d'Embrun par ②
☎ 52.05.61
RENAULT Sud-Autom., 15 av. J.-Jaurès ☎ 51.
05.35
V.A.G. Gar. Alpes-Service, rte de Briançon ☎
52.25.56

⊙ Barneaud-Pneus, rte de Barcelonnette ☎
51.00.59
Meizenq-Pneus, av. d'Embrun ☎ 52.22.33
Piot-Pneu, av. d'Embrun ☎ 52.20.28
Provence C/c, 1 av. Mar.-Foch ☎ 51.33.03

GARABIT (Viaduc de) ★★ 15 Cantal 76 ⑭ G. Auvergne – alt. 835 – ⊠ 15390 Loubaresse –
✆ 71.

Env. Belvédère de Mallet ≤★★ SO : 13 km puis 10 mn.

Paris 502 – Aurillac 88 – Mende 71 – Le Puy 100 – St-Flour 12.

🏠 **Panoramic,** N 9 rte de Clermont ⊠ 15100 St-Flour ☎ 23.40.24, ≤ lac, 🏊, ✗ –
➜ ➚wc 🎵wc 🕿 **🅿**. **E**
20 mars-8 oct. – SC : **R** 40/90 – � 14 – **30 ch** 80/160 – P 140/185.
🏠 **Garabit H.,** ☎ 23.42.75, ≤, 🏊 – ➚wc 🎵wc 🕿 **🅿** – 🏌 60 à 110. **E**
➜ *1er avril-1er nov.* – SC : **R** 46/100 – ⊒ 17 – **48 ch** 90/210 – P 140/190.
🏠 **Beau Site,** N 9 ☎ 23.41.46, ≤ viaduc et lac – ➚wc 🎵 🕿 ⇔ **🅿** – 🏌 30. **E**
➜ *1er mars-1er nov.* – SC : **R** 40/100 🍴 – ⊒ 16 – **16 ch** 107/160 – P 140/180.
🏠 **Viaduc,** ☎ 23.43.20, ≤ – ➚wc 🎵wc 🕿 **🅿**
➜ *1er avril-1er nov.* – SC : **R** 42/90 – ⊒ 15 – **20 ch** 65/160 – P 130/175.

La GARDE 04 Alpes-de-H.-P. 81 ⑱ – rattaché à Castellane.

La GARDE 48 Lozère 76 ⑮ – rattaché à St-Chély-d'Apcher.

La GARDE-FREINET 83 Var 84 ⑰ G. Côte d'Azur – 1 402 h. alt. 405 – ⊠ 83310 Cogolin –
✆ 94.

Paris 858 – Brignoles 47 – Hyères 55 – ◆Toulon 73 – St-Tropez 20 – Ste-Maxime 23.

X **La Faücado,** ☎ 43.60.41
fermé 5 nov. au 5 déc. et mardi – SC : **R** 65, dîner à la carte.

La GARENNE-COLOMBES 92 Hauts-de-Seine 55 ⑳. 101 ⑭ – voir à Paris, Environs.

GARGILESSE-DAMPIERRE 36 Indre 68 ⑱ G. Périgord – 347 h. alt. 140 – ✆ 54.

Paris 315 – Argenton-sur-Creuse 13 – Châteauroux 44 – Guéret 61 – ◆Limoges 98 – La Souterraine 45.

au Pin NO : 1,5 km – ⊠ 36200 Argenton-sur-Creuse :

🏠 **Pont Noir** 🦐, ☎ 47.85.20, ≤, 🐎 – ➚wc 🎵. 𝕍𝕀𝕊𝔸
➜ *15 mars-15 oct., fermé dim. soir et lundi sauf du 15 juin au 15 sept.* – SC : **R** 44/88 🍴
– ⊒ 15.50 – **16 ch** 78/146 – P 118/165.

La GARONNE 83 Var 84 ⑮ – rattaché au Pradet.

GASSIN 83 Var 84 ⑰ G. Côte d'Azur – 2 017 h. alt. 201 – ⊠ 83990 St Tropez – ✆ 94.

Voir Boulevard circulaire ≤★ – **Moulins de Paillas** ※★★ SE : 3,5 km.

Paris 880 – Brignoles 67 – Le Lavandou 32 – St-Tropez 7,5 – Ste-Maxime 15 – Toulon 73.

XX **Aub. la Verdoyante,** N : 2 km ☎ 56.16.23, ≤, 🍴 – **🅿** 𝕍𝕀𝕊𝔸
fermé 6 janv. à mi-mars et merc. sauf juil.-août – SC : **R** 93.

X **Bello Visto** 🦐 avec ch, au Village ☎ 56.17.30, ≤, 🍴 – ➚wc 🎵wc. ✗ ch
1er avril-30 sept. – SC : **R** *(fermé mardi et le midi en juil.-août sauf dim.)* 75 – ⊒ 15
– **9 ch** 150/185.

GASTES 40 Landes 78 ⑬ – rattaché à Parentis-en-Born.

GATTIÈRES 06 Alpes-Mar. 84 ⑨, 195 ㉖ G. Côte d'Azur – 2 051 h. alt. 295 – ⊠ 06510 Carros – ✪ 93.
Paris 942 – Antibes 32 – Cannes 43 – La Gaude 7 – ♦Nice 24 – St-Martin-Vésubie 51 – Vence 10.

XXX **Aub. de Gattières**, ☏ 08.60.05, 🚗
fermé 12 au 30 juin, 3 au 15 déc. et merc. – SC : **R** (hors saison dîner sur commande) 100/195.

XX **Le Panoramic**, au N : 1,5 km par D 2209 ☏ 08.60.56, ≤, 🗻, 🚗 – **❷**
SC : **R** 85/115.

GAUCHIN-LÉGAL 62 P.-de-C. 53 ① – rattaché à Bruay-en-Artois.

La GAUDE 06610 Alpes-Mar. 84 ⑨, 195 ㉘㉙ G. Côte d'Azur – 3 097 h. alt. 230 – ✪ 93.
Voir Corniche du Var★ E : 2 km par D 118.
Paris 932 – Antibes 19 – Cagnes-sur-Mer 9 – Grasse 35 – ♦Nice 21 – St-Laurent-du-Var 12 – Vence 9.

🏠 **Brise des Pins**, ☏ 24.40.26 – 🔳 rest 🛁wc 🚿 🕾 **❷**, **E**
fermé en oct. – SC : **R** 70/80 – 🍽 17 – **20 ch** 110/180 – P 140/240.

XX **Host. Hermitage** ⏴ avec ch, D 18 ☏ 24.40.05, ≤, 🚗 – 🛁wc 🚿wc 🕾 **❷**.
🍽 ch
fermé 25 oct. au 16 déc. – **R** (*fermé vend. sauf juil.-août*) 80/150 – 🍽 11 – **10 ch** 160/200 – P 155/170.

GAVARNIE 65 H.-Pyr. 85 ⑱ G. Pyrénées – 169 h. alt. 1 357 – ⊠ 65120 Luz-St-Sauveur – ✪ 62.
Voir Cirque de Gavarnie★★★ S : 3 h. – Pic de Tantes ⚡★★ SO : 11 km.
🅱 Syndicat d'Initiative (fermé sam. et dim. hors sais.) ☏ 92.48.26.
Paris 876 – Lourdes 51 – Luz-St-Sauveur 20 – Tarbes 71.

🏠 **Taillon** ⏴, ☏ 92.48.20, ≤ – 🚿 **❷**, 🍽 ch
fermé 20 oct. au 20 déc. – SC : **R** 44/65 – 🍽 15 – **20 ch** 70/95 – P 145/180.

X **La Ruade**, ☏ 92.48.49
1er juin-1er oct. – SC : **R** 48/110 🍶.

GAVRINIS (Ile) 56 Morbihan 63 ⑫ G. Bretagne.
Voir Cairn★★ 15 mn en bateau de Larmor-Baden.

GAZERAN 78 Yvelines 60 ⑨, 196 ㉗ – rattaché à Rambouillet.

GÉMENOS 13420 B.-du-R. 84 ⑭ G. Provence – 4 548 h. alt. 150 – ✪ 42.
Voir Parc de St-Pons★ E : 3 km.
Paris 794 – Aix-en-Provence 36 – Brignoles 48 – ♦Marseille 23 – ♦Toulon 50.

🏨 **Relais de la Magdeleine**, ☏ 82.20.05, ≤, ⏴ dans un parc, 🗻 – 📺 🕾 **❷** – 🏌
45
15 mars-1er nov. – SC : **R** 130/150 – 🍽 30 – **20 ch** 250/380 – P 415/490.

🏠 **Parc** ⏴, vallée de St-Pons par D2 ⊠ 13420 Gémenos ☏ 82.20.34, ≤, 🚗 – 🛁wc **❷**
SC : **R** 85 bc/100, dîner à la carte – 🍽 14 – **15 ch** 100/140 – P 190/215.

XX **Fer à Cheval**, pl. Mairie ☏ 82.21.19 – 🏧 ⓞ **E** 𝘝𝘐𝘚𝘈
fermé 1er au 28 août, 25 déc. au 1er janv., dim. soir et sam. – SC : **R** (en hiver déj. seul.) carte 125 à 180.

GEMOËN 74 H.-Savoie 74 ⑧ – rattaché à Combloux.

GENÇAY 86160 Vienne 68 ⑭ G. Côte de l'Atlantique – 1 709 h. alt. 128 – ✪ 49.
Paris 368 – Confolens 47 – Montmorillon 39 – Niort 77 – Poitiers 25.

🏠 **Du Guesclin**, 4 r. Carnot ☏ 59.33.53 – 🛁wc 🚿wc ⅙. 🍽 ch
fermé 20 déc. au 5 janv. et dim. soir – SC : **R** 38/82 – 🍽 13 – **10 ch** 65/120.

CITROEN Bouzier, ☏ 59.31.11

GÉNELARD 71 S.-et-L. 69 ⑰ – 2 068 h. alt. 298 – ⊠ 71420 Perrecy-les-Forges – ✪ 85.
Voir Perrecy-les-Forges : porche-narthex★ de l'église NO : 4 km, G. Bourgogne.
Paris 350 – Charolles 18 – Digoin 29 – Mâcon 73 – Montceau-les-Mines 17 – Paray-le-Monial 19.

🏠 **Gare**, ☏ 79.20.58 – 🛁wc 🚿 🕾 **❷**
18 ch

RENAULT Lapalus, ☏ 79.20.44

GÉNÉRARGUES 30 Gard 80 ⑰ – rattaché à Anduze.

Le GENESTOUX 63 P.-de-D. 73 ⑬ – rattaché au Mont-Dore.

489

GENÈVE Suisse **74** ⑥. **217** ⑪ G. Suisse – 157 406 h. alt. 375 – Casino – ✪ Genève et les environs : de France 19-41-22 ; de Suisse 022.

Voir Bords du Lac ‹‹‹✳ – Parcs✳✳ : Mon Repos FX , la Perle du Lac BU **B** et Villa Barton BU **D** – Jardin botanique✳ : jardin alpin✳✳ BU **E** – Cathédrale✳ : ※✳✳ FY – Monument de la Réformation✳ FYZ – Palais des Nations✳ BU **F** – Parc de la Grange✳ GY – Parc des Eaux-Vives✳ CV – Vaisseau✳ de l'église du Christ-Roi BV **N** – Musées : Art et Histoire✳✳✳ FZ M1, Ariana✳ BU M2, Histoire naturelle✳✳ GZ M3, Petit Palais✳ FZ M4, Collections Baur✳ (dans hôtel particulier) FZ M5, Instruments de musique✳ FZ M6.

Excurs. en bateau sur le lac. Rens. Cie Gén. de Nav., Jardin Anglais ⟟ 21.25.21 – Mouettes genevoises, 8 quai du Mt-Blanc ⟟ 32.29.44 – Swiss Boat, 4 quai du Mont-Blanc ⟟ 32.47.47.

🖈 à Cologny ⟟ 35.75.40 – CU.

✈ de Genève-Cointrin ⟟ 99.31.11 AU.

🛈 Office de Tourisme, 1 Tour de l'Île (fermé dim. sauf sais.), ✉1204 ⟟ 28.72.33, Télex 422795 et gare Cornavin (juin-sept.) ⟟ 32.53.40 – A.C. Suisse, 10 bd Théâtre ⟟ 28.07.66 – T.C. Suisse, 9 r. P.-Fatio ⟟ 37.12.12.

Paris 548 ⑦ – Bern 166 ② – Bourg-en-B. 120 ⑦ – Lausanne 63 ② – ♦Lyon 190 ⑥ – Torino 253 ⑥.

Plans : Genève p. 2 à 5

Les prix sont donnés en francs suisses

1º - *Rive droite (Gare Cornavin - Les Quais - B.I.T.)* – ✉ 1201 GENEVE

🏨🏨🏨🏨 **Richemond,** jardin Brunswick, ✉ 1211, ⟟ 31.14.00, Télex 22598, ‹ – 🛗 🗏 rest 🖵 ☎ – 🔏 40. 🗄 ≪ rest
SC : rest **Le Jardin R** carte 50 à 70 🔥 et voir rest **Le Gentilhomme** – **100 ch** 🖵 135/300, 21 appartements.
FY **u**

🏨🏨🏨🏨 **Rhône** Ⓜ, quai Turrettini, ✉ 1201 ⟟ 31.98.31, Télex 22213, ‹ – 🛗 🖵 ☎ 🕭 🅿 – 🔏 25 à 150. 🗚 ⓞ 🗉 𝗩𝗜𝗦𝗔
SC : **R** 35 (dîner à la carte) et voir **Rôt. Le Neptune** – **282 ch** 🖵 135/370. ch. pour non fumeurs, 23 appartements.
EY **r**

🏨🏨🏨🏨 **Noga Hilton** Ⓜ, 19 quai Mt-Blanc ✉ 1201, ⟟ 31.98.11, Télex 289704, ‹ lac et Mt-Blanc, 🏊 – 🛗 cuisinette 🗏 🖵 ☎ – 🔏 1300. 🗚 ⓞ 🗉 𝗩𝗜𝗦𝗔, ≪ rest
SC : rest. **Le Cygne R** carte environ 50 🔥 – **La Grignotière R** carte environ 25 🔥 – **Le Bistroquai R** carte environ 25 🔥 – 🖵 17 – **300 ch** 205/355.
FY **y**

🏨🏨🏨🏨 **Président** Ⓜ, 47 quai Wilson, ✉ 1211, ⟟ 31.10.00, Télex 22780, ‹ lac – 🛗 🗏 🖵 ☎ 🕭 ⇌ – 🔏 25 à 80. 🗚 ⓞ 🗉 𝗩𝗜𝗦𝗔
SC : **R** carte 75 à 105 – 🖵 18 – **160 ch** 165/305, 30 appartements.
FX **d**

🏨🏨🏨🏨 **Les Bergues,** 33 quai Bergues, ✉ 1201, ⟟ 31.50.50, Télex 23383, ‹ – 🛗 🗏 🖵 ☎ – 🔏 350. 🗚 ⓞ 🗉 𝗩𝗜𝗦𝗔. ≪ rest
SC : **R** snack **Le Pavillon** carte environ 45 🔥 et voir rest. **Amphitryon** – 🖵 14 – **117 ch** 195/320, 8 appartements.
FY **a**

🏨🏨🏨 **Beau-Rivage,** 13 quai Mont-Blanc, ✉ 1201, ⟟ 31.02.21, Télex 23362, ‹ lac – 🛗 🗏 🖵 ☎ 🕭 – 🔏 30 à 200. 🗚 ⓞ 🗉 𝗩𝗜𝗦𝗔
SC : **R** voir rest. **Le Chat Botté** – **120 ch** 🖵 130/320, 6 appartements.
FY **n**

🏨🏨🏨 **Paix,** 11 quai Mont-Blanc, ✉ 1201, ⟟ 32.61.50, Télex 22552, ‹ – 🛗 🗏 rest 🖵 ☎ – 🔏 140. 🗚 ⓞ 🗉 𝗩𝗜𝗦𝗔
SC : **R** carte 65 à 90 🔥 – **101 ch** 🖵 140/300, 10 appartements.
FY **s**

🏨🏨🏨 **Ramada Renaissance** Ⓜ, 19 r. Zurich, ✉ 1201, ⟟ 31.02.41, Télex 289109 – 🛗 🗏 🖵 ☎ ⇌ – 🔏 150. 🗚 ⓞ 🗉 𝗩𝗜𝗦𝗔
SC : **La Toquade R** carte 55 à 75 🔥 **La Cortille R** carte environ 65 – 🖵 15 – **213 ch** 165/220, 7 appartements.
FX **s**

🏨🏨 **Warwick-Méditerranée** Ⓜ, 14 r. Lausanne, ✉ 1201, ⟟ 31.62.50, Télex 23630 – 🛗 🗏 🖵 ☎ – 🔏 420. 🗚 ⓞ 🗉 𝗩𝗜𝗦𝗔. ≪ rest
SC : **R** carte 75 à 90 🔥 – **168 ch** 🖵 180/280.
EY **n**

🏨🏨 **P.L.M. Rotary** Ⓜ, 18 r. Cendrier, ✉ 1201, ⟟ 31.52.00, Télex 289999 – 🛗 cuisinette 🗏 🖵 ☎. 🗚 ⓞ 🗉 𝗩𝗜𝗦𝗔. ≪ rest
SC : **R** 25/65 🔥 – **95 ch** 🖵 140/220.
FY **p**

🏨🏨 **Bristol** Ⓜ, 10 r. Mont-Blanc, ✉ 1201, ⟟ 32.44.00, Télex 23739 – 🛗 cuisinette 🖵 ☎ 🕭 – 🔏 40 à 120. 🗚 ⓞ 🗉 𝗩𝗜𝗦𝗔
SC : **R** carte 50 à 75 🔥 – 🖵 10 – **100 ch** 170/250. 3 appartements 480.
FY **w**

🏨🏨 **Angleterre,** 17 quai Mt-Blanc, ✉ 1201, ⟟ 32.81.80, Télex 22668, ‹ – 🛗 🗏 rest 🖵 ☎. 🗚 ⓞ 🗉 𝗩𝗜𝗦𝗔. ≪ rest
SC : **R** carte 45 à 65 🔥 – **60 ch** 🖵 145/290, 6 appartements.
FY **t**

🏨🏨 **Ambassador,** 21 quai Bergues, ✉ 1201, ⟟ 31.72.00, Télex 23231 – 🛗 🖵 🅿 – 🔏 40. 🗚 ⓞ 🗉 𝗩𝗜𝗦𝗔
SC : **R** 32/45 🔥 – **92 ch** 🖵 80/190.
EY **p**

🏨🏨 **Cornavin** sans rest, 33 bd James-Fazy, ✉ 1211, ⟟ 32.21.00, Télex 22853 – 🛗 🖵 ☎. 🗚 ⓞ 🗉 𝗩𝗜𝗦𝗔
SC : **125 ch** 🖵 90/170.
EY **t**

🏨🏨 **Amat-Carlton** M, 22 r. Amat, ⊠ 1202, ℡ 31.68.50, Télex 27595 – 🛗 cuisinette
🔟 ☎ 🚗, 🖭 ⓞ 🖿 𝘝𝘐𝘚𝘈, 🛇 rest
FX a
SC : **R** (fermé dim. midi et sam.) carte 20 à 40 ⅓ – **123 ch** ⊇ 115/200.

🏨🏨 **Berne**, 26 r. Berne, ⊠ 1201, ℡ 31.60.00, Télex 22764 – 🛗 ▤ 🔟 ☎ – 🏛 30 à 100.
🖭 ⓞ 🖿 𝘝𝘐𝘚𝘈, 🛇 rest
FY x
SC : **R** 22 – **80 ch** ⊇ 115/150 – P 119/159.

🏨 **Alba** sans rest, 19 r. Mt-Blanc, ⊠ 1201, ℡ 32.56.00, Télex 23930 – 🛗 🔟 ⌷wc ☎.
🖭 ⓞ 🖿 𝘝𝘐𝘚𝘈
EY a
SC : **60 ch** ⊇ 90/170.

🏨 **Midi** M, pl. Chevelu, ⊠ 1201, ℡ 31.78.00, Télex 23482 – 🛗 cuisinette 🔟 ⌷wc
🍴wc ☎. ⓞ 🖿 𝘝𝘐𝘚𝘈
FY r
SC : **R** carte environ 50 ⅓ – **85 ch** ⊇ 100/155.

🏨 **Suisse** M sans rest, 10 pl. Cornavin, ⊠ 1201, ℡ 32.66.30, Télex 23868 – 🛗 🔟
⌷wc 🍴wc ☎ – **60 ch**.
EY y

🏨 **Balzac** sans rest, pl. Navigation, ⊠ 1201, ℡ 31.01.60, Télex 289430 – 🛗 ⌷wc
🍴wc 📠 🅿. 🖭 ⓞ 🖿 𝘝𝘐𝘚𝘈
FX n
SC : **40 ch** ⊇ 50/120, 4 appartements 150.

🏨 **California** sans rest, 1 r. Gevray, ⊠ 1201, ℡ 31.55.50, Télex 23560 – 🛗 cuisinette
⌷wc 📠. 🖭 ⓞ 🖿 𝘝𝘐𝘚𝘈, 🛇
FY m
SC : **60 ch** ⊇ 110/170, 9 appartements 220/260.

🏨 **Astoria** sans rest, 6 pl. Cornavin, ⊠ 1211, ℡ 32.10.25, Télex 22307 – 🛗 🔟 ⌷wc
🍴wc ☎. 🖭 ⓞ 🖿 𝘝𝘐𝘚𝘈
EY y
SC : **62 ch** ⊇ 70/105.

🏚 **Moderne** sans rest, 1 r. Berne, ⊠ 1201, ℡ 32.81.00, Télex 289738 – 🛗 🔟 ⌷wc
🍴wc ☎. 🖭 🖿 𝘝𝘐𝘚𝘈
EY v
SC : **55 ch** ⊇ 45/110.

🏚 **Bernina** sans rest, 22 pl. Cornavin, ⊠ 1201, ℡ 31.49.50, Télex 28795 – 🛗 ⌷wc
🍴wc 📠. 🖭 🖿 𝘝𝘐𝘚𝘈
EY e
SC : **77 ch** ⊇ 48/96.

🏚 **Lido** sans rest, 8 r. Chantepoulet, ⊠ 1201, ℡ 31.55.30 – 🛗 ⌷wc 🍴wc 📠. 🖭 ⓞ
🖿 𝘝𝘐𝘚𝘈 – SC : **31 ch** ⊇ 48/90.
EY v

XXXX ❀ **Le Chat Botté**, 13 quai Mont-Blanc, ⊠ 1201, ℡ 31.02.21, ≼, 🕱 – 🅿. 🖭
ⓞ 🖿 𝘝𝘐𝘚𝘈
FY n
SC : **R** 80/100
Spéc. Salade Oasis, Saumon Janine, Aiguillette de canard à l'armagnac. Vins Yvorne, Dôle.

XXXX ❀ **Le Gentilhomme**, jardin Brunswick, ⊠ 1211, ℡ 31.14.00 – ▤. 🖭 ⓞ 🖿 𝘝𝘐𝘚𝘈.
🛇
FY u
SC : **R** carte 75 à 110
Spéc. Blanquette de langoustines, Loup en croûte, Magret de faisan au vinaigre de framboises. Vins
Dézaley, Dôle.

XXXX ❀ **Le Cygne**, Quai Mt-Blanc ⊠ 1201 ℡ 31.98.11 – 🖭 ⓞ 🖿 𝘝𝘐𝘚𝘈
SC : **R** carte 75 à 120
Spéc. Omble chevalier au fumet d'écrevisses, Turbot braisé au Pinot noir du Valais, Filet de veau en
rognonnade.

XXXX ❀ **Amphitryon**, 33 quai Bergues, ⊠ 1201, ℡ 31.50.50 – 🖭 ⓞ 🖿 𝘝𝘐𝘚𝘈, 🛇 FY a
fermé sam. – SC : **R** carte 65 à 85.

XXX ❀ **Perle du Lac**, 128 r. Lausanne ⊠ 1202, ℡ 31.35.04, ≼, 🕱 – 🅿. 🖭 ⓞ 🖿 𝘝𝘐𝘚𝘈
🛇
BU f
fermé 22 déc. au 22 janv. et lundi – SC : **R** Carte 85 à 115
Spéc. Feuilleté d'asperges vertes et langoustines (fév. à mai). Médaillons de turbot aux endives,
Escalope de truite saumonée à l'estragon. Vins Gamay, Pinot-gris.

XXX ❀ **Rôtisserie Le Neptune**, quai Turrettini ⊠ 1201 ℡ 31.98.31, ≼, 🕱 – ▤ 🅿.
🖭 ⓞ 🖿 𝘝𝘐𝘚𝘈
EY r
fermé sam. et dim. – SC : **R** carte 70 à 100
Spéc. Escalope de foie de canard bordelaise, Pâtes fraiches aux truffes et écrevisses, Brochettes de
langoustines grillées.

XXX **Fin Bec**, 55 r. Berne, ⊠ 1201, ℡ 32.29.19, 🕱 – 🖭 ⓞ 🖿 𝘝𝘐𝘚𝘈 FX k
fermé 6 au 27 août, 24 déc. au 2 janv., sam. midi et dim. – SC : **R** carte 60 à 85 ⅓.

XXX **Aub. Mère Royaume**, 9 r. Corps-Saints, ⊠ 1201, ℡ 32.70.08, « Style vieux
genevois » – 🖭 ⓞ 🖿 𝘝𝘐𝘚𝘈
EY k
fermé sam. midi et dim. – SC : **R** carte 50 à 70 ⅓.

XX **Buffet Cornavin**, 3 pl. Cornavin, ⊠ 1201, ℡ 32.43.06 – 🖭 ⓞ 🖿 𝘝𝘐𝘚𝘈 EY
SC : Rest français **R** carte 45 à 65 ⅓ - Buffet (1re classe) **R** carte environ 40.

XX **Mövenpick-Cendrier** (Beef Club), 17 r. Cendrier, ⊠ 1201, ℡ 32.50.30 – ▤. 🖭
ⓞ 🖿 𝘝𝘐𝘚𝘈
FY f
SC : **R** carte 45 à 65 ⅓.

XX **Locanda Ticinese**, 13 r. Rousseau, ⊠ 1201, ℡ 32.31.70, Cuisine tessinoise et
italienne – 🖭 ⓞ 🖿 𝘝𝘐𝘚𝘈
EY b
fermé 15 juil. au 15 août, sam. soir et dim. – SC : **R** carte environ 50 ⅓.

X **Boeuf Rouge**, 17 r. A.-Vincent ⊠ 1201, ℡ 32.75.37, cuisine lyonnaise FY z
fermé juil., 24 déc. au 3 janv., sam., dim. et fériés – SC : **R** carte environ 50 ⅓.

X **A la Diligence**, 2 r. Pécolat, ⊠ 1201, ℡ 32.44.95
FY j

491

PLAN DE GENÈVE

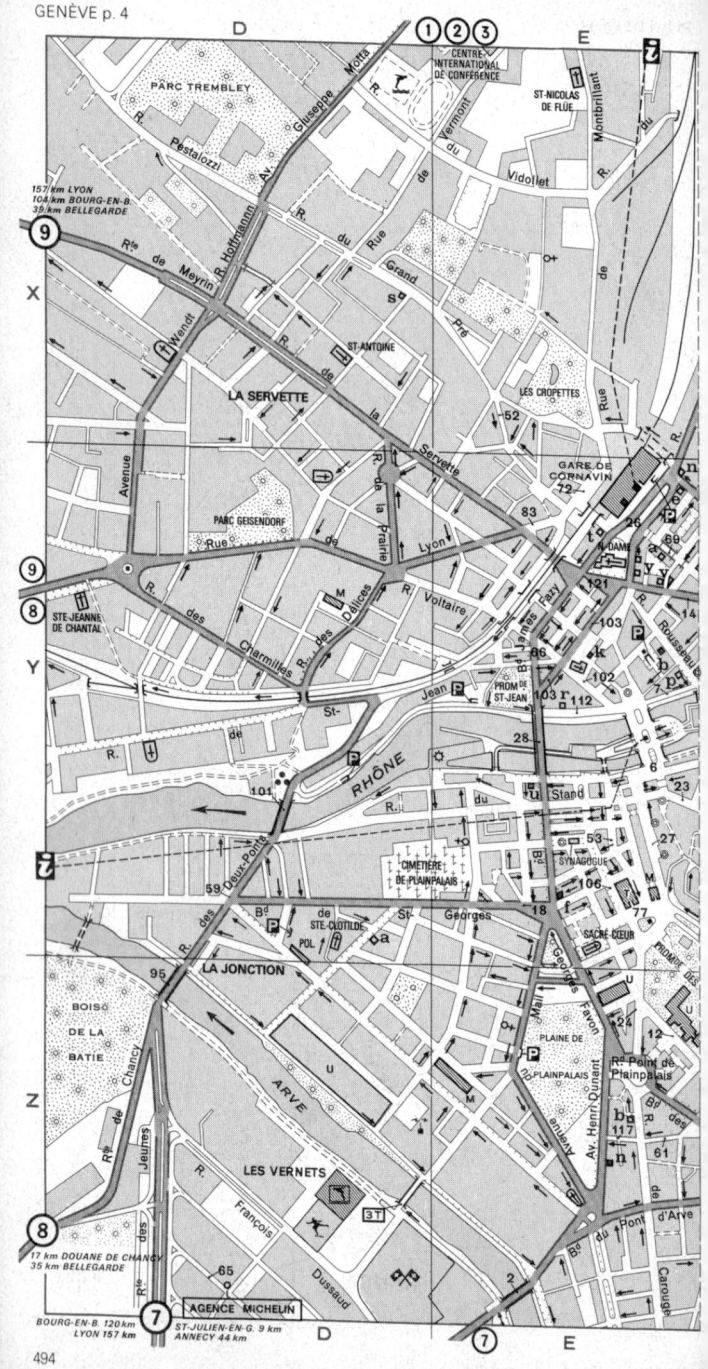

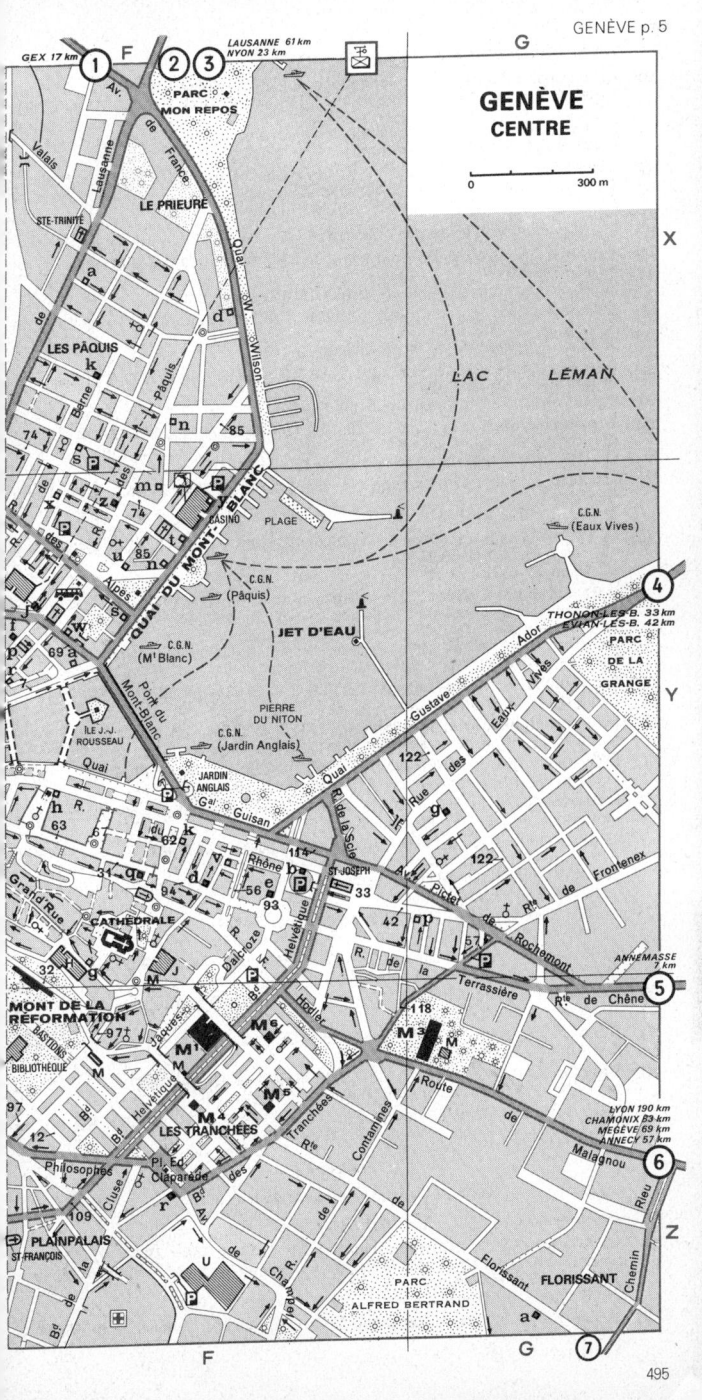

GENÈVE
CENTRE

0   300 m

2° - Au Nord (Palais des Nations, Servette) :

🏨 **Intercontinental** Ⓜ ⍷, 7 petit Saconnex, ⊠ 1211, Genève 19 ☏ 34.60.91, Télex 23130, ≼, 🍽, ☕, – 🗉 cuisinette 🗐 rest 📺 ☎ 🚗 🅿 – 🏛 25 à 750. ﹨Ⅲ ⓞ Ⅳ Ⅵ 🏊 rest
SC : **Les Continents** (1ᵉʳ étage) (fermé dim. midi et sam.) **R** carte environ 80 – ⍍ 11
– **323 ch** 190/360, 32 appartements.   BU **d**

🏛 **Grand Pré** sans rest, 35 r. Gd-Pré, ⊠ 1211, Genève 16 ☏ 33.91.50, Télex 23284 – 🗉 cuisinette 📺 ⊏wc ⓜwc ☎ ☜. ﹨Ⅲ ⓞ Ⅳ Ⅵ
SC : **100 ch** ⍍ 80/170, 4 appartements 190.   DX **s**

3° - Rive gauche (Centre des affaires) :

🏛 **Armures** Ⓜ ⍷, 1 r. Puits-Saint-Pierre ⊠ 1204 ☏ 28.91.72, Télex 421129 – 🗉 📺 🖐, ﹨Ⅲ ⓞ Ⅳ Ⅵ
SC : **R** carte environ 40 ⚖ – **28 ch** ⍍ 140/220, 4 appartements 260.   FY **g**

🏛 **L'Arbalète**, 3 r. Tour-Maîtresse, ⊠ 1204, ☏ 28.41.55, Télex 427293 – 🗉 ▦ 📺 ☎ 🖐 – 🏛 25. ﹨Ⅲ ⓞ Ⅳ Ⅵ
SC : **R** carte environ 40 ⚖ – **32 ch** ⍍ 170/250.   FY **v**

🏛 **Century** sans rest, 24 av. Frontenex ⊠ 1207 ☏ 36.80.95, Télex 23223 – 🗉 cuisinette ☎ 🅿 – 🏛 35. ﹨Ⅲ ⓞ Ⅳ Ⅵ
SC : **125 ch** ⍍ 65/170, 15 appartements 180/230.   GY **p**

🏛 **Touring Balance**, 13 pl. Longemalle, ⊠ 1204, ☏ 28.71.22, Télex 427634 – 🗉 📺 ⊏wc ⓜwc ☎ – 🏛 40. ﹨Ⅲ ⓞ Ⅳ Ⅵ
SC : **R** (fermé sam.) 32/35 ⚖ – **56 ch** ⍍ 55/135 – P 112/150.   FY **k**

🏛 **Lutetia** Ⓜ sans rest, 12 r. Carouge, ⊠ 1205, ☏ 20.42.22, Télex 28845 – 🗉 cuisinette ⊏wc ☜
30 ch.   EZ **b**

🏛 **Le Grenil** Ⓜ sans rest., 7 av. Ste-Clotilde, ⊠ 1205, ☏ 28.30.55, Télex 429307 – 🗉 ▦ⓜwc ☜ – 🏛 220. ﹨Ⅲ ⓞ Ⅳ Ⅵ
SC : **50 ch** ⍍ 41/82.   DY **a**

🍴🍴🍴🍴 ⚜ **Parc des Eaux-Vives**, 82 quai Gustave-Ador, ⊠ 1207, ☏ 35.41.40, « Agréable situation dans un grand parc, belle vue » – 🅿. ﹨Ⅲ ⓞ Ⅳ Ⅵ
fermé 1ᵉʳ janv. au 15 fév. et lundi – SC : **R** carte 70 à 95   CV **a**
Spéc. Gratin de cuisses de grenouilles (sept. à fin mai). Nouillettes au foie gras et aux truffes, Canard nantais aux petits oignons. **Vins** Dardagny, Yvorne.

🍴🍴🍴 **Via Veneto**, 10 r. Tour Maitresse ⊠ 1204 ☏ 21.65.93 – ▦. ﹨Ⅲ ⓞ Ⅳ Ⅵ
fermé 15 juil. au 15 août et dim. – SC : **R** 50/85 ⚖.   FY **d**

🍴🍴🍴 **Mövenpick Fusterie**, 40 r. Rhône ⊠ 1204 ☏ 21.88.55 – ▦. ﹨Ⅲ ⓞ Ⅳ Ⅵ
fermé dim. – SC : **R Baron de la Mouette** (sous-sol) carte 50 à 70 ⚖.   FY **h**

🍴🍴🍴 **L'Or du Rhône**, 19 bd G. Favon ⊠ 1204, ☏ 28.25.21 – ▦. ﹨Ⅲ ⓞ Ⅳ Ⅵ
fermé 15 juil. au 15 août, sam. et dim. – SC : **R** carte 65 à 100 ⚖.   EY **f**

🍴🍴🍴 **Roberto**, 10 r. P.-Fatio, ⊠ 1204, ☏ 21.80.33, Spécialités italiennes – ▦
fermé sam. soir et dim. – **R** carte environ 55 ⚖.   FY **e**

🍴🍴 ⚜ **Béarn** (Godard), 4 quai Poste, ⊠ 1204, ☏ 21.00.28 – ﹨Ⅲ Ⅳ Ⅵ
fermé mi-juil. à mi-août, sam. et dim. – SC : **R** 65/100   EY **u**
Spéc. Cassolette de langoustines sur lie de vin, Suprême de loup en marinière, Soufflé de truffe fraiche (déc. et janv.). **Vins** Dardagny.

🍴🍴 **Jardin Rive Gauche**, 116 r. Rhône ⊠ 1204 ☏ 35.65.44 – ﹨Ⅲ ⓞ Ⅳ Ⅵ
fermé dim. et fériés – SC : **R** carte 50 à 75 ⚖.   FY **b**

🍴🍴 **La Pescaille**, 15 av. H.-Dunant, ⊠ 1205, ☏ 29.71.60 – ▦. ﹨Ⅲ ⓞ Ⅳ
fermé sam. midi et dim. midi – SC : **R** carte 85 à 115.   EZ **n**

🍴🍴 **Laurent**, 13 r. Madeleine, ⊠ 1204, ☏ 21.24.22 – ﹨Ⅲ ⓞ Ⅳ Ⅵ
fermé dim. – SC : **R** 45/68 ⚖.   FY **q**

🍴🍴 **Sénat**, 1 r. E.-Yung, ⊠ 1205, ☏ 46.58.10 – ﹨Ⅲ ⓞ Ⅳ Ⅵ
fermé dim. – SC : **R** 30/65 ⚖.   FZ **r**

🍴🍴 **Cavalieri**, 7 r. Cherbuliez, ⊠ 1207, ☏ 35.09.56 – ▦. ﹨Ⅲ ⓞ Ⅳ Ⅵ
fermé 1ᵉʳ au 24 juil. et lundi – **R** carte 45 à 75 ⚖.   GY **g**

🍴🍴 **Parc Bertrand**, 62 rte Florissant, ⊠ 1206, ☏ 47.59.57, 🍽 – ▦. ﹨Ⅲ Ⅳ Ⅵ
fermé 24 déc. au 10 janv. et dim. – SC : **R** carte 30 à 70 ⚖.   GZ **a**

Environs

route de Lausanne au bord du lac - BCU :

à **Bellevue** : 6 km - BU – ⊠ **1293** Bellevue :

🏨 **La Réserve** Ⓜ ⍷, 301 rte de Lausanne ☏ 74.17.41, Télex 23822, ≼, 🍽, « Bel ensemble dans un parc près du lac, port aménagé », ☕, 🎾 – 🗉 📺 ☎ 🖐 🅿 – 🏛 420. 🏊 rest
SC : **R** carte 70 à 105 – **58 ch** ⍍ 160/290, 5 appartements 650.   BU **u**

🍴🍴🍴 ⚜ **Tsé Fung**, 301 rte de Lausanne ☏ 74.17.41, cuisine chinoise – 🅿. ﹨Ⅲ ⓞ Ⅳ Ⅵ 🏊
SC : **R** carte 55 à 95.   BU **u**

à Genthod : 7 km – ⊠ **1294** Genthod :

XX **Rest. du Château de Genthod,** 1 rte Rennex ☎ 74.19.72   CU **k**
fermé en août, du 22 déc. au 12 janv., dim. soir et lundi – SC : **R** 40/70.

vers la Savoie et bord du lac - CU :

à Cologny : 3,5 km -CU – ⊠ **1223** Cologny :

XXX ❀ **Aub. du Lion d'or** (Large), au Village ☎ 36.44.32, ≤, 🍽, « Situation dominant
le lac et Genève, terrasse » – **℗. ஊ ⓪ ⋿ 𝑉𝐼𝑆𝐴**   CU **b**
fermé 20 déc. au 20 janv., merc. midi et mardi – SC : **R** carte 70 à 100
Spéc. Escalopines de loup au vermouth et à la menthe, Daurade royale rôtie à l'ail, Faisan à la
Souvaroff (15 sept. au 30 nov.). **Vins** Côteau de Lully, Epesses.

X **Pavillon de Ruth,** 86 quai Cologny ☎ 52.14.38, ≤, 🍽 – **℗. ⋿**   CU **x**
1er mars-20 déc. et fermé jeudi – SC : **R** carte environ 50.

à Vandoeuvres : 5,5 km - CU – ⊠ **1253** Vandoeuvres :

XX **Cheval Blanc,** ☎ 50.14.01, cuisine italienne – **ஊ ⋿ 𝑉𝐼𝑆𝐴** ⅍   CU **s**
fermé 1er au 21 juil., mardi midi et lundi – SC : **R** carte 50 à 75 🍷.

à Vésenaz : 6 km par rte de Thonon - CU – ⊠ **1222** Vésenaz :

🏠 **La Tourelle** sans rest, 26 rte Hermance ☎ 52.16.28, parc – 🛏wc 🛁 ☎ **℗. ஊ ⓪**
⋿ 𝑉𝐼𝑆𝐴 ⅍   CU **v**
fermé 15 déc. au 15 fév. – SC : **24 ch** ⊂ 65/110.

XXX **Chez Valentino,** 63 rte Thonon ☎ 52.14.40, 🍽, Cuisine italienne, 🌳 – **℗. ஊ**
𝑉𝐼𝑆𝐴 ⅍   CU **a**
fermé 1er au 20 août, 20 déc. au 5 janv., mardi midi et lundi – SC : **R** carte 55 à 80 🍷.

à Collonges : 8 km - CU – ⊠ **1245** Collonges :

XX **Chambord,** ☎ 52.25.85, 🍽 – **ஊ ⓪ ⋿ 𝑉𝐼𝑆𝐴**   CU **d**
fermé lundi midi et dim. – SC : **R** 60/90.

par route de Chêne - CV :

à Chêne-Bourg : 4,5 km - CV – ⊠ **1225** Chêne-Bourg :

XX **Le Gabelou,** 16 r. Gothard ☎ 48.62.57 – **ஊ ⓪ ⋿ 𝑉𝐼𝑆𝐴**   CV **e**
fermé 10 juil. au 10 août, dim. soir et lundi – SC : **R** 37/75 🍷.

à Thônex : 4 km - CV – ⊠ **1226** Thônex :

X **Chez Cigalon,** à Pierre à Bochet, 39 rte Ambilly ☎ 49.97.33, 🍽   CV **s**
fermé dim., lundi et fêtes – SC : **R** 28/60 🍷.

à Jussy : 11 km - CV – ⊠ **1254** Jussy :

X **Aub. Vieux Jussy,** ☎ 59.11.10, 🍽 – **⓪**
fermé 1er fév. au 12 mars, mardi soir et merc. – SC : **R** carte 45 à 85 🍷.

route de Florissant - CV :

à Conches : 2,5 km - CV – ⊠ **1231** Conches :

X **Le Catalan,** 175 rte Florissant ☎ 47.06.23, 🍽, cuisine espagnole – **℗. ஊ ⓪ ⋿**
𝑉𝐼𝑆𝐴   CV **y**
fermé 20 déc. au 20 janv. et dim. – SC : **R** (dîner seul.) carte environ 65.

à Carouge : 3 km par r. Carouge - BV – ⊠ **1227** Carouge :

XX **Olivier de Provence,** 13 r. J.-Dalphin ☎ 42.04.50, 🍽 – **ஊ ⓪ ⋿ 𝑉𝐼𝑆𝐴**   BV **p**
fermé dim. – SC : **R** 45/70.

X **Aub. Communale,** 39 r. Ancienne ☎ 42.22.88, 🍽   BV **s**
fermé mardi – SC : **R** carte 40 à 60 🍷.

par route de St-Julien - BV :

à Troinex : 5 km - BV – ⊠ **1256** Troinex :

XXX ❀❀ **Vieux Moulin** (Bouilloux), 89 rte Drize ☎ 42.29.56 – **℗. ⋿ 𝑉𝐼𝑆𝐴**   BV **a**
fermé 24 mars au 9 avril, 1er au 17 sept., dim. soir et lundi – SC : **R** (nombre de
couverts limité - prévenir) 80/95 et carte
Spéc. Fricassée de homard au Sauternes, Cuisse de Bresse farcie aux chanterelles (en été). **Vins**
Aligoté, Pinot noir.

XX **La Chaumière,** r. Fondelle ☎ 84.30.66, 🍽, 🌳 – **℗. ஊ ⓪ ⋿ 𝑉𝐼𝑆𝐴**
fermé dim. soir et lundi – SC : **R** carte 70 à 90.

au Grand-Lancy : 3 km - BV – ⊠ **1212** Lancy :

XXX ❀ **Marignac** (Pelletier), 32 av. E.-Lance ☎ 94.04.24, parc, 🍽 – 🍽 **℗. ஊ ⓪ ⋿**
𝑉𝐼𝑆𝐴   BV **v**
fermé 24 au 29 avril, 5 au 19 sept., vacances de fév., sam. midi et dim. – SC : **R** carte
70 à 100
Spéc. Soupe au foie gras de canard et jus de truffe, Couscous de poissons de mer, Canard de
Barbarie aux pêches. **Vins** Pinot gris, Dôle blanche.

au Plan-les-Ouates : 5 km - BV – ⊠ **1228** Plan-les-Ouates :

🏠 **Plan-les-Ouates** sans rest, 135 rte St-Julien 🕾 94.92.44 – 🛗 ⇆wc ฅ₮wc ⚖, ⚑
ⓞ 🖪 𝑉𝐼𝑆𝐴 BV **e**
fermé 24 déc. au 7 janv. –, SC : ⇌ 6 – **24 ch** 36/75.

à Landecy : 7,5 km par ⑦ – ⊠ **1257** La Croix-de-Rozon :

XX **Au Fer à Cheval,** 37 rte Prieur 🕾 71.10.78, 🌇 – ⓞ 🖪 𝑉𝐼𝑆𝐴
fermé fév.,merc. midi et mardi – SC : **R** 30/80.

par route de Chancy - ABV :

au Petit Lancy : 3 km - BV – ⊠ **1213** Petit Lancy :

🏭 ❀ **Host. de la Vendée et rest. Pont Rouge** 🅼, 28 chemin Vendée 🕾 92.04.11,
Télex 421304, 🌇, 🛲 – 🛗 📺 🕾 ❷ – 🔬 80. ⚑ ⓞ 🖪 𝑉𝐼𝑆𝐴 BV **q**
fermé 23 déc. au 6 janv. – SC : **R** *(fermé sam. midi et dim.)* 60/80 ⅄ – **30 ch**
⇌ 78/150
Spéc. Salade grillée au foie gras de canard, Assiette de la mer, Coquelet en pie truffée. **Vins** Lully,
Gamay.

X ❀ **Le Curling,** chemin du Fief-de-Chapitre 🕾 93.62.44, ≤, 🌇 – 🖪 𝑉𝐼𝑆𝐴 BV **r**
fermé mi-juil. à mi-août, 23 déc. au 2 janv., lundi midi et dim. – SC : **R** 60/80 ⅄
Spéc. Millefeuille au foie de canard, Suprême de turbot à la crème de homard, Aiguillette de canard
au vinaigre de framboises. **Vins** Pinot noir, Gamay.

à Confignon : 6 km - AV – ⊠ **1232** Confignon :

XX **Aub. de Confignon,** 6 pl. Église 🕾 57.19.44, 🌇, 🛲 AV **n**
fermé lundi – SC : **R** carte 30 à 65 ⅄.

à Cartigny par ⑤ : 12 km – ⊠ **1236** Cartigny :

XX ❀ **L'Escapade** (Studhalter), 31 r. Trably 🕾 56.12.07, 🌇 – ❷. ⓞ 𝑉𝐼𝑆𝐴
fermé 31 août au 10 sept., 21 déc. au 5 fév., dim. et lundi – SC : **R** carte 75 à 90
Spéc. Filets de rougets au beurre de tomate et basilic (mai à sept.), Râble d'agneau, Millefeuille aux
fruits. **Vins** Côteaux de Dardigny, Pinot noir.

vers le jura - AUV :

à Cointrin : par route de Meyrin : 4 km - ABU – ⊠ **1216** Cointrin :

🏠 **Hôtel 33,** 82 av. L.-Casai 🕾 98.02.00 – 🛗 ⇆wc ⚑ ❷. ⚑ ⓞ 🖪 𝑉𝐼𝑆𝐴 AU **b**
SC : **R** *(fermé dim.)* carte environ 50 ⅄ – **33 ch** ⇌ 75/110.

à l'Aéroport de Cointrin : 4 km - AU – ⊠ **1215** Genève :

XX **Rôt. Plein Ciel,** 🕾 98.22.88, ≤ – ▤ ❷. ⚑ ⓞ 🖪 𝑉𝐼𝑆𝐴 AU
SC : **R** carte 50 à 75.

à Meyrin : 5 km – ⊠ **1217** Meyrin :

X **Levant,** 43 r. Cardinal Journet ⊠ 1217 🕾 82.51.14, 🌇 AU **d**
fermé 7 au 29 juil., 22 déc. au 6 janv., sam. et dim. – SC : **R** carte environ 55 ⅄.

à Peney-Dessus O : 10 km par rte de Peney - AUV – ⊠ **1242** Satigny :

XX **Aub. de Châteauvieux** 🐾 avec ch, 🕾 53.14.45, ≤, 🌇, 🛲 – 📺 ⇆wc ⚑ ❷.
⚑ ⓞ 🖪 𝑉𝐼𝑆𝐴
fermé 24 juil. au 7 août et 20 déc. au 12 janv. – SC : **R** *(fermé dim. soir et lundi)*
55/75 – **12 ch** ⇌ 70/100.

à La Plaine par ⑧ : 17 km – ⊠ **1283** La Plaine :

XX Buffet Gare, 🕾 54.12.16.

MICHELIN, (S.A. des Pneumatiques Michelin) 14 r. Marziano DZ 🕾 43.45.50, case
postale CH - 1211 Genève 24, Télex 22733 + Pneumiclin-Gve.

GENILLÉ 37 I.-et-L. 🔢 ⑯ G. Châteaux de la Loire – 1 420 h. alt. 88 – ⊠ 37460 Montrésor –
✿ 47.
Paris 235 – Ambroise 32 – Blois 54 – Loches 11 – Montrichard 21 – ♦Tours 45.

XX **Agnès Sorel** avec ch, 🕾 59.50.17, 🌇 – ☎ ❷. 🖪 𝑉𝐼𝑆𝐴. ℘ ch
fermé fév., dim. soir et lundi – SC : **R** 75/155 ⅄ – ⇌ 17 – **6 ch** 75/90.

GENIN (Lac de) 01 Ain 🔢 ④ – rattaché à Oyonnax.

GENLIS 21110 Côte d'Or 🔢 ⑫⑬ – 4 960 h. alt. 199 – ✿ 80.
Paris 330 – Auxonne 15 – ♦Dijon 17 – Dole 31 – Gray 51.

🏠 **Gare,** 🕾 31.30.11 – ฅ ❷
♦ *fermé 30 juil. au 26 août et dim.* – SC : **R** 45 bc/120 ⅄ – ⇌ 15 – **19 ch** 80/100 – P
130.

à **Échigey** S : 8 km par D 25 et D 34 – ⊠ **21110** Genlis :

XX **Place,** ℡ 29.93.05 – 🛏wc ☎ 🅿. 🆎 ⓪ 🗉 𝕍𝕀𝕊𝔸. ⋘ ch
fermé fév., dim. soir et lundi – SC : **R** 65/170 – ⚍ 18 – **14 ch** 85/150 – P 160/200.

CITROEN Genlis Autom., ℡ 31.25.77   RENAULT Côte-d'Or Auto., ℡ 37.81.04

GENNES 49350 M.-et-L. 🖫🗗 ㉒ G. Châteaux de la Loire – 1 888 h. alt. 29 – ✪ 41.

Voir Église★ de Trèves-Cunault SE : 3 km.

Paris 286 – Angers 31 – Bressuire 63 – Cholet 61 – La Flèche 45 – Saumur 15.

🏨 **Aux Naulets d'Anjou** ⌂, r. Croix-de-Mission ℡ 51.81.88, ≼, 🐾 – 🛏wc ☎
🅿. ⋘ rest
14 avril-5 nov. et fermé dim. soir et lundi – SC : **R** 80/180 – ⚍ 18 – **20 ch** 150/170 –
P 220/230.

XX **Host. Loire** avec ch, ℡ 51.81.03, 🐾 – 🛏wc 🍴 🅿
⬩ *fermé 28 déc. au 10 fév., lundi soir et mardi* – SC : **R** 48/110 – ⚍ 16 – **11 ch** 64/170.

GENNEVILLIERS 92 Hauts-de-Seine 🟧🟧 ⑳, 🔟🔟🔟 ⑮ – voir à Paris, Environs.

GÉNOLHAC 30450 Gard 🟪🟦 ⑦ G. Vallée du Rhône – 850 h. alt. 470 – ✪ 66.

🇮 Syndicat d'Initiative à la Mairie (fermé sam. et dim.) ℡ 61.10.55.

Paris 618 – Alès 37 – Florac 49 – La Grand-Combe 27 – Nîmes 81 – Villefort 18.

🏨 **Mont Lozère,** D 906 ℡ 61.10.72 – 🍴wc ⬅ 🅿. ⋘
⬩ *1er fév.-2 nov., fermé mardi du 1er fév. au 31 mai et du 1er sept. au 2 nov.* – SC : **R**
47/90 ⚘ – ⚍ 12 – **15 ch** 68/110 – P 118/150.

GENOUILLAC 23350 Creuse 🟦🟦 ⑱ – 783 h. alt. 305 – ✪ 55.

Paris 328 – La Châtre 27 – Guéret 27 – Montluçon 55.

🏨 **Relais d'Oc,** ℡ 80.72.45 – 🅿. 🗉 𝕍𝕀𝕊𝔸. ⋘ ch
fermé 10 janv. au 25 mars et lundi – SC : **R** 56/130 ⚘ – 🍵 16 – **9 ch** 80/85 – P
130/160.

GÉRARDMER 88400 Vosges 🟦🟦 ⑰ G. Vosges – 9 647 h. alt. 665 – Sports d'hiver : 666/1 113 m
🎿13, 🎿 – Casino AZ – ✪ 29.

Voir Lac★.

🇮 Office de Tourisme pl. Déportés (fermé dim. hors saison) ℡ 63.08.74, Télex 961408.

Paris 430 ③ – Belfort 77 ② – Colmar 52 ① – Épinal 41 ③ – St-Dié 30 ① – Thann 56 ②.

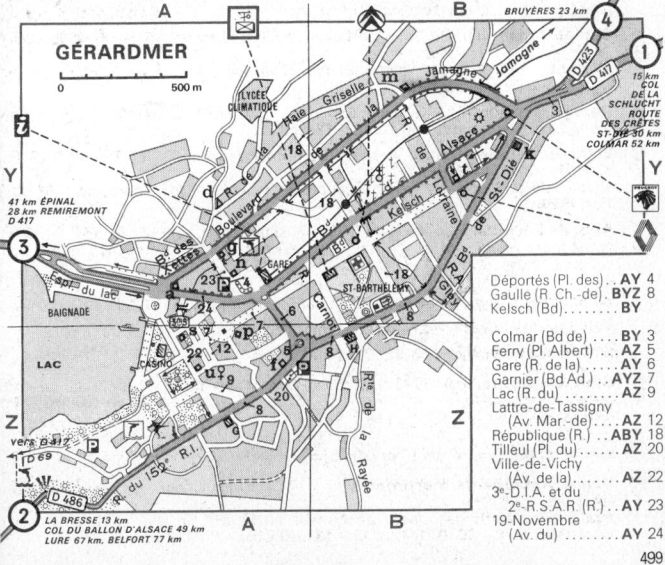

Déportés (Pl. des) . . **AY** 4
Gaulle (R. Ch.-de) . **BYZ** 8
Kelsch (Bd). . . . . **BY**

Colmar (Bd de) . . . . **BY** 3
Ferry (Pl. Albert) . . . **AZ** 5
Gare (R. de la) . . . . . **AZ** 6
Garnier (Bd Ad.) . . **AYZ** 7
Lac (R. du) . . . . **AZ** 9
Lattre-de-Tassigny
(Av. Mar.-de) . . . **AZ** 12
République (R.) . . . **ABY** 18
Tilleul (Pl. du) . . . . . **AZ** 20
Ville-de-Vichy
(Av. de la) . . . . . . **AZ** 22
3e-D.I.A. et du
2e-R.S.A.R. (R.) . . **AY** 23
19-Novembre
(Av. du) . . . . **AY** 24

🏨 **Gd Hôtel Bragard et rest. Gd Cerf**, pl. Tilleul ⏸ 63.06.31, « 🌲, parc » – 📶 📺
☎ 🅿 – 🔒 25 à 45. 🖭 ⓞ 🖹 <u>VISA</u>. ❄ rest
AZ **f**
fermé 30 oct. au 23 déc. (hôtel) à fin avril (rest.) – SC : **R** 94/150 – **46 ch** ⊇ 230/370.
16 appartements 375/475 – P 470/775.

🏨 **Réserve** Ⓜ, esplanade du Lac ⏸ 63.21.60, Télex 961509, ≤ – 📺 ☎ 🅿. 🖭 ⓞ 🖹
<u>VISA</u>
AY **a**
14 avril-15 nov. et 22 déc.-début mars – SC : **R** 70/180 – ⊇ 25 – **32 ch** 190/360 – P
320/360.

🏨 **Forêt** Ⓜ ⊰, Coteau des Xettes ⏸ 63.24.10, ≤, parc, 🌤 – 🗍wc ☎ 🅿. ⓞ 🖹 <u>VISA</u>
⬦ ❄ rest
fermé 15 oct. au 10 déc. – SC : **R** *(fermé lundi)* 50/165 – ⊇ 20 – **25 ch** 150/215 – P
191/240.

🏨 **Jamagne**, 2 bd de la Jamagne ⏸ 63.36.86, Télex 961139, 🌤, 🔲 – 🖴wc 🗍wc
🖭 🅿. ❄ rest
AY **g**
20 avril-20 oct., vacances de Noël et de fév. – SC : **R** 70/80 – ⊇ 22 – **50 ch** 95/230
– P 210/295.

🏨 **Paix**, 6 av. Ville-de-Vichy ⏸ 63.38.78, ≤, 🌤 – 📺 🖴wc 🗍wc ☎ ⟵ 🅿. 🖭 <u>VISA</u>.
❄ rest
AZ **s**
SC : **R** *(fermé dim. soir et lundi du 1er oct. au 15 nov.)* *(dîner seul. du 15 nov. au 20
déc.)* 58/120 ⬦ – ⊇ 17 – **21 ch** 85/180 – P 196/235.

🏨 **Viry et rest. l'Aubergade**, pl. Déportés ⏸ 63.02.41, 🌤 – 📺 🗍wc ☎. 🖭 ⓞ 🖹
<u>VISA</u>
AY **n**
SC : **R** *(fermé 15 nov. au 15 déc. et vend. hors sais.)* 75/125 – ⊇ 20 – **20 ch** 115/200
– P 240/300.

🏨 **Bains** sans rest, 16 bd Garnier ⏸ 63.08.19, 🌤 – 🖴wc 🗍wc ☎ 🅿.
1er avril-31 oct. et 20 déc.-28 fév. – SC : ⊇ 19 – **56 ch** 120/190.
AZ **p**

🏨 **Relais de la Mauselaine** ⊰, au pied des pistes SE : 2,5 km rte de la Rayée - BZ
⬦ – ⏸ 63.05.74, ≤ – 🖴wc 🖭 🅿. <u>VISA</u>. ❄
fermé 15 au 30 mars et 30 sept. au 15 déc. – SC : **R** 45/110 ⬦ – ⊇ 19 – **15 ch**
170/185 – P 190/200.

🏨 **Parc**, 12 av. Ville-de-Vichy ⏸ 63.32.43, 🌤 – 🖴wc 🗍wc ☎ 🅿. 🖹 <u>VISA</u>
AZ **u**
avril-fin sept., vacances de Noël et de fév., en janv. week-end seul. – SC : **R** 52/150
⬦ – ⊇ 16,50 – **38 ch** 70/200 – P 160/225.

🏨 **Route Verte**, 61 bd Jamagne ⏸ 63.12.97, 🌤 – 🖴wc 🗍wc 🖭 🅿. 🖭 ⓞ
<u>VISA</u> ⬦
BY **m**
fermé 17 oct. au 1er déc. – SC : **R** 55/170 – ⊇ 18 – **18 ch** 95/160 – P 170/190.

🏨 **Plein Air** sans rest, la Cercenée par ① : 2 km ⏸ 63.32.11, ≤, 🌤 – 🖴wc 🗍wc 🅿.
🖭
SC : ⊇ 18 – **10 ch** 85/155.

🏨 **L'Abri** ⊰ sans rest, rte Miselle ⏸ 63.02.94, ≤, 🌤 – 🗍wc 🖭 🅿. ❄
AY **d**
fermé 20 oct. au 30 nov. et merc. sauf juil.-août – SC : ⊇ 18 – **14 ch** 90/200.

🏨 **Chalet du lac**, par ③ : 1 km rte Épinal ⏸ 63.38.76, ≤ lac, 🐾, 🌤 – 🗍 ☎ 🅿. <u>VISA</u>.
❄ ch
fermé oct. – SC : **R** *(fermé vend. sauf sais. et vacances scolaires)* 51/198 ⬦ – ⊇ 18
– **12 ch** 79/158 – P 182/220.

🏨 **Roméo** sans rest, 57 bd Kelsch ⏸ 63.00.90 – 🗍wc 🖭 🅿. 🖭 ⓞ <u>VISA</u>
BY **t**
fermé 17 oct. au 1er déc. – SC : ⊇ 18 – **17 ch** 80/160.

☎ **Écho de Ramberchamp** ⊰ sans rest, à Ramberchamp O : 1,5 km par D 69 ⏸
63.02.27, ≤, 🌤 – 🖴wc 🅿. ❄
AZ
1er mars-15 nov., 20 déc.-15 janv., vacances de fév. et fermé lundi hors sais. – SC : ⊇
15 – **16 ch** 71/103.

✗ **Aub. de Lorraine** avec ch, 44 bd St-Dié ⏸ 63.09.82, 🌤 – 🖴wc 🅿. <u>VISA</u> BY **k**
⬦ *fermé merc. du 15 sept. au 15 déc. et du 15 mars au 15 juin* – SC : **R** *(nombre de
couverts limité-prévenir)* 40/84 ⬦ – ⊇ 13 – **8 ch** 100/120 – P 160/220.

au Saut des Cuves rte de la Schlucht par ① : 3 km – alt. 700 – ✉ **88400** Gérardmer.

Voir Saut des Cuves★ – Lac de Longemer★ SE : 3,5 km.

Env. Roche du Diable ≤ ★★ SE : 7 km puis 15 mn.

🏨 **Saut des Cuves**, ⏸ 63.30.46 – 📶 🖴wc 🗍wc ☎ ⟵ 🅿. 🖭 ⓞ <u>VISA</u>
fermé 15 nov. au 15 déc. et merc. – SC : **R** 55/180 – ⊇ 24 – **27 ch** 180/250 – P
235/300.

au Col de Martimpré par ① et D 8 : 5 km – ✉ **88400** Gérardmer :

✗✗ **Bonne Auberge de Martimprey** avec ch, ⏸ 63.19.08, parc – 🖴wc ☎ 🅿. 🖭
ⓞ 🖹 <u>VISA</u>
*fermé 3 nov. au 15 déc., merc. du 15 sept. au 15 avril, en janv. et mars : ouvert
week-ends seul.* – SC : **R** 65 – ⊇ 18 – **13 ch** 95/160 – P 180/235.

Bas Rupts par ② : 4 km – alt. 800 – ⊠ **88400** Gérardmer :

XXX ❀ **Host. Bas-Rupts** (Philippe) avec ch, ☏ 63.09.25, Télex 960992, ≤, 斎, « Élégante installation », ❦ – ⌷wc 🕾 🅿 ﾑﾐ ⓪ 𝘝𝘐𝘚𝘈
SC : **R** (dim. et fêtes prévenir) 80/240 ⅃ – ⌷ 28 – **18 ch** 240/380 – P 350/440
Spéc. Marmite du pêcheur, Feuilleté de langoustines, Noisette de marcassin sauce poivrade. **Vins** Pinot rosé, Riesling.

XX **La Belle Marée**, ☏ 63.06.83, ≤, Produits de la mer – 🅿 ﾑﾐ ⓪ 𝘝𝘐𝘚𝘈
◆ *fermé 25 juin au 7 juil., lundi (sauf juil.-août) et dim. soir* – SC : **R** 40/120.

à Xonrupt-Longemer E : 6 km par D 417 – ⊠ **88400** Gérardmer :

XX **Lac de Longemer** avec ch, ☏ 63.37.21, ≤, 斎, 屌 – ⌷wc 🗍wc 🕾 🅿 ﾑﾐ ⓪
◆ *fermé 15 nov. au 15 déc.* – SC : **R** 48/160 ⅃ – ⌷ 19 – **18 ch** 85/190 – P 170/230.

CITROEN Auto-Gar. Géromois, 31 bd Kelsch ☏ 63.35.77
FORD Gar. Lahache, 22 r. 152-R.-I. ☏ 63.01.79 🔃
PEUGEOT-TALBOT Gar. Thiébault, La Croisette ☏ 63.14.50 🔃

RENAULT Gérardmer-Autom., rte de Remiremont à Le Costet Beillard par ③ ☏ 63.24.51
RENAULT Gar. Lorraine, 60 bd Kelsch ☏ 63.01.95
V.A.G. Gegout Autom., rte Colmar ☏ 63.30.88

▬▬ **GERMIGNY** 58 Nièvre 📖 ③ – rattaché à Pougues-les-Eaux.

▬▬ **GERMINY-L'ÉVÊQUE** 77 S.-et-M. 📖 ③, 📖📖 ㉓ – rattaché à Meaux.

▬▬ **Les GETS** 74260 H.-Savoie 📖 ⑧ G. Alpes – 1 097 h. alt. 1 170 – Sports d'hiver : 1 172/1 850 m
≤ 2 ≰ 28 ≰ – ❀ 50.

Voir Mont Chéry ⋇⋇ ❋❋ O par télésiège.

🖪 Office de Tourisme (fermé dim. hors sais.) ☏ 79.75.55, Télex 385026.
Paris 597 – Annecy 86 – Bonneville 37 – Chamonix 64 – ◆Genève 52 – Megève 50 – Thonon-les-B. 37.

🏨 **Marmotte** 🖻, ☏ 79.75.39, ≤, 🔲 – 🛗 cuisinette 🕾 🚗 ﾑﾐ ⓪ 𝗘 𝘝𝘐𝘚𝘈
30 juin-1ᵉʳ sept. et 22 déc.-12 avril – SC : (en été : sans rest., en hiver : pension seul.)
– ⌷ 22 – **45 ch** 170/320 – P 350/420.

🏨 **Le Labrador** 🖻 ⤳ sans rest, à la Turche ☏ 79.74.53, ≤, 🔲, ❦ – 🛗 📺 ⌷wc 🕾 🚗 🅿 ﾑﾐ 𝘝𝘐𝘚𝘈 ⋇
juil.-août et 15 déc.-20 avril – SC : **22 ch** ⌷ 160/250.

🏨 **Mont Chéry** 🖻, ☏ 79.74.55, ≤, 屌 – 🛗 📺 ⌷wc 🕾 🚗 🅿 ﾑﾐ ⓪ 𝗘 𝘝𝘐𝘚𝘈 ⋇
1ᵉʳ juil.-31 août et 15 déc.-15 avril – SC : **R** 65/100 – ⌷ 24 – **26 ch** 170/320.

🏨 **Ours Blanc** 🖻 ⤳, ☏ 79.14.66, ≤ – 🛗 ⌷wc 🕾 🅿
15 déc.-15 avril – SC : **15 ch** (pens. seul.) – P 390.

🏨 **Lion d'Or**, ☏ 79.70.06, ≤, 屌 – ⌷wc 🗍wc 🕾 🚗 🅿 𝘝𝘐𝘚𝘈
30 juin-2 sept. et 15 déc.-15 avril – SC : **R** 75/130 ⅃ – ⌷ 18 – **21 ch** 90/170 – P 175/270.

🏨 **Alpina** ⤳, ☏ 79.73.76, ≤ – ⌷wc 🗍 🕾 🚗 ⋇
1ᵉʳ juil.-2 sept. et 22 déc.-20 avril – SC : **R** 55/75 – ⌷ 17 – **25 ch** 160 – P 160/235.

🏨 **Régina**, ☏ 79.74.76, ≤ – cuisinette ⌷wc 🗍wc 🕾 🚗 ⋇
juil.-août et 17 déc.-16 avril – SC : **R** 55/75 – ⌷ 18 – **24 ch** 77/186 – P 170/260.

🏨 **Maroussia** ⤳, à La Turche ☏ 79.71.06, ≤ – ⌷wc 🗍wc 🕾 🅿 ⋇ rest
◆ *fermé mai* – SC : **R** 50/90 – ⌷ 20 – **18 ch** 170/200 – P 190/280.

▬▬ **GEVREY-CHAMBERTIN** 21220 Côte-d'Or 📖 ⑳ G. Bourgogne – 2 582 h. alt. 287 – ❀ 80.
Paris 315 – Beaune 27 – ◆Dijon 12 – Dole 62.

🏨 **Grands Crus** 🖻 ⤳ sans rest, ☏ 34.34.15, 屌 – ⌷wc 🕾 🅿
fermé 10 déc. au 15 fév. et dim. du 15 nov. au 1ᵉʳ mars – SC : ⌷ 20 – **24 ch** 175/225.

🏨 **Les Terroirs** 🖻 sans rest, rte Dijon ☏ 34.30.76, « Belle décoration intérieure »,
屌 – ⌷wc 🗍wc 🕾 🅕 🅿 ﾑﾐ ⓪ 𝗘
fermé 20 déc. au 10 janv. – SC : ⌷ 18 – **16 ch** 100/210.

🏨 **Vendanges de Bourgogne**, rte Beaune ☏ 34.30.24 – ⌷wc 🗍wc 🕾 ⋇ ch
fermé 30 janv. au 5 mars et lundi – SC : **R** 55/110 – ⌷ 16 – **18 ch** 72/160.

XXX ❀ **La Rotisserie du Chambertin** (Mme Menneveau), ☏ 34.33.20, « Caves anciennes aménagées. Petit musée de cire » – ▤ 🅿
fermé 30 juil. au 13 août, en fév., dim. soir et lundi – SC : **R** (nombre de couverts limités - prévenir) carte 170 à 220
Spéc. Foie frais de canard, Gigot de poulette aux morilles, Foie de veau au cassis. **Vins** Bourgogne-Aligoté, Gevrey-Chambertin.

XX **Les Millésimes**, 25 r. Église ☏ 51.84.24 – 🅿 ﾑﾐ ⓪ 𝗘 𝘝𝘐𝘚𝘈
fermé 3 janv. au 9 fév., merc. midi et mardi – SC : **R** carte 120 à 190.

PEUGEOT TALBOT Jouan, ☏ 34.30.62

GEX ⟨SP⟩ **01170** Ain **70** ⑮⑯ **G. Jura** (plan) – 4 868 h. alt. 628 – ✪ 50.

ℹ Syndicat d'Initiative r. A.-Reverchon (hors saison fermé matin, sam. et dim.) ☎ 41.53.85.

Paris 498 – ♦Genève 17 – Lons-le-Saunier 96 – Pontarlier 92 – St-Claude 44.

Parc, av. Alpes ☎ **41.50.18,** ⛱, ☂ – ⛀wc ⛁wc ☎ **P**. ✱ ch
5 fév.-15 nov. et fermé dim. soir et lundi d'oct. à mai – SC : **R** 90/190 – ☕ 25 – **21 ch** 70/220 – P 170/250.

XXX **Aub. des Chasseurs** avec ch, **à Echenevex** S : 4 km - alt. 650 ✉ **01170 Gex** ☎ **41.54.07,** ≤, ⛱, « **Terrasse fleurie, jardin** » – ⛀wc ☎ **P**
1er mai-15 oct. et fermé dim. soir et lundi – SC : **R** (prévenir) 70/180 – ☕ 25 – **12 ch** 110/200.

X **Le Florimont** avec ch, N : 6 km par N 5 ☎ **41.53.34,** ≤, ⛱ – **P**. ✱
fermé oct. et mardi – SC : **R** 60/90 – ☕ 11 – **9 ch** 50/85.

à Chévry S : 7 km par D 984c – ✉ **01170** Gex :

XX **Aub. Gessienne,** ☎ **41.01.67** – **P**
fermé 6 au 15 août, 5 au 26 fév., dim. et lundi – SC : **R** 60/200.

CITROEN Prodon, ☎ 41.55.17 **N**
FORD Piron, Le Martinet Cessy ☎ 41.50.94
RENAULT Gar. Modernes, Les Vertes Campagnes ☎ 41.54.24
TOYOTA, **VOLVO** Jordan-Meille, à Sauverny ☎ 20.70.67
Gar. Dago, Le Martinet Cessy ☎ 41.55.52

GIAT **63620** P.-de-D. **73** ⑫ – 1 268 h. alt. 779 – ✪ 73.

Paris 400 – Aubusson 37 – ♦Clermont-Ferrand 69 – Le Mont-Dore 55 – Montluçon 80 – Ussel 43.

Commerce, ☎ **21.72.38,** ☂ – ⛁ **P**
SC : **R** 40/85 – ☕ 10 – **14 ch** 65/100 – P 90/130.

CITROEN Gar. du Moulin ☎ 21.72.86
RENAULT Richin, ☎ 21.72.16 **N**

GIEN **45500** Loiret **65** ② **G. Châteaux de la Loire** – 16 445 h. alt. 161 – ✪ 38.

Voir Église★ B – Château★ : musée de la Chasse★★ M – Pont ≤★.

ℹ Office de Tourisme r. Anne-de-Beaujeu (1er avril-31 oct., fermé dim. après-midi et lundi) ☎ 67.25.28.

Paris 154 ① – Auxerre 87 ② – Bourges 76 ③ – Cosne 41 ② – ♦Orléans 64 ④ – Vierzon 73 ③.

GIEN

Gambetta (R.) 6
Thiers (R.) 21
Victor-Hugo (R.) 22

Beaujeu (R. A.-de) 2
Château (Pl. du) 3
Clemenceau (R. G.) 5
Hôtel-de-Ville (R. de l') 7
Jeanne-d'Arc (R.) 9
Leclerc (Av. Gén.) 12
Louis-Blanc (R.) 13
Marienne (R. Adj.) 14
Paul-Bert (R.) 16
Président-Wilson (Av. du) 17
République (Av. de la) 18

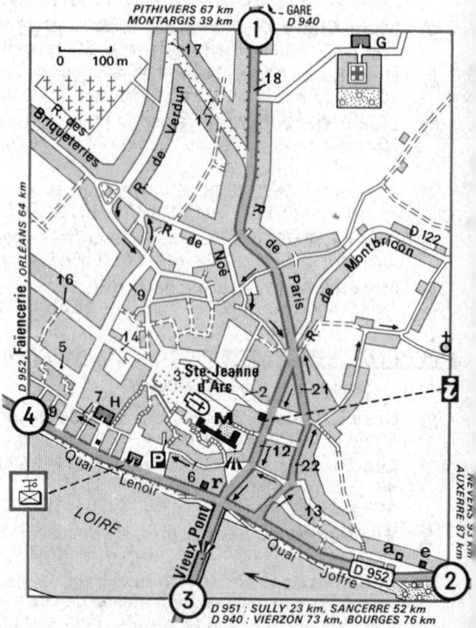

Une voiture bien équipée possède à son bord des cartes Michelin à jour.

Munite la vostra vettura di carte stradali Michelin aggiornate

Rivage, 1 quai Nice **(a)** ☎ **67.20.53,** ≤ – TV ⛀wc ☎ 🚗 **P**. VISA
SC : **R** 154 bc/66 – ☕ 18 – **29 ch** 73/200.

Sanotel M sans rest, **21 quai Sully par** ③ ☎ **67.61.46,** ≤, ☂ – ⇅ TV ⛀wc ☎ **P** – 20 à 60. VISA
SC : ☕ 17 – **48 ch** 170/190.

XX **Beau Site et La Poularde** avec ch, 13 quai Nice (e) ⌖ 67.36.05 – ⌂ ⊛. ⌶ ⓪.
⌛ ch
fermé 30 avril au 18 mai, 24 sept. au 12 oct., dim. soir et lundi – SC ⌶ **R** 62/145 – ⌂
18 – **8 ch** 75/110.

X **Loire,** 18 quai Lenoir (r) ⌖ 67.00.75 – ⌛
fermé 1er au 15 sept., fév., mardi soir et merc. – SC ⌶ **R** 56/120.

X **La Marmite,** rte Paris par ① ⌖ 67.37.23 – ⓟ
fermé août, 24 déc. au 2 janv. et dim. – SC ⌶ **R** (déj. seul.) 55/80 ⌑.

BMW, FIAT Europe-Gar., 58 r. Paris ⌖ 67.09.63
CITROEN S.A.G.V.R.A., rte Bourges, Poilly-lez-Gien, par ③ ⌖ 67.30.82 ⌶ ⌖ 67.07.33
FORD Borla, 61 av. de la République ⌖ 67.35.85
PEUGEOT, TALBOT Auto-Giennoise, rte Bourges, Poilly-lez-Gien, par ③ ⌖ 67.35.43
RENAULT Reverdy, rte Bourges, Poilly-lez-Gien, par ③ ⌖ 67.28.98

RENAULT Prieur, 102 r. G.-Clemenceau, par ④ ⌖ 67.15.32
V.A.G. Relais St-Christophe, 91 rte d'Orléans ⌖ 67.34.02
Aubry-Essence, 16 av. de la République ⌖ 67.07.61

ⓟ Pneu-Service, r. J.-César ⌖ 67.42.08

GIENS 83 Var ⓫⓰ G. Côte d'Azur – alt. 54 – ⌧ **83400** Hyères – ⊛ 94.

Voir Ruines du château ⌛ ** X.

Paris 869 – Carqueiranne 13 – Draguignan 91 – Hyères 12 – La Londe-des-Maures 18 – ♦Toulon 27.

Voir plan de Giens à Hyères

⌂ **Le Provençal,** ⌖ 58.20.09, ≤, ⌺, « Parc ombragé en terrasses », ⊿, ⌛ – ⌸ ⓟ. ⓪ E. ⌛ rest X **v**
30 mars-25 oct. – SC ⌶ **R** 110 – **50 ch** ⌂ 275/426 – P 438/590.

⌂ **Relais du Bon Accueil** ⌛, ⌖ 58.20.48, ≤, ⌺, « Jardin fleuri » – ⊡ ⌷wc
⌷wc ⊛ ⓟ X **s**
fermé 2 nov. au 15 déc. – SC ⌶ **R** 85/180 – ⌂ 23 – **10 ch** 160/280 – P 270/350.

⌂ **Riviera Résidence** ⌛, NE : 3 km rte La Capte ⌖ 58.21.24, ≤, parc, ⊿, ⌗, ⌛ – ⌷wc ⌷wc ⊛ ⓟ ⌑ 80. ⌛ rest X **h**
28 mai-30 sept. – SC ⌶ **R** 85 – ⌂ 20 – **46 ch** (pens. seul.) – P 297/347.

X **Le Tire Bouchon,** ⌖ 58.24.61, ⌺ – ⟦VISA⟧ X **a**
1er fév.-31 oct. – SC ⌶ **R** (fermé mardi soir et merc.) 62/82.

La GIETTAZ 73 Savoie ⓴⓭ ⑦ – 535 h. alt. 1 100 – ⌧ **73590** Flumet – ⊛ 79.
⌸ Office de Tourisme à la Mairie (fermé lundi hors sais. et dim.) ⌖ 31.72.12.
Paris 605 – Albertville 27 – Annecy 56 – Bonneville 39 – Chambéry 76 – Flumet 6 – Megève 16.

⌂ **Relais des Aravis,** ⌖ 32.91.78, ≤ – ⌸ ⌷wc ⊛ ⓟ. ⌛ rest
➜ *6 juin-12 sept. et 8 déc.-22 avril* – SC ⌶ **R** 45/135 – ⌂ 16 – **27 ch** 95/145 – P 145/198.

⌂ **Les Vernes** ⌛, au Plan NE : 3,5 km ⌖ 32.92.68, ≤ – ⌷wc ⌂ ⓟ. ⌛
➜ *15 juin-15 sept. et 20 déc.-20 avril* – SC ⌶ **R** 45 – ⊠ 15 – **15 ch** 70/100 – P 130/160.

GIGARO 83 Var ⓫⓰ ⑰ – rattaché à La Croix-Valmer.

GIGNAC 34150 Hérault ⓬⓭ ⑥ – 3 228 h. alt. 53 – ⊛ 67.
⌸ Office de tourisme pl. Gén.-Claparède (sais. et fermé dim.) ⌖ 57.58.83.
Paris 791 – Béziers 50 – Clermont-l'Hérault 11 – Lodève 24 – ♦Montpellier 30 – Sète 44.

⌖ **Commerce,** 1 bd Pasteur ⌖ 57.50.97 – ⌷wc ⟵
fermé 20 déc. au 1er fév. et dim. – SC ⌶ **R** 55 bc/160 bc – ⊠ 15 – **17 ch** 80/150.

XXX **H. Capion** avec ch, rte Montpellier ⌖ 57.50.83 – ⌷wc ⊛. ⓪ E ⟦VISA⟧. ⌛ ch
fermé fév., dim. soir hors sais. et lundi – SC ⌶ **R** 55/240 – ⌂ 18 – **8 ch** 100/200.

XX **Aub. du Vieux Moulin,** O : 1,5 km par N 109 ⌖ 57.52.77 – ⓟ. ⌶ ⌛
fermé 1er oct. au 15 déc. et mardi – SC ⌶ **R** 56/165.

à Aniane NE : 5 km sur D 32 – ⌧ **34150** Gignac :.

Voir Grotte de Clamouse✶✶ et gorges de l'Hérault✶ NO : 4 km, G. Causses.

⌂ **Clamouse,** ⌖ 57.71.63 – ⌂
➜ *fermé 15 janv. au 15 mars, lundi soir et mardi hors sais. sauf fêtes* – SC ⌶ **R** 46/135 ⌑ – ⌂ 15,50 – **10 ch** 88/147 – P 150/178.

GIGONDAS 84 Vaucluse ⓫⓵ ⑫ – 648 h. alt. 400 – ⌧ **84190** Beaumes-de-Venise – ⊛ 90.
Paris 679 – Avignon 39 – Nyons 31 – Orange 18 – Vaison-la-Romaine 15.

⌂ **Les Florets** ⌶ ⌛, E : 1,5 km par VO ⌖ 65.85.01, ⌺ – ⌷wc ⌷wc ⊛ ⓟ.
⌛ rest
fermé 13 au 22 nov., 2 janv. au 10 fév., mardi soir et merc. – SC ⌶ **R** (dim. et fêtes prévenir) 85/130 ⌑ – ⌂ 17 – **15 ch** 125/170 – P 230/250.

GIMBELHOF 67 B.-Rhin ⓮⓱ ⑱ – rattaché à Lembach.

503

GIMEL-LES-CASCADES 19 Corrèze 🗾🟤 ⑨ G. Périgord.

Voir Site★ – Cascades★★ dans le parc Vuillier – Trésor★ de l'église – Étang de Ruffaud★ NE : 2 km.

GIMONT 32200 Gers 🟦🟤 ⑥ G. Pyrénées – 2 950 h. alt. 154 – ✪ 62.

Paris 732 – Agen 85 – Auch 26 – Castelsarrasin 59 – Montauban 70 – St-Gaudens 73 – ◆Toulouse 53.

🏨 **Château Larroque** ⚲, rte Toulouse ☏ 67.77.44, ≼, 斎, « Parc » – 🚗 🅿 – 🏕️
30 à 200. ⒶⒺ ⑩ 𝚅𝙸𝚂𝙰
fermé janv. – SC : **R** 60/190 – ⴑ 26 – **13 ch** 209/380 – P 360.

🍴🍴 **Coin du Feu,** bd Nord ☏ 67.71.56 – 🅿
fermé lundi soir et mardi – SC : **R** 65/165 ⅄.

🍴 **France,** 8 pl. Halle ☏ 67.72.93, 斎
◆ *fermé lundi du 15 janv. au 31 mars* – SC : **R** 50/110 ⅄.

GINASSERVIS 83 Var 🟦🟥 ④ – 779 h. alt. 450 – ⊠ 83560 Rians – ✪ 94.

Paris 787 – Aix-en-Provence 50 – Brignoles 49 – Draguignan 67 – Manosque 24.

🏨 **Le Bastier** ⚲, O : 2 km par rte St-Paul ☏ 80.11.78, 🏊, 斎, 🎾 – 📺 ⛴wc ☎ 🅿
⑩ 𝚅𝙸𝚂𝙰
fermé 10 janv. au 16 fév. – SC : **R** 120/330 – ⴑ 29 – **24 ch** 220/295 – P 380.

GIROMAGNY 90200 Ter.-de-Belf. 🟦🟦 ⑧ G. Vosges – 3 694 h. alt. 476 – ✪ 84.

🅸 Syndicat d'Initiative à la Mairie (fermé sam. et dim.) ☏ 27.14.18.

Paris 511 – Belfort 12 – Lure 30 – Masevaux 21 – ◆Mulhouse 46 – Thann 41 – Le Thillot 32.

🍴 **Saut de la Truite** avec ch, N : 7 km D 465 - alt. 701 ☏ 29.32.64, ≼, 斎 – ⛴wc
🚗 🅿 𝚅𝙸𝚂𝙰
fermé 15 nov. au 20 déc., jeudi soir et vend. – SC : **R** 55/140 ⅄ – 🍵 14 – **8 ch**
82/130 – P 168.

GIRONDE-SUR-DROPT 33 Gironde 🗾🗾 ② – rattaché à La Réole.

GIROUSSENS 81 Tarn 🟦🟦 ⑨ – rattaché à Lavaur.

GISORS 27140 Eure 🟦🟦 ⑧⑨ G. Normandie – 8 859 h. alt. 58 – ✪ 32.

Voir Château fort★★ Y – Église St-Gervais et St-Protais★ Z E.

🅸 Office de Tourisme pl. Carmélites (fermé mardi) ☏ 55.20.28.

Paris 70 ③ – Beauvais 32 ② – Évreux 66 ④ – Mantes-la-J. 38 ③ – Pontoise 36 ① – ◆Rouen 58 ⑤.

GISORS

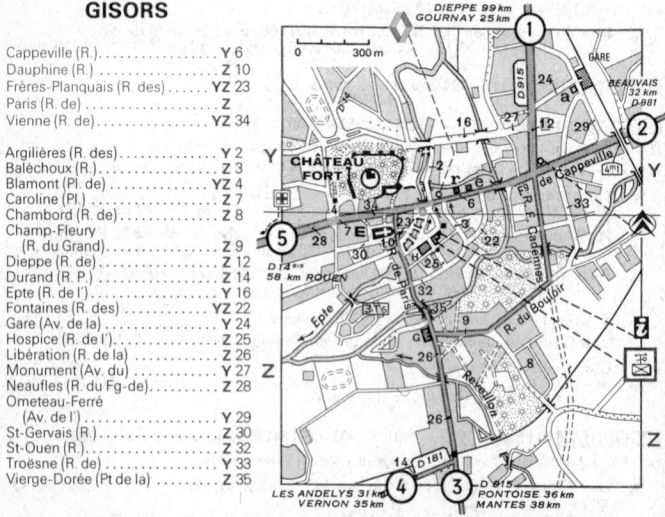

🏨 **Moderne,** pl. Gare ☏ 55.23.51 – ⛴wc ⛴wc ☎ 🅿 Ⓔ 𝚅𝙸𝚂𝙰   Y **a**
fermé 14 juil. au 7 août et 20 déc. au 7 janv. – SC : **R** *(fermé dim. et lundi)* 62/145 –
ⴑ 18 – **30 ch** 107/200.

XX **Host. des 3 Poissons,** 13 r. Cappeville ☎ 55.01.09 – ▦   Y r
fermé juin, lundi soir et mardi – SC : **R** 62/125 ♨.

XX **Le Cappeville,** 17 r. Cappeville ☎ 55.11.08 – 🆎 **E** 𝘝𝘐𝘚𝘈   Y e
fermé 20 août au 15 sept., 5 au 20 janv., mardi soir et merc. – SC : **R** 65/160.

     à Bazincourt-sur-Epte N : 5,5 km – ⊠ **27140** Gisors :

🏛 **Château de la Rapée** ⏳, ☎ 55.11.61, ≤, « parc » – 📥wc ▥wc ☎ **🅿**. 🆎 ⓞ
𝘝𝘐𝘚𝘈. ✠
fermé fév. et merc. – **R** 150 bc/200 bc – ⊒ 30 – **10 ch** 220/350 – P 430/670.

CITROEN Gisors Autom., 2 r. Dieppe ☎ 55.
22.29
PEUGEOT-TALBOT SCAG, Trie-Château
(Oise) par ② ☎ (4) 449.75.11
RENAULT gar. Dumorlet, 38 rte de Dieppe
par ① ☎ 55.22.56

RENAULT Gar. Chales, 3 r. Cappeville ☎ 55.
21.66

⬦. Berry-Pneus, 24 fg Cappeville ☎ 55.27.64
Bertault, 4 r. Pré-Nattier ☎ 55.17.51

GIVET 08200 Ardennes ⑤⑥ ⑨ G. Nord de la France – 7 728 h. alt. 103 – ✿ 24.

Voir Centrale nucléaire des Ardennes* à Chooz par ③ : 6 km.

🛈 Office de Tourisme Tour Victoire, quai de la Meuse (juin.-août) ☎ 55.03.54.

Paris 275 ③ – Avesnes-sur-Helpe 72 ④ – Charleville-Mézières 55 ③ – Hirson 69 ④ – Namur 46 ①.

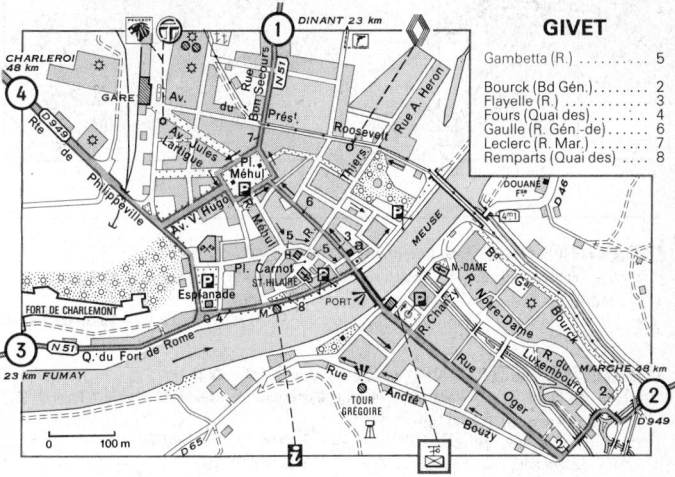

GIVET

Gambetta (R.) 5

Bourck (Bd Gén.)........ 2
Flayelle (R.) 3
Fours (Quai des) 4
Gaulle (R. Gén.-de) 6
Leclerc (R. Mar.) 7
Remparts (Quai des) ... 8

XX **Baudoin,** 2 pl. 148e R.I. **(a)** ☎ 55.00.70
fermé 16 août au 8 sept., vacances de fév., lundi, mardi et merc. le soir – SC : **R**
90/150 ♨.

PEUGEOT-TALBOT Gar. de la Gare, pl. Gare
☎ 55.03.81

RENAULT Gar. Franco-Belge, 23 av. Roosevelt
☎ 55.01.85 ℕ

GIVORS 69700 Rhône ⑦④ ⑪ G. Vallée du Rhône – 20 554 h. alt. 161 – ✿ 7.

Paris 485 ② – ✦Lyon 22 ② – Rive-de-Gier 15 ⑤ – Vienne 12 ②.

Plan page suivante

    au Nord par ① : 2,5 km – ⊠ **69520** Grigny :

XXX **Les Sources** Ⓜ ⏳ avec ch, chemin de Grigny ☎ 873.05.61, ≤, 🍽, parc – 📺
📥wc ☎ **🅿** – 🛡 30. 🆎 **E** 𝘝𝘐𝘚𝘈
fermé déc., lundi (sauf hôtel) du 15 oct. au 1er mai et dim. soir – SC : **R** 100/200 – ⊒
25 – **10 ch** 210/230.

    à Loire-sur-Rhône par ④ : 5 km – ⊠ **69700** Givors :

XX **Camerano,** ☎ 873.20.07 – 🆎 𝘝𝘐𝘚𝘈
fermé août et dim. – SC : **R** 68/190.

XX **Francizod** avec ch, ☎ 873.20.06, 🍽 – ▥ **🅿**
fermé fév., dim. soir et lundi – SC : **R** 70/186 – ⊠ 16 – **4 ch** 96/160.

PEUGEOT-TALBOT Central-Gar., 9 r. Victor-
Hugo ☎ 873.00.88
PEUGEOT-TALBOT Gar. Moret, 31 r. de Do-
bëln, les Vernes par ① ☎ 873.01.69

RENAULT Chavanne, 42 r. J.-Ligonnet ☎ 873.
09.80

GIVORS

Barbusse (Pl. H) .... **B** 2
Gambetta (R.) .... **B**
Salengro (R. R.) .... **B**
Victor-Hugo (R.) .... **B** 24

Bourg (R. du) .... **B** 3
Cachin (R. Marcel) .... **A** 4
Carnot (Pl.) .... **B** 5
Denfert-Rochereau (R.) .... **B** 6
Gizard (Chemin de) .... **A** 7
Idoux (R. Édouard) .... **A** 8
Jaurès (Pl. Jean) .... **B** 9

Liauthaud (R. J.) .... **AB** 10
Ligonnet (R. Jean) .... **AB** 12
Longarini (R. J.) .... **B** 13
Mas (R. Marie) .... **B** 14
Montrond (R. de) .... **A** 15
Pétetin (R. H.) .... **A** 16

Projetée (R.) .... **B** 17
République (R. de la) .... **B** 18
Sémard (R. Pierre) .... **AB** 19
St-Gérald (R.) .... **B** 20
Verreries (R. des) .... **B** 23
Vieille-du-Bourg (R.) .... **B** 25

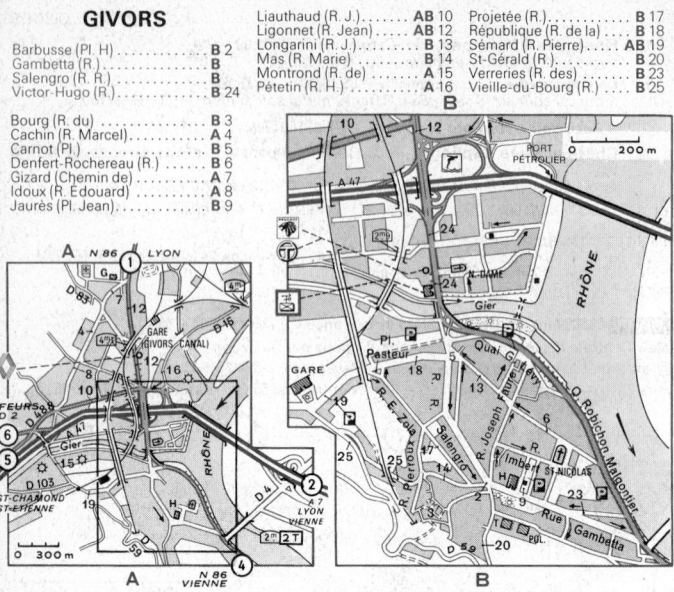

___

GIVRY 71640 S.-et-L. 📖 ⑨ G. Bourgogne – 3 280 h. alt. 220 – ✪ 85.
Paris 355 – Autun 48 – Chagny 15 – Chalon-sur-Saône 9 – Mâcon 67 – Montceau-les-Mines 37.

🏠 **Halle,** pl. Halle ☎ 44.32.45 – 🍽 rest 🛏 🎞. 🆎 ⓞ 🄴 *VISA*
➡ *fermé 24 oct. au 21 nov., dim. soir et lundi* – SC : **R** 40/130 – ☲ 15 – **10 ch** 80/110 –
P 170/250.

GIVRY-EN-ARGONNE 51330 Marne 📖 ⑲ – 545 h. alt. 176 – ✪ 26.
Paris 230 – Bar-le-Duc 33 – Châlons-sur-M. 44 – Ste-Ménehould 16 – Verdun 60 – Vitry-le-François 35.

🏡 **L'Espérance,** ☎ 60.00.08
➡ *fermé dim. soir* – SC : **R** 40/150 – ☲ 13 – **7 ch** 55/120 – P 120/130.

RENAULT Lallemand, Les Charmontois ☎ 60. **Louis,** ☎ 60.01.48
00.47

GLANDELLES 77 S.-et-M. 📖 ⑫ – alt. 40 – ⊠ 77167 Bagneaux-sur-Loing – ✪ 6.
Paris 88 – Melun 39 – Montargis 26 – Nemours 7 – Pithiviers 46 – Sens 49.

XX **Les Marronniers** N 7, ☎ 428.07.04 – 🄿 *VISA*
fermé 10 au 31 août, 12 au 26 janv., mardi soir et merc. – SC : **R** 65/200.

XX **La Glandelière,** S : 1 km N 7 ☎ 428.10.20 – 🄿 *VISA*
fermé 15 au 30 sept., 15 au 28 fév., lundi soir, jeudi soir et mardi – SC : **R** 55/125.

GLÉNIC 23 Creuse 📖 ⑩ – rattaché à Guéret.

GLUGES 46 Lot 📖 ⑱⑲ – rattaché à Martel.

GOLBEY 88 Vosges 📖 ⑯ – rattaché à Épinal.

GOLFE-JUAN 06 Alpes-Mar. 📖 ⑨, 🌄 ㊱㊲ G. Côte d'Azur – ⊠ 06220 Vallauris – ✪ 93.
🄱 Office de Tourisme 84 av. Liberté (fermé sam. après-midi et dim.) ☎ 63.73.12.
Paris 915 – Antibes 5 – Cannes 6 – Grasse 21 – ♦Nice 27.

🏠 **Le Petit Trianon** M sans rest, 18 av. Liberté ⊠ 06350 Golfe Juan ☎ 63.70.51 –
🛏wc 🅿. ⓞ. ✻
fermé 20 oct. au 20 déc. – ☲ 20 – **14 ch** 200/300.

🏠 **Beau Soleil** M 🕸, impasse Beausoleil par N 7 ☎ 63.63.63, 🏊, 🔨 – 🛗 🍽 🛏wc
🎞wc ☎ 🕿. ✻
24 mars-20 oct. – SC : **R** 70 – ☲ 18 – **30 ch** 130/220 – P 160/225.

506

🏨 **Les Jasmins,** N 7 ☎ 63.80.83, Télex 970935, ⌇ – ▤ rest 🛁wc 🗔wc ☎ 🅿 – 🔏 30. 🆔 ⓞ 𝗩𝗜𝗦𝗔
fermé nov. – SC : **R** 75 – **36 ch** ⌇ 130/365.

🏨 **M'Hôtel Lauvert** Ⓜ ≫ sans rest, impasse des Hameaux de Beausoleil par N 7 ☎ 63.46.06, ⌇, ఞ – 🗗 cuisinette 🛁wc ☎ 🅿
15 janv.-15 oct. – SC : ⌇ 18 – **28 ch** 120/230.

🏨 **De Crijansy,** av. J.-Adam ☎ 63.84.44, ⌸ – 🛁wc 🗔wc ⓐ 🅿 – 🔏 25. ఞ
fermé 15 oct. au 20 déc. – SC : **R** 80/200 – ⌇ 19 – **20 ch** 175/200 – P 205/215.

🏨 **Golfe** sans rest, bd Plage ☎ 63.71.22, ≤ – 🛁wc 🗔wc ⓐ 🅿 ⌸. 🆔 ⓞ 𝗩𝗜𝗦𝗔
fermé 30 oct. au 15 déc. – SC : ⌇ 16 – **20 ch** 150/220.

XX ✿ **Tétou,** à la plage ☎ 63.71.16, ≤, ⌸ – ▤ ⓒ
fermé 12 oct. au 20 déc., 1ᵉʳ au 25 mars et merc. – SC : **R** *(du 20 déc. au 1ᵉʳ mars déj. seul.)* carte environ 300
Spéc. Bouillabaisse, Langouste grillée, Poissons. **Vins** Bellet, Bandol.

XX **Nounou,** à la plage ☎ 63.71.73, ≤, 🗻, ⌸ – 🅿. 🆔 ⓞ
fermé 15 nov. au 20 déc., 1ᵉʳ au 20 mars et jeudi – SC : **R** *(hors sais. : déj. seul.)* 110/250.

XX **Bistrot du Port,** au port ☎ 63.70.64 – ▤. 🆔 ⓞ E 𝗩𝗜𝗦𝗔. ఞ
fermé déc., janv. et lundi – SC : **R** *(dîner seul. de juin à août)* 160.

XX **Relais Impérial** avec ch, 21 r. L.-Chabrier ☎ 63.70.36, 🗻 – 🛁wc 🗔 ⓐ ⌸. 🆔 E 𝗩𝗜𝗦𝗔
SC : **R** 80/120 – ⌇ 15 – **10 ch** 200 – P 225/250.

XX **Chez Christiane,** au port ☎ 63.72.44, 🗻 – 𝗩𝗜𝗦𝗔
fermé début nov. au 20 déc. et mardi sauf du 14 juil. au 31 août – SC : **R** *(en hiver déj. seul.)* 135/170.

X **Bruno,** au port ☎ 63.72.12, 🗻
fermé 15 oct. au 15 nov. et merc. – SC : **R** 55/95.

RENAULT Gd Gar. du Golfe, 92 av. Liberté, N 7 ☎ 63.70.76

GOMETZ-LE-CHATEL 91 Essonne 🖪🖩 ⑩, 🖩🗾🖩 ㊳, 🗾🖩🗾 ㉝ – 1 408 h. – ⌫ **91400** Orsay – ✪ 6.
Paris 30 – Chartres 58 – Evry 31 – Rambouillet 26.

XX **Four à Pain,** 83 rte Chartres ☎ 012.30.10 – 🆔. ఞ
fermé 13 juil. au 20 août, sam. et dim. – SC : **R** *(nombre de couverts limité - prévenir)* carte 95 à 140.

GONCELIN 38570 Isère 🖣🖣 ⑤⑥ – 1 467 h. alt. 242 – ✪ 76.
Paris 592 – Albertville 60 – Allevard 10 – Chambéry 29 – ✦Grenoble 28.

XX **Clos du Château,** ☎ 71.72.04, ≤, ⌸ – 🅿
fermé août et lundi – SC : **R** 90/120.

GORDES 84220 Vaucluse 🖣🖩 ⑯ G. Provence – 1 607 h. alt. 373 – ✪ 90.
Voir Site★ – Château : cheminée★, musée Vasarely★ – Abbaye de Sénanque★ NO : 4 km.
🖪 Office de Tourisme pl. Château (1ᵉʳ avril-30 sept.) ☎ 72.02.75.
Paris 718 – Apt 20 – Avignon 38 – Carpentras 34 – Cavaillon 17 – Sault 35.

🏨 **La Mayanelle** ≫, ☎ 72.00.28, ≤ Le Luberon – 🛁wc ⓐ. 🆔 ⓞ E 𝗩𝗜𝗦𝗔
fermé 2 janv. au 1ᵉʳ mars – SC : **R** *(fermé mardi)* carte 115 à 170 – ⌇ 25 – **10 ch** 145/230.

🏨 **Le Gordos** ≫ sans rest, rte Cavaillon : 1,5 km ☎ 72.00.75, ≤, ⌇, ⌸ – 🛁wc 🗔wc ☎ 🅿
1ᵉʳ mars-4 nov. – SC : ⌇ 22 – **15 ch** 165/220.

🏨 **Aub. de Carcarille,** E : 2,5 km sur D 2 ☎ 72.02.63, 🗻 – 🛁wc ⓐ 🅿. ఞ ch
fermé 20 nov. au 30 déc. et vend. – SC : **R** 53/95 – ⌇ 18 – **11 ch** 150/180 – P 228/300.

au NO : 2 km par D 177 – ⌫ **84220** Gordes :

XXX ✿ **Les Bories** (Rousselet), ☎ 72.00.51, « Pittoresque aménagement dans de vieilles cabanes en pierre » – 🅿. ఞ
fermé déc. et merc. – SC : **R** *(déj. seul.)* *(nombre de couverts limité - prévenir)* carte 160 à 235
Spéc. Bourride de baudroie, Gibier (15 oct. au 30 mars), Nougat glacé au coulis d'abricots. **Vins** Châteauneuf-du-Pape, Tavel.

PEUGEOT-TALBOT Gar. JPC, ☎ 72.00.24

GORGES voir au nom propre des gorges.

Les **cartes Michelin** sont constamment tenues à jour.

GORRON 53120 Mayenne 🗓 ⑲⑳ – 2 892 h. alt. 172 – ✪ 43.

Paris 265 – Alençon 74 – Domfront 28 – Fougères 32 – Laval 47 – Mayenne 22.

   XX **Bretagne** avec ch, ☎ 04.63.67 – ⚊wc ⋔wc 🅿, **E** 🆅🅸🆂🅰, ⛝ rest
     fermé 26 déc. au 14 janv., lundi (sauf hôtel) et dim. soir de fin oct. à début avril –
     SC : **R** 52/105 🍷 – 🖵 17 – **12 ch** 56/115 – P 125/185.

FIAT Angot, ☎ 04.61.57

GORZE 57 Moselle 🗓 ⑬ G. Vosges – 1 254 h. alt. 240 – ⊠ 57130 Ars-sur-Moselle – ✪ 8.

Paris 310 – Jarny 20 – ♦Metz 19 – Pont-à-Mousson 21 – St-Mihiel 42 – Verdun 52.

   XX **Host. du Lion d'Or** avec ch, ☎ 760.93.93, 🍽, 🎋 – ⚊wc ⋔wc 🅾 **E** 🆅🆂🅰
  ➡ *fermé 8 au 18 oct., 6 au 23 fév. et lundi* – SC : **R** 45/140 🍷 – 🖵 14,50 – **10 ch** 78/125
     – P 160/190.

GOUAREC 22570 C.-du-N. 🗓 ⑱ – 1 209 h. alt. 130 – ✪ 96.

Voir Collection de minéraux★ au moulin de Bothoa SE : 5 km, G. Bretagne.

Paris 474 – Carhaix-Plouguer 31 – Guingamp 46 – Loudéac 37 – Pontivy 28 – St-Brieuc 51.

  🏠 **Blavet,** ☎ 24.90.03, 🎋 – ⚊wc ⋔wc 🅿 🅰🅴 **E** 🆅🆂🅰
     fermé fév., dim. soir et lundi sauf juil. et août – SC : **R** 52/180 – 🖵 16 – **15 ch**
     77/210 – P 150/270.

CITROEN Darcel, ☎ 24.91.49 🅽   RENAULT Martin B., ☎ 24.90.28 🅽

GOUDARGUES 30630 Gard 🗓 ⑨ G. Vallée du Rhône – 680 h. alt. 70 – ✪ 66.

🛈 Syndicat d'Initiative (fermé dim. après-midi) ☎ 82.22.55.

Paris 674 – Alès 49 – Avignon 50 – Nîmes 54 – Pont-St-Esprit 25 – Vallon-Pont-d'Arc 33.

  🏠 **Commerce,** ☎ 82.20.68, 🍽 – ⚊wc ⋔ 🅿 – 🛁 50. ⛝ rest
     SC : **R** 65/110 – 🖵 16,50 – **50 ch** 135/170 – P 150/190.

GOUDET 43 H.-Loire 🗓🗓 ⑰ G. Vallée du Rhône – 80 h. alt. 760 – ⊠ 43490 Costaros – ✪ 71.

Paris 536 – Aubenas 80 – Costaros 8 – Langogne 31 – Le Puy 27.

  🏠 **Loire** ⤷, ☎ 57.16.83, 🎋 – ⚊wc 🅿 ⛝
     15 avril-30 sept. – SC : **R** 55/90 – 🖵 12 – **22 ch** 75/200 – P 203/288.

GOUESNACH 29 Finistère 🗓🗓 ⑮ – 1 487 h. alt. 33 – ⊠ 29118 Bénodet – ✪ 98.

Paris 554 – Bénodet 6 – Concarneau 23 – Pont-l'Abbé 16 – Quimper 13 – Rosporden 28.

  🏠 **Aux Rives de l'Odet,** ☎ 54.61.09, 🎋 – ⚊wc ⋔wc 🅿
     fermé 21 sept. au 30 oct. et lundi d'oct. au 1er juin – SC : **R** 55/75 – 🖵 11 – **35 ch**
     70/125 – P 120/160.

La GOUESNIÈRE 35 I.-et-V. 🗓 ⑥ – 908 h. alt. 22 – ⊠ 35350 St-Méloir-des-Ondes – ✪ 99.

Paris 385 – Dinan 23 – Dol-de-Bretagne 12 – Lamballe 57 – ♦Rennes 61 – St-Cast 36 – St-Malo 12.

  🏠🏠 ✿ **Gare** (Tirel et Guérin), à la Gare N : 1,5 km D 76 ☎ 89.10.46, 🎋 – ☎ 🅿 – 🛁
     150. 🅰🅴
     fermé 15 déc. au 15 janv. et dim. soir du 1er oct. au 30 mars – SC : **R** (dim. et fêtes
     prévenir) 77/165 – 🖵 18,50 – **57 ch** 85/180 – P 182/221
     Spéc. Chaudrée du pêcheur, Suprême de barbue, Pigeonneau poêlé.

GOULETS (Grands) 26 Drôme 🗓 ③④ G. Alpes – Voir Gorges★★★.

GOUMOIS 25 Doubs 🗓🗓 ⑱ – 126 h. alt. 490 – ⊠ 25470 Trévillers – ✪ 81.

Voir Corniche de Goumois★★, G. Jura.

Paris 504 – ♦Besançon 95 – Bienne 44 – Montbéliard 53 – Morteau 48.

  🏠🏠 ✿ **Taillard** ⤷, ☎ 44.20.75, alt. 605, ≤, 🎋 – ⚊wc ⋔wc 🅿 ⬅ 🅿 🅰🅴 ⓞ 🆅🆂🅰.
     ⛝ rest
     1er mars-31 oct. et fermé merc. en mars, avril et oct. – SC : **R** 85/180 – 🖵 18 –
     15 ch 90/180 – P 195/245
     Spéc. Caquelon de morilles à la crème, Truite "Belle Goumoise", Jambon de montagne fumé au
     genièvre. Vins Arbois.

  🏠 **Moulin du Plain** ⤷, N : 5 km ⊠ 25470 Trévillers ☎ 44.41.99, ≤ – ⚊wc ⋔wc
     🅿 **E**
     1er mars-11 nov. – SC : **R** 58/105 🍷 – 🖵 16 – **22 ch** 78/135 – P 150/165.

GOUPILLIÈRES 14 Calvados 🗓🗓 ⑪ – rattaché à Thury-Harcourt.

GOURDON ◁🄼▷ 46300 Lot 🗓🗓 ⑱ G. Périgord (plan) – 5 076 h. alt. 256 – ✪ 65.

Voir Cuve baptismale★ dans l'église des Cordeliers – Grottes de Cougnac★ : salle des
Colonnes★★ NO : 3 km.

🛈 Office de Tourisme Allées République (fermé lundi hors sais. et dim.) ☎ 41.06.40.

Paris 558 – Bergerac 96 – Brive-la-Gaillarde 66 – Cahors 46 – Figeac 64 – Périgueux 91.

🏨 **Host. de la Bouriane** ⟨S⟩, pl. Foirail ☎ 41.16.37, ☛ – ▮ ⌷wc ⋔wc ☎ ℗.
⁂ ch
fermé 2 janv. au 15 mars, dim. soir et lundi de nov. à fin déc. – SC : **R** *(fermé dim. soir de nov. à fin déc. et lundi sauf juil.-août)* 58/160 – ⌷ 20 – **22 ch** 90/180 – P 165/200.

🏠 **Bissonnier et Bonne Auberge**, bd Martyrs ☎ 41.02.48 – ▮ ⋔wc ☎ ℗. ⁂ ch
fermé 24 nov. au 2 janv. – SC : **R** 47/150 – ⌷ 18 – **30 ch** 100/180 – P 150/175.

🏠 **Promenade** sans rest, bd Galiot de Genouilhac ☎ 41.05.41 – ⌷wc ⋔wc ☎ ⇌
fermé 5 au 15 mai – SC : ⌷ 14 – **15 ch** 65/160.

✗ **Terminus** avec ch, av. Gare ☎ 41.03.29, ☼ – ⋔ ℗. 𝚅𝙸𝚂𝙰
fermé du 10 oct. au 1er nov., vacances de fév. et lundi (sauf juil., août et sept.) – SC : **R** 48/140 ⅃ – ⌷ 15,50 – **17 ch** 68/125 – P 125/155.

CITROEN Cassagnès, rte de Cahors, ☎ 41.
12.03
RENAULT S.A.B.A.G., rte du Vigan, ☎ 41.10.24

🅚 Quercy Pneus rte de Salviac ☎ 41.00.71

GOURETTE 64 Pyr.-Atl. 🎇 ⑱ G. Pyrénées – alt. 1 400 – Sports d'hiver : 1 400/2 400 m ⋖2 ⋚20 – ✉ 64440 Laruns – ✪ 59.

Voir Site★ – Col d'Aubisque ⋇★★ N : 4 km.

🄴 Office de Tourisme (1er juil.-31 août et 1er déc.-15 avril) ☎ 05.12.17, télex 570360.
Paris 836 – Argelès-Gazost 34 – Eaux-Bonnes 8 – Laruns 14 – Lourdes 47 – Pau 51.

🏨 **Pene Blanque** Ⓜ, ☎ 05.11.29, ⋖ – ⌷wc ⋔wc ☎. ⁂ rest
1er juil.-31 août et 20 déc.-Pâques – SC : **R** 54/120 – ⌷ 15 – **20 ch** 120/181 – P 202/214.

🏠 **Boule de Neige** Ⓜ ⟨S⟩, ☎ 05.10.05, ⋖ – ⌷wc ⋔wc ☎. ⁂
10 juil.-31 août (sans rest.) et 20 déc.-Pâques – SC : **R** 54/145 – ⌷ 15 – **18 ch** 172/181 – P 202/214.

GOURGUE 65 H.-Pyr. 🎇 ⑨ – rattaché à Capvern-les-Bains.

GOURIN 56110 Morbihan 🖥 ⑰ G. Bretagne – 5 186 h. alt. 119 – ✪ 97.

🄴 Syndicat d'Initiative pl. Victoire (Pâques, juil.-août et fermé dim.).
Paris 512 – Carhaix-Plouguer 20 – Concarneau 44 – Pontivy 55 – Quimper 43 – Vannes 98.

🏠 **La Chaumière**, 3 r. Libération ☎ 23.43.02 – ⌷wc ⋔wc ☎ ch
fermé 15 sept. au 15 oct., 24 déc. au 2 janv. – SC : **R** *(fermé sam. du 15 oct. au 1er juil.)* 50/180 ⅃ – ⯊ 18 – **13 ch** 72/154 – P 112/180.

🏤 **Cornouaille,** face Eglise ☎ 23.40.31 – ⌷ ⋔
fermé dim. hors sais. – SC : **R** 40/94 ⅃ – ⯊ 10 – **15 ch** 42/75 – P 120/130.

🅚 Parchemin-Pneus, ☎ 23.44.66

GOURNAY 79 Deux-Sèvres 🟦 ③ – 427 h. alt. 132 – ✉ 79110 Chef-Boutonne – ✪ 49.
Paris 403 – Angoulême 70 – Niort 43 – Poitiers 70 ` – St-Jean d'Angély 51.

🏨 **Château des Touches** ⟨S⟩, N : 2 km par D 105 et VO ☎ 29.31.23, parc – ⌷wc
☎ ℗ – ≘ 25 à 60
1er avril-30 sept. – SC : **R** 90/130 – ⌷ 25 – **15 ch** 190/280 – P 280/350.

GOURNAY-EN-BRAY 76220 S.-Mar. 🖥 ⑧ G. Normandie – 6 515 h. alt. 94 – ✪ 35.

🄴 Syndicat d'Initiative Pavillon Porte de Paris (1er juil.-1er sept., fermé dim. et lundi) ☎ 90.28.34.
Paris 94 ③ – Amiens 69 ① – Les Andelys 37 ④ – Beauvais 30 ② – Dieppe 74 ⑦ – Gisors 25 ③ – ◆Rouen 51 ⑤.

Plan page suivante

🏨 **Le Cygne** Ⓜ sans rest., 20 r. Notre Dame (e) ☎ 90.27.80 – ▮ ⌷wc ⋔wc ☎ ℗.
𝗔𝗘 ① 𝗘 𝚅𝙸𝚂𝙰. ⁂
SC : ⌷ 22 – **30 ch** 120/200.

à St-Germer-de-Fly (Oise) par ② et D 129 : 8 km – ✉ 60850 St-Germer-de-Fly.

Voir Église★ – ⋖★ du D 129 SE : 4 km, G. Environs de Paris.

✗✗ **Aub. de l'Abbaye,** ☎ (4) 482.50.73 – 𝗘 𝚅𝙸𝚂𝙰
fermé 16 au 31 août, 10 au 30 janv., mardi soir et merc. – SC : **R** 54/87.

CITROEN Central Gar., 30 r. F.-Faure ☎ 90.
00.75
FIAT Gar. Moderne, Bd Montmorency ☎ 90.
00.84
FORD Prévost, 52 av. Gén.-Leclerc ☎ 90.01.46
PEUGEOT-TALBOT Gar. de Normandie, 9 bd
Montmorency ☎ 90.04.51

RENAULT Gournay-Autos, av. Gén.-Leclerc ☎
90.04.77 🅝

🅚 Raban, r. des Bouchers ☎ 90.01.50

GOUVIEUX 60 Oise 🖥 ⑪, 🄵🄶🄶 ⑦⑧ – rattaché à Chantilly.

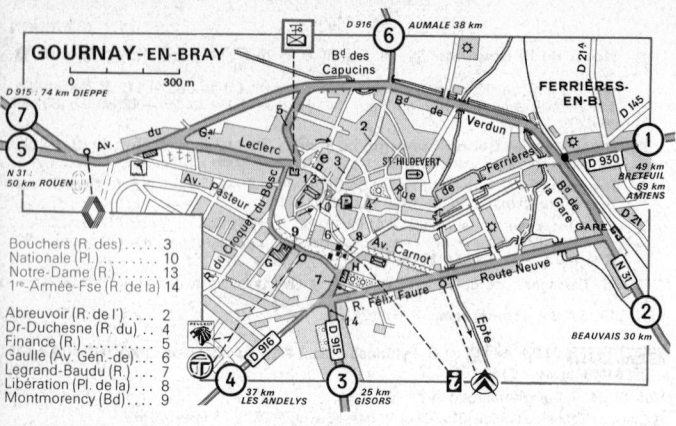

GOURNAY-EN-BRAY

Bd des Capucins

AUMALE 38 km

FERRIÈRES-EN-B

D 915 : 74 km DIEPPE

N 31 : 50 km ROUEN

49 km BRETEUIL
69 km AMIENS

BEAUVAIS 30 km

37 km LES ANDELYS

25 km GISORS

Bouchers (R. des) 3
Nationale (Pl.) 10
Notre-Dame (R.) 13
1re-Armée-Fse (R. de la) . 14
Abreuvoir (R. de l') 2
Dr-Duchesne (R. du) . . 4
Finance (R.) 5
Gaulle (Av. Gén.-de) . . . 6
Legrand-Baudu (R.) . . . 7
Libération (Pl. de la) . . . 8
Montmorency (Bd) 9

GOUZON 23230 Creuse **73** ① G. Périgord – 1 387 h. alt. 378 – ✪ 55.
Paris 356 – Aubusson 29 – La Châtre 55 – Guéret 31 – Montluçon 34.

⌂ **Beaune,** ☎ 62.20.01 – ⬚wc ⟺
→ *fermé 15 au 25 sept., 3 nov. au 1er déc. et dim. soir du 15 sept. au 1er mai* – SC : **R**
50/125 ⅃ – ⌸ 15 – **15 ch** 55/110 – P 130/250.

Le GRALLET 17 Char.-Mar. **71** ⑮ – rattaché à St-Palais-sur-Mer.

GRAMAT 46500 Lot **75** ⑱ G. Périgord – 3 838 h. alt. 305 – ✪ 65.
🛈 Office de Tourisme pl. République (Pentecôte-30 sept. et fermé dim.) ☎ 38.73.60.
Paris 549 – Brive-la-Gaillarde 57 – Cahors 56 – Figeac 35 – Gourdon 39 – St-Céré 20.

🏨 **Lion d'Or,** pl. République ☎ 38.73.18 – 🛗 📺 ⬚wc ⧠wc ☎
fermé 15 déc. au 15 janv. et lundi hors sais. – SC : **R** 60/200 – ⌸ 23 – **15 ch**
140/240.

🏨 **Centre,** pl. République ☎ 38.73.37 – ⬚wc ⧠wc ☎ ⟺. **E** ***VISA***
fermé 15 au 21 oct., 17 au 23 janv., vacances de fév. et sam. hors sais. – SC : **R**
55/160 ⅃ – ⌸ 15 – **15 ch** 85/180.

✕✕ **Le Relais Gourmand** avec ch, 2 av. Gare ☎ 38.83.92, 🌲 – ⧠ ⟺. ***VISA***
fermé fév. et lundi – SC : **R** 57/150 – ➖ 15 – **11 ch** 83/115 – P 154/165.

au Nord-Ouest : 4,5 km par N 140 – ⊠ 46500 Gramat :

🏰 **Château de Roumégouse** ⑧, ☎ 33.63.81, ≤, 🌲, parc – **🅿**. **AE** ① ***VISA***.
✻ rest
1er avril-30 nov. – SC : **R** 105/220 – ⌸ 33 – **11 ch** 230/380 – P 420/500.

OPEL Gar. Zenoni, ☎ 38.74.78 **N**   RENAULT Blaya, ☎ 38.72.15

GRAMBOIS 84 Vaucluse **84** ③ – 709 h. – ⊠ **84240** La Tour-d'Aigues – ✪ 90.
Paris 761 – Aix-en-Prov. 34 – Apt 39 – Avignon 84 – Forcalquier 36 – Lourmarin 24 – Manosque 23.

✕ **Host. des Tilleuls,** D 956 ☎ 77.75.11 – **🅿**
→ *fermé 20 juin 4 juil., 1er au 20 janv., mardi soir et merc.* – **R** 38/85.

Le GRAND BALLON 68 H.-Rhin **62** ⑱ G. Vosges – alt. 1 424 – ⊠ **68760** Willer-sur-Thur –
✪ 89 – **Voir** ✻✻✻ 30 mn.
Paris 528 – Cernay 23 – Colmar 48 – Gérardmer 44 – Guebwiller 31 – ♦Mulhouse 40 – Thann 19.

🏨 **Gd Ballon** ⑧, ☎ 76.83.35, ≤ montagnes et plaine d'Alsace – ⧠ **🅿**
fermé 15 nov. au 15 déc. – SC : **R** 52/133 – ⌸ 16 – **20 ch** 60/105 – P 145/155.

Le GRAND-BORNAND 74450 H.-Savoie **74** ⑦ G. Alpes – 1 695 h. alt. 950 – Sports d'hiver :
1 000/2 100 m ✂6 ⅃ ﹩32, ✖ – ✪ 50.
🛈 Office de Tourisme pl. Église (fermé dim. hors saison) ☎ 02.20.33, Télex 385907.
Paris 581 – Albertville 46 – Annecy 32 – Bonneville 23 – Megève 35.

🏨 **Croix St-Maurice,** ☎ 02.20.05 – 🛗 ⬚wc ⧠wc ☎
20 juin-15 sept. et 20 déc.-Pâques – SC : **R** *(fermé mardi)* 58/72 – ⌸ 16 – **21 ch**
120/170 – P 170/220.

⌂ **Everest H.,** rte Chinaillon : 1 km ☎ 02.20.35, ≤ – **🅿**. ✻ rest
→ *fin juin-début sept. et Noël-vacances de printemps* – SC : **R** 48/54 – ⌸ 15 – **17 ch**
66/88 – P 135/165.

510

au Chinaillon N : 5,5 km par D 4 – alt. 1 280 – ⊠ **74450** Grand-Bornand.

🛈 Office de Tourisme (juil.-août et Noël-Pâques) ℡ 02.23.29.

🏠 **Le Cortina**, ℡ 27.00.22, ≤ montagnes et pistes – 🛗 ⊖wc 🛗wc ☎ 🅿
1ᵉʳ juil.-31 août et Noël-Pâques – SC : **R** 60/175 – ⊇ 19 – **30 ch** 175/195 – P 185/220.

🏠 **Les Amborzales** sans rest, ℡ 27.02.50, ≤ – 🛗wc ☜. 🌾
1ᵉʳ juil.-31 déc.-15 avril – SC : ⊇ 13 – **13 ch** 86/120.

✕ **L'Alpage** avec ch, ℡ 02.23.10, ≤ – ⊖wc 🛗wc ☜. E 𝐕𝐈𝐒𝐀
15 déc.-25 avril – SC : **R** 60/90 – ⊇ 20 – **11 ch** 120/155 – P 175/199.

GRANDCAMP-LES-BAINS 14450 Calvados 🄻🄳 ③ ④ – 1 356 h. – 😊 31.

Paris 298 – ♦Caen 57 – ♦Cherbourg 71 – St-Lô 38.

🏠 **Duguesclin**, ℡ 22.64.22, ≤ – ⊖wc 🛗wc ☜ 🅿
➡ *fermé 15 janv.-5 fév.* – SC : **R** 45/100 – ⊇ 15 – **25 ch** 50/150 – P 140/170.

GRAND COLOMBIER 01 Ain 🄷🄸 ⑤ G. Jura – alt. 1 534.

Voir 🌸✱✱✱ – Point de vue du Grand Fenestrez✱✱ S : 5 km.

La GRAND-COMBE 30110 Gard 🄱🄾 ⑦⑧ – 8 452 h. alt. 195 – 😊 66.

Paris 723 – Alès 15 – Aubenas 78 – Florac 58 – Nîmes 59 – Vallon-Pont-d'Arc 55 – Villefort 44.

à La Favède SO : 2,5 km par D 283 – ⊠ 30110 La Grand-Combe :

🏠 **Aub. Cévenole** ⹋, ℡ 34.12.13, ≤, parc, ⤢ – ⊖wc 🛗wc ☎ 🅿. 🌾 ch
fin mars-5 nov. – SC : **R** 110/180 – ⊇ 20 – **16 ch** 130/230 – P 570/670 (pour 2 pers.).

au NO : 6 km par rte de Florac – ⊠ 30110 La Grand Combe :

🏠 **Lac**, ℡ 34.12.85 – 🅿. 🌾 ch
➡ *fermé oct. et vend. du 1ᵉʳ nov. au 31 mai* – SC : **R** 48/95 ⅃ – ☛ 13 – **10 ch** 60/80 – P 135/160.

🅖 Escoffier-Pneus, quartier des Beaumes les Salles du Gardon ℡ 34.17.21

La GRANDE-MOTTE 34280 Hérault 🄱🄳 ⑧ G. Causses (plan) – 3 939 h. – Casino – 😊 67.

🛈 Office de Tourisme pl. 1ᵉʳ oct.-1974 ℡ 56.62.62.

Paris 754 – Aigues-Mortes 11 – Lunel 16 – ♦Montpellier 20 – Nîmes 44 – Palavas-les-F. 15 – Sète 53.

🏨 **Frantel** M, 140 r. Port ℡ 56.90.81, Télex 480241, ≤ littoral, ⛲, ⤢ – 🛗 📺 ☎ 🅿
– 🛎 60 à 100. 🄰🄴 ⓘ E 𝐕𝐈𝐒𝐀
mars-31 oct. – SC : **R** 97/153 – ⊇ 28 – **135 ch** 231/452.

🏨 **Le Quetzal** M ⹋ sans rest, allée Jardins ℡ 56.61.10, ⤢, 🌿 – 🛗 🚗 🅿 – 🛎
120. ⓘ 𝐕𝐈𝐒𝐀
fermé début déc. à fin janv. – SC : ⊇ 22 – **52 ch** 320.

🏠 **Azur** M ⹋ sans rest, ≤, ⤢ – ▤ 📺 ⊖wc 🛗wc ☎ 🅿 – 🛎 40
1ᵉʳ mars-1ᵉʳ déc. – SC : ⊇ 25 – **16 ch** 278/300.

🏠 **Europe** M ⹋ sans rest, près des PTT ℡ 56.62.60, ⤢ – ⊖wc 🛗wc ☎ 🅿. 🌾
22 mars-10 oct. – SC : ⊇ 22 – **34 ch** 175/245.

✕✕✕ **Alexandre-Amirauté**, ℡ 56.63.63, ≤, ⛲ – ▤ 🅿. 🌾
fermé vacances de nov. et de fév., dim. soir et lundi hors sais. – SC : **R** 150/280 ⅃.

Le GRAND-PRESSIGNY 37350 I.-et-L. 🄶🄶 ⑤ G. Châteaux de la Loire – 1 185 h. alt. 61 – 😊 47.

Voir Musée de Préhistoire✱ dans le château.

Paris 303 – Le Blanc 43 – Châteauroux 77 – Châtellerault 29 – Loches 33 – ♦Tours 67.

🏠 **Aub. Savoie-Villars**, pl. Savoie-Villars ℡ 94.96.86 – 🛗wc 🅿. E
➡ *fermé 15 fév. au 15 mars, mardi soir et merc. du 1ᵉʳ oct. au 1ᵉʳ avril* – SC : **R** 45/135 ⅃ – ⊇ 16 – **9 ch** 85/135 – P 135.

✕✕ **Espérance** avec ch, rte Descartes ℡ 94.90.12 – 🅿. 🌾 ch
fermé 6 janv. au 6 fév. et lundi – **R** 53/130 ⅃ – ⊇ 20 – **10 ch** 90/117 – P 150.

CITROEN Viet, ℡ 94.90.25   RENAULT Blateau, ℡ 94.90.65

GRAND-QUEVILLY 76 S.-Mar. 🄻🄻 ⑥ – rattaché à Rouen.

GRAND-VABRE 12 Aveyron 🄷🄶 ⑪ – 528 h. alt. 213 – ⊠ 12320 St-Cyprien-sur-Dourdou – 😊 65.

Paris 597 – Aurillac 51 – Entraygues-sur-Truyère 23 – Figeac 52 – Rodez 42 – Villefranche-de-R. 63.

🏠 **Gorges du Dourdou**, ℡ 69.83.03, 🚗 – ⊖wc 🛗wc ☎. E
➡ *1ᵉʳ mars-30 oct.* – SC : **R** 38/115 – ⊇ 13 – **18 ch** 100/150 – P 109/152.

GRAND VALTIN 88 Vosges 62 ⑱ − rattaché au Valtin.

GRANE 26 Drôme 77 ⑫ − 1 232 h. alt. 177 − ✉ 26400 Crest − ✪ 75.

Paris 596 − Crest 8 − Montélimar 31 − Privas 28 − Valence 29.

XXX **Giffon** avec ch, ℡ 62.60.64, ☞ − 🍽 rest 📺 ⊟wc ⋔wc ☎. 🖭 ⓪ 𝘝𝘐𝘚𝘈
    fermé 26 nov. au 10 déc., en janv., dim. soir et lundi − SC : **R** 85/190 − ☲ 20 − **9 ch**
    140/180.

GRANGES-LES-BEAUMONT 26 Drôme 77 ② − rattaché à Romans-sur-Isère.

GRANGES-LES-VALENCE 07 Ardèche 77 ⑫ − rattaché à Valence.

GRANGES-SAINTE-MARIE 25 Doubs 70 ⑥ − rattaché à Malbuisson.

Les GRANGETTES 25 Doubs 70 ⑥ − 144 h. alt. 900 − ✉ 25160 Malbuisson − ✪ 81.

Paris 466 − ♦Besançon 70 − Champagnole 42 − Morez 57 − Pontarlier 12.

🏠 **Bon Repos**, ℡ 89.41.89, ☞ − ⊟wc ⋔wc 🚗 ℗. ❀
→   25 mars-15 oct., 18 déc.-9 janv., 29 janv.-9 mars et fermé lundi hors sais. − SC : **R**
    45/90 − ☲ 14 − **32 ch** 75/118 − P 132/165.

GRANIER (Col du) 73 Savoie 74 ⑮ G. Alpes − alt. 1 164 − ✉ 73670 St-Pierre d'Entremont −
✪ 79.

Voir ≤**.

Paris 576 − Chambéry 16.

GRANVILLE 50400 Manche 59 ⑦ G. Normandie − 15 015 h. − Casino Z − ✪ 33.

Voir Site* − Le tour des remparts* : place de l'Isthme ≤* Z.

⛳ ℡ 50.23.06 à Bréville par ① : 5,5 km ; ⛳ de Bréhal ℡ 61.60.73 par ① : 15 km.

🛈 Office de Tourisme 15 r. G.-Clemenceau (fermé dim. et lundi hors saison) ℡ 50.02.67.

Paris 349 ② − Avranches 26 ③ − ♦Caen 107 ② − ♦Cherbourg 104 ① − Coutances 29 ① − St-Lô 55 ①
− Vire 56 ②.

Plan page ci-contre

🏨 **Bains**, 19 r. G.-Clemenceau, ≤ − ▮⃰ ⊟wc ⋔ ☜. 🖭 ⓪ E 𝘝𝘐𝘚𝘈   Z n
    SC : La Potinière (avril-oct.) **R** 70/135 − ☲ 16 − **59 ch** 86/195.

🏠 **Michelet** ⤳ sans rest, 5 r. J.-Michelet ℡ 50.06.55 − ⊟wc ⋔wc ☜. E 𝘝𝘐𝘚𝘈
    SC : ☲ 14,50 − **20 ch** 65/170.   Z u

🏠 **H. les Gourmets** sans rest, 1 r. G.-Clemenceau ℡ 50.19.87 − ⊟wc ⋔wc ☜. E
    𝘝𝘐𝘚𝘈. ❀   Z e
    fermé vacances Noël − SC : ☲ 15 − **17 ch** 68/180.

🏠 **Terminus** sans rest, près Gare ℡ 50.02.05 − ⋔ ☜ ℗. 🖭   Y b
    SC : ☲ 14 − **14 ch** 65/153.

XX **Normandy-Chaumière** avec ch, 20 r. Dr-Paul-Poirier ℡ 50.01.71, ☞ − ⋔. 🖭
    ⓪ E 𝘝𝘐𝘚𝘈. ❀ ch   Z a
    fermé 3 au 31 oct., 22 déc. au 5 janv., mardi soir (sauf rest. de mai à oct.) et merc. −
    SC : **R** 62/127 − ☲ 15 − **8 ch** 70/140 − P 173/184.

XX **Le Phare**, 11 r. Port ℡ 50.12.94, ≤, ☞ − 🖭 ⓪ E 𝘝𝘐𝘚𝘈   Y s
    fermé 15 déc. au 15 janv., jeudi en juil.-août et merc. soir − SC : **R** 56/125 🛁.

    à Bréville-sur-Mer par ① : 5 km − ✉ 50290 Bréhal :

🏰 **La Mougine des Moulins à Vent** sans rest, sur D 971 ℡ 50.22.41, ≤, ☞ − ℗.
    🖭 ⓪ E 𝘝𝘐𝘚𝘈
    SC : ☲ 20 − **7 ch** 175/214.

🏠 **Aub. des Quatre Routes**, ℡ 50.20.10 − ⋔wc. 𝘝𝘐𝘚𝘈. ❀ ch
→   1ᵉʳ avril-30 sept. et fermé merc. sauf juil.-août − SC : **R** 40/70 🛁 − ☲ 11,50 − **7 ch**
    90/100 − P 162/175.

ALFA-ROMEO, DATSUN Depince, rte de Lon-
gueville à Bréville ℡ 50.30.39 **N**
AUSTIN, FIAT, ROVER Deneux, 63 av. Mati-
gnon ℡ 50.02.12
CITROEN Éts Mazet, Zone Ind. par ② ℡ 50.
69.76 **N** ℡ 58.01.84
FIAT Gar. de la Côte, 190 rte Coutances, Don-
ville ℡ 50.08.50
FORD Gar. Gosselin, Zone Ind., r. du Mesnil
℡ 50.43.42
OPEL Lecreps, La Maison Brûlée a Yquelon ℡
50.33.68

PEUGEOT-TALBOT Roussel, rte de Villedieu-
les-Poëles par ② ℡ 50.11.92 **N**
PEUGEOT-TALBOT Harel, 5 r. C.-Desmaisons
℡ 50.01.04
RENAULT S.O.R.E.V.A. av. des Vendéens par
③ ℡ 90.64.99 **N**
V.A.G. Central-Auto, 25 av. de la Libération ℡
50.34.27

🛞 Lorin, 106 r. W.-Churchill ℡ 50.02.55

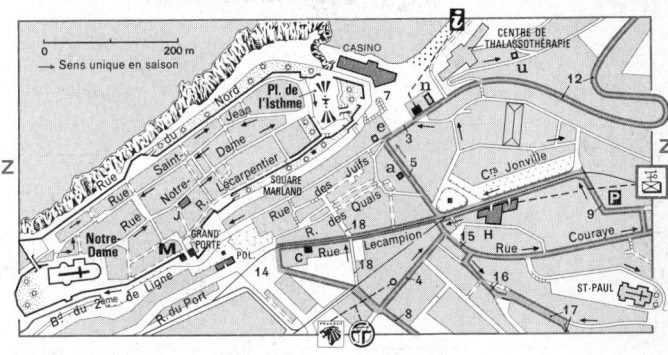

GRANVILLE

Clemenceau (R. G.) . . . **Z** 3
Couraye (R.) . . . . **Z**
Juifs (R. des) . . . . **Z**
Lecampion (R.) . . . . . . **Z**
Leclerc (R. Gén.) . . . . **Y**
Poirier (R. Paul) . . . . **Z** 15

Briand (Av. A.) . . . . . . **Y** 2
Desmaisons (R. C.) . . . **Z** 4
Estouteville (R. d') . . **Y** 6
Foch (Pl. Mar.) . . . . . **Z** 7
Granvillais
(R. des Amiraux) . **Z** 8

Hauteserves (Bd d') . . **Z** 9
Hérel (R. de) . . . . **Y** 10
Libération (Av.) . . . . . **Y** 12
Orléans (Pl. d') . . . . . **Y** 14
St-Sauveur (R.) . . . . . **Z** 16
Ste-Geneviève (R.) . . **Z** 17
Saintonge (R.) . . . . . . **Z** 18
Terreneuviers (Bd) . . **Y** 21

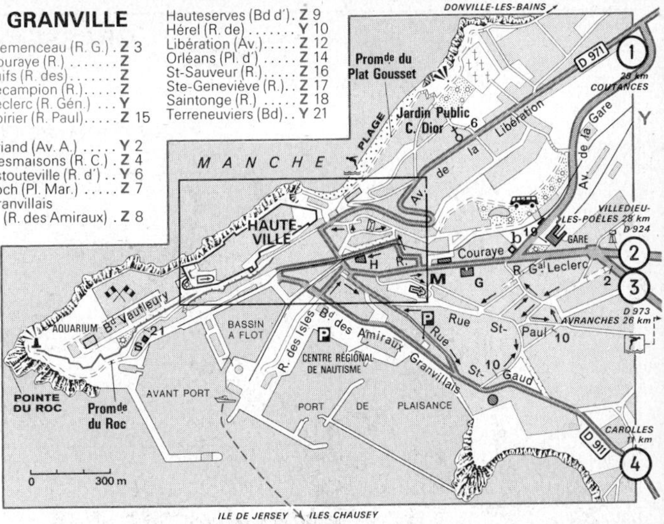

GRASSE ⟨SP⟩ 06130 Alpes-Mar. 🔢 ⑧. 🔢 ㉔ G. Côte d'Azur – 38 360 h. alt. 333 – Casino Y – ❀ 93.

Voir Vieille ville★ : Place du Cours ★ Y, musée d'Art et d'Histoire de Provence★ Y M1 : ≤★ – Toiles★ de Rubens dans l'anc. cathédrale Y B – Salle Fragonard★ dans la Villa-Musée Fragonard★ Y M3 – Parc de la Corniche ≤★★ 30 mn Z – Jardin de la Princesse Pauline ≤★ Z K.

Env. Montée au col du Pilon ≤★★ 9 km par ④.

🏌 de Valbonne ☎ 42.00.08 SE : 11 km.

🛈 Office de Tourisme pl. Foux (fermé dim. sauf juil., août) ☎ 36.03.56.

Paris 918 ② – Cannes 17 ② – Digne 117 ④ – Draguignan 56 ③ – ✦Nice 42 ②.

Plan page suivante

🏠	**Bellevue,** 14 av. Riou-Blanquet ☎ 36.01.96 – 🛗 🚻wc 🛁wc ☎. 🎌 rest fermé nov. – SC : **R** 80 – **30 ch** ⬜ 99/238 – P 202/255.			X **a**
XX	**Amphitryon,** 16 bd V.-Hugo ☎ 36.58.73 – 🍽 AE ① VISA fermé août, vacances de fév. et dim. – SC : **R** 82/168.			Y **s**
XX	**Chez Pierre,** 3 av. Thiers ☎ 36.12.99 – 🍽 fermé 1er juin au 6 juil. et lundi – SC : **R** 54/86.			X **e**
X	**Maître Boscq,** 13 r. Fontette ☎ 36.45.76 fermé fin déc., lundi hors sais., dim. et fêtes – SC : **R** 55/72.			X **k**

tourner →
513

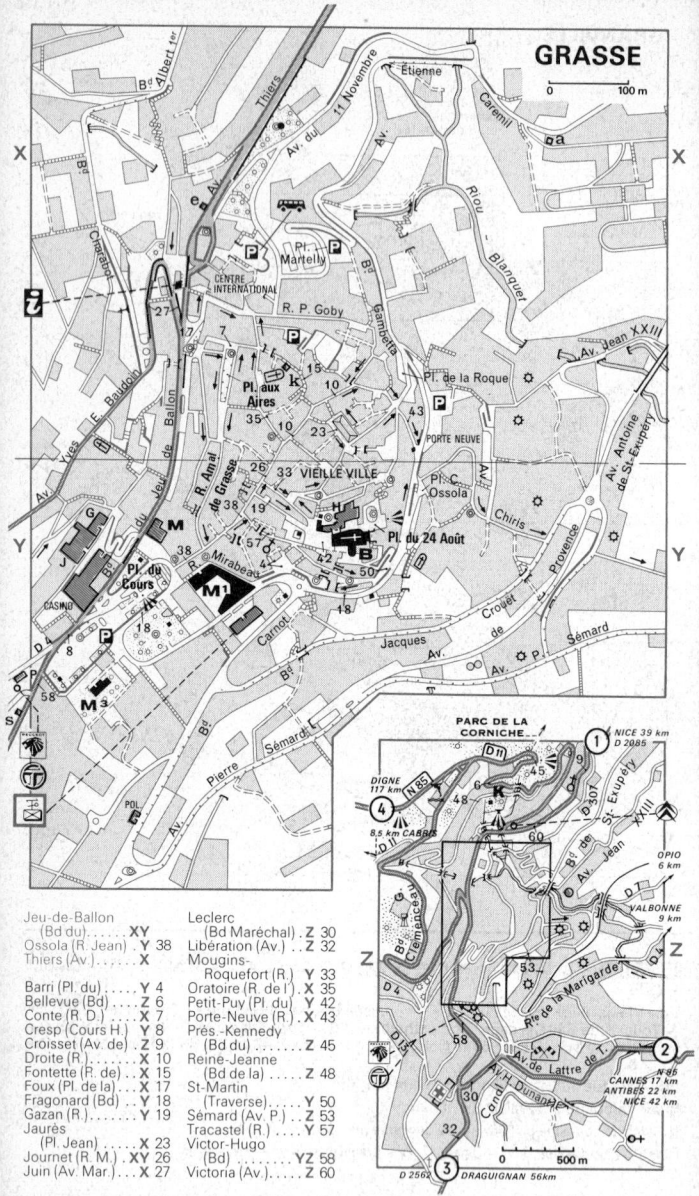

GRASSE

0   100 m

à *Magagnosc* par ① : 5 km – ✉ 06520 Magagnosc.

Voir ⩽★ du cimetière de l'église St-Laurent.

🏨 **Campanile,** au Pré du Lac ✉ 06740 Châteauneuf-Grasse ☏ 42.55.55 – 🛁wc ☎
Ⓟ 𝘝𝘐𝘚𝘈 – SC : **R** 56/75 – ⬛ 22 – **39 ch** 184/196.

✗✗ **Chantecler,** ☏ 36.20.64, ⩽, 🛋 – Ⓟ
   fermé juin, oct., le soir de nov. à mai et merc. – SC : **R** 100/140.

✗ **La Petite Auberge** avec ch, ☏ 36.20.34, ⩽ – 🛏 Ⓟ
   fermé juil., vacances de fév. et merc. – SC : **R** 57/80 – **5 ch** (pens. seul.) – P 160.

route de Cannes : 5 km par ② – ⊠ **06130** Grasse :

XX **Les Arômes** avec ch, ⌀ 70.42.01, 佘 – ⇔wc ☎ ❷
*1er fév.-31 oct. – SC : **R** (fermé sam. sauf le soir en juil.-août)* 68/100 – � 14 – **7 ch**
144 – P 167/190.

à Peymeinade par ③ : 5 km – ⊠ **06530** Peymeinade :

🏠 **Poste,** ⌀ 66.07.77, ≼, 佘, ⊥ – 🛗 🕭wc ☎ ❷. ⓪ 𝓥𝓢𝓐
*fermé janv. et fév. – SC : **R** (fermé merc.)* 70 – � 20 – **20 ch** 140/250 – P 210/245.

à Cabris : 5 km par D 4 - Z – alt. 545 – ⊠ **06530** Peymeinade.
Voir Site★ – ≼★★ des ruines du château.

🏠 **Horizon** ⑤, ⌀ 60.51.69, ≼ – ⇔wc 🕭wc ☎. 𝖠𝖤 ⓪. ⚘
*3 fév.-15 oct. – SC : **R** (fermé merc.)* 60 – � 16 – **18 ch** 105/190 – P 175/220.

XX **Lou Vieil Casteou,** ⌀ 60.50.12, 佘
fermé 15 nov. au 15 janv. et jeudi sauf juil. et août – **R** (sur réservation en juil. et
août) 60/115.

à Opio E : 6,5 km par D 7 - Z :
Env. Gourdon : Site★★ – Place ≼★★ – Château : musée de Peinture naïve★,
terrasse supérieure ≼★★ N : 10 km.

🏦 **Mas des Géraniums** ⑤, rte San-Peyre ⊠ 06650 Le Rouret ⌀ 77.23.23, ≼, 佘,
🐎 – 🕭 ❷
*1er fév.-30 sept. – SC : **R** 69/143 – � 16,50 – **7 ch** 66/129 – P 170/184.

à Plascassier SE : 6 km par D 4 - Z – ⊠ **06130** Grasse :

XX **La Tourmaline** ⑤ avec ch, ⌀ 60.10.08, ≼, 佘 – ⇔wc ☎ ❷
*fermé 1er nov. au 8 déc. – SC : **R** (fermé mardi soir et merc. du 1er oct. au 30 juin)*
110/180 – � 25 – **7 ch** 170/200.

XX **Relais de Sartoux** ⑤ avec ch, rte Valbonne ⊠ 06370 Mouans-Sartoux ⌀ 60.
10.57, 🐎 – ⇔wc ❷. ⓪ 𝓥𝓢𝓐
*fermé nov. et janv. – SC : **R** (fermé mardi de mars à mai et d'oct. à janv.)* 86/120 –
� 18 – **12 ch** 185 – P 215/250.

CITROEN Gar. 4-Chemins, rte Cannes par ②
⌀ 70.45.96
PEUGEOT-TALBOT Gar. Licastro, rte Dragui-
gnan à Peymeinade par ③ ⌀ 09.02.56 et av.
Ste-Lorette
PEUGEOT-TALBOT Grasse-Autom., 6 bd
E.-Zola ⌀ 36.36.50

RENAULT Impérial-Gar., N 85 Le plan de
Grasse par ② ⌀ 70.64.38

⚙ Europneus, 17 bd Gambetta ⌀ 36.33.70
Tosello, Le Moulin de Brun ⌀ 70.16.48

GRATOT 50 Manche 🔢 ⑫ – rattaché à Coutances.

Le GRAU-DU-ROI 30240 Gard 🔢 ⑧ G. Provence – 4 204 h. – Casino – ✿ 66.
🛈 Office de Tourisme quai Colbert (fermé sam. après-midi et dim. en hiver) ⌀ 51.67.70.
Paris 757 – Aigues-Mortes 6 – Arles 53 – Lunel 21 – ✦Montpellier 26 – Nîmes 47 – Sète 59.

🏠 **Acacias** (annexe 🏠 - 17 ch), 21 r. Égalité ⌀ 51.40.86, 佘 – ⇔wc 🕭wc ☜.
⚘ ch
*7 avril-7 oct. – SC : **R** 53/143 – � 18 – **27 ch** 80/175 – P 155/206.

🏠 **Nouvel H.** sans rest, quai Colbert ⌀ 51.41.77, ≼ – ⇔wc 🕭wc ☜. ⚘
*Pâques-fin sept. – SC : � 18,50 – **21 ch** 124/175.

🏠 **Splendid,** bd Front-de-Mer ⌀ 51.41.29, ≼ – 🛗 🕭wc ☜. ⚘
*1er avril-fin sept. – SC : **R** 80/130 – � 18 – **32 ch** 180/260 – P 270/290.

X **Le Palangre,** 56 quai Ch.-de-Gaulle ⌀ 51.76.30
*15 mars-9 nov. – SC : **R** 66/154.

à Port Camargue S : 3 km par D 62B – ⊠ **30240** Grau-du-Roi :.
🛈 Office de Tourisme Carrefour 2 000 (avril-fin sept.) ⌀ 51.71.68.

🏨 **Le Spinaker** Ⓜ ⑤, pointe Môle ⌀ 51.54.93, ≼, ⊥, 🐎 – ▤ rest ⇔wc ☜ ⚭ ❷.
𝓥𝓢𝓐
*fermé 12 au 23 nov., 7 janv. au 24 fév., dim. soir et lundi hors sais. – SC : **R** 150/200
– � 28 – **20 ch** 245.

🏨 **Le Chabian** Ⓜ ⑤, ⌀ 51.44.33, Télex 480806, ≼, 佘, ⊥, 🐎, ⚒ – 🛗 ⇔wc ☎
❷ – ⚕ 40. ⓪ 𝖤 𝓥𝓢𝓐. ⚘ rest
*18 mars-21 oct. – SC : **R** 85/125 – � 26 – **42 ch** 285/365 – P 320/350.

XX **L'Amarette,** Centre Commercial Camargue 2 000 ⌀ 51.47.63, ≼
*ouvert week-end seul. du 15 nov. au 15 fév. et fermé merc. hors sais. – SC : **R**
100/160.-

GRAUFTHAL 67 B.-Rhin 🔢 ⑰ – rattaché à Petite-Pierre.

GRAULHET 81300 Tarn 82 ⑩ **G. Causses** – 13 649 h. alt. 166 – 63.

Paris 703 ① – Albi 37 ② – Castelnaudary 60 ④ – Castres 30 ③ – Gaillac 19 ① – ♦Toulouse 58 ⑤.

GRAULHET

Jean-Jaurès (R.)	14
Mercadial (Pl. du)	19
Albigot (Bd)	2
Beauséjour (R.)	4
Dr-Bastié (R.)	7
Europe (Av. de l')	8
Gambetta (R.)	9
Gaulle (Av. Charles-de)	10
Genève (Bd de)	12
Jaurès (Av. Amiral)	13
Jourdain (Pl. du)	15
Liberté (Bd de la)	17
Mégisserie (R. de la)	18
Notre-Dame-Val-d'Amour (⊞)	20
Peseignes (R. des)	21
Résistance (Av. de la)	24
St-François (⊞)	25
St-Roch (Chemin)	27
Sidobre (Av. du)	28
Voûtes (Chemin des)	30

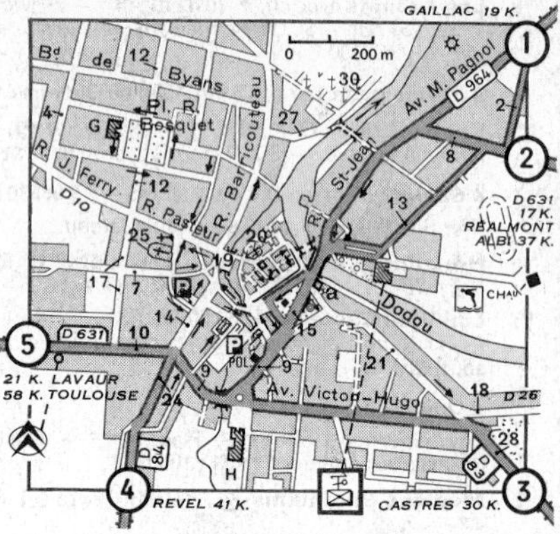

Le Grandgousier, 6 pl. Jourdain **(a)** ☎ 34.50.32 – |♦| TV ⇔wc ☎. VISA
rest
SC : **R** *(fermé 1er au 21 août et dim.)* 55/150 – ☕ 18 – **21 ch** 135/190 – P 240/260.

Mon Hôtel, 2 Gde-Rue **(r)** ☎ 34.62.63 – |♦| ⇔ wc ☎
SC : **R** 43/120 – ☕ 12,50 – **22 ch** 71/111 – P 163/203.

ALFA-ROMEO Gar. Joffre, 3 r. Mégisserie ☎ 34.50.22
CITROEN Graulhet Autom., 47 ter av. Ch.-de-Gaulle ☎ 34.51.44
FIAT Gar. Miquel, 9A rue Colonel Naudy ☎ 34.64.72
FORD Gar. Arquier, 15 bis av. de l'Europe ☎ 34.70.41

PEUGEOT, TALBOT S.I.V.A., rte de Réalmont par ② ☎ 34.55.34
RENAULT Teule-Parayre, carrefour de l'Europe par ② ☎ 34.55.95

Solapneu, 47 av. Ch. de Gaulle ☎ 34.54.24

La GRAVE 05320 H.-Alpes 77 ⑦ **G. Alpes** – 453 h. alt. 1 450 – Sports d'hiver : 1 450/3 200 m 1 5 – 76.

Voir Situation★★ – Téléphérique ←★★★ – Combe de Malaval★ O : 6 km.

Env. Oratoire du Chazelet ←★★★ NO : 6 km.

Office de Tourisme (fermé merc. et jeudi) ☎ 79.90.05.

Paris 642 – Briançon 39 – Gap 126 – ♦Grenoble 77 – Col du Lautaret 11 – St-Jean-de-Maurienne 66.

La Meijette, ☎ 79.90.34, ← – ⇔wc wc ☎ P. rest
10 mai-30 sept., 10 fév.-20 avril et fermé mardi hors sais. – SC : **R** 65/95 – ☕ 18 – **18 ch** 80/220.

Le Castillan, ☎ 79.90.04, ←, – ⇔wc wc ☎ P
25 mai-30 sept. et 21 déc.-20 avril – SC : **R** 57/148 – ☕ 14,50 – **43 ch** 85/130 – P 150/190.

Edelweiss avec ch, ☎ 79.90.93, ← – ⇔wc
juin-fin sept. – SC : **R** 52/73 – ☕ 16 – **7 ch** 100 – P 150/170.

GRAVELINES 59820 Nord 51 ③ **G. Nord de la France** – 11 647 h. – 28.

Paris 294 – Calais 22 – Dunkerque 19 – ♦Lille 91 – St-Omer 34.

à Petit-Fort-Philippe N : 2 km – ✉ **59820** Gravelines :

Beau Rivage, 7 bd Léo-Lagrange ☎ 23.12.21 – ⇔. E VISA
fermé 24 juin au 18 juil., 24 déc. au 18 janv., dim. soir et vend. d'oct. à avril – SC : **R** 62 – ☕ 16,50 – **14 ch** 70/183.

RENAULT Verhaeghe, rte de Gravelines, à Grand-Fort-Philippe ☎ 23.08.85

GRAY 70100 H.-Saône 66 ⑭ **G. Jura** – 8 313 h. alt. 221 – 84.

Voir Collection de dessins★ de Prud'hon au musée Baron-Martin M.

Office de Tourisme Ile Sauzay (fermé sam. hors sais. et dim. sauf matin en sais.) ☎ 65.14.24.

Paris 362 ⑤ – ♦Besançon 46 ③ – ♦Dijon 49 ⑤ – Dole 43 ④ – Langres 56 ① – Vesoul 64 ①.

Plan page ci-contre

Le Fer à Cheval M sans rest, 4 av. Carnot **(n)** ☎ 65.32.55 – TV ⇔wc ☎ P. AE E VISA
fermé 14 au 22 août et 25 déc. au 4 janv. – SC : ☕ 13 – **39 ch** 100/155.

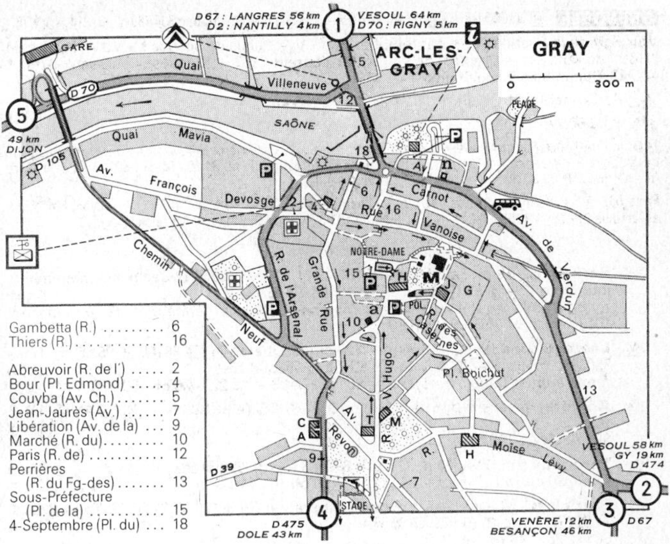

Gambetta (R.) 6
Thiers (R.) 16

Abreuvoir (R. de l') 2
Bour (Pl. Edmond) 4
Couyba (Av. Ch.) 5
Jean-Jaurès (Av.) 7
Libération (Av. de la) ... 9
Marché (R. du) 10
Paris (R. de) 12
Perrières (R. du Fg-des) 13
Sous-Préfecture (Pl. de la) 15
4-Septembre (Pl. du) ... 18

XX **Relais de la Prévôté,** r. Marché **(a)** ✆ 65.10.08, « Demeure du 16e s. » – AE ⓓ E VISA
fermé dim. soir sauf fériés – SC : **R** 60 bc/150 ♨.

à Nantilly O : 4 km par ① et D 2 – ⊠ **70100** Gray :

Relais de Nantilly M ⑤, ✆ 65.20.12, « Parc », ⛱, 🎾 – TV Ⓟ – 🏊 40. AE ⓓ VISA. ✗ rest
fermé nov., dim. soir et lundi du 1er déc. au 30 mars – SC : **R** 160/180 – ☕ 35 – **23 ch** 280/400.

à Rigny par ① D 70 et D 2 : 5 km – ⊠ **70100** Gray :

Château de Rigny ⑤, ✆ 65.25.01, « Parc aménagé en bordure de la Saône », 🎾 – TV ☎ 🚗 Ⓟ. AE ⓓ E VISA. ✗ rest
fermé 5 au 31 janv. – SC : **R** 110/180 – ☕ 23 – **24 ch** 190/360 – P 360/450.

à Venère par ③ : 12 km – ⊠ **70100** Gray :

Comtois, ✆ 31.53.60 – 🛁wc Ⓟ. ✗ ch
fermé 24 déc. au 10 janv. et mardi hors sais. – SC : **R** 52/135 ♨ – ☕ 16 – **13 ch** 80/160.

à Aubigney par ④, D 475 et D 22 : 14 km – ⊠ **70140** Pesmes :

XX **Aub. Vieux Moulin** ⑤ avec ch, ✆ 31.21.16, 🐕 – 🛁wc 🚿 ☎ Ⓟ. AE
fermé 15 déc. au 31 janv. – SC : **R** *(fermé dim. soir)* 90/200 – ☕ 30 – **7 ch** 150/220.

CITROEN Auto-Comtoise, 9 r. Paris ✆ 65.22.56
FORD Bailly, Chaussée d'Arc ✆ 65.07.06
PEUGEOT, TALBOT Gray-Autom., 32 av. Ch.-de-Gaulle par av. Jean-Jaurès ✆ 65.25.23
RENAULT Autom. de la Saône, à Ancier par ② ✆ 65.48.77
V.A.G. Gar. de la Croisée, 4 av. C.-Couyba, Arc-les-Gray par ① ✆ 65.34.12

La GRÉE-PENVINS 56 Morbihan 63 ⑬ – voir à Sarzeau.

GRENADE-SUR-L'ADOUR

40270 Landes 82 ① – 2 132 h. alt. 55 – ❂ 58.

Paris 732 – Aire-sur-l'Adour 18 – Mont-de-Marsan 15 – Orthez 51 – St-Sever 14 – Tartas 33.

Lion d'Or, N 124 ✆ 58.02.53 – ✗
fermé 25 sept. au 23 oct. – SC : **R** 26/62 ♨ – ☕ 10 – **7 ch** 53/75 – P 90/100.

PEUGEOT, TALBOT Gar. de l'Adour, ✆ 58.01.45
RENAULT Gar. Dargelos, ✆ 58.02.62

GRENDELBRUCH

67 B.-Rhin 62 ⑧⑨ – 972 h. alt. 555 – ⊠ **67190** Mutzig – ❂ 88.

Voir Signal de Grendelbruch ✻★ **SO : 2 km puis 15 mn, G. Vosges.**

Paris 496 – Erstein 32 – Molsheim 22 – Obernai 16 – Sélestat 39 – ♦Strasbourg 42.

La Couronne, rte Schirmeck ✆ 97.40.94 – 🛁wc 🚿 Ⓟ
fermé fin oct. et nov. – SC : **R** 35/99 ♨ – ☕ 14 – **11 ch** 75/140 – P 125/148.

Voir Fort de la Bastille ✻✻ par téléphérique CV – Palais de Justice★ CV J – Patio★ de l'Hôtel de Ville DY – Crypte★ de l'église St-Laurent CV D – Musées : des Beaux-Arts★★ DX M1, Dauphinois (expositions★) CV M2.

⤳ de Grenoble-St-Geoirs ⏂ 05.71.33 par ⑩ : 45 km.

🚇 ⏂ 47.60.27.

🛈 Office de Tourisme et Accueil de France (Informations, change et réservations d'Hôtels, pas plus de 5 jours à l'avance), r. République (fermé dim. et fêtes) ⏂ 54.34.36, Télex 980718 et à la Gare (fermé dim.) ⏂ 09.36.36 – A.C. 4 pl. Grenette ⏂ 44.41.54.

Paris 567 ⑩ – Bourg-en-Bresse 142 ⑩ – Chambéry 55 ③ – ✦Genève 157 ③ – ✦Lyon 104 ⑩ – ✦Marseille 314 ⑩ – ✦Nice 333 ⑦ – ✦St-Étienne 137 ⑩ – Torino 240 ③ – Valence 99 ⑩.

Plans pages suivantes

🏨🏨 **Park H.** Ⓜ, 10 pl. Paul-Mistral ⏂ 87.29.11, Télex 320767, « Beaux aménagements intérieurs » – 🛗 🖩 📺 ⬚ ⚅ – 🔏 60. 🆎 ⓞ 🅴 𝗩𝗜𝗦𝗔. 🕸 rest DY **w**
fermé 24 déc. au 2 janv. – SC : **la Taverne de Ripaille** *(fermé dim.)* **R** carte environ 100 ⚘ – 🖙 38 – **61 ch** 325/650.

🏨🏨 **Lesdiguières** (École hôtelière), 122 cours Libération ⊠ 38100 ⏂ 96.55.36, Télex 320306, « Parc » – 🛗 ☎ ⬚ 🅿. 🆎 ⓞ 🅴 𝗩𝗜𝗦𝗔. 🕸 rest T **m**
fermé août et 18 déc. au 4 janv. – SC : **R** 97/118 – 🖙 22 – **36 ch** 160/286.

🏨🏨 **Angleterre** sans rest, 5 pl. V.-Hugo ⏂ 87.37.21, Télex 320297 – 🛗 📺 ⬚. 🆎 ⓞ 🅴 𝗩𝗜𝗦𝗔 CX **z**
SC : **70 ch** 🖙 190/320.

🏨🏨 **Terminus** sans rest, 10 pl. Gare ⏂ 87.24.33 – 🛗. 🆎 ⓞ 𝗩𝗜𝗦𝗔 BX **e**
fermé 30 juil. au 27 août – SC : 🖙 18 – **50 ch** 105/210.

🏨 **Patrick H.** Ⓜ sans rest, 116 cours Libération ⊠ 38100 ⏂ 21.26.63, Télex 320320 – 🛗 📺 ⬚wc 🅿. 🆎 ⓞ 🅴 𝗩𝗜𝗦𝗔 T **a**
SC : 🖙 25 – **40 ch** 195/315.

🏨 **Savoie**, 52 av. Alsace-Lorraine ⏂ 46.00.20, Télex 320635 – 🛗 ⬚wc 🖾wc ⬚
R 58/100 ⚘ - **Taverne de Savoie R** carte 65 à 105 ⚘ – **83 ch** 🖙 92/225 – P 180/320. BX **s**

🏨 **Belalp** sans rest, 8 av. V.-Hugo ⊠ 38170 Seyssinet ⏂ 96.10.27 – 🛗 🖩 📺 ⬚wc 🖾wc ☎ ⬚ 🅿. 🆎 ⓞ 🅴 𝗩𝗜𝗦𝗔 ST **h**
fermé 4 au 26 août – SC : 🖙 16,50 – **29 ch** 135/200.

🏨 **Rive Droite** Ⓜ sans rest, 20 quai France ⏂ 87.61.11, Télex 320232 – 🛗 ⬚wc 🖾wc ☎ ⬚ 🅿. 🆎 ⓞ 𝗩𝗜𝗦𝗔 BV **u**
SC : 🖙 16 – **56 ch** 170/215.

🏨 **Porte de France** Ⓜ sans rest, 27 quai C.-Bernard ⏂ 47.39.73 – 🛗 ⬚wc 🖾wc ☎ ⬚ 🅿 – 🔏 40. 🅴 𝗩𝗜𝗦𝗔 BV **k**
SC : 🖙 22 – **36 ch** 145/210.

🏨 **Alpes** Ⓜ sans rest, 45 av. F.-Viallet ⏂ 87.00.71 – 🛗 ⬚wc 🖾wc ☎ ⬚. 🆎 BX **z**
SC : 🖙 15 – **40 ch** 137/176.

🏨 **Gallia** sans rest, 7 bd Mar.-Joffre ⏂ 87.39.21 – 🛗 ⬚wc 🖾wc ☎. 🆎 ⓞ 🅴 𝗩𝗜𝗦𝗔 CY **s**
fermé 1er au 22 août et Noël – SC : **35 ch** 🖙 100/210.

🏨 **Trianon** sans rest, 3 r. P.-Arthaud ⏂ 46.21.62 – 🛗 ⬚wc 🖾wc ☎. 🆎 🅴 𝗩𝗜𝗦𝗔 BY **f**
SC : 🖙 15 – **37 ch** 88/170.

🏨 **Stendhal** sans rest, 5 r. Dr-Mazet ⏂ 46.21.44 – 🛗 ⬚wc 🖾wc ☎ BX **x**
fermé 23 déc. au 3 janv. – SC : 🖙 17 – **38 ch** 83/168.

🏨 **Paris-Nice** sans rest, 61 bd J.-Vallier ⊠ 38100 ⏂ 96.36.18 – ⬚wc 🖾wc ⬚. 🆎 ⓞ 🅴 𝗩𝗜𝗦𝗔 AY **e**
SC : 🖙 16 – **29 ch** 100/170.

🏨 **Lux** sans rest, 6 r. Crépu ⏂ 46.41.89 – 🛗 🖾wc ⬚. 🕸 BX **a**
SC : 🖙 15 – **27 ch** 79/139.

XXX **Thibaud**, 25 bd A.-Sembat ⏂ 43.01.62 – 🍽. 🆎 ⓞ 🅴 𝗩𝗜𝗦𝗔 CY **n**
fermé dim. et fêtes – SC : **R** 94/200.

XXX ✿ **Poularde Bressane**, 12 pl. P.-Mistral ⏂ 87.08.90 – 🍽. 🆎 ⓞ 🅴 𝗩𝗜𝗦𝗔 DY **w**
fermé 17 juil. au 19 août et sam. – SC : **R** 98/140
Spéc. Escalope de saumon frais à l'aigre doux, Poularde de Bresse en vessie, Soyeux d'agneau au basilic. Vins Gamay, Apremont.

XX ✿ **Le Pommerois** (Bouisson), 1 pl. Herbes ⏂ 44.30.02 CV **m**
fermé le midi en août et lundi – SC : **R** 80/180
Spéc. Terrine de poissons Arlequin, Foie gras frais de canard, Chausson de lapereau à la truffe.

XX ✿ **Aub. Bressane** (Décher), 38 ter impasse Beaublache (angle 40 cours J.-Jaurès) ⏂ 87.64.29 – 🍽. 𝗩𝗜𝗦𝗔 BX **r**
fermé dim. et fériés – SC : **R** 115/165
Spéc. Gratin de queues d'écrevisses (sauf mars et avril), Mousse de féra Nantua, Poulet de Bresse au vinaigre. Vins Crépy, Gamay.

XX **Rabelais**, 55 av. Alsace-Lorraine ⏂ 46.03.44 BX **n**
← *fermé août, vacances de fév., vend. soir et sam.* – **R** 45/120 ⚘.

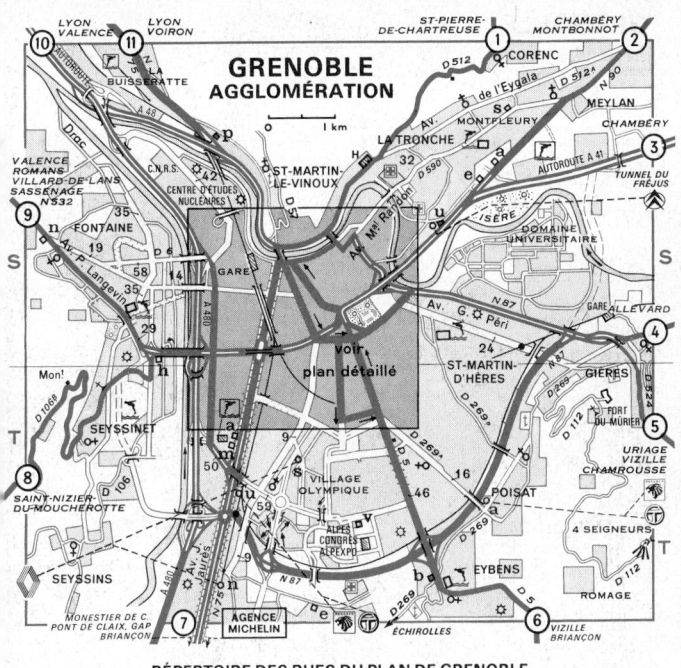

RÉPERTOIRE DES RUES DU PLAN DE GRENOBLE

519

GRENOBLE

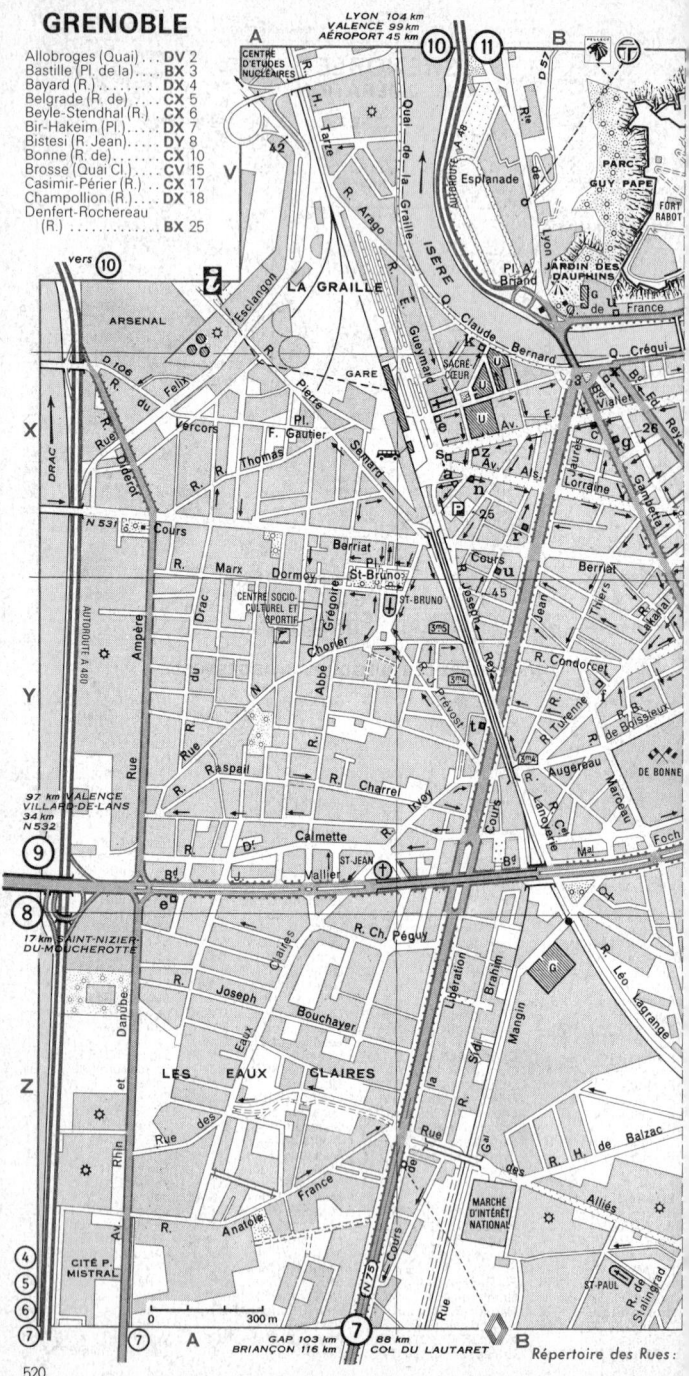

520

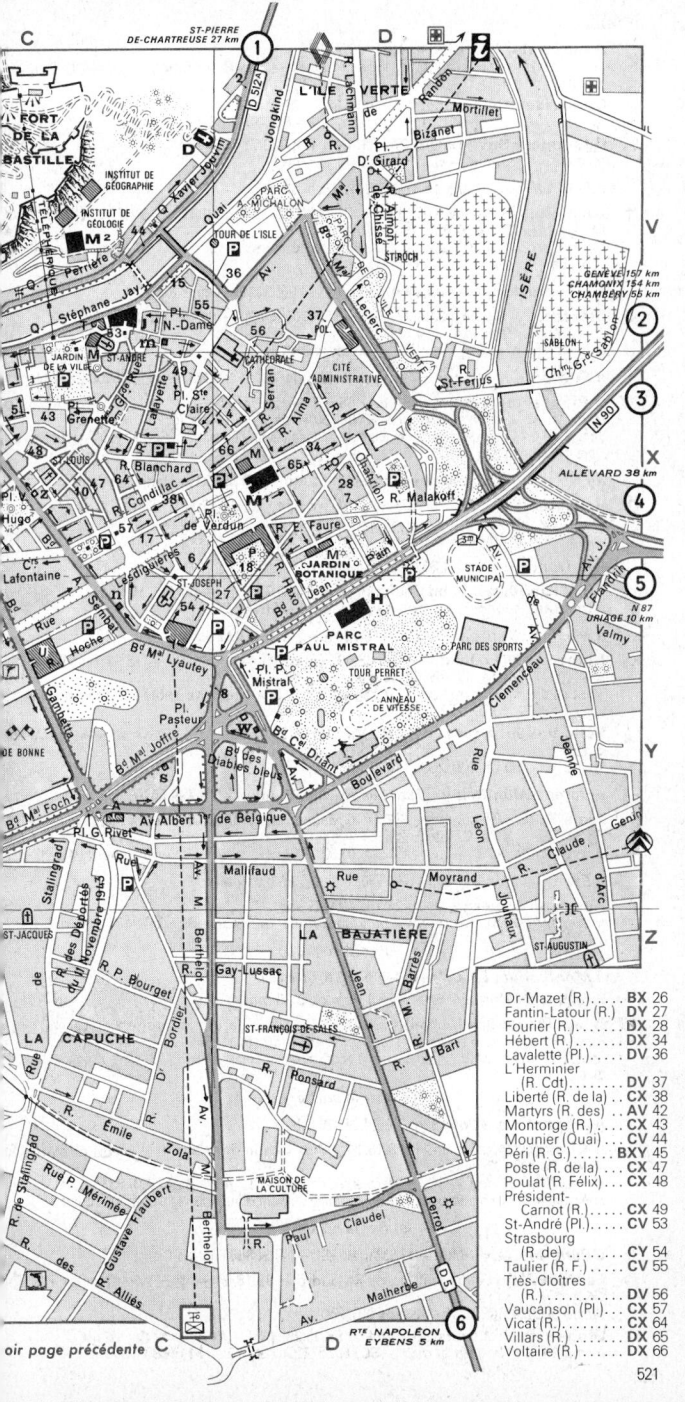

oir page précédente

521

✗ **A ma Table,** 92 crs J.-Jaurès ☎ 96.77.04 BY **t**
fermé août, sam. midi, dim., lundi et fêtes – SC : **R** (nombre de couverts limité - prévenir) 110/140.

✗ **Concorde,** 9 bd Gambetta ☎ 46.63.64 – ⚎ BX **g**
fermé 31 juil. au 5 sept., dim. soir et sam. – SC : **R** 42/83.

✗ **Chaumière Savoyarde,** 27 r. G.-Péri ☎ 87.29.71. ⚎ ✗ BX **u**
fermé août et mardi – SC : **R** 51/62 ⅃.

à Echirolles - T – 37 501 h. – ✉ 38130 Echirolles :

🏛 **Dauphitel** M ⌂, av. Grugliasco ☎ 23.24.72, Télex 980612, ⅂, ✗ – ⧉ ⌂wc ☎ T **e**
🅿 – ⚖ 30. ⚎ ⓞ 🅴 *VISA* ✗ rest
fermé 25 déc. au 1er janv. – SC : **R** (sam. et dim. dîner seul.) 60 – ⯎ 14 – **68 ch** 155/185.

au Centre des Congrès et Alpexpo - T – ✉ 38100 Grenoble :

🏛 **Mercure** M ⌂, ☎ 09.54.27, Télex 980470, ≤, ⅂ – ⧉ ▤ 📺 ☎ ⅍ ⇦ 🅿 – ⚖
25 à 150. ⚎ ⓞ 🅴 *VISA* T **v**
R carte environ 90 ⅃ – ⯎ 47 – **100 ch** 289/415.

à St-Martin-le-Vinoux : 2 km par A 48 et N 75 - S – 5 251 h. – ✉ 38000 Grenoble :

✗✗✗ ❀ **Pique-Pierre** avec ch, ☎ 46.12.88, ⯅ – 🅿 ⚎ *VISA* S **p**
fermé août, dim. soir et lundi – **R** 85/180 – ⯎ 13 – **10 ch** 70/75
Spéc. Foie gras frais de canard, Feuilleté de St-Jacques et d'écrevisses, Ris de veau Princesse. **Vins** Marestel, Pinot rouge.

au Nord par D 57 rte Clemencière - S : 4 km – ✉ 38950 St-Martin-le-Vinoux :

🏠 **Bellevue** M ⌂, ☎ 87.68.17, ≤ – ⌂wc ⋒wc ⇦ 🅿 🅴 *VISA* ✗
fermé 20 déc. au 3 janv. – SC : **R** (fermé vend. soir, sam. soir, dim. soir et août)
(dîner seul. pour résidents) 54 ⅃ – ⯎ 16 – **20 ch** 105/155.

à la Tronche - S – ✉ 38700 La Tronche :

✗✗✗ **Trois Dauphins,** 24 bd Chantourne ☎ 54.49.73, ⯅ – ▤ 🅿. ⓞ *VISA* S **u**
fermé août. sauf déj. à juin et dim. – SC : **R** 95.

à Meylan : 3 km par N 90 - S – 14 606 h. – ✉ 38240 Meylan :

🏛 **Alpha** M, 34 av. Verdun ☎ 90.63.09, Télex 980444, ⯅, ⅂ – ⧉ ▤ rest 📺 ☎ ⅍
⇦ 🅿 – ⚖ 40 à 180. ⚎ ⓞ 🅴 *VISA* S **e**
SC : **Les saisons** (fermé sam.) **R** carte 100 à 145 – **La Petite Table** (Coffee Shop) **R** 63
bc – ⯎ 28 – **60 ch** 257/295.

🏠 **Belle Vallée** M sans rest, 2 av. Verdun ☎ 90.42.65 – 📺 ⌂wc ☎ ⇦ 🅿. ⚎ ⓞ
🅴 *VISA* S **a**
SC : ⯎ 16 – **30 ch** 165/250.

à Corenc-Montfleury : 3 km par av. Mar.-Randon - S – ✉ 38700 La Tronche :

🏛 **Trois Roses** M sans rest, 32 av. Grésivaudan ☎ 90.35.09, Télex 980593, ⯅ – ⧉
📺 ☎ 🅿 – ⚖ 75. ⚎ ⓞ 🅴 *VISA* S **s**
fermé 24 déc. au 1er janv. – SC : ⯎ 16,50 – **50 ch** 193/259, 8 appartements 429/468.

à Eybens : 5 km par D 5 - T – 5 853 h. – ✉ 38320 Eybens :

✗✗ **Rustique Auberge,** ☎ 25.24.70 – ⚎ 🅴 *VISA* T **b**
fermé août, vacances de fév., dim. (sauf fêtes) et lundi – SC : **R** 57/135.

Par la sortie ② :

à Montbonnot : 7 km N 90 – ✉ 38330 St-Ismier.

Env. Bec de Margain ≤★★ NE : 13 km puis 30 mn.

✗✗✗ ❀ **Les Mésanges** (Achini) ☎ 90.21.57, ≤, ⯅, « Jardin ombragé » – 🅴
fermé 1er août au 6 sept., dim. soir et lundi – SC : **R** 80/200
Spéc. Foie gras frais, Gratin de queues d'écrevisses (sauf mars et avril), Gibiers (saison de chasse).
Vins Chignin.

Par la sortie ⑥ :

à Bresson par D 264 : 8 km – ✉ 38320 Eybens :

✗✗✗ ❀ **Chavant** ⌂ avec ch, ☎ 25.15.14, ⯅, « Jardin ombragé » – ▤ 📺 ⌂wc ⋒wc
⇦ 🅿. ⚎ *VISA*. ✗ rest
fermé 25 au 31 déc. – SC : **R** (fermé merc.) 139 – ⯎ 40 – **8 ch** 280/400
Spéc. Saumon mariné, Turbot aux morilles, Caille Chavant. **Vins** Abymes de Myans, Cornas.

Par la sortie ⑦ :

à Pont-de-Claix : 8 km – 11 937 h. alt. 251 – ✉ 38800 Pont-de-Claix :

🏠 **Le Villancourt** sans rest, cours St-André ☎ 98.18.54 – ⧉ ⌂wc ⋒wc ⇦ ⇦ 🅿.
✗
fermé août – SC : ⯎ 15 – **33 ch** 110/150.

✗✗ **Globe** avec ch, 1 cours St-André ☎ 98.05.25, ⯅ – ⋒ ⇦ ⇦ 🅿. ✗ ch
fermé 15 juil.-15 août et dim. – SC : **R** 65/220 – ⯎ 18 – **14 ch** 85/150.

à Claix par D 269 : 10,5 km – 5 548 h. – ✉ 38640 Claix :

🏨 **Les Oiseaux** ⚞, ☎ 98.07.74, Télex 320871, ≤, 斎, ⌁, ∬, – ⇄wc 𝄚wc ☞ ⟷
P ✣
1er fév.-31 oct. et fermé sam. midi et vend. du 15 sept. à début mai – SC : **R** 60/120 –
☲ 22 – **20 ch** 110/242 – P 176/280.

à Varces : 13 km – 5 735 h. – ✉ 38760 Varces :

XXX ✿✿ **L'Escale (Brunet)** avec ch, ☎ 72.80.19, 斎, « Jardin ombragé », ∬ – 📺
⇄wc 𝄚wc ☞ **E**
fermé 2 au 9 mai, 16 au 23 oct., 2 au 25 janv., dim. soir hors sais. et mardi – SC : **R**
198/395 et carte – ☲ 45 – **12 ch** 240/450
Spéc. Flan de foie gras frais, Filets de sole aux écrevisses (sauf mai), Diplomate de légumes. **Vins**
Hermitage.

à St-Paul-de-Varces par N 75 et D 107 : 17 km – ✉ 38760 Varces :

XX **Aub. Messidor**, ☎ 72.80.64, 斎 **P**
fermé 1er fév. au 2 mars, mardi soir et merc. – SC : **R** 75 (sauf fêtes)/175.

Par la sortie ⑩ :

A 48 - Echangeur Voreppe : 12 km – ✉ 38340 Voreppe :

🏨 **Novotel** Ⓜ, ☎ 50.81.44, Télex 320273, ≤, 斎, parc, ⌁ – ▐ ▦ 📺 ☎ & **P** – 🏛
25 à 200. **AE ① E VISA**
R snack carte environ 90 ⅜ – ☲ 28 – **114 ch** 215/265.

Par la sortie ⑪ :

au Chevalon : 11,5 km – ✉ 38340 Voreppe :

XXX **La Petite Auberge**, ☎ 50.08.03, ∬ – **P**. **AE ① E VISA**
fermé 15 août au 15 sept., dim. soir et lundi – **R** 95/180.

MICHELIN, Agence régionale, r. A. Bergès, Z.A., Le Pont de Claix par ⑦ ☎ 98.51.54

ALFA-ROMEO Gar. St-Christophe, 65 bd
Gambetta ☎ 87.50.71
BLF Albertiny, 146 av. Léon-Blum ☎ 09.00.87
et 36 av. F.-Viallet ☎ 87.87.61
LANCIA-AUTOBIANCHI Gar. du Quai, 13 quai
Cl.-Bernard ☎ 87.46.63
LANCIA-AUTOBIANCHI Le Salon de l'Auto,
47 r. A.-Dumas ☎ 49.03.42
OPEL Éts Raymond, 56 bd Foch ☎ 87.21.34
PEUGEOT-TALBOT Bernard, 237 cours Libé-
ration Tu ☎ 09.43.54
PEUGEOT-TALBOT Bollard, 51-53 rte de Lyon
BV ☎ 46.71.67
PORSCHE, MITSUBISHI Auto Sporting, 47 r.
des Eaux Claires ☎ 96.92.46

RENAULT Succursale, 150 r. Stalingrad Ts ☎
40.41.42
RENAULT Galtier, 73 cours Libération BZ ☎
96.69.27
RENAULT Splendid-Gar., 4 r. E.-Delacroix DV
☎ 42.74.72
VOLVO Gar. Jeanne d'Arc, 6 bis Ch. Villebois
☎ 54.08.92

⊗ Gonthier, 3 r. R.-Bank ☎ 46.06.04
Piot-Pneu, 27 bd Mar.-Foch ☎ 46.69.83
Radial-Pneu, 47 bd Clemenceau ☎ 44.30.71
La Station-du-Pneu, 5 r. Génissieu ☎ 46.63.63
Tessaro-Pneus, 86 cours J.-Jaurès ☎ 46.00.91

Périphérie et environs

BMW Gar. Mar.-Foch, av. de la Houille Blan-
che à Seyssinet Pariset ☎ 96.02.90
CITROEN Filiale, Ricou-Auto, 28 bd de la
Chantourne à La Tronche S ☎ 42.46.36 **N**
CITROEN S.A.D.A. 38 av. J-Jaurès à Eybens
par ⑥ ☎ 24.20.63
CITROEN Gar. des Alpes, à Varces par ⑦ ☎
2.80.35
DATSUN CEDA, 24 av. de la Houille Blanche
à Seyssinet-Pariset ☎ 49.49.50
FIAT Gar. de Savoie, 45 bd P.-Langevin, Zone
Ind. à Fontaine ☎ 27.38.17
FIAT Strada, 104 av. G.-Péri à St-Martin-
d'Hères ☎ 42.38.18
FORD Gauderd, 46 av. A.-Croizat à Fontaine
☎ 26.00.18
FORD Sud Alpes Autom., U2, r. du Béal à
St-Martin-d'Hères ☎ 25.75.45
LADA, SKODA R.C.-Autom., av. Gén.-de-
Gaulle à Seyssinet-Pariset ☎ 96.79.27
MAZDA Sudautos, 78 cours J.-Jaurès à Echi-
rolles ☎ 23.30.63
MERCEDES-BENZ, TOYOTA Gar. St-Martin,
117 av. G.-Péri à St-Martin-d'Hères ☎ 54.42.18

OPEL Majestic, 109 av. G.-Péri à St-Martin-
d'Hères ☎ 42.38.18
PEUGEOT-TALBOT Gds Gar. Isère, 3 r. de la
Prévachère, Zone Ind. Sud, à St-Martin-d'Hères
Ta ☎ 25.27.81
PORSCHE **V.A.G.** Alpes-Sport-Auto, 111 av.
G.-Péri à St-Martin-d'Hères ☎ 54.52.36 **N N**
96.65.69
RENAULT Esso-Service du Moucherotte, 117
cours J.-Jaurès à Échirolles Tn ☎ 09.16.24
RENAULT Lambert, 24 av. de Romans à Sas-
senage par ⑨ ☎ 27.40.62

⊗ Gonthier-Pneus, 131 av. G.-Péri à St-Martin-
d'Hères ☎ 54.36.83
Piot-Pneu, 96 cours J.-Jaurès à Échirolles ☎
09.11.95 11 r. C.-Kilian, St-Martin-le-Vinoux ☎
87.21.44 et av. G.-Péri à St-Martin-d'Hères ☎
54.36.72
SODA-Pneu, 1 r. du 19 Mars 1962 à Echirolles
☎ 22.25.27
La Station-du-Pneu, 37 bd P.-Langevin à Fon-
taine ☎ 26.32.45 et rte de Lyon à St-Martin-le-
Vinoux ☎ 75.07.66

GRÉOLIÈRES-LES-NEIGES 06 Alpes-Mar. 🎱 ⑲, 📖 ㉔ alt. 1 450 – ✉ 06620 Le Bar-sur-Loup
– ⊗ 93.

Paris 846 – Castellane 47 – Grasse 29 – ♦Nice 49 – Vence 27.

🏠 **Alpina** ⚞, ☎ 59.70.19, ≤ – 📺 ⇄wc 𝄚wc ☞ **P**
3 juin-30 sept., 20 déc.-20 avril – SC : **R** *(fermé merc. en été)* 54/84 – ☲ 18 – **8 ch**
172/205.

GRÉOUX-LES-BAINS 04800 Alpes-de-H.-Pr 🄙🄑 ④⑤ **G. Côte d'Azur** – 1 637 h. alt. 360 – Stat✦ therm. (1er fév.-20 déc.) – Casino – 🄒 92.

🛈 Syndicat d'Initiative pl. Hôtel de ville (fermé dim. hors sais.) ☎ 78.01.08.

Paris 787 – Aix-en-Provence 51 – Brignoles 58 – Digne 62 – Manosque 15 – Salernes 53.

  🏨 **Villa Borghèse** Ⓜ 🦢, ☎ 78.00.91, Télex 401513, ☒, 🖼, ℀ – 🛗 🖂 📺 ☎ 🦽
    ⟸ 🄿 – 🄐 80. 🄰🄴 🄾 🄴 𝑽𝑰𝑺𝑨. ℀ rest
    début mars-fin nov. – SC : **R** 106/160 – ⯊ 23 – **70 ch** 200/340 – P 310/380.

  🏨 **La Crémaillère** Ⓜ, rte Riez ☎ 74.22.29, Télex 420347, ☒, 🖼, ℀ – 🛗 🄿 𝑽𝑰𝑺𝑨
    ℀ rest
    fermé 22 déc. au 14 fév. – **R** 100/177 – ⯊ 22 – **53 ch** 229/250 – P 377.

  🏨 **Lou San Peyre** Ⓜ, rte Riez ☎ 78.01.14, ☒, ℀ – 🛗 📺 ⟿wc ⊜ 🄿. 🄰🄴 🄾 🄴
    𝑽𝑰𝑺𝑨. ℀ rest
    20 fév.-20 nov. – SC : **R** 68/134 – ⯊ 18 – **45 ch** 203 – P 226/311.

  🏨 **Gd Jardin,** ☎ 74.24.74, parc – 🛗 ⟿wc 🛁wc ⊜ 🄿. 🄴 𝑽𝑰𝑺𝑨. ℀
    25 mars-12 nov. – SC : **R** 57/120 – ⯊ 17 – **88 ch** 107/170 – P 155/186.

  🏠 **Alpes,** ☎ 74.24.24, 🖼 – 🛁wc ⊜ 🄿. ℀
    mi-mars-début nov. – SC : **R** 62/137 – ⯊ 16 – **43 ch** 78/182 – P 145/190.

RENAULT Gallégo, ☎ 78.00.50

GRESSE-EN-VERCORS 38 Isère 🄷🄷 ⑭ **G. Alpes** – 204 h. alt. 1 250 – Sports d'hiver : 1 250/1 68✦ ☇10 ☒ – ⊠ 38650 Monestier-de-Clermont – 🄒 76.

Voir Col de l'Allimas ⩽⋆ S : 2 km.

🛈 Syndicat d'Initiative à la Mairie (fermé jeudi et dim.) ☎ 34.08.40.

Paris 611 – Clelles 19 – ◆Grenoble 47 – Monestier-de-Clermont 14 – Vizille 43.

  🏨 **Le Chalet** Ⓜ 🦢, ☎ 34.02.08, ⩽, ☒, ℀ – 🛗 ⟿wc 🛁wc ☎ ⟸ 🄿 – 🄐 40. 🄴
    ℀
    15 mai-30 oct. et 15 déc.-15 avril – SC : **R** 60/150 – ⯊ 16 – **31 ch** 150/200 – ▮
    190/220.

  🛖 **Rochas** 🦢, ☎ 34.01.20 – ⊜. 🄴. ℀
  ━ *fermé 20 avril au 5 mai et en nov.* – SC : **R** 48/90 – ⯊ 18 – **8 ch** 69/107 – P 160.

GRÉSY-SUR-AIX 73 Savoie 🄷🄙 ⑮ – rattaché à Aix-les-Bains.

GRÉSY-SUR-ISÈRE 73740 Savoie 🄷🄙 ⑯ – 587 h. alt. 357 – 🄒 79.

Env. Site★★ et ⩽★★ du château de Miolans★ SO : 7 km, **G. Alpes.**

Paris 597 – Aiguebelle 13 – Albertville 19 – Chambéry 23 – St-Jean-de-Maurienne 47.

  🏠 **La Tour de Pacoret** 🦢, NE : 1,5 km par D 201 ⊠ 73460 Frontenex ☎ 37.91.59, ⩽
    vallée et montagne, 🍽, 🖼 – ⟿wc 🛁wc ⊜ ⟸ 🄿. 🄰🄴 𝑽𝑰𝑺𝑨. ℀
    1er mars-7 oct. – SC : **R** (nombre de couverts limité - prévenir) carte environ 110 –
    ⯊ 20 – **10 ch** 180/250 – P 200/250.

  🛖 **Commerce,** ☎ 37.91.61 – 🛁. ℀
  ━ *fermé sept.* – **R** 45/70 ⅄ – ⯊ 16 – **10 ch** 60/85 – P 120/140.

La GRIÈRE 85 Vendée 🄸🄸 ⑪ – rattaché à la Tranche.

GRIGNAN 26230 Drôme 🄑🄘 ② **G. Provence (plan)** – 1 147 h. alt. 197 – 🄒 75.

Voir Château★★ : ⋇★.

🛈 Syndicat d'Initiative Grande Rue (1er juin-30 sept., ouvert l'après-midi sauf merc. et dim.) ☎ 46.56.75.

Paris 634 – Crest 47 – Montélimar 28 – Nyons 23 – Orange 44 – Pont-St-Esprit 37 – Valence 71.

  🏠 **Sévigné** sans rest, ☎ 46.50.97 – 🛗 ⟿wc 🛁wc ☎ ⟸. 🄴
    fermé 1er déc. au 15 janv. et lundi hors sais. – SC : ⯊ 18 – **20 ch** 65/200.

CITROEN Ferretti, ☎ 46.51.78   RENAULT Monier, ☎ 46.51.24 🄽 ☎ 46.53.28

GRIGNY 91 Essonne 🄖🄘 ①, 🄖🄀🄘 ㊱ – voir Paris, Environs.

GRILLY 01 Ain 🄗🄞 ⑯ – rattaché à Divonne-les-Bains.

GRIMAUD 83360 Var 🄙🄑 ⑰ **G. Côte d'Azur** – 2 911 h. alt. 100 – 🄒 94.

Paris 868 – Brignoles 57 – Hyères 45 – Le Lavandou 34 – St-Tropez 10 – Ste-Maxime 13 – Toulon 63.

  🏨 **La Boulangerie** Ⓜ 🦢, O : 3 km par D 14 et V.O. ☎ 43.23.16, ⩽, ☒, 🖼, ℀ –
    ⟿wc 🦽 🄿
    27 mars-1er oct. – **R** 120 – ⯊ 27 – **10 ch** 350/448 – P 450/575.

  🏨 **Coteau Fleuri,** ☎ 43.20.17, ⩽ – ⟿wc 🛁wc ⊜ 🄿
    14 ch.

XXX ❀ **Les Santons** (Girard), ☎ 43.21.02, « Cadre provençal » – 🍽 🅿. AE ⓘ VISA
Pâques- 15 oct. et fermé merc. sauf juil.-août et fêtes – SC : **R** 245
Spéc. Goujonettes de St-Pierre au Champagne, Selle d'agneau de Sisteron, Entremets. **Vins** Bandol, Gassin.

X **Café de France**, ☎ 43.20.05, 🍹 – VISA
fermé 1er nov. au 24 déc. et mardi – **R** 70/180.

⚙ Sécurité-Pneus, N98, St-Pons-les-Mures ☎ 56.36.02

GRISOLLES 82170 T.-et-G. 82 ⑦ – 2 619 h. alt. 110 – ✪ 63.
Paris 680 – Auch 76 – Castelsarrasin 24 – Gaillac 61 – Montauban 24 – ◆Toulouse 30.

🏨 **Relais des Garrigues**, N 20 ☎ 30.31.59 – 🛏wc ☎ ⟵ 🅿 – ⚒ 40. AE
fermé 5 janv. au 12 fév. – SC : **R** *(fermé merc. midi)* 60/150 – 🔄 17 – **27 ch** 80/170.

RENAULT Gar. Catazzo, ☎ 30.33.39 🅽

GRIVE 38 Isère 74 ③ – rattaché à Bourgoin-Jallieu.

GROIX (Ile de) ✶ 56590 Morbihan 58 ⑫ G. Bretagne – 2 605 h. – ✪ 97.
Voir Site✶ de Port-Lay – Trou de l'Enfer✶.
Accès : Transports maritimes pour **Port-Tudy** (en été réservation indispensable pour le passage des véhicules : 7 F).
⚓ depuis **Lorient**. En 1983 : de fin juin à fin août, 8 services quotidiens ; hors saison, 3 services quotidiens - Traversée 45 mn – Voyageurs 54 F (AR), autos aller 117 à 267 F par Cie Morbihannaise de Navigation, bd A.-Pierre ☎ 21.03.97.
🛈 Syndicat d'Initiative 4 r. Gén.-de-Gaulle (fermé sam. après-midi et dim.) ☎ 05.81.75.

XX **Ty Mad** avec ch, au port ☎ 05.80.19, ← – 🛏wc ☎ 🅿. VISA
➤ *1er avril-15 sept., vacances de nov. et de Noël* – SC : **R** 45/170 – 🔄 16 – **12 ch**
75/160 – P 145/185.

X **Aub. du Pêcheur**, r. Gén.-de-Gaulle ☎ 05.80.14 – VISA
fermé oct. et lundi du 1er nov. au 30 mars – SC : **R** 56/77 ⓖ.

GROLÉJAC 24 Dordogne 75 ⑰ – 541 h. alt. 80 – ⊠ **24250** Domme – ✪ 53.
Paris 551 – Gourdon 13 – Périgueux 78 – Sarlat la Caneda 12.

🏨 **Le Grillardin**, ☎ 28.11.02, 🍹 – 🛏wc 🛏wc ☎ 🅿. 🍽
➤ *fermé 6 au 31 oct. et mardi de nov. à mars* – SC : **R** 50/110 – 🔄 17 – **14 ch** 80/165
– P 135/180.

GROSLÉE 01 Ain 74 ⑭ – 267 h. alt. 237 – ⊠ **01680** Lhuis – ✪ 74.
Paris 492 – Belley 21 – Bourg-en-B. 68 – ◆Lyon 70 – La Tour-du-Pin 27 – Vienne 74 – Voiron 44.

XX **Penelle** avec ch, à Port de Groslée SO : 1 km sur D 19 ☎ 39.71.01, ←, 🍹 – ⟵
🅿. 🍽 ch
fermé 7 janv. au 7 fév. et mardi – SC : **R** 51/142 – 🔄 12 – **4 ch** 70/120 – P 132/140.

GROTTE voir au nom propre de la grotte.

GROUIN (Pointe du) 35 I.-et-V. 59 ⑥ – rattaché à Cancale.

GRUISSAN 11430 Aude 86 ⑩ G. Causses (plan) – 1 594 h. – Casino – ✪ 68.
🛈 Syndicat d'Initiative av. Pech-Meynaud ☎ 49.03.25.
Paris 858 – Carcassonne 72 – Narbonne 14.

🏨 **Corail** M, au port ☎ 49.04.43, ← – 🛗 🛏wc ☎ 🅿. AE VISA
15 fév.-31 oct. – SC : **R** 60/140 – 🔄 21 – **32 ch** 155/170 – P 230.

🏨 **La Plage** sans rest, à la Plage ☎ 49.00.75 – 🛏 ☎ 🅿. 🍽
Pâques-15 sept. – SC : **17 ch** 🔄 140.

XX **Le Chebek**, au port ☎ 49.02.58, ←, 🍹 – AE ⓘ E VISA
fermé janv. et fév., dim. soir et lundi hors sais. – SC : **R** 68/176.

GRURY 71 S.-et-L. 69 ⑯ – 855 h. alt. 298 – ⊠ **71760** Issy-l'Évêque – ✪ 85.
Paris 319 – Autun 54 – Bourbon-Lancy 16 – Digoin 29 – Mâcon 110.

X **Aub. Vieux-Moulin** avec ch, SO : 0,8 km par D 42 ☎ 89.81.34, ← – 🅿
➤ *fermé 27 août au 10 sept. et dim. du 6 nov. au 1er avril* – SC : **R** 40/72 ⓖ – 🔄 10 –
7 ch 55/60 – P 90/95.

GUCHAN 65 H.-Pyr. 85 ⑲ – 122 h. alt. 750 – ⊠ **65170** St-Lary – ✪ 62.
Paris 903 – Arreau 8 – Lannemezan 35 – St-Gaudens 62 – Tarbes 65.

🏨 **Moderne**, ☎ 39.50.10, ← – 🛏wc 🛏 ☎ ⟵ 🅿. 🍽
fermé 5 au 20 mai et 20 oct. au 20 déc. – SC : **R** 60/90 – 🔄 14,50 – **24 ch** 96/143 – P
150/172.

GUEBWILLER ⟨S⟩ 68500 H.-Rhin 🔟🔟 ⑱ G. Vosges – 11 083 hab. alt. 288 – ✆ 89.

Voir Église St-Léger★ : façade Ouest★★ A E – Église N.-Dame★ B B – Hôtel de Ville★ A H.

🛈 Office de Tourisme 5 pl. St-Léger (fermé sam. hors sais. et dim. sauf juil.-août) ✆ 76.10.63.

Paris 548 ③ – Belfort 53 ③ – Colmar 26 ① – Épinal 111 ④ – ◆Mulhouse 23 ③ – ◆Strasbourg 100 ①

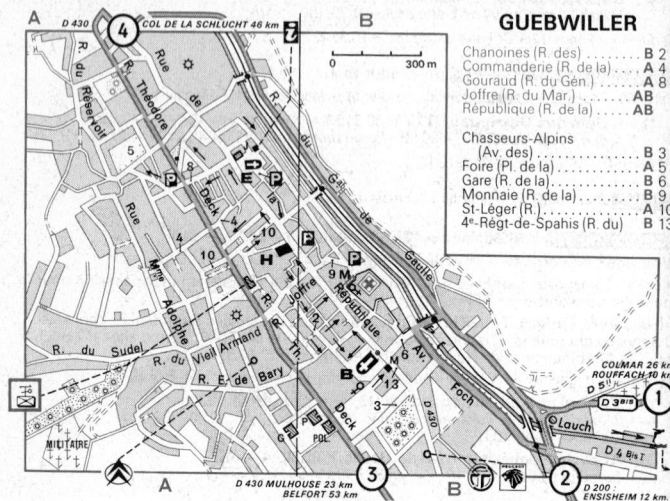

🏠 **Lac** M ⅏, par ④ : 1 km ✆ 76.63.10, ⟨, 🍽, 🚭 – 📺 🚻wc 🐕 ℗. 𝖵𝖨𝖲𝖠
→ SC : **R** (fermé lundi) 33/140 ⅃ – ⊂⊃ 15 – **30 ch** 140/160 – P 190/230.

CITROEN Verrier, 10 a r. Lucerne ✆ 76.81.34 🔃
PEUGEOT-TALBOT Gar. du Parc, 11 rte Soultz
✆ 76.83.15

RENAULT Gar. Valdan, Pénétrante N 83 par
① ✆ 76.27.27

à Soultz-Haut-Rhin par ③ : 3 km – 5 696 h. – ⊠ **68360** Soultz-Haut-Rhin.
🛈 Syndicat d'Initiative à la Mairie (15 juil.-31 août et fermé dim.) ✆ 76.82.44.

XX **Aub. Ste-Claire,** pl. Ste-Claire, centre ville ✆ 76.02.92 – 🄰🄴 ⓪ 𝖵𝖨𝖲𝖠
→ fermé 15 août-1ᵉʳ sept. et lundi – **R** 33/155 ⅃.

FORD Gar. Piaia, 18 rte de Guebwiller à Soultz
✆ 76.87.02
PEUGEOT, TALBOT Gar. Muller, 2 r. Marne
par ③ ✆ 76.95.63

V.A.G. Gar. Salm, 47 rte Guebwiller ✆ 76.86.03

à Murbach par ④ et D 40 : 5,5 km – ⊠ **68530** Buhl – Voir Église★★.

🏠 **St-Barnabé** ⅏, ✆ 76.92.15, ⟨, « Maison fleurie dans la vallée, jardin » – 🚻wc
🛀wc ☎ ℗ – 🄰 25. 🄰🄴 𝖵𝖨𝖲𝖠 ⍉ rest
fermé janv. et fév. – SC : **R** (fermé dim. soir et lundi) 72/275 ⅃ – ⊂⊃ 22 – **24 ch**
95/200 – P 200/280.

à Jungholtz par ③ et D 51 : 6 km – ⊠ **68500** Guebwiller :

🏠 ❀ **Résidence Les Violettes** (Munsch) ⅏, ✆ 76.91.19, ⟨, 🍽, 🚭 – 🚻wc 🛀wc
🐕 ℗ – 🄰 25. ⓪
fermé 8 janv. au 2 fév. – **R** (fermé lundi soir et mardi) 125/250 – ⊂⊃ 23 – **12 ch**
195/310
Spéc. Brioche de foie gras, Turbot au Champagne, Suédoise de framboises. Vins Riesling, Pinot
noir.

XX **Ferme de Thierenbach** ⅏ avec ch, ✆ 76.93.01, 🍽 – 🚻wc 🛀 🐕 ℗
fermé nov., déc. et lundi – SC : **R** 60/150 ⅃ – ⊂⊃ 20 – **14 ch** 100/160 – P 175/195.

XX **Biebler** avec ch, ✆ 76.85.75, 🍽 – ℗. 🄰🄴 ⓪ 𝖵𝖨𝖲𝖠. ⍉ rest
fermé vend. – **R** 50/100 ⅃ – ⊂⊃ 13,50 – **12 ch** 50/95 – P 120.

XX **Kuentz** avec ch, ✆ 76.83.32, 🍽, 🚭 – 🛀 ℗. 𝖵𝖨𝖲𝖠. ⍉ rest
→ fermé 15 déc. au 15 janv. et lundi – SC : **R** 45/140 ⅃ – ⊂⊃ 17 – **10 ch** 70/125 – P
130/155.

à Hartmannswiller par ③ et D 5 : 7 km – ⊠ **68500** Guebwiller :

🏠 **Meyer,** sur D 5 ✆ 76.73.14, 🚭 – 🚻wc 🛀wc 🐕 ℗. ⍉ ch
SC : **R** (fermé vend.) 60/125 ⅃ – ⊂⊃ 17 – **18 ch** 90/170.

GUÉCÉLARD 72 Sarthe **64** ③ – 1 667 h. alt. 45 – ⊠ 72230 Arnage – ✿ 43.

Paris 216 – Château-Gontier 73 – La Flèche 25 – Malicorne-sur-Sarthe 22 – ♦Le Mans 17.

⛄⛄ **La Belle Étoile,** NE : 3 km N 23 ☏ 21.12.02 – ▤ **ᴾ**. ⒶⒺ ⓞ **E** *VISA*
  fermé 15 août au 10 sept. et lundi – **R** 62/180 ⅊.

⛄⛄ **La Botte d'Asperges,** N 23 ☏ 21.12.03 – ⒶⒺ **E**
  fermé 1er au 15 juil., 1er au 15 fév., mardi soir, merc. soir et jeudi soir – SC : **R** 53/80.

  à Fillé N : 4 km – ⊠ **72210** La Suze-sur-Sarthe :

⛄⛄ **Aub. du Rallye,** ☏ 21.14.08 – **ᴾ**. ⅌
  fermé 15 au 30 sept., 15 au 28 fév., dim. soir et lundi – SC : **R** carte 110 à 165.

GUÉMENÉ-PENFAO 44290 Loire-Atl. **63** ⑯ – 4 480 h. alt. 37 – ✿ 40.

Paris 393 – Châteaubriant 38 – ♦Nantes 62 – Redon 20 – ♦Rennes 61 – St-Nazaire 57.

⛩ **Le Chalet** ⑤, r. Moulins ☏ 79.23.38, ☄ – **ᴾ**
♦ *fermé oct. et lundi du 1er nov. au 1er juin* – SC : **R** 40/80 ⅊ – ⌂ 11 – **14 ch** 55/66 – P
  120/130.

GUENROUET 44 Loire-Atl. **63** ⑮ – 2 270 h. alt. 36 – ⊠ **44530** St-Gildas-des-Bois – ✿ 40.

Paris 410 – ♦Nantes 54 – Nozay 28 – Redon 21 – La Roche-Bernard 29 – St-Nazaire 40.

  au Cougou NO : 5 km par D 102 – ⊠ **44530** St-Gildas des Bois :

⛄⛄ **Paradis des Pêcheurs** ⑤, avec ch, ☏ 79.64.10, ☄ – **ᴾ**. ⅌ ch
♦ *fermé 2 au 19 oct., 15 janv. au 10 fév., dim. soir et lundi* – SC : **R** 46/180 ⅊ – ⌂ 13 –
  6 ch 65/85 – P 125.

GUÉRANDE 44350 Loire-Atl. **63** ⑭ **G. Bretagne** – 9 475 h. alt. 52 – ✿ 40.

Voir Le tour des remparts★ – Collégiale St-Aubin★ B.

🄱 Syndicat d'Initiative Tour St-Michel (15 juin-15 sept. et fermé dim.) ☏ 24.96.71.

Paris 449 ② – La Baule 6 ② – ♦Nantes 77 ② – St-Nazaire 20 ② – Vannes 65 ①.

St-Aubin (Pl.)	17
St-Michel (R.)	
Bizienne (Fg)	2
Brière (R. de la)	3
Capucins (R. des)	5
Jean-XXIII (Pl.)	6
Marché-aux-Bois (Pl.)	8
Marhallé (Pl.)	10
Peupliers (R. des)	12
Pourieux (Bd)	13
Psalette (Pl. de la)	14
St-Armel (Fg)	16
St-Michel (Fg)	19
Ste-Anne (Fg)	21
Ste-Anne (Pl.)	22
Saulniers (R. des)	24
Sœurs-Grises (R. des)	25
Tricot (R. du)	27
Vannetaise (R.)	29

Les plans de villes
sont orientés le Nord en haut.

GUÉRANDE

🏠 **Roc Maria** sans rest, 1 r. Halles **(e)** ☏ 24.90.51, « Maison du 15e s. » – 🛏wc.
  VISA. ⅌
  1er avril-10 oct. – SC : ⌂ 17 – **9 ch** 135/165.

⛄⛄ **Les Remparts** avec ch, bd Nord **(s)** ☏ 24.90.69 – **E** *VISA*. ⅌
  fermé 25 sept. au 10 oct., 20 déc. au 5 janv., dim. soir et lundi – SC : **R** 68/150 – ⌂
  13 – **9 ch** 100/150.

⛄ **Ti Marok,** 3 pl. Marhallé **(n)** ☏ 24.92.08, Spécialités marocaines – ⅌
  fermé 26 sept. au 27 oct. et en hiver du lundi au jeudi sauf fériés – SC : **R** carte
  environ 85.

CITROEN Mercier, 2 r. Letilly par ① ☏ 24.90.35
PEUGEOT-TALBOT Le Déan, rte La Baule par
② et D92 ☏ 24.08.57
PEUGEOT-TALBOT Cottais, rte la Turballe par
④ ☏ 24.90.39

RENAULT Guyot, bd du 19 Mars 1962 par ①
☏ 24.92.19
RENAULT Gar. de la Promenade, bd Midi ☏
24.91.39

527

La GUERCHE-DE-BRETAGNE 35130 I.-et-V. **53** ⑧ G. Bretagne – 4 075 h. alt. 76 – ✪ 99.

Paris 326 – Angers 82 – Châteaubriand 29 – Château-Gontier 45 – Laval 40 – ✦Rennes 41 – Vitré 22.

  ♠ **La Calèche** ⅁, av. Gén.-Leclerc ⏱ 96.20.36, 🍴 – 🛏 **②**. **E** 𝖵𝖨𝖲𝖠
  ↦ *fermé 13 au 22 juin, 26 sept. au 5 oct., Noël et vend.* – SC : **R** 40/132 ⅃ – 🍽 14 –
   13 ch 66/130 – P 150/180.

CITROEN Lebreton, ⏱ 96.21.20   🔵 Négoce du pneu, ⏱ 96.22.51
PEUGEOT, TALBOT Suhard, ⏱ 96.20.56

A l'hôtel : la tranquillité est l'affaire de tous, donc de chacun.

GUÉRET **P** 23000 Creuse **72** ⑨ G. Périgord – 16 621 h. alt. 436 – ✪ 55.

Voir Salle du Trésor d'orfèvrerie★ du musée Z **M**.

🛈 Office de Tourisme av. Ch.-de-Gaulle (fermé dim. et lundi hors sais.) ⏱ 52.14.29 - A.C. r
E.-France ⏱ 52.26.51.

Paris 354 ① – Bourges 124 ① – Châteauroux 89 ① – Châtellerault 157 ⑥ – ✦Clermont-Ferrand 135 ③
– ✦Limoges 90 ⑥ – Montluçon 65 ② – Poitiers 142 ⑥ – Tulle 136 ④ – Vierzon 143 ①.

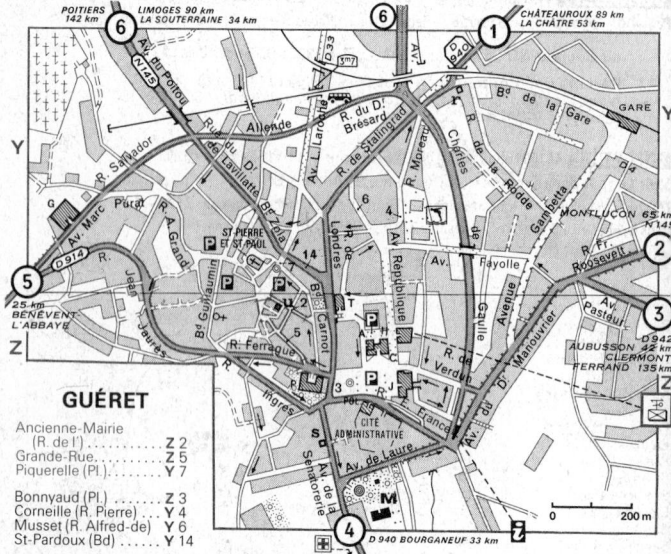

GUÉRET

Ancienne-Mairie
  (R. de l') .... **Z** 2
Grande-Rue .... **Z** 5
Piquerelle (Pl.) .... **Y** 7

Bonnyaud (Pl.) .... **Z** 3
Corneille (R. Pierre) ... **Y** 4
Musset (R. Alfred-de) **Y** 6
St-Pardoux (Bd) ...... **Y** 14

 🏨 **Auclair**, 19 av. Sénatorerie ⏱ 52.01.26, 🍴 – ⛲wc 🛁wc 🅰 ⟷ **②** – 🔬 30. **AE**
  ↦ ① **E** 𝖵𝖨𝖲𝖠   **Z s**
   fermé 15 au 30 nov., 16 au 31 janv. – SC : **R** *(1er avril-1er nov. et fermé dim. soir et
   lundi midi hors sais.)* 45/115 – 🍽 17 – **33 ch** 83/196 – P 145/204.

 🏨 **Nord**, 1 bd Gare ⏱ 52.71.85 – 🛁wc ☎ **②**. **AE** **E** 𝖵𝖨𝖲𝖠. 🌳   **Y r**
  ↦ *fermé 14 au 29 juil., 15 déc. au 6 janv. et dim.* – SC : **R** 48/85 – 🍽 14 – **33 ch** 55/120
   – P 120/145.

 ✗ **L'Univers** avec ch, 8 r. Ancienne-Mairie ⏱ 52.02.03 – 🛁. **AE** 𝖵𝖨𝖲𝖠   **Z u**
  ↦ *fermé 25 juin au 12 juil. et lundi* – SC : **R** 42/145 ⅃ – 🍽 15 – **7 ch** 59/95 – P
   145/185.

   à Laschamps de Chavanat par ① : 5 km sur D940 – ✉ 23000 Guéret :

 ✗ **Chez Peltier**, ⏱ 52.02.40 – **②**
  ↦ *fermé juil., sam et le soir* – SC : **R** 35/85 ⅃.

   à Glénic par ① : 7,5 km – alt. 400 – ✉ 23000 Guéret :

 ✗ **Viaduc** avec ch, ⏱ 52.22.04 – **②** 𝖵𝖨𝖲𝖠
  ↦ SC : **R** 39/100 ⅃ – 🍽 14 – **17 ch** 56/105 – P 170.

   à Ste Feyre par ③ : 7 km – ✉ 23370 Ste Feyre :

 ✗ **Touristes**, ⏱ 80.00.07
   fermé mardi soir et merc. – SC : **R** 55/160.

ALFA-ROMEO Gar. Andrieu, 2 rue du Sénéchal ☎ 52.19.38
CITROEN S.A.M.A.T. rte Montluçon, N 145 par ② ☎ 52.48.52
FIAT-LANCIA-AUTOBIANCHI Gar. Bellevue, Le Verger RN 145 à Sainte Feyre ☎ 52.43.65
FORD Martin M., 15 r. E.-France ☎ 52.14.44
PEUGEOT-TALBOT Daraud, N 145 à Ste Feyre par ② ☎ 52.52.00

RENAULT Gar. St-Christophe, rte de Paris à Cherdemont par ① ☎ 52.15.78 N

Gaudon-Pneus, 25 av. Gambetta ☎ 52.00.36 N
Martin Pneus, 3 r. de Londres ☎ 52.01.65

GUERLESQUIN 29248 Finistère 58 ⑦ – 1 839 h. alt. 250 – 98.

Paris 522 – Carhaix-P. 43 – Guingamp 39 – Lannion 32 – Morlaix 25 – Plouaret 18 – Quimper 81.

Monts d'Arrée, ☎ 72.80.44 – wc wc ☎. ch
fermé 17 déc. au 10 janv. – SC : **R** *(fermé dim. soir)* 60/105 – 16 – **22 ch** 85/180 – P 140/180.

GUÉTHARY 64 Pyr.-Atl. 78 ⑪⑱ **G. Pyrénées** – 1 042 h. alt. 27 – ✉ **64210** Bidart – 59.

Syndicat d'Initiative pl. Mairie (fermé sam. sauf matin en sais. et dim.) ☎ 26.56.60.

Paris 789 – ♦Bayonne 15 – Biarritz 9 – Pau 123 – St-Jean-de-Luz 6.

Brikétenia (Ibarboure), ☎ 26.51.34, <, – TV wc wc ☎ P. AE VISA.
fermé 1er nov. au 15 déc. – **R** *(fermé mardi du 1er oct. au 30 juin)* 85/145 – 22 – **25 ch** 100/210 – P 178/240
Spéc. Soupière du pêcheur en croûte (15 juin au 30 oct.), Langoustines aux fines de claires, Caneton sauvage au vinaigre de cerises.

Pereria , ☎ 26.51.68, <, , **« Beau jardin ombragé »**, – wc wc ☎ P. rest
1er mars-1er nov. – SC : **R** 55/110 – **30 ch** 100/194 – P 175/210.

Madrid, ☎ 26.52.12, – E
Pâques-fin sept. – SC : **R** 50/110.

RENAULT Gar. Labourd, ☎ 26.50.52

Le GUÉTIN 18 Cher 69 ③ – alt. 175 – ✉ **18150** La Guerche-sur-l'Aubois – 48.

Paris 250 – Bourges 57 – La Guerche-sur-l'Aubois 10 – Nevers 11 – St-Pierre-le-Moutier 27.

Aub. du Pont-Canal, D 976 ☎ 74.07.15
fermé 15 nov. au 15 déc., fév. et lundi sauf juil.-août – SC : **R** 55/160 .

CITROEN Chailloux, ☎ 74.08.72

GUEUGNON 71130 S.-et-L. 69 ⑰ – 10 456 h. alt. 243 – 85.

Paris 344 – Autun 51 – Bourbon-Lancy 26 – Digoin 16 – Mâcon 91 – Montceau-les-Mines 27.

Commerce, 1 r. La Fontaine ☎ 85.23.23 – wc wc ☎ . E VISA
SC : **R** 60/120 – 22 – **23 ch** 100/220 – P 170/220.

Relais Bourguignon avec ch, **1 rte Digoin** ☎ **85.25.23** – wc ☎ P. E VISA
fermé 8 au 30 août, vacances de fév., dim. soir et lundi – SC : **R** 70/170 – 15 – **9 ch** 90/120.

CITROEN Milli, rte de Digoin ☎ 85.06.02 N
PEUGEOT-TALBOT Vadrot, 31 r. du 8-Mai ☎ 85.24.31
RENAULT Hermey, 48 r. de la Liberté ☎ 85.20.42

Goesin, 11 r. J.-Bouveri ☎ 85.25.40

GUEYNARD 33 Gironde 71 ⑧ – rattaché à St-André-de-Cubzac.

GUICHEN 35580 I.-et-V. 63 ⑥ – 5 366 h. – 99.

Paris 375 – Châteaubriant 48 – Ploermel 50 – Redon 46 – ♦Rennes 19.

Commerce, 34 r. Gén.-Leclerc ☎ 57.01.14 – wc wc P. E.
fermé 5 au 23 août et vacances de fév. – SC : **R** *(fermé dim. soir et lundi)* 45/120 – 14 – **18 ch** 65/143 – P 130/157.

GUIDEL 56520 Morbihan 58 ⑫ – 6 079 h. – 97.

Voir St-Maurice : Site★ et <★ du pont NO : 5 km, G. Bretagne.

Paris 504 – Concarneau 39 – Lorient 12 – Moëlan-sur-Mer 13 – Quimperlé 12 – Vannes 68.

La Châtaigneraie M sans rest, O : 1 km par D 162 ☎ 65.99.93, parc – TV P. E VISA.
SC : 27 – **10 ch** 270.

GUIGNIÈRE 37 I.-et-L. 64 ⑭⑮ – rattaché à Tours.

GUILLAUMES 06470 Alpes-Mar. 🗗 ⑨ ⑲, 🗓🗓🗓 ③ G. Côte d'Azur – 546 h. alt. 819 – 🕲 93.

Voir Gorges de Daluis★★ : ⩽★★ au S à hauteur des tunnels.

🛈 Syndicat d'Initiative à la Mairie (fermé sam. et dim.) 🕾 05.50.13.

Paris 840 – Barcelonnette 63 – Castellane 57 – Digne 95 – Manosque 136 – ◆Nice 98.

　🏨　**Renaissance**, 🕾 05.50.12, � – 🅿. 🖭
　　　fermé 1er nov. au 15 déc. – SC : **R** 55/70 – ☛ 14 – **20 ch** 60/80 – P 130/140.

GUILLESTRE 05600 H.-Alpes 🗗🗗 ⑱ G. Alpes – 2 009 h. alt. 1 000 – 🕲 92.

Voir Pied-la-Viste ⩽★ E : 2 km – Peyre-Haute ⩽★ S : 4 km puis 15 mn.

🛈 Syndicat d'Initiative pl. Salva (fermé dim.) 🕾 45.04.37.

Paris 716 – Barcelonnette 49 – Briançon 35 – Digne 119 – Gap 60.

　🏩　**Les Barnières II** 🖳 🦺, 🕾 45.04.87, ⩽ vallée et montagnes, 🏊, 🐎, 💥 – 🕻🅿.
　　　🖪 💥
　　　fermé 15 oct. au 20 déc. – SC : **R** 68/160 – ☲ 23 – **39 ch** 190/210 – P 200/220.

　🏨　**Les Barnières I** 🖳 🦺, 🕾 45.05.07, ⩽ vallée et montagne, 🏊, 🐎, 💥 – 🚾wc
　　　🕾 🅿. 🖪 💥
　　　1er juin-30 sept. – SC : **R** 68/160 – ☲ 23 – **35 ch** 180 – P 195/210.

　　　à Risoul S : 2 km – Sports d'hiver : à Risoul 1 850/2 571 m 💺12 🎿 – ✉ 05600 Guillestre.
　　　🛈 Syndicat d'Initiative (saison) 🕾 45.02.60.

　🏨　**La Bonne Auberge** 🦺, 🕾 45.02.40, ⩽ Pelvoux – 🚾wc 🛁wc 🅿. 💥 rest
　　　1er juin-25 sept. et 20 déc.-20 avril – SC : **R** 65 – ☲ 16 – **36 ch** 112/125 – P 154/168.

　　　à Mont-Dauphin-Gare NO : 4 km – alt. 900 – ✉ 05600 Guillestre :

　🍴　**Gare** avec ch, 🕾 45.03.08 – 🕾 🅿. 🖭 💥 rest
　　　fermé sam. du 1er mai au 10 juil. et du 1er sept. au 20 déc. – SC : **R** 51/100 🍷 – ☲
　　　15,50 – **26 ch** 72/116 – P 150/170.

CITROEN Fine, quartier St-Guillaume 🕾 45.　　　PEUGEOT-TALBOT Gar. du Tourisme, 🕾 45.
12.36 🖪　　　　　　　　　　　　　　　　　　　07.09

　　　à La Maison du Roy NE : 5,5 km par D 902 – ✉ 05600 Guillestre :

　🏨　**La Maison du Roy**, 🕾 45.08.34, ⩽ – 🚾wc 🕾 🅿. 💥
　　　fermé nov., merc. sauf rest. de juin à sept. et déc. à avril – SC : **R** 53/110 – ☲ 18,50
　　　– **28 ch** 95/180 – P 170/201.

GUILLIERS 56490 Morbihan 🗗🗗 ④ – 1 252 h. – 🕲 97.

Paris 418 – Dinan 59 – Lorient 88 – Ploërmel 13 – ◆Rennes 67 – Vannes 58.

　🏨　**Relais du Porhoët**, 🕾 74.40.17, 🐎 – 🚾wc 🛁wc 🕾 🅿
　◆　*fermé lundi* – SC : **R** 50/130 🍷 – ☲ 18 – **15 ch** 80/130 – P 150/200.

GUILVINEC 29115 Finistère 🗗🗗 ⑭ G. Bretagne – 4 108 h. alt. 5 – 🕲 98.

Paris 579 – Douarnenez 40 – Pont-l'Abbé 11 – Quimper 31.

　🍴🍴　**Centre** avec ch, r. Penmarch 🕾 58.10.44, 🐎 – 🚾wc 🛁wc 🅿. 🖪 🖭
　◆　*fermé fév. et lundi d'oct. à fin mars* – SC : **R** 45/200 – ☲ 13 – **18 ch** 60/150 – P
　　　130/160.

　　　à Lechiagat E : 1 km – ✉ 29115 Guilvinec :

　🏨　**Port**, 🕾 58.10.10, ⩽ – 🖵 🚾wc 🛁wc 🕾
　　　36 ch.

GUINGAMP ◁🅢▷ 22200 C.-du-N. 🗗🗗 ② G. Bretagne – 9 519 h. alt. 74 – 🕲 96.

Voir Basilique★.

🛈 Office de Tourisme 2 pl. du Vally (Pâques-30 sept. et fermé dim.) 🕾 43.73.89.

Paris 484 ③ – ◆Brest 113 ⑦ – Carhaix-Plouguer 48 ⑥ – Lannion 32 ⑦ – Morlaix 53 ⑦ – Pontivy 61
④ – St-Brieuc 31 ③.

Plan page ci-contre

　🏨　**D'Armor** 🖳 sans rest, 44 bd Clemenceau (s) 🕾 43.76.16 – 🚾wc 🛁wc 🕾. 🖭 🖪
　　　🖭 💥
　　　SC : ☲ 17 – **23 ch** 150/175.

　🏨　**Le Goëland** 🖳 sans rest, rte Corlay par ④ 🕾 21.09.41, 🐎 – cuisinette 🚾wc
　　　🛁wc 🕻 🅿. 🖭
　　　fermé vacances de Noël – SC : ☲ 15 – **30 ch** 125/170.

　🏨　**Hermine** 🖳, 1 bd Clemenceau (a) 🕾 21.02.56 – 🛁wc 🕾. 🖭
　　　SC : **R** grill (fermé 13 mai au 4 juin, 22 déc. au 2 janv., dim. et fêtes) 55/65 🍷 – ☲ 15
　　　– **12 ch** 90/130.

　🍴🍴🍴　**Relais du Roy** 🦺 avec ch, pl. Centre (e) 🕾 43.76.62 – 🖵 🚾wc 🛁wc 🕾 – 🏋
　　　30. 🖭 🖲 🖭
　　　fermé 24 août au 11 sept. et vacances scol. de Noël – SC : **R** (fermé lundi) 70/180 –
　　　☲ 28 – **7 ch** 185/250.

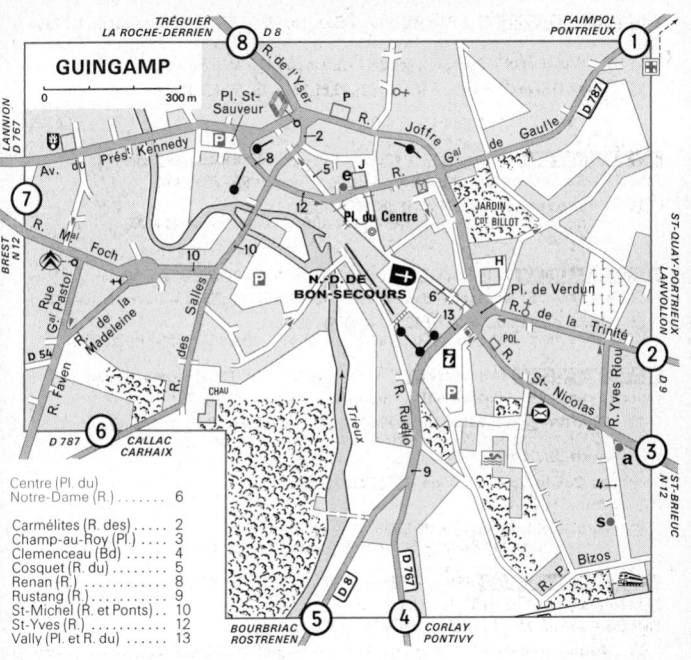

CITROEN Kerambrun, ZAC de Bellevue à
Ploumagoar par ③ ☎ 43.79.07
CITROEN Herniou, 21 r. Mar.-Foch ☎ 43.73.92
FORD Gar. du Vally, pl. du Vally ☎ 43.97.84
PEUGEOT, TALBOT Gds Gar. des Côtes-du-
Nord, Zone Ind. de Locmenard à Graces par ⑥
☎ 43.85.59
RENAULT Menguy, 9 r. Carmélites ☎ 43.70.40

V.A.G. Rumen, Bd de la Marne ☎ 43.70.43
VOLVO Prigent, 19 r. Pors-en-Quen ☎ 43.
75.25

Ⓜ Desserrey-Pneus, Zone Ind. de Graces-
Guingamp ☎ 43.96.82
Yven, 34 r. St-Nicolas ☎ 43.73.85

GUISE 02120 Aisne 🔢 ⑮ G. Nord de la France – 6 296 h. alt. 97 – ✪ 23.

Voir Château★.

Paris 182 – Avesnes 39 – Cambrai 47 – Hirson 38 – Laon 38 – St-Quentin 27.

✗ **Guise** avec ch, 103 pl. Lesur ☎ 61.17.58 – 🛁wc. 🅴 𝑉𝐼𝑆𝐴
⟵ SC : **R** *(fermé juil., vacances de fév., vend. soir et sam.)* 50/110 ♨ – 🍽 15 – **8 ch**
70/130 – P 169.

CITROEN Ets Deshayes, 72 r. André Godin ☎
61.00.15
PEUGEOT-TALBOT Donnay Autom, 35 r. de
Flavigny ☎ 61.09.43

RENAULT Gd Gar. de Guise, rte de Laon ☎
60.45.33 🔃 ☎ 61.14.98

GUÎTRES 33 Gironde 🔢 ② G. Côte de l'Atlantique – 1 377 h. alt. 12 – ✉ 33230 Coutras –
✪ 56.

🅳 Syndicat d'Initiative 8 Grand'rue (fermé dim.) ☎ 49.10.34.

Paris 590 – Angoulême 84 – Blaye 46 – ◆Bordeaux 46 – Libourne 16 – St-André-de-Cubzac 24.

🏠 **Bellevue** sans rest, ☎ 49.12.81 – 🛁wc ⟵⟶ 🅿. ⛟
fermé 16 sept. au 4 oct. et 10 au 28 fév. – SC : ⊒ 12 – **11 ch** 50/80.

GUJAN-MESTRAS 33470 Gironde 🔢 ② G. Côte de l'Atlantique – 8 600 h. – ✪ 56.

🅳 Office de Tourisme 41 av. de Lattre de Tassigny (hors saison matin seul. et fermé dim. sauf
matin en saison) ☎ 66.12.65.

Paris 643 – Andernos-les-Bains 26 – Arcachon 12 – ◆Bordeaux 48.

✗ **La Coquille** avec ch, à Gujan ☎ 66.08.60 – 🛁 🅰🅴
⟵ *fermé nov., dim. soir et lundi de sept. à avril* – SC : **R** 48/105 – 🍽 15 – **11 ch** 85/142
– P 150.

à La Hume O : 4 km – ✉ 33470 Gujan-Mestras :

✗ **IL Bacio**, 8 av. de-Lattre-de-Tassigny ☎ 66.12.12 – 🅿
fermé oct., nov. et mardi hors sais. – SC : **R** 65.

531

GUNDERSHOFFEN 67 B-Rhin 57 ⑲ – 2 653 h. alt. 173 – ✉ **67110** Niederbronn-les-Bains – ☎ 88.

Paris 489 – Haguenau 15 – Sarreguemines 62 – ♦Strasbourg 47 – Wissembourg 34.

XX **Chez Gérard** avec ch, à la Gare ☎ 09.51.20 – Ⓟ. AE ⓓ VISA
fermé 27 août au 5 sept. et 1er au 22 fév. – SC : **R** *(fermé mardi soir et merc.)* 55/139 ₰ – ☕ 9,50 – **4 ch** 48/51 – P 110.

GYÉ-SUR-SEINE 10 Aube 61 ⑱ – 493 h. alt. 173 – ✉ **10250** Mussy-sur-Seine – ☎ 25.

Paris 211 – Bar-sur-Aube 40 – Châtillon-sur-Seine 24 – Tonnerre 51 – Troyes 44.

XX **Voyageurs** avec ch, N 71 ☎ 38.20.09 – ⋒
fermé 15 janv. au 15 fév. et merc. – **R** (dim. et fêtes prévenir) 49/90 ₰ – ☕ 13,50 – **9 ch** 75/87.

HABÈRE-LULLIN 74 H.-Savoie 70 ⑰ – 395 h. alt. 850 – ✉ **74420** Boëge – ☎ 50.

Paris 576 – Annecy 60 – Boëge 6 – Bonneville 29 – ♦Genève 31 – Lullin 10 – Thonon-les-Bains 23.

Aux Touristes, ☎ 39.50.42, ⩽ – ⋒ Ⓟ. ✻ rest
fermé merc. hors sais. – SC : **R** 55/115 – ☕ 11 – **20 ch** 90/110 – P 125/150.

HABÈRE-POCHE 74 H.-Savoie 70 ⑰ – 511 h. alt. 945 – ✉ **74420** Boëge – ☎ 50.

Paris 578 – Annecy 62 – Bonneville 31 – ♦Genève 33 – Thonon-les-Bains 21.

Chardet M ⛰, **à Ramble** ☎ 39.51.46, ⩽ – |♦| ⇔wc ⋒wc ☎ ⇔ Ⓟ. ✻ ch
15 juin-1er oct., 15 déc.-15 avril et fermé merc. hors sais. – SC : **R** 59/110 – ☕ 13 – **30 ch** 100/155 – P 149/190.

au Col de Cou NO : 4 km – ✉ **74420** Boëge.
Voir ⩽★, G. Alpes.

Aub. Gai Logis ⛰, ☎ 39.52.35, ⩽ – Ⓟ. ✻ rest
fermé 1er oct. au 18 déc. – SC : **R** 55/105 – ☕ 13 – **12 ch** 77/110 – P 132/165.

HAGENTHAL-LE-BAS 68 H.-Rhin 66 ⑩ – 777 h. alt. 360 – ✉ **68220** Hegenheim – ☎ 89.

18 privé de Bâle ☎ 68.50.91, N : 2 km.

Paris 555 – Altkirch 27 – ♦Bâle 12 – Colmar 74 – ♦Mulhouse 40.

XX **Jenny** avec ch, NE : 2,5 km par D 12B près golf ☎ 68.50.09, ⛱, ⛱ – ⋒ ⇔ Ⓟ. AE ⓓ VISA
fermé mi-janv. à mi-fév. – SC : **R** *(fermé lundi de sept. à avril)* 55/130 – ☕ 18 – **10 ch** 55/125 – P 125/165.

HAGETMAU 40700 Landes 78 ⑦ G. Pyrénées – 4 514 h. alt. 25 – ☎ 58.

ℹ Syndicat d'Initiative à la Mairie (fermé dim.) ☎ 79.33.14.

Paris 716 – Aire-sur-l'Adour 34 – Dax 45 – Mont-de-Marsan 29 – Orthez 25 – Pau 57 – Tartas 35.

Le Jambon, r. Carnot ☎ 79.32.02 – ⇔wc ⋒. AE VISA. ✻ ch
fermé janv. et lundi en hiver – SC : **R** 50/120 ₰ – ☕ 10 – **14 ch** 64/147 – P 110/140.

X **Relais Basque** avec ch, r. P.-Duprat ☎ 79.30.64 – ⋒ ☎. ✻
fermé 15 sept. au 1er oct. et sam. – SC : **R** 42/110 ₰ – ☕ 14 – **7 ch** 70/102.

CITROEN Lacourrège, ☎ 76.31.80
PEUGEOT, TALBOT Maurin, ☎ 76.58.58 Ⓝ
RENAULT Labadie, ☎ 76.38.11

HAGONDANGE 57300 Moselle 57 ③④ G. Vosges – 9 091 h. alt. 161 – ☎ 8.

Paris 326 – Briey 20 – ♦Metz 16 – Rombas 6 – Thionville 15 – Verdun 74.

XX **Méligner,** 69 r. Gare ☎ 771.47.53 – AE E VISA
fermé août et sam. – **R** 55/120 ₰.

FIAT Gar. Parachini, bret. autoroute, Talange ☎ 771.47.30
PEUGEOT, TALBOT Mondelange-Auto, 21 r. de l'Église, Mondelange ☎ 771.46.32 Ⓝ
TOYOTA Blanquier, r. Ch.-Lutz ☎ 771.78.10

HAGUENAU <SP> 67500 B.-Rhin 57 ⑲ G. Vosges – 29 715 h. alt. 130 – ☎ 88.

Voir Boiseries★ de l'église St-Nicolas Y E.

ℹ Office de Tourisme pl. J.-Thierry (fermé sam. et dim.) ☎ 93.26.10.

Paris 477 ④ – Baden-Baden 43 ② – Épinal 146 ④ – Karlsruhe 64 ② – Lunéville 114 ④ – ♦Nancy 135 ④ – St-Dié 109 ④ – Sarreguemines 75 ⑥ – ♦Strasbourg 32 ④.

Plan page ci-contre

Europe, 15 av. professeur-R.-Leriche, par ④ ☎ 93.58.11, Télex 880566, ⛱ – |♦| ▤ rest ⇔wc ⋒wc ☎ Ⓟ – 🏛 25. AE ⓓ E VISA
SC : **R** *(fermé dim. soir et sam.)* 41/130 ₰ – ☕ 19,50 – **45 ch** 182/218.

National, pl. Gare ☎ 93.85.70 – |♦| ⇔wc ⋒ ☎ Ⓟ. ✻ ch — Z **a**
SC : **R** *(fermé lundi sauf fériés)* 60/120 ₰ – ☕ 16 – **26 ch** 90/156.

XX **Barberousse,** 8 pl. Barberousse ☎ 73.31.09, ⛱ – AE ⓓ E VISA — YZ **k**
fermé 23 juil. au 9 août, vacances de fév., mardi soir et merc. – SC : **R** 38/120 ₰.

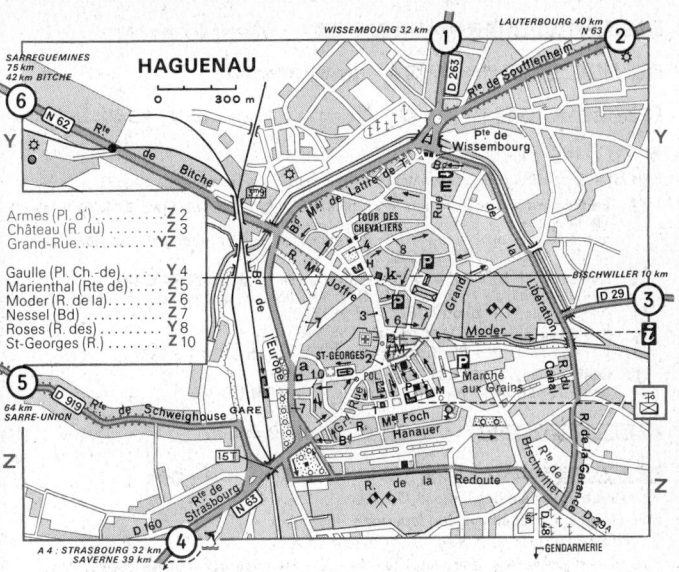

Armes (Pl. d') . . . . **Z** 2
Château (R. du) . . . . **Z** 3
Grand-Rue . . . . **YZ**

Gaulle (Pl. Ch.-de) . . . . . . **Y** 4
Marienthal (Rte de) . . . . . . **Z** 5
Moder (R. de la) . . . . **Z** 6
Nessel (Bd) . . . . **Z** 7
Roses (R. des) . . . . **Y** 8
St-Georges (R.) . . . . **Z** 10

à Schweighouse-sur-Moder par ⑤ : 4 km – 4 134 h. – ✉ 67590 Schweighouse-sur-Moder :

XX **Aub. Cheval Blanc** avec ch, 46. r. G.-de-Gaulle ℡ 93.88.02 – 🚗 🅿. 🛥 ch
↔ *fermé 16 août au 7 sept., 26 déc. au 10 janv., dim. soir (sauf hôtel) et sam. – SC :* **R**
40/140 🛢 – 🖵 15 – **16 ch** 85/130.

CITROEN Gar. Herber, rte Bischwiller Z ℡ 93.
38.88 **N**
FIAT Gloeckler, 1 bd Europe ℡ 93.21.10
PEUGEOT-TALBOT Nord-Alsace-Autom.,
121a rte Strasbourg par ④ ℡ 93.12.60
RENAULT Grasser, 134 rte Weitbruch par D
48 Z ℡ 93.73.03 **N** ℡ 93.02.29

⊚ Alsace-Pneus, 4 chemin des Prairies ℡ 73.
30.79
Kautzmann, 105 rte de Strasbourg ℡ 93.11.38
Pneus et Services D.K. 2 rte de Strasbourg ℡
93.93.59

HAM 80400 Somme 🗗🗗 ③ G. Nord de la France – 6 399 h. alt. 62 – ⊕ 23.

Paris 135 – ♦Amiens 67 – Noyon 20 – Péronne 24 – Roye 26 – St-Quentin 20 – Soissons 56.

🏠 ✿ **France** (Dumont), pl. Hôtel-de-Ville ℡ 81.00.22 – 🚿wc 🛁 🚗. 🆎 ⑩ 𝗩𝗜𝗦𝗔.
🛥 ch
fermé 29 juil. au 21 août, vacances de fév., dim. soir et lundi – SC : **R** 65/200 – 🖵 16
– **16 ch** 80/175
Spéc. Terrine de canard, Panaché de poissons beurre blanc, Paupiette bressane forestière.

✿ **Valet**, 58 r. Noyon ℡ 81.10.87 – 🚿wc 🛁 𝗩𝗜𝗦𝗔
↔ *fermé 8 au 18 juil., sam. et dim. – SC :* **R** 39/64 🛢 – 🍽 12 – **21 ch** 50/125 – P
115/195.

CITROEN Gar. de Picardie, 7 r. de Noyon ℡
81.01.86
PEUGEOT-TALBOT Bibaut, 137 rte de Roye à
Eppeville ℡ 81.02.13

PEUGEOT-TALBOT Gar. Valet, 26 rte de Paris
à Muille-Villette ℡ 81.02.56
RENAULT Gar. Bacquet, 48 r. de Noyon ℡
81.00.13

HAMBYE 50650 Manche 🗗🗗 ③ G. Normandie – 1 241 h. alt. 92 – ⊕ 33.

Voir Ruines de l'abbaye★★ S : 5 km.

Paris 317 – Coutances 23 – Granville 29 – St-Lô 26 – Tessy-sur-Vire 15 – Villedieu-les-Poêles 17.

XX **Les Chevaliers** avec ch, au bourg D 13 ℡ 90.42.09 – ⑩ **E** 𝗩𝗜𝗦𝗔. 🛥 ch
fermé fév., mardi soir en hiver et merc. – SC : **R** (nombre de couverts limité -
prévenir) 55/107 – 🖵 12 – **6 ch** 65/70.

RENAULT Gar. de la Chaussée, ℡ 90.42.39   Gar. Lecrosnier, ℡ 61.43.12

> Les **guides Rouges**, les **guides Verts** et les **cartes Michelin**
> sont complémentaires.
> Utilisez les ensemble.

HAMEAU du SOLEIL 06 Alpes-Mar. 84 ⑨. 195 ㉕ – rattaché à Cagnes-sur-Mer.

HANAU (Étang de) 57 Moselle 57 ⑰ – rattaché à Philippsbourg.

HARDELOT-PLAGE 62 P.-de-C. 51 ⑪ G. Nord de la France – alt. 12 – ✉ 62152 Neufchâtel-Hardelot – ✆ 21.
🏌 ⏚ 32.73.10 E : 1 km.
Paris 237 – Arras 109 – Boulogne-sur-Mer 15 – Montreuil 31 – Le Touquet-Paris-Plage 23.

 🏨 **Le Régina** M, av. François-1er ⏚ 83.81.88 – 📶 📺 ➰wc 📶wc ☎ ⚕ ❷ – 🎱 70.
 ⓪. ❄ rest
 fermé 15 déc. au 31 janv. – SC : R (fermé dim. soir et lundi sauf juil.-août) 60/83 –
 ➷ 16 – **40 ch** 162/180 – P 215/275.

 🏨 **Écusson**, ⏚ 83.71.52 – 📶 📺 ➰wc 📶wc ➰ – 🎱 50. 🖽 ⓪ E 𝑉𝐼𝑆𝐴
 fermé 26 janv. au 1er mars – SC : R (fermé dim. soir et merc. du 15 nov. au 15 avril)
 *75/150 – ➷ 17 – **20 ch** 110/212 – P 270/305.*

 🏖 **Pré Catelan** ⬙., ⏚ 32.70.03, ➰ ➰ –
 ← *fin mars-fin sept. – SC : R 44/79 – ➷ 12,50 – **12 ch** 67/80 – P 138.*

 ✗✗✗ **Golf**, au Golf ⏚ 32.71.04, ≼ – ❷. 🖽 ⓪ E 𝑉𝐼𝑆𝐴
 fermé 18 déc. au 1er fév., dim. soir et lundi – SC : R 100/160.

HARTMANNSWILLER 68 H.-Rhin 66 ⑨ – rattaché à Guebwiller.

HASPARREN 64240 Pyr.-Atl. 85 ③ G. Pyrénées – 5 611 h. alt. 90 – ✆ 59.
Voir Route impériale des Cimes★ O : D 22.
Env. Grottes d'Oxocelhaya et d'Isturits★★ SE : 11 km.
🛈 Syndicat d'Initiative pl. St-Jean (15 juin-15 sept.) ⏚ 29.62.02.
Paris 797 – ✦Bayonne 24 – Cambo-les-B. 10 – Pau 103 – Peyrehorade 32 – St-Jean-Pied-de-Port 33.

 🏨 **Tilleuls**, pl. Verdun ⏚ 29.62.20 – 📶wc ➰. ❄
 fermé 1er au 30 oct. et lundi du 1er sept. au 31 mai sauf fêtes – SC : R 55/80 – ➷ 13
 – **12 ch** 107/162.

 🏨 **Argia**, r. Dr.-J.-Lissart ⏚ 29.60.24 – ➰wc 📶wc ➰. 🖽 ⓪ E
 ← *fermé 1er nov. au 8 déc. et lundi – SC : R 50/130 – ➷ 14 – **21 ch** 66/140 – P*
 132/155.

HAUT-COMBLOUX 74 H.-Savoie 74 ⑧ – rattaché à Combloux.

HAUTELUCE 73620 Savoie 74 ⑰⑱ G. Alpes – 707 h. alt. 1 193 – Sports d'hiver au Col des Saisies : 1 650/2 000 m ≰19, ⚶ – ✆ 79.
Env. Signal de Bisanne ☀★★ O : 11 km.

HAUTERIVES 26390 Drôme 77 ② G. Vallée du Rhône – 1 105 h. alt. 298 – ✆ 75.
Voir Le Palais Idéal★.
Paris 534 – ✦Grenoble 73 – ✦Lyon 71 – Valence 47 – Vienne 41.

 🏨 **Le Relais**, ⏚ 03.81.12, ➰ – 📶wc ➰ ❷. ❄ rest
 ← *fermé 15 janv. à fin fév. et lundi sauf juil.-août – SC : R 45/117 – ➷ 15 – **17 ch**
 69/126 – P 140/165.*

Les HAUTES-RIVIÈRES 08 Ardennes 53 ⑱ G. Nord de la France – 2 354 h. alt. 163 –
✉ 08800 Monthermé – ✆ 24.
Voir Vallon de Linchamps★ N : 4 km.
Paris 255 – Charleville-Mézières 22 – Dinant 55 – Sedan 45.

 ✗ **Les Saisons**, ⏚ 53.40.94 – ⓪ 𝑉𝐼𝑆𝐴
 ← *fermé dim. soir et lundi sauf fériés – R 45/130.*

HAUTEVILLE-LÈS-DIJON 21 Côte-d'Or 66 ⑫ – rattaché à Dijon.

HAUTEVILLE-LOMPNES 01110 Ain 74 ④ – 4 905 h. alt. 815 – ✆ 74.
Voir Chute et gorges de l'Albarine★, G. Jura.
🛈 Syndicat d'Initiative à la Mairie (fermé sam. et dim.) ⏚ 35.39.73.
Paris 479 – Aix-les-Bains 60 – Belley 33 – Bourg-en-Bresse 52 – ✦Lyon 84 – Nantua 31.

 🏨 **Pascal et rest. Faisan Doré**, r. Corlier D 8A ⏚ 35.31.40, ⬙ – ➰wc ➰ ❷.
 ← ❄ ch
 *fermé 24 déc. au 31 janv. et mardi – SC : R 40/70 – ➷ 15 – **20 ch** 70/150.*

 🏖 **Villa Corbet** sans rest, r. des Fontanettes ⏚ 35.30.04 – ❷. 🖽. ❄
 *fermé 1er au 15 oct. – SC : ➷ 15 – **8 ch** 68/88.*

534

au col de la Lèbe rte de Belley : 8 km alt. 905 m – ⊠ **01260** Champagne-en-Valromey :

✗ **Aub. du Col de la Lèbe** ⑤ avec ch, ℡ 87.64.54, ≤, 佘 – 劂 ❷. ⅋
↔ *fermé 20 au 30 juin, 20 au 30 sept., 12 au 30 nov., lundi (sauf juil.-août) et mardi –*
SC : **R** 48/120 dîner à la carte – ☲ 11 – **7 ch** 57/80 – P 145/160.

CITROEN Gar. Central, ℡ 35.31.06	PEUGEOT, TALBOT Gar. Deschombeck, ℡ 35.30.45
FORD Gar. Standard, ℡ 35.35.56	
LADA-SKODA Gar. Lay, ℡ 35.37.80	RENAULT Micheli, ℡ 35.35.63
PEUGEOT-TALBOT Gar. Jean Miguet, ℡ 35.35.74	**Gar. Depierre,** ℡ 35.31.15

HAUTEVILLE-PLAGE 50 Manche 54 ⑫ – 597 h. – ⊠ **50590** Montmartin-sur-Mer – ✿ 33.

🛈 Office de Tourisme 10 av. Aumesle (1er juin-15 sept. et fermé dim. sauf juil. et août) ℡ 47.51.80.

Paris 344 – Bréhal 10 – Coutances 14 – Granville 20 – St-Lô 41.

🏠 **Plage,** ℡ 47.52.33, ≤ – ⇌wc ☎ ❷. ⅋ ch
fermé 15 sept. au 15 oct., 10 au 31 janv. et mardi – SC : **R** carte 90 à 150 ♨ – ☲ 15 – **16 ch** 75/180.

HAUT-KOENIGSBOURG 67 B.-Rhin 62 ⑱⑲ G. Vosges – alt. 755 – ⊠ **67600** Kintzheim (H.-Rhin) – ✿ 88.

Voir Château★★ : ⅋★★.

Le HAVRE ◈ 76600 S.-Mar. 55 ③ G. Normandie – 197 730 h. – ✿ 35.

Voir Port★★ EZ – Quartier moderne★ EFYZ : intérieur★★ de l'église St-Joseph★ EZ E, pl. de l'Hôtel-de-Ville★ FY, Av. Foch★ EFY – Côte d'Ingouville ⅋★ FX R – Fort de Ste-Adresse ⅋★★ EX – Bd Président-Félix-Faure : table d'Orientation ⅋★ à Ste-Adresse A – Musée des Beaux-Arts★ FZ M1.

Env. Terrasse d'Orcher★ E : 10 km route Gonfreville-l'Orcher puis 15 mn.

🖫 ℡ 46.36.11 N par ① : 10 km.

✈ du Havre-Octeville ℡ 46.09.81, A.

🛈 Office de Tourisme (fermé dim. sauf le matin en saison) et Accueil de France (Informations et réservations d'hôtels, pas plus de 5 jours à l'avance), pl. Hôtel-de-Ville ℡ 21.22.88, Télex 190369 – A.C.O. 49 r. Racine ℡ 42.39.32.

Paris 205 ④ – ◆Amiens 180 ③ – ◆Caen 108 ④ – ◆Lille 297 ③ – ◆Nantes 393 ④ – ◆Rouen 88 ③.

Plans pages suivantes

🏨🏨 **Bordeaux** M sans rest, 147 r. L.-Brindeau ℡ 22.69.44, Télex 190428 – ☯ 📺 ☎. 歴 ⓪ E 𝗩𝗜𝗦𝗔. ⅋
SC : ☲ 25 – **31 ch** 205/340.   FZ **v**

🏨🏨 **Le Marly** M sans rest, 121 r. Paris ℡ 41.72.48 – ☯ 📺 ☎. 歴 ⓪ 𝗩𝗜𝗦𝗔
SC : ☲ 18 – **34 ch** 172/182.   FZ **n**

🏨🏨 **Mercure** M, Chaussée d'Angoulême ℡ 21.23.45, Télex 190749 – ☯ 🗐 ☎ ♿ ❷ – 🛆 200. 歴 ⓪ E 𝗩𝗜𝗦𝗔
R carte environ 90 ♨ – ☲ 30 – **96 ch** 310/394.   FZ **b**

🏨 **France et Bourgogne,** 21 cours République ℡ 25.40.34 – ☯ ⇌wc 劂wc ☎ – 🛆 50. 歴 𝗩𝗜𝗦𝗔
SC : **R** *(fermé juil. et sam.)* 72/98 ♨ – ☲ 18,50 – **31 ch** 125/225.   GY **z**

🏨 **Parisien** sans rest, 1 cours République ℡ 25.23.83 – ☯ 📺 ⇌wc 劂 ☎. 歴 ⓪ E 𝗩𝗜𝗦𝗔
fermé 23 déc. au 6 janv. – SC : **22 ch** ☲ 153/250.   GYZ **e**

🏨 **Astoria,** 13 cours République ℡ 25.00.03 – ☯ 📺 ⇌wc 劂wc ☎. 歴 ⓪ E 𝗩𝗜𝗦𝗔
↔ SC : **R** 45 ♨ – ☲ 16 – **35 ch** 140.   GY **z**

🏨 **Foch** sans rest, 4 r. Caligny ℡ 42.50.69 – ☯ ⇌wc 劂wc ♿. 歴 E 𝗩𝗜𝗦𝗔. ⅋
SC : ☲ 14,50 – **33 ch** 72/182.   EZ **b**

🏠 **Bauza** sans rest, 15 r. G.-Braque ℡ 42.27.27 – 劂wc ♿. ⅋
SC : ☲ 14,50 – **26 ch** 72/144.   FY **p**

🏠 **Celtic** sans rest, 106 r. Voltaire ℡ 42.39.77 – 劂wc ☎. 𝗩𝗜𝗦𝗔
SC : ☲ 18 – **14 ch** 115/148.   FZ **k**

🏠 **Angleterre** sans rest, 1 r. Louis-Philippe ℡ 42.48.42 – ⇌wc 劂wc ♿. 歴 E 𝗩𝗜𝗦𝗔
fermé 15 déc. au 15 janv. – SC : ☲ 15 – **29 ch** 70/140.   EY **s**

🏠 **Richelieu** sans rest, 132 r. Paris ℡ 42.38.71 – ⇌ 劂wc ♿. 𝗩𝗜𝗦𝗔
fermé 22 déc. au 7 janv. – SC : ☲ 16,50 – **20 ch** 70/204.   FZ **f**

🏠 **H. Petit Vatel** sans rest, 86 r. L.-Brindeau ℡ 41.72.07 – ⇌wc 劂wc ♿. 𝗩𝗜𝗦𝗔. ⅋
SC : ☲ 14 – **29 ch** 80/175.   FZ **t**

🏠 **St-Louis** ⑤ sans rest, 18 r. Ch.-Aug.-Marande ℡ 42.53.58 – ⇌wc ♿   EFY **y**
15 ch.

tourner →

Le HAVRE

🏠 **Voltaire** sans rest, 14 r. Voltaire ☎ 41.30.91 – 📶 ☎   EFZ **q**
SC : ☲ 14 – **24 ch** 75/124.

🏠 **Séjour Fleuri** sans rest, 71 r. E.-Zola ☎ 41.33.81 – 📶 _VISA_   FZ **u**
SC : ☲ 12 – **29 ch** 60/89.

XXX **Monaco** avec ch, 16 r. Paris ☎ 42.21.01 – ▤ rest 🛏wc ☎. AE ① E _VISA_   FZ **s**
fermé 1er au 15 sept. et 14 au 28 fév. – **R** (fermé lundi sauf juil.-août) 65/150 – ☲
19,50 – **10 ch** 80/200.

XX **Petit Vatel,** 84 r. L.-Brindeau ☎ 41.78.77 – _VISA_   FZ **t**
fermé 2 au 30 juil., dim. soir et lundi – SC : **R** 75/135.

XX **L'Athanor,** 120 r. Guillemard ☎ 42.50.27 – AE ① E _VISA_   EY **n**
fermé 3 au 24 août, 2 au 9 janv., dim. et lundi – SC : **R** 95/185.

XX **Le Petit Bedon,** 39 r. L.-Brindeau ☎ 41.36.81 – AE ① _VISA_   FZ **d**
fermé 15 au 31 juil., 15 au 28 fév., sam. midi et dim. – SC : **R** 85/140.

XX **Cambridge,** 90 r. Voltaire ☎ 42.50.24, produits de la mer – AE   FZ **h**
fermé juil., 24 déc. au 2 janv., sam. midi et dim. – SC : **R** 138 ⅃.

XX **Le Rescator,** 47 r. E.-Lang ☎ 42.51.71 – AE ① E _VISA_   FZ **e**
fermé sept., 9 au 15 janv., sam. midi et dim. sauf fêtes – SC : **R** 60/80.

XX **Buffet Gare,** 28 cours République ☎ 26.54.33 – AE ① _VISA_ – **R** 59/95.   GYZ **k**

X **Guimbarde,** 61 r. L.-Brindeau ☎ 42.15.36 – E _VISA_   FZ **r**
fermé août, lundi midi et dim. – SC : **R** 65 bc/96.

✗ **La Petite Auberge,** 32 r. Ste-Adresse ☏ 46.27.32 – _VISA_   EY **r**
fermé août, 22 fév. au 7 mars, dim. soir et lundi – SC : **R** 67 (sauf sam. soir)/105.

✗ **Bonne Hôtesse,** 98 r. Président-Wilson ☏ 21.31.73   EY **k**
→ *fermé 30 juil. au 27 août, dim. soir et lundi* – SC : **R** 47/74 ♨.

à Ste-Adresse - A – 8 212 h. – ⌧ **76310** Ste-Adresse :

✗✗ **Nice-Havrais,** 6 pl. F.-Sauvage ☏ 46.14.59, ≤. _VISA_   A **a**
fermé août et dim. – SC : **R** 88/140.

✗✗ **Yves Page,** 7 pl. Clemenceau ☏ 46.06.09, ≤ – ᴀᴇ ⓪ ᴇ _VISA_   A **s**
fermé 15 août au 15 sept., dim. soir et lundi – SC : **R** 82/102.

✗✗ **Beau Séjour,** 3 pl. Clemenceau ☏ 46.19.69, ≤ – ᴀᴇ ⓪ ᴇ _VISA_   A **e**
SC : **R** 80/170.

à Octeville par ① : 9 km – 3 251 h. – ⌧ **76930** Octeville :

✗ **Le Relais,** r. F.-Faure ☏ 46.36.34 – ᴀᴇ ⓪ _VISA_
fermé 15 au 30 juil., merc. soir et jeudi – SC : **R** 55/110.

au Hode E : 18 km par ④ et D 982 – ⌧ **76430** St-Romain-de-Colbosc :

✗✗✗ ❀ **Dubuc,** D 982 ☏ 20.06.97 – ❶ ᴀᴇ ⓪ ᴇ _VISA_
fermé 5 au 27 août, 15 au 28 fév., dim. soir et lundi – SC : **R** carte 160 à 230
Spéc. Salade du Hode, Étuvée de homard aux girolles, (avril à oct.), Feuillantine de poire.

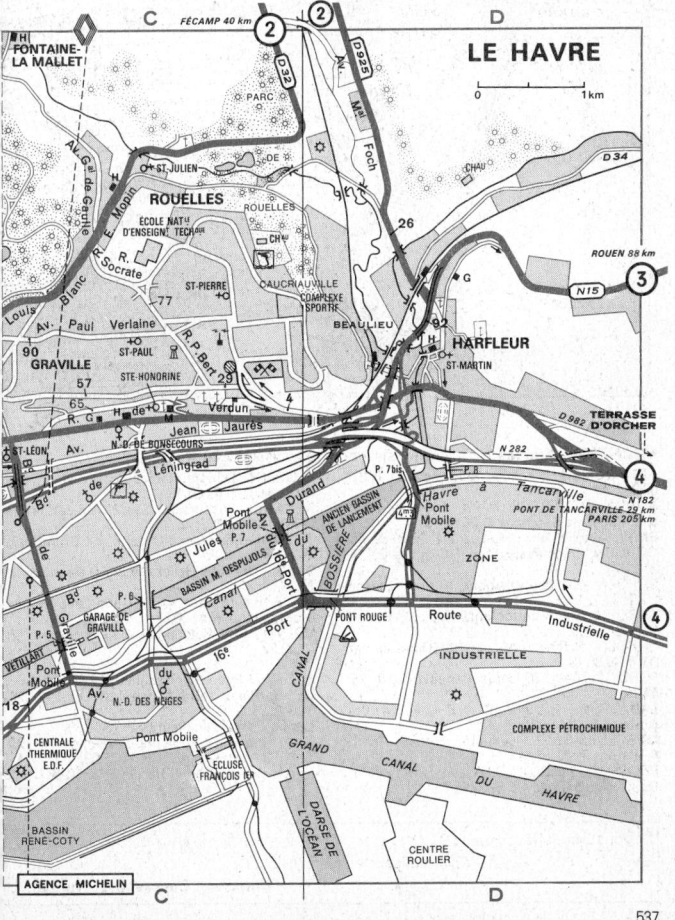

537

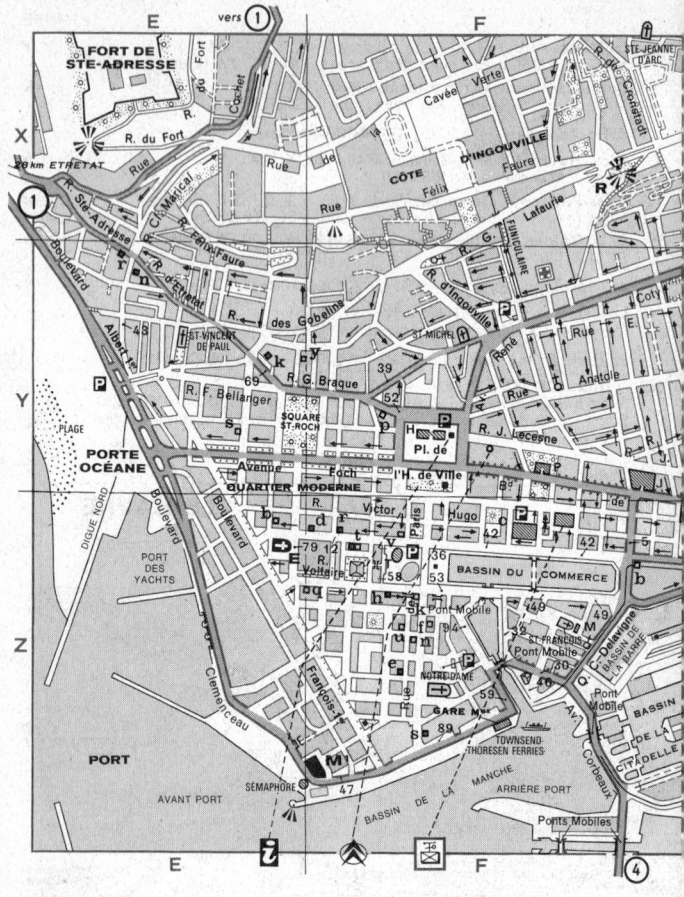

MICHELIN, Agence, 43 r. Desmarais, par N 182 C ☎ 25.22.20

ALFA-ROMEO Thomine, 18 r. Michelet ☎ 21.02.33

AUSTIN, ROVER, TRIUMPH Girardey, 19 r. des Magasins Généraux ☎ 26.62.26

BMW Auto 76, 91 r. J.-Lecesne ☎ 22.69.69

CITROEN Succursale, 82 r. Ch.-Laffite GY ☎ 21.21.21

CITROEN Bailleau et Auber, 10 r. J.-Lecesne ☎ 42.22.31

CITROEN Gar. Montmorency, 370 r. A.-Briand B ☎ 24.09.32

CITROEN Palfray, r. A.-Lecomte, Octeville par ① ☎ 46.36.19

FORD Lesueur, 53 cours République ☎ 25.41.16

LADA Gar. St-Denis, 6 r. E.-Cavell à Ste Adresse ☎ 46.11.82

MERCEDES-BENZ Lesueur Autom., 15 r. A.-Barbès ☎ 26.56.44

PEUGEOT, TALBOT S.I.A. du Havre, 94 r. Denfert-Rochereau GZ ☎ 25.25.05

PEUGEOT Lebigre, Hameau Café Blanc, Octeville par ① ☎ 46.36.45

RENAULT Succursale, 239 à 273 bd de Graville C ☎ 26.81.21 🔲 ☎ 45.80.47

TOYOTA Carrosserie-Océane, 8 r. Dr Piasceki ☎ 26.48.66

V.A.G. Gar. des Halles, 14 bis r. Berthelot ☎ 24.08.64

V.A.G. Le Troadec, 447 r. Curie Zone Emploi Montgaillard ☎ 48.00.55

VOLVO Lem-Automobiles, 93 r. Lesueur ☎ 43.02.22

⓪ Central-Pneu, 26 r. Lesueur ☎ 22.40.14

Danton-Pneu, 141 bd Amiral-Mouchez ☎ 26.64.64

Legay-Pneus, 34 r. Fleurus ☎ 25.07.89

Nicol-Pneus, 12 r. Dumé-d'Aplemont ☎ 25.32.85 23 quai Georges V ☎ 41.75.89

Norais-Pneus, 203 bd Graville ☎ 26.50.68

Vous aimez le camping ?

Utilisez le guide Michelin

Camping Caravaning France.

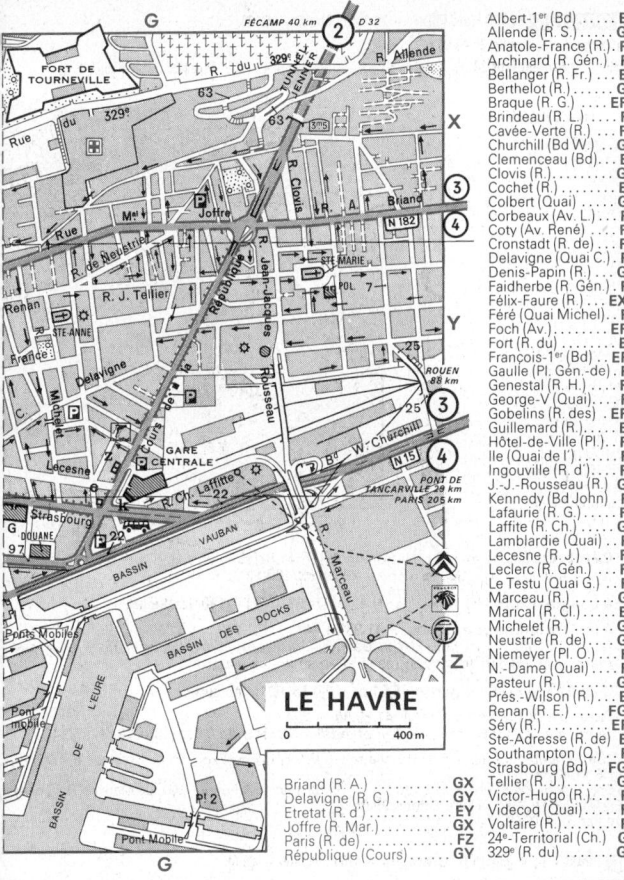

LE HAVRE

0 _____ 400 m

HAYBES 08 Ardennes 53 ⑱ G. Nord de la France – 2 145 h. alt. 117 – ⊠ **08170** Fumay – ✪ 24.

Paris 254 – Charleville-Mézières 35 – Fumay 2,5 – Givet 20 – Rocroi 21.

🏨 **St-Hubert**, ☎ 41.11.38 – 🛏wc ⛄. ❀ ch
➡ *fermé 10 janv. au 10 fév.* – SC : **R** 37/124 ⅄ – ⥮ 12 – **18 ch** 60/131 – P 100/150.

🏠 **Robinson** ⑤, SE : 1 km par VO ☎ 41.11.73, ⇐ – ⓟ. ❀
fermé 1er au 15 fév. – SC : **R** 55/130 – 🍴 15 – **9 ch** 60 – P 120/140.

🍴🍴 **Ermitage Moulin Labotte** ⑤ avec ch, E : 2 km par D 7 et VO ☎ 41.13.44, parc
 – 🛏wc ⛄ ☎ ⓟ. 𝘝𝘐𝘚𝘈. ❀ ch
 SC : **R** 100/180 – ⥮ 21 – **8 ch** 90/180.

La HAYE-DU-PUITS 50250 Manche 54 ⑫ – 1 798 h. alt. 38 – ✪ 33.

Voir Mont Castre ⇐★ E : 5 km puis 30 mn.

Env. Abbatiale★★ de Lessay S : 8 km, G. Normandie.

🅿 Syndicat d'Initiative r. Emile-Poirier (1er juil.-31 août et fermé dim. après midi) ☎ 46.01.42 et à l'Hôtel de Ville (1er sept.-30 juin, fermé sam. après midi et dim.) ☎ 46.00.04.

Paris 334 – Barneville-Carteret 19 – Carentan 24 – Coutances 29 – St-Lô 44 – Valognes 26.

🏨 **Gare** ⑤, ☎ 46.04.22, 🎐 – 🚗 ⓟ. 🆎 ⓞ 🅴 𝘝𝘐𝘚𝘈
➡ *fermé 15 déc. au 15 janv., vend. soir et sam. midi du 15 sept. au 15 mai* – SC : **R**
(nombre de couverts limité - prévenir) 50/92 ⅄ – ⥮ 17 – **12 ch** 68/100.

CITROEN Hardel, à St-Symphorien-le-Valois   PEUGEOT Leclerc, ☎ 46.01.99
☎ 46.03.55   RENAULT Beuve, ☎ 46.02.88
FIAT Boette, ☎ 46.05.67

HAZEBROUCK 59190 Nord **51** ④ – 20 494 h. alt. 28 – ✪ 28.

A.C. 31 pl. Gén.-de-Gaulle ☎ 41.92.66.

Paris 239 ② – Armentières 28 ② – Arras 59 ④ – Dunkerque 41 ① – Ieper 34 ① – ♦Lille 42 ②.

HAZEBROUCK

Église (Grande-Rue de l')	8
Gaulle	
(Pl. du Général-de)	12
Leclerc (R. du Mar.)	14
Nationale (R.)	19
Aire (R. d')	2
Clef (R.)	3
Clocher (R. du)	4
Donckèle (R.)	6
Dunkerque (R. de)	7
Gare (R. de la)	10
Haute-Loge (Av. de la)	13
Masson-Beau (Av.)	15
Merville (R. de)	16
Moulin (R. du)	18
Notre-Dame (R.)	20
Pont (R. du)	22
Rivage (R. du)	23
Salengro (Place Roger)	25
Verdun (R. de)	26
Vieux-Berquin (R. de)	28

☼ **Gambrinus** sans rest, 2 r. Nationale **(e)** ☎ 41.98.79 – ➡wc ⋔ ☏. **VISA**. ⚹
fermé juin et dim. – SC : ☎ 12,50 – **18 ch** 63/135.

à Longue Croix NO : 8 km par N 42 et D 238 – ⊠ **59190** Hazebrouck :

✕✕ **Aub. de la Longue Croix,** ☎ 41.93.34, 🌼 – **☮**. ⚹
fermé 25 juin au 1ᵉʳ juil., début déc. à début janv., dim., lundi et fêtes le soir et mardi – SC : **R** 115, (dîner sur réservation seul. et à la carte).

à La Motte au Bois par ③ : 5,5 km – ⊠ **59190** Hazebrouck :

✕✕ **Aub. de la Forêt** avec ch, ☎ 41.80.90 – **VISA**
fermé fév., dim. soir, fériés le soir et jeudi – SC : **R** 60/95 – ☎ 13 – **15 ch** 55/145.

FORD Gar. Hazebrouckois, 216 r. du Vieux Berquin ☎ 41.40.08
OPEL Gar. St Eloi, 3 r. d'Aire ☎ 41.83.26
PEUGEOT-TALBOT Gar. Delaire-Dubus, 28 rte de Borre par ② ☎ 48.03.17

V.A.G. Auto-Expo, av. de St-Omer ☎ 41.55.46

⊕ François-Pneus, 199 r. de Merville ☎ 41.59.46

HÉDÉ 35630 I.-et-V. **59** ⑯ G. Bretagne – 470 h. alt. 100 – ✪ 99.

Voir ⚹⚹ ★ du clocher de l'église.

Paris 371 – Avranches 64 – Dinan 29 – Dol-de-Bretagne 31 – Fougères 49 – ♦Rennes 23.

✕✕ **Vieille Auberge,** N 137 ☎ 45.46.25, ☆, « Cadre rustique, jardin » – **☮**. ⚼
fermé 26 août au 4 sept., fév., dim. soir et lundi – SC : **R** 115.

✕✕ **Host. Vieux Moulin** avec ch, N 137 ☎ 45.45.70, 🌼 – ➡wc **☮**. **VISA**
fermé 15 déc. au 31 janv., dim. soir et lundi – SC : **R** 60/95 – ☎ 18 – **14 ch** 80/140.

CITROEN Modern-Gar., ☎ 45.45.69

RENAULT Delacroix, N 137 ☎ 45.46.23

HEM 59 Nord **51** ⑯ – rattaché à Roubaix.

HENDAYE 64700 Pyr.-Atl. **85** ① G. Pyrénées – 11 112 h. – Casino BX – ✪ 59.

Voir Grand crucifix★ dans l'église St-Vincent BY **B** – Corniche basque★★ par ①.

🛈 Office de Tourisme 12 r. Aubépines (fermé oct., sam. hors sais. et dim.) ☎ 20.00.34.

Paris 807 ② – Pau 141 ② – St-Jean-de-Luz 14 ② – S.Sébastiàn 23 ③.

Plan page ci-contre

à Hendaye Plage :

🏨 **Liliac** sans rest, Rond-Point ☎ 20.02.45, ☆ – 🛗 ➡wc ⋔wc ☏. **Æ ⓞ** E **VISA**
SC : ☎ 22 – **23 ch** 180/235.
BX **m**

🏨 **Pohoténia,** rte Corniche par ① ☎ 20.04.76, 🍽, 🌼 – ➡wc ⋔wc ☏ **☮**. ⚹
fermé janv. – SC : **R** en juil. et août dîner seul. 90/120 – ☎ 20 – **42 ch** 130/170.

🏨 **Paris** sans rest, Rond-Point ☎ 20.05.06, 🌼 – 🛗 ➡wc ⋔wc ☏. **ⓞ VISA**
Pentecôte-1ᵉʳ oct. – SC : ☎ 19 – **39 ch** 110/230.
BX **a**

🏠 **Abbadie** sans rest, 12 r. Elissacilio ℡ 20.05.49, 🍴 – 🛏wc ☎   BX **b**
1er juin-fin sept. – SC : ☲ 16 – **24 ch** 150/220.

🏠 **Central H.,** Rond-Point ℡ 20.04.72 – 🛁wc 🛏wc ☎ 🅿. 🕸   BX **k**
1er mai-30 sept. – SC : **R** 60/90 – ☲ 18 – **24 ch** 70/181 – P 160/220.

🏠 **Ondarraitz** sans rest, 59 bd Gén.-Leclerc ℡ 20.00.22, 🍴 – 🛏wc 🅿. 🕸   BX **z**
1er avril-1er oct. et fermé merc. – SC : ☲ 16 – **26 ch** 100/190.

🏠 **Larramendy-Baïta,** bd Mer ℡ 20.04.68 – 🛏wc 🅿. 🕸 rest   AX **t**
← fin avril-fin sept. – SC : **R** 41/105 – ☲ 16,50 – **12 ch** 73/125 – P 158/204.

🍴🍴 ✿ **Gitanilla** (Haramboure) avec ch, 52 bd Gén.-Leclerc ℡ 20.04.65 – 🛏. 🆎 ⓪ **E**   BX **u**
VISA 🕸 ch
mars-fin sept. et fermé dim. soir et lundi sauf juil.-août – SC : **R** carte 110 à 170 –
☲ 14 – **9 ch** 75/95 – P 154/166
Spéc. Salade au foie gras et aiguillettes de canard, St-Jacques à la provençale, Tarte chaude aux
pommes.

tourner →

à Hendaye Ville :

🏠 **Chez Antoinette** ⌂, pl. Pellot 🅟 20.08.47, ☞ – 📬 🗐 🅿 ⌘ ch   BY **h**
    1er juin-30 sept. – SC : **R** 75/95 – ☲ 14 – **24 ch** 95 – P 154/166.

🏠 **Sud-Américain,** r. Othatz 🅟 20.75.98 – 🗐wc ☎ 🅿 ⌘ rest   BZ **y**
➡ *1er mai-30 sept.* – SC : **R** 50/90 – ☲ 16 – **37 ch** 85/165 – P 140/182.

à Biriatou par ② et D 258 : 4 km – ✉ **64700** Hendaye :

XXX ❀ **Bakéa** (François) ⌂ avec ch, 🅟 20.76.36, ≤, 🌳, « Terrasse ombragée sur la
    vallée » – 📬wc 🗐wc ☎ 🅿 🖭 ⓪ 🖪 𝚅𝙸𝚂𝙰 ⌘ ch
    10 mai-30 sept. – SC : **R** 90/130 – ☲ 19 – **15 ch** 110/200 – P 328/418 (pour 2 pers.)
    Spéc. Homard grillé à l'estragon, Fricassée de canard au vinaigre, Sorbet aux framboises. **Vins**
    Madiran, Jurançon.

CITROEN Gar. de la Place, 41 r. de Santiago 🅟 20.00.86	RENAULT Hendaye-Autos, 49 bd de-Gaulle 🅟 20.78.61
OPEL Pivot, 16 rte Behobie 🅟 20.03.93	**Gar. Bidassoan,** bd Gén.-Leclerc 🅟 20.00.23
PEUGEOT, TALBOT Laguillon, 23 av. de la Gare BZ 🅟 20.70.86 et Z.I. Joncaux, r. Industrie 🅟 20.18.63	**Gar. de la Frontière,** 1 rte de Behobie 🅟 20.76.93

HENIN-BEAUMONT 62110 P.-de-C. 📵 ⑮ – 26 212 h. alt. 31 – ✪ 21.

🛈 Syndicat d'Initiative 174 r. Pasteur (fermé sam. et dim.) 🅟 75.08.07.

Paris 193 – Arras 26 – Béthune 30 – Douai 12 – Lens 9 – ◆Lille 32.

🏨 **Novotel** Ⓜ, échangeur Autoroute A1 ✉ 62950 Noyelles-Godault 🅟 75.16.01,
    Télex 110352, ⊠ – 📼 🗐 ☎ 🅿 – 🏊 50 à 200. 🖭 ⓪ 🖪 𝚅𝙸𝚂𝙰
    R snack carte environ 90 ♨ – ☲ 28 – **79 ch** 240/282.

XX **Le Manoir,** rte Courrières par Dourges N : 5 km par D 161 et D 161E 🅟 20.23.71 –
    🅿.

FORD Gar. Universel, 590 bd A.-Schweitzer 🅟 75.06.10	RENAULT Sandrah, 1230 rte de Douai 🅟 75.03.78 Ⓝ 🅟 20.29.15
PEUGEOT-TALBOT Beaumont-Automobiles, Zone Ind., bd Darchicourt 🅟 75.16.50	V.A.G. Gar. St-Christophe, 195 r. Libération à Montigny-en-Gohelle 🅟 20.22.04

HENNEBONT 56700 Morbihan 📳 ① G. Bretagne – 13 103 h. alt. 22 – ✪ 97.

Voir Tour-clocher⋆ de la basilique N.-D.-de-Paradis.

Paris 487 – Concarneau 59 – Lorient 10 – Pontivy 48 – Quiberon 42 – Quimperlé 26 – ◆Rennes 137 – Vannes 46.

🏠 **France,** 17 av. Libération 🅟 36.21.82 – 🗐 ☞
➡ *fermé 26 sept. au 1er nov., dim. soir (hôtel) et sam. hors sais.* – SC : **R** 50/90 ♨ – ☲ 19,50 – **23 ch** 55/85 – P 258/300 (2 pers.).

au Sud par D 781 : 4 km – ✉ **56700** Hennebont :

🏨 ❀❀ **Château de Locguénolé et Résidence de Kernavien** ⌂, 🅟 76.29.04,
    Télex 950636, ≤, « Dans un parc en bordure de rivière », ⊠, ⌘ – ☎ 🅿 – 🏊 25.
    🖭 ⓪ 🖪 𝚅𝙸𝚂𝙰 ⌘ rest
    31 mars-15 nov. – SC : **R** *(fermé lundi sauf le soir en sais. et fêtes)* 167/341 et carte
    – ☲ 35 – **34 ch** 386/621, 3 appartements 776 – P 608/726
    Spéc. Saumon et turbot en marinade, Langouste rôtie à la croûte de sel, Chaud froid de poires.

à Brandérion à l'ouest par N 165 : 7 km – ✉ **56700** Hennebont :

🏠 **L'Hermine** Ⓜ ⌂ sans rest, 🅟 32.92.93 – 📬wc 🗐wc ☞ 🅿
➡ *fermé 4 janv. au 15 mars* – SC : ☲ 18 – **9 ch** 213/238.

RENAULT Gar. Hello, 68 av. République 🅟 36.21.17 Ⓝ	⊛ Jubin-Pneus, ZI Ker André 🅟 36.16.88

HERBAULT 41190 L.-et-Ch. 📳 ⑥ – 1 005 h. alt. 138 – ✪ 54.

Paris 197 – Blois 16 – Château-Renault 18 – Montrichard 36 – Vendôme 26.

XX **Trois Marchands,** 🅟 46.12.18 – 𝚅𝙸𝚂𝙰
➡ *fermé 6 au 18 fév., lundi soir et mardi hors sais.* – SC : **R** 45/70.

CITROEN Hallouin, 🅟 46.13.13	RENAULT Beauclair, 🅟 46.12.16

Les HERBIERS 85500 Vendée 📖 ⑮ G. Côte de l'Atlantique – 12 494 h. alt. 109 – ✪ 51.

Voir Mont des Alouettes ≤⋆⋆ N : 2 km.

Paris 359 – Bressuire 47 – Chantonnay 27 – Cholet 25 – Clisson 34 – La Roche-sur-Yon 40.

🏠 **Relais,** 18 r. Saumur 🅟 91.01.64 – 🗐wc ☞ 🅿
➡ *fermé 1er au 20 sept. et sam. hors sais.* – SC : **R** 40/100 – ☲ 15 – **21 ch** 55/95 – P 110/150.

X **Mont des Alouettes,** N : 2 km N 160 🅟 67.02.18, ≤ – 🅿. 𝚅𝙸𝚂𝙰
➡ *fermé du 8 au 21 oct., 1er au 15 fév. et lundi soir* – SC : **R** 42/105.

CITROEN Martineau, 40 av. G.-Clemenceau à Ardelay ☎ 91.07.50
PEUGEOT-TALBOT Gar. du Bocage, rte de Cholet ☎ 91.04.12 N
RENAULT Herbretaise Autos, 2 r. de l'Industrie ☎ 91.01.71
RENAULT Gar. des Alouettes, 75 r. Saumur ☎ 91.05.46
RENAULT Vrignaud, la Tisonnière ☎ 91.08.87 N

HÉRICY **77850** S.-et-M. 61 ②, 196 ㊻ – 2 026 h. alt. 94 – ⚙ 6.
Paris 73 – Fontainebleau 8 – Melun 16 – Montereau-faut-Yonne 20 – Nangis 24 – Provins 46.

- **Host. Le Clou,** av. Fontainebleau ☎ 423.83.43 – ⌂wc ⋒ ☎ Ⓟ – 🏔 30. AE ⓓ VISA
  fermé 14 au 30 juil., 7 au 21 fév., dim. soir et lundi – SC : **R** (dim. et fêtes prévenir) 65/125 – ☕ 16 – **15 ch** 110/149 – P 192/210.

HÉRISSON (Cascades du) ★★★ 39 Jura 70 ⑮ **G. Jura.**
Ressources hôtelières : voir à Bonlieu et à Ilay.

HERM 40 Landes 78 ⑯ – 617 h. alt. 67 – ✉ **40180** Dax – ⚙ 58.
Paris 726 – Bayonne 51 – Castets 15 – Dax 17 – Mont-de-Marsan 65.

- **Paix** ♨, rte Magescq ☎ 74.32.17, ⛱ – ⌂wc Ⓟ. ✱ rest
  fermé janv. et lundi hors sais. – SC : **R** 46/180 – ☕ 10 – **10 ch** 63/105 – P 117/155.
- **Poste** ♨, ☎ 74.32.24 – ⋒ Ⓟ
  fermé fév. et merc. hors sais. **R** 55/110 – ☕ 14 – **9 ch** 70/120.

HERMENT **63470** P.-de-D. 73 ⑫ – 363 h. alt. 823 – ⚙ 73.
Paris 412 – Aubusson 48 – ♦Clermont-Ferrand 55 – Le Mont-Dore 43 – Montluçon 92 – Ussel 43.

- **Souchal,** rte Giat ☎ 22.10.55 – ⌂wc ☎ Ⓟ. E. ✱ ch
  SC : **R** 38/100 🍷 – ☕ 14 – **28 ch** 60/140 – P 100/145.

HÉROUVILLE-ST-CLAIR 14 Calvados 55 ⑫ – rattaché à Caen.

HERRÈRE 64 Pyr.-Atl. 85 ⑥ – rattaché à Oloron-Ste-Marie.

HESDIN **62140** P.-de-C. 51 ⑫⑬ **G. Nord de la France** – 3 031 h. alt. 26 – ⚙ 21.
Paris 233 ③ – Abbeville 35 ③ – Arras 56 ② – Boulogne-sur-Mer 61 ④ – ♦Lille 89 ②.

HESDIN

Ponts sur la Canche (de la R. Fréville à la rue de l'Ancien Temple charge maxi : 9 t sur 2 essieux.

Armes (Pl. d') .... A 3
Arras (R. d') .... B 4
Paroisse (R. de la) .. AB 26
St-Omer (R. de) ..... A 31
Tripier (R. du Gén.) ... B 34

Ancien Temple (R.) .. A 2
Bassins (Av. des) .... B 5
Bras-d'Or (R. du) .... B 6
Brebion (Bd L.) ...... A 7
Catteau (R. H.) .... A 8
Charles-Quint (R.) .. AB 10
Clemenceau (R. G.) .. B 12
Domont (Bd) .... B 14
Fressin (R.) .... A 16
Fréville (R.) .... B 17
Jacquemont (R.) ... AB 21
Leclerc (Av. du Mar.) B 22
Lereuil (R.) .... A 24
Pavillon-Doré (R. du). A 28
République (Av. de) . A 29
Richelieu (Bd) .... A 30
Sébastopol (Bd) ..... B 32
Stade (Av. du) .... B 33
Union (R. de l') ...... A 36
8-Mai (Pl. du) .... A 37
11-Novembre (Bd du) B 38

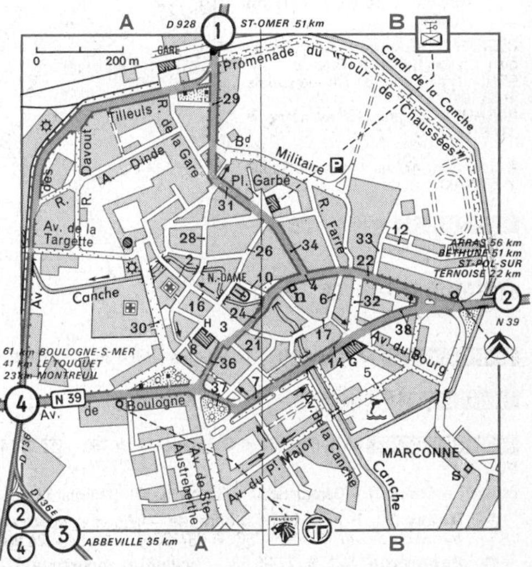

- **Trois Fontaines** Ⓜ ♨, 16 rte Abbeville à Marconne ☎ 86.81.65, ⛱ – ⌂wc ☎ ♿ Ⓟ. AE E VISA — B s
  R *(fermé dim. soir)* 55/115 🍷 – ☕ 16,50 – **10 ch** 140/170 – P 180/220.
- **H. Rotisserie des Flandres** avec ch, 22 r. Arras ☎ 86.80.21 – ⌂wc ⋒ ☎ Ⓟ. VISA — B n
  fermé 22 déc. au 6 janv. – SC : **R** 47/140 🍷 – ☕ 19 – **14 ch** 70/160.

HESDIN

CITROEN Ficheux, 33 av. Mar.-Leclerc ⏀ 86.
91.74
PEUGEOT-TALBOT Gar. Faustin, 24 av. de
Boulogne ⏀ 06.92.96
RENAULT Gar. Hesdinois, 5 av. Arras, Mar-
conne par ② ⏀ 86.96.44 N

⑩ La Maison du Pneu, 3 pl. Garbé ⏀ 86.86.19
Au pneu Hesdinois, rte de St.-Pol ⏀ 86.83.97

HEUDICOURT-SOUS-LES-CÔTES 55 Meuse 57 ⑫ – rattaché à St. Mihiel.

HIÈRES-SUR-AMBY 38118 Isère 74 ⑬ – 835 h. alt. 216 – ✪ 74.
Paris 477 – Belley 59 – ◆Grenoble 94 – ◆Lyon 42 – Meximieux 28 – La Tour-du-Pin 45 – Vienne 51.

　% **Val d'Amby** avec ch, ⏀ 95.12.76, 🌇 – 🏢 ☎ 🏍
　← fermé 27 août au 12 sept. et merc. – SC : R 40/140 ⅄ – ☛ 13 – **13 ch** 60/75.

HINSINGEN 67 B.-Rhin 57 ⑯ – 96 h. alt. 230 – ⊠ 67260 Sarre-Union – ✪ 88.
Paris 404 – St-Avold 35 – Sarrebourg 37 – Sarreguemines 22 – ◆Strasbourg 90.

　%% **La Grange du Paysan**, ⏀ 00.91.83, Spéc. alsaciennes de campagne – 🅿 E
　VISA
　fermé lundi – SC : R 54/155 ⅄.

HIRMENTAZ 74 H.-Savoie 70 ⑰ – rattaché à Bellevaux.

HIRSON 02500 Aisne 53 ⑯ G.
Nord de la France – 11 788 h. alt.
192 – ✪ 23.
🔟 Office de Tourisme 2 r. Guise (fer-
mé 20 août au 20 sept., dim. et lundi)
⏀ 58.03.91.
Paris 190 ④ – Avesnes-sur-Helpe 31
① – Cambrai 69 ① – Charleville-
Mézières 54 ③ – St-Quentin 65 ① –
Vervins 18 ④.

　% **Feutry** avec ch, 86 av.
　Gare (u) ⏀ 58.16.45 – 🏢
　🚗 🆎 ⓓ E _VISA_ 🛇
　fermé 1er janv. au 13 fév.,
　dim. soir et lundi – SC : R
　65/160 – ☛ 13,50 – **17 ch**
　59/88.

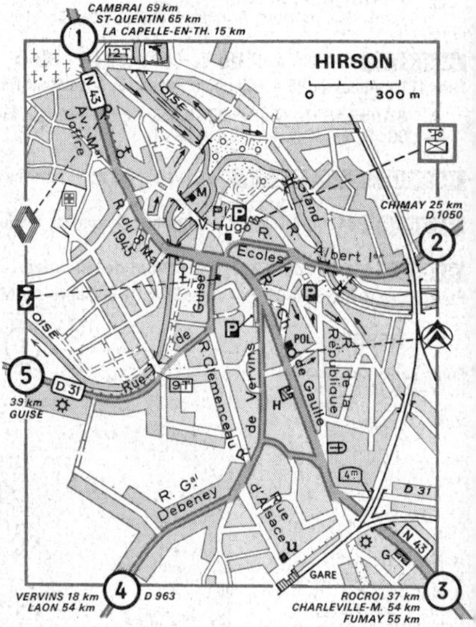

CITROEN Déshayes et Courtois, 43
bis r. Ch.-de-Gaulle ⏀ 58.18.78
FORD Branquart, 78 r. Ch.-de-Gaulle
⏀ 58.10.62
RENAULT Houdez, 138 av. Joffre ⏀
58.08.96 N

⑩ Joncourt, 47 bis r. Ch.-de-Gaulle
⏀ 58.00.90

HIRSON

CAMBRAI 69 km
ST-QUENTIN 65 km
LA CAPELLE-EN-TH. 15 km

CHIMAY 25 km
D 1050

VERVINS 18 km
LAON 54 km
D 963
ROCROI 37 km
CHARLEVILLE-M. 54 km
FUMAY 55 km

HIRTZBACH 68 H.-Rhin 66 ⑨ –
rattaché à Altkirch.

Le HODE 76 S.-Mar. 55 ④ – rat-
taché au Havre.

Le HOHNECK 88 Vosges 62 ⑱ G. Vosges – alt. 1 361 – **Voir** 🌣★★★.

HOHROD 68 H.-Rhin 62 ⑱ – rattaché à Hohrodberg.

HOHRODBERG 68 H.-Rhin 62 ⑱ G. Vosges – alt. 750 – ⊠ 68140 Munster – ✪ 89.
Voir ≼★★.
Paris 467 – Colmar 27 – Gérardmer 37 – Guebwiller 47 – Munster 7,5 – Le Thillot 57.

　🏠 **Roess** ≽, ⏀ 77.36.00, ≼ montagne – 🗖wc 🏢wc ☎ 🚗 🅿 – 🔔 40. 🛇 ch
　fermé 5 nov. au 19 déc. – SC : R 68/125 ⅄ – ☛ 17 – **24 ch** 72/156 – P 140/176.
　🏠 **Panorama** ≽, ⏀ 77.36.53, ≼ vallée et montagne – 🗖wc 🏢wc ☎ 🅿. _VISA_.
　← 🛇 rest
　fermé 15 nov. au 20 déc., mardi soir et merc. – SC : R 50/100 ⅄ – ☛ 18 – **15 ch**
　100/135 – P 145/180.

　à Hohrod S : 5 km D5 B1 – ⊠ 68140 Munster :

　🏡 **Beau Site** ≽, ⏀ 77.31.55, ≼, 🍴 – 🗖 🚗 🅿. 🛇 rest
　← 1er fév.-3 nov. et fermé merc. – SC : R 40/75 ⅄ – ☛ 14 – **13 ch** 60/115 – P 125/145.

Le HOHWALD 67 B.-Rhin 62 ⑨ G. Vosges – 407 h. alt. 575 – Sports d'hiver : 600/1 050 m ⛷3 ⛸ – ✉ 67140 Barr – ✪ 88.

Env. Le Neuntelstein ≤** N : 6 km puis 30 mn – Champ du Feu ✳** SO : 14 km.

Paris 495 – Lunéville 87 – Molsheim 30 – St-Dié 46 – Sélestat 26 – ♦Strasbourg 47.

Gd Hôtel ⛰, ☎ 08.31.03, ≤, parc, ✂ – |‡| Ⓟ – 🏊 45. VISA. ✗ rest
fermé 15 nov. au 20 déc. et 5 janv. au début fév. – SC : **R** 62/185 – ☕ 24 – **73 ch** 107/265 – P 198/400.

Marchal ⛰, ☎ 08.31.04, ≤, 🚗 – 🛁wc ⛲wc ☎ Ⓟ. AE. ✗ rest
fermé 15 nov. au 20 déc. et mardi hors sais. – SC : **R** 72/100 🍷 – ☕ 15,50 – **17 ch** 98/165 – P 145/190.

Aub. de l'Ilsbach ⛰, SE : 2 km par D 425 ☎ 08.31.47, 🚗 – 🛁wc Ⓟ
10 fév.-1er nov. et fermé mardi – SC : **R** 60/80 🍷 – ☕ 15 – **8 ch** 92/156 – P 164/198.

au col du Kreuzweg SO : 5 km par D 425 – ✉ **67140** Barr :

Zundelkopf ⛰, ☎ 08.30.41, ≤, 🚗 – 🛁wc ⛲wc Ⓟ. ✗ rest
fermé 18 oct. au 30 nov., 8 au 20 mars et merc. sauf vacances scolaires – SC : **R** (pour résidents seul.) – ☕ 18 – **22 ch** 62/110 – P 135/155.

HOLNON 02 Aisne 53 ⑬ – rattaché à St-Quentin.

HONFLEUR 14600 Calvados 55 ③④ G. Normandie – 8 376 h. – ✪ 31.

Voir Vieux bassin** AB – Église Ste-Catherine* et clocher* A **D** – Côte de Grâce** : calvaire ✳** A **E**.

ℹ Office de Tourisme 3 cours Fossés (fermé dim. hors saison) ☎ 89.23.30, Télex 171688.

Paris 192 ① – ♦Caen 63 ② – ♦Le Havre 57 ① – Lisieux 34 ② – ♦Rouen 76 ①.

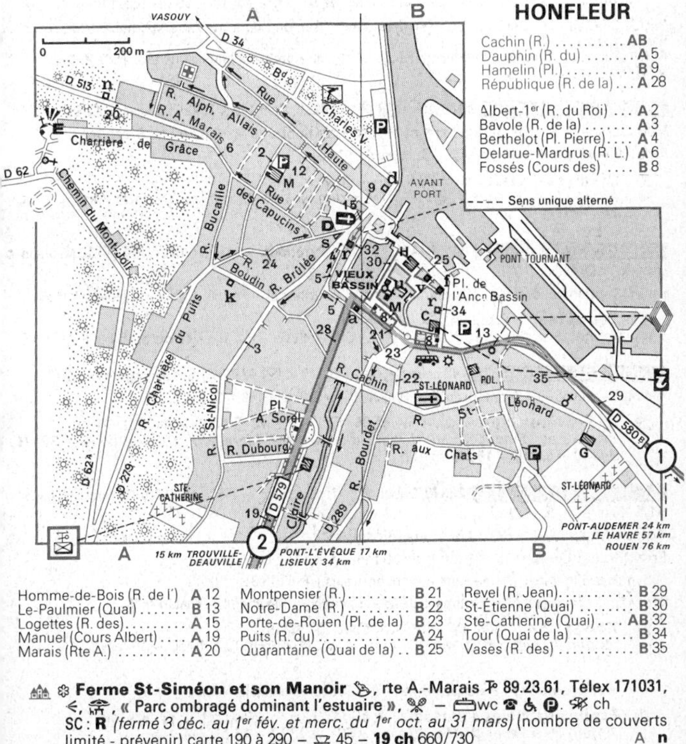

HONFLEUR

Cachin (R.)	AB
Dauphin (R. du)	A 5
Hamelin (Pl.)	B 9
République (R. de la)	A 28
Albert-1er (R. du Roi)	A 2
Bavole (R. de la)	A 3
Berthelot (Pl. Pierre)	A 4
Delarue-Mardrus (R. L.)	A 6
Fossés (Cours des)	B 8
Homme-de-Bois (R. de l')	A 12
Le-Paulmier (Quai)	B 13
Logettes (R. des)	A 15
Manuel (Cours Albert)	A 19
Marais (Rte A.)	A 20
Montpensier (R.)	B 21
Notre-Dame (R.)	B 22
Porte-de-Rouen (Pl. de la)	B 23
Puits (R. du)	A 24
Quarantaine (Quai de la)	B 25
Revel (R. Jean)	B 29
St-Étienne (Quai)	B 30
Ste-Catherine (Quai)	AB 32
Tour (Quai de la)	B 34
Vases (R. des)	B 35

✿ **Ferme St-Siméon et son Manoir** ⛰, rte A.-Marais ☎ 89.23.61, Télex 171031, ≤, 🏡, « Parc ombragé dominant l'estuaire », ✂ – 🛁wc ☎ ♿ Ⓟ. ✗ ch
SC : **R** *(fermé 3 déc. au 1er fév. et merc. du 1er oct. au 31 mars)* (nombre de couverts limité - prévenir) carte 190 à 290 – ☕ 45 – **19 ch** 660/730 A **n**
Spéc. Chausson de homard, Rable de lapereau, Navarin de sole et homard.

L'Ecrin ⛰ sans rest, 19 r. E.-Boudin ☎ 89.32.39, 🚗 – 📺 Ⓟ. AE ⓓ E VISA
31 janv.-15 nov. et fermé merc. – SC : ☕ 22 – **15 ch** 200/390. A **k**

🏛 **La Tour** Ⓜ sans rest, 3 quai Tour ℡ 89.21.22 — 🛗 ⌂wc ☎. ❄
fermé 20 nov. au 4 janv. – SC : ☲ 16 – **48 ch** 188.　　　　　　　　　B r

🏛 **Cheval Blanc**, quai Passagers ℡ 89.13.49, ≤ –, 🎇 –, ⌂wc 🗍wc ☎. ❄
15 mars-15 nov. – SC : **R** *(fermé lundi)* 110/170 – **35 ch** ☲ 185/290.　　B d

🏛 **Dauphin** sans rest, 10 pl. P.-Berthelot ℡ 89.15.53 – ⌂wc 🗍 ☜. ❄
fermé 22 déc. au 4 fév. – SC : ☱ 16 – **29 ch** 155/188.　　　　　　　　A s

XX **Au Vieux Honfleur**, 13 quai St-Étienne ℡ 89.15.31, ≤, 🎇 – 🆎 ❶ 🇪 𝖵𝖨𝖲𝖠
fermé janv. et merc. sauf du 15 juil. au 15 sept. – SC : **R** carte 115 à 190.　B u

XX **L'Absinthe**, 10 quai Quarantaine ℡ 89.39.00, 🎇. 𝖵𝖨𝖲𝖠
fermé 15 nov. au 15 déc., lundi soir et mardi hors sais. – SC : **R** 71/145.　　B v

XX **L'Ancrage**, 12 r. Montpensier ℡ 89.00.70, ≤, 🎇 – 𝖵𝖨𝖲𝖠
fermé janv., mardi soir hors sais. et merc. – SC : **R** 100/200 ⑂.　　　　　A a

XX **Carlin**, 32 pl. P.-Berthelot ℡ 89.39.69 – 𝖵𝖨𝖲𝖠
fermé janv., jeudi et vend. midi sauf juil. – SC : **R** 78/98.　　　　　　　A r

X **Deux Ponts**, 20 quai Quarantaine ℡ 89.04.37, 🎇 – 🆎 🇪 𝖵𝖨𝖲𝖠
fermé fin nov. à fin déc. et jeudi – SC : **R** 62/150.　　　　　　　　　　B f

à Equemauville par ② : 3,5 km – ✉ **14600** Honfleur :

X **Le Marélot**, ℡ 89.37.68. 🆎 𝖵𝖨𝖲𝖠
fermé dim. soir hors sais. et lundi – SC : **R** 59/120.

à Pennedépie O : 5 km par D 513 A – ✉ **14600** Honfleur :

X **Moulin St-Georges**, ℡ 89.12.00 – ❶
← *fermé oct., lundi soir et mardi* – SC : **R** 50.

à Barneville par ②, D 62 et D 279 : 6 km – ✉ **14600** Honfleur :

🏛 **Aub. de la Source** 🦢, ℡ 89.25.02, ≤, 🎇, 🐴 – ⌂wc 🗍wc ❶. 𝖵𝖨𝖲𝖠
← *fermé 15 déc. au 1ᵉʳ fév. et merc.* – SC : **R** 66/100 – ☲ 18 – **10 ch** 165/175.

PEUGEOT-TALBOT Gar. du Port, Rte Jean de　　Gar. du Cours, 16 cours Manuel ℡ 89.02.02
Vienne par ①, ℡ 89.16.13
RENAULT Gar. Grignon, 14 quai Lepaulmier　　🔘 Honfleur-Pneus, Zone Ind. ℡ 89.20.37
℡ 89.18.67

HÔPITAL-CAMFROUT 29 Finistère 🗗🗗 ⑤ – 1 422 h. alt. 8 – ✉ **29224** Daoulas – 🔾 98.

Voir Daoulas : enclos paroissial★ et cloître★ de l'abbaye N : 4,5 km, G. Bretagne.

Paris 569 – ♦Brest 25 – Morlaix 59 – Quimper 48.

🏛 **Diverres-Bernicot**, ℡ 20.01.01 – 🗍wc
← *fermé 16 au 30 sept.* – SC : **R** *(fermé dim. soir du 1ᵉʳ oct. au 31 mars)* 45/96 ⑂ – ☲
14 – **18 ch** 62/108.

L'HÔPITAL-ST-BLAISE 64 Pyr.-Atl. 🗗🗗 ⑤ G. Pyrénées – 64 h. alt. 159 – ✉ **64130** Mauléon-
Licharre – 🔾 59.

Paris 813 – Cambo-les-B. 75 – Oloron-Ste-Marie 17 – Orthez 36 – Pau 50 – St-Jean-Pied-de-Port 53.

🏛 **Touristes**, ℡ 66.53.04, 🎇 – ← ❶
← *fermé lundi du 1ᵉʳ sept. au 30 juin* – SC : **R** 45/65 – ☲ 15 – **12 ch** 50/60 – P 110/115.

L'HÔPITAL-SUR-RHINS 42 Loire 🗗🗗 ⑥ – alt. 430 – ✉ **42132** St-Cyr-de-Favières – 🔾 77.

Paris 401 – ♦Lyon 78 – Montbrison 55 – Roanne 9 – ♦St-Étienne 68 – Thizy 20.

🏛 **Le Favières** (Rostaing), ℡ 64.80.30, 🎇 – ⌂wc 🗍wc ☜ ⇔. 𝖵𝖨𝖲𝖠. ❄ ch
fermé 5 au 20 août, 16 au 31 janv., dim. soir (sauf juin, juil., août) et lundi – SC : **R**
55/160 – ☲ 16 – **16 ch** 95/150.

Les HÔPITAUX-NEUFS 25370 Doubs 🗗🗗 ⑦ G. Jura – 265 h. alt. 1 000 – Sports d'hiver :
900/1 460 m ⬳36, ⚹ – 🔾 81.

Voir Le Morond ⬳★ SO : 3 km puis télésiège.

Env. Mont d'Or ⬳★★ S : 11 km puis 30 mn.

🅱 Syndicat d'Initiative (fermé sam. et dim. hors sais.) ℡ 49.13.81.

Paris 472 – ♦Besançon 76 – Champagnole 46 – Morez 56 – Mouthe 18 – Pontarlier 18.

🏛 **Robbe**, ℡ 49.11.05, 🐴 – ⌂wc 🗍wc ❶. ❄ rest
← *25 juin-10 sept. et 20 déc.-20 avril* – SC : **R** 38/60 – ☲ 12,50 – **21 ch** 62/100 – P
121/141.

à Métabief O : 3 km par D 49 – ✉ **25370** les Hopitaux Neufs :

🏛 **Étoile des Neiges** sans rest., ℡ 49.11.21, ≤ – ⌂wc 🗍wc ❶. 𝖵𝖨𝖲𝖠. ❄
1ᵉʳ juin-30 sept. et 15 déc.-15 avril – SC : ☲ 13,50 – **15 ch** 100/145.

CITROEN Drezet, ℡ 49.10.56 Ⓝ

HORBOURG 68 H.-Rhin 🗗🗗 ⑲ – rattaché à Colmar.

L'HORME 42 Loire 73 ⑩ – rattaché à St-Chamond.

L'HOSPITALET 09390 Ariège 86 ⑮ – 171 h. alt. 1 436 – ✪ 61.
Paris 852 – Andorre-la-Vieille 43 – Ax-les-Thermes 18 – Bourg-Madame 37 – Foix 60.

🏤 **Puymorens**, 🕾 64.23.03 – 🚗
　SC : **R** 50/65 – 😑 11,50 – **14 ch** 40/75 – P 110/130.

HOSSEGOR 40150 Landes 78 ⑰ G. Côte de l'Atlantique – Casino – ✪ 58.
🔟 🕾 43.56.99 SE : 0,5 km.
🛈 Office de Tourisme pl. Pasteur (fermé merc. et dim. hors saison) 🕾 43.72.35.
Paris 756 – ◆Bayonne 20 – ◆Bordeaux 167 – Dax 35 – Mont-de-Marsan 83.

🏨 **Beauséjour** 🕭, av. Genets par av. Tour-du-Lac 🕾 43.51.07, 😤, ⬛, 🐎 – 🛗 🅿.
　😤 rest
　5 juin-17 sept. – SC : **R** (dîner seul.) 98/110 – 😑 24 – **45 ch** 140/290.
🏨 **Mercédès**, av. Tour-du-Lac 🕾 43.52.23, 😤, ⬛ 🅿
　16 juin-10 sept. – SC : **R** 98/110 – 😑 24 – **40 ch** 140/290 – P 215/285.
🏠 **Hélianthes** 🕭 sans rest, av. Côte-d'Argent 🕾 43.52.19, ⬛ – 🛏wc 🛁wc 😤
　30 mars-7 oct. – SC : 😑 17 – **19 ch** 120/185.
🏠 **Ermitage** 🕭, allée Pins-Tranquilles 🕾 43.52.22, 🐎, 🕾 – 🛏wc 🛁wc 😤 🅿. 😤
　Pâques-31 mai (hôtel seul.) et 1ᵉʳ juin-30 sept. – SC : **R** (dîner seul.) 78/82 – 😑 23 –
　12 ch – ½ p 197/206.
🏠 **Plage** 🕭, 🕾 43.50.12, ← – 🛁wc 😤. 😤 rest
　30 mai-17 sept. – SC : **R** (dîner seul.) 65/76 – 😑 22 – **30 ch** 80/230.
XX **Huitrières du Lac** avec ch, av. Touring-Club 🕾 43.51.48, ← – 🛏wc 🛁wc 😤 🅿.
　😤
　début fév.-début nov. et fermé merc. hors sais. – SC : **R** 110/180 – 😑 15 – **9 ch**
　120/140.
XX **L'Amiral**, av. P.-Lahary 🕾 43.51.85.

PEUGEOT TALBOT Gar. de l'Avenue, 🕾 43.50.38

HOUAT (Ile de) 56 Morbihan 63 ⑫ G. Bretagne – 390 h. – ⊠ 56170 Quiberon – ✪ 97.
Accès par Transports maritimes.
⛴ depuis **Quiberon**. En 1983 : 4 à 5 services quotidiens en saison ; hors saison 1 à 2
services quotidiens - Traversée 1 h. – 54 F (AR) - Renseignements : Cie Morbihannaise
de navigation, 🕾 50.06.90.

X Iles 🕭 avec ch, 🕾 31.28.02, ←
　sais. – **11 ch**.

Les HOUCHES 74310 H.-Savoie 74 ⑧ G. Alpes – 1 766 h. alt. 1 008 – Sports d'hiver : 1 000/1 900
🎿2 🚡13 🎿 – ✪ 50.
Voir Bellevue ✳✳ SO par téléphérique puis Nid d'Aigle ←✳✳ par tramway du Mont-
Blanc.
Env. Parc du Balcon de Merlet✳✳ : ←✳✳ NE : 9 km puis 30 mn.
🛈 Office de Tourisme pl. Église (fermé dim. hors saison) 🕾 54.40.62, Télex 385000.
Paris 618 – Annecy 85 – Bonneville 48 – Chamonix 8 – Megève 28.

🏨 **Chris-Tal** 🅼, 🕾 54.50.55, ←, 🐎, 🕾 – 🛗 🛏wc 🛁wc 🕾 🚗 🅿. 💳
　30 mai-début oct., 16 déc.-Pâques – SC : **R** 58/70 – 😑 16,50 – **28 ch** 110/175 – P
　175/210.
🏨 **Bellevarde**, 🕾 54.41.85, ←, 🐎 – 🛏wc 🕾 🅿. 🆎. 😤 ch
　10 juin-15 sept. et 18 déc.-18 avril – SC : **R** 40/130 – 😑 16 – **28 ch** 185/200 – P
　185/200.
🏠 **Piste Bleue**, rte Chavants 🕾 54.40.66, ←, 🐎 – 🛁wc 🛁 😤 🅿. 🆎. 😤
　20 juin-15 sept. et 20 déc.-15 avril – SC : **R** 60 🍴 – 😑 14 – **25 ch** 114/180 – P
　165/197.
🏠 **Beau Site et rest. Le Pêle**, 🕾 54.40.16, ←, 😤, 🐎 – 🛏 🛁wc 🅿. 💳. 😤 rest
　juin-30 sept. et 15 déc.-fin avril – SC : **R** 60/90 – 😑 22 – **20 ch** 80/160 – P 155/195.

　à Bellevue, par téléphérique – alt. 1 812 – ⊠ 74310 Les Houches :

🏤 **La Hutte** 🕭, 🕾 93.48.18, ← vallée
　20 juin-10 sept. et 18 déc.-20 avril – SC : **R** 100 – 🍽 20 – **28 ch** (pens. seul.) – P
　170/180.

　au Prarion par télécabine – Sports d'hiver : 1 600/1 900 m 🎿2 🚡11 – ⊠ 74170 St-Gervais :

🏠 **Le Prarion** 🕭, alt.1 860 🕾 93.47.01, ✳ sur sommets, glaciers et vallée, 😤 –
　🛁wc 😤
　1ᵉʳ juil.-2 sept. et 20 déc.-20 avril – SC : **R** 72/142 – 😑 24 – **19 ch** 79/290 – P
　235/398.

547

HOUDAN 78550 Yvelines 🔟 ⑧, 🔟🔟🔟 ⑭ G. Environs de Paris (plan) – 2 973 h. alt. 104 – ✪ 3.

🛈 Syndicat d'Initiative à la Mairie (fermé sam. après-midi et dim.) ☏ 646.60.19.

Paris 63 – Chartres 51 – Dreux 21 – Évreux 47 – Mantes-la-Jolie 27 – Rambouillet 28 – Versailles 41.

   XX ❀ **La Poularde** (Vandenameele) N 12 ☏ 646.60.50, 🪑, 🌳 – **P**. 🄰🄴 𝘝𝘐𝘚𝘈
        fermé 17 au 24 août, 10 au 24 fév., merc. soir et jeudi – SC : **R** carte 130 à 200
        Spéc. Tourte Houdanaise, Homard au corail et Porto, Tarte acidulée chaude.

   XX **Plat d'Étain** avec ch, ☏ 646.60.28 – 🛏wc 🕿 **P**. 𝘝𝘐𝘚𝘈. 🍽 ch
        fermé en août, lundi soir et mardi – SC : **R** 60/150 – 🖵 18 – **7 ch** 95/170.

   XX **Welcome Auberge**, O : sur N 12 ☏ 646.60.34 – **P**. ⓞ
   ◆   fermé juin, nov., le soir (sauf vend. et sam. du 15 oct. au 15 avril), mardi soir et merc.
        – SC : **R** 48/86.

      à Maulette E : 2 km sur N 12 – ✉ 78550 Houdan :

   X   **La Bonne Auberge**, rte Paris ☏ 646.60.84 – **P**. ⓞ
   ◆   fermé 15 août au 1ᵉʳ sept., 15 déc. au 2 janv., mardi soir et merc. – SC : **R** 45/150 ♨.

      à Bazainville E : 4,5 km par N 12 – ✉ 78550 Houdan :

  XXX ❀ **Relais du Pavé** (M. Marguerite) avec ch, ☏ 487.61.52, 🪑, « Bungalows dans
        un parc fleuri » – 🛏wc 🕿 **P**. 𝘝𝘐𝘚𝘈. 🍽 ch
        fermé 16 janv. au 28 fév., lundi soir et mardi – SC : **R** carte 170 à 240 – 🖵 28 – **8 ch**
        320
        Spéc. Assiette de Monseigneur, Paupiettes de St-Jacques (oct. à mars), Symphonie au Dieu des
        mers.

PEUGEOT-TALBOT Guillemin, à Maulette ☏ 646.60.37

HOUDELAINCOURT 55 Meuse 🔟🔟 ② – 370 h. alt. 299 – ✉ 55130 Gondrecourt-le-Château –
✪ 29.

Paris 266 – Bar-le-Duc 39 – ✦Nancy 64 – Neufchâteau 34 – St-Dizier 54 – Toul 41.

   XX **Aub. du Père Louis** avec ch, ☏ 89.64.14, 🪑 – 🛏wc 🕿 **P** – 🄰 20. ⓞ **E**. 🍽 ch
   ◆   fermé 16 au 23 juil., vacances de fév., dim. soir et lundi – SC : **R** 38/160 ♨ – 🖵 15 –
        8 ch 80/150 – P 130/150.

HOUILLES 78 Yvelines 🔟🔟 ㉓, 🔟🔟🔟 ⑯ – voir à Paris, Environs.

HOULGATE 14510 Calvados 🔟🔟 ② G. Normandie – 1 784 h. – Casino – ✪ 31.

Voir Falaise des Vaches Noires★ au NE.

🛈 Office de Tourisme bd Belges (16 sept.-15 juin, fermé dim. et lundi) ☏ 91.33.09 et r. d'Axbridge
(15 juin-15 sept.) ☏ 91.06.28.

Paris 221 – ✦Caen 28 – Deauville-Trouville 15 – Lisieux 30 – Pont-L'Évêque 23.

   🏠 **Centre** sans rest, 31 r. Bains ☏ 91.18.15, 🌳 – 🛏wc 🍽wc 🕾. 🍽
        31 mai-9 sept. – 🖵 18,50 – **23 ch** 72/165.

   🏠 **Host. Normande**, 11 r. E.-Deschanel ☏ 91.22.36, 🪑, 🌳 – 🛏wc 🍽wc 🕾. 𝘝𝘐𝘚𝘈
        fermé janv. et mardi – SC : **R** 86/130 – 🖵 16 – **16 ch** 70/150 – P 190/230.

   XX **Ferme du Lieu Marot** 🦢 avec ch, 21 rte de la Vallée par D 24 ☏ 91.19.44, 🪑,
        « Au milieu des pommiers, jardin » – 🛏wc 🍽wc
        fermé oct. et merc. de fin août au 15 juin sauf fêtes – SC : **R** 75/127 – 🖵 16 – **11 ch**
        97/158 – P 189/208.

   X   **1900** avec ch, 17 r. Baine ☏ 91.07.77 – 🍽wc. 🄰🄴 **E** 𝘝𝘐𝘚𝘈. 🍽 ch
        fermé 15 nov. au 15 déc., lundi soir et mardi hors sais. et vac. scolaires – SC : **R**
        60/180 – 🖵 13 – **8 ch** 70/103 – P 165/185.

PEUGEOT, TALBOT Morin, ☏ 91.18.37   Dupont, ☏ 91.53.85

HOURTIN 33990 Gironde 🔟🔟 ⑰ G. Côte de l'Atlantique – 3 598 h. alt. 19 – ✪ 56.

🛈 Office de Tourisme pl. Mairie (15 juin-1ᵉʳ sept. et fermé dim.) ☏ 41.65.57.

Paris 555 – Andernos-les-Bains 53 – ✦Bordeaux 62 – Lesparre-Médoc 17 – Pauillac 26.

   🏠 **Le Dauphin** 🏠, pl. Église ☏ 41.61.15, 🔟 – 🛏wc 🍽wc 🕿. 🍽 rest
        fermé nov. et mardi – SC : **R** 54/135 ♨ – 🖵 16 – **20 ch** 166/197 – P 181/234.

CITROEN Galharret, ☏ 41.61.18

HUELGOAT 29218 Finistère 🔟🔟 ⑥ G. Bretagne (plan) – 2 090 h. alt. 175 – ✪ 98.

Voir Site★★ – Rochers★★ – Forêt★ – Gouffre★ E : 2 km puis 15 mn – Roche cintrée
≤★ E : 1 km puis 15 mn.

Env. St-Herbot : clôture★★ de l'église★ SO : 7 km.

🛈 Office de Tourisme à la Mairie (1ᵉʳ juin-15 sept., fermé dim. et lundi matin) ☏ 99.72.32.

Paris 527 – Carhaix-Plouguer 22 – Châteaulin 36 – Landerneau 47 – Morlaix 29 – Quimper 56.

   🏠 **An Triskell** 🦢 sans rest, rte Pleyben ☏ 99.71.85, 🌳 – 🛏 🍽 **P**. 🍽
        fermé 15 nov. au 15 déc. – SC : 🖵 18 – **11 ch** 96/127.

à *Locmaria-Berrien-Gare* SE : 7 km par D 764 – ⊠ 29218 Huelgoat :

XX ❀ **Aub de la Truite** (Mme Le Guillou) avec ch, ☎ 99.73.05, ≤, Meubles bretons,
☞ – 📶wc 🅿
fermé 5 janv. au 1ᵉʳ mars, dim. soir et lundi sauf juil.-août – SC : **R** (dim. prévenir)
100/290 , dîner à la carte – ⌧ 18 – **6 ch** 80/135
Spéc. Truite de l'auberge, Homard au porto, Caille aux bigarreaux.

▮▮▮ **HUEZ** 38 Isère 🗌🗌 ⑥ – rattaché à Alpe d'Huez.

▮▮▮ **HUISSEAU-SUR-COSSON** 41 L.-et-Ch. 🗌🗌 ⑦⑯ – 1 738 h. – ⊠ 41350 Vineuil – ◉ 54.
Paris 181 – Blois 10 – Chambord 6 – ◆Orléans 51 – Romorantin-Lanthenay 42.

XX **Charles X** avec ch, ☎ 46.35.76 – 📶wc 🏠
fermé 25 juin au 13 juil. et merc. sauf d'avril à sept. – SC : **R** 65/110 – ⌧ 12 – **5 ch**
99/110 – P 120/160.

▮▮▮ **La HUME** 33 Gironde 🗌🗌 ② – rattaché à Gujan-Mestras.

▮▮▮ **HUNINGUE** 68 H.-Rhin 🗌🗌 ⑩ – rattaché à St-Louis.

▮▮▮ **HYÈRES** 83400 Var 🗌🗌 ⑮⑯ G. Côte d'Azur – 41 739 h. alt. 40 – ◉ 94.
Voir ≤✶ de la place St-Paul Y 49 – Jardins Olbius Riquier✶ V – ≤✶ du parc St-Bernard
Y – Chapelle N.-D. de Consolation✶ V N : verrières✶, ≤✶ de l'esplanade S : 3 km –
Sommet du Fenouillet ✳✶ NO : 4 km puis 30 mn.
📷 de Valcros ☎ 66.81.02 par ① : 16 km.
✈ Toulon-Hyères ☎ 57.41.41 SE : 4 km V
🇮 Office de Tourisme av. J.-Clotis (fermé dim.) ☎ 65.18.55, Télex 400280.
Paris 857 ③ – Aix-en-Provence 99 ③ – Cannes 126 ③ – Draguignan 80 ③ – ◆Toulon 18 ③.

Plans page suivante

🏨 **Paris** Ⓜ sans rest, 20 av. Belgique ☎ 65.33.61 – 🔲 📶wc 📶wc ☎. ❀   Y n
SC : ⌧ 20 – **32 ch** 160/200.

🏨 **Suisse**, 1 av. A.-Briand ☎ 65.26.68, 🍽 – 🔲 📶wc 📶wc 🏠. 🅰🅴 ⓐ 𝗩𝗜𝗦𝗔   Y v
SC : **R** snack *(fermé dim. hors sais.)* carte environ 75 – ⌧ 15,50 – **25 ch** 82/155.

🏨 **Mozart** sans rest, 26 av. A.-Denis ☎ 65.09.45 – 📶wc 📶 🏠 &.   Y t
fermé nov. – SC : ⌧ 16 – **13 ch** 88/165.

🏨 **Du Portalet** sans rest, 4 r. Limans ☎ 65.39.40 – 📶wc 📶wc 🏠   Y r
SC : ⌧ 14 – **18 ch** 69/165.

🏨 **Central** sans rest, 17 av. J.-Clotis ☎ 65.03.45 – 📶wc 📶wc 🏠. ❀   YZ e
fermé en janv. – SC : ⌧ 14 – **14 ch** 74/149.

XX **Le Roy Gourmet**, 11 r. J.-Ribier ☎ 65.02.11 – ▪. 🅰🅴 ⓐ 𝗩𝗜𝗦𝗔. ❀   Z d
fermé dim. sauf juil. et août – SC : **R** 90/260.

XX **Le Delfin's**, pl. Clemenceau ☎ 65.04.27 – 🅰🅴 ⓐ 🅴 𝗩𝗜𝗦𝗔   Y u
fermé 15 janv. au 15 fév., dim. soir hors sais. et merc. – **R** 60/120.

XX **Le Tison d'Or**, 1 r. Galliéni ☎ 65.01.37 – 🅰🅴 ⓐ 🅴 𝗩𝗜𝗦𝗔   Z a
fermé dim. soir et lundi – SC : **R** 95.

X **Asia**, 28 av. A.-Denis ☎ 65.01.95, Cuisine vietnamienne – ❀   Y t
fermé 1ᵉʳ au 15 août, 1ᵉʳ au 15 mars et merc. – SC : **R** carte 60 à 85.

Hyères-Plage SE : 5 km – X – ⊠ 83400 Hyères :

🏨 **Le Méditerranée**, ☎ 58.03.89, 🍽 – 📶wc 📶wc 🏠   X r
5 fév.-20 oct. et fermé mardi en fév., mars et oct. – SC : **R** 59/100 – ⌧ 18 – **15 ch**
103/195 – P 170/218.

à *Costebelle* : 3 km - V – ⊠ 83400 Hyères :

XX **La Québécoise** (Host. Provençale) 🐾 avec ch, ☎ 57.69.24, ☞ – 📶wc ☎. 𝗩𝗜𝗦𝗔.
❀ ch   V w
*hôtel ouvert Pâques-30 oct., rest. fermé 1ᵉʳ nov. au 15 déc., dim. soir et lundi hors
sais.* – SC : **R** 75/200 – ⌧ 22 – **10 ch** 170/190 – P 270/290.

à *Ayguade-Ceinturon* SE : 4 km - V – ⊠ 83400 Hyères :

🏨 **Reine Jane**, ☎ 57.42.26, ≤, 🍽 – 📶 📶 🏠. ❀   V x
15 mars-15 oct. – SC : **R** 70/110 – ⌧ 22 – **15 ch** 89/210 – P 207/267.

X **Le Mérou** avec ch, bd Front-de-mer ☎ 66.41.81, 🍽 – 🅿   V p
fermé 15 au 31 oct., 3 au 31 janv. et vend. du 15 sept. au 31 mai – SC : **R** 54/90 – ☗
13 – **8 ch** 71 – P 150.

sur N 98 par ① : 6 km – ⊠ 83400 Hyères :

XXX **Vieille Aub. St-Nicolas** avec ch, ☎ 66.40.01 – 📺 📶wc 🏠 🅿 – ⚓ 60
fermé janv. et lundi sauf du 1ᵉʳ juil. au 15 sept. – **R** carte 115 à 170 – ⌧ 22 – **11 ch**
100/200.

tourner →

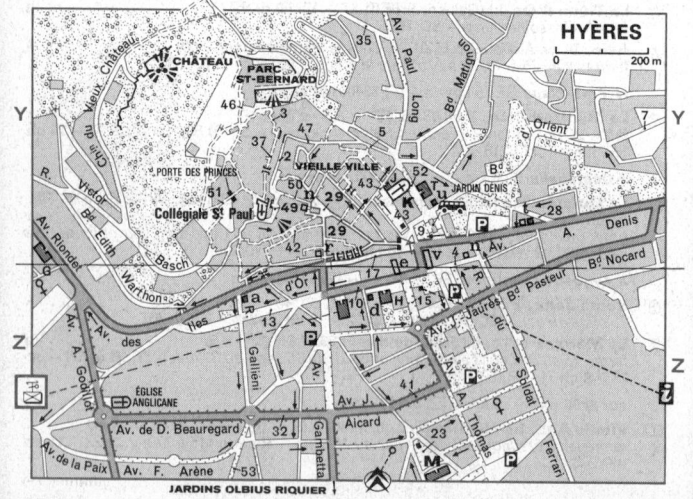

550

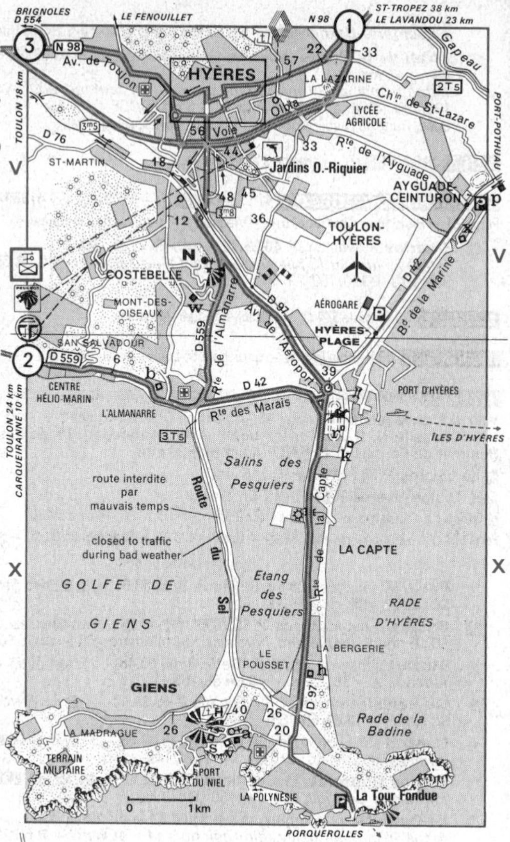

à l'Almanarre S : 6 km - X - ⊠ 83400 Hyères :

🏠 **Port-Hélène** sans rest, ℡ 57.72.01, ← – cuisinette ⋔wc ⱱ. *VISA*   X **b**
fermé 2 au 30 nov. – SC : ⊡ 12 – **12 ch** 75/175.

Voir aussi ressources hôtelières de *Giens* S : 12 km (X)

ALFA-ROMEO Rivarel-Yvorra, 58 av. Gambetta ℡ 65.16.96
CITROEN Ets Olivier Richard, 8 av. E.-Dunan ℡ 65.02.70 **N** ℡ 65.19.80
FORD Gar. d'Azur, Lot. Picon, rte Moutonne ℡ 57.47.67
PEUGEOT, TALBOT Gar. Ortelli, Quartier Gare, chemin de la Villette ℡ 57.69.16

RENAULT SELSA, 18 av. 1-Div.-Gén.-Brosset ℡ 65.33.05

🅖 Pasero-Pneus, Pont de la Villette ℡ 57.69.44
Pneu-Leca, av. G.-St-Hilaire ℡ 57.56.10

HYÈRES (Iles d') ★★★ 83 Var 🎱 ⑯⑰ – voir à Porquerolles et à Port-Cros.

HYÈVRE-PAROISSE 25 Doubs 🎱🎱 ⑰ – rattaché à Baume-les-Dames.

IBARRON 64 Pyr.-Atl. 🎱🎱 ② – rattaché à St-Pée-sur-Nivelle.

IGÉ 71 S.-et-L. 🎱🎱 ⑪ – 669 h. alt. 264 – ⊠ 71960 Pierreclos – ✪ 85.
Paris 395 – Cluny 11 – Mâcon 14 – Tournus 30.

🏰 **Château d'Igé** ⑤, ℡ 33.33.99, 🌳 – ⇔ ⱱ. 🅐🅔 ⓞ 🅔 *VISA*. ⅍ rest
15 mars-5 nov. – SC : R (fermé jeudi midi) 120/160 – ⊡ 35 – **6 ch** 250/375, 6 appartements 420/550.

ILAY 39 Jura 🎱🎱 ⑮ – alt. 777 – ⊠ 39150 St-Laurent-en-Grandvaux – ✪ 84.
Paris 444 – Champagnole 20 – Lons-le-Saunier 37 – Morez 22 – St-Claude 38.

🏠 **Aub. du Hérisson**, Carrefour D 75-D 39 ℡ 25.58.18, 🌳 – ⇔ ⇎ ⱱ. ⅍
avril-15 oct. et fermé merc. hors sais. – SC : R 59/114 🍴 – ⛿ 15,50 – **14 ch** 77/130
– P 140/190.

ILBARRITZ 64 Pyr.-Atl. 🎱🎱 ⑪⑱ – rattaché à Bidart.

ILE voir au nom propre de l'île.

ILLHAEUSERN 68 H.-Rhin 🎱🎱 ⑲ – 557 h. alt. 176 – ⊠ 68970 Guémar – ✪ 89.
Paris 521 – Artzenheim 15 – Colmar 17 – St-Dié 51 – Sélestat 13 – ✦Strasbourg 60.

🏰 **La Clairière** **M** ⑤, sans rest, rte Guémar ℡ 71.80.80, ⅍ – 🛗 📺 ☎ ⱱ
fermé janv., fév. et lundi soir en nov., déc. et mars – SC : ⊡ 24 – **24 ch** 250/320.

XXXX ✿✿✿ **Aub de l'Ill** (Haeberlin), ℡ 71.83.23, « Élégante installation au bord de l'Ill,
← jardins fleuris » – 🗖 ⱱ
fermé 1er au 7 juil., fév., lundi soir et mardi – R (prévenir) carte 190 à 250
Spéc. Truffe Souvaroff, Homard aux Chanterelles, Noisettes de chevreuil aux champignons des bois.
Vins Riesling, Sylvaner.

ILLIERS-COMBRAY 28120 E.-et-L. 🎱🎱 ⑰ G. Châteaux de la Loire – 3 453 h. alt. 162 – ✪ 37.
Paris 118 – Brou 13 – Châteaudun 29 – Chartres 25 – ✦Le Mans 95 – Nogent-le-Rotrou 35.

🏠 **Moulin de Montjouvin**, SO : 2 km rte Brou ℡ 24.32.32, 🌼, 🌳, ⅍ – ⇔wc 🕿
ⱱ – 🕍 50
fermé 20 déc. au 15 janv. et merc. – SC : R 55/180 – ⊡ 16 – **14 ch** 140/170 – P 250.

RENAULT Gar. Thomas, ℡ 24.33.33 **N** ℡ 21.94.39

ILLIERS-L'ÉVÊQUE 27770 Eure 🎱🎱 ⑦ – 617 h. alt. 133 – ✪ 37 (E.-et-L.).
Paris 97 – Dreux 14 – Évreux 30 – Nonancourt 9 – Verneuil-sur-Avre 30 – Vernon 44.

🏠 **Aub. de la Lisière Normande**, ℡ 48.11.05, 🌳 – ⇔ ⋔wc
SC : *R (fermé dim. soir et lundi)* 55/135 🍴 – ⊡ 21 – **10 ch** 71/143 – P 152/228.

ILLKIRCH-GRAFFENSTADEN 67 B.-Rhin 🎱🎱 ⑩ – rattaché à Strasbourg.

IMPHY 58160 Nièvre 🎱🎱 ④ – 4 930 h. alt. 184 – ✪ 86.
Paris 252 – Château-Chinon 64 – Decize 23 – La Machine 23 – Nevers 11 – St-Pierre-le-Moutier 22.

XX **Château de Marigny**, N : 1,5 km sur N 81 ℡ 68.71.87 – ⱱ
fermé janv. et lundi – SC : R (déj. seul.) 59/170.

CITROEN Imphy-Auto, RN81 à Sauvigny-les-Bois ℡ 68.74.86

RENAULT Gge Bruhat, 95 r. Paul Vaillant Couturier, ℡ 68.74.85

IMSTHAL 67 B.-Rhin 🎱🎱 ⑰⑱ – rattaché à La Petite-Pierre.

INGRANDES 49 M.-et-L. 63 ⑲ **G. Châteaux de la Loire** – 1 450 h. alt. 19 – ✉ **49170** St-Georges-s.-Loire – ⚙ 41 – **Voir** S : Route★ de Montjean-sur-Loire à St-Florent-le-Vieil (D 210) – ℹ Office de Tourisme à la Mairie (fermé sam. après-midi et dim.) ☎ 41.40.21.
Paris 320 – Ancenis 21 – Angers 32 – Châteaubriant 55 – Château-Gontier 58 – Cholet 48.

XX **Chez Baudouin,** au pont rive gauche ✉ 49410 St-Florent-le-Vieil ☎ 41.40.25, ← – Ⓟ
fermé dim. soir – SC : **R** 60/118 🍷.

INNENHEIM 67 B.-Rhin 62 ⑨ – 862 h. alt. 150 – ✉ **67880** Krautergersheim – ⚙ 88.
Paris 508 – Molsheim 11 – Obernai 10 – Sélestat 30 – ♦Strasbourg 20.

Au Cep de Vigne, N 422 ☎ 95.75.45, – wc wc ☎ ♿ Ⓟ. E.
fermé en fév. et lundi – SC : **R** 68/130 🍷 – ☕ 15 – **23 ch** 130/170 – P 150/185.

INOR 55 Meuse 56 ⑩ – 214 h. alt. 175 – ✉ **55700** Stenay – ⚙ 29.
Paris 248 – Carignan 17 – Longwy 64 – Sedan 27 – Verdun 53.

Faisan Doré, ☎ 80.35.45, – wc Ⓟ. E. ch
fermé vend. – SC : **R** 37 bc/100 🍷 – ☕ 20 – **13 ch** 150 – P 160.

CITROEN Champeaux, à Stenay ☎ 80.31.19 FORD Gar. Tribut, à Stenay ☎ 80.31.13

L'ISERAN (Col de) 73 Savoie 74 ⑲ **G. Alpes** – alt. 2 770 – ✉ **73150** Val-d'Isère – ⚙ 79.
Voir ←★ – Belvédère de la Tarentaise ☀★★ NO : 3,5 km puis 15 mn – Belvédère de la Maurienne ←★ S : 3,5 km.
Paris 709 – Bonneval-sur-Arc 14 – Chambéry 148 – Lanslebourg-Mont-Cenis 33 – Val d'Isère 16.

ISIGNY-SUR-MER 14230 Calvados 54 ⑬ **G. Normandie** – 3 159 h. alt. 4 – ⚙ 31.
Paris 299 – Bayeux 31 – ♦Caen 59 – Carentan 11 – ♦Cherbourg 61 – St-Lô 28.

France, 17 r. E.-Demagny ☎ **22.00.33** – cuisinette wc wc ☎ ♿ Ⓟ – 25.
AE – *2 fév.-2 nov., fermé vend. soir et sam. midi du 15 sept. au 1er juil. sauf fêtes* – SC : **R** 48/90 – ☕ 17 – **19 ch** 97/173 – P 200/245.

Commerce, 5 r. E.-Demagny ☎ **22.01.44** – Ⓟ
fermé fév., dim. soir et lundi midi sauf saison et fériés – SC : **R** 47/86 – ☕ 16 – **10 ch** 63/85 – P 135/161.

PEUGEOT Etasse, ☎ 22.02.52 **Isigny Gar.,** ☎ 22.02.33 N

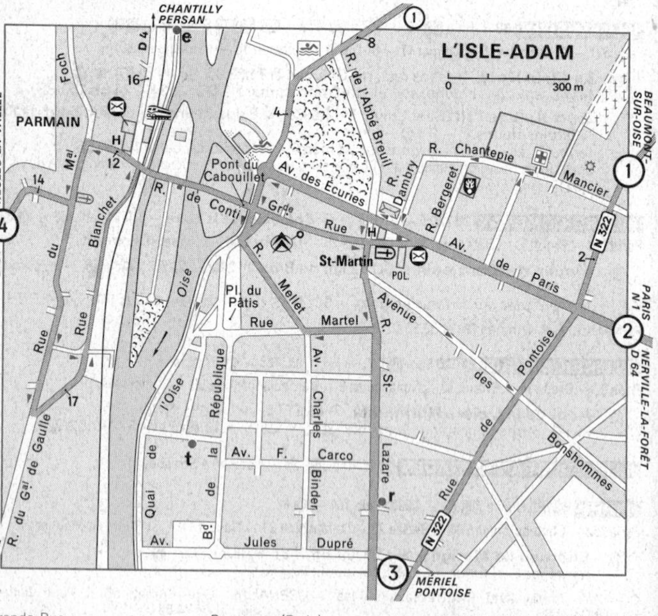

Grande-Rue
Guichard (R.) 12
St-Lazare (R.)

Beaumont (R. de) 2
Capitainerie (R. de la) 4
Faisanderie (Ch. de la) 8

Nesles-la-Vallée (R. de) 14
Poincaré (R. R.) 16
Prés.-Wilson (R. du) 17

L'ISLE-ADAM 95290 Val-d'Oise 🔳🔳 ⓩ, 🔢🔢🔢 ⑥ G. Environs de Paris – 9 479 h. alt. 36 – 🔅 3.

Voir Chaire★ de l'église St-Martin.

🛈 Office de Tourisme 1 av. Paris (fermé dim. et matin sauf mardi, vend., sam.) ☏ 469.09.76.

Paris 39 ② – Beauvais 42 ① – Chantilly 23 ① – Pontoise 13 ③ – Taverny 11 ③.

Plan page ci-contre

XX **La Métairie,** 4 r. Oise **(t)** ☏ 469.01.14, 🍽, 🌳 – 𝚅𝙸𝚂𝙰. 🍴
fermé 13 janv. au 2 fév., mardi soir et merc. – **R** carte 100 à 150.

X **Relais Fleuri,** 61 bis r. St-Lazare **(r)** ☏ 469.01.85, 🍽, 🌳 – 𝚅𝙸𝚂𝙰
fermé août, lundi soir et mardi – SC : **R** 60/130.

à Parmain : 2 km – 4 561 h. – ✉ 95620 Parmain :

X **Aub. de Jouy,** chemin de Halage **(e)** ☏ 473.03.42, ≤, 🍽 – 🅿. 𝚅𝙸𝚂𝙰
fermé 15 sept. au 1er oct., 15 déc. au 1er janv., merc. soir et jeudi – SC : **R** 129 bc.

CITROEN Crocqfer, 6 Gde-Rue ☏ 469.00.01
FORD Hauviller, 59 et 61 r. St-Lazare ☏ 469.
00.91
PEUGEOT-TALBOT Pétillon, 12 r. de Beau-
mont par ① ☏ 469.01.13

RENAULT Gar. Ile de France 60 av. de Paris
par ② ☏ 469.05.66

L'ISLE-D'ABEAU 38 Isère 🔳🔳 ⑬ – rattaché à Bourgoin-Jallieu.

ISLE-DE-NOÉ 32 Gers 🔳🔳 ④ – 564 h. alt. 137 – ✉ 32300 Mirande – 🔅 62.

Paris 784 – Auch 21 – Condom 44 – Tarbes 57.

X **Aub. de Gascogne** avec ch, ☏ 64.17.05
↪ fermé 2 nov. au 10 déc. et merc. – SC : **R** 42/127 🍷 – 🛏 12,50 – **7 ch** 60/100 – P
114/127.

L'ISLE-JOURDAIN 32600 Gers 🔳🔳 ⑥⑦ – 4 365 h. alt. 150 – 🔅 62.

Paris 713 – Auch 43 – Montauban 57 – ♦Toulouse 35.

🏠 **Host. du Lac** 🅼, O : 1 km sur N 124 ☏ 07.03.91, ≤, 🌳 – ➰wc 🛢 📶 – 🛎 –
30. 𝚅𝙸𝚂𝙰
fermé 15 au 31 janv. – SC : **R** 42/120 – 🍷 12 – **28 ch** 105/145 – P 160/180.

CITROEN Gar. de l'Esplanade, ☏ 07.02.57
PEUGEOT, TALBOT Rigal, ☏ 07.03.16 🔟 ☏ 07.
05.58

RENAULT Gar. Gascogne-Sce ☏ 07.13.07

L'ISLE-JOURDAIN 86150 Vienne 🔳🔳 ⑤ G. Côte de l'Atlantique – 1 355 h. alt. 135 – 🔅 49.

Paris 377 – Bellac 37 – Confolens 26 – Montmorillon 32 – Poitiers 56 – Ruffec 53.

🏨 **Paix,** ☏ 48.70.38 – 📶 🍽 🅿
↪ SC : **R** 32/75 🍷 – 🛏 12 – **12 ch** 58/75 – P 135/224.

CITROEN Gar. Foussier, ☏ 48.88.24 🔟 ☏ 48.
74.20

PEUGEOT-TALBOT Rigaud, ☏ 48.70.37 🔟
RENAULT Perrin, ☏ 48.70.22

L'ISLE-SUR-LA-SORGUE 84800 Vaucluse 🔳🔳 ②③ G. Provence (plan) – 13 205 h. alt. 59 –
🔅 90 – Voir Décoration intérieure★ de l'église – Église★ du Thor O : 5 km.

🛈 Office de Tourisme pl. Église (fermé dim. après-midi et lundi) ☏ 38.04.78..

Paris 698 – Apt 32 – Avignon 23 – Carpentras 17 – Cavaillon 10 – Orange 41.

🏠 **Les Névons** 🅼 🍴 sans rest., ☏ 20.72.00, 🔳, 🌳 – 🛗 🔲 ➰wc 📶wc ☎ 🚗 🅿
– 🛎 30. 🄰🄴 𝚅𝙸𝚂𝙰. 🍴
fermé 16 déc. au 15 janv. – SC : 🍷 21 – **26 ch** 170/230.

au Nord 6 km sur D 938 – ✉ 84740 Velleron :

🏠 **Host. La Grangette,** ☏ 20.00.77, 🍴 dans la campagne, ≤, parc, 🍽, 🔳, 🍽 –
🔲 ➰wc 📶wc ☎ – 🛎 30. 🄰🄴 𝚅𝙸𝚂𝙰
SC : **R** 113/155 – 🍷 32 – **17 ch** 200/345 – P 560/635 (pour 2 pers.).

CITROEN Roquebrune, rte d'Apt ☏ 38.18.48
🔟
PEUGEOT-TALBOT Éts Joly, rte de Carpentras
☏ 20.62.85
PEUGEOT-TALBOT Gar. Manni, Quai de la
Charité ☏ 38.00.97

RENAULT Gar. de la Sorgue, 9 av. 4-Otages
☏ 38.00.41

🛞 Magnan-Pneus, Zone Ind., rte du Thor ☏
38.00.89

ISOLA 2000 06 Alpes-Mar. 🔳🔳 ⑩, 🔢🔢🔢 ⑤ – alt. 2 000 – Sports d'hiver : 2 000/2 610 m ⚡1 ⚡20 –
✉ 06420 St-Sauveur-s.-Tinée – 🔅 93 – Voir Vallon de Chastillon★ O, G. Côte d'Azur.

Paris 829 – Barcelonnette 92 – ♦Nice 94 – St-Martin-Vésubie 60.

🏨🏨 **Le Chastillon** 🅼 🍴, ☏ 23.10.60, Télex 970507, ≤ – 🛗 ☎ 🚗 – 🛎 40. 🄰🄴 🅾 E
𝚅𝙸𝚂𝙰
18 déc.-18 avril – SC : **R** 80/170 – 🍷 311/520 – P 500/585.

🏨 **Druos** 🍴, ☏ 23.12.20, Télex 461175, ≤ – ➰wc 📶wc ☎. 🄰🄴 𝚅𝙸𝚂𝙰. 🍴 rest
27 juin-12 sept. et 18 déc.-25 avril – SC : **R** 82/90 – 🍷 20 – **40 ch** 390/490 – P
364/400.

ISPE 40 Landes **78** ⑬ – rattaché à Biscarosse.

Les ISSAMBRES 83380 Var **84** ⑱ – 🕲 94.

🛈 Office de Tourisme Parc des Issambres (fermé matin, lundi et dim. hors sais.) ☏ 96.92.51.
Paris 884 – Draguignan 39 – St-Raphaël 13 – Ste-Maxime 10 – Toulon 83.

à San-Peire-sur-Mer – ⊠ 83380 Les Issambres :

🏠 **Provençal,** ☏ 96.90.49, ⩽ – 🛆wc 🛗 🕾 🅿. VISA. ⚶ ch
1ᵉʳ avril-30 sept. – SC : R (fermé lundi midi sauf fériés) 86/140 – ⊿ 21 – **28 ch** 140/234.

au Parc des Issambres – ⊠ 83380 Les Issambres :

🏠 **Quiétude,** ☏ 96.94.34, ⩽, 🏊, 🛲 – 🛆wc 🛗wc 🕾 🅿
8 fév.-15 oct. – SC : R 55/83 – ⊿ 19 – **20 ch** 124/165 – P 215/245.

Pointe des Issambres – ⊠ 83380 Les Issambres :

🍴 **La Réserve** avec ch, ☏ 96.90.41, ⩽, 🛥, 🛲 – 🛆wc 🛗 🕾 🅿. VISA
fin mars-fin sept. – SC : R (fermé merc.) 105/200 – ⊿ 21 – **6 ch** 165/225.

à la Calanque des Issambres – ⊠ 83380 Les Issambres :

🍴 **La Cigale** avec ch, ☏ 96.91.15, ⩽ mer – 🛆wc 🛗wc 🅿. VISA
Pâques-début oct. et fermé jeudi hors sais. – SC : R 136/220 – **7 ch** – ½ p 254/300.

à La Gaillarde – ⊠ 83606 Fréjus :

🏠 **Host. Caravelle** sans rest, ☏ 81.24.03, ⩽ – 🛗wc 🕾. ⚶
*1ᵉʳ avril-30 sept. – SC : ⊿ 22 – **10 ch** 245/330.

ISSOIRE ◁🛱▷ 63500 P.-de-D. **73** ⑭⑮ G. Auvergne – 15 383 h. alt. 386 – 🕲 73.

Voir Église St-Austremoine★★ : chevet★★ B.

🛈 Office de Tourisme à la Mairie (1ᵉʳ sept.-15 juin, fermé sam. et dim.) ☏ 89.03.54 et pl. Gén.-de-Gaulle (15 juin-1ᵉʳ sept.) ☏ 89.15.90.

Paris 423 ① – Aurillac 123 ③ – ◆Clermont-Ferrand 37 ① – ◆Lyon 197 ① – Millau 208 ③ – Le Puy 93 ③ – Rodez 186 ③ – ◆St-Étienne 141 ② – Thiers 60 ① – Tulle 168 ④ – Vichy 92 ①.

🏠 **Le Pariou,** 18 av. Kennedy **(e)** ☏ 89.22.11
→ – 🛆wc 🛗wc 🕾 🅿 – 🏋 25. 🖪 VISA
fermé 22/9 au 15/10, 22/12 au 7/1, hôtel : sam. sauf juil.-août, rest. : dim. sauf le soir en juil.-août et sam. – SC : R 46/88 🍴 – ⊿ 13 – **29 ch** 75/132.

🏠 **Floride** sans rest, rte Solignat S : 1 km par D 32 ☏ 89.04.25 – 📺 🛆wc 🕾 🅿. 🖪 VISA
*fermé 15 déc. au 15 janv. – SC : ⊿ 14,50 – **17 ch** 121/146.

🏠 **Terminus** sans rest., 15 av. Gare **(n)** ☏ 89.22.34 – 🛆wc 🛗 🕾 🚗
*fermé 1ᵉʳ au 20 mai, vacances de Noël et dim. hors sais. – SC : ⊿ 13 – **15 ch** 80/130.

🏠 **Tourisme** sans rest, 13 av. Gare **(n)** ☏ 89.23.68 – 🛆 🛗 🕾. ⚶
*fermé oct. – SC : ⊿ 12 – **13 ch** 80/110.

🍴 **Le Relais,** 1 av. Gare **(a)** ☏ 89.16.61 – ⚶
→ *fermé 25 janv. au 1ᵉʳ mars, dim. soir et vend. – SC : R* 45/80.

à Parentignat par ② : 4 km – ⊠ 63500 Issoire.

Voir Château★.

🏠 **Tourette,** ☏ 55.01.78, 🛲 – 🛆wc 🛗wc 🕾 🅿. VISA. ⚶ ch
→ *fermé 5 nov. au 8 déc., vend. soir et sam. sauf juil. et août – SC : R* 50/135 🍴 – ⊿ 14 – **29 ch** 95/149 – P 162/185.

au Broc par ③ : 5 km – ⊠ 63500 Issoire :

🍴 **Host. les Vigneaux** avec ch, N 9 ☏ 89.10.90, ⩽ – 🛆wc 🅿. 🖪
fermé 13 août au 2 sept., vacances de Noël, dim. et fériés – SC : R 55/120 – ⊿ 14,50 – **6 ch** 110/125.

à Sarpoil par ②, D 996 et D 999 : 11 km – ⊠ 63490 Sauxillanges :

🍴🍴 🕸 **La Bergerie** (Bath), ☏ 71.02.54, ⚶ – 🅿
fermé janv., fév., 25 au 30 juin, 3 au 9 sept., dim. soir et merc. – SC : R (dîner prévenir) 110/180
Spéc. Salade au foie gras frais, Ombre chevalier du Pavin (oct. à déc.), Symphonie d'été.

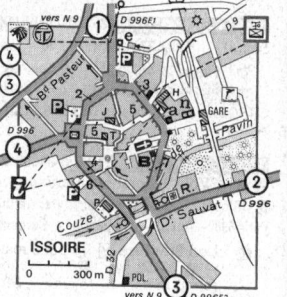

Buisson (Bd A.) . 2	S.-Préfecture
Cibrand (Bd J.) . . 3	(Bd de la) . . . 6
Manlière (Bd) . . 4	Triozon-Bayle
Palais (R. du) . . 5	(Bd) 7

554

CITROEN Arverne-Autom., rte Clermont par ① ☏ 89.16.31 **N**
FORD Guidat, 49 Rte de St Germain ☏ 89.16.51
PEUGEOT-TALBOT Gar. Morette, 66 av. Kennedy ☏ 55.02.44
RENAULT Bernassau, rte de Clermont par ① ☏ 89.22.56

V.A.G. Issoire-Autos, rte de St-Germain-Lembron ☏ 89.23.08

Ⓟ Estager-Pneu, 33 bd Triozon-Bayle ☏ 89.18.39 et 63 bd Kennedy ☏ 89.18.83

ISSONCOURT 55 Meuse 🖬🖬 ⑳ – 63 h. alt. 276 – ⊠ 55220 Souilly – ۞ 29.
Paris 263 – Bar-le-Duc 28 – St-Mihiel 29 – Verdun 24.

※ **Relais de la Voie Sacrée** avec ch, N 35 ☏ 70.70.46 – 🛏wc ☏ Ⓟ Ⓔ 𝗩𝗜𝗦𝗔 – *fermé 17 déc. au 4 fév. et lundi* – SC : **R** 57/160 ⅃ – ☲ 16 – **7 ch** 100/143 – P 180/200.

ISSOUDUN 🕽 36100 Indre 🖬🖬 ⑨ G. Périgord – 15 166 h. alt. 129 – ۞ 54.
Voir Musée St-Roch : arbre de Jessé★ dans la chapelle et apothicairerie★ **M**.
Paris 245 ① – Bourges 38 ② – Châteauroux 29 ⑤ – ♦Tours 133 ① – Vierzon 35 ①.

ISSOUDUN

Casanova (R. Danièle) 5
Dormoy (Bd Marx) 9
République (R. de la) 19
10-Juin (Pl. du) 28

Avenier (R. de l') 2
Bons-Enfants (R. des) 4
Croix-de-Pierre (Pl. de la) 6

Croix-Rouge (R. de la) 7
Fossés-le-Villatte (R. des) . . . 10
Ponts (R. des) 14
Poterie (R. de la) 17
Quatre-Vents (R. des) 18
Roosevelt (Bd du Prés.) 22
Sémard (R. Pierre) 23
Stalingrad (Bd de) 25
Tous les Diables (R. de) 26
Trois-Places (R. des) 27

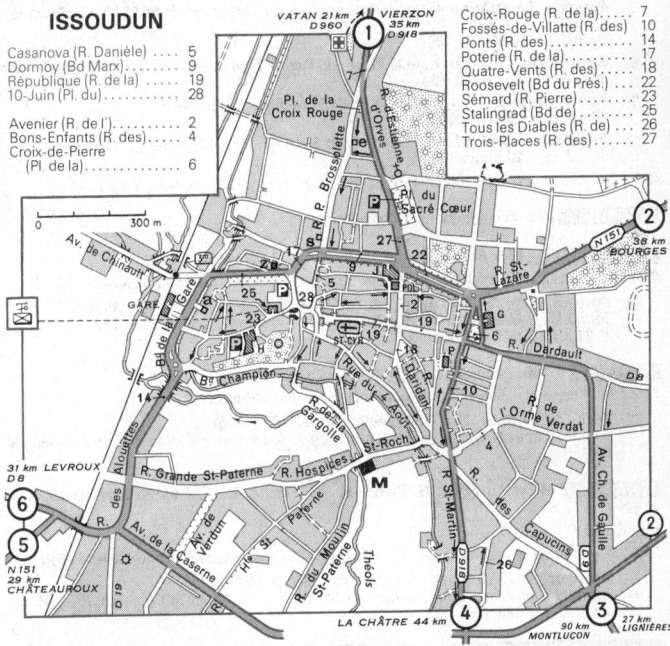

🏨 **France et Trois Rois**, 3 r. P.-Brossolette (s) ☏ 21.00.65, Telex 751422 – 📺 ⇥ ⬜wc 🛏wc ☏ ఈ Ⓟ 🆎 Ⓞ Ⓔ 𝗩𝗜𝗦𝗔 – *fermé 21 janv. au 1er mars* – SC : **R** *(fermé sam. du 15 nov. au 15 mars)* 50/230 – ☲ 26 – **24 ch** 115/220 – P 310/380.

🏨 **Berry** sans rest, 88 r. P.-Brossolette (e) ☏ 21.20.51 – 🛏 ⇦ *fermé vacances de Noël et dim. soir hors sais.* – SC : ☲ 16 – **16 ch** 70/120.

🏨 **Gare**, 7 bd Gare (a) ☏ 21.11.59 – 🛏 𝗩𝗜𝗦𝗔 *fermé 8 au 16 avril, 28 août au 6 sept., vacances de Noël et dim.* – SC : **R** 55/105 ⅃ – ☲ 14 – **18 ch** 75/84 – P 140/155.

XXX ۞ **Aub. de la Cognette** (Nonnet), bd Stalingrad (z) ☏ 21.21.83 – 🆎 Ⓞ Ⓔ 𝗩𝗜𝗦𝗔 *fermé 3 au 20 sept., 3 au 25 janv., dim. soir et lundi sauf fériés* – SC : **R** (prévenir) 120/300
Spéc. Chausson d'escargots, Ragoût d'écrevisses, Foie de veau au miel et citron. **Vins** Reuilly.

à Diou par ① : 12 km – ⊠ 36260 Reuilly :

XX **L'Aubergeade**, rte Issoudun ☏ 49.22.28, 🎤 – Ⓟ 𝗩𝗜𝗦𝗔 *fermé 16 au 29 août, 24 déc. au 3 janv., merc. soir et dim. soir* – SC : **R** carte 95 à 145.

RENAULT Cousin, rte de Bourges N 151 par ② ℡ 21.06.92 🅝 ℡ 21.20.49
VAG Poy J., 79 r. des Alouettes ℡ 21.23.53

📞 Central-Pneu, rte Bourges N 151 ℡ 21.02.68
Giraud, 38 av. Chinault ℡ 21.27.33

ISSY-L'ÉVÊQUE 71760 S.-et-L. 🔟 ⑯ – 1 062 h. alt. 325 – 🟢 85.
Paris 338 – Autun 46 – Bourbon-Lancy 23 – Gueugnon 16 – Montceau-les-Mines 39.

🍴 **Voyageurs** avec ch, ℡ 89.85.35 – 🛏wc 🅿 🄴
➜ *fermé 1er au 15 juil. et lundi* – SC : **R** 35/70 ⌀ – ☲ 10 – **8 ch** 58/75 – P 115/125.

ISTRES 13800 B.-du-R. 🔠 ① G. Provence – 30 360 h. alt. 8 – 🟢 42.
🅱 Office de Tourisme allées J.-Jaurès (fermé dim.) ℡ 55.21.21.
Paris 750 – Arles 41 – ◆Marseille 57 – Martigues 15 – St-Rémy-de-P. 39 – Salon-de-Provence 20.

🏨 **Mirage** 🐾, r. des Anciens Combattants, S : 2,5 km D5 ℡ 56.02.26, parc, 🏛, 🏊
– 🛏wc 🛏wc 📶 🕭 🅿 🄾 🄴 📼 🆚🆂🅰 . 🐾 ch
SC : **R** *(fermé dim. et lundi midi hors sais.)* 70/150 ⌀ – ☲ 21 – **28 ch** 130/245.

🏨 **Le Castellan** 🅼 sans rest, pl. Ste-Catherine ℡ 55.13.09 – 🛏wc 🅿. 🐾
SC : ☲ 15 – **17 ch** 100/130.

🏨 **Aystria-Tartugues** 🅼 sans rest, chemin de Tartugues ℡ 56.44.55 – 🛏wc 📶
🅿. 🐾
☲ 16,50 – **10 ch** 130/180.

🏨 **Baumes** 🅼 sans rest, r. de la Pierre du Pebro ℡ 55.02.63 – 🛏wc 🛏wc 📶 🅿. 🐾
SC : ☲ 14 – **10 ch** 100/120.

🏨 **Peyreguet** sans rest, rte Fos ℡ 55.04.52 – 🛏wc 📶 🅿. 🄾 🄴
SC : ☲ 13 – **25 ch** 75/100.

🏨 **Escale** sans rest, bd Ed. Guizonnier ℡ 55.01.88, 🐾 – 🛏wc 📶 🅿. 🆚🆂🅰
SC : ☲ 15 – **20 ch** 85/120.

CITROEN Gar. Clavel, bd J.-J.-Prat ℡ 55.00.65

📞 Morcel, 12 ch. de Tivoli ℡ 56.34.46

ITTENHEIM 67 B.-Rhin 🔢 ⑨ – rattaché à Strasbourg.

ITTERSWILLER 67 B.-Rhin 🔢 ⑨ – 262 h. alt. 250 – ✉ 67140 Barr – 🟢 88.
Paris 524 – Erstein 24 – Mittelbergheim 4 – Molsheim 24 – Sélestat 14 – ◆Strasbourg 41 – Villé 13.

🏨 **Arnold** 🅼 🐾, ℡ 85.51.18, ≤, 🐾 – 🛏wc 📶 🅿 – 🅰 60. 🄰🄴 🄾 🆚🆂🅰. 🐾 ch
fermé fin janv. au 12 fév. – SC : **R** *(fermé dim. soir hors sais. et lundi)* 85/180 – ☲ 22
– **27 ch** 200/300 – P 300/350.

ITTEVILLE 91760 Essonne 🔢 ①, 🔢 ④ – 3 546 h. alt. 60 – 🟢 6.
Paris 51 – Arpajon 12 – Corbeil-Essonnes 19 – Étampes 19 – Melun 33.

🍴 **Aub. de l'Épine**, 29 r. Gén.-Leclerc ℡ 493.10.75 – 🅿
fermé 15 août au 10 sept., vacances de fév., lundi soir, mardi soir et merc. – SC : **R**
80/135.

ITXASSOU 64 Pyr.-Atl. 🔠 ③ G. Pyrénées – 1 297 h. alt. 39 – ✉ 64250 Cambo-les-Bains –
🟢 59.
Voir Église★.
Paris 795 – Bayonne 24 – Cambo-les-B. 4,5 – Pau 118 – St-Jean-de-Luz 32 – St-Jean-Pied-de-Port 31.

🏨 **Fronton**, ℡ 29.75.10, 🐾 – 🛏wc 📶wc 📶 🅿. 🆚🆂🅰. 🐾 ch
➜ *fermé 1er janv. au 15 fév. et mardi hors sais.* – SC : **R** 45/140 ⌀ – ☲ 15 – **15 ch**
100/142 – P 148/183.

IVRY-LA-BATAILLE 27540 Eure 🔢 ⑰, 🔢 ⑱ G. Normandie – 2 065 h. alt. 64 – 🟢 32.
Paris 79 – Anet 7,5 – Dreux 24 – Évreux 35 – Mantes-la-Jolie 24 – Pacy-sur-Eure 17.

🏨 **Gd St-Martin**, 9 r. d'Ezy ℡ 36.41.39 – 🛏wc 📶 🐾. 🆚🆂🅰. 🐾 ch
fermé janv., dim. soir et lundi – SC : **R** 80/220 – ☲ 20 – **7 ch** 120/240 – P 220/300.

🍴🍴🍴 ⚘ **Moulin d'Ivry**, 10 r. Henri-IV ℡ 36.40.51, ≤, 🏛, « Jardin et terrasse au bord
de l'Eure » – 🅿. 🐾
*fermé 30 sept. au 7 oct., fév., le soir (sauf vend. et sam.) d'oct. à janv., dim. soir et
lundi* – SC : **R** 120/180
Spéc. Foie gras de canard, Ris de veau aux écrevisses (juin à déc.), Aiguillette de canard au cidre.

IZERNORE 01580 Ain 🔢 ④ – 975 h. alt. 470 – 🟢 74.
Paris 466 – Bourg-en-Bresse 39 – ◆Lyon 96 – Nantua 9,5 – Oyonnax 15.

🏨 **Michaillard**, ℡ 76.96.46 – 🛏wc 📶 ☎ 🚲 🅿. 🐾
➜ *fermé 15 au 30 sept.* – SC : **R** 38/78 ⌀ – ☲ 13,50 – **12 ch** 60/140 – P 115/140.

IZOARD (Col d') 05 H.-Alpes 🔢 ⑱ G. Alpes – alt. 2 360.
Voir Belvédères ※★★ 15 mn – Casse Déserte★★ S : 2 km.
Paris 702 – Briançon 22.

JALOUSIE 14 Calvados 🔢 ⑫ − rattaché à Caen.

JARCIEU 38 Isère 🔢 ② − 624 h. alt. 230 − ✉ **38270** Beaurepaire − 🔘 74.
Paris 529 − ♦Grenoble 74 − ♦Lyon 65 − Valence 58.

🏠 **Chantalouette,** rte de Beaurepaire �🝙 84.85.45 − 🛏wc 🎿 🅿
↳ fermé oct. − **R** 40/65 ⅄ − 🍽 13 − **8 ch** 70/140.

JARCY 91 Essonne 🔢 ①. 🔢🔢 ㉘ − voir à Varennes-Jarcy.

JARGEAU 45150 Loiret 🔢 ⑩ − 3 389 h. alt. 108 − 🔘 38.
🏌 Golf Club du Val de Loire ⍦ 59.25.15 NO : 3 km.
🛈 Office de Tourisme, pl. Halle (15 juin-15 sept. et fermé mardi) ⍦ 59.83.42.
Paris 119 − Châteauneuf-sur-Loire 8 − ♦Orléans 19 − Pithiviers 38 − Romorantin-Lanthenay 70.

🏨 **Cygne,** à St-Denis-de-l'Hôtel N : 1 km ✉ 45550 St-Denis-de-l'Hôtel ⍦ 59.02.43
↳ − 🛏wc 🎿 🕾 🅿. **E** 𝚅𝙸𝚂𝙰
fermé 15 oct. au 1er nov. − SC : **R** (fermé vend. soir du 1er sept. au 30 juin) 34/85 − ⌧
12 − **12 ch** 59/122.

✗ **Cloche d'Argent,** fg Berry ⍦ 59.71.41, 🏠 − **E** 𝚅𝙸𝚂𝙰
SC : **R** 55/110.

CITROEN Perronnet, ⍦ 59.71.55 **N**   PEUGEOT-TALBOT Mousset, ⍦ 59.70.06

JARNAC 16200 Charente 🔢 ⑫ 🄶 **G. Côte de l'Atlantique** − 4 917 h. alt. 27 − 🔘 45.
🛈 Office de Tourisme, pl. Château (fermé sam. après-midi et lundi matin hors saison et dim.) ⍦
81.09.30.
Paris 454 − Angoulême 29 − Barbezieux 27 − ♦Bordeaux 112 − Cognac 15 − Jonzac 38 − Ruffec 53.

✗ **Château,** pl. Château ⍦ 81.07.17 − **E** 𝚅𝙸𝚂𝙰
fermé 8 au 20 mai, 16 août au 8 sept., mardi et merc. − SC : **R** 65/120, dîner à la
carte ⅄.

à Bourg-Charente O : 6 km par N 141 et VO − ✉ 16200 Jarnac :

✗✗ **La Ribaudière,** ⍦ 81.30.54, ≤, 🏠, 🌳 − 🅿. 𝚅𝙸𝚂𝙰
fermé vacances de fév., dim. soir et lundi − SC : **R** 55/85.

à Fleurac NE : 10 km par N 141 et D 157 − ✉ 16200 Jarnac :

🏨 **Domaine de Fleurac** 🦢, ⍦ 81.78.22, ≤, « Parc » − 🛏wc 🕾 🅿 − 🎱 40. ⑩ **E**
𝚅𝙸𝚂𝙰. 🍽 rest
fermé 20 déc. au 1er fév., dim. soir et lundi hors sais. − SC : **R** 110 − ⌧ 23 − **16 ch**
120/270.

CITROEN Gar. Soleta, ⍦ 81.02.74   RENAULT Gar. Vitrac, à Souillac ⍦ 81.07.66
RENAULT Tournat, ⍦ 81.10.63   **N**

JARNY 54800 M.-et-M. 🔢 ⑬ − 9 026 h. alt. 210 − 🔘 8.
A.C. 9 r. Verdun ⍦ 233.09.96.
Paris 307 − Bar-le-Duc 82 − Briey 12 − ♦Metz 27 − ♦Nancy 71 − Pont-à-Mousson 40 − Verdun 41.

✗✗ Petit Vatel, 2 r. Verdun ⍦ 233.10.52.

CITROEN Rouy, av. Lafayette ⍦ 233.02.21 **N**   🛞 Leclerc-Pneu, 59 av. de la République ⍦
FORD Bonu, 75 av. Patton ⍦ 233.19.89   233.44.59
RENAULT Leclerc-Automobile, 58 av. Répu-
blique ⍦ 233.00.32

JAUNAY-CLAN 86130 Vienne 🔢 ③ ⑭ − 4 630 h. alt. 65 − 🔘 49.
Voir Peintures murales★ du château de Dissay NE : 5 km, G. Côte de l'Atlantique.
Paris 323 − Châtellerault 21 − Chinon 67 − Parthenay 50 − Poitiers 13 − Saumur 84 − Thouars 59.

🏠 **Centre,** pl. Fraternité ⍦ 52.05.45 − 🛏 🎿 🅿. 🍽 ch
↳ fermé janv., sam. soir, dim. et fériés − SC : **R** 50/85 ⅄ − 🍽 15 − **24 ch** 80/145 − P
145/165.

JAUSIERS 04 Alpes-de-H.-P. 🔢 ⑧ 🄶 **G. Alpes** − 1 049 h. alt. 1 220 − ✉ **04400** Barcelonnette −
🔘 92.
Paris 745 − Barcelonnette 8 − Digne 95 − Guillestre 41 − St-Étienne-de-Tinée 50 − St-Paul 14.

🏠 **Bel Air,** ⍦ 81.06.35 − 🎿 🅿. 🍽
↳ fermé 15 au 30 mai et 15 au 30 oct. − SC : **R** (dîner seul.) 45/50 − 🍽 15 − **15 ch**
95/110.

JAVRON 53 Mayenne 🔢 ① − 1 299 h. alt. 201 − ✉ **53250** Javron-les-Chapelles − 🔘 43.
🛈 Syndicat d'Initiative à la Mairie (fermé sam. après-midi et dim.) ⍦ 03.40.67.
Paris 227 − Alençon 36 − Bagnoles-de-l'Orne 25 − ♦Le Mans 67 − Mayenne 25.

✗✗ **La Terrasse,** ⍦ 03.41.91 − 🅿. 𝚅𝙸𝚂𝙰
fermé fév., dim. soir et lundi − SC : **R** 51/150.

PEUGEOT, TALBOT Gar. Goupy, ⍦ 03.40.39

JENZAT 03 Allier 🗺 ④ G. Auvergne – 431 h. alt. 323 – ⊠ **03800** Gannat – 🕿 70.

Paris 348 – Chantelle 9,5 – Gannat 7,5 – Montluçon 55 – St-Pourçain-sur-Sioule 24.

🏚 **Pont,** 🕿 56.80.88, 🛋, 🍽 – 🛏 🅿. 🆎 ⓪ 🄴 𝗩𝗜𝗦𝗔
　　SC : **R** *(fermé merc. de sept. au 1er juin)* 45/130 – ⌧ 15 – **12 ch** 70/150 – P 130/150.

JERSEY (Ile de) ★ Ile anglo-normande 🗺 ⑤

Accès : Transports maritimes pour St-Hélier (réservation indispensable) en 1983 :

🚢 depuis **St-Malo** : par cargo pour les autos (1 service hebdomadaire) - Aller de 155 à 425 F - par hydroglisseur pour les voyageurs (1 à 4 départs quotidiens suivant saison) - Traversée 1 h 15 - 164 F (AR dans la journée) Renseignements : Morvan fils, gare maritime 🕿 (99) 56.42.29 (St-Malo) — par car-ferry (2 services quotidiens en saison, 3 départs hebdomadaires hors saison) - Traversée 2 h à 2 h 30 - Autos, aller 363 à 546 F ; Voyageurs 184 F (AR dans la journée) Renseignements : Emeraude Ferries, gare maritime du Naye 🕿 (99) 81.61.46 (St-Malo) — Plusieurs de ces services assurent une liaison avec Guernesey.

🚢 depuis **St-Malo** : de fin mars au 15 oct., 1 à 2 services quotidiens - Traversée 1 h 20 - 184 F (AR dans la journée), par Vedettes Armoricaines, gare maritime de la Bourse 🕿 (99) 56.48.88 et d'avril au 11 sept., 1 à 3 départs quotidiens - Traversée 1 h 10 - 184 F (AR dans la journée), par Vedettes Blanches, gare maritime de la Bourse 🕿 (99) 56.63.21.

🚢 depuis **Granville** : d'avril à fin sept., 1 service quotidien suivant marées - Traversée 1 h 45 - 175 F (AR dans la journée) par Vedettes Armoricaines, 12 r. G.-Clemenceau 🕿 (33) 50.77.45 et d'avril à sept., 1 à 2 services quotidiens - Traversée 1 h 15 - 175 F (AR dans la journée) par Vedettes Vertes Granvillaises, 1 r. Le Campion 🕿 (33) 50.16.36.

🚢 Pour **Gorey** , en 1983 depuis **Carteret** : fin mars à nov., 1 à 2 services quotidiens suivant marées - Traversée 30 mn à 1 h - 195 F (AR dans la journée) par Service Maritime, Carteret 🕿 (33) 54.87.21.

🚢 depuis **Portbail** : d'avril à nov., 1 service quotidien - Traversée 65 mn - 145 F (AR dans la journée) par Service Maritime Carteret 🕿 (33) 54.87.21.

Service aérien avec Paris (Charles-de-Gaulle) 🕿 535.66.00 et Dinard 🕿 46.22.81 par Jersey Européan Airways, avec Cherbourg par Aurigny Air Services 🕿 22.91.32, avec Caen par Normandie Air Services 🕿 74.37.65 et avec Deauville 🕿 88.31.28.

Curiosités et ressources hôtelières - v. Guide Rouge Michelin : **Great Britain and Ireland**

JOB 63990 P.-de-D. 🗺 ⑯ G. Auvergne – 1 065 h. alt. 630 – 🕿 73.

Paris 430 – Ambert 9 – Chalmazel 28 – ♦Clermont-Ferrand 83 – Thiers 48.

🏚 **Voyageurs,** 🕿 82.07.54 – 🍴 🍽 ch
　　1er fév.-2 nov. et fermé vend. sauf juil.-août – SC : **R** 45/100 – ⌧ 12 – **17 ch** 52/110 – P 117/120.

JOBOURG (Nez de) ★★ 50 Manche 🗺 ① G. Normandie – 366 h. – ⊠ **50440** Beaumont-Hague – 🕿 33.

Voir ⩽★★ sur Nez de Jobourg par D 202 puis 30 mn.

JOIGNY 89300 Yonne 🗺 ④ G. Bourgogne – 10 488 h. alt. 101 – 🕿 86.

Voir Vierge au sourire★ dans l'égl. St-Thibault A **E** – Côte St-Jacques ⩽★ 1,5 km par D 20 A.

🛈 Office de Tourisme Gare routière, quai H.-Ragobert (fermé dim. sauf matin en saison) 🕿 62.11.05.

Paris 148 ⑤ – Auxerre 27 ③ – Gien 74 ⑤ – Montargis 59 ⑤ – Sens 30 ⑥ – Troyes 76 ②.

Plan page ci-contre

🏨 ❀ **Modern'H Frères Godard** Ⓜ, av. Robert-Petit 🕿 62.16.28, Télex 801693, ⌱ –
📺 🕿 ⇔ 🅿 – 🔏 30. 🆎 ⓪ 🄴 𝗩𝗜𝗦𝗔　　　　　　　　　　　　　　　　　A e
fermé 27 nov. au 15 déc. – SC : **R** *(dim. et fêtes prévenir)* carte 165 à 230 – ⌧ 25`- **21 ch** 198/250
Spéc. Cassolette d'escargots, Terrine de foie gras aux noisettes vertes, Canard à la "Gaston Godard". Vins Bourgogne aligoté, Coulanges.

❀❀❀❀ ❀❀ **A la Côte St-Jacques** (Lorain) avec ch, 14 fg Paris 🕿 62.09.70, Télex 801458, « Belle décoration intérieure », 🔲 – 📺 ⬛wc 🎚wc 🕿 ⇔ 🅿. 🆎 ⓪ 𝗩𝗜𝗦𝗔　　A r
fermé début janv. à mi fév. – SC : **R** *(dim. prévenir)* 140/330 et carte – ⌧ 38 – **17 ch** 240/380
Spéc. Papillote de St-Jacques et foie gras au naturel (oct. à avril), Saumon sauvage en vessie, Truffe aux choux. Vins Chablis.

✗ **Paris Nice** avec ch, rd-Point Résistance 🕿 62.06.72 – 🍴 ⇔ 🅿 𝗩𝗜𝗦𝗔　　　　　A s
fermé janv., dim. soir et lundi – SC : **R** 60/105 – ⌧ 12 – **10 ch** 66/144.

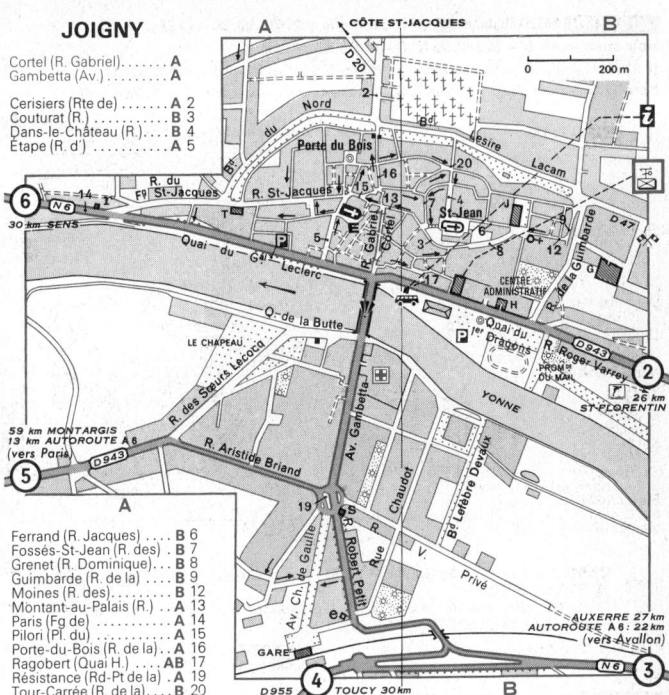

JOIGNY

JOINVILLE 52300 H.-Marne 62 ① G. Nord de la France – 5 091 h. alt. 188 – ✪ 25.

🛃 Syndicat d'Initiative 42 r. A.-Briand (1er juil.-15 sept. et fermé dim.) ☎ 96.06.09.

Paris 243 – Bar-sur-Aube 47 – Chaumont 43 – Neufchâteau 51 – St-Dizier 31 – Toul 73 – Troyes 93.

- 🏦 **Nord,** r. C.-Gillet ☎ 96.10.97 – 🛏 🍴wc 🚗. 🄴 𝗩𝗜𝗦𝗔
  - ➔ fermé 15 sept. au 10 oct., vacances de fév. et lundi – SC : **R** 50/101 🍷 – 🖵 12 –
    17 ch 67/138 – P 120/150.

- ✕✕ **Poste** avec ch, pl. Grève ☎ 96.12.63 – 🛏wc 🍴wc 🕿 🚗 🄿. 🄰🄴 ⓞ 🄴 𝗩𝗜𝗦𝗔
  - ➔ fermé 10 janv. au 10 fév. et jeudi du 30 oct. au 1er avril – SC : **R** 40/140 – 🖵 13 –
    11 ch 55/130.

- ✕✕ **Soleil d'Or** avec ch, 7 r. Capucins ☎ 96.15.66 – 🍴 🚗. 🄰🄴 ⓞ 🄴
  - ➔ fermé 6 au 28 fév., dim. soir et lundi – SC : **R** 50/120 – 🖵 12 – **9 ch** 85/108.

CITROEN Roux, ☎ 96.01.93 🖭   PEUGEOT-TALBOT Guillaume, ☎ 96.09.48

JOINVILLE-LE-PONT 94 Val-de-Marne 61 ①, 101 ㉗ – voir à Paris, Environs.

JONQUIÈRES-ST-VINCENT 30 Gard 83 ⑨ – 1 825 h. alt. 33 – ⊠ 30300 Beaucaire – ✪ 66.

Paris 707 – Arles 27 – Avignon 32 – Nîmes 17 – Pont-du-Gard 18 – Tarascon 9.

- ✕ **Grand Mas,** 3 r. Gd Mas ☎ 74.51.34 – ⓞ
  - ➔ fermé 3 janv. au 1er fév. et lundi – SC : **R** 45/90.

🖲 Pneus-Sce, rue des Arènes ☎ 74.50.42

JONZAC ◁🆂🅿▷ 17500 Char.-Mar. 71 ⑥ G. Côte de l'Atlantique – 4 873 h. alt. 40 – ✪ 46.

🛃 Syndicat d'Initiative à l'Hôtel de ville (25 juin.-31 août) ☎ 48.04.11.

Paris 513 – Angoulême 56 – ◆Bordeaux 87 – Cognac 34 – Libourne 70 – Royan 58 – Saintes 49.

- 🏛 **Le Club** sans rest, pl. Église ☎ 48.02.27 – 🛏wc 🍴wc 🕿. 𝗩𝗜𝗦𝗔 ⌗
  - SC : 🖵 14 – **13 ch** 73/135.

  à Clam N : 6 km – ⊠ 17500 Jonzac – **Voir Abside★** de l'église de Marignac N :
  4 km.

- ✕✕ **Vieux Logis,** ☎ 48.15.11, 🌡, 🏊, – 🄿. 🄴 𝗩𝗜𝗦𝗔
  - fermé 13 nov. au 2 déc. et lundi hors sais. – **R** 75/150.

PEUGEOT-TALBOT Belot, ☎ 48.08.77   RENAULT Martin, ☎ 48.06.11 🖭

JOSSELIN 56120 Morbihan **🆖** ④ G. Bretagne – 2 740 h. alt. 59 – ⊕ 97.

Voir Château★★ B – Basilique N.-D.-du-Roncier★ B **B**.

🛈 Syndicat d'Initiative pl. Congrégation (1er juin-15 sept. et fermé dim.) ☎ 22.36.43.

Paris 422 ② – Dinan 75 ① – Lorient 73 ④ – ◆Rennes 72 ② – St-Brieuc 75 ⑤ – Vannes 42 ④.

JOSSELIN

Beaumanoir (R.)	**A**
Le-Berde	
(R. Georges)	**B** 12
Trente (R. des)	**B** 29
Chapelle (R. de la)	**A** 3
Devins (R. des)	**A** 4
Douve (R. de la)	**A** 5
Douves-du-Lion-d'Or	
(R.)	**A** 7
Duchesse-Anne	
(Pl. de la)	**B** 8
Fontaine (Ch. de la)	**B** 9
Gaulle (R. Gén.-de)	**A** 10
Glatinier (R.)	**A** 13
Notre-Dame (Pl.)	**B** 14
Rohan	
(Cours Josselin de)	**B** 16
Rohan (Pl. A.-de)	**B** 17
St-Jacques (R.)	**B** 18
St-Martin (Pl.)	**A** 20
St-Martin (R.)	**A** 22
St-Michel (R.)	**B** 23
St-Nicolas (R. et Pl.)	**B** 24
Ste-Croix (Pont)	**A** 27
Ste-Croix (R.)	**A** 28
Vierges (R. des)	**B** 30

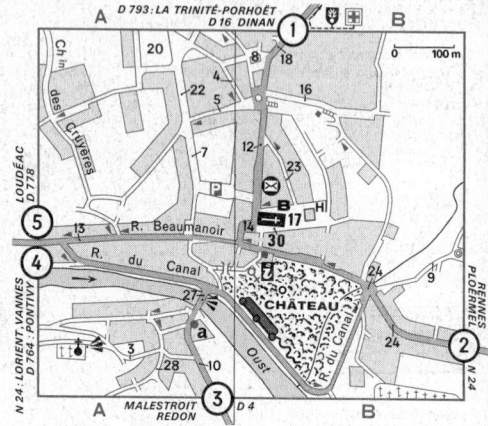

🏛 **Château,** 1 r. Gén.-de-Gaulle ☎ 22.20.11, ≤ château – 🛏wc 🚿wc 🕿 ⇔ 🅿 –
🏛 30 à 50. **E** **VISA**
A **a**
ferm fév., dim. soir du 1er oct. au 1er avril et lundi sauf juil. et août – SC : **R** 55/150
🍴 – ☐ 20 – **36 ch** 90/195 – P 210/280.

CITROEN Gar. Joubard, par ④ ☎ 22.23.04

PEUGEOT-TALBOT Gar. Chouffeur, Z.I. de la
Rochette par ④ ☎ 22.22.80

JOUCAS 84 Vaucluse **🆖** ⑬ – 210 h. alt. 248 – ⊠ **84220** Gordes – ⊕ 90.

Paris 722 – Apt 15 – Avignon 42 – Carpentras 30 – Cavaillon 21.

🏛 **Mas des Herbes Blanches** 🅼 🝇, N 2,5 km sur D 102A ☎ 72.00.74, ≤ le
Lubéron, 🍴, 🏊, 🐎 – 📺 🕿 🅿. 🆎 ⓪
1er mars-30 nov. – SC : **R** 145, dîner à la carte – ☐ 42 – **14 ch** 490/540.

🏛 **Host. des Commandeurs,** ☎ 72.00.05, ≤ – 🚿wc 🕿 🅿. **VISA**
fermé janv., fév. et merc. – SC : **R** 58/90 🍴 – ☐ 16 – **12 ch** 90/134 – P 167/187.

JOUÉ-LÈS-TOURS 37 I.-et-L. **🆖** ⑮ – rattaché à Tours.

JOUGNE 25 Doubs **🆖** ⑦ G. Jura – 866 h. alt. 1 010 – Sports d'hiver : 880/1 380 m 🎿13 🎿 –
⊠ **25370** Les Hôpitaux-Neufs – ⊕ 81.

Paris 474 – ◆Besançon 78 – Champagnole 48 – Lausanne 47 – Morez 58 – Pontarlier 20.

🏛 **Poste,** ☎ 49.12.37, ≤ – 🚿wc 🕿. **E** **VISA** 🍴 rest
⇔ *fermé 24 avril au 5 juin et 1er oct. au 19 déc.* – SC : **R** 50/130 🍴 – ☐ 17 – **15 ch**
90/145 – P 150/190.

🏛 **Bonjour,** ☎ 49.10.45, ≤ – 🛏wc 🚿wc 🕿 ⇔ **VISA** 🍴
⇔ *1er juin-23 sept. et 18 déc.-25 avril* – SC : **R** 55/125 🍴 – ☐ 17 – **18 ch** 85/145 – P
145/195.

🏛 **Deux Saisons,** ☎ 49.00.04, ≤ – 🛏wc 🚿wc 🕿 ⇔ 🅿. 🆎 **VISA** 🍴 rest
⇔ *1er juin-30 sept. et 18 déc.-20 avril* – SC : **R** 48/90 🍴 – ☐ 13,50 – **21 ch** 86/150 – P
145/185.

🏛 **Au Col des Enchaux,** N 57 ☎ 49.10.75 – 🚿 🅿. **VISA**
⇔ *1er juin-10 oct. et 15 déc.-25 avril* – SC : **R** 42/90 🍴 – ☐ 13 – **17 ch** 55/98 – P
130/165.

🏛 **Suchet,** N 57 ☎ 49.10.38 – 🚿 🅿. **E**
⇔ *fermé 1er au 20 juin, 12 sept. au 20 oct., vend. du 20 oct. au 15 déc. et du 10 avril au*
1er juin – SC : **R** 43/68 – 🍴 13 – **16 ch** 65/110 – P 125/150.

JOUY-SUR-EURE 27 Eure **🆖** ⑰ – rattaché à Pacy-sur-Eure.

Utilisez toujours les **cartes Michelin** récentes.
Pour une dépense minime vous aurez des informations sûres.

JOYEUSE 07260 Ardèche 80 ⑧ **G. Vallée du Rhône** – 1 410 h. alt. 180 – ✪ 75.

ℹ Syndicat d'Initiative rte Nationale (1er juil.-31 août) ☎ 39.56.76.

Paris 655 – Alès 52 – Mende 97 – Privas 52.

🏨 **Les Cèdres** Ⓜ, ☎ 39.40.60, 🌳 – ⛀wc ⛆wc ☎ Ⓟ – 🏛 100. E
1er avril-20 oct. – SC : **R** 45/97 – ☕ 16 – **40 ch** 175/215 – P 205.

RENAULT Gar. Duplan, ☎ 39.43.91

JUAN-LES-PINS 06160 Alpes-Mar. 84 ⑨, 195 ㊱㊴㊵ **G. Côte d'Azur** – Casino B – ✪ 93.

ℹ Syndicat d'Initiative bd Ch.-Guillaumont (fermé sam. après-midi hors sais. et dim.) ☎ 61.04.98.

Paris 918 ② – Aix-en-Provence 160 ② – Cannes 9 ③ – ✈Nice 24 ①.

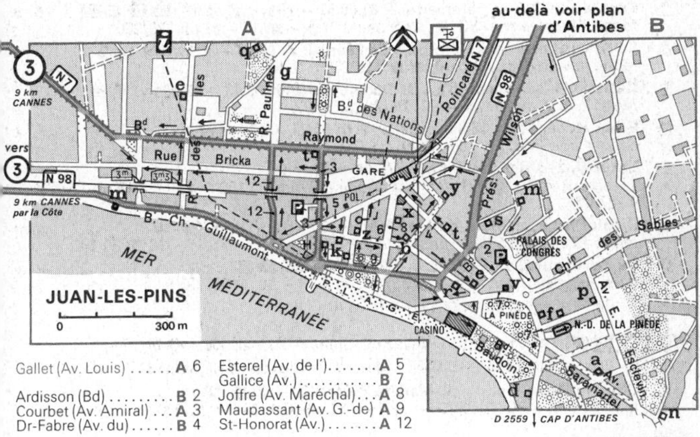

Gallet (Av. Louis) . . . . . . A 6	Esterel (Av. de l') . . . . A 5
	Gallice (Av.) . . . . B 7
Ardisson (Bd) . . . . B 2	Joffre (Av. Maréchal) . . . A 8
Courbet (Av. Amiral) . . . A 3	Maupassant (Av. G.-de) A 9
Dr-Fabre (Av. du) . . . . . . B 4	St-Honorat (Av.) . . . . A 12

🏨 **Belles Rives,** bd Baudoin ☎ 61.02.79, Télex 470984, <, 🏖 – |♦| ▤ ch ☎. AE. 🚫 rest — B **d**
10 avril-10 oct. – **R** carte 180 à 260 – ☕ 45 – **42 ch** 560/1 050 – P 915/1 090.

🏨 ✿✿ **Juana et rest. La Terrasse** 🐦, la Pinède av. G.-Gallice ☎ 61.08.70, Télex 470778, 🏖, 🌳 – |♦| ▤ ch TV ☎ 🚗 Ⓟ — B **f**
25 mars-25 oct. – **R** *(fermé le midi du 9 juil. au 25 août)* carte 250 à 320 – ☕ 50 – **42 ch** 480/1 420, 5 appartements – P 730/1 080
Spéc. Salade tiède de langoustines, Filets mignons d'agneau de Sisteron, Nougat glacé. Vins Bandol, Bellet.

🏨 **Hélios** Ⓜ, av. Dautheville ☎ 61.55.25, Télex 970906, 🏖 avec snack – |♦| ▤ TV ☎ 🚗 – 🏛 60. AE ⓓ VISA. 🚫 rest — A **b**
15 mars-15 oct. – SC : **R** 160/200 – **70 ch** ☕ 350/950 – P 580/750.

🏨 **Beauséjour** 🐦, av. Saramartel ☎ 61.07.82, 🏊, 🌳 – |♦| Ⓟ. AE ⓓ. 🚫 rest
Pâques-début oct. – SC : **R** *(15 juin-15 sept.)* (déj. seul.) carte 145 à 190 – **30 ch** ☕ 440/660. — B **n**

🏨 **Parc et rest. la Tête d'Or,** av. G.-de-Maupassant ☎ 61.61.00, 🌳 – |♦| TV ☎ Ⓟ – 🏛 25. AE ⓓ E VISA. 🚫 rest — A **k**
fermé 20 oct. au 20 déc. – SC : **R** *(fermé merc.)* 90/140 – ☕ 28 – **27 ch** 325/450 – P 460/510.

🏨 **Passy** sans rest, 15 av. Louis-Gallet ☎ 61.11.09 – |♦| 🚗 Ⓟ. VISA — A **k**
15 janv.-15 oct. – SC : ☕ 20 – **36 ch** 200/380.

🏨 **Welcome** Ⓜ 🐦 sans rest, 7 av. Dr-Hochet ☎ 61.26.12, 🌳 – |♦| Ⓟ. AE ⓓ E VISA
1er mars-15 oct. – SC : ☕ 25 – **30 ch** 215/385. — B **y**

🏨 **Astoria,** 15 av. Maréchal-Joffre ☎ 61.23.65, Télex 470800 – |♦| ☎ Ⓟ. AE ⓓ E VISA. 🚫 rest — A **x**
SC : **R** 75/85 – ☕ 22 – **55 ch** 280/380 – P 300/330.

🏨 **Mimosas** 🐦 sans rest, r. Pauline ☎ 61.04.16, « Parc, beaux arbres », 🏊 – ⛀wc ⛆wc ☎ 🚗 Ⓟ. 🚫 — A **q**
mars-oct. – SC : ☕ 25 – **37 ch** 180/330.

🏨 **Ste-Valérie** 🐦, r. Oratoire ☎ 61.07.15, 🏖, 🌳 – TV ⛀wc ⛆wc ☎ ♿. 🚫 rest
Pâques-30 sept. – SC : **R** 90 – ☕ 17 – **32 ch** 200/350 – P 255/325. — B **p**

🏨 **Courbet** sans rest, 33 av. Amiral-Courbet ☎ 61.15.94 – |♦| ⛀wc ⛆wc ☎. AE
1er avril-1er oct. – SC : **27 ch** ☕ 250/375. — A **k**

🏨 **Pré Catelan** 🐦, 22 av. Lauriers ☎ 61.05.11, 🌳 – ⛀wc ⛆wc ☎ Ⓟ. AE ⓓ. 🚫
15 mars-15 oct. – SC : **R** 100 – **20 ch** ☕ 220/300 – P 270/340. — B **m**

tourner →

🏠 **Alexandra** ⑤, r. Pauline ⌂ 61.01.36, ☎, 🚗 – ➡wc 🛁wc ☎. ⚄ rest   A **g**
1er avril-30 sept. – SC : **R** (dîner seul.) 76 – ☲ 16 – **20 ch** 71/270.

🏠 **Régence,** 2 av. Amiral-Courbet ⌂ 61.09.39 – ➡wc 🛁wc 🚗. ⚄ ⓪ 𝑉𝐼𝑆𝐴   A **t**
15 mars-15 oct. – SC : **R** 70/90 – ☲ 18 – **20 ch** 170/220 – P 220/240.

🏠 **Juan Beach** ⑤, 5 r. Oratoire ⌂ 61.02.89, ☎, 🚗 – ➡wc 🛁wc 🚗.   B **f**
25 mars-7 oct. – SC : **R** 75 – ☲ 15 – **30 ch** 65/205 – P 198/240.

🏠 **Mexicana** sans rest, 20 r. Dr-Dautheville ⌂ 61.31.34 – ➡wc 🚗. 𝐄 𝑉𝐼𝑆𝐴   B **r**
SC : **15 ch** ☲ 202.

🏠 **Sarajan** ⑤ sans rest, 4 av. Palmiers ⌂ 61.04.29 – ➡wc 🛁wc ☎ 🅿. ⚄   B **s**
1er fév.-25 oct. – SC : ☲ 18 – **18 ch** 170/235.

🏠 **Emeraude** ⑤, av. Saramartel ⌂ 61.09.67 – ➡wc 🛁wc 🚗. ⚄ ⓪ 𝐄 𝑉𝐼𝑆𝐴   B **a**
fermé déc. et janv. – SC : **R** (dîner seul.) 77 – ☲ 17 – **22 ch** 120/260.

🏠 **La Marjolaine** sans rest, 15 av. Dr-Fabre ⌂ 61.06.60 – ➡wc 🛁 🚗 🅿   B **t**
fermé nov. et déc. – SC : **16 ch** ☲ 115/236.

🏠 **Central H.** sans rest, 15 av. Dr-Dautheville ⌂ 61.09.43 – 🛗 ➡wc 🛁 🚗. 🚗   B **e**
fermé 27 oct. au 15 nov. – SC : **24 ch** ☲ 68/166.

🏠 **Eden H.** sans rest, 16 av. L.-Gallet ⌂ 61.05.20 – ➡wc 🛁 🚗   A **z**
6 fév.-4 nov. – SC : ☲ 13 – **17 ch** 100/200.

🏠 **Esterel,** 21 r. des Iles ⌂ 61.08.67, 🚗 – 🛁wc 🅿   A **e**
15 janv.-30 oct. – SC : **R** *(fermé dim. soir et lundi)* 50/150 – ☲ 17 – **16 ch** 120/230 –
P 287/464.

XX **Bijou Plage,** rte Bord-de-Mer ⌂ 61.39.07, ≤, ☎ – 🅿. ⓪. ⚄   A **m**
fermé 10 oct. au 20 déc., lundi et le soir du 20 déc. au 15 juin – SC : **R** 80/140.

XX **Le Perroquet,** av. G.-Gallice ⌂ 61.02.20 – ⚄ ⓪ 𝑉𝐼𝑆𝐴   B **v**
fermé nov. à mi déc. et merc. sauf juil. et août – SC : **R** 55/110 ♨.

CITROEN Gar. St-Charles, 6 r. St-Charles ⌂ 61.08.16

JULIÉNAS 69840 Rhône 🔢 ① G. Vallée du Rhône – 642 h. alt. 256 – ✿ 74.
Paris 412 – Bourg-en-Bresse 55 – ♦Lyon 65 – Mâcon 17 – Villefranche-sur-Saône 38.

X **Chez la Rose** avec ch, pl. Marché ⌂ 04.41.20 – 🛁 🅿. ⚄ ch
→ *fermé mardi* – SC : **R** 50/100 – ☲ 15 – **12 ch** 60/141 – P 180/200.

JULLOUVILLE 50610 Manche 🔢 ⑦ G. Normandie – 948 h. – ✿ 33.
Paris 357 – Avranches 22 – Granville 8 – St-Lô 64.

🏠 **Casino** ⑤, ⌂ 61.82.82, ≤ – ➡wc 🛁wc 🚗 🅿 – ♨ 80 à 150. 𝑉𝐼𝑆𝐴. ⚄
28 avril-10 mai et 25 mai-13 sept. – SC : **R** 76/127 – ☲ 18 – **57 ch** 110/202 – P
195/252.

XX **Le Village,** à Edenville : S : 1 km sur D 911 ⌂ 61.94.99 – ⚄ ⓪ 𝑉𝐼𝑆𝐴
fermé 23 sept. au 25 oct., lundi et mardi – SC : **R** 78/120.

JUMIÈGES 76118 S.-Mar. 🔢 ⑤ G. Normandie – 1 634 h. alt. 10 – ✿ 35.
Voir Ruines de l'abbaye★★★.
Bacs de Jumièges ⌂ 91.84.23 ; de Mesnil-sous-Jumièges ⌂ 91.94.68 ; de Yainville ⌂
91.81.06.
Paris 167 – Caudebec-en-Caux 15 – ♦Rouen 28.

JUNGHOLTZ 68 H.-Rhin 🔢 ⑨ – rattaché à Guebwiller.

JURANÇON 64 Pyr.-Atl. 🔢 ⑥ – rattaché à Pau.

JUVIGNY-SOUS-ANDAINE 61 Orne 🔢 ① – 1 015 h. alt. 200 – ✉ 61140 Bagnoles-de-l'Orne
– ✿ 33.
Paris 241 – Alençon 50 – Argentan 49 – Bagnoles-de-l'Orne 9,5 – Domfront 11 – Mayenne 38.

🏠 **Forêt,** ⌂ 38.11.77 – ➡ 🅿
→ *fermé janv.* – SC : **R** 38/75 – ☲ 12 – **30 ch** 63/92 – P 119/140.

X **Au Bon Accueil** avec ch, ⌂ 38.10.04 – 🚗
→ *fermé 1er fév. au 2 mars, mardi soir et merc.* – SC : **R** 42/140 – ☲ 15 – **8 ch** 70 – P
125.

JUVISY-SUR-ORGE 91 Essonne 🔢 ① – voir à Paris, Environs.

KAYSERSBERG 68240 H.-Rhin 🔢 ⑱ G. Vosges (plan) – 2 710 h. alt. 242 – ✿ 89.
Voir Église★ : retable★★ – Hôtel de ville★ – Pont fortifié★ – Maison Brief★.
🅳 Office du Tourisme à l'Hôtel de Ville ⌂ 78.22.78.
Paris 504 – Colmar 11 – Gérardmer 52 – Guebwiller 35 – Munster 26 – St-Dié 46 – Sélestat 26.

🏠 **Résidence Chambard** Ⓜ ⑤, ⌂ 47.10.17 – 🛗 ☎ 🅿 – ♨ 25. ⚄ ⓪ 𝐄 𝑉𝐼𝑆𝐴
fermé 1er au 21 mars et 27 nov. au 10 déc. – SC : **R** voir rest. Chambard – ☲ 28 –
18 ch 270/300.

🏨 **Remparts** Ⓜ ⟲ sans rest, ⅌ 47.12.12, ⩽, 🛋 — 🗺 ➡️wc ☎ ⟵ Ⓟ — 🏖 30. 🅰🇪
VISA
SC : � 18 — **28 ch** 130/230.

🏨 **Arbre vert,** r. Haute-du-Rempart ⅌ 47.11.51, 🌣 — 🍴wc ☎. 🍽 ch
fermé 15 nov. au 15 déc. et lundi (sauf hôtel d'avril à oct.) – SC : **R** 65/150 — 🍴 17 —
24 ch 110/160.

🏚 **Château,** r. Gén.-de-Gaulle ⅌ 78.24.33 — 🍴wc ⟵
◆ *fermé 24 juin au 2 juil., 21 nov. au 25 déc., 10 au 25 janv., merc. soir hors sais. (sauf hôtel) et jeudi* — SC : **R** 50/150 ⅃ — � 16 — **12 ch** 70/126.

XXXX ✿ **Chambard** (Irrmann), r. Gén.-de-Gaulle ⅌ 47.10.17 — Ⓟ. 🅰🇪 ⓞ **E**
fermé 1ᵉʳ au 21 mars, 27 nov. au 10 déc., dim. soir et lundi — **R** 120/220
Spéc. Foie gras frais en boudin, Turbot au gingembre, Mousse Chambard. **Vins** Riesling, Tokay.

XX **Lion d'Or,** r. Gén.-de-Gaulle ⅌ 47.11.16, « Beau décor intérieur »
fermé 15 janv. au 5 mars, mardi soir et merc. – SC : **R** 70/150 ⅃.

à Kientzheim E : 3 km par D 28 — ✉ 68240 Kaysersberg.

Voir Pierres tombales★ dans l'église.

🏨 **Host. Abbaye d'Alspach** ⟲, ⅌ 47.16.00 — ➡️wc 🍴wc ☎ Ⓟ. 🍽
fermé janv. – SC : **R** (*fermé merc. et jeudi*) (dîner seul.) carte environ 70 ⅃ — 🍴 15
— **20 ch** 110/165.

PEUGEOT, TALBOT Hiltenfinck, ⅌ 78.23.08

KERPAPE 56 Morbihan 🖸🖸 ① – rattaché à Larmor-Plage.

KERSAINT 29 Finistère 🖸🖸 ③ – rattaché à Ploudalmézeau.

KESKASTEL 67 B.-Rhin 🖸🖸 ⑯⑰ – 1 316 h. alt. 214 — ✉ 67260 Sarre-Union — ✪ 88.
Paris 402 — ◆Metz 77 — St-Avold 36 — Sarreguemines 20 — ◆Strasbourg 86.

🏚 **Franco-Suisse,** ⅌ 00.10.41, 🛋 — 🍴wc ☎ ⟵ Ⓟ
◆ *fermé lundi* – SC : **R** 35/150 ⅃ — � 15 — **12 ch** 84/127 – P 170/250.

KIENTZHEIM 68 H.-Rhin 🖸🖸 ⑱⑲ – rattaché à Kaysersberg.

KIFFIS 68 H.-Rhin 🖸🖸 ⑳ – 214 h. alt. 560 — ✉ 68480 Ferrette — ✪ 89.
Paris 536 — Altkirch 31 — ◆Bâle 34 — Belfort 59 — Colmar 49 — Montbéliard 58.

X **Aub. du Jura** ⟲ avec ch, ⅌ 40.33.33, ⩽, 🛋 — 🍴wc ☎ Ⓟ. 🍽
◆ *fermé 20 août au 10 sept., 20 fév. au 12 mars et lundi* – SC : **R** 40/120 ⅃ — � 14 —
8 ch 130 – P 145.

KLINGENTHAL 67 B.-Rhin 🖸🖸 ⑨ – alt. 300 — ✉ 67530 Ottrott — ✪ 88.
Paris 489 — Molsheim 15 — Saverne 43 — ◆Strasbourg 37.

🏨 **Vosges,** ⅌ 95.82.86, 🌣, 🛋 — 🚲 ➡️wc 🍴wc ☎ Ⓟ — 🏖 50 à 100. 🅰🇪 ⓞ **VISA**
SC : **R** 70/200 — � 19 — **51 ch** 185/205 – P 245/265.

KREUZWEG (Col du) 67 B.-Rhin 🖸🖸 ⑧⑨ – rattaché au Hohwald.

LABADAN 29 Finistère 🖸🖸 ⑭ – rattaché à Pouldreuzic.

LABALME 01 Ain 🖸🖸 ④ – rattaché à Cerdon.

LABAROCHE 68910 H.-Rhin 🖸🖸 ⑱ – 1 483 h. alt. 750 — ✪ 89.
Paris 510 — Colmar 14 — Gérardmer 51 — Munster 25 — St-Dié 52.

🏚 **Tilleul** Ⓜ ⟲, ⅌ 49.84.46, 🍽 — ➡️wc 🍴wc ☎ Ⓟ. 🍽 ch
◆ *fermé janv.* – SC : **R** 45/60 ⅃ — 🍴 14 — **14 ch** 140 – P.155.

X **Aub. La Rochette** avec ch, ⅌ 49.80.40, ⩽, 🛋 — 🍴 Ⓟ. 🍽
◆ *fermé janv. et merc. de nov. à avril* – SC : **R** 55/80 ⅃ — � 20 — **8 ch** (pens. seul.) – P 135/145.

PEUGEOT Gar. Girard, à Correaux ⅌ 49.82.68   RENAULT Munier, ⅌ 49.80.52
Ⓝ ⅌ 49.82.76

LABARTHE-INARD 31 H.-Gar. 🖸🖸 ② – 614 h. alt. 326 — ✉ 31800 St-Gaudens — ✪ 61.
Paris 790 — Boussens 15 — St-Gaudens 9,5 — St-Girons 34 — ◆Toulouse 81.

🏨 **Host. du Parc,** N 117 ⅌ 89.08.21, 🛋 — ➡️wc 🍴 ☎ Ⓟ. **VISA**
◆ *fermé 10 janv. à fin fév. et lundi du 1ᵉʳ oct. à fin juin sauf fêtes* – SC : **R** 47 bc/136 ⅃
— � 15 — **14 ch** 96/150.

🏚 **La Tuilière,** N 117 ⅌ 89.08.51, ⌇ — 🍴wc ☎ Ⓟ — 🏖 40. 🅰🇪 **VISA**
◆ SC : **R** (*fermé vend. de nov. à Pâques*) 45 bc/135 bc — � 17,50 — **17 ch** 115/155 – P 150/185.

LABARTHE-SUR-LÈZE 31 Hte-Gar. 82 ⑱ – 2 110 h. – ⊠ 31120 Portet-sur-Garonne – ✪ 61.
Paris 729 – Muret 6 – Pamiers 45 – ♦Toulouse 20.

XX **Poêlon,** ℡ 08.68.49 – AE ⓞ VISA ⚹⚹
fermé août, 2 au 10 janv., dim. soir, mardi midi et lundi – SC : **R** 90/120.

LABASTIDE-D'ARMAGNAC 40240 Landes 79 ⑫ – 775 h. alt. 94 – ✪ 58.
Paris 714 – Aire-sur-l'Adour 35 – Auch 82 – ♦Bordeaux 120 – Casteljaloux 46 – Mont-de-Marsan 29.

⌂ **Loubère,** ℡ 44.81.03 – ⚹⚹
♦ *fermé oct. et lundi* – **R** 40/80 – ⬛ 9 – **10 ch** 40/110 – P 140/180.

LABATUT 40 Landes 78 ⑦ – 1 034 h. alt. 46 – ⊠ 40300 Peyrehorade – ✪ 58.
Paris 779 – ♦Bayonne 46 – Dax 27 – Mont-de-Marsan 74 – Orthez 20 – Sauveterre-de-Béarn 23.

⌂ **Paris Gascogne,** N 117 ℡ 98.18.26 – ⓟ AE
♦ *fermé oct. et lundi* – SC : **R** 38/110 – ⬛ 13 – **7 ch** 64/96 – P 130.

LABÉGUDE 07 Ardèche 76 ⑱⑲ – rattaché à Vals-les-Bains.

LABLACHÈRE 07230 Ardèche 80 ⑧ – 1 392 h. alt. 256 – ✪ 75.
🛈 Syndicat d'Initiative à la Mairie (fermé après-midi sam. et dim.) ℡ 36.65.72.
Paris 658 – Alès 49 – Mende 94 – Privas 55 – Pont-St-Esprit 71.

🏠 **Le Commerce,** ℡ 36.61.80 – �🍴 ⇔. ⚹⚹ ch
♦ *fermé 15 déc. au 15 janv.* – SC : **R** 45/150 – ⚏ 15 – **20 ch** 90/130 – P 130/160.

LABOUHEYRE 40210 Landes 78 ④ – 2 850 h. alt. 70 – ✪ 58.
Paris 672 – Biscarrosse 37 – ♦Bordeaux 83 – Castets 42 – Mimizan 28 – Mont-de-Marsan 53.

🏠 **Unic** M, rte de Bordeaux ℡ 07.00.55 – ⍥ 🍴 ☎ ⇔
♦ *fermé 15 janv. au 28 fév., dim. soir et lundi midi hors sais.* – SC : **R** 70/135 – ⚏ 18 –
9 ch 140/165.

MERCEDES-BENZ, V.A.G. Gar. Lafargue, ℡   PEUGEOT TALBOT Gar. Sentaurens ℡ 07.
07.00.41   01.12

LAC voir au nom propre du lac.

LACANAU-OCÉAN 33680 Gironde 71 ⑱ G. Côte de l'Atlantique – ✪ 56.
Voir Étang de Lacanau★ E : 5 km.
🅖 de l'Ardilouse ℡ 03.25.60, E : 2 km.
🛈 Office de Tourisme pl. Europe ℡ 03.21.01.
Paris 638 – Andernos-les-Bains 42 – Arcachon 83 – ♦Bordeaux 59 – Lesparre-Médoc 52.

🏠 **Étoile d'Argent,** ℡ 03.21.07, ⚡ – ⍥wc ☎ ⓟ. ⚹⚹ rest
♦ *fermé 1er déc. au 15 janv.* – SC : **R** 45/85 🍷 – ⚏ 12,50 – **19 ch** 95/125 – P 150/190.

PEUGEOT, TALBOT Barre, ℡ 60.03.07   RENAULT Brun Philippe, à Lacanau-Médoc
RENAULT Brun J.-Pierre, ℡ 03.20.12   ℡ 03.02.10

LACAPELLE-BARRÈS 15 Cantal 76 ⑬ – 105 h. alt. 1 000 – ⊠ 15230 Pierrefort – ✪ 71.
Paris 546 – Aurillac 42 – Entraygues-sur-Truyère 49 – Murat 52 – Raulhac 11 – St-Flour 55.

🏠 **Nord,** ℡ 73.40.44, ⚡
♦ *1er mai-1er déc.* – SC : **R** 40/60 – ⚏ 12 – **13 ch** 65/78 – P 105/115.

LACAPELLE-MARIVAL 46120 Lot 75 ⑱⑳ G. Périgord – 1 337 h. alt. 400 – ✪ 65.
🛈 Office de Tourisme Château (1er juil.-31 août, fermé dim. et fêtes après-midi) ℡ 40.81.11.
Paris 569 – Aurillac 82 – Cahors 65 – Figeac 21 – Gramat 20 – Rocamadour 31 – Tulle 82.

🏠 **Terrasse,** ℡ 40.80.07 – 📺 ⌂wc ⍥wc ☎. AE ⓞ E ⚹⚹
♦ *20 mars-20 déc.* – SC : **R** 50/160 – ⚏ 16 – **23 ch** 85/180 – P 140/180.

CITROEN Carrayrou, ℡ 40.80.09 🅽   PEUGEOT Poncie, ℡ 40.81.50

LACAUNE 81230 Tarn 83 ③ G. Causses – 3 422 h. alt. 800 – Casino – ✪ 63.
🛈 Syndicat d'Initiative pl. Gén. de Gaulle (1er juil.-31 août) ℡ 37.04.98.
Paris 712 – Albi 68 – Béziers 86 – Castres 47 – Lodève 84 – Millau 78 – ♦Montpellier 126.

🏨 **H. Fusiès,** r. République ℡ 37.02.03 – ⌂wc ⍥wc ☎ – 🏧 30. AE ⓞ E VISA
♦ *fermé 20 déc. au 22 janv. et dim. soir du 1er nov. au 1er avril* – SC : **R** 48/205 – ⚏ 12
– **60 ch** 60/170 – P 160/210.

🏠 **Glacier,** pl. Vierge ℡ 37.03.28, ⚡ – ⌂wc ☎. AE VISA
♦ *fermé 21 janv. au 21 fév. et vend. soir d'oct. à Pâques* – SC : **R** 46/160 – ⚏ 15,50 –
23 ch 80/140 – P 140/160.

CITROEN Milhau, ℡ 37.06.08   RENAULT Central Garage, ℡ 37.03.30
FORD Lacaune-Pneus, ℡ 37.00.80
PEUGEOT-TALBOT Gar. Moderne, ℡ 37.00.16
🅽

LACAVE 46 Lot 75 ⑱ – 249 h. alt. 103 – ✉ **46200** Souillac – ✪ 65.

Voir Grottes★ – Site★ du château de Belcastel O : 2,5 km, G. Périgord.

Paris 540 – Brive-La-Gaillarde 49 – Cahors 63 – Gourdon 26 – Rocamadour 12 – Sarlat-La-Canéda 41.

Château de la Treyne ⛰ sans rest, O : 3 km par D 43 et voie privée ☎ 32.66.66, ≤, « dans un parc dominant la rivière », ⛱, 🎾 – ⌂wc ⋒wc Ⓟ. AE ⓓ E VISA
Pâques-11 nov. – SC : **R** (dîner seul. pour résidents seul.) 120 – ☕ 35 – **10 ch** 250/350.

XX **Pont de l'Ouysse** ⛰ avec ch, ☎ 37.87.04, ≤, – ⌂wc ⋒ ☎ Ⓟ. E VISA
1er mars-2 nov. et fermé lundi du 15 sept. au 15 juin – SC : **R** 60/160 – ☕ 15 – **12 ch** 70/150.

LACOURTENSOURT 31 H.-Gar. 82 ⑧ – rattaché à Toulouse.

LACQ 64 Pyr.-Atl. 85 ⑥ **G. Pyrénées** – 564 h. alt. 117 – ✉ **64170** Artix.

Voir Exploitation de gisements de gaz naturel.

Paris 784 – Aire-sur-L'Adour 57 – Oloron-Ste-M. 33 – Orthez 16 – Pau 25 – St-Jean-Pied-de-Port 86.

LACROIX-FALGARDE 31 H.-Gar. 82 ⑱ – rattaché à Toulouse.

LACROUZETTE 81 Tarn 83 ① – 1 955 h. alt. 480 – ✉ **81210** Roquecourbe – ✪ 63.

Paris 749 – Albi 58 – Castres 16 – Lacaune 40 – Montredon-Labessonnie 19 – Vabre 15.

Relais du Sidobre, ☎ 50.60.06 – ⌂wc ⋒wc. AE ⓓ E VISA
fermé déc., fév., dim. soir et lundi hors sais. – SC : **R** 50/125 – ☕ 17 – **26 ch** 120/183 – P 148/216.

LADON 45 Loiret 61 ⑪ – 1 102 h. alt. 91 – ✉ **45270** Bellegarde – ✪ 38.

Paris 112 – Châteauneuf-sur-Loire 30 – Gien 43 – Montargis 16 – ♦Orléans 55 – Pithiviers 29.

Cheval Blanc, ☎ 95.51.79 – 🚗 Ⓟ
fermé lundi – SC : **R** 40/85 🍷 – ☕ 9,50 – **9 ch** 64/90.

CITROEN Gar. Central, ☎ 95.50.11
PEUGEOT-TALBOT Gar. du Parc, ☎ 95.50.13 N
RENAULT Bossard, ☎ 95.51.87

LAFFREY 38 Isère 77 ⑤ **G. Alpes** – 211 h. alt. 910 – ✉ **38220** Vizille – ✪ 76.

Voir Prairie de la Rencontre★ (monument Napoléon) au Sud – ≤★ de la chapelle du Sapey NE : 4 km puis 15 mn.

ℹ Syndicat d'Initiative (1er juil.-31 août) ☎ 73.91.08.

Paris 589 – ♦Grenoble 24 – La Mure 14 – Vizille 7,5.

XX **Humblot** avec ch, ☎ 73.14.18, parc, – ⋒ Ⓟ
fermé nov. à début avril hors vacances scolaires (sauf rest.), mardi soir et merc. hors sais. – SC : **R** 55/80 – ☕ 13 – **13 ch** 75/90 – P 130/135.

XX **Parc** avec ch, ☎ 78.12.98, parc, – ⋒ Ⓟ. AE E
fermé oct., mardi soir et merc. hors sais., du 1er nov. au 1er juin : hôtel fermé sauf vacances scolaires – SC : **R** 45/80 🍷 – ☕ 15 – **11 ch** 80/120 – P 130/150.

LAGNY-SUR-MARNE 77400 S.-et-M. 56 ⑫, 196 ㉑㉒, 101 ⑳ **G. Environs de Paris** – 18 268 h. alt. 44 – ✪ 6.

Voir Galerie★ du château de Guermantes S : 3 km par D 35 BZ.

ℹ Office de Tourisme cours Abbaye (fermé dim. et lundi) ☎ 430.68.77.

Paris 31 ③ – Meaux 21 ② – Melun 42 ③ – Provins 60 ② – Senlis 51 ①.

Plan page suivante

à Thorigny – 7 670 h. – ✉ **77400** Lagny :

XX **St-Martin,** 6 r. Gare ☎ 430.00.55 – Ⓟ. AE ⓓ VISA BY e
fermé 15 juil. au 15 août, dim. soir et lundi – **R** 68/200.

à Montévrain par ② : 3 km – ✉ **77144** Montévrain :

X **Bonne Auberge,** ☎ 430.25.09 – Ⓟ. E VISA
fermé 9 au 25 juil., vacances de Noël, mardi soir et merc. – SC : **R** 75/120.

FORD Gar. Jamin, 34 av. Gén.-Leclerc ☎ 430.02.90 N
PEUGEOT, TALBOT Métin Marne, 2 av. du Gén.-Leclerc, Pomponne ☎ 430.30.30
PEUGEOT-TALBOT Queillé, 34 r. J.-Le-Paire ☎ 430.06.74
RENAULT Marquet, 31 av. de Lattre de Tassigny ☎ 430.03.44 N
◉ La Centrale du Pneu, 13 r. Pont-Hardy ☎ 430.55.00

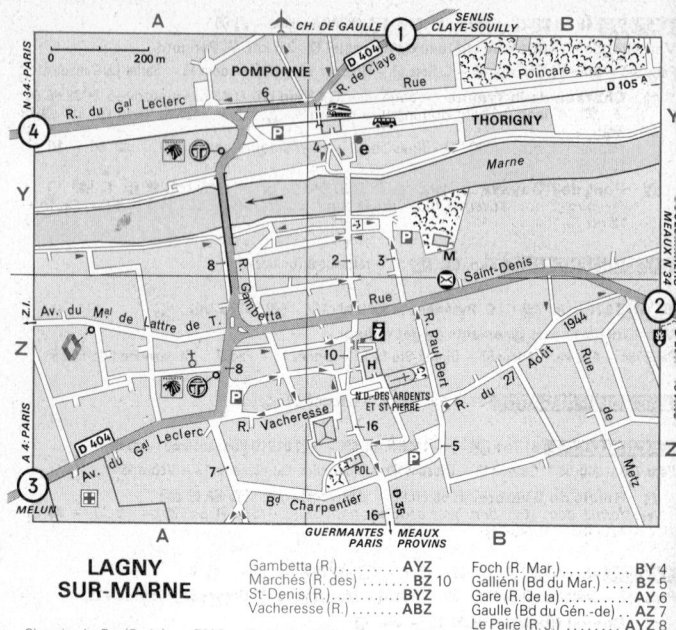

LAGNY
SUR-MARNE

GREEN TOURIST GUIDES

Picturesque scenery, buildings

Attractive routes

Touring programmes

Plans of towns and buildings

17 guides available for your holidays.

LAGUIAN 32 Gers 🆇🆇 ⑨ – 250 h. alt. 320 – ⬚ **32170** Miélan – ✆ 62.

Voir Puntous de Laguian ✳︎✳︎ O : 2 km, G. Pyrénées.

Paris 841 – Aire-sur-l'A. 63 – Auch 44 – Lannemezan 49 – Mirande 19 – St-Gaudens 78 – Tarbes 29.

   Host. des Puntous, O : 1,5 km ✆ 67.52.51, ≤ – **Ⓟ**
   fermé 20 oct. au 20 nov., lundi soir et mardi – SC : **R** 38/90 🍷.

LAGUIOLE 12210 Aveyron 🆇🆇 ⑬ G. Auvergne – 1 235 h. alt. 1 004 – Sports d'hiver : 1 200/1 407
🚡8 ⛷ – ✆ 65.

Voir Église ✳︎✳︎★.

Paris 554 – Aurillac 82 – Espalion 24 – Mende 85 – Rodez 56 – St-Flour 64.

   Gd Hôtel Auguy, ✆ 44.31.11 – 🛁wc 🛏 ☎ 🚗 – 🔒 25. **VISA**
   *fermé 31 oct. au 15 déc., 7 au 15 mars, dim. soir et lundi sauf de mai à sept. et
   vacances scolaires* – SC : **R** 58/90 🍷 – ⬚ 12 – **36 ch** 100/155 – P 135/190.

   Régis, ✆ 44.30.05 – 🛁wc 🛏 ☎
   fermé 20 nov. au 20 déc. et vend. sauf de juin à sept. – SC : **R** 54/97 🍷 – ⬚ 13,50 –
   16 ch 60/146 – P 154/172.

   ❀ **Lou Mazuc** (Bras) avec ch, ✆ 44.32.24 – 🗇 📺 🛁wc 🛏wc ☎ ⓘ 🍴
   1er avril-30 sept. et fermé dim. soir et lundi sauf juil. et août – SC : **R** (nombre de
   couverts limité - prévenir) 58/210 – ⬚ 25 – **15 ch** 70/275
   Spéc. Sauté de queues d'écrevisses à l'ail et aux mousserons (juil. à oct.), Filet de lapin aux truffes,
   Assiette de gourmandises.

   à Soulages-Bonneval O : 5 km par D 541 – ⬚ **12210** Laguiole :

   Aub. du Moulin 🔗, ✆ 44.32.36, ≤, 🐴 – 🛏 **Ⓟ**
   fermé janv. et vend. sauf juil.-août – SC : **R** 41/66 🍷 – ⬚ 12 – **12 ch** 65/92 – P
   125/140.

CITROEN Gar. Charles, ✆ 44.34.40   RENAULT Gar. Troussillie, ✆ 44.32.21 **N**

La LAIGNE 17 Char.-Mar. 👥 ② – 272 h. alt. 15 – ⊠ **17170** Courçon – ✪ 46.

Paris 436 – Fontenay-le-Comte 39 – Niort 30 – Rochefort 44 – La Rochelle 33.

 XX **Aub. Aunisienne,** ☏ 01.64.70 – ⓞ **E** 𝘝𝘐𝘚𝘈
 ◆ *fermé 1ᵉʳ au 15 oct., 16 au 28 fév., lundi soir et mardi du 1ᵉʳ sept. au 31 mai* – **R** 39/160 ⅃.

  à Benon O : 4 km par N 11 – ⊠ **17170** Courçon :

 🏠 **Relais de Benon** Ⓜ ⌂, carrefour N 11 et D 116 ☏ 01.61.63, Télex 791172, 𝕁, 🐎, ⅋ – 📺 ⊟wc ☎ ℗ – ⅃ 250. ⅍ ⓞ **E** 𝘝𝘐𝘚𝘈 ⅋ rest
  SC : **R** 65/140 – �??? 19 – **30 ch** 170/210 – P 270/320.

LALACELLE 61 Orne 🔟 ② – 282 h. alt. 272 – ⊠ **61320** Carrouges – ✪ 33.

Voir Mont des Avaloirs ⁂★ S : 5 km, G. Normandie.

Paris 210 – Alençon 19 – Argentan 35 – Carrouges 12 – Domfront 42 – Falaise 57 – Mayenne 42.

 XX **La Lentillère** avec ch, E : 1,5 km sur N 12 ☏ 27.38.48, 🐎 – ⊟ 🕾 🚗 ℗ ⓞ **E**
 ◆ 𝘝𝘐𝘚𝘈
  fermé fév., dim. soir et lundi – SC : **R** 39/140 – �??? 13,50 – **8 ch** 69/95 – P 110/135.

LALEVADE-D'ARDÈCHE 07 Ardèche 🔟 ⑱ – rattaché à Vals-les-Bains.

LALINDE 24150 Dordogne 🔟 ⑮ – 2 954 h. alt. 46 – ✪ 53.

Paris 576 – Bergerac 22 – Brive-La-Gaillarde 99 – Cahors 89 – Périgueux 59 – Villeneuve-sur-Lot 60.

 🏠 **Château** ⌂, r. Verdun ☏ 61.01.82, ≤, 🍴 – 🕅wc ☎. ⓞ 𝘝𝘐𝘚𝘈
  fermé déc., janv., et vend. sauf juil.-août – SC : **R** 55/130 – ⊟ 18 – **9 ch** 65/175 – P 145/200.

 🏠 **La Résidence** sans rest, r. Prof.-Testut ☏ 61.01.81 – ⊟wc 🕅wc ☎
  1ᵉʳ mai-30 sept. – SC : ⊟ 12 – **11 ch** 100/140.

  à St-Capraise-de-Lalinde O : 4 km – ⊠ **24150** Lalinde :

 XX **Relais St-Jacques,** ☏ 23.22.14 – 𝘝𝘐𝘚𝘈
  fermé lundi de mi sept. à début juil. – **R** 49/120.

CITROEN Groupierre, ☏ 61.03.67   RENAULT Vergnolles, ☏ 61.16.16 ℕ
PEUGEOT, TALBOT Arbaudie, ☏ 61.00.22 ℕ

LALOUVESC 07520 Ardèche 🔟 ⑨ G. Vallée du Rhône – 487 h. alt. 1 050 – ✪ 75.

Voir ⁂★.

Paris 559 – Annonay 25 – Lamastre 27 – Privas 83 – St-Agrève 31 – Tournon 42 – Yssingeaux 43.

 🏠 **Beau Site,** ☏ 67.82.14, ≤ montagnes – ⊟wc 🕅wc ☎. ⅍. ⅋ rest
  1ᵉʳ avril-1ᵉʳ oct. – SC : **R** 52/130 – ⊟ 16,50 – **33 ch** 75/150 – P 162/198.

 🏠 **Relais du Monarque,** ☏ 67.80.44, ≤ montagnes, 🐎 – ⊟wc 🕅wc 🕅 ☎ – ⅃
 ◆ 50. ⅍ ⓞ **E**
  Pâques-15 oct. – SC : **R** 45/125 – ⊟ 15 – **20 ch** 80/150 – P 175/205.

 🏠 **Vivarais** sans rest, ☏ 67.81.41 – 🕅
  1ᵉʳ juin-15 sept. – SC : ⊟ 15 – **14 ch** 75/140.

LAMAGDELAINE 46 Lot 🔟 ⑧ – rattaché à Cahors.

LAMALOU-LES-BAINS 34240 Hérault 🔟 ④ G. Causses – 2 813 h. alt. 200 – Stat. therm. – Casino – ✪ 67.

🅱 Office de Tourisme av. Charcot (fermé dim. et sam. après-midi sauf saison) ☏ 95.64.17.

Paris 869 – Béziers 39 – Lacaune 54 – Lodère 38 – ◆Montpellier 80 – St-Affrique 79 – St-Pons 37.

 🏠 **Gd H. Mas,** ☏ 95.62.22, parc, ⅋ – ▐ cuisinette ⊟wc 🕅wc ☎ ⅛ ℗ – ⅃ 80.
 ◆ ⓞ **E** 𝘝𝘐𝘚𝘈
  fermé 3 janv. au 3 mars – SC : **R** 42/145 – ⊟ 14,50 – **40 ch** 90/180 – P 155/200.

 🏠 **Belleville,** av. Charcot ☏ 95.61.09, 🐎 – ▐ ⊟wc 🕅wc ☎ ⅛ ℗. 𝘝𝘐𝘚𝘈
 ◆ SC : **R** 40/130 ⅃ – ⊟ 15,50 – **44 ch** 72/162 – P 140/220.

 🏠 **Commerce,** ☏ 95.63.14 – ⊟wc 🕅wc ☎ 🚗
 ◆ *1ᵉʳ avril-31 oct.* – SC : **R** 40/100 ⅃ – ⊟ 13 – **24 ch** 60/100 – P 140/160.

  aux Aires E : 4 km par D 160 – ⊠ **34600** Bédarieux :

 X **Grange,** ☏ 95.68.45 – ℗. **E** 𝘝𝘐𝘚𝘈
 ◆ *fermé fin sept. au 15 oct., dim. soir et merc. en hiver* – SC : **R** 50/130.

PEUGEOT-TALBOT Gd Gar. des Cévennes, ☏ 95.64.22 ℕ

 ☛ *Pas de publicité payée dans ce guide.*

LAMASTRE 07270 Ardèche 𝟕𝟔 ⑱ G. Vallée du Rhône – 3 068 h. alt. 373 – ✆ 75.

Env. Ruines du château de Rochebloine ≤★★ 12 km par ⑥ puis 15 mn.

🛈 Syndicat d'Initiative à la Mairie (Pâques-sept.) ☏ 06.41.92.

Paris 583 ① – Privas 56 ③ – Le Puy 73 ⑤ – ◆St-Étienne 94 ⑤ – Valence 40 ② – Vienne 91 ①.

LAMASTRE		Charras (R. F.)	3
		Descours (Av.)....	4
Bancel (R. D.) .	2	Serres (Av. O.-de) .	5

🏛 **Château d'Urbilhac** ॐ, par ③ : 2 km
☏ 06.42.11, ≤ montagnes, parc, ☒ –
🛏wc ☎ 🚗 🅿. 🆎 ⓪ 🇪 𝑉𝐼𝑆𝐴
1er mai-30 sept. – SC : **R** 100/180 – ☑ 25
– **12 ch** 150/300.

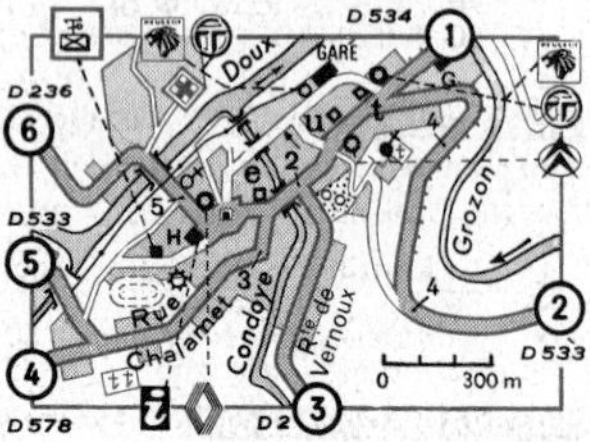

🏛 ❀ **Midi** (Perrier), pl. Seignobos **(e)** ☏
06.41.50 – 🛏wc ▥wc ☎ � 🚗 – 🛗
25. 🇪 𝑉𝐼𝑆𝐴. ॐ ch
*1er mars-15 déc. et fermé dim. et lundi
sauf juil. et août* – SC : **R** 130/300 – ☑
25 – **20 ch** 80/200 – P 180/300
Spéc. Salade tiède au foie gras, Pains d'écre-
visses sauce cardinal (saison), Poularde en ves-
sie. **Vins** St-Péray, Hermitage.

🏛 **Commerce,** pl. Rampon **(u)** ☏ 06.
41.53, 🍴 – 🛏wc ▥wc ☎ 🚗 ॐ
début mars-fin oct. – SC : **R** 50/175 –
18 – **24 ch** 88/185 – P 155/190.

🏛 **Négociants,** pl. Rampon **(t)** ☏ 06.41.34, 🍴 – 🛏wc ▥wc 🚗. 𝑉𝐼𝑆𝐴
1er avril-30 oct. et fermé dim. soir et lundi en oct. – SC : **R** 44/110 🍷 – ☑ 12 – **30 ch**
71/150 – P 126/160.

à Desaignes NO : 7 km par ⑤ – ✉ 07570 Desaignes :

🏛 **Voyageurs,** ☏ 06.61.48, 🍴, ※ – 🚗 🅿. ॐ rest
15 mars-15 sept. – SC : **R** 43/98 – ☑ 12 – **20 ch** 65/80 – P 112/125.

CITROEN Gar.Moderne, ☏ 06.44.24
FIAT Gar. Montabonnel, ☏ 06.53.94 ⓝ ☏ 06.
56.22
FORD Ferraton, ☏ 06.41.56

PEUGEOT, TALBOT Rugani, ☏ 06.42.20 ⓝ
PEUGEOT-TALBOT Traversier, ☏ 06.42.12
ⓝ ☏ 06.46.38
RENAULT Chareyre-Autos, ☏ 06.43.32 ⓝ

Pour vos voyages, en complément de ce guide utilisez :

— *Les* **guides Verts Michelin** *régionaux*

  paysages, monuments et routes touristiques.

— *Les* **cartes Michelin** *à 1/1 000 000 grands itinéraires*

  1/200 000 cartes détaillées.

LAMBALLE 22400 C.-du-N. 𝟓𝟗 ④⑭ G. Bretagne – 4 867 h. alt. 55 – ✆ 96.

Voir Haras★.

🛈 Office de Tourisme 2 pl. Martray (1er juin-15 sept. et fermé dim. après-midi) ☏ 31.05.38.

Paris 431 ② – Dinan 40 ② – Pontivy 63 ③ – Redon 114 ② – ◆Rennes 81 ② – St-Brieuc 21 ④ –
St-Malo 55 ① – Vannes 105 ③.

Plan page ci-contre

🏛 **Angleterre et Gare** Ⓜ, 29 bd Jobert **(a)** ☏ 31.00.16 – ▤ 🛏wc ▥wc ☎ 🚗. 🆎
ⓞ 🇪 𝑉𝐼𝑆𝐴
SC : **R** *(fermé dim. soir et lundi midi du 1er oct. au 1er avril sauf fêtes)* 60/150 🍷 – ☑
20 – **35 ch** 70/200.

🏛 **La Tour d'Argent** (Annexe 🏛 Ⓜ, ॐ - 16 ch), 2 r. Dr-Lavergne **(b)** ☏
31.01.37 – 🛏wc ▥wc ☎. 🆎 𝑉𝐼𝑆𝐴. ॐ ch
fermé 12 au 24 juin, 13 au 28 oct. et sam. sauf juil. et août – SC : **R** *(fermé le sam.
sauf le soir en juil. et août)* 55/120 🍷 – ☑ 16 – **30 ch** 82/200 – P 185/240.

à la Poterie E : 3,5 km par D 28 – ✉ 22400 Lamballe :

🏛 **Aub. Manoir des Portes** ॐ, ☏ 31.13.62, 🍴, 🍴 – 📺 🛏wc ☎ 🅿 – 🛗 25. 🆎
𝑉𝐼𝑆𝐴. ॐ rest
fermé 1er fév. au 1er mars. – SC : **R** *(fermé lundi du 1er sept. au 30 juin)* 74/220 – ☑
23 – **15 ch** 185/308 – P 308/346.

à Plestan par ② et N 12 : 9 km – ✉ 22640 Plénée-Jugon :

✗ **Grill les Landes,** ☏ 34.10.07 – 🅿. 🇪 𝑉𝐼𝑆𝐴
fermé 25 août au 15 sept., 1er au 20 fév., mardi soir et merc. – SC : **R** 62/120.

CITROEN Armor-Auto, Zone Ind. par ④ ☏
31.04.32
PEUGEOT-TALBOT Léna, 26 r. Dr Lavergne,
par ④ ☏ 31.01.40
RENAULT Le Moal et Poirier, 1 r. Bouin ☏
31.02.83 ⓝ ☏ 34.31.32

⑯ Andrieux Pneus, rte de St-Brieuc ☏ 31.05.33
Desserrey-Pneus, rte de Dinard ☏ 31.03.11

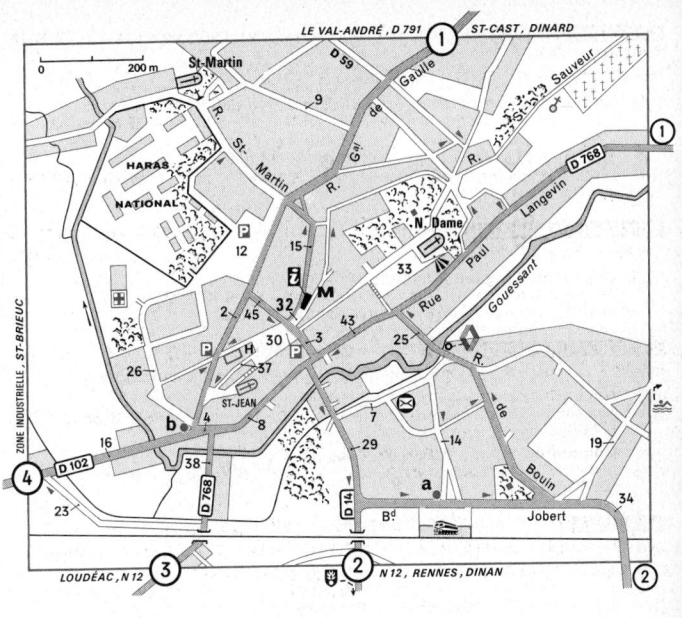

LAMBALLE

☞ *Les localités dont les noms sont soulignés de rouge*
*sur les **cartes Michelin** à 1/200 000 sont citées dans ce guide.*
Utilisez une carte récente pour profiter
de ce renseignement régulièrement mis à jour.

LAMBESC 13410 B.-du-R. 84 ② G. Provence – 5 353 h. – 🎱 42.
Paris 732 – Aix-en-Provence 21 – Apt 38 – Cavaillon 30 – ✦Marseille 51.

XXX **Moulin de Tante Yvonne,** r. Raspail ☎ 28.02.46, « Ancien moulin à huile du 15ᵉ s »
fermé fin juil. à fin août, dim. soir, lundi et mardi – SC : **R** (prévenir) carte environ 170.

PEUGEOT Gar. Favre, N 7 ☎ 92.94.94

LAMOTTE-BEUVRON 41600 L.-et-Ch. 64 ⑨ – 4 405 h. alt. 114 – 🎱 54.
Paris 167 – Blois 59 – Gien 57 – ✦Orléans 36 – Romorantin-Lanthenay 40 – Salbris 20.

🏠 **Monarque,** av. H.-de-Ville ☎ 88.04.47 – 🛁wc 🅿 Ε 𝖵𝖨𝖲𝖠
fermé 16 au 26 août, fév., mardi soir et merc. – SC : **R** 61/160 – ☲ 16,50 – **12 ch** 78/163 – P 170/205.

XX **Host de la Cloche** avec ch, av. République ☎ 88.02.20, 🏡 – 🅿. ① 𝖵𝖨𝖲𝖠
fermé lundi soir hors sais. et mardi – SC : **R** 51/142 ⅃ – ☲ 14,50 – **8 ch** 54/84.

au Rabot NO : 8 km par N 20 – ⊠ **41600** Lamotte-Beuvron :

🏠 **Motel des Bruyères,** N 20 ☎ 88.05.70, ⬥, ⚒ – 📺 ⬄wc 🛁wc ☎ ⅙ 🅿 – 🏊
60. ① Ε 𝖵𝖨𝖲𝖠
R 57/130 ⅃ – ☲ 17 – **40 ch** 75/190 – P 145/220.

CITROEN Germain, 15 av. Hôtel de Ville ☎ 88.04.49
PEUGEOT-TALBOT Labé, 29 av. Vierzon ☎ 88.03.54

RENAULT gar. du stade, 68 av. d'Orléans ☎ 88.08.88 🛚
V.A.G. Gar. Gorin, 14 ter av. de la République ☎ 88.00.21

LAMOURA 39 Jura **70** ⑮ – 379 h. alt. 1 156 – Sports d'hiver : 1 160/1 500 m ≴10 ⚡ – ⊠ **39310**
Septmoncel – ⚙ 84.

Paris 483 – ♦Genève 48 – Gex 31 – Lons-le-Saunier 78 – St-Claude 17.

🏨 **La Spatule,** ☏ 42.60.23, ≼ – ⌷wc ⋔wc ☎ 🚗 **℗**. **VISA**. ❄
1er juin-20 sept. et 15 déc.-20 avril – SC : **R** 55/90 – ⊴ 16 – **25 ch** 95/145 – P
150/190.

🏨 **Dalloz,** ☏ 42.61.45, ≼ – ⌷wc ⋔ ☎ **℗**. ❄ ch
➡ 1er juin-1er oct. et 15 déc.-20 avril – SC : **R** 42/100 – ⊴ 15 – **27 ch** 70/135 – P
120/160.

LAMPAUL-PLOUARZEL 29 Finistère **58** ③ – 1 583 h. alt. 33 – ⊠ **29229** Plouarzel – ⚙ 98.

Paris 616 – ♦Brest 24 – Ploudalmézeau 15.

XXX ⚘ **Aub. du Kruguel,** ☏ 84.01.66, � – **℗**. **E**. ❄
fermé sept., fév., dim. soir, jeudi midi et merc. – SC : **R** 105/170
Spéc. Petit gâteau de foie blond, Potée du Krugel, Chariot de desserts.

LAMURE-SUR-AZERGUES 69870 Rhône **73** ⑨ – 1 065 h. alt. 385 – ⚙ 74.

Paris 450 – Chauffailles 26 – ♦Lyon 52 – Roanne 56 – Tarare 36 – Villefranche-sur-Saône 30.

🏦 **Ravel,** ☏ 03.04.72, 🌱 – ⋔ 🚗 **℗**. **AE** **VISA**
➡ fermé 12 au 30 nov. et vend. d'oct. à avril – SC : **R** 50/140 – ⊴ 15 – **10 ch** 80/130 –
P 120/150.

✕ **Commerce** avec ch, ☏ 03.05.00 – 🚗. ❄ ch
➡ fermé janv., mardi soir et merc. sauf août – SC : **R** 36/125 ⚗ – ▬ 16,50 – **10 ch**
68/90 – P 130.

LANCIEUX 22770 C.-du-N. **59** ⑤ G. Bretagne – 1 156 h. – ⚙ 96.

Paris 419 – Dinan 21 – Dol-de-Bretagne 32 – Lamballe 40 – St-Brieuc 60 – St-Cast 19 – St-Malo 18.

🏦 **Mer,** r. Plage ☏ 86.22.07 – ⌷wc ⋔wc ☎ **℗**. ❄ ch
➡ fermé 15 nov. au 15 janv. – SC : **R** (fermé sam. soir et dim. du 15 oct. au 1er mars)
42/77 – ⊴ 15,50 – **20 ch** 65/140 – P 124/155.

RENAULT Popovic, ☏ 86.22.28

LANÇON-PROVENCE 13 B.-du-R. **84** ② – rattaché à Salon-de-Provence.

LANCRANS 01 Ain **74** ⑤ – rattaché à Bellegarde-sur-Valserine.

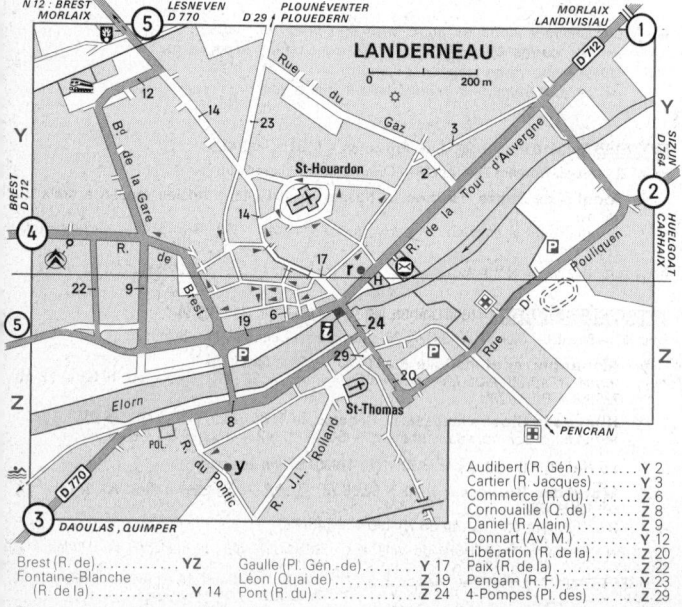

Brest (R. de) .... **YZ**
Fontaine-Blanche
(R. de la) .... **Y** 14
Gaulle (Pl. Gén.-de) .... **Y** 17
Léon (Quai de) .... **Z** 19
Pont (R. du) .... **Z** 24
Audibert (R. Gén.) .... **Y** 2
Cartier (R. Jacques) .... **Y** 3
Commerce (R. du) .... **Z** 6
Cornouaille (Q. de) .... **Z** 8
Daniel (R. Alain) .... **Z** 9
Donnart (Av. M.) .... **Y** 12
Libération (R. de la) .... **Z** 20
Paix (R. de la) .... **Z** 22
Pengam (R. F.) .... **Y** 23
4-Pompes (Pl. des) .... **Z** 29

LANDERNEAU 29220 Finistère 🟊🟊 ⑤ G. Bretagne – 15 531 h. alt. 21 – ✪ 98.

Voir Enclos paroissial★ de Pencran S : 3,5 km Z.

🏊 d'Iroise ⟟ 85.16.17 SE : 5 km par r. J.-L.-Rolland Z.

🛈 Office de Tourisme Pont de Rohan (fermé sam. après-midi et lundi matin) ⟟ 85.13.09.

Paris 580 ⑤ – ◆Brest 20 ④ – Carhaix-Plouguer 78 ③ – Morlaix 44 ⑤ – Quimper 62 ③.

Plan page ci-contre

🏠 **Clos du Pontic** M ≫, r. Pontic ⟟ 21.50.91, parc – 🛏wc 🛁wc ☎ ও 🅿 – 🛝 50. Z y
  E VISA
  SC : **R** (fermé 19 fév. au 2 mars, sam. midi, dim. soir et lundi) 64/195 – ☲ 15 – **32 ch** 131/209.

❌❌ **Mairie,** 9 r. Tour-d'Auvergne ⟟ 85.01.83 – E VISA Y r
  fermé 1er au 15 juil., 15 nov. au 1er déc. et mardi – SC : **R** 44/120 ᵬ.

  à La Roche Maurice par ① et C1 : 5 km – ✉ 29220 Landerneau.

  Voir Enclos paroissial★.

❌❌ **Aub. Vieux Château,** ⟟ 20.40.52 – **R** (déj. seul.) 60/150 ᵬ.

CITROEN Gd Gar. Ouest, 49 r. Brest ⟟ 85.10.90
PEUGEOT-TALBOT Automobiles-de-l'Elorn, rte de Sizun par ② ⟟ 21.41.80
RENAULT S.A.G.A., 4 r. de la Marne par ④ ⟟ 85.01.26 🅽 ⟟ 40.66.28

V.A.G. Gar. St-Christophe, 4 et 30 Bd Gare, ⟟ 85.00.29 🅽

🛞 Velghe, 25 r. de Guèbrient ⟟ 85.01.56

LANDERSHEIM 67 B.-Rhin 🟊🟊 ⑨ – 111 h. alt. 191 – ✉ 67700 Saverne – ✪ 88.

Paris 459 – Haguenau 35 – Molsheim 22 – Saverne 13 – ◆Strasbourg 25.

❌❌❌ ✿ **Aub. du Kochersberg,** ⟟ 69.91.58, 🌿 – 🍴 🅿 🖭 🕦 E VISA
  fermé 31 juil. au 22 août, vacances de fév., dim. soir, mardi, merc. et fêtes – SC : **R** (déj. à partir de 13 h.) 120/240 ᵬ.
  Spéc. Foie d'oie frais maison en terrine, Crème de cerfeuil aux grenouilles fraîches, Matelote du pêcheur.

LANDEVANT 56690 Morbihan 🟊🟊 ② – 1 794 h. alt. 29 – ✪ 97.

Paris 478 – Auray 15 – Hennebont 14 – Lorient 23 – Vannes 33.

❌❌ **La Forestière,** rte Nostang : 1 km ⟟ 56.90.55 – 🅿
  fermé 1er au 15 oct., fév., dim. soir et lundi – SC : **R** 75/80.

LANDÉVENNEC 29 Finistère 🟊🟊 ④⑤ G. Bretagne – 377 h. alt. 80 – ✉ 29127 Plomodiern – ✪ 98.

Voir Site★ – Belvédères ⩻★.

Paris 584 – ◆Brest 52 – Châteaulin 33 – Douarnenez 45 – Morlaix 70 – Quimper 54.

🏠 **Beau Séjour,** ⟟ 27.70.65, ⩻, 🌿 – 🛏wc 🛁wc 🕸 🅿. VISA. ℀ ch
  fermé oct. et lundi – SC : **R** 50/165 – ☲ 25,50 – **27 ch** 79/165 – P 184/220.

LANDIVISIAU 29230 Finistère 🟊🟊 ⑤ G. Bretagne – 8 057 h. alt. 76 – ✪ 98.

Voir Porche★ de l'église St-Thivisiau – Lampaul-Guimiliau : enclos paroissial★, intérieur★★ de l'église★ SE : 4 km.

🛈 Office de Tourisme à l'Hôtel de Ville (fermé sam. hors sais. et dim.) ⟟ 68.03.50.

Paris 559 – ◆Brest 38 – Landerneau 16 – Morlaix 22 – Quimper 72 – St-Pol-de-Léon 23.

🏠 **Étendard** M sans rest, 8 r. Gén.-de-Gaulle ⟟ 68.06.60 – 🛗 🛏wc 🛁wc 🕸 🅿. 🕦
  E VISA. ℀
  fermé 15 déc. au 15 janv. et dim. sauf été – SC : ☲ 19 – **35 ch** 99/175.

🏠 **Léon,** 3 pl. Champ-de-Foire ⟟ 68.00.11, Télex 940333 – 🛗 🛏wc 🛁wc ☎ 🅿. 🖭 🕦 E VISA. ℀ rest
  fermé 20 oct. au 15 nov. et 20 déc. au 5 janv. – SC : **R** (fermé vend. soir et sam. du 1er oct. au 30 avril) 58/143 ᵬ – ☲ 20 – **42 ch** 92/225 – P 175/230.

❌ **La Grande Maison** avec ch, 12 r. St-Guénal ⟟ 68.00.61 – 🛏 🅿. E
  fermé lundi – SC : **R** 50/80 ᵬ – ☲ 14 – **8 ch** 60/90 – P 170/200.

CITROEN Kerzil, 64 r. Gén.-de-Gaulle ⟟ 68.01.17 🅽
RENAULT Gar. Guillou, 97 rte Morlaix ⟟ 68.00.22

🛞 Desserrey-Pneus, 7 allée de la Croix ⟟ 68.13.88

LANESTER 56 Morbihan 🟊🟊 ① – rattaché à Lorient.

LANFROICOURT 54 M.-et-M. 🟊🟊 ⑭ – 119 h. alt. 226 – ✉ 54760 Leyr – ✪ 8.

Paris 392 – Custines 16 – ◆Metz 43 – ◆Nancy 20 – Pont-à-Mousson 30.

❌❌❌ ✿ **Aub. des Capucines** (Gérardin), ⟟ 331.81.18, 🌿 – 🅿
  fermé 1er au 15 août, 14 au 28 fév., mardi et merc. – SC : **R** 100/220
  Spéc. Turbot au sabayon de champagne, Cressonnette de grenouilles aux morilles, Marcassin (sept. à fév.). Vins Bruley.

LANGEAC 43300 H.-Loire **76** ⑤ **G. Auvergne** – 4 733 h. alt. 507 – ✪ 71.

🛈 Office de Tourisme pl. A.-Briand (Pâques, 15 mai-30 sept., fermé dim. et lundi) ☎ 77.05.41.

Paris 485 – Brioude 29 – Mende 95 – Le Puy 41 – St-Chély-d'Apcher 62 – St-Flour 51.

à *Reilhac* N : 3 km par D 585 – ⊠ 43300 Langeac :

🏦 **Val d'Allier,** ☎ 77.02.11 – 🛏 **©**. ❀
➤ – SC : **R** *(fermé sam. d'oct. à mars)* 47/88 🦪 – ☛ 12 – **10 ch** 77/112 – P 150/180.

CITROEN Degeorges, ☎ 77.08.61 **N** ☎ 77.13.58
FIAT Comte, ☎ 77.01.49
PEUGEOT-TALBOT Gar. Arsac, ☎ 77.02.89
PEUGEOT Conze, ☎ 77.07.07
RENAULT S.A.M.V.A.L. ☎ 77.04.07

LANGEAIS 37130 I.-et-L. **64** ⑭ **G. Châteaux de la Loire** – 4 142 h. alt. 53 – ✪ 47.

Voir Château★★ : appartements★★★ – Parc★ du château de Cinq-Mars-la-Pile NE : 5 km par N 152.

🛈 Syndicat d'Initiative à la Mairie (juil.-août) ☎ 96.71.62.

Paris 258 – Angers 83 – Château-la-Vallière 31 – Chinon 31 – Saumur 41 – ♦Tours 25.

🏨 ❀ **Hosten et rest. Langeais,** 2 r. Gambetta ☎ 96.82.12 – 🛏wc ☎ 🔙. **ⓞ**
fermé 15 juin au 10 juil., 15 janv. au 5 fév., lundi soir et mardi – SC : **R** carte 120 à 180 – ☛ 28 – **14 ch** 100/250
Spéc. Blanquette de sole et turbot, Canette à l'orange, Crêpes au coulis de cassis.

🏨 **Duchesse Anne,** 10 r. Tours ☎ 96.82.03, 🍽, 🌲 – 🛏wc 🚿wc ☎ 🔙 **©**
fermé déc., dim. soir et lundi hors sais. – SC : **R** 60/220 – ☛ 15 – **23 ch** 65/190.

à *St-Michel-sur-Loire* SO : 4 km sur N 152 – ⊠ 37130 Langeais :

🏨 **Aub. de la Bonde,** ☎ 96.83.13 – 🛏wc 🚿wc ☎ **©**. 🝙 **E** **VISA**
➤ – fermé 15 déc. au 15 janv. – SC : **R** *(fermé sam.)* 50/123 – ☛ 13 – **13 ch** 79/140.

CITROEN Vincent, ☎ 96.86.68
PEUGEOT-TALBOT Denis, ☎ 96.80.49
RENAULT Balester et Exposito, ☎ 96.82.10
🝙 Robles, ☎ 96.81.60

LANGOGNE 48300 Lozère **76** ⑰ **G. Auvergne** – 4 025 h. alt. 912 – ✪ 66.

Voir Chapiteaux★ de l'église.

🛈 Syndicat d'Initiative 15 bd Capucins (15 juin-15 sept. et fermé dim. après-midi) ☎ 69.01.38.

Paris 551 – Alès 104 – Aubenas 62 – Mende 50 – Le Puy 42 – Villefort 49.

🏨 **Voyageurs,** rte Nîmes ☎ 69.00.56 – 🛏wc 🚿wc ☎ **©**. 🝙 **VISA**
➤ – fermé 20 déc. au 31 janv. et dim. sauf juil.-août – **R** 38/105 🦪 – ☛ 14 – **14 ch** 98/160 – P 195.

🏨 **Gaillard,** av. Pont-d'Allier ☎ 69.10.55 – 🚿 **©**. ❀ rest
➤ – 1er fév.-30 oct. et fermé week-end du 15 sept. au 30 oct. et du 1er mars au 15 avril *(sauf fêtes)* – SC : **R** 40/80 🦪 – ☛ 11 – **21 ch** 55/90 – P 115/120.

CITROEN Philip, ☎ 69.05.82
RENAULT Blanquet, ☎ 69.11.55 **N**
🝙 Prouhèze, ☎ 69.09.30
R.I.P.A., ☎ 69.05.45

LANGON ◁🆂▷ 33210 Gironde **79** ② **G. Côte de l'Atlantique** – 6 308 h. alt. 22 – ✪ 56.

🛈 Office de Tourisme allées J.-Jaurès (fermé sam. et dim. hors sais.) ☎ 62.34.00.

Paris 641 – Bergerac 79 – ♦Bordeaux 46 – Libourne 54 – Marmande 37 – Mont-de-Marsan 83.

🏨 **Modern,** 3 pl. Gén.-de-Gaulle ☎ 63.06.65 – 🛏wc 🚿wc ☎ **©**
SC : **R** brasserie *(fermé merc.)* carte environ 75 🦪 – ☛ 14 – **14 ch** 71/115.

XXX ❀❀ **Claude Darroze** avec ch, 95 cours Gén.-Leclerc ☎ 63.00.48, 🍽 – 🛏wc 🚿wc ☎ **©**. 🝙 **ⓞ** **VISA**. ❀ ch
fermé 10 oct. au 10 nov., dim. soir et lundi hors sais. et fêtes – SC : **R** 130/250 et carte – ☛ 25 – **16 ch** 80/190
Spéc. Lamproie aux blancs de poireaux, Poissons, Gibiers (saison de chasse). Vins Sauternes, Graves.

XX **Grangousier,** 2 chemin du Peyrot ☎ 63.30.59, 🍽 – **©**. 🝙
fermé 8 au 20 nov. et mardi soir – SC : **R** 52/145.

CITROEN Gar. d'Aquitaine, N 113 à Toulenne ☎ 63.55.37
PEUGEOT, TALBOT Doux et Trouillot, 50 r. J.-Ferry ☎ 63.50.47
RENAULT Sade Langon, Mazères ☎ 63.44.69
🝙 Saphore, 40 cours de Lattre-De-Tassigny ☎ 63.02.02

LANGRES ◁🆂▷ 52200 H.-Marne **66** ③ **G. Bourgogne** – 11 147 h. alt. 466 – ✪ 25.

Voir Site★★ – Cathédrale★ Y E.

🛈 Office de Tourisme pl. Bel'Air (fermé dim. hors sais.) ☎ 85.03.32.

Paris 294 ④ – Auxerre 155 ④ – ♦ Besançon 102 ③ – Chaumont 35 ④ – ♦Dijon 68 ③ – Dole 99 ③ – Épinal 112 ① – ♦Nancy 133 ① – Troyes 129 ④ – Vesoul 75 ② – Vittel 72 ①.

LANGRES

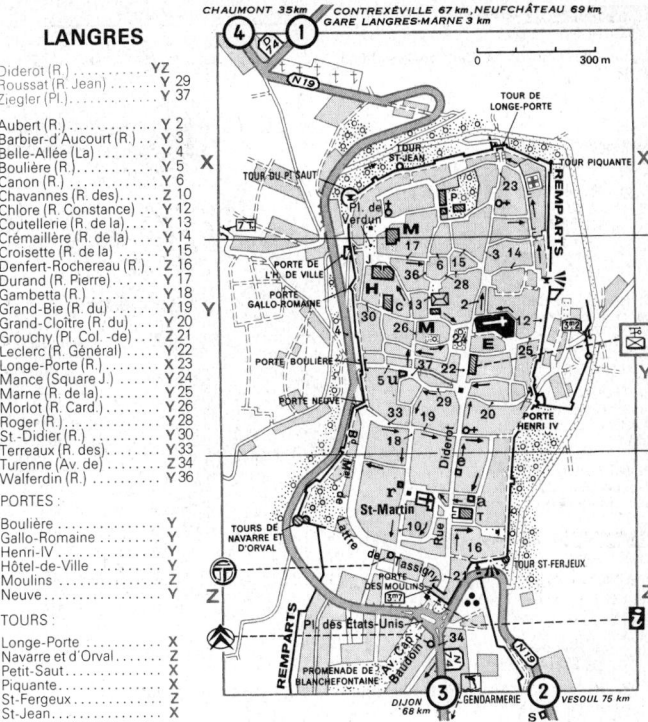

🏨 **Gd H. Europe**, 23 r. Diderot ℡ 85.10.88 – 📞wc 🛁wc ☎ ⇔ 🅿. ᴀᴇ ᴇ 𝚅𝙸𝚂𝙰
— hôtel et rest. fermés 7 au 14 mai, oct. et dim. soir sauf en juil.-août – SC : **R** *(fermé lundi sauf le soir en juil.-août)* 45/120 – ⬭ 16 – **28 ch** 60/160 – P 160/200.　Z **e**

🏨 **La Grange au Prieur**, par ① : 2 km D 74 ℡ 85.10.27 – 📺 📞wc 🛁wc ☎ 🅿. ᴀᴇ
— ⓞ ᴇ 𝚅𝙸𝚂𝙰
fermé 15 nov. au 15 déc., dim. soir et lundi midi – SC : **R** 46/100 ⅓ – ⬭ 15 – **19 ch** 65/150 – P 160/190.

🏨 **Lion d'Or**, rte Vesoul ℡ 85.03.30, ≤, 🌿 – 📞wc 🛁wc ☎ 🅿. 𝚅𝙸𝚂𝙰　Z **s**
— fermé 1er au 15 nov., 1er au 20 fév., vend. soir et sam. midi hors sais. – SC : **R** 42/100 ⅓ – ⬭ 15 – **16 ch** 65/155 – P 175/210.

🏨 **Cheval Blanc**, 4 r. Estrés ℡ 85.07.00 – 📞wc 🛁wc ☎ ⇔. ᴇ 𝚅𝙸𝚂𝙰　Z **a**
— fermé janv., fév., mardi soir et merc. – SC : **R** 50/140 ⅓ – ⬭ 16 – **21 ch** 70/180.

🏨 **Poste** sans rest, 10 pl. Ziégler ℡ 85.10.51 – 📞wc 🛁wc 🅿　Y **u**
— fermé 6 nov. au 1er déc., vacances de fév. et dim. hors sais. – SC : ⬭ 22 – **35 ch** 65/140.

✗ **Aub. Jeanne d'Arc** avec ch, 26 r. Gambetta ℡ 85.03.18 – 🛁wc ☎　Z **r**
— fermé 15 oct. au 20 nov., lundi soir et mardi midi – SC : **R** 50/100 – ⬭ 20 – **9 ch** 80.

à Sts-Geosmes par ③ : 4 km – ⊠ **52200** Langres :

✗✗ **Aub. des Trois Jumeaux** avec ch, ℡ 85.03.36 – 📞wc 🛁wc ☎. ᴇ 𝚅𝙸𝚂𝙰
— fermé nov. et lundi – SC : **R** 50/130 – ⬮ 17 – **10 ch** 85/130.

BMW, V.A.G. Europe Gar., rte Chaumont ℡ 85.03.78
CITROEN Périn, rte Dijon à St-Geosmes ℡ 85.06.33
FIAT Viard, 42 bd de-Lattre-De-Tassigny ℡ 85.00.51
FORD Noirot Autom., rte de Dijon à St-Geosmes, ℡ 85.29.19

PEUGEOT TALBOT Gar. Berthier, rte de Dijon à St-Geosmes par ③ ℡ 85.02.13
TALBOT Gar. Bel-Air, bd de-Lattre-De-Tassigny ℡ 85.02.28

🏍 Bourricard, 1 av. Cap.-Baudoin ℡ 85.36.31

LANGUEUX 22 C.-du-N. 59 ③ – rattaché à St-Brieuc.

Demandez chez le libraire le catalogue des cartes et guides Michelin

LANNEMEZAN 65300 H.-Pyr. 🔠 ⑨ ⑲ –
7 403 h. alt. 585 – 🕲 62.

🔳 de Lannemezan et Capvern-les-Bains
⍑ 98.01.01 par ② : 4 km.

🖪 Syndicat d'Initiative pl. République (fermé
matin sauf saison, sam., dim. et fêtes) ⍑
98.08.31.

Paris 840 ④ – Auch 66 ② – Bagnères-de-Luchon
54 ② – St-Gaudens 30 ② – Tarbes 35 ④.

🏨 **Pyrénées,** rte Tarbes (u) ⍑ 98.
01.53 – 🔃 ⌷wc ⍓wc 🅰 ➾ 🅿.
🆎 ⓪ 🅴 𝑉𝐼𝑆𝐴
*fermé 8 au 30 nov. et lundi en hiver
– SC : **R** 56/120 – ⌷ 17,50 – **31 ch**
74/177 – P 137/191.*

CITROEN Gd Gar. du Plateau, rte de Tarbes
par r. Clemenceau ⍑ 98.05.91
OPEL Gar. des Pyrénées, 13 ter rte de Tarbes
⍑ 98.01.87
PEUGEOT-TALBOT Laffitte, 610 r. G.-Clemen-
ceau ⍑ 98.33.34
RENAULT Auto-Sce-des-4-Vallées, 489-500 r.
Alsace-Lorraine ⍑ 98.03.88 🔣 ⍑ 98.09.81
V.A.G. Dambax, 430 r. du 8-Mai-1945 ⍑ 98.
35.45

🛢 Ibos, 227 rte La Barthe, Zone Ind. ⍑ 98.09.78
Laborie, 538 r. du 8-Mai-1945 ⍑ 98.01.67
Saint-Martin, rte de Tarbes ⍑ 98.29.43

LANNILIS 29214 Finistère 🔠 ④ – 3 939 h.
alt. 85 – 🕲 98.

Paris 598 – ✦Brest 23 – Brignogan 24 – Lander-
neau 30 – Lesneven 17 – Morlaix 63 – Quimper
91.

à Paluden N : 2 km par D 13 –
⍉ **29214** Lannilis :

XX **Relais de l'Aber,** rte Plouguerneau ⍑ 04.01.21, ≤ – 🆎 🅴. 🎇
✦ *fermé oct. et lundi – SC : **R** 43/105 🥢.*

CITROEN Ségalen, ⍑ 04.02.32 🔣

LANNION ◁🟰▷ 22300 C.-du-N. 🔢 ① G. Bretagne – 17 228 h. alt. 23 – 🕲 96.

Voir Maisons anciennes⋆ (pl. Gén.-Leclerc Y 17) – Église de Brélévenez⋆ Y.

🔳 de St-Samson ⍑ 23.87.34, par ① et D 11 : 9,5 km.

🛫 de Lannion : T.A.T. ⍑ 48.42.92 N par ① : 2 km.

🖪 Office de Tourisme quai d'Aiguillon (fermé dim.) ⍑ 37.07.35.

Paris 515 ③ – ✦Brest 96 ⑤ – Lorient 149 ⑤ – Morlaix 38 ⑤ – Quimper 118 ⑤ – St-Brieuc 63 ③.

Plan page ci-contre

🏨 **Campanile** 🏖, par ① : 3 km ⍑ 48.70.18, 🍴 – ⌷wc ⍓ 🅰 & ➾ 🅿. 𝑉𝐼𝑆𝐴
SC : **R** 60 bc/81 bc – 🍽 22 – **29 ch** 157.

🏨 **Terminus,** 30 av. Gén.-de-Gaulle ⍑ 37.03.67 – ⍓wc 🅰   Z a
✦ *fermé 4 au 18 juin, 29 oct. au 4 nov., 23 déc. au 7 janv., lundi sauf hôtel et dim. soir
d'oct. à mars – SC : **R** 50/150 🥢 – ⌷ 14 – **16 ch** 81/150 – P 195/264.*

🏨 **Bretagne,** 32 av. Gén.-de-Gaulle ⍑ 37.00.33 – ⌷ 🅰. 🅴 𝑉𝐼𝑆𝐴   Z a
✦ SC : **R** *(fermé 10 au 22 oct.)* 45/115 – ⌷ 18 – **12 ch** 70/145 – P 150/165.

🏨 **L'Arrivée** sans rest, 15 rte Ploubezre ⍑ 37.00.67 – ⌷wc 🅰   Z s
*fermé 21 déc. au 8 janv. – SC : ⌷ 17 – **12 ch** 75/95.*

au Yaudet par ⑤ et D 88A : 8,5 km – ⍉ **22300** Lannion :

🏩 **Genêts d'Or,** ⍑ 35.24.17 – 🅿. 🎇 rest
✦ *fermé 12 nov. au 12 déc., dim. soir et lundi hors sais. – SC : **R** 50/100 – ⌷ 15 –
15 ch 65/100 – P.150/160.*

AUSTIN, ROVER, TRIUMPH Gar. le Morvan,
69 rte de Tréguier ⍑ 37.03.84
CITROEN Sylvestre, rte de Morlaix par r. des
Frères-Lagadec Z ⍑ 37.04.33 🔣 ⍑ 37.06.23
DATSUN Loas, rte de Morlaix, Ploulec'h ⍑
37.08.81
FORD Gar. Corre, rte de Perros-Guirec ⍑ 37.
45.41
OPEL Gar. Guillou, rte de Guingamp ⍑ 37.
09.88

PEUGEOT-TALBOT Gd Gar. de Lannion, rte
de Perros-Guirec par ① ⍑ 38.52.71
RENAULT Gar. des Côtes d'Armor, rte de
Guingamp par r. St-Nicolas Z ⍑ 37.00.23 🔣
TOYOTA, VOLVO Bretagne Autom, Zone Ind.
Le Rusquet ⍑ 48.32.09

🛢 Desserrey-Pneus, rte de Perros-Guirec ⍑
48.44.11
Trégor Pneus, rte du Rusquet ⍑ 48.58.36

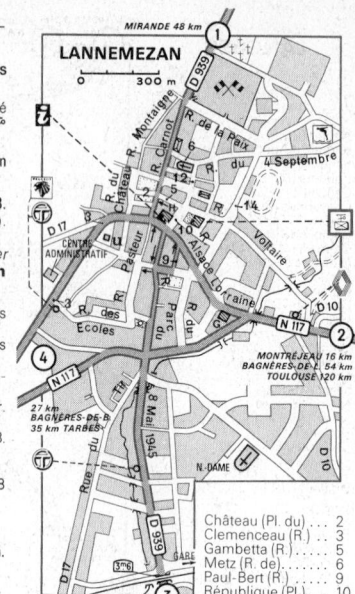

MIRANDE 48 km

LANNEMEZAN

300 m

MONTREJEAU 16 km
BAGNÈRES-DE-L. 54 km
TOULOUSE 120 km

27 km BAGNÈRES-DE-B.
35 km TARBES

N-DAME

ARREAU 27 km

Château (Pl. du)	2
Clemenceau (R.)	3
Gambetta (R.)	5
Metz (R. de)	7
Paul-Bert (R.)	9
République (Pl.)	10
Victor-Hugo (R.)	12
11-Novembre (R.)	14

LANNION

Augustins (R. des) . . . . Z 3
Leclerc (Pl. du Gén.) . . . . . . Y 17
Pont-Blanc
(R. Geoffroy-de) . . . . Z 25

Aiguillon (R. d') . . . . Z 2
Buzulzo (R. de) . . . . Z 4
Chapeliers (R. des) . . . . Y 5
Cie-Roger-Barbé (R.) . . . . . Y 7
Coudraie (R. de la) . . . . Y 8
Du Guesclin (R.) . . . . Z 9
Frères-Lagadec (R. des) . . . Z 12
Keriavily (R. de) . . . . Z 14
Kermaria (R. et Pont) . . . . . . Z 16
Le-Dantec (R. F.) . . . . Y 18
Letaillandier (R. E.) . . . . Z 20
Mairie (R. de la) . . . . Y 21
Palais-de-Justice
(Allée du) . . . . Z 24
Pors an Prat (R. de) . . . . Y 26
Roud Ar Roc'h (R. de) . . . . . Z 28
St-Malo (R. de) . . . . Z 29
St-Nicolas (R.) . . . . Z 30
Trinité (R. de la) . . . . Y 32

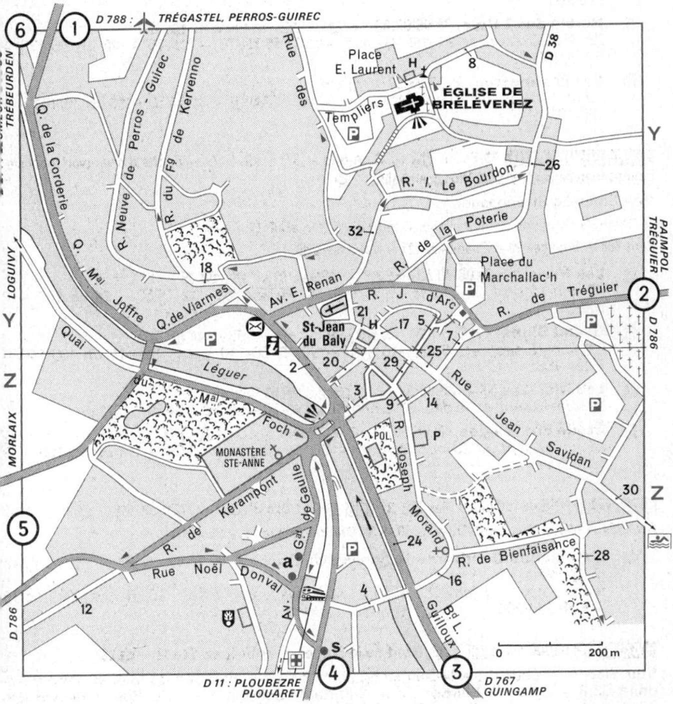

LANOUAILLE 24270 Dordogne 75 ⑦ – 1 006 h. alt. 302 – ✪ 53.

Paris 452 – Brive-la-Gaillarde 60 – •Limoges 57 – Nontron 53 – Périgueux 46 – Uzerche 47.

- **Voyageurs,** ☎ 52.60.64 – wc ☎
hôtel : 1er mars-11 nov. et fermé lundi sauf juil.-août – SC : **R** *(fermé 5 fév. au 5 mars, le soir du 11 nov. au 5 fév. et lundi)* 45/75 – ☕ 15 – **14 ch** 55/130 – P 110/135.

LANS-EN-VERCORS 38 Isère 77 ④ – 1 127 h. alt. 1 020 – Sports d'hiver : 1 020/1 807 m ⛷15 – ✉ 38250 Villard-de-Lans – ✪ 76.

Office de Tourisme pl. Église (fermé dim. et lundi) ☎ 95.42.62.

Paris 581 – •Grenoble 27 – Villard-de-Lans 9 – Voiron 41.

- **La Source,** à Bouilly SO : 3 km par D 531 ☎ 95.42.52, ≤ – wc wc ☎ P. rest
15 juin-31 août et 22 déc.-15 avril – SC : **R** 52/84 – ☕ 15 – **17 ch** 113/138 – P 173/192.
- **Col de l'Arc,** pl. Église ☎ 95.40.08, – wc wc ☎ P. AE E VISA. rest
12 mai-1er oct. et 20 déc.-20 avril – SC : **R** 48/97 – ☕ 16,50 – **24 ch** 65/140 – P 153/180.
- **Val Fleuri,** ☎ 95.41.09, ≤, – ☎ P. rest
1er juil.-19 sept. et 20 déc.-15 avril – SC : **R** 52/120 – ☕ 16 – **22 ch** 55/115 – P 145/176.

CITROEN Gar. des Gorges, ☎ 95.42.24 N

LANSLEBOURG-MONT-CENIS 73480 Savoie **77** ⑨ G. Alpes – 552 h. alt. 1 400 – Sports d'hiver : 1 400/2 800 m ⨯ 1 ⨯ 22 – ⓣ 79.

⯍ Office de Tourisme de Val Cenis (fermé dim. hors saison) ☎ 05.23.66, Télex 980213.

Paris 685 – Briançon 87 – Chambéry 124 – St-Jean-de-Maurienne 54 – Torino 93 – Val-d'Isère 49.

🏨 Alpazur, ☎ 05.93.69, ≤, – ⌂wc ░wc ☎ ⬤ ⎆, Ⓐ⎀, ⚹ rest
1er juin-20 sept. et 20 déc.-20 avril – SC : **R** 80/130 – ⌧ 22 – **24 ch** 160/240 – P 220/260.

🏠 Relais des 2 Cols, ☎ 05.92.83, ≤, ⎀, – ⌂wc ░wc ☎ ⬤ ⎀. 𝓥𝓘𝓢𝓐
28 mai-30 sept. et 20 déc.-20 avril – SC : **R** 56/78 – ⌧ 16 – **30 ch** 85/175 – P 154/196.

🏠 Les Marmottes, ☎ 05.93.67 – ░ ⬤
15 juin-20 sept. et 20 déc.-20 avril – SC : **R** 55/85 🍴 – ⌧ 14,50 – **16 ch** 76/153 – P 155/190.

LANSLEVILLARD 73 Savoie **77** ⑨ G. Alpes – 371 h. alt. 1 479 – Sports d'hiver (voir à Lanslebourg-Mont-Cenis) – ✉ 73480 Lanslebourg – ⓣ 79.

Voir Chapelle St-Sébastien★.

⯍ Office de Tourisme (1er juil.-15 sept. et 19 déc.-1er mai) ☎ 05.92.43.

Paris 688 – Briançon 90 – Chambéry 127 – Val-d'Isère 46.

🏨 Les Prais ⚜, ☎ 05.93.53, ≤, ⎀ – ⌂wc ░wc ⎀. ⬤ E
15 juin-15 sept. et 20 déc.-20 avril – SC : **R** 56/120 – ⌧ 16,50 – **24 ch** 150 – P 200/210.

🏨 Grand Signal, ☎ 05.91.24, ≤, ⚿, ⎀ – ⌂wc ░wc ☎ ⬤. 𝓥𝓘𝓢𝓐
⯈ *1er juin-15 sept. et 15 déc.-15 avril* – SC : **R** 50/110 – ⌧ 15 – **18 ch** 100/140 – P 184/208.

🏨 Les Mélèzes Ⓜ ☎ 05.93.82, ≤ – ⌂wc ☎ ⬤. Ⓐ⎀. ⚹
20 juin-10 sept. et 15 déc.-20 avril – SC : **R** 60/70 – ⯐ 20 – **16 ch** 113/150.

🏠 Étoile des Neiges, ☎ 05.90.41, ≤ – ⌂wc ░wc ⎀ ⬤. 𝓥𝓘𝓢𝓐. ⚹ rest
24 juin-9 sept. et 23 déc.-20 avril – SC : **R** 60/105 – ⌧ 17 – **18 ch** 70/150 – P 180/220.

LANTOSQUE 06450 Alpes-Mar. **84** ⑲, **195** ⑰ G. Côte d'Azur – 772 h. alt. 510 – ⓣ 93.

Paris 884 – ✦Nice 49 – Puget-Théniers 53 – St-Martin-Vésubie 15 – Sospel 42.

XX L'Ancienne Gendarmerie ⚜ avec ch, D 2565 ☎ 03.00.65, ≤, ⎀ – ⌂wc ░wc ⎀ ⬤. ⚹
fermé 2 nov. au 5 janv., hôtel : dim. hors sais., rest : lundi – SC : **R** 108/148 – ⌧ 18 – **9 ch** 170/200.

LAON Ⓟ 02000 Aisne **56** ⑤ G. Nord de la France – 29 074 h. alt. 83 à 18 – ⓣ 23.

Voir Site★★ – Cathédrale N-Dame★★ : nef★★★ CYZ – Rempart du Midi et porte d'Ardon★ CZ R – Église St-Martin★ AZ D – Porte de Soissons★ AZ E – Rue Thibesard ≤★ BZ 51 – Musée et chapelle des Templiers★ CZ M – Circuit du Laonnois★ par D 7 X.

⯍ Office de Tourisme pl. Parvis ☎ 23.45.87.

Paris 138 ⑤ – ✦Amiens 115 ⑥ – Charleroi 121 ① – Charleville-Mézières 108 ① – Compiègne 75 ⑤ – Mons 107 ① – ✦Reims 47 ③ – St-Quentin 37 ⑤ – Soissons 37 ⑤ – Valenciennes 99 ⑦.

Plans page ci-contre

🏨 Angleterre, 10 bd Lyon ☎ 23.04.62, Télex 145580 – ▤ ⌂wc ░ ☎ ⎀ ⬤ – ▥ 35. Ⓐ⎀ ⬤ E 𝓥𝓘𝓢𝓐
fermé 24 déc. au 24 janv. – SC : **R** *(fermé sam. midi et dim.)* 60/155 – ⌧ 18 – **30 ch** 106/290 – P 180/295.
CY e

🏠 Les Chevaliers sans rest, 3 r. Serurier ☎ 23.43.78 – ⌂wc ░ ⎀. Ⓐ⎀ ⬤ E 𝓥𝓘𝓢𝓐
fermé sam. soir du 1er nov. au 31 mars – SC : ⯐ 17 – **15 ch** 115/175.
BY s

🏠 Commerce sans rest, 13 pl. Gare ☎ 79.10.38 – ⌂wc ░wc ⎀ ⬤. ⚹
fermé 15 déc. au 3 janv. – SC : ⌧ 14,50 – **27 ch** 66/119.
BY n

XX Bannière de France avec ch, 11 r. F.-Roosevelt ☎ 23.21.44 – ⌂wc ░wc ⎀ ⎀ – ▥ 80. Ⓐ⎀ ⬤ E 𝓥𝓘𝓢𝓐. ⚹
fermé 20 déc. au 20 janv. – SC : **R** 63 bc/160 🍴 – ⌧ 18 – **18 ch** 72/235 – P 205/290.
BY t

XX Le Chatelain, 35 r. Chatelaine ☎ 79.69.69 – Ⓐ⎀ E 𝓥𝓘𝓢𝓐
SC : **R** 75/200.
BZ v

XX Chenizelles, 1 r. Bourg ☎ 23.02.34 – Ⓐ⎀ E 𝓥𝓘𝓢𝓐
fermé lundi – SC : **R** 55/79.
BZ u

X Chateaubriand, 7 pl. St.-Julien ☎ 20.46.77
BZ a

à Etouvelles par ⑤ : 7 km rte Paris – ✉ 02000 Laon ;

XX Au Bon Accueil, ☎ 23.07.43, ⚿, ⎀ – ⬤
fermé vacances fév. et merc. – **R** 68 bc/150.

576

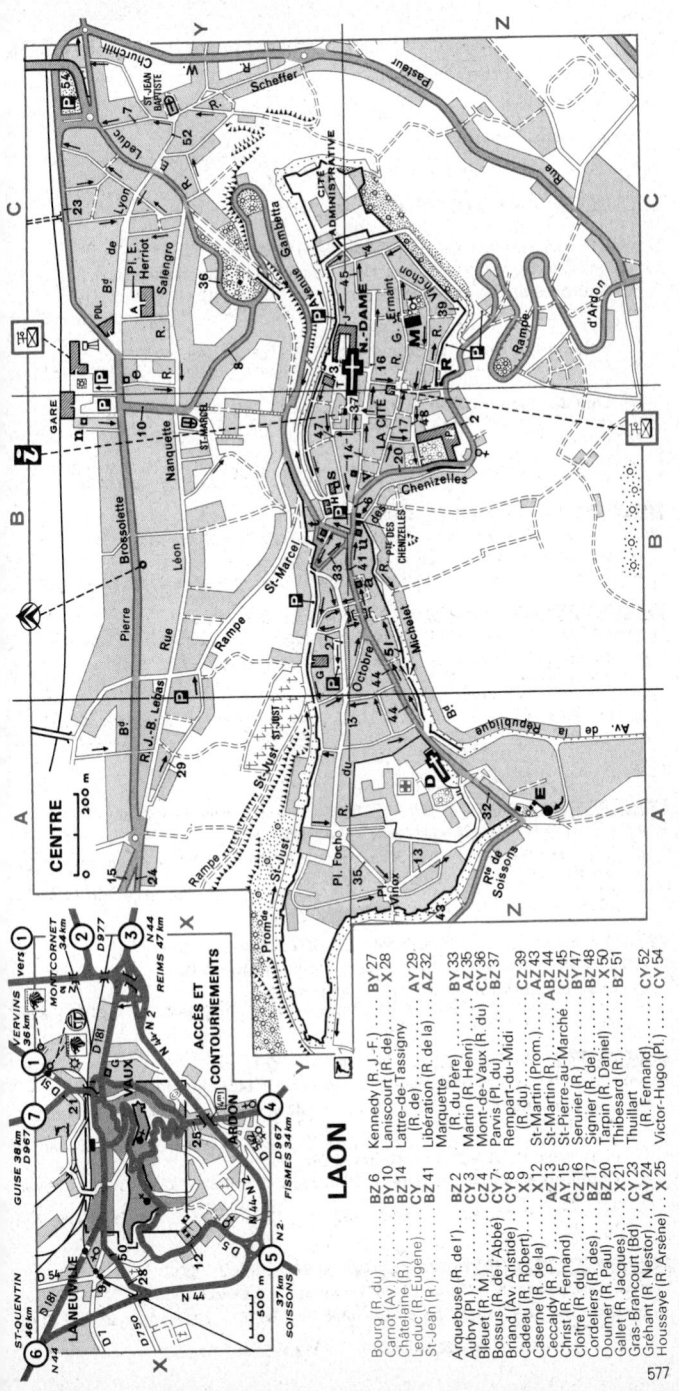

LAON

CENTRE

0   200 m

ACCÈS ET CONTOURNEMENTS

0   500 m

LAON

ALFA-ROMEO Sport-Tourisme, 54 bd Gras-Brancourt ☎ 79.42.44
AUSTIN, ROVER, TRIUMPH Gar. Lavoine, r. des Minimes, Zone Ind. ☎ 79.31.75
BMW Gar. Brossolette, 16 bd Brossolette ☎ 23.25.97
CITROEN Favresse Laon, 113 bd Brossolette ☎ 23.04.26
FORD S.I.C.B., 121 av. de Belgique ☎ 79.14.08

PEUGEOT-TALBOT Tuppin, 132 av. Belgique ☎ 23.50.36
RENAULT S.O.D.A.L. av. de Belgique par ① ☎ 23.24.35
V.A.G. Gar. St-Marcel, 45 bd Gras-Brancourt ☎ 23.41.72

🖲 Fischbach Pneu, 10 bd Gras-Brancourt ☎ 23.02.27

LAPALISSE 03120 Allier **73** ⑥ Ⓖ G. Auvergne – 3 673 h. alt. 299 – ✪ 70.

Voir Château★★.

🛈 Syndicat d'Initiative pl. Ch.-Bécaud (15 juin-20 sept.) ☎ 99.08.39.

Paris 344 – Digoin 45 – Mâcon 125 – Moulins 50 – Roanne 48 – St-Pourçain-sur-Sioule 31.

 🏠 **Bourbonnais**, pl. 14-Juillet ☎ 99.04.11, ✍ – 🍴 ⒫ ☜.
  → *fermé 15 au 30 mars, 8 au 30 nov., dim. soir du 1er déc. au 15 mars et lundi* – SC : **R** 46/145 – ☷ 14,50 – **12 ch** 66/118.

 XX **Galland** avec ch, pl. République ☎ 99.07.21 – 🛌 ☜ 🚗. ⓞ Ⲏ
  → *fermé 1er au 15 oct., 1er au 15 janv., merc. en sais. et mardi soir* – SC : **R** (dim. et fêtes - prévenir) 50/160 – ☷ 15 – **10 ch** 65/115.

 XX **Lion des Flandres** avec ch, r. Prés.-Roosevelt ☎ 99.06.75 – 🍴 ⒫ ⒫. ✖ ch
  fermé 15 déc. au 1er janv., 15 au 30 janv. et lundi – SC : **R** 56/140 ⅄ – ☲ 16,50 – **10 ch** 83/106.

CITROEN Henry, ☎ 99.02.77
FIAT Gar. Rollet, ☎ 99.08.66

PEUGEOT, TALBOT Gar. de France, ☎ 99.00.77
RENAULT Dupereau, ☎ 99.01.01 Ⓝ

LAPLEAU 19550 Corrèze **76** ① – 516 h. alt. 500 – ✪ 55.

Paris 475 – Égletons 18 – Mauriac 27 – Neuvic 18 – Pleaux 32 – Tulle 50 – Ussel 39.

 🎖 **Touristes**, ☎ 27.52.06, ✍ – 🛌 🚗 ⒫ 𝘝𝘐𝘚𝘈. ✖
  → SC : **R** *(fermé dim. hors sais. sauf fêtes)* 45/70 – ☲ 14 – **20 ch** 60/85 – P 130/150.

LAPOUTROIE 68650 H.-Rhin **62** ⑱ – 1 911 h. alt. 450 – ✪ 89.

Paris 496 – Colmar 19 – Munster 29 – Ribeauvillé 21 – St-Dié 37 – Sélestat 34.

 🏠 **du Faudé** Ⓜ, ☎ 47.50.35, 🏊, ✍ – 🛏wc 🍴wc ☎ ⒫. 🏊 60. Ⲏ 𝘝𝘐𝘚𝘈
  fermé 8 au 28 mars, 14 nov. 9 déc., merc. soir hors sais. et jeudi – SC : **R** 55/150 ⅄ – ☲ 16 – **28 ch** 86/160 – P 145/185.

 🏠 **Les Alisiers** 🦢, S : 3 km ☎ 47.52.82, ≤, ✍ – 🛏wc 🍴wc ☎ ⒫. 𝘝𝘐𝘚𝘈. ✖ ch
  fermé 15 nov. au 20 déc., lundi soir et mardi (sauf hôtel juil., août, sept.) – SC : **R** 70/130 – ☲ 19 – **15 ch** 125/190 – P 150/210.

RENAULT Batot, Hachimette ☎ 47.54.44

LAPRUGNE 03 Allier **73** ⑥ – 560 h. – ✉ **03250** Le Mayet de Montagne – ✪ 70.

Paris 382 – ♦Clermont-Ferrand 86 – Moulins 88 – Roanne 45 – Vichy 41.

 🏠 **Loge des Gardes** 🦢, NE : 9 km par D 182 ☎ 56.43.06, ✖ – 🛏wc 🍴wc ☜ ⒫.
  𝘝𝘐𝘚𝘈. ✖ rest
  fermé 10 oct. au 10 nov. et merc. du 1er mars au 1er mai et du 10 nov. au 10 déc. – SC : **R** 55/65 – ☲ 15 – **22 ch** 115/150 – P 200/215.

LAPTE 43 H.-Loire **76** ⑧ – 1 163 h. alt. 848 – ✉ **43200** Yssingeaux – ✪ 71.

Paris 573 – Bourg-Argental 40 – Le Puy 41 – ♦St-Étienne 61 – Yssingeaux 14.

 XX **Les Peupliers** avec ch, ☎ 59.37.68 – 🍴 🚗 ⒫ Ⓨ
  → *fermé 7 au 12 juin, 12 au 19 sept., dim. soir et lundi* – SC : **R** 40/100 – ☲ 12 – **8 ch** 65/70 – P 130/140.

LAQUEUILLE 63820 P.-de-D. **73** ⑬ – 402 h. alt. 1 000 – ✪ 73.

Paris 433 – ♦Clermont-Ferrand 42 – Mauriac 71 – Le Mont-Dore 15 – Ussel 44.

 🏠 **Les Clarines**, à la Gare O : 3 km par N 89 et D 82 ☎ 22.00.43, ✍ – 🛐 🛏wc
  🍴wc ☎ 🚗 ⒫. ⒜Ⲏ 𝘝𝘐𝘚𝘈
  fermé 15 nov. au 26 déc., 2 janv. au 2 fév. et jeudi hors vacances scolaires – SC : **R** (dîner seul.) 70/120 – ☲ 17 – **15 ch** 132/242.

 X **Commerce** avec ch, à la Gare O : 3 km par N 89 et D 82 ☎ 22.00.03, ✍ – 🛏wc
  → 🍴 ☎ ⒫. Ⲏ 𝘝𝘐𝘚𝘈
  fermé oct. et dim. soir hors sais. – SC : **R** 40/100 – ☲ 13,50 – **15 ch** 75/150 – P 145/185.

LARAGNE-MONTÉGLIN 05300 H.-Alpes **81** ⑤ – 3 647 h. alt. 573 – ✪ 92.

Paris 689 – Barcelonnette 88 – Gap 39 – Sault 63 – Serres 17 – Sisteron 17.

 🏠 **Chrisma** Ⓜ sans rest, rte de Grenoble ☎ 65.09.36 – 🛏wc 🍴wc ☎ 🚗 ⒫. Ⲏ
  𝘝𝘐𝘚𝘈. ✖
  mai-oct. – SC : ☲ 18 – **20 ch** 140/157 – P 182/195.

578

🏠 **Le Globe,** pl. Aires ☎ 65.15.81 – 🛏wc 🛉 ☎. **E** 𝗩𝗜𝗦𝗔 ✂ ch
fermé janv. et dim. d'oct. à fin juin – SC : **R** *(fermé dim. sauf le midi de juil. à fin sept.)* 60/88 ♨ – ☲ 18 – **10 ch** 110/120 – P 192/225.

🏠 **Les Terrasses,** av. Provence ☎ 65.08.54, ⟨, 🍴, 🌳 – 🛉 ⟵ ☎. **E** 𝗩𝗜𝗦𝗔
1er mai-30 sept. – SC : **R** 55/80 ♨ – ☲ 16 – **17 ch** 60/135 – P 125/175.

CITROEN Gar. des Alpes, ☎ 65.04.79   RENAULT Lambert, ☎ 65.00.05 **N**

LARCEVEAU 64 Pyr.-Atl. 🎇 ④ – 424 h. alt. 262 – ⊠ **64120** St-Palais – ✆ 59.
Paris 816 – ◆Bayonne 69 – Pau 86 – St-Jean-Pied-de-Port 16 – St-Palais 15.

🏠 **Espellet,** ☎ 37.81.91, 🍴, 🌳 – 🛏wc 🛉wc ☎. ✂ rest
fermé fév. et mardi du 1er nov. au 1er juin – SC : **R** 36/85 ♨ – ☲ 13,50 – **20 ch** 65/110 – P 120/150.

PEUGEOT, TALBOT Gar. Thambo, ☎ 37.80.37 **N**

LARCHE 04540 Alpes-de-H.-Pr 🎇 ⑨ – 91 h. alt. 1 700 – Sports d'hiver : 1 700/2 100 m ≴3 – ✆ 92.
Paris 763 – Barcelonnette 26 – Cuneo 74 – Digne 113 – Guillestre 45 – St-Étienne-de-Tinée 68.

🏠 **Paix,** ☎ 84.31.35, ⟨ – 🛉wc ☎ ✂
23 juin-23 sept. et Noël-Pâques – SC : **R** 50/110 – ☲ 18 – **22 ch** 120/170 – P 160/200.

LARCHE 19600 Corrèze 🎇 ⑧ – 1 170 h. alt. 95 – ✆ 55.
Paris 499 – Brive-la-Gaillarde 11 – Cahors 100 – Périgueux 62 – Sarlat-la-Canéda 40 – Tulle 40.

🏠 **Les Glycines,** ☎ 85.30.12, ⟨, 🍴, 🌳 – 🛏wc 🛉wc
28 fév.-1er déc. – SC : **R** *(fermé dim. soir hors sais.)* 40/70 – ☲ 15 – **10 ch** 50/115 – P 120/125.

Le LARDIN-ST-LAZARE 24 Dordogne 🎇 ⑦ – 2 041 h. alt. 90 – ⊠ **24570** Condat – ✆ 53.
Paris 490 – Brive-la-Gaillarde 27 – Lanouaille 38 – Périgueux 46 – Sarlat-la-Canéda 36.

🏨 **Sautet,** ☎ 50.07.22, ⟨, « Jardin fleuri », ✂, – 🛉 📺 🛏wc 🛉wc ☎ 🅕 ☎ – ♨ 80 à 150. 𝗩𝗜𝗦𝗔 ✂ rest
fermé 21 déc. au 21 janv., vacances de fév., sam. et dim. d'oct. au 15 avril – SC : **R** 70/145 – ☲ 18 – **38 ch** 90/205 – P 140/200.

🍴🍴 **Aub. de l'Aérodrome,** à l'aérodrome de Condat-sur-Vézère S : 3 km par D 704 et VO ☎ 50.07.80, ⟨ – 🟦 🅕. 🄰🄴 𝗩𝗜𝗦𝗔
fermé 1er au 15 fév. et lundi du 1er oct. au 31 mars – SC : **R** 50/160.

LARDY 91510 Essonne 🎇 ⑩, 🎇 ㉒ ㊸ – 3 028 h. alt. 75 – ✆ 6.
Paris 44 – Arpajon 9 – Corbeil-Essonnes 23 – Étampes 13 – Évry 29 – Fontainebleau 44.

🍴 **Aub. de l'Espérance,** Gde-Rue (pl. Église) ☎ 456.40.82 – ⓪ 𝗩𝗜𝗦𝗔
fermé dim. soir et lundi – **R** carte 120 à 170.

LARMOR-PLAGE 56260 Morbihan 🎇 ① G. Bretagne – 6 381 h. – ✆ 97.
Paris 502 – Lorient 6 – Quimperlé 27 – Vannes 60.

🏠 **Beau Rivage,** plage de Toulhars ☎ 65.50.11, ⟨ – 🛏wc 🛉wc ☎ 🅕. 🄰🄴 ⓪ **E** 𝗩𝗜𝗦𝗔
SC : **R** *(fermé 1er nov. au 15 déc., dim. soir et lundi)* 60/170 – ☳ 16 – **18 ch** 66/140 – P 172/204.

à Kerpape O : 2,5 km – ⊠ **56260** Larmor-Plage :   ■

🏠 **Plage Le Darz** 🔊, ☎ 65.50.21, ⟨, 🌳 – 🛉 🅕. ✂
15 juin-10 sept. – SC : **R** *(pens. seul.)* – ☲ 12 – **24 ch** 60/80 – P 140.

LARRAU 64 Pyr.-Atl. 🎇 ⑭ – 298 h. alt. 636 – ⊠ **64560** Licq-Athérey – ✆ 59.
Paris 847 – Oloron-Ste-Marie 42 – Pau 75 – St-Jean-Pied-de-Port 70 – Sauveterre-de-Béarn 67.

🏨 **Despouey** 🔊, ☎ 28.60.82, 🌳 – 🛏wc 🅕. ✂
1er fév.-15 nov. – SC : **R** 45/70 ♨ – ☲ 10 – **15 ch** 80/90 – P 115/130.

LARUNS 64440 Pyr.-Atl. 🎇 ⑯ – 1 465 h. alt. 531 – ✆ 59.
Paris 822 – Argelès-Gazost 48 – Lourdes 51 – Oloron-Ste-Marie 32 – Pau 37.

🏠 **Ossau,** pl. Mairie ☎ 05.30.14 – 🛉 ☎. 𝗩𝗜𝗦𝗔
fermé mai, 15 nov. au 20 déc. et mardi hors sais. – SC : **R** 50/100 ♨ – ☲ 16 – **12 ch** 84/120 – P 163/196.

🍴 **Aub. Bellevue,** ancienne rte Pau ☎ 05.31.58, 🍴 – 🅕. 𝗩𝗜𝗦𝗔
fermé 2 janv. au 15 fév. et merc. sauf vacances scolaires – SC : **R** 50/74.

LASALLE 30460 Gard 🎇 ⑰ – 1 040 h. alt. 260 – ✆ 66.
Paris 739 – Alès 30 – Florac 71 – ◆Montpellier 60 – Nîmes 64 – St-Jean-du-Gard 18 – Le Vigan 43.

🏠 **des Camisards,** ☎ 85.20.50, 🌳 – 🛉 🛏wc 🛉wc ☎ 🅕. **E**
1er avril-15 nov. – SC : **R** 44/71 ♨ – ☲ 14 – **20 ch** 84/182 – P 155/175.

LASCHAMPS-DE-CHAVANAT 23 Creuse 🔢 ⑩ – rattaché à Guéret.

LATILLÉ 86 Vienne 🔢 ⑬ – 1 239 h. alt. 149 – ⊠ 86190 Vouillé – ✪ 49.
Paris 350 – Châtellerault 48 – Parthenay 31 – Poitiers 26 – St-Maixent-l'École 37 – Saumur 84.

🏠 **Centre,** ☎ 51.88.75 – ⌂wc ⋔wc ⋒ – ⧉ 30
→ fermé 10 au 31 déc. – SC : **R** 36/100 ⚬ – ☲ 13 – **12 ch** 63/110.

LATOUR-DE-CAROL 66 Pyr.-Or. 🔢 ⑯ – 436 h. alt. 1 248 – ⊠ 66760 Bourg-Madame – ✪ 68.
Paris 1 021 – Andorre la Vieille 58 – Ax-les-Thermes 47 – Font-Romeu 19 – ♦Perpignan 108.

XX **La Valdotène,** à Yravals, S : 0,5 km ☎ 04.84.46 – **E** **VISA** ⅏
fermé oct. et mardi hors sais. – SC : **R** 72/112.

LATRONQUIÈRE 46210 Lot 🔢 ⑳ – 654 h. alt. 650 – ✪ 65.
🇮 Syndicat d'Initiative à la Mairie (1ᵉʳ juil.-31 août, fermé sam. et dim.) ☎ 40.26.62.
Paris 574 – Aurillac 45 – Cahors 87 – Figeac 28 – Lacapelle-Marival 22 – St-Céré 28 – Sousceyrac 12.

🏛 **Tourisme,** ☎ 40.25.11 – ⊯
15 mai-15 oct. – SC : **R** 60/130 – ☲ 25 – **40 ch** 150/180 – P 200/240.

CITROEN Jauliac, ☎ 40.25.12

La LATTE (Fort) 22 C.-du-N. 🔢 ⑤ G. Bretagne – ⊠ 22240 Pléherel – ✪ 96.
Voir Site★★ – ⅏★★.
Paris 446 – Matignon 14.

Les LAUMES 21150 Côte-d'Or 🔢 ⑧⑱ G. Bourgogne – alt. 248 – ✪ 80.
Voir Mont Auxois★ : ⅏★ E : 4 km.
Paris 251 – Avallon 55 – ♦Dijon 67 – Montbard 14 – Saulieu 43 – Semur-en-Auxois 13 – Vitteaux 19.

🏠 **Gare,** ☎ 96.00.46, 🦐 – ⌂ ⋔ ⋒ ⋒ 🅿 **VISA**
→ fermé 1ᵉʳ au 14 oct., dim. soir et lundi du 15 oct. au 15 mai – SC : **R** 50/132 ⚬ – ☲ 15
– **26 ch** 35/100.

FORD Gar. Maufront, à Venarey les Laumes   RENAULT Pernet, à Venarey les Laumes ☎
☎ 96.05.50 **N**   96.00.05

LAURIÈRE 24 Dordogne 🔢 ⑥ – rattaché à Périgueux.

LAURIS 84360 Vaucluse 🔢 ② – 1 810 h. alt. 182 – ✪ 90.
Paris 732 – Aix-en-Provence 38 – Apt 23 – Avignon 54 – Cadenet 6 – Cavaillon 27 – Manosque 54.

🏠 **La Chaumière** ⅏, ☎ 68.01.29, < vallée et chaîne des Alpilles, 🍽 – ⌂wc
⋔wc ⋒ **AE** ⓪ **VISA** ⅏ rest
fermé 15 nov. au 3 janv. et 3 janv. au 15 fév. – SC : **R** (fermé merc. midi hors sais. et
mardi) 85 – ☲ 20 – **10 ch** 155/220 – P 230/270.

CITROEN Gaillardon, ☎ 68.09.27

LAUTARET (Col du) 05 H.-Alpes 🔢 ⑦ G. Alpes – alt. 2 058 – ⊠ 05220 Le Monêtier-les-Bains
– ✪ 92.
Voir ⅏★★ – Env. Col du Galibier ⅏★★★ N : 7,5 km.
Paris 653 – Briançon 28 – ♦Grenoble 88 – Lanslebourg-Mont-Cenis 81 – St-Jean-de-Maurienne 55.

🏠 **Glaciers** ⅏, ☎ 24.42.21, < – ⌂wc ⋒ ⋒ 🅿
10 juin-20 sept. – SC : **R** 53/76 – ☲ 17,50 – **40 ch** 79/170 – P 165/210.

LAUTENBACH 68610 H.-Rhin 🔢 ⑱ G. Vosges – 1 372 h. alt. 396 – ✪ 89 – Voir Église★.
Paris 556 – Colmar 34 – Gérardmer 53 – Guebwiller 8 – ♦Mulhouse 31.

XX **A la Truite,** à Lautenbach-Zell ⊠ 68610 Lautenbach ☎ 76.32.57, 🍽 – 🅿 ⓪
VISA
fermé 25 juin au 5 juil., en fév., mardi soir et merc. – **R** 80/147 ⚬.

LAUTERBOURG 67630 B.-Rhin 🔢 ⑳ – 2 467 h. alt. 115 – ✪ 88.
Paris 528 – Haguenau 41 – Karlsruhe 23 – ♦Strasbourg 63 – Wissembourg 19.

XXX ✿ **La Poêle d'Or** (Gottar), 35 r. Gén.-Mittelhauser ☎ 94.84.16 – ⓪. ⅏
fermé fin juil. au 14 août, vacances de fév., vend. midi et jeudi – SC : **R** carte 135 à
200 ⚬.
Spéc. Ris de veau aux artichauts, Saint-Pierre au citron vert, Panaché de poissons de mer et
crustacés. Vins Sylvaner, Riesling.

LAVAGNAC 33 Gironde 🔢 ⑫ – alt. 10 – ⊠ 33350 Castillon-la-Bataille – ✪ 57.
Paris 593 – Bergerac 55 – ♦Bordeaux 40 – Langon 38 – Libourne 16 – Marmande 49.

🏠 **Chez Clovis,** ☎ 40.16.03 – ⋔ 🅿
→ fermé 15 nov. au 2 déc., 15 fév. au 5 mars et lundi du 15 sept. au 15 juin – SC : **R**
40/180 ⚬ – ☲ 12 – **15 ch** 70/90.

LAVAL P 53000 Mayenne 63 ⑩ G. Châteaux de la Loire – 53 766 h. alt. 70 – ✪ 43.

Voir Vieux château★ AZ **D** : charpente★★ du donjon, musée d'art naïf★ – Vieille ville★ AZ – Les quais★ – Jardin de la Perrine★ ABZ – Chevet★ de la basilique BZ **E**.

☞ ✈ 53.48.70 N : 7 km par D 544 BY.

🏛 Office de Tourisme (fermé dim. sauf matin en saison) pl. du 11-Nov. ✈ 53.09.39 - A.C.O. 7 pl. J.-Moulin ✈ 56.12.57.

Paris 278 ① – Angers 73 ④ – ◆Caen 143 ① – ◆Le Havre 241 ① – ◆Le Mans 83 ① – ◆Nantes 130 ⑤ – Poitiers 241 ③ – ◆Rennes 74 ⑦ – ◆Rouen 237 ① – St-Nazaire 154 ⑤ – ◆Tours 140 ③.

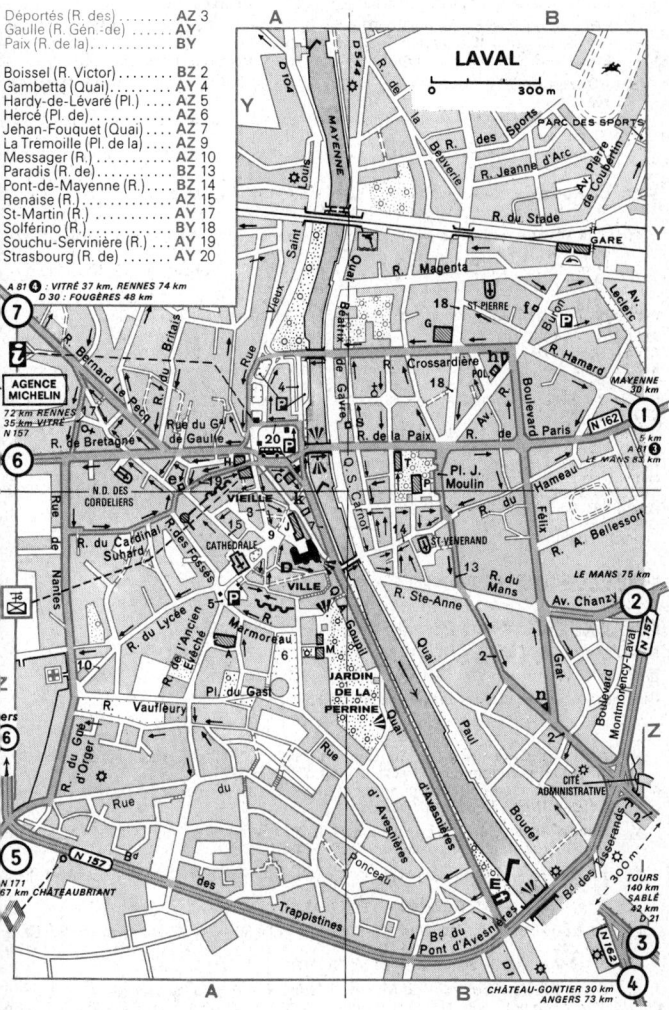

🏛 **Ouest H.,** 3 r. J.-Ferry ✈ 53.11.71 – 🚻wc 🛁wc ☎ 🅿. 🎔 ⑩ 🇪 𝘷𝘪𝘴𝘢   ABY **s**
SC : **R** (fermé sam. et dim.) 55/100 ⅙ – ☲ 16,50 – **29 ch** 100/220 - P 210/275.

🏛 **Ibis** Ⓜ, rte de Mayenne par ① ✈ 53.81.82, Télex 721094 – 📺 🚻wc ☎ ⅓ 🅿 – 🏊 60. 🇪 𝘷𝘪𝘴𝘢
SC : **R** (fermé dim. du 15 oct. au 15 mars) carte environ 65 ⅙ – ☲ 18 – **51 ch** 155/185.

tourner →

🏛 **Impérial H.** sans rest, 61 av. R.-Buron ℡ 53.55.02 – 🛗 🚻wc 🏿wc ☎ 🚗. 🖭
  VISA 🛇   BY **h**
  fermé 24 au 31 déc. et en août : du 2 au 10 et du 16 au 28 – SC : ☲ 15,50 – **32 ch**
  98/230.

🏛 **St-Pierre,** 95 av. R.-Buron ℡ 53.06.10 – 🚻wc 🏿wc ☎. **E** **VISA**   BY **f**
➜ *fermé 16 août au 3 sept., 24 déc. au 9 janv. et sam.* – SC : **R** 42/100 🛇 – ☲ 18 –
  14 ch 82/175.

🏨 **Le Zeff** sans rest, 2 carrefour aux Toiles ℡ 53.17.68 – 🚻. **E**. 🛇   AY **e**
  fermé en août et vacances de Noël – SC : ☲ 16 – **16 ch** 68/115.

XX 🕸 **Bistro de Paris** (Lemercier), 67 r. Val de Mayenne ℡ 56.98.29 – **VISA**   AZ **k**
  fermé août, sam. midi et dim. – SC : **R** 110/180
  Spéc. Foie gras de canard, Gratin de langoustines, Assortiment de gourmandises.

XX 🕸 **Gerbe de Blé** (Portier) avec ch, 83 r. V.-Boissel ℡ 53.14.10 – 🚻wc 🏿. 🖭 ①
  VISA 🛇   BZ **n**
  fermé 6 au 17 août, 7 au 28 janv., dim. soir et lundi – SC : **R** 130/210 – ☲ 19 – **10 ch**
  90/165
  Spéc. Saumon frais fumé (mars-oct.), Boudin aux pommes, Aiguillettes de caneton au Champigny.
  Vins Chinon, Champigny.

XX **La Rousine,** rte Tours par ③ : 3,5 km ℡ 56.73.42 – 🅿. 🖭 **E** **VISA**
  *SC : **R** 60/85 🛇.

XX **A la Bonne Auberge** avec ch, 168 r. Bretagne par ⑥ ℡ 69.07.81 – 🚻wc 🏿 ☎.
  🖭 **E** **VISA**
  fermé 29 juil. au 21 août, 23 déc. au 7 janv., vend. soir et sam. – SC : **R** 55/150 🛇 –
  ☲ 15 – **15 ch** 75/150.

MICHELIN, Agence, r. Robert Vauxion ZAC des Alignés par ⑥ ℡ 69.00.09

ALFA-ROMEO DATSUN Gar. Chassay, Rte de
Rennes, ℡ 69.19.69
BLF, VOLVO Gar. de Nantes, 17 r. de Nantes
℡ 69.02.83
BMW Gar. Bassaler Bd de Buffon ℡ 53.31.59
N ℡ 69.32.32
CITROEN Brilhault, 137 r. Bretagne par ⑥ ℡
69.19.00 N
FORD Boureau, Z.I rte du Mans à Bon-
champs-lès-Laval ℡ 53.13.14
LANCIA-AUTOBIANCHI, MERCEDES-BENZ
Patard, 86 r. Paris ℡ 53.17.58
OPEL Gar. des Sept Fontaines, 252 r. de Bre-
tagne ℡ 69.32.10

PEUGEOT Gd Gar. du Maine, Av. de Paris,
St-Berthevin par ⑥ ℡ 69.09.81
RENAULT Hardy, rte de Rennes, St-Berthevin
par ⑥ ℡ 69.26.69 N
RENAULT SALDA, 205 bd des Trappistines ℡
53.00.87 N ℡ 69.32.32
V.A.G. Gar. des Pommeraies, 36 rte de
Mayenne ℡ 53.08.04 N

🏵 Sodipneus, 4 r. du Laurier ℡ 53.10.04
Tricard, rte Rennes, St-Berthevin ℡ 69.15.08

Le LAVANCHER 74 H.-Savoie **74** ⑨ – rattaché à Chamonix.

Le LAVANDOU 83980 Var **84** ⑯ G. Côte d'Azur – 4 275 h. – ✪ 94.

🛆 de Valcros ℡ 66.81.02 par ② : 15 km.

🖪 Office de Tourisme quai G.-Péri (fermé dim. et fêtes) ℡ 71.00.61.

Paris 880 ② – Cannes 103 ① – Draguignan 78 ① – Ste-Maxime 42 ① – ✦Toulon 41 ②.

Plan page ci-contre

🏨 **Aub. La Calanque** 🍃, av. Gén.-de-Gaulle ℡ 71.00.46, Télex 400681, ≤, 🍴,
  « Jardin fleuri dominant le port » – 🛗. 🖭 ① **E** **VISA**   B **d**
  1er fév.-31 oct. – SC : **R** *(fermé lundi du 1er fév. au 15 mai en oct.)* 99/240 – ☲
  17,50 – **37 ch** 240/378 – P 292/356.

🏨 **Espadon** sans rest, pl. A.-Reyer ℡ 71.00.20, ≤ – 🛗   A **e**
  fermé 15 déc. au 1er fév. – SC : ☲ 18,50 – **22 ch** 280.

🏨 **La Petite Bohème** 🍃, av. F.-Roosevelt ℡ 71.10.30, ≤, 🍴, 🌳 – 🚻wc 🏿wc
  ☎. 🛇 rest   B **f**
  12 mai-8 oct. – SC : **R** 75/100 – ☲ 17 – **19 ch** 140/220 – P 180/250.

🏨 **La Lune** sans rest, av. Gén.-de-Gaulle ℡ 71.04.20 – 🛗 🚻wc 🏿wc ☎. 🖭 ① **E**
  VISA 🛇   A **v**
  1er avril-mi-oct. – SC : ☲ 20 – **24 ch** 200/300.

🏨 **Beau Rivage,** bd Front-de-Mer ℡ 71.11.09, ≤ – 🚻wc 🏿wc ☎ 🅿. 🛇 rest
  1er avril-15 oct. – SC : **R** (1/2 pens. seul.) – ☲ 20 – **24 ch** – 1/2 p 180/240. A **b**

🏨 **L'Escapade** sans rest, chemin du Vannier ℡ 71.11.52 – 🚻wc 🏿wc ☎. **VISA**. 🛇
  SC : ☲ 16 – **17 ch** 130/175.   B **s**

🏨 **Terminus** sans rest, pl. Gare Autobus ℡ 71.00.62 – 🚻 🏿
  avril-oct. – SC : ☲ 13 – **25 ch** 65/160.   A **n**

🏨 **Neptune** sans rest, av. Gén.-de-Gaulle ℡ 71.01.01 – 🚻wc 🏿wc ☎. 🖭 ① **E**
  VISA   A **u**
  15 mars-15 nov. – SC : ☲ 18 – **35 ch** 116/175.

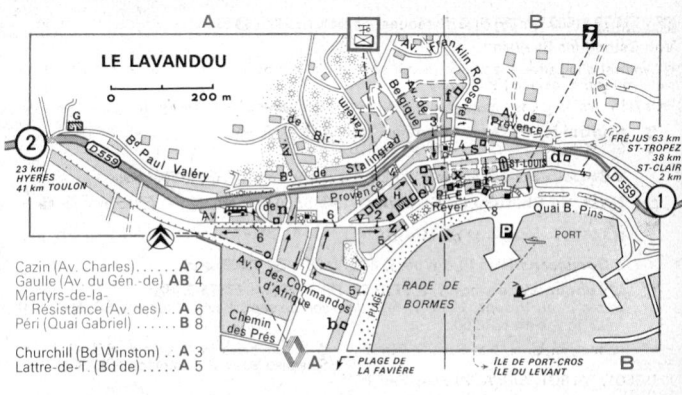

LE LAVANDOU

0   200 m

FRÉJUS 63 km
ST-TROPEZ 38 km
ST-CLAIR

23 km HYÈRES
41 km TOULON

Cazin (Av. Charles) ...... A 2
Gaulle (Av. du Gén.-de) .. AB 4
Martyrs-de-la-
 Résistance (Av. des) .. A 6
Péri (Quai Gabriel) ...... B 8
Churchill (Bd Winston) .. A 3
Lattre-de-T. (Bd de) ...... A 5

PLAGE DE LA FAVIÈRE — *ÎLE DE PORT-CROS ÎLE DU LEVANT*

RADE DE BORMES

XXX ⊛ **Au Vieux Port,** quai G.- Péri ☎ 71.00.21, 斎 – 🍽. AE ⓞ VISA   B r
   19 avril-27 sept. – SC : **R** carte 185 à 235
   Spéc. Fricassée de langoustines, Tarte aux sardines, Homard au vinaigre et ail doux. **Vins** La Londe, Les Arcs.

XX **Le Grill,** 22 r. Patron-Ravello ☎ 71.06.43, ≤ – AE ⓞ E VISA   B r
   fermé 15 nov. au 20 déc. et mardi hors sais. – SC : **R** 115/145.

XX **La Bouée,** 2 av. Ch.-Cazin ☎ 71.11.88, 斎   A z
   10 fév.-1er déc. et fermé merc. – SC : **R** 85/128.

X   **Denise et Michel,** 8 r. Patron-Ravello ☎ 71.11.82   B x
   1er avril-15 oct. et fermé lundi hors sais. – SC : **R** 70/98.

à la Plage de la Favière S : 2 km - A – ⊠ 83230 Bormes-les-Mimosas :

🏠 **Plage,** ☎ 71.02.74, 斎 – 🛏wc 🚿wc ☎ 🚗 🅿
   Pâques-1er oct. – SC : **R** 60/92 – � 15 – **45 ch** 137/188 – P 207/235.

à St-Clair par ① : 3 km – ⊠ 83980 Le Lavandou :

🏠 **Belle Vue,** ☎ 71.01.06, ≤, 斎 – 🛏wc 🚿wc ☎ 🅿. VISA. ⪼
   mars-oct. – SC : **R** 100/150 – ⊐ 20 – **19 ch** 170/400 – P 280/400.

🏠 **L'Orangeraie** M sans rest, ☎ 71.04.25, 斎 – cuisinette 🍽 🛏wc 🚿wc ☎ 🅿. AE ⓞ VISA
   30 mai-17 sept. – ⊐ 22 – **18 ch** 168/275.

🏠 **Roc H.** M ⪼ sans rest, ☎ 71.12.07, ≤, 斎 – 🛏wc 🚿wc ☎ 🅿. ⪼
   Pâques-15 oct. – SC : ⊐ 20 – **26 ch** 220/260.

🏠 **Méditerranée,** ☎ 71.02.18, ≤, 斎 – 🛏wc 🚿wc ☎ 🅿. ⪼ rest
   mars-fin oct. – SC : **R** 65/100 – ⊐ 14 – **15 ch** 95/220 – P 180/220.

🏠 **La Bastide** sans rest, ☎ 71.01.56, 斎 – 🚿wc ☎ 🅿 ⪼
   15 avril-30 sept. – SC : ⊐ 16,50 – **15 ch** 160.

🏠 **Flots Bleus et Mar é Souléou** ⪼, ☎ 71.00.93, ≤, 斎, 🐾 – 🛏wc 🚿wc ☎ ⪼
   🅿. ⪼ rest
   fin mars-fin sept. – SC : **R** *(fermé merc. midi)* 59/93 – ⊐ 18,50 – **40 ch** 85/209 – P 195/260.

à La Fossette-Plage par ① : 3 km – ⊠ 83980 Le Lavandou :

🏨 **83 Hôtel** M, ☎ 71.20.15, ≤ côte et mer, 斎, ⊿, 🐾 – 🛗 🛏 TV ☎ 🅿. ⪼
   début avril-début oct. – SC : **R** 125/185 – ⊐ 30 – **28 ch** 400/500.

CITROEN Gar. des Maures, ☎ 71.14.93   PEUGEOT-TALBOT Central-Gar., par Chemin
MERCEDES-BENZ, RENAULT Gar. St-Christo-   des Prés A ☎ 71.10.68
phe, ☎ 71.14.90

LAVARDAC 47230 L.-et-G. 79 ⑭ G. Pyrénées – 2 573 h. alt. 55 – ✿ 53.
Paris 712 – Agen 31 – Casteljaloux 25 – Houeillés 24 – Marmande 49 – Nérac 7.

🏠 **Chaumière d'Albret,** rte Nérac ☎ 65.51.75, 斎, 🐾 – 🍴 🅿. AE E. ⪼ ch
⟵ *fermé 30 janv. au 13 fév. et lundi sauf juil.-août* – SC : **R** 35/114 ⅛ – ⊐ 12 – **7 ch**
   62/107 – P 130/150.

LAVARDIN 41 L.-et-Ch. 64 ⑤ – rattaché à Montoire-sur-le-Loir.

| Pour des repas simples à prix modiques | 🏠 X |
| choisissez les établissements marqués d'un losange | ⟵ ⟵ |

583

LAVAUR 81500 Tarn 82 ⑨ G. Pyrénées – 8 264 h. alt. 140 – ◎ 63.

Voir Cathédrale St-Alain★.

🛈 Syndicat d'Initiative à la Mairie (fermé sam. et dim.) ☏ 58.06.71 et 22 Grande Rue (1er juil.-15 sept., fermé dim. et lundi) ☏ 58.02.00.

Paris 713 – Albi 48 – Castelnaudary 59 – Castres 39 – Montauban 57 – ◆Toulouse 37.

   ♔ **Central H.,** 7 r. Alsace-Lorraine ☏ 58.04.16 – ⌑ ❄
   ◆ SC : **R** 45/75 ⅙ – ⚏ 15 – **10 ch** 95/125 – P 130.

   à St-Lieux-lès-Lavaur NO : 11 km par D 87 et D 631 – ⊠ 81500 Lavaur :

   🏨 **Host. du Château de St-Lieux** ⚞, ☏ 57.60.87, parc, ☞ – �📺 ⌂wc ☜ ❷ –
   ◆ ♨ 30
   R 43/120 – ⚏ 15 – **12 ch** 115/150.

   à Giroussens NO : 10, km par D 87 et D 38 – ⊠ 81500 Lavaur :

   ✕✕ **L'Échauguette** avec ch, ☏ 57.63.65, ☞ – ⌂wc. 🅰🅴 ⓞ 🅴 𝗩𝗜𝗦𝗔
   fermé 1er au 15 sept., 1er au 17 fév., dim. soir de sept. à avril et lundi – SC : **R** 60/150
   – ⚏ 15 – **4 ch** 130/150.

FIAT Barboule et Laval, 4 et 5 av. G.-Péri ☏ 58.08.16
PEUGEOT, TALBOT S.I.V.A., 20 av. G.-Péri ☏ 58.03.51
RENAULT Rossoni, La Gravette, rte Toulouse ☏ 58.07.20

⓿ Lavaur Pneus, av. Castres ☏ 58.25.48
Solapneu, 30 av. G.-Pompidou ☏ 58.04.11

LAVAUTS 89 Yonne 65 ⑯ – rattaché à Quarré-les-Tombes.

LAVAVEIX-LES-MINES 23 Creuse 72 ⑩ – 1 034 h. alt. 387 – ⊠ 23150 Ahun – ◎ 55.

Voir Moutier d'Ahun : boiseries★★ de l'église NO : 4 km, G. Périgord.

Paris 379 – Aubusson 17 – Bourganeuf 36 – Gouzon 20 – Guéret 25 – Montluçon 54 – Pontarion 26.

   🏠 **France,** ☏ 62.42.26 – ⟸ ❷. ❄
   fermé 16 déc. au 3 janv. et vend. – **R** (dîner seul. et pour résidents) 47 – ⚏ 11 –
   16 ch 63/71.

LAVEISSIERE 15 Cantal 76 ③ – 623 h. alt. 930 – ⊠ 15300 Murat – ◎ 71.

Paris 501 – Aurillac 45 – Condat 36 – Le Lioran 6 – Murat 5,5.

   🏨 **Le Vallagnon** Ⓜ, rte Murat ☏ 20.02.38, ≤, ☞ – ▮ ⌂wc ⌑wc ☎ ❷. 🅴. ❄
   ◆ *fermé nov. et lundi de fin sept. à mi-déc.* – SC : **R** 44/100 ⅙ – ⚏ 17 – **30 ch** 92/135
   – P 128/165.

   🏠 **Cheval Blanc** Ⓜ, ☏ 20.02.51, ☞ – ⌑wc ☜ ⅍
   ◆ *1er juin-30 sept. et Noël-Pâques* – SC : **R** 45/80 – ⚏ 16 – **24 ch** 90/120 – P 110/150.

   🏠 **Bellevue,** ☏ 20.01.22, ≤ vallée et montagnes, ☞ – ⌑wc ❷. ❄ rest
   ◆ *1er juin-15 sept., vacances scolaires et week-end* – SC : **R** 45/65 – ⚏ 15 – **23 ch**
   75/110 – P 110/140.

LAVELANET 09300 Ariège 86 ⑤ – 8 433 h. alt. 515 – ◎ 61.

🛈 Office de Tourisme Foyer Municipal (fermé dim.) ☏ 01.22.20.

Paris 814 – Andorre 117 – Carcassonne 66 – Foix 27 – ◆Perpignan 109 – ◆Toulouse 105.

   🏠 **Espagne,** 20 r. J.-Jaurès ☏ 01.00.78, ✁ – ⌂wc ⌑wc ☜. 𝗩𝗜𝗦𝗔
   ◆ SC : **R** 48/88 ⅙ – ⚏ 14 – **23 ch** 62/169 – P 148/244.

FIAT, LANCIA-AUTOBIANCHI Gar. Bousquet, 24 r. J.-Jaurès ☏ 01.00.86
RENAULT Autorama, 47 av. Léon-Blum ☏ 01.15.78
Gar. Fourcade, 41 av. Alsace-Lorraine ☏ 01.01.77

Gar. Vidal, rte de Mirepoix ☏ 01.00.84

⓿ Comptoir Pyrénéen des Pneus, 88 av. Gén.-de-Gaulle ☏ 01.03.58

LAVIGNOLLE 33 Gironde 78 ② – rattaché au Barp.

LAVIOLLE 07 Ardèche 76 ⑱ – 148 h. alt. 680 – ⊠ 07530 Antraigues-sur-Volane – ◎ 75.

Paris 634 – Aubenas 21 – Lamastre 51 – Mezilhac 8 – Privas 42 – Le Puy 72.

   ♔ **Plantades** ⚞, rte Antraigues S : 2 km D 578 ☏ 38.71.58, ≤, ☞ – ⟸ ❷. ❄ ch
   ◆ *fermé 5 nov. au 15 déc.* – SC : **R** 45/75 ⅙ – ⚐ 15 – **10 ch** 65/90 – P 140/160.

LAVOUTE-SUR-LOIRE 43 H.-Loire 76 ⑦ G. Vallée du Rhône – 614 h. alt. 568 – ⊠ 43800 Vorey – ◎ 71.

Voir Christ★ dans l'église – Château de Lavoûte-Polignac : souvenirs de famille★.

Paris 504 – Ambert 68 – Brioude 62 – Le Puy 13 – ◆St-Étienne 75.

   🏠 **Nouvel H. Accarion,** ☏ 08.50.08, ☞ – ⌑ ⟸ ❷. ❄ rest
   ◆ *1er avril-30 sept.* – SC : **R** 40/80 ⅙ – ⚏ 12 – **30 ch** 65/130 – P 160.

LA LÉCHÈRE 73 Savoie **74** ⑰ G. Alpes – alt. 461 – Stat. therm. (1er fév.-31 oct.) – ✉ **73260**
Aigueblanche – ❄ 79 – 🛈 Office de Tourisme av. Isère (1er avril-30 oct. et fermé dim.) ☏55.51.60.
Paris 629 – Albertville 21 – Celliers 19 – Chambéry 68 – Moûtiers 6.

🏠 **Radiana** ॐ, ☏ 24.11.33, ≤, parc – 🛗⌧wc ☎ ⇐ 🅿 E 🗺 ₩ rest
1er fév.-31 oct. – SC : **R** 90/117 – ☷ 19,50 – **79 ch** 127/341 – P 205/416.

🏠 **La Darentasia et Sabaudia**, ☏ 22.50.55 – cuisinette ⌧wc 🛗 ☎
1er fév.-1er nov. – SC : **R** 55/160 ⅄ – ☷ 15 – **45 ch** 95/200.

LECHIAGAT 29 Finistère **58** ⑭ – rattaché à Guilvinec.

Les LECQUES 83 Var **84** ⑭ G. Côte d'Azur – ✉ **83270** St-Cyr-sur-Mer – ❄ 94.
🛈 Office de Tourisme (fermé 15 oct. au 15 nov., jeudi en hiver et dim.) ☏ 26.13.46.
Paris 814 – Bandol 10 – Brignoles 56 – La Ciotat 8 – ✦Marseille 39 – ✦Toulon 29.

🏛 **Gd Hôtel** ॐ, ☏ 26.23.01, Télex 400165, « Parc fleuri », ₩ – 🛗 ☎ 🅿 AE ⓞ E
🗺 ₩ rest
21 avril-30 oct. – SC : **R** 90/154 – ☷ 26 – **58 ch** 330/375 – P 260/395.

🏠 **Chanteplage** M, ☏ 26.16.55, ≤ – ⌧wc
hôtel : Pâques-fin sept. ; rest : juil.-août – SC : **R** 65/70 – ☷ 16 – **22 ch** 196/250 –
P 220/235.

🏠 **Petit Nice** ॐ, ☏ 26.22.91, ✿ – ⌧wc 🛗 ☎ ᕼ 🅿 ₩
fermé 15 déc. au 15 janv. et merc. du 1er oct. au 30 avril – SC : **R** (résidents seul.) 70
– ☷ 15 – **31 ch** 85/205 – P 163/245.

🏠 **Pins** ॐ, à La Madrague SE : 1,5 km ☏ 26.28.36, ≤ – 🛗wc ☎
1er avril-30 sept. – SC : **R** (résidents seul.) – ☷ 18,50 – **20 ch** 140/196.

🏠 **Tapis de Sable** sans rest, rte Madrague ☏ 26.26.34, ≤ – ⌧wc 🛗wc ☎ 🅿 ₩
1er avril-30 sept. – SC : **16 ch** ☷ 240/280.

PEUGEOT, TALBOT Gar. lori. à St-Cyr-sur-Mer   Marro, Quartier Banette à St-Cyr-sur-Mer ☏
☏ 26.23.80   26.31.09

LECTOURE 32700 Gers **82** ⑤ G. Pyrénées – 4 424 h. alt. 182 – ❄ 62.
Voir Site★ – Promenade du bastion ≤★.
🛈 Syndicat d'Initiative Cour Hôtel de ville (fermé dim. hors saison) ☏ 68.76.98.
Paris 762 – Agen 36 – Auch 35 – Condom 23 – Montauban 74 – ✦Toulouse 94.

✕ **Bouviers**, 8 r. Montebello ☏ 68.71.69 – ⓞ
↝ fermé mardi – SC : **R** 39/160.

✕ **Le Gascogne** avec ch, rte Agen ☏ 68.77.57, �, ✿ – 🅿 E ₩ ch
↝ fermé 15 déc. au 15 janv. et lundi – SC : **R** 40/110 ⅄ – ➨ 15 – **5 ch** 70/100 – P
140/200.

LEGÉ 44650 Loire-Atl. **67** ⑬ – 3 485 h. alt. 94 – ❄ 40.
Paris 410 – Cholet 61 – Clisson 34 – ✦Nantes 40 – La Roche-sur-Yon 30 – Les Sables-d'Olonne 51.

🏨 **Cheval Blanc**, pl. du Gén.-Charette ☏ 04.99.29 – 🅿 ₩ rest
↝ SC : **R** 48/145 ⅄ – ☷ 16,50 – **8 ch** 76/100.

✕ **Étoile d'Or**, r. Chaussée ☏ 04.97.29 – 🅿 E 🗺
↝ fermé 6 au 27 sept. et lundi – SC : **R** 45/139 ⅄.

LELEX 01 Ain **70** ⑮ – 203 h. alt. 900 – Sports d'hiver : 900/1 680 m ⟜1 ⟜8 – ✉ **01410** Chezery-
Forens – ❄ 50.
Paris 499 – Bourg-en-Bresse 100 – Gex 28 – Morez 37 – Nantua 43 – St-Claude 32.

🏠 **Crêt de la Neige**, ☏ 41.63.01, ≤, ✿, ₩ – ⌧wc 🛗wc ☎ 🅿 E ₩ rest
28 juin-10 sept. et 20 déc.-15 avril – SC : **R** 55/110 ⅄ – ☷ 14 – **28 ch** 90/170 – P
160/220.

🏠 **Centre**, ☏ 41.78.12, ≤ – 🛗wc 🅿 ₩ rest
10 juin-30 sept. et 20 déc.-24 avril – SC : **R** 53/71 – ☷ 14 – **20 ch** 69/115 – P
153/185.

LEMBACH 67510 B.-Rhin **57** ⑱ – 1 539 h. alt. 190 – ❄ 88.
Env. Château de Fleckenstein★★ NO : 7 km, G. Vosges.
🛈 Syndicat d'Initiative 45 rte Bitche ☏ 94.43.81, Télex 890420.
Paris 459 – Bitche 32 – Haguenau 24 – Niederbronn-les-B. 19 – ✦Strasbourg 56 – Wissembourg 15.

🏠 **Vosges du Nord** M sans rest, 59 rte Bitche ☏ 94.43.41 – ⌧wc 🛗wc ☎ 🅿 ₩
fermé 30 août au 10 sept. et lundi – SC : ☷ 12 – **8 ch** 86/107.

✕✕✕ ❁ **Aub. Cheval Blanc** (Mischler) avec ch, ☏ 94.41.86, ✿ – 🛗wc ☎ 🅿 AE 🗺
₩
fermé 4 au 22 fév., 20 août au 6 sept., lundi et mardi – SC : **R** 85/220 – ➨ 17 – **7 ch**
70/95
Spéc. Foie gras d'oie maison, Farandole de poissons, Médaillon de chevreuil à la moutarde de fruits
rouges (1er juin au 1er mars). Vins Pinot blanc, Tokay.

tourner →

LEMBACH

à Gimbelhof N : 10 km par D 3 et RF – ⌧ 67510 Lembach :

♙ **Ferme Gimbelhof** ⌂, ☎ 94.43.58, ≤ – **P**. **E**
→ fermé 15 nov. au 26 déc. – SC : **R** *(fermé lundi et mardi)* 44/64 – ⌷ 9,50 – **8 ch** 54/65 – P. 115/118.

BMW, CITROEN Gar. Weisbecker, ☎ 94.41.96   PEUGEOT Gar. Herrmann, ☎ 94.43.93

LEMPDES 43410 H.-Loire **7** **6** ⑤ – 1 567 h. alt. 439 – ✿ 71.

Voir O : Gorges de l'Alagnon★, G. Auvergne.

Paris 442 – Aurillac 108 – ◆Clermont-Ferrand 54 – Le Puy 74 – St-Flour 52.

RENAULT Gd Gar. de l'Allagnon, ☎ 76.51.10   VOLVO Girard J., ☎ 76.51.40
☎ 76.53.62

LENS ⓢ⑫ 62300 P.-de-C. **5** **1** ⑮ – 38 307 h. alt. 38 – ✿ 21.

Env. Mémorial canadien de Vimy★ 9 km par ④, G. Nord de la France.

A.C. pl. Roger-Salengro ☎ 28.34.89.

Paris 203 ② – Arras 18 ④ – Béthune 18 ⑤ – Douai 22 ② – ◆Lille 34 ① – St-Omer 73 ⑤.

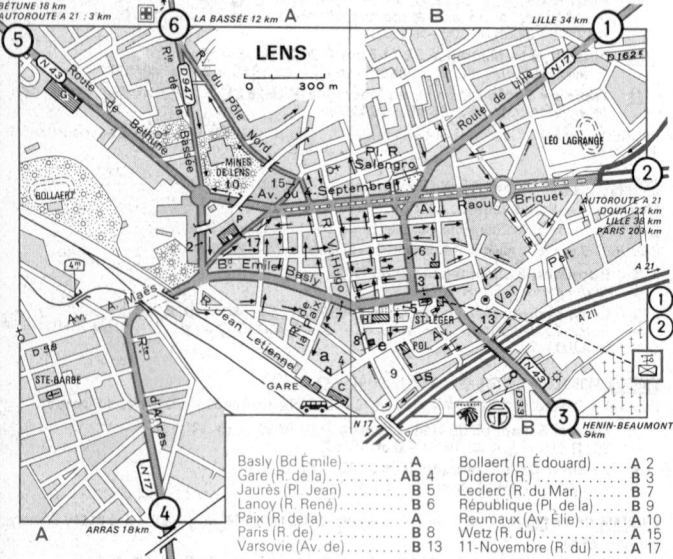

Basly (Bd Émile) . . . . **A**	Bollaert (R. Édouard) . . . . **A** 2
Gare (R. de la) . . . . **AB** 4	Diderot (R.) . . . . **B** 3
Jaurès (Pl. Jean) . . . . **B** 5	Leclerc (R. du Mar.) . . . . **B** 7
Lanoy (R. René) . . . . **B** 6	République (Pl. de la) . . . . . . **B** 9
Paix (R. de la) . . . . **A**	Reumaux (Av. Élie) . . . . **A** 10
Paris (R. de) . . . . **B** 8	Wetz (R. du) . . . . **B** 15
Varsovie (Av. de) . . . . **B** 13	11-Novembre (R. du) . . . . . . **A** 17

🏨 **Lensotel et rest. L'Escarpolette** M, Centre commercial Lens 2 par ⑥ : 3,5 km
⌧ 62880 Vendin-le-Viel ☎ 78.64.53, Télex 120324, ☒ – 📺 ☎ **P** – 🅰 50 à 200. 🅰🅴
① **E** 🆅🅸🆂🅰
SC : **R** 60/130 – ⌷ 19 – **70 ch** 230/255 – P 250/290.

🏨 **Lutetia** sans rest, 29 pl. République ☎ 28.02.06 – ⌷wc 🚿wc ☎ **P**. 🛇   **B s**
SC : ⌷ 12 – **23 ch** 65/117.

🏨 **France,** 2 pl. Gare ☎ 28.18.10 – ⌷wc 🚿 🕾 – 🅰 30. **E**   **A a**
→ SC : **R** *(fermé dim. soir et soir de fêtes)* 45/200 ⌷ – ☰ 16 – **23 ch** 70/128.

✗ **Chez Robert,** 13 r. Paris ☎ 28.07.29 – **E** 🆅🅸🆂🅰   **B e**
→ fermé août et dim. – **R** 47/140 ⌷.

ALFA-ROMEO Arauto, 44 rte de Lille, Loison ☎ 70.61.63
CITROEN SO.CA.LE., 2 rte Béthune, Loos-en-Gohelle par ⑤ ☎ 70.15.76
FIAT Delambre, 42 rte Arras ☎ 28.32.06
FORD Lallain, Rd-Pt Bollaert ☎ 28.43.21
MERCEDES-BENZ, OPEL Thirion, 60 av. A.-Maes ☎ 43.01.96
PEUGEOT-TALBOT S.A.C.I., 52 r. Douai ☎ 08.22.00
PEUGEOT-TALBOT Wantiez, N à Loison par ① ☎ 70.17.65

PORSCHE-MITSUBISHI Artois Autom., 79 av. Van-Pelt ☎ 28.38.07
RENAULT Evrard, 75 av. J.-Jaurès à Liévin par D 58 A ☎ 43.42.44
RENAULT Guilbert, 50 rte de Lille, Loison par ① ☎ 70.19.68
RENAULT S.A.N.E.G, rte de Lens à Carvin par ① ☎ 37.18.07

🛞 Debove, 275 bd H.-Martel, Avion ☎ 28.02.25
François Pneus 16 r. de Lille à Annay ☎ 70.62.05
La Maison du Pneu, 346 rte de Lille ☎ 78.62.78

LENT 01 Ain 74 ③ – rattaché à Bourg-en-Bresse.

LENTIGNY 42 Loire 73 ⑦ – rattaché à Roanne.

LENTILLY 69 Rhône 73 ⑲ – 2 539 h. alt. 350 – ✉ 69210 L'Arbresle – ✆ 74.
Paris 474 – L'Arbresle 7,5 – ♦Lyon 20 – Villefranche-sur-Saône 25.

XX **Relais de la Diligence** avec ch, N 7 ☎ 01.71.26, – wc wc ☎ P. VISA
fermé janv. et merc. – SC : **R** 58/140 – 15,50 – **10 ch** 100/113.

LÉON 40550 Landes 78 ⑯ – 1 363 h. alt. 15 – ✆ 58.
Voir Courant d'Huchet★ en barque NO : 1,5 km, G. Côte de l'Atlantique.
Syndicat d'Initiative r. Poste (juil.-août, fermé sam. après-midi et dim.) ☎ 48.76.03.
Paris 728 – Castets 14 – Dax 28 – Mimizan 41 – Mont-de-Marsan 74 – St-Vincent-de-Tyrosse 30.

Lac , au Lac NO : 1,5 km ☎ 48.73.11, ≤ – wc P.
25 mars-1er oct. – SC : **R** 46/88 – 13 – **16 ch** 75/150 – P 165.

CITROEN Ducasse, ☎ 48.73.10 RENAULT Modern'Gar. ☎ 48.74.34

LÉPIN-LE-LAC 73 Savoie 74 ⑮ – rattaché à Aiguebelette (Lac d').

LÉRINS (Iles de) ★★ 06 Alpes-Mar. 84 ⑨ – voir à Ste-Marguerite et à St-Honorat.

LÉRY 27690 Eure 55 ⑦ – 1 604 h. alt. 10 – ✆ 32.
Paris 115 – Les Andelys 22 – Évreux 31 – Louviers 8,5 – Pont-de-l'Arche 5 – ♦Rouen 23.

XX **Beauséjour,** près Église ☎ 59.05.28, , – AE ⓓ VISA
fermé dim. soir et lundi – **R** (dim. prévenir) 120/220.

LESCAR 64 Pyr.-Atl. 85 ⑥ – rattaché à Pau.

LESCHERAINES 73340 Savoie 74 ⑯ – 425 h. alt. 650 – ✆ 79.
Paris 593 – Aix-les-Bains 27 – Albertville 54 – Annecy 27 – Chambéry 28.

Joly, rte Col de Plainpalais ☎ 63.30.45, – P.
SC : **R** 55/85 – 18 – **22 ch** 70/100 – P 130.

LESCONIL 29138 Finistère 58 ⑭ **G. Bretagne** – alt. 12 – ✆ 98.
Office de Tourisme r. Pasteur (1er juin-15 sept. et fermé dim.) ☎ 87.86.99.
Paris 576 – Douarnenez 42 – Guilvinec 10 – Loctudy 8 – Pont-l'Abbé 9 – Quimper 29.

Dunes, ☎ 87.83.03, ≤ – wc wc ☎ P – 50. AE ⓓ E VISA.
24 mars-20 oct. – SC : **R** 65/220 – 18 – **42 ch** 170/210 – P 160/240

Plage M, ☎ 87.80.05 – wc wc ☎ P – 25
sais. – **30 ch**.

Port, ☎ 87.81.07, ≤ – wc wc ☎
25 mai-25 sept. – SC : **R** 55/180 – 16,50 – **35 ch** 95/205 – P 160/240.

Atlantic, ☎ 87.81.06, – P. AE E.
Pâques-30 sept. – SC : **R** 50/145 – 16 – **23 ch** 85/140 – P 150/198.

LESCUN 64890 Pyr.-Atl. 85 ⑮ **G. Pyrénées** – 208 h. alt. 900 – ✆ 59.
Voir ★★ 30 mn.
Paris 854 – Lourdes 90 – Oloron-Ste-Marie 36 – Pau 69.

Pic d'Anie , ☎ 34.71.54, ≤ – wc ☎. ch
1er avril-25 sept. – SC : **R** 50/150 – 15 – **19 ch** 90/200 – P 150/200.

LESMONT 10 Aube 61 ⑧ – 281 h. alt. 112 – ✉ 10500 Brienne-le-Château – ✆ 25.
Paris 189 – Bar-sur-Aube 33 – St-Dizier 54 – Troyes 31 – Vitry-le-François 43.

XX **Aub. Munichoise,** D 960 ☎ 77.45.33 – AE ⓓ E VISA
fermé 17 sept. au 11 oct., 27 fév. au 15 mars, mardi soir et merc. – SC : **R** 54/143.

CITROEN Relais Champagne, D 960 ☎ 77.46.29 N RENAULT Millon, D 960 ☎ 77.45.13

LESNEVEN 29260 Finistère 58 ④⑤ – 7 087 h. alt. 80 – ✆ 98.
Voir Le Folgoët : église★★ SO : 2 km, **G. Bretagne.**
Paris 583 – ♦Brest 26 – Landerneau 15 – Morlaix 48 – Quimper 78 – St-Pol-de-Léon 32.

Breiz Izel sans rest, 25 r. Four ☎ 83.12.33 – wc wc.
fermé 21 sept. au 15 oct. – SC : 13 – **29 ch** 65/124.

CITROEN Crauste-Guilliec, 31 r. Gén.-de-Gaulle ☎ 83.00.34 RENAULT Colliou, 7 bis r. Jérusalem ☎ 83.01.50

LESPARRE-MÉDOC (SP) **33340** Gironde **71** ⑰ – 4 270 h. alt. 4 – ✪ 56.

Office de Tourisme pl. Mairie (1er juil.-15 sept. et fermé dim.) ✆ 41.05.02.

Paris 544 ④ – Arcachon 111 ③ – Blaye (Bac) 35 ① – ♦Bordeaux 63 ② – Royan (Bac) 38 ④.

par ④ : 0,5 km – ✉ **33340** Lesparre-Médoc :

XX **La Mare aux Grenouilles,** ✆ 41.03.46, ≤, 🏖, 🌳 – Ⓟ. AE VISA
fermé lundi du 1er oct. au 1er mars – SC : **R** 80/90.

CITROEN SIVRAM, par ② ✆ 41.10.94 N ✆ 41.03.56

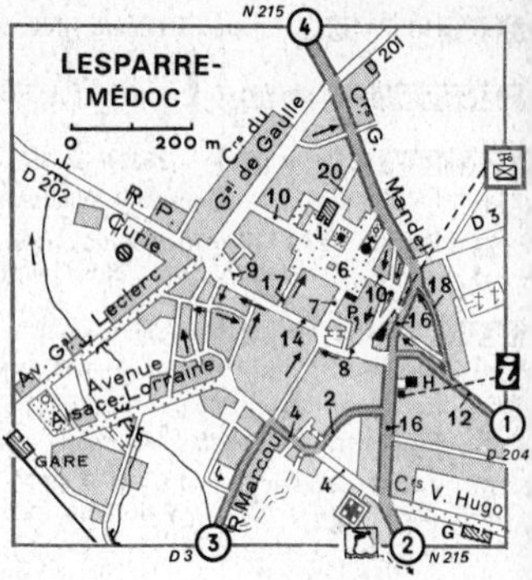

J.-J.-Rousseau (R.) 14
Alineys (R. des) . . 2
Briand (R. A.) 4
Clemenceau (Pl.) . 6
Église (R. de l') . . . 7
Foch (Pl. Mar.) . . . 8
Gambetta (Pl.) 9
Gramont (R. de) 10
Jaurès (Cours J.) . . . 12
Lattre-de-T. (Crs de) 16
Palais-de-Justice (R) 17
Pasteur (R.) 18
St-Exupéry (R. A.-de) 20

LESQUIN 59 Nord **51** ⑯ – rattaché à Lille.

LESTELLE-BÉTHARRAM 64 Pyr.-Atl. **85** ⑦ **G. Pyrénées** – 1 293 h. alt. 300 – ✉ **64800** Nay – ✪ 59.

Paris 811 – Laruns 35 – Lourdes 16 – Nay 8,5 – Oloron-Ste-Marie 45 – Pau 23.

🏨 **Touristes,** ✆ 61.27.61, 🏖 – 🛁wc 🚿 ☎. E VISA
fermé 3 janv. au 1er mars et lundi sauf de juil. au 30 sept. – SC : **R** 40/140 🍷 – ☕ 13,50 – **14 ch** 64/143 – P 150/175.

🏨 Béarn, ✆ 61.26.02, 🏖, 🌳 – 🚿 🚗 **15 ch**.

XX **Central** avec ch, ✆ 61.27.18, 🏖 – 🛁wc 🚿wc ☎. AE
fermé 10 oct. au 18 nov., lundi et mardi hors sais. – SC : **R** 49 bc/120 🍷 – ☕ 14 – **18 ch** 58/110 – P 125/142.

au SE : 3 km par N 637 et rte des Grottes – ✉ **64800** Nay :

🏨 **Le Vieux Logis** 🐦, ✆ 61.34.40, ≤, « parc » – 🚿wc Ⓟ. 🚫
hôtel : 1er avril-15 oct., rest. : 1er avril-1er janv. – SC : **R** 42/160 – ☕ 12 – **15 ch** 62/115 – P 140/180.

LEUCATE 11370 Aude **86** ⑩ – 1 968 h. alt. 21 – ✪ 68.

Voir ☼★ du sémaphore du Cap E : 2 km.

Paris 883 – Carcassonne 86 – Narbonne 37 – ♦Perpignan 34 – Port-la-Nouvelle 19.

X **Jouve** M avec ch, sur la Plage ✆ 40.02.77, ≤, 🏖 – 🛁wc ☎. E VISA. 🚫 ch
15 mars-15 oct. – SC : **R** *(fermé lundi sauf juil.-août)* 55/110 – ☕ 18 – **7 ch** 170/230.

LEUGNY 89 Yonne **65** ④ – 333 h. alt. 225 – ✉ **89130** Toucy – ✪ 86.

Paris 170 – Auxerre 21 – Avallon 58 – Clamecy 35 – Cosne-sur-Loire 52 – Joigny 39.

X **Aub. Cheval Blanc** avec ch, ✆ 47.61.09. VISA
fermé 15 déc. au 15 janv., mardi soir et merc. – SC : **R** 50/120 🍷 – ☕ 10,50 – **3 ch** 53/73 – P 112.

LEVALLOIS-PERRET 92 Hauts-de-Seine **196** ⑲ – voir à Paris, Environs.

LEVENS 06 Alpes-Mar. **84** ⑲, **195** ⑯ **G. Côte d'Azur** – 1 800 h. alt. 570 – ✉ **06670** St-Martin-du-Var – ✪ 93.

Voir ≤★.

Paris 955 – Antibes 44 – Cannes 54 – ♦Nice 23 – Puget-Théniers 48 – St-Martin-Vésubie 37.

🏨 **La Vigneraie** 🐦, SE : 1,5 km ✆ 79.70.46, ≤, 🌳 – 🛁wc 🚿wc ☎ Ⓟ
15 janv.-14 oct. – SC : **R** 45/75 – ☕ 15 – **18 ch** 80/150 – P 150/180.

🏨 **Malausséna,** ✆ 79.70.06 – 🛁wc 🚿 ☎. 🚫 ch
fermé 1er nov. au 10 déc. – **R** 50/120 – ☕ 20 – **12 ch** 120/200 – P 150/200.

🏨 Roses, ✆ 91.70.17, 🌳 – 🛁wc 🚿wc ♿ Ⓟ
sais. – **25 ch**.

X **Les Santons,** ✆ 79.72.47
fermé 25 juin au 4 juil., 24 sept. au 3 oct., 2 janv. au 8 fév., merc. et le soir : dim. lundi, mardi – SC : **R** (prévenir) 60/145.

LEVERNOIS 21 Côte-d'Or **69** ⑨ – rattaché à Beaune.

LEVIER 25270 Doubs **70** ⑥ – 1 843 h. alt. 717 – ✪ 81.

Paris 434 – ◆Besançon 47 – Champagnole 36 – Pontarlier 20 – Salins-les-Bains 23.

🏦 **Commerce**, ⍩ 49.50.56, parc, ✗ – 🍽️wc ⟸ 🅿 – 🏛️ 30
◆ fermé 12 nov. au 12 déc. – SC : **R** 35/100 🍴 – 🖙 12 – **30 ch** 50/120 – P 90/130.

CITROEN, MERCEDES Cassani, ⍩ 89.53.45   PEUGEOT Cordier Ch., ⍩ 89.52.06
FIAT Prévalet, ⍩ 89.53.09 **N** ⍩ 49.56.25

LEVROUX 36110 Indre **68** ⑧ G. Périgord – 3 126 h. alt. 141 – ✪ 54.

Paris 257 – Blois 76 – Châteauroux 21 – Châtellerault 96 – Loches 63 – Vierzon 47.

🏦 **Cloche et St-Jacques**, r. Nationale ⍩ 35.70.43 – 🍽️wc 🍽️wc 🕿. ✗ ch
fermé 1er fév. au 1er mars, lundi soir et mardi – SC : **R** 57/150 🍴 – 🖙 21 – **30 ch**
85/180 – P 165/210.

CITROEN Bailly, ⍩ 35.70.30   RENAULT Tranchant, ⍩ 35.71.45
PEUGEOT-TALBOT Bottin, ⍩ 35.70.28

LÉZARDRIEUX 22740 C.-du-N. **59** ② G. Bretagne – 1 859 h. alt. 32 – ✪ 96.

Voir Phare du Bodic : plate-forme ≤* NE : 3km.

Paris 501 – Guingamp 32 – Lannion 28 – Paimpol 5 – St-Brieuc 51 – Tréguier 10.

🏨 **Relais Brenner** Ⓜ ⌔, au Pont ⍩ 20.11.05, Télex 740676, ≤, « parc fleuri sur le
Trieux » – 🕿 🅿 – 🏛️ 30. 🅰🅴 ⓄⒹ **E** 𝓥𝓘𝓢𝓐
déb. fév.-5 nov. – SC : **R** (fermé dim. soir et lundi hors sais.) 160/400 – 🖙 40 –
27 ch 440/580, 5 appartements 770 – P 670/750.

🏦 **Pont** sans rest, ⍩ 20.10.59 – 🍽️wc 🍽️wc 🕿. **E** 𝓥𝓘𝓢𝓐
SC : 🖙 15,50 – **15 ch** 105/170.

✗✗ **du Trieux**, ⍩ 20.10.70 – **E** 𝓥𝓘𝓢𝓐
fermé 3 au 9 sept., 29 oct. au 7 nov. et merc. de sept. à juin – **R** 51/115.

Gar. Corle, r. du Pont ⍩ 20.10.28   Gar. Richard, l'Hermitage ⍩ 20.10.10

LÉZIGNAN-CORBIÈRES 11200 Aude **83** ⑬ – 7 681 h. alt. 51 – ✪ 68.

🛈 Office de Tourisme pl. de la République (fermé jeudi et sam. après-midi) ⍩ 27.05.42.

Paris 871 – Carcassonne 38 – Narbonne 21 – Prades 109.

🏦 **Tassigny et rest. Tournedos** Ⓜ, pl. de-Lattre-de-Tassigny ⍩ 27.11.51 – 🍽️wc
◆ 🕿 ⟸ 🅿. 𝓥𝓘𝓢𝓐
fermé 15 sept. au 15 oct., lundi (sauf hôtel) et dim. soir – SC : **R** 44 bc/135 bc – 🖙
14 – **15 ch** 135/145.

CITROEN Armero, bd L.-Castel ⍩ 27.11.57   RENAULT Lézignan-Auto, 63 av. G.-Clemen-
FORD Attard H., 12 av. Gén.-de-Gaulle ⍩ 27.   ceau ⍩ 27.02.93
02.42 **N**   VAG Lézignan-Sud-Autos, 24 av. Georges
LANCIA-AUTOBIANCHI-FIAT Gar. Bernada,   Clemenceau ⍩ 27.03.67
42 av. Wilson ⍩ 27.00.35
PEUGEOT-TALBOT Belmas, Zone Ind. de   ⓦ Condouret, 35 av. Mar.-Joffre ⍩ 27.01.72
Gaujac, rte de Fabrézan ⍩ 27.01.66

LEZOUX 63190 P.-de-D. **73** ⑮ G. Auvergne – 4 793 h. alt. 351 – ✪ 73.

Env. Moissat-Bas : Châsse de St-Lomer** dans l'église S : 5,5 km.

Paris 393 – Ambert 59 – ◆Clermont-Ferrand 27 – Issoire 43 – Riom 26 – Thiers 16 – Vichy 42.

✗✗ **Voyageurs** avec ch, pl. Hôtel-de-Ville ⍩ 73.10.49 – 🍽️wc 🕿. ✗ ch
◆ fermé 15 sept. au 20 oct., dim. soir ou lundi – SC : **R** 47/165 – 🖙 13,50 – **10 ch**
67/133.

à Bort-l'Étang SE : 8 km par D 223 et D 115 – ⊠ **63190** Lezoux :

🏨 **Château de Codignat** ⌔, O : 1 km ⍩ 68.43.03, ≤, 🛋️, parc, 🎇 – 📺 🅿 – 🏛️
40. 🅰🅴 ⓄⒹ **E** 𝓥𝓘𝓢𝓐
25 mars-30 nov. – SC : **R** (fermé mardi midi et jeudi midi sauf fêtes) 160/250 – 🖙 35
– **14 ch** 570/830 – P 465/605.

CITROEN Mercier, ⍩ 73.10.34   RENAULT Rozière, ⍩ 73.10.98
PEUGEOT-TALBOT Bodiment, ⍩ 73.11.10

LIANCOURT 60140 Oise **56** ① – 6 112 h. alt. 105 – ✪ 4.

Paris 68 – Beauvais 35 – Chantilly 19 – Compiègne 32 – Creil 10 – Senlis 20.

✗✗ **Host. Parc** avec ch, av. Ile-de-France ⍩ 473.04.99, 🎇 – 📺 🍽️wc 🍽️wc 🕿 🅿.
🅰🅴 𝓥𝓘𝓢𝓐. ✗ ch
fermé 1er au 25 août – SC : **R** (fermé lundi) 52/80 – 🖙 14 – **14 ch** 87/209.

à Rantigny SO : 2 km – ⊠ **60290** Rantigny :

🏦 **Chalet Normand** sans rest, pl. Gare ⍩ 473.33.16 – 🍽️wc 🍽️ 🕿 🅿. 𝓥𝓘𝓢𝓐
SC : 🖙 11 – **12 ch** 55/170.

Une voiture bien équipée, possède à son bord
des **cartes Michelin** à jour.

LIBOURNE ⊕ 33500 Gironde 🗗🗗 ⑫ G. Côte de l'Atlantique – 23 312 h. alt. 15 – ۞ 57.

🖸 Office de Tourisme pl. A.-Surchamp (fermé lundi matin, dim. et fêtes) 🕾 51.15.04.

Paris 577 ⑤ – Agen 123 ③ – Angoulême 100 ① – Bergerac 61 ③ – ♦Bordeaux 31 ④ – Mont-de-Marsan 137 ③ – Pau 201 ③ – Périgueux 90 ② – Royan 124 ⑤ – Saintes 113 ⑤ – Tarbes 221 ③.

Boulin (Allées R.)	**BY** 2
Clemenceau (Av G.)	**BCX**
Ferry (R. Jules)	**AY** 6
Foch (Av. du Mar.)	**BX**
Gambetta (R.)	**BY**
Jean-Jaurès (R.)	**BY**
Joffre (Pl.)	**BZ** 9
Montaigne (R. M.-de)	**BY** 21
Montesquieu (R.)	**BY** 22

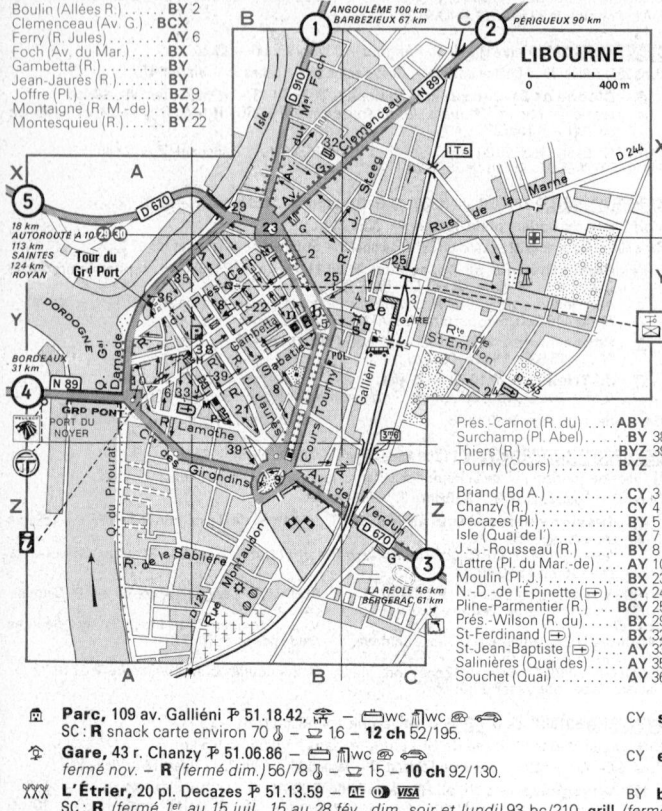

Prés.-Carnot (R. du)	**ABY**
Surchamp (Pl. Abel)	**BY** 38
Thiers (R.)	**BYZ** 39
Tourny (Cours)	**BYZ**

Briand (Bd A.)	**CY** 3
Chanzy (R.)	**CY** 4
Decazes (Pl.)	**BY** 5
Isle (Quai de l')	**BY** 7
J.-J.-Rousseau (R.)	**BY** 8
Lattre (Pl. du Mar.-de)	**AY** 10
Moulin (Pl. J.)	**BX** 23
N.-D.-de l'Épinette (⊟)	**CY** 24
Pline-Parmentier (R.)	**BCY** 25
Prés.-Wilson (R. du)	**BX** 29
St-Ferdinand (⊟)	**BX** 32
St-Jean-Baptiste (⊟)	**AY** 33
Salinières (Quai des)	**AY** 35
Souchet (Quai)	**AY** 36

🏨 **Parc,** 109 av. Galliéni 🕾 51.18.42, 🌤 – ⇌wc 🛅wc ☎ 🚗 **CY** s
SC : **R** snack carte environ 70 ⅃ – ⊆ 16 – **12 ch** 52/195.

🏨 **Gare,** 43 r. Chanzy 🕾 51.06.86 – ⇌ 🛅wc ☎ 🚗 **CY** e
fermé nov. – **R** (fermé dim.) 56/78 ⅃ – ⊆ 15 – **10 ch** 92/130.

XXX **L'Étrier,** 20 pl. Decazes 🕾 51.13.59 – ﴾E﴿ ⓪ 🆅🆂🅰 **BY** b
SC : **R** (fermé 1er au 15 juil., 15 au 28 fév., dim. soir et lundi) 93 bc/210, **grill** (fermé dim. et fêtes) **R** 54/69 ⅃.

X **Castaing,** 38 r. Lyrot 🕾 51.23.25. ⓪ 🆅🆂🅰 **BY** n
fermé 1er au 15 juil., sam. soir, dim. et fêtes – SC : **R** 75/95 ⅃.

rte Périgueux par ② : 9,5 km – ⊠ 33230 Coutras :

XX **Gril de Dallau,** 🕾 84.01.48 – ⓟ. ﴾E﴿ ⓪ 🆅🆂🅰
fermé 1er au 27 oct., vacances de fév., lundi soir et mardi – SC : **R** carte 100 à 170.

à Galgon par ① et D 18E : 11,8 km – ⊠ 33133 Galgon :

X **Clo-Luc,** 🕾 84.36.16 – ⓟ. ﴾E﴿ 🄴 🆅🆂🅰
♦ fermé mardi – SC : **R** 42/85 ⅃.

FIAT SA Maltord, 12 av. G.-Clemenceau 🕾 51.61.88
PEUGEOT, TALBOT Agence Centrale Autom. Libournaise 142 av. Gén.-de-Gaulle par ③ 🕾 51.40.81.
PEUGEOT, TALBOT Solica, rte Bordeaux à Arveyres 🕾 51.34.96
RENAULT Bastide, Zone Ind. Ballastière, rte d'Angoulême par ① 🕾 51.52.53 🅽

V.A.G. Europe-Auto, av. Gén.-de-Gaulle 🕾 51.43.85

⑩ Central-Pneu, 113 av. G.-Pompidou 🕾 51.24.24
Desserrey Pneus, av. Gen.-de-Gaulle, rte castillon 🕾 51.66.03

LICQ-ATHÉREY 64560 Pyr.-Atl. 🗗🗗 ⑮ – 250 h. alt. 275 – ۞ 59.

Paris 837 – Oloron-Ste-Marie 32 – Pau 65 – St-Jean-Pied-de-Port 60 – Sauveterre-de-Béarn 48.

🏨 **Touristes,** 🕾 28.61.01, ≤, 🌤, 🐎 – ⇌wc 🛅 ☎ 🚗 ⓟ
♦ 1er mars-15 nov. – SC : **R** 45/80 ⅃ – ⊆ 18 – **19 ch** 85/165 – P 160/190.

LIÉPVRE 68660 H.-Rhin **62** ⑱ – 1 536 h. alt. 273 – ✪ 89.

Paris 488 – Colmar 36 – Ribeauvillé 23 – St-Dié 30 – Sélestat 14.

🏨 **Aub. Aux Deux Clefs** Ⓜ ⌂, rte de Rombach-le-Franc ☏ 58.93.29, 😋, 🌰 – ⋔wc ☎ 𝑽𝑰𝑺𝑨. ⌘ ch
fermé 25 juin au 1ᵉʳ juil. et 15 déc. au 15 janv. – **R** *(fermé sam. midi et vend.)* carte 90 à 145 ⅄ – 🍽 17 – **11 ch** 130/180.

✕✕ **A la Vieille Forge,** à Bois l'Abbesse E : 3 km rte Sélestat ☏ 58.92.54 – **P.** 𝖠𝖤 ⓞ ◆ 𝐄 𝑽𝑰𝑺𝑨
fermé 3 au 13 juil., 13 nov. au 5 déc., lundi soir et mardi – SC : **R** 50/150.

RENAULT Gar. André, ☏ 58.90.29 **N** ☏ 58.   TOYOTA Gerber, ☏ 58.92.03
90.86

LIESSIES 59 Nord **53** ⑥ G. Nord de la France – 515 h. alt. 220 – ⊠ 59740 Solre-le-Château – ✪ 27.

Voir Lac du Val Joly★ E : 5 km.

Paris 214 – Avesnes-sur-Helpe 14 – Charleroi 45 – Hirson 24 – Maubeuge 24.

🏨 **Château de la Motte** ⌂, S : 1 km par VO ☏ 61.81.94, ≤, parc – ⋔wc ☎ **P** – 🏾 50. ⌘
fermé 20 déc. au 30 janv. et dim. soir – SC : **R** (dîner sur commande) 70/121 – ⚌ 15 – **10 ch** 81/148 – P 135/168.

LIEUREY 27560 Eure **55** ⑭ – 1 083 h. alt. 170 – ✪ 32.

Paris 159 – Bernay 18 – Évreux 57 – Lisieux 28 – Pont-Audemer 15 – Pont-l'Évêque 27.

✕✕ **Bras d'Or** avec ch, ☏ 57.91.07, 😋 – ⋔wc ⋔ 🌰 **P**. 𝖠𝖤. ⌘ ch
fermé janv., 25 juin au 8 juil., dim. soir du 1ᵉʳ oct. au 1ᵉʳ juin et lundi sauf fériés – SC : **R** 55/170 – ⚌ 18 – **10 ch** 92/190.

CITROEN Testu, ☏ 57.93.47   RENAULT Deschamps, ☏ 57.91.77

LIFFRÉ 35340 I.-et-V. **59** ⑰ – 4 206 h. alt. 105 – ✪ 99.

Paris 352 – Avranches 65 – Dinan 64 – Fougères 30 – Mont-St-Michel 57 – ◆Rennes 17 – Vitré 27.

🏨 **La Reposée** Ⓜ, SO : 2 km N 12 ☏ 68.31.51, « Parc », ⌘ – **P** – 🏾 25 à 150. 𝑽𝑰𝑺𝑨. ⌘ rest
1ᵉʳ mars-15 nov. et fermé dim. – SC : **R** (déj. sur commande) 65/98 – ⚌ 20 – **21 ch** 77/250.

✕✕✕✕ ✿✿ **Hôtellerie Lion d'Or** (Kéréver), face Église ☏ 68.31.09, « Jardin » – 𝖠𝖤 𝐄 𝑽𝑰𝑺𝑨
fermé 14 au 25 janv., mardi midi et lundi sauf fériés – SC : **R** carte 210 à 265, **Le Jardin** (grill) **R** carte environ 95
Spéc. Salade des pêcheurs, Nage de rouget et langoustines, Ailes de pigeon au foie gras.

RENAULT Boulais, ☏ 68.31.36

LIGNY-EN-BARROIS 55500 Meuse **62** ② – 5 709 h. alt. 225 – ✪ 29.

A.C. 16 r. Morlaincourt ☏ 78.42.98.

Paris 244 – Bar-le-Duc 16 – Neufchâteau 57 – St-Dizier 32 – Toul 46.

🏨 **Nouvel H.** Ⓜ sans rest., pl. Église ☏ 78.01.22 – ▮ ⋔wc ☎ **P**. ⌘
fermé mi-déc. à mi-janv. et sam. du 1ᵉʳ nov. au 28 fév. – SC : ⚌ 16 – **26 ch** 130/170.

LIGNY-EN-CAMBRÉSIS 59 Nord **53** ⑭ – rattaché à Caudry.

LIGNY-LE-RIBAULT 45 Loiret **64** ⑧⑨ – 960 h. – ⊠ 45240 La Ferté-St-Aubin – ✪ 38.

Paris 155 – Beaugency 17 – Blois 40 – ◆Orléans 27 – Romorantin-Lanthenay 41 – Salbris 39.

✕ **Aub. St. Jacques,** ☏ 45.41.54 – **P.** 𝑽𝑰𝑺𝑨 ⌘
◆ *fermé 12 au 25 mars, 20 août au 23 sept., 23 au 31 déc., dim. soir et lundi –* **R** 45/205 ⅄.

LIGUEIL 37240 I.-et-L. **68** ⑤ G. Châteaux de la Loire – 2 426 h. alt. 77 – ✪ 47.

Paris 292 – Le Blanc 55 – Châteauroux 78 – Châtellerault 36 – Chinon 53 – Loches 18 – ◆Tours 57.

✕ **Le Colombier** avec ch, ☏ 59.60.83 – ⋔wc ⅄ **P** – 🏾 30
◆ *fermé 1ᵉʳ au 10 sept., 1ᵉʳ janv. au 4 fév. et vend. hors sais. –* SC : **R** 32/100 ⅄ – ⚌ 11,50 – **13 ch** 55/104 – P 110/136.

à Cussay SO : 3,5 km – ⊠ 37240 Ligueil :

🏨 **Aub. du Pont Neuf,** ☏ 59.66.37, 🌰 – ⋔wc **P**. 𝐄 𝑽𝑰𝑺𝑨
◆ *fermé fév. et lundi hors sais. –* SC : **R** 45/130 ⅄ – ⚌ 14 – **10 ch** 80/140 – P 125/150.

PEUGEOT-TALBOT Gar. Tourne, ☏ 59.60.27   RENAULT Gar. Chapet, ☏ 59.64.10 **N**
N ☏ 59.61.77

LILETTE 86 Vienne **68** ⑤ – rattaché à Descartes (I.-et-L.).

LILLE P 59000 Nord 🗺 ⑯ G. Nord de la France – 157 632 h. communauté urbaine 1 072 802 h.
alt. 21 – ✿ 20.

Voir Le Vieux Lille★ EFY : Vieille Bourse★★ FY, Hospice Comtesse★ (voûte en carène★★)
FY B, rue de la Monnaie ★ FY 142, demeure de Gilles de la Boé★ FY E – Église St-
Maurice★ FY K – Citadelle★ BUV – Porte de Paris★ FZ D – ≼★ du beffroi FZ H –
Musée des Beaux-Arts★★ FZ M1.

🗺 des Flandres ⟟ 72.20.74 par ② : 4,5 km HS ; 🗺 du Sart, au château du Sart ⟟ 72.02.5
par ② : 7 km JS ; 🗺 de Brigode à Villeneuve d'Ascq ⟟ 91.17.86 par ③ : 9 km KT ; 🗺🗺 d
Bondues ⟟ 37.80.03 par ① : 9,5 km HS.

✈ de Lille-Lesquin, ⟟ 95.92.00 par ④ : 8 km JU.

🚆 ⟟ 06.48.99.

🛈 Office de Tourisme Palais Rihour (fermé dim.) ⟟ 30.81.00, Télex 110213 et pl. de la Gare (ferm
dim.) - A.C. r. Faidherbe ⟟ 55.29.44.

Paris 219 ④ – Bruxelles 116 ② – Gent 71 ② – Luxembourg 306 ④ – ◆Strasbourg 526 ④.

Plans : Lille p. 2 à 6

🏨🏨	**Royal** sans rest, 2 bd Carnot ⊠ 59800 ⟟ 51.05.11, Télex 820575 – 🛗 📺 ☎ – 🔔 30. 🅰🅴 ⓪ 🇪 𝒱𝐼𝑆𝐴 SC : ⇌ 22,50 – **100 ch** 153/350.	FY
🏨🏨	**Bellevue** sans rest, 5 r. J.-Roisin ⊠ 59800 ⟟ 57.45.86, Télex 120790 – 🛗 ☎ – 🔔 100. 🅰🅴 𝒱𝐼𝑆𝐴 SC : ⇌ 26 – **80 ch** 229/287, 9 appartements 320/341.	FY
🏨🏨	**Carlton** sans rest, 3 r. Paris ⊠ 59800 ⟟ 55.24.11, Télex 110400 – 🛗 📺 ☎ – 🔔 30 à 50. 🅰🅴 ⓪ 🇪 𝒱𝐼𝑆𝐴 SC : ⇌ 27 – **70 ch** 240/350, 3 appartements 550.	FY
🏨	**Chagnot**, 24 pl. Gare ⊠ 59800 ⟟ 06.25.50, Télex 130709 – 🛗 📺 ➝wc 🛁wc ☎ – 🔔 40. 𝒱𝐼𝑆𝐴 R Grill carte environ 80 🍷 – ⇌ 15,50 – **75 ch** 143/205.	FY
🏨	**Paix** sans rest, 46 bis r. Paris ⊠ 59800 ⟟ 54.63.93 – 🛗 ➝wc 🛁wc ☎. 🛂 SC : ⇌ 18 – **35 ch** 110/180.	FY
🏨	**Nord-Motel** M sans rest, 46 r. Fg-d'Arras par ⑤ ⟟ 53.53.40 – 🛗 ➝wc 🛁wc ☎ 🚗 SC : ⇌ 14,50 – **80 ch** 122/144.	HU
🏨	**Strasbourg** sans rest, 7 r. J-Roisin ⊠ 59800 ⟟ 57.05.46 – 🛗 ➝wc 🛁wc ☎. 🅰 ⓪ 🇪 𝒱𝐼𝑆𝐴 SC : ⇌ 15 – **46 ch** 80/180.	FY
🏨	**Univers** sans rest, 19 pl, Reignaux ⊠ 59800 ⟟ 06.99.69 – 🛗 📺 ➝wc 🛁wc ☎ 𝒱𝐼𝑆𝐴 SC : ⇌ 20 – **56 ch** 120/265.	FY
🏨	**Central** sans rest, 51 r. Faidherbe ⊠ 59800 ⟟ 06.31.57 – 🛗 ➝wc 🛁 ☎ SC : ⇌ 14 – **34 ch** 90/170.	FY
🏠	**St-Nicolas** sans rest, 11 bis r. N.-Leblanc ⟟ 57.73.26 – ➝ 🛁 ☎ SC : ⇋ 15 – **15 ch** 94/137.	EZ
XXX	✿✿ **Flambard** (Bardot), 79 r. d'Angleterre ⊠ 59800 ⟟ 51.00.06, « Maison 17ᵉ s du Vieux Lille » – 🅰🅴 ⓪ *fermé 5 août au 4 sept., 2 au 9 janv., dim. soir et lundi* – SC : **R** 175/285 et carte Spéc. Terrine de turbot et sole, Coquilles St-Jacques aux poivrons et lait de coco, Escalope de foie d'oie.	EY
XXX	✿ **Paris**, 52 bis r. Esquermoise ⊠ 59800 ⟟ 55.29.41 – 🅰🅴 ⓪ *fermé début août à début sept. et dim. soir* – SC : **R** carte 140 à 180 Spéc. Coquilles St-Jacques (sais.), Salpicon de homard, Foie gras de canard.	FY
XXX	✿ **A L'Huîtrière**, 3 r. Chats-Bossus ⟟ 55.43.41 – ☷. 🅰🅴 ⓪ 🇪 𝒱𝐼𝑆𝐴 *fermé 22 juil. au 1ᵉʳ sept. et le soir dim. et fériés* – SC : **R** carte 155 à 235 Spéc. Produits de la mer, Huîtres chaudes au Champagne, Escalope de bar à la crème de cresson.	FY
XXX	✿ **Le Compostelle**, 4 r. St-Étienne ⊠ 59800 ⟟ 54.02.49, « Relais flamand d 16ᵉ s. » – ☷. 🅰🅴 ⓪ 🇪 𝒱𝐼𝑆𝐴 *fermé dim. sauf le midi d'oct. à mai* – **R** 100/230 Spéc. Foie gras frais de canard aux raisins secs, Turbot braisé au miel et à l'orange, Gâteau au noix.	EFY
XXX	**Le Varbet**, 2 r. Pas ⊠ 59800 ⟟ 54.81.40 – 🅰🅴 ⓪ 𝒱𝐼𝑆𝐴 *fermé 14 juil. au 15 août, lundi midi, dim. et fériés* – SC : **R** 106/200.	EFY
XXX	**La Belle Époque** (The Queen Victoria) (1ᵉʳ étage), 10 r. Pas ⟟ 54.51.28 – ☷. 🅰🅴 ⓪ 🇪 𝒱𝐼𝑆𝐴 *fermé dim. soir* – **R** carte 130 à 200.	EY
XXX	La Petite Taverne, 9 r. Plat ⊠ 59800 ⟟ 54.79.36.	FZ v
XX	✿ **La Devinière** (Waterlot), 61 bd Louis-XIV ⊠ 59800 ⟟ 52.74.64 – ☷. 🅰🅴 𝒱𝐼𝑆𝐴 *fermé 1ᵉʳ au 21 août, sam. et dim.* – SC : **R** (prévenir) carte 155 à 200 Spéc. Feuilleté de moëlle, Oeufs coque de petits escargots, Canard sauvageon rôti.	DV
XX	**Le Restaurant**, 1 pl. Sébastopol ⟟ 54.23.13 – 🅰🅴 ⓪ 🇪 𝒱𝐼𝑆𝐴 *fermé 7 au 16 août et 24 déc. au 2 janv.* – SC : **R** 95/130.	EZ

XX **Le Club,** 16 r. Pas ⊠ 59800 ℡ 57.01.10 – 𝔸𝔼 **E** 𝘝𝘐𝘚𝘈　　　　　　　　　EY **n**
fermé début août à début sept., dim. soir et lundi – SC : **R** 95/150.

XX **Rôt. Le Féguide,** pl. Gare ⊠ 59800 ℡ 06.15.50 – ⓞ 𝘝𝘐𝘚𝘈　　　　　　　　　FY
✦ **R** *(fermé dim. soir)* 75/140 ⅊ , **Buffet Gare R** 41 /62 ⅊ .

XX **Le Gastronome,** 69 r. Hôpital Militaire ⊠ 59800 ℡ 54.47.43 – 𝔸𝔼 ⓞ **E** 𝘝𝘐𝘚𝘈　　EY **u**
fermé août, dim. sauf le midi de sept. au 17 juin et merc. soir – SC : **R** 75/200.

XX **Charlot II,** 26 bd J.B.Lebas ℡ 52.53.38, produits de la mer – 𝔸𝔼 ⓞ **E** 𝘝𝘐𝘚𝘈　　FZ **m**
fermé 1er juil. soir) au 15 sept., sam. midi, dim. soir et lundi – SC : **R** 190 bc/90.

XX **Chez Alcide,** 5 r. Débris St-Étienne ⊠ 59800 ℡ 55.06.61 – 𝔸𝔼 **E** 𝘝𝘐𝘚𝘈　　　　FY **v**
fermé juil. vacances de fév., vend. soir, dim. soir et sam. – **R** 55/82 ⅊ .

XX **La Verdière,** 25 r. Plat ⊠ 59800 ℡ 54.67.66 – 𝔸𝔼　　　　　　　　　　　　　FZ **r**
fermé 14 au 22 juil., mardi soir et dim. – SC : **R** carte 115 à 160.

XX **La Laiterie** ⑤, 138 av. Hippodrome : à Lambersart NO : 2 km ⊠ 59130 Lambersart
℡ 92.79.73, ㎡, ✿ – ⓟ. – SC : **R** 90/140.　　　　　　　　　　　　　　　　　AV **s**
fermé dim. soir et lundi – SC : **R** 90/140.

XX **Chez Roger,** 45 r. Gde-Chaussée ⊠ 59800 ℡ 55.48.70 – 𝔸𝔼 ⓞ **E** 𝘝𝘐𝘚𝘈　　　FY **s**
fermé juil., dim. et lundi – **R** 95 bc.

X **Chez Bernard,** 65 r. de la Barre ⊠ 59800 ℡ 57.06.53 – 𝔸𝔼　　　　　　　　　　EY **a**
fermé 15 juil. au 18 août, dim. et lundi – **R** carte 125 à 175.

X **A la Bascule,** 12 r. Cambrai ℡ 52.44.55 – 𝔸𝔼 ⓞ **E** 𝘝𝘐𝘚𝘈　　　　　　　　　CX **d**
fermé août, sam. soir et dim. – SC : **R** 69/95.

à Villeneuve d'Ascq E : 4,5 km par D 941 – 59 868 h. – ⊠ **59650** Villeneuve d'Ascq :

🏠 **Ibis** ⓜ, ℡ 91.81.50, Télex 160626, ㎡ – ⅃ 📺 ⟶wc ⓟ – ⚐ 30. **E** 𝘝𝘐𝘚𝘈　　JT
SC : **R** 60/100 ⅊ – ⟘ 18 – **80 ch** 179/182.

🏠 **Campanile** ⓜ, av. Canteleu ℡ 91.83.10, Télex 133335 – ⟶wc ⓟ. 𝘝𝘐𝘚𝘈　　　　KT
SC : **R** 60 bc/81 bc – ⟘ 22 – **50 ch** 170.

XX **La Bourgogne,** 73 av. Flandre ℡ 72.01.07 – 𝔸𝔼 ⓞ 𝘝𝘐𝘚𝘈　　　　　　　　　　JS
fermé 20 août au 15 sept. et sam. midi – SC : **R** (dîner prévenir) 100/140 (sauf fêtes).

XX Le Chantilly, 98 av. Flandre ℡ 72.40.30 – ⓟ.　　　　　　　　　　　　　　JS

XX **Vieille Forge,** 160 r. Lannoy au Recueil ℡ 05.50.75, ㎡ – ⓟ. 𝔸𝔼 ⓞ **E** 𝘝𝘐𝘚𝘈　　KT
fermé merc. soir et lundi – SC : **R** 80/180.

à Marcq-en-Baroeul par ② : 4,5 km – 35 520 h. – ⊠ **59700** Marcq-en-B. :

🏨 **Holiday Inn** ⓜ ⑤, av. Marne ℡ 72.17.30, Télex 132785, ◩ – ⅃ 📺 🖥 📺 ☎ ⛐ ⓟ –
⚐ 25 à 400. 𝔸𝔼 ⓞ **E** 𝘝𝘐𝘚𝘈　　　　　　　　　　　　　　　　　　　　　　　JS
SC : **Grill la Braise R** carte 100 à 135 - **Coffee-Shop R** carte environ 80 ⅊ – ⟘ 30 –
125 ch 310/350.

XX **Septentrion,** Parc du château Vert-Bois N : 1,5 km par N 17 ℡ 46.26.98 – ⓟ. 𝔸𝔼
ⓞ 𝘝𝘐𝘚𝘈　　　　　　　　　　　　　　　　　　　　　　　　　　　　　　　JS
fermé août, vacances de fév., dim. soir, lundi soir et mardi – SC : **R** carte 110 à 160.

à Loos SO : 4 km par D 941 – 21 537 h. – ⊠ **59120** Loos :

XX **L'Enfant Terrible,** 25 r. Mar.-Foch ℡ 07.22.11 – 𝘝𝘐𝘚𝘈　　　　　　　　　　GU
fermé 1er au 23 août, dim. soir et lundi – SC : **R** carte 125 à 190.

à l'Aéroport de Lille-Lesquin par ④ : 8 km – JU – ⊠ **59810** Lesquin :

🏨 **Holiday Inn** ⓜ ⑤, ℡ 97.92.02, Télex 132051, ◩ – ⅃ 🖥 📺 📺 ☎ ⛐ ⓟ – ⚐
25 à 1 000. 𝔸𝔼 ⓞ **E** 𝘝𝘐𝘚𝘈　　　　　　　　　　　　　　　　　　　　　　HU
SC : **Grill La Flamme R** carte 105 à 140 - **Snack Angus R** carte environ 80 ⅊ – ⟘ 31
– **212 ch** 315/355.

🏨 **Novotel Lille Aéroport** ⓜ, ℡ 97.92.25, Télex 820519, ◪ – 🖥 rest 📺 ☎ ⓟ –
⚐ 25 à 200. 𝔸𝔼 ⓞ **E** 𝘝𝘐𝘚𝘈　　　　　　　　　　　　　　　　　　　　　　HU
R snack carte environ 90 ⅊ – ⟘ 28 – **92 ch** 282/302.

à Englos par ⑥ : 7,5 km par échangeur de Lomme – ⊠ **59320** Haubourdin :

🏨 **Novotel Lille Lomme** ⓜ ⑤, au Sud-Est ℡ 07.09.99, Télex 132120, ◪ – 🖥 rest
📺 ☎ ⛐ ⓟ – ⚐ 30 à 300. 𝔸𝔼 ⓞ **E** 𝘝𝘐𝘚𝘈　　　　　　　　　　　　　　　FT
R snack carte environ 90 ⅊ – ⟘ 28 – **115 ch** 260/292.

à Prémesques par ⑦ : 10 km – ⊠ **59840** Pérenchies :

XXX ❀ **Armorial** (Lepelley), sur D 933 ℡ 08.84.24, ≤, « Parc et pièces d'eau » – ⓟ.
ⓞ 𝘝𝘐𝘚𝘈　　　　　　　　　　　　　　　　　　　　　　　　　　　　　　FT
fermé 1er au 15 août, en janv., dim. soir, mardi soir et merc. – SC : **R** 170/300
Spéc. Foie gras de canard, Ragoût des argonautes, Chevreuil au cassis (début oct. à fin déc.).

à La Neuville par ⑤, N 49, D 925, D 62 et C 3 : 18 km – ⊠ **59239** Thumeries :

XX **Leu Pindu,** 1 r. Gén.-de-Gaulle ℡ 86.82.21, « Grand jardin à l'orée de la forêt »
– ⓟ.
fermé août, vacances de fév., dim. et fêtes – SC : **R** (déj. seul.) 70/190.

LILLE ROUBAIX TOURCOING

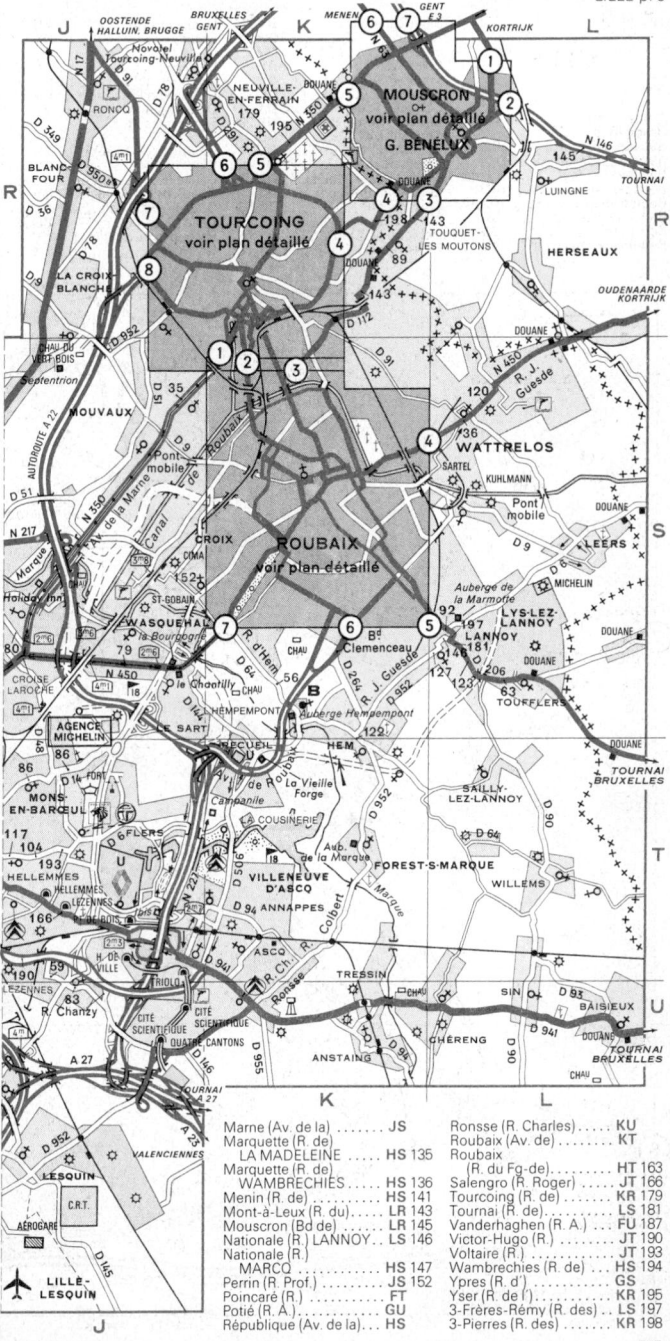

595

LILLE

596

LILLE

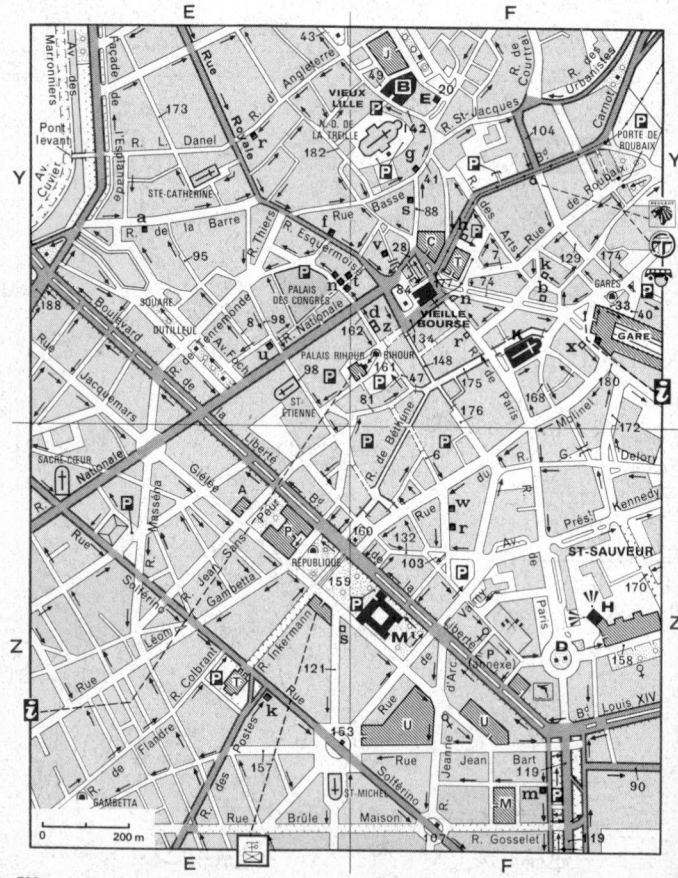

MICHELIN, Agence régionale, r. des Châteaux, Z.I de la Pilaterie à Wasquehal JS ☎ 98.40.48

CITROEN Succursale, 145 r. Wazemmes BX ☎ 30.87.96
CITROEN Gar. Janssens, 20 r. de Mulhouse CX ☎ 52.71.28
CITROEN Gar. St-Christophe, 20 r. Bonté-Pollet AX ☎ 93.69.31
LADA, VOLVO Gar. V.D.B., 8 r.J.-du-Solier ☎ 57.37.79
PEUGEOT-TALBOT S.I.A.-Nord, 50 bd Carnot FY ☎ 06.92.04
PEUGEOT-TALBOT Sté Lilloise Auto, 58 r. des Stations BV ☎ 30.87.80
RENAULT Crépin, 95 r. de Douai DX ☎ 52.52.48
V.A.G. Gar. Continental, 289 r. Gambetta ☎ 30.81.72

Dewitte, 20 r. d'Isly ☎ 93.50.54
Laloyer, 62 r. Abélard ☎ 53.40.34
Matthys, 10 r. Colbert ☎ 57.49.31
Pneus et Services D.K, 148 bis r. d'Esquermes ☎ 93.71.36
Vulcanord, 177 r. d'Artois, 30 r. L.-Bergot ☎ 52.48.41

Périphérie et environs

ALFA-ROMEO, FERRARI Auto 2000, 96 allée Gabriel à Marcq-en-Baroeul ☎ 72.26.00
BMW Autolille, 873 av. de la République à Marcq en Baroeul ☎ 72.90.72
CITROEN Succursale, 187 av. République à La Madeleine DU ☎ 55.17.10
CITROEN Cabour, 449 av. de Dunkerque à Lomme GT ☎ 92.33.62 N ☎ 78.82.29
CITROEN Villeneuve Automobiles, La Cousinerie à Villeneuve d'Ascq KT ☎ 91.27.62
CITROEN Fayen, 186 r. des Fusillés à Villeneuve d'Ascq KU ☎ 34.53.05
FORD Flandres autos Sud, 455 bis av. Leclerc à Faches Thumesnil ☎ 87.13.13
FORD Flandres-Autos, 70 r. Louis-Delos à Marcq-en-Baroeul ☎ 55.07.70
MERCEDES-BENZ C.I.C.A., 1033 av. République à Marcq-en-Baroeul ☎ 72.39.39 N ☎ 21.22.00
OPEL-GM Baillet, 330 r. Roger-Salengro à Hellemmes ☎ 04.12.36
OPEL-GM Eurauto, Centre Commercial, rte de Sequedin à Englos ☎ 92.20.33
PEUGEOT-TALBOT C.D.A., 21 r. J.-Guesde à Villeneuve-d'Ascq JT ☎ 56.87.61
RENAULT Succursale, 140 av. République à La Madeleine DU ☎ 55.54.55 N
RENAULT Gar. de l'Heurtebise, 172 r. A.-Potié à Haubourdin GTU ☎ 07.27.44 et Centre Commercial à Englos FT ☎ 09.25.55 N ☎ 07.19.57
RENAULT Gar. V.R.A.L.E., Pont de bois à Villeneuve d'Ascq JT ☎ 91.20.35
RENAULT Gar. Wacrenier, bd Hentges à Seclin par N 49 GU ☎ 90.12.32
TOYOTA Autodis, 116 r. Jules Guesde à Villeneuve d'Ascq ☎ 04.33.33
VAG Delroy Autom., 512 av. de Dunkerque à Lambersart ☎ 09.46.07
V.A.G. Gar. du Château, av. Champollion à Villeneuve d'Ascq ☎ 05.24.04

François-Pneus, 331 av. du Gén.-de-Gaulle à Hallennes ☎ 07.70.44 et 614 av. Dunkerque à lomme ☎ 09.12.55
Prévost, 322 r. Gén.-de-Gaulle, à Mons-en-Baroeul ☎ 04.88.08
Reform'Pneus, 261 bis av. République à La Madeleine ☎ 55.52.70 et r. de la Croix-Bougard, Centre Routier à Lesquin ☎ 97.22.01
Rénova-Pneus, Zone Ind. Séclin, r. Mont Templemars à Noyelles Séclin ☎ 90.65.54
Seeuws, 29 r. J.-Ferry à Hellemmes ☎ 56.87.70
Vasseur pneus, 3 r. E.-Blondeau à Haubourdin ☎ 07.26.72
Wattelle, 111 r. Gén.-de-Gaulle à La Madeleine ☎ 55.67.55

Donnez-nous votre avis sur les tables que nous recommandons,
sur leurs spécialités et leurs vins.

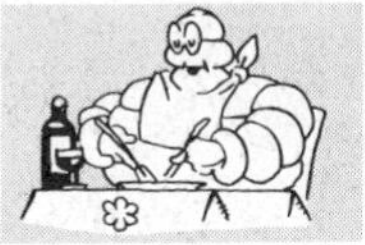

LILLEBONNE 76170 S.-Mar. 55 ④⑤ **G. Normandie** – 9 675 h. alt. 32 – 35.

Bac de Quillebeuf : renseignements ☎ 57.51.05.

Office de Tourisme jardin J.-Rostang (1er juin-15 sept. et fermé mardi) ☎ 38.08.45.

Paris 187 ④ – Bolbec 8 ⑥ – ♦Le Havre 37 ④ – Honfleur 40 ④ – Lisieux 62 ④ – ♦Rouen 52 ②.

France, 1 bis r. République **(a)** ☎ 38.04.88, – – wc . AE VISA
fermé 2 au 17 janv. et dim. soir – SC : **R** 78/150 – 14 – **20 ch** 55/150 – P 235/320.

à Norville par ③ et D 81 : **10 km** – **76330** N.-D.-de-Gravenchon :

Aub. de Norville avec ch, ☎ **39.91.14,** ← – . ch
SC : **R** *(fermé vend. et sam. midi)* 42/110 – 13,50 – **10 ch** 78/101.

LILLEBONNE Gambetta (R. L.) . . 2 Havre (R. du) . . . . 3 Messager (R. H.) . 4 Pasteur (R.) 5

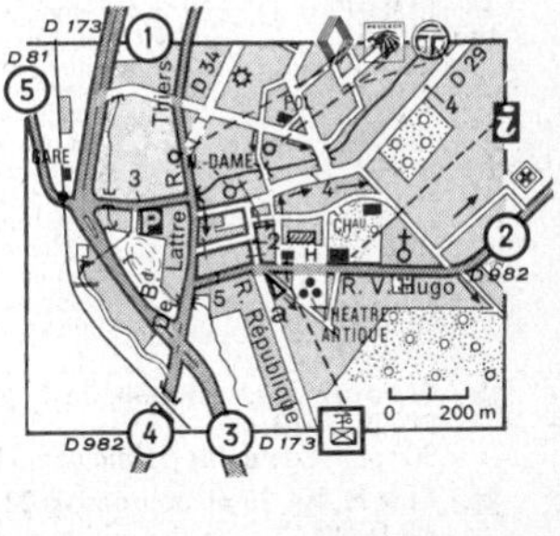

BMW, PEUGEOT-TALBOT Raimbourg, 8 r. Dr-Léonard ☎ 38.05.22
FIAT, LANCIA-AUTOBIANCHI Evrard, 15 r. Pasteur ☎ 38.00.68
RENAULT Legay, av. R.-Coty par ② ☎ 38.39.53
RENAULT Dajon, 23 ter r. Thiers ☎ 38.01.47

LIMERZEL 56 Morbihan **BB** ④ – 1 229 h. – ⊠ 56220 Malansac – ✿ 97.

Paris 430 – ✦ Nantes 85 – Ploërmel 42 – Redon 30 – Vannes 37.

XX **Aub. Limerzelaise**, ☏ 66.20.59, 🎨 – *VISA*
fermé fév., lundi soir et mardi hors sais. – SC : **R** 54/200.

LIMOGES 🅿 87000 H.-Vienne **72** ⑰ 🖝 **G. Périgord** – 144 082 h. alt. 294 – ✿ 55.

Voir Cathédrale★ BZ **B** – Église St-Michel-des-Lions★ AY **D** – Musées : A. Dubouché★★
(porcelaines) AY, Municipal★ (émaux★★) BZ **M**.

🏌 ☏ 30.21.02 par ④ : 3 km.

✈ de Limoges-Bellegarde, ☏ 00.10.37 par ⑥ : 10 km.

🖪 Office de Tourisme (fermé dim. et fêtes hors saison) et Accueil de France (Informations et
réservations d'hôtels, pas plus de 5 jours à l'avance) bd Fleurus ☏ 34.46.87, Télex 580705 et Aire de
Repos Grossereix (juil.-août) - A.C. 33 bd L.-Blanc ☏ 34.32.06.

Paris 396 ① – Angoulême 103 ⑥ – ✦Bordeaux 220 ⑥ – ✦Clermont-Ferrand 181 ② – ✦Dijon 436 ① –
Montluçon 154 ① – ✦Montpellier 443 ④ – ✦Nantes 304 ⑥ – Poitiers 119 ⑦ – ✦Toulouse 313 ④.

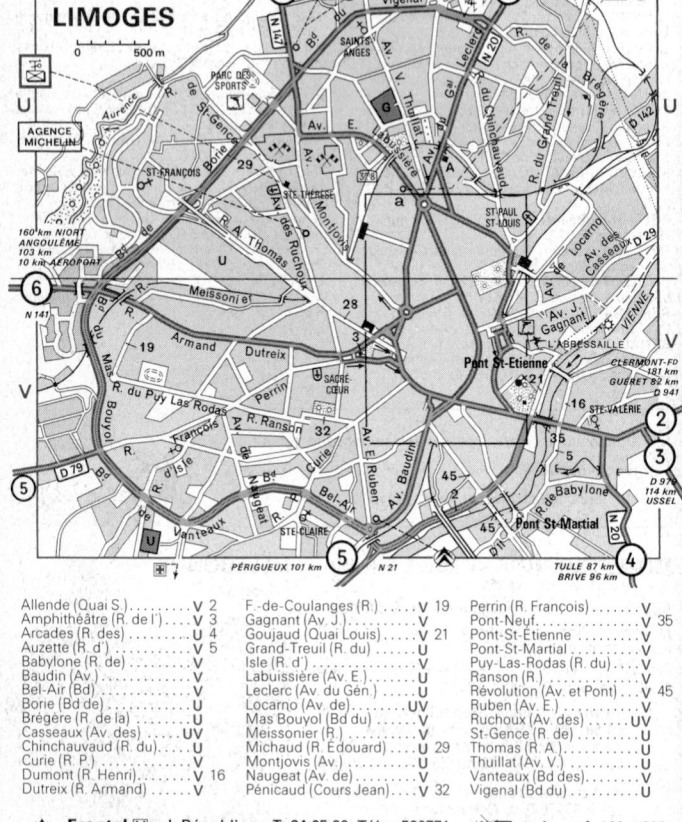

Allende (Quai S.) . . . . V 2	F.-de-Coulanges (R.) . . . . . V 19	Perrin (R. François) V
Amphithéâtre (R. de l') . . . V 3	Gagnant (Av. J.) V	Pont-Neuf . . . . V 35
Arcades (R. des) . . . . U 4	Goujaud (Quai Louis) V	Pont-St-Étienne V
Auzette (R. d') . . . . V 5	Grand-Treuil (R. du) . . . . . U	Pont-St-Martial V
Babylone (R. de) V	Isle (R. d') . . . . U	Puy-Las-Rodas (R. du) . . . V
Baudin (Av.) V	Labussière (Av. E.) . . . . . . U	Ranson (R.) V
Bel-Air (Bd) V	Leclerc (Av. du Gén.) . . . . U	Révolution (Av. et Pont) . . V 45
Borie (Bd de l') . . . . U	Locarno (Av. de) . . . . UV	Ruben (Av. E.) V
Brégère (R. de la) V	Mas Bouyol (Bd du) V	Ruchoux (Av. des) . . . . UV
Casseaux (Av. des) . . . . . UV	Meissonier (R.) V	St-Gence (R. de) . . . . U
Chinchauvaud (R. du) . . . . U	Michaud (R. Édouard) . . . U 29	Thomas (R. A.) . . . . U
Curie (R. P.) V	Montjovis (Av.) V	Thuillat (Av. V.) . . . . U
Dumont (R. Henri) . . . . . . V 16	Naugeat (Av. de) V	Vanteaux (Bd des) . . . . U
Dutreix (R. Armand) V	Pénicaud (Cours Jean) . . . V 32	Vigenal (Bd du) . . . . U

🏩 **Frantel** 🅼, pl. République ☏ 34.65.30, Télex 580771 – 🛗 📺 ☎ 🕭 – 🔏 100 à 200.
🆎 ⓞ 🇪 *VISA*
SC : rest. **Le Renoir** (fermé sam.) **R** carte 110 à 150 - - ☑ 31 – **75 ch** 252/357.
BY **u**

🏠 **Luk H.** 🅼, 29 pl. Jourdan ☏ 33.44.00, Télex 580704 – 🛗 📺 ⏢wc 🖝 – 🔏 40. 🆎
ⓞ 🇪 *VISA*
SC : **R** (fermé dim.) 75 bc – **55 ch** ☑ 225/275 – P 280/350.
BY **x**

🏠 **Le Richelieu** 🅼 sans rest, 40 av. Baudin ☏ 34.22.82 – 🛗 ⏢wc 🛁wc 🖝 🚗. *VISA*
SC : ☑ 19 – **27 ch** 100/190.
AZ **a**

LIMOGES

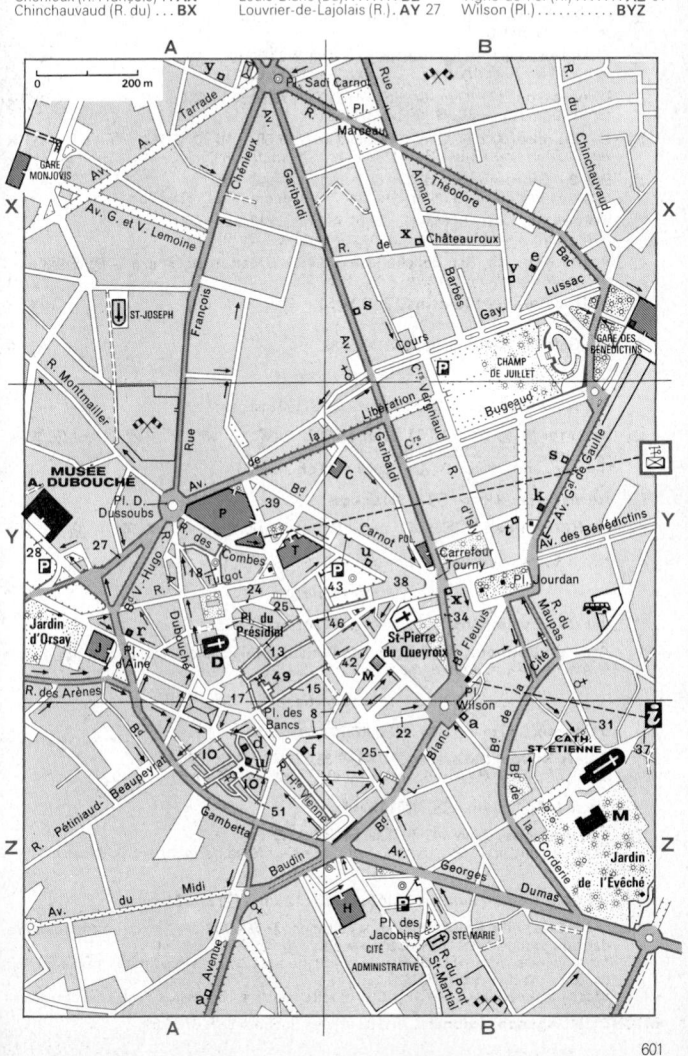

🏨 **Caravelle** Ⓜ sans rest, 21 r. A.-Barbès ⊠ 87100 ℡ 77.75.29 – 🛗 🖻wc 🏲wc ☎
⟋🌧 E *VISA*
SC : ⊇ 20 – **31 ch** 139/191.   BX **x**

🏨 **Jeanne-d'Arc** sans rest, 17 av. Gén.-de-Gaulle ℡ 77.67.77, Télex 580011 – 🛗 📺
🖻wc 🏲wc ☎ ⟋🌧 🅿 – 🔬 30 à 130. 🖭 ⓸ E *VISA*   BY **s**
fermé vacances de Noël – SC : ⊇ 19 – **55 ch** 100/270.

🏨 **Orléans Lion d'Or**, 9 cours Jourdan ℡ 77.49.71 – 🛗 🖻wc 🏲wc 🕾. 🖭 ⓸ E
VISA   BY **t**
fermé hôtel : 24 déc. au 10 janv. ; rest : 1er déc. au 10 janv. – SC : **R** *(fermé dim. soir
et sam. du 1er nov. au 1er avril)* 55/100 🍷 – ⊇ 18,50 – **42 ch** 75/235.

🏨 **Le Petit Paris**, 48 bis av. Garibaldi ℡ 77.39.82 – 🖻wc 🏲wc ☎ 🕾 ⟋🌧   BX **s**
fermé 26 oct. au 13 nov., 15 déc. au 2 janv., vend., sam. et dim. hors sais. – SC : **R**
55/90 🍷 – ⊇ 16 – **18 ch** 90/130.

🏨 **Europe**, 2 pl. Wilson ℡ 34.23.72 – 🖻wc 🏲wc 🕾. *VISA*. 🦞 ch   BZ **a**
➔ *fermé 15 déc. au 15 janv.* – SC : **R** *(fermé sam.)* 47/97 – ⊇ 15 – **23 ch** 70/130.

🏨 **Le Carlin** sans rest, 12 r. Pétiniaud-Dubos ℡ 77.39.75 – 🏲   BX **v**
🖳 13 – **18 ch** 67/82.

🏨 **L'Aiglon** sans rest, 8 r. Crucifix ⊠ 87100 ℡ 77.39.13 – 🏲   AX **y**
fermé 1er au 15 août et dim. – SC : ⊇ 13 – **15 ch** 60/113.

XXX **Deux Atres**, 17 r. Gén.-Bessol ⊠ 87100 ℡ 79.64.54 – *VISA*   BX **e**
fermé lundi soir – **R** 100 bc/200 bc.

XX **Le Chambord**, 3 av. Gén.-de-Gaulle ℡ 77.27.65 – 🖭 ⓸ E *VISA*   BY **k**
fermé 27 juin au 12 juil., 3 au 17 janv. et sam. midi – **R** 65/110.

XX **Pré St-Germain**, 26 r. de la Loi ℡ 34.15.17 – 🍽. *VISA*   AZ **f**
fermé 25 juil. au 13 août, en janv., sam. midi et dim. – SC : **R** 125 bc.

XX **Versailles**, Rest.-Brasserie, 20 pl. Aine ℡ 34.13.39 – *VISA*   AY **r**
fermé août, vacances de fév., dim. soir et lundi – **R** 70/115.

XX **Petits Ventres**, 20 r. Boucherie ℡ 33.34.02, « Maison du 15e s. » – 🖭 E *VISA*   AZ **u**
fermé juil., lundi midi et dim. – SC : **R** 69/150.

XX **Buffet Gare Bénédictins**, ℡ 77.54.54 – *VISA*   BX
R 55/95 🍷.

X Lou Galetou, 26 r. Boucherie ℡ 33.36.39.   AZ **d**

Par la sortie ①

Z.I. Nord Quartier du Lac : 4 km – ⊠ 87100 Limoges :

🏨 **Novotel** Ⓜ 🦢, ℡ 37.20.98, Télex 580061, <, 🌧, 🏊, 🐎, 🦞 – 🛗 🍽 rest 📺 ☎ 🕭
🅿 – 🔬 25 à 200. 🖭 ⓸ E *VISA*   **90 ch** 219/250.
R snack carte environ 90 🍷 – ⊇ 28 –

rte de Paris : 9 km – ⊠ 87100 Limoges :

🏨 **La Résidence**, ℡ 39.90.47, parc, 🌧 – 🖻wc 🏲wc 🕾 ⟋🌧 🅿 – 🔬 70. *VISA*
🦞 ch
fermé 3 au 10 sept., fév. et dim. soir – **R** 75/180 – ⊇ 15 – **20 ch** 130/180.

Par sortie ③

sur rte d'Eymoutiers : 10 km – ⊠ 87220 Feytiat :

XX **Aub. du Bonheur**, ℡ 00.28.19, « Collection d'objets anciens », parc – 🅿
fermé 8 août au 8 sept. et merc. – SC : **R** 72/120.

Par la sortie ⑦

à Couzeix : 5 km – 5 139 h. – ⊠ 87270 Couzeix :

X **Relais St-Martial** avec ch, N 147 ℡ 39.33.50 – 🏲 🅿. *VISA*
➔ *fermé fév.* – SC : **R** *(fermé lundi)* 47/130 🍷 – 🖳 11 – **11 ch** 69 – P 140.

sur N 147 : 10,5 km – ⊠ 87510 Nieul :

XX **Les Justices**, sur N 147 ℡ 75.84.54, 🐎 – 🅿
fermé 2 janv. au 3 fév., dim. soir et lundi sauf fêtes (le midi) – SC : **R** carte 115 à
155.

à St-Martin-du-Fault par N 147 et D 35 : 12 km – ⊠ 87510 Nieul :

XXX ❀ **La Chapelle St-Martin** Ⓜ 🦢, avec ch, ℡ 75.80.17, <, 🌧, 🦞, « Gentilhommière
dans un parc », 🦞 – 🖻wc 🕾 ⟋🌧 🅿 – 🔬 30. 🦞 rest
fermé janv. et fév. – SC : **R** *(fermé lundi)* (nombre de couverts limité - prévenir) 155
bc/255 – ⊇ 34 – **9 ch** 270/320.
Spéc. Crudité de saumon frais au vinaigre de xérès, Ravioli de langoustines, Ragoût des deux abats.

MICHELIN, Agence régionale, 78 à 82 av. des Ruchoux U ℡ 77.13.61

ALFA-ROMEO Centre-Ouest-Automobiles, 1 r. de Liège ℘ 34.10.90
AUSTIN, JAGUAR, MORRIS, ROVER, TRIUMPH Sud-Autom., N 20 à Crochat ℘ 30.48.30
BMW, DATSUN Gar. Fraisseix J.-, 213 r. de Toulouse ℘ 30.42.70
CITROEN Central Gar., r. F.-Bastiat, Z.A.C. de Beaubreuil par ① ℘ 37.23.09
CITROEN Gar. Baudin, 176 av. Baudin V ℘ 34.15.74
FERRARI, FIAT, LANCIA, AUTOBIANCHI Savary, 48 av. Gén.-Leclerc ℘ 38.30.40
FORD Gar. Fraisseix E.-, RN 20 à Crochat ℘ 30.46.47
MAZDA-MERCEDES-BENZ Gar. Jourdan, av. L.-Armand, Zone Ind. Nord ℘ 38.16.17
OPEL-GM-US Gén.-Autom. du Limousin, rte de Toulouse, Crochat ℘ 30.48.30
PEUGEOT, TALBOT Gds Gar. Limousin, rte de Toulouse, Zone Ind. Magré par ④ ℘ 30.65.35
PEUGEOT-TALBOT Gds Gar. Limousin, 21 av. E.-Labussière U a ℘ 77.13.99
PEUGEOT, TALBOT Guyot, r. F.-Perrin, Le Moulin Blanc par D 79 V ℘ 01.34.52
PEUGEOT, TALBOT Gar. Valade, 106 r. de Bellac U ℘ 77.55.73

PORSCHE Royal-Gar., Zone Ind. de Ponteix à Feytiat ℘ 31.14.14
RENAULT Renault-Limoges, av. L.-Armand, Zone Ind. Nord par ① ℘ 79.58.25 🅽 ℘ 50.79.79
RENAULT Dufournaud, N 21, Les Fayes par ⑤ ℘ 34.51.05
TOYOTA Gar. Carnot, 9 av. E.-Labussière ℘ 77.48.06
VAG France-Auto-Centre, à Feytiat ℘ 31.23.85
VOLVO Gar. Desbordes, 229 av. Gén.-Leclerc ℘ 37.17.71
Gar. Auto-Sport, r. Serpollet Zone Ind. Nord ℘ 37.17.80

Ⓜ Charles, 5 bis bd Corderie ℘ 34.31.69
Estager-Pneu, 56 av. Gén.-Leclerc ℘ 38.42.43 et 5 r. A. Comte Zone Ind. Nord ℘ 38.10.71
Faucher, 55 r. Th.-Bac ℘ 77.27.02
Longequeue-Pneus, 8 r. F.-Chénieux ℘ 77.48.37
Omnium-Pneus, 61 av. Gén.-Leclerc ℘ 77.52.88
Pneus et Caoutchouc, 230 av. Baudin ℘ 34.51.21 et 33 av. des Bénédictins ℘ 33.32.33
Relais-Pneu, 11 av. G.-Péri ℘ 34.55.13
Royal Gge, 13 rue A.-Barbès ℘ 77.25.30
Transac-Pneus, 43 r. F.-Chénieux ℘ 77.60.14

CONSTRUCTEUR : RENAULT Véhicules Industriels, rte du Palais ℘ **77.58.35**

LIMONEST 69760 Rhône 74 ⑪ – 2 244 h. alt. 400 – ⚙ 7.

Paris 454 – L'Arbresle 17 – ♦Lyon 13 – Villefranche-sur-Saône 18.

XX **Puy d'Or** avec ch, au S : 3 km par D 42 ℘ 835.12.20, ≤ – ⇔ ⋒ Ⓟ. AE E
fermé 5 au 10 août, 5 au 30 oct., mardi soir et merc. – SC : **R** 74/160 ₰ – ☕ 17 – **6 ch** 110/135.

XX **La Gentil'Hordière,** ℘ 835.94.97, ⛱ – AE VISA
fermé 6 au 31 août, vacances de fév., sam. midi et dim. – SC : **R** 110/180.

LIMOUX <SP> 11300 Aude 86 ⑦ G. Pyrénées – 10 885 h. alt. 172 – ⚙ 68.

ℹ Office de Tourisme Promenade Tivoli (fermé matin hors sais., sam. et dim. sauf sais.) ℘ 31.11.82.

Paris 841 ① – Carcassonne 24 ① – Foix 67 ③ – ♦Perpignan 101 ② – ♦Toulouse 95 ①.

🏨 **Moderne et Pigeon,** 1 pl. Gén.-Leclerc **(a)** ℘ 31.00.25 – ⇔wc ⋒wc ☎. AE ⓞ VISA
fermé 15 déc. au 31 janv. – SC : **R** *(fermé sam. de sept. à juil.)* 50/130 – ☕ 15,50 – **30 ch** 58/189 – P 173/267.

🏨 **Le Mauzac** sans rest, rte Carcassonne par ① ℘ **31.12.77** – ⇔wc ⋒ ☎ Ⓟ. AE ⓞ E
fermé fév. – SC : ☕ 15 – **21 ch** 75/170.

sur rte de Castelnaudary par ① et D 623 : 13 km – ✉ **11240** Belvèze du Razes :

X **Relais Touristique de Belvèze** avec ch, carrefour D 623 - D 18 ℘ 69.08.78 – ⇔wc ⋒wc ☎ Ⓟ. E
SC : **R** *(fermé lundi sauf du 1er juin au 15 oct. et fériés)* 52 bc/140 bc – ☕ 14 – **7 ch** 100/130 – P 160/200.

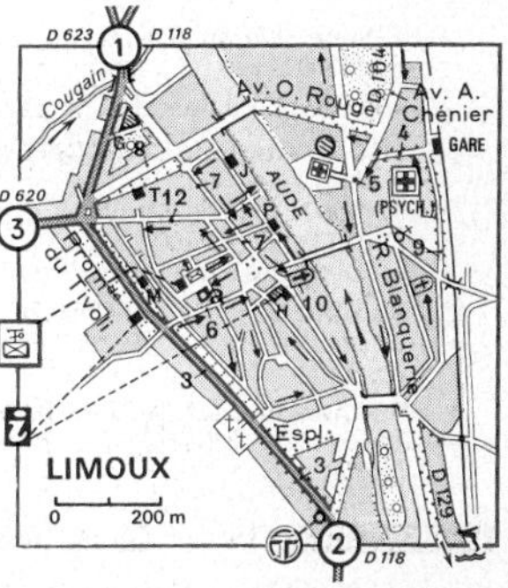

Fabre-d'Églantine (Av.)	3	Jean-Jaurès (R.)	7
Gare (Av. de la)	4	Marronniers (Av.)	8
Gare (R. de la)	5	Ronde (Ch. de)	9
Goutine (R. de la)	6	St-Martin (⊞)	10
		Toulzane (R.)	12

ALFA-ROMEO, OPEL Bardavio, 22 av. A.-Chenier ℘ 31.02.43
CITROEN Nivet, rte Perpignan par ② ℘ 31.06.00
FIAT Lachèze, 13 rte d'Alet ℘ 31.34.66 🅽
FORD Huillet, 25 av. Fabre-d'Églantine ℘ 31.01.48
PEUGEOT-TALBOT Gar. de Flassian, rte Carcassonne par ① ℘ 31.21.92

RENAULT Limoux-Autom., rte Carcassonne par ① ℘ 31.08.87 🅽
VAG A.L.B., rte d'Alet ℘ 31.44.50

Ⓜ Figuères-Pneus, rte d'Alet, Zone Ind. ℘ 31.13.84

Nelle piante di città il Nord è sempre in alto.

LINTHAL 68 H.-Rhin **62** ⑱ – 523 h. alt. 425 – ✉ **68610** Lautenbach – ☎ 89.

Paris 558 – Colmar 37 – Gérardmer 52 – Guebwiller 11 – ◆Mulhouse 34.

🏠 **A la Truite de la Lauch,** ☎ 76.32.30 – 🛏 🏠 **②** **VISA**. ⅙ rest
◆ *1er mai-31 oct., 15 déc.-15 janv., fév., vacances scolaires et fermé merc. hors sais.* –
SC : **R** 50/120 🍴 – ⌼ 15,50 – **16 ch** 60/130 – P 145/165.

LIOCOURT 57 Moselle **57** ⑭ – 129 h. alt. 290 – ✉ **57590** Delme – ☎ 8.

Paris 355 – Château-Salins 17 – ◆Metz 28 – Pont-à-Mousson 30 – St-Avold 48.

✕✕ **Au Savoy,** ☎ 701.36.72 – 🖭 **①** **E** **VISA**. ⅙
fermé 1er fév. au 1er mars, lundi soir et mardi – SC : **R** 78/169 🍴.

Le LION D'ANGERS 49220 M.-et-L. **63** ⑳ G. Châteaux de la Loire – 2 775 h. alt. 32 – ☎ 41.

Voir Haras de L'Isle Briand★ E : 1 km.

Paris 291 – Ancenis 52 – Angers 22 – Château-Gontier 21 – La Flèche 51.

🏠 **Voyageurs,** ☎ 91.30.08 – 🛏wc 🏠 ⇔
◆ *fermé 1er au 15 oct., 16 janv. au 10 fév., dim. soir (sauf hôtel) et lundi hors sais.* –
SC : **R** 35/110 🍴 – ⌼ 13 – **13 ch** 68/140 – P 130/150.

LION-SUR-MER 14780 Calvados **55** ② G. Normandie – 1 824 h. – ☎ 31.

🛈 Syndicat d'Initiative bd Plage (1er juil.-15 sept.) ☎ 97.20.53.

Paris 255 – Arromanches 25 – Bayeux 32 – Cabourg 25 – ◆Caen 16 – Ouistreham-Riva-Bella 6.

🏠 **Moderne,** ☎ 97.20.48 – 🏠. ⅙ rest
14 avril-23 sept. et fermé mardi sauf juil.-août – SC : **R** 55/115 – ⌼ 13 – **14 ch**
73/117 – P 145/163.

RENAULT Boutry, ☎ 97.20.21 **N**   RENAULT Gar. de l'Espérance, à Hermanville-
sur-Mer ☎ 97.28.62

Le LIORAN 15 Cantal **76** ③ G. Auvergne – alt. 1 153 – Sports d'hiver à Super-Lioran SO : 2 km
– ✉ **15300** Murat – ☎ 71.

Voir Gorges de l'Alagnon★ NE : 2 km puis 30 mn – Col de Cère ⩽★ SO : 4 km.

Paris 507 – Aurillac 39 – Condat 42 – Murat 12 – St-Jacques-des-Blats 6.

✕✕ **Aub. du Tunnel** avec ch, ☎ 49.50.02 – 🛏wc 🏠wc ☎ **②**. **E**
◆ *1er juil.-30 sept. et 23 déc.-30 avril* – SC : **R** 40/100 – ⌼ 18 – **18 ch** 100/120 – P
145/155.

à Super-Lioran SO : 2 km par D 67 – Sports d'hiver : 1 250/1 850 m ≴1 ≴26 ≴ –
✉ **15300** Murat.

Voir Plomb du Cantal ⅙★★ par téléphérique.

🏨 ☼ **Gd H. Anglard et du Cerf** Ⓜ ⌂, ☎ 49.50.26, Télex 990575, ⩽ Monts du Cantal
🕭 ☎ **②** – 🔺 40
30 mai-12 juin, 30 juin-30 sept. et 20 déc.-20 avril – SC : **R** 62/150 – ⌼ 15,50 – **38 ch**
115/230 – P 170/260
Spéc. Foie gras du chef, Filet de boeuf mignonnette, Le Lioran (pâtisserie).

🏠 **Remberter** Ⓜ ⌂, ☎ 49.50.28, ⩽ – 🕭 🛏wc 🏠wc ☎ **②** ⅙ rest
◆ *20 juin-15 sept. et 20 déc.-15 avril* – SC : **R** 41/102 – ⌼ 15 – **32 ch** 97/160 – P
140/176.

🏠 **Rocher du Cerf** ⌂, ☎ 49.50.14, ⩽ – 🛏wc 🏠wc **②**
◆ *25 juin-10 sept. et 20 déc.-10 avril* – SC : **R** 40/80 🍴 – ⌼ 15 – **11 ch** 80/120 – P
140/169.

Le LIOUQUET 13 B.-du-R. **84** ⑭ – rattaché à La Ciotat.

LISIEUX ⬠ 14100 Calvados **55** ⑬ G. Normandie – 25 823 h. alt. 49 – Pèlerinage (fin sept.) –
☎ 31.

Voir Cathédrale St-Pierre★ BY

🛈 Office de Tourisme 11 r. Alençon (fermé dim. hors saison) ☎ 62.08.41, Télex 170169.

Paris 174 ② – Alençon 91 ④ – Argentan 58 ④ – ◆Caen 49 ⑥ – ◆Cherbourg 171 ⑥ – Dieppe 139 ①
– Evreux 72 ② – ◆Le Havre 79 ① – ◆Le Mans 140 ④ – ◆Rouen 82 ②.

Plan page ci-contre

🏨 **Place** sans rest, 67 r. H.-Chéron ☎ 31.17.44 – 🕭 **TV** 🛏wc 🏠wc ☎ ⅙ ⇔. 🖭 **①**
E **VISA**   AY **a**
SC : ⌼ 21 – **33 ch** 190/280.

🏨 **Espérance et rest. Pays d'Auge,** 16 bd Ste-Anne ☎ 62.17.53, Télex 171845 –
🕭 🛏wc 🏠wc ☎. 🖭 **VISA**   BZ **e**
1er mai-30 sept. – SC : **R** 75/140 – ⌼ 19,50 – **100 ch** 100/200.

🏨 **Gd H. Normandie,** 11 bis r. au Char ☎ 62.16.05, Télex 170269 – 🕭 🛏wc 🏠wc
◆ ⇔. 🖭 **①** **E** **VISA**   BY **k**
1er mai-30 sept. – SC : **R** 47/135 – ⌼ 18 – **80 ch** 100/195.

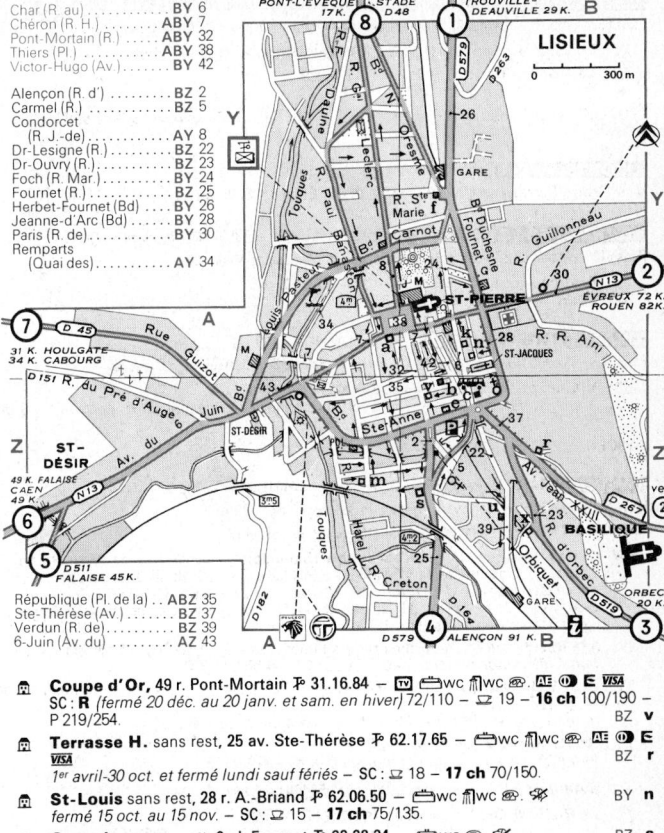

🏨 **Coupe d'Or**, 49 r. Pont-Mortain ☎ 31.16.84 – 📺 🛁wc 🚿wc 🅿️. 🆎 ⓞ Ε 𝚅𝙸𝚂𝙰
SC : **R** *(fermé 20 déc. au 20 janv. et sam. en hiver)* 72/110 – ☲ 19 – **16 ch** 100/190 –
P 219/254.
BZ **v**

🏨 **Terrasse H.** sans rest, 25 av. Ste-Thérèse ☎ 62.17.65 – 🛁wc 🚿wc 🅿️. 🆎 ⓞ Ε
𝚅𝙸𝚂𝙰
1er avril-30 oct. et fermé lundi sauf fériés – SC : ☲ 18 – **17 ch** 70/150.
BZ **r**

🏨 **St-Louis** sans rest, 28 r. A.-Briand ☎ 62.06.50 – 🛁wc 🚿wc 🅿️. 🛇
fermé 15 oct. au 15 nov. – SC : ☲ 15 – **17 ch** 75/135.
BY **n**

🏨 **Capucines** sans rest, 6 pl. Fournet ☎ 62.28.34 – 🛁wc 🅿️. 🛇
SC : ☲ 16,50 – **18 ch** 55/110.
BZ **s**

🏨 **St-Michel** sans rest, 22 r. Bocage ☎ 62.05.90 – 🚿 🅿️. 🛇
fermé dim. en hiver – SC : ☲ 15,50 – **24 ch** 72/110.
AZ **m**

🏨 **Maris-Stella**, 56 bis r. Orbec ☎ 62.01.05 – 🛁 🅿️. 𝚅𝙸𝚂𝙰. 🛇 ch
fermé 15 déc. au 31 janv., lundi de mai à sept. (sauf hôtel) et sam. d'oct. à avril –
SC : **R** 60/92 – ➹ 13 – **18 ch** 68/130 – P 170.
BZ **x**

🍴🍴🍴 **Ferme du Roy**, par ① : 2,5 km ☎ 31.33.98, « Ancienne ferme, jardin » – 🅿️. 𝚅𝙸𝚂𝙰.
🛇
fermé 30 juin au 8 juil., 12 déc. au 12 janv., dim. soir et lundi – SC : **R** 140/180.

🍴🍴 **Parc**, 21 bd Herbert-Fournet ☎ 62.08.11, 🌳, « Ancienne salle d'orgues du
16e s. », 🌳 – 🅿️. 🆎 𝚅𝙸𝚂𝙰
fermé 1er au 26 janv., mardi soir hors sais. et merc. – SC : **R** 100 bc/230 bc.
BY **f**

🍴🍴 **Acacias**, 13 r. Résistance ☎ 62.10.95 – 𝚅𝙸𝚂𝙰
fermé dim. soir et lundi sauf fêtes – SC : **R** 60/115.
BZ **b**

🍴🍴 **Aub. du Pêcheur**, 2 bis r. Verdun ☎ 31.16.85 – 🆎 ⓞ 𝚅𝙸𝚂𝙰
fermé oct., merc. et jeudi – **R** 60/154.
BZ **u**

à Manerbe par ⑦ : 7 km – ✉ **14340** Cambremer :

🍴🍴 **Pot d'Étain**, ☎ 31.03.65, 🌳, « Jardin fleuri » – 🅿️. 🆎 Ε 𝚅𝙸𝚂𝙰. 🛇
fermé janv., fév., mardi soir et merc. – SC : **R** 60/170.

CITROEN Succursale, 41 r. de Paris ☎ 31.15.75
🅽 ☎ 62.16.99
FIAT Meslin, 5 r. Ste-Marie ☎ 62.04.52
FORD Gar. des Loges, 41 r. Fournet ☎ 62.25.17
OPEL S.A.M.O., 34 r. Gén.-Leclerc ☎ 62.04.46
PEUGEOT-TALBOT Gar. Jonquard Lorant 61
bd Ste-Anne ☎ 31.00.71

RENAULT Gar. du Parc, rte de Paris par ② ☎
31.28.76
VOLVO Richard, 57 bd Ste-Anne, ☎ 62.02.78

🏵 Ollitrault-Pneus, 5 bis r. du Marché-aux-
Bestiaux ☎ 62.29.10
Renov.-Pneu, 29 r. de Paris ☎ 62.03.04

LISLE-SUR-TARN 81310 Tarn 82 ⑨ G. Causses – 3 420 h. alt. 127 – ✪ 63.

Paris 693 – Albi 31 – Lavaur 21 – Montauban 44 – Rabastens 8 – ◆Toulouse 45.

XX Princinor avec ch, sur N 88 ⌸ 33.35.44, 佘, 帚 – 帆 ⓟ – **10 ch**

XX Le Romuald, 6 r. Port ⌸ 33.38.85 – VISA
◆   fermé sept., lundi et mardi – SC : **R** 42/120 ♨.

PEUGEOT-TALBOT Gar. Croix de Molles, ⌸   RENAULT Fauroux, ⌸ 33.35.06 🅽
33.36.88

LISON (Source du) ✱✱✱ 25 Doubs 70 ⑤ G. Jura.

Voir Grotte Sarrazine✱✱ NO 30 mn – Creux Billard✱ S 15 mn.

LISTRAC-MÉDOC 33 Gironde 71 ③ – 1 521 h. alt. 44 – ⊠ 33480 Castelnau – ✪ 56.

Paris 610 – Arcachon 88 – Blaye 9 – ◆Bordeaux 34 – Lesparre-Médoc 30.

X France avec ch, ⌸ 58.03.68 – 帆 – ⚐ 100
◆   SC : **R** 50/140 – 🍽 14 – **7 ch** 65/110.

LIVAROT 14140 Calvados 55 ⑬ – 2 759 h. alt. 64 – ✪ 31.

Paris 192 – Alençon 72 – Bernay 39 – ◆Caen 47 – Falaise 36 – Lisieux 18 – Orbec 22.

🏠 Vivier, pl. G.-Bisson ⌸ 63.50.29, 帚 – 帆 ⇔ ⓟ. VISA
fermé 20 déc. au 25 janv. – SC : **R** (fermé lundi sauf fériés) 52/95 – 🍽 14 – **13 ch**
55/120 – P 145/165.

CITROEN S.E.R.V.A.L., ⌸ 63.50.51

LIVERDUN 54460 M.-et-M. 62 ④ G. Vosges – 6 110 h. alt. 203 – ✪ 8.

Voir Site✱ – 🝙 de Nancy-Aingeray ⌸ 349.53.87 SO : 2 km.

Paris 309 – ◆Metz 56 – ◆Nancy 16 – Pont-à-Mousson 26 – Toul 19.

XXX ✿ **des Vannes et sa Résidence** (Simunic) ⌔ avec ch, 6 r. Porte-Haute ⌸
324.46.01, ≤ boucle de la Moselle – ⇑wc ⊛ – ⚐ 30. 🆎 ⓞ VISA. ⋘ ch
fermé fév., mardi midi et lundi – **R** 132/260 – 🍽 27 – **5 ch** 100/195
Spéc. Salade de ris de veau au foie gras chaud, Feuilleté de sandre au beurre blanc, Pigeon de
Bresse à la purée d'ail. Vins Côtes de Toul.

A la Résidence ⌔, « Jardin étagé en terrasses » – ⇑wc ⓟ. 🆎 ⓞ VISA. ⋘ ch
fermé fév., lundi et mardi midi – SC : 🍽 27 – **6 ch** 240/300.

XX Golf Val Fleuri, rte Villey-St-Étienne ⌸ 324.53.54, 佘, « Au bord de l'eau », 帚
– ⓟ. VISA
fermé 2 janv. au 1er fév. et merc. hors sais. sauf fériés – **R** 93/143.

XX Host. Gare, ⌸ 324.44.76 – VISA
fermé 23 juil. au 13 août et lundi sauf fériés – **R** 82/135.

à Aingeray SO : 6 km par D 90 – ⊠ 54460 Liverdun :

XX La Poêle d'Or, 1 r. Liverdun ⌸ 325.22.31 – ⚐
fermé 1er au 15 oct., fév. et du dim. soir au mardi midi – SC : **R** 59/124.

LIVRY-GARGAN 93 Seine-St-Denis 56 ⑪, 101 ⑱ – voir à Paris, Environs.

La LLAGONNE 66 Pyr.-Or. 86 ⑯ – rattaché à Mont-Louis.

LLO 66 Pyr.-Or. 86 ⑯ – rattaché à Saillagouse.

LOCHES ◈ 37600 I.et-L. 68 ⑥ G. Châteaux de la Loire – 7 019 h. alt. 72 – ✪ 47.

Voir Cité médiévale✱✱ Z : château✱✱ B, donjon✱✱ D, église St-Ours✱ E, – Porte Royale✱
F – Hôtel de ville✱ ZH.

Env. Portail✱ de la Chartreuse du Liget E : 10 km par ②.

🅱 Office de Tourisme pl. Marne (fermé dim. et lundi hors saison) ⌸ 59.07.98.

Paris 258 ① – Blois 64 ① – Châteauroux 70 ③ – Châtellerault 54 ④ – ◆Tours 42 ①.

Plan page ci-contre

🏨 France, 6 r. Picois ⌸ 59.00.32, 佘 – ⇑wc 帆wc ⊛ ⇔ – ⚐ 40   Y a
◆   fermé 7 au 14 mai, 2 janv. à fin juin et vend.
soir d'oct. à Pâques – SC : **R** 41/77 – 🍽 14 – **22 ch** 57/150.

🏠 George Sand, 39 r. Quintefol ⌸ 59.39.74, ≤, 佘 – ⇑wc 帆wc ☎. 🆎 🅴 VISA
◆   fermé 15 au 28 déc. – SC : **R** (fermé dim. soir et lundi du 1er oct. au 31 mars) 47/135   Z s
– 🍽 15 – **17 ch** 120/150 – P 160/220.

🏠 Château ⌔ sans rest, 18 r. Château ⌸ 59.07.35 – ⇑wc 帆wc. ⋘   Z r
2 avril-1er déc. – SC : **10 ch** ⌸ 73/184.

🏠 Moderne sans rest, 21 pl. Verdun ⌸ 59.05.06 – ⋘   Y n
SC : 🍽 15 – **10 ch** 70/125.

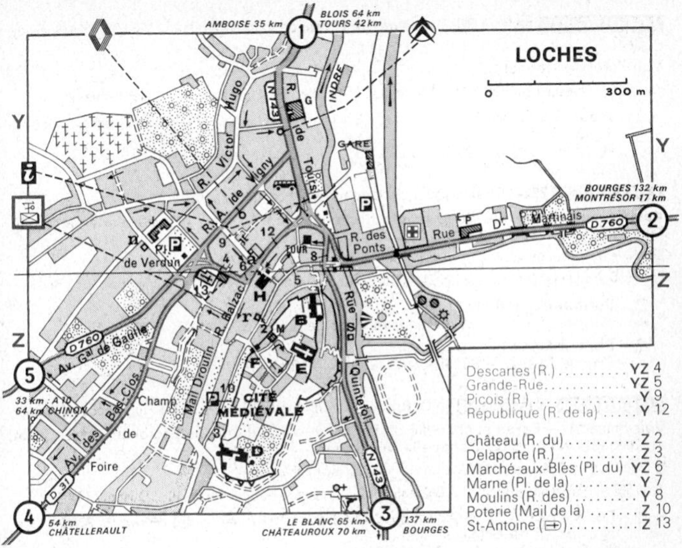

Map area:

AMBOISE 35 km
BLOIS 64 km
TOURS 42 km
① (top center)
② BOURGES 132 km / MONTRÉSOR 17 km
③ LE BLANC 65 km / CHÂTEAUROUX 70 km / 137 km BOURGES
④ 54 km CHÂTELLERAULT
⑤ 33 km A 10 / 64 km CHINON

LOCHES

0 — 300 m

Descartes (R.)	YZ 4
Grande-Rue	YZ 5
Picois (R.)	Y 9
République (R. de la)	Y 12
Château (R. du)	Z 2
Delaporte (R.)	Z 3
Marché-aux-Blés (Pl. du)	YZ 6
Marne (Pl. de la)	Y 7
Moulins (R. des)	Y 8
Poterie (Mail de la)	Z 10
St-Antoine (⇔)	Z 13

CITROEN Loches-Automobiles, 17 r. de Tours ℡ 59.07.50 N
CITROEN Barreau, 87 r. St-Jacques par ① ℡ 59.06.60 N
PEUGEOT-TALBOT Lorillou, N 143, Tivoli par ③ ℡ 59.00.41

RENAULT Chebassier, 8 r. A.-de-Vigny ℡ 59.00.77
VAG Blineau, Zone Ind. par ① ℡ 59.06.88 N ℡ 59.08.55

🅖 Touraine, rte Loches à Perrusson ℡ 59.03.86

LOCMARIA-BERRIEN 29 Finistère 58 ⑥ — rattaché à Huelgoat.

LOCMARIAQUER 56740 Morbihan 63 ⑫ G. Bretagne — 1 279 h. alt. 16 — ✿ 97.
Voir Table des Marchands★★ et Grand menhir★★ puis dolmens de Mané Lud★ et de Mané Rethual★ — Tumulus de Mané-er-Hroech★ S : 1 km — Dolmen des Pierres Plates★ SO : 2 km — Pointe de Kerpenhir ≤★ SE : 2 km.
Paris 487 — Auray 13 — Quiberon 31 — La Trinité 8,5.

- **Lautram** (annexe Ⓜ ⌖ - 10 ch ⇔wc), ℡ 57.31.32 — ⇔wc 🛁wc. E VISA ⌖ rest
  fin mars-fin sept. — SC : R 42/125 — ⌷ 14 — **25 ch** 80/205 — P 135/189.

- **L'Escale,** ℡ 57.32.51, ≤ — 🛁wc 🏧. E VISA
  Pentecôte-15 sept. — SC : R 62/130 — ⌷ 13,50 — **12 ch** 118/173.

LOCMINÉ 56500 Morbihan 63 ③ G. Bretagne — 3 672 h. alt. 100 — ✿ 97.
Paris 447 — Concarneau 94 — Lorient 49 — Pontivy 24 — Quimper 110 — ◆Rennes 97 — Vannes 28.

- **L'Argoat,** rte Vannes ℡ 60.01.02 — ⇔wc 🛁wc 🏧
  fermé 18 déc. au 1er fév., sam. (hôtel), vend. soir et sam. hors sais. (rest.) — SC : R 42/100 🍷 — ⌷ 16 — **22 ch** 60/150 — P 150/200.

🅖 Rio, ℡ 60.01.24

LOCQUÉMEAU 22 C.-du-N. 59 ① G. Bretagne — ⊠ 22300 Lannion — ✿ 96.
Paris 524 — Lannion 9 — Morlaix 34 — St-Brieuc 72.

- ✗ Baie avec ch, ℡ 35.23.11 — 🛁
  sais. — **9 ch**.

Participez à notre effort permanent
de mise à jour

Adressez-nous vos remarques
et vos suggestions.

Cartes et guides Michelin
46 avenue de Breteuil - 75341 Paris Cedex 07

LOCQUIGNOL 59 Nord 53 ⑤ G. Nord de la France – 320 h. alt. 150 – ✉ **59530** Le Quesnoy – ✪ 27.

Voir Forêt de Mormal*.

Paris 220 – Avesnes-sur Helpe 22 – Le Cateau 21 – •Lille 79 – Maubeuge 25 – Valenciennes 26.

XXX **Host. La Touraille** ⑤ avec ch, S : 1 km sur D 233 ☎ 49.05.55, ≤, parc – ⇔wc ☎ **P**. ① VISA
R 77/195 – ☐ 27 – **9 ch** 225/280 – P 255/310.

LOCQUIREC 29241 Finistère 58 ⑦ G. Bretagne – 1 061 h. – ✪ 98.

Voir Église* – Le tour de la pointe de Locquirec* 30 mn – Table d'orientation de Marc'h Sammet ≤* O : 3 km.

🅸 Office de Tourisme au port (fermé lundi hors sais. et dim.) ☎ 67.40.83.

Paris 536 – Guingamp 53 – Lannion 22 – Morlaix 22 – Plestin-les-Grèves 6 – Quimper 98.

🏨 **Pennenez,** ☎ 67.42.21, ⛱ – ⋒. AE. ✗ rest
✦ *20 mars-20 sept.* – SC : **R** (en sem. dîner seul.) 49/132 – ☐ 18 – **26 ch** 85/114.

🏨 **Port,** ☎ 67.42.10, ≤ – ⋒. ✗
Pâques-25 sept. – SC : **R** 60/100 – ☐ 17 – **10 ch** 100/145.

LOCRONAN 29 Finistère 58 ⑮ G. Bretagne – 704 h. alt. 150 – ✉ **29136** Plogonnec – ✪ 98.

Voir Place** – Église et chapelle du Pénity** – Montagne de Locronan ✳* E : 2 km – Kergoat : vitraux* de la chapelle NE : 3,5 km.

🅸 Office de Tourisme pl. de la Mairie (1er juil.-30 sept.) ☎ 91.70.14.

Paris 567 – •Brest 63 – Briec 21 – Châteaulin 16 – Crozon 38 – Douarnenez 10 – Quimper 17.

🏨 **Fer à Cheval** ⑤, SO : 1 km par D 63 ☎ 91.70.67, ⛱ – TV ⇔wc ☎ ♿ **P** – 🏛 30 à 100. AE ① E VISA. ✗ rest
SC : **R** 55/160 – ☐ 16 – **35 ch** 130/260 – P 220/260.

🏨 **Prieuré,** ☎ 91.70.89 – ⇔ ⋒wc **P** – 🏛 40. ✗ ch
✦ *fermé oct. et lundi hors sais.* – SC : **R** 50/200 ₰ – ☐ 15 – **15 ch** 70/200 – P 160/220.

XX **Au Fer à Cheval,** pl. Église ☎ 91.70.74 – AE ① E VISA
✦ SC : **R** 50/150 ₰.

au NO : 3 km par C 10 – ✉ **29127** Plomodiern :

🏨 **Manoir de Moëllien** ⑤, ☎ 92.50.40, ≤, ⛱ – TV ⇔wc ☎ **P**. ① E VISA
16 mars-14 nov. et 2 déc.-2 janv. – SC : **R** *(fermé merc. du 1er oct. au 30 mars)* 60/150 – ☐ 25 – **10 ch** 210/220 – P 240/290.

LOCTUDY 29125 Finistère 58 ⑮ G. Bretagne – 3 560 h. – ✪ 98.

Voir Intérieur* de l'église – Château de Kerazan-en-Loctudy* NO : 2,5 km.

🅸 Syndicat d'Initiative pl. Mairie (fermé matin, merc. et dim. hors sais.) ☎ 87.53.78.

Paris 574 – Douarnenez 39 – Guilvinec 12 – Pont-L'Abbé 6 – Quimper 26.

🏨 Le Rafiot, sur le Port ☎ 87.42.57, ≤ – ⇔wc ⋒wc ☎
15 ch.

Garage L'Helgoualc'h, ☎ 87.53.55

LODÈVE ‹SP› **34700** Hérault 83 ⑤ G. Causses – 8 557 h. alt. 165 – ✪ 67.

Voir Ancienne cathédrale St-Fulcran* E.

🅸 Office de Tourisme pl. République (fermé sam. après-midi et dim.) ☎ 44.07.56.

Paris 815 ② – Alès 99 ① – Béziers 64 ② – Millau 61 ① – •Montpellier 54 ② – Pézenas 41 ②.

Plan page ci-contre

🏨 **Domaine du Canalet** Ⓜ ⑤, av. Joseph Vallot **(s)** ☎ 44.20.91, « parc », 🏊 – ⇔wc ☎ **P** – 🏛 40. VISA
1er juin-30 sept. – SC : **R** 90/100 – ☐ 27 – **7 ch** 385.

🏨 **Croix Blanche, (a)** ☎ 44.10.87 – ⇔wc ⋒ ☎ **P**
✦ *1er avril-30 nov.* – SC : **R** (dîner seul.) 39/90 – ☐ 15 – **32 ch** 80/130.

🏨 **Paix,** 11 bd Montalangue **(n)** ☎ 44.07.46 – ▤ rest ⇔wc ☎ 🚗. VISA
✦ *fermé 17 au 24 sept., janv., dim. soir et lundi du 1er oct. au 1er mai (sauf fêtes)* – SC : **R** 42/110 – ☐ 12 – **18 ch** 50/110.

🏨 **Nord,** 18 bd Liberté **(e)** ☎ 44.10.08 – ⇔wc ⋒wc ☎ 🚗. E VISA
✦ *fermé 30 oct. au 1er déc. et sam. hors sais.* – SC : **R** 38/80 – ☐ 13 – **19 ch** 64/160.

à St-Jean de la Blaquière par ② et D 144E : 14 km – ✉ **34700** Lodève :

🏨 **Aub. du Sanglier** Ⓜ ⑤, E : 3,5 km par rte de Rabieux et VO ☎ 44.70.51, ≤, ⛱, « Dans la garrigue », parc, 🏊, ✗ – ⇔wc ☎ **P**. ✗ ch
15 mars-15 nov. – SC : **R** *(fermé mardi et merc. hors sais.)* 95/140 – ☐ 25 – **10 ch** 265/350 – P 630 (pour 2 pers.).

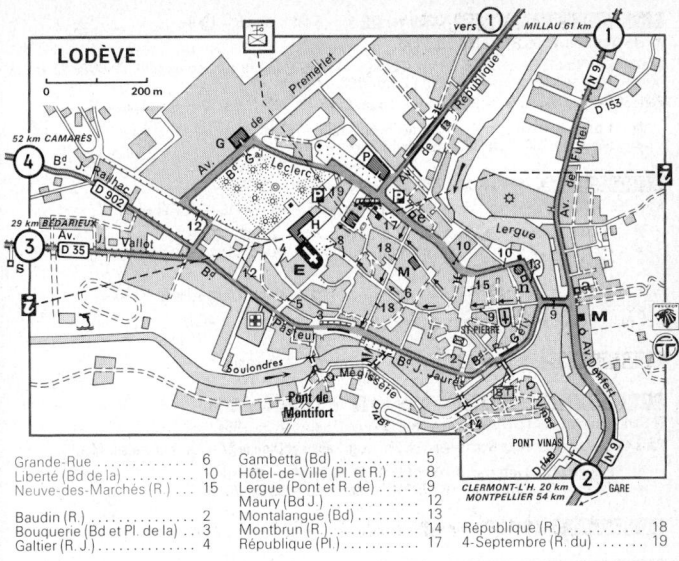

LODÈVE

0   200 m

à Lunas par ③ rte de Bédarieux : 15 km – ⊠ **34650** Lunas :

 XXX **Manoir du Gravezon,** ℡ 23.81.58, 屏
fermé 16 janv. au 28 fév., lundi soir et mardi soir hors sais. – SC : **R** 59/170 ♨.

PEUGEOT-TALBOT Ryckwaert, 6 av. Denfert ℡ 44.02.49

LODS 25930 Doubs 🔟 ⑥ G. Jura – 337 h. alt. 380 – ◆ 81.
Paris 447 – Baume-les-Dames 53 – ◆Besançon 38 – Levier 22 – Pontarlier 22 – Vuillafans 4,5.

🏠 **Truite d'Or,** ℡ 62.23.98, ≤, 屏 – ➚wc ☜ 🅿 **E** *VISA*
fermé 15 déc. au 1er fév., dim. soir et lundi sauf juin-sept. et vacances scolaires –
SC : **R** 60/120 – ⊊ 15 – **11 ch** 70/150 – P 120/180.

LOGELHEIM 68 H.-Rhin 🖽 ⑲ – rattaché à Colmar.

LOGIS NEUF 01 Ain 🔢 ② – ⊠ **01310** Polliat – ◆ 74.
Paris 412 – Bourg-en-Bresse 15 – ◆Lyon 75 – Mâcon 19 – Villefranche-sur-Saône 48.

XX **Bresse** avec ch, 屏 ℡ 30.27.13, 屏, 屏 – ➚wc 🛎wc 🅿 – 🏛 30 à 50
◆ *fermé oct., dim. soir et lundi* – SC : **R** 46/110 ♨ – ⊊ 15 – **15 ch** 70/128 – P 177/235.

XX **Aub. Sarrasine** avec ch, rte Bourg E : 1 km ℡ 30.25.65, 屏, 🛏 – 📺 ➚wc ☎ 🅿
◆ *fermé 15 au 30 nov., 9 au 31 janv., jeudi midi et merc.* – SC : **R** 120/180 – ⊊ 30 –
10 ch 265/320.

LOGRON 28 E.-et-L. 🖽 ⑰ – 491 h. alt. 170 – ⊠ **28200** Châteaudun – ◆ 37.
Paris 130 – Bonneval 11 – Brou 11 – Chartres 41 – Châteaudun 11.

X **Aub. St-Nicolas,** ℡ 98.98.02 – 🅿
◆ *fermé fév., dim. soir et lundi* – SC : **R** 39/70.

LOIRE-SUR-RHÔNE 69 Rhône 🔢 ⑪ – rattaché à Givors.

LOMPNIEU 01 Ain 🔢 ④ – 115 h. alt. 670 – ⊠ **01260** Champagne-en-Valromey – ◆ 79.
Paris 512 – Aix-les-Bains 46 – Belley 29 – Bourg-en-Bresse 75 – ◆Lyon 112 – Nantua 35.

🏠 **Clair Soleil,** ℡ 87.63.08, 屏 – ➚ 🛏 🚗 🅿 *VISA*. ❄ rest
◆ SC : **R** 40/150 ♨ – ⊊ 18 – **16 ch** 55/150 – P 130/180.

609

La LONDE-LES-MAURES 83250 Var **8 4** ⑯ – 5 448 h. alt. 25 – ✪ 94.

🔳 de Valcros ☎ 66.81.02 NE : 5,5 km.

⚹ Office de Tourisme av. Albert-Roux (Pâques-30 sept. et fermé dim. après-midi) ☎ 66.88.22 et à la Mairie (hors sais., fermé sam. et dim.) ☎ 66.80.93.

Paris 867 – Draguignan 81 – Hyères 9,5 – Le Lavandou 13 – St-Tropez 42 – Ste-Maxime 46.

　🏠　**Lou Cantoun,** r. A.-Thomas ☎ 66.84.25 – 🏚wc 🚗
　➔　SC : **R** 40/100 – 🍽 12 – **10 ch** 130/160.

LONDINIÈRES 76660 S.-Mar. **52** ⑮ – 1 166 h. alt. 78 – ✪ 35.

Paris 153 – Blangy-sur-Bresle 25 – Dieppe 27 – Neufchâtel-en-Bray 15 – Le Tréport 30.

　🍴　**Aub. du Pont** 🍴 avec ch, ☎ 93.80.47, 🚗 – **❷. E**. 🚿 ch
　➔　fermé 25 janv. au 28 fév. et vend. du 1er nov. au 25 janv. – SC : **R** 48/101 – 🍽 15 – **13 ch** 86/155 – P 165/180.

CITROEN Hardiville, ☎ 93.80.22 **N**　　　　　　　🅦 Windal, à Fréauville ☎ 93.80.27
PEUGEOT-TALBOT Boutleux, ☎ 93.80.48
RENAULT Courtaud, ☎ 93.80.81 **N**

LONGCHAMP 73 Savoie **74** ⑰ – voir à St-Francois-Longchamp.

LONGEVILLE-SUR-MER 85560 Vendée **71** ⑪ – 1 940 h. – ✪ 51.

⚹ Syndicat d'Initiative r. G.-Clemenceau (26 juin-5 sept.) ☎ 33.34.64.

Paris 442 – Luçon 27 – La Roche-sur-Yon 28 – Les Sables-d'Olonne 27 – La Tranche-sur-Mer 11.

　🏠　**Plage,** S : 3 km par D 105 et D 91 ☎ 33.30.49 – **❷. ⓿**
　➔　1er avril-30 sept. – SC : **R** 48/110 – 🍽 11,50 – **29 ch** 70/95.

LONGJUMEAU 91160 Essonne **60** ⑩, **101** ㉟ – voir à Paris, Environs.

LONGNY-AU-PERCHE 61290 Orne **60** ⑤ **G. Normandie** – 1 650 h. alt. 165 – ✪ 33.

Paris 136 – L'Aigle 28 – Alençon 56 – Mortagne-au-Perche 18 – Nogent-le-Rotrou 30.

　🍴🍴　**France** avec ch, r. Paris ☎ 73.64.11 – 📺 🛏 ☎ **❷** 🅰🅴 **E** 🆅🅸🆂🅰
　　fermé lundi – SC : **R** 60/160 🥄 – 🍽 20 – **10 ch** 100/120 – P 175/190.

LONGPONT 02 Aisne **56** ③④ – rattaché à Villers-Cotterêts.

LONGUEAU 80 Somme **52** ⑧ – rattaché à Amiens.

LONGUE-CROIX 59 Nord **51** ④ – rattaché à Hazebrouck.

LONGUES 63 P.-de-D. **73** ⑭ – ✉ 63270 Vic-le-Comte – ✪ 73.

Paris 405 – Ambert 61 – ✦Clermont-Ferrand 19 – Issoire 18 – Le Mont-Dore 53 – Thiers 47.

　🍴🍴　**Le Comté,** ☎ 39.90.31 – **❷.** 🅰🅴 **①** **E** 🆅🅸🆂🅰
　　fermé fév. – SC : **R** (fermé lundi soir et mardi) 67/200.

LONGUYON 54260 M.-et-M. **57** ② – 7 029 h. alt. 218 – ✪ 8.

A.C. 37 r. H. de Ville ☎ 239.52.41.

Paris 314 ③ – ✦Metz 69 ② – ✦Nancy 114 ② – Sedan 69 ④ – Thionville 54 ② – Verdun 48 ③.

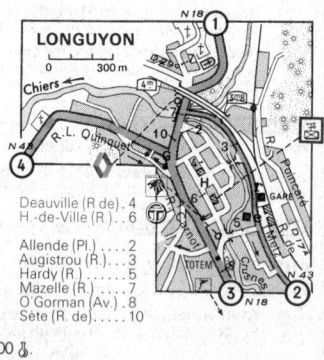

Deauville (R de). 4
H.-de-Ville (R.) . . 6

Allende (Pl.) 2
Augistrou (R.) . . . 3
Hardy (R.) 5
Mazelle (R.) 7
O'Gorman (Av.) . . 8
Sète (R. de) 10

　🍴🍴🍴　✿ **Lorraine et rest. Le Mas** (Tisserant) avec ch, face gare **(e)** ☎ 239.50.07 – 📺 🛏wc ☎ – 🔌 30 à 120. 🅰🅴 **①** **E**
　　fermé 7 janv. au 8 fév. – SC : **R** (fermé lundi sauf du 1er juil. au 25 sept.) 76/200 – 🍽 18,50 – **15 ch** 70/167 – P 185/228
　　Spéc. Langoustines en feuilleté, Suprêmes de turbot aux poivrons doux, Chariot de desserts.

　🍴🍴　**Buffet Gare, (r)** ☎ 239.50.85 – **❷.** 🅰🅴 **①** **E** 🆅🅸🆂🅰
　➔　fermé 10 au 30 sept., 1er au 15 mars et vend. soir sauf juin, juil. et août – SC : **Rôtisserie R** 100/200 🥄 **Brasserie R** 50/200 🥄.

　à Beuveille par ② et D 18 : 8 km – ✉ 54620 Pierrepont :

　🍴　**La Grillade,** ☎ 289.75.06 – 🚿
　➔　fermé 16 au 31 août, fév. et mardi – SC : **R** 38/118 🥄.

PEUGEOT, TALBOT Gar. de l'Est, 75 r. Hôtel de Ville ☎ 239.50.67　　RENAULT Piquerez, 6 r. Mazelle ☎ 239.50.66 **N** ☎ 239.40.47

LONGWY 54400 M.-et-M. **57** ②
G. Vosges – 17 482 h. alt. 225 à 385 –
🌀 8.

🛈 Syndicat d'Initiative Gare routière
(après-midi seul. et fermé lundi) ☏
224.27.17 - A.C. 4 r. A.-Mézière ☏
224.35.82.

Paris 332 ④ – Luxembourg 31 ② –
♦Metz 65 ③ – Sedan 87 ④ – Thion-
ville 41 ③ – Verdun 66 ④.

LONGWY

Briand (R. A.)
Labro (R. A.)
Leclerc (Pl. Gén.) 6

Banque (R. de la) 2
Faiencerie (R.)........ 3
Giraud (Pl.)........... 4
Margaine (Av.) 8
Récollets (R. des) 9
Saintignon (Av. de) .. 10

à Longwy-Bas :

🏠 **Central H.** sans rest, 6 r.
Carnot (n) ☏ 224.33.89 –
📶 📺 🛁wc 🔊 🕿. 🖭 *VISA*
SC : 🚻 21 – **24 ch** 85/180.

🏠 **Parc** sans rest, 3 r.
E.-Thomas (e) ☏ 224.29.23
– 📶🛁wc 🛁wc 🕿. **E** *VISA*
SC : 🚻 15 – **36 ch** 70/145.

à Longwy-Haut :

XX **La Cigogne** avec ch, rte
de Longwy (a) ⊠ 54350
Mont-St-Martin ☏ 223.
32.76 – 🛁. **E** *VISA*
fermé lundi soir – **R** 70/150
🍴 – 🚻 13,50 – **7 ch** 62/83.

à Cosnes et Romain O :
2 km par D 43 – ⊠ 54400
Longwy :

XX **Aub. des Trois Ca-**
nards, ☏ 224.35.36, 🌲,
🌲 – 🅿. 🖭 ① **E** *VISA*
fermé 9 au 24 sept., dim.
soir et lundi – SC : **R** 54
bc/108 🍴.

ALFA-ROMEO, Central-Auto, 19 r.
J.-d'Arc à Réhon ☏ 224.34.06
AUSTIN, MORRIS, ROVER, TRIUMPH Gar.
Pacci, 22 r. J.-B.-Blondeau à Mont-St-Martin
☏ 223.35.05 **N**
CITROEN Longwy-Autos, 22 av. Saintignon
☏ 224.30.61
FORD SAUTEME, à Bellevue ☏ 223.21.60
LADA-SKODA Gar. Inglebert R., 50 r.
Als.-Lorraine à Longlaville ☏ 224.33.96
PEUGEOT, TALBOT Sogaja Delouche, 51 r.
de Metz ☏ 224.29.46

RENAULT Robert, rte de Metz déviation Hau-
court à Mexy par ③ ☏ 224.56.61
V.A.G. Ferreira, 24 r. de la Faiencerie ☏ 224.
31.82
Gar. Inglebert Frères, 12 r. Mercy ☏ 223.26.60
Damato Pneus, av. de Saintignon ☏ 224.23.45

⊚ Leclerc-Pneu, 36 r. de la Chiers ☏ 224.40.79

LONS-LE-SAUNIER 🅿 39000 Jura **70** ④ ⑭ G. Jura – 21 886 h. alt. 255 – Stat. therm. (1er
mai-30 sept.) – 🌀 84.

Voir Rue du Commerce⋆ BY – Grille⋆ de l'hôpital BY **B**.

Env. Creux de Revigny⋆ 7,5 km par ②.

🛈 Office de Tourisme (fermé dim.) et A.C. 1 r. Pasteur ☏ 24.20.63.

Paris 407 ⑥ – ♦Besançon 88 ① – Bourg-en-Bresse 61 ⑤ – Chalon-sur-Saône 61 ⑥ – ♦Dijon 102 ① –
Dole 52 ① – ♦Genève 113 ② – ♦Lyon 123 ⑤ – Mâcon 95 ⑤ – Pontarlier 77 ②.

Plan page suivante

🏠 **Genève,** 39 av. J.-Moulin ☏ 24.19.11 – 📶 🛁wc 🛁wc 🕿 🅿. 🖭 ① **E** *VISA*. 🍴 ch
SC : **R** 70/120 – 🚻 19,50 – **42 ch** 105/275 – P 200/280.   BY **a**

🏠 **Nouvel H.** sans rest, 50 r. Lecourbe ☏ 47.20.67 – 📺 🛁wc 🛁wc 🕿 🅿. 🖭 *VISA*
fermé dim. soir sauf juil.-août et fériés – SC : 🚻 18 – **25 ch** 90/190.   AY **r**

🏠 **Motel Solvan** 🍴 sans rest., bd Europe (près piscine) ☏ 24.40.50 – 🛁wc 🕿
🅿
fermé 23 déc. au 2 janv. – SC : 🚻 13 – **26 ch** 87/112.

🏠 **Gambetta** sans rest, 4 bd Gambetta ☏ 24.41.18 – 🛁wc 🕿 🅿. **E**. 🍴   BZ **s**
fermé 18 déc. au 2 janv. et dim. hors sais. – SC : 🚻 14,50 – **24 ch** 93/115.

🏠 **Excelsior H.** sans rest, 3 r. Pasteur ☏ 24.02.82 – 🍴   BY **u**
SC : 🚻 14 – **17 ch** 55/75.

tourner →

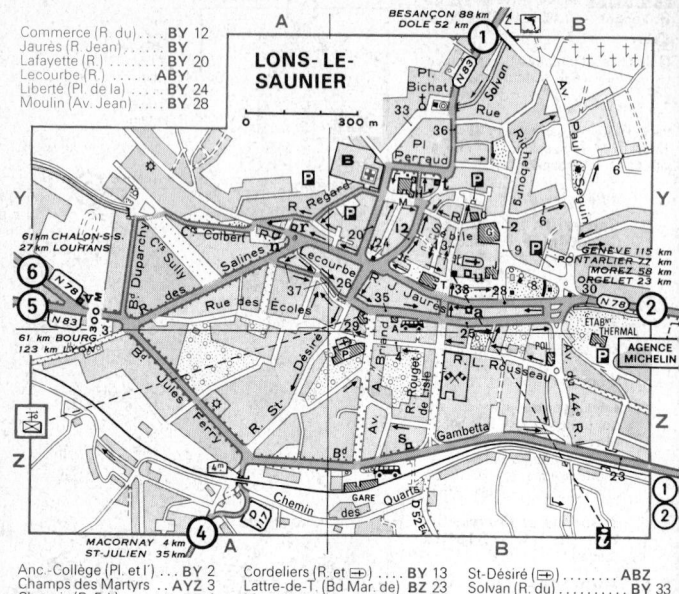

LONS-LE-SAUNIER

XX **Cheval Rouge** avec ch, 47 r. Lecourbe ☎ 47.20.44 – ⌂wc 🛏 ☞ ⇦, **E** VISA ⚹
fermé 5 au 25 oct., 5 au 25 fév., mardi en juil. et août (sauf hôtel) et sam. hors sais.
– SC : R 75/210 – ⚏ 19 – **19 ch** 78/220 – P 180/300.   AY **n**

XX **Clos Fleuri,** à Montmorot O : 0,5 km, bifurcation N 83 et N 78 ⊠ 39570 Lons-
le-Saunier ☎ 47.11.34 – **Ⓟ** AE **E**   AY **v**
fermé 24 juin au 11 juil., 23 déc. au 10 janv., dim. soir et lundi – SC : R 60/150 🍴.

X **Relais des Trois Bornes,** 11 pl. Perraud ☎ 47.26.75   BY **t**
← *fermé 26 mai au 4 juin, 18 août au 10 sept., 21 au 28 déc. et sam.* – SC : R 50/100.

à Pannessières NE : 5 km par ② et D 471 – ⊠ 39570 Lons-le-Saunier :

XX **Host. des Monts-Jura** avec ch, ☎ 43.10.03, ≤ – 🛏 **Ⓟ**. **E**. ⚹
fermé 15 janv. au 15 fév., dim. soir et lundi – SC : R 55/160 🍴 – ☎ 15 – **8 ch** 70/90.

à Courlans par ⑥ et N 78 : 6 km – ⊠ 39570 Lons-le-Saunier :

XXX ❀ **Aub. de Chavannes** (Carpentier), ☎ 47.05.52, 🌴 – **Ⓟ**
fermé 12 juin au 6 juil., 11 au 28 déc., mardi et merc. – SC : R (nombre de couverts
limité - prévenir) 130/180
Spéc. Cassolette d'escargots, Poularde de Bresse en roulade, Filet de lapereau en profiteroles. **Vins**
Étoile, Arbois-Pupillin.

à Crançot par ② et D 471 : 10 km – ⊠ 39570 Lons-le-Saunier :

🏠 **Belvédère** ⚘, ☎ 48.22.18, ≤, 🌴 – ⌂ 🛏wc **Ⓟ**. AE **E** VISA
fermé 10 au 20 oct., janv., dim. soir et lundi du 1er sept. au 30 mars – SC : R 65/165 –
⚏ 16 – **9 ch** 65/160 – P 150/200.

MICHELIN, Agence, Z.I. de Perrigny 805 r. de la Lieme, par ② ☎ 24.06.74

BMW Parizon, à Messia ☎ 47.05.45
CITROEN ets Baud, bd de l'Europe Z I par r.
du Château d'Eau BY ☎ 43.18.17
DATSUN, VOLVO Labet, Le Rocher à Mont-
morot ☎ 47.20.28
FORD Gar. Lecourbe, 58 bis r. Lecourbe ☎
47.20.13
LANCIA-AUTOBIANCHI, MAZDA Gar. Rou-
get-de-l'Isle, 5 r. L.-Rousseau ☎ 24.24.78
OPEL Gar. des Sports, r. V.-Berard, Zone Ind.
☎ 43.16.40

RENAULT S.O.R.E.C.A., 47 av. C.-Prost par ②
☎ 24.40.67
V.A.G. Thevenod, rte Champagnole, Zone Ind.,
Perrigny ☎ 24.41.58
Gar. Revelut, av. du Stade ☎ 24.05.93

🛞 Faivre, 4 r. Sébile ☎ 24.09.80
Quillot, 6 bd Duparchy ☎ 47.12.63
Thévenod-Pneus, 13 bis av. Thurel ☎ 24.08.71

LOOS 59 Nord 🗺 ⑯ – rattaché à Lille.

LORAY 25 Doubs 🔟 ⑰ – rattaché à Orchamps-Vennes.

LORCY 45490 Loiret 🔟 ⑪ – 446 h. alt. 89 – ✪ 38.
Paris 107 – Montargis 22 – Nemours 34 – ♦Orléans 60.

🏠 **Host. du Château** ⚭, ☎ 92.28.43, ≤, parc, ✿ – ⇌wc 🛁wc ℗ – 🏊 100. 🅾
E
fermé 15 déc. au 1ᵉʳ fév., dim. soir et lundi sauf du 15 juin au 15 sept. – SC : **R**
65/145 ⅓ – ⊆ 16,50 – **14 ch** 107/150 – P 198/220.

LORGUES 83510 Var 🔢 ⑥ G. Côte d'Azur – 5 478 h. alt. 239 – ✪ 94.
Paris 848 – Brignoles 33 – Draguignan 13 – St-Raphaël 43 – ♦Toulon 75.

✗ **Aub. Josse,** rte Carcès ☎ 73.73.55 – **E** 𝚅𝙸𝚂𝙰
⬥ *fermé 19 au 30 déc., 30 janv. au 12 fév. et merc. hors sais.* – SC : **R** 44/94 ⅓.

LORIENT ◈ 56100 Morbihan 🔢 ① G. Bretagne – 64 675 h. alt. 16 – ✪ 97.
Voir Base sous-marine* AZ – Intérieur* de l'église N.-D.-de-Victoire BY **E**.
🛫 de Lorient Lann-Bihoué, Air Inter ☎ 37.60.22 par D 162 AZ : 8 km.
🚩 Office de Tourisme pl. Jules-Ferry (fermé dim. hors sais.) ☎ 21.07.84 – A.C.O. Morbihan 22 r.
Poissonnière ☎ 21.03.07.
Paris 496 ① – ♦Brest 136 ③ – ♦Nantes 166 ① – Quimper 66 ③ – ♦Rennes 146 ① – St-Brieuc 121 ①
– St-Nazaire 132 ① – Vannes 55 ①.

Plan page suivante

🏨 **Richelieu** 🅼 sans rest, 31 pl. J.-Ferry ☎ 21.35.73, Télex 950810 – 🛗 📺 ☎ ⅓ –
🏊 60. 🅰🅴 🅾 E 𝚅𝙸𝚂𝙰   BZ **m**
SC : ⊆ 28 – **58 ch** 250/310.

🏨 **Bretagne,** 6 pl. Libération ☎ 64.34.65 – 🛗 ☎. 🅰🅴 🅾 E 𝚅𝙸𝚂𝙰. ✾ rest   AY **n**
R *(fermé 20 déc. au 17 janv. et dim.)* 60/175 – ⊆ 20 – **34 ch** 120/210.

🏨 **Léopol** 🅼 sans rest, 11 r. W.-Rousseau ☎ 21.23.16 – 🛗 📺 ⇌wc 🛁wc ☎   BY **r**
fermé 24 nov. au 4 janv. – SC : ⊆ 16,50 – **32 ch** 86/180.

🏨 **Terminus et Gare,** 5 r. Beauvais ☎ 21.14.62 – 🛗 ⇌wc 🛁wc ☎. 🅰🅴 🅾 E 𝚅𝙸𝚂𝙰
⬥ *fermé mi déc. à mi janv.* – SC : **R** *(fermé lundi)* 45/110 ⅓ – ⊆ 16,50 – **59 ch** 115/210
– P 150/360.   AY **s**

🏨 **Atlantic H.** sans rest, 33 r. Du-Couédic ☎ 64.13.27 – ⇌wc 🛁wc ☎ ⇦ ℗. **E**
𝚅𝙸𝚂𝙰   BY **x**
SC : ⊆ 18 – **26 ch** 150/230.

🏨 **H. Victor-Hugo** sans rest., 36 r. L.-Carnot ☎ 21.16.24 – 📺 ⇌wc 🛁 ☎. 🅰🅴 🅾 E
𝚅𝙸𝚂𝙰   BZ **f**
SC : ⊆ 15 – **30 ch** 75/160.

🏨 **Duguesclin** sans rest, 24 r. Duguesclin ☎ 21.02.16 – 🛗 ⇌wc ⊛ ℗. E 𝚅𝙸𝚂𝙰
SC : ⊆ 14 – **24 ch** 65/150.   AZ **d**

🏨 **Cléria** sans rest, 27 bd Mar.-Franchet d'Esperey ☎ 21.04.59 – ⇌wc 🛁wc ⊛. 𝚅𝙸𝚂𝙰
SC : ⊆ 15 – **36 ch** 84/174.   AY **k**

🏨 **St-Michel** sans rest, 9 bd Mar.-Franchet-d'Esperey ☎ 21.17.53 – ⇌wc 🛁wc ⊛
⬥ *fermé 21 déc. au 6 janv.* – SC : ⊆ 14 – **22 ch** 65/152.   AY **z**

🏨 **Armor** sans rest, 11 bd Mar.-Franchet-d'Esperey ☎ 21.73.87 – ⇌wc 🛁 ⊛. **E**
𝚅𝙸𝚂𝙰   AY **e**
SC : ⊆ 14,50 – **21 ch** 68/160.

🏨 **Christina** ⚭ sans rest, 10 r. Poulorio ☎ 21.33.92 – ⇌wc 🛁wc ⊛ ℗. 𝚅𝙸𝚂𝙰   AY **v**
SC : ⊆ 13 – **15 ch** 75/160.

🏠 **Arvor,** 104 r. L.-Carnot ☎ 21.07.55 – 🛁 ⇦ ✾   AZ **x**
fermé 22 déc. au 6 janv. – SC : **R** *(fermé dim. hors sais.)* 52/100 ⅓ – 🍽 13 – **20 ch**
60/120 – P 160/200.

✗✗✗ **Le Poisson d'Or,** 1 r. Maître Esvelin ☎ 21.57.06 – 🅰🅴 🅾 E 𝚅𝙸𝚂𝙰   BZ **m**
fermé 15 au 30 oct., sam. midi et dim. hors sais. – SC : **R** 57/180.

✗✗ **Les Arcades,** 11 bd Mar.-Franchet-d'Esperey ☎ 21.17.42 – 🅰🅴 🅾 𝚅𝙸𝚂𝙰   AY **e**
fermé dim. – SC : **R** 53/125 ⅓.

✗✗ **Pic'Assiett,** 2 bd Mar.-Franchet-d'Espéry ☎ 21.18.29. 𝚅𝙸𝚂𝙰   AY **b**
fermé en mars, en juin, en déc., sam. midi et jeudi – **R** 53/86 ⅓.

✗✗ **Rest. Victor-Hugo,** 36 r. L.-Carnot ☎ 64.26.54 – 🅰🅴 🅾 E 𝚅𝙸𝚂𝙰   BZ **f**
fermé 8 au 31 oct., 8 au 15 fév., lundi en été, sam. midi et dim. en hiver – SC : **R**
60/150.

✗✗ **Cornouaille,** 13 bd Mar.-Franchet-d'Esperey ☎ 21.23.05 – 🅰🅴 🅾 E 𝚅𝙸𝚂𝙰   AY **e**
⬥ *fermé lundi* – SC : **R** 50/110 ⅓.

✗ **Buffet Gare,** ☎ 21.10.88   AY
⬥ *fermé 23 mars au 9 avril, 1ᵉʳ au 23 sept. et sam.* – SC : **R** 39/79 ⅓.

tourner →

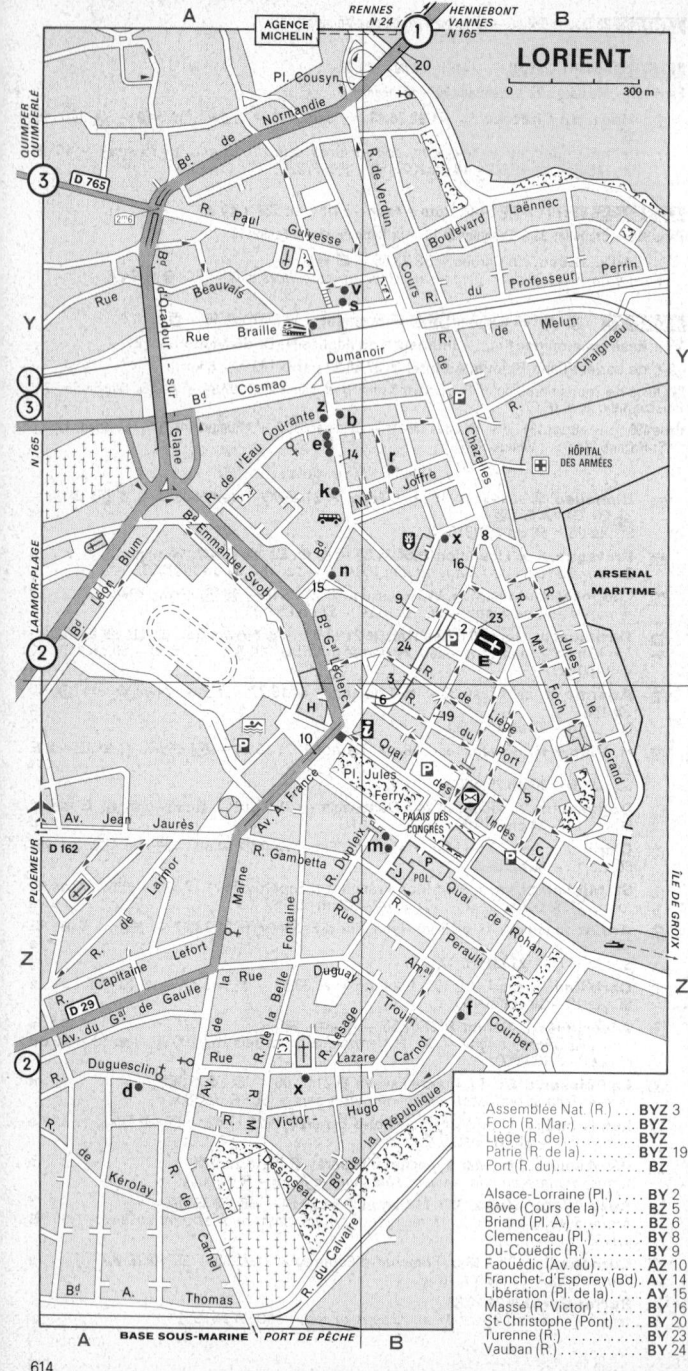

LORIENT

à *Lanester* par ① : 5 km – 22 297 h. – ⊠ 56850 Caudan :

🏨 **Novotel** Ⓜ ⅍, zone commerciale Kerpont-Bellevue ☏ 76.02.16, Télex 950026, 🏤, ⤴, ⛲ – 🍴 rest 📺 ☎ & 🅿 – 🔏 25 à 200. 🖭 ⓞ 🄴 ᴠɪѕᴀ
R snack carte environ 90 🍷 – ☖ 25 – **60 ch** 229/279.

🏨 **Kerous** Ⓜ sans rest, 74 av. A.-Croizat ☏ 76.05.21 – 📥wc 🛁wc ☜ 🅿. 🖭 ⓞ 🄴 ᴠɪѕᴀ
SC : ☖ 14 – **20 ch** 125/155.

🏨 **Ibis** Ⓜ sans rest, Zone commerciale Kerpont-Bellevue ☏ 76.40.22 – 📥wc ☎ 🅿. 🄴 ᴠɪѕᴀ
SC : ☖ 18,50 – **40 ch** 168/193.

MICHELIN, Agence régionale, r. Arago, Z.I. Kerpont, direction d'Hennebont après Lanester par ① à Caudan ☏ 76.03.60

BMW Auto-Port, 37 r. Du-Couëdic ☏ 64.33.98 🄽 ☏ 37.03.33
CITROEN S.C.A.O., Zone Ind. Kerpont à Lanester par ① ☏ 76.08.73 🄽 ☏ 37.03.33
FIAT Ker'Autos, Zone Ind. Kerpont à Lanester ☏ 76.03.44
MERCEDES-BENZ Gar. Hyvair, rte de Quimperlé, Zone Ind. de Keryado ☏ 83.00.90 🄽 ☏ 37.03.33
OPEL G.A.M. ZI Kerpont à Lanester ☏ 76.74.11
PEUGEOT-TALBOT Chrétien, Zone Com. de Bellevue à Caudan par ① ☏ 76.13.56 🄽 ☏ 37.03.33

RENAULT Court, Zone Ind. Kerpont à Caudan par ① ☏ 76.18.08 🄽 ☏ 37.03.33
RENAULT Sté des Gar. Lorientais, ZI de Keyado par ③ ☏ 83.03.40
V.A.G. Auto-Ouest, ZA de Kergoussel ☏ 76.07.21 🄽 ☏ 37.03.33

🛞 Lorans-Pneus, 1 bd L.-Blum ☏ 37.72.00
Morbihannaise de Pneus, 68 av. A.-Croizat à Lanester ☏ 76.03.02

LORP-SENTARAILLE 09 Ariège 🎂 ③ – rattaché à St-Girons.

LORREZ-LE-BOCAGE 77710 S.-et-M. 🛑 ⑬ – 970 h. alt. 102 – 🕓 6.
Paris 98 – Fontainebleau 28 – Melun 45 – Montargis 32 – Nemours 18 – Sens 32.

🏨🏨 **Host. Gd Cerf,** r. M.-Bery ☏ 431.51.05
fermé 1er au 28 fév., dim. soir, mardi soir et merc. – SC : **R** 69/125.

LORRIS 45260 Loiret 🎂 ⑫ G. Châteaux de la Loire – 2 592 h. alt. 120 – 🕓 38 – **Voir Église N.-Dame★** – 🛈 Office de Tourisme 11 r. Gambetta (fermé 1er au 15 juin) ☏ 92.42.76.
Paris 137 – Gien 26 – Montargis 22 – ◆Orléans 49 – Pithiviers 41 – Sully-sur-Loire 18.

🏨 **Sauvage,** ☏ 92.43.79 – 📥wc 🛁 ☜. 🄴
fermé 15 oct., en fév., jeudi soir et vend. sauf juil.-août – SC : **R** 58/150 – ☖ 13,50 – **9 ch** 68/180 – P 140/170.

🍴 **Point du Jour,** 25 pl. Mail ☏ 92.40.21 – 🄴 ᴠɪѕᴀ
fermé janv. et lundi – **R** 50/80.

CITROEN Pivoteau ☏ 92.40.43 🄽
RENAULT Delaveau, ☏ 92.40.02 🄽

LOSNE 21 Côte-d'Or 🗂 ③ – rattaché à St-Jean-de-Losne.

LOSTANGES 19 Corrèze 🎂 ⑨ – 147 h. alt. 326 – ⊠ 19500 Meyssac – 🕓 55.
Paris 514 – Brive-la-Gaillarde 38 – Figeac 78 – Tulle 31.

🏨🏨 **L'Orée des Bois,** NE : 2 km par D 163 ☏ 25.43.79, ⛲ – 🅿. 🖭
fermé 2 janv. au 2 fév. et merc. sauf juil.-août – SC : **R** 90/350.

LOUARGAT 22540 C.-du-N. 🟦 ① – 2 224 h. alt. 185 – 🕓 96.
Voir Menez-Bré ☀★ NE : 3,5 km, G. Bretagne.
Paris 498 – Guingamp 14 – Lannion 26 – Morlaix 41 – St-Brieuc 45.

🏨🏨 **Manoir du Cleuziou** ⅍, NO : 4 km par D 33A et VO ☏ 43.14.90, ⤴, ⛲, 🎾 – 📥wc ☎ 🅿
fermé déc. et janv. – SC : **R** 95/160 – ☖ 18 – **25 ch** 195/215.

CITROEN Cocu, ☏ 43.13.27
RENAULT Le Calvez, ☏ 43.15.67

LOUDÉAC 22600 C.-du-N. 🟦 ⑱ G. Bretagne – 10 756 h. alt. 161 – 🕓 96.
Paris 437 – Carhaix-Plouguer 68 – Dinan 71 – Pontivy 22 – ◆Rennes 85 – St-Brieuc 41.

🏨🏨 **France** Ⓜ, 1 r. Cadélac ☏ 28.00.15, Télex 740631 – 📳 📥wc 🛁wc ☎ 🅿 – 🔏 100. 🖭 🄴 ᴠɪѕᴀ
fermé 25 déc. au 2 janv. – SC : **R** *(fermé sam. midi)* 42/130 🍷 – ☖ 19 – **40 ch** 60/220 – P 165/261.

🏨🏨 **Voyageurs,** 10 r. Cadélac ☏ 28.00.47 – 📳 📥wc 🛁wc ☎ 🚗 – 🔏 25. 🖭 ⓞ 🄴 ᴠɪѕᴀ
fermé 20 déc. au 15 janv. et sam. hors sais. – SC : **R** 42/150 🍷 – ☖ 17 – **32 ch** 55/190 – P 180/240.

tourner →

✗ **Aub. du Cheval Blanc,** pl. Église ☎ 28.00.31 – **E** VISA
⟶ fermé 25 sept. au 25 oct., dim. soir et lundi – SC : **R** 45/180.

à La Prénessaye E : 7 km sur N 164 – ⊠ 22210 Plémet –

🏠 **Motel d'Armor** 🅼 ⌖, 🌧, 🛋 – ⌂wc 🎋wc ☎ 🅟 **E** VISA ⌖
SC : **R** (fermé sam. soir et dim. soir hors sais.) 54/120 – ⌑ 18 – **10 ch** 135/200.

CITROEN Gar. Central, 14 r. Lavergne ☎ 28.
00.46
PEUGEOT-TALBOT Gar. Lebreton, 23 r. de
Pontivy ☎ 28.00.59
RENAULT Michard, pl. Gén.-de-Gaulle ☎ 28.
00.07

🔘 Desserrey-Pneus, Z.I. du Kersuguet St-
Bugan ☎ 28.05.73

LOUDUN 86200 Vienne 🗠 ⑨ G. Châteaux de la Loire – 8 234 h. alt. 88 – ✪ 49.

Voir Tour carrée ✻ ★.

🇧 Office de Tourisme à l'Hôtel de Ville (fermé lundi et dim.) ☎ 98.15.96.

Paris 314 ① – Angers 77 ⑤ – Châtellerault 49 ② – Parthenay 56 ③ – Poitiers 55 ③ – ✦Tours 72 ①.

LOUDUN

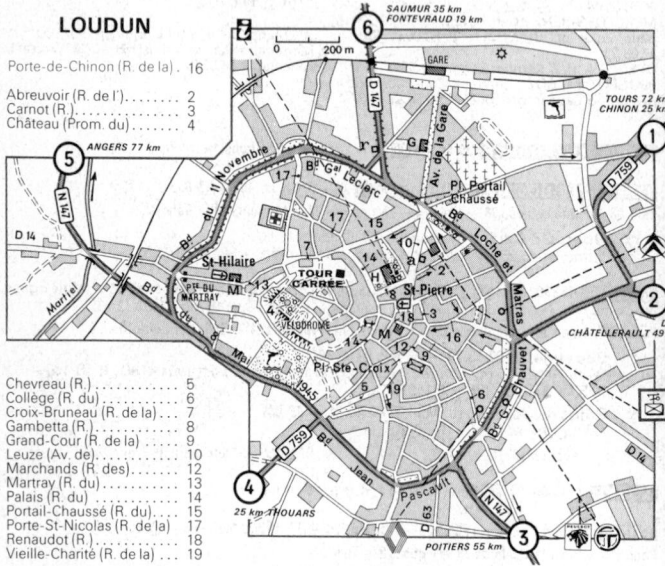

Porte-de-Chinon (R. de la) . 16

Abreuvoir (R. de l')	2
Carnot (R.)	3
Château (Prom. du)	4

Chevreau (R.)	5
Collège (R. du)	6
Croix-Bruneau (R. de la)	7
Gambetta (R.)	8
Grand-Cour (R. de la)	9
Leuze (Av. de)	10
Marchands (R. des)	12
Martray (R. du)	13
Palais (R. du)	14
Portail-Chaussé (R. du)	15
Porte-St-Nicolas (R. de la)	17
Renaudot (R.)	18
Vieille-Charité (R. de la)	19

🏨 **Mercure** 🅼 sans rest, 40 av. de Leuze (a) ☎ 98.19.22 – 🛗 📺 ⌂wc ☎ 🅟 AE ⓞ
E VISA
SC : ⌑ 23 – **29 ch** 173/209.

🏠 **Roue d'Or,** 1 av. Anjou (r) ☎ 98.01.23 – 🎋wc 🍽 🅟 VISA
⟶ fermé 1er au 15 fév., dim. soir et sam. du 1er oct. au 1er avril – SC : **R** 50/160 – ⌑ 17
– **15 ch** 100/150.

CITROEN S.A.R.V.A., bd Loche-et-Matras ☎
98.00.42
PEUGEOT-TALBOT Autom. Loudunaise, 9 bd
G.-Chauvet ☎ 98.15.57

RENAULT Guérin, 2 bd G.-Chauvet ☎ 98.12.93

🔘 Pneurénov, 17 bd G.-Chauvet ☎ 98.01.22

LOUÉ 72540 Sarthe 🗟 ⑫ – 1 915 h. alt. 80 – ✪ 43.

Paris 229 – Alençon 61 – Angers 81 – Laval 50 – ✦Le Mans 28.

🏨 ✿ **Ricordeau** ⌖, ☎ 88.40.03, 🌧 – ☎ 🚗 🅟 – 🔬 80. AE ⓞ **E** VISA
fermé janv., dim. soir et lundi de sept. à Pâques – SC : **R** 135/165 – ⌑ 32 – **20 ch**
95/345
Spéc. Escalope de bar aux chanterelles (nov. à mars), Poulet à la crème et morilles, Gratin de
framboises (juil. à sept.). Vins Quincy, Champigny.

La LOUE (Source de) ★★★ 25 Doubs 🗠 ⑥ G. Jura.

Voir Vallée de la Loue★★ NO.

Env. Belvédères de Renédale ≤★ 15 mn et du Moine de la Vallée ✻★★ NO : 7, 5 km.

LOUHANS 71500 S.-et-L. **70** ⑬ G. Bourgogne – 4 198 h. alt. 181 – ۞ 85.

🛈 Office de Tourisme (fermé mardi et dim.) av. du 8-Mai-1945 avec A.C. ℡ 75.05.02.

Paris 380 – Bourg-en-Bresse 56 – Chalon-sur-Saône 40 – ♦Dijon 83 – Dole 69 – Tournus 29.

  🏠 **Boivin**, à St-Usuge par D 13 : 6 km – ⊠ 71500 Louhans ℡ 72.10.95 – 🛏 🅿 𝑉𝐼𝑆𝐴
  ➡ *fermé 10 sept. au 8 oct. et lundi sauf juil. et août* – SC : **R** 45/95 – 🍽 15 – **8 ch**
  57/100 – P 123/145.

  à Sagy SE : 8,5 km par D 21 – ⊠ **71580** Sagy :

  🏠 **La Grotte** 🦢, ℡ 75.19.21 – 🛁wc 🛁wc ☎ 🅿 𝐴𝐸 𝑉𝐼𝑆𝐴
  R 50 – 🍽 18 – **18 ch** 130/170.

  à Beaurepaire-en-Bresse E : 14 km par N 78 – ⊠ **71580** Sagy :

  🏠 **Aub. Croix Blanche,** ℡ 74.13.22, 🦚 – 🛁wc 🅿
  fermé nov. et déc. – SC : **R** 52/150 🍷 – 🍽 18 – **15 ch** 120/150 – P 190.

⑧ Bayle Pneus, Chateaurenaud ℡ 75.04.41

La LOUPE 28240 E.-et-L. **60** ⑥ – 3 709 h. alt. 208 – ۞ 37.

Paris 131 – Chartres 38 – Dreux 43 – Mortagne-au-Perche 41 – Nogent-le-Rotrou 22.

  🏠 **Chêne Doré,** pl. Hôtel-de-Ville ℡ 81.06.71 – 🛁wc 🛁wc 🅿 𝐴𝐸 ⓪
  ➡ *fermé 20 déc. au 31 janv., dim. soir et lundi* – SC : **R** 42/98 🍷 – 🍽 16 – **14 ch** 85/145
  – P 175/200.

CITROEN Leproust, ℡ 81.00.69   RENAULT St-Thibault-Auto, ℡ 81.06.23 🔃 ℡
PEUGEOT-TALBOT Gonsard, ℡ 81.08.05   81.02.77

LOURDES 65100 H.-Pyr. **85** ⑱ G. Pyrénées – 17 619 h. alt. 410 – Pèlerinage (15 août) – ۞ 62.

Voir Château fort★ AY : musée pyrénéen★, salle d'honneur du Pyrénéisme★ – Basilique
souterraine St-Pie X AYZ B – Pic du Jer ⩿★★ 1,5 km par ③ et funiculaire puis 20 mn –
Le Béout ⩿★ 1 km par ③ et téléphérique.

✈ de Tarbes-Ossun-Lourdes ℡ 34.42.22 par ① : 11 km.

🛈 Office de Tourisme avec A.C. pl. du Champ (fermé dim. sauf matin en saison) ℡ 94.15.64.

Paris 824 ① – ♦Bayonne 147 ⑤ – Pau 40 ⑤ – St-Gaudens 79 ② – Tarbes 19 ①.

Plan page suivante

  🏨🏨 **Gallia et Londres** 🄼, 26 av. B.-Soubirous ℡ 94.35.44, 🦚 – 🛗 🍽 rest 𝐴𝐸 ⓪
  20 avril-20 oct. – SC : **R** 85/95 – 🍽 30 – **90 ch** 320/450 – P 300/450.   AZ **k**

  🏨🏨 **Gd H. de la Grotte,** 66 r. de la Grotte ℡ 94.58.87, Télex 531937, ⩿ – 🛗 🍽 rest ☎
  ♿ 🚗 🅿 𝐴𝐸 ⓪ 𝐸 𝑉𝐼𝑆𝐴   AZ **y**
  19 avril-15 oct. – SC : **R** 100/120 – **83 ch** 🍽 210/380 – P 305/495.

  🏨 **Espagne,** 9 av. Paradis ℡ 94.50.02, Télex 520066, ⩿, 🦚 – 🛗 🍽 rest 🅿 – 🏨 80.
  𝐴𝐸 ⓪ 𝐸 𝑉𝐼𝑆𝐴 🛥   AZ **e**
  15 avril-15 oct. – SC : **R** 68 – **92 ch** 🍽 200/280 – P 220/275.

  🏨 **Jeanne d'Arc,** 1 r. Alsace-Lorraine ℡ 94.35.42 – 🛗 🚗 🅿   AZ **w**
  Pâques-20 oct. – SC : **R** 65 – 🍽 20 – **154 ch** 300/350 – P 300/412.

  🏨 **Excelsior,** 83 bd Grotte ℡ 94.02.05, Télex 520343, ⩿ – 🛗 🍽 rest ♿ 🚗 𝐴𝐸 ⓪ 𝐸
  𝑉𝐼𝑆𝐴   AY **h**
  19 avril-20 oct. – SC : **R** 80/95 – **80 ch** 🍽 189/274 – P 235/274.

  🏨 **Ambassadeurs,** 66 bd de la Grotte ℡ 94.32.85, ⩿ – 🛗 🅿 𝐴𝐸 ⓪ 𝐸 𝑉𝐼𝑆𝐴 🛥 rest
                                                   AY **h**
  Pâques-début nov. – SC : **R** 75/140 – **50 ch** 🍽 150/330 – P 295/390.

  🏨 **Impérial,** 3 av. Paradis ℡ 94.06.30, Télex 530802, 🦚 – 🛗 🍽 rest. 𝐴𝐸 ⓪ 𝐸.
  🛥 rest   AZ **f**
  15 avril-15 oct. – SC : **R** 90 – 🍽 25 – **100 ch** 240/370 – P 300/450.

  🏨 **Galilée-Windsor,** 10 av. Peyramale ℡ 94.21.55 – 🛗 🍽 rest 🚗   AZ **n**
  15 avril-20 oct. – SC : **R** 58/70 – 🍽 23 – **170 ch** 260/300 – P 220/300.

  🏨 **St-Louis de France,** 5 av. Paradis ℡ 94.28.91, ⩿ – 🛗 🍽 rest 🛁wc 🛁wc ♨ 🅿
  𝐴𝐸. 🛥 rest   AZ **e**
  20 avril-15 oct. – SC : **R** 65/70 – 🍽 18,50 – **104 ch** 195/210 – P 205/250.

  🏨 **Christina** 🄼, 42 av. Peyramale ℡ 94.26.11, Télex 531062, ⩿, 🦚 – 🛗 🛁wc 🛁wc
  ♨ – 🏨 50. 𝐴𝐸 ⓪ 𝐸 𝑉𝐼𝑆𝐴. 🛥 rest   AZ **z**
  début avril-fin oct. – SC : **R** 73 – **210 ch** 🍽 184/262 – P 253/303.

  🏨 **Panorama,** 13 r. Ste-Marie ℡ 94.33.04 – 🛗 🛁wc 🛁wc ♨ ♿ – 🏨 40. 𝐴𝐸. 🛥
  fin mars-fin oct. – SC : **R** 55 – 🍽 16 – **118 ch** 164/305 – P 225/245.   AZ **r**

  🏨 **Roissy** 🄼, 16 av. Mgr-Schoepfer ℡ 94.13.04 – 🛗 🛁wc 🛁wc ♨. 🛥 ch   AZ **d**
  Pâques-15 oct. – SC : **R** 51/57 – 🍽 22 – **70 ch** 150/240 – P 225/250.

  🏨 **Golgotha,** 4 r. Reine-Astrid ℡ 94.00.03 – 🛗 🛁wc 🛁wc ♨.   AZ **d**
  19 avril-15 oct. – SC : **R** 51/56 – 🍽 22 – **118 ch** 165/235 – P 225/247.

  🏨 **Nevers,** 13 av. Maransin ℡ 94.90.88, ⩿ – 🛗 🛁wc 🛁wc 🅿. 🛥 rest   BY **r**
  fermé 12 nov. au 3 déc. – SC : **R** 57 – 🍽 14 – **39 ch** 115/200 – P 180/205.

tourner →

617

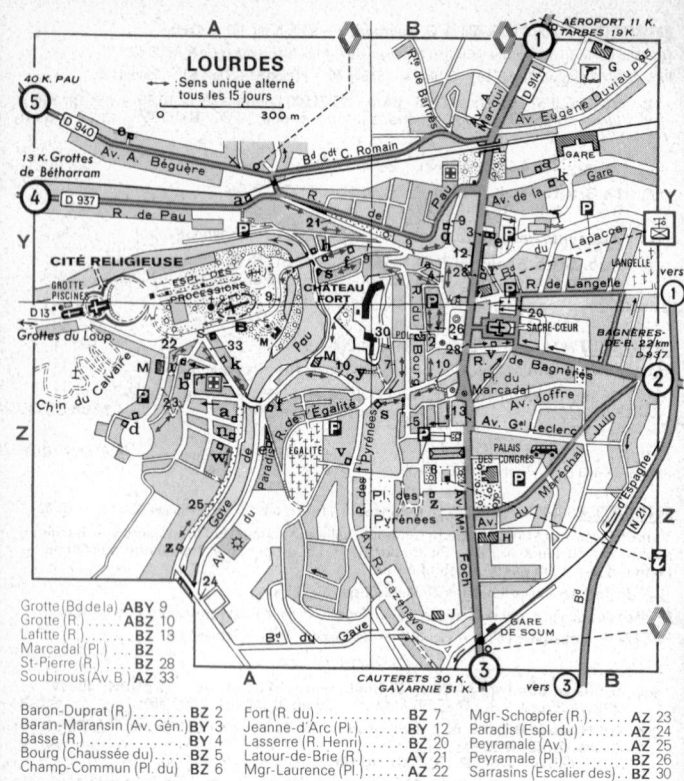

LOURDES

: Sens unique alterné tous les 15 jours

0   300 m

40 K. PAU — D 940

13 K. Grottes de Bétharram

D 937

R. de Pau

CITÉ RELIGIEUSE

GROTTE PISCINES

Grottes du Loup

Chin du Calvaire

AÉROPORT 11 K. TARBES 19 K.

Av. A. Béguère

Bd Cdt C. Romain

ESP. DES PROCESSIONS

CHÂTEAU FORT

CAUTERETS 30 K. GAVARNIE 51 K.

🏨 **Beauséjour** sans rest, 16 av. Gare 𝒯 94.38.18 – 🛗 ⏥wc ⑁wc ☎ 🅿. ⅏
15 mars-1er nov. – SC : ⇌ 15 – **44 ch** 175/195. BY **k**

🏨 **Ste-Rose**, 2 r. Carrières-Peyramale 𝒯 94.30.96 – 🛗 ⏥wc ⑁wc ☎ 🅿. ⅏
12 avril-7 oct. – SC : **R** 52 – ⇌ 17 – **100 ch** 63/153 – P 157/244. AZ **b**

🏨 **St-Étienne**, 61 bd de la Grotte 𝒯 94.02.03 – 🛗 ⏥wc ☎
Pâques-15 oct. – SC : **R** 50/60 – ⇌ 18 – **45 ch** 90/190 – P 165/195. AY **f**

🏨 **Lutetia**, 19 av. Gare 𝒯 94.22.85, Télex 521702 – 🛗 📺 ⏥wc ⑁wc ☎ 🅿. 🆎 ⓞ Ⓔ
VISA
fermé 5 janv. au 6 fév. – SC : **R** 45/80 – ⇌ 18 – **47 ch** 110/210 – P 180/235. BY **a**

🏨 **Albret** sans rest, 21 pl. Champ-Commun 𝒯 94.75.00 – 🛗 ⏥wc ⑁wc ☎. 🆎
1er avril-30 nov. – SC : ⇌ 15 – **27 ch** 155. BZ **z**

🏨 **Orly** sans rest, 9 bis av. Maransin 𝒯 94.28.21 – 🛗 ⏥wc ⑁wc ☎
1er avril-31 oct. – SC : ⇌ 13,50 – **17 ch** 126/185. BY **e**

🏨 **N.-D. de France**, 8 av. Peyramale 𝒯 94.91.45, ← – 🛗 ⏥wc ⑁wc ☎. ⅏ rest
Pâques-15 oct. – SC : **R** 55/65 – ⇌ 18 – **75 ch** 138/170 – P 196/220. AZ **a**

🏨 **N.-D. de Sarrance**, 7 r. Bagnères 𝒯 94.09.83 – 🛗 ⏥wc ⑁wc ☎. ⅏
fermé nov. – SC : **R** (1er juil.-15 oct.)59 – ⇌ 16 – **42 ch** 170/190 – P 210. BZ **v**

🏨 **Vallée**, 28 r. Pyrénées 𝒯 94.71.71 – 🛗 ⏥wc ⑁wc ☎. ⅏ rest
16 avril-10 oct. – SC : **R** 48/63 – ⇌ 13,50 – **60 ch** 127/178 – P 166/192. AZ **v**

🏨 **Majestic**, 9 av. Maransin 𝒯 94.27.23 – 🛗 ⏥wc ⑁wc ☎ ♿. ⅏ rest
15 avril-15 oct. – SC : **R** 54 – ⇌ 16 – **36 ch** 140/175 – P 150/175. BY **e**

🏨 **Gesta-Baylac**, 2 bd Grotte 𝒯 94.02.33 – 🛗 ⏥wc ⑁wc
15 avril-10 oct. – SC : **R** 46 – ⇌ 15 – **73 ch** 110/180 – P 145/190. BY **q**

🏨 **Aquitaine**, 1 r. Pyrénées 𝒯 94.20.31 – ⏥wc ⑁wc ☎
fermé du 15 déc. au 8 fév. – SC : **R** 41/64 – ⇌ 15 – **24 ch** 74/147 – P 159/173. BZ **s**

🏨 **N.-D.-de Lorette**, 12 rte Pau 𝒯 94.12.16 – ⑁wc 🅿. ⅏
1er avril-15 oct. – SC : **R** 53/95 ⓙ – ⬛ 15,50 – **19 ch** 53/125 – P 152/176. AY **a**

XX **L'Ermitage,** pl. Mgr Laurence ℡ 94.08.42 – ⌸ ⓞ 𝘝𝘐𝘚𝘈   AZ **s**
1er mai-15 oct. – **R** 54/86.

XX **Aub. Maurice Prat** avec ch, 22 av. A.-Béguère ℡ 94.01.53 – ⌂wc ⋔wc 🅿
fermé 15 déc. au 1er mars et lundi du 1er mars au 1er juin – SC : **R** 53/85 – ⌷ 20 –
14 ch 180/200 – P 180/220.   AY **e**

XX **Gave,** 17 quai St-Jean ℡ 94.14.33 – ⌸ 𝘝𝘐𝘚𝘈   AY **s**
20 avril-10 oct. – SC : **R** 50/100.

à Lugagnan par ③ : 3 km – ⊠ 65100 Lourdes :

🏠 **Trois Vallées** ⌂, ℡ 94.73.05, 🌳, ⋇ – ⌂wc ⋔wc ☏ 🅿. ⋇ rest
fermé 1er au 15 déc., 2 au 31 janv., lundi et mardi du 15 nov. au 31 mars – SC : **R**
45/85 ⅞ – ▬ 17,50 – **32 ch** 60/130 – P 115/165.

à Saux par ① : 3 km – ⊠ 65100 Lourdes :

XX **Relais Pyrénéen** ⌂ avec ch, ℡ 94.29.61, ≤, 🌳 – ⌂wc ⋔ ☏ 🅿. ⌸ 𝘝𝘐𝘚𝘈. ⋇
fermé janv. – SC : **R** 75/135 – ⌷ 16,50 – **11 ch** 121/210.

à Adé par ① : 6 km – ⊠ 65100 Lourdes :

🏨 **Le Virginia,** ℡ 94.66.18 – ▤ rest 📺 ⌂wc ☏ 🚐 🅿. ⌸ 𝘝𝘐𝘚𝘈. ⋇ rest
SC : **R** 50/105 – ⌷ 25 – **45 ch** 85/240 – P 170/250.

🏠 **Dupouey,** ℡ 94.29.62 – 🚐 🅿. ⋇
fermé mars et lundi de nov. au 1er avril – SC : **R** 40/125 – ⌷ 14 – **39 ch** 60/80 – P
130/140.

CITROEN Vinches, rte de Tarbes par ① ℡
94.32.32 🅽 ℡ 37.18.72
FIAT Charrier, 32 av. Mar.-Foch ℡ 94.23.03
LANCIA-AUTOBIANCHI, TOYOTA, VOLVO
Gar. Universel, 48 av. A.-Marqui ℡ 94.67.31 🅽
OPEL Chartier, 14 av. A.-Marqui ℡ 94.23.08
PEUGEOT-TALBOT Boutes, 102 av. A.-Marqui
par ① ℡ 94.75.68
RENAULT R.E.N.O.P.A.C., 25 av. F.-Lagardère
℡ 94.70.50

RENAULT Gar. Allué, 27 av. A.-Marqui ℡ 94.
07.23
RENAULT Gar. Vincent, 4 av. A.-Béguère ℡
94.07.89

⊛ Bigorre-Pneus, 27 av. F.-Lagardère ℡ 94.
06.70

LOURES-BAROUSSE 65370 H.-Pyr. 🎱 ⑳ – 586 h. alt. 455 – ✪ 62.

Paris 814 – Luchon 29 – St-Gaudens 17 – Tarbes 59 – ◆Toulouse 107.

🏨 **Host. des Vallées** ⌂, rte Barbazan ℡ 99.20.34, 🌳 – ⋔wc ☏ 🅿. ⌸ ⓞ 𝘝𝘐𝘚𝘈
fermé 1er nov. au 31 janv., dim. soir et lundi (sauf l'hôtel en juil.-août) – SC : **R**
80/110 – ⌷ 15 – **13 ch** 80/160 – P 170/190.

LOURY 45470 Loiret 🎰 ⑲⑳ – 1 413 h. alt. 126 – ✪ 38.

Paris 111 – Chartres 73 – Châteauneuf-sur-Loire 19 – Étampes 53 – ◆Orléans 19 – Pithiviers 24.

XX **Relais de la Forge,** N 152 ℡ 65.60.27 – 🅿. 🄴 𝘝𝘐𝘚𝘈
fermé 1er au 15 juil., lundi soir et mardi – SC : **R** 45/148 ⅞.

LOUVIE-JUZON 64 Pyr.-Atl. 🎱 ⑯ – 1 023 h. alt. 412 – ⊠ 64260 Arudy – ✪ 59.

Paris 811 – Laruns 11 – Lourdes 40 – Oloron-Ste-Marie 21 – Pau 26.

🏨 **Forestière** Ⓜ ⌂, rte Pau ℡ 05.62.28, ≤, �, 🌳 – ⌂wc ☏ 🅿. ⌸ ⓞ 🄴 𝘝𝘐𝘚𝘈
SC : **R** 68/148 ⅞ – ⌷ 20 – **13 ch** 180/225 – P 500/570 (pour 2 pers.).

🏠 **Dhérété** ⌂, ℡ 05.61.01, ≤, 🌳 – ⋔wc ☏ 🚐 🅿 – 🧖 40. ⋇
fermé 15 oct. au 1er déc. et merc. hors sais. – SC : **R** 55/80 – ⌷ 12 – **18 ch** 98/140 –
P 130/190.

CITROEN Rignol, à Arudy ℡ 05.60.23 🅽 ℡
05.72.34
PEUGEOT, TALBOT Versavaud, à Arudy ℡ 05.
60.70

RENAULT Orensanz, à Arudy ℡ 05.61.93

Les guides Michelin :

Guides Rouges (hôtels et restaurants) :
 **Benelux - Deutschland - España Portugal - Main Cities Europe -
 Great Britain and Ireland - Italia**

Guides Verts (Paysages, monuments et routes touristiques) :
 **Allemagne - Autriche - Belgique - Canada - Espagne - Grèce -
 Hollande - Italie - Londres - Maroc - New York -
 Nouvelle Angleterre - Portugal - Rome - Suisse.**

 et 19 guides sur la France.

LOUVIERS 27400 Eure 🗺 ⑯⑰ G. Normandie – 19 413 h. alt. 15 – ✪ 32.

Voir Église N.-Dame★ : œuvres d'art★ BY E.

🇹 du Vaudreuil ☎ 59.02.60, NE par D 313 BX et D 77 : 6,5 km.

🇪 Office de Tourisme 10 r. Mar.-Foch (fermé matin, dim. et lundi) ☎ 40.04.41.

Paris 108 ③ – Les Andelys 23 ③ – Bernay 51 ⑤ – Lisieux 75 ⑤ – Mantes 50 ③ – ◆Rouen 29 ①.

LOUVIERS

Foch (R. Mar.) .... BY 5
Gaulle (R. Gén.-de) ..... AY 6
Matrey (R. du) .... AY 9
Quai (R. du) .... BY 15

Champ-de-Ville (Pl.) .... AY 2
Crosne (Bd de) .... BY 3
Dr-Postel (Av. du) ..... BZ 4
Jaurès (Pl. Jean) ...... BZ 8
Mendès-France (R.P.) ... BY 10
Porte-de-l'Eau (Pl.) .... BY 12
Poste (R. de la) .... BY 13
République (Pl. de la) ... AY 17
Thorel (Pl. E.) .... AY 18
11-Novembre-1918 (R.) .. AX 20

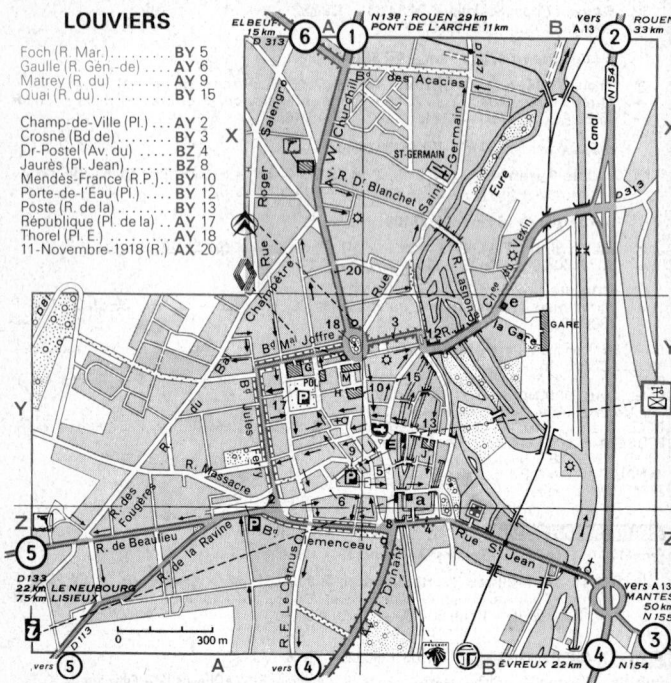

🏨 **P.L.M.** Ⓜ, par ② : 3,5 km près échangeur A 13 - N 15 (Louviers Nord) ⊠ 27100 Vaudreuil ☎ 59.09.09, Télex 180540, 🏊, – 🛗 🖥 rest 📺 ☎ 🕭 🅿 – 🕿 150. 🖭 ⓞ 📧 𝘝𝘐𝘚𝘈

R carte environ 100 🍷 – � 25 – **58 ch** 233/275.

🏨 **Host. de la Poste,** 11 r. Quatre-Moulins ☎ 40.01.76 – 📺 🚽wc 🛗 ☎ 📧 𝘝𝘐𝘚𝘈 — SC : **R** (fermé dim. soir et lundi) 40/75 – 🍴 20 – **16 ch** 130/240.　　　　BY **a**

XX **Clos Normand,** 16 r. Gare ☎ 40.03.56 – 𝘝𝘐𝘚𝘈 — fermé dim. sauf Pâques et Pentecôte – SC : **R** 44/96.　　　　BY **e**

à Acquigny par ④ : 5 km – ⊠ 27400 Louviers :

XX **L'Hostellerie,** sur D 71 ☎ 50.20.05 – 🅿 𝘝𝘐𝘚𝘈 🛇 — fermé 4 au 26 août, 18 déc. au 3 janv., mardi soir et merc. – SC : **R** 62/82.

à Vironvay par ③ : 5 km – ⊠ 27400 Louviers.

Voir Église ≤★.

🏨 **Les Saisons** 🛇, ☎ 40.02.56, 🍃, « Pavillons dans un jardin », 🛇 – 📺 🚽wc ☎ 🛳 🅿 – 🕿 30. ⓞ 📧 𝘝𝘐𝘚𝘈 🛇 ch — fermé 16 au 23 août, 28 janv. au 28 fév., lundi sauf hôtel et dim. soir – SC : **R** 85/195 – �= 24 – **9 ch** 210/285, 5 appartements 480 – P 360/460.

à St-Pierre-du-Vauvray E : 8 km par D 313 - BX – ⊠ 27430 St-Pierre-du-Vauvray :

🏨 **Host. St-Pierre** Ⓜ 🛇, ☎ 59.93.29, ≤, 🍃 – 🛗 📺 🅿 ⓞ 𝘝𝘐𝘚𝘈 — SC : **R** (fermé janv., fév. et mardi) 150 bc/250 – ⊒ 28 – **14 ch** 135/370 – P 430/485.

CITROEN Cambour-Automobiles, 4 pl. E.-Thorel ☎ 40.37.01

FIAT Gar. Pillet, rte des Falaises à Le Vaudreuil ☎ 59.15.62

PEUGEOT-TALBOT Dubreuil, 4 pl. J.-Jaurès ☎ 40.02.28

RENAULT Duchemin, 1 pl. E.-Thorel ☎ 40.15.97

VAG Gar. du champ de Ville, 36 pl. du champ de Ville ☎ 40.22.22

⊛ Rallye-Pneus, 49 r. de Paris ☎ 40.21.16

LOUVIGNÉ-DU-DÉSERT 35420 I.-et-V. 59 ⑱ – 4 467 h. alt. 178 – ✪ 99.
Paris 295 – Alençon 102 – Dol-de-Bretagne 51 – Fougères 16 – Mayenne 54.

🏠 **Manoir,** pl. Ch.-de-Gaulle ⏰ 98.02.40, « Jardin » – ⌂wc ⋔wc ☎ 🅿 E 𝗩𝗜𝗦𝗔
fermé 15 nov. au 1er déc., 1er fév. au 1er mars, dim. soir et lundi – SC : **R** 70/130 – ⌿
19 – **12 ch** 82/154.

RENAULT Couasnon, ⏰ 98.01.24

LOUVIGNY 14 Calvados 55 ⑪ – rattaché à Caen.

LOYETTES 01980 Ain 74 ⑬ – 1 713 h. alt. 193 – ✪ 7.
Paris 471 – Bourg-en-Bresse 52 – Bourgoin-Jallieu 28 – ◆Lyon 33 – La Tour-du-Pin 43 – Vienne 49.

XXX ✿ **Terrasse** (Antonin), pl. Église ⏰ 832.70.13, ≤, 🍽 – 𝖠𝖤 𝗩𝗜𝗦𝗔 ⋟
fermé 1er au 15 sept., 5 au 29 fév., dim. soir et lundi – SC : **R** (dim. et fêtes prévenir)
90/260
Spéc. Poularde de Bresse aux truffes, Poissons, Gibier (en saison). **Vins** Montagnieu, Seyssel.

LUBBON 40 Landes 79 ⑫⑬ – 95 h. alt. 147 – ✉ 40240 La Bastide d'Armagnac – ✪ 58.
Paris 717 – Aire-sur-l'Adour 59 – Condom 54 – Mont-de-Marsan 49 – Nérac 35.

🏠 **Au Bon Coin** (chez Jeanne), D 933 ⏰ 93.60.43 – 🚗 🅿
→ fermé 7 sept. au 7 oct., vend. soir et sam. sauf juil.-août – **R** (dim. et fêtes prévenir)
35/54 – ⌿ 13 – **14 ch** 54/85 – P 118.

LUBERSAC 19210 Corrèze 75 ⑧ – 2 441 h. alt. 355 – ✪ 55.
Paris 449 – Brive-la-Gaillarde 58 – ◆Limoges 53 – Périgueux 74 – Tulle 49.

🏠 **Le Rubeau,** rte Limoges ⏰ 73.56.57 – ⋔ 𝗩𝗜𝗦𝗔 ⋟ ch
→ fermé nov. – SC : **R** (fermé week-end de janv., fév. et mars) 38/70 ⅃ – ⌿ 11 – **15 ch**
70/110 – P 115/135.

RENAULT Sudrie, ⏰ 73.55.41   TALBOT Reyrolles, ⏰ 73.55.47

Le LUC 83340 Var 84 ⑯ – 6 068 h. alt. 168 – ✪ 94.
🛈 Office de Tourisme pl. Verdun (1er mai-31 août, fermé dim. et lundi) ⏰ 60.74.51 et à la Mairie (1er
sept.-30 avril, fermé sam. après-midi et dim.) ⏰ 60.70.03.
Paris 841 – Cannes 75 – Draguignan 28 – St-Raphaël 43 – Sainte-Maxime 49 – ◆Toulon 53.

XX **Host. du Parc** avec ch, r. J.-Jaurès ⏰ 60.70.01, 🍽 – 📺 ⌂wc ⋔wc ☎ 🚗 🅿.
𝖠𝖤 ⓪ E 𝗩𝗜𝗦𝗔
fermé 30 avril au 10 mai, 12 nov. au 13 déc., lundi soir sauf juil.-août et mardi – SC :
R 125/190 – ⌿ 20 – **12 ch** 120/230.

à Flassans-sur-Issole O : 4 km par N 7 – ✉ 83340 Le Luc :

🏠 **La Grillade au feu de bois** M ⋟ sans rest., ⏰ 69.71.20, antiquités, ≤, parc, 🏊
– 📳 📺 ⌂wc ⋔wc ☎ 🅿. 𝖠𝖤 ⓪ E 𝗩𝗜𝗦𝗔
SC : ⌿ 20 – **7 ch** 220/300.

LUCÉ 28 E.-et-L. 60 ⑦, 196 ⑨ – rattaché à Chartres.

LUC-EN-DIOIS 26310 Drôme 77 ⑭ G. Alpes – 473 h. alt. 580 – ✪ 75.
Paris 646 – Die 19 – Gap 76 – Nyons 66 – Serres 46 – Valence 84.

🏠 **Levant,** ⏰ 21.33.30, 😊, 🍽 – ⋔wc ☎ 🅿
→ 1er avril-20 sept. – SC : **R** 48/89 ⅃ – ⌿ 16 – **16 ch** 80/170 – P 165/210.

LUCHÉ-PRINGÉ 72 Sarthe 64 ③ G. Châteaux de la Loire – 1 433 h. alt. 34 – ✉ 72800 Le
Lude – ✪ 43.

Voir Château⋆ de Gallerande NO : 2,5 km.
🛈 Syndicat d'Initiative à la Mairie (fermé jeudi) ⏰ 94.43.25.
Paris 240 – La Flèche 13 – Le Lude 10 – ◆Le Mans 39.

🏠 **Aub. du Port des Roches** ⋟, au Port des Roches E : 4 km par D 13 et D 214 ⏰
94.43.23, 🍽 – ⌂wc ⋔wc ☎ 🅿 ⋟
fermé dim. soir et lundi hors sais. – SC : **R** 60/110 – ⌿ 19 – **15 ch** 105/170 – P
150/170.

LUCHON 31 H.-Gar. 85 ⑳ G. Pyrénées – 3 602 h. alt. 630 – Stat. therm. (26 mars-21 oct.) –
Sports d'hiver à Superbagnères : 1 800/2 260 m ⅃1 ⅃14 ⅃ – Casino Y – ✉ 31110 Bagnères-de-Luchon
– ✪ 61.

Env. Vallée du Lys⋆ SO : 5,5 km par D 125 et D 46 – Kiosque de Mayrègne ⋇⋆ 9 km
par ③ – Hospice de France⋆⋆ SE : 11 km par D 125.
🏌9 ⏰ 79.03.27, X
🛈 Office de Tourisme 18 allées Étigny ⏰ 79.21.21, Télex 530139.
Paris 843 ① – Bagnères-de-Bigorre 81 ① – St-Gaudens 46 ① – Tarbes 89 ① – ◆Toulouse 136 ①.

🏨 **Corneille** 🍽, 5 av. A.-Dumas ☎ 79.36.22, Télex 520347, ≤, « Résidence dans un parc, beaux aménagements intérieurs » – 🛗 **Ⓟ**. 🆎 ⓸ 💳. 🎏 rest *1er avril-20 oct.* – SC : **R** 85/100 – ☑ 22 – **52 ch** 210/360, 3 appartements 550 – P 240/440. Y **u**

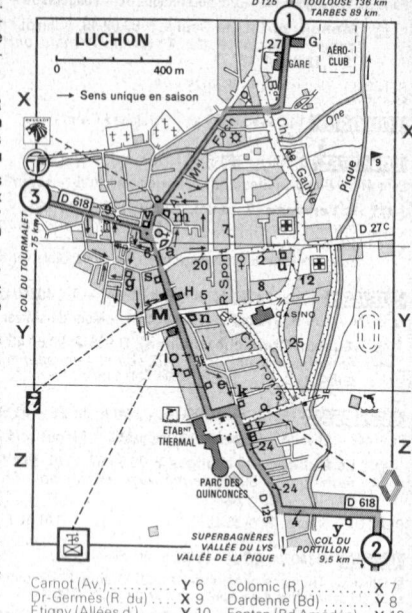

🏨 **Poste et Golf**, 29 allées Étigny ☎ 79.00.40, Télex 520018, 🚗 – 🛗 ▦ rest ☎ **Ⓟ** – ⚒ 30 à 120 Y **n** *sais.* – **60 ch.**

🏨 **Bains**, 75 allées Étigny ☎ 79.00.58 – 🛗 ⌂wc ⋔wc ☎ **Ⓟ**. 🆎 🎏 rest YZ **e** *fermé 21 oct. au 19 déc.* – SC : **R** 72 - **Pizzeria R** carte environ 75 ⅃ – ☑ 20 – **52 ch** 126/210 – P 177/277.

🏨 **Étigny**, face Établt Thermal ☎ 79.01.42, 🚗 – 🛗 ⌂wc ⋔wc ☎. 🎏 rest *1er mai-15 oct.* – SC : **R** 60/120 – ☑ 19 – **58 ch** 140/210 – P 200/260. Z **k**

🏨 **Métropole**, 40 allées Étigny ☎ 79.38.00 – 🛗 ⌂wc ⋔wc ☎. 🎏 rest Y **r** *28 mars-15 oct., vacances de Noël et de fév.* – SC : **R** 72/90 – ☑ 16 – **60 ch** 55/170 – P 175/240.

🏨 **Paris**, 9 cours Quinconces ☎ 79.13.70 – 🛗 ⌂wc ☎ **Ⓟ** ⓸. 🎏 rest *1er mai-20 oct.* – SC : **R** 68 – ☑ 17 – **32 ch** 150/180 – P 235/258. Z **v**

🏨 **Royal H.**, 1 cours Quinconces ☎ 79.00.62 – 🛗 ⌂wc ⋔ ☎. 🎏 rest Z **v** *25 mai-5 oct.* – SC : **R** 65 – ☑ 17 – **48 ch** 80/155 – P 160/190.

🏨 **Beau Site**, 11 cours Quiconces ☎ 79.02.71, 🚗 – 🛗 ⌂wc ☎ **Ⓟ** 🎏 rest Z **v** *1er mai-15 oct.* – SC : **R** 68/78 – ☑ 16 – **24 ch** 135/175 – P 190/231.

🏨 **Panoramic** sans rest, 6 av. Carnot ☎ 79.00.67 – 🛗 📺 ⌂wc ⋔wc ☎. ⓸ Ɛ X **v** *fermé 1er au 20 déc. et 5 au 31 janv.* – SC : ☑ 19 – **30 ch** 125/200.

🏨 **La Recluse**, à St-Mamet ⌂ 31110 Bagnères-de-Luchon ☎ 79.02.81, 🚗 – ⌂wc ⋔wc ☎ **Ⓟ**. 🎏 rest Z **y** *1er mai-6 oct. et vacances scolaires d'hiver* – SC : **R** 50/80 – ☑ 14,50 – **28 ch** 100/150 – P 175/240.

🏨 **Deux Nations**, 5 r. Victor-Hugo ☎ 79.01.71 – 🛗 ⋔wc ☎. 🚐 Y **g** SC : **R** 55/132 ⅃ – ☑ 17 – **27 ch** 67/109 – P 150/182.

🏨 **Concorde**, 12 allées Étigny ☎ 79.00.69 – 🛗 ⌂wc ☎. 🆎 💳. 🎏 rest Y **s** *fermé 20 au 20 déc.* – SC : **R** 45/85 ⅃ – ☑ 20 – **23 ch** 85/160 – P 162/267.

🏨 **Henri Sors**, 1 av. Carnot ☎ 79.00.47, 🚗 – 🛗 ⋔wc. 🎏 rest X **m** *10 avril-15 oct., vacances de Noël et de fév.* – SC : **R** 65/80 – ☑ 15 – **43 ch** 70/175 – P 138/175.

🏨 **Bon Accueil**, 1 pl. Joffre ☎ 79.02.20 – 🛗 ⌂wc ⋔wc ☎. 💳 XY **a** *fermé 20 oct. au 20 déc.* – SC : **R** carte 60 à 95 – ☑ 18 – **28 ch** 86/185 – P 189/267.

CITROEN Bardaji, D125 par av. de Toulouse ☎ 79.16.93 Ⓝ
FORD Gar. Rubiella, à Montauban de Luchon ☎ 79.08.56

PEUGEOT, TALBOT Gar. Bedin, ☎ 79.01.35
RENAULT Gar. Elissalde, ☎ 79.00.20

Map legend:

Carnot (Av.) .... Y 6	Colomic (R.) .... X 7
Dr-Germès (R. du) ... X 9	Dardenne (Bd) .... Y 8
Étigny (Allées d') .... Y 10	Fontan (Bd Amédée).. Y 12
	Lamartine (R.) .... Y 20
Alexandre-Dumas (Av.) Y 2	Quinconces
Bains (Allées des) ... Z 3	(Cours des) .... Z 24
Barrau (Av. J.) ...... Z 4	Rostand (Bd Edmond) Y 25
Boularan (R. Jean) ... Y 5	Toulouse (Av. de) .... X 27

LUÇON 85400 Vendée ⁷¹ ⑩ G. Côte de l'Atlantique – 9 500 h. alt. 10 – ۞ 51.

Voir Cathédrale N.-Dame★ B E – Jardin Dumaine★ A.

🛈 Office de Tourisme pl. Hôtel-de-Ville (fermé dim. hors sais.) ℡ 56.05.00.

Paris 433 ① – Cholet 84 ① – Fontenay-le-C. 29 ① – La Rochelle 51 ① – La Roche-sur-Yon 32 ⑤.

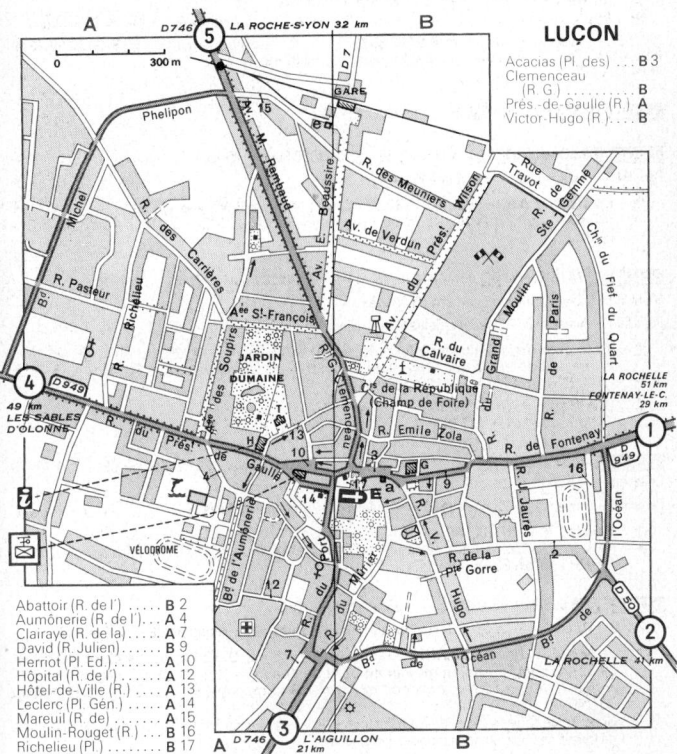

🏛 **Bordeaux et rest Les Saisons** Ⓜ, 14 pl. Acacias ℡ 56.01.35 – 📺 🛏wc ☎.
   📇 ⸰   B a
   fermé lundi (sauf hôtel) et dim. soir du 1ᵉʳ sept. au 15 juin – SC : **R** 62/146 – 🖵
   17,50 – **24 ch** 159/222.

⛲ **Voyageurs**, pl. Gare ℡ 56.11.71 – 🛏 🍴 🄿   A e
→   *fermé vacances scol. de Noël de Pâques et dim.* – SC : **R** 45/90 🍴 – 🖵 15 – **11 ch**
    75/130.

CITROEN Gar. Murs, rte de Fontenay par ①   RENAULT Gar. Rallet, rte Fontenay par ① ℡
℡ 56.01.29   56.18.21
FORD Verger, 2 quai Ouest ℡ 56.01.17   V.A.G. Perocheau, 62 r. Gén.-de-Gaulle ℡ 56.
PEUGEOT-TALBOT Grelé, rte des Sables par   01.87 Ⓝ
④ ℡ 56.04.71

LUC-SUR-MER 14530 Calvados ⁵⁴ ⑯ G. Normandie – 2 609 h. – casino – ۞ 31.

Voir Parc municipal★ – 🛈 Syndicat d'Initiative, Descente de Digue (saison) ℡ 97.33.25 et à la
Mairie (hors sais.) ℡ 97.32.71.

Paris 254 – Arromanches 22 – Bayeux 28 – Cabourg 29 – ◆Caen 16.

🏨 **Beau Rivage**, ℡ 96.49.51, ≤, 🌤 – 🛏wc 🍴wc ☎ 🄿. 📇 ⸰
   13 avril-20 sept. – SC : **R** 62/170 – 🖵 18 – **25 ch** 90/210.

CITROEN François, ℡ 97.31.04

Le LUDE 72800 Sarthe ⁶⁴ ③ G. Châteaux de la Loire – 4 495 h. alt. 48 – ۞ 43.

Voir Château★ (spectacle son et lumière★★★).

🛈 Syndicat d'Initiative pl. F. de Nicolay (1ᵉʳ juin-5 sept. et fermé dim.) et 8 r. Boeuf (15 oct.-31 mai,
fermé dim. et lundi) ℡ 94.62.20.

Paris 247 – Angers 62 – Chinon 62 – La Flèche 20 – ◆Le Mans 44 – Saumur 47 – Tours 52.

🏨 **Maine,** 24 av. Saumur ☎ 94.60.54, 🚗 – ⌂wc ⌂wc ☎ Ⓟ. E VISA
fermé 13 au 23 sept., 21 déc. au 18 janv., lundi de mars à oct. (sauf hôtel),vend. soir et sam. d'oct. à mars – SC : **R** 57/135 🍷 – ☕ 17 – **24 ch** 85/185 – P 170/200.

✕ **La Renaissance,** 2 av. Libération ☎ 94.63.10 – 🚫
✦ *fermé 20 au 30 avril, 1er au 30 oct., dim. soir et lundi sauf fériés* – SC : **R** 48/120 🍷.

PEUGEOT Virfollet, rte de Tours ☎ 94.63.86 N
RENAULT Gar. Charpentier, av. de Talhouet ☎ 94.63.13 N
VAG Grosbois, à La Pointe ☎ 94.60.89 N ☎ 94.90.49

LUGAGNAN 65 H.-Pyr. 85 ⑱ – rattaché à Lourdes.

LUGOS 33 Gironde 78 ③ – 415 h. alt. 35 – ✉ 33830 Belin – ⊕ 56.

Paris 645 – Arcachon 42 – •Bayonne 138 – •Bordeaux 54.

🏠 **La Bonne Auberge** 🌿, ☎ 88.02.05, 🌳, 🚗 – ⌂wc 🚘 Ⓟ. AE
fermé 4 sept. au 11 oct., dim. soir et lundi – SC : **R** 60/175 – ☕ 18 – **14 ch** 90/120 – P 180.

LUGRIN 74 H.-Savoie 70 ⑱ – 1 417 h. alt. 411 – ✉ 74500 Évian – ⊕ 50.

Voir Site★ de Meillerie E : 4 km, G. Alpes.

Paris 594 – Annecy 90 – Évian-les-Bains 6 – St-Gingolph 11.

🏠 **Tour Ronde,** à Tourronde NO : 1,5 km ☎ 76.00.23, ≤ – |♦| ⌂wc ⌂wc Ⓟ. 🚫
fermé 1er oct. au 15 déc., dim. soir et lundi sauf de juin à sept. – SC : **R** 52/112 – ☕ 15 – **27 ch** 118/173 – P 130/180.

⌂ Ste-Marie, ☎ 76.00.16, 🚗 – ⌂. 🚫 rest
1er juin-15 sept. – **13 ch**.

LULLIN 74 H.-Savoie 70 ⑰ – 469 h. alt. 850 – Sports d'hiver : 1 120/1 400 m ⛷5 – ✉ 74470 Bellevaux – ⊕ 50.

Paris 586 – Annecy 70 – Bonneville 40 – •Genève 41 – Thonon-les-Bains 18.

🏠 **Poste,** ☎ 73.81.10, 🚗 – ⌂wc ⌂wc Ⓟ. 🚫
✦ *1er juin-25 sept., 18 déc.-22 avril* – SC : **R** *(fermé le soir hors sais. sauf sam.)* 50/70 – ☕ 15 – **24 ch** 65/95 – P 140/170.

LUMBRES 62380 P.-de-C. 51 ③ – 4 352 h. alt. 47 – ⊕ 21.

Paris 260 – Aire 26 – Arras 86 – Boulogne-sur-Mer 40 – Hesdin 42 – Montreuil 48 – St-Omer 13.

✕✕✕ ✿ **Moulin de Mombreux** (Gaudry) 🌿 avec ch, O : 2 km par N 42 et VO 16 ☎ 39.62.44, parc, « Ancien moulin au bord de l'eau » – ⌂ ☎ Ⓟ. AE ⓓ
fermé 15 déc. au 5 fév., dim. soir et lundi – **R** (dim. prévenir) 120/195 – ☕ 17 – **6 ch** 70/140
Spéc. Petite nage de la mer du Nord, Paupiette de faisan au chou vert (saison de chasse), Millefeuille de fraises des bois ou de framboises (en saison).

PEUGEOT-TALBOT Gar. Basquin, ☎ 39.64.25
RENAULT Gar. Pouchain, ☎ 39.63.54
V.A.G. Gar. Podevin 20 rte Nationale ☎ 39.64.32

LUNAS 34 Hérault 83 ④ – rattaché à Lodève.

LUNEL 34400 Hérault 83 ⑧ – 15 716 h. alt. 11 – ⊕ 67.

ℹ Office de Tourisme pl. Martyrs de la Résistance (fermé sam. après-midi et dim.) ☎ 71.01.37.

Paris 741 ② – Aigues-Mortes 15 ③ – Alès 55 ① – Arles 46 ② – •Montpellier 25 ④ – Nîmes 31 ②.

🏨 **La Clausade** 🌿, 48 av. Colonel-Simon (e) ☎ 71.05.69, 🚗 – TV ⌂wc ☎ Ⓟ. VISA 🚫
fermé 24 déc. au 8 janv. – SC : **R** *(fermé sam. et dim.)* 60/120 🍷 – ☕ 18 – **10 ch** 160/170.

au Pont de Lunel par ② : 3,5 km – ✉ 34400 Lunel :

🏠 **Les Mimosas,** ☎ 71.25.40 – ⌂wc ⌂
✦ ☎ 🚘 Ⓟ – 🏛 60. AE ⓓ E VISA
fermé 20 déc. au 10 janv. – SC : **R** 39/90 – ☕ 19 – **30 ch** 112/174.

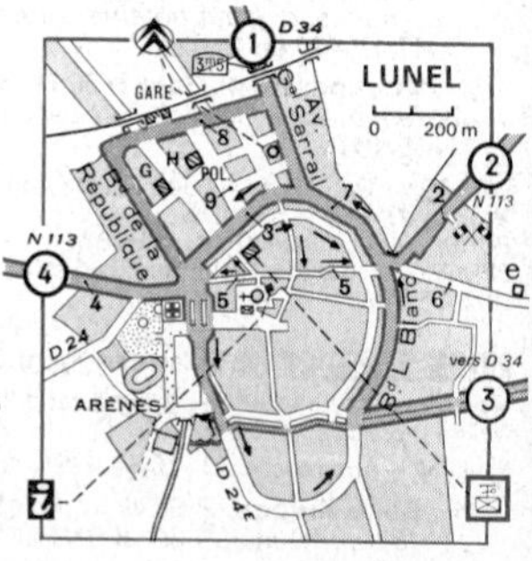

Gaulle (Av. Gén.-de)	2	Libération (R.)	5
Lafayette (Bd)	3	Simon (Av. Col.)	6
Lattre-de-Tassigny (Av. de)	4	Strasbourg (Bd)	7
		Verdun (R.)	8
		V-Hugo (Av.)	9

CITROEN Brunel, av. Gén.-Sarrail ☎ 71.11.48
RENAULT Figère, rte de la Mer par ③ ☎ 71.00.06
V.A.G. Gar. des Fournels, rte Montpellier, Zone Ind. ☎ 71.10.59

LUNÉVILLE ⬦SP⬦ 54300 M.-et-M. 62 ⑥ G. Vosges – 23 231 h. alt. 230 – ✿ 8.

Voir Château★ Z – Parc des Bosquets★ Z – Boiseries★ de l'église St-Jacques Z B.

🅱 Office de Tourisme pl. Château ☎ 374.06.55 – A.C. 38 r. d'Alsace ☎ 374.06.67.

Paris 409 ⑤ – Épinal 62 ④ – ◆Metz 93 ⑤ – ◆Nancy 35 ⑤ – Neufchâteau 83 ⑤ – St-Dié 50 ③ –
St-Dizier 133 ⑤ – Sarreguemines 93 ① – ◆Strasbourg 124 ② – Vittel 75 ④.

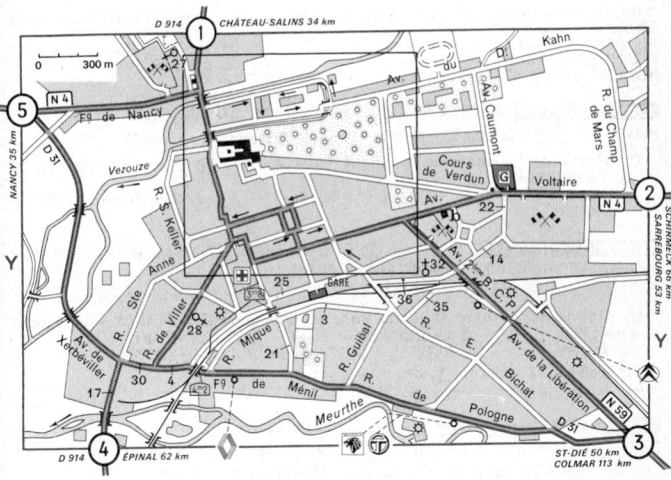

LUNÉVILLE

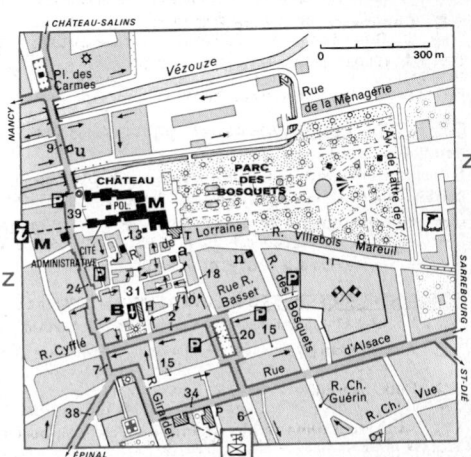

🏠 **Des Pages** ⬦ sans rest, 8 r. Chanzy ☎ 374.11.42 – ⋔wc 🅿 🅿 🅰🅴 𝐕𝐈𝐒𝐀 Z **u**
SC : ⬓ 13 – **28 ch** 105/170.

🗙🗙 **Le Voltaire** avec ch, 8 av. Voltaire ☎ 374.07.09, 🌿 – ⊏⊐wc ⋔wc ☎ – 🏊 30. 🅰🅴 Y **b**
🔘 🅴 𝐕𝐈𝐒𝐀
SC : **R** (fermé dim. soir et lundi) 60/140 ⬧ – ⬓ 15 – **10 ch** 105/145 – P 200/230.

🗙🗙 **Georges de la Tour**, 18 r. Lorraine ☎ 373.44.04, �, 🌿 – 🅰🅴 🔘 🅴 𝐕𝐈𝐒𝐀 Z **a**
fermé 8 août au 1ᵉʳ sept., 15 fév. au 1ᵉʳ mars et mardi – SC : **R** 70 bc/160.

🗙🗙 **Bosquets**, 2 r. Bosquets ☎ 374.00.14 – 🅴 𝐕𝐈𝐒𝐀 Z **n**
fermé 22 fév. au 22 mars, vend. soir et sam. – SC : **R** 75/145 ⬧.

à Moncel-lès-Lunéville par ③ : 2,5 km – ⬛ **54300** Lunéville :

🗙 **Relais St Jean**, N 59 ☎ 374.08.65 – 🍽 🅿
◆ fermé Noël au 1ᵉʳ janv., merc. soir et dim. – SC : **R** 47/155 ⬧.

tourner →

au Sud : 5 km par av. de Xerbeviller – ⊠ **54300** Lunéville :

XXX ✿ **Château d'Adomenil** (Million), ☎ 374.04.81, « parc » – **P**. AE ⓞ E *VISA*
fermé 3 au 9 juil., 20 janv. au 20 fév., dim. soir et lundi – SC : **R** (nombre de couverts limité-prévenir) 130/280
Spéc. Poissons, Gibier (en saison), Gratin de fruits frais. **Vins** Côtes de Toul.

CITROEN Nouveau Gar., 24 Quai Selestat ☎ 373.00.75

PEUGEOT-TALBOT S.A.M.I.A., r. de la Pologne ☎ 373.10.78

RENAULT SODIAL, 95 fg de Menil ☎ 374.15.01

V.A.G. Gar. Fleurantin, Z.I. de Chanteheux ☎ 373.40.75

⚙ Lunéville Inter Pneu Sces rte de Contournement ☎ 374.04.30

LUPPÉ-VIOLLES 32 Gers 𝟾𝟸 ② – 136 h. alt. 135 – ⊠ **32110** Nogaro – ✿ 62.

Paris 741 – Auch 70 – Condom 55 – Mont-de-Marsan 37 – Roquefort 43 – Tarbes 66.

XX **Relais de l'Armagnac** avec ch, ☎ 09.04.54, 🐎 – 🆃🆅 ⇋wc 🏠 ☎ **P** – 🏤 25.
ⓞ *VISA*. 🛇 ch
fermé janv. et lundi sauf juil.-août – SC : **R** 55/170 ⅌ – ⟷ 25 – **10 ch** 120/200 – P 200/260.

LURBE-ST-CHRISTAU 64 Pyr.-Atl. 𝟾𝟻 ⑥ G. Pyrénées – 250 h. alt. 330 – Stat. therm. à St-Christau (1er avril-31 oct.) – ⊠ **64660** Asasp – ✿ 59.

Paris 827 – Laruns 32 – Lourdes 61 – Oloron-Ste-Marie 9 – Pau 42 – Tardets-Sorholus 28.

🏛 **Relais de la Poste et H. du Parc** 🦢, à St-Christau ☎ 34.40.04, Télex 550656, ≼, Parc, 🏊, 🛇 – 🍴 cuisinette ⇋wc 🕿 **P** – 🏤 30 à 80. 🛇 rest
1er avril-31 oct. – SC : **R** 68/135 – ⟷ 17 – **39 ch** 136/230 – P 271/381.

🏠 **Vallées,** ☎ 34.40.01, 🏊, 🐎 – ⇋wc 🕿 **P** – 🏤 25 à 60
✦ *fermé 5 janv. au 1er avril* – SC : **R** 38/70 – ⟷ 12 – **22 ch** 71/150 – P 126/160.

LURE ◁🆂🅿 70200 H.-Saône 𝟨𝟨 ⑦ G. Jura – 10 497 h. alt. 293 – ✿ 84.

🅱 Office de Tourisme 6 r. de la Font (fermé sam. hors sais. et dim.) ☎ 62.80.52.

Paris 481 – Belfort 33 – Épinal 74 – Gérardmer 66 – Montbéliard 35 – Vesoul 30.

🏠 **Commerce,** 40 pl. Gare ☎ 30.12.63 – 🏠wc 🕿
✦ SC : **R** *(fermé fév., vend. soir et sam. en hiver)* 50/130 ⅌ – ⟷ 17 – **30 ch** 80/180.

CITROEN Gd Gar. des Allées, 65 r. Carnot ☎ 30.23.23

FIAT Chouffot, 119 av. République ☎ 30.12.48

OPEL Gar. St-Georges, à Roye ☎ 30.20.88 🅽 ☎ 30.21.69

LUS-LA-CROIX-HAUTE 26620 Drôme 𝟩𝟩 ⑮ G. Alpes – 548 h. alt. 1 030 – ✿ 92.

Voir Vallon de la Jarjatte ≼* E : 5 km.

🅱 Syndicat d'Initiative (1er juil.-15 sept. matin seul.) ☎ 58.51.85.

Paris 639 – Die 46 – Gap 51 – ✦Grenoble 79 – Serres 33 – Valence 111.

🏠 **Le Chamousset** 🦢, ☎ 58.51.12, ≼, 🐎 – ⇋ 🏠 **P**. *VISA*
✦ *fermé 15 nov. au 20 déc.* – SC : **R** 49/95 – ⟷ 16 – **20 ch** 70/135 – P 140/180.

CITROEN Garage Orand, ☎ 58.50.93 🅽 ☎ 58.50.69

LUSSAC-LES-CHÂTEAUX 86320 Vienne 𝟨𝟾 ⑮ – 2 224 h. alt. 90 – ✿ 49.

Paris 357 – Bellac 42 – Châtellerault 51 – Montmorillon 12 – Niort 110 – Poitiers 36 – Ruffec 65.

🏠 **Montespan** Ⓜ sans rest, ☎ 48.41.42 – ⇋wc 🏠wc ☎ & **P**
fermé sam. hors sais. – SC : ⟷ 14,50 – **11 ch** 108/122.

🔔 **Paix,** face Église ☎ 48.40.81 – 🛇
✦ *fermé lundi du 1er oct. au 1er avril* – SC : **R** 42/55 ⅌ – 🍽 11 – **7 ch** 60/90.

XX **Aub. du Connestable Chandos** avec ch, au pont de Lussac O : 1,8 km sur N 147 ☎ 48.40.24 – ⇋wc 🏠 🕿 **P**
fermé 1er au 8 oct., 11 fév. au 4 mars et lundi – SC : **R** 60/170 – ⟷ 15 – **7 ch** 95/145.

à Civaux NO : 6 km sur D 749 - G. Côte de l'Atlantique – ⊠ **86320** Lussac-les-Châteaux.

Voir Cimetière-nécropole*.

🏛 **Aub. de la Cascade,** ☎ 48.45.04, ≼, 🐎 – ⇋wc 🏠wc 🕿 & **P** – 🏤 40. 🛇
fermé fév., 22 au 28 oct. et vend. – SC : **R** 60/165 – ⟷ 15 – **21 ch** 76/183.

Dans ce guide

un même symbole, un même caractère,
imprimés en rouge ou en noir, en maigre ou en **gras**
n'ont pas tout à fait la même signification
Lisez attentivement les pages explicatives (p. 14 à 21).

LUTHÉZIEU 01 Ain 🗺4 ④ – rattaché à Artemare.

LUTTENBACH 68 H.-Rhin 🗺2 ⑱ – rattaché à Munster.

LUTTER 68 H.-Rhin 🗺6 ⑩⑳ – rattaché à Ferrette.

LUTZELBOURG 57820 Moselle 🗺2 ⑧ – 768 h. alt. 225 – ✿ 8.

Voir Plan incliné★ de St-Louis-Arzviller SO : 3,5 km, G. Vosges.

Paris 437 – Lunéville 74 – ◆Metz 113 – Saverne 10 – ◆Strasbourg 49.

🏠 **Vosges,** ☎ 725.30.09 – 🏠 ☎ 🚗 🅿
➡ fermé 27 août au 9 sept., 15 janv. au 28 fév. et merc. – SC : **R** 40/140 🍴 – ☲ 16 –
22 ch 65/165 – P 111/175.

LUX 71 S.-et-L. 🗺9 ⑨ – rattaché à Chalon-sur-Saône.

LUXEUIL-LES-BAINS 70300 H.-Saône 🗺6 ⑥ G. Vosges – 10 531 h. alt. 306 – Stat. therm. (9 avril-30 oct.) – Casino – ✿ 84.

Voir Hôtel Cardinal Jouffroy★ B – Hôtel des Échevins★ M – Basilique St-Pierre★ E – Maison François 1er★ F.

🛈 Office de Tourisme 1 r. Thermes (fermé dim. hors sais. et lundi) ☎ 40.06.41.

Paris 372 ⑤ – Belfort 52 ③ – Épinal 57 ① – St-Dié 90 ① – Vesoul 28 ③ – Vittel 77 ⑤.

🏠 **Beau Site, (u)** 18 r. Thermes **(u)** ☎ 40.14.67, « jardin fleuri » – 🛗 📺 ⇔wc 🏠wc ☎ 🅿 🚾. 🛇 rest
fermé 23 au 30 déc., vend. soir et sam. du 1er nov. au 1er avril – SC : **R** 55/120 🍴 – ☲ 14,50 – **44 ch** 110/230 – P 185/260.

🏠 **Métropole** sans rest, r. Thermes **(e)** ☎ 40.03.67 – 🛗 cuisinette ⇔wc 🏠wc 🕾
1er mai-30 sept. – SC : ☲ 17 – **44 ch** 167/197.

🏠 **Thermes** sans rest, r. Thermes **(n)** ☎ 40.03.67, 🚿 – 🛗 cuisinette ⇔wc 🏠wc 🕾
1er mai-30 sept. – SC : ☲ 17 – **21 ch** 140/170.

🏠 **France,** 6 r. G.-Clemenceau **(s)** ☎ 40.13.90, 🚿 – ⇔wc 🕾 🅿 🆎 ⓪ 🚾 🛇
hôtel fermé janv. et dim. soir, rest. ouvert 1er avril-1er déc., fermé lundi du 1er oct. au 30 nov. et dim. – SC : **R** 52/110 🍴 – ☲ 15 – **20 ch** 65/200 – P 160/250.

🏠 **Parc** sans rest, 6 r. Thermes **(e)** ☎ 40.03.67 – 🛗 cuisinette ⇔wc 🕾
1er mai-30 sept. – SC : ☲ 17 – **35 ch** 61/132.

XX **Rest. des Thermes,** r. Thermes **(e)** ☎ 40.18.94 – ⓪ 🚾 🛇
➡ fermé 1er au 15 nov. et dim. soir d'oct. à avril – SC : **R** 41/94 🍴.

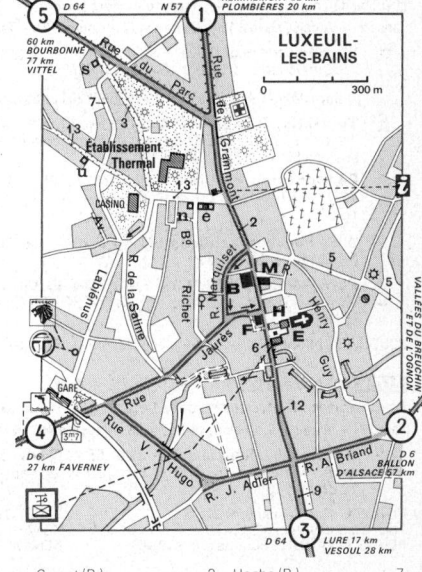

Carnot (R.)	2	Hoche (R.)	7
Clemenceau (R. G.)	3	Maroselli (Allées A.)	9
Gambetta (R.)	5	Prés.-Jeanneney (R. du)	12
Genoux (R. V.)	6	Thermes (R. des)	13

BLF-OPEL Gar. Marchal, 5 r. du Parc ☎ 40.11.80
CITROEN Gar. du Stade, 35 av. de Turenne par ④ ☎ 40.22.38
PEUGEOT, TALBOT Gar. Bidot-Bazin, av. Verdun ☎ 40.20.75
RENAULT Brunella, 29 bis r. Ed.-Herriot à St-Sauveur ☎ 40.48.88 🆕

V.A.G. Hajmann, r. Martyrs de la Résistance ☎ 40.23.17

🛞 La Maison du Pneu Mariotte, r. des Martyrs de la Résistance ☎ 40.27.01

LUXEY 40 Landes 🔢 ⑩ G. Côte de l'Atlantique – 731 h. alt. 79 – ✉ 40430 Sore – 🌣 58.

Paris 660 – Belin 50 – ◆Bordeaux 77 – Langon 54 – Mimizan 73 – Mont de Marsan 43 – Roquefort 37.

　XX　**Relais de la Haute Lande** avec ch, ☎ 08.02.30 – ➭wc 🕾 🕭 & 🅿. 🆅🆂🅰
　　　fermé 16 janv. au 27 fév. et lundi de sept. à fin juin – SC : **R** 60/155 – ☲ 12 – **8 ch**
　　　80/130 – P 130/150.

LUYNES 37230 I.-et-L. 🔢 ⑭ G. Châteaux de la Loire – 3 925 h. alt. 53 – 🌣 47.

Voir Église★ au Vieux-Bourg de St-Etienne de Chigny O : 3 km.

Paris 246 – Angers 97 – Château-La-Vallière 28 – Chinon 45 – Langeais 14 – Saumur 55 – ◆Tours 13.

　🏨　🏶 **Domaine de Beauvois** Ⓜ ⤳, NO : 4 km par D 49 ☎ 55.50.11, Télex 750204,
　　　≼, parc, ⌗, ⹇ – 🛗 ☎ 🅿 – 🔏 40. 🅴 🆅🆂🅰 ⟂ rest
　　　fermé mi janv. à mi mars – SC : **R** 175/255 , dîner à la carte – ☲ 42 – **35 ch** 495/780,
　　　6 appartements
　　　Spéc. Choux farcis aux langoustines, Beuchelle à la Tourangelle, Soufflé aux reinettes et calvados.
　　　Vins Bourgueil, Vouvray.

LUZARCHES 95270 Val-d'Oise 🔢 ⑪. 🔢🔢 ⑥ G. Environs de Paris – 2 559 h. alt. 70 – 🌣 3.

Paris 32 – Chantilly 10 – Montmorency 18 – Pontoise 30 – St-Denis 21.

　🏨　**Château de Chaumontel** ⤳, à Chaumontel NE : 0,5 km ☎ 471.00.30, ≼, 🍴,
　　　« Parc ombragé et fleuri » – ➭wc 🕾 🅿 – 🔏 40 à 80. ⟂ ch
　　　fermé 16 juil. au 25 août et 17 déc. au 5 janv. – **R** 126/132 – ☲ 24 – **19 ch** 115/420
　　　– P 300/450.

LUZ-ST-SAUVEUR 65120 H.-Pyr. 🔢 ⑱ G. Pyrénées – 1 159 h. alt. 711 – 🌣 62.

Voir Église fortifiée★.

🛈 Office de Tourisme pl. 8-Mai (fermé dim. hors saison) ☎ 92.81.60.

Paris 856 – Argelès-Gazost 18 – Cauterets 22 – Lourdes 31 – Tarbes 51.

　🏨　**Europe** sans rest, D 921 ☎ 92.80.02, 🍴 – 🛗 ➭wc 🕿wc 🕾 🚗. 🆀🅴 ⟂
　　　15 juin-10 sept. – SC : ☲ 15 – **25 ch** 80/170.

　　　à Esquièze-Sère : au Nord – ✉ 65120 Luz-St-Sauveur :

　🏨　**Touristic,** ☎ 92.82.09 – 🛗 📺 ➭wc 🕿wc 🕾 🚗 🅿. 🆅🆂🅰 ⟂
　　　1er juil.-15 sept., week-end et vacances scolaires d'hiver – SC : **R** (dîner seul.) carte
　　　environ 80 – ☲ 17 – **20 ch** 130/188.

　🏨　**Le Montaigu,** rte Vizos ☎ 92.81.71, ≼, 🍴 – 🛗 ➭wc 🕿 🕾 🅿. ⟂ rest
　　　1er juin-30 sept. et 20 déc.-30 avril – SC : **R** 60/70 – ☲ 20 – **23 ch** 140/160 – P
　　　150/180.

　　　à St-Sauveur-les-Bains SO : 1,5 km – alt. 737 – Stat. therm. (15 mai-30 sept.) –
　　　✉ 65120 Luz-St-Sauveur :

　🏛　**Perce-Neige,** ☎ 92.81.82, ≼ – 🕿 🚗 🅿. ⟂
　◆　20 mai-25 sept. et 20 déc.-30 avril – SC : **R** (dîner seul.) 45/90 ⏿ – ☲ 15 – **22 ch**
　　　85/160.

PEUGEOT Laffont, à Esquièze-Sère ☎ 92.80.87　　　**Fournou,** à Esquièze-Sère ☎ 92.87.60

LUZY 58170 Nièvre 🔢 ⑥ – 2 807 h. alt. 272 – 🌣 86.

Env. Ternant : triptyques★★ dans l'église SO : 14 km, G. Bourgogne.

Paris 327 – Autun 34 – Chalon-sur-Saône 83 – Moulins 64 – Nevers 78 – Roanne 100.

　🏛　**Centre,** 26 r. République ☎ 30.01.55 – 🕿 🚗 🅿. ⟂
　◆　fermé 15 déc. au 15. janv. et lundi du 1er oct. au 1er mai – SC : **R** 40/90 ⏿ – ☲ 12 –
　　　11 ch 52/110.

CITROEN Gar. Lemoine, ☎ 30.06.61　　　　　PEUGEOT-TALBOT Gar. Doridot, ☎ 30.01.21
FIAT Gar. Poynter, ☎ 30.06.86　　　　　　　　RENAULT Deline, ☎ 30.00.00
PEUGEOT-TALBOT Bondoux, ☎ 30.01.53　　　RENAULT Saurat, ☎ 30.04.77

LES GUIDES VERTS MICHELIN

Paysages, monuments

Routes touristiques

Géographie, Économie

Histoire, Art

Itinéraires de visite

Plans de villes et de monuments

La France en 19 guides

Switch to Michelin for longer life.

MICHELIN

Michelin radial tyres

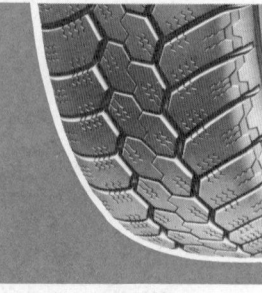

MX

One of the new generation of Michelin radial car tyres the MX has been designed to improve still further the many attributes already associated with earlier Michelin radials. An 80 Series tyre suitable for speeds up to 180 km/h, the MX provides even better wet road grip due to the multitude of sipes which go right down to the base of the tread and diagonal transverse grooves which open out at the side to ensure rapid water dispersal. The already low rolling resistance of XZX tyres has been reduced still further in the MX leading to greater fuel economy whilst still retaining the long life qualities always associated with Michelin radials.

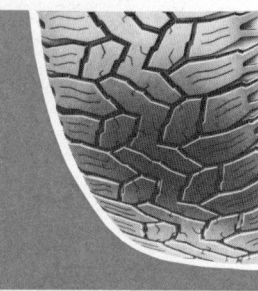

MXL

Another addition to the Michelin range, the MXL meets all the requirements of a 70 Series tyre. The wet road adhesion is an improvement on the high standards already set by XZX70 and, like the MX, has numerous sipes going right to the base of the tread. The MXL has the usual Michelin long life potential but by reducing the rolling resistance of the tyre compared to the XZX70 even further improvements in fuel consumption have been made possible.

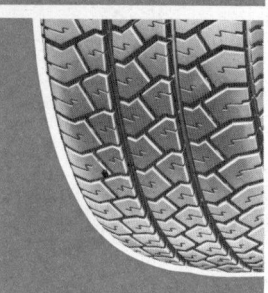

MXV

The new Michelin radial for fitment to cars capable of speeds up to 210 km/h. The MXV has a symmetric tread specially designed to give both good dry and wet road holding. It has the ability to evacuate a large volume of water quickly thus minimising the possibility of aquaplaning at speed. Even compared to earlier Michelin HR rated radials the rolling resistance of the MXV has been reduced to give maximum fuel saving.

TRX, TRXAs, TRX M+S 45

An entirely new generation of radials with a unique squat profile allied to a new wheel and rim combination.
The level of comfort and vehicle control is well above that of the more traditional radial design.
The greatly increased performance of all TRX type tyres stems from the unique combination of tyre and special rim and flange profile.

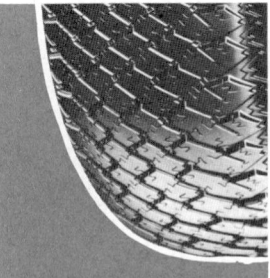

XM+S 70

A new 70 Series winter radial tyre. Well defined tread blocks and wide channels provide excellent grip on fresh or hard packed snow as well as wet roads.

Whilst it cannot be studded, the XM+S 70 with its radial casing, belted crown area and asymmetric tread design enables the motorist with a car fitted originally with high speed tyres to negotiate difficult winter conditions.

XM+S 100

The numerous acute angled tread blocks with their multiple sipes make the XM+S 100 an ideal winter tyre.

Whilst it cannot be studded the XM+S 100 is not simply a winter tyre without stud holes. The tread pattern and rubber compound combine to ensure good adhesion on fresh or hard packed snow and provides unequalled performance for a non-studded tyre in icy conditions.

On dry roads it has a marked reduction in noise level compared to other winter type tyres but ensures good handling and ride comfort normally associated with a road tyre.

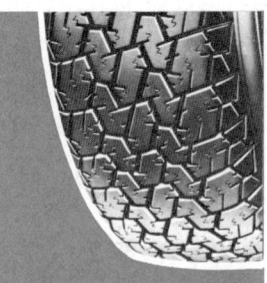

XDX

The XDX radial tyre has been specially designed to meet the requirements of cars capable of speeds in excess of 210 km/h (130 mph), but having a maximum in the order of 225 km/h (140 mph). It allows very high standards of acceleration and braking and makes a formidable contribution to general stability throughout the speed range.

Admirably suitable for fitment to powerful saloon cars.

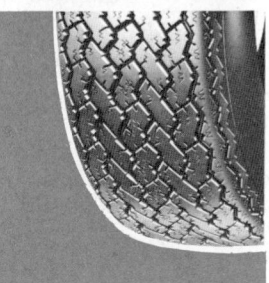

XWX

The XWX is designed for high performance cars with a speed capability well in excess of 210 km/h (130 mph).

Each of the basic elements of the radial casing and bracing under the tread has been refined to meet the most exacting conditions of fast motoring. The result provides remarkable high speed performance in the wet or dry.

XWX tyres were specially developed to meet the demands of very high performance and exotic motor cars and their drivers.

Michelin tyre fitment and pressure guide

Alignment: with Michelin radial tyres all round the best alignment is parallel. Where the vehicle manufacturer recommends a TOE-IN setting PARALLEL to ¹⁄₁₆" TOE-IN should be used. Where a TOE-OUT alignment is recommended PARALLEL to ¹⁄₁₆" TOE-OUT setting should be used.

Pressures: the pressures shown in the fitment chart are in pounds per square inch (lb/in^2). Where additional pressure is required for full load conditions or sustained high speed or both this is indicated by (L), for full load and (S) for speed of (LS) for a combination of full load and sustained high speed.

Towing: An increase in pressure in the rear tyres of the car is recommended when towing unless an increase in the rear tyre pressures is already being used i.e. (L), (S) or (LS) in which case no further increase is necessary.

Fitting of Michelin radial tubeless tyres
Most sizes of Michelin radial tyres are available in tubeless versions, but they may only be fitted as such providing certain conditions are fulfilled. Please consult your tyre specialists for full information.

Mixed fitments: The ideal fitment is identical tyres all round and this principle becomes more important at higher speeds. For advice on mixed fitments consult Michelin.

Winter tyres: Michelin manufactures a comprehensive range of winter tyres to cater for a wide range of adverse conditions.
For full details to meet your specific requirements consult Michelin.

General technical advice:
The fitment tables on the following pages detail vehicles in alphabetical order of manufacture and are only a selection of Michelin's recommended fitments. For models not listed or any additional information, please contact the local Michelin Branch.

Car Make and Model	Michelin Radial Fitment	Standard F	Standard R	Load/Speed F	Load/Speed R
ALFA ROMEO					
Alfasud 1·2, 1·3, 1·5 Saloons	145 SR 13XZX	28	22	28	22
	165/70 SR 13XZX/70	26	20	26	20
Guilietta 1·6, 1·8	165 SR 13XZX	26	29	26	29
Guilietta 1·8	185/70 SR13XZX/70	26	29	26	29
Alfetta GT 1·6, 1·8, 2·0	185/70 HR 14XVS-2	25	26	25	26
	180/65 HR 390TRX	29	25	29	25
AUDI					
Audi 80, 80L, S, LS (up to 1979)	155 SR 13XZX	25	25	26(L)	32(L)
	190/55 HR 365TRX	25	25	25	25
Audi 80, L (1.3)	155 SR 13XZX	25	25	26(L)	29(L)
	175/70 SR 13XZX/70				
Audi 80 LS (1979 models onwards)	165 SR 13XZX	25	25	26(L)	29(L)
	175/70 SR 13XZX/70				
Audi 80 GLS (1979 models onwards)	175/70 SR 13XZX/70	25	25	26(L)	29(L)
Audi 80 GL (1981 models onwards)	165 SR 13XZX	25	25	26(L)	29(L)
80GTE/GLE	175/70 HR 13XVS-2	25	25	26(L)	32(L)
	190/55 HR 365TRX	25	25	25	25
100/Avant (1·6, 2·0 models) (and 2.25S models)	165 SR 14XZX	29	29	32(L)	32(L)
	185/70 SR 14XZX/70	28	28	30(L)	30(L)
	185/70 HR 14XVS-2				
100 5E/Avant 5E	185/70 HR 14XVS-2	28	28	30(L)	30(L)
AUSTIN/ROVER GROUP					
Mini, Mini Cooper Mini Countryman Mini Clubman & Estate	145 SR 10XZX	28	26	28	26
Mini Metro 1·0	135 SR 12XZX	32	28	32	28
Mini Metro 1·3	155/70 SR 12XZX/70	28	26	28	26
Metro Automatic	145 SR 13XZX	26	24	26	24
Allegro 1100, 1300 Mkl	145 SR 13XZX	26	30	26	30
Allegro 1500, 1750 Mkl & Vanden Plas Mkl	155 SR 13XZX	26	30	26	30
Allegro 1100, 1300, 1500 Mkll, 3 Vanden Plas Mkll, 1750 Mkll, 3	145 SR 13XZX 155 SR 13XZX	26	24	26	24
Allegro Estates 1·3 Mkll, 3 Allegro Estates 3, 1·5, 1·7	145 SR 13XZX	26	24	26(L)	29(L)
Allegro Equipe	165/70 SR 13XZX/70	26	24	26	24
Marina Mkll 1·3L, HL Saloons 1·7L. 1·7HL Ital Saloons 1·3, 1·7, 2·0	145 SR 13XZX 155 SR 13XZX 155 SR 13XZX	26	28	26	28
Marina Mkll Estates Ital Estates	155 SR 13XZX	25	32	25	32
Maxi 1500, 1750 Maxi 1750HL, HLS	155 SR 13XZX 165 SR 13XZX	26	24	26	24
1822 Series/Princess, Ambassador	185/70 SR 14XZX/70	26	24	26	24
MG					
MGB Tourer, GT	165 SR 14XZX	21	24	21(L)	26(L)
MGB GT V8	175 HR 14XAS/XVS	21	25	26(L)	32(L)
MG Metro	155/70 SR 12XZX/70	28	26	28	26
Rover					
2000 and TC, 2200 and TC	165 SR 14XZX	30	28	30	28
3500, 3500S	185 HR 14XVS	28	30	30(L)	34(L)
2300, 2600, 2000	175 HR 14XVS-2	29	30	30(L)	34(L)25
	190/65 HR 390 TRX	26	26	26	26
3500SDI, SE	195/70 HR 14XVS	26	26	26(L)	30(L)
	190/65 HR 390 TRX	26	26	26	26
Range Rover	205 R 16XM + S	25	25	25(L)	35(L)
Triumph					
Acclaim	155 SR 13XZX	24	24	24(L)	30(L)
2000 Mk I, II	175 SR 13XZX	26	26	26	26
TR7, D/H Automatic	175/70 SR 13XZX/70	24	28	24	28
TR7 5 speed D/H Manual	185/70 HR 14XVS-2	24	28	24	28
Stag	185 HR 14XVS-2	26	30	26	30

*(L) (S) (LS) See notes at head of table.

Car Make and Model	Michelin Radial Fitment	Pressures lb/in. sq. Standard F	Standard R	Load/Speed F	Load/Speed R
BMW					
316, 318 (up to 1981 models)	165 SR 13ZX	26	26	28(L)	29(L)
	185/70 HR 13XVS-2	26	26	28(L)	29(L)
316, 318	165 SR 13ZX	28	28	29(L)	32(L)
(From 1981 model year)	185/70 HR 13XVS-2	26	26	28(L)	32(L)
320/6/323i	185/70 HR 14XVS-2	29	29	30(L)	35(L)
(1980 Models +)	185/70 HR 14XVS-2	29	29	32(L)	35(L)
320i	185/70 HR 13XVS-2	28	28	29(L)	30(L)
518 (1976-1982)	175 SR 14XZX	28	28	30(L)	34(L)
520/4 (From 1976)	195/70 HR 14XVS-2				
520i (From 1982)	175 HR 14XVS-2				
	195/70 HR 14XVS	29	29	29(L)	35(L)
	200/60 HR 390TRX				
525, 1976 +, 520/6	175 HR 14XVS-2	30	30	32(L)	36(L)
	195/70 HR 14XVS	29	29	30(L)	34(L)
525i (From 1982)	175 HR 14XVS-2				
	195/70 HR 14XVS	32	32	35(L)	36(L)
	200/60 HR 390TRX				
528	195/70 HR 14XVS	30	30	32(L)	35(L)
528i (From 1982)	195/70 VR 14XDX	32	32	35(L)	36(L)
	200/60 VR 390TRX				
630CS, 628CSi (until 6/82)	195/70 VR 14XDX	34	34(L)	35(L)	38(L)
633CSi	195/70 VR 14WX				
728	195/70 HR 14XVS				
	205/70 HR 14XVS	32	32	34(L)	38(L)
	220/55 VR 390TRX				
733i, 732i, 735i	205/70 VR 14XDX				
	205/70 VR 14XWX	32	32	34(L)	38(L)
	220/55 VR 390TRX				
CITROEN					
2CV, Dyane 4 and 6, 2CV6	125–15X	20	26	20	26
Ami 8	125–15X	26	26	26	26
Ami Super and Super Estate	135 SR 15ZX	26	28	26	28
Visa (652 cc), Club	135 SR 13ZX	25	29	25	29
Visa (1124 cc), Super, Super E	145 SR 13ZX	25	28	25	28
Visa L (1124 cc)	145 SR 13ZX	26	29	26	29
Visa Super X (1219 cc)	160/65 R 340TRX AS	25	26	25	26
Visa GT (1360 cc)	160/65 R 340TRX AS	26	28	26	28
GS, GSA. All Models	145 SR 15ZX	26	28	26	28
CX2000/Reflex	185 SR 14XZX (Front)	28	30	28	30
Manual Steering	175 SR 14XZX (Rear)				
	190/65 HR 390TRX	32	20	32	20
CX2000/2200/Athena/Reflex	185 HR 14XVS-2 (Front)	28	30	28	30
Power assisted steering	175 HR 14XVS-2 (Rear)				
	190/65 HR 390TRX	32	20	32	20
CX2200 Diesel Saloon (1978 +)	185 SR 14XZX (Front)	30	30	30	30
	175 SR 14XZX (Rear)				
	190/65 HR 390TRX	32	20	32	20
CX2200 Diesel Safari (1978 +)	185 SR 14XZX	30	32	30	32
CX2400 Super (Up to 1981)	185 HR 14XVS-2 (Front)	28	30	28	30
CX2400 Pallas	175 HR 14XVS-2 (Rear)				
	190/65 HR 390TRX	32	20	32	20
CX2400 Pallas (1981 +)	185 HR 14XVS-2	28	30	28	30
	190/65 HR 390TRX	32	20	32	20
CX2400 GTI	185 HR 14XVS-2	30	32	30	32
	190/65 HR 390TRX	32	20	32	20
CX2400 Prestige	185 HR 14XVS-2	32	32	32	32
	190/65 HR 390TRX	32	20	32	20
CX2500D	185 SR 14XZX (Front)	30	30	30	30
Saloon	175 SR 14XZX (Rear)				
	190/65 HR 390TRX	32	20	32	20
DAIMLER					
Sovereign 2·8, 3·4, 4·2		<100mph			
Sovereign Series II and III	205/70 VR 15XDX	29	28	29(L)	32(L)
Vanden Plas 4·2 Saloon		>100mph			
		35	34	35(L)	38(L)

*(L) (S) (LS) See notes at head of table.

Car Make and Model	Michelin Radial Fitment	Pressures lb./in. sq. Standard F	Standard R	Load/Speed F	Load/Speed R
DAIMLER					
Double Six	205/70 VR 15XDX	<100mph 32	28	32(L)	32(L)
Double Six Vanden Plas	205/70 VR 15XWX	>100mph			
(up to 1982 models)		38	34	38(L)	38(L)
Double Six HE	215/70 VR 15XDX	<100mph 32	28	32(L)	32(L)
Double Six Vanden Plas HE	215/70 VR 15XWX	>100mph			
		38	34	38(L)	38(L)
DATSUN					
100A Cherry, B110/1200	155 SR 12XZX	21	21	25(L)	25(L)
Saloon and Coupé, 120A	155 SR 12XZX				
120Y MkII Saloon and Coupé	155 SR 13XZX	24	24	24	24
140J, 160J, 160J SSS		25	29	29(L)	33(L)
(until 1980 models)	165 SR 13XZX				
140J, 160J, 160J SSS	165 SR 13XZX	26	26	29(L)	29(L)
(From 1980 models)	185/70 SR 13XZX/70				
120Y, 140Y, (Sunny) Saloons,	155 SR 13XZX	25	28	28(L)	30(L)
Coupes, Estates (1980 models)	175/70 SR 13XZX/70	25	25	28(L)	28(L)
180B GL Saloon		29	29	32(L)	32(L)
(1980 models +)	185/70 SR 14XZX/70				
200L (1979 +)	185/70 HR 14XVS-2	26	29	29(L)	32(L)
240K GT (1979 +)	185/70 HR 14XVS-2	28	25	28	25
260C Saloon and Coupé	175 HR 14XVS-2	28	30	32(LS)	35(LS)
FIAT					
Panda	135 SR 13XZX	26	29	26	29
Strada 65, 75	145 SR 13XZX	28	26	28(L)	32(L)
	165/70 SR 13XZX/70				
124, 124S, 124 Special T	155 SR 13XZX	24	26	24	26
126, Deville, Special	135 SR 12XZX	20	29	20	29
127CL, 1050CL (3 door)	135 SR 13XZX	24	27	24(L)	31(L)
128, (1160, 1290cc)	145 SR 13XZX	26	24	26	24
X1·9 (1·3)	165/70 13XZX/70	26	28	26	28
X1·9 (1·5)	165/70 SR 13XZX/70	26	29	26	29
132 Special, GLS 1600, 1800	185/70 SR 13XZX/70	26	28	26	28
132 (2000)	175/70 SR 14XZX/70	28	29	28	29
Option	180/65 HR 390TRX				
Mirafiori 1300L, 1600CL	155 SR 13XZX	26	26	26	26
	175/70 SR 13XZX/70				
Super Mirafiori	165 SR 13XZX	26	29	26	29
	175/70 SR 13XZX/70	26	26	26	26
FORD					
Fiesta 1·0	135 SR 12XZX	28	28	32(L)	32(L)
	145 SR 12XZX	23	26	26(L)	29(L)
	155 SR 12XZX				
Fiesta 1·1L, GL, Ghia,	145 SR 12XZX	23	26	26(L)	29(L)
Fiesta S (up to 1982 models)	155 SR 12XZX				
Fiesta 1·3GL, Ghia,	155 SR 12XZX	23	26	26(L)	29(L)
1·3S (up to 1982 models)					
Escort MkII 1100	155 SR 12XZX	22	28	25(L)	36(L)
	155 SR 13XZX	22	25	25(L)	36(L)
Escort MkII 1·3 Popular	155 SR 13XZX	22	25	25(L)	36(L)
Popular-Plus, L, GL, Ghia	175/70 SR 13XZX/70	22	25	23(L)	29(L)
Escort MkII 1·6 L, GL, Ghia	155 SR 13XZX	22	25	25(L)	36(L)
	175/70 SR 13XZX/70	22	25	23(L)	29(L)
Escort MkII 1·3, 1·6, Sports	175/70 SR 13XZX/70	22	25	23(L)	29(L)
Escort MkIII (FWD) Saloons	155 SR 13XZX	26	26	29(L)	33(L)
1·1, 1·3, 1·6 except XR3	175/70 SR 13XZX/70				
Escort MkIII (FWD) Estates	155 SR 13XZX	26	26	29(L)	33(L)
	175/70 SR 13XZX/70				
Cortina MkIII Saloons	165 SR 13XZX	26	26	28(L)	36(L)
(1976 Models onwards)	185/70 SR 13XZX/70	23	23	28(L)	36(L)
Cortina MkIV Saloons	165 SR 13XZX	26	26	29(L)	36(L)
	185/70 SR 13XZX/70	23	23	29(L)	36(L)
Cortina MkIV Estates	165 SR 13XZX	26	26	28(L)	40(L)
	185/70 SR 13XZX/70	23	25	28(L)	40(L)

*(L) (S) (LS) See notes at head of table

Car Make and Model	Michelin Radial Fitment	Standard F	Standard R	Load/Speed F	Load/Speed R
FORD					
Sierra Saloons 1·3, 1·6, 2·3 Diesel	165 SR 13XZX 185/70 SR 13XZX/70	26	26	29(L)	36(L)
Sierra Saloons 2·0, 2·3 (except XR4)	165 HR 13XVS-2 185/70 HR 13XVS-2	26	26	29(L)	36(L)
Sierra Estates 1·6, 2·3 Diesel	175 SR 13XZX 195/70 HR 13XVS-2	26	26	29(L)	40(L)
Sierra Estates 2·0, 2·3	175 HR 13XVS-2 195/70 HR 13XVS-2	23	23	29(L)	40(L)
		26	26	29(L)	40(L)
		23	23	29(L)	40(L)
Capri II 1300	165 SR 13XZX 185/70 SR 13XZX/70	21	27	27(LS)	31(LS)
		20	21	28(LS)	28(LS)
Capri II 1·6, 2·0	165 SR 13XZX 185/70 SR 13XZX/70	21	27	27(LS)	31(LS)
		21	22	28(LS)	28(LS)
Capri III 1·3, 1·6, 2·0, 2·3	165 SR 13XZX 185/70 SR 13ZX	23	28	28(L)	32(L)
Granada II Saloons 2·0L, 2·3L, GL, Ghia 2·8 GLS, 2·1 Diesel	175 SR 14XZX 185 SR 14XZX	24	24	27(L)	34(L)
2·8 Ghia	190/65 HR 390TRX 185 SR 14XZX	24	24	27(L)	36(L)
		24	24	27(L)	34(L)
2·8i GLS, Ghia	190/65 HR 390TRX 190/65 HR 390TRX	24	24	27(L)	36(L)
		24	24	27(L)	36(L)
2·8iS	185 HR 14XVS-2 190/65 HR 390TRX	24	24	27(L)	34(L)
		24	24	27(L)	36(L)
	185 HR 14XVS-2	24	24	27(L)	36(L)
Granada II Estates 2·0L, 2·3L, 2·8GL Auto	185 SR 14XZX	26	26	27(L)	36(L)
2·8 Ghia	190/65 HR 390TRX 185 HR 14XVS-2	24	24	27(L)	36(L)
2·8GL Manual		26	26	27(L)	36(L)
	190/65 HR 390TRX	24	24	27(L)	36(L)
2·8iGLS, Ghia	190/65 HR 390TRX 185 HR 14XVS	24	24	27(L)	36(L)
HILLMAN – see Talbot					
HONDA					
Civic 1500 & 1200	155 SR 12XZX	24	24	24	24
Civic 1300	155 SR 13XZX	25	25	28(L)	28(L)
Accord	155 SR 13XZX	24	24	29(LS)	29(LS)
Prelude	155 SR 13XZX	25	25	29(LS)	29(LS)
Quintet	155 SR 13XZX	24	24	24	24
JAGUAR					
XJ6, XJ6L, XJ6C, 2·8, 3·4, 4·2	205/70 VR 15XDX	<100mph 29	28	29(L)	34(L)
		>100mph 35	34	35(L)	38(L)
XJ12, XJ12L, XJ12C	205/70 VR 15XDX 215/70 VR 15XWX	<100mph 32	28	32(L)	32(L)
		>100mph 38	34	38(L)	38(L)
E Type V12	205/70 VR 15XWX	24	28	38(S)	40(S)
XJS	205/70 VR 15XWX 215/70 VR 15XWX	<100mph 32	28	32(L)	32(L)
		>100mph 38	34	38(L)	38(L)
LANCIA					
Beta 1·3 Beta 1·6, 2·0	155 SR 13XZX 175/70 SR 13XZX/70	26	25	28(L) 32(S(	28(L) 32(S)
Beta 1·4 Beta 1·8 ES, HPE	155 SR 13XZX 175/70 SR 14XZX/70	25	25	28(LS)	28(LS)
Delta 1·3 (4 speed) Delta 1·3 (5 speed), 1·5	145 SR 13XZX 165/70 SR 13XZX/70	26	24	29(L)	29(L)
LEYLAND (see AUSTIN/ROVER)					
* (L) (S) (LS) See notes at head of table.					

Car Make and Model	Michelin Radial Fitment	Standard F	Standard R	Load/Speed F	Load/Speed R
MAZDA					
1000 DL	155 SR 13XZX	26	26	26	26
323 Saloons	155 SR 13XZX	22	26	22	26
818 Saloon & Coupé, RX3	155 SR 13XZX	26	26	26	26
616	165 SR 13XZX	26	26	26	26
929 Saloon & Coupé	175 SR 13XZX	24	24	24	24
Montrose 1·6	165 SR 13XZX	26	29	26	29
MERCEDES BENZ					
200, 200D (115 Series)	175 SR 14XZX-P	29	34	29	34
230, 230·4, 230·6	175 SR 14XZX-P				
230, 240D (123 Series)	175 SR 14XZX-P	29	32	29	32
230C (123 Series)	195/70 HR 14XVS-P	29	32	29	32
240TD (123 Series)	195/70 HR 14XVS-P	29	32	29(L)	36(L)
250 (123 Series Not LWB)	175 SR 14XZX-P	29	32	34(L)	36(L)
280, 280C, 280E, 280CE (123 Series)	195/70 HR 14XVS-P	29	32	34(S)	36(S)
280 S, SE (116 Series)	185 HR 14XVS-P	30	34	35(S) 34(L) 38(LS)	38(S) 36(L) 41(LS)
280SE 3·5	205/70 VR 14XDX 205/70 VR 14XWX	32	36	32	36
350SE, SEL (116 Series)	205/70 HR 14XVS	<100mph 30 34 >100mph 35 38		34(L) 38(L)	36(L) 41(L)
450SE, SEL (116 Series)	205/70 VR 14XDX	<100mph 30 34 >100mph 35 38		34(L) 38(L)	36(L) 41(L)
450SEL (6·9) (116 Series)	215/70 VR 14XWX	32	32	36(S) 35(L) 39(LS)	36(S) 35(L) 39(LS)
MG (see AUSTIN/ROVER)					
MORRIS (see AUSTIN/ROVER)					
OPEL					
Kadett DL, Special, Coupé (1·2) City DL, City Special (1·2)	155 SR 13XZX	20	25	22(L)	29(L)
Kadett Estate (1·2)	155 SR 13XZX	22	29	23(L)	35(L)
Kadett 1·3 Saloons	155 SR 13XZX	25	25	28(L)	32(L)
Kadett Estate 1·3	155 SR 13XZX	26	34	29(L)	44(L)
Ascona 1·6 & 1·9 (75 onwards)	165 SR 13XZX	25	25	29(L)	29(L)
Ascona Estate 1·6, 1·6S & 1·9S	165 SR 13XZX	26	29	26(L)	38(L)
Manta 1·6, 1·9 & 2.0	165 SR 13XZX	25	25	29(L)	32(L)
Manta Berlinetta 1·6, 1·9 & 2·0 (75 onwards)	185/70 SR 13ZX	23	23	26(L)	26(L)
Rekord 1·7, 1·9 & 2·0	175 SR 14XZX	26	26	29(L)	32(L)
Monza, Senator	195/70 HR 14XVS-2	32	36	36(L)	41(L)
PEUGEOT					
104 GL, GR	135 SR 13XZX	28	32	28	32
104 SL	135 SR 13XZX	26	29	26	29
104 SR	145 SR 13XZX	26	29	26	29
104S	165/70 SR 13XZX/70	25	29	25	29
104 ZL 104 ZR (up to 1982)	135 SR 13XZX	28	34	28	34
104 ZR (1982 model)	135 SR 13XZX	26	30	26	30
104 ZS (up to 1982)	145 SR 13XZX	26	30	26(S)	32(S)
104 ZS (1982 model)	165/70 SR 13XZX/70	25	28	25	28
305 GL, GR, (SR up to 1981)	145 SR 14XZX-P	26	30	26	30
305 SR (From 1931 models)	155 SR 13XZX-P	25	30	25	30
305 GRD, GLD Saloons	145 SR 14XZX-P	28	30	28	30
305 S Saloons	165/70 SR 13XZX/70	25	30	25	30
305 GL, SR Estates	155 SR 14XZX-P	23	29	33(L)	36(L)
305 GLD Estates	155 SR 14XZX-P	25	29	25(L)	36(L)
504 L Petrol	165 SR 14XZX	26	30	26	30

* (L) (S) (LS) See notes at head of table.

Car Make and Model	Michelin Radial Fitment	Standard F	Standard R	Load/Speed F	Load/Speed R
PEUGEOT					
504 L Estate, GL Estate, Family Estate Petrol	185 SR 14ZX Reinf.	23	36	23(L)	46(L)
504 L Diesel	165 SR 14XZX	25	29	25	29
504 GL, GL Diesel	175 SR 14XZX	26	30	26	30
505 GR, GRD, SR, SRD (Sals up to 1981 models)	175 HR 14XVS-2	23	28	26(L)	30(L)
505 GR, SR, GL (1981 models +)	175 SR 14XZX-P	26	29	29(L)	32(L)
	175 HR 14XVS-P	23	28	28(L)	30(L)
505 GRD, SRD (Sals 1981 models +)	175 SR 14XZX-P	26	29	26	29
	175 HR 14XVS2-P	25	28	25	28
505 Ti, STi Sals (Manual) (up to 1981 models)	175 HR 14XVS2-P	23	28	26(L)	30(L)
505 STi, (Auto) Sals (up to 1981 models)	175 HR 14XVS2-P	25	28	28(L)	30(L)
505 Ti, STi Saloons (From 1981 models)	175 HR 14XVS2-P	23	28	28(L)	30(L)
	180/65 HR 390TRX	23	28	23	28
505 Estates Petrol	185 SR 14XZX Reinf.	23	36	23(L)	46(L)
Diesel	185 SR 14XZX Reinf.	25	36	25(L)	46(L)
604 SLS V6, SL, Ti	175 HR 14XAS-P	26	30	30(L) or (S)	35(L) or (S)
	190/65 HR 390TRX	22	30	22	30
RENAULT					
R4, R4L, R4TL	135 SR 13ZXX	20	25	22(L)	26(L)
R5, R5L, R5TL, R5GTL	145 SR 13XZX	25	28	28(L)	30(L)
R5TS	145 SR 13XZX	23	28	25(L)	29(L)
R6, R6L	135 SR 13ZXX	22	25	25(L)	28(L)
R5 Gordini	155/70 HR 13XVS	25	30	25(L)	34(L)
R9C, TC (1·1)	145 SR 13XZX	25	28	26(L)	29(L)
R9TL, GTL (1·3)	145 SR 13XZX / 155 SR 13XZX	25	28	26(L)	29(L)
R9TLE, GTS (1·3)	145 SR 13XZX / 175/70 SR 13XZX/70	25	28	26(L)	29(L)
R9TSE (1·3)	175/70 SR 13XZX/70	25	28	26(L)	29(L)
R12L, R12TL	145SR 13XZX	23	26	26(L)	29(L)
R14TL, GTL, TS	145 SR 13XZX	25	28	26(L)	29(L)
R16, R16TL	145 XX 14XZX	23	29	25(L)	32(L)
R16TS (Manual)	155 SR 14XZX	23	29	25(L)	32(L)
R17TS, R17 Gordini	165 HR 13XAS	28	30	30(L)	32(L)
R18TL, GTL, TS, GTS Sals (up to 1982 models) Manual	155 SR 13XZX	23	26	26(L)	29(L)
R18TL, GTL Saloons Manual (From 1982)	155 SR 13XZX	25	28	26(L)	29(L)
R18TL, GTL, TS, GTS Sals (Up to 1982 models) Automatic	155 SR 13XZX	25	28	28(L)	29(L)
R18TL, TS, GTL Estates Manual	155 SR 13XZX	25	35	26(L)	38(L)
R18, TS Estates Automatic	155 SR 13XZX	26	35	28(L)	38(L)
Fuego TL	155 SR 13XZX / 175/70SR 13 XZX/70	26	29	29(L)	30(L)
Fuego GTL	175/70 SR 13XZX/70	26	29	29(L)	30(L)
Fuego TS	165 SR 13XZX	29	32	30(L)	34(L)
Fuego GTS	175/70 SR 13XZX/70 / 200/65 R 340 TRXAS	29	32	30(L)	34(L)
Fuego TX	185/70 HR 13XVS-2	29	32	30(S)	34(S)
Fuego GTX	175/70 HR 14XVS / 200/65 R 340 TRXAS	29	32	30(L)	34(L)
R20TL, GTL Manual (Up to 1981 models)	165 SR 13XZX	28	28	30(L)	30(L)
R20LS, TS, Manual (1982 +)	165 SR 13XZX	32	29	34(L)	30(L)
R20TL, GTL Automatic (Up to 1980 models)	165 SR 13XZX	29	28	32(L)	30(L)
R20TS, TL, LA Manual (1981 models)	165 SR 13XZX	28	28	30(L)	30(L)
R20TS Automatic (Up to 1981)	165 SR 14XZX / 180/65 HR 390 TRX	29	29	32(L)	36(L)
R20LS, TS Automatic (1982 +)	165 SR 13XZX	34	29	35(L)	30(L)
R20TL, LS, TS Automatic (1981 models)	165 SR 13XZX	29	28	32(L)	30(L)

*(L) (S) (LS) See notes at head of table.

X

Car Make and Model	Michelin Radial Fitment	Standard F	Standard R	Load/Speed F	Load/Speed R
RENAULT					
R20TD, GTD (Up to 1982 models)	165 SR 13XZX	29	28	32(L)	30(L)
30TS, TX Manual	175 HR 14XVS-2	26	29	29(L)	32(L)
30TS, TX Automatic	175 HR 14XVS-2	28	29	30(L)	32(L)
ROVER (see AUSTIN/ROVER)					
SAAB					
96 V4	155 SR 15XZX	25	25	28(L)	28(L)
99 (1.85, 2.0 litre)	155 SR 15XZX	28	28	30(L)	30(L)
99 GL, GLE, GLS (Up to Oct 78)	165 SR 15XZX	28	28	30(L)	30(L)
99 GL, GLE, GLS (Oct 78 +)	165 SR 15XZX	28	28	32(L)	35(L)
99 Turbo, 900 GL, GLS, GLE	175/70 HR 15XVS	28	28	32(L)	35(L)
900 Turbo	180/65 HR 390 TRX	28	29	30(L)	32(L)
TALBOT					
Sunbeam 1·0 LS, GL	145 SR 13XZX 155 SR 13XZX	21	25	22(L)	32(L)
Sunbeam 1·3 LS, GL 1·6 GL, S, GLS	155 SR 13XZX	22	22	22(L)	28(L)
Sunbeam 1·6 Ti	175/70 SR 13XZX/70	25	25	25(LS)	32(LS)
Samba LE, LS (1·0)	135 SR 13XZX	28	29	30(L)	32(L)
Samba GL (1·1)	145 SR 13XZX	26	28	29(L)	30(L)
Samba GLS (1·4)	165/70 SR 13XZX/70	25	29	28(L)	32(L)
Horizon 1·1 GL, LS	145 SR 13XZX	26	26	30(LS)	32(LS)
Horizon 1·3 GL, LS, GLS	145 SR 13XZX 175/70 SR 13XZX/70	26	26	30(LS) 29(LS)	32(LS) 29(LS)
Alpine 1·3 S, LS, GL, GLS 1·5 GL, LS Solara 1·3 LS, 1·6 GL, LS	155 SR 13XZX	26	26	28(L)	29(L)
Alpine 1·5 GLS, 1·6 SX Solara 1·6 GLS, SX	165 SR 13XZX	26	26	28(L)	29(L)
Avenger Saloons	155 SR 13XZX 165 SR 13XZX	25	25	25(L)	30(L)
Tagora GL, GLS	175 SR 14XZX 175 HR 14XVS-2	29	32	30(L)	34(L)
Tagora Diesel Turbo	175 SR 14XZX 175 HR 14XVS-2	26	30	28(L)	34(L)
Tagora SX	210/65 HR 365TRX AS	23	29	23	29
TOYOTA					
Starlet	145 SR 13XZX	24	26	24	26
Corolla 1200 (KE20)	155 SR 12XZX	22	22	22	22
Corolla 30 Saloon and Coupé (KE30/35)	155 SR 13XZX	24	24	24	24
Corolla 30 Estate (KE36)	155 SR 13XZX	24	24	24(L)	33(L)
Corolla 1·3 (KE70) (From Mar 1980)	155 SR 13XZX 175/70 SR 13XZX/70	24	24	26(L)	26(L)
Carina 1·6 Saloon (TA14) (July 1976 to Oct 1977)	165 SR 13XZX	24	24	28(L)	28(L)
Carina 1·6 Saloon (TA40) (From Jan 1978)	165 SR 13XZX 185/70 SR 13XZX/70	23	23	24(L)	28(L)
Carina 1·6 Estate (TA40) (From Jan 1978)	165 SR 13XZX	28	28	28(L)	33(L)
Celica 1·6ST (1972-1978)	165 SR 13XZX 185/70 SR 13XZX/70	24	24	28(L)	28(L)
Celica 1·6ST (TA40) (From Jan 1978)	165 SR 13XZX	25	25	29(L)	30(L)
Celica 2·0ST, XT (RA40) (From Jan 1978)	165 SR 14XZX 185/70 SR 14XZX/70	25	25	29(L)	30(L)
Celica 2·0GT (RA40) (From Jan 1978)	185/70 HR 14XVS-2	25	25	29(L)	30(L)
Corona Liftback 1·7 (TT132) (From Apr 1979)	165 SR 14XZX 185/70 SR 14XZX/70	28	28	28	28
Crown Super Saloon (MS112) (From Mar 1980)	195/70 HR 14XVS	28	28	30(L)	30(L)
Crown Custom Estate (MS63) (1972 +)	185 SR 14XZX)	26	32	26	32

*(L) (S) (LS) See notes at head of table.

Car Make and Model	Michelin Radial Fitment	Standard F	Standard R	Load/Speed F	Load/Speed R
TRIUMPH (see AUSTIN/ROVER)					
VAUXHALL					
Astra Saloons	155 SR 13XZX	25	25	28(L)	32(L)
Viva HC (All models)	155 SR 13XZX				
	165 SR 13XZX	24	24	26(L)	30(L)
	175/70 SR 13XZX/70				
Magnum Saloons and Coupés	155 SR 13XZX	24	24	26(L)	30(L)
	175/70 SR 13XZX/70				
Magnum Viva HC Estates	155 SR 13XZX	24	24	30(L)	30(L)
	165 SR 13XZX				
Cavalier 1600, 1900 (Up to 82)	165 SR 13XZX	24	24	29(L)	32(L)
Cavalier 1300 (Up to 82)	165 SR 13XZX	24	24	29(L)	32(L)
Cavalier 1982 Models	155 SR 13XZX	28	25	32(L)	34(L)
(FWD) 1·3, 1·6	165 SR 13XZX	28	25	30(L)	30(L)
	185/70 SR 13XZX/70	26	25	29(L)	30(L)
Chevettes except GLS and 2300HS	155 SR 13XZX (Up to Sept 1976)	21	24	25(L)	28(L)
	175/70 SR 13XZX/70 (Sept 76 +)	21	25	25(L)	29(L)
Chevette Estate	155 SR 12XZX	21	25	24(L)	34(L)
	175/70 SR 13XZX/70				
Ventora FE VX 1800 (1976 +)	175 SR 14XZX	24	24	28(LS)	28(LS)
VX4/90 FE, Ventora FE	185/70 SR 14XZX/70	24	24	28(LS)	28(LS)
VX1800, 2300 Saloons	175 SR 13XZX	24	24	28(LS)	28(LS)
VX2300 GLS, VX4/90E Saloons and Estates	185/70 SR 14XZX/70	24	24	28(LS)	28(LS)
Carlton Saloon	175 SR 14XZX	26	26	29(L)	32(L)
	185/70 SR 14 XZX/70				
Royale	175 HR 14XVS	32	32	36(L)	41(L)
	195/70 HR 14XVS				
VOLKSWAGEN					
Passat L, S, LS (Nov 78 +)	155 SR 13XZX	25	25	26(L)	32(L)
Passat GLS (Nov 78 +)	175/70 SR 13XZX/70	25	25	26(L)	32(L)
Scirocco 1100L, 1500S, LS	155 SR 13XZX	25	25	26(L)	32(L)
Scirocco 1500 TS	175/70 SR 13XZX/70	25	25	26(L)	32(L)
Scirocco GTI, GLS, GLI	175/70 HR 13XVS-2	25	25	26(L)	32(L)
Golf 1·1, GL, N and 1500 LD	155 SR 13XZX	25	25	26(L)	32(L)
Golf S and LS 1500 and 1600	175/70 SR 13ZX	25	25	26(L)	32(L)
Golf GLS	155 SR 13XZX	25	25	26(L)	32(L)
Polo L and N (Nov 78 +)	135 SR 13XZX	23	23	26(L)	29(L)
Polo LS, GLS	145 SR 13XZX	22	22	25(L)	28(L)
Jetta 1·3	155 SR 13XZX	25	25	26(L)	32(L)
Jetta 1·5, 1·6	175/70 SR 13XZX/70				
VOLVO					
244 L	165 SR 14XZX	28	28	28(L)	34(L)
244 DL	175 SR 14XZX	26	28	26(L)	32(L)
244 GL, GLE	185/70 SR 14XZX/70	28	28	28(L)	33(L)
245 L, DL, E Estate Up to 79	185 SR 14XZX	28	28	29(L)	35(L)
245 L, DL, E Estate (79 +)	185 SR 14XZX	28	29	29(L)	41(L)
264 DL (Carburetter)	175 SR 14XZX	27	27	27(L)	32(L)
264 L, DL (Fuel injection)	185 SR 14XZX	28	28	28(L)	34(L)
264 GL, GLE	185 HR 14XVS-2	28	28	28(L)	35(L)
343 (Up to 1980)	155 SR 13XZX	24	29	24(L)	32(L)
	175/70 SR 13XZX/70				
343 (1980 +)	155 SR 13XZX	28	28	28(L)	35(L)
	175/70 SR 13XZX/70				

* (L) (S) (GS) See notes at head of table.

LYON 🅿 69000 Rhône **74** ⑪⑫, **93** ⑮ G. Vallée du Rhône – 418 476 h. Communauté urbaine 1 173 797 h. alt. 169 – ✪ 7.

Voir Site★★★ – Le Vieux Lyon★★ BX : rue Juiverie★ 65, rue St-Jean★ 92, hôtel de Gadagne★ M1, Maison du Crible★ D – Primatiale St-Jean★ : chœur★★ BX – Basilique N.-D.-de-Fourvière ⚘★★, ≤★ BX – Chapiteaux★ de la Basilique St-Martin d'Ainay BYZ – Tour-lanterne★ de l'église St-Paul BV – Vierge à l'Enfant★ dans l'église St-Nizier CX – Parc de la Tête d'Or★ HRS : roseraie★ R – Fontaine★ de la Place des Terreaux CV – Traboules★ du Quartier Croix-Rousse CUV – Arches de Chaponost★ FT - Montée de Garillan★ BX – Théâtre de Guignol BX N – Musées : des Tissus★★★ CZM2, Civilisation gallo-romaine★★ (table claudienne★★★) BX M3, Beaux-Arts★★ CV M4, Arts décoratifs★★ CZ M5, Imprimerie et Banque★★ CX M6 , Guimet d'histoire naturelle★ DU M7, Marion-nette★ BX M1, Historique★ : lapidaire★ BX M1, Apothicairerie★ (Hospices civils) CY M8.

Env. Rochetaillée : Musée de l'automobile Henri Malartre★ par ⑫ : 12 km.

🏌🏌🏌 de Villette d'Anthon ⌖ 831.11.33 par ③ : 21 km..

✈ de Lyon-Satolas ⌖ 871.92.21 par ⑤ : 27 km.

🚂 ⌖ 892.11.67.

🛈 Office de Tourisme (fermé dim.) et Accueil de France (Informations, change et réservations d'hôtels, pas plus de 5 jours à l'avance), pl. Bellecour ⌖ 842.25.75, Télex 330032 et Centre d'Echange de Perrache (fermé dim.) ⌖ 842.22.07 - A.C. 7 r. Grolée ⌖ 842.51.01.

Paris 463 ⑪ – ◆Bâle 405 ⑪ – ◆Bordeaux 577 ⑩ – ◆Genève 190 ⑤ – ◆Grenoble 104 ⑤ – ◆Marseille 315 ⑦ – ◆St-Étienne 59 ⑦ – ◆Strasbourg 488 ⑪ – Torino 301 ⑤ – ◆Toulouse 534 ⑦.

Plans : Lyon p. 2 à 7

Hôtels

Sauf indication spéciale, voir emplacement sur Lyon p. 6

Centre-Ville (Bellecour-Terreaux) :

🏨 **Sofitel** Ⓜ, 20 quai Gailleton, ⊠ 69002, ⌖ 842.72.50, Télex 330225, ≤ – 🛗 ▤ 📺 🅿 ♿ 🖘 – 🔬 25 à 200. ⚿ ⓞ 🄴 𝑽𝑰𝑺𝑨. ⚘ rest CY **k**
SC : rest. **Les Trois Dômes** (au 8ᵉ étage) **R** carte 190 à 250 - **Sofi Shop** (rez-de-chaus-sée) **R** carte environ 100 ♨ – � 42 – **196 ch** 435/760.

🏨 **Gd Hôtel Concorde**, 11 r. Grolée, ⊠ 69002, ⌖ 842.56.21, Télex 330244 – 🛗 ▤ 📺 🅿 – 🔬 80. ⚿ ⓞ 🄴 𝑽𝑰𝑺𝑨. ⚘ rest DX **e**
SC : **Le Fiorelle** (Grill) (fermé dim.) **R** 55/75 ♨ – ⊯ 30 – **140 ch** 250/450, 12 apparte-ments 600/800.

🏨 **Royal**, 20 pl. Bellecour, ⊠ 69002, ⌖ 837.57.31, Télex 310785 – 🛗 📺 🅿 – 🔬 40. ⚿ ⓞ 🄴 𝑽𝑰𝑺𝑨 CY **d**
SC : **R** Grill 60/135 ♨ – ⊯ 28 – **90 ch** 237/585, 5 appartements.

🏨 **Gd H. des Beaux-Arts** sans rest, 75 r. Prés.-E.-Herriot, ⊠ 69002, ⌖ 838.09.50, Télex 330442 – 🛗 📺 🅿. ⚿ ⓞ 🄴 𝑽𝑰𝑺𝑨 CX **t**
SC : ⊯ 22 – **80 ch** 188/275.

🏨 **Carlton** sans rest, 4 r. Jussieu, ⊠ 69002, ⌖ 842.56.51, Télex 310787 – 🛗 📺 🅿. ⚿ ⓞ 🄴 𝑽𝑰𝑺𝑨 CX **y**
SC : ⊯ 24 – **84 ch** 132/363.

🏤 **La Résidence** sans rest, 18 r. Victor-Hugo, ⊠ 69002, ⌖ 842.63.28, Télex 900950 – 🛗 📺 🖿wc 🅿. ⚿ CY **s**
SC : **62 ch** ⊯ 180/200.

🏤 **Gd H. des Terreaux** sans rest., 16 r. Lanterne ⊠ 69001 ⌖ 827.04.10, Télex 310273 – 🛗 📺 🖿wc 🅿. 𝑽𝑰𝑺𝑨. ⚘ CV **u**
SC : ⊯ 16 – **50 ch** 175/225.

🏠 **Moderne** sans rest, 15 r. Dubois, ⊠ 69002, ⌖ 842.21.83 – 🛗 📺 🖿wc 🅿 CX **n**
SC : ⊯ 17,50 – **31 ch** 77/191.

🏠 **Bayard** sans rest, 23 pl. Bellecour, ⊠ 69002, ⌖ 837.39.64 – 🖿wc 🖿wc 🅿. ⚘ CY **g**
SC : ⊯ 17 – **15 ch** 120/150.

Perrache :

🏨 **Terminus Perrache**, gare Perrache, 12 cours Verdun, ⊠ 69002, ⌖ 837.58.11, Télex 330500 – 🛗 📺 🅿 🖘 🅿 – 🔬 200. ⚿ ⓞ 🄴 𝑽𝑰𝑺𝑨 BZ **s**
SC : **R** (en transformation) – **140 ch** ⊯ 177/449, 5 appartements.

🏨 **Bristol** sans rest, 28 cours Verdun, ⊠ 69002, ⌖ 837.56.55, Télex 330584 – 🛗. ⚿ ⓞ 𝑽𝑰𝑺𝑨. ⚘ BZ **y**
SC : **131 ch** ⊯ 113/293.

🏨 **Bordeaux et Parc** sans rest, 1 r. Bélier, ⊠ 69002, ⌖ 837.58.73, Télex 330355 – 🛗 📺 🅿. ⚿ ⓞ 🄴 𝑽𝑰𝑺𝑨 BZ **y**
SC : ⊯ 22 – **87 ch** 180/250.

tourner →

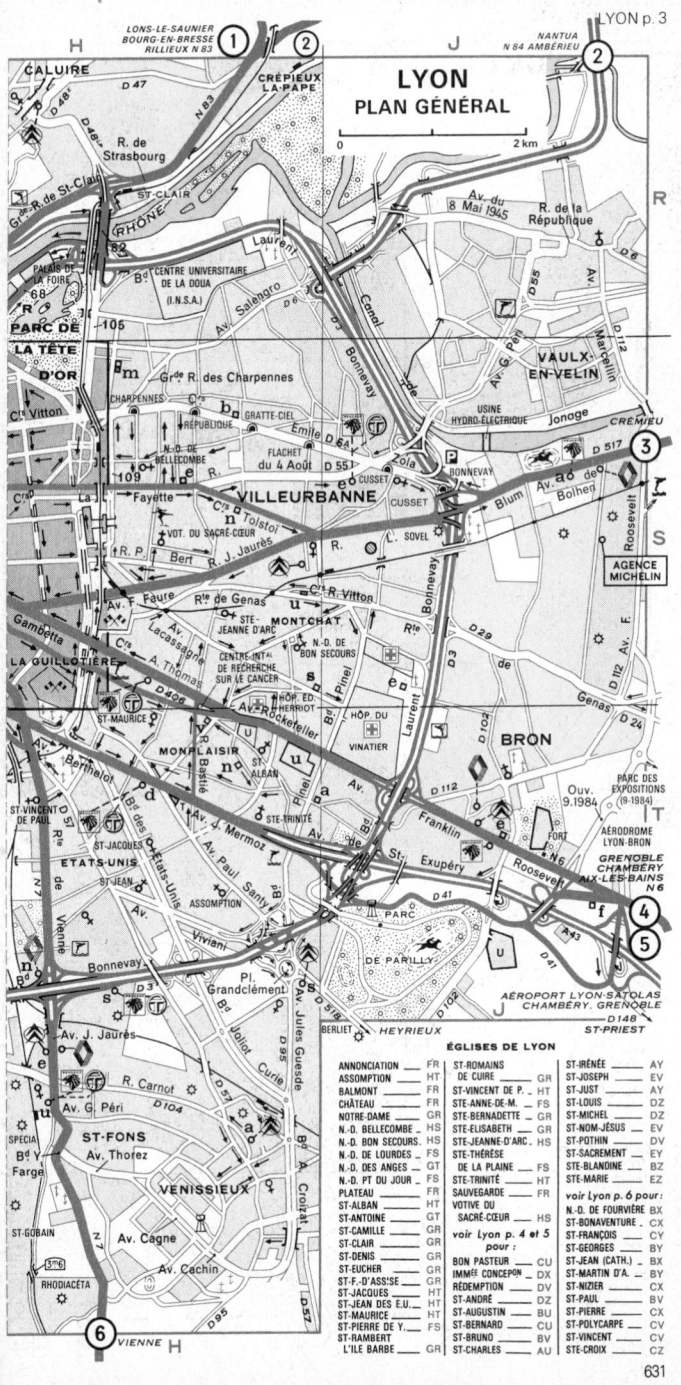

LYON
PLAN GÉNÉRAL

0 — 2 km

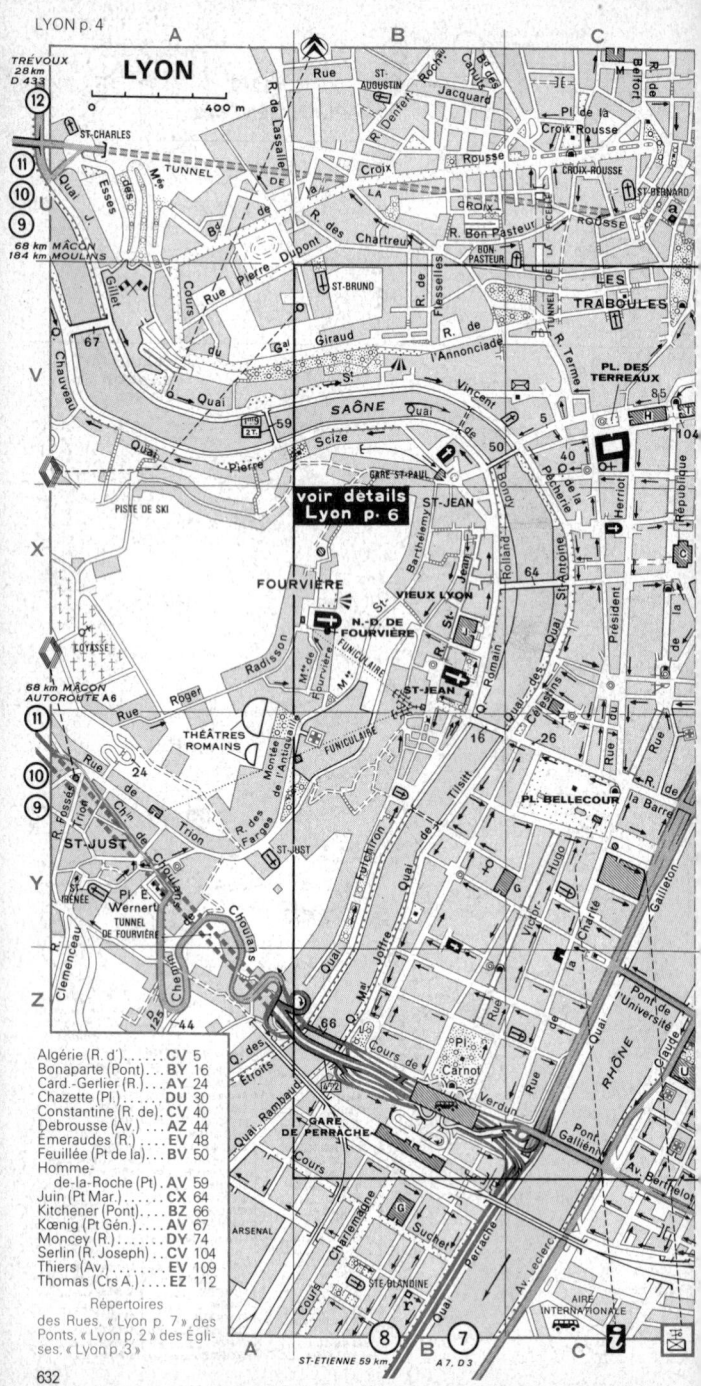

LYON

Répertoires
des Rues, « Lyon p. 7 » des
Ponts, « Lyon p. 2 » des Égli-
ses, « Lyon p. 3 »

632

LYON p. 5

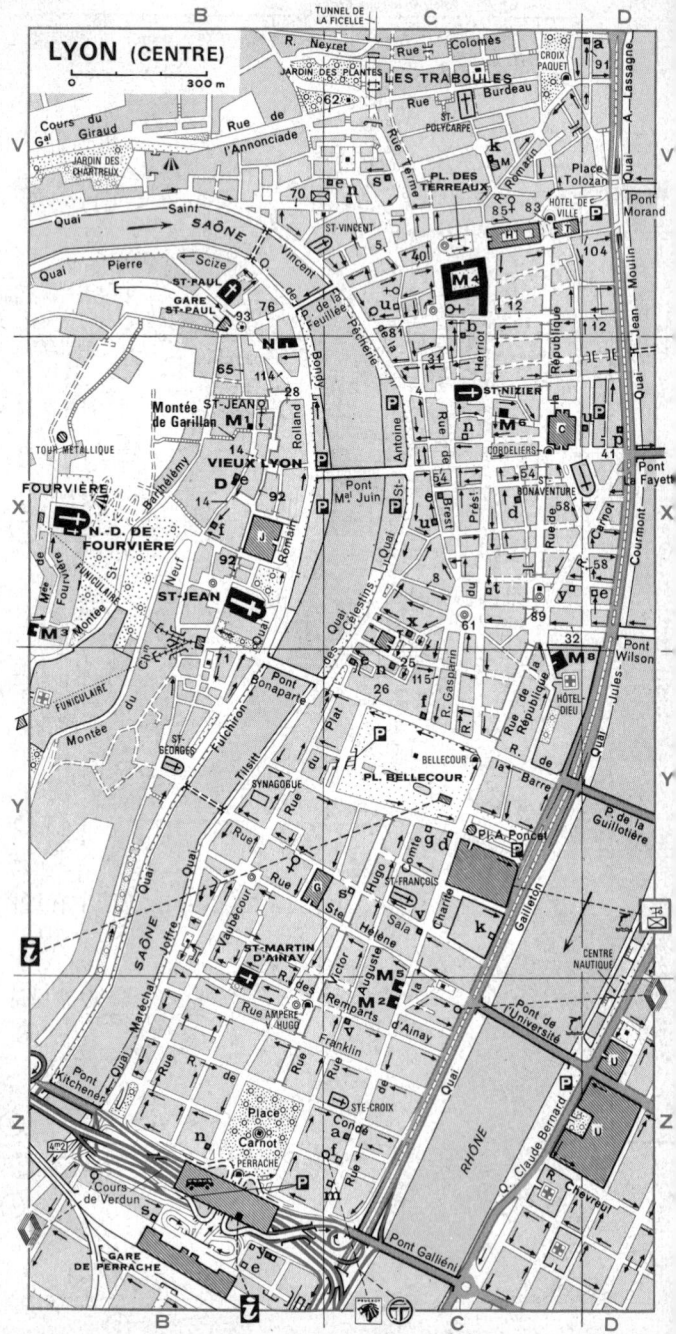

LYON (CENTRE)

0   300 m

Guillotière (Gde-R.) p. 5 **EZ**
Jaurès (Av. Jean) p. 5 **DZ**
La Part-Dieu p. 5 **EY**
République (R.) p. 6 **CX**
Terme (R.) p. 6 **CV**
Victor-Hugo (R.) p. 6 **CY**
Vitton (Cours) p. 5 **EV**

Abbé-Boisard (R.) p. 5 **EZ**
Alnay (Remp. d') p. 6 **CZ**
Albon (Pl.) p. 6 **CX** 4
Algérie (R. d') p. 6 **CV** 5
Ambroise-Croizat (Bd) p. 3 **HT**
Anc.-Préfect. (R) p. 6 **CX** 8
Annonciade (R.) p. 6 **BV**
Antiquaille (Mtée) p. 4 **AY**
Arloing (Quai) p. 2 **FS** 10
Augagneur (Quai) p. 5 **DX**
Aynard (Av. E.) p. 2 **FS**
Baron-du-Marais (Bd) p. 2 **FT**
Barre (R. de la) p. 6 **CY**
Barrême (R.) p. 5 **DU**
Bastié (R. M.) p. 3 **HT**
Bât-d'Argent (R.) p. 6 **CV** 12
Belfort (R. de) p. 4 **CU**
Belges (Bd des) p. 5 **EU**
Bellecour (Pl.) p. 6 **CY**
Berthelot (Av.) p. 5 **DZ**
Bloch (R. Marc) p. 5 **DZ**
Blum (R. Léon) p. 3 **JS**
Bœuf (R. du) p. 6 **BX** 14
Boileau (R.) p. 5 **DV**
Bolhen (Av. de) p. 3 **JS**
Bondy (Quai de) p. 6 **BX**
Bonnel (R. de) p. 5 **DX**
Bonnevay (Bd L.) p. 3 **JS**
Bon-Pasteur (R.) p. 4 **CU**
Bourgogne (R. de) p. 2 **FR** 18
Brest (R. de) p. 6 **CX**
Briand (Pl. A.) p. 5 **EZ**
Briand (Crs A.) CUIRE p. 2 **GR**
Brotteaux (Bd des) p. 5 **EV**
Bugeaud (R.) p. 5 **DV**
Burdeau (R.) p. 6 **CV**
Buyer (Av. Barth.) p. 2 **FS**
Cachin (Av. M.) p. 3 **HT**
Cagne (Av. J.) p. 3 **HT**
Canuts (Bd des) p. 4 **BU**
Card. Gerlier (R.) p. 4 **AY** 24
Carnot (Pl.) p. 6 **BZ**
Carnot (R.) p. 6 **DX**
Carnot (R.) ST-FONS p. 3 **HT**
Carteret (Av. J.) p. 2 **GT**
Célestins (Pl. des) p. 6 **CY** 25
Célestins (Q. des) p. 6 **CX**
Chambaud-de-la-Bruyère (Bd) p. 2 **GT**
Chambonnet (R.) p. 6 **CY** 26
Champagne (Rte de) p. 2 **FR**
Change (Pl. du) p. 6 **BX** 28
Chaponnay (R.) p. 5 **EY**
Charcot (R. Cdt) p. 2 **FS**
Charité (R. de la) p. 6 **CY**
Charlemagne (Crs) p. 4 **BZ**
Charpennes (Gde R.) p. 3 **HS**
Chartreux (R. des) p. 4 **BU**
Chassagnes (Ch.) p. 2 **FT**
Châter (Av. du) p. 2 **FT**
Chauveau (Quai) p. 4 **AV**
Chazette (Pl. L.) p. 5 **DU** 30
Ch.-Neuf (Montée) p. 6 **BX**
Chenevard (R. P.) p. 6 **CX** 31
Chevreul (R.) p. 6 **DZ**
Childebert (R.) p. 6 **CX** 32
Choulans (Ch. de) p. 4 **AY**
Cl.-Bernard (Quai) p. 6 **CZ**
Clemenceau (R.) p. 4 **AZ**
Colomès (R.) p. 6 **CV**
Comte (R. A.) p. 6 **CY**
Condé (R. de) p. 6 **CZ**
Constantine (R.) p. 6 **CV** 40
Cordeliers (Pl.) p. 6 **DX** 41
Corneille (R. P.) p. 5 **DY**
Coste (R.) p. 2 **GR**
Courmont (Quai J.) p. 6 **DX**
Créqui (R.) p. 5 **DX**
Crx-de-Pivort (Ch.) p. 2 **FT**
Croix-Rousse (Bd) p. 4 **BU**
Croix-Rousse (Gde-Rue) p. 2 **GR** 42
Croix-Rousse (Pl.) p. 4 **CU**
Debrousse (Av.) p. 4 **AZ** 44
Déchamp (R. S.) p. 2 **GT**
Deruelle (Bd) p. 5 **EX**
Denf.-Roch. (R.) p. 4 **BU**
Dr-Terver (Av.) p. 2 **FS**
Domer (R.) p. 5 **EZ**
Du-Guesclin (R.) p. 5 **DV**
Dupont (R. Pierre) p. 4 **BU**
Duquesne (R.) p. 5 **DU**
Émeraudes (R. des) p. 5 **EV** 48
Esses (Montée des) p. 4 **AU**
États-Unis (Bd) p. 3 **HT**
Étroits (Quai des) p. 4 **AZ**
Farges (R. des) p. 4 **AY**
Farge (Bd Yves) p. 3 **HT**
Farge (R. Yves) p. 2 **GT**
Favre (Bd Jean) p. 5 **EX**
Félix-Faure (Av.) p. 5 **EZ**
Flesselles (R. de) p. 4 **BV**
Foch (Av. Mar.) p. 5 **DV**
Foch (Av. Mar.) TASSIN p. 2 **FS**
Fourvière (Mtée de) p. 6 **BX**
France (Bd A.) p. 5 **EV**
Franklin (R.) p. 6 **CZ**
Fulchiron (Quai) p. 6 **BY**
Gailleton (Quai) p. 6 **CY**
Gambetta (Cours) p. 5 **DY**
Garibaldi (R.) p. 5 **EX**
Gasparin (R.) p. 6 **CY**
Gaulle (Av. de) p. 2 **FS**
Genas (Rte de) p. 3 **JS**
Gerland (R. de) p. 2 **GT**
Gillet (Quai J.) p. 4 **AU**
Giraud (Crs Gén.) p. 6 **BV**
Grandclément (Pl.) p. 3 **HT**
Gde-Bretagne (Av.) p. 5 **DU**
Grenette (R.) p. 6 **CX** 54
Grolée (R.) p. 6 **DX** 58
Gryphe (R. S.) p. 5 **DZ**
Guérin (R. L.) p. 5 **EU**
Guesde (Av. J.) VÉNISSIEUX p. 3 **HT**
Henon (R.) p. 2 **GR**
Herbouville (Crs d') p. 5 **DU**
Jacobins (Pl. des) p. 6 **CX** 61
Jacquard (R.) p. 4 **BU**
Jardin-Plantes (R.) p. 6 **CV** 62
Jaurès (Av.) ST-FONS p. 3 **HT**
Jaurès (R. Jean) VILLEURBANNE p. 3 **HS**
Jayr (Quai) p. 2 **FR** 63
J.-J.-Rousseau (Q.) p. 2 **FT**
Joffre (Quai Mar.) p. 6 **BZ**
Joliot-Curie (R.) p. 2 **FS**
Joliot-Curie (Bd) VÉNISSIEUX p. 3 **HT**
Juiverie (R.) p. 6 **BX** 65
Juttet (R. L.) p. 2 **FR**
Lacassagne (Av.) p. 3 **HS**
La-Fayette (Cours) p. 5 **EX**
Lanessan (Av. de) p. 2 **FR**
Lassagne (Quai A.) p. 6 **DV**
Lassalle (R. Ph.-de) p. 4 **AU**
Leclerc (Av.) p. 4 **CZ**
Liberté (Cours) p. 5 **DY**
Lignon (Quai A.) p. 3 **HR** 68
Louis-Blanc (R.) p. 5 **EX**
Lyautey (Pl. Mar.) p. 5 **DV**
Macé (Pl. Jean) p. 5 **DZ**
Malesherbes (R.) p. 5 **DV**
Marcellin (Av. P.) p. 3 **JS**
Marietton (R.) p. 2 **FS** 69
Marseille (R. de) p. 5 **DY**
Martinière (R.) p. 6 **BV** 70
Max (Av. Adolphe) p. 6 **BY** 71
Merle (Bd Vivier) p. 5 **EY**
Mermoz (Av. Jean) p. 3 **HT**
Molière (R.) p. 5 **DX**
Moncey (R.) p. 5 **DY** 74
Montesquieu (R.) p. 5 **DZ**
Montgolfier (R.) p. 5 **EU**
Moulin (Quai J.) p. 6 **DV**
Neyret (R.) p. 6 **BV**
Observance (Mtée) p. 2 **FS** 75
Octavio-Mey (R.) p. 6 **BV** 76
Part-Dieu (R.) p. 5 **DX**
Paul-Bert (R.) p. 5 **EY**
Pêcherie (Quai) p. 6 **CX**
Péri (Av. Gabriel) ST-FONS p. 3 **HT**
Péri (Av. Gabriel) VAULX-EN-V. p. 3 **JR**
Perrache (Quai) p. 4 **BZ**
Pinel (Bd) p. 3 **HT**
Plat (R. du) p. 6 **BY**
Platière (R. de la) p. 6 **CV** 81
Poncet (Pl. A.) p. 6 **CY**
Pradel (Pl. Louis) p. 6 **CV** 83
Prés.-Herriot (R.) p. 6 **CX**
Puits-Gaillot (R.) p. 6 **CV** 85
Radisson (R.) p. 4 **AX**
Rambaud (Quai) p. 4 **AZ**
Raspail (Pl.) p. 5 **DY**
Récamier (R. J.) p. 5 **EX**
République (Av.) TASSIN p. 2 **FS** 88
République (Pl.) p. 6 **CX** 89
République (R.) VAULX-EN-V. p. 3 **JR**
Rockefeller (Av.) p. 3 **HT**
Romain-Rolland (Quai) p. 6 **BX**
Romarin (R.) p. 6 **CV**
Roosevelt (Crs F.) p. 5 **DV**
Roosevelt (Av. F.) BRON p. 3 **JT**
Roosevelt (Av. F.) DECINES p. 3 **JS**
Roosevelt (Av. F.) ECULLY p. 2 **FS**
Royale (R.) p. 6 **DV** 91
St-Antoine (Quai) p. 6 **CX**
St-Barthélemy (Mtée) p. 6 **BX**
St-Clair (Gde R.) p. 3 **HR**
St-Exupéry (Av.) p. 3 **JT**
St-Jean (R.) p. 6 **BX** 92
St-Paul (Pl.) p. 6 **BV** 93
St-Vincent (Quai) p. 6 **BV**
Ste-Hélène (R.) p. 6 **CY**
Sala (Rue) p. 6 **CY**
Salengro (Av. R.) VILLEURBANNE p. 3 **JR**
Santy (Av. Paul) p. 3 **HT**
Sarrail (Quai Gén.) p. 5 **DV**
Saxe (Av. Mar. de) p. 5 **DY**
Scize (Quai Pierre) p. 6 **BV**
Serbie (Quai de) p. 5 **DV**
Serlin (R. J.) p. 6 **DV** 104
Servient (R.) p. 5 **DX**
Sèze (R. de) p. 5 **EV**
Stalingrad (Bd de) p. 5 **EU**
Strasbourg (R. de) p. 3 **HR**
Suchet (Cours) p. 4 **BZ**
Tchécoslovaques (Bd des) p. 5 **EZ**
Terreaux (Pl. des) p. 6 **CV**
Tête-d'Or (R.) p. 5 **EV**
Thiers (Av.) p. 5 **EV** 109
Thomas (Crs A.) p. 5 **EZ** 112
Thorez (Av. M.) p. 3 **HT**
Tilsitt (Quai) p. 6 **BY**
Tolozan (Pl.) p. 6 **DV**
Tolstoï (Crs) p. 3 **HS**
Trion (R. de) p. 4 **AY**
Université (R.) p. 5 **DZ**
Valioud (Av.) p. 2 **FS**
Vaubécour (R.) p. 6 **BY**
Vendôme (R.) p. 5 **DV**
Verdun (Cours de) p. 6 **BZ**
Verguin (Av.) p. 5 **EU**
Vernay (R. Fr.) p. 6 **BX** 114
V.-Hugo (Av.) TASSIN p. 2 **FS**
Vienne (Rte de) p. 5 **EZ**
Vitton (Crs Richard) p. 3 **JS**
Viviani (Av.) p. 3 **HT**
Wernert (Pl. E.) p. 4 **AY**
Zola (R. Émile) p. 6 **CY** 115
Zola (Cours Émile) VILLEURBANNE p. 3 **JS**
4-Août (R. du) p. 3 **JS**
8-Mai-1945 (Av.) p. 3 **JR**
25e-R.T.S. (Av.) p. 2 **FR**

Répertoire des Ponts et des Églises, voir « Lyon p. 2 et 3 ».

🏨 **Axotel** M, 12 r. Marc-Antoine Petit ⊠ 69002 ☎ 842.17.18, Télex 380736, ☞ – 🛗
🔲 📺 ☎ ⬆ 🅿 – 🔬 25 à 100. ⒶⒺ ⓄⒹ Ⓔ 𝒱𝐼𝒮𝒜
SC : **R** *(fermé dim.)* 82/132 – � 18 – **130 ch** 185/205 – P 290/360.
BZ **r**

🏨 **Simplon** sans rest, 11 r. Duhamel, ⊠ 69002, ☎ 837.41.00 – 🛗 🖆wc 🛁wc ☎
SC : **38 ch** ⊃ 98/221.
CZ **f**

🏨 **Normandie** sans rest, 3 r. Bélier ⊠ 69002 ☎ 837.31.36 – 🛗 🖆wc 🛁wc ⊛. ⒶⒺ ⓄⒹ
Ⓔ 𝒱𝐼𝒮𝒜
SC : **38 ch** ⊃ 93/163.
BZ **e**

🏨 **des Savoies** sans rest, 80 r. Charité, ⊠ 69002, ☎ 837.66.94 – 🛗 🖆wc 🛁wc ⊛.
ⒶⒺ. ❀
SC : **46 ch** ⊃ 88/211.
CZ **m**

Les Brotteaux : voir emplacements sur Lyon p. 5

🏨 **Roosevelt** M sans rest, 25 r. Bossuet ⊠ 69006, ☎ 852.35.67, Télex 300295 – 🛗
🔳 📺 ☎ ⬆ 🅿 – 🔬 60. ⒶⒺ Ⓔ 𝒱𝐼𝒮𝒜
SC : ⊃ 22 – **87 ch** 200/266, 3 appartements 327.
DV **x**

🏨 **Olympique** M sans rest, 62 r. Garibaldi ⊠ 69006 ☎ 889.48.04 – 🛗 🖆wc 🛁wc ☎.
ⒶⒺ Ⓔ 𝒱𝐼𝒮𝒜. ❀ rest
⊃ 14,50 – **25 ch** 150/174.
EV **d**

🏨 **Britania** sans rest, 17 r. Prof.-Weill, ⊠ 69006, ☎ 852.86.52 – 🛗 🖆wc 🛁wc ☎
SC : ⊃ 18 – **22 ch** 103/163.
EV **n**

La Part-Dieu : voir emplacements sur Lyon p. 5

🏨 **Frantel** M ⤳, 129 r. Servient (30e étage) ⊠ 69003 ☎ 862.94.12, Télex 380088, ≤
Lyon, vallée du Rhône – 🛗 🔳 📺 ☎ – 🔬 250. ⒶⒺ ⓄⒹ Ⓔ 𝒱𝐼𝒮𝒜
EX **n**
SC : rest. **L'Arc-en-Ciel** *(fermé 12 juil. au 21 août, lundi midi et dim.)* **R** carte 110 à
170 🍴 - **La Ripaille** (Grill) *(rez de chaussée) (fermé vend. soir et sam.)* **R** carte
environ 80 🍴 – ⊃ 38 – **241 ch** 395/495.

🏨 **Créqui** M sans rest, 158 r. Créqui ⊠ 69003 ☎ 860.20.47 – 🛗 📺 🖆wc ☎. 𝒱𝐼𝒮𝒜
SC : ⊃ 24 – **28 ch** 190/235.
DX **s**

🏨 **Ibis** M, pl. Renaudel ⊠ 69003 ☎ 895.42.11, Télex 310847, ☞ – 🛗 🖆wc ☎ ♿
⇐ – 🔬 45. Ⓔ 𝒱𝐼𝒮𝒜
EY **k**
SC : **R** carte environ 65 🍴 – ☛ 18 – **144 ch** 200/215.

La Guillotière : voir emplacements sur Lyon p. 5

🏨 **Atlantide** M sans rest, 51 r. Université, ⊠ 69007, ☎ 872.78.42, Télex 340455 – 🛗
🔳 📺 🖆wc 🛁wc ☎ ⇐. ⒶⒺ ⓄⒹ 𝒱𝐼𝒮𝒜
DZ **b**
SC : ⊃ 19,50 – **53 ch** 195/248.

🏨 **Columbia** M sans rest, 8 pl. A.-Briand, ⊠ 69003, ☎ 860.54.65 – 🛗 🔳 📺 🖆wc
🛁wc ⊛ ⇐. ⒶⒺ ⓄⒹ 𝒱𝐼𝒮𝒜
EZ **z**
SC : ⊃ 19,50 – **66 ch** 150/193.

Monchat-Monplaisir : voir emplacements sur Lyon p. 3

🏨 **Park H. P.L.M** M, 4 r. Prof.-Calmette, ⊠ 69008, ☎ 874.11.20, Télex 380230, ☞
– 🛗 📺 ☎ ⇐ – 🔬 35. ⒶⒺ ⓄⒹ 𝒱𝐼𝒮𝒜
HT **v**
SC : **le Patio** *(fermé sam., dim. et fériés)* **R** 75 bc – ⊃ 28 – **70 ch** 265/285.

🏨 **Lyon-Est** M sans rest, 104 rte Genas, ⊠ 69003, ☎ 854.64.53 – 🛗 🔳 🖆wc 🛁wc
☎ ♿ ⇐ 🅿. ⒶⒺ ⓄⒹ 𝒱𝐼𝒮𝒜
HS **u**
SC : ⊃ 19,50 – **42 ch** 120/205.

🏨 **Laennec** ⤳ sans rest, 36 r. Seignemartin, ⊠ 69008, ☎ 874.55.22 – 📺 🖆wc ☎
⇐. 𝒱𝐼𝒮𝒜
HT **n**
fermé 16 juil. au 15 août – SC : ⊃ 23 – **14 ch** 209/262.

🏨 **Lacassagne** sans rest, 245 av. Lacassagne, ⊠ 69003, ☎ 854.09.12 – 🛗 🔳 📺
🖆wc 🛁 ⊛. ⒶⒺ ⓄⒹ 𝒱𝐼𝒮𝒜
HS **s**
SC : ⊃ 15 – **40 ch** 98/183.

à Villeurbanne : voir emplacements sur Lyon p. 3

🏨 **Congrès** M, pl. Cdt Rivière ⊠ 69100 Villeurbanne ☎ 889.81.10, Télex 370216 – 🛗
🔳 📺 ☎ ⇐ 🅿 – 🔬 50 à 100. ⒶⒺ ⓄⒹ Ⓔ 𝒱𝐼𝒮𝒜
HS **m**
R voir rest. Le Grand Camp – ⊃ 17 – **132 ch** 209.

🏨 **Athena-Tolstoï** M, 90 cours Tolstoï ⊠ 69100 Villeurbanne ☎ 868.81.21, Télex
330574 – 🛗 🖆wc ☎ ⬆ 🅿 – 🔬 50 à 200. 𝒱𝐼𝒮𝒜. ❀ rest
HS **n**
SC : **R** *(fermé dim.)* 65/75 🍴 – ☛ 17,50 – **138 ch** 165/176.

🏨 **Athena-Zola** M, 163 cours E.-Zola ⊠ 69100 Villeurbanne ☎ 885.32.33, Télex
380608 – 🛗 cuisinette 🖆wc 🛁wc ⊛ ⇐ – 🔬 120. 𝒱𝐼𝒮𝒜. ❀ rest
HS **b**
SC : **R** *(fermé dim.)* 65/88 🍴 – ⊃ 17,50 – **108 ch** 165/210.

🏨 **Alsace** sans rest, 15 cours Tolstoï ⊠ 69100 Villeurbanne ☎ 884.97.04 – 🛗 🖆wc
🛁wc ☎. ⒶⒺ Ⓔ 𝒱𝐼𝒮𝒜
HS **e**
fermé août – SC : ⊃ 17 – **32 ch** 100/160.

Restaurants

Sauf indication spéciale, voir emplacements sur Lyon p. 6

XXXX ☺☺☺ **Paul Bocuse,** pont de Collonges N : 12 km par bords Saône (D433, D51) ⊠ 69660 Collonges-au-Mont-d'Or, ☏ 822.01.40, Télex 375382, « Elégante installation » – 🔳 🅿 🖭 ⓪ 🚾   Lyon p. 2   GR
fermé 6 au 28 août – **R** 220/340 et carte
Spéc. Soupe aux truffes noires, Loup en croûte, Volaille de Bresse en vessie. **Vins** Pouilly-Fuissé, Brouilly.

XXXX **Roucou La Mère Guy,** 35 quai J.-J. Rousseau ⊠ 69350 La Mulatière ☏ 851.65.37, Télex 310241 – 🖭 ⓪ 🚾   Lyon p.2   FT   **s**
fermé août, dim. soir et lundi – **R** 120/250.

XXX ☺ **Tour Rose** (Chavent), 16 r. Boeuf, ⊠ 69005, ☏ 837.25.90, « Maison du 17e s. dans le vieux Lyon » – 🔳 🖭 ⓪ 🚾   BX   **e**
fermé dim. – **R** 90/280
Spéc. Saumon mi-cuit au fumoir, Rouget barbet poêlé aux pois gourmands, Canard au gingembre. **Vins** St-Véran, Côte-Rôtie.

XXX ☺☺ **Orsi,** 3 pl. Kléber, ⊠ 69006, ☏ 889.57.68 – 🔳 🖭 ⓪ 🚾   Lyon p. 5   DV   **e**
fermé août, sam. sauf le soir du 1er sept. au 30 avril et dim. – **SC** : **R** 160 et carte
Spéc. Feuilleté chaud, Marinière de loup et rouget au basilic, Rouelles de rognons de veau. **Vins** Macon, St-Amour.

XXX ☺☺ **Vettard,** 7 pl. Bellecour, ⊠ 69002, ☏ 842.07.59 – 🔳 🖭 ⓪ 🚾   CY   **f**
fermé 28 juil. au 27 août, sam. soir de mai à juil. et dim. – **R** (au rest.) 180/260 et carte - **Café Neuf R** carte environ 115
Spéc. Loup à l'huile de basilic et vinaigre de Xérès, Paupiette de saumon au citron vert (mai-fin sept.), Blanc de poularde au muscat. **Vins** Beaujolais-Villages, Pouilly-Fuissé.

XXX ☺ **Henry,** 27 r. Martinière, ⊠ 69001, ☏ 828.26.08, fresques murales – 🔳 🖭 ⓪ 🚾   CV   **n**
fermé sam. midi et lundi – **R** 100/170
Spéc. Salade de homard, Poissons, Charolais aux truffes et oranges. **Vins** Fleurie, Volnay.

XXX ☺ **Nandron,** 26 quai J.-Moulin, ⊠ 69002, ☏ 842.10.26 – 🔳 🖭 ⓪ E 🚾   DX   **p**
fermé 27 juil. au 26 août, vend. soir et sam. – **R** 130/260 et carte
Spéc. Quenelles de brochet, Langoustines en chemise, Chartreuse de ris et rognons de veau. **Vins** Morgon, St-Véran.

XXX ☺ **Bourillot,** 8 pl. Célestins, ⊠ 69002, ☏ 837.38.64 – 🔳 🖭 ⓪ 🚾   CY   **n**
fermé juil., 22 déc. au 2 janv., dim. et fériés – **R** 120/180
Spéc. Soupe d'écrevisses et homard, Ragoût de ris de veau et rognons, Soufflé glacé au chocolat.. **Vins** Mâcon, Brouilly.

XXX ☺ **Mère Brazier,** 12 r. Royale, ⊠ 69001, ☏ 828.15.49, ambiance lyonnaise – 🔳 🖭 ⓪ 🚾   DV   **a**
fermé août, sam. midi (le soir en juil.) et dim. – **R** (🔳 1er étage) 140/160
Spéc. Haricots verts et foie gras, Poulet à la crème, Crêpes aux truffes fraîches. **Vins** Chiroubles, Côtes du Rhône.

XXX ☺☺ **Léon de Lyon** (Lacombe), 1 r. Pleney, ⊠ 69001, ☏ 828.11.33, ambiance lyonnaise – 🔳 🚾   CVX   **b**
fermé 23 déc. au 8 janv., dim., lundi midi et fériés – **R** 125/240 et carte
Spéc. Feuilleté de cervelle d'agneau, Gras double sauté, Filet de turbotin aux huîtres. **Vins** Chiroubles, Côtes du Rhône.

XXX ☺ **Aub. de Fond-Rose** (Brunet), 23 quai Clemenceau, ⊠ 69300, Caluire ☏ 829.34.61, 🎏, « Jardin » – 🅿 🖭 ⓪ E 🚾   Lyon p. 2   GR   **p**
fermé fév., lundi de nov. à Pâques et dim. soir – **R** 110/240
Spéc. Mousse de loup, Marinade de rouget, Civet de canard aux pâtes fraîches. **Vins** Brouilly, Pouilly-Fuissé.

XXX ☺ **Daniel et Denise** (Léron), 2 r. Tupin, ⊠ 69002, ☏ 837.49.98 – 🔳 🖭 ⓪ E 🚾   CX   **e**
fermé 20 juil. au 20 août, dim., lundi midi et fêtes – **R** 90/200
Spéc. Terrine de homard, Soufflé de turbotin florentine, Filet d'agneau en croûte. **Vins** Chiroubles, St-Joseph.

XXX ☺ **Les Fantasques,** 47 r. Bourse, ⊠ 69002, ☏ 837.36.58 – 🔳 🚾   DX   **u**
fermé 11 au 21 août et dim. – **R** 120/175
Spéc. Coquilles St-Jacques (oct. à mai), Rouget en papillote, Bouillabaisse. **Vins** Mâcon, Brouilly.

XXX **Cazenove,** 75 r. Boileau ⊠ 69006 ☏ 889.82.92 – 🔳 🖭 ⓪ 🚾   Lyon p. 5   DV   **k**
fermé août, sam. sauf le soir du 1er sept. au 30 avril et dim. – **SC** : **R** carte 130 à 170.

XXX **Beluga,** Centre Com. La Part-Dieu, porte des Cuirassiers ⊠ 69003 ☏ 860.67.24 – 🔳 🖭 ⓪ E 🚾   Lyon p. 5   EX   **b**
fermé dim. – **R** 85 🍴.

XXX **Le Rocher,** quartier St-Rambert, 8 quai R.-Carrié, ⊠ 69009, ☏ 883.99.72, ≤, 🎏 – 🅿 🚾   Lyon p.2   GR   **f**
fermé 2 au 27 août, 22 déc. au 3 janv., mardi soir d'oct. à avril, sam. midi de mai à sept. et dim. – **SC** : **R** 95/270.

XXX **Le Grand Camp,** pl. Cdt-Rivière ⊠ 69100 Villeurbanne ☏ 889.48.45 – 🔳   Lyon p.3   HS   **m**
fermé dim. et fêtes – **R** 50/150 🍴.

XX ❀ **Le Quatre Saisons** (Bertoli), 15 r. Sully ✉ 69006 ☎ 893.76.07 — 🍽. 🆎 ⓪
 fermé août, sam. sauf le soir du 1ᵉʳ sept. au 31 mai, dim. et fériés – SC : **R** 95/220
 Spéc. Terrine de foie gras frais, Volaille de Bresse au Sabayon de poireaux, Dessert Quatre Saisons.
 Lyon p. 5 DV **u**

XX **Le Gourmandin,** 156 r. P.-Bert ✉ 69003 ☎ 862.78.77 — 🍽 🅿. 🆎 ⓪ 🆅🅸🆂🅰
 fermé 28 juil. au 26 août, sam., dim. et fériés – SC : **R** 98/160. Lyon p. 5 EY **s**

XX **Garioud,** 14 r. Palais Grillet ✉ 69002 ☎ 837.04.71 — 🍽. 🆎 CX **d**
 fermé août, 1ᵉʳ au 7 janv., sam. midi et dim. – SC : **R** 89/135.

XX **Les Grillons,** 18 r. D.-Vincent à Champagne-au-Mont-d'Or par ⑪, ✉ 69410
 Champagne, ☎ 835.04.78, ♨ – 🅿. 🆎
 fermé 27/3 au 4/4, 12/11 au 10/12, dim. soir et lundi du 1/11 au 31/3, mardi soir et merc. du 1/4 au 31/10 – **R** 88/175.

XX ❀ **Chez Gervais** (Lescuyer), 42 r. P.-Corneille, ✉ 69006, ☎ 852.19.13 — 🍽. 🆎 ⓪
 🆅🅸🆂🅰 Lyon p. 5 DX **a**
 fermé 1ᵉʳ au 22 juil., dim. et fêtes – SC : **R** 120/240
 Spéc. Salade lyonnaise, Fricassée de volaille au vinaigre, Coupe Florence. Vins Mâcon blanc, Beaujolais Villages.

XX **Au Petit Col,** 68 r. Charité, ✉ 69002, ☎ 837.25.18 — 🍽. 🆎 🆅🅸🆂🅰 CZ **a**
 fermé 22 juil. au 20 août, dim. soir et lundi – SC : **R** 66/127.

XX **Tante Alice,** 22 r. Remparts-d'Ainay, ✉ 69002, ☎ 837.49.83 — 🍽. 🆎 CZ **v**
 fermé 20 juil. au 27 août, 24 déc. au 2 janv., vend. soir et sam. – **R** 60/140 🍴.

XX **Christian Grisard,** 158 r. Cuvier ✉ 69006 ☎ 824.77.98 — 🆅🅸🆂🅰 Lyon p.5 EV **r**
 fermé 12 au 27 août, dim. et lundi – SC : **R** 80/160 🍴.

XX **La Pastourelle,** 51 r. Tête-d'Or, ✉ 69006, ☎ 24.90.89 — 🆎 🆅🅸🆂🅰 ❀
 fermé août, sam. et dim. – SC : **R** 93. Lyon p. 5 EV **a**

XX **Aub. de l'Ile,** quartier St-Rambert, Ile Ste-Barbe ✉ 69009 ☎ 883.99.49 — 🅿.
 🆅🅸🆂🅰 ❀ Lyon p. 2 GR **e**
 fermé du 20 août au 20 sept., vacances de fév., dim. soir et lundi – SC : **R** 85/156.

XX **Chez Rose,** 4 r. Rabelais, ✉ 69003, ☎ 860.57.25 — 🍽. 🆎 🆅🅸🆂🅰 ❀
 fermé 30 juin au 31 juil., dim. et fériés – SC : **R** 80/125. Lyon p. 5 DX **x**

XX **L'Alsacienne,** 20 pl. Carnot, ✉ 69002, ☎ 837.44.47 BZ **n**
 fermé 25 juil. au 1ᵉʳ sept., mardi soir et merc. – **R** 60/170.

XX **La Voûte,** 11 pl. A.-Gourju, ✉ 69002, ☎ 842.01.33 — 🆎 ⓪ CY **e**
 fermé 9 juil. au 1ᵉʳ août et dim. – SC : **R** 70/110.

XX **La Tassée,** 20 r. Charité, ✉ 69002, ☎ 837.02.35, ambiance lyonnaise — ⓪ 🆅🅸🆂🅰
 fermé 24 déc. au 3 janv. et dim. – **R** 80/160 🍴. CY **v**

XX **La Mère Vittet, Brasserie Lyonnaise** ouvert jour et nuit, 26 cours Verdun, ✉
 69002, ☎ 837.20.17 — 🍽. 🆎 ⓪ 🅴 🆅🅸🆂🅰 BZ **y**
 R 65/170 🍴.

XX **Fédora,** 249 r. M. Mérieux ✉ 69007 ☎ 869.46.26 — 🆎 ⓪ 🅴 Lyon p.2 GT **k**
 fermé sam. midi et dim. – SC : **R** 95/230.

XX **Argenson,** 90 av. Tony Garnier, ✉ 69007 ☎ 872.64.53, ⛲ — 🍽 🅿. 🆎 🅴 🆅🅸🆂🅰
 fermé 1ᵉʳ au 21 août, 22 au 31 déc. et dim. – SC : **R** (déj. seul.) carte 110 à 190.
 GT **a**

X **Chez Jean-François,** 2 pl. Célestins ✉ 69002 ☎ 842.08.26 — 🍽 CX **x**
 fermé 26 juil. au 23 août, dim. soir et fériés – SC : **R** 60/95.

X **Chevallier,** 40 r. du Sergent-Blandan, ✉ 69001, ☎ 828.19.83 CV **s**
 fermé sept., en fév., mardi et merc. – SC : **R** 65/120.

X **La Bonne Auberge ''Chez Jo'',** 48 av. Félix-Faure, ✉ 69003, ☎ 860.00.57 —
 🍽. 🆎 ⓪ 🆅🅸🆂🅰 Lyon p. 5 EZ **s**
 fermé août, sam. soir et dim. – SC : **R** 78/110.

X **La Pinte à Gones,** 59, r. Ney, ✉ 69006 ☎ 824.81.75 — 🍽. 🆅🅸🆂🅰 Lyon p. 5 EV **s**
 fermé 14 juil. au 15 août, sam. midi, dim. et fêtes – SC : **R** 60/92 🍴.

X **Cortassa,** 20 r. Sully ✉ 69006 ☎ 889.07.09 — 🆎 ⓪ 🆅🅸🆂🅰 Lyon p.5 DV **f**
 fermé sam. soir, dim. et fériés – SC : **R** 64/98.

X **Boeuf d'Argent,** 29 r. Boeuf, ✉ 69005, ☎ 842.21.12 BX **f**
→ *fermé août, dim. soir et lundi* – SC : **R** 44/94 🍴.

X **Le Blandan,** 28 r. Sergent Blandan ✉ 69001 ☎ 828.76.43 CV **e**
 fermé 23 juil. au 22 août, vacances de fév., sam. midi et lundi – SC : 60/100.

X **Le Bistrot de Lyon,** 64 r. Mercière ✉ 69002 ☎ 837.00.62, ambiance lyonnaise —
 🆅🅸🆂🅰 CX **u**
 fermé 23 déc. au 8 janv., dim. et fériés – **R** (dîner seul.) carte environ 115.

X **Pied de Cochon,** 9 r. St-Polycarpe, ✉ 69001, ☎ 828.15.31, ambiance lyonnaise
 — 🆎 ⓪ CV **k**
 fermé août, sam., dim. et fériés – SC : **R** 67/100.

Environs

à Tassin-la-Demi-Lune 0,5 km par D 407 – 15 034 h. – ⊠ **69160** Tassin-la-Demi-Lune :

XXX **Les Tilleuls**, 146 av. Ch.-de-Gaulle ☏ 834.19.58, 斎 – 🅿. 📶 **VISA**   Lyon p.2 FS **k**
fermé 16 au 26 août, vacances de fév., dim. soir et lundi sauf fériés – SC : **R** 80/195
⚓.

XX **Chateaubriand**, 12 av. Mar.-Foch ☏ 834.15.64, 斎 – 🅿. ⓞ **VISA**
fermé août, vacances de fév., merc. soir, dim. soir et samedi de sept. à avril – SC : **R**
67/170 ⚓.   Lyon p.2 FS **r**

à Bron – 41 500 h. – ⊠ **69500** Bron :

🏨 **Novotel** M, r. Lionel Terray ☏ 826.97.48, Télex 340781, 🏊 – 🛗 🗐 📺 ☎ ⅋ 🅿 –
🔬 25 à 700. 🖭 ⓞ 🇪 **VISA**   Lyon p. 3 JT **f**
R carte environ 90 ⚓ – 😐 31 – **196 ch** 266/293.

🏨 **Dau Ly** M 🦢 sans rest, 28 r. de Prévieux ☏ 826.04.37 – 📺 🛁wc 🛗wc ☎ 🚗
🅿 🖭   Lyon p. 3 JT **e**
SC : 😐 15 – **22 ch** 139/199.

🏨 **Lyon-Bron** 🦢 sans rest, 7 r. Essarts ☏ 874.24.73 – 🛁wc 🛗wc ☎ 🅿
38 ch.   Lyon p. 3 HJT **a**

🏨 **Hostel** M 🦢, 36 av. Doyen Jean Lépine ☏ 854.31.34, Télex 380694 – 🛗 🗐 🛁wc ☎
⚓ – 🔬 60. 🇪 **VISA**   JS **e**
SC : **R** carte environ 90 ⚓ – 😐 19,50 – **140 ch** 173/227.

à Ste-Foy-lès-Lyon – 21 673 h. – ⊠ **69110** Ste-Foy-lès-Lyon :

🏨 **Les Provinces** sans rest, 10 pl. St Luc ☏ 825.01.55 – 🛁wc 🛗wc 🚗
SC : 😐 18 – **14 ch** 98/160.   Lyon p.2 FS **u**

à Collonges-au-Mont-d'Or : voir Lyon p. 8

au Mont-Cindre N : 14 km par D 21 – GR – ⊠ **69450** St-Cyr :

XX **Ermitage**, ☏ 847.20.96, < Lyon et monts du Lyonnais, 斎 – 🖭 **VISA**
fermé janv., fév., mardi soir et merc. – SC : **R** 78/170.

à Sathonay-Camp N : 9 km par D 48 – ⊠ **69580** Sathonay-Camp :

🏨 **Val de Saône** sans rest, 1 allée P.-Delorme ☏ 823.71.45 – 🛁wc 🛗 🚗 🅿 🇪
SC : 😐 15 – **23 ch** 96/210.

Par la sortie ② :

à Crépieux-la-Pape : 7 km par N 83 et N 84 – ⊠ **69140** Rillieux-la-Pape :

XX ❀ **Lairoire** (Constantin), ☏ 888.50.92, <, 斎 – 🅿. 📶 ⓞ **VISA**
fermé 2 au 11 sept., en fév., lundi soir et mardi – SC : **R** 100/170
Spéc. Huîtres chaudes au Montagnieu (oct. à avril), Tresse de turbot et saumon aux deux sauces,
Fricassée de volaille au vinaigre. **Vins** Montagnieu, Côteaux du Lyonnais.

Par la sortie ⑤ :

à l'aérogare de Satolas : 27 km par A 43 – ⊠ **69125** Lyon Satolas Aéroport :

🏨 **Méridien** M, 3e étage ☏ 871.91.61, Télex 380480 – 🛗 🗐 📺 ☎ – 🔬 25 à 250. 🖭
ⓞ 🇪 **VISA**
SC : **R** voir rest. La Gde Corbeille et Aub. Le Pichet – 😐 32 – **120 ch** 355/420.

XXX **La Gde Corbeille**, 1er étage ☏ 871.91.62, < – 🗐. 🖭 ⓞ **VISA**
fermé août et sam. – SC : **R** 140/170.

X **Aub. le Pichet** (brasserie), 1er étage ☏ 871.91.62 – 🗐. **VISA**
SC : **R** 86 bc/91 bc.

à St-Priest : 12 km par N 6 et D 148 – JT – 42 913 h. – ⊠ **69800** St-Priest :

🏨 **Moderne** M sans rest., 64 rte Heyrieux ☏ 820.47.46 – 🛗 📺 🅿. 🖭 ⓞ **VISA**
SC : 😐 20 – **35 ch** 180/260.

🏨 **Central H.** sans rest, 18 r. A.-Briand ☏ 820.26.62 – 🛗wc 🚗 🅿
SC : 😐 13 – **22 ch** 75/165.

X **Monnet**, 7 r. A.-Briand ☏ 820.15.19, 斎 – 🅿. 🖭 ⓞ **VISA**
fermé 1er au 16 août, sam. soir et dim. – SC : **R** 40/200 ⚓.

Par la sortie ⑩ :

à Charbonnières-les-Bains : 8 km par N 7 – 3 973 h. alt. 240 – Stat. therm. – Casino
– ⊠ **69260** Charbonnières-les-Bains :

🏨 **Mercure** M sans rest, N 7 ☏ 834.72.79, Télex 900972, 🏊 – 🗐 📺 🛁wc ☎ 🅿 –
🔬 30 à 150. 🖭 ⓞ 🇪 **VISA**
SC : 😐 24 – **60 ch** 220/250.

🏨 **Euromotel Domaine des Pins** M, N 7 ☏ 887.03.14, Télex 330060, <, parc, 🏊,
– 🛗 📺 🛁wc ☎ ⚓ 🅿 – 🔬 25 à 250. 🖭 ⓞ 🇪 **VISA**. ⊗ rest
SC : **R** 50/147 – 😐 19 – **82 ch** 179/208 – P 260/310.

🏨 **Beaulieu** Ⓜ sans rest, 19 av. Gén.-de-Gaulle ☎ 887.12.04 – 🛗 🛏wc ☎ Ⓟ – 🏭 100. 🖭
SC : ☲ 17 – **40 ch** 130/158.

XX **Gigandon,** 5 av. Gén.-de-Gaulle ☎ 887.15.51 – 𝘝𝘐𝘚𝘈
fermé août, dim. soir et lundi – SC : **R** 60/150.

Porte de Lyon - Échangeur A6 N 6 Sortie Limonest N : 10 km – ⊠ **69570** Dardilly :

🏨 **Novotel Lyon-Nord** Ⓜ ॐ, ☎ 835.13.41, Télex 330962, ⌁, – 🛗 🗐 📺 ☎ Ⓟ –
🏭 25 à 120. 🖭 ⓪ 🗉 𝘝𝘐𝘚𝘈
R snack carte environ 90 ⅃ – ☲ 31 – **107 ch** 256/298.

🏨 **Holiday Inn** Ⓜ, ☎ 835.70.20, Télex 900006, ⌁, – 🛗 🗐 📺 ☎ Ⓟ – 🏭 25 à 400
Grill la Braise – **204 ch.**

🏨 **Mercure** Ⓜ, ☎ 835.28.05, Télex 330045, ⌁, ॐ – 🗐 rest 📺 ☎ Ⓟ – 🏭 25 à 120.
🖭 ⓪ 🗉 𝘝𝘐𝘚𝘈
R carte environ 90 ⅃ – ☛ 25 – **169 ch** 197/254.

🏢 **Campanile** ॐ, ☎ 835.48.44, Télex 310155 – 🛏wc Ⓟ. 𝘝𝘐𝘚𝘈
SC : **R** 60 bc/81 bc – ☛ 22 – **38 ch** 182.

XXX **Le Panorama,** à Dardilly-le-Haut, face église, ⊠ 69570 Dardilly, ☎ 847.40.19,
�, ॐ – Ⓟ. 🖭 𝘝𝘐𝘚𝘈
fermé juil., vacances de fév., dim. soir, lundi soir et mardi – SC : **R** (nombre de
couverts limité - prévenir) 150/230.

Voir aussi ressource hôtelière de *Mionnay* par ① : 20 km

MICHELIN, Agences régionales, r. Jean-Pierre Chevrot (7e) GT ☎ 869.49.48 et 42-44 av.
R.-Salengro ZA Poudrette à Vaulx-en-Velin JS ☎ 237.33.63

1er Arrondissement

CITROEN Gar. Manutention, 8 quai St-Vincent
AV ☎ 828.21.14
RENAULT Haond S.A.L.A. 12 pl. Chartreux BV
☎ 828.62.33

⊕ Demal, 19 quai St-Vincent ☎ 828.20.80

2e Arrondissement

PEUGEOT, TALBOT Gar. Duhamel, 9 r. Duha-
mel BCZ ☎ 842.01.67
RENAULT Gar. Bellecour, 5 pl. Gailleton CZ ☎
837.19.18

RENAULT Gar. de Verdun, 6 cours Verdun BZ
☎ 837.26.31

3e Arrondissement

ALFA-ROMEO Marsonetto, 292 à 296 cours
Lafayette ☎ 853.33.33
FIAT Molière, 72 r. Molière ☎ 860.55.04
FORD Veyet, 82 bd Vivier-Merle ☎ 860.25.28
PEUGEOT, TALBOT SLICA-SALVEA, 106 bd
Vivier-Merle EZ ☎ 860.45.01
RENAULT Gar. Atlas, 29 r. de Bonnel DX ☎
860.15.63
V.A.G. Gar. Bouteille, 14 r. F.-Mistral ☎ 854.
13.24 🄽 ☎ 869.22.22

⊕ Comptoir du Pneu, 299 r. Duguesclin ☎ 862.
84.86
Deshayes Pneus, 13 r. Louise ☎ 854.47.91
Gaudry-Pneu, 43-45 Cours A.-Thomas, ☎ 853.
25.73
Métifiot, 70 r. des Rancy ☎ 860.36.93
Piot-Pneu, 234 cours Lafayette ☎ 233.68.77

4e et 5e Arrondissements

RENAULT Gar. de Trion, 5 pl. Trion (5e) AY ☎
825.25.50
Gar. Crotta, 44 quai J.-Gillet (4e) ☎ 829.81.38

⊕ Candia-Pneus, 27 Crs d'Herbouville (4e) ☎
828.99.03

Charcot-Pneus, 20 r. Jeunet (5e) ☎ 836.05.29
Métifiot, 5 pl. Tabareau ☎ 839.16.54

6e Arrondissement

BMW Gar. des Emeraudes, 192 av. Thiers ☎
852.80.21
CITROEN Gar. Franklin Roosevelt, 96 r. Boileau
DV ☎ 852.31.43
CITROEN Gar. Métropole, 115 r. Bugeaud EV
☎ 852.01.10
MERCEDES-BENZ Satal, 55 av. Mar. Foch ☎
889.23.41

PEUGEOT, TALBOT S.L.I.C.A., 141 r. Vendôme
DX ☎ 852.64.64

⊕ Briday-Pneus, 55 bd Brotteaux ☎ 852.04.89
La Maison des Pneus, 20 r. Bellecombe ☎ 824.
55.57

7e Arrondissement

ALFA-ROMEO Gar. J.-Macé, 24 r. Renan ☎
872.34.58
BLF Kennings, 70 à 76 r. Marseille ☎ 858.16.53
CITROEN Succursale, 35 r. Marseille DZ ☎
869.81.84 🄽 ☎ 872.13.99
CITROEN Montveneur, 212 Gde r. de la Guil-
lotière EZ ☎ 872.31.25
FIAT Duchenaud, 56 rte de Vienne ☎ 872.37.34
FORD Galliéni-Automobiles, 47 av. Berthelot
☎ 872.02.27
RENAULT Prost, 244 av. Jean-Jaurès GT ☎
872.61.46

V.A.G. Central-Autos, 6 r. Elie-Rochette ☎
872.32.36
VOLVO Clamagirand, 32 r. Aguesseau ☎ 872.
40.27

⊕ Boson, 31 r. Béchevelin ☎ 872.93.89
Gar. des Hirondelles Briday-Pneus, 190 av.
Berthelot ☎ 872.41.76
Mayer Pneu, 48 r. Université ☎ 872.96.02
Piot-Pneu, 70 r. C.-Marot ☎ 872.64.10

8e Arrondissement

LADA, SKODA Gar. Rockefeller, 16 av. Rockefeller ☏ 874.15.06
PEUGEOT-TALBOT SLICA Monplaisir 62 cours A.-Thomas HS ☏ 800.86.23
PEUGEOT, TALBOT Auto du Bachut, 322 av. Berthelot HT **d** ☏ 874.18.09

🅐 Métifiot, 71 av. J.-Mermoz ☏ 874.08.09
Tessaro-Pneus, 22 bis r. A.-Lumière ☏ 800.73.25

9e Arrondissement

ALFA-ROMEO-**OPEL** Marsonetto-Vaise, 79 r. Marietton ☏ 883.84.44
PEUGEOT, TALBOT S.L.I.C.A.-Duchère, 9ème av. la Duchère FR ☏ 835.38.46
PEUGEOT, TALBOT SLICA, 6 r. J.-Carret FR **s** ☏ 883.95.40
RENAULT Succursale, 4 r. St-Simon FR ☏ 864.81.00

RENAULT Gar. de Rochecardon, 138 r. de St-Cyr FR **a** ☏ 883.71.15

🅐 Briday-Pneus, 48 r. Bourgogne ☏ 883.77.76
Desfêtes-Pneus, 113 r. Marietton ☏ 883.76.95

Brignais

🅐 P.B.A. rte d'Irigny Zone Ind. Nord ☏ 805.33.04

Bron

CITROEN Baud, 163 bis av. F.-Roosevelt JT ☏ 826.84.21
FORD Gar. de l'Aviation, 127 av. F.-Roosevelt et 20 av. C.-Rousset ☏ 826.83.93

PEUGEOT Dunand, 250 av. F.-Roosevelt JT ☏ 826.06.53
RENAULT Faucon, 3 r. Alsace-Lorraine JT ☏ 826.80.17

Caluire

CITROEN Auto-Gar. de Caluire, 2 av. L.-Dufour HR ☏ 823.24.54

🅐 Deshayes-Pneus, 134 Gde-Rue St-Clair ☏ 823.07.97

Ecully

CITROEN Succursale, 5 r. J.-M.-Vianney FR **a** ☏ 833.52.00 🅽 ☏ 869.22.22

Meyzieu

PEUGEOT Gar. des Servizières, 116 r. de la République par ③ ☏ 831.40.59

Rillieux

BMW Gar. Maublanc, Zone Ind. ☏ 888.83.97
CITROEN Succursale, av. Hippodrome, Zone Ind. par D 48E HR ☏ 888.62.22

PEUGEOT, TALBOT Maunand, av. Hippodrome par D 48E HR ☏ 888.54.74

Saint-Fons

CITROEN Gar. J.-Jaurès, 52 av. J.-Jaurès HT **e** ☏ 870.94.61
PEUGEOT, TALBOT Gar. Centre, 12 av. G.-Péri HT **u** ☏ 870.94.62

RENAULT Evangélista, 63 av. J.-Jaurès HT **e** ☏ 870.94.66

Saint-Priest

BLF Kennings, 190 rte de Grenoble ☏ 890.82.00
CITROEN Gar. du Stade, 40 r. H.-Maréchal par D 518 JT ☏ 820.23.92
PEUGEOT, TALBOT Gar. Laval, 30 rte de Lyon par D 518 JT ☏ 820.07.85
RENAULT Bombagi, 37 rte d'Heyrieux par D 518 JT ☏ 820.19.59

RENAULT Gar. de Provence, 9 r. de Provence par D 518 JT ☏ 820.29.39

🅐 Gar. des Hirondelles-Briday-Pneus 52 r. L.-Pradel Zone Ind. à Corbas ☏ 820.98.56
Gaudry-Pneu, 200 rte Grenoble ☏ 890.73.77

Sainte-Foy-lès-Lyon

CITROEN Gar. de la Plaine, 117 bis r. Cdt-Charcot FS **u** ☏ 859.62.15

Tassin-la-Demi-Lune

CITROEN Collombin, 103 av. Ch.-de-Gaulle FS **a** ☏ 834.19.78
FIAT, LANCIA-AUTOBIANCHI Gar. D'Alaï, 223 av. Ch.-de-Gaulle ☏ 834.32.52
PEUGEOT, TALBOT Tassin Automobiles, 100 av. République FS ☏ 834.31.36

RENAULT Méjat, 11 pl. P.-Vauboin FS **s** ☏ 834.23.50

🅐 Jamet-Pneus, 142 av. De-Gaulle ☏ 834.33.00

Vaulx-en-Velin

PEUGEOT S.L.I.C.A. 38 av. de Bohlen JS **a** ☏ 237.13.13
RENAULT Succursale Lyon-Est, 52 av. de Bohlen JS ☏ 237.31.15

V.A.G. Gar. Excelsior, r. J.-M. Merle ☏ 880.68.93

🅐 Piot-Pneu, 178 av. R.-Salengro ☏ 237.54.35

tourner →

Vénissieux

CITROEN Baroud, 346 av. Ch.-de-Gaulle HT s ☎ 874.23.40
CITROEN Galichet, 43 r. Carnot HT a ☎ 250.40.33
FIAT Molière, bd L.-Bonnevay ☎ 800.86.40
PEUGEOT-TALBOT S.L.I.C.A., 2 r. Frères-Bertrand HT s ☎ 800.33.34

RENAULT Succursale Lyon-Sud, 364 rte Vienne HT n ☎ 800.55.15 🅽

🏍 Métifiot, 55 av. J.-Guesde ☎ 874.32.23

Villeurbanne

CITROEN Badel, 38 r. F.-Chirat HS ☎ 854.58.50
MERCEDES-BENZ SALTA, 37 r. Verlaine ☎ 884.81.44
PEUGEOT, TALBOT Gar. de la Perralière, 206 r. du 4 Août JS e ☎ 884.71.30

🏍 Comptoir du Pneu, 27 r. J.-Jaurès ☎ 854.84.53

Dorcier, r. du Boulevard ☎ 889.78.08
Ets Cintas, 10 r. Sylvestre ☎ 852.59.42
Inter-Pneus, 47 r. Lakanal ☎ 883.73.62
Juffet, 5 r. J.-Jaurès ☎ 854.65.23
Lyon-Pneus, 68 cours E.-Zola ☎ 868.30.10
Pneu-Shop, 263 r. F.-de-Pressensé ☎ 868.99.26
Rhône-Pneus, 80 cours Tolstoï ☎ 884.95.24
Teco-Pneu, 53 r. A.-France ☎ 884.68.63

CONSTRUCTEUR : Renault Véhicules Industriels, Tour du Crédit Lyonnais, 129 r. Servient EX 69003 LYON et Vénissieux HT ☎ 876.81.11

LYONS-LA-FORÊT 27480 Eure 🖥🖥 ⑧ G. Normandie – 734 h. alt. 109 – ✪ 32.
Voir Forêt** – N.-D.-de la Paix ≤* O : 1,5 km.
🛈 Syndicat d'Initiative à la Mairie (fermé dim. et lundi) ☎ 49.60.87.
Paris 103 – Les Andelys 20 – Forges-les-Eaux 29 – Gisors 29 – Gournay-en-Bray 25 – ◆Rouen 36.

🏨 **La Licorne,** ☎ 49.62.02, 佘, « jardin fleuri » – ⌂wc 🛁 ⊛ ⇐ 🅿 – ⚗ 30. 🆎 ⑩ E 𝚅𝙸𝚂𝙰. ✱
      fermé 15 déc. au 20 janv., dim. soir et lundi d'oct. à fin mars – SC : **R** 115/260 – ⌼ 22 – **22 ch** 205/320 – P 280/420.

XX **Gd Cerf** avec ch, ☎ 49.60.44, ⊛ – ⌂wc 🛁wc ⊛. E 𝚅𝙸𝚂𝙰
      fermé 15 janv. au 16 fév., mardi soir et merc. – SC : **R** carte 130 à 200 – ⌼ 23 – **8 ch** 150/250.

LYS-CHANTILLY 60 Oise 🖥🖥 ⑪. 🔲🗓🖥 ⑦⑧ – rattaché à Chantilly.

LYS-LEZ-LANNOY 59 Nord 🖥🖥 ⑯ – rattaché à Roubaix.

MACÉ 61 Orne 🖥🔲 ③ – rattaché à Sées.

MACHILLY 74 H.-Savoie 🔲🔲 ⑯ – rattaché à St-Cergues.

La MACHINE (Col de) 26 Drôme 🔲🔲 ⑬ – rattaché à St-Jean-en-Royans.

MÂCON 🅿 71000 S.-et-L. 🖥🖥 ⑲ G. Bourgogne – 38 719 h. alt. 175 – ✪ 85.
Voir Apothicairerie* de l'Hôtel-Dieu BY **B.**
Env. Clocher* de l'église de St-André par ② : 8,5 km.
🛅 de la Commanderie ☎ 33.40.24 par ② : 7 km.
🛈 Office de Tourisme (fermé dim.) et A.C. 187 r. Carnot ☎ 38.06.00, Télex 800762 – Maison Mâconnaise des Vins (dégustation et machon bourguignon), av. de-Lattre-de-Tassigny ☎ 38.36.70 BY.
Paris 396 ① – Bourg-en-Bresse 34 ② – Chalon-sur-Saône 58 ① – ◆Lyon 68 ③ – Roanne 104 ③.

Plan page ci-contre

🏨 **Frantel** Ⓜ ⇆, 26 r. Coubertin par ① : 0,5 km N ☎ 38.28.06, Télex 800830, ≤ – 🛗 📺 ☎ 🅿 – ⚗ 30. 🆎 ⑩ E 𝚅𝙸𝚂𝙰. ✱ rest
      SC : rest. **Le St-Vincent** (dîner seul.) **R** carte 100 à 150 – ⌼ 28 – **63 ch** 252/357.

🏨 **Bellevue,** 416 quai Lamartine ☎ 38.05.07, Télex 800837 – 🛗 📺 ⅙ ⇐. 🆎 ⑩ E 𝚅𝙸𝚂𝙰
      SC : **R** carte 85 à 150 – ⌼ 27 – **31 ch** 120/380.   BZ **u**

🏨 **Terminus,** 91 r. Victor-Hugo ☎ 39.17.11, Télex 800831 – 🛗 📺 ⌂wc 🛁wc ☎ ⇐. 🆎 ⑩
      SC : **R** 70/100 – ⌼ 23 – **41 ch** 130/240 – P 195/250.   AZ **t**

🏨 **Genève,** 1 r. Bigonnet ☎ 38.18.10, Télex 801302 – 🛗 📺 ⌂wc 🛁wc ⊛ ⇐ – ⚗ 60. 🆎 ⑩ E 𝚅𝙸𝚂𝙰
      SC : **R** 72/100 – ⌼ 21 – **63 ch** 80/230 – P 205/250.   AZ **g**

🏨 **Nord** sans rest, 313 quai Jean-Jaurès ☎ 38.08.68 – 🛗 ⌂wc 🛁wc ⊛. 𝚅𝙸𝚂𝙰   BY **a**
      fermé dim. – SC : ⌼ 16,50 – **21 ch** 88/138.

XXX **Aub. Bressane,** 14 r. 28-Juin-1944 ☎ 38.07.42 – 🅰🄴 ① 𝗩𝗜𝗦𝗔
SC : **R** 72/178.

XX **Rocher de Cancale,** 393 quai J.-Jaurès ☎ 38.07.50 – 🅰🄴 𝗩𝗜𝗦𝗔
fermé 1er au 15 juil., 2 au 15 janv., sam. midi, dim. soir et lundi – SC : **R** 65/155.

XX **Pierre,** 7 r. Dufour ☎ 38.14.23
↨ *fermé dim. soir et lundi* – SC : **R** 49/75 ⅃.

Rive gauche à St-Laurent (Ain) Est du plan – ⊠ **01620** St-Laurent :

🏠 **Beaujolais,** face pont St-Laurent ☎ 38.42.06 – 🛗 ⚒
↨ *fermé 15 sept. au 1er oct., 20 déc. au 3 janv. et dim. (sauf hôtel en juil-août)* – SC : **R**
(dîner pour résidents seul.) 45/75 ⅃ – ⬛ 13 – **16 ch** 86/90.

XX **Le Saint-Laurent,** 1 quai Bouchacourt ☎ 38.32.03, ≤, 🌴 – 𝗩𝗜𝗦𝗔
fermé 1er au 10 août, 15 nov. au 5 déc., dim. soir et lundi – SC : **R** 67/160.

par ① : 4 km N 6 – ⊠ **71000** Mâcon :

🏨 **Motel La Vieille Ferme,** ☎ 38.46.93, ≤, 🌴, 🏊, 🎾 – 📺 🛏wc ☎ & 🅿 – 🔼
32. ① 𝗩𝗜𝗦𝗔
SC : **R** 55/120 – ⬛ 18 – **32 ch** 230/250.

à l'Échangeur A6-N6 de Mâcon Nord 7 km par ① – ⊠ **71000** Mâcon :

🏨 **Novotel** Ⓜ, ☎ 36.00.80, Télex 800869, 🌴, 🏊, 🎾 – 🍴 rest 📺 ☎ & 🅿 – 🔼
25 à 150. 🅰🄴 ① 🄴 𝗩𝗜𝗦𝗔
R snack carte environ 90 ⅃ – ⌸ 23 – **106 ch** 247/280.

🏠 **de la Tour,** ☎ 36.02.70 – 🛏wc ☎ 🅿. 🅰🄴. ⚒ rest
fermé mars – SC : **R** 57/144 ⅃ – ⌸ 16 – **18 ch** 137/178 – P 180/242.

tourner →

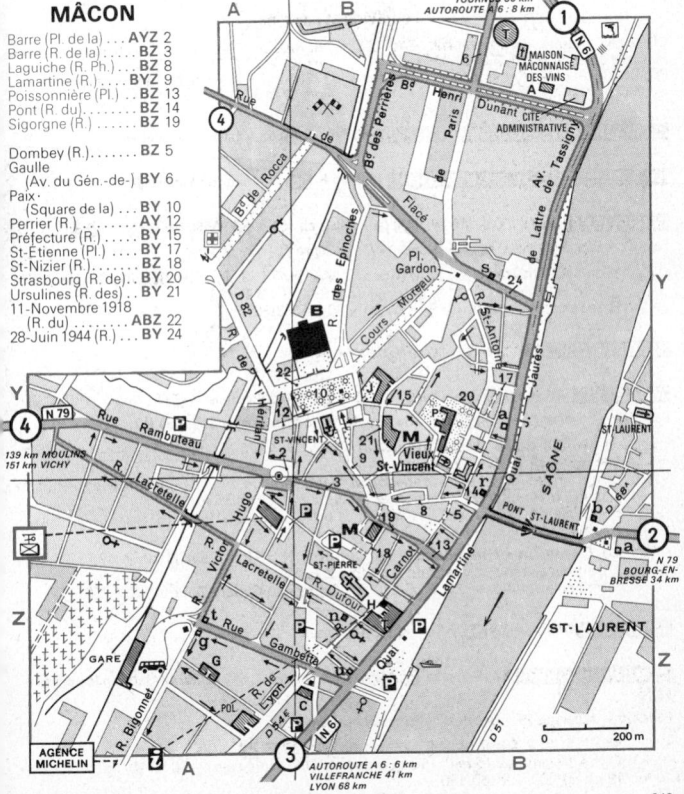

TOURNUS 30 km
AUTOROUTE A 6 : 8 km

MAISON
MÂCONNAISE
DES VINS

CITÉ
ADMINISTRATIVE

N 79
139 km MOULINS
151 km VICHY

ST-LAURENT

SAÔNE

N 79
BOURG-EN-
BRESSE 34 km

ST-LAURENT

GARE

AGENCE
MICHELIN

AUTOROUTE A 6 : 6 km
VILLEFRANCHE 41 km
LYON 68 km

200 m

sur autoroute A6 (aire de St-Albain) N : ① : 14 km – ⊠ 71260 Lugny :

🏨🏨 **Sofitel** Ⓜ, ☏ 38.16.17, Télex 800881, ⏋, ⚘ – 🔟 🎥 📺 ☎ ⚙ ❷ – 🔬 40 à 80. 🗚
Ⓞ Ⓔ 𝓥𝓘𝓢𝓐
SC : **R** grill (dîner seul.) 92/120 – ⟷ 35 – **98 ch** 320/440.

sur rte de Bourg-en-Bresse par ② : 4,5 km – ⊠ 01750 Replonges (01 Ain) :

🏨🏨 **La Huchette** Ⓜ, N 79 ☏ 31.03.55, Télex 800787, ≤, parc, « Décor élégant », ⏋
– 📺 ⚙ ❷. 🗚 Ⓞ Ⓔ 𝓥𝓘𝓢𝓐
SC : **R** 120/150 – ⟷ 30 – **12 ch** 250/350.

à l'Échangeur A6 - N6 de Mâcon Sud par ③ : 6 km – ⊠ 71570 Chaintré :

🏨 **Ibis** Ⓜ, ☏ 36.51.60, Télex 801201 – 📺 🚽wc ☎ ⚙ ❷ – 🔬 25. Ⓔ 𝓥𝓘𝓢𝓐
SC : **R** (fermé dim.) carte environ 65 ⚘ – 🍽 19,50 – **45 ch** 151/222.

Voir aussi ressources hôtelières de : *Fuissé* par ④ : 8 km, *Romanèche-Thorins* par ③ : 17 km, *Vonnas* par ② : 19 km, *Thoissey* par D 51 : 16 km.

MICHELIN, Agence, r. d'Ozenay, Z.I. Sud par R. Bigonnet ☏ 34.90.30 AZ

AUSTIN, MORRIS, TRIUMPH Bois, 39 r. La-
cretelle ☏ 38.64.31
BMW Favède, 20 r. Lacretelle ☏ 38.46.05
CITROEN Gar. Central, 62 r. de Lyon D54E AZ
☏ 38.01.74
FIAT, MERCEDES-BENZ Duval, 53 rte de Lyon
☏ 34.80.00 Ⓝ
FORD Corsin, 25 r. de Lyon ☏ 38.73.33
OPEL, VOLVO Gar. Chauvot, rte Lyon N 6 ☏
34.98.98
PEUGEOT, TALBOT Gounon, 20 r. J.-Mermoz,
Zone Ind. des Bruyères par r. Bigonnet AZ ☏
39.16.66

RENAULT Gar. du Nord, N 6, Km 400 par av.
Gen.-de-Gaulle BY ☏ 38.04.13
RENAULT Succursale, Carr. Europe par ③ ☏
38.25.50
Gar. Alloin, 30 pl. St-Clément ☏ 34.25.55

🛞 Gouillardon-Gaudry, 71 rte Lyon ☏ 34.70.10
Guillaud, 9 av. Mon Repos ☏ 38.10.47
La Maison du Pneu, 4 quai des Marans ☏ 38.
32.21

Périphérie et environs

CITROEN Autom du Maconnais, ZAC des
Platières à Sance par 01 ☏ 34.91.00
PEUGEOT-TALBOT Romand, N 6 à Crèches-
sur-Saône par ③ ☏ 37.11.37

RENAULT Perrin, N 6 à Crèches-sur-Saône
par ③ ☏ 37.12.61
RENAULT Raffanel, N 6 à Crèches-sur-Saône
par ③ ☏ 37.11.61

La MADELAINE-SOUS-MONTREUIL 62 P.-de-C. 🗓 ⑫ – rattaché à Montreuil.

La MADRAGUE-DE-MONTREDON 13 B.-du-R. 🗓 ⑬ – rattaché à Marseille.

MAFFLIERS 95 Val d'Oise 🗓 ㉓, 🗓⑦ – 948 h. alt. 160 – ⊠ 95560 Montsoult – ✪ 3.
Paris 31 – Beaumont-sur-Oise 11 – Beauvais 47 – Pontoise 22 – Senlis 34.

🏨🏨 **Novotel Château de Maffliers** Ⓜ ⌸, ☏ 473.93.05, Télex 695701, ≤, parc, ☂,
⏋, ⚒ – 🍽 rest 📺 ☎ ⚙ ❷ – 🔬 25 à 160. 🗚 Ⓞ Ⓔ 𝓥𝓘𝓢𝓐
R snack carte environ 90 ⚘ – ⟷ 30 – **80 ch** 308/327.

MAGAGNOSC 06 Alpes-Mar. 🗓 ⑧ – rattaché à Grasse.

MAGESCQ 40 Landes 🗓 ⑯ – 1 149 h. alt. 25 – ⊠ 40140 Soustons – ✪ 58.
Paris 728 – Bayonne 45 – Castets 12 – Dax 16 – Mont-de-Marsan 64 – Soustons 11.

🏨🏨 ✿✿ **Relais de la Poste** (Coussau) Ⓜ ⌸, ☏ 47.70.25, parc, ⏋, ⚒ – 🍽 rest ☎
🚗 ❷ – 🔬 40. 🗚 Ⓞ. 🛇 ch
fermé 11 nov. au 24 déc., lundi soir et mardi sauf juil. et août – SC : **R** (week-ends et
saison - prévenir) 180/200 et carte – ⟷ 30 – **15 ch** 150/270
Spéc. Foie de canard aux raisins, Magret de pigeon aux cèpes, Gibier (en saison). **Vins** Tursan,
Madiran.

🍴🍴 **Le Cabanon et la Grange au Canard,** N : 0,8 km sur N 10 ☏ 47.71.51, ☂,
« Demeure landaise rustique » – ❷. 🗚 Ⓔ. 🛇
fermé oct. et lundi – SC : **R** 56/250 - **La Grange au Canard R** carte 140 à 250.

MAGLAND 74 H.-Savoie 🗓 ⑦⑧ – rattaché à Cluses.

MAGNAC-BOURG 87 H.-Vienne 🗓 ⑱ – 905 h. alt. 453 – ⊠ 87380 St-Germain-les-Belles –
✪ 55.
Paris 425 – ◆Limoges 29 – St-Yrieix-la-Perche 27 – Uzerche 27.

🏨 **Midi,** N 20 ☏ 00.80.13 – 📺 🚽wc 🚗 🚙. 🗚 Ⓔ 𝓥𝓘𝓢𝓐
fermé 15 janv. au 15 fév., 15 au 30 nov. et lundi hors sais. – SC : **R** 60/150 – ⟷ 15 –
12 ch 80/200 – P 160/180.

XX **Voyageurs** avec ch., N 20 ☎ 00.80.36 – 🛏 🏠. 🍴 rest
→ *fermé juin et mardi sauf vacances scolaires* – SC : **R** 50/150 – 🍷 15 – **10 ch** 58/115.

XX **Aub. Étang** Ⓜ 🕿 avec ch, ☎ 00.81.37, 🌳 – 🏠wc 📶. **E** 𝘷𝘪𝘴𝘢
→ *fermé en oct., 13 fév. au 15 mars, dim. soir et lundi hors sais.* – SC : **R** 49/163 – 🍷
14 – **15 ch** 70/126 – P 145/180.

au SE : 6 km sur N 20 – ✉ 87380 St-Germain-les-Belles :

XX **Tison d'Or** avec ch, ☎ 71.83.64 – 🛏wc 🏠wc 📶 🅿. ◬ ⓞ **E** 𝘷𝘪𝘴𝘢
→ *fermé 15 au 30 oct., janv., mardi et merc.* – SC : **R** 75/200 👗 – 🍷 18 – **10 ch** 63/150.

▬▬ **MAGNE** 74 H.-Savoie 𝟩𝟦 ⑯ – rattaché à St-Jorioz.

▬▬ **MAGNY-COURS** 58470 Nièvre 𝟨𝟫 ③④ – rattaché à Nevers.

▬▬ **MAGNY-EN-VEXIN** 95420 Val-d'Oise 𝟧𝟧 ⑱⑲, 𝟭𝟬𝟲 ③ – 4 559 h. alt. 75 – 𝟛 3.
🎿 de Villarceaux ☎ 467.73.83 SO : 9 km.
Paris 59 – Beauvais 47 – Gisors 16 – Mantes-la-Jolie 22 – Pontoise 27 – ♦Rouen 64 – Vernon 28.

XX **Cheval Blanc,** r. Carnot ☎ 467.00.37 – 𝘷𝘪𝘴𝘢
→ *fermé août, merc. et le soir sauf sam. et dim.* – SC : **R** 50 bc/80.

CITROEN Gar. de la Place d'Armes, ☎ 467. 🌐 Blasquez, ☎ 467.01.86
00.70

▬▬ **MAÎCHE** 25120 Doubs 𝟨𝟨 ⑱ G. Jura – 4 344 h. alt. 775 – 𝟛 81.
Paris 485 – ♦Bâle 102 – Belfort 60 – ♦Besançon 75 – Montbéliard 42 – Pontarlier 60.

🏨 **Panorama** Ⓜ 🕿, Côteau St-Michel ☎ 64.04.78, ≼ – 🛏wc 🏠wc 📶 🅿 – 🏸 40.
𝘷𝘪𝘴𝘢
*1er avril-31 oct., 26 déc.-14 mars, fermé dim. soir et lundi d'oct. à Pâques sauf
vacances scolaires* – SC : **R** 85/160 – 🍷 19 – **32 ch** 145/225 – P 180/235.

CITROEN Cartier, ☎ 64.01.75   PEUGEOT-TALBOT Gar. Boibessot, ☎ 64.09.21
FORD Gar. Punkow, ☎ 64.13.38 Ⓝ ☎ 64.19.59   TOYOTA Schell, ☎ 64.08.73
PEUGEOT Gar. Glasson, ☎ 64.00.12

▬▬ **MAILLANE** 13 B.-du-R. 𝟾𝟭 ⑪⑫ – rattaché à St-Rémy-de-Provence.

▬▬ **MAILLEZAIS** 85420 Vendée 𝟩𝟭 ① G. Côte de l'Atlantique – 939 h. alt. 14 – 𝟛 51.
Voir Ancienne abbaye de Maillezais★.
Paris 436 – Fontenay-le-Comte 15 – Niort 29 – La Rochelle 47 – La Roche-sur-Yon 72.

🏨 **St Nicolas et rest. Le Collibert,** r. Dr Darroux ☎ 00.74.45 – 🛏wc 🏠wc 📶.
→ **E** 𝘷𝘪𝘴𝘢
fermé 8 au 28 oct. et 1er au 15 fév. – SC : **R** *(fermé dim. soir et jeudi hors sais.)*
36/144 – 🍷 18 – **16 ch** 102/159 – P 180.

▬▬ **MAILLY-LE-CHÂTEAU** 89590 Yonne 𝟨𝟨 ⑤ G. Bourgogne – 501 h. alt. 170 – 𝟛 86.
Voir ≼★ de la terrasse.
Paris 205 – Auxerre 30 – Avallon 30 – Clamecy 22 – Cosne-sur-Loire 73.

🏨 **Le Castel** 🕿, pl. Église ☎ 40.43.06, 🌳 – 🛏wc 🏠wc 📶. **E** 𝘷𝘪𝘴𝘢
fermé 15 au 30 nov., début janv. à fin fév., mardi soir et merc. du 1er oct. au 1er avril
– SC : **R** 68/145 – 🍷 18 – **12 ch** 150/176 – P 215/240.

▬▬ **Les MAILLYS** 21890 Côte-d'Or 𝟨𝟨 ⑬ – rattaché à Auxonne.

▬▬ **MAINTENON** 28130 E.-et-L. 𝟨𝟢 ⑧, 𝟭𝟬𝟲 ㉘ G. Environs de Paris – 3 390 h. alt. 120 – 𝟛 37.
Voir Château★, ≼★ du parterre – Aqueduc★.
Paris 75 – Chartres 19 – Dreux 25 – Étampes 55 – Mantes 57 – Rambouillet 23.

XX **Aqueduc** avec ch, pl. Gare ☎ 27.60.05, 🌳 – 🛏 🏠wc 📶 🅿 – 🏸 25. ◬ ⓞ **E**
𝘷𝘪𝘴𝘢
fermé fév., dim. soir et lundi sauf fériés – SC : **R** *(dim. prévenir)* 60/130 👗 – 🍷 16 –
18 ch 60/170.

PEUGEOT Lagnier, ☎ 27.50.15   RENAULT Gar. du Château, ☎ 23.00.67

▬▬ **MAISOD** 39 Jura 𝟩𝟢 ⑭ G. Jura – 162 h. alt. 521 – ✉ 39260 Moirans-en-Montagne – 𝟛 84.
Voir Belvédère du Regardoir ≼★ SE : 4 km puis 15 mn.
Paris 438 – Bourg-en-Bresse 73 – Lons-le-Saunier 31 – Nantua 48 – St-Claude 28.

X **Relais du Lac** 🕿 avec ch, ☎ 42.00.34 – 🅿. 𝘷𝘪𝘴𝘢
→ *fermé 12 nov. au 1er déc., 15 au 30 mars, mardi soir hors sais. (sauf hôtel)* – **R** 36/110
– 🍷 12 – **5 ch** 48/52 – P 120/140.

MAISON-DU-ROY 05 H.-Alpes **77** ⑱ – rattaché à Guillestre.

MAISON-JEANNETTE 24 Dordogne **75** ⑤ – ⊠ 24140 Villamblard – ✪ 53.
Paris 503 – Bergerac 23 – Périgueux 24 – Vergt 11.

  🏠 **Tropicana,** ☎ 82.98.31, ⯐, ⯐ – ⌂ ▥wc ⯐ ♿ **P. E**
  ◆ *1ᵉʳ mars-15 déc.* – SC : **R** 45/160 ⓵ – ⌂ 16,50 – **22 ch** 122/153 – P 240/280.

MAISON NEUVE 07 Ardèche **80** ⑧ – ⊠ 07230 Lablachère – ✪ 75.
Paris 667 – Alès 40 – Aubenas 34 – Mende 102.

  🏠 **Relais de la Vignasse** ⯐, ☎ 39.31.91, ≤, 🍴, ⌂wc ▥wc ⯐ **P**
  15 mars-30 sept. – SC : **R** (hiver s'informer) 57/160 – ⌂ 19 – **15 ch** 140/220 – P
  260.

MAISON-NEUVE 16 Charente **72** ⑭ – rattaché à Angoulême.

MAISONS-ALFORT 94 Val-de-Marne **61** ①, **101** ㉗ – voir à Paris, Environs.

MAISONS-LAFFITTE 78 Yvelines **55** ⑳, **101** ⑬ – voir à Paris, Environs.

MAIZIÈRES-LÈS-METZ 57 Moselle **57** ④ – rattaché à Metz.

MALAUCÈNE 84340 Vaucluse **81** ③ **G. Provence** – 331 h. alt. 377 – ✪ 90.
Voir O : Dentelles de Montmirail★.
🛈 Office de Tourisme pl. Mairie (15 juin-15 sept. et fermé dim.) ☎ 65.22.59.
Paris 681 – Avignon 42 – Carpentras 18 – Vaison-la-Romaine 9,5.

  ✗ **Le Siècle,** ☎ 65.11.37, 🍴
  ◆ *fermé 15 nov. au 29 déc. et mardi* – SC : **R** 40/85.

MALAY-LE-PETIT 89160 Yonne **61** ⑭ – rattaché à Sens.

MALBUISSON 25160 Doubs **70** ⑥ **G. Jura** – 372 h. alt. 900 – ✪ 81.
Voir Lac de St-Point★.
🛈 Syndicat d'Initiative Lac de St-Point (fermé après-midi et dim. hors sais.) ☎ 69.31.21.
Paris 469 – ◆Besançon 74 – Champagnole 40 – Pontarlier 16 – St-Claude 73 – Salins-les-Bains 49.

  🏨 **Le Lac,** ☎ 69.34.80, Télex 360713, ≤, 🍴 – 🌐 ♿ ⯐ **P. ④ E**
  fermé 2 au 13 avril, 26 nov. au 7 déc. et 3 au 13 janv. – SC : **R** 55/180 – ⌂ 18 – **55 ch**
  95/210 – P 181/206.

  🏨 **Les Terrasses,** ☎ 69.30.24, ≤, 🍴 – ⌂wc ▥wc ⯐ ⯐ **P** – 🏛 30. **AE ④ E**
  VISA ✻ rest
  fermé 10 nov. au 28 janv. et lundi hors sais. – SC : **R** 77/190 ⓵ – ⌂ 22 – **25 ch**
  155/185 – P 210/260.

  🏠 **La Fuvelle** sans rest, ☎ 69.30.12 – ⌂wc ▥wc ⯐ ⯐ **P**
  fermé 15 oct. au 20 déc. – SC : ✗ 11 – **15 ch** 75/110.

  🏠 **Bon Accueil,** ☎ 69.30.58, 🍴 – ⌂wc ▥wc ⯐ **P.** ✻ rest
  ◆ *fin mars-20 oct., vacances de Noël et de fév., fermé merc. hors sais.* – SC : **R** 45/83
  ⓵ – ⌂ 13,50 – **17 ch** 75/102 – P 129/158.

  🏠 **Belle-Vue,** ☎ 69.30.89, 🍴 – ▥wc ⯐ **P. VISA** ✻ rest
  fermé 1ᵉʳ au 15 avril, 8 nov. au 15 déc. et mardi (sauf hôtel du 1ᵉʳ juin au 30 sept. et
  hiver) – SC : **R** 75/160 – ⌂ 15 – **13 ch** 85/170 – P 150/200.

  🏠 **Aub. Poste,** ☎ 69.31.72 – ⌂wc ▥wc **AE**
  ◆ *fermé 1ᵉʳ au 10 mai, 11 nov. au 15 déc.* – SC : **R** (fermé mardi sauf vacances
  scolaires) 45/90 ⓵ – ⌂ 14 – **9 ch** 95/120 – P 135/165.

  aux Granges-Ste-Marie SO : 2 km par D 437 – ⊠ 25160 Malbuisson :

  🏨 **Pont,** ☎ 69.34.33, ≤, 🍴 – ⌂wc ▥ ⯐ ⯐ **P. AE ④.** ✻
  21 mai-7 oct., 15 déc.-30 avril et fermé dim. soir et lundi hors sais. – SC : **R** 62/120 ⓵
  – ⌂ 19 – **24 ch** 70/193 – P 155/193.

La MALÈNE 48 Lozère **80** ⑤ **G. Causses** – 197 h. alt. 452 – ⊠ 48210 Ste-Enimie – ✪ 66.
Voir O : les Détroits★★ et cirque des Baumes★★ (en barque).
Paris 601 – Florac 41 – Mende 41 – Millau 42 – Séverac-le-Ch. 32 – Le Vigan 81.

  🏠 **Manoir de Montesquiou,** ☎ 48.51.12, ≤, 🍴, « Belle demeure du 15ᵉ siècle »,
  🍴 – ⌂wc ▥wc ⯐ **P. ④**
  1ᵉʳ avril-15 oct. – SC : **R** 85/130 – ⌂ 22 – **12 ch** 190/266.

  au Château de la Caze ★ NE : 5,5 km sur D 907 bis – ⊠ 48210 Ste-Enimie

  🏨 ✿ **Château de la Caze** ⯐, ☎ 48.51.01, 🍴, « Château du 15ᵉ s. au bord du Tarn,
  parc » – 📺 ☎ **P. AE ④ VISA.** ✻ rest
  1ᵉʳ mai-15 oct. – SC : **R** *(fermé mardi)* carte 220 à 300 – ⌂ 35 – **14 ch** 340/490.
  A la Ferme, ≤ Château – SC :, 6 appartements 490
  Spéc. Truite soubeyrane, Ecrevisses, Caneton. **Vins** Hermitage, Chante-Alouette.

MALESHERBES 45330 Loiret 🗖🗖 ⑩ G. Environs de Paris – 5 014 h. alt. 140 – ✪ 38.

🛈 Syndicat d'Initiative r. Pilonne (fermé matin, lundi et jeudi) ☏ 34.81.94.

Paris 83 – Étampes 27 – Fontainebleau 26 – Montargis 49 – ◆Orléans 62 – Pithiviers 19.

🏠 **Écu de France,** pl. Martroi ☏ 34.87.25 – 🎬 🅿 𝗩𝗜𝗦𝗔
— SC : **R** (fermé jeudi) 50/130 – � 15,50 – **13 ch** 64/120 – P 125/180.

   à Buthiers (S.-et-M.) S : 1 km – ⊠ 77760 La Chapelle-la-Reine – ✪ 6 :

🍴🍴 **Roches Gourmandes,** ☏ 424.14.00 – 𝗩𝗜𝗦𝗔
— fermé 15 au 30 nov., mardi soir et merc. sauf fêtes – SC : **R** 55/85.

CITROEN Amant, ☏ 34.84.56
PEUGEOT Gar. Thomas Marcel, ☏ 34.81.41
RENAULT Gar. Central, ☏ 34.60.36
Thouard, ☏ 34.81.62

MALICORNE-SUR-SARTHE 72270 Sarthe 🗖🗖 ② G. Châteaux de la Loire – 1 773 h. alt. 39 – ✪ 43.

Paris 238 – Château-Gontier 52 – La Flèche 16 – Laval 62 – ◆Le Mans 32 – Sablé-sur-Sarthe 20.

🍴🍴 Petite Auberge, au pont ☏ 94.80.52.

MALMAISON 92 Hauts-de-Seine 🗖🗖 ⑳, 🗖🗖🗖 ⑱ – voir Paris, Environs (Rueil).

MALO-LES-BAINS 59 Nord 🗖🗖 ④ – rattaché à Dunkerque.

MALVAL (Col de) 69 Rhône 🗖🗖 ⑱ – rattaché à Vaugneray.

MALVILLE 38 Isère 🗖🗖⑭ – ⊠ 38510 Morestel – ✪ 74.

Paris 498 – Bourg-en-Bresse 64 – ◆Grenoble 78 – ◆Lyon 64 – Morestel 10.

🏠 **Aub. Le Couray** 🔊, ☏ 80.13.99, ≤, 🐾, 🚗 – 🛏️wc 🎬wc 🅿. 🦢 rest
   fermé 21 déc. au 2 janv., sam. soir et dim. du 1er nov. au 1er mars – SC : **R** 55/130 🍷
   – ⊒ 17 – **23 ch** 122/161 – P 174/237.

MAMERS ◇ 72600 Sarthe 🗖🗖 ⑩ G. Normandie – 6 747 h. alt. 128 – ✪ 43.

🛈 Syndicat d'Initiative 9 r. Ledru-Rollin (fermé matin, sam. et lundi hors sais. et dim.) ☏ 97.60.63.

Paris 195 ① – Alençon 25 ⑤ – ◆Le Mans 45 ④ – Mortagne 24 ① – Nogent-le-Rotrou 37 ②.

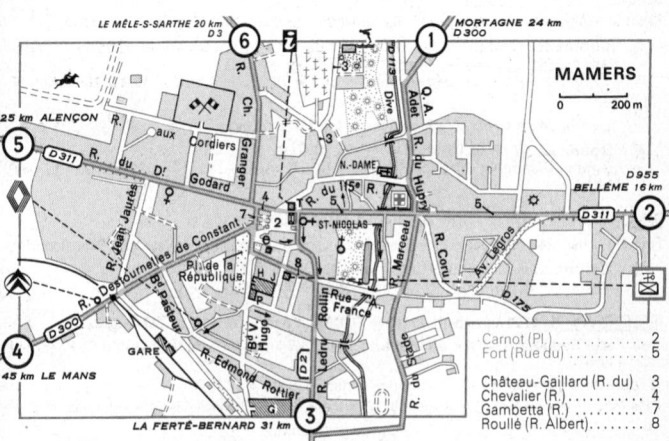

Carnot (Pl.)	2
Fort (Rue du)	5
Château-Gaillard (R. du)	3
Chevalier (R.)	4
Gambetta (R.)	7
Roullé (R. Albert)	8

🍴🍴 **Bon Laboureur** avec ch, 1 r. P.-Bert (e) ☏ 97.60.27 – 🚗 🖭 🖪 𝗩𝗜𝗦𝗔
— fermé 2 au 25 janv., vend. soir et sam. midi d'oct. à mai – SC : **R** 40/105 🍷 – ⊒ 16 –
8 ch 60/125 – P 120/150.

   au Perrou (61 Orne) par ② : 6 km – ⊠ 61360 Pervenchères – ✪ 33 :

🍴🍴 **Petite Auberge,** ☏ 73.11.34, �, 🚗 – 🅿
— fermé Noël à début janv. et mardi – SC : **R** 38/125.

CITROEN Autos du Saosnois, 103 rte du Mans
☏ 97.60.17 🔃 ☏ 97.98.77
PEUGEOT Gar. du Saosnois, rte de Bellème à
Suré par ② ☏ 97.64.92
RENAULT Foullon-Dragon Le Magasin à St
Rémy-des-Monts par ③ ☏ 97.63.03
RENAULT Leblond, 22 r. Rosette ☏ 97.60.45

MANCIET 32 Gers 🗖🗖 ③ – rattaché à Eauze.

MANDELIEU 06210 Alpes-Mar. 84 ⑧, 195 ㉞㊲ G. Côte d'Azur – 14 333 h. alt. 15 à 120 – ☎ 93.

Voir N : Route de Mandelieu ≤★★.

Golf-Club de Cannes-Mandelieu ☎ 49.55.39 S : 2 km.

Office de Tourisme avenue Cannes (fermé samedi après-midi et dimanche hors saison) ☎ 49.14.39.

Paris 898 – Brignoles 87 – Cannes 8 – Draguignan 54 – ♦Nice 38 – St-Raphaël 32.

- **Plaza** M sans rest., 308 av. Cannes ☎ 49.41.03, Télex 461592 – wc ☎ P. VISA
  1er fév.-15 nov. – SC : 15,50 – **52 ch** 225/335.
- **Sant'Angelo** sans rest, 681 av. Mer ☎ 49.28.23, ≤, – cuisinette wc wc P
  SC : **26 ch** 214/228, 7 appartements 392/497.
- **Matringe** (Pavillon des Sports) sans rest, rte Fréjus ☎ 49.50.86 – wc P
  fermé oct. et nov. – SC : 18 – **14 ch** 113/168.
- **Les Ormes,** 320 av. Cannes ☎ 49.45.52 – VISA
  fermé janv. et lundi d'oct. à juin – SC : **R** 55/110.

Voir aussi ressources hôtelières de *La Napoule* S : 3 km

RENAULT Ohio-Gar., rte de Fréjus, N 7 ☎ 49.53.89

Massa-Pneus, N 7, Pont de la Siagne ☎ 47.17.70

MANE 31 H.-Gar. 86 ② – 1 126 h. alt. 320 – ✉ 31260 Salies-du-Salat – ☎ 61.

Paris 822 – St-Gaudens 24 – St-Girons 22 – ♦Toulouse 78.

- **France,** ☎ 90.54.55 – wc wc – 80. E
  fermé oct. et vend. de nov. à mai – SC : **R** 43/56 – 12 – **20 ch** 66/130 – P 110/130.

MANERBE 14 Calvados 55 ⑬ – rattaché à Lisieux.

MANIGOD 74 H.-Savoie 74 ⑦ – 538 h. alt. 950 – ✉ 74230 Thônes – ☎ 50.

Voir Vallée de Manigod★★, G. Alpes.

Syndicat d'Initiative à la Mairie (fermé sam. hors sais. et dim. sauf matin en juil.-août) ☎ 02.95.02.

Paris 563 – Albertville 40 – Annecy 26 – Bonneville 38 – La Clusaz 18 – Megève 38 – Thônes 6.

- **Chalet H. Croix Fry**, rte du Col de la Croix-Fry 5,5 km ☎ 02.05.06, ≤ montagnes, – wc wc P. rest
  15 juin-6 sept. et 20 déc.-15 avril – SC : **R** 78/160 – 22 – **15 ch** 185/270 – P 235/260.

au Col de La Croix-Fry NE : 7 km – ✉ 74230 Thônes :

- **Rosières**, ☎ 02.05.18, ≤ – wc wc P. E
  2 juin-30 sept. et 15 déc.-Pâques – SC : **R** 45/80 – 14 – **17 ch** 90/120 – P 140/175.

MANO 40 Landes 78 ③ – 92 h. alt. 63 – ✉ 40410 Pissos – ☎ 58.

Paris 634 – Belin 24 – ♦Bordeaux 51 – Castets 80 – Langon 52 – Mont-de-Marsan 69 – Roquefort 63.

- **Selons** sans rest, ☎ 07.71.51 – P
  1er juin-1er oct. et fermé lundi – SC : 10 – **7 ch** 54/74.

MANOSQUE 04100 Alpes-de-H.-Pr 81 ⑮ G. Côte d'Azur – 19 546 h. alt. 387 – ☎ 92.

Voir Porte Saunerie★ – ≤★ du Mont d'Or NE : 1,5 km – ≤★ de la chapelle St-Pancrace SO : 2 km.

Office de Tourisme pl. Dr.-P.-Joubert (fermé dim. et lundi) ☎ 72.16.00.

Paris 772 ③ – Aix-en-P. 53 ② – Avignon 92 ③ – Digne 58 ① – Grenoble 194 ① – ♦Marseille 85 ②.

Plan page ci-contre

- **Le Sud** M, av. Gén. de Gaulle - Est du plan ☎ 87.78.58 – rest wc ☎ P – 60. E VISA
  fermé 20 déc. au 15 janv. – SC : **R** *(fermé dim. soir et lundi midi du 15 sept. au 15 avril)* 52/92 – 18 – **35 ch** 162/175.
- **Campanile,** par ① ☎ 87.59.00 – rest wc P. VISA
  SC : **R** 60 bc/81 bc – 22 – **30 ch** 170.
- **François 1er** sans rest, 18 r. Guilhempierre **(n)** ☎ 72.07.99 – wc wc. E VISA.
  SC : 14 – **25 ch** 72/150.
- **Terreau** sans rest, 21 pl. Terreau **(v)** ☎ 72.15.50 – wc wc. VISA.
  fermé 20 déc. au 5 janv. et dim. du 15 oct. au 30 mars – SC : 16 – **21 ch** 87/148.
- **Versailles** sans rest, 17 av. Jean-Giono **(e)** ☎ 72.12.10 – wc
  SC : 14 – **18 ch** 75/187.

XXX **Rose de Provence** avec ch, rte de Sisteron par ① ℡ 87.56.28, ≤, 🏠 – 📺
🛏wc ☎ 🅿. 🆎 🗄 📴
fermé 15 janv. au 15 fév. et mardi sauf hôtel d'oct. à fin juin – SC : **R** carte 120 à 170
– ⬜ 25 – **15 ch** 180/190 – P 310.

X **André**, 21 bis pl. Terreau **(v)** ℡ 72.03.09 – 🍽. 🗄 📴
↠ *fermé juin, dim. soir d'oct. au 30 avril et lundi* – **R** 33/102.

MANOSQUE

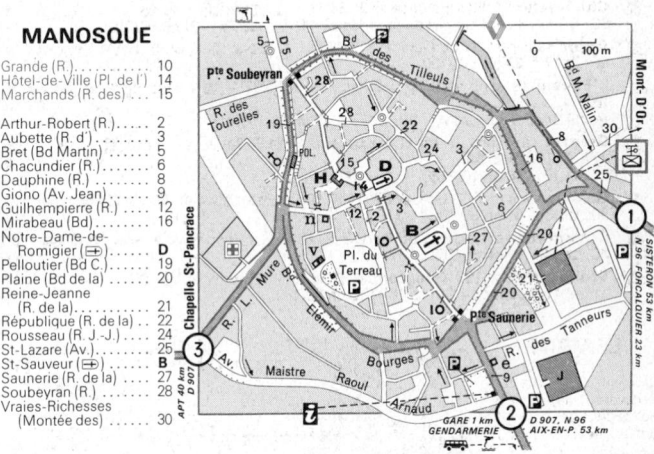

route de Sisteron par ① : 4 km – ✉ 04100 Manosque :

🏛 **Motel des Quintrands** 🍃, ℡ 72.08.86, 🏠, *cuisine indonésienne*, 🚗 – 🛏wc
☎ 🅿 🆎 🕦 🗄 📴
SC : **R** *(fermé merc.)* carte environ 100 🍴 – ⬜ 15 – **20 ch** 120/150.

à La Fuste SE : 6,5 km sur D 4 par D 907 – ✉ 04210 Valensole :

XXX ❀ **Host. de la Fuste** (Jourdan) 🍃 avec ch, rte de Barrème ℡ 72.05.95, ≤, 🏠,
« *parc* » – 📺 🛏wc ☎ 🅿 – ⚓ 50. 🆎 🕦 🗄 📴
fermé 12 nov. au 17 déc., dim. soir et lundi du 15 sept. au 30 juin sauf fériés – SC : **R**
(nombre de couverts limité - prévenir) 130/250 – ⬜ 40 – **11 ch** 210/500
Spéc. Salade de truffes et pommes de terre, Paupiettes de jambon, Agneau. **Vins** Rians, Côtes du
Luberon.

à Villeneuve par ① : 9,5 km – ✉ 04130 Volx :

🏛 **Mas St-Yves** 🍃, ℡ 78.42.51, ≤, parc, 🏠 – 🛏wc 🍴 ☎ 🅿. 🗄. 🍽
fermé 20 déc. au 10 janv. – SC : **R** (dîner seul.) 64 – ⬜ 15 – **12 ch** 126/175.

CITROEN Alpes de Provence Autom., rte de
Marseille par ② ℡ 72.09.94
FORD Gar. Chailan, N 96, rte de Marseille ℡
72.41.70
LANCIA-AUTOBIANCHI SAPAS, 84 av.
J.-Giono ℡ 72.45.32
RENAULT Mistral Autom., rte de Marseille par
② ℡ 72.03.32
RENAULT Roubaud, 14 r. Dauphine ℡ 72.
06.09

PEUGEOT-TALBOT Gar. Renardat Autom., rte
de Marseille par ② ℡ 72.04.18 🅽

🅖 Manosque-Pneus, 30 av. J.-Giono ℡ 72.03.43
Meizenq-Pneus, Zone Ind. de Saint-Joseph, av.
du 1ᵉʳ Mai ℡ 72.36.61
Piot-Pneu, quartier des Ponches, N 96 ℡ 87.
72.00

Le MANS 🄿 72000 Sarthe 🆖 ⑬. 🆖 ③ G. Châteaux de la Loire – 150 331 h. Communauté
urbaine 192 058 h. - alt. 51 – ✪ 43.

Voir Cathédrale★★ : chevet★★★ BV – Le Vieux Mans★★ : maison de la Reine Bérengère★
BV **M2** – Église de la Couture★ : Vierge★★ BX **B** – Église Ste-Jeanne-d'Arc★ BY **E** –
Musée de Tessé★ BV **M1** – Abbaye N.-D. de l'Épau★ : 4 km par D 152 Z – Musée de
l'Automobile★ : 5 km par ⑤.

🏌 ℡ 27.00.38 par ⑤ : 11 km.

Circuit des 24 heures et circuit Bugatti : 5 km par ⑤.

🄸 Office de Tourisme 38 pl. République (fermé dim.) ℡ 28.17.22, Télex 720006 – A.C.O. Circuit des
24 heures ℡ 72.50.25.

Paris 203 ③ – Angers 88 ⑧ – ✦Le Havre 223 ⑩ – ✦Nantes 176 ⑥ – ✦Rennes 153 ⑧ – ✦Tours 82 ⑤.

🏨 ❀ **Moderne,** 14 r. Bourg-Belé ☏ 24.79.20 – TV ☎ P. AE ⦿ E VISA — BY **k**
R 100/150 – ☕ 23 – **32 ch** 140/240
Spéc. Terrine de caneton aux pistaches, Homard grillé, Fricassée de volaille à la crème et aux morilles. **Vins** Quincy sur lie, Bourgueil.

🏨 **Concorde,** 16 av. Gén.-Leclerc ☏ **24.12.30, Télex 720487** – lift TV ☎ P – 50. AE ⦿ E VISA. ✻ rest — AX **b**
SC : **R** carte 140 à 215 – ☕ 33 – **64 ch** 270/330, 3 appartements 430.

🏨 **Chantecler** M, 50 r. Pelouse ☏ **24.58.53** – lift wc wc ☎ P — AY **f**
SC : **R** *(fermé sam. soir, dim. et fériés)* 57/95 ♨ – ☕ 15 – **40 ch** 69/210.

🏨 **Anjou** sans rest, 27 bd Gare ☏ **24.90.45** – lift wc wc ☎ P. E VISA — AY **s**
SC : ☕ 17 – **30 ch** 110/180.

🏨 **L'Escale** M sans rest, 72 r. Chanzy ☏ **84.55.92** – lift wc wc ☎. AE ⦿ E VISA — BY **u**
fermé 21 déc. au 2 janv. – SC : ☕ 13 – **47 ch** 90/145.

🏨 **Central** sans rest, 5 bd R.-Levasseur ☏ **24.08.93** – lift wc wc ☎ – 25 à 70. AE ⦿ E VISA — BX **d**
SC : ☕ 15 – **50 ch** 100/185.

🏨 **Galaxie** sans rest, 39 bd Gare ☏ **24.99.50** – wc wc ☎. AE ⦿ E VISA — AY **u**
SC : ☕ 15 – **47 ch** 85/180.

🏨 **Commerce** sans rest, 41 bd Gare ☏ **24.85.40** – wc wc ☎ 🚗. AE E VISA — AY **r**
SC : ☕ 14 – **31 ch** 85/152.

🏨 **Étoile** sans rest, 19 r. Gougeard ☏ **81.98.23** – wc ☎ P. VISA — BX **v**
fermé 4 au 28 août – SC : ☕ 16 – **12 ch** 90/180.

LE MANS

Ballon (R.) .... Z 3
Bertinière (R. de la) .. Z 8
Bollée (Av. L.) .... Z 12
Brossolette (Bd P.) ... Z 19
Carnot (Bd) .... Z 21
Cogner (R. du) .... Z 26
Cugnot (Bd N.) .... Z 29
Demorieux (Bd) ...... Z 30
Dr-Mac (Av. du) ..... Z 33
Durand (Av. G.) ...... Z 34
Estienne-d'Orves (Bd d') .... Z 40
Gèneslay (Av. F.) .... Z 43
Grande-Maison (R.) .. Z 44
Lefaucheux (Bd P.) ... Z 47
Maillets (R. des) ..... Z 49
Mariette (R. de la) .... Z 52
Monthéard (Ch.) ..... Z 54
Pied-Sec (R. de) ..... Z 59
Polygone (Rue du) ... Z 62
Rhin-et-Danube (Av.) .... Z 65
Riffaudières (Bd) .... Z 67
Rubillard (Av.) .... Z 69
St-Aubin (R.) .... Z 71
Tironneau (Pl. A.) .... Z 76

Pour bien lire les plans de villes, voir signes et abréviations p. 21

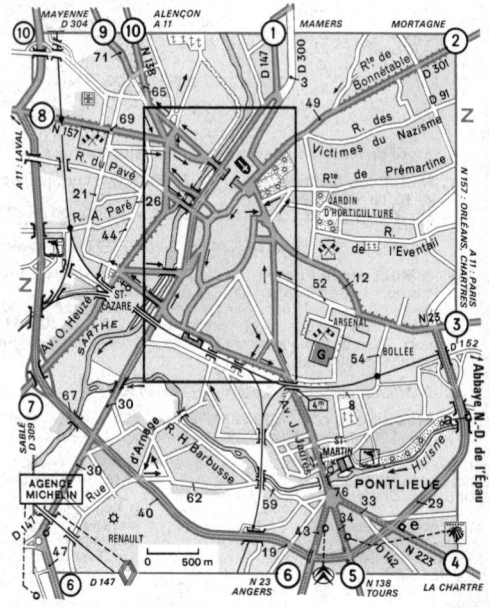

✗✗ **La Grillade,** 1 bis r. C.-Blondeau ☏ **24.21.87** – AE VISA — BX **n**
fermé dim. soir – SC : **R** 68/180.

✗✗ **Gd Cerf,** 8 quai Amiral Lalande ☏ **24.16.83** — AX **t**
fermé fév., sam. midi et dim. – SC : **R** 55.

✗✗ **La Ciboulette,** 14 r. Vieille Porte ☏ **24.65.67** – E VISA — AX **x**
fermé 1er au 23 août, vacances de fév., lundi midi, sam. midi et dim. – SC : **R** carte 105 à 170.

✗ **Le Séquoia,** 2 r. V.-Bonhommet ☏ **24.73.11** – E VISA — AX **r**
fermé nov. et fév. – SC : **R** 50/110 ♨.

✗ **Renaissance,** 114 av. Gén.-Leclerc ☏ **24.98.38** – VISA — AY **v**
fermé août, dim. soir et lundi – SC : **R** 60/120 ♨.

tourner →

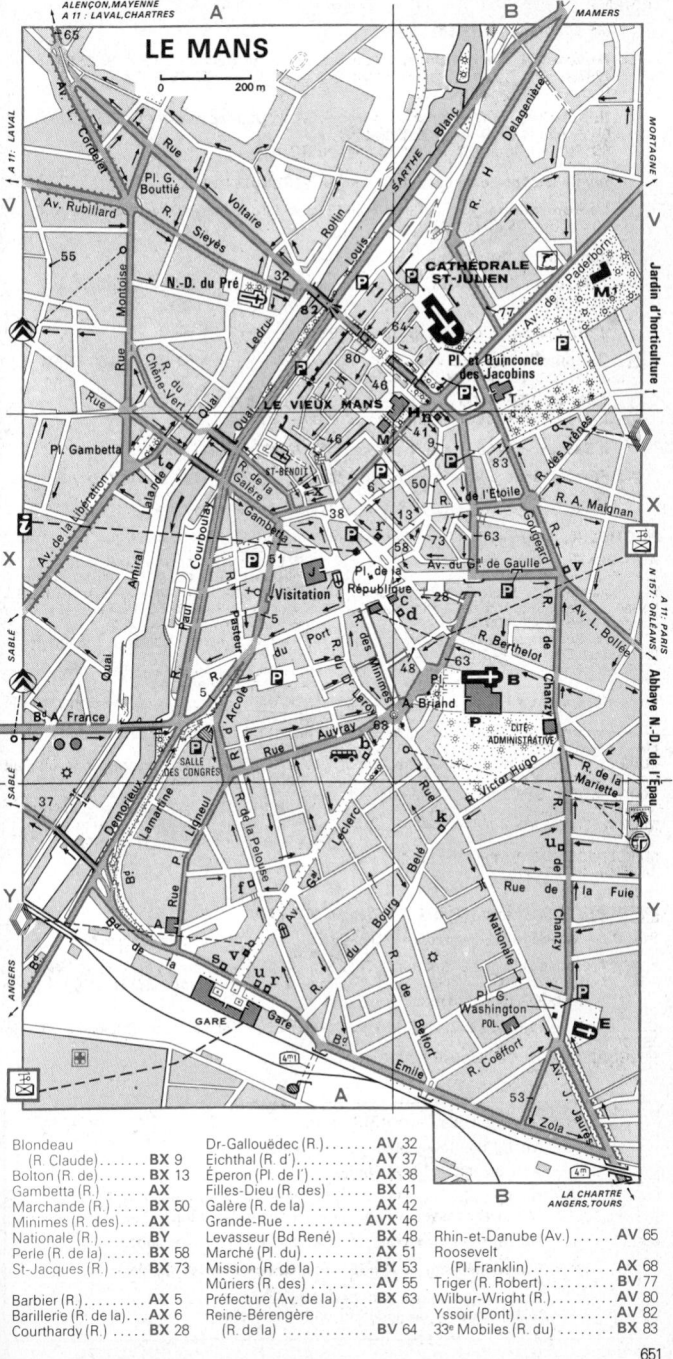

LE MANS

0   200 m

au Sud-Est – ⊠ 72100 Le Mans :

🏨 **Novotel** Ⓜ, bd R.-Schumann par av. Bollée et Rocade Sud ℡ 85.26.80, Télex
720706, 😃, ⌲, 🐾 – ▮▤ rest 📺 ☎ ⅋ ⓟ – 🛄 250. ◭ ⓞ ⴹ 𝘝𝘐𝘚𝘈   Z a
R snack carte environ 90 🍴 – ⌕ 29 – **94 ch** 240/268.

🏨 **Ibis**, r. Clément Marot par av. J.-Jaurès et av. Dr. Mac ℡ 86.14.14, Télex 720651 –
📺 ⌷wc ☎ ⅋ ⓟ – 🛄 30. ⴹ 𝘝𝘐𝘚𝘈, 🍽 rest   Z e
SC : **R** *(fermé dim.)* 63 🍴 – ⌕ 18 – **49 ch** 163/185.

par ③ N 23 et rte de l'Eventail : 4 km – ⊠ 72000 Le Mans :

🏨 **La Pommeraie** 🦌 sans rest, ℡ 85.13.93, « Jardin fleuri » – ⌷wc 🛏wc ☎ ⓟ
SC : ⌕ 18 – **35 ch** 65/135.

par ⑧ sur N 157 : 4 km – ⊠ 72000 Le Mans :

❌❌ **Aub. de la Foresterie**, rte de Laval ℡ 28.69.92, 😃 – ⓟ. ⓞ 𝘝𝘐𝘚𝘈
SC : **R** 65/170.

à Arnage par ⑥ et N 23 : 9 km – ⊠ 72230 Arnage :

🏨 **Campanile**, Z.I. Sud ℡ 21.81.21, Télex 722803 – ⌷wc ☎ ⓟ – 🛄 30. ⴹ 𝘝𝘐𝘚𝘈
SC : **R** 60 bc/81 bc – ⌷ 23 – **42 ch** 179.

❌❌ **Aub. des Matfeux**, ℡ 21.10.71, 🐾 – ⓟ. ◭ ⓞ ⴹ 𝘝𝘐𝘚𝘈
fermé 17 au 31 juil., janv., dim. soir et lundi – SC : **R** 105/225.

à Savigné-l'Évêque par ② : 12 km – ⊠ 72460 Savigné-l'Évêque :

🏨 **Floréal** (annexe Rés. St-Edmond 🏨 🦌), ℡ 27.50.19 – ⌷wc 🛏wc ☎ ⅋ ⅋ 🐾
🔄 – 🛄 250. ⴹ 𝘝𝘐𝘚𝘈
SC : **R** *(fermé dim. soir)* 46/135 🍴 – ⌕ 17,50 – **35 ch** 74/204 – P 165/250.

MICHELIN, Agence, 54 à 58 r. Pierre Martin Zone Ind. Sud Z ℡ 72.15.85

ALFA-ROMEO Gueguen et Rivière, 19 r.
R.-Persigand ℡ 84.33.61
BLF Equipneu, 74 r. Bourg Belé ℡ 24.57.90
BMW Le Mans-Sud-Auto, Zone Ind., rte d'Al-
lonnes ℡ 84.54.60 Ⓝ ℡ 85.66.99
CITROEN Succursale, bd P.-Lefaucheux, Zone
Ind. Sud par D147 Z ℡ 84.20.90
CITROEN Coeffe, 147 av. F.-Geneslay ℡ 84.
25.82
CITROEN Loinard, 49-51 bd A.-France ℡ 28.
12.84
CITROEN Morin, 85 r. Montoise ℡ 28.17.88
FIAT SADAM, 186 av. O.-Heuzé ℡ 24.13.82
FORD Gar. Leseul, bd P.-Lefaucheux, Zone
Ind. Sud ℡ 84.61.70
LADA, SKODA Gar. Droguet, 17 r. J.-Macé ℡
84.15.45
MAZDA Ets Geneslay, 108 av. F.-Geneslay ℡
84.32.74
MERCEDES BENZ Sarthe-Automobiles, 55 r.
de Belfort ℡ 24.87.30

OPEL-G.M. Le Mans-Autos 24, Zone Ind., rte
d'Allonnes ℡ 84.54.60 Ⓝ ℡ 85.66.99
PEUGEOT-TALBOT Gds Gar. de la Sarthe, 8 r.
Nationale ℡ 24.30.50 bd P.-Lefaucheux, Zone
Ind. Sud par D 147 Z ℡ 86.06.80
PEUGEOT Cheron, 125 av. G.-Durand ℡ 84.
05.99
RENAULT Gar. de la Gare, 100 av. Gén.-Leclerc
℡ 24.72.50 Ⓝ ℡ 85.66.99
RENAULT Succursale, 261 bd Demorieux ℡
24.12.24
RENAULT Gar. des Jacobins, 8 r. du Cirque ℡
81.73.50
V.A.G. Robineau, r. L.-Breguet, Zone Ind. Sud
℡ 86.22.39 Ⓝ ℡ 85.66.99

🛞 Equipneu, 74 r. Bourg-Belé ℡ 24.57.90
Jambie-Pneus, 26 av. O.-Heuzé ℡ 24.75.82
Le Royal, 6 pl. Gambetta ℡ 24.27.74

▮MANSLE▮ 16230 Charente 🔢 ③④ – 1 532 h. alt. 60 – ✴ 45.

Paris 419 – Angoulême 26 – Cognac 55 – ✦Limoges 92 – Poitiers 84 – St-Jean-d'Angély 60.

🏨 **Trois Saules** 🦌, à St-Groux NO : 2,5 km ℡ 20.31.40, parc – 🛏wc ☎ ⓟ. 𝘝𝘐𝘚𝘈
✦ *fermé 11 au 20 fév., 26 nov. au 3 déc., dim. soir et lundi midi* – SC : **R** 39/100 – ⌕ 15
– **10 ch** 90/115 – P 133/143.

CITROEN Croizard-Brillat, ℡ 22.20.97 Ⓝ ℡ 20.
33.16
PEUGEOT, TALBOT Gar. Central, ℡ 22.20.06

PEUGEOT, TALBOT Gar. Guilment, ℡ 20.30.31
Ⓝ

Mantes-la-Ville : 16 710 h. alt. 34 – 🕄 3.

Voir Collégiale N.-Dame★ BB.

🖫 🖫 du Prieuré à Sailly-en-Vexin ♇ 476.70.12 par ① : 12 km.

🛿 Office de Tourisme (fermé lundi matin et dim.) pl. Jean-XXIII ♇ 477.10.30.

Paris 60 ② – Beauvais 69 ① – Chartres 83 ③ – Évreux 44 ④ – ✦Rouen 81 ④ – Versailles 44 ②.

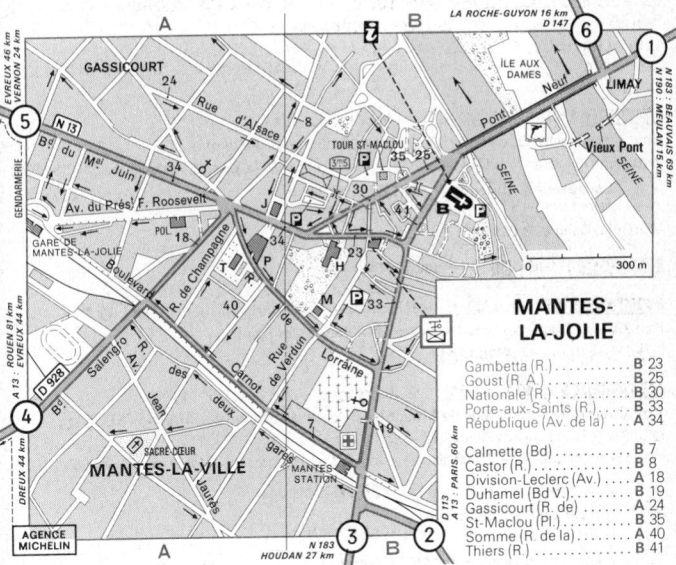

MANTES-LA-JOLIE

Gambetta (R.)	B 23
Goust (R. A.)	B 25
Nationale (R.)	B 30
Porte-aux-Saints (R.)	B 33
République (Av. de la)	A 34
Calmette (Bd)	B 7
Castor (R.)	B 8
Division-Leclerc (Av.)	A 18
Duhamel (Bd V.)	B 19
Gassicourt (R. de)	A 24
St-Maclou (Pl.)	B 35
Somme (R. de la)	A 40
Thiers (R.)	B 41

🏠 **Acacias**, 242 bd Mar. Juin, par ⑤ : 1 km ♇ 033.05.67, 🛱 – 🛏 ☎ 🄿. 🖭 E 💳
R *(fermé lundi)* 70/120 🍴 – 🖙 18 – **14 ch** 85/190.

à Follainville NO : 3 km par ① et VO – ⊠ **78520** Limay :

XXX ❀ **La Feuilleraie** (Ballester), près Église ♇ 477.17.66, 🌺 – 💳
fermé 6 août au 4 sept., 25 au 31 janv., lundi soir et mardi – SC : **R** carte 150 à 185
Spéc. Mousseline de brochet, Blanquette de jarret de veau et cuisses de grenouilles, Millefeuille
aux fruits.

à Senneville par ② et D 158 : 6 km – ⊠ **78930** Guerville :

XX **Aub. de Senneville**, ♇ 042.63.02
fermé août, vacances scolaires de fév., dim. soir et mardi soir – SC : **R** carte 125 à
160.

à St-Martin-la-Garenne par ⑥ et D 147 : 6 km – ⊠ **78520** Limay :

X **Aub. St-Martin**, rte de Mantes ♇ 477.58.45 – 💳
fermé août, 2 au 13 janv., lundi et mardi – SC : **R** 80/100.

à Rosay par ③ : 10 km sur N 183 – ⊠ **78790** Septeuil :

XX **Aub. de la Truite**, ♇ 476.30.52, 🛱 – 🖭 💳
fermé 17 juil. au 7 août, 27 fév. au 10 mars, dim. soir, merc. soir et lundi – SC : **R**
110/250.

MICHELIN, Agence, Z.A.C. des Brosses, r. des Graviers à Magnanville par ④ ♇ 477.00.53

BLF Dupille, Rte de Dreux à Magnanville ♇
477.28.08
CITROEN Nord-Ouest Auto, 87 bd Salengro à
Mantes-la-Ville par ④ ♇ 477.04.30
FIAT Gar. de L'Avenue, 4 r. de la Somme ♇
477.13.53
FORD Gd Gar. Chantereine, 2 r. Chantereine à
Mantes-la-Ville ♇ 477.31.75
MERCEDES, TOYOTA, Gar. Mongazons Rte
de Dreux à Magnanville ♇ 477.02.45

OPEL Buchelay Autos, 11 r. Ouest. ZI Buchelay
à Mantes la Ville ♇ 092.41.11
RENAULT Succursale, r. de l'Ouest à Mantes
la Ville par ④ ♇ 092.92.93
V.A.G. S.E.A.M.A., 24 rte de Houdan à
Mantes-la-Ville ♇ 477.11.57

🏵 Bertault, 45 r. des Martraits ♇ 477.11.88
Marsat-Au Service du Pneu, 141 bd Mar.-Juin
♇ 094.07.40

MANTHELAN 37 I.-et-L. **68** ⑤ − 1 093 h. alt. 106 − ✉ 37240 Ligueil − ✪ 47.

Paris 267 − Bléré 28 − Châtellerault 53 − Chinon 48 − Ligueil 11 − Loches 16 − ◆Tours 32.

  ☎   **Moderne,** ℡ 94.40.17, parc − 🏠. **E**. **E**

  ◆   fermé 25 août au 18 sept., dim. et lundi − SC : **R** 42 bc/65 ⅄ − ⊡ 15 − **10 ch** 69/99
     − P 125/145.

CITROEN Blanchet, ℡ 94.42.39   RENAULT Theret, ℡ 94.40.46

MANZAC-SUR-VERN 24 Dordogne **75** ⑤ − 422 h. alt. 90 − ✉ 24110 St-Astier − ✪ 53.

Paris 549 − Bergerac 35 − ◆Bordeaux 107 − Périgueux 19.

  ☎   **Lion d'Or,** ℡ 54.28.09, 🌤 − ⊟wc 🏠wc. **E**

  ◆   fermé 1er au 15 nov. et merc. sauf juil.-août − SC : **R** 50/150 − ⊡ 12 − **8 ch** 70/120 −
     P 120/160.

MANZAT 63410 P.-de-D. **73** ③④ − 1 480 h. alt. 629 − ✪ 73.

Env. Méandre de Queuille✶✶ O : 12 km puis 15 mn, G. Auvergne.

Paris 385 − Aubusson 78 − Châtelguyon 16 − ◆Clermont-Fd 36 − Gannat 35 − Montluçon 67 − Ussel 92.

  🏠   **La Bonne Auberge,** ℡ 86.61.67 − 🏠. ⌇ rest

  ◆   fermé oct. − SC : **R** 40/100 − ⌇ 12 − **9 ch** 75/85 − P 140/150.

CITROEN Gendre, ℡ 86.61.45

MARÇAY 37 I.-et-L. **67** ⑨ − rattaché à Chinon.

La MARCHE 58 Nièvre **69** ③ − 482 h. alt. 202 − ✉ 58400 La Charité-sur-Loire − ✪ 86.

Paris 220 − La Charité-sur-Loire 4 − Nevers 20 − Pougues-les-Eaux 9.

  ✕   Les Routiers, ℡ 70.14.11.

MARCIGNY 71110 S.-et-L. **73** ⑦ G. Bourgogne − 2 551 h. alt. 250 − ✪ 85.

Voir Charpente✶ de la tour du Moulin − Église✶ de Semur-en-Brionnais SE : 5 km.

🛈 Office de Tourisme à la Mairie (juil.-août et fermé dim.) ℡ 25.03.51.

Paris 384 − Charolles 29 − Chauffailles 26 − Digoin 24 − Lapalisse 37 − Mâcon 85 − Roanne 30.

      à St-Martin-du-Lac S : 3 km − ✉ 71110 Marcigny :

  ✕   **Relais du Lac,** ℡ 25.21.45

  ◆   fermé sept., dim. soir et merc. − SC : **R** 48/120.

      à Ste-Foy E : 9 km − ✉ 71110 Marcigny :

  ☎   **Le Brionnais** ⌇, ℡ 25.83.27 − ☎ **Ⓟ**. **VISA**

  ◆   fermé 24 sept. au 8 oct., 24 au 31 janv., 1er au 7 fév., dim. soir et lundi − SC : **R** 48/150
     − ⌇ 15 − **8 ch** 64/95 − P 140/150.

CITROEN Gar. du Centre, ℡ 25.09.71   RENAULT Gar. Vachet, ℡ 25.08.04
PEUGEOT TALBOT Gar. Moderne, ℡ 25.04.12

MARCILLAC-LA-CROISILLE 19320 Corrèze **75** ⑩ − 777 h. alt. 560 − ✪ 55.

Paris 511 − Argentat 26 − Égletons 17 − Mauriac 40 − Tulle 30.

      au Pont du Chambon SE : 15 km par D 978 et D 13 − ✉ 19320 Marcillac-la-Croisille :

  ✕✕   **Au Rendez-vous des Pêcheurs** ⌇ avec ch, ℡ 27.88.39, 🌤 − 🍽 rest 🏠

  ◆   fermé 15 nov. au 15 déc., vend. soir et sam. midi sauf mai à sept. − SC : **R** 45/130 −
     ⌇ 14 − **11 ch** 60/78 − P 135/140.

MARCKOLSHEIM 67390 B.-Rhin **62** ⑨ G. Vosges − 3 124 h. alt. 172 − ✪ 88.

Paris 523 − Colmar 22 − Sélestat 15 − ◆Strasbourg 62.

  🏠   **Aigle,** 28 r. Mar.-Foch ℡ 92.50.02 − ⊟wc 🏠wc ☎ 🚗

     fermé 1er au 8 juil. et vacances de fév. − SC : **R** (fermé lundi) 60/150 ⅄ − ⊡ 15 −
     17 ch 80/160 − P 160/200.

MARCQ-EN-BAROEUL 59700 Nord **51** ⑯ − rattaché à Lille.

La MARE d'OVILLERS 60 Oise **55** ⑳ − alt. 148 − ✉ 60570 Andeville − ✪ 4.

Paris 53 − Beauvais 23 − Clermont 24 − Senlis 35.

  ✕✕   **Aub. du Thelle,** N. 1 ℡ 408.62.44, 🌤 − **Ⓟ**. **VISA**

     fermé merc. − SC : **R** 70/140.

MARENNES 17320 Char.-Mar. **71** ⑭ **G. Côte de l'Atlantique** – 4 549 h. alt. 10 – ✿ 46.

Voir ❄* de la tour de l'église.

Env. Remparts** de Brouage NE : 6,5 km – Pont de la Seudre - Péage en 1983 : moto1 F, auto 13 F (conducteur et passagers compris), camion de 11 à 48 F.

🛈 Syndicat d'Initiative pl. Chasseloup Laubat (15 juin-15 sept. et fermé dim. après-midi) ☏ 85.04.36 et à la Mairie (fermé sam. après-midi et dim.) ☏ 85.00.27.

Paris 488 – Rochefort 22 – La Rochelle 54 – Royan 30 – Saintes 40.

　　　à Bourcefranc-le-Chapus NO : 5 km – 2 794 h. – ⊠ 17560 Bourcefranc-le-Chapus.

　　　Voir A la pointe du Chapus ≼* sur le pont d'Oléron NO : 3 km.

　🏛 ✿ **Les Claires** (Suire) Ⓜ ⑤, ☏ 85.08.01, Télex 792055, ≼, ⬜, ♠, ❄ – ⌷wc
　　　☖wc ☎ ⟺ ⓟ – ♨ 30. ◭ ⓞ **E** VISA
　　　SC : **R** 100/145 – ⊡ 28 – **20 ch** 265 – P 365
　　　Spéc. Salade tiède de homard, Millefeuille de lotte et langoustines, Filet de bar en crépine.

　🏛 **Terminus,** au port du Chapus ☏ 85.02.42, ≼ – ☖wc ☎. **E** VISA
　➝ fermé 7 oct. au 8 nov. – SC : **R** (fermé lundi hors sais.) 42/108 – ⊡ 18 – **10 ch**
　　　100/150 – P 195.

CITROEN Gar. Poitevin, ☏ 85.04.75 **N** ☏ 85. 20.84
PEUGEOT-TALBOT Gar. Delavoix, ☏ 85.00.59

RENAULT Maîtrehut, à Bourcefranc-le-Chapus ☏ 85.03.72

　Ⓜ Maison du C/c, ☏ 85.00.08

MARGAUX 33460 Gironde **71** ⑨ **G. Côte de l'Atlantique** – 1 371 h. – ✿ 56.
Paris 598 – ♦ Bordeaux 22 – Lesparre-Médoc 20.

　✗ **Aub. Le Savoie,** ☏ 88.31.76, 佩 – ❄
　➝ fermé 10 mars au 15 avril, lundi soir hors sais. et dim. sauf le midi de nov. à fin mai
　　　– SC : **R** 50/110.

　　　à Soussans NO : 3 km sur D 2 – ⊠ 33460 Margaux :

　✗✗ **Larigaudière,** ☏ 88.74.02, ♠ – ⓟ
　　　fermé 2 au 15 janv. et lundi en hiver – SC : **R** 70/140.

MARGNAC 87 H.-Vienne **72** ⑦⑧ – rattaché à La Crouzille.

MARIGNANE 13700 B.-du-R. **84** ② **G. Provence** – 31 213 h. alt. 13 – ✿ 42.

Voir Canal souterrain du Rove* SE : 3 km – 🛪 de Marseille-Marignane ☏ 89.90.10.
🛈 Office de Tourisme 4 bd Frédéric Mistral (fermé sam. après-midi et dim.) ☏ 09.78.83.
Paris 760 – Aix-en-Provence 27 – ♦Marseille 28 – Martigues 15 – Salon-de-Provence 37.

　🏛 **St André** Ⓜ, av. R.-Corrao ☏ 09.04.11 – ☖wc 兀wc ☎ ⓟ – ♨ 60. VISA
　➝ SC : **R** (fermé août, sam. et dim.) (dîner seul.) 45/66 ♨ – ⊡ 15 – **25 ch** 135/214.

　🏛 **Ibis** Ⓜ, av. 8-Mai-1945 ☏ 88.35.35, Télex 440052 – 📺 ☖wc ☎ ♿ ⓟ – ♨ 30. **E**
　　　VISA
　　　SC : **R** (fermé dim.) carte environ 65 ♨ – ⊡ 18 – **35 ch** 164/200.

　🏛 **Blanc,** 5 av. Barrelet ☏ 09.72.99 – ▤ ch ☖wc 兀wc ☎ ♿
　➝ SC : **R** (fermé sam. et dim.) (dîner seul.) 50/60 ♨ – ⊡ 16 – **43 ch** 105/215.

　　　à l'aéroport au N – ⊠ 13700 Marignane :

　🏨 **Sofitel** Ⓜ, ☏ 89.91.02, Télex 401940, ⬜, ❄ – ▥ ▤ 📺 ☎ ♿ ⓟ – ♨ 50 à 400. ◭
　　　ⓞ **E** VISA
　　　rest. **Le Clipper** (fermé sam., dim. et fériés) **R** carte 130 à 165 - **café de Provence R**
　　　carte environ 85 ♨ – ⊡ 33 – **180 ch** 380/465, 3 appartements 680.

　　　à Vitrolles N : 8 km – 22 739 h. – ⊠ 13127 Vitrolles.

　　　Voir ❄* 15 mn.

　🏨 **Novotel** Ⓜ, carrefour D 9 et A 7 ☏ 89.90.44, Télex 420670, ⬜ – ▥ ▤ 📺 ☎ ⓟ –
　　　♨ 25 à 200. ◭ ⓞ **E** VISA
　　　R snack carte environ 90 ♨ – ⊡ 28 – **163 ch** 229/265.

　🏨 **Mercure** Ⓜ, nouveau centre urbain ☏ 89.92.00, Télex 400775, ⬜ – ▥ ▤ 📺 ☎ ♿
　　　– ♨ 200. ◭ ⓞ **E** VISA
　　　R carte environ 90 ♨ – ⊡ 26 – **110 ch** 236/308.

CITROEN SADAM, av. 8-Mai-1945 ☏ 89.92.90
PEUGEOT, TALBOT Provence-Auto-Service, 45 av. 8-Mai-1945 ☏ 88.54.54
RENAULT Marignane-Auto, av. 8-Mai-1945 ☏ 89.93.94

Ⓜ Gay, 29 1er Av., Zone Ind. à Vitrolles ☏ 89. 06.97

MARIGNY 50570 Manche **54** ⑬ – 1 440 h. alt. 71 – ✿ 33.
Paris 315 – Carentan 27 – Coutances 16 – St-Lô 12.

　✗✗ **Poste,** ☏ 55.11.08 – VISA ❄
　　　fermé 2 sept. au 2 oct., dim. soir et lundi sauf fériés – SC : **R** 66/200.

RENAULT Gar. Rihouey, ☏ 55.15.28

MARINGUES 63350 P.-de-D. **73** ⑤ G. Auvergne – 2 487 h. alt. 315 – ✪ 73.

Paris 378 – ♦Clermont-Ferrand 31 – Lezoux 15 – Riom 19 – Thiers 25 – Vichy 27.

XX **Clos Fleuri** avec ch, rte Clermont ☏ 68.70.46, �_, 🚗 – ⇌wc �🛏wc **⑫. E**. ⚶ ch
fermé 1er au 15 sept., 1er au 15 fév. et lundi d'oct. à mai – SC : **R** 55/150 – ☲ 15 –
12 ch 65/135 – P 145/170.

CITROEN Gar. du Centre, ☏ 70.70.19   PEUGEOT, TALBOT Chabannes, ☏ 70.70.69 **N**
PEUGEOT-TALBOT Larzat et Meyronne, ☏ 68.
70.50

MARIOL 03 Allier **73** ⑤ – 629 h. alt. 280 – ⊠ 03270 St-Yorre – ✪ 70.

Paris 365 – ♦Clermont-Ferrand 59 – Moulins 71 – Randan 14 – Riom 41 – Thiers 23 – Vichy 14.

☎ **Touristes** ⑊, ☏ 41.20.87 – **E**. ⚶
◆ *fermé oct. et merc.* – SC : **R** 41/63 ⚖ – ☛ 11,50 – **10 ch** 50/80 – P 110/120.

MARLE 02250 Aisne **53** ⑮ G. Nord de la France – 2 727 h. alt. 79 – ✪ 23.

Paris 160 – Guise 23 – Laon 22 – Rethel 56 – St-Quentin 42 – Vervins 15.

🏨 **Host. du Vilpion,** ☏ 20.01.68 – �🛏 **⑫**. ⚶ ch
fermé 15 au 31 août et dim. soir – SC : **R** 60/105 ⚖ – ☲ 15 – **8 ch** 68/90.

CITROEN Ets Lefèvre, ☏ 80.00.99

MARLENHEIM 67520 B.-Rhin **62** ⑨ – 2 822 h. alt. 184 – ✪ 88.

Paris 465 – Haguenau 35 – Molsheim 12 – Saverne 19 – ♦Strasbourg 20.

🏨 ✿ **Host. du Cerf** (Husser), ☏ 87.73.73, �_, 🚗 – ⇌wc �🛏wc ☎ **⑫**. 🅰🅴 ⓪ 🆅🆂🅰
fermé 7 au 21 janv., mardi (sauf hôtel) et lundi – SC : **R** 125/240 ⚖ – ☲ 20 – **17 ch**
160/200
Spéc. Salade de presskopf, Assiette de poissons, Feuilleté de pigeon de Bresse. **Vins** Pinot noir,
Edelzwicker.

🏨 **Host. Reeb,** ☏ 87.52.70, 🌭 – ▤ rest ⇌wc �🛏wc ☎ 🚐 **⑫** – 🅰 25. 🅰🅴 ⓪ **E**
🆅🆂🅰. ⚶ ch
fermé 8 janv. au 1er fév. et jeudi sauf hôtel en sais. – SC : **R** 75/180 ⚖ – ☲ 23 –
35 ch 120/170 – P 210/230.

XX **Aub. du Kronthal,** carrefour N 4 - D 422 ☏ 87.50.25 – **⑫**. 🅰🅴 ⓪ **E** 🆅🆂🅰
◆ *fermé 9 juil. au 11 août, 16 au 28 déc., dim. soir et lundi* – SC : **R** 50/220 ⚖.

MARLY-LE-ROI 78 Yvelines **55** ⑲, **101** ⑫ – voir à Paris, Environs.

MARMAGNE 71 S.-et-L. **69** ⑧ – 1 306 h. alt. 311 – ⊠ 71710 Montcenis – ✪ 85.

Paris 313 – Autun 20 – Chalon-sur-Saône 48 – Le Creusot 10 – Mâcon 87 – Montceau-les-Mines 23.

☎ **Rose des Vents,** à St-Symphorien O : 2 km par D 61 ☏ 78.20.86 – �🛏 **⑫**
◆ SC : **R** 35/90 ⚖ – ☲ 13,50 – **17 ch** 48/62 – P 100/110.

XX **Vieux Jambon** avec ch, rte Creusot ☏ 78.20.32 – **⑫**
◆ *fermé 1er au 15 sept., 2 au 16 janv., dim. soir et lundi* – SC : **R** 53/110 ⚖ – ☲ 12 –
12 ch 58/82 – P 110.

RENAULT Gar. Détang, D 61 à Broye ☏ 54.40.43 **N**

MARMANDE ⬲ 47200 L.-et-G. **79** ③ G. Côte de l'Atlantique – 17 345 h. alt. 32 – ✪ 53.

🛈 Office de Tourisme pl. Clemenceau (fermé merc. et matin hors saison, dim. et lundi) ☏ 64.32.50.

Paris 684 ④ – Agen 58 ② – Bergerac 58 ① – ♦Bordeaux 89 ③ – Libourne 65 ④.

Plan page ci-contre

☎ **Aub. de Guyenne,** 9 r. Martignac ☏ 64.01.77 – �🛏 **⑫. E** 🆅🆂🅰   B a
◆ *fermé 9 mai, janv., dim. soir et lundi (sauf juil.-août) et hôtel du 1er nov. au 1er
mars* – SC : **R** 50/125 ⚖ – ☛ 14,50 – **16 ch** 54/165 – P 210/260.

à Mauvezin-sur-Gupie N : 6 km par D 708 et D 115 – ⊠ 47200 Marmande :

X **Poulet à la Ficelle,** ☏ 94.21.26 – **⑫**
SC : **R** (nombre de couverts limité, prévenir) 84.

AUSTIN, TRIUMPH, VOLVO Lagroye, à St-
Pardoux-du-Breuil ☏ 64.10.09
CITROEN Baudrin, rte Bordeaux, Ste-Bazeille
par ④ ☏ 64.30.53 **N**
FIAT Gar. Diné, rte Bordeaux ☏ 64.27.21
FORD Auto Aquitaine, rte Bordeaux ☏ 64.
75.71
OPEL Lamat, 1 bd Dr-Fourcade ☏ 64.26.10
PEUGEOT-TALBOT Guyenne et Gascogne
Autom., 95 av. J.-Jaurès par ④ ☏ 64.34.47

PEUGEOT-TALBOT Mayet, 94 av. J.-Jaurès
par ④ ☏ 64.30.24
RENAULT Deldon, pl. Lestang ☏ 64.14.39

🏵 La Maison du Pneu, 37 av. Jean-Jaurès ☏
64.23.52
Relais Marmandais, 123 av. Jean Jaurès ☏ 64.
23.63

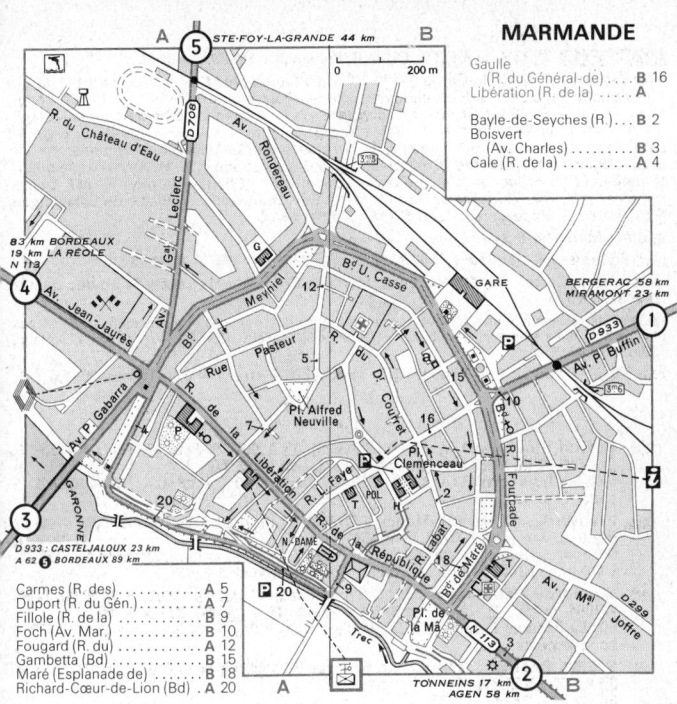

MARMANDE

Évitez de fumer au cours du repas :
vous altérez votre goût et vous gênez vos voisins.

MARMOUTIER 67440 B.-Rhin 62 ⑨ **G. Vosges** – 2 024 h. alt. 230 – ✆ 88.

Voir Église★★.

Paris 452 – Molsheim 21 – Saverne 6 – ♦Strasbourg 33 – Wasselonne 8.

　Deux Clefs avec ch, ☎ 70.61.08 – 🛏wc 🏧 ☎ 🅿
　fermé 25 juin au 6 juil. et fév. – SC : **R** *(fermé lundi)* 37/130 ⅃ – ☲ 12 – **15 ch** 64/145
　– P 120/165.

MARNAY-SUR-MARNE 52 H.-Marne 62 ⑫ – 187 h. – ⊠ **52800** Nogent-en-Bassigny – ✆ 25.

Paris 274 – Bourbonne-les-Bains 47 – Chaumont 15 – Langres 20.

　Vallée avec ch, N 19 ☎ 31.10.11, 🍽, 🚗 – 🅿, 𝖵𝖨𝖲𝖠, 🐕 ch
　fermé 1er au 21 sept., mardi soir et merc. – SC : **R** 37/115 ⅃ – ☲ 12 – **7 ch** 55/82 – P
　118/148.

MARNE-LA-VALLÉE 77 S.-et-M. 56 ⑫, 196 ㉑ – voir à Paris, Environs.

MARQUION 62 P.-de-C. 53 ③ – rattaché à Cambrai.

MARQUISE 62250 P.-de-C. 51 ① – 4 793 h. alt. 39 – ✆ 21.

Paris 313 – Arras 118 – Boulogne-sur-Mer 13 – ♦Calais 21 – St-Omer 47.

　Grand Cerf, av. Ferber ☎ 92.84.53 – 🅿, ① **E** 𝖵𝖨𝖲𝖠
　fermé fév., dim. soir et lundi – SC : **R** 75/230.

⑨ Clinique du Pneu, ☎ 92.86.61

MARSANNAY-LA-CÔTE 21 Côte-d'Or 66 ⑫ – rattaché à Dijon.

MARSEILLAN 34340 Hérault 83 ⑯ – 4 040 h. – ✆ 67.

Paris 804 – Agde 7 – Béziers 29 – ♦ Montpellier 46 – Pézenas 20.

　Le Glacier, bd V.-Hugo ☎ 77.22.04.

MARSEILLE P 13 B.-du-R. 84 ⑬, 93 ⑭ G. Provence – 878 689 h. – ✿ 91.

Voir Basilique N.-D.-de-la-Garde ✲✲✲ BY – La Canebière✲✲ CV – Vieux Port✲✲ ABVX – Corniche Président-J.-F.-Kennedy✲✲ AYZ – Port moderne✲✲ AT – Palais Long-champ✲ U – Basilique St-Victor✲, crypte✲✲ AX – Ancienne cathédrale de la Major✲ AU N – Parc du Pharo ⩔✲ AX – Belvédère St-Laurent ⩔✲ AV E – Musées : Grobet-Labadié✲✲ DU M4, Cantini✲ : galerie de la Faïence de Marseille et de Moustiers✲✲ CX M3, – Beaux-Arts✲ et Histoire naturelle✲ (palais Longchamp) DU M, Archéologie médi-terranéenne✲ : collection d'antiquités égyptiennes✲✲ (Château Borely) CZ M7, Docks romains✲✲ ABV M2, Vieux Marseille✲ AV M1 – Env. Route en corniche✲✲ de Callelongue S : 13 km BZ – Excurs. : Château d'If✲✲ (✲✲✲) 1 h 30.

🔚 d'Aix-Marseille P 24.20.41 par ① : 22 km.

✈ de Marseille-Marignane P 89.90.10 par ① : 28 km – 🚗 P 95.92.12.

⚓ pour la Corse : Société Nationale Maritime Corse-Méditerranée, 61 bd des Dames (2) P 91.92.20 AV.

🛈 Office de Tourisme (fermé dim.) et Accueil de France (Informations et réservations d'hôtels, pas plus de 5 jours à l'avance), 4 Canebière, 13001, P 54.91.11, Télex 430402 - A.C. 143 cours Lieutaud, 13006, P 47.86.23.

Paris 778 ① – ◆Lyon 315 ① – ◆Nice 188 ② – Torino 381 ② – ◆Toulon 64 ② – Toulouse 399 ①.

Plans : Marseille p. 2 à 5

Sauf indication spéciale, voir emplacements sur Marseille p. 4 et 5

🏨 **Sofitel Vieux Port** M, 36 bd Ch.-Livon, ⊠ 13007, P 52.90.19, Télex 401270, ⩔, ⊼ – 🛗 🍴 📺 ☎ 🕭 ⟷ 🅿 – 🛝 100 à 450. 🆎 ⓞ 🕩 𝖵𝖨𝖲𝖠
AX n
rest. les Trois Forts R carte 140 à 230 - Le Jardin R 90 ⓛ – 🖙 40 – **219 ch** 395/800, 3 appartements.

🏨 **Frantel** M, r. Neuve St-Martin, ⊠ 13001, P 91.91.29, Télex 401886, 🌇 – 🛗 🖃 📺 🕭 ⟷ – 🛝 400. 🆎 ⓞ 🕩 𝖵𝖨𝖲𝖠
BUV g
SC: rest. L'Oursinade (fermé 22 juil. au 27 août, dim. et fériés) R carte 150 à 200 - L'Oliveraie (Grill) R carte environ 95 – 🖙 35 – **200 ch** 375/455.

🏨 **Concorde-Palm Beach** M ⏉, 2 promenade Plage, ⊠ 13008, P 76.20.00, Télex 401894, ⩔, 🌇, ⊼ – 🛗 🖃 📺 🕭 ⟷ 🅿 – 🛝 450. 🆎 ⓞ 🕩 𝖵𝖨𝖲𝖠
SC: La Réserve R 128 - grill Les Voiliers R 90/110 ⓛ – 🖙 33 – **161 ch** 380/420, 3 appartements.
Marseille p. 2 AZ s

🏨 **P.L.M. Beauvau** sans rest, 4 r. Beauvau ⊠ 13001 P 54.91.00, Télex 401778 – 🛗 📺 ☎. 🆎 ⓞ 🕩 𝖵𝖨𝖲𝖠. ❀
BV r
SC: 🖙 **71 ch** 300/425.

🏨 **Concorde-Prado** M, 11 av. Mazargues, ⊠ 13008, P 76.51.11, Télex 420209, 🌇 – 🛗 🖃 📺 🕭 ⟷ – 🛝 80. 🆎 ⓞ 🕩 𝖵𝖨𝖲𝖠
Marseille p. 3 DZ r
SC: R carte 115 à 155 ⓛ – 🖙 33 – **100 ch** 380/420.

🏨 **Résidence Bompard** ⏉ sans rest, 2 r. Flots-Bleus, ⊠ 13007, P 52.10.93, Télex 400430, 🌳 – 🛗 cuisinette 📺 ☎ 🕭 🅿 – 🛝 40. 🆎 ⓞ
Marseille p. 2 AZ e
SC: 🖙 **47 ch** 190/255.

🏨 **Gd H. Noailles** sans rest., 66 Canebière, ⊠ 13001, P 54.91.48, Télex 430609 – 🛗 🖃 ch 📺 ☎ – 🛝 30 à 60. 🆎 ⓞ 🕩 𝖵𝖨𝖲𝖠
CV x
SC: 🖙 **70 ch** 250/400, 4 appartements 500.

🏨 **Gd H. Genève** sans rest, 3 bis r. Reine-Élisabeth, ⊠ 13001, P 90.51.42, Télex 440672 – 🛗 📺. ⓞ. ❀
BV e
SC: 🖙 18,50 – **44 ch** 115/260, 4 appartements 305.

🏨 **Castellane** M sans rest, 31 r. Rouet ⊠ 13006 P 79.27.54 – 🛗 📺 ⚌wc ☎ ⟷. 🆎 𝖵𝖨𝖲𝖠
DY f
SC: 🖙 23 – **55 ch** 185/245.

🏨 **Européen** M sans rest, 115 r. Paradis, ⊠ 13006, P 37.77.20 – 🛗 🖃 ⚌wc ♒wc ⟷ – fermé août - SC: 🖙 18 – **43 ch** 118/175.
CY u

🏨 **Manhattan** M, 3 pl. Rome, ⊠ 13006, P 54.35.95 – 🛗 📺 ⚌wc ♒wc ☎. 🆎 ⓞ 🕩 𝖵𝖨𝖲𝖠
CX w
SC: R (fermé août, sam. soir et dim.) 50/170 ⓛ – 🖙 20 – **41 ch** 160/255.

🏨 **Président** sans rest, 12 bd L.-Salvator ⊠ 13006 P 48.67.29 – 🛗 ⚌wc ♒wc ☎
CX f
SC: 🖙 17 – **18 ch** 155/190.

🏨 **Rome et St Pierre** sans rest, 7 cours St-Louis, ⊠ 13001, P 54.19.52, Télex 430641 – 🛗 ⚌wc ♒wc ☎. 🆎 ⓞ 🕩 𝖵𝖨𝖲𝖠
CV y
SC: 🖙 – **63 ch** 105/255.

🏨 **Petit Louvre**, 19 Canebière, ⊠ 13001, P 90.13.78 – 🛗 🖃 📺 ⚌wc ♒wc ☎. 🆎 ⓞ 🕩 𝖵𝖨𝖲𝖠. ❀ rest
CV q
SC: R (fermé 2 janv. au 15 fév. et dim. du 1er nov. au 31 mars) 77/110 – 🖙 20 – **33 ch** 140/255 - P 290/330.

🏨 **Paris-Nice** sans rest, 23 bd Athènes ⊠ 13001 P 90.13.22 – 🛗 ⚌wc ♒wc ⟷. 🆎 ⓞ 🕩 𝖵𝖨𝖲𝖠
fermé 7 déc. au 7 janv. – SC: 🖙 16 – **33 ch** 89/280.
CU a

🏨 **Sélect** M sans rest, 4 allées Gambetta ⊠ 13001, P 62.41.26 – 🛗 ⚌wc ♒wc ⟷ – 🛝 80. 🆎 ⓞ 🕩 𝖵𝖨𝖲𝖠
CU k
SC: 🖙 18 – **66 ch** 165/210.

Ibis M, 6 r. Cassis ⊠ 13008 ℡ 78.59.25, Télex 400362 – |≡| ⊟ ⇔wc & ⇔ – ⚐ 40. E ⅥЅ̄Ā
Marseille p. 3 DZ e
SC : R carte environ 65 ⅋ – ☛ 19 – **119 ch** 185/198.

Sud sans rest, 18 r. Beauvau ⊠ 13001 ℡ 54.38.50 – |≡| ⊟ ⇔wc ☎
BX n
SC : ⊠ 16 – **24 ch** 155/180.

Martini sans rest, 5 bd G.-Desplaces, ⊠ 13003, ℡ 64.11.17 – |≡| ⇔wc ⋔wc ☎ ⇔. ⅀Ē. ⅏
CU b
SC : ⊠ 16 – **40 ch** 105/185.

XXX ⊛ **Jambon de Parme,** 67 r. La Palud, ⊠ 13006 ℡ 54.37.98 – ≡. ⅀Ē ① E ⅥЅ̄Ā
CX s
fermé 14 juil. au 20 août, dim. soir et lundi – **R** carte 140 à 200
Spéc. Foie gras de canard frais, Filets de mérou aux petits légumes, Rognon de veau au Marsala.
Vins Cassis, Bandol.

XXX **Au Pescadou,** 19 place Castellane, ⊠ 13006, ℡ 78.36.01, produits de la mer – ≡ – *fermé juil., août et dim. soir de janv. à fin juin* – SC : **R** carte 130 à 190. CY v

XXX **La Ferme,** 23 r. Sainte, ⊠ 13001, ℡ 33.21.12 – ≡. ⅥЅ̄Ā
CX m
fermé août, 1er au 8 janv., sam. sauf le soir de sept. à mai, dim. et fêtes – SC : **R** carte 145 à 205.

XXX **Max Caizergues,** 11 r. G.-Ricard ⊠ 13006 ℡ 33.58.07 – ≡. ⅀Ē ① ⅥЅ̄Ā. ⅏ CX g
fermé août, sam. (sauf le soir du 1er au 31 mai) et dim. – SC : **R** carte 150 à 180.

XXX **Le Bellecour,** 26 cours Julien ⊠ 13006 ℡ 42.23.14 – ≡. ⅀Ē ① ⅥЅ̄Ā
CV r
fermé 15 au 31 juil., sam. midi et dim. – SC : **R** 83/150.

XXX ⊛ **Calypso,** 3 r. Catalans, ⊠ 13007, ℡ 52.64.00, ≤ – ⅥЅ̄Ā
Marseille p. 2 AX p
fermé août, dim. et lundi – SC : **R** carte 170 à 250
Spéc. Bouillabaisse, Bourride, Poissons grillés. Vins Bandol, Cassis.

XX ⊛ **Michel,** 6 r. Catalans, ⊠ 13007, ℡ 52.64.22, ≤ – ⅥЅ̄Ā
Marseille p. 2 AX e
fermé juil., mardi et merc. – **R** carte 200 à 350
Spéc. Bouillabaisse, Bourride, Poissons grillés. Vins Cassis, Bandol.

XX **Chez Caruso,** 158 quai Port, ⊠ 13002, ℡ 90.94.04, ≤, 㤠, spécialités italiennes – ⅀Ē – *fermé 10 oct. au 10 nov., dim. soir et lundi* – SC : **R** 140/180. AV q

XX **Miramar,** 12 quai Port, ⊠ 13002, ℡ 91.10.40, ≤, 㤠 – ≡. ⅀Ē ① E ⅥЅ̄Ā
BV v
fermé août, 24 déc. au 9 janv. et dim. – **R** carte 130 à 200 ⅋.

XX **Arnould,** 38 crs d'Estienne-d'Orves ⊠ 13001, ℡ 33.34.82 – ≡
BX r

XX **Maison du Beaujolais,** 2 pl. Sébastopol, ⊠ 13004, ℡ 34.61.38 – ≡. ⅀Ē ① ⅥЅ̄Ā
fermé août et dim. – SC : **R** 120/200.
Marseille p. 3 EU a

XX **Béarnais,** 16 r. S.-Torrents, ⊠ 13006, ℡ 37.01.96 – ⅥЅ̄Ā
CY a
fermé mi-juil-fin août, sam. midi, lundi soir et dim. – SC : **R** 85.

XX **Chez Antoine** (Pizzeria), 35 r. Musée, ⊠ 13001, ℡ 54.02.64 – ≡. ⅥЅ̄Ā
CV k
fermé août et mardi – **R** carte 90 à 150.

XX **Piment Rouge,** 20 r. Beauvau, ⊠ 13001, ℡ 33.19.84, cuisine Moyen-Orient – ≡. ⅀Ē ① E ⅥЅ̄Ā. ⅏
BX n
fermé août, lundi midi et dim. – SC : **R** 80/120.

X **La Charpenterie,** 22 r. Paix ⊠ 13001 ℡ 54.22.89 – ① E ⅥЅ̄Ā
BX d
fermé juil., sam. midi et dim. – **R** carte 70 à 115.

Sauf indication spéciale, voir emplacements sur Marseille p. 2

sur la Corniche :

🏨 ⊛⊛ **Résidences le Petit Nice et Marina Maldormé** (Passedat) M ≶, anse de Maldormé (hauteur 160 corniche Kennedy), ⊠ 13007, ℡ 52.14.39, Télex 401565, ≤ mer, |≡|, « Villas dominant la mer, beaux aménagements intérieurs », ⬱, – |≡| ≡ ch ☎ ⇔ ℗. ⅀Ē. ⅏ rest
AZ d
fermé 1er janv. au 8 fév. – **R** *(fermé mardi midi du 1er oct. à fin mars et lundi)* 210/280 et carte – ⊠ 52 – **14 ch** 500/790, 6 appartements
Spéc. Marée de roche au safran, Loup au sabayon d'oursins (sept. à avril), Canon d'agneau à la tapenade. Vins Cassis, Côte de Provence.

XX **Chez Fonfon,** 140 vallon des Auffes, ⊠ 13007, ℡ 52.14.38 – ⅀Ē ① ⅥЅ̄Ā AY t
fermé oct., 24 déc. au 1er janv., sam. et dim. – **R** carte environ 170.

XX **L'Epuisette,** vallon des Auffes, ⊠ 13007, ℡ 52.17.82, ≤, 㤠 – *(nombre de couverts limité - prévenir)* carte 140 à 220. AY n
fermé janv., sam. et dim.

XX **Peron,** 56 corniche Prés.-Kennedy, ⊠ 13007, ℡ 52.43.70, ≤ entrée du port – ⅀Ē ① E ⅥЅ̄Ā
AY m
fermé janv., dim. soir et lundi – **R** carte 110 à 150.

à l'Est 10 km par ② et sortie La Penne-St-Menet :

🏨 **Novotel** M, à St-Menet, ⊠ 13011, ℡ 43.90.60, Télex 400667, 㤠, ⬱, ⅏ – |≡| ≡ ⺪ ☎ & ℗ – ⚐ 250. ⅀Ē ① E ⅥЅ̄Ā
R snack carte environ 90 ⅋ – ⊠ 28 – **131 ch** 230/264.

à la Madrague-de-Montredon 10 km par prom. Plage - Marseille p. 3 - BZ :

XX **Mont-Rose,** 38 bd Mt-Rose, ⊠ 13008, ℡ 73.17.22, ≤ corniche et les îles, 㤠 – ≡ ℗. ⅀Ē ① ⅥЅ̄Ā – *fermé merc.* – SC : **R** *(hors sais. déj. seul.)* 60/120.

RÉPERTOIRE DES RUES

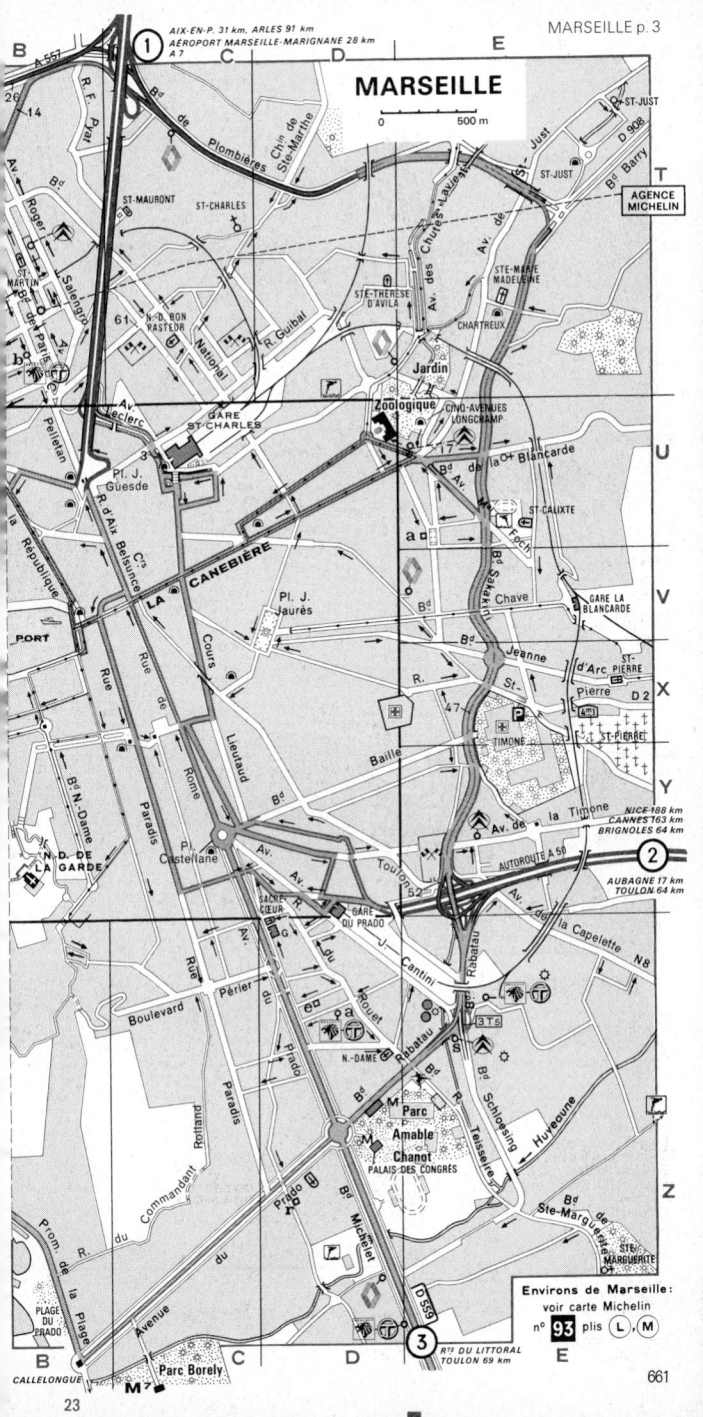

MARSEILLE

AIX-EN-P. 31 km, ARLES 91 km
AÉROPORT MARSEILLE-MARIGNANE 28 km
A 7

0   500 m

ST-JUST

AGENCE
MICHELIN

ST-MAURONT   ST-CHARLES

N.-D. BON
RASTEAU

GARE
ST-CHARLES

Pl. J.
Guesde

LA CANEBIÈRE

Pl. J.
Jaurès

PORT

N.-D. DE
LA GARDE

Pl.
Castellane

SACRÉ-
CŒUR

GARE
DU PRADO

N.-DAME

Boulevard   Périer

Parc
Amable
Chanot
PALAIS-DES-CONGRÈS

PLAGE
DU
PRADO

CALLELONGUE

Parc Borely

STE-THÉRÈSE
D'AVILA

Jardin

Zoologique

STE-MARIE
MADELEINE

CHARTREUX

CINQ-AVENUES
LONGCHAMP

Bd de la Dr Blancarde

ST-CALIXTE

Chave

GARE LA
BLANCARDE

Jeanne

St-
d'Arc   ST-
Pierre
Pierre   D 2

TIMONE   ST-PIERRE

Av. de la Timone

NICE 188 km
CANNES 163 km
BRIGNOLES 64 km

AUTOROUTE A 50

AUBAGNE 17 km
TOULON 64 km

Av. de la Capelette   N 8

3 T.

Bd Schloesing

Bd de Ste-Marguerite

STE-
MARGUERITE

R¹ᵉ DU LITTORAL
TOULON 69 km

Environs de Marseille:
voir carte Michelin
n° **93** plis ⓛ ⓜ

661

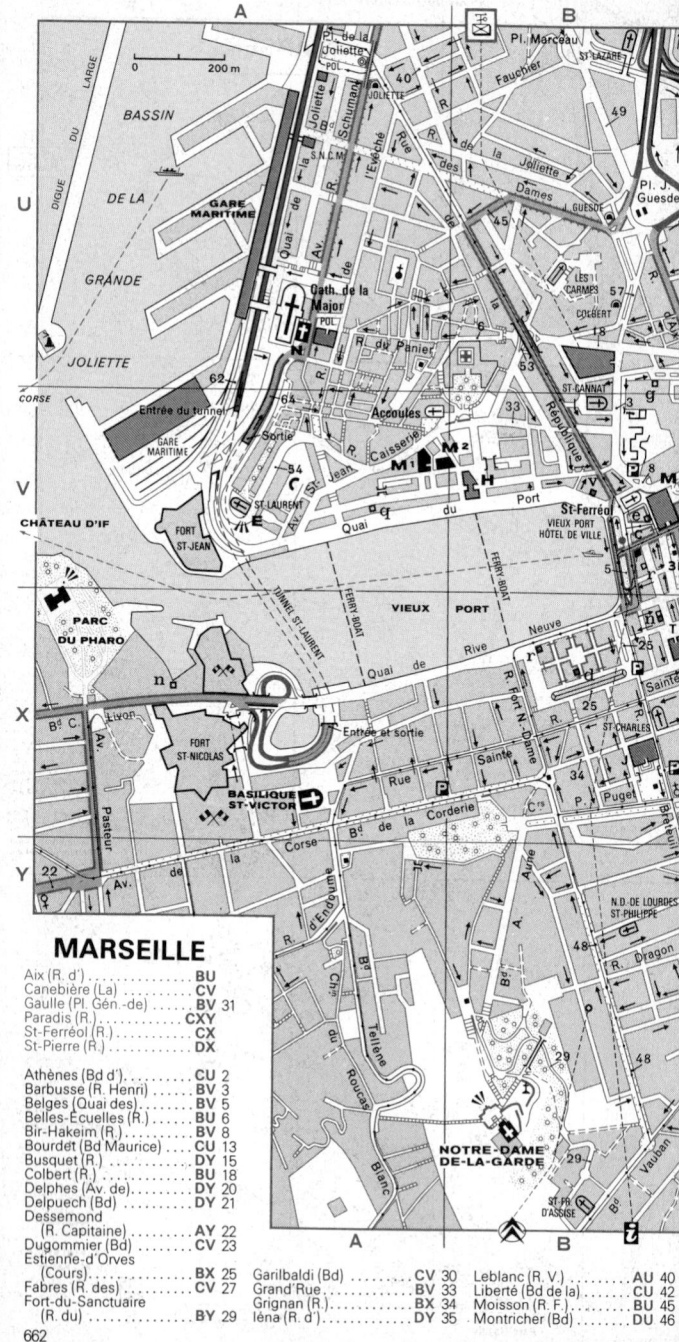

MARSEILLE

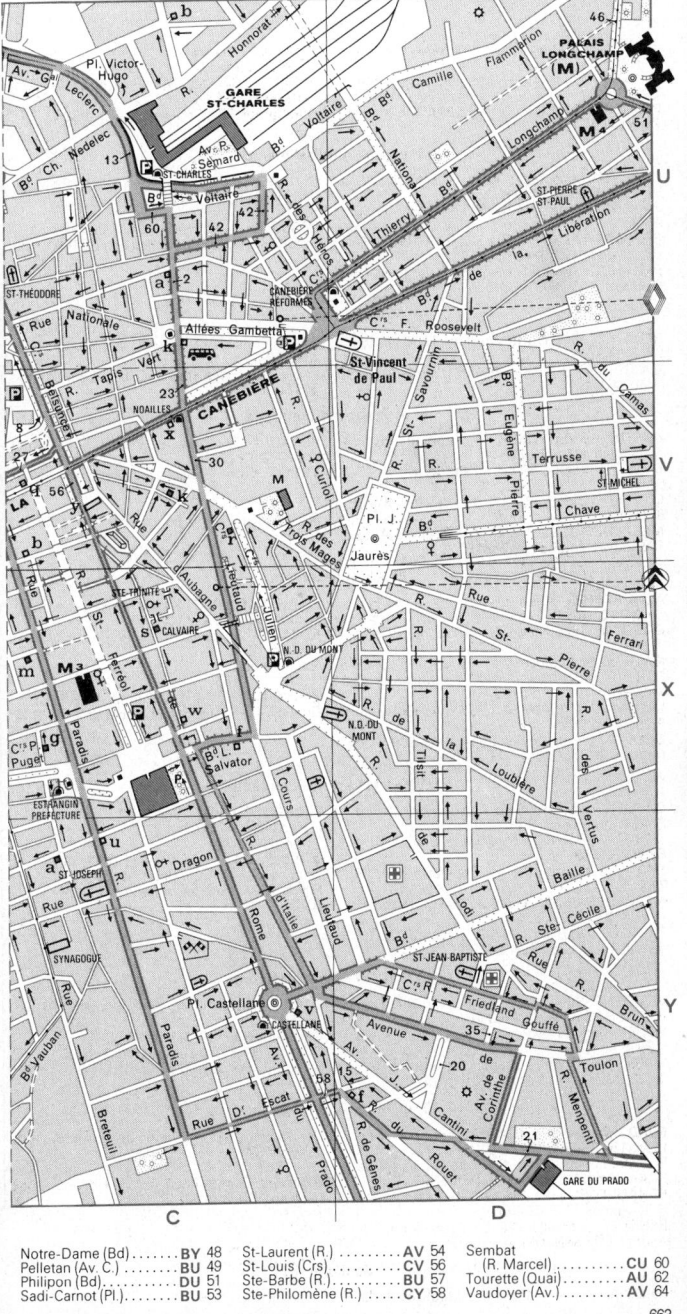

MICHELIN, Agence régionale, 20 r. Clary (3e) BT ☏ **95.90.48**

1er et 2e Arrondissements

BMW Gar. Station 7, 42 bd de Dunkerque (2e) ☏ 91.92.42
CITROEN Succursale, 30 crs Lieutaud (1er) CX ☏ 54.91.31
PEUGEOT, TALBOT S.I.A.P.-Nord, 27 bd de Paris (2e) BT **b** ☏ 91.90.65

RENAULT Gar. Nicolas, 115 bd de Paris (2e) AT ☏ 91.92.14
RENAULT Gar. des Capucines, 59 allées Gambetta (1er) CU ☏ 64.00.57
Gar. Carnot, 39 r. République (2e) ☏ 90.43.75

3e et 4e Arrondissements

CITROEN Succursale, 45 av. R. Salengro (3e) BT ☏ 95.90.09 Ⓝ ☏ 98.90.09
FIAT Auto-Nord, 83 bd National (3e) ☏ 95.90.19
PEUGEOT-TALBOT S.I.A.P.-CHARTREUX, 66 bd Banon (4e) ET ☏ 66.68.00
RENAULT Succursale Plombières, 137 bd de Plombières (3e) CT ☏ 02.70.02

RENAULT Barthélémy, 125 à 135 bd Flammarion (4e) DET ☏ 95.90.37

Ⓦ Denizon, 34 bd Battala (3e) ☏ 02.40.40
Escoffier-Pneus, 21 bd Briançon (3e) ☏ 50.77.91

5e Arrondissement

RENAULT Gd Gar. de Verdun, 11 r. Verdun EV ☏ 94.91.25
V.A.G. Gar. St-Michel, 29 à 39 r. Louis Astruc ☏ 48.47.39

Ⓦ Diff. Comm. Accessoires, 15 r. Ste-Cécile ☏ 78.63.58
Pneus et services Phocéens, 60 r. Louis Astruc ☏ 42.50.83

6e et 7e Arrondissements

AUSTIN, ROVER, TRIUMPH Kennings, 69 bd Notre-Dame (6e) ☏ 37.65.05
BMW Bernabeu, 50 av. du Prado (6e) ☏ 37.54.66
CITROEN Didier, 83 r. J.-Moulet (6e) BY ☏ 37.59.46
MERCEDES-BENZ Paris Méditerranée Auto, 166 cours Lieutaud (6e) ☏ 94.91.40

RENAULT Viano-Saint-Lambert, 6 r. Taddéi (7e) AY ☏ 52.90.10
VOLVO Volvo-France, 27 av. J.-Cantini (6e) ☏ 79.91.36

Ⓦ Giordanengo, 28 cours Gouffé (6e) ☏ 79.36.16

8e Arrondissement

ALFA-ROMEO Alfa-Provence, 241 av. du Prado ☏ 79.91.44
CITROEN Succursale, 96 bd Rabatau EZ **s** ☏ 79.90.00
FIAT Gar. St-Maurice, 444 r. Paradis ☏ 77.67.48
FORD Agence Centrale, 36 bd Michelet ☏ 77.97.06
LANCIA-AUTOBIANCHI S.O.D.I.A., 150 av. du Prado ☏ 53.55.22
OPEL GM Auto Service Réparation, 3 et 5 bd Rabatau ☏ 79.91.13

PEUGEOT-TALBOT S.I.A.P. de Provence, 44 r. Liandier DZ **a** ☏ 79.90.00
RENAULT Succursale, 134 bd Michelet DZ ☏ 77.69.00
Gar. Bernasconi, 365 r. Paradis ☏ 77.03.39

Ⓦ Central-Pneus, 104 av. Cantini ☏ 79.79.86
Omnica, 4 r. R.-Teissère Pl. Rabatau ☏ 79.18.12

9e, 10e et 11e Arrondissements

CITROEN Amoretti, 8 bd Aguillon (9e) par bd Ste-Marguerite EZ ☏ 75.19.79
CITROEN Jean Fils, 19 av. de la Timone (10e) EY ☏ 78.17.52
FIAT Ets Manzon, 33 av. Capelette (10e) ☏ 79.91.91
MERCEDES-BENZ M.A.S.A., 108 bd Pont-de-Vivaux (10e) ☏ 79.56.56
PEUGEOT-TALBOT S.I.A.P. Rabatau, 25 bd des Aciéries (10e) EZ ☏ 79.30.30

PEUGEOT-TALBOT S.G.A., 37 av. J.-Lombard (11e) par D 2 EX ☏ 94.91.21

Ⓦ Alberola, 4 pont de Vivaux (10e) ☏ 79.75.81
Omnica, 37 r. Capit.-Galinat (10e) ☏ 78.10.13
Pneus 2000, 7 av. de la Capelette (10e) ☏ 42.50.83

12e, 13e et 14e Arrondissements

CITROEN Succursale, 77 chemin de Ste-Marthe (14e) DT ☏ 98.90.09 Ⓝ
V.A.G. Gar. de la Rose, 212 av. de la Rose (13e) ☏ 66.75.64
V.A.G. S.O.D.R.A., 1 chemin Ste-Marthe (14e) ☏ 50.19.30

Ⓦ Ayme-Pneus, 80 bd Barry St-Just (13e) ☏ 66.25.12
Gay, 47 bd Burel (14e) ☏ 95.91.13
Omnica, 15 bd Gay-Lussac (14e) ☏ 98.90.11
Sirvent-Pneus, 194 bd D.-Casanova (14e) ☏ 67.22.20

15e et 16e arrondissements

FORD Marseille-Nord-Automobiles, 64 r. de Lyon (15e) ☏ 95.90.42
PEUGEOT Gar. Gastaldi, 44 rte Nationale de St-Antoine (15e) par N 8 AT ☏ 51.32.37
RENAULT Ets Lodi, 124 rte Nationale, la Viste (15e) par N 8 AT ☏ 69.90.71
RENAULT Coquillat, 89 bd Jean-Labro, St-André (16e) par N 8 AT ☏ 46.08.07

Gar. Corradi, 111 r. Condorcet, St-André (16e) ☏ 46.50.77

Ⓦ Sirvent, Compt. Pneu, 428 rte Nationale, St-Antoine (15e) ☏ 51.24.13

Banlieue

Relais des Pennes, les Pennes-Mirabeau ☏ 02.71.26

MARSSAC-SUR-TARN 81 Tarn 82 ⑩ – rattaché à Albi.

MARTAILLY-LÈS-BRANCION 71 S.-et-L. 69 ⑲ – rattaché à Tournus.

MARTEL 46600 Lot 75 ⑱ G. Périgord – 1 441 h. alt. 225 – ✪ 65 – **Voir** Place des Consuls★ – Belvédère de Copeyre ≤★ sur cirque de Montvalent★ SE : 4 km.

🏛 Syndicat d'Initiative pl. Consuls (fermé sam. après-midi et dim. sauf juil.-août) ☎ 37.30.03.

Paris 525 – Brive-la-Gaillarde 33 – Cahors 81 – Figeac 59 – Gourdon 44 – St-Céré 32 – Sarlat-la-C. 44.

- 🏨 **Turenne et rest. Le Quercy,** ☎ 37.30.30, 🏠 – ➪wc 🕭 🎨 🖭 ✿
  - *1er mars-30 nov.* – SC : **R** 50/180 ⅃ – ☲ 12 – **18 ch** 70/160 – P 135/160.

  à Gluges : S : 5 km par N 140 – ⊠ **46600** Martel – **Voir** Site★.

- 🏨 **Falaises** ⟍, ☎ 37.33.59, 🏠 – ➪wc 🕭wc ☎ 🅿. 𝘝𝘐𝘚𝘈 ✿ ch
  - *fermé 1er janv. au 1er mars et mardi du 15 nov. au 15 mars* – SC : **R** 58/165 – ☲ 15 – **17 ch** 80/165 – P 158/200.

MARTIEL 12 Aveyron 79 ⑳ – rattaché à Villefranche-de-Rouergue.

MARTIGUES 13500 B.-du-R. 84 ⑫ G. Provence – 42 039 h. – ✪ 42.

Voir Pont St-Sébastien ≤★ B – Étang de Berre★ – Viaduc autoroutier de Caronte★ – Chapelle N.-D.-des-Marins ✳★ 3,5 km par ④.

🏛 Office de Tourisme quai Paul-Doumer (fermé dim. sauf saison) ☎ 80.30.72.

Paris 775 ② – Aix-en-Provence 45 ② – Arles 52 ④ – ✦Marseille 40 ② – Salon-de-Provence 35 ①.

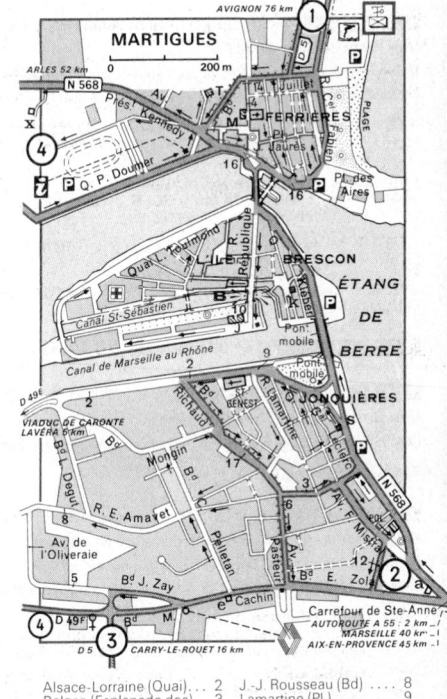

- 🏨 **St-Roch** Ⓜ ⟍, ancienne rte Port de Bouc (x) ☎ 80.19.73, ≤, Parc – 📺 ➪wc 🎨 🅿 🖭 𝘝𝘐𝘚𝘈
  - SC : **R** 65/91 – ☲ 21 – **39 ch** 203/225 – P 470 (pour 2 pers.).

- 🏨 **Eden** sans rest, bd É.-Zola (a) ☎ 07.36.37 – ➪wc 🕭 🎨 🅿 E 𝘝𝘐𝘚𝘈 ✿
  - *fermé 20 déc. au 6 janv.* – SC : ☲ 22 – **38 ch** 125/185.

- 🏨 **Campanile** Ⓜ, par ① : 1,5 km rte Istres ☎ 80.14.00, Télex 401378 – 📺 ➪wc ☎ 🅿 – 🔧 50. 𝘝𝘐𝘚𝘈
  - SC : **R** 60 bc/81 bc – ✹ 22 – **42 ch** 182.

- 🏨 **Clair H.** sans rest, bd M.-Cachin (e) ☎ 07.02.43 – ➪wc 🕭wc 🎨 🅿. ✿
  - *fermé 20 déc. au 8 janv.* – SC : ☲ 15 – **39 ch** 60/125.

- ✕✕ **Le Mirabeau,** 8 pl. Mirabeau (k) ☎ 80.52.38 – 𝘝𝘐𝘚𝘈
  - *fermé dim. soir et lundi* – SC : **R** carte environ 150.

- ✕ **Gousse d'Ail,** quai Gén.-Leclerc (s) ☎ 07.13.26 – 🍽. ① 𝘝𝘐𝘚𝘈
  - *fermé 26 août au 16 sept. et dim.* – **R** 50/62.

Alsace-Lorraine (Quai)... 2	J.-J. Rousseau (Bd) 8
Belges (Esplanade des).. 3	Lamartine (Pl.) 9
Denfert (R. Colonel) 4	Libération (Pl. de la) ... 10
Font-Sarade (Chemin de) 5	Lorto (Av. P. di) 12
Gambetta (R.) 6	Tessé (Quai Marcel) 16
Girondins (Quai des) 7	4-Septembre (Cours du) 17

FORD Autom. de Provence, 48 av. F.-Mistral ☎ 81.08.63
PEUGEOT-TALBOT Martigues-Auto, Cacharelle, quart. St-Genest, rte Lavéra par D 49E ☎ 07.09.88
RENAULT Gar. Auto service-Martigues, rte de Fos Quartier St-Jean ☎ 06.09.92
RENAULT Aragon, av. J.-Macé ☎ 07.03.54

RENAULT Gar. du Viaduc, Zone Ind. Sud par D 49 E ☎ 81.12.40
VAG Gar. de la Licorne, Zone Ind. ☎ 81.03.23

🏵 Maison du Pneu, 26 espl. des Belges ☎ 07.07.71 et Zone Ind. Sud
Morcel, chemin Paradis ☎ 80.44.49
Omnicia, Puits de Pouane, N 568 par ☎ 06.63.27

MARTIMPRÉ 88 Vosges **62** ⑰ – rattaché à Gérardmer.

MARTIN-ÉGLISE 76 S.-Mar. **52** ④ G. Normandie – 1 185 h. alt. 11 – ⊠ **76370** Neuville-lès-Dieppe – ✪ 35.

Paris 167 – Blangy 44 – Dieppe 6,5 – Neufchâtel-en-Bray 30 – ♦Rouen 64 – Le Tréport 29.

XX **Aub. Clos Normand** 🅂 avec ch, ⏚ 82.71.01, « Jardin en bordure de rivière » – 🖂wc **P**. 𝔸𝔼 **VISA**. ⚭ ch
fermé lundi soir et mardi ; hôtel fermé du 15 nov. au 1er mars, rest. du 18 déc. au 18 janv. – SC : **R** carte 110 à 170 – � 15 – **8 ch** 90/160.

MARTRES-TOLOSANE 31 H.-Gar. **82** ⑯ G. Pyrénées – 1 925 h. alt. 264 – ⊠ **31220** Cazères-sur-Garonne – ✪ 61.

Paris 760 – Auch 84 – Auterive 45 – Pamiers 68 – St-Gaudens 29 – St-Girons 39 – ♦Toulouse 61.

🏛 **Castet,** face gare ⏚ 90.80.20, 🍽, 🛋, 🌳 – 📺 🖂wc 🛁wc ☎ **P**. ⓪ **VISA**
➜ *fermé 8 au 30 oct.* – SC : **R** *(fermé lundi d'oct. à fin juin)* 44/100 – ⊠ 14 – **18 ch** 85/128 – P 140/160.

MARVEJOLS 48100 Lozère **80** ⑤ G. Auvergne (plan) – 6 013 h. alt. 651 – ✪ 66.

Voir Porte de Soubeyran★.

🛈 Syndicat d'Initiative av. Brazza (juil.-août et fermé dim. après-midi) ⏚ 32.02.14.

Paris 558 – Espalion 72 – Florac 53 – Mende 29 – Millau 73 – Rodez 85 – St-Chély-d'Apcher 33.

🏛 **Europe,** bd Chambrun ⏚ 32.02.31 – 🛗 🖂wc 🛁 ☎ **P**. **E** **VISA**
➜ *15 mars-4 nov. et fermé dim. soir et lundi midi hors sais. sauf fériés* – SC : **R** 40/100 🍷 – ⊠ 16 – **36 ch** 100/150 – P 150/170.

🏛 **Gare et Rochers** 🅂, pl. Gare ⏚ 32.10.58, ⬅ – 🛗 🖂wc 🛁 ☎ 🚗. ⓪ **E**
➜ *fermé 15 janv. au 15 fév.* – SC : **R** *(fermé vend. soir et sam. hors sais.)* 38/95 🍷 – ⊠ 13 – **30 ch** 54/145 – P 120/165.

CITROEN Rel du Gévaudan, ⏚ 32.15.62
CITROEN Gar. du Soubeyran, ⏚ 32.15.62
FORD Garde, ⏚ 32.01.04
OPEL Gar. de la Mairie, ⏚ 32.00.86
PEUGEOT-TALBOT Rouvière, ⏚ 32.00.88

RENAULT Gar. Vigouroux rte de Nasbinals, ⏚ 32.13.25

🛞 Vulc Lozérienne, ⏚ 32.07.11

MARZAL (Aven de) ★★ 07 Ardèche **80** ⑨ G. Vallée du Rhône.

Le MAS-D'AZIL 09290 Ariège **86** ④ – 1 404 h. alt. 292 – ✪ 61.

Voir Grotte★★ S : 1,5 km, G. Pyrénées.

Paris 785 – Auch 112 – Foix 37 – Montesquieu-Volvestre 24 – Pamiers 35 – St-Girons 24.

RENAULT Renaille, ⏚ 68.93.71

MASEVAUX 68290 H.-Rhin **66** ⑧ G. Vosges – 3 328 h. alt. 405 – ✪ 89.

Env. Descente du col du Hundsrück ⬅★★ NE : 13 km.

🛈 Office de Tourisme 36 Fossé Flagellants (juil.-août, fermé sam. après-midi et dim.) ⏚ 82.41.99.

Paris 521 – Altkirch 30 – Belfort 23 – Colmar 57 – ♦Mulhouse 29 – Thann 22 – Le Thillot 37.

XX **Host. Alsacienne** avec ch, r. Foch ⏚ 82.45.25 – 🛁wc **P**. ⓪ **VISA**
fermé 20 juin au 20 juil., vacances de nov. et de fév., dim. soir hors sais. et lundi (sauf hôtel en sais.) – **R** 62/160 🍷 – ⊠ 18 – **9 ch** 95/132 – P 150.

XX **Aigle d'Or** avec ch, pl. G.-Clemenceau ⏚ 82.40.66 – 🛁. ⓪ **E** **VISA**. ⚭ ch
➜ *fermé 10 sept. au 6 oct., 2 au 26 janv., lundi soir et mardi* – SC : **R** 48/130 🍷 – ⊠ 18 – **10 ch** 65/98 – P 105.

MASLACQ 64 Pyr.-Atl. **78** ⑧ – 724 h. alt. 75 – ⊠ **64300** Orthez – ✪ 59.

Paris 787 – Oloron-Ste-Marie 38 – Orthez 10 – Pau 35.

🏛 **Maugouber,** ⏚ 67.60.08, 🌳 – 🛁wc ♿. **E** **VISA**. ⚭ rest
➜ SC : **R** *(fermé sam. et fériés)* 40/150 🍷 – ⊠ 12.50 – **28 ch** 72/156 – P 135/222.

La MASSANA Principauté d'Andorre **86** ⑭ – voir à Andorre.

MASSAT 09320 Ariège **86** ③④ G. Pyrénées – 598 h. alt. 650 – ✪ 61.

Env. Sommet de Portel ⚹★★ NE : 9,5 km puis 15 mn.

Paris 828 – Ax-les-Thermes 56 – Foix 46 – St-Girons 28.

RENAULT Gar. Moles, ⏚ 96.95.34 **N** ⏚ 96.97.00

🛈 Office de Tourisme av. Clermont (15 juin-15 sept.) 📞 23.01.69.

Paris 460 – Aurillac 86 – Brioude 22 – Issoire 38 – Murat 35 – St-Flour 30.

🏨 **Gd H. Poste,** N 9 📞 23.02.01, Télex 990989, 🚗 – 🛎 ⌂wc ⛴wc ☎ ಓ **P** – ⛴
     50. **E** *VISA*
     fermé 5 nov. au 20 déc. et merc. sauf juil. et août – SC : **R** 47/130 – ⌂ 15,50 – **35 ch**
     77/178.

🏨 **Mairie** ⍀, r. A.-Chalvet 📞 23.02.51, 🚗 – ⌂wc ⛴wc ☜ **P**. **E** *VISA*. ⅍ rest
     fermé 10 nov. au 20 déc. et lundi sauf juil.-août – SC : **R** 40/140 – ⌂ 15 – **22 ch**
     89/153 – P 142/166.

CITROEN Auto-Gar., 📞 23.02.23   RENAULT Gar. Delmas, RN89 Le Gravairas 📞
PEUGEOT-TALBOT Richard, 📞 23.02.25   23.02.11

Paris 384 – Chalon-sur-Saône 45 – Charolles 45 – Mâcon 32 – Montceau-les-Mines 40 – Tournus 31.

✗ **Orée du Bois,** D 117 📞 59.05.43, 🚗 – **P** *VISA*. ⅍
   fermé 25 janv. au 29 fév. et merc. – SC : **R** 50/102.

Paris 493 – Baume-les-Dames 51 – ◆Besançon 84 – Montbéliard 12 – Morteau 59.

✗ **Aub. du Vieux Puits,** 📞 35.28.06, 🚗 – **P**
   fermé 20 déc. au 1er fév. et mardi – SC : **R** 58/75 ⅋.

CITROEN Gar. Leyval, 📞 35.28.07

Paris 432 – Dinan 30 – Dol-de-Bretagne 45 – Lamballe 24 – St-Brieuc 45 – St-Cast 6 – St-Malo 31.

🏤 **Poste,** 📞 41.02.31, 🚗 – ⛴wc ✿ –
    fermé 15 au 30 oct., 5 au 20 fév. et sam. du 15 sept. au 1er juin – SC : **R** 40/120 ⅋ –
    🍺 10,50 – **15 ch** 60/100 – P 120/150.

RENAULT Hamon, 📞 41.02.31 **N**

Voir Parc zoologique★ A.

🛈 Office de Tourisme porte de Bavay, av. Parc (fermé dim.) 📞 62.11.93 - A.C. Porte de France, av.
Gare 📞 64.62.34.

Paris 241 ⑤ – Charleville-Mézières 103 ④ – Mons 20 ① – St-Quentin 81 ⑤ – Valenciennes 39 ⑤.

Plan page suivante

🏨 **Mercure** Ⓜ, par ④ : 4 km ⊠ 59720 Louvroil 📞 64.93.73, Télex 110696, ⚊ – ▤
     Ⓣ ☎ ಓ **P** – ⛴ 130. 🗚 ⓪ **E** *VISA*
     R carte environ 80 ⅋ – ⌂ 25 – **59 ch** 238/267.

🏨 **Gd Hôtel,** 1 porte de Paris 📞 64.63.16 – 🛎 Ⓣ ⌂wc ⛴ ☎ **P**. 🗚 ⓪ *VISA*   B b
     R *(fermé dim. soir)* 41/206 ⅋ – ⌂ 18 – **31 ch** 105/230 – P 240/345.

✗✗ **Joseph,** 7 av. J.-Mabuse 📞 64.68.14 – 🗚 ⓪ **E** *VISA*   B h
     fermé 28 août au 4 sept. et mardi – **R** carte 55 à 90 ⅋.

✗✗ **La Langouste,** 27 av. Lt-Colonel-Martin 📞 64.77.10 – 🗚 ⓪ **E** *VISA*. ⅍   B e
     fermé 28 juil. au 25 août, 24 au 31 déc., dim. soir et lundi – SC : **R** 60/100.

     route d'Avesnes par ④ : 5 km – ⊠ 59330 Hautmont :

✗✗ **Aub. Hermitage,** 📞 64.91.15 – **P E** *VISA*
     fermé 1er au 21 août, dim. soir et lundi sauf fêtes – **R** 48/165.

     route de Mons par ① : 7 km – ⊠ 59600 Maubeuge :

✗✗ **Aux Trois Entêtés,** 📞 64.85.29 – **P**. 🗚 ⓪ *VISA*
     fermé 15 au 31 juil., 1er au 15 fév., dim. soir et lundi – SC : **R** 80 bc/160.

ALFA-ROMEO, LADA Gar. de l'Etoile, 69 rte   ✇ Auto-Sécurité, 103 bis r. des Minières 📞
d'Elesmes 📞 64.60.43   64.97.91
CITROEN Deshayes, 18 bd de Jeumont 📞 62.   Pneus et Services D.K. 13 Porte de Paris 📞
07.12   62.17.65
FORD Auto-Service Colau, 11 r. de Keyworth
à Feignies 📞 64.71.09
RENAULT Courtin-Bévierre, 18 rte d'Avesnes
à Louvroil 📞 62.13.01 **N**

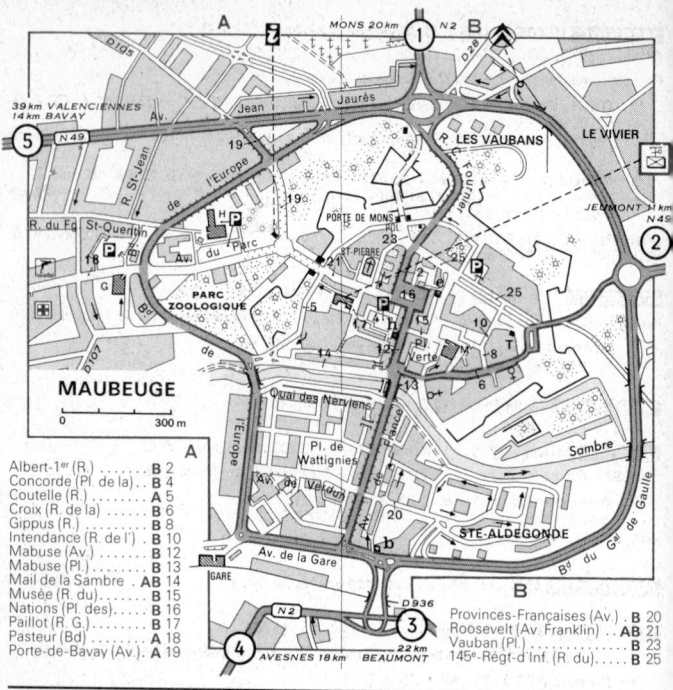

MAUBEUGE

Rue		
Albert-1er (R.)	B	2
Concorde (Pl. de la)	B	4
Coutelle (R.)	A	5
Croix (R. de la)	B	6
Gippus (R.)	B	8
Intendance (R. de l')	B	10
Mabuse (Av.)	B	12
Mabuse (Pl.)	B	13
Mail de la Sambre	AB	14
Musée (R. du)	B	15
Nations (Pl. des)	B	16
Paillot (R. G.)	B	17
Pasteur (Bd)	A	18
Porte-de-Bavay (Av.)	A	19
Provinces-Françaises (Av.)	B	20
Roosevelt (Av. Franklin)	AB	21
Vauban (Pl.)	B	23
145e-Régt-d'Inf. (R. du)	B	25

MAUBUISSON 33 Gironde 71 ⑱ – alt. 15 – ✉ 33121 Carcans – ☎ 56.
Paris 635 – ♦Bordeaux 58 – Lacanau-Océan 14 – Lesparre-Médoc 37.

🏨 **Lac,** ☎ 03.30.03, 🚲 – 🛁wc **ⓟ**
sais. – **39 ch.**

à Carcans-Plage NO : 4,5 km par D 3E – ✉ 33121 Carcans-Ville :

🏨 **Océan,** ☎ 03.31.13 – 🛁wc ⓐ. **E**
15 mars-30 sept. – SC : **R** carte 65 à 115 – ☲ 14 – **14 ch** 164 – P 164/171.

MAULÉON 79700 Deux-Sèvres 67 ⑤⑥ – 3 161 h. alt. 187 – ☎ 49.
Paris 372 – Cholet 23 – ♦Nantes 74 – Niort 80 – Parthenay 54 – La Roche-sur-Yon 66 – Thouars 46.

🏨 **Europe,** 15 r. Hôpital ☎ 81.40.33 – 🛁wc 🛁 🚗
➜ fermé 20 déc. au 1er fév. et lundi du 15 sept. au 30 juin – SC : **R** 46/110 🛢 – ☲ 13 –
11 ch 65/165 – P 165/250.

🏨 **Terrasse,** 7 pl. Terrasse ☎ 81.47.24 – 🛁 🚗. **E** 💳
➜ fermé 3 fév. au 11 mars, dim. soir, vend. soir et sam. du 1er sept. au 30 juin – SC : **R**
50/100 – ☲ 11 – **15 ch** 62/115 – P 162/175.

RENAULT Gar. Lebeau, ☎ 81.40.53 **N**

MAULÉON-LICHARRE 64130 Pyr.-Atl. 85 ④⑤ G. Pyrénées – 4 308 h. alt. 141 – ☎ 59.
🛈 Office de Tourisme 12 r. J.-B.-Heugas (fermé après-midi hors saison et sam.) ☎ 28.02.37.
Paris 817 – Oloron-Ste-M. 30 – Orthez 40 – Pau 63 – St-Jean-Pied-de-Port 40 – Sauveterre-de-B. 28.

🏨 **Bidegain,** r. Navarre ☎ 28.16.05, 🚲 – 🛁wc ⓐ 🚗. 🆎 ① 💳
➜ fermé 24 au 30 nov., 15 déc. au 15 janv. ; hors sais. : vend. soir, fériés (sauf hôtel) et
dim. – SC : **R** 45/120 🛢 – ☲ 13 – **30 ch** 80/175 – P 160/225.

🏨 **Host. du Château,** r. Navarre ☎ 28.19.06 – 🛁wc ⓐ 🚗 **ⓟ**
➜ fermé 10 janv. au 10 fév. – SC : **R** 50/90 – ☲ 13 – **36 ch** 120/140 – P 150.

🏨 **Ekhi-Éder,** pl. de la Liberté ☎ 28.16.23, 🚲 – 🛁wc 🛁wc ⓐ **ⓟ** 💳
➜ fermé 20 sept. au 8 oct. – SC : **R** (fermé dim. hors sais.) 50/100 🛢 – ☲ 15 – **20 ch**
70/130 – P 160/190.

CITROEN Gar. Sarrazin, ☎ 28.10.97 **N** ☎ 28.
17.46
PEUGEOT Sarlang, ☎ 28.07.61

PEUGEOT, TALBOT Armagnague, ☎ 28.03.92
RENAULT Cachés, à Chéraute ☎ 28.18.28
RENAULT Gar. le Rallye, ☎ 28.13.70

MAULETTE 78 Yvelines 🔲 ⑧, 🔲 ⑭ – rattaché à Houdan.

MAURE-DE-BRETAGNE 35330 I.-et-V. 🔲 ⑤⑥ – 2 496 h. alt. 35 – ۞ 99.
Paris 384 – Châteaubriant 57 – Ploërmel 33 – Redon 35 – ◆Rennes 38.

🏛 **Centre** Ⓜ sans rest, 2 pl. Poste ☎ 34.91.52 – 🚻wc 🗑wc 🕿 🚗
SC : ⊊ 15 – **21 ch** 85/170.

PEUGEOT, TALBOT Gar. Lecoq, ☎ 34.92.44

MAUREPAS 78310 Yvelines 🔲 ⑨, 🔲 ㉘ – 18 786 h. alt. 170 – ۞ 3.
Paris 40 – Dreux 52 – Mantes-la-Jolie 37 – Montfort-L'Amaury 13 – Rambouillet 19 – Versailles 19.

🏯 **Mercure Versailles Maurepas** Ⓜ, ville nouvelle E : 5 km, 1 rocade Camargue
☎ 051.57.27, Télex 695427 – 🛗 📺 🕿 🅿 – 🔬 200. 🖭 ① 🖻 𝘷𝘪𝘴𝘢
R carte environ 90 🛢 – ⊊ 23 – **91 ch** 265/292.

MAURES (Massif des) ★★★ 83 Var 🔲 ⑯⑰⑱ G. Côte d'Azur.

MAURIAC ◈ 15200 Cantal 🔲 ① G. Auvergne (plan) – 4 776 h. alt. 722 – ۞ 71.
Voir Basilique★.
Env. Barrage de l'Aigle★★ : 11 km par ④, G. Périgord.
🗗 Office de Tourisme pl. G. Pompidou (15 juin-15 sept. et fermé dim.) ☎ 68.01.85.
Paris 486 – Aurillac 56 – Le Mont-Dore 77 – ◆Clermont-Ferrand 113 – Le Puy 192 – Tulle 70.

🏛 **Écu de France**, 6 av. Ch.-Périé ☎ 68.00.75 – 🚻wc 🗑wc 🕿. 🞕 ch
16 mars-31 déc. et fermé dim. hors sais. – SC : **R** 55/130 – ⊊ 17 – **26 ch** 100/200 –
P 160/210.

🏛 **Central**, (Annexe 🏛 Ⓜ - 13 ch 🛗 🖛 📺 🚻wc 🗑 🕿), r. République ☎
68.01.90 – 🚻 🖻 𝘷𝘪𝘴𝘢. 🞕 ch
SC : **R** (fermé 10 au 30 nov. et lundi du 1er oct. au 31 mai) 54/78 – ⊊ 16,50 – **35 ch**
93/162 – P 151/195.

🏛 **Voyageurs et Bonne Auberge**, rte Aurillac ☎ 68.01.01 – 🚻wc 🗑wc 🕿. 🞕
SC : **R** 51/97 – ⊊ 18 – **20 ch** 83/172 – P 175/245.

à Chalvignac NO : 9 km par D 678 et D 105 – 🖂 15200 Mauriac :

🞩 Host. de la Bruyère 🕽 avec ch, ☎ 68.11.46, ≤, parc – 🚻wc 🗑 🅿
sais. – **9 ch**.

CITROEN Tillet, ☎ 68.03.53 🔳   🟤 Haag, ☎ 68.09.81
PEUGEOT-TALBOT Mouret, ☎ 68.06.24
RENAULT Balmisse, à Le Vigean ☎ 68.06.77

MAURON 56430 Morbihan 🔲 ⑮ – 3 365 h. alt. 81 – ۞ 97.
Paris 408 – Dinan 48 – Josselin 27 – Loudéac 43 – Redon 60 – St-Brieuc 68 – Vannes 66.

🏯 **Brambily**, pl. Mairie ☎ 22.61.67 – 🚻wc 🗑 🕿
fermé 15 sept. au 15 oct., dim. soir et lundi – SC : **R** 38/85 – ⊊ 15 – **19 ch** 58/125.

CITROEN Payoux, ☎ 22.60.21

MAURS 15600 Cantal 🔲 ⑪ G. Auvergne – 2 582 h. alt. 280 – ۞ 71.
Voir Buste-reliquaire★ dans l'église.
🗗 Office de Tourisme pl. Champ de Foire (15 juin-15 sept.) ☎ 46.73.72.
Paris 581 – Aurillac 45 – Entraygues-sur-Truyère 49 – Figeac 22 – Rodez 60 – Tulle 98.

🏛 **Périgord** Ⓜ 🕽, av. Gare ☎ 49.04.25 – 🚻wc 🕿 🚗 🅿. 🖻. 🞕 rest
fermé nov. – SC : **R** (fermé vend. soir et sam.) 50/100 – ⊊ 20 – **17 ch** 120/130 – P
160/180.

🏯 **Plaisance**, pl. Champ-de-Foire ☎ 49.02.47 – 🖻. 🞕 rest
fermé 1er au 20 oct. et sam. d'oct. à mai – SC : **R** 35/100 – ⊊ 15 – **10 ch** 75/100 – P
120/150.

CITROEN Gar. Central, ☎ 46.01.95   RENAULT Gar. Lavigne, ☎ 49.00.20
PEUGEOT-TALBOT Balitrand, ☎ 49.02.04 🔳

MAUSSANE-LES-ALPILLES 13520 B.-du-R. 🔲 ① – 1 514 h. alt. 28 – ۞ 90.
Paris 718 – Arles 19 – ◆Marseille 82 – Martigues 44 – St-Rémy-de-P. 9,5 – Salon-de-Provence 28.

🏛 **Touret** Ⓜ 🕽 sans rest, ☎ 97.31.93, 🏊 – 🗏 🚻wc 🗑wc 🕿 🅿. 🞕
fermé fév. – SC : ⊊ 17 – **16 ch** 180/200.

🏛 **L'Oustaloun**, ☎ 97.32.19 – 🚻wc 🗑wc 🅿. ⑩
SC : **R** (fermé 2 janv. au 15 mars et merc.) 77 🛢 – ⊊ 18 – **12 ch** 92/210.

🞩🞩 **La Pitchoune**, ☎ 97.34.84
fermé fév. et jeudi – SC : **R** 45/100.

669

MAUVEZIN 32120 Gers 82 ⑥ – 1 707 h. alt. 157 – ✪ 62.
Paris 712 – Agen 71 – Auch 30 – Montauban 56 – ♦Toulouse 59.

X **La Rapière,** ☎ 06.80.08 – ◑ E VISA. ✂
➜ *fermé oct., merc. et sam. midi sauf juil.-août* – SC : **R** 49/160 ♁.

RENAULT Gar. Douard ☎ 06.80.11

MAUVEZIN-SUR-GUPIE 47 L.-et-G. 79 ③ – rattaché à Marmande.

MAUZAC 24 Dordogne 75 ⑮⑯ – 678 h. alt. 49 – ✉ **24150** Lalinde – ✪ 53.
Paris 549 – Bergerac 29 – Brive-la-Gaillarde 95 – Périgueux 63 – Sarlat-la-Canéda 53.

🏨 **La Métairie** ⛰, à Millac N : 2,5 km ☎ 22.50.47, ←, ☂, parc, ⛱ – ⇔wc ⋒wc ☎ Ⓟ. AE E
20 avril-15 oct. – SC : **R** 107/170 – ☕ 32 – **10 ch** 268/332 – P 309/458.

🏨 **Poste,** ☎ 22.50.52, ←, ☂ – ⇔wc Ⓟ. VISA
➜ *1er mars- 31 oct.* – SC : **R** 38/120 – ☕ 11,50 – **18 ch** 90/180 – P 140/160.

MAUZÉ-SUR-LE-MIGNON 79210 Deux-Sèvres 71 ② – 2 409 h. alt. 21 – ✪ 49.
Paris 427 – Niort 23 – Rochefort 37 – La Rochelle 40.

⌂ **Relais de la Fourche en Pré,** rte de Niort ☎ 26.32.36 – ⋒ Ⓟ. ✂
➜ *fermé 18 déc. au 7 janv., 19 fév. au 4 mars, dim. soir et lundi sauf du 14 juil. au 15 août* – SC : **R** 45/81 ♁ – ☕ 13 – **9 ch** 59/92 – P 150.

⌂ **France,** ☎ 26.30.15 – ⇔wc Ⓟ. ✂ ch
➜ *fermé 20 déc. au 10 janv., sam. soir et dim. d'oct. à fin mars* – SC : **R** 37/69 ♁ – ☕ 11,50 – **8 ch** 55/79 – P 125/140.

Garage Gueret, ☎ 26.30.78

MAVALEIX 24 Dordogne 72 ⑯ – rattaché à La Coquille.

MAYENNE ⟨SP⟩ **53100** Mayenne 59 ⑳ **G. Normandie** – 14 298 h. alt. 124 – ✪ 43.
Voir Ancien château ←* **B**.

ℹ Office de Tourisme pl. 9-juin-1944 (fermé après-midi hors saison et dim.) ☎ 04.19.37.

Paris 284 ② – Alençon 61 ② – Flers 56 ① – Fougères 44 ⑤ – Laval 30 ④ – ♦Le Mans 89 ④.

MAYENNE

Briand (R. Aristide) 4
Gaulle (R. Ch. de) 14
St-Martin (R. et ⊟) 28
Sergent-Louvier (R.) 29

Anatole-France (Bd) 2
Bretagne (R. de) 3
Carnot (Quai) 5
Chateaubriand (R.) 6
Cheverus (Pl.) 7
Du-Guesclin (R.) 8
Gambetta (Pl.) 13
Jules-Ferry (R.) 15
Herce (Pl. de) 16
Hoche (Av.) 17
Montigny (Bd de) 18
Normandie (R. de) 20
Notre-Dame (⊟) 21
Papin (R. Denis) 22
Pavé-Morin (R. du) 23
République (Quai de la) 24
Roullois (R.) 25
Vallées (R. des) 32
Verdun (R. de) 33
8-Mai-1945 (Pl. du) 35
130e R.-I. (R. du) 36

Utilisez le guide de l'année.

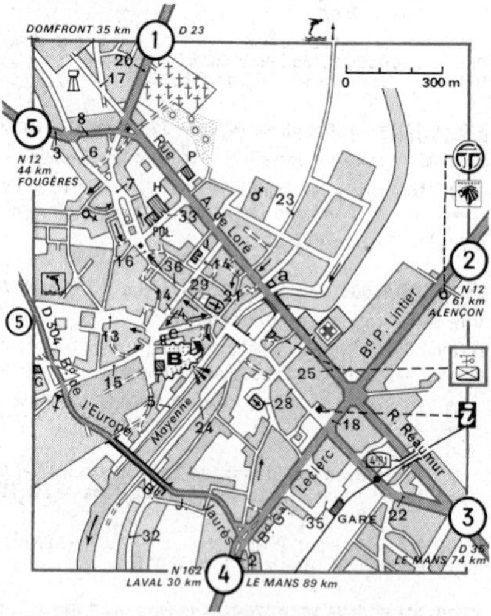

🏨 **Gd Hôtel,** 2 r. A.-de-Loré **(a)** ☎ 04.37.35 – ⇔wc ⋒wc ☎ 🚗 Ⓟ. E VISA
fermé 25 déc. au 8 janv., vend. soir et sam. du 3 nov. au 28 fév. – SC : **R** 61/109 – ☕ 18 – **29 ch** 87/208 – P 205/260.

🏨 **Voyageurs,** 17 pl. G.-Clemenceau **(e)** ☎ 04.37.83 – ⇔
➜ *fermé dim.* – SC : **R** 44 ♁ – ☕ 11 – **10 ch** 60/100 – P 165/195.

XXX **Croix Couverte** Ⓜ avec ch, par ② : 1,5 km ☎ 04.32.48, ☂ – ⇔wc ⋒wc ☎ Ⓟ. AE E VISA
SC : **R** 58/98 ♁ – ☕ 15 – **11 ch** 110/180 – P 200/220.

BMW Bassaler, 92 r. P.-Lintier ☎ 04.15.84 🅽 ☎ 69.32.32
CITROEN Succursale, rte d'Ernée par ⑤ ☎ 04.36.71 🅽 ☎ 04.34.72
PEUGEOT-TALBOT Mallecot, 622 bd P. Lintier ☎ 04.10.76
RENAULT Mayenne-Auto av Gutemberg par ③ ☎ 04.58.86
VAG Rel. des Pommeraies, rte de Laval ☎ 04.26.40

Ⓜ Beloir, 390 bd P.-Lintier ☎ 04.19.47

MAYET **72360 Sarthe 64 ③ – 2 876 h. alt. 74 – ✪ 43.**

Voir Forêt de Bercé★ NE : 5 km, G. Châteaux de la Loire.

Paris 228 – Château-la-Vallière 29 – La Flèche 31 – ♦Le Mans 29 – ♦Tours 59 – Vendôme 80.

✕ **Aub. des Tilleuls,** pl. Hôtel de Ville ☎ **44.60.12**
fermé 16 au 30 août et merc. – **SC : R** (déj. seul. sauf sam. déj. et dîner) 69/89 ♨.

✕ **0.20.100.0** avec ch, r. E.-Termeau ☎ **44.60.40,** 🚗 – **Ⓟ**. ✂
fermé 1er au 10 juil., 1er au 15 oct., 15 au 30 janv., dim. soir et vend. – **SC : R** 42/80 ♨ – ☕ 14 – **6 ch** 70/80 – P 115/120.

Le MAYET-DE-MONTAGNE **03250 Allier 73 ⑥ G. Auvergne – 1 941 h. alt. 545 – ✪ 70.**

Paris 367 – Lapalisse 23 – Moulins 73 – Roanne 49 – Thiers 43 – Vichy 26.

Relais du Lac, S : 0,5 km sur D 7 ☎ **59.70.23,** ≤ – **Ⓟ**. ✂
fermé oct. – **SC : R** 40/80 ♨ – ☕ 17 – **10 ch** 70/90 – P 130.

CITROEN Gar. St-Christophe ☎ 41.70.42
RENAULT Tartarin, ☎ 41.70.61

MAZAGRAN **57 Moselle 57 ⑭ – rattaché à Metz.**

Lion d'Or	**Si le nom d'un hôtel figure en petits caractères demandez, à l'arrivée, les conditions à l'hôtelier.**

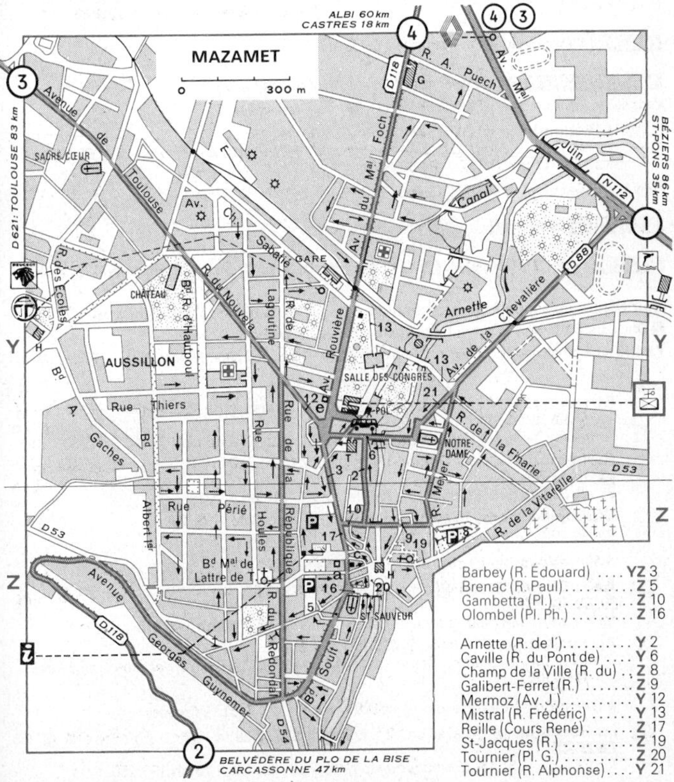

Barbey (R. Édouard) .... YZ 3
Brenac (R. Paul) .... Z 5
Gambetta (Pl.) .... Z 10
Olombel (Pl. Ph.) .... Z 16

Arnette (R. de l') .... Y 2
Caville (R. du Pont de) .... Y 6
Champ de la Ville (R. du) .. Z 8
Galibert-Ferret (R.) .... Z 9
Mermoz (Av. J.) .... Y 12
Mistral (R. Frédéric) ...... Y 13
Reille (Cours René) .... Z 17
St-Jacques (R.) .... Z 19
Tournier (Pl. G.) .... Z 20
Tournier (R. Alphonse) .... Y 21

MAZAMET 81200 Tarn 🞍🞍 ⑪⑫ G. Causses – 13 337 h. alt. 241 – ✪ 63.

🖫 de la Barouge ⬆ 61.08.00 par ① : 3,5 km.

🛈 Office de Tourisme Maison Fuzier, r. des Casernes (fermé dim. et lundi hors sais.) ⬆ 61.27.07
A.C. square Tournier ⬆ 61.27.07.

Paris 751 ④ – Albi 60 ④ – Béziers 86 ① – Carcassonne 47 ② – Castres 18 ④ – ◆Toulouse 82 ③.

Plan page précédente

🏠 **Le Gd Balcon** Reconstruction après sinistre - réouverture nov. 84, square G.-Tournier ⬆ 61.01.15 – 🛗 ⇔wc 🛗wc ☎ – 🛃 80   Z a
   25 ch.

🏠 **H. Jourdon,** 7 av. A.-Rouvière ⬆ 61.56.93 – 📺 ⇔wc 🛗wc. 𝗩𝗜𝗦𝗔 ✂   Y e
   SC : **R** (fermé dim. soir, dim. midi et soir en août) 51/185 ⅃ – ⇌ 20 – **11 ch** 170/190
   – P 250.

   à Bout-du-Pont-de-Larn par ① et D 54 : 2 km – ✉ 81660 Pont-de-Larn :

XXX **La Métairie Neuve** 🅜 ⅋ avec ch, ⬆ 61.23.31, 🌭 – ⇔wc ☎ 🅿. 🔘 𝗩𝗜𝗦𝗔
   fermé 1er au 15 août et 20 déc. au 10 janv. – SC : **R** (fermé sam.) 70/200 ⅃ – ⇌ 24 –
   7 ch 163/198 – P 368.

   par ①, D 109 et D 54 : 5 km – ✉ 81660 Pont-de-Larn :

🏠 **Host. du Château de Montlédier** 🅜 ⅋, ⬆ 61.20.54, ≤, « Parc » – 🅿 – 🛃
   60. 🅰🅴 🔘 𝗩𝗜𝗦𝗔 ✂ rest
   fermé janv. – SC : **R** (fermé dim. midi et lundi midi) 120/220, dîner à la carte – ⇌ 30
   – **10 ch** 300/400.

ALFA-ROMEO, OPEL Auto Garage, 11 r. Cormouls-Houlès ⬆ 61.06.94
BMW Gar. C.I.P.L., à Caucalières ⬆ 61.29.44
CITROEN Nègre, Zone Ind. Rougearié à Aussillon par ③ ⬆ 61.39.41
FORD Amalric et Raynaud, 19 r. Nouvela ⬆ 61.04.22
PEUGEOT, TALBOT Gd Gar. Gare, av. Ch.-Sabatier ⬆ 61.01.89

RENAULT Labessant, av. Mal Juin ⬆ 61.13.19
V.A.G. Gar. Guiraud av. de Toulouse à Aussillon ⬆ 61.05.94

🅦 Cousinié-Pneus, 14 rue République ⬆ 61.80.17
Martin, 11 r. Meyer ⬆ 61.00.77
P.A.P.I.-Pneus, N 112, La Richarde ⬆ 61.07.32
Solapneu, 29 av. Mal Juin ⬆ 61.08.98

MAZAN 84 Vaucluse 🞍🞍 ⑬ – rattaché à Carpentras.

MAZET-ST-VOY 43520 Hte-Loire 🞍🞍 ⑧ – 1 106 h. alt. 1 043 – ✪ 71.
Paris 588 – Lamastre 37 – ◆St-Étienne 69 – Le Puy 40 – Yssingeaux 17.

🏠 **L'Escuelle,** ⬆ 65.00.51, 🌭 – ⇔wc 🛗wc ☎. **E**
◆   fermé janv. à début fév., dim. soir et lundi du 15 sept. au 15 juin – SC : **R** 45/80 ⅃ –
   ⇌ 15 – **11 ch** 88/132 – P 130/160.

RENAULT Gar. Ruel, ⬆ 65.01.92 🄽 ⬆ 65.03.55

MÉAUDRE 38 Isère 🞍🞍 ④ – rattaché à Autrans.

MEAUX ⬙ 77100 S.-et-M. 🞍🞍 ⑫⑬, 🞍🞍🞍 ㉒㉓ G. Environs de Paris – 45 873 h. alt. 52 –
✪ 6.

Voir Centre épiscopal★ ABY : cathédrale★ B, ≤★ de la terrasse des remparts.

🛈 Office de Tourisme 2 r. Notre-Dame (fermé dim. et lundi) ⬆ 433.02.26.
Paris 53 ③ – Châlons-s.-M. 117 ② – Compiègne 69 ⑤ – Melun 57 ③ – ◆Reims 96 ② – Troyes 141 ②.

Plan page ci-contre

🏠 **Sirène** ⅋, 33 r. Gén.-Leclerc ⬆ 434.07.80, demeure du 18e siècle – ⇔wc ☎ 🅿
   – 🛃 60. 🅰🅴 🔘 𝗩𝗜𝗦𝗔   BY a
   fermé fév. – SC : **R** (fermé dim. soir) 105/280 – ⇌ 22 – **16 ch** 165/240 – P 250/370.

🏠 **Richemont** 🅜, quai Grande Ile ⬆ 025.12.10, ≤, 🌭 – 🛗 ⇔wc ☎ & ⇌ 🅿 –
   🛃 25. **E** 𝗩𝗜𝗦𝗔   AZ s
   SC : **R** (fermé dim. et fériés) 57/75 ⅃ – ⇌ 23 – **42 ch** 173/196.

XX **Champ de Mars,** 16 av. Victoire par ② ⬆ 433.13.96 – **E** 𝗩𝗜𝗦𝗔
   fermé août, lundi soir et mardi – **R** carte 130 à 195.

   à Varreddes par ① : 6 km – ✉ 77910 Varreddes :

XXX **Aub. Cheval Blanc** 🅜 avec ch, N 36 ⬆ 433.18.03, 🌭 – ⇔wc 🛗wc ☎ 🅿 – 🛃
   30. 🅰🅴 🔘 𝗩𝗜𝗦𝗔
   fermé août, dim. soir et lundi – SC : **R** 150 – ⇌ 25 – **10 ch** 175/215.

X **Au Petit Nain,** 7 r. Orsoy ⬆ 433.18.12 – **E** 𝗩𝗜𝗦𝗔
   fermé 17 juil. au 9 août, vacances de fév., mardi soir, jeudi soir et merc. sauf fêtes –
   SC : **R** 54/135.

   à Germigny-l'Évêque par ① et D 97 : 8 km – ✉ 77910 Varreddes :

XXX **Le Gonfalon** 🅜 ⅋ avec ch., 2 r. Église ⬆ 025.29.29, ≤, 🌭 – 📺 ⇔wc ☎ 🅿. 🅰🅴
   🔘 **E** 𝗩𝗜𝗦𝗔
   fermé janv. – SC : **R** (fermé lundi soir) 160/280 – ⇌ 20 – **10 ch** 190/250.

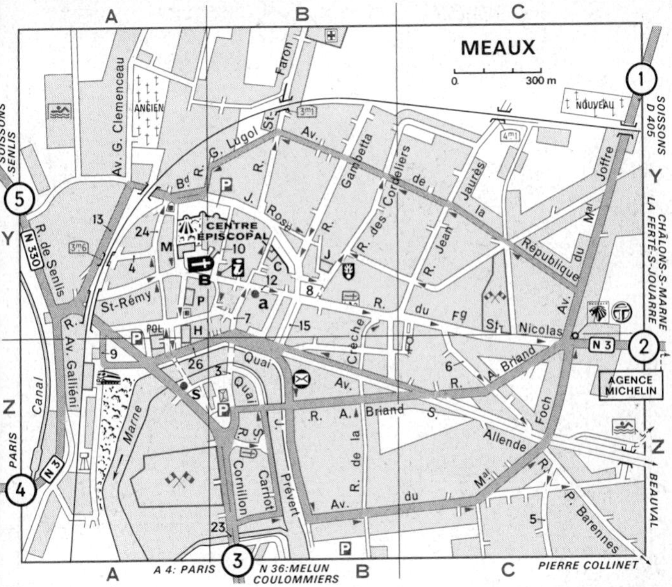

Berge (R. Cdt) .... BZ 3
Grand-Cerf (R. du) ...... BY 7
Leclerc-et-de la-2e-D.-B. (R. Gén.) .. BY 12
St-Étienne (Pl. et ⊕) .. ABY B
St-Nicolas (R. du Fg) .... CY
St-Rémy (R.) .... AY
Courteline (R. G.) .... AY 4
Dunant (Av. H.) .... CZ 5
Fublaines (R. de) .... CZ 6
Henri-IV (Pl.) .... BY 8
Lafayette (Pl.) .... AZ 9
Notre-Dame (R.) .... BY 10
N.-D. de Meaux (⊕) .... BZ
Pinteville (Cours) .... AY 13
Raoult (Bd) .... BY 15
St-Jean-Bosco (⊕)..... CZ
St-Nicolas (⊕) .... BY
Tessan (R. François-de) . BZ 23
Ursulines (R. des) ...... AY 24
Victor-Hugo (Quai) ..... AZ 26

à Sancy-lès-Meaux par ③ et D 228 : 12 km – ✉ **77580** Crécy-la-Chapelle :

🏨 **La Catounière** 🐌, 1 r. Église ☎ 025.71.74, ←, 🌳, « Parc », 🏊, 🎾 – 📺 🛁wc ☎ Ⓟ. AE ⓓ E
fermé 20 au 31 août, 12 au 30 nov., sam. et dim. en déc. et janv. – SC : **R** *(fermé dim. soir)* carte 130 à 200 – ☕ 23 – **11 ch** 190/210.

MICHELIN, Agence, 5 avenue de Meaux à Poincy par ② ☎ **433.19.76**

ALFA ROMEO Trouble, 21 r. Sadi Carnot à Villenoy ☎ 434.07.44
BMW, TOYOTA S.O.D.I.A. 57 r. Cdt-Berge ☎ 434.22.59
CITROEN Pipart, 101 av. de la Victoire, Zone Ind. par ② ☎ 434.90.90
FIAT, LANCIA-AUTOBIANCHI Gar. de la Résidence, 20 av. H.-Dunant ☎ 434.10.25
FORD Gar. Brie et Picardie, 44 r. de la Crèche ☎ 434.06.51
LADA, SKODA Gar. Saintard, 155 r. du Fg-St-Nicolas ☎ 433.26.33
MERCEDES-BENZ Compagnon, 137 av. de la Victoire ☎ 433.05.52
OPEL Meaux Autom., 40, r. des Cordeliers ☎ 025.32.00
PEUGEOT Métin, 81 av. Roosevelt par ② ☎ 433.20.00
PEUGEOT-**TALBOT** SAGEM, 2 av. Joffre ☎ 009.20.67
RENAULT Vance, 37 av. Roosevelt par ② ☎ 434.90.76
V.A.G. Gar. Carnot, 26 av. F.-Roosevelt ☎ 025.10.66

Ⓜ Central-Pneumatiques, Zone Ind. 57 av. de la Victoire ☎ 433.25.22
Ets Vernières, 101 r. du Fg-St-Nicolas ☎ 434.44.48
Ile-de-France Pneum., 180 r. du Fg-St-Nicolas ☎ 433.29.79

MEGÈVE **74120** H.-Savoie **74** ⑦⑧ **G. Alpes** – 5 375 h. alt. 1 113 – Sports d'hiver : 1 113/2 040 m 🚡4 ⛷33, ⛷ – Casino AY – ⛸ 50.

Voir Rochebrune Super-Megève ✳★ **1 km puis téléphérique** AZ.

Env. Mont d'Arbois, au terminus du téléphérique ✳★★★ BZ.

⛳18 **du Mont d'Arbois** ☎ **21.29.79, E : 2 km** BY.

Altiport de Megève-Mont-d'Arbois ☎ **21.41.33, SE : 7 km** BZ.

ℹ Office de Tourisme r. Poste (fermé dim. et fêtes hors saison) ☎ 21.27.28, Télex 385532 et réservations hôtels ☎ 21.29.52 -.

Paris 610 ① – Albertville 31 ② – Annecy 60 ② – Chamonix 36 ① – ♦Genève 69 ①.

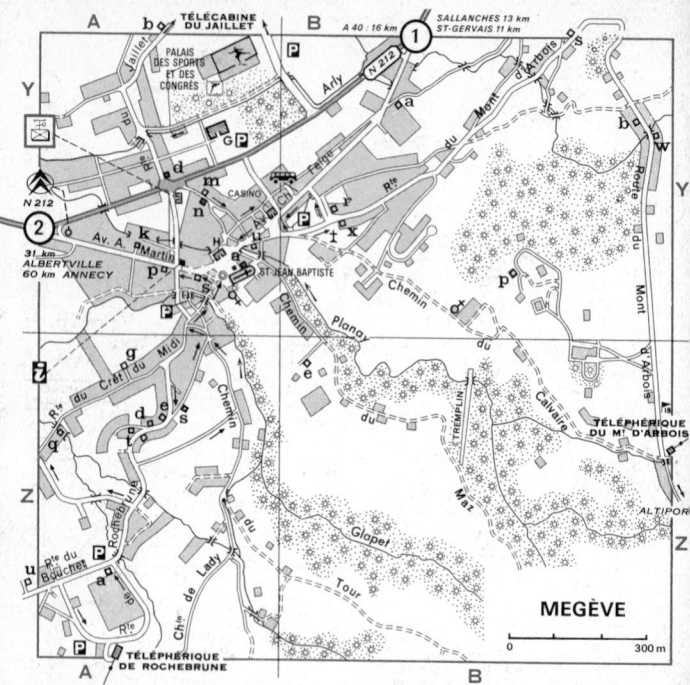

🏨🏨🏨 **Mont-Blanc** Ⓜ, Place de l'Église ☎ 21.20.02, Télex 385854, « Élégante décoration
et rest. sur terrasse intérieure », ⊿ – ▯ cuisinette ☎ 🕹 ☜ – ⚓ 40. 🆎 ⓪ 🄴
VISA
AY **s**
fermé 29 avril au 8 juin – SC : **R** 130/180 **Les Enfants Terribles** fresques de J. Cocteau
R carte 160 à 240 – � 50 – **43 ch** 500/1 400, 8 appartements – P 950/1 250.

🏨🏨 **Chalet-Mt-d'Arbois** Ⓜ ≫, rte Mt-d'Arbois ☎ 21.25.03, <, 🌹, 🌼, ✕ – 📺
☎ ⓟ. 🆎 ⓪ 🄴 **VISA**. 🛇 rest
BY **p**
fermé 24 avril au 16 juin – SC : **R** 170 – **12 ch** ⊡ 630/795 – P 760/830.

🏨🏨 **Le Triolet** ≫, rte Bouchet ☎ 21.08.96, <, « Beau chalet fleuri », 🌹 – ☎ ☜.
VISA. 🛇 rest
AZ **u**
mi juin-mi sept. et début déc.-Pâques – SC : **R** 130/220 – ⊡ 40 – **10 ch** 400/600, 3
appartements – P 600/850.

🏨🏨 **Coin du Feu,** rte Rochebrune ☎ 21.04.94, < – ▯ ☎. **VISA**. 🛇 rest
AZ **t**
25 juin-10 sept. et 18 déc.-Pâques – SC : **R** snack le soir – **24 ch** ⊡ 250/420.

🏨🏨 **La Résidence** Ⓜ ≫ sans rest, rte Bouchet ☎ 21.39.33, Télex 385164, <, ⊿, ✕ –
▯ 📺 ☜ – ⚓ 50
AZ **a**
sais. – **56 ch.**

🏨🏨 **Vieux Moulin,** ☎ 21.22.29, 🌺, ⊿, 🌹 – ☎ ⓟ. 🛇 rest
AY **k**
15 mai-25 sept. et 15 déc.-15 avril – SC : **R** 105 et déj. à la carte – **33 ch** ⊡ 210/380.

🏨🏨 **Parc** sans rest, ☎ 21.05.74, <, 🌹 – ▯ ⓟ
AY **m**
fin juin-début sept. et Noël-Pâques – SC : **48 ch** ⊡ 245/380.

🏨🏨 **Beau Site,** rte Mt-d'Arbois ☎ 21.07.78, <, 🌹 – ▯ ☎ ⓟ. 🛇
BY **w**
début juil.-début sept. et 20 déc.-Pâques – SC : **R** 85/120 – ⊡ 21 – **27 ch** 110/270 –
P 185/300.

🏨🏨 **Mont-Joly** ≫, rte Crêt du Midi ☎ 21.26.14, 🌺, 🌹 – ☎ ⓟ. ⓪. 🛇
AZ **q**
1ᵉʳ juin-15 sept. et 20 déc.-10 avril – SC : **R** 110/160 – ⊡ 25 – **25 ch** 260/350 – P
300/375.

🏨 **Fer à Cheval,** rte du Crêt ☎ 21.30.39, 🌹 – ▯ ☐wc ▯wc ☎ ⓟ. **VISA**
BY **a**
28 juin-12 sept. et 15 déc.-Pâques – SC : **R** snack (dîner seul.) carte environ 85 –
29 ch ⊡ 220/377.

🏨 **Castel Champlat,** ☎ 21.25.49, 🌹 – ☐wc ☜ ⓟ. 🛇
AY **p**
mi juil.-fin août et Noël-début avril – SC : **R** snack le soir en hiver – **19 ch** ⊡ 187/418.

🏨 **St-Jean** Ⓜ ≫, chemin du Maz ☎ 21.24.45, <, 🌹 – ☐wc ▯wc ☜ ⓟ. 🛇
1ᵉʳ juil.-fin sept. et 17 déc.-Pâques – SC : **R** 65 – ⊡ 20 – **19 ch** 130/235 – P 225/250.
BZ **e**

🏨 **Coeur de Megève,** 𝓟 21.25.30 – 🖳 ➲wc 🏚wc ☎. ❄️   AY **u**
fermé mai – SC : **R** snack en hiver – **28 ch** ☲ 160/375.

🏨 **L'Hostellerie,** rte Rochebrune 𝓟 21.23.08, ← – ➲wc 🏚wc ☎. [VISA]   AZ **e**
15 mai-15 sept. et déc.-Pâques – SC : **R** 75/125 – ☲ 18 – **14 ch** 195/265 – P
240/265.

🏨 **Sapins,** rte Rochebrune 𝓟 21.02.79, 🛋 – ➲wc 🏚wc ☎. ❄️ rest   AZ **s**
20 juin-10 sept. et 20 déc.-20 avril – SC : **R** 85/140 – ☲ 19 – **20 ch** 146/224 – P
240/260.

🏯 **Clos Joli,** rte Sallanches par ① 𝓟 21.20.48 – ➲wc 🏚wc ☎ **P**. **E**. ❄️ rest
fermé 31 oct. au 10 déc. – SC : **R** 50/54 – ☲ 17 – **24 ch** 100/200 – P 210/225.

🏨 **La Patinoire** sans rest, rte Mont-d'Arbois 𝓟 21.11.33 – [TV] ➲wc ☎   BY **x**
SC : ☲ 14 **ch** 125/250.

🏠 **L'Estellan,** rte Mt-d'Arbois 𝓟 21.03.48, ←, 🛋 – ➲wc 🏚wc ☎. ❄️ rest   BY **s**
20 juin-30 août et 20 déc.-30 avril – SC : **R** (pens. seul.) – **17 ch** ☲ 220/240 – P
220/250.

🏠 **Fleur des Alpes,** rte Jaillet 𝓟 21.11.42, ←, 🛋 – ➲wc 🏚 ☎ **P**. ❄️ rest   AY **b**
20 juin-15 sept. et 1er déc.-20 avril – SC : **R** 45/100 – ☲ 17 – **20 ch** 175/225 – P
235/265.

🏠 **Perce Neige,** rte Rochebrune 𝓟 21.22.13, ← – ➲wc ☎ **P**   AZ **t**
1er juil.-30 sept. et 20 déc.-10 avril – SC : **R** 62 – ☲ 19 – **20 ch** 110/200 – P 178/230.

🏠 **Nid du Mage,** rte Mt-d'Arbois 𝓟 21.13.96, ← vallée – 🏚wc ☎ **P**   BY **b**
15 déc.-15 avril – SC : **R** (pens. seul.) – **17 ch** – P 200/255.

🏠 **Roseaux** 🦢 sans rest, 𝓟 21.24.27, ←, 🛋 – ➲wc 🏚wc ☎ **P**. ❄️   AZ **g**
30 juin-30 août et 15 déc.-22 avril – SC : **11 ch** ☲ 190/250.

🏠 **Les Mourets** 🦢, rte Odier par rte Jaillet - AY - 𝓟 21.04.76, ← – ➲wc 🏚wc ☎
➲ **P**. ❄️ rest
15 juin-15 sept. et 15 déc.-20 avril – SC : **R** 55/70 – ☲ 20 – **20 ch** 150/190 – P
190/210.

🏠 **Week-End** sans rest, rte Rochebrune 𝓟 21.26.49, ← – ➲wc ☎. [AE] [VISA]   AZ **d**
15 juin-20 sept. et 15 déc.-15 avril – SC : ☲ 18 – **17 ch** 231/248.

🏠 **Rond-Point d'Arbois,** 𝓟 21.17.50, 🛋 – ➲ 🏚wc ☎. [VISA]   BY **r**
SC : **R** 65/80 – ☲ 20 – **13 ch** 99/187 – P 164/240.

XX **Chez Nano 's,** r. d'Arly 𝓟 21.02.18, 🌤 – **E** [VISA]. ❄️   AY **d**
fermé juin, 15 au 31 oct. et merc. – SC : **R** 100.

XX ⚙ **Capucin Gourmand** (Barbin), rte Crêt-du-Midi - AZ - 𝓟 21.01.98, 🌤 – **①** **E**
23 janv.-30 sept., 15 déc.-25 avril et fermé lundi hors sais. – SC : **R** (en saison
prévenir) carte 155 à 210   AY **a**
Spéc. Chausson de foie gras, Sauté de ris de veau aux crêtes et rognons de coq, Suprême japonais.
Vins Gamay, Seyssel.

XX **Le Prieuré,** pl. Eglise 𝓟 21.01.79, 🌤 – sais.   AY **n**

X **Tire-Bouchon,** 𝓟 21.14.73, 🌤   AY **n**
1er juil.-15 oct., 1er déc.-15 mai et fermé lundi hors vacances scolaires – SC : **R** carte
environ 130 🍴.

au Planellet S : 4 km par rte du Mont d'Arbois - BZ – ☒ 74120 Megève :

XX **Chalet dans les Arbres,** 𝓟 21.39.36, ←, 🌤 – **P**. [VISA]
1er juil.-10 sept., 15 déc.-Pâques et fermé jeudi – SC : **R** 90, dîner à la carte.

au Tour S : 5 km par rte du Mont-d'Arbois - BZ – alt. 1 400 – Sports d'hiver : 2 250 m
✦2 ✦3 – ☒ 74120 Megève :

🏠 **Chalets-H. du Tour** 🦢, 𝓟 21.22.04, ←, authentiques chalets savoyards –
➲wc ☎ **P**. ❄️ rest
fin juin-début sept. et 15 déc.-5 avril – SC : **R** 90 – **11 ch** ☲ 110/280 – P 250/280.

au Sud-Est 7,5 km par rte Mont-d'Arbois - BZ – alt. 1 450 – ☒ 74120 Megève :

X **Cote 2000,** 𝓟 21.31.84, ←, 🌤 – **P**
7 juil.-2 sept. et Noël-Pâques – SC : **R** 110/175.

CITROEN Mont-Blanc Gar., r. A.-Martin 𝓟 21.
05.72
FIAT, FORD, LANCIA-AUTOBIANCHI Gar. Ga-
chet, rte Sallanches 𝓟 21.19.02
MERCEDES V.A.G. Gar. du Christomet, rte
Albertville 𝓟 21.00.27

RENAULT Gar. des Alpes, rte Sallanches par
① 𝓟 21.05.70
RENAULT Gar. du Crêt du Midi Praz-sur-Arly
par ② 𝓟 21.90.30 **N**

MEHUN-SUR-YÈVRE 18500 Cher 🔢 ② G. Périgord – 7 178 h. alt. 120 – ✿ 48.
Paris 226 – Bourges 17 – Cosne-sur-Loire 72 – Gien 77 – Issoudun 32 – Vierzon 16.

🏠 **Croix-Blanche,** 164 r. Jeanne-d'Arc 𝓟 57.30.01, 🛋 – 🏚 ➲ **P**. ❄️ rest
fermé 20 au 30 sept., 20 déc. au 20 janv., dim. soir et lundi – SC : **R** 49/125 🍴 – ☲
17,50 – **20 ch** 54/148 – P 120/178.

🔵 Cent Mille Pneus, r. Magloire Faiteau 𝓟 57.33.13

Le MÊLE-SUR-SARTHE 61170 Orne 🟦 ④ – 800 h. alt. 155 – ✪ 33.

Paris 169 – L'Aigle 37 – Alençon 22 – Argentan 43 – Bellême 25 – Mamers 20 – Mortagne-au-P. 16.

🏚 **Poste,** 🅟 27.60.13, parc – ⇆wc ⋔ ☎ **ℙ** – 🛦 50. **E** 𝚟𝚒𝚜𝚊
✦ fermé 1er au 15 oct., 15 au 31 janv., dim. soir et lundi midi – SC : **R** 41/120 ⅃ – ⊡ 13
– **20 ch** 64/150 – P 150/160.

PEUGEOT Gar. Vallée, 🅟 27.62.04   RENAULT Gd Gar. Moderne, 🅟 27.60.07

MELLE 79500 Deux-Sèvres 🟫 ② **G. Côte de l'Atlantique** (plan) – 4 575 h. alt. 119 – ✪ 49.
Voir Église St-Hilaire ★.

🚩 Syndicat d'Initiative à la Mairie (fermé sam. après-midi, dim. et lundi matin) 🅟 27.00.23 place Poste (1er juil.-31 août et fermé dim. après-midi).

Paris 391 – Niort 28 – Poitiers 56 – Ruffec 40 – St-Jean-d'Angély 45 – St-Maixent-l'École 24.

🏚 **Voyageurs,** av. Cdt Bernier 🅟 27.00.53 – 𝔰𝔰
✦ fermé 15 août au 6 sept., 20 déc. au 3 janv., vend. soir, dim. et fêtes – SC : **R** 35/60 ⅃
– ⊡ 11 – **13 ch** 60/70 – P 120.

CITROEN Station de la Croix St Leger 🅟 27.   PEUGEOT-TALBOT Bailly, 🅟 27.00.70
00.29   **Cassagne,** La Colonne 🅟 27.00.57

MELOISEY 21 Côte-d'Or 🟦 ① – 291 h. alt. 350 – ⊠ 21190 Meursault – ✪ 80.
Paris 326 – Arnay-le-Duc 30 – Autun 46 – Beaune 10 – Chalon-sur-Saône 40.

✗ **Renaissance,** 🅟 22.43.60 – **ℙ.** 𝚟𝚒𝚜𝚊
fermé 1er janv. au 15 fév. et merc. – SC : **R** (en hiver dîner prévenir) 76/100.

MELUN 🅿 77000 S.-et-M. 🟦 ②, 🟦🟫 ㊺ **G. Environs de Paris** – 36 218 h. alt. 54 – ✪ 6.
🚩 Office de Tourisme av. Gallieni (fermé dim. et lundi) 🅟 437.11.31.

Paris 57 ⑥ – Auxerre 120 ⑤ – Châlons-sur-Marne 146 ② – Chartres 110 ⑥ – Meaux 57 ② –
Montargis 66 ⑤ – ✦Orléans 104 ⑥ – ✦Reims 145 ② – Sens 66 ④ – Troyes 121 ③.

Plan page ci-contre

🏨 **Gd Monarque-Concorde** Ⓜ ⏂, par ⑤ : 2,5 km rte Fontainebleau 🅟 439.04.40,
Télex 690140, 🏦, parc, 🏊, – 🛗 📺 ☎ **ℙ** – 🛦 50. 🆎 ① **E** 𝚟𝚒𝚜𝚊
SC : **R** 90/125 – ⊡ 33 – **55 ch** 285/365.

🏨 **Commerce,** 16 r. Carnot 🅟 437.01.22 – ⇆ ⋔wc ☎ – 🛦 30 à 100   AY **n**
✦ SC : **R** 50/86 ⅃ – ⊡ 12,50 – **16 ch** 80/130.

🏨 **Ibis,** 81 av. Meaux 🅟 068.42.45, Télex 691779 – ⇆wc ☎ 🕭 **ℙ** – 🛦 30. **E** 𝚟𝚒𝚜𝚊   X **a**
SC : **R** carte environ 65 ⅃ – ☛ 18 – **74 ch** 174/187.

✗✗✗ ✿ **Aub. Vaugrain** (Desroys du Roure), 1 r. Vannerie 🅟 452.08.23 – 🆎 𝚟𝚒𝚜𝚊
fermé 5 au 20 août, dim. soir et lundi – SC : **R** 150/250   AY **r**
Spéc. Loup au citron, Fricassée de homard, Noisettes de chevreuil grand veneur (oct. à déc.).

à Vaux-le-Pénil par ③ – ⊠ 77000 Melun :

🏨 **Climat de France** Ⓜ ⏂, 338 r. R. Hervillard 🅟 452.71.81 – ⇆wc ☎ 🕭 **ℙ** – 🛦
25. **E** 𝚟𝚒𝚜𝚊 𝔰𝔰 rest
SC : **R** 54/82 ⅃ – ☛ 20 – **42 ch** 205.

à Dammarie-les-Lys par ⑤ – 19 879 h. – ⊠ 77190 Dammarie-les-Lys :

🏨 **Campanile,** 346 r. B. de Poret 🅟 437.51.51 – ⇆wc ☎ **ℙ** – 🛦 30. 𝚟𝚒𝚜𝚊
SC : **R** 57 bc/76 bc – ☛ 22 – **50 ch** 170.

à Vert-St-Denis par ⑧ : 5 km – 4 489 h. – ⊠ 77240 Cesson :

✗✗ A l'Attaque du Courrier de Lyon, N 6 🅟 063.22.24 – **ℙ.**

au Plessis-Picard par ⑧ : 8 km – ⊠ 77550 Moissy Cramayel :

✗✗ **La Mare au Diable,** 🅟 063.17.17, 🏦, 🏊, 𝔰𝔰 – **ℙ.** 🆎 ① 𝚟𝚒𝚜𝚊
fermé lundi soir et mardi – **R** carte 130 à 250.

MICHELIN, Agence régionale, 399 r. du Mar. Juin à Vaux-le-Pénil Z. I. X 🅟 **439.23.23**

CITROEN Succursale, 100 rte de Montereau à   PEUGEOT, TALBOT Duport-Automobiles, N
Vaux-le-Pénil 🅟 437.92.10 🅽   6, Vert-St-Denis par ⑧ 🅟 068.69.70
CITROEN Dufus, 575 r. Frères-Thibault, Dam-   RENAULT Escobrie-Melun, 23 rte Montereau
marie-les-Lys 🅟 437.09.62   🅟 439.95.77
FORD Gd gar. de la Gare, N 6 ZAC les Caves,   RENAULT Esco-Senart, av. de Corbeil à Le
Vert-St-Denis 🅟 068.22.57   Mée-sur-Seine par ⑦ 🅟 068.24.36
MERCEDES-BENZ SEGAC, 11 av. Gén.-Patton
🅟 068.86.45   🛞 La Centrale de Pneu, 11 r. de Ponthierry 🅟
OPEL Gar. de Brie et Champagne, 27 rte   437.20.99
Montereau 🅟 439.37.08   Piot-Pneu, 22 r. Mar-Juin, Zone Ind. à Vaux-le-
PEUGEOT TALBOT Chabert, 9 r. Flammarion   Pénil 🅟 439.12.63
🅟 452.07.48

MENARS 41 L.-et-Ch. 🟦 ⑦ – rattaché à Blois.

MELUN

Carnot (R.) . . . . **AY** 6
Doumer (R. Paul) . . . . **BY** 13
Miroir (R. du) . . . . **AY** 25
Pouteau (R. René) . . . **BY** 34
St-Ambroise (R.) . . . . **AZ**
St-Aspais (R. et ⊟) . **BY** 41
St-Étienne (R.) . . . . . . **AZ** 43

Alsace-Lorr. (Q.) . . . . **BZ** 2
Chasse (R. de la) . . . . . **X** 7
Corbeil (Av. de). . . . . . . **X** 8
Courtille (R. de la) . . . **BZ** 9
Courtilleraies
(Av. des) . . . . **X** 10
Gaulle (Av. Gén.-de) . . **X** 18
Godin (Av. E.) . . . . **AZ** 19
Jaurès (Av. J.) . . . . **X** 20
Leclerc (Av. Mar.) . . . . . **X** 22
Libération (Av. de la) . . **X** 23
Mare-aux-
Champs (R. de la) . . **X** 24
Montagne-du-
Mée (R. de la) . . . . **AY** 26
Montaigne (Av.) . . . . . . **X** 27
N.-Dame (Pl. et ⊟) . . **BZ** 32
Pompidou (Av. G.) . . . . **X** 33
Prés.-Despatys (R.) . . **AY** 35
Résistance (Av.) . . . . . . **X** 37
Rossignol (Q. H.) . . . . . **X** 39
St-Liesne (R.) . . . . **X** 44
Vaux (R. de) . . . . **X** 45
Voisenon (Rte de) . . . . **X** 46
Voltaire (Quai) . . . . **X** 48
13e-Dragons (Av.) . . . . **X** 49
31e-d'Inf. (Av. du) . . . . **X** 50

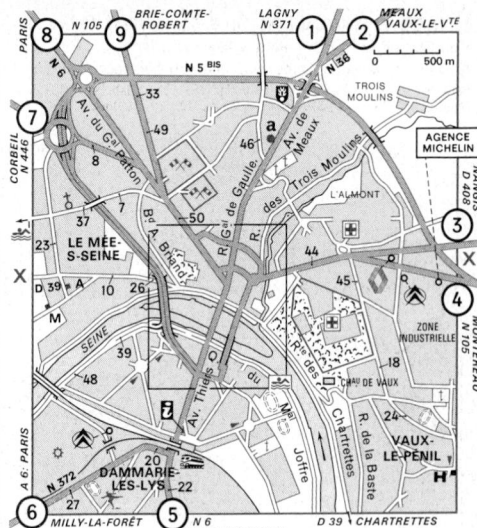

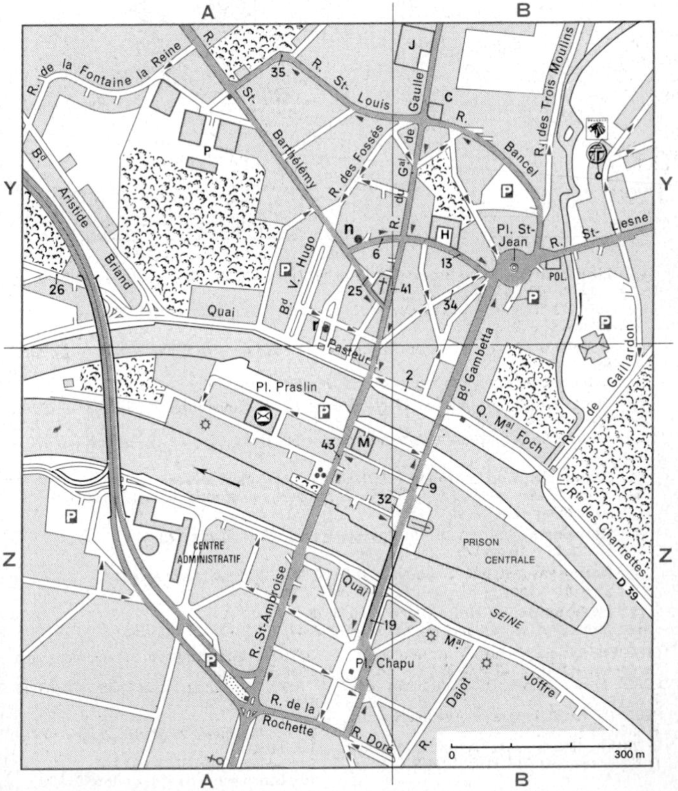

MENDE P 48000 Lozère 80 ⑤ ⑥ G. Causses – 12 113 h. alt. 731 – ✪ 66.

Voir Cathédrale★ Z B – Pont N.-Dame★ Y D.

🖪 Syndicat d'Initiative (fermé sam. après-midi hors sais. et dim.) bd Soubeyran ☎ 65.02.69.

Paris 573 ① – Alès 110 ③ – Aurillac 159 ① – Gap 309 ② – Issoire 150 ① – Millau 96 ③ –
Montélimar 155 ② – Le Puy 92 ② – Rodez 108 ③ – Valence 179 ②.

MENDE

Angiran (R. d')	Z 3	
Beurre (Pl. au)	Z 10	
Droite (R.)	Z 23	
Préfecture (Pl. de la)	Z 32	
République (R. et Pl. de la)	Z 34	
Soubeyran (R. du)	Z 40	
Aigues-Passes (R. d')	Z 2	

Arnault (Bd Lucien)	Y 4	
Basse (R.)	YZ 6	
Beauregard (R.)	Y 7	
Berlière (Pont de)	Y 8	
Bourillon (Bd Henri)	Z 12	
Britexte (Bd)	Z 13	
Capucins (Bd des)	Z 14	
Chanteronne (R.)	Z 16	
Chaptal (Pl.)	Z 17	
Chastel (R. du)	Y 18	
Chicanette (R. de la)	Z 19	

Collège (R. du)	Y 21	
Doumer (Allée Paul)	Y 22	
Écoles (R. des)	Z 24	
Gaulle (Pl. Charles de)	Z 28	
Notre-Dame (R.)	YZ 29	
Pont (R. du)	Y 30	
Roussel (Bd Th.)	YZ 36	
Roussel (Pl. Th.)	Y 37	
Soubeyran (Bd de)	Z 38	
Urbain V (Pl.)	Z 41	
8-Mai-1945 (Av. du)	Y 42	

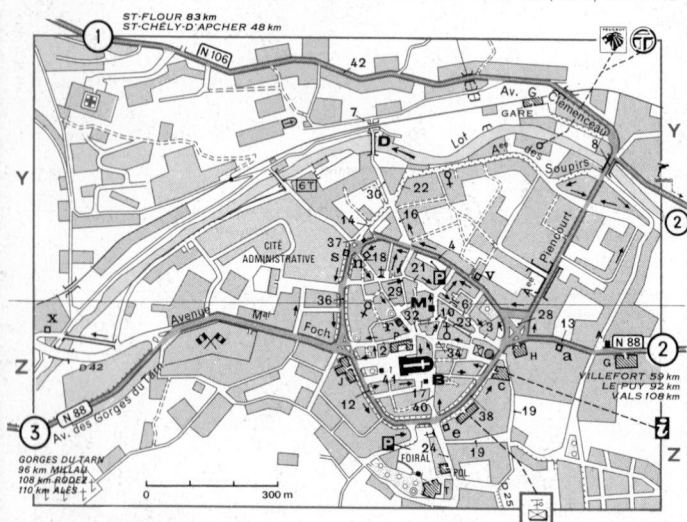

🏨 **Lion d'Or** M, 12 bd Britexte ☎ 49.16.46, Télex 480302, 🍴, 🏊, 🌳 – 🛗 📺 ☎ 🅿 a
– 🏛 40. 🖭 ⓞ 🄴 VISA
15 mars-15 nov. – SC : **R** *(fermé lundi midi et dim. hors sais.)* 75/170 – 🖵 23 –
38 ch 172/310.
Z

🏨 **Urbain V** M sans rest, 9 bd Th.-Roussel ☎ 65.04.49 – 🛗 📺 ☎ 🚗 🅿 – 🏛 30. 🄴
VISA
fermé déc. et dim. hors sais. – SC : 🖵 18 – **60 ch** 150/190.
Y s

🏨 **Pont Roupt** 🕸 (annexe 12 ch ⌁wc), av. 11-Novembre ☎ 65.01.43 – ⌁wc
🌺 🏧wc 🏧 🚗 🅿 🛁
15 mars-15 déc. et fermé sam. hors sais. – SC : **R** 46/100 – 🖵 17 – **40 ch** 110/230 –
P 170/210.
Z x

🏨 **France** 🕸, 9 bd L.-Arnault ☎ 65.00.04 – ⌁wc 🏧wc ☎ 🚗
fermé 15 déc. au 31 janv. – SC : **R** *(fermé dim. soir et lundi hors sais.)* 50/100 – 🖵
16 – **28 ch** 70/180 – P 175/205.
Y v

🏨 **Remparts** sans rest, pl. Th.-Roussel ☎ 65.02.29 – 🏧wc 🌺 🅿
SC : 🖵 15 – **10 ch** 125.
Y n

🏨 **Paris** sans rest, 2 bd Soubeyran ☎ 65.00.03 – 🛗 ⌁wc 🏧wc 🌺 🅿
15 mars-15 nov. – SC : 🖵 16,50 – **45 ch** 70/200.
Z e

🍴🍴 **La Gogaille,** 5 r. Notre-Dame ☎ 65.08.79
fermé dim. soir et lundi hors sais. – SC : **R** 47/135.
Z r

CITROEN Majorel et Fils, 27 av. Gorges-du-
Tarn par ③ ☎ 65.11.22 🄽 ☎ 65.27.03
FORD Mende-Autom., 56 av. du 8-Mai 1945
☎ 65.14.17
PEUGEOT-TALBOT Giral, 7 allée des Soupirs
☎ 65.00.15
RENAULT Pagès, Zone Artisanale, av. du
11-Novembre par D42 Z ☎ 65.15.58 🄽

TOYOTA Gar. Marquiran, 32 quartier Fonta-
nilles ☎ 65.01.68
V.A.G. Gar. Barbut, rte de Chabrits Z.A ☎ 65.
07.58

🔘 Escoffier-Pneus, 25 av. des Gorges du Tarn
☎ 65.08.69
Teissandier, à Chabrits ☎ 65.12.06
Vulc Lozérienne, 9 bd Britexte ☎ 65.03.98

MÉNERBES 84560 Vaucluse 🟦🟦 ② **G. Provence** – 1 027 h. alt. 224 – 🟢 90.

Voir ≼* du chevet de l'église.

Paris 720 – Aix-en-Provence 60 – Apt 22 – Avignon 40 – Carpentras 37 – Cavaillon 19.

🏨 **Host. Le Roy Soleil** 🅼 ⑤, N : 2 km par D 3 et VO ☎ 72.25.61, ≼, 🍴, ⏋, 🐴 –
🗜wc 🏙wc ☎ 🅿. ⑩. 🛇 rest
SC : **R** (fermé 15 nov. au 15 fév. et mardi midi) 95/135 – 🖵 27 – **8 ch** 200.

MENETOU-RATEL 18 Cher 🟦🟦 ② – 506 h. alt. 311 – ✉ 18300 Sancerre – 🟢 48.

Paris 204 – Bourges 52 – La Charité-sur-Loire 35 – Cosne-sur-Loire 16 – Salbris 65 – Sancerre 9.

✕ **Maillet**, rte de Sancerre ☎ 54.09.53 – 🅿 🛇
fermé 22 déc. au 10 janv., 1er au 10 mars et lundi – SC : **R** (déj. seul.) 75/100.

CITROEN Maillet, ☎ 54.09.53

MÉNEZ-HOM 29 Finistère 🟦🟦 ⑮ **G. Bretagne** – alt. 330.

Voir ✸*** – Site* de Trégarvan N : 10 km.

Paris 566 – Châteaulin 14.

Le MÉNIL 88 Vosges 🟦🟦 ⑧ – rattaché au Thillot.

MENNETOU-SUR-CHER 41320 L.-et-Ch. 🟦🟦 ⑱ **G. Châteaux de la Loire** – 938 h. alt. 90 –
🟢 54.

Voir St-Loup : chaire de prieur* dans l'église O : 3,5 km.

Paris 214 – Blois 58 – Montrichard 57 – Romorantin-Lanthenay 17 – Salbris 27 – Vierzon 16.

🏡 **Host. Lion d'Or**, ☎ 98.01.13 – 🏙wc – **20 ch**.

PEUGEOT Bedard, ☎ 98.01.18   TALBOT Louis, ☎ 98.02.27

MENTHON-ST-BERNARD 74 H.-Savoie 🟦🟦 ⑥ **G. Alpes** – 1 178 h. alt. 482 – ✉ 74290
Veyrier-du-Lac – 🟢 50.

Voir Château de Menthon* : ≼* E : 2 km.

🏌 du lac d'Annecy ☎ 60.12.89, S : 1 km.

🛈 Syndicat d'Initiative (1er juin-30 sept. et fermé dim.) ☎ 60.14.30.

Paris 558 – Albertville 37 – Annecy 9 – Bonneville 45 – Megève 52 – Talloires 4,5 – Thônes 13.

🏨 **Palace H.** ⑤, au bord du lac ☎ 60.12.86, Télex 385292, 🍴, « ≼ Lac et montagne,
plage privée, parc, ✕ ⏋ » – 🛗 🅿 – 🛗 40 à 120. 🆎 ⑩ 💳 🛇 rest
20 mai-30 sept. – SC : **R** 145/160 – 🖵 30 – **93 ch** 190/475 – P 310/450.

🏠 **Beau Séjour** ⑤, ☎ 60.12.04, parc – 🗜wc 🏙wc ☎ 🅿. 🛇 rest
Pâques-fin sept. – SC : **R** 72/88 (dîner résidents seul.) – 🖵 16,50 – **18 ch** 187/210 –
P 230/260.

MENTON 06500 Alpes-Mar. 🟦🟦 ⑩㉔, 🟥🟥🟥 ㉘ **G. Côte d'Azur** – 25 449 h. alt. 16 – Casino du
Soleil AZ – 🟢 93.

Voir Site** – Bord de mer et vieille ville** : Promenade du Soleil** ABYZ, Parvis
St-Michel**, Église St-Michel* BY F , Façade* de la Chapelle de la Conception BY B,
≼* de la jetée BV, ≼* du Vieux cimetière BX D – Musée du Palais Carnolès* AX M1 –
Garavan* BV – Jardin botanique exotique* BV E – Salle des mariages* de l'Hôtel de
Ville BY H – Statuettes féminines* du musée municipal BY M2 – ≼* du jardin des
Colombières BV – Vallée du Carei* par ①.

Env. Monastère de l'Annonciade ✸* N : 6 km AV – Gorbio : site* NO : 9 km.

🛈 Office de Tourisme (fermé dim. sauf matin en saison) avec A.C. "Palais de l'Europe" av. Boyer
☎ 57.57.00.

Paris 963 ③ – Aix-en-P. 206 ① – Cannes 63 ① – Cuneo 102 ① – Monte-Carlo 9 ③ – ♦Nice 27 ③.

Plan page suivante

🏨 **Napoléon**, 29 Porte de France ☎ 35.89.50, Télex 470312, ≼, 🐴 – 🛗 🖩 📺 🅿. 🆎
⑩ 🄴 💳. 🛇 rest   BV **e**
fermé 1er nov. au 20 déc. – SC : **R** 122/210 – 🖵 30 – **40 ch** 250/420 – P 330/380.

🏨 **Chambord** 🅼 sans rest, 6 av. Boyer ☎ 35.94.19 – 🛗 🖩 📺 ☎ 🚗. 🆎 ⑩ 🄴
SC : **40 ch** 🖵 180/300.   AY **a**

🏨 **Princess et Richmond** 🅼 sans rest, 617 prom. Soleil ☎ 35.80.20, ≼ – 🛗 🖩 ☎
🅿. 🆎 ⑩ 💳   AZ **s**
fermé 3 nov. au 20 déc. – SC : **45 ch** 🖵 180/265.

🏨 **Parc**, 11 av. Verdun ☎ 57.66.66, 🍴, 🐴 – 🛗 📺 ☎ 🅿. 💳. 🛇 rest   AZ **g**
fermé 1er oct. au 20 déc. – SC : **R** 115/135 – **75 ch** 🖵 220/350 – P 290/400.

🏨 **Magali** 🅼 sans rest, 10 r. Villarey ☎ 35.73.78, 🐴 – 🛗 🚗   BY **k**
SC : **43 ch** 🖵 175/220.

🏨 **Europ H.** 🅼 sans rest, 35 av. Verdun ☎ 35.59.92 – 🛗 🖩 📺 🚗. 🆎 ⑩ 🄴 💳
SC : 🖵 18 – **33 ch** 225/300.   AY **v**

679

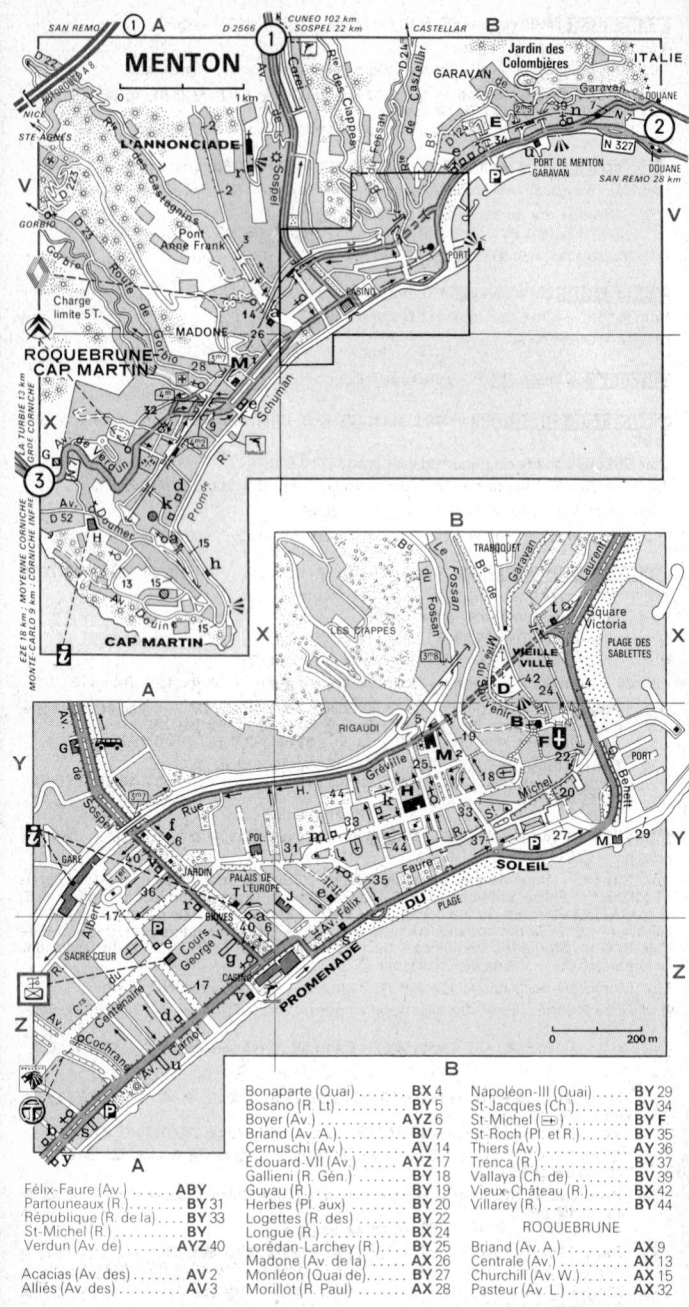

MENTON

Bonaparte (Quai)	**BX** 4	Napoléon-III (Quai)	**BY** 29
Bosano (R. Lt)	**BY** 5	St-Jacques (Ch)	**BV** 34
Boyer (Av)	**AYZ** 6	St-Michel (☒)	**BY** F
Briand (Av. A.)	**BV** 7	St-Roch (Pl. et R)	**BY** 35
Cernuschi (Av)	**AV** 14	Thiers (Av)	**BY** 36
Édouard-VII (Av)	**AYZ** 17	Trenca (R)	**BY** 37
Gallieni (R. Gén)	**BY** 18	Vallaya (Ch de)	**BY** 39
Guyau (R)	**BY** 19	Vieux-Château (R)	**BX** 42
Herbes (Pl aux)	**BY** 20	Villarey (R)	**BY** 44
Logettes (R. des)	**BY** 22		
Longue (R)	**BX** 24		
Lorédan-Larchey (R)	**BY** 25	ROQUEBRUNE	
Madone (Av. de la)	**AY** 26	Briand (Av. A)	**AX** 9
Monléon (Quai de)	**BY** 27	Centrale (Av)	**AX** 13
Morillot (R. Paul)	**AX** 28	Churchill (Av. W)	**AX** 15
		Pasteur (Av. L)	**AX** 32

Félix-Faure (Av)	**ABY**	
Partouneaux (R)	**BY** 31	
République (R. de la)	**BY** 33	
St-Michel (R)	**BY**	
Verdun (Av. de)	**AYZ** 40	
Acacias (Av des)	**AV** 2	
Alliés (Av. des)	**AV** 3	

Les plans de villes sont orientés le Nord en haut

680

🏨 **Prince de Galles** sans rest., 4 av. Gén.-de-Gaulle ☎ 28.21.21, ≼ – 🛗 ⇔wc ⋔wc ☎ 🄿, 🖭 ⑩ ⋿ 𝐕𝐈𝐒𝐀, 🛱 AX e
SC : ⊆ 18,50 – **68 ch** 160/240.

🏨 **Méditerranée** Ⓜ, 5 r. République ☎ 28.25.25, Télex 461361 – 🛗 📺 ⇔wc ☎ ⅄, 🚙 – 🅰 30. 🖭 ⑩ 𝐕𝐈𝐒𝐀 BY m
SC : **R** snack carte environ 100 – ⊆ 20 – **90 ch** 230/270.

🏨 **Aiglon**, 7 av. Madone ☎ 57.55.55, 🛌, 🌫 – 🛗 ⇔wc ☎ 🄿. 🖭 ⋿ AZ b
fermé 3 nov. au 19 déc. – SC : **R** (le soir snack en chambre pour résidents) – **30 ch** ⊆ 150/260.

🏨 **Orly** Ⓜ, 27 Porte de France ☎ 35.60.81, ≼, 🛱 – 🗏 ⇔wc ⋔wc ⊛ 🄿. 🖭 BV e
fermé 1er nov. au 15 déc. – SC : **R** (fermé merc. du 15 déc. au 1er juin) 72/150 – ⊆ 20 – **24 ch** 100/250 – P 260/260.

🏨 **Le Moderne** Ⓜ sans rest, 1 cours Georges V ☎ 35.71.87 – 🛗 ⇔wc ⋔ ☎ AZ e
fermé 12 oct. au 11 janv. – SC : **31 ch** ⊆ 187/230.

🏨 **Viking**, 2 av. Gén.-de-Gaulle ☎ 57.95.85, ≼, 🛱, 🛌 – 🛗 🗏 ch ⇔wc ☎. 🖭 ⑩ 𝐕𝐈𝐒𝐀 AX e
fermé nov. – SC : **R** (fermé merc. du 1er déc. au 31 mars) 72/140 – ⊆ 17 – **34 ch** 220/265 – P 287/310.

🏨 **Dauphin**, 28 av. Gén.-de-Gaulle ☎ 35.76.37, ≼, 🛱 – 🛗 ⇔wc ⋔wc ⊛ 🄿. 🛱 rest AX y
fermé 20 oct. au 20 déc. – SC : **R** snack (fermé lundi) (déjeuner seul. pour résidents) 55/80 – **30 ch** ⊆ 135/270.

🏨 **El Paradiso**, 71 Porte de France ☎ 35.74.02, ≼ – 🛗 ⇔wc ⋔ ⊛ 🄿. 🛱 rest BV n
1er fév.-30 sept. – SC : **R** 85 – **42 ch** ⊆ 130/220 – P 205/300.

🏨 **Stella-Bella**, 850 prom. Soleil ☎ 35.74.47, ≼ – ⇔wc ⋔wc ⊛. 🛱 rest AZ u
fermé 20 oct. au 20 déc. – SC : **R** (fermé lundi) 68 – ⊆ 18 – **26 ch** 165/190 – P 190/221.

🏦 **Londres**, 15 av. Carnot ☎ 35.74.62, 🛱, 🌫 – 🛗 ⇔wc ⋔wc ⊛. 𝐕𝐈𝐒𝐀. 🛱 rest AZ d
10 janv.-9 oct. – SC : **R** (fermé merc.) 75/90 – **26 ch** ⊆ 155/210 – P 195/225.

🏦 **Le Globe**, 21 av. Verdun ☎ 35.73.03 – 🛗 ⇔wc ⋔wc ⊛. 🛱 ch AY r
fermé 25 oct. au 15 déc. – SC : **R** (fermé lundi) 60/90 – ⊆ 17 – **25 ch** 70/150 – P 207/287.

XXX **Chez Mireille-l'Ermitage** avec ch, prom. Soleil ☎ 35.77.23, 🛱 – ⇔wc ⋔wc ⊛. 𝐕𝐈𝐒𝐀 AZ v
fermé dim. soir et mardi du 15 oct. au 15 déc. – SC : **R** 95/160 – **12 ch** ⊆ 200/260 – P 260/300.

XX **Aub. des Santons** 🛎 avec ch, à l'Annonciade 2,5 km par VO ☎ 35.94.10, ≼, 🌫 – ⇔wc. 𝐕𝐈𝐒𝐀 AV r
fermé 15 nov. au 15 déc., dim. soir et lundi sauf juil.-août et fériés – SC : **R** 90/250 – ⊆ 18 – **10 ch** 117/187 – P 165/235.

XX **Paris-Palace**, 2 av. F.-Faure ☎ 35.86.66, ≼, 🛱 – 🖭 𝐕𝐈𝐒𝐀 BZ s
fermé seul. en déc.-janv. – **R** 65/140.

XX **Pierrot-Pierrette** avec ch, à Monti par ① : 5 km D 2566 ☎ 35.79.76, ≼ – ⋔
fermé 2 au 15 mai, 10 nov. au 20 déc. et lundi – SC : **R** (déj. seul. du 1er janv. au 31 mars) 94/155 – ⊆ 20 – **3 ch** 150/210 – P 210.

XX **La Calanque**, 13 square Victoria ☎ 35.83.15, 🛱 BX t
fermé nov., 5 au 20 janv., mardi soir et merc. – SC : **R** 75/130.

XX **Le Galion**, port de Garavan ☎ 35.89.73, 🛱, cuisine italienne. 🖭 ⑩ BV u
1er avril-30 sept. et fermé mardi – SC : **R** carte 95 à 140.

X **Le Chateaubriand**, 14 av. Boyer ☎ 35.80.82, 🛱 – 🖭 ⑩ 𝐕𝐈𝐒𝐀 AY f
fermé nov., dim. soir et lundi – SC : **R** 90/200.

X **Bec Fin**, 11 av. F.-Faure ☎ 35.94.73 BY e
fermé 15 déc. au 15 janv. et merc. – SC : **R** 58/90.

X **L'Hacienda**, rte Gorbio : 3,5 km ☎ 35.84.44, 🛱, produits de la ferme – 🄿. 🖭 ⑩ AV
SC : **R** 130/180.

X **Belle Epoque**, 31 av. Cernuschi ☎ 35.23.89 – 𝐕𝐈𝐒𝐀 AV a
fermé nov. et mardi – SC : **R** (nombre de couverts limité - prévenir) 57/81.

à Ste-Agnès NO : 11 km par D 22 - AV – ⊠ **06500** Menton.

Voir Site* – ≼** – Col St-Sébastien ≼* O : 1 km.

X Le Saint Yves 🛎 avec ch, ☎ 35.91.45, ≼ Menton et littoral – ⋔wc – **7 ch**.

X Logis Sarrasin, ☎ 35.86.89, ≼ Menton et littoral, 🛱.

à Castillon par ① : 12 km – ⊠ **06500** Menton :

🏨 **La Bergerie** 🛎, ☎ 04.00.39, ≼ – ⇔wc ⊛ 🄿
1er avril-30 sept. – SC : **R** 91/116 – 🍴 13 – **14 ch** 208/234 – P 403.

Voir aussi ressources hôtelières de **Roquebrune-Cap-Martin** par ③ : 5 km

FORD Idéal Gar., 1 av. Riviéra ☎ 35.79.20
PEUGEOT-TALBOT Impérial Gar., 18 av. Cochrane ☎ 35.76.29

RENAULT Gar. des Tennis, 55 av. Cernuschi ☎ 28.07.10 Ⓝ ☎ 35.94.00

Les MENUIRES 73 Savoie **77** ⑦⑧ G. Alpes – alt. 1 700 – Sports d'hiver : 1 850/2 850 m ⚡8 ⚡33 ⚡ – ⊠ **73440** St-Martin-de-Belleville – ✪ 79.

🛈 Office de Tourisme (fermé dim. hors saison) ☎ 08.20.12, Télex 980084 et au Reberty (10 déc.-1er mai) ☎ 00.60.25.

Paris 661 – Chambéry 100 – Moûtiers 27.

🏠 **de l'Oisans** ⑤, ☎ 00.62.96 – 📺 ⌷wc ⋔wc 📶 ⚷. 🅰🅴 ⓪ 𝗩𝗜𝗦𝗔. ❅ ch
mi-déc.-mi-avril – **R** (dîner seul.) 68 – **20 ch** ⌷ 250/380.

MÉOUNES-LES-MONTRIEUX 83 Var **84** ⑮ – 928 h. alt. 275 – ⊠ **83136** La Roquebrussanne – ✪ 94.

Paris 824 – Aix-en-Provence 66 – Brignoles 22 – ♦Marseille 57 – ♦Toulon 28.

🏠 **France**, pl. Eglise ☎ 48.98.02, 🍴 – ⌷wc 📶 ⚷. ❅ ch
fermé 15 janv. au 1er mars et merc. sauf juil.-août – SC : **R** 75/150 – 🍷 19,50 – **8 ch** 91/139.

MERCUREY 71 S.-et-L. **69** ⑨ – 2 028 h. alt. 241 – ⊠ **71640** Givry – ✪ 85.

Paris 349 – Autun 40 – Chagny 12 – Chalon-sur-Saône 13 – Le Creusot 28 – Mâcon 72.

✕✕ ✿ **Hôtellerie du Val d'Or** (Cogny) avec ch, D 978 ☎ 47.13.70, 🚗 – ▤ rest 📺 ⌷wc 📶 ⚷ ⇔ 🅿. 𝗩𝗜𝗦𝗔. ❅
fermé 2 au 14/9, 9/12 au 4/1, mardi midi du 15/3 au 15/11, dim. soir du 15/11 au 15/3 et lundi sauf fériés – SC : **R** (dim. et fêtes - prévenir) 70/195 – ⌷ 20 – **12 ch** 79/210
Spéc. Soupière d'escargots au vinaigre de vin, Feuilleté de grenouilles (mai à oct.), Charolais "Maître de Chai". Vins Rully, Mercurey.

à St-Martin-sous-Montaigu S : 5 km – ⊠ **71640** Givry :

✕ **Le Montaigu**, ☎ 47.20.30
➤ *fermé 17 au 30 sept., 1er au 15 fév., mardi soir et merc.* – SC : **R** 50/140 ⚖.

MERDRIGNAC 22230 C.-du-N. **59** ⑭ – 2 936 h. alt. 149 – ✪ 96.

Paris 411 – Dinan 45 – Josselin 33 – Lamballe 37 – Loudéac 26 – Ploërmel 37 – St-Brieuc 56.

✕ **Univers** avec ch, r. Nationale ☎ 28.41.15 – **E**. ❅ ch
➤ *fermé 20 juin au 13 juil., vacances de fév., vend. soir et sam.* – **R** 42/130 ⚖ – ⌷ 17 – **10 ch** 60/80.

CITROEN Gar. Frizat, ☎ 28.41.69   RENAULT Hergnot, ☎ 28.41.23

➥ *Un automobiliste averti utilise le **guide Michelin** de l'année.*

MÉRIBEL-LES-ALLUES 73550 Savoie **74** ⑱ G. Alpes – ✪ 79.

Voir Sommet de la Saulire ❅⋆⋆ SE par télécabine.

🛆 ☎ 08.60.49 NE : 4,5 km.

Altiport ☎ 08.61.33, NE : 4,5 km.

🛈 Office de Tourisme de la vallée des Allues (fermé sam. après-midi et dim. hors sais.) ☎ 08.60.01, Télex 980001.

Paris 652 – Albertville 44 – Annecy 89 – Chambéry 91 – ♦Grenoble 128 – Moûtiers 18.

à Méribel – alt. 1 700 – Sports d'hiver : 1 600/2 700 m ⚡11 ⚡31, ⚡ – ⊠ **73550** Méribel-les-Allues :

🏨 **Gd Coeur** Ⓜ ⑤, ☎ 08.60.03, ≤, ⊿ – ▤ 📺 🕿 ⚿ 🅿 – 🔬 25. 🅰🅴 ⓪ 𝗩𝗜𝗦𝗔. ❅ rest
30 juin-2 sept. et 18 déc.-18 avril – SC : **R** 145/210 – ⌷ 28 – **23 ch** 270/450, 4 appartements 500.

🏨 **Orée du Bois** Ⓜ ⑤, ☎ 08.20.69, ≤, ⊿ (été), 🍴 – ▤ ⌷wc ⋔wc 🕿. 𝗩𝗜𝗦𝗔. ❅
1er juin.-31 août et 15 déc.-vacances de printemps – SC : **R** 77/92 – ⌷ 24 – **28 ch** 280/330.

🏨 **Adray Télé-Bar** ⑤, ☎ 08.60.26, ≤, 🍴 – ⌷wc 🕿
Noël-vacances de printemps – SC : **R** 80 – ⌷ 24 – **17 ch** 230/300 – P 200/350.

🏨 **La Chaudanne**, ☎ 08.61.76, ≤ – cuisinette ⌷wc ⋔wc 🕿 ⇔ 🅿. 𝗩𝗜𝗦𝗔. ❅ rest
➤ *juil.-août et déc.-avril* – SC : **R** 50/90 ⚖ – ⌷ 25 – **45 ch** 231/330, 10 appartements 495/660 – P 262/306.

🏨 **Parc Alpin** ⑤ sans rest, ☎ 08.64.98, ≤, ☐ – ⌷wc ⋔wc ⚾ 🅿
15 déc.-15 avril – SC : ⌷ 18 – **21 ch** 200/330.

🏨 **Belvédère** ⑤, ☎ 08.65.53, ≤, 🍴 – 📺 ⌷wc ⋔wc 🕿. ❅ ch
20 déc.-15 avril – SC : **R** 80 – ⌷ 18 – **15 ch** (pens. seul.) – P 240/330.

à l'Altiport NE 4,5 km – ⊠ **73550** Méribel les Allues :

🏨 **H. Altiport** Ⓜ ⑤, ☎ 00.52.32, Télex 980456, ≤, 🍴, ⊿, ✕ – ▤ 📺 🕿 ⇔ – 🔬 150. 🅰🅴 𝗩𝗜𝗦𝗔. ❅
1er juil.-31 août et 15 déc.-30 avril – **R** carte 170 à 210 – **41 ch** (1/2 pens. seul.) – 1/2 p 370.

682

au Mottaret S : 6 km – ⑧ 🎿 – ⊠ 73550 Méribel-les-Allues :

🏨🏨 **Ruitor** Ⓜ 🐾 sans rest, ☏ 00.48.48, ← – 🛗 ☎ 🚗 **ⓟ**
mi-déc.-mi-avril – SC : **44 ch** ⊇ 460/504, 5 appartements 755.

🏨🏨 **Tarentaise** Ⓜ 🐾, ☏ 00.42.43, ← – ☎ 🚗 **ⓟ** – 🎿 80
1er juil.-31 août (sans rest) et 15 déc.-13 avril – SC : **R** 110/170 – ⊇ 30 – **45 ch**
(pens. seul.) – P 400/530.

🏨🏨 **Mottaret** Ⓜ 🐾, ☏ 00.47.47, Télex 980473, ← – ☎ 🚗 **ⓟ** – 🎿 60. ⓞ 𝗩𝗜𝗦𝗔.
𝒮𝒞 rest
1er juil.-30 août et 15 déc.-3 mai – SC : **R** 90 – **44 ch** ⊇ 380/450 – P 320/400.

🏨 **Les Arolles** Ⓜ 🐾, ☏ 00.40.40, ← – 🛗 ⌂wc 🛁wc ☎ – 🎿 120. 𝒮𝒞
15 déc.-1er mai – SC : **R** 110 – ⊇ 25 – **49 ch** (pens. seul) – P 400/500.

✗✗ **L'Estanquet,** Le Hameau ☏ 08.64.25 – 🄰🄴 ⓞ 𝗩𝗜𝗦𝗔
15 déc.-15 avril – SC : **R** 86/140.

MÉRIGNAC 33 Gironde 🗟🗟 ⑨ – rattaché à Bordeaux.

MERKWILLER-PECHELBRONN 67 Bas-Rhin 🗟🗟 ⑱ G. Vosges – 776 h. alt. 376 – ⊠ 67250
Soultz-sous-Forets – ✆ 88.
Paris 495 – Haguenau 16 – ✦Strasbourg 48 – Wissembourg 22.

✗ **Aub. Baechel-Brunn,** ☏ 80.53.96 – 𝒮𝒞
fermé 15 août au 5 sept., 25 au 31 janv., lundi soir et mardi – SC : **R** 60/130.

MERLEBACH 57 Moselle 🗟🗟 ⑯ – voir à Freyming-Merlebach.

MERLIMONT 62 P.-de-C. 🗟🗟 ⑪ – rattaché au Touquet.

MERS-LES-BAINS 80 Somme 🗟🗟 ⑤ – rattaché au Tréport.

MERVENT 85 Vendée 🗟🗟 ⑯ – rattaché à Fontenay-le-Comte.

MERVILLE-FRANCEVILLE-PLAGE 14810 Calvados 🗟🗟 ② – 1 309 h. – ✆ 31.
🄱 Office de Tourisme pl. de la Plage (Pâques, Pentecôte et 15 juin-15 sept.) ☏ 91.30.88.
Paris 231 – Arromanches-les-Bains 41 – Cabourg 6 – ✦Caen 19.

✗✗ **Chez Marion** avec ch, ☏ 91.30.43 – ⌂wc 🛁wc ☎. 🄰🄴 ⓞ 𝐄 𝗩𝗜𝗦𝗔
fermé 1er au 25 oct., 2 janv. au 1er fév., lundi soir et mardi sauf vacances scolaires –
SC : **R** 100/180 – ⊇ 16 – **18 ch** 117/227 – P 218/280.

MÉRY-SUR-SEINE 10170 Aube 🗟🗟 ⑥ – 1 286 h. alt. 82 – ✆ 25.
Paris 142 – Châlons-sur-M. 70 – Nogent-sur-Seine 33 – Sézanne 31 – Troyes 29 – Vitry-le-François 70.

🏨 **Au Bon Coin,** ☏ 21.20.39
🍽 *fermé 15 sept. au 15 oct., dim. soir et lundi* – SC : **R** 40/75 – ⊇ 10 – **11 ch** 70/90 –
P 115.

RENAULT Gar. Flizot, ☏ 21.20.46

MESCHERS-SUR-GIRONDE 17132 Char.-Mar. 🗟🗟 ⑮ G. Côte de l'Atlantique – 1 649 h. alt.
22 – ✆ 46 – 🄱 Syndicat d'Initiative pl. Verdun (15 juin-15 sept.) ☏ 02.70.39.
Paris 510 – Blaye 80 – Jonzac 54 – Pons 37 – La Rochelle 83 – Royan 11 – Saintes 42.

✗✗ **Grottes de Matata,** ☏ 02.70.02, ←, 🍽, « Cavernes creusées dans une falaise
dominant l'estuaire », 🔫 – 𝗩𝗜𝗦𝗔
Pâques-30 sept. et fermé merc..

CITROEN Gar. Roy, ☏ 02.70.27 🄽

Le MESNIL-ESNARD 76 S.-Mar. 🗟🗟 ⑥⑦ – rattaché à Rouen.

Le MESNIL-SUR-OGER 51 Marne 🗟🗟 ⑯ G. Nord de la France – 1 204 h. alt. 134 – ⊠ 51190
Avize – ✆ 26 – Paris 142 – Châlons-sur-Marne 28 – Epernay 14 – ✦ Reims 38 – Vertus 5,5.

✗✗✗ **Le Mesnil,** ☏ 50.95.57 – **ⓟ** 🄰🄴 ⓞ 𝐄 𝗩𝗜𝗦𝗔
fermé 16 août au 6 sept., vacances de fév., lundi soir et merc. sauf fêtes – SC : **R**
80/170.

RENAULT Gar. Ewen, ☏ 50.52.25

MESNIL-VAL 76 S.-Mar. 🗟🗟 ⑤ – ⊠ 76910 Criel-sur-Mer – ✆ 35.
Paris 174 – Dieppe 27 – Le Tréport 4,5.

🏨 **Vieille Ferme** 🐾, ☏ 86.72.18, 🔫, 🍽 – ⌂wc ☎ **ⓟ** – 🎿 30
fermé 2 janv. au 2 fév. – SC : **R** 80/160 – ⊇ 19 – **36 ch** 160/240 – P 220/290.

Les MESNULS 78 Yvelines **60** ⑨, **196** ㉘ – 770 h. alt. 110 – ⊠ 78490 Montfort-l'Amaury – ✿ 3.

Paris 48 – Dreux 39 – Mantes-la-Jolie 36 – Rambouillet 14 – Versailles 27.

XX ✿ **Toque Blanche** (Philippe), 12 Grande-rue ☏ 486.05.55, ☞ – ❷, ⚏ ⑩ ☶☶
fermé 15 juil. au 16 août, Noël, dim. soir et lundi – SC : **R** carte 175 à 215
Spéc. Pâté d'écrevisses au basilic, Filets de rascasse, Blanc de volaille de Bresse au jus de truffes.

MESSAC 35480 I.-et-V. **63** ⑥ – 2 309 h. alt. 11 – ✿ 99.

Paris 363 – Bain-de-B. 10 – Châteaubriant 39 – Nozay 34 – Ploërmel 51 – Redon 34 – ✦Rennes 42.

X **Poste et Gare** avec ch, ☏ 34.61.04 – ⋔wc. **E** ☶☶. ✾ ch
fermé 24 sept. au 15 oct., dim. soir et lundi – SC : **R** carte 70 à 110 ⚏ – ☱ 15 – **8 ch**
77/165.

MESSERY 74 H.-Savoie **70** ⑯ – 844 h. alt. 420 – ⊠ 74140 Douvaine – ✿ 50.

Paris 569 – Annecy 67 – Bonneville 37 – ✦Genève 22 – Thonon-les-Bains 19.

▥ **Bellevue,** ☏ 94.70.55, <, ☞ – ⋔ ☜ ❷ ⚏ **E**. ✾ rest
☞ *fermé 1er au 15 oct. et mardi hors sais.* – SC : **R** 39/85 ⚏ – ☲ 12 – **22 ch** 45/92 – P
121/133.

▥ **Troènes,** ☏ 94.70.30, ☞ – ☐ ⋔ ❷. ✾ rest
☞ *1er mai-30 sept. et fermé merc. sauf juil.-août* – SC : **R** 45/80 ⚏ – ☲ 13 – **16 ch**
69/92 – P 115/138.

MÉTABIEF 25 Doubs **70** ⑥ – voir ressources hôtelières à *Jougne* et *aux Hôpitaux Neufs*.

MÉTHAMIS 84 Vaucluse **81** ⑬ – 330 h. – ⊠ 84570 Mormoiron – ✿ 90.

Paris 702 – Apt 36 – Carpentras 17.

X **Lou Roucas,** ☏ 61.81.04, ☞ – **E**. ✾
☞ *fermé sept. et jeudi sauf juil.-août* – **R** 46/120 ⚏.

METZ ℗ 57000 Moselle **57** ③④ G. Vosges – 118 502 h. alt. 173 – ✿ 8.

Voir Cathédrale St-Etienne★★★ BCX – Église St-Martin★ CYB – Porte des Allemands★
DX – Esplanade et bord de la Moselle★ AX – Musée★★ CXM1.

☗ de Cherisey ☏777.70.18 par ④ : 14 km.

✈ de Metz-Frescaty : Air France ☏ 765.41.11, SO : 6 km – ☗ ☏ 766.22.22.

🛈 Office de Tourisme et Accueil de France (Informations et réservations d'hôtels, pas plus de 5
jours à l'avance), Porte Serpenoise, ☏ 775.65.21, Télex 860411 - A.C. 1 r. Antoine ☏ 766.80.15.

Paris 330 ① – Bonn 243 ① – Bruxelles 276 ① – ✦Dijon 252 ⑤ – ✦Lille 369 ① – Luxembourg 64 ① –
✦Nancy 56 ⑤ – ✦Reims 188 ① – Saarbrücken 67 ② – ✦Strasbourg 162 ② – ✦Trier 100 ①.

Plan pages suivantes

🏨🏨 **Sofitel** Ⓜ, pl. Paraiges ☏ 774.57.27, Télex 930328, ☞, ☱ – ▤ ▤ ▥ ☎ ⇌ –
▦ 200. ⚏ ⑩ **E** ☶☶   CX t
rest **Le Rabelais R** carte 110 à 165 ☲ 35 – **112 ch** 300/405, 3 appartements 690.

🏨🏨 **Frantel** Ⓜ, 29 pl. St-Thiébaut ☏ 736.17.69, Télex 930417 – ▤ ▤ ▥ ☎ ⚄ ❷ – ▦
30 à 250. ⚏ ⑩ ☶☶   CY y
SC : rest. **les 4 Saisons** *(fermé Noël à début janv., sam. midi et dim.)* **R** carte 105 à
160 ⚏ – ☲ 28 – **112 ch** 247/347.

🏨 **Royal-Concorde** Ⓜ, 23 av. Foch ☏ 766.81.11, Télex 860425 – ▤ ▥ ☎ – ▦ 60.
⚏ ⑩ **E** ☶☶   CY s
fermé 24 déc. au 1er janv. – SC : **R** 98 ⚏ **Caveau R** carte environ 120 – ☲ 33 – **60 ch**
230/360, 3 appartements 570 – P 220/265.

🏨 **Central** Ⓜ sans rest, 3 bis r. Vauban ☏ 775.53.43, Télex 930281 – ▤ ▥ ☐wc
⋔wc ☎. ⚏ ⑩ **E** ☶☶   CY b
fermé 23 déc. au 2 janv. – SC : ☲ 18 – **54 ch** 138/220.

🏨 **Cécil** sans rest, 14 r. Pasteur ☏ 766.66.13 – ▤ ☐wc ⋔wc ☎ ⚄ ⇌. ⚏ ⑩ ☶☶
SC : ☲ 16 – **39 ch** 98/170.   BZ x

🏨 **Bristol** Ⓜ sans rest, 7 r. La Fayette ☏ 766.74.22 – ▤ ▥ ☐wc ⋔wc ☎. **E**   BZ u
fermé Noël au 1er janv. – SC : ☲ 15,50 – **67 ch** 65/205.

🏨 **Foch** sans rest, 8 pl. R.-Mondon ☏ 774.40.75, Télex 860489 – ▤ ☐wc ⋔wc ☎. ⚏
SC : ☲ 14 – **42 ch** 77/158.   BY v

🏨 **Gare** sans rest, 20 r. Gambetta ☏ 766.74.03 – ▤ ▥ ☐wc ⋔wc ☎. ⚏ ⑩ **E** ☶☶
SC : ☲ 15,50 – **40 ch** 86/178.   CY q

🏨 **Métropole** sans rest, 5 pl. Gén.-de-Gaulle ☏ 766.26.22 – ▤ ☐wc ⋔wc ⚄. ⚏
☶☶   CY q
SC : ☲ 15,50 – **79 ch** 95/138.

🏨 **Ibis** Ⓜ, 47 r. Chambière, quartier Pontiffroy ☏ 731.01.73, Télex 930278, < – ▤ ▥
☐wc ☎ ⚄ ❷ – ▦ 40. **E** ☶☶   CV e
SC : **R** carte environ 65 ⚏ – ☱ 18 – **79 ch** 165/182.

🏨 **Moderne** sans rest, 1 r. La Fayette ☏ 766.57.33 – ▤ ☐wc ⋔wc ⚄. ⚏ ⑩ **E** ☶☶
SC : ☲ 14 – **43 ch** 98/150.   BZ u

🏨 **La Pergola** sans rest, 13 rte Plappeville ☎ 732.52.94, 🚗 – 📺wc ⋔lwc ☎ 🅿 – AV **h**
🛏 30 – SC : ⊡ 13,50 – **29 ch** 60/140.

🏨 **Lutèce**, 11 r. Paris ☎ 730.27.25 – 📺wc ⋔l ☎ ⟵. ᴱ 𝘝𝘐𝘚𝘈. 🎉 AV **n**
➡ SC : **R** (fermé 20 déc. au 20 janv., sam., dim. et fêtes) 47/90 🍷 – ⊡ 13,50 – **21 ch**
66/118.

XXX **La Dinanderie**, 2 r. Paris ☎ 730.14.40 – 🄰🄴 ⓪ 𝘝𝘐𝘚𝘈 AV **k**
fermé Pâques à fin avril, 8 au 31 août, 24 déc. au 2 janv., dim. et lundi – **R** 150/190.

XX **Ville de Lyon**, 7 r. Piques ☎ 736.07.01 – 🅿. 🄰🄴 ⓪ ᴱ 𝘝𝘐𝘚𝘈 CX **a**
fermé 30 juil. au 27 août, 4 au 11 fév., dim. soir et lundi – **R** 82/140.

X **La Gargouille**, 29 pl. de Chambre ☎ 736.65.77 – 𝘝𝘐𝘚𝘈 BX **r**
fermé août, lundi midi et dim. – SC : **R** 85 bc/200 bc.

par ② et ancienne rte de Sarrebrück : 3 km – ✉ 57070 Metz :

XXX ❀ **Crinouc** avec ch, 79 r. Gén.-Metman ☎ 774.12.46 – 📺 ⋔lwc ☎ 🅿. 🄰🄴 ⓪ 𝘝𝘐𝘚𝘈
fermé dim. soir – SC : **R** 118/200 – **10 ch** 126/174
Spéc. Mousseline de turbot au coulis d'écrevisses, Aiguillettes de canard aux pêches, Oranges
soufflées.

à Borny E : 3 km par D 4 - DY – ✉ 57070 Metz :

XXX ❀ **Belle-Vue** (Kromphotz), 58 rte Pange ☎ 737.10.27 – 🅿. 𝘝𝘐𝘚𝘈. 🎉
fermé 15 juil. au 13 août, dim. soir et lundi – SC : **R** 80/160
Spéc. Brochet et saumon en terrine, Filet de loup à la fondue d'oseille, Rognon de veau sauté à la
moutarde de Meaux.

à Montigny-lès-Metz S : 3 km par D 5 (rte de l'Aéroport) - AZ – 23 731 h. –
✉ 57158 Montigny-lès-Metz :

🏨 **Air** sans rest, 54 bis r. Franiatte ☎ 763.30.22 – 📺wc ⋔lwc ☎ ⟵
fermé 8 au 28 août – SC : ⊡ 15 – **21 ch** 95/154.

🏨 **Franiatte** sans rest, 14 r. Franiatte ☎ 763.76.13 – 📺wc ⋔l ☎ 🅿. 𝘝𝘐𝘚𝘈
fermé dim. – SC : ⊡ 14 – **27 ch** 60/120.

par ① A 31 sortie de Woippy : 5 km – ✉ 57140 Woippy :

🏨🏨 **Mercure** Ⓜ, ☎ 732.52.79, Télex 860891, 😚 – 🛗 🔲 📺 ☎ 🕭 🅿 – 🛏 150. 🄰🄴 ⓪
ᴱ 𝘝𝘐𝘚𝘈 – **R** carte environ 90 🍷 – ⊡ 32 – **83 ch** 281/315.

à Maizières-les-Metz par ① et A 31 : 10 km – ✉ 57210 Maizières :

🏨🏨 **Novotel** Ⓜ, ☎ 780.41.11, Télex 860191, 😚, ⏋, 🚗 – 🛗 📺 ☎ 🕭 🅿 – 🛏
25 à 350. 🄰🄴 ⓪ ᴱ 𝘝𝘐𝘚𝘈
R snack carte environ 90 🍷 – ⊡ 29 – **128 ch** 225/282.

à Ars-sur-Moselle par ⑤ A 31 et sortie Jouy-aux-Arches : 11 km – 5 051 h. –
✉ 57130 Ars-sur-Moselle.

🄳 Syndicat d'Initiative à la Mairie (fermé sam. et dim.) ☎ 760.65.70.

XX **Aub. de la Gare**, pl. Gare ☎ 760.62.03 – 🅿. 🄰🄴 ⓪ ᴱ 𝘝𝘐𝘚𝘈
SC : **R** (dim. prévenir) 85/190.

à Rugy N : 12 km par D 1 - DV – ✉ 57640 Argancy :

🏨 **La Bergerie** Ⓜ 🕏, ☎ 764.82.27, 🚗 – 📺 📺wc ⋔lwc ☎ 🅿 – 🛏 50. 𝘝𝘐𝘚𝘈
SC : **R** carte environ 110 – ⊡ 15,50 – **22 ch** 156/185.

à Mazagran par ② et D 954 : 13 km – ✉ 57530 Courcelles-Chaussy :

XXX **Aub. de Mazagran**, ☎ 777.01.11 – 🅿. 🄰🄴 𝘝𝘐𝘚𝘈. 🎉
fermé 15 août au 5 sept., mardi soir et merc. – SC : **R** 80/210.

MICHELIN, Agence régionale, 59 rte Thionville D 953, Woippy par ⑦ ☎ 731.17.81

ALFA-ROMEO Jacquot, 17 r. R.-Schumann,
Longeville-lès-Metz ☎ 732.53.06
BLF Gar. Jactard, à Scy Chazelles ☎ 760.56.32
BMW, OPEL Eurauto, 191 r. Gén.-Metman ☎
736.15.82
CITROEN Gar. Moderne de Metz, 71 av. A.
Malraux ☎ 765.51.33 🄽
DATSUN Gangloff, 63 rte de Thionville à
Woippy ☎ 730.00.31
FIAT Gar. Corroy, 6 r. Chaponost à Moulins-
lès-Metz ☎ 762.32.15
FORD Meckel, 19 r. La Fayette ☎ 768.17.76
FORD Romanazzi, 11 r. des Drapiers, ZIL Borny
☎ 774.44.91
MERCEDES-BENZ Succursale, 130 rte Thion-
ville ☎ 732.53.49
OPEL Metz-Autom., 68 r. aux Arènes ☎ 730.
02.44 🄽 ☎ 730.11.46
PEUGEOT TALBOT Jacquot, 2 r. P.-Boileau
par ⑦ ☎ 732.52.90 🄽
PEUGEOT-TALBOT Mosellane-Autom., 199 r.
Gal Metman par ② ☎ 774.17.90 🄽

RENAULT Succursale, 50 r. Gén.-Metman par
② ☎ 776.22.22 🄽
RENAULT Chevalier, 57 bd St-Symphorien,
par ⑥ ☎ 766.80.22
RENAULT Succursale, rte de Thionville Pont
Rombas à Woippy par ⑦ ☎ 730.30.33
V.A.G. Philippe-Automobiles, 195 r.
Gén.-Metman ☎ 736.15.83
VOLVO Lorraine Mécanique, 33 bd Paixhans
☎ 775.22.81

⊙ Fok-Pneus, 117 av. Strasbourg ☎ 736.15.98
Fok Pneus, à Augny ☎ 766.81.88
Pneu-Frein, 116 rte de Thionville à Woippy ☎
730.12.86
Germain-Pneus, 21 r. Pasteur ☎ 766.56.96
Laglasse, 53 r. Haute-Seille ☎ 736.00.42
Leclerc-Pneu, 3 pl. Mondon ☎ 765.49.33 Zone
Ind. Nord, Hauconcourt ☎ 780.49.80 et 57 av.
de l'Abbaye St-Eloy ☎ 732.53.17
Metz-Pneus, 100 av. Strasbourg ☎ 774.16.28
Pneus Sécurité, 10 r. A.-Malraux ☎ 763.58.65

CONSTRUCTEUR : Renault Véhicules Industriels, à Batilly ☎ 722.34.99

METZ

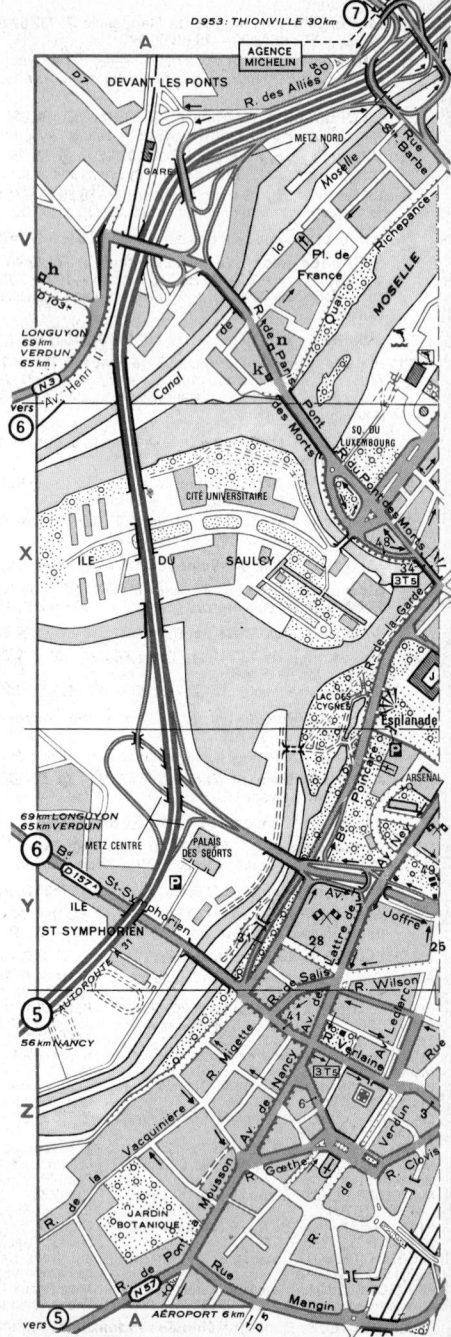

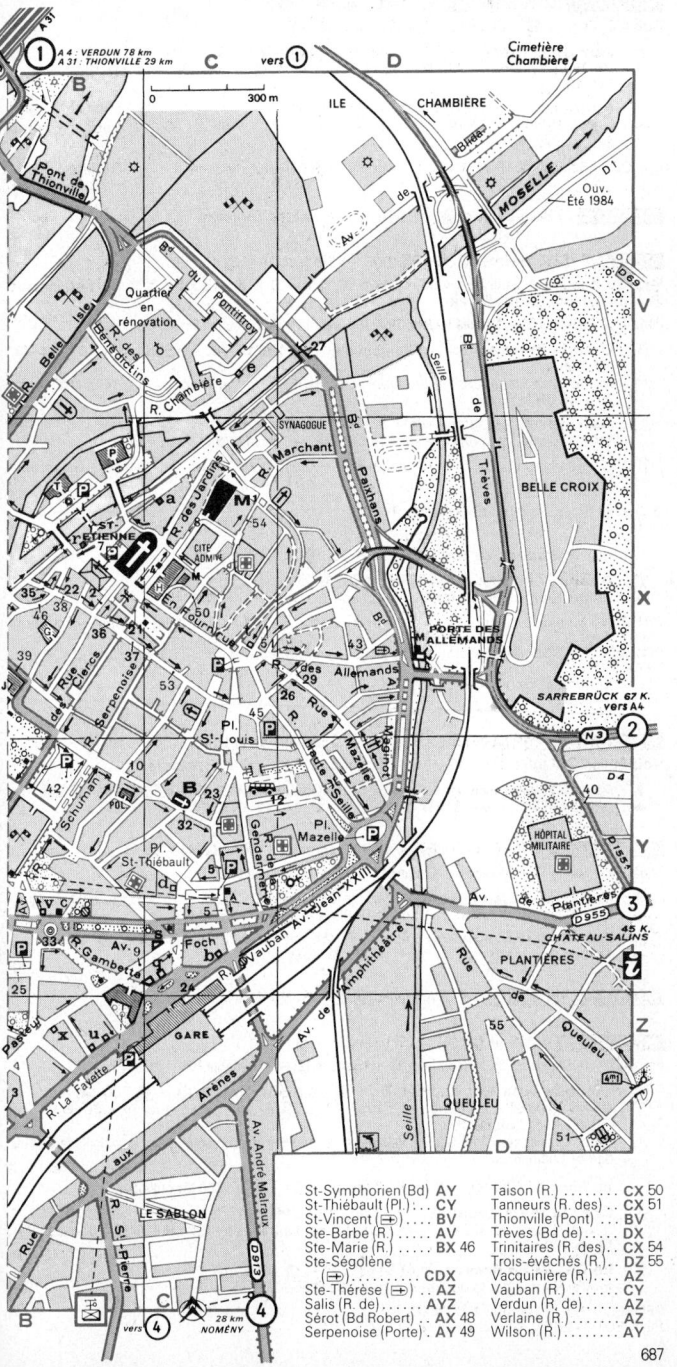

687

METZERAL 68380 H.-Rhin 62 ⑱ – 1 006 h. alt. 484 – ⊛ 89.

Paris 470 – Colmar 26 – Gérardmer 40 – Guebwiller 45 – Thann 41.

- **Aux Deux Clefs**, ℡ 77.61.48, ≤ – ⋔ ℗. ⓓ E. ⋇ rest
  fin mars-fin oct. – SC : **R** *(fermé jeudi)* 35/75 ⅜ – ☕ 16 – **11 ch** 100/120 – P 140/190.
- XX **Pont** avec ch, ℡ 77.60.84, ⛱ – ⋔wc ℗. ⋇
  fermé 15 nov. au 15 déc. et lundi – **R** 45/120 ⅜ – **6 ch** ☕ 90/170, 4 appartements 240.

CITROEN Gar. Jaeglé, ℡ 77.60.26

RENAULT Friederich, r. Principale à Sondernach ℡ 77.60.02

MEUDON 92 Hauts-de-Seine 60 ⑩, 101 ㉔ – voir à Paris, Environs.

MEULAN 78250 Yvelines 55 ⑲, 196 ④⑯ – 8 938 h. alt. 25 – ⊛ 3.

18 18 du Prieure, à Sailly-en-vexin ℡ 476.70.12 par D 913 : 12 km ; 9 18 de Seraincourt ℡ 475.47.28 par D 913 : 3,5 km.

Paris 47 – Beauvais 60 – Mantes-la-Jolie 19 – Pontoise 17 – Rambouillet 56 – Versailles 30.

- XXX **Grande Pinte** avec ch, r. Clemenceau ℡ 474.15.10, ⛱ – ⊟wc ⋔wc ☎ ⇔ ℗. ⓓ VISA
  fermé août, vacances de fév., lundi soir (sauf hôtel) et mardi – SC : **R** 57/140 – ☕ 20 – **10 ch** 78/160.
- XX **Aub. Terrasse,** quai A.-Joly ℡ 474.01.59, ⛱ – VISA
  fermé 20 déc. au 3 janv. et sam. – SC : **R** 69/98, carte le dim.

CITROEN Gar. des Sports, 6 r. du Stade ℡ 474.00.22

Ⓜ Meulan-Pneu, 41 bis av. Gambetta ℡ 474.84.44

Nony Pneus, 22 av. Col. Fabien à Gargenville ℡ 093.65.27

aux Mureaux : au Sud – 31 819 h. – ✉ 78130 Les Mureaux :

- XX **Avenir,** 7 r. Seine ℡ 474.02.58 – ℗. VISA
  fermé août, vacances de fév., lundi soir et mardi – SC : **R** 40/100.

CITROEN Mureaux Autom., 14 r. Ampère ℡ 474.01.95

PEUGEOT-TALBOT Basse-Seine-Autos, 2 av. Seine ℡ 099.77.11

RENAULT Pottier, 4 r. A.-Briand par r. P.-Danwer ℡ 474.17.92

Ⓜ Corail Pneu Sce, Centre Commercial Corail ℡ 474.27.54

La Station du Pneu, 90 av. Mar.-Foch ℡ 474.19.28

MEUNG-SUR-LOIRE 45130 Loiret 64 ⑧ G. Châteaux de la Loire – 5 659 h. alt. 100 – ⊛ 38.

Voir Église St-Liphard★ – Paris 145 – Beaugency 6 – Blois 40 – ♦Orléans 18.

- X **Aub. St-Jacques** avec ch, r. Gén.-de-Gaulle ℡ 44.30.39 – ⊟ ⋔ ⇔. E VISA
  fermé fév. et lundi – SC : **R** 49/105 ⅜ – ☕ 13 – **12 ch** 58/89 – P 169/298.

MEURSAULT 21190 Côte-d'Or 69 ⑨ G. Bourgogne – 1 646 h. alt. 243 – ⊛ 80.

Paris 324 – Autun 42 – Beaune 8 – Chagny 10 – ♦Dijon 47 – Saulieu 60.

- **Motel Au Soleil Levant** Ⓜ, rte Beaune ℡ 21.23.47 – ⊟wc ⋔wc ☎ ♿ ℗
  fermé 20 nov. au 20 déc. – SC : **R** 47/95 ⅜ – ☕ 14 – **35 ch** 98/150.
- XX **Relais de la Diligence,** à la gare E : 2,5 km par D 23 ℡ 21.21.32 – ℗. ⓓ
  fermé janv. mardi soir, et merc. – SC : **R** 35/90 ⅜.

MEUSE (Vallée de la) ★★ 08 Ardennes 53 ⑱⑲ G. Nord de la France.

MEXIMIEUX 01800 Ain 74 ③ – 4 254 h. alt. 226 – ⊛ 74.

Paris 454 – Bourg-en-Br. 35 – Chambéry 98 – ♦Genève 121 – ♦Grenoble 109 – ♦Lyon 39.

- XX ✿ **Claude Lutz** avec ch, ℡ 61.06.78, ⛱ – ⊟wc ⋔wc ☎ ℗ – 🏛 100. ⋇ rest
  fermé 16 au 27 juil., 15 oct. au 5 nov., 14 au 20 fév., dim. soir et lundi – SC : **R** 95/185 – ☕ 17 – **17 ch** 65/160
  Spéc. Civet de turbot au Gamay, Velouté de grenouilles cressonnière, Blanc de volaille farci. **Vins** Gamay, Chardonnay.

au Pont de Chazey-Villieu E : 3 km sur N 84 – ✉ 01800 Meximieux :

- XXX **Chez la Mère Jacquet** Ⓜ avec ch, ℡ 61.94.80, ⛱, ⋇ – TV ⊟wc ☎ ℗. VISA
  fermé 15 déc. au 31 janv., dim. soir et lundi sauf fériés – SC : **R** 100/250 ⅜ – ☕ 22 – **12 ch** 100/180.
- X **Le Chalet de Bresse,** ℡ 61.94.68, ⛱ – ℗. AE E VISA
  fermé 15 nov. au 15 déc. et mardi – SC : **R** 65/150.

PEUGEOT Gar. du Centre, ℡ 61.06.00

PEUGEOT, TALBOT Gar. Chabran, ℡ 61.18.09

RENAULT Gar. Paviot, ℡ 61.07.89

MEYLAN 38 Isère **77** ⑤ – rattaché à Grenoble.

MEYMAC 19250 Corrèze **73** ⑪ G. Périgord – 2 783 h. alt. 702 – ✆ 55.
🛈 Syndicat d'Initiative pl. Bucher (1er juil.-15 sept.) ☏ 95.18.43.
Paris 437 – Aubusson 57 – ◆Limoges 97 – Neuvic 29 – Tulle 52 – Ussel 17.

  🏠 **Modern' H.**, av. Limousine ☏ 95.10.19, ☞, – 📺wc ⑪ ☎
  ➡ fermé 1er nov. au 6 déc. et sam. hors sais. – SC : **R** 50/100 ⅜ – ☲ 15 – **30 ch** 70/120 – P 120/160.

CITROEN Vergne ☏ 95.11.36   RENAULT Mauriange, ☏ 95.10.54 **N**
PEUGEOT,TALBOT Longerinas, ☏ 95.10.32

MEYRARGUES 13650 B.-du-R. **84** ③ G. Provence – 2 406 h. alt. 206 – ✆ 42.
Paris 752 – Aix-en-Provence 15 – Apt 43 – Cavaillon 51 – Manosque 38 – ◆Marseille 47 – Rians 24.

  XXX **Château de Meyrargues** ⑤ avec ch, ☏ 57.50.32, « Château fortifié dominant la vallée, parc » – 📺wc ⑪wc ☎ **P** 🍸 60. **AE** ⑩
  1er fév.-1er nov. – SC : **R** (fermé dim. soir et lundi) carte 155 à 250 – ☲ 35 – **14 ch** 290/305 – P 405/475.

MEYRUEIS 48150 Lozère **80** ⑤ ⑮ G. Causses – 1 078 h. alt. 706 – ✆ 66.
Voir NO : Gorges de la Jonte★★.
Env. Aven Armand★★★ NO : 11 km – Grotte de Dargilan★★ NO : 8,5 km.
🛈 Office de Tourisme r. de l'Horloge (Pâques, Pentecôte et 1er juin-fin sept.) ☏ 45.60.33.
Paris 628 – Florac 35 – Mende 57 – Millau 42 – Rodez 101 – Sévérac-le-Château 60 – Le Vigan 57.

  🏰 **Château d'Ayres** ⑤, E : 1,5 km par D 57 ☏ 45.60.10, ≼, « parc » – **P**. ⑩ **VISA**
  20 mars-20 oct. – SC : **R** 96 – ☲ 28 – **23 ch** 240/390 – P 270/360.

  🏨 **Renaissance** ⑤, ☏ 45.60.19, « Maison du 16e s. », ☞ – 📺wc ☎. **AE** ⑩ **VISA**
  SC : **R** 60/150 ⅜ – ☲ 21 – **20 ch** 150/300 – P 216/291.

    Annexe St-Sauveur 🏠 , ☏ 45.62.12, 🍴 – 📺wc ☎. **AE** ⑩ **VISA**
    1er mars-15 nov. – SC : **R** (15 mai-30 sept.) grill carte environ 75 ⅜ – ☲ 16 – **15 ch** 86/123.

  🏨 **Gd H. Europe et Mont Aigoual,** ☏ 45.60.05, ☙, ☞ – 📶 📺wc ⑪wc ☎ **P**. ✂ rest
  1er avril-30 sept. – SC : **R** 51/69 – ☲ 16 – **50 ch** 88/105 – P 125/148.

  🏠 **Family H.,** ☏ 45.60.02 – 📺wc ⑪wc ☎
  fin mars-début nov. – SC : **R** 38/56 – ☲ 15 – **33 ch** 64/103 – P 122/141.

  🏠 **France,** ☏ 45.60.07, ☞, ✂ – 📶 📺wc ⑪wc ☎. ✂ rest
  1er avril-1er oct. – SC : **R** 55/95 – ☲ 14 – **46 ch** 120.

CITROEN Giraud, ☏ 45.60.04

MEYSSAC 19500 Corrèze **75** ⑨ G. Périgord – 1 255 h. alt. 220 – ✆ 55.
Paris 515 – Brive-la-Gaillarde 23 – St-Céré 39 – Tulle 45.

  X **Relais du Quercy** avec ch, ☏ 25.40.31, ☞ – **E** **VISA**
  ➡ fermé janv. – SC : **R** 40/130 – ☲ 16 – **11 ch** 65/160 – P 140/170.

MÉZANGERS 53 Mayenne **60** ⑪ – rattaché à Evron.

MÈZE 34140 Hérault **83** ⑯ G. Causses – 5 742 h. alt. 6 – ✆ 67.
Paris 791 – Agde 20 – Béziers 41 – Lodève 54 – ◆Montpellier 34 – Pézenas 18 – Sète 18.

  X **Barbecue,** 38 r. Port ☏ 43.84.99, cadre rustique – **AE** ⑩ **VISA**
  15 mai-15 oct., fermé dim. soir et lundi hors sais. – SC : **R** 55/90.

    à Bouzigues NE : 4 km par N 113 et VO – ✉ 34140 Mèze :

  🏰 **Motel Côte Bleue** Ⓜ ⑤, ☏ 78.31.42, ≼, ☙, – ௸ **P** – 🍸 40. ✂ ch
  fermé fév. – SC : **R** voir rest. Côte Bleue – ☲ 15 – **32 ch** 150/220.

  XX **Côte Bleue,** ☏ 78.30.87, ≼, 🍴, dégustation de coquillages – **P**
  fermé fév., dim. soir et lundi du 1er juil. au 1er sept., mardi soir et merc. du 1er sept. au 1er juil. – SC : **R** (en saison prévenir) carte environ 150.

⊚ Rolouis-Pneum, 35 rte de Pézenas ☏ 43.93.38

MÉZENC (Mont) 07 Ardèche et 43 H.-Loire **76** ⑱ G. Vallée du Rhône – alt. 1 754.
Voir ☀★★★.
Accès par la Croix de Boutières ≼★★ (1 h 1/2 AR) ou par la Croix de Peccata (1 h AR).

MÉZÉRIAT 01660 Ain **74** ② – 1 879 h. alt. 197 – ✆ 74.
Paris 413 – Bourg-en-Bresse 20 – Mâcon 20 – Villefranche-sur-Saône 45.

  XX **Les Bessières** avec ch, ☏ 30.24.24, 🍴 – 📺wc ⑪. **AE E**
  ➡ fermé 16 au 27 août, janv., dim. soir et lundi – SC : **R** 48/105 ⅜ – ☲ 16,50 – **6 ch** 91/171 – P 150/175.

MÉZILHAC 07810 Ardèche 🎞 ⑱ ⑲ G. Vallée du Rhône – 167 h. alt. 1 130 – ✪ 75.

Voir Piton de la Croix ※★★ – Env. Gerbier de Jonc★★ NO : 14 km.

Paris 626 – Aubenas 29 – Lamastre 43 – Privas 34 – Le Puy 64.

🏤 **Cévennes** ⑤, ℡ 38.78.01, ≤ – 🅼 ⇦ 🅿
↝ 1ᵉʳ avril-1ᵉʳ oct. et fermé jeudi sauf juil.-août – SC : **R** 34/70 ♨ – 🍽 10 – **22 ch** 50/58
– P 100/120.

MÉZOS 40 Landes 🎞 ⑮ – 810 h. alt. 45 – ⊠ 40170 St-Julien-en-Born – ✪ 58.

🖪 Office de Tourisme à la Mairie (1ᵉʳ juin-30 sept.) ℡ 42.86.15.

Paris 706 – ♦Bordeaux 117 – Castets 23 – Mimizan 16 – Mont-de-Marsan 62 – Tartas 50.

🏨 **Boucau,** ℡ 42.61.38, 🏠 – 🆌 ⓞ. ※
↝ 1ᵉʳ fév.-30 sept., fermé dim. soir et lundi hors sais. – SC : **R** 50/200.

🏨 **Verdier,** ℡ 42.61.27, 🏠 – 🅿
↝ 1ᵉʳ mai-fin oct. – SC : **R** 39/110.

MIALET 30 Gard 🞓 ⑰ – rattaché à Anduze.

MIDI DE BIGORRE (Pic du) 65 H.-Pyr. 🞕 ⑱ G. Pyrénées – alt. 2 865 – ⊠ 65200
Bagnères-de-Bigorre.

Voir ※★★★ – Observatoire.

Accès par le col du Tourmalet, route taxée, puis téléphérique.

Paris 861 – La Mongie 9,5.

MIGENNES 89400 Yonne 🞒 ⑤ – 8 151 h. alt. 87 – ✪ 86.

🖪 Office de Tourisme pl. E.-Laporte (fermé dim.) ℡ 80.03.70.

Paris 157 – Auxerre 21 – Joigny 9,5 – Nogent-sur-Seine 78 – St-Florentin 18 – Seignelay 12.

🏨 **Paris** avec ch, 57 av. J.-Jaurès ℡ 80.23.22 – 🆌wc 🕾. 🆅🆂🅰
fermé 4 août au 2 sept., 2 au 15 janv., vacances de fév., vend. soir et sam. – SC : **R**
58/145 ♨ – ヱ 15,50 – **10 ch** 80/114.

PEUGEOT-TALBOT Schwalb, 1 pl. de la Répu-   RENAULT Farion, 44 av. E.-Branly ℡ 80.05.44
blique ℡ 80.23.58   🅽 ℡ 80.36.62
PEUGEOT-TALBOT Prudhomme, 17 allée de
l'Industrie ℡ 80.02.60 🅽 ℡ 80.03.03

MIJOUX 01 Ain 🞐 ⑮ – rattaché à Faucille (Col de la).

MILLAU ◁🆂🅿▷ 12100 Aveyron 🞔 ⑭ G. Causses – 22 256 h. alt. 379 – ✪ 65.

Env. Gorges du Tarn★★★ 21 km par ① – Canyon de la Dourbie★★ 8 km par ②.

🖪 Office de Tourisme av. Alfred-Merle (fermé sam. après-midi hors sais. et dim. sauf matin en sais.) ℡ 60.02.42.

Paris 631 – Albi 113 ③ – Alès 137 ③ – Béziers 125 ③ – Carcassonne 212 ③ – ♦Clermont-Ferrand 245 ① – ♦Montpellier 115 ③ – Nîmes 166 ③ – Rodez 71 ④ – ♦Toulouse 189 ③.

Plan page ci-contre

🏩 ✿ **International** (Pomarède) Ⓜ, 1 pl. Tine ℡ 60.20.66, Télex 520629, ≤ – 🛗 📺 🕿
🅿 – 🔬 50 à 250. 🆌 ⓞ 🅴 🆅🆂🅰. ※ rest   BY **y**
fermé janv. – SC : **R** (fermé dim. soir et lundi hors sais.) 76/185 – ヱ 24 – **110 ch**
198/327 – P 215/320
Spéc. Écrevisses flambées au whisky (juil. à avril), Ris d'agneau aux écrevisses, Râble de lièvre en
saupiquet. Vins Faugères, St-Saturnin.

🏨 **Cévenol H.** Ⓜ sans rest, 115 r. Rayol ℡ 60.74.44 – 🛗 ⇔wc 🕾 ♨ 🅿. 🆌 ⓞ 🆅🆂🅰
SC : ヱ 16 – **42 ch** 150/185 – P 190/240.   BY **k**

🏨 **Moderne,** 11 av. J.-Jaurès ℡ 60.59.23 – 🛗 ⇔wc 🆌wc 🕾 🅿. 🆌 ⓞ 🅴 🆅🆂🅰.
※ rest   BY **n**
Pâques-fin sept. – SC : **R** voir H. International – ヱ 18 – **45 ch** 75/146 – P 199/227.

🏨 **La Capelle** ⑤ sans rest, 7 pl. Fraternité ℡ 60.14.72 – 🆌wc 🕾. ※   BY **b**
Pâques-22 avril et 11 mai-1ᵉʳ oct. – SC : ヱ 15 – **46 ch** 77/140.

🏠 **Larzac** sans rest, r. E.-Lauret ℡ 60.68.55 – 🛗 ⇔wc 🆌wc 🕾 🅿
SC : ヱ 13 – **48 ch** 120/150.

🏠 **Jalade** sans rest, 18 bis av. Alfred-Merle ℡ 60.62.00 – 🛗 ⇔wc 🆌wc 🕾. 🅴 🆅🆂🅰
SC : ヱ 17 – **23 ch** 140/172.   AY **e**

🏠 **Cristal** sans rest, 5 pl. Mandarous ℡ 60.02.18 – 🛗 ⇔wc 🆌wc 🕾   AY **d**
fermé 1ᵉʳ au 15 mars, 1ᵉʳ au 15 nov. et dim. sauf juil.-août – SC : ヱ 14 – **15 ch**
95/130.

🏠 **Commerce** sans rest, 8 pl. Mandarous ℡ 60.00.56 – 🛗 ⇔wc 🕾. 🆅🆂🅰   BY **h**
fermé 24 au 31 déc. – ヱ 14 – **17 ch** 77/130.

🏠 **Causses,** 56 av. J.-Jaurès ℡ 60.03.19 – 🆌 🆌wc   BY **s**
↝ fermé 15 oct. au 15 nov., dim. soir et lundi sauf juil.-août – SC : **R** 40/83 ♨ – ヱ
13,50 – **22 ch** 61/110 – P 135/160.

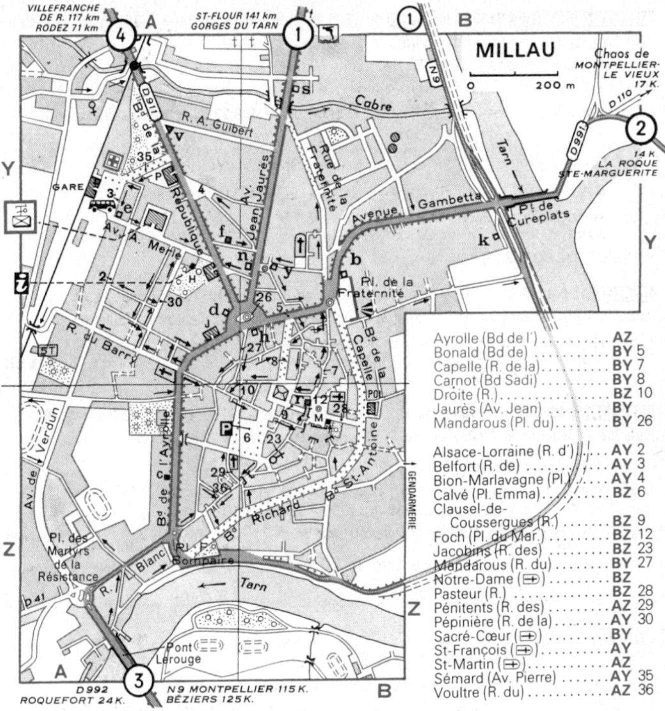

Ayrolle (Bd de l')	AZ	
Bonald (Bd de)	BY	5
Capelle (R. de la)	BY	7
Carnot (Bd Sadi)	BY	8
Droite (R.)	BZ	10
Jaurès (Av. Jean)	BY	
Mandarous (Pl. du)	BY	26
Alsace-Lorraine (R. d')	AY	2
Belfort (R. de)	AY	3
Bion-Marlavagne (Pl.)	AY	4
Calvé (Pl. Emma)	BZ	6
Clausel-de-Coussergues (R.)	BZ	9
Foch (Pl. du Mar.)	BZ	12
Jacobins (R. des)	BZ	23
Mandarous (R. du)	BY	27
Notre-Dame (⊞)	BZ	
Pasteur (R.)	BZ	28
Pénitents (R. des)	AZ	29
Pépinière (R. de la)	AY	30
Sacré-Cœur (⊞)	BY	
St-François (⊞)	AY	
St-Martin (⊞)	AZ	
Sémard (Av. Pierre)	AY	35
Voultre (R. du)	AZ	36

XXX ✿ **La Musardière** Ⓜ avec ch, **34 av. République** ☎ **60.20.63**, « Parc » – ⊡ ⊟wc ☎. AE ⓓ VISA — AY **v**
début avril-5 nov. – SC : **R** *(fermé lundi sauf août.)* (dim. et fêtes prévenir) 70/160 – ☕ 30 – **12 ch** 220/370 – P 370/430
Spéc. Charlotte aux écrevisses (juin à début nov.), Marmite de baudroie, Salmis de colvert cévenole. **Vins** Aniane, Gaillac perlé.

XX **Capion,** 3 r. J.-F.-Alméras ☎ **60.00.91** – VISA — AY **f**
fermé 1er au 29 janv. et lundi – SC : **R** 55/125 🍷.

XX **Buffet de France,** pl. gare ☎ **60.09.04,** ⛱ – E VISA — AY
fermé 18 au 25 oct., fév. et mardi – SC : **R** 50/125 🍷.

XX **La Braconne,** 7 pl. Mar.-Foch ☎ **60.30.93,** ⛱ – ⓓ VISA — BZ **r**
fermé 13 nov. au 1er janv., dim. soir et lundi – SC : **R** 75/95 🍷.

par ③ rte St-Affrique : 2 km :

Château de Creissels 🐌, ☎ **60.16.59,** ←, ⛱, « Parc » – ⊟wc ⊟wc ☎ **P**. ⓓ **E**. ✻ rest
fermé 15 déc. au 31 janv. et merc. du 1er nov. au 31 mars – SC : **R** 62/100 – ☕ 17 – **30 ch** 120/180 – P 160/190.

ALFA-ROMEO, V.A.G. Gar. Martel, rte de Creissels ☎ 60.00.60
BMW Higonenc, 105 av. J.-Jaurès ☎ 60.29.29
CITROEN Delon, av. de Calès par D41 AZ ☎ 60.15.98 🅽 ☎ 60.67.02
MERCEDES-BENZ Bruguière, rte de St-Affrique à Creissels ☎ 60.11.07
PEUGEOT Alric, rte de Montpellier par ③ ☎ 60.41.44
PEUGEOT-TALBOT Pujol, 85 av. J.-Jaurès par ① ☎ 60.09.21

RENAULT C.A.N.O. av. du Pont Lerouge par ③ ☎ 60.04.52

⓪ Bouloc, 3 bis r. E.-Delmas ☎ 60.35.88
Lassale, 15 av. Gambetta ☎ 60.27.85
Millau Pneu, 50 av J.-Jaurès ☎ 60.04.56
Pneus-2000, 8 av. Martel ☎ 60.09.77
Rechapage Millavois, 325 r. E.-Delmas ☎ 60.05.56

MILLEMONT 78 Yvelines 60 ⑧, 196 ⑮ – 142 h. – ✉ **78890** Garancières – ⚙ 3.
Paris 54 – Dreux 31 – Mantes 28 – Rambouillet 26 – Versailles 31.

XX **Aub. de la Malvina** 🐌 avec ch, la haute Perruche ☎ **486.45.76,** ⛱, ⛱ – VISA. ✻ ch
fermé nov., merc. soir et jeudi – SC : **R** 130 – ☕ 13 – **5 ch** 70/130.

MILLY-LA-FORÊT 91490 Essonne 🄌 ⑪. 🄌🄌🄌 ㊹ G. Environs de Paris → 3 795 h. alt. 65 – ☷ 6.

Voir Parc de Courances★★ N : 5 km.

Env. Les Trois Pignons★ : ⬉★★ E : 9 km puis 30 mn.

Paris 62 – Étampes 25 – Évry 33 – Fontainebleau 19 – Melun 22 – Nemours 29.

XXX ⚘ **Le Moustier** (Gautier), 41 bis r. Langlois ℡ 498.92.52, « Belle salle voûtée » – VISA
fermé 20 août au 18 sept., 30 janv. au 14 fév., lundi et mardi – **R** 123/231
Spéc. Terrine de pigeon, Queues d'écrevisses aux cèpes, Chou farci au beurre d'oursin.

à Auvert (S.-et-M.) S : 4 km par D 948 – ⊠ **77123** Le Vaudoué :

X **Aub. Auvers Galant,** ℡ 424.51.02 – 🛇 VISA
fermé 20 juil. au 5 août, 20 déc. au 10 janv., lundi soir et mardi – **R** 85/150.

PEUGEOT, TALBOT SA Bellifontaine Auto, 5 r. du Lau ℡ 498.80.12

MIMET 13 B.-du-R. 🄌🄌 ⑬ G. Provence – 2 531 h. alt. 510 – ⊠ **13120** Gardanne – ☷ 42.

Paris 776 – Aix-en-Provence 19 – ♦Marseille 28 – St-Maximin-la-Ste-Baume 36 – ♦Toulon 69.

X **Host. du Puech** ⬡ avec ch, ℡ 58.91.06, ⬉ – ⇔ ▥wc. VISA
fermé 15 oct. au 1er nov., fév., mardi soir et merc. – **SC : R** 60/90 – ☑ 13 – **11 ch**
80/130 – P 160/190.

MIMIZAN 40200 Landes 🄌🄌 ⑭ G. Côte de l'Atlantique – 7 472 h. alt. 43 – Casino – ☷ 58.

Paris 702 – Arcachon 65 – ♦Bayonne 109 – ♦Bordeaux 114 – Dax 73 – Langon 110 – Mont-de-M. 75.

à Mimizan-Bourg :

🏠 **Taris,** 19 r. Abbaye ℡ 09.02.18, 🍴 – ⇔wc ▥wc ☎ ℗. ✂
SC : R *(1er juin-30 sept.)* 62/118 – ☑ 18 – **23 ch** 65/179.

XX ⚘ **Au Bon Coin** (Caule) ⬡ avec ch, **au lac** N : 1,5 km ℡ 09.01.55, ⬉ – ⇔wc ⇌
℗. VISA ✂
fermé fév., dim. soir et lundi – **SC : R** 100/200 – ☑ 22 – **12 ch** 120/140, 3 appartements
240 – P 210/230
Spéc. Salade de l'échassier landais, Loubine au foie gras et truffes, Grand dessert Folie. **Vins**
Madiran, Tursan.

CITROEN Brustis, ℡ 09.09.81 RENAULT Gar. Poisson, ℡ 09.08.73
PEUGEOT, TALBOT Gar. Dupiau, ℡ 09.00.37

à Mimizan-Plage O : 6 km par D 626 – ⊠ **40200** Mimizan-Plage.

🄵 Office de Tourisme av. M.-Martin *(fermé oct., sam. après-midi, dim. et lundi matin hors
sais.)* ℡ 09.11.20.

Plage Nord :

🏨 **Côte d'Argent,** 4 av. M.-Martin ℡ 09.15.22, ⬉ océan, rest. panoramique – 🕴 ℗.
🄰🄴 ⓞ 🄴 VISA ✂
fin mai-fin sept. – **SC : R** (dîner seul.) 92/154 – ☑ 18,50 – **40 ch** 245.

🏠 **Forêt** sans rest, 39 av. M.-Martin ℡ 09.09.06, 🍴 – ▥wc ℗. ✂
15 mars-1er nov. – **SC : ☑** 15 – **17 ch** 90/121.

🏠 **Bellevue,** 34 av. M.-Martin ℡ 09.05.23 – ⇔wc ▥wc ☎ ℗
mars-oct. – **SC : R** 53/75 – ☑ 13,50 – **36 ch** 71/140.

🏠 **France,** 18 av. Côte-d'Argent ℡ 09.09.01 – ⇔wc ▥wc ☎ ℗. VISA ✂
2 mai-30 sept. – **SC : R** (1/2 pens. seul.) – ☑ 12,50 – **17 ch** 72/156 – 1/2 p 115/156.

X **Etche Gorria,** ℡ 09.09.10, ⬉ – ℗. 🄰🄴 VISA ✂
1er mars-30 nov. et fermé vend. soir et sam. sauf de juin à sept. – **R** 106/140.

Plage Sud :

🏨 **Parc** Ⓜ ⬡, 6 r. Papeterie ℡ 09.13.88, 🍴 – ⇔wc ▥wc ☎ ℗. ✂ rest
♦ *fermé 15 déc. au 15 fév. et sam. hors sais. (sauf hôtel)* – **SC : R** 50/140 – ☑ 18,50 –
16 ch 90/165 – P 200/217.

🏠 **Mermoz** ⬡, 16 av. Courant ℡ 09.09.30, ⬉ – ▥wc ☎. 🄰🄴 ⓞ 🄴 VISA ✂
fin mai-fin sept. – **SC : R** (dîner seul.) 79/106 – ☑ 16 – **18 ch** 155/229.

🏠 **Fusains** sans rest, ℡ 09.08.06 – ▤ rest ⇔wc ▥wc ☎. VISA ✂
13 avril-23 sept. – **SC : 9 ch** 149/208.

🏠 **Émeraude des Bois** ⬡, ℡ 09.05.28 – ▥wc ℗. 🄴 VISA ✂
début juin-fin sept. – **SC : R** (dîner seul.) 84 – ☑ 15,50 – **14 ch** 88/154.

RENAULT Gar. Caignieu, 8 r. Papeterie ℡ 09.08.84

MINDIN 44 Loire-Atl. 🄌🄌 ① – rattaché à St-Brévin-les-Pins.

MINERVE 34 Hérault 🄌🄌 ⑬ G. Causses – 112 h. – ⊠ **34210** Olonzac – ☷ 68.

Paris 871 – Béziers 45 – Carcassonne 45 – Narbonne 33 – St-Pons 28.

X **Relais Chantovent** ⬡ avec ch, ℡ 91.22.96 – 🄴 VISA ✂ ch
♦ *fermé fév. et lundi sauf juil.-août* – **SC : R** 50/120 – 🍴 14 – **5 ch** 80/100 – P 140.

MIONNAY 01 Ain 74 ② – 796 h. alt. 288 – ✉ **01390** St-André-de-Corcy – ☎ 7.

Paris 459 – Bourg-en-Bresse 42 – ♦Lyon 20 – Meximieux 25 – Montluel 15 – Villefranche-sur-S. 27.

XXXX ✿✿✿ **Alain Chapel** avec ch, ☎ 891.82.02, « Jardin fleuri » – wc P
fermé janv. au 15 fév., lundi sauf fêtes et mardi midi – **R** 200/350 et carte – 60 – **13 ch** 395/550
Spéc. Gelée de pigeon ramier à l'anis étoilé (15 avril au 15 juil.), Gâteau de foies blonds (mai à déc.), Ragoût de homard (sept. à fév.). **Vins** Saint-Véran, Mondeuse.

MIONS 69780 Rhône 74 ⑫ – 6 044 h. alt. 219 – ☎ 7.

Paris 478 – Bourgoin-Jallieu 31 – ♦Lyon 15 – Vienne 22.

XX **Parc** avec ch, r. de la Libération ☎ 820.16.41, – rest P – 25
R *(fermé dim. soir, lundi et août sauf dim. et fériés)* 54/150 – 12 – **20 ch** 66/93.

MIRABEL-AUX-BARONNIES 26 Drôme 81 ②③ – 1 048 h. alt. 268 – ✉ **26110** Nyons – ☎ 75.

Paris 672 – Carpentras 37 – Montélimar 66 – Nyons 7 – Orange 36 – Pont-St-Esprit 42 – Valence 109.

Le Mirabeau, ☎ 27.11.47, ←, – wc P. VISA. rest
fermé janv.-fév., mardi sauf juil., août et sept. – SC : **R** 60/120 – 17 – **10 ch** 60/180 – P 170/220.

MIRAMAR 06 Alpes-Mar. 84 ⑧, 195 ㉞ **G. Côte d'Azur** – ✉ **06590** Théoule – ☎ 93.

Voir Pointe de l'Esquillon ←** NE : 1 km puis 15 mn.

Paris 907 – Cannes 15 – Grasse 26 – ♦Nice 47 – St-Raphaël 25.

St-Christophe, ☎ 75.41.36, Télex 470878, ←, « Beau jardin », – P – 25. AE VISA. rest
1er avril-1er nov. – SC : **R** 85/225 – 30 – **40 ch** 450/800 – P 450/550.

Tour de l'Esquillon, ☎ 75.41.51, « Beau jardin et ← mer », – P. E VISA.
1er fév.-15 oct. – SC : **R** 140 – 35 – **25 ch** 300/500, 4 appartements.

Corniche d'Or, 10 bd de l'Esquillon ☎ 75.40.12, ←, – wc wc . rest
mars-début oct. – SC : **R** 65/100 – 18 – **30 ch** 110/230 – P 180/250.

Mas Provençal, ☎ 75.40.20, – wc wc P. AE VISA. rest
15 janv.-30 nov. – SC : **R** *(fermé merc.)* 90 – 27 – **21 ch** 370/500.

X **Père Pascal**, N 98 ☎ 75.40.11, ← – P. AE VISA
1er fév.-31 oct. et fermé jeudi du 1er fév. au 30 juin – SC : **R** 120/180.

MIRAMAS 13140 B.-du-R. 84 ① – 20 692 h. alt. 49 – ☎ 90.

Office de Tourisme pl. J.-Jaurès (fermé dim. et lundi) ☎ 58.08.24.

Paris 741 – Arles 36 – ♦Marseille 66 – Martigues 24 – St-Rémy-de-Provence 33 – Salon-de-Pr. 11.

Borel sans rest, 37 r. L.-Pasquet ☎ 58.18.73 – wc P
SC : 15 – **22 ch** 70/150.

X **La Piscine**, ☎ 58.02.13
fermé oct., fév., lundi sauf le midi de juil. à mi-sept. et dim. soir – SC : **R** 55/150.

MIRAMONT-DE-GUYENNE 47800 L.-et-G. 79 ④ – 3 789 h. alt. 51 – ☎ 53.

Paris 672 – Agen 60 – Bergerac 35 – Libourne 69 – Marmande 23 – Villeneuve-sur-Lot 41.

Poste, pl. Martignac ☎ 93.20.03, –
fermé 20 déc. au 20 janv., sam. soir et dim. de fin sept. à début mai – SC : **R** 47/86 – 13 – **16 ch** 56/125 – P 135/155.

CITROEN Central Gar., ☎ 93.20.13
FORD Huard, ☎ 93.23.81
LANCIA, AUTOBIANCHI Gar. Onnis, ☎ 93.24.81
PEUGEOT Auto-Miramontaise, ☎ 93.84.32
V.A.G. Miramont-Autos, ☎ 93.21.09

MIRANDE 32300 Gers 82 ⑭ **G. Pyrénées** – 4 150 h. alt. 174 – ☎ 62.

Syndicat d'Initiative r. Évéché (20 juin-15 sept. et fermé dim.) ☎ 66.68.10.

Paris 793 – Auch 25 – Mont-de-Marsan 99 – Tarbes 48 – ♦Toulouse 103.

Pyrénées, 5 r. d'Etigny ☎ 66.51.16 – wc P. AE E VISA
SC : **R** *(fermé sam. en hiver)* 55/110 – 16 – **22 ch** 65/160 – P 150/230.

RENAULT Central Garage, ☎ 66.50.19

MIRANDOL-BOURGNOUNAC 81190 Tarn 80 ⑪ – rattaché à Carmaux.

MIREBEAU 21310 Côte-d'Or 66 ⑬ – 1 426 h. alt. 202 – ☎ 80.

Paris 338 – Châtillon-sur-Seine 94 – ♦Dijon 25 – Dole 47 – Gray 24 – Langres 60.

Aub. Marronniers, ☎ 36.71.05 – .
fermé 20 déc. au 10 janv. – SC : **R** *(fermé vend. soir et dim. soir)* 40/85 – 13,50 – **11 ch** 65/87.

tourner →

  XX **Host. La Gandeule** avec ch, pl. Église ℱ 36.70.79 – ⇌ 🕾. 🖭 ⓞ 🇪 𝓥𝓘𝓢𝓐
    fermé merc. – SC : **R** 60/200 ⅃ – ⇌ 17,50 – **7 ch** 92/155.

CITROEN Lambert, ℱ 36.70.72   RENAULT Hinsinger, ℱ 36.71.15
PEUGEOT-TALBOT Rozet, ℱ 36.71.54

MIREPOIX 09500 Ariège 🎱🎇 ⑤ G. Pyrénées – 3 578 h. alt. 303 – ✆ 61.

Voir Place principale★.

Paris 796 – Carcassonne 47 – Castelnaudary 31 – Foix 34 – Limoux 33 – Pamiers 23 – Quillan 44.

  🏠 **Commerce,** près Église ℱ 68.10.29, 🍴 – ⇌wc 🚿wc 🕾 ैं. 🇪 𝓥𝓘𝓢𝓐
  ← *fermé 1er oct., janv., sam. (sauf hôtel) et vend. soir d'oct. à Pâques* – SC : **R**
    44/130 ⅃ – ⇌ 13 – **32 ch** 60/140 – P 120/165.

RENAULT Jean, ℱ 68.15.64   🛆 Service de L'Hers, ℱ 68.15.76

MIRIBEL-LES-ÉCHELLES 38 Isère 🎴 ⑮ – 1 442 h. alt. 580 – ⊠ 38380 St-Laurent-du-Pont –
✆ 76 – Paris 561 – Belley 54 – Chambéry 28 – Les Échelles 5 – La Tour-du-Pin 39 – Voiron 14.

  X **Les Trois Biches** avec ch, ℱ 55.28.02 – ⇌ 🇪
  ← *fermé 20 juin au 1er juil., 25 août au 15 sept., 20 fév. au 2 mars et merc.* – SC : **R**
    41/88 – ⇌ 13 – **9 ch** 85/116 – P 140/150.

PEUGEOT, TALBOT Montagnat ℱ 55.27.38 🅽   RENAULT Gar. des Cimes, ℱ 55.26.68

MIRMANDE 26 Drôme 🎶 ⑫ – rattaché à Saulce-sur-Rhône.

MISSILLAC 44160 Loire-Atl. 🎲 ⑮ G. Bretagne – 3 886 h. alt. 30 – ✆ 40.

Voir Retable★ dans l'église – **Site★** du château de la Bretesche O : 1 km.
🏌 de la Bretesche ℱ 88.30.03, O : 2 km.
Paris 427 – ♦ Nantes 61 – Redon 24 – St-Nazaire 35 – Vannes 53.

  🏨🏨 **Golf de la Bretesche** ⑂, 0 : 1 km par D 2 ℱ 88.30.05, ≤, parc, 🎾 – 🅿 – 🛆 30.
    ⓞ 𝓥𝓘𝓢𝓐. 🚿 rest
    fermé fév. – SC : **R** 90/145 – ⇌ 22 – **25 ch** 220/320 – P 325/430.

MITTELBERGHEIM 67 B.-Rhin 🎲🎵 ⑨ G. Vosges – 647 h. alt. 205 – ⊠ 67140 Barr – ✆ 88.
Paris 526 – Barr 2 – Erstein 22 – Molsheim 20 – Sélestat 17 – ♦Strasbourg 37.

  XX **Winstub Gilg** avec ch, ℱ 08.91.37 – ⇌wc 🅿. 🚿
    fermé 25 juin au 6 juil., 11 janv. au 10 fév., mardi soir et merc. – SC : **R** 111/220 ⅃ –
    ⇌ 13 – **11 ch** 63/127.

MITTERSHEIM 57 Moselle 🎵 ⑯ – 632 h. alt. 233 – ⊠ 57930 Fenetrange – ✆ 8.
Paris 412 – ♦Metz 74 – ♦Nancy 61 – Sarrebourg 22 – Sarre-Union 20 – Saverne 41.

  XX **L'Escale** 🄼 avec ch, rte Dieuze ℱ 707.67.01, ≤, 🍴, 🐎 – ⇌wc 🕾 🅿. 🇪 𝓥𝓘𝓢𝓐.
    🚿
    fermé 15 janv. au 15 fév. – SC : **R** *(fermé merc. sauf juil. et août)* 55/130 ⅃ – ⇌ 14 –
    13 ch 90/130 – P 135/155.

MIZOËN 38 Isère 🎶 ⑥ – rattaché au Freney-d'Oisans.

MODANE 73500 Savoie 🎶 ⑧ G. Alpes – 4 877 h. alt. 1 057 – Sports d'hiver : 1 500/2 700 m ✚10
– ✆ 79 – Tunnel du Fréjus : **Péage** aller simple : autos 47 à 95 F, camions 220 à 445 F -
Tarifs spéciaux AR pour autos camions.
🅸 Office de Tourisme pl. Replaton (fermé dim.) ℱ 05.22.35.
Paris 662 – Chambéry 101 – Lanslebourg-Mont-Cenis 23 – Col du Lautaret 59 – St-Jean-de-Maur. 31.

  🏠🏠 **Perce Neige,** cours J.-Jaurès ℱ 05.00.50 – ▐🕾 ⇌wc 🚿wc 🕾. 🚿
  ← *fermé 1er au 15 mai et 1er au 15 oct.* – SC : **R** 48/67 ⅃ – ⇌ 17,50 – **18 ch** 120/170 – P
    174/199.

  🏠 **Voyageurs,** face gare pl. Sommeiller ℱ 05.01.39 – ▐🕾 ⇌wc 🚿wc 🕾. 🚿
  ← *fermé 15 oct. au 15 nov. et dim. sauf juil.-août* – SC : **R** 50/125 ⅃ – ⇌ 14 – **19 ch**
    112/160 – P 175/210.

CITROEN Gar. du Fréjus, ℱ 05.02.60 🅽   PEUGEOT-TALBOT Bellussi J.-P., ℱ 05.07.68
                                     🅽

MOËLAN-SUR-MER 29116 Finistère 🎵🎲 ⑪⑫ G. Bretagne – 6 501 h. alt. 52 – ✆ 98.
🅸 Syndicat d'Initiative rte des Moulins (Pâques, 15 juin-15 sept., fermé merc. et lundi après-midi)
ℱ 96.67.28.
Paris 517 – Carhaix-Plouguer 68 – Concarneau 26 – Lorient 25 – Quimper 45 – Quimperlé 10.

  XXXX ✿ **Les Moulins du Duc** 🄼 ⑂, avec ch, NO : 2 km ℱ 39.60.73, Télex 940080, ≤,
    parc, 🏊 – ⇌wc 🚿wc 🅿 🖭 ⓞ 🇪 𝓥𝓘𝓢𝓐
    22 avril-fin oct. – SC : **R** 140/235 – ⇌ 30 – **22 ch** 305/450
    Spéc. Assiette de hors-d'oeuvres, Filets de rougets à la compote de fenouil, Aiguillette de canard au
    gingembre.

MOELLESULAZ 74 H.-Savoie **74** ⑥ – rattaché à Annemasse.

MOERNACH 68 H.-Rhin **66** ⑨ – rattaché à Ferrette.

MOINES (Ile aux) ★ 56780 Morbihan **63** ⑫⑬ G. Bretagne – 590 h. – ✪ 97.

Accès par transport maritime.

⚓ depuis Port-Blanc. En 1983, départs toutes les 1/2 h. – Traversée 5 mn – 6 F (AR). Renseignements : ☎ 26.31.45.

⚓ depuis Vannes. En 1983, de Pâques à fin sept., 2 services quotidiens – Traversée 1 h. – 35 F (AR). – Renseignements : Vedettes Vertes. ☎ 63.79.99.

 ※ **Chez Charlemagne,** ☎ 26.32.43 – AE E VISA
  30 mars-5 nov. et 28 déc.-2 janv. – SC : **R** 118 bc/75.

MOIRANS 38430 Isère **77** ④ – 6 373 h. alt. 192 – ✪ 76.
Paris 546 – Chambéry 51 – ♦Grenoble 23 – ♦Lyon 83 – Valence 75.

 ※ **Beauséjour,** rte Grenoble ☎ 35.30.38 – **P.** E VISA
  fermé 17 août au 9 sept., vacances de fév., mardi soir et merc. – SC : **R** 65/200.

CITROEN Peretti, Zone Artisanale ☎ 35.31.00   RENAULT Gar. des Alpes, 137 r. de la Répu-
PEUGEOT-TALBOT Gar. de la Gare, av. de la   blique ☎ 35.34.27
Gare ☎ 35.30.51

MOISSAC 82200 T.-et-G. **79** ⑯⑰ G. Périgord – 11 408 h. alt. 76 – ✪ 63.

Voir Église St-Pierre★ : portail méridional★★★, cloître★★.

Env. Boudou ※★ 8 km par ③.

🛈 Office de Tourisme pl. Delthil (15 juin-15 sept. et fermé dim.) ☎ 04.01.85.

Paris 657 ① – Agen 43 ③ – Auch 83 ② – Cahors 62 ① – Montauban 29 ② – ♦Toulouse 71 ②.

MOISSAC

Récollets (Pl. des) 8
République
 (R. de la) 9

Alsace-Lorraine
 (Bd d') 2
Cayrou (Av. H.) 3
Gascogne (Av. de) 4
Guillerand (R.) 5
Lakanal (Bd) 6

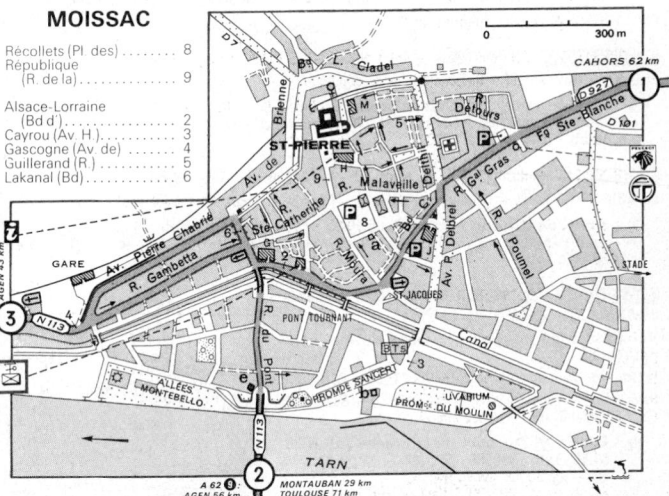

🏰 **Moulin de Moissac** ⌂, pl. Moulin **(b)** ☎ 04.03.55, Télex 521615, ≼ Tarn, 🚗 –
 📶 **P** – 🛎 50. AE ⓞ E VISA. ⚒ rest
 SC : **R** 75/250 ⅓ – **49 ch** ⌷ 250/450 – P 300/360.

🏨 **Chapon Fin,** pl. Récollets **(a)** ☎ 04.04.22 – 🛁wc 🚻wc ☎. AE ⓞ E VISA
 fermé 1er nov. au 9 déc., vend. soir et sam. de déc. au 31 mai – SC : **R** 52/150 – ⌷ 19
 – **32 ch** 103/180 – P 190/240.

※※ **Pont-Napoléon** avec ch, au pont **(e)** ☎ 04.01.55 – 🛁wc 🚻wc 🚗. VISA
 fermé 1er au 20 mars, 15 déc. au 10 janv., lundi soir du 15 oct. au 15 mai et mardi –
 R 60/175 ⅓ – ⌷ 15 – **15 ch** 60/178.

PEUGEOT-TALBOT Dujay pl. Ste Blanche ☎   ⓜ Taquipneu, "La Dérocade" ☎ 04.07.85
04.18.31   Station-Isel-Pneus, 24 r. Gén.-Gras ☎ 04.03.18
PEUGEOT-TALBOT Moissac-Autos, rte Bor-
deaux par ③ ☎ 04.01.51

MOISSAC-BELLEVUE 83 Var **84** ⑥ – rattaché à Aups.

Le MOLAY-LITTRY 14330 Calvados 54 ⑭ G. Normandie – 2 522 h. – ۞ 31.

Paris 282 – Bayeux 14 – ♦Caen 42 – ♦Cherbourg 82 – St-Lô 25.

🏨 **Château du Molay** M ৯, rte d'Isigny ⌀ 22.90.82, Télex 171912, « Parc », ⌇,
৯ – ▯ ☎ ℗ – ⌂ 30. ⌶ ⓞ E *VISA*
fermé 1er janv. au 28 fév. – SC : **R** 110/160 – ⊑ 22 – **43 ch** 270/460 – P 300/420.

MOLINES-EN-QUEYRAS 05390 H.-Alpes 77 ⑱ G. Alpes – 375 h. alt. 1 762 – Sports d'hiver :
1 750/2 450 m ⨋7 – ۞ 92.

🛈 Bureau du Tourisme (fermé dim. hors sais.) ⌀ 45.83.22.

Paris 742 – Briançon 46 – Gap 87 – Guillestre 27 – St-Véran 5,5.

🏚 **L'Équipe** ৯, rte St-Véran ⌀ 45.83.20, ←, – ⌷wc ৗ ৗ ℗ E
→ *9 juin-16 sept. et 20 déc.-15 avril* – SC : **R** 43/92 ⌗ – ⊑ 19 – **15 ch** 99/166 – P
173/212.

MOLITG-LES-BAINS 66 Pyr.-Or. 86 ⑰ G. Pyrénées – 180 h. alt. 500 – Stat. therm. (1er avril-30
oct.) – ⊠ **66500** Prades – ۞ 68.

Paris 962 – ♦Perpignan 50 – Prades 7 – Quillan 53.

🏨 ۞ **Château de Riell** M ৯, ⌀ 96.20.56, ←, parc, ৵, ⌇, ৯ – ▯ cuisinette ⓣ
← ℗ – ⌂ 70. ⌶ *VISA* ৯ rest
1er avril-1er nov. – **R** 170/230 – ⊑ 38 – **20 ch** 547/584
Spéc. Salade tiède de ris de veau, Marinière de lotte et écrevisses, Grillade de canard au poivre frais.
Vins Rivesaltes, Tressere.

MOLLANS-SUR-OUVÈZE 26 Drôme 81 ③ G. Provence – 690 h. alt. 279 – ⊠ **26170** Buis-les-
Baronnies – ۞ 75.

Paris 684 – Buis-les-Baronnies 10 – Carpentras 30 – Vaison-la-Romaine 12.

🏚 **St-Marc** M ৯, ⌀ 28.70.01, ⌇, ⌖, ৯ – ▯ ⌷wc ৗwc ☎ ℗ *VISA* ৯ rest
SC : **R** *(fermé lundi d'oct. à avril)* 60/95 – ⊑ 24 – **38 ch** 120/220 – P 200/260.

PEUGEOT-TALBOT Gar. Magnet, ⌀ 28.71.42

MOLLKIRCH 67 B.-Rhin 62 ⑨ – 451 h. alt. 325 – ⊠ **67190** Mutzig – ۞ 88.

Paris 488 – Molsheim 14 – Saverne 39 – ♦Strasbourg 37.

🏚 **Fischhutte** ৯, rte Grendelbruch : 2,5 km ⌀ 97.42.03, ←, – ⌷wc ৗwc ☎ ℗. ৯
→ *fermé 15 janv. au 1er mars* – SC : **R** *(fermé lundi soir et mardi)* 45/100 ⌗ – ⊑ 16 –
18 ch 70/180 – P 130/200.

MOLOY 21 Côte-d'Or 66 ⑪ – 207 h. alt. 327 – ⊠ **21120** Is-sur-Tille – ۞ 80.

Paris 310 – Avallon 100 – Châtillon-sur-Seine 61 – Dijon 34 – Langres 61 – Saulieu 81.

✗ **Host. de l'Ignon** avec ch, ⌀ 95.10.35 – ৗwc ℗
→ *fermé 15 janv. au 16 fév.* – SC : **R** *(fermé vend. midi)* 46/83 ⌗ – ⊒ 13,50 – **10 ch**
58/102.

MOLSHEIM ◁sp▷ **67120** B.-Rhin 62 ⑨ G. Vosges –
6 998 h. alt. 200 – ۞ 88.

Voir Le Metzig★ D – Église St-Pierre★ à Avolsheim
par ① : 2,5 km.

🛈 Office de Tourisme à l'Hôtel de Ville ⌀ 38.52.00.

Paris 474 ① – Lunéville 94 ④ – St-Dié 68 ④ – Saverne 28
① – Sélestat 34 ③ – ♦Strasbourg 27 ③.

🏨 **Diana** M ৯, pont de la Bruche (n) ⌀ 38.
51.59, Télex 890559, ৯, ⌖, – ▯ ⓣ ☎ ←
℗ – ⌂ 30. ⌶ ⓞ E *VISA*
SC : **R** (rest.) 78/190 ⌗ **La Taverne** *(fermé dim.
midi et sam.)* **R** carte environ 75 ⌗ – ⊑ 19 –
43 ch 150/190 – P 315.

🏩 **Centre** ৯ sans rest, 1 r. St-Martin (r) ⌀
38.54.50 – ⌷wc ৗwc ☎ ℗
fermé dim. hors sais. – SC : ⊑ 12 – **29 ch**
110/175.

✗ **Aub. Cheval Blanc** avec ch, 5 pl. Hôtel de Ville (a) ⌀ 38.16.87 – ৗwc ☎. ⌶ ⓞ
VISA
fermé 15 janv. au 15 fév. – SC : **R** *(fermé mardi midi et lundi)* 54/175 ⌗ – ⊑ 12,50 –
13 ch 65/97.

CITROEN Krantz, 6 av. de la Gare ⌀ 38.11.57   RENAULT Wietrich, D 422 par ③ ⌀ 38.21.62
N
PEUGEOT, TALBOT Kenck, 2 r. Gén.-de-Gaulle
⌀ 38.10.97

MOMMENHEIM 67 B.-Rhin 57 ⑲ – rattaché à Brumath.

MONACO (Principauté de) 🄸🄸 ⑩. 🄸🄸🄸 ㉗㉘ G. Côte d'Azur – 24 600 h. alt. 65 – Casino – ✸ 93.

Paris 958 ⑤ – Menton 9 ② – ✦Nice (par la Moyenne Corniche) 18 ④ – San Remo 44 ①.

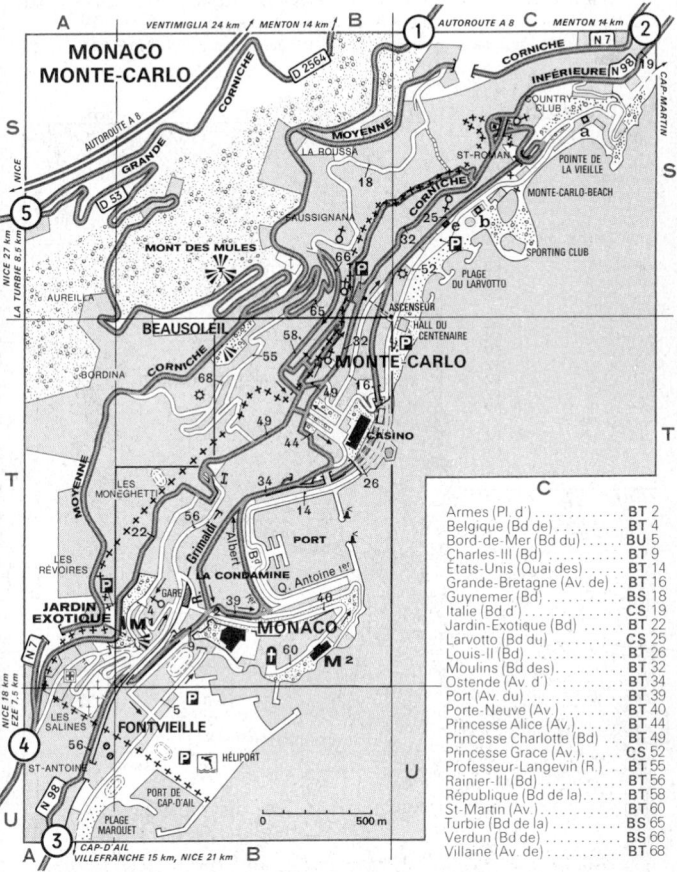

C

Armes (Pl. d')	**BT** 2
Belgique (Bd de)	**BT** 4
Bord-de-Mer (Bd du)	**BU** 5
Charles-III (Bd)	**BT** 9
États-Unis (Quai des)	**BT** 14
Grande-Bretagne (Av. de)	**BT** 16
Guynemer (Bd)	**BS** 18
Italie (Bd d')	**CS** 19
Jardin-Exotique (Bd)	**BT** 22
Larvotto (Bd du)	**CS** 25
Louis-II (Bd)	**BT** 26
Moulins (Bd des)	**BT** 32
Ostende (Av. d')	**BT** 34
Port (Av. du)	**BT** 39
Porte-Neuve (Av.)	**BT** 40
Princesse Alice (Av.)	**BT** 44
Princesse Charlotte (Bd)	**BT** 49
Princesse Grace (Av.)	**CS** 52
Professeur-Langevin (R.)	**BT** 55
Rainier-III (Bd)	**BT** 56
République (Bd de la)	**BT** 58
St-Martin (Av.)	**BT** 60
Turbie (Bd de la)	**BS** 65
Verdun (Bd de)	**BS** 66
Villaine (Av. de)	**BT** 68

Monaco Capitale de la Principauté – ✉ Monaco.

Voir Jardin exotique★★ DZ : ≼★ – Grotte de l'Observatoire★ DZ E – Jardins St-Martin★ EFZ – Ensemble de primitifs niçois★★ dans la cathédrale EZ **B** – Christ gisant★ dans la chapelle de la Miséricorde EZ **D** – Place du Palais★ EZ **35** – Palais du Prince★ EZ – Musées : océanographique★★ FZ **M2** (aquarium★★, ≼★★ de la terrasse), d'anthropologie préhistorique★ DZ **M1**, – napoléonien et des archives monégasques★ EZ **M4**.

Circuit automobile urbain - A.C. 23 bd Albert-1er ☏ 30.32.20, Télex 469003.

à Monaco Ville, sur le Rocher :

✗ **Castelroc,** pl. Palais ☏ 30.36.68, ≼   EZ **p**
fermé 30 nov. au 28 fév. et sam. – **SC** : **R** (déj. seul.) 65/85.

à la Condamine – ✉ La Condamine :

🏨 **Terminus** Ⓜ, 9 av. Prince Pierre ☏ 30.20.70 – 🛗 🔲 ⌂wc 🛁wc ☏ – 🏋 35.
🍽 rest   DZ **a**
SC : **R** *(fermé 15 oct. au 15 nov. et sam.)* 65/100 – � 21 – **54 ch** 155/240.

FERRARI Monaco-Motors, 11 r. Princesse-Florestine ☏ 30.27.22
MERCEDES-BENZ SAMGF 1 bd Charles-III ☏ 30.49.05

🅥 Vulca-Pneus, 11 bd Charles-III ☏ 30.43.12

MONACO (Principauté de)

Monte-Carlo Centre mondain de la Principauté - Grand casino FX, Casino du Sporting Club CS, Casino Loews FX – ⊠ Monte-Carlo.

Voir Terrasse★★ du Grand casino FX – Musée de poupées et automates★ FV **M5**.

🇷 de Monte-Carlo Golf Club 🇵 41.09.11 par : ④ 11 km.

🇧 Direction Tourisme et Congrès, 2 a bd Moulins (fermé dim. après-midi) 🇵 30.87.01, Télex 469760.

MONACO
MONTE-CARLO

Albert-1er (Bd) . . . . . . **EYZ**
Grimaldi (R.) . . . . **DEY**
Moulins (Bd des) . . . . **FV** 32
Ostende (Av. d') . . . . . **FX** 34
Princesse Caroline (R.) . **EZ** 48
Pcesse Charlotte (Bd) . . **EX** 49

Armes (Pl. d') . . . . **EZ** 2
Basse (R.) . . . . **EZ** 3
Castro (R. Col.-de) . . . . **EZ** 7
Comte-Félix-
  Gastaldi (R.) . . . . . . **EZ** 10
Kennedy (Av. J.-F.) . . . . **EX** 23
Larvotto (Bd du) . . . . . **FV** 25
Major (Rampe) . . . . . . **EZ** 27
Palais (Pl. du) . . . . . . **EZ** 35
Pêcheurs (Ch. des) . . . . **EZ** 37
Princesse Grace (Av.) . . **FV** 52
Princesse Marie-
  de-Lorraine (R.) . . . . **FZ** 54
Suffren-Reymond (R.) . . **EY** 64

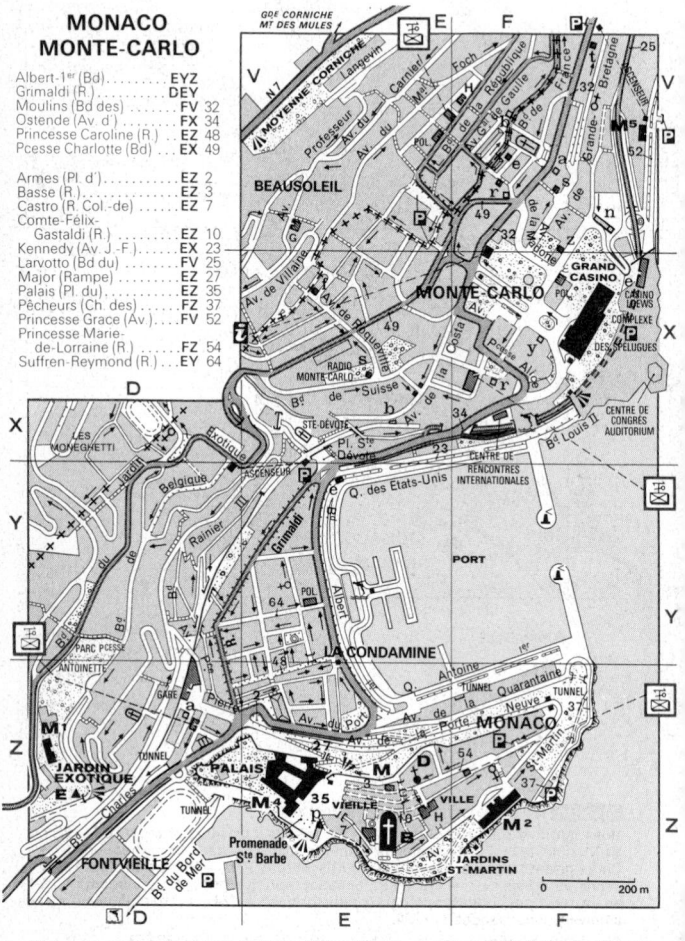

🏨 ❀ **Paris**, pl. Casino 🇵 50.80.80, Télex 469925, ≤, 佘, « Salle à manger Empire », 🔲, 佘 – 劇 🗐 ch 📺 ☎ 🕹 🅿 – 🛦 50. 🕮 ⓘ 🖅 🚾. 🛠 rest FX **y**
R (19 avril-30 sept., 24 déc.-28 janv. et fermé merc.) 275/400 – 🖙 55 – **242 ch** 1 000/1 300, 29 appartements
Spéc. Oeuf soufflé au ragoût de courgettes, Paupiettes de lotte, Loup en papillote. **Vins** Cuers, La Londe.

🏨 **Hermitage**, square Beaumarchais 🇵 50.67.31, Télex 479432, ≤, 佘, « Salle à manger de style baroque », 🔲 – 劇 🗐 📺 ☎ 🅿 – 🛦 80. 🕮 ⓘ 🖅 🚾. 🛠 rest
R 185/245 – 🖙 55 – **200 ch** 800/1 050, 10 appartements. FX **r**

🏨 Loews 🅼 🦢, av. Spélugues 🇵 50.65.00, Télex 479435, ≤, casino et cabaret sur place, 🔲 – 劇 🗐 📺 ☎ ⇌ – 🛦 50 à 1 100 FX **e**
Le Foie Gras L'Argentin (dîner seul.) **Le Pistou** (dîner seul.) **Café Jardin** snack – **550 ch**, 72 appartements.

698

🏨 **Mirabeau** Ⓜ, 1 av. Princesse-Grace ☏ 30.90.01, Télex 479413, ≼, ⌄ – 🛗 🗉 📺
☎ ⌷ – 🏄 80. 🝂 ⓞ **E** 𝗩𝗜𝗦𝗔. 🎉 rest　　　　　　　　　　　　　FV **n**
R 155/210 – ⌷ 48 – **96 ch** 550/900, 5 appartements.

🏨 **Beach Plaza** Ⓜ, av. Princesse-Grace, à la Plage du Larvotto ☏ 30.98.80, Télex
479617, ≼, 🌴, « Bel ensemble balnéaire », ⌄, 🛶 – 🛗 🗉 📺 ☎ ᗢ ⌷ – 🏄
30 à 300. 🝂 ⓞ **E** 𝗩𝗜𝗦𝗔. 🎉 rest　　　　　　　　　　　　　CS **b**
SC : **R** 65/135 – ⌷ 47 – **320 ch** 440/990, 9 appartements.

🏨 **Balmoral** ⌂ sans rest, 12 av. Costa ☏ 50.62.37, Télex 479436, ≼ – 🛗 🗉 ch 📺
☎. 🝂 ⓞ **E** 𝗩𝗜𝗦𝗔. 🎉　　　　　　　　　　　　　　　　　　EX **b**
SC : ⌷ 25 – **67 ch** 190/360.

🏨 **Louvre** sans rest, 16 bd Moulins ☏ 50.65.25, Télex 479645 – 🛗 🗉 📺 ⌷wc ☎
ᗢ. ⓞ **E** 𝗩𝗜𝗦𝗔. 🎉　　　　　　　　　　　　　　　　　　FV **a**
SC : **35 ch** ⌷ 300/415.

🏨 **Alexandra** sans rest, 35 bd Princesse-Charlotte ☏ 50.63.13 – 🛗 ⌷wc 🛁wc 📶.
🝂 ⓞ 𝗩𝗜𝗦𝗔　　　　　　　　　　　　　　　　　　　　　FV **r**
SC : ⌷ 25 – **55 ch** 170/325.

XXX **Grill de l'Hôtel de Paris,** pl. Casino ☏ 50.80.80, « Grill-rôtisserie sur le toit avec
≼ sur la Principauté » – 🗉 🅿 🝂 ⓞ **E** 𝗩𝗜𝗦𝗔　　　　　　　FX **y**
fermé 10 janv. à fin mars et lundi – **R** carte 255 à 325.

XXX **P'tit Bec,** 11 av. Gde Bretagne ☏ 50.97.48 – 🗉. 🝂 ⓞ **E**　　FV **s**
fermé 10 oct. au 1er déc. et dim. – **R** carte 140 à 200.

XX **Toula,** 20 bd de Suisse ☏ 50.02.02, 🌴, cuisine italienne – 🗉. 🝂 ⓞ　EX **s**
fermé janv. et lundi – **R** 150 bc/300 bc.

XX **Rampoldi,** 3 av. Spélugues ☏ 30.70.65 – 🗉　　　　　　　　FV **z**

XX **Bec Rouge,** 12 av. St-Charles ☏ 30.74.91 – 🝂 ⓞ **E**　　　　FV **e**
fermé 20 nov. au 26 déc. et lundi de janv. à avril – **R** carte 150 à 210.

XX **Chez Gianni,** 39 av. Princesse Grace ☏ 30.46.33, cuisine italienne – 🗉. 🝂 ⓞ
𝗩𝗜𝗦𝗔　　　　　　　　　　　　　　　　　　　　　　　CS **e**
fermé fév. et mardi – SC : **R** carte 135 à 185.

XX **du Port,** quai Albert 1er ☏ 50.77.21, ≼, 🌴, cuisine italienne – 🗉. 🝂 ⓞ **E** 𝗩𝗜𝗦𝗔.
fermé 2 au 23 déc. et lundi – SC : **R** 98/180.　　　　　　　　EY **e**

X **La Calanque,** 33 av. St-Charles ☏ 50.63.19, produits de la mer – 🝂 **E** 𝗩𝗜𝗦𝗔
fermé avril et août – SC : **R** carte 195 à 260.　　　　　　　　FV **r**

X **Polpetta,** 6 av. Roqueville ☏ 50.67.84, cuisine italienne　　　EX **f**
fermé 10 fév. au 10 mars et mardi – SC : **R** 71.

X **Costa Rica,** 40 bd Moulins ☏ 50.66.20 – 🗉. 🝂 ⓞ **E** 𝗩𝗜𝗦𝗔　　FV **t**
fermé juin et merc. – SC : **R** 66/200 🍷.

à Monte-Carlo Beach (06 Alpes-Mar.) par ① : 2,5 km – ⌖ **06190** Roquebrune-Cap-
Martin :

🏨 **Monte-Carlo Beach H.** Ⓜ ⌂, ☏ 78.21.40, ≼ sur mer et Monaco, « Remarquable
ensemble balnéaire, ⌄, 🛶 », 🎾 – 🛗 🗉 ch 📺 ☎ 🅿 – 🏄 30. 🝂 ⓞ **E** 𝗩𝗜𝗦𝗔.
🎉 rest　　　　　　　　　　　　　　　　　　　　　　CS **a**
30 mars-15 oct. – **46 ch** 900/1 050.

AUTOBIANCHI, FIAT Sangiorgio, 41 bd Italie　　FORD Auto Riviera, r. des Genets ☏ 50.63.26
☏ 50.66.63
BLF British-Motors, 3 impasse des Carrières
☏ 30.24.85

Beausoleil 06240 Alpes-Mar. – 11 664 h. alt. 95 – ✪ 93.

Voir Mont des Mules ⁂★ N : 1 km puis 30 mn.

🏨 **Olympia** sans rest, 17 bis bd Gén.-Leclerc ☏ 78.12.70 – 🛗 ⌷wc 🛁 ☎. 🎉
SC : ⌷ 11,50 – **38 ch** 50/140.　　　　　　　　　　　　　　FV **b**

🅖 Sera-Technic-Pneu, 38 r. des Martyrs ☏ 78.59.16

Le MONASTIER 48 Lozère 🟦🮂 ⑤ – 615 h. alt. 611 – ⌖ **48100** Marvejols – ✪ 66.
Paris 565 – Florac 59 – Mende 35 – Rodez 78 – St-Chély-d'Apcher 40 – Séverac-le-Château 34.

🏨 **Les Ajustons,** S : 2,5 km carrefour N 9 et N 88 ☏ 32.70.35, ≼ – ⌷wc 🛁wc 📶
🅿
fermé sam. et dim. de nov. à mars – SC : **R** 36/70 🍷 – ⌷ 12 – **24 ch** 52/102 – P
97/118.

MONBAZILLAC 24 Dordogne 🟦🮂 ⑭⑮ – rattaché à Bergerac.

MONCEL-LÈS-LUNÉVILLE 54 M.-et-M. 🟦🮂 ⑥ – rattaché à Lunéville.

MONCHEL-SUR-CANCHE 62 P.-de-C. 🟦🮂 ⑬ – rattaché à Frévent.

MONCRABEAU 47 L.-et-G. 79 ⑭ – 823 h. alt. 93 – ✉ 47600 Nérac – ☎ 53.
Paris 732 – Agen 41 – Condom 11 – Mont-de-Marsan 82 – Nérac 13.

Le Phare ⅌, ☎ 65.42.08 – ⇔ ⋔ ☎. ⅌ ch
fermé 14 au 30 oct., 10 au 27 fév. et mardi hors sais. – SC : **R** 43/134 – ☐ 14 – **7 ch** 70/140 – P 135/165.

MONDEVILLE 14 Calvados 55 ⑫ – rattaché à Caen.

MONDOUBLEAU 41170 L.-et-Ch. 60 ⑮⑯ **G. Châteaux de la Loire** – 1 694 h. alt. 135 – ☎ 54.
Paris 163 – Blois 60 – Chartres 73 – Châteaudun 39 – •Le Mans 63 – •Orléans 89.

Grand Monarque, r. Chrétien ☎ 80.92.10, ⅌ – ⇔ Ⓟ. E VISA
fermé 24 déc. au 8 janv., dim. soir et lundi sauf fériés – SC : **R** 40/160 ⅌ – ☐ 15 – **10 ch** 60/120 – P 140/170.

CITROEN Gd Gar. du Mail, ☎ 80.92.16 N
PEUGEOT Gar. Hérisson, ☎ 80.90.81 N
RENAULT Daumas, Sarge sur Braye ☎ 23.72.71
VAG Gar. de l'Ormeau, ☎ 80.92.66

MONESTIER-DE-CLERMONT 38650 Isère 77 ⑭ **G. Alpes** – 774 h. alt. 832 – ☎ 76.
ℹ Syndicat d'Initiative Parc Municipal (15 juin-10 sept.) ☎ 34.06.20.
Paris 598 – •Grenoble 33 – La Mure 33 – Settes 74.

Au Sans Souci ⅌, à St-Paul-lès-Monestier NO : 1,5 km D 8 - alt. 800 ☎ 34.03.60, ≤, ⅌, ⅌ – ⇔wc ⋔wc ☎ ⇔ Ⓟ. AE VISA
fermé janv., dim. soir et lundi – SC : **R** 52/150 ⅌ – ☐ 17 – **16 ch** 72/145 – P 145/175.

Modern ⅌, ☎ 34.07.35, « parc » – ⋔ Ⓟ. ⅌ rest
20 janv.-5 nov. – SC : **R** 55/120 – ☐ 15 – **22 ch** 70/150 – P 150/170.

CITROEN Gar. Central, ☎ 34.04.15
PEUGEOT-TALBOT Gar. des Alpes, ☎ 34.08.20 N
RENAULT Gar. du Baconnet, ☎ 34.05.13 N

Le MONÊTIER-LES-BAINS 05 H.-Alpes 77 ⑦ – rattaché à Serre-Chevalier.

La MONGIE 65 H.-Pyr. 85 ⑱⑲ **G. Pyrénées** – alt. 1 800 – Sports d'hiver : 1 800/2 500 m ⅌2 ⅌26 – ✉ 65200 Bagnères-de-Bigorre – ☎ 62 – **Voir Le Taoulet** ≤** **N par téléphérique.**
ℹ Syndicat d'Initiative (1er juil.-10 mai) ☎ 91.93.05 Télex 521984.
Paris 851 – Arreau 39 – Bagnères-de-Bigorre 25 – Lourdes 47 – Luz-St-Sauveur 22 – Tarbes 46.

La Mandia ⅌, ☎ 91.93.49, ≤ – |⅌| ⇔wc ⋔wc ☎ ⇔. AE ⅌
20 déc.-20 avril – SC : **R** 70/85 – ☐ 26 – **50 ch** 220/320 – P 260/370.

Sol y Neou, ☎ 91.93.22, ≤ – |⅌| ⇔wc ⋔wc ☎. VISA. ⅌ rest
15 déc.-20 avril – SC : **R** 69 – ☐ 17 – **40 ch** 155/245 – P 210/255.

Pourteilh, ☎ 91.93.33, ≤ – |⅌| ⇔wc ☎ ⇔. ⅌ rest
15 déc-20 avril – SC : **R** 65 – ☐ 16 – **40 ch** 200/290 – P 235/275.

La Crête Blanche, ☎ 91.92.49, ≤ – |⅌| ⇔wc ☎. VISA. ⅌ rest
15 déc.-20 avril – SC : **R** voir H. Sol y Neou – ☐ 17 – **25 ch** 165/198 – P 200/225.

MONGRÉSIN 60 Oise 56 ⑪, 196 ⑧ – rattaché à Chantilly.

MONISTROL-SUR-LOIRE 43120 H.-Loire 76 ⑧ **G. Vallée du Rhône** – 5 438 h. alt. 602 – ☎ 71 – Paris 549 – Firminy 18 – Le Puy 48 – •St-Étienne 30 – Yssingeaux 21.

La Madeleine, av. St-Étienne ☎ 66.50.05 – ⇔ ⋔ ⇔. ⅌ ch
fermé 1er au 8 oct., 26 déc. au 2 fév. et sam. hors sais. – SC : **R** 45/110 ⅌ – ☐ 14 – **14 ch** 66/150 – P 180/265.

CITROEN Fourgon, 18 av. de la Libération ☎ 66.50.66
PEUGEOT-TALBOT Gar. Gouy, ☎ 66.55.37
RENAULT Soeur, ☎ 66.50.77

MONNAIE 37380 I.-et-L. 64 ⑮ – 2 250 h. alt. 113 – ☎ 47.
Paris 225 – Château-Renault 15 – •Tours 15 – Vouvray 11.

Soleil Levant, ☎ 56.10.34 – VISA
fermé mardi d'oct. à fév. – SC : **R** 45/100 ⅌.

RENAULT Viemont, ☎ 56.10.13
Gar. Lussier, ☎ 56.10.25 N

MONNETIER 74 H.-Savoie 74 ⑥ – rattaché à St-Jorioz.

MONNETIER-MORNEX 74560 H.-Savoie 74 ⑥ **G. Alpes** – 1 292 h. alt. 700 – ☎ 50.
De Monnetier : Paris 552 – Annecy 49 – Bonneville 28 – •Genève 14 – St-Julien-en-Genevois 19.

à Monnetier – alt. 700.

Chaumière, ☎ 39.60.04, ⅌
fermé merc. sauf juil. et août – SC : **R** 40/65 ⅌ – ☐ 14 – **14 ch** 80/91 – P 160.

MONPAZIER 24540 Dordogne 🔢 ⑱ G. Périgord – 533 h. alt. 190 – ✪ 53.

Voir Place centrale★.

🛈 Office de Tourisme à la Mairie (1er juil.-31 août) ☎ 61.60.38.

Paris 565 – Bergerac 45 – Périgueux 79 – Sarlat-la-Canéda 50.

🏠 **Londres** sans rest, ☎ 22.60.64 – 🗂wc ☎
1er avril-31 oct. et fermé lundi en oct. – SC : ☲ 13,50 – **10 ch** 61/124.

RENAULT Gar. Malet, Le Bourg ☎ 22.63.20 🄽

MONS 83 Var 🔢 ⑧, 🔢 ⑳ G. Côte d'Azur – 296 h. alt. 804 – ⊠ 83440 Fayence – ✪ 94.

Voir Site★ – ≤★★ de la place St-Sébastien.

Paris 840 – Castellane 42 – Draguignan 49 – Fayence 14 – Grasse 41 – St-Raphaël 51.

✕ **Aub. Provençale,** ☎ 76.38.33, ≤ Esterel et littoral
fermé nov. et merc. – SC : **R** (déj. seul. sauf juil.-août) 55/65.

MONSÉGUR 33580 Gironde 🔢 ③ – 1 612 h. alt. 69 – ✪ 56.

Paris 626 – Bergerac 54 – Castillonnès 48 – Langon 33 – Libourne 49 – Marmande 33 – La Réole 14.

🏠 **Gd Hôtel,** ☎ 61.60.28 – 🗂. 🕱 ch
⬥ SC : **R** (fermé lundi midi en oct.) 37/100 🍴 – ☲ 12,50 – **10 ch** 55/105 – P 120/140.

CITROEN Durand, ☎ 61.60.92
PEUGEOT-TALBOT Vigneau, ☎ 61.61.37

MONT voir au nom propre.

MONTAIGU 85600 Vendée 🔢 ④ – 4 689 h. alt. 48 – ✪ 51.

Paris 385 – Cholet 36 – Fontenay-le-C. 78 – ◆Nantes 34 – Noirmoutier 84 – La Roche-sur-Yon 37.

🏠 **Centre,** pl. Champ-de-Foire ☎ 94.00.27 – 🗂wc. ☎
fermé 14 oct. au 11 nov., 24 déc. au 1er janv., dim. et fériés – SC : **R** 52/58 🍴 – ☲
13,50 – **18 ch** 60/160.

PEUGEOT-TALBOT Beauvois, Zone Ind., rte
de Nantes ☎ 94.04.97
RENAULT Gar. Chagneau et Piveteau, à Bouf-
féré ☎ 94.02.05

MONTAIGU-DE-QUERCY 82150 T.-et-G. 🔢 ⑯ – 1 536 h. alt. 186 – ✪ 63.

Paris 642 – Agen 40 – Cahors 47 – Moissac 33 – Montauban 54 – Villeneuve-sur-Lot 30.

✕✕ **Vieux Relais** 🕿 avec ch, pl. Hôtel de Ville ☎ 94.46.63 – 𝐄 𝘝𝘐𝘚𝘈
⬥ *fermé 10 janv. au 25 fév.* – **R** (fermé dim. soir et lundi hors sais.) 65/125 🍴 – ☲ 28 –
3 ch 90/130.

PEUGEOT-TALBOT Gar. Sztandéra ☎ 94.47.20
PEUGEOT-TALBOT Gar. Larroque, ☎ 94.46.33

MONTAIGUT 63 P.-de-D. 🔢 ③ – 1 509 h. alt. 629 – ⊠ 63700 St-Eloy-les-Mines – ✪ 73.

Paris 345 – Aubusson 73 – ◆Clermont-Ferrand 65 – Gannat 42 – Montluçon 26 – Moulins 66.

🏠 Coq d'Or, ☎ 85.09.21 – 🄿
12 ch

PEUGEOT Aucouturier, à St-Éloy-les-Mines ☎
85.06.60
RENAULT Gar. Léonard, à St-Éloy-les-Mines
☎ 85.00.30
RENAULT Gge gidel, RN 144 à St-Eloy-les-
Mines ☎ 85.06.83 🄽
TALBOT Heurtault et Wroblewski à St-Éloy-
les-Mines ☎ 85.03.92
Gar. Ferrandon, ☎ 85.01.73 🄽 ☎ 85.01.59

MONTAIGUT-SUR-SAVE 31 Hte-Garonne 🔢 ⑦ – 724 h. alt. 124 – ⊠ 31530 Levignac –
✪ 61.

Paris 699 – Auch 58 – Montauban 42 – ◆Toulouse 24.

✕✕ **Host. Le Ratelier** 🕿 avec ch, ☎ 85.43.36, ≤, 🌳 – 🗂 🗂 🄿 ⓞ 𝐄 𝘝𝘐𝘚𝘈
⬥ SC : **R** (fermé mardi) 48/99 🍴 – ☲ 19 – **13 ch** 146/216 – P 218/290.

MONTALIVET LES BAINS 33 Gironde 🔢 ⑯ – ⊠ 33930 Vendays – ✪ 56.

Paris 537 – ◆Bordeaux 85 – Lesparre-Médoc 21 – Soulac-sur-Mer 18.

🏠 **Marin,** ☎ 41.32.07 – 🗂. 🕱
10 juin-fin sept. – **R** carte 110 à 160 – ☲ 17 – **14 ch** 100/130 – P 220.

✕✕ **Clef des Champs,** rte Vendays E : 5 km par D 102 et VO ⊠ 33930 Vendays ☎
41.71.11, parc – 🄿 𝘝𝘐𝘚𝘈
fermé fév. et mardi sauf juil.-août – **R** (dîner seul. en juil. et août) (de nov. à janv.
prévenir) carte 115 à 175.

MONTARGIS ◈ 45200 Loiret 🔢 ⑫ G. Environs de Paris – 17 629 h. alt. 88 – ✪ 38.

🛈 Office de Tourisme (fermé dim. et fêtes) pl. du Pâtis ☎ 98.00.87.

Paris 115 ① – Autun 204 ② – Auxerre 79 ② – Bourges 112 ④ – Chartres 118 ⑤ – Chaumont 210 ②
– Fontainebleau 51 ① – Nevers 125 ④ – ◆Orléans 71 ⑤ – Sens 51 ② – Vierzon 109 ④.

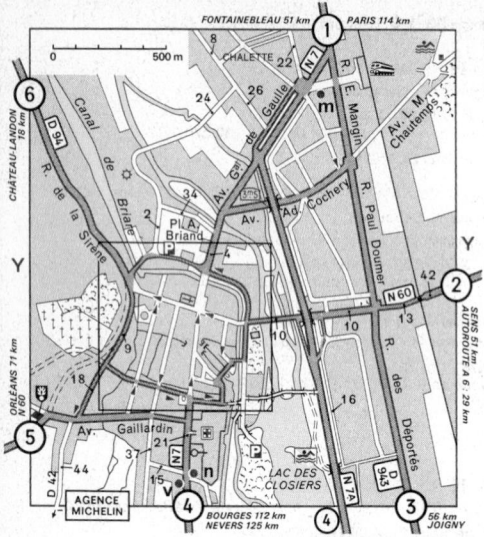

MONTARGIS

Pour visiter
la Bourgogne
utilisez
le guide vert
Michelin

Bourgogne
Morvan

🏨 **Lyon,** 74 r. Coquillet ☏ 85.30.39, 🚗 – 📺wc 🛁wc 🕾 **🅿**. **VISA**   Y **v**
SC : **R** *(fermé 13 janv. au 7 fév., dim. soir et lundi sauf fériés)* 60/135 – 🖵 20 – **22 ch**
75/200.

🏨 **Gd H. de France** sans rest, 54 pl. République ☏ 98.01.18 – 📺wc 🛁 🕾 🚗
SC : 🖵 15 – **25 ch** 55/150.   Z **e**

XXX ❀ **Gloire** (Jolly) avec ch, 74 av. Gén.-de-Gaulle ☏ 85.04.69 – 🍽 rest 📺 🛁 🕾
🚗 🛇   Y **m**
fermé 15 au 25 août, 1er au 27 fév., mardi soir et merc. – SC : **R** 76/170
– 🖵 15 – **19 ch** 76/150
Spéc. Feuilleté de langoustines, Emincé de turbot, Blanc de pintadeau. Vins Sancerre.

XX **Coche de Briare** avec ch, 72 pl. République ☏ 85.30.75 – 📺 🛁wc. 🛇   Z **a**
fermé 26 août au 11 sept., 27 janv. au 19 fév., lundi soir et mardi – SC : **R** 58/150 –
🖵 14 – **13 ch** 86/130.

X **Chez Pierre,** 57 r. J.-Jaurès ☏ 93.27.39 – 🆎 **①** **E** **VISA**   Y **n**
▬ *fermé 3 au 23 sept., 22 fév. au 10 mars, merc. soir et jeudi* – SC : **R** 49/116 🍴.

par ④ : 5 km – ⊠ 45200 Montargis :

X **Relais du Miel,** rte Nevers ☏ 85.32.02 – **🅿** – SC : **R** carte environ 80 🍴.

à *Amilly* par ③ : 5 km – 10 125 h. – ✉ **45200** Montargis :

XX **Aub. Écluse,** ☎ 85.44.24 – **❶**. *VISA* ❄
fermé 23 déc. au 17 janv., dim. soir et lundi – SC : **R** 60/125.

à *Oussoy-en-Gatinais* SO : 15 km par D 42 – ✉ **45290** Nogent-sur-Vernisson :

XX **Aub. la Petite Billardière,** ☎ 96.22.59 – **❶**
fermé 27 août au 14 sept., 18 déc. au 1er janv., lundi soir et mardi – SC : **R** (déj. seul. en janv.-fév. sauf sam.) 60/110.

MICHELIN, Agence, r. E.-Branly, Z.I. de Villemandeur, par D 42 Y ☎ **93.18.88**

LADA, SKODA Gar. Moderne, 5 bd des Bel-
les-Manières ☎ 93.30.56

⚙ Dominicé, 64 r. J.-Jaurès ☎ 93.38.33
Théron-Pneus, 3 r. de Nevers ☎ 85.12.80

Périphérie et environs

CITROEN S.M.A., 1176 av. d'Antibes à Amilly
par ④ ☎ 85.73.25 **N** ☎ 93.14.89
PEUGEOT-TALBOT Corre, N 60 à Villeman-
deur par ⑤ ☎ 85.03.29 **N** ☎ 85.42.90
RENAULT Godeau, N 60 à Amilly par ② ☎
93.19.57

V.A.G. Gar. St-Christophe, 330 av. d'Antibes à
Amilly ☎ 85.22.84

⚙ La Maison du Pneu, 180 rte de Viroy à Amilly
☎ 85.31.28

MONTARGIS-DE-SEILHAC 19 Corrèze **7**5 ⑨ – rattaché à Seilhac.

MONTASTRUC-LA-CONSEILLÈRE 31380 H.-Gar. **8**2 ⑧ – 1 857 h. alt. 234 – ✿ 61.
Paris 707 – Castres 65 – Gaillac 35 – Montauban 51 – ✦Toulouse 20.

🏠 **Relais de la Conseillère,** N 88 ☎ 84.21.23 – 🛁wc 🛁wc ☎ 🚗 **❶** – 🏊 25. **E**
➤ **R** 35/115 🍷 – 🍽 13 – **27 ch** 75/110.

Le MONTAT 46 Lot **7**9 ⑱ – rattaché à Cahors.

MONTAUBAN Ⓟ 82000 T.-et-G. **7**9 ⑰⑱ G. Périgord – 53 147 h. alt. 87 – ✿ 63.
Voir Musée Ingres★★ BYM1 – Place Nationale★ BY – Dernier Centaure mourant★,
bronze de Bourdelle BY F.
🏛 Office de Tourisme r. Collège (fermé dim. sauf juil. et août) ☎ 63.60.60 - A.C. allée Martarieu
(chambre de commerce) ☎ 63.22.35.
Paris 656 ① – Agen 72 ⑤ – Albi 73 ② – Auch 86 ④ – Cahors 61 ① – ✦Toulouse 53 ③.

Plan page suivante

🏨 **Midi,** 12 r. Notre-Dame ☎ 63.17.23 – 🛗 📺 ☎ – 🏊 60. 🖭 ⓪ **E** *VISA*   CY **a**
SC : **R** *(fermé dim. du 1er nov. au 30 avril)* 58/180 – ☲ 20 – **50 ch** 83/230 – P
210/250.

🏨 **Host. Les Coulandrières** M ⌂, rte Castelsarrasin par ⑤ : 4 km ✉ 82290 La
Ville-Dieu-du-Temple ☎ 03.18.09, ㄌ, « Parc fleuri, 🏊 » – 🗏 ch 📺 🛁wc ☎ **❶**
– 🏊 40. 🖭 ⓪ **E** *VISA*
fermé janv. – SC : **R** *(fermé dim. du 1er oct. au 30 avril)* 92/220 🍷 – ☲ 22 – **21 ch**
270/280 – P 350/370.

🏨 **Ingres** M sans rest, 10 av. Mayenne ☎ 63.36.01, Télex 520319 – 🛗 🗏 📺 🛁wc
☎ 👋 🚗 **❶** 🖭 ⓪ **E** *VISA*   AY **u**
SC : ☲ 23 – **31 ch** 240/265.

🏨 **Prince Noir** M sans rest, pl. Prax-Paris ☎ 63.10.10 – 🛗 📺 🛁wc 🛁wc ☎ 🚗 **❶**
– 🏊 25. **E** *VISA*   CY **v**
SC : ☲ 17 – **33 ch** 140/190.

🏨 **Orsay et rest. La Cuisine d'Alain,** face gare ☎ 63.00.57, ㄌ – 🛗 🛁wc 🛁wc
☎ 👋 **E** *VISA*   AY **f**
fermé 29 avril au 19 mai, 22 déc. au 4 janv., fériés sauf hôtel , lundi midi et dim. –
SC : **R** 77/160 – ☲ 18 – **20 ch** 130/200 – P 170/240.

XX **Delmas,** 10 r. Michelet ☎ 63.03.74 – 🖭 ⓪ **E** *VISA*   CY **e**
fermé août, dim. soir et lundi – SC : **R** 53/128.

XX **Chapon Fin,** 1 pl. St-Orens ☎ 63.12.10   BY **d**
➤ *fermé 30 juin au 30 juil., vend. soir et sam.* – SC : **R** 48/180.

MICHELIN, Entrepôt, 180 rte de Bagatelle par r. de l'Abbaye BCZ ☎ **03.12.58**

ALFA-ROMEO, Suères, 46 r. L.-Cladel ☎ 03.
42.06
CITROEN Larroque, N 20, Z.I. Nord par ① ☎
03.15.30
DATSUN Sabatie, 15 av. J. Jaures ☎ 63.08.00
FORD S.E.T.A.M., 1724 av. Toulouse ☎ 63.
04.83
MERCEDES-BENZ Gar. Hamecher, Zone Ind.
Sud, rte Toulouse ☎ 63.07.70
PEUGEOT, TALBOT Macard, r. du Bac ☎ 63.
03.33
PEUGEOT, TALBOT Schievene, Pl. du 22 Sep-
tembre ☎ 63.33.21

RENAULT Sud Ouest Automobiles, rte Paris
par ① ☎ 03.23.23
V.A.G. Delpoux, Zone Ind. Sud, rte de Tou-
louse ☎ 63.70.88
Almayrac et Despoux, 200 r. Camp d'Aviation
☎ 63.44.52

⚙ Comptoir Pneu, 10 pl. Prax-Paris ☎ 63.08.65
Doumerc, 281 av. de Toulouse ☎ 63.09.76
Le Palais du Pneu, 17 pl. Lalaque ☎ 63.15.80
Pereira, 52 av. du Xe-Dragon ☎ 03.53.98
Taquipneu, 69 av. Gambetta ☎ 03.30.14

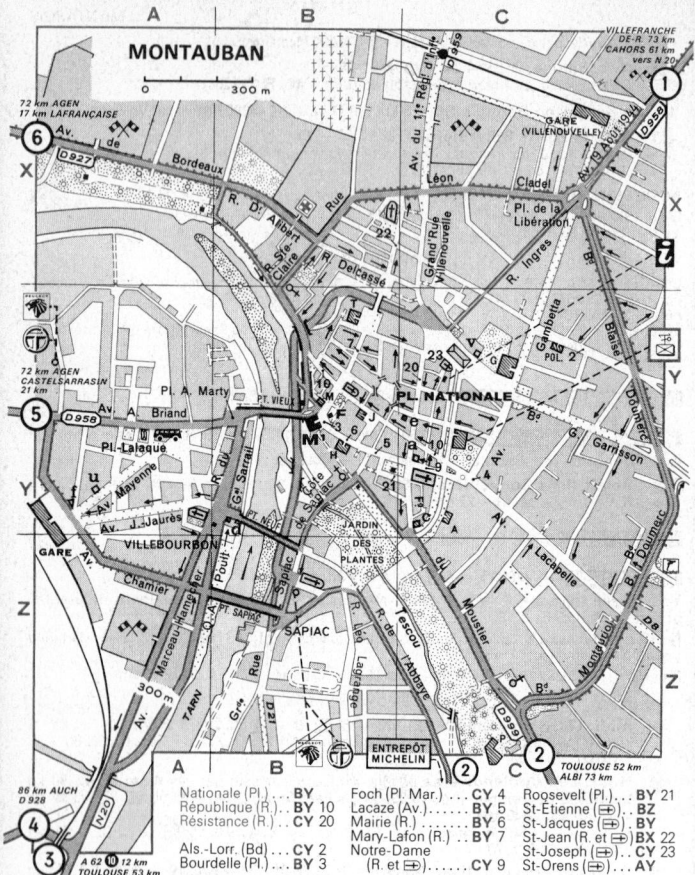

MONTAUBAN

0   300 m

MONTAUROUX 83710 Var **84** ⑥. **195** ⊗ G. Côte d'Azur – 1 997 h. alt. 350 – ✪ 94.

Paris 895 – Cannes 35 – Draguignan 40 – Fréjus 28 – Grasse 20.

🏠 **La Marjolaine** ⑤, ☎ 76.43.32, ≤, 斎, ≉ – 🛗 🛏wc 🕽wc ☎
SC : **R** 88/105 – ☲ 17 – **17 ch** 93/157 – P 177/205.

au lac de St-Cassien par D 37 et rte Fondurance : 5 km – ⊠ 83440 Fayence :

✕✕ **Aub. du Puits Jaubert** ⑤ avec ch, ☎ 76.44.48, ≤ parc, 斎, « Ancienne bergerie
du 15ᵉ s. » – 🛏wc 🕽wc ☎ **Ɒ**. **E**
fermé 6 janv. au 12 fév. – SC : **R** *(fermé mardi)* 85/165 – ☲ 18 – **8 ch** 110/125 – P
245/255.

MONTBARD ◁SP▷ 21500 Côte-d'Or **66** ⑦ G. Bourgogne – 7 916 h. alt. 211 – ✪ 80.

Voir Parc Buffon★ – Env. Ancienne abbaye de Fontenay★★ 6 km par ③.

ℹ Syndicat d'Initiative avec A.C. r. Carnot (1ᵉʳ avril-30 sept. et fermé dim.) ☎ 92.03.75.

Paris 237 ④ – Autun 87 ④ – Auxerre 73 ④ – ◆Dijon 81 ③ – Troyes 94 ②.

Plan page ci-contre

🏠 **Écu,** 7 r. A.-Carré (e) ☎ 92.11.66 – 📺 🛏wc 🕽wc ☎ ⇐ **E** 𝖵𝖨𝖲𝖠
fermé vacances de fév. – SC : **R** 63/180 – ☲ 17 – **23 ch** 130/205 – P 190/230.

🏠 **H. Gare,** sans rest, 10 av. M.-Foch (a) ☎ 92.02.12 – 🛏wc 🕽wc ☎ ⇐ **Ɒ. ⓞ E**
𝖵𝖨𝖲𝖠
fermé 15 déc. au 15 janv. – SC : ☲ 17 – **20 ch** 60/160.

MONTBARD

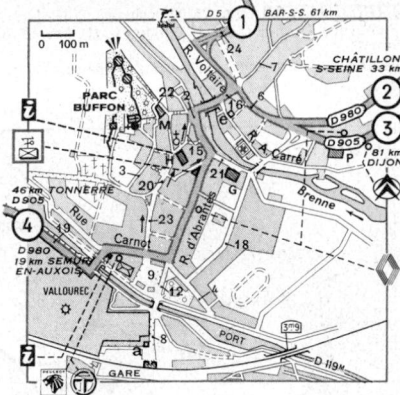

Les plans de villes sont orientés le Nord en haut.

Pour bien lire les plans de villes, voir signes et abréviations p. 21

à St-Rémy par ④ : 4 km – ⊠ **21500** Montbard :

XXX **St-Rémy,** ☎ 92.13.44 – **P.** AE ① E VISA
◆ *fermé 9 au 31 juil., 17 déc. au 8 janv., lundi et le soir sauf sam.* – SC : **R** (nombre de couverts limité - prévenir) 47/130.

CITROEN Gar. Monnet, rte Dijon ☎ 92.06.09 N
PEUGEOT TALBOT Gar. Carnot, 7 r. Carnot ☎ 92.01.83 N

RENAULT Montbard-Autom., 39 r. Abrantès ☎ 92.06.23
RENAULT Gar. Guerret, rte de Dijon ☎ 92.04.07

MONTBAZENS 12220 Aveyron 80 ① – 1 424 h. alt. 472 – ۞ 65.

🛈 Syndicat d'Initiative à la Mairie (fermé matin hors sais. et dim.) ☎ 43.60.06.

Paris 612 – Aurillac 80 – Figeac 28 – Marcillac-Vallon 34 – Rodez 39 – Villefranche-de-Rouergue 26.

🏠 **Levant,** rte Rignac ☎ 43.60.24, 🚗 – 🏠 🚗 **P.** ۞ ch
◆ *fermé 20 sept. au 10 oct.* – SC : **R** *(fermé dim. soir et lundi sauf juil.-août)* 42/100 🍷 – ☲ 11,50 – **17 ch** 82/100 – P 113/130.

RENAULT Gar. du Fargal, ☎ 43.62.23

MONTBAZON 37250 I.-et-L. 64 ⑮ G. Châteaux de la Loire – 3 011 h. alt. 71 – ۞ 47.

🛈 Office de Tourisme à la Mairie (mai-oct., fermé dim. et lundi) ☎ 26.01.30 et r. Nationale (fermé sam., dim. et lundi) ☎ 26.03.31.

Paris 248 – Châtellerault 60 – Chinon 41 – Loches 32 – Montrichard 40 – Saumur 67 – ◆Tours 13.

🏰 ۞ **Château d'Artigny** ⟨S⟩, SO : 2 km par D 17 ☎ 26.24.24, Télex 750900, « Jardin, parc, ≼ sur l'Indre, pavillon bord rivière (6 ch), ⌇ », ⚏ – 🛎 ☎ **P.** – 🔬 30 à 80. VISA
fermé 1er déc. au 11 janv. – **R** 145/280 – ☲ 36 – **49 ch** 300/700, 7 appartements 460/800
Spéc. Cervelas de foie gras d'oie cru, St-Pierre à la julienne de légumes safranée, Géline de Tours en vessie. **Vins** Montlouis, St-Nicolas-de-Bourgueil.

🏰 **Domaine de la Tortinière** ⟨S⟩, N : 1,5 km par N 10 et D 287 ☎ 26.00.19, « ≼ vallée de l'Indre, dans un parc », ⌇ – ☎ **P.** – 🔬 30. E VISA ۞ rest
1er mars-15 nov. – SC : **R** *(fermé mardi midi et lundi en mars et du 15 oct. au 15 nov.)* carte 145 à 225 – ☲ 35 – **14 ch** 275/496, 7 appartements 510/635.

🏨 **Relais de Touraine** M, N : 2 km rte Tours ☎ 26.06.57, 🌣, parc – 🛁wc 🏠wc ☎ **P.** – 🔬 100. AE E VISA ۞ ch
SC : **R** 75/150 🍷 – ☲ 18 – **21 ch** 160/210.

XX ۞ **La Chancelière** avec ch, 1 pl. Marronniers ☎ 26.00.67 – 🛁wc 🏠. AE VISA
fermé nov., 6 au 14 janv., dim. soir et lundi – SC : **R** carte 150 à 210 – ☲ 20 – **5 ch** 120/200
Spéc. Langoustines rôties, Escalope de sandre au basilic, Pigeon fermier rôti aux pêches blanches.

à l'ouest : 5 km par N 10, D 287 et D 87 – ⊠ **37250** Montbazon :

XX **Aub. Moulin fleuri** ⟨S⟩ avec ch, ☎ 26.01.12, ≼, « Terrasse au bord de l'Indre », 🚗 – 🏠wc **P.** AE VISA
fermé 15 au 30 oct., 1er au 20 fév., dim. soir du 1er déc. au 30 mars et lundi – SC : **R** 76 – ☲ 21 – **10 ch** 52/129 – P 165/241.

PEUGEOT, TALBOT Gar. Rousseau, ☎ 26.06.50

MONTBÉLIARD ◁SP▷ 25200 Doubs 🔠 ⑧ G. Jura – 33 362 h. alt. 318 – ✆ 81 – 🚗 de
Prunevelle ℡ 98.11.77 par ④ : 10 km – 🛈 Office de Tourisme 1 r. H.-Mouhot (fermé dim.) ℡
94.45.60.

Paris 483 ⑤ – ◆Bâle 69 ③ – Belfort 22 ② – ◆Besançon 82 ⑤ – Pontarlier 109 ④ – Vesoul 63 ①.

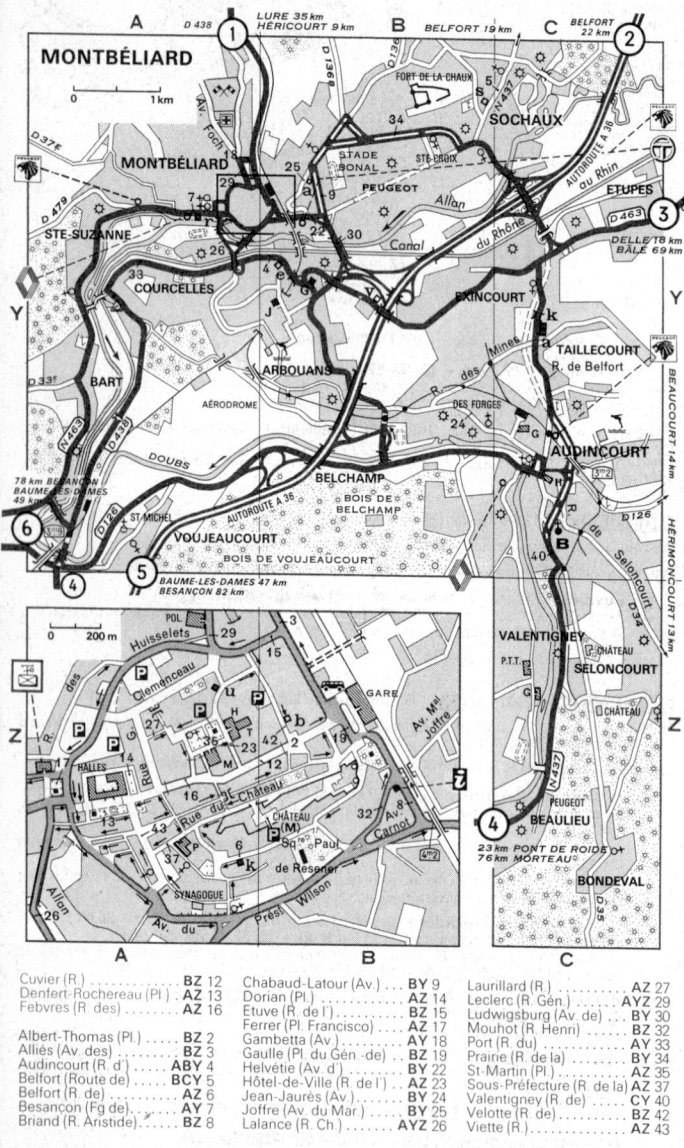

Cuvier (R.)	**BZ** 12	Chabaud-Latour (Av.) ... **BY** 9	Laurillard (R.)	**AZ** 27
Denfert-Rochereau (Pl.)	**AZ** 13	Dorian (Pl.)	**AZ** 14	Leclerc (R. Gén.)	**AYZ** 29
Febvres (R. des)	**AZ** 16	Etuve (R. de l')	**BZ** 15	Ludwigsburg (Av. de) ... **BY** 30
		Ferrer (Pl. Francisco)	**AZ** 17	Mouhot (R. Henri)	**BZ** 32
Albert-Thomas (Pl.)	**BZ** 2	Gambetta (Av.)	**AY** 18	Port (R. du)	**AY** 33
Alliés (Av. des)	**BZ** 3	Gaulle (Pl. du Gén.-de) .. **BZ** 19	Prairie (R. de la)	**BY** 34
Audincourt (R. d')	**ABY** 4	Helvétie (Av. d')	**BY** 22	St-Martin (Pl.)	**AZ** 35
Belfort (Route de)	**BCY** 5	Hôtel-de-Ville (R. de l')	**AZ** 23	Sous-Préfecture (R. de la) **AZ** 37
Belfort (R. de)	**AZ** 6	Jean-Jaurès (Av.)	**BY** 24	Valentigney (R. de) ... **CY** 40
Besançon (Fg de)	**AY** 7	Joffre (Av. du Mar.)	**BY** 25	Velotte (R. de)	**BZ** 42
Briand (R. Aristide)	**BZ** 8	Lalance (R. Ch.)	**AYZ** 26	Viette (R.)	**AZ** 43

🏨 **Bristol**, 2 r. Velotte ℡ 94.43.17 – 🚿wc 🛁wc ☎ ⟵⟶ 🅿 🕸 ch   BZ **b**
   fermé août – SC : **R** (fermé dim. soir et sam.) 52/130 ⅋ – ⌷ 15,50 – **39 ch** 83/192 –
   P 200/274.

🏨 **Joffre** sans rest, 34 bis av. Mar.-Joffre ℡ 94.44.64 – 📶 🚿wc 🛁wc ☎ & 🅿 ⴲ
   fermé 1ᵉʳ au 15 août, 25 au 31 déc. et dim. hors sais. – SC : ⌷ 14,50 – **30 ch** 119/167.
                                                                              BY **a**

706

🏨 **Ibis**, r. J.-Foillet ℡ 97.19.20 – 🛏wc ☎ 🕭 🅿 – 🔥 40. 🇪 𝘝𝘐𝘚𝘈   BY **v**
SC : **R** *(fermé le midi des dim. et fêtes)* carte environ 65 🍴 – 🍷 18 – **42 ch** 165/185.

🏠 **France** sans rest, 40 r. Audincourt ℡ 90.21.48, 🏖 – 🛏🏠wc ☎ 🅿. 𝘝𝘐𝘚𝘈   BY **e**
SC : 🖙 15 – **16 ch** 76/190.

XXX **Tour Henriette**, 59 fg Besançon ℡ 91.03.24 – 🅰🅴 ① 🇪 𝘝𝘐𝘚𝘈   AY **r**
fermé août, dim. sauf le midi de sept. à mai et lundi soir – SC : **R** 95/200.

XX **Le Comté**, 18 r. Belfort ℡ 91.48.42 – 🅰🅴 ① 𝘝𝘐𝘚𝘈   AZ **k**
fermé août, sam. midi, dim. soir et lundi midi – SC : **R** 80/120 🍴.

X **Bistro au Boeuf**, 1 r. Gén.-Leclerc ℡ 91.18.37 – 🇪 𝘝𝘐𝘚𝘈   AZ **u**
fermé dim. – **R** carte 80 à 130 🍴.

FIAT, LANCIA, AUTOBIANCHI Mercier, r. Keller à Arbouans ℡ 35.57.62
PEUGEOT-TALBOT Succursale, 16 av. Helvétie ℡ 94.52.15
PEUGEOT Gar. de la Croisée, 104 fg. de Besançon ℡ 91.05.50

RENAULT Renault-Montbéliard, 87 fg Besançon ℡ 96.75.75 🅽

🚲 Pneus et Services D.K, 7a r. du Port ℡ 98.25.29 Z.I. du Charmontet 20 r. Jeanperrin ℡ 95.38.33

CONSTRUCTEUR : S.A. des Automobiles Peugeot, BY ℡ 91.83.42

MONTBENOIT 25650 Doubs **70** ⑦ **G. Jura** – 163 h. alt. 782 – ✿ 81.

Voir Ancienne abbaye★ : stalles★★, niche abbatiale★.

Paris 466 – ♦Besançon 68 – Morteau 17 – Pontarlier 14.

🏠 **Bon Repos** ⑤, N : 1,5 km ℡ 38.10.77, ≤, 🏖 – 🛏wc 🏠wc 🕭 🅿
⬅ *28 avril-23 sept.* – SC : **R** 50/160 – 🖙 16 – **22 ch** 140/175 – P 165/180.

PEUGEOT Gar. Querry, ℡ 38.11.89 🅽 ℡ 38.10.99

MONT-BLANC (Tunnel du) 74 H.-Savoie **74** ⑧⑨ **G. Alpes** – voir à Chamonix-Mont-Blanc.

MONTBONNOT 38 Isère **77** ⑤ – rattaché à Grenoble.

MONTBOUCHER-SUR-JABRON 26 Drôme **81** ① – rattaché à Montélimar.

MONTBRISON ◁🆂▷ 42600 Loire **73** ⑰ **G. Vallée du Rhône** – 11 143 h. alt. 394 – ✿ 77.

Voir Intérieur★ de l'église N.-D.-d'Espérance **B**.

🅱 Office de Tourisme cloître des Cordeliers (fermé lundi d'avril à oct. et sam. de nov. à mars) ℡ 58.20.44.

Paris 456 ② – ♦Lyon 95 ③ – Le Puy 105 ③ – Roanne 64 ② – ♦St-Étienne 36 ③ – Thiers 68 ①.

MONTBRISON

Boyer (R. Simon)	6
Marché (R. du)	16
Tupinerie (R.)	32

Astrée (Quai de l')	2
Beaune (Pl. E.)	3
Bernard (R. M.)	4
Bout-du-Monde (R. du)	5
Chavassieu (Bd)	7
Combattants (Pl. des)	8
Gambetta (Bd)	9
Hôpital (R. de l')	10
Libération (R. de la)	13
Madeleine (Bd de la)	15
Notre-Dame (R.)	17
Palais-de-Justice (R. du)	18
Papon (R. Loys)	19
Pasteur (R.)	20
Pénitents (Pl. et R. des)	21
Puy-de-la-Bâtie (R. du)	25
République (R. de la)	27
St-Jean (R. du Fg)	28
St-Jean (R.)	29
St-Pierre (R.)	30

Pour un bon usage des plans de villes, voir les signes conventionnels p. 21

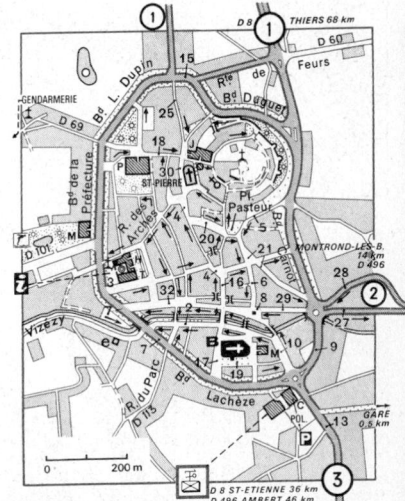

🏨 **Host. Lion d'Or**, 14 quai Eaux-Minérales (e) ℡ 58.34.66 – 🛏wc 🏠 🕭 🚗 ①
𝘝𝘐𝘚𝘈
fermé 1er au 21 sept., vacances de fév., dim. soir et lundi – SC : **R** 54/180 – 🖙 14,50
– **14 ch** 79/183 – P 151/210.

à Champdieu par ① : 4,5 km – ✉ **42600** Montbrison – **Voir Église**★.

XX **Le Prieuré,** ☏ 58.31.21 – Ⓟ. ✀
fermé août, dim. soir et jeudi – **R** 40/200.

CITROEN Forez-Autos, av. P.-Cézanne, Beauregard par D69 ☏ 58.02.59
FORD Montagny, av. Ch.-de-Gaulle ☏ 58.29.99
LADA, SKODA Gar. Dumas, 34 av. Libération ☏ 58.15.22
OPEL Sabatier, r. des Moulins ☏ 58.12.02
PEUGEOT-TALBOT Bourgier, 36 r. République par ② ☏ 58.21.55

RENAULT Gar. Mathieu, 8 rte de St-Étienne par ③ ☏ 58.30.48 N
V.A.G. Gar. du Parc, 2 rte de St-Étienne ☏ 58.15.66

Chasseing-Pneus, 12 bd de la Madeleine ☏ 58.26.48
Jamet-Pneus, 4 bd L.-Dupin ☏ 58.11.66

MONTBRON **16220** Charente **72** ⑮ **G. Côte de l'Atlantique** – **2 604 h. alt. 140** – ✪ **45.**
Office de Tourisme square 8 Mai (1er juil.-31 août) ☏ 70.60.09.
Paris 458 – Angoulême 30 – Nontron 32 – Rochechouart 37 – Rochefoucauld 14.

Host. Ste Catherine ⛰, S : 3,5 km par D 16 ☏ 70.60.03, « Gentilhommière du 18e s. dans un parc », – Ⓟ – 50.
SC : **R** 50/190 – 21 – **15 ch** 110/230 – P 250.

MONTCABRIER **46** Lot **79** ⑥⑦ – rattaché à Fumel.

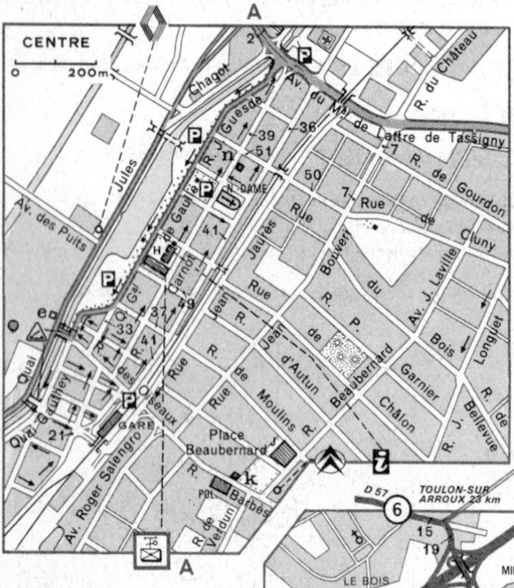
CENTRE
200 m
A
Av. des Puits
Jules
Chagot
Av. du Mal de Lattre de Tassigny
R. J. Guesde
R. de Gourdon
Rue de Cluny
Rue du Bouvier
R. P. Jaurès
Av. J. Laville
Bois
Longuet
Rue Jean Jaurès
R. Jean
Rue de Beaubernard
R. de Garnier
Châlon
R. J. Bellevue
Rue de Moulins
R. d'Autun
Place Beaubernard
Av. Roger Salengro
Quai Gauthey
GARE
N.-DAME
R. de Verdun
Barbès

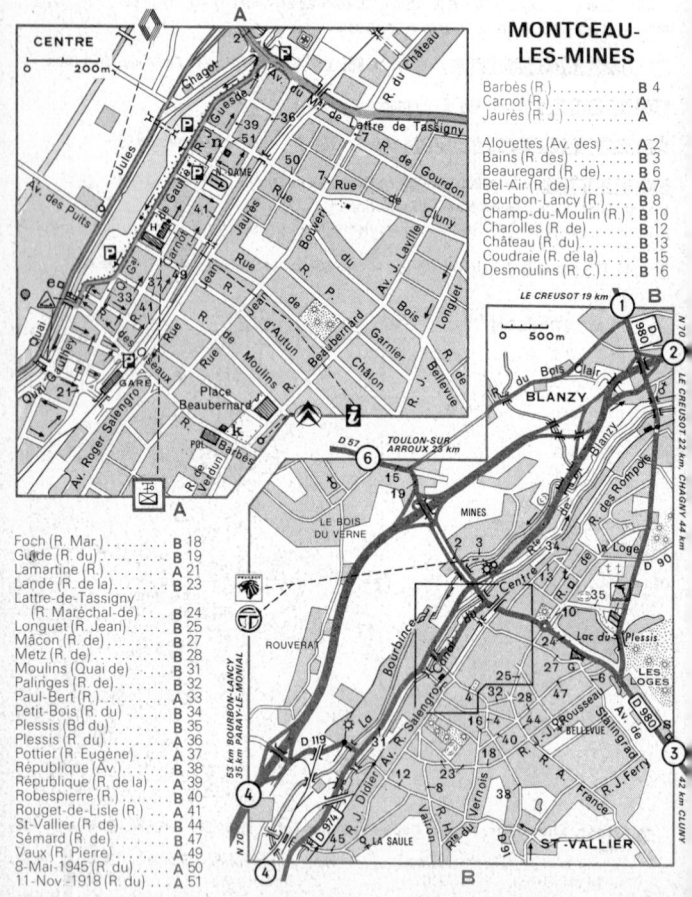

MONTCEAU-LES-MINES

Barbès (R.) . . . . B 4
Carnot (R.) . . . . A
Jaurès (R. J.) . . . . A

Alouettes (Av. des) . . . . A 2
Bains (R. des) . . . . B 3
Beauregard (R. de) . . . . . B 6
Bel-Air (R. de) . . . . A 7
Bourbon-Lancy (R.) . . . . B 8
Champ-du-Moulin (R.) . . B 10
Charolles (R. de) . . . . B 12
Château (R. du) . . . . B 13
Coudraie (R. de la) . . . . . B 15
Desmoulins (R. C.) . . . . . B 16

Foch (R. Mar.) . . . . B 18
Guide (R. du) . . . . B 19
Lamartine (R.) . . . . A 21
Lande (R. de la) . . . . B 23
Lattre-de-Tassigny (R. Maréchal-de) . . . . B 24
Longuet (R. Jean) . . . . . . B 25
Mâcon (R. de) . . . . B 27
Metz (R. de) . . . . B 28
Moulins (Quai de) . . . . . . B 31
Palinges (R. de) . . . . B 32
Paul-Bert (R.) . . . . A 33
Petit-Bois (R. du) . . . . . . B 34
Plessis (Bd du) . . . . B 35
Plessis (R. du) . . . . A 36
Pottier (R. Eugène) . . . . . A 37
République (Av.) . . . . B 38
République (R. de la) . . . A 39
Robespierre (R.) . . . . B 40
Rouget-de-Lisle (R.) . . . . A 41
St-Vallier (R. de) . . . . B 44
Sémard (R. de) . . . . B 47
Vaux (R. Pierre) . . . . A 49
8-Mai-1945 (R. du) . . . . . A 50
11-Nov.-1918 (R. du) . . . A 51

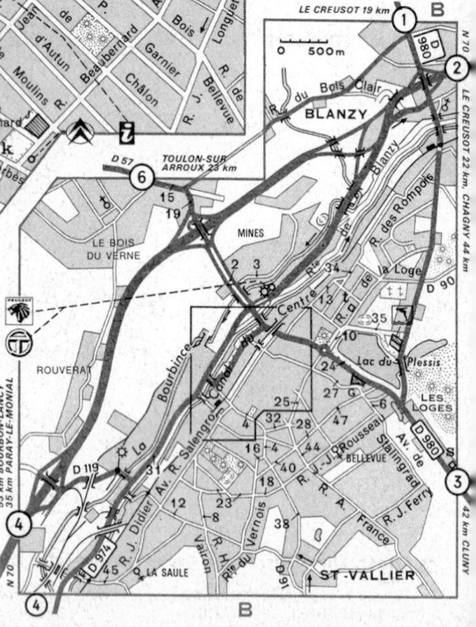
LE CREUSOT 19 km
B
500 m
D 980
N 70
LE CREUSOT 22 km, CHAGNY 44 km
BLANZY
R. du Bois Clair
D 57
TOULON-SUR-ARROUX 23 km
MINES
LE BOIS DU VERNE
R. des Rompois
R. de la Loge
D 90
Lac du Plessis
LES LOGES
ROUVERAY
Bourbince
Canal du Centre
Av. R. Salengro
R. J.-J. Rousseau
BELLEVUE
Av. de Stalingrad
R. A. France
R. J. Ferry
D 980
42 km CLUNY
53 km BOURBON-LANCY
35 km PARAY-LE-MONIAL
D 119
R. J. Didier
D 974
LA SAULE
R. H. Vairon
Rte du Vernois
D 974
ST-VALLIER
N 70

Env. Mont-St-Vincent : tour ☀️ ★★ 12 km par ③.

🛈 Office de Tourisme 1 pl. Hôtel de Ville (fermé lundi matin et dim.) ☎ 57.38.51.

Paris 384 ② – Autun 42 ① – Chalon-sur-S. 45 ② – Mâcon 68 ③ – Moulins 89 ④ – Roanne 88 ④.

Plan page ci-contre

🏛	**Commerce,** 70 q. J.-Chagot ☎ 57.34.18 – 🛗 ➕wc 🛁wc ☎ ⟸ – 🏦 60. 🆎 **E**	A	e
	VISA		
	SC : **R** 65/200 🍴 – � 18 – **32 ch** 120/220.		
🏠	**Beauregard** sans rest, sur D 980 : 2 km ⊠ 71690 Mt-St-Vincent ☎ 57.15.37 – 🛁wc 🅿	B	s
	fermé vend. du 1ᵉʳ oct. au 1ᵉʳ avril – SC : � 15 – **12 ch** 80/150.		
🏠	**Lac** sans rest, r. de la Loge ☎ 57.18.22 – 🛁wc. 🎿	B	t
	SC : 🍴 15 – **20 ch** 67/150.		
XX	**France** avec ch, 7 pl. Beaubernard ☎ 57.26.64 – ➕wc. **VISA**	A	k
	fermé fin juil. à fin août et lundi – SC : **R** 48/150 – � 15 – **11 ch** 60/150.		
XX	**Central** avec ch, 43 r. République ☎ 57.00.40 – 🛁wc. **VISA**	A	n
	fermé 15 au 30 août et dim. – SC : **R** 44 🍴 – � 12 – **10 ch** 78/117 – P 147/168.		

par ③ : 4 km sur D 980 :

🏠	**Aub. Plain-Joly,** ⊠ 71690 Mont-St-Vincent ☎ 57.24.74, 🚲 – 🅿	
	fermé 16 août au 15 sept. et vend. soir du 1ᵉʳ oct. au 1ᵉʳ mars – SC : **R** 40/75 – � 14	
	– **10 ch** 68/110 – P 115/130.	

ALFA ROMEO, VOLVO Chemarin, rte Express, av. Mar.-Leclerc ☎ 57.09.23
CITROEN Repiquet, 57 r. Beaubernard ☎ 57.16.45
FIAT Gar. Bon, 3 r. de la Coudraie, Le Bois-du-Verne ☎ 57.34.55
FORD Tramoy, 52 r. de la Lande ☎ 57.04.11
OPEL Gar. Brenot, rte Express sortie Nord, av. Mar.-Leclerc ☎ 57.39.83
PEUGEOT-TALBOT Gar. Rebeuf-Garnier, rte Express, av. Mar. Leclerc ☎ 57.29.30

RENAULT Gar. Central, quai J.-Chagot ☎ 57.25.17
V.A.G. Gar. Dufour, 124 r. de la Coudraie, Le Bois-du-Verne ☎ 57.23.81

🛞 Goésin, D 974, Zone Ind. des Alouettes ☎ 57.36.01
Okrzesik, bd de la Maugrand ☎ 57.47.00
Okrzesik, 9 r. Verdun ☎ 57.00.55

MONTCHANIN 71 S.-et-L. 🔟 ⑧ – rattaché au Creusot.

MONTCHAUVET 78790 Yvelines 🟧 ⑱, 🔢 ⑭ – 202 h. alt. 100 – ✿ 3.
Paris 73 – Dreux 35 – Evreux 43 – Houdan 14 – Mantes-la-Jolie 16 – Versailles 43.

X	**Jument Verte,** pl. Église ☎ 093.43.60	
	fermé lundi soir et mardi – SC : **R** 65/150 🍴.	

MONTCHAUVROT 39 Jura 🔟 ④ – rattaché à Poligny.

MONTCHAVIN 73 Savoie 🔟 ⑱ – rattaché à Bellentre.

MONTCHENOT 51 Marne 🟧 ⑯ – ⊠ 51500 Rilly-la-Montagne – ✿ 26.
Paris 153 – Châlons-sur-Marne 40 – Epernay 16 – ◆Reims 11.

XXX	✿ **Aub. du Gd Cerf** (Guichaoua), N 51 ☎ 97.60.07, ≼, 🚲 – **E** **VISA**	
	fermé 7 août au 1ᵉʳ sept., 20 déc. au 1ᵉʳ janv., mardi soir et merc. – SC : **R** 139/190	
	Spéc. Foie d'oie chaud, Bar homardine au sabayon de champagne, Chariot de pâtisseries.	

MONT-CINDRE 69 Rhône 🔟 ⑪ – rattaché à Lyon.

MONT-D'ARBOIS 74 H.-Savoie 🔟 ⑧ – rattaché à St-Gervais.

MONT-DAUPHIN 05 H.-Alpes 🔟 ⑱ – rattaché à Guillestre.

MONT-DE-MARSAN 🅿 40000 Landes 🟧 ① G. Côte de l'Atlantique – 30 894 h. alt. 58 –
✿ 58 – 🛈 Office de Tourisme 22 r. Victor-Hugo (fermé dim.) ☎ 75.38.67, Télex 540742 - A.C. av. du Corps Franc Pommiès à St-Pierre-du-Mont ☎ 75.03.24.
Paris 721 ① – Agen 120 ① – ◆Bayonne 100 ⑥ – ◆Bordeaux 126 ① – Pau 80 ③ – Tarbes 100 ③.

Plan page suivante

🏛	**Richelieu,** 3 r. Wlerick ☎ 06.10.20 – 🛗 📺 ➕wc 🛁wc ☎ ⟸ – 🏦 80. 🆎 **E** **VISA**	BY	r
	fermé vacances de fév. – SC : **R** 58/160 – � 18 – **70 ch** 75/160 – P 170/250.		
X	**Le Midou** avec ch, 12 pl. Porte-Campet ☎ 75.24.26 – 🆎 ⓪ **VISA**	AY	a
	R 42/90 – � 14,50 – **9 ch** 69/106 – P 99.		
X	**Zanchettin** (Rendez-vous des boulistes), à St-Médard par ② : 3 km ☎ 75.19.52,		
	🍴, 🚲 – 🅿		
	fermé vac. de fév., dim. soir et lundi – SC : **R** 40/83.		

MICHELIN, Agence, r. de la Ferme-de-Larrouquère, Zone Ind. par ① ☎ 46.29.54

MONT-DE-MARSAN

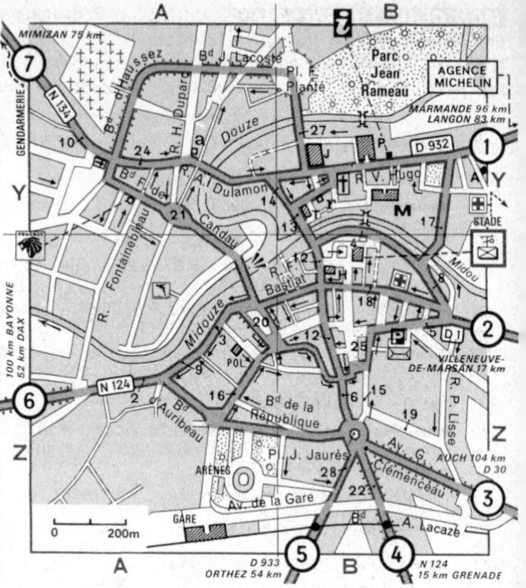

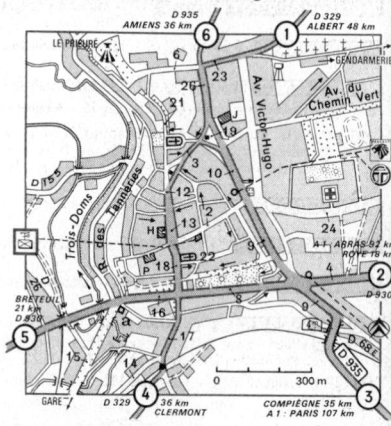

ALFA-ROMEO, DATSUN Mesplède, 56 av. H.-Farbos ⊕ 75.98.88
AUSTIN, JAGUAR, ROVER, TRIUMPH Gar. Continental, 839 av. Mar.-Foch ⊕ 75.06.77
CITROEN Mont-de-Marsan Autom., 1671 av. Kennedy, St-Pierre-du-Mont par ④ ⊕ 75.12.10
FORD La Hiroire-Auto, 995 bd d'Alingsas ⊕ 75.36.62
MERCEDES-BENZ, V.A.G. Lafargue, 2316 av. Mar.-Juin ⊕ 46.17.80

OPEL Ets Bouchet, 38 bd Brigade Carnot, rte Bayonne ⊕ 75.31.79
PEUGEOT, TALBOT Labarthe, av. Corps Franc Pommiès à St-Pierre-du-Mont par ⑥ ⊕ 75.44.55 N
PEUGEOT Hiquet, 19 bd Candau ⊕ 75.02.32
RENAULT Dupeyron, 935 av. Mar.-Juin par ① ⊕ 46.14.80 N

Ⓟ Pedarré Pneus, 14 bd Candau ⊕ 75.01.18

MONTDIDIER ◁SP▷ 80500 Somme 52 ⑱ G. Nord de la France – 6 282 h. alt. 97 – ✿ 22.
Paris 107 ③ – ◆Amiens 36 ⑥ – Beauvais 47 ⑤ – Péronne 47 ② – St-Quentin 64 ②.

MONTDIDIER

🏛 **Dijon**, 1 pl. 10-Août 1918 (a) ⊕ 78.01.35 – 🍴. 𝐕𝐈𝐒𝐀
◆ fermé 5 au 24 août, 1er au 27 janv., dim. soir et lundi midi – SC : **R** 49/127 – ☲ 16,50 – **14 ch** 77/143.

CITROEN Bonnement, 1 pl. Mar.-Foch ⊕ 78.01.43
PEUGEOT-TALBOT Lefebvre, 11 pl. Faidherbe ⊕ 78.00.90

Gar. Rety, 6 r. A.-France ⊕ 78.01.51

Ⓟ Leflamand, 30 av. M.-Leconte ⊕ 78.05.09

Le MONT-DORE 63240 P.-de-D. **73** ⑬ ③ G. Auvergne – 2 394 h. alt. 1 050 – Stat. therm. (15 mai-30 sept.) – Sports d'hiver : 1 050/1 850 m ✶2 ✶18, ✶ – Casino Z – ✪ 73.

Voir Puy de Sancy ✳✳✳ (voir à Sancy) – Cascade du Queureuilh✶ 2 km par ① puis 30 mn.

Env. Col de Guéry ≤✶✶ sur roches Tuilière et Sanadoire✶✶ et lac✶ 9 km par ① – Col de la Croix-St-Robert ✳✳ 6,5 km par ②.

🐟 du Rigolet ☏ 65.00.79 par ③ : 2,5 km.

🛈 Office de Tourisme av. Gén. Leclerc (fermé dim. hors saison) ☏ 81.18.88, Télex 990332.

Paris 437 ① – Aubusson 90 ⑤ – ◆Clermont-Fd 47 ① – Issoire 51 ① – Mauriac 77 ④ – Ussel 57 ⑤.

🏨 **Panorama** ⚮, av. Libération ☏ 65.11.12, ≤ – 🛗 🚿wc ♨wc ☎ **P**. ❄ rest
15 mai-30 sept. et 20 déc.-Pâques – SC : **R** 60/170 – ⊡ 18 – **40 ch** 130/225 – P 195/275.
Z **u**

🏨 **Oise**, av. Libération ☏ 65.04.68, ≤ – 🚿wc ♨wc ☎ **P**. ❄ rest
15 mai-30 sept. et Noël-Pâques – SC : **R** 65/88 – ⊡ 18 – **50 ch** 88/198 – P 177/242.
Z **p**

🏨 **Nouvel H.**, r. J.-Moulin
☏ 65.11.34 – 🛗 🚿wc ♨ ☎. ⓪ **VISA**
10 mai-30 sept. et 15 déc.-20 avril – SC : **R** 49/85 – ⊡ 15,50 – **65 ch** 113/145 – P 172/235.
Z **g**

🏨 **Cascades**, av. G.-Clemenceau ☏ 65.01.36, ☞ – ♨wc **VISA** ❄
15 mai-25 sept. et 20 déc.-15 avril – SC : **R** 55/98 – ⊡ 14,50 – **23 ch** 50/162 – P 155/214.
Z **z**

🏩 **Castelet**, av. M.-Bertrand ☏ 65.05.29, ☞ – 🛗 🚿wc ♨wc ☎ **P** – 🏊 40.
❄ rest
25 mai-30 sept. et 26 déc.-mars – SC : **R** 59/98 – ⊡ 14 – **32 ch** 66/198 – P 171/232.
Y **t**

🏩 **Les Mouflons** ⚮ sans rest, par ② rte du Sancy : 0,5 km ☏ 65.02.90, ≤ – 🚿wc ♨wc ☎ **P**. **E**
fermé 5 nov. au 5 déc. – SC : ⊡ 12 – **29 ch** 70/125.

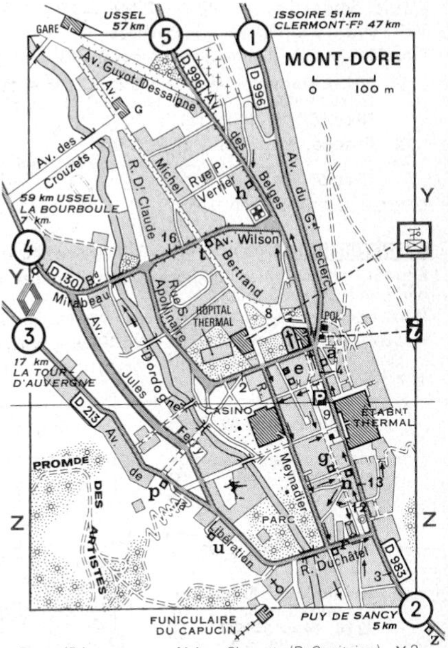

🏩 **Paix**, r. Rigny ☏ 65.00.17 – 🛗 🚿wc ☎ ☜
fermé 10 oct. au 22 déc. – SC : **R** 55/85 – ⊡ 15 – **37 ch** 90/180 – P 190/250.
Z **n**

🏩 **Russie**, r. Favart ☏ 65.05.97 – 🛗 🚿wc ☎. **VISA**
15 mai-30 sept., fév. et week-end de Noël à Pâques. – SC : **R** 55/99 – ⊡ 14 – **40 ch** 85/128 – P 170/195.
Y **a**

🏩 **Castel Médicis** sans rest, r. Duchatel ☏ 65.00.89 – 🚿wc ♨wc ☎
fermé 15 au 30 avril et 30 sept. au 20 déc. – SC : ⊡ 14 – **30 ch** 62/135.
Z **r**

🏩 **La Ruche** sans rest, av. Belges ☏ 65.05.93 – ♨ **P**. ❄
20 mai-30 sept., vacances scolaires d'hiver et week-end – SC : ⊡ 15,50 – **25 ch** 58/135.
Y **h**

🏠 **Mon Clocher**, r. Sauvagnat ☏ 65.05.41 – ♨
15 mai-30 sept. et 25 déc.-30 mars – SC : **R** 37/68 ⅃ – ⊡ 14 – **32 ch** 75/107 – P 136/178.
Y **e**

XX **La Belle Epoque**, r. Sauvagnat ☏ 65.07.68 – **VISA**
fermé 25 oct. au 30 nov. et merc. sauf juil.-août – SC : **R** (nombre de couverts limité, prévenir) 100/145.
Y **e**

au Genestoux par ⑤ : 3,5 km sur D 996 – ⊠ **63240** Mont-Dore :

X **Le Pitsounet**, ☏ 65.00.67, ≤ – **P**
20 mai-20 sept., vacances scolaires et fermé lundi – SC : **R** (nombre de couverts limité - prévenir) 44/70 ⅃.

USSEL 57 km · ISSOIRE 51 km CLERMONT-FD 47 km

MONT-DORE
0   100 m

GARE

PUY DE SANCY 5 km

FUNICULAIRE DU CAPUCIN

Favart (R.)	Y 4	Chazotte (R. Capitaine)	Y 2
Panthéon (Pl. du)	Z 9	Clemenceau (Av.)	Z 3
République (Pl de la)	Z 12	Gaulle (Pl. Ch -de)	Y 8
Rigny (R.)	Z 13	19 Mars 1962 (R. du)	Y 16

711

au pied du Sancy par ② : 4 km – ⊠ **63240** Mont-Dore :

🏦 **Puy Ferrand** 🦃, 🖅 65.18.99, ≤ le Sancy – 🛎 🚻wc 🛗wc 🕿 **Ⓟ**. ﷼ Ⓔ 𝚅𝙸𝚂𝙰.
🦃 rest
15 mai-30 sept. et 15 déc.-20 avril – SC : **R** 83/173 – � 18 – **42 ch** 140/172 – P
229/245.

CITROEN Gar. Des Pies, par ② 🖅 65.06.38   RENAULT Gar. des Thermes 🖅 65.02.33
FORD Gar. Delbos, 🖅 65.01.55   Central Gar., 🖅 65.20.46

MONTE-CARLO Principauté de Monaco 🟦🟦 ⑩. 🟦🟦🟦 ㉗㉘ – voir à Monaco.

MONTECH 82700 T.-et-G. 🟦🟦 ⑰ – 2 788 h. alt. 112 – 🟢 63.

Voir Pente d'eau★ N : 1 km, G. Pyrénées.

Paris 669 – Auch 73 – Beaumont-de-Lomagne 23 – Castelsarrasin 14 – Montauban 13 – ♦Toulouse 48.

🏠 **Notre Dame**, pl. Jean-Jaurès 🖅 31.71.45 – 🛗 Ⓞ 𝚅𝙸𝚂𝙰
    fermé 1er nov. au 7 déc. et sam. du 8 déc. au 31 mars – SC : **R** 54/100 – ⊑ 13,50 –
    18 ch 66/108 – P 150/170.

🏠 **France**, 🖅 31.70.38 – 🛗 ﷼ Ⓔ 𝚅𝙸𝚂𝙰
    fermé 24 déc. au 22 janv. et sam. de sept. à fin juin – SC : **R** 40/72 ♨ – ⊑ 11,50 –
    17 ch 50/120 – P 117/120.

CITROEN Gar. Moderne, 🖅 31.70.21

MONTÉLIMAR 26200 Drôme 🟦🟦 ① G. Vallée du Rhône – 30 213 h. alt. 81 – 🟢 75.

Env. Site★★ du Château de Rochemaure, 7 km par ⑤ – Pic de Chenavari ≤★★ 13 km
par ④ et N 86 puis 30 mn.

🚹 Office de Tourisme (fermé dim. hors sais.) allée Champs-de-Mars 🖅 01.00.20.

Paris 608 ① – Aix-en-Provence 147 ③ – Alès 103 ③ – Avignon 82 ③ – Nîmes 106 ③ – Le Puy 134 ④
– Salon-de-Provence 118 ③ – Valence 45 ①.

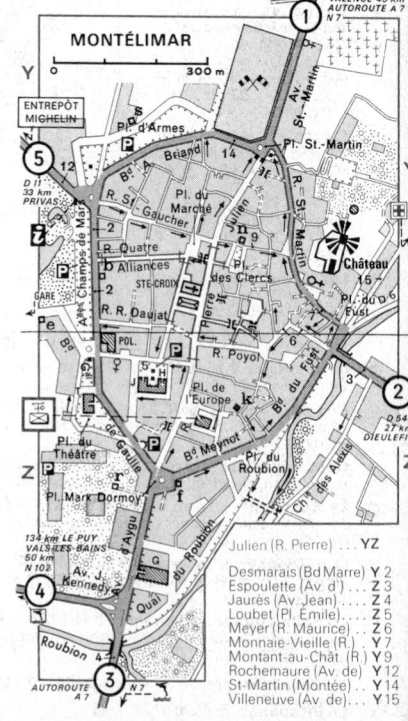

🏛 **Parc Chabaud** 🦃, 16 av.
d'Aygu 🖅 01.65.66, Télex
345324, « Bel aménage-
ment intérieur, parc » –
🛎 📺 🕿 **Ⓟ** – 🏛 25 à 200.
﷼ Ⓞ 𝚅𝙸𝚂𝙰   Z r
fermé 24 déc. au 1er fév. –
SC : **R** (fermé sam.et dim.)
200 – ⊑ 35 – **22 ch**
375/490.

🏛 **Relais de l'Empereur**,
pl. Marx-Dormoy 🖅 01.
29.00, Télex 345537 – 📺
🚗 **Ⓟ**. ﷼ Ⓞ Ⓔ 𝚅𝙸𝚂𝙰
fermé 11 nov. au 22 déc. –
SC : **R** 155/185 – ⊑ 28 –
38 ch 236/398.   Z f

🏦 **Sphinx** sans rest, 19 bd
Desmarais 🖅 01.86.64 –
🚻wc 🛗wc ㊹ **Ⓟ**   Y b
fermé déc. – SC : ⊑ 18 –
24 ch 110/190.

🏦 **Printemps** 🦃, chemin
Manche 🖅 01.32.63, 🌁,
🌲 – 🚻wc 🛗wc ㊹ **Ⓟ**.
🦃 rest   Y u
*1er fév.-15 oct. et fermé dim.
sauf du 1er juin au 30 sept.*
– SC : **R** (dîner seul.)
75/150 – ⊑ 16 – **16 ch**
100/190.

🏦 **Beausoleil** Ⓜ sans rest,
14 bd Pêcher 🖅 01.19.80
– 🚻wc 🕿 **Ⓟ**   Y s
*fermé 10 au 20 août, 20
sept. au 10 oct. et dim.
d'oct. à mai* – SC : ⊑ 15 –
16 ch 90/180.

🏠 **Provence** sans rest, rte
Marseille ③ 🖅 01.11.67
– 🚻wc 🛗wc ㊹ 🚗 **Ⓟ**
fermé nov. et sam. de déc. à fév. – SC : ⊑ 17 – **16 ch** 95/133.

MONTÉLIMAR

Julien (R. Pierre) . . . YZ

Desmarais (Bd Marre) . Y 2
Espoulette (Av. d') . . . Z 3
Jaurès (Av. Jean) . . . . Z 4
Loubet (Pl. Émile) . . . . Z 5
Meyer (R. Maurice) . . . Z 6
Monnaie-Vieille (R.) . . . Y 7
Montant-au-Chât. (R.) . Y 9
Rochemaure (Av. de) . . Y 12
St-Martin (Montée) . . . Y 14
Villeneuve (Av. de) . . . Y 15

🏠 **Pierre** ⑤ sans rest, 7 pl. Clercs 🕾 01.33.16 – 🛁wc   Y **n**
   SC : 🖵 13 – **11 ch** 77/105.

🏠 **Dauphiné-Provence** sans rest, 41 bd Gén.-de-Gaulle 🕾 01.24.08 – 🛁 🛗wc 🕾.
   VISA   YZ **e**
   fermé 29 avril au 7 mai, 22 déc. au 15 janv. et sam. sauf juil. et août – SC : 🖵 15 –
   25 ch 80/145.

✗ **Le Grillon**, 40 r. Cuiraterie 🕾 01.79.02 – 🝙 **VISA** ⁒   Z **k**
   fermé 6 au 13 juin, 15 déc. au 15 janv. et merc. – **R** 75/140, dîner à la carte.

Par la sortie ②

à Montboucher-sur-Jabron : 5 km et D 169 – ⊠ 26740 Montélimar.

Voir Site★ de Puygiron SE : 4 km.

🏨 Le Castel ⑤, 🕾 46.08.16, ≤, parc, ☒ – 🛁wc 🕾 🅿. 🝙 ⓪ **VISA**
   fermé nov. et mardi (sauf rest. en sais.) – SC : **R** (dîner seul. pour résidents) – 🖵 25
   – **10 ch** 220/360.

Par la sortie ③

route de Donzère : 9 km sur D 144A – ⊠ 26740 Montélimar :

🏨 **Domaine du Colombier** ⑤, 🕾 51.65.86, ≤, parc, ☒ – 🛁wc 🕾 🅿. 🝙 ⓪ **VISA**
   fermé 15 janv. au 1er mars – SC : **R** *(fermé dim. soir sauf juil.-août)* 100 – 🖵 30 –
   11 ch 210/280 – P 315/390.

MICHELIN, Entrepôt, Z.A. du Meyrol par av. Rochemaure par ⑤ 🕾 01.80.91

ALFA-ROMEO Gar. des Charmettes, r. de la
Glacière 🕾 01.12.51
CITROEN Magne, 9 av. J.-Jaurès par ③ 🕾
01.20.55 🝙 🕾 01.33.67
FIAT, LANCIA-AUTOBIANCHI Gar. Bernard,
Zone Ind., Déviation Poids-Lourds Sud 🕾 51.
86.75
FORD Peyrouse, Zone Ind. Sud, rte Château-
neuf 🕾 01.39.16
OPEL S.A.V.E.R.A., 33 bd du Gal-de-Gaulle 🕾
01.08.07
PEUGEOT-TALBOT Moulin, rte Marseille, le
Grand Pélican par ③ 🕾 01.74.99 🝙 🕾 01.57.04

RENAULT Ets Jean, rte Valence par ① 🕾 01.
77.00
RENAULT Sud-Automobile, rte Marseille par
③ 🕾 01.33.44

🖙 Ayme-Pneus, 71 av. du Teil 🕾 01.32.77
Hennion-Pneus, Zone Art. du Meyrol, Déviation
Poids-Lourds Nord 🕾 01.50.21
Piot-Pneu, 112 av. J.-Jaurès 🕾 01.88.11
Plantin-Pneus, 71 av. J.-Jaurès 🕾 01.18.33

▣ **MONTENACH** 57 Moselle 🗗 ④ – rattaché à Sierck-les-Bains.

▣ **MONTENDRE** 17130 Char.-Mar. 🗗🗗 ① – 3 166 h. alt. 113 – ✿ 46.

🗓 Office de Tourisme av. de Royan (1er juil.-31 août et fermé dim.) 🕾 49.46.45 et Village Vacances
(fermé dim. hors sais.) 🕾 49.20.17.

Paris 518 – Angoulême 73 – ✦Bordeaux 62 – Royan 68 – Saintes 62.

🏠 **Deux Gares et Pins**, pl. Gare 🕾 49.43.57 – 🛗wc 🕾 🅿
   SC : **R** *(fermé vend.)* 52/130 – 🖵 14 – **14 ch** 97/150 – P 200/240.

CITROEN Lebrun, 🕾 49.22.46

▣ **MONTEREAU-FAUT-YONNE** 77130 S.-et-M. 🗗🗗 ⑬. 🗗🗗🗗 ⑰ G. Environs de Paris – 19 557 h.
alt. 52 – ✿ 6.

Voir au N Montereau-Surville : ≤★ sur le confluent de la Seine et de l'Yonne, 15 mn.

🗓 Office de Tourisme 2 bis r. Danièle Casanova (fermé sam. après-midi, dim. et lundi matin)
🕾 432.07.76.

Paris 90 ④ – Fontainebleau 22 ④ – Meaux 72 ⑤ – Melun 30 ⑤ – Sens 36 ③ – Troyes 97 ③.

Plan page suivante

✗ **Aub. des Noues**, 22 r. Arches 🕾 432.05.34, 🏠   Z **a**
   fermé août et lundi – SC : **R** (déjeuner seul.) 62/92.

à Flagy par ④ et D 120 : 10 km – ⊠ 77156 Thoury-Ferottes :

✗✗✗ **Au Moulin** ⑤ avec ch, 🕾 096.67.89, 🏠, « Moulin du 13e s. », 🌿 – 🛁wc 🅿.
   ⓪ **VISA**
   fermé 9 au 21 sept., 20 déc. au 24 janv., dim. soir et lundi – SC : **R** 75/105 ⑤ – **10 ch**
   🖵 130/220 – P 310/330.

FORD Gar. Félix, 14 bd Gén.-Leclerc 🕾 432.
00.76
MERCEDES-BENZ Huttepain, 3 r. E.-Fortin 🕾
432.03.16
OPEL Gar. Domergue, 5 r. Habert 🕾 432.02.48
PEUGEOT-TALBOT Marro, 11 r. du Chatelet
par av. Gén. de Gaulle 🕾 432.02.16

RENAULT Coulet, pl. J.-Lepesme 🕾 432.09.25
🝙 🕾 432.09.26

🖙 Tous les Pneus, Zone Ind., carrefour Central
🕾 432.12.98

▣ **MONTEUX** 84 Vaucluse 🗗🗗 ⑫ – rattaché à Carpentras.

▣ **MONTÉVRAIN** 77 S.-et-M. 🗗🗗 ⑫. 🗗🗗🗗 ⑫ – rattaché à Lagny-sur-Marne.

MONTEREAU-FAUT-YONNE

*Les plans de villes
sont orientés
le Nord en Haut.*

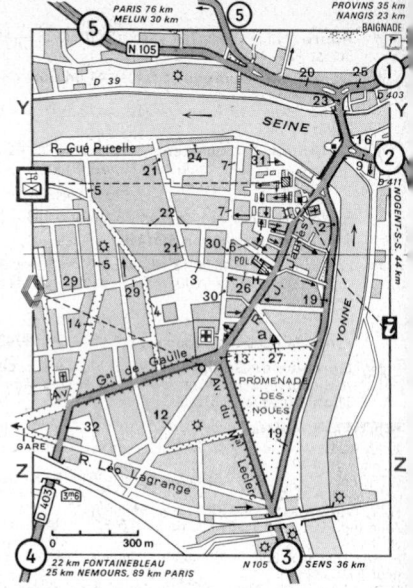

MONTFAVET 84 Vaucluse 🗺️1 ⑫ – rattaché à Avignon.

MONTFERRAT 83131 Var 🗺️4 ⑦ – 2 536 h. – ✿ 94 – Voir S : Gorges de Châteaudouble★, G. Côte d'Azur – Paris 878 – Castellane 44 – Draguignan 15 – Toulon 96.

  XX **Ferme du Baudron,** S : 1 km par D 955 ☎ 70.91.03, 🍴, « Cadre rustique » –
      ℙ. ⚘ – *fermé vacances scolaires de Pâques, Noël et merc.* – SC : **R** (nombre de
      couverts limité - prévenir) 52 , fêtes carte seul. 🍷

MONTFORT 35160 I.-et-V. 🗺️59 ⑯ – 4 378 h. alt. 43 – ✿ 99.
Paris 370 – Dinan 39 – Loudéac 62 – Ploërmel 46 – ✦Rennes 22.

  🏠 **Le Relais de la Cane,** r. Gare ☎ 09.00.07 – 🛏️ 🏠
      fermé sept. et lundi – SC : **R** 56/140 🍷 – 🍽️ 12 – **14 ch** 61/145.

PEUGEOT-TALBOT Montfort-Autos, ☎ 09.
01.21

PEUGEOT-TALBOT Gar. Radin, ☎ 09.01.26
RENAULT Gar. Lory, ☎ 09.00.32

MONTFORT-EN-CHALOSSE 40380 Landes 🗺️78 ⑦ – 1 055 h. alt. 101 – ✿ 58.
🛈 Syndicat d'Initiative à la Mairie (15 juin-8 sept. et fermé dim.) ☎ 98.60.12.
Paris 741 – Aire-sur-l'Ad. 58 – Dax 18 – Hagetmau 27 – Mont-de-Marsan 43 – Orthez 28 – Tartas 15.

  🏠 **Aux Touzins** ⚓, E : 1,5 km par D 32 ☎ 98.60.22, ≤, parc – 🏠wc ☎ 🚗 **ℙ** – 🛗
      50. 𝚅𝙸𝚂𝙰. ⚘ ch
      fermé 15 janv. au 15 fév. et lundi d'oct. à Pâques – SC : **R** 55/110 🍷 – 🍽️ 11 – **15 ch**
      58/85 – P 115/129.

MONTFORT-L'AMAURY 78490 Yvelines 🗺️60 ⑨, 🗺️196 ㉗ ㉘ G. Environs de Paris (plan) –
2 674 h. alt. 186 – ✿ 3.

Voir Église★ – Ancien charnier★ (au cimetière) – Ruines du château ≤★.
Paris 49 – Dreux 40 – Houdan 19 – Mantes-la-Jolie 36 – Rambouillet 19 – Versailles 28.

  🏠 **Voyageurs,** 49 r. Paris ☎ 486.00.14 – 🛏️wc ☎ **ℙ** 🅰🅴
      fermé 3 au 24 janv. et jeudi – SC : **R** 55/85 – 🍽️ 20 – **9 ch** 90/180 – P 170/220.

  XXX ❀ **Les Préjugés,** 18 pl. R.-Brault ☎ 486.92.65 – 🅰🅴 ⓞ 𝚅𝙸𝚂𝙰
       fermé 6 au 22 nov., 7 janv. et 3 fév. et mardi – SC : **R** carte 215 à 280
       Spéc. Saumon et son écume de mer, Langouste ou homard au curry, Pot-au-feu de foie gras.

  XX ❀ **Chez Nous** (Bouchereau), 22 r. Paris ☎ 486.01.62 – 🅰🅴 ⓞ 𝚅𝙸𝚂𝙰
      fermé août et Noël, vend. soir, dim. soir et lundi – SC : **R** (nombre de couverts limité
      - prévenir) carte 140 à 190
      Spéc. Haddock cru au deux pommes, Filet de barbue au sabayon d'estragon, Pavé aux marrons.

CITROEN Moutou, ☎ 486.00.37

RENAULT Gar. de la Gare, à Méré ☎ 486.00.96

MONTFRIN 30490 Gard 🔢 ⑩ – 2 404 h. alt. 21 – ✪ 66.
Paris 702 – Arles 32 – Alès 59 – Avignon 19 – Nîmes 22.

🏠 **Aub. du Gardon,** 🕿 57.54.47, 🍴, 🏊, 🚻wc 🛏 🕿 🅿 🗚 🔘 🇪 🌐
*fermé du 15 nov. au 1ᵉʳ déc., vacances de Noël, 15 janv. au 1ᵉʳ fév. – SC : **R** (fermé dim. soir et lundi)*95/120 – 🍽 20 – **10 ch** 115/135 – P 180.

MONTGAILLARD 65 H.-Pyr. 🔢 ⑧ – 708 h. alt. 438 – ⊠ **65200** Bagnères-de-Bigorre – ✪ 62.
Paris 818 – Bagnères-de-Bigorre 8 – Lourdes 15 – Tarbes 13.

🏠 **Le Mont-Gaillard,** 🕿 95.50.73 – 🅿. ⚡ rest
→ *fermé janv. et lundi – SC : **R** 40/80 🍴 – 🍽 12 – **10 ch** 71/88 – P 130/135.

MONTGENÈVRE 05 H.-Alpes 🔢 ⑧ **G. Alpes** – 459 h. alt. 1 854 – Sports d'hiver : 1 850/2 800 m ✦2 ✦15 – ⊠ **05100** Briançon – ✪ 92 – 🎿 de Clavières, 🕿 (122) 87.89.17 (Italie) E : 1,8 km.
🖪 Office de Tourisme à la Mairie (fermé sam. et dim. hors sais.) 🕿 21.90.22, Télex 440440.
Paris 693 – Briançon 12 – Gap 99 – Lanslebourg-Mont-Cenis 83 – Torino 96.

🏠 **Rois Mages,** 🕿 21.92.64, ≤ – 🛗 🚻wc 🛏 🕿. 🗚 🔘 🌐. ⚡ rest
*1ᵉʳ juil.-31 août et 1ᵉʳ déc.-30 avril – SC : **R** 85 – 🍽 18 – **42 ch** 160/240 – P 210/290.

🏠 **Napoléon,** 🕿 21.92.04, ≤ – 🚻wc 🛏wc 🕿 🚗. ⚡ rest
*15 déc.-20 avril – SC : **R** 95 – 🍽 24 – **42 ch** 170/240, 3 appartements 495 – P 240/295.

🏠 **Valérie** 🐾, 🕿 21.90.02 – 🛗 🚻wc 🛏wc 🕿. ⚡ rest
*20 déc.-20 avril – SC : **R** 75 – 🍽 21 – **20 ch** 173/231 – P 225/278.

🏠 **Alpet** 🐾, 🕿 21.90.06, ≤ – 🚻wc 🕿 🅿
→ *juil.-août et 18 déc.-16 avril – SC : **R** 46/82 – 🍽 15 – **10 ch** 75/160 – P.173/213.

MONTGERON 91230 Essonne 🔢 ①, 🔢 ㊲ – voir à Paris, Environs.

MONTGUYON 17270 Char.-Mar. 🔢 ② **G. Côte de l'Atlantique** – 1 662 h. alt. 60 – ✪ 46.
🖪 Syndicat d'Initiative à la Mairie (1ᵉʳ juil.-31 août et fermé dim. après-midi) 🕿 04.10.19.
Paris 509 – Barbezieux 31 – Blaye 47 – ♦Bordeaux 64 – Jonzac 34 – Libourne 36 – Ribérac 49.

🏠 **Poste,** 🕿 04.19.39, 🌴 – 🛗 🚻wc 🛏 🅿. 🇪 🌐
→ SC : **R** 38 bc/70 bc – 🍽 11 – **18 ch** 85/100 – P 130/150.

RENAULT Dutour, 🕿 04.10.47

MONTHERMÉ 08800 Ardennes 🔢 ⑱ **G. Nord de la France** (plan) – 3 103 h. alt. 140 – ✪ 24.
Voir Roche aux Sept Villages ≤★★ S : 3 km – Roc de la Tour ≤★★ E : 4 km puis 20 mn – E : Vallée du la Semoy★ – Roche à Sept Heures ≤★ N : 2 km – Roche de Roma ≤★ S : 4 km – Les Dames de Meuse★ NO : 5 km – Env. Roches de Laifour★★ NO : 6 km.
Paris 242 – Charleville-Mézières 18 – Fumay 23.

PEUGEOT-TALBOT Drouin, 3 r. Dr-Lemaire 🕿 53.00.46
RENAULT Domelier, r. Gal-de-Gaulle 🕿 34.31.12

MONTHUREUX-SUR-SAÔNE 88410 Vosges 🔢 ⑭ – 1 111 h. alt. 260 – ✪ 29.
Paris 333 – Bourbonne-les-B. 21 – Épinal 48 – Luxeuil-les-B. 50 – Neufchâteau 50 – Vittel 27.

🍴🍴 **Relais des Vosges** avec ch, 🕿 09.00.45 – 🇪 🌐
→ *fermé 30 janv. au 29 fév., dim. soir et lundi sauf juil. et août – SC : **R** 42/180 🍴 – 🍽 14,50 – **10 ch** 75/110 – P 138/149.

MONTIGNAC 24290 Dordogne 🔢 ⑦ **G. Périgord** – 3 165 h. alt. 77 – ✪ 53.
🖪 Syndicat d'Initiative pl. de Born (15 juin-15 sept.) 🕿 51.82.60.
Paris 497 – Bergerac 83 – Brive-la-Gaillarde 38 – ♦Limoges 102 – Périgueux 47 – Sarlat-la-Canéda 25.

🏠 **Soleil d'Or,** r. du 4-Septembre 🕿 51.80.22, 🍴, parc – 🚻wc 🛏wc 🕿 🚗 🅿.
→ 🌐
*fermé 26 nov. au 27 déc.,20 fév. au 8 mars et sam. du 1ᵉʳ nov. au 31 mars – SC : **R** 46/140 🍴 – 🍽 14 – **22 ch** 64/160 – P 140/175.

🏠 **Lascaux,** av. J.-Jaurès 🕿 51.82.81, 🌴 – 🚻wc 🛏wc 🕿. 🌐
→ *fermé nov., fév., dim. soir et lundi du 1ᵉʳ nov. au 15 avril – SC : **R** 45/140 – 🍽 14 – **16 ch** 70/139 – P 140/165.

FIAT Gar. Blume, 🕿 51.81.07
PEUGEOT-TALBOT à Lafon 🕿 51.81.78
VAG Fabreguettes, 🕿 51.93.97 🔃 🕿 50.77.11

MONTIGNAC-CHARENTE 16 Charente 🔢 ⑬ **G. Côte de l'Atlantique** – 772 h. alt. 78 – ⊠ **16330** St-Amant-de-Boixe – ✪ 45.
Voir Église★ de St-Amant-de-Boixe NE : 1,5 km.
Paris 430 – Angoulême 16 – Cognac 42 – ♦Limoges 103 – Niort 86 – St-Jean-d'Angély 58.

🏠 **Château** sans rest, 🕿 39.70.38 – 🚗. ⚡
*1ᵉʳ juin-30 sept. et fermé merc. – SC : 🍽 11,50 – **11 ch** 63/79.

MONTIGNY 76 Seine-Mar. 55 ⑥ – rattaché à Rouen.

MONTIGNY-AUX-AMOGNES 58 Nièvre 69 ④ – 448 h. alt. 218 – ⊠ 58130 Guérigny – ✪ 86.
Paris 252 – Château-Chinon 57 – Decize 36 – Nevers 12 – Prémery 29.

  XX **Aub. des Amognes**, ☏ 58.61.97, ⟵ – 🅿
  ➔ *fermé 13 fév. au 13 mars, 3 au 12 sept., dim. soir et lundi* – SC : **R** (prévenir) 47/128.

MONTIGNY-LA-RESLE 89 Yonne 65 ⑤ – 496 h. alt. 153 – ⊠ 89230 Pontigny – ✪ 86.
Paris 181 – Auxerre 14 – St-Florentin 17 – Tonnerre 32.

  XX **Soleil d'Or** avec ch, ☏ 41.81.21 – ⟵wc ⊓ ⚬ 🅿. 🅰🅴 ⓞ 🅴 𝘝𝘐𝘚𝘈
  ➔ *fermé déc. et lundi* – SC : **R** 42/150 – ⊑ 12 – **11 ch** 78/120.

MONTIGNY-LE-ROI 52 H.-Marne 62 ⑬ – 1 188 h. alt. 405 – ⊠ 52140 Le Val de Meuse – ✪ 25.
Paris 291 – Bourbonne-les-Bains 21 – Chaumont 32 – Langres 22 – Neufchâteau 47 – Vittel 50.

  🏠 **Moderne**, ☏ 86.10.18 – 📺 ⟵wc ☎ ⟵ 🅿 – 🅰 50. 🅰🅴 ⓞ 🅴 𝘝𝘐𝘚𝘈
  ➔ SC : **R** 50/120 ⅃ – ⊑ 18 – **25 ch** 80/170 – P 180/260.

PEUGEOT, TALBOT Gar. Flagez, ☏ 86.10.34 🅽   RENAULT Gar. Rabert, ☏ 86.11.15 🅽 ☏ 86.
                                              16.54

MONTIGNY-LÈS-METZ 57 Moselle 57 ⑬⑭ – rattaché à Metz.

MONTIGNY-SUR-LOING 77690 S.-et-M. 61 ⑫ G. Environs de Paris – 2 042 h. alt. 82 – ✪ 6.
Paris 78 – Fontainebleau 12 – Melun 28 – Montereau 19 – Moret-sur-Loing 7 – Nemours 10.

  XX **La Herse**, ☏ 424.82.71 – ⓞ 🅴 𝘝𝘐𝘚𝘈
      fermé 15 juil. au 14 août, jeudi midi et merc. – SC : **R** 100.

MONTLHÉRY 91310 Essonne 60 ⑩, 196 ㉚ ③, 101 ㉞ G. Environs de Paris – 4 819 h. alt. 120
– ✪ 6.

Voir ✷✶ de la tour – Marcoussis : Vierge✶ dans l'église O : 3 km.

Autodrome permanent de Linas-Montlhéry SO : 2,5 km.

🛈 Office de Tourisme pl. Hôtel de Ville (fermé vend., sam. après-midi et dim.) ☏ 901.70.11.
Paris 27 – Etampes 24 – Evry 15 – Versailles 26.

CITROEN Gar. de l'Autodrome, ☏ 901.00.55   RENAULT Gar. Docteur, ☏ 901.02.00
PEUGEOT-TALBOT Paulmier, ☏ 901.02.17

MONT-LOUIS 66210 Pyr.-Or. 86 ⑯ G. Pyrénées – 420 h. alt. 1 600 – ✪ 68.
Paris 991 – Andorre-la-Vieille 87 – Carcassonne 118 – Foix 118 – ✦Perpignan 79 – Prades 36.

  🏠 **Clos Cerdan**, sur N 116 ☏ 04.23.29, ⟵ – 🛗 📺 ⟵wc ⊓wc ☎ ⟵ 🅿. 🅴 𝘝𝘐𝘚𝘈
  ➔ *fermé nov.* – SC : **R** 50/92 ⅃ – ⊑ 15 – **60 ch** 80/170 – P 135/175.

    à la Llagonne N : 3 km par D 118 – ⊠ 66210 Mont-Louis :

  🏡 **Commerce** ⑄, ☏ 04.22.04, ⟵, ✕ – ⟵wc ⊓ 🅿. 𝘝𝘐𝘚𝘈. ⑃ rest
    8 juin-30 sept. et 20 déc.-20 avril – SC : **R** 52/130 ⅃ – ⚊ 15 – **30 ch** 80/220 – P
    130/260.

    à St-Pierre-dels-Forcats S : 3,5 km par D 10 et D 32 – alt. 1 575 – Sports d'hiver :
    1 600/2 400 m ⅀7 – ⊠ 66210 Mont-Louis.

    Voir Église✶ de Planès SE : 3 km.

  🏠 **Mouli del Riu** ⑄ (annexe 🏚 Ⓜ - ⟵wc), ☏ 04.20.36, ⟵, ⟵ – ⟵wc ⊓ 🅿 🅿
    fermé 1ᵉʳ oct. au 18 déc. et merc. hors sais. – SC : **R** 60/140 ⅃ – ⊑ 18 – **15 ch**
    105/155 – P 180/200.

PEUGEOT Gar. Giraud, carr. monument   RENAULT Gar. du Col de la Perche, Col de la
Brousse ☏ 04.20.22 🅽   Perche,N 116 à la Cabanasse ☏ 04.21.81

MONTLOUIS-SUR-LOIRE 37270 I.-et-L. 64 ⑮ G. Châteaux de la Loire – 7 003 h. alt. 60 –
✪ 47.
Paris 235 – Amboise 13 – Blois 48 – Château-Renault 37 – Loches 42 – Montrichard 28 – ✦Tours 12.

  🏠 **de la Ville**, pl. Mairie ☏ 50.84.84, ⟵ – ⟵wc ⊓wc ⟵ 🅿. 𝘝𝘐𝘚𝘈
    fermé 15 déc. au 15 janv. – SC : **R** (*fermé lundi sauf juil-août*) 60/105 – ⊑ 14 –
    27 ch 92/188 – P 160/210.

  X **Tourangelle**, quai A.-Baillet ☏ 50.81.15 – 🅿. 🅴 𝘝𝘐𝘚𝘈
  ➔ *fermé 18 déc. au 3 janv., dim. soir et merc.* – SC : **R** (*déj. seul. du 1ᵉʳ oct. au 1ᵉʳ mai*)
    40/96.

MONTLUÇON (SP) 03100 Allier 69 ⑪⑫ G. Auvergne – 51 765 h. alt. 211 – ✪ 70.

Voir Le Vieux Montluçon★ BY : intérieur★ de l'église St-Pierre D, esplanade du château ≤★, musée de la Vielle★ M1 – ⚑9 de Val de cher ✆ 06.71.15, N : 17 km.

ℹ Office de Tourisme 1 ter av. Marx-Dormoy (fermé dim. et lundi) ✆ 05.05.92 - A.C. 20 bis av. M.-Dormoy ✆ 05.04.22.

Paris 320 ① – Bourges 93 ① – ♦Clermont-Ferrand 91 ③ – ♦Limoges 154 ⑥ – Poitiers 206 ⑧.

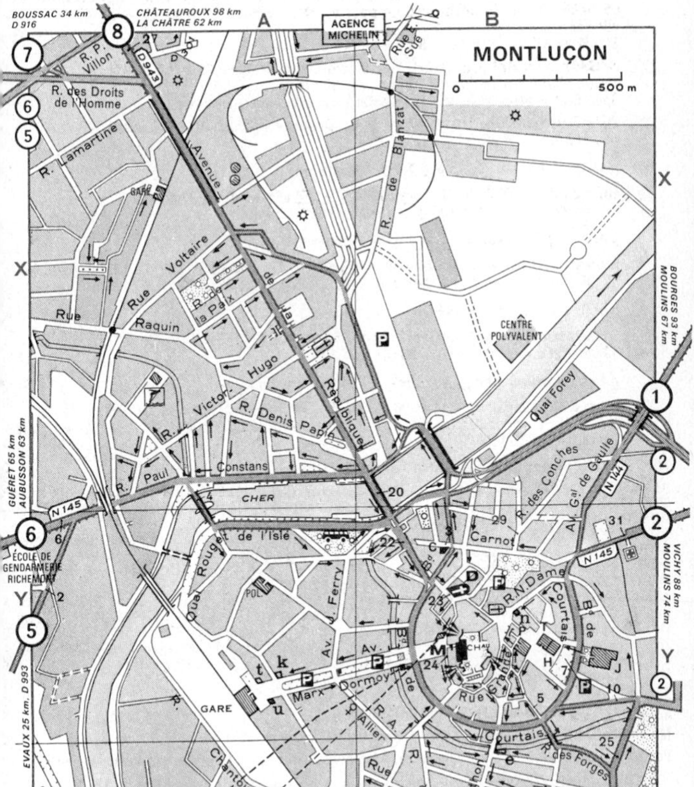

Barathon (R.)	BZ	Notre-Dame (R. et ⊞)	BY
Courtais (Bd de)	BY	Presle (R. de la)	BY 10
République (Av. de la)	AX	St-Paul (⊞)	AX
St-Pierre (R. du Fg)	BY 22	St-Pierre (Pont)	BX 20
		St-Pierre (⊞)	BY D
Auriol (Av. Prés.)	AY 2	St-Pierre (R. Porte)	BY 23
Binet-Micheau (R. de)	BY 3	Serruriers (R. des)	BY 24
Châtelet (Pont du)	AX 4	Staël (R. Mme-de)	BZ 25
Forges (R. Porte-des)	BY 5	Thomas (Av. Albert)	AX 27
Guesde (Av. Jules)	AY 6	Usines (R. des)	BY 29
Jaurès (Pl. Jean)	BY 7	8-Mai-1945 (Av. du)	BY 31

Univers sans rest, **38 av. Marx-Dormoy** ✆ **05.33.47** – ⧉ 🛁wc 🚿wc ☎ – 🏔 60. AE ⓓ E — AY **k**
SC : ☕ 16 – **53 ch** 70/160.

Gare Ⓜ sans rest, **44 av. Marx-Dormoy** ✆ **05.44.22** – 🛁wc 🚿wc ☎ Ⓟ — AY **t**
SC : ☕ 13 – **22 ch** 126/160.

tourner →

🏠 **Lion d'Or et Rest. La Crémaillère**, 19 r. Barathon 🕿 05.00.62 – 🛗 📤wc 🕿 ⬙ 🚗
SC : **R** *(fermé dim. soir)* 50/90 ⅃ – 🖵 15 – **41 ch** 75/140.   BZ **a**

🏠 **Celtic** sans rest, 1 r. Corneille 🕿 05.28.79 – 📤 🏠 ⬙ BZ **e**
fermé dim. hors sais. – SC : 🖵 14 – **27 ch** 63/95.

XXX **Host. du Château St-Jean** ⬙ avec ch, rte Clermont près hippodrome 🕿
05.04.65, �, « En bordure d'un parc », 🚗 – 📤wc 🏠wc ⬙ ⓟ – 🔏 40 à 80. ⬙
ⓞ **VISA**
SC : **R** 90/200 – 🖵 28,50 – **8 ch** 240/345.   BZ **d**

XXX ❀ **Grenier à Sel** (Corlouër), 10 r. Notre-Dame 🕿 05.53.79 – 🝓 ⬛ **VISA** BY **n**
fermé 15 juil. au 15 août et dim. soir – SC : **R** 95
Spéc. Filet de bar au vinaigre, Coeur de filet à la moëlle, Assiette de desserts.

XX **Aux Ducs de Bourbon**, 47 av. Marx-Dormoy 🕿 05.22.79 – 🝓. ⓞ ⬛ **VISA** AY **u**
fermé lundi – **R** 70/90.

par ② : 2 km sur N 145 – ✉ 03100 Montluçon :

🏨 **Bomotel** Ⓜ, 🕿 05.76.22, Télex 990877 – 📺 📤wc 🕿 ⓟ. **VISA**
SC : **R** *(fermé lundi)* 42/105 ⅃ – 🖵 16 – **14 ch** 165/190.

par ⑥ : 3,5 km sur N 145 – ✉ 03410 Domerat :

🏨 **Novelta**, rte Guéret 🕿 03.34.88 – 📺 📤wc 🏠wc 🕿 ⓟ – 🔏 60 à 100. ⬛ **VISA**. 🍴
SC : **R** *(fermé 1er au 21 août et dim. soir)* 60/95 ⅃ – 🖵 23 – **40 ch** 165/220.

par ① : 7,5 km sur N 144 :

🏨 **St-Victor** ⬙, Rte Bourges 🕿 29.33.95, 🚗 – 🝓 ch 📤wc ⬙ ⓟ. 🍴 ch
SC : **R** 40/88 ⅃ – 🖵 19,50 – **28 ch** 153/193.

à Estivareilles par ① : 10 km – ✉ 03190 Hérisson :

XX **Lion d'Or** avec ch, N 144 🕿 06.00.35, 🌼, 🚗 – 📤wc 🏠wc 🕿 ⓟ. **VISA**
fermé août, vacances de fév., dim. soir et lundi – SC : **R** 48/150 – 🖵 14 – **10 ch**
73/130 – P 130/160.

MICHELIN, Agence, r. Benoist-d'Azy 🕿 29.05.76

ALFA-ROMEO Gar. Andrieu, 21 r. H.-Berlioz
🕿 28.41.34
AUSTIN, ROVER, TRIUMPH Gd Gar. Univers,
2 r. Valmy 🕿 28.21.78
CITROEN Gd Gar. Montluçonnais, 12 r. P.-Sé-
mard par D72 BZ 🕿 05.32.07
FORD Tallet, 1 r. des Conches 🕿 05.68.11
MERCEDES-BENZ Auvity, r. 2 Ecluses, Zone
Ind. 🕿 29.07.93
OPEL S.I.V.R.A.C., 162 av. Gén.-de-Gaulle 🕿
28.39.01
PEUGEOT-TALBOT Gar. Bourbonnais, 10 r.
P.-Sémard par D72 BZ 🕿 05.34.37

RENAULT I.D.E.A., La Cote Rouge rte de Châ-
teauroux à Domerat par ⑧ 🕿 29.49.00 🔟 🔟
05.28.80
RENAULT Coopneu, 29 r. Col.-Trabucco par
⑤ 🕿 29.42.44
V.A.G. Europe Gar., 18 quai Forey 🕿 05.31.33

⬙ Central-Pneu, 35 quai L.-Blanc 🕿 05.57.57
Godignon, 19 r. L.-Menut 🕿 05.04.18 et Zone
Ind. r. E.-Sue 🕿 29.64.85
Estager-Pneu, 14 r. de la Lombardie 🕿 05.14.42

▐ MONTLUEL ▌ 01120 Ain 🟨🟨 ② – 5 460 h. alt. 198 – ✪ 7.

🚩 Syndicat d'Initiative 14 r. de la gare (fermé dim. et lundi matin) 🕿 806.24.00.

Paris 471 – Bourg-en-B. 44 – Chalamont 20 – ◆Lyon 23 – Meximieux 13 – Villefranche-sur-Saône 39.

🏠 **Le Petit Casset** Ⓜ ⬙ sans rest, à la Boisse SO : 3 km 🕿 806.21.33, ⅃ – 📺
📤wc 🕿 & ⓟ
SC : 🖵 25 – **10 ch** 180/200.

X **Cheval Blanc**, 113 Gde-Rue 🕿 806.12.20
fermé juil., lundi soir et mardi – SC : **R** 45/100.

X **Vieux Moulin**, 79 Gde-Rue 🕿 806.11.90
fermé août, vacances de Noël et merc. – SC : **R** 36/80 ⅃.

à Ste-Croix N : 5 km par D 61 – ✉ 01120 Montluel :

🏨 **Chez nous** ⬙, 🕿 806.17.92, 🌺, 🚗 – 📤wc 🏠 ⬙ ⓟ – 🔏 30. ⬛ **VISA**
fermé 16 au 25 août, fév., dim. soir (sauf hôtel) et vend. – SC : **R** 50/150 – 🖵 18 –
16 ch 65/165.

▐ MONTMARTIN-SUR-MER ▌ 50590 Manche 🟨🟨 ⑫ – 849 h. alt. 42 – ✪ 33.

Paris 340 – Coutances 10 – Granville 20 – St-Lô 37 – Villedieu-les-Poêles 33.

♨ **Host. du Bon Vieux Temps**, 🕿 47.54.44 – 🏠 ⓟ
SC : **R** 44/120 ⅃ – 🍽 13 – **21 ch** 64/77 – P 166/184.

PEUGEOT, TALBOT Gar. des Gravelets, 🕿 47.60.15

La carta stradale Michelin è costantemente aggiornata
ed evita sorprese sul vostro itinerario.

MONTMÉDY 55600 Meuse 📉 ① G. Vosges (plan) – 2 324 h. alt. 198 – ✪ 29.

Voir Remparts★.

Env. Basilique★★ et Recevresse★ d'Avioth N : 8 km.

🖪 Syndicat d'Initiative Ville Haute (fev.-nov.) 📞 80.15.90 - A.C. 13 r. Gén.-de-Gaulle 📞 80.10.06.

Paris 258 – Charleville-Mézières 64 – Longwy 43 – ◆Metz 95 – Verdun 48 – Vouziers 61.

  🏠 **Le Mady,** 📞 80.10.87 – **E**
  → *fermé fév. et lundi* – SC : **R** 48/99 🍴 – ☲ 11,50 – **15 ch** 59/80 – P 112.

PEUGEOT-TALBOT Bigorgne. 📞 80.10.34

MONTMÉLIAN 73800 Savoie 📉 ⑯ G. Alpes – 4 028 h. alt. 285 – ✪ 79.

Voir ※★ du rocher.

Paris 575 – Albertville 35 – Allevard 23 – Chambéry 15 – ◆Grenoble 49 – St-Jean-de-Maurienne 57.

  🏠 **Central,** 1 r. Dr-Veyrat 📞 84.07.24 – 🍽 rest 🛁wc 🛏 ☎ 🚗 🅿 **E**. 🕷 rest
    fermé 1ᵉʳ au 20 oct., 3 au 18 janv., lundi (sauf juil. et août pour hôtel) – SC : **R** 55/120
    – ☲ 16 – **25 ch** 55/158 – P 122/166.

  🏠 **George,** rte Nationale 6 📞 84.05.87 – 🛁wc 🚗 🅿. 🕷 ch
  → *fermé oct., nov., lundi soir (sauf hôtel) et mardi de sept. à juin* – SC : **R** 44/95 🍴 –
    🛏 13 – **12 ch** 75/110.

  XXX **Host. des Cinq Voûtes,** rte Nationale 6 📞 84.05.78, « Voûtes moyenâgeuses »
    – 🅿. 🖭 ⑩ 🚾
    fermé nov. – **R** 100/180.

  XX ✿ **Salomon** avec ch, av. Gare O : 1,5 km 📞 84.05.24, �, 🛶 – 🛁wc 🚗 🅿. ⑩.
    🕷
    fermé 1ᵉʳ oct. au 11 nov., dim. soir et mardi – **R** 70/250 – ☲ 18 – **12 ch** 70/150
    Spéc. Pâté en croûte de truite saumonée, Marmite bretonne, Noisettes de chevreuil grand veneur
    (saison de chasse). Vins Chignin, Roussette de Savoie.

  XX **L'Arlequin** (Centre technique hôtelier), rte Nationale 6 📞 84. 21.54, � – 🅿. 🕷
  → *fermé 8 au 31 juil. et merc.* – SC : **R** 48/120.

RENAULT Gar. Novel. 📞 84.04.52

MONTMERLE-SUR-SAÔNE 01090 Ain 📉 ① – 2 023 h. alt. 170 – ✪ 74.

Paris 425 – Bourg-en-Bresse 40 – Chauffailles 48 – ◆Lyon 49 – Mâcon 29 – Villefranche-sur-Saône 12.

  🏠 **Rivage** Ⓜ, au port 📞 69.33.92 – 🛁wc 🛏wc ☎ 🚗 🅿 – 🏊 100. 🖭 **E** 🚾. 🕷
    fermé 15 nov. au 10 déc., vacances de fév. et merc. – SC : **R** 60/200 – ☲ 20 – **16 ch**
    120/190.

  XXX ✿ **Castel de Valrose** (Morillon) 🕮 avec ch, rte Trévoux 📞 69.30.52, 🛶 – 🛁wc
    ☎. 🖭 ⑩
    fermé 3 au 20 janv., dim. soir et lundi – SC : **R** 105/210 – ☲ 25 – **5 ch** 150/190 – P
    350/370
    Spéc. Salade Compostelle (15 oct. au 31 mars), Ragoût d'écrevisses (juil. à janv.), Noix de ris de
    veau en papillotes. Vins Beaujolais.

RENAULT Gar. Perroud-Deschampt. 📞 69.37.20

MONTMEYRAN 26 Drôme 📉 ⑫ – 2 037 h. alt. 189 – ✉ 26120 Chabeuil – ✪ 75.

Paris 576 – Crest 14 – Romans-sur-Isère 24 – Valence 14.

  XX **La Vieille Ferme,** Les Dorelons 📞 59.31.64, « Intérieur rustique », 🛶 – 🅿. 🖭
    🚾
    fermé août, dim. soir, lundi soir et mardi – SC : **R** (prévenir) 120/190.

MONTMIRAIL 84 Vaucluse 📉 ⑫ – rattaché à Beaumes-de-Venise.

MONTMIRAL 26750 Drôme 📉 ③ – 437 h. alt. 395 – ✪ 75.

Paris 579 – La Côte-St-André 36 – Romans-sur-Isère 17 – St-Marcellin 19 – Valence 35.

  🏠 **Voyageurs** 🕮, 📞 02.75.83, ≤, 🛶 – 🕷
  → *fermé 3 au 25 oct., 2 au 21 janv. et mardi hors sais.* – SC : **R** 42/88 – ☲ 18 – **13 ch**
    55/75 – P 95/150.

MONTMORILLON 🆘 86500 Vienne 📉 ⑮ G. Côte de l'Atlantique (plan) – 7 541 h. alt. 105
– ✪ 49.

Voir Fresques★ de l'église N.-Dame.

🖪 Office de Tourisme 21 av. Tribot (fermé dim.) 📞 91.11.96.

Paris 362 – Angoulême 117 – Châteauroux 85 – ◆Limoges 84 – Poitiers 48.

  🏠 ✿ **France** (Mercier), 2 bd Strasbourg 📞 91.00.51 – 🛁wc 🛏wc ☎. 🖭 ⑩ **E** 🚾
    fermé janv., dim. soir et lundi – SC : **R** (dim. et fêtes - prévenir) 85/250 – ☲ 19 –
    25 ch 100/180
    Spéc. Foie gras cru au poivre, Civet de langoustines à l'ancienne, Magret de canard. Vins Chinon.

CITROEN Perrot. 6 r. République 📞 91.00.05   RENAULT Robuchon, 1 av. de l'Europe 📞 91.
PEUGEOT-TALBOT G.M.G.A., 59 bd Gambetta   06.44
📞 91.11.33

MONTMOROT 39 Jura 🔟 ④ ⑭ – rattaché à Lons-le-Saunier.

MONTMORT 51270 Marne 🔠🔠 ⑮⑯ G. Nord de la France – 420 h. alt. 206 – ✦ 26.

Env. Fromentières : retable** de l'église SO : 11 km.

Paris 122 – Châlons-sur-Marne 46 – Épernay 18 – Montmirail 24 – Sézanne 26.

XX **Cheval Blanc** avec ch, rte Sézanne ☎ 59.10.03 – 🛏 🔟 🅿 – 🛢 80
fermé 15 fév. au 15 mars et vend. – SC : **R** 52/180 – ☲ 18 – **12 ch** 64/123 – P
160/200.

MONT-NOIR 59 Nord 🔢 ⑤ – rattaché à Bailleul.

MONTOIRE-SUR-LE-LOIR 41800 L.-et-Ch. 🔠🔢 ⑤ G. Châteaux de la Loire (plan) – 4 243 h.
alt. 70 – ✦ 54.

Voir Chapelle St-Gilles★ : peintures murales★★ – Pont ⩽★.

🛈 Syndicat d'Initiative à la Mairie (1ᵉʳ juil.-10 sept. et fermé dim.) ☎ 85.00.29.

Paris 191 – Blois 44 – Château-Renault 20 – La Flèche 81 – St-Calais 23 – Vendôme 19.

🏠 **Cheval Rouge,** pl. Foch ☎ 85.07.05 – 🛏wc 🐕 ⇦ 🅿. E 𝘝𝘐𝘚𝘈
fermé fév., mardi soir et merc. – SC : **R** (dim. prévenir) 82/192 – ☲ 18 – **17 ch**
65/160.

à Lavardin SE : 2,3 km par VO 3 – ✉ 41800 Montoire-sur-le-Loir.

Voir Ruines du château★ – Peintures murales★ de l'église.

XX **Aub. Paysanne,** ☎ 85.02.72, « Jardin au bord du Loir » – E
fermé 27 nov. au 27 déc., mardi soir et merc. – SC : **R** 58/160.

CITROEN Gar. Val de Loire, ☎ 85.01.86   PEUGEOT Gar. Hervio, ☎ 85.02.40 🅽
CITROEN Gar. Lecoupt, ☎ 85.03.12

☛ Les localités dont les noms sont soulignés de rouge
sur les cartes Michelin à 1/200 000 sont citées dans ce guide.
Utilisez une carte récente pour profiter
de ce renseignement régulièrement mis à jour.

MONTPELLIER 🅟 34000 Hérault 🔠🔠 ⑦ G. Causses – 201 067 h. alt. 50 – ✦ 67.

Voir Promenade du Peyrou★★ BV : ⩽★ – Musées : Fabre★★ DV M2, Atger★ BV M1.

✈ de Montpellier-Fréjorgues, Air Inter ☎ 65.02.00 SE par ④ : 7 km.

🛈 Office de Tourisme avec A.C. (☎ 58.44.12) 6 r. Maguelone (fermé dim. sauf matin en sais.)
☎ 58.26.04, Télex 480376 et Gare S.N.C.F (fermé dim.) ☎ 92.90.03.

Paris 761 ③ – ◆Marseille 163 ③ – ◆Nice 323 ③ – Nîmes 51 ③ – ◆Toulouse 240 ⑤.

Plans pages suivantes

🏨 **Métropole,** 3 r. Clos-René ☎ 58.11.22, Télex 480410, 🌴, 🐎 – 🛗 🔳 ch 📺 ☎
⇦ – 🛢 100. 🆑 ⑩ E 𝘝𝘐𝘚𝘈   DY g
SC : **R** 95/250 – ☲ 33 – **84 ch** 160/450, 4 appartements 770 – P 380/590.

🏨 **Frantel** 🅼 ⑤, au Polygone ☎ 64.65.66, Télex 480362, 🌴 – 🛗 🔳 ch 📺 ☎ 🛆
⇦ 🅿 – 🛢 50 à 400. 🆑 ⑩ E 𝘝𝘐𝘚𝘈   EX a
SC : rest. *Lou Pairol (fermé sam. midi et dim. midi en été, dim. en hiver)* **R** carte 130
à 190 – ☲ 28 – **116 ch** 265/360.

🏨 **Sofitel** 🅼 ⑤ sans rest, au Triangle ☎ 54.04.04, Télex 480140 – 🛗 🔳 ☎ 🛆 🅿
– 🛢 500. 🆑 ⑩ E 𝘝𝘐𝘚𝘈   DX h
SC : ☲ 35 – **98 ch** 310/430.

🏨 **Novotel,** 125 bis av. Palavas ☎ 64.04.04, Télex 490433, 🌴, 🏊 – 🛗 🔳 ch 📺
☎ 🛆 🅿 – 🛢 200. 🆑 ⑩ E 𝘝𝘐𝘚𝘈   HT w
R snack carte environ 90 🍴 – ☲ 35 – **97 ch** 275/335.

🏨 **Noailles** ⑤ sans rest, 2 r. Écoles-Centrales ☎ 60.49.80, demeure 17ᵉs. – 🛗. 🆑
⑩ E 𝘝𝘐𝘚𝘈   DV t
fermé 21 déc. au 7 janv. – SC : ☲ 18,50 – **30 ch** 155/238.

🏨 **George V** 🅼 sans rest, 42 av. St-Lazare ☎ 72.35.91 – 🛗 📺 ☎ 🅿. 🆑 ⑩ E 𝘝𝘐𝘚𝘈
SC : ☲ 17,50 – **39 ch** 160/260.   HR a

🏨 **Mercure** 🅼, 662 av. Pompignane ☎ 65.50.24, Télex 480656, 🌴, 🏊 – 🛗 🔳 rest
📺 ☎ 🅿 – 🛢 150. 🆑 ⑩ E 𝘝𝘐𝘚𝘈   HS m
R carte environ 90 🍴 – ☲ 28 – **120 ch** 222/391.

🏠 **Myrtes** ⑤ sans rest, 5 av. Lepic ✉ 34100 ☎ 42.60.11 – 🛗 🛏wc 🔟wc ☎ ⇦. E.
🐕   GS b
fermé fév. – SC : ☲ 16 – **31 ch** 135/188.

🏠 **L'Hôtel** sans rest, 6 r. Jules-Ferry ☎ 58.88.75 – 🛗 🛏wc 🔟wc ☎. 🆑 ⑩ E 𝘝𝘐𝘚𝘈
SC : ☲ 14 – **55 ch** 110/155.   DY r

🏠 **Parc** ⚼ sans rest, 8 r. A.-Bégé ℡ 41.16.49 – 🛁wc ☎ 🅿. 🛥   GR **k**
SC : 🛥 16 – **18 ch** 125/180.

🏠 **Arceaux** sans rest, 33 bd Arceaux ℡ 92.61.76 – 🛁wc 🛁wc ☎   GS **n**
SC : 🖵 16 – **15 ch** 138/170.

🏠 **Paix** sans rest, 6 r. Loys ℡ 66.05.88 – 🕴 🛁wc 🛁wc ☎. 𝘝𝘐𝘚𝘈   CX **b**
SC : 🖵 15 – **26 ch** 73/147.

🏠 **Comédie** sans rest, 1 bis r. Baudin ℡ 58.43.64 – 🕴 🛁wc ☎   DX **d**
SC : 🖵 15,50 – **20 ch** 75/140.

XXX **Réserve Rimbaud,** quartier des Aubes, 820 av. St-Maur ℡ 72.52.53, ≤, 🌳,
« Terrasse au bord de l'eau » – 𝔸𝔼 ⓞ 𝘝𝘐𝘚𝘈. 🛥   HS **e**
fermé fév., dim. soir et lundi – SC : **R** carte 165 à 230.

XXX ✿ **Chandelier** (Furlan), 3 r. Leenhardt ℡ 92.61.62 – 𝔸𝔼 ⓞ 𝘝𝘐𝘚𝘈   CY **s**
fermé 15 au 31 juil., 5 au 21 janv., lundi midi et dim. – **R** 90/170
Spéc. Mousse d'anguille fumée, Goujonnettes de lotte, Aiguillettes de canard au miel d'acacia.

XX **Réserve St-Firmin,** 10 r. St-Firmin ℡ 66.05.50 – ⓞ 𝔼 𝘝𝘐𝘚𝘈   BCV **z**
fermé dim. soir et lundi – SC : **R** 95/175.

XX **L'Olivier,** 12 r. A.-Ollivier ℡ 92.86.28 – 𝔸𝔼 𝘝𝘐𝘚𝘈   DY **u**
fermé 14 juil. au 20 août, dim. (sauf midi en hiver), lundi et fériés – SC : **R** 125.

XX **Table de la Reine,** 8 r. Bras-de-Fer ℡ 60.62.80   CX **e**
fermé août et dim. – SC : **R** carte environ 130.

XX **Logis des Trois Rois,** 12 r. Trésoriers-de-la-Bourse ℡ 60.63.86 – 𝔸𝔼   CX **k**
fermé 14 juil. au 15 août, dim. et lundi – SC : **R** grill carte 105 à 145 🍴.

X **Le Louvre,** 2 r. Vieille ℡ 60.59.37   CX **q**
fermé lundi d'oct. à mai et dim. – SC : **R** 85 bc.

à l'Est : 4 km par D 172 E - HS – ⊠ **34000** Montpellier :

🏨 **Demeure des Brousses** ⚼, rte de Vauguières ℡ 65.77.66, parc – 🅿. 𝔸𝔼 ⓞ
9-29 avril et 17 mai-8 oct. – SC : **R** voir rest. le Mas – 🖵 25 – **19 ch** 190/345.

XXX **Le Mas,** rte de Vauguières ℡ 65.52.27, 🌳 – 🅿 – 🏕 30. 𝔸𝔼 ⓞ
fermé 15 janv. au 15 fév., dim. soir et lundi – SC : **R** 130/180.

à Clapiers N : 8 km N 113, D 21 et D 112E - HR – ⊠ **34170** Castelnau-le-Lez.

Env. Château de Castries★ NE : 9 km.

🏨 **Las Courejas** ⚼, ℡ 59.10.93, ≤ côte, 🌳, 🏊, 🛥 – 🛁wc 🛁wc ☎ 🅿 – 🏕 40.
𝔼 𝘝𝘐𝘚𝘈. 🛥 rest
fermé 20 déc. au 10 fév. – SC : **R** *(fermé dim. soir et sam. hors sais.)* 140 – 🖵 26 –
30 ch 195/320 – P 390/470.

rte de Carnon S : 8 km par ④ – ⊠ **34470** Pérols :

🏨 **PLM Frejorgues** Ⓜ, ℡ 50.03.04, Télex 480652, 🌳, 🏊 – 🖵 📺 ☎ 🕭 🅿 – 🏕
50 à 150
74 ch.

Voir aussi ressources hôtelières à *La Grande-Motte* et *Palavas*

MICHELIN, Agence régionale, 2 bis av. Lepic GS ℡ 42.50.99

ALFA-ROMEO, PORSCHE-MITSUBISHI
Mourier, Zone Ind., av. Mas-d'Argelliers ℡ 92.
33.47
B.L.F. Midi-Auto, r. de Montels-Eglise, Zone
Ind. ℡ 92.19.86
BMW Auto Méditerranée, Zone Ind., 455 r. de
l'Industrie ℡ 92.97.29
CITROEN succursale, 852 av. de la Mer, rte de
Carnon ℡ 65.73.10
DATSUN-VOLVO Auto contrôle Clémenceau,
19 av. G.-Clemenceau ℡ 92.95.47
FIAT SODAM, Autoroute de Carnon ℡ 65.
78.80
FORD Gar. Imbert, rte de Sète à St-Jean-de-
Vedas ℡ 42.46.22
MERCEDES-BENZ Chaptal-Auto, 59 av. Tou-
louse ℡ 42.52.44
OPEL France-Auto, 56 av. Marché-Gare, Zone
Ind. ℡ 92.63.74
PEUGEOT-TALBOT Gds Gar. de l'Hérault, r.
de l'Industrie, Zone Ind. ℡ 58.94.94
PEUGEOT-TALBOT Auto Agence Montpellié-
raine, 41 av. G.-Clemenceau ℡ 92.61.04
RENAULT Gar. du Sud, 42 rte de Nîmes à
Castelnau le Lez ℡ 79.44.76

RENAULT Paillade-Autos, av. de l'Europe par
Av. du Professeur Ravas FR ℡ 40.33.38 ℕ
RENAULT Succursale, 700 r. de l'Industrie,
Zone Ind. ℡ 42.00.75 et Place du 8 mai 1945 ℡
27.91.21
TOYOTA C.D.B., 84 rte de Nîmes à Castelnau-
Le-Lez ℡ 79.41.71
V.A.G. Languedoc-Autom., 1550 av. de la
Justice-de-Castelnau ℡ 79.51.01
V.A.G. Montpellier-Autos-Sud, 91 rte de Tou-
louse ℡ 42.93.95 ℕ ℡ 65.94.17

🛞 Ayme-Pneus, 71 av. Mas-d'Argelliers, Zone
Ind. ℡ 92.72.62
Césare-Pneus, 60 et 62 rte de Toulouse ℡ 42.
73.22
Escoffier-Pneus, 12 cours Gambetta ℡ 92.30.16
Méric et Mazars, 1 av. Lepic ℡ 42.55.78
Pneumatique-Entretien, 49 rte de Toulouse ℡
42.54.36 et N 113 Le Crès ℡ 70.23.98
Pomarède-Pneus, Zone Ind. av. du Mas-d'Ar-
gelliers ℡ 92.05.93

MONTPELLIER-LE-VIEUX (Chaos de) ★★★ 12 Aveyron 🎱 ⑭⑮ G. Causses – alt. 830.

722

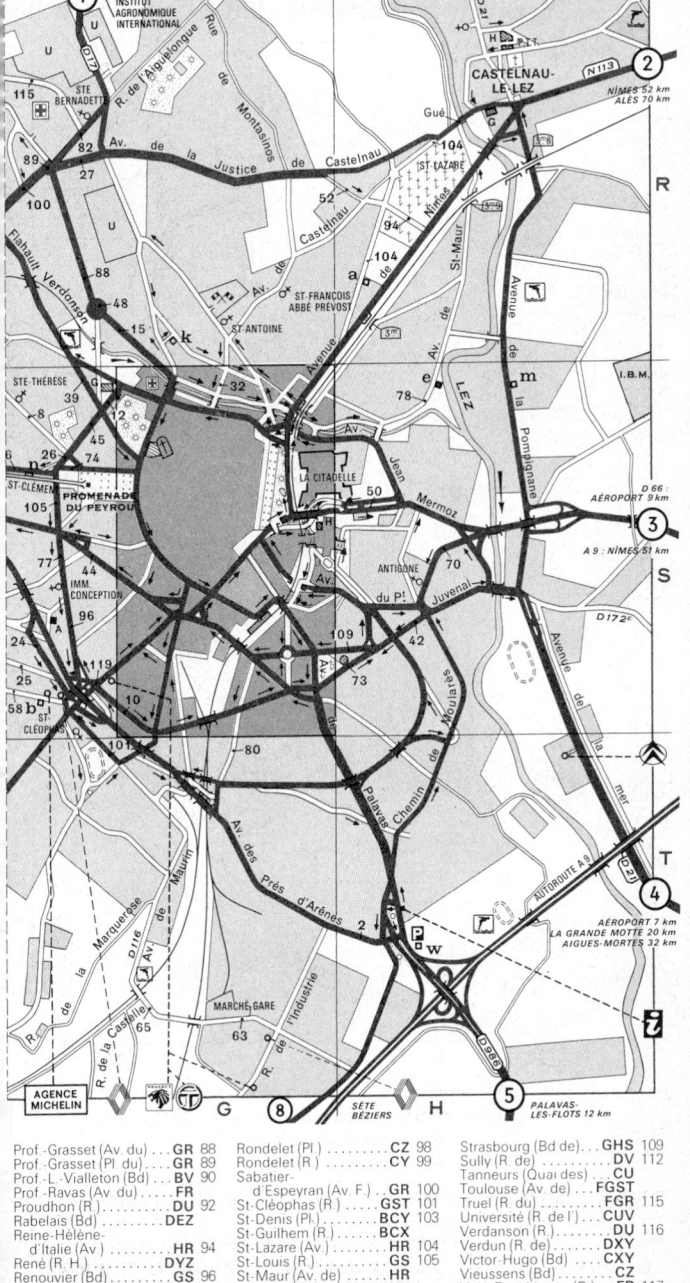

MONTPELLIER

Une voiture bien équipée, possède à son bord
des cartes Michelin à jour.

MONTPEYROUX 63 P.-de-D. **73** ⑭ G. Auvergne – 262 h. alt. 480 – ⊠ **63730** Les Martres de
Veyre – ✪ 73.

Paris 410 – Ambert 64 – ♦Clermont-Ferrand 24 – Issoire 13 – Le Mont-Dore 48 – Thiers 50.

XXX **Aub. de Tralume** ⏃ avec ch, ☏ 96.60.09, parc – ⇌wc ☎ **P.** 𝔸𝔼 ⓪ 𝖤 𝚅𝙸𝚂𝙰
fermé 14 nov. au 5 déc., 3 au 18 janv. et merc. hors sais. – SC : **R** 145/265 – ⤢ 23 –
4 ch 180/220.

724

MONTPEZAT-DE-QUERCY 82270 T.-et-G. 79 ⑱ **G. Périgord** – 1 412 h. alt. 265 – ✆ 63.

Voir Tapisseries★★, gisants★ et trésor★ de la collégiale.

Paris 625 – Agen 85 – Albi 86 – Cahors 29 – Montauban 34.

✕ ✿ **Depeyre** ⛐ avec ch, r. République ☎ 02.08.41, ⛱, ✂ – ⛆ Ⓟ. ⛔ rest
fermé 18 au 25/6, 15 au 30/11, 1er au 15/2, dim. soir et lundi midi hors sais., mardi midi et lundi en sais. – SC : **R** 70/230 – ☕ 20 – **8 ch** 75/180
Spéc. Vol au vent de langoustines, Truffade de sole, Pigeon en cocotte.

PEUGEOT-TALBOT Rey, ☎ 02.07.12
RENAULT Gar. Ringoot ☎ 02.08.43

MONTPINCHON 50 Manche 54 ⑫⑬ – rattaché à Coutances.

MONTPON-MÉNESTEROL 24700 Dordogne 75 ③⑬ – 5 742 h. alt. 39 – ✆ 53.

Paris 615 – Bergerac 42 – Libourne 38 – Périgueux 52 – Ste-Foy-la-Grande 23.

Le Port Vieux, D 708 ☎ 80.32.18, ≤, ⛱ – Ⓟ. ⛔ ch
fermé 26 oct. au 4 nov., 1er janv. au 28 fév., vend. soir et sam. du 15 sept. au 15 juin – SC : **R** 33/100 – ☕ 17 – **6 ch** 75 – P 120.

✕ **St-Éloi** avec ch, **56 r. Thiers** ☎ **82.23.93** – ⛆. AE ⓓ VISA
fermé lundi – **R** 35/230 🍷 – ☕ 13 – **14 ch** 68/88 – P 195/240.

CITROEN Montpon-Autom., 1 rte Bordeaux ☎ 80.31.00
PEUGEOT-TALBOT Bonnet, 48 rte Périgueux ☎ 80.33.57
RENAULT Central-Gar., 25 av. Jean-Moulin ☎ 80.30.10 N
Ⓜ Soubzmaigne - Sce du Pneu, 74 rte Bordeaux ☎ 80.37.21

MONTRÉAL 32250 Gers 79 ⑬ – 1 326 h. alt. 98 – ✆ 62.

🅸 Syndicat d'Initiative pl. H. de Ville (1er juil.-31 août) ☎ 28.43.10.

Paris 745 – Agen 55 – Condom 15 – Mont-de-Marsan 65 – Nérac 26.

✕ **Gare,** S : **3 km par D 29 et voie privée** ☎ **28.43.37** – Ⓟ. AE ⓓ E VISA
fermé janv., jeudi soir et vend. sauf juil.-août – SC : **R** 50/130.

MONTREDON-LABESSONNIE 81360 Tarn 83 ① – 2 167 h. alt. 535 – ✆ 63.

Paris 741 – Albi 35 – Castres 22 – Gaillac 51 – Lacaune 41 – Réalmont 15.

Host. du Parc, ☎ 75.14.08, ⛱, ⛱ – ⛆wc 🚗 – 🏛 50
fermé sept., 10 janv. au 28 fév. et lundi sauf juil.-août – SC : **R** 45/105 – ☕ 18 – **15 ch** 70/110 – P 120/140.

CITROEN Rahoux, ☎ 75.14.11

MONTRÉJEAU 31210 H.-Gar. 85 ⑳ **G. Pyrénées** – 3 233 h. alt. 468 – ✆ 61.

Voir ≤★.

🅸 Office de Tourisme pl. Valentin-Abeille (1er juin-30 sept. et fermé dim.) ☎ 95.80.22 et à la Mairie (hors saison, fermé sam. et dim.) ☎ 95.84.17.

Paris 856 – Auch 76 – Bagnères-de-Luchon 38 – Lannemezan 16 – St-Gaudens 14 – ♦Toulouse 103.

Lecler, av. St-Gaudens ☎ 95.80.43, ≤ Pyrénées, ⛱ – ⛆wc ⛆ ☎ 🚗 Ⓟ. AE ⓓ E VISA
fermé du 6 nov. au 15 déc. – SC : **R** 52/90 – ☕ 16 – **22 ch** 66/155 – P 208/255.

La Chaumière, r. St-Barthélemy ☎ **95.80.68** – ⛔ rest
SC : **R** 30/42 🍷 – ☕ 9 – **11 ch** 50/75 – P 110.

PEUGEOT, TALBOT Saint-Lary, à Ausson ☎ 95.81.50

à Aventignan (H.-Pyr.) SO : 5 km par D 72 et D 26 – ✉ 65660 Aventignan – ✆ 62

✕ **Grottes de Gargas** ⛐ avec ch, ☎ **99.02.38,** ⛱ – ⛆ Ⓟ. ⛔
15 avril-15 sept. et fermé merc. sauf du 1er juil. au 15 sept. – SC : **R** (prévenir) 40/63 – ☕ 15 – **7 ch** 77/90 – P 110/130.

MONTREUIL ⟨SP⟩ 62170 P.-de-C. 51 ⑫ **G. Nord de la France** – 2 948 h. alt. 45 – ✆ 21.

Voir Site★ – Citadelle★ : ≤★★ – Remparts★ – Mobilier★ de la chapelle de l'Hôtel-Dieu B – Église St-Saulve★ E.

🅸 Office de Tourisme à la Mairie (fermé sam. après-midi et dim.) ☎ 06.01.33 et pl. Poissonnerie (juil.-août, fermé dim. après-midi et lundi matin) ☎ 06.04.27.

Paris 207 ③ – Abbeville 44 ③ – Arras 81 ② – Boulogne-sur-Mer 38 ① – ♦Lille 114 ② – St-Omer 56 ①.

Plan page suivante

Château de Montreuil ⛐, chaussée Capucins **(a)** ☎ **81.53.04,** ⛱, « **Belle demeure dans un parc** » – ☎ 🚗 – 🏛 25. AE ⓓ E VISA. ⛔
fermé 1er déc. au 15 fév. – SC : **R** *(fermé jeudi midi sauf juil.-août)* 160 – **12 ch** ☕ 280/420.

tourner →

MONTREUIL

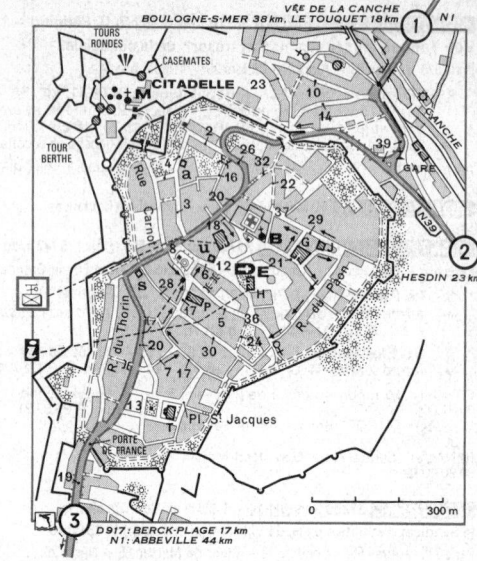

🏠 **France** sans rest, 2 r. Coquempot (s) ℱ 06.05.36 – 🛏wc 🅿 – 🏥 100. 𝑉𝐼𝑆𝐴. 🏶
   fermé week-end, Noël, Jour de l'An, dim. soir et lundi du 15 sept. au 10 juin – SC :
   🖵 15 – **13 ch** 70/180.

🏠 **Central,** 7 r. du Change (u) ℱ 06.10.33 – 🛏wc 🕾 🚗. 𝑉𝐼𝑆𝐴. 🏶 ch
   fermé 18 déc. au 24 janv. – SC : **R** *(fermé lundi)* 53/75 🍴 – 🖵 14 – **12 ch** 66/168.

à La Madelaine-sous-Montreuil par ③ et D 139 : 2,5 km – ✉ 62170 Montreuil :

XXX ❀ **Aub. La Grenouillère** (Gauthier), ℱ 06.07.22 – 𝐴𝐸 ⓞ 𝑉𝐼𝑆𝐴
   fermé 12 au 21 nov., fév. et merc. sauf juil.-août – SC : **R** carte 140 à 190
   Spéc. Feuilleté d'escargots et cuisses de grenouilles, Arlequin de pâtes fraîches au blanc de turbot,
   Marquise au chocolat.

⑳ Caucheteux, à St-Justin ℱ 06.09.97

MONTREUIL 93100 Seine-St-Denis 🗆🗆 ⑪. 🗆🗆🗆 ⑰ – voir à Paris, Environs.

MONTREUIL-BELLAY 49260 M.-et-L. 🗆🗆 ⑧ G. Châteaux de la Loire (plan) – 4 331 h. alt. 54
– ⊛ 41 – Voir Château★★ – Site ★.

🖪 Syndicat d'Initiative à la Mairie (fermé sam. après-midi, dim. et lundi matin) ℱ 52.32.47.
Paris 315 – Angers 53 – Châtellerault 74 – Chinon 39 – Cholet 61 – Poitiers 80 – Saumur 16.

🏠 **Splendid et Relais du Bellay** (Annexe 🏠 🎇 🏊 ⚓ – 20 ch 🛏wc🗆🗆wc) r.
   Dr-Gaudrez ℱ 52.30.21, 🏊 – 🛏wc🗆wc 🕾 🅿. 𝐄. 🏶 rest
   fermé 6 au 22 janv. et dim. soir du 15 sept. à Pâques – SC : **R** 55/170 🍴 – 🖵 30 –
   15 ch 85/220 – P 150/220.

XX **Host. Porte St-Jean,** 432 r. Nationale ℱ 52.30.41 – 𝑉𝐼𝑆𝐴
   fermé 1er au 15 sept., vacances de fév., mardi soir et merc – SC : **R** 56/165.

RENAULT Herrault, ℱ 52.30.20

MONTREUIL-L'ARGILLÉ 27390 Eure 🗆🗆 ⑭ – 726 h. alt. 172 – ⊛ 32.
Paris 165 – L'Aigle 25 – Argentan 52 – Bernay 21 – Évreux 56 – Lisieux 31 – Vimoutiers 29.

XX **Aub. de la Truite,** ℱ 44.50.47
   fermé fév., mardi soir et merc. – SC : **R** 59/110.

MONTREVEL-EN-BRESSE 01340 Ain 🗆🗆 ⑫ – 2 000 h. alt. 230 – ⊛ 74.
Paris 402 – Bourg-en-Bresse 17 – Mâcon 26 – Pont-de-Vaux 21 – St-Amour 36 – Tournus 36.

XX **Léa,** ℱ 30.80.84
   fermé 12 juil. au 1er août, vacances de fév., dim. soir et merc. – SC : **R** 63/160.

X **Caveau Bressan,** ℱ 30.80.19 – 𝐄
➔ fermé 1er au 7 sept., 10 au 20 janv., merc. soir et jeudi – SC : **R** 42/96 🍴.

CITROEN Gar. Berret, ℱ 30.80.06   RENAULT Goyard, à Malafretaz ℱ 30.80.62 🗅
PEUGEOT-TALBOT Petit, ℱ 30.81.01

MONTRICHARD 41400 L.-et-Ch. 🔢 ⑯⑰ G. Châteaux de la Loire – 3 786 h. alt. 68 – ❸ 54.

Voir Donjon★ : ※★★.

🅱 Office de Tourisme Gds Degrés de Ste-Croix (Rameaux-27 sept., fermé dim. et mardi sauf juil.-août) ☏ 32.05.10 et à la Mairie (hors saison, fermé sam., dim. et fêtes) ☏ 32.00.46.

Paris 214 – Blois 33 – Châteauroux 88 – Châtellerault 85 – Loches 31 – ♦Tours 43 – Vierzon 73.

🏠 **Tête Noire**, 24 r. Tours ☏ 32.05.55 – ➡wc ☏ ♿ 🅿 🆅🆂🅰
  fermé 2 janv. au 7 fév., jeudi soir et vend. d'oct. à fin mars – SC : **R** 65/180 – ☲ 20 –
  38 ch 90/200 – P 220/280.

🏠 **Bellevue** 🎀, quai du Cher ☏ 32.06.17, ≤ – 🕴 🍽 rest ➡wc ♒wc ☏. 🄰🄴 ⓞ 🄴
  🆅🆂🅰
  fermé 15 nov. au 21 déc., lundi soir et mardi du 1er oct. à avril – SC : **R** 72/165 – ☲
  20 – **29 ch** 110/230 – P 275/295.

CITROEN Giraudon, ☏ 32.15.33   RENAULT Gar. Renault, ☏ 32.04.84
PEUGEOT-TALBOT Ferrand, ☏ 32.00.61   VAG gar. Bonnamy, ☏ 32.00.95

MONTRICOUX 82 T.-et-G. 🔢 ⑱⑲ G. Périgord – 754 h. alt. 105 – ✉ 82800 Négrepelisse –
❸ 63.

Voir Bruniquel : site★, vieux bourg★, château ≤★ SE : 5 km.

Paris 646 – Cahors 50 – Gaillac 39 – Montauban 24 – Villefranche-de-Rouergue 57.

🏡 **Relais du Postillon**, S : 0,5 km par D 964 ☏ 30.96.06, 🛥 – ♒ 🅿. ❀
  SC : **R** 46/105 – ☲ 16,50 – **11 ch** 76/95 – P 200/230.

MONTRIOND 74 H.-Savoie 🔢 ⑧ – rattaché à Morzine.

MONTROC-LE-PLANET 74 H.-Savoie 🔢 ⑨ – rattaché à Argentière.

MONT-ROND (Sommet du) 01 Ain 🔢 ⑮ G. Jura – alt. 1 600.

Voir ※★★★.

Accès par télécabine (gare à 0,5 km SO du col de la Faucille).

MONTROND-LES-BAINS 42210 Loire 🔢 ⑱ G. Vallée du Rhône – 3 194 h. alt. 356 – Stat.
therm. (15 mai-1er oct.) – Casino – ❸ 77.

Paris 442 – ♦Lyon 68 – Montbrison 14 – Roanne 50 – ♦St-Étienne 27 – Thiers 80.

🏨 ❀❀ **Host. La Poularde** (Randoing), ☏ 54.40.06 – 🅿 – 🚗 40. 🄰🄴 ⓞ 🆅🆂🅰 ❀ rest
  fermé 2 au 15 janv., lundi soir sauf fériés et mardi midi – SC : **R** (dim. prévenir)
  130/300 et carte – ☲ 28 – **15 ch** 150/290 – P 250/300
  Spéc. Mille et une feuilles d'amourettes, St-Jacques poêlées (oct. à mars), Coeur de charolais au
  Fleurie. **Vins** Chassagne-Montrachet, Fleurie.

🏠 **Motel du Forez** sans rest, rte Roanne ☏ 54.42.28 – ➡wc ☏ ♿ 🅿. 🄰🄴 ⓞ 🄴 🆅🆂🅰
  SC : ☲ 15 – **20 ch** 123/172.

🍴🍴 **Vieux Logis**, 4 rte de Lyon ☏ 54.42.71 – 🆅🆂🅰
  fermé 25 juin au 1er juil., 15 au 31 août, dim. soir et lundi – SC : **R** 55/160 🍴.

CITROEN Protière, ☏ 54.44.28   TALBOT Gar. Swann, ☏ 54.40.66
RENAULT Décultieux, ☏ 54.41.32   Gar. Souchon, ☏ 54.40.57 🅽

MONTROUGE 92120 Hauts-de-Seine 🔢 ⑩, 🔢 ㉘ – voir à Paris, Environs.

MONTS 37260 I.-et-L. 🔢 ⑮ – 5 422 h. alt. 74 – ❸ 47.

Paris 256 – Châtellerault 60 – Chinon 33 – Loches 39 – Montbazon 7,5 – ♦Tours 21.

🍴🍴 **Sporting** avec ch, ☏ 26.70.15 – ➡wc 🅿. 🄰🄴
  fermé 15 au 30 sept. et 15 fév. au 8 mars – SC : **R** (nombre de couverts limité -
  prévenir) 44/150 – ☲ 15 – **12 ch** 58/90.

Le MONT-SAINT-MICHEL 50116 Manche 🔢 ⑦ G. Normandie, G. Bretagne – 80 h. –
❸ 33.

Voir Abbaye★★★ – Bourg★★ : remparts★★, Grande-Rue★, Jardins de l'Abbaye★, Musée
historique : coqs de montres★ – le Mont est entouré d'eau aux pleines mers des
grandes marées.

🅱 Office de Tourisme Corps de Garde des Bourgeois (1er mars-31 oct. et fermé dim.) ☏ 60.14.30.

Paris 369 – Alençon 134 – Avranches 22 – Dinan 54 – Fougères 47 – ♦Rennes 66 – St-Malo 52.

🏨 ❀ **Mère Poulard** 🍃, ☏ 60.14.01 – 🄰🄴 ⓞ. ❀ rest
  1er avril-30 sept. – SC : **R** 150/300 – ☲ 23 – **27 ch** – 1/2 p 260/425
  Spéc. Langouste grillée et flambée beurre blanc, Carré d'agneau de pré salé, Omelette flambée
  Mère Poulard (dessert).

🏠 **Mouton Blanc** 🍃, ☏ 60.14.08, 🎀 – ➡wc ♒wc ☏
  fermé mi-nov. à mi-fév. – SC : **R** 60/155 – ➡ 15,50 – **26 ch** 80/190.

🍴🍴 **Terrasses Poulard**, ☏ 60.14.09, ≤ baie, 🎀 –
  1er mars-15 nov., vacances de fév. et fermé lundi – SC : **R** 65/120 🍴.

Le MONT-SAINT-MICHEL

　　à la Digue S : 2 km sur D 976 :

🏦 **Digue**, ☏ 60.14.02, ≤ – ⌷wc 🗍wc ⌾ **🄿**. **🄰🄴 🄾** **VISA**. 🛠 rest
hôtel : fermé 15 nov. au 20 déc. et 2 janv. aux vacances de fév. – SC : **R** (fermé 15 oct. à Pâques et jeudi sauf juil.-août) 55/180 – ☑ 16 – **33 ch** 148/190.

🏦 **St-Aubert** 🅼 sans rest, ☏ 60.08.74, 🌇 – ⌷wc ⌾ **🄿**. 🛠
1er avril-1er nov. – SC : ☑ 17 – **27 ch** 185.

🏦 **Relais du Roy** 🅼, ☏ 60.14.25 – ⌷wc ⌾ **🄿**. **🄰🄴**
◆ 15 mars-15 nov., fermé mardi – SC : **R** 45/150 – ☑ 18,50 – **17 ch** 185.

　　à Beauvoir S : 4 km par D 976 – ✉ **50170** Pontorson :

🏦 **Beauvoir**, ☏ 60.09.39 – 🗍wc ⌾ **🄿**
◆ fermé 15 déc. au 3 fév. et mardi – SC : **R** 45/80 – ☑ 14 – **19 ch** 150/160 – P 250/275.

Gar. de la Baie, à Beauvoir ☏ 60.09.08 🅽

MONTSALVY 15120 Cantal 🄎🄌 ⑫ G. Auvergne – 1 035 h. alt. 800 – ✪ 71.
Voir Puy-de-l'Arbre 🌤★ NE : 1,5 km.
🄴 Syndicat d'Initiative à la Mairie (fermé sam. et dim.) ☏ 49.20.10.
Paris 581 – Aurillac 35 – Entraygues-sur-Truyère 14 – Figeac 57.

🏦 **Nord** 🅼, ☏ 49.20.03 – ⌷wc 🗍wc ⌾ **🄿** – 🏦 80. **🄰🄴 🄴**
fermé 22 janv. au 22 fév. – SC : **R** 50/110 – ☑ 16,50 – **30 ch** 80/175 – P 150/185.

🏦 **Aub. Fleurie**, ☏ 49.20.02, « Bel ensemble rustique » – 🗍. **🄴**
◆ SC : **R** (mars-oct.) 39/57 🍴 – ☑ 15 – **18 ch** 82/115 – P 145/160.

PEUGEOT-TALBOT Cazal, ☏ 49.26.65 🅽 ☏ 47. 　　RENAULT Lacombe, ☏ 49.20.27 🅽 80.56

MONTSAUCHE 58230 Nièvre 🄎🄎 ⑯ G. Bourgogne – 746 h. alt. 650 – ✪ 86.
Paris 277 – Autun 45 – Avallon 54 – Château-Chinon 24 – Clamecy 60 – Nevers 90 – Saulieu 25.

🏠 **Idéal**, ☏ 84.51.26, 🌇 – 🗍wc 🚗 **🄿**. 🛠 ch
◆ Pâques-1er nov. – SC : **R** 50/100 – ☑ 15 – **18 ch** 70/145 – P 140/185.

CITROEN Bouché-Pillon, ☏ 84.52.26

MONT-SAXONNEX 74 H.-Savoie 🄎🄍 ⑦ G. Alpes – 677 h. alt. 997 – Sports d'hiver : 1 000/1 550 m ⚡7 – ✉ **74130** Bonneville – ✪ 50 – Voir Église 🌤★★ 15 mn.
Paris 580 – Annecy 57 – Bonneville 11 – Chamonix 51 – Cluses 9,5 – Megève 38 – Morzine 39.

🏠 **Jalouvre** 🌄, ☏ 96.90.67, ≤ – **🄿**. 🛠 rest
fermé 7 au 30 mai et 21 sept. au 1er nov. – SC : **R** 55/78 🍴 – ☑ 14 – **15 ch** 85/95 – P 130/145.

🏠 **Bargy** 🌄, ☏ 96.90.42, ≤, 🌇, ✕ – 🚗 **🄿**. 🛠 rest
◆ 25 juin-30 août et 20 déc.-Pâques – SC : **R** 47/67 – ☑ 13 – **27 ch** 54/80 – P 135/150.

Les MONTS-DE-VAUX 39 Jura 🄎🄌 ④ – rattaché à Poligny.

MONT-SION (Col du) 74 H.-Savoie 🄎🄍 ⑥ – rattaché à St-Julien-en-Genevois.

MONTSOREAU 49730 M.-et-L. 🄎🄍 ⑫⑬ G. Châteaux de la Loire – 454 h. alt. 36 – ✪ 41.
Voir 🌤★★ – Château★ – Église★★ de Candes-St-Martin SE : 1,5 km.
Paris 301 – Angers 64 – Châtellerault 64 – Chinon 18 – Poitiers 79 – Saumur 11 – ◆Tours 56.

🏦 **Bussy et Diane de Méridor**, ☏ 51.70.18, ≤, 🌇 – ⌷wc 🗍 ⌾ **🄿**. 🛠
fermé 15 déc. au 31 janv., merc. midi et mardi – SC : **R** 60/140 – ☑ 16,50 – **19 ch** 58/240 – P 210/300.

✕✕ **Loire** avec ch, ☏ 51.70.06, 🌇 – **🄿**. **VISA**. 🛠 ch
◆ fermé janv. à mars et vend. – **R** 46/92 – ☑ 13,50 – **8 ch** 81 – P 120.

MONT-SOUS-VAUDREY 39380 Jura 🄎🄌 ④ – alt. 221 – ✪ 84.
Paris 385 – Arbois 16 – Beaune 71 – Dole 19 – Lons-le-Saunier 40 – Salins-les-Bains 26.

✕ **Aub. Jurassienne** avec ch, rte Léon Guiguard ☏ 81.50.17 – ⌷ 🗍 **🄿**
◆ fermé 15 juin au 1er juil. et merc. – SC : **R** 45/90 – ☑ 12 – **5 ch** 43/68 – P 110/130.

MONVIEL 47 L.-et-G. 🄎🄎 ⑤ – rattaché à Cancon.

MOOSCH 68690 H.-Rhin 🄎🄎 ⑧⑨ G. Vosges – 1 897 h. alt. 395 – ✪ 89.
Paris 544 – Colmar 50 – Gérardmer 49 – Thann 7 – Le Thillot 31.

✕✕ **Aux Trois Rois**, ☏ 82.34.66, 🌇 – 🗍 ⌾ **🄿** – 🏦 30. **VISA**. 🛠 ch
◆ fermé mardi soir et merc. et hôtel du 1er oct. au 1er avril, rest. du 20 déc. au 28 janv. – SC : **R** 45/150, dîner à la carte 🍴 – ☑ 15 – **8 ch** 60/110 – P 140.

VAG Sovra, à Fellering ☏ 37.63.90

MORANGIS 91420 Essonne 🗺 ①, 🗺 ⊛ – voir à Paris, Environs.

MORCENX 40110 Landes 🗺 ⑤ – 5 814 h. alt. 74 – ✆ 58.

Paris 699 – Bayonne 89 – ♦Bordeaux 110 – Mimizan 36 – Mont-de-Marsan 39.

🏠 **Bellevue,** ☎ 07.85.07 – 🛏wc 🅰 🅿. ♨ rest
✦ *fermé vacances de Noël, fév. et du 1ᵉʳ oct. au 30 mai : le midi et week-end* – SC : **R**
47/65 ♨ – ☲ 17 – **24 ch** 85/170 – P 185/225.

CITROEN Gar. Rieppi, ☎ 07.82.10   RENAULT Gar. Samson, à Garrosse ☎ 07.81.09
                                          N

MORESTEL 38510 Isère 🗺 ⑭ G. Vallée du Rhône – 2 816 h. alt. 214 – ✆ 74.

Paris 493 – Bourg-en-Bresse 67 – Chambéry 51 – ♦Grenoble 68 – ♦Lyon 58 – La Tour-du-Pin 15.

🏠 **Dubeuf** sans rest, ☎ 80.06.22, 🐎 – 🛏wc 🅰 🅿. 💳
   fermé 24 déc. au 2 janv. – SC : ☲ 17 – **21 ch** 75/160.

🏠 **France,** Gde-Rue ☎ 80.04.77 – 🛏wc 🛏wc 🕾 🚗. 🅰 ⓞ **E** 💳
✦ SC : **R** *(fermé 15 nov. au 10 déc., dim. soir et lundi hors sais.)* 45/140 ♨ – ☲ 15 –
   11 ch 118/166 – P 220.

✕✕ **La Grille,** ☎ 80.02.88, 🏠 – 🅿. 🅰 **E** 💳
✦ *fermé 20 déc. au 10 janv., vend. soir et sam. midi du 1ᵉʳ sept. au 30 juin* – SC : **R**
   46/105 ♨.

CITROEN Gar. Bernard, ☎ 80.08.11   RENAULT Lavalette, ☎ 80.07.54

MORET-SUR-LOING 77250 S.-et-M. 🗺 ⑫, 🗺 ⑯ G. Environs de Paris (plan) – 3 555 h. alt.
70 – ✆ 6.

Voir Site★.

🅸 Office de Tourisme pl. Samois *(fermé matin hors sais., dim. sauf matin en saison et lundi)*
☎ 070.41.66.

Paris 77 – Fontainebleau 10 – Melun 27 – Montereau-faut-Yonne 12 – Nemours 17 – Sens 43.

       à Véneux-les-Sablons O : 3,5 km – ⊠ 77250 Moret-sur-Loing :

✕✕ **Bon Abri,** 90 av. Fontainebleau ☎ 070.55.40 – 💳
   fermé 19 sept. au 9 oct., lundi soir et mardi – SC : **R** 59/115.

PEUGEOT-TALBOT Gar. Moderne, ☎ 070.50.89

MOREY-ST-DENIS 21 Côte d'Or 🗺 ⑫ – 654 h. alt. 270 – ⊠ 21220 Gevrey-Chambertin –
✆ 80.

Voir Château du Clos de Vougeot★ S : 2 km, G. Bourgogne.

Paris 319 – Beaune 23 – ♦Dijon 15.

✕✕✕ **Castel de Très Girard** 🏠 avec ch, ☎ 34.33.09, 🏠, 🐎 – 🛏wc 🅰 🅿. – 🅰 25.
    🅰 ⓞ 💳
    début mars-fin déc. – SC : **R** *(fermé lundi midi)* 70/165 – ☲ 18 – **12 ch** 112/154.

MOREZ 39400 Jura 🗺 ⑮ G. Jura (plan) – 6 999 h. alt. 702 – ✆ 84.

Voir Site★ – La Roche au Dade ≤★ 30 mn – O : Gorges de la Bienne★.

🅸 Office de Tourisme pl. J.-Jaurès *(fermé dim. et lundi)* ☎ 33.08.73.

Paris 460 – Bourg-en-B. 100 – Champagnole 34 – ♦Genève 55 – Lons-le-Saunier 58 – Pontarlier 70.

🏠 **Poste,** 165 r. République ☎ 33.11.03 – 🖀 🛏wc 🛏wc 🅰 🚗 🅿. 🅰 ⓞ **E** 💳
✦ *fermé 15 nov. au 20 déc.* – SC : **R** *(fermé dim. soir et lundi)* 55/182 ♨ – ☲ 16,50 –
   43 ch 71/143 – P 158/189.

🏠 **Europa,** 125 r. République ☎ 33.12.08 – 🖀 🛏wc 🛏 🅰
✦ SC : **R** 35/45 – ☲ 16 – **30 ch** 70/115.

CITROEN, LANCIA-AUTOBIANCHI Lambert, 2   RENAULT Morez-Autom., 74 r. République ☎
r. V.-Poupin ☎ 33.06.72   33.14.70
PEUGEOT-TALBOT Benier-Rollet, 36 r. Répu-   Gar. Raguin, 144 r. République ☎ 33.04.48
blique ☎ 33.03.55
PEUGEOT-TALBOT GAr. de l'Hôtel de Ville, 1   🔘 Jura-Pneu, 17 r. Lamartine ☎ 33.19.97
pl. J.-Jaurès ☎ 33.13.04

MORGAT 29 Finistère 🗺 ⑭ G. Bretagne – ⊠ 29160 Crozon – ✆ 98.

Voir Phare ≤★ – Grandes Grottes★.

🅸 Office de Tourisme bd Plage *(1ᵉʳ juin-15 sept. et fermé dim. après-midi)* ☎ 27.07.92.

Paris 588 – ♦Brest 60 – Châteaulin 37 – Douarnenez 49 – Morlaix 78 – Quimper 58.

🏠 **Ville d'Ys** 🏠, ☎ 27.06.49, ≤ – 🖀 🛏wc 🛏 🅰 🅿. ♨
   fin mars-30 sept. – SC : **R** 65/105 – ☲ 19 – **42 ch** 95/215 – P 160/215.

🏠 **du Kador,** ☎ 27.05.68 – 🛏 🛏. 💳. ♨
   fermé 3 au 25 nov. et lundi d'oct. à mars – SC : **R** 53/150 – ☲ 18 – **26 ch** 100/145 –
   P 183/213.

tourner →

MORGAT

- ⌂ **Julia,** ☏ 27.05.89, ⇐, – ⇔wc ⊕. **E** VISA. ⛶ rest
  fermé 15 oct. au 15 nov. et vend. – SC : **R** 60/160 – ⭙ 16 – **22 ch** 100/150 – P 175/210.

- ⌂ **Baie,** ☏ 27.07.51, ⇐ – ⇔ ▥. ⛶
  22 avril-fin sept. – SC : **R** 65/120 – ⛝ 17 – **25 ch** 90/120 – P 155/180.

- ✕✕ **le Roof,** bd France Libre ☏ 27.08.40, ☞. **E**
  fermé oct. et mardi hors sais. – SC : **R** 65/160.

MORIÈRES-LÈS-AVIGNON 84 Vaucluse 🎵 ⑫ – rattaché à Avignon.

MORILLON 74 H.-Savoie 🎵 ⑧ – rattaché à Samoëns.

MORLAAS 64160 Pyr.-Atl. 🎵 ⑦ – 2 486 h. alt. 295 – ❀ 59.
Paris 797 – Pau 12 – Tarbes 38.

- ⛲ Glisia, 43 r. Bourg-Neuf ☏ 33.41.12 – ⓟ – **10 ch.**
- ✕✕ **Le Bourgneuf,** 3 r. Bourg-Neuf ☏ 33.44.02 – ⓟ
- ◆ *fermé en oct., dim. soir et lundi* – SC : **R** 34/100.

MORLAIX ⬙ 29210 Finistère 🎵 ⑥ G. Bretagne – 19 541 h. alt. 61 – ❀ 98.
Voir Viaduc★ ABY – Grand'Rue★ BZ – Maison "de la Reine Anne★" BZ **B** – Vierge★ dans l'église St-Mathieu BZ – Musée★ BZ **M**.
Env. Calvaire★★ de Plougonven SE : 12 km par le D 9 Z
🛈 Office de Tourisme pl. Otages (fermé dim. sauf matin en saison) ☏ 62.14.94.
Paris 536 ② – ✦Brest 60 ④ – Quimper 82 ④ – St-Brieuc 84 ②.

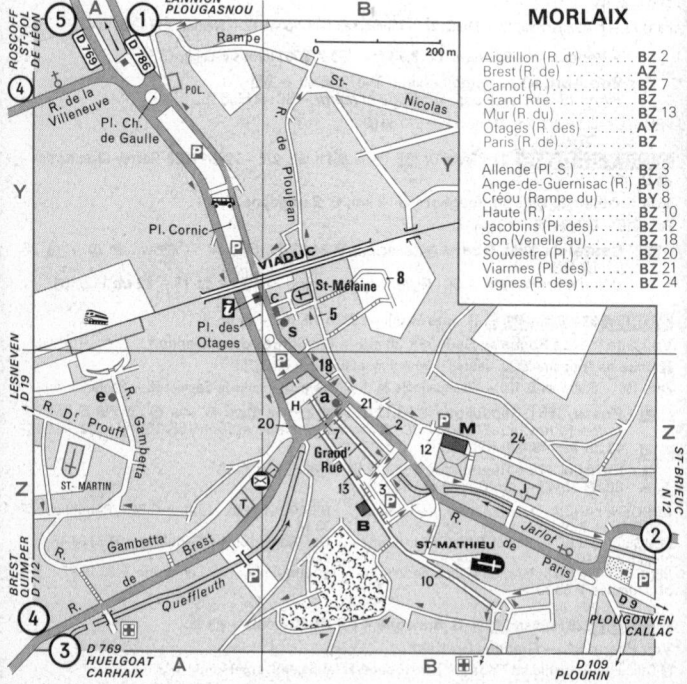

MORLAIX

- ⛩ ❀ **Europe,** 1 r. Aiguillon ☏ 62.11.99 – ▤ ⇔wc ▥wc ☎ – ▣ 35. AE ⓞ **E** VISA. ⛶ rest   BZ **a**
  fermé 16 déc. au 16 janv. – **Rest. R** 75/185 – **Brasserie R** 49/95 ♨ – ⭙ 19 – **68 ch** 160/220 – P 180/210
  Spéc. Langoustines aux pâtes fraîches, Rouget au basilic, Pâtisseries et sorbets.

- ⛩ Ibis St-Martin M sans rest, Centre Commercial St-Martin O : 3 km par voie express N 12 - ☏ 88.35.30 – ▨ ⇔wc ☎ – **20 ch.**

🏨 **Fontaine** Ⓜ sans rest, Z.A. La Boissière, voie express, rte de Lannion ℡ 62.09.55
— 🛏wc ☎ & 🅿. VISA
fermé 1er fév. au 1er mars – SC : ☲ 18 – **35 ch** 205.

🏨 **Les Bruyères** Ⓜ sans rest, par ② : 3 km sur N 12 ℡ 88.08.68 – 🛏wc 🗍wc ☎ 🅿
fermé 15 déc. au 15 janv. – SC : ☲ 17 – **32 ch** 160/170.

XX **Marée Bleue**, 3 Rampe St-Mélaine ℡ 63.24.24   BY **s**
➡ *fermé 15 au 30 sept., 1er au 23 fév. et lundi* – SC : **R** 50/160 🍷.

X **Aub. des Gourmets**, 90 r. Gambetta ℡ 88.06.06 – VISA   AZ **e**
➡ *fermé 20 oct. au 20 nov. et lundi* – SC : **R** *(été : midi et soir sauf mardi et merc. déj. seul. ; hiver : week-end et déj. seul. en sem.)* 40/90.

à St-Antoine-Plouezoch par ① et D 46 : 9 km – ✉ 29252 Plouezoch :

🏨 **Menez** Ⓜ 🦜 sans rest., ℡ 67.28.85, ≤, 🛤 – 🛏wc 🗍wc ☎ 🅿. 🛇
fermé 10 sept. au 23 oct., dim. soir et lundi hors sais. – SC : ☲ 16 – **10 ch** 120/155.

X **St-Antoine** avec ch, ℡ 67.27.05 – VISA. 🛇 ch
➡ *fermé 15 sept. au 25 oct. et lundi* – **R** 40/150 – ☲ 15 – **12 ch** 80/100 – P 235/255.

CITROEN Gar. du Jarlot, bd St-Martin à St-Martin-des-Champs par r. de la Villeneuve AY ℡ 62.09.68 🔃 ℡ 88.05.74
FORD Gar. Bourven, rte Paris, La Roseraie ℡ 88.18.02
PEUGEOT, TALBOT Gar. de Bretagne, La Croix Rouge, rte Paris par ② ℡ 62.03.11

RENAULT Gar. Huitric, La Croix Rouge, rte Paris par ② ℡ 88.03.43
V.A.G. Gar. Beyou, à St-Martin-des-Champs, rte de Plouvorn ℡ 88.23.80

🅖 Simon-Pneus, rte de St-Sève à St-Martin-des-Champs ℡ 88.01.43

MORNAC-SUR-SEUDRE 17113 Char. Mar. 🎵 ⑭⑮ G. Côte de l'Atlantique – 558 h. – ❊ 46.

Paris 504 – Marennes 23 – Rochefort 36 – La Rochelle 68 – Royan 13 – Saintes 37.

XX **La Gratienne**, rte de Breuillet ℡ 22.73.90, 🛤 – 🅿. VISA
fermé 14 au 30 mai, 11 au 30 déc., merc. et jeudi sauf juil. et août – SC : **R** 80.

MORNANT 69440 Rhône 🎵 ⑪ G. Vallée du Rhône – 3 463 h. alt. 367 – ❊ 7.

Paris 482 – Givors 10 – ✦Lyon 23 – Rive-de-Gier 13 – ✦St-Étienne 35 – Vienne 21.

🏤 **Poste**, ℡ 844.00.40 – 🛏 🗍 ☎ 🚗
➡ *fermé 8 au 29 sept.* – SC : **R** *(fermé dim. soir et lundi)* 36/130 – ☲ 14 – **12 ch** 56/142
– P 165/185.

à Ravel E : 4 km par D 63 et D 42 – ✉ 69440 Mornant :

XX **Acacias**, rte de Lyon ℡ 848.73.06, 🛤 – 🅿. 🛇
fermé 2 au 15 fév., 15 au 21 juil. lundi soir et mardi sauf fêtes – SC : **R** 70/200.

MORNAS 84 Vaucluse 🎵 ① – 1 737 h. alt. 38 – ✉ 84420 Piolenc – ❊ 90.

Paris 651 – Avignon 42 – Bollène 11 – Montélimar 47 – Nyons 47 – Orange 11 – Pont-St-Esprit 13.

🏨 **Le Manoir**, ℡ 37.00.79, 🛤 – 🛏wc 🗍wc ☎ 🚗 🅿. 🄰🄴 E VISA
fermé 15 nov. au 8 déc., 15 au 31 janv. et lundi du 15 sept. au 15 juin – SC : **R** 65/120
– ☲ 15,50 – **26 ch** 100/250 – P 190/260.

MORRE 25 Doubs 🎵 ⑮ – rattaché à Besançon.

MORSANG-SUR-ORGE 91390 Essonne 🎵 ①, 🎵 ㉟ – voir à Paris, Environs.

MORTAGNE-AU-PERCHE ◀🄢▶ 61400 Orne 🎵 ④ G. Normandie – 5 200 h. alt. 255 – ❊ 33.

Voir Boiseries★ de l'église N.-Dame E.

🄸 Office de Tourisme pl. Gén.-de-Gaulle (15 juin-15 sept. et fermé dim.) ℡ 25.04.22.

Paris 155 ① – Alençon 38 ⑥ – Chartres 79 ② – Lisieux 86 ⑥ – ✦Le Mans 71 ④ – Verneuil 39 ①.

Plan page suivante

🏨 **Tribunal** 🦜, 4 pl. du Palais (a) ℡ 25.04.77, 🛤 – 🛏wc 🗍. E VISA
SC : **R** 52/127 🍷 – ☲ 16 – **16 ch** 93/160 – P 170/205.

X **Voyageurs**, r. Faubourg-St-Eloy par ⑥ ℡ 25.25.46 – 🄰🄴 E VISA
➡ *fermé 20 déc. au 15 janv. et lundi* – SC : **R** 40/95 🍷.

au Pin-la-Garenne par ④ : 9 km sur D 938 – ✉ 61400 Mortagne-au-Perche :

XX **La Croix d'Or**, ℡ 83.80.33 – 🅿. VISA
➡ *fermé 15 nov. au 2 déc., 1er au 21 fév. et lundi* – SC : **R** 44/139 🍷.

CITROEN Seram, à St-Langis-lès-Mortagne par ⑥ ℡ 25.06.66
FIAT, LANCIA-AUTOBIANCHI Gar. du Perche, ℡ 25.12.10
FORD Gd Gar. du Panorama, ℡ 25.37.45
PEUGEOT-TALBOT Gar. du Valdieu, à St-Langis-lès-Mortagne par ④ ℡ 25.27.00

RENAULT Perche-Autom., par ① ℡ 25.21.45
RENAULT Coron et Chevauché, par ⑥ ℡ 25.00.56
V.A.G. Poirier, N 12, Gaillons à St-Hilaire-le-Chatel ℡ 25.30.88

MORTAGNE-AU-PERCHE

*Les principales
voies commerçantes
figurent en rouge
au début de la liste
des rues des plans de villes.*

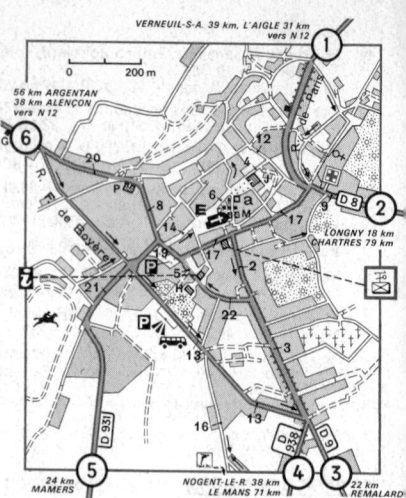

MORTAGNE-SUR-GIRONDE 17 Char-Mar. **71** ⑥ G. Côte de l'Atlantique – 1 039 h. alt. 51 – ⊠ **17120** Cozes – **۞** 46.

Voir Chapelle★ de l'Ermitage St-Martial S : 1,5 km.

Paris 509 – Blaye 57 – Jonzac 31 – Pons 25 – La Rochelle 92 – Royan 32 – Saintes 36 – Saujon 28.

☆ **Aub. de la Garenne** avec ch, ☎ 90.63.69, ≤, 🎄 – **⑫**, **VISA**
   15 mars-30 sept. – SC – **R** 60/90 – ⬛ 17 – **5 ch** 70 – P 150.

☆ **Le Port**, à la Rive SO : 2 km ☎ 90.60.25 – **AE ⓞ VISA**
✦ *fermé 1er au 15 oct., vacances de Noël, de fév. et merc. hors sais.* – SC : **R** 46/120 🦪.

MORTAGNE-SUR-SÈVRE 85290 Vendée **67** ⑤ G. Côte de l'Atlantique – 5 359 h. alt. 175 – **۞** 51.

Paris 359 – Bressuire 40 – Cholet 10 – ✦Nantes 56 – La Roche-sur-Yon 55.

🏨 **France et rest. La Taverne,** pl. Dr-Pichat ☎ 67.63.37, Télex 711403, parc, ⬛ –
   ❄ **TV** ⚏wc 🛏wc ☎ – 🔒 100. **AE ⓞ E VISA**
   fermé au 17 sept. et sam. – SC : **R** 61/160 🦪 - **Rest. La Taverne** 109/218 – ⬚ 22 –
   24 ch 72/242 – P 226/297.

PEUGEOT-TALBOT Brison, ☎ 67.71.31
PEUGEOT, TALBOT, VOLVO Fièvre, ☎ 67.60.96
RENAULT Soulard, ☎ 67.62.33

MORTAIN 50140 Manche **59** ⑨ G. Normandie
– 3 036 h. alt. 232 – **۞** 33.

Voir Site★ – Grande Cascade★ – Petite chapelle ≤★ E.

🛈 Syndicat d'Initiative à la Mairie (fermé dim. après-midi) ☎ 59.00.51.

Paris 277 ③ – Avranches 36 ① – Domfront 25 ③ –
Flers 35 ② – Mayenne 52 ④ – Le Mont-St-Michel 50
⑤ – St-Lô 63 ① – Villedieu-les-Poêles 34 ①.

🏨 **Poste,** pl. des Arcades (a) ☎ 59.00.05
   – 🛏wc 🛏wc ☎ ⇨. **E VISA**, ❄
   *fermé janv., fév., vend. soir et sam. sauf
   juil.-août* – SC : **R** 54/90 – ⬚ 14 – **27 ch**
   70/175.

🏨 **Cascades, (n)** ☎ 59.00.03 – 🛏wc. **E**
✦ **VISA**
   *fermé 30 sept. au 15 oct., 11 au 19 mars,
   dim. soir et lundi* – SC : **R** 40/125 🦪 – ⬚
   12,50 – **14 ch** 57/150 – P 167/190.

CITROEN Dubois-Helleux, ☎ 59.01.63 **N**
PEUGEOT, TALBOT Prieur, Le Neufbourg ☎ 59.
00.14 **N**
RENAULT Langlois, ☎ 59.00.53

MORTEAU 25500 Doubs **70** ⑦ **G. Jura** (plan) – 6 699 h. alt. 772 – ✪ 81.

🛈 Office de Tourisme pl. Gare (15 juin-15 sept. et fermé dim.) ☎ 67.18.53 et à la Mairie (16 sept.-16 juin, fermé sam. et dim.) ☎ 67.14.78.

Paris 477 – ♦Bâle 128 – Belfort 89 – ♦Besançon 67 – Montbéliard 71 – Neuchâtel 38 – Pontarlier 31.

🏠 **la Guimbarde,** 10 pl. Carnot ☎ 67.14.12, 🍴 – 🛁wc 🛁wc 🕾 ⇔ 🅿. ⓞ 𝘝𝘐𝘚𝘈
  fermé oct. – SC : **R** (fermé lundi midi sauf en juil. et août) 55/130 ♨ – 🖃 13 – **20 ch**
  70/130 – P 160/180.

✕✕ **Aub. de la Roche,** au pont de la Roche SE : 3 km par D 437 🖂 25570 Gd Combe
  Chateleu ☎ 67.00.84, 🛲 – 🅿
  fermé 14 au 21 mai, 10 au 17 sept., 24 au 31 déc., dim. soir et lundi – SC : **R** carte
  120 à 190.

CITROEN Gar. Chuard, Zone Ind., Chemin des
Pierres ☎ 67.16.78
FORD Gar. Franc-Comtois, La Tanche-les-Fins
☎ 67.07.99
PEUGEOT-TALBOT Gar. Central, 17 r. Payot
☎ 67.08.12 **N** ☎ 67.08.12

PEUGEOT-TALBOT Gar. Haut-Doubs, 45 r.
Louhière ☎ 67.02.78 **N**
RENAULT S.O.R.E.V.A., 40 r. Louhière ☎ 67.
10.56

MORTEMART 87 H.-Vienne **72** ⑥ **G. Périgord** – 161 h. – 🖂 87330 Mézières-sur-Issoire –
✪ 55.

Paris 426 – Bellac 13 – Confolens 30 – ♦Limoges 39 – St-Junien 20.

✕ **Le Relais** avec ch, D 675 ☎ 68.12.09
↔ fermé 15 au 30 nov., en fév., mardi soir sauf juil.-août et merc. – SC : **R** 45/99 – 🖃
  11 – **6 ch** 56/94 – P 125.

MORZINE 74110 H.-Savoie **74** ⑧ **G. Alpes** – 2 888 h. alt. 960 – Sports d'hiver : 1 000/2 360 m ✮4
✮42, 🏂 – ✪ 50.

Voir Le Pléney ❄✶ S : par téléphérique A.

Env. Col du Ranfolly ❄✶✶ S : 10 km B.

🛈 Office de Tourisme pl. Crusaz (fermé dim. hors sais.) ☎ 79.03.45, Télex 385620.

Paris 604 ② – Annecy 93 ② – Bourg-en-B. 185 ② – Chamonix 71 ② – ♦Genève 74 ② – Thonon-les-
Bains 33 ①.

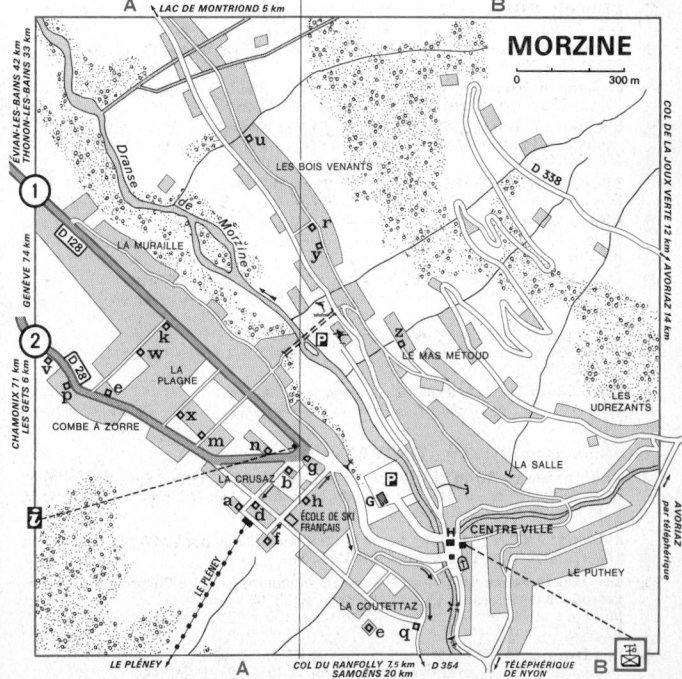

Les Airelles [M], ☎ 79.15.24, Télex 385178, ≤, 🌳 – |‡| TV 🚗 P. AE ① E VISA. ✻ rest A **b**
10 juin-15 sept. et 10 déc.-vacances de Pâques – SC : **R** 75/130 – ☕ 30 – **42 ch** 185/310, 4 appartements 495 – P 270/360.

Le Dahu 🐌, ☎ 79.11.12, ≤, 🌳 – |‡| 🛁wc 🚿wc ☎ P B **z**
fin juin-fin août et 18 déc.-15 avril – SC : **R** 100/120 – ☕ 22 – **26 ch** 105/275 – P 265/365.

Carlina, ☎ 79.01.03, Télex 385596 – 🛁wc 🚿wc ☎ 🚗. AE ① E VISA. ✻ rest
15 juin-31 août et 12 déc.-15 avril – SC : **R** 100/280 – ☕ 24 – **22 ch** 250/290 – P 235/367. A **d**

Le Tremplin, ☎ 79.12.31, ≤, 🌳 – |‡| TV 🛁wc ☎ 🚗 P. ✻ rest A **a**
30 juin-1er sept. et 15 déc.-15 avril – SC : **R** 110/150 – **36 ch** ☕ 150/300, 4 appartements 400 – P 340/400.

Clef des Champs 🐌, ☎ 79.10.13, ≤, 🌳 – 🛁wc 🚿wc ☎ P. ✻ rest B **e**
juin-sept. et déc.-Pâques – SC : **R** 70/110 – ☕ 18 – **26 ch** (pens. seul.) – P 220/250.

Bergerie [M] 🐌 sans rest, ☎ 79.13.69, ≤, 🌳 – |‡| cuisinette TV 🛁wc 🚿wc ☎ 🚗 B **h**
30 juin-début sept. et 18 déc.-fin avril – SC : ☕ 23 – **27 ch** 160/330.

Champs Fleuris, ☎ 79.14.44, ≤, 🌳, 🎾 – |‡| 🛁wc 🚿wc ☎ 🚗 P. ✻ rest
25 juin-5 sept. et 18 déc.-15 avril – SC : **R** 95/120 – ☕ 25 – **40 ch** 165/365 – P 280/395. A **f**

Le Samoyède [M], ☎ 79.00.79, 🌳 – |‡| 🛁wc 🚿wc ☎ P. AE. ✻ rest B **g**
1er juil.-fin sept. et 18 déc.-Pâques – SC : **R** 57/131 – ☕ 19 – **27 ch** 126/225 – P 214/260.

Savoie, NO : 1,5 km par ② ☎ 79.13.31, ≤, 🌳 – |‡| 🛁wc ☎ 🚗 P. VISA. ✻ rest
1er juil.-31 août et 17 déc.-Pâques – SC : **R** 60/95 – ☕ 22 – **36 ch** 160/220 – P 300/330.

Le Concorde, ☎ 79.13.05, ≤, 🌳 – |‡| 🛁wc 🚿 ☎ P. ✻ rest A **e**
15 juin-31 août et 18 déc.-mi-avril – SC : **R** 55/88 – ☕ 18 – **27 ch** 158/195 – P 165/210.

Igloo sans rest, ☎ 79.15.05, ≤ – |‡| 🛁wc ☎ 🚗 P A **m**
SC : **21 ch** ☕ 150/220.

Fleur des Neiges 🐌, ☎ 79.01.23, ≤, 🌳 – |‡| 🛁wc 🚿wc ☎ P. ✻ rest A **w**
20 juin-10 sept. et 18 déc.-10 avril – SC : **R** 90 – ☕ 22 – **35 ch** 220/250 – P 240/250.

Chamois d'Or, ☎ 79.13.78 – 🛁wc 🚿wc ☎ 🚗. ✻ A **n**
20 déc.-10 avril – SC : **R** 70/85 – ☕ 16 – **25 ch** 102/167 – P 163/224.

Combe Humbert sans rest, ☎ 79.06.70, ≤ – |‡| 🛁wc ☎ 🚗 P. AE VISA A **p**
SC : ☕ 15 – **10 ch** 130/180.

La Renardière sans rest, ☎ 79.03.50, ≤, 🌳 – 🛁wc 🚿 ☎ 🚗 P A **v**
20 juin-20 sept. et 10 déc.-20 avril – SC : ☕ 18 – **17 ch** 130/160.

L'Aiglon, ☎ 79.03.32, ≤, 🌳 – 🛁wc 🚿 ☎ P. ✻ A **k**
juil.-août (sans rest.) et Noël-Pâques (pension seul.) – SC : ☕ 17,50 – **19 ch** 95/193 – P 175/200.

Sporting-H., ☎ 79.15.03, ≤, 🌳 – |‡| 🛁wc 🚿wc ☎ P. ✻ rest B **q**
25 juin-10 sept. et 18 déc.-20 avril – SC : **R** 80/105 – ☕ 20 – **28 ch** 86/180 – P 220.

Alpina 🐌, ☎ 79.05.24, ≤, 🌳 – |‡| 🛁wc 🚿wc ☎ 🚗 P. ✻ rest B **y**
25 juin-10 sept. et 20 déc.-15 avril – SC : **R** 58/72 – ☕ 18 – **18 ch** 170/195 – P 185/210.

Beau Regard 🐌, ☎ 79.11.05, ≤, 🌳 – 🛁wc 🚿 ☎ P. E. ✻ rest B **r**
fin juin-début sept. et Noël-Pâques – SC : **R** 61/70 – ☕ 16 – **33 ch** 72/200 – P 165/225.

Bel'Alpe, ☎ 79.05.50, ≤, 🌳 – 🚿wc P. ✻ rest A **x**
1er juil.-31 août et 20 déc.-8 avril – SC : **R** 55/70 – ☕ 16 – **23 ch** 130/150 – P 170/190.

Ours Blanc 🐌, ☎ 79.04.02, ≤ – 🛁wc 🚿 P. ✻ rest A **u**
25 juin-7 sept. et 20 déc.-20 avril – SC : **R** 65/100 – ☕ 15 – **20 ch** 90/160 – P 135/170.

*à **Montriond*** NO : 2 km – ✉ **74110** Morzine :

XX **Aub. du Mont-Rond** 🐌 avec ch, ☎ 79.15.31, ≤, 🌳 – 🛁wc 🚿wc ☎ 🚗 P. E VISA – *fermé 1er au 15 mai, 1er au 15 nov., dim. soir et lundi hors sais.* – SC : **R** 50/95 – ☕ 18 – **18 ch** 132/142 – P 165.

*à **Avoriaz 1800*** NE : 4,5 km : accès par téléphérique ou par D 338 : 14 km – Sports d'hiver : 1 800/2 400 m 🚡1 ⛷20 – ✉ **74110** Morzine :

Les Hauts Forts [M] 🐌, ☎ 74.09.11, ≤ montagnes, 🌳, « Construction montagnarde d'avant-garde », 🏊 – |‡| TV ☎ – 🏛 35. ✻ rest
juil.-août et 10 déc.-20 avril – SC : **R** carte 100 à 160 – **50 ch** ☕ 255/540 – P 405/460.

Les Dromonts [M] 🐌, ☎ 74.08.11, ≤ – |‡| TV ☎. AE ① VISA
10 déc.-20 avril – **R** carte 180 à 240 – **40 ch** ☕ 485/760 – P 490/540.

MOTTARET 73 Savoie 🗗🗗 ⑧ – rattaché à Méribel-les-Allues.

La MOTTE 83920 Var 🗗🗗 ⑦ – 1 557 h. alt. 72 – ✪ 94.
Paris 864 – Brignoles 53 – Cannes 59 – Draguignan 10 – St-Raphaël 27 – Ste-Maxime 27.

⚒⚒ **Les Pignatelles,** rte Bagnols : 1 km ☏ 70.25.70 – 🅿. 🆎 ⓪ 𝗩𝗜𝗦𝗔
fermé 5 au 30 janv. et merc. – SC : **R** 95/150.

⚒ **Aub. Fleurie,** ☏ 70.27.68, ≤, 🍃, « Jardin ombragé au bord de l'eau » – 🖃 𝗩𝗜𝗦𝗔
fermé 1ᵉʳ déc. au 31 janv. et mardi – SC : **R** (hors sais. déj. seul.) 71/90.

La MOTTE-AU-BOIS 59 Nord 🗗🗗 ⑭ – rattaché à Hazebrouck.

La MOTTE D'AIGUES 84 Vaucluse 🗗🗗 ③ – 591 h. alt. 385 – ✉ 84240 La Tour d'Aigues –
✪ 90.
Paris 755 – Aix-en-Provence 31 – Avignon 76 – Manosque 27.

⚒ **Aub. La Cigale,** ☏ 77.63.06 – 🖃
fermé nov. et merc. – SC : **R** 55/130.

Garage Staiano, D 9, à Sannes ☏ 77.75.61

La MOTTE-EN-BAUGES 73 Savoie 🗗🗗 ⑯ – 211 h. alt. 717 – ✉ 73340 Lescheraines – ✪ 79.
Paris 595 – Aix-les-Bains 28 – Albertville 51 – Annecy 28 – Chambéry 32.

🏠 **Moine,** ☏ 63.32.77 – 🧺
➡ *15 mai-15 oct.* – SC : **R** 45/75 – 🍴 14 – **10 ch** 80/115 – P 120/130.

La MOTTE-SERVOLEX 73 Savoie 🗗🗗 ⑮ – rattaché à Chambéry.

Le MOTTIER 38 Isère 🗗🗗 ⑬ – 414 h. alt. 450 – ✉ 38260 La Côte-St-André – ✪ 74.
Paris 523 – Bourgoin-Jallieu 21 – ♦Grenoble 47 – St-Etienne de St-Geoirs 12 – Vienne 43.

⚒⚒ **Les Donnières,** ☏ 20.50.19 – 🅿. 🆎
fermé 20 juil. au 20 août, janv., dim. soir, merc. et jeudi – SC : **R** (nombre de couverts limité - prévenir) carte 65 à 90.

MOUANS-SARTOUX 06370 Alpes-Mar. 🗗🗗 ⑧, 🗗🗗🗗 ㉔ – 5 166 h. alt. 125 – ✪ 93.
Paris 911 – Antibes 15 – Cannes 10 – Grasse 7 – Mougins 4,5 – ♦Nice 35.

⚒⚒ **Palais des Coqs,** SO : 2 km par D 409 et VO ☏ 75.61.57, « Jardin fleuri » – 🅿.
𝗩𝗜𝗦𝗔
fermé 12 au 29 juin, 8 au 31 janv., merc. soir de sept. à juin, vend. midi en juil-août et jeudi – SC : **R** (prévenir) 130/170.

⚒ **Relais Napoléon,** rte Nationale ☏ 75.65.08
fermé 15 déc. au 20 janv., sam. soir hors sais. et merc. soir – SC : **R** 43/86.

MOUCHARD 39330 Jura 🗗🗗 ④⑤ – 1 427 h. alt. 277 – ✪ 84.
Paris 402 – Arbois 9 – ♦Besançon 41 – Dole 36 – Lons-le-Saunier 47 – Salins-les-Bains 9.

⚒⚒ **Chalet Bel'Air** avec ch, ☏ 73.80.34, ≤, 🍃 – 🅿. 🆎 ⓪ 𝗩𝗜𝗦𝗔
fermé 20 au 28 juin, 21 nov. au 20 déc., merc. et jeudi sauf vacances scolaires – **R** 73/170 🍷 – 🍴 22 – **8 ch** 120/150.

RENAULT Gar. Conry, ☏ 73.82.43 🗗

MOUDEYRES 43 H.-Loire 🗗🗗 ⑱ – 132 h. alt. 1 177 – ✉ 43480 Laussonne – ✪ 71.
Paris 541 – Aubenas 63 – Langogne 56 – Le Puy 25 – St-Agrève 41 – Yssingeaux 35.

🏠 **Aub. Pré Bossu** 🌿, ☏ 00.10.70, 🌳 – 🛏wc 🛁wc 🐕 🅿. 𝗩𝗜𝗦𝗔. 🧺 rest
Pâques-11 nov., 25 déc.-4 janv., fév. et fermé mardi et merc. – **R** (prévenir) 85/200 –
🍴 20 – **11 ch** 115/155 – P 205/235.

MOUGINS 06250 Alpes-Mar. 🗗🗗 ⑨, 🗗🗗🗗 ㉔㉘ G. Côte d'Azur – 10 197 h. alt. 260 – ✪ 93.
Voir Site★ – Ermitage N.-D. de Vie : site★, ≤★ SE : 3,5 km.
🏌 Country-Club de Cannes-Mougins ☏ 75.79.13, E : 2 km.
🄘 Syndicat d'Initiative pl. du Village (fermé sam. et dim.) ☏ 90.15.15.
Paris 908 – Antibes 12 – Cannes 7 – Grasse 11 – ♦Nice 32 – Vallauris 8.

🏛 **Mas Candille** 🌿, ☏ 90.00.85, ≤, 🍃, « Jardins en terrasse », ⩊ – 🖃 🕿 🅿. 🆎
⓪ 𝗩𝗜𝗦𝗔 🧺 rest
fermé 1ᵉʳ nov. au 30 déc. – SC : **R** 150/250 – 🍴 30 – **25 ch** 380/450.

🏛 **Clos des Boyères** 🌿, chemin de la Chapelle ☏ 90.01.58, parc, 🍃, « Bungalows dans un parc », ⩊, 🧺 – 📺 🛏wc 🕿 🅿. 🆎 ⓪ 🖃 𝗩𝗜𝗦𝗔
fermé 1ᵉʳ nov. au 1ᵉʳ fév. – **R** *(fermé mardi)* 93 – **23 ch** 🍴 365/465, 12 appartements 605/705 – P 579.

tourner ⟶

XXXX ❀❀❀ **Moulin de Mougins** (Vergé) avec ch, à Notre-Dame-de-Vie SE : 2,5 km par D 3 ℱ 75.78.24, Télex 970732, ←, – ▤ rest TV ⇔wc ☎ P. AE ① VISA
fermé 15 nov. au 20 déc. et 15 fév. au 25 mars – **R** *(fermé jeudi midi et lundi)* 330 et carte – 53 – **3 ch** 460/550
Spéc. Poupeton de truffe, Noisettes d'agneau, Terrine de fruits. **Vins** Gassin, Rians.

XXX ❀❀ **Amandier de Mougins,** au Village ℱ 90.00.91, – AE ① VISA
fermé 2 janv. au 15 fév., sam. midi et merc. – **SC** : **R** 215 et carte
Spéc. Salade tiède d'ailes de canard, Escalope de foie gras chaud, Mignonettes d'agneau. **Vins** Gassin, Rians.

XXX ❀ **Relais à Mougins** (Surmain), au Village, pl. Mairie ℱ 90.03.47, – VISA
fermé 21 oct. au 4 déc., dim. soir et lundi sauf juil.-août – **R** (nombre de couverts limité - prévenir) 155 bc/180 bc (déj. seul.) carte 240 à 310
Spéc. Foie gras de canard poêlé, Carrelet à la vinaigrette tiède, Pochée de volaille aux gyromitres. **Vins** Correns, Villecroze.

XX **Ferme de Mougins,** à St-Basile ℱ 90.03.74, – P. AE ① VISA
fermé 15 nov. au 15 déc., 15 fév. au 15 mars, dim. soir et lundi – **SC** : **R** 150/300.

XX **Aux Trois Étages,** au village ℱ 90.01.46, – ①
fermé 1er oct. au 1er déc. et jeudi – **SC** : **R** 110/140.

XX **France** avec ch, ℱ 90.00.01, – ⇔ ☎. ① VISA
fermé janv., dim. soir et lundi hors sais. – **SC** : **R** 120 – 20 – **8 ch** 100/170.

XX **Le Bistrot,** ℱ 75.78.34 – ▤.

PEUGEOT-TALBOT Ortelli, 235 rte du Cannet (Bretelle Autoroute) ℱ 45.11.11

MOUGUERRE 64 Pyr.-Atl. 78 ⑱ – rattaché à Bayonne.

MOULEYDIER 24520 Dordogne 75 ⑮ – 970 h. alt. 36 – ✪ 53.
Paris 526 – Beaumont 19 – Bergerac 10 – Périgueux 47 – Sarlat-la-Canéda 64.

Aub Beau Rivage, rte Lalinde ℱ 23.20.21, ← – ⋒ P. E VISA
fermé 15 au 31 oct., 15 au 28 fév., dim. soir et lundi midi d'oct. à mai – **SC** : **R** 34/135 – 12 – **10 ch** 75/140 – P 150/180.

MOULIN-CHABAUD 01 Ain 74 ④ – rattaché à Ceignes.

MOULIN-DES-PONTS 01 Ain 70 ⑬ – rattaché à Coligny.

MOULINS P 03000 Allier 69 ⑭ **G. Auvergne** – 25 548 h. alt. 221 – ✪ 70.
Voir Cathédrale★ : triptyque★★★, vitraux★★ AY – Jacquemart★ BY **D** – Mausolée du duc de Montmorency★ (chapelle du lycée Banville) AX **B.**
Env. Château de Pomay★ par ③ : 9,5 km.
ℹ Office de Tourisme (fermé lundi et dim.) pl. Hôtel de Ville ℱ 44.14.14 - A.C. 62 r. Pont-Ginguet ℱ 44.00.96.
Paris 294 ① – Bourges 98 ① – Chalon-sur-Saône 134 ③ – Châteauroux 152 ① – ♦Clermont-Ferrand 96 ⑤ – Mâcon 139 ③ – Montluçon 67 ⑥ – Nevers 54 ① – Roanne 98 ④ – Vichy 57 ④.

Plan page ci-contre

❀❀ **Paris** M, 21 r. Paris ℱ 44.00.58 – ▤ TV ☎ P – 40. AE ① E VISA
fermé janv., dim. soir et lundi midi du 1er sept. au 15 juil. – **SC** : **R** (nombre de couverts limité - prévenir) 140/220 et carte – 31 – **21 ch** 120/390, 8 appartements 480 – P 500/650 AX **p**
Spéc. Salade Bourbonnichonne, Escalope de saumon frais au Sancerre rouge, Noisettes d'agneau. **Vins** Pouilly-Fumé, Saumur Champigny.

Moderne, 9 pl. J.-Moulin ℱ 44.05.06 – ⇔wc ⋒wc ☎ – 100 AY **m**
SC : **R** *(fermé 3 au 26 nov. et sam.)* 62/95 – 18,50 – **44 ch** 151/201 – P 295/340.

Parc, 31 av. Gén.-Leclerc ℱ 44.12.25 – ⇔wc ⋒wc ☎ P BZ **a**
fermé 8 au 15 juin, 1er au 15 oct. et 23 déc. au 8 janv. – **SC** : **R** *(fermé dim. soir et sam.)* 60/120 – 17 – **26 ch** 110/200 – P 220/270.

Dauphin, 59 pl. Allier ℱ 44.33.05, Télex 394 860 – ⇔wc ⋒wc ☎ P AY **u**
fermé 20 déc. au 31 janv., sam. et dim. d'oct. à avril – **SC** : **R** 50/190 – 16 – **62 ch** 116/250.

XX **des Cours,** 36 cours J.-Jaurès ℱ 44.32.56 – AE ① E BY **e**
fermé 1er au 15 juil., 24 déc. au 4 janv., lundi soir et mardi – **R** 70/160.

XX **Jacquemart,** 10 pl. H.-de-Ville ℱ 44.32.58 – AE ① BY **r**
fermé 29 avril au 6 mai, 5 au 20 août, 23 déc. au 3 janv., 4 au 12 mars, dim. et lundi – **SC** : **R** 83/150.

par ④ sur N 7 : 3 km – ✉ **03000** Moulins :

Ibis M, ℱ 46.71.12, Télex 990638 – ⇔wc ☎ ♿ P – 50. E VISA
SC : **R** *(fermé dim. d'oct. à mars)* carte environ 65 – 18 – **43 ch** 183/204.

MOULINS

Entrée — GENDARMERIE ①

BOURGES 98 km
NEVERS 54 km ①

DECIZE 39 km ②

B

MACON 139 km
DIGOIN 59 km
BOURBON-L'ANCY 36 km ③

PALAIS DES SPORTS

Pl. Jean Moulin

NOTRE DAME

LAPALISSE 50 km
VICHY 57 km

ROANNE 98 km
LYON 184 km ④

67 km
MONTLUÇON ⑥ ⑤

ST-POURÇAIN-S-S. 31 km
CLERMONT-FD 96 km

GARE

AGENCE MICHELIN

Allier (Pl. d')	**AY**
Allier (R. d')	**BY 2**
Flèche (R. de la)	**BY 20**
Horloge (R. de l')	**BY 24**

Banville (Av. Th.-de)	**BY 4**
Bréchimbault (R.)	**BY 6**
Charles-L.-Philippe (Bd) . . .	**AZ 7**
Couteliers (R. des)	**BY 8**
Desboutins (R. M.)	**BY 9**
Diderot (R.)	**BX 10**
Fausses-Braies (R. des) . . .	**AX 12**
Gambetta (R.)	**AY 22**
Garibaldi (Pl.)	**AY 23**

Jaurès (Cours Jean)	**BY 25**
Michel-de-l'Hospital (R.) . .	**BX 26**
Notre-dame (⊟)	**AY**
Péron (R. François)	**BY 27**
République (Pl. de la) . . .	**BY 29**

Sacré-Cœur (⊟)	**AY**
St-Pierre (⊟)	**BZ**
Tanneries (R. des)	**BY 30**
Vert-Galant (R. du)	**AXY 33**
4-Septembre (R. du)	**BY 35**

à Bressolles par ⑤ : 5 km – ⊠ **03000** Moulins :

※※ **Cuisine d'Autrefois,** ℡ 44.48.00 – ℗
fermé 1er au 23 oct. et merc. – **SC : R** 75/145.

à Coulandon par ⑥ et VO : 7 km – ⊠ **03000** Moulins :

🏠 **Le Chalet** ⤴, ℡ 44.50.08, ≤, 🏛, « parc » – ⊟wc 🛁wc ☎ ℗ – 🔥 30. **E** 𝗩𝗜𝗦𝗔
fermé 1er déc. au 31 janv. et dim. du 1er oct. au 30 avril – **SC : R** *(hors saison ouvert le soir seul., fermé week-end sauf vacances scolaires)* 54/90 ⅄ – ⊡ 16 – **21 ch** 83/215.

MICHELIN, Agence, N 7, Z.I. Sud à Yzeure par ④ ℡ 46.21.14

CITROEN Dubois-Dallois, rte de Paris à Avermes par ① ℡ 44.34.98
FIAT **LANCIA-AUTOBIANCHI,** Ets Gouleret, N 7 à Avermes ℡ 44.20.37
MERCEDES-BENZ Gar. St-Christophe, 119 r. de Paris ℡ 44.13.60
PEUGEOT-TALBOT Maréchal, 46 bd de Courtais ℡ 46.07.07
PEUGEOT Gar. Berthommier, 1 r. de Paris ℡ 44.33.94
RENAULT Gd Gar. Paris-Lyon, N 7 à Avermes par ① ℡ 44.30.12

V.A.G. Gar. de la Plaine, rte de Clermont-Fd., Bressolles ℡ 44.48.23 **N** ℡ 44.47.89

◍ Estager-Pneu, 36 rte de Moulins, Avermes ℡ 44.11.55
Jousse-Pneus, N 7, Avermes ℡ 44.21.14
Moulins-Pneus, 103 rte de Lyon ℡ 46.31.42
S.A.G.G.Y., 80 rte de Lyon à Yzeure par ④ ℡ 44.41.41

Les plans de villes sont orientés le Nord en haut.

MOULINS-ENGILBERT 58290 Nièvre 🔟 ⑥ G. Bourgogne – 1 732 h. alt. 210 – ⊕ 86.

Paris 284 – Autun 53 – Château-Chinon 16 – Corbigny 38 – Moulins 70 – Nevers 58.

🏠 **Bon Laboureur**, 🅟 84.20.55 – 🚪 🏠wc
➡ fermé vacances de fév. – SC : **R** 46/90 ⅄ – � 14 – **20 ch** 55/140 – P 132/165.

CITROEN Gar. Lavalette, 🅟 84.21.68   PEUGEOT-TALBOT Perraudin, 🅟 84.23.55
PEUGEOT-TALBOT Gar. Bondoux, 🅟 84.24.29   RENAULT Gge Pessin, 🅟 84.25.13

Le MOULLEAU 33 Gironde 🔟🔟 ② ⑫ – rattaché à Arcachon.

MOURÈZE 34 Hérault 🔟🔟 ⑤ G. Causses – 76 h. alt. 200 – ⊠ 34800 Clermont-L'Hérault – ⊕ 67.

Voir Cirque**★★**.

Paris 810 – Bédarieux 23 – Clermont-L'Hérault 8 – ♦ Montpellier 49.

🏠 **Hauts de Mourèze** ⤳ sans rest, 🅟 96.04.84, ≤, parc, 🔟 – 🚪wc 🅿. ⚛
31 mars-6 oct. – SC : ⬛ 20 – **10 ch** 140/150.

MOURIÈS 13890 B.-du-R. 🔟🔟 ① – 2 298 h. alt. 18 – ⊕ 90.

Paris 726 – Arles 24 – Cavaillon 25 – ♦Marseille 76 – St-Rémy-de-Pr. 16 – Salon-de-Provence 22.

🏠 **Relais des Baux**, 🅟 97.50.11 – 🏠. ⚛ ch
➡ hôtel ouvert 15 mars-31 oct., rest. fermé 19 sept. au 30 sept., vacances de fév. et
lundi hors sais. – SC : **R** 45/82 – ⊵ 16,50 – **8 ch** 88/121 – P 138/170.

Le MOURILLON 83 Var 🔟🔟 ⑮ – rattaché à Toulon.

Les MOUSSEAUX 78 Yvelines 🔟🔟 ⑨, 🔟🔟🔟 ㉘ – rattaché à Pontchartrain.

MOUSTERLIN (Pointe de) 29 Finistère 🔟🔟 ⑮ – rattaché à Fouesnant.

MOUSTIERS-STE-MARIE 04360 Alpes-de-H.-Pr 🔟🔟 ⑰ G. Côte d'Azur (plan) – 575 h. alt. 631
– ⊕ 92.

Voir Site**★★** – Chapelle N.-D.-de-Beauvoir★ – Clocher★ de l'église A.

🚩 Syndicat d'Initiative (15 juin-15 sept.) 🅟 74.67.84.

Paris 793 – Aix-en-Provence 86 – Castellane 45 – Digne 48 – Draguignan 62 – Manosque 50.

🏠 **Le Relais**, 🅟 74.66.10, � – 🏠 🏠. 🅴 VISA
fermé 30 sept. au 7 oct. et 16 déc. à fin mars – SC : **R** 60/140 – ⊵ 16,50 – **14 ch**
90/140 – P 180/200.

🍴🍴 **Les Santons**, pl. Église 🅟 74.66.48, � – 🅰🅴
fermé 3 nov.-20 déc. et mardi du 1er oct. au 1er avril – SC : **R** 95/170.

RENAULT Garage Honorat, 🅟 74.66.30 🅽   Garage Achard, 🅟 74.66.24

MOUTHIER-HAUTE-PIERRE 25920 Doubs 🔟🔟 ⑥ G. Jura – 360 h. alt. 430 – ⊕ 81.

Voir Belvédère de Mouthier ≤**★★** SE : 2,5 km – Gorges de Nouailles★ SE : 3,5 km –
Roche de Haute-Pierre ≤★ N : 5 km puis 30 mn.

Paris 449 – Baume-les-Dames 55 – ♦Besançon 39 – Levier 27 – Pontarlier 20 – Salins-les-Bains 43.

🏠 **La Cascade**, 🅟 62.19.00, ≤ – 🚪wc 🏠 📻 🚗 🅿 ⚛
➡ fermé 11 nov. au 6 janv. – SC : **R** 45/130 – ⬛ 16 – **23 ch** 130/170 – P 185/210.

MOUTIER-ROZEILLE 23 Creuse 🔟🔟 ① – rattaché à Aubusson.

MOÛTIERS 73600 Savoie 🔟🔟 ⑰ G. Alpes – 4 798 h. alt. 479 – ⊕ 79.

🚗 🅟 24.01.11.

🚩 Office de Tourisme pl. St-Pierre (fermé dim. et lundi) 🅟 24.04.23.

Paris 635 – Albertville 27 – Chambéry 74 – St-Jean-de-Maurienne 64.

🏠 **Aub. de Savoie** Ⓜ, 🅟 24.20.15 – 📺 🚪wc 🏠. VISA
➡ fermé juin, lundi en sais. et sam. hors sais. – SC : **R** 50/110 ⅄ – ⊵ 15 – **20 ch**
130/160.

🏠 **Ibis** Ⓜ ⤳, 🅟 24.27.11, Télex 980611, ≤ – 🛗 🚪wc 🅿. 🅴 VISA
SC : **R** carte environ 65 ⅄ – ⬛ 19,50 – **62 ch** 157/201 – P 227/263.

🏠 **Moderne**, av. Gare 🅟 24.01.15 – 🏠. ⚛
➡ fermé 1er au 15 mai, 20 oct. au 15 nov. et dim. – SC : **R** 50/80 – ⊵ 15 – **20 ch** 72/89
– P 120/150.

CITROEN Ets Martin, 🅟 24.02.80   RENAULT De Prince, à Salins-les-Thermes 🅟
FORD Gar. de la Vanoise, 🅟 24.20.64   24.29.55
OPEL Gar. des Cordeliers, 🅟 24.01.58
PEUGEOT-TALBOT Petitti, 🅟 24.10.66   🛞 La Maison du Pneu 🅟 24.21.95

738

MOUX 58 Nièvre 65 ⑰ – 708 h. alt. 500 – ✉ **58230** Montsauche – ☎ 86.

Paris 267 – Autun 31 – Château-Chinon 30 – Clamecy 75 – Nevers 96 – Saulieu 15.

Beau Site, D 121 ☎ 76.11.75, ≤, ☂, ⛟ – ⋒wc Ⓟ
25 mars-30 nov. – SC : **R** 48/95 – ☕ 14 – **28 ch** 60/120 – P 125/150.

CITROEN Gar. Bureau, ☎ 76.14.05 N

MOUZON 08210 Ardennes 56 ⑩ **G. Vosges** – 2 995 h. alt. 256 – ☎ 24.

Voir Église N.-Dame★.

Paris 255 – Charleville-Mézières 39 – Longwy 74 – Sedan 17 – Verdun 63.

XX **La Maison Espagnole,** ☎ 26.10.06 – ⓓ VISA
fermé 16 août au 4 sept., 26 déc. au 8 janv., dim. soir et lundi sauf fêtes – SC : **R** 80/150.

MOYE 74 H.-Savoie 74 ⑤ – rattaché à Rumilly.

MOYENMOUTIER 88420 Vosges 62 ⑦ **G. Vosges** – 3 498 h. alt. 312 – ☎ 29.

Voir Église★ d'Étival-Clairefontaine O : 5 km.

Paris 450 – Lunéville 41 – St-Dié 15 – ♦Strasbourg 82.

Host. de l'Abbaye, 33 r. Hôtel de Ville ☎ 41.54.31 – ⇔. ⓓ E VISA
fermé 30 sept. au 7 nov., dim. soir sauf l'hôtel et lundi hors sais. – SC : **R** 50/140 ⅓ – ☕ 12 – **12 ch** 66/150 – P 132/158.

MUHLBACH 68 H.-Rhin 62 ⑱ – 668 h. alt. 465 – ✉ **68380** Metzeral – ☎ 89.

Paris 468 – Colmar 24 – Gérardmer 38 – Guebwiller 41.

Perle des Vosges ⛰, ☎ 77.61.34, ≤, ⛟ – ⇔wc ⋒wc ☎ ⛟ Ⓟ. ⛔
fermé 2 janv. au 2 fév. – SC : **R** *(fermé merc. hors sais.)* 54/150 ⅓ – ☕ 15 – **25 ch** 82/190 – P 135/185.

MULHOUSE ⓈⓅ 68100 H.-Rhin 66 ⑨⑩ **G. Vosges** – 113 794 h. alt. 240 – ☎ 89.

Voir Parc zoologique et botanique★★ CV **B** – Hôtel de Ville★ FY **H** – Vitraux★ du temple St-Étienne FY **D** – Musées : Automobile★★ BU **M6**, Français du Chemin de fer★ AV **M3**, de l'Impression sur étoffes★ FZ **M2**, Historique★ (Hôtel de ville) FY **M1**.

⛳ du Rhin à Chalampé ☎ 26.07.86 par ① : 19 km.

✈ de Bâle-Mulhouse par ② : 27 km, ☎ 69.00.00 à St-Louis (France) et ☎ 57.31.11 à Bâle (Suisse).

🚘 ☎ 45.62.83.

ℹ Office de Tourisme 9 av. Mar.-Foch (fermé dim. hors sais.) ☎ 45.68.31, Télex 881285 - A.C. 11 bd Europe ☎ 45.38.72 -.

Paris 537 ⑤ – ♦Bâle 35 ② – Belfort 43 ⑤ – ♦Besançon 136 ⑤ – Colmar 41 ⑧ – ♦Dijon 229 ⑤ – Freiburg 58 ⑨ – ♦Nancy 183 ⑦ – ♦Reims 436 ⑧ – ♦Strasbourg 118 ⑦.

Plans pages suivantes

Frantel M, 4 pl. Gén.-de-Gaulle ☎ 46.01.23, Télex 881807 – ⇅ ▤ rest TV ☎ 🚘 – 🎤 25 à 200. AE ⓓ E VISA FZ **b**
SC : rest. **L'Alsace** *(fermé sam. midi et dim.)* **R** carte 120 à 170 – ☕ 27 – **96 ch** 268/363.

Bourse sans rest, 14 r. Bourse ☎ 56.18.44 – ⇅ TV ⇔wc ⋒wc ☎. E VISA FZ **d**
fermé 23 déc. au 2 janv. – SC : ☕ 24 – **50 ch** 205/270.

Europe sans rest, 11 av. Mar.-Foch ☎ 45.19.18 – ⇅ TV ⇔wc ⋒wc ☎ ♿. ⓓ E VISA FZ **g**
SC : ☕ 20 – **50 ch** 110/230.

Bristol sans rest, 18 av. Colmar ✉ 68200 ☎ 42.12.31 – ⇅ TV ⇔wc ⋒ ☎ Ⓟ. AE ⓓ E VISA FY **e**
fermé 22 déc. au 2 janv. – SC : ☕ 18,50 – **52 ch** 110/255.

Wir, 4 porte Bâle ☎ 56.13.22 – ⇅ ⇔wc ⋒wc ☎. VISA FY **s**
R *(fermé mi-juin à mi-juil. et vend.)* 55/155 ⅓ – ☕ 15 – **39 ch** 96/197.

Salvator sans rest, 29 passage Central ☎ 45.28.32 – ⇅ ⇔wc ⋒wc ☎. AE ⓓ VISA
fermé 20 déc. au 3 janv. – SC : ☕ 17 – **39 ch** 108/193. FY **x**

Musée sans rest, 3 r. Est ☎ 45.47.41 – ⇅ TV ⇔wc ⋒wc ☎ Ⓟ. ⓓ E VISA FZ **t**
fermé 20 déc. au 5 janv. – SC : ☕ 16 – **43 ch** 100/200.

Touring H. sans rest, 10 r. Moulin ☎ 45.32.84 – ⇅ ⇔wc ⋒wc ☎ FY **b**
SC : ☕ 17 – **30 ch** 86/201.

Bâle sans rest, 19 passage Central ☎ 46.19.87 – TV ⇔wc ⋒ ☎. VISA FY **p**
SC : ☕ 17,50 – **31 ch** 98/187.

Paris sans rest, 5 passage H.-de-Ville ☎ 45.21.41 – ⇔wc ⋒wc ☎. E VISA. ⛔
SC : ☕ 20 – **20 ch** 150/185. FY **r**

XXX **Le Parc**, 8 r. V.-Hugo à Illzach-Modenheim ⊠ 68110 Illzach ℡ 56.61.67, 🌧, 🐎 – ℗. *VISA*
  fermé 1er au 20 août, Noël au 1er janv., dim. soir et lundi – SC : **R** 100/240.

XX **Relais de la Tour** (31e étage), 3 bd Europe ℡ 45.12.14, ≼ ville et environs – 🍴. ⚿ ① *VISA*
  SC : **R** 63/145 ♨.
  FY **v**

XX **Guillaume Tell**, 1 r. Guillaume-Tell ℡ 45.21.58 – ⚿ ① Ε *VISA*
  fermé 15 juil. au 5 août, 20 déc. au 5 janv., mardi soir et merc. – **R** 40/150 ♨.
  FY **q**

XX **Aub. Alsacienne du Zoo**, 31 av. 9e Division-Blindée ℡ 44.26.91, 🌧, ambiance alsacienne – ℗. ⚿ ① Ε *VISA*
  fermé fév., dim. soir et lundi – **R** 40/190, dîner à la carte ♨.
  CV **a**

XX **Belvédère**, 80 av. 1ère Division Blindée par r. Montagne ℡ 44.18.79, 🌧 – ℗. ⚿ ① Ε *VISA*
  fermé 29 août au 11 sept., vacances de fév., lundi soir et mardi – SC : **R** 50/150 dîner à la carte ♨.
  CV **s**

XX **Châtaigneraie**, 109 av. 1ère Division-Blindée par r. Montagne ℡ 44.25.56, 🌧 – ℗
  fermé 16 août au 6 sept., 24 déc. au 2 janv., dim. soir et sam. – SC : **R** 85 bc/120 ♨.
  CV **e**

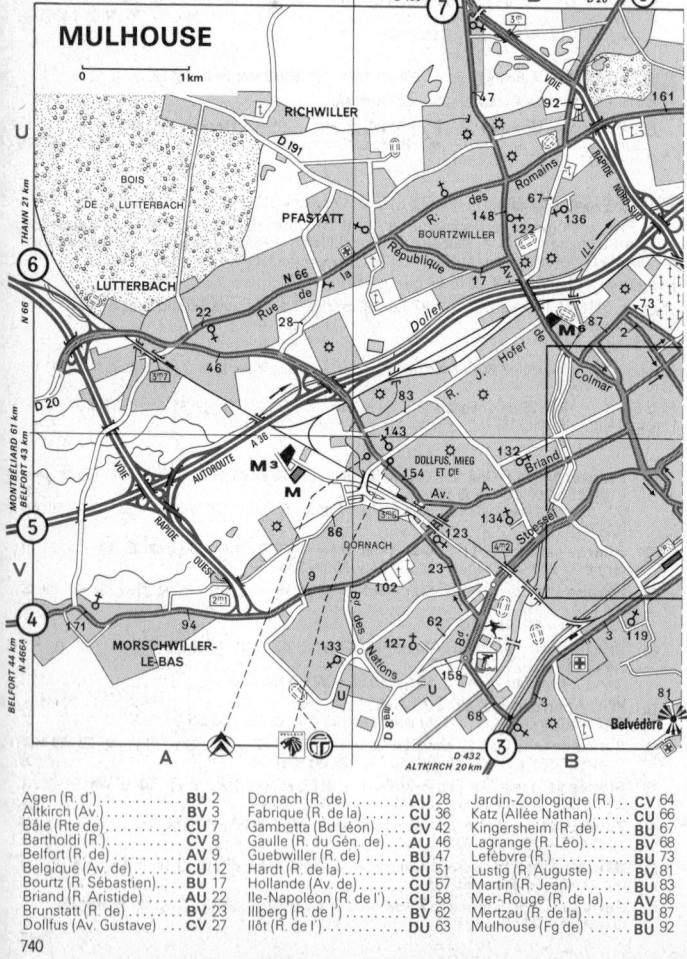

✕ **Aux Caves du Vieux Couvent** (Taverne), 23 r. Couvent ✉ 68200 ☎ 46.28.79
fermé en juin, Noël à Nouvel An, lundi midi et dim. – **SC** : **R** 30/60 ⅄. EY **n**

à ***Riedisheim*** – 12 264 h. – ✉ **68400** Riedisheim :

✕✕ **Poste,** 7 r. Gén.-de-Gaulle ☎ 44.07.71 – Ⓟ CV **d**
fermé août, mardi soir et merc. – **SC** : **R** 60/170, dîner à la carte ⅄.

au NE – ✉ **68390** Sausheim :

Sofitel Ⓜ, ☎ 44.75.75, Télex 881311, ⛱, 🏊, 🎾 – 🛗 ▤ 📺 ☎ ♿ Ⓟ – 🏛 180. AE ⓓ E VISA DU **r**
rest. **La Tissandière R** carte 120 à 170 ⅄ – ☕ 35 – **98 ch** 295/390.

Novotel Mulhouse-Sausheim Ⓜ, ☎ 44.44.44, Télex 881673, ⛱, 🏊, 🌳 – ▤ rest 📺 ☎ Ⓟ – 🏛 110. AE ⓓ E VISA DU **s**
R snack carte environ 90 ⅄ – ☕ 28 – **77 ch** 240/269.

Mercure Mulhouse-Sausheim Ⓜ, ☎ 44.54.40, Télex 881757, ⛱, 🏊 – 🛗 ▤ rest 📺 ☎ ♿ Ⓟ – 🏛 170. AE ⓓ E VISA DU **t**
R carte environ 90 ⅄ – ☕ 26 – **98 ch** 244/273.

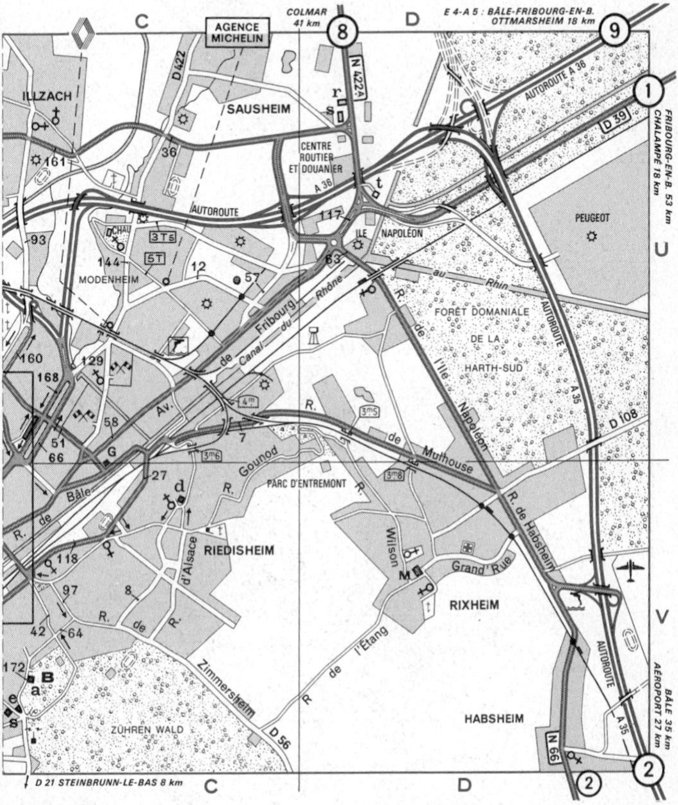

Mulhouse (R. de) ILLZACH .... **CU** 93
Mulhouse (R. de) MORSCHWILLER-LE-BAS .... **AV** 94
Noelting (R. Émilio) .... **CV** 97
Paris (Bd de) .... **BV** 102
Rhin (R. du) ILLZACH .. **DU** 117
Riedischeim (Av. de) ... **CV** 118
Sacré-Cœur (⊞) ...... **BV** 119
St-Antoine (⊞) ..... **BU** 122
St-Barthélemy (⊞) . **BV** 123
St-François-d'Assise (⊞) .... **BV** 127
St-Jean-Bosco (⊞) **CU** 129
St-Joseph (⊞) ..... **BV** 132
St-Luc (⊞) .... **AV** 133
St-Pierre-et-Paul (⊞) .... **BV** 134
Ste-Claire (⊞) ..... **BU** 136
Ste-Thérèse (⊞) .... **BUV** 143
Sausheim (R. de) .... **CU** 144
Soultz (R. de) .... **BU** 148
Thann (R. de) .... **BV** 154
Université (R. de l') .... **BV** 158
Vauban (R.) .... **CU** 160
Vosges (R. des) .... **BCU** 161
Wyler (Allée William) ...... **CU** 168
1re-Armée-Française (R.) ... **AV** 171
9e-Div.-d'Inf.-Coloniale (R.) **CV** 172

MULHOUSE

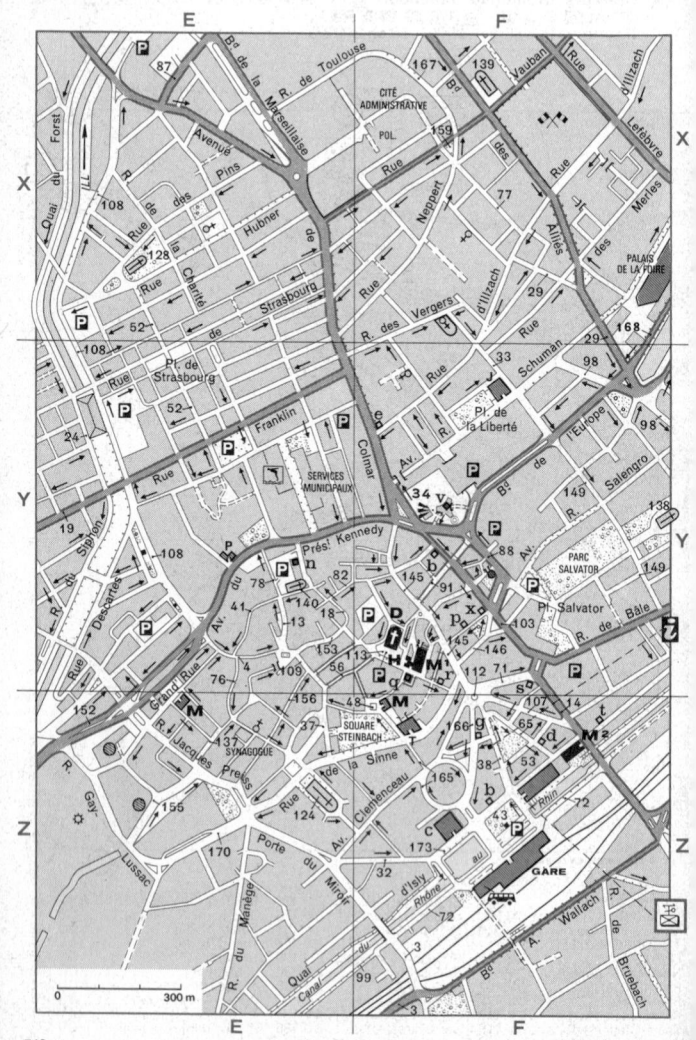

à Steinbrunn-le-Bas SE : 8,5 km par r. Montagne - CV – ⌧ **68440** Habsheim :

XX ✿ **Moulin du Kaegy** (Begat), 🕿 81.30.34, « Maison du 16ᵉ s. isolée dans la campagne, jardin » – **P**
fermé 15 au 31 juil., 15 déc. au 15 janv., dim. soir et lundi – SC : **R** (nombre de couverts limité - prévenir) 170/320
Spéc. Foie d'oie confit, Suprême de pintadeau au vinaigre, Caneton au citron. **Vins** Riesling, Pinot blanc.

à Froeningen : SO : 9 km par D 8ᴮ - BV – ⌧ **68720** Illfurth :

XX **Aub. de Froeningen** avec ch, 🕿 25.48.48, ☂, ⛝ – ⋒wc 🕿 **P**
fermé 15 juil. au 15 août, dim. soir et lundi – SC : **R** 90/170 – ⍾ 22 – **7 ch** 240.

MICHELIN, Agence, 35 av. de Belgique, Illzach CU 🕿 **46.50.55**

AUTOBIANCHI, LANCIA, VOLVO Gar. Christen, 32 allée Nathan Katz 🕿 45.89.13
BMW, OPEL SDA Rixheim, 64 rte de Mulhouse à Rixheim 🕿 44.40.50
CITROEN Gar. Muller, 23 r. Thann 🕿 42.98.88
FIAT Gar. Hess, 81 av. Colmar 🕿 59.33.88
FORD Gar. Sax, 12 r. du Couvent 🕿 45.46.54
MERCEDES-BENZ, V.A.G. Générale-Autom., 226 av. de Fribourg, Illzach 🕿 44.26.54
PEUGEOT, TALBOT S.I.A. Mulhouse, 22 r. de Thann 🕿 43.98.20
RENAULT Gd. Gar Mulhousien, r. Sausheim à Modenheim 🕿 46.01.44

TOYOTA Gar. Rémy, 13 r. du Puits 🕿 44.42.49
V.A.G. Gar. Schelcher, 27 fg de Mulhouse à Kingersheim 🕿 52.45.22

⑧ Arni-Holler, 3 r. L.-Pasteur 🕿 45.85.27 et av. Italie, Zone Ind., Illzach 🕿 45.85.27
Kautzmann, 276 av. d'Altkirch à Brunstatt 🕿 06.08.44
Pneus et Services D. K, 6 r. Amidonniers 🕿 42.30.06 et 11 av. de Hollande, Zone Ind., Illzach 🕿 64.26.11
Sce Central du Pneu, Ottmann, 58 r. Dollfus 🕿 42.15.82

▬▬▬ **MUNSTER** 68140 H.-Rhin 🖠🖢 ⑱ G. Vosges – 4 740 h. alt. 381 – ✿ 89.

🖪 Office de Tourisme pl. Salle-des-Fêtes (fermé dim. sauf matin en juil. et août) 🕿 77.31.80.

Paris 463 ② – Colmar 19 ① – Gérardmer 33 ② – Guebwiller 39 ① – ◆Mulhouse 57 ① – St-Dié 57 ② – ◆Strasbourg 89 ①.

🏠 **A la Schlucht,** r. Luttenbach (r) 🕿
➔ 77.32.48 – 🛏wc ⋒wc **P**. ▨ ⑩ **E**.
⛝
fermé 15 au 31 janv., 10 au 25 mars, vend. hors sais. et fêtes – SC : **R** 44/150 ⅄ – ⍾ 14 – **17 ch** 83/143 – P 135/170.

🏠 **Vosges** sans rest, r. Grand'Rue (k) 🕿 77.31.41 – 🛏wc ⚑. ⛝
fermé 5 au 23 mars, 9 au 30 mai, vacances fév. et dim. soir en hiver) – SC : ⍾ 14,50 – **13 ch** 105/147.

XX **Cigogne** avec ch, pl. Marché (e) 🕿
➔ 77.32.27 – 🛏wc ⋒wc ☎. ▨. ⛝
fermé 22 au 30 juin, 15 nov. au 10 déc., mardi soir et merc. – SC : **R** 42/145 – ⍾ 16 – **10 ch** 80/170.

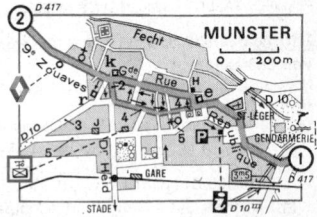

MUNSTER

Hohneck (R. du) ... 2
Luttenbach (R. de) 3
St-Grégoire (R.) ... 4
Sébastopol (R.) ... 5

à Luttenbach SO : 3 km par D 10 et rte forestière – ⌧ **68140** Munster :

🏠 **Chêne Voltaire** ⑤, 🕿 77.31.74, ≤, « Dans la forêt » – 🛏wc ⋒wc ☎ ⟚ **P**. ⛝ ch
fermé 1ᵉʳ au 17 mars, 15 nov. au 15 janv. et mardi – SC : **R** (résidents seul.) – ⍾ 16 – **19 ch** 60/126 – P 120/155.

à Breitenbach SO : 4 km par D 10 – ⌧ **68380** Metzeral :

X **Cecchetti,** rte Metzeral 🕿 77.32.20, ☂ – **P**
1ᵉʳ mars-31 oct., vacances de Noël et de fév. et fermé lundi – **R** 50/100 ⅄.

à Eschbach-au-Val SE : 5,5 km par D 10 – ⌧ **68140** Munster :

🏠 **Obersolberg** ⑤, 🕿 77.36.49, ≤ vallée, ⛝ – 🛏wc ☎ **P**. ⛝
fermé 15 oct. au 15 nov., mardi soir et merc. – SC : **R** 52 – ⍾ 15 – **17 ch** 60/140 – P 130/150.

CITROEN Gar. Sary, par ① 🕿 77.33.44
PEUGEOT, TALBOT Gar. Schmidt, par ① 🕿 77.40.78 🅽

RENAULT Gar. Martin, 🕿 77.37.44
RENAULT Gar. St-Grégoire 🕿 77.35.08 🅽

▬▬▬ **MURAT** 15300 Cantal 🖠🖢 ③ G. Auvergne (plan) – 2 813 h. alt. 917 – ✿ 71.

Voir Église★ de Bredons S : 2,5 km.

🖪 Office de Tourisme av. Dr. Mallet (juil.-août) 🕿 20.09.47 et à l'Hôtel de Ville (fermé sam. et dim.) 🕿 20.03.80.

Paris 495 – Aurillac 51 – Brioude 57 – Issoire 73 – Le Puy 117 – St-Flour 25.

🏠 **Gd H. Messageries,** 🕿 20.04.04, ⛝ – 🛏wc ⋒ ☎ ⟚. **E**
➔ *fermé 25 nov. au 22 déc. et 4 au 20 janv.* – **R** 44/94 ⅄ – ⍾ 13,50 – **21 ch** 62/135 – P 113/145.

MURAT

à Prat de Bouc SO : 10 km par D 39 – ✉ **15300** Murat :

✕ **Le Buron**, ☏ 73.30.84, ← – ✖
→ *fermé 1er au 15 juin et 1er oct. au 20 déc.* – SC : **R** 40/82.

PEUGEOT-TALBOT Gar. Delrieu, ☏ 20.06.22   RENAULT Dolly, ☏ 20.03.93
N

MURBACH 68 H.-Rhin **62** ⑱ – rattaché à Guebwiller.

MUR-DE-BRETAGNE 22530 C.-du-N. **58** ⑲ G. Bretagne – 2 165 h. alt. 225 – ☼ 96.

Voir Lac de Guerlédan★★ O : 2 km.

🛈 Syndicat d'Initiative pl. Église (15 juin-15 sept., fermé dim. après-midi et lundi matin) ☏ 28.51.41 et à la Mairie (fermé dim.) ☏ 28.51.32.

Paris 458 – Carhaix-Pl. 48 – Guingamp 45 – Loudéac 21 – Pontivy 16 – Quimper 98 – St-Brieuc 45.

✕✕ ❀ **Aub Grand'Maison** (Guillo) avec ch, ☏ 28.51.10 – 📺 ➪wc 🛁wc ☎
   fermé 23 au 30 juin, fin sept. à fin oct., dim. soir et lundi sauf juil. et août – SC : **R** 80/180 – ☲ 20 – **15 ch** 90/180
   Spéc. Profiteroles au foie gras, Escalopines de turbot, Nougat glacé murois.

CITROEN Euzenat, ☏ 28.51.22

Les MUREAUX 78 Yvelines **55** ⑱, **196** ⑯ – rattaché à Meulan.

MURET ◈ 31600 H.-Garonne **82** ⑰ G. Pyrénées – 16 192 h. alt. 169 – ☼ 61.

Paris 729 – Auch 75 – St-Gaudens 69 – Pamiers 51 – ✦Toulouse 21.

🏠 ❀ **Aragon** sans rest, 15 r. Aragon ☏ 51.11.31 – ➪
   fermé dim. – ☲ 14 – **20 ch** 70/100.

CITROEN G.A.M., N 117 ☏ 51.01.02   RENAULT S.A.D.A.M., N 117 ☏ 51.05.44
MERCEDES Antras Autom., 44 av. Europe ☏ 51.00.66 **N**   🔧 Muret-Pneus, Zone Ind. Jofrery ☏ 51.09.39
PEUGEOT **TALBOT** Llédo, N 117 ☏ 51.03.30

MUROL 63790 P.-de-D. **73** ⑬⑭ G. Auvergne (plan) – 624 h. alt. 833 – ☼ 73.

Voir Château★★.

🛈 Syndicat d'Initiative pl. Coudert (15 juin-15 sept. et fermé dim.) et à la Mairie (fermé sam. après-midi et dim.) ☏ 88.62.62.

Paris 433 – Besse-en-Chandesse 11 – ✦Clermont-Fd. 37 – Condat 39 – Issoire 31 – Le Mont-Dore 20.

🏠🏠 **Parc**, ☏ 88.60.08, ☱, ☞, ✕ – ➪wc 🛁wc ☎ 🅿 – 🏊 60
   1er mai-30 sept., vacances de fév. et de Pâques – SC : **R** 65/75 – ☲ 15,50 – **39 ch** 140/195, 5 appartements 220 – P 175/200.

🏠 **Dômes** ॐ, à Groire E : 0,5 km par D 146 ☏ 88.60.13, ☱, ☞, ✕ – 📺 ➪wc 🛁wc ☎ 🅿. ✖
   1er juin-15 sept. et vacances scolaires sauf Noël – SC : **R** 60 – ☲ 16 – **35 ch** 140 – P 190.

🏠 **Arvernes** sans rest, ☏ 88.60.68 – 🛁 🅿. ✖
   15 juin-15 sept. – SC : ☲ 11 – **11 ch** 90/110.

🏠 **Univers**, ☏ 88.60.32 – 🛁wc ☎. E 𝗩𝗜𝗦𝗔
→ *26 mai-25 sept., vac. scolaires de nov., Noël et Pâques et week-end de janv. à mars* – SC : **R** 47/90 – ☲ 13 – **19 ch** 58/115 – P 120/133.

à Beaune-le-Froid NO : 5 km – alt. 1 050 – ✉ 63790 Murol :

🏠 **Relais des Montagnes** ॐ, ☏ 88.61.48, ←, ☞ – ➪wc 🛁wc ☎ 🅿
→ *fermé 1er oct. au 1er déc.* – SC : **R** 38/80 – ☲ 13 – **12 ch** 63/110 – P 130/152.

PEUGEOT-TALBOT Pons, ☏ 88.60.22   RENAULT Gar. Dabert, ☏ 88.63.43

MUS 30121 Gard **83** ⑧ – 565 h. alt. 50 – ☼ 66 – Paris 732 – ✦ Montpellier 32 – Nîmes 21.

✕✕ **Aub. de la Paillère** ॐ avec ch, ☏ 35.13.33, ☞ – ➪wc 🛁wc ☎. ✖ ch
   hôtel : fermé 8 oct. au 1er avril ; rest. : fermé 8 au 23 oct., fév., dim. soir et lundi d'oct. à avril – SC : **R** 90/275 – ☲ 18 – **7 ch** 160/175.

La MUSE 12 Aveyron **80** ④⑤ – rattaché au Rozier.

MUSSIDAN 24400 Dordogne **75** ④ – 3 236 h. alt. 57 – ☼ 53 – 🛈 Syndicat d'Initiative 9 r. Libération (fermé 15 janv. au 1er mars, dim. après-midi et lundi) ☏ 81.04.77

Paris 529 – Angoulême 84 – Bergerac 25 – Libourne 55 – Périgueux 35 – Ste-Foy-la-Grande 29.

🏠 **Gd Café** sans rest, 1 av. Gambetta ☏ 81.00.07 – ➪wc 🛁wc
   SC : ☲ 11 – **11 ch** 40/70.

🏡 **Midi** ॐ, à la gare ☏ 81.01.77 – ➪ 🅿. ✖ ch
→ *fermé 1er au 15 mai, 15 au 31 oct., vend. soir et sam. d'oct. à avril* – SC : **R** 45/155 ◊ – ☲ 15 – **8 ch** 65/130 – P 110/135.

XX **Relais de Gabillou,** rte de Périgueux ☏ 81.01.42 – ⓟ. **E** 𝘝𝘐𝘚𝘈
fermé 25 juin au 7 juil., 8 au 27 oct., vacances de fév., dim. soir et lundi – SC : **R**
70/190.

CITROEN Gar. Gras, ☏ 81.04.18
PEUGEOT, TALBOT Gar. Rousseau, ☏ 81.04.47
RENAULT Tarade, à St-Médard-de-Mussidan
☏ 81.05.94 **N** ☏ 81.22.89

🅰 Service du Pneu, à Lagut ☏ 81.02.84

MUTZIG 67190 B.-Rhin 🖲🖲 ⑨ G. Vosges – 5 116 h. alt. 187 – ✿ 88.
Paris 477 – Obernai 12 – Saverne 31 – Sélestat 35 – ♦Strasbourg 28.

🏨 **Host. de la Poste,** pl. de la Fontaine ☏ 38.38.38, « Maison alsacienne » –
➾wc 🏻wc ☎. 🌺
SC : **R** *(fermé lundi sauf d'avril à nov.)* 73/150 ⅄ – 🖵 16 – **19 ch** 78/240 – P 225/275.

XX **Aub. Alsacienne au Nid de Cigogne,** r. 18-Novembre ☏ 38.11.97
◆ *fermé 12 au 23 juin, 26 sept. au 10 oct., 24 au 29 déc., mardi soir et merc.* – SC : **R** 40
(sauf sam.)/150.

🅰 Kautzmann ☏ 38.61.78

Le MUY 83490 Var 🖲🖲 ⑦ – 5 449 h. alt. 21 – ✿ 94.

Voir Site★ de la chapelle N.-D.-de-la-Roquette SE : 3,5 km puis 30 mn, G. Côte d'Azur.
🅘 Office de Tourisme rte Callas (hors sais. matin seul.) ☏ 44.42.79.
Paris 860 – Brignoles 49 – Cannes 51 – Draguignan 13 – Fayence 34 – Fréjus 16 – Ste-Maxime 24.

🏠 **La Chêneraie** sans rest., quartier Ste-Roseline, O : 4 km par N 7 et N 555 ✉
83490 Le Muy ☏ 45.14.43, parc – 📺 ➾wc 🏻wc ☎ ⓟ
SC : 🖵 16 – **10 ch** 150/200.

MUZILLAC 56190 Morbihan 🖲🖲 ⑭ – 3 233 h. alt. 23 – ✿ 97.
Paris 428 – ♦Nantes 85 – Redon 37 – La Roche-Bernard 15 – Vannes 25.

XX **Aub. de Pen-Mur** 🅼 avec ch, 20 rte Vannes ☏ 41.67.58, 🌿 – ➾wc 🏻wc ☎ ⓟ.
◆ 🆎 ⓞ **E**
fermé 15 au 30 nov. – SC : **R** 46/160 – 🖵 16,50 – **24 ch** 78/210 – P 165/230.

à Billiers S : 2,5 km – ✉ 56190 Muzillac :

🏤 **Glycines,** pl. Église ☏ 41.64.63, 🌿 – 🏻. 🌺
◆ *fermé fév. et lundi du 15 oct. au 1ᵉʳ mai* – SC : **R** 50/162 ⅄ – 🖵 13 – **12 ch** 66/86 –
P 170/190.

à la Pointe de Pen-Lan S : 4,5 km - G. Bretagne – ✉ 56190 Muzillac.
Voir ≤★.

🏰 **H. de Rochevilaine** 🌭, ☏ 41.69.27, Télex 950570, ≤ littoral, « Demeures
anciennes avec jardin dominant la côte » – ☎ ⓟ – 🖄 30. 🆎 ⓞ **E** 𝘝𝘐𝘚𝘈. 🌺 rest
1ᵉʳ avril-31 oct. – SC : **R** 130/200 – 🖵 35 – **32 ch** 250/650 – P 470/670.

MYENNES 58 Nièvre 🖲🖲 ⑬ – rattaché à Cosne-sur-Loire.

NAINTRÉ-LES-BARRES 86 Vienne 🖲🖲 ④ – rattaché à Châtellerault.

NAJAC 12270 Aveyron 🖲🖲 ⑳ G. Causses – 818 h. alt. 350 – ✿ 65.

Voir Site★★ – Ruines du château★ : ≤★.
🅘 Syndicat d'Initiative à la Mairie (fermé sam. après-midi hors sais. et dim.) ☏ 65.80.94.
Paris 644 – Albi 54 – Cahors 65 – Gaillac 54 – Montauban 68 – Rodez 86 – Villefranche-de-R. 24.

🏠 **Belle Rive** 🅼 🌭, NO : 2 km par D 39 ☏ 65.74.20, ≤, 🌴, 🏊, 🌿 – ➾wc 🏻wc
◆ ☎ ⓟ – 🖄 30. 🌺 rest
1ᵉʳ avril-15 oct. – SC : **R** 50/110 – 🖵 15 – **34 ch** 75/130 – P 140/175.

🏠 **Oustal Del Barry, H. Miquel** 🌭, ☏ 65.70.80, ≤, 🌴, « Jardin » – 🛗 ➾wc
🏻wc ☎ ➾. 𝘝𝘐𝘚𝘈
1ᵉʳ mars-31 oct. et fermé lundi sauf fériés en mars et oct. – SC : **R** 55/150 – 🖵 17 –
28 ch 78/150 – P 145/180.

NANÇAY 18 Cher 🖲🖲 ⑳ G. Châteaux de la Loire – 790 h. alt. 140 – ✉ 18330 Neuvy-sur-Baran-
geon – ✿ 48.
Paris 201 – Bonny-sur-Loire 66 – Bourges 36 – Gien 55 – Salbris 14 – Souesmes 13 – Vierzon 20.

XXX **Les Meaulnes** avec ch, ☏ 51.81.15, « Mobilier ancien », 🌿 – ➾wc 🏻wc ☎.
🆎 ⓞ 𝘝𝘐𝘚𝘈
fermé fév., merc. midi et mardi – SC : **R** (nombre de couverts limité - prévenir) 185
– 🖵 25 – **8 ch** 230/285.

CITROEN Garage Central, ☏ 51.80.29

NANCY

Dominicains (R. des) **BY** 31
Gambetta (R.) **BY** 35
Grande-Rue **BXY** 37
Héré (R.) **BY** 40
Mazagran (R.) **AY** 53
Mengin (Pl. Henri) **BY** 55
Mouja (R. du Pont) **BY** 63
Poincaré (R. R.) **AY** 71
Point-Central **BY** 72
Ponts (R. des) **BYZ** 73
Raugraff (R.) **BY** 74
St-Dizier (R.) **BY**
St-Georges (R.) **CY**
St-Jean (R.) **BY**
Stanislas (R.) **BY** 100
Trois-Maisons (R. du Fg des) **AX** 103

Adam (R. Sigisbert) **BX** 2
Albert-1er (Bd) **DV** 3
Alliance (Pl. d') **CY** 4
Anatole-France (Av.) **DV** 6
Armée-Patton (R.) **DV** 7
Auxonne (R. d') **DV** 8
Barrès (R. Maurice) **CY** 10
Barthou (Bd Louis) **EX** 12
Bazin (R. H.) **CY** 13
Braconnot (R.) **BX** 19
Carmes (R. des) **BY** 20
Carrière (Pl. de la) **BY** 21
Cathédrale (✝) **CY S**
Chanoine-Jacob (R.) **AX** 23
Clemenceau (Bd G.) **EX** 25
Courbet (R.) **DV** 27
Craffe (R. de la) **AX** 28
Europe (Bd de l') **DY** 32
Foch (Av.) **DV** 33
Gaulle (Pl. Gén.-de) **BX** 36
Haut-Bourgeois (R.) **AX** 39
Ile de Corse (R. l') **CY** 41
Jaurès (Bd Jean) **EX** 42
Jaurès (Bd Jean) VANDŒUVRE **DX** 43
Jeanne-d'Arc (R.) **DEX** 44
Jeanne-d'Arc (Av.) VANDŒUVRE **EY** 45
Keller (R. Charles) **AX** 46
Lamour (R. J.) **AX** 47
Leclerc (Av. Gén.) VANDŒUVRE **DY** 49
Loups (R. des) **AX** 51
Mareville (R. de) **DX** 52
Mirecourt (Route de) **EX** 59
Nabécor (R. de) **EX** 64
N.-D. de Bon Secours (✝) **EX K**
N.-D. de Lourdes (✝) **DX** 67
Oudinot (R. Mar.) **EX** 68
Poincaré (R. H.) **AY** 70

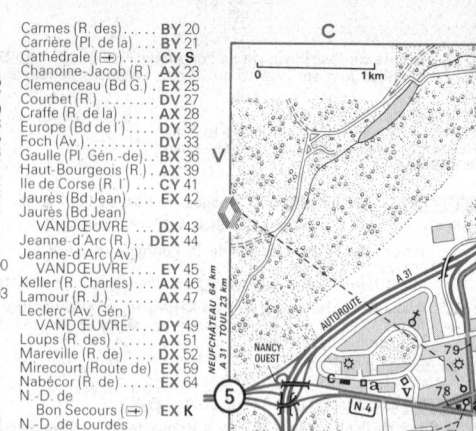

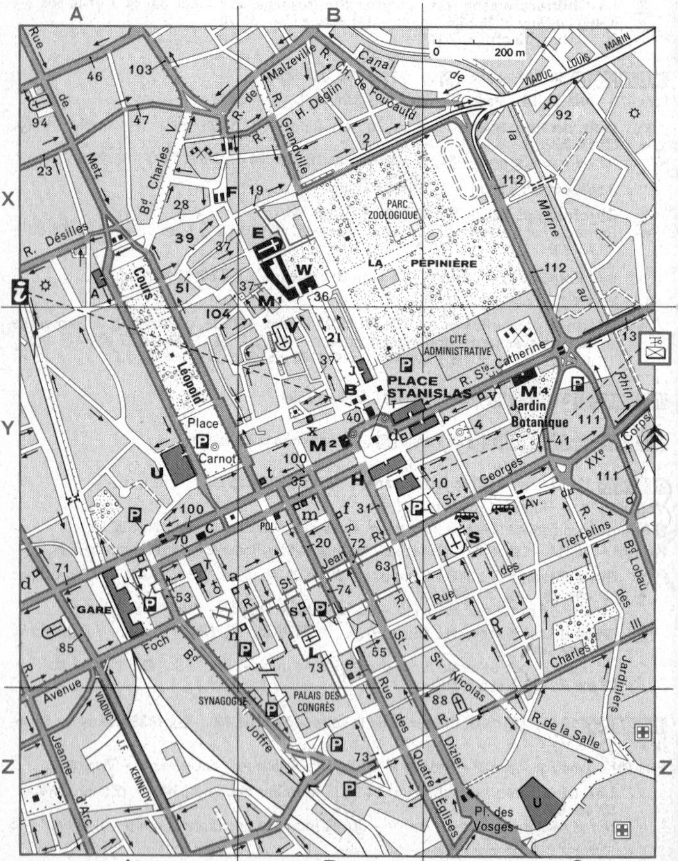

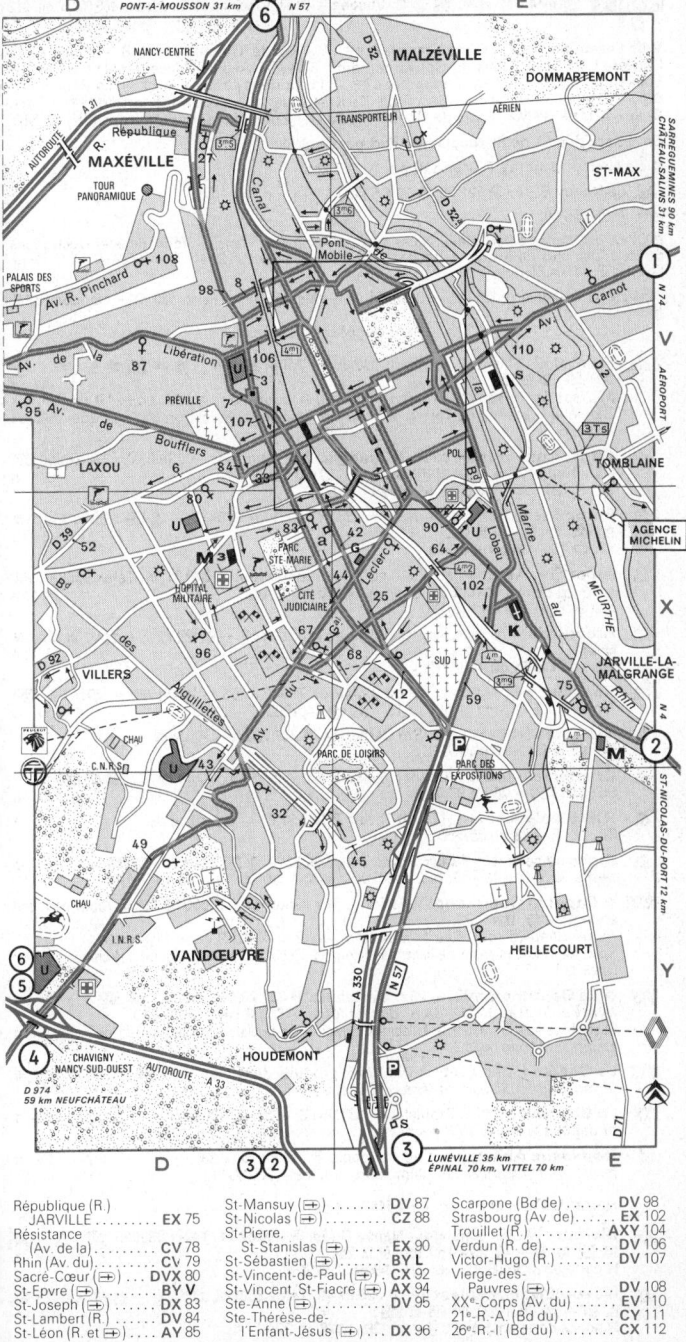

Voir Ensemble 18e s. : Place Stanislas*** BY , Arc de Triomphe* BY B – Place de la Carrière* BY 21 et Palais du Gouvernement* BX W – Ancien Palais ducal** BX M1 – Église des Cordeliers* BX E : tombeau** BX – Porte de la Craffe* AX F – La Pépinière* BCX – Église N.-D.-de-Bon-Secours* EX K – Musées : Historique lorrain*** BX M1, Beaux-Arts** BY M2, Ecole de Nancy* DX M3, – Zoologie (aquarium tropical*) CY M4.

Env. Basilique** de St-Nicolas-de-Port par ② : 12 km.

🏌 de Nancy-Aingeray P 349.53.87 par ⑥ : 17 km.

✈ de Nancy-Essey P 321.56.90 EV 4,5 km.

🚗 P 356.50.50.

🛈 Office de Tourisme (fermé dim. après-midi) et Accueil de France (Informations et réservations d'hôtels, pas plus de 5 jours à l'avance) 14 pl. Stanislas P 335.22.41, Télex 960414 - A.C. 49 pl. Carrière P 335.04.65.

Paris 372 ⑥ – Chaumont 120 ⑤ – ◆Dijon 201 ⑤ – ◆Metz 56 ⑥ – ◆Reims 230 ⑥ – ◆Strasbourg 145 ①.

Plans pages précédentes

🏩 **Frantel** Ⓜ, 11 r. R.-Poincaré P 335.61.01, Télex 960034 – 🛗 🔲 📺 ☎ 🔥 ☞ – 🏛 300. 🎫 ⓪ E 𝚅𝙸𝚂𝙰 AY r
SC : rest. **La Toison d'Or** *(fermé 14 juil. au 30 sept., sam.. midi et dim.)* **R** carte 135 à 200 , à la Brasserie **Le Thiers** *(fermé sam. soir)* **R** carte environ 85 – 🖃 26 – **192 ch** 280/406.

🏩 **Gd H. Concorde et rest. Stanislas**, 2 pl. Stanislas P 335.03.01, Télex 960367, « Demeure 18e s. » – 🛗 📺 ☎ – 🏛 120. 🎫 ⓪ E 𝚅𝙸𝚂𝙰 BY d
SC : **R** 120/170 – 🖃 33 – **51 ch** 280/480.

🏨 **Europe** sans rest, 5 r. Carmes P 335.32.10, Télex 960413 – 🛗 📺 🛁wc �📱wc ☎ 🔥 ☞ 🅿. 🎫 ⓪ E 𝚅𝙸𝚂𝙰 BY m
SC : 🖃 19 – **80 ch** 115/240.

🏨 **Albert 1er-Astoria** Ⓜ sans rest, 3 r. Armée-Patton P 340.31.24, Télex 850895, ☞ – 🛗 📺 🛁wc �📱wc ☎ 🔥 🅿 – 🏛 50. 🎫 ⓪ E 𝚅𝙸𝚂𝙰 AY d
SC : 🖃 22 – **134 ch** 115/250.

🏨 **Américain** sans rest, 3 pl. A.-Maginot P 332.28.53 – 🛗 📺 🛁wc �📱wc ☎. 🎫 ⓪ E 𝚅𝙸𝚂𝙰 ABY n
SC : 🖃 21 – **51 ch** 160/250.

🏨 **Résidence** Ⓜ sans rest, 30 bd J.-Jaurès P 340.33.56 – 🛗 📺 🛁wc �📱wc ☎. 𝚅𝙸𝚂𝙰 *fermé Noël-1er janv.* – SC : 🖃 18 – **24 ch** 140/220. DEX a

🏠 **Stanislas** sans rest, 22 r. Ste Catherine P 337.23.88 – �📱wc ☎ CY v
SC : 🖃 15,50 – **16 ch** 107/155.

🏠 **Crystal** sans rest, 5 r. Chanzy P 335.41.55 – 🛗 🛁wc �📱wc ☎. 🎫 ⓪ E 𝚅𝙸𝚂𝙰 AY a
SC : 🖃 19,50 – **38 ch** 98/200.

🏠 **XXe Siècle** sans rest, 17 r. St-Dizier P 332.91.67 – 🛁 �📱wc 📠 BY f
SC : 🖃 18 – **23 ch** 85/250.

🏠 **Cigogne** sans rest, 4 bis r. Ponts P 332.89.33 – 🛗 📺 🛁wc ☎. 🎫 𝚅𝙸𝚂𝙰. 🦶 BY s
fermé 29 juil. au 19 août et 21 déc. au 2 janv. – SC : 🖃 19 – **40 ch** 99/190.

XXX ❀ **Capucin Gourmand** (Veissière), 31 r. Gambetta P 335.26.98, « Décor modern style » – 🅿. 𝚅𝙸𝚂𝙰 BY m
fermé 1er au 15 août, 5 au 14 janv., dim. et lundi – SC : **R** carte 210 à 300
Spéc. Salade de mignons de canard au foie gras, Turbot grillé, Nougat glacé à la croquante. Vins Côtes de Toul.

XXX ❀ **La Gentilhommière**, 29 r. Maréchaux P 332.26.44 – 🍽. 🎫 ⓪ 𝚅𝙸𝚂𝙰 BY x
fermé 6 au 10 fév., sam., dim. et fériés – SC : **R** carte 160 à 210
Spéc. Escalope de loup aux artichauts, Suprême de poularde au sabayon de poireaux, Grand dessert. Vins Côtes de Toul.

XXX **Le Goéland**, 2 r. Ponts P 335.17.25, produits de la mer – 🎫 ⓪ BY e
fermé lundi midi, dim. et fériés – SC : **R** 90/145.

XX **La Chaumière**, 60 r. Stanislas P 337.05.03 – 🍽. 🎫 ⓪ 𝚅𝙸𝚂𝙰 BY t
fermé 28 juil. au 26 août, sam. et dim. sauf fériés – SC : **R** 80/130.

X **Nouveaux Abattoirs**, 4 bd Austrasie P 335.46.25 – 🍽 EV s
fermé août, vacances fév., sam., dim. et fêtes – SC : **R** 51/111.

route de Paris O : 4 km – ✉ 54520 Laxou :

🏩 **Mercure** Ⓜ 🦆, échangeur Nancy Ouest P 396.42.21, Télex 850036, 🌳, ⏛ – 🍽 📺 ☎ 🅿 – 🏛 30 à 150. 🎫 ⓪ E 𝚅𝙸𝚂𝙰 CV v
R carte environ 90 🍴 – 🖃 27 – **98 ch** 225/263.

🏩 **Novotel Nancy Ouest** Ⓜ, P 396.67.46, Télex 850988, 🌳, ⏛ – 🛗 🍽 rest 📺 ☎ 🔥 🅿 – 🏛 25 à 250. 🎫 ⓪ E 𝚅𝙸𝚂𝙰 CV a
R snack carte environ 90 🍴 – 🖃 28 – **118 ch** 224/274.

à Houdemont S : 6 km – ⊠ 54180 Heillecourt :

🏨 **Novotel Nancy Sud** Ⓜ, rte d'Épinal ☏ 356.10.25, Télex 961124, 🏡, ⤧, 🚗 –
▤ rest 📺 ☎ 🅿 – 🔬 25 à 250. 🖭 ⓞ 🗲 💳.
R snack carte environ 90 🌡 – ⊡ 28 – **86 ch** 240/274.
EY **s**

rte de Neufchâteau par ④ : 8 km – ⊠ 54230 Neuves-Maisons :

XX **Aub. la Forestière**, ☏ 347.26.32, ≤ – 🅿. 🖭 ⓞ 💳
fermé 1er au 23 août, dim. soir, jeudi soir et lundi – SC : **R** 110/300.

à Champenoux par ① : 15 km par N 74 – ⊠ 54280 Seichamps :

XX **Aub. Lion d'Or**, ☏ 331.61.23, 🏡, 🚗 – 🖭 🗲 💳
fermé 21 juil. au 14 août, 6 au 21 fév., lundi soir et mardi – SC : **R** 72/190.

à Flavigny-sur-Moselle par ③ et N 57 : 16 km – ⊠ 54630 Flavigny-sur-Moselle :

XX ❀ **Le Prieuré** (Roy), ☏ 326.70.45 – 💳
fermé 1er au 10 nov., vacances de fév., dim. et fériés le soir et merc. – SC : **R** 80/150
Spéc. Crêpe tiède de sandre fumé, Côtes d'agneau farcies à la bière, Nougat glacé à la bergamote.

Voir aussi ressources hôtelières de *Liverdun* par ⑥ : 16 km.

MICHELIN, Agence régionale, 1 à 5 r. Marcel-Brot EV ☏ 336.40.31

BMW Hazard, 105 bd Austrasie ☏ 332.86.68
CITROEN Central Autom. de Lorraine, 11 r. Tapis-Vert CY ☏ 332.10.24
FORD Gras, 11 r. A.-Lebrun ☏ 336.51.75
MERCEDES-BENZ, OPEL S.O.V.A.N., 260 av. Strasbourg ☏ 335.56.34
V.A.G. Gd Gar. de la Paix, 32 r. Metz ☏ 335.51.97
VOLVO Crosne Autom, 65 r. du Crosne ☏ 337.16.72

Gar. Lorraine-Auto, 39 av. de la Garenne ☏ 340.22.57

Ⓐ Le Circulaire, 37 r. Sigisbert-Adam ☏ 337.06.23
Leclerc-Pneu, r. Maurice Barrés ☏ 341.41.84
Leclerc-Pneu, 11 r. A.-Krug ☏ 335.28.31
Nancy Pneus, 61 r. des Chaligny ☏ 335.42.70
Tyresoles-Sebat-Est, 8 r. Gén.-Landremont ☏ 351.20.73

Périphérie et environs

CITROEN Central Autom. de Lorraine, N 57 à Houdemont EY ☏ 351.29.30
PEUGEOT, TALBOT S.I.A.L., av. P.-Doumer, Vandoeuvre EX ☏ 355.59.42 et 1 av. Résistance, Laxou CV **a** ☏ 396.34.21 🔃 ☏ 336.54.23
RENAULT Succursale av. Résistance à Laxou CV ☏ 396.81.50 et N 57 à Houdemont EY ☏ 355.20.05

Ⓐ Boutmy-Pneus, 24 av. Ste-Anne à Laxou ☏ 328.54.89

NANGIS 77370 S.-et-M. 🟦🟦 ③, 🟦🟦🟦 ⑱⑲ – 6 869 h. alt. 130 – ✪ 6.

Voir Église★ de Rampillon E : 4,5 km par D 62, G. Environs de Paris.

🏢 Syndicat d'Initiative à la Mairie (fermé sam. après-midi et dim.) ☏ 408.00.50.

Paris 65 – Coulommiers 35 – Fontainebleau 31 – Melun 26 – Provins 22 – Sens 52.

XX **Dauphin** avec ch, 9 bis r. A.-Briand ☏ 408.03.57 – 🛏wc 🅿. 🖭 💳. 🛠 ch
fermé dim. soir – SC : **R** 60 (sauf sam.)/150 – ⊡ 15 – **11 ch** 60/140.

CITROEN Gar. Barbier, 31 ter r. des Ecoles ☏ 408.01.03
CITROEN S.N.M.A. 3 av. Gén.-de-Gaulle ☏ 408.00.48 🔃 ☏ 408.18.99

RENAULT Bezault, 39 r. de la Libération ☏ 408.01.37

NANS-LES-PINS 83860 Var 🟦🟦 ⑭ – 1 349 h. alt. 430 – ✪ 94.

Paris 800 – Aix-en-Provence 42 – Brignoles 26 – ♦Marseille 41 – Rians 35 – ♦Toulon 69.

🏨 **Châteauneuf**, au Châteauneuf N : 3,5 km par D 80 et N 560 ☏ 78.90.06, Télex 400747, ≤, « 🌳 dans un parc », 🏡, ✵ – 📺 ☎ 🅿 – 🔬 30. 🖭 ⓞ 🗲 💳. 🛠 rest
1er avril-1er nov. – SC : **R** 140/180 – ⊡ 32 – **29 ch** 300/500, 3 appartements 680 – P 420/600.

RENAULT Gar. Cardillo, ☏ 78.92.53

NANS-SOUS-STE-ANNE 25 Doubs 🟦🟦 ⑤ – 141 h. alt. 365 – ⊠ 25330 Amancey – ✪ 81.

Paris 425 – ♦Besançon 44 – Pontarlier 35 – Salins-les-Bains 14.

🏠 **Poste** 🍴, ☏ 86.62.57, ≤, 🚗 – 🍴 🅿. 🛠 ch
fermé 1er nov. au 15 janv., 28 fév. au 15 mars et mardi sauf du 15 mai au 15 sept. – SC : **R** 38/92 – ⊡ 14 – **11 ch** 75/97 – P 115/135.

NANTERRE 92 Hauts de Seine 🟦🟦 ⑳, 🟦🟦🟦 ⑬ ⑭ – voir Paris, Environs (Rueil Malmaison).

| Pour des repas simples à prix modiques | 🏠 | X |
| choisissez les établissements marqués d'un losange | ♦ | ♦ |

NANTES 🄿 44000 Loire-Atl. 🔠🔡 ③ G. Bretagne – 247 227 h. communauté urbaine 420 000 h. alt. 8 – 🕸 40.

Voir Intérieur★★ de la cathédrale HY – Château ducal★★ : musées d'art populaire régional★ et des Salorges★★ – La ville du 19e s. ★ : passage Pommeraye★ GZ **135**, cours Cambronne★ FZ – Jardin des Plantes★ HY – Palais Dobrée★ FZ – Ancienne île Feydeau★ GZ – Belvédère Ste-Anne ←★ EZ S – Musées : Beaux-Arts★★ HY M1, Histoire naturelle★★ FZ M2, – 🏛️ 40 à 250. Archéologie régionale★ (dans les jardins du palais Dobrée) FZ M3, Jules Verne★ EZ M4 – Vallée de l'Erdre★ CV – 🏞 🅿 63.25.82 - AV D 81 : 16 km.

🛬 de Nantes-Château Bougon 🅿 75.80.00 par D 85 et BX : 8,5 km – 🚍 🅿 50.50.50.

🄸 Office de Tourisme (fermé dim.) et Accueil de France (Informations, change et réservations d'hôtels, pas plus de 5 jours à l'avance), pl. Change 🅿 47.04.51, Télex 700629 – A.C.O. 6 bd G.-Guist'hau 🅿 48.56.19.

Paris 377 ⑬ – Angers 89 ⑬ – ◆Bordeaux 329 ④ – ◆Lyon 626 ⑬ – Quimper 226 ⑦ – ◆Rennes 107 ⑩.

Plans : Nantes p. 2 à 5

🏨 **Sofitel** 🅜 ⌾, Ile Beaulieu 🖂 44200 🅿 47.61.03, Télex 710990, ≤, 🏊, 🎾 – 🛗 🔲 ch 📺 🕿 🕻 🅿 – 🏛️ 150. 🝏 ⓪ E 𝘃𝘪𝘴𝘢 — CX **a**
rest. **La Pêcherie** R carte 140 à 200 – **Café de Nantes** (fermé sam. dim. et le soir) R carte environ 90 🍷 – 🖵 35 – **97 ch** 305/455.

🏨 **Frantel** 🅜 ⌾, Ile Beaulieu 🖂 44200 🅿 47.10.58, Télex 711440 – 🛗 🔲 rest 📺 🕿 🕻 ☛ 🅿 – 🏛️ 40 à 250. 🝏 ⓪ E 𝘃𝘪𝘴𝘢 — CX **u**
SC : rest. **Le Tillac** (fermé sam. et dim.) – **R** carte 115 à 160 🍷 – 🖵 31 – **150 ch** 263/357.

🏨 **Central H.**, 4 r. Couëdic 🅿 20.09.35, Télex 700666 – 🛗 🔲 rest 🕿 🕻 – 🏛️ 50 à 150. 🝏 ⓪ E 𝘃𝘪𝘴𝘢 — GZ **f**
SC : **R** 82 bc/202 bc – 🖵 21 – **143 ch** 173/310 – P 489 (2 pers.).

🏨 **L'Hôtel** 🅜 sans rest, 6 pl. Duchesse Anne 🅿 29.30.31 – 🛗 🚾wc 🕿 🕻. 🝏 𝘃𝘪𝘴𝘢
🎾 – SC : 🖵 20 – **31 ch** 230/250. — HY **e**

🏨 **Bourgogne** sans rest, 9 allée Cdt-Charcot 🅿 74.03.34 – 🛗 📺 🚾wc 🍴wc 🚗. ⓪ fermé 21 déc. au 2 janv. – SC : 🖵 20 – **42 ch** 178/303. — HY **g**

🏨 **Astoria** sans rest, 11 r. Richebourg 🅿 74.39.90 – 🛗 🚾wc 🚗. 🎾 fermé août – SC : 🖵 19,50 – **45 ch** 165/230. — HY **k**

🏨 **Vendée** sans rest, 8 allée Cdt-Charcot 🅿 74.14.54 – 🛗 📺 🚾wc 🍴wc 🕿 – 🏛️ 40. 🝏 E 𝘃𝘪𝘴𝘢
SC : 🖵 20 – **89 ch** 165/240. — HY **g**

🏨 **Supotel** sans rest, 9 r. Alger 🅿 73.76.94 – 🛗 🚾wc 🕿 🅿 ⓪ 𝘃𝘪𝘴𝘢 — FZ **a**
SC : 🖵 20 – **45 ch** 145/235.

🏨 **Colonies** sans rest, 5 r. Chapeau-Rouge 🅿 48.79.76 – 🛗 📺 🚾wc 🕿. 🝏 ⓪ E 𝘃𝘪𝘴𝘢. 🎾 — FZ **q**
SC : 🖵 21 – **49 ch** 209.

🏨 **Cholet** sans rest, 10 r. Gresset 🅿 73.31.04 – 🛗 🚾wc 🍴wc 🚗 — FZ **b**
SC : 🖵 15 – **38 ch** 105/165.

🏨 **Gd Hôtel** sans rest, 2 r. Santeuil 🅿 73.46.68 – 🛗 🚾wc 🍴wc 🚗. 𝘃𝘪𝘴𝘢 — FZ **p**
SC : 🖵 16,50 – **43 ch** 141/167.

🏨 **Concorde** sans rest, 2 allée Orléans 🅿 48.75.91 – 🛗 🚾wc 🍴wc 🚗. ⓪ — GZ **u**
SC : 🖵 14 – **34 ch** 88/160.

🏨 **Graslin** sans rest, 1 r. Piron 🅿 89.16.09 – 🛗 🚾wc 🍴wc 🚗. 𝘃𝘪𝘴𝘢 — FZ **v**
SC : 🖵 13,50 – **47 ch** 95/172.

🏠 **Duquesne** 🅜 sans rest, 12 allée Duquesne 🅿 47.57.24 – 🛗 📺 🚾wc 🕿. 𝘃𝘪𝘴𝘢
SC : 🖵 18 – **27 ch** 129/172. — GY **e**

🏠 **Maeva** sans rest, 3 r. du Marais 🅿 89.60.60 – 🛗 📺 🚾wc 🍴 🕿. ⓪ 𝘃𝘪𝘴𝘢 — GY **s**
fermé 19 déc. au 2 janv. – SC : 🖵 15 – **26 ch** 125/182.

🏠 **Terminus** sans rest, 3 allée Cdt-Charcot 🅿 74.24.51 – 🛗 🚾wc 🍴wc 🕿 — HY **z**
SC : 🖵 15 – **36 ch** 102/155.

🏠 **Atlantique** sans rest, 9 r. Mar.-de-Lattre-de-Tassigny 🅿 73.85.33 – 🛗 🍴wc 🚗 — FZ **x**
SC : 🖵 14 – **31 ch** 102/150.

🏠 **Fourcroy** sans rest, 11 r. Fourcroy 🅿 89.37.76 – 🍴wc 🚗. 🎾 — FZ **k**
SC : 🖵 14 – **19 ch** 70/120.

XXX **Le Palatium**, pl. A.-Briand 🅿 48.69.28 – 🝏 ⓪ E 𝘃𝘪𝘴𝘢 — FY **n**
fermé dim. – SC : **R** 75/165 🍷.

XXX **Coq Hardi**, 22 allée Cdt-Charcot 🅿 74.14.25 – 🝏 ⓪ E 𝘃𝘪𝘴𝘢 — HY **r**
fermé vend. soir et sam. – SC : **R** 73/150.

XXX **L'Esquinade**, 7 rue St-Denis 🅿 48.17.22 – 🝏 ⓪ 𝘃𝘪𝘴𝘢 — GY **a**
fermé 10 au 31 juil., dim. soir et lundi – SC : **R** 95.

XX ✿ **Les Maraîchers**, 21 r. Fouré 🅿 47.06.51 – 🝏 ⓪ 𝘃𝘪𝘴𝘢 — HZ **a**
fermé août, vacances de fév., dim. et lundi – SC : **R** (nombre de couverts limité - prévenir) carte 210 à 255
Spéc. Foie de canard chaud aux poires, Homard rôti au cerfeuil, Caneton sauvage aux navets. **Vins** Muscadet, Anjou.

XX **La Vigie,** 18 quai Versailles ✆ 20.35.28 – VISA GY **n**
fermé août, sam., dim. et fêtes – SC : **R** 150/200.

XX **San Francisco,** 3 chemin Bateliers ✉ 44300 ✆ 49.59.42, ← – Ⓟ. ⓓ VISA
fermé août, sam. midi, dim. soir et lundi – SC : **R** carte 115 à 180. DX **s**

XX **Aub. Normande,** 175 rte Vannes ✉ 44800 St Herblain ✆ 76.51.43 – Ⓟ. AE E VISA BV **d**
fermé vacances de fév., dim. soir et lundi – **R** 57/198.

XX **Pergola,** 10 côte St Sébastien ✉ 44200 ✆ 34.38.52, ← CX **r**
fermé août, dim. soir et lundi – SC : **R** 80/135.

XX **La Sirène,** 4 r. Kervégan ✆ 47.00.17 – VISA GZ **t**
fermé 1er au 15 août, dim. et fériés – SC : **R** 80/120.

XX **Le Nantais,** 161 r. Hauts-Pavés ✆ 76.59.54 – Ⓟ BV **t**
fermé 1er au 20 août – SC : **R** 55/145.

XX **Aub. du Château,** 5 pl. Duchesse Anne ✆ 74.05.51 – VISA HY **e**
fermé 3 au 28 août, lundi midi et dim. – SC : **R** 73/93.

XX **Marignan,** 2 r. Paul Bellamy ✆ 20.32.28 – AE VISA GY **f**
fermé dim. soir et lundi – SC : **R** 82/130.

XX La Cigale, 4 pl. Graslin ✆ 89.34.84, « Brasserie Belle Epoque » FZ **d**

XX **Le Gavroche,** 139 r. Hauts-Pavés ✆ 76.22.49 – AE VISA BV **u**
fermé 8 au 31 août, dim. soir et lundi – SC : **R** 48/131.

XX **Nguyet Nga,** 5 r. Santeuil ✆ 73.39.08, cuisine vietnamienne FZ **s**
fermé dim. – SC : **R** 76/106.

X **Voyageurs,** 16 allée Cdt-Charcot ✆ 74.02.41 – VISA HY **s**
fermé 2 au 7 janv. et sam. sauf juil.-août – SC : **R** 52/110.

X **Le Change,** 11 r. Juiverie ✆ 48.02.28 – VISA. ✻ GY **u**
fermé 17 juil. au 17 août, dim. soir et lundi – SC : **R** 42/120.

Environs

rte d'Angers et N 23 – ✉ **44470** Carquefou :

P.L.M. Carquefou M ⛲, La Madeleine : 9 km ✆ 30.29.24, Télex 710962, ⛱ – ⇅ ▤ rest TV ☎ ♿ Ⓟ – 🏛 30 à 120. AE ⓓ E VISA DV **a**
SC : **R** 85 bc/46 – ☕ 29 – **79 ch** 285/325 – P 420.

Novotel Carquefou M ⛲, à la Belle Étoile par ① : 11 km ✆ 49.32.84, Télex 711175, ⛱, 🌳 – ▤ rest TV ☎ ♿ Ⓟ – 🏛 150. AE ⓓ E VISA
R snack carte environ 90 🍼 – ☕ 25 – **98 ch** 236/260.

à Carquefou par ⑫ : 10,5 km – 9 674 h. – ✉ **44470** Carquefou :

XXX **Cheval Blanc,** r. 9 août-1944 ✆ 50.88.05, salle rustique – VISA
fermé août, vacances de fév., dim. soir, mardi soir et lundi – SC : **R** 100/200.

au Pont de Bellevue E : 9 km par A 11 – ✉ **44470** Carquefou :

XXX ✿✿ **Delphin,** ✆ 49.04.13, ← – Ⓟ. AE ⓓ E VISA DV **b**
fermé 7 au 27 août, vacances de Noël, dim. soir et lundi sauf fériés – SC : **R** (nombre de couverts limité - prévenir) 130/235
Spéc. Foie gras chaud, Estouffade de turbot au Muscadet, Ragoût de saumon frais. **Vins** Muscadet sur lie, Gros Plant.

à St-Sébastien : par D 751 : 4 km – 18 357 h. – ✉ **44230** St-Sébastien :

XXX **Manoir de la Comète,** 21 av. Libération ✆ 34.15.93, ←, 🌳 – Ⓟ. ⓓ VISA
fermé en juil., vacances de fév., sam. midi et dim. – SC : **R** (nombre de couverts limité, prévenir) 140 bc/100. CX **e**

à Basse-Goulaine par D 119 : 8 km – 4 226 h. – ✉ **44115** Basse-Goulaine :

XXX **Mon Rêve,** sur D 751 ✆ 03.55.50, ←, « parc et roseraie » – Ⓟ. AE ⓓ VISA
fermé vacances de fév., dim. soir et merc. en hiver – SC : **R** (dim. prévenir) 98/220. DV **e**

XX **Bénureau,** sur D 751 ✆ 03.58.61, 🌳 – Ⓟ DX **a**
fermé 6 au 31 août, vacances de fév., dim. soir et lundi – SC : **R** 111/160.

sur D 751 par ② : 15 km – ✉ **44450** St-Julien-de-Concelles :

XX **Aub. Nantaise,** ✆ 54.10.73 – VISA
fermé 8 au 22 janv., dim. soir et lundi (sauf midi jours fériés) – SC : **R** 75/115.

à La Chebuette par ② : 16 km – ✉ **44450** St-Julien-de-Concelles :

XXX ✿ **Clémence,** ✆ 54.10.18, 🌳 – Ⓟ. AE VISA
fermé 27 août au 12 sept., 30 janv. au 17 fév., dim. soir et lundi – SC : **R** 90/145
Spéc. Sandre beurre blanc, Cuisses de grenouilles sautées à l'ail, Anguilles grillées sauce tartare. **Vins** Muscadet sur lie, Gros Plant sur lie.

à Vertou : 6 km par D 59 DX – ✉ **44120** Vertou :

Haute-Forêt sans rest, bd Europe ✆ 34.01.74 – ⛀wc ⛆wc ☎ Ⓟ – 🏛 30
fermé 4 au 20 août, 21 déc. au 14 janv., sam. et dim. du 1er oct. au 1er avril – SC : ☕ 17,50 – **27 ch** 140/180.

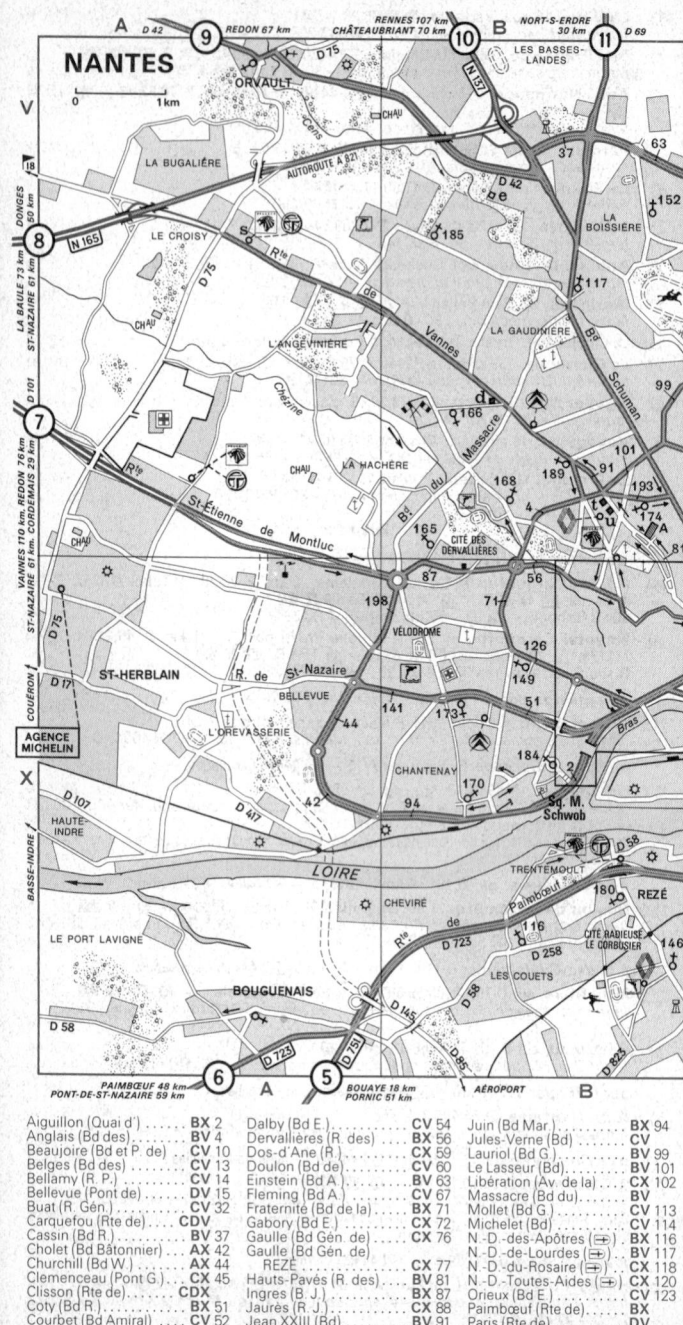

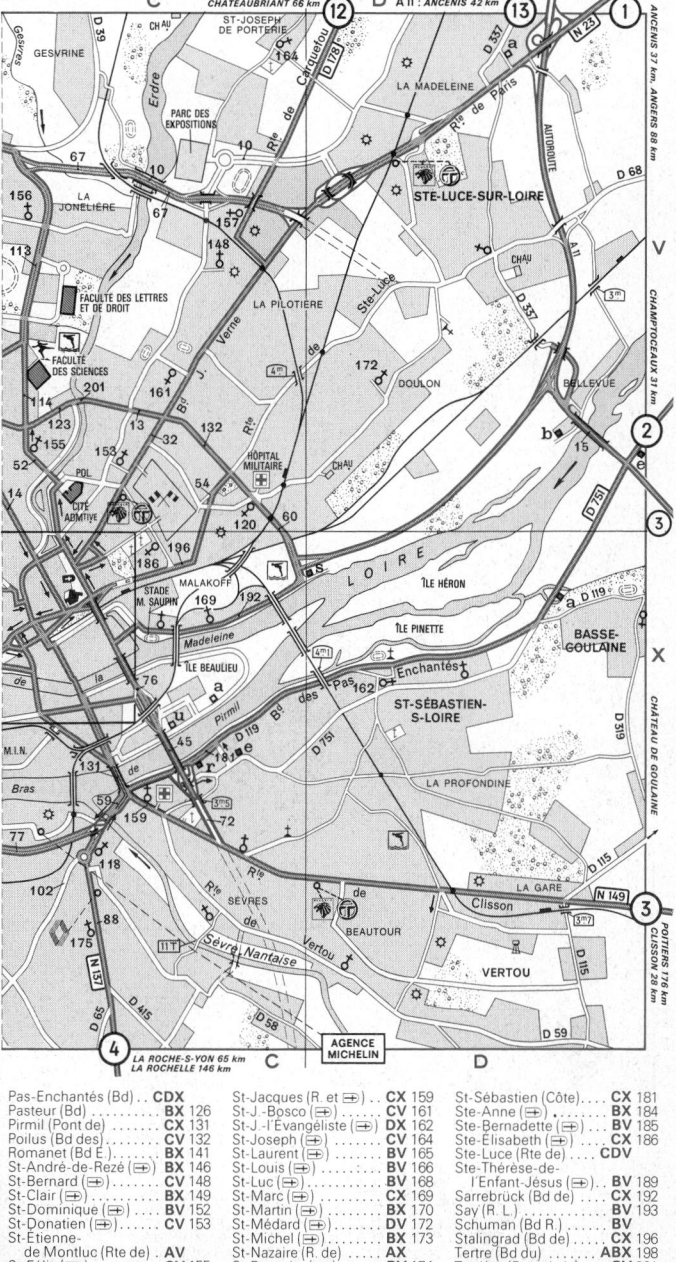

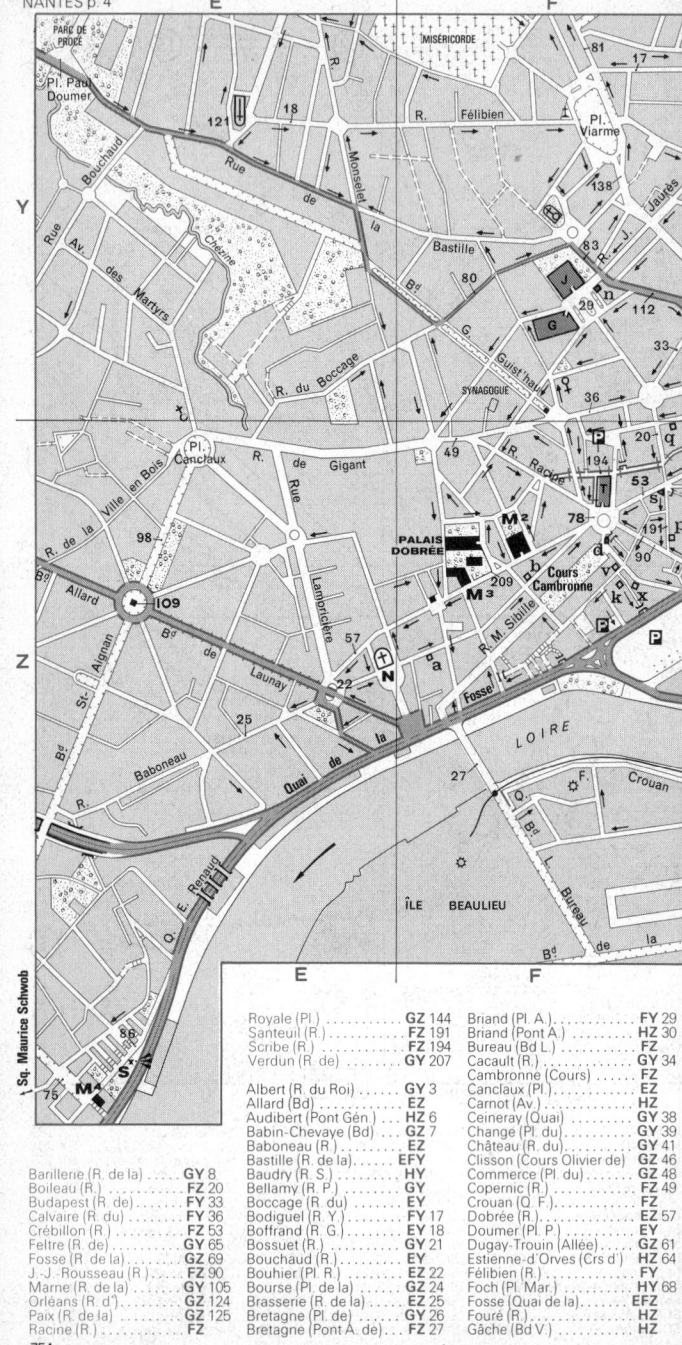

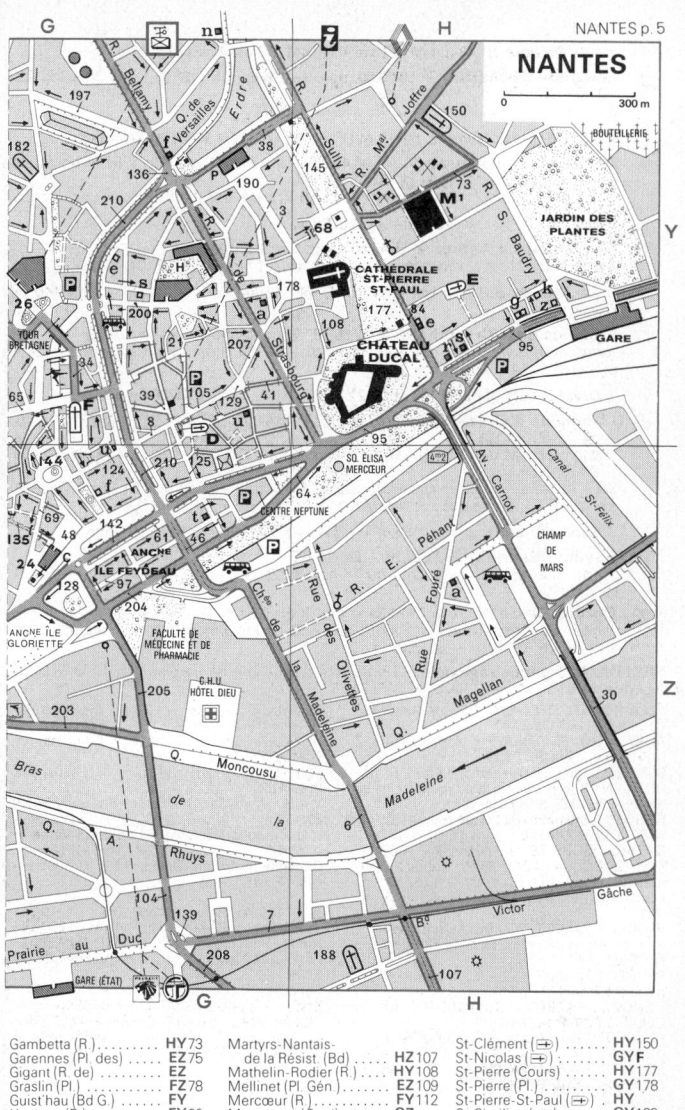

755

rte de Poitiers N 149 par ③ : 11 km – ⊠ **44115** Basse-Goulaine :

🏛 **La Lande St-Martin,** 🅟 80.00.80, parc – 🛏wc 🏮wc ☜ 🅟 – 🔏 30 à 150. 🖭 🕦 𝗩𝗜𝗦𝗔, 🦶 rest
R *(fermé dim. soir)* 50/120 – ☷ 16 – **39 ch** 110/190 – P 240/290.

rte des Sables d'Olonne par ④ et D 178 : 12 km – ⊠ **44400** Les Sorinières :

🏛 **Abbaye de Villeneuve** ≫, 🅟 04.40.25, Télex 710451, ≼, 🏖, « Belle demeure du 18ᵉ s., parc » – ☎ 🅟 – 🔏 50. 🖭 🕦 𝗩𝗜𝗦𝗔
SC : **R** *(fermé merc.)* 140/260 – ☷ 33 – **17 ch** 300/430 – P 450/510.

rte de Pornic par ⑧ : 15 km – ⊠ **44830** Bouaye :

XX **Les Champs d'Avaux,** 🅟 65.43.50 – 🅟. 🖭 🕦 🖪 𝗩𝗜𝗦𝗔
fermé 15 au 30 sept., vacances de fév., dim. soir et lundi – SC : **R** 60/140 ♨.

à St-Jean-de-Boiseau par D 723 et D 58 : 15 km - AX – 3 627 h. – ⊠ **44640** Le Pellerin :

XX **L'Enclos de la Cruaudière,** 🅟 65.66.10, 🏖, « Jardin ombragé » – 🅟
fermé août, sam. midi, dim. soir et lundi – SC : **R** (nombre de couverts limité - prévenir) carte 110 à 180.

à Orvault vers ⑨ par N 137 et D 42 : 7 km – 23 248 h. – ⊠ **44700** Orvault :

🏛 ❀ **Domaine d'Orvault** (Bernard) Ⓜ ≫, 🅟 76.84.02, 🏖, 🖈, 🎾 – 📶 📺 ☎ 🕭 🅟 – 🔏 25. 🖭 🕦 𝗩𝗜𝗦𝗔
                                   BV e
fermé vacances de fév. – SC : **R** *(fermé lundi midi)* 125/270 – ☷ 30 – **29 ch** 270/400 – P 415/485

Spéc. Poêlée de St Jacques ou de langoustines, Effeuillade de bar et saumon, Ragoût de ris et rognons de veau aux deux sauces. Vins Muscadet, Anjou rouge.

à Sucé-sur-Erdre par ⑪ : 16 km – 4 135 h. – ⊠ **44240** La Chapelle-sur-Erdre :

XX **Pavillon Henri IV,** 🅟 25.26.26 – 🖭 🕦 𝗩𝗜𝗦𝗔
fermé 15 au 28 fév., mardi soir du 1ᵉʳ nov. au 1ᵉʳ mars, dim. soir et merc. – SC : **R** 99/200.

X **Cordon Bleu** avec ch, 🅟 77.71.34 – 🛏 🏮 🅟. 🖭. 🦶
fermé 15 août au 15 sept. et 2 au 15 janv. – **R** *(fermé dim. soir et lundi midi)* 60 – ☎ 15 – **10 ch** 75/120 – P 180/250.

MICHELIN, Agence régionale, 13 r. du Rémouleur ZI à St Herblain AX 🅟 **43.38.06** et **Agence** r. de l'Ile Macé, ZI Rézé CX 🅟 **75.54.76**

ALFA-ROMEO, OPEL-GM Ouest-Autom., 153 r. Hauts-Pavés 🅟 76.63.40
AUSTIN, ROVER, TRIUMPH Armoric-Auto, 2 bis r. Lamoricière 🅟 73.12.24
BLF Le Moigne, 18 allée Baco 🅟 47.77.16
CITROEN Succursale, 26 r. de la Marseillaise BX 🅟 46.08.33 ℕ 🅟 74.68.39
CITROEN Mustière, 82 rte de Vannes BV 🅟 76.90.76 ℕ 🅟 74.66.66
DATSUN SOBA, 58 rte de Vannes 🅟 76.05.02
FIAT, LANCIA-AUTOBIANCHI Générale Autom. de l'Ouest, 10 bd J.-Verne 🅟 49.32.63
FORD Conté-Tiriau, 16 bd Stalingrad 🅟 74.30.11
PEUGEOT-TALBOT Centre Autom. Nantais, 40 r. de Monaco centre de Gros Rte de Paris DV 🅟 52.12.42
PEUGEOT-TALBOT S.I.A.O., 5 allée Ile-Gloriette GZ 🅟 89.42.17
PEUGEOT-TALBOT Dugast, 103 bis r. Gén.-Buat CV 🅟 74.18.04
PEUGEOT Gar. Monselet, 2 r. de la Pelleterie BV 🅟 40.63.74
PEUGEOT-TALBOT Raguideau, 170 rte Clisson DX 🅟 34.27.43 ℕ 🅟 74.66.66

RENAULT Succursale, 68 bd Meusnier-de-Querlon BV 🅟 76.75.82
RENAULT Gar. Louis XVI, 41 r. Gambetta HY 🅟 74.29.33 ℕ
TOYOTA Gar. Grimaud, 12 r. de L'échappée 🅟 89.42.79
V.A.G. Auto-Gar. de l'Ouest, 8 r. Sully 🅟 29.40.00
L'Automobile Nantaise, 64 bd Jules-Verne 🅟 49.51.41
Dépannage-Autom.-Ouest, 14 r. G.-Clemenceau 🅟 74.66.66 ℕ

🛞 Le Gall, 4 r. Baron 🅟 47.66.00
Johan-Pneus, 17-19 r. Emile Péhant, 🅟 47.16.45
Nantes-Pneumatiques, 83 rte Paris 🅟 49.36.19
Le Pneum-Nantais 104 rte de Vannes 🅟 76.11.98
Sonamia, 10 quai Henri-Barbusse 🅟 74.05.69
Station Magellan, 58 r. Fouré 🅟 89.52.00
Technic-Pneus, 6 quai F.-Crouan 🅟 47.67.35
Vallée-Pneus, 13 bd Martyrs-Nantais-de-la-Résistance 🅟 47.87.14

Périphérie et environs

CITROEN Succursale, 9 r. Charles Rivière à Rézé par ④ 🅟 75.24.44
FIAT-LADA St-Herblain Autom, rte de St Etienne de Montluc à St Herblain, 🅟 94.87.28
MERCEDES-BENZ Succursale, 307 rte Vannes à St-Herblain 🅟 63.63.89
MERCEDES Station de la Maladrie, Parc Industriel de la Vertonne Z.I. à Vertou 🅟 34.15.57
OPEL-GM-US Lafayette Motors, rte de Vannes à St-Herblain 🅟 63.70.11
PEUGEOT-TALBOT S.I.A.O., rte de Vannes à Le Croisy AV s 🅟 63.18.73
PEUGEOT-TALBOT Blain, 102 r. Sauvestre, rte Rochelle à Rézé par ④ 🅟 75.41.34

PEUGEOT-TALBOT Loire-Océans-Autos, Piliers de la Chauvinière à St-Herblain AV 🅟 94.84.14
PEUGEOT-TALBOT Rez'Auto, bd Mar.-De-Lattre-De-Tassigny à Rézé BX 🅟 84.34.00
RENAULT Gar. Moinet, 25 r. J.-Jaurès à Rézé CX 🅟 04.04.00
RENAULT Gar. Moinet 110 r. des Sorinières à Rézé par ④ 🅟 04.08.00
RENAULT Gar. du Stade, 73 r. de Bel-Etre à Rézé BX 🅟 75.43.79
V.A.G. Océan Autos, rte de Vannes le Croisy à Orvault 🅟 63.11.01
V.A.G. Nantes Sud Autom., 48 r. E.-Sauvestre à Rézé 🅟 75.67.07

Lemaux-Pneu, 67 r. Aristide Briand à Rézé, ☎ 75.84.16
Nantex, 2 r. des Cochardières, Zil St-Herblain ☎ 94.86.07
Vallée-Pneus, 26 r. de la Dutée, Zone Ind. à St-Herblain ☎ 46.27.75

NANTEUIL-LE-HAUDOUIN **60440 Oise** 56 ⑫ **– 2 461 h. alt. 96 – ✪ 4.**

Paris 52 – Beauvais 71 – Compiègne 36 – Meaux 25 – Senlis 20 – Villers-Cotterêts 25.

XX **Le Bruxelles-Paris** avec ch, ☎ **488.00.37** – wc. VISA
fermé 6 au 31 août, 17 janv. au 2 fév. et merc. sauf fêtes – **SC** : **R** 52/70 – 12 – **10 ch** 55/90 – P 130/150.

CITROEN Thuillier et Klaine, ☎ 488.00.02 N
RENAULT Gar. du Centre, ☎ 488.01.43 N

NANTILLY **70 H.-Saône** 66 ⑬⑭ **– rattaché à Gray.**

NANTUA **01130 Ain** 74 ④ **G. Jura – 3 478 h. alt. 479 – ✪ 74.**

Voir Cluse★★ – Lac★ – Bords du lac ≤★.

Office de Tourisme 2 r. Dr-Mercier (1er juin-30 sept. et fermé lundi) ☎ 75.00.05 et à la Mairie (fermé sam. et dim.) ☎ 75.20.55.

Paris 483 ② – Aix-les-B. 80 ① – Annecy 66 ① – Bourg-en-B. 56 ② – ♦Genève 64 ① – ♦Lyon 96 ②.

Embarcadère M, **av. Sorbiers (e)** ☎ **75.22.88,** ≤ – TV ☎ P – 60. VISA. rest
fermé 20 déc. au 20 janv. – **SC** : **R** *(fermé lundi)* 85/200 – 19 – **50 ch** 150/220.

✿ **France, 44** r. **Dr.-Mercier (v)** ☎ **75.00.55** – TV P. AE ⓪ VISA
fermé 1er nov. au 20 déc. et vend. sauf fév. et du 15 juil. au 10 sept. – **SC** : **R** carte 130 à 205 – 25 – **19 ch** 245/285
Spéc. Gratin de queues d'écrevisses, Quenelle de brochet Nantua, Poulet de Bresse aux morilles à la crème. **Vins** Roussette de Seyssel, Arbois.

Lyon, 19 r. **Dr.-Mercier (a)** ☎ **75.17.09** – wc wc. VISA
fermé 1er au 15 juin et en nov., (hôtel fermé dim. soir et lundi sauf juil.-août) – **SC** : **R** *(fermé dim. soir sauf juil.-août et lundi)* 65/145 – 17 – **19 ch** 90/165.

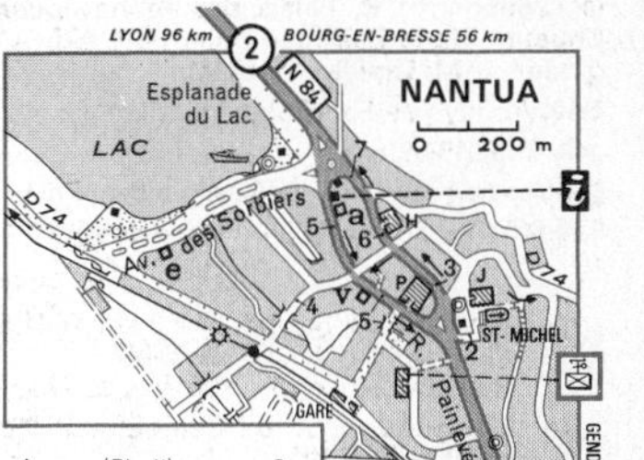
LYON 96 km
BOURG-EN-BRESSE 56 km
NANTUA
0 200 m
Esplanade du Lac
LAC
N 84
D 74
Av. des Sorbiers
ST-MICHEL
GARE
Painlevé
GENDARMERIE
BELLEGARDE-SUR-VALSERINE 25 km N 84

Armes (Pl. d') 2
Collège (R. du) 3
Dr-Levrat (R. du) ... 4
Dr-Mercier (R. du) .. 5
H.-de-Ville (R. de l') 6
St-Michel (R.) 7

aux Neyrolles **par ① : 3 km – alt. 563 – ✉ 01130 Nantua :**

Reffay, ☎ **75.04.35,** – P
fermé 24 mai au 6 juin, 10 nov. au 20 déc., mardi soir et merc. – **SC** : **R** 41/100 – 13 – **12 ch** 65/115 – P 120/150.

XX **Daphnés** avec ch, ☎ **75.01.42,** – wc wc. rest
fermé 12 au 29 juin, 6 nov. au 31 déc. et mardi sauf juil. et août (rest. ouvert seul. le soir) – **SC** : **R** 68/180 – 19 – **12 ch** 100/180 – P 230/250.

CITROEN Modern'Gar., La Cluse par ② ☎ 76.01.61
PEUGEOT Grenard, La Cluse par ② ☎ 76.14.80 N ☎ 76.14.87
RENAULT Gar. du Lac, rte de Lyon à Port N84 par ② ☎ 76.07.33 N

La NAPOULE-PLAGE **06 Alpes-Mar.** 84 ⑧, 195 ㉞㊲ **G. Côte d'Azur – ✉ 06210 Mandelieu-La-Napoule – ✪ 93.**

Voir Site★ du château-musée.

Golf Club de Cannes-Mandelieu ☎ **49.55.39, N : 1,5 km.**

Office de Tourisme r. J.-Aulas (fermé nov. et dim.) ☎ 49.95.31.

Paris 900 – Cannes 8 – Mandelieu 4 – ♦Nice 40 – St-Raphaël 34.

Ermitage du Riou et rest. Lamparo, ☎ **49.95.56, Télex 470072,** ≤, – ch TV ☎ P – 30. AE ⓪ E VISA
SC : **R** *(fermé 4 nov. au 22 déc.)* 116/155 – **40 ch** 315/855 – P 500/710.

Loews M, ☎ **49.90.00,** ≤, – TV ☎ P – 120 à 350. AE ⓪ E VISA. rest
SC : **R** Carte 150 à 190 – 50 – **214 ch** 930/1 280, 19 appartements.

La Calanque, bd de la Mer ☎ **49.95.11,** ≤ – wc wc
1er avril-30 sept. – **SC** : **R** 58/91 – 18 – **18 ch** 96/177 – P 177/219.

Parisiana sans rest, **r. Argentière** ☎ **49.93.02** – wc wc.
14 avril-6 oct. – **SC** : 19 – **12 ch** 160/240.

tourner →

La NAPOULE-PLAGE

🏠 **Corniche d'Or** sans rest, pl. de la Fontaine ℡ 49.92.51 — 🛏wc. 🦽
9 avril-20 oct. – SC : ☲ 13,50 – **12 ch** 95/165.

🏠 **Rocamare,** ℡ 49.95.36 — 🛏 ☎ 🅟. 𝘝𝘐𝘚𝘈. 🦽
fermé nov., déc. et merc. de janv. à mai – SC : **R** 75/118 – ☲ 14,50 – **14 ch** 108/145
– P 203/226.

🏵🏵🏵🏵 ❀❀❀ **L'Oasis** (Outhier), ℡ 49.95.52, « Patio ombragé et fleuri » – ▤
fermé fin oct. au 20 déc., lundi soir et mardi – **R** 300/330 et carte
Spéc. Truffe surprise, Galinette et langoustines au safran, Escalope de foie gras au gingembre. **Vins**
Cassis, Bandol.

🏵🏵 **Lou Castéou,** ℡ 49.95.15 — 🅰🅴 ⓞ 𝘝𝘐𝘚𝘈
*fermé 1ᵉʳ nov. au 15 déc., lundi soir et mardi hors sais., lundi midi et merc. midi en
sais.* – SC : **R** 88/150.

🏵🏵 **Marin,** ℡ 49.95.24, ≤.

🏵🏵 **Brocherie II,** au Port ℡ 49.80.73, ≤
fermé janv. et mardi hors sais. – SC : **R** 145.

CITROEN Gar. de la Napoule, ℡ 49.95.01

NARBONNE ≼🆂🅿🅸 11100 Aude 🎱🎲 ⑭ **G. Causses** – 42 657 h. alt. 11 – 🕰 68.

Voir Le Centre Monumental★ BY : Cathédrale St-Just★★ (Trésor : tapisserie représentant
la Création★★) B, Palais des Archevêques★ H, Donjon Gilles Aycelin★ (❆★) **M** –
Choeur★ de la basilique Saint-Paul AZ**E** – Musées : Art et Histoire★ BY**M**, Archéolo-
gique★ BY**M**, Lapidaire★ BZ**M**1.

Env. Abbaye de Fontfroide★★ 14 km par ④.

🛬 ℡ 32.16.38.

🅸 Office de Tourisme pl. R.-Salengro (fermé dim. hors sais.) ℡ 65.15.60.

Paris 849 ② – Béziers 27 ① – Carcassonne 61 ③ – ✦Montpellier 92 ② – ✦Perpignan 64 ③.

Plan page ci-contre

🏨 **Novotel** 🅼 ⚲, par ③ : 3 km ℡ 41.59.52, Télex 500480, 🏊, 🎾 – 🛗 ▤ 📺 ☎ 🦽
🅟 – 🛎 25 à 200. 🅰🅴 ⓞ 🅴 𝘝𝘐𝘚𝘈
R snack carte environ 90 ♨ – ☲ 27 – **96 ch** 234/281.

🏨 **Languedoc,** 22 bd Gambetta ℡ 65.14.74 – 🛗 ▤ rest 📺 ⛵wc 🛏wc ☎ – 🛎
100. 🅰🅴 ⓞ 🅴 𝘝𝘐𝘚𝘈   BY **b**
fermé 2 janv. au 1ᵉʳ fév. – SC : **R** *(fermé sam. du 1ᵉʳ oct. au 1ᵉʳ juil.)* 55/145 ♨ – ☲ 19
– **43 ch** 89/205.

🏨 **La Résidence** sans rest, 6 r. 1ᵉʳ Mai ℡ 32.19.41 – ⛵wc 🛏wc ☎ 🚗. 🅰🅴 𝘝𝘐𝘚𝘈. 🦽
fermé 4 janv. au 10 fév. – SC : ☲ 28 – **26 ch** 148/240.   AY **r**

🏠 **Midi,** 4 av. Toulouse ℡ 41.04.62, Télex 500401 – 🛗 ⛵wc 🛏wc ☎ 🚗 🅟. 🅰🅴
✦ 🅴 𝘝𝘐𝘚𝘈   AZ **f**
fermé 15 déc. au 15 janv. et dim. du 15 oct. au 15 mars – SC : **R** *(fermé le midi du 15
oct. au 15 mars et dim.)* 41/120 ♨ – ☲ 16 – **47 ch** 95/165 – P 143/222.

🏠 **Regent** ⚲ sans rest, 15 r. Suffren ℡ 32.02.41 – 🛏wc ☎. ⓞ 𝘝𝘐𝘚𝘈. 🦽   BY **d**
fermé 5 déc. au 3 janv. – SC : ☲ 12 – **15 ch** 70/130.

🏠 **H. Alsace** sans rest, 2 av. Carnot ℡ 32.01.86 – ⛵wc 🛏 ☎   BX **a**
SC : ☎ 12 – **20 ch** 65/125.

🏵🏵🏵 ❀ **Réverbère** (Giraud), 4 pl. Jacobins ℡ 32.29.18 – ▤. 🅰🅴 ⓞ 𝘝𝘐𝘚𝘈   BZ **e**
fermé 1ᵉʳ au 15 fév., dim. soir et lundi – **R** 135
Spéc. Bonbons de foie gras, Darne de loup au thym, Aiguillettes de canard au beurre de noisettes.
Vins Corbières.

🏵🏵🏵 **Rest. Alsace,** 2 av. P.-Sémard ℡ 65.10.24 – ▤. 🅰🅴 ⓞ 🅴 𝘝𝘐𝘚𝘈   BX **a**
✦ *fermé 19 nov. au 10 déc., lundi soir et mardi* – SC : **R** 48/166 ♨.

🏵🏵 **Le Floride,** 66 bd F.-Mistral ℡ 32.05.52 – ▤   BX **v**
fermé 22 déc. au 8 janv. et dim. – **R** (prévenir) 60/120.

par la sortie ② :

à Narbonne-Plage par D 168 : 15 km – ✉ 11100 Narbonne-Plage.
🅸 Office de Tourisme bd Méditerranée (1ᵉʳ juil.-31 août) ℡ 33.84.86.

🏠 **Caravelle,** ℡ 49.80.38, ≤, ☂ – 🛏wc ☎ 🅟. 𝘝𝘐𝘚𝘈. 🦽 rest
1ᵉʳ mai-1ᵉʳ oct. – SC : **R** 69/270 ♨ – ☲ 16,50 – **24 ch** 90/142 – P 200/210.

🏠 **De la Clape** sans rest, r. Flots Bleus ℡ 49.80.15 – 🛏wc ☎ 🅟. 🦽
15 avril-31 oct. – SC : ☲ 19,50 – **12 ch** 135/175.

à St-Pierre-sur-Mer par D 168 : 18 km – ✉ 11560 Fleury d'Aude :

🏵🏵 **Port,** ℡ 33.80.70
sais.

à Ornaisons par ④ et D 24 : 14 km – ✉ 11200 Lézignan-Corbières :

🏨 **Relais Val d'Orbieu** ⚲, ℡ 27.10.27, ≤, ☂, 🏊, 🎾 – ▤ ch ⛵wc ☎ 🦽 🅟 –
🛎 30. 🅰🅴 🅴. 🦽 rest
15 mars-2 janv. – SC : **R** 145/195 – ☲ 30 – **18 ch** 190/380.

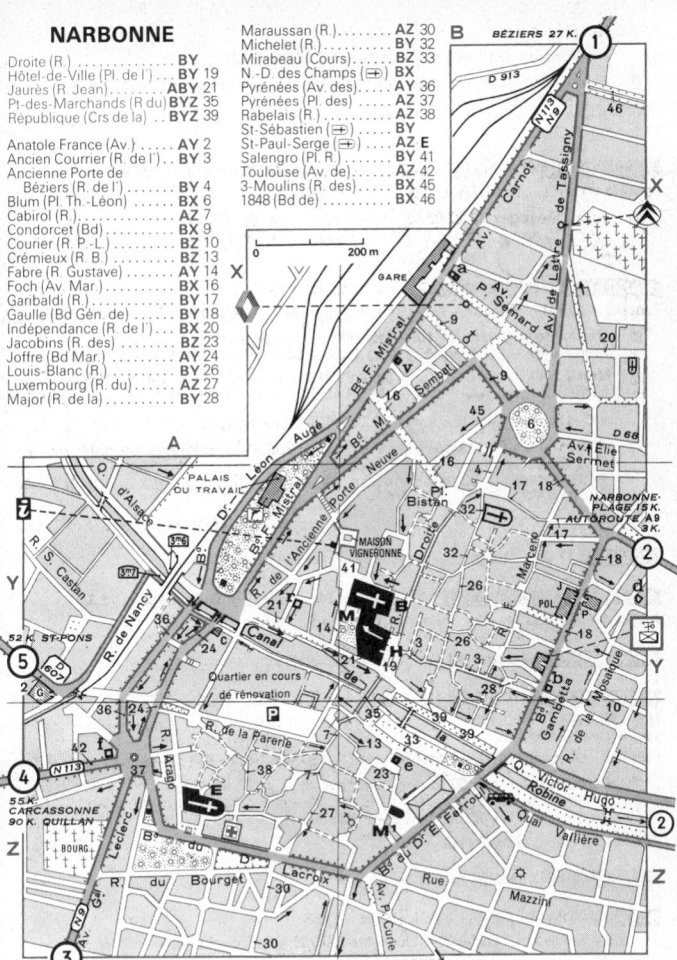

NARBONNE

AUSTIN, ROVER, TRIUMPH Fraisse, 33 av. de Toulouse 📞 42.29.15
BMW, OPEL-GM Narbonauto, av. Champ de Mars, Zone Ind. Plaisance 📞 65.14.81
CITROEN Plaisance-Autos, N9 par ③ 📞 32.10.96
FIAT Villefranque, 20 bd M.-Sembat 📞 32.30.11
FORD Gar. Jean, 4 bd M.-Sembat 📞 32.02.46
MERCEDES-BENZ, TOYOTA Gar. Deville, Zone Ind. de Plaisance 📞 41.22.38
MERCEDES-BENZ Gar. du Littoral N 9, km 3 📞 32.40.85

PEUGEOT-TALBOT Delalieux, rte de Perpignan, le Peyrou par ③ 📞 41.09.85
RENAULT SANDRA, Complexe Routier Croix-Sud par ③ 📞 32.27.20
RENAULT Gar. Terminus, 12 av. Pierre Semard 📞 32.04.27
V.A.G. Marty, 87 av. Gén.-Leclerc 📞 41.16.10

⊚ Brunel, 31 et 33 bd Mar.-Joffre 📞 42.27.53
Ets Escande, 1 av. Toulouse 📞 41.01.03
Piot-Pneu, Z.I., rte de Perpignan 📞 41.23.24

La NARTELLE 83 Var 🔢🔢 ⑰ – rattaché à Ste-Maxime.

NASBINALS 48260 Lozère 🔢🔢 ⑭ G. Auvergne – 614 h. alt. 1 180 – Sports d'hiver : 1 180/1 450 m 🚠 🎿 – ⊘ 66.
Paris 549 – Aumont-Aubrac 23 – Chaudes-Aigues 27 – Espalion 35 – Mende 59 – St-Flour 59.
　🏠 **Route d'Argent**, 📞 32.50.03 – 🍽 🛎. 🕏 rest
　← SC : **R** 39/65 🍴 – 🛏 18 – **20 ch** 55/77 – P 95/135.

tourner →

NASBINALS

au Nord par D 12 : 4 km – alt. 1 080 – ⊠ 48260 Nasbinals :

🏛 **Relais de l'Aubrac** ⟲, au Pont de Gournier (carrefour D 12 - D 112) ☏ 32.52.06
← – ⏚wc ☎ **P**
fermé 15 nov. au 15 déc. et 6 au 30 janv. – SC : **R** 40/120 ⅄ – ☲ 15 – **15 ch** 75/95 –
P 135/150.

NATZWILLER 67 B.-Rhin ⬛② ⑥ – 658 h. alt. 540 – ⊠ 67130 Schirmeck – ✪ 88.
Paris 488 – Barr 30 – Molsheim 38 – St-Dié 45 – ✦Strasbourg 60.

🏛 **Aub. Metzger,** ☏ 97.02.42 – ⏚wc ⏚wc ← **P**. *VISA*. ✹ rest
← *fermé 15 nov. au 15 déc. et lundi hors sais.* – SC : **R** 38/150 ⅄ – ☲ 15 – **10 ch** 110 –
P 115/132.

NAUCELLE 12800 Aveyron ⬛⓪ ① – 2 357 h. alt. 469 – ✪ 65.
Paris 642 – Albi 48 – Millau 88 – Rodez 33 – St-Affrique 82 – Villefranche-de-Rouergue 51.

🏛 **Host. Voyageurs,** pl. Hôtel de Ville ☏ 47.01.34 – ⏚wc ⏚wc ☎
← *fermé lundi* – SC : **R** 35/75 ⅄ – ☲ 12,50 – **14 ch** 60/105 – P 118/140.

🏛 **Unal,** à Naucelle-Gare sur N 88 ☏ 69.21.21, ☞ – ⏚ ⏚wc ← **P**. *VISA*
← *fermé oct., dim. soir et lundi* – SC : **R** 45/90 ⅄ – ☲ 15 – **14 ch** 65/98 – P 125/160.

à Castelpers SE : 12,5 km sur D 10 – ⊠ 12170 Requista :

✕✕ **Château de Castelpers** ⟲ avec ch, ☏ 69.22.61, ≤, « Parc au bord de l'eau » –
⏚wc **P**. **E**. ✹ rest
1er avril-1er oct. – SC : **R** *(fermé sam. soir et mardi)* 54/140 ⅄ – ☲ 20 – **8 ch** 120/255
– P 190/260.

CITROEN Bayol, ☏ 47.01.61   PEUGEOT-TALBOT Gar. Serres, ☏ 69.21.17

NAUZAN 17 Char.-Mar. ⬛① ⑮ – rattaché à St-Palais-sur-Mer et à Royan.

NAVACELLES (Cirque de) ★★★ 30 Gard et 34 Hérault ⬛⓪ ⑯ G. Causses – alt. 323.
Accès par Blandas N : 7 km ou par St-Maurice S : 7,5 km.

NAVAROSSE 40 Landes ⬛⑧ ⑬ – rattaché à Biscarosse.

NAVARRENX 64190 Pyr.-Atl. ⬛⑤ ⑤ G. Pyrénées – 1 204 h. alt. 125 – ✪ 59.
🗓 Syndicat d'Initiative Porte St-Antoine (1er juil.-15 sept. et fermé dim. matin) et à la Mairie (fermé sam. et dim.) ☏ 66.10.22.
Paris 799 – Oloron-Ste-M. 22 – Orthez 22 – Pau 55 – St-Jean-Pied-de-Port 58 – Sauveterre-de-B. 23.

🏛 **Commerce,** ☏ 66.50.16 – ⏚wc ⏚wc ☎ – 🛏 30
← *fermé 15 au 31 oct., 25 déc. au 15 fév., dim soir et lundi sauf juil. et août* – SC : **R**
45/120 – ☲ 15 – **35 ch** 65/150 – P 150/200.

RENAULT Roubit, ☏ 66.02.44 **N**

NAVES 19460 Corrèze ⬛⑤ ⑨ – rattaché à Tulle.

NAY 64800 Pyr.-Atl. ⬛⑤ ⑦ – 3 492 h. alt. 352 – ✪ 59.
Paris 805 – Laruns 33 – Lourdes 25 – Oloron-Ste-Marie 36 – Pau 20 – Tarbes 33.

🏛 **Voyageurs,** pl. Marcadieu ☏ 61.04.69 – 🛗 ⏚wc ⏚wc ☎ – 🛏 50
← *fermé 1er nov. au 1er déc.* – **R** 38/80 ⅄ – ☲ 14 – **22 ch** 94/160 – P 135/155.

✕ **Aub. Chez Lazare** ⟲ avec ch., Les Labassères SO : 3 km par D 36 et D 287 ☏
61.05.26, ≤, ☞, ☞ – ⏚wc **P**
fermé du 1er au 16 août – SC : **R** *(fermé midi, dim. et fêtes)* 55/90 ⅄ – ☲ 12,50 –
7 ch 115.

CITROEN Gar. Antony, ☏ 61.16.21   RENAULT Gar. Fouraa, ☏ 61.01.86
PEUGEOT, TALBOT Gar. Manuel, ☏ 61.27.67

NÉANT-SUR-YVEL 56 Morbihan ⬛③ ④ – 835 h. alt. 75 – ⊠ 56430 Mauron – ✪ 97.
Paris 410 – Dinan 57 – Loudéac 52 – Ploërmel 11 – ✦Rennes 65 – Vannes 57.

✕ **Aub. Table Ronde** avec ch, ☏ 74.41.66 – ⏚ ⏚ ☎ **P**. *VISA*
← *fermé 1er au 7 sept., janv., dim. soir et lundi sauf juil.-août* – SC : **R** 38/100 ⅄ – ☲ 12
– **12 ch** 88/121 – P 131/148.

NEAU 53 Mayenne ⬛⓪ ⑪ – 618 h. alt. 91 – ⊠ 53150 Montsûrs – ✪ 43.
Paris 265 – Alençon 55 – Laval 26 – ✦Le Mans 70 – Mayenne 22 – Ste-Suzanne 13 – Vaiges 15.

🏛 **Croix Verte,** ☏ 98.23.41 – ⏚wc ⏚ ☎ *VISA*
← *fermé vacances de fév., dim. soir et lundi* – SC : **R** 40/140 – ☲ 14 – **14 ch** 76/130 –
P 130/150.

RENAULT Gar. Terrier, ☏ 01.65.60

NEAUPHLE-LE-CHÂTEAU 78640 Yvelines 📒 ⑨, 📒 ⑯ G. Environs de Paris – 2 151 h. alt. 185 – ❸ 3.

Paris 40 – Dreux 44 – Mantes-la-Jolie 32 – Rambouillet 24 – St-Nom-la-Bretèche 12 – Versailles 18.

※ **Relais St-Nicolas,** ⓟ 489.00.47 – 𝗩𝗜𝗦𝗔
fermé le soir sauf vend. et sam. – SC : **R** 70, dîner à la carte.

PEUGEOT-TALBOT Cabailh, 7. r. des Frères Lumières à Plaisir ⓟ 055.17.30 **N**

RENAULT Gar. des Petits Prés, 16 r. de la Gare à Plaisir ⓟ 005.80.84

NEAUX 42 Loire 📒 ⑧ – rattaché à St-Symphorien-de-Lay.

NÉGRON 37 I.-et-L. 📒 ⑯ – rattaché à Amboise.

NEMOURS 77140 S.-et-M. 📒 ⑫ G. Environs de Paris – 11 676 h. alt. 62 – ❸ 6.

Voir Musée de Préhistoire de l'Ile de France★ par ②.

🅱 Office de Tourisme 17 r. Tanneurs (fermé matin sauf sam. et dim. hors sais.) ⓟ 428.03.95.

Paris 80 ① – Chartres 117 ① – Melun 32 ⑥ – Montargis 37 ① – ✦Orléans 87 ④ – Sens 46 ②.

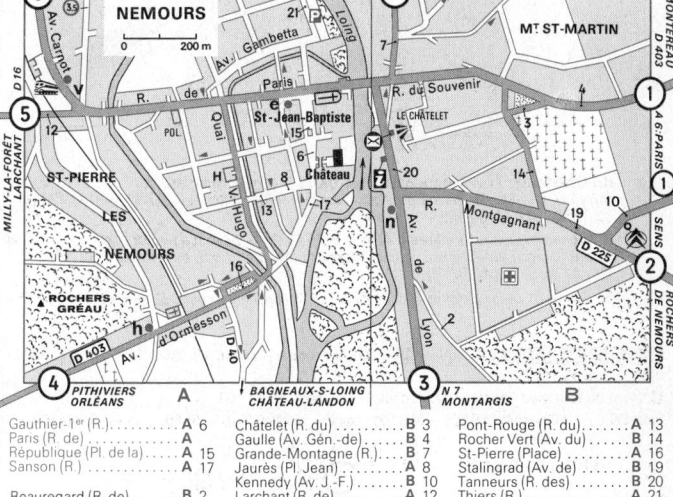

Gauthier-1er (R.) . . . . A 6	Châtelet (R. du) . . . . B 3	Pont-Rouge (R. du) . . . . . . A 13
Paris (R. de) . . . . A	Gaulle (Av. Gén.-de) . . . . . B 4	Rocher Vert (Av. du) . . . . . B 14
République (Pl. de la) . . . . A 15	Grande-Montagne (R.) . . . B 7	St-Pierre (Place) . . . . A 16
Sanson (R.) . . . . A 17	Jaurès (Pl. Jean) . . . . A 8	Stalingrad (Av. de) . . . . . B 19
	Kennedy (Av. J.-F.) . . . . . B 10	Tanneurs (R. des) . . . . . . B 20
Beauregard (R. de) . . . . . B 2	Larchant (R. de) . . . . A 12	Thiers (R.) . . . . A 21

🏠 **Écu de France,** 3 r. Paris ⓟ 428.11.54 – 🛁wc 🚿wc ☎ 🚗 – 🔏 60 à 150. 🖭 ⓞ **E** 𝗩𝗜𝗦𝗔
fermé vacances scolaires de Noël – **R** 73/190 ⅃, – 🍽 17 – **28 ch** 140/260.
A e

🏠 **Les Roches,** av. d'Ormesson à St-Pierre ⓟ 428.01.43, 🌳, 🚗 – 🛁wc 🚿wc ☎,
🖭 **E** 𝗩𝗜𝗦𝗔
A h
fermé nov. et vacances de fév. – SC : **R** *(fermé dim. soir et lundi du 1er déc. au 30 mars)* 70/165 – 🖃 20 – **17 ch** 80/176.

🏠 **St-Pierre** sans rest, 12 av. Carnot ⓟ 428.01.57 – 🛁wc 🚿wc ☎ 🚗 🅿. **E**
fermé 1er au 15 mars – SC : 🖃 16 – **25 ch** 60/170.
A v

※ **Vieux Moulin,** 5 av. Lyon ⓟ 428.02.98
B n
fermé 15 janv. au 10 fév., mardi soir et merc. – SC : **R** 48/130 ⅃.

Autoroute A 6 : sur l'aire de service, SE 2 km, accès par A 6 ou D 225 – ✉ 77140 Nemours :

🏨 **Euromotel** 🅼, ⓟ 428.10.32, Télex 690243, 🚗 – 📺 🛁wc ☎ 🅿 – 🔏 60. 🖭 ⓞ **E** 𝗩𝗜𝗦𝗔
SC : **R** (rest. d'autoroute à 100 m) – 🖃 23 – **103 ch** 216/255.

CITROEN Nemours Autom., av. J.-F.-Kennedy ⓟ 428.11.17
PEUGEOT Coffre, 18 av. Kennedy B ⓟ 428.03.27
PEUGEOT TALBOT Malbert, 63 av. Carnot à St-Pierre par ⑥ ⓟ 428.03.05

RENAULT Brillet, 107 av. Carnot à St-Pierre par ⑥ ⓟ 428.01.50

Ⓜ Dominicé, 90 r. de Paris ⓟ 428.11.21

NÉRAC ⊗ 47600 L.-et-G. **7 9** ⑭ G. Pyrénées – 7 268 h. alt. 71 – ✪ 53.

🛈 Office de Tourisme 32 Petites Allées (fermé dim.) ⌀ 65.03.89.

Paris 719 ① – Agen 30 ② – ✦Bordeaux 124 ① – Condom 21 ③ – Marmande 53 ①.

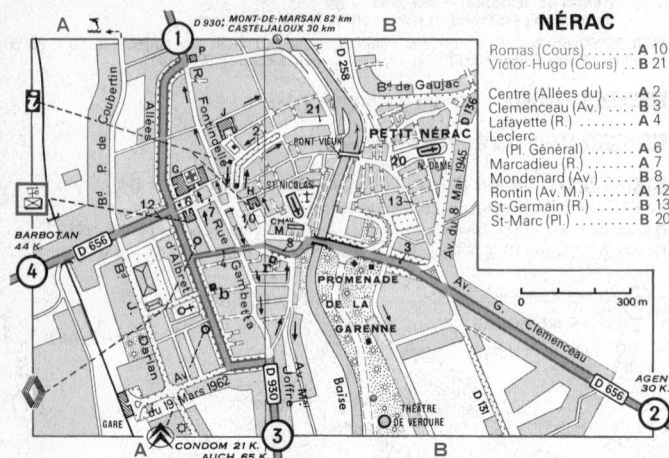

NÉRAC

Romas (Cours)	A 10
Victor-Hugo (Cours)	B 21
Centre (Allées du)	A 2
Clemenceau (Av.)	B 3
Lafayette (R.)	A 4
Leclerc (Pl. Général)	A 6
Marcadieu (R.)	A 7
Mondenard (Av.)	B 8
Rontin (Av. M.)	A 12
St-Germain (R.)	B 13
St-Marc (Pl.)	B 20

🏛 **du Château**, 7 av. Mondenard ⌀ 65.09.05 – ⌷wc ▥wc ⌨. ⌘   AB **r**
fermé oct. – SC : **R** (fermé dim. soir et lundi midi du 1er nov. au 30 juin) 55/130 ⚬ –
⌷ 15,50 – **20 ch** 80/165.

✕ **d'Albret** avec ch, 42 allées d'Albret ⌀ 65.01.47 – ▤ rest ▥wc ☎. ⌘   A **b**
↤ fermé 31 août au 30 sept., 3 au 11 mars et lundi du 1er oct. au 1er mai – SC : **R** 42/190
⚬ – ⌷ 15 – **15 ch** 70/113.

CITROEN Conte, 31 allées d'Albret ⌀ 65.01.41   RENAULT Humbert, 62 allées d'Albret ⌀ 65.00.43

NÉRIS-LES-BAINS 03310 Allier **7 3** ② G. Auvergne – 2 996 h. alt. 354 – Stat. therm. (2 mai-23 oct.) – Casino – ✪ 70.

🛈 Office de Tourisme Carrefour des Arènes (fermé dim.) ⌀ 03.11.03.

Paris 327 ③ – ✦Clermont-Fd 83 ② – Montluçon 8 ③ – Moulins 74 ① – St-Pourçain-sur-Sioule 59 ①.

NÉRIS-LES-BAINS

Arènes (Bd des)	2
Boisrot-Desserviers (R.)	3
Constans (R.)	5
Cuvier (R.)	7
Dormoy (Av. Marx)	8
Gaulle (R. du Gén.-de)	9
Kars (R. des)	10
Marceau (R.)	12
Migat (R. du Capitaine)	14
Molière (R.)	15
Parmentier (R.)	18
Reignier (Av.)	19
République (Pl. de la)	21
Rieckötter (R.)	23
St-Joseph (R.)	25
Thermes (Pl. des)	27
Voltaire (R.)	29

*Pour bien lire
les plans de villes,
voir signes et abréviations p. 21.*

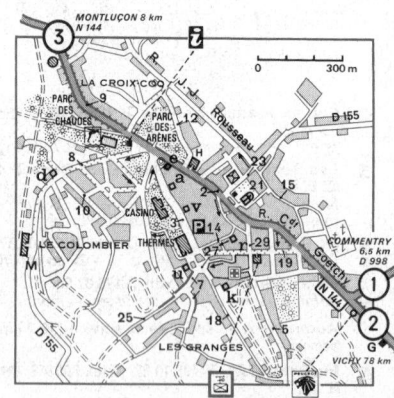

🏛 **du Bois** Ⓜ, 40 r. Boisrot Desserviers (**v**) ⌀ 03.22.22, ⚘ – ▤ ☎ – ⚷ 45 à 100
SC : **R** 65/110 – ⌷ 18 – **65 ch** 190 – P 420.

🏛 **Parc des Rivalles** ⌂, r. Parmentier (**k**) ⌀ 03.10.50, ≤, parc – ▤ ⌷wc ▥wc ⌨
Ⓟ. ⌘ rest
1er mai-30 sept. – SC : **R** 58/180 ⚬ – ⌷ 17 – **32 ch** 53/169 – P 180/280.

🏛 **Garden,** 12 av. Max Dormoy **(d)** ☎ 03.21.16, 🚗 – 🛏wc ⭐️wc ☎ 🅿 **E** 𝗩𝗜𝗦𝗔.
⟿ 🛇 ch
fermé 25 oct. au 25 nov., 2 au 13 mars, dim. soir et vend. du 1ᵉʳ déc. au 1ᵉʳ mai – SC :
R 50/100 – ☲ 18 – **16 ch** 120/155 – P 190.

🏛 **Les Pervenches** sans rest, 11 r. Capitaine-Migat **(r)** ☎ 03.14.03, 🚗 – cuisinette
🛏wc
fermé oct. – SC : ☲ 17 – **10 ch** 135/160.

🏛 **Source** ⑤, pl. Thermes **(u)** ☎ 03.10.20, parc – 🛏wc ⭐️wc ☎ 🅿 𝗩𝗜𝗦𝗔. 🛇 rest
1ᵉʳ mai-30 sept. – SC : R 59/65 – ☲ 13,50 – **40 ch** 59/135 – P 143/217.

🏛 **Terrasse,** r. Boisrot-Desserviers **(a)** ☎ 03.10.42, parc – 🛏 ⭐️wc ☎. 🛇 rest
1ᵉʳ mai-30 sept. – SC : R 53/85 – ☲ 17 – **25 ch** 120/165 – P 150/220.

✕ **Splendid'H.** avec ch, 49 bd Arènes **(e)** ☎ 03.10.41 – ⭐️wc ☎. **E**
⟿ *fermé janv. et sam. en fév. et mars* – SC : R 50/120 🍷 – ☲ 14 – **10 ch** 90/150 – P
140/195.

PEUGEOT Contamine, ☎ 03.13.22

NERSAC 16 Charente 𝟟𝟤 ⑬ – rattaché à Angoulême.

NEUF-BRISACH 68600 H.-Rhin 𝟞𝟤 ⑱ ⓖ. Vosges – 2 205 h. alt. 205 – ✿ 89.

🔩 du Rhin près Chalampé ☎ 26.07.86, au Sud par D 468 : 25 km.

🏢 Office de Tourisme 6 pl. d'Armes (1ᵉʳ juil.-1ᵉʳ oct. et fermé dim. après-midi) ☎ 72.56.66 et à la
Mairie (hors sais., fermé sam. et dim.) ☎ 72.51.68.

Paris 467 – ◆Bâle 66 – Colmar 16 – Freiburg 33 – ◆Mulhouse 37 – Sélestat 31 – Thann 46.

🏛 **Cerf,** 11 r. Strasbourg ☎ 72.56.03 – 📺 🛏wc ⭐️wc ☎ – 🔬 30. **E** 𝗩𝗜𝗦𝗔
⟿ *fermé 20 déc. au 6 janv., merc. midi en sais., mardi soir et merc. hors sais.* – SC : R
45/205 🍷 – ☲ 15,50 – **30 ch** 97/220 – P 157/206.

🏛 **Soleil,** 6 r. Bâle ☎ 72.51.28 – 🛏wc 🐕 ⒶⒺ ⓞ **E** 𝗩𝗜𝗦𝗔
fermé 1ᵉʳ au 15 sept. et fév. – **R** *(fermé dim. soir et lundi)* 50/150 🍷 – ☲ 14 – **25 ch**
60/150 – P 100/170.

à Biesheim N : 3 km par D 468 – ⊠ 68600 Neuf Brisach :

🏛 **Les Deux Clefs,** ☎ 72.51.20, 🚗 – 🛏wc ⭐️wc ☎ 🅿 – 🔬 30. **E** 𝗩𝗜𝗦𝗔
fermé 24 déc. au 15 janv. – SC : R *(fermé jeudi)* 66/130 🍷 – ☲ 14 – **19 ch** 70/160 –
P 130/180.

à Vogelgrun E : 5 km par N 415 – ⊠ 68600 Neuf-Brisach.

Voir Bief hydro-électrique★.

🏛 **Motel Européen** Ⓜ ⑤, à la frontière, sur l'île du Rhin ☎ 72.51.57, 🌲, 🚗 –
⟿ 🛏wc ⭐️wc 🚗 🅿 – 🔬 30. ⒶⒺ ⓞ 𝗩𝗜𝗦𝗔
fermé fév. – SC : R *(fermé dim. soir du 1ᵉʳ sept. au 30 juin et lundi)* 50/190 – ☲ 14 –
23 ch 145/185.

PEUGEOT-TALBOT Ebelin-Vonarb, ☎ 72.51.76 | RENAULT Gar. Haeffeli, Zone Ind. CD 52 à Biesheim ☎ 72.54.83

NEUFCHÂTEAU ⬦ 88300 Vosges 𝟞𝟤 ⑬
ⓖ. Vosges – 9 086 h. alt. 298 – ✿ 29.

Voir Escalier★ de l'hôtel de ville H.

🏢 Syndicat d'Initiative à la Mairie (fermé dim.) ☎
94.14.75.

Paris 301 ① – Belfort 152 ④ – Chaumont 56 ⑥ –
Épinal 74 ③ – Langres 69 ⑤ – Verdun 104 ①.

🏛 **St-Christophe,** 1 av. Grande-Fon-
⟿ taine **(e)** ☎ 94.16.28 – 📺 🛏wc ⭐️wc
☎ 🅿 – 🔬 30. 🛇 rest
SC : R 44/118 🍷 – ☲ 18,50 – **35 ch**
102/200.

✕ **La Boulangerie,** 1 pl. Jeanne d'Arc
☎ 94.12.86
fermé 16 août au 10 sept. et lundi – R
60/95 🍷.

à Rouvres-la-Chétive par ③ : 10 km
– ⊠ 88170 Chatenois :

🏛 **La Frezelle** Ⓜ ⑤, ☎ 94.51.51 – 🛏wc ☎ 🅿. **E**. 🛇 ch
⟿ *fermé 15 au 31 oct. et 26 déc. au 3 janv.* – SC : R *(fermé sam.)* 49/100 🍷 – ☲ 16 –
7 ch 114/163 – P 230/250.

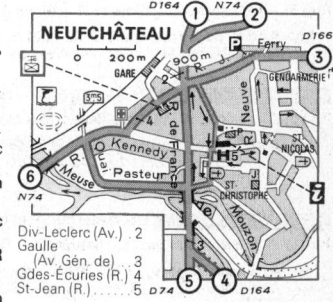

Div-Leclerc (Av.) . . 2
Gaulle
(Av. Gén. de) . . . 3
Gdes-Écuries (R.) . 4
St-Jean (R.) 5

CITROEN Tassel, rte de Langres par ⑤ ☎
94.10.33 Ⓝ ☎ 94.04.04
FIAT Gar. de l'Étoile, 1 quai Pasteur ☎ 94.17.65
PEUGEOT, TALBOT Dutemple-Gaxotte, rte de
Langres par ⑤ ☎ 94.06.55
RENAULT Gar. Reuchet, 95 av. Gén.-de-Gaulle
par ⑤ ☎ 94.19.20

RENAULT Reuchet, rte de Nancy par ② ☎
94.05.57

🏵 Néo-Pneu, Zone Ind., rte de Frébecourt ☎
94.10.47

NEUFCHATEL-EN-BRAY 76270 S.-Mar. 🔲🔲 ⑮ G. Normandie – 5 823 h. alt. 99 – ۞ 35.

Env. Forêt d'Eawy★★ 10 km par ③.

🅩 Office de Tourisme 53 Gde Rue St-Pierre (fermé sam. et dim. hors sais.) ☏ 93.22.96.

Paris 138 ② – Abbeville 54 ① – ◆Amiens 71 ① – Dieppe 36 ④ – Gournay 37 ② – ◆Rouen 45 ③.

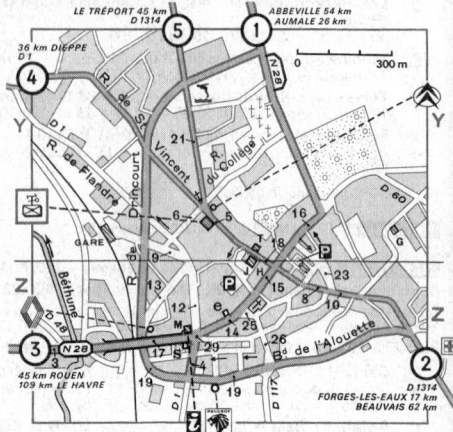

NEUFCHATEL-EN-BRAY

Denoyelle (R.) . . . . Z 8
Grande-R. Fausse-Porte . . . Z 14
Grande-R. Notre-Dame . . . . Z 15
Grande-R. St-Jacques . . . . . Y 16

Canadiens (Av. des) . . . . . . Z 3
Carnot (R.) . . . . Z 4
Cauchoise (R.) . . . . Y 5
Charvet (Bd Albert) . . . . . . Y 6
Foch (R. du Mar.) . . . . Y 9
Fontaines (R. des) . . . . Z 10
Gaulle (R. Gén. de) . . . . . . Z 12
Goville (Bd du) . . . . Z 13
Grande-Rue St-Pierre . . . . . Z 17
Haussez (R. Baron-d') . . . . Y 18
Joffre (Bd du Mar.) . . . . Y 19
Londinières (R. de) . . . . Y 21
Marquis (Pl. du) . . . . Z 23
Notre-Dame (Pl.) . . . . Z 25
Poissonnière (R.) . . . . Z 26
8-Mai (Pl. du) . . . . Z 29

Les plans de villes sont orientés le Nord en haut.

🏠 **Lisieux,** 2 pl. Libération ☏ 93.00.88 – ⇱wc 🚿wc ☎ 🅿 – ⏏ 120. 🅰🅴 🆅🅸🆂🅰   Z s
➡ *fermé 5 au 15 nov., fév. et jeudi sauf juil. et août* – SC : **R** 50/125 ⅃ – � 17 – **24 ch** 90/180 – P 135/160.

✗ **Gd Cerf** avec ch, 9 Gde-Rue Fausse-Porte ☏ 93.00.02 – 🚿wc ☎ 🅿. 🆅🅸🆂🅰. 🛬   Z e
➡ *fermé 23 nov. au 8 janv., dim. soir et lundi sauf du 14 juil. au 8 sept.* – SC : **R** 55/150 – ⊑ 16 – **11 ch** 95/130 – P 215/280.

CITROEN Therier, 12 r. Cauchoise ☏ 93.00.75
FIAT, OPEL Petit, 14 rte Londinières ☏ 93.01.50
FORD Brayonne Autom., 1 Gde r. St-Pierre ☏ 93.01.66
PEUGEOT Delas, 16 bd Joffre ☏ 93.01.15

RENAULT Lechopier, 31 Gde r. St-Pierre ☏ 93.00.82 🅽 ☏ 93.04.76
V.A.G. Lemarchand, 9 rte de Foucarmont ☏ 93.02.66

NEUFGRANGE 57 Moselle 🔲🔲 ⑰ – rattaché à Sarreguemines.

NEUF-MARCHÉ 76 S.-Mar. 🔲🔲 ⑧ – 514 h. alt. 104 – ⊠ 76220 Gournay-en-Bray – ۞ 35.

Paris 87 – Les Andelys 35 – Beauvais 31 – Gisors 18 – Gournay-en-Bray 7 – ◆Rouen 57.

✗✗ **André de Lyon,** D 915 ☏ 90.10.01, ambiance bistrot lyonnais – 🆅🅸🆂🅰
fermé 20 août au 6 sept., vacances de fév. et merc. – **R** (déj. seul.) carte 85 à 145.

NEUILLÉ-LE-LIERRE 37 I.-et-L. 🔲🔲 ⑮⑯ – 404 h. alt. 88 – ⊠ 37380 Monnaie – ۞ 47.

Paris 216 – Amboise 16 – Château-Renault 10 – Montrichard 34 – Reugny 4,5 – ◆Tours 26.

✗ **Aub. de la Brenne,** r. Gare ☏ 52.95.05 – 🅿. 🆅🅸🆂🅰
fermé 15 au 22 oct., 10 janv. au 10 fév., dim. soir et lundi – SC : **R** (dim. prévenir) 52/116.

NEUILLY-EN-THELLE 60530 Oise 🔲🔲 ⑳, 🔟🔟🔟 ⑦ – 2 400 h. alt. 130 – ۞ 4.

Paris 50 – Beaumont-sur-Oise 11 – Beauvais 30 – Pontoise 30 – Senlis 26.

🏠 **Aub. du Centre,** ☏ 426.70.01 – 🅿. 🛬 ch
➡ *fermé août, 15 au 28 fév. et lundi* – SC : **R** 40 (sauf sam. soir)/58 ⅃ – ⊑ 8,50 – **8 ch** 65/75.

🅐 Merlin Pneus, à Ercuis ☏ 426.53.38

NEUILLY-SUR-SEINE 92 Hauts-de-Seine 🔲🔲 ⑳, 🔟🔟🔟 ⑭⑮ – voir à Paris, Environs.

NEULISE 42590 Loire 🔲🔲 ⑧ – 1 202 h. alt. 500 – ۞ 77.

Paris 412 – Roanne 20 – ◆St-Étienne 58 – Tarare 35.

✗ **Relais de la Route Bleue** avec ch, ☏ 64.60.75 – ⇱ 🚿. 🆅🅸🆂🅰
➡ SC : **R** 44/150 ⅃ – ⊑ 12 – **11 ch** 120/140 – P 160/180.

NEUVÉGLISE 15260 Cantal 🔟🔟 ⑭ – 1 112 h. alt. 938 – ✿ 71.

Env. Château d'Alleuze★★ : site★★ NE : 14 km, G. Auvergne.

🛈 Syndicat d'Initiative à la Mairie (fermé dim. après-midi et lundi) ☎ 23.81.68.

Paris 512 – Aurillac 81 – Entraygues-sur-T. 75 – Espalion 69 – St-Chély-d'Apcher 42 – St-Flour 22.

🔼 **Central Hôtel** (annexe 🏠 ᴹ - 14 ch 🛏wc 🗲wc), ☎ 23.81.28 – 🛏wc 🗲wc
🔶 🕾 🕾 ⓟ – 🏸 80. 🖭 🛠 rest
fermé 25 sept. au 25 oct. – SC : **R** 43/90 – 🖵 18 – **27 ch** 60/140 – P 120/140.

🔼 **Poste,** ☎ 23.80.66 – 🛏wc 🗲wc &. 🔶 ⓟ – 🏸 120
🔶 *fermé 1er nov. au 15 déc.* – SC : **R** 40/90 🍷 – 🖵 16 – **25 ch** 60/150 – P 110/140.

RENAULT Mabit, ☎ 23.81.53   Gar. Sauret, ☎ 23.80.90 🏧

NEUVIC 19160 Corrèze 🔟🔟 ① G. Périgord – 2 274 h. alt. 610 – ✿ 55.

🛈 Syndicat d'Initiative Tour des Remparts (1er juil.-31 août, fermé sam. et dim.) ☎ 95.88.78.

Paris 460 – Mauriac 26 – Tulle 59 – Ussel 21.

🔼 **Lac** 🦢, à Neuvic-Plage E : 3 km ᴹ, ≤, 🐎 – 🗲 ⓟ. 🛠 rest
mai-sept. – SC : **R** 55/110 🍷 – 🖵 15 – **14 ch** 100/150 – P 148/165.

🏠 **Escargot,** ☎ 95.80.19 – 🗲. 🛠 ch
🔶 *fermé 26 déc. au 1er janv. et vend. soir sauf juil. et août* – **R** 35/90 – 🖵 11,50 – **10 ch** 55/80 – P 120/130.

CITROEN Bordas, ☎ 95.80.29   RENAULT Potronnat, ☎ 95.89.28 🏧 ☎ 95.81.68

La NEUVILLE 59 Nord 🔟🔟 ⑯ – rattaché à Lille.

NEUVILLE-AUX-TOURNEURS 08 Ardennes 🔟🔟 ⑰ – 239 h. alt. 265 – ✉ 08380 Signy-le-Petit – ✿ 24.

Paris 229 – Charleville-Mézières 33 – Hirson 22 – Laon 70 – Rethel 58 – Rocroi 16.

🔼 **Motel Dubois** 🦢, N 43 ☎ 54.32.55 – 🗲wc 🕾 ⓟ. 🖭 ⓞ 🗲 🆅🆂🅰
🔶 *fermé 15 déc. au 31 janv.* – SC : **R** (fermé lundi midi sauf fériés) 35/100 – 🖵 11 – **10 ch** 74/100.

NEUVILLE-ST-AMAND 02 Aisne 🔟🔟 ⑭ – rattaché à St-Quentin.

NEUVY-SAUTOUR 89 Yonne 🔟🔟 ⑮ – rattaché à St-Florentin.

NEUZY 71 S.-et-L. 🔟🔟 ⑯ – rattaché à Digoin.

NEVERS ℙ 58000 Nièvre 🔟🔟 ③④ G. Bourgogne – 44 777 h. alt. 186 – ✿ 86.

Voir Cathédrale★ AZ **B** – Palais ducal★ AZ – Église St-Étienne★ BY **D** – Porte du Croux★ AZ – Faïences de Nevers★ du musée de Nevers AZ **M1**.

🛈 Office de Tourisme 31 r. des Remparts (fermé dim. et fêtes) ☎ 59.07.03 - A.C. 1 av. Gén.-de-Gaulle-Résidence Carnot ☎ 61.27.75.

Paris 240 ① – Bourges 69 ④ – Chalon-sur-Saône 156 ③ – ♦Clermont-Ferrand 150 ④ – ♦Dijon 188 ③ – Montargis 125 ① – Montluçon 99 ④ – Moulins 54 ④ – ♦Orléans 157 ① – Roanne 152 ④.

Plan page suivante

🏯🏯 **P.L.M. Loire** ᴹ 🦢, quai Médine ☎ 61.50.92, Télex 801112, ≤ – 🛗 🖿 rest 📺 🛏wc 🕾 ⓟ – 🏸 80. 🖭 ⓞ 🗲 🆅🆂🅰   BZ **s**
SC : **R** (fermé 15 déc. au 15 janv. et sam. sauf le soir de mars à oct.) 85/140 – 🖵 18 – **60 ch** 200/260.

🏯 **Diane** ᴹ, 38 r. Midi ☎ 57.28.10, Télex 801021 – 🛗 📺 🕾. 🖭 ⓞ 🗲 🆅🆂🅰   AZ **u**
fermé 17 déc. au 16 janv. – SC : **R** (fermé dim. midi et lundi) carte 95 à 130 – 🖵 19 – **30 ch** 246/299.

🏯 **Magdalena** ᴹ sans rest, rte de Paris par ① : 2 km ✉ 58640 Varennes Vauzelles ☎ 57.21.41 – 🛗 🖿 📺 &. ⓟ – 🏸 70. 🖭 ⓞ 🗲 🆅🆂🅰
fermé 24 déc. au 10 janv. – SC : 🖵 17 – **40 ch** 160/235.

🏨 **Molière** ᴹ sans rest, 25 r. Molière ☎ 57.29.96 – 🛏wc 🗲wc 🕾 ⓟ. 🛠   AY **k**
fermé 21 déc. au 13 janv. et dim. du 11 nov. au 24 fév. – SC : 🖵 15 – **18 ch** 94/149.

🏨 **Clèves** sans rest, 8 r. St-Didier ☎ 61.15.87 – 🛏wc 🗲 🕾. 🗲 🆅🆂🅰   AZ **x**
SC : 🖵 15 – **15 ch** 83/153.

🏨 **Terminus,** 57 av. Gén.-de-Gaulle ☎ 57.09.22 – 🛏wc 🗲wc 🕾. 🗲 🆅🆂🅰   AZ **s**
🔶 SC : **R** 47/109 – 🖵 15 – **25 ch** 74/165 – P 184/230.

🏨 **Villa du Parc** sans rest, 16 ter r. Lourdes ☎ 61.09.48 – 🛏 🗲wc. 🖭   AY **d**
SC : 🖵 12,50 – **28 ch** 55/116.

🏨 **Le Tourbillon** sans rest, 100 Fg Mouësse par ③ ☎ 61.10.66 – 🛏 🗲 🕾 – 🏸 60. 🛠
fermé 15 août au 15 sept. – SC : 🖵 12 – **20 ch** 57/94.

🏠 **Thermidor** sans rest, 14 r. C.-Tillier ☎ 57.15.47 – 🗲   AZ **r**
fermé 23 déc. au 2 janv. – SC : 🖵 13 – **17 ch** 55/76.

tourner →

765

XXXX **Aub. Porte du Croux** 🕭 avec ch, 17 r. Porte-du-Croux 🕿 57.12.71, ≤, 🏤 – 🛏
🕭, AE ⓞ E VISA   AZ **e**
fermé 10 au 31 août, vend. soir et dim. sauf mai – SC : **R** 87/170 ⅄ – ⴱ 18 – **3 ch**
100/107 – P 260/350.

XX **Relais Bleu** avec ch, rte de Paris par ① : 3 km 🕿 57.07.41 – ⋒wc 🕭 🅿 – 🛋 60.
➥ AE VISA
fermé 6 au 27 août et lundi – SC : **R** 40/120 ⅄ – ⴱ 14 – **10 ch** 80/120.

XX **Aub. Ste-Marie** avec ch, 25 r. Mouësse 🕿 61.10.02 – 🛏wc ⋒ 🕭 🅿. VISA
➥ fermé 20 janv. au 1ᵉʳ mars, dim. soir du 15 juil. au 1ᵉʳ sept. et lundi – SC : **R** 42/82 ⅄
– ⴱ 13 – **17 ch** 60/150.   BZ **z**

X **Morvan** avec ch, 28 r. Mouësse 🕿 61.14.16 – ⋒ 🕭 🅿. 🙳 rest   BZ **b**
➥ fermé 15 au 30 juin, nov., mardi soir et merc. – SC : **R** 50/140 – ⴱ 13 – **11 ch** 55/120
– P 150/180.

rte des Saulaies : 4 km par D 504 - AZ – ✉ 58000 Nevers :

🏛 **La Folie** 🕭, 🕿 54.05.31, parc, ⟋ – 🛏wc ⋒wc 🕾 🅿 – 🛋 30. E VISA
fermé 17 déc. au 6 janv. – SC : **R** (fermé sam. midi et vend.) 51/142 – ⴱ 16 – **27 ch**
102/192 – P 215/275.

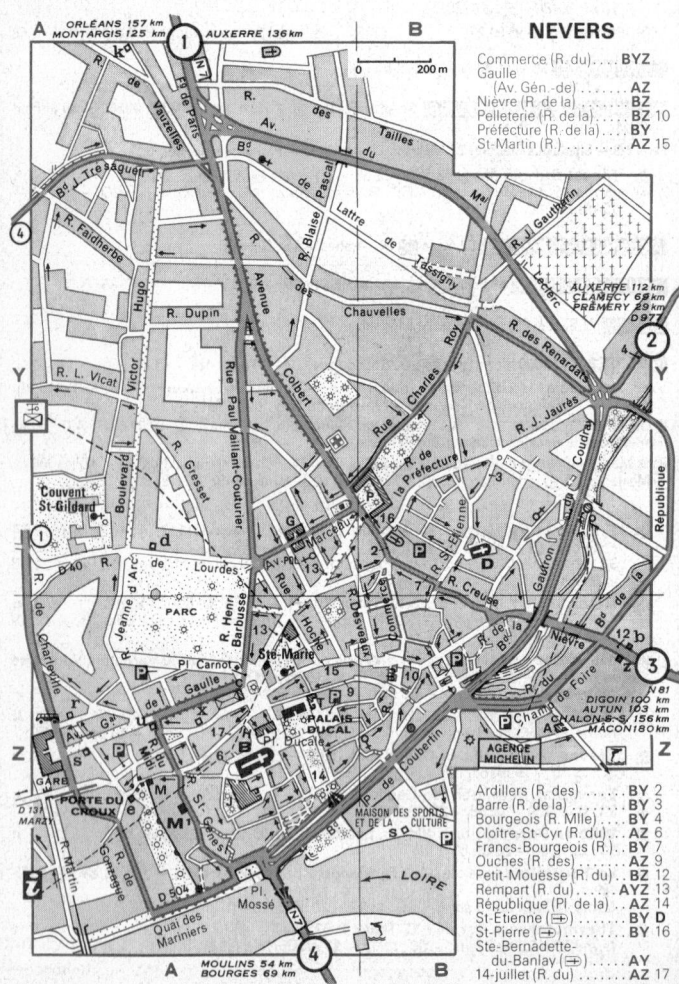

NEVERS

par ① et chemin privé : 5 km – ⊠ 58640 Varennes Vauzelles :

🏰 **Château de la Rocherie** ⑤, 🅟 57.26.79, ≤, parc – 🚻wc 🏮wc 🕾 🅿 – 🏄 40. 🆎 ① 🄴 𝖵𝖨𝖲𝖠
fermé janv., dim. soir du 1er nov. au 15 avril et mardi – SC : **R** 80/165 – ⬭ 17,50 – **15 ch** 118/220.

à Magny-Cours par ④ rte Moulins : 12 km – ⊠ 58470 Magny-Cours.

🛆 du Nivernais 🅟 58.18.30 SE : 3,5 km.

Circuit automobile permanent SE : 3,5 km.

XXX ⌘⌘ **La Renaissance** (Dray) Ⓜ ⑤ avec ch, 🅟 58.10.40 – 🚻wc 🏮wc 🕾 ⟵ 🆎 ①
fermé 2 au 9 juil., fin janv. à début mars, dim. soir et lundi – SC : **R** (nombre de couverts limité, prévenir) 180/330 et carte – ⬭ 40 – **9 ch** 190/220
Spéc. Escalope de turbot, Filet de charolais aux morilles, Rognon de veau rôti aux échalotes. **Vins** Pouilly Fumé, Sancerre rouge.

MICHELIN, Agence, 13 r. du Moulin-d'Écorce BY 🅟 57.42.44

ALFA-ROMEO, AUSTIN, MORRIS, TRIUMPH Tenailles, 18 r. Pasteur 🅟 59.28.55
BMW, OPEL Verma, 4 av. Colbert 🅟 61.03.32
CITROËN Gar. Vincent, RN7 Les Bourdons à Varennes Vauzelles par ① 🅟 57.52.66
DATSUN Gar. Doulet-Jonnez, 203 rte de Lyon à Challuy 🅟 57.43.76
FIAT Auto Hall, à la Baratte, N 81 St-Eloi 🅟 36.22.11
FORD Nevers-Automobiles, Zone Ind. Champ Mâle à Varennes-Vauzelles 🅟 36.22.22
LANCIA-AUTOBIANCHI Gar. de la Cité, r. M.-Turpin à Vauzelles 🅟 57.15.45
MERCEDES Gar. Bezin, r. des Gds Prés 🅟 36.06.55

PEUGEOT-TALBOT C.A.T.A.R., rte de Fourchambault par D40 AY 🅟 57.36.80
PORSCHE-MITSUBISHI Gar. Malou, 13 r. J.-Jaurès 🅟 61.06.67
RENAULT Ets Decelle, 49 fg de Paris par ① 🅟 57.32.53
V.A.G. Gar. de Bourgogne, 21 r. du Petit-Mouësse 🅟 61.25.64

🅟 Nevers Pneumatiques, 1 r. du Petit Mouesse 🅟 61.02.51
Piot-Pneu, 3 r. de Mouësse 🅟 57.76.33

NEYRAC-LES-BAINS 07 Ardèche 🔢 ⑱ G. Vallée du Rhône – alt. 385 – Stat. therm. (15 mai-15 oct.) – ⊠ 07380 Lalevade-d'Ardèche – ☺ 75.

Paris 649 – Aubenas 17 – Langogne 47 – Privas 46 – Le Puy 76 – Vals-les-Bains 13.

🏚 **Levant** ⑤, 🅟 36.41.07, ≤, 🍽, ⋒ – 🚻wc 🏮 🅿. 🎾
➡ *fermé 1er janv. au 15 fév.* – SC : **R** 43/135 🍷 – ⬭ 14,50 – **20 ch** 72/145 – P 135/185.

Les NEYROLLES 01 Ain 🔢 ④ – rattaché à Nantua.

Dans ce guide
un même symbole, un même caractère,
imprimés en rouge ou en noir, en maigre ou en **gras**
n'ont pas tout à fait la même signification
Lisez attentivement les pages explicatives (p. 14 à 21).

NICE p. 1

NICE 🅿 06000 Alpes-Mar. 🔢 ⑨⑩, 🔢 ㉖㉗ G. Côte d'Azur – 338 486 h. alt. au château 92 – Casino-Club GYZ T, Casino Ruhl FZ – ☺ 93.

Voir Site★★ – Promenade des Anglais★★ EFZ – Vieux Nice★ : Château ≤★ JZ, Intérieur★ de l'église St-Martin-St-Augustin HY D, Escalier monumental★ du Palais Lascaris HZ K, Intérieur★ de la cathédrale Ste-Réparate HZ L, Église St-Jacques★ HZ N, Décors★ de la chapelle Saint-Giaume HZ R – Mosaïque★ de Chagall dans la Faculté de droit DZ U – A Cimiez : Monastère★ (Primitifs niçois★★ dans l'église) HV Q, ruines romaines★ HV – Musées : Marc Chagall★★ GX, Matisse★ HV M2, des Beaux-Arts★★ DZ M, Masséna★ FZ M1, International d'Art Naïf★ AU M7 – Carnaval★★★ (avant Mardi-Gras) – Mont Alban ≤★★ 5 km CT – Mont Boron ≤★ 3 km CT – Église St-Pons★ : 3 km BS Z.

Env. Plateau St-Michel ≤★★ 9,5 km par ①.

🛆 de Biot 🅟 65.08.48 par ④ : 22 km.

✈ de Nice-Côte d'Azur 🅟 72.30.30 AU 7 km.

🚂 🅟 87.50.50.

⚓ pour la Corse : Société Nationale Maritime Corse-Méditerranée, 3 av. Gustave-V 🅟 89.89.89 FZD.

🅱 Office de Tourisme avec Accueil de France (Réservations d'hôtels, pas plus de 7 jours à l'avance) av. Thiers (fermé dim. hors sais.) 🅟 87.07.07, Telex 460042 ; 32 av. H.-des Postes (fermé sam. et dim.) 🅟 62.06.06 ; 5 av. Gustave-V (fermé dim.) 🅟 87.60.60 et Nice-Parking près Aéroport (fermé dim.) 🅟 83.32.64 - A.C. 9 r. Massenet 🅟 87.18.17.

Paris 934 ⑤ – Cannes 34 ⑤ – Genova 192 ⑨ – ◆Lyon 471 ⑤ – ◆Marseille 188 ⑤ – Turino 219 ⑨.

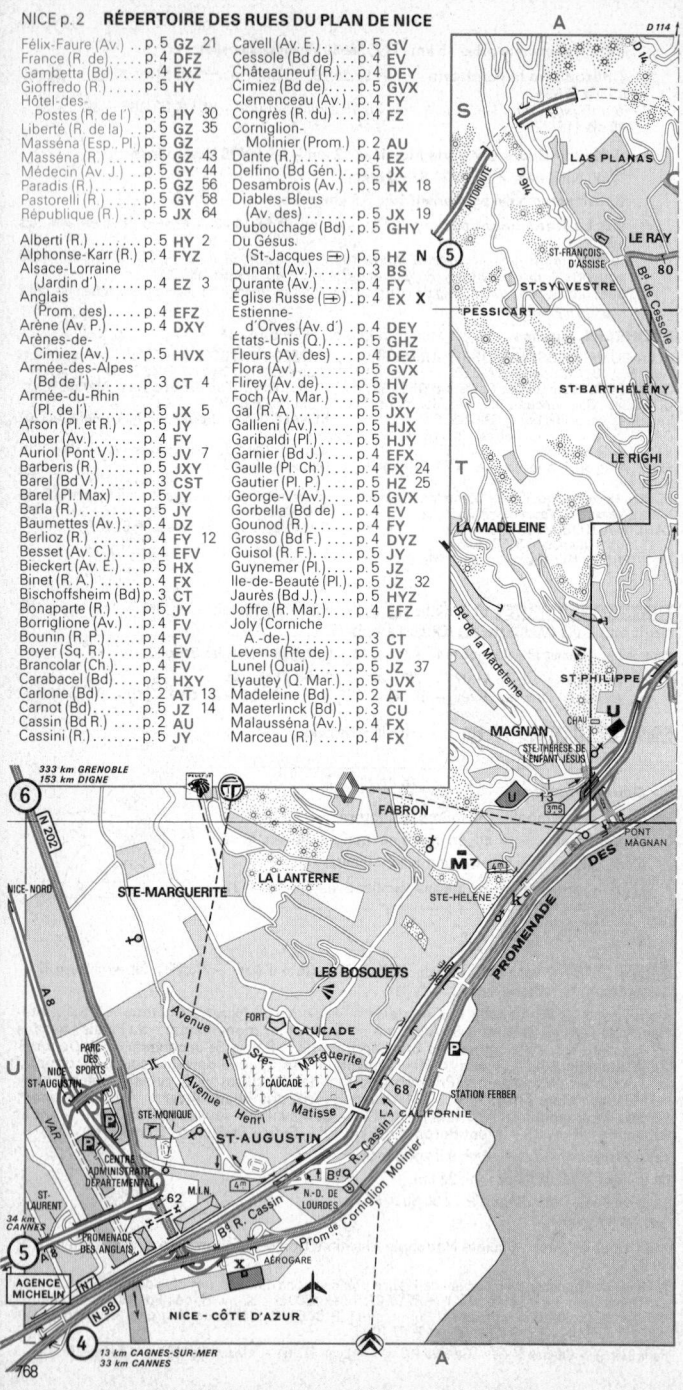

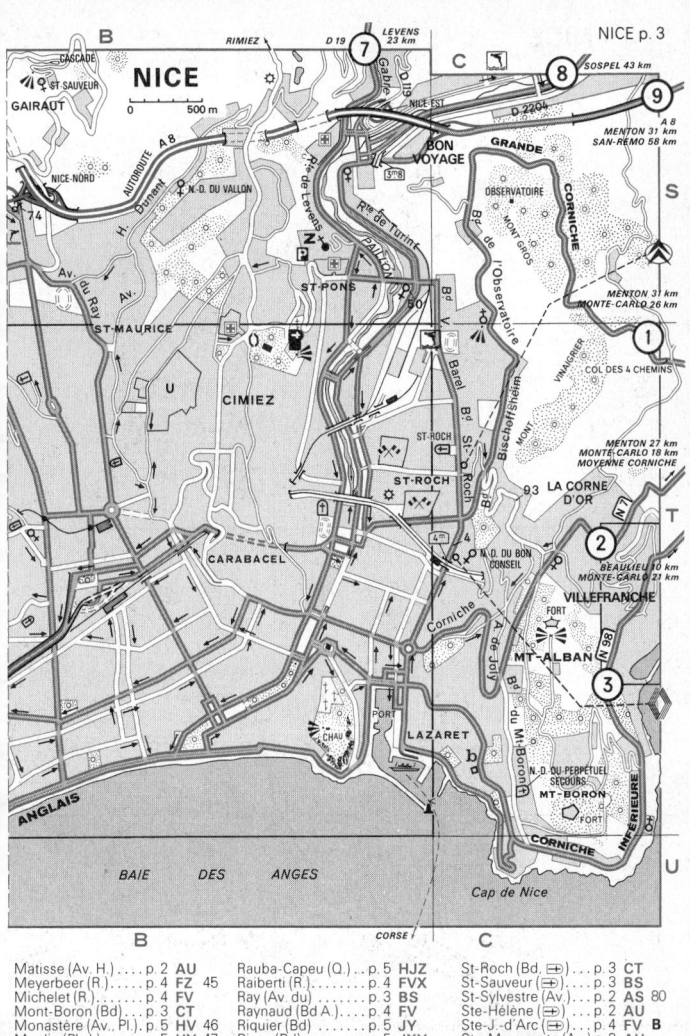

NICE

769

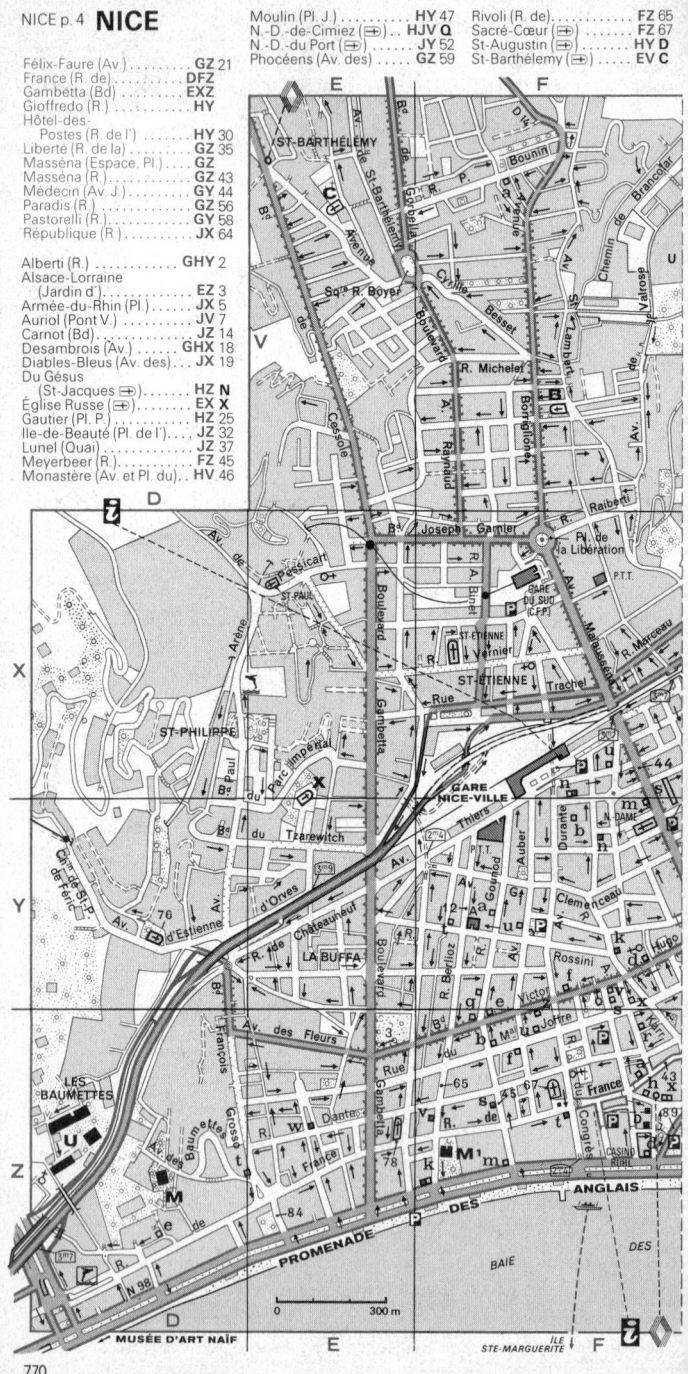

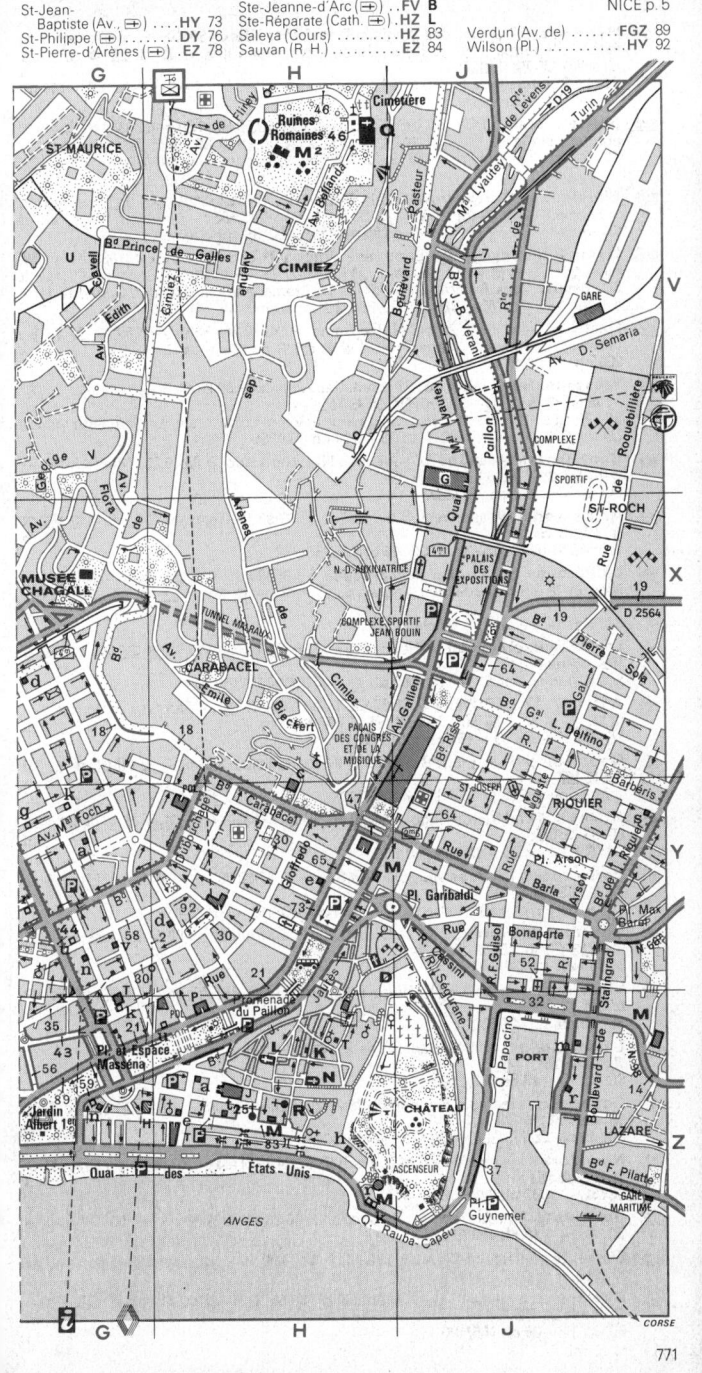

🏨🏨 **Négresco,** 37 prom. des Anglais ☎ 88.39.51, Télex 460040, ≤, « Chambres et salons d'époque : 16e et 18e s., Empire, Napoléon III » – 📳 🗐 🔲 ☎ ♿ – 🏄 50 à 400. 🆑 ① 🗲 𝘝𝘐𝘚𝘈　　　　　　　　　　　　　　　　　　　　　　　　　　 FZ **k**
SC : **La Rotonde R** carte 120 à 160 et rest. **Chantecler** voir ci-après – ⊊ 60 – **140 ch** 1 000/1 400, 10 appartements.

🏨🏨 **Sofitel Splendid** Ⓜ, 50 bd Victor-Hugo ☎ 88.69.54, Télex 460938, « ⤳ au 8e étage, ≤ sur la ville » – 📳 🗐 🔲 ☎ ♿ – 🏄 30 à 100. 🆑 ① 🗲 𝘝𝘐𝘚𝘈. ❀ rest
SC : **R** carte 105 à 145 ⅃ – **128 ch** ⊊ 400/650, 12 appartements 700/780 – P 430/620.
　　　　　　　　　　　　　　　　　　　　　　　　　　　　　　　　　　　　FYZ **u**

🏨🏨 **Méridien** Ⓜ, 1 prom. des Anglais ☎ 82.25.25, Télex 470361, ☂, « ⤳ sur le toit, ≤ la baie » – 📳 🗐 🔲 ☎ ♿ – 🏄 30 à 400. 🆑 ① 🗲 𝘝𝘐𝘚𝘈 rest　　　 FZ **d**
SC : **R** carte 130 à 205 – ⊊ 46 – **280 ch** 495/1 000, 34 appartements.

🏨🏨 **Hyatt Régency** Ⓜ, 223 prom. des Anglais ☎ 83.91.51, Télex 461635, ≤ sur la baie, ☂, ⤳ – 📳 🗐 🔲 ☎ ♿ – 🏄 50 à 400. 🆑 ① 🗲 𝘝𝘐𝘚𝘈　　　　　 AU **k**
SC : **Rendez Vous R** carte 210 à 290 – **La Promenade** (snack) *(oct. à mai)* **R** carte environ 180 – ⊊ 60 – **324 ch** 500/900, 10 appartements.

🏨🏨 **Frantel** Ⓜ sans rest, 28 av. Notre-Dame ☎ 80.30.24, Télex 470662, « ⤳ au 8e, jardin suspendu au 2e étage, ≤ » – 📳 🗐 🔲 ☎ ♿ ♿ – 🏄 25 à 120　　 FXY **s**
200 ch.

🏨🏨 **Westminster Concorde,** 27 prom. des Anglais ☎ 88.29.44, Télex 460872, ≤, ☂ – 📳 🗐 ☎ ♿ – 🏄 40 à 350. 🆑 ① 🗲 𝘝𝘐𝘚𝘈　　　　　　　　　　　 FZ **m**
SC : **R** rest. **Il Pozzo** *(Pâques-nov.)* carte environ 115 – rest. **Le Farniente** *(fermé début nov. à mi-déc.)* 130 – ⊊ 30 – **110 ch** 380/620.

🏨🏨 **Continental-Masséna** Ⓜ sans rest, 58 r. Gioffredo ☎ 85.49.25, Télex 470192 – 📳 🗐 🔲 ☎ – 🏄 60. 🆑 ① 🗲 𝘝𝘐𝘚𝘈　　　　　　　　　　　　　　 GZ **k**
SC : ⊊ 23 – **116 ch** 300/395.

🏨🏨 **Ambassador** Ⓜ sans rest, 8 av. Suède ☎ 87.90.19, Télex 460025, ≤ – 📳 🔲 ☎ ♿. 🆑 ① 🗲 𝘝𝘐𝘚𝘈　　　　　　　　　　　　　　　　　　　　　　 FZ **x**
fermé 15 nov. au 15 déc. – SC : **45 ch** ⊊ 260/380.

🏨🏨 **La Pérouse** 🌿, 11 quai Rauba-Capeù ⊠ 06300 ☎ 62.34.63, Télex 461411, « ≤ Nice et la promenade des Anglais », ⤳, ☂ – 📳 🗐 ch 🔲 ☎. 🆑 ① 🗲 𝘝𝘐𝘚𝘈. ❀ rest　　　　　　　　　　　　　　　　　　　　　　　　　　　　 HZ **k**
SC : **R** (snack en été) – **65 ch** ⊊ 300/545.

🏨🏨 **La Malmaison,** 48 bd V.-Hugo ☎ 87.62.56, Télex 470410 – 📳 🔲 ☎. 🆑 ① 🗲 𝘝𝘐𝘚𝘈 ❀ rest　　　　　　　　　　　　　　　　　　　　　　　　　　 FYZ **e**
SC : **R** *(fermé mardi)* 80/120 – **50 ch** ⊊ 240/350 – P 330/420.

🏨🏨 **Aston** Ⓜ, 12 av. F.-Faure ☎ 80.62.52, ☂, « Terrasse sur le toit » – 📳 🗐 🔲 ☎ ♿ – 🏄 50 à 180. 🆑 ① 🗲 𝘝𝘐𝘚𝘈. ❀ rest　　　　　　　　　 HZ **u**
SC : **R** 110 – ⊊ 35 – **157 ch** 375/505.

🏨🏨 **Napoléon** sans rest, 6 r. Grimaldi ☎ 87.70.07, Télex 460949 – 📳 🗐 🔲 ☎ ♿. 🆑 ① 𝘝𝘐𝘚𝘈　　　　　　　　　　　　　　　　　　　　　　　　　　 FZ **r**
fermé nov. – SC : ⊊ 18 – **80 ch** 220/340.

🏨🏨 **Atlantic,** 12 bd Victor-Hugo ☎ 88.40.15, Télex 460840 – 📳 🔲 ☎ 🅿 – 🏄 30 à 80. 🆑 ① 🗲 𝘝𝘐𝘚𝘈　　　　　　　　　　　　　　　　　　　　　　　　 FY **d**
SC : **R** 80 – ⊊ 25 – **122 ch** 300/410 – P 350/430.

🏨🏨 **Park et rest. Le Passage,** 6 av. de Suède ☎ 87.80.25, ≤ – 📳 🗐 rest 🔲 ☎ ♿ – 🏄 80. 🆑 ① 🗲 𝘝𝘐𝘚𝘈　　　　　　　　　　　　　　　　　　　　　 FZ **x**
SC : **R** *(fermé dim.)* 90/150 – ⊊ 30 – **150 ch** 330/460 – P 350/420.

🏨🏨 **Gd Hôtel de Florence** Ⓜ sans rest, 3 r. P.-Deroulède ☎ 88.46.87, Télex 470652 – 📳 🗐 🔲 ☎. 🆑 ① 𝘝𝘐𝘚𝘈. ❀　　　　　　　　　　　　　　　 GY **r**
SC : **53 ch** ⊊ 230/340.

🏨🏨 **Victoria** sans rest, 33 bd V.-Hugo ☎ 88.39.60, Télex 461337, ☂ – 📳 🔲 ☎. 🆑 ① 🗲 𝘝𝘐𝘚𝘈　　　　　　　　　　　　　　　　　　　　　　　　　 FYZ **z**
SC : **40 ch** ⊊ 240/330.

🏨🏨 **Locarno** sans rest, 4 av. Baumettes ☎ 96.28.00, Télex 970015 – 📳 🗐 🔲 – 🏄 50. 🆑 ① 🗲 𝘝𝘐𝘚𝘈　　　　　　　　　　　　　　　　　　　　　　 DEZ **t**
SC : ⊊ 15 – **48 ch** 182/250.

🏨 **Gounod** sans rest, 3 r. Gounod ☎ 88.26.20, Télex 461705 – 📳 🗐 🔲 🚽wc 🗃wc ☎ ♿. 🆑 ① 𝘝𝘐𝘚𝘈　　　　　　　　　　　　　　　　　　　　　 FYZ **g**
SC : ⊊ 25 – **45 ch** 250/330, 4 appartements 440.

🏨 **New York** sans rest, 44 av. Mar.-Foch ☎ 92.04.19, Télex 470215 – 📳 🚽wc 🗃wc ☎. 🆑 ① 𝘝𝘐𝘚𝘈　　　　　　　　　　　　　　　　　　　　　　　 GY **g**
SC : ⊊ 20 – **52 ch** 243/308.

🏨 **Georges** Ⓜ 🌿 sans rest, 3 r. H.-Cordier ☎ 86.23.41 – 📳 🚽wc ♿. 🆑　　 DZ **e**
SC : ⊊ 14 – **18 ch** 165/255.

🏨 **Suisse,** 15 quai Rauba-Capeu ⊠ 06300 ☎ 62.33.00, ≤ – 📳 🚽wc 🗃wc ♿　 HZ **r**
37 ch.

🏨 **Avenida** sans rest, 41 av. J.-Médecin ☎ 88.55.03 – 📳 cuisinette 🗐 🔲 🚽wc 🗃wc ♿. 🆑 𝘝𝘐𝘚𝘈. ❀　　　　　　　　　　　　　　　　　　　　　　　 FY **m**
SC : ⊊ 14 – **35 ch** 165/190.

🏠 **Lausanne,** 36 r. Rossini ☎ 88.85.94, Télex 461269 — 📶 📺 🚿wc 🛁wc ☎. 🆎 ⓪
➤ 🇪 VISA — FY **t**
SC : **R** *(fermé merc.)* 48/120 🍷 — **40 ch** ☑ 260/360 - P 330/350.

🏠 **Windsor** sans rest, 11 r. Dalpozzo ☎ 88.59.35, Télex 970072, 🏊, 🌳 — 📶 📺
🚿wc 🛁wc ☎. 🆎 ⓪ 🇪 — FZ **f**
SC : **59 ch** ☑ 210/330.

🏠 **Carlton** sans rest, 26 bd V.-Hugo ☎ 88.87.83 — 📶 🚿wc 🛁wc ☜. 🆎 ⓪ 🇪 VISA
SC : ☑ 14,50 — **29 ch** 111/253. — FY **f**

🏠 **Brice,** 44 r. Mar.-Joffre ☎ 88.14.44, Télex 470658, 🌸, 🌳 — 📶 📺 🚿wc 🛁wc ☎
🍷 — 🏛 30. ⓪ 🇪 VISA. 🍴 rest — FZ **b**
SC : **R** 90 — **65 ch** ☑ 230/380 - P 360/420.

🏠 **Chatham** sans rest, 9 r. A.-Karr ☎ 87.80.61 — 📶 🚿wc 🛁wc ☜. 🆎 ⓪ 🇪 VISA
SC : ☑ 15 — **50 ch** 190/260. — FY **x**

🏠 **Midi** Ⓜ sans rest, 16 r. Alsace-Lorraine ☎ 88.49.17, Télex 970565 — 📶 🖳 📺
🚿wc 🛁wc ☎. 🍴 — FX **n**
fermé 1er nov. au 1er janv. — SC : **40 ch** ☑ 350.

🏠 **Albert 1er** sans rest, 4 av. Phocéens ✉ 06300 ☎ 85.74.01, Télex 970575, ≪ — 📶 📺
🚿wc 🛁wc ☜. 🆎 ⓪ 🇪 VISA — GZ **n**
SC : **69 ch** ☑ 215/345.

🏠 **Busby,** 38 r. Mar.-Joffre ☎ 88.19.41, Télex 461053 — 📶 🚿wc 🛁wc ☜ 🚹. 🆎
fermé 13 nov. au 20 déc. et sans rest du 1er juin au 19 déc. — SC : **R** 75 — **80 ch**
➤ 197/324 - P 312/347. — FZ **u**

🏠 **Alfa** sans rest, 30 r. Masséna ☎ 87.88.63 — 📶 🖳 🚿wc 🛁wc ☎. 🆎 ⓪ 🇪 VISA
SC : ☑ 14 — **38 ch** 137/210. — FZ **a**

🏠 **Harvey** sans rest, 18 av. de Suède ☎ 96.16.43 — 📶 🖳 🚿wc 🛁wc ☜. 🍴 — FZ **h**
1er fév.-20 oct. — SC : ☑ 13 — **51 ch** 160/220.

🏠 **Univers** sans rest, 9 av. J.-Médecin ☎ 87.88.81 — 📶 🚿wc 🛁wc ☜. VISA — GYZ **x**
SC : **80 ch** ☑ 98/230.

🏠 **Durante** 🐾 sans rest, 16 av. Durante ☎ 88.84.40, 🌳 — cuisinette 🚿wc 🛁wc ☜
ⓟ. 🍴 — FY **b**
fermé 23 oct. au 22 nov. — SC : ☑ 20 — **30 ch** 110/195.

🏠 **Cigognes** sans rest, 16 r. Maccarani ☎ 88.65.02 — 📶 📺 🚿wc 🛁wc ☎. 🍴 — FY **s**
SC : ☑ 20 — **32 ch** 165/190.

🏠 **Trianon** sans rest, 15 av. Auber ☎ 88.30.69 — 📶 🚿wc 🛁wc ☜. 🆎 ⓪ 🇪 VISA
SC : ☑ 14 — **32 ch** 149/187. — FY **u**

🏠 **Star H.** Ⓜ sans rest, 14 r. Biscarra ☎ 85.19.03 — 🚿wc 🛁wc ☎ — GY **k**
1er fév.-1er nov. — SC : ☑ 14 — **19 ch** 110/185.

🏠 **Nouvel H.** sans rest, 19 bd V.-Hugo ☎ 84.86.85 — 📶 🚿wc 🛁wc ☜. VISA — FY **v**
fermé nov. — SC : ☑ 13 — **54 ch** 66/188.

🏠 **Marbella Week-End,** 120 bd Carnot ✉ 06300 ☎ 89.39.35, ≪ baie de Nice, 🌳 —
➤ 🛁wc ☜ ⓟ. VISA. 🍴 rest — CT **b**
SC : **R** 50/150 — ☑ 15 — **14 ch** 120/210.

🏠 **Flandres** sans rest, 6 r. Belgique ☎ 88.78.94 — 📶 🚿wc 🛁wc ☜. 🍴 — FX **u**
SC : **39 ch** ☑ 160/190.

🏠 **Crillon** sans rest, 44 r. Pastorelli ☎ 85.43.59 — 📶 🚿wc 🛁wc ☜. 🍴 — GY **u**
SC : **43 ch** ☑ 90/210.

🏠 **L'Oasis** 🐾, 23 r Gounod ☎ 88.12.29, 🌸, 🌳 — 🛁wc ☜ ⓟ. 🍴 rest — FY **a**
➤ *fermé 20 oct. au 15 déc.* — SC : **R** 50/55 — ☑ 14 — **31 ch** 80/155 - P 140/180.

XXXX 🌟🌟 **Chantecler** (Maximin), 37 prom. des Anglais ☎ 88.39.51 — 🖳. 🆎 ⓪ 🇪 VISA
🌳. — SC : **R** 200/280 et carte — FZ **k**
Spéc. Courgettes aux truffes, Saumon frais au gros sel, Gratinée de lapereau aux champignons.
Vins Cassis, Le Cannet-des-Maures.

XXX 🌟 **Ane Rouge** (Vidalot), 7 quai Deux-Emmanuel ✉ 06300 ☎ 89.49.63 — 🆎 ⓪
fermé 14 juil. au 1er sept., sam. soir, dim. et fériés — **R** carte 190 à 250 — JZ **m**
Spéc. Huîtres plates au champagne (10 sept.-mai), Langouste "Ane Rouge", Carré d'agneau persillé.
Vins Bellet, Coteaux d'Aix.

XXX 🌟 **La Poularde chez Lucullus** (Normand), 9 r. Deloye ☎ 85.22.90 — 🖳. 🆎 ⓪ 🇪
VISA — GY **n**
fermé 12 juil. au 17 août et merc. — **R** 125/180
Spéc. Langouste grillée aux herbes (15 mars-15 nov.), Rougets à la sauvage, Capilotade de volaille.
Vins Gassin, Bellet.

XXX **Los Caracolès,** 5 r. St-François-de-Paule ✉ 06300 ☎ 80.98.23 — 🖳. 🆎 🇪 VISA
fermé juil. et merc. — SC : **R** 140/180. — HZ **e**

XX **Don Camillo,** 5 r. Ponchettes ✉ 06300 ☎ 85.67.95, cuisine italienne — 🖳. 🆎 ⓪
🇪 — HZ **h**
fermé juil. et dim. — **R** carte 110 à 170.

XX **Gourmet Lorrain** 🐾 avec ch, 7 av. Santa-Fior ✉ 06100 ☎ 84.90.78 — 🖳 📺 🚿
☜. 🆎 — FV **a**
R *(fermé oct., 2 au 7 janv., dim. soir et lundi)* 70/150 — ☑ 13 — **15 ch** 110/160 - P
120/160.

XX **Chez Rolando,** 3 r. Desboutins ✆ 85.76.79, cuisine italienne – 📧 AE VISA GZ **n**
fermé du 1er juil. au 10 août, dim., fériés et le midi en août – **R** carte 110 à 135 ♨.

XX **Le Gd Pavois ''Chez Michel'',** 11 r. Meyerbeer ✆ 88.77.42, produits de la mer
– 📧 VISA FZ **s**
fermé 15 juil. au 15 août et lundi – SC : **R** carte 125 à 195.

XX **Bon Coin Breton,** 5 r. Blacas ✆ 85.17.01 – 📧 GY **v**
fermé dim. soir et lundi – SC : **R** 58/136.

XX **Chez les Pêcheurs,** 18 quai des Docks ✉ 06300 ✆ 89.59.61, produits de la mer
– AE JZ **r**
fermé nov. à mi déc. et merc. – **R** carte 130 à 190.

XX **Aux Gourmets,** 12 r. Dante ✆ 96.83.53 – 📧 ① VISA EZ **w**
fermé dim. soir et lundi – SC : **R** 55/157.

XX **St-Moritz,** 5 r. Congrès ✆ 88.54.90 – 📧 AE VISA FZ **t**
fermé 6 janv. au 6 fév. et jeudi – SC : **R** 100/180.

XX **Le Rive Droite,** 22 av. St-Jean Baptiste ✆ 62.16.72 – AE HY **e**
fermé déc. – **R** 90.

XX **Bông-Laï,** 14 r. Alsace-Lorraine ✆ 88.75.36, cuisine vietnamienne – 📧 ① E FX **n**
fermé 5 au 18 nov., lundi et mardi sauf fériés – SC : **R** carte 145 à 205.

XX **La Madrague,** 13 bis cours Saleya ✆ 85.61.91, produits de la mer – VISA HZ **t**
fermé 2 au 22 mai, 28 nov. au 14 déc. et mardi – SC : **R** carte 105 à 165 ♨.

X **Rivoli,** 9 r. Rivoli ✆ 88.12.62 – 📧 VISA FZ **v**
fermé juin et mardi – SC : **R** 65.

X **La Nissarda,** 17 r. Gubernatis ✆ 85.26.29 – AE HY **d**
◄ *fermé juil., mardi et merc. –* SC : **R** 41/72.

X **Mireille,** 19 bd Raimbaldi ✆ 85.27.23 GX **d**
fermé 3 juin au 11 juil., lundi et mardi sauf fêtes – SC : **R** plat unique : paella carte
env. 80.

X **Le Coquet,** 68 r. Barbéris ✉ 06300 ✆ 56.12.71 JY **s**
fermé sept. et dim. – **R** *(dîner seul.)* 140/250.

X **Le St-Laurent,** 12 r. Paganini ✆ 87.18.94 – 📧 AE ① VISA FY **n**
fermé fin juin à début juil., 16 au 30 nov. et merc. – SC : **R** 55/75.

X **Florian,** 22 r. A.-Karr ✆ 88.47.83 – AE ① E VISA FY **k**
fermé 15 nov. au 15 déc. et merc. – SC : **R** 58/90.

X **La Casbah,** 3 r. Dr.-Balestre ✆ 85.58.81, couscous GY **a**
fermé 15 juil. au 15 août et lundi – SC : **R** carte environ 80.

X **La Merenda,** 4 r. Terrasse ✉ 06300, cuisine niçoise – 📧 HZ **a**
fermé août, fév., sam. soir, dim. et lundi – SC : **R** carte environ 85.

à l'Aéroport 7 km – ✉ **06200** Nice :

XXX **Ciel d'Azur,** 2e étage aéroport ✆ 72.36.36, Télex 970011 – 📧 ① VISA AU **x**
R 120/175.

XX **Grill Soleil d'Or,** 1er étage aérogare ✆ 72.36.14, ≤ – 📧 ① VISA AU **x**
SC : **R** carte environ 95 ♨.

au Cap 3000 par ④ : 8 km – ✉ **06700** St-Laurent-du-Var :

🏨 **Novotel** M, ✆ 31.61.15, Télex 470643, 🌳, ⌨, 🍽 – 🛗 📧 📺 ☎ ♿ 🅿 – 🛗 300. AE
① E VISA
R snack carte environ 90 ♨ – 🍽 30 – **103 ch** 287/355.

à St-Pancrace N : 8 km par D 914 AS – alt. 302 – ✉ **06100** Nice :

XXX ⚜ **Rôtisserie de St-Pancrace** (Teillas), ✆ 84.43.69, ≤ – 🅿 VISA
fermé 5 janv. au 8 fév. et lundi sauf juil. et août – **R** carte 165 à 215
Spéc. Ravioles au foie gras, Civet de rascasse, Capoun de canette. **Vins** Bellet, Bandol.

XX **Cicion,** ✆ 84.49.29, ≤ Nice et littoral, 🌳 – 🅿
fermé 20 oct au 20 nov., le soir (sauf juil.-août) et merc. – **R** 90/120.

MICHELIN, Agence régionale, Zone Ind., quartier Pugets à St Laurent-du-Var par ⑤ ✆ 31.66.09

ALFA-ROMEO IMAC, SOMEDIA, 1 bd Armée-des-Alpes ✆ 89.00.32
AUSTIN, JAGUAR, ROVER Gar. Méditerranée, 52 r. de France ✆ 88.87.51 N ✆ 88.67.17
AUSTIN, OPEL, ROVER, TRIUMPH Résidence-Auto, 143 bd de Cessole ✆ 84.83.27
AUTOBIANCHI-LANCIA Gar. de Touraine, 151 bd de Cessole ✆ 51.29.63
BLF Kennings, 9 r. Veillon ✆ 88.75.20
BMW Gar. Azur-Autos, 13 r. G.-Garaud, Quart. Riquier ✆ 89.36.29
CITROEN Succursale, 74 bd R.-Cassin AU ✆ 83.66.66 N ✆ 89.80.89 et 38 Bd St-Roch CT ✆ 89.05.73 N ✆ 89.80.89

DATSUN Gds Gar. Méditerranéens, 45 r. de la Buffa ✆ 88.13.27
FIAT D.I.A.M., 3 r. Meyerbeer ✆ 87.12.56
FORD Gar. Paris-Côte Azur, 11 av. Désambrois ✆ 80.04.47
MERCEDES-BENZ Interstar, 83 bd Gambetta ✆ 88.73.47
OPEL-GM-US Michigan-Motors, 3 bd Armée-des-Alpes ✆ 89.00.77
PEUGEOT, TALBOT Gds Gar. Nice et Littoral, 132 bd Pasteur HV ✆ 62.00.40 et 63 rte de Grenoble AU ✆ 83.03.50 N ✆ 88.67.17
RENAULT Succursale, 2 bd Armée-des-Alpes CT ✆ 89.27.57

RENAULT Succursale, 104 bd de la Plage, Cros-de-Cagnes par ④ ℡ 20.01.02
RENAULT Gd Gar. Gustave-V, 6 av. de Suède (Jardins Albert 1) FZ ℡ 87.85.34
RENAULT Gar. Macagno, 17 av. Californie AU ℡ 86.59.81
RENAULT Gar. Viale, 88 av. Cy.-Besset EV ℡ 84.44.68
RENAULT Gar. Wilson, 37 r. Hôtel-des-Postes GHY ℡ 62.24.11
TOYOTA, VOLVO Gar. Albert 1er, 5 r. Cronstadt ℡ 88.39.35
VAG Rivièra-Autos-Sces, 13 et 15 av. de la Californie ℡ 86.69.44 🗈 ℡ 89.80.89

V.A.G. S.M.A, 146 rte de Turin ℡ 55.74.74
Gar. Américan-Auto, 38 rte de Turin ℡ 89.15.74

🚯 Andreasi, 13 bd Stalingrad ℡ 89.48.58
Cagnol, 3 r. Gare du Sud ℡ 84.52.29
Massa-Pneus, 27, r. Trachel ℡ 82.20.85
Nice-Pneus, 14 r. L.-Ackermann ℡ 87.49.07
Office du Pneu, 116 bd Gambetta ℡ 88.45.84
Omnipneu, 18 r. Arson ℡ 89.63.05
Omnium-Niçois du C/c 3 r. Maraldi ℡ 55.05.60
Piot-Pneu, 68 r. Mar.-Vauban ℡ 89.66.76 et angle r. Nicot-de-Villemain et bd P.-Montel ℡ 83.10.92

NIDECK (Ruines du château et cascade du) ★★ 67 B.-Rhin 🖸🖸 ⑧ G. Vosges.
Accès : 1 h 15 du D 218.

NIEDERBRONN-LES-BAINS 67110 B.-Rhin 🖸🖸 ⑱⑲ G. Vosges – 4 446 h. alt. 192 – Stat. therm. – Casino – 😋 88.

🖪 Office de Tourisme pl. Hôtel de Ville (fermé sam. et dim.) ℡ 09.17.00.
Paris 449 – Haguenau 21 – Sarreguemines 56 – Saverne 38 – ◆Strasbourg 53 – Wissembourg 34.

🏨🏨 **Gd Hôtel** ⟨S⟩, av. Foch ℡ 09.02.60, Télex 890151, ☞, ℀ – 🛗 ☎ 🅿 – 🛋 100. 🝊 ⑩ 𝚅𝙸𝚂𝙰
    SC : **R** voir rest. du Parc – ⊑ 28 – **55 ch** 250/300, 5 appartements 400 – P 330/460.

🏨 **Bristol** sans rest, pl. H. de Ville ℡ 09.61.44 – 🛗 🗐 rest ⇔wc 🛜wc ☎ 🅿. 🝊 ⑩ 𝚅𝙸𝚂𝙰
    SC : ⊑ 20 – **28 ch** 111/199.

🏨 **Cully,** r. République ℡ 09.01.42 – 🛗 ⇔wc 🛜wc 🕮 🅿. 🝊 ⑩ 𝚅𝙸𝚂𝙰. 𝒮𝒲 ch
    fermé 15 nov. au 7 déc., 16 fév. au 1er mars – SC : **R** (fermé dim. soir et lundi) 38/140 ⅄ – ⊑ 16 – **40 ch** 80/171 – P 148/180.

🍴🍴🍴 **Parc,** pl. des Thermes ℡ 09.68.88, ≼, 🎇 – 🝊 ⑩ 𝚅𝙸𝚂𝙰
    fermé fév. et jeudi – SC : **R** carte 90 à 135.

🍴🍴 **Muller** avec ch, av. Libération ℡ 09.70.00, parc – 📺 ⇔wc 🛜wc ☎ 🅿. 🝊 ⑩ 𝚅𝙸𝚂𝙰. 𝒮𝒲 rest
    fermé janv. – **R** (fermé lundi) 36/150 ⅄ – ⊑ 16 – **18 ch** 92/156 – P 125/158.

à Untermuhlthal (57 Moselle) O : 11 km par D 28 et D 141 – ⊠ **57230** Bitche :

🍴🍴🍴 **L'Arnsbourg,** ℡ (8) 706.50.85, ≼ – 🅿
    fermé 2 janv. au 15 fév., mardi soir et merc. – **R** 59/170.

CITROEN Krebs, ℡ 09.03.66   RENAULT Gar. Naegely, ℡ 09.00.80 🗈

NIEDERHASLACH 67 B.-Rhin 🖸🖸 ⑨ G. Vosges – 1 055 h. alt. 255 – ⊠ **67190** Mützig – 😋 88.
Voir Église★ – Paris 478 – Molsheim 15 – St-Dié 54 – Saverne 34 – ◆Strasbourg 39.

🏨 **Pomme d'Or,** 36 r. Principale ℡ 50.90.21 – ⇔wc 🛜wc ☎. 🝊 ⑩ 𝙴 𝚅𝙸𝚂𝙰
    fermé fév., lundi soir (sauf hôtel) et mardi hors sais. – SC : **R** 63/120 ⅄ – ⊑ 14,50 – **20 ch** 100/166 – P 147/179.

CITROEN Gar. Schnelzauer, ℡ 50.91.04 🗈 ℡   RENAULT Gar. Ludwig, ℡ 50.90.08 🗈
50.91.51

NIEDERSCHAEFFOLSHEIM 67 B.-Rhin 🖸🖸 ⑲ – 1 222 h. alt. 183 – ⊠ **67500** Haguenau – 😋 88 – Paris 471 – Haguenau 6 – Saverne 33 – ◆Strasbourg 26.

🍴🍴 **Au Boeuf Rouge** avec ch, ℡ 73.81.00 – 🛜wc ☎ 🅿 – 🛋 50. 🝊 ⑩ 𝙴 𝚅𝙸𝚂𝙰
    fermé 26 juin au 16 juil. – SC : **R** (fermé dim. soir et lundi) 45/145 ⅄ – ⊑ 14 – **16 ch** 62/125 – P 140/170.

NIEDERSTEINBACH 67 B.-Rhin 🖸🖸 ⑲ – 181 h. alt. 225 – ⊠ **67510** Lembach – 😋 88.
Paris 451 – Bitche 24 – Haguenau 32 – Lembach 8 – ◆Strasbourg 64 – Wissembourg 23.

🏨 **Cheval Blanc** ⟨S⟩, ℡ 09.25.31, 🏊, ☞, ℀ – ⇔wc 🛜wc ☎ 🅿 – 🛋 30. 🝊 𝙴 𝚅𝙸𝚂𝙰. 𝒮𝒲 rest
    fermé 1er au 15 déc. et 20 janv. au 2 mars – SC : **R** (fermé vend. midi hors sais. et jeudi) 60/160 ⅄ – ⊑ 16 – **34 ch** 85/150 – P 140/160.

NIEUIL 16 Charente 🗆🗆 ⑤ – 934 h. alt. 153 – ⊠ **16270** Roumazières-Loubert – 😋 45.
Paris 430 – Angoulême 42 – Confolens 26 – ◆Limoges 65 – Nontron 61 – Ruffec 36.

🏨🏨 **Château de Nieuil** (Mme Bodinaud) ⟨S⟩, à l'Est par D 739 et VO ℡ 71.36.38, ≼, « Belle demeure, parc », 🏊, ℀ – 🕭 🚗 🅿 – 🛋 40. 🝊 𝚅𝙸𝚂𝙰
    fermé 12 nov. au 15 mars – SC : **R** (fermé merc. sauf résidents) (nombre de couverts limité - prévenir) 130/165 – **10 ch** ⊑ 310/600, 3 appartements – P 460/530
    Spéc. Farci charentais, Salade de pousses d'orties au foie gras, Emincé de boeuf.

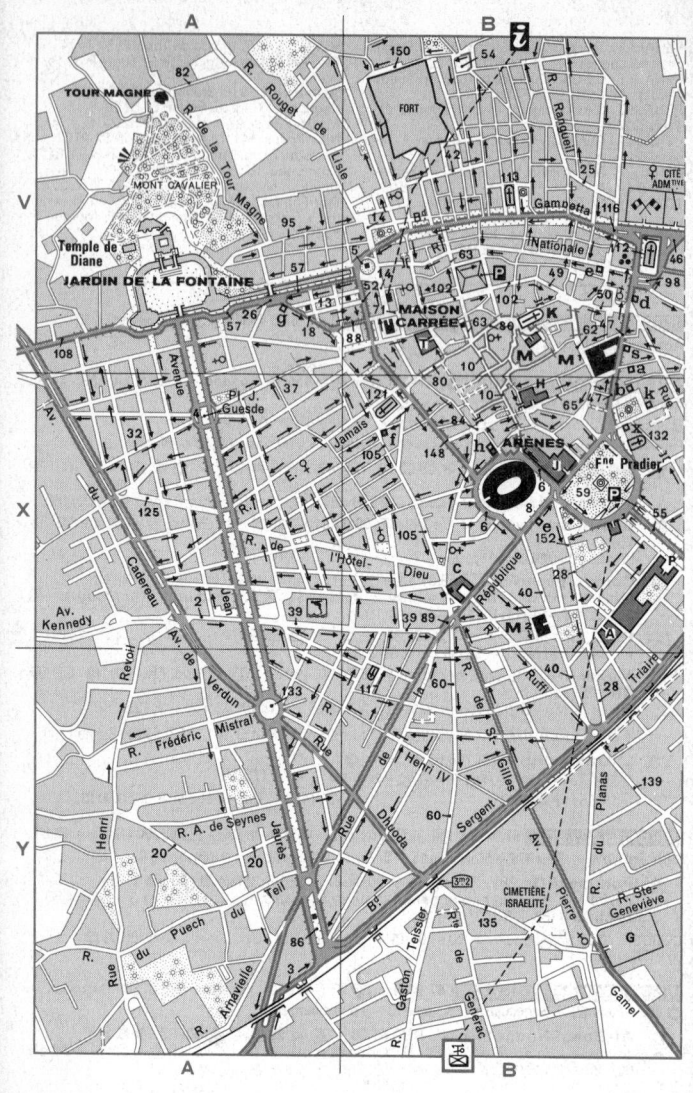

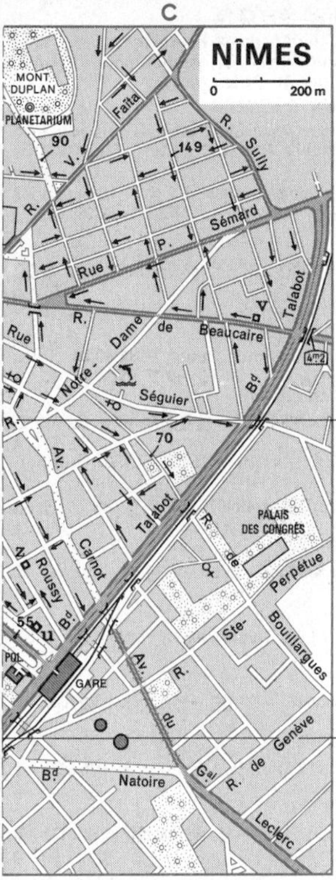

Hôtel-Dieu (R.) ... BX
Jamais (R. E.) .... AX
Jardins (R. des) .. CX 70
Jaurès (R. J.) ..... AY
Juin (Av. Mar.) ... CZ 71
Kennedy (Av.) .... CZ
Lampèze (Ch.) ... CZ 72
Leclerc (Av. Gén.) ..... DZ
Limites (Ch. des) ...... DZ 76
Mallarmé (R. Stéphane).. AV 82
Marché (Pl. du) ... BX 84
Martyrs-de-la-R. (Pl.) ... AY 86
Mas-de-Cheylon (Ch. du) .... CZ 87
Mendès-France (Av. Pierre) .... DZ
Mistral (R. F.) .... AY
Molière (R.) ...... BV 88
Montcalm (Pl.) ... BX 89
Mont-Duplan (Av.) ... CV 90
Natoire (Bd) ..... CY
Notre-Dame (R.) CV
Notre-Dame-des-Enfants (⊞) ... DZ 93
Notre-Dame et St-Castor (⊞) BV K
Pasteur (R.) .... AV 95
Péri (Pl. G.) .... BV 98
Périphérique-Ouest (Bd) .... CZ 100
Planas (R. du) .... BY
Pont-des-Iles (Ch. du) .... DZ 103
Porte-Cancière (R. de la) ...... DZ 104
Porte-de-France (R. de la) ...... BX 105
Prés.-Allende (Bd du) .... DZ
Puech-du-Teil (R.) .... AY
Rangueil (R.) ..... BV
Reinach (R. S.) ... DZ 107
Revoil (R. H.) ..... AY
Roosevelt (Av. F.). AV 108
Rouget-de-Lisle (R.) .... AV
Roussy (R.) CX
Ruffi (R.) .... BY
St-Baudille (⊞) .. BV 112
St-Charles (⊞) .. BV 113
St-Dominique (⊞) .... DZ 114
Saintenac (Bd Étienne) ... BV 116
St-François-de-Sales (⊞) BY 117
St-Gilles (Rte de) .... DZ
St-Gilles (R.) ..... BY
St-Joseph (⊞) ... CZ 119
St-Luc (⊞) ...... DZ 120
St-Paul (⊞) ..... BX 121
St-Pierre .... CZ 123
St-Vincent-de-Paul (⊞) ... DZ 124
Ste-Anne (R.) .... AX 125
Ste-Geneviève (R.) .... BY
Ste-Jeanne-d'Arc (⊞) ..... DZ 128
Ste-Madeleine-Ste-Rita (⊞) .. CZ 130
Ste-Perpétue (⊞) BX 132
Ste-Perpétue (R.) CX
Sauve (Rte de) ... CZ
Séguier (R.) CV
Sémard (R. Pierre) CV
Séverine (Pl.) ..... AY 133
Seynes (R. A. de) . AY
Simon (R. A.) ... BY 135
Sommières (Rte) CZ 136
Sully (R.) CV
Talabot (Bd) CX
Teissier (R. Gaston) .... BY
Temple-St-Césaire (R.) CZ 138
Tour-de-l'Évêque (R. de la) ..... BY 139
Tour-Magne (R.) . AV
Triaire (Bd Sergent) ... BY
Uzès (Rte d') ..... DZ 143
Valdegour (Ch.) .. CZ 144
Valmy (R. de) .... DZ 146
Verdun (Av. de) .. AY
Villars (R.) .... CV 149
Vincent (R.) ...... BV 150
11-Novembre (R.) .BX 152

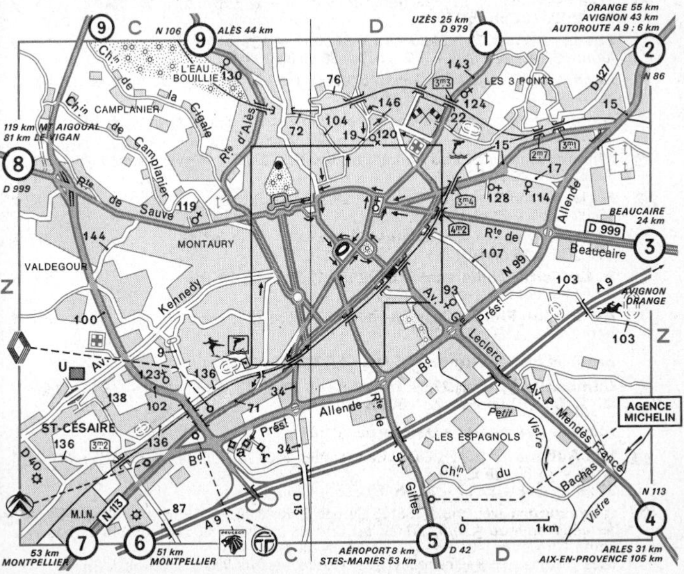

Voir Arènes★★★ BX – Maison Carrée★★★ BV – Jardin de la Fontaine★★ AV : Tour Magne★, ≼★ – Musées : Antiques★ de la Maison Carrée BV, Archéologie★ BV **M1**, Beaux-Arts★ BX **M2** – ⓘₛ de Campagne ↗ 70.17.37 par ⑤ : 11 km.

✈ de Nîmes-Garons ↗ 70.06.88 par ⑤ : 8 km – 🚕 ↗ 67.27.46.

🅱 Office de Tourisme et Accueil de France (Informations et réservations d'hôtels, pas plus de 5 jours l'avance) 6 r. Auguste ↗ 67.29.11, Télex 490926 et 3 pl. Arènes ↗ 21.02.51, Télex 490715 - A.C. 6 av. Feuchères ↗ 67.28.10.

Paris 712 ② – Aix-en-Provence 106 ④ – Avignon 43 ② – ♦Clermont-Ferrand 313 ⑥ – ♦Grenoble 248 ② – ♦Lyon 249 ② – ♦Marseille 121 ④ – ♦Montpellier 51 ⑥ – ♦Nice 281 ④ – ♦St-Etienne 268 ②.

Plans pages précédentes

🏨 **Imperator**, pl. A.-Briand ↗ 21.90.30, Télex 490635, 🍽, « Jardin fleuri » – 🛗 📺
    ☎ 🚗 – 🏛 60. 🖭 ⓪ 🖪 𝗩𝗜𝗦𝗔   AV **g**
    fermé 15 janv. au 15 mars – SC : **R** *(fermé du 15 janv. au 15 fév.)* 100/220 – � 30 –
    61 ch 190/360 – P 420/550.

🏨 **Sofitel** M, bd Périphérique Sud, échangeur A9 Nîmes Ouest ↗ 84.40.44, Télex
    490644, 🍽, 🏊, 🌳, 🎾 – 🛗 🖭 📺 ♨ & 🅿 – 🏛 40 à 120. 🖭 ⓪ 🖪 𝗩𝗜𝗦𝗔   CZ **a**
    rest. **Le Mazet R** carte 130 à 150 – ⊿ 35 – **98 ch** 295/410.

🏨 **Louvre**, 2 square Couronne ↗ 67.22.75, Télex 480218 – 🛗 📺 ☎ 🚗. 🖭 ⓪ 🖪
➡ 𝗩𝗜𝗦𝗔   BX **x**
    SC : **R** 50/150 ⅄ – **Brasserie R** carte environ 130 – ⊿ 20 – **35 ch** 105/200, 5 appar-
    tements 250 – P 185/230.

🏨 **Novotel** M, bd Périphérique Sud ↗ 84.60.20, Télex 480675, 🍽, 🏊, 🌳 – 🛗 🖭
    📺 ☎ 🅿 – 🏛 25 à 250. 🖭 ⓪ 🖪 𝗩𝗜𝗦𝗔   CZ **a**
    R snack carte environ 90 ⅄ – ⊿ 28 – **96 ch** 220/272.

🏨 **Cheval Blanc**, pl. Arènes ↗ 67.20.03, Télex 480856 – 🛗 🖭 ch 📺 ☎ – 🏛 30. 🖭
    ⓪ 🖪 𝗩𝗜𝗦𝗔   BX **e**
    R 80/100 – ⊿ 27 – **48 ch** 240/260.

🏨 **Nimotel** M, chemin de l'Hostellerie ↗ 38.13.84, Télex 490592, 🎾 – 🛗 🖭 📺
    ➡wc 🅿 – 🏛 60. 🖭 ⓪ 🖪 𝗩𝗜𝗦𝗔   CZ **r**
    SC : **R** 55/85 ⅄ – ⊿ 17 – **101 ch** 160/190.

🏨 **Midi**, square Couronne ↗ 21.07.18, Télex 480846 – 🛗 📺 ➡wc �𝑓wc ☎ 🚗 –
    🏛 40. 🖭 ⓪ 🖪 𝗩𝗜𝗦𝗔   BX **k**
    SC : **R** carte 115 à 170 – ⊿ 19,50 – **114 ch** 148/175.

🏨 **Carrière**, 6 r. Grizot ↗ 67.24.89, Télex 490580 – 🛗 ➡wc ⑥wc ☎ & 🚗. 🖭 ⓪
➡ 𝗩𝗜𝗦𝗔   BV **a**
    SC : **R** 39/75 ⅄ – ⊿ 16 – **55 ch** 121/210 – P 190/210.

🏨 **Provence** sans rest, 5 square Couronne ↗ 67.28.64 – 🛗 ➡wc ⑥wc 📶. 🖭 ⓪
    𝗩𝗜𝗦𝗔   BX **b**
    15 mars-15 oct. – SC : ⊿ 16,50 – **33 ch** 110/155.

🏠 **Milan** sans rest, 17 av. Feuchères ↗ 29.29.90 – 🛗 ➡wc ⑥wc ☎. 𝗩𝗜𝗦𝗔   CX **u**
    SC : ⊿ 12 – **32 ch** 85/150.

🏠 **Savoy** sans rest, 31 r. Beaucaire ↗ 67.60.17 – ➡wc ⑥wc   CV **v**
    fermé 23 déc. au 6 janv. – SC : ⊿ 15 – **20 ch** 85/160.

🏠 **Michel** sans rest, 14 bd Amiral-Courbet ↗ 67.26.23 – ➡wc ⑥wc ☎. 🖭 ⓪ 🖪
    𝗩𝗜𝗦𝗔 – SC : ⊿ 13,50 – **28 ch** 80/165.   BV **s**

🏠 **Amphithéâtre** sans rest, 4 r. Arènes ↗ 67.28.51 – ➡wc ⑥wc 📶. 🖪 𝗩𝗜𝗦𝗔   BX **h**
    fermé 20 déc. au 20 janv. – SC : ⊿ 13 – **20 ch** 55/130.

🏠 **Menant** sans rest, 22 bd Amiral-Courbet ↗ 67.22.85 – ➡wc ⑥wc 📶   BV **d**
    SC : ⊿ 16 – **29 ch** 63/162.

🏠 **Majestic** sans rest, 10 r. Pradier ↗ 29.24.14 – ⑥wc 📶   CX **z**
    SC : ⊿ 12,50 – **27 ch** 65/160.

🏠 **Château** sans rest, 3 pl. Château ↗ 67.57.47 – ⑥wc 📶. 🚫   BV **e**
    SC : ⊿ 12 – **15 ch** 60/125.

🏶🏶 **R. Le Lisita**, 2 bd Arènes ↗ 67.29.15, ≼, 🍽 – 🖭 ⓪ 𝗩𝗜𝗦𝗔   BX **h**
    fermé août et sam. – SC : **R** 80/150.

🏶 **Au Chapon Fin**, 3 r. Château-Fadaise ↗ 67.34.73   BX **f**
    fermé mardi – SC : **R** 70/190.

par ④ et rte Caissargues : 6,5 km – ⊠ 30230 Bouillargues :

🏠 **Campanile** ♨, ↗ 84.27.05, Télex 480510, 🌳 – 📺 ➡wc 📶 🅿 – 🏛 25. 𝗩𝗜𝗦𝗔
    SC : **R** 60 bc/81 bc – ⚍ 22 – **50 ch** 170.

route de l'aéroport de Garons par ⑤ : 8 km :

🏨 **Les Aubuns** M ♨, ⊠ 30230 Caissargues ↗ 20.24.31, Télex 490573, 🏊, 🌳 – 📺
    ☎ 🅿 – 🏛 60. ⓪ 🖪 𝗩𝗜𝗦𝗔
    SC : **R** 70/75 ⅄ – ⊿ 27 – **30 ch** 184/265 – P 310/408.

🏶🏶🏶 ✿ **Alexandre** avec ch., ⊠ 30128 Garons ↗ 70.08.99, ≼, « Parc » – 🖭 🅿. 𝗩𝗜𝗦𝗔. 🚫
    fermé 20 août au 4 sept., 20 fév. au 12 mars et dim. – SC : **R** (nombre de couverts
    limité - prévenir) 148/198 – ⊿ 22 – **4 ch** 240
    Spéc. Foie gras en gelée, Tournedos Frédéric Mistral, Desserts. Vins Châteauneuf du Pape.

MICHELIN, Agence, rte de St-Gilles, D 42 DZ ℡ 84.99.05

ALFA ROMEO Auto-Sport, 2210 rte Montpellier, ℡ 84.03.55
AUSTIN, ROVER, TRIUMPH Gar. du Midi, bd Périphérique Sud, Impasse du Doubs ℡ 84.07.98
BMW Méridional-Autos, av. Pavlov, Zone Ind. St-Césaire ℡ 62.10.90
BMW Gar. Provençal, 2532 rte Montpellier ℡ 84.78.11
CITROEN Succursale, 2290 rte Montpellier ℡ 84.60.05
FERRARI, FIAT Gar. Europe, 1976 av. du Mal Juin ℡ 84.04.40
FORD Méditerranée-Autom., 655 av. du Mar. Juin ℡ 84.08.01
MERCEDES-BENZ Renaux, 328 rte d'Avignon ℡ 26.04.99
PEUGEOT TALBOT Gds Gar. du Gard, 1667 av. du Mar.-Juin ℡ 84.60.08
RENAULT Succursale, 1412 av. du Mal Juin ℡ 84.60.00

TOYOTA Veyrunes, 29 r. de Beaucaire ℡ 21.71.22
V.A.G. S.N.D.A., 74, rte de Beaucaire ℡ 84.92.80 N ℡ 84.21.82
VOLVO Courbessac-Autos, 99 r. Favre-de-Thierrens ℡ 26.01.21

⊚ Comptoir du Pneu, 23 bis bd Sergent-Triaire ℡ 84.94.21
Escoffier-Pneus, 2 r. République ℡ 67.32.72 et 2614 rte Montpellier ℡ 84.02.01 et 1 r. Paul Painlevé ℡ 84.88.88
Nîmes-Pneus, 103 rte de Beaucaire ℡ 26.65.91
Pernia, 88 bd J.-Jaurès ℡ 64.08.26
Peysson, 11 r. République et 145 bd Sergent-Triaire ℡ 67.34.49
Pneu-Service-Folcher, 55 bd Talabot ℡ 67.94.17 et 2722 rte Montpellier ℡ 84.85.40
Rigon-Pneus, Arche 18, bd Talabot ℡ 84.15.26

☞ *Les localités citées dans le* **guide Michelin** *sont soulignées de rouge sur les* **cartes Michelin** *à 1/200 000.*

NIORT ℗ 79000 Deux Sèvres 🗺 ② G. Côte de l'Atlantique – 60 23๓ h. alt. 29 – ✪ 49.

Voir Donjon★ : ※★ AY B – Ancien Hôtel de Ville★ BY M1.

Env. Château Coudray-Salbart★ 10 km par ①.

🛈 Office de Tourisme pl. Poste (fermé dim.) ℡ 24.18.79 - A.C. 1 av. République ℡ 24.02.29.

Paris 407 ② – Angers 144 ① – Angoulême 112 ③ – ◆Bordeaux 185 ⑤ – ◆Limoges 160 ③ – ◆Nantes 144 ⑦ – Poitiers 74 ② – Rochefort 60 ⑥ – La Rochelle 63 ⑥ – Les Sables-d'Olonne 110 ⑦.

Plan page suivante

🏨 **Gd Hôtel** sans rest, 32 av. Paris ℡ 24.22.21, 🌿 – 🛗 ➚wc 🏢wc ☎ ⇦, 🅰 ⓞ 🖲 **VISA**. ⛛ — BY **v**
SC : ☲ 20 – **40 ch** 165/325.

🏨 **Paris** sans rest, 12 av. Paris ℡ 24.93.78 – ➚wc 🏢wc ☎ – 🦽 40 — BY **n**
fermé 13 au 27 juil. et 17 déc. au 1ᵉʳ janv. – SC : ☲ 13,50 – **38 ch** 97/155.

🏨 **Terminus et Rest. Poêle d'Or,** 82 r. Gare ℡ 24.00.38 – 🛗 ➚wc 🏢wc ☎. 🅰 ⓞ 🖲 **VISA**. ⛛ — BZ **e**
fermé 20 déc. au 5 janv. – SC : **R** (fermé dim. soir et sam.) 60/150 🍴 – ☲ 20 – **43 ch** 70/200 – P 200.

🏩 **Avenue** sans rest, 43 av. St-Jean-d'Angély ℡ 79.28.42 – 🏢wc ☎. ⛛ — AZ **t**
fermé déc. – SC : ☲ 12 – **21 ch** 75/112.

🏆 **Relais St-Antoine,** pl. Brèche ℡ 24.02.76 – 🅰 ⓞ 🖲 **VISA** — BY **f**
fermé 5 au 25 juil., vacances de fév., vend. soir et sam. – SC : **R** 70/250.

🏆 **Belle Étoile,** 115 quai M.-Métayer (près périphérique ouest) - AY - O : 2,5 km ℡ 73.31.29, ≼, 🍴 – ☰ 🅿. 🅰 ⓞ **VISA**
→ fermé 1ᵉʳ au 21 août, 15 au 28 fév., dim. (sauf le midi en mai-juin) et lundi soir – SC : **R** 40/145 🍴.

🏆 **Charly's,** 5 av. Paris ℡ 24.07.75 – 🅰 🖲 **VISA** — BY **r**
→ fermé dim. soir et lundi – SC : **R** 42/145 🍴.

🏆 **Cloche d'Or,** 7 r. Brisson ℡ 24.01.32 – **VISA** — AY **x**
→ fermé 24 déc. au 1ᵉʳ janv. et dim. – SC : **R** 41/145 🍴.

rte de La Rochelle par ⑥ : 4,5 km sur N 11 – ✉ 79000 Niort :

🏆🏆 **La Tuilerie,** ℡ 73.52.93, 🍴, 🌿 – 🅿. 🅰 ⓞ 🖲 **VISA**. ⛛
fermé dim. soir et lundi – **R** 110/220.

à *Sevreau-de-Magné* SO : 5 km par D 9 - AZ – ✉ 79270 Frontenay-Rohan-Rohan :

🏆 **Aub. de la Carpe Frite,** rte Coulon ℡ 35.71.02, terrasse ombragée au bord de l'eau – **VISA**
→ fermé 15 au 30 sept., 15 au 31 janv., lundi soir et mardi – SC : **R** 43/120 🍴.

à *St-Rémy-les-Niort* par ⑦ : 6 km sur N 148 – ✉ 79410 Echiré :

🏩 **Relais du Poitou,** ℡ 73.43.99 – 🏢wc ☎ 🅿. 🖲 **VISA**. ⛛ rest
SC : **R** (fermé janv. et lundi) 58/125 🍴 – ☲ 14 – **25 ch** 97/135.

par ② et D 5 : 11 km – ✉ 79260 La Crèche :

🏨 **Motel des Rocs** 🖲 ⟫, ℡ 25.50.38, Télex 790632, ≼, 🍴, parc, 🏊, ⛛ – 📺 ☎ 🦽 🅿 – 🦽 150. 🅰 ⓞ 🖲 **VISA**
SC : **R** 90/150 – ☲ 22 – **51 ch** 210/230 – P 285/300.

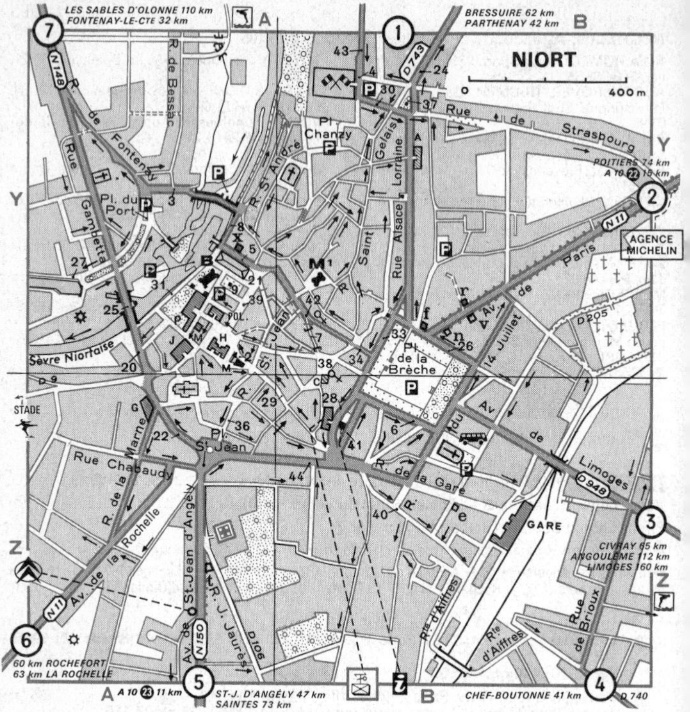

LES SABLES D'OLONNE 110 km
FONTENAY-LE-CTE 32 km
BRESSUIRE 62 km
PARTHENAY 42 km
NIORT
0
400 m
Rue de Strasbourg
POITIERS 74 km
A 10 (22) 15 km
AGENCE MICHELIN
Av. de Paris
R. de Fontenay
R. de Bessac
Rue Gambetta
Pl. du Port
Pl. Chanzy
R. St-André
Rue Alsace-Lorraine
R. St-Gelais
Saint
M¹
POL.
Sèvre Niortaise
Pl. de la Brèche
Av. du 14 Juillet
Av. de Limoges
STADE
R. de la Marne
Rue Chabaudy
Pl. St-Jean
R. de la Gare
GARE
CIVRAY 65 km
ANGOULÊME 112 km
LIMOGES 160 km
Av. de la Rochelle
Av. de St-Jean d'Angély
R. J. Jaurès
Rte d'Aiffres
Rue de Brioux
60 km ROCHEFORT
63 km LA ROCHELLE
A 10 (23) 11 km
ST-J. D'ANGÉLY 47 km
SAINTES 73 km
CHEF-BOUTONNE 41 km
D 740

Commerce (Passage du) BY 7
Ricard (R.) BY 34
St-Jean (R.) ABY
Victor-Hugo (R.) BY 42

Anc.-Oratoire (R. de l') AY 2
Baugier (R.) AY 3
Bouteville (R. Th.-de) BY 4
Brisson (R.) AY 5
Bujault (Av. J.) BZ 6
Cronstadt (Quai) AY 8
Donjon (Pl. du) AY 9
Espingole (R. de l') AY 20
Halles (Pl. des) AY 21
Largeau (R. Gén.) AZ 22
Leclerc (R. Mar.) BY 24
Main (Ponts) AY 25
Martyrs-Résistance (Av.) BY 26
Métayer (Quai M.) AY 27
Notre-Dame (⊞) AZ
Pérochon (R. Ernest) BZ 28
Petit-Banc (R. du) ABZ 29
Pluviault (R.) BY 30
Préfecture (Quai de la) AY 31
République (Av. de la) BY 33
St-André (R. et ⊞) ABY
St-Étienne (⊞) AY
St-Hilaire (⊞) BZ
St-Jean (R. Porte) AZ 36
Strasbourg (Pl. de) BY 37
Temple (Pl. du) BY 38
Thiers (R.) AY 39
Trois Coigneaux (R. des) BZ 40
Verdun (Av. de) BZ 41
Vieux-Fourneau (R. du) BY 43
24-Février (R. du) BZ 44

MICHELIN, Agence régionale, 600 av. de Paris par ② ☎ **33.00.42**

CITROEN Succursale, 80 av. St-Jean-d'Angely ☎ 79.24.22 🅽 ☎ 73.55.10
CITROEN Béchade, 233 av. de Paris par ② ☎ 24.09.51
CITROEN Gar. Couvret, 362 av. de Limoges par ③ ☎ 24.12.85
FIAT Gar. Thorin, 309 av. de Paris ☎ 33.00.55
LADA-LANCIA Gar. Beauchamp, 105 r. de Goise ☎ 24.25.05
MERCEDES-BENZ, OPEL Hurtaud, rte de La Rochelle à Bessines ☎ 73.53.62
PEUGEOT-TALBOT Deschamps, 475 av. de Paris par ② ☎ 33.02.05
RENAULT Central Gar., 674 av. de Paris à Chauray par ② ☎ 33.02.25
RENAULT Gar. St-Christophe, 214 av. de Paris par ② ☎ 28.34.22
V.A.G. Gar. Quitté, 512 av. Limoges ☎ 28.45.06
VOLVO Cachet-Giraud, 120 r. du Clou-Bouchet ☎ 79.04.34
Gar. Aumonier, à Aiffres ☎ 24.47.96
Cheveau, 64 av. St-Jean ☎ 79.33.22

Chouteau, 36 av. de Paris ☎ 24.68.81
Montigaud-Pneus, 197 av. St-Jean ☎ 79.38.51
Pneumatec, 457 bis av. de Paris ☎ 33.12.08
Woodman-Pneus, 39 av. de Verdun, ☎ 28.14.22

NISSAN-LEZ-ENSÉRUNE 34440 Hérault 83 ⑭ G. Causses – 2 533 h. alt. 21 – ✪ 67.

Voir Oppidum d'Ensérune★ : musée★, ≤★ NO : 5 km.

Paris 835 – Béziers 11 – Capestang 10 – ♦Montpellier 78 – Narbonne 16 – St-Pons 50.

La Résidence, 35 av. Cave ☎ **37.00.63,** – wc. *fermé fév.* – SC : **R** *(fermé dim. du 1er oct. au 30 mars)* (dîner pour résidents seul.) 53 bc – ☕ 15,50 – **13 ch** 107/129.

Demandez chez le libraire le catalogue des cartes et guides Michelin

NOAILLES 60430 Oise 55 ⑩ – 1 766 h. alt. 91 – ✪ 4.

Paris 61 – Beauvais 15 – Chantilly 28 – Clermont 20 – Creil 28 – Gisors 39 – L'Isle-Adam 27.

XXX **Moulin de Blainville,** à Blainville N : 1 km ⴋ 403.31.00, 🍴 – 🍽. 🖽 E 🆅🆂🅰. 🌿
  fermé 8 août au 5 sept., 11 au 27 fév., mardi et le soir sauf vend. et sam. – SC : **R**
  carte 100 à 155.

PEUGEOT-TALBOT Bochent, ⴋ 403.30.25   RENAULT Gar. de Blainville, à Ponchon ⴋ
                                              403.30.30

NOAILLY 42 Loire 73 ⑦ – 657 h. alt. 307 – ⊠ 42640 St-Germain-Lespinasse – ✪ 77.

Paris 384 – ◆Lyon 102 – Moulins 91 – ◆St-Étienne 94 – Roanne 17.

XX **Lion d'Or,** ⴋ 66.60.13 – ⓟ. 🌿
  fermé août, mardi et merc. – SC : **R** *(prévenir)* 75/215.

NOÉ 31410 H.-Gar. 82 ⑰ – 1 543 h. alt. 195 – ✪ 61.

Paris 743 – Auch 69 – Auterive 22 – Foix 61 – St-Gaudens 56 – St-Girons 58 – ◆Toulouse 34.

🏠 **L'Arche,** rte Nationale ⴋ 87.40.12, 🍴, 🍴 – ⌂wc 🎣 ☎ ⓟ – 🏕 25
◆ **R** 45/180 ⅄ – ☄ 15 – **24 ch** 70/170 – P 170/220.

PEUGEOT-TALBOT Gar. Moderne, ⴋ 87.40.15   RENAULT Renault Carbonne, à Carbonne ⴋ
                                              87.83.25

NOEUX-LES-MINES 62290 P.-de-C. 51 ⑭ – 13 168 h. alt. 31 – ✪ 21.

Paris 206 – Arras 26 – Béthune 6 – Bully-les-Mines 7,5 – Doullens 48 – Lens 17 – ◆Lille 37.

🏠 **Les Tourterelles,** 374 rte Nationale ⴋ 66.90.75 – ⌂wc 🎣 ☎ ⓟ – 🏕 40. E 🆅🆂🅰.
  🌿 ch
  fermé dim. soir – SC : **R** 65/180 ⅄ – ☄ 22 – **18 ch** 100/200 – P 195/300.

X **Paix,** 115 rte Nationale ⴋ 26.37.66. 🆅🆂🅰
  fermé 27 juil. au 27 août et sam. – SC : **R** 52/105 ⅄.

RENAULT Gar. de la Gohelle, 100 rte Nationale à Sains-en-Gohelle ⴋ 29.00.30 .

NOGARO 32110 Gers 82 ② – 2 257 h. alt. 98 – ✪ 62.

Paris 747 – Agen 87 – Auch 62 – Mont-de-Marsan 42 – Pau 69 – Tarbes 66.

🏠 **Dubroca,** r. d'Artagnan ⴋ 09.01.03, 🍴 – ⌂ 🎣 ☎. E 🆅🆂🅰
◆ *fermé 1er déc. au 3 janv. et dim. sauf juil.-août* – SC : **R** 48/150 ⅄ – ☄ 15 – **12 ch**
  75/105 – P 145/185.

CITROEN Bounet Frères, ⴋ 09.00.39   RENAULT Gar. Ducourneau, ⴋ 09.00.80
PEUGEOT-TALBOT Saint-Orens, ⴋ 09.00.98

NOGENT-EN-BASSIGNY 52800 H.-Marne 62 ⑫ – 5 009 h. alt. 400 – ✪ 25.

Paris 283 – Bourbonne-les-Bains 33 – Chaumont 23 – Langres 23 – Neufchâteau 52 – Vittel 62.

🏠 **Commerce,** pl. Gén.-de-Gaulle ⴋ 31.81.14 – ⌂wc 🎣wc ☎. 🌿 ch
◆ *fermé 25 déc. au 31 janv.* – SC : **R** *(fermé lundi midi)* 38/90 – ☄ 13 – **20 ch** 65/110 –
  P 145/190.

CITROEN Gar. Consigny, ⴋ 31.85.81   PEUGEOT, TALBOT Ponce, ⴋ 31.80.44

NOGENT-LE-ROI 28210 E.-et-L. 60 ⑧, 196 ㉘ G. Environs de Paris – 3 152 h. alt. 93 – ✪ 37.

Paris 85 – Ablis 33 – Chartres 29 – Dreux 17 – Maintenon 8 – Mantes-la-Jolie 49 – Rambouillet 26.

XX **Relais des Remparts,** 2 pl. Marché-aux-Légumes ⴋ 43.40.47 – ⌂wc 🎣wc ☎. – SC : **R** 60/138 ⅄.
  fermé 14 au 30 mars, 22 août au 8 sept., mardi soir et merc.

  à Coulombs par rte de Houdan – ⊠ 28210 Nogent-le-Roi :

XX **Relais des Hussards** 🍴 avec ch, ⴋ 43.42.16, ≤, 🍴 – ⌂wc ☎ ⓟ – 🏕 25. 🖽
  ⓘ 🆅🆂🅰
  fermé 15 janv. au 15 fév., dim. soir et lundi du 1er nov. au 31 mars – SC : **R** 60/165 –
  ☄ 18 – **9 ch** 165 – P 180/200.

PEUGEOT Jeunesse, à Chaudon ⴋ 43.41.47

NOGENT-LE-ROTROU ◈ 28400 E.-et-L. 60 ⑮ G. Normandie – 13 209 h. alt. 108 – ✪ 37.

🅱 Office de Tourisme r. Gouverneur *(fermé dim. et lundi)* ⴋ 52.22.16.

Paris 147 ① – Chartres 54 ① – Châteaudun 53 ③ – ◆Le Mans 71 ④ – Mortagne-au-Perche 38 ⑤.

Plan page suivante

🏠 **Dauphin,** 39 r. Villette-Gaté (e) ⴋ 52.17.30 – ⌂wc 🎣wc ☎ ⓟ. 🆅🆂🅰
  fermé janv., fév., dim. soir et lundi du 15 oct. au 1er avril – SC : **R** 65/125 – ☄ 17 –
  26 ch 68/185.

🏠 **Lion d'Or,** 28 pl. St-Pol (r) ⴋ 52.01.60 – ⌂wc 🎣wc ☎ ⓟ. 🆅🆂🅰. 🌿 ch
  fermé 6 au 20 août, 24 déc. au 11 janv., dim. soir et lundi – SC : **R** 55/150 – ☄ 16 –
  14 ch 115/200.

XXX **Host. de la Papotière,** 3 r. Bourg le Comte (a) ⴋ 52.18.41 – 🖽 ⓘ E 🆅🆂🅰
  fermé dim. soir et lundi du 1er oct. au 1er avril – **R** 55/140 ⅄.

NOGENT-LE-ROTROU

Villette-Gaté (R.) 25

Bouchers (R. des) 2
Bourg-le-Cte (R.) 3
Bretonnerie (R.) 4
Château (R.) 5
Croix la Contesse (R.) 6
Deschanel (R.) 7
Dr-Desplantes (R.) 8
Foch (Av. Mar.) 9
Fuye (R. de la) 10
Giroust (R.) 12
Gouverneur (R.) 13
Leclerc (Av. Gén.) 15
Paty (R. du) 16
République (Av.) 17
Rhône (R. de) 18
St-Hilaire (R.) 19
St-Laurent (R.) 20
St-Martin (R.) 21
Sully (R. de) 23

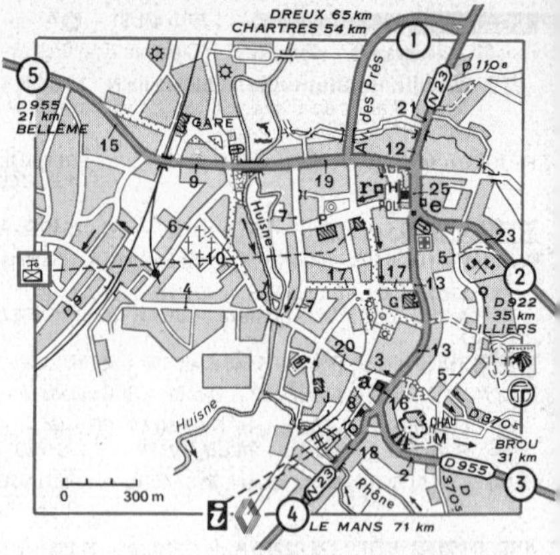

à Villeray (61 Orne) par ① D 918 et D 10 : 11 km – ✉ **61110** Condeau – ⚙ 33

XXX **Moulin de Villeray** Ⓜ ⛷ avec ch, ☎ **73.30.22**, ←, parc – 🛁wc ☎ **P**. AE ⓓ E VISA
fermé 1er déc. au 31 janv., merc. midi et mardi – SC : **R** 150/200 – ☕ 28 – **10 ch** 300/380 – P 490/640.

CITROEN Répar. Autos Nogentaise, rte d'Alençon par ⑤ ☎ 52.47.48
FORD Gar. de l'Huisne, voie Sofica à Margon ☎ 52.05.97
PEUGEOT, TALBOT Thibault, 12 r. du Château ☎ 52.13.26
RENAULT N.A.S.A., rte de Paris par ① à Margon ☎ 52.58.70
RENAULT Auto du Perche, 22 r. du Rhône ☎ 52.18.91
V.A.G. Gar. Leroy, 4 bis r. Tochon ☎ 52.19.95
⊛ Breton, av. de la Messesselle ☎ 52.06.37 et place du 11 août ☎ 52.05.65
Nogentaise C/c, 24 pl. 11-Août ☎ 52.13.19

NOGENT-SUR-AUBE 10 Aube 61 ⑦ – 324 h. – ✉ **10240** Ramerupt – ⚙ 25.
Paris 169 – Châlons-sur-Marne 61 – Romilly-sur-Seine 47 – Troyes 31.

X **Assiette Champenoise,** D 441 ☎ 37.66.74 – **P**. VISA
fermé 1er au 14 août, mardi soir et merc. – SC : **R** (dim. soir prévenir) 55/120.

NOGENT-SUR-MARNE 94 Val de Marne 56 ⑪, 101 ㉗ – voir Paris, Environs.

NOGENT-SUR-OISE 60 Oise 56 ① – rattaché à Creil.

NOGENT-SUR-SEINE ⟨SP⟩ **10400** Aube 61 ④⑤ **G. Nord de la France** – 5 103 h. alt. 65 – ⚙ 25.
Paris 109 – Châlons-sur-M. 92 – Épernay 82 – Fontainebleau 67 – Provins 18 – Sens 42 – Troyes 56.

X **Cygne de la Croix,** 22 r. Ponts ☎ 25.91.26 – **P**. VISA
fermé 30 juil. au 28 août, 14 au 22 fév., lundi soir, merc. soir et mardi – SC : **R** 48 bc/100 🍷.

X **Beau Rivage** avec ch, r. Villiers-aux-Choux près piscine ☎ 25.84.22, ☂, 🌳 – 🏠
fermé vend. soir en hiver, dim. soir et lundi – SC : **R** 45/98 – ☕ 15 – **7 ch** 80/120 – P 175/195.

à l'Est : 3 km par N 19 – ✉ **10400** Nogent-sur-Seine :

XX La Chapelle Godefroy, ☎ 25.88.32, ←, 🌳 – **P**.

à Trainel : 10,5 km par D 374 et D 68 – ✉ **10400** Nogent-sur-Seine :

XX **Host. de l'Orvin** avec ch, ☎ 25.11.13, ☂, 🌳 – 🛁wc
fermé fév., dim. soir et lundi – SC : **R** 45/110 🍷 – ☕ 15 – **7 ch** 110/140 – P 150/180.

CITROEN Gar. Legrand, 48 bis av. Pasteur ☎ 25.87.09
PEUGEOT-TALBOT Gar. St-Laurent, 11 bis av. J.-C.-Perrier ☎ 25.83.17
RENAULT Gar. Corbin, 16 à 20 rte de Troyes ☎ 25.84.39

NOGENT-SUR-VERNISSON **45290** Loiret 65 ② – 2 514 h. alt. 125 – ⚙ 38.
Paris 133 – Auxerre 76 – Bonny-sur-Loire 36 – Gien 21 – Montargis 18 – •Orléans 72.

X **Commerce,** ☎ 97.60.37
fermé 4 au 20 sept., 1er au 23 fév., merc. soir et jeudi – SC : **R** 75/125.

Voir aussi ressources hôtelières des ***Bézards*** S : 5 km sur N 7.

NOHANT-VIC 36 Indre 🖽 ⑱ – rattaché à La Châtre.

NOIRÉTABLE 42440 Loire 🖽 ⑯ ⑥ G. Auvergne – 1 998 h. alt. 722 – ✪ 77.

🛈 Syndicat d'Initiative à la Mairie (fermé lundi, jeudi, sam. après-midi et dim.) 📞 24.70.12.

Paris 413 – Ambert 55 – ◆Lyon 113 – Montbrison 44 – Roanne 47 – ◆St-Étienne 80 – Thiers 24.

🏨 **La Chaumière,** 📞 24.73.00, parc – ⏤wc 🅿 ⑩ 𝘝𝘐𝘚𝘈
    1er mars-30 nov. – SC : **R** 50/155 – � 16 – **28 ch** 91/203 – P 172/240.

    à St-Julien-la-Vêtre E : 5,5 km sur N 89 – ⊠ **42440** Noiretable :

🍴🍴 **Aquarium,** 📞 24.90.72 – 🅿. **E** 𝘝𝘐𝘚𝘈
    fermé 9 janv. au 1er fév. et merc. – SC : **R** 55/150.

RENAULT Gar. Dejob, 📞 24.70.31 🅽

NOIRMOUTIER (Ile de) 85330 Vendée 🖽 ① ⑥ G. Côte de l'Atlantique – ✪ 51.

Accès : par le pont routier au départ de Fromentine. Péage, auto et véhicule inférieur à
1,5 t : 8 F, camion et véhicule supérieur à 1,5 t : 10 F.

     - par le passage du Gois : 4,5 km

- pendant le premier quartier de la lune par beau temps (vents hauts) d'une
heure et demie environ avant la basse mer, à une heure et demie environ après la basse
mer

- pendant la pleine lune ou la nouvelle lune par temps normal : deux heures avant la
basse mer à deux heures après la basse mer.

- en toutes périodes par mauvais temps (vents bas) ne pas s'écarter de l'heure de la
basse mer.

- en hiver : il est conseillé de se renseigner à la subdivision de l'Équipement 📞 68.70.07
(Beauvoir-sur-Mer) ou 📞 39.08.39..

De Noirmoutier-en-l'Ile : Paris 459 – Cholet 120 – ◆Nantes 82 – La Roche-sur-Yon 78.

     Noirmoutier-en-l'Ile – 4 758 h. – ⊠ **85330** Noirmoutier-en-l'Ile.
     🛈 Office de Tourisme rte du Pont (fermé dim.) 📞 39.80.71.

🏨🏨 **Général d'Elbée** 🕭, pl. Château 📞 39.10.29, « Bel hôtel particulier du 18e
    siècle », 🏊, 🐎 – ⅙ – 🍴 40. 🆎 ⑩ 𝘝𝘐𝘚𝘈
    début avril-début oct. – SC : **R** 90/200 – ⊠ 27 – **32 ch** 250/430 – P 290/490.

🏨 **Fleur de Sel** 🅼 🕭, 📞 39.21.59, ≤ – ⏤wc ☎ ⅙ 🅿 **E** 𝘝𝘐𝘚𝘈. 🐾 ch
    SC : **R** (fermé dim. soir et lundi de nov. à mars) 63/95 – ⊠ 23 – **23 ch** 175/240 – P
    210/275.

🏨 **La Quichenotte,** 32 av. J.-Pineau 📞 39.11.77 – ⏤wc 🁢wc ☎ 🅿
    13 oct. au 26 nov. – SC : **R** (fermé lundi du 15 sept. au 15 juin) 46/120 – ⊠
    14,50 – **29 ch** 94/152 – P 168/195.

🍴🍴 **Gd Four,** 1 r. Cure (derrière le château) 📞 39.12.24 – 𝘝𝘐𝘚𝘈. 🐾
    fermé du 1er au 20 déc., mardi midi en saison, mardi soir et merc. hors sais. – SC : **R**
    60/130.

🍴🍴 **L'Etier,** rte de l'Epine SO : 1 km 📞 39.10.28, 🍽 – 🅿. 🆎
    fin mars-20 sept., vacances scolaires, week end et fériés de fév. à mai – SC : **R** 50/80.

     au Bois de la Chaise E : 2 km – ⊠ **85330** Noirmoutier – **Voir Bois★**.

🏨🏨 **St-Paul** 🕭, 📞 39.05.63, « Beau parc », 🎾 – 𝘝𝘐𝘚𝘈. 🐾 rest
    25 mai-25 sept. – SC : **R** 140/250 – ⊠ 32 – **42 ch** 120/320 – P 280/400.

🏨 **Les Prateaux** 🕭, 📞 39.12.52, parc – ⏤wc 🁢wc ☎ 🅿. 🐾
    1er fév.-23 avril et 2 mai-30 sept. – SC : **R** (en sais. sur commande seul.) 110/130 –
    ⊠ 25 – **13 ch** 155/225 – P 210/270.

🏨 **Les Capucines** (annexe 🏨 🅼 11 ch ⏤wc ☎), 📞 39.06.82, 🐎 – 🍽 rest
    🁢wc ☎ 🅿 – 🍴 35. 🐾 ch
    1er fév.-12 nov. et fermé merc. sauf sais. et vac. scolaires – SC : **R** 65/105 – ⊠ 18 –
    21 ch 86/200 – P 180/250.

VAG Gar. des Mimosas, 📞 39.00.93

     L'Épine SO : 3,5 km – ⊠ **85740** L'Épine :

🏨🏨 **Punta Lara** 🅼 🕭, S : 2 km par D 95 et VO 📞 39.11.58, ≤, 🍽, « Dans une pinède
    en bordure de mer », 🏊, 🎾 – 🅿 – 🍴 100. 🆎 ⑩ 𝘝𝘐𝘚𝘈
    15 mars-15 oct. – SC : **R** 75/160 – ⊠ 27 – **60 ch** 380/460 – P 350/430.

NOISY-LE-GRAND 93 Seine-St-Denis 🖽 ⑪, 🏩 ⑱ – voir à Paris, Environs.

NONANCOURT 27320 Eure 🖽 ⑥⑦ G. Normandie – 1 803 h. alt. 125 – ✪ 32.

Paris 97 – Châteauneuf-en-Thymerais 26 – Dreux 13 – Evreux 29 – Verneuil-sur-Avre 21.

🍴🍴 **Gd Cerf,** 📞 58.15.27 – 🅿. 🆎 **E** 𝘝𝘐𝘚𝘈
    fermé 8 nov. au 1er déc., dim. soir et lundi – SC : **R** 56/115.

PEUGEOT-TALBOT Léger, 📞 58.02.21

NONANT 14 Calvados 🗗🗗 ⑮ — rattaché à Bayeux.

Les NONIÈRES 26 Drôme 🗗🗗 ⑭ — alt. 850 — ⊠ 26410 Châtillon-en-Diois — 🖸 75.

Paris 652 — Die 25 — Gap 87 — ◆Grenoble 72 — Valence 90.

🏠 **Le Mont-Barral** 🍸, ⚬ 21.12.21, ≤, ⊒, 🛱 — 🚗wc ☎ 🅿 — 🅜 50. **E**. 🛱 rest
➡ *fermé 15 nov. au 20 déc. et mardi sauf juil.-août* — SC : **R** 40/160 — ⊊ 16 — **24 ch**
81/126 — P 160/200.

NONTRON ⟨🖘⟩ 24300 Dordogne 🗗🗗 ⑮ G. Périgord — 3 954 h. alt. 182 — 🖸 53.

🚩 Syndicat d'Initiative Pavillon du Château (1er juil.-30 août et fermé dim.).

Paris 477 — Angoulême 47 — Libourne 115 — ◆Limoges 69 — Périgueux 49 — Rochechouart 42.

🏠 **Gd Hôtel**, 3 pl. A.-Agard ⚬ 56.11.22, ☛ — 🕸 🚗wc 🏮 ☏ 🅿 — 🅜 100. **VISA**
➡ 🛱 ch
fermé 15 au 31 janv. — SC : **R** 43/140 — ⊊ 15,50 — **26 ch** 70/180 — P 160/200.

à Augignac N : 9 km par D 675 — ⊠ 24300 Nontron :

🏠 **Motel la Sapinière** M 🍸 🍸 sans rest., rte de Nontron ⚬ 56.80.34, parc, ⊒, 🛱 — 🚗wc 🏮wc & 🅿. **E** **VISA**
15 avril-15 nov. et fermé sam. soir hors sais. — SC : ⊊ 17,50 — **10 ch** 145/165.

CITROEN Limousin, ⚬ 56.01.42
PEUGEOT Bayer, ⚬ 56.00.21

PEUGEOT, TALBOT Marchives, ⚬ 56.07.13
RENAULT Chevalier, ⚬ 56.01.03

NORT-SUR-ERDRE 44390 Loire-Atl. 🗗🗗 ⑰ — 5 081 h. alt. 11 — 🖸 40.

Paris 369 — Ancenis 28 — Châteaubriant 38 — ◆Nantes 29 — ◆Rennes 82 — St-Nazaire 62.

✗ **Bretagne**, 41 r. A.-Briand ⚬ 72.21.95 — 🅿
➡ *fermé 1er au 7 oct., 1er au 15 mars, dim. soir et lundi* — SC : **R** 36/95 🍷.

NORVILLE 76 Seine-Mar. 🗗🗗 ⑤ — rattaché à Lillebonne.

NOTRE-DAME-DE-BELLECOMBE 73 Savoie 🗗🗗 ⑦ G. Alpes — 424 h. alt. 1 134 — Sports d'hiver : 1 134/2 030 m ⚡14 — ⊠ 73590 Flumet — 🖸 79.

🚩 Office de Tourisme, sur la place (fermé sam. après-midi et dim.) ⚬ 31.61.40.

Paris 602 — Albertville 24 — Annecy 53 — Bonneville 48 — Chambéry 74 — Megève 11.

🏠 **Les Armaillis**, ⚬ 31.61.80, ≤ — 🚗wc ☜. 🛱 rest
1er juil.-14 sept. et 20 déc.-15 avril — SC : **R** 65/75 — ⊊ 17 — **16 ch** 55/155 — P
160/215.

🏠 **Bellevue**, ⚬ 31.60.56, ≤ — 🚗wc 🏮 ☜
20 juin-10 sept. et 15 déc.-15 avril — SC : **R** 58/78 — ⊊ 18 — **23 ch** 90/192 — P
168/215.

NOTRE-DAME-DE-BONDEVILLE 76 S.-Mar. 🗗🗗 ⑥ — rattaché à Rouen.

NOTRE-DAME-DE-GRÂCE 83 Var 🗗🗗 ⑤ — rattaché à Cotignac.

NOTRE-DAME-DE-L'ESPÉRANCE 22 C.-du-Nord 🗗🗗 ③ — rattaché à Etables-sur-Mer.

NOTRE-DAME-DE-MONTS 85690 Vendée 🗗🗗 ⑪ — 1 325 h. — 🖸 51.

🚩 Syndicat d'Initiative au Bourg (15 juin-15 sept.) ⚬ 58.84.97.

Paris 455 — Challans 23 — ◆Nantes 74 — Noirmoutier-en-l'Ile 25 — Pornic 46 — La Roche-sur-Yon 62.

🏠 **Plage**, ⚬ 58.83.09, ≤ — 🚗wc ☜ 🅿. **E** **VISA**
fermé 17 déc. au 30 janv., dim. soir et lundi du 1er oct. au 31 mai — SC : **R** 65/120 🍷 —
⊊ 17 — **39 ch** 97/225 — P 201/250.

✗✗ **Pier'Plot**, rte St-Jean-de-Monts ⚬ 58.86.48 — 🅿. **E** **VISA**
➡ SC : **R** (déj. seul. du 1er oct. au 1er fév.) 48/100.

NOUAN-LE-FUZELIER 41 L.-et-Ch. 🗗🗗 ⑱ — 2 323 h. alt. 139 — ⊠ 41600 Lamotte-Beuvron —
🖸 54.

Paris 175 — Blois 58 — Cosne-sur-Loire 72 — Gien 55 — Lamotte-Beuvron 8 — ◆Orléans 44 — Salbris 12.

🏠 **Charmilles** 🍸 sans rest, D 122 ⚬ 88.73.55, parc — 📺 🚗wc 🏮wc ☜ 🅿. **VISA**. 🛱
fermé 15 janv. au 15 mars — SC : ⊊ 20 — **14 ch** 120/230.

🏠 **Moulin de Villiers** 🍸, rte Chaon NE : 3 km par D 44 ⚬ 88.72.27, ≤, « En forêt,
étang privé », ☛ — 🚗wc 🏮 🅿. 🛱
fermé 1er au 15 sept., 1er janv. au 26 mars et merc. en nov. et déc. — SC : **R** 59/125 🍷
— ⊊ 16 — **20 ch** 85/185 — P 145/220.

✗✗ **Le Dahu**, 14 r. de la Mare ⚬ 88.72.88, 🏡, « Jardin » — 🅿. **AE** **VISA**
fermé 20 fév. au 17 mars, mardi soir et merc. (sauf du 1er juil. au 15 sept.) — **R**
67/155 🍷.

RENAULT Michel, ⚬ 88.74.48

Le NOUVION-EN-THIÉRACHE 02170 Aisne 🗺️ ⑮ – 3 146 h. alt. 185 – 🌀 23.

Paris 199 – Avesnes-sur-Helpe 19 – Le Cateau 20 – Guise 21 – Hirson 25 – Laon 63 – Vervins 27.

🏨 **Paix**, r. J.-Vimont-Vicary 🕿 97.04.55, 🎐 – 🛏️wc 📶 🕿 ⑫ **E** 𝖵𝖨𝖲𝖠
　fermé 17 déc. au 7 janv. – SC : **R** 54/85 👶 – ⇄ 16 – **23 ch** 54/146 – P 170/230.

🏨 **Pétion**, r. Th.-Blot 🕿 97.00.11 – 🛏️wc 📶wc & 🕭, 𝖵𝖨𝖲𝖠. ⚘ ch
　fermé 15 janv. au 15 fév. et vend. – SC : **R** 55/95 👶 – ⇄ 14 – **11 ch** 90/140 – P 140/170.

PEUGEOT Gar. Hannecart, 🕿 97.01.05

NOUZERINES 23 Creuse 🗺️ ⑳ – rattaché à Boussac.

NOUZONVILLE 08700 Ardennes 🗺️ ⑬ G. Nord de la France – 7 337 h. alt. 142 – 🌀 24.

Paris 232 – Charleville-Mézières 7,5 – Givet 51 – Rocroi 28.

XX **La Potinière**, N : 1 km rte de Joigny-sur-Meuse 🕿 53.13.88 – ⑫
　fermé 3 au 23 sept., 14 janv. au 1ᵉʳ fév., dim. soir et lundi sauf fêtes – **R** 65/100.

CITROEN Gar. Brunet, 14 bd J.-B.-Clément 🕿 53.82.08

NOVALAISE 73 Savoie 🗺️ ⑱ – rattaché à Aiguebelette-le-Lac.

NOVES 13550 B.-du-R. 🗺️ ⑫ G. Provence – 3 693 h. alt. 43 – Par A 7 : sortie Avignon Sud – 🌀 90.

Paris 693 – Arles 36 – Avignon 13 – Carpentras 29 – Cavaillon 16 – ✦Marseille 91 – Orange 36.

🏨 ❀❀ **Aub. de Noves** ⑤, NO : 2 km par D 28 🕿 94.19.21, Télex 431312, 🌳, « Élégante hostellerie aménagée dans un ancien domaine, belle vue », 🏊, 🎐, ⚘ – 📺 🕿 & ⑫ – 🅰️ 40. 𝖵𝖨𝖲𝖠
　fermé 6 janv. à fin fév. – **R** (fermé merc. midi) 260/320 – ⇄ 38 – **19 ch** 300/740
　Spéc. Salade de la mer, Salmis de pigeon, Gratin de fraises des bois au Gd Marnier. Vins Coteaux du Lubéron, Coteaux des Baux.

NOYALO 56 Morbihan 🗺️ ③⑬ – rattaché à Vannes.

NOYAL-SUR-VILAINE 35 I.-et-V. 🗺️ ⑰ – rattaché à Rennes.

NOYANT 49490 M.-et-L. 🗺️ ⑬ – 1 825 h. alt. 63 – 🌀 41.

Paris 277 – Angers 55 – ✦Le Mans 59 – Saumur 32 – ✦Tours 51.

X **Host. St-Martin** avec ch, 🕿 89.60.44 – 📶 🛏️ ⑫ 𝖵𝖨𝖲𝖠
　fermé 15 oct. au 8 nov., lundi soir et mardi – SC : **R** 54/100 👶 – ⇄ 15 – **7 ch** 75/120 – P 150.

CITROEN Percheron, 🕿 89.50.43　　　　PEUGEOT-TALBOT Deschamps, 🕿 89.50.32

NOYEN-SUR-SEINE 77 S.-et-M. 🗺️ ① 226 h. alt. 61 – ✉ 77114 Gouaix – 🌀 6.

Paris 114 – Melun 63 – Provins 16 – Sens 38 – Troyes 69.

XX **Aub. Port-Montain** avec ch, au Port-Montain NO : 2 km sur D 49 🕿 401.81.05, 🌳, 🎐 – 🛏️wc 🕿 ⑫. **E** 𝖵𝖨𝖲𝖠
　fermé janv. – SC : **R** (fermé mardi soir et merc.) 88/148 – ⇄ 20 – **10 ch** 93/185 – P 215/275.

NOYON 60400 Oise 🗺️ ③ G. Nord de la France – 14 153 h. alt. 52 – 🌀 4.

Voir Cathédrale✶✶ B – Abbaye d'Ourscamps✶ 5 km par ④, G. Environs de Paris.

🛈 Office de Tourisme pl. Hôtel de Ville (fermé dim. après-midi et lundi) 🕿 444.02.97.

Paris 106 ④ – ✦Amiens 62 ⑥ – Laon 53 ② – Péronne 49 ⑥ – St-Quentin 40 ① – Soissons 37 ③.

　　　　　　　　Plan page suivante

🏨 **St-Éloi**, 81 bd Carnot 🕿 444.01.49 – 🛏️wc 📶 🕿 ⑫ – 🅰️ 60. 𝖠𝖤 𝖵𝖨𝖲𝖠　　B n
　fermé dim. soir – SC : **R** 60/160 – ⇄ 15 – **31 ch** 51/123.

X **Alliés**, 5 bd Mony 🕿 444.01.89　　　　　　　　　　　　　　　　　B a
　fermé 5 au 20 sept., 9 au 24 fév., mardi soir et merc. – SC : **R** 36/70 👶.

à Pont-l'Évêque par ④ : 2,5 km – ✉ 60400 Noyon :

XX **L'Auberge** avec ch, 🕿 444.05.17 – ① 𝖵𝖨𝖲𝖠. ⚘ ch
　fermé 1ᵉʳ au 15 fév. et lundi – SC : **R** 68/75 – ⇄ 18 – **3 ch** 80.

CITROEN Wargnier, 15 av. Jean-Jaurès 🕿 444.05.40　　V.A.G. Ets Thiry, 82 bd Carnot 🕿 444.02.78
PEUGEOT-TALBOT Roth, 69 av. J.-Jaurès par ④ 🕿 444.10.19　　🔧 Fischbach-Pneu, 14 pl. de la République 🕿 444.01.59
RENAULT Lebaleur, 11 bd Mony 🕿 444.14.75

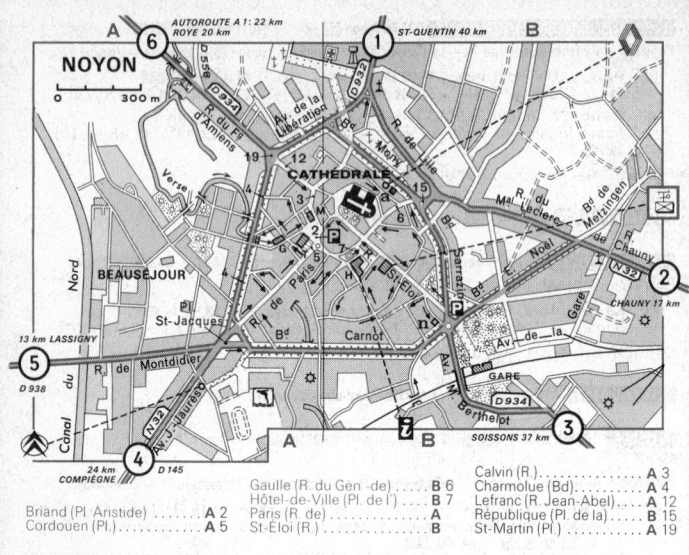

NOYON

AUTOROUTE A 1: 22 km
ROYE 20 km

ST-QUENTIN 40 km

0   300 m

CATHÉDRALE

BEAUSÉJOUR

St-Jacques

13 km LASSIGNY
D 938

24 km
COMPIÈGNE

D 145

CHAUNY 17 km

SOISSONS 37 km

NOZAY 44170 Loire-Atl. 🖥 ⑰ – 3 189 h. alt. 50 – ✪ 40.

Paris 384 – Ancenis 45 – Châteaubriant 28 – ◆Nantes 42 – Redon 40 – ◆Rennes 66 – St-Nazaire 59.

※ **Gergaud** avec ch, rte Nantes ☎ 79.47.54, ㎰ – 🛏 🅿. ※ ch
⬥ *fermé 2 au 16 juil., 1ᵉʳ au 28 fév., dim. soir et lundi* – SC : **R** 40/100 ⅄ – ☲ 12 – **8 ch** 60/100.

NOZEROY 39250 Jura 🗖 ⑤ G. Jura – 452 h. alt. 796 – ✪ 84.

Paris 443 – Lons-le-Saunier 51 – Pontarlier 33 – Salins-les-Bains 32.

🏠 Taverne des Remparts, ☎ 51.13.44, ㎰ – 🛏 🛏wc
10 ch.

CITROEN, FIAT Blondeau, ☎ 51.10.14 N   RENAULT Petetin, ☎ 51.10.05 N

NUAILLÉ 49 M.-et-L. 🗖 ⑥ – rattaché à Cholet.

NUCES 12 Aveyron 🗖 ② – rattaché à Valady.

NUITS-ST-GEORGES 21700 Côte-d'Or 🗖🗖 ⑫ G. Bourgogne – 5 461 h. alt. 234 – ✪ 80.

🖪 Syndicat d'Initiative r. Sonays (fermé dim. et fêtes) ☎ 61.22.47.

Paris 322 – Beaune 17 – Chalon-sur-Saône 45 – ◆Dijon 22 – Dole 51.

🏨 **Host. Gentilhommière** ⑤, rte de Meuilley O : 1,5 km ☎ 61.12.06, Télex 350401,
㎰, – 🛏wc ☏ 🅿. 🖭 🖪
fermé : hôtel 1ᵉʳ au 20 janv., rest. : 20 déc. au 30 janv. et lundi – SC : **R** 52/160 – ☲
26 – **20 ch** 192/205.

🏠 **Ibis** 🅼, av. Chambolland ☎ 61.17.17, Télex 350954 – 🛏wc ₤ 🅿 – 🚗 30. 🖪 𝘝𝘐𝘚𝘈
SC : **R** *(fermé sam. midi)* carte environ 65 ⅄ – ☲ 20 – **52 ch** 165/190.

XXX ✿ **Côte d'Or** (Crotet) 🅼 avec ch, 1 r. Thurot ☎ 61.06.10 – 🛏wc ☎. 🖭 ① 🖪 𝘝𝘐𝘚𝘈
※
fermé 1ᵉʳ au 25 août, 25 déc. au 5 janv., dim. soir et merc. – SC : **R** 110/300 – ☲ 25 –
7 ch 250/400
Spéc. Tourte de pigeon, Saumon fumé tiède, Matelote de sole au vin rouge. **Vins** Vins du pays.

CITROEN Gar. Blondeau, ☎ 61.02.40 N ☎ 61.   RENAULT Gar. Montelle, ☎ 61.06.31
05.71   RENAULT Gar. des Guindennes, ☎ 61.10.43
MERCEDES-BENZ Gar. Aubin, ☎ 61.03.85
PEUGEOT-TALBOT Gar. des Gds Crus, ☎ 61.
02.23 N

NYONS ✒ 26110 Drôme 🗖 ③ G. Provence – 6 293 h. alt. 270 – ✪ 75.

Voir Rue des Grands Forts★ – Vieux Pont★.

🖪 Office de Tourisme (fermé dim. après-midi) pl. Libération ☎ 26.10.35.

Paris 657 ④ – Alès 106 ③ – Gap 106 ① – Orange 42 ③ – Sisteron 98 ① – Valence 94 ④.

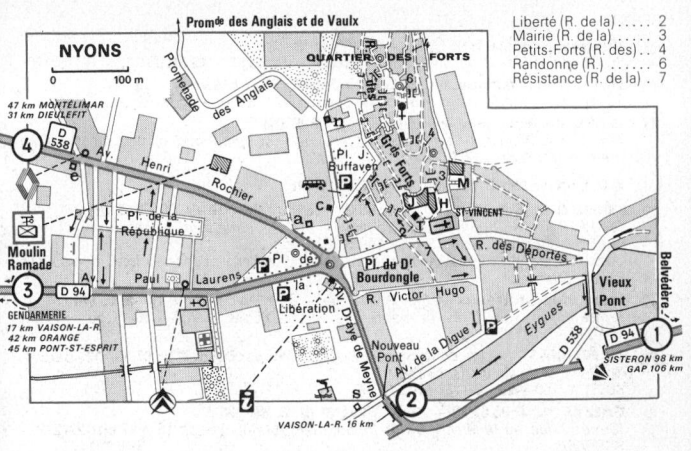

Liberté (R. de la) 2
Mairie (R. de la) 3
Petits-Forts (R. des).. 4
Randonne (R.) 6
Résistance (R. de la) . 7

🏨 **Alizés** M sans rest, av. H. Rochier (e) ℡ 26.08.11 – 🛗 🖭wc ⋔wc ☎ 🚗 🅿
fermé 26 déc. au 31 janv. – SC : 🖙 22 – **22 ch** 150/250.

🏨 **Colombet,** pl. Libération (a) ℡ 26.03.66 – 🛗 🍽 rest 🖭wc ⋔wc ☎ 🚗
fermé fin oct. à fin déc. – SC : **R** *(nombre de couverts limité - prévenir)* 66/145 – 🖙
24 – **30 ch** 94/230 – P 230/300.

🏨 **Caravelle** 🦢 sans rest, prom. Digue (s) ℡ 26.07.44, ≤, 🎏 – 🖭 🖭wc ⋔wc ☎
🅿 ❀
fermé oct. et merc. – SC : 🖙 25 – **11 ch** 200/260.

🏨 **La Picholine** 🦢, Prom. de la Perrière (Nord du plan par prom. des Anglais) ℡
26.06.21, ≤, 🏊, 🎏 – 🖭wc ☎ 🅿. 🖭 ⓪ E 🎟
SC : **R** *(fermé merc.)* 70/100 – 🖙 20 – **15 ch** 150/200 – P 230/260.

✗✗ **Les Oliviers** avec ch, à Draye-de-Meynes (n) ℡ 26.11.44, 🍴, 🎏 – ⋔wc ☎. 🖭
⓪ 🎟 ❀ ch
SC : **R** *(fermé dim. soir hors sais.)* 75/95 – 🖙 18 – **10 ch** 108/128 – P 150/190.

à Aubres par ① : 4 km – ⊠ **26110** Nyons :

🏨 **Aub. du Vieux Village** 🦢, ℡ 26.12.89, ≤ vallée, 🏊 – 🖭 🖭wc ⋔wc ☎ 🅿. 🖭
⓪ E 🎟
SC : **R** *(fermé merc. midi)* 95/150 – 🖙 35 – **13 ch** 180/310, 3 appartements 450/490.

CITROEN Monod, ℡ 26.12.11 🆕   RENAULT Nyons-Autom., ℡ 26.10.55 🆕
PEUGEOT-TALBOT Gar. Hernandez, par ③ ℡
26.00.33

OBERHASLACH 67 B.-Rhin 🔠🔡 ⑨ G. Vosges – 1 145 h. alt. 250 – ⊠ **67190** Mutzig – ✆ 88.
Paris 477 – Molsheim 18 – Saverne 31 – St-Dié 55 – ✦Strasbourg 40.

🏨 **Ruines du Nideck,** ℡ 50.90.14, 🎏 – 🖭 🖭wc ⋔wc ☎ 🅿. ⓪ E
➤ *fermé 1er au 29 oct., 1er au 15 mars, mardi soir et merc.* – SC : **R** 47/130 ⅃ – 🖙 14 –
15 ch 55/166 – P 102/176.

OBERNAI 67210 B.-Rhin 🔠🔡 ⑨ G. Vosges (plan) – 9 444 h. alt. 181 – ✆ 88.
Voir Place du Marché✶✶ – Hôtel de ville✶ – Tour de la Chapelle✶ – Ancienne halle
aux blés✶ – Maisons anciennes✶ – Place✶ de Boersch NO : 4 km.
🛈 Office de Tourisme Chapelle du Beffroi (fermé sam. et dim. hors sais.) ℡ 95.64.13.
Paris 485 – Colmar 45 – Erstein 16 – Molsheim 10 – Sélestat 23 – ✦Strasbourg 30.

🏰 **Parc** 🦢, 169 r. Gén.-Gouraud ℡ 95.50.08, Télex 870615, 🎏 – 🛗 🍽 ch 🖭 ☎ 🅿 –
🛎 80
fermé 18 nov. au 2 déc. et 24 juin au 8 juil. – SC : **R** *(fermé dim. soir et lundi)* 170/180
– 🖙 19 – **33 ch** 190/230 – P 420/530 (pour 2 pers.).

🏨 **Diligence, Résidence Exquisit et Bel Air** M, 23 pl. Mairie ℡ 95.55.69 – 🛗
🍽 ch 🖭 🖭wc ⋔wc ☎ 🅿. 🖭 🎟
SC : **R** *(fermé du 15 nov. au 25 déc., mardi en hiver et merc.)* 70/170 ⅃ – 🖙 17 –
42 ch 110/210, 3 appartements 295.

🏨 **Gd Hôtel,** r. Dietrich ℡ 95.51.28 – 🛗 🖭 🖭wc ⋔ ☎ – 🛎 50. 🖭 ⓪ E 🎟 ❀
fermé 11 au 18 juin, 8 au 20 oct. et 6 au 28 fév. – SC : **R** *(fermé dim. soir et lundi)*
90/150 – 🖙 18 – **24 ch** 165/190 – P 230/250.

tourner →

Vosges, 5 r. Gare ☎ 95.53.78 – TV ⇔wc ☎. ※
SC : **R** *(fermé 9 au 31 janv. et lundi)* 50/160 🍷 – ☕ 13,50 – **15 ch** 95/142 – P 118/170.

Host. Duc d'Alsace, 6 r. de la Gare ☎ 95.55.34 – ⇔wc ☎ – 🏛 35
SC : **R** *(fermé lundi)* (dîner seul.) carte environ 90 – ☕ 16 – **16 ch** 86/250.

XX **A l'Étoile,** 6 pl. Étoile ☎ 95.50.57 – AE ⓓ E VISA
fermé 24 au 30 juin, 1er au 14 déc., 24 janv. au 7 fév., jeudi midi de nov. au 1er avril et merc. – SC : **R** carte 90 à 150 🍷.

à Ottrott-le-Haut O : 4 km – ✉ **67530** Ottrott :

❀ **Beau Site** (Schreiber) M, ☎ 95.80.61 – ⇔wc ⋒wc ☎ P. AE ⓓ E VISA. ※
fermé 26 juin au 6 juil. et 5 au 25 janv. – SC : **R** *(fermé dim. soir et lundi)* (dim. et fêtes prévenir) 120/250 – ☕ 18 – **14 ch** 120/195
Spéc. Foie gras d'oie, Noisettes de chevreuil, Magret de Colvert aux cassis (sept. à nov.). **Vins** Riesling, Clevner.

Host. des Châteaux M 🐦, ☎ 95.81.54 – TV ⇔wc ⋒wc ☎ P. AE E VISA
fermé 16 janv. au 16 fév. et mardi hors sais. – SC : **R** 72/200 – ☕ 16,50 – **14 ch** 107/214 – P 200/250.

Le Moulin M 🐦, rte de Klingenthal, NO : 1 km par D 426 ☎ 95.87.33, 🌳, parc – |‡| ⇔wc ☎ ♿ P. AE ⓓ E VISA
SC : **R** 70/150 – ☕ 18 – **21 ch** 160/190.

Fritz M 🐦, ☎ 95.87.39 – ⇔wc ⋒wc ☎ P. E VISA. ※ ch
fermé 17 déc. au 14 janv. – SC : **R** *(fermé merc.)* 57/140 🍷 – ☕ 15 – **17 ch** 123/212 – P 195/205.

CITROEN Dagorn, 24 A r. Gén.-Gouraud ☎ 95.52.78
MAZDA Gar. Gruss, 202a r. Gén. Gouraud ☎ 95.58.48
OPEL Gar. Relais des Vosges à Ottrott ☎ 95. 81.50 N
PEUGEOT, TALBOT Gillmann-Auto, 10 r. Gén.-Gouraud ☎ 95.52.56
RENAULT Boudière, 40 r. de Sélestat ☎ 95. 52.48
RENAULT Haus, r. Gén.-Leclerc ☎ 95.53.72 N ☎ 50.25.46

OBERSTEIGEN 67 B.-Rhin 62 ⑧ – alt. 500 – ✉ 67710 Wangenbourg – ✪ 88.

Paris 458 – Molsheim 26 – Sarrebourg 32 – Saverne 16 – ♦Strasbourg 38 – Wasselonne 13.

Host. Belle Vue 🐦, ☎ 87.32.39, ≤, 🌳 – ⇔wc ⋒ ☎ P – 🏛 60. AE ⓓ E VISA. ※ rest
fermé janv. – SC : **R** *(fermé lundi en hiver)* 55 (sauf fêtes)/160 🍷 – ☕ 17 – **45 ch** 83/184 – P 138/210.

Au Goldbrunnen, ☎ 87.31.01, ≤, 🌳 – ⇔wc ⋒wc ☎ 🚗 P. ⓓ E VISA
fermé 1er au 15 nov., janv., mardi et merc. hors sais. – SC : **R** 40/165 🍷 – ☕ 15 – **25 ch** 65/115 – P 140/180.

OBERSTEINBACH 67 B.-Rhin 57 ⑱⑲ – 197 h. alt. 239 – ✉ 67510 Lembach – ✪ 88.

Paris 449 – Bitche 22 – Haguenau 34 – ♦Strasbourg 66 – Wissembourg 25.

XXX ❀ **Anthon** 🐦 avec ch, ☎ 09.25.01, ≤, 🌳 – ⇔wc ☎ P – 🏛 30
fermé janv., lundi et mardi – SC : **R** 70/200 – ☕ 16 – **7 ch** 125/145
Spéc. Foie gras chaud aux pommes, Filets de sole aux nouilles fraîches, Selle de chevreuil. **Vins** Edelzwicker, Tokay.

OBJAT 19130 Corrèze 75 ⑧ – 3 295 h. alt. 126 – ✪ 55.

Paris 477 – Arnac-Pompadour 23 – Brive-la-Gaillarde 19 – ♦Limoges 82 – Tulle 48 – Uzerche 30.

France, 12 av. G.-Clemenceau ☎ 25.80.38 – ⋒ ☎ P. VISA. ※ ch
fermé 12 au 30 sept., 24 déc. au 2 janv. et dim. sauf juil.-août – **R** 55/110 – ☕ 18 – **15 ch** 75/120 – P 145/160.

XX ❀ **Pré Fleuri** (Chouzenoux) avec ch, rte Pompadour ☎ 25.83.92 – ⋒ ☎ P. AE ⓓ VISA
fermé 1er au 15 oct. et lundi hors sais. – SC : **R** 90/180 – ☕ 18 – **7 ch** 110/130 – P 200/230
Spéc. Toast de foie gras chaud à la crème d'estragon, Filet d'agneau à la farce limousine, Gratin de fruits à la mousseline d'oranges. **Vins** Cahors, Bergerac.

X **Chez Tony,** pl. Gare ☎ 25.02.23 – P. ※
fermé 15 au 30 juin, 1er au 20 oct. et lundi – SC : **R** 50/150.

CITROEN Gar. Vigerie, ☎ 25.80.03 N
PEUGEOT-TALBOT Gar. Goubeau, ☎ 25.83.56 N
PEUGEOT-TALBOT Gar. Moderne, ☎ 25.00.56 N
RENAULT Latournerie, ☎ 25.81.73

OCHIAZ 01 Ain 74 ⑤ – rattaché à Bellegarde-sur-Valserine.

OCTEVILLE 76930 S.-Mar. 55 ③ – rattaché au Havre.

ODEILLO 66 Pyr.-Or. 86 ⑯ – rattaché à Font-Romeu.

OGNES 02 Aisne 56 ③ – rattaché à Chauny.

OIRON 79 Deux-Sèvres 68 ② G. Côte de l'Atlantique – 800 h. alt. 85 – ✉ 79100 Thouars – ✆ 49.

Voir Château★ : galerie★★ – Collégiale★.

Paris 329 – Loudun 15 – Parthenay 41 – Poitiers 57 – Thouars 13.

XX **Relais du Château** avec ch, ✆ 66.71.14 – ⇔ ⋒. VISA. ✂
fermé 27 août au 11 sept., vacances de fév., dim. soir et lundi – SC : **R** 40/102 🍷 – ☕ 9,50 – **7 ch** 60/70 – P 102/106.

OLARGUES 34390 Hérault 83 ③ G. Causses – 529 h. alt. 183 – ✆ 67.

🅘 Office de Tourisme r. de la Place (juil.-août et fermé lundi) ✆ 97.71.26.

Paris 874 – Béziers 50 – Lodève 55 – ♦Montpellier 97 – St-Affrique 96 – St-Pons 18.

Domaine de Rieumégé 🐦, rte St-Pons ✆ 97.73.99, ≤, ⛱, 🌳 – ⇔wc ⋒wc ☎ Ⓟ
1er avril-1er oct., fermé mardi et merc. sauf juil.-août – SC : **R** (en sem. dîner seul.) 86/100 – ☕ 29 – **12 ch** 166/210.

Laissac 🐦, av. Gare ✆ 97.70.89 – 🚗. ✂
fermé 20 sept. au 20 oct. – SC : **R** 45/95 – ☕ 13 – **14 ch** 75/85 – P 140/180.

OLBREUSE 79 Deux-Sèvres 72 ① – alt. 39 – ✉ 79210 Mauzé-sur-le-Mignon – ✆ 49.

Paris 427 – Niort 46 – La Rochelle 21 – St-Jean-d'Angély 32 – Surgères 17.

Château 🐦, ✆ 75.85.74, 🌳, parc – ⇔wc ⋒wc ☎ ♿ Ⓟ – 🏛 90
fermé fév. et lundi – SC : **R** 50/120 – ☕ 22 – **10 ch** 150/220.

OLEMPS 12 Aveyron 80 ② – rattaché à Rodez.

OLÉRON (Ile d') ★ 17 Char.-Mar. 71 ⑬⑭ G. Côte de l'Atlantique – ✆ 46.

Accès par le pont viaduc★. Péage, en 1983 : auto 39 F AR (conducteur et passagers compris), moto 5,50 F, camions 37 à 124 F.

Du pont : Paris 496 – Marennes 9,5 – Rochefort 31 – La Rochelle 61 – Royan 40 – Saintes 49.

Boyardville – ✉ 17190 St-Georges-d'Oléron.

Pont d'Oléron 15.

XX **Bains** avec ch, ✆ 47.01.02, ≤ – ⋒wc. AE ⓓ E VISA
10 juin-15 sept. – SC : **R** 60/106 🍷 – ☕ 18,50 – **10 ch** 80/149 – P 183/217.

CITROEN Brancq, ✆ 47.01.61

Le Château-d'Oléron – 3 411 h. – ✉ 17480 Le Château-d'Oléron.

🅘 Office de Tourisme pl. République (fermé lundi après-midi hors sais. et dim.) ✆ 47.60 51.

Pont d'Oléron 3.

France, ✆ 47.60.07 – ⇔wc ⋒wc. ✂ ch
fermé 25 mai au 15 juin, 25 oct. au 5 nov., 15 déc. au 1er fév., sam. midi et vend du 14 sept. au 1er juil. – SC : **R** 41/115 – ☕ 16 – **11 ch** 76/155 – P 150/210.

Le Mail sans rest, bd Thiers ✆ 47.61.40 – ⋒wc. VISA
fermé janv. et mardi de nov. à mars – SC : ☕ 16 – **15 ch** 75/100

RENAULT Gar. SESOA, ✆ 47.67.22 N ✆ 76.34.01

La Cotinière – ✉ 17310 St-Pierre-d'Oléron.

Pont d'Oléron 16.

Motel Ile de Lumière M 🐦 sans rest, ✆ 47.10.80, ≤, ⛱, 🌳, 🎾 – ⇔wc ⋒wc ☎ Ⓟ
15 avril-1er oct. – SC : **45 ch** ☕ 260/400.

Face aux Flots, ✆ 47.10.05, ≤ – ⇔wc ⋒wc ☎ Ⓟ. VISA
début fév.-10 nov. – SC : **R** 85/150 – ☕ 20 – **20 ch** 90/180 – P 175/250.

XX **Le Vivier** avec ch, 65 r. Port ✆ 47.10.31, ≤ – TV ⇔wc ☎. AE VISA. ✂ rest
début fév.-début nov. et fermé mardi midi en juil.-août, dim. soir hors saison et lundi – SC : **R** 95/200 – ☕ 28 – **8 ch** 330/390.

La Remigeasse – ✉ 17550 Dolus.

Pont d'Oléron 10.

❀ **Gd Large** M 🐦, à la Plage ✆ 75.37.89, ≤, parc, ⛱, 🎾 – TV ☎ Ⓟ. VISA
30 mars-15 oct. – SC : **R** carte 180 à 270 – ☕ 40 – **22 ch** 420/720, 4 appartements – P 530/680

Spéc. Huîtres farcies, Pâté de langoustines, Bar aux huîtres.

St-Georges-d'Oléron – 2 935 h. – ✉ 17190 St-Georges-d'Oléron.

Pont d'Oléron 20.

XXX **Trois Chapons,** ✆ 76.51.51 – Ⓟ. AE ⓓ E VISA
fermé 15 déc. au 15 janv., lundi soir et mardi sauf juil.-août – SC : **R** 88/240.

OLÉRON (Ile d')

St-Pierre-d'Oléron – 4 782 h. – ⊠ 17310 St-Pierre-d'Oléron.

Voir Église ※★.

🖪 Office de Tourisme pl. Gambetta (Pâques, juin-fin sept. et fermé dim. après-midi)
☎ 47.11.30.

Pont d'Oléron 14.

🏨 **Square,** ☎ 47.00.35, 😤, ⚂, 🌿 – ⌷wc ⑂wc ☎ – 🔬 30
1er mars-fin nov. – SC : **R** 95/150 – � 30 – **28 ch** 200/230 – P 240/270.

PEUGEOT, TALBOT Belluteau, pl. Gambetta   VAG Pacreau, Zone Ind. rte St Georges ☎
☎ 47.02.26 **N**   47.13.21

St-Trojan-les-Bains – 1 470 h. – ⊠ 17370 St-Trojan-les-Bains.

🖪 Office de Tourisme carrefour du Port (fermé merc. hors sais. et dim.) ☎ 76.00.86.

Pont d'Oléron 8.

🏩 **Novotel** M ◇, Plage de Gatseau S : 2,5 km ☎ 76.02.46, Télex 790910, ≼, 😤,
« En forêt près de la mer », ⚂, 🌿, ℀ – 🕴 ⊡ ☎ ⍾ ❷ – 🔬 30 à 100. ⅀ ⑩ ⋿
𝑉𝐼𝑆𝐴
L'Huitre et la Moule **R** 96 – Snack **R** carte environ 90 – ⊃districtes 28 – **80 ch** 365.

🏨 **Les Cleunes** M sans rest, ☎ 76.03.08, ≼, ⚂, ℀ – ⌷wc ⑂wc ☎ ⇔ ❷. ⑩ ⋿
𝑉𝐼𝑆𝐴. ℀
1er mars-10 nov. – SC : ⊃districtes 22 – **49 ch** 150/250.

🏨 **La Forêt** ◇, 16 bd P. Wiehn ☎ 76.00.15, 🌿 – ⌷wc ⑂wc ☎ ⇔ ❷. ℀
15 mai-25 sept. – SC : **R** 75/160 – ⊃districtes 20 – **41 ch** 80/200 – P 180/220.

🏠 **L'Albatros** ◇, ☎ 76.00.08, ≼, 😤, 🌿 – ⑂wc ❷. ℀
Pâques-15 oct., vacances de fév. et week-end jusqu'à Pâques – SC : **R** 65/118 – ⊃districtes
13,50 – **13 ch** 92/120 – P 159/179.

✕ **La Marée,** au port ☎ 76.04.96, 😤, Produits de la mer – ⑩ ⋿ 𝑉𝐼𝑆𝐴
1er avril-30 sept. et fermé lundi sauf le soir en juil. et août – SC : **R** 75/90.

RENAULT Testard, ☎ 76.01.07   Gar. du Port ☎ 76.03.53

Vert-Bois (Plage du) – ⊠ 17550 Dolus.

Voir ≼★.

Pont d'Oléron 5,5.

🏩 **Pins du Vert-Bois** ◇, ☎ 75.34.98, 😤, « Parc fleuri », ⚂, ℀ – ⊡ ❷ – 🔬 40.
⅀ ℀ rest
1er juin-16 sept. – SC : **R** (dîner seul.) 140/180 – ⊃districtes 35 – **22 ch** 150/290 – 1/2 p
325/550.

OLETTE 66360 Pyr.-Or. 🖽 ⑦ – 532 h. alt. 627 – ✪ 68.

Paris 971 – Mont-Louis 20 – ♦Perpignan 59 – Prades 16.

✕✕ **La Fontaine** avec ch, ☎ 97.03.67, 😤 – ⊛ ❷. 𝑉𝐼𝑆𝐴
fermé janv., lundi soir et mardi – SC : **R** 70/200 – ⊃districtes 12,50 – **12 ch** 58/110.

OLIVET 45160 Loiret 🖽 ⑨ G. Châteaux de la Loire – 14 489 h. alt. 105 – ✪ 38.

🖪 Office de Tourisme 283 r. Gén.-de-Gaulle (15 juin-15 sept., fermé jeudi et dim. matin) ☎ 63.49.68
et à la Mairie (fermé sam. après-midi et dim.) ☎ 63.48.48.

Paris 138 ⑩ – Blois 65 ⑥ – Gien 62 ④ – ♦Orléans 5 – Romorantin-Lanthenay 63 ⑤ – Salbris 51 ⑤.

Voir plan d'Orléans agglomération

🏩 **Frantel Reine Blanche** M ◇, 635 r. Reine-Blanche ☎ 66.40.51, Télex 760926, ≼,
🌿 – 🕴 ⊡ ☎ ❷ – 🔬 200. ⅀ ⑩   BY **a**
SC : **R** carte 105 à 165 – ⊃districtes 25 – **65 ch** 254/310 – P 308/396.

🏨 **Le Rivage,** 638 r. Reine-Blanche ☎ 66.02.93, ≼, 😤, « Terrasse au bord de
l'eau » – ⌷wc ⑂wc ⊛ ❷ – 🔬 30. ⅀ ⑩ 𝑉𝐼𝑆𝐴. ℀ rest   BY **f**
fermé fév. et dim. soir du 1er nov. au 30 mars – SC : **R** 85/180 – ⊃districtes 18 – **21 ch**
80/180 – P 250/300.

✕✕✕ **Les Quatre Saisons** ◇ avec ch, 351 r. Reine Blanche ☎ 66.14.30, 😤, « Terrasse
au bord de l'eau » – ⊡ ⌷wc ☎ ❷. 𝑉𝐼𝑆𝐴   BY **g**
fermé 15 fév. au 15 mars, lundi soir et mardi – SC : **R** 85/175 – ⊃districtes 28 – **10 ch** 170 –
P 453.

✕✕✕ **Madagascar,** 315 r. Reine-Blanche ☎ 66.12.58, ≼, 😤, « Terrasse au bord de
l'eau » – ❷. ⅀ ⑩ ⋿ 𝑉𝐼𝑆𝐴   BY **g**
fermé mi janv. à fin fév., mardi soir de sept. à mai et merc. – SC : **R** 80/170.

✕✕ **Manderley,** 117 sentier des Prés ☎ 66.19.85, ≼, 😤, « Terrasse au bord de
l'eau » – ❷. ⅀ ⑩ ⋿ 𝑉𝐼𝑆𝐴   BY **r**
fermé 25 oct. au 15 nov., dim. soir et lundi – SC : **R** 62/170.

OLLENCOURT 60 Oise 🆂🆄 ③ — rattaché à Tracy-le-Mont.

Les OLLIÈRES-SUR-EYRIEUX 07360 Ardèche 🅿🅶 ⑲⑳ — 793 h. alt. 174 — ☻ 75.
Paris 600 — Le Cheylard 29 — Lamastre 37 — Montélimar 53 — Privas 19 — Valence 34.

  XX **Aub. Vallée** avec ch, ☏ 65.20.32 — **E** 🆅🅸🆂🅰. 🛇 ch
      fermé 17 au 24 sept. (hôtel seul.), 1ᵉʳ fév. au 15 mars, dim. soir et lundi hors sais.
      sauf fériés — SC : **R** 70/200 ⅄ — ⌑ 20 — **8 ch** 90/220.

RENAULT Gar. Sarméo, rte Valence à St-Sauveur-de-Montagut ☏ 65.41.44

OLORON-STE-MARIE ◁🆂🄿▷ 64400 Pyr.-Atl. 🅶🅶 ⑤⑥ G. Pyrénées — 12 237 h. alt. 221 — ☻ 59.
Voir Portail★★ de l'église Ste-Marie A **D.**

🚹 Office de Tourisme pl. Résistance (fermé dim. et lundi hors saison) ☏ 39.01.96.
Paris 818 ⑤ — ◆Bayonne 99 ⑤ — Dax 81 ⑤ — Lourdes 61 ② — Mont-de-Marsan 94 ① — Pau 33 ②.

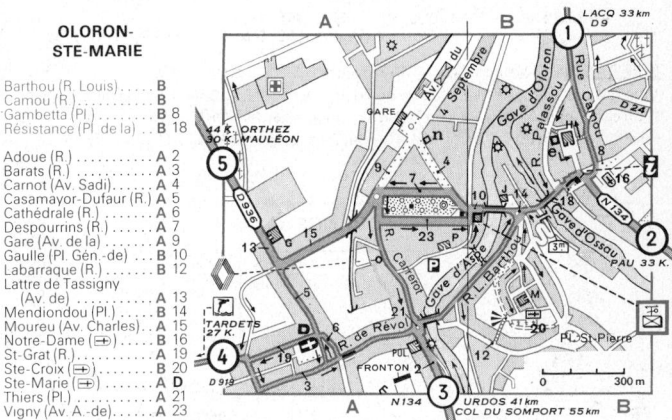

OLORON-STE-MARIE

Barthou (R. Louis)..... **B**
Camou (R.)............. **B**
Gambetta (Pl.)........ **B** 8
Résistance (Pl de la).. **B** 18

Adoue (R.)............ **A** 2
Barats (R.)........... **A** 3
Carnot (Av. Sadi)..... **A** 4
Casamayor-Dufaur (R.) **A** 5
Cathédrale (R.)....... **A** 6
Despourrins (R.)...... **A** 7
Gare (Av. de la)...... **A** 9
Gaulle (Pl. Gén.-de) .. **B** 10
Labarraque (R.)....... **B** 12
Lattre de Tassigny
  (Av. de)........... **A** 13
Mendiondou (Pl.)..... **B** 14
Moureu (Av. Charles).. **A** 15
Notre-Dame (➾)...... **B** 16
St-Grat (R.).......... **A** 19
Ste-Croix (➾)........ **B** 20
Ste-Marie (➾)....... **A D**
Thiers (Pl.).......... **A** 21
Vigny (Av. A.-de)..... **A** 23

🏛 **Béarn,** 4 pl. Mairie ☏ 39.00.99 — 🛗 ⇱wc ⋔wc ☜. 🅰🅴 ⓞ **E** 🆅🅸🆂🅰. 🛇 ch   B **e**
   fermé fév., week-end du 1ᵉʳ nov. au 1ᵉʳ juin sauf du 1ᵉʳ juin au 1ᵉʳ nov.
   — SC : **R** 80/150 ⅄ — **Grill R** environ 60 — ⌑ 20 — **32 ch** 95/200.

🏛 **Paix** sans rest, 24 av. Sadi-Carnot ☏ 39.02.63, 🚗 — ⋔wc ☜ ⓟ. 🛇   A **n**
   SC : ⌑ 14 — **24 ch** 85/150.

X **Chez Barthélemy,** rte Espagne par ③ ☏ 39.03.38
 ◆ *fermé oct. et lundi* — SC : **R** 45/58 ⅄.

   à Herrère par ② : 7 km — ⊠ 64680 Ogeu-les-Bains :

🏛 **L'Aragon,** ☏ 39.23.28, parc — ⇱wc ☜ ⓟ. 🆅🅸🆂🅰
 ◆ *fermé oct. et lundi* — SC : **R** 42/130 — ⌑ 15 — **10 ch** 70/140 — P 130/150.

   à Féas par ④ : 7,5 km — ⊠ 64570 Aramits :

🏛 **La Forgerie du Beau Site** 🕭, ☏ 39.24.87, 🚗, 🚗 — ⋔ ⓟ. **E**
 ◆ *fermé 12 nov. au 15 déc. et merc. du 15 sept. au 30 mai* — SC : **R** 35/85 — ⌑ 14 —
   10 ch 52/78 — P 110/125.

FIAT-LADA Guiraud, av. Ch.-Moureu ☏ 39.   PEUGEOT, TALBOT Tristan, av. de-Lattre-de-
02.43 **N**   Tassigny par ⑤ ☏ 39.10.73
FORD Boy, 23 av. T.-Derème ☏ 39.02.09   RENAULT Haurat, 41 r. Carrérot ☏ 39.01.93

OMAHA BEACH 14 Calvados 🅶🅸 ④⑭ — voir à Vierville-sur-Mer.

ONZAIN 41150 L.-et-Ch. 🅶🅸 ⑯ — 3 021 h. alt. 67 — ☻ 54.
Paris 197 — Amboise 20 — Blois 16 — Château-Renault 24 — Montrichard 21 — ◆Tours 44.

🏛 ☻ **Domaine des Hauts de Loire** 🅼 🕭, NO : 3 km par D 1 et voie privée ☏
   20.72.57, Télex 751547, 🚗, « Manoir, parc et forêt », 🛝 — 📺 ☎ ⓟ. 🅰🅴 ⓞ **E** 🆅🅸🆂🅰.
   🛇
   15 mars-15 nov. — SC : **R** *(fermé jeudi)* carte 180 à 240 — ⌑ 38 — **21 ch** 420/690, 6
   appartements
   Spéc. Mousse de persil à l'huile de noisettes, Chou de langoustines au beurre de poivrons, Salmis
   de pigeon aux girolles. **Vins** Sauvignon, Gamay.

tourner →

ONZAIN

🏛 **Château des Tertres** ⍒ sans rest, O : 1,5 km par D 58 ☎ 20.83.88, ≼, « gentil-
hommière dans un parc » – 📞wc 🛁wc ☎ 🅿 🆎 💳 ⚙
13 avril-1ᵉʳ nov. – SC : ☲ 22 – **14 ch** 150/240.

🏚 **Pont d'Ouchet**, Gde-Rue ☎ 20.70.33 – 🛁 ⚙ ch
fermé 1ᵉʳ déc. au 1ᵉʳ mars, dim. soir et lundi – SC : **R** 48/90 ♨ – ☲ 13 – **10 ch**
68/110.

PEUGEOT, TALBOT Gar. Guyader, ☎ 20.70.37   RENAULT Gar. Lemaire, ☎ 20.70.45
N

OPIO 06 Alpes-Mar. 84 ⑧, 195 ㉔ – rattaché à Grasse.

ORADOUR-SUR-GLANE 87520 H.-Vienne 72 ⑥ ⑦ G. Périgord – 1 941 h. alt. 275 – ✪ 55.
Voir Bourg incendié par les Nazis le 10 juin 1944 après massacre de sa population.
Paris 437 – Angoulême 86 – Bellac 23 – Confolens 33 – ♦Limoges 22 – Nontron 67.

✕ **Milord** avec ch, ☎ 03.10.35, � – 🅿 🆎 💳 ⚙ ch
fermé janv. et merc. du 1ᵉʳ oct. au 31 mai – SC : **R** 40/100 – 🍽 13 – **8 ch** 60/80.

ORANGE 84100 Vaucluse 81 ⑪ ⑫ G. Provence – 27 502 h. alt. 46 – ✪ 90.
Voir Théâtre antique★★★ BZ – Arc de Triomphe★★ AY E – Colline St-Eutrope ≼★ BZ.
🛈 Office de Tourisme crs A.-Briand (fermé dim.-après-midi) ☎ 34.70.88.
Paris 660 ⑤ – Alès 83 ⑤ – Avignon 31 ⑤ – Carpentras 23 ③ – Montélimar 55 ⑤ – Nîmes 55 ⑤.

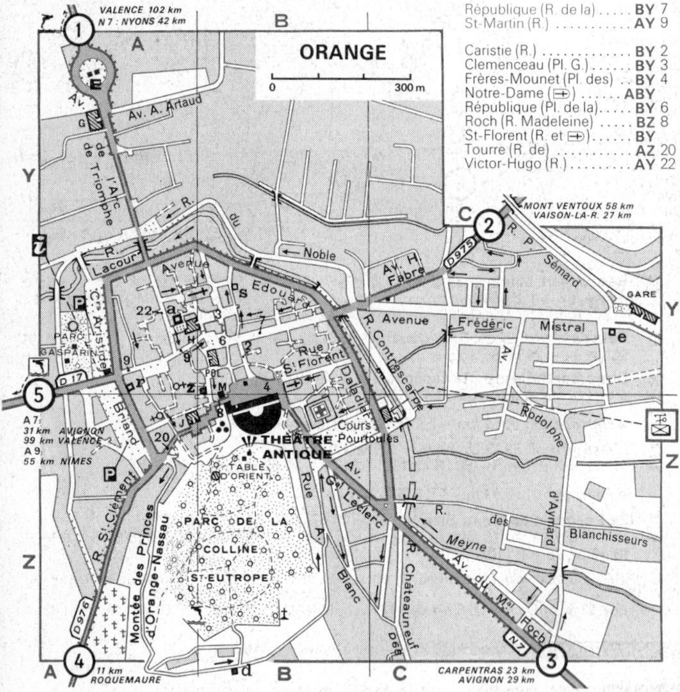

ORANGE

0   300 m

République (R. de la)	**BY** 7
St-Martin (R.)	**AY** 9
Caristie (R.)	**BY** 2
Clemenceau (Pl. G.)	**BY** 3
Frères-Mounet (Pl. des) ..	**BY** 4
Notre-Dame (➾)	**ABY**
République (Pl. de la)	**BY** 6
Roch (R. Madeleine)	**BZ** 8
St-Florent (R. et ➾)	**BY**
Tourre (R. de)	**AZ** 20
Victor-Hugo (R.)	**AY** 22

🏛 **Louvre et Terminus** sans rest, 89 av. F.-Mistral ☎ 34.10.08, Télex 431195 – 📶
📺 📞wc 🛁wc ☎ 🕭 & 🚗 – 🕍 30   CY e
fermé 15 déc. au 15 janv. – SC : ☲ 18 – **34 ch** 110/220.

🏛 **Glacier** sans rest, 46 cours A.-Briand ☎ 34.02.01 – 📶 📞wc 🛁wc ☎ ⚙   AY r
fermé 20 déc. au 31 janv. et dim. de nov. à Pâques – SC : ☲ 13,50 – **29 ch** 90/160.

🏚 **Arène** ⍒ sans rest, pl. Langes ☎ 34.10.95 – 📞wc 🛁wc ☎ 🆎 🅴 💳   AY a
fermé nov. – SC : ☲ 16 – **30 ch** 150/200.

🏛 **Commerce** sans rest, 4 r. Caristie ☎ 34.10.07 – 📞wc 🛁wc ☎ 🅿 💳 ⚙   BY s
fermé 1ᵉʳ au 15 nov. – SC : 🍽 13 – **29 ch** 90/150.

XX **Le Pigraillet,** chemin colline St-Eutrope ⏛ 34.44.25, 🍴, 🏊, 🛱 – 🅿. 🆎 ⓪
1ᵉʳ avril-15 oct. et fermé lundi sauf Pâques et Pentecôte – SC : **R** 105/145.   BZ **d**

X **Le Forum,** 3 r. Mazeau ⏛ 34.01.09 – 🆎 ⓪ 🇪 𝗩𝗜𝗦𝗔   ABY **z**
fermé vacances de Noël, sam. soir et dim. – SC : **R** 65/130.

rte de Caderousse par ⑤ – ✉ 84100 Orange :

🏨 **Euromotel** Ⓜ ⌖, ⏛ 34.24.10, Télex 431550, 🍴, 🏊, 🛱 – ▤ rest 📺 ⌷wc ☎ 🅿
 – 🔬 30 à 150. 🆎 ⓪ 🇪 𝗩𝗜𝗦𝗔
SC : **R** 70 bc/150 – 🖵 22 – **99 ch** 191/221.

à Rochegude (26 Drôme) par ①, D 976, D 11 et D 117 : 14 km – ✉ 26130 Rochegude
 – ⚙ 75

🏰 **Château de Rochegude** Ⓜ ⌖, ⏛ 04.81.88, Télex 345661, « Élégante installation,
 parc, 🏊, ❄, 🎾 – 🛗 ▤ ch 🅿 – 🔬 35. 🆎 ⓪ 🇪 𝗩𝗜𝗦𝗔. 🍴 rest
 Pâques-fin oct. – SC : **R** *(fermé merc. midi et mardi hors sais.)* 145/200, dîner à la
 carte – 🖵 40 – **25 ch** 270/850, 4 appartements.

ALFA-ROMEO Gar. Masoero, rte d'Avignon,
N7 ⏛ 34.62.91
BMW-MAZDA Foch-Autom., 655 av.
Mar.-Foch ⏛ 34.24.35
CITROEN Centrale des Gar. Vauclusiens, rte
Avignon par ③ ⏛ 51.65.00
FIAT, LANCIA-AUTOBIANCHI Gemelli, 28 av.
Arc-de-Triomphe ⏛ 34.69.04 🅽 ⏛ 34.10.28
FORD Carle-Autos, rte d'Avignon ⏛ 51.82.41
LADA, SKODA, TOYOTA Chaix, 18 av.
Gén.-Leclerc ⏛ 34.51.01
PEUGEOT TALBOT Balbi, rte de Lyon par ①
⏛ 34.04.16

PEUGEOT TALBOT Autos-Provence,
av.Mar.-Foch par ③ ⏛ 34.24.11
RENAULT S.O.V.R.A., N 7 rte de Lyon par ①
⏛ 34.02.68
RENAULT Marquion, av. Charles-de-Gaulle
par ⑤ ⏛ 34.68.44
VAG Orangeoise-Autom., rte de Jonquières
⏛ 34.61.83

⓿ Ayme-Pneus, rte de Caderousse ⏛ 34.24.65
Lesueur-Pneus, rte de Lyon ⏛ 34.14.66

ORBEC 14290 Calvados 🔢 ⑭ G. Normandie (Plan) – 2 832 h. alt. 120 – ⚙ 31.
🄴 Syndicat d'Initiative 9 r. République ⏛ 32.73.73.
Paris 167 – L'Aigle 36 – Alençon 77 – Argentan 52 – Bernay 17 – ♦Caen 69 – Lisieux 20.

🏠 **France** (Annexe 🏠 Ⓜ 11 ch ⌷wc), r. Grande ⏛ 32.74.02, 🛱 – ⌷wc ☎ 🅿.
𝗩𝗜𝗦𝗔. 🍴 – *fermé 15 déc. au 15 janv. et dim. soir de nov. à mars* – SC : **R** 58/150 – 🖵
14,50 – **25 ch** 83/230 – P 165/240.

XXX ⚙ **Au Caneton** (Ruaux), r. Grande ⏛ 32.73.32, « maisons normandes du 17ᵉ s. »
 fermé oct., fév., lundi soir et mardi – SC : **R** (nombre de couverts limité - prévenir)
 185/265
 Spéc. Feuilleté de langouste aux épinards, Caneton "Ma Pomme", Jambon Michodière.

CITROEN Gontier, à la Vespière ⏛ 32.80.49
PEUGEOT-TALBOT Deparde, à la Vespière ⏛
32.83.73

RENAULT L'Auto. de Normandie, ⏛ 32.82.56
🅽
Gar. Duval Jean, ⏛ 32.83.53

ORBEY 68370 H.-Rhin 🔢 ⑱ G. Vosges – 3 144 h. alt. 500 – ⚙ 89.
🄴 Syndicat d'Initiative à la Mairie (fermé matin, sam. et dim. hors sais.) ⏛ 71.30.11.
Paris 500 – Colmar 20 – Gérardmer 41 – Munster 25 – Ribeauvillé 23 – St-Dié 42 – Sélestat 36.

🏠 **Bois le Sire et son Motel** Ⓜ ⌖, ⏛ 71.25.25 – ⌷wc ⌷wc ☎ 🅿. 🇪. 🍴 ch
➠ SC : **R** *(fermé 1ᵉʳ nov. au 22 déc., dim. soir et lundi)* 46/155 🍴 – 🖵 16 – **33 ch**
130/178 – P 190/212.

🏠 **Saut de la Truite** ⌖, à Remomont NO : 1 km par VO - alt. 589- ✉ 68370 Orbey
➠ ⏛ 71.20.04, ≤ – ⌷wc ⚉ 🅿 – 🔬 25. 🍴
 fermé déc. et janv. – SC : **R** *(fermé merc. sauf juil. et août)* 70/190 🍴 – 🖵 16,50 –
 22 ch 105/195 – P 185/225.

🏠 **Croix d'Or,** r. Église ⏛ 71.20.51 – ⌷wc ⌷wc ⚉. 🆎 ⓪ 𝗩𝗜𝗦𝗔. 🍴 rest
 fermé 15 nov. au 19 déc., 6 au 16 janv. et merc. – SC : **R** *(fermé lundi midi et merc.
 midi)* 55/140 🍴 – 🖵 17,50 – **19 ch** 100/163 – P 132/174.

à Pairis SO : 3 km sur D 48 II – alt. 700 – ✉ 68370 Orbey.
Voir Lac Noir★ : ≤★ 30 mn O : 5 km.

🏠 **Sources** ⌖, ⏛ 71.21.96, ≤, 🛱, ❄ – ⌷wc ⚉ 🅿. ⓪. 🍴
 fermé 15 nov. au 10 déc. – R (fermé mardi en hiver) 51/160 🍴 – 🖵 15 – **10 ch** 140
 – P 220.

🏠 **Pairis** ⌖, ⏛ 71.20.15, ≤, 🍴 – ⌷wc ⌷wc ☎ 🅿. 𝗩𝗜𝗦𝗔. 🍴
➠ *fermé 15 nov. au 20 déc., et 7 au 20 janv.* – SC : **R** *(fermé lundi soir hors sais. et
 mardi)* 50/120 🍴 – 🖵 15 – **16 ch** 95/170 – P 130/175.

X **Les Moraines,** ⏛ 71.25.19 – 🅿
 fermé du 15 nov. au 15 déc., 5 au 20 janv., mardi soir et merc. – **R** 80/180.

à Basses Huttes SO : 5 km par D 48 – ✉ 68370 Orbey :

🏠 **Wetterer** ⌖, ⏛ 71.20.28 – ⌷wc ⌷wc ⚉ 🅿. 🍴
➠ *fermé 10 nov. au 15 déc. et merc. sauf juil.-août* – SC : **R** 50/120 🍴 – 🖵 15 – **18 ch**
 110/160 – P 130/180.

CITROEN Gar. Eberlé, ⏛ 71.20.35 🅽 ⏛ 71.23.45

ORCET 63 P.-de-D. **73** ⑭ – rattaché à Clermont-Ferrand.

ORCHAMPS-VENNES 25390 Doubs **66** ⑰ G. Jura – 1 461 h. alt. 750 – ✪ 81.
Paris 458 – Baume-les-Dames 45 – ♦Besançon 47 – Montbéliard 70 – Morteau 17 – Pontarlier 44.

※※ **Barrey** avec ch, face à l'église ₸ 43.50.97 – ⌂wc ⋔wc ☎ ℗. ① E *VISA*. ⅋ ch
➡ fermé oct. – SC : **R** 43/140 ⅃ – ☲ 15 – **16 ch** 70/170 – P 160/180.

à Fuans E : 3 km par D 461 – ✉ 25390 Orchamps-Vennes :

🏠 **Patton**, ₸ 43.51.01, ← – ⌂wc ⊛ ℗. ① *VISA*. ⅋ ch
fermé 11 nov. au 1er déc., vend. soir et sam. midi du 1er oct. au 1er juin – SC : **R** 56/97
⅃ – ☲ 13 – **10 ch** 70/150 – P 135/165.

à Loray NO : 4,5 km par D 461 – ✉ 25390 Orchamps-Vennes :

🏠 **Vieille** ⌂, ₸ 43.21.67, ☛ – ⌂wc ⋔wc ℗. *VISA*
➡ fermé mi-sept. à mi-oct. – SC : **R** 38/85 ⅃ – ☲ 18,50 – **10 ch** 100/138 – P 120/126.

CITROEN Gar. Droz, ₸ 43.51.24   PEUGEOT-TALBOT Vernier, ₸ 43.52.38 **N**

ORCHIES 59310 Nord **51** ⑯ – 5 693 h. alt. 38 – ✪ 20.
Paris 213 – Denain 25 – Douai 20 – ♦Lille 26 – St-Amand-les-Eaux 15 – Tournai 19 – Valenciennes 28.

※※ **La Chaumière**, S : 2 km D 957 ₸ 71.86.38 – ℗. AE ① E *VISA*
fermé fév., jeudi soir et vend. – **R** 60 bc/150.

ORCIÈRES 05170 H.-Alpes **77** ⑰ G. Alpes – 890 h. alt. 1 439 – Sports d'hiver à Orcières-Merlette :
1 850/2 650 m ⅚2 ⅘23 ⅏ – ✪ 92.
Env. Vallée du Drac Blanc★★ NO : 14 km.
🛈 Office de Tourisme ₸ 55.70.39, Télex 401162.
Paris 680 – Gap 33 – ♦Grenoble 115 – La Mure 77 – St-Bonnet 27.

🏠 **Poste**, ₸ 55.70.04, ←, ☛ – ⋔ ℗
SC : **R** 55/80 ⅃ – ☲ 18 – **31 ch** 75/130 – P 160/200.

ORCIVAL 63 P.-de-D. **73** ⑬ G. Auvergne – 381 h. alt. 860 – ✉ 63210 Rochefort-Montagne –
✪ 73.
Voir Église★★.
Paris 416 – Aubusson 89 – ♦Clermont-F. 27 – Le Mont-Dore 17 – Rochefort-Montagne 4 – Ussel 57.

🏠 **Au Vieux Logis**, ₸ 21.22.03 – ⋔ ⊛. E
➡ fermé 15 nov. au 15 déc. et merc. soir hors sais. – SC : **R** 48/90 ⅃ – ☲ 14 – **9 ch**
64/106 – P 136/157.

🏠 **Notre-Dame**, ₸ 21.22.02 – ⌂wc ⋔ ⊛. ⅋
➡ fermé 15 oct. au 26 déc. et merc. du 26 déc. au 1er avril sauf vacances scolaires –
SC : **R** (dîner seul. et pour résidents) 36/57 – ☲ 13,50 – **10 ch** 60/130.

🏠 **L'Ajasserie d'Orcival** sans rest, ₸ 21.21.54 – *VISA*. ⅋
Pâques-oct. et vacances scolaires – SC : ☲ 13 – **14 ch** 60/115.

🏠 **Les Bourelles** ⌂, sans rest, ₸ 21.22.28, ←, ☛ – ⅋
Pâques-1er nov., vacances de Noël et de fév. – SC : ☟ 13 – **7 ch** 69/93.

ORGEVAL 78630 Yvelines **55** ⑱, **196** ⑰, **101** ⑪ – 3 936 h. alt. 100 – ✪ 3.
Paris 37 – Mantes-la-Jolie 29 – Pontoise 24 – Rambouillet 47 – St-Germain-en-Laye 11 – Versailles 22.

🏨 **Novotel** M, à l'échangeur A 13, D 113 ₸ 975.97.60, Télex 697174, 佘, ⊿, ☛, ⅋
– ⌕ ▤ rest ⯐ ☎ & ℗ – ⚐ 200. AE ① E *VISA*
R carte environ 90 ⅃ – ☲ 28 – **119 ch** 234/276.

※※ **Moulin d'Orgeval** ⌂ avec ch, SO : 1,5 km par VO ₸ 975.95.74, ←, 佘, « Parc
fleuri avec pièce d'eau », ⅋ – ⌂wc ℗. *VISA*. ⅋ ch
fermé 20 déc. au 7 fév. – **R** carte 105 à 170 – ☲ 19,50 – **13 ch** 105/215.

OPEL Gar. Paris Deauville. la Maison Blanche, R N ₸ 975.85.26

ORGNAC-L'AVEN 07 Ardèche **80** ⑨ – 323 h. alt. 290 – ✉ 07150 Vallon-Pont-d'Arc – ✪ 75.
Voir Aven d'Orgnac★★★ NO : 2 km, G. Vallée du Rhône.
Paris 670 – Alès 48 – Aubenas 56 – Pont-St-Esprit 24.

🏠 **Stalagmites**, ₸ 38.60.67, 佘 – ⋔wc ℗. E. ⅋
fermé déc., janv., et fév. – SC : **R** 55/95 – ☟ 20 – **18 ch** 60/165 – P 120/180.

ORGON 13660 B.-du-R. **84** ①② G. Provence – 2 341 h. alt. 85 – ✪ 90.
Paris 709 – Avignon 30 – Cavaillon 7 – ♦Marseille 73 – St-Rémy-de-P. 18 – Salon-de-Provence 19.

※※ **Relais Basque**, rte nationale ₸ 73.00.39, ☛ – ℗. ①
fermé 15 juil. au 15 août et sam. – SC : **R** (déj. seul.) 70/135.

ORINCLES 65 H.-Pyr. 85 ⑧ – 252 alt. 370 – ✉ 65380 Ossun – ✆ 62.
Paris 819 – Bagnères-de-Bigorre 15 – Lourdes 12 – Tarbes 14.

- **Scierie** ⑤, rte Paréac ✆ 35.40.88, ⛱, 🌳 – ⋔ Ⓟ. AE E VISA
  fermé nov. – SC : **R** 45/120 ⅌ – ☕ 15 – **10 ch** 88/120.

ORLEANS Ⓟ 45000 Loiret 64 ⑨ G. Châteaux de la Loire – 105 589 h. alt. 110 – ✆ 38.
Voir Cathédrale★ FY **B** : boiseries★★ – Maison de Jeanne d'Arc★ EY **E** – Quai Fort des Tournelles ≤★ EY60 – Musées : des Beaux-Arts★ FY **M1**, Historique★ EY **M2**.
Env. Olivet : parc floral de la Source★★ SE : 8 km CZ.
⛳ du Val de Loire ✆ 59.25.15 par ③ : 17 km.
ℹ Office de Tourisme et Accueil de France (Informations et réservations d'hôtels, pas plus de 5 jours à l'avance) pl. Albert 1er (fermé dim. hors sais.) ✆ 53.05.95, Télex 781188 - A.C. 24 pl. Martroi ✆ 53.43.45.
Paris 119 ⑪ – ♦Caen 271 ⑩ – ♦Clermont-Ferrand 307 ⑤ – ♦Dijon 295 ③ – ♦Limoges 265 ⑤ – ♦Le Mans 138 ⑨ – ♦Reims 253 ② – ♦Rouen 238 ⑩ – ♦Tours 112 ⑧.

Plans pages suivantes

- **Sofitel** Ⓜ, 44 quai Barentin ✆ 62.17.39, Télex 780073, ≤, ⛱ – |♦| ▤ TV ☎ ♿ Ⓟ – 🏛 35 à 100. AE ⓓ E VISA — DY **t**
  rest. **La Vénerie R** carte 130 à 175 – ☕ 35 – **108 ch** 330/460.
- **Orléans** Ⓜ sans rest, 6 r. A.-Crespin ✆ 53.35.34 – |♦| TV 🛁wc ⋔wc ☎. 🐕
  fermé 28 juil. au 19 août, 22 déc. au 1er janv. et sam. d'oct. à juin – SC : ☕ 20 – **18 ch** 145/225. — EY **t**
- **St-Aignan** sans rest, 3 pl. Gambetta ✆ 53.15.35 – |♦| TV 🛁wc ⋔wc ☎ 🚗. AE ⓓ VISA — EX **k**
  SC : ☕ 21 – **27 ch** 192/235.
- **Les Cèdres** sans rest, 17 r. Mar.-Foch ✆ 62.22.92, Télex 760912, 🌳 – |♦| 🛁wc ⋔wc ☎. AE E VISA — DX **a**
  SC : ☕ 18,50 – **32 ch** 121/226.
- **Marguerite** sans rest, 14 pl. Vieux-Marché ✆ 53.74.32 – |♦| 🛁wc ⋔wc ☎ — EY **r**
  SC : ☕ 14 – **25 ch** 89/131.
- **Central** sans rest, 6 r. Avignon ✆ 53.93.00 – ⋔wc ☎. AE VISA — EY **u**
  SC : ☕ 16 – **19 ch** 83/149.
- **St-Martin** sans rest, 52 bd A.-Martin ✆ 62.47.47 – 🛁wc ⋔wc ☎. VISA — FX **n**
  fermé 22 déc. au 10 janv. – SC : ☕ 16 – **22 ch** 84/167.
- **St-Jean** sans rest., 19 r. Porte-St-Jean ✆ 53.63.32 – 🛁wc ⋔ ☎ Ⓟ — DY **f**
  SC : ☕ 12 – **27 ch** 78/137.
- XXX ✿✿ **La Crémaillère** (Huyart), 34 r. N.-D.-de-Recourance ✆ 53.49.17 – ▤. AE ⓓ
  fermé août, vacances de fév., dim. soir et lundi – SC : **R** 120 (sauf sam. et fêtes)/170 et carte — EY **b**
  Spéc. Foie gras frais de canard, Assiette aux trois poissons, Soufflé chaud aux fruits.
- XXX ✿ **La Poutrière,** 8 r. Brèche ✉ 45100 ✆ 66.02.30, 🏡, « Décor élégant », 🌳 – ⓓ E VISA — BY **s**
  fermé dim. soir et lundi – SC : **R** 130/200
  Spéc. Magret de canard fumé, Millefeuille de saumon, Filet de boeuf à la ficelle.
- XXX **Les Antiquaires,** 2 r. au Lin ✆ 53.52.35 – ▤. VISA — EY **d**
  fermé août, vacances de fév., dim. et lundi – SC : **R** 100.
- XX **Bec Fin** avec ch, 26 bd A.-Briand ✆ 62.43.55 – 🛁wc ☎. AE ⓓ E VISA — FY **d**
  fermé août et dim. – SC : **R** 66/120 – ☕ 18 – **10 ch** 120/190 – P 252/292.
- X **Jean,** 64 r. Ste-Catherine ✆ 53.40.87 – AE ⓓ E VISA — EY **n**
  fermé dim. sauf fêtes – SC : **R** 53/120 ⅌.
- X **Étoile d'Or** avec ch, 25 pl. Vieux-Marché ✆ 53.49.20 – 🛁 — EY **v**
  fermé août, dim. et fêtes – SC : **R** 52/93 ⅌ – ☕ 14,50 – **13 ch** 57/126.

rte de Blois O : 2 km – ✉ **45140** St-Jean-de-la-Ruelle :

- XXX **Aub. de la Montespan** ⑤ avec ch, ✆ 88.12.07, ≤, « Jardin dominant la Loire », 🎾 – TV 🛁wc ☎ Ⓟ. VISA — AY **a**
  fermé 23 déc. au début fév. – SC : **R** 115 – ☕ 25 – **8 ch** 170/300.

à St-Jean-de-Braye par ③ : 2,5 km – 13 579 h. – ✉ **45800** St-Jean de Braye :

- XX **La Grange,** 205 fg Bourgogne ✆ 86.43.36 – Ⓟ. VISA — CY **a**
  fermé août, 2 au 8 janv., dim. et lundi – SC : **R** 70/130.

à St-Jean-le-Blanc SE : 4 km – 6 549 h. – ✉ **45650** St-Jean-le-Blanc :

- **Le Marjane,** sur D 951 ✆ 66.35.13, 🌳 – 🛁wc ⋔wc ☎ Ⓟ — CY **e**
  fermé 26 déc. au 8 janv. – SC : **R** snack (dîner seul. en semaine) – ☕ 13 – **24 ch** 91/171.

au Sud : 11 km carrefour N 20 - CD 326 – ✉ **45100** Orléans :

- **Novotel** Ⓜ, r. H.-de-Balzac ✆ 63.04.28, Télex 760619, 🏡, ⛱, 🎾 – ▤ TV ☎ ♿ Ⓟ – 🏛 25 à 350. AE ⓓ E VISA — CZ **u**
  R snack carte environ 90 ⅌ – ☕ 28 – **121 ch** 229/279.

Voir aussi ressources hôtelières d'*Olivet* S : 4,5 km

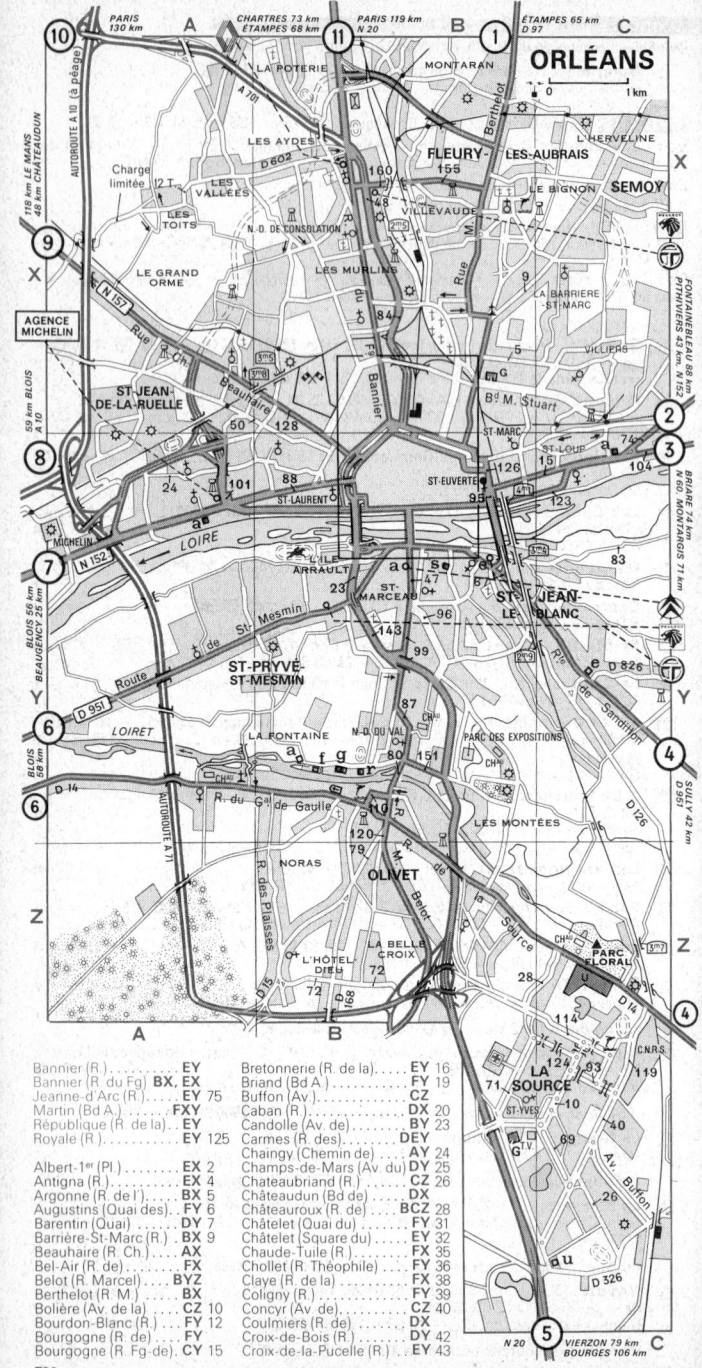

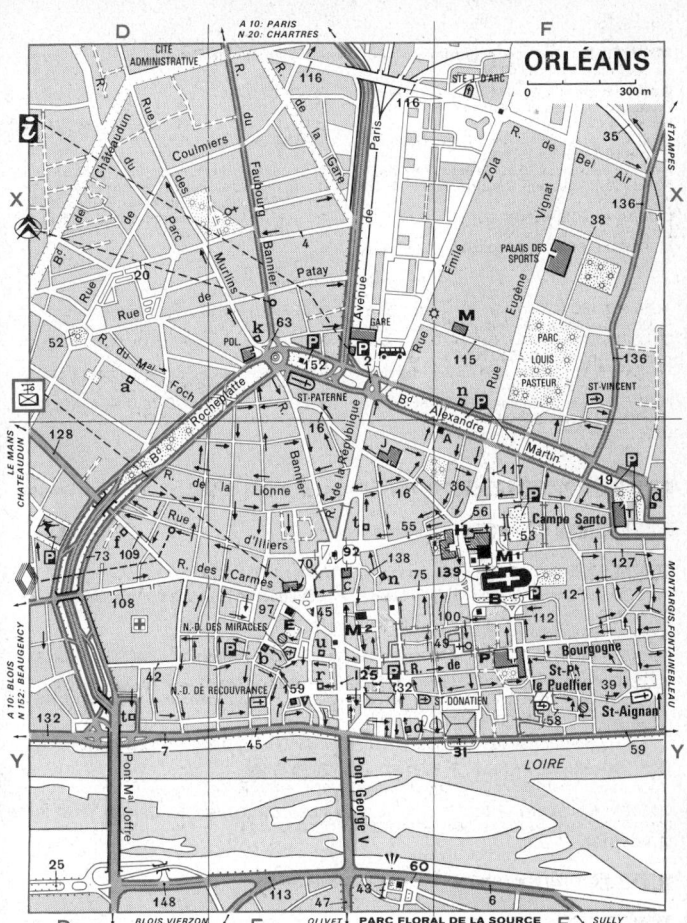

797

MICHELIN, Agence régionale, r. du Clos-St-Gabriel, Rd Point P.-Bert à St-Jean-de-la-Ruelle AY ☏ 88.02.20

BMW Ets Labesse, 34 fg Madeleine ☏ 53.75.28
CITROEN France et Delaroche, 54 r. du fg Bannier EX ☏ 62.20.03
CITROEN Gar. Dauphine, 18 av. Dauphine BY a ☏ 66.03.25
FIAT Orléans Auto, 15 av. de Paris ☏ 62.45.92
FORD ASFIR-Autom., 3 bis rte d'Olivet ☏ 66.37.50
LANCIA-AUTOBIANCHI Gar. du Martroi, 29 fg de Bourgogne ☏ 62.60.71
MERCEDES-BENZ Gar. Jousselin, 12 r. Jousselin ☏ 53.61.04

PEUGEOT-TALBOT Agence Générale Autom., 22 rte St-Mesmin BY ☏ 66.10.97
RENAULT Gar. Excelsior, 93 r. Illiers DY ☏ 53.41.93

⊕ La Centrale du Pneu, 5 r. Rape ☏ 53.57.18
Orléans-Pneu, 42 quai St-Laurent ☏ 62.24.54
Perry-Pneus, 5 bis bd Rocheplatte ☏ 53.51.76
Terovulca, 44 quai Madeleine ☏ 88.68.08 24 bd Rocheplatte ☏ 53.34.58

Périphérie et environs

ALFA-ROMEO Auto Val de Loire, 26 r. A.-Dessaux à Fleury-les-Aubrais ☏ 43.71.11
CITROEN Stevenel, 33 r. Gén.-de-Gaulle à St-Jean-le-Blanc BY e ☏ 66.37.65
FERRARI-FIAT S.A.D.A. 186 rte Sandillon à St Jean-le-Blanc ☏ 56.31.10
FORD Gd Gar. Moderne, 398 fg Bannier à Fleury-les-Aubrais ☏ 88.53.80
OPEL Gellet, 55 r A.-Dessaux à Fleury-les-Aubrais ☏ 88.58.85

PEUGEOT-TALBOT Gges de la gare, 38 r. A.-Dessaux à Fleury-les-Aubrais ☏ 88.40.55 BX
RENAULT Succursale, 539 fg Bannier à Saran BX ☏ 72.69.69
V.A.G. Gar. Pillon, 266 fg Bannier à Fleury-les-Aubrais ☏ 88.53.29
V.A.G. Gar. Gomez, 25 rte Orléans à la Chapelle-St-Mesmin ☏ 88.72.73

ORLY (Aéroport de Paris) 94396 Val-de-Marne 61 ①, 196 ㉗, 101 ㉘ – voir à Paris, Environs.

ORNAISONS 11 Aude 83 ⑬ – rattaché à Narbonne.

ORNANS 25290 Doubs 66 ⑯ G. Jura (plan) – 4 234 h. alt. 315 – ✿ 81.

Voir Grand Pont ≼* – Miroir de la Loue* – O : Vallée de la Loue** – Le Château ≼* N : 2,5 km.

🛈 Office du Tourisme r. P.-Vernier (1er juin-15 oct.) ☏ 62.21.50.

Paris 436 – Baume-les-Dames 41 – ◆Besançon 26 – Morteau 53 – Pontarlier 34 – Salins-les-Bains 38.

XX **France** avec ch, r. P.-Vernier ☏ 62.24.44 – ⇨wc �🛁wc ☎ ⟵ ➋ 🆅🆂🅰 ⬩ ch
fermé 25 déc. au 4 janv., fév., dim. soir et lundi sauf vacances scol. – SC : **R** 63/175 – � 19 – **31 ch** 110/190 – P 216/240.

rte de Bonnevaux-le-Prieuré NO : 8 km par D 67 et D 280 – ⊠ 25660 Saône :

XXX **Moulin du Prieuré,** ☏ 59.21.47 – ➋ ⒶⒺ ⓞ Ⓔ 🆅🆂🅰
début mars-fin nov. ; fermé dim. soir et lundi – SC : **R** 100/220.

CITROEN Gar. Magnin, ☏ 62.17.69
PEUGEOT, TALBOT Gar. Poulet, ☏ 62.15.24 N ☏ 59.24.31

RENAULT Gd Gar. de la Vallée, ☏ 62.18.68 N ☏ 62.10.14

OROUET 85160 Vendée 67 ⑫ – rattaché à St-Jean-de-Monts.

Les ORRES 05 H.-Alpes 81 ⑧ G. Alpes – 429 h. alt. 1 460 – Sports d'hiver : 1 550/2 770 m ⟵1, ⟵19, ⟵ – ⊠ 05200 Embrun – ✿ 92.

🛈 Comité de Station ☏ 44.01.61.

Paris 714 – Barcelonnette 64 – Digne 105 – Embrun 14 – Gap 46.

🏨 **Les Arolles** Ⓜ ⬩, Zone de Prébois ☏ 44.01.27, ≼ – ⇨wc �🛁wc ☎ ➋ ⬩ rest
1er juil.-31 août et 20 déc.-15 avril – SC : **R** 95/105 – � 19 – **30 ch** 200/230 – P 260/295.

ORSAY 91400 Essonne 60 ⑩, 101 ㉝ – voir à Paris, Environs.

ORTHEZ 64300 Pyr.-Atl. 78 ⑧ G. Pyrénées – 10 535 h. alt. 62 – ✿ 59.

Voir Vieux pont* AZ.

🛈 Office du Tourisme r Jacobins (fermé dim.) ☏ 69.02.75.

Paris 777 ⑥ – ◆Bayonne 66 ⑤ – Dax 37 ⑥ – Mont-de-Marsan 54 ① – Pau 41 ②.

Plan page ci-contre

🏨 **Château des Trois Poètes** ⬩, à Castétis par ② : 5 km ⊠ 64300 Orthez ☏ 69.16.20, ≼, « Château du 17e s., parc » – 📺 ⇨wc �🛁wc ☎ ➋ – 🅰 180 🆅🆂🅰 ⬩ rest
mars-31 oct. et fermé lundi sauf juil -août – SC : **R** 70/95 – � 21 – **10 ch** 115/220 – P 210/240.

🏨 **Voyageurs,** rte Bordeaux ☏ 69.02.29 – ⇨wc �🛁 ⬩ ch   a
SC : **R** *(fermé dim et fêtes)* (dîner seul.) 56/70 ⬩ – � 15 – **10 ch** 65/130

ORTHEZ

Briand (R. Aristide) . . . BY 8
Jacobins (R. des) . . . . . BZ 22
St-Gilles (R.) . . . . BZ

Albret (R. Jeanne-d') . . BZ 2
Aquitaine (Av. d') . . . . . AY 3
Argote (R. Daniel) . . . . AZ 4
Armes (Pl. d') . . . . BZ 5
Baillères (R. Paul) . . . . . BZ 6
Bourg-Vieux (R.) . . . . . AZ 7
Brossers (Pl.) . . . . BZ 9
Corps-Franc-Pommiès (Av. du) . . . . AY 12
Darget (Av. Xavier) . . . BZ 13
Foy (R. du Gén.) . . . . . . BY 14
Frères-Reclus (R. des) . . . . AZ 16
Horloge (R. de l') . . . . . . BY 21
Jammes (Av. Francis) BZ 23
Lasserre (R. Pierre) . . ABZ 26
Moncade (R.) . . . . BY 28
Moulin (R. du) . . . . BZ 29
Moutète (Pl. de la) . . . . AZ 30
Pont-Neuf (Av. du) . . ABZ 32
Poustelle (Pl. de la) . . . BY 33
St-Pierre (Pl. et ⊞) . . . AY 35
St-Pierre (R.) . . . . AY 36
Tilleuls (Av. des) . . . . . BY 38
Viaduc (R. du) . . . . AY 40

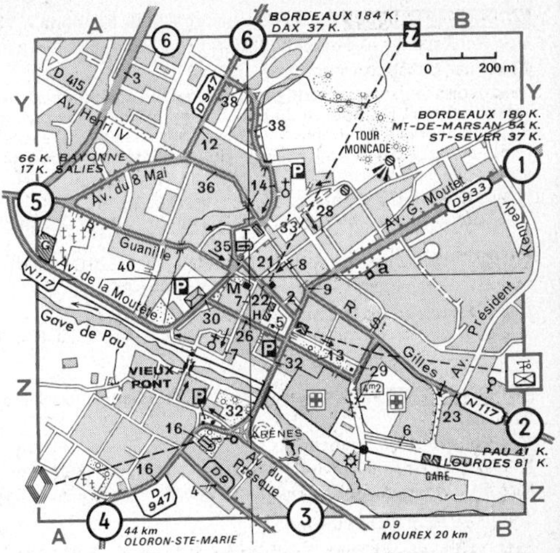

BORDEAUX 184 K.
DAX 37 K.
BORDEAUX 180 K.
MT-DE-MARSAN 54 K.
ST-SEVER 37 K.
0 200 m
TOUR MONCADE
66 K. BAYONNE
17 K. SALIES
Av. Henri IV
Av. du 8 Mai
Guanille
Av. de la Moutète
Gave de Pau
VIEUX PONT
ARÈNES
Av. du Président
Av. G. Moutet
Kennedy
R. St Gilles
Av. du Presque
PAU 41 K.
LOURDES 81 K.
GARE
44 km
OLORON-STE-MARIE
D 9
MOUREX 20 km
D 415
D 947
D 933
N 117
D 9

CITROEN Béarn-Auto, rte Bayonne par ⑤ Ᵽ 69.08.45
FIAT Gar. Molia, 26 av. du 8 mai Ᵽ 69.94.55
FORD Diris, 69 r. St-Gilles Ᵽ 69.16.34
PEUGEOT, TALBOT Orthézienne-Automobiles, rte Bayonne par ⑤ Ᵽ 69.08.22

RENAULT SO.GA.MO., av. du Pont-Neuf Ᵽ 69.14.28
V.A.G. Simonin, 23 r. St-Gilles Ᵽ 69.09.32

Béarn-Pneus, rte de Pau, N 117 à Castétis Ᵽ 69.06.15

ORVAULT 44 Loire-Atl. 67 ③ – rattaché à Nantes.

OSNY 95 Val-d'Oise 55 ⑲, 196 ⑤ – rattaché à Cergy-Pontoise.

OSQUICH (Col d') 64 Pyr.-Atl. 85 ④ **G. Pyrénées** – alt. 392 – 59.
Voir ✻★.
Paris 826 – Mauléon-Licharre 14 – Oloron-Ste-Marie 44 – Pau 77 – St-Jean-Pied-de-Port 26.

Col d'Osquich, ✉ 64130 Mauléon Ᵽ 37.81.23, ≤, – wc – *1er juil.-11 nov. et week-ends de Pâques au 1er juil.* – SC : **R** 50/110 – 15 – **19 ch** 60/95 – P 100/115.

OSSÈS 64780 Pyr.-Atl. 85 ③ – 678 h. alt. 120 – 59.
Paris 783 – Cambo-les-Bains 23 – Pau 117 – St-Étienne-de-Baïgorry 11 – St-Jean-Pied-de-Port 14.

Mendi Alde, Ᵽ 37.13.80, – wc wc ☎ . AE VISA
fermé 1er nov. au 10 déc. et lundi – SC : **R** 45/80 – 15 – **16 ch** 100/120 – P 155/165.

OTTROTT 67 B.-Rhin 62 ⑨ – rattaché à Obernai.

OUCHAMPS 41 L.-et-Ch. 64 ⑰ – 565 h. alt. 92 – ✉ **41120** Les Montils – 54.
Voir Château de Fougères-sur-Bièvre★ NO : 5 km, G. Châteaux de la Loire.
Paris 197 – Blois 16 – Montrichard 17 – Romorantin-Lanthenay 38 – ♦Tours 54.

Relais des Landes M, Ᵽ 44.03.33, Télex 751454, ≤, parc – ☎ – 40. AE E. rest
14 avril-2 nov. – SC : **R** *(fermé merc.)* (dîner seul. sauf dim.) 130/155 – 35 – **18 ch** 290/405.

OUCQUES 41290 L.-et-Ch. 64 ⑦ – 1 378 h. alt. 118 – 54.
Paris 162 – Beaugency 28 – Blois 27 – Châteaudun 30 – ♦Orléans 53 – Vendôme 20.

XX **Commerce** avec ch, Ᵽ 23.20.41 – rest wc
fermé 20 déc. au 31 janv., dim. soir et lundi sauf fêtes – SC : **R** (dim. prévenir) 60/175 – 16 – **7 ch** 66/142.

CITROEN Aubry, Ᵽ 23.20.40
PEUGEOT-TALBOT Sire, Ᵽ 23.20.35
RENAULT Péan, Ᵽ 23.20.25 N

Don't get lost, use **Michelin Maps** which are kept up to date.

OUESSANT (Ile d') ★★ 29242 Finistère 🗺️ ② **G. Bretagne** – 1 255 h. alt. 30 – 🏙️ 98.

Voir Rochers★★★ – Phare du Stiff ※★★ – Pointe de Pern★.

Accès par transports maritimes.

🚢 (voitures, sur demande préalable, en été séjour minimum d'un mois pour le passage) – depuis **Brest** (1er éperon du port de commerce) avec escales au Conquet et à Molène En 1983 : service quotidien sauf mardi hors saison - Traversée 2 h – Voyageurs : 78 F (AR), autos : 632 à 799 F (AR). Renseignements : Service Maritime Départemental ☎ 80.24.68.

⭙ **Duchesse Anne** ⚓ avec ch, ☎ 48.80.25 – 🏠
→ *fermé 1er oct. au 1er déc.* – SC : **R** 45/90 – 🍴 14 – **9 ch** 58/75 – P 140/150.

OUHANS 25 Doubs 🗺️ ⑥ – 269 h. alt. 640 – ⌧ 25520 Goux-les-Usiers – 🏙️ 81.

Paris 451 – ♦Besançon 48 – Pontarlier 18 – Salins-les-Bains 40.

🏛️ **Sources de la Loue**, ☎ 38.20.19 – 🍴 🏠 🅿
→ *fermé 15 oct. au 5 nov. et 10 janv. au 1er fév.* – SC : **R** 40/100 – 🍴 14 – **15 ch** 50/100 – P 140/170.

OUISTREHAM 14150 Calvados 🗺️ ② **G. Normandie** (plan) – 6 313 h. – Casino (Riva Bella) – 🏙️ 31.

Voir Église★ d'Ouistreham.

🅱 Office de Tourisme Jardins du Casino (15 juin-15 sept.) ☎ 97.18.63.

Paris 251 – Arromanches-les-Bains 31 – Bayeux 35 – Cabourg 19 – ♦Caen 14.

au Port d'Ouistreham :

🏛️ **Univers et rest. La Broche d'Argent**, ☎ 97.12.16 – 🍴wc 🏠 ☎ 🅿 – 🛥️ 50. AE ⓞ E VISA
fermé 15 déc. au 3 janv. – SC : **R** *(fermé dim. soir et lundi sauf juil.-août)* 53/195 – 🍴 17 – **18 ch** 130/170 – P 177/210.

⭙⭙ **Normandie** avec ch, ☎ 97.19.57, 🌤️, 🐎 – 🍴wc ☎ 🅿. AE VISA
→ *fermé 1er au 20 nov., 1er au 15 mars, mardi soir et merc. hors sais.* – SC : **R** 47/180 – 🍴 19 – **13 ch** 90/175 – P 175/195.

à Riva-Bella :

🏠 **Chalet** sans rest, 74 av. Mer ☎ 97.13.06 – 🍴wc ☎. VISA
1er mars-1er nov. – SC : 🍴 16 – **25 ch** 70/170.

🏠 **St-Georges**, av. Andry ☎ 97.18.79, ≤, 🐎 – 🍴wc 🏠 ☎ 🅿. VISA
1er fév.-31 oct., fermé dim. soir et lundi hors sais. – SC : **R** 52/170 – 🍴 15 – **25 ch** 70/155 – P 155/210.

⭙ **Métropolitain**, 1 rte Lion ☎ 97.18.61, 🌤️ – AE ⓞ VISA
fermé 24 sept. au 14 oct., mardi soir et merc. hors sais. – SC : **R** 68/89.

à Colleville-Montgomery O : 3,5 km par D 35A – ⌧ 14880 Hermanville :

⭙⭙ **Ferme St-Hubert**, ☎ 96.35.41, 🐎 – 🅿. ⓞ E VISA
fermé 24 déc. au 7 janv., dim. soir et lundi du 1er oct. au 31 mai – SC : **R** 64/166.

OURSINIÈRES 83 Var 🗺️ ⑮ – rattaché au Pradet.

OUSSE 64 Pyr.-Atl. 🗺️ ⑦ – rattaché à Pau.

OUSSON-SUR-LOIRE 45710 Loiret 🗺️ ② – 595 h. alt. 158 – 🏙️ 38.

Paris 164 – Bléneau 27 – Briare 7,5 – Gien 18 – Montargis 50 – ♦Orléans 82.

⭙ **La Chaumière** ⚓ avec ch, pl. Eglise ☎ 31.45.66 – 🏠
→ *fermé 31 janv. au 1er mars, 1er au 10 sept. et merc.* – SC : **R** 42/84 ♨ – 🍴 20 – **7 ch** 84/97.

OUSSOY-EN-GÂTINAIS 45 Loiret 🗺️ ② – rattaché à Montargis.

OUST 09 Ariège 🗺️ ③ – 503 h. alt. 501 – ⌧ 09140 Seix – 🏙️ 61.

Paris 808 – Ax-les-Thermes 76 – Foix 61 – Massat 20 – St-Girons 18.

🏛️ ❀ **Poste** (Andrieu) ⚓, ☎ 66.86.33, « Bel aménagement intérieur », 🏊, 🐎 – 🍴wc 🏠 ☎ 🅿
15 mars-2 nov. – SC : **R** (juil., août, fêtes et dim. - prévenir) 75/200 – 🍴 23 – **24 ch** 90/180, 6 appartements 240 – P 200/300
Spéc. Papillote de saumon aux cèpes, Soufflé de truite aux écrevisses, Escalope de ris de veau au coulis de champignons. Vins Fronton, Jurançon.

RENAULT Gar. de France, ☎ 66.82.88.

OYE-ET-PALLET 25 Doubs 🗺️ ⑥ – 369 h. alt. 870 – ⌧ 25160 Malbuisson – 🏙️ 81.

Paris 461 – ♦Besançon 65 – Champagnole 47 – Morez 63 – Pontarlier 6,5.

🏛️ **Parnet Riant Séjour**, ☎ 89.42.03, ≤, parc – 🍴wc 🏠wc ☎ 🚗 🅿. VISA 🌤️
fermé 5 janv. au 5 fév., dim. soir et lundi sauf du 1er juil. au 15 sept. – SC : **R** 73/200 – 🍴 22 – **18 ch** 140/200 – P 210/240.

🛈 Syndicat d'Initiative 83 r. Anatole-France ℡ 77.20.86.

Paris 476 ④ – Bellegarde-sur-V. 30 ② – Bourg-en-B. 49 ④ – Lons-le-Saunier 63 ① – Nantua 16 ③.

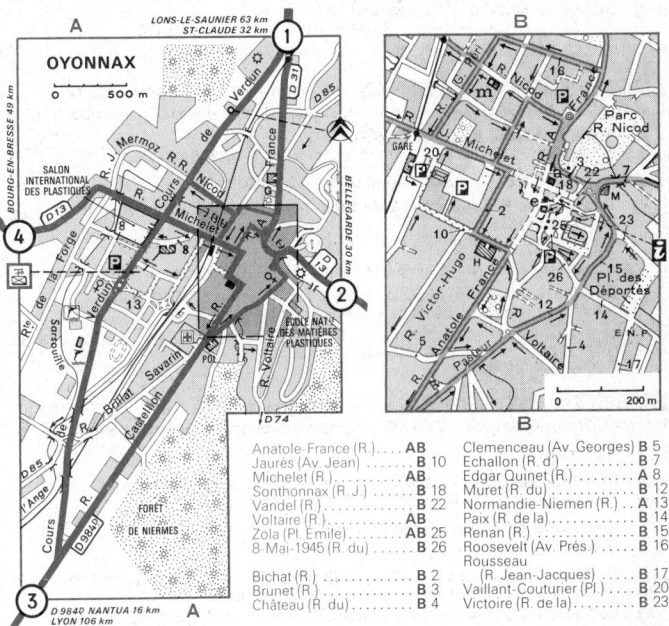

Anatole-France (R.)	**AB**	Clemenceau (Av. Georges)	**B** 5
Jaurès (Av. Jean)	**B** 10	Echallon (R. d')	**B** 7
Michelet (R.)	**AB**	Edgar Quinet (R.)	**A** 8
Sonthonnax (R. J.)	**B** 18	Muret (R. du)	**B** 12
Vandel (R.)	**B** 22	Normandie-Niemen (R.)	**A** 13
Voltaire (R.)	**AB**	Paix (R. de la)	**B** 14
Zola (Pl. Emile)	**AB** 25	Renan (R.)	**B** 15
8-Mai-1945 (R. du)	**B** 26	Roosevelt (Av. Prés.)	**B** 16
Bichat (R.)	**B** 2	Rousseau	
Brunet (R.)	**B** 3	(R. Jean-Jacques)	**B** 17
Château (R. du)	**B** 4	Vaillant-Couturier (Pl.)	**B** 20
		Victoire (R. de la)	**B** 23

🏨 **Gdes Roches** Ⓜ ⑤ sans rest, rte de Bourg par ④ ℡ 77.27.60, ≤, 🚗 – 🔋 🛏wc
🛁wc ☎ Ⓟ
41 ch.

🏨 **Buffard,** pl. Eglise ℡ 77.86.01 – 🔋 🛏wc 🛁 ☎. 𝗩𝗜𝗦𝗔   **B e**
SC : **R** *(fermé 15 juil. au 15 août, vend. et sam.)* 60/110 ⅓ – ⊡ 18 – **28 ch** 80/220 – P
200/260.

🏨 **Nouvel H,** sans rest, 31 r. Nicod ℡ 77.28.11 – 🔋 🛏wc 🛁wc ☎ 🚗   **B m**
SC : ⊡ 14 – **37 ch** 60/141.

XX **Paris,** 79 r. A.-France ℡ 77.01.50   **B a**
fermé 29 mars au 10 avril, 1er au 25 août, Noël et dim. – SC : **R** (déj. seul.) 65/180 ⅓.

X **Châtelet,** 29 r. Nicod ℡ 77.05.34   **B m**
fermé 1er au 15 juil. et dim. sauf juil.-août – SC : **R** 60/100.

au Lac Genin par ② et D 13 : 10 km – ⊠ 01130 Nantua.

Voir Site★ du lac★.

X **Aub. du Lac Genin** ⑤ avec ch, ℡ 76.08.30, ≤ – Ⓟ, ⅌
⬩ *fermé 15 oct. au 1er déc., dim. soir (sauf hôtel) et lundi* – SC : **R** 43/55 ⅓ – 🍴 13 –
5 ch 57.

CITROEN Moderne Gar., 6 cours de Verdun
℡ 77.31.22 🔁 ℡ 73.76.27
CITROEN Gar. Vailloud, à Bellignat par D 85
℡ 77.24.30
LANCIA-AUTOBIANCHI Gar. Capelli, 178 r.
A.-France ℡ 77.18.86
RENAULT Blanc, rte de St-Claude, zone Ind.
Nord par ① ℡ 77.46.42 🔁 ℡ 76.07.33

V.A.G. Central Gar., 4 Cours de Verdun ℡ 77.
29.10
Gar. Humbert, 15 rte de Marchon ℡ 77.03.97

Ⓟ Alain-Pneu, 21 r. Bésillon ℡ 73.51.88
Compt. Départemental du Pneu, 53 r. B.-Sava-
rin ℡ 77.88.88
Euro-Pneus 46 r. G.-Péri ℡ 77.31.30

OZOIR-LA-FERRIÈRE 77330 S.-et-M. 🔢 ②, 🔢 ㉝, 🔢 ㉚ – 13 730 h. alt. 112 – ⊛ 6.
🔢 ℡ 028.20.79, O : 2 km.

Paris 34 – Coulommiers 41 – Lagny-sur-M. 21 – Melun 27 – Sézanne 84.

XX **Le Relais d'Ozoir,** 73 av. Gén.-de-Gaulle ℡ 028.20.33 – **E** 𝗩𝗜𝗦𝗔
⬩ *fermé 15 juil. au 15 août, mardi soir et merc.* – SC : **R** 50/200.

PEUGEOT,TALBOT Couffignal 38 av. Gén.-de-
Gaulle ℡ 028.20.77

RENAULT Carep, 111 av. Gén.-de-Gaulle ℡
028.30.08

La PACAUDIÈRE 42310 Loire 🔞 ⑦ – 1 222 h. alt. 368 – ✪ 77.

Voir Le Crozet : maison Papon★ SO : 2 km, G. Vallée du Rhône.

Paris 368 – Chauffailles 49 – Lapalisse 24 – Roanne 24 – ◆St-Étienne 102.

🏠 **du Lys,** ☏ 64.35.20 – 🏠wc 🚗 ⇔. 🛥 ch
◆ fermé 1ᵉʳ au 15 oct. et merc. – SC : **R** 45/170 – ☲ 17 – **7 ch** 83/176.

RENAULT Gar. du Centre, ☏ 64.30.11 **N**   Gar. Bouffetier, ☏ 64.38.31

PACY-SUR-EURE 27120 Eure 🖢🖢 ⑦. 🔢🔢 ① G. Normandie – 3 773 h. alt. 45 – ✪ 32.

Paris 84 – Dreux 39 – Évreux 18 – Louviers 31 – Mantes-la-Jolie 26 – ◆Rouen 63 – Vernon 13.

XX **Mère Corbeau,** face gare ☏ 36.98.49, 🌭
fermé 20 déc. au 4 janv., fév., mardi soir et merc. – SC : **R** 63/200.

à Douains NE : 6 km par D 181 et D 75 – ⌧ 27120 Douains :

🏯 **Château de Brécourt** 🌭, ☏ 52.40.50, Télex 172250, ≤, parc, 🛥 – ☎ 🅿 – 🔼
80. 🔼 ⓞ 💰 🆚🆚
SC : **R** (fermé merc.) 150/265 – ☲ 30 – **24 ch** 250/480 – P 450/550.

à Jouy-sur-Eure NO : 9 km par D 836 et D 57 – ⌧ 27120 Pacy-sur-Eure :

XX **Relais Du Guesclin,** pl. église ☏ 36.62.75, 🌭, 🌿 – 🔼 ⓞ 💰 🆚🆚
fermé août et merc. – SC : **R** (fermé le soir sauf sam.) 52/200 🍷.

CITROEN Bouquet, St-Aquilin ☏ 36.10.10   RENAULT Aleth Ch., 123 r. Isambard ☏ 36.
PEUGEOT-TALBOT Cl.-Aleth, 13 av. Gén-de-   01.53
Gaulle ☏ 36.10.44

PADIRAC 46 Lot 🔟🖢 ⑲ – 148 h. alt. 360 – ⌧ 46500 Gramat – ✪ 65.

Paris 550 – Brive-la-Gaillarde 56 – Cahors 65 – Figeac 44 – Gourdon 47 – Gramat 9 – St-Céré 14.

au Village :

🏠 **Montbertrand** 🌭, ☏ 33.64.47, 🌿 – ⌂wc 🏠wc ☎ 🅿. 🔼. 🆚
◆ Pâques-15 oct. – SC : **R** 50/98 – ☲ 15 – **9 ch** 145/198.

au Gouffre N : 2,5 km – ⌧ 46500 Gramat.
Voir Gouffre★★★, G. Périgord.

🏠 **Padirac H.** 🌭, ☏ 33.64.23, 🌭 – 🏠 🅿. 🛥 ch
◆ 1ᵉʳ avril-10 oct. – SC : **R** 35/140 – ☲ 12,50 – **25 ch** 52/85.

XX **La Table du Berger et Troglodytique,** ☏ 33.64.72, ≤, 🌭 – 🅿
◆ 1ᵉʳ mai-1ᵉʳ oct. – SC : **R** (déj. seul. sauf juil.-août) 36/100.

PAILHEROLS 15 Cantal 🔟🖢 ⑬ – 195 h. alt. 1 040 – ⌧ 15800 Vic-sur-Cère – ✪ 71.

Paris 539 – Aurillac 35 – Entraygues-sur-Truyère 50 – Murat 44 – Raulhac 12 – Vic-sur-Cère 14.

🏠 **Aub. des Montagnes** 🌭, ☏ 47.57.01 – 🏠
◆ 1ᵉʳ mars-30 sept., vacances scolaires Noël et fév. – SC : **R** 41/85 – ☲ 13 – **11 ch**
65/88 – P 110/130.

La PAILLASSE 26 Drôme 🔟🔟 ⑫ – rattaché à Valence.

PAIMPOL 22500 C.-du-N. 🖢🖢 ② G. Bretagne – 8 367 h. alt. 12 – ✪ 96.

Voir Abbaye de Beauport★ SE : 2 km par ② – Tour de Kerroc'h ≤★ 3 km par ① puis
15 mn.

Env. Pointe de Minard★★ SE : 11 km par ②.

🛈 Syndicat d'Initiative pl. République (1ᵉʳ juin-15 sept. et fermé lundi) ☏ 20.83.16.

Paris 496 ② – Guingamp 28 ④ – Lannion 33 ⑤ – St-Brieuc 45 ②.

Plan page ci-contre

🏯 **Repaire de Kerroc'h** Ⓜ, 29 quai Morand (s) ☏ 20.50.13, ≤ – 🛗 📺 ☎. 🔼 ⓞ 💰
🆚🆚
fermé 21 nov. au 7 déc. et 10 au 31 janv. – SC : **R** 83/200 – ☲ 35 – **7 ch** 250/290.

🏠 **Marne,** r. Marne (u) ☏ 20.82.16 – ⌂wc 🏠wc 🚗 🅿
fermé nov. et déc. – SC : **R** 60/140 – ☲ 16 – **16 ch** 90/170 – P 190/220.

🏠 **Goélo** sans rest, au Port (n) ☏ 20.82.74, ≤ – 🛗 🏠wc 🚗. 🆚
SC : ☲ 14 – **32 ch** 52/130.

🏠 **Chalutiers** sans rest, quai Morand (a) ☏ 20.82.15, ≤ – 🛗 ⌂wc 🏠wc
fermé 10 oct. à début nov. – SC : ☲ 14,50 – **21 ch** 64/185.

XX **Vieille Tour,** 13 r. Église (e) ☏ 20.83.18 – 🆚🆚
fermé 15 nov. au 10 déc., vacances de fév., mardi soir et merc. sauf vacances
scolaires – SC : **R** 60/200.

à Pors-Even par ① : 5 km – ⌧ 22620 Ploubazlanec :

🏠 **Bocher,** ☏ 20.92.10 – 🏠wc 🚗 🅿. 🔼. 🆚
◆ 15 avril-mi-nov. – SC : **R** 51/138 🍷 – ☲ 16 – **16 ch** 65/140 – P 183/227.

802

PAIMPOL

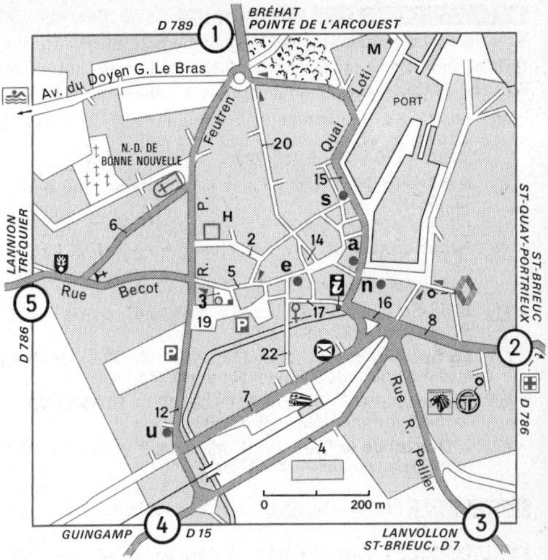

Pour un bon usage
des plans de villes,
voir les signes
conventionnels p. 21

à la Pointe de l'Arcouest par ① : 6 km – ⊠ 22620 Ploubazlanec.
Voir ≤★★.

🏚 **Le Barbu** ⬡, ℱ 20.92.15, ≤ Ile de Bréhat, « Jardin avec piscine » – ⌂wc 🛏wc
☎ 🕭 ❷ – 🔔 30. 🆎 ⓞ 🅔 *VISA*
fermé janv. – SC : **R** 100/250 – ☲ 22 – **22 ch** 250/350.

sur rte de Lanvollon, par ③ et D 7 : 11 km – ⊠ 22290 Lanvollon :

🏚 **Château de Coatguélen** ⬡, ℱ 22.31.24, ≤, parc, ⅃, ℅ – ❷ – 🔔 40. 🆎 ⓞ
🅔 *VISA*. ⅌ rest
1er avril-1er nov. – SC : **R** *(fermé merc. midi et mardi hors sais.)* 120/265 – ☲ 32 –
13 ch 250/510 – P 470/550

CITROEN Gar. Landais, rte de Lanvollon par
③ ℱ 20.88.43
PEUGEOT-TALBOT Le Thomas, 2 r. de Run
Baelan ℱ 20.74.94
RENAULT Poidevin, rte Lanvollon par ③ ℱ
20.73.15 🛚

RENAULT Gar. Chapalain, Quai Duguay-
Trouin ℱ 20.80.55 🛚
Lasbleiz, r. de la Marne ℱ 20 80.42

🛞 Tregor-Pneus, r. de Penvern Tournebride ℱ
22.03.18

PAIMPONT 35 I.-et-V. 🖽 ⑤ G. Bretagne – 1 449 h. alt. 155 – ⊠ 35380 Plélan le Grand –
❄ 99.

Voir Forêt de Paimpont★.

Paris 390 – Dinan 54 – Ploërmel 22 – Redon 48 – ◆Rennes 40.

🏚 **Relais de Brocéliande,** ℱ 06.80.03, 🍽 – ⌂wc 🛏 ☎ ❷ 🆎 🅔 *VISA*. ⅌ rest
fermé lundi (sauf rest. de mai à oct.) – SC : **R** 52/110 🍷 – ☲ 15 – **17 ch** 75/150 – P
130/170.

🍴🍴 **Manoir du Tertre,** Le Tertre SO : 4 km par rte de Beignon et VO ℱ 07.81 02,
parc – ❷. ⅌
fermé 5 au 24 oct., 1er au 15 fév. et mardi – SC : **R** 60/120.

PAIRIS 68 H.-Rhin 🖽 ⑱ – rattaché à Orbey.

Le PALAIS 56 Morbihan 🖽 ⑪ – voir à Belle-Ile.

PALAISEAU 91120 Essonne 🖽 ⑩, 🔢 ㉞ – voir à Paris, Environs.

PALAVAS-LES-FLOTS 34250 Hérault 83 ⑦⑰ G. Causses – 4 180 h. – Casino – ✆ 67.
Voir Ancienne cathédrale★ de Maguelone SO : 4 km.
ℹ Office du Tourisme à l'Hôtel de Ville (fermé sam. après-midi et dim. hors sais.) ✆ 68.02.34.
Paris 769 – Aigues-Mortes 27 – ♦Montpellier 12 – Nîmes 59 – Sète 28.

- **Mar Y Sol** Ⓜ sans rest, **bd Joffre ✆ 68.00.46, ≤ mer,** – ▯ TV ⇔wc ⋒wc ☎. AE ⓓ VISA. ✻
SC : ☕ 15,50 – **39 ch** 165/220.
- **Amérique H.** Ⓜ sans rest, **av. F.-Fabrège ✆ 68.04.39** – ▯ ▤ ⇔wc ⋒wc ☎ Ⓟ. AE ⓓ VISA
fermé 21 déc. au 3 janv. – SC : ☕ 13,50 – **33 ch** 153/205.
- **Hippocampe** Ⓜ sans rest, **quai Bordigue ✆ 68.03.92,** – ▯ ⇔wc ⋒wc ☎ ♿. AE ⓓ VISA
fermé déc. et janv. – SC : ☕ 19,50 – **17 ch** 270.
- **Brasilia** sans rest, **9 bd Joffre ✆ 68.00.68, ≤ mer** – ⇔wc ⋒wc ☎. AE E VISA
SC : ☕ 15,50 – **22 ch** 100/195.
- XXX **Le Sphinx,** quai P.-Cunq ✆ **68.00.21,** ≤, – AE ⓓ VISA
fermé 16 déc. au 25 janv. – **R** carte 120 à 180.
- XXX **Marine,** quai P.-Cunq ✆ **68.00.05,** – AE ⓓ E VISA
fermé 6 nov. au 6 déc. – **R** 69/180.
- XX **L'Oustal de la Mar,** av. St-Maurice ✆ **68.02.93** – AE ⓓ VISA
fermé oct. et merc. – SC : **R** 75/200.

La PALLICE 17 Char.-Mar. 71 ⑫ – rattaché à la Rochelle.

La PALMYRE 17 Char.-Mar. 71 ⑮ G. Côte de l'Atlantique – ✉ **17570** Les Mathes – ✆ 46.
Voir ≤★ du phare de la Coubre★ NO : 5 km – N : Forêt de la Coubre★.
Paris 520 – Marennes 21 – La Rochelle 85 – Royan 17.

- XX **La Barbaque,** ✆ **22.40.20,** ≤, – ▤ Ⓟ. AE
Pâques-sept. – SC : **R** 58/130 ₰.

PALUDEN 29 Finistère 58 ④ – rattaché à Lannilis.

P 105/155	Les **prix de pension** sont donnés, dans le guide, à titre indicatif. Pour un séjour, consultez toujours l'hôtelier.

La PALUD-SUR-VERDON 04 Alpes de H.-Pr 81 ⑰ G. Côte d'Azur – 153 h alt. 890 – ✉ **04120** Castellane – ✆ 92.
Paris 813 – Castellane 25 – Digne 68 – Draguignan 61 – Manosque 70.

- **Le Provence** ♨, ✆ **74.68.88,** ≤ – ⇔ Ⓟ
1er avril-15 nov. – SC : **R** 51/88 ₰ – ☕ 18 – **15 ch** 110/115 – P 165.

PAMFOU 77 S.-et-M. 61 ②, 196 ㊼ – rattaché à Valence-en-Brie.

PAMIERS <SP> **09100** Ariège 86 ④⑤ – 11 619 h. alt. 278 – ✆ 61.
ℹ Office de Tourisme pl. du Mercadal (fermé lundi matin et sam. après-midi hors sais. et dim.) ✆ 67.04.22.
Paris 773 ① – Auch 125 ① – Carcassonne 70 ② – Castres 96 ① – Foix 19 ② – ♦Toulouse 64 ①.

Plan page ci-contre

- **France,** 13 r. Hospice ✆ **67.00.88** – ⇔wc ⋒wc ☎ Ⓟ. VISA — ABZ **e**
SC : **R** *(fermé dim. du 1er oct. au 30 avril)* 55/130 – ☕ 14 – **25 ch** 70/160 – P 140/165.
- **Parc,** 12 r. Piconnières ✆ **67.02.58** – ⇔wc ⋒wc ☎. AE VISA — BZ **n**
SC : **R** *(fermé nov. et lundi)* 60/120 ₰ – ☕ 18 – **12 ch** 80/150.
- **Paix,** pl. A.-Tournier ✆ **67.12.71** – ⇔wc ⋒wc ☎. ✻ rest — BY **a**
fermé 5 au 15 nov., sam. de nov. à mars et dim. midi – SC : **R** 50/140 ₰ – ☕ 13 – **15 ch** 65/140.

par ② : **6 km sur N 20** – ✉ **09120** Varilhes :

- XX **La Tourane** ♨ avec ch, ✆ **68.01.62,** ≤, parc, – ⇔wc ☎ Ⓟ
5 ch 200 – P 200.

ALFA-ROMEO Gar. Brillas, rte Mirepoix, la Tour-du-Crieu ✆ 67.13.31
CITROEN Lopez, Côtes de la Cavalerie par ① ✆ 67.11.45
OPEL Gén.-Autom.-Appaméenne 5 rte de Foix ✆ 67.12.08
PEUGEOT, TALBOT Labail, N 20 à St-Jean-du-Falga par ② ✆ 68.01.00
RENAULT Pamiers-Autom., N 20 à St-Jean-du-Falga par ② ✆ 68.01.41
TOYOTA Dumas, 48 Av. de Toulouse ✆ 67.12.57

Ⓜ Central Pneu, Ch. Langlade, Zone Ind. ✆ 67.33.44
Solapneu, 3 av. la Gare ✆ 60.54.34

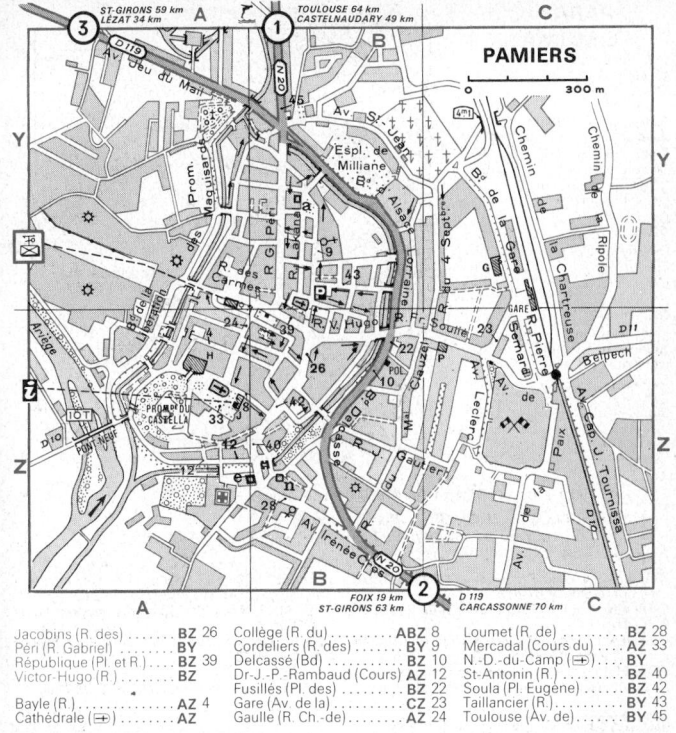

PAMIERS

FOIX 19 km   B   D 119   C
ST-GIRONS 63 km ② CARCASSONNE 70 km

Jacobins (R. des)	**BZ** 26	Collège (R. du)	**ABZ** 8	Loumet (R. de)	**BZ** 28
Péri (R. Gabriel)	**BY**	Cordeliers (R. des)	**BY** 9	Mercadal (Cours du)	**AZ** 33
République (Pl. et R.)	**BZ** 39	Delcassé (Bd)	**BZ** 10	N.-D.-du-Camp (⊕)	**BY**
Victor-Hugo (R.)	**BZ**	Dr-J.-P.-Rambaud (Cours)	**AZ** 12	St-Antonin (R.)	**BZ** 40
		Fusillés (Pl. des)	**BZ** 22	Soula (Pl. Eugène)	**BZ** 42
Bayle (R.)	**AZ** 4	Gare (Av. de la)	**CZ** 23	Taillancier (R.)	**BY** 43
Cathédrale (⊕)	**AZ**	Gaulle (R. Ch.-de)	**AZ** 24	Toulouse (Av. de)	**BY** 45

PANISSIÈRES 42360 Loire **73** ⑱ – 2 944 h. alt. 600 – ✪ 77.

Paris 490 – ◆Lyon 58 – Montbrison 40 – Roanne 52 – ◆St-Étienne 54 – Thiers 84.

  🏠 **Genest,** ☎ 28.61.23 – **🅿**
  ⬧ *fermé oct. et sam. de nov. à mai* – SC : **R** 40/85 ⅄ – ☲ 13 – **10 ch** 65/105 – P 120/130.

CITROEN Gar. Central, ☎ 28.63.53   RENAULT Péronnet, ☎ 28.65.01 **Ⓝ**
PEUGEOT, TALBOT Bailly, ☎ 28.64.31 **Ⓝ**

PANNESSIÈRES 39 Jura **70** ④ – rattaché à Lons-le-Saunier.

PANTIN 93 Seine-St-Denis **56** ⑪, **101** ⑯ – voir à Paris, Environs.

PARAMÉ 35 I.-et-V. **59** ⑥ – rattaché à St-Malo.

PARAY-LE-MONIAL 71600 S.-et-L. **69** ⑰ G. Bourgogne – 11 312 h. alt. 245 – ✪ 85 – **Voir** Basilique du Sacré-Cœur★★ – Hôtel de ville★ H – Tympan★ du musée du Hiéron **M.**
𝐄 Office de Tourisme pl. Poste (fermé dim.) ☎ 81.10.92.

Paris 372 ⑤ – Autun 79 ⑤ – Mâcon 68 ② – Montceau-les-M. 35 ① – Roanne 53 ④.

Plan page suivante

  🏨 **Motel Grill Le Charollais** **M**, par ⑤ : 4 km sur N 79 ☎ 81.03.35, � – **TV** 🚿wc
    ☎ ⅙ **🅿** – 🔺 30. **AE** **VISA**
    SC : **R** (Grill) 55/105 ⅄ – ☲ 18,50 – **20 ch** 185/235 – P 340/380.

  🏠 **Vendanges de Bourgogne,** 5 r. Denis-Papin (e) ☎ 81.13.43 – 🚿wc 🛁wc ☎
    ⬧ **🅿** – 🔺 100. **AE** **E** **VISA** ❄ rest
    fermé 6 fév. au 12 mars, dim. soir et lundi midi sauf juil., août et fêtes – SC : **R** 55/165 – ☲ 16,50 – **14 ch** 100/170 – P 209/253.

  🏠 **Trois Pigeons** (annexe 🏨 15 ch), 2 r. Dargaud (v) ☎ 81.03.77 – 🚿wc 🛁wc
    fermé janv. au 7 fév. – SC : **R** 66/150 ⅄ – ☲ 14,50 – **33 ch** 50/185 – P 185/225.

  🏠 **Terminus,** 57 av. Gare (n) ☎ 81.08.80 – 🛁wc ⬧ ⬧ **🅿** **E** **VISA**
    ⬧ *fermé nov.* – SC : **R** 45/91 ⅄ – ☲ 13,50 – **22 ch** 54/100 – P 145/195.

805

PARAY-LE-MONIAL

République (R.) 27
Victor-Hugo (R.) 29

Alsace-Lorraine (Pl.) 2
Billet (R.) 3
Champ-de-Foire (Pl.) 4
Charolles (av. de) 5
Commerce (Quai du) 7
Dauphin-Louis (Bd) 8
Derischard (R. Louis) 9
Deux-Ponts (R.) 12
Dr. Griveaud (R.) 13
Four (R. du) 14
Gare (Av. de la) 15
Gaz (R. du) 16
Guignaud (Pl.) 17
Industrie (Quai de l') 18
Jaurès (Cours Jean) 20
Lamartine (Pl.) 21
Marché (R. du) 22
Paix (R. de la) 23
Regnier (Bd H. de) 26
Visitation (R.) 30

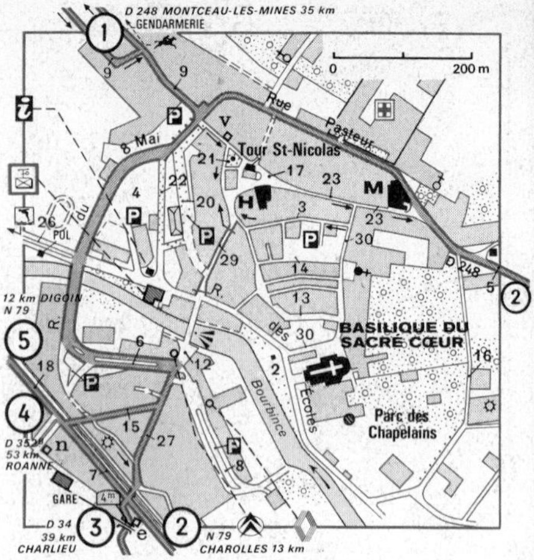

à l'Est : 3 km sur D 248 – ✉ **71600** Paray-le-Monial :

Val d'Or, ☎ **81.05.07,** – wc *fermé 1er oct. au 1er nov. et lundi (sauf hôtel en juil.-août)* – SC : **R** 42/120 – 16 – **17 ch** 75/120 – P 160/200.

BMW, AUDI-VOLKSWAGEN Chamaraud, 52 quai Commerce ☎ 81.10.31
CITROEN Lauferon, 16 r. des Deux-Ponts ☎ 81.13.41
CITROEN Serieys Modern gar., la Beluze par av. de Charolles ☎ 81.09.31 N
PEUGEOT Gar. de la Beluze la Beluze par av. de Charolles à Volesvres ☎ 81.43.45 N
PEUGEOT-TALBOT Henry, N 79, rte de Digoin à Vitry en Charollais par ⑤ ☎ 81.13.65
RENAULT Taillardat, 13 bd du Dauphin-Louis ☎ 81.44.12
Narbot, le Rompay RN 79 à Vitry en Charollais ☎ 81.41.89 N

Meyer, 36 r. de la République ☎ 82.04.96

PARCEY 39 Jura 70 ③ – rattaché à Dôle.

PARENT 63 P.-de-D. 73 ⑭⑮ – 677 h. alt. 420 – ✉ **63270** Vic-le-Comte – 73.

Voir Ste-Chapelle★ de Vic-le-Comte N : 2,5 km, G. Auvergne.

Paris 414 – Ambert 59 – •Clermont-Ferrand 28 – Issoire 14 – Thiers 45.

Mon Auberge, à Parent gare S : 2 km ☎ **96.62.06** – wc wc ☎. E *fermé 18 sept. au 10 oct., lundi sauf juil. août et fêtes* – SC : **R** 62/145 – 15 – **7 ch** 65/160.

PARENTIGNAT 63 P.-de-D. 73 ⑮ – rattaché à Issoire.

PARENTIS-EN-BORN **40160** Landes 78 ③ **G. Côte de l'Atlantique** – 4 254 h. alt. 32 – 58

Syndicat d'Initiative pl. des Marronniers (fermé matin hors sais.) ☎ 78.43 60.

Paris 676 – Arcachon 41 – •Bordeaux 74 – Mimizan 24 – Mont-de-Marsan 78.

Cousseau, r. St-Barthélemy ☎ **78.42.46** – *fermé 28 mai au 3 juin, 6 oct. au 4 nov., vend. soir et dim soir* – SC : **R** 37/165 – 12,50 – **10 ch** 85/105 – P 120/125.

Poste, ☎ **78.40.23** – . E VISA. *fermé nov., dim. soir et lundi du 1er sept. au 30 juin* – SC : **R** 54/118.

à Gastes SO : 7,5 km par D 652 – ✉ **40160** Parentis-en-Born :

L'Estanquet avec ch, ☎ **78.42.00,** – . AE VISA *31 mai-30 sept. et fermé merc. sauf juil.-août* – SC : **R** 54/150 – 16 – **8 ch** 86/107 – P 180.

CITROEN Gar. Dumartin, ☎ 78.43.00 N ☎ 78.40.40

PARMAIN 95 Val-d'Oise 55 ⑳, 196 ⑥ – rattaché à L'Isle-Adam.

Une voiture bien équipée, possède à son bord des cartes Michelin à jour.

PARIS
et environs

PARIS Ⓟ 75 Plans : **10**, **11**, **12** et **14** G. Paris — 2 317 227 h. — Région d'Ile-de-France 9 878 500 h.

Aérogares urbaines (Terminal) : esplanade des Invalides (7e) ☏ 323.97.10 et Palais des Congrès Porte Maillot ☏ 299.20.18.

Aéroports : voir à Orly et à Roissy-en-France, rubrique Proche banlieue.

Trains Autos : Renseignements ☏ 261.50.50 — Gare de Lyon ☏ 345.93.33 — Gare de l'Est ☏ 607.81.25 — Gare d'Austerlitz ☏ 584.15.20 — Gare Montparnasse ☏ 538.52.39.

Distances : A chacune des localités du Guide est donnée la distance du centre de l'agglomération à Paris (Notre-Dame) calculée par la route la plus pratique.

OFFICES DE TOURISME

Syndicat d'Initiative et Accueil de France :
(de Pâques au 31 oct. tous les jours de 9 à 22 h, hors sais., de 9 h à 20 h et fermé dim.), 127 av. des Champs-Élysées (8e) ℡ 723.61.72 ; Télex 611984 — Informations et réservations d'hôtels (pas plus de 5 jours à l'avance pour la province) — Change : U.B.P., 125 av. des Champs-Élysées ℡ 720.77.19.

Hôtesses de Paris :
Gare de l'Est ℡ 607.17.73 ; Gare de Lyon ℡ 343.33.24 ; Gare du Nord ℡ 526.94.82 ; Gare d'Austerlitz ℡ 584.91.70.

Province et étranger :
Voir adresses dans Index et Plan de Paris Michelin n° ▮▮

CURIOSITÉS

ce qu'il faut surtout voir

RUES — PLACES — JARDINS

Champs-Élysées★★★ F 8, F 9, G 10 — Place de la Concorde★★★ G 11 (Obélisque de Louksor) — Jardin des Tuileries★★ H 12 — Rue du Faubourg St-Honoré★ G 11, G 12 — Avenue de l'Opéra★★ G 13 — Place Vendôme★★ G 12 — Place des Vosges★★ — Place du Tertre★★ D 14 — Jardin des Plantes★★ — Avenue Foch★ F 7 — Rue de Rivoli★ G 12 — Rue Mouffetard★ — Place de la Bastille (Colonne de Juillet) JK 17 — Place de la République G 17 — Grands Boulevards F 13, F 14.

QUARTIERS ANCIENS

La Cité★★★ (Ile St-Louis, les Quais) J 14, J 15 — Le Marais★★★ — Montmartre★★★ D 14 — Montagne Ste Geneviève★★ (Quartier Latin) K 14.

GRANDS MONUMENTS

Notre Dame★★★ K 15 — Ste Chapelle★★★ J 14 — Arc de Triomphe★★★ F 8 (Place Charles de Gaulle) — Tour Eiffel★★★ J 7 — Invalides★★★ (Eglise du Dôme, tombeau de Napoléon) J 10 — Palais Royal★★ H 13 — La Madeleine★★ G 11 — Opéra★★ F 12 — St-Germain l'Auxerrois★★ H 14 — Conciergerie★★ J 14 — Ecole Militaire★★ K 9 — Luxembourg★★ (palais, jardins) — Panthéon★★ — St Séverin★★ K 14 — St Germain des Prés★★ J 13 — St Etienne du Mont★★ L 15 — St Sulpice★★ K 13 — Hôtel Lamoignon★★ Hôtel Guénégaud★★ (musée de la chasse) — Hôtel de Rohan★★ — Palais Soubise★★ — Sacré Cœur★★ D 14 — Tour Maine Montparnasse★★ — Institut de France★ J 13 — Maison de Radio France★ K 5 — Palais des Congrès★ E 6 — St Roch★ G 13 — Pont Alexandre III★ H 10 — Pont Neuf★ J 14 — Pont des Arts J 13.

GRANDS MUSÉES

Louvre★★★ (le Palais des rois de France★★★ ; Cour Carrée, colonnade de Perrault, façade sur le quai, les « bras » du Louvre, Arc de Triomphe du Carrousel et parterres — Le Musée★★★ : stèle des Vautours, Scribe accroupi, Vénus de Milo, Victoire de Samothrace, Nymphes de Jean Goujon, la Joconde, le Régent...) H 13 — Jeu de Paume★★★ (impressionnistes) G 11 — Arts décoratifs★★ H 13 — Cluny★★ (hôtel et musée : la Dame à la Licorne) K 14 — Rodin★★ (hôtel de Biron) J 10 — Carnavalet★★ — Centre Georges Pompidou★★ (musée d'art moderne) H 15 — Palais de Chaillot (Monuments français★★, musée de l'Homme★★, musée de la Marine★★) H 7 — Palais de la Découverte★★ G 10 — Conservatoire des Arts et Métiers★★ G 16.

K 14, G 10 : *Lettres et chiffres de situation*
sur les plans de Paris Michelin n° ▮▮, ▮▮, ▮▮ ou ▮▮.

RENSEIGNEMENTS PRATIQUES

BUREAUX DE CHANGE

- Principales banques : ferment à 17 h, sam. et dim.
- A l'aéroport d'Orly : de 6 h 30 à 23 h 30
- A l'aéroport Charles de Gaulle : de 6 h à 23 h 30

TRANSPORTS

Taxi : faire signe aux véhicules libres (lumière jaune allumée) — Aires de stationnement — De jour et de nuit : appels téléphonés.

Bus-Métro : se reporter au plan de Paris Michelin n° ⬚⬚. Le bus permet une bonne vision de la ville, surtout pour courtes distances.

POSTES-TÉLÉPHONE

Chaque quartier a un bureau de Postes ouvert jusqu'à 19 h, fermé samedi après-midi et dim.
Bureau ouvert 24 h sur 24 : 52, rue du Louvre.

PRINCIPAUX CENTRES DE COMMERCE

Grands magasins : Boulevard Haussmann, rue de Rivoli, rue de Sèvres.

Commerces de luxe : Faubourg St-Honoré, Rue de la Paix, Rue Royale.

Occasions et antiquités : Marché aux Puces (Porte Clignancourt), Village Suisse (av. de la Motte-Piquet) — Fripiers et brocante : quartier des anciennes Halles.

COMPAGNIES AÉRIENNES FRANÇAISES

Air France	119, Champs Élysées	☏ 299.23.64
Air Inter	12, rue de Castiglione	☏ 260.36.46
U.T.A.	3, boulevard Malesherbes	☏ 266.30.30

DÉPANNAGE AUTOMOBILE

Il existe, à Paris et dans la Région Parisienne, des ateliers et des services permanents de dépannage.

Les postes de Police vous indiqueront le dépanneur le plus proche de l'endroit où vous vous trouvez.

MICHELIN à Paris et en banlieue

Services généraux :

46 av. Breteuil ☏ (1) 539.25.00 — 75341 PARIS CEDEX 07 — Télex MICHLIN 270789 F.
Ouverts du lundi au vendredi de 8 h 45 à 16 h 30 (16 h le vendredi).

Agences régionales :

Ouvertes du lundi au vendredi de 8 h à 12 h 15 et de 14 h à 18 h (17 h 45 le vendredi).

Arcueil : 24 bis r. Berthollet ☏ 735.13.20 — BP 19 — 94110 ARCUEIL.

Aubervilliers : 34 r. des Gardinoux ☏ (1) 833.07.58 — BP 79 — 93302 AUBERVILLIERS CEDEX.

Montreuil : 3 r. François-Debergue ☏ (1) 287.35.80 — BP 206 — 93103 MONTREUIL SOUS BOIS CEDEX.

Nanterre : 13, 15, 17 r. des Fondrières ☏ (1) 721.67.21 — BP 505 — 92005 NANTERRE CEDEX.

Agences :

Buc : 417 av. R. Garros — Z.I. Centre — ☏ (3) 956.10.66 — 78530 BUC.

Maisons-Alfort : r. Charles-Martigny — Z.I. des Petites Haies — ☏ (1) 899.55.60 — BP 50 — 94702 MAISONS ALFORT CEDEX.

Entrepôts :

Gennevilliers : 121 av. du Vieux Chemin de St-Denis ☏ (1) 799.98.82 — 92230 GENNEVILLIERS.

ARRONDISSEMENTS

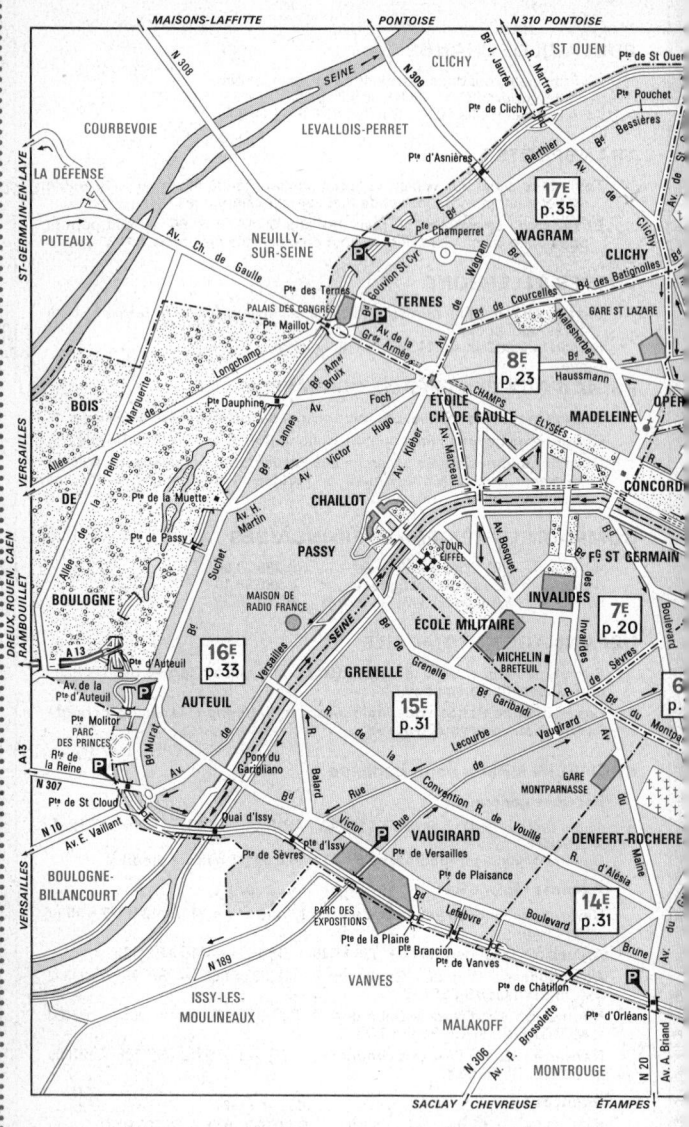

P Parking périphérique public	–·–·– Limite d'arrondissement
	⇒ Rue à sens unique
▪–□–▪ B^d périphérique (Echangeur : • complet, ○ partiel)	

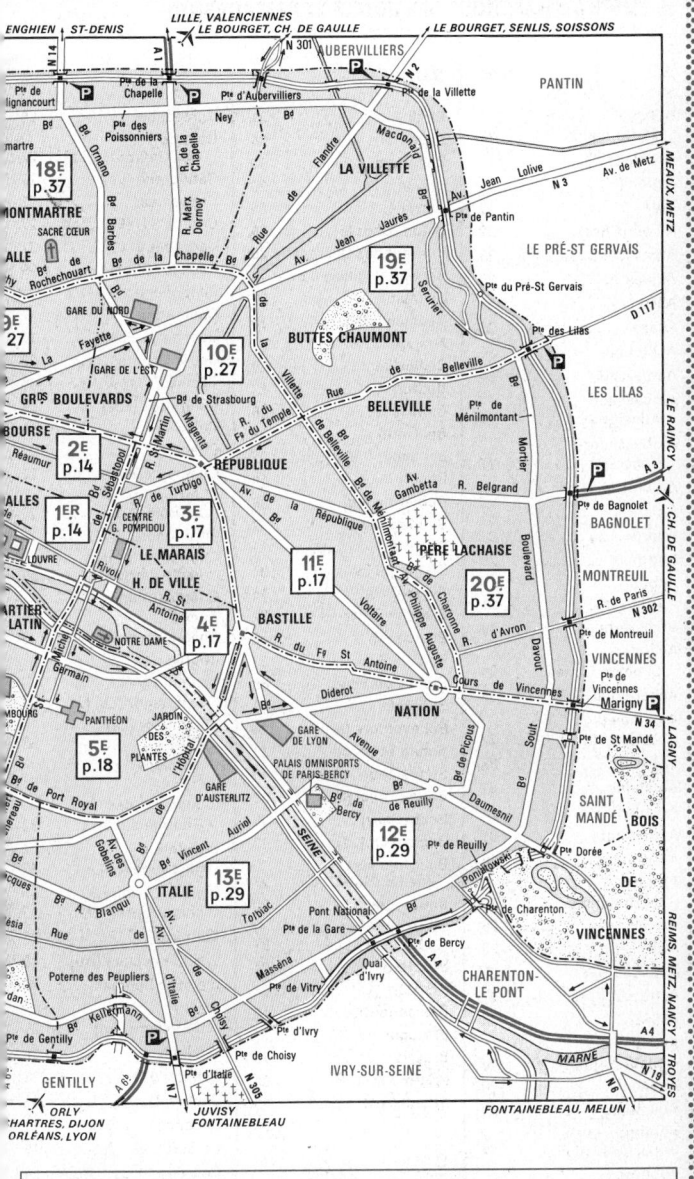

■ LISTE ALPHABÉTIQUE DES HOTELS ET RESTAURANTS

■ RESTAURANTS de PARIS et de la BANLIEUE

Nous vous présentons ci-après une liste d'établissements sélectionnés pour la qualité de leur table ou pour leurs spécialités. Vous trouverez également des adresses pour souper après le spectacle ou pour déjeuner en plein air à Paris ou en banlieue.

Les bonnes tables... à étoiles

✿✿✿ 3 étoiles

		Arr.	Page
XXXXX	Taillevent	8e	25
XXXXX	Tour d'Argent	5e	19
XXXX	Archestrate	7e	21
XXXX	Jamin	16e	34

✿✿ 2 étoiles

XXXXX	Bristol	8e	25
XXXXX	Crillon	8e	25
XXXXX	Lasserre	8e	25
XXXXX	Laurent	8e	25
XXXXX	Ledoyen	8e	25
XXXXX	Lucas-Carton	8e	25
XXXXX	Ritz Espadon	1er	15
XXXX	Duc d'Enghien à Enghien-les-Bains		43
XXXX	Faugeron	16e	34
XXXX	Grand Vefour	1er	15
XXXX	Le Divellec	7e	21
XXXX	Marée (La)	8e	25
XXXX	Pré Catelan	16e	35
XXXX	Trois marches ... à Versailles		56

XXXX	Vivarois	16e	34
XXX	Bernardin (Le)	17e	36
XXX	Camélia (Le) ...... à Bougival		40
XXX	Chiberta	8e	26
XXX	Duquesnoy	6e	19
XXX	Gérard Besson	1er	15
XXX	Gérard Pangaud à Boulogne-Billancourt		40
XXX	Jacques Cagna	6e	19
XXX	Rostang	17e	36
XXX	Tastevin (Le) à Maisons-Laffitte		45
XXX	Vieille Fontaine à Maisons-Laffitte		45
XX	Ambroisie	5e	19
XX	Michel (Chez)	10e	29
XX	Trou Gascon	12e	30

✿ 1 étoile

XXXXX	Régence Plaza	8e	25
XXXX	Célébrités	15e	32
XXXX	Coq Hardi .... à Bougival		40
XXXX	El Chiquito . à Rueil-Malmaison		49
XXXX	Elysées (Les)	8e	26
XXXX	Fouquet's	8e	26
XXXX	Grande Cascade	16e	35
XXXX	Lamazère	8e	25
XXXX	Maxim's .... à Roissy		49
XXX	Anges (Chez les)	7e	21
XXX	Aub. St-Quentinoise à Livry-Gargan		44
XXX	Barrière de Clichy (La) à Clichy		42
XXX	Beauvilliers	18e	38

XXX	Bourgogne (La)	7e	22
XXX	Cazaudehore à St-Germain-en-Laye		51
XXX	Cochon d'Or	19e	38
XXX	Comte de Gascogne (Au) à Boulogne-Billancourt		40
XXX	Copenhague	8e	26
XXX	Dauphin (Le) (Sofitel Bourbon)	7e	21
XXX	Étoile d'Or	17e	36
XXX	Ferrero	16e	34
XXX	Flamberge (La)	7e	22
XXX	Jacqueline Fénix ... à Neuilly		46
XXX	Mercure Galant	1er	15
XXX	Michel Pasquet	16e	34

✿ 1 étoile

XXX	Morot-Gaudry	15e	32		XX	Dodin Bouffant	5e	19
XXX	Nicolas	10e	28		XX	Dôme (Le)	14e	32
XXX	Olympe	15e	32		XX	Le Duc	14e	32
XXX	Pavillon des Princes	16e	34		XX	Ferme St-Simon	7e	22
XXX	Pressoir (Le)	12e	30		XX	Gambetta	à Houilles	44
XXX	Récamier	7e	22		XX	Gasnier	à Puteaux	48
XXX	Relais de Sèvres	15e	32		XX	Gérard et Nicole	14e	32
XXX	Relais des Gardes	à Meudon	45		XX	Gildo	7e	22
XXX	Relais Louis XIII	6e	19		XX	Guy Savoy	16e	34
XXX	Relais Pyrénées	20e	38		XX	Guyvonne (Chez)	17e	37
XXX	Toit de Passy	16e	34		XX	Jenny Jacquet	16e	35
XX	Albert (Chez)	14e	32		XX	Julius	à Gennevilliers	44
XX	Aquitaine	15e	32		XX	Miraville	5e	20
XX	Augusta (Chez)	17e	37		XX	Paul Chêne	16e	34
XX	Belle Époque (La) à Chateaufort		41		XX	Pauline (Chez)	1er	15
XX	Bistro d'Hubert	1er	16		XX	Petit Bedon (Le)	16e	35
XX	Bistrot de Paris (Le)	7e	22		XX	Petit Colombier (Le)	17e	37
XX	Bistro 121	15e	32		XX	Petit-Pré	19e	38
XX	Boule d'Or (La)	7e	22		XX	Pierre Traiteur	1er	16
XX	Bourrier	à Neuilly	47		XX	Pierre Vedel	15e	32
XX	Bretonnière				XX	Quai des Ormes	4e	17
	à Boulogne-Billancourt		40		XX	Rêve d'Alsace	à Morangis	46
XX	Cantine des Gourmets	7e	22		XX	Sousceyrac (A)	11e	17
XX	Chardenoux	11e	17		XX	Vert Bocage	7e	22
XX	Châteaubriant (Au)	10e	29		X	Allard	6e	20
XX	Conti	16e	35		X	Benoît	4e	18
XX	Conticini	7e	22		X	Mère Michel	17e	37
XX	Coq de la Maison				X	Pantagruel	7e	22
	Blanche	à St-Ouen	52		X	Petite Auberge (La)	17e	37
XX	Coquille (La)	17e	37		X	Petits Pères (Aux)	2e	16
XX	Dariole (La)	8e	26		X	Pharamond	1er	16
XX	Dariole (La) à Viry-Chatillon		57		X	Pouilly-Reuilly au Pré St-Gervais		48

Pour le souper après le spectacle

(Nous indiquons entre parenthèses l'heure limite d'arrivée)

XXXX	Café de la Paix (Relais des Capucines, snack) (1 h 15)	9e	28		XX	Bofinger (Brasserie) (1 h)	4e	17
XXX	Charlot Ier « Merveille des Mers » (1 h)	18e	38		XX	Coupe Chou (1 h)	5e	19
					XX	Dôme (Le) (1 h)	14e	32
XXX	Louis XIV (1 h)	10e	28		XX	Flo (Brasserie) (1 h 30)	10e	29
XXX	Relais Plaza (1 h 30)	8e	26		XX	Julien (1 h 30)	10e	29
XX	Baumann-Baltard (2 h)	1er	15		XX	Pied de cochon (jour et nuit)	1er	16
					XX	Vaudeville (Le) (2 h)	2e	16

Le plat que vous recherchez

Une andouillette

Ambassade d'Auvergne	3e	17
Benoît	4e	18
Casimir (Chez)	10e	29
Charbon de Bois (Au)	6e	20
Deux Taureaux	19e	38
Foux (La)	6e	20
Gasnier	à Puteaux	48
Georges (Chez)	2e	16
Gourmet de l'Isle	4e	18
Grilladin (Au)	6e	20
Joséphine	6e	20
Petit Riche	9e	29
Pied de Cochon	1er	16
Pouilly-Reuilly	au Pré St-Gervais	48
Sybarite (Le)	6e	20
Traversière (Le)	12e	30

Une bouillabaisse

Augusta (Chez)	17e	37
Charlot 1er « Merveille des Mers »	18e	38
Galan	4e	18
Jarrasse	à Neuilly-sur-Seine	47
Marius et Janette	8e	26
Moulin d'Orgemont	à Argenteuil	39
Prunier-Traktir	16e	34
Senteurs de Provence (Les)	15e	33
Truite Vagabonde	17e	37

Un cassoulet

Benoît	4e	18
Braisière (La)	17e	37
Chaumière Paysanne	14e	32
Galan	4e	18
Gasnier	à Puteaux	48
Grand Veneur	17e	36
Julien	10e	29
Lamazère	8e	25
Mon Pays	14e	33
Morens	16e	34
Pyrénées-Cévennes	11e	17
Quercy (Le)	9e	29
Quincy (Le)	12e	30
Relais du Périgord	13e	30
Sarladais	8e	26
Sud Ouest	5e	20
Table de Jeannette (La)	1er	15
Taverne Basque (La)	6e	20
Trois Marches	à Versailles	56
Truffière (La)	5e	20
Valéry (Le)	16e	35

Une choucroute

Balzar	5e	20
Baumann-Baltard	1er	15
Bofinger	4e	17
Cochon Doré	2e	16
Flo (Brasserie)	10e	29
Petite Alsace	12e	30

Un confit

Aquitaine (L')	15e	32
Auberge Landaise	à Enghien-les-Bains	43
Braisière (La)	17e	37
Cazaudehore	à St-Germain-en-Laye	52
Champ de Mars	7e	22
Etchegorry	13e	30
Étienne de Bigorre	6e	20
Gasnier	à Puteaux	48
Giberne (La)	15e	32
Lamazère	8e	25
Maison des Foies Gras (La)	1er	16
Mange Tout (Le)	5e	20
Mon Pays	14e	33
Potinière du Lac (La)	12e	30
Pouilly-Reuilly	au Pré-St-Gervais	48
Pyrénées-Cévennes	11e	17
Quercy (Le)	9e	29
Rabolière (La)	15e	33
Relais des Pyrénées	20e	38
Relais du Périgord	13e	30
Sarladais	8e	26
Sud-Ouest	5e	20
Taverne Basque	6e	20
Trou Gascon	12e	30
Valéry (Le)	16e	35

Des coquillages, crustacés, poissons

Arêtes (Les)	6e	20
Armes de Bretagne	14e	32
Atlantique	10e	29
Augusta (Chez)	17e	37
Bernardin (Le)	17e	36
Charlot Ier Merveille des Mers	18e	38
Dodin-Bouffant	5e	19
Dôme (Le)	14e	32
Drouant	2e	15
Duc (Le)	14e	32
Goumard	1er	15
Grand Pavillon	à Rungis	50
Jarrasse	à Neuilly-sur-Seine	47
Le Divellec	7e	21
Louis XIV	10e	28
Marée (La)	8e	25
Marius et Janette	8e	26
Mère Michel	17e	37
Pied de Cochon	1er	16
Prunier-Traktir	16e	34
Truite Vagabonde	17e	37
Ty Coz	9e	29

Des escargots

Bourgogne (La)	7e	22
Camélia (Le)	à Bougival	40
Coquille (La)	17e	37
Deux Taureaux	19e	38
Léon (Chez)	17e	37
Maître Paul	6e	20
Pouilly-Reuilly	au Pré St-Gervais	48
Sancerre (Le)	19e	38
Santenay (Le)	17e	37

Une grillade

Bœuf couronné	19e	38
Clocher du Village)Au)	16e	35
Charbon de bois (Au)	6e	20
Cochon d'Or	19e	38
Dagorno	19e	38
Deux Taureaux	19e	38
Grilladin (Au)	6e	20
Hilton (Western)	15e	31
Manoir Normand	8e	26
Petit Riche	9e	29
Pied de Cochon	1er	16
Sancerre (Le)	19e	38
Table de Jeannette (La)	1er	15
Taverne Basque (La)	6e	20
Trois Moutons	8e	26

Du boudin

Ambassade d'Auvergne	3e	17
Benoît	4e	18
Cochon d'Or	19e	38
Coquille (La)	17e	37
Gourmet de l'Isle	4e	18
Pouilly-Reuilly	au Pré St-Gervais	48
Quincy (Le)	12e	30

Une paëlla

Etchegorry	13e	30
Étienne de Bigorre	6e	20
Pralognan (Le)	6e	20
Pyrénées-Cévennes	11e	17

Des tripes

La Foux	6e	20
Pharamond	1er	16
Pied de Cochon	1er	16
Relais du Périgord	13e	30

Les fondues

Pralognan (Le)	6e	20

Des fromages choisis

Androuët	8e	26

Des soufflés

Le Soufflé	1er	16

Spécialités étrangères

Allemandes

Vieux Berlin (Au)	8e	26

Chinoises et Indochinoises

Délices de Szechuen (Aux)	7e	22
Focly	à Neuilly-s-Seine	47
Grand Chinois (Le)	16e	35
Moï (Le)	16e	35
Pagoda	9e	29
P'tite Tonkinoise (La)	10e	29
Tan Dinh	7e	22
Tong-Yen	8e	26
Tsé-Yang	16e	34
Vong (chez)	8e	26

Indiennes

Annapurna	8e	26
Indra	8e	26

Irlandaises

Ferme Irlandaise (La)	1er	16

Japonaises

Nikko (Benkay)	15e	31
Méridien (Yamato)	17e	35

Italiennes

Chateaubriant (Au)	10e	29
Conti	16e	35
Cour (La)	15e	33
Gildo (Chez)	7e	22
Main à la Pâte (La)	1er	16
Pinocchio	10e	29
Pinocchio	14e	32
Stresa	8e	26

Orientales et Nord Africaines

Al Mounia	16e	34
Caroubier (Le)	15e	32
Michèle (Chez)	13e	30
Timgad	17e	36
Tour Hassan (La)	2e	15
Wally	4e	17

Portugaises

Saudade	1er	16

Russes

Dominique	6e	20

Scandinaves

Copenhague	8e	26

Plein air

Bois de Boulogne

XXXX ✿ Grande Cascade	16e	35
XXXX ✿✿ Pré Catelan	16e	35

Champs-Elysées

XXXXX ✿✿ Laurent	8e	25
XXXXX ✿✿ Ledoyen	8e	25

Bougival	XXXX	✿ Coq Hardi	40
Champrosay	XX	Bouquet de la Forêt	41
Chennevières	XXX	Écu de France	42
Maisons-Laffitte	XXX	✿✿ Vieille Fontaine	45
»	XXX	✿✿ Tastevin	45
Meudon	XXX	Ermitage Villebon	46
St-Germain-en-L.	XXX	✿ Cazaudehore	51
Sucy-en-Brie	XX	Aub. de Tartarin	53
Vaucresson	XX	La Poularde	53
Le Vésinet	XX	Les Ibis	56

HOTELS, RESTAURANTS

par arrondissements

(Liste alphabétique des Hôtels et Restaurants, voir p. 6 à 9)

G 12 : Ces lettres et chiffres correspondent au carroyage du **Plan de Paris** Michelin n° **⑩**, **Paris Atlas** n° **⑪**, **Plan avec répertoire** n° **⑫** et **Plan de Paris** n° **⑭**.

En consultant ces quatre publications vous trouverez également les parkings les plus proches des établissements cités.

**Opéra, Palais-Royal,
Halles, Bourse.**
1er et 2e arrondissements.
  1er : ⊠ 75001
  2e : ⊠ 75002

🏨 **Ritz** 🦢, 15 pl. Vendôme (1er) ☏ 260.38.30, Télex 220262, 🏤, « Jardin intérieur » – 🛗 ▤ 🔟 ☎ 🔥 ℗. 🆎 ⓞ Ⴒ 𝘝𝘐𝘚𝘈. 🍽 rest G 12
R voir ci-après **Ritz-Espadon** – � 60 – **163 ch** 1 250/1 750, 42 appart.

🏨 **Inter-Continental**, 3 r. Castiglione (1er) ☏ 260.37.80, Télex 220114, 🏤 – 🛗 ▤ 🔟 ☎ 🔥 – 🕍 1000. 🆎 ⓞ Ⴒ 𝘝𝘐𝘚𝘈. 🍽 rest G 12
SC : Rôtiss. Rivoli R 250/280 - **café Tuileries R** 70/120 – ⊑ 80 – **500 ch** 1 243/1 470, 27 appart.

🏨 **Meurice**, 228 r. Rivoli (1er) ☏ 260.38.60, Télex 230673 – 🛗 ▤ rest 🔟 ☎ 🔥 – 🕍 40. 🆎 ⓞ Ⴒ 𝘝𝘐𝘚𝘈 G 12
R carte 200 à 270 – ⊑ 75 – **194 ch** 1 322/1 570, 32 appart.

🏨 **Lotti**, 7 r. Castiglione (1er) ☏ 260.37.34, Télex 240066 – 🛗 ▤ rest 🔟 ☎ 🔥 – 🕍 25. 🆎 ⓞ Ⴒ 𝘝𝘐𝘚𝘈. 🍽 rest G 12
R carte 150 à 230 - **Grill R** 170 – ⊑ 60 – **126 ch** 756/1 132.

🏨 **Westminster**, 13 r. Paix (2e) ☏ 261.57.46, Télex 680035 – 🛗 ▤ ch 🔟 ☎ – 🕍 80. 🆎 ⓞ Ⴒ 𝘝𝘐𝘚𝘈 G 12
SC : R *(fermé sam. et dim.)* carte 160 à 220 – ⊑ 50 – **102 ch** 750/1 050, 18 appart.

🏨 **Résidence St-James et Albany** Ⓜ, 202 r. Rivoli (1er) ☏ 260.31.60, Télex 213031 – 🛗 🔟 ☎ ℗ – 🕍 50 à 150. 🆎 ⓞ Ⴒ 𝘝𝘐𝘚𝘈. 🍽 H 12
SC : rest. Le Noailles *(fermé sam. et dim.)* **R** carte environ 180 – ⊑ 35 – **145 ch** 540/856, 3 appart..

🏨 **Louvre-Concorde**, pl. A.-Malraux (1er) ☏ 261.56.01, Télex 220412 – 🛗 🔟 ☎ 🔥. 🆎 ⓞ Ⴒ 𝘝𝘐𝘚𝘈 H 13
SC : R carte environ 130 – ⊑ 40 – **219 ch** 580/710.

🏨 **Édouard VII**, 39 av. Opéra (2e) ☏ 261.56.90, Télex 680217 – 🛗 🔟 ☎. 🆎 ⓞ 𝘝𝘐𝘚𝘈 G 13
R voir rest **Delmonico** – **100 ch** 460/578, 4 appart.

🏨 **Mayfair** Ⓜ sans rest, 3 r. Rouget-de-Lisle (1er) ☏ 260.38.14, Télex 240037 – 🛗 🔟 ☎ 🔥. 🆎 ⓞ Ⴒ 𝘝𝘐𝘚𝘈 G 12
SC : 52 ch ⊑ 510/720.

🏨 **France et Choiseul**, 239 r. St-Honoré (1er) ☏ 261.54.60, Télex 680959, 🏤 – 🛗 🔟 ☎ – 🕍 30 à 200. 🆎 ⓞ 𝘝𝘐𝘚𝘈 G 12
SC : R carte 95 à 135 🍷 – **128 ch** ⊑ 490/620, 7 appart.

🏨 **Cusset** Ⓜ, 95 r. Richelieu (2e) ☏ 297.48.90, Télex 670245 – 🛗 ▤ rest ☎. 𝘝𝘐𝘚𝘈 F 13
les Deux Ducs *(fermé dim.)* **R** carte 60 à 95 🍷 – **115 ch** ⊑ 140/400 – P 250/350.

🏨 **François** sans rest, 3 bd Montmartre (2e) ☏ 233.51.53, Télex 211097 – 🛗 🔟 ☎. 🆎 𝘝𝘐𝘚𝘈. 🍽 F 14
SC : 64 ch ⊑ 365/463, 11 appart. 540/589.

🏨 **Normandy**, 7 r. Échelle (1er) ☏ 260.30.21, Télex 670250 – 🛗 🔟 ☎ – 🕍 50. 🆎 ⓞ Ⴒ 𝘝𝘐𝘚𝘈 H 13
SC : R *(fermé sam. et dim.)* 140 – ⊑ 30 – **120 ch** 475/570, 8 appart.

🏨 **Cambon** Ⓜ sans rest, 3 r. Cambon (1er) ℡ 260.38.09, Télex 240814 – 🛗 📺 🚻wc
🚻wc ☎. 🄰🄴 ⓪ 🄴 𝑉𝐼𝑆𝐴.
SC : **44 ch** ⬡ 470/630.　　　　　　　　　　　　　　　　　　　　G 12

🏨 **Favart** sans rest, 5 r. Marivaux (2e) ℡ 297.59.83, Télex 213126 – 🛗 📺 🚻wc 🚻wc
☎. 🎸　　　　　　　　　　　　　　　　　　　　　　　　　　　　　F 13
SC : **40 ch** ⬡ 230/255.

🏨 **Richepanse** sans rest, 14 r. Richepanse (1er) ℡ 260.36.00, Télex 210811 – 🛗 📺
🚻wc 🚻wc. 🄰🄴. 🎸　　　　　　　　　　　　　　　　　　　　　　　G 12
SC : **43 ch** ⬡ 330/363.

🏨 **Montana Tuileries** Ⓜ sans rest, 12 r. St-Roch (1er) ℡ 260.35.10 – 🛗 📺
🚻wc 🚻wc ☎. 𝑉𝐼𝑆𝐴. 🎸　　　　　　　　　　　　　　　　　　　　　G 12
SC : ⬡ 20 – **25 ch** 270/400.

🏨 **Du Piémont** Ⓜ sans rest, 22 r. Richelieu (1er) ℡ 296.44.50 – 🛗 📺 🚻wc 🚻wc ☎.
🄰🄴 ⓪ 𝑉𝐼𝑆𝐴　　　　　　　　　　　　　　　　　　　　　　　　　　G 13
SC : ⬡ 19 – **28 ch** 230/363.

🏨 **Gd H. de Champagne** sans rest, 17 r. J.-Lantier (1er) ℡ 261.50.05, Télex 215955
– 🛗 📺 🚻wc 🚻wc ☎. 🄰🄴 ⓪ 𝑉𝐼𝑆𝐴. 🎸　　　　　　　　　　　　　J 14
SC : ⬡ 25 – **45 ch** 261/300.

🏨 **Ducs de Bourgogne** sans rest, 19 r. Pont-Neuf (1er) ℡ 233.95.64 – 🛗 🚻wc
🚻wc ☎. 𝑉𝐼𝑆𝐴. 🎸　　　　　　　　　　　　　　　　　　　　　　　H 14
SC : ⬡ 19 – **49 ch** 207/218.

🏨 **Ducs d'Anjou** sans rest, 1 r. Ste-Opportune (1er) ℡ 236.92.24 – 🛗 🚻wc 🚻wc
☎. 🎸　　　　　　　　　　　　　　　　　　　　　　　　　　　　　H 14
SC : ⬡ 19 – **38 ch** 130/219.

🏨 **St-Romain** sans rest, 7 r. St-Roch (1er) ℡ 260.31.70 – 🛗 🚻wc 🚻wc ☎　　G 13
SC : ⬡ 18 – **33 ch** 190/230.

🏨 **Family** sans rest, 35 r. Cambon (1er) ℡ 261.54.84 – 🛗 🚻wc 🚻wc ☜ ♿　　G 12
SC : ⬡ 16 – **25 ch** 143/232.

XXXXX ⊛⊛ **Ritz-Espadon,** 15 pl. Vendôme (1er) ℡ 260.38.30, 🍴 – ⓟ. 🄰🄴 ⓪ 🄴 𝑉𝐼𝑆𝐴. 🎸
R carte 245 à 360　　　　　　　　　　　　　　　　　　　　　　G 12
Spéc. Petite salade Cendrillon, Suprême de bar, Crêpes flambées.

XXXX **Drouant,** pl. Gaillon (2e) ℡ 742.56.61 – 🄰🄴 ⓪ 🄴 𝑉𝐼𝑆𝐴　　　　　　　　G 13
au rest. **R** carte 195 à 280, au Grill *(fermé 16 au 31/8, sam. et dim.)* **R** carte environ
200.

XXXX ⊛⊛ **Grand Vefour,** 17 r. Beaujolais (1er) ℡ 296.56.27, ancien café du Palais Royal
fin 18e s. – 🍽. 🄰🄴. 🎸　　　　　　　　　　　　　　　　　　　　G 13
fermé août, sam. et dim. – **R** carte 235 à 305
Spéc. Salade de homard et ris de veau, Filet de barbue, Suprême de pigeonneau.

XXX **Delmonico,** 39 av. Opéra (2e) ℡ 261.44.26 – 🍽. 🄰🄴 ⓪ 𝑉𝐼𝑆𝐴　　　　　G 13
fermé dim. – **R** carte 165 à 240.

XXX ⊛ **Mercure Galant,** 15 r. Petits-Champs (1er) ℡ 297.53.85　　　　　　G 13
fermé sam. midi, dim. et fêtes – **R** carte 170 à 215.
Spéc. Terrine Ferranti, Foie de veau au vinaigre de Xérès, Feuilletés.

XXX ⊛ **Gérard Besson,** 5 r. Coq Héron (1er) ℡ 233.14.74 – ⓪ 𝑉𝐼𝑆𝐴　　　　H 14
fermé 7 au 31 juil., 22 déc. au 6 janv., sam., dim. et fêtes – **R** 161 bc (déj.) et carte
140 à 220
Spéc. Poissons, Gibier (en saison), Biscuit glacé à la framboise.

XXX **''Pierre'' A la Fontaine Gaillon,** pl. Gaillon (2e) ℡ 265.87.04 – 🄰🄴 ⓪ 🄴 𝑉𝐼𝑆𝐴
fermé août, sam. midi et dim. – **R** 120/195.　　　　　　　　　　G 13

XX **La Table de Jeannette,** 12 r. Duphot (1er) ℡ 260.05.64 – 🄰🄴 ⓪ 𝑉𝐼𝑆𝐴　G 12
fermé 3 août au 2 sept., 22 déc. au 2 janv., sam. et dim. – SC : **R** carte 130 à 205.

XX **Goumard,** 17 r. Duphot (1er) ℡ 260.36.07 – 🄰🄴 ⓪ 🄴 𝑉𝐼𝑆𝐴　　　　　　G 12
fermé dim. – **R** carte 140 à 200.

XX ⊛ **Chez Pauline** (Génin), 5 r. Villedo (1er) ℡ 296.20.70 – 𝑉𝐼𝑆𝐴　　　　G 13
fermé sam. soir et dim. – **R** (🍽 1er étage) carte 130 à 220
Spéc. Ris de veau en croûte, Foie gras frais, Mariage de champignons sauvages et gibier (oct. à
janv.).

XX **La Tour Hassan,** 27 r. Turbigo (2e) ℡ 233.79.34, décor mauresque – 🍽. 🄰🄴 ⓪
𝑉𝐼𝑆𝐴. 🎸　　　　　　　　　　　　　　　　　　　　　　　　　　　G 15
fermé lundi – SC : **R** carte 110 à 145.

XX **Baumann Baltard,** 9 r. Coquillère (1er) ℡ 236.22.00 – 🍽. 🄴 𝑉𝐼𝑆𝐴　　　H 14
SC : **R** carte 110 à 165 🍺.

XX ❀ **Pierre Traiteur,** 10 r. Richelieu (1er) ☎ 296.09.17 — 🆎 ⓞ 𝗩𝗜𝗦𝗔   H 13
fermé août, sam. et dim. — **R** carte 140 à 195
Spéc. Foie gras en terrine, Cèpes farcis à la rouergate, Rognon de veau aux échalotes confites.

XX **La Main à la Pâte,** 35 r. St-Honoré (1er) ☎ 508.85.73 — 🆎 ⓞ 𝗩𝗜𝗦𝗔   H 14
fermé dim. — SC : **R** carte 140 à 200 ♨.

XX **Le Petit Coin de la Bourse,** 16 r. Feydeau (2e) ☎ 508.00.08. 𝗩𝗜𝗦𝗔   F 14
fermé sam. et dim. **R** carte 125 à 170.

XX **La Corbeille,** 154 r. Montmartre (2e) ☎ 261.30.87 — 🆎 ⓞ 𝗩𝗜𝗦𝗔   G 14
fermé sam. midi, dim. et fêtes — **R** carte environ 160.

XX **La Maison des Foies Gras,** 7 r. Gamboust (1er) ☎ 261.02.93 — 🆎 ⓞ 𝗩𝗜𝗦𝗔   G 13
fermé sam. midi et dim. — SC : **R** (nombre de couverts limité - prévenir) carte 150 à 200.

XX **Pied de Cochon** (ouvert jour et nuit), 6 r. Coquillière (1er) ☎ 236.11.75 — 🆎 ⓞ
𝗩𝗜𝗦𝗔   H 14
R carte 100 à 160.

XX **Le Soufflé,** 36 r. Mt-Thabor (1er) ☎ 260.27.19 — 🍴. 🆎 ⓞ 🅴 𝗩𝗜𝗦𝗔   G 12
fermé dim. et fériés — **R** carte 100 à 140.

XX **Saudade,** 34 r. Bourdonnais (1er) ☎ 236.30.71 — 🆎 ⓞ 𝗩𝗜𝗦𝗔   H 14
fermé dim. — SC : **R** carte 95 à 135.

XX **La Ferme Irlandaise,** 30 pl. Marché St.-Honoré (1er) ☎ 296.02.99   G 12

XX **La Barrière Poquelin,** 17 r. Molière (1er) ☎ 296.22.19 — 🆎 𝗩𝗜𝗦𝗔   G 13
fermé sam. midi et dim. — **R** carte 150 à 215.

XX ❀ **Bistro d'Hubert,** 36 pl. Marché St-Honoré (1er) ☎ 260.03.00 — 🆎 𝗩𝗜𝗦𝗔   G 12
fermé dim. et lundi — **R** 140 (déj) et carte 195 à 275
Spéc. Suprême de turbot à la vodka, Jumelé de foie gras et filet de canard, Feuillantine de poires.

XX **Brasserie Gus,** 157 r. Montmartre (2e) ☎ 236.68.40 — 𝗩𝗜𝗦𝗔   F 14
fermé sam. midi et dim. — **R** carte 100 à 145.

XX **Vaudeville,** 29 r. Vivienne (2e) ☎ 233.39.31 — 🆎 ⓞ 𝗩𝗜𝗦𝗔   FG 14
R carte 85 à 125 ♨.

XX **Chez Gabriel,** 123 r. St-Honoré (1er) ☎ 233.02.99 — 🆎 ⓞ 𝗩𝗜𝗦𝗔   H 14
fermé août et dim. soir — **R** carte 90 à 150.

XX **Caveau du Palais,** 19 pl. Dauphine (1er) ☎ 326.04.28 — 🆎 𝗩𝗜𝗦𝗔   J 14
fermé sam. et dim. — **R** carte 115 à 170.

XX **Pasadena,** 7 r. du 29-Juillet (1er) ☎ 260.68.96 — 🆎 𝗩𝗜𝗦𝗔   G 12
fermé août, sam. soir et dim. — **R** carte 90 à 125 ♨.

X ❀ **Pharamond,** 24 r. Grande-Truanderie (1er) ☎ 233.06.72 — 🆎 ⓞ 𝗩𝗜𝗦𝗔   H 15
fermé juil., lundi midi et dim. — **R** carte 105 à 155
Spéc. Tripes, St-Jacques au cidre (saison),.

X **La Bonne Fourchette,** 320 r. St-Honoré (1er) ☎ 260.45.27 — 🆎 ⓞ 🅴 𝗩𝗜𝗦𝗔   G 12
fermé Noël-Jour de l'An, 1er au 22 fév., sam. et dim. midi — SC : **R** 65/98.

X **Cochon Doré,** 16 r. Thorel (2e) ☎ 233.29.70 — 🍴   G 15
fermé merc. — SC : **R** 62 bc/128 bc.

X ❀ **Aux Petits Pères** (Chez Yvonne), 8 r. N.-D.-des-Victoires (2e) ☎ 260.91.73 — 🆎
𝗩𝗜𝗦𝗔   G 14
fermé août, vacances de fév., sam. et dim. — **R** (prévenir) carte 85 à 150
Spéc. St-Jacques à la provençale (oct.-fin avril), Ris de veau toulousaine, Faisan (saison de chasse) ou pintade aux choux.

X **Chez Georges,** 1 r. Mail (2e) ☎ 260.07.11 — 🍴. 🆎 ⓞ 𝗩𝗜𝗦𝗔   G 14
fermé dim. et fêtes — **R** carte 95 à 140.

X **Louis XIV,** 1bis pl. Victoires (1er) ☎ 261.39.44   G 14
fermé août, sam. et dim. — **R** carte 110 à 170.

X **La Vigne,** 30 r. Arbre-Sec (1er) ☎ 260.13.55   H 14
fermé août, dim. et lundi — **R** carte 80 à 115.

X **Paul,** 15 pl. Dauphine (1er) ☎ 354.21.48 — ✁   J 14
fermé août, lundi et mardi — **R** carte 85 à 115.

X **Pile ou Face,** 52 bis r. N.-D. des Victoires (2e) ☎ 233.64.33   G 14
fermé août, sam., dim. et fêtes — **R** carte 85 à 125.

Reisen Sie in die Umgebung von Paris mit den **Michelin-Karten**

Nr. **101** im Maßstab 1 : 50 000 Paris und Vororte

    196 im Maßstab 1 : 100 000 Umgebung von Paris

    237 im Maßstab 1 : 200 000 Ile de France

Bastille, République,
Hôtel de Ville.
3ᵉ, 4ᵉ et 11ᵉ arrondissements.
3ᵉ : ✉ 75003
4ᵉ : ✉ 75004
11ᵉ : ✉ 75011

Holiday Inn Ⓜ, 8 pl. République (11ᵉ) ☎ 355.44.34, Télex 210651 – cuisinette – 40 à 200. AE ⓓ E VISA G 17
SC : **Belle Époque** (Classique) **R** 120/220 **Le Jardin d'hiver** (Coffee-Shop) (déj. seul.) *(fermé dim. et fêtes)* **R** carte environ 80 – 50 – **325 ch** 500/930.

Deux Iles Ⓜ sans rest, 59 r. St.-Louis-en-l'Ile (4ᵉ) ☎ 326.13.35 – wc wc ☎ K 16
SC : 25 – **17 ch** 300/360.

Lutèce Ⓜ sans rest, 65 r. St-Louis-en-l'Ile (4ᵉ) ☎ 326.23.52 – wc wc ☎. K 16
SC : 22 – **23 ch** 337/360.

Bretonnerie sans rest, 22 r. Ste-Croix-de-la-Bretonnerie (4ᵉ) ☎ 887.77.63 – wc wc ☎. J 16
SC : 17 – **31 ch** 168/310.

Marais sans rest, 2 bis r. Commines (3ᵉ) ☎ 887.78.27 – wc wc ☎. AE VISA H 17
SC : 18 – **38 ch** 155/250.

Place des Vosges sans rest, 12 r. Birague (4ᵉ) ☎ 272.60.46 – wc wc ☎. AE ⓓ VISA. J 17
SC : 19,50 – **16 ch** 167/230.

Vieux Marais sans rest, 2 r. Plâtre (4ᵉ) ☎ 278.47.22 – wc wc ☎. E. H 16
SC : **30 ch** 165/280.

Nord et Est sans rest, 49 r. Malte (11ᵉ) ☎ 700.71.70 – wc wc ☎. G 17
fermé août et 22 déc. au 2 janv. – SC : 16,50 – **44 ch** 150/200.

Notre-Dame sans rest, 51 r. Malte (11ᵉ) ☎ 700.78.76 – wc wc ☎. G 17
fermé 24 juil. au 31 août – SC : 16 – **54 ch** 95/200.

Roubaix sans rest, 6 r. Greneta (3ᵉ) ☎ 272.89.91 – wc ☎ G 15
SC : 15 – **48 ch** 120/195.

XXX **Ambassade d'Auvergne,** 22 r. Grenier St-Lazare (3ᵉ) ☎ 272.31.22 – . AE ⓓ E VISA H 15
fermé dim. – SC : **R** carte 110 à 165.

XX ✿ **Quai des Ormes** (Masraff), 72 quai Hôtel de Ville (4ᵉ) ☎ 274.72.22 J 15
fermé août, sam. et dim. – **R** carte 150 à 210
Spéc. Ravioli de champignons sauvages, Etuvée de bar au Bourgueil, Chaud froid de poires aux épices.

XX **L'Acadien,** 35 bd Temple (3ᵉ) ☎ 272.27.94 – AE ⓓ E VISA G 17
fermé 10 au 25 août, sam. et dim. – SC : **R** carte 135 à 210.

XX ✿ **A Sousceyrac** (Asfaux), 35 r. Faidherbe (11ᵉ) ☎ 371.65.30 – VISA J 19
fermé 14 au 22 avril, août, sam. et dim. – **R** carte 120 à 170
Spéc. Foie gras frais, Ris de veau aux champignons.

XX **Bofinger,** 5 r. Bastille (4ᵉ) ☎ 272.87.82 – AE ⓓ E VISA J 17
R carte 115 à 180 .

XX ✿ **Chardenoux,** 1 r. J.-Vallès (11ᵉ) ☎ 371.49.52 K 20
fermé sam. midi et dim. – SC : **R** carte 150 à 180
Spéc. Pudding de moelle de boeuf, Lotte rôtie, Gratinée de fruits rouges (juin à fin août).

XX **Repaire de Cartouche,** 8 bd Filles-du-Calvaire (11ᵉ) ☎ 700.25.86 – VISA H 17
fermé 21 juil. au 19 août, vacances de fév., sam. et dim. – **R** carte 105 à 155.

XX Coconnas, 2 bis pl. Vosges (4ᵉ) ☎ 278.58.16 J 17

XX **Guirlande de Julie,** 25 pl. des Vosges (4ᵉ) ☎ 887.94.07 – AE J 17
fermé fév., dim. et lundi – **R** 150 bc (déj.) et dîner carte environ 150.

XX **Wally,** 16 r. Le Regrattier (4ᵉ) ☎ 325.01.39 – AE ⓓ VISA. K 15
fermé 3 au 23 sept., dim. et le midi : sam. et lundi – **R** 180 bc.

XX **Pyrénées Cévennes,** 106 r. Folie-Méricourt (11ᵉ) ☎ 357.33.78 G 17
fermé août, sam., dim. et fêtes – **R** carte 120 à 180.

XX **Taverne des Templiers,** 106 r. Vieille-du-Temple (3ᵉ) ☏ 278.74.67 – 𝚅𝙸𝚂𝙰   H 17
fermé août, sam. et dim. – **R** carte 95 à 140.

XX **Au Gourmet de l'Isle,** 42 r. St-Louis-en-l'Ile (4ᵉ) ☏ 326.79.27 – ▤   K 16
fermé 25 juil. au 1ᵉʳ sept., lundi et jeudi – **R** 80.

XX **Galan,** 36 bd Henri-IV (4ᵉ) ☏ 272.17.09 – 𝔸𝔼 𝚅𝙸𝚂𝙰   K 17
fermé août, sam. (sauf le soir d'oct. à mars) et dim. – **R** carte 95 à 140.

X ✾ **Benoît,** 20 r. St-Martin (4ᵉ) ☏ 272.25.76   J 15
fermé août, sam. et dim. – SC : **R** carte 150 à 220
Spéc. Soupe de moules, Marmite dieppoise, Bœuf mode braisé bourgeoise.

X **Tuboeuf,** 26 r. de Montmorency ☏ 272-31-04 – 𝚅𝙸𝚂𝙰 ⥃   H 16
fermé 28 juil. au 26 août, sam. et dim. – SC : **R** 110/155.

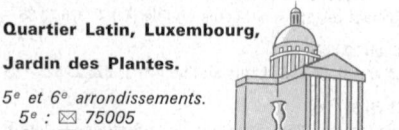

Quartier Latin, Luxembourg,

Jardin des Plantes.

5ᵉ et 6ᵉ arrondissements.
5ᵉ : ⊠ 75005
6ᵉ : ⊠ 75006

🏨🏨🏨 **Victoria Palace** Ⓜ ⤳, 6 r. Blaise-Desgoffe (6ᵉ) ☏ 544.38.16, Télex 270557 – 🛗
📺 ☎ ⇦ 𝔸𝔼 𝚅𝙸𝚂𝙰 ⥃   L 11
SC : **R** 110 – **110 ch** ⊃⊂ 450/600.

🏨🏨🏨 **Littré,** 9 r. Littré (6ᵉ) ☏ 544.38.68, Télex 203852 – 🛗 📺 ☎ ⇦ – 🔒 25. 𝔸𝔼 𝔼 𝚅𝙸𝚂𝙰.
⥃   L 11
SC : **R** *(fermé dim.)* 110 – **100 ch** ⊃⊂ 450/560, 3 appart. 670.

🏨🏨🏨 **Lutétia Concorde,** 45 bd Raspail (6ᵉ) ☏ 544.38.10, Télex 270424 – 🛗 ▤ rest 📺
☎ – 🔒 25 à 600. 𝔸𝔼 ⓞ 𝔼 𝚅𝙸𝚂𝙰   K 12
SC : **R** 62/92 ♨ – ⊃⊂ 40 – **280 ch** 580/780, 10 appart..

🏨🏨 **Relais Christine** Ⓜ ⤳ sans rest, 3 r. Christine (6ᵉ) ☏ 326.71.80, Télex 202606 –
🛗 ▤ 📺 ☎ ⇦ – 🔒 25. 𝔸𝔼 ⓞ 𝚅𝙸𝚂𝙰 ⥃   J 14
SC : ⊃⊂ 40 – **30 ch** 640/680, 17 appart.

🏨🏨 **Abbaye St-Germain** Ⓜ ⤳ sans rest, 10 r. Cassette (6ᵉ) ☏ 544.38.11, 🌼 – 🛗
☎ ⥃   K 12
SC : **45 ch** ⊃⊂ 400/500.

🏨🏨 **Odéon H.,** Ⓜ sans rest, 3 r. Odéon (6ᵉ) ☏ 325.90.67, Télex 202943 – 🛗 ☎. 𝔸𝔼 ⓞ
𝚅𝙸𝚂𝙰 ⥃   K 13
SC : **34 ch** ⊃⊂ 350/390.

🏨🏨 **Madison H.** sans rest, 143 bd St-Germain (6ᵉ) ☏ 329.72.50 – 🛗 ☎. ⥃   J 13
SC : ⊃⊂ 14 – **57 ch** 187/288.

🏨🏨 **Angleterre** sans rest, 44 r. Jacob (6ᵉ) ☏ 260.34.72 – 🛗 ☎. 𝔸𝔼 ⓞ 𝚅𝙸𝚂𝙰. ⥃   J 13
SC : ⊃⊂ 22 – **31 ch** 280/400.

🏨 **Scandinavia** sans rest, 27 r. Tournon (6ᵉ) ☏ 329.67.20 – ⚞wc ☜.   K 13
fermé août – SC : ⊃⊂ 15 – **22 ch** 260/285.

🏨 **Colbert** sans rest, 7 r. Hôtel-Colbert (5ᵉ) ☏ 325.85.65, Télex 260690 – 🛗 📺 ⚞wc
🛁wc ☎. 𝔸𝔼 𝚅𝙸𝚂𝙰. ⥃   K 15
SC : ⊃⊂ 21 – **38 ch** 251/588.

🏨 **Delavigne** sans rest, 1 r. C.-Delavigne (6ᵉ) ☏ 329.31.50, Télex 201579 – 🛗 ⚞wc
🛁wc ☎. ⥃   K 13
SC : ⊃⊂ 18 – **34 ch** 200/252.

🏨 **Pas-de-Calais** sans rest, 59 r. Sts-Pères (6ᵉ) ☏ 548.78.74 – 🛗 ⚞wc 🛁wc ☎   J 12
SC : ⊃⊂ 16 – **41 ch** 264/300.

🏨 **Marronniers** Ⓜ ⤳ sans rest, 21 r. Jacob (6ᵉ) ☏ 325.30.60, 🌼 – 🛗 ⚞wc 🛁wc
☎. ⥃   J 13
SC : ⊃⊂ 20 – **37 ch** 255/280.

🏨 **Ferrandi** sans rest, 92 r. Cherche-Midi (6ᵉ) ☏ 222.97.40, Télex 205201 – 🛗 ⚞wc
🛁wc ☎   L 11
SC : ⊃⊂ 23 – **42 ch** 300/350.

🏨 **St-Germain-des-Prés** sans rest, 36 r. Bonaparte (6ᵉ) ☏ 326.00.19 – 🛗 📺
⚞wc 🛁wc ☎. 𝔸𝔼. ⥃   J 13
SC : **28 ch** ⊃⊂ 370/500.

🏨 **Terminus Montparnasse** sans rest, 59 bd Montparnasse (6ᵉ) ☏ 548.99.10, Télex
202636 – 🛗 📺 ⚞wc 🛁wc ☎. 𝔼 𝚅𝙸𝚂𝙰   L 11
fermé août – SC : ⊃⊂ 20 – **63 ch** 270/385.

🏠 **Collège de France** Ⓜ sans rest, 7 r. Thénard (5ᵉ) ℡ 326.78.36 – ▮ 📺 ➡wc
🛏wc ☎. ᴬᴱ. ❄ K 14
SC : ➡ 18 – **29 ch** 248/271.

🏠 **Gd H. des Principautés Unies** Ⓜ sans rest, 42 r. Vaugirard (6ᵉ) ℡ 634.44.90 –
▮ 📺 ➡wc 🛏wc ☜. ❄ K 13
fermé août – SC : **25 ch** ➡ 283.

🏠 **d'Isly** sans rest, 29 r. Jacob (6ᵉ) ℡ 329.59.96 – ▮ ➡wc 🛏wc ☎. ❄ J 13
SC : **36 ch** ➡ 150/340.

🏠 **Seine** sans rest, 52 r. Seine (6ᵉ) ℡ 634.22.80 – ▮ 📺 ➡wc 🛏wc ☎. ᴬᴱ ⓞ 𝐕𝐈𝐒𝐀
❄ J 13
SC : **30 ch** ➡ 165/320.

🏠 **Rennes Montparnasse** sans rest, 151 bis r. Rennes (6ᵉ) ℡ 548.97.38, Télex
250048 – ▮ ➡wc 🛏wc ☜. ᴬᴱ ⓞ 🇪 𝐕𝐈𝐒𝐀 L 12
fermé 1ᵉʳ au 29 août – SC : **38 ch** ➡ 220/395.

🏠 **Aviatic** sans rest, 105 r. Vaugirard (6ᵉ) ℡ 544.38.21, Télex 200372 – ▮ 📺 ➡wc
🛏. ᴬᴱ ⓞ 𝐕𝐈𝐒𝐀 L 11
SC : **43 ch** ➡ 300/430.

🏠 **Nations** sans rest, 54 r. Monge (5ᵉ) ℡ 326.45.24 – ▮ ➡wc 🛏wc ☎. ᴬᴱ ⓞ 𝐕𝐈𝐒𝐀
SC : ➡ 20 – **38 ch** 180/248. L 15

🏠 **Welcome** Ⓜ sans rest, 66 r. Seine (6ᵉ) ℡ 634.24.80 – ▮ ➡wc 🛏wc ☜. ❄ J 13
SC : ➡ 20 – **30 ch** 171/248.

🏠 **Gd H. Suez** sans rest, 31 bd St-Michel (5ᵉ) ℡ 634.08.02, Télex 202019 – ▮ ➡wc
🛏wc ☎. ᴬᴱ ⓞ 🇪 𝐕𝐈𝐒𝐀. ❄ K 14
SC : **50 ch** ➡ 168/296.

🏠 **Albe** sans rest, 1 r. Harpe (5ᵉ) ℡ 634.09.70 – ▮ ➡wc 🛏wc ☎. ❄ K 14
SC : **41 ch** ➡ 160/265.

🏠 **Odéon** sans rest, 13 r. St-Sulpice (6ᵉ) ℡ 325.70.11 – ▮ 📺 ➡wc 🛏wc ☎. ᴬᴱ ⓞ
𝐕𝐈𝐒𝐀 K 13
SC : **24 ch** ➡ 160/345.

🏠 **Muséum** sans rest, 9 r. Buffon (5ᵉ) ℡ 331.51.90 – 📺 ➡wc 🛏wc ☜. ᴬᴱ 𝐕𝐈𝐒𝐀 L 16
SC : ➡ 24 – **24 ch** 191/216.

🏠 **St-Sulpice** sans rest, 7 r. C.-Delavigne (6ᵉ) ℡ 634.23.90 – ▮ ➡wc 🛏wc ☜ K 13
SC : ➡ 18 – **41 ch** 189/225.

XXXXX ✿✿✿ **Tour d'Argent** (Terrail), 15 quai Tournelle (5ᵉ) ℡ 354.23.31, « Petit musée
de la table, ≼ Notre-Dame, dans les caves : spectacle historique sur le vin » – ᴬᴱ
ⓞ K 16
fermé lundi – **R** 195 (déj.) et carte 315 à 425
Spéc. Poêlée de langoustines, Caneton Tour d'Argent, Célestines au citron vert.

XXX ✿✿ **Jacques Cagna**, 14 r. Gds-Augustins (6ᵉ) ℡ 326.49.39, « Maison du Vieux
Paris » – ▮. ᴬᴱ ⓞ 𝐕𝐈𝐒𝐀 J 14
fermé août, sam. et dim. – **R** 175 (déj.) et carte 195 à 295
Spéc. Cassolette d'huîtres et de homard, Sandre au chou, Canard au vin.

XXX ✿ **Relais Louis XIII**, 1 r. Pont de Lodi (6ᵉ) ℡ 326.75.96, « Caveau 16ᵉ siècle,
beau mobilier » – ▮. ᴬᴱ ⓞ 🇪 𝐕𝐈𝐒𝐀 J 14
fermé 25 juil. au 31 août, lundi midi et dim. – **R** carte 180 à 260
Spéc. Huîtres chaudes et pétoncles, Sole soufflée, Noix de ris de veau braisée.

XXX **Villars Palace**, 8 r. Descartes (5ᵉ) ℡ 326.39.08 – ᴬᴱ ⓞ 🇪 𝐕𝐈𝐒𝐀 L 15
fermé sam. midi – **R** (rest.) carte 195 à 265 – **La Saumoneraie R** 55/85.

XXX ✿✿ **Duquesnoy**, 30 r. Bernardins (5ᵉ) ℡ 354.21.13 – ᴬᴱ 𝐕𝐈𝐒𝐀 K 15
fermé août, sam. midi, dim. et fériés – **R** Carte 165 à 230
Spéc. Paté chaud de caille et ris de veau aux truffes, St-Pierre au beurre rouge, Aiguillettes de boeuf
à la compote d'oignons doux.

XX **Aub. des Deux Signes**, 46 r. Galande (5ᵉ) ℡ 325.46.56, « Cadre médiéval » –
ᴬᴱ ⓞ 🇪 𝐕𝐈𝐒𝐀 K 14
fermé dim. et fériés – **R** carte 170 à 250.

XX ✿ **Dodin-Bouffant**, 25 r. F.-Sauton (5ᵉ) ℡ 325.25.14 – ▮. ⓞ 𝐕𝐈𝐒𝐀 K 15
fermé août, vacances de Noël, sam. et dim. – **R** carte 135 à 190
Spéc. Daube d'huîtres et pieds de porc, Timbale du pêcheur, Ragoût de canard et ris de veau.

XX ✿✿ **Ambroisie** (Pacaud), 65 quai de la Tournelle (5ᵉ) ℡ 633.18.65 – ᴬᴱ 𝐕𝐈𝐒𝐀 K 15
fermé 15 août au 15 sept., dim. et lundi – SC : **R** carte 190 à 230
Spéc. Mousse de poivrons, Panaché de poissons au safran, Millefeuilles aux fruits.

XX **Le Pactole**, 44 bd St-Germain (5ᵉ) ℡ 633.31.31 K 15

XX **Coupe-Chou**, 11 r. Lanneau (5ᵉ) ℡ 633.68.69 – ᴬᴱ 𝐕𝐈𝐒𝐀 K 14
fermé dim. midi – **R** carte 110 à 180.

XX **Sud Ouest,** 40 r. Montagne Ste Geneviève (5e) ☏ 633.30.46, « Dans une crypte du 13e s. » – AE (D) VISA K 15
fermé dim. – SC : **R** carte 135 à 205.

XX **Atelier Maître Albert,** 1 r. Maître-Albert (5e) ☏ 633.13.78 – ▤ K 15
fermé dim. et fériés – **R** (dîner seul.) 135 bc.

XX ✿ **Miraville,** 25 quai de la Tournelle (5e) ☏ 634.07.78 – AE (D) VISA K 15
fermé sam. et dim. – SC : **R** carte 165 à 210
Spéc. Terrine de brochet, Petite marmite de poissons, Queue de boeuf au bourgogne.

XX **La Truffière,** 4 r. Blainville (5e) ☏ 633.29.82 – ▤. AE (D) E VISA. ⚘ L 15
fermé 1er au 30 juil., dim. et lundi – **R** carte 100 à 160.

XX **Taverne Basque,** 45 r. Cherche-Midi (6e) ☏ 222.51.07 – AE VISA K 12
fermé 12 au 20 août, dim. soir et lundi – **R** carte 95 à 165.

XX **La Foux,** 2 r. Clément (6e) ☏ 354.09.53 – ▤. AE (D) K 13
fermé dim. – SC : **R** carte 120 à 190.

XX **Les Arètes,** 165 bd Montparnasse (6e) ☏ 326.23.98 – AE M 13
fermé sam. midi et lundi – **R** carte 140 à 200.

XX **Chez Tante Madée,** 11 r. Dupin (6e) ☏ 222.64.56 – AE (D) K 12
fermé sam. midi et dim. – SC : **R** carte 170 à 210.

XX **Le Sybarite,** 6 r. Sabot (6e) ☏ 222.21.56 – ▤. AE (D) VISA. ⚘ K 12
fermé 23 déc. au 2 janv., sam. midi et dim. – **R** 125.

XX **Au Grilladin,** 13 r. Mézières (6e) ☏ 548.30.38 K 12
fermé vacances de Pâques, août, vacances de Noël, lundi midi et dim. – **R** carte 115 à 155.

XX **Joséphine** (Chez Dumonet), 117 r. Cherche-Midi (6e) ☏ 548.52.40 – VISA L 11
fermé juil., 24 déc. au 1er janv., sam. et dim. – **R** carte 125 à 205.

XX **Dominique,** 19 r. Bréa (6e) ☏ 327.08.80 – AE (D) E VISA L 12
fermé juil. – **R** carte 100 à 150.

X ✿ **Allard** (Mme Allard), 41 r. St-André-des-Arts (6e) ☏ 326.48.23 – ▤. (D) VISA K 14
fermé août, sam., dim. et fêtes – SC : **R** (nombre de couverts limité - prévenir) carte 170 à 230
Spéc. Poissons au beurre blanc, Gibiers (saison).

X **Balzar,** 49 r. Écoles (5e) ☏ 354.13.67 – ⚘ K 14
fermé août et mardi – **R** carte 90 à 145.

X **Moissonnier,** 28 r. Fossés-St-Bernard (5e) ☏ 329.87.65 K 15
fermé août, dim. soir et lundi – **R** carte 95 à 135.

X **Au Charbon de Bois,** 16 r. Dragon (6e) ☏ 548.57.04 – ▤. (D) VISA J 12
fermé lundi midi et dim. – **R** carte 90 à 120.

X **Étienne de Bigorre,** 14 r. Dauphine (6e) ☏ 326.49.81 – AE (D) J 14
fermé 22 au 30 avril, août, dim. et lundi – **R** carte 95 à 150 ♁.

X **Chez Maître Paul,** 12 r. Monsieur-le-Prince (6e) ☏ 354.74.59 – AE (D) VISA K 13
fermé août, dim. et lundi – **R** carte 90 à 135.

X **Moulin à Vent,** 20 r. Fossés-St-Bernard (5e) ☏ 354.99.37 – AE (D) VISA K 15
fermé août et dim. – **R** carte 110 à 155.

X **Le Mange Tout,** 30 r. Lacépède (5e) ☏ 535.53.93 – (D) VISA L 15
fermé 8 août au 1er sept., 22 au 28 fév., lundi midi et dim. – SC : **R** carte 95 à 135.

X **Le Pralognan,** 3 r. Hautefeuille (6e) ☏ 354.35.46 – (D) VISA K 14
fermé 1er août au 2 sept. et dim. – SC : **R** carte 105 à 155.

Faubourg-St-Germain, Invalides, École Militaire.

7e arrondissement.
7e : ✉ 75007

Pont Royal et rest. Les Antiquaires, 7 r. Montalembert ☏ 544.38.27, Télex 270113 – ▯ TV ☎ – 🏛 50. AE (D) E VISA J 12
SC : **R** *(fermé dim.)* 160 ♁ – **76 ch** ⊒ 600/960, 5 appart.

Sofitel Bourbon Ⓜ, 32 r. St-Dominique ☏ 555.91.80, Télex 250019 – ▯ ▤ TV ☎ ♿ 🚗 – 🏛 50. AE (D) E VISA H 10
SC : **R** voir ci-après, rest. **Le Dauphin** – ⊒ 52 – **108 ch** 780/940.

Cayré-Copatel Ⓜ sans rest, 4 bd Raspail ☏ 544.38.88, Télex 270577 – ▯ TV ☎. AE (D) E VISA J 12
SC : **131 ch** ⊒ 439/514.

Université sans rest, 22 r. Université ☏ 261.09.39 – ▯ ☎. ⚘ J 12
SC : ⊒ 25 – **27 ch** 300/500.

🏛 **Montalembert** sans rest, 3 r. Montalembert ☏ 548.68.11, Télex 200132 — 📶. **E**
SC : **61 ch** ☲ 420/580
J 12

🏛 **La Bourdonnais**, 111 av. La Bourdonnais ☏ 705.45.42, Télex 201416 — 📶 ☎ J 9
SC : **R** voir rest. **La Cantine des Gourmets** – **56 ch** ☲ 260/320.

🏠 **Suède** M sans rest, 31 r. Vaneau ☏ 705.00.08, Télex 200596 — 📶 🚿wc 🛁wc ☎.
🗚 ❄ K 11
SC : **40 ch** ☲ 325/419.

🏠 **De Varenne** M ⊗ sans rest, 44 r. Bourgogne ☏ 551.45.55 — 📶 📺 🚿wc 🛁wc
☎. 🗚 J 10
SC : ☲ 21 – **24 ch** 216/335.

🏠 **Bourgogne et Montana**, 3 r. Bourgogne ☏ 551.20.22, Télex 270854 — 📶 🚿wc
🛁wc 🗚. **R** (fermé août, sam. et dim.) 110 🍴 – **30 ch** ☲ 260/400, 5 appart. 530. H 11

🏠 **Saxe Résidence** ⊗ sans rest, 9 villa Saxe ☏ 783.98.28, Télex 270139 — 📶 📺
🚿wc 🛁wc. 🗚 **VISA**. ❄ K 9
SC : ☲ 20 – **49 ch** 307/350, 3 appart. 500.

🏠 **Lenox** M sans rest, 9 r. Université ☏ 296.10.95 — 📶 📺 🚿wc 🛁wc ☎. **VISA** J 12
SC : ☲ 20 – **32 ch** 235/370.

🏠 **Beaugency** M sans rest, 21 r. Duvivier ☏ 705.01.63, Télex 201494 — 📶 📺 🚿wc
🛁wc ☎. 🗚 ⓞ **VISA**. ❄ J 9
SC : ☲ 19 – **30 ch** 395/405.

🏠 **St-Germain** sans rest, 88 r. Bac ☏ 548.62.92 — 📶 🚿wc 🛁wc ☎. 🗚 ❄ J 11
SC : ☲ 21 – **29 ch** 220/330.

🏠 **Tourville** M sans rest., 16 av. Tourville ☏ 705.52.15, Télex 250786 — 📶 📺 🚿wc
🛁wc ☎. 🗚 **VISA**. ❄ J 9
SC : ☲ 18 – **31 ch** 210/300.

🏠 **Derby H.** sans rest, 7 av. Duquesne ☏ 705.12.05 — 📶 🚿wc 🛁wc ☎. 🗚 ⓞ **E** J 9
SC : ☲ 20 – **36 ch** 260/300.

🏠 **Quai Voltaire** sans rest, 19 quai Voltaire ☏ 261.50.91, ≤ — 📶 🚿wc ☎ J 12
SC : ☲ 23 – **33 ch** 105/340.

🏠 **Solférino** sans rest, 91 r. Lille ☏ 705.85.54 — 📶 🚿wc 🛁wc ☎ H 11
fermé 22 déc. au 3 janv. – SC : ☲ 20 – **34 ch** 130/270.

🏠 **Lindbergh** sans rest, 5 r. Chomel ☏ 548.35.53 — 📶 🚿wc 🛁wc ☎. 🗚 ⓞ **E** **VISA** K 12
SC : ☲ 20 – **26 ch** 215/260.

🏠 **Mars H.** sans rest, 117 av. La Bourdonnais ☏ 705.42.30 — 📶 🚿wc 🛁wc ☎. ❄ J 9
SC : ☲ 17 – **24 ch** 100/225.

🏠 **Verneuil-St-Germain** sans rest, 8 r. Verneuil ☏ 260.24.16 — 📶 🚿wc 🛁wc ☎ J 12
SC : ☲ 19 – **26 ch** 220/250.

🏠 **Turenne** sans rest, 20 av. Tourville ☏ 705.99.92, Télex 203407 — 📶 🚿wc 🛁wc ☏.
🗚 **VISA** J 9
SC : ☲ 16,50 – **34 ch** 153/254.

🏠 **Kensington** sans rest, 79 av. La Bourdonnais ☏ 705.74.00 — 📶 🚿wc 🛁wc ☎. 🗚
VISA J 9
SC : ☲ 16,50 – **26 ch** 185/242.

🏠 **Résidence d'Orsay** sans rest, 93 r. Lille ☏ 705.05.27 — 📶 🚿wc 🛁wc ☏. **VISA**.
❄ H 11
fermé août – SC : ☲ 19 – **32 ch** 125/250.

🏠 **Muguet** sans rest, 11 r. Chevert ☏ 705.05.93 — 📶 🚿wc 🛁wc ☏ J 9
fermé 27 juil. au 1er sept. – SC : ☲ 18 – **43 ch** 100/210.

🏠 **L'Empereur**, 2 r. Chevert ☏ 555.88.02 — 📶 🚿wc 🛁wc ☎ sans rest., J 9
SC : ☲ 16 – **35 ch** 160/195.

XXXX ❀❀❀ **Archestrate** (Senderens), 84 r. Varenne ☏ 551.47.33 — 🗚 ⓞ **VISA** J 10
fermé 28 juil. au 21 août, 22 déc. au 2 janv., sam. et dim. – **R** carte 290 à 400
Spéc. Raviolis de pétoncles, Escalope de saumon fumé chaude, Émincé d'agneau.

XXXX ❀❀ **Le Divellec**, 107 r. Université ☏ 551.91.96 — 🗚 ⓞ **E** **VISA**. ❄ H 10
fermé 29 juil. au 3 sept., vacances de Noël, dim. et lundi – **R** 140/240
Spéc. Terrine de langoustines au foie gras de canard, Filets de St-Pierre braisés à la lie de vin,
Effeuillé de morue à la crème de capucines.

XXX ❀ **Chez les Anges**, 54 bd Latour-Maubourg ☏ 705.89.86 — 🍽. 🗚 ⓞ **E** **VISA** J 9
fermé dim. soir et lundi – **R** carte 140 à 215
Spéc. Oeufs en meurette, Millefeuille de saumon et de bar, Foie de veau.

XXX ❀ **Le Dauphin** (Sofitel Bourbon), 32 r. St-Dominique ☏ 555.91.80 — 🍽. 🗚 ⓞ **E** H 10
SC : **R** carte 200 à 285
Spéc. Suprême de barbue demi-deuil, Panaché de tête de veau en ragoût, Feuilleté tiède de poires.

827

XXX ❀ **La Bourgogne** (Julien), 6 av. Bosquet ☎ 705.96.78 – 🆎 ① 𝑉𝐼𝑆𝐴   H 9
fermé août, sam. midi et dim. – **R** carte 140 à 210
Spéc. Rissole de truffe, Ris de veau aux morilles, Bouribout.

XXX ❀ **Récamier** (Cantegrit), 4 r. Récamier ☎ 548.86.58 – 🍽. 🆎 ① 🇪 𝑉𝐼𝑆𝐴   K 12
fermé dim. – **R** carte 160 à 220
Spéc. Oeufs en meurette, Mousse de brochet sauce Nantua, Boeuf bourguignon.

XXX ❀ **La Flamberge** (Albistur), 12 av. Rapp ☎ 705.91.37 – 🍽. 🆎 ① 🇪 𝑉𝐼𝑆𝐴   H 8
fermé Pâques, 10 août au 10 sept., sam. midi et dim. – SC : **R** carte 175 à 240
Spéc. Huîtres chaudes au champagne, Gibiers (1er-31 déc.), Tarte chaude aux fruits.

XXX **Chez Françoise**, Aérogare des Invalides ☎ 705.49.03 – 🆎 ① 𝑉𝐼𝑆𝐴   H 10
fermé août, dim. soir et lundi – **R** carte 105 à 145.

XX ❀ **Ferme St-Simon** (Vandenhende), 6 r. St-Simon ☎ 548.35.74 – 𝑉𝐼𝑆𝐴   J 11
fermé 1er au 20 août, sam. midi et dim. – **R** 135 bc (déj.) et carte 135 à 185
Spéc. Duo d'oursins en demi-glace (janv. à mars), Grillandine "Denise Fabre", Desserts.

XX ❀ **Conticini**, 4 r. Pierre-Leroux ☎ 306.99.39 – 🆎 ① 𝑉𝐼𝑆𝐴   K 11
fermé août, sam. midi et dim. – **R** carte 150 à 200
Spéc. Pâtes fraîches aux huîtres et foie gras, Panaché de poissons et langoustines, Confit de canard.

XX ❀ **La Cantine des Gourmets**, 113 av. de La Bourdonnais ☎ 705.47.96 – 🆎 ①
𝑉𝐼𝑆𝐴   J 9
fermé lundi midi et dim. – SC : **R** carte 185 à 240
Spéc. Soufflé chaud d'artichaut et foie gras, Grillade de sole, Rizotto d'agneau aux poivrons doux.

XX **Le Galant Verre**, 12 r. Verneuil ☎ 260.84.56 – 🍽. 🆎 ① 𝑉𝐼𝑆𝐴   J 12
fermé sam. midi et dim. – **R** carte 130 à 190.

XX ❀ **Le Bistrot de Paris**, 33 r. Lille ☎ 261.16.83, évocation bistrot 1900 – 𝑉𝐼𝑆𝐴   J 12
fermé 28 juil. au 21 août, sam. dim. et fêtes – **R** carte 150 à 195
Spéc. Foie de canard frais, Andouillette à l'étouffée de légumes, Gâteau au chocolat amer.

XX ❀ **Vert Bocage**, 96 bd Latour-Maubourg ☎ 551.48.64 – 🍽. 🆎 ① 𝑉𝐼𝑆𝐴   J 9
fermé août, sam. et dim. – **R** carte 140 à 190
Spéc. Filets de barbue beurre blanc, St-Jacques grillées (oct. à avril), Ris de veau normande.

XX **Antoine et Antoinette**, 16 av. Rapp ☎ 551.75.61 – 🆎 ① 𝑉𝐼𝑆𝐴   H 8
fermé 15 avril au 15 mai, sam. et dim. – **R** carte 110 à 175.

XX **Le Bellecour**, 22 r. Surcouf ☎ 551.46.93 – 🆎 ① 🇪 𝑉𝐼𝑆𝐴   H 9
fermé en août, sam. sauf le soir du 1er oct. au 1er juin et dim. – **R** carte 135 à 210.

XX **Aux Délices de Szechuen**, 40 av. Duquesne ☎ 306.22.55 – 🆎 𝑉𝐼𝑆𝐴   K 10
fermé août et lundi – **R** carte 85 à 145 🍴.

XX **Le Petit Laurent**, 38 r. Varenne ☎ 548.79.64 – 🆎 𝑉𝐼𝑆𝐴   J 11
R carte 135 à 180.

XX ❀ **La Boule d'Or**, 13 bd Latour-Maubourg ☎ 705.50.18 – 🍽. 🆎 ① 𝑉𝐼𝑆𝐴   H 10
fermé août, sam. midi et lundi – **R** carte 125 à 180
Spéc. Foie gras de canard, Montgolfière de turbot aux petits légumes, Soufflé au citron.

XX **La Calèche**, 8 r. Lille ☎ 260.24.76 – 🆎 ① 𝑉𝐼𝑆𝐴   J 12
fermé 7 au 31 août, sam. et dim. – SC : **R** carte 120 à 170.

XX **La Fontaine aux Carmes**, 124 r. Grenelle ☎ 551.77.23 – 🆎 𝑉𝐼𝑆𝐴   J 11
fermé août, vend. soir et sam. – **R** carte 130 à 180.

XX **Chez Ribe**, 15 av. Suffren ☎ 566.53.79 – 🆎 ① 🇪 𝑉𝐼𝑆𝐴   J 7
fermé août, sam. et dim. – **R** carte 135 à 200.

XX **Le Champ de Mars**, 17 av. Motte-Picquet ☎ 705.57.99 – ① 𝑉𝐼𝑆𝐴   J 9
fermé 14 juil. au 15 août et lundi – **R** carte 90 à 150.

XX ❀ **Gildo** (Bellini), 153 r. Grenelle ☎ 551.54.12 – 🍽   J 9
fermé Pâques, Pentecôte, 14 juil. au 1er sept., vacances de Noël, dim. et lundi – **R** carte 110 à 145
Spéc. Spaghetti alle vongole, Tagliorini aux champignons sauvages (saison), Rognone trifolato.

XX **Quai d'Orsay**, 49 quai d'Orsay ☎ 551.58.58 – 🍽. 🆎 ① 🇪 𝑉𝐼𝑆𝐴   H 9
fermé dim. – **R** carte 165 à 220.

X ❀ **Pantagruel** (Israël), 20 r. Exposition ☎ 551.79.96 – 🆎 ① 𝑉𝐼𝑆𝐴   J 9
fermé août, sam. midi et dim. – SC : **R** carte 130 à 200
Spéc. Soufflé aux oursins (nov. à mars), Foie chaud de canard, Rable de lièvre sauce smitane (oct. à déc.).

X **Tan Dinh**, 60 r. Verneuil ☎ 544.04.84   J 12
fermé août et dim. – **R** carte 90 à 130.

X **La Chaumière et le Potager**, 35 r. Beaune ☎ 261.26.09 – 𝑉𝐼𝑆𝐴   J 12
fermé août, sam. et dim. – SC : **R** carte 105 à 165.

X **Aub. Champ de Mars**, 18 r. Exposition ☎ 551.78.08 – 🆎 𝑉𝐼𝑆𝐴   J 9
fermé 13 au 31 août, sam. midi et dim. – **R** carte 85 à 145 🍴.

Champs-Élysées, St-Lazare, Madeleine.

8e arrondissement.
8e : ⊠ 75008

Plaza-Athénée, 25 av. Montaigne ☏ 723.78.33, Télex 650092 – 🛗 🍽 📺 ☎ – 🏛️ 30 à 100. 🆎 ⓪ E 𝚅𝙸𝚂𝙰. 🎾 rest
G 9
R voir rest. **Régence Plaza** et **Relais Plaza** ci-après – 🖵 55 – **164 ch** 1 250/1 960, 44 appart.

Crillon, 10 pl. Concorde ☏ 265.24.24, Télex 290204 – 🛗 📺 ☎ 🅰️ – 🏛️ 30 à 150.
🆎 ⓪ E 𝚅𝙸𝚂𝙰
G 11
SC : **R** voir rest. **Crillon** ci-après – 🖵 63 – **159 ch** 1 220/1 550, 46 appart.

Bristol, 112 fg St-Honoré ☏ 266.91.45, Télex 280961, 🔍, 🐎 – 🛗 🍽 📺 ☎ 🅿 –
🏛️ 40 à 150. 🆎 ⓪ E 𝚅𝙸𝚂𝙰
F 10
SC : **R** voir rest **Bristol** ci-après – 🖵 65 – **170 ch** 940/1 750, 35 appart.

George V, 31 av. George-V ☏ 723.54.00, Télex 650082 – 🛗 🍽 📺 ☎ 🅰️ – 🏛️ 800.
🆎 ⓪ E 𝚅𝙸𝚂𝙰
G 8
rest. **Les Princes R** carte 215 à 320 – 🖵 50 – **236 ch** 1 100/1 650, 59 appart.

Nova Park, 51 r. François 1er ☏ 562.63.64, Télex 643189, aménagements très modernes, 🔍 – 🛗 🍽 📺 ☎ 🔄 – 🏛️ 40. 🆎 ⓪ E 𝚅𝙸𝚂𝙰
G 9
SC : **Le Bistrot des Poètes R** carte 130 à 170 et voir rest. **Les Elysées** ci-après – 🖵 55 – **16 ch** 1 332/2 300, 59 appart.

Prince de Galles, 33 av. George-V ☏ 723.55.11, Télex 280627, 🍴 – 🛗 📺 ☎ –
🏛️ 40 à 200. 🆎 ⓪ E 𝚅𝙸𝚂𝙰
G 8
SC : **R** carte 200 à 250 – 🖵 75 – **160 ch** 1 260/1 730, 39 appart.

Warwick et rest. **La Couronne** Ⓜ, 5 r. Berri ☏ 563.14.11, Télex 642295 – 🛗 🍽
📺 ☎ 🔄 – 🏛️ 120. 🆎 ⓪ E 𝚅𝙸𝚂𝙰
F 9
SC : **R** carte 155 à 240 – 🖵 60 – **142 ch** 990/1 270, 5 appart.

La Trémoille, 14 r. La Trémoille ☏ 723.34.20, Télex 640344 – 🛗 📺 ☎. 🆎 E
𝚅𝙸𝚂𝙰
G 9
R carte 130 à 165 🍷 – 🖵 40 – **99 ch** 800/1 250, 13 appart.

Claridge Bellman Ⓜ, 37 r. François 1er ☏ 723.90.03, Télex 641150, « Beau mobilier ancien » – 🛗 🍽 rest 📺 ☎. 🆎 ⓪. 🎾
G 9
SC : **R** *(fermé sam. soir et dim.)* carte 145 à 220 – 🖵 39 – **42 ch** 525/720.

Royal Monceau, 35 av. Hoche ☏ 561.98.00, Télex 650361, 🍴, 🔍 – 🛗 📺 ☎ 🅰️
– 🏛️ 600. 🆎 ⓪ E 𝚅𝙸𝚂𝙰 🎾
E 8
SC : **Le Jardin R** carte 175 à 255 – **Le Carpaccio R** carte 220 à 300 – 🖵 55 – **200 ch** 870/1 250, 25 appart.

Frantel-Windsor Ⓜ, 14 r. Beaujon ☏ 563.04.04, Télex 650902 – 🛗 🍽 rest 📺 ☎
– 🏛️ 120. 🆎 ⓪ E 𝚅𝙸𝚂𝙰. 🎾 rest
F 8
SC : rest. **Le Clovis** *(fermé août, sam., dim. et fêtes)* **R** carte 180 à 250 – 🖵 40 – **135 ch** 636/777.

Lancaster, 7 r. Berri ☏ 359.90.43, Télex 640991, 🍴 – 🛗 ☎. 🆎 ⓪ E 𝚅𝙸𝚂𝙰
F 9
R *(fermé sam. et dim.)* carte 165 à 235 – 🖵 50 – **57 ch** 770/1 210, 10 appart.

San Regis sans rest, 12 r. Jean-Goujon ☏ 359.41.90, Télex 643637 – 🛗 ☎. 🆎 𝚅𝙸𝚂𝙰
🎾
G 9
SC : 🖵 40 – **30 ch** 462/858, 12 appart.

Napoléon, 40 av. Friedland ☏ 766.02.02, Télex 640609 – 🛗 📺 ☎ – 🏛️ 30 à100.
🆎 ⓪ E 𝚅𝙸𝚂𝙰
F 8
SC : rest. **Napoléon Baumann** voir-ci-après – 🖵 30 – **108 ch** 485/725, 32 appart.

Château Frontenac sans rest, 54 r. P.-Charron ☏ 723.55.85, Télex 660994 – 🛗
📺 ☎ – 🏛️ 25. 🆎 ⓪ 𝚅𝙸𝚂𝙰 🍷
G 9
SC : 🖵 38 – **101 ch** 540/750.

California sans rest, 16 r. Berri ☏ 359.93.00, Télex 660634 – 🛗 📺 ☎ – 🏛️
70 à 150. 🆎 ⓪ E 𝚅𝙸𝚂𝙰
F 9
SC : 🖵 33 – **188 ch** 700/824, 3 appart.

Concorde-St-Lazare, 108 r. St-Lazare ☏ 294.22.22, Télex 650442 – 🛗 📺 ☎ –
🏛️ 100. 🆎 ⓪ E 𝚅𝙸𝚂𝙰
E 12
SC : **Café Terminus R** carte environ 130 🍷 – 🖵 40 – **324 ch** 520/770.

Bedford, 17 r. Arcade ☏ 266.22.32, Télex 290506 – 🛗 📺 ☎ – 🏛️ 80. E 𝚅𝙸𝚂𝙰
🎾 rest
F 11
SC : **R** *(fermé août, sam. et dim.)* (déj. seul.) 106 bc – **147 ch** 🖵 360/500, 10 appart. 750.

🏨 **Queen Elizabeth,** 41 av. Pierre-1er-de-Serbie ☏ 720.80.56, Télex 641179 – 🔄 📺
☎ – 🛗 25, 🅰🅴 ⓞ 🄴 *VISA*
G 8
SC : **R** *(fermé dim. et le soir en sem.)* 75 bc/140 bc – ⚌ 45 – **60 ch** 550/700, 6
appart.

🏨 **Etap St-Honoré** 🅼 sans rest, 15 r. Boissy d'Anglas ☏ 266.93.62, Télex 240366 –
🔄 📺 ☎ – 🛗 40, 🅰🅴 ⓞ 🄴 *VISA*
G 11
SC : ⚌ 22 – **104 ch** 320/380, 8 appart. 594.

🏨 **Castiglione,** 40 r. Fg-St-Honoré ☏ 265.07.50, Télex 240362 – 🔄 📺 ☎ – 🛗 30,
🅰🅴 ⓞ 🄴 *VISA*
G 11
SC : **R** *(fermé sam. et dim.)* carte 150 à 220 - **Grill** *(fermé sam. et dim.)* **R** carte
environ 115 – ⚌ 50 – **91 ch** 775, 15 appart.

🏨 **Royal Malesherbes** 🅼, 24 bd Malesherbes ☏ 265.53.30, Télex 660190 – 🔄 📺
☎ – 🛗 30, 🅰🅴 ⓞ 🄴 *VISA*
F 11
SC : **R** carte environ 125 – **102 ch** ⚌ 500/600.

🏨 **Royal-Madeleine** sans rest, 29 r. Arcade ☏ 266.13.81, Télex 641458 – 🔄 📺 ☎,
🅰🅴 ⓞ *VISA*, 🛠
F 11
SC : ⚌ 39 – **70 ch** 575/818.

🏨 **Résidence Champs-Elysées** 🅼 sans rest, 92 r. La Boétie ☏ 359.96.15, Télex
650695 – 🔄 📺 ☎, 🅰🅴 ⓞ 🄴 *VISA*
F 9
SC : ⚌ 37 – **85 ch** 487/640.

🏨 **Roblin et rest. Le Mazagran,** 6 r. Chauveau-Lagarde ☏ 265.57.00, Télex 640154
– 🔄 ☎, 🅰🅴 ⓞ *VISA*
F 11
R carte 135 à 185 - **Grill R** carte environ 120 – **70 ch** ⚌ 380/490.

🏨 **Printemps et rest. Chez Martin,** 1 r. Isly ☏ 294.12.12, Télex 290744 – 🔄 📺 ☎
– 🛗 25, 🄴
F 12
SC : **R** *(fermé dim.)* 80 bc/50 ♂ **69 ch** ⚌ 225/475.

🏨 **Vernet,** 25 r. Vernet ☏ 723.43.10, Télex 290347 – 🔄 ☎, 🅰🅴 ⓞ 🄴 *VISA*
F 8
SC : **R** *(fermé août, sam. et dim.)* 180 – **63 ch** ⚌ 680/900.

🏨 **Elysées-Marignan** sans rest, 12 r. Marignan ☏ 359.58.61, Télex 660018 – 🔄 📺
☎, 🅰🅴 ⓞ 🄴 *VISA*
G 9
SC : **71 ch** ⚌ 540/640.

🏨 **Celtic,** 6 r. Balzac ☏ 563.28.34, Télex 290298 – 🔄 📺 ☎ – 🛗 80, 🅰🅴 ⓞ 🄴 *VISA* F 8
SC : **R** *(fermé sam. et dim.)* carte 110 à 160 – ⚌ 35 – **80 ch** 325/710.

🏨 **Royal H.** sans rest, 33 av. Friedland ☏ 359.08.14, Télex 280965 – 🔄 📺 ☎, 🅰🅴 ⓞ
🄴 *VISA*, 🛠
F 8
SC : ⚌ 28 – **57 ch** 432/494.

🏨 **Powers** sans rest, 52 r. François-1er ☏ 723.91.05, Télex 642051 – 🔄 📺 ☎, 🅰🅴 *VISA*,
🛠
G 9
SC : ⚌ 21 – **54 ch** 209/501, 3 appart. 543.

🏨 **Alison** 🅼 sans rest, 21 r. Surène ☏ 265.54.00, Télex 640435 – 🔄 📺 ⇔wc 🛁wc
☎, 🅰🅴 ⓞ 🄴 *VISA*, 🛠
F 11
SC : ⚌ 20 – **35 ch** 230/345.

🏨 **Concortel** sans rest, 19 r. Pasquier ☏ 265.45.44, Télex 660228 – 🔄 📺 ⇔wc
🛁wc ☎, 🅰🅴 ⓞ
F 11
SC : ⚌ 20 – **38 ch** 300/340, 8 appart. 450.

🏨 **L'Arcade** sans rest, 7 r. Arcade ☏ 265.43.85 – 🔄 📺 ⇔wc ☎
F 11
SC : **47 ch** ⚌ 264/342.

🏨 **Bradford** sans rest, 10 r. St-Philippe-du-Roule ☏ 359.24.20 – 🔄 ⇔wc 🛁wc ☏
🛠
F 9
SC : **48 ch** ⚌ 267/307.

🏨 **Colisée** 🅼 sans rest, 6 r. Colisée ☏ 359.95.25, Télex 643101 – 🔄 📺 ⇔wc ☎,
ⓞ 🄴 *VISA*
F 9
SC : **45 ch** ⚌ 360/460.

🏨 **St Augustin** sans rest, 9 r. Roy ☏ 293.32.17, Télex 641919 – 🔄 📺 ⇔wc 🛁wc ☎
🅰🅴 ⓞ 🄴 *VISA*
F 11
SC : **62 ch** ⚌ 310/435.

🏨 **Elysées Ponthieu** 🅼 sans rest., 24 r. Ponthieu ☏ 225.68.70, Télex 640053 – 🔄
📺 ⇔wc 🛁wc ☎, 🅰🅴 ⓞ 🄴 *VISA*
F 9
SC : **62 ch** ⚌ 450/475.

🏨 **Angleterre-Champs-Élysées** 🅼 sans rest, 91 r. La Boétie ☏ 359.35.45, Télex
640317 – 🔄 📺 ⇔wc 🛁wc ☎, 🅰🅴 ⓞ *VISA*
F 9
SC : ⚌ 21 – **40 ch** 206/313.

🏨 **Résidence Saint-Philippe** sans rest, 123 r. Fg-St-Honoré ☏ 359.86.99 – 🔄 📺
⇔wc 🛁wc ☎, 🛠
F 9-10
SC : **38 ch** ⚌ 277/391

🏨 **Royal Alma** sans rest, 35 r. Jean-Goujon ☏ 225.83.30, Télex 641428 – 🔄 ⇔wc
🛁wc ☎, 🅰🅴 *VISA*, 🛠
G 9
SC : – **83 ch** ⚌ 520/620.

🏨 **Franklin Roosevelt** sans rest, 18 r. Clément-Marot ☏ 723.61.66, Télex 614797 –
🔄 📺 ⇔wc 🛁wc ☎, 🅰🅴 *VISA*, 🛠
G 9
SC : **45 ch** ⚌ 342/360.

🏥 **Rond-Point des Champs-Élysées** sans rest, 10 r. Ponthieu ☏ 359.55.58 – 🛗 📺 🚽wc 🛠wc ☎. 🖭 ⓪ 🗲 𝖵𝖨𝖲𝖠. ❄ F 10
SC : **46 ch** 🖵 325/380.

🏥 **Brescia** Ⓜ sans rest, 16 r. Edimbourg ☏ 522.14.31, Télex 660714 – 🛗 📺 🚽wc 🛠wc ☎. 🖭 ⓪ 🗲 𝖵𝖨𝖲𝖠. ❄ E 11
SC : 🖵 18 – **38 ch** 175/250.

🏥 **Washington** sans rest, 43 r. Washington ☏ 561.10.76 – 🛗 🚽wc 🛠wc ☎. 🖭 𝖵𝖨𝖲𝖠. ❄ F 9
SC : 🖵 18 – **23 ch** 170/280.

🏥 **West End** sans rest, 7 r. Clément-Marot ☏ 720.30.78, Télex 611972 – 🛗 📺 🚽wc ☎. 🖭 ⓪ 𝖵𝖨𝖲𝖠 G 9
SC : **58 ch** 🖵 351/410.

🏥 **Queen Mary** sans rest, 9 r. Greffulhe ☏ 266.40.50, Télex 640419 – 🛗 🚽wc 🛠wc ☎. ❄ F 12
SC : 🖵 24 – **36 ch** 261/382.

🏥 **Atlantic** sans rest, 44 r. Londres ☏ 387.45.40, Télex 650477 – 🛗 🚽wc 🛠wc ☎. 🖭 𝖵𝖨𝖲𝖠. ❄ E 12
SC : 🖵 19 – **93 ch** 185/290.

🏥 **Lido** sans rest, 4 passage Madeleine ☏ 266.27.37 – 🛗 🚽wc 🛠wc 🕿. 🖭. ❄ F 11
SC : **29 ch** 🖵 152/327.

🏥 **Opal** sans rest, 19 r. Tronchet ☏ 265.77.97, Télex 217152 – 🛗 📺 🚽wc 🛠wc ☎. 🖭 F 12
SC : 🖵 20 – **36 ch** 260/350.

🏥 **Élysées** sans rest, 100 r. La Boétie ☏ 359.23.46 – 🛗 📺 🚽wc 🛠wc 🕿. 🖭 ⓪ 🗲 𝖵𝖨𝖲𝖠 F 9
SC : **30 ch** 🖵 287/328.

🏥 **Lord Byron** sans rest, 5 r. Chateaubriand ☏ 359.89.98, 🌿 – 🛗 📺 🚽wc 🛠wc ☎. ❄ F 9
SC : 🖵 19,50 – **16 ch** 295/340, 10 appart. 410/535.

🏥 **Ministère** sans rest, 31 r. Surène ☏ 266.21.43 – 🛗 📺 🚽wc 🛠wc ☎ F 11
SC : **32 ch** 🖵 190/350.

🏥 **Lavoisier-Malesherbes** sans rest, 21 r. Lavoisier ☏ 265.10.97 – 🛗 🚽wc 🛠wc 🕿. ❄ F 11
SC : **32 ch** 🖵 230/265.

XXXXX ✿✿ **Lasserre,** 17 av. Franklin-D.-Roosevelt ☏ 359.53.43, Toit ouvrant – ▤. ❄
fermé 5 août au 3 sept., dim. et lundi – **R** carte 290 à 360 G 10
Spéc. Savarin de filets nordiques, Steak de charolais au Bourgueil, Poire et pêche sur frangipane.

XXXXX ✿✿ **Laurent,** 41 av. Gabriel ☏ 359.14.49 – 🖭 ⓪ 𝖵𝖨𝖲𝖠. ❄ G 11
fermé sam. midi , dim. et fêtes – **R** carte 260 à 390
Spéc. Salade de langoustines, Canard nantais , Deux soufflés "Laurent".

XXXXX ✿✿ **Ledoyen,** carré Champs-Élysées ☏ 266.54.77 – ℗ G 10
fermé 28 août au 28 août et dim. – **R** carte 230 à 285
Spéc. Saumon frais soufflé, Suprême de canard au vinaigre de framboises (saison chasse), Feuilleté tiède aux poires.

XXXXX ✿ **Taillevent,** 15 r. Lamennais ☏ 561.12.90 – ▤. ❄ F 9
fermé 14 au 23 avril, 28 juil. au 26 août, sam., dim. et fériés – **R** carte 210 à 280
Spéc. Bar à l'aigre doux, Canette de Barbarie au cassis, Marquise au chocolat.

XXXXX ✿ **Régence Plaza,** 25 av. Montaigne ☏ 723.78.33, 🌤 – 🖭 ⓪ 🗲 𝖵𝖨𝖲𝖠. ❄ G 9
fermé Noël au Jour de l'An – **R** carte 245 à 335
Spéc. Soufflé de homard, Escalope de loup aux épinards et poivrons doux, Trois mignons aux mousselines de légumes.

XXXXX ✿✿ **Crillon,** 10 pl. Concorde ☏ 265.24.24, 🌤, « cadre 18ᵉ s. » – 🖭 ⓪ 🗲 𝖵𝖨𝖲𝖠. ❄ G 11
SC : **R** carte 270 à 350
Spéc. Foie gras de canard au torchon, Petite soupe de poissons de roche, Fondant au chocolat.

XXXXX ✿✿ **Lucas-Carton,** 9 pl. Madeleine ☏ 265.22.90, « Authentique décor 1900 » – ℗. 🖭 ⓪ 🗲 𝖵𝖨𝖲𝖠 G 11
(fermé sam. midi et vend.) – **R** carte 180 à 280
Spéc. Délices de sole, Escalope de foie gras frais périgourdine, Abricot Marie-Louise (dessert chaud).

XXXXX ✿ **Bristol,** 112 r. fg St-Honoré ☏ 266.91.45 – ℗. 🖭 ⓪ 🗲 𝖵𝖨𝖲𝖠. ❄ F 10
SC : **R** carte 280 à 350
Spéc. Salade landaise, Escalope de turbot au sauternes, Pot au feu de pigeon et foie gras.

XXXX ✿ **Lamazère,** 23 r. Ponthieu ☏ 359.66.66 – ▤. 🖭 ⓪ 🗲 𝖵𝖨𝖲𝖠. ❄ F 9
fermé août et dim. – **R** carte 230 à 325
Spéc. Truffe Lamazère, Suprême de turbot au foie gras, Cassoulet aux trois confits.

XXXX ✿✿ **La Marée,** 1 r. Daru ☏ 763.52.42 – ▤. 🖭 ⓪
fermé 23 juil. au 20 août, 24 déc. au 1ᵉʳ janv., sam. et dim. – **R** carte 195 à 270 E 8
Spéc. Belons au champagne, Petite marmite marseillaise, Pâtisseries et sorbets.

XXXX ⊛ **Les Élysées,** 51 r. François 1er ☎ 562.63.64 — 🗐 **℗.** 🖭 ⑩ 🅴 𝗩𝗜𝗦𝗔 G 9
SC : **R** 190 (déj.) et carte 230 à 335
Spéc. Poêlée de nouilles aux écrevisses (1/9 au 15/1), Feuillerates de homard à la moëlle (1/9 au 30/3), Cassoulet de filet d'oison (1/9 au 15/1).

XXXX ⊛ **Fouquet's,** 99 av. Champs-Élysées ☎ 723.70.60 — 🖭 ⑩ 𝗩𝗜𝗦𝗔 F 8
R (1er étage) *(fermé 15 juil. au 1er sept., sam. et dim.)* carte 190 à 250
Spéc. Assiette "Fouquet's", Aiguillettes de canard, Tourte de filets de sole et huîtres.

XXX ⊛⊛ **Chiberta,** 3 r. Arsène-Houssaye ☎ 563.77.90 — 🗐 🖭 ⑩ 𝗩𝗜𝗦𝗔 F 8
fermé août, Noël-Jour de l'An, sam., dim. et fériés – **R** carte 195 à 250
Spéc. Raviolis aux truffes et persil, Marbré de rouget, Fricassée de homard.

XXX **Napoléon Baumann,** 38 av. Friedland ☎ 227.99.50 — 🖭 ⑩ 🅴 𝗩𝗜𝗦𝗔 F 8
fermé 25 déc. au 2 janv. – **R** carte 150 à 220 ♨.

XXX **Au Vieux Berlin,** 32 av. George-V ☎ 720.88.96 — 🗐 🖭 ⑩ 🅴 𝗩𝗜𝗦𝗔 G 8
fermé sam. et dim. – **R** carte 145 à 180.

XXX ⊛ **Copenhague,** 142 Champs-Élysées ☎ 359.20.41 — 🗐 🖭 ⑩ 🅴 𝗩𝗜𝗦𝗔 F 8
R *(fermé 29 juil. au 26 août, 1er au 8 janv., dim. et fêtes)* carte 140 à 200 ⁣⁣ - **Flora Danica** *(fermé 29/7 au 26/8, 1er au 8/1)* **R** 97
Spéc. Saumon mariné à l'aneth, Saumon grillé, Filets de renne aux navets.

XXX **Marius et Janette,** 4 av. George-V ☎ 723.41.88 — 𝗩𝗜𝗦𝗔 G 8
fermé 21 déc. au 7 janv., sam. et dim. – **R** carte 195 à 275.

XXX **Relais-Plaza,** 21 av. Montaigne ☎ 723.46.36 — 🗐 🖭 ⑩ 🅴 𝗩𝗜𝗦𝗔 . ⁣⁣ G 9
fermé août – **R** carte 185 à 290.

XXX **Indra,** 10 r. Cdt-Rivière ☎ 359.46.40 — 🖭 ⑩ 🅴 𝗩𝗜𝗦𝗔 F 9
fermé sam. midi et dim. – SC : **R** carte 110 à 155.

XXX **Chez Vong,** 27 r. Colisée ☎ 359.77.12 — 🖭 ⑩ 𝗩𝗜𝗦𝗔 F 10
fermé dim. – **R** carte 115 à 160.

XX **Le Petit Montmorency,** 5 r. Rabelais ☎ 225.11.19 — 🗐 . 𝗩𝗜𝗦𝗔 . ⁣⁣ F 10
fermé août, sam. et dim. – SC : **R** carte 200 à 280.

XX ⊛ **La Dariole** (Drouelle), 49 r. Colisée ☎ 225.66.76 — 🖭 𝗩𝗜𝗦𝗔 F 10
fermé sam. et dim. – SC : **R** carte 160 à 230
Spéc. Salade de caille et foie gras, Panaché de poissons au basilic, Gibiers (en saison).

XX **Ruc,** 2 r. Pépinière ☎ 522.66.70 — 🗐 🖭 ⑩ 🅴 𝗩𝗜𝗦𝗔 F 11
fermé août – **R** (1er étage) carte 150 à 215.

XX **Les Trois Moutons,** 63 av. F.-D.-Roosevelt ☎ 225.26.95 — 🗐 🖭 ⑩ 𝗩𝗜𝗦𝗔 F 10
SC : **R** 140 bc/212 bc.

XX **Tong Yen,** 1 bis r. Jean-Mermoz ☎ 225.04.23 — 🗐 🖭 ⑩ 🅴 𝗩𝗜𝗦𝗔 F 10
fermé août – **R** carte 115 à 175.

XX **St Germain,** 74 av. Champs-Elysées ☎ 563.55.45 — 🖭 ⑩ 🅴 𝗩𝗜𝗦𝗔 G 9
fermé sam., dim. et fêtes – **R** carte 125 à 165.

XX **Chez Max,** 19 r. Castellane ☎ 265.33.81 — 𝗩𝗜𝗦𝗔 F 11
fermé août, 24 déc. au 2 janv., jeudi soir, sam., dim. et fériés – **R** carte 130 à 200.

XX **Chez Modeste,** 8 r. Miromesnil ☎ 265.20.39 — 𝗩𝗜𝗦𝗔 . ⁣⁣ F 10
fermé juil., 21 déc. au 3 janv. – **R** carte 115 à 160.

XX **Androuët,** 41 r. Amsterdam ☎ 874.26.93 — 🖭 ⑩ 𝗩𝗜𝗦𝗔 E 12
fermé dim. et fêtes – **R** carte 125 à 190.

XX **Annapurna,** 32 r. Berri ☎ 563.91.56 F 9

XX **Stresa,** 7 r. Chambiges ☎ 723.51.62 — 🖭 ⑩ G 9
fermé août, 18 déc. au 4 janv., sam. soir, dim. et fêtes – **R** carte 130 à 210.

XX **Le Sarladais,** 2 r. Vienne ☎ 522.23.62 — 🗐 🖭 🅴 𝗩𝗜𝗦𝗔 E 11
fermé 14 juil. au 21 août, sam. midi, dim. et fériés – **R** carte 105 à 160.

XX **Artois,** 13 r. Artois ☎ 225.01.10 F 9
fermé 14 juil. au 1er sept., sam. et dim. – **R** (prévenir) carte 90 à 165.

XX **Le Grenadin,** 46 r. Naples ☎ 563.28.92 — 𝗩𝗜𝗦𝗔 E 11
fermé 9 au 22 août, vacances de fév., sam. et dim. – **R** 100 (midi)/170 (soir).

XX **Le Bonaventure,** 35 r. J. Goujon ☎ 225.02.58 — 🖭 𝗩𝗜𝗦𝗔 . ⁣⁣ G 9
fermé sam. midi et dim. – **R** carte 120 à 190.

XX **Chez Bosc,** 7 r. Richepanse ☎ 260.10.27 G 12
fermé août, sam., dim. et fériés – **R** carte 125 à 190.

XX **Le Manoir Normand,** 77 bd Courcelles ☎ 227.38.97 — 🖭 ⑩ 🅴 𝗩𝗜𝗦𝗔 E 8
fermé août, sam. et dim. – **R** carte 115 à 175.

X **La Barrière des Champs,** 18 av. F. Roosevelt ☎ 562.08.37 — 🖭 𝗩𝗜𝗦𝗔 F 10
R carte 115 à 160.

X **André,** 12 r. Marbeuf ☎ 720.59.57 G 9
fermé 26 juil. au 26 août et mardi – **R** carte 95 à 140.

X **Le Capricorne,** 81 r. Rocher ☎ 522.64.99 E 10-11
fermé 7 au 15 avril, 28 juil. au 4 sept., sam. et dim. – **R** carte 70 à 125.

**Opéra, Gare du Nord,
Gare de L'Est,
Grands Boulevards.**

9e et 10e arrondissements.
9e : ⊠ *75009*
10e : ⊠ *75010*

🏨🏨🏨 **Le Gd Hôtel,** 2 r. Scribe (9e) ℱ 268.12.13, Télex 220875 – 🛗 📺 ☎ ♿ – 🏛
25 à 600. 🅰🅴 ⓪ 𝗩𝗜𝗦𝗔. ⌘ rest
F 12
SC : **Le Patio** *(fermé août)* **R** (déj. seul) 165 bc et **Café de la Paix** voir ci-après – ⌸
60 – **600 ch** 875/985, 20 appart.

🏨🏨 **Scribe** Ⓜ, 1 r. Scribe (9e) ℱ 742.03.40, Télex 214653 – 🛗 🍽 📺 ☎ ♿ – 🏛 150. 🅰🅴
⓪ 🅴 𝗩𝗜𝗦𝗔
F 12
SC : **R** carte 145 à 220 – ⌸ 65 – **206 ch** 870/1 400, 11 appart.

🏨🏨 **Ambassador-Concorde,** 16 bd Haussmann (9e) ℱ 246.92.63, Télex 650912 – 🛗
📺 ☎ ♿ – 🏛 30. 🅰🅴 ⓪ 🅴 𝗩𝗜𝗦𝗔. ⌘
F 13
SC : **R** *(fermé juil. et en déc.)* 155 – **300 ch** 680/850, 4 appart.

🏨🏨 **Commodore,** 12 bd Haussmann (9e) ℱ 246.72.82, Télex 280601 – 🛗 🍽 rest 📺 ☎
♿. 🅰🅴 ⓪ 🅴 𝗩𝗜𝗦𝗔. ⌘ rest
F 13
SC : **R** carte environ 110 ♿ – ⌸ 30 – **153 ch** 590/665, 11 appart.

🏨🏨 **Terminus Nord** sans rest, 12 bd Denain (10e) ℱ 280.20.00, Télex 660615 – 🛗 📺
☎ ♿ – 🏛 40. 🅰🅴 ⓪ 🅴 𝗩𝗜𝗦𝗔. ⌘
E 15-16
SC : **225 ch** ⌸ 310/450.

🏨🏨 **Blanche Fontaine** 🞉 sans rest, 34 r. Fontaine (9e) ℱ 526.72.32, Télex 660311 –
🛗 📺 🚗. 🅰🅴 𝗩𝗜𝗦𝗔. ⌘
D 13
SC : **45 ch** ⌸ 225/340, 4 appart. 410.

🏨🏨 **Astra** sans rest, 29 r. Caumartin (9e) ℱ 266.15.15, Télex 210408 – 🛗 ☎. 🅰🅴 ⓪ 🅴
𝗩𝗜𝗦𝗔
F 12
SC : **85 ch** ⌸ 360/495.

🏨🏨 **Carlton's H.** sans rest, 55 bd Rochechouart (9e) ℱ 281.91.00, Télex 640649 – 🛗
☎. 🅰🅴 ⓪ 🅴 𝗩𝗜𝗦𝗔. ⌘
D 14
SC : **100 ch** ⌸ 290/330, 6 appart. 440/492.

🏨🏨 **Franklin et du Brésil,** 19 r. Buffault (9e) ℱ 280.27.27, Télex 640988 – 🛗 📺 ☎.
🅰🅴 ⓪ 🅴 𝗩𝗜𝗦𝗔. ⌘ rest
E 14
Les Années Folles *(fermé août, sam., dim. et fériés)* **R** 70 – ⌸ 22 – **65 ch** 315/380.

🏨🏨 **St-Pétersbourg** sans rest, 33 r. Caumartin (9e) ℱ 266.60.38, Télex 680001 – 🛗
📺 ☎. 🅰🅴 ⓪ 𝗩𝗜𝗦𝗔
F 12
SC : ⌸ 18 – **120 ch** 382/410.

🏨 **Paris Est** Ⓜ sans rest, cour d'Honneur (10e) ℱ 241.00.33 – 🛗 🛁wc 🚿wc 🚗. 𝗩𝗜𝗦𝗔
E 16
SC : ⌸ 18,50 – **31 ch** 266/408.

🏨 **Gisendre** Ⓜ sans rest, 6 r. Fromentin (9e) ℱ 280.36.86, Télex 641797 – 🛗 📺
🛁wc 🚿wc 🚗. 🅰🅴 ⓪ 🅴 𝗩𝗜𝗦𝗔
D 13
SC : ⌸ 20 – **32 ch** 255/280.

🏨 **Caumartin** sans rest, 27 r. Caumartin (9e) ℱ 742.95.95, Télex 680702 – 🛗 📺
🛁wc 🚿wc ☎. 🅰🅴 ⓪ 🅴 𝗩𝗜𝗦𝗔
F 12
SC : **40 ch** ⌸ 420/440.

🏨 **Chamonix** Ⓜ sans rest, 8 r. d'Hauteville (10e) ℱ 770.19.49, Télex 641177 – 🛗
🛁wc 🚿wc ☎. 🅰🅴 ⓪ 🅴. ⌘
F 15
SC : ⌸ 23 – **35 ch** 360/560.

🏨 **Moris** Ⓜ sans rest, 13 r. R.-Boulanger (10e) ℱ 607.92.08, Télex 212024 – 🛗 📺
🛁wc 🚿wc ☎. 🅰🅴 ⓪ 🅴 𝗩𝗜𝗦𝗔. ⌘
G 16
SC : ⌸ 20 – **48 ch** 300/350.

🏨 **Florida** sans rest, 7 r. Parme (9e) ℱ 874.47.09, Télex 640410 – 🛗 📺 🛁wc 🚿wc
☎. 🅰🅴 ⓪ 𝗩𝗜𝗦𝗔
D 12
SC : **31 ch** ⌸ 275/390.

🏨 **Amiot** sans rest, 76 bd Strasbourg (10e) ℱ 607.57.17 – 🛗 📺 🛁wc 🚿wc 🚗. 🅰🅴 🅴
𝗩𝗜𝗦𝗔
E 16
SC : ⌸ 18 – **68 ch** 160/240.

🏨 **Capucines** sans rest, 6 r. Godot de Mauroy (9e) ℱ 742.06.37 – 🛗 🛁wc 🚿wc ☎
F 12
SC : ⌸ 18 – **45 ch** 207/287.

🏨 **London Palace** sans rest, 32 bd Italiens (9e) ℱ 824.54.64, Télex 642360 – 🛗
🛁wc 🚿 ☎. 🅰🅴 🅴 𝗩𝗜𝗦𝗔. ⌘
F 13
SC : ⌸ 18,50 – **49 ch** 225/330.

🏨 **Hélios** sans rest, 75 r. Victoire (9e) ℱ 874.28.64, Télex 641255 – 🛗 🛁wc 🚿wc ☎
♿. 🅰🅴 ⓪ 🅴 𝗩𝗜𝗦𝗔
F 13
SC : ⌸ 24 – **50 ch** 253/376.

🏨 **Gare du Nord** sans rest, 33 r. St-Quentin (10e) ℱ 878.02.92, Télex 642415 – 🛗
🛁wc 🚿wc. 🄰🄴 Ε 𝘝𝘐𝘚𝘈. 🛠
E 16
SC : 🛏 18,50 – **49 ch** 150/315.

🏨 **Modern' Est** sans rest, 91 bd Strasbourg (10e) ℱ 607.24.72 – 🛗🛁wc 🚿wc 🕿.
🛠
E 16
SC : 🛏 20 – **30 ch** 225/255.

🏨 **Morny** sans rest, 4 r. Liège (9e) ℱ 285.47.92, Télex 660822 – 🛗 📺 🛁wc 🚿wc 🕿.
🄰🄴 🅾 Ε 𝘝𝘐𝘚𝘈
E 12
SC : **43 ch** 🛏 345/394.

🏨 **Mondial** 🦢 sans rest, 5 cité Bergère (9e) ℱ 770.55.56, Télex 642308 – 🛗 📺
🛁wc 🚿wc 🕿. 🄰🄴 🅾 Ε
F 14
SC : 🛏 17 – **60 ch** 229/300.

🏨 **Résidence Mauroy** Ⓜ sans rest, 11 bis r. Godot-de-Mauroy (9e) ℱ 742.50.78 –
🛗 📺 🛁wc 🚿wc 🕮. 🄰🄴 🅾 Ε 𝘝𝘐𝘚𝘈
F 12
fermé août – SC : 🛏 22 – **26 ch** 181/319.

🏨 **Florence** sans rest, 26 r. Mathurins (9e) ℱ 742.63.47 – 🛗🛁wc 🚿wc 🕮. 🄰🄴 🅾
F 12
SC : 🛏 22 – **20 ch** 237/313.

🏨 **Montholon-Lafayette** sans rest, 4 r. Riboutté (9e) ℱ 246.83.44 – 🛗🛁wc 🚿wc
E 14
SC : **38 ch** 🛏 220/250.

🏨 **Montréal** sans rest, 23 r. Godot-de-Mauroy (9e) ℱ 265.99.54 – 🛗🛁wc 🚿wc 🕮.
🄰🄴 🅾 Ε 𝘝𝘐𝘚𝘈
F 12
SC : 🛏 20 – **14 ch** 158/299, 5 appart. 380.

🏨 **Pax H.** sans rest, 47 r. Trévise (9e) ℱ 770.84.75, Télex 650197 – 🛗🛁wc 🚿wc 🕮.
𝘝𝘐𝘚𝘈
E 14
SC : **51 ch** 🛏 210/275.

🏨 **Français** sans rest, 13 r. 8-Mai 1945 (10e) ℱ 607.42.02, Télex 230431 – 🛗🛁wc
🚿wc 🕿. 𝘝𝘐𝘚𝘈
E 16
SC : 🛏 16,50 – **71 ch** 185/215.

🏨 **Peyris** sans rest, 10 r. Conservatoire (9e) ℱ 770.50.83 – 🛗🛁wc 🚿wc 🕮. 𝘝𝘐𝘚𝘈
F 14
SC : **50 ch** 🛏 215/280.

🏨 **Résidence Sémard** sans rest, 15 r. P.-Sémard (9e) ℱ 878.26.72 – 🛗🛁wc 🚿wc
🕮
E 14-15
SC : **41 ch** 🛏 150/215.

🏨 **Gd H. Haussmann** sans rest, 6 r. Helder (9e) ℱ 824.76.10, Télex 650018 – 🛗
🛁wc 🚿wc 🕮. 🄰🄴. 🛠
F 13
SC : 🛏 18,50 – **58 ch** 241/324.

🏠 **Victor Massé** sans rest, 32 bis r. Victor-Massé (9e) ℱ 874.37.53 – 🛗🛁wc 🚿wc
🕮. 🅾. 🛠
E 13
SC : 🛏 16,50 – **40 ch** 122/215.

🏠 **Laffon** sans rest, 25 r. Buffault (9e) ℱ 878.49.91 – 🛗🛁wc 🚿wc 🕮. Ε 𝘝𝘐𝘚𝘈
E 14
fermé 27 juil. au 27 août – SC : 🛏 15 – **46 ch** 84/206.

🏠 **Résidence Magenta** sans rest, 35 r. Y.-Toudic (10e) ℱ 607.63.13 – 🛗 🚿wc 🕮.
🄰🄴
F 17
SC : **29 ch** 🛏 183/220.

🏠 **Campanile** sans rest., 11 r. P.-Sémard (9e) ℱ 878.28.94, Télex 643861 – 🛗 📺
🛁wc 🚿wc 🕿. 𝘝𝘐𝘚𝘈
E 15
SC : 🛐 20 – **45 ch** 215/265.

🏠 **Gd H. Lafayette Buffault** sans rest, 6 r. Buffault (9e) ℱ 770.70.96, Télex 642180
– 🛗🛁wc 🚿wc 🕿
E 14
SC : **47 ch** 🛏 140/243.

🏠 **Fénelon** sans rest, 23 r. Buffault (9e) ℱ 878.32.18 – 🛗🛁wc 🚿wc 🕮. 🛠
E 14
SC : 🛏 16 – **36 ch** 117/216.

🏠 **Nord** sans rest, 47 r. Albert-Thomas (10e) ℱ 201.66.00 – 🛗🛁wc 🚿wc 🕮. 🛠
F 16
SC : 🛏 16 – **22 ch** 120/190.

🏠 **Blanche H.** sans rest, 69 r. Blanche (9e) ℱ 874.16.94 – 🛗🛁wc 🚿 🕮. 🛠
D 12
SC : 🛏 15 – **53 ch** 65/185.

XXXX **Café de la Paix,** pl. Opéra (9e) ℱ 742.97.02 – 🍴. 🄰🄴 🅾 Ε 𝘝𝘐𝘚𝘈
F 12
Rest. Opéra *(fermé août)* **R** carte 170 à 235 - **Relais Capucines R** snack carte environ
120 🍷.

XXX **Le Louis XIV**, 8 bd St-Denis (10e) ℱ 208.56.56 – 🄰🄴 🅾 𝘝𝘐𝘚𝘈
G 16
1er *sept.-30 mai, fermé lundi et mardi* – **R** carte 130 à 200.

XXX ❀ **Nicolas**, 12 r. Fidélité (10e) ℱ 246.84.74 – 🄰🄴 🅾 𝘝𝘐𝘚𝘈
F 16
fermé août, sam. et lundi soir – **R** carte 110 à 170
Spéc. Foie gras frais, Poissons, Canard aux fruits.

XX ❀ **Au Chateaubriant,** 23 r. Chabrol (10e) ☎ 824.58.94, Collection de tableaux —
  ▣. ⁂   E 15
fermé août, dim. et lundi – **R** carte 130 à 200
Spéc. Scampi fritti, Paglia el fieno alla Contadina, Costoletta Villa d'Este.

XX ❀❀ **Chez Michel** (Tounissoux), 10 r. Belzunce (10e) ☎ 878.44.14 – 𝖠𝖤 ⓞ   E 15
fermé 27 juil. au 19 août, vacances de fév., vend. et sam. – **R** (nombre de couverts
limité - prévenir) carte 175 à 260
Spéc. Foie gras de canard (sept. au 30 juin), St-Jacques à la nage (15 oct. au 15 avril), Fondant
chocolat.

XX **Mövenpick,** 12 bd Madeleine (9e) ☎ 742.47.93 – ▣. 𝖠𝖤 ⓞ E 𝘝𝘐𝘚𝘈   G 12
R carte environ 110 ⓑ – **Café des Artistes** carte 140 à 190 ⓑ.

XX **Atlantique,** 51 bd Magenta (10e) ☎ 208.27.20 – ▣. 𝖠𝖤 ⓞ E 𝘝𝘐𝘚𝘈   F 16
fermé 30 juil. au 6 sept., dim. et lundi – **R** carte 160 à 240.

XX **Le Quercy,** 36 r. Condorcet (9e) ☎ 878.30.61 – 𝖠𝖤 ⓞ 𝘝𝘐𝘚𝘈   E 15
fermé août, dim. et fériés – SC : **R** carte 115 à 190.

XX **Aub. du Clou,** 30 av. Trudaine (9e) ☎ 878.22.48 – 𝖠𝖤 ⓞ E 𝘝𝘐𝘚𝘈   D 14
fermé août, sam. midi et dim. – **R** carte 130 à 180.

XX **Chez Casimir,** 6 r. Belzunce (10e) ☎ 878.32.53 – 𝖠𝖤 ⓞ 𝘝𝘐𝘚𝘈   E 15
fermé sam. midi et dim. – SC : **R** carte 160 à 210.

XX **Ty Coz,** 35 r. St-Georges (9e) ☎ 878.42.95, produits de la mer seulement 𝖠𝖤   F 13
fermé dim. et lundi – SC : **R** carte environ 190.

XX **Le Saintongeais,** 62 r. fg Montmartre (9e) ☎ 280.39.92 – 𝖠𝖤 𝘝𝘐𝘚𝘈   E 14
fermé 6 au 20 août, sam. midi et dim. – SC : **R** carte 115 à 150.

XX **Julien,** 16 r. fg St-Denis (10e) ☎ 770.12.06, décor "Belle Époque" – 𝖠𝖤 ⓞ 𝘝𝘐𝘚𝘈   F 15
fermé juil. – **R** carte 85 à 125 ⓑ.

XX **Petit Riche,** 25 r. Le Peletier (9e) ☎ 770.68.68, Cadre fin 19e s. – 𝖠𝖤 𝘝𝘐𝘚𝘈   F 13
fermé août et dim. – SC : **R** carte 95 à 150.

XX **Brasserie Flo,** 7 cour Petites-Écuries (10e) ☎ 770.13.59, cadre 1900 – 𝖠𝖤 ⓞ 𝘝𝘐𝘚𝘈   F 15
fermé août – **R** carte 85 à 125 ⓑ.

XX **Pagoda,** 50 r. Provence (9e) ☎ 874.81.48 – 𝘝𝘐𝘚𝘈. ⁂   F 13
fermé dim. en août – **R** carte 70 à 115.

XX **La P'tite Tonkinoise** (Costa), 56 fg Poissonnière (10e) ☎ 246.85.98   F 15
fermé 1er août au 15 sept., dim. et soir – **R** carte 95 à 145.

X **Les Frères Perraudin,** 18 r. d'Hauteville (10e) ☎ 770.41.05 – 𝖠𝖤 ⓞ 𝘝𝘐𝘚𝘈. ⁂   F 15
fermé sam. midi et dim. – **R** carte 150 à 200.

X **Relais Beaujolais,** 3 r. Milton (9e) ☎ 878.77.91   E 14
fermé août, 16 au 27 fév., sam., dim. et fêtes – **R** carte 105 à 155.

X **Pinocchio,** 49 r. d'Enghien (10e) ☎ 770.01.98 – 𝖠𝖤 ⓞ 𝘝𝘐𝘚𝘈   F 15
fermé août, 24 au 31 déc., sam. midi, dim. et fêtes – SC : **R** carte 95 à 150.

X **La Grille,** 80 fg Poissonnière (10e) ☎ 770.89.73 – ⓞ   E 15
fermé août, vacances de fév. sam. et dim. – SC : **R** carte 95 à 140.

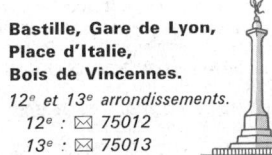

**Bastille, Gare de Lyon,
Place d'Italie,
Bois de Vincennes.**
12e et 13e arrondissements.
12e : ✉ 75012
13e : ✉ 75013

🏨 **Équinoxe** Ⓜ sans rest, 40 r. Le Brun (13e) ☎ 337.56.56, Télex 201476 – 🛗 📺 ☎
  🚗. 𝖠𝖤 ⓞ E 𝘝𝘐𝘚𝘈   N 15
  SC : **49 ch** 🖙 340/440.

🏨 **Paris-Lyon-Palace et Rest. Relais de la Méditerranée,** 11 r. Lyon (12e) ☎
  307.29.49, Télex 213310 – 🛗 📺 ☎ – 🔔 150. 𝖠𝖤 ⓞ E 𝘝𝘐𝘚𝘈. ⁂ rest   L 18
  SC : **R** carte 115 à 165 – 🖙 20 – **128 ch** 255/290.

🏨 **Modern H. Lyon** sans rest, 3 r. Parrot (12e) ☎ 343.41 52, Télex 230369 – 🛗 📺 ☎
  𝖠𝖤 𝘝𝘐𝘚𝘈 ⁂   L 18
  SC : 🖙 19 – **53 ch** 204/304.

🏨 **Terminus-Lyon** sans rest, 19 bd Diderot (12e) ☎ 343.24.03, Télex 230702 – 🛗 📺
  🚽wc 🚿wc ☎ 𝖠𝖤 E 𝘝𝘐𝘚𝘈. ⁂   L 18
  SC : 🖙 18 – **61 ch** 273/310.

🏨 **Terrasses** sans rest, 74 r. Glacière (13e) ☎ 707.73.70 – 🛗 🚽wc 🚿wc ☎ 𝘝𝘐𝘚𝘈. ⁂
  SC : 🖙 17 – **52 ch** 115/240   N 14

🏦 **Gd H. Gobelins** sans rest, 57 bd St-Marcel (13ᵉ) ℱ 331.79.89 – 📶 📺 🛏wc 🕍wc
🕾
SC : ☎ 15 – **45 ch** 174/260.   M 16

🏦 **Slavia** sans rest, 51 bd St-Marcel (13ᵉ) ℱ 337.81.25, Télex 205542 – 📶 📺 🛏wc
🕍wc 🕾. 🛇
SC : ☎ 17 – **37 ch** 200/240, 6 appart. 280/330.   M 16

🏨 **Marceau** sans rest, 13 r. Jules-César (12ᵉ) ℱ 343.11.65 – 📶 🛏wc 🕍wc 🕾. 🛇
fermé août – SC : ☎ 19 – **51 ch** 90/213.   K 17

🏨 **Timhôtel** sans rest, 22 r. Barrault (13ᵉ) ℱ 580.67.67 – 📶 📺 🛏wc 🕍wc 🕾
73 ch.   P 15

🏨 **Viator** sans rest, 1 r. Parrot (12ᵉ) ℱ 343.11.00 – 📶 🛏wc 🕍wc 🕾. 🛇
SC : ☎ 15 – **45 ch** 150/190.   L 18

🏨 **Jules César** sans rest, 52 av. Ledru-Rollin (12ᵉ) ℱ 343.15.88, Télex 670945 – 📶
🛏wc 🕍wc 🕾. 🛇
SC : ☎ 17 – **48 ch** 90/170.   K 18

🏨 **Rubens** sans rest, 35 r. Banquier (13ᵉ) ℱ 331.73.30 – 📶 🛏wc 🕍wc 🕾
SC : ☎ 16 – **50 ch** 110/220.   N 16

🏨 **Arts** sans rest, 8 r. Coypel (13ᵉ) ℱ 707.76.32 – 📶 🛏wc 🕍wc 🕾
SC : ☎ 15 – **42 ch** 70/180.   N 16

🏨 **Terminus et Sports** sans rest, 96 cours Vincennes (12ᵉ) ℱ 343.97.93 – 📶 📺
🛏wc 🕍wc 🕾. 🛇
SC : ☎ 16 – **43 ch** 105/205.   L 23

🏨 **Palym H.** sans rest, 4 r. E.-Gilbert (12ᵉ) ℱ 343.24.48 – 📶 🛏wc 🕍wc 🕾
SC : **51 ch** ☎ 130/220.   L 18

🏨 **Nouvel H.** sans rest, 24 av. Bel Air (12ᵉ) ℱ 343.01.81, 🚗 – 🛏wc 🕍wc. 🖭 ①
📼
SC : ☎ 26 – **28 ch** 120/290.   L 21

XXX ❀ **Au Pressoir** (Seguin), 257 av. Daumesnil (12ᵉ) ℱ 344.38.21 – 📼   M 22
fermé août, sam. et dim. – SC : **R** carte 180 à 250
Spéc. Coquilles au beurre salé (oct. à mai), Salade de mesclun aux oreilles de porc confites, Escalope
de foie gras chaud.

XXX **Train Bleu**, Gare de Lyon (12ᵉ) ℱ 343.09.06, « Cadre 1900 - fresques évoquant le
voyage de Paris à la Méditerranée » – 🖭 ① 🇪 📼   L 18
R (1ᵉʳ étage) carte 135 à 180.

XX ❀❀ **Au Trou Gascon** (Dutournier), 40 r. Taine (12ᵉ) ℱ 344.34.26 – ▤. ①   M 21
fermé 11 août au 10 sept., Noël-jour de l'An, sam. et dim. – SC : **R** (nombre de
couverts limité - prévenir) carte 175 à 230
Spéc. Ravioli de foie gras à la truffe (nov. à juin), Queue de boeuf braisée aux mousserons (avril à
nov.), Croustade frangipane.

XX **Sologne**, 164 av. Daumesnil (12ᵉ) ℱ 307.68.97 – ▤. 📼   M 21
fermé août et lundi – SC : **R** carte 120 à 190.

XX **La Frégate**, 30 av. Ledru-Rollin (12ᵉ) ℱ 343.90.32 – 📼. 🛇   L 18
fermé août, vacances de fév., sam. et dim. – **R** carte 135 à 175.

XX **Le Traversière**, 40 r. Traversière (12ᵉ) ℱ 344.02.10 – 🖭 ① 🇪 📼   L 18
fermé 12 juil. au 30 août et le soir des dim. et fêtes – **R** carte 105 à 165.

XX **Les Marronniers**, 53 bis bd Arago (13ᵉ) ℱ 707.58.57 – 🖭 ① 🇪 📼   N 14
fermé août et dim. – SC : **R** carte 135 à 200.

XX **Petite Alsace**, 4 r. Taine (12ᵉ) ℱ 343.21.80 – 🖭 ① 🇪   M 20
fermé août, dim. soir et lundi – **R** carte 125 à 190.

XX **Potinière du Lac**, 4 pl. E.-Renard (12ᵉ) ℱ 343.39.98 – ①   N 23
fermé 10 déc. au 4 janv., dim. soir et lundi – **R** carte 110 à 180.

X **Etchegorry**, 41 r. Croulebarbe (13ᵉ) ℱ 331.63.05 – 🖭 ① 📼   N 15
fermé dim. – **R** 102 bc/160 bc.

X **Relais du Périgord**, 15 r. Tolbiac (13ᵉ) ℱ 583.07.48 – 🖭 ① 📼   P 18
fermé 15 août au 15 sept., Noël-Jour de l'An, sam., dim. et fêtes – **R** carte 115 à
195.

X **Quincy**, 28 av. Ledru-Rollin (12ᵉ) ℱ 628.46.76 – 🖭 ①   L 17
fermé 15 août au 15 sept., dim. et lundi – **R** carte 105 à 170.

X **Les Algues**, 66 av. Gobelins (13ᵉ) ℱ 331.58.22 – 🖭 📼   N 15
fermé 5 au 31 août, Noël-Jour de l'An, dim. et lundi – **R** carte 125 à 165.

X **Le Rhône**, 40 bd Arago (13ᵉ) ℱ 707.33.57 – ① 📼   N 14
fermé août, sam., dim. et fêtes – **R** (nombre de couverts limité - prévenir) carte 75 à
125 🍴.

X **Chez Michèle**, 39 r. Daviel (13ᵉ) ℱ 580.09.13 – 📼   P 14
fermé mardi soir et dim. – SC : **R** carte 120 à 150.

Vaugirard,
Gare Montparnasse, Grenelle,
Denfert-Rochereau.

14e et 15e arrondissements.
14e : ⊠ 75014
15e : ⊠ 75015

🏨 **Hilton** Ⓜ, 18 av. Suffren (15e) ☏ 273.92.00, Télex 200955 – 🛗 🗏 📺 ☎ ⅙ 🚗 –
🔼 40 à 1200. ⒶⒺ ⓪ Ⓔ 𝗩𝗜𝗦𝗔. ⅍ rest   J 7
Rest : **Le Toit de Paris** ≼ Paris, *(fermé août et dim.)* **R** carte 240 à 290 – **Western R**
carte environ 150 - **la Terrasse R** carte environ 120 ⅗ – 😴 49 – **456 ch** 715/1 143, 10
appart.

🏨 **Sofitel Paris** Ⓜ, 8 r. L.-Armand (15e) ☏ 554.95.00, Télex 200432, piscine intérieure
panoramique – 🛗 🗏 📺 ☎ ⅙ 🚗 – 🔼 30 à 1 200. ⒶⒺ ⓪ Ⓔ 𝗩𝗜𝗦𝗔. ⅍ rest   N 5
SC : rest. **Le Relais de Sèvres** voir ci-après - **La Poterie** (Brasserie) **R** carte environ
120 ⅗ – 😴 44 – **635 ch** 680/750, 17 appart.

🏨 **Nikko** Ⓜ, 61 quai Grenelle (15e) ☏ 575.62.62, Télex 260012, ≼, 🔲 – 🛗 🗏 ch 📺
☎ Ⓟ – 🔼 40 à 800. ⒶⒺ ⓪ Ⓔ 𝗩𝗜𝗦𝗔   K 6
SC : **R** voir ci-après **Les Célébrités** voir ci-après - **Brasserie Pont Mirabeau R** carte environ
140 - **rest japonais Benkay R** carte 145 à 235 – 😴 47 – **777 ch** 690/990, 9 appart.

🏨 **Montparnasse Park H.** Ⓜ, 19 r. Cdt-Mouchotte (14e) ☏ 320.15.51, Télex 200135, ≼
– 🛗 🗏 📺 ☎ 🚗 Ⓟ – 🔼 25 à 1 200   M 11
917 ch, 31 appart.

🏨 **P.L.M. St-Jacques** Ⓜ, 17 bd St-Jacques (14e) ☏ 589.89.80, Télex 270740 – 🛗
🗏 📺 ☎ 🚗 – 🔼 40 à 1000. ⒶⒺ ⓪ Ⓔ 𝗩𝗜𝗦𝗔   N 13-14
SC : **Café Français** (1er étage) *(fermé août)* **R** 135 bc - **Le Patio** (3e étage) **R** carte 85 à
125 ⅗ – **797 ch** 685/798, 14 appart.

🏨 **Mercure Paris Vanves** Ⓜ, porte de la Plaine à Vanves r. Moulin ☏ 642.93.22,
Télex 202195 – 🛗 🗏 📺 ☎ ⅙ Ⓟ – 🔼 350. ⒶⒺ ⓪ Ⓔ 𝗩𝗜𝗦𝗔   P 7
R (brasserie) carte environ 110 ⅗ – 😴 35 – **391 ch** 455/506.

🏨 **L'Aiglon** sans rest, 232 bd Raspail (14e) ☏ 320.82.42 – 🛗 📺 ☎ 🚗. ⒶⒺ 𝗩𝗜𝗦𝗔. ⅍
SC : 😴 19 – **42 ch** 250/320, 8 appart. 375.   M 12

🏨 **Holiday Inn** Ⓜ, porte Versailles (15e) ☏ 533.74.63, Télex 260844 – 🛗 🗏 📺 ☎ ⅙
🚗 – 🔼 130. ⒶⒺ ⓪ Ⓔ 𝗩𝗜𝗦𝗔   N 7
SC : **R** 80/135 ⅗ – 😴 37 – **90 ch** 470/600.

🏨 **Montcalm** Ⓜ sans rest, 50 av. F.-Faure (15e) ☏ 554.97.27, Télex 203174, 🌳 – 🛗
📺 ⌂wc ☎. ⒶⒺ ⓪ Ⓔ 𝗩𝗜𝗦𝗔   M 6
SC : **41 ch** 😴 360/550.

🏨 **Orléans Palace H.** Ⓜ sans rest, 185 bd Brune (14e) ☏ 539.68.50, Télex 260725 – 🛗
📺 ☎ – 🔼 30 à 35. ⒶⒺ ⓪ 𝗩𝗜𝗦𝗔   R 11
SC : 😴 19 – **92 ch** 230/320.

🏨 **Messidor** Ⓜ sans rest, 330 r. Vaugirard (15e) ☏ 828.03.74, Télex 204606, 🌳 – 🛗
⌂wc 🛁wc ☎ 🚗. 𝗩𝗜𝗦𝗔   M 8
SC : **75 ch** 😴 200/400.

🏨 **Résidence Champs de Mars** sans rest, 7 r. Gén. de Larminat (15e) ☏ 734.74.04
– 🛗 ⌂wc 🛁wc ☎. ⅍   K 8
fermé 7 juil. au 24 août – SC : 😴 18 – **42 ch** 170/240.

🏨 **France** sans rest, 46 r. Croix-Nivert (15e) ☏ 783.67.02 – 🛗 ⌂wc 🛁wc 🚗   L 8
SC : 😴 17 – **30 ch** 193/244.

🏨 **Midi** sans rest, 4 av. René-Coty (14e) ☏ 327.23.25 – 🛗 ⌂wc 🛁wc 🚗   N 13
SC : 😴 10 – **50 ch** 125/195.

🏨 **Tourisme** sans rest, 66 av. La-Motte-Picquet (15e) ☏ 734.28.01 – 🛗 ⌂wc 🛁wc
🚗. ⅍   K 8
SC : 😴 13 – **60 ch** 115/195.

🏨 **Pasteur** Ⓜ sans rest, 33 r. Dr.-Roux (15e) ☏ 783.53.17 – 🛗 📺 ⌂wc 🛁wc ☎. ⒶⒺ
Ⓔ 𝗩𝗜𝗦𝗔   M 10
fermé août – SC : 😴 17 – **19 ch** 178/238.

🏨 **Pacific H.** sans rest, 11 r. Fondary (15e) ☏ 575.20.49 – 🛗 ⌂wc 🛁wc 🚗. Ⓔ. ⅍
SC : **66 ch** 😴 112/224.   K 7

🏨 **Châtillon H.** ⌂ sans rest, 11 square Châtillon (14e) ☏ 542.31.17 – 🛗 ⌂wc 🛁wc
☎. ⅍   P 11
fermé août – SC : 😴 14 – **31 ch** 144/184.

🏨 **Virgina** sans rest, 66 r. Père Corentin (14e) ☏ 540.70.90 – 🛗 ⌂wc 🛁wc 🚗. ⅍
fermé août – SC : 😴 16 – **54 ch** 88/163.   R 12

🏨 **Fondary** sans rest, 30 r. Fondary (15e) ☏ 575.14.75 – 🛗 ⌂wc 🚗. ⅍   L 8
SC : 😴 15,50 – **23 ch** 83/155.

🏨 **Baldi** sans rest, 42 bd Garibaldi (15e) ☏ 783.20.10 – 🛗 ⌂wc 🛁wc 🚗   L 9
SC : 😴 17 – **28 ch** 180/220.

XXXX ❀ **Les Célébrités,** 61 quai Grenelle (15e) ℡ 575.62.62, ≤ – **P.** AE ① E VISA K 6
SC : **R** 182 (déj.), carte 230 à 325
Spéc. Ragoût de St-Jacques, Petites pâtes aux joues de turbot, Fricassée de ris et rognons de veau.

XXX ❀ **Morot Gaudry,** 6 r. Cavalerie (15e) (8e étage) ℡ 567.06.85, ≤, terrasse plein air
– ▤ **P.** VISA K 8
fermé sam. et dim. – SC : **R** carte 155 à 225
Spéc. Foie de canard au Ste-Croix-du-Monts, Mousseline d'huîtres au sabayon de vermouth, Assiette de desserts.

XXX **Armes de Bretagne,** 108 av. du Maine (14e) ℡ 320.29.50 – ▤. AE ① E VISA N 11
fermé 15 juil. au 15 août, dim. et lundi sauf fêtes – **R** carte 145 à 225.

XXX ❀ **Relais de Sèvres,** 8 r. L.-Armand (15e) ℡ 554.95.00 – **P.** AE ① E VISA. ✻ N 5
fermé août, 24 au 30 déc., sam. et dim. – SC : **R** carte 180 à 240
Spéc. Raviolis de petits gris, Turbot au citron confit, Foie gras aux pommes de terre.

XXX ❀ **Olympe,** 8 r. N. Charlet (15e) ℡ 734.86.08 – AE ① E VISA L 10
fermé 1er au 24 août, 22 déc. au 4 janv. et lundi – SC : **R** carte 225 à 305
Spéc. Homard rôti à la coriandre, St-Jacques aux oeufs de saumon et oseille (15 oct.-fin avril), Canette à la croûte d'herbes.

XX ❀ **Le Duc (Minchelli),** 243 bd Raspail (14e) ℡ 322.59.59 M 12

XX ❀ **Aquitaine (Mme Massia),** 54 r. Dantzig (15e) ℡ 828.67.38, 🌹 – AE ① E VISA N 8
fermé dim. et lundi – SC : **R** carte 185 à 220
Spéc. Poissons au beurre blanc, Confit froid de canard (15 sept. au 15 juil.), Grillade de boeuf.

XX ❀ **Bistro 121,** 121 r. Convention (15e) ℡ 557.52.90 – AE ① E VISA M 7
fermé 14 juil. au 17 août, dim. soir et lundi – **R** carte 165 à 240
Spéc. Marmite de poissons, Poule au pot farcie, Lièvre à la royale (oct. à déc.).

XX **Le Pfister,** 1 r. Dr Jacquemaire-Clemenceau (15e) ℡ 828.51.38 – AE VISA L 8
fermé août, sam. midi et dim. – SC : **R** carte 175 à 230

XX ❀ **Chez Albert,** 122 av. Maine (14e) ℡ 320.21.69 – SC : **R** (nombre de couverts limité - prévenir) carte 165 à 230
fermé 13 au 27 août et lundi
Spéc. Foie gras frais, Homard poché aux herbes, Carré d'agneau rôti.

XX ❀ **Gérard et Nicole,** 6 av. J.-Moulin (14e) ℡ 542.39.56 – AE VISA P 12
fermé mi juil. à mi août, sam. et dim. – **R** carte 150 à 215
Spéc. Terrine de ris de veau, Gâteau de mer deux couleurs, Panaché de viande au jus de truffes.

XX ❀ **Le Dôme,** 108 bd du Montparnasse (14e) ℡ 354.53.61 – AE ① VISA LM 12
fermé lundi – **R** carte 125 à 195
Spéc. Huîtres chaudes au Sancerre, Tartare de bar, Filet de turbot aux herbettes.

XX **Napoléon et Chaix,** 46 r. Balard (15e) ℡ 554.09.00 – AE E VISA M 5
fermé dim – **R** carte 150 à 220

XX **La Chaumière des Gourmets,** 22 pl. Denfert-Rochereau (14e) ℡ 321.22.59 –
AE ① VISA N 12
fermé août, 1er au 7 mars, sam., dim. et fêtes – **R** carte 150 à 220

XX **Bocage Fleuri,** 19 r. Duranton (15e) ℡ 558.43.17 – AE ① VISA M 6
fermé 28 juil. au 3 sept., dim et fêtes – **R** carte 110 à 155.

XX ❀ **Pierre Vedel,** 50 r. Morillons (15e) ℡ 828.04.37 – ✻ N 8
fermé 7 juil. au 5 août, Noël au Jour de l'An, sam et dim. – SC : **R** (nombre de couverts limité - prévenir) carte 140 à 195
Spéc. Foie gras de canard frais, Fricassée d'escargots à l'oseille, Tête de veau en pot-au-feu.

XX **Chaumière Paysanne,** 7 r. L.-Robert (14e) ℡ 320.76.55 – VISA M 12
fermé août, 24 déc. au 4 janv. lundi midi et dim – SC : **R** carte 130 à 190.

XX **Petite Bretonnière,** 2 r. Cadix (15e) ℡ 828.34.39 N 7

XX **La Giberne,** 42 bis av. Suffren (15e) ℡ 734.82.18 – AE ① VISA J 8
fermé 31 mars au 15 avril, 11 août au 4 sept., sam. et dim – **R** carte 95 à 155

XX **Pinocchio,** 124 av. Maine (14e) ℡ 321.26.10 – AE ① VISA N 11
fermé sam. midi et dim. – SC : **R** carte 110 à 165

XX **Le Copreaux,** 15 r. Copreaux (15e) ℡ 306.83.35 – AE ① VISA M 9
fermé sam. et dim. – **R** carte 130 à 195.

XX **La Chaumière,** 54 av. F.-Faure (15e) ℡ 554.13.91 – VISA M 7
fermé août, lundi soir et mardi – **R** carte 100 à 145

XX **Le Caroubier,** 8 av. Maine (15e) ℡ 548.14.38 M 11
fermé 15 juil. au 20 août, dim. et lundi – **R** 95 bc/120 bc

X **La Cagouille,** 89 rue Daguerre (15e) ℡ 322.09.01 N 11
fermé 27 juil. au 4 sept., dim et lundi – SC : **R** carte 110 à 160

X **La Bonne Table,** 42 r. Friant (14e) ℡ 539.74.91 – VISA R 11
fermé juil. 24 déc. au 4 janv sam. dim et fêtes – SC **R** carte 115 à 180

✗ **La Rabolière,** 13 r. Mademoiselle (15ᵉ) ☎ 250.35.29   L 7
fermé août, dim. et lundi – **R** carte 100 à 150.

✗ **Bonne Auberge,** 33 r. Volontaires (15ᵉ) ☎ 734.65.49 – 🅰🅴 ⓞ 🅴 *VISA*   M 9
fermé août, sam. et dim. – SC : **R** carte 85 à 155.

✗ **Mon Pays,** 49 av. Jean-Moulin (14ᵉ) ☎ 539.71.54 – 🅰🅴 ⓞ   R 11
fermé 14 juil. au 15 août, dim. et fêtes – SC : **R** carte 75 à 130 ♨.

✗ **Senteurs de Provence,** 295 r. Lecourbe (15ᵉ) ☎ 557.11.98 – 🅴 *VISA*. ⌘   M 6
fermé août, dim. et lundi – **R** carte environ 140.

✗ **La Cour,** 12 r. Cepré (15ᵉ) ☎ 566.66.17 – 🅰🅴 ⓞ *VISA*   L 9
fermé août et dim. – **R** carte 95 à 130 ♨.

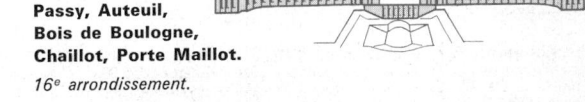

Passy, Auteuil,
Bois de Boulogne,
Chaillot, Porte Maillot.

16ᵉ arrondissement.

🏨 **La Pérouse et rest. l'Astrolabe** Ⓜ, 40 r. La Pérouse ⌧ 75116 ☎ 500.83.47,
Télex 613420 – 🛗 🖳 📺 ☎. 🅰🅴 ⓞ 🅴 *VISA*   F 7
SC : **R** *(fermé sam. et dim.)* carte 220 à 290 – ⌷ 40 – **11 ch** 800/940, 25 appart.

🏨 **Baltimore** Ⓜ, 88 bis av. Kléber, ⌧ 75116, ☎ 553.83.33, Télex 611591 – 🛗 📺 ☎
– 🅰 100. 🅰🅴 ⓞ 🅴 *VISA*   G 7
R rest l'Estournel voir ci-après – **118 ch** ⌷ 650/760.

🏨 **Résidence du Bois** ⑳ sans rest, 16 r. Chalgrin, ⌧ 75116, ☎ 500.50.59, « Beaux
aménagements, jardin » – 📺 ☎   F 7
SC : **17 ch** ⌷ 875, 3 appart.

🏨 **Alexander** Ⓜ sans rest, 102 av. Victor-Hugo, ⌧ 75116, ☎ 553.64.65, Télex 610373
– 🛗 📺 ☎. ⌘   G 6
SC : **60 ch** ⌷ 395/540.

🏨 **Union H. Étoile** Ⓜ sans rest, 44 r. Hamelin, ⌧ 75116, ☎ 553.14.95, Télex 611394
– 🛗 cuisinette 📺 ☎. 🅰🅴   G 7
SC : ⌷ 26 – **29 ch** 300/420, 13 appart. 520/650.

🏨 **Victor Hugo** sans rest, 19 r. Copernic, ⌧ 75116, ☎ 553.76.01, Télex 630939 – 🛗
📺 ☎. 🅰🅴 ⓞ 🅴 *VISA*. ⌘   G 7
SC : ⌷ 28 – **75 ch** 350/440.

🏨 **Rond-Point de Longchamp et rest Belles Feuilles** Ⓜ, 86 r. Longchamp, ⌧
75116, ☎ 505.13.63, Télex 620653 – 🛗 ▤ rest 📺 ☎. 🅰🅴 ⓞ 🅴   G 6
SC : **R** *(fermé août, 24 déc. au 2 janv., sam. et dim.)* carte 120 à 190 ♨ – ⌷ 28 –
59 ch 375/395.

🏨 **Régina de Passy** sans rest, 6 r. Tour, ⌧ 75016, ☎ 524.43.64, Télex 630004 – 🛗
cuisinette 📺 ☎. 🅰🅴 ⓞ *VISA*. ⌘   H6-J6
SC : ⌷ 22 – **55 ch** 101/310.

🏨 **Majestic** sans rest, 29 r. Dumont-d'Urville, ⌧ 75116, ☎ 500.83.70 – 🛗 📺 ☎. 🅰🅴
ⓞ *VISA*   F 7
SC : **28 ch** ⌷ 530/660, 4 appart.

🏨 **Fremiet** ⑳ sans rest, 6 av. Fremiet, ⌧ 75016, ☎ 524.52.06, Télex 630329 – 🛗 📺
☎. 🅰🅴 ⓞ 🅴 *VISA*   J 6
SC : ⌷ 10 – **34 ch** 330/480.

🏨 **Massenet** sans rest, 5 bis r. Massenet, ⌧ 75016, ☎ 524.43.03, Télex 620682 – 🛗
📺 ☎. 🅰🅴 ⓞ 🅴 *VISA*   J 6
SC : **41 ch** ⌷ 220/460.

🏨 **Elysées Bassano** Ⓜ sans rest, 24 r. Bassano ⌧ 75116 ☎ 720.49.03, Télex 611559
– 🛗 📺 ☎. 🅰🅴 ⓞ 🅴 *VISA*   G 8
SC : **40 ch** ⌷ 450/475.

🏨 **Floride Etoile** Ⓜ sans rest, 14 r. St-Didier ⌧ 75116 ☎ 727.23.36 – 🛗 📺 ☎ – 🅰
40. 🅰🅴 ⓞ 🅴 *VISA*. ⌘   G 7
SC : ⌷ 25 – **60 ch** 430.

🏨 **Kléber** sans rest, 7 r. Belloy, ⌧ 75116, ☎ 723.80.22, Télex 612830 – 🛗 📺 ☎. 🅰🅴
ⓞ 🅴   G 7
SC : ⌷ 20 – **21 ch** 404/430.

🏨 **Sévigné** sans rest 6 r. Belloy, ⌧ 75116, ☎ 720.88.90, Télex 610219 – 🛗 📺 ☎. 🅰🅴
ⓞ 🅴   G 7
SC : ⌷ 22 – **30 ch** 330/434.

Farnèse sans rest, 32 r. Hamelin, ✉ 75116, ☎ 720.56.66, Télex 611732 – 🛗 📺 ⛟wc ⛆wc ☎. 🚫 G 7
SC : ☕ 24 – **37 ch** 273/315.

Ambassade Ⓜ sans rest, 79 r. Lauriston ✉ 75116 ☎ 553.41.15 – 🛗 📺 ⛟wc ⛆wc ☎. AE ⓓ E VISA. 🚫 G 7
SC : ☕ 24 – **38 ch** 240/350.

Sylva sans rest, 3 r. Pergolèse, ✉ 75116, ☎ 500.38.12, Télex 612245 – 🛗 ⛟wc ☎. AE ⓓ E VISA E 6
SC : ☕ 19 – **36 ch** 244/300.

Queen's H. Ⓜ sans rest, 4 r. Bastien Lepage ✉ 75016 ☎ 288.89.85 – 🛗 📺 ⛟wc ⛆wc ☎. 🚫 K 4
SC : ☕ 15,50 – **22 ch** 154/285.

XXXX ✿✿ **Faugeron,** 52 r. Longchamp, ✉ 75116, ☎ 704.24.53 – ▤. 🚫 G 7
fermé août, 24 déc. au 3 janv., sam., dim. et fêtes – **R** carte 175 à 265
Spéc. Oeufs à la coque à la purée de truffes, Caneton de Challans aux fèves (avril à août), Crottin de Chavignol rôti.

XXXX ✿✿ **Vivarois** (Peyrot), 192 av. V.-Hugo, ✉ 75116, ☎ 504.04.31 – ▤. AE ⓓ VISA
fermé août, sam., dim. et fêtes – **R** carte 210 à 270 G 5
Spéc. Relais des quatre saisons, Poissons, Queue de boeuf au Cornas.

XXXX ✿✿✿ **Jamin** (Robuchon), 32 r. Longchamp, ✉ 75116, ☎ 727.12.27 – ▤. AE ⓓ VISA G 7
fermé juil., sam. et dim. – **R** carte 200 à 300
Spéc. Raviolis de langoustines au chou, Bohémienne de filets de rougets, Rôti d'agneau en croûte de sel.

XXX ✿ **Toit de Passy** (6ᵉ étage), 94 av. P.-Doumer ✉ 75016, ☎ 524.55.37, ⛱ – ▤ Ⓟ. VISA H J 5
fermé 19 au 24 avril, 22 déc. au 16 janv., sam. (sauf le soir du 15 sept. au 15 déc.), dim. et fériés – SC : **R** 145 (déj.) et carte 205 à 270
Spéc. Soupe d'huîtres (15 oct.-15 avril), Feuilleté de haddock aux poivrons doux, Sauté d'agneau au basilic.

XXX **Tsé-Yang,** 25 av. Pierre 1ᵉʳ de Serbie ✉ 75016 ☎ 720.68.02 – ▤. AE ⓓ E VISA
R 100/150. G 8

XXX ✿ **Pavillon des Princes,** 69 av. Porte d'Auteuil ✉ 75016 ☎ 605.65.50, ⛱. AE ⓓ VISA K 1
SC : **R** 162
Spéc. Tartare de bonite à la rouille, Coeur de filet de boeuf façon Manon, Délice café-chocolat sauce café.

XXX ✿ **Ferrero,** 38 r. Vital ☎ 504.42.42 – AE ⓓ VISA H 5
fermé 10 août au 4 sept., 23 déc. au 9 janv., sam. et dim. – **R** carte 185 à 220
Spéc. Soupe de lièvre (sais.), Fricassée de volaille aux écrevisses, Bar en croûte.

XXX **L'Estournel,** 1 r. L.-Delibes ✉ 75116 ☎ 553.10.79 – ▤ ▤ rest. AE ⓓ E VISA G 7
fermé août, sam. et dim. – **R** carte 165 à 230.

XXX **Ile de France,** quai Debilly, ✉ 75116, ☎ 723.60.21, ≤ **rest. flottant** – Ⓟ. AE ⓓ E VISA H 8
fermé sam. et dim. – **R** carte 150 à 230.

XXX **Prunier Traktir,** 16 av. Victor-Hugo, ✉ 75116, ☎ 500.89.12 – AE ⓓ VISA F 7
fermé dim. en juil.-août, mardi de sept. à juin et lundi – **R** carte 190 à 260.

XXX **Morens,** 10 av. New-York, ✉ 75116, ☎ 723.75.11 – AE ⓓ VISA H 8
fermé août, 24 déc. au 2 janv., vend. soir et sam. – **R** carte 130 à 195.

XXX **Ramponneau,** 21 av. Marceau ✉ 75116 ☎ 720.59.51 – AE ⓓ VISA G 8
fermé août – **R** carte 145 à 220.

XXX ✿ **Michel Pasquet,** 59 r. La-Fontaine, ✉ 75016, ☎ 288.50.01 – AE ⓓ VISA K 4
fermé août, sam. sauf le soir du 1ᵉʳ nov. au 30 avril et dim. – SC : **R** carte 180 à 240
Spéc. Turbot rôti au beurre ciboulette, Poissons à l'anis en papillote, Bavarois voilé à la vanille.

XXX ✿ **Guy Savoy,** 28 r. Duret ✉ 75116 ☎ 500.17.67 – ▤. VISA F 6
fermé 1ᵉʳ au 15 janv., sam. et dim. – **R** carte 165 à 250
Spéc. Ragoût des maraîchers, Lotte aux échalotes confites, Chariot de desserts.

XX **Al Mounia,** 16 r. Magdebourg, ✉ 75116, ☎ 727.57.28, **spécialités marocaines** – AE. 🚫 G 7
fermé 14 juil. à fin août et dim. – **R** carte environ 120.

XX ✿ **Paul Chêne,** 123 r. Lauriston, ✉ 75116, ☎ 727.63.17 – ▤. AE ⓓ VISA G 6
fermé août, 24 déc. au 2 janv., sam. et dim. – **R** carte 140 à 210
Spéc. Filets de sole cardinal aux écrevisses, Rognon de veau aux trois moutardes, Charlotte aux framboises.

XX ❀ **Conti,** 72 r. Lauriston ✉ 75116 ☎ 727.74.67 – ▤. VISA. ✕ G 7
fermé août, 24 déc. au 3 janv., sam., dim. et fériés – **R** carte 140 à 195
Spéc. Pâtes aux cèpes ou aux girolles (sept. au 31 oct.), Pigeonneau aux figues (août-31 oct.), Assiette de desserts.

XX ❀ **Le Petit Bedon** (Ignace), 38 r. Pergolèse ✉ 75116 ☎ 500.23.66 – ▤. ◑ VISA F 6
fermé août, sam., dim. et fériés – **R** carte 145 à 205
Spéc. Foie gras frais de canard, Tourteau frais Tante Louise, Ris de veau aux morilles.

XX ❀ **Jenny Jacquet,** 136 r. Pompe ✉ 75116 ☎ 727.50.26 – VISA. ✕ G 6
fermé août, vac. de fév., sam. et dim. – **R** carte environ 130 à 170
Spéc. Légumes à la coriandre, Mousseline de brochet beurre blanc, Aiguillettes de canette aux citrons.

XX **Le Gd Chinois,** 6 av. New York, ✉ 75116, ☎ 723.98.21 – AE ◑ H 8
fermé 8 au 22 août et lundi – **R** carte 100 à 155.

X **Au Clocher du Village,** 8 bis r. Verderet, ✉ 75016, ☎ 288.35.87 – VISA L 4
fermé août, sam. et dim. – **R** carte 85 à 130.

X **Le Valéry,** 55 r. Lauriston, ✉ 75016, ☎ 553.55.48 – VISA F 7
fermé août, sam. et dim. – SC : **R** carte 125 à 200.

X **Le Moï,** 7 r. G. Courbet ✉ 75016 ☎ 704.95.10 G 6
fermé août et lundi – **R** carte 90 à 130.

Au Bois de Boulogne :

XXXX ❀❀ **Pré Catelan** (Lenôtre), ✉ 75016, ☎ 524.55.58, ⌂, ⌖ – Ⓟ. AE ◑ VISA H 2
fermé vac. de fév., dim. soir et lundi – **R** carte 200 à 300
Spéc. Soufflé au corail d'oursins (oct. à mars), Saumon en marbrage, Canard au sang.

XXXX ❀ **Grande Cascade,** ✉ 75016, ☎ 506.33.51, ≤ – Ⓟ. AE ◑ E VISA
fermé 20 déc. au 21 janv. – **R** *(du 15 oct. au 15 mai déj. seul.)* carte 200 à 245
Spéc. Délices des Landes, Panaché de poissons au basilic, Carré d'agneau rôti au serpolet.

Clichy, Ternes, Wagram.

17e arrondissement.
17e : ✉ 75017

Concorde Lafayette Ⓜ, 3 pl. Gén.-Koenig ☎ 758.12.84, Télex 650892, « Bar panoramique au 34e étage » – |♦| cuisinette ▤ TV ☎. AE ◑ E VISA E 6
SC : rest. **L'Étoile d'Or** voir ci-après – **L'Arc-en-Ciel R** 148 ⅄ - Coffee Shop **Les Saisons R** carte environ 115 ⅄ – ☐ 43 – **975 ch** 720/900, 24 appart.

Méridien Ⓜ, 81 bd Gouvion-St-Cyr (pte Maillot) ☎ 758.12.30, Télex 290952 – |♦| cuisinette ▤ TV ☎ Ⓟ – ⚲ 150 à 1 000. AE ◑ E VISA. ✕ rest E 6
SC : **Le Clos de Longchamp R** carte 190 à 265 – **Café l'Arlequin R** carte environ 105 ⅄ – **Le Yamato** (rest. Japonais) **R** carte environ 105 – **La Maison Beaujolaise R** 107 bc/142 bc – ☐ 50 – **1 011 ch** 785/925, 16 appart.

Splendid Etoile et rest. Pré Carré Ⓜ, 1 bis av. Carnot ☎ 766.41.41, Télex 280773 – |♦| TV ☎ ♿. AE ◑ VISA. ✕ F 7
SC : **R** *(fermé sam. et dim.)* – ☐ 35 – **54 ch** 450/760, 3 appart. 760.

Regent's Garden ⛰ sans rest, 6 r. P.-Demours ☎ 574.07.30, Télex 640127, « Jardin » – |♦| TV ☎. AE ◑ E VISA E 7
SC : ☐ 25 – **41 ch** 410/590.

Magellan Ⓜ ⛰ sans rest, 17 r. J.B.-Dumas ☎ 572.44.51, Télex 660728, ⌖ – |♦| ☎. AE ◑ E VISA D 7
SC : ☐ 16 – **75 ch** 280/297.

Mercure Ⓜ sans rest, 27 av. Ternes ☎ 766.49.18, Télex 650679 – |♦| ▤ TV ☎ Ⓟ. AE ◑ E VISA E 8
SC : ☐ 30 – **56 ch** 355/376.

Balmoral sans rest, 6 r. Gén.-Lanrezac ☎ 380.30.50, Télex 642435 – |♦| TV ☎. AE ◑ E 7
SC : **57 ch** ☐ 300/400.

Banville sans rest, 166 bd Berthier ☎ 267.70.16, Télex 643025 – |♦| ⛀wc ⋔wc ☎. VISA D 8
SC : **40 ch** ☐ 308/328.

Courcelles Ⓜ sans rest, 184 r. Courcelles ☎ 763.65.30, Télex 642252 – |♦| TV ⛀wc ⋔wc ☎. AE ◑ E VISA D 8
SC : **42 ch** ☐ 335/420.

Etoile Ⓜ sans rest, 3 r. Étoile ☎ 380.36.94, Télex 642028 – |♦| TV ⛀wc ⋔wc ☎. AE ◑ E VISA E 8
SC : **25 ch** ☐ 350/430.

🏨 **Cécilia** sans rest, 11 av. Mac-Mahon ☏ 380.32.10, Télex 280750 – 🛗 📺 ➡wc ☎.
Ⓐ𝐄 ⓞ 𝐄 𝘝𝘐𝘚𝘈
SC : ☲ 22 – **45 ch** 380.
E 7

🏨 **Stella** sans rest, 20 av. Carnot ☏ 380.84.50 – 🛗 📺 ➡wc 氚wc ☎. Ⓐ𝐄 ⓞ 𝘝𝘐𝘚𝘈. ✼
SC : ☲ 20 – **36 ch** 220/340.
E 7

🏨 **Royal Magda** sans rest, 7 r. Troyon ☏ 764.10.19, Télex 641068 – 🛗 📺 ➡wc ☎.
Ⓐ𝐄 ⓞ 𝘝𝘐𝘚𝘈
SC : **28 ch** ☲ 302/356, 10 appart.
E 8

🏨 **Empire H.** Ⓜ sans rest, 3 r. Montenotte ☏ 380.14.55, Télex 643232 – 🛗 📺 ➡wc
氚wc ☎. Ⓐ𝐄 ⓞ 𝐄 𝘝𝘐𝘚𝘈
SC : ☲ 21 – **47 ch** 202/360.
E 8

🏨 **Tivoli Étoile** Ⓜ sans rest, 7 r. Brey ☏ 380.31.22, Télex 643107 – 🛗 📺 ➡wc
Ⓐ𝐄 𝐄 𝘝𝘐𝘚𝘈. ✼
SC : ☲ 22 – **30 ch** 337/390.
E 8

🏨 **Mercédès** sans rest, 128 av. Wagram ☏ 227.77.82, Télex 660751 – 🛗 📺 ➡wc
氚wc ☎. Ⓐ𝐄 ⓞ 𝘝𝘐𝘚𝘈
SC : ☲ 21 – **37 ch** 283.
D 8

🏨 **Régence-Étoile** sans rest, 24 av. Carnot ☏ 380.75.60 – 🛗 📺 ➡wc 氚wc ☎. Ⓐ𝐄
𝘝𝘐𝘚𝘈. ✼
SC : ☲ 20 – **38 ch** 213/303.
E 7

🏨 **Belfast** sans rest, 10 av. Carnot ☏ 380.12.10, Télex 642777 – 🛗 ➡wc 氚wc ☎. Ⓐ𝐄
ⓞ 𝘝𝘐𝘚𝘈. ✼
SC : ☲ 17,50 – **47 ch** 308/361.
E 7

🏨 **Astrid** sans rest, 27 av. Carnot ☏ 380.56.20, Télex 642065 – 🛗 ➡wc 氚wc ☎. ✼
fermé en août – SC : **40 ch** ☲ 205/275.
E 7

🏨 **Palma** sans rest, 46 r. Brunel ☏ 574.29.93 – 🛗 📺 ➡wc 氚wc ☏. ✼
SC : ☲ 17 – **32 ch** 195/255.
E 7

🏨 **Astor** sans rest, 36 r. P.-Demours ☏ 227.44.93, Télex 650078 – 🛗 📺 ➡wc 氚wc
☎. 𝘝𝘐𝘚𝘈. ✼
SC : ☲ 17,50 – **48 ch** 204/263.
D 8

🏨 **Étoile Park H.** sans rest, 10 av. Mac-Mahon ☏ 267.55.99, Télex 649266 – 🛗 📺
➡wc 氚wc ☏. Ⓐ𝐄 ⓞ 𝐄 𝘝𝘐𝘚𝘈. ✼
SC : ☲ 19 – **28 ch** 262/326.
E 8

🏨 **Prima H.**, 167 r. Rome ☏ 622.21.09 – 🛗 📺 ➡wc 氚wc ☏
SC : **R** snack carte environ 85 ⚘ – ☲ 16 – **30 ch** 170/240.
C-D 10

🏨 **Néva** sans rest, 14 r. Brey ☏ 380.28.26 – 🛗 ➡wc 氚wc ☏. 𝘝𝘐𝘚𝘈. ✼
SC : ☲ 18 – **35 ch** 220/260.
E 8

🏨 **Parc Monceau** sans rest, 38 r. Cardinet ☏ 763.88.60 – 🛗 氚wc ☏
SC : ☲ 16 – **22 ch** 85/200.
D 9

🏨 **Bel'Hôtel** sans rest, 20 r. Pouchet ☏ 627.34.77, Télex 642396 – 🛗 ➡wc 氚 ☎.
𝘝𝘐𝘚𝘈
fermé août – SC : ☲ 16 – **30 ch** 75/205.
B 11

🍴🍴🍴 ✿✿ **Rostang**, 10 r. G.-Flaubert ☏ 763.40.77 – 🔲 𝘝𝘐𝘚𝘈
D 8
fermé 23 juil. au 23 août, vac. de fév., sam. (sauf le soir d'oct. à mars), dim. et fériés
– **R** 135 (déj.) et carte 200 à 260
Spéc. Oeufs de caille en coque d'oursins (oct. à mars), Fricassée de filets soles, Canette de Bresse
au sang.

🍴🍴🍴 ✿✿ **Le Bernardin** (Le Coze), 18 r. Troyon ☏ 380.40.61 – Ⓐ𝐄 𝘝𝘐𝘚𝘈
E 8
fermé août, dim. et lundi – **R** carte 170 à 270
Spéc. Salade de langoustines aux truffes, Turbotin au persil, Rôti de lotte aux choux (1er sept. au 30
avril).

🍴🍴🍴 ✿ **Étoile d'Or**, 3 pl. Gén.-Koenig ☏ 758.12.84 – 🔲. Ⓐ𝐄 ⓞ 𝐄 𝘝𝘐𝘚𝘈
E 6
SC : **R** carte 200 à 275
Spéc. Mitonnée de homard et ris de veau, St-Jacques au beurre rouge, Beuchelle Édouard Nignon.

🍴🍴🍴 **Timgad**, 21 r. Brunel ☏ 574.23.70, « Décor mauresque » – 🔲. Ⓐ𝐄 ⓞ 𝘝𝘐𝘚𝘈. ✼
E 7
fermé août et dim. – **R** carte 125 à 165.

🍴🍴🍴 **Grand Veneur**, 6 r. Pierre-Demours ☏ 574.61.58 – Ⓐ𝐄 ⓞ 𝐄 𝘝𝘐𝘚𝘈
E 7
fermé août, sam. midi et dim. – **R** carte 135 à 195.

🍴🍴🍴 **Apicius**, 122 av. Villiers ☏ 380.19.66 – ⓞ 𝘝𝘐𝘚𝘈
D 8
fermé 8 août au 8 sept. sam. midi et dim. – **R** carte 135 à 205.

XX ❀ **La Coquille**, 6 r. Débarcadère ☎ 574.25.95 – 🍽. 𝗩𝗜𝗦𝗔
fermé 30 juil. au 1ᵉʳ sept., 24 déc. au 2 janv., dim., lundi et fériés – **R** carte 150 à 215
Spéc. St-Jacques au naturel (oct. à mai), Fricassée de ris de veau à la crème et morilles, Soufflé au praslin de noisettes.
E 7

XX **Baumann**, 64 av. Ternes ☎ 574.16.66 – 🍽. 𝗔𝗘 ⓞ 𝗘 𝗩𝗜𝗦𝗔
SC : **R** carte 125 à 180.
E 7

XX **L'Écrevisse**, 202 bis bd Péreire ☎ 572.17.60 – 🍽. 𝗔𝗘 ⓞ 𝗩𝗜𝗦𝗔
fermé août, sam. et dim. – **R** carte 145 à 215.
E 7

XX **Paul et France**, 27 av. Niel ☎ 763.04.24 – 𝗔𝗘 ⓞ 𝗩𝗜𝗦𝗔
fermé 14 juil. au 15 août, sam. et dim. – **R** carte 140 à 190.
D 8

XX **La Truite Vagabonde**, 17 r. Batignolles ☎ 387.77.80 – 𝗔𝗘 ⓞ 𝗩𝗜𝗦𝗔
fermé dim. – **R** 200/250.
D 11

XX **La Braisière**, 54 r. Cardinet ☎ 763.40.37 – 𝗩𝗜𝗦𝗔. 🎖
fermé 15 juil. au 15 août, sam. midi et dim. – SC : **R** carte 140 à 185.
D 9

XX ❀ **Chez Guyvonne** (Cros), 14 r. Thann ☎ 227.25.43
fermé 6 au 30 juil., 21 déc. au 7 janv., sam., dim. et fêtes – **R** carte 155 à 230
Spéc. Terrine de foie gras de canard (oct. à mars), Picatta de truite de mer aux écrevisses, Crêpes soufflées aux poires.
D 9-10

XX ❀ **Le Petit Colombier** (Fournier), 42 r. Acacias ☎ 380.28.54 – 𝗩𝗜𝗦𝗔
fermé 28 juil. au 21 août, dim. midi et sam. – **R** carte 120 à 180
Spéc. Escargots en croquemitoufle, Rognon de veau Palais Royal, Farandole de pâtisseries maison.
E 7

XX ❀ **Chez Augusta** (Bareste), 98 r. Tocqueville ☎ 763.39.97 – ⓞ 𝗩𝗜𝗦𝗔
fermé août, dim. et fêtes – **R** carte 160 à 220
Spéc. Salade de langoustines, Bouillabaisse, Omble-chevalier.
C 9

XX **Ma Cuisine**, 18 r. Bayen ☎ 572.02.19
fermé dim. – **R** carte 140 à 185.
E 7

XX **Epicure 108**, 108 r. Cardinet ☎ 763.50.91 – 𝗩𝗜𝗦𝗔
fermé sam. midi et dim. – **R** carte 130 à 170.
D 10

XX **Chez Georges**, 273 bd Pereire ☎ 574.31.00 – 𝗩𝗜𝗦𝗔
fermé août – **R** carte 125 à 165
E 6

XX **La Toque**, 16 r. Tocqueville ☎ 227.97.75 – 𝗩𝗜𝗦𝗔
fermé 20 juil. au 20 août, 21 déc. au 2 janv., sam. et dim. – SC : **R** carte 110 à 165.
D 10

XX **Chez Léon**, 32 r. Legendre ☎ 227.06.82 – ⓞ 𝗩𝗜𝗦𝗔
fermé 31 juil. au 1ᵉʳ sept., sam., dim. et fériés – SC : **R** carte 120 à 190.
D 10

X **Le Santenay**, 75 av. Niel ☎ 227.88.44 – 𝗔𝗘 ⓞ 𝗘 𝗩𝗜𝗦𝗔
fermé 30 juil. au 15 août, dim. soir et lundi – **R** carte 105 à 185.
D 8

X ❀ **La Petite Auberge** (Harbonnier), 38 r. Laugier ☎ 763.85.51 – ⓞ 𝗩𝗜𝗦𝗔
fermé août, dim., lundi et fêtes – **R** (nombre de couverts limité - prévenir) carte 155 à 210
Spéc. Turbot Camille Renault, Carré d'agneau Emile Compard, Tarte aux pommes.
D 7-8

X **Le Beudant**, 97 r. des Dames ☎ 387.11.20 – 𝗔𝗘 ⓞ 𝗩𝗜𝗦𝗔
fermé sam. midi et dim. – **R** carte 140 à 195.
D 11

X **La Soupière**, 154 av. Wagram ☎ 227.00.73 – 𝗔𝗘 𝗩𝗜𝗦𝗔
fermé Noël-1ᵉʳ janv., dim. et lundi – **R** carte 145 à 205
D 9

X ❀ **Mère Michel** (Gaillard), 5 r. Rennequin ☎ 763.59.80 – 𝗩𝗜𝗦𝗔
fermé août, sam., dim. et fériés – SC : **R** (nombre de couverts limité - prévenir) carte 125 à 190
Spéc. Cressonnette de foies de volaille au Xérès, Poissons beurre blanc, Omelette soufflée.
E 8

Montmartre, La Villette, Belleville.

18ᵉ, 19ᵉ et 20ᵉ arrondissements.
18ᵉ : ✉ 75018
19ᵉ : ✉ 75019
20ᵉ : ✉ 75020

🏨 **Terrass'H.** Ⓜ, 12 r. J.-de-Maistre (18ᵉ) ☎ 606.72.85, Télex 280830 – 🛗 🍽 rest 📺
☎ &. – ♨ 30. 𝗔𝗘 ⓞ 𝗘 𝗩𝗜𝗦𝗔
SC : Coffee - Shop **L'Albaron R** carte environ 100 🍴 et rest **Guerlande** voir ci-après –
95 ch ⊃ 380/590. 13 appart. 590/680.
C 13

🏨 **Mercure Paris Montmartre** Ⓜ sans rest, 1 r. Caulaincourt (18ᵉ) ☎ 294.17.17,
Télex 640605 – 🛗 📺 ☎ &. 𝗔𝗘 ⓞ 𝗘 𝗩𝗜𝗦𝗔
SC : ⊃ 36 – **308 ch** 460/489.
D 12

🏨 **Résidence Montmartre** sans rest, 10 r. Burq (18ᵉ) ☎ 606.45.28 – 🛗 🛁wc 🚿wc
🕿 𝗩𝗜𝗦𝗔
SC : ⊃ 18,50 – **46 ch** 175/240.
D 13

🏠 **H. Le Laumière** sans rest, 4 r. Petit (19e) ☎ 206.10.77 – 🛗 🚿wc ♨wc ☎. ⚡
SC : ☷ 15 – **54 ch** ☷ 90/230. D 19

🏠 **Super H.** Ⓜ, 208 r. Pyrénées (20e) ☎ 636.97.48 – 🛗 🍽 rest 🚿wc ♨wc ☎. 𝘝𝘐𝘚𝘈
SC : **R** *(fermé dim.)* 71 – **28 ch** ☷ 137/349. G 21

🏠 **Pyrénées Gambetta** sans rest, 12 av. Père Lachaise (20e) ☎ 797.76.57 – 🛗
🚿wc ♨wc ☎
SC : **30 ch** ☷ 115/260. H 21

🏠 **Prima-Lepic** sans rest, 29 r. Lepic (18e) ☎ 606.44.64 – 🛗 🚿wc ♨wc ☎. ⚡ ⓪
SC : ☷ 17,50 – **38 ch** 139/205. D 13

🏠 **Luxia** sans rest, 8 r. Seveste (18e) ☎ 606.84.24 – 🛗 🚿 ♨wc ☎. ⚡ ⓪. ⚡ D 14
SC : ☷ 15 – **48 ch** 130/250.

🏠 **Eden H.** sans rest, 90 r. Ordener (20e) ☎ 264.61.63 – 🛗 ♨wc ☎. ⚡ ⚡ B 14 –
SC : ☷ 15 – **40 ch** 75/200.

XXX ❀ **Beauvilliers** (Carlier), 52 r. Lamarck (18e) ☎ 254.19.50, « Décor original, terrasse » – 𝘝𝘐𝘚𝘈 ⚡
fermé 1er sept. au 2 oct., lundi midi et dim. – **R** carte 190 à 245 C 14
Spéc. Terrine de girolles (juin à nov.), Tronçon de turbot en meurette, Rognonnade de veau aux truffes et Xérès.

XXX ❀ **Cochon d'Or**, 192 av. Jean-Jaurès (19e) ☎ 607.23.13 – 🍽. ⚡ ⓪ Ⓔ 𝘝𝘐𝘚𝘈 C 20
R carte 140 à 230
Spéc. Escargots de Bourgogne, Salade de St-Jacques (oct.-avril), Grillades.

XXX **Le Guerlande**, 12 r. Caulaincourt (18e) ☎ 606.59.05 – 🍽. ⚡ ⓪ Ⓔ 𝘝𝘐𝘚𝘈 C 13
SC : **R** carte 140 à 190.

XXX **Charlot 1er ''Merveilles des Mers''**, 128 bis bd Clichy (18e) ☎ 522.47.08 – ⚡
⓪ Ⓔ 𝘝𝘐𝘚𝘈 D 12
R carte 160 à 225.

XXX ❀ **Relais Pyrénées** (Marty), 1 r. Jourdain (20e) ☎ 636.65.81 – ⚡ ⓪ Ⓔ 𝘝𝘐𝘚𝘈 F 20
fermé août et sam. – **R** carte 160 à 215
Spéc. Foie gras frais de canard, Saumon frais au Champagne, Confit d'oie.

XXX **Dagorno**, 190 av. J.-Jaurès (19e) ☎ 607.02.29 – ⚡ ⓪ Ⓔ 𝘝𝘐𝘚𝘈 C 20
fermé sam. – **R** carte 130 à 180.

XX ❀ **Petit Pré** (Verges), 1 r. Bellevue (19e) ☎ 208.92.62 – E 21
fermé 14 juil. au 15 août, sam., dim. et fériés – SC : **R** carte 155 à 210
Spéc. Saumon cru en marinade, Blanquette de turbot, Pêches au vermouth.

XX **Chez le Baron**, 65 r. Manin (19e) ☎ 205.72.72 – ⚡ 𝘝𝘐𝘚𝘈 D 19
fermé 10 au 28 août, sam. midi et dim. – **R** carte 150 à 220.

XX **Le Clodenis**, 57 r. Caulaincourt (18e) ☎ 606.20.26 C 13
fermé dim. et lundi – **R** 105 (déj.) et carte 140 à 220.

XX **Sanglier Bleu**, 102 bd Clichy (18e) ☎ 606.07.61 – 🍽. ⚡ ⓪ Ⓔ 𝘝𝘐𝘚𝘈 D 12
fermé août et sam. midi – **R** carte 135 à 185.

XX **Au Clair de la Lune**, 9 r. Poulbot (18e) ☎ 258.97.03 – ⚡ ⓪ 𝘝𝘐𝘚𝘈 D 14
fermé vacances de fév., lundi midi et dim. – **R** carte 140 à 190.

XX **Deux Taureaux**, 206 av. J.-Jaurès (19e) ☎ 607.39.31 – ⚡ ⓪ Ⓔ 𝘝𝘐𝘚𝘈 C 21
fermé sam. et dim. – SC : **R** carte 130 à 170.

XX **Boeuf Couronné**, 188 av. Jean-Jaurès (19e) ☎ 607.89.52 – ⚡ ⓪ Ⓔ 𝘝𝘐𝘚𝘈 C 20
fermé dim. – **R** carte 115 à 195.

XX **La Chaumière**, 46 av. Secrétan (19e) ☎ 607.98.62 – ⚡ ⓪ Ⓔ 𝘝𝘐𝘚𝘈 E 18
fermé août et dim. – SC : **R** carte 135 à 155.

XX **La Manna**, 148 av. St-Ouen (18e) ☎ 627.42.35 B 12
fermé mi-juil. à fin août, mardi soir et merc. – **R** carte 100 à 140.

XX **Chez Frézet**, 181 r. Ordener (18e) ☎ 606.64.20 – 𝘝𝘐𝘚𝘈 B 13
fermé août, vacances de fév., sam., dim. et fériés – **R** carte 115 à 175.

X **Le Pichet**, 174 r. Ordener (18e) ☎ 627.85.28 – ⓪ 𝘝𝘐𝘚𝘈 B 13
fermé août et dim. – **R** carte 80 à 140 🍴.

X **Relais Normand**, 32 bis r. d'Orsel (18e) ☎ 606.92.57 – ⚡ Ⓔ 𝘝𝘐𝘚𝘈 D 14
fermé en août, 15 au 31 janv., vend. soir et sam. – SC : **R** 54/95.

X **Marie-Louise**, 52 r. Championnet (18e) ☎ 606.86.55 – ⓪ 𝘝𝘐𝘚𝘈 B 15
fermé fin juil. à début sept., dim., lundi et fériés – **R** carte 85 à 115.

X **Le Sancerre**, 13 av. Corentin Cariou (19e) ☎ 607.80.44 B 19 B
fermé août, sam., dim. et fériés – **R** carte 105 à 160.

Environs

25 km environ autour de Paris

Alforville 94140 Val-de-Marne 🔟🔟🔟 ㉘ – 36 252 h. alt. 33 – ✿ 1.

Voir Charenton : musée du Pain ★ N : 2 km, G. Paris.

Paris 9 – Maisons-Alfort 1,5 – Melun 36.

🏛 **Printemps,** 63 r. Véron ☎ 375.30.87 – 📺 🛁wc ☎ 🅿 ✖
  fermé août – SC : **R** brasserie *(fermé sam. et dim.)* carte environ 50 🍴 – ☲ 14,50 –
  24 ch 65/165.

🔘 Piot-Pneu, 69 r. de Charenton ☎ 375.34.95

Argenteuil ⟨S⟩ 95100 Val-d'Oise 🔟🔟🔟 ㉔ – 96 045 h. alt. 42 – ✿ 3.

Paris 14 – Chantilly 36 – Pontoise 20 – St-Germain-en-Laye 15.

XXX **Moulin d'Orgemont,** r. Clos des Moines ☎ 410.21.47, « Moulin à vent sur la
  colline, manège de chevaux de bois » – 🅿
  fermé août et dim. – **R** carte 120 à 190.

XX **Aub. Jacques Pichon,** 26 r. H.-Barbusse ☎ 961.07.86 – [VISA]
  fermé 6 au 27 août, sam. et dim. – SC : **R** carte 160 à 220.

XX **Ferme d'Argenteuil,** 2 bis r. Verte ☎ 961.00.62 – 🝂 ⓪ [VISA]
  fermé août, soir et lundi – SC : **R** carte 165 à 220.

XX **La Colombe** avec ch, 20 bd Héloïse ☎ 961.01.38 – cuisinette 🛁wc ☎ 🅿 – 🛋
  25 à 200. 🝂 ⓪ [VISA] ✖ ch
  SC : **R** *(fermé dim.)* 85/120 – ☲ 18 – **14 ch** 80/215.

BMW Gar. Valléjo, 119 av. J.-Jaurès ☎ 981.
83.06
CITROEN Succursale. 117 bd J.-Allemane ☎
982.81.81
FIAT Santi-Argenteuil, 1 r. Gde-Ceinture ☎
980.96.26
FORD Gar. Gdes Fontaines, 70 Bd Jean Alle-
mane ☎ 961.61.61
PEUGEOT-TALBOT S.O.D.I.S.T.O., 45 r.
H.-Barbusse ☎ 947.09.79

RENAULT Succursale, 2 Bd de la Résistance
ZUP ☎ 410.40.04
TOYOTA Gar. de la Gare, 14 Bd Berteaux ☎
961.05.21

🔘 Flament, 29 r. Beurriers ☎ 961.27.17
Jouas, 161 r. H. Barbusse ☎ 961.46.51
Monteils Pneumatiques, 48,50 av. Stalingrad
☎ 410.20.89

Asnières 92600 Hauts-de-Seine 🔟🔟🔟 ⑮ G. Paris – 71 220 h. alt. 32 – ✿ 1.

Paris 9 – Argenteuil 5,5 – Pontoise 27 – St-Denis 8 – St-Germain-en-Laye 17.

XX **Périgord,** 3 quai Aubagnier ☎ 790.19.86 – 🝂 ⓪ [VISA]
  fermé 3 août au 3 sept., sam., dim. et fériés – **R** carte 135 à 180.

X **La Petite Auberge,** 118 r. Colombes ☎ 793.33.94 – [VISA]
  fermé août, dim. soir et lundi – **R** 64.

CITROEN Gd Gar. Enthoven, 249 av. Argen-
teuil à Bois-Colombes ☎ 782.41.00
OPEL Perrot, 36 r. P.-Brossolette ☎ 793.73.30
TOYOTA S.I.D.A.T., 3 r. de Normandie ☎ 790.
62.10
VAG Gar. de la Comète, 33 av. d'Argenteuil ☎
793.02.09

VOLVO Gar. Ferid, 45 r. J.-Jaurès à Bois-
Colombes ☎ 242.40.75

🔘 Coursaux, 61 r. Colombes ☎ 793.07.53

Aulnay-sous-Bois 93600 Seine-St-Denis 🔟🔟🔟 ⑰ – 76 032 h. alt. 50 – ✿ 1.

Paris 19 – Lagny 21 – Meaux 30 – St-Denis 12 – Senlis 38.

🏨 **Novotel** Ⓜ, rte Gonesse ☎ 866.22.97, Télex 230121, 🏊 – 🛗 🖼 rest 📺 ☎ 🕭 🅿 –
  🛋 300. 🝂 ⓪ 🅴 [VISA]
  R snack carte environ 90 🍴 – ☲ 28 – **138 ch** 240/278.

🏛 **Strasbourg** sans rest, 43 bd Strasbourg ☎ 866.60.38 – 🛁wc ☎ ⓪ [VISA]
  fermé août et 24 déc. au 1er janv. – SC : ☲ 15 – **19 ch** 150/195.

XX **Aub. Saints Pères,** 212 av. Nonneville ☎ 866.62.11 – 🝂 [VISA]
  fermé août, vacances de fév., sam. midi, dim. soir et lundi – **R** carte 145 à 205.

🔘 La Centrale du Pneu, 2 av. Ch.-Floquet ☎
866.37.66

La Centrale du Pneu Bt. M 134 X Garonor ☎
865.26.08

Bagnolet 93170 Seine-St-Denis 101 ⑯ – 32 557 h. alt. 86 – ✿ 1.

Paris 6 – Lagny 27 – Meaux 40.

🏨 **Novotel Paris Bagnolet** M, av. République, échangeur porte de Bagnolet 🕾 360.02.10, Télex 670216, 🏊, – 🛗 ▤ 📺 ☎ 🅟 – 🔬 25 à 800. 🆎 ⓞ 🇪 VISA
L'Oeuf et la Poule R 140 bc - snack R carte environ 90 🍷 – ☖ 32 – **611 ch** 409/420.

FORD Deshayes, 195 av. Gambetta 🕾 374.
97.40

PEUGEOT, TALBOT Sefa Socauto, 210 r. de Noisy le Sec 🕾 361.17.90

Bougival 78380 Yvelines 101 ⑬ – 8 487 h. alt. 40 – ✿ 3.

Paris 18 – Rueil-Malmaison 3,5 – St-Germain-en-Laye 7 – Versailles 7 – Le Vésinet 4.

XXXX ✿ **Coq Hardy,** 16 quai Rennequin-Sualem (N 13) 🕾 969.01.43, « Jardins fleuris en terrasses, intérieur élégant » – 🅟. 🆎 ⓞ VISA
fermé merc. – **R** (dim. prévenir) 175 (déj.) et carte 225 à 320
Spéc. Chartreuse de bar aux cuisses de grenouilles, Blanc de bresse au coulis de truffes, Millefeuilles au praliné.

XXX ✿✿ **Le Camelia** (Delaveyne), 7 quai G.-Clemenceau 🕾 969.03.02 – 🆎 ⓞ VISA. 🎀
fermé dim. soir et lundi – **R** carte 185 à 245
Spéc. Champignons (oct. à janv.), Turbot en terrine, Blanquette de veau.

XX **Cheval Noir**, 14 quai G.-Clemenceau 🕾 969.00.96 – VISA
fermé août, merc. soir et jeudi – **R** carte 100 à 155.

Boulogne-Billancourt ◁SP▷ 92100 Hauts-de-Seine 101 ⑳ G. Paris – 102 595 h. alt. 35 – ✿ 1.

Voir Bois de Boulogne** : Fleuriste municipal* – Jardin Albert Kahn* – Musée Paul Landowski*.

Paris (par Porte de St-Cloud) 10 – Versailles 11.

🏨 **Sélect H.** M sans rest, 66 av. Gén.-Leclerc 🕾 604.70.47 – 🛗 ⌂wc 🏠wc ☎ 🅟
58 ch

🏠 **Excelsior** sans rest, 12 r. Ferme 🕾 621.08.08 – 🛗 🏠wc ☎. 🆎. 🎀
SC : ☖ 15 – **52 ch** 173/196.

XXX ✿✿ **Gérard Pangaud,** 1 rd point Rhin et Danube 🕾 605.34.42 – ▤. 🆎 ⓞ VISA
fermé sam. et dim. – **R** 250 bc (déj.) carte 240 à 290
Spéc. Foie gras aux girolles (nov. à fin juil.), Escalope de bar au basilic, Pigeon aux ravioles de légumes.

XXX ✿ **Au Comte de Gascogne,** 89 av. J.-B.-Clément 🕾 603.47.27, « Jardin d'hiver » – ▤. 🆎 ⓞ VISA
fermé août, sam., dim. et fériés – **R** carte 180 à 230
Spéc. Foie de canard, Panaché de poissons, Aiguillettes de magret de canard.

XX ✿ **La Bretonnière,** 120 av. J.-B.-Clément 🕾 605.73.56 – 🆎 ⓞ VISA
fermé sam. et dim. – **R** carte 170 à 230.

XX **La Bergerie,** 87 av. J.-B.-Clément 🕾 605.39.07 – 🆎 ⓞ VISA
fermé 12 au 23 août, lundi soir, dim. et fêtes – **R** carte 125 à 180.

XX **La Petite Auberge Franc Comtoise,** 86 av. J.-B.-Clément 🕾 605.67.19 – 🆎 ⓞ VISA
fermé 1er au 29 août, dim. et fériés – **R** carte 145 à 200.

XX **Laux... à la Bouche,** 117 av. J.-B.-Clément 🕾 825.43.88 – VISA
fermé sam. et dim. de juil. au 30 sept. – **R** carte 95 à 150.

X **La Galère,** 112 r. Gén.-Gallieni 🕾 605.64.51 – VISA. 🎀
fermé août, sam. et dim. – **R** carte 90 à 135.

Pour vos promenades du dimanche
la **carte** Michelin 196
'' Sports et loisirs Environs de Paris ''

Le Bourget (Aéroport de Paris) 93350 Seine-St-Denis 101 ⑰ **G. Paris** – 11 021 h. alt. 66.

Voir Musée de l'Air★.

Paris 15 – Aulnay-sous-Bois 6 – Chantilly 34 – Meaux 38 – St-Denis 6,5 – Senlis 36.

Novotel M, à Blanc-Mesnil ZA pont Yblon ✉ 93150 Le Blanc-Mesnil ☎ 867.48.88, Télex 230115, – rest – 250. AE ① E VISA
R carte environ 90 – 28 – **141 ch** 250/278.

CITROEN Succursale, 70 av. Gén. Leclerc à Pantin ☎ 844.28.58
FIAT, LANCIA-AUTOBIANCHI Actis-Barone, 77 av. Division-Leclerc ☎ 837.91.30
RENAULT Succursale, 13 av. Gén.-Leclerc à Pantin ☎ 843.61.60
RENAULT Gar. Bon, 132 av. Div.-Leclerc ☎ 837.01.12
Bouchez, 160 av. J.-Jaurès à Pantin ☎ 845.25.85
Piot-Pneu, 190 av. Ch.-Floquet à Blanc-Mesnil ☎ 867.17.40
Steier-Pneus, 217 av. J.-Lolive à Pantin ☎ 844.36.80

Brunoy 91800 Essonne 101 ㊲ – 23 899 h. alt. 58 – ⊛ 6.

Paris 30 – Corbeil-Essonnes 13 – Évry 16 – Melun 23 – Villeneuve-St-Georges 10.

XX **Le Petit Réveillon,** 22 r. Réveillon ☎ 046.03.39 – E VISA
fermé août, merc. soir, dim. soir et lundi – SC : **R** 64/108.

CITROEN Ets Ruffin-Heitmann, 7 r. du Pont ☎ 046.57.57 N ☎ 046.34.19
PEUGEOT, TALBOT Ets Michel, 4 place de l'Arrivée ☎ 046.00.91

Champrosay 91 Essonne 101 ㊲ – alt. 58 – ✉ **91210** Draveil – ⊛ 6.

Paris 27 – Brunoy 11 – Corbeil-Essonnes 9,5 – Évry 6 – Longjumeau 14 – Viry-Châtillon 5,5.

XX **Bouquet de la Forêt,** rte l'Ermitage ☎ 942.56.08, , « A l'orée de la forêt » – . VISA
fermé août, lundi et le soir sauf vend. et sam. – **R** carte 115 à 180.

Châteaufort 78117 Yvelines 101 ㉒ – 780 h. alt. 153 – ⊛ 3.

Paris 27 – Arpajon 28 – Rambouillet 25 – Versailles 10.

XX ❀ **La Belle Epoque** (Peignaud), 10 pl. Mairie ☎ 956.21.66, , « Auberge rustique dominant le vallon » – AE ① VISA
fermé 12 août au 9 sept., 22 déc. au 6 janv. et dim. soir – **R** carte 160 à 215
Spéc. Bavarois d'huîtres, St-Pierre au foie gras, Challandais à la confiture de dattes vinaigrée.

RENAULT Succursale, à Buc ☎ 953.96.44

Chelles 77500 S.-et-M. 101 ⑲ – 41 881 h. alt. 45 – ⊛ 6.

Office de Tourisme (fermé août, dim. après-midi et lundi) 51 bis av. Résistance, ☎ 957.12.24.

Paris 22 – Coulommiers 41 – Meaux 27 – Melun 46.

XX **Rôt. Briarde,** 43 r. A.-Meunier ☎ 008.02.78 – . AE E VISA
fermé 15 juil. au 15 août, vacances de fév., lundi soir et mardi – SC : **R** carte 110 à 185.

BMW Central-Gar., 61 av. du Marais, déviation N 34 ☎ 421.27.27
CITROEN Pipart-Chelles-Diffusion-Autos, 59 av. Mar.-Foch ☎ 008.56.01 N ☎ 426.17.96
FORD Dubos, 92 av. du Mar.-Foch ☎ 020.43.42
OPEL Chelles-Autom., Zone Ind., av. de Sylvie ☎ 008.53.02
PEUGEOT, TALBOT Metin, 53 av. Mar.-Foch ☎ 008.57.57
RENAULT Gar. Moderne, 3 av. du Marais ☎ 421.19.81
V.A.G. Gar. Lourdin, 33 r. G.-Nast ☎ 008.38.42
Burlat 41 r. A.-Meunier ☎ 008.07.68

Chennevières-sur-Marne 94430 Val-de-Marne 101 ㉘ – 17 418 h. alt. 100 – ⊛ 1.

18 d'Ormesson ☎ 576.20.71, SE : 3 km.

Paris 17 – Coulommiers 49 – Lagny 22.

Jardins de France sans rest, 27 r. Champigny ☎ 576.01.66, , – wc wc
fermé août – SC : 13 – **17 ch** 100/150.

XXX **Aub. Vieux Clodoche,** 18 r. Champigny ☎ 576.09.39 – . AE ①
R carte 140 à 200.

XXX **Écu de France,** 31 r. Champigny ☎ 576.00.03, , « Cadre rustique, terrasse fleurie en bordure de rivière » – .
fermé 3 au 10 sept., dim. soir et lundi – SC : **R** carte 130 à 180.

CITROEN Grandru, 15 rte de la Libération ☎ 576.03.07
RENAULT SOVEA, 96 rte de la Libération ☎ 576.96.70

Chilly-Mazarin 91380 Essonne 101 ㉟ – 17 301 h. alt. 77 – ⊛ 6.

Paris 21 – Étampes 34 – Évry 16 – Versailles 27.

XXX **Pavillon Mazarin,** 31 rte Longjumeau ☎ 909.81.11, , – . AE ① E VISA
fermé août et sam. – **R** (déj. seul.) carte 155 à 235.

Clamart 92140 Hauts-de-Seine ***101*** ㉔ – 48 678 h. alt. 110 – ✿ 1.

ℤ Syndicat d'Initiative 1 r. Trosy (fermé dim. et lundi) ℀ 642.17.95.

Paris 10 – Boulogne-Billancourt 6 – Longjumeau 16 – Rambouillet 43 – Versailles 13.

✕ **Le Benjamin,** 25 bis av. J.-B.-Clément ℀ 642.06.66 – *VISA*
fermé août, lundi soir et dim. – SC : **R** 135 bc.

CITROEN S.E.G.A.C., 323 av. Gén.-de-Gaulle
℀ 630.45.90
PEUGEOT-TALBOT Médicis, pl. de la Mairie
℀ 645.77.22
PEUGEOT Lazare Carnot, 182 av. Gen. de
Gaulle ℀ 632.16.40
RENAULT Gilson, 185 av. Victor-Hugo ℀ 644.
38.03

Gar. du Clos Montholon 1 av. de la Paix ℀
642.10.62

⌽ Clamart Pneus, 329 Av. Gen. de Gaulle ℀
631.12.04
Le Comptoir du Pneu, 127 av. Gén.-de-Gaulle
℀ 630.34.42

Clichy 92110 Hauts-de-Seine ***101*** ⑮ – 47 000 h. alt. 30 – ✿ 1.

Paris 6,5 – Argenteuil 7 – Pontoise 27 – St-Germain-en-Laye 17.

🏦 **Girbal** sans rest, 14 r. Dagobert ℀ 737.54.24 – |\$| ⌂wc ⋔wc ⚙ ⟵ *VISA*
SC : ⟷ 18 – **42 ch** 215.

🏦 **Le Ruthène** sans rest, 35 r. Klock ℀ 737.02.51, Télex 613461 – |\$| ⌂wc ⋔wc ⚙.
⅍
SC : ⟷ 20 – **20 ch** 210/230.

✕✕✕ ✿ **Barrière de Clichy,** 1 r. de Paris ℀ 737.05.18 – ▤. ᴀᴇ ⓘ *VISA*
fermé sam. midi et dim. – **R** carte 195 à 255.

✕✕ **La Colombe d'Or,** 16 bd Gén. Leclerc ℀ 731.73.61 – ᴀᴇ ⓘ *VISA*
fermé août, sam. midi et dim. – **R** 150 bc/250 bc.

✕✕ **La Bonne Table,** 119 bd J.-Jaurès ℀ 737.38.79 – ▤
fermé 20 août au 20 sept., dim. et lundi – SC : **R** 120/160.

PEUGEOT, TALBOT Rouxel, 139 bd J.-Jaurès
℀ 739.68.00

P.S.T.A., 107 bd V.-Hugo ℀ 270.11.43

⌽ Central-Pneumatique 22 r. Dr- Calmette ℀
270.99.94

Cormeilles-en-Parisis 95240 Val-d'Oise ***101*** ④ – 14 608 h. alt. 115 – ✿ 3.

Paris 28,5 – Argenteuil 5 – Maisons-Laffitte 8 – Pontoise 14,5.

✕✕ **Aub. de l'Hexagone,** 32 r. Pommiers ℀ 978.77.49 – **ᴾ**. ᴀᴇ ⓘ *VISA*
fermé août, dim. et fêtes – SC : **R** carte 115 à 170.

CITROEN Gar. Paris, 27 Bd Joffre ℀ 978.01.64

RENAULT Gar. Parisis, 29 Bd Joffre ℀ 978.
41.32

Courbevoie 92400 Hauts-de-Seine ***101*** ⑭ G. Paris – 59 931 h. alt. 34 – ✿ 1.

Voir La Défense★★ : Palais de la Défense★ (Centre National des Industries et des
Techniques), Tour Manhattan★★★, Tour Fiat★, Tour GAN★, Perspective★ du parvis.
Paris (par Porte Champerret) 11 – Asnières 3 – Levallois-Perret 3,5 – St-Germain-en-Laye 14.

🏨 **Penta** Ⓜ, 18 r. Baudin ℀ 788.50.51, Télex 610470 – |\$| ▤ rest 📺 ☎ – ⚿ 25 à 300.
ᴀᴇ ⓘ ᴇ *VISA*. ⅍ rest
SC : **l'Atelier R** carte 95 à 145 ⅄ – ⟷ 7,50 – **494 ch** 403/434.

🏦 **Marina** sans rest, 18 av. Marceau ℀ 333.57.04 – |\$| 📺 ⌂wc ⋔wc ⚙
SC : ⟷ 15 – **29 ch** 100/245.

🏦 **Central** sans rest, 99 r. Cap.-Guynemer ℀ 789.25.25 – |\$| ⋔wc ⚙
SC : ⟷ 12 – **55 ch** 70/150.

✕ **A la Potinière,** 65 bis av. Gambetta ℀ 333.07.99 – ᴀᴇ ⓘ *VISA*
fermé 15 juil. au 15 août, sam. et dim. – **R** carte 105 à 175.

✕ **Clocher de Rodez,** 40 r. Bezons ℀ 333.52.19 – *VISA*
fermé août, dim. et lundi – **R** carte 105 à 165 ⅄.

RENAULT Succursale, 8 bd G.-Clemenceau
℀ 334.31.31

Cenci-Pneu, 8 r. de Bitche ℀ 333.25.36

⌽ Mathé 43 bd de Verdun ℀ 333.11.22

Créteil ℙ 94000 Val-de-Marne ***101*** ㉗ G. Paris – 71 705 h. alt. 49 – ✿ 1.

Voir Hôtel de ville★ : parvis★.

ℤ Office de Tourisme, 1 r. F.-Mauriac (fermé sam. et dim.) ℀ 898.58.18.

Paris 12 – Bobigny 17 – Évry 20 – Lagny 26 – Melun 35.

🏨 **Novotel** Ⓜ ⅍, ℀ 207.91.02, Télex 670396, ⌇, – |\$| ▤ 📺 ☎ **ᴾ** – ⚿ 25 à 200. ᴀᴇ
ⓘ ᴇ *VISA*
R snack carte environ 85 ⅄ – ⟷ 28 – **110 ch** 257/282.

XX **La Terrasse,** 39 av. Verdun ☎ 207.15.94 – 🖭 *VISA*
fermé 8 juil. au 1ᵉʳ août., sam. et dim. – **R** carte 135 à 185.

PEUGEOT, TALBOT   S.V.I.C.A., 89 av.   RENAULT Gar. SVAC, 35 r. de Valenton ☎
Gén.-de-Gaulle ☎ 339.50.00   899.72.50

Draveil 91210 Essonne 🔢 ⑱ – 26 801 h. alt. 55 – ✦ 6.

Paris 24 – Arpajon 20 – Évry 9.

🏨 **Pontel** Ⓜ ⌂ sans rest, 46 av. Bellevue ☎ 942.32.21 – 📶 🖭 🛏wc 🅰 🚗 🅿 –
🏧 100. 🖭 ① *VISA*
SC : ☲ 19 – **32 ch** 180/190.

RENAULT Gar. Pouvreau, 50 av. H.-Barbusse ☎ 942.22.34

Écouen 95440 Val d'Oise 🔢 ⑥ G. Environs de Paris – 4 386 h. alt. 150.

Voir Château★★ : musée de la Renaissance★★ (tenture de David et de Bethsa-
bée★★★).

Enghien-les-Bains 95880 Val d'Oise 🔢 ⑤ G. Environs de Paris – 9 739 h. alt. 50 –
Stat. therm. – Casino – ✦ 3 – Voir Lac★ – 🏌 de Domont ☎ 991.07.50, N : 8 km.

🚩 Office de Tourisme 2 bd Cotte (fermé merc. et dim.) ☎ 412.41.15.

Paris 18 – Argenteuil 6 – Chantilly 32 – Pontoise 20 – St-Denis 6 – St-Germain-en-Laye 23.

🏨🏨 **Grand Hôtel,** 85 r. Gén.-de-Gaulle ☎ 412.80.00, Télex 697842, ≤, 😠, « Beau
jardin fleuri » – 📶 🖭 ☎ 🅰 – 🏧 35. 🖭 ① *VISA*. 🦐 rest
SC : **R** carte 115 à 175 – ☲ 36 – **50 ch** 345/445, 3 appartements 715.

🏨 **Villa Marie Louise** ⌂ sans rest, 49 r. Malleville ☎ 964.82.21, 🌄 – 📶 🛏wc
📶wc 🅰
SC : ☲ 18 – **22 ch** 135/200.

XXXX ✦✦ **Duc d'Enghien,** au Casino ☎ 412.90.00, ≤ lac – 🔳. 🖭 ① *VISA*. 🦐
fermé 1ᵉʳ au 28 janv., dim. soir et lundi – **R** carte 180 à 270
Spéc. Langoustines marinées au caviar, Aile de Pigeon au foie gras, Feuilletage chocolat à la crème
d'orange.

XX **Aub. Landaise,** 32 bd d'Ormesson ☎ 412.78.36 – 🖭 *VISA*
fermé août, vacances de fév., dim. soir et merc. – SC : **R** carte 115 à 155.

XX **A la Carpe d'Or,** 91 r. Gén.-de-Gaulle ☎ 412.79.53, ≤ – 🖭 ① *VISA*
R carte 125 à 175 ⅃.

CITROEN Namont, 150 av. Div.-Leclerc ☎   PEUGEOT, TALBOT Gar. des 3 Communes, 8
412.75.06   rte de St Denis à Deuil la Barre ☎ 983.22.62
PEUGEOT, TALBOT Enghien-Automobiles,
211 av. Division Leclerc ☎ 989.14.17

La Garenne-Colombes 92250 Hauts-de-Seine 🔢 ⑭ – 21 000 h. alt. 25 – ✦ 1.

Paris 12 – Argenteuil 5,5 – Asnières 4 – Courbevoie 1,5 – Pontoise 29 – St-Germain 12.

🏨 **Moderne** sans rest, 103 r. Aigle ☎ 242.77.32, Télex 620529 – 🛏wc 📶wc 🅰. 🦐
fermé août – SC : ☲ 18,50 – **27 ch** 106/171.

XX **Aub. du 14 Juillet,** 9 bd République ☎ 242.21.79 – *VISA*
fermé août, sam. et dim. – **R** carte 120 à 175.

ALFA ROMEO, FIAT Lutèce Autom., 147 av.   RENAULT Gamot, 25 bd République ☎ 242.
Gén. de Gaulle ☎ 780.10.10 🅽 ☎ 989.80.75   23.16
BLF Baral, 49 bd de la République ☎ 781.91.81   RENAULT La Garenne-Autom., 11 r. de Châ-
PEUGEOT, TALBOT Succursale, 9 bd National   teaudun ☎ 242.23.46
☎ 780.71.67

Gennevilliers 92230 Hauts-de-Seine 🔢 ⑮ – 45 445 h. alt. 29 – ✦ 1.

🚩 Office de Tourisme 177 av. Gabriel Péri (fermé août, matin, sam. et dim.) ☎ 799.33.92.

Paris 11 – Pontoise 23 – St-Denis 7 – St-Germain-en-Laye 20.

XX ✦ **Julius,** 6 bd Camélinat ☎ 798.79.37 – 🔳. *VISA*
fermé sam. midi et dim. – **R** carte 150 à 200
Spéc. Salade de crevettes aux herbes, Saumon en papillote, Pétales de pamplemousse au caramel.

PEUGEOT, TALBOT Rouxel, 12 av. du Pont-   Central-Pneu, 23 av. M. Sangnier à Villeneuve
de-St-Denis ☎ 799.86.60   la Garenne ☎ 798.08.10
    Jagut, 102 r. Couture d'Auxerre ☎ 794.01.29
🅾 La Centrale du Pneu, 8 av. de la Redoute,
Zone Ind. à Villeneuve-la-Garenne ☎ 794.22.85

Grigny 91350 Essonne 🔢 ㉟ – 26 181 h. – ✦ 6 – Paris 26 – Evry 7 – Versailles 32.

XXX **Château de Clotay** ⌂ avec ch., 8 r. du Port ☎ 906.89.70, parc – 🖭 🛏wc ☎
🅰. 🖭 ① *VISA*
fermé vacances de fév., dim. soir et lundi – SC : **R** carte 200 à 300 – ☲ 30 – **10 ch**
250/450.

Houilles 78800 Yvelines 📖📗 ⑬ – 29 854 h. alt. 31 – 🟢 3.

Paris 17 – Argenteuil 6 – Maisons-Laffitte 5 – St-Germain-en-Laye 8.

XX ✿ **Gambetta** (Poirier), 41 r. Gambetta ☎ 968.52.12 – 🖭 𝑉𝐼𝑆𝐴
fermé Pâques, août, dim. soir et lundi – SC : **R** carte 165 à 220
Spéc. Aumonières de saumon fumé aux huîtres chaudes, Rognons de veau aux framboises (juin à oct.), Charlotte en camaïeu.

Joinville-le-Pont 94340 Val-de-Marne 📖📗 ② – 17 218 h. alt. 35 – 🟢 1.

🅴 Office de Tourisme 1 r. Jean-Mermoz (fermé matin, sam. et dim.) ☎ 283.41.16.

Paris 11 – Lagny 24 – Maisons-Alfort 3,5 – Vincennes 4.

XX **Horloge,** 99 quai Marne ☎ 889.34.38, ╬, Intérieur rustique
fermé août et sam. – **R** carte 120 à 170.

CITROEN Covac, 28 av. J. Jaurès RN 4 à Champigny ☎ 706.19.60

PEUGEOT, TALBOT Restellini, 49 av. Gén.-Gallieni ☎ 886.30.30

Juvisy-sur-Orge 91260 Essonne 📖📗 ㊳ – 12 303 h. alt. 36 – 🟢 6.

Paris 21 – Evry 9 – Longjumeau 8 – Versailles 27.

🏨 **Occitanie** M, 2 r. Draveil ☎ 921.50.62, Télex 690316 – 📺 ╚wc ☎ 🅿 – ⚐ 40. 🖭 ⓞ 🅴 𝑉𝐼𝑆𝐴
R 125 – **29 ch** ⌧ 220/300.

CITROEN Gd Gar. de l'Essonne 1 av. Cour de France ☎ 921.35.90

PEUGEOT, TALBOT Besse et Guilbaud, 38 av. Cour de France ☎ 921.55.33

Levallois-Perret 92300 Hauts-de-Seine 📖📗 ⑮ – 53 777 h. alt. 30 – 🟢 1.

Paris 8 – Argenteuil 8 – Pontoise 29 – St-Germain-en-Laye 16.

XX **Le Jardin,** 9 pl. Jean Zay ☎ 739.54.02 – 🖭 ⓞ 𝑉𝐼𝑆𝐴
fermé août, sam. et dim. – **R** carte 110 à 170.

Livry-Gargan 93190 Seine-St-Denis 📖📗 ⑱ – 32 806 h. alt. 63 – 🟢 1.

🅴 Syndicat d'Initiative pl. H. de Ville (fermé matin, dim. et lundi) ☎ 330.61.60.

Paris 19 – Aubervilliers 13 – Aulnay-sous-Bois 5,5 – Chelles 8 – Meaux 28 – Senlis 42.

XXX ✿ **Aub. St-Quentinoise** (Mme Faure), 23 av. République ☎ 381.13.08 – 🖭 ⓞ 𝑉𝐼𝑆𝐴, 𝒮𝒳
fermé août, sept., dim. soir et lundi – **R** (dîner prévenir) 120 (déj.) et carte 175 à 230
Spéc. Marmite du pêcheur (oct. à mars), Rognons de veau, Gibelote de Lapereau.

BMW Bessin-Autos, 270 av. A. Briand à Pavillons s Bois ☎ 848.10.63
CITROEN Gar. Avenue, 115 av. A.-Briand ☎ 302.43.55
DATSUN S.A.P.A.L., 23 av. J.-J.-Rousseau ☎ 383.57.74

OPEL Gar. Guiot, 1 av. A.-Briand ☎ 302.63.31
RENAULT Gar. SODAL, 29 av. Consul-Général Nordling ☎ 330.06.80

Ⓖ Bonnet, 4 av. C.-Desmoulins ☎ 381.53.13

Longjumeau 91160 Essonne 📖📗 ㊳ – 18 395 h. alt. 72 – 🟢 6.

Paris 21 – Chartres 70 – Dreux 82 – Évry 16 – Melun 39 – ◆Orléans 96 – Versailles 21.

🏨 **Relais St-Georges** M 🦢, à Saulx-les-Chartreux SO : 3 km ⊠ 91160 Longjumeau ☎ 448.36.40, ≤, parc – 🛗 📺 ☎ ⟵ 🅿 – ⚐ 60 à 100. 🖭 ⓞ 🅴 𝑉𝐼𝑆𝐴
fermé août – SC : **R** 80/150 – ⌧ 28 – **40 ch** 200/240 – P 320/390.

🏨 **Relais des Chartreux** M, à Saulxier SO : 2 km ⊠ 91160 Longjumeau ☎ 909.34.31, Télex 691245, ≤, ⌇, 𝒳 – 🛗 📺 ☎ 🅿 – ⚐ 250
100 ch.

PEUGEOT, TALBOT Gar. du Postillon Zone Ind. rue du Canal ☎ 909.52.37

Ⓖ La Centrale du Pneu, 5 rte Versailles ☎ 934.11.50

Maisons-Alfort 94700 Val-de-Marne 📖📗 ② – 51 591 h. alt. 35 – 🟢 1.

Paris 10 – Créteil 2,5 – Évry 22 – Melun 36.

🏨 **Bains** sans rest, 132 r. J.-Jaurès ☎ 375.78.09 – ╚wc ▥wc ☎. 𝑉𝐼𝑆𝐴
fermé août – SC : ⌧ 18 – **22 ch** 90/125.

🏨 **Moderne** sans rest, 19 bis r. Parmentier ☎ 376.76.33 – ☎
SC : ⌧ 17 – **44 ch** 75/145.

XX **Au Gd Albert 1er,** 5 av. Gén.-de-Gaulle ☎ 368.09.14 – 𝑉𝐼𝑆𝐴
fermé août et dim. – SC : **R** carte 155 à 225.

PEUGEOT, TALBOT Gar. du Centre, 69 av. Gambetta ☎ 376.84.22
RENAULT M.A.E.S.A., 8 av. Prof.-Cadiot ☎ 376.63.70

Ⓖ Le Page, 19 av. G.-Clemenceau ☎ 368.14.14
Vaysse, 249, av. de la République ☎ 207.36.85

Maisons-Laffitte 78600 Yvelines **101** ⑬ G. Environs de Paris – 22 892 h. alt. 40 – ✿ 3.

Voir Château★.

Paris 21 – Argenteuil 8,5 – Mantes-la-Jolie 37 – Poissy 8 – Pontoise 18 – St-Germain 8.

XXX ✿✿ **Vieille Fontaine** (Clerc), 8 av. Gretry ✆ 962.01.78, « Jardin » – ﾒﾓ ⓞ 𝕍𝕀𝕊𝔸
fermé août, dim. et lundi – **R** carte 210 à 270
Spéc. Douceur de homard au jus d'huîtres, Pâté de pigeonneau aux macaronis, Bourguignon de tête de veau.

XXX ✿✿ **Le Tastevin** (Blanchet), 7 av. Ste-Hélène (transfert prévu : 9 av. Eglé) ✆
962.11.67, 斧, ⅋, 𝒻 – ﾒﾓ ⓞ 𝕍𝕀𝕊𝔸
fermé 16 août au 10 sept., 1er au 5 fév., lundi soir et mardi – **SC : R** carte 165 à 220.

XX **Le Laffitte**, 5 av. St-Germain ✆ 962.01.53 – ﾒﾓ 𝕍𝕀𝕊𝔸 𝒻
fermé août, mardi soir et merc. – **SC : R** carte 130 à 180.

CITROEN Gar. du Parc, 75 r. de Paris ✆ 962.
04.78
CITROEN Selier, 4 av. Longueil ✆ 962.04.05
DATSUN Gar. Vialle, 6 т. de Paris ✆ 912.13.09
N ✆ 962.03.50

PEUGEOT, TALBOT Gar. Gasparini, 73 r. Paris
✆ 962.01.26

Marly-le-Roi 78160 Yvelines **101** ⑫ G. Environs de Paris – 17 313 h. alt. 150 – ✿ 3.

Voir Parc★.

⬚ Syndicat d'Initiative à la Mairie (fermé sam. après-midi et dim.) ✆ 916.39.39.

Paris 27 – St-Germain-en-Laye 4 – Versailles 8,5.

🏠 **Aub. Henri IV**, 5 pl. Abreuvoir ✆ 958.47.61, 斧 – ⬚ 📺 ⌂wc ☎. 𝒻 ch
fermé août et vac. de fév. – **SC : R** *(fermé merc. soir et dim. soir)* carte 105 à 150 ⅄ –
☲ 16 – **8 ch** 210/250.

XX **Roy Soleil**, 19 av. Combattants ✆ 958.67.57, 斧, « Jardin » – 𝕍𝕀𝕊𝔸
fermé Noël, sam. soir, dim. et fêtes – **SC : R** 93 bc/130.

RENAULT Gar. de la Gare, 13 av. St-Germain ✆ 958.48.22

Marne-la-Vallée 77206 S.-et-M. **101** ⑱ G. Environs de Paris – ✿ 6.

Paris 26 – Meaux 28 – Melun 35.

S.E : 6 km par échangeur de Lagny A 4 :

🏠 **Novotel** 🅼, ✆ 005.91.15, Télex 691990, ⴲ – ⬚ ▤ 📺 ⌂wc ☎ ⅗ 🅿 – 🈺 150.
ﾒﾓ ⓞ 𝐄 𝕍𝕀𝕊𝔸
R carte environ 90 ⅄ – ☲ 28 – **92 ch** 282/303.

RENAULT Gar. Brie des Nations, av. Forestière à Noisiel ✆ 005.92.92

Meudon 92190 Hauts-de-Seine **101** ㉔ G. Paris (plan) – 49 004 h. alt. 100 – ✿ 1.

Voir Terrasse★ : ⁂★ – Forêt de Meudon★.

Paris 12 – Boulogne-Billancourt 3 – Clamart 3,5 – Versailles 10.

🏠 **Forest Hill** 🅼, à Meudon-La-Forêt, S : 3 km ⊠ 92360 Meudon-la-Forêt ✆ 630.
22.55, Télex 203150, ⴲ, ⅋ – ⬚ 📺 ⌂wc ☎ 🚗 🅿 – 🈺 60. ﾒﾓ ⓞ 𝐄 𝕍𝕀𝕊𝔸
R 80 bc/108 bc – 🍽 23 – **97 ch** 232.

XXX ✿ **Relais des Gardes**, à Bellevue, 42 av. Gallieni ✆ 534.11.79 – ﾒﾓ ⓞ 𝕍𝕀𝕊𝔸
fermé août, dim. soir et sam. – **SC : R** carte 165 à 225.
Spéc. Civet de sole, Pot-au-feu de canard saintongeaise, Baba au rhum.

XX **Ermitage de Villebon**, près étang de Villebon S : 3 km ✆ 632.10.74, 斧, 𝒻 –
🅿. ﾒﾓ 𝕍𝕀𝕊𝔸
fermé 6 au 28 août, mardi soir de fin sept. à début avril, dim. soir et lundi – **SC : R**
130/220.

X **Le Lapin Sauté**, 12 av. Le Corbeiller ✆ 626.68.68 – ⓞ
fermé 15 juil. au 20 août, dim. soir et lundi – **SC : R** carte 120 à 190.

CITROEN Gar. Rabelais, 31 bd Nations-Unies
✆ 626.45.50
PEUGEOT, TALBOT Coussedière, 2 bis r. Ba-
nès ✆ 626.49.06

PEUGEOT, TALBOT Pezeau, 4 pl. Stalingrad
✆ 626.40.68

Montgeron 91230 Essonne **101** ㊲ – 22 204 h. alt. 43 – ✿ 6.
Paris 23 – Évry 13 – Melun 23 – Villeneuve-St-Georges 3,5.

🏠 **Clos de la Navette** 🅼 sans rest, 119 bis av. République ✆ 942.60.60 – ⬚ ⌂wc
🅵wc ☎ 🅿. 𝕍𝕀𝕊𝔸
fermé dim. – **SC :** ☲ 18 – **38 ch** 170.

🏠 **Le Réveil Matin**, 22 av. J.-Jaurès ✆ 903.09.99 – ⌂wc 🅵wc ☎ ⅗ 🅿. 𝕍𝕀𝕊𝔸 𝒻 ch
fermé 15 août au 1er sept. et dim. soir – **SC : R** 35/105 ⅄ – ☲ 15 – **19 ch** 90/118.

CITROEN Ruffin-Heitmann, 3 bis av. Carnot à
Villeneuve-St-Georges ✆ 389.31.29 **N** ✆ 046.
34.19
PEUGEOT, TALBOT Gar. Picot, 115 av. J.-Jau-
rès ✆ 903.50.37 **N** ✆ 046.34.19

RENAULT Ferreyra, 37 r. Voltaire à Ville-
neuve-St-Georges ✆ 382.04.82
RENAULT Gar. du Lycée, 31 bis av. République
✆ 903.50.88

Montreuil 93100 Seine-St-Denis 101 ⑰ **G. Paris** – 93 394 h. alt. 75 – ✿ 1.

🛈 Office de Tourisme 2 av. G.-Péri (fermé août, dim. et lundi) ⍾ 287.38.09.

Paris 8 – Lagny 23 – Meaux 39 – Senlis 46.

⌂ **Modern'H.** sans rest, 8 bd P.-Vaillant-Couturier ⍾ 287.48.35 – ⌸wc ⍾wc
SC : ⌸ 13 – **40 ch** 60/150.

✗ **Fin Gourmet,** 57 r. Paris ⍾ 287.05.49 – VISA
← fermé 1er au 30 août, vacances de fév. et merc. – SC : **R** 35/81 ♣.

CITROEN Succursale, 224, 226 bd A. Briand ⍾ 859.64.00

RENAULT Succursale Renault-Montreuil, 57 r. A.-Carrel ⍾ 851.98.21

V.A.G. Gar. Wuplan, 62 r. de Lagny ⍾ 851. 54.90

🅿 Pneu-Service, 65 r. de St-Mandé ⍾ 328.93.79

Montrouge 92120 Hauts-de-Seine 101 ㉖ – 38 632 h. alt. 74 – ✿ 1.

Paris (par Porte d'Orléans) 6 – Boulogne-Billancourt 6,5 – Longjumeau 14 – Versailles 16.

🏩 **Mercure** M, 13 r. F.-Ory ⍾ 657.11.26, Télex 202528 – 🕸 🗐 rest 📺 ☎ ♿ 🅿. 🆎 ⓪ E VISA
R carte environ 130 ♣ – ⌸ 34 – **192 ch** 410/441.

⌂ **Christina** sans rest, 42 r. Perier ⍾ 253.03.02 – ⌸wc ⍾ 🕭. ⓪ VISA
SC : ⌸ 15 – **15 ch** 95/196.

CITROEN Verdier-Montrouge, 99 av. Verdier ⍾ 657.12.00

MERCEDES-BENZ Euro-Gar, 73 av. A.-Briand ⍾ 735.52.20

RENAULT Colin-Montrouge, 59 av. République ⍾ 655.26.20

🅿 Le Pneumatique, 56 av. A.-Briand ⍾ 656. 76.00

Prothais Pezard 82 av. A. Briand ⍾ 657.33.99

Morangis 91420 Essonne 101 ㉟ – 9 464 h. alt. 76 – ✿ 6.

Paris 22 – Évry 16 – Longjumeau 4,5 – Versailles 23.

🏠 **Pierre Loti** sans rest, 110 av. République ⍾ 909.09.97 – ⌸wc ⍾wc 🕭 ⟵ 🅿 ❀
SC : ⌸ 16 – **30 ch** 120/163.

✗✗ ❀ **Rêve d'Alsace,** Pl. P. Brossolette ⍾ 909.14.78, 🌤 – 🆎 ⓪ VISA
fermé lundi soir, dim. et fériés – **R** carte 150 à 215
Spéc. Tarte à la confiture d'oignons, Escalopines de sandre, Marcassin et chevreuil (saison de chasse).

FIAT, LANCIA S.O.L.A.C., av. Ch.-de-Gaulle, Zone Ind. ⍾ 909.20.62

FORD Orly-Autos, av. Ch.-de-Gaulle, Zone Ind. Nord ⍾ 909.08.97

Morsang-sur-Orge 91390 Essonne 101 ㉟ – 20 341 h. alt. 75 – ✿ 6.

Paris 26 – Corbeil-Essonnes 14 – Évry 11 – Versailles 26.

✗✗ **La Causette,** 47 bd Gribelette ⍾ 015.16.85 – VISA
fermé merc. soir, dim. soir et lundi – SC : **R** carte 110 à 160.

✗ **Aub. de la Forêt,** 30 av. Lénine ⍾ 904.17.02, 🌤 – 🅿. VISA
fermé 16 au 31 août et lundi – SC : **R** 62/150.

Nanterre 92 Hauts-de-Seine 101 ⑮ ⑭ – rattaché à Rueil-Malmaison.

Neuilly-sur-Seine 92200 Hauts-de-Seine 101 ⑮ **G. Paris** – 64 450 h. alt. 36 – ✿ 1.

Voir Bois de Boulogne★★ : Jardin d'acclimatation★, Bagatelle★, Musée National des Arts et Traditions Populaires★★ – Palais des Congrès★ : grand auditorium★★, ≼★ de la tour Concorde-La Fayette.

Paris (par Porte Neuilly) 8 – Argenteuil 12 – Pontoise 37 – St-Germain 14 – Versailles 18.

🏨 **H.-Club Méditerranée** M, 58 bd V.-Hugo ⍾ 758.11.00, Télex 610971, 🌤, Ambiance club, 🛏 – 🕸 🗐 📺 ☎ ♿ ⟵ 🅿 – 🔬 30 à 150. 🆎 ⓪ E VISA
SC : **R** 159/185 ♣ – ⌸ 38 – **345 ch** 570/680.

🏠 **Parc Neuilly** sans rest, 4 bd Parc ⍾ 747.87.32, Télex 613689 – 🕸 📺 ⌸wc ⍾wc 🕭
SC : ⌸ 16 – **71 ch** 97/227.

⌂ **Roule** sans rest, 37 bis av. du Roule ⍾ 624.60.09 – 🕸 ⌸wc ⍾wc ☎
SC : ⌸ 17 – **35 ch** 153/212.

✗✗✗ ❀ **Jacqueline Fénix,** 42 av. Ch.-de-Gaulle ⍾ 624.42.61 – ▦. VISA
fermé 31 juil. au 1er sept., Noël-Jour de l'An, sam. et dim. – SC : **R** carte 175 à 240
Spéc. Agneau et rognons de veau au beurre de persil, Esaü de queues de langoustines (janv. à avril), Feuilleté de poire caramélisée.

✗✗ **Jarrasse,** 4 av. Madrid ⍾ 624.07.56 – 🆎 ⓪ VISA
fermé 10 juil. au 1er sept., dim. soir et dim. – **R** carte 175 à 230.

✗✗ **Chau'veau,** 59 r. Chauveau ⍾ 624.46.22 – ⓪ VISA
fermé août, sam. et dim. – **R** carte 80 à 145.

XX ✿ **Bourrier,** 1 pl. Parmentier ☎ 624.11.19
fermé 1er au 16 août, 24 déc. au 2 janv., sam., dim. et fêtes – SC : **R** 160/200
Spéc. Anguille rôtie, Faisan Louis XIV (saison de chasse), Délicieux lyonnais.

XX **Truffe Noire,** 2 pl. Parmentier ☎ 624.94.14 – ᴀᴇ 𝘷𝘪𝘴𝘢
fermé août, vend. soir et sam. – **R** carte 130 à 165.

XX **Focly,** 10 r. P.-Chatrousse ☎ 624.43.36 – ᴀᴇ 𝘷𝘪𝘴𝘢
fermé 7 au 21 août – **R** carte 70 à 100.

ALFA-ROMEO Ets Hottot, 25 r. M.-Michelis ☎ 637.14.50
BMW, LANCIA-AUTOBIANCHI Gar. Neuilly-Roule, 65 av. du Roule ☎ 745.33.11
CITROEN Succursale, 124 av. du Roule ☎ 747.11.22
PEUGEOT, TALBOT Luchard-St Didier, 131 bis av. Ch.-de-Gaulle ☎ 745.08.50

VOLVO Volvo-Paris, 16 r. d'Orléans ☎ 747.50.05

🅐 Maillot-Pneus, 69 av. Gén. de Gaulle ☎ 624.33.69

Nogent-sur-Marne ◁🄿▷ 94130 Val-de-Marne 🄝🄝🄝 ㉗ G. Paris – 24 696 h. alt. 56 – ✿ 1.
🄑 Office de Tourisme 5 av. Joinville (fermé matin, dim. et lundi) ☎ 873.73.97.
Paris 14 – Créteil 6,5 – Montreuil 5 – Vincennes 4.

🏨 **Nogentel** Ⓜ, 8 r. Port ☎ 872.70.00, Télex 210116, ≤ – 🛗 📺 ☎ – 🔏 250. ᴀᴇ ⓞ ᴇ 𝘷𝘪𝘴𝘢
rest. **Le Panoramic** *(fermé août)* **R** carte 160 à 205 - Grill **Le Canotier R** carte environ 90 – � 25 – **61 ch** 305/320.

Noisy-le-Grand 93160 Seine-St-Denis 🄝🄝🄝 ⑱ – 40 590 h. – ✿ 1.
Voir Château★ : salon chinois★★ et parc★★ de Champs-sur-Marne E : 3,5 km, G. Environs de Paris.
Paris 18 – Lagny 13.

🏠 **Campanile,** 5 r. Ballon Z.I Les Richardets à Marne-la-Vallée ☎ 305.22.99, 🐎 – 🛁wc ☎ 🕭 🅿 – 🔏 25. 𝘷𝘪𝘴𝘢
SC : **R** 60 bc/81 bc – ⊷ 22 – **50 ch** 182.

PEUGEOT, TALBOT Gar. de la Pointe, 65 av. E.-Cossonneau ☎ 303.30.92

Orly (Aéroport de Paris) 94396 Val-de-Marne 🄝🄝🄝 ㉖ – 23 886 h. alt. 89 - – ✿ 1.
✈ Renseignements : ☎ 884.32.10.
Paris 16 – Corbeil-Essonnes 17 – Longjumeau 9 – Villeneuve-St-Georges 12.

🏨 **Hilton Orly** Ⓜ, près aérogare ☎ 687.33.88, Télex 250621, ≤ – 🛗 🖥 📺 ☎ 🕭 🅿 – 🔏 300. ᴀᴇ ⓞ ᴇ 𝘷𝘪𝘴𝘢
SC : **Le Café du Marché R** carte 100 à 135 🍸 - **La Louisiane** *(fermé août et sam.)* **R** carte 140 à 195 – ⊷ 40 – **379 ch** 375/725.

Aérogare d'Orly Sud :

XX **Le Grillardin,** ☎ 687.24.25, ≤ – 🍽. ᴀᴇ ⓞ ᴇ 𝘷𝘪𝘴𝘢
SC : **R** 140 bc.

Aérogare d'Orly Ouest :

XXXX **Maxim's,** ☎ 687.16.16, ≤ – 🍽. ᴀᴇ 𝘷𝘪𝘴𝘢
SC : **R** carte 170 à 220.

XXX **Grill Maxim's,** ☎ 687.16.16, ≤ – 🍽. ᴀᴇ 𝘷𝘪𝘴𝘢
SC : **R** carte 170 à 220.

XX **Jardin d'Orly,** ☎ 687.16.16, ≤ – 🍽. 𝘷𝘪𝘴𝘢
fermé sam. et dim. – SC : **R** carte 130 à 160.

X **La Galerie,** ☎ 687.16.16, ≤ – 𝘷𝘪𝘴𝘢
SC : **R** carte environ 100 🍸.

Voir aussi à Rungis p. 49

RENAULT Roland, 90 av. Aérodrome ☎ 852.37.93
RENAULT S.A.P.A., Bat. 225, Aérogares ☎ 687.92.54

Orsay 91400 Essonne 🄝🄝🄝 ㉝ G. Environs de Paris – 14 071 h. alt. 90 – ✿ 6.
🄑 Office de Tourisme (fermé août, matin sauf mardi et vend., sam. après-midi et dim.) 7 av. Mar.-Foch ☎ 928.59.72.
Paris 27 – Évry 24 – Rambouillet 30 – Versailles 21.

Échangeur Courtabœuf S : 2 km intersection A 10 et F 18 – ✉ 91400 Orsay :

🏨 **Mercure** Ⓜ, Zone Industrielle ☎ 907.63.96, Télex 691247, 🏊 – 🛗 🖥 rest 📺 ☎ 🕭 🅿 – 🔏 25 à 200. ᴀᴇ ⓞ ᴇ 𝘷𝘪𝘴𝘢
R carte environ 90 🍸 – ⊷ 28 – **110 ch** 274/291.

CITROEN Gd Gar. d'Orsay, 8 pl. République ☎ 928.40.26
RENAULT S.D.A.O., av. des Tropiques, Z.A. Courtaboeuf-les-Ulis ☎ 907.78.35

Palaiseau 91120 Essonne 101 ② – 29 362 h. alt. 80 – ❸ 6.

Paris 22 – Arpajon 18 – Chartres 69 – Évry 19 – Rambouillet 37.

🏛 **Novotel** M, Zone industrielle de Massy ℡ 920.84.91, Télex 691595, �🔲 – 🛗
■ rest 📺 ☎ ⅋ 🅿 – 🛋 25 à 250. 🖭 ⓞ Ε 🆅🆂🅰
R carte environ 90 ⅋ – ☲ 30 – **151 ch** 255/282.

PEUGEOT, TALBOT Jean-Jaurès-Auto, 33 av.   RENAULT Badin, 14 r. E.-Branly ℡ 010.61.76
Jean-Jaurès ℡ 014.03.92

Pantin 93500 Seine-St-Denis 101 ⑯ – 43 553 h. alt. 53 – ❸ 1.

🛈 Office de Tourisme 106 av. Jean-Lolive (fermé août, jeudi, sam. et dim.) ℡ 844.93.72.

Paris 7 – Lagny 29 – Meaux 38 – Montreuil 5,5 – Senlis 42.

🏛 **Mercure Porte de Pantin** M, 25 r. Scandicci ℡ 846.70.66, Télex 230742 – 🛗 ■
📺 ☎ ⇦ – 🛋 25 à 150. 🖭 ⓞ Ε 🆅🆂🅰
R carte environ 100 – ☲ 32 – **138 ch** 410/441.

Le Perreux 94170 Val-de-Marne 101 ⑱ – 27 660 h. alt. 54 – ❸ 1.

🛈 Office de Tourisme pl. R.-Belvaux (fermé sam., dim. et lundi matin) ℡ 324.26.58.

Paris 15 – Lagny 17 – St-Maur-des-Fossés 5,5 – Villemomble 6,5 – Vincennes 6.

XX **Champs-Élysées,** 11 bd Liberté ℡ 324.21.59 – Ε 🆅🆂🅰
fermé lundi – SC : **R** 85/150.

CITROEN S.A.G.A., 131 av. P.-Brossolette, niv.   Ⓖ Ets Walraevens, 103 bd Alsace-Lorraine ℡
A4 ℡ 324.13.50   324.41.43
RENAULT Gar. Hoel, 46 av. Bry ℡ 324.08.35

Petit-Clamart 92 Hauts-de-Seine 101 ② – alt. 110 – ✉ 92140 Clamart – ❸ 1.

Voir Bièvres : Musée français de la photographie ★ S : 1 km, G. Environs de Paris.

Paris 16 – Antony 6 – Clamart 4,5 – Longjumeau 14 – Meudon 4,5 – Sèvres 7 – Versailles 9.

XX **Au Rendez-vous de Chasse,** 1 av. du Gén. Eisenhower ℡ 631.11.95 – ■ 🅿.
🖭 ⓞ 🆅🆂🅰
fermé août – SC : **R** 95/140.

Le Pré St-Gervais 93310 Seine-St-Denis 101 ⑯ – 13 313 h. alt. 71 – ❸ 1.

Paris (par Porte de Pantin) 7 – Lagny 27 – Meaux 38 – Montreuil 4,5 – Senlis 44.

X ❀ **Au Pouilly Reuilly** (Thibault), 68 r. A.-Joineau ℡ 845.14.59 – 🖭 ⓞ 🆅🆂🅰
fermé août, 1er au 8 sept., dim. et fêtes – **R** carte 90 à 155
Spéc. Pâté de grenouilles, Foie de veau aux girolles, Rognon de veau dijonnaise.

Puteaux 92800 Hauts-de-Seine 101 ⑭ – 36 143 h. alt. 36 – ❸ 1.

Voir La Défense★★ : Palais de la Défense★ (Centre National des Industries et des
Techniques), Tour Manhattan★★★, Tour Fiat★, Tour GAN★, Perspective★ du parvis,
G. Paris.

Paris 10 – Neuilly-sur-Seine 3 – Pontoise 35 – St-Germain-en-Laye 11 – Versailles 14.

XX ❀ **Gasnier,** 7 bd Richard-Wallace ℡ 506.33.63 – 🖭 ⓞ 🆅🆂🅰
fermé 21 avril au 2 mai, 27 juin au 31 juil., sam. midi, dim. et fériés – SC : **R** (nombre
de couverts limité - prévenir) carte 165 à 250
Spéc. Foie gras frais de canard, Cassoulet, Confit de canard aux cèpes.

XX ❀ **Camille Renault,** 60 r. République ℡ 776.01.30 – 🖭 ⓞ 🆅🆂🅰 ⣻
fermé août, dim. et fêtes – **R** carte 110 à 180.

RENAULT Suresnes Gar., 49 av. J.-Jaurès à   Maison André, 20 r. des Fusillés ℡ 775.36.31
Suresnes ℡ 772.68.36

Ⓖ Burlat 4 r. E. Nieuport à Suresnes ℡ 772.
43.21

La Queue-en-Brie 94510 Val-de-Marne 101 ② – 9 725 h. alt. 97 – ❸ 1.

Paris 28 – Coulommiers 47 – Créteil 11 – Lagny 21 – Melun 31 – Provins 64.

🏠 **Climat de France** M, Le Bois des Frichres ℡ 594.61.61 – 📺 ⌷wc ☎ ⅋ 🅿 Ε
↔ 🆅🆂🅰
SC : **R** 50/70 ⅋ – ☲ 17 – **38 ch** 172/192.

XX **Aub. du Petit Caporal,** 14 av. Gén.-de-Gaulle ℡ 576.30.06 – 🖭 🆅🆂🅰
fermé août, vacances de fév., mardi soir, dim. soir et merc. – SC : **R** carte 135 à 180.

Pour visiter la région parisienne,
utilisez le guide Vert Michelin **ENVIRONS DE PARIS**
et les cartes 101, 196 et 237.

Roissy-en-France 95 Val-d'Oise 101 ⑧ – 1 411 h. – ✉ 95500 Gonesse – ✪ 1.

Charles de Gaulle ✆ 862.22.80.

Paris 26 – Chantilly 28 – Meaux 36 – Senlis 28.

dans le domaine de l'aéroport :

Sofitel Ⓜ, ✆ 862.23.23, Télex 230166, ⛾, ✂ – |‡| 📺 ☎ ♿ Ⓟ – 🎭 25 à 500. AE ⓓ E VISA. ✗ rest
rest. panoramique **Les Valois** *(fermé sam. midi et dim. midi)* **R** 182 bc – **Le Jardin** (brasserie) (rez de chaussée) **R** carte environ 90 🍷 - **Pizzeria** (rez de chaussée) *(fermé sam., dim. et fêtes)* **R** carte environ 65 🍷 – ☕ 39 – **352 ch** 388/525, 8 appartements 682.

dans l'aérogare nº 1 :

XXXX ❀ **Maxim's,** ✆ 862.16.16 – ▤. AE VISA
SC : **R** (déj. seul.) carte 285 à 355
Spéc. Escalope de saumon, Blanc de barbue aux perce-pierres, Rognon et ris de veau aux petits légumes.

XX **Grill Maxim's,** ✆ 862.24.16 – ▤. AE VISA
SC : **R** 190.

à la Gare SNCF :

Arcade, ✆ 862.49.49, Télex 212989 – ⋒wc ☎ Ⓟ. VISA
SC : **R** 57/60 🍷 – ☕ 18 – **354 ch** 184/204.

Romainville 93230 Seine-St-Denis 101 ⑰ – 25 363 h. alt. 121 – ✪ 1.

Paris 10 – Aulnay-sous-Bois 9 – Le Bourget 12 – Livry-Gargan 9.

XX **Chez Henri,** 72 rte Noisy ✆ 845.26.65 – Ⓟ
fermé août, vacances de fév., le soir (sauf vend. et sam.), dim. et fériés – SC : **R** carte 155 à 220.

Rueil-Malmaison 92500 Hauts-de-Seine 101 ⑬ **G. Paris** – 64 545 h. alt. 15 – ✪ 1.

Voir Château de Bois-Préau★ – Buffet d'orgues★ de l'église – Malmaison : musée★★ du château.

Paris 15 – Argenteuil 12 – St-Germain-en-Laye 7,5 – Versailles 11.

XXXX ❀ **El Chiquito,** 126 av. Paul-Doumer ✆ 751.00.53, ⛱, « Jardin » – Ⓟ. VISA
fermé août, sam., dim. et fériés – **R** carte 185 à 225
Spéc. Fricassée de limande et St-Jacques, Escalope de lotte au vinaigre et miel, Filet de bar au beurre rouge.

XXX **Pavillon Joséphine,** 191 av. N. Bonaparte ✆ 751.01.62, ⛱ – AE ⓓ VISA
fermé dim. soir – **R** 150/250.

XX **Relais de St-Cucufa,** 114 r. Gén.-Miribel ✆ 749.79.05, ⛱ – Ⓟ. AE ⓓ VISA
fermé en août, dim. soir et lundi – SC : **R** carte 140 à 230.

à Nanterre N : 2 km – ✉ **92 000** Nanterre :

XXX **Ile de France,** 83 av. Mar. Joffre ✆ 724.10.44, ⛱ – Ⓟ. AE ⓓ VISA
fermé août, dim. soir et lundi soir – **R** carte 140 à 195.

CITROEN Succursale, 100 av. F.-Arago à Nanterre ✆ 780.71.20
OPEL Gar. Letourneur, 25 bd Richelieu ✆ 749.54.10
RENAULT Rueil-Auto-Service, 16 av. du 18 Juin 1940 ✆ 732.30.30
RENAULT Gar. du Château, 21 r. du Château ✆ 732.07.50

◉ Mery-Pneus, 9 r. des Carriers à Nanterre ✆ 724.77.05
Piot-Pneu, 74 av. V.-Lénine à Nanterre ✆ 724.61.01

Rungis 94150 Val-de-Marne 101 ㉖ – 2 650 h. alt. 80 - Marché d'Intérêt National – ✪ 1.

Paris 13 – Antony 5,5 – Corbeil-Essonnes 26 – Longjumeau 10.

Frantel Rungis Orly Ⓜ accès Paris : A6, bretelle d'Orly, **de province** : A 6 et sortie Rungis-Orly, 20 av. Ch.-Lindbergh ✉ 94656 ✆ 687.36.36, Télex 260738, ≤, ⛾ – |‡| ▤ 📺 ☎ ♿ 🚗 Ⓟ – 🎭 50 à 300. AE ⓓ E VISA
SC : rest. **La Rungisserie R** carte 135 à 185 – ☕ 32 – **206 ch** 394/483.

Holiday Inn Ⓜ, accès de Paris : A 6 bretelle d'Orly, de province A 6 sortie Rungis-Orly ✆ 687.26.66, Télex 204679, ⛾ – |‡| ▤ 📺 ☎ ♿ Ⓟ – 🎭 50 à 250. AE ⓓ E VISA
SC : **R** carte 130 à 180 – ☕ 38 **171 ch** 395/460.

XXX **Le Charolais,** 13 r. N-Dame à Rungis Ville ✆ 686.16.42 – AE ⓓ VISA
fermé 15 août au 15 sept., sam. et dim. – **R** carte 155 à 220.

XX **Le Gd Pavillon,** au M.I.N. 6 quai Lorient (face Pavillon de la marée) ✆ 687.58.58 – AE ⓓ VISA
fermé dim., lundi et le soir sauf sam. – **R** carte 135 à 205 🍷.

◉ Piot-Pneu, 2 r. des Transports, Centre Routier ✆ 686.46.01
Vertadier, 88 av. Stalingrad à Chevilly-Larue ✆ 687.25.48

Saclay 91400 Essonne **[][]** ⑳ – 1 865 h. alt. 157 – ☺ 6.

🏌 de St-Aubin ☏ 941.25.19, SO : 2,5 km.

Paris 21 – Arpajon 22 – Chartres 68 – Rambouillet 30 – Versailles 11.

🏨 **Novotel** Ⓜ, près rd-point Christ-de-Saclay ☏ 941.81.40, Télex 691856, ⌇, ✿ –
🛁 ⊟ rest 📺 ☎ 🔥 🄿 – 🔏 300. 🄰🄴 ⓞ 🄴 💳
R snack carte environ 90 🍴 – ⊊ 29 – **134 ch** 273/289.

St-Cloud 92210 Hauts-de-Seine **[][]** ⑱ G. Paris – 28 760 h. alt. 60 – ☺ 1.

Voir Parc★★ – Église Stella Matutina★.

🏌🏌 ☏ 701.01.85, parc Buzenval à Garches, O : 4 km.

Paris 12 – Boulogne-Billancourt 3 – Rueil-Malmaison 5,5 – St-Germain 16 – Versailles 10.

🏨 **Villa Henri IV,** 43 bd République ☏ 602.59.30 – 🛁 ⇔wc ⋔wc ☏ 🄿 – 🔏 30.
🈁 rest
SC : R (fermé août, 26 au 31 déc. et dim. soir) 60/105 🍴 – ⊊ 19,50 – **36 ch** 170/245.

CITROEN Gar. Magenta, 4 bd Gén.-de-Gaulle
à Garches ☏ 741.67.36
PEUGEOT, TALBOT St-Cloud-Autom., 147 av.
Foch ☏ 771.83.80

V.A.G. Gar. de St-Cloud, 38 r. Dailly ☏ 602.
56.20

St-Cyr-l'École 78210 Yvelines **[][]** ⑳ – 16 380 h. alt. 133 – ☺ 3.

Paris 27 – Dreux 59 – Rambouillet 26 – St-Germain-en-Laye 12 – Versailles 4,5.

🏨 **Aérotel** ॐ sans rest, 88 r. Dr-Vaillant ☏ 045.07.44 – 📺 ⇔wc ⋔wc ☎ 🄿. 🈁
fermé 24 déc. au 2 janv. – **SC :** ⊊ 19 – **26 ch** 160/245.

RENAULT Lantran 39 r. D. Casanova ☏ 460.
60.40
RENAULT Gar. de l'Octroi, 28 av. Div. Leclerc
☏ 045.00.16

⊚ La Centrale du Pneu, 10 av. H.-Barbusse ☏
045.29.72
St Cyr-Pneu, 86 av. P.-Curie ☏ 460.43.80

In this guide,

*a symbol or a character, printed in red or black in light or **bold** type,*

does not have the same meaning.

Please read the explanatory pages carefully (pp. 22 to 29).

St-Denis 93200 Seine-St-Denis **[][]** ⑯ G. Paris – 91 275 h. alt. 33 – ☺ 1.

Voir Cathédrale★★ : tombeaux★★★.

🄱 Office de Tourisme (fermé dim.) 2 r. Légion d'Honneur ☏ 243.33.55.

Paris 10 – Argenteuil 10 – Beauvais 64 – Chantilly 30 – Meaux 42 – Pontoise 24 – Senlis 43.

XX **La Saumonière,** 1 r. Lanne ☏ 820.25.56 – 🄰🄴 💳
fermé août et dim. – **R** carte 140 à 175.

XX **Mets du Roy,** 4 r. Boulangerie ☏ 820.89.74 – 🄰🄴 ⓞ 💳
fermé Pâques, 13 juil. au 3 août, sam. et dim. – **SC : R** 140/220.

XX **Grill St-Denis,** 59 r. Strasbourg ☏ 827.61.98 – 🄿. 💳
fermé août, 19 au 26 fév., dim. et fêtes – **R** carte 145 à 185.

MERCEDES-BENZ Gar. Moderne, 24 bd Car-
not ☏ 822.24.24
OPEL, GM St-Denis-Nord-Autos, 64 bd Mar-
cel-Sembat ☏ 820.01.86
PEUGEOT-TALBOT Neubauer, 227 bd
A.-France ☏ 821.60.21

RENAULT Succursale, 93 r. de la Convention
à la Courneuve ☏ 836.95.06

⊚ Pegaud et Cie, 16 av. R.-Semat ☏ 822.12.14
St-Denis Pneum., 20 bis r. G.-Péri ☏ 820.10.77

St-Germain-en-Laye ◁☞ 78100 Yvelines **[][]** ⑫ G. Environs de Paris – 40 829 h.
alt. 78 – ☺ 3.

Voir Terrasse★★ BY – Jardin anglais★ BY – Château★ BZ : musée des Antiquités
nationales★★ – Musée du Prieuré★ AZ.

🏌🏌 ☏ 451.75.90 par ④ : 3 km ; 🏌🏌 de Fourqueux ☏ 451.41.47 par r. de Mareil -
AZ - 4 km.

🄱 Office de Tourisme 1 bis r. République (fermé dim.) ☏ 451.05.12.

Paris 21 ② – Beauvais 73 ① – Chartres 81 ③ – Dreux 70 ③ – Mantes-la-Jolie 34 ④.

Plan page ci-contre

🏨 **Pavillon Henri IV** Ⓜ ॐ, 21 r. Thiers ☏ 451.62.62, Télex 695822, ≤ Paris, 🈁, 🌳
– 🛁 📺 ☎ 🔥 🄿 – 🔏 30 à 150. 🄰🄴 ⓞ 💳
BZ **s**
SC : **R** carte 195 à 280 – **42 ch** ⊊ 400/1 100, 3 appart.

🏨 **Le Cèdre** ॐ, 7 r. Alsace ☏ 451.84.35, 🌳 – ⇔wc ☏. 🈁
AY **u**
fermé 1er fév. au 10 mars – SC : **R** 78/90 – **30 ch** ⊊ 110/235 – P 218/320.

ST-GERMAIN-EN-LAYE

Bonnenfant (R. A.) . . . . . . **AZ** 2
Marché-Neuf (Pl. du) . . . **AZ** 17
Pain (R. au) . . . . **AZ** 20
Paris (R. de) . . . . **AZ**
Poissy (R. de) . . . . **AZ** 22

Vieux-Marché (R. du) . . . **AZ** 33

Coches (R. des) . . . . **AZ** 3
Denis (R. M.) . . . . **AZ** 5
Detaille (Pl.) . . . . **AY** 6
Gaulle (Pl. Ch.-de) . . . . . **BZ** 7
Giraud-Teulon (R.) . . . . . **BZ** 9
Gde-Fontaine (R.) . . . . . . **AZ** 10
Gréban (R. R.) . . . . **AZ** 12
Lattre-de-T. (Av. Mar.-de) **BZ** 13

Loges (Av. des) . . . . **AY** 14
Lyautey (R. Mar.) . . . . . . **BZ** 15
Malraux (Pl. A.) . . . . **BZ** 16
Mareil (Pl. de) . . . . **AZ** 19
Pologne (R. de) . . . . **AY** 23
Pontoise (R. de) . . . . **AY** 25
St-Louis (R.) . . . . **BZ** 26
Thiers (Pl.) . . . . **AY** 29
Victoire (Pl. de la) . . . . . **AY** 30
Vieil-Abreuvoir (R. du) . . . **AZ** 32

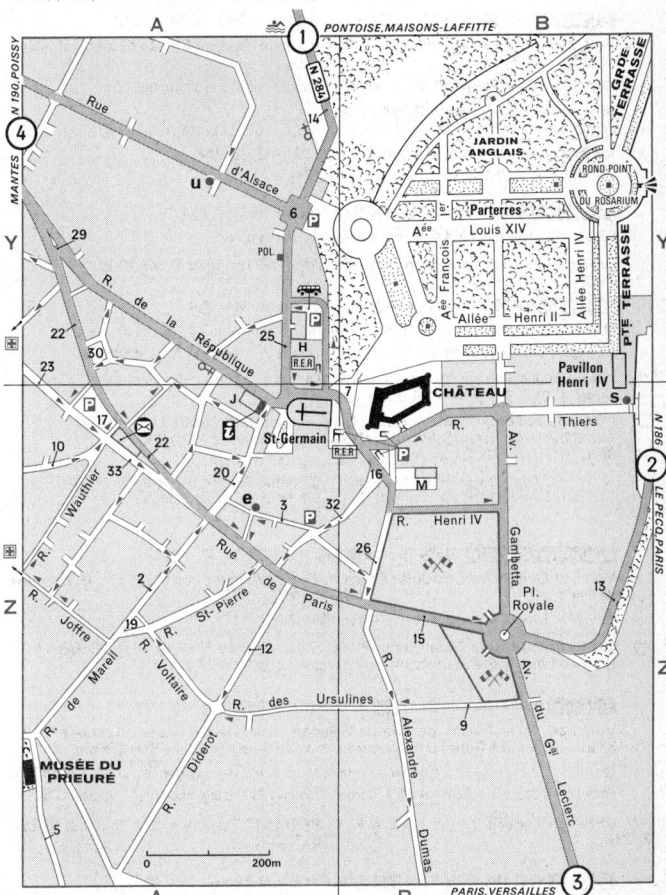

XXX **Le 7 Rue des Coches,** 7 r. Coches ℡ 973.66.40 – ▤, ⁂ ❿ Ⓔ 𝖵𝖨𝖲𝖠   AZ **e**
fermé 1ᵉʳ au 24 août, 3 au 10 fév., dim. soir et lundi – SC : **R** carte 170 à 215.

X **Petite Auberge,** 119 bis r. L.-Desoyer par R. Joffre - AZ - ℡ 451.03.99
fermé 1ᵉʳ au 30 juil., vacances de fév., mardi soir et merc. – SC : **R** (nombre de couverts limité - prévenir) carte 85 à 140.

au NO par ① : 2,5 km sur N 284 et rte des Mares – ⊠ 78100 St-Germain-en-Laye :

🏛 **La Forestière** Ⓜ ⊗, 1 av. Prés.-Kennedy ℡ 973.36.60, Télex 696055, 🐎 – ⇳ ▣
☎ ➋ – ⚏ 40. 𝖵𝖨𝖲𝖠
SC : **R** voir rest Cazaudehore – � 32 – **24 ch** 420/480, 6 appart. 580/630.

XXX ⚜ **Cazaudehore,** 1 av. Prés.-Kennedy ℡ 451.93.80, 🌳, « Intérieur rustique, jardin fleuri en forêt » – ➋
fermé lundi sauf fériés – **R** carte 145 à 205
Spéc. Foie gras de canard, Saumon rôti à l'aneth, Aiguillettes de canard à l'orange.

BMW, LANCIA-AUTOBIANCHI Guynemer-Auto, 1 pl. Guynemer ☎ 451.86.55
CITROEN Ouest-Automobile, 45 rte de Mantes N 13 à Chambourcy par ④ ☎ 965.42.00
FORD G.A.O., r. Clos de la Famille à Chambourcy ☎ 965.50.00
MERCEDES-BENZ Port-Marly Gar., 10 r. St-Germain à Port Marly ☎ 958.44.38

OPEL Gar. Ego, 27 r. de Pologne ☎ 451.07.90
PEUGEOT, TALBOT Vauban Autom., 130 bis av. Foch ④ ☎ 973.25.07
RENAULT Ets Adde, 112 r. Prés.-Roosevelt par r. Joffre AZ ☎ 973.32.64

◉ Marchand, pl. Thiers ☎ 451.43.23
Relais du Pneu, 22 r. Péreire ☎ 451.19.33

St-Mandé 94160 Val-de-Marne ⅢⅢ ㉘ G. Paris – 18 860 h. alt. 50 – ✪ 1.

Voir Bois de Vincennes✶✶ : Zoo✶✶, Parc floral de Paris✶✶, Musée des Arts africains et océaniens✶.

Paris (par Porte de Vincennes) 6 – Lagny 27 – Maisons-Alfort 5 – Vincennes 1,5.

✗ **Mairie,** 34 r. République ☎ 328.10.28
fermé août, vacances de fév. dim. soir et lundi – SC : **R** carte 70 à 105 ♨.

✗ **Le Trinquet,** 44, r. République ☎ 328.23.93 – 🅰🅴 Ⓞ 𝘝𝘐𝘚𝘈
fermé mardi soir et merc. – **R** carte 90 à 130.

St-Maurice 94410 Val-de-Marne ⅢⅢ ㉗ – 9 595 h. alt. 33 – ✪ 1.

Paris 8 – Joinville-le-Pont 4 – Maisons-Alfort 3 – Vincennes 5.

✗✗ **Les Cigognes d'Alsace,** 50 av. Mar.-de-Lattre-de-Tassigny ☎ 368.20.38.

St-Ouen 93400 Seine-St-Denis ⅢⅢ ⑮ – 43 743 h. alt. 36 – ✪ 1.

🅱 Office de Tourisme pl. République (fermé août, sam. et dim.) ☎ 254.77.36.

Paris (par Porte de St-Ouen) 7 – Chantilly 34 – Meaux 45 – Pontoise 29 – St-Denis 3,5.

🏠 **Alhambra** sans rest, 23 r. E.-Renan ☎ 254.06.22 – 🛏wc 🚿wc ☎. ⚙
fermé août – SC : ⚑ 14 – **30 ch** 75/130.

✗✗ ✿ **Coq de la Maison Blanche,** 37 bd Jean-Jaurès ☎ 254.01.23 – 🅰🅴 𝘝𝘐𝘚𝘈
fermé du 11 au 19 août, dim. soir et merc. soir – **R** carte 130 à 205
Spéc. Jambon persillé, Coq au vin.

CITROEN Ferré, 2 bd J.-Jaurès ☎ 254.16.38
RENAULT Gar. Heslot, 17 r. Ch.-Schmidt ☎ 606.20.18

◉ Mattei-Pneum., 5 r. A.-Rodin ☎ 252.42.72
Sté Nouvelle du Pneumatique, 87 bd V.-Hugo ☎ 254.08.66

Savigny-sur-Orge 91600 Essonne ⅢⅢ ㊱ – 32 503 h. alt. 80 – ✪ 6.

Voir Ste-Geneviève-des-Bois : église N.-D.-de-l'Assomption✶ S : 5 km, G. Environs de Paris.

Paris 24 – Évry 12 – Longjumeau 5,5 – Versailles 26.

🏠 **Gd Panorama,** 5 r. Mont-Blanc ☎ 996.17.61 – 🛏wc 🚿 ☎ ⓟ – 🔔 25. 𝘝𝘐𝘚𝘈
R *(fermé mardi soir et merc.)* 64 bc/193 bc – ⚑ 15,50 – **24 ch** 77/127.

Sceaux 92330 Hauts-de-Seine ⅢⅢ ㉘ G. Paris – 18 625 h. alt. 100 – ✪ 1.

Voir Parc✶✶ et Musée de l'Ile-de-France✶ – L'Haÿ-les-Roses : roseraie✶✶ E : 3 km – Église St Germain L'Auxerrois ✶ à Châtenay-Malabry SO : 2,5 km.

🅱 Office de Tourisme 68 r. Houdan (fermé août, sam. après-midi. dim. et lundi) ☎ 661.19.03.

Paris 12 – Antony 3 – Bagneux 2,5 – Corbeil-Essonnes 29 – Longjumeau 11 – Versailles 16.

BMW, OPEL Ets Loiseau, 3 r. de la Flèche ☎ 702.72.50

RENAULT Besombes, 2 r. Fontenay ☎ 661.05.50

Sèvres 92310 Hauts-de-Seine ⅢⅢ ㉔ G. Paris – 20 255 h. alt. 95 – ✪ 1.

Voir Musée National de céramique✶✶.

Paris 12 – Boulogne-Billancourt 2,5 – Longjumeau 21 – St-Germain-en-Laye 17 – Versailles 8.

✗✗ **Lapin Frit,** 36 av. Gambetta ☎ 534.02.18 – ⓟ. 🅰🅴 Ⓞ 𝘝𝘐𝘚𝘈
fermé août, vacances de fév., dim. soir, lundi et le soir : mardi, merc. et jeudi de déc. à fév. – SC : **R** carte 120 à 150.

CITROEN Gar. Pont de Sèvres, 5 Grande Rue ☎ 534.01.93

PEUGEOT, TALBOT SNED, 7 r. V.-Hugo ☎ 534.00.84

Stains 93240 Seine-St-Denis ⅢⅢ ⑯ – 36 289 h. alt. 41 – ✪ 1.

Paris 14 – Chantilly 29 – Meaux 43 – Pontoise 27 – Senlis 42 – St-Denis 4.

✗✗ **Chez Bibi,** 179 av. Stalingrad (partie ancienne) ☎ 826.64.10
fermé sam. et dim. – **R** carte 100 à 140.

PEUGEOT, TALBOT Dominique Autom., 75 r. Jean Jaurès ☎ 826.64.19

Sucy-en-Brie 94370 Val-de-Marne 101 ㉘ – 23 393 h. alt. 96 – ✪ 1.

Voir Château de Gros Bois★ : mobilier★★ S : 5 km G. Paris.

Paris 19 – Créteil 6,5 – Chennevières-sur-Marne 4.

XX **Aub. de Tartarin,** Les Bruyères SE : 3 km ☎ 590.42.61 – VISA
fermé août, mardi et le soir sauf vend. et sam. – SC : **R** carte 100 à 163.

XX **Terrasse Fleurie,** 1 r. Marolles ☎ 590.40.07, ☂ – Ⓟ. AE VISA
fermé février, mardi soir et merc. – SC : **R** carte 125 à 175.

CITROEN Ruffin-Heitmann 40 av. de Valenton à Boissy St Léger ☎ 569.80.81 N ☎ 046.34.19

PEUGEOT, TALBOT Ets Paulmier, 89 r. Gén.-Leclerc ☎ 590.95.95 N

Vanves – voir 🏨 Mercure Paris-Vanves à Paris 15e p. 31.

La Varenne-St-Hilaire 94210 Val-de-Marne 101 ㉘ – alt. 40 – ✪ 1.

Office de Tourisme 63 av. Bac (fermé sam. après-midi, dim. et lundi matin) ☎ 283.84.74.

Paris 16 – Chennevières-sur-Marne 1,5 – Lagny 22 – St-Maur-des-Fossés 2,5.

🏨 **Winston** M sans rest, **119 quai W.-Churchill ☎ 885.00.46** – wc wc ☎ Ⓟ. AE ⓓ
SC : ☕ 24 – **24 ch** 238/278.

XX **Régency 1925,** 96 av. Bac ☎ 883.15.15 – ▤. AE ⓓ VISA. ✻
R carte 90 à 160.

X **Chez Nous comme chez Vous,** 110 av. du Mesnil ☎ 885.41.61
fermé août, vacances de fév., dim. soir, mardi soir et merc. – **R** carte 125 à 185.

FERRARI, PORSCHE, MITSUBISHI S.C.B. Pozzi, 102 av. Foch à St-Maur ☎ 885.45.55

RENAULT Gar. National, 28 av. de la République à St-Maur ☎ 883.55.51 N

RENAULT Gar. Chevant, 2 bd Gén.-Giraud à St-Maur ☎ 883.05.43

Ⓜ Selz-Pneus-Est, 5 av. L.-Blanc ☎ 885.27.33

Vaucresson 92420 Hauts-de-Seine 101 ㉓ – 8 409 h. alt. 142 – ✪ 1.

Voir Etang de St-Cucufa★ NE : 2,5 km, G. Paris.

Paris 19 – Mantes-la-Jolie 43 – St-Cloud 4 – St-Germain-en-Laye 11 – Versailles 5.

voir plan de Versailles

XX **La Poularde,** 36 bd Jardy (près autoroute) D 182 ☎ 741.13.47, ☂ – Ⓟ. VISA
fermé août, vac. de fév., dim. soir, mardi soir et merc. – SC : **R** carte 125 à 185. U **a**

RENAULT Moriceau 106 bd République ☎ 741.12.40

Vélizy-Villacoublay 78140 Yvelines 101 ㉓ – 23 886 h. alt. 174 – ✪ 3.

Paris 18 – Antony 11 – Chartres 79 – Meudon 7,5 – Versailles 6,5.

🏨 **Ramada** M, **av. Europe, centre commercial Vélizy II ☎ 946.96.98, Télex 696537,** ⛱ – |‡| ▤ TV ☎ Ⓟ – 🎪 300. AE ⓓ E VISA
SC : **R** 105/179 – ☕ 38 – **183 ch** 425/530.

CITROEN Scava 5 pl. de l'Europe ☎ 946.96.56

PEUGEOT-TALBOT Vélizy Station Service, 6 r. M.-Sembat ☎ 946.04.75

RENAULT BSE-Vélizy, av. L.-Breguet ☎ 946.96.03

Verrières-le-Buisson 91370 Essonne 101 ㉔ – 13 612 h. alt. 85 – ✪ 6.

Paris 15 – Corbeil-Essonnes 26 – Étampes 38 – Rambouillet 38 – Versailles 15.

X **Au Faisan,** 11 r. Paron ☎ 920.20.27 – VISA
fermé 15 juil. à fin août, vacances de fév., dim. soir et lundi – **R** carte 100 à 140 ♁.

Versailles P 78000 Yvelines 101 ㉒ **G. Environs de Paris** – 95 240 h. alt. 132 – ✪ 3.

Voir Château★★★ Y – **Jardins★★★ (Grandes Eaux★★★ et fêtes de nuit★★★ en été)** V – **Grand Canal★★** V – **Trianon★★** V – **Musée Lambinet★** Y **M.**

18 18 9 du Racing Club de France ☎ 950.59.41 par ③ : 2,5 km.

Office de Tourisme (fermé dim. hors sais.) ☎ 950.36.22, 7 r. Réservoirs et 45 r. Carnot (fermé dim.) ☎ 950.05.28.

Paris 23 ⑨ – Beauvais 87 ⑦ – Dreux 62 ⑥ – Évreux 86 ⑦ – Melun 61 ③ – ♦Orléans 120 ③.

Plans pages suivantes

🏨 **Trianon Palace** ⛰, **1 bd Reine ☎ 950.34.12, Télex 698863, parc** – |‡| TV ☎ ♿ Ⓟ – 🎪 80. AE ⓓ E. ✻ rest X **r**
SC : **R** 132/190 – ☕ 40 – **120 ch** 364/698, 8 appart. – P 525/638.

🏨 **Mercure** M sans rest, **r. Marly-le-Roi, face centre commercial Parly 2** ✉ **78150 Le Chesnay ☎ 955.11.41, Télex 695205** – |‡| TV wc ☎ Ⓟ. AE ⓓ E VISA U **e**
SC : ☕ 25 – **78 ch** 290/314.

🏨 **Bellevue** M sans rest, **12 av. Sceaux ☎ 950.13.41** – |‡| TV wc wc ☎ ♿. AE ⓓ E VISA Z **a**
SC : ☕ 19 – **24 ch** 155/235.

VERSAILLES

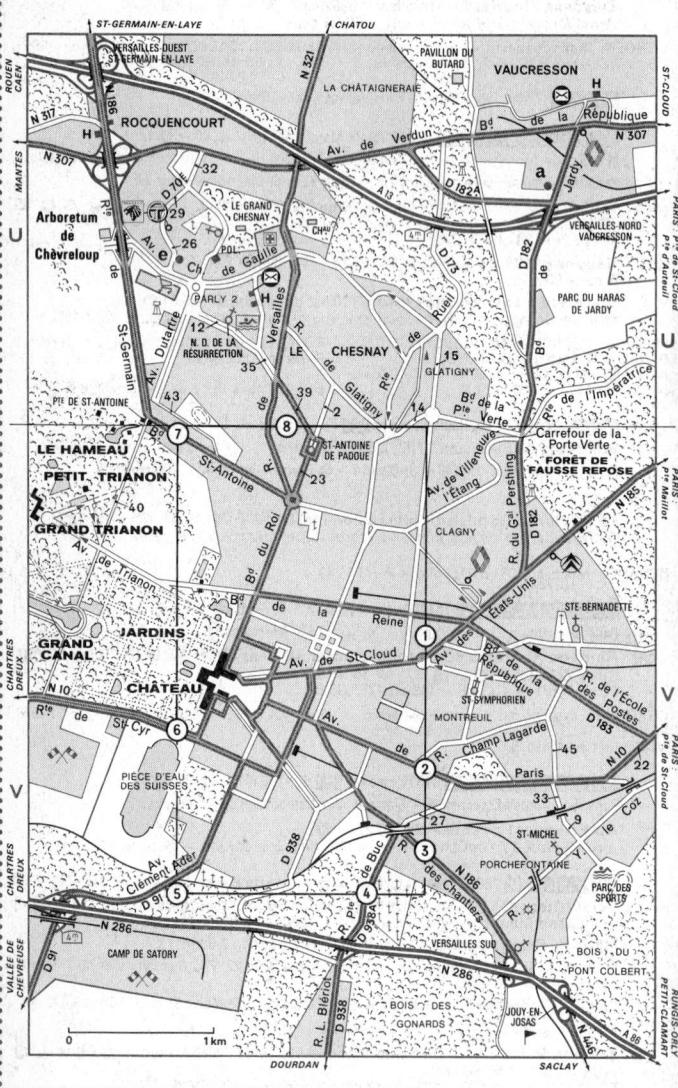

Circulez autour de Paris avec les **cartes Michelin**

101 à 1/50 000 - Banlieue de Paris
196 à 1/100 000 - Environs de Paris
237 à 1/200 000 - Ile de France

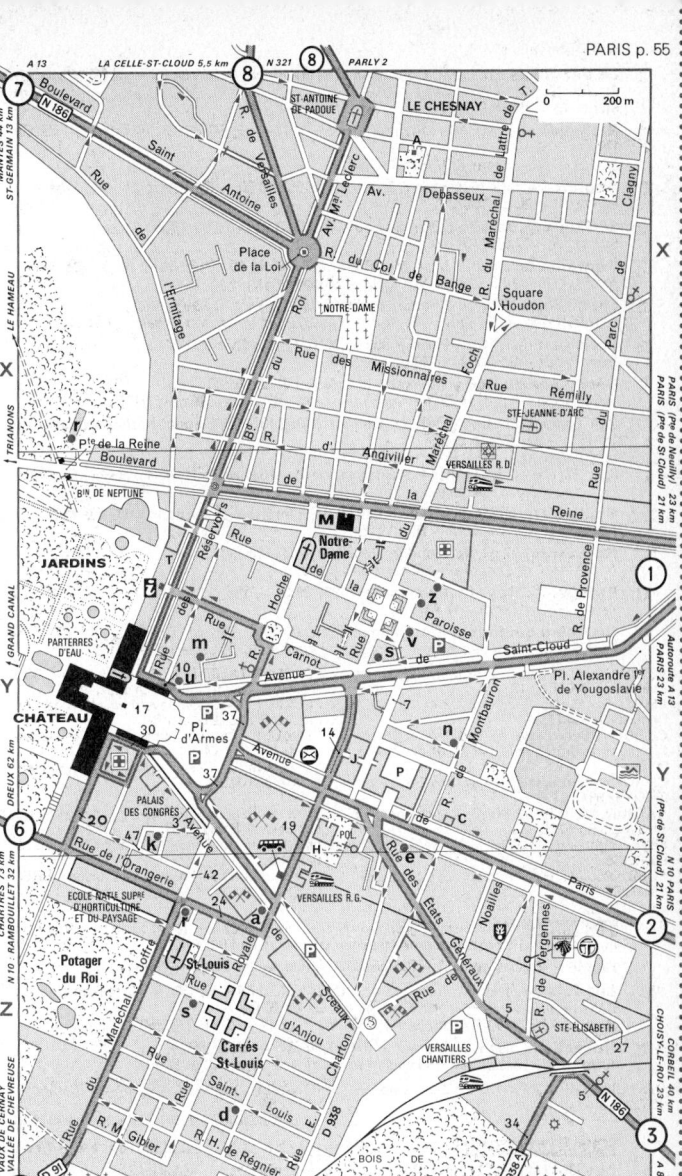

VERSAILLES

Carnot (R.) . . . . Y
Clemenceau
  (R. Georges) . . . . Y 7
États-Généraux (R. des) . . . Z
Foch (R. du Mar.) . . . . Y
Hoche (R.) . . . . Y

Leclerc (R. du Gén.) . . . . Z 24
Orangerie (R. de l') . . . . . . YZ
Paroisse (R. de la) . . . . Y
Royale (R.) . . . . Z
Satory (R. de) . . . . YZ 42
Vieux-Versailles (R. du) . . . YZ 47

Chancellerie (R. de la) . . . . Y 3
Chantiers (R. des) . . . . Z 5

Cotte (R. Robert-de) . . . . . Y 10
Europe (Av. de l') . . . . Y 14
Gambetta (Pl.) . . . . Y 17
Gaulle (Av. Gén.-de) . . . . YZ 19
Indép. Américaine (R.) . . . Y 20
Mermoz (R. Jean) . . . . Z 27
Nolhac (R. Pierre-de) . . . . Y 30
Porte de Buc (R.) . . . . Z 34
Rockefeller (Av.) . . . . Y 37

🏨 **Le Versailles** sans rest, r. Ste-Anne (Petite Place) ℱ 950.64.65 – 📶 📺 🛏wc 🕿 &, 🚗, AE — Y m
SC : 🖵 16 – **48 ch** 202/274.

🏨 **Richaud** sans rest, 16 r. Richaud ℱ 950.10.42 – 📶 📺 🛏wc 🛏wc 🕿 🅿 AE ⓞ VISA — Y z
SC : 🖵 16,50 – **39 ch** 130/231.

🏨 **Angleterre** sans rest, 2 bis r. Fontenay ℱ 951.43.50 – 📺 🛏wc 🛏wc 🕿 VISA — Y k
SC : 🖵 16 – **20 ch** 100/247.

🏨 **St-Louis** ⑤ sans rest, 28 r. St-Louis ℱ 950.23.55 – 🛏wc 🛏wc 🕿 &, — Z d
SC : 🖵 16 – **27 ch** 140/200.

🏨 **Printania** sans rest, 7 bis r. Montbauron ℱ 950.44.10 – 🛏wc 🛏 🕿 &, VISA 🛇
fermé 30 juil. au 3 sept. – SC : 🖵 19 – **30 ch** 65/200. — Y n

🏨 **Cheval Rouge**, 18 r. A.-Chenier ℱ 950.03.03 – 🛏wc 🛏 🕿 🅿 🛇 — Y z
fermé 21 déc. au 16 janv. – **R** *(fermé 3 au 20 août, vend. soir et sam.)* – **41 ch.**

🏨 **Paris** sans rest, 14 av. Paris ℱ 950.56.00 – 🛏wc 🛏wc 🕿 🛇 — YZ e
fermé août – SC : 🖵 24 – **30 ch** 100/180.

🏨 **Résidence du Berry** sans rest, 14 r. Anjou ℱ 950.01.80 – 🛏 — Z s
fermé 1er au 15 juil. et 22 déc. au 6 janv. – SC : 🕿 13,50 – **39 ch** 57/115.

XXXX 🕸🕸 **Trois Marches** (Vié), 3 r. Colbert ℱ 950.13.21, « Élégant hôtel particulier du 18e s. » – 🔳, AE ⓞ E VISA — Y u
fermé dim. et lundi – **R** carte 230 à 300
Spéc. Flan chaud de foie gras aux huîtres et écrevisses, Saupiquet de homard aux poivrons doux, Gâteau au chocolat et au café.

XXX **Boule d'Or**, 25 r. Mar.-Foch ℱ 950.22.97, « intérieur rustique » – AE ⓞ VISA
fermé dim. soir et lundi – **R** 110/125.

XXX **Rescatore**, 27 av. St-Cloud ℱ 950.23.60 – AE VISA — Y s
fermé sam. midi et dim. – **R** carte 170 à 210.

XX **Potager du Roy**, 1 r. Mar.-Joffre ℱ 950.35.34 – VISA — Z r
fermé dim. et lundi – **R** 79/111.

XX **Au Chien qui Fume**, r. A.-Chenier ℱ 950.00.40 – VISA — Y v
fermé août, vacances de fév., dim. soir et lundi – SC : **R** carte 120 à 190.

ALFA ROMEO Maintenon Autom., 18 av. de Maintenon ℱ 954.29.45
BMW Gar. Lostanlen, 10 r. de la Celle, Chesnay ℱ 954.75.20
CITROEN Succursale, av. des Prés, Z.A.S. de Montigny-le-Brétonneux par D 91 V ℱ 043.99.51
CITROEN Succursale, 124 av. des Etats Unis ℱ 021.52.53
DATSUN, MERCEDES-BENZ Deschamps, 5 r. St-Simon ℱ 950.03.97
FIAT Bigoteau, 41 r. des Etats Généraux. ℱ 950.15.38
FORD Pouillat, 6 pl de la Loi, Le Chesnay ℱ 954.03.38

PEUGEOT, TALBOT Le Chesnay-Autom., 36 r. Moxouris, Le Chesnay ℱ 954.52.76
PEUGEOT, TALBOT Soverdiam, 18 r. de Vergennes ℱ 950.22.54
RENAULT Renault-Versailles, 12 r. Haussmann ℱ 953.96.44
V.A.G. Gd Gar. des Chantiers, 58 r. des Chantiers ℱ 950.04.97

🅐 La Centrale du Pneu, 60 bis r. de Versailles, Le Chesnay ℱ 955.55.88
La Centrale du Pneu, 77 r. des Chantiers ℱ 021.24.25
Verpneus, 4 bd St-Antoine, Le Chesnay ℱ 950.18.99

Le Vésinet 78110 Yvelines 🔟🔟🔟 ⑧ – 17 329 h. alt. 44 – 🅑 3 – 🅳 Office de Tourisme 1 bis av. des Pages (fermé sam. après-midi, dim. et lundi matin) ℱ 976.70.70.
Paris 18 – Maisons-Laffitte 9 – Pontoise 21 – St-Germain-en-Laye 3 – Versailles 15.

XXX **Les Ibis** ⑤ avec ch, île du Grand Lac ℱ 952.17.41, <, �஺, « Terrasses fleuries dans le parc » – 🛏wc 🕿 🅿 – 🔏 60. AE ⓞ E VISA
R *(fermé 9 juil. au 7 sept.)* carte 125 à 180 – 🖵 19 – **20 ch** 230/260.

XX **Rossello**, 8 bis av. H.-Vernet ℱ 976.37.50, 🌺 – AE E VISA
fermé août, vac. de fév., mardi soir et merc. – **R** carte 110 à 160.

DATSUN Gar. Carnot, 15 bis bd Carnot ℱ 976.13.24

RENAULT Vésinet-Autos, 67 bd Carnot ℱ 976.12.84
VAG Gar. de la Poste, 61 bd Carnot ℱ 976.18.91

Villebon-sur-Yvette 91 Essonne 🔟🔟🔟 ⑭ – 7 728 h. alt. 86 – ⌧ 91120 Palaiseau – 🅑 6.
Paris 23 – Étampes 31 – Évry 22 – Limours 16 – Longjumeau 4 – Versailles 21.

XX **La Ferronnière**, 23 av. Gén.-de-Gaulle N 188 ℱ 010.30.88, 🌿 – 🅿 VISA
fermé août, jeudi soir et lundi – **R** carte 145 à 200.

Garage Costerousse, 75 av. de-Gaulle ℱ 010.31.68

Ville-d'Avray 92410 Hauts-de-Seine 🔟🔟🔟 ⑳ G. Paris – 11 625 h. alt. 120 – 🅑 1.
Voir Étangs* – Paris 14 – St-Germain-en-Laye 15 – Versailles 5,5.

XX **Rest. Père Auto**, 147 r. Versailles ℱ 709.63.24, < – 🅿 🛇
fermé août, vacances de fév., dim. soir et lundi – SC : **R** carte 115 à 145.

DATSUN-FIAT Torre, 45 r. de St-Cloud ℱ 926.43.54

PEUGEOT Gar. de la Mairie, 17 r. St-Cloud ℱ 750.56.23

Villemomble 93250 Seine-St-Denis 101 ⑱ – 27 601 h. alt. 58 – ☺ 1.

Voir Église Notre-Dame* du Raincy NE : 1,5 km, G. Paris.

Paris 15 – Lagny 17 – Livry-Gargan 3,5 – Meaux 31 – Senlis 44.

XX **Boule d'Or**, 10 av. Gallieni ⅋ 854.47.26 – ▤
fermé 27 juil. au 1er sept., vac. de fév., dim. soir, mardi soir et merc. – **R** carte 85 à 130.

XX **Aub. la Poterne**, 30 av. Outrebon ⅋ 854.16.30 – ⅍ ⓪ ▨▨
fermé août, dim. soir et lundi – **R** carte 100 à 170.

BMW Bessin-Autos, 1 av. Rosny ⅋ 855.27.51
RENAULT Villemomble-Autom., 19 av. de Rosny ⅋ 528.68.63

V.A.G. Gar. du Progrès, 39 rte Noisy ⅋ 528. 66.30

Villepinte 93420 Seine-St-Denis 🌀 ⑪, 101 ⑧ – 23 754 h. alt. 63 – ☺ 1.

Paris 24 – Bobigny 10 – Meaux 30 – St-Denis 21.

🏦 **Vert Galant** M, 7 av. Gare ⅋ 861.24.07, ♨ – 🛗 📺 🛁wc 🛁wc ☎ ⓟ – 🔸 80. ⅍ ⓪ ▨▨
R *(fermé dim. soir)* carte 125 à 195 – **36 ch** ⬜ 210/250.

RENAULT Verdier 4 av. G. Clémenceau, ⅋ 861.96.65

🅖 Otico 7 allée du Mar. Bugeaud à Sevran ⅋ 384.36.30

Villiers-le-Bâcle 91 Essonne 101 ㉒ – 750 h. – ⊠ 91190 Gif-sur-Yvette – ☺ 6.

Paris 24 – Arpajon 26 – Rambouillet 29 – Versailles 11.

X **La Petite Forge**, ⅋ 019.03.88 – ▨▨
fermé sam. midi et dim. soir – SC : **R** carte 130 à 190.

Vincennes 94300 Val-de-Marne 101 ⑰ – 43 086 h. alt. 60 – ☺ 1.

Voir Château** – Bois de Vincennes** : Zoo**, Parc floral de Paris**, Musée des Arts africains et océaniens*, G. Paris.

🔟 Office de Tourisme 11 av. Nogent *(fermé sam. et dim.)* ⅋ 808.13.00.

Paris 6 – Lagny 22 – Meaux 41 – Melun 48 – Montreuil 1,5 – Senlis 48.

🏦 **Château** sans rest, r. R.-Giraudineau ⅋ 808.67.40 – 📺 🛁wc 🛁wc ☎. ⅍ ▨▨. ⅌
fermé 7 au 22 juil. – SC : ⬜ 19 – **19 ch** 212/234.

🏠 **Donjon Vincennes** sans rest, 22 r. Donjon ⅋ 328.19.17 – 🛗 🛁wc 🛁 ⊜
fermé du 27 juil. au 27 août – SC : ⬜ 15 – **28 ch** 65/170.

X **Le Bidou**, 26 r. Montreuil ⅋ 328.04.23 – ▨▨
fermé 31 juil. au 21 août, 25 déc. au 1er janv., dim., lundi et fériés – **R** carte 100 à 170.

AUSTIN, TRIUMPH Royal-Vincennes-Gar., 60 av. de Paris ⅋ 328.03.22
CITROEN Succursale, 120 av. de Paris ⅋ 374. 12.25
FORD Deshayes, 232 r. Fontenay ⅋ 374.97.40

PEUGEOT, TALBOT S.V.I.C.A., 10 av. Petit-Parc ⅋ 328.79.70

🅖 Pneu-Service, 12 r. de Fontenay ⅋ 328.14.79

Viroflay 78220 Yvelines 101 ㉒ – 14 074 h. – ☺ 3.

Paris 17 – Antony 16 – Boulogne-Billancourt 5 – Versailles 4.

XX **Aub. la Chaumière**, 3 av. Versailles ⅋ 024.48.76 – ⅍ ▨▨
fermé 15 au 30 août, dim. soir du 15 sept. au 1er mai, lundi soir et mardi – SC : **R** carte 135 à 200.

🅖 La Centrale du Pneu, 199 av. Gen. Leclerc ⅋ 024.49.96

Viry-Châtillon 91170 Essonne 101 ㊱ – 30 290 h. alt. 36 – ☺ 6.

Paris 26 – Corbeil-Essonnes 11 – Évry 8,5 – Longjumeau 8,5 – Versailles 29.

XX **La Patinière**, 31 rte Nationale ⅋ 905.06.16, ≤ – ▨▨
fermé août, lundi soir et dim. – **R** carte 125 à 170.

XX ☺ **La Dariole**, 21 r. Pasteur ⅋ 944.22.40 – ▤. ⅍ ⓪
fermé sam. midi et dim. – SC : **R** carte 155 à 225
Spéc. Blinis aux escargots de Bourgogne, Feuilleté de St Jacques (15 oct.-15 avril), Coupe "Jacqueline".

XX **La Margelle**, 38 r. V.-Basch ⅋ 944.28.08 – ▤. ▨▨
fermé août et lundi – **R** 65/110.

RENAULT Come et Bardon, 119 rte Nationale ⅋ 996.91.40
Gar. Marchand, 113 rte Nationale ⅋ 905.38.49

🅖 La Centrale du Pneu, 134 rte Nationale ⅋ 944.30.07

Visitez la capitale avec le **guide Vert Michelin PARIS.**

PRINCIPALES MARQUES D'AUTOMOBILES

CONSTRUCTEURS FRANÇAIS

Alpine-Renault (Sté des Autom.) : 120 r. Thiers, 92109 Boulogne-Billancourt ℡ 609.62.36

Citroën : 62 bd Victor -Hugo, 92200 Neuilly ℡ 759.41.41
Magasin d'exposition : 42 av. Champs-Élysées, 75008 Paris ℡ 359.62.20

Peugeot-Talbot : siège et services commerciaux : 75 av. Gde-Armée, 75116 Paris ℡ 502.11.33
Magasins d'exposition : 136 av. Champs-Élysées, 75008 Paris ℡ 562.37.30

Renault : 8 av. Émile-Zola, 92109 Boulogne-Billancourt ℡ 609.31.31
Magasin d'exposition : 53 av. Champs-Élysées, 75008 Paris ℡ 256.78.22

Renault V.I. : 8 quai Léon-Blum, 92150 Suresnes ℡ 772.33.33

Unic : 6, rue Nicolas-Copernic, BP 109 78190 Trappes Cedex ℡ 051.61.79

IMPORTATEURS

(Agents en France : demander la liste aux adresses ci-dessous.)

Alfa-Romeo : 3 et 5 av. Galliéni, 94250 Gentilly ℡ 664.12.60

American Motors, Jeep : Jean-Charles Automobiles, 28, r. Claude-Terrasse, 75016 Paris ℡ 524.43.33

V.A.G. FRANCE : 105 bis bd Malesherbes, 75017 Paris ℡ 256.42.82

BMW : 3 av. Ampère, Bois d'Arcy 78190 Trappes ℡ 043.82.00

British-Leyland : (Austin, Innocenti, Jaguar, Land Rover, Morris, Rover, Triumph) r. Ambroise-Croizat, Zone Ind., 95101 Argenteuil ℡ 982.09.22

Datsun : Sté Richard, 46 et 48 r. Moxouris, Parly II, 78153 Le Chesnay ℡ 954.90.54

Ferrari : Autom. Ch. Pozzi S.A., 109 r. Aristide-Briand, 92300 Levallois ℡ 739.96.50

Fiat : 80/82 quai Michelet, 92400 Levallois-Perret ℡ 730.50.00

Ford : 344 av. Napoléon-Bonaparte, 92506 Rueil-Malmaison Cedex ℡ 732.60.00

General-Motors : (Bedford, Buick, Cadillac, Chevrolet, Oldsmobile, Opel, Pontiac, Vauxhall), 56 av. Louis-Roche, 92230 Gennevilliers ℡ 790.70.00

Honda : Parc d'activité Paris-Est-La Madeleine, BP 46, 77312 Marne la Vallée Cedex 2 ℡ 005.90.12

Lada : Ets Poch, bd des Martyrs de Châteaubriant, 95103 Argenteuil ℡ 982.09.21

Lancia-Autobianchi : Distribution Chardonnet SA, 165 av. Henri-Barbusse, 93003 Bobigny ℡ 830.12.30

Lotus : Polymark, Les Glaisières N 13, 78630 Orgeval ℡ 975.71.93

Maserati : Thépenier S.A., 28 quai Carnot, 92210 St-Cloud ℡ 602.05.68

Mazda : Sté France-Motors, Z.I. du Haut-Galy, 93600 Aulnay-sous-Bois ℡ 865.42.44

Mercédès-Benz : Parc de Rocquencourt, 78150 Le Chesnay ℡ 954.90.22
Magasin d'exposition : 118 av. Champs-Élysées, 75008 Paris ℡ 562.24.04

Morgan : J. Savoye, 237 bd Péreire, 75017 Paris ℡ 574.82.80

Polski-Fiat-Zastava : S.A. Chardonnet, 165 av. Henri-Barbusse, 93003 Bobigny ℡ 830.12.30

Porsche-Mitsubishi : Sonauto, 1 av. du Fief, Z.A. des Béthunes de St-Ouen l'Aumône, 95005 Cergy-Pontoise ℡ 037.92.62

Rolls-Royce, Bentley, Rover : Franco-Britannic, 25 r. P.-Vaillant-Couturier, 92300 Levallois-Perret ℡ 757.90.24

Saab : 15 rue des Grands-Prés, Z.A. du Petit Nanterre, 92000 Nanterre ℡ 780.72.52

SKODA-S.A.F.I.D.A.T. : 5 rue Jean-Jaurès, B.P. 65, 95872 Bezons Cedex ℡ (3) 982.09.71

Toyota : S.I.D.A.T., 3 r. de Normandie, 92600 Asnières ℡ 790.62.10

Volvo : 49 av. d'Iéna, 75116 Paris ℡ 723.72.62

PARTHENAY <SP> **79200** Deux-Sèvres **67** ⑱ **G. Côte de l'Atlantique** – 11 666 h. alt. 172 – ✪ 49.

Voir Pont et porte St-Jacques★ Y B – Rue de la Vaux-St-Jacques★ Y – Église★ de Parthenay-le-Vieux par ④ : 1,5 km.

ℹ Office de Tourisme Palais des Congrès (fermé sam. et dim. hors saison) ☎ 64.11.88.

Paris 374 ② – Bressuire 32 ① – Châtellerault 72 ② – Fontenay-le-Comte 53 ④ – Niort 42 ④ – Poitiers 50 ② – Thouars 39 ①.

Aguillon (R. Louis) .... Z 2
Jaurès (R. Jean) ...... Z 12

Bombarde (R.) ...... YZ 4
Bourg-Belais (R. du) .. Z 5
Château (R. du) .... Y 6
Citadelle (R. de la) .... Y 7
Férolle (R.) .... Y 9
Godineau (R. de) ..... Y 10
Leferron (R.) .... Z 13
Meilleraie (Bd de la) YZ 14
Neuf (Pont) .... Y 15
Niquet (R. Gaston) .... Z 16
Picard (Pl. Georges) ... Z 17
Place (R. de la) ...... YZ 18
Poste (R. de la) ...... Z 19
Saunerie (R. de la) .... Z 22
Sires-de-Parthenay (Bd des) .... Z 23
Vau-vert (Pl. du) ...... Y 24
8 Mai 1945 (Bd du) .... Z 25

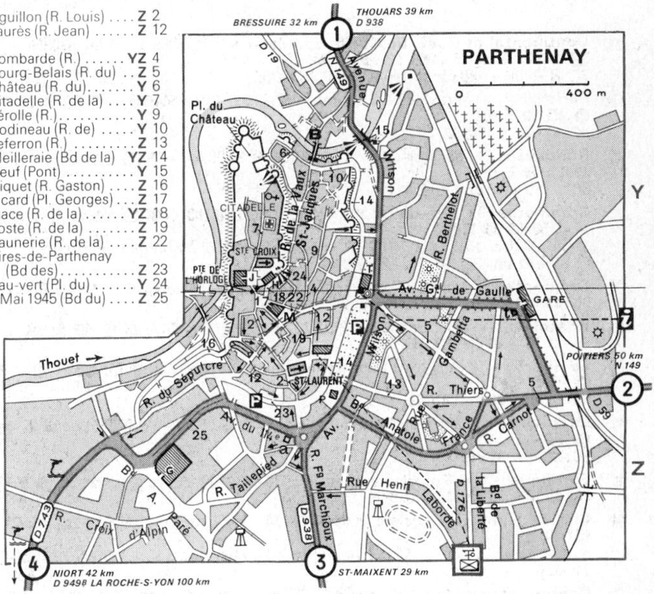

St-Jacques Ⓜ sans rest, ☎ **64.33.33** – 🛗 ⇔wc ⋒wc ☎ Ⓟ – 🏛 50. VISA Z **a**
SC : ☕ 15 – **46 ch** 100/180.

Renotel Ⓜ 🐚, **bd Europe par ② ☎ 94.06.44,** ✂ – 📺 ⇔wc ⋒wc ☎ ♿ Ⓟ. AE VISA. ✻ rest
SC : **R** *(fermé dim. sauf juil.-août)* (dîner seul.) 50/60 – ☕ 18 – **26 ch** 120/160.

Nord avec ch, **pl. Gare ☎ 94.29.11** – ⇔wc ☎ Ⓟ – 🏛 40. **E** VISA Z **t**
fermé 20 déc. au 10 janv. et sam. – SC : **R** 44/130 🍷 – ☕ 13,50 – **13 ch** 70/122.

FORD Gar. Rouet, 52 av. A.-Briand ☎ 64.10.91
PEUGEOT-TALBOT Bardet, Rte de Bressuire à Chatillon sur Thouet par ① ☎ 64.48.64
RENAULT S.A.V.A.P., rte de St-Maixent à Pompaire par ③ ☎ 94.19.55 **N**
RENAULT Gauthier, rte Thouars à Chatillon-sur-Thouet par ① ☎ 64.08.34
Ⓥ Coutan-Pneus, pl. Martyrs-de-la-Résistance ☎ 94.34.22

PAS DE LA CASE Principauté d'Andorre **86** ⑮, **43** ⑦ – voir à Andorre.

PAS DE L'ÉCHELLE **74** H.-Savoie **74** ⑥ – rattaché à Annemasse.

PAS-EN-ARTOIS **62760** P.-de-C. **52** ⑨ – 948 h. alt. 98 – ✪ 21.

Paris 181 – ♦Amiens 33 – Arras 28 – Bapaume 30 – Doullens 12.

Poste, ☎ **48.21.98** – ✻ ch
fermé sam. – SC : **R** 33/70 🍷 – ☕ 11 – **6 ch** 48 – P 107.

PASSAY **44** Loire-Atl. **67** ③ **G. Côte de l'Atlantique** – ✉ **44310** St-Philbert-de-Gd-Lieu – ✪ 40.

Paris 397 – Challans 44 – Clisson 36 – ♦Nantes 20.

XX **Petit Chalet,** ☎ **26.30.08**
fermé mardi soir et merc. – SC : **R** 85/130.

PASSENANS **39** Jura **70** ④ – rattaché à Poligny.

PAU P 64000 Pyr.-Atl. 84 ⑥ ⑦ G. Pyrénées – 85 766 h. alt. 210 – Casino BZ – ⓢ 59.

Voir Boulevard des Pyrénées ⇐⋆⋆⋆ ABZ – Château⋆ AZ – Parc Beaumont⋆ BZ – Musée des Beaux-Arts⋆ BY **M**.

⌨ 🏌 32.02.33 AVX.

Circuit automobile urbain – ✈ de Pau-Uzein 🏌 32.84.03 par ① : 12 km.

🅱 Office du Tourisme (fermé dim. hors sais.) pl. Royale 🏌 27.27.08 - A.C. 1 bd Aragon 🏌 27.01.94.

Paris 785 ① – ♦Bayonne 107 ⑤ – ♦Bordeaux 190 ① – ♦Toulouse 194 ② – Zaragoza 282 ④.

Plans page ci-contre

🏨 **Continental et Rest. Le Conti,** 2 r. Mar.-Foch 🏌 27.69.31, Télex 570906 – 🛗 📺 🕿 ⟵ – 🔂 25 à 250. ⅀ ⓪ 🔚 *VISA*
SC : **R** 75/90 – **110 ch** � 190/340 – P 250/370. BY **e**

🏨 **Paris** M ⟩ sans rest, 80 r. E.-Garet 🏌 27.34.39, Télex 541595 – 🛗 📺 🕿 ﻆ ⟵ 🅿. ⅀ ⓪ 🔚 *VISA*
SC : **41 ch** ⊑ 190/300. BY **n**

🏨 **Roncevaux** ⟩ sans rest, 25 r. L.-Barthou 🏌 27.08.44 – 🛗 📺 ﹈wc ⋔wc ⍟ ﻆ 🅿. ⅀ ⓪ 🔚 *VISA*
SC : ⊑ 20 – **42 ch** 120/224. AZ **f**

🏨 **Commerce,** 9 r. Mar.-Joffre 🏌 27.24.40, Télex 540193 – 🛗 📺 ﹈wc ⋔wc 🕿 🅿 – 🔂 50. ⅀ ⓪ 🔚 *VISA*
fermé 20 déc. au 5 janv. – SC : **R** (1er avril-31 oct. et fermé dim. midi) 60/85 – ⊑ 16,50 – **51 ch** 130/197 – P 210/290. AZ **q**

🏨 **Gramont** sans rest, 3 pl. Gramont 🏌 27.84.04 – 🛗 ﹈wc ⋔wc ⍟. ⅀ ⓪ 🔚 *VISA*
SC : ⊑ 15 – **32 ch** 130/235. AY **t**

🏨 **Bristol** sans rest, 3 r. Gambetta 🏌 27.72.98 – 🛗 ﹈wc ⋔wc 🕿 🅿. ⓪ 🔚 *VISA*
SC : ⊑ 16 – **26 ch** 110/230. BY **z**

🏨 **Le Bourbon** M sans rest, 12 pl. Clemenceau 🏌 27.53.12 – 🛗 📺 ﹈wc ⋔wc 🕿. ⅀ ⓪ 🔚 *VISA*
SC : ⊑ 15 – **33 ch** 120/165. BY **d**

🏨 **Le Navarre** M sans rest, 9 av. Gén.-Leclerc 🏌 30.25.39 – 🛗 📺 ﹈wc 🕿 ﻆ ⟵ 🅿. *VISA*
SC : ⊑ 15 – **31 ch** 150/160. BV **m**

🏨 **Europe** sans rest, pl. Clemenceau 🏌 27.73.40 – 📺 ﹈wc ⋔wc ⍟. ⅀ ⓪ 🔚 *VISA*
SC : ⊑ 18 – **33 ch** 114/210. AZ **u**

🏨 **Corona,** 71 av. Gén.-Leclerc 🏌 02.40.40, ⌖ – ﹈wc ⋔wc ⍟ 🅿 – 🔂 40. ⅀ 🔚 *VISA*. ⋇ ch BV **a**
fermé 1er au 15 nov. – SC : **R** (fermé sam.) 60/155 – ⊑ 16 – **20 ch** 72/175 – P 245/290.

🏨 **Central** sans rest, 15 r. L.-Daran 🏌 27.72.75 – ﹈wc ⋔wc ⍟
SC : ⊑ 14 – **27 ch** 78/163. BZ **t**

🏨 **Atlantic H.** M sans rest, 222 av. J. Mermoz 🏌 32.38.24 – 🛗 ﹈wc ⋔wc ⍟ ⟵ 🅿. 🔚 *VISA*
SC : ⊑ 15 – **31 ch** 82/165. AV **r**

🏨 **Colbert,** 1 r. Manescau 🏌 32.52.78, ⌖ – ﹈wc ⋔ ⍟ 🅿. ⋇ AY **r**
⟵ fermé sept. – SC : **R** 38/70 ⅃ – ⊒ 15 – **21 ch** 60/135 – P 110/150.

🏨 **Postillon** sans rest, 10 cours Camou 🏌 32.49.15 – ﹈wc ⋔wc ⍟. *VISA*
SC : ⊑ 16 – **29 ch** 60/165. AY **a**

🏨 **Bernard** sans rest, 7 r. Foix 🏌 27.40.28 – ⋔
SC : ⊒ 11,50 – **21 ch** 55/85. AZ **a**

XXXX ⊛ **Pierre (Casau),** 16 r. L.-Barthou 🏌 27.76.86 – ▤. ⅀ ⓪ 🔚 *VISA* BZ **x**
fermé 30 avril au 8 mai, vacances de fév. et dim. sauf fêtes – SC : **R** carte 135 à 200
Spéc. Foie frais de canard, Terrine de turbot, Ris d'agneau aux pâtes fraîches. Vins Madiran, Jurançon.

XXX ⊛ **Patrick Jourdan,** 14 r. Latapie 🏌 27.68.70 – ▤. ⅀ ⓪ 🔚 *VISA* BZ **k**
fermé 15 au 30 août, 6 au 13 fév., sam. midi et dim. – **R** 130/180
Spéc. Salade tiède landaise, Sole fourrée, Petits feuilletés. Vins Jurançon, Madiran.

XX **Pyrénées,** pl. Royale 🏌 27.07.75 – ▤. ⅀ ⓪ 🔚 *VISA* AZ **s**
fermé 1er au 22 août et dim. – SC : **R** carte 95 à 150.

XX **Fin Gourmet,** face gare 🏌 27.47.71 – ⅀ ⓪ 🔚 *VISA* AZ **v**
fermé 15 au 30 juin, vacances de fév. et lundi – SC : **R** 55/160.

X **St Vincent,** 4 r. Gassiot 🏌 27.75.54 AY **b**

à Jurançon : 2 km – 7 914 h. – ⊠ 64110 Jurançon :

XXX **Ruffet,** 🏌 06.25.13 – ⅀ ⓪ AX **e**
fermé août, 1er au 8 janv., dim. soir et lundi – SC : **R** 66/180.

rte N.-D. de Piétat : 6 km par D 209 AX – ⊠ 64110 Jurançon :

🏨 **Domaine du Beau Manoir** M ⟩, 🏌 06.17.30, ⇐ Pyrénées, parc, ⌖, ⅂ – ﹈wc ⋔wc 🕿 🅿 – 🔂 120. ⅀ ⓪ 🔚 *VISA*
fermé fin nov. à début déc. et fév. – SC : **R** (fermé sam. midi, dim. soir et lundi midi sauf juil. et août) 75/200 – **30 ch** ⊑ 115/265 – P 230/350.

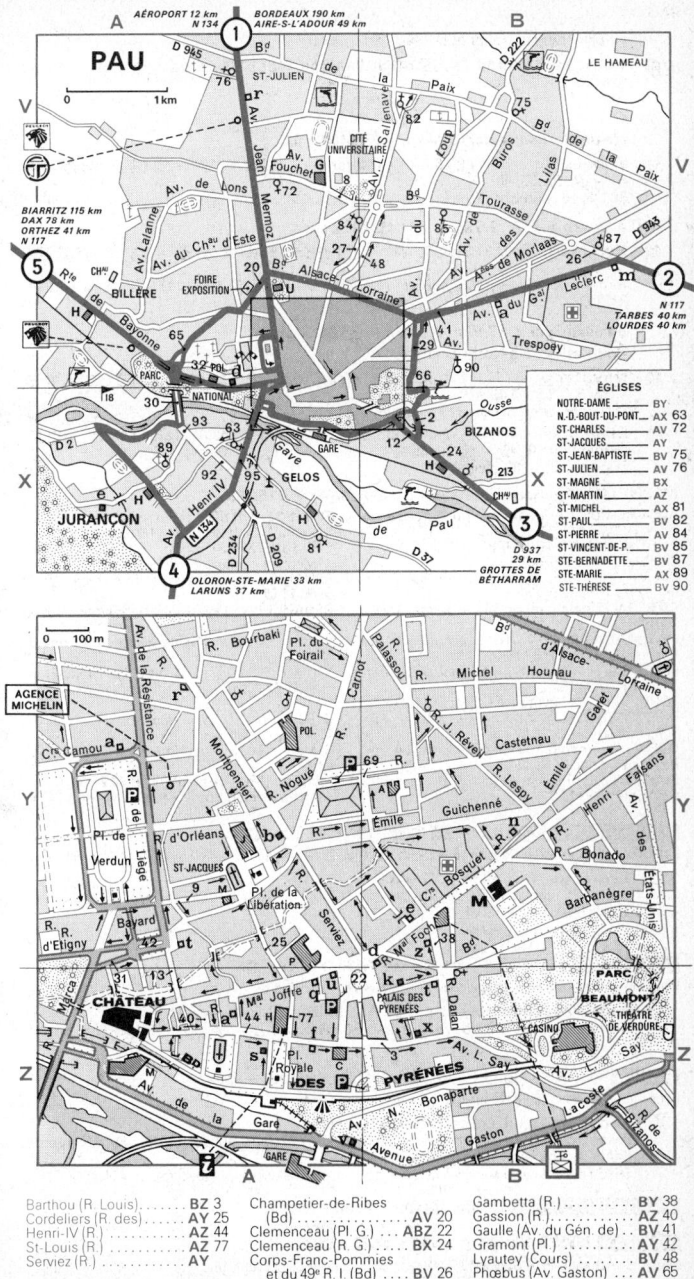

PAU

AÉROPORT 12 km
N 134
BORDEAUX 190 km
AIRE-S-L'ADOUR 49 km

LE HAMEAU

BIARRITZ 115 km
DAX 78 km
ORTHEZ 41 km
N 117

BILLÈRE

FOIRE
EXPOSITION

PARC
NATIONAL

JURANÇON

CITÉ
UNIVERSITAIRE

ST-JULIEN

BIZANOS

GELOS

TARBES 40 km
LOURDES 40 km
N 117

OLORON-STE-MARIE 33 km
LARUNS 37 km
N 134

GROTTES DE
BÉTHARRAM
D 937
29 km

AGENCE
MICHELIN

R. Bourbaki
Pl. du
Foirai

R. Michel Hounau

d'Alsace-
Lorraine

Pl. de
la Résistance

POL.

CHÂTEAU

Pl. de
Verdun

ST-JACQUES

Pl. de la
Libération

Pl. d'Orléans

Bd du Mar. Foch

PALAIS DES
PYRÉNÉES

PARC
BEAUMONT

CASINO

THÉÂTRE
DE VERDURE

Pl.
Royale

PYRÉNÉES

Avenue Gaston

GARE

au Sud par rte Gelos et D 234 : 5 km - AX:

Host. Le Bourbail ⦻, ✉ 64110 Jurançon ☎ 21.54.60, ≤ parc, ☂, ✂ – ⊟wc ⋔wc ☎ **P**. ✻ rest
fermé 1er au 30 déc. – SC : **R** *(fermé sam.)* 75/120 – ☐ 17 – **20 ch** 105/190 – P 230/290.

rte de Bordeaux par ① : 4 km – ✉ **64000** Pau :

Trinquet M sans rest, 66 av. D.-Daurat ☎ 62.71.23, ≤, ✂ – ‖ TV ⊟wc ☎ ⇐ **P** – 50. AE ⓓ
SC : ☐ 18 – **29 ch** 130/160.

à Ousse par ② : 9,5 km – ✉ **64320** Bizanos :

Pyrénées, ☎ 02.31.51, ☂, ⇐ – TV ⊟wc ⋔wc ☎ & **P** – 30. AE E VISA. ✻ ch
fermé 5 au 26 nov., dim. soir et lundi d'oct. à mai – SC : **R** 54/110 ♁ – ☐ 15 – **22 ch** 80/240 – P 170/210.

à Lescar par ⑤ : 7,5 km – 5 858 h. – ✉ **64230** Lescar.
Voir Cathédrale Notre-Dame★.

Novotel M, sur N 117 ☎ 32.17.32, Télex 570939, ☂, ⛱, ⇐ – ≡ TV ⊟wc ☎ **P** – 150. AE ⓓ E VISA
R snack carte environ 90 ♁ – ☐ 25 – **61 ch** 203/257.

Bilaa M ⦻ sans rest, chemin de Lons : 1,5 km ☎ 32.63.00, Télex 541856 – ‖ TV ⊟wc ⋔wc ☎ **P** – 30. AE VISA
SC : ☐ 17,50 – **80 ch** 150/200.

MICHELIN, Agence régionale, 1 r. Lapouble AY ☎ **32.56.33**

ALFA-ROMEO Auto Sprint, rte Bordeaux à Lons ☎ 32.05.73
AUSTIN, ROVER, TRIUMPH Gar. du Parc, 16 r. d'Etigny ☎ 27.22.75 N
BMW Auto-Park, av. J.-M.-Jacquard, Zone Ind. Lons ☎ 62.12.91
CITROEN Domingue, rte Tarbes par ② ☎ 02.75.18
FIAT, LADA, SKODA Navarre-Auto, 56 rte Bayonne à Billère ☎ 32.18.46
FORD Gar. de l'Hippodrome, 17 av. D.-Daurat à Lons ☎ 32.03.78
FORD Petit, rte Bayonne à Lescar ☎ 32.89.17
MERCEDES-BENZ Induspal-Gar., Zone Ind. Lons à Billère ☎ 32.15.57
OPEL Automobile du Behera S.A., 34 rte Bayonne à Lons ☎ 32.02.23
PEUGEOT Sté Paloise Autom., 7 rte Bayonne à Billère ☎ 32.14.20
PEUGEOT, TALBOT Mermoz-Autom., 169 av. Mermoz ☎ 32.10.99 N ☎ 33.90.62
PORSCHE-MITSUBISHI S.D.A.A., 115 av. J.-Mermoz à Billère ☎ 62.33.22
RENAULT Broqué, rte de Tarbes par ② ☎ 02.79.71 N
RENAULT Ets Lavillauroy, rte Bayonne à Lescar par ⑤ ☎ 62.20.01
V.A.G. Simonin, 119 rte Bayonne à Lons ☎ 32.15.37
VOLVO Gar. Davan, 12 bd Corps Franc-Pommiès ☎ 02.70.20

Ⓜ Baudorre, 177 av. J.-Mermoz à Lons ☎ 32.15.96
Central-Pneu, 3 r. des Chênes à Billère ☎ 32.42.99
Métairie, 18 av. 18-Infanterie ☎ 32.21.56
Toupneu, 9 r. de Bordeu ☎ 30.30.68

PAULHAGUET 43230 H.-Loire 76 ⑤⑥ – 1 047 h. alt. 551 – ⊕ 71.

Paris 472 – Ambert 62 – Brioude 16 – La Chaise-Dieu 29 – Langeac 15 – Le Puy 46 – St-Flour 66.

Lagrange, ☎ 76.60.11 – ⋔ ⇐
fermé 15 sept. au 15 oct., et sam. du 1er nov. à Pâques – SC : **R** 35/55 ♁ – ☐ 13 – **15 ch** 55/100 – P 130/150.

RENAULT Laurent, ☎ 76.60.68

La PAULINE 83 Var 84 ⑮ – alt. 85 – ✉ 83130 La Garde – ⊕ 94.

Paris 850 – Brignoles 46 – Draguignan 77 – Hyères 8 – ♦Toulon 10.

XX **Aub. Provençale** avec ch, N 98 ☎ 75.96.55 – ⋔wc ☎ ⇐ **P**. VISA
fermé 1er oct. au 2 nov. et sam. – SC : **R** 53/92 ♁ – ☐ 15 – **15 ch** 65/128 – P 190/220.

PAULX 44 Loire-Alt. 67 ② – 1 348 h. – ✉ 44270 Machecoul – ⊕ 40.

Paris 414 – Challans 19 – ♦Nantes 37 – La Roche-sur-Yon 45.

XX ✿ **Voyageurs,** pl. Église ☎ 26.02.26 – VISA
fermé 26 août au 19 sept., vacances de fév., dim. soir et lundi – SC : **R** (nombre de couverts limité, prévenir) carte 100 à 150
Spéc. Feuilleté de palourdes, Cuisses de grenouilles "Maraichines", Gibelotte d'anguilles.

PAVILLON (Col du) 69 Rhône 73 ⑧ – rattaché à Cours.

PAVILLY 76570 S.-Mar. 55 ⑥ – 5 442 h. alt. 55 – ⊕ 35.

Paris 159 – Dieppe 46 – Duclair 13 – ♦Rouen 20 – Yerville 12 – Yvetot 18.

X **Croix d'Or,** ☎ 91.20.09 – ✻
fermé août – SC : **R** (déj. seul. - dim. prévenir) 48/143 ♁.

CITROEN Quemener, r. Narcisse-Guilbert ☎ 91.44.95
PEUGEOT, TALBOT Bossart-Autom., 38 r. Aristide-Briand ☎ 91.22.52

PAYOLLE 65 H.-Pyr. 85 ⑲ — rattaché à Ste-Marie-de-Campan.

Le PÉAGE-DE-ROUSSILLON 38550 Isère 77 ① – 6 186 h. alt. 159 – ✪ 74.

Paris 513 – Annonay 22 – ♦Grenoble 93 – ♦St-Étienne 61 – Tournon 40 – Vienne 20.

🏠 **Europa** M sans rest, av. Gabriel-Péri ⊠ 38150 Roussillon ☏ 86.28.84 – |$| cuisi-
nette ⇌wc flwc ☜ ⬡. ✆
fermé 12 au 20 août et 30 oct. au 15 nov. – SC : 🕿 16 – **26 ch** 120/155.

CITROEN Drisar-Autom., N 7, Salaise-sur-
Sanne ☏ 86.04.20 N
CITROEN Pleynet, 5 r. Puits-sans-Tour ☏ 86.
20.12
PEUGEOT, TALBOT Bourget, 79 av. G.-Péri à
Roussillon ☏ 86.23.38
PEUGEOT-TALBOT Revouy et Jalliffier, 154 bis
r. de la République ☏ 86.26.08
RENAULT Gar. Heinrich, N 7, Les Cités à
Roussillon ☏ 86.20.32

Gar. Guillon, 133 rte de la Chapelle ☏ 86.24.36
N ☏ 29.68.60
Gar. Rivollet, 1 av. G.-Péri à Roussillon ☏ 86.
23.02

⬤ Piot-Pneu, N 7 Zone Ind. à Salaise-sur-
Sanne ☏ 29.42.62

PÉAULE 56 Morbihan 63 ⑭ – 2 138 h. alt. 89 – ⊠ 56130 La Roche-Bernard – ✪ 97.

Paris 427 – Ploërmel 48 – Redon 26 – La Roche-Bernard 9 – Vannes 36.

🏠 **Armor Vilaine** M, pl. Église ☏ 42.91.03 – ⇌wc flwc ☜. **E** 𝘷𝘪𝘴𝘢. ✆
➡ *fermé 15 sept. au 2 oct., 15 déc. au 3 janv., dim. soir et lundi sauf juil., août et fériés*
– SC : **R** 45/150 – � 20 – **21 ch** 110/184 – P 135/150.

🏠 **Ryo** (annexe Le Relax ⌚ ⇌wc ⬡), pl. Église ☏ 42.91.22 – ⇌wc fl ☜ ⬡. 𝘈𝘌
𝘷𝘪𝘴𝘢. ✆
fermé 2 au 31 janv. et vend. d'oct. à fin mai – SC : **R** 55/286 – ⊠ 18 – **27 ch** 100/200.

PÉDERNEC 22 C.-du-N. 59 ① – 1 664 h. alt. 125 – ⊠ 22540 Louargat – ✪ 96.

Paris 493 – Carhaix-P. 55 – Guingamp 10 – Lannion 22 – Morlaix 49 – Plouaret 24 – St-Brieuc 41.

✕✕ **Host. du Méné-Bré,** ☏ 45.22.33 – ⓞ **E** 𝘷𝘪𝘴𝘢
➡ *fermé 12 nov. au 10 déc. et lundi sauf du 1ᵉʳ juil. au 15 août* – SC : **R** 45/150.

RENAULT Gar. Madigou, ☏ 45.22.51 N

PÉGOMAS 06580 Alpes-Mar. 84 ⑧, 195 ㉞ – 3 492 h. alt. 22 – ✪ 93.

Paris 903 – Cannes 11 – Draguignan 59 – Grasse 10 – ♦Nice 43 – St-Raphaël 37.

🏠 **Le Bosquet** ⌚ sans rest, quartier du Château par rte Mouans-Sartoux ☏ 42.22.87,
≼, ⤳, ☛ – flwc ☜ ⬡. ✆
fermé nov. – SC : ⊠ 15 – **17 ch** 100/165, et 7 studios (cuisinette).

✕ **L'Écluse,** au bord de la Siagne ☏ 42.22.55, ≼, Rest. champêtre – ⬡
1ᵉʳ mai-31 août – SC : **R** 66/130.

PEILLAC 56 Morbihan 63 ⑤ – 1 736 h. alt. 65 – ⊠ 56220 Malansac – ✪ 99 (I.-et-V.).

Paris 405 – Redon 16 – ♦Rennes 69 – Vannes 45.

🏠 **Chez Antoine,** ☏ 91.24.43, ☛ – flwc ☜ ⬡
➡ *fermé fév.* – SC : **R** *(fermé dim. soir et lundi)* 46/120 🍷 – ⊠ 17 – **12 ch** 80/120 – P
150/160.

PEILLON 06 Alpes-Mar. 84 ⑩, 195 ㉗ **G. Côte d'Azur** – 1 038 h. alt. 376 – ⊠ 06440 L'Escarène
– ✪ 93 – **Voir Village*** – Fresques* dans la chapelle des Pénitents Blancs.

Paris 954 – Contes 13 – L'Escarène 13 – Menton 33 – ♦Nice 19 – Sospel 35.

🏠 **Aub. de la Madone** ⌚, ☏ 79.91.17, ≼, 🏛, ☛ – ⇌wc fl ☜ ⬡. ✆ ch
fermé 15 oct. au 15 déc. et merc. – SC : **R** 90/150 – ⊠ 20 – **18 ch** 150/300.

La PEINIÈRE 35 I.-et-V. 59 ⑯ – rattaché à Châteaubourg.

PEIRA-CAVA 06 Alpes-Mar. 84 ⑲, 195 ⑰ **G. Côte d'Azur** – alt. 1 450 – Sports d'hiver
1 500/1 900 m ✚5 – ⊠ 06440 L'Escarène – ✪ 93.

Voir Pierre Plate ※** – Cime de Peïra-Cava ※** E : 1,5 km puis 30 mn – Forêt de
Turini** au N.

Paris 975 – L'Escarène 19 – ♦Nice 40 – Roquebillière 25 – St-Martin-Vésubie 35 – Sospel 32.

   au Col de Turini N : 8 km par D 2566 – ⊠ 06440 L'Escarène –

   Voir Monument aux Morts ※* NE : 4 km.

   Env. Pointe des Trois-Communes ※** NE : 6,5 km.

🏠 **Trois Vallées** ⌚, ☏ 91.57.21, ≼, ☛ – flwc ⬡
fermé 15 nov. au 15 déc. – SC : **R** 65/200, dîner à la carte – **20 ch** ⊠ 200/220 – P
190/210.

🏠 **Les Chamois** ⌚, ☏ 91.57.42, ≼, ☛ – flwc ⇌ ⬡
➡ *fermé nov.* – SC : **R** 47/75 🍷 – ⊠ 12 – **11 ch** 80/100 – P 140.

PEISEY-NANCROIX 73 Savoie 🔲 ⑱ G. Alpes – 481 h. alt. 1 300 – ✉ 73210 Aime – ⑳ 79.
🅹 Syndicat d'initiative (hors saison fermé après-midi, dim. et fêtes) ☎ 07.12.55.
Paris 667 – Albertville 56 – Bourg-St-Maurice 15.

🏠 **Vanoise** ⑤, à Plan Peisey : 3 km ☎ 07.11.29, ≤, – ⇌wc ☎ 🅿, ⬚ ch
◆ 1ᵉʳ juil.-31 août et 18 déc.-16 avril – SC : **R** 44/48 – � 13 – **34 ch** 65/146 – P 158/180.

PELLEVOISIN 36 Indre 🔲 ⑦ G. Périgord – 1 027 h. alt. 170 – ✉ 36500 Buzançais – ⑳ 54.
Paris 262 – Blois 78 – Châteauroux 36 – Loches 43.

🔱 **Tumulus**, rte Valencay ☎ 39.00.35 – ⬚ ⬚. **E**. ⬚ rest
◆ fermé fév. – SC : **R** (fermé jeudi) 35/90 – ⊒ 20 – **10 ch** 80/150 – P 180/250.

PELVOUX (Commune de) 05 H.-Alpes 🔲 ⑰ G. Alpes – 348 h. – Sports d'hiver à St-Antoine 1 250/2 300 m ⚡5 – ✉ 05340 Pelvoux – ⑳ 92 – **Voir Route des Chouliéres★** : ≤★★ E.
D'Ailefroide : Paris 746 – L'Argentière-la-Bessée 18 – Briançon 33 – Gap 90 – Guillestre 38.

St-Antoine – alt. 1 260.

🏨 ❀ **Belvédère du Pelvoux (Sémiond)** ⑤, ☎ 23.31.04, ≤, ⬚, ⬚, – ⇌wc ⬚wc
⬚ 🅿. ⬚ ⬚ **E** 🆅🆂🅰
8 juin-16 sept. et 20 déc.-16 avril – SC : **R** 85/285 – ⊒ 25 – **30 ch** 103/203 – P 228/272
Spéc. Terrine aux trois poissons, Aiguillette de canard aux cassis, Paleron d'agneau de lait.

Ailefroide – alt. 1 510 – **Env. Pré de Madame Carle : site★★** NO : 6 km.

🏠 **Chalet H. Rolland** ⑤, ☎ 23.32.01, ≤, parc – ⇌wc, sans ⬚ 🅿. **E**
◆ 15 juin-15 sept. – SC : **R** 48/115 ⬚ – ⊒ 15 – **36 ch** 62/115 – P 152/198.
🔱 **Les Clouzis** ⑤, ☎ 23.32.07, ≤, sans ⬚ 🅿. ⬚ rest
◆ 15 juin-15 sept. – SC : **R** 40/70 – ⊒ 15 – **11 ch** 90/112 – P 150/170.

PEN-GUEN 22 C.-du-N. 🔲 ⑤ – rattaché à St-Cast.

PENHORS 29 Finistère 🔲 ⑭ – rattaché à Pouldreuzic.

PEN-LAN (Pointe de) 56 Morbihan 🔲 ⑭ – rattaché à Muzillac.

PENNEDEPIE 14 Calvados 🔲 ③ – rattaché à Honfleur.

PENVÉNAN 22710 C.-du-N. 🔲 ① – 2 452 h. alt. 70 – ⑳ 96.
Paris 518 – Lannion 22 – Perros-Guirec 16 – La Roche-Derrien 9 – Tréguier 7,5.

✕ **Crustacé** avec ch, ☎ 92.67.46
◆ fermé oct. et lundi – SC : **R** 48/110 – ⊒ 14 – **7 ch** 64/104 – P 160.

CITROEN Vigneron, ☎ 92.67.85   RENAULT Henry, ☎ 92.65.22

PÉRIGNAT-LÈS-SARLIÈVE 63 P.-de-D. 🔲 ⑭ – rattaché à Clermont-Ferrand.

PÉRIGNY 86 Vienne 🔲 ⑬ – rattaché à Poitiers.

PÉRIGUEUX 🅿 24000 Dordogne 🔲 ⑤ G. Périgord – 35 392 h. alt. 86 – ⑳ 53.
Voir Cathédrale St-Front★ BZ – **Église St-Étienne de la Cité★** AZ K – **Pont des Barris**
≤★ BZ – **Musée du Périgord★** BY M – 🅹 Syndicat d'Initiative 1 av. Aquitaine (fermé dim. et lundi hors saison) ☎ 53.10.63 – A.C. 14 r. Wilson ☎ 53.35.19.

Paris 530 ⑤ – Agen 136 ③ – Albi 248 ② – Angoulème 85 ⑤ – ◆Bordeaux 121 ④ – Brive-la-Gaillarde 73 ② – ◆Limoges 101 ① – Pau 261 ③ – Poitiers 195 ⑤ – ◆Toulouse 250 ②.

Plans page ci-contre

🏨 **Bristol** 🅼 sans rest, 37 r. A.-Gadaud ☎ 08.75.90 – ⬚|⬚ ⬚ 📺 ☎ 🅿. 🆅🆂🅰. ⬚   AY u
SC : ⊒ 17 – **30 ch** 135/200.

🏨 **Domino**, 21 pl. Francheville ☎ 08.25.80, ⬚, – ⬚|⬚ 📺 ⬚. ⬚ ⬚ **E** 🆅🆂🅰. ⬚ rest
SC : **R** 67/194 – ⊒ 21,50 – **37 ch** 170/292 – P 270/330.   AZ a

🏠 **Périgord**, 74 r. V.-Hugo ☎ 53.33.63, ⬚, ⬚ – ⬚wc ⬚. ⬚ ch   AY r
◆ SC : **R** 48/110 ⬚ – ⊒ 15 – **20 ch** 70/170 – P 160/180.

🏠 **Ibis** 🅼, 8 bd Saumande ☎ 53.64.58, Télex 550159 – ⬚|⬚ 📺 ⇌wc ⬚ 🅿 – ⬚   BZ f
25 à 50. **E** 🆅🆂🅰
SC : **R** carte environ 65 ⬚ – ⬚ 19 – **86 ch** 152/193.

🏠 **Régina** sans rest, 14 r. D.-Papin ☎ 08.40.44 – ⇌wc ⬚wc ⬚. **E** 🆅🆂🅰   AY d
◆ fermé fév. – SC : ⊒ 16,50 – **46 ch** 111/236.

🏠 **Charentes**, 16 r. D.-Papin ☎ 53.37.13 – ⬚ ⬚. 🆅🆂🅰   AY b
◆ fermé 20 déc. au 10 janv. – SC : **R** 50/103 ⬚ – ⊒ 15 – **15 ch** 90/132 – P 152/210.

🏠 **Arènes** sans rest, 21 r. Gymnase ☎ 53.49.85 – ⬚wc ⬚. ⬚   AZ n
◆ fermé 22 déc. au 13 janv. – SC : ⊒ 15 – **19 ch** 79/139.

870

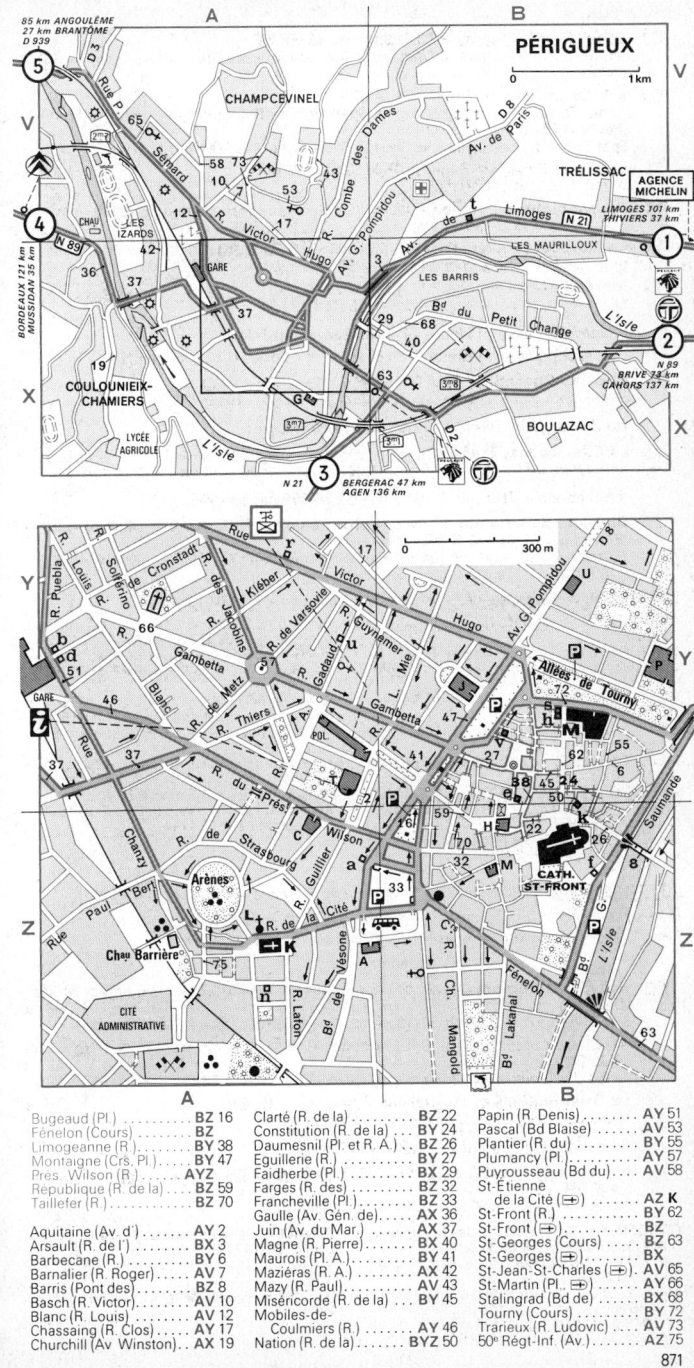

85 km ANGOULÊME
27 km BRANTÔME
D 939

CHAMPCEVINEL

TRÉLISSAC

AGENCE MICHELIN

LIMOGES 101 km
THIVIERS 37 km

LES MAURILLOUX

LES BARRIS

Bd du Petit Change

L'Isle

LES IZARDS

GARE

BORDEAUX 121 km
MUSSIDAN 35 km

COULOUNIEIX-
CHAMIERS

LYCÉE
AGRICOLE

BRIVE 73 km
CAHORS 137 km

BOULAZAC

BERGERAC 47 km
AGEN 136 km

GARE

Arènes

Chau Barrière

CITÉ
ADMINISTRATIVE

CATH.
ST-FRONT

A			B		
Bugeaud (Pl.)	**BZ** 16		Clarté (R. de la)	**BZ** 22	Papin (R. Denis)	**AY** 51

Bugeaud (Pl.) . . . . **BZ** 16
Fénelon (Cours) . . . . **BZ**
Limogeanne (R.) . . . . . . **BY** 38
Montaigne (Crs. Pl.) . . **BY** 47
Prés. Wilson (R.) . . . . . . **AYZ**
République (R. de la) . . **BZ** 59
Taillefer (R.) . . . . **BZ** 70

Aquitaine (Av. d') . . . . . . **AY** 2
Arsault (R. de l') . . . . . . **BX** 3
Barbecane (R.) . . . . **BY** 6
Barnalier (R. Roger) . . . **AV** 7
Barris (Pont des) . . . . . . **BZ** 8
Basch (R. Victor) . . . . . . **AV** 10
Blanc (R. Louis) . . . . **AV** 12
Chassaing (R. Clos) . . . **AX** 17
Churchill (Av Winston) . . **AX** 19

Clarté (R. de la) . . . . . . **BZ** 22
Constitution (R. de la) . . **BY** 24
Daumesnil (Pl. et R. A.) . . **BZ** 26
Eguillerie (R.) . . . . **BY** 27
Faidherbe (Pl.) . . . . **BX** 29
Farges (R. des) . . . . **BZ** 32
Francheville (Pl.) . . . . . . **BZ** 33
Gaulle (Av. Gén. de) . . . **AX** 37
Juin (Av. du Mar.) . . . . . **BX** 40
Magne (R. Pierre) . . . . . **BY** 41
Maurois (Pl. A.) . . . . **AX** 42
Maziéras (R. A.) . . . . . . **AV** 43
Mazy (R. Paul) . . . . **BY** 45
Miséricorde (R. de la) . . **BY** 45
Mobiles-de-
  Coulmiers (R.) . . . . . . **AY** 46
Nation (R. de la) . . . . . . **BYZ** 50

Papin (R. Denis) . . . . . . **AY** 51
Pascal (Bd Blaise) . . . . . **AV** 53
Plantier (R. du) . . . . **BY** 55
Plumancy (Pl.) . . . . **AY** 57
Puyrousseau (Bd du) . . **AV** 58
St-Étienne
  de la Cité (⊕) . . . . . . **AZ K**
St-Front (R.) . . . . **BY** 62
St-Front (⊕) . . . . **BZ**
St-Georges (Cours) . . . . **BZ** 63
St-Georges (⊕) . . . . . . **BX**
St-Jean-St-Charles (⊕) **AV** 65
St-Martin (Pl. ⊕) . . . . . **AV** 66
Stalingrad (Bd de) . . . . **BX** 68
Tourny (Cours) . . . . **BY** 72
Trarieux (R. Ludovic) . . **AV** 73
50e Régt-Inf. (Av.) . . . . . **AZ** 75

871

XXX **Léon,** 18 cours Tourny ⌕ 53.41.93 – ▤. 𝔸𝔼 ⓞ 𝘝𝘐𝘚𝘈   BY s
fermé 15 mai au 3 juin, 24 déc. au 2 janv. et lundi sauf juil., août et sept. – SC : **R**
85/125.

XXX ❀ **L'Oison,** 31 r. St-Front ⌕ 09.84.02 – ▤. 𝘝𝘐𝘚𝘈   BY h
fermé 15 fév. au 15 mars, dim. soir et lundi – **R** (*nombre de couverts limité* –
prévenir) 75/180
Spéc. Terrine de poireaux aux noix, Grenadin de veau aux morilles, Le grand dessert.

XX **Le Vieux Pavé,** 4 r. Sagesse ⌕ 08.53.97 – **E** 𝘝𝘐𝘚𝘈   BY e
fermé dim. – SC : **R** 72/150.

XX **Tournepiche,** 2 r. Nation ⌕ 08.90.76, « Salle du 18ᵉ siècle » – 𝔸𝔼 **E** 𝘝𝘐𝘚𝘈   BYZ k
fermé 30 déc. au 14 janv., dim. et lundi – SC : **R** 88/150.

XX **La Flambée,** 2 r. Montaigne ⌕ 53.23.06 – 𝔸𝔼 ⓞ **E** 𝘝𝘐𝘚𝘈   BY v
fermé 1ᵉʳ au 15 mars, dim. et fériés – SC : **R** 85/200.

XX **Marcel,** 37 av. Limoges ⌕ 53.13.43 – ▤. ⓟ   BV t
◆ *fermé 1ᵉʳ au 21 août et mardi soir* – SC : **R** 37/95 ♨.

     à Laurière par ① : 13 km – ⊠ 24420 Savignac-les-Eglises

     Voir Architecture intérieure★ du château des Bories O : 1,5 km par N 21.

🏠 **Host. la Charmille,** ⌕ 06.00.45, ⇴ – ⌷wc ⍾wc ☏ ⓟ. ⌘
fermé lundi d'oct. à juin – SC : **R** 60/200 ♨ – ⛬ 20 – **18 ch** 70/200.

     rte de Bergerac par ③ : 10 km – ⊠ 24000 Périgueux :

🏠 **La Chartreuse,** ⌕ 46.60.21, ⇴ – ⌷ ⍾wc ☏ ⓟ. 𝘝𝘐𝘚𝘈. ⌘
◆ *fermé dim. du 15 sept. au 15 mars* – **R** 42/120 – ⛬ 12 – **10 ch** 75/110.

     à Razac-sur-L'Isle par ④ : 11 km – ⊠ 24430 Razac-sur-L'Isle :

XX **Château de Lalande** 🕊 avec ch, NO : 2 km par D 3E et D 3 ⌕ 54.52.30, parc –
⌷wc ⍾wc ☏ ⓟ. 𝔸𝔼 **E** 𝘝𝘐𝘚𝘈
15 mars-15 nov. – SC : **R** (*fermé merc. hors sais.*) 60/130 – ⛬ 17 – **21 ch** 145/220 –
P 190/275.

MICHELIN, Agence, rte de Limoges à Trélissac par ① ⌕ 08.08.13

ALFA-ROMEO Cecamso, 194 rte de Lyon ⌕
53.17.73
BMW Garage Jessus, 46 r. Chanzy ⌕ 08.99.30
CITROEN Gar. Deluc, rte de Limoges à Trélis-
sac par ① ⌕ 08.27.50
CITROEN S.O.V.R.A., 74 av. Gén.-de-Gaulle à
Chamiers ⌕ 08.31.02
FIAT, LANCIA-AUTOBIANCHI Rebière, 15 crs
Fénélon ⌕ 08.09.44
MERCEDES-BENZ Ets Magot, 192 rte de Lyon
⌕ 53.66.91
OPEL Gar. Pradier, 5 r. A.-Gadaud ⌕ 53.53.94
PEUGEOT-TALBOT Gar. Brout, 18 cours St-
Georges ⌕ 08.28.55
PEUGEOT, TALBOT Gar. Moderne, 202 rte de
Limoges à Trélissac ⌕ 08.05.84

RENAULT Sarda, rte de Limoges à Trélissac
par ① ⌕ 08.65.65 🄽 ⌕ 05.02.09
V.A.G. Lagarde, D 8 à Cornille ⌕ 08.03.16
Gar. Borie, 156 rte de Bordeaux ⌕ 53.60.16

◍ Auriel, 145 bd Petit-Change ⌕ 53.46.83
Barrier, N 21 Les Jalots à Trélissac ⌕ 53.54.17
Fontana-Pneus, 4 bis av. H.-Barbusse ⌕ 08.
80.47
Lapeyrière-Pneus, 170 à 178 av. Mal. Juin ⌕
53.10.19
Périgord-Pneus, à Trélissac ⌕ 54.41.27
Réparpneu, 290 rte d'Angoulême ⌕ 53.18.60 et
18 r. Gambetta ⌕ 53.44.14

───────────────────────────────

PÉRONNE ◁⑱▷ 80200 Somme 🖅 ⑬ G. Nord de la France – 9 868 h. alt. 56 – ✇ 22.
🛈 Office du Tourisme 31 r. St-Fursy (fermé matin et dim.) ⌕ 84.42.38.
Paris 139 ④ – ◆Amiens 51 ④ – Arras 48 ⑥ – Doullens 54 ⑤ – St-Quentin 29 ③.

Plan page ci-contre

XXX **Host. des Remparts** avec ch, 21 r. Beaubois ⌕ 84.01.22 – ⌷wc ⍾wc ☏ ⟷.
𝔸𝔼 ⓞ 𝘝𝘐𝘚𝘈   BZ a
SC : **R** (*fermé 6 au 22 août*) 51/130 – ⛬ 15 – **16 ch** 90/170 – P 230/300.

XX **St-Claude** avec ch, 42 pl. Cdt-L.-Daudré ⌕ 84.46.00 – ⌷wc ⍾wc ☎ – ♨ 60. 𝔸𝔼
ⓞ **E** 𝘝𝘐𝘚𝘈   AZ n
fermé dim. soir de nov. à mars – SC : **R** 56/130 – ⛬ 24 – **32 ch** 73/215 – P 185/315.

XX **La Quenouille,** 4 av. Australiens ⌕ 84.00.62 – ⓟ. 𝘝𝘐𝘚𝘈   BY e
fermé juin, dim. soir et lundi – SC : **R** 95 ♨.

     Aire d'As, evillers sur A1 – ⊠ 80200 Péronne :

🏨 **Mercure** Ⓜ, ⌕ 84.12.76, Télex 140943, ⅏ – 🛗 ▤ 📺 ☏ & ⓟ – ♨ 40 à 120. 𝔸𝔼
ⓞ **E** 𝘝𝘐𝘚𝘈
SC : **R** carte environ 90 ♨ – ⛬ 32 – **98 ch** 294/352.

CITROEN Gar. de Picardie, av. des Australiens,
Mt-St-Quentin par ⑥ ⌕ 84.00.34
FIAT, MERCEDES-BENZ Hotte, 52 r. St-Sau-
veur ⌕ 84.01.48
MAZDA, OPEL Gar. du Château, 6 fg de Paris
⌕ 84.16.56
PEUGEOT-TALBOT Santerre-Autom., 1 bd
Mt-St-Quentin par D 43 AY ⌕ 84.00.51 🄽

RENAULT Péronne-Autos., rte de Roisel par
D 6 BY ⌕ 84.17.84
V.A.G. Gar. Tutrice, 6 av. Danicourt ⌕ 84.04.15

◍ Joncourt-Pneus, 29 fg de Bretagne ⌕ 84.
29.41

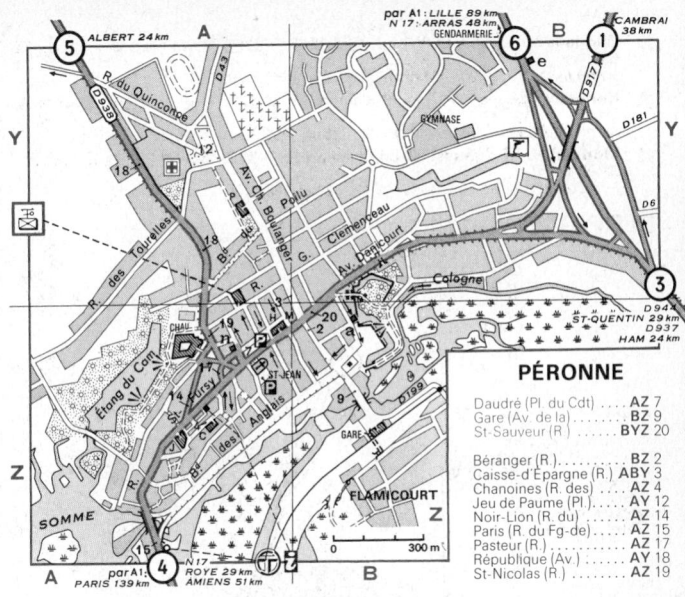

PÉRONNE

Daudré (Pl. du Cdt) .... **AZ** 7
Gare (Av. de la) .... **BZ** 9
St-Sauveur (R.) .... **BYZ** 20

Béranger (R.)............ **BZ** 2
Caisse-d'Épargne (R.) .. **ABY** 3
Chanoines (R. des) ..... **AZ** 4
Jeu de Paume (Pl.).... **AY** 12
Noir-Lion (R. du) ...... **AZ** 14
Paris (R. du Fg-de) .... **AZ** 15
Pasteur (R.)............. **AZ** 17
République (Av.) .... **AY** 18
St-Nicolas (R.) .... **AZ** 19

☞ *Les pastilles numérotées des plans de ville* ①, ②, ③
sont répétées sur les cartes Michelin à 1/200 000.
Elles facilitent ainsi le passage entre les cartes et les guides Michelin.

PÉROUGES 01 Ain **74** ② ③ G. Vallée du Rhône (plan) – 658 h. alt. 290 – ⊠ **01800** Meximieux – ✆ 74.

Voir Cité fortifiée✶✶ : place du Tilleul✶✶✶.

Paris 455 – Bourg-en-Bresse 37 – ♦Lyon 39 – St-André-de-Corcy 20 – Villefranche-sur-Saône 44.

🏰 ✿ **Host. Vieux Pérouges** (Thibaut) ⑤, ✆ 61.00.88, « Intérieur vieux bressan », 🛏 – ☎ ⇔ – ♨ 40. *VISA*
fermé jeudi midi et merc. sauf juil.-août – **R** 120/220 – ⇆ 33 – **Au St-Georges et Manoir 12 ch** 580/600 - **A l'annexe : 10 ch** 320/340
Spéc. Ecrevisses Pérougienne (sauf avril et mai), Panaché Pérougien, Gâteau de foies de volailles à la bressane. **Vins** Montagnieu, Seyssel.

PERPIGNAN Ⓟ 66000 Pyr.-Or. **86** ⑱ G. Pyrénées – 113 646 h. alt. 37 – ✆ 68.

Voir Le Castillet✶ DX – Loge de mer✶ DX **D** – Hôtel de Ville✶ DX **H** – Cathédrale✶ DEX **B** – Palais des Rois de Majorque✶ DEZ – Cabestany : tympan✶ de l'église SE : 4 km par D 22, FYZ.

🏌 🏌 de Saint-Cyprien ✆ 21.01.71 par ③ : 15 km.

✈ de Perpignan-Rivesaltes : ✆ 61.22.24 par ① : 6 km.

🛈 Office de Tourisme (fermé dim. sauf matin en sais.) et Accueil de France (Informations et réservations d'hôtels, pas plus de 5 jours à l'avance) quai de Lattre-de-Tassigny ✆ 34.29.94, Télex 500716 et Village Catalan Autoroute B 9 (fermé dim. hors sais.) ✆ 21.60.05, Télex 500722 - A.C. 2 pl. Catalogne ✆ 34.30.22.

Paris 909 ① – Andorre-la-Vieille 166 ⑥ – Barcelone 186 ⑤ – Béziers 93 ① – ♦Clermont-Ferrand 461 ① – ♦Marseille 311 ① – ♦Montpellier 152 ① – Tarbes 291 ① – ♦Toulouse 204 ①.

Plans pages suivantes

🏨 **Park H. et Rest. Chapon Fin** Ⓜ, 18 bd J.-Bourrat ✆ 35.14.14 – 🛗 ☰ 📺 ☎ &
⇔ 🚗 – ♨ 30 à 60. **AE** ⓞ **E** *VISA*   EX **y**
SC : **R** *(fermé du 15 déc. au 15 janv. et dim.)* 100/180 – ⇆ 20 – **67 ch** 160/240.

🏨 **Arcades** Ⓜ, par ④ : 2 km sur N 9 ✆ 85.11.11, Télex 500176, ⌱, ※ – 🛗 ☰ 📺 ☎
& 🚗 🅿 – ♨ 40 à 200. ⓞ **E**. ※
fermé 22 déc. au 6 janv. – SC : **R** 80/120 – ⇆ 24 – **128 ch** 190/250.

🏨 **H. de la Loge** ⑤ sans rest, pl. Loge ✆ 34.54.84, « Bel aménagement intérieur »
🛗 **AE** ⓞ **E** *VISA*   DX **e**
SC : ⇆ 18 – **29 ch** 100/210.

tourner →
873

🏠 **Windsor** sans rest, 8 bd Wilson ☏ 51.18.65 – 📶 📺 🚿wc 🛁wc ☎ – 🅰 60. 🆎
VISA
DV t
fermé fév. – SC : ☐ 20 – **54 ch** 160/250, 3 appartements 600.

🏠 **Kennedy** Ⓜ sans rest, 9 av. P. Cambres ☏ 50.60.02 – 📶 📺 🚿wc 🛁wc ☎ ♿
🍴 Ⓟ
EZ k
fermé 24 déc. au 7 janv. – SC : ☐ 20 – **25 ch** 170/195.

🏠 **Mondial H.** Ⓜ sans rest, 40 bd Clemenceau ☏ 34.23.45 – 📶 📺 🚿wc 🛁wc 📞.
🆎 Ⓔ *VISA*
BX r
fermé 24 déc. au 15 janv. – SC : ☐ 19 – **43 ch** 165/210.

PERPIGNAN

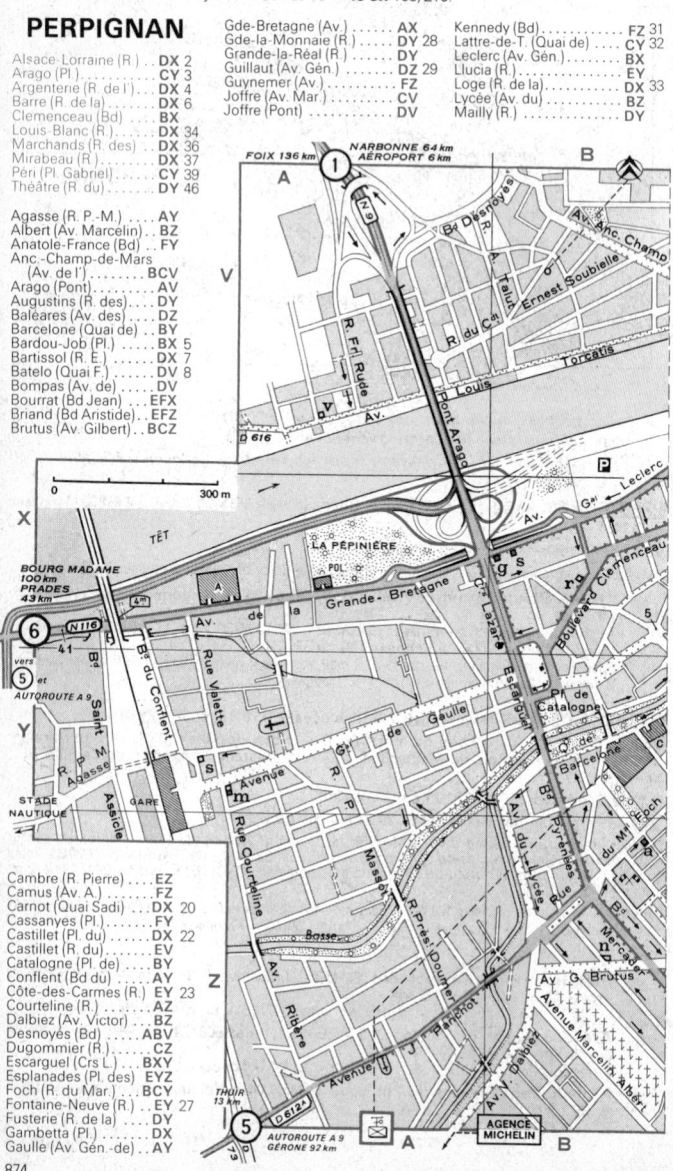

🏨 **Aragon** M sans rest, 17 av. Brutus ☏ 54.04.46 – 🛗 🍴 ⚎wc ⚎wc 🖭 🅿. ☲ ⓞ
SC : ☲ 20 – **33 ch** 144/236.
BZ **n**

🏨 **Christina H.** sans rest, 50 cours Lassus ☏ 35.24.61 – 🛗 ⚎wc ⚎wc 🖭 ☲
SC : ☲ 17 – **35 ch** 100/160.
FV **w**

🏨 **France et rest. l'Echanson,** 16 quai Sadi-Carnot ☏ 34.92.81 – 🛗 📺 ⚎wc
⚎wc ☲. ☲ ⓞ *VISA*
DX **r**
hôtel fermé déc. – SC : **R** *(fermé 15 au 30 juin, 15 au 30 déc. et dim.)* carte 110 à 175
– ☲ 19 – **34 ch** 140/220.

tourner →

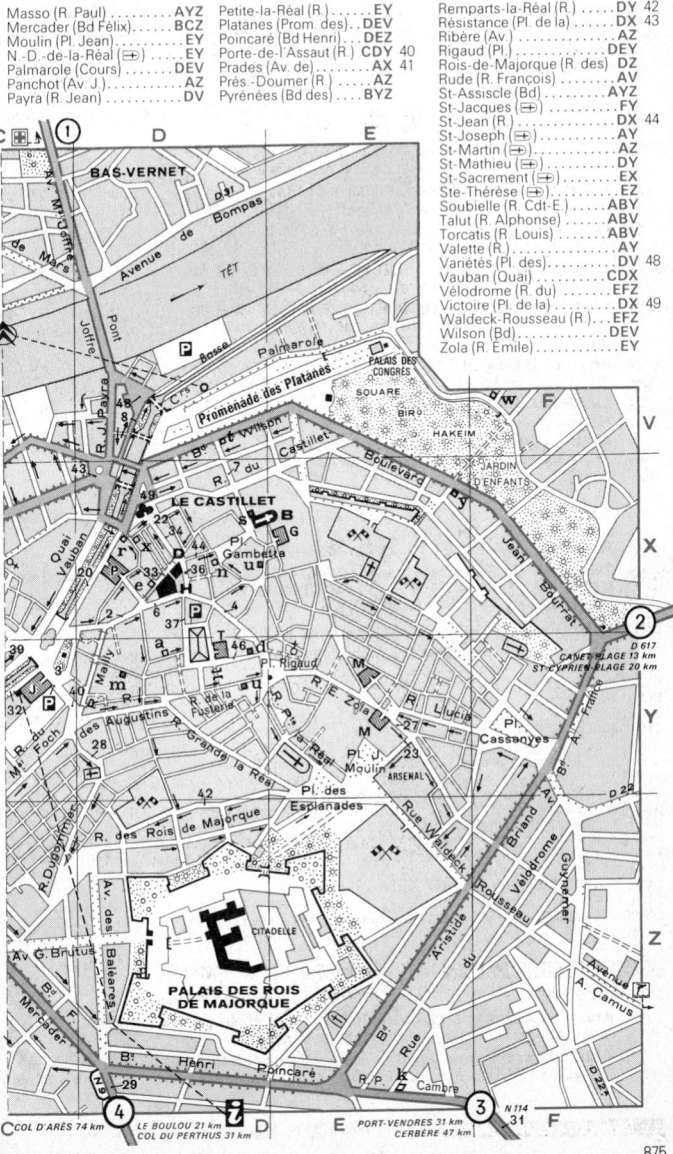

🏨 **Athéna** Ⓜ ⌂ sans rest, r. Queya-Marché République ☏ 34.37.63, ⌿ – 📺
⌂wc ♒wc ☎. 🅰🅴 ⓞ 🄴 𝘝𝘐𝘚𝘈
SC : ⌷ 13 – **38 ch** 85/157.   DY **a**

🏨 **Majorca**, 2 r. Fontfroide ☏ 34.57.57 – 🛗 ⌂wc ♒wc ☎ – 🔥 40 à 100. 🅰🅴 ⓞ 🄴
▶ 𝘝𝘐𝘚𝘈   DX **n**
fermé 15 déc. au 15 janv. – SC : **R** *(fermé dim. soir et lundi)* 50/85 ♧ – ⌷ 17 – **61 ch**
85/140 – P 152/257.

🏨 **Paris-Barcelone** Ⓜ sans rest, 11 bd Conflent ☏ 34.42.60 – ⌂wc ♒wc ☎. 🅰🅴
ⓞ 🄴 𝘝𝘐𝘚𝘈   AY **s**
fermé 22 déc. au 3 janv. – SC : ⌷ 14 – **36 ch** 82/155.

🏢 **Poste et Perdrix**, 6 r. Fabriques-Nabot ☏ 34.42.53 – 🛗 ⌂wc ♒wc ☎   DX **x**
▶ *fermé 15 janv. au 15 fév. –* SC : **R** *(fermé dim. soir et lundi)* 45/85 ♧ – ⌷ 13 – **39 ch**
70/120.

🏢 **Pyrénées H.** sans rest, 122 av. L.-Torcatis N 616 ☏ 61.19.66 – ⌂wc ♒wc ☎ 🅿
SC : ⌷ 12 – **22 ch** 72/117.   AV **v**

🏢 **H. Le Helder** sans rest, 4 av. Gén.-de-Gaulle ☏ 34.38.05 – 🛗 ♒ ☎
fermé 20 déc. au 5 janv. – SC : ⌷ 15 – **27 ch** 69/163.   AY **m**

🍴🍴🍴 **Le Supion**, 71 av. Gén.-Leclerc ☏ 34.53.42 – 🗏. 🅰🅴 ⓞ 🄴 𝘝𝘐𝘚𝘈
fermé août, dim. soir et lundi – SC : **R** *carte* 125 à 175 ♧.   BX **g**

🍴🍴 **François Villon**, 1 r. Four-St-Jean ☏ 51.18.43 – ⓞ   DX **u**
fermé 15 juil. au 17 août, dim. et lundi – SC : **R** 120 bc/300 bc.

🍴🍴 **Le Bourgogne**, 63 av. Gén.-Leclerc ☏ 34.96.05 – 🗏   BX **s**
fermé 1er au 15 nov., 15 au 30 mars, dim. et lundi – SC : **R** 65/80 ♧.

🍴🍴 **L'Apero**, 42 r. Fusterie ☏ 51.21.14 – 🗏. 🅰🅴 ⓞ 🄴 𝘝𝘐𝘚𝘈. ✀   DY **u**
fermé lundi midi, dim. et fériés – SC : **R** *carte* 145 à 215.

🍴🍴 **Festin de Pierre**, 7 r. Théâtre ☏ 51.28.74 – 🅰🅴 ⓞ 🄴 𝘝𝘐𝘚𝘈   DY **d**
fermé fév., mardi soir du 15 sept. au 15 juin, dim. midi du 15 juin au 15 sept. et
merc. – SC : **R** *carte* 135 à 195.

🍴🍴 **Rest. Le Helder**, 1 r. Courteline ☏ 34.98.99 – 🗏. 🅰🅴 ⓞ 🄴 𝘝𝘐𝘚𝘈
▶ *fermé 15 au 30 oct. et 20 déc. au 10 janv. –* SC : **R** 50/135 ♧.   AY **m**

🍴🍴 **La Serre**, 2 bis r. Dagobert ☏ 34.33.02 – 🗏. 🅰🅴 ⓞ 🄴 𝘝𝘐𝘚𝘈
fermé 27 mai au 11 juin, lundi midi et dim. – **R** 70/96.   BZ **a**

🍴 **Relais St-Jean**, 1 cité Bartissol ☏ 51.22.25   DX **s**
▶ *fermé 15 nov. au 15 déc. et sam. –* SC : **R** 41/70 ♧.

par ① – ✉ **66600** Rivesaltes :

🏨 **Novotel** Ⓜ, sur N 9 : 10 km ☏ 64.02.22, Télex 500851, ⌿ – 🗏 📺 ☎ 🔥 🅿 – 🔥
40 à 200. 🅰🅴 ⓞ 🄴 𝘝𝘐𝘚𝘈
R snack *carte environ* 90 ♧ – ⌷ 22 – **86 ch** 229/282.

🏨 **Tropic H.** Ⓜ ⌂, près échangeur Perpignan Nord : 12 Km ☏ 64.04.37, Télex
500143, ☼, ⌿, ⌿ – 📺 ☎ 🔥 🅿 – 🔥 40. 🅰🅴 ⓞ 𝘝𝘐𝘚𝘈
SC : **R** 73/110 ♧ – ⌷ 22 – **46 ch** 227/255.

MICHELIN, Agence, 136 av. Victor-Dalbiez ABZ ☏ 54.53.10

ALFA-ROMEO Gar. Chapat, 25 bd des Pyré-
nées ☏ 34.70.88
BLF Casadessus, 16 bd Poincaré ☏ 54.03.96
BMW Gar. Alart, 20 av. de Grande-Bretagne
☏ 34.07.83
CITROEN Succursale, av. du Mar.-Juin ☏ 50.
20.95
CITROEN Gar. Cuesta, 3 av. Albert Saisset ☏
61.06.51
CITROEN Gar. des Platanes, 7 cours Palmarole
par ③ ☏ 51.34.19
DATSUN Gar. Moderne, 169 av. du Languedoc
☏ 61.02.13
FIAT Perpignan Autom., 210 rte Prades ☏ 54.
63.54
LANCIA-AUTOBIANCHI Gar. des Corbières,
28 rte de Prades ☏ 54.54.52
MERCEDES-BENZ Gar. Monopole, 301 av. du
Languedoc ☏ 61.22.93

PEUGEOT-TALBOT Gds Gar. Pyrénéens, N 9
rte du Perthus par ④ ☏ 54.06.88
RENAULT Gd Gar. de Catalogne, N 9, Km 3
rte du Perthus par ④ ☏ 54.68.55 et av. du
Languedoc, Zone Ind. Nord par Av. du Mar.
Joffre CV ☏ 61.33.27
TOYOTA, VOLVO Sudria, rte Perpignan à Ca-
bestany ☏ 50.50.75
V.A.G. Europe-Auto, rte Thuir, Zone Ind. ☏
85.01.92
Gar. Lelong, 148 av. Mar.-Joffre ☏ 61.25.80

🛞 Busquet, 13 bd Clemenceau ☏ 35.18.35
Candille, 156 av. du Languedoc ☏ 61.26.38
Figuères, Zone Ind. St-Charles ☏ 55.23.10
Pagès, Zone Ind. St-Charles ☏ 54.67.30
Perpignan-Pneu, 18 r. J.-Verne ☏ 54.15.21
Piot-Pneu, Zone Ind. St-Charles ☏ 54.30.11

Le PERRAY-EN-YVELINES 78610 Yvelines 🖸 ⑨. 🔲🔲🔲 ㉘ – 4 074 h. alt. 180 – 🎯 3.

Paris 56 – Arpajon 37 – Mantes-la-jolie 44 – Rambouillet 6 – Versailles 25.

🍴🍴🍴 **Aub. de l'Artoire**, N : 2 km par N 10 ☏ 484.97.91, « Parc » – 🅿. 𝘝𝘐𝘚𝘈
fermé janv., mardi soir et merc. – **R** *carte* 135 à 185.

🍴🍴 **Aub. des Bréviaires**, aux Bréviaires : 3,5 km par D 61 ☏ 484.98.47 – 🅿. 🅰🅴 𝘝𝘐𝘚𝘈
fermé 24 au 27 déc., 24 fév. au 17 mars, merc. soir et jeudi de sept. à fin juin – SC : **R**
145.

Le PERREUX-SUR-MARNE 94 Val-de-Marne 🖸🖸 ⑪. 🔟🔟🔟 ⑰⑱ – voir à Paris, Environs.

PERROS-GUIREC 22700 C.-du-N. 59 ① G. Bretagne – 7 497 h. alt. 70 – Casino A – ❸ 96.
Voir Nef romane★ de l'église B **B** – Pointe du château ≤★ B – Table d'orientation ≤★
B **E** – Sentier des douaniers★★ A – Sémaphore ≤★ 3,5 km par ②.

🛆 de St-Samson ⏀ 23.87.34 SO : 7 km.

🅱 Office de Tourisme (fermé dim. hors sais.) et Accueil de France (Informations, change et réservations d'hôtels pas plus de 5 jours à l'avance) 21 pl. Hôtel de Ville ⏀ 23.21.15, Télex 740637.

par ① : Paris 526 – Lannion 11 – St-Brieuc 74 – Tréguier 20.

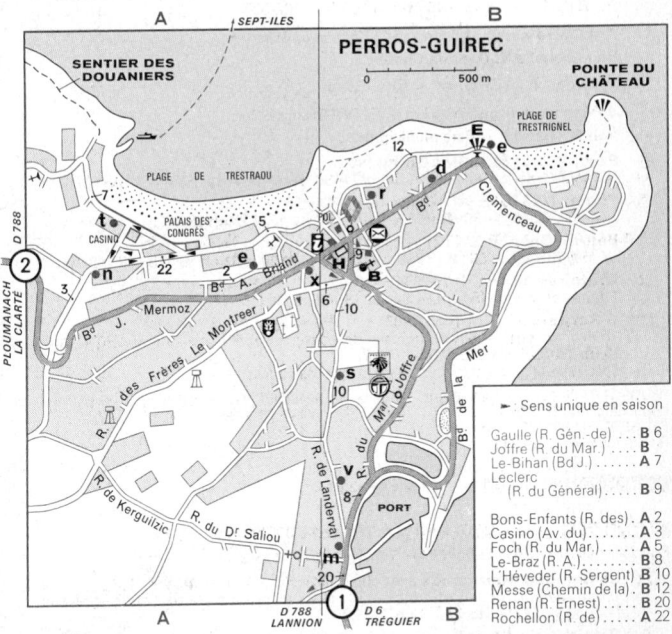

> ← Sens unique en saison

Gaulle (R. Gén.-de) . . . **B** 6
Joffre (R. du Mar.) . . . . **B**
Le-Bihan (Bd J.) . . . . . **A** 7
Leclerc
  (R. du Général) . . . . **B** 9

Bons-Enfants (R. des) . **A** 2
Casino (Av. du) . . . . . **A** 3
Foch (R. du Mar.) . . . . **B** 5
Le-Braz (R.A.) . . . . . . **B** 8
L'Héveder (R. Sergent) . **B** 10
Messe (Chemin de la) . **B** 12
Renan (R. Ernest) . . . . **B** 20
Rochellon (R. de) . . . . **A** 22

🏨🏨🏨 **Gd H. de Trestraou,** bd J.-Le-Bihan ⏀ 23.24.05, ≤ – 劇 ☎ ♿ 🅿. ﷼ ⓓ E 𝒱𝒾𝒮𝒜 — A **t**
SC : **R** voir rest. Homard Bleu : – ☷ 25 – **68 ch** 126/278, 3 appartements 438 –
P 192/330.

🏨🏨 **Printania** 🦢, 12 r. Bons-Enfants ⏀ 23.21.00, ≤ la mer et les îles, 🍽, ❨ – 劇 ☎ — A **e**
♿ 🅿 – 🔼 30. ﷼ ⓓ E 𝒱𝒾𝒮𝒜. 🞉 rest — A
fermé 15 déc. au 15 janv. – SC : **R** (fermé dim. du 1er oct. au 1er mai) 85/160 – ☷ 24
– **38 ch** 140/261 – P 272/326.

🏨 **France** 🦢, 14 r. Rouzig ⏀ 23.20.27, ≤, 🍽 – ⌂wc 🛁wc ☎ 🅿. 🞉 rest — B **r**
15 fév.-5 nov. et fermé dim. soir et lundi sauf de Pâques au 30 sept. – SC : **R** 65/150
– ☷ 18 – **30 ch** 130/200.

🏨 **Morgane** sans rest, 46 av. Casino ⏀ 23.22.80, « Jardin avec piscine couverte » – 劇 ⌂wc 🛁wc 🅿. ﷼ 𝒱𝒾𝒮𝒜 — A **n**
1er avril-fin oct. – SC : ☷ 20 – **28 ch** 200/220.

🏨 **le Sphinx** 𝕄 🦢, 67 chemin de la Messe ⏀ 23.25.42, ≤ les îles, 🍽 – 📺 ⌂wc — B **e**
🛁. ﷼ E 𝒱𝒾𝒮𝒜
fermé 1er au 7 mai, 15 nov. au 1er fév. et vend. sauf vacances scolaires – SC : **R**
65/160 – ☷ 20 – **11 ch** 200/250 – P 240/275.

🏨 **Les Sternes** 𝕄 sans rest., rond-point de Perros-Guirec, par ① ⏀ 91.03.38, 🍽 – 📺 ⌂wc ☎ ♿ 🅿. ﷼ E 𝒱𝒾𝒮𝒜
SC : ☷ 18 – **20 ch** 140/170.

🏨 **Levant,** sur le port ⏀ 23.20.15, ≤ – 劇 📺 ⌂wc 🛁wc ☎. 𝒱𝒾𝒮𝒜 — B **m**
fermé déc. au 15 janv. et week-ends d'oct. à Pâques – SC : **R** 60/160 ♨ – ☷ 19 –
20 ch 115/257 – P 205/265.

🏨 **Bon Accueil,** 16 r. Landerval ⏀ 23.24.11, 🍽 – ⌂wc 🛁wc ☎ 🅿. 𝒱𝒾𝒮𝒜. 🞉 ch
↔ fermé oct. et sam. de nov. à Pâques – SC : **R** 50/150 ♨ – ☷ 16,50 – **21 ch** 100/180 –
P 180/220. B **v**

tourner →

🏨 **St-Yves**, bd A.-Briand ☎ 23.21.31 – ⌂wc 🕿 **P**. **E** 𝕍𝕀𝕊𝔸   A **x**
SC : **R** 62/200 – ⏕ 15 – **20 ch** 90/140 – P 165/190.

🏯 **Cyrnos** sans rest., 10 r. Sergent-l'Hévéder ☎ 23.20.42, ≤, 🌿 – **P**. ⚞   B **s**
mai-oct. – SC : ⏕ 18 – **13 ch** 80/110.

XXX **Homard Bleu**, bd J.-le-Bihan ☎ 23.24.55, ≤ – **P**. 𝔸𝔼 ⓞ **E** 𝕍𝕀𝕊𝔸. ⚞   A **t**
fermé lundi – **R** 80/150.

XX **Feux des Iles** avec ch, 53 bd Clemenceau ☎ 23.22.94, ≤, 🌿 – ⌂wc 🚿 🕿 **P**.
𝕍𝕀𝕊𝔸. ⚞ rest   B **d**
fermé 3 janv. au 20 mars, dim. soir et lundi midi de fin nov. à fin mars sauf fériés –
SC : **R** 69/198 – ⏕ 18 – **15 ch** 135/160 – P 210/230.

à la Clarté par ② : 2,5 km – ✉ **22700** Perros-Guirec.

Voir Chapelle N.-D.-de-la-Clarté★.

🏯 **le Verger**, ☎ 23.23.29, 🌿 – **P** – **18 ch**.

à Ploumanach par ② : 6 km – ✉ **22700** Perros-Guirec.

Voir Rochers★★ – Parc municipal★★.

🏨 **Parc**, ☎ 23.24.88 – 🛏wc 🕿. ⚞ rest
→ 30 mars-25 sept. sauf du 2 au 26 mai – SC : **R** 45/160 – ⏕ 15,50 – **12 ch** 68/140.

🏨 **Phare**, ☎ 23.23.08, 🌿 – 🛏wc 🕿 **P**. ⚞ rest
Pâques-30 sept. – SC : **R** (dîner seul.) 70 – ⏕ 17 – **25 ch** 98/150.

🏯 **Pen-ar-Guer**, ☎ 23.23.27 – 🛏 🕿 **P**
31 mai-15 sept. – SC : **R** (Résidents seul.) – ☛ 14 – **31 ch** 58/115 – P 140/165.

🏯 **Oratoire** sans rest., ☎ 23.25.97 – 🛏wc. ⚞
Pâques-30 juin-15 sept. – SC : ⏕ 13 – **8 ch** 66/115.

XXX ✿ **Rochers** avec ch, ☎ 23.23.02, ≤ – ⌂wc 🛏wc 🕿. 𝔸𝔼. ⚞ rest
15 avril-fin sept. – SC : **R** (nombre de couverts limité - prévenir) 95/290 – ⏕ 24 –
15 ch 180/220 – P 270/308
Spéc. Homard grillé, Bar farci, Feuilletés tièdes aux fruits frais.

PEUGEOT-TALBOT Gar. de la Clarté, bd de la
Corniche par ② ☎ 23.23.20
PEUGEOT-TALBOT Gar. de la Côte, 39 r. Ma-
réchal-Joffre ☎ 23.22.07 N

RENAULT Gar. des Plages, 37-39 pl. Hôtel de
Ville ☎ 23.20.35

Le PERROU 61 Orne 🟨 ⑭ – rattaché à Mamers.

PERTHES 52 H.-Marne 🟨 ⑨ – 641 h. alt. 127 – ✉ **52100** St-Dizier – ✿ 25.
Paris 203 – Chaumont 83 – St-Dizier 9,5 – Vitry-le-François 20.

XX **La Cigogne Gourmande** avec ch, ☎ 05.46.76 – ▤ rest **P**. 𝕍𝕀𝕊𝔸
fermé juil., mardi soir et merc. – SC : **R** (nombre de couverts limité - prévenir) 62
(sauf sam.)/200 – ☛ 18 – **7 ch** 70/120.

X **Relais Paris-Strasbourg**, N 4 ☎ 05.40.14 – **P**
→ fermé août et sam. – **R** 36/76 ⏦.

PERTUIS 84120 Vaucluse 🟨 ③ **G. Provence** – 12 430 h. alt. 216 – ✿ 90.
🅱 Office de Tourisme pl. Mirabeau (fermé dim. sauf matin en saison et lundi) ☎ 79.15.56.
Paris 750 – Aix-en-Pr. 20 – Apt 35 – Avignon 72 – Cavaillon 45 – Manosque 36 – Salon-de-Pr. 41.

🏩 **Sevan** M ⚞, rte de Manosque E : 1,5 km ☎ 79.19.30, Télex 431470, ≤, ☑, 🌿, ⚞
– 📺 🕿 ♿ **P** – 🏊 120 – sais. – **32 ch**, 4 appartements.

🏨 **du Quatre Septembre**, 60 pl. du 4-septembre ☎ 79.01.52 – ⌂wc 🛏 🕿. 𝕍𝕀𝕊𝔸
→ fermé mai – SC : **R** (fermé lundi) 45/100 ⏦ – ⏕ 15,50 – **15 ch** 70/200 – P 160/250.

XXX **L'Aubarestiéro** M avec ch, pl. Garcin ☎ 79.14.74 – ⌂wc 🛏 🕿. 𝔸𝔼. ⚞ ch
SC : **R** 67/217 – ⏕ 18 – **13 ch** 96/194 – P 204/230.

X **L'Escapade**, rte Bastidonne : 1,5 km ☎ 79.03.09 – **P**
fermé 25 sept. au 10 oct. et mardi – **R** 54 bc.

FIAT Moullet, 159 bd J.-B. Pecout ☎ 79.01.70
RENAULT SEPAL, N556, Terre du Fort ☎ 79.
09.66

🅜 Meyssoñ, rte d'Aix, N 556 ☎ 79.07.31

Le PERTUISET 42 Loire 🟨 ⑧ – rattaché à Firminy.

PESSAC 33 Gironde 🟨 ⑨ – rattaché à Bordeaux.

Le PETIT-CHAUMONT 89 Yonne 🟨 ⑬ – rattaché à Champigny-sur-Yonne.

PETIT-CLAMART 92 Hauts-de-Seine 🟨 ⑩, 🔲 ㉔ – voir à Paris, Environs.

La PETITE-PIERRE 67 B.-Rhin 57 ⑰ G. Vosges – 675 h. alt. 339 – ✉ 67290 Wingen-sur-Moder – ☎ 88.

Paris 431 – Haguenau 40 – Sarrebourg 32 – Sarreguemines 49 – Sarre-Union 26 – ♦Strasbourg 59.

Aux Trois Roses, ☎ 70.45.02, ≤, terrasse, piscine, jardin, tennis – ascenseur ⇔wc ⋔wc ☎ ♿ – 🏛 80. AE E VISA. ✂ ch
fermé 19 nov. au 22 déc. – SC : **R** *(fermé dim. soir et lundi)* 55/155 🍷 – ☕ 22 – **38 ch** 110/228 – P 150/240.

Lion d'Or, ☎ 70.45.06, ≤, piscine, jardin, tennis – ascenseur ▤ rest ⇔wc ⋔wc ☎ ♿ – 🏛 30. ✂ ch
fermé 1er janv. à mi fév., merc. soir et jeudi – SC : **R** 55/180 🍷 – ☕ 18 – **35 ch** 110/220 – P 120/220.

Vosges, ☎ 70.45.05, ≤, terrasse, jardin – ascenseur TV ⇔wc ⋔wc ☎ P. AE ⊙ E VISA
fermé nov. – SC : **R** *(fermé mardi soir et merc.)* 65/170 🍷 – ☕ 19,50 – **28 ch** 122/200 – P 185/220.

La Clairière M 🐦, E : 1,5 km par D 7 ☎ 70.47.76, ≤, terrasse – ⇔wc ⋔wc ☎ P. AE E. ✂ ch
SC : **R** (résidents seul.) 25/65 🍷 – ☕ 20 – **14 ch** 140/200 – P 180/210.

à l'Étang d'Imsthal SE : 3,5 km par D 178 – ✉ 67290 Wingen sur Moder :

Aub. d'Imsthal 🐦, ☎ 70.45.21, ≤, terrasse, jardin – ⇔wc ⋔wc ☎ P. AE ⊙ VISA. ✂ rest
fermé 23 nov. au 15 déc. – SC : **R** *(fermé mardi)* 45/160 🍷 – ☕ 20 – **20 ch** 90/240 – P 190/240.

à Graufthal SO : 11 km par D 178 et D 122 – ✉ 67320 Drulingen :

Vieux Moulin 🐦, ☎ 70.17.28, ≤, parc – ⇔ ⋔ P. E VISA
fermé 12 nov. au 26 déc. – **R** *(fermé lundi soir et mardi)* 50/110 🍷 – ☕ 12 – **18 ch** 70/100 – P 130/140.

PETIT-FORT-PHILIPPE 59 Nord 51 ③ – rattaché à Gravelines.

PETIT QUEVILLY 76 S.-Mar. 55 ⑥ – rattaché à Rouen.

PEYMEINADE 06 Alpes-Mar. 84 ⑧, 195 ㉔ – rattaché à Grasse.

La PEYRADE 34 Hérault 83 ⑯⑰ – rattaché à Frontignan.

PEYRAT-LE-CHÂTEAU 87470 H.-Vienne 72 ⑲ G. Périgord – 1 295 h. alt. 428 – ☎ 55.

Paris 407 – Aubusson 45 – Guéret 53 – ♦Limoges 50 – Tulle 83 – Ussel 79 – Uzerche 60.

Aub. Bois de l'Étang, ☎ 69.40.19 – ⇔wc ⋔wc ☎ P – 🏛 30
fermé janv. – **R** 45/120 – ☕ 15 – **37 ch** 75/140 – P 125/140.

Bellerive, ☎ 69.40.67, ≤ – ⋔wc
fermé 15 janv. au 10 mars et merc. hors sais. – SC : **R** 40/100 🍷 – ☕ 14 – **9 ch** 68/98 – P 145/150.

au Lac de Vassivière ** E : 6 km par D 13 – ✉ 87470 Peyrat-le-Château :

La Caravelle M 🐦, ☎ 69.40.97, ≤ lac, terrasse – ⇔wc ☎ P – 🏛 25. ✂
fermé janv. et fév. – **R** 80/180 – ☕ 20 – **22 ch** 210/220 – P 245.

Golf du Limousin 🐦, ☎ 69.41.34 – ⇔wc ☎ P
1er mars-15 nov. et fermé merc. sauf juil. et août – SC : **R** 57/108 – ☕ 15 – **18 ch** 68/116 – P 137/160.

RENAULT Gar. Ratat-Champétinaud, ☎ 69.40.11

PEYREHORADE 40300 Landes 78 ⑦⑰ G. Pyrénées – 3 311 h. alt. 8 – ☎ 58.

i Syndicat d'Initiative pl. Sablot (fermé dim.) ☎ 73.00.52.

Paris 769 – ♦Bayonne 36 – Cambo-les-Bains 42 – Dax 23 – Oloron-Ste-Marie 63 – Pau 71.

Mimi, r. Nauton-Truquez ☎ 73.00.06 – ⇔wc ⋔ ☎. ✂ ch
fermé 10 au 25 mai, 10 au 30 oct. et vend. du 30 sept. au 15 juin – SC : **R** (dîner seul.) 54/107 🍷 – ☕ 14 – **16 ch** 78/145.

✕✕ ✿ **Central** (Barrat) avec ch, pl. A.-Briand ☎ 73.03.22 – ⇔ ⋔ ☎ 🚗. VISA
fermé 15 nov. au 28 déc., dim. soir et lundi sauf juil.-août – SC : **R** 41/130 🍷 – ☕ 13 – **10 ch** 53/77 – P 140
Spéc. Saumon cru mariné (avril à juil.), Cassolette d'escargots, Macaronnade de lotte. **Vins** Madiran, Salies de Béarn.

PEUGEOT-TALBOT Gar. Lannot-Vergé, ☎ 73.00.29

☞ *Les localités dont les noms sont soulignés de rouge sur les* **cartes Michelin** *à 1/200 000 sont citées dans ce guide. Utilisez une carte récente pour profiter de ce renseignement régulièrement mis à jour.*

PEYRIAC-MINERVOIS 11 Aude 83 ⑫ – 1 033 h. alt. 131 – ✉ **11160** Caunes-Minervois – ⚙ 68.

Paris 891 – Béziers 59 – Carcassonne 24 – Castres 71 – Narbonne 41 – St-Pons 54.

Château de Violet ⛰, N : 1 km sur D 35 ☎ 78.10.42, parc, ≤, ⛱, « Beau mobilier » – TV P – 80. AE ◑ E
1er juin-30 sept. – SC : **R** 120/175 – ☕ 35 – **11 ch** 230/412 – P 258/393.

PEYRUIS 04310 Alpes de H. P. 81 ⑯ **G. Côte d'Azur** – 1 702 h. alt. 405 – ⚙ 92.

Voir Rochers des Mées★ E : 5 km.

Paris 730 – Digne 29 – Forcalquier 20 – Manosque 29 – Sisteron 24.

Aub. Faisan Doré, S : 2 km par N 96 ☎ 68.00.51, ⛱, 🏊, 🎾 – wc wc ☎ P – 30. AE ◑ E VISA
fermé 20 au 31 mars et 1er au 15 oct. – SC : **R** 55/192 – ☕ 22 – **10 ch** 110/155 – P 200/215.

CITROEN Gar. Milési, ☎ 68.00.45

PÉZENAS 34120 Hérault 83 ⑮ **G. Causses** – 7 841 h. alt. 20 – ⚙ 67.

Voir Vieille ville★★ : Hôtels de Lacoste★ **D**, d'Alfonce★ **E**, de Malibran★ **B**.

🅸 Office de Tourisme marché au Bled (fermé dim.) ☎ 98.11.82.

Paris 809 ① – Agde 18 ② – Béziers 23 ② – Lodève 41 ① – ♦Montpellier 52 ① – Sète 36 ①.

PÉZENAS

Conti (R.) 8
Jaurès (Cours Jean) 15
République (Pl. de la) 25
Trois-Six (Pl. des) 29

Alliés (R. A.-P.) 2
Anatole France (R.) 3
Bonnet (Pl.) 4
Briand (Av. A.) 5
Combes (Av.) 6
Combescure (Bd) 7
Cordeliers (Fg des) 9
Denfert-Rochereau (R.) 12
Guérin (Av. C.) 14
Joliot Curie (Bd F. et I.) 16
Leclerc (Av. du Mar.) 17
Ledru-Rollin (Pl.) 18
Mazel (Av. G.) 19
Mistral (Pl.) 21
Montagne (Av.) 22
Montagne (Allées Gén.) 23
St-Jean (R.) 26
Sarazin (Bd) 27
Victor-Hugo (R.) 30
Vidal de la Blache (Av. P.) 31
Voltaire (Bd) 33
8-Mai (Av. du) 34
14-Juillet (Pl. du) 35

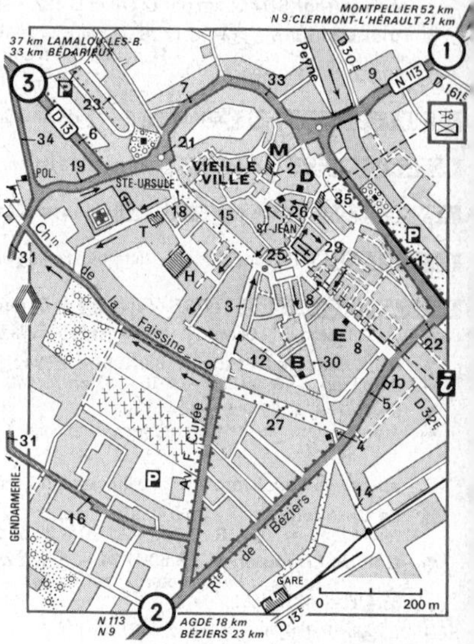

Genieys, 9 av. A.-Briand **(b)** ☎ 98.13.99, ⛱ – wc wc ☎ 🚗. AE E VISA
fermé 4 au 26 nov. et 4 au 19 mars – SC : **R** *(fermé dim. soir et lundi sauf juil. et août)* 55/180 ⅄ – ☕ 15 – **20 ch** 106/160 – P 265/325.

CITROEN Vidal, N 113, carr. rte d'Agde par ② ☎ 98.11.27
PEUGEOT-TALBOT Meriguet, rte de Béziers par ② ☎ 98.14.94
RENAULT Occitane-Autos, N113, rte de Béziers par ② ☎ 98.97.73
RENAULT Sabat, pl. Poncet ☎ 98.14.22
◉ Gautrand-Pneus, rte Béziers, N 113 ☎ 98.12.17
Relais du Pneum, Marché des Trois Six ☎ 98.14.19

PFAFFENHOFFEN 67350 B.-Rhin 57 ⑱ **G. Vosges** – 2 261 h. alt. 170 – ⚙ 88.

Voir Musée de l'Imagerie peinte et populaire alsacienne★.

Paris 468 – Haguenau 14 – Sarrebourg 49 – Sarre-Union 50 – Saverne 26 – ♦Strasbourg 36.

Agneau avec ch, ☎ 90.72.38 – wc wc ☎ 🚗. VISA. ✗
fermé 13 juil. au 13 août, dim. soir et lundi – SC : **R** 45/210 ⅄ – ☕ 12 – **18 ch** 48/132 – P 150/213.

CITROEN Bolley, ☎ 90.61.03
RENAULT Keller, ☎ 90.71.01

PHALSBOURG 57370 Moselle **57** ⑰ Ⓖ **G. Vosges** – 4 229 h. alt. 330 – ✪ 8.

Paris 433 – ◆Metz 109 – Sarrebourg 16 – Sarreguemines 49 – ◆Strasbourg 57.

🏨 **Erckmann-Chatrian**, pl. d'Armes ☎ 724.31.33 – 📞wc 🛏wc ☎ ➋ – 🅰 30. 𝗩𝗜𝗦𝗔
    fermé oct. – **R** *(fermé mardi midi et lundi)* 38/143 🔖 – ☕ 19 – **18 ch** 59/150.

🏨 **Notre-Dame** 🦢, à Bonne-Fontaine E : 4 km par N 4 et VO ☎ 724.34.33, < – 🎱
    📞wc 🛏wc ☎ ➋ – 🅰 80. 🅰🅴 ⓞ ⒠ 𝗩𝗜𝗦𝗔
    fermé 11 janv. au 15 fév. et vend. – SC : **R** 55/150 🔖 – ☕ 15 – **17 ch** 150/210 – P
    165/230.

✗✗ **Au Soldat de l'An II**, 1 rte Saverne ☎ 724.16.16 – ➋. 𝗩𝗜𝗦𝗔
    fermé 11 au 30 sept., 7 au 28 janv., dim. soir et lundi – SC : 85/195.

CITROEN Gar. Wetzel, ☎ 724.11.67   RENAULT Gar. Vauban ☎ 724.12.13 🅽 ☎ 707.
PEUGEOT Klein, ☎ 724.35.36   70.34

PHILIPPSBOURG 57 Moselle **57** ⑱ – 468 h. alt. 215 – ⊠ **57230** Bitche – ✪ 8.

Voir Étang de Hanau* NO : 5 km, G. Vosges.

Paris 443 – Haguenau 27 – ◆Strasbourg 59 – Wissembourg 41.

✗ **Tilleul**, 117 r. Niederbronn ☎ 706.50.10 – ➋. 🅰🅴
    fermé 10 au 26 sept., 3 au 21 fév., mardi soir et merc. – **R** 45/150 🔖.

    à l'étang de Hanau NO : 5 km par N 62 et VO – ⊠ **57230** Bitche :

✗ **Plage**, ☎ 706.50.52, <, 🌫 – ➋. ⓞ
    fermé 2 janv. au 15 fév., vend. du 1er oct. au 15 avril et jeudi – SC : **R** 50/150 🔖.

PIERRE-DE-BRESSE 71270 S.-et-L. **70** ③ Ⓖ **G. Bourgogne** – 2 097 h. alt. 202 – ✪ 85.

Paris 359 – Beaune 46 – Chalon-sur-Saône 35 – Dole 35 – Lons-le-Saunier 35.

🏠 **Poste**, pl. Hôtels ☎ 76.24.47 – 🚪 🚗 ➋. ⒠
    fermé 8 janv. au 5 fév., lundi soir et mardi – SC : **R** 49/120 🔖 – ☕ 13,50 – **7 ch**
    58/108.

PEUGEOT Gar. Degrange, ☎ 76.23.96

PIERREFONDS 60 Oise **56** ③, **196** ⑩ Ⓖ **G. Environs de Paris** – 1 586 h. alt. 81 – ⊠ **60350**
Cuise-la-Motte – ✪ 4 – **Voir Château★★**.

Paris 87 – Compiègne 14 – Crépy-en-Valois 17 – Soissons 31 – Villers-Cotterêts 15.

🏨 **Etrangers**, ☎ 442.80.18, < – 🚪 ☎ – 🅰 50. 𝗩𝗜𝗦𝗔 🔖. 🍴
    fermé 20 janv. au 5 mars et vend. – **R** 45/110 – ☕ 13 – **16 ch** 65/160 – P 180/225.

PIERREFONTAINE-LES-VARANS 25510 Doubs **66** ⑦ – 1 608 h. alt. 694 – ✪ 81.

Paris 462 – ◆Besançon 52 – Montbéliard 59 – Morteau 32 – Pontarlier 48.

✗✗ **Commerce** avec ch, ☎ 56.10.50 – 🛏wc. 𝗩𝗜𝗦𝗔
    fermé 20 déc. au 20 janv. et lundi hors sais. – SC : **R** 40/120 🔖 – ☕ 12 – **8 ch** 75/135
    – P 120/135.

PIERRELATTE 26700 Drôme **81** ① – 11 653 h. alt. 60 – ✪ 75.

🛈 Syndicat d'Initiative (fermé sam. et dim.) à l'Hôtel de Ville ☎ 04.07.98.

Paris 630 – Bollène 14 – Montélimar 23 – Nyons 46 – Orange 32 – Pont-St-Esprit 16 – Valence 66.

🏨 **Centre** Ⓜ, 6 pl. Église ☎ 04.28.59 – 🎱 📞wc 🛏wc ☎ ➋
    SC : **R** voir rest **Les Recollets** – ☕ 20 – **20 ch** 162/178.

🏠 **Host. Tom II**, 5 av. Gén.-de-Gaulle ☎ 04.00.35, 🌫 – 🛏wc ☎ 🚗. 🅰🅴 𝗩𝗜𝗦𝗔
    🍴 rest
    fermé 1er au 15 oct., 15 au 28 fév., dim. soir et lundi hors sais. – SC : **R** 53 🔖 – ☕ 13
    – **15 ch** 68/145.

🏠 **Tricastin** sans rest, r. Caprais-Favier ☎ 04.05.82 – 🛏wc ➋
    SC : ☕ 12 – **12 ch** 88/118.

✗✗ **Les Recollets**, 6 pl. Église ☎ 96.83.10 – ➋. 🅰🅴 ⓞ ⒠ 𝗩𝗜𝗦𝗔
    fermé 4 au 28 août, vacances de fév. et sam. – SC : **R** 40/80 🔖.

    au Sud 4 km sur N 7 :

🏨 **Motel de Pierrelatte** sans rest, ☎ 04.07.99 – 🚪wc 🛏wc ☎ ➋. ⓞ. 🍴
    fermé 15 janv. au 15 fév. – SC : ☕ 16 – **22 ch** 110/175.

✗ **Relais des Côtes du Rhône** avec ch, ☎ 04.04.86 – 🛏 ➋. 🅰🅴 𝗩𝗜𝗦𝗔
    fermé dim. soir et sam. du 15 sept. au 1er mai – SC : **R** 50/138 🔖 – ☕ 20 – **5 ch** 90/140.

CITROEN Goussard, rte du Serre ☎ 04.00.20   RENAULT Pierrelatte-Automobiles, 25 Av. de
FIAT, LANCIA Gar. Palmier, rte de St-Paul ☎   la Gare ☎ 04.23.66
04.03.40
PEUGEOT-TALBOT Gar. du Midi, rte St-Paul   ⓦ Jérome-Pneus, quartier Beauregard, N 7 ☎
☎ 04.00.27   04.29.76
PEUGEOT-TALBOT Ets Robert, rte Lyon ☎ 04.
21.44

PILAT (Mont) ★★ 42 Loire **76** ⑨ Ⓖ **G. Vallée du Rhône.**

Voir Crêt de l'Oeillon 🔭★★★ 15 mn – Crêt de la Perdrix 🔭★ 15 mn.

Paris 533 – ◆St-Étienne 25.

PILAT-PLAGE 33 Gironde 78 ⑫ – voir à Pyla-sur-Mer.

Le PIN 36 Indre 68 ⑱ – rattaché à Gargilesse-Dampierre.

Le PIN-LA-GARENNE 61 Orne 60 ④ – rattaché à Mortagne-au-Perche.

PINSOT 38 Isère 77 ⑥ – rattaché à Allevard.

PIONSAT 63330 P.-de-D. 73 ③ – 1 210 h. alt. 530 – ✪ 73.
Paris 350 – Aubusson 57 – ◆Clermont-Ferrand 71 – Montluçon 30 – Vichy 80.

☗ **A la Queue du Milan,** 🕿 85.60.71 – 🍴 🄿
→ SC : **R** *(fermé lundi)* 42/75 🍷 – ⴾ 11,50 – **13 ch** 60/87 – P 107/147.

PIRIAC-SUR-MER 44 Loire-Atl. 63 ⑬ G. Bretagne – 1 263 h. – ⬚ 44420 La Turballe – ✪ 40.
Voir Pointe du Castelli ✳✳★ SO : 1 km.
Paris 462 – Guérande 13 – ◆Nantes 91 – La Roche-Bernard 31 – St-Nazaire 32 – La Turballe 6.

☗ **Poste,** 26 r. Plage 🕿 23.50.90 – ⬛wc 🍴wc. ✳✳
1er avril-30 oct. et fermé lundi soir et mardi – SC : 65/130 – ⴾ 15 – **15 ch** 80/170.

PITHIVIERS ⏣ 45300 Loiret 60 ⑳ G. Environs de Paris – 9 812 h. alt. 120 – ✪ 38.
🚩 Office de Tourisme Mail-Ouest Gare Routière (fermé matin, dim. et lundi) 🕿 30.50.02.
Paris 82 ① – Chartres 73 ⑥ – Châteaudun 76 ⑥ – Fontainebleau 45 ② – Montargis 45 ④ – ◆Orléans 43 ⑤.

Cochery (Bd) 2
Couronne (R. de la) 3
Croissant (Fg du) 6
Gambetta (Av.) 7
Gare de Marchandises
  (R. de la) 12
Maison-Rouge (R. de) 13

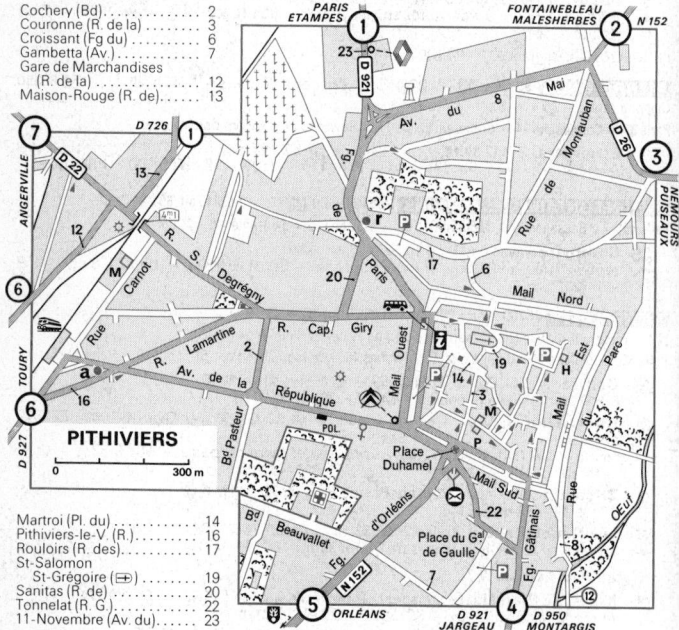

Martroi (Pl. du) 14
Pithiviers-le-V. (R.) 16
Rouloirs (R. des) 17
St-Salomon
  St-Grégoire (⬚) 19
Sanitas (R. de) 20
Tonnelat (R. G.) 22
11-Novembre (Av. du) 23

☗ **La Chaumière,** 77 av. République **(a)** 🕿 30.03.61 – 🍴wc. 🄴 𝗩𝗜𝗦𝗔
→ *fermé lundi sauf fêtes* – SC : **R** 48/130 🍷 – ⴾ 14 – **8 ch** 140/155.

XXX **Péché Mignon,** 48 fg Paris **(r)** 🕿 30.05.32, ≼, « Jardin d'hiver fleuri » – 🄿 🄰🄴
🄾 𝗩𝗜𝗦𝗔
fermé 15 janv. au 15 fév., dim. soir et mardi – SC : **R** 75/125.

CITROEN Molvaut, 6 av. République 🕿 30.
19.22
OPEL Gar. du Centre, 20 Mail Ouest 🕿 30.04.12
🄽
PEUGEOT, TALBOT Balançon-Malidor, 76 fg
Orléans par ⑤ 🕿 30.21.58

RENAULT Beauce-Gâtinais-Automobiles, av.
du 11-Novembre 🕿 30.28.56
V.A.G. Delafoy-Caillette, rte d'Etampes 🕿 30.
16.05

🛞 Théron, r. Gare-de-Marchandises 🕿 30.20.08

PLA D'ADET 65 H.-Pyr. 85 ⑲ — rattaché à St-Lary-Soulan.

La PLAGNE 73 Savoie 74 ⑱ **G. Alpes** – alt. 1 980 – Sports d'hiver : 1 970/3 250 m ⦅6 ⦆80 –
✉ 73210 Aime – ✆ 79.

Voir La Grande Rochette ❄❄** (accès par télécabine) – Télécabine de Bellecôte ≤**★ à
Plagne-Bellecôte E : 3 km.

🛈 Office du Tourisme (fermé mai, sam. et dim. hors sais.) ☎ 09.02.01, Télex 980043.

Paris 669 – Bourg-St-Maurice 31 – Chambéry 109 – Moûtiers 34.

　🏨　**Christina et rest. Edelweiss** ⑤, ☎ 09.28.20, Télex 980266, ≤, � – 🛗 📵
　　　sais. – **58 ch**, 4 appartements.

　🏨　**Graciosa** ⑤, ☎ 09.00.18, ≤ – ⌂wc ☎ 📵, 🅰🅔 ⓞ. ✀ rest
　　　1er déc.-fin avril – SC : **R** 95/160 – ⵤ 30 – **10 ch** 200/320, 4 appartements 500 – P
　　　260/350.

La PLAINE-SUR-MER 44770 Loire-Atl. 67 ① – 2 006 h. alt. 33 – ✆ 40.

Paris 436 – ♦Nantes 49 – Pornic 7,5 – St-Michel-Chef-Chef 6,5 – St-Nazaire 27.

　🏨　**Anne de Bretagne** Ⓜ ⑤, au Port de Gravette NO : 3 km ☎ 21.54.72, ≤, � –
　　　⌂wc 🛁wc ☎ 📵 – 🔥 30 à 150. 𝘝𝘐𝘚𝘈
　　　fermé 2 janv. au 2 fév. – SC : **R** (fermé dim. soir et lundi sauf juil.-août) 87/210 – ⵤ
　　　18,50 – **26 ch** 148/206 – P 257.

PLAINFAING 88 Vosges 62 ⑱ – 2 235 h. alt. 530 – ✉ 88230 Fraize – ✆ 29.

Paris 477 – Colmar 38 – Épinal 56 – Gérardmer 22 – St-Dié 18 – Sélestat 53.

　🏠　**Château de la Malaide** ⑤, 3 rte St Dié ☎ 50.36.86, parc – ⌂wc 🛁wc 🅿 📵.
　　　🅰🅔 ⓞ 𝘝𝘐𝘚𝘈
　　　fermé nov. et lundi hors sais. – SC : **R** 62/140 ⅃ – ⵤ 18 – **20 ch** 80/160 – P
　　　180/230.

PEUGEOT Gar. Maurice, à Fraize ☎ 50.30.24　　　　RENAULT Gar. Ferry, à Fraize ☎ 50.80.65

PLAINPALAIS (Col de) 73 Savoie 74 ⑯ – rattaché à La Féclaz.

PLAISANCE 12710 Aveyron 83 ② – 282 h. – ✆ 65.

Paris 681 – Albi 42 – Millau 74 – ♦Montpellier 146 – Rodez 72.

　XX　**Les Magnolias,** ☎ 99.77.34 – 🅴 𝘝𝘐𝘚𝘈
　➡　fermé en fév. et lundi – SC : **R** 50/150.

PLAISANCE 32160 Gers 82 ③ – 1 577 h. alt. 133 – ✆ 62.

Paris 766 – Aire-sur-L'Adour 30 – Auch 55 – Condom 64 – Mont-de-Marsan 61 – Pau 65 – Tarbes 44.

　🏠 ❀　**La Ripa Alta** (Coscuella), ☎ 69.30.43 – ⌂wc 🛁wc 📵. 🅰🅔 ⓞ 🅴 𝘝𝘐𝘚𝘈
　　　fermé à 30 nov., dim. soir et lundi sauf 15 juin au 15 sept. – SC : **R** (dim. prévenir)
　　　65 bc/215 ⅃ – ⵤ 20 – **15 ch** 69/190 – P 165/230
　　　Spéc. Mousse de palombes, Poulet sauté ''Armagnac'', Gâteau de chocolat.

CITROEN Gar. Lenfant, ☎ 69.32.13　　　　RENAULT Gar. Cuenca, ☎ 69.30.47

PLANCOËT 22130 C.-du-N. 59 ⑤ – 2 507 h. – ✆ 96.

Paris 410 – Dinan 17 – Dinard 21 – St-Brieuc 47.

　XX　**Chez Crouzil** avec ch, à la gare ☎ 84.10.24 – ⌂wc 🛁wc 📵. 🅰🅔 ⓞ 🅴 𝘝𝘐𝘚𝘈
　　　fermé 1er au 15 oct., 1er au 15 janv., dim. soir et lundi – SC : **R** 70/250 ⅃ – ⵤ 25 –
　　　14 ch 80/158 – P 267/270.

PEUGEOT-TALBOT Neute, ☎ 84.11.24　　　　🚗 Emeraude Pneus, ☎ 84.11.82

PLAN-DE-LA-TOUR 83 Var 84 ⑰ – 1 452 h. alt. 69 – ✉ 83120 Ste-Maxime – ✆ 94.

Paris 868 – Cannes 71 – Draguignan 36 – St-Tropez 19 – Ste-Maxime 9, 5.

　🏨　**Mas des Brugassières** ⑤ sans rest, ☎ 43.72.42, ≤, ⌂, �, ✻ – ⌂wc 📵 📵.
　　　✻
　　　SC : **10 ch** ⵤ 230/300.

　XXX　**Ponte Romano** ⑤ avec ch, ☎ 43.70.56, « Mas provençal dans un joli jardin,
　　　⌂ » – ⌂wc ☎ 📵 🅴 𝘝𝘐𝘚𝘈. ✻ rest
　　　début mars-début nov. – SC : **R** (fermé lundi hors sais.) carte 190 à 270 – ⵤ 32 –
　　　6 ch 315/420, 4 appartements 525.

PLAN-D'ORGON 13750 B.-du-R. 84 ① – 1 885 h. alt. 70.

Paris 706 – Aix-en-Provence 53 – Arles 38 – Avignon 23 – ♦Marseille 78 – Nîmes 56.

　🏠　**Flamant Rose** ⑤, rte St-Rémy ☎ (90) 73.10.17, �, ⌂ – ⌂wc 📵 📵
　➡　SC : **R** 48/85 – ⵤ 20 – **16 ch** 150 – P 170.

PLAN-DU-VAR 06 Alpes-Mar. 84 ⑲, 195 ⑯ – alt. 141 – ⊠ 06670 St-Martin-du-Var – ✪ 93.
Voir Gorges de la Vésubie★★★ NE – Défilé du Chaudan★★ N : 2 km.
Env. Bonson : Belvédère★★, retable de St-Benoît★ dans l'église NO : 9 km, G. Côte
d'Azur.
Paris 867 – Antibes 39 – Cannes 49 – ◆Nice 31 – Puget-Théniers 34 – St-Étienne-de-T. 60 – Vence 27.

  🏠 **Cassini,** rte Nationale ☏ 08.91.03 – ⌂wc ⁿ ⇔
  ◆ *fermé vend. de sept. à juin* – SC : **R** 45/120 – � 15 – **20 ch** 90/180 – P 170/210.

Le PLANELLET 74 H.-Savoie 74 ⑧ – rattaché à Megève.

Le PLANTAY 01 Ain 74 ② – rattaché à Villars-les-Dombes.

PLASCASSIER 06 Alpes-Mar. 84 ⑧ ⑨, 195 ㉔ – rattaché à Grasse.

PLEAUX 15700 Cantal 76 ① – 1 664 h. alt. 642 – ✪ 71.
🛈 Syndicat d'Initiative à la Mairie (fermé sam. après-midi et dim.) ☏ 40.41.18.
Paris 506 – Argentat 31 – Aurillac 47 – Brive-la-Gaillarde 75 – Mauriac 20 – St-Céré 69 – Tulle 61.

  ✕ **Commerce** avec ch, ☏ 40.41.11 – ⋘
  ◆ *fermé 20 déc. au 5 janv.* – SC : **R** 40/65 – ⊠ 12 – **12 ch** 55/85 – P 120/140.

PEUGEOT-TALBOT Garcelon, ☏ 40.41.33 N ☏   RENAULT Gar. Bony, ☏ 40.42.64 N
40.41.55

PLÉLAN-LE-PETIT 22980 C.-du-N. 59 ⑮ – 1 364 h. alt. 104 – ✪ 96.
Paris 407 – Dinan 13 – St-Brieuc 46 – ◆ Rennes 64.

  ✕ **Relais de la Blanche Hermine,** E : 1 km rte Dinan ☏ 27.62.19 – ❷. ⋘
  ◆ *fermé 15 au 30 juin et merc.* – SC : **R** 45/95.

PLÉNEUF-VAL-ANDRÉ 22370 C.-du-N. 59 ④ – 3 801 h. alt. 70 – ✪ 96.
Paris 436 – Dinan 43 – Erquy 9 – Lamballe 17 – St-Brieuc 29 – St-Cast 29 – St-Malo 54.

  au Val-André O : 2 km, G. Bretagne – Casino – ⊠ 22370 Pléneuf-Val-André.
  Voir Le tour de la Pointe de Pléneuf ≼★ N : 30 mn.
  🛈 Office de Tourisme 1 cours Winston-Churchill (fermé après-midi et dim. hors sais.) ☏
  72.20.55.

  🏨 **Gd H. du Val André** ⌂, r. Amiral-Charner ☏ 72.20.56, ≼ – 🛗 ⌂wc ☎ ❷. E
  VISA. ⋘ rest
  15 mars-15 oct. – SC : **R** *(fermé mardi du 15 mars au 15 juin)* 69/123 – ⊠ 23 –
  39 ch 181/211 – P 240/263.

  🏠 **Mer,** r. Amiral-Charner ☏ 72.20.44 – ⌂ ⁿ ❷. AE
  15 mars-15 nov. – SC : **R** 65/150 – ⊠ 17 – **16 ch** 90/150 – P 175/190.

  🏠 **Casino** ⌂ sans rest, 10 r. Ch.-Cotard ☏ 72.20.22, ≼ – ⋘
  1ᵉʳ avril-1ᵉʳ oct. – SC : ⊠ 15 – **17 ch** 72/88.

  ✕✕ ✿ **Cotriade** (Le Saout), au port de Piégu : 1 km ☏ 72.20.26, ≼ port
  fermé mi-déc. à mi-janv., 1ᵉʳ au 10 juin, lundi soir et mardi – **R** *(nombre de couverts
  limité - prévenir)* 90/240
  Spéc. Homard grillé, Turbot aux poireaux, Filets de sole aux langoustines.

  ✕✕ **Le Biniou,** 121 r. Clemenceau ☏ 72.24.35 – E VISA
  15 mars-15 nov. et fermé merc. – SC : **R** 55/220.

  ✕✕ **Ajoncs d'Or,** plage des Vallées ☏ 72.29.81, ≼ côte et mer, 🌤 – ❷. E VISA
  15 mai-30 oct. et fermé merc. sauf en juil.-août – SC : **R** 65/195.

CITROEN Troalen, ☏ 72.20.20   RENAULT Gar. Huitric, ☏ 72.20.12
PEUGEOT Gar. Robert ☏ 72.22.15

PLÉRIN 22 C.-du-N. 58 ⑩ – rattaché à St-Brieuc.

PLESSIS-PICARD 77 S.-et-M. 61 ① ②, 196 ㉝ – rattaché à Melun.

PLESTAN 22 C.-du-N. 59 ⑭ – rattaché à Lamballe.

PLESTIN-LES-GRÈVES 22310 C.-du-N. 58 ⑦ G. Bretagne – 3 447 h. alt. 114 – ✪ 96.
🛈 Syndicat d'Initiative à la Mairie (1ᵉʳ juil.-31 août et fermé dim.) ☏ 35.61.93.
Paris 530 – Guingamp 47 – Lannion 18 – Morlaix 20 – St-Brieuc 78.

  🏠 **Côtes d'Armor** ⌂, rte de la Corniche, N : 4 km par D 42 ☏ 35.63.11, ≼ – ⌂wc
  ⁿwc ❷. E VISA
  31 mars-fin sept. – SC : **R** *(dîner seul.)* 65/100 – ⊠ 16 – **20 ch** 70/160.

  🏠 **Voyageurs** sans rest, ☏ 35.62.12 – ⌂wc ⁿ ☎ ❷. E
  fermé janv., fév. et lundi sauf juil.-août – SC : ⊠ 17 – **25 ch** 99/165 – P 150/185.

PLEURTUIT 35730 I.-et-V. 🔟 ⑤ – 4 228 h. alt. 68 – ⊕ 99.

🛬 de Dinard-Pleurtuit-St-Malo : T.A.T. ☏ 46.15.76, NO : 2 km.

Paris 415 – Dinan 15 – Dinard 7 – Dol-de-Bretagne 29 – Lamballe 45 – ◆Rennes 66 – St-Malo 15.

🏤 **Angelus,** r. Dinan ☏ 88.41.53, 🍴 – **E** 🛇
→ fermé 20 sept. au 1er nov., dim. soir et lundi hors sais. – SC : **R** 46/110 🍷 – ☲ 15 –
7 ch 77/110.

CITROEN Gar. Lebreton, ☏ 88.41.91   RENAULT Le Pouliquen, ☏ 88.41.05

PLÉVEN 22 C.-du-N. 🔟 ⑤ – 594 h. alt. 80 – ☒ 22130 Plancoët – ⊕ 96.

Voir Château de la Hunaudaie★ SO : 4 km, G. Bretagne.

Paris 416 – Dinan 24 – Dinard 31 – Lamballe 16 – St-Brieuc 37 – St-Malo 39.

🏰 **Manoir Vaumadeuc** ⏃, ☏ 84.46.17, « Manoir 15e s., parc » – **ℙ**. 𝘝𝘐𝘚𝘈. 🛇 rest
15 mars-5 janv. – **R** (nombre de couverts limité - prévenir) 140/200 – ☲ 30 – **9 ch**
400/490.

PLOBANNALEC 29 Finistère 🔟 ⑭ – 2 844 h. – ☒ 29138 Lesconil – ⊕ 98.

Paris 574 – Douarnenez 39 – Pont-l'Abbé 6 – Quimper 26.

XXX **Aub. du Petit Kéroulé,** rte Pont l'Abbé ☏ 82.22.55 – **ℙ**
fermé oct., lundi soir et mardi hors sais. – SC : **R** 95/220.

PLOËRMEL 56800 Morbihan 🔟 ④ G. Bretagne – 7 258 h. alt. 76 – ⊕ 97.

Voir Église St-Armel★ Y **B** – Maison des Marmousets★ Y **D**.

🇿 Syndicat d'Initiative pl. Lamennais (Pâques, 20 juin-5 sept. et fermé dim. après-midi) ☏ 74.02.70.

Paris 410 ② – La Baule 88 ⑤ – Châteaubriant 90 ③ – Concarneau 134 ⑥ – Dinan 68 ① – Guingamp
107 ⑥ – Pontivy 46 ⑥ – Redon 46 ④ – ◆Rennes 60 ② – St-Brieuc 87 ⑥ – Vannes 46 ⑤.

PLOËRMEL

Forges (R. des) ...... **Z** 16
Gare (R. de la) ...... **Y**
Gaulle (R. Ch.-de) ... **Z** 20
Lamennais (Pl.) ...... **Y** 29
Patarins (R.) .... **Z** 32

Armes (Pl. d') .... **Y** 2
Beaumanoir (R.) ...... **Y** 3
Bignon (R. du) .... **Y** 4
Carmes (Bd des) ..... **Y** 7
Député A.-de-Rohan
(Rue) .... **Z** 8
Dr-Louis-Guillois
(Av. du) .... **YZ** 10
Dubreton
(R. du Général) .... **Z** 12
Francs-Bourgeois
(R. des) .... **Y** 17
Herses (R. des) ...... **Y** 25
Hôtel-de-Ville (Pl.) .. **Z** 26
Leclerc (R. du Gén.) . **Z** 30
Sénéchal-Thuault (R.) **Z** 37

*Pour bien lire
les plans de villes,
voir signes
et abréviations p. 21.*

XX **Commerce-Reberminard** avec ch, 70 r. Gare ☏ 74.05.32 – 🔟. 𝘝𝘐𝘚𝘈. 🛇 rest
→ fermé 3 au 23 janv., dim. soir et lundi sauf du 15 juin à fin sept. – SC : **R** 49/100 – ☲
14 – **19 ch** 61/120 – P 190/245.   Y a

à la Chapelle par ⑤ : 9 km – ☒ 56460 Serent :

🏰 **Relais du Val d'Oust** Ⓜ, ☏ 74.94.33 – 🔟wc ☎ **ℙ** – 🛌 50. 𝘝𝘐𝘚𝘈. 🛇
fermé lundi (sauf hôtel en juil. et août) – SC : **R** 55/210 – ☲ 20 – **15 ch** 155/165.

CITROEN Migue, 33 r. Gén.-Dubreton ☏ 74.
05.07
FIAT Gar. Gesbert, 58 bis r. Gén.-Dubreton ☏
74.01.23
FORD Massicot, 35 bd Foch ☏ 74.00.51

PEUGEOT-TALBOT Chouffeur, 6 av. de Ren-
nes par ② ☏ 74.02.55
RENAULT Triballier, rte de Rennes ☏ 74.01.66
🇳

⊕ Corbel, Zone Ind. de Gourhel ☏ 74.03.03

PLOEUC-SUR-LIÉ 22150 C.-du-N. 🔟 ⑩ – 3 140 h. – ⊕ 96.

Paris 450 – Lamballe 26 – Loudéac 25 – St-Brieuc 22.

🏨 **Commerce,** ☏ 42.10.36, 🍴 – 🔟wc 🔟wc **ℙ**
→ fermé sept., 15 au 30 janv., dim. soir (sauf hôtel) et lundi d'oct. à fin juin – SC : **R**
48/110 🍷 – ☲ 15 – **30 ch** 75/160 – P 115/170.

PLOGOFF 29151 Finistère 58 ⑬ – 2 138 h. alt. 65 – ✪ 98.

Env. Pointe du Van ≤★★ NO : 6 km, G. Bretagne.

Paris 601 – Audierne 10 – Douarnenez 32 – Pont-L'Abbé 42 – Quimper 45.

　🏨　**Ker-Moor** ⑤, plage du Loch E : 2,5 km 🕾 70.62.06, ≤ – **❷**. 🖭 ✸ rest
　✦　*1er avril-30 sept.* – SC : **R** 40/90 ⑧ – ⌷ 10 – **18 ch** 70/85 – P 130/150.

PLOMBIÈRES-LES-BAINS 88370 Vosges 62 ⑯ G. Vosges – 890 h. alt. 456 – Stat. therm.
(3 mai-fin sept.) – Casino B – ✪ 29.

Voir La Feuillée Nouvelle ≤★ 5 km par ②.

🛈 Office de Tourisme r. Stanislas (fermé sam. et dim. hors saison) 🕾 66.01.30.

Paris 379 ④ – Belfort 72 ② – Épinal 29 ④ – Gérardmer 42 ① – Vesoul 48 ② – Vittel 73 ④.

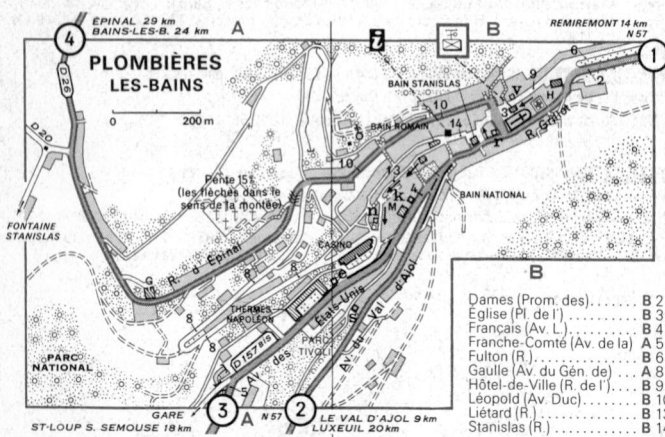

Dames (Prom. des) . . . . B 2
Église (Pl. de l') . . . . B 3
Français (Av. L.) . . . . B 4
Franche-Comté (Av. de la) . . A 5
Fulton (R.) . . . . B 6
Gaulle (Av. du Gén. de) . . . . A 8
Hôtel-de-Ville (R. de l') . . . . B 9
Léopold (Av. Duc) . . . . B 10
Liétard (R.) . . . . B 13
Stanislas (R.) . . . . B 14

　🏨🏨　**Gd Hôtel** sans rest, 2 av. des États-Unis 🕾 66.00.03, 🌤, ✸ – ▯& **❷**　　AB **e**
　　1er mai-1er oct. – SC : ⌷ 14,50 – **115 ch** 95/189.

　🏨　**Modern'H** Ⓜ ⑤, av. Th.-Gautier 🕾 66.04.02, ≤ – △wc 🚿wc 🕾 **❷**　　B **s**
　✦　*1er mai-30 sept., vacances de Noël et de Pâques* – SC : **R** 60/80 – ⌷ 14 – **27 ch**
　　129/139 – P 165/238.

　🏨　**Host. Les Rosiers** ⑤, par ② : 1 km 🕾 66.02.66, ≤, 🌤 – △wc 🚿wc 🕾 **❷**
　✦　*Pâques-15 oct.* – SC : **R** 50/100 – ⌷ 18 – **22 ch** 70/170 – P 180/270.

　🏨　**Beauséjour**, av. Louis Français 🕾 66.01.50 – ▯ △wc 🚿wc 🕾. ✸ rest　　B **k**
　　1er mai-30 sept. – SC : **R** 62/67 ⑧ – ⌷ 17 – **38 ch** 135/230 – P 225/285.

　🏨　**Abbesses**, pl. Église 🕾 66.00.40 – ▯ △wc 🚿wc ✸ rest　　　　　　B **r**
　　1er mai-30 sept. – SC : **R** 65/85 – ⌷ 14,50 – **44 ch** 107/164 – P 148/216.

　🏨　**Alsace**, r. Liétard 🕾 66.00.05 – ▯ 🚿wc. ✸ rest　　　　　　　　　　B **n**
　　1er mai-30 sept. – SC : **R** 62/90 – ⌷ 14 – **60 ch** 80/143 – P 182/230.

　🏨　**Commerce**, r. Hôtel de Ville 🕾 66.00.47, ⌿, – △wc 🚿wc. 🖭 𝘝𝘐𝘚𝘈　　B **v**
　✦　*1er mai-30 sept.* – SC : **R** 50/110 ⑧ – ⌷ 12,50 – **45 ch** 65/118 – P 140/195.

　　　près de la Fontaine Stanislas -A-SO : 4 km – alt. 600 – ⌧ 88370 Plombières-les-B. :

　🏨　**Fontaine Stanislas** ⑤, 🕾 66.01.53, ≤, « en forêt, jardin » – △wc 🚿wc ⏣
　✦❷ – ♨ 30. ✸ rest
　　1er avril-30 sept. – SC : **R** 58/145 – ⌷ 16 – **19 ch** 77/200 – P 185/275.

PLOMEUR 29 Finistère 58 ⑭ G. Bretagne – 2 852 h. alt. 31 – ⌧ 29120 Pont-l'Abbé – ✪ 98.

Paris 574 – Douarnenez 34 – Pont-l'Abbé 5,5 – Quimper 26.

　🏨　**Ferme du Relais Bigouden** Ⓜ sans rest., à Pendreff, S : 2,5 km sur D 57 🕾
　　58.01.32, 🌤 – ▥ △wc 🚿wc 🕾 **❷**. 🖪 𝘝𝘐𝘚𝘈
　　– SC : ⌷ 19 – **16 ch** 150/175 – P 190/220.

　XX　**Relais Bigouden** avec ch., 🕾 82.04.79, 🌤 – **❷**. 🖪
　✦　*fermé 15 oct. au 1er nov., 20 déc. au 15 janv. et lundi du 15 sept. au 15 mars* – SC : **R**
　　45/210 – ⌷ 14 – **10 ch**.

PLOMODIERN 29127 Finistère 58 ⑮ – 1 977 h. alt. 112 – ✪ 98.

Voir Retables★ de la chapelle Ste-Marie-du-Ménez-Hom N : 3,5 km – Charpente★ de la
chapelle St-Côme NO : 4,5 km, G. Bretagne.

Paris 565 – ✦Brest 59 – Châteaulin 12 – Crozon 26 – Douarnenez 20 – Quimper 29.

Ferme de Porz-Morvan sans rest, E : 3 km ☎ 81.53.23, – wc ⋒wc Ⓟ. VISA.
Pâques-oct., vacances scolaires et jours fériés – ☕ 22 – **8 ch** 170/220.

La Crémaillère, ☎ 81.50.10 –
fermé oct., sam. et dim. de nov. à Pâques – SC : **R** 42/90 – ☕ 16 – **26 ch** 85/110 – P 116/143.

CITROEN Quiniou, ☎ 81.51.26

PLONÉOUR-LANVERN 29 Finistère 58 ⑭ – 4 515 h. alt. 75 – ✉ 29120 Pont-l'Abbé – 98.

Paris 575 – Douarnenez 26 – Guilvinec 14 – Plouhinec 21 – Pont-l'Abbé 7 – Quimper 18.

Mairie, r. J.-Ferry ☎ 87.61.34, – wc ⋒wc Ⓟ. E VISA
fermé 15 au 31 oct. et 20 déc. au 20 janv. – SC : **R** 50/220 – ☕ 16 – **18 ch** 90/170 – P 145/196.

Ty Didrouz sans rest, r. Croas ar Bléon ☎ 87.62.30 – ⋒ Ⓟ.
SC : ☕ 16,50 – **11 ch** 120/165.

PLOUBALAY 22650 C.-du-N. 59 ⑤ G. Bretagne – 2 292 h. alt. 30 – 96.

Voir Château d'eau ※ E : 1,5 km.**

Paris 419 – Dinan 18 – Dinard 10 – Dol-de-Bretagne 32 – Lamballe 37 – St-Brieuc 58 – St-Malo 18.

Saint-Cast, ☎ 27.20.09 – rest
fermé oct. et lundi hors sais. – SC : **R** 47/70 – ☕ 14,50 – **18 ch** 65/150 – P 137/178.

RENAULT Descournut, r. du Gén.-de-Gaulle ☎ 27.20.01

PLOUDALMÉZEAU 29262 Finistère 58 ③ – 4 771 h. alt. 50 – 98.

Voir Clocher-porche* de Lampaul-Ploudalmézeau N : 3 km, G. Bretagne.

Office de Tourisme r. H.-Provostic (1er juil.-31 août et fermé dim. après-midi) ☎ 48.11.88.

Paris 613 – ♦Brest 26 – Carhaix-Plouguer 112 – Landerneau 43 – Morlaix 76 – Quimper 97.

Voyageurs, pl. Église ☎ 48.10.13 – ⋒. AE E
fermé 15 sept. au 7 oct., 1er au 15 mars, dim. soir et lundi – SC : **R** 44/135 – ☕ 15,50 – **11 ch** 59/125 – P 130/160.

à *Kersaint* O : 4 km par D 168 – ✉ **29236** Porspoder.

Voir Parc de stationnement de Trémazan ≤* NO : 2 km, G. Bretagne.

Host. du Castel, ☎ 48.63.35 – wc Ⓟ
16 mai-30 sept., fermé dim. soir (sauf hôtel) et lundi – SC : **R** 47/135 – **12 ch** (pens. seul.) – P 165/176.

PLOUESCAT 29221 Finistère 58 ⑤ G. Bretagne – 3 957 h. alt. 33 – 98.

Syndicat d'Initiative r. St-Julien (juil.-août et fermé dim.) ☎ 69.60.28 et à la Mairie (fermé sam. et dim.) ☎ 69.60.13.

Paris 572 – ♦Brest 43 – Brignogan-Plage 16 – Morlaix 34 – Quimper 95 – St-Pol-de-Léon 15.

Baie du Kernic, rte de Brest O : 2 km sur D 10 ☎ 69.63.41 – wc Ⓟ. VISA
fermé 5 nov. au 11 déc. – SC : **R** *(fermé lundi sauf du 1er juin au 11 déc.)* 42/220 – ☕ 18 – **15 ch** 70/180 – P 170/200.

L'Azou avec ch, r. Gén.-Leclerc ☎ 69.60.16 – AE ⓓ E VISA
fermé 25 sept. au 25 oct., 1er au 8 mars, merc. midi et mardi hors sais. – SC : **R** 45/240 – ☕ 16 – **8 ch** 80/130 – P 150.

Aub. de Kersabiec, O : 2,5 km par D 10 ✉ 29235 Plounévez-Lochrist ☎ 69.60.08 – Ⓟ. AE ⓓ E VISA
fermé fév., mardi soir et merc. – SC : **R** 65/230.

CITROEN Rouxel, ☎ 69.60.03 N
RENAULT Quillec, ☎ 69.61.10 N

PLOUGASNOU 29228 Finistère 58 ⑥ G. Bretagne – 3 434 h. alt. 51 – 98.

Voir St-Jean du Doigt : Enclos paroissial : trésor, église*, fontaine* SE : 2,5 km – Ste-Barbe ≤* NO : 2 km – Pointe de Primel* NO : 4 km puis 30 mn.**

Office de Tourisme r. des Martyrs (saison et fermé dim.) ☎ 67.31.88.

Paris 547 – Guimgamp 64 – Lannion 34 – Morlaix 17 – Quimper 94.

France (Annexe : M - 10 ch - wc), ☎ 67.30.15, – Ⓟ. E.
fermé oct. – SC : **R** 46/160 – ☕ 16 – **21 ch** 80/170 – P 140/170.

CITROEN Moal, ☎ 67.35.20
RENAULT Prigent, à Kermébel ☎ 72.30.65 N

PLOUGASTEL-DAOULAS 29213 Finistère 58 ④ G. Bretagne – 9 611 h. alt. 110 – 98.

Voir Calvaire – Site* de la chapelle St-Jean NE : 5 km – Kernisi ※* SO : 4,5 km.**

Env. Kerdeniel ※ SO : 8,5 km puis 15 mn.**

Syndicat d'Initiative pl. Calvaire (1er juil.-10 sept. et fermé dim.) ☎ 40.34.98.

Paris 593 – ♦Brest 11 – Morlaix 56 – Quimper 62.

PLOUGASTEL-DAOULAS

🏨 **Kastel Roc'h** Ⓜ sans rest, à l'échangeur de la D 33 ℡ 40.32.00, ☞ – 🛗 🖵wc
📺wc ☎ 🅿 – 🛦 80. ⓞ 🗉 𝚅𝙸𝚂𝙰
SC : ⌘ 17 – **46 ch** 124/164.

XXX **Le Chevalier de l'Auberlac'h,** ℡ 40.54.56 – 🆔 ⓞ 🗉 𝚅𝙸𝚂𝙰. ⅏
fermé 1er au 15 sept.; dim. soir et lundi – SC : **R** 95/210.

CITROEN Gar. du Centre, 2 r. neuve ℡ 40.36.23   RENAULT Plougastel-Automobiles, r. de Ker-
guélen ℡ 40.31.77 🔃 ℡ 40.66.28

▨ **PLOUGUERNEAU** 29232 Finistère 🖥🖫 ④ – 5 317 h. – ❸ 98.
Paris 599 – ♦ Brest 29 – Landerneau 31 – Morlaix 62 – Quimper 94.

à la Plage de Lilia NO : 5 km par D 71 :

🏠 **Castel Ac'h,** ℡ 04.70.11, ≤ – 🖵wc 📺 ☎ 🅿. 🗉
◆ hôtel ouvert avril-7 oct. ; rest. ouvert toute l'année sauf du 7 oct. au 6 nov. et lundi
hors sais. – SC : **R** (déj. seul. hors sais.) 45/120 🎄 – ⌘ 14 – **15 ch** 68/128 – P
142/187.

▨ **PLOUHARNEL** 56720 Morbihan 🖥🖪 ⑪⑫ – rattaché à Carnac.

▨ **PLOUHINEC** 29149 Finistère 🖥🖫 ⑭ – 5 066 h. alt. 101 – ❸ 98.
Paris 587 – Audierne 4,5 – Douarnenez 20 – Pont-l'Abbé 28 – Quimper 31.

🏨 **Ty Frapp,** r. de Rozavot ℡ 70.89.90 – 🖵wc 📺wc ☎ 🅿. ⅏ ch
◆ fermé sept., lundi hors sais. et dim. soir (sauf hôtel) – SC : **R** 40/140 🎄 – ⌘ 17 –
25 ch 82/154 – P 150/180.

CITROEN Bonis E., ℡ 70.88.43

▨ **PLOUIDER** 29 Finistère 🖥🖫 ④ – 1 871 h. alt. 75 – ✉ 29260 Lesneven – ❸ 98.
Paris 577 – ♦ Brest 30 – Landernau 19 – Morlaix 41 – Quimper 82 – St-Pol-de-Léon 28.

XX **de la Butte** avec ch, 10 r. Mer ℡ 83.10.54, ☞ – 📺wc 🅿. 🗉 𝚅𝙸𝚂𝙰
fermé 1er janv. au 8 fév., dim. soir et lundi – SC : **R** 55/190 🎄 – ⌘ 16 – **15 ch** 80/110
– P 190/205.

▨ **PLOUIGNEAU** 29234 Finistère 🖥🖫 ⑥⑦ – 3 729 h. alt. 160 – ❸ 98.
Paris 526 – Carhaix-P. 49 – Guingamp 43 – Huelgoat 31 – Lannion 36 – Morlaix 91.

XX **An Ty Korn** avec ch, pl. Église ℡ 67.72.72, ☞ – 📺. 🗉 𝚅𝙸𝚂𝙰
fermé 23 au 30 mars, 15 au 30 sept., dim. soir et lundi sauf juil. et août – SC : **R**
65/160 🎄 – ⛟ 15 – **7 ch** 100/130 – P 160/180.

▨ **PLOUMANACH** 22 C.-du-N. 🖥🖭 ① – rattaché à Perros-Guirec.

▨ **PLOUNÉOUR-TREZ** 29 Finistère 🖥🖫 ⑤ – rattaché à Brignogan-Plage.

▨ **PLOUNÉRIN** 22910 C.-du-N. 🖥🖫 ⑦ – 689 h. alt. 208 – ❸ 96.
Paris 513 – Guingamp 30 – Lannion 23 – Morlaix 23 – St-Brieuc 61.

XXX ❀ **Relais de Bon Voyage** (Fer) avec ch, ℡ 38.61.04 – 🖵wc ☎ 🅿. 🆔 ⓞ
fermé mi-janv. à mi-fév., mardi soir (sauf hôtel) et merc. – SC : **R** 75/170 – ⌘ 20 –
3 ch 170/200
Spéc. Rillettes de crabe, Cassolette de homard, Salade de choux aux filets de canard (fév. à sept.).

RENAULT Gar. Tocquer, ℡ 38.61.10 🔃

▨ **PLUGUFFAN** 29 Finistère 🖥🖫 ⑮ – rattaché à Quimper.

▨ **PLUMELEC** 56420 Morbihan 🖥🖪 ③ – 2 466 h. alt. 166 – ❸ 97.
Paris 438 – Josselin 15 – Locminé 18 – Ploërmel 27 – ♦Rennes 87 – Vannes 25.

🏠 **Lion d'Or,** pl. Église ℡ 42.24.19 – 🅿
fermé 15 sept. au 15 oct. et sam. hors sais. – SC : **R** 56/105 🎄 – ⛟ 12 – **15 ch** 64/95
– P 115/135.

▨ **PLUVIGNER** 56330 Morbihan 🖥🖪 ② – 4 727 h. alt. 88 – ❸ 97.
Paris 474 – Auray 13 – Lorient 32 – Pontivy 35 – Vannes 31.

XX **Croix Blanche,** 14 r. St-Michel ℡ 24.71.03 – 𝚅𝙸𝚂𝙰. ⅏
fermé : hôtel du 15/9 au 20/6 ; rest. du 15/9 au 15/10, 15/1 au 15/2, mardi soir et
merc sauf juil. et août – SC : **R** 55/115.

▨ **Le POËT** 05300 H.-Alpes 🖥🖩 ⑤ – 515 h. alt. 550 – ❸ 92 – Paris 696 – Gap 36 – Sisteron 12.

XX **Ecuries du Seigneur,** ℡ 65.70.01 – 🅿. 🗉. ⅏
fermé 1er au 14 juil., 20 sept. au 15 oct. et hors sais. : merc.-jeudi et les soirs du dim.
au mardi – SC : **R** 57, dîner à la carte.

▨ **Le POËT-LAVAL** 26 Drôme 🖥🖩 ② – rattaché à Dieulefit.

▨ **POINTE** – voir au nom propre de la pointe.

POINT-SUBLIME 04 Alpes-de-H.-Pr 🎵🎵 ⑥ **G. Côte d'Azur** – alt. 783 – ✉ 04120 Castellane – ☎ 92.

Voir ≤** sur Grand Canyon du Verdon 15 mn – Couloir Samson** S : 1,5 km – Clue de Carejuan* E : 4 km.

Paris 816 – Castellane 18 – Digne 72 – Draguignan 54 – Manosque 77 – Salernes 65 – Trigance 13.

  ✗ **Aub. Point Sublime** 🔧 avec ch, ☎ 83.60.35 – 📥wc 🔧 ❷. ❄ rest
  ◆ *1er avril-10 oct.* – SC : **R** 44/150 – ☲ 13 – **14 ch** 75/93 – P 165.

POINT-SUBLIME 48 Lozère 🎵🎵 ⑤ **G. Causses** – alt. 861.

Voir ≤*** sur Canyon du Tarn.

Le POIRÉ-SUR-VIE 85 Vendée 🎵🎵 ⑬ – 4 960 h. alt. 54 – ✉ 85170 Belleville-sur-Vie – ☎ 51.

Paris 413 – Cholet 64 – Nantes 53 – La Roche-sur-Yon 14 – Les Sables-d'Olonne 41.

  🏠 **Centre,** ☎ 31.81.20 – 📥 🔧
  ◆ *fermé fév., dim. soir et lundi midi sauf juil.-août* – **R** 40/135 – ☲ 15 – **21 ch** 68/120 – P 125/155.

CITROEN Gar. Piveteau, 2 r. des Écoliers ☎ 31.80.42 🅽 ☎ 31.85.08

RENAULT Gar. Bretaudeau, ☎ 31.80.28

POISSY 78300 Yvelines 🎵🎵 ⑲, 🎵🎵🎵 ⑰, 🎵🎵🎵 ⑪ ⑫ **G. Environs de Paris** – 36 553 h. alt. 27 – ☎ 3 – **Voir Église N.-Dame★.**

🅸 Syndicat d'Initiative 132 rue du Gén.-de-Gaulle (fermé lundi et jeudi) ☎ 074.60.65.

Paris 28 ③ – Mantes-la-Jolie 29 ④ – Pontoise 17 ② – Rambouillet 48 ④ – St-Germain-en-Laye 7 ③.

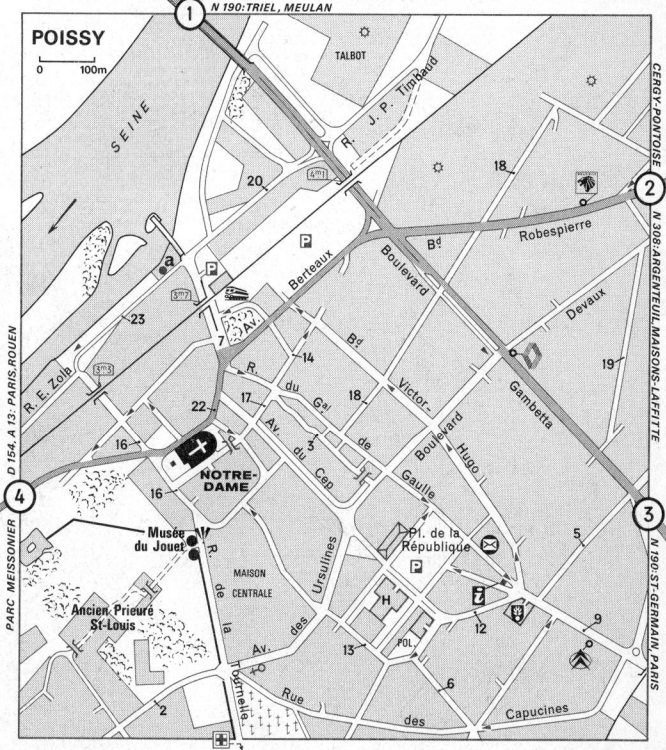

POISSY

※※ ✿ **Esturgeon** (Soulat), 6 crs 14-Juillet **(a)** ☏ 965.00.04, ≤ — 🏧 ⓪ 𝘝𝘐𝘚𝘈
   fermé août, 10 au 17 janv. et jeudi – **R** carte 150 à 200
   Spéc. Saumon mariné à l'aneth (avril à sept.), Gratin aux trois poissons, Caneton aux cerises.

CITROEN Legrand, 18 av. F.-Lefebvre ☏ 965.
20.55
PEUGEOT Poissy-Autom., 29 bd Robespierre
☏ 074.02.80
RENAULT Adde, 37 bd Gambetta ☏ 074.04.37

RENAULT Bagros-Heid, 1 r. du Pont à Triel
sur Seine par ① ☏ 970.60.29

⑩ Marsat-Poissy-Pneus, 40 bd Robespierre ☏
965.29.09

CONSTRUCTEUR : Talbot, 45 r. J.-P.-Timbaud ☏ 965.40.00.

POITIERS ℗ 86000 Vienne 𝟨𝟪 ⑬⑭ G. Côte de l'Atlantique – 82 884 h. alt. 116 – ✿ 49.

Voir Église N.-D.-la-Grande★★ : façade★★★ DY – Église St-Hilaire-le-Grand★★ CZ –
Cathédrale★ DZ **B** – Église Ste-Radegonde★ DZ **Q** – Baptistère St-Jean★ DZ – Grande
salle★ du Palais de Justice DY **J** – Boulevard Coligny ≤★ BVX – Musée Ste-Croix★★
DZ **M**.

🐚 ☏ 61.23.13 E : 3 km par D 6 AX.

✈ de Poitiers-Biard ☏ 58.28.85, AV.

🛈 Office de Tourisme 11 r. V.-Hugo (fermé dim.) ☏ 41.21.24 – A.C.O. 2 r. Claverier ☏ 01.84.86.

Paris 335 ① – Angers 133 ⑦ – ♦Limoges 119 ③ – ♦Nantes 176 ⑥ – Niort 74 ⑤ – ♦Tours 101 ①.

POITIERS

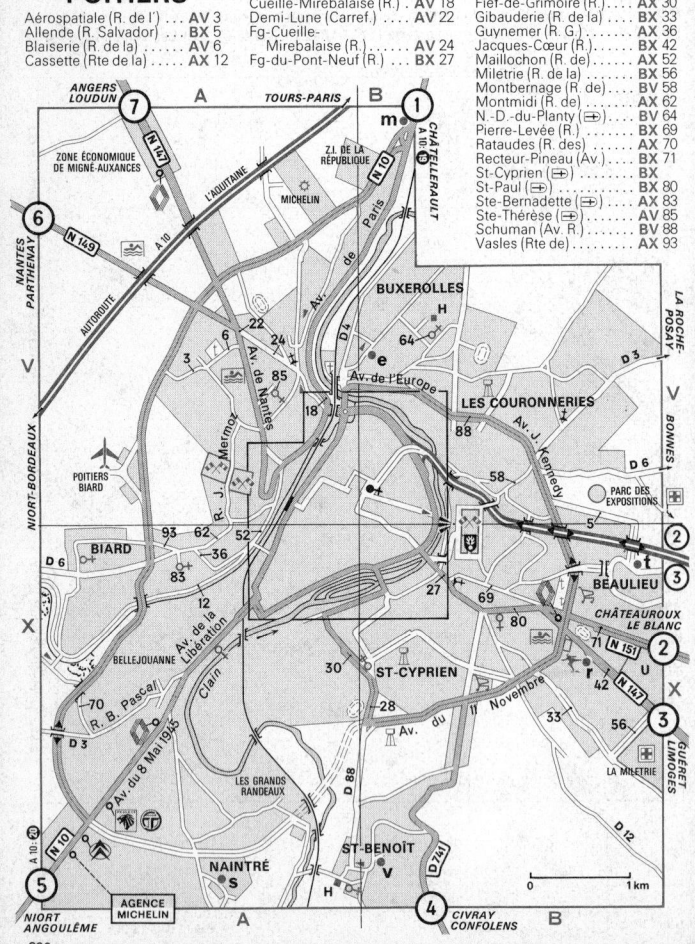

890

POITIERS

🏨🏨 **France** ⑤, 28 r. Carnot ☎ 41.32.01, Télex 790526, 🕾 – 📶 📺 ⅙ ⟲ – 🔏 120.
Ⓐ Ⓔ Ⓓ 🅴 𝐕𝐈𝐒𝐀
   CZ **h**
SC : **R** 70/90 – 🖙 30 – **86 ch** 250/450.

🏨🏨 **Royal-Poitou** Ⓜ, rte de Paris ☎ 01.72.86, 🌱 – 📺 🅿 – 🔏 50. Ⓐ Ⓔ Ⓓ 🅴 𝐕𝐈𝐒𝐀
   BV **m**
SC : **R** 65/150 – 🖙 25 – **32 ch** 235/255 – P 265/385.

🏨 **Europe** sans rest, 39 r. Carnot ☎ 88.12.00, 🌱 – 📺 ➖wc 🛁wc 🕾 ⅙ ⟲ 🅿. 𝐕𝐈𝐒𝐀
   CZ **n**
SC : 🖙 16 – **50 ch** 130/240.

🏠 **Ibis** Ⓜ, Quartier Beaulieu ☎ 61.11.02, Télex 790354 – 📺 ➖wc 🕾 ⅙ 🅿 – 🔏 25.
Ⓐ Ⓔ 🅴 𝐕𝐈𝐒𝐀
   BX **t**
SC : **R** (fermé dim.) 66 ⅄ – ➖ 18 – **33 ch** 175/197.

🏯 **Plat d'Étain** sans rest, 7 r. Plat d'Étain ☎ 41.04.80 – 🛁wc 🕾 ⟲
   DY **s**
fermé 5 au 16 juil. – SC : 🖙 17 – **26 ch** 52/130.

XXX **Delanné**, 10 r. P.-Guillon ☎ 41.20.86 – ▤. Ⓐ Ⓔ Ⓓ 🅴 𝐕𝐈𝐒𝐀
   DY **n**
fermé 16 au 31 juil., dim. soir et lundi – SC : **R** 75/150.

XXX **Maxime**, 4 r. St-Nicolas ☎ 41.09.55 – Ⓐ Ⓔ Ⓓ 🅴 𝐕𝐈𝐒𝐀
   DZ **u**
fermé août et dim. – SC : **R** 68/160.

XX **Armes d'Obernai**, 19 r. A.-Ranc ☎ 41.16.33 – 𝐕𝐈𝐒𝐀
   CY **e**
fermé 3 au 17 sept., 15 fév. au 5 mars, dim. soir et lundi – SC : **R** 62/140.

XX **Le Poitevin**, 76 r. Carnot ☎ 88.35.04 – 𝐕𝐈𝐒𝐀
   CZ **a**
fermé 1er juil. au 6 août et dim. – SC : **R** carte 90 à 150.

XX **Aub. de la Cigogne**, à Buxerolles 20 r. Planty ⊠ 86180 Buxerolles ☎ 61.61.47,
🍽 – 𝐕𝐈𝐒𝐀. 🛱
   BV **e**
fermé 1er au 21 août, 1er au 15 janv., dim. et lundi – **R** 70 bc/200 bc.

tourner →

à St-Benoit S : 4 km par D 88 - ABX – 5 950 h. – ✉ **86280** St-Benoit :

A l'Orée des Bois ⛰, rte Liguré ✉ 86000 Poitiers ☎ 57.11.44 – ⇔wc ⋔ AX **s**
fermé 7 au 16 août et dim. soir – SC : **R** 34/140 ⚱ – ☕ 10 – **15 ch** 51/76.

XX **Le Chalet de Venise** ⛰ avec ch, ☎ 88.45.07, 🌳 – ⇔wc ⋔wc ☎ **P**. ✱ ch
fermé janv., dim. soir et lundi – SC : **R** 55/115 ⚱ – ☕ 14 – **10 ch** 120/150. BX **v**

à Croutelle échangeur Poitiers-Sud, par ⑤ : 6 km – ✉ **86240** Ligugé :

XX ✿ **Pierre Benoist** (Benoist), N 10 ☎ 57.11.52, 🌳 – **P**. ⓓ VISA
SC : **R** carte 125 à 170
Spéc. Terrine de brochet et écrevisses, Feuilleté de ris de veau aux morilles noires, Aiguillettes de caneton au Chinon. **Vins** Sauvignon, Gamay.

route de Paris par ① : 9 km sur N 10 – ✉ **86360** Chasseneuil :

Novotel Ⓜ, ☎ 52.78.78, Télex 791944, 🏊, 🌳, 🎾 – 🛗 ▤ 📺 ☎ ♿ **P** – 🏛 25 à 300. AE ⓓ E VISA
R snack carte environ 90 ⚱ – ☕ 31 – **89 ch** 215/256.

Relais de Poitiers Ⓜ, ☎ 52.90.41, Télex 790502, 🏊, 🌳, 🎾 – 🛗 ▤ 📺 ☎ ♿ **P** – 🏛 50 à 800. AE ⓓ E VISA
SC : **R** 65/180 – ☕ 20 – **94 ch** 170/250, 4 appartements 330 – P 275/390.

rte de Bordeaux par ⑤ : 7 km – ✉ **86240** Ligugé :

Bois de la Marche Ⓜ, ☎ 53.06.25, ≤, parc, 🎾 – 🛗 📺 ⇔wc ⋔wc ♿ **P** – 🏛 30. AE ⓓ E VISA
SC : **R** 67/87 – ☕ 22 – **30 ch** 156/223.

à Périgny par ⑥ et D 43 : 17 km - 3 280 h. – ✉ **86190** Vouillé :

Château de Périgny Ⓜ ⛰, ☎ 51.80.43, Télex 791400, ≤, parc, 🌳, 🏊, 🎾 – 🛗 📺 ☎ **P** – 🏛 25 à 100. AE ⓓ E VISA
SC : **R** 150/300 – ☕ 37 – **38 ch** 250/770, 3 appartements – P 530/760.

MICHELIN, Agence, 177 av. du 8 Mai 1945 AX ☎ **57.13.59**

ALFA-ROMEO, AUSTIN, ROVER, TRIUMPH Auto-Sport, N 147 à Migné-Auxances ☎ 58.24.18
BMW Auto Hall, N 10 ZI à Fontaine le Comte ☎ 53.16.72
CITROEN Diffusion Automobile du Poitou, 157 av. du 8 Mai 1945 ☎ 53.00.30
DATSUN Pictav-Auto, ZI Rte de Saumur à Migné Auxances ☎ 58.59.66
FIAT Gar. St-Christophe, 11 pl. Jean de Berry ☎ 41.25.00
FORD R. M.-Autom., rte de Saumur à Migné Auxances ☎ 58.05.65
MERCEDES Poitou Autos Services, 27 r. des 2 Communes à Buxerolles ☎ 47.77.76
OPEL S.A.G.A.M.P., 107 bd Grand-Cerf ☎ 58.24.24
PEUGEOT-TALBOT Centre Automobile du Poitou, 137 av. du 8 Mai 1945 ☎ 53.04.51
RENAULT S.A.C.O.A., rte de Saumur à Migné-Auxances ☎ 58.29.82
RENAULT Gar. Bourgoin, 62 bis av. du 8 Mai 1945 ☎ 57.10.07
RENAULT Gar. Martin, 31 av. J. Coeur ☎ 46.22.47
TOYOTA Gar. de l'avenue, 364 av. de Nantes ☎ 58.35.78
V.A.G. Brillant Autom., Zone Ind. Demi-Lune, rte de Nantes ☎ 58.23.29
Gd Gar. Poitou, 90 r. Carnot ☎ 41.35.61

◍ 100 000 Pneus, 13 bd J.-d'Arc ☎ 88.11.92
Chouteau, av. du 8 Mai 1945 ☎ 57.20.77
Fraudeau, 108 av. Libération ☎ 58.22.77
Perry-Pneus, 27 bd Pont-Joubert ☎ 01.83.11

POIX-DE-PICARDIE 80290 Somme 52 ⑰ G. Nord de la France – 1 831 h. alt. 106 – ✪ 22.

ℹ Office de Tourisme r. St-Denis (1er avril-31 août et fermé lundi) ☎ 90.08.25 et à la Mairie (fermé sam. après-midi et dim.) ☎ 90.07.04.

Paris 120 – Abbeville 43 – •Amiens 28 – Beauvais 44 – Dieppe 79 – Forges-les-Eaux 42.

Poste, ☎ 90.00.33 – ⇔wc ⋔ **P**. ✱ ch
fermé 24 au 31 déc. et vacances de fév. – SC : **R** 60/110 – ☕ 13 – **18 ch** 72/180 – P 160/170.

à Caulières O : 7 km par N 29 – ✉ **80590** Lignières-Châtelain :

XX **Aub. de la Forge,** ☎ 40.00.91 – VISA
fermé 7 au 25 août, vacances de fév., mardi soir et merc. – SC : **R** (dim.-prévenir) 56/180.

FIAT Gar. Kins, à Caulières ☎ 40.00.58
PEUGEOT Gressier, ☎ 90.00.44

POLIGNY 39800 Jura 70 ④ G. Jura (plan) – 5 182 h. alt. 327 – ✪ 84.

Voir Statues★ dans la collégiale – Culée de Vaux★ S : 2 km.

ℹ Office de Tourisme Grande-Rue (Pâques, 1er juin-30 sept. et fermé dim.) ☎ 37.24.21.

Paris 403 – •Besançon 60 – Chalon-sur-Saône 75 – Dole 37 – Lons-le-Saunier 28 – Pontarlier 66.

Paris, 7 r. Travot ☎ 37.13.87, 🏊 – ⇔wc ⋔wc ☎ 🚗
1er mars-4 nov. et fermé mardi midi et lundi hors sais. – SC : **R** 60/130 – ☕ 16 – **25 ch** 90/165 – P 170/190.

aux Monts de Vaux : rte de Genève 4,5 km – alt. 560 – ⊠ 39800 Poligny.

Voir ⩽⋆.

🏰 **Host. Monts de Vaux** ⑤, ☏ 37.12.50, ⩽, parc – ☎ ⟵ ☙ ℗
fermé fin oct. à fin déc., merc. midi et mardi hors sais. – SC : **R** carte 140 à 205 –
8 ch ⊊ 250/440.

à Passenans SO : 11 km par N 83 et D 57 – ⊠ 39230 Sellières :

🏨 **Revermont** ⑤, ☏ 44.61.02, ⩽, parc, ⊼ – 🏢 ⌂wc ⊛ ⅙ ⟵ ℗ – 🅰 35. 𝖵𝖨𝖲𝖠
🍴 rest
fermé janv., fév., dim. soir et lundi hors sais. – SC : **R** 60/150 – ⊊ 17 – **28 ch** 80/193
– P 179/235.

à Montchauvrot SO : 13 km sur N 83 – ⊠ 39230 Sellières :

🏨 **La Fontaine**, ☏ 85.50.02 – ⌂wc ⍗wc ☎ ℗ – 🅰 50. 🅰🅴
fermé 1er janv. au 6 fév., dim. soir et lundi d'oct. à juin – SC : **R** 52/145 ⅄ – ⊊ 17 –
20 ch 131/184 – P 160/270.

RENAULT Comte-Automobile, ☏ 37.24.80   ⓐ Chevassu-Pneus, ☏ 37.15.67
RENAULT Gar. Chapelle, ☏ 37.15.01

POLLIAT 01310 Ain 🛛🖸 ② – 1 841 h. alt. 213 – ⓒ 74.
Paris 417 – Bourg-en-Bresse 10 – ♦Lyon 72 – Mâcon 24 – Villefranche-sur-Saône 53.

🏠 **Place**, ☏ 30.40.19 – ⍖. **E**
fermé juin, dim. soir et lundi – SC : **R** 48/140 ⅄ – ⊊ 15 – **10 ch** 72/130 – P 150/170.

🍴 **Coq Bressan**, ☏ 30.40.16 – **E**
fermé 20 juin au 12 juil., 30 oct. au 8 nov., vacances de fév., mardi soir et merc. –
SC : **R** 50/120.

POLLIONNAY 69 Rhône 🛛🖸 ⑲⑳ – 1 088 h. alt. 417 – ⊠ 69290 Craponne – ⓒ 7.
Paris 472 – L'Arbresle 13 – ♦Lyon 18 – Montbrison 64.

🍴 **Paul Terrasse**, ☏ 848.12.06
fermé 10 août au 10 sept. et lundi – SC : **R** 38/110 ⅄.

Une réservation confirmée par écrit est toujours plus sûre.

POLMINHAC 15 Cantal 🛛🖸 ⑫ – 1 221 h. alt. 650 – ⊠ 15800 Vic-sur-Cère – ⓒ 71.
Paris 530 – Aurillac 16 – Murat 35 – Vic-sur-Cère 5.

🏨 **Parasols**, N 122 ☏ 47.40.10, ⩽, ⊞ – ⌂ ⍗wc ⊛ ℗. 🅰🅴 **E** 𝖵𝖨𝖲𝖠
fermé oct. – SC : **R** 52/80 – ⊊ 14,50 – **30 ch** 85/150 – P 120/150.

🏡 **Bon Accueil** ⑤, près Gare ☏ 47.40.21, ⩽, ⊞ – 🔲 rest ⍗wc ℗. 🍴
fermé oct. et nov. – SC : **R**
40/75 ⅄ – ⊊ 14 – **20 ch**
75/120 – P 115/135.

POMMERA 62 P.-de-C. 🛚🖸 ⑧⑨ –
rattaché à Doullens (80 Somme).

POMPADOUR 19 Corrèze 🛚🖸 ⑧ –
voir Arnac-Pompadour.

PONS 17800 Char.-Mar. 🛂🖸 ⑤ G.
Côte de l'Atlantique – 5 364 h. alt. 20
– ⓒ 46 – **Voir Hospice des Pèle-
rins⋆** par ④ – **Donjon⋆** de l'ancien
château B – **Boiseries⋆** du château
d'Usson 1 km par D 249.
🅱 Syndicat d'Initiative au Donjon (15
juin-15 sept.) ☏ 94.00.04.

Paris 494 ⑤ – Blaye 60 ⑤ – ♦Bordeaux
96 ⑤ – Cognac 23 ① – La Rochelle 93
⑦ – Royan 41 ⑤ – Saintes 22 ⑦.

🏨 **Aub. Pontoise**, r. Gam-
betta (e) ☏ 94.00.99 – 📺
⌂wc ⍗wc ☎ ⅙ ⟵ – 🅰
25. 𝖵𝖨𝖲𝖠. 🍴
*fermé 20 déc. au 1er fév., dim.
soir et lundi sauf du 1er juil.
au 15 sept.* – SC : **R** 85/180 –
⊊ 26 – **23 ch** 145/225 – P
330/370.

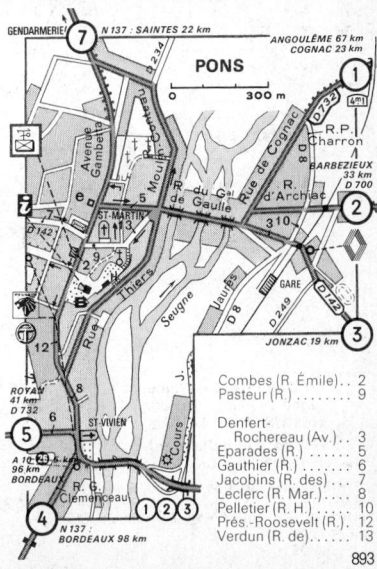

Combes (R. Émile).. 2
Pasteur (R.) 9

Denfert-
Rocherau (Av.).. 3
Eparades (R.) 5
Gauthier (R.) 6
Jacobins (R. des) .. 7
Leclerc (R. Mar.).. 8
Pelletier (R. H.) ... 10
Prés.-Roosevelt (R.). 12
Verdun (R. de)..... 13

à *St-Léger* par ⑦ : 5 km – ⊠ **17800** Pons :

✗ **Le Rustica** ⑂ avec ch, ☏ 96.91.75, 🍴 – **P**
➡ *fermé 3 au 24 oct., 6 au 14 fév., mardi soir et merc. sauf du 16 juin au 15 sept.* – SC : **R** 45/110 – 🍽 15 – **7 ch** 70/90 – P 180.

CITROEN Colin-Martin, par ⑤ ☏ 94.00.25
FORD Gar. Royer, ☏ 91.30.65
PEUGEOT,TALBOT Gar. Marquizeau, ☏ 94.00.91

PEUGEOT, TALBOT Relais de Saintonge, ☏ 91.32.47
RENAULT Girerd, ☏ 91.32.85

PONT (Lac de) 21 Côte-d'Or 🔢 ⑰⑱ – rattaché à Semur-en-Auxois.

PONTACQ 64 Pyr.-Atl. 🔢 ⑦ – 2 534 h. alt. 365 – ✪ 59.
Paris 813 – Laruns 47 – Lourdes 12 – Nay 14 – Oloron-Ste-Marie 50 – Pau 28 – Tarbes 19.

🏨 **Béarn Bigorre**, au Sud : 2 km rte de Lourdes ⊠ 65380 Ossun ☏ 53.57.55 – 🛁wc 🚿wc ☎ **P**
1er avril-fin oct. – SC : **R** 55/80 – 🍽 15 – **18 ch** 100/165 – P 145/175.

PONTAILLAC 17 Char.-Mar. 🔢 ⑮ – rattaché à Royan.

PONTAILLER-SUR-SAONE 21270 Côte-d'Or 🔢 ⑬ G. Bourgogne – 1 370 h. alt. 188 – ✪ 80.
Paris 344 – Auxonne 14 – ◆Besançon 53 – ◆Dijon 31 – Dole 34 – Genlis 22 – Gray 24.

✗✗ **Host. des Marronniers** avec ch, ☏ 36.12.76 – 🏠
fermé 15 janv. au 28 fév., mardi soir et merc. – SC : **R** 78 – 🍽 15 – **4 ch** 80.

PONT-A-LA-PLANCHE 87 H.-Vienne 🔢 ⑥ – rattaché à St-Junien.

PONT-A-MOUSSON 54700 M.-et-M. 🔢 ⑬ G. Vosges – 15 746 h. alt. 181 – ✪ 8.
Voir Place Duroc★ – Anc. abbaye des Prémontrés★.
🎫 Syndicat d'Initiative 52 pl. Duroc (fermé lundi et dim.) ☏ 381.06.90 - A.C. 21 bd Ney ☏ 381.01.21.
Paris 325 ① – ◆Metz 31 ① – ◆Nancy 31 ② – Toul 33 ③ – Verdun 65 ④.

PONT-A-MOUSSON

*Pour un bon usage des plans
de villes, voir les signes
conventionnels p. 21.*

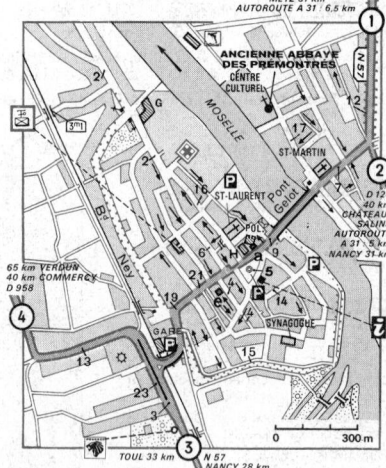

✗ **La Calèche**, 4 r. Clemenceau (e) ☏ 381.15.87
fermé 14 juil. au 15 août, 24 déc. au 2 janv., dim. soir et lundi – SC : **R** (nombre de couverts limité) 60/150 🍷.

✗ **Horne**, 37 pl. Duroc (a) ☏ 381.04.50 – 🆎 **E**
➡ *fermé mi août à mi sept., mardi soir, merc. soir et lundi* – **R** 38/70 🍷.

CITROEN Gar. Fasse, av. États-Unis par ② ☏ 381.01.31
PEUGEOT Gar. André, r. du Pont-Mouja, Blénod ☏ 381.01.08

⊕ Pneu Cella-Dimoff, 111 r. R.-Blum ☏ 381.15.35

PONTARION 23250 Creuse 72 ⑨ – 379 h. alt. 443 – ✦ 55.

Paris 380 – Aubusson 29 – Bourganeuf 10 – Guéret 27 – Montluçon 78.

ⵣ **Rôtisserie du Thaurion,** ℡ 64.50.78, 屛 – 🚗 🅿. 🍽

◆ fermé 3 au 30 nov., dim. soir et lundi de déc. à Pâques – SC : **R** 50/120 ♌ – ⌷ 15 –
14 ch 65/130 – P 130/150.

PONTARLIER ◁SP▷ 25300 Doubs 70 ⑥ **G. Jura** – 18 817 h. alt. 837 – ✦ 81.

Voir par ② : Les Rosiers ≤★★ 2 km – Cluse★★ de la Cluse-et-Mijoux 4 km.

Env. Grand Taureau ≼★★ par ② : 11 km.

🛈 Office de Tourisme 56 r. République (fermé dim. et lundi matin hors sais) ℡ 46.48.33.

Paris 454 ③ – ◆Bâle 159 ① – Beaune 141 ③ – Belfort 125 ④ – ◆Besançon 58 ④ – Dole 88 ③ –
◆Genève 119 ② – Lausanne 70 ② – Lons-le-Saunier 77 ③ – Neuchâtel 53 ②.

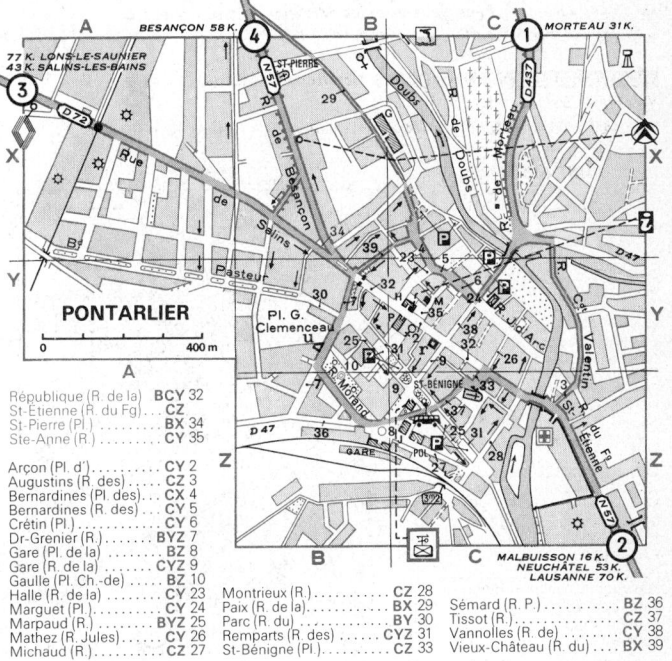

République (R. de la) .... BCY 32
St-Étienne (R. du Fg) .... CZ
St-Pierre (Pl.) .... BX 34
Ste-Anne (R.) .... CY 35

Arçon (Pl. d') .... CY 2
Augustins (R. des) .... CZ 3
Bernardines (Pl. des) .... CX 4
Bernardines (R. des) ..... CY 5
Crétin (Pl.) .... CY 6
Dr-Grenier (R.) .... BYZ 7
Gare (Pl. de la) .... BZ 8
Gare (R. de la) .... CYZ 9
Gaulle (Pl. Ch.-de) ...... BZ 10
Halle (R. de la) .... CY 23
Marguet (Pl.) .... CY 24
Marpaud (R.) .... BYZ 25
Mathez (R. Jules) .... CY 26
Michaud (R.) .... CZ 27

Montrieux (R.) .... CZ 28
Paix (R. de la) .... BX 29
Parc (R. du) .... BY 30
Remparts (R. des) .... CYZ 31
St-Bénigne (Pl.) .... CZ 33

Sémard (R. P.) .... BZ 36
Tissot (R.) .... CZ 37
Vannolles (R. de) .... CY 38
Vieux-Château (R. du) .... BX 39

🏨 **Commerce,** 18 r. Dr-Grenier ℡ 39.04.09 – 🛗 ⌷wc ☎ 🅿 – 🔏 30. 𝗩𝗜𝗦𝗔   BY u
    fermé 10 au 25 janv. – SC : **R** (fermé dim. soir et lundi midi hors sais.) 60/120 – 🍴
    18 – **39 ch** 85/165 – P 190/220.

🏨 **Gd H. Poste,** 55 r. République ℡ 39.18.12 – ⌷wc 🍴 🕿 🚗. 🝙 ① 🅴 𝗩𝗜𝗦𝗔
    fermé 15 oct. au 15 déc. – SC : **R** (fermé vend. hors sais.) 60/140 – ⌷ 20 – **55 ch**   CY r
    70/250 – P 185/280.

🏩 **Villages H.,** par ③ : 1 km ℡ 46.71.78 – ⌷wc ☎ ♿ 🅿. 𝗩𝗜𝗦𝗔
    SC : **R** (fermé dim. du 1ᵉʳ oct. au 15 avril) 60/75 ♌ – 🍴 20 – **51 ch** 145/185.

    à Doubs par ④ et D 130 : 2 km – alt. 813 – ⌂ 25300 Pontarlier :

ⵣ **Gai Soleil,** ℡ 39.16.86, ≤ – 🍴 🐕. 🍽
◆ 25 juin-2 sept. – SC : **R** (dîner seul.) 50/75 ♌ – ⌷ 14 – **11 ch** 65/105.

        Voir ressources hôtelières à Oye et Pallet, Les Grangettes, Malbuisson

CITROEN Gar. Chuard, 38 r. Besançon ℡ 46.
54.77
FIAT Gar. Dornier, 55 r. Salins ℡ 39.09.85
FORD Gar. Roussillon, 115 rte de Besançon
℡ 39.11.68
OPEL, GM Gar. Belle-Rive, 80 r. Besançon ℡
39.14.42
PEUGEOT, TALBOT Gar. Beau-Site, 29 av. Ar-
mée de l'Est par ② ℡ 39.23.95 ◼

RENAULT Gar. Deffeuille, r. de la Fée Verte
Zone Ind. ℡ 46.56.55
RENAULT Graber, 73 r. Besançon par ④ ℡
39.17.80

🅖 La Maison du Pneu, 3 r. des Lavaux ℡ 39.
19.01

895

PONTAUBAULT 50 Manche 59 ⑧ – 476 h. alt. 31 – ⊠ 50300 Avranches – ۞ 33.

Paris 355 – Avranches 7 – Dol-de-Bretagne 34 – Fougères 33 – ♦Rennes 67 – St-Lô 63.

🏨 **13 Assiettes** ⑤, N : 1 km sur N 175 ℡ 58.14.03, 🚗 – 🍴wc ☎ 🅿. ⑤ ch
↔ *15 mars - 15 nov. et fermé merc. hors sais.* – SC : **R** 44/136 – 🍽 16 – **36 ch** 75/120
– P 190/202.

à Céaux O : 4 km sur D 43 – ⊠ **50220** Ducey :

🏨 **Au P'tit Quinquin,** ℡ 58.97.20 – 🍴wc 🍴 ☎ 🅿. ⑤
↔ *31 mars-30 sept. et fermé mardi sauf juil.-août* – SC : **R** 45/160 – ⊡ 15 – **17 ch**
86/125.

PONTAUBERT 89 Yonne 65 ⑯ – rattaché à Avallon.

☞ *Les localités citées dans le guide Michelin sont soulignées de*
rouge sur les cartes Michelin à 1/200 000.

PONT-AUDEMER 27500 Eure 55 ④ G. Normandie – 10 156 h. alt. 9 – ۞ 32.

Voir Église St-Ouen★ E.

Paris 168 ① – ♦Caen 74 ⑤ – Évreux 68 ② – ♦Le Havre 48 ① – Lisieux 36 ④ – ♦Rouen 52 ①.

PONT-AUDEMER

Clemencin (R. Paul) 5
Gambetta (R.) 13
Jaurès (R. Jean) 18
République (R. de la) 27
Thiers (R.) 30
Victor-Hugo (Pl.) 33

Canel (R. Alfred) 2
Carmélites (R. des) 3
Cordeliers (R. des) 6
Delaquaize (R. S.) 7
Félix-Faure (Quai) 9
Ferry (R. Jules) 12
Gaulle
  (Pl. Général de) 14
Gillain (Pl. Louis) 16
Goulley (Pl. J.) 17
Joffre (R. Mar.) 20
Kennedy (Pl.) 21
Maquis-Surcouf (R.) 22
N.-D. du Pré (R.) 23
Pasteur (Bd) 24
Pot-d'Étain (Pl. du) 25
Président-Pompidou (R. du) 26
Sadi-Carnot (R.) 28
Seule (Rue de la) 29
Verdun (Pl. de) 32

🏨 **La Risle,** 16 quai R.-Leblanc **(z)** ℡ 41.14.57 – ⑤ ch
fermé 20 août au 10 sept., 22 déc. au 14 janv. et dim. soir – SC : **R** 52/63 🍴 – ⊡ 14 –
18 ch 56/110.

XXX **La Frégate,** 4 r. La-Seûle **(a)** ℡ 41.12.03 – 𝗩𝗜𝗦𝗔
fermé août, dim. soir et lundi – SC : **R** 95/150.

XXX ⊛ **Aub. du Vieux Puits** ⑤ avec ch, 6 r. N.-D.-du-Pré **(e)** ℡ 41.01.48, « Maison
normande ancienne, bel intérieur rustique, jardin » – 🍴 🅿. 𝗩𝗜𝗦𝗔. ⑤ ch
fermé 2 au 11 juil., 17 déc. au 17 janv., lundi soir et mardi – SC : **R** carte 135 à 195 –
⊡ 22 – **8 ch** 85/175
Spéc. Truite Bovary au champagne, Canard aux cerises, Tarte.

à Corneville-sur-Risle par ② : 6 km – ⊠ **27500** Pont-Audemer :

🏨 **Cloches de Corneville,** ℡ 57.01.04, 🍽, 🚗 – 📺 🍴wc 🍴wc ☎ 🅿 – 🏛 30. 🖭
🖪 𝗩𝗜𝗦𝗔. ⑤ ch
SC : **R** *(fermé 2 au 18 oct., 20 janv. au 15 fév. et merc.)* 85 – ⊡ 20 – **12 ch** 115/240.

à Campigny par ③ et D 29 : 6 km – ⊠ **27500** Pont-Audemer :

XXX **Le Petit Coq aux Champs** M ⑤ avec ch, la Pommeraye ℡ 41.04.19, 🍽,
« Chaumière normande dans un jardin fleuri », 🏊 – 📺 🍴wc 🍴wc ☎ 🅿 – 🏛
30. 🖭 ◐ 🖪 𝗩𝗜𝗦𝗔
1er mars-1er déc. et fermé merc. – SC : **R** carte 190 à 260 – **10 ch** (1/2 pens. seul.) –
1/2 p 650/1 180.

CITROEN Gar. Roulin, 7 r. de la Seule et Z.I. rte de Rouen par ② ᵀ 41.01.56
DATSUN, Hartog, 7 pl. L.-Gillain ᵀ 41.04.16
FIAT Vacher, 16 r. Maquis-Surcouf ᵀ 41.03.04
FORD Gar. Valmont, 20 rte Honfleur, St-Germain-Village ᵀ 41.05.48
OPEL Gar. des Deux Ponts, 22 r. N.-D.-du-Pré ᵀ 41.00.13
PEUGEOT-TALBOT Ets Delamare, 25 r. J.-Ferry ᵀ 41.00.47

RENAULT Sovère, rte d'Honfleur à St-Germain-Village par r. J.-Ferry ᵀ 41.31.64
RENAULT Fouquet, 13 r. J.-Ferry ᵀ 41.11.98 Ⓝ
V.A.G. Durfort, 10 rte de Rouen ᵀ 41.01.57

🅖 Stat. La Risle, 67 rte de Rouen ᵀ 41.14.11
Subé-Pneurama, r. des Fossés ᵀ 41.14.89

PONTAUMUR 63380 P.-de-D. 🗗🗗 ⑬ – 992 h. alt. 538 – ✪ 73.
Paris 393 – Aubusson 48 – ♦Clermont-Ferrand 44 – Le Mont-Dore 63 – Montluçon 74 – Ussel 62.

🏠 **Poste**, ᵀ 79.90.15 – 🛁wc ☎ 🚗, 🖭 🈁 𝘝𝘐𝘚𝘈, 🎬
← fermé 1er au 8 juin, déc., 1er au 15 janv., dim. soir et lundi sauf juil.-août – SC : **R** 45/130 🍴 – 🖃 13 – **20 ch** 62/130 – P 120/160.

🏠 **Lyon**, ᵀ 79.90.09 – 🚗. 🎬 ch
← fermé 10 fév. au 10 mars et sam. – SC : **R** 45/88 🍴 – 🖃 11 – **8 ch** 52/72 – P 125.

PEUGEOT Thiallier-Comes, ᵀ 79.90.02

PONT-AVEN 29123 Finistère 🗗🗗 ⑪⑯ G. Bretagne – 3 295 h. alt. 30 – ✪ 98.
Voir Promenade au Bois d'Amour★ N : 30 mn par D4.
🄳 Syndicat d'Initiative pl. Mairie (Pâques, 1er juin-15 sept.) ᵀ 06.04.70.
Paris 527 – Carhaix-Plouguer 62 – Concarneau 15 – Quimper 32 – Quimperlé 17 – Rosporden 14.

XXX ✿ **Moulin Rosmadec** (Sébilleau), près pont centre ville ᵀ 06.00.22, ≤, « Ancien moulin sur l'Aven, décor et mobilier bretons » – 🎬
fermé 15 oct. au 15 nov., vacances de févr., dim. soir hors sais. et merc. – SC : **R** (nombre de couverts limité - prévenir) 88/188
Spéc. Suprême de sole au champagne, Homard grillé "Rosmadec", Aiguillettes de canard au poivre frais.

X **Bois d'Amour**, 11 r. E.-Bernard ᵀ 06.00.53
← fermé oct. et merc. – SC : **R** 45/90 🍴.

rte Concarneau O : 4 km par D 783 – ✉ 29123 Pont-Aven :

XXX ✿ **La Taupinière** (Guilloux), ᵀ 06.03.12, 🍽 – 🅿. 🖭 🅞 🈁 𝘝𝘐𝘚𝘈, 🎬
fermé 15 sept. au 15 oct., lundi soir sauf juil.-août et mardi – SC : **R** (prévenir) carte 140 à 190.
Spéc. Langoustines grillées, Salade de St Jacques et langoustines (nov. à avril), Jambon frais grillé.

PEUGEOT-TALBOT Quénéhervé, à Croissant-Kergoz ᵀ 06.03.11

PONTCARRÉ 77135 S.-et-M. 🗗🗗 ②, 🗗🗗🗗 ㉑ – 1 648 h. – ✪ 6.
Voir Ferrières : Parc ★ du château N : 3,5 km, G. Environs de Paris.
Paris 32 – Lagny 9,5 – Meaux 29 – Melun 30.

X **La Bordelaise**, 10 Gde-Rue ᵀ 430.31.76 – 𝘝𝘐𝘚𝘈
fermé fév. et mardi – SC : **R** 60/100.

PONTCHARRA-SUR-TURDINE 69 Rhône 🗗🗗 ⑨ – rattaché à Tarare.

PONTCHARTRAIN 78 Yvelines 🗗🗗 ⑨, 🗗🗗🗗 ⑯ – alt. 112 – ✉ 78760 Jouars-Pontchartrain – ✪ 3.
🛝 Isabella ᵀ 054.10.62, E : 3 km.
Paris 47 – Dreux 44 – Mantes-la-Jolie 32 – Montfort-l'Amaury 10 – Rambouillet 22 – Versailles 17.

XXX ✿ **L'Aubergade**, rte Nationale ᵀ 489.02.63, « Beau jardin fleuri, volière » – 🅿. 𝘝𝘐𝘚𝘈
fermé août, mardi soir hors sais. et merc. – **R** carte 130 à 165
Spéc. Saumon braisé au champagne (mars-oct.), Sauté de ris de veau, Délice Aubergade.

XXX **Chez Sam**, rte Nationale ᵀ 489.02.05, « Jardin fleuri » – 🅿. 🖭 🅞 𝘝𝘐𝘚𝘈
fermé 15 janv. au 15 fév., lundi soir et mardi – SC : **R** carte 130 à 190.

à Ste-Appoline E : 3 km sur N 12 – ✉ 78370 Plaisir :

XXX **Maison des Bois**, ᵀ 054.23.17, « Demeure rustique, jardin » – 🅿. 𝘝𝘐𝘚𝘈
fermé août, vac. de fév., dim. soir et lundi – SC : **R** carte 120 à 170.

aux Mousseaux S : 3 km par D 13E – ✉ 78760 Jouars-Pontchartrain :

XXX **Aub. de la Dauberie** Ⓜ 🌙 avec ch, ᵀ 487.80.57, « Coquette hostellerie dans un cadre champêtre et fleuri », 🍽 – 🛁wc ☎ 🚬 🅿 – 🔼 25. 🖭 🅞 𝘝𝘐𝘚𝘈 🎬 ch
fermé fév., lundi et mardi – SC : **R** carte 160 à 230 – 🖃 35 – **9 ch** 330.

CITROEN Palazzi 24 N ᵀ 489.02.68

PONT-D'AIN 01160 Ain **74** ③ – 2 224 h. alt. 237 – ✪ 74.

🛈 Syndicat d'Initiative les quatre Vents (25 juin-15 sept. et fermé sam.) ☏ 39.05.84.

Paris 446 – Belley 56 – Bourg-en-Bresse 19 – Nantua 35 – Villefranche-sur-Saône 60.

🏠 **Alliés,** ☏ 39.00.09 – ➡wc 🛏wc ⊛ ⇦ 🆅🆂🅰
  fermé 28 mai au 4 juin, 17 déc. au 18 janv., vend. midi et jeudi sauf juil.-août – SC :
  R 75/150 👪 – ⌑ 18 – **18 ch** 90/210.

CITROEN Gar. Blanc, ☏ 39.01.33

PONT-DE-BARRET 26 Drôme **77** ⑫ – 385 h. alt. 230 – ⊠ 26160 La Bégude-de-Mazenc –
✪ 75.

Paris 610 – Crest 18 – Dieulefit 19 – Montélimar 27 – Nyons 49 – Valence 46.

🏨 **Savena,** ☏ 90.17.77, 🍴, 🛋, – 🛏. 🎾 ch
 fermé 10 au 31 janv. – SC : **R** *(fermé vend. hors sais.)* 50/95 – ⌑ 12 – **11 ch** 69/119
 P 160/175.

Le PONT-DE-BEAUVOISIN 38480 Isère et 73330 Savoie **74** ⑭⑮ G. Alpes – 2 664 h. alt. 230
– ✪ 76.

Paris 541 – Chambéry 28 – Bourg-en-Bresse 93 – ◆Grenoble 55 – ◆Lyon 79 – La Tour-du-Pin 19.

🏠 **Morris,** SE : 2 km par D 82 ☏ 37.02.05, 🛋 – 🛏wc ⊛ 🅿
  fermé 15 déc. au 1er fév. et dim. soir – SC : **R** 60/130 👪 – ⌑ 18 – **20 ch** 100/200 – P
  140/190.

✗ **Gallet,** av. Pravaz ☏ 37.01.05, 🍴 – 🅿. 🄴 🆅🆂🅰
  fermé 1er au 15 sept. et jeudi – SC : **R** 43/130.

BLF, **LADA, SKODA** Gar. Termoz, ☏ 37.05.60 FORD Angelin, ☏ 37.25.49 🅽
🅽   PEUGEOT-TALBOT Cloppet, ☏ 37.25.63
CITROEN Chaboud, ☏ 37.03.10 🅽   RENAULT Gar. Central, ☏ 37.00.13 🅽

PONT-DE-BRIQUES 62 P.-de-C. **51** ⑪ – rattaché à Boulogne-sur-Mer.

PONT-DE-BROGNY 74 H.-Savoie **74** ⑥ – rattaché à Annecy.

PONT-DE-CHAZEY-VILLIEU 01 Ain **74** ③ – rattaché à Meximieux.

PONT-DE-CHERUY 38230 Isère **74** ⑬ – 3 849 h. alt. 220 – ✪ 7.

Paris 491 – Belley 56 – Bourgoin-Jallieu 27 – ◆Grenoble 91 – ◆Lyon 29 – Meximieux 21 – Vienne 42.

🏠 **Bergeron** sans rest, r. Giffard ☏ 832.10.08 – ➡wc 🛏
  fermé 15 au 31 août – SC : ☎ 13 – **16 ch** 65/100.

CITROEN Garnier, ☏ 832.11.46   🔧 Roudinsky, à Tignieu-Jameyzieu ☏ 832.22.21
FIAT Tunesi, à Tignieu-Jameyzieu ☏ 832.23.48
PEUGEOT, TALBOT Maunand, ☏ 832.11.07
RENAULT Gar. de la Plaine, à Tignieu-Jamey-
zieu ☏ 832.41.01

Le PONT-DE-CLAIX 38 Isère **77** ⑤ – rattaché à Grenoble.

PONT-DE-DORE 63 P.-de-D. **73** ⑮ – alt. 304 – ⊠ 63920 Peschadoires – ✪ 73.

Voir S : Vallée de la Dore★, G. Auvergne.

Paris 388 – Ambert 49 – ◆Clermont-Ferrand 41 – Issoire 53 – Lezoux 10 – Riom 38 – Thiers 6.

🏠 **Avenue,** ☏ 80.10.14, 🛋 – 🛏wc 🅿. 🆅🆂🅰 🎾
  fermé 20 déc. au 15 janv., dim. soir et lundi midi – SC : **R** 54/108 👪 – ⌑ 12 – **18 ch**
  59/119.

✗✗ **Mère Dépalle** Ⓜ avec ch, N 89 ☏ 80.10.05 – ➡wc 🛏wc ☎ ⇦ 🅿. 🄰🄴 🄴 🆅🆂🅰
  SC : **R** 65/150 – ⌑ 18 – **10 ch** 165/185.

✗✗ **Ferme des Trois Canards,** NO : 3 km par rte Maringues ☏ 80.22.26, 🍴 – 🅿.
  🆅🆂🅰
  fermé fin janv. au 15 fév. et mardi – SC : **R** 44/110.

PONT-DE-LA-CHAUX 39 Jura **70** ⑮ – alt. 717 – ⊠ 39150 St-Laurent-en-Grandvaux – ✪ 84.

Voir Gorges de la Langouette★ E : 3,5 km puis 30 mn – Cours de la Lemme★ N –
Cascade de la Billaude★ NE : 4,5 km puis 30 mn, G. Jura.

Paris 438 – Champagnole 12 – ◆Genève 70 – Lons-le-Saunier 45.

🏠 **Beauséjour,** ☏ 51.52.51 – ➡wc 🛏wc 🅿 – 🛋 30. 🄴
  SC : **R** 49/115 👪 – ⌑ 15 – **25 ch** 65/85 – P 115/120.

PONT-DE-LA-MADELEINE 12 Aveyron **79** ⑩ – rattaché à Figeac.

Si vous êtes retardé sur la route, dès 19 h,
confirmez votre réservation par téléphone,
c'est plus sûr... et c'est l'usage.

PONT-DE-L'ARCHE 27340 Eure 55 ⑥ G. Normandie – 2 456 h. alt. 24 – ✆ 35.

Paris 118 – Les Andelys 32 – Elbeuf 11 – Évreux 34 – Gournay-en-Bray 55 – Louviers 11 – •Rouen 18.

XXX **Ferme de la Borde,** N 15 ✆ 23.03.90, « jardin fleuri » – P
fermé 6 au 30 août, dim. soir et lundi sauf fériés – SC : **R** carte 115 à 170.

XX **La Pomme, aux Damps 1,5 km au bord de l'Eure** ✆ 23.00.46, – P. VISA
fermé 30 juil. au 22 août, vacances de fév., dim. soir, mardi soir et merc. – SC : **R** 60/140 ₰.

X **Elbeuf,** ✆ 23.00.56 – E VISA.
fermé 10 au 30 août, 24 au 31 déc., sam. midi, dim. soir et vend. – **R** 40/80 ₰.

PONT-DE-L'ISÈRE 26 Drôme 77 ② – rattaché à Valence.

PONT-DE-LUNEL 34 Hérault 83 ⑧ – rattaché à Lunel.

PONT-DE-MENAT 63 P.-de-D. 73 ③ – ✉ 63560 Menat – ✆ 73.

Voir Gorges de la Sioule★ N et S, G. Auvergne.

Paris 361 – Aubusson 89 – Gannat 28 – Montluçon 41 – Riom 34 – St-Pourçain-sur-Sioule 50.

XX **Aub. Maître Henri** avec ch, ✆ 85.50.20, – P.
fermé 4 au 20 janv. et merc. du 15 oct. au 15 mars – SC : **R** 40/103 ₰ – 12 – **10 ch** 65/90 – P 105/120.

Gorges de Chouvigny★★ NE par D 915 G. Auvergne – ✉ 63560 Menat :

X **Les Roches** avec ch, ✆ 85.51.49, ←, – P
hôtel ouvert de Pâques à fin nov. ; rest. fermé du 10 déc. au 5 janv. – SC : **R** 65/95 – 14 – **8 ch** 65/98 – P 110/125.

X **Beau Site** avec ch, ✆ 85.51.47, ←, – wc P. E
fermé 13 nov. au 1er janv. et lundi en janv. et fév. – SC : **R** 36/85 – 12 – **8 ch** 52/72 – P 112/128.

X **Gorges de Chouvigny,** ✉ 03450 Ébreuil ✆ (70) 90.42.11, ← – P. VISA
fermé 20 déc. à fin janv., lundi soir et mardi sauf juil. et août – SC : **R** 60/110.

Le PONT-DE-MONTVERT 48220 Lozère 80 ⑥ G. Causses – 305 h. alt. 875 – ✆ 66.

Paris 630 – Alès 61 – Florac 21 – Génolhac 28 – Mende 58 – Villefort 46.

Sources du Tarn, ✆ 45.80.25, ← – wc wc. VISA.
SC : **R** 47/70 – 15 – **20 ch** 120/185.

CITROEN Gar. Guin, ✆ 45.80.06

Le PONT-DE-PACÉ 35 I.-et-V. 59 ⑯ – rattaché à Rennes.

PONT-DE-PANY 21410 Côte d'Or 66 ⑪ alt. 290 – ✆ 80.

Paris 295 – Avallon 86 – Beaune 46 – •Dijon 21 – Saulieu 55.

XX **Pont de Pany** avec ch, ✆ 23.60.59, – P
fermé janv., fév. et merc. – SC : **R** 53/120 – 15 – **16 ch** 80/125.

PONT-DE-POITTE 39 Jura 70 ⑭ G. Jura – 657 h. alt. 439 – ✉ 39130 Clairvaux-les-Lacs – ✆ 84 – Paris 424 – Champagnole 34 – •Genève 96 – Lons-le-Saunier 17.

XX **Ain** avec ch, ✆ 48.30.16 – rest wc wc
fermé 1er au 8 sept., 1er au 22 janv., dim. soir sauf juil.-août et lundi – SC : **R** 47/180 – 15 – **10 ch** 95/160 – P 140/160.

PONT-DE-ROIDE 25150 Doubs 66 ⑱ G. Jura – 4 108 h. alt. 351 – ✆ 81.

Paris 484 – Baume-les-Dames 40 – •Besançon 69 – Montbéliard 18 – Morteau 53 – Neuchâtel 76.

Voyageurs, 15 pl. Centrale ✆ 96.92.07, – wc wc P. VISA
fermé 16 déc. au 6 janv. – SC : **R** *(fermé sam.)* 53/140 ₰ – 17 – **15 ch** 100/210 – P 185/225.

à Roches-lès-Blamont NE : 12 km par D 73, D 35 et D 434 – ✉ 25310 Hérimoncourt :

XX ✿ **Aub. de la Charrue d'Or** (Piguet), ✆ 35.18.40, – P. AE E VISA
fermé fév., dim. soir et lundi sauf fériés – SC : **R** (prévenir) 90/195
Spéc. Cuisses de grenouilles à la coque, Langues d'agneau à l'estragon, Rognon de veau aux baies roses.

PEUGEOT-TALBOT Vurpillat, ✆ 92.42.27

PONT-DE-SALARS 12290 Aveyron 80 ③ – 1 542 h. alt. 690 – ✆ 65.

Paris 634 – Albi 87 – Millau 46 – Rodez 25 – St-Affrique 56 – Villefranche-de-Rouergue 71.

Voyageurs, ✆ 46.82.08 – wc wc P. E VISA.
fermé 10 au 27 oct., 15 déc. au 1er fév., dim. soir et lundi sauf mai à sept. – SC : **R** 55/150 ₰ – 14,50 – **36 ch** 55/200.

CITROEN Vayssière, ✆ 46.85.31 N RENAULT Capoulade, ✆ 46.83.16 N

PONT D'ESPAGNE 65 H.-Pyr. 85 ⑰ — rattaché à Cauterets.

PONT-DE-SUMÈNE 43 H.-Loire 76 ⑦ — rattaché au Puy.

PONT-DE-VAUX 01190 Ain 70 ⑫ – 2 051 h. alt. 177 – ✦ 85 (S.-et-L.).

🛈 Office de Tourisme 2 r. Mar.-de-Lattre-de-Tassigny (juil.-sept. et fermé lundi) ☎ 37.30.02.
Paris 383 – Bourg-en-Bresse 38 – Lons-le-Saunier 60 – Mâcon 22 – St-Amour 35 – Tournus 18.

XXX   ✿ **Commerce** (Patrone), ☎ 30.30.56 – ⌷wc ⋔wc ☎ ⇔. ✻ ch
  fermé 12 au 29 juin, 26 nov. au 22 déc., 7 au 14 mars, mardi et merc. sauf fériés et
  saison – SC : **R** 78/155 – � 19 – **10 ch** 129/153
  Spéc. Gâteau aux foies de volaille, Grenouilles sautées fines herbes, Volaille de Bresse à la crème.
  Vins Mâcon, Chiroubles.

XX   ✿ **du Raisin** (Chazot) avec ch, ☎ 30.30.97 – ⌷wc ⋔wc ☎ ⇔. ✻ ch
➡   fermé janv., dim. soir et lundi sauf fériés – SC : **R** 48/160 ⅃ – � 15 – **7 ch** 97/140
  Spéc. Grenouilles Maitre d'hôtel, Crêpes Parmentier, Fricassée de poulet de Bresse au vinaigre. **Vins**
  Viré, Brouilly.

XX   **La Reconnaissance** avec ch, ☎ 30.30.55 – ⌷wc ⋔wc ⇔. **E** 𝘝𝘐𝘚𝘈
➡   fermé 18 mars au 3 avril, 15 nov. au 10 déc., dim. soir et lundi du 15 sept. au 15 juin
  – SC : **R** 45/150 ⅃ – � 18 – **12 ch** 76/165 – P 160/240.

CITROEN Grospellier, ☎ 37.31.13

PONT-D'HÉRAULT 30 Gard 80 ⑯ — rattaché au Vigan.

PONT-D'OUILLY 14690 Calvados 55 ⑪ G. Normandie – 1 049 h. alt. 81 – ✦ 31.
Paris 234 – Briouze 28 – ✦Caen 48 – Falaise 18 – Flers 25 – Villers-Bocage 43 – Vire 39.

🏠   **Commerce**, ☎ 69.80.16, ☞ – ⋔ 🅿. 🆎 ✻
➡   fermé janv., dim. soir et lundi sauf de juin à sept. – SC : **R** 40/120 – � 12 – **18 ch**
  65/140 – P 115/140.

    à St-Christophe N : 2 km par D 23 – ⊠ 14690 Pont-d'Ouilly

XX   **Aub. St-Christophe** 🍴 avec ch, ☎ 69.81.23, �──, ☞ – ⌷ ⋔ ☎ 🅿. 🆎 𝘝𝘐𝘚𝘈
  fermé 8 au 15 oct., fév., dim. soir et lundi (sauf rest. en sais.) – SC : **R** 69/154 – ⊔
  17 – **7 ch** 135/170 – P 209.

PONT-DU-BOUCHET 63 P.-de-D. 73 ③ – ⊠ 63380 Pontaumur – ✦ 73.
Paris 401 – ✦Clermont-Ferrand 54 – Pontaumur 12 – Riom 39 – St-Gervais-d'Auvergne 18.

🏠   **La Crémaillère** 🍴, ☎ 86.80.07, ≤, ☞ – ⌷wc ⋔wc 🅿. ✻
  fermé 15 déc. au 15 janv., vend. soir et sam. midi hors sais. – SC : **R** 58/123 – ⇐ 13
  – **15 ch** 72/119 – P 125/160.

PONT-DU-CHAMBON 19 Corrèze 75 ⑩ — rattaché à Marcillac-la-Croisille.

PONT-DU-DIABLE (Gorges du) ★★ 74 H.-Savoie 70 ⑰⑱ G. Alpes.

PONT-DU-DOGNON 87 H.-Vienne 72 ⑧ G. Périgord – alt. 290 – ⊠ 87340 La Jonchère-
St-Maurice – ✦ 55.
Paris 394 – Bellac 52 – Bourganeuf 27 – La Jonchère-St-Maurice 9 – ✦Limoges 26 – La Souterraine 42.

🏠   **Rallye** 🍴, St-Laurent-les-Églises ☎ 56.56.11, ≤ lac – ⌷wc ⋔wc ☎ 🅿 – 🛇 30.
➡   **E**. ✻ rest
  15 mars-30 oct. et hors saison : prévenir – SC : **R** 50/120 – ⊔ 17,50 – **20 ch** 95/200
  – P 150/250.

PONT-DU-GARD 30 Gard 80 ⑲ G. Provence – alt. 27 – ⊠ 30210 Remoulins – ✦ 66.
Voir Pont-aqueduc romain★★★.
Paris 696 – Alès 47 – Arles 41 – Avignon 25 – Nîmes 23 – Orange 37 – Pont-St-Esprit 42 – Uzès 14.

🏠   **Vieux Moulin** 🍴, rive gauche ☎ 37.14.35, ≤ pont du Gard, �──, – ⌷wc ⋔wc ☎
  🅿. ⇐ 🛇 30. 🆎 ① 🅴
  1er mars-5 déc. – SC : **R** (fermé lundi et mardi) 65/170 – ⊔ 22 – **16 ch** 130/300.

🏠   **Le Colombier** 🍴, E : 0,8 km par D 981 (rive droite) ☎ 37.05.28, �──, ☞ – ⌷wc
  ☎ ⇐ 🅿
  fermé déc. et merc. du 15 oct. au 15 mars – SC : **R** 53/120 – ⊔ 15 – **12 ch** 70/140 –
  P 220/260.

    à Castillon du Gard NE : 4 km par D 19 et D 228 – ⊠ 30210 Remoulins :

🏰   **Le Vieux Castillon** Ⓜ 🍴, ☎ 37.00.77, �──, patio, « au cœur d'un village médié-
  val », ⅃, ✼ – ▮⊟ ☎ – 🛇 30. 𝘝𝘐𝘚𝘈
  fermé début janv. à début mars – SC : **R** 170/220 – ⊔ 38 – **32 ch** 360/670 – P
  520/685.

    Voir aussi ressources hôtelières de Remoulins SE : 3 km

900

PONT-DU-LOUP 06 Alpes-Mar. 🗺 ⑨, 🗺 ㉔ – alt. 300 – ⊠ 06490 Tourrette-sur-Loup – ✿ 93 – **Voir** N : Gorges du Loup★★ – Le Bar-sur-Loup : site★, Danse macabre★ dans l'église St-Jacques, ≼★ de la place de l'église S : 3 km – Cascade de Courmes★ N : 3 km, G. Côte d'Azur.

Paris 930 – Antibes 35 – La Colle-sur-Loup 12 – Coursegoules 21 – Grasse 12 – ◆Nice 39 – Vence 14.

🏨 **La Réserve,** 🕾 59.32.81, ≼, 🏤, 🔼, 🛲 – ⌂wc 🛆wc ☎ 🚗 ⬤ ⒫. 🖭 ⓞ 🚾
　SC : **R** 52/96 – **18 ch** 🖙 135/230 – P 400/500 (pour 2 pers.).

PONT-DU-NAVOY 39 Jura 🗺 ④⑤ – 245 h. alt. 480 – ⊠ 39300 Champagnole – ✿ 84.

Env. Cirque de Ladoye ≼★★ NO : 11 km, G. Jura.

Paris 430 – Champagnole 11 – Lons-le-Saunier 23 – Poligny 23.

🏨 **Cerf,** 🕾 51.20.87 – ⌂wc 🛆wc ☎ 🚗 ⬤. 🖪 🚾
◆ mars-nov. – SC : **R** 44/118 – 🖙 14,50 – **30 ch** 65/137.

RENAULT Gar. Poix-Daude Frères, 🕾 51.21.80

PONTEMPEYRAT 42 Loire 🗺 ⑦ – alt. 750 – ⊠ 42550 Usson-en-Forez – ✿ 77.

Paris 476 – Ambert 40 – Montbrison 57 – Le Puy 44 – ◆St-Étienne 54 – Yssingeaux 44.

🏨 **Mistou** 🐾, 🕾 50.62.46, «parc au bord de l'Ance » – ⌂wc 🛆wc ☎ ⬤ – ▵ 40
1ᵉʳ mars-1ᵉʳ nov., week-end seul. en nov. et déc., fermé lundi soir et mardi sauf 15 juin au 15 sept. – SC : **R** 70/160 – 🖙 16 – **25 ch** 110/165 – P 175/220.

PONT-EN-ROYANS 38680 Isère 🗺 ③ 🅖 Alpes (plan) – 1 119 h. alt. 208 – ✿ 76.

Voir Site★ – Route de Presles★★ NE – Petits Goulets★ SE : 2 km.

Paris 589 – Die 58 – ◆Grenoble 60 – St-Marcellin 14 – Valence 45 – Villard-de-Lans 24.

🏨 **Bonnard,** 🕾 36.00.54 – 🛆 ☎ 🚗. 🦐
1ᵉʳ mars-30 sept., nov. (rest. seul) et fermé merc. – SC : **R** 60/130 – 🖛 20 – **15 ch** 75/110 – P 200.

🏠 **Beau Rivage,** 🕾 36.00.63, ≼, 🏤 – 🛆 ⬤. 🖭
◆ fermé 1ᵉʳ déc. au 1ᵉʳ fév. et lundi de sept. à mai – SC : **R** 49/100 ⅃ – 🖙 12 – **16 ch** 57/82 – P 115/125.

PEUGEOT Gar. Universel, 🕾 36.00.89　　　　RENAULT Gar. des Alpes, 🕾 36.03.67

Le PONTET 84 Vaucluse 🗺 ⑫ – rattaché à Avignon.

Le PONTET D'EYRANS 33 Gironde 🗺 ⑦ – alt. 14 – ⊠ 33390 Blaye – ✿ 57.

Paris 536 – Blaye 9 – ◆Bordeaux 51 – Jonzac 36 – Mirambeau 21 – St-André-de-C. 28 – Saintes 71.

🏠 **Voyageurs,** 🕾 64.71.09 – 🚗 ⬤
◆ fermé 15 oct. au 15 nov. et merc. – SC : **R** 42/75 ⅃ – 🖙 12 – **10 ch** 50/82.

PEUGEOT, TALBOT Ferandier-Sicard 🕾 42.71.07

PONT-ÉVÊQUE 38 Isère 🗺 ⑫ – rattaché à Vienne.

PONT-FARCY 14 Calvados 🗺 ⑨ – 385 h. alt. 66 – ⊠ 14380 St-Sever-Calvados – ✿ 31.

Paris 302 – ◆Caen 59 – St-Lô 24 – Villedieu-les-Poêles 19 – Villers-Bocage 34 – Vire 18.

✗ **Coq Hardi,** 🕾 68.86.03
◆ fermé mardi du 15 sept. au 30 juin – SC : **R** 38/75 ⅃.

PONTGIBAUD 63230 P.-de-D. 🗺 ⑬ 🅖 Auvergne – 927 h. alt. 672 – ✿ 73.

🛈 Syndicat d'Initiative à la Mairie (fermé lundi, sam. et dim.).

Paris 401 – Aubusson 71 – ◆Clermont-Ferrand 23 – Le Mont-Dore 42 – Riom 26 – Ussel 71.

🏨 **Poste,** 🕾 88.70.02 – ⌂wc 🛆wc ☎ 🚗 🖭 🖭
◆ fermé janv., dim. soir et lundi sauf juil.-août – SC : **R** 45/105 – 🖙 15 – **11 ch** 80/105 – P 130/140.

CITROEN Klein, 🕾 88.70.05 🗊　　　　　　　RENAULT Tournaire, 🕾 88.70.41
PEUGEOT TALBOT Gar. du Pont, 🕾 88.70.14

PONTHIERRY 77 S.-et-M. 🗺 ①, 🗺 ㊹ – alt. 60 – ⊠ 77310 St-Fargeau-Ponthierry – ✿ 6.

Paris 47 – Corbeil Essonnes 11 – Étampes 38 – Fontainebleau 19 – Melun 10.

✗✗ **Aub Cheval Blanc,** 🕾 065.70.21 – 🚾
◆ fermé 20 déc. au 15 janv. et dim. soir – **R** 93/125.

PEUGEOT Gar. des Bordes, 107 av. Fontaine-　　TALBOT Gar. du Centre, 10 av. Fontainebleau
bleau, St-Fargeau 🕾 065.71.13 🗊 🕾 065.77.71　　à Pringy 🕾 065.70.31 🗊
RENAULT Gar. Tractaubat, pl. Gén.-Leclerc 🕾
065.70.39

PONTIGNY 89230 Yonne 🗺 ⑤ 🅖 Bourgogne – 825 h. alt. 113 – ✿ 86 – **Voir** Abbaye ★.

Paris 184 – Auxerre 20 – Sens 57 – Tonnerre 32 – Troyes 60.

✗✗ **Moulin de Pontigny,** 🕾 47.44.98 – ⬤. 🖭 ⓞ 🚾
◆ fermé 1ᵉʳ au 15 fév., mardi soir et merc. – SC : **R** 50/100 ⅃.

PONTIVY 🐿️ 56300 Morbihan 🇫🇷 ⑩ **G. Bretagne** – 14 224 h. alt. 60 – ❸ 97.

Voir Maisons anciennes★ (rues du Fil, du Pont, du Dr-Guépin Y) – Stival : vitraux★ de la chapelle St-Mériadec NO : 3,5 km par ⑥.

🅱 Office de Tourisme pl. A.-Briand (1er avril-30 sept. et fermé dim.) ☏ 25.04.10 et à la Mairie (1er oct.-30 mars, fermé sam. et dim.) ☏ 25.00.33.

Paris 459 ② – Concarneau 88 ⑤ – Dinan 93 ② – Lorient 57 ④ – Quimper 117 ④ – ◆Rennes 107 ② – St-Brieuc 64 ② – Vannes 52 ③.

PONTIVY

Nationale (R.) .... YZ
Pont (R. du) .... Y 28

Anne-de-Bretagne
 (Pl.) .... Y 2
Caïnain (R.) .... Z 3
Couvent (Q. du) .... Y 4
Dr-Guépin (R. du) .... Y 5
Fil (R. du) .... Y 6
Friedland (R.) .... Y 8
Jaurès (R. Jean) .... Z 10
Lamennais
 (R. J.-M.-de) .... Z 13
Le Goff (R.) .... Z 16
Lorois (R.) .... Y 17
Marengo (R.) .... Z 19
Martray (R. du) .... Y 20
Niémen (Q.) .... Y 27
Presbourg (Q.) .... Y 32
Viollard (Bd) .... Z 33

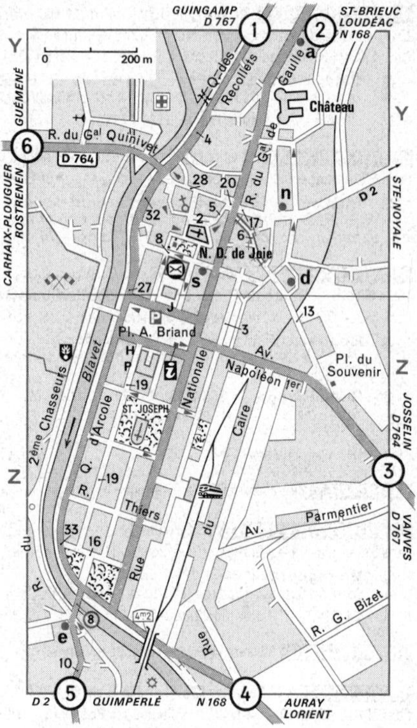

Une voiture bien équipée
possède à son bord
des cartes Michelin à jour.

Munite la vostra vettura
di carte stradali Michelin
aggiornate

🏨 **Porhoët** Ⓜ sans rest, 41 av. Gén.-de-Gaulle ☏ 25.34.88 – 🛗 🛏️wc 🚿wc ☎ 🔧.
 VISA Y a
 SC : 🍽️ 18 – **28 ch** 120/150.

🏨 **Martin**, 1 r. Leperdit ☏ 25.02.04 – 🚿 📶 – 🅰️ 25 Y n
 ↦ fermé 15 déc. au 15 janv. et dim. sauf fêtes, juil. et août – SC : **R** 45/100 ⚬ – 🍽️
 15,50 – **30 ch** 68/150.

🏨 **Napoléon** sans rest, r. Butte ☏ 25.13.58 – 🛏️wc 📶. **E**. 🚫 Y d
 fermé fév. et dim. de sept. à juin – SC : 🍽️ 12 – **14 ch** 85/110.

🏨 **Friedland** sans rest, 12 r. Friedland ☏ 25.27.11 – 🛏️wc 📶 📶. **E VISA** Y s
 SC : 🍽️ 15 – **12 ch** 72/145.

🏨 **Robic**, r. J.-Jaurès ☏ 25.11.80 – 🛏️ 📶 ☎ 🅿️ – 🅰️ 25. **E VISA** Z e
 ↦ SC : **R** 40/120 ⚬ – 🍽️ 15 – **29 ch** 55/115.

CITROEN Laloge, rte de Vannes par ③ ☏ 25.30.56
PEUGEOT-TALBOT S.A.I.P., rte de Lorient par ④ ☏ 25.12.19

RENAULT Quéré, rte de Rostrenen par ⑥ ☏ 25.07.26

🛞 Piété 6 r. de Mun et r. Guynemer ☏ 25.02.77

Demandez chez le libraire le catalogue des cartes et guides Michelin

PONT-L'ABBÉ 29120 Finistère 🇫🇷 ⑭⑮ **G. Bretagne** – 7 729 h. alt. 4 – ❸ 98.

Env. Calvaire★★ de la chapelle N.-D.-de-Tronoën O : 8 km.

🅱 Office de Tourisme Château (fermé sam. et dim.) ☏ 87.24.44.

Paris 568 ① – Douarnenez 33 ④ – Quimper 20 ①.

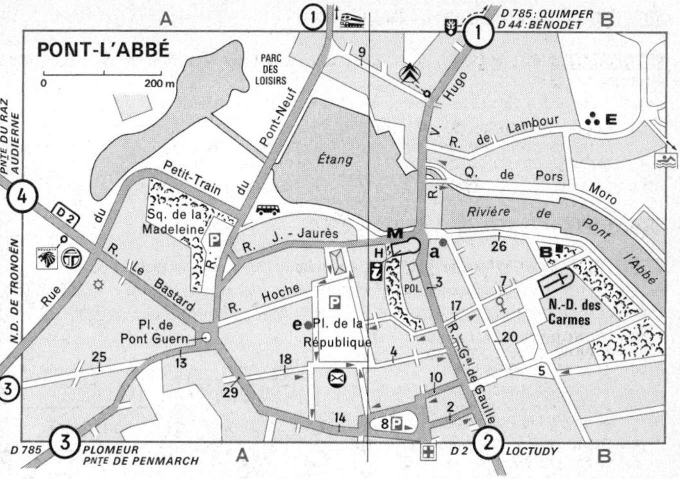

PONT-L'ABBÉ

PARC DES LOISIRS

(map area)

Château (R. du) . . . . **B** 3	Cariou (R.) . . . . **B** 2	Kerentrée (R. de) . . . . **A** 13
Gaulle (R. Gén.-de) . . . . . . **B**	Danton (R.) . . . . **B** 4	Marceau (R.) . . . . **B** 17
J.-J.-Rousseau (R.) . . . . . . **B** 10	Delessert (Pl. B.) . . . . **B** 5	Michelet (R.) . . . . **A** 18
Lamartine (R.) . . . . **A** 14	Église (R. de l') . . . . **B** 7	Pasteur (R.) . . . . **B** 20
Simon (R. Jules) . . . . **A** 29	Gambetta (Pl.) . . . . **B** 8	St-Jean (R.) . . . . **A** 25
Victor-Hugo (R.) . . . . **B**	Gare (R. de la) . . . . **A** 9	St-Laurent (Q.) . . . . **B** 26

🏨 **Bretagne,** 24 pl. République ☏ 87.17.22 – ⇌wc ⋔wc ☎. **E** 𝘝𝘐𝘚𝘈. ⚘ ch   A **e**
fermé 15 oct. au 5 nov., 15 au 31 janv. et lundi (sauf hôtel en sais.) – SC : **R** 63/220 –
⌧ 16,50 – **18 ch** 140/250 – P 210/240.

✕✕ **Relais de Ty-Boutic,** par ③ : 3 km ☏ 87.03.90, 🚗 – **Ⓟ.** 𝗔𝗘 **E** 𝘝𝘐𝘚𝘈
➔ *fermé 1er au 15 sept., fév., mardi soir et merc. de sept. à juin, lundi en juil.-août et
dim. soir en hiver –* SC : **R** 48/184 ⅃.

✕ **Voyageurs** avec ch, 6 quai St-Laurent ☏ 87.00.37 – 𝗔𝗘 **E**   B **a**
fermé oct. et lundi – SC : **R** 65/250 – ⌧ 20 – **20 ch** 90/130 – P 200/300.

CITROEN Gar. Chapalain, rte de Plomeur à
Kerouan par ③ ☏ 87.16.37 **N** ☏ 87.21.42
CITROEN Lorda-Tanneau, 21 r. Victor-Hugo
☏ 87.00.91
PEUGEOT-TALBOT Gar. Chatalen, rte Quim-
per à Kermaria par ① ☏ 87.29.08

PEUGEOT-TALBOT Pont l'Abbé Autos Servi-
ces, 19 r. Ch.-Le-Bastard ☏ 87.06.50
RENAULT Kerlen, 122 r. Gén.-de-Gaulle par
② ☏ 87.14.45

PONT-LES-MOULINS 25 Doubs 🆖🆖 ⑯ – rattaché à Baume-les-Dames.

PONT-L'ÉVÊQUE 14130 Calvados 🆖🆖 ③ **G. Nor-
mandie** – 3 802 h. alt. 16 – ✪ 31.

🛈 Syndicat d'Initiative Hôtel de Brilly (juil.-août et fermé
dim. après-midi) ☏ 64.12.77.

Paris 196 ② – ◆Caen 47 ② – ◆Le Havre 64 ② – ◆Rouen
80 ② – Trouville-Deauville 11 ⑦.

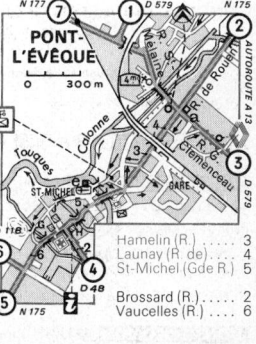

🏨 **Lion d'Or,** pl. Calvaire **(a)** ☏ 64.00.38 –
⇌wc ☜ **Ⓟ** – 🏛 50 𝗔𝗘 ⓲ **E** 𝘝𝘐𝘚𝘈
fermé 1er janv. au 15 fév. et merc. hors sais. –
R 60/165 – ⌧ 18 – **16 ch** 107/195.

✕✕ **Aub. de la Touques,** pl. Église **(e)** ☏ 64.
01.69 – **E**
fermé 15 nov. à fin déc., lundi soir et mardi –
SC : **R** 80/120.

*à St-Martin-aux-Chartrains par ⑦ : 3,5 km
sur N 177 –* ⊠ 14130 Pont-l'Évêque

✕✕ **Aub. de la Truite** avec ch, ☏ 64.06.10, 🍴,
🚗 – ⋔ **Ⓟ** 𝗔𝗘 𝘝𝘐𝘚𝘈
fermé dim. soir et lundi du 1er oct. au 30 avril – SC : **R** carte 100 à 160 – ⌧ 15 –
6 ch 90/150.

Hamelin (R.) 3	
Launay (R. de) 4	
St-Michel (Gde R.) . . 5	
Brossard (R.) 2	
Vaucelles (R.) 6	

CITROEN Dupuits, 5 r. St-Mélaine ☏ 64.01.86
FORD Garez, 37 r. de Vaucelles ☏ 64.02.11 **N**

RENAULT Gar. du-Lion-d'Or rte de Lisieux ☏
64.15.54

PONT-L'ÉVÊQUE 60 Oise 🔢 ③ – rattaché à Noyon.

PONTLEVOY 41 L.-et-Ch. 🔢 ⑰ G. Châteaux de la Loire – 1 700 h. alt. 99 – ✉ 41400
Montrichard – ✪ 54.
Paris 207 – Blois 25 – Contres 14 – Montrichard 7,5 – Romorantin-Lanthenay 40.

🏛 **École,** 𝄐 32.50.30, 🍴, 🐎 – 🛏wc 🐦 🅿
fermé fév., lundi soir et mardi midi hors sais. – SC : **R** 62/95 – ☲ 18,50 – **15 ch**
74/186.

RENAULT Debrais, 𝄐 32.50.20   Gar. Marionnet, 𝄐 32.50.11

PONTOISE 95 Val-d'Oise 🔢 ⑳. 🔢 ⑤⑥. 🔢 ② – voir à Cergy-Pontoise.

PONTORSON 50170 Manche 🔢 ⑨ G. Normandie – 3 358 h. alt. 18 – ✪ 33.
🛈 Syndicat d'Initiative pl. Église (Pâques, Pentecôte, fin juin-début sept. et fermé dim.) 𝄐 60.20.65.
Paris 322 ② – Avranches 22 ② – Dinan 45 ⑤ – Fougères 38 ④ – ♦Rennes 57 ④ – St-Malo 43 ⑤.

🏛 **Montgomery,** r. Couesnon **(a)** 𝄐
60.00.09, Télex 171332, 🐎 – 🛏wc
🛏wc 🐦. 🅰🅴 ⓞ 🅴 𝗩𝗜𝗦𝗔
*14 avril-30 sept. et fermé mardi en
avril-mai* – SC : **R** 59/99 – ☲ 14 –
34 ch 59/175 – P 267/299.

🏛 **Bretagne,** r. Couesnon **(f)** 𝄐 60.
10.55 – 🛏wc 🛏wc 🐦. 🅰🅴 🅴
1ᵉʳ fév.-1ᵉʳ nov. et fermé lundi – SC :
R 52/95 🍴 – ☲ 14,50 – **13 ch** 75/160
– P 200/250.

🏠 **Relais Clemenceau,** bd Clemen-
ceau **(u)** 𝄐 60.10.96 – 🛏 🅿
*fermé 1ᵉʳ fév. au 7 mars, dim. soir et
lundi d'oct. à juin* – SC : **R** 48/90 –
☲ 13 – **17 ch** 70/128 – P 155.

PONTORSON
Couesnon (R.) . 2
St-Michel (R.) . 3
0   400 m

CITROEN Jamin, 14 r. de la Libération 𝄐 60.
00.29
LANCIA Gar. Mogicato, 43 r. de la Libération
𝄐 60.25.05 🅽

PEUGEOT-TALBOT Galle-Vettori, par ② 𝄐
60.00.37
RENAULT Gar. Boulaux, 𝄐 60.10.76

PONT-RÉAN 35 I.-et-V. 🔢 ⑥ – rattaché à Rennes.

PONT-ROYAL 13 B.-du-R. 🔢 ② – rattaché à Senas.

PONT-ST-PIERRE 27360 Eure 🔢 ⑦ G. Normandie – 1 059 h. alt. 17 – ✪ 32.
Voir Boiseries★ de l'église – Côte des Deux-Amants★★ SO : 4,5 km puis 15 mn.
Paris 106 – Les Andelys 18 – Évreux 45 – Louviers 21 – Pont-de-l'Arche 10 – ♦Rouen 21.

🍴🍴🍴 **Bonne Marmite** avec ch, 𝄐 49.70.24 – 📺 🛏wc 🐦 – 🔒 25. 🅰🅴 ⓞ 🅴 𝗩𝗜𝗦𝗔
🍴 ch
*fermé 23 juil. au 11 août, 25 fév. au 15 mars, dim. soir du 1ᵉʳ sept. au 31 mars, sam.
midi et vend.* – **R** 70 (sauf sam. soir)/170 – ☲ 19 – **9 ch** 160/215 – P 248/280.

🍴🍴 **Aub. de l'Andelle,** 𝄐 49.70.18 – 𝗩𝗜𝗦𝗔
fermé 16 août au 8 sept., 24 au 28 déc., dim. soir et lundi sauf fêtes – SC : **R** 72/106
🍴.

CITROEN Gar. Grandserre, à Neuville Chant
Oisel 𝄐 80.28.21.
RENAULT Carnel, 𝄐 49.70.48

🔌 Brunel, Le Petit Nojeon à Fleury-sur-Andelle
𝄐 49.01.22

PONT-STE-MARIE 10 Aube 🔢 ⑰ – rattaché à Troyes.

PONT-STE-MAXENCE 60700 Oise 🔢 ①② G. Environs de Paris – 9 509 h. alt. 32 – ✪ 4.
Voir Cour★ de l'abbaye du Moncel.
Paris 61 – Beauvais 49 – Compiègne 24 – Creil 12 – Senlis 12.

🍴🍴 **Host. du Marais** avec ch, pl. Perronet 𝄐 472.20.63 – 📺 🛏wc 🐦. ⓞ 𝗩𝗜𝗦𝗔
fermé 4 au 20 sept. et 8 à 28 fév. – SC : **R** 47/67 🍴 – 🛒 12 – **6 ch** 110.

RENAULT Gar. de la Gare, 29 av. A.-Briand 𝄐 472.22.56 🅽

PONT-SALOMON 43330 H.-Loire 🔢 ⑧ – 1 341 h. alt. 635 – ✪ 77.
Paris 540 – Le Puy 57 – La Chaise-Dieu 69 – ♦St-Étienne 21 – Yssingeaux 30.

🏠 **Modern'H.,** 𝄐 35.50.18 – 🛏. 🅴
fermé 15 sept. au 7 oct. et sam. sauf juin à sept. – SC : **R** 35/70 🍴 – 🛒 12 – **12 ch**
66/100 – P 110/125.

904

Les PONTS-NEUFS 22 C.-du-N. 🔢 ④ – alt. 33 – ✉ **22400** Lamballe – ❀ 96.

Paris 441 – Carhaix-Plouguer 88 – Erquy 20 – Lamballe 12 – Loudéac 44 – St-Brieuc 14.

　XXX　✿✿ **Lorand-Barre** (Damour), ☎ 32.78.71, ≼, « Bel intérieur rustique breton » –
　　　ᴁ ⓞ
　　　fermé 15 déc. au 15 fév., dim. soir et lundi – **R** (nombre de couverts limité -
　　　prévenir) 250/320
　　　Spéc. Homard grillé, Ris de veau au porto, Poulet sauté à l'estragon.

PONT-SUR-YONNE 89140 Yonne 🔢 ⑬⑭ – 2 933 h. alt. 65 – ❀ 86.

🚉 Syndicat d'Initiative à la Mairie (fermé sam. après-midi et dim.) ☎ 67.16.79.

Paris 108 – Auxerre 69 – Fontainebleau 41 – Nemours 44 – Nogent-sur-S. 37 – Provins 35 – Sens 12.

　🏠　**Aux Trois Rois,** ☎ 67.01.05, ⌇, – ⊟ 🔥 ☎ 🄿. ⤢
　　　fermé déc., janv., dim. soir et lundi sauf juil. et août – SC : **R** 51/105 – ⊐ 11 – **13 ch**
　　　58/140 – P 113/147.

　XX　**Host. de l'Ecu** avec ch, 3 r. Carnot ☎ 67.01.00 – 🔥wc. ⓞ 𝚅𝙸𝚂𝙰
　　　fermé 5 janv. au 5 mars, lundi soir et mardi sauf juil. et août – SC : **R** 56/95 – ⚲ 12
　　　– **8 ch** 75/140 – P 180/220.

　XX　Aub. km 99, ☎ 67.00.40 – 🄿.

CITROEN Soutin, ☎ 67.12.04　　　　　　　　　　　PEUGEOT-TALBOT Nottet, ☎ 67.10.97
PEUGEOT-TALBOT Gonnet-Torton ☎ 67.12.00

Le PORGE 33 Gironde 🔢 ① – 1 100 h. – ✉ **33680** Lacanau – ❀ 56.

Paris 629 – Andernos-les-Bains 17 – ◆Bordeaux 50 – Lacanau-Océan 25 – Lesparre-Médoc 53.

　X　**Le Galip,** au Porge-Océan O : 10,5 km ☎ 26.50.33 – 🄿. 𝚅𝙸𝚂𝙰
　　　fermé nov., dim. soir et vend. – SC : **R** 75.

RENAULT Deyres, ☎ 26.50.16

PORNIC 44210 Loire-Atl. 🔢 ① G. Côte de l'Atlantique (plan) – 2 229 h. – Casino le Môle –
❀ 40 – 🛠 ☎ 82.06.69, O : 1 km – 🚉 Office de Tourisme au Vieux Port du Môle (fermé dim. sauf matin en
sais.) ☎ 82.04.40 – Paris 428 – ◆Nantes 51 – La Roche-s-Y. 79 – Les Sables d'O. 89 – St-Nazaire 29.

　🏠　**Ourida,** 43 r. Verdun ☎ 82.00.83, ⤢ – 🔥wc ☎ 🄿. 𝚅𝙸𝚂𝙰. ⤢
　◆　　fermé 4 au 19 mars – SC : **R** 36/96 – ⊐ 14 – **10 ch** 71/167 – P 144/227.

　XX　**Le Bout du Monde,** au nouveau port ☎ 82.00.24, ≼, – ᴁ ⓞ 𝙴 𝚅𝙸𝚂𝙰
　　　fermé 19 nov. au 2 déc., vacances de fév., lundi soir d'oct. à avril et mardi – SC : **R**
　　　55/162.

　　　à Ste-Marie O : 3 km – ✉ **44210** Pornic :

　🏨　**Les Sablons** Ⓜ ⤢, ☎ 82.09.14, ⤢ – ⊟wc ☎ 🄿. 𝙴 𝚅𝙸𝚂𝙰. ⤢
　　　SC : **R** (fermé dim. soir hors sais.) 76/143 – ⊐ 16 – **30 ch** 145/250 – P 240/280.

CITROEN Gar. du Môle, 26 quai Leray ☎ 82.
00.08
PEUGEOT-TALBOT Gaudin, rte Bleue ☎ 82.
00.26

RENAULT Guitteny, 7 r. du Gén.-de-Gaulle ☎
82.01.17
V.A.G. Lecointre, 21 r. Cdt-l'Herminier ☎ 82.
04.49

PORNICHET 44380 Loire-Atl. 🔢 ⑭ G. Bretagne – 7 284 h. – Casino – ❀ 40.

🚉 Office de Tourisme pl. A.-Briand (fermé jeudi et dim.) ☎ 61.08.92.

Paris 443 – La Baule 6 – ◆Nantes 82 – St-Nazaire 11.

　🏨　**Sud Bretagne,** bd République ☎ 61.02.68, ⤢, ⌇, ⤢, ⤢ – 🔥 ☎. ᴁ ⓞ 𝙴 𝚅𝙸𝚂𝙰.
　　　⤢ rest
　　　fin mars-début oct. – SC : **R** carte 145 à 200 – ⊐ 22 – **38 ch** 195/305 – P 250/380.

　🏠　**Charmettes** ⤢, av. Flornoy ☎ 61.04.30, ⤢ – ⊟wc 🔥wc. 𝙴 𝚅𝙸𝚂𝙰. ⤢ rest
　　　1er juin-mi-sept. – SC : **R** 82/93 – ⊐ 17 – **34 ch** 97/195 – P 169/240.

CITROEN Dudilieu, ☎ 61.03.12
PEUGEOT Gar. Robert, ☎ 60.31.62

RENAULT Le Cam, 19 bd de la République ☎
61.04.10

PORQUEROLLES (Ile de) ★★★ 83540 Var 🔢 ⑯ G. Côte d'Azur – ❀ 94.

Accès par transports maritimes :

🚢 depuis **La Tour Fondue** (presqu'île de Giens). En 1983 : en saison, départ toutes les
1/2 h ; hors sais., 5 services quotidiens - Traversée 15 mn - 36 F (AR). Renseignements :
Transports Maritimes et Terrestres du Littoral Varois ☎ 58.21.81 (La Tour Fondue).

🚢 depuis **Cavalaire.** En 1983 : du 10 juin au 16 sept., 3 services hebdomadaires -
Traversée 2 h 30 – 60 F (AR). Renseignements : Cie Maritime des Vedettes "Ile d'Or" ☎
64.08.04 (Cavalaire).

🚢 depuis le **Port de la Plage d'Hyères.** En 1983 : du 1er juin au 31 août, 6 services
quotidiens - Traversée 30 mn – 40 F (AR). Renseignements : Transports Maritimes et
Terrestres du Littoral Varois ☎ 57.44.07 (Port d'Hyères).

🚢 depuis **Le Lavandou.** En 1983 : de juin à sept., 1 service quotidien - Traversée 1 h –
60 F (AR). Renseignements : Cie Maritime des Vedettes "Iles d'Or" ☎ 71.01.02 (Le
Lavandou).

🚢 depuis **Toulon.** En 1983 : du 15 juin au 15 sept., 1 à 3 services quotidiens - Traversée
1 h - 60 F (AR). Renseignements : Service Maritime Touristique Varois, quai Stalingrad
☎ 92.96.82 (Toulon).

PORQUEROLLES (Ile de)

  🏨 **Ste Anne** ⚜, ☏ 58.30.04, 🍽, ⚓ – 🛏wc 🛉 🕾
    fermé 14 nov. au 20 déc., 3 au 13 janv. et mardi hors sais. – **15 ch.**

  XX **Orée du Bois**, ☏ 58.30.57, 🍽 – 𝗩𝗜𝗦𝗔
    15 fév.-15 oct. – SC : **R** 80/110.

  X **Les Glycines** ⚜ avec ch, ☏ 58.30.36, 🍽 – 🛏wc 🛉 🕾
    15 mars-15 oct. – SC : **R** 70/90 – **11 ch** (pens. seul.) – P 280/310.

  X **Aub. Arche de Noé** ⚜ avec ch, ☏ 58.30.74, 🍽 – 🛏wc. 🎾
    mars-mi-oct. – SC : **R** 63/100 – 🖀 16 – **14 ch** (pens. seul.) – P 471/546 (pour 2 pers.).

  à l'Ouest : 3,5 km du port :

  🏨 **Mas du Langoustier**, ☏ 58.30.09, ≤, parc, 🍽, « ⚜ dans un site boisé près du
    rivage, 🝆 », 🎾 – 📺 🛏wc 🛉 🕾 – 🅰 80
    12 mai-25 sept. – SC : **R** 115 – **48 ch** (pens. seul.) – P 340/440.

PORS ÉVEN 22 C.-du-N. 🗓 ② – rattaché à Paimpol.

PORTBAIL 50580 Manche 🗓 ⑪ G. Normandie – 1 727 h. – ✪ 33.

Excurs. à l'Ile de Jersey★ (voir Jersey).

Paris 348 – Carentan 38 – ♦Cherbourg 45 – Coutances 43 – St-Lô 58 – Valognes 29.

  🏨 **La Galiche,** pl. E.-Laquaine ☏ 04.84.18 – 🛏wc 🛉 **E.** 🎾 ch
  ↠ *fermé 15 au 31 oct., fév., dim. soir et lundi sauf juil.-août* – SC : **R** 42/110 ⚘ – 🖀 15
    – **12 ch** 70/138 – P 170/231.

CITROEN Gar. Legouix, ☏ 54.83.31   RENAULT Gar. Moderne, ☏ 54.80.07

PORT-BARCARÈS 66 Pyr.-Or. 🗓 ⑩ – rattaché à Barcarès.

PORT-BLANC 22 C.-du-N. 🗓 ① G. Bretagne – ✉ 22710 Penvénan – ✪ 96.

Paris 521 – Guingamp 36 – Lannion 19 – Perros-Guirec 17 – St-Brieuc 71 – Tréguier 11.

  🏨 **Iles,** ☏ 92.66.49, ⚓ – 🛏wc 🅿 𝗩𝗜𝗦𝗔 🎾 rest
    Pâques-25 sept. – SC : **R** 52/80 – 🖀 15 – **35 ch** 75/170 – P 150/180.

  🏨 **Le Rocher** ⚜ sans rest, ☏ 92.64.97 – 🛉wc 🅿. 🎾
    fin juin-début sept. – SC : 🖀 20 – **10 ch** 120/180.

PORT-CAMARGUE 30 Gard 🗓 ⑱ – rattaché à Grau-du-Roi.

PORT-CROS (Ile de) ★★ 83145 Var 🗓 ⑯⑰ G. Côte d'Azur – ✪ 94.

Accès par transports maritimes.

🛥 depuis **Le Lavandou**. En 1983 : de mars à oct., 2 à 10 services quotidiens ; hors
saison, 4 services hebdomadaires - Traversée 50 mn – 47 F (AR) par Cie Maritime des
Vedettes "Iles d'Or" ☏ 71.01.02 (Le Lavandou).

🛥 depuis **Cavalaire**. En 1983 : du 10 juin au 16 sept., 1 service quotidien - Traversée 1 h
10 – 47 F (AR) par Cie Maritime des Vedettes "Iles d'Or" ☏ 64.08.04 (Cavalaire).

🛥 depuis le **Port de la Plage d'Hyères**. En 1983 : du 1ᵉʳ avril au 30 sept., 1 service
quotidien ; du 1ᵉʳ oct. au 31 mars, 4 services hebdomadaires - Traversée 1 h 15 – 58 F
(AR). Renseignements : Transports Maritimes et Terrestres du Littoral Varois ☏ 57.44.07
(Port d'Hyères).

  🏨 **Le Manoir** ⚜, ☏ 05.90.52, ≤, parc, 🍽 – 🛏wc 🛉wc 🕾. 🎾
    Pâques-début oct. – SC : **R** 135/250 – **20 ch** (pens. seul.) – P 430/500.

PORT-DE-CARHAIX 29 Finistère 🗓 ⑰ – rattaché à Carhaix.

PORT-DE-GAGNAC 46 Lot 🗓 ⑲ – rattaché à Bretenoux.

PORT-DE-GRAVETTE 44 Loire-Atl. 🗓 ① – rattaché à Pornic.

PORT-DE-GROSLÉE 01 Ain 🗓 ⑭ – rattaché à Groslée.

PORT-DE-LA-MEULE 85 Vendée 🗓 ⑪ – rattaché à Yeu (Ile d').

PORT-DE-LANNE 40 Landes 🗓 ⑦ – 637 h. alt. 10 – ✉ 40300 Peyrehorade – ✪ 58.

Paris 757 – ♦Bayonne 30 – Dax 20 – Mont-de-Marsan 72 – Peyrehorade 6,5 – St-Vincent-de-T. 21.

  XX **Vieille Auberge** ⚜ avec ch, ☏ 89.16.29, « Cadre ancien, jardin fleuri », 🏊 –
    🛏wc 🛉 🕾 🅿
    fin juin-15 sept. – **R** (dîner seul.) 90 – 🖀 22 – **7 ch** 130/230.

PORT-DONNANT 56 Morbihan 🗓 ⑪ – voir Belle-Ile-en-Mer.

PORTE (Col de) 38 Isère **77** ⑤ – rattaché au Sappey-en-Chartreuse.

Le PORTEL 62480 P.-de-C. **51** ① – rattaché à Boulogne.

PORT-EN-BESSIN 14520 Calvados **54** ⑭ G. Normandie – 2 332 h. alt. 12 – ✦ 31.
Voir Port★.
🛈 Office de Tourisme à la Mairie (fermé lundi en juil.-août, sam. et dim.) ☎ 21.72.12.
Paris 277 – Arromanches 11 – Bayeux 9 – ♦Caen 37 – St-Lô 44.

    à Ste Honorine-des-Pertes O : 3,5 km par D 514 – ⊠ 14520 Port-en-Bessin :

✗   **Aub. Petit Bedon,** ☎ 21.76.08 – 🕮 ᴠɪꜱᴀ
    fermé 17 au 28 déc. 4 au 22 mars, mardi et merc. hors sais. – SC : **R** 62/125.

PORT GOULPHAR 56 Morbihan **63** ① – voir à Belle-Ile-en-Mer.

PORT GRIMAUD 83360 Var **84** ⑰ G. Côte d'Azur – ✦ 94.
Voir ≤★ de la tour de l'Église oecuménique.
Paris 873 – Brignoles 63 – Hyères 48 – St-Tropez 7 – Ste-Maxime 8 – ♦Toulon 66.

🏰   **Giraglia** Ⓜ ⚲, ☎ 56.31.33, Télex 470494, ≤ golfe, 🍴, 🏊, ⚓ – 🛗 📺 ☎ 🚗 –
    🏧 40. 🕮 ⓞ. ✼ rest
    fermé début oct. à Noël – SC : **R** (fermé lundi soir et mardi du 1er janv. au 1er avril)
    150/260 – � 39 – **48 ch** 510/940 – P 580/790.

🏨   **Port** ⚲ sans rest, ☎ 56.36.18 – 🛗 ⇔wc 🅿. ⓞ ᴇ ᴠɪꜱᴀ
    SC : ⊐ 25 – **20 ch** 240/350.

✗✗   **La Tartane,** ☎ 56.38.32, 🍴 – 🕮 ⓞ ᴠɪꜱᴀ
    10 mars-15 nov. – SC : **R** 90.

    à La Foux S : 2 km via N 98 – ⊠ 83310 Cogolin :

✗✗   **Port Diffa,** ☎ 56.29.07, Cuisine marocaine – 🍽 🅿. 🕮 ⓞ. ✼
    fermé 12 nov. au 29 déc. – SC : **R** 102 ⚗.

PORT-HALIGUEN 56 Morbihan **63** ⑫ – rattaché à Quiberon.

PORTIVY 56 Morbihan **63** ⑪ – rattaché à Quiberon.

PORT-JOINVILLE 85 Vendée **67** ⑪ – voir à Yeu (Ile d').

PORT-LA-NOUVELLE 11210 Aude **86** ⑩ G. Causses – 4 472 h. – ✦ 68.
🛈 Office de Tourisme av. Mer (fermé matin hors sais.) ☎ 48.00.51.
Paris 875 – Carcassonne 79 – Narbonne 30 – ♦Perpignan 50 – Quillan 113.

🏨   **Méditerranée,** bd Front-de-Mer ☎ 48.03.08, ≤ – 🛗 📺 ⇔wc 🛏wc ☎ 🚗 – 🏧
    50. 🕮 ⓞ ᴇ ᴠɪꜱᴀ
    fermé 20 nov. au 25 déc. – SC : **R** 55/120 ⚗ – ⊐ 21 – **32 ch** 175/225 – P 190/275.
PEUGEOT TALBOT Gar. Marill, Zone Ind. n°2,   **Gar. Provence Auto,** 12 r. Carnot ☎ 48.03.10
chemin des Vignes ☎ 48.04.86

PORT-LAUNAY 29 Finistère **58** ⑮ – rattaché à Châteaulin.

PORT-LESNEY 39430 Jura **70** ⑤ G. Jura – 614 h. alt. 248 – ✦ 84.
Paris 406 – Arbois 12 – ♦Besançon 40 – Dole 40 – Lons-le-Saunier 50 – Poligny 23 – Salins-les-B. 11.

🏨   **Gd Hôtel Parc** ⚲, ☎ 73.81.41, ≤, parc, 🍴, « Manoir du 18e s. », ✼ – ⇔wc
    ☎ 🅿 – 🏧 30
    Pâques-fin oct. – SC : **R** carte 105 à 145 – ⊐ 22 – **15 ch** 140/260 – P 230/380.

PORT-LIN 44 Loire-Atl. **63** ⑬⑭ – rattaché au Croisic.

PORT-LOUIS 56290 Morbihan **63** ① G. Bretagne – 3 327 h. alt. 10 – ✦ 97.
Voir Citadelle★ : musée de la Compagnie des Indes★★, musée de l'Arsenal★.
Paris 503 – Auray 29 – Lorient 19 – Pontivy 58 – Quiberon 39 – Quimperlé 38 – Vannes 47.

🏨   **Avel Vor,** r. Locmalo ☎ 82.47.59, Télex 950826, ≤ – 🛗 ⇔wc 🏧 – 🏧 30. 🕮 ⓞ
→ ᴇ ᴠɪꜱᴀ. ✼
    fermé 11 nov. au 15 janv. – SC : **R** 50/190 – ⊐ 21 – **25 ch** 188/240 – P 270/285.

🏨   **Commerce,** pl. Marché ☎ 82.46.05, 🌳 – ⇔wc 🛏wc 🏧 – 🏧 30
    fermé dim. soir et lundi hors sais. – SC : **R** 55/140 – ⊐ 18 – **40 ch** 71/200 – P
    193/245.

RENAULT Gar. de l'Avancée, ☎ 82.47.85

PORT-MANECH 29 Finistère 58 ⑪ **G. Bretagne** – ✉ **29139** Névez – ✪ 98.

Paris 539 – Carhaix-Plouguer 74 – Concarneau 17 – Pont-Aven 12 – Quimper 39 – Quimperlé 29.

du Port (annexe), ☎ 06.82.17, – wc wc ☎. E VISA. ch
Pâques-fin sept. – SC : **R** *(fermé lundi)* 60/140 – 16 – **36 ch** 155/200 – P 179/226.

Ar Moor, ☎ 06.82.48, ←, – wc ☎ P
Pâques-30 sept. – SC : **R** 78/99 – 15 – **36 ch** 130/240 – P 270/365.

PORT-MARIA 56 Morbihan 63 ⑪ – rattaché à Quiberon.

Le PORT-MONTAIN 77 S.-et-M. 61 ④ – rattaché à Noyen-sur-Seine.

PORT-MORT 27 Eure 55 ⑰, 196 ① – 672 h. alt. 16 – ✉ **27940** Aubevoye – ✪ 32.

Paris 93 – Les Andelys 11 – Evreux 31 – Vernon 11.

XX **Aub. des Pêcheurs,** ☎ 52.60.43, , – VISA
fermé août, 16 au 28 fév., lundi soir et mardi – SC : **R** 75/105.

PORT-RACINE 50 Manche 54 ① – rattaché à St-Germain-des-Vaux.

PORTRIEUX 22 C.-du-N. 59 ③ – rattaché à St-Quay-Portrieux.

PORT-ST-LOUIS-DU-RHÔNE 13230 B.-du-R. 84 ⑪ **G. Provence** – 10 378 h. – ✪ 42.

Paris 770 – Arles 39 – ♦Marseille 74 – Salon-de-Provence 54.

Le Tamaris , rte Plage Napoléon : 2 km ☎ 86.10.49, – TV wc ☎ P. VISA
SC : **R** *(fermé 20 déc. au 10 janv. et sam.)* 63/140 – 15 – **12 ch** 100/150 – P 210.

PORTS-SUR-VIENNE 37 I.-et-L. 68 ④ – 345 h. alt. 43 – ✉ **37800** Ste-Maure-de-Touraine – ✪ 47 – Paris 284 – Châtellerault 27 – Chinon 40 – Loches 48 – ♦Tours 54.

X **Le Grillon,** Le Bec des Deux Eaux SE : 2 km ☎ 65.02.74 – P.
fermé 1er au 14 juil., 25 sept. au 10 oct., jeudi soir et vend. – SC : **R** 35/150 .

PORT-SUR-SAÔNE 70170 H.-Saône 66 ⑤ – 2 650 h. alt. 261 – ✪ 84.

Paris 357 – Bourbonne-les-Bains 44 – Épinal 83 – Gray 52 – Jussey 22 – Langres 63 – Vesoul 12.

X **Pomme d'Or** avec ch, ☎ 91.52.66 – P. E VISA
fermé fin août au 15 sept., 1er au 15 fév. et lundi – SC : **R** 45/100 – 15 – **9 ch** 70/87 – P 130/180.

à Vauchoux S : 3 km par D 6 – ✉ **70170** Port-sur-Saône :

XXX ✻ **Château de Vauchoux** (Turin), ☎ 91.53.55, parc, , – P. AE E VISA
fermé 2 au 7 juil., 6 au 24 fév., lundi et mardi – SC : **R** 95/260
Spéc. Pastel de sole, Emincé de pigeon, Profiteroles amandines au chocolat. **Vins** Champlitte, Gy.

PORT-VENDRES 66660 Pyr.-Or. 86 ⑳ **G. Pyrénées** – 5 332 h. alt. 25 – ✪ 68.

Syndicat d'Initiative quai Forgas (hors saison matin seul., fermé sam. et dim.) ☎ 82.07.54.

Paris 941 – ♦Perpignan 31.

X **Costa Brava** avec ch, **1 rte Collioure** ☎ 82.03.04 – ch
avril-nov. et fermé merc. hors sais. – SC : **R** 45/65 – 14 – **10 ch** 75/80 – P 283/288 (pour 2 pers.).

RENAULT Lopez, 1 r. Camille-Pelletan ☎ 82.12.65

PORT-VILLEZ 78 Yvelines 55 ⑱, 196 ② – rattaché à Vernon.

La POSTE DE BOISSEAUX 28 E.-et-L. 60 ⑲ – rattaché à Angerville (91 Essonne).

La POTERIE 22 C.-du-Nord 59 ④ – rattaché à Lamballe.

POUANCÉ 49420 M.-et-L. 63 ⑧ **G. Châteaux de la Loire** – 3 410 h. alt. 73 – ✪ 41.

Syndicat d'Initiative r. Porte Angevine (1er juil.-15 sept., fermé dim. et lundi) ☎ 92.45.86.

Paris 329 – Ancenis 44 – Angers 60 – Châteaubriant 16 – Laval 51 – ♦Rennes 65 – Vitré 46.

Cheval Blanc, rte de Segré ☎ 92.41.16 – wc ☎. VISA.
fermé lundi du 15 oct. au 30 mars – SC : **R** 58/150 – 20 – **14 ch** 106/188 – P 191/250.

POUDENAS 47 L.-et-G. 79 ⑬ – 309 h. alt. 66 – ✉ **47170** Mézin – ✪ 53.

Paris 736 – Agen 47 – Aire-sur-l'Adour 62 – Condom 19 – Mont-de-Marsan 66 – Nérac 17.

XX ✻ **La Belle Gasconne** (Mme Gracia), ☎ 65.71.58 – P. AE VISA
fermé 1er au 15 nov., 10 au 17 déc., 1er au 15 janv., dim. soir et lundi sauf août – SC : **R** (nombre de couverts limité - prévenir) 100/190
Spéc. Terrine de chipirons, Civet de canard, Bar à la vapeur d'orties.

POUGUES-LES-EAUX 58320 Nièvre 🖫🗿 ③ G. Bourgogne – 2 269 h. alt. 192 – Casino – ✪ 86.
Paris 229 – La Charité-sur-Loire 13 – Clamecy 64 – Corbigny 56 – Nevers 11 – Prémery 24.

🏠 **Central H.**, N 7 ⚏ 68.85.00 – 🚉. **E** 𝘝𝘐𝘚𝘈. ⚭ ch
➡ *fermé 15 nov. au 15 déc. et vend. hors sais.* – SC : **R** 45/145 ⚬ – 🛏 16 – **13 ch**
88/129 – P 151/190.

✕ **Courte Paille** (ouvert 10 h à 22 h), rte Paris NO : 2 km, ☒ 58400 La Charité-sur-
Loire, ⚏ 68.88.33 – 🅿. **E** 𝘝𝘐𝘚𝘈
R carte environ 75 ⚬.

à Germigny-sur-Loire O : 6 km – ☒ **58320** Pougues-les-Eaux :

✕ **Chez Daniel**, ⚏ 68.87.99 – 🅿
➡ *fermé fév. et merc.* – SC : **R** 31/63.

POUILLON 40350 Landes 🖫🖫 ⑦ – 2 477 h. alt. 28 – ✪ 58.
🅑 Syndicat d'Initiative à la Mairie (fermé sam. et dim.) ⚏ 98.21.62.
Paris 751 – ◆Bayonne 51 – Dax 15 – Orthez 29 – Pau 70.

✕ **Aub. Au Pas de Vent** avec ch, ⚏ 98.20.88 – 🌢wc 🅿
➡ *fermé 1er au 15 sept.* – SC : **R** *(fermé lundi)* 42/120 ⚬ – 🛏 17 – **3 ch** 120/150 – P
150.

PEUGEOT-TALBOT Gar. Garein, ⚏ 98.20.54   RENAULT Gar. Duboscq, ⚏ 98.21.33 🆕
RENAULT Gar. Bacheré, ⚏ 98.20.95

POUILLY-EN-AUXOIS 21320 Côte-d'Or 🖫🖫 ⑱ G. Bourgogne – 1 516 h. alt. 384 – ✪ 80.
Paris 273 – Autun 45 – Avallon 64 – Beaune 46 – ◆Dijon 42 – Montbard 58 – Saulieu 31.

🏠 **Motel Val Vert** Ⓜ ⏩ sans rest, rte d'Arnay-le-Duc ⚏ 90.82.34 – 🌢wc ☎ & 🅿
– 🏠 50. **E**
SC : 🖼 16 – **30 ch** 168/267.

PEUGEOT-TALBOT Gar. Jeannin, ⚏ 90.82.11   RENAULT Gar. Orset, à Créancey ⚏ 90.80.45
🆕

POUILLY-SUR-LOIRE 58150 Nièvre 🖫🖫 ⑬ G. Bourgogne – 1 738 h. alt. 177 – ✪ 86.
🅑 Office de Tourisme à la Mairie (matin seul. sauf juil.-août, fermé sept., sam. et dim.) ⚏ 39.12.55.
Paris 203 – Château-Chinon 89 – Clamecy 57 – Cosne-sur-Loire 15 – Nevers 37 – Vierzon 84.

🏠 **Le Relais Fleuri et rest Coq Hardi**, SE : 0,5 km ⚏ 39.12.99, 🌧, « Jardin fleuri
➡ et vue sur la Loire » – 🌢wc 🌢wc 🅿. 50. **E** 𝘝𝘐𝘚𝘈
fermé fév., merc. soir et jeudi hors sais. – SC : **R** 49/170 – 🖼 18 – **9 ch** 125/165.

🏠 **Bouteille d'Or**, rte Paris ⚏ 39.13.84 – 🌢wc 🌢wc ☎ – 🏠 25
fermé 5 janv. au 20 fév., jeudi soir et vend. d'oct. à mars – SC : **R** 63/180 – 🖼 18 –
31 ch 125/180 – P 180/220.

✕✕✕ ✿ **Espérance** (Raveau) avec ch, ⚏ 39.10.68, <, 🌧, 🌳 – 🌢wc 🌢wc 🅿. 🖭 ⓞ
E 𝘝𝘐𝘚𝘈. ⚭ ch
fermé déc. et janv., dim. soir (sauf le rest. en juil.-août) et lundi – SC : **R** 126/224 –
🖼 30 – **4 ch** 195
Spéc. Écrevisses au Pouilly (avril-oct.), Emincé de bar au vinaigre de Xérès, Aiguillettes de canard
au Sancerre rouge. Vins Sancerre, Pouilly Fumé.

✕✕ **La Vieille Auberge**, N 7 déviation sud ⚏ 39.17.98 – 🅿. **E** 𝘝𝘐𝘚𝘈
fermé 15 nov. au 20 déc., mardi soir et merc. – SC : **R** 75/160.

à Charenton SE : 2 km sur N 7 – ☒ 58150 Pouilly-sur-Loire :

✕ **Relais Grillade**, ⚏ 70.07.00, <, 🌧 – 🅿. 🖭 **E** 𝘝𝘐𝘚𝘈
➡ SC : **R** 50/110 ⚬.

CITROEN Gar. Prulière, ⚏ 39.14.44 🆕   PEUGEOT Gar. S.A.P.L., ⚏ 39.14.65

POULAINS (Pointe des) 56 Morbihan 🖫🗿 ⑪ – voir à Belle-Ile-en-Mer.

POULDREUZIC 29134 Finistère 🖫🖫 ⑭ – 2 024 h. alt. 56 – ✪ 98.
Paris 581 – Audierne 16 – Douarnenez 18 – Pont-l'Abbé 16 – Quimper 25.

🏠 **Moulin de Brénizenec** Ⓜ ⏩ sans rest, rte d'Audierne : 3 km ⚏ 58.30.33, <,
« Jardin » – 🌢wc 🌢 🅿
Pâques-30 sept. et du 27 oct. à Pâques sur demande – SC : 🖼 22 – **10 ch** 194/235.

🏠 **Ker Ansquer** ⏩, à Labadan NO : 2 km par D 2 ☒ 29143 Plogastel-St-Germain ⚏
54.41.83, 🌳 – 🌢wc 🌢wc 🌢 🅿. ⚭ ch
Pâques et 15 mai-30 sept. – SC : **R** *(1/2 pension seul.)* – 🛏 18 – **11 ch** – 1/2 p 180.

à Penhors O : 4 km par D 40 – ☒ 29143 Plogastel-St-Germain :

🏠 **Breiz Armor** Ⓜ ⏩, ⚏ 54.40.41, < – 🌢wc 🌢wc 🌢 🅿 – 🏠 30. 🖭 **E** 𝘝𝘐𝘚𝘈
*hôtel : avril-15 oct., week-end du 16/10 au 3/4 sauf janv.-fév., vac. de Noël, fermé
merc. sauf du 15/6 au 15/9* – SC : **R** *(début mars-début janv.)* 53/135 – 🖼 18 –
23 ch 180 – P 225/250.

Le POULDU 29 Finistère 🔢 ⑫ G. Bretagne – ✉ 29121 Clohars-Carnoët – ✪ 98.

🏢 Office de Tourisme bd de l'océan (fermé matin et dim. hors sais.) ☎ 39.93.42.

Paris 514 – Concarneau 37 – Lorient 23 – Moëlan-sur-Mer 11 – Quimper 59 – Quimperlé 16.

🏨 **Castel Treaz** sans rest, ☎ 39.91.11, ≤, 🌲 – ‖ cuisinette 🛁wc 🗍wc 🕾 **P**
1er juin-20 sept. – SC : 🖵 20 – **25 ch** 90/232.

🏨 **Quatre Chemins**, ☎ 39.90.44, 🌲 – 🗍wc **P**. ℀ rest
← *30 mai-15 sept.* – SC : **R** 50/130 – 🖵 15 – **38 ch** 85/200 – P 115/220.

🏨 **Bains**, ☎ 39.90.11, ≤ – ‖ 🛁wc 🕾. ℀
1er mai-25 sept. – SC : **R** 58/160 – 🖵 16 – **49 ch** 80/195 – P 165/230.

🏨 **Dunes**, ☎ 39.92.78, ≤, 🌲, ℀ – 🛁wc 🗍wc 🕾 **P**. ℀ rest
6 juin-10 sept. – SC : **R** 54/100 – 🖵 15 – **49 ch** 107/220 – P 155/225.

Le POULIGUEN 44510 Loire-Atl. 🔢 ⑭ G. Bretagne – 4 488 h. – ✪ 40.

🏌 de la Baule ☎ 60.46.18 NE : 10 km.

🏢 Office de Tourisme Port Sterwitz (fermé merc. et dim. hors sais.) ☎ 42.31.05.

Paris 448 – La Baule 3 – Guérande 5,5 – ◆Nantes 77 – St-Nazaire 18.

🏨 **Orée du Bois** sans rest, r. Mar.-Foch ☎ 42.32.18 – 🛁wc 🗍 🕾. ℀
SC : 🖵 18 – **15 ch** 170/215.

🏨 **Jules Verne**, 2 r. Alger ☎ 42.32.79 – 🛁wc 🗍wc 🕾. 🅐🅔 𝘝𝘐𝘚𝘈
← *fermé lundi* – SC : **R** 48/58 – 🖵 16 – **8 ch** 160/180 – P 180/280.

☓☓ **Voile d'Or**, av. Plage ☎ 42.31.68, 🌤 – 𝘝𝘐𝘚𝘈
fermé 15 nov. au 20 déc., mardi soir et merc. sauf de mai au 15 sept. – **R** 70/200.

TOYOTA Gar. de la Plage, ☎ 60.50.15

POULLAOUEN 29246 Finistère 🔢 ⑥⑦ – 1 731 h. alt. 164 – ✪ 98.

Paris 516 – Carhaix-Plouguer 10 – Châteaulin 47 – Huelgoat 11 – Landerneau 58 – Morlaix 37.

🏠 **Argoat** sans rest, ☎ 93.55.33
fermé 15 au 30 sept. et mardi – SC : 🖵 14 – **10 ch** 75/90.

POURVILLE-SUR-MER 76 S.-Mar. 🔢 ④ G. Normandie – ✉ 76550 Offranville – ✪ 35.

Paris 204 – Dieppe 4,5 – ◆Rouen 61 – St-Valéry-en-Caux 32.

☓☓ **Au Trou Normand**, ☎ 84.27.69 – 𝘝𝘐𝘚𝘈
fermé mardi soir et merc. sauf fériés – SC : **R** 53/80.

POUZAUGES 85700 Vendée 🔢 ⑯ G. Côte de l'Atlantique – 5 792 h. alt. 225 – ✪ 51.

Voir Puy Crapaud ❊❊★★ SE : 2,5 km – Bois de la Folie★ : ❊★ NO : 1 km.

🏢 Office de Tourisme pl. Calvaire (juin-15 sept. et fermé dim.) ☎ 91.82.46.

Paris 384 – Bressuire 28 – Chantonnay 21 – Cholet 36 – ◆Nantes 81 – La Roche-sur-Y. 54.

🏨 **Aub. de la Bruyère** Ⓜ ⏍, ☎ 91.93.46, ≤ plaine vendéenne, 🌲 – ‖ 🛁wc
🗍wc 🕾 **P** – 🏛 100. 🄴 𝘝𝘐𝘚𝘈
fermé 14 au 28 fév. – SC : **R** *(fermé lundi sauf 15 juin au 15 sept.)* 52/145 🍴 – 🖵 20
– **30 ch** 74/216 – P 200/310.

🏨 **La Chouannerie**, 27 r. A.-Delavau ☎ 57.01.69, ≤, 🛋, 🌲 – 🛁wc 🕾 **P**. 🅐🅔 ⓪
🄴 𝘝𝘐𝘚𝘈. ℀ rest
fermé 1er au 15 fév., lundi midi et dim. sauf hôtel juil.-août – SC : **R** 55/140 – 🖵 20
– **9 ch** 180/200 – P 290/340.

PEUGEOT-TALBOT Fontenay-Automobiles,
av. des sables ☎ 57.00.12

RENAULT Gillemot, 34 rte de la Gare, ☎ 57.
01.44

POUZAY 37 I.-et-L. 🔢 ④ – rattaché à Sainte-Maure-de-Touraine.

Le POUZIN 07250 Ardèche, 🔢 ⑳ G. Vallée du Rhône – 2 728 h. alt. 95 – ✪ 75.

Paris 589 – Avignon 107 – Die 61 – Montélimar 29 – Privas 14 – Valence 27.

🏠 **Avenue**, ☎ 62.80.43 – 🛁wc 🕾. 🅐🅔 ⓪ 🄴 𝘝𝘐𝘚𝘈
fermé 15 au 30 sept., 22 déc. au 2 janv. et dim. du 15 sept. au 15 juin – SC : **R** carte
environ 55 – 🖵 16 – **14 ch** 70/160.

RENAULT Pheby, ☎ 62.80.16

PRADES 43 H.-Loire 🔢 ⑥ G. Auvergne – 113 h. alt. 550 – ✉ 43300 Langeac – ✪ 71.

Voir Site★.

Paris 499 – Brioude 43 – Mende 97 – Monistrol-d'A. 17 – Le Puy 41 – St-Chély-d'A. 64 – St-Flour 66.

🏨 ❊ **Chalet de la Source** (Mollon) ⏍, rte Langeac NO 1,5 km ☎ 74.02.39, ≤ –
🛁wc 🗍wc 🕾 **P**
1er mai-1er oct. – SC : **R** 65/170 – 🖵 18 – **17 ch** 90/210 – P 150/215.
Spéc. Croustades aux champignons, Escalope de saumon, Salmis de pintadeau. Vins Côtes du
Vivarais, Boudes.

🏠 **Host. du Vieux Moulin** ⏍, ☎ 74.01.40 – 🛁wc 🗍wc **P**. ℀ rest
← SC : **R** 42/75 🍴 – 🖵 16 – **14 ch** 75/160 – P 125/180.

910

PRADES <⚲> 66500 Pyr.-Or. 🎱🄖 ⑰⑱ G. Pyrénées – 6 524 h. alt. 357 – ✪ 68.

Voir Abbaye St-Michel-de-Cuxa★ S : 3 km.

Paris 955 – Andorre-la-Vieille 123 – ✦Perpignan 43.

🏠 **Glycines,** 129 rte Nationale ☏ 96.51.65 – 🛏wc ▥wc ⇔
SC : **R** (fermé dim. d'oct. à juin)60/85 🖧 – 🍽 15 – **27 ch** 100/150 – P 160/180.

Voir aussi ressources hôtelières de *Molitg-les-Bains* NO : 7 km

RENAULT Prades-Autom., rte de Marquixanes ☏ 96.26.66 ⬤ Pneu-Service, 5 bd Gare ☏ 96.43.24
RENAULT Bosom, 17 rte de Marquixanes ☏ 96.11.14

Le PRADET 83220 Var 🎱🄔 ⑮ – 7 965 h. alt. 30 – ✪ 94.

🛈 Syndicat d'Initiative pl. Gén.-de-Gaulle (fermé dim. et lundi) ☏ 98.40.25.

Paris 848 – Draguignan 81 – Hyères 10 – ✦Toulon 9.

🏠 **Azur** ⌣, Chemin des Bonnettes ☏ 98.43.63, ⇪, 🎋 – ▥wc ⬤. ❄
↤ 1er fév.-31 oct. – SC : **R** (fermé sam. hors sais.) 50/77 – 🖂 13 – **18 ch** 80/137 – P 160/200.

✕✕✕ **Le Stratos,** ☏ 21.23.62 – ◚ VISA
fermé 15 juil. au 15 août, vacances de fév., dim. soir et lundi – SC : **R** 95/241.

à La Garonne S : 2,5 km par D 86 – ⊠ 83220 Le Pradet :

🏠 Le Vieux Moulin ⌣, ☏ 98.43.40, ≤ rade, ⇪, ⌅, 🎋 – 🛏wc ▥wc ☎ ⬤
17 ch.

aux Oursinières S : 3 km par D 86 – ⊠ 83220 Le Pradet :

🏠 **L'Escapade** Ⓜ ⌣ sans rest, ☏ 98.44.47, « jardin fleuri », ⌅ – 🛏wc ▥wc ☎
⇔ ⬤
SC : 🖂 25 – **12 ch** 200/300.

PRALOGNAN-LA-VANOISE 73710 Savoie 🎱🄓 ⑱ G. Alpes – 634 h. alt. 1 404 – Sports d'hiver
1 410/2 400 m ⛷5 ⛷13, ⛸ – ✪ 79.

Voir Site★ – Parc national de la Vanoise★★ – La Chollière★ SO : 1,5 km puis 30 mn.

🛈 Office de Tourisme Maison du Parc (fermé dim. hors saison) ☏ 08.71.68, Télex 980240.

Paris 662 – Chambéry 101 – Moûtiers 28.

🏠 **Les Airelles** Ⓜ ⌣, les Darbelays, N : 0,8 km ☏ 08.70.32, ≤, 🎋 – 🛏wc ▥wc
☎ ⇔ ⬤. ❄ rest
9 juin-15 sept. et Noël-Pâques – SC : **R** 65/85 – 🖂 19 – **16 ch** 200/260 – P 195/260.

🏠 **Grand Bec,** ☏ 08.71.10, ≤ – ▤ 🛏wc ▥wc ☎ ⬤. ❄ rest
8 juin-16 sept. et 21 déc.-Pâques – SC : **R** 55/80 – 🖂 18 – **39 ch** 115/201 – P 175/240.

🏠 **Capricorne** Ⓜ ⌣, ☏ 08.71.63, ≤ – 🛏wc ▥wc ☎ ⬤. VISA. ❄ ch
fermé mai et 1er oct. au 15 déc. – SC : **R** 66/78 – 🖂 24 – **15 ch** 158/196 – P 171/238.

♙ **Parisien,** ☏ 08.72.31, ≤ – 🛏wc ▥ ⬤
4 juin-15 sept. et 18 déc.-Pâques – SC : **R** 59/70 – 🖂 18 – **22 ch** 76/155 – P 130/210.

✕ Gentianes, ☏ 08.72.24, ≤ – ⬤.

PRA-LOUP 04 Alpes-de-H.-P. 🎱🄘 ⑧ – rattaché à Barcelonnette.

PRAMOUSQUIER 83 Var 🎱🄔 ⑰ – rattaché à Cavalière.

Le PRARION 74 H.-Savoie 🎱🄓 ⑧ – rattaché aux Houches.

PRAT-DE-BOUC 15 Cantal 🎱🄖 ③ – rattaché à Murat.

PRATS-DE-MOLLO-LA-PRESTE 66230 Pyr.-Or. 🎱🄖 ⑱ G. Pyrénées (plan) – 1 146 h. alt. 745
– ✪ 68 – Voir Ville haute★.

🛈 Office de Tourisme Foyer Rural (2 mai-22 oct., fermé sam. après-midi et dim.) ☏ 39.70.83.

Paris 967 – Céret 31 – ✦Perpignan 61.

🏠 **Touristes,** ☏ 39.72.12, ≤, 🎋 – ▥wc ⇔ ⬤. ◚ E VISA
1er avril-30 oct. – SC : **R** 60/125 – 🖂 15 – **44 ch** 81/160 – P 145/246.

🏠 **Bellevue,** ☏ 39.72.48 – 🛏wc ▥wc. ❄ ch
1er avril-25 oct. – SC : **R** 60/80 – 🖂 13 – **18 ch** 80/130 – P 140/180.

🏠 **Costabonne,** Le Firal ☏ 39.70.24 – 🛏wc. ❄ rest
15 avril-25 oct. – SC : **R** 58/80 🖧 – 🖂 14 – **18 ch** 80/130 – P 140/160.

♙ **Ausseil,** ☏ 39.70.36 – 🛏wc ▥wc. ❄ ch
mars-nov. – SC : **R** 55/85 🖧 – 🍽 14 – **22 ch** 70/140 – P 130/190.

♙ **Aïre i Sol,** ☏ 39.72.46, ≤, 🎋 – ⬤. ❄ rest
↤ 1er mai-30 sept. – SC : **R** 50/70 🖧 – 🖂 12 – **20 ch** 58/64 – P 125.

tourner →

XX **Crémaillère** avec ch, rte de la Preste : 2 km par D 115 A 𝆑 39.70.62, ≤, ☂ – 🏠
➤ **℗**. 𝒮𝒮 ch
fermé 25 mars au 7 avril et sam. du 15 nov. au 15 avril – SC : **R** 50/75 ⚬ – ☲ 13 –
4 ch 85 – P 140.

à La Preste – Stat. therm. (1ᵉʳ avril-30 nov.) – ⊠ **66230** Prats-de-Mollo :

🏨 **Val de Tech** 𝒮, 𝆑 39.71.12, ≤ – 🛗 ⌂wc 🕿. 𝒮𝒮 rest
➤ *1ᵉʳ avril-31 oct.* – SC : **R** 60/80 – **40 ch** (pens. seul.) – P 145/220.

🏨 **Ribes** 𝒮, 𝆑 39.71.04, ≤ vallée, ☂ – ⌂wc 🕿 ℗. 𝒮𝒮 rest
6 avril-22 oct. – SC : **R** 75 ⚬ – ☲ 13 – **25 ch** 75/148.

🏨 Host. du Coffret 𝒮, 𝆑 39.71.02, ≤ – ⌂wc 🕿
sais. – **25 ch**.

CITROEN Pagès-Xatart, 𝆑 39.71.51   RENAULT Vial, 𝆑 39.70.23

PRAYSSAC 46220 Lot 𝟟𝟗 ⑦ – 2 265 h. alt. 120 – ✪ 65.

🛈 Syndicat d'Initiative à la Mairie (fermé sam. après-midi et dim.) 𝆑 30.61.44.
Paris 598 – Cahors 27 – Gourdon 40 – Sarlat-la-Canéda 56 – Villeneuve-sur-Lot 48.

🏠 **Le Vidal**, 𝆑 22.41.78 – 🏠wc 🕿. 𝗔𝗘 ⓪ 𝗘 𝘝𝘐𝘚𝘈
➤ *fermé 5 nov. au 15 déc. et lundi du 1ᵉʳ oct. au 1ᵉʳ mai* – SC : **R** 40/130 ⚬ – ☲ 16 –
10 ch 95/135 – P 190/220.

CITROEN Gar. Calmejane, 16 av. Bessières 𝆑   PEUGEOT-TALBOT Lacaze, 𝆑 22.44.97
22.42.07   RENAULT Gar. Parazines, 𝆑 22.41.15

Les PRAZ-DE-CHAMONIX 74 H.-Savoie 𝟟𝟰 ⑧ ⑨. – rattaché à Chamonix.

PRAZ-ST-BON 73 Savoie 𝟟𝟰 ⑱ – rattaché à Courchevel.

PRAZ-SUR-ARLY 74530 H.-Savoie 𝟟𝟰 ⑦ – 767 h. alt. 1 036 – Sports d'hiver : 1 036/1 500 m ⚡7
– ✪ 50.

🛈 Office de Tourisme (fermé sam. et dim. hors sais.) 𝆑 21.90.57.
Paris 615 – Albertville 26 – Annecy 55 – Flumet 5,5 – Megève 4,5.

🏨 **Quatre As**, 𝆑 21.90.11, Télex 385156, ≤ – ⌂wc 🕿. 𝗘 𝘝𝘐𝘚𝘈. 𝒮𝒮 ch
➤ *fermé oct. et nov.* – SC : **R** (fermé lundi hors sais.) 50/75 – ☲ 22 – **10 ch** 160/200 –
P 260.

🏠 **Mont Charvin** 𝒮, 𝆑 21.90.05, ≤, ☂, 𝒮 – ⌂wc 🏠wc 🕿 ℗. 𝒮𝒮
début juin-fin sept., Noël-vacances de printemps – SC : **R** 65/150 – ☲ 25 – **31 ch**
115/200 – P 195/230.

PRÉFAILLES 44 Loire-Atl. 𝟨𝟩 ① – 775 h. – ⊠ **44770** La Plaine-sur-Mer – ✪ 40.
Voir Pointe St-Gildas★ O : 2 km, G. Côte de l'Atlantique.
🛈 Syndicat d'Initiative Grande-Rue (fermé dim. sauf matin en saison) 𝆑 21.62.22.
Paris 439 – ✦Nantes 62 – Pornic 10 – St-Brévin-les-Pins 18.

🏠 **St-Paul**, 𝆑 21.60.25, ☂ – 🏠wc 🚗. 𝗘 𝘝𝘐𝘚𝘈
➤ *15 mars-1ᵉʳ nov.* – SC : **R** 45/160 – ☲ 20 – **42 ch** 75/190 – P 155/220.

PRÉLENFREY 38 Isère 𝟟𝟳 ④ G. Alpes – alt. 950 – ⊠ **38450** Vif – ✪ 76.
Voir Site★.
Paris 593 – Clelles 36 – ✦Grenoble 29 – Monestier-de-Clermont 20 – Vizille 25.

🏦 **Le Gerbier** 𝒮, 𝆑 72.37.62, ≤, ☂ – 🏠 ℗. 𝒮𝒮 rest
fermé oct. et merc. hors sais. – SC : **R** 55/85 – ☲ 15 – **24 ch** 55/100 – P 130/150.

PRÉMERY 58700 Nièvre 𝟨𝟧 ⑭ G. Bourgogne – 2 603 h. alt. 237 – ✪ 86.
Paris 236 – La Charité-sur-Loire 28 – Château-Chinon 56 – Clamecy 40 – Cosne-sur-L. 48 – Nevers 29.

X **Agriculture,** r. Gare 𝆑 68.11.96 – 𝒮𝒮
➤ *fermé 3 au 17 sept., 1ᵉʳ au 16 janv., dim. soir et lundi* – SC : **R** 40/130 ⚬.

CITROEN Modern. Gar., 𝆑 68.12.82   RENAULT Caliste, 𝆑 68.10.76

PRÉMESQUES 59 Nord 𝟧𝟭 ⑮ ⑯ – rattaché à Lille.

La PRENESSAYE 22 C.-du-N. 𝟧𝟴 ⑳ – rattaché à Loudéac.

Le PRÉ-ST-GERVAIS 93 Seine-St-Denis 𝟧𝟨 ⑪, 𝟭𝟬𝟭 ⑯ – voir à Paris, Environs.

La PRESTE 66230 Pyr.-Or. 𝟴𝟲 ⑰ – rattaché à Prats-de-Mollo.

🛈 Syndicat d'Initiative à la Mairie (fermé sam. et dim.) 🕾 94.50.04.

Paris 316 – Le Blanc 30 – Châteauroux 64 – Châtellerault 35 – Loches 36 – Poitiers 61 – ✦Tours 81.

    ✗ **Image,** 🕾 94.50.07 – **E** 𝘝𝘐𝘚𝘈. 🛠
    ↝ *fermé 1ᵉʳ au 27 oct., dim. soir et lundi sauf août* – SC : **R** (dim. et fêtes prévenir)
    50/160 🍴.

PRIVAS 🅿 07000 Ardèche 📗📖 ⑲ G. Vallée du Rhône – 10 638 h. alt. 294 – ❄ 75.

🛈 Syndicat d'Initiative (fermé lundi hors saison et dim.) 1 av. Chomérac 🕾 64.33.35.

Paris 603 ② – Alès 104 ④ – Mende 140 ④ – Montélimar 33 ③ – Le Puy 118 ④ – Valence 40 ②.

PRIVAS

Chomérac (Av. de)	2
Coux (Av. de)	3
Esplanade (Cours de l')	4
Europe Unie (Av. de l')	5
Faugier (Av. Clément)	6
Filliat (R. P.)	8
Foiral (Pl. du)	9
Gare (Av. de la)	12
Jeu-de-Ballon (Pl. du)	13
Mobiles (Bd des)	14
Mont Toulon (Bd du)	15
Moulin de Madame (Av. du)	16
Palais (Cours du)	18
République (R. de la)	20
Stalingrad (Rond-Point de)	21
Temple (Cours du)	22
Vernon (Bd de)	23

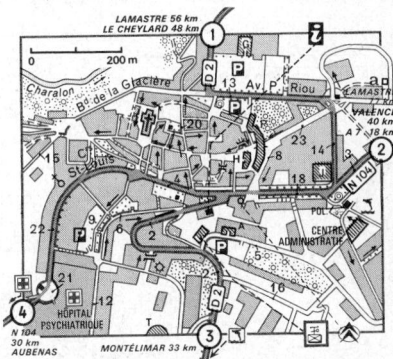

🏛 **La Chaumette** Ⓜ 🦢, av. Vanel (a) 🕾 64.30.66, 🌇 – ▮🖵🕾 🅿 – 🛏 50. **E** 𝘝𝘐𝘚𝘈
    SC : **R** *(fermé sam. sauf du 15 juin au 15 sept.)* 60/80 🍴 – ⊑ 21 – **35 ch** 165/220 – P
    236/320.

    au Col de l'Escrinet par ④ : 13 km – ✉ 07200 Aubenas :

🏠 **Escrinet** 🦢, 🕾 87.10.11, ≤ vallée, 🛋, 🌇 – 🚿wc 📶 🕾 🕭 🛌 🅿. 🛠 rest
    15 mars-15 nov. et fermé dim. soir et lundi midi sauf 15 juin au 15 sept. – SC : **R**
    (prévenir) 80/140 – ⊑ 19 – **17 ch** 170/220, 3 appartements 320 – P 220/260.

CITROEN Tinland, Zone Ind. La Plaine du Lac
🕾 64.32.24
FORD Vacher et Lardon, N 104 à Veyras 🕾
64.33.33
PEUGEOT, TALBOT Gds Gar. Midi, N 104 à
Coux par ② 🕾 64.23.33

RENAULT S.A.P.A.C., 1 cours du palais par
③ 🕾 64.10.76
RENAULT Seita, rte de Montélimar par ③ 🕾
64.33.01

🔧 R.I.P.A., 27 av. de Coux 🕾 64.05.56

PROVENCHÈRES-SUR-FAVE 88490 Vosges 📒📄 ⑱ – 685 h. alt. 407 – ❄ 29.

Paris 473 – Épinal 64 – St-Dié 14 – Sélestat 34 – ✦Strasbourg 75.

🏠 **Aub. du Spitzemberg** 🦢, à la Petite Fosse, NO : 7 km par D 45 et voie
↝ forestière 🕾 51.20.46, 🍽, « Dans la forêt vosgienne », 🌇 – 🚿wc 📶wc 🕭 🅿 –
    🛏 25
    15 fév.-31 oct. et fermé mardi – SC : **R** 50/70 – ⊑ 12 – **9 ch** 162/173 – P 232/259.

PROVINS ◈ 77160 S.-et-M. 📶📄 ④ G. Environs de Paris – 12 682 h. alt. 92 – ❄ 6.

Voir Ville Haute★★ ABY : remparts ★★ AY, tour de César★★ : ≼★ BY, Grange aux Dîmes★
AY E – Anges musiciens★★ et vierge★ dans l'église St-Ayoul CZ D.

Env. St-Loup-de-Naud : portail★★ de l'église★ 7 km par D1 SE du plan.

🛈 Office de Tourisme Tour César 🕾 400.16.65.

Paris 91 ⑤ – Châlons-sur-Marne 99 ① – Fontainebleau 53 ④ – Meaux 67 ⑤ – Melun 48 ⑤ – Sens 47
④.

Plan page suivante

🏠 **La Croix D'Or,** 1 r. Capucins 🕾 400.01.96, 🍽, 🌇 – 🖵 🚿wc 🕭 🛌 𝐀𝐄 ⓄⒹ **E**
    fermé 1ᵉʳ au 12 août, 22 au 28 fév., dim. soir et lundi – SC : **R** 65/170 – ⊑ 18 – **7 ch**
    170/180 – P 180.   BZ **s**

✗✗ **Vieux Remparts,** 3 r. Couverte - Ville Haute 🕾 400.02.89, 🍽, 🌇 – 𝘝𝘐𝘚𝘈   AY **b**
    fermé sept., 23 au 31 déc., mardi soir et merc. – SC : **R** 60/130.

✗✗ **La Fontaine** avec ch, 10 r. V.-Arnoul 🕾 400.00.10 – 🚿 🅿 Ⓞ   CZ **a**
    fermé 15 au 30 sept., 1ᵉʳ au 15 fév. et jeudi sauf fériés – SC : **R** 80/120 – ⊑ 14 –
    13 ch 70/120.

✗✗ **Le Médiéval,** 6 pl. H.-de-Balzac 🕾 400.01.19, 🍽   BZ **e**
    fermé 15 au 30 août, 15 au 28 fév., mardi soir, dim. soir et lundi – SC : **R** 82/128 🍴.

PROVINS

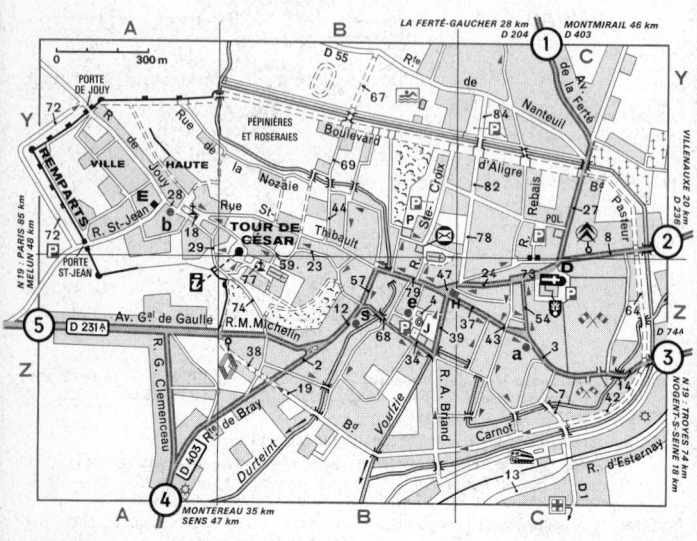

CITROEN Gar. Briard, 19 r. Bourquelot ☎ 400.
06.66
FORD Bouron, 5 av. A.-France ☎ 400.00.95
OPEL Gar. de Champagne, 2 r. A.-Briand ☎
400.04.86 **N**
PEUGEOT, TALBOT Autom. de la Brie, 1 av.
de la Voulzie, Zone Ind. par rte Champbenoist
CZ ☎ 400.11.50

RENAULT Randon, 23 r. Max-Michelin ☎ 400.
56.13

🏢 La Centrale du Pneu, 39 r. Courloison ☎
400.03.23

PRUNIÈRES 05 H.-Alpes 📖 ⑰ – rattaché à Chorges.

PUBLIER 74 H.-Savoie 📖 ⑰ – rattaché à Amphion.

PUGET-THÉNIERS 06260 Alpes-Mar. 📖 ⑲. 📖 ⑬⑭ G. Côte d'Azur (plan) – 1 532 h. alt. 410
– ✪ 93.

Voir Vieille ville★ – Groupe sculpté★ et retable de N.-D.-de-Secours★ dans l'église B –
Statue ★ de Maillol – N : Gorges de la Roudoule★ : site★★ du pont de St-Léger et site★
du village de la Croix.

Env. Entrevaux : Site★★, Ville forte★ O : 7 km.

Paris 833 – Barcelonnette 96 – Cannes 84 – Digne 88 – Draguignan 110 – Manosque 129 – ♦Nice 65.

✕ **Les Acacias,** E : 1,5 km sur N 202 ☎ 05.05.25, 🍴 – **⊕**. 🆎 **E**
fermé janv. et merc. du 1er sept. au 15 juin – SC : **R** 62/93 🍷.

CITROEN Casalengo, quartier St-Roch ☎ 05.00.25 **N**

PUGEY 25 Doubs 📖 ⑮ – rattaché à Besançon.

PUGNY-CHATENOD 73100 Savoie 📖 ⑮ – rattaché à Aix-les-Bains.

PUJOLS 47 L.-et-G. 📖 ⑤ – rattaché à Villeneuve-sur-Lot.

914

Paris 327 – Autun 43 – Beaune 12 – Chagny 5 – Chalon-sur-Saône 22.

🏨 🟢 **Le Montrachet,** 🕿 21.30.06 – ➖🚻 🔟 🕿. ⚿ ⓞ 🄴 *VISA*
　　fermé 1er déc. au 15 janv. et merc. hors sais. – SC : **R** 58/200 – 🍽 20 – **19 ch** 90/200
　　– P 150/205
　　Spéc. Œufs en meurette, Matelote d'anguille au vin rouge, Ris et rognons de veau à la compote
　　d'oignons.

PURPAN 31 H.-Gar. 🔟⑧ – rattaché à Toulouse.

PUSSY 73 Savoie 🔟 ⑦ – 291 h. alt. 750 – ⊠ **73260** Aigueblanche – 🟢 79.
Paris 631 – Albertville 23 – Chambéry 70 – Moûtiers 12.

🏛 **Bellachat** 🕭, 🕿 22.50.87, ⬅ – **E**. 🌿 rest
　　fermé 15 nov. au 15 déc. et merc. d'oct. à avril – SC : **R** 33/98 🍷 – 🍽 15 – **7 ch**
　　90/110 – P 125/160.

PUTANGES-PONT-ECREPIN 61210 Orne 🔟 ② G. Normandie – 967 h. alt. 127 – 🟢 33.
Paris 213 – Alençon 57 – Argentan 20 – Briouze 14 – Falaise 17 – La Ferté-Macé 22 – Flers 32.

🏛 **Lion Verd,** 🕿 35.01.86 – ➖🚻 🔟🚻 🚙
　　fermé 22 déc. au 1er fév. – SC : **R** 40/100 – 🍽 12 – **20 ch** 50/140 – P 100/130.
CITROEN Pottier, à Pont-Ecrepin 🕿 35.00.52　　RENAULT Lefoyer, 🕿 35.00.62

PUTEAUX 92 Hauts-de-Seine 🔟 ⑳, 🔟🔟 ⑭ – voir à Paris, Environs.

Si vous devez faire étape dans une station ou dans un hôtel isolé,
*prévenez par avance, **surtout en saison.***
Une réservation confirmée par écrit est toujours plus sûre.

Le PUY 🄿 **43000** H.-Loire 🔟 ⑦ G. Auvergne – 25 968 h. alt. 630 – 🟢 71.
Voir Site*** – Cathédrale*** : trésor** et cloître** BY – Chapelle St-Michel d'Ai-
guilhe** AY – Rocher Corneille ⬅* BY – Musée Crozatier : section lapidaire*, den-
telles* AZ M1 – Pèlerinage (15 août) – Orgues d'Espaly* : 🌿** 3 km par ⑤ – Espaly
St-Marcel : ⬅* du rocher St-Joseph 2 km par ④.
Env. Ruines du château de Polignac* : 🌿* 6 km par ⑤.
🆔 Office de Tourisme (fermé sam. et dim. hors saison) pl. du Breuil 🕿 09.38.41 et 23 r. Tables
(juil.-août) 🕿 09.22.74.
Paris 516 ⑤ – Alès 146 ② – Aurillac 168 ② – Avignon 215 ② – ♦Clermont-Ferrand 130 ⑤ –
♦Grenoble 190 ① – ♦Lyon 134 ① – Mende 92 ② – ♦St-Étienne 78 ① – Valence 113 ①.

Plan page suivante

🏨 **Chris'tel** Ⓜ, 15 bd A.-Clair 🕿 02.24.44 – 🔰🚻 rest 🔟 🄿 – 🛗 60. ⚿ *VISA*　　　　AZ **e**
　　SC : **R** 48/82 🍷 – 🍽 19 – **30 ch** 175/220 – P 245.

🏛 **Val Vert,** par ② : 1,5 km sur N 88 🕿 09.09.30 – ➖ 🔟🚻 🕿 🄿
　　fermé 15 déc. au 15 janv. et dim. sauf hôtel du 15 avril au 15 oct. – SC : **R** (dîner
　　seul. pour résidents) 50 – 🍽 15,50 – **26 ch** 80/160.

🏛 **Gd Cerf,** 3 av. Ch.-Dupuy 🕿 09.05.51　　　　　　　　　　　　　　　　　BZ **a**
　　fermé dim. – SC : **R** (dîner seul.) 45 🍷 – 🍽 14 – **13 ch** 72/80.

🍴🍴 **Sarda,** 12 r. Chênebouterie 🕿 09.58.94 – *VISA*. 🌿　　　　　　　　　　　AY **f**
　　fermé dim. soir et lundi – SC : **R** 60/190.

🍴 **Bateau Ivre,** 5 r. Portail d'Avignon 🕿 09.67.20 – **E**　　　　　　　　　　BZ **k**
　　fermé juil., dim. et lundi – SC : **R** 50.

🍴 **Host. Poste,** 53 bd St-Louis 🕿 09.33.50 – ⚿　　　　　　　　　　　　　AY **v**
　　fermé 22 déc. au 30 janv. et vend. – SC : **R** 43/85 🍷.

　　au Pont de Sumène : 8 km par ① N 88 et VO – ⊠ **43540** Blavozy :

🏛 **Moulin de Barette** 🕭, 🕿 03.00.88, 🌳, 🌿 – ➖🚻 🔟 🕿 🄿 – 🛗 50. *VISA*
　　fermé 15 janv. au 15 fév. – SC : **R** 55/150 🍷 – 🍽 16 – **30 ch** 117/230.

MICHELIN, Agence, Z. I. de Blavozy, à St-Germain-Laprade BY 🕿 08.02.15

ALFA-ROMEO　Le Puy Autom.. Rocade D'Ai-
guille 🕿 02.29.01
AUSTIN, JAGUAR, MORRIS, TRIUMPH　Gar.
Gouteyron, 28 bis r. Vibert 🕿 09.34.06
CITROEN　Pouderoux, Zone Ind. de Corsac à
Brives Charensac par ① 🕿 05.44.88
FORD　Velay-Autom., Zone Ind. à Brives-Cha-
rensac par ① 🕿 09.61.35
LANCIA-AUTOBIANCHI, TOYOTA　Escudero,
18 bd de la République 🕿 09.02.81
OPEL　Gar. République, 26 bd République 🕿
05.56.44
RENAULT　Gd Gar. Velay, Zone Ind. Corsac à
Brives-Charensac par ① 🕿 02.36.55

RENAULT　Gar. Boyer, 63 bis av. Mar.-Foch
par ② 🕿 09.37.16
V.A.G.　Stand-88, Zone Ind. à Blavozy 🕿 03.
03.61
Gar. Bonnet, 44 bd St-Louis 🕿 09.20.59
Gar. Pradines, 6 pl. Cl.-Charbonnier 🕿 09.32.03

🅰 Chaussende Pneus, Zone Ind. Corsac à Bri-
ves-Charensac 🕿 02.05.01
Pascal-Pneu, la Chartreuse à Brives-Charensac
🕿 09.35.89
R.I.P.A., 44 av. Ch.-Dupuy à Brives-Charensac
🕿 02.13.41

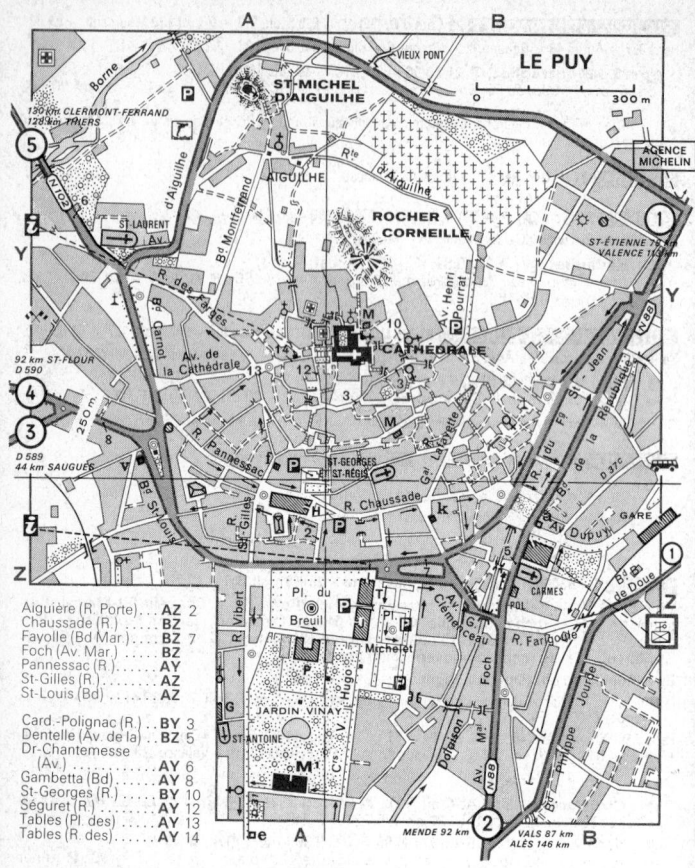

LE PUY

A — B

St-Michel d'Aiguilhe

Rocher Corneille

Cathédrale

Aiguière (R. Porte).. **AZ** 2
Chaussade (R.) ..... **BZ**
Fayolle (Bd Mar.) ... **BZ** 7
Foch (Av. Mar.) .... **BZ**
Pannessac (R.) ..... **AY**
St-Gilles (R.) .... **AZ**
St-Louis (Bd) .... **AZ**

Card.-Polignac (R.). **BY** 3
Dentelle (Av. de la) . **BZ** 5
Dr-Chantemesse
(Av.) .... **AY** 6
Gambetta (Bd) ...... **AY** 8
St-Georges (R.) ..... **BY** 10
Séguret (R.) .... **AY** 12
Tables (Pl. des) .... **AY** 13
Tables (R. des)...... **AY** 14

☞ *En mars 1985, ce guide ne sera plus valable.*
Achetez le guide de l'année !

PUY DE DÔME 63 P.-de-D. 73 ⑬ ⑭ G. Auvergne – alt. 1 465 – ⊠ **63870** Orcines – ❸ 73.
Voir Balcon d'orientation ❊***.
Accès par route taxée.
Paris 405 – ◆Clermont-Ferrand 15.

  XX **Le Dôme** ⌂ avec ch, au Sommet 🕿 91.49.00, ≤ Monts d'Auvergne – ㊙wc ☎ **P**
    10 mai-30 sept. – SC : **R** 71/138 – ⌂ 19 – **10 ch** 104/170 – P 187/224.

PUY DE SANCY 63 P.-de-D. 73 ⑬ – ressources hôtelières voir au Mont-Dore.

PUYLAURENS 81700 Tarn 82 ⑩ – 2 779 h. alt. 350 – ❸ 63.
Paris 730 – Albi 53 – Carcassonne 58 – Castres 22 – Gaillac 46 – Montauban 83 – ◆Toulouse 49.

  ㊟ **Gd H. Pagès,** square Ch.-de-Gaulle 🕿 75.00.09 – 劇 ㊙wc ㊙wc
  ➜ SC : **R** *(fermé sam. midi hors sais.)* 45/100 ⅙ – ⌂ 15 – **21 ch** 70/100 – P 120/140.

PUY-L'ÉVÊQUE 46700 Lot 79 ⑦ G. Périgord – 2 333 h. alt. 110 – ❸ 65.
🛈 Syndicat d'Initiative 🕿 36.33.81.
Paris 599 – Cahors 31 – Gourdon 41 – Sarlat-la-Canéda 58 – Villeneuve-sur-Lot 44.

  ㊟ **Bellevue,** 🕿 21.30.70, ≤ vallée du Lot, ⌅, ☞ – ㊙wc ☎
    20 mars-15 nov. et fermé dim. soir et lundi hors sais. – SC : **R** 63/130 ⅙ – ⌂ 16 –
    15 ch 85/158 – P 175/210.

FIAT, **LADA** Gar. Foissac, 🕿 36.30.10   RENAULT Gar. Cros, 🕿 36.30.49

PUY MARY 15 Cantal 🔢 ③ G. Auvergne – Ouest de Murat 22 km - alt. 1 787.

Voir ※ ★★★.

Accès 1 h AR du Pas de Peyrol★★.

PUYMIROL 47270 L.-et-G. 🔢 ⑮ G. Périgord – 794 h. alt. 153 – ✪ 53.

Paris 751 – Agen 17 – Moissac 43 – Villeneuve-sur-Lot 30.

　XXX　⍟⍟ **L'Aubergade** (Trama), 52 r. Royale ☏ 95.31.46, « Maison du 13ᵉ s. » – 🅰🅴 ⓓ 🆅🅸🆂🅰

　　　　fermé fév., dim. soir et lundi sauf juil.-août et fêtes – SC : **R** 100/200 et carte
　　　　Spéc. Terrine de poireaux à la julienne de truffes, Poêlée de langoustines à la ciboulette, Aiguillettes
　　　　de caneton aux fruits. **Vins** Côtes de Buzet, Côtes de Duras.

RENAULT Berron, ☏ 95.33.32

PUYMOREAU (Étang de) 87 H.-Vienne 🔢 ⑰ – rattaché à St-Yrieix-la-Perche.

PUYOO 64 Pyr.-Atl. 🔢 ⑦⑧ – 1 123 h. alt. 41 – ⊠ **64270** Salies de Béarn – ✪ 59.

Paris 764 – Dax 28 – Orthez 14 – Pau 55 – Peyrehorade 16 – Salies-de-Béarn 7,5 – Tartas 45.

　🏠　**Voyageurs,** ☏ 38.10.98, 🛋 – ⇔wc ⍟ 🅿. 🆅🅸🆂🅰
　➡　*fermé 25 au 30 juin et vacances scolaires de fév.* – SC : **R** *(fermé dim. soir et lundi)*
　　　50/120 – ⊿ 15 – **15 ch** 60/120 – P 135/190.

RENAULT Gar. de la Gare ☏ 38.06.90

PUY-ST-VINCENT 05 H.-Alpes 🔢 ⑰ – 298 h. alt. 1 390 ⚊ Sports d'hiver : 1 400/2 700 m 🎿1 🎿13
– ⊠ **05290** Vallouise – ✪ 92.

Voir Les Prés★ : ⟨★ SE : 2 km, G. Alpes.

Paris 737 – L'Argentière-la-B. 9,5 – Briançon 25 – Gap 82 – Guillestre 30 – Pelvoux (Commune de) 13.

　🏨　**Saint-Roch** 🅼 ⟩, aux Prés E : 1 km par D 4 ☏ 23.32.79, ⟨ vallée et montagnes,
　　　🏡 – ⇔wc ⍟ 🅿. ⍟
　　　15 juin-31 août et 20 déc.-20 avril – SC : **R** 75/126 – ⊿ 18 – **11 ch** 195 – P 224/241.

　🏠　**La Pendine** ⟩, aux Prés E : 1 km par D 4 ☏ 23.32.62, ⟨ – ⇔wc 🅿. ⍟
　　　10 juin-20 sept. et 1ᵉʳ déc.-20 avril – SC : **R** 55/105 🍴 – ⊿ 14 – **32 ch** 100/178 – P
　　　156/200.

PYLA-SUR-MER 33115 Gironde 🔢 ⑫ G. Côte de l'Atlantique – ✪ 56.

🅱 Office de Tourisme Rond-Point du Figuier (fermé sam. et dim. hors sais.) ☏ 22.53.83.

Paris 654 – Arcachon 4 – Biscarrosse 34 – ◆Bordeaux 65.

　　　　　　　　　　　Voir plan d'Arcachon agglomération

　🏠　**Beau Rivage** sans rest, bd Océan ☏ 22.01.82, 🏡 – ⇔wc 🔲 ⍟　　　　AY **u**
　　　1ᵉʳ avril-30 sept. – SC : ⊿ 19 – **21 ch** 130/280.

　🏠　**Maminotte** ⟩ sans rest, allée Acacias ☏ 22.55.73 – ⇔wc 🔲wc ⍟ 🔲　　AY **n**
　　　SC : ⊿ 14 – **12 ch** 165/230.

　XXX　⍟ **La Guitoune** (Héres) avec ch, bd Océan ☏ 22.70.10, 🏡 – ⇔wc 🔲wc ⍟ 🅿.
　　　🅰🅴 ⓓ 🅴 🆅🅸🆂🅰　　　　　　　　　　　　　　　　　　　　　　　　　　　　　　　AY **g**
　　　15 fév.-10 nov. – SC : **R** 150 – ⊿ 30 – **22 ch** 200/350
　　　Spéc. Bouillabaisse, Saumon braisé au Champagne (15 fév.-30 août), Magret de canard au poivre
　　　vert. **Vins** Graves blanc, Premières côtes de bordeaux.

　　　à Pilat-Plage S : D 112 – ⊠ **33115** Pyla-sur-Mer.

　　　Voir Dune★ : ※★★.

　🏠　**Oyana** ⟩, ☏ 22.72.59, ⟨ bassin – ⇔wc 🔲 ⍟　　　　　　　　　　　　　　　AZ **z**
　　　1ᵉʳ avril-30 sept. – SC : **R** *(dîner seul. du 1ᵉʳ juin au 15 sept.)* 80/120 – ⊿ 17 – **17 ch**
　　　100/200.

　XXX　**Corniche** ⟩ avec ch, ☏ 22.72.11, ⟨ bassin – ⇔wc 🔲 ⍟. 🆅🅸🆂🅰　　　　　AZ **z**
　　　20 mars-25 oct. et fermé merc. sauf juil.-août – SC : **R** 76 – ⊿ 26 – **13 ch** 120/220 –
　　　P 260/320.

QUARRÉ-LES-TOMBES 89630 Yonne 🔢 ⑯ G. Bourgogne – 772 h. alt. 460 – ✪ 86.

Paris 236 – Auxerre 72 – Avallon 19 – Château-Chinon 57 – Clamecy 49 – ◆Dijon 96 – Saulieu 28.

　🏠　**Nord et Poste,** ☏ 32.24.55 – ⇔ 🔲 ⍟
　　　SC : **R** 60/120 – ⊿ 15 – **35 ch** 80/175 – P 150/200.

　XX　**Aub. de l'Atre,** aux Lavaults SE : 6,5 km ⊠ 89630 Quarré les Tombes ☏ 32.20.79,
　　　🛋 – ⍟. ⓓ 🅴 🆅🅸🆂🅰
　　　fermé 2 janv. au 28 fév., mardi soir et merc. sauf du 1ᵉʳ juil. au 10 sept. – SC : **R**
　　　85/190.

RENAULT Gar. Naulot, ☏ 32.23.58 🅽

QUATRE CHEMINS 15 Cantal 🔢 ⑫ – rattaché à Aurillac.

QUATRE ROUTES D'ALBUSSAC 19 Corrèze **75** ⑨ – alt. 600 – ⊠ **19380** St-Chamant – ⚙ 55 – **Voir** Roche de Vic ✻ ✻★ S : 2 km puis 15 mn, G. Périgord.
Paris 502 – Aurillac 72 – Brive la Gaillarde 26 – Mauriac 69 – St-Céré 39 – Tulle 19.

🏠 **Roche de Vic,** ℡ 28.15.87, 🚗 – 🛏wc 🚿wc 🚽 **℗** **℗** **VISA**
↝ *fermé oct. et vend. hors sais.* – SC : **R** 40/95 – � 12 – **14 ch** 65/110 – P 130/160.

🏠 **Aub. Limousine,** ℡ 28.15.83, 🚗 – 🚿 **℗** **℗** **AE** **E** **VISA**
↝ *fermé nov. et lundi sauf juil. et août* – SC : **R** 50/80 🍴 – � 14,50 – **12 ch** 59/104 – P 134.

QUATZENHEIM 67 B.-Rhin **62** ⑨ – 540 h. alt. 165 – ⊠ **67370** Truchtersheim – ⚙ 88.
Paris 472 – Haguenau 28 – Molsheim 13 – Obernai 23 – Saverne 26 – ◆Strasbourg 17.

✗ **Agneau d'Or,** ℡ 69.02.95 – 🚽 **AE**
↝ *fermé 16 juil. au 14 août et merc.* – **R** 38/100 🍴.

QUÉDILLAC 35 I.-et-V. **59** ⑮ – 1 029 h. alt. 76 – ⊠ **35290** St-Méen-le-Grand – ⚙ 99.
Paris 392 – Dinan 26 – Lamballe 39 – Loudéac 52 – Ploërmel 43 – ◆Rennes 40.

🏠 **Relais de la Rance,** ℡ 07.21.25, 🚗 – 🛏wc 🚿wc 🕿 **℗** **AE** **①** **E** **VISA** ✻ rest
↝ *fermé 15 au 22 nov. et 20 janv. au 15 fév.* – SC : **R** *(fermé dim. soir)* 42/175 🍴 – � 15 – **14 ch** 60/130 – P 130/165.

Les QUELLES 67 B.-Rhin **62** ⑧ – alt. 530 – ⊠ **67130** Schirmeck – ⚙ 88.
Paris 486 – St-Dié 43 – Senones 31 – ◆Strasbourg 56.

🏠 **Neuhauser** 🐾, ℡ 97.06.81, ≤ – 🛏wc 🐾 **℗** **AE** **VISA**
fermé 15 au 30 nov. et 15 au 31 janv. – SC : **R** *(fermé merc. sauf juil. et août)* 70 bc/140 – � 16 – **12 ch** 85/190 – P 138/192.

Le QUESNOY 59530 Nord **53** ⑤ G. Nord de la France – 4 942 h. alt. 125 – ⚙ 27.
Voir Fortifications★ YZ.
🛈 Office de Tourisme Hôtel de Ville (fermé sam. après-midi et dim.) ℡ 49.12.16.
Paris 220 ① – Cambrai 33 ⑤ – Guise 41 ④ – ◆Lille 70 ① – Maubeuge 28 ② – Valenciennes 18 ①.

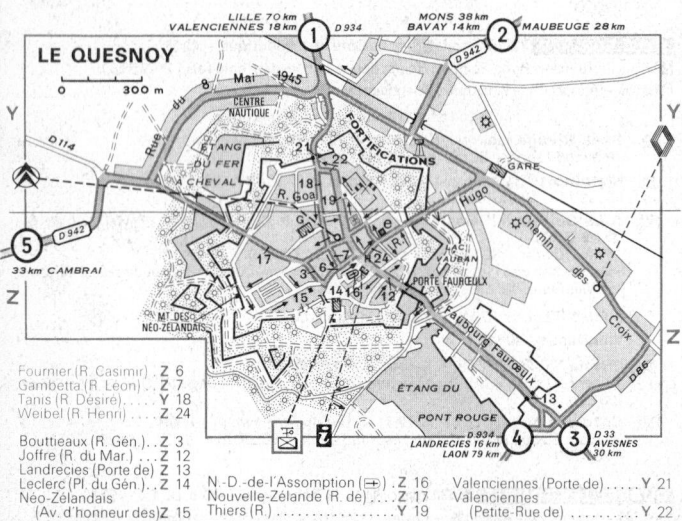

Fournier (R. Casimir) . . . Z 6
Gambetta (R. Léon) . . . Z 7
Tanis (R. Désiré) . . . . Y 18
Weibel (R. Henri) . . . . Z 24

Boutrieaux (R. Gén.) . . Z 3
Joffre (R. du Mar) . . . Z 12
Landrecies (Porte de) Z 13
Leclerc (Pl. du Gén.) . Z 14
Néo-Zélandais
(Av. d'honneur des)Z 15

N.-D.-de-l'Assomption (⊞) . Z 16
Nouvelle-Zélande (R. de) . . . . Z 17
Thiers (R.) . . . . Y 19

Valenciennes (Porte de) . . . . . Y 21
Valenciennes
(Petite-Rue de) . . . . Y 22

XXX **Host. Parc** avec ch, r. V.-Hugo ℡ 49.02.42 – 🛏 🕿 🚿 **℗** **E** ✻ ch   Z **e**
fermé 6 au 28 août, vacances scol. de fév., dim. soir et lundi – **R** 58 bc/140 🍴 – � 15 – **7 ch** 89/124.

par ④ : 2 km sur D 934 – ⊠ 59530 Le Quesnoy :

XXX **Les Vanneaux,** ℡ 49.15.40, 🚗 – **℗**
fermé 16 au 31 août, 23 déc. au 4 janv., lundi et le soir sauf sam. – SC : **R** carte 130 à 195.

QUESTEMBERT 56230 Morbihan 63 ④ G. Bretagne – 5 213 h. alt. 100 – ✪ 97.

Paris 424 – Ploërmel 36 – Redon 33 – ♦Rennes 88 – La Roche-Bernard 22 – Vannes 27.

XXX ✲ **Bretagne** (Paineau) M avec ch, r. St-Michel ☏ 26.11.12, – wc ☎ P. VISA. rest
fermé 3 janv. au 15 mars, dim. soir sauf juil.-août et lundi sauf fériés – SC : **R** (nombre de couverts limité - prévenir) carte 220 à 285 – ☕ 35 – **5 ch** 210/295
Spéc. Huîtres en paquets, Choux farcis de homard, Ragoût de fonds d'artichauts à la moëlle. **Vins** Muscadet.

RENAULT Gar. Marquer, ☏ 26.10.41 N

La QUEUE-EN-BRIE 94 Val-de-Marne 61 ①②, 101 ㉘㉙ – voir à Paris, Environs.

QUEYRAC 33 Gironde 71 ⑯ – 1 127 h. – ✉ 33340 Lesparre-Médoc – ✪ 56.

Paris 536 – ♦ Bordeaux 72 – Lesparre-Médoc 8,5 – Soulac-sur-Mer 23.

Vieux Acacias ⛰, sans rest, ☏ 59.80.63 – wc ⋒wc P
SC : ☕ 19 – **15 ch** 70/158.

QUIBERON 56170 Morbihan 63 ⑫ G. Bretagne – 4 812 h. – Casino – ✪ 97.

Voir Côte sauvage NO : 2,5 km.**

ℹ Office de Tourisme avec Accueil de France (Informations et réservations d'hôtels pas plus de 5 jours à l'avance) 7 r. Verdun (fermé dim. hors saison) ☏ 50.07.84, Télex 950538.

Paris 502 – Auray 28 – Concarneau 101 – Lorient 49 – Quimper 113 – Vannes 46.

Sofitel M ⛰, ☏ 50.20.00, Télex 730712, ≤, ⛱, – ⎮ TV ☎ P – 100. AE ⓓ E VISA. rest
fermé janv. – SC : rest. **Thalassa R** carte 155 à 220 – **108 ch** ☕ 475/910, 5 appartements – P 730/985.

Ker Noyal ⛰, ☏ 50.08.41, « jardin fleuri » – ⎮ P. AE VISA.
15 mars-31 nov. – SC : **R** 125/150 – ☕ 26 – **92 ch** 260/310 – P 240/308.

Bellevue ⛰, r. Tiviec ☏ 50.16.28, – wc ⋒wc ☎ P. AE E VISA. rest
Pâques-15 oct. – SC : **R** (pour résidents seul.) – ☕ 20 – **40 ch** 190/260 – P 200/265.

Hoche, pl. Hoche ☏ 50.07.73, – wc ⋒wc ☎
5 fév.-30 sept. – SC : **R** 65/160 – ☕ 20 – **39 ch** 110/250 – P 181/262.

Beau Rivage, r. Port-Maria ☏ 50.08.39, ≤ – ⎮ ⋒wc ☎. VISA.
14 avril-30 sept. – SC : **R** 62/97 – ☕ 18 – **48 ch** 110/205.

Neptune M, 4 quai de Houat à Port Maria ☏ 50.09.62, ≤ – ⎮ wc ☎. VISA.
fermé 20 déc. au 10 fév. et lundi – SC : **R** 60/150 – ☕ 18 – **22 ch** 200/260 – P 320/360.

Druides, 6 r. Port Maria ☏ 50.14.74 – ⎮ wc ⋒wc ☎ P. ch
hôtel : 1er avril-30 sept. ; rest : 25 mai-30 sept. – SC : **R** 62/130 – ☕ 16 – **30 ch** 100/200 – P 180/260.

Petite Sirène, 15 bd Mer ☏ 50.17.34, ≤ – cuisinette wc ☎ P. AE VISA.
20 mars-30 oct. – SC : **R** *(fermé merc. hors sais.)* 58/140 – ☕ 17 – **33 ch** 152/310.

Ty Breiz sans rest, bd Chanard ☏ 50.09.90, ≤, – wc ⋒wc ☎ P.
Pâques et 25 mai-25 sept. – SC : ☕ 15 – **32 ch** 110/210.

Roch Priol ⛰, r. Sirènes ☏ 50.04.86 – wc ⋒wc ☎ P. E VISA
◆ *1er mars-1er nov.* – SC : **R** 45/133 🍷 – ☕ 18 – **39 ch** 97/200 – P 180/230.

Gulf Stream M sans rest, bd Chanard ☏ 50.16.96, ≤, – wc ☎
1er mars-15 nov. – SC : ☕ 15 – **19 ch** 168/200.

Gd Large, 1 bd Hoedic à Port Maria ☏ 50.13.39, ≤ – wc ⋒wc ☎. AE E VISA. rest
fermé 2 nov. au 20 déc. et 2 janv. au 2 fév. – SC : **R** 64/121 – ☕ 16,50 – **18 ch** 131/169.

Idéal, rte de Port-Haliguen ☏ 50.12.72 – ⎮ wc ⋒wc ☎ P. AE ⓓ E VISA
◆ *fermé 15 fév. au 15 mars* – SC : **R** 50/105 – ☕ 15 – **50 ch** 92/180 – P 175/211.

XX **Relax,** 27 bd Castero à la plage de Kermorvan ☏ 50.12.84, ≤ – P. AE ⓓ VISA
◆ *début fév.-mi-nov. et fermé dim. soir et mardi sauf en juil.-août* – SC : **R** 48/190 🍷.

XX **Ancienne Forge,** 20 r. Verdun ☏ 50.18.64, – AE VISA
fermé 10 au 25 janv. et merc. sauf le soir en juil. et août – SC : **R** 65/110.

XX **La Goursen,** quai Océan à Port Maria ☏ 50.07.94. VISA
mars-15 nov. et fermé mardi – **R** carte 125 à 190.

X **Pêcheurs,** r. Kervozes à Port Maria ☏ 50.12.75
◆ *fermé janv. et lundi du 15 sept. au 15 juin* – SC : **R** 49/73 🍷.

à Port Haliguen E : 2 km par D 200 – ✉ 56170 Quiberon :

Europa M, ☏ 50.25.00, ≤, ⛱, – ⎮ cuisinette P. rest
28 mars-1er oct. – SC : **R** 80/140 – ☕ 20 – **68 ch** 145/240 – P 245/265.

Navirotel, ☏ 50.16.52, – wc ⋒wc ☎. AE ⓓ VISA. rest
25 mars-5 oct. – SC : **R** 90/150 – ☕ 19,50 – **21 ch** 153/238 – P 235/275.

à St-Julien N : 2 km – ✉ **56170** Quiberon :

Au Vieux Logis ⛰, ☎ 50.12.20 – 🛁wc 🚿 🅿. VISA. ✗ rest
début mai-fin sept. – **R** 75/150 – ☕ 16,50 – **22 ch** 88/188 – P 200/230.

Baie ⛰, ☎ 50.08.20 – 🛁wc 🚿wc ☎ 🅿
Pâques-20 sept. – SC : **R** (dîner seul.) 78 – ☕ 22 – **18 ch**, (1/2 pens. seul.) – 1/2 p 156/195.

à St-Pierre N : 4,5 km par D 768 – ✉ **56510** St-Pierre.

Voir Pointe du Percho ≤ ★ au NO : 2,5 km.

ℹ Syndicat d'Initiative à la Mairie (fermé sam., dim. et fêtes) ☎ 50.92.00.

Plage, ☎ 30.92.10, ≤ – |ǂ| 🛁wc 🚿wc ☎ 🅿. AE. ✗
29 mars-16 avril et début mai-début oct. – SC : **R** 70/95 – ☕ 19 – **41 ch** 190/290.

CITROEN Gar. St-Christophe, 21 av. Gén.-de-Gaulle ☎ 50.07.71
RENAULT S.O.D.A.P. ☎ 50.07.42
VAG Le Borgne, ☎ 50.16.37
Gar. Le Garrec, ☎ 50.08.01

QUIBERVILLE 76 S.-Mar. 52 ③ ④ alt. 74 – ✉ **76860** Ouville-la-Rivière – ⚙ 35.

ℹ Office de Tourisme (1er juil.-31 août et fermé dim.).

Paris 207 – Dieppe 16 – ♦ Rouen 68 – St-Valéry-en-Caux 18.

L'Huitrière, ☎ 83.02.96 – 🛁wc 🚿wc 🅿. E VISA. ✗
fermé déc., dim. soir, mardi soir et merc. de nov. au 28 fév. – SC : **R** 61/86 – ☕ 17 – **17 ch** 86/165 – P 160/213.

QUIÉVRECHAIN 59 Nord 53 ⑤ – rattaché à Valenciennes.

Dans ce guide
un même symbole, un même caractère,
imprimés en rouge **ou en noir, en** maigre **ou en gras**
n'ont pas tout à fait la même signification
Lisez attentivement les pages explicatives (p. 14 à 21).

QUILLAN 11500 Aude 86 ⑦ **G. Pyrénées** – 4 564 h. alt. 291 – ⚙ 68.

Voir Défilé de Pierre Lys★ S : 5 km.

ℹ Office de Tourisme pl. Gare (fermé dim. sauf matin en saison) ☎ 20.07.78.

Paris 961 – Andorre 114 – Carcassonne 51 – Foix 62 – Limoux 27 – ♦Perpignan 74 – Prades 92.

Pierre Lys, av. Carcassonne ☎ **20.08.65,** 🚗 – 🛁wc 🚿 ☎ 🅿
fermé mi-nov. à mi-déc. – SC : **R** 44/135 – ☕ 16 – **18 ch** 65/155 – P 260/305 (pour 2 pers.).

La Chaumière, bd Ch.-de-Gaulle ☎ **20.17.90** – 🛁wc 🚿wc ☎ 🚗 🅿 – 🏛 50. ✗ ch
fermé 3 nov. au 20 déc. – SC : **R** 47/150 🍷 – ☕ 19 – **40 ch** 70/200 – P 170/240.

Cartier, bd Ch.-de-Gaulle ☎ **20.05.14** – |ǂ| cuisinette 🛁wc 🚿wc ☎ 🚗. E
15 mars-15 déc. – SC : **R** 47/110 – ☕ 19 – **35 ch** 73/180.

au Sud : 10 km sur D117 (carrefour D117 - D107) – ✉ **11140** Axat :

Rébenty, ☎ **20.50.78** – AE E VISA
fermé 1er au 13 oct., 7 au 26 janv., lundi soir et mardi sauf du 10 juil. au 20 août – SC : **R** 65/90.

CITROEN Gar. Nivet, rte de Carcassonne, N118 ☎ 20.04.27
PEUGEOT-TALBOT Gar. Mas, rte de Carcassonne ☎ 20.09.76
PEUGEOT-TALBOT Gar. Roosli, 14 bd Charles-de-Gaulle ☎ 20.01.01
RENAULT Gar. Escur, rte de Carcassonne ☎ 20.06.66
V.A.G. Gar. Dubois, Zone Artisanale, rte Carcassonne ☎ 20.07.92
Ⓜ Saunier, 45 bd Charles-de-Gaulle ☎ 20.00.49

QUIMPER Ⓟ 29000 Finistère 58 ⑮ **G. Bretagne** – 60 162 h. alt. 8 – ⚙ 98.

Voir Cathédrale★★ BZ – Grandes fêtes de Cornouaille★ (fin juillet) – Le vieux Quimper★ : Rue Kéréon★ ABY – Jardin de l'Évêché ≤★ BZ **K** – Mont-Frugy ≤★ ABZ – Musées : Beaux-Arts★★ BY **H**, Breton★ BZ **M** – Descente de l'Odet★★ en bateau 1 h 30.

⛳9 de Quimper et de Cornouaille ☎ 56.97.09, à la Forêt-Fouesnant par ; ③ : 17 km.

✈ de Quimper-Pluguffan : ☎ 94.01.28 par ⑤ : 7 km.

🚗 ☎ 90.14.75.

ℹ Office de Tourisme 3 r. Roi-Gradlon (fermé sam. hors saison) ☎ 95.04.69 – A.C.O. Finistère 12 r. E.-Fréron ☎ 95.20.89.

Paris 556 ② – ♦Brest 72 ① – Lorient 66 ② – ♦Rennes 206 ② – St-Brieuc 139 ① – Vannes 115 ②.

QUIMPER

🏯 **Griffon et Rest Créach Gwenn** Ⓜ, rte Bénodet par ④ : 3 km ℡ 90.33.33, Télex 940063, 🔲, � – 📺 ☎ 🅿 – 🔬 30 à 100. 🆎 ⓞ 🅴 🆅🆂🅰
SC : **R** *(fermé sam. soir et dim. d'oct. à juin)* 65/155 – 🗜 19 – **48 ch** 183/230.
BZ **e**

🏨 **Tour d'Auvergne**, 13 r. Réguaires ℡ 95.08.70 – 🛗 ➬wc 🕯wc 🕾 🅿. 🅴 🆅🆂🅰
fermé 15 déc. au 8 janv. – SC : **R** *(fermé sam. soir et dim. d'oct. au 30 avril sauf Pâques)* 60/150 – 🗜 20 – **45 ch** 136/220 – P 250/300.
BZ **e**

🏨 **Moderne**, 21 bis av. Gare ℡ 90.31.71, Télex 940792 – 🛗 ➬wc 🕯wc 🕾 ⇔. 🆎 🆅🆂🅰. 🕉 ch
BX **n**
fermé 16 déc. au 14 janv. – SC : **R** *(fermé sam. d'oct. à mars)* 55/145 – 🗜 18 – **67 ch** 60/220.

🏨 **Gradlon** sans rest, 30 r. Brest ℡ 95.04.39 – ➬wc 🕯wc ☎. 🆎 ⓞ 🅴 🆅🆂🅰. 🕉
BY **a**
fermé 20 déc. au 15 janv., sam. et dim. du 15 nov. à mars – SC : 🗜 19 – **25 ch** 86/195.

🏩 **Ibis** Ⓜ, r. G.-Eiffel ℡ 90.53.80, Télex 940007 – 🍴 rest ➬wc ☎ 🔥 🅿 – 🔬 60. 🅴
🆅🆂🅰
BV **f**
SC : **R** carte environ 65 🍴 – 🍺 19 – **70 ch** 166/192.

🏩 **Sapinière** sans rest, rte Bénodet 4 km par ④, ⌂ 29000 Quimper ℡ 90.39.63, 🕉
– 🕯wc 🅿 – 🔬 100. 🆎 ⓞ 🅴 🆅🆂🅰. 🕉
SC : 🗜 15,50 – **40 ch** 77/126.

🏩 **Terminus** sans rest, 15 av. Gare ℡ 90.00.63 – 🕯wc ⇔. 🅴 🆅🆂🅰. 🕉
BX **n**
fermé oct. – SC : 🗜 14 – **25 ch** 66/150.

XXX **Capucin Gourmand**, 29 r. Réguaires ℡ 95.43.12 – 🆎 ⓞ 🅴 🆅🆂🅰
BZ **r**
fermé 15 août au 1er sept., vacances de fév. et lundi – SC : **R** 78/130.

XX **Le Parisien**, 13 r. J.-Jaurès ℡ 90.35.29 – 🅴 🆅🆂🅰
BZ **q**
fermé mi-juil. à mi-août et dim. – SC : **R** 95/180.

X **La Rotonde**, 36 av. France Libre ℡ 95.09.26 – 🅴 🆅🆂🅰
BV **b**
fermé 20 juin au 13 juil., vacances scolaires de fév., sam. midi et dim. – SC : **R** 52/120 🍴.

à Pluguffan O : 7 km par D 40 – ⌂ **29000** Quimper :

🏩 **La Coudraie** Ⓜ 🕉 sans rest, impasse du Stade ℡ 94.03.69 – ➬wc 🕯wc ☎ 🅿.
🆅🆂🅰
fermé oct. et dim. en hiver – SC : 🗜 17,50 – **11 ch** 135/165.

à Ty Sanquer : 7 km par ① et D 770 – ⌂ **29000** Quimper :

X **Aub. Ty Coz**, ℡ 95.00.55 – 🅿. 🅴 🆅🆂🅰
fermé 24 avril au 8 mai, 20 sept. au 10 oct., dim. soir et lundi – SC : **R** 65/145.

MICHELIN, Agence, 4 r. du Stade de Kerhuel, Zone Ind. Ouest BV ℡ 90.23.48

ALFA-ROMEO Jourdain, 36 rte de Bénodet ℡ 90.60.64
BLF Kemper-Autom., 13 av. de la Libération, ℡ 90.18.49
BMW S.G.A. Kerhascoet à Pluguffan ℡ 94.24.96
CITROEN S.C.A.F., rte de Bénodet à Ménez-Bily par ④ ℡ 90.33.47 🔃 ℡ 90.28.05
FIAT-LADA-SKODA SODAQ, 136 av. de Ty-Bos-Rte de Concarneau ℡ 90.37.57
FORD Bretagne-Autom., 105 av. de Ty-Bos ℡ 90.32.00 🔃 ℡ 90.28.05
MERCEDES-BENZ Belléguic, rte de Coray ℡ 90.03.69

OPEL Damian, 70 rte de Brest ℡ 95.18.38
PEUGEOT-TALBOT Nédélec, 66 rte de Brest ℡ 95.42.74
RENAULT Gar. de l'Odet, ZAC de Kernevez Rte de Douarnenez par ⑥ ℡ 55.29.46
V.A.G. Gar. Honoré, 51 rte de Concarneau ℡ 90.05.47

🛞 Bégot et Fils, 79 rte de Brest ℡ 95.09.33
Comptoir et Atelier du Pneu, r. Lebon Zone Ind. de l'Hippodrome ℡ 90.18.87
Lorans-Pneus, Rue O. de Serre ZI Hippodrome ℡ 53.35.26

QUIMPERLÉ 29130 Finistère 🗐🗐 ⑫⑰ G. Bretagne – 11 697 h. alt. 35 – ✪ 98.

Voir Église Ste-Croix★★ BY B – **Rue** Dom-Morice★ BY 9.

🅱 Office de Tourisme Port Bourgneuf (Pâques, 15 juin-15 sept. et fermé dim.) ℡ 96.04.32 et 2 r. Génot (15 sept.-Pâques et fermé dim.) ℡ 96.00.34.

Paris 511 ② – Carhaix-Plouguer 57 ① – Concarneau 34 ③ – Pontivy 54 ② – Quimper 46 ③ – ✦Rennes 161 ② – St-Brieuc 109 ① – Vannes 70 ②.

Plan page ci-contre

🏨 **Hermitage** 🕉, S : 2 km par D 49 - BZ - ℡ 96.04.66, « Parc », 🔼, – ➬wc 🕯wc ☎ 🅿 – 🔬 30. 🕉 rest
1er avril-1er nov. – SC : **R** voir rest. Relais du Roc – 🗜 20 – **24 ch** 190/200, 3 appartements 420 – P 245/270.

XXX **Relais du Roc**, S : 2 km par D 49 - BZ - ℡ 96.12.97 – 🅿. 🅴 🆅🆂🅰
fermé 15 déc. au 15 janv., vacances scolaires de fév. et lundi hors sais. – SC : **R** 62/170.

XX **Aub. de Toulfoën** avec ch, S : 3 km par D 49 - BZ - ℡ 96.00.29, � – ➬ 🕯 🅿.
🆎 🅴 🆅🆂🅰. 🕉 ch
fermé 25 sept. au 31 oct. et lundi sauf hôtel du 1er juil. au 1er nov. – SC : **R** 72/175 – 🗜 18 – **9 ch** 100/130.

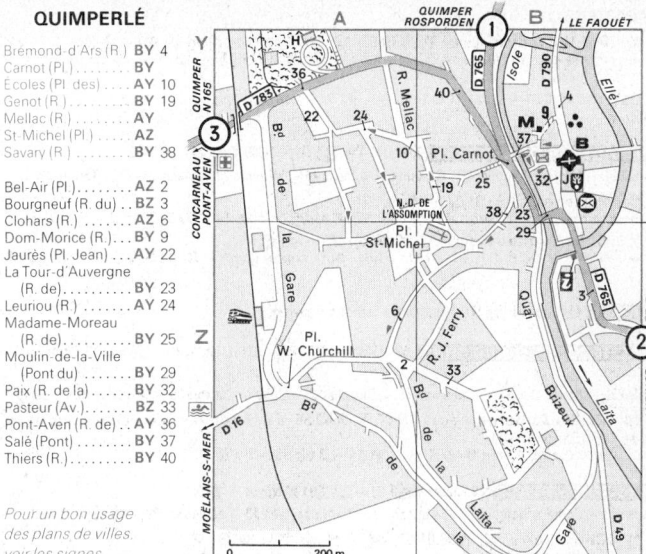

QUIMPERLÉ

Brémond-d'Ars (R.) ...... **BY** 4
Carnot (Pl.) .... **BY**
Écoles (Pl. des) .... **AY** 10
Genot (R.) .... **BY** 19
Mellac (R.) .... **AY**
St-Michel (Pl.) .... **AZ**
Savary (R.) .... **BY** 38

Bel-Air (Pl.) .... **AZ** 2
Bourgneuf (R. du) ..... **BZ** 3
Clohars (R.) .... **AZ** 6
Dom-Morice (R.) ...... **BY** 9
Jaurès (Pl. Jean) ..... **AY** 22
La Tour-d'Auvergne
   (R. de) .... **BY** 23
Leuriou (R.) .... **AY** 24
Madame-Moreau
   (R. de) .... **BY** 25
Moulin-de-la-Ville
   (Pont du) .... **BY** 29
Paix (R. de la) .... **BY** 32
Pasteur (Av.) .... **BZ** 33
Pont-Aven (R. de) ..... **AY** 36
Salé (Pont) .... **BY** 37
Thiers (R.) .... **BY** 40

*Pour un bon usage
des plans de villes,
voir les signes
conventionnels p. 21*

CITROEN Gar. Gaudart, rte de Quimper à Roz-Glass par ① ☎ 96.20.30
PEUGEOT-TALBOT Ouest-Autom., rte Lorient par ② ☎ 96.11.91 🆗 ☎ 96.21.26
RENAULT Guillou, 39 rte Lorient par ② ☎ 96.31.45 🆗 ☎ 96.03.56

V.A.G. Gar. Quimperlois, 22 rte Lorient ☎ 96.04.56

🅖 Le Borgne, 53 rte Lorient ☎ 96.00.49
Lorans-Pneus, 40 rte Quimper ☎ 96.01.39

QUINCIÉ-EN-BEAUJOLAIS 69 Rhône **73** ⑨ – 1 018 h. alt. 319 – ⊠ **69430** Beaujeu – ✪ 74.
Paris 431 – Beaujeu 5 – Bourg-en-Bresse 50 – ◆Lyon 56 – Mâcon 36 – Roanne 70.

 ✗ ✿ **Aub. du Pont des Samsons** (Fouillet), E : 2,5 km sur D37 ☎ 04.32.09 – 🅿. 🗚
    fermé 15 au 31 janv., 12 juin au 4 juil., dim soir et lundi – SC : **R** 57/200
    Spéc. Soupe d'écrevisses (juil. à déc.), Magret de canard, Charlotte aux myrtilles.

QUINCY-VOISINS 77860 S.-et-M. **56** ⑫⑬, **196** ⑳⑳ – 3 171 h. alt. 137 – ✪ 6.
Paris 46 – Lagny-sur-Marne 15 – Meaux 7 – Melun 49.

 ✗ **Aub. Demi-Lune** avec ch, D 436 ☎ 004.11.09, ⋘
    fermé janv. et jeudi – SC : **R** 64/130 🍷 – ⊅ 18,50 – **9 ch** 82/105.

QUINSAC 33 Gironde **75** ⑪ – 1 829 h. alt. 49 – ⊠ **33360** Latresne – ✪ 56.
Paris 591 – ◆Bordeaux 15 – Langon 33 – Libourne 33.

 ✗✗ **Robinson,** SE : 2 km sur D 10 ☎ 21.31.09, ✾ – 🅿
    fermé oct. et mardi – **R** carte 100 à 185.

QUINTIN 22800 C.-du-N. **59** ⑫⑬ G. Bretagne – 3 223 h. alt. 179 – ✪ 96.
Paris 470 – Guingamp 29 – Lamballe 35 – Loudéac 31 – Quimper 110 – St-Brieuc 19.

 🏠 **Commerce** ⋙, r. Rochonen ☎ 74.94.67 – 🛏wc ☎. 🆅🆂🅰 ✾ ch
    fermé 15 déc. au 15 janv., dim. soir et lundi midi sauf 1er juil. au 15 sept. et fériés –
    SC : **R** 53/145 – ⊅ 16 – **14 ch** 85/160.

CITROEN Gar Le Floch, ☎ 74.93.77 🆗
PEUGEOT-TALBOT Le Fur, Pl. de la République ☎ 74.94.96

RABASTENS 81800 Tarn **82** ⑨ G. Causses – 3 834 h. alt. 117 – ✪ 63.
Voir Chapiteaux★ de l'église N.-D.-du-Bourg.
🅱 Office de Tourisme 6 pl. St-Michel (15 juin-15 sept., fermé dim. et lundi matin) ☎ 33.70.18.
Paris 705 – Albi 39 – Carcassonne 106 – Castres 61 – Lavaur 22 – Montauban 49 – ◆Toulouse 37.

RABASTENS

🏨 **Pré Vert,** prom. Lices ⅌ 33.70.51, 🍽, 🚗 – 🛏wc 🗻wc 📺 📵 – 🏌 20
– fermé déc. et dim. soir d'oct. à juin – SC : **R** 50/125 🍷 – ⌷ 20 – **13 ch** 93/175 – P
160/275.

PEUGEOT, TALBOT Bourdet, à Couffouleux ⅌   RENAULT Mouisset, ⅌ 33.75.23
33.71.66   V.A.G. Baysse-Laborde, ⅌ 33.70.44

RABASTENS-DE-BIGORRE 65140 H.-Pyr. 🎱 ⑧ – 1 299 h. alt. 217 – 🌼 62.
Paris 824 – Aire-sur-l'Adour 60 – Castelnau-Magnoac 46 – Mirande 29 – Plaisance 27 – Tarbes 19.

🏠 **Platanes,** ⅌ 96.61.77 – 🗻 📺. 🍽
– fermé vend. de sept. à fin juin – SC : **R** 45/85 🍷 – 🍽 14 – **7 ch** 70/110 – P 140/150.
✗ **Chez Yvonne** avec ch, ⅌ 96.60.20, 🍽 – 🗻 📵
– fermé 1er au 8 mai, 16 oct. au 8 nov., dim. soir et vend. – **R** 40/65 🍷 – ⌷ 8,50 – **7 ch**
37/65.

RABOT 41 L.-et-Ch. 🔢 ⑥ – rattaché à Lamotte-Beuvron.

RACHECOURT-SUR-MARNE 52 H.-Marne 🔢 ⑩ – 911 h. alt. 173 – 🖂 52170 Chevillon –
🌼 25.
Paris 231 – Bar-le-Duc 37 – Chaumont 55 – Joinville 12 – Ligny-en-Barrois 35 – St-Dizier 19 – Toul 82.

✗✗ **Vieille Auberge** avec ch, N 67 ⅌ 04.40.35, « Intérieur rustique authentique », 🚗
– 🛏 📵. **E** 🆅🅸🆂🅰
– fermé dim. soir – **R** 40/70 🍷 – 🍽 14 – **7 ch** 90 – P 120.

RAGUENÈS-PLAGE 29 Finistère 🔢 ⑪ – 🖂 29139 Nevez – 🌼 98.
Paris 539 – Carhaix-Plouguer 74 – Concarneau 17 – Pont-Aven 12 – ♦Quimper 39 – Quimperlé 29.

🏨 **Chez Pierre** 🦻, ⅌ 06.81.06, 🚗 – 🛏wc 🗻wc ☎ 📵. 🍽
1er-11 avril, Pâques et 6 mai-24 sept. – SC : **R** (fermé merc. du 6 juin au 12 sept.)
70/140 – ⌷ 15 – **23 ch** 115/210 – P 170/216.
🏨 **Men Du** 🦻 sans rest, ⅌ 06.84.22, ≤, 🚗 – 🛏wc 🗻wc 📺 📵
1er avril-30 sept. – SC : ⌷ 17 – **14 ch** 140/180.

RAMATUELLE 83350 Var 🎱 ⑰ G. Côte d'Azur – 1 766 h. alt. 135 – 🌼 94.
Voir Col de Collebasse ≤★ S : 4 km.
Paris 881 – Hyères 61 – Le Lavandou 38 – St-Tropez 12 – Ste-Maxime 18 – ♦Toulon 79.

🏨 **Le Baou** M 🦻, ⅌ 79.20.48, Télex 461516, ≤ mer, 🍽, 🏊, – ☎ 🚗 📵. 🅰🅴 🅾
– fermé nov. – SC : **R** 160 – ⌷ 30 – **36 ch** 400/550.

RAMBERCHAMP 88 Vosges 🔢 ⑰ – rattaché à Gérardmer.

RAMBLE 74 H.-Savoie 🔢 ⑰ – rattaché à Habère-Poche.

RAMBOUILLET ◁🆂🅿▷ 78120 Yvelines 🔢 ⑧⑨, 🔢🔢 ㉗㉘ G. Environs de Paris – 22 487 h. alt.
160 – 🌼 3.
Voir Boiseries★ du château Z – Parc★ Y : laiterie de la Reine★ B, chaumière des
coquillages★ E – Bergerie nationale★ Z – Forêt de Rambouillet★.
🅱 Syndicat d'Initiative pl. Libération (fermé vend.) ⅌ 483.11.91.
Paris 52 ① – Chartres 41 ③ – Etampes 44 ③ – Mantes-la-Jolie 70 ① – ♦Orléans 90 ① – Versailles
32 ①.

Plan page ci-contre

🏠 **Ibis** M 🦻, par ③ : 2,5 km par N 10 ⅌ 041.78.50, Télex 698429, 🍽 – 📺 🛏wc ☎
🔥 📵 – 🏌 25 à 100
63 ch.
🏠 **St-Charles** sans rest, 15 r. Groussay ⅌ 483.06.34, 🚗 – 🛏wc 🗻wc 📺. 🅰🅴   Y **b**
– fermé 20 déc. au 7 janv. – SC : ⌷ 18 – **14 ch** 85/223.
✗✗ **Aub. Joyeux Louvetier,** par ② : 2 km N 306 ⅌ 041.03.19, 🍽, 🚗 – 🅰🅴 🅾
– fermé 19 juil. au 19 août, Noël, vacances de fév., mardi soir et merc. – SC : **R**
(prévenir) 95.
✗ **Poste,** 101 r. Gén.-de-Gaulle ⅌ 483.03.01 – 🆅🅸🆂🅰   Z **e**
– fermé 16 août au 5 sept., 13 au 28 fév., dim. soir et lundi – SC : **R** (nombre de
couverts limité - prévenir) 80 carte le dim..

à Gazeran par ④ : 4,5 km – 🖂 78120 Rambouillet :

✗✗ **Au Rendez-vous de Chasse,** D 906 ⅌ 483.81.49, 🚗 – 🆅🅸🆂🅰
– fermé 20 déc. au 3 janv., lundi soir et mardi soir – SC : **R** 70 (sauf sam.)/120.
✗✗ **Villa Marinette** avec ch, D 906 ⅌ 483.19.01, 🚗 – 🍽 ch
– fermé 22 août au 22 sept., vacances de fév., mardi soir et merc. – SC : **R** 60/120 – ⌷
16 – **6 ch** 77/96.

RAMBOUILLET

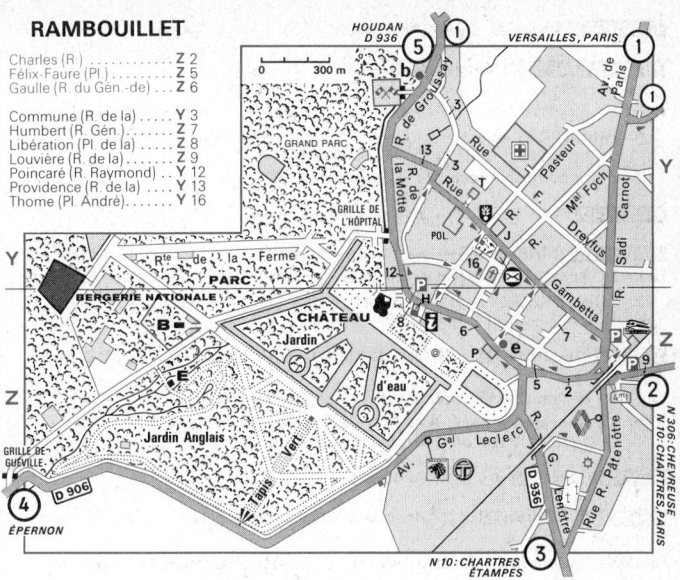

aux Chaises par ④ et D 80 : 11 km – ✉ 78120 Rambouillet :

※※ **Maison des Champs,** ☎ 483.50.19, « Jardin fleuri » – **Ⓟ** VISA
fermé août, fév., lundi soir, mardi soir et merc. – **R** (nombre de couverts limité - prévenir) carte 115 à 170.

ALFA-ROMEO, DATSUN Gar. Central, 15 r. Clemenceau ☎ 483.01.87
CITROEN Van de Maele, r. G.-Lenôtre par ③ ☎ 041.81.81
FIAT Gar. Hude, 15 r. de la Louvière ☎ 041.03.41
PEUGEOT, TALBOT Préhel, 56 r. Lenôtre, Le Bel Air par ③ ☎ 041.01.70

PEUGEOT-TALBOT Rambouillet Automobiles, 51 av. Gén.-Leclerc ☎ 483.01.40
RENAULT Gar. de la Gare, 24 r. R.-Patenôtre ☎ 041.13.27
V.A.G. Sofriga 122 r. de Clairefontaine ☎ 041.87.68

RANCON 87 H.-Vienne 72 ⑦ G. Périgord – 652 h. alt. 217 – ✉ 87290 Chateauponsac – ✪ 55.
Paris 374 – Bellac 12 – ♦Limoges 44 – La Souterraine 34.

※ **L'Oie et le Gril,** ☎ 68.15.06 – VISA
fermé 15 au 30 sept., vacances scol. de fév., mardi soir et merc. – SC : **R** 72.

RANDAN 63310 P.-de-D. 73 ⑤ G. Auvergne – 1 514 h. alt. 407 – ✪ 70.
🄴 Syndicat d'Initiative à la Mairie (fermé après-midi et dim.) ☎ 41.50.02.
Paris 365 – Aigueperse 14 – ♦Clermont-Ferrand 40 – Gannat 23 – Riom 25 – Thiers 32 – Vichy 14.

🏠 **Centre,** ☎ 41.50.23 – ⋒ **E.** ❄ ch
↔ *1er mai-20 oct. et fermé mardi soir et merc. hors sais.* – SC : **R** 50/170 ⚮ – 🍽 11 – **11 ch** 62/90 – P 110/120.

※※ **Host. du Parc** avec ch, ☎ 41.51.89 – 🚗 ⋒
fermé 1er janv. au 9 mars et dim. soir en hiver – SC : **R** 60/135 – 🖵 – 🍽 15 – **9 ch** 85/95 – P 160.

CITROEN Elambert, ☎ 41.51.62

RENAULT Planche, ☎ 41.56.69

RANG 25 Doubs 66 ⑦ – 518 h. alt. 287 – ✉ 25250 L'Isle-sur-le-Doubs – ✪ 81.
Paris 466 – Baume-les-D. 22 – Belfort 38 – ♦Besançon 51 – Lure 39 – Montbéliard 27 – Vesoul 53.

※ **Moderne** avec ch, ☎ 96.32.54 – 🚗 **Ⓟ**
↔ *fermé 1er au 15 oct., 1er au 15 fév. et lundi* – SC : **R** 44/135 ⚮ – 🍽 14 – **9 ch** 60/94.

RANRUPT 67 B.-Rhin 62 ⑧ – 277 h. alt. 520 – ✉ 67420 Saales – ✪ 88.
Paris 477 – Lunéville 67 – St-Dié 30 – Sélestat 28 – Senones 21 – ♦Strasbourg 64.

🏠 **du Col de Steige** ⑤, S : 2 km ☎ 97.60.65, ≤ – 🚗 **Ⓟ**
1er fév.-1er oct. et fermé lundi et mardi – SC : **R** 55 ⚮ – 🖵 15 – **14 ch** 60/90 – P 125/150.

RANTIGNY 60 Oise 🔢 ① – rattaché à Liancourt.

RAON-L'ÉTAPE 88110 Vosges 🔢 ⑦ – 7 219 h. alt. 291 – 🔢 29.
🔢 Syndicat d'Initiative r. J.-Ferry (juil.-août, fermé dim. et lundi) ☎ 41.40.18.
Paris 443 – Épinal 46 – Lunéville 34 – ✦Nancy 69 – Neufchâteau 107 – St-Dié 16 – Sarrebourg 51.

🏠 **Motel l'Eau vive** 🔢 sans rest, ☎ 41.44.68 – ⌷wc 🅿
1er avril-30 sept. – SC : ⌷ 15 – **12 ch** 140/180.

✗ Relais Lorraine Alsace, 31 r. J.-Ferry ☎ 41.43.28.

RASTEAU 84 Vaucluse 🔢 ② – rattaché à Vaison-la-Romaine.

RAULHAC 15470 Cantal 🔢 ⑫⑬ – 350 h. alt. 780 – 🔢 71.
Paris 543 – Aurillac 31 – Entraygues-sur-Truyère 38 – Murat 48 – St-Chély-d'Apcher 92 – St-Flour 66.

🏠 **Midi,** ☎ 49.55.02 – 🔢 🚗 🔢 rest
◆ **R** 42/56 🔢 – ⌷ 12 – **18 ch** 63/85 – P 94/105.

RAUZAN 33 Gironde 🔢 ⑫ G. Côte de l'Atlantique – 888 h. alt. 100 – ✉ 33420 Branne – 🔢 56.
Paris 626 – Bergerac 62 – ✦Bordeaux 38 – Libourne 23 – Marmande 44.

✗✗ **La Gentilhommière,** ☎ 84.13.42, 🔢 – 🅿 🔢 🔢
fermé 15 au 30 nov. et lundi – SC : **R** 95/200 🔢.

RAVEL 69 Rhône 🔢 ⑪ – rattaché à Mornant.

Le RAYOL 83820 Var 🔢 ⑰ G. Côte d'Azur – 868 h. alt. 150 – 🔢 94.
Voir Site★.
Paris 893 – Cavalaire-sur-Mer 7 – Le Lavandou 14 – St-Tropez 25 – Ste-Maxime 29 – ✦Toulon 54.

🏨 **Bailli de Suffren** 🔢, à la Plage ☎ 71.35.77, Télex 420535, ≤ mer et les îles, 🔢 – 🔢 ☎ 🅿 – 🔢 30. 🔢 🔢 🔢 🔢 rest
Pentecôte-début oct. – SC : **R** 180 – **47 ch** ⌷ 740/940.

RAZ (Pointe du) ★★★ 29 Finistère 🔢 ⑱ G. Bretagne – alt. 72 – 🔢 98.
Voir 🔢★★.
Paris 606 – Douarnenez 37 – Pont-L'Abbé 47 – Quimper 50.

à La Baie des Trépassés par D 784 et VO : 3,5 km – ✉ 29113 Audierne :

🏠 **Baie des Trépassés** 🔢, ☎ 70.61.34, ≤, 🔢 – ⌷wc 🔢wc ☎ 🅿 🔢 🔢
1er avril-15 nov. et fermé merc. en oct. et nov. – SC : **R** 55/150 – ⌷ 18 – **27 ch** 132/183 – P 175/242.

RAZAC-SUR-L'ISLE 24 Dordogne 🔢 ⑤ – rattaché à Périgueux.

RAZÈS 87640 H.-Vienne 🔢 ⑧ – 881 h. alt. 436 – 🔢 55.
Paris 370 – Argenton-sur-Creuse 69 – Bellac 39 – Guéret 56 – ✦Limoges 26.

🏠 **Familles,** ☎ 71.03.61, 🔢 – 🅿 🔢
◆ fermé oct. et sam. hors sais. – SC : **R** 40/80 🔢 – 🔢 14 – **7 ch** 62/85.

RÉ (Ile de) ★ 17 Char.-Mar. 🔢 ⑫ G. Côte de l'Atlantique – 🔢 46.
Accès : Transports maritimes, pour La Pointe de Sablanceaux.
🔢 depuis **La Pallice** (5,5 km : O de La Rochelle). En 1983 : 33 à 70 services quotidiens - Traversée 15 mn – Voyageurs 14 F (AR), autos 60 F (AR), par Régie Départementale des Passages d'Eau ☎ 42.61.48 (La Rochelle).

Ars-en-Ré – 1 083 h. – ✉ 17590.

🏨 **Le Parasol** 🔢 🔢, rte St-Clément des Baleines, NO : 0,5 km ☎ 29.46.17, 🔢 – cuisinette ⌷wc 🔢wc ☎ 🔢 🅿 – **29 ch.**

🏠 **Le Martray,** Le Martray E : 3 km par D 735 ☎ 29.40.04, 🔢 – ⌷wc 🔢wc ☎ 🅿 🔢 🔢
31 mars-4 nov. – SC : **R** 75/150 – ⌷ 18 – **14 ch** 160/180 – P 220/240.

CITROEN Blanchard, ☎ 29.40.43   RENAULT Gar. du Moulin Bleu, ☎ 29.40.89

Le Bois-Plage – 1 561 h. – ✉ 17580.
🔢 Syndicat d'Initiative r. Barjottes (fermé après-midi hors sais. et dim.) ☎ 09.23.26.

🏨 **Les Gollandières** 🔢 🔢, ☎ 09.23.99, 🔢, 🔢 – ⌷wc 🔢wc ☎ 🅿 – 🔢 30. 🔢 🔢 🔢 🔢 rest
fermé 2 nov. au 20 déc., 9 au 20 fév. et dim. soir – SC : **R** 80/130 – ⌷ 20 – **32 ch** 185/275 – P 260/310.

926

La Flotte – 1 879 h. – ⊠ 17630.

🛈 Office de Tourisme quai Sénac ⏏ 09.60.38.

🏨 ✿ **Richelieu** Ⓜ ⌂, ⏏ 09.60.70, Télex 791492, ≤, ⚊, 🚗, ✖ – 📺 ☎ ᕻ 🅿 – 🏛
40. 𝗩𝗜𝗦𝗔
fermé 2 janv. au 5 fév. – SC : **R** 140/250 – ☲ 35 – **24 ch** (8 pav.) 400/500 – P
450/600
Spéc. Huitres chaudes aux petits légumes, Homard grillé (16 mars-16 nov.), Bar au vin rouge. **Vins**
Blanc de Ré, Muscadet sur Lie.

🏨 **Hippocampe** ⌂ sans rest, ⏏ 09.60.68 – 𝅓wc. 𝐀𝐄
SC : ☲ 13,50 – **17 ch** 63/133.

PEUGEOT, TALBOT Gar. Chauffour, ⏏ 09.60.25

Rivedoux-Plage – 900 h. – ⊠ 17940.

🛈 Syndicat d'Initiative pl. République (15 juin-15 sept.) ⏏ 09.80.62.

🏨 **Aub. de la Marée**, ⏏ 09.80.02, ≤, ⚊ – 🛏wc 𝅓wc ☎. 𝗩𝗜𝗦𝗔
20 mai-7 oct. – SC : **R** 70/175 – ☲ 21 – **26 ch** 210/230 – P 200/265.

FORD Nautic-Gar., ⏏ 09.80.11

St-Clément-des-Baleines – 518 h. – ⊠ 17590 Ars-en-Ré.

Voir Phare des Baleines ⚞✶ N : 2,5 km.

🏨 **Le Chat Botté** ⌂, ⏏ 29.42.09, 🚗, ✖ – 𝅓. 𝗩𝗜𝗦𝗔. ⌘
fermé 3 au 27 oct., 1er au 14 mars et lundi d'oct. à mai – SC : **R** 60/155 – ☲ 15 –
23 ch 76/95 – P 157/173.

St-Martin-de-Ré – 2 402 h. – ⊠ 17410.

Voir Fortifications✶.

🛈 Office de Tourisme av. V.-Bouthillier (fermé matin, merc. hors sais. et dim.) ⏏ 09.20.06.

🏨 **Les Colonnes**, 19 quai Job-Foran ⏏ 09.21.58, ≤, 🍽 – 🛏wc 𝅓. 𝐀𝐄 𝐎 𝐄 𝗩𝗜𝗦𝗔
fermé 11 au 20 oct. et 15 déc. au 1er fév. – SC : **R** *(fermé merc.)* 72/140 – ☲ 20 –
30 ch 180/295 – P 270/360.

✖✖ **St-Hubert**, ⏏ 09.20.38, ≤
début mars-16 oct. – SC : **R** 56/95.

RENAULT Gar. Neveur, ⏏ 09.28.44

Ste-Marie-de-Ré – 1 317 h. – ⊠ 17740.

🏨 **Atalante** Ⓜ ⌂, le Port N-Dame ⏏ 30.22.44, ≤, 🍽, ⚊, 🚗, ✖ – 📺 ☎ ᕻ 🅿 –
🏛 100. 𝐀𝐄 𝐎 𝐄 𝗩𝗜𝗦𝗔. ⌘ rest
fermé janv. – SC : **R** 72/160 – ☲ 22 – **61 ch** 220/418 – P 350/470.

RÉALMONT 81120 Tarn 🟩🟩 ① – 2 547 h. alt. 212 – ✿ 63.

Paris 726 – Albi 20 – Castres 22 – Graulhet 17 – Lacaune 56 – St-Affrique 85 – ◆Toulouse 75.

🏨 ✿ **Noël** (Galinier), r. H. de Ville ⏏ 55.52.80, 🍽 – 🛏wc 🅿 – 🏛 60 à 150. 𝐀𝐄
𝐎 𝗩𝗜𝗦𝗔. ⌘
fermé dim. soir et lundi d'oct. à juin – SC : **R** (nombre de couverts limité - prévenir)
120/250 – ☲ 20 – **13 ch** 80/240 – P 265/310
Spéc. Écrevisses flambées, Aiguillette de magret grillé, Tournedos aux morilles. **Vins** Gaillac, Miner-
vois.

RENAULT Conrazier, ⏏ 55.51.38

RECOUVRANCE 29 Finistère 🟩🟩 ④ – rattaché à Brest.

REDON ⚛ 35600 l.-et-V. 🟨🟨 ⑤ G. Bretagne – 10 252 h. alt. 12 – ✿ 99.

Voir Tour✶ de l'église St-Sauveur Y **B.**

🛈 Office de Tourisme pl. Parlement (fermé dim.) ⏏ 71.06.04.

Paris 401 ① – Ancenis 82 ② – La Baule 63 ② – Châteaubriant 58 ② – Dinan 103 ① – Laval 127 ① –
◆Nantes 76 ② – Ploërmel 46 ① – ◆Rennes 65 ① – St-Nazaire 51 ② – Vannes 57 ③.

Plan page suivante

🏨 **France** sans rest, 30 r. Duguesclin ⏏ 71.06.11 – 🛏wc 𝅓wc 🖂   Z **a**
fermé 20 déc. au 10 janv. – SC : ☲ 15 – **20 ch** 60/150.

✖✖ **Gare Relais du Gastronome** avec ch, 10 r. Gare ⏏ 71.02.04 – 𝅓. 𝐀𝐄 𝐄 𝗩𝗜𝗦𝗔
fermé 15 au 30 juin, 15 au 28 fév. et sam. midi du 15 sept. au 15 juin. – SC : **R** 65/220   Y **s**
– ☲ 16 – **7 ch** 90/115 – P 180/240.

✖ **La Bogue**, 3 r. des Etats ⏏ 71.12.95 – 𝐄 𝗩𝗜𝗦𝗔   Y **r**
fermé 2 janv. au 1er fév., mardi soir et merc. – SC : **R** 54/110.

par ① *et rte de la Gacilly* : 3 km – ⊠ 35600 Redon :

✖✖ **Moulin de Via**, ⏏ 71.05.16, 🍽 – 🅿. 𝐄 𝗩𝗜𝗦𝗔
fermé 2 au 10 sept., 1er au 15 fév., dim. soir et lundi – SC : **R** 95/170.

REDON

*Allacciate le cinture di
sicurezza sia in viaggio
sia in città*

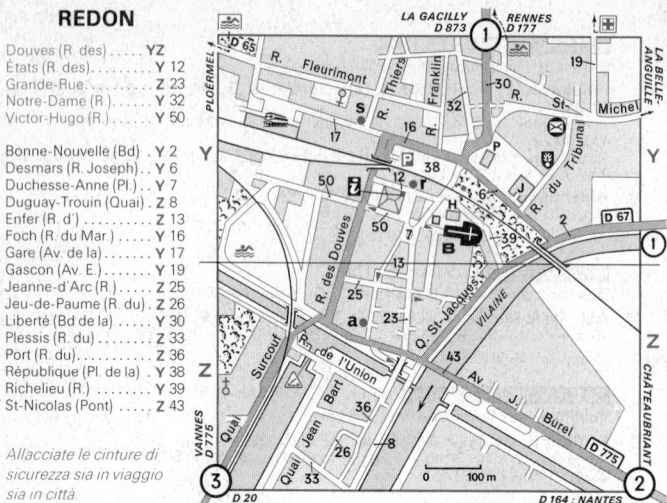

par ② : 6 km par D 164 – ✉ 44460 à St-Nicolas-de-Redon (Loire-Atl.) :

XX **Aub. du Poteau Vert** avec ch, ☏ 71.13.12, 🛲 – 🏠wc 🅿 – 🏛 40. 🆎 🖪 💳
fermé 1er au 15 sept., 1er au 20 fév. et lundi – SC : **R** 60/160 – 🖵 15 – **6 ch** 120/140.

CITROEN Gar. Vinouze, av. J.-Burel à St-Nicolas-de-Redon (44) par ② ☏ 71.00.36
FIAT Gar. de la Corniche, rte de Rennes ☏ 71.10.73
MAZDA Thomas, Zone Ind. de Briangaud, rte Rennes ☏ 71.04.05
PEUGEOT-TALBOT Chalme, 8 av. J.-Burel à St-Nicolas-de-Redon par ② ☏ 71.08.45

RENAULT Ets Ménard, Zone Ind. de Briangaud par av. Bonne-Nouvelle Y ☏ 71.17.36
VAG Gar. Mazarguil, rte de Vannes par ③ ☏ 71.17.81
Gar. Rouxel, 8 r. de la Barre ☏ 71.17.65

🏍 Métayer, 49 rte de Vannes ☏ 71.18.50

R 45/80   Repas soignés à prix modérés.

REICHSFELD 67 B.-Rhin 🖽 ⑨ – 247 h. alt. 340 – ✉ 67140 Barr – ✪ 88.
Paris 526 – Barr 7 – Sélestat 17 – ◆Strasbourg 44 – Molsheim 27 – Villé 13.

🏠 **Bleesz** 🦢, ☏ 85.50.61 – 🛏wc 🕿 🅿
fermé fév. – SC : **R** *(fermé merc. soir et jeudi)* 60/82 🍷 – 🖵 18 – **8 ch** 135 – P 175.

REICHSTETT 67 B.-Rhin 🖽 ⑩ – rattaché à Strasbourg.

REILHAC 43 H.-Loire 🖼 ⑤ – rattaché à Langeac.

REILLANNE 04110 Alpes de H. P. 🖁 ⑮ G. Provence – 892 h. alt. 550 – ✪ 92.
Paris 759 – Apt 27 – Digne 67 – Forcalquier 19 – Manosque 17.

XX **Aub. de Reillanne** 🦢 avec ch, S : 1 km sur D 214 ☏ 76.45.95, 🛲 – 🛏wc 🕿 🅿.
🆎 ⑩ 💳
fermé 15 janv. à fin fév. – SC : **R** *(fermé merc. midi)* carte 155 à 195 – 🖵 28 – **7 ch** 200 – P 340/400.

REIMS ◀🚇▶ 51100 Marne 🖾 ⑥⑯ G. Nord de la France – 181 985 h. alt. 83 – ✪ 26.
Voir Cathédrale★★★ BY : Tapisseries★★ – Basilique St-Rémi★★ CZ : intérieur★★★ – Palais du Tau★★ BY S : trésor★★ – Caves de Champagne★ BCX, CZ – Place Royale★ BY – Porte Mars★ BX N – Hôtel de la Salle★ BY E – Chapelle Foujita★ BX K – Musée-Hôtel le Vergeur★ BX M2 – Musée St-Denis★ BY M1.
Env. Fort de la Pompelle : casques allemands★ 9 km par ③.
🏌 ☏ 48.60.14 à Gueux par ⑧ : 9,5 km.
✈ ☏ 88.50.50.
🅘 Office de Tourisme (fermé dim. et fêtes) et Accueil de France (Informations et réservations d'hôtels, pas plus de 5 jours à l'avance) 3 bd Paix ☏ 47.25.69, Télex 830631 et 6 r. Rockfeller (saison) - A.C. bd Paix ☏ 47.34.76.
Paris 141 ⑦ – Bruxelles 213 ⑩ – Châlons-sur-Marne 45 ④ – ◆Lille 213 ⑨ – Luxembourg 232 ④.

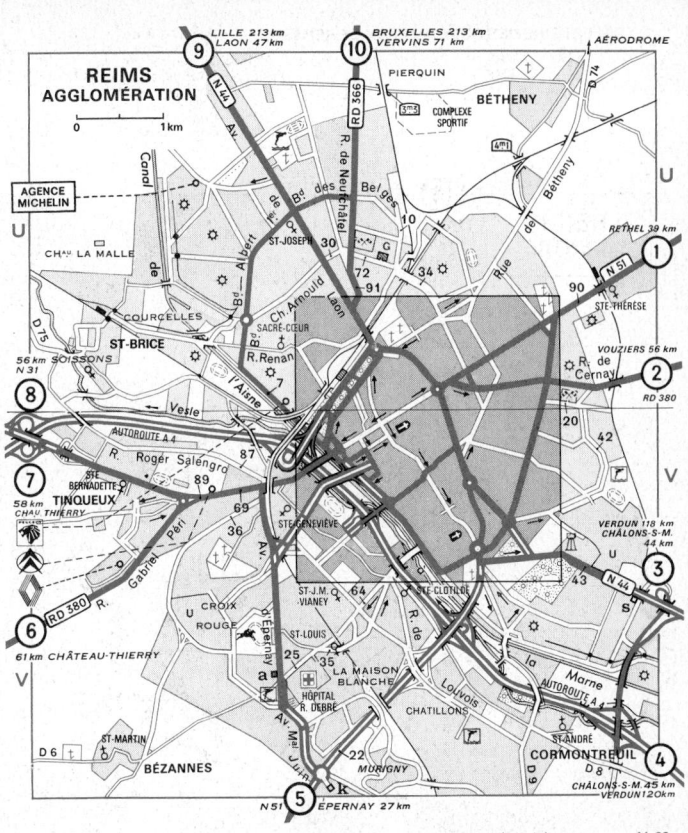

Brébant (Av.) .... **U** 7	Dr-Lemoine (R.) .... **U** 34	Paris (Av. de) .... **V** 69
Brimontel (R. de)....... **U** 10	Dr-Roux (Bd) .... **V** 35	Robespierre (Bd)........ **U** 72
Carré (R. du Gén.)..... **UV** 20	Dor (R. François) .... **V** 36	Tinqueux (R. de) .... **V** 87
Champagne (Av. de) ... **V** 22	Europe (Av. de l') ...... **V** 42	Vaillant-Couturier (R. P.) .. **V** 89
Cognacq-Jay (R.) ...... **V** 25	Farman (Av. Henri) .... **V** 43	Witry (Route de) .... **U** 90
Danton (R.) .... **U** 30	Maison-Blanche (R.) .... **V** 64	Zola (R. Emile) .... **U** 91

🏨🏨 ❀❀❀ **Boyer "Les Crayères"** 🐂 avec ch, 64 bd Vasnier ☎ 82.80.80, Télex
830859, ≤, 🍽, « Élégante demeure ouvrant sur un parc », 🐎 – 🚗 🅿. 🖭 ⑨ 🖃
🖾
CZ **a**

fermé 24 déc. au 15 janv., mardi midi et lundi – **R** (nombre de couverts limité -
prévenir) carte 195 à 240 – ☲ 35 – **16 ch** 400/800
Spéc. Soufflé de St-Pierre à la crème d'oursins, Pigeonneau rôti à l'ail doux et persil, Délices de
Marjorie. Vins Vertus, Bouzy.

🏨🏨 **Paix et rest. Le Drouet** 🖩, 9 r. Buirette ☎ 40.04.08, Télex 830974, 🍽, 🏊, 🐎 –
📶 📺 ☎ ᕱ ᗧᑎ – 🔬 50 à 150. 🖭 ⑨ 🖃 🖾
AY **q**

R *(fermé dim.)* 95/120 – ☲ 21 – **105 ch** 204/296.

🏨🏨 **Frantel** 🖩, 31 bd P.-Doumer ☎ 88.53.54, Télex 830629 – 📶 🔳 📺 ☎ ᕱ – 🔬
300. 🖭 ⑨ 🖃 🖾
AY **v**

SC : rest. **les Ombrages** *(fermé dim. soir et lundi midi)* **R** carte 110 à 180 – ☲ 28 –
125 ch 268/364.

🏨 **Bristol H.** sans rest, 76 pl. Drouet-d'Erlon ☎ 40.52.25 – 📶 📺 ᗧwc ᕱwc ☎. 🖭
⑨ 🖃 🖾
AXY **f**

SC : ☲ 19 – **40 ch** 130/210.

🏨 **Gd H. du Nord** sans rest, 75 pl. D.-d'Erlon ☎ 47.39.03 – 📶 ᗧwc ᕱwc ᕱ. 🖭 ⑨
🖃 🖾
AY **p**

SC : ☲ 21 – **50 ch** 140/210.

🏨 **Europa** sans rest, 8 bd Joffre ☎ 40.36.20 – 📶 📺 ᗧwc ᕱwc ☎. 🖭 ⑨ 🖃 🖾
fermé 23 déc. au 6 janv. – SC : ☲ 20 – **32 ch** 74/182.
AX **t**

tourner →

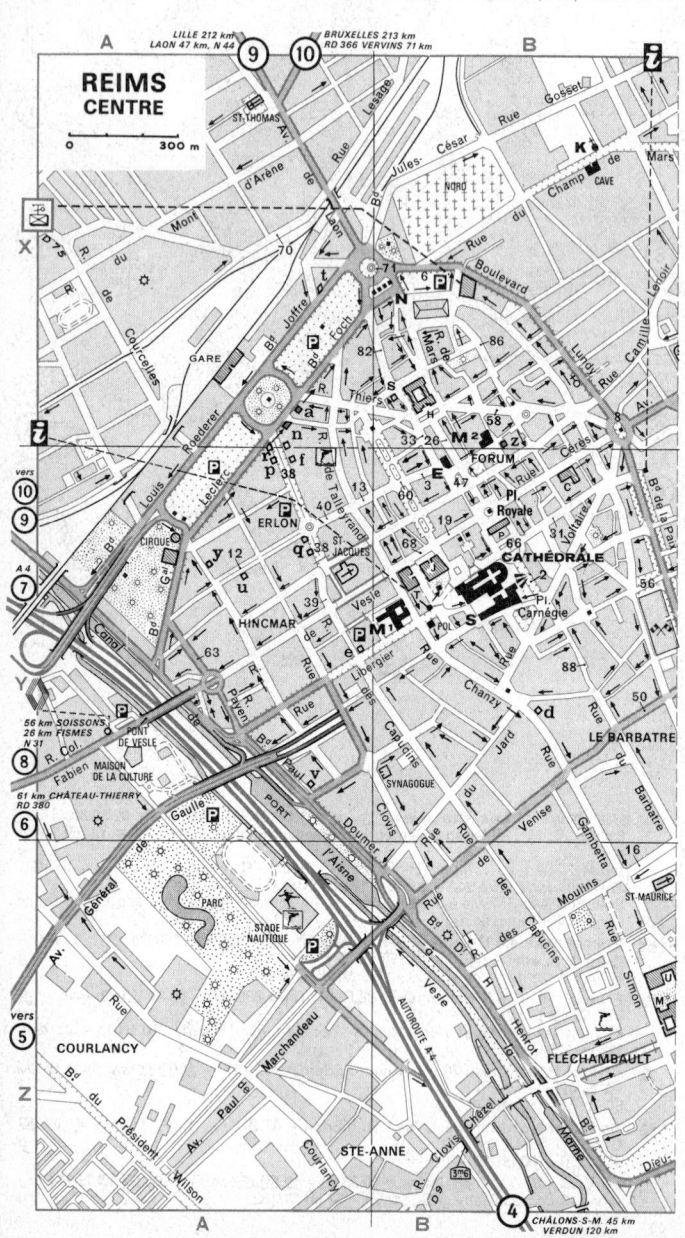

931

🏠 **Continental** sans rest, 93 pl. D.-d'Erlon ☎ 40.39.35, Télex 830585 – 🛗 🛏wc
🛁wc ☜. **E** **VISA**
fermé 23 déc. au 8 janv. – SC : ☲ 19,50 – **60 ch** 95/215.
AXY r

🏠 **Crystal** ⚘ sans rest, 86 pl. Drouet-d'Erlon ☎ 88.44.44 – 🛗 🛏wc 🛁wc ☎. **AE** **E** **VISA**
SC : ☲ 18 – **28 ch** 72/182.
AXY n

🏠 **Victoria** sans rest, 1 r. Buirette ☎ 47.21.79 – 🛗 🛁wc ☜ – **28 ch**.
AY q

🏠 **Welcome** sans rest, 29 r. Buirette ☎ 88.06.39 – 🛗 🛏wc 🛁wc ☎. **E** **VISA**
fermé 20 déc. au 5 janv. – SC : ☲ 16 – **70 ch** 78/210.
AY u

🏠 **Ardenn'H.** sans rest, 6 r. Caqué ☎ 47.42.38 – 🛁wc ☜. **AE** **①** **E** **VISA**
SC : ☲ 17 – **14 ch** 100/135.
AY y

🏠 **Gambetta** sans rest, 13 r. Gambetta ☎ 47.41.64 – 🛁wc ☜. **E** **VISA**
SC : ☲ 16,50 – **14 ch** 105/135.
BY d

🏠 **Libergier** sans rest, 20 r. Libergier ☎ 47.28.46 – 🛏wc 🛁wc ☜. ⚘
fermé 20 au 31 déc. – SC : ☲ 14,50 – **17 ch** 69/135.
AY e

🏠 **Consuls** sans rest, 7 r. Gén.-Sarrail ☎ 88.46.10 – 🛁 ☜. **VISA**
fermé août, 25 déc. au 2 janv. et dim. – SC : ☲ 15,50 – **20 ch** 64/177.
BX s

XXX ⚬ **Le Florence**, 43 bd Foch ☎ 88.12.70 – **AE** **①** **E** **VISA**
AX n
fermé 30 juil. au 20 août et lundi – **R** 120/220
Spéc. Turbot braisé au champagne, Suprême de canard, Feuilleté aux poires chaudes caramélisées.
Vins Ambonnay rouge, Chouilly.

XXX ⚬ **Le Chardonnay**, 184 av. Epernay ☎ 06.08.60 – **AE** **①** **E** **VISA**
V a
fermé 18 déc. au 8 janv., sam. midi et dim. – **R** carte 120 à 165
Spéc. Terrine de lapin, Andouillette à la ficelle, Sandre au Bouzy. Vins Bouzy, Vertus.

XX **Foch**, 37 bd Foch ☎ 47.48.22 – **AE** **①** **E** **VISA**
AX a
fermé 15 au 31 juil., 26 déc. au 1 janv., dim. soir et mardi – SC : **R** 120/160.

XX **Continental**, 95 pl. Drouet d'Erlon ☎ 88.01.61 – **AE** **E** **VISA**
AXY r
R carte 100 à 145.

X **Le Forum**, 34 pl. Forum ☎ 47.56.87 – **①** **VISA**
BXY z
➡ *fermé 15 au 30 août, 25 déc. au 10 janv., dim. soir et lundi* – SC : **R** 47/76 🍷.

rte d'Épernay vers ⑤ :

🏠 **Campanile**, Carrefour av. G.-Pompidou ☎ 36.66.94, Télex 830262 – 🛁wc **℗**.
VISA
V k
SC : **R** 60 bc/81 bc – 🍽 22 – **40 ch** 182.

rte de Soissons par ⑧ :

🏨 **Novotel** Ⓜ, ⌖ 51430 Tinqueux ☎ 08.11.61, Télex 830034, 🏊, – 🍴 rest 📺 ☎ 🚫
℗ – 🔔 25 à 150. **AE** **①** **E** **VISA**
R snack carte environ 90 🍷 – ☲ 25 – **125 ch** 215/265.

XX **Aub. du Circuit**, ⌖ 51370 Champigny-sur-Vesle ☎ 08.26.62 – **℗**. **E** **VISA**
fermé dim. soir et lundi – SC : **R** 60/110.

rte de Châlons-sur-Marne par ③ :

🏨 **Mercure** Ⓜ, ☎ 05.00.08, Télex 830782, 🌳, 🏊, – 🍴 🍽 rest 📺 🛁wc ☎ 🚫 **℗** –
🔔 50 à 150. **AE** **①** **E** **VISA**
V s
R carte environ 90 🍷 – ☲ 25 – **98 ch** 238/263.

à Cernay par ② : 7 km – ⌖ 51420 Witry-les-Reims :

XX **l'Ermitage**, ☎ 07.21.40 – **℗**. **AE** **①** **E** **VISA**
fermé 15 août au 15 sept., dim. soir et lundi – SC : **R** 80/150.

à Sillery par ③ *et D 8E* : 11 km – ⌖ 51500 Sillery :

XX **Relais de Sillery**, ☎ 49.10.11, 🌳, parc animalier, 🚗 – **VISA**
fermé 1er au 20 fév., dim. soir, lundi soir et mardi – SC : **R** 118/178.

à Châlons-sur-Vesle par ⑧ *et D 26* : 10 km – ⌖ 51140 Jonchery-sur-Vesle :

XXX ⚬ **Assiette Champenoise** (Lallement), ☎ 49.34.94 – **℗** **AE** **①** **VISA**. ⚘
fermé vacances de fév., dim. soir et merc. – **R** carte 175 à 260
Spéc. Foie de canard poêlé, Civet de homard au sauternes, Noisettes de chevreuil (saison de
chasse). Vins Bouzy, Mareuil.

Voir aussi ressources hôtelières de *Berry-au-Bac* par ⑨ : 20 km, *Mont-Chenot*
par ⑤ : 11 km et *Sept-Saulx* par ③ : 23 km.

MICHELIN, Agence régionale, Chemin de St-Thierry, Zone Ind. des 3 Fontaines à
St-Brice-Courcelles U ☎ 09.19.32

BMW Héraut, 16 av. de Paris ☎ 08.63.68
FORD Gar. St-Christophe, 35 r. Col-Fabien ☎ 08.24.66
PEUGEOT Gds Gar. de Champagne, 16 av. Brébant U ☎ 40.07.60
RENAULT Succursale, 8 r. Col.-Fabien AY ☎ 08.96.50
V.A.G. Gar. du Rhône, bd S.-Allende, Z.A. la Neuvillette ☎ 87.13.61

⊚ Champagne-Pneus, 35 r. C.-Lenoir ☎ 88.09.52
Leclerc-Pneu, 19 r. Magdeleine ☎ 88.20.77 et Zone Ind. S.E. bd Val de Vesle ☎ 05.03.45
Pneumatiques Maltrait-Cunrath, 12 r. du Cloître ☎ 47.48.47
Poulain et Roffi, 30 r. Courmeaux ☎ 47.70.52
Reims-Pneus, 27 r. du Champ-de-Mars ☎ 88.30.15

Périphérie et environs

ALFA-ROMEO, PORSCHE-MITSUBISHI
Sport Tourisme Auto, 14 r. Diderot à Tinqueux
☎ 08.01.13
CITROEN Succursale, 38 av. P.-V.-Couturier à
Tinqueux V ☎ 08.96.24
DATSUN, OPEL-GM Reims-Autos, 2 av.
R.-Salengro à Tinqueux ☎ 08.21.08

MERCEDES-BENZ Sodiva, 45 bis av. Natio-
nale, La Neuvillette ☎ 09.05.50 N ☎ 08.01.08
RENAULT Gar. Moine, Zone Ind. Moulin de
l'Écaille à Tinqueux V ☎ 08.96.31 N
VOLVO Gar. Delhorbe, 52 av. Nationale, La
Neuvillette ☎ 09.21.31

La REMIGEASSE 17 Char.-Mar. **71** ⑭ — voir à Oléron (Ile d').

REMIREMONT 88200 Vosges **62** ⑯ G. Vosges – 10 860 h. alt. 400 – ✿ 29.

Voir Rue Ch.-de-Gaulle★ — Crypte★ de l'église E.

🛈 Syndicat d'Initiative 2 pl. H.-Utard (fermé matin et lundi hors saison et dim.) ☎ 62.09.07.

Paris 414 ⑤ — Belfort 67 ② — Colmar 80 ① — Épinal 27 ⑤ — ♦Mulhouse 82 ② — Vesoul 64 ④.

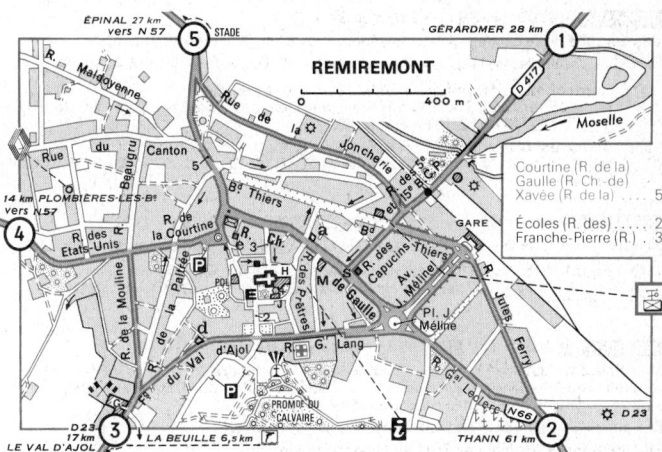

🏠 Poste, 67 r. Gén.-de-Gaulle (a) ☎ 62.55.67 — 🛁wc 🛁wc ☎ ◁, 🌇 ⓘ 🆚
➡ *fermé 10 au 25 août (sauf hôtel), 23 déc. au 14 janv., vend. soir et sam. soir sauf
juil.-août et fêtes* — SC : **R** 50/88 ⅛ — ➡ 17 — **21 ch** 160/200 – P 205/217.

🏠 Chanoinesses M, 16 fg Val-d'Ajol (d) ☎ 62.27.46 — 📺 🛁wc 🛁wc ☎ 🅿 – 🏊
30. 🌇 ⓘ 🄴 🆚
SC : **R** 52/110 – ➡ 23 – **16 ch** 185/216 – P 240/255.

XX ✿ Les Abbesses (Aiguier), 93 r. Gén.-de-Gaulle (s) ☎ 62.02.96 — 🆚
fermé 20 au 30 juin, 20 au 30 nov., merc. soir sauf juil.-août, dim. soir et lundi — SC :
R 150/250
Spéc. Foie gras cru au poivre, Sandre soufflé, Canard aux airelles. Vins Pinot noir.

X Etoile d'Or, 4, impasse Halles (e) ☎ 62.08.04 — 🆚
➡ *fermé vacances de printemps, 15 août au 5 sept., mardi soir et merc.* — SC : **R** 50/170
⅛.

par ⑤, sortie St-Nabord-Centre : 5 km – 3 779 h. – ✉ **88200** Remiremont :

🏠 Montiroche sans rest, échangeur de St-Nabord ☎ 62.06.59, ≤, parc – 🛁wc ☎
🅿
fin mars-fin oct. — SC : ➡ 20 – **14 ch** 140/160.

à Fallières par ④ et D 3 : 4 km – ✉ **88200** Remiremont :

🏠 Pré Brayeu, ☎ 62.23.67 — 🛁wc 🛁wc ☎ 🅿. 🄴. 🌺
fermé 1er au 15 janv. et dim. — SC : **R** (résidents seul.) — ➡ 18 – **17 ch** 123/169 – P
169/240.

CITROEN Gar. Anotin, Les Bruyères, rte de
Mulhouse par ② ☎ 23.29.45
PEUGEOT, TALBOT Choux Autom., à St
Etienne les Remiremont par D 23 ☎ 23.18.28
N ☎ 23.17.88

RENAULT Pierre, 13 r. de la Maix ☎ 62.55.95

🔘 Geoffroy-Villaume, St-Nabord ☎ 62.23.13
Mignot-Pneus, 13 pl. J.-Méline ☎ 23.23.32

*Pour une demande de renseignements ou de réservation auprès d'un hôtelier,
il est d'usage de joindre un timbre-réponse.*

REMOULINS 30210 Gard 🗓🔟 ⑲㉓ G. Provence – 1 866 h. alt. 27 – ✪ 66.

Paris 692 – Alès 49 – Arles 38 – Avignon 22 – Nîmes 20 – Orange 34 – Pont-St-Esprit 39.

🏠 **Aub. de Castillon,** rte de Bagnols-sur-Cèze, N 86 à 4 km 🖀 37.02.70, 🖛 –
➤ ⇌wc ⋒ 🄿 ⓣ 🗉
SC : **R** *(fermé 15 fév. au 15 mars et merc.)* 50/85 🍴 – ⇌ 13 – **15 ch** 70/160.

✕✕ Aub. des Escaravats, 🖀 37.10.24.

RENAULT S.O.D.E.M., 🖀 37.04.25.

RÉMUZAT 26510 Drôme 🗓🔟 ③④ – 364 h. alt. 459 – ✪ 75.

Paris 684 – Die 56 – Nyons 27 – Sault 75 – Serres 39 – Valence 121.

🕾 **Baudoin,** 🖀 27.85.03 – ⇌
➤ *1er mai-1er nov.* – SC : **R** 45/100 🍴 – ☛ 16 – **7 ch** 65/110 – P 110/130.

RENAISON 42370 Loire 🔟🛓 ⑦ – 2 322 h. alt. 380 – ✪ 77.

Voir Barrage de la Tache : rocher-belvédère★ O : 5 km, G. Vallée du Rhône.

Paris 383 – Chauffailles 46 – Lapalisse 40 – Roanne 11 – ★St-Étienne 89 – Thiers 58 – Vichy 57.

🕾 **Central,** pl. 11-Novembre 🖀 65.92.13 – ⋒wc 🄿. 🗉 📼
➤ *fermé 15 sept. au 15 oct., 10 au 25 fév., dim. soir (sauf hôtel) et merc.* – SC : **R** 32/130
🍴 – ⇌ **12 – 10 ch** 62/100 – P 111/140.

✕✕✕ **Jacques-Coeur** avec ch, 🖀 65.91.46 – ⋒. 📼
fermé 15 au 28 fév., dim. soir et lundi – SC : **R** 85/195 – ⇌ 16 – **10 ch** 77/103 – P
230/250.

RENCUREL 38 Isère 🛃🛃 ④ – 292 h. alt. 820 – ⊠ **38680** Pont-en-Royans – ✪ 76.

Paris 604 – ★Grenoble 48 – Romans-sur-Isère 42 – St-Marcellin 29 – Villard-de-Lans 14 – Voiron 45.

🕾 **Familial H.** 🦢, 🖀 38.97.68, ≤, 🍸, 🐎 – ⋒ ⇌ 🄿. 📼. 🗯
➤ *fermé 11 nov. au 20 déc. et 8 au 16 mars* – SC : **R** 48/85 – ⇌ 16 – **27 ch** 80/160 – P
160/170.

RENNES 🄿 35000 I.-et-V. 🛊🗓 ⑰ G. Bretagne – 200 390 h. alt. 30 – ✪ 99.

Voir Palais de Justice★★ BY J – Retable★★ de la cathédrale St-Pierre AY – Le Vieux
Rennes★ ABY – Jardin du Thabor★ BY – Musées BYM : de Bretagne★★, des Beaux-
Arts★★ – Musée automobile de Bretagne★ 4 km par ②.

🛫 Rennes-St-Jacques 🖀 64.24.18 Chavagne par ⑦ : 6 km.

🛪 de Rennes-St-Jacques 🖀 31.91.77 par ⑦ : 7 km.

🔃 Office de Tourisme Pont de Nemours (fermé lundi matin hors sais. et dim.) 🖀 79.01.98 – A.C.O.
11 pl. Bretagne 🖀 30.89.88.

Paris 348 ③ – Angers 126 ⑤ – ★Brest 244 ⑨ – ★Caen 176 ② – ★Le Mans 153 ③ – ★Nantes 107 ⑥.

Plans pages suivantes

🏨 **Frantel** 🎹, 1 r. Cap.-Maignan ⊠ 35100 🖀 31.54.54, Télex 730905 – 🛗 🍽 rest 📺
🕾 – 🛎 30 à 300. 🗚 ⓞ 🗉 📼. 🗯 rest   AB **m**
SC : rest. **La Table Ronde** *(fermé sam. midi, dim. et vacances de Noël)* **R** carte 120 à
170 – ⇌ 26 – **140 ch** 290/360.

🏨 **Anne de Bretagne** 🎹 sans rest, 4 r. Tronjolly ⊠ 35100 🖀 31.49.49 – 🛗 🕾 ⇌
– 🛎 30. 📼   AZ **q**
SC : ⇌ 22 – **42 ch** 210/240.

🏨 **Président** sans rest, 27 av. Janvier ⊠ 35100 🖀 65.42.22 – 🛗 🕾 ⇌. 🗚 ⓞ 📼
SC : ⇌ 20 – **34 ch** 190/250.   BZ **p**

🏨 **Novotel** 🎹, par Rocade Sud : centre commercial 🖀 50.61.32, Télex 740144, 🏊,
🐎 – 🍽 📺 🕾 🄿 – 🛎 25 à 200. 🗚 ⓞ 🗉 📼   CV **e**
R snack carte environ 90 🍴 – ⇌ 32 – **99 ch** 288/329.

🏨 **Du Guesclin et rest. Goéland** 🎹, 5 pl. Gare 🖀 31.47.47, Télex 740748 – 🛗 📺
🕾 ⇌ – 🛎 30. 🗚 ⓞ 🗉 📼   BZ **x**
SC : **R** carte 90 à 130 🍴 – ⇌ 24 – **66 ch** 218/248.

🏨 **Cheval d'Or** sans rest, pl. Gare ⊠ 35100 🖀 30.25.80 – 🛗 ⇌wc ⋒wc ☎ – 🛎 25
fermé 18 déc. au 6 janv. – SC : ⇌ 18 – **40 ch** 100/216.   BZ **e**

🏨 **Sévigné** sans rest, 47 av. Janvier ⊠ 35100 🖀 67.27.55 – 🛗 ⇌wc ⋒ ⇌. 🗚 🗉 📼
SC : ⇌ 18 – **46 ch** 95/195.   BZ **a**

🏨 **Voltaire** 🎹 🦢 sans rest, 10 r. Guébriant 🖀 67.33.33, 🐎, 🎾 – 🛗 ⇌wc ⋒wc ☎
🄿. 📼   CU **k**
SC : ⇌ 18 – **32 ch** 90/135.

🏨 **Voyageurs** sans rest, 28 av. Janvier ⊠ 35100 🖀 31.73.33 – 🛗 ⋒wc ⇌. 🗚 📼
🗯   BZ **b**
fermé 28 juil. au 19 août et 24 déc. au 2 janv. – SC : ⇌ 18,50 – **32 ch** 137/183.

RENNES

Bourgeois (Bd L.) . . . . **DV** 3
Canada (Av. du) . . . . **CV** 6
Churchill (Av. W.) . . . . **CU** 12
Combes (Bd. E.) . . . . **DV** 13
Duchesse Anne (Bd de la) . . . . **DU** 15
Laënnec (Bd) . . . . **DU** 31
Leroux (Bd Oscar) . . . . . . **DV** 36
Lorient (R. de) . . . . **CU** 38
Maginot (Av. du Sergent) . . . . . **DU** 39
Pompidou (Bd G.) . . . . . . **CV** 55
St-Jean-Baptiste (Bd) . . . . **CU** 70
Strasbourg (Bd de) . . . . . **DU** 83
Vitré (Bd de) . . . . **DU** 87
Yser (Bd de l') . . . . **CV** 88
3-Croix (Bd des) . . . . **CU** 89

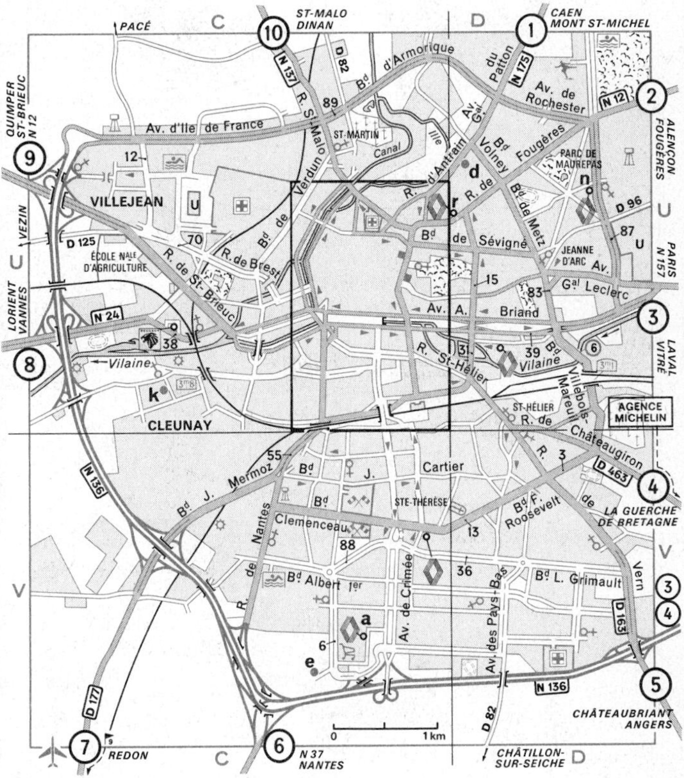

🏠 **Angelina** sans rest, 1 q. Lamennais ✉ 35100 ☎ 79.29.66 – wc wc ☎. E VISA — AY **f**
SC : 16 – **25 ch** 109/174.

🏠 **Astrid** sans rest, 32 av. L.-Barthou ✉ 35100 ☎ 30.82.38 – wc ☎ ♿. VISA — BZ **u**
SC : 17 – **30 ch** 98/195.

🏠 **Garden-H.** sans rest, 3 r. Duhamel ✉ 35100 ☎ 65.45.06 – wc wc ☎. VISA. — BZ **r**
fermé 25 au 31 déc. – SC : 20 – **21 ch** 97/216.

🏠 **Brest** sans rest, pl. Gare ☎ 30.35.83 – wc wc ☎ ♿ — BZ **n**
SC : 15 – **40 ch** 77/165.

XXX **Le Coq-Gadby,** 156 r. Antrain ☎ 38.05.55, « Jardin intérieur » – P. AE ① VISA — DU **d**
fermé 1er au 21 août – SC : **R** 75/135.

XXX ✿ **Palais** (Tizon), 7 pl. Parlement de Bretagne ☎ 30.21.19 – AE ① E VISA — BY **e**
fermé 7 au 27 août, vacances de fév., dim. soir et lundi – SC : **R** 74/200
Spéc. Pétoncles et palourdes aux nouilles fraîches, Panaché de la mer, Fondant au chocolat.

XX **Aub. St-Sauveur,** 6 r. St-Sauveur ☎ 79.32.56, « maison du 16e s., cadre rustique » – VISA — AY **e**
fermé 6 au 21 août et dim. – SC : **R** carte 150 à 215.

XX **Ti-Koz,** 3 r. St-Guillaume (près cathédrale) ☎ 79.33.89, « Vieille maison dite de Du Guesclin » – ① E VISA — AY **e**
fermé 30 juil. au 19 août et dim. – SC : **R** carte 115 à 180.

XX **Escu de Runfão,** 5 r. Chapitre ☎ 30.95.75 – AE VISA — AY **z**
fermé dim. – SC : **R** 100/210.

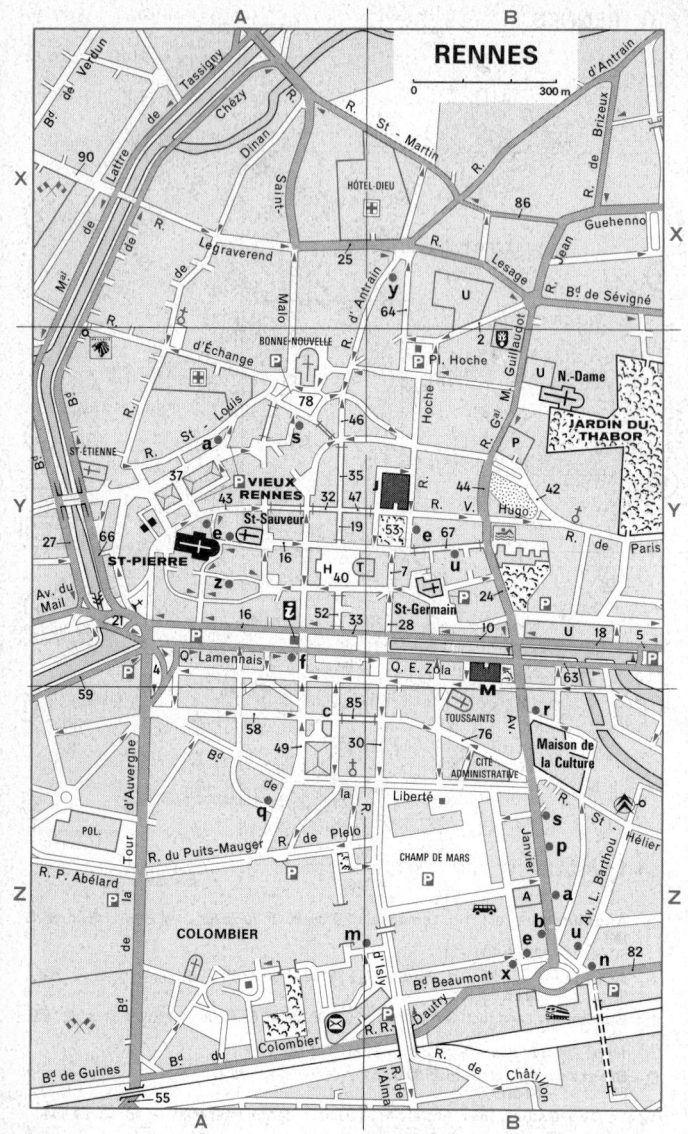

RENNES

0   300 m

XX ✿ **Corsaire** (Luce), 52 r. Antrain ⋀ 36.33.69 – ⒶⒺ ⓞ Ⓔ 𝓥𝓘𝓢𝓐   BX **y**
fermé 4 au 21 août, dim. sauf le midi de sept. à juin – SC : **R** carte 140 à 190
Spéc. Gratin de queues de langoustines, Poissons, Feuilleté aux fruits de saison.

XX **L'Ouvrée**, 18 pl. Lices ⋀ 30.16.38 – Ⓔ 𝓥𝓘𝓢𝓐. ⅏   AY **a**
fermé 9 au 12 avril, 5 au 27 août, sam. midi et lundi – SC : **R** 80/160 ⅃.

XX **La Pastourelle**, 18 r. Penhoët ⋀ 79.44.03 – ⒶⒺ   AY **s**
fermé 20 août au 3 sept., dim. et lundi – SC : **R** carte 145 à 185.

X **Galopin** avec ch, 21 av. Janvier ⋀ 31.55.96 – 🛏   BZ **s**
fermé 13 juil. au 20 août, lundi midi et dim. – SC : **R** 69/196 – 🍴 12,50 – **13 ch**
63/91.

X **Baron**, 26 r. St-Georges ⋀ 38.87.56 – ⒶⒺ Ⓔ 𝓥𝓘𝓢𝓐. ⅏   BY **u**
fermé août et dim. du 1er mai au 30 sept. – SC : **R** 62/116.

à Cesson-Sévigné par ③ : 6 km – 10 945 h. – ⊠ 35510 Cesson-Sévigné :

🏛 **Germinal** Ⓜ ⅌, 9 cours de la Vilaine ⋀ 62.11.01, ≼, « petite île sur la rivière » –
🔶 🛏wc ⓐⓟ – 🅿 – 🔬 25. 𝓥𝓘𝓢𝓐. ⅏ rest
fermé 1er au 19 août, 21 janv. au 4 fév. – SC : **R** *(fermé dim.)* 43/125 – ⊡ 16 – **20 ch**
170/225.

🏛 **Ibis** Ⓜ, ⋀ 00.21.72, Télex 740321 – 🛏wc ☎ & ⓟ – 🔬 25. Ⓔ 𝓥𝓘𝓢𝓐
SC : **R** carte environ 65 ⅃ – 🍴 18 – **76 ch** 170/192.

XX **Aub. de la Hublais**, 28 r. Rennes ⋀ 62.11.06 – ⓟ. 𝓥𝓘𝓢𝓐
fermé 1er au 22 août – SC : **R** 53/75.

à Noyal-sur-Vilaine par ③ : 12 km – 3 841 h. – ⊠ 35530 Noyal-sur-Vilaine :

XX **Forges** Ⓜ avec ch, ⋀ 00.51.08 – 🛏wc 🚿wc ☎ ⓟ. ⒶⒺ Ⓔ 𝓥𝓘𝓢𝓐. ⅏ rest
fermé 6 au 27 août, 15 au 28 fév. et dim. soir – SC : **R** 60/140 – ⊡ 15 – **11 ch**
140/210.

à Pont-Réan par ⑦ : 15 km – ⊠ 35170 Bruz.

Voir Église★ de Bruz NE : 3 km.

XX **Relais Beau Rivage**, D 177 ⋀ 52.72.29 – ⓟ. ⒶⒺ Ⓔ 𝓥𝓘𝓢𝓐
🔶 *fermé fév., dim. d'oct. à avril et mardi d'avril à sept.* – SC : **R** 68/119 – Grill **R** 42/74
⅃.

au Boël par ⑦ et D 131 : 17 km – ⊠ 35580 Guichen :

XX **Aub. Vieux Moulin**, ⋀ 52.72.25, ≼, 🌲
week-end seul. et fermé nov. – SC : **R** 65/90.

au Pont-de-Pacé par ⑨ : 10 km – ⊠ 35740 Pacé :

XX **Pont**, ⋀ 60.61.06, 🌲 – ⓟ
fermé 5 au 24 juil., dim. soir et lundi – SC : **R** 58/105.

Voir aussi ressources hôtelières de *Liffré* par ② : 17 km

MICHELIN, Agence régionale, Z.I. de Chantepie, r. Veyettes par ④ ⋀ 50.72.00

ALFA-ROMEO Guénée, 21 r. de Brest ⋀ 59.24.02
AUSTIN, BMW, TRIUMPH J.-Huchet, 316 rte St-Malo ⋀ 59.11.22 Ⓝ ⋀ 59.12.43
CITROEN Succursale, 4 r. Breillou Z.I. Sud Est à Chantepie par ④ ⋀ 53.15.15 Ⓝ ⋀ 50.70.56
CITROEN Gar. St-Hélier, 5 r. M.-Alizon BZ ⋀ 30.78.63
CITROEN Pinel, Z.A. la Fourrerie à Noyal sur Vilaine par ③ ⋀ 00.55.70
DATSUN Morice, 309 rte de St Malo ⋀ 59.23.69
FIAT Monnier, 20 r. Malakoff ⋀ 65.00.99
FORD Gar. de l'Europe, 73 av. Mail ⋀ 59.01.52
LANCIA-AUTOBIANCHI, OPEL Gar. du Mail, 30 av. du Mail ⋀ 59.12.24
MAZDA Gar. de L'Ouest, 5 et 6 r. Gutenberg, ⋀ 36.29.64
MERCEDES-BENZ Delourmel, 9 allée Cerisaie, Zone Ind., St-Grégoire ⋀ 38.10.10 Ⓝ Ⓝ ⋀ 59.12.43
PEUGEOT-TALBOT R.F.A., rte Paris, Cesson-Sévigné par ③ ⋀ 62.16.06
PEUGEOT-TALBOT Régionale Française Auto, 137 rte Lorient par ⑧ ⋀ 59.10.14
PEUGEOT Sourget, 5 r. de la Bletterie CU ⋀ 59.00.40 et 20 bd de Chezy AX ⋀ 30.19.78

RENAULT Succursale, rte de Fougères, lieu-dit les Longchamps par ② ⋀ 59.77.77 et centre Alma, r. du Bosphore CV a ⋀ 51.50.22
RENAULT Bidet, 145 r. Châtillon CV ⋀ 50.56.63
RENAULT Goupil, av. Joseph Jean à Bruz par ⑥ ⋀ 52.61.13
RENAULT Louver, 103 bd de Vitré DU n ⋀ 36.39.47
RENAULT Ridard, 85 r. Jean Guehenno DU r ⋀ 38.03.65
TOYOTA, VOLVO Defrance, 40 av. Sergent-Maginot ⋀ 67.21.11
VAG Floc, 53bis r. de Rennes à Cesson-Sévigné ⋀ 62.94.94

🅖 Comptoir et Atelier du Pneu, rte de Laval à Noyal-sur-Vilaine ⋀ 00.53.44
Fresnel-Pneus, 70 av. Mail ⋀ 59.35.29
SOS Pneus, 9 pl. Hoche ⋀ 38.75.40
SOS Pneus, 7 r. Sauvaie Z.I. Sud-Est ⋀ 53.71.00
Vallée-Pneus, 58 r. Poulain-Duparc ⋀ 30.57.55, 171 av. Gén.-Leclerc ⋀ 36.28.50 et Zone Ind., rte Lorient ⋀ 59.13.47
Vallée Pneus r. des Charmilles à Cesson-Sévigné ⋀ 53.77.77

Dans votre intérêt, lisez les pages explicatives
du début du guide.

La RÉOLE 33190 Gironde **7**|**9** ③ G. Côte de l'Atlantique – 4 483 h. alt. 23 – ✪ 56.

Voir Signal du Mirail ≤⋆ 2,5 km par ①.

🅘 Office de Tourisme pl. Libération (juin-sept., fermé dim. et lundi) ⏰ 61.13.55.

Paris 660 ⑤ – Bergerac 68 ① – ✦Bordeaux 66 ④ – Libourne 46 ⑤ – Marmande 19 ②.

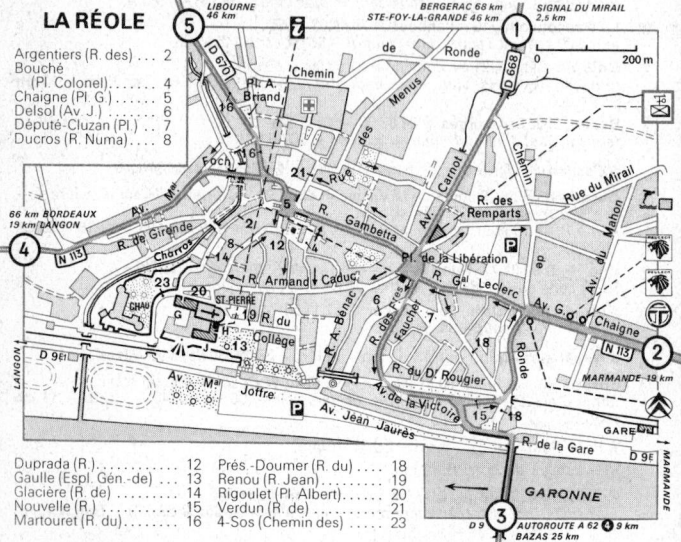

LA RÉOLE

Argentiers (R. des) ... 2
Bouché
    (Pl. Colonel) 4
Chaigne (Pl. G.) 5
Delsol (Av. J.) 6
Député-Cluzan (Pl.) . 7
Ducros (R. Numa) ... 8

Duprata (R.) 12
Gaulle (Espl. Gén.-de) 13
Glacière (R. de) 14
Nouvelle (R.) 15
Martouret (R. du) 16
Prés.-Doumer (R. du) 18
Renou (R. Jean) 19
Rigoulet (Pl. Albert) ... 20
Verdun (R.) 21
4-Sos (Chemin des) 23

à Gironde-sur-Dropt par ④ : 4 km – ⊠ 33190 La Réole :

🏨 **Les Trois Cèdres**, ⏰ 71.10.70, 🚗 – 🗬wc 🏠 ☎ 🅿. 🆅🆂🅰. 🦵 ch
    fermé 1ᵉʳ au 15 oct., 4 au 15 nov. et lundi – SC : **R** 58/145 – ☲ 18 – **9 ch** 130/160 –
    P 250.

CITROEN Gd Gar. Carnevillier, ⏰ 61.00.34
PEUGEOT New-Car-33, ⏰ 61.28.71
PEUGEOT-TALBOT Gar. Leyrat, ⏰ 61.00.79
Gar. Thomas, ⏰ 61.04.41

🔘 Pneu Sce Réolais, Zone Ind. Frimont ⏰ 61.
04.51

Pour vos voyages, en complément de ce guide utilisez :

– Les **guides Verts Michelin** régionaux
  paysages, monuments et routes touristiques.

– Les **cartes Michelin** à 1/1 000 000 grands itinéraires
  1/200 000 cartes détaillées.

RETHEL ◁🚇▷ 08300 Ardennes **5**|**6** ⑦ G. Nord de la France – 8 942 h. alt. 76 – ✪ 24.

🅘 Syndicat d'Initiative à la Mairie (1ᵉʳ juil.-31 août et fermé dim.) ⏰ 39.12.16.

Paris 180 ④ – Charleville-Mézières 44 ② – Laon 70 ④ – ✦Reims 39 ④ – Verdun 119 ③.

Plan page ci-contre

🏨 **Moderne**, pl. Gare (e) ⏰ 39.04.54 – 📺 🗬wc 🏠wc 🦵 ⟷. 🆀🅴 ① 🅴 🆅🆂🅰. 🦵 ch
    fermé déc. au 3 janv. – SC : **R** carte 120 à 190 – ☲ 20 – **25 ch** 90/215 – P 195/295.

🏨 **Au Sanglier des Ardennes**, 1 r. P.-Curie (a) ⏰ 39.05.19 – 🗬wc 🏠 ☎. 🆀🅴 ①
    🅴 🆅🆂🅰. 🦵 rest
    fermé 24 déc. au 3 janv. – SC : **R** *(fermé dim. d'oct. à avril)* 52/80 🦵 – ☲ 25 – **24 ch**
    70/180 – P 190/270.

CITROEN Rethel-Automobiles, 11 r. Colbert
⏰ 38.19.89
FIAT, LANCIA-AUTOBIANCHI Millart, 37 av.
Gambetta ⏰ 39.04.18
PEUGEOT-TALBOT S.R.A., Zone Ind., r. de
Bitburg ⏰ 38.19.40
PEUGEOT-TALBOT Dachy Auto Loisirs, r.
Comtesse, Zone Ind. Pargny par ② ⏰ 39.11.88

RENAULT Centre-Auto-Rethélois, r. de la
Sucrerie ⏰ 38.19.20
V.A.G. Charpentier, Zone Ind. de Pargny, r. de
Bitburg ⏰ 39.09.15

🔘 Fischbach-Pneu, 5 r. des Dames ⏰ 38.01.70

RETHEL

Caen (Pl. de)
Colbert (R.) 12
Curie (R. Pierre) 13
Drapier (R. Lucien) 16
République (Pl. de la) .. 32
Thiers (R.)

Anatole-France (Pl.) ... 2
Brèche (R. de la) 3
Briand (R. Aristide) 4
Carnot (R.) 7
Clément (R. J.-B.) 10
Dolet (R. Étienne) 15
Ferry (R. Jules) 17
Gaulle (Av. du Gén.-de) 18
Hourtoulle (Pl.) 19
Jaurès (Av. Jean) 20
Lattre-de-Tassigny (Pl. de) 21
Linard (R.) 22
Mazarin (R.) 23
Neuville (R. de la) 24
Noiret-Chaigneau (Pl.) 26
Pépinière (R. de la) 28
Petits Monts (Bd des) .. 29
Reims (R. de) 30
Roberotte-Labesse (R.) 33
St-Nicolas (Bd) 36
Tour (Chemin de la) ... 37
4e-Armée (Bd de la) ... 38

Les plans de villes sont orientés le Nord en haut.

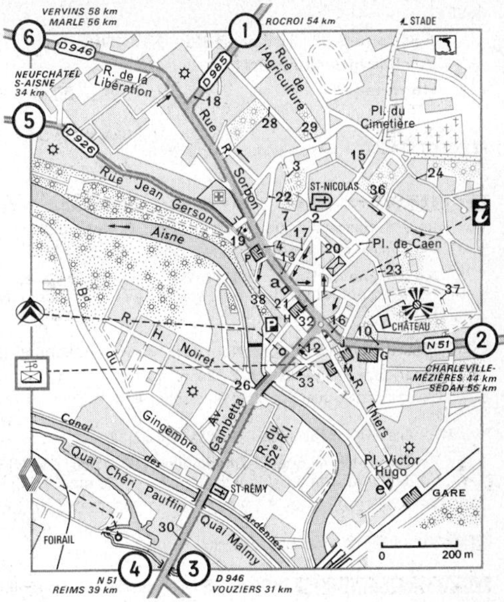

RETJONS 40 Landes 79 ⑫ – 315 h. alt. 98 – ✉ **40120** Roquefort – ⓞ 58.
Paris 692 – Aire-sur-l'Adour 45 – Auch 105 – Langon 54 – Marmande 70 – Mont-de-Marsan 30.

Host. Landaise ⛞, S : 1,5 km sur D 932 ☎ 93.36.33, ⛱, parc – 🛁wc ♿ Ⓟ. ✻ ch
R 42/55 – ☕ 8 – **10 ch** 40/80 – P 100/110.

RETOURNAC 43130 H.-Loire 76 ⑦ **G. Vallée du Rhône** – 2 268 h. alt. 509 – ⓞ 71.
Voir Gorges de la Loire★ NE et O – Église★ de Chamalières-sur-Loire O : 5 km.
Paris 494 – Ambert 58 – Monistrol-sur-Loire 22 – Le Puy 37 – ♦St-Étienne 52 – Yssingeaux 14.

Mourgue, 53 av. Gare ☎ 59.42.10 – 🛁 ⛲ ☎ 🚗. ✻ rest
15 mai-31 oct. – SC : **R** 50/83 🍷 – ☕ 14 – **15 ch** 49/130 – P 150/180.

RENAULT Raynaud, ☎ 59.40.78 Gar. Durand, ☎ 59.20.83

REUILLY-SAUVIGNY 02 Aisne 56 ⑮ – 163 h. alt. 67 – ✉ **02130** Fère-en-Tardenois – ⓞ 23.
Paris 109 – Château-Thierry 15 – Épernay 33 – Laon 72 – Montmirail 29 – ♦Reims 47.

Aub. Le Relais avec ch, N 3 ☎ 71.93.02, ⛱ – 🛁 ⛲ Ⓟ. E VISA
fermé 1er au 10 sept., fév., mardi soir et merc. – SC : **R** 66/115 – ☕ 12 – **7 ch** 70/120.

REVARD (Mont) 73 Savoie 74 ⑮ **G. Alpes** – alt. 1 538 – Sports d'hiver : 1 448/1 550 m ⛷6, ⛷ – ✉ **73100** Aix-les-Bains – ⓞ 79.
Voir ✻★★★.
Accès : d'Aix-les-Bains par ② et D 913 : 21 km.
Paris 588 – Aix-les-Bains 21 – Annecy 47 – Chambéry 26 – Trévignin 14.

Chalet ⛞, ☎ 61.51.43, ⩽ – 🛁wc ⛲ ☎ ♿ Ⓟ. ✻ rest
1er juin-1er oct., 15 déc.-20 avril ; rest. ouvert dim. et fêtes toute l'année – SC : **R** 60/100 – ☕ 20 – **30 ch** 70/180 – P 150/220.

Quatre Vallées, ☎ 61.47.35, ⩽ **lac et montagnes** – Ⓟ
fermé 1er oct. au 20 déc. et mardi – SC : **R** (déj. seul.) 68/120.

REVEL 31250 H.-Gar. 82 ⑳ **G. Causses** – 7 704 h. alt. 210 – ⓞ 61.
ℹ Syndicat d'Initiative pl. Philippe de Valois (fermé dim. après-midi en saison et lundi) ☎ 83.50.06.
Paris 762 – Carcassonne 44 – Castelnaudary 19 – Castres 27 – Gaillac 60 – ♦Toulouse 53.

Le Lauragais, 25 av. Castelnaudary ☎ 83.51.22, **« Intérieur rustique »** – Ⓟ. ⓓ VISA
R 90/200.

tourner →

REVEL

à **St-Ferréol** SE : 3 km par D 629 – ⊠ **31250** Revel.

Voir Bassin de St-Ferréol★.

🏠 **Hermitage** ⑤ sans rest, ☏ 83.52.61, ≤, ㈱ – 📺 ▥wc ☜ ዿ 🅿 ⑩ 𝘝𝘐𝘚𝘈
fermé fév. – SC : ⍅ 15 – **14 ch** 115/160.

CITROEN Fabre, 6 av. de la Gare ☏ 83.53.37   RENAULT D.S.A., rte Castres ☏ 27.65.33
PEUGEOT, TALBOT Baylet, rte de Castres ☏
83.54.10   ⓜ Lavail-Pneus rte Castelnaudary ☏ 83.50.09

RÉVILLE 50 Manche 54 ③ – 1 246 h. alt. 9 – ⊠ **50760** Barfleur – ✿ 33.

Voir Pointe de Saire : blockhaus ≤★ O : 2 km, G. Normandie.
Paris 354 – Carentan 45 – ◆Cherbourg 32 – St-Lô 73 – Valognes 22.

🏠 **Au Moyne de Saire,** ☏ 54.46.06, – ⊏⊐wc ▥ 🄰 🅿, ✣ ch
→ *fermé 11 nov. au 31 déc., dim. soir et vend. hors sais.* – SC : **R** 48/100 ⅞ – ⍅ 16 –
15 ch 80/170 – P 150/190.

REVIN 08500 Ardennes 53 ⑱ G. Nord de la France – 10 603 h. alt. 134 – ✿ 24.

Voir Rocher de la Faligeotte ≤★ E : 2 km.
🅱 Syndicat d'Initiative quai E.-Quinet (juin-sept.) ☏ 40.15.65 et à la Mairie (fermé sam. et dim.) ☏
40.10.44.

Paris 241 – Charleville-Mézières 23 – Givet 32 – Rocroi 12.

🏠 **François 1er,** 46 quai C.-Desmoulins ☏ 40.15.88, ≤ – ▥wc ☜ 🅿 ᴇ 𝘝𝘐𝘚𝘈
→ SC : **R** *(fermé dim. soir)* 45/128 ⅞ – ⍅ 17 – **20 ch** 104/143 – P 200/215.

CITROEN Verrier, 230 r. J.-Moulin ☏ 40.11.40   PEUGEOT SIGA, r. W.-Rousseau ☏ 40.12.34

REY 30 Gard 80 ⑯ – rattaché au Vigan.

Les REYS DE SAULCE 26 Drôme 77 ⑪ – rattaché à Saulce-sur-Rhône.

Le RHIEN 70 H.-Saône 66 ⑦ – rattaché à Ronchamp.

RHINAU 67 B.-Rhin 62 ⑩ – 2 331 h. alt. 159 – ⊠ **67230** Benfeld – ✿ 88.
Paris 540 – Marckolsheim 26 – Molsheim 36 – Obernai 26 – Sélestat 29 – ◆Strasbourg 33.

🏠 **Bords du Rhin,** au passage du bac ☏ 74.60.36, ㈱ – ⊏⊐wc ☜ 🅿 ᴇ 𝘝𝘐𝘚𝘈
→ *fermé 15 janv. au 15 fév.* – SC : **R** *(fermé lundi soir et mardi)* 35/90 – ⍅ 12 – **15 ch**
105/115 – P 140/150.

✕✕ ✿ **Vieux Couvent** (Albrecht), ☏ 74.61.15 – ᴀᴇ ⑩ 𝘝𝘐𝘚𝘈
fermé 9 juil. au 2 août, Noël-Jour de l'An, vacances de fév., mardi soir et merc. –
SC : **R** 100/200 ⅞
Spéc. Foie gras d'oie, Matelote à l'alsacienne, Chariot de desserts.

CITROEN Furstenberger, ☏ 74.60.59

La RHUNE (Montagne de) 64 Pyr.-Atl. 85 ② G. Pyrénées – alt. 900.

Voir ✳★★★.
Accès : par chemin de fer à crémaillère du col de St-Ignace.

RIANS 83560 Var 84 ④ – 1 723 h. alt. 355 – ✿ 94.
🅱 Syndicat d'Initiative pl. Posteuil (1er juil.-31 août) ☏ 80.33.37.
Paris 775 – Aix-en-Provence 39 – Avignon 98 – Draguignan 69 – Manosque 37 – ◆Toulon 77.

🏠 **Esplanade,** ☏ 80.31.12, ≤ – ⊏⊐wc ▥
SC : **R** 53/100 ⅞ – ⍅ 12 – **8 ch** 77/140.

RENAULT Sepulveda, N 561, quartier St-Esprit ☏ 80.30.78

RIBEAUVILLÉ ◁Ⓢ▷ 68150 H.-Rhin 62 ⑱⑲ G. Vosges – 4 611 h. alt. 240 – ✿ 89.

Voir Tour des Bouchers★ AD.
🅱 Office de Tourisme Grand-Rue (fermé dim. hors saison) ☏ 73.62.22.
Paris 524 ⑤ – Colmar 15 ③ – Gérardmer 59 ④ – ◆Mulhouse 57 ④ – St-Dié 41 ④ – Sélestat 15 ②.

Plan page ci-contre

🏠 **Tour** ⓜ sans rest, 1 r. Mairie ☏ 73.72.73 – 🛗 ⊏⊐wc ▥wc ☎ ⑩ ᴇ 𝘝𝘐𝘚𝘈 ✣
fermé janv. et fév. – SC : ⍅ 16,50 – **32 ch** 146/220.   A a

✕✕✕ ✿ **Clos St-Vincent** (Chapotin) ⓜ ⑤ avec ch, ☏ 73.67.65, ㈴, « Dans le vignoble
dominant la plaine d'Alsace », ㈱ – ⊏⊐wc ☜ ዿ 🅿   B u
1er mars-fin nov. – SC : **R** *(fermé mardi et merc.)* carte 155 à 215 – **8 ch** ⍅ 378/610,
3 appartements 698
Spéc. Fricassée de turbot et saumon à la ciboulette, Ris et rognons de veau aux petits légumes,
Émincé de lapereau aux choux. **Vins** Riesling, Gewurztraminer.

940

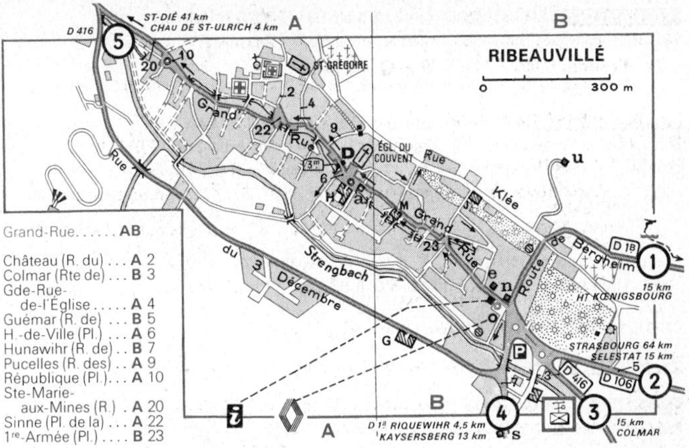

Grand-Rue . . . . . . AB

Château (R. du) . . . A 2
Colmar (Rte de) . . . B 3
Gde-Rue-de-l'Église . . . . . A 4
Guémar (R. de) . . . B 5
H.-de-Ville (Pl.) . . . A 6
Hunawihr (R. de) . . B 7
Pucelles (R. des) . . A 9
République (Pl.) . . . A 10
Ste-Marie-aux-Mines (R.) . A 20
Sinne (Pl. de la) . . . A 22
1re-Armée (Pl.) . . . . B 23

XX ❀ **Vosges (Matter)** avec ch, **2 r. Grande Rue ☎ 73.61.39** – ⌂ ⋒wc ☎. AE E VISA. ✻ ch — B e
fermé 24 au 30 juin, 1er fév. au 15 mars, lundi sauf le midi du 15 mars au 15 nov. et mardi – **R** (dim. et fêtes prévenir) 75/200 – ⊏ 19 – **12 ch** 82/145
Spéc. Parfait de foie gras d'oie frais, Saumon au citron vert et gingembre, Filet de chevreuil "Forestière" (saison de chasse). **Vins** Riesling, Tokay.

XX **Haut-Ribeaupierre,** ☎ **73.62.64,** ⛱ – VISA — B n
fermé fin fév. à fin mars, mardi soir et merc. – **SC : R** 75/155.

XX **Relais des Menétriers,** **10 A av. Gén. de Gaulle** ☎ **73.64.52** – AE ⊕ VISA — B s
fermé mars, dim. soir et lundi sauf fériés – **SC : R** 55/180 ♖.

rte de Ste Marie-aux-Mines **par ⑤ : 4 km :**

⌂ **La Pépinière** ♨, ☎ **73.64.14,** ≤, ⛱, ⛟ – ⌂wc ⋒wc ☎ ⛟ ⓟ – ⛺ 30. AE ⊕ VISA
fermé janv. et fév. – **SC : R** *(fermé merc. midi et mardi du 1er nov. à Pâques)* 80/205 – ⊏ 24 – **19 ch** 175/250 – P 250/275.

CITROEN Gar. Wickersheim, à Hunawihr par ④ ☎ 73.62.02 N
RENAULT Gar. des 3 Cantons, 42 Rte de Guémar par ② ☎ 73.61.07
RENAULT Gar. Jessel, ☎ 73.61.33 N
V.A.G. Gar. Findeli, ☎ 73.61.17

RIBÉRAC **24600 Dordogne 75 ④. G. Côte de l'Atlantique – 4 291 h. alt. 68 – ⚙ 53.**

ℹ Syndicat d'Initiative pl. Gén.-de-Gaulle (hors sais. matin seul., fermé dim. et lundi) ☎ 90.03.10.

Paris 503 – Angoulême 58 – Barbezieux 59 – Bergerac 51 – Libourne 66 – Nontron 49 – Périgueux 37.

⌂ **France,** r. M.-Dufraisse ☎ **90.00.61,** ⛟ – ⌂ ⋒wc ☎. ✻
fermé déc., janv. et lundi – **20 ch.**

XX **Chêne Vert** avec ch, **42 r. Couleau** ☎ **90.05.65** – ⌂wc ⋒wc ⛟. VISA
hôtel : fermé vend. d'oct. à mai – **SC : R** 70/160 – ⊏ 17,50 – **10 ch** 75/125.

CITROEN Lafargue, ☎ 90.05.38
PEUGEOT, TALBOT Fargeout, ☎ 90.01.09
PEUGEOT, TALBOT S.O.R.A., ☎ 90.20.55 N ☎ 90.10.10
RENAULT Périgord Blanc Autom., ☎ 90.19.21
⊚ Compt. Riberacois Pneu, ☎ 90.05.06

RIBOU (Lac de) **49 M.-et-L. 67 ⑥ – rattaché à Cholet.**

RICHARDMÉNIL **54 M.-et-M. 62 ⑤ – 2 479 h. alt. 260 – ✉ 54630 Flavigny – ⚙ 8.**

Paris 388 – Épinal 55 – Lunéville 33 – ♦Nancy 14 – Neufchâteau 54 – Toul 35 – Vittel 58.

XX **Bon Accueil,** rte Messein ☎ **354.62.10** – ⓟ. AE ⊕ VISA
fermé 1er au 15 mars, 2 au 23 août, merc. soir et jeudi – **SC : R** 68/125 ♖.

RICHELIEU **37120 I.-et-L. 68 ③ G. Châteaux de la Loire – 2 496 h. alt. 41 – ⚙ 47.**

ℹ Syndicat d'Initiative Grande rue (Pâques-30 sept.) ☎ 58.13.62.

Paris 295 – Châtellerault 30 – Chinon 21 – Poitiers 54 – Thouars 44 – ♦Tours 60.

⌂ **Château de Milly** ♨, SE : 9 km par D 749 ☎ **58.14.56,** parc – ⌂wc ☎ ⓟ – ⛺ 30. AE ⊕ E VISA. ✻ rest
13 avril-15 oct. – **SC : R** 100 bc/170 – ⊏ 29 – **15 ch** 140/380 – P 335/475.

PEUGEOT-TALBOT Gar. du Richelais, ☎ 58.10.41 N
RENAULT Legeay, ☎ 58.10.76

RICHEMONT 57 Moselle 🗗 ③④ – 2 166 h. alt. 174 – ⊠ 57270 Uckange – ✿ 8.
Paris 330 – Briey 20 – Longwy 46 – ♦Metz 20 – Rombas 7 – Thionville 9,5 – Verdun 77.

 XX **Freddy,** D 953 ↗ 771.24.10 – **℗**. **Æ ⓪** **VISA**
  fermé 26 au 31 mars, 8 au 31 juil., 26 déc. au 2 janv. et sam. – SC : **R** 58/160 ⅄.

RIEC-SUR-BÉLON 29124 Finistère 🗗🖪 ⑪⑯ – 4 059 h. alt. 48 – ✿ 98.
🛈 Syndicat d'Initiative pl. Église (15 juin-15 sept. et fermé dim. après-midi) ↗ 06.97.65.
Paris 523 – Carhaix-Plouguer 61 – Concarneau 19 – Quimper 38 – Quimperlé 13.

 XXX ❀ **Chez Mélanie** avec ch, face église ↗ 06.91.05, collection de tableaux, 🖼 –
  🛏. **Æ ⓪**
  fermé 15 nov. au 15 déc. et 9 janv. au 1ᵉʳ fév. – SC : **R** *(fermé mardi)* (dim. et fêtes -
  prévenir) 80/195 – ⴢ 19 – **7 ch** 165/190
  Spéc. Timbale de fruits de mer, Palourdes farcies, Homard Mélanie.

 XXX **Kerland,** S : 4 km par D 24 et VO ↗ 06.42.98, ≤ – **℗**. **VISA**
  10 mars-3 janv. – SC : **R** 77/216.

CITROEN Coyac-Rouat, 26 r. des Gentilshommes ↗ 06.91.27

RIEDISHEIM 68 H.-Rhin 🗗🖪 ⑩ – rattaché à Mulhouse.

RIEUMES 31370 Hte-Garonne 🗗🖪 ⑰ – 2 424 h. alt. 281 – ✿ 61.
Paris 748 – Auch 60 – Foix 74 – St-Gaudens 59 – ♦Toulouse 39.

 🏠 **l'Ovalie,** pl. Marché ↗ 91.81.06
 → *fermé 24 oct. au 6 nov.* – SC : **R** *(fermé vend. soir)* 32/135 ⅄ – ⴢ 10 – **18 ch** 45/70 –
  P 100.

CITROEN Gar. Rieumois, ↗ 91.81.28

RIEUPEYROUX 12240 Aveyron 🗗🖪 ① – 2 634 h. alt. 718 – ✿ 65.
Paris 644 – Albi 54 – Carmaux 38 – Millau 93 – Rodez 38 – Villefranche-de-Rouergue 24.

 🏠 **Commerce,** ↗ 65.53.06, ⽈, 🖼 – 🛏wc ⶼwc 🕾 **℗. E.** 🕸 rest
 → *fermé 23 déc. au 16 janv., dim. soir et lundi midi sauf juil.-août* – SC : **R** 45/86 ⅄ –
  ⴢ 13 – **29 ch** 62/123 – P 130/149.

CITROEN Malrieu, ↗ 65.53.47   RENAULT Gar. Costes, ↗ 65.54.15

RIEUTORT-DE-RANDON 48 Lozère 🗗🖪 ⑮ – 661 h. alt. 1 130 – ⊠ 48700 St-Amans – ✿ 66.
Paris 555 – Mende 18 – Le Puy 80 – St-Alban-sur-Limagnole 30 – St-Chély-d'Apcher 30.

 🏠 **Plateau du Roy** ⑆, N 106 ↗ 47.33.03, ≤, 🖼 – 🛏wc ⶼwc 🕾 **℗.** 🕸
 → *1ᵉʳ avril-15 oct.* – SC : **R** *(fermé merc. sauf vacances scolaires)* 65 – ⴢ 16 – **17 ch**
  170/180 – P 180/220.

RIEUX-MINERVOIS 11 Aude 🗗🖪 ⑫ **G. Causses** – 1 893 h. alt. 115 – ⊠ 11160 Caunes-Miner-
vois – ✿ 68 – **Voir Église★**.
Paris 889 – Béziers 57 – Carcassonne 26 – Mazamet 57 – Narbonne 39.

 XX **Logis de Mérinville** avec ch, ↗ 78.11.78 – 🛏wc ⶼwc. **⓪ E VISA**
  fermé janv. – SC : **R** *(fermé merc.)* 79 – ⴢ 15 – **8 ch** 95 – P 200.

RIGNAC 12390 Aveyron 🗗🖪 ① – 1 739 h. alt. 500 – ✿ 65.
🛈 Syndicat d'Initiative pl. Portail-Haut (fermé sam. et dim.) ↗ 64.50.29.
Paris 622 – Aurillac 90 – Figeac 38 – Rodez 29 – Villefranche-de-Rouergue 28.

 🏠 **Marre,** ↗ 64.51.56, 🖼 – 🛏wc ⶼ **℗. E**
 → *fermé sam. sauf juil.-août* – SC : **R** 35/100 – ⴾ 11 – **18 ch** 70/105 – P 105/135.

RIGNY 70 H.-Saône 🗗🖪 ⑭ – rattaché à Gray.

RILLY-SUR-LOIRE 41 L.-et-Ch. 🗗🖪 ⑯ – 367 h. alt. 65 – ⊠ 41150 Onzain – ✿ 54.
Paris 206 – Amboise 13 – Blois 21 – Montrichard 17 – ♦Tours 37.

 🏠 **Château de la Hte Borde** ⑆, ↗ 20.98.09, 🍽, parc – 🛏wc ⶼwc 🕾 **℗** – 🏛
  35. **E.** 🕸
  1ᵉʳ avril-18 nov. et fermé dim. soir – SC : **R** *(fermé dim. soir et lundi)* 53/170 – ⴢ 17
  – **18 ch** 84/170 – P 150/200.

 🏠 **Aub. des Voyageurs,** ↗ 20.98.85 – 🕸 rest
 → *fermé 1ᵉʳ déc. au 30 janv. et merc. d'oct. à fin mai* – SC : **R** 40/95 – ⶾ 18 – **10 ch**
  59/69 – P 150/200.

RIMBACH-PRÈS-GUEBWILLER 68 H.-Rhin 🗗🖪 ⑱ – 188 h. alt. 563 – ⊠ 68500 Guebwiller –
✿ 89 – Paris 551 – Belfort 58 – Cernay 18 – Colmar 33 – Guebwiller 9 – ♦Mulhouse 26 – Thann 25.

 🏠 **Aigle d'Or** ⑆, ↗ 76.89.90, 🖼 – ⶼ 🖎 **℗.** 🕸
 → *fermé mars et lundi d'oct. à mars* – SC : **R** 30/95 ⅄ – ⶾ 14 – **19 ch** 53/120 – P
  120/130.

Paris 824 – La Bastide-de-Serou 15 – Foix 32 – Le Mas-d'Azil 14 – St-Girons 12.

🏦 **Bascaing**, 🏠 66.06.70 – 🚗 **🅿**. ⚡ ch
→ fermé oct. et lundi de nov. à Pâques – SC : **R** 42/85 🍴 – 🖵 12 – **12 ch** 70/95 – P
133/160.

RIOM ◈ 63200 P.-de-D. 🎱🎱 ④ **G. Auvergne** – 18 901 h. alt. 353 – ✪ 73.

Voir Église N.-D.-du-Marthuret★ : Vierge à l'Oiseau★★★ ZB – Maison des Consuls★ YD
– Hôtel Guimoneau★ YE – Palais de Justice : Ste-Chapelle★ et tapisseries★ YJ –
Cour★ de l'Hôtel de Ville YH – Musées : Auvergne★ YM1, Mandet★ YM2 – Mozac :
chapiteaux★★, trésor★★ de l'église★ 2 km par ⑤ – Marsat : Vierge noire★★ dans
l'église SO : 3 km par D 83. Z.

Env. Ruines du château de Tournoël★★ : ❄★ 7 km par ⑤ et D 986 – Châteaugay :
donjon★ du château et ❄★ 7,5 km par ④ et D 15 E – Église★ d'Ennezat 9 km par ③.

🄴 Office de Tourisme 16 r. Commerce (hors sais. matin seul., fermé sam. après-midi et dim.) 🏠
38.22.38.

Paris 375 ② – ♦Clermont-Fd 15 ④ – Montluçon 76 ① – Moulins 81 ② – Thiers 56 ④ – Vichy 44 ②.

RIOM

Commerce (R. du)	YZ 5
Horloge (R. de l')	Y 10
Hôtel-de-Ville (R. de l')	Y 12
St-Amable (R. et ⊕)	Y 24
Bade (Fg de la)	Y 2
Chancelier-de-l'Hospital (Bd)	Y 3
Clémentel (Bd Étienne)	Z 4
Croisier (R.)	Z 6
Fédération (Pl. de la)	Y 9
Laurent (Pl. J.-B.)	Z 13
Layat (Fg de)	Y 14
Libération (Av. de la)	Y 15
Madeline (Av. du Cdt)	Y 16
Marthuret (⊕)	Z B
Marthuret (R.)	Z 17
Martyrs-de-la-Résistance (Pl. des)	Y 18
Menut (Pl. Marinette)	YZ 19
Pré-Madame (Prom. du)	Y 21
République (Bd de la)	Y 22
St-Louis (R.)	Y 25
Taules (Carrefour des)	Y 27

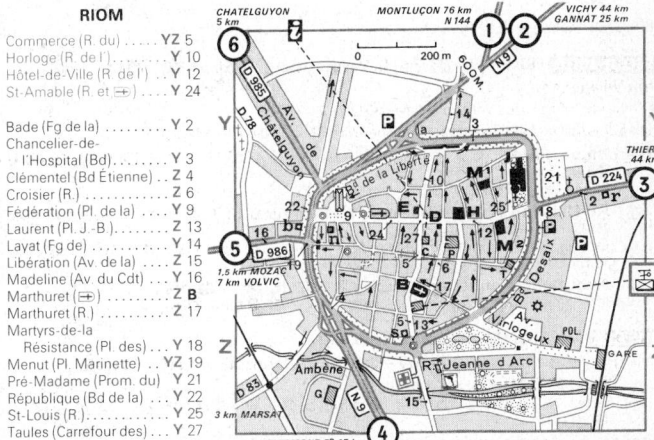

🏠 **Mikégé** Ⓜ sans rest, 40 pl. J.-B.-Laurent 🏠 38.04.12 – 🛏wc 🛁wc ☎. 🆅🆂🅰. ⚡
fermé août et dim. – SC : 🖵 13.50 – **16 ch** 130/202.   Z s

🏠 **Lyon** sans rest, 107 fg La-Bade 🏠 38.07.66, 🌿 – 🛏wc 🛁wc 🅿. ⚡
fermé 25 mai au 4 juin et 7 au 30 sept. – SC : 🖵 13 – **15 ch** 60/100.   Y r

🏠 **La Caravelle** sans rest, 21 bd République 🏠 38.31.90 – 🛁wc ☎. 🆅🆂🅰   Y b
SC : 🖵 13 – **25 ch** 70/108.

🍴🍴 **Les Petits Ventres**, 6 r. A.-Dubourg 🏠 38.21.65 – 🅰🄴 🆅🆂🅰   Y n
fermé 20 août au 17 sept., 2 au 10 janv., sam. midi, dim. soir et lundi – SC : **R**
70/155.

CITROEN Place, Z.A. rte de Volvic à Mozac   RENAULT Gaudoin, Z.A. à Mozac par ⑤ 🏠
par ⑤ 🏠 38.03.93   38.20.76
PEUGEOT-TALBOT Clermontoise-Auto, 81 av.   Gioffre 26 rte Paris 🏠 38.00.86
de Clermont par av. Libération 🏠 38.23.05
RENAULT Lafont, rte de Paris par ② 🏠 38.
22.75

Voir Église St-Georges★.

🄴 Office de Tourisme pl. Gén.-de-Gaulle (fermé matin et lundi) 🏠 78.07.37.

Paris 494 – Aurillac 94 – Mauriac 36 – Murat 39 – Ussel 54.

🏦 **Modern'H.**, face gare 🏠 78.00.13 – 🛏wc 🛁wc ☎. ⚡ rest
→ fermé 1er au 10 oct., 15 déc. au 15 janv., dim. sauf sais. et vacances scolaires – SC :
R 50/60 – 🖵 13.50 – **26 ch** 52/110 – P 120/150.

CITROEN Tible, 🏠 78.00.35 🄽   RENAULT Veremes, 🏠 78.00.39
PEUGEOT-TALBOT Riom-Automobiles, 🏠 78.
03.08

RION-DES-LANDES 40370 Landes 78 ⑤ – 2 489 h. alt. 63 – 58.
Paris 712 – •Bayonne 82 – •Bordeaux 122 – Dax 33 – Mimizan 48 – Mont-de-Marsan 42.

Le Relais des Landes, rte Tartas ☎ 57.10.20 – wc P. VISA
fermé 28 nov. au 5 janv., vend. soir et sam. hors sais. – SC : **R** 47/105 – 13 – **13 ch** 57/95 – P 104/115.

RIORGES 42 Loire 73 ⑦ – rattaché à Roanne.

RIOTORD 43 H.-Loire 76 ⑨ – 1 330 h. alt. 840 – ✉ **43220** Dunières – 71.
Paris 563 – Annonay 33 – •St-Étienne 31 – Vienne 72 – Yssingeaux 31.

La Forestière , rte de Clavas ☎ 75.38.62, ←, – wc wc P. E VISA
fermé 10 janv. au 10 fév. et mardi sauf du 1er juin au 1er oct. – SC : **R** 55/175 – 15 – **7 ch** 130 – P 150/180.

RIOZ 70190 H.-Saône 66 ⑮ – 816 h. alt. 264 – 84.
Paris 473 – Belfort 77 – •Besançon 22 – Gray 47 – Vesoul 25 – Villersexel 37.

Logis Comtois, ☎ 91.83.83, – wc P.
fermé 10 déc. au 31 janv., dim. soir et lundi midi – SC : **R** 55/100 – 15 – **25 ch** 100/160.

RENAULT Pernin, ☎ 91.82.10

RIQUEWIHR 68340 H.-Rhin 62 ⑱⑲ **G. Vosges** (plan) – 1 045 h. alt. 300 – 89.
Voir Village★★★.
Office de Tourisme pl. Voltaire (1er avril-30 oct.) ☎ 47.80.80.
Paris 529 – Colmar 13 – Gérardmer 62 – Ribeauvillé 4,5 – St-Dié 46 – Sélestat 19.

Riquewihr M sans rest, **rte Ribeauvillé** ☎ **47.83.13,** ← – TV P. AE E VISA
SC : 19 – **49 ch** 114/192.

Au Riesling M , **à Zellenberg** E : **1 km sur D 1B** ☎ **47.85.85,** ← – wc wc P. VISA.
fermé janv.-fév., dim. soir et lundi de nov. au 30 avril – SC : **R** 65/120 – 20 – **36 ch** 140/200.

Aub. Schoenenbourg, r. Piscine ☎ **47.92.28,** – P. VISA
fermé 2 janv. au 12 fév., merc. soir et jeudi – SC : **R** carte 110 à 180.

RISCLE 32400 Gers 82 ② – 1 889 h. alt. 105 – 62.
Paris 753 – Aire-sur-l'Adour 17 – Auch 70 – Condom 61 – Mirande 55 – Pau 55 – Tarbes 52.

Paix, ☎ 69.70.14 – wc P
fermé 1er au 20 sept. et lundi sauf juil.-août – SC : **R** 50/105 – 11 – **17 ch** 44/90 – P 135.

CITROEN Coulom, ☎ 69.70.08
PEUGEOT, TALBOT Laffargue, ☎ 69.72.61
RENAULT Caritey ☎ 69.70.31

RISOUL 05 H.-Alpes 77 ⑱ – rattaché à Guillestre.

RIVA-BELLA 14 Calvados 55 ② – voir à Ouistreham-Riva-Bella.

RIVALET 63 P.-de-D. 73 ⑭ – rattaché à St-Nectaire.

RIVE-DE-GIER 42800 Loire 73 ⑲ **G. Vallée du Rhône** – 15 850 h. alt. 242 – 77.
Paris 500 – •Lyon 37 – Montbrison 58 – Roanne 99 – •St-Étienne 22 – Thiers 129 – Vienne 27.

XXX ✿✿ **Host. Renaissance** (Laurent) avec ch, **41 r. A.-Marrel** ☎ **75.04.31,** , – wc P – 25. AE E VISA
fermé 30 janv. au 15 fév., dim. soir et lundi hors sais. – SC : **R** 180/330 – 38 – **10 ch** 160/250
Spéc. Pâté chaud de canard en gibier (saison), Marinière des pêcheurs, Pigeon en ballottine. **Vins** Viognier, St-Joseph.

à Ste-Croix-en-Jarez SE : 10 km par D 30 – ✉ **42800** Rive-de-Gier :

X **Le Prieuré** avec ch, ☎ **20.20.09** – . E VISA.
fermé fév. – SC : **R** *(fermé lundi)* 48/120 – 20 – **4 ch** 140/160 – P 170/200.

CITROEN Bellon, 9 r. J.-Guesde ☎ 75.00.39
PEUGEOT-TALBOT Boutin, 44 r. Cl.-Drivon ☎ 75.04.22
PEUGEOT-TALBOT Furminieux, quartier de Combeplaine ☎ 75.01.06
PEUGEOT-TALBOT Putinier, 18 av. Mar.-Juin ☎ 75.02.30
RENAULT Gar. Ripagérien Ochs, 10 r. M.-Gorki ☎ 75.01.55
Stat de la Madeleine, 68 r. Martyrs de la Résistance ☎ 75.03.10

RIVEDOUX-PLAGE 17 Char.-Mar. 71 ⑫ – voir à Ré (Ile de).

RIVES 38140 Isère ⁷⁷ ④ – 5 115 h. alt. 360 – ❀ 76.

Paris 541 – Bourgoin-Jallieu 38 – La Côte-St-André 20 – ◆Grenoble 29 – St-Marcellin 30 – Voiron 10.

🏠 **Terminus, à la gare** ☎ 91.07.42 – ⌷wc ☎ 🅿
15 ch.

PEUGEOT Gar. du Dauphiné, ☎ 91.07.13   RENAULT Rives Automobiles, Le Plan ☎ 91.
                                                        03.06

RIVESALTES 66600 Pyr.-Or. ⁸⁶ ⑨ ⑱ G. Pyrénées – 7 454 h. alt. 29 – ❀ 68.

✈ de Perpignan-Rivesaltes : ☎ 61.22.24 : 4 km.

Paris 903 – Narbonne 57 – ◆Perpignan 10 – Quillan 69.

🏨 **Alta Riba** Ⓜ, av. Gare ☎ 64.01.17 – ▯ ⌷wc 🗐wc ☎ ⟺ 🅿 – 🔏 200. ⓞ Ⓔ
VISA
*fermé 15 déc. au 15 janv., vend. soir (rest. seul), dim. soir et lundi midi du 1er oct. au
31 mai* – SC : **R** 49/130 ⅃ – ⌷ 16 – **54 ch** 115/162.

🏠 **Debèze** sans rest., 11 r. A.-Barbès (près église) ☎ 64.05.88 – 🗐 ⟺. Ⓔ **VISA**
SC : ⚎ 13 – **16 ch** 60/145.

CITROEN Galabert, 13 av. Gambetta ☎ 64.   RENAULT Vila, 22 r. Ed.-Vaillant ☎ 64.02.14
07.67

RIVIÈRE-SUR-TARN 12640 Aveyron ⁸⁰ ④ – 711 h. alt. 379 – ❀ 65.

Paris 629 – Mende 71 – Millau 12 – Rodez 71 – Sévérac-le-Château 30.

🏠 **Andrieu,** ☎ 60.81.40, ⟗ – 🗐wc 🅿
→   *fermé jeudi hors sais.* – SC : **R** 45/120 ⅃ – ⌷ 12 – **22 ch** 68/120.

RENAULT Gar. Vayssière, ☎ 60.80.05

La RIVIÈRE-THIBOUVILLE 27 Eure ⁵⁵ ⑮ – alt. 72 – ✉ 27550 Nassandres – ❀ 32.

Paris 137 – Bernay 14 – Évreux 35 – Lisieux 38 – Le Neubourg 16 – Pont-Audemer 33 – ◆Rouen 49.

XX **Soleil d'Or** avec ch, ☎ 45.00.08, ⟗ – 📺 ⌷wc 🗐wc ☎ 🅿 – 🔏 30
fermé fév. et merc. sauf juil. et août – SC : **R** 62/180 – ⌷ 25 – **12 ch** 85/220 – P
180/330.

PEUGEOT-TALBOT Gar. Chaise, N 13 à Nassandres ☎ 45.00.33 🆗

ROANNE ⟨ 42300 Loire ⁷³ ⑦ G. Vallée du Rhône – 49 638 h. alt. 279 – ❀ 77.

Voir Gorges de la Loire★ S : 3 km par D 56. AZ.

🄸 Office de Tourisme (fermé dim.) avec A.C. cours République ☎ 71.51.77.

Paris 392 ⑥ – Bourges 196 ⑥ – Chalon-sur-Saône 133 ① – ◆Clermont-Ferrand 101 ④ – ◆Dijon 202 ①
– ◆Lyon 86 ③ – Montluçon 140 ⑥ – ◆St-Étienne 77 ③ – Valence 195 ③ – Vichy 74 ⑥.

Plan page suivante

🏰🏰 ❀❀❀ **H. des Frères Troisgros** Ⓜ, pl. Gare ☎ 71.66.97, Télex 307507 – ▯
▤ rest 📺 ☎ 🅿. ⒶⒺ ⓞ **VISA**   AY **r**
fermé 7 au 22 août, 9 au 31 janv., mardi et merc. midi – **R** (nombre de couverts
limité - prévenir) 185/325 et carte – ⌷ 45 – **24 ch** 350/440, 6 appart. 500/700
Spéc. Terrine de poireaux au foie gras frais, Escalope de saumon à l'oseille, Ris de veau aux truffes.
Vins Pouilly-Fuissé, Fleurie.

🏠🏠 **Gd Hôtel et rest. l'Astrée,** 18 cours République ☎ 71.48.82, Télex 300573 – ▯
☎ ⟺ 🅿 – 🔏 100. ⒶⒺ ⓞ Ⓔ **VISA**   AY **f**
hôtel fermé 28 oct. et 21 déc. au 1er janv. – SC : **R** (fermé dim.) 52/125 ⅃ –
⌷ 23 – **45 ch** 105/260.

🏨 **Terminus** sans rest, face gare ☎ 71.79.69 – ▯ ⌷wc 🗐wc ☎ ⟺   AY **f**
SC : ⚎ 18 – **51 ch** 105/180.

XX **Côté Jardin,** 10 r. Benoît Malon ☎ 72.81.88 – **VISA**   BZ **u**
fermé sam. midi et dim. – SC : **R** 58/145.

XX **Bonnin,** 48 r. Ch.-de-Gaulle ☎ 71.21.69 – ▤. **VISA**   BY **n**
→   *fermé 14 juil. au 15 août et dim.* – SC : **R** 49/78 ⅃.

XX **Taverne Alsacienne,** pl. Paix ☎ 71.21.14   BZ **m**
→   *fermé 7 au 31 mai, 14 au 24 oct. et lundi sauf fêtes* – SC : **R** 46/110 – **Brasserie R**
35/95 ⅃.

X **Don Camillo,** 6 r. P.-Brossolette ☎ 71.87.88, 🌤 – ▤. **VISA**   AY **p**
fermé 4 au 18 juin, 10 au 24 sept., sam. midi et merc. – **R** carte 80 à 105.

au Coteau (rive droite de la Loire) – 8 380 h. – ✉ 42120 Le Coteau :

🏨 **Artaud,** 133 av. Libération ☎ 68.46.44 – ▤ rest ⌷wc 🗐wc ☎ ⟺ – 🔏 150. Ⓔ
VISA   BZ **e**
fermé dim. – SC : **R** (fermé 5 au 25 juil. et dim. sauf fêtes) 60/180 – ⌷ 18,50 – **18 ch**
130/250.

🏠 **Ibis** Ⓜ, Z. I. Le Coteau ☎ 68.36.22, Télex 300610 – 📺 ⌷wc ☎ 🅿 – 🔏 25. ⒶⒺ
Ⓔ **VISA**
SC : **R** (fermé dim. midi) 55/80 ⅃ – ⌷ 20 – **49 ch** 175/227.

945

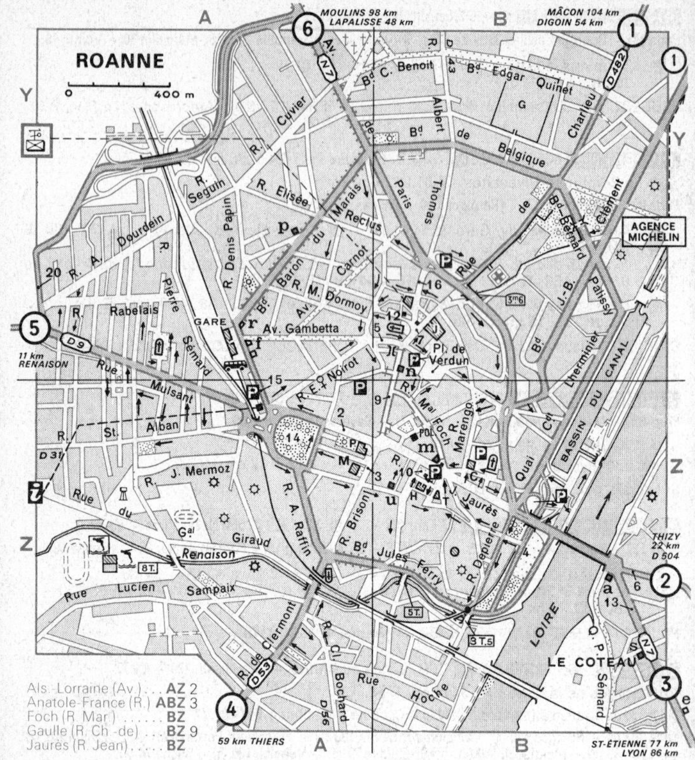

Als.-Lorraine (Av.) . . . AZ 2
Anatole-France (R.) ABZ 3
Foch (R. Mar.) . . . . . . BZ
Gaulle (R. Ch.-de) . . . BZ 9
Jaurès (R. Jean) . . . . . BZ

Briand (Pl. Aristide) . . BZ 4
Cadore (R. de) . . . . . . BY 5
Carnot (R.) . . . . BZ 6
Clemenceau (Pl.) . . . . BY 7
H.-de-Ville (Pl. de l') . BZ 10
Lattre-de-T. (Pl. de) . . . . . . BY 12
Libération (Av. de la) . . . . . BZ 13
N.-D.-des-Victoires (⊞) . . . BZ
Prom.-Populle (Pl. des) . . . AZ 14
République (Cours de la) . AY 15
Roche (R. Alexandre) . . . . . BY 16
St-Étienne (⊞) . . . . BY
St-Louis (⊞) . . . . AZ
Ste-Anne (⊞) . . . . AY
Vachet (R. Julien) . . . . AY 20

XX ✿ **Aub. Costelloise** (Alex), 2 av. Libération ✆ **68.12.71.** VISA — BZ **a**
fermé 15 juil. au 22 août, vacances de fév., dim. et lundi – **SC** : **R** 78/145
Spéc. Salade auberge, Andouillette de saumon, Civet de canard. **Vins** Côtes Roannaises.

X **Ma Chaumière,** 3 r. St-Marc ✆ **67.25.93** – VISA. ✻ — BZ **s**
fermé 22 juil. au 31 août, dim. soir et lundi – **SC** : **R** 40/130.

X **Chez Barnay** (La Terrasse) avec ch, **au pont de Rhins par** ② ✆ **67.26.46** – wc – Ⓟ
fermé 23 juil. au 23 août, vacances de fév., dim. soir et lundi – **SC** : **R** 45 bc/120 – ☕ 12 – **12 ch** 60/110.

à Riorges O : 3 km par D 31 - AZ – 8 993 h. – ✉ **42300** Roanne :

XX **Le Marcassin** avec ch, **rte St-Alban-les-Eaux** ✆ **71.30.18,** – wc ☎. VISA. ✻ ch
fermé 1er au 21 août et en fév. – **SC** : **R** *(fermé dim. du 1er oct. au 30 avril et sam.)* 52/155 – ☕ 16 – **10 ch** 95/140.

par ⑥**, *rte St-Germain*** : 7 km – ✉ **42640** St-Germain-L'Espinasse :

Relais de Roanne ✆ **71.97.35,** – ▤ rest TV wc wc ☎ ♿ Ⓟ – 40. E VISA
fermé janv. – **SC** : **R** 58/165 – ☕ 19 – **32 ch** 136/193.

à Lentigny par ④ : **8,5 km** – ✉ **42128** Lentigny :

XXX **Ferme Napoléon** avec ch, **sur D 53** ✆ **63.11.11, « aménagée avec recherche »** – TV wc ☎ Ⓟ. VISA
fermé août, dim. soir et lundi sauf fêtes – **R** 135/250 – ☕ 25 – **7 ch** 180.

MICHELIN, Agence, Zone Ind. Arsenal Sud, 8 av. de la Marne par ① ✆ **72.06.09**

FORD Gar. de la Poste, 56 r. R.-Salengro ☎ 68.31.99
LANCIA-AUTOBIANCHI Gar. de France 126 av. Paris ☎ 72.46.44
OPEL SORAUTO, 55-57 r. St-Alban ☎ 71.52.35

VOLVO Gd Gar. Gobelet, 54 av. Gambetta ☎ 72.30.22

🏶 Comptoir Roannais C/c, bd C.-Benoit ☎ 71.49.21

Périphérie et environs

BMW, TOYOTA L'Autom. Costelloise, 21 r. A.-France à Le Coteau ☎ 68.38.66
CITROEN Lagoutte, N 7, Les Plaines à Le Coteau par ③ ☎ 67.00.22 **N** ☎ 72.41.77
DATSUN Gar. Sinoir, 16 av. Paris à Riorges ☎ 71.73.42
FIAT, MERCEDES SOGEMO, Aiguilly, D 482 à Vougy ☎ 72.26.22
PEUGEOT SAGG, rte Paris, Riorges N7 par ⑥ AZ ☎ 71.66.17

RENAULT Lafay, Zone Ind. Voie n° 1 Sud Le Côteau par ③ ☎ 71.04.08
V.A.G. Gar. Route Bleue, Zone Ind. Le Coteau, Voie n° 3 ☎ 67.34.00

🏶 Deydier-Pneus, 4 pl. de l'Eglise, le Coteau ☎ 67.05.15

▬▬ **ROBINSON** 32 Gers **82** ⑤ – rattaché à Auch.

▬▬ **ROBION** 84 Vaucluse **81** ⑫ – rattaché à Cavaillon.

▬▬ **ROCAMADOUR** 46 Lot **75** ⑱⑲ G. Périgord (plan) – 795 h. alt. 210 – ⊠ 46500 Gramat – ✪ 65.

Voir Site★★★ – Château ✳★★★ – Fresques★ de la chapelle St-Michel – Tapisseries★ dans l'Hôtel de Ville.

🛈 Office de Tourisme Grande rue (Pâques, 1er juin-30 sept. et fermé lundi) ☎ 33.62.59.

Paris 545 – Brive-la-Gaillarde 55 – Cahors 59 – Figeac 46 – Gourdon 36 – St-Céré 29 – Sarlat-la-C. 66.

⌂⌂⌂ **Beau Site et Notre Dame,** ☎ 33.63.08, Télex 520421, ≼, 😤, « Bel aménagement intérieur » – 📳 🅿 🆎 ⓞ 🅴 𝐕𝐈𝐒𝐀
1er avril-21 oct. – SC : **R** 82/220 – � 26 – **53 ch** 135/235 – P 285/400.

⌂⌂ **Château et Relais Amadourien** Ⓜ ⊛, rte du Château par D 673 : 1,5 km ☎ 33.62.22, Télex 521871, 😤 – ⌷wc 📕wc ☎ 🅿 – 🎿 80. ⓞ
1er avril-22 oct. – SC : **R** 46/150 – ⊏describe 17 – **58 ch** 130/175.

⌂⌂ **Ste-Marie** ⊛, ☎ 33.63.07, ≼, 😤, « Terrasse avec vue agréable » – ⌷wc 📕 ☎ 🚗, 𝐕𝐈𝐒𝐀. ✳ rest
31 mars-1er nov. – SC : **R** 47/140 – ⊏describe 17 – **22 ch** 115/175.

⌂ **Panoramic,** à l'Hospitalet ☎ 33.63.06, ≼, 😤 – 📕wc ☎ 🅿
15 fév.-4 nov. – SC : **R** 45/180 – ⊏describe 17,50 – **13 ch** 150/166.

⌂ **Lion d'Or,** ☎ 33.62.04 – 📳 ⌷wc 📕wc 🚗. 𝐕𝐈𝐒𝐀
Pâques-15 oct. – SC : **R** 46/120 – ⊏describe 17 – **27 ch** 61/155.

⌂ **Terminus-Hôtel,** ☎ 33.62.14, 😤 – 📕wc 🚗. 🆎 𝐕𝐈𝐒𝐀
15 avril-10 oct. – SC : **R** 46/176 – ⊏describe 19,50 – **15 ch** 80/152.

✕✕ **Bellevue** avec ch, (annexe 13 ch ≼ Rocamadour ⌷wc 🅿), à l'Hospitalet ☎ 33.62.10, 😤 – 📕wc 🚗 🅿 🆎 ⓞ 🅴 𝐕𝐈𝐒𝐀
fermé 5 janv. au 10 fév. et merc. hors sais. sauf vacances scolaires – SC : **R** 64/220 – ⊏describe 19 – **20 ch** 92/205.

à l'Est : 4,5 km par D 36 et N 681 : ⌂⌂⌂ Château de Roumegouse, voir à Gramat.

Garage Sireys, ☎ 33.63.15

▬▬ **La ROCHE-BERNARD** 56130 Morbihan **63** ⑭ G. Bretagne – 838 h. alt. 30 – ✪ 99.

Voir Pont★.

🏌 de la Bretesche ☎ 88.30.03 (✪ 40 - Loire-Atl.), SE : 11 km.

Paris 441 – ♦Nantes 70 – Ploërmel 57 – Redon 33 – St-Nazaire 36 – Vannes 40.

⌂⌂ **Deux Magots,** ☎ 90.60.75 – ⌷wc 📕 🚗. ✳
fermé 15 déc. au 30 janv., dim. soir d'oct. à avril et lundi (sauf hôtel de mai à sept.) – SC : **R** 40/129 – ⊏describe 15 – **15 ch** 130/262.

⌂ **Bretagne,** ☎ 90.60.65 – 📕wc 🚗 🅿. ✳
fermé 15 janv. à début mars, dim. soir d'oct. à Pâques et lundi sauf hôtel en juil. et août – SC : **R** 45/101 – ⊏describe 13 – **15 ch** 75/160.

✕ **Aub. Bretonne** avec ch, ☎ 90.60.28, 🛋 – 📕. 🆎 ⓞ 🅴 𝐕𝐈𝐒𝐀
fermé 15 nov. au 15 déc., vend. midi et jeudi – SC : **R** 60/200 – ⊏describe 15 – **7 ch** 60/200.

à Camoël SO : 10 km par D 774 et rte de Pénestin – ⊠ 56130 La Roche Bernard :

⌂ **La Vilaine** Ⓜ, ☎ 90.01.55 – ⌷wc 📕 🚗 🅿. 𝐕𝐈𝐒𝐀
fermé 15 au 30 oct. et 1er au 15 fév. – SC : **R** (fermé dim. soir et lundi) 50/120 🍴 – ⊏describe 15 – **21 ch** 120/195 – P 190/210.

CITROEN Gar. Biton, ☎ 90.61.11

La ROCHE-CANILLAC 19 Corrèze 75 ⑩ – 185 h. alt. 460 – ✉ 19320 Marcillac-la-Croisille – ✪ 55.

Paris 509 – Argentat 21 – Aurillac 75 – Mauriac 55 – St-Céré 63 – Tulle 26 – Ussel 61.

Aub. Limousine, ☎ 29.12.06 – ⇔wc ⋔wc ☎ Ⓟ. ⚹ rest
1er mai-30 sept. – SC : **R** 60/170 – ⊐ 14 – **26 ch** 118/170 – P 160/170.

ROCHECORBON 37 I.-et-L. 64 ⑮ – rattaché à Tours.

La ROCHE-DES-ARNAUDS 05 H.-Alpes 77 ⑯ – 763 h. alt. 950 – ✉ 05400 Veynes – ✪ 92.

Paris 675 – Die 81 – Gap 15 – Serres 28 – Veynes 12.

Céüse H., D 994 ☎ 57.82.02, ⚘, ⚘ – ⇔wc ⋔ ☎ Ⓟ. E VISA. ⚹ rest
fermé 1er au 15 nov. – SC : **R** 43/75 – ⊐ 15 – **31 ch** 90/165 – P 120/150.

ROCHE D'OËTRE 61 Orne 55 ⑪ **G. Normandie** – alt. 120.

Voir Site★★.

☛ *Un automobiliste averti utilise le* **guide Michelin** *de l'année.*

ROCHEFORT ◇SP 17300 Char.-Mar. 71 ⑬ **G. Côte de l'Atlantique** – 27 716 h. alt. 5 – Stat. therm. (fermé janv.) – ✪ 46.

Voir Maison de Loti★ BZ **B** – **Musée municipal★** BZ **M1** – **Echillais : façade★ de l'église 4,5 km par ③.**

ℹ Office de Tourisme av. Sadi-Carnot ☎ 99.08.60.

Paris 465 ① – ♦Limoges 191 ② – Niort 60 ① – La Rochelle 32 ④ – Royan 40 ③ – Saintes 40 ②.

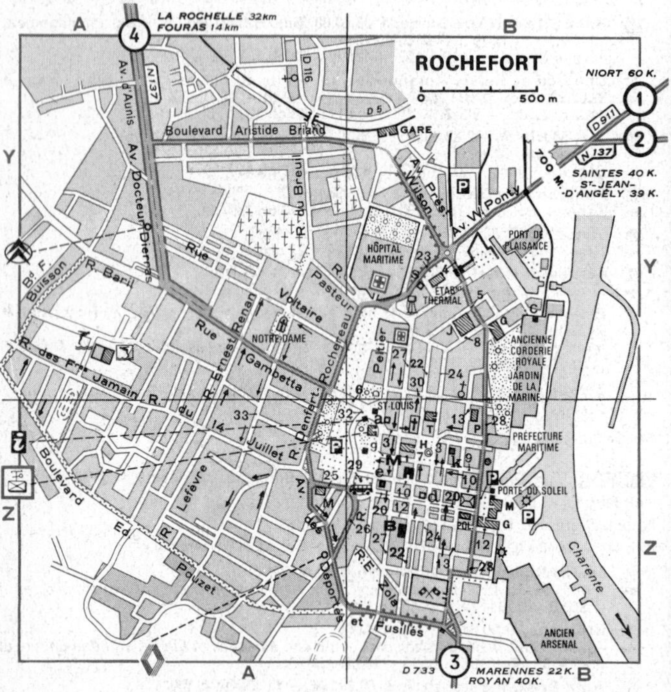

Audry-de-Puyravault (R.) BZ 3
Gambetta (R.) AY
Gaulle (Av. Gén. de) BZ 10
La-Fayette (Av.) BZ 20
République (R. de la) BYZ 24

Bégon (Porte) BY 4
Bégon (R.) BY 5

Carnot (Av. Sadi) BY 6
Colbert (Pl.) BZ 7
Dr-Pujos (R. du) BY 8
Duvivier (R.) BZ 9
Grimaux (R.) BZ 12
Jaurès (R. Jean) BZ 13
Loti (R. Pierre) BYZ 22
Pelletan (Av. Camille) BY 23

Rochambeau (Av.) AZ 25
Roux (R. Auguste) ABZ 26
Thiers (R.) BYZ 27
Toufaire (R.) BZ 28
Verdun (Pl. de) BZ 29
Victor-Hugo (R.) BY 30
3e R.I.C. (Av. du) BZ 32
4-Septembre (R. du) AZ 33

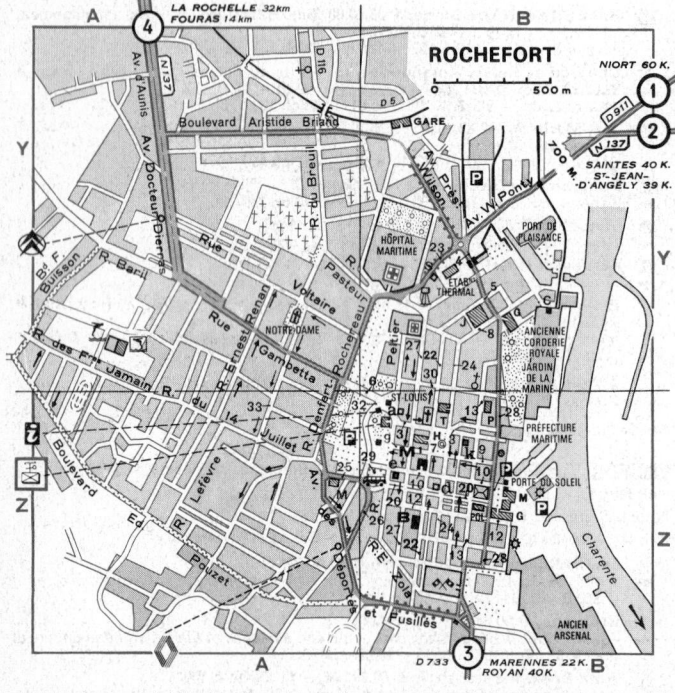

🏨 **Remparts** Ⓜ, 43 av. C.-Pelletan ☎ 87.12.44 – 🛗 📺 🚻wc 🏧wc 🔆 🕭 📞 – 🏚
▬ 40 à 70. 🆘 *VISA*
BY **s**
SC : **R** 45/90 🍷 – 🍽 18 – **63 ch** 170/260 – P 240/350.

🏨 **France** sans rest, 55 r. Dr-Peltier ☎ 99.34.00 – 🚻wc 🏧wc 🕭
BZ **a**
fermé fin déc. à fin fév. – SC : 🍽 13 – **32 ch** 74/170.

🏨 **Le Paris**, 27 av. La Fayette ☎ 99.33.11 – 🛗 🚻wc 🏧wc ☎ – 🏚 50. 🅴 *VISA*
🐾 rest
BZ **d**
SC : **R** *(fermé dim.)* 60/100 🍷 – 🍽 16,50 – **38 ch** 85/180.

XX **Le Marais**, 10 r. Lesson ☎ 99.47.13 – 🆘 🅾 🅴 *VISA*
BZ **k**
fermé 25 au 30 juin, 19 nov. au 3 déc., 27 fév. au 4 mars et dim. sauf fêtes – SC : **R** 90
(sauf fêtes)/120.

XX **Tourne-Broche**, 56 av. Ch.-de-Gaulle ☎ 99.20.19 – 🅴 *VISA*
BZ **e**
fermé 1er au 15 juil., 20 au 30 janv., dim. et lundi – SC : **R** 55/250 🍷.

à Soubise par ③ et D 238E : 8,5 km – ✉ **17780** Soubise.

Voir Croix hosannière★ de Moëze SO : 3,5 km.

XXX **Le Soubise** 🦢 avec ch, ☎ 99.31.18, 🚲 – 🚻wc 🏧wc 🕭 📞. 🆘 🅾 🅴 *VISA*
fermé 15 oct. au 15 nov., dim. soir (sauf hôtel) et lundi sauf juil.-août – **R** 55/150 –
🍽 16 – **22 ch** 130/230.

ALFA ROMEO Gar. l'Empereur, 32 av. Wilson
☎ 99.24.06
AUSTIN, TRIUMPH, ROVER Gar.Central, 31
av. Lafayette ☎ 99.00.65
CITROEN Rochefort Autom., 186 bis av. Dr-
Dieras ☎ 99.24.00
FORD Gar. Zanker, 76 r. Gambetta ☎ 87.07.55
PEUGEOT-TALBOT Morisset Petit, 58 av. du
11-Novembre par ③ ☎ 99.02.76

RENAULT Peyronnet, av. Fusillés-et-Déportés
☎ 87.36.20
TOYOTA Gar. St-Christophe, 50 av. W.-Ponty
☎ 99.30.43

🅡 Moyet-Pneus, 67 r. du Breuil ☎ 99.20.62
Rochefort C/c, 80 r. Grimaux ☎ 99.02.67

ROCHEFORT-DU-GARD 30650 Gard 🟠🟠 ⓩ – 2 018 h. alt. 97 – ✪ 90.

Voir Sanctuaire N.-D. de Grâce : chemin de Croix ⇐★ NE : 2 km, G. Provence.
Paris 684 – Alès 61 – Arles 49 – Avignon 11 – Nîmes 33 – Orange 21 – Remoulins 12.

🏨 **Mas de la Rouvette** Ⓜ, NE : 1 km sur D 976 ☎ 31.73.11, 🚲 – 🚻wc ☎ 📞 –
🏚 50. *VISA*. 🐾 ch
fermé 20 janv. au 1er mars et mardi – SC : **R** 65/110 🍷 – 🍽 23 – **18 ch** 80/175 – P
240 bc.

ROCHEFORT-EN-TERRE 56 Morbihan 🟠🟠 ④ G. Bretagne – 613 h. alt. 52 – ✉ **56220**
Malansac – ✪ 97.

Voir Site★ – Maisons anciennes★.
Paris 414 – Ploërmel 33 – Redon 25 – ♦Rennes 78 – La Roche-Bernard 24 – Vannes 34.

XX **Host. Lion d'Or**, ☎ 43.32.80, « Maison du 16e siècle »
fermé 15 nov. au 15 déc., lundi soir et mardi – SC : **R** 90/180.

ROCHEFORT-MONTAGNE 63210 P.-de-D. 🟠🟠 ⑬ – 1 155 h. alt. 850 – ✪ 73.

🛈 Syndicat d'Initiative à la Mairie (fermé dim. et lundi) ☎ 21.22.51.
Paris 423 – Aubusson 89 – ♦Clermont-Ferrand 33 – Mauriac 80 – Le Mont-Dore 19 – Ussel 53.

🏨 **Puy-de-Dôme**, ☎ 21.22.19 – 🐾 ch
▬ *fermé 20 sept. au 15 oct. et sam. du 15 oct. au 30 juin* – SC : **R** *(déj. seul. du 15 oct.
au 30 mai sauf vacances scolaires)* 48/62 – 🍴 13 – **7 ch** 55/70 – P 120.

🏨 **Centre**, ☎ 21.22.10, 🚲 – 🚘.
▬ *fermé oct., sam. soir et dim. hors sais.* – SC : **R** 42/65 – 🍴 12 – **15 ch** 58/80.

CITROEN Lassalas, ☎ 21.22.70
PEUGEOT-TALBOT Clermont, ☎ 21.22.17

RENAULT Bony, à Massagettes ☎ 21.23.24

ROCHEFORT-SUR-LOIRE 49190 M.-et-L. 🟠🟠 ⑳ G. Châteaux de la Loire – 1 819 h. alt. 85 –
✪ 41.

Voir O : Corniche angevine★.
🛈 Syndicat d'Initiative à la Mairie (fermé dim. après-midi) ☎ 78.70.24.
Paris 313 – Angers 20 – Chalonnes-sur-Loire 9 – Cholet 45.

🏨 **Grand Hôtel**, r. R.-Gasnier ☎ 78.70.06, 🚲, 🚲, 🚲 – 🏧wc 📞. *VISA*. 🐾 rest
▬ *fermé 15 janv. au 14 fév., dim. soir et lundi sauf juil. et août* – SC : **R** 41/100 🍷 – 🍽
15 – **8 ch** 72/125 – P 145/170.

RENAULT Gar. Hubert, ☎ 78.70.38

Lion d'Or	Si le nom d'un hôtel figure en petits caractères demandez, à l'arrivée, les conditions à l'hôtelier.

La ROCHEFOUCAULD 16110 Charente **72** ⑭ G. Côte de l'Atlantique (plan) – 3 328 h. alt. 85 – ✿ 45.

Voir Château★.

🛈 Syndicat d'Initiative 41 r. des Halles (15 juin-10 sept.) ☏ 20.07.45.

Paris 444 – Angoulême 22 – Confolens 41 – ◆Limoges 81 – Nontron 41 – Ruffec 42.

🏛 **La Vieille Auberge**, Gde-Rue ☏ 62.02.72 – ⌲wc ⋔wc ☎ ⇌ – 🚗 40. ⚏ ⓪
▸ 🗲 𝘝𝘐𝘚𝘈
   fermé 4 au 24 janv. – SC : **R** *(fermé lundi midi sauf Pâques et fêtes)* 46/148 – � 14
   – **28 ch** 72/155 – P 141/176.

CITROEN Bordron, ☏ 62.01.41.

ROCHEGUDE 26 Drôme **81** ② – rattaché à Orange.

La ROCHE-GUYON 95780 Val-d'Oise **55** ⑱, **196** ②③ G. Environs de Paris – 567 h. alt. 14 – ✿ 3.

Voir Bords de la Seine ≼★ – Route des Crêtes★ : ≼★★ N : 3 km.

Paris 76 – Évreux 41 – Gisors 31 – Mantes-la-Jolie 16 – Pontoise 44 – Vernon 13.

🏛 **St-Georges** ⌂, ☏ 479.70.16, ≼ – ⋔ ❹ – 🚗 50. ⚏
   fermé vacances de Toussaint, de Noël et merc. du 1er nov. au 1er mars – SC : **R**
   70/100 – ⊇ 20 – **15 ch** 100/155.

   à Chantemesle E : 3 km – ⊠ 95780 La Roche-Guyon.

   Voir Statues★ dans l'église de Vétheuil SE : 4 km.

🏛 **Aub. Lapin Savant** 🅼, ☏ 478.13.43, ≼, 🐎 – ⌲wc ☎ ❹ – 🚗 30. ℀ ch
   fermé nov., vacances de fév., merc. soir et jeudi – **R** carte 135 à 180 – ⊇ 20 –
   16 ch 240/270.

La ROCHE-L'ABEILLE 87 H.-Vienne **72** ⑰ – rattaché à St-Yrieix-La-Perche.

La ROCHELLE 🅿 17000 Char.-Mar. **71** ⑫ G. Côte de l'Atlantique – 78 231 h. – Casino X –
✿ 46.

Voir Vieux Port★★ Z – Tour de la Lanterne★ : ✳★★ Z B – Le quartier ancien★★ : Hôtel
de Ville★ Z H, Hôtel de la Bourse★ YZ C, Maison Henri II★ Y K, Porte de la Grosse
Horloge★ Z F, Rues du Palais★ Z, Chaudrier★ Y, du Minage (arcades★) Y, des Merciers★
Y de l'Escale★ Z – Tour St-Nicolas★ ZD – Plan-Relief★ (tour Chaine) Z E – Parc
Charruyer★ Y – Musées : Lafaille★★ Y M3, d'Orbigny★ Y M2, Beaux-Arts★ Y M1 , du
Nouveau Monde★ Y M4.

✈ de la Rochelle-Laleu : T.A.T ☏ 42.18.27, NO : 4,5 km - X.

🛈 Office de Tourisme 10 r. Fleuriau (fermé dim.) ☏ 41.14.68 - Accueil de France (Informations et
réservations d'Hôtels, pas plus de 5 jours à l'avance) 11 bis r. Augustins ☏ 41.43.33, Télex 790712 -
A.C. 32 r. Dupaty ☏ 41.02.06.

Paris 471 ② – Angoulême 128 ③ – ◆Bordeaux 186 ④ – ◆Nantes 146 ② – Niort 63 ②.

Plans page ci-contre

🏰 **Les Brises** 🅼 ⌂ sans rest, chemin digue Richelieu (av. P.-Vincent) ☏ 43.89.37,
   ≼ les îles – 🕸 ☎ ⇌ ❹. 𝘝𝘐𝘚𝘈. ✿   X q
   fermé 15 déc. au 15 janv. – SC : ⊇ 20 – **46 ch** 190/390.

🏰 **Champlain** ⌂ sans rest, 20 r. Rambaud ☏ 41.23.99, « Bel intérieur et agréable
   jardin » – 🕸 📺 ☎. ⚏ ⓪ 🗲 𝘝𝘐𝘚𝘈   Y b
   fermé 15 déc. au 15 fév. – SC : ⊇ 21 – **36 ch** 196/277, 4 appartements 384.

🏰 **France-Angleterre et rest. Le Richelieu** 🅼, 22 r. Gargoulleau ☏ 41.34.66,
   Télex 790717, 🐎 – 🕸 📺 ☎ ⇌ ❹ – 🚗 30 à 80. ⚏ ⓪ 🗲 𝘝𝘐𝘚𝘈   Y r
   SC : **R** *(fermé dim.)* 90/130 – ⊇ 22 – **76 ch** 192/260 – P 394/462.

🏛 **St-Jean d'Acre et rest. Au Vieux Port** 🅼, pl. Chaîne ☏ 41.73.33, Télex
   790913, ≼, 🕌 – ⌲wc ⋔wc ☎ ⅙ – 🚗 50. ⚏ ⓪ 🗲 𝘝𝘐𝘚𝘈   Z f
   SC : **R** 70/95 – ⊇ 19 – **49 ch** 175/215.

🏛 **St-Nicolas** 🅼 sans rest, 13 r. Sardinerie ☏ 41.71.55 – 🕸 ⌲wc ☎ ❹. ⚏ ⓪ 𝘝𝘐𝘚𝘈
   SC : ⊇ 19 – **50 ch** 170/200.   Z d

🏛 **François 1er** ⌂ sans rest, 13 r. Bazoges ☏ 41.28.46 – ⌲wc ⋔wc ☎ ❹. 𝘝𝘐𝘚𝘈. ℀
   SC : ⊇ 16,50 – **33 ch** 127/170.   Y u

🏛 **Terminus H.** sans rest, 11 pl. Cdt de Motte Rouge ☏ 41.31.94 – ⌲wc ⋔wc ☎,
   ⚏ 𝘝𝘐𝘚𝘈   Z x
   SC : ⊇ 18 – **27 ch** 130/195.

🏠 **Ibis** 🅼, pl. Cdt de la Motte Rouge ☏ 41.60.22, Télex 791431 – 🕸 📺 ⌲wc ☎ ⅙,
   🚗 40. 🗲 𝘝𝘐𝘚𝘈   Z n
   SC : **R** carte environ 65 ⅜ – ⬛ 19,50 – **76 ch** 175/216.

🏠 **Le Savary** ⌂ sans rest, 2 r. Alsace-Lorraine ☏ 34.83.44 – ⋔wc ☎ ❹. ⚏ 𝘝𝘐𝘚𝘈
   fermé nov. et vend. soir de déc. à mars – SC : ⊇ 16,50 – **28 ch** 105/180.   X z

🏠 **Atlantic H.** sans rest, 23 r. Verdière ☏ 41.16.68 – ⋔wc ☎   Z t
   SC : ⊇ 13 – **23 ch** 75/175.

950

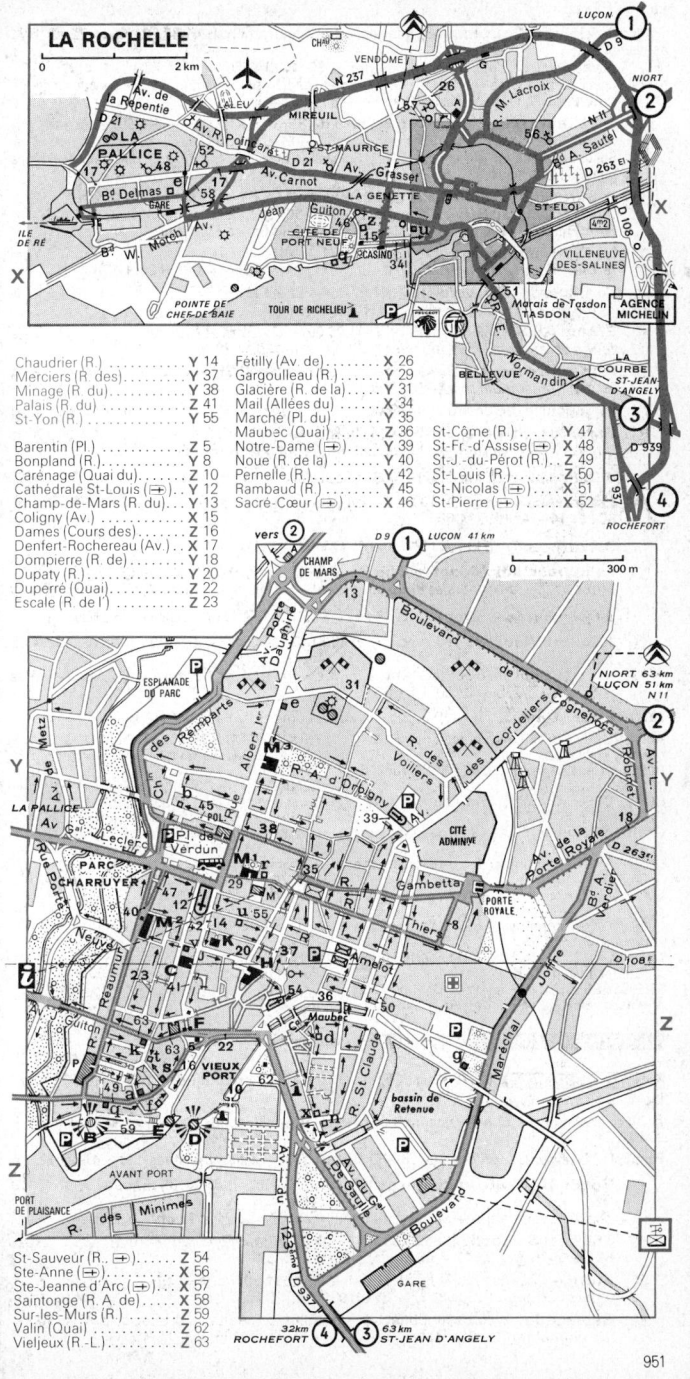

LA ROCHELLE

0   2 km

0   300 m

951

XXX ❀ **Richard Coutanceau,** plage de la Concurrence ☎ 41.48.19, ≤ – AE ⓓ VISA. ✻ X r
fermé 15 au 30 déc., lundi soir et dim. – SC : **R** 130/250
Spéc. Homard rôti à l'étuvée de petits légumes (avril à déc.), Turbot et bigorneaux à la crème de curry, Bar au fumet de St-Emilion. **Vins** Haut Poitou, Mareuil.

XXX ❀ **La Marmite** (Marzin), 14 r. St-Jean du Pérot ☎ 41.17.03 – ▤. AE ⓓ E VISA
fermé 15 janv. au 5 fév. et merc. hors sais. – SC : **R** 110/250 Z a
Spéc. Mouclade rochelaise (juin à déc.), Homard au Sauternes (avril à oct.), Raie aux choux. **Vins** Haut Poitou, Mareuil.

XXX ❀ **Serge** (Coulon), 46 Cours des Dames ☎ 41.18.80, ≤ – ▤. AE ⓓ E VISA Z s
fermé 15 janv. au 8 fév. et dim. hors sais. – SC : **R** 95/280
Spéc. Fruits de mer, Crustacés et poissons cuisinés. **Vins** Graves, Muscadet.

XX **Le Claridge,** 1 r. Admyrauld ☎ 41.35.71 – VISA Y v
fermé 15 août au 9 sept., 15 au 2 fév., sam. midi et dim. – SC : **R** 80/120 🍷.

XX **La Closerie,** 20 r. Verdière ☎ 41.57.05 – AE ⓓ E VISA Z k
fermé 15 au 30 juin et dim. – SC : **R** 75/95.

XX **Prince Albert,** 58 r. Albert-1er ☎ 41.06.60 – AE ⓓ E VISA Y e
fermé 15 au 31 janv. et dim. soir – SC : **R** carte 135 à 180 🍷.

XX **les Quatre Sergents,** 49 r. St-Jean du Parot ☎ 41.35.80 – AE ⓓ E VISA Z q
fermé dim. soir et lundi – SC : **R** 55/170 🍷.

XX La Cagouille, bd Joffre ☎ 41.46.08 Z g

X **Parc,** 38 r. Th.-Renaudot ☎ 34.15.58. VISA X u
fermé 1er au 15 sept., 2 au 15 janv. et lundi sauf fêtes – SC : **R** 55/95 🍷.

à La Pallice **O : 5 km** – ✉ **17000** La Rochelle :

🏨 **La Terrasse** sans rest, **10 bd Mar.-Lyautey ☎ 42.61.86** – ⌂wc ⋔ ☎ Ⓟ. VISA. ✻
SC : ☕ 14 – **41 ch** 72/138. X e

à Aytré **par ④ : 5 km** – 7 381 h. – ✉ **17440** Aytré :

XXX **La Maison des Mouettes,** bd Plage ☎ 44.29.12, ≤, 🏖, 🌳 – Ⓟ. E VISA
fermé 1er fév. au 6 mars et lundi sauf fêtes – SC : **R** (dim. et fêtes prévenir) 85/150.

à Dompierre-sur-Mer **par ② : 8 km** – 3 474 h. – ✉ **17139** Dompierre-sur-Mer :

XX **Aub. du Vieux Noyer** avec ch, ☎ **35.31.32,** 🏖, 🌳 – TV ⌂wc ☎ Ⓟ. AE ⓓ E VISA
fermé 24 sept. au 6 oct., mi-janv. à mi-fév., lundi soir et mardi sauf juil., août et fêtes – SC : **R** 105/235 – ☕ 30 – **5 ch** 255.

MICHELIN, Agence, Z.I. de Périgny, av. Louis Lumière, Voie D X ☎ **44.12.76**

ALFA ROMEO Gar. l'Empereur, 20 av. E. Normandin ☎ 44.49.86
BLF La Genette-Automobile, 8 r. de Tunis ☎ 34.92.78
BMW, OPEL Cormier, Z.A.C. de Beaulieu à Puilboreau ☎ 34.78.73
CITROEN Bernard-Privat, 99 bd de Cognehors ☎ 41.48.22
CITROEN Gar. Bretonnier, 8 r. de la Trompette ☎ 34.79.79
FIAT Gar. Lenoir, 143 r. E.-Normandin ☎ 44.46.24
FORD Porte Dauphine Autom., 2 à 12 av. Porte Dauphine ☎ 34.51.11
LANCIA-AUTOBIANCHI Gar. Laporte, 46 av. de Rompsay ☎ 41.70.55
MERCEDES-BENZ S.A.V.I.A., Centre Commercial de Beaulieu à Puilboreau ☎ 34.54.22
PEUGEOT-TALBOT Brenuchot, av. Guiton ☎ 34.87.82 Z.A.C. de Beaulieu, Puilboreau par ② ☎ 67.36.44
RENAULT Euro-Garage, à Beaulieu-Est, Puilboreau par ② ☎ 34.44.25 ◘ ☎ 67.16.16
RENAULT La Rochelle-Automobile, ZAC Villeneuve Salines, r. J.-P.-Sartre ☎ 44.01.00
V.A.G. Comptoir Autom.-Rochelais, 141 av. E.-Normandin ☎ 44.30.47
VOLVO Chambon, ZAC Villeneuve les Salines ☎ 44.40.12

Ⓜ Charente-Pneus, N 137, Angoulins ☎ 35.20.94
Moyet-Pneus, Porte Royale ☎ 41.33.27
Perry-Pneu 9 r. St-Louis ☎ 41.28.80

La ROCHE MAURICE 29 Finistère 58 ⑤ – rattaché à Landerneau.

La ROCHE-POSAY 86270 Vienne 68 ⑤ **G. Côte de l'Atlantique** – 1 404 h. alt. 73 – Stat. therm. – Casino – ⛳ 49.

ℹ Office de Tourisme Cours Pasteur (fermé sam. après-midi, lundi matin hors sais. et dim.) ☎ 86.20.37.

Paris 314 – Le Blanc 30 – Châteauroux 76 – Châtellerault 23 – Loches 48 – Poitiers 49 – ♦Tours 80.

🏨 **Relais H. Château de Posay** Ⓜ 🐌, au Casino ☎ 86.20.10, ≤, parc – ☎ Ⓟ. AE ⓓ
fermé nov. et mardi – SC : **R** (dîner seul.) 60/80 – ☕ 24 – **13 ch** 203/256.

🏨 **Thermal St Roch,** ☎ 86.21.03, 🌳 – ⎈ TV ⌂wc ⋔wc ☎. ✻ rest
SC : **R** 56/75 🍷 – ☕ 12 – **45 ch** 65/240 – P 150/280.

🏨 **Europe** Ⓜ sans rest, ☎ 86.21.81, 🌳 – ⎈ ⌂wc ⋔wc ☎ ♿ Ⓟ
1er avril-30 sept. – SC : ☕ 12 – **31 ch** 98/113.

🏨 **Esplanade,** ☎ 86.20.48, Collection de tableaux inédits – ⎈ ⌂wc ⋔wc ☎ Ⓟ
1er avril-30 sept. – SC : **R** 52/130 – ☕ 13 – **25 ch** 60/135 – P 150/190.

Les **ROCHES-DE-CONDRIEU** 38370 Isère 🔟🔠 ⑪ – 1 728 h. alt. 153 – ✲ 74.

Paris 504 – Annonay 35 – ◆Grenoble 104 – Rive-de-Gier 22 – Vienne 12.

🏨 ✲ **Bellevue** (Bouron), 📞 56.41.42, ≤ – ⌷wc ⋔wc ☎ ⟵, 🅐🅔 🅞 🅔 🆅🅸🆂🅰
*fermé 4 au 14 août, 7 au 28 fév., dim. soir d'oct. à avril, mardi midi d'avril à oct. et
lundi* – SC : **R** (dim. et fêtes prévenir) 90/190 🛢 – ⌷ 20 – **18 ch** 115/190
Spéc. Filet de sandre au beurre de ciboulette, Turbot au champagne, Aiguillette de canard au Porto.
Vins Condrieu, Côte Rôtie.

PEUGEOT-TALBOT, RENAULT Capellaro, 📞
56.41.32

RENAULT Marconnet, à St-Clair-du-Rhône 📞
56.41.03

ROCHES-LES-BLAMONT 25 Doubs 🔠🔠 ⑱ – rattaché à Pont-de-Roide.

La ROCHE-SUR-FORON 74800 H.-Savoie 🔟🔠 ⑥ G. Alpes – 7 400 h. alt. 547 – ✲ 50.

🅱 Office de Tourisme pl. Andrevetan (fermé dim. et lundi) 📞 03.36.68.

Paris 566 – Annecy 33 – Bonneville 8 – ◆Genève 25 – Thonon-les-Bains 42.

🏨 **Les Afforets et rest. la Renaissance** 🅜, r. Egalité 📞 03.35.01 – 🗄 ⌷wc
⋔wc ☎ ⟵ 🅟 🅐🅔 🅔 🆅🅸🆂🅰
fermé dim. hors sais. – SC : **R** 69/135 – ⌷ 19 – **28 ch** 145/170 – P 190/240.

🏠 **Beauregard** ≫, N : 1,5 km par rte Thonon et VO 📞 03.22.37, ≤ – ⋔wc ☎ 🅟. 🅔
1er mars-1er oct. – SC : **R** *(fermé dim. sauf juil., août et sept.)* 55/100 – ⌷ 20 – **17 ch**
80/120 – P 138/152.

PEUGEOT-TALBOT Duret, av. des Afforêts,
Zone Ind. 📞 03.05.00 🅽 📞 03.20.93

⍟ Piot-Pneu, av. L.-Rannard 📞 03.10.46

*Pour visiter une région,
les trois inséparables Michelin : le guide Rouge,
le guide Vert,
la carte à 1/200 000.*

La ROCHE-SUR-YON 🅿 85000 Vendée 🔠🔠 ⑬⑭ G. Côte de l'Atlantique – 48 156 h. alt. 74
– ✲ 51.

🅱 Office de Tourisme pl. Napoléon (fermé dim. sauf après-midi en sais.) 📞 36.00.85 - A.C. Vendéen,
17 r. Lafayette 📞 37.04.60.

Paris 414 ② – Cholet 65 ② – ◆Nantes 65 ① – Niort 89 ③ – La Rochelle 83 ④.

Baudry (R. Paul) 3
Carnot (R. Sadi) 5
Clemenceau (R. G.) 6
Halles (R. des) 9

Allende (R. S.) 2
Cailler (R. H.) 4
Gambetta (Av.) 7
Gutenberg (R.) 8
Juin (R. du Mar.) 10
Lafayette (R.) 12
Molière (R.) 13
Moreau (R. S.) 14
Poincaré (R. Raymond) . 15
Résistance (Pl. de la) .. 16
Vendée (Pl. de la) 18
Victor-Hugo (R.) 19
93e (R. du) 20

🏨 **Gallet,** 75 bd Mar.-Leclerc (n) ℡ 37.02.31 – 📺 🛏️wc 🛁wc ☎ 🚗, 🅰🄴 ⑩ E *VISA*, ❄️ ch
fermé 2 au 6 janv. et dim. du 15 sept. au 2 mai – SC : **R** 85/180 **La Gousse d'Ail** *(fermé dim.)* **R** 55/85 ⅓ – ☑ 23 – **13 ch** 145/380 – P 281/318.

🏨 **Napoléon** sans rest, 50 bd A.-Briand (r) ℡ 05.33.56 – 🛗 🛏️wc 🛁wc ☎ – 🅐 100. E *VISA*
SC : ☑ 19 – **29 ch** 135/210.

🏨 **St-Jean,** 7 r. Chanzy (b) ℡ 37.12.07 – 🛗 🛏️wc 🛁wc 📧. ❄️
fermé 22 déc. au 2 janv. – SC : **R** *(fermé sam. sauf juil. et août et dim. sauf le midi de sept. à juin)* 45/105 ⅓ – ☑ 15 – **24 ch** 67/103 – P 172/200.

🏨 **Vendée** sans rest, 4 r. Malesherbes (e) ℡ 37.28.67 – 🛗 🛏️wc 🛁wc 📧 🚗, ⑩ E *VISA*
SC : ☑ 18 – **33 ch** 88/247.

XX **Rivoli,** 31 bd A.-Briand (u) ℡ 37.43.41 – ⑩ E *VISA*
fermé 4 au 26 août, vacances de fév., sam. soir et dim. – SC : **R** 62/98.

XX **Vieux Moulin,** pl. Vendée **(a)** ℡ 37.06.43 – E *VISA*, ❄️
fermé 15 au 31 août, 25 déc. au 1ᵉʳ janv., sam. soir et dim. – SC : **R** 47/85 ⅓.

rte Nantes par ① : 2 km – ⊠ **85000** La Roche-sur-Yon :

🏨 **Campanile,** ℡ 37.27.86 – 🛏️wc ☎ 🅿. *VISA*
SC : **R** 60 bc/81 bc – 🍴 22 – **32 ch** 170.

rte Cholet par ② : 5 km – ⊠ **85000** La Roche-sur-Yon :

XX **Aub. de Noiron,** ℡ 37.05.34 – 🅿. 🅰🄴 ⑩ E *VISA*
fermé 28 août au 5 sept., vacances scol. de fév., dim. soir et lundi sauf fériés – SC : **R** 110/280.

à l'Est par ③ et D 80 : 5 km :

🏨 **Logis de la Couperie** ⌂, ℡ 37.21.19, 🌳 – 🛁wc ☎ 🅿. E
SC : **R** *(ouvert juin, juil., août)* (dîner seul.) 60/80 – ☑ 16 – **7 ch** 97/187.

MICHELIN, Agence, r. de Montréal, Z.I. Sud par ⑥ ℡ 05.02.74

AUSTIN-MORRIS-ROVER-TRIUMPH Gar. Aillery Ridier, rte d'Aizenay ℡ 37.12.06
BMW Gar. Napoléon, 4 pl. Napoléon, ℡ 37.36.27
CITROEN Guénant-Auto, rte de Nantes par ① ℡ 62.29.64
FORD Gar. Baudry, bd Lavoisier ℡ 37.22.35
OPEL Gar. des Jaulnières, Rte d'Aubigny ZA des Jaulnières, ℡ 05.36.74
PEUGEOT-TALBOT Sorin, 17 bd Sully par bd J.-Yole par ⑦ ℡ 37.08.15

RENAULT Gd Gar. Moderne, rte de Nantes par ① ℡ 62.11.57
V.A.G. Tixier, r. des Artisans ZI Sud ℡ 05.19.33

Ⓦ Le Pneu Yonnais, rte de Nantes, Zone Ind. Nord ℡ 37.05.77
Robin, 17 r. Mar.-Foch ℡ 37.04.13
Vendée-Pneus, r. du Commerce, Zone Ind. Sud ℡ 37.07.15

La ROCHETTE 73110 Savoie **74** ⑯ – 3 262 h. alt. 347 – ✆ 79.

Voir Vallée des Huiles★ NE, G. Alpes.

Paris 593 – Albertville 37 – Allevard 10 – Chambéry 32 – ♦Grenoble 48.

🏨 **Parc** sans rest, ℡ 25.53.37, 🌳 – 🛁 🅿
fermé 15 sept. au 15 oct. – SC : 🍴 11 – **12 ch** 57/60.

CITROEN Gar. Fachinger ℡ 25.52.73
PEUGEOT-TALBOT Maréchal, ℡ 25.52.71

RENAULT Gar. Blanchin, ℡ 25.50.28 Ⓝ

ROCROI 08230 Ardennes **53** ⑱ G. Nord de la France – 2 789 h. alt. 377 – ✆ 24.

Paris 234 – Charleville-Mézières 29 – Laon 83 – ♦Reims 92 – St-Quentin 102 – Valenciennes 112.

🏨 **Commerce,** pl. A.-Briand ℡ 54.11.15 – 🛏️wc 🛁wc 📧 🚗, 🅰🄴 ⑩ E *VISA*
fermé 5 janv. au 10 fév. et lundi du 1ᵉʳ oct. au 1ᵉʳ avril sauf fériés – SC : **R** 47/90 ⅓ – ☑ 17 – **12 ch** 70/160 – P 177/210.

LES GUIDES VERTS MICHELIN

Paysages, monuments

Routes touristiques

Géographie, Économie

Histoire, Art

Itinéraires de visite

Plans de villes et de monuments

La France en 19 guides

RODEZ Ⓟ 12000 Aveyron 🎼🎼 ② G. Causses — 26 346 h. alt. 632 — ✿ 65.

Voir Clocher★★★ de la cathédrale N.-Dame★★ BY — Maisons Anciennes★ BY B, BZ B —
Musée Fenaille★ BZ M1.

✈ de Rodez-Marcillac : ☎ 42.20.29 par ③ : 10 km.

🅱 Office de Tourisme pl. Foch (fermé dim.) ☎ 68.02.27.

Paris 609 ① — Albi 78 ② — Alès 208 ① — Aurillac 96 ① — Brive-la-Gaillarde 157 ③ — ◆Clermont-Ferrand
223 ① — Montauban 135 ② — Périgueux 216 ③ — ◆Toulouse 154 ②.

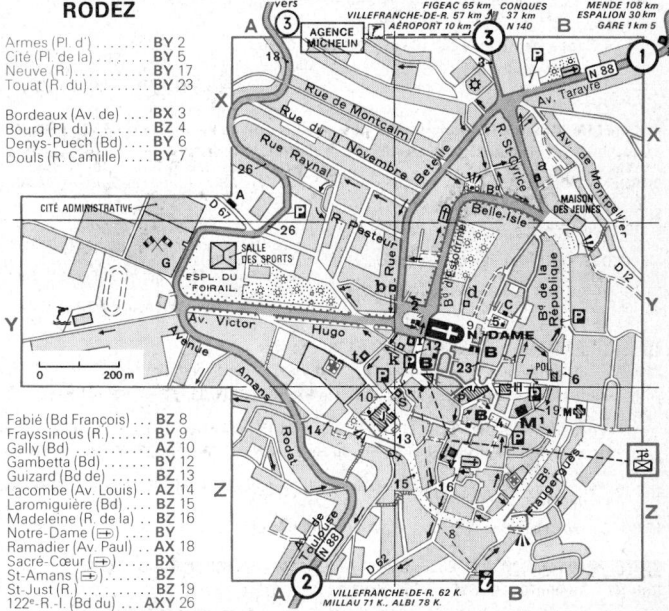

RODEZ

Armes (Pl. d')	BY 2
Cité (Pl. de la)	BY 5
Neuve (R.)	BY 17
Touat (R. du)	BY 23
Bordeaux (Av. de)	BX 3
Bourg (Pl. du)	BZ 4
Denys-Puech (Bd)	BY 6
Douls (R. Camille)	BY 7

Fabié (Bd François)	BZ 8
Frayssinous (R.)	BY 9
Gally (Bd)	AZ 10
Gambetta (Bd)	BY 12
Guizard (Bd de)	BZ 13
Lacombe (Av. Louis)	AZ 14
Laromiguière (Bd)	AZ 15
Madeleine (R. de la)	BZ 16
Notre-Dame (⊟)	BY
Ramadier (Av. Paul)	AX 18
Sacré-Cœur (⊟)	BX
St-Amans (⊟)	BZ
St-Just (R.)	BZ 19
122ᵉ-R.-I. (Bd du)	AXY 26

🏯 **Tour Maje** Ⓜ sans rest, bd Gally ☎ 68.34.68 — 🛗 📺 ☎. ◭ ① Ε 𝗩𝗜𝗦𝗔   BZ s
SC : ☲ 17 — **42 ch** 131/210, 3 appartements 242.

🏨 **Parc** sans rest, pl. Armes ☎ 68.11.22 — 🛗 📺 ⇌wc 🖪wc ☎ — 🏊 30. ◭ ① Ε
𝗩𝗜𝗦𝗔. ⚘   BY r
fermé 22 déc. au 2 janv., sam. et dim. du 15 oct. au 15 mars — SC : ☲ 17 — **22 ch**
95/195.

🏨 **Biney** sans rest, 7 bd Gambetta ☎ 68.01.24 — 🛗 ⇌wc 🖪wc ☎. ① Ε 𝗩𝗜𝗦𝗔   BY k
fermé 15 déc. au 3 janv. — SC : ☲ 14 — **28 ch** 100/150.

🏠 **Midi**, 1 r. Béteille ☎ 68.02.07 — 🛗 🖪wc ☜ Ⓟ. 𝗩𝗜𝗦𝗔. ⚘ ch   AY b
➡ fermé 15 déc. au 15 fév., sam. soir et dim. sauf juil. et août — SC : **R** 46/83 🍴 — ☲
19,50 — **34 ch** 78/175 — P 243/274.

🏠 **Moderne**, 9 r. Abbé-Bessou ☎ 68.03.10 — 🛗 ⇌wc 🖪wc ☜. 𝗩𝗜𝗦𝗔. ⚘ ch   AY t
➡ fermé vacances de nov. et du 3 au 15 janv. — SC : **R** (fermé dim. soir et lundi du 1ᵉʳ
sept. au 30 juin) 50/150 — ☲ 14 — **27 ch** 100/150 — P 150/200.

🏠 **Clocher** sans rest, 4 r. Séguy ☎ 68.10.16 — 🛗 ⇌wc 🖪wc ☜   BY d
fermé dim. du 1ᵉʳ oct. au 1ᵉʳ mai — SC : ☲ 17 — **23 ch** 66/175.

💥💥 **Régent**, 11 av. Durand-de-Gros ☎ 67.03.30 — Ⓟ. ◭ ① Ε 𝗩𝗜𝗦𝗔   BX n
fermé 25 sept. au 15 oct., lundi midi et dim. sauf fêtes — SC : **R** (fêtes déj. seul.)
110/165 🍴.

💥💥 **St-Amans**, 12 r. Madeleine ☎ 68.03.18 🍽 rest   BZ v
fermé fév., dim. soir et lundi — **R** 90/140.

💥 **Les Trois Mulets**, 31 r. St-Cyrice ☎ 67.20.55 — ⚘   BX a
➡ fermé 1ᵉʳ au 20 juil., dim. soir et lundi — **R** 40/65 🍴.

à Olemps par ② et D 653 : 3 km — 🖂 12000 Rodez :

🏨 **Les Peyrières** ⚘, ☎ 68.50.91 — ⇌wc 🖪wc ☜ Ⓟ. ⚘ ch
➡ fermé dim. soir et lundi midi — SC : **R** 38/100 🍴 — ☲ 18 — **24 ch** 73/152.

tourner →

rte de Marcillac-Vallon N : 3,5 km par D601 n – ✉ **12850** Onet-le-Château :

Host. de Fontanges Ⓜ, rte Marcillac ☎ 42.20.28, parc, ⛱, 🎾 – TV ☎ Ⓟ – 40. AE ⓓ E VISA
SC : **R** 50/130 – ☕ 20 – **42 ch** 180/200, 4 appartements 300 – P 225/290.

à la Roquette : 6 km par ① et N 88 – ✉ **12850** Onet-le-Château :

La Rocade, ☎ 67.17.12 – ☎ Ⓟ. E VISA. ch
fermé 28 août au 12 sept., 20 déc. au 10 janv., vend. soir et sam. – SC : **R** 41/62 – ☕ 16 – **17 ch** 62/85 – P 125/165.

à Gages par ① et N 88 : 10 km – ✉ **12630** Gages :

Relais de la Plaine, ☎ 42.29.03, – wc Ⓟ
fermé 20 sept. au 10 oct. et sam. sauf de juil. à sept. – SC : **R** 40/75 – ☕ 15 – **22 ch** 65/130 – P 140/150.

MICHELIN, Agence Régionale, Rue. des Artisans, Z.A. de Bel Air par ③ ☎ **42.17.88**

BMW, FIAT Gar. Higonenc, rte Decazeville ☎ 42.20.11
CITROEN Rouergue Automobiles, rte d'Espalion à Sebazac-Concoures par ① ☎ 46.96.50
N ☎ 47.01.61
FORD Boutonnet, La Gineste, rte Decazeville ☎ 42.20.12
MERCEDES, OPEL Gar. Benoit, La Primaube à Luc ☎ 68.48.31
PEUGEOT-TALBOT Caussignac et Guiet, Rte de Conques, par ③ ☎ 42.20.18
RENAULT Ginestet Raynal, Rte d'Espalion à Onet le Chateau par ① ☎ 67.04.10
V.A.G. Gar. Besset et Jean, Zone Artisanale Bel-Air ☎ 42.20.14

Boutet, 17 r. Beteille ☎ 68.02.54
Central-Pneu, Zone Ind. de la Prade à Onet le château ☎ 67.16.11
Escoffier-Pneus, Zone Ind. de la Prade à Onet le Château ☎ 67.07.43
Tout pour le pneu, 40 r. Béteille ☎ 68.01.13

ROGNAC 13340 B.-du-R. 84 ② – 9 330 h. alt. 24 – 42.

Paris 748 – Aix-en-Provence 26 – ♦Marseille 32 – Martigues 25 – Salon-de-Provence 25.

Cadet Roussel, Carrefour N 113 - rte Berre ☎ **87.00.33,** – rest wc ☎ Ⓟ. E VISA
fermé dim. – SC : **R** 48 (sauf fêtes)/170 – ☕ 15 – **13 ch** 80/160 – P 150/200.

Host. Royal Provence avec ch, **au Sud sur N 113** ☎ **87.00.27,** ←, – wc ☎ Ⓟ. AE ⓓ VISA. ch
fermé 7 juil. au 2 août, lundi (sauf hôtel) et dim. soir – SC : **R** 50/120 – ☕ 14 – **10 ch** 95/135 – P 195/270.

FORD Gar. Fragnol, à Berre l'Etang ☎ 85.40.45
RENAULT Laleuf, ☎ 87.29.31

ROGNY 89 Yonne 65 ② G. Bourgogne – 740 h. alt. 148 – ✉ 89220 Bleneau – 86.

Paris 147 – Auxerre 60 – Gien 24 – Montargis 33.

Aub. des Sept Ecluses, ☎ 74.91.41 – wc ☎ Ⓟ. AE E VISA
fermé 20 au 30 sept., fév. et mardi sauf août – SC : **R** 60/110 – ☕ 18 – **9 ch** 110/150 – P 150/180.

ROISSY-EN-FRANCE 95 Val-d'Oise 56 ⑪, 101 ⑧ – voir à Paris, Environs.

ROLLAND 33 Gironde 75 ② – rattaché à Coutras.

ROLLEBOISE 78 Yvelines 55 ⑱, 196 ② – 371 h. alt. 20 – ✉ 78270 Bonnières-sur-Seine – 3.

Voir Château★ de Rosny-sur-Seine SE : 3 km, **G. Environs de Paris.**

Paris 69 – Évreux 37 – Mantes-la-Jolie 9 – Vernon 15 – Versailles 52.

✿ **Château de la Corniche** Ⓜ, ☎ 093.21.24, **Télex 695544,** ← **vallée de la** Seine, parc, ⛱, 🎾 – TV ☎ Ⓟ – 25 à 50. AE ⓓ E VISA
fermé 23 janv. au 10 mars, dim. soir et lundi du 1er sept. au 31 mai – SC : **R** 180/300 – ☕ 35 – **26 ch** 180/390
Spéc. Homard en montgolfière, Huîtres étuvées au champagne, Saumon braisé au cidre.

Host. Rolleboise (chez Maurice), rte Nationale ☎ 093.21.07, ← – Ⓟ
fermé 15 janv. au 20 fév. et mardi – SC : **R** 70/150.

Participez à notre effort permanent de mise à jour
Adressez-nous vos remarques et vos suggestions.

Cartes et guides Michelin
46 avenue de Breteuil - 75341 Paris Cedex 07

ROMAGNE-SOUS-MONTFAUCON 55 Meuse 56 ⑩ – 211 h. alt. 230 – ✉ **55110** Dun-sur-Meuse – ✪ 29.

Voir Cimetière américain, G. Vosges.

Paris 264 – Bar-le-Duc 79 – Ste-Menehould 45 – Verdun 43 – Vouziers 35.

XX **Aub. du Coq Gaulois,** ☎ 80.93.72 – E
fermé 10 au 18 sept., 13 au 28 fév., dim. soir et lundi – **R** 45/150 ♁.

ROMAINVILLE 93 Seine-St-Denis 56 ⑪, 101 ⑰ – voir à Paris, Environs.

ROMANÈCHE-THORINS 71 S.-et-L. 74 ① **G. Vallée du Rhône** – 1 699 h. alt. 187 – ✉ **71570** La Chapelle de Guinchay – ✪ 85.

Paris 411 – Chauffailles 52 – ♦Lyon 56 – Mâcon 17 – Villefranche-sur-Saône 29.

✿ **Maritonnes** (Fauvin), près gare ☎ 35.51.70, « Parc fleuri » – TV ☎ P. E VISA
fermé 12 au 20 juin, 15 déc. à fin janv., dim. soir et lundi d'oct. à juin, lundi midi et mardi midi en été – SC : **R** 120/220 – ⊐ 25 – **20 ch** 180/260
Spéc. Grenouilles sautées fines herbes, Cassolette de queues d'écrevisses (juil. à mars), Fricassée de volaille à la crème et morilles. **Vins** Pouilly-Fuissé, Chénas.

XX **Commerce** avec ch, à la gare ☎ 35.51.82 – wc ☎ P
15 ch.

ROMANS-SUR-ISÈRE 26100 Drôme 77 ② **G. Vallée du Rhône** – 33 888 h. alt. 167 – ✪ 75.

Voir Tentures** de l'église St-Barnard AZ **B**.

Office de Tourisme pl. J.-Nadi (fermé dim.) ☎ 02.28.72.

Paris 562 ⑤ – Die 73 ④ – ♦Grenoble 81 ② – ♦St-Étienne 118 ⑤ – Valence 18 ④ – Vienne 71 ⑤.

ROMANS-SUR-ISÈRE
BOURG-DE-PÉAGE

Cordeliers (Côte des) . . . . . **BZ** 6
Faure (Pl. Maurice) . . . . **AZ**
Mathieu-de-la-Drôme (R.) **BZ** 16
Chan.-Chevalier (R.) . . . . **AZ** 3
Chevalier (Q. Ulysse) . . . . **BZ** 4
Clérieux (R. du Fg-de) . . . **AZ** 5
Fuseau (R. du) . . . . **AZ** 7
Gailly (Pl. E.) . . . . **AY** 9
Jacquemard (Pl.) . . . . **AZ** 12
Massenet (Pl.) . . . . **BZ** 13
Masses (Côte des) . . . . . . **AY** 15
N.-D.-de-Lourdes (✝) . . **BY**
Poids-des-Farines (Côte) **AZ** 18
St-Barnard (✝) . . . . **AZ B**
St-Jean-Bosco (✝) . . . . **AY**
St-Nicolas (✝) . . . . **BZ**
Semard (R. P.) . . . . **AY** 20

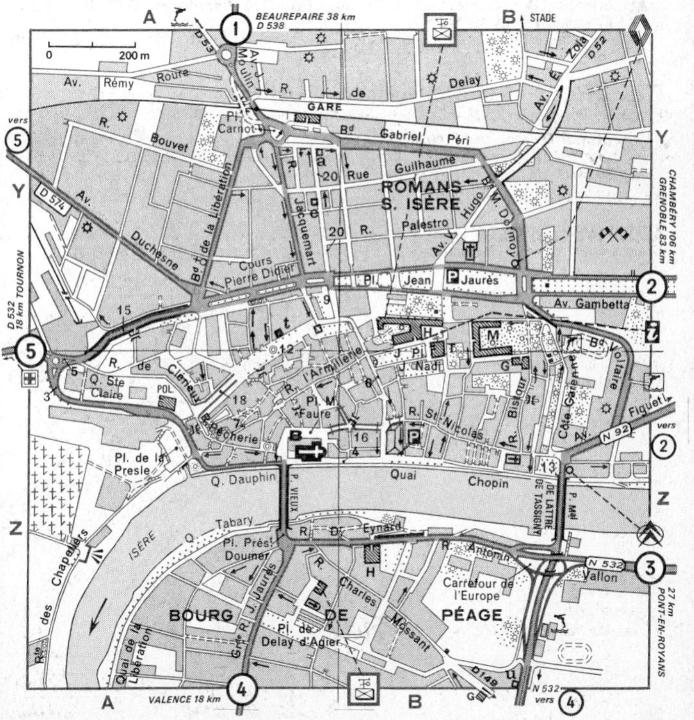

ROMANS-SUR-ISÈRE

🏨 **Terminus** sans rest, 48 av. P.-Sémard ☏ 02.46.88 – 🛗 ⌂wc ♨wc ☜ – 🅐 80. **VISA** AY **a**
fermé 24 déc. au 9 janv. – SC : ⌷ 15 – **32 ch** 90/165.

🏨 **Magdeleine** sans rest, 31 av. P.-Sémard ☏ 02.33.53 – 📺 ⌂wc ♨wc ☜. ΑΕ ⓞ **VISA** AY **e**
SC : ⌷ 14 – **16 ch** 98/183.

XX **Ponton,** 40 pl. Jacquemart ☏ 02.29.91 – ΑΕ **VISA** AY **t**
fermé en juil., vacances de fév., dim. soir et lundi – SC : **R** 80/140.

à Bourg-de-Péage ABZ – 8 680 h. alt. 126 – ⌧ 26300 Bourg-de-Péage :

🏨 **Yan's** 🅼 sans rest, ☏ 72.44.11, ⚖, – 📺 ⌂wc ☎ 🅿. ΑΕ ⓞ **VISA**. ⚞ BZ **u**
SC : ⌷ 20 – **25 ch** 194/213.

XX **Astier,** à Pizançon par ③ : 2 km par N 532 ☏ 70.06.27 – ▤
fermé 8 juil. au 1er août, sam. soir et dim. – SC : **R** 120/180.

à Granges-les-Beaumont par ⑤ : 6 km – ⌧ 26600 Tain l'Hermitage :

XXX **Les Cèdres,** ☏ 71.50.67, 🏛, ⚖, ⚘ – 🅿
fermé 16 août au 6 sept., vacances de fév., dim. soir (1er nov. au 30 avril), mardi soir et merc. – SC : **R** 85/240.

XX **Lanaz** avec ch, ☏ 71.50.56 – ⌂wc ☜ 🅿
fermé 30 avril au 9 mai, 3 au 25 sept. et mardi – SC : **R** 54/120 🍴 – ⌷ 15,50 – **8 ch** 112/132 – P 184/213.

CITROEN Romans-Automobiles, pl. Masse-net ☏ 70.00.66
FIAT Gar. Badarello, Zone Ind., N 92 ☏ 70.03.60
FORD Larat, 21 av. Gambetta ☏ 70.07.01
OPEL Vincent, 9 r. G.-Martin ☏ 70.51.59
PEUGEOT, TALBOT Gar. des Dauphins, Zone Ind., N 92 par ② ☏ 70.24.66
RENAULT Comas Automobiles, Zone Ind., N 92 par ② ☏ 72.42.22

RENAULT Standard Automobiles, 6 bd Max-Dormoy ☏ 02.29.55
V.A.G. Tabarin, 12 bd de la Libération ☏ 02.32.20
Gar. Fillat, 47 av. J.-Moulin ☏ 02.07.66

🛞 Dorcier, 41 cours P.-Didier ☏ 02.24.64
Piot-Pneu, Zone Ind., N 92 ☏ 70.45.67

ROMBAS 57120 Moselle 🅖🅗 ③ – 11 733 h. alt. 173 – ⬡ 8.
Paris 323 – Briey 15 – ♦Metz 19 – Thionville 19 – Verdun 71.

🏨 **Europa,** 19 r. Clemenceau à Clouange ⌧ 57120 Rombas ☏ 767.07.88 – ⌂wc
→ ♨wc ☜ 🅿 – 🅐 40. **VISA**
fermé début juil. à début août, vend. midi et sam. soir – **R** 32/60 🍴 – ⌷ 13 – **20 ch** 78/123.

ROMENAY 71 S.-et-L. 🅖🅘 ⑳ – 1 641 h. alt. 204 – ⌧ 71470 Montpont-en-Bresse – ⬡ 85.
Paris 383 – Bourg-en-Bresse 36 – Chalon-sur-Saône 45 – Louhans 19 – Mâcon 36.

X **Lion d'Or** avec ch., ☏ 40.30.78 – ♨
fermé 8 au 21 nov., 1er au 7 juin, mardi soir et merc. – SC : **R** 55/102 – ⌷ 15,50 – **10 ch** 55/89.

RENAULT Gar. du Sud, ☏ 40.30.54

ROMILLY-SUR-SEINE 10100 Aube 🅖🅘 ⑤ – 16 291 h. alt. 75 – ⬡ 25 – Paris 127 ⑤ –
Châlons-s.-Marne 74 ① – Nogent-sur-S. 18 ⑤ – Sens 60 ⑤ – Sézanne 26 ① – Troyes 38 ③.

ROMILLY-SUR-SEINE

Boule-d'Or (R. de la) 3
Brossolette (Av. P.) 4
Carnot (Rue) 5
Château (Av. du) 6
Gambetta (R.) 8
Gaulle (R. Gén. de) 9
Jaurès (Av. Jean) 10
Lattre-de-Tassigny
  (R. Mar. de) 12
Leclerc (Av.) 13
Liberté (Av. de la) 14
Magenta (R.) 16
Martyrs (Pl. des) 17
Partouneaux (R.) 19
Pasteur (R.) 21
St-Martin (⛪) . . . .

Les pastilles numérotées des plans de villes ① ② ③ sont répétées sur les cartes Michelin à 1/200000

Elles facilitent le passage entre les cartes et les guides Michelin.

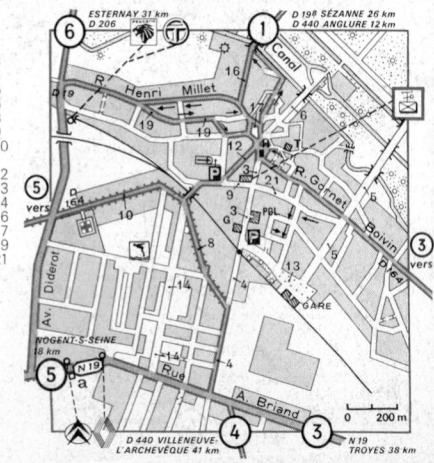

⌂ Climat de France Ⓜ N 19 (a) ℡ 24.92.40 – 🛁wc ☎ ও 🄿
35 ch.

CITROEN Garnerot, 126 r. A.-Briand N 19 ℡
24.79.48
FORD Gar. D'Agostino, 6 r. E.-Zola ℡ 24.71.58
PEUGEOT, TALBOT Crelier, Rond-Point du
Val-Thibault ℡ 24.74.45
RENAULT Brillais, bd Robespierre ℡ 24.85.77
Ⓝ ℡ 24.70.38

V.A.G. Gar. Rocca, 55 av. J.-Jaurès ℡ 24.90.42

◉ La Centrale du Pneu, 223 r. A.-Briand ℡ 24.
79.40

ROMORANTIN-LANTHENAY ⊙P 41200 L.-et-Ch. 🟨4 ⑱ Ⓖ Châteaux de la Loire –
18 187 h. alt. 88 – ✿ 54.

Voir Maisons anciennes★ B – Vues des ponts★ – Musée de Sologne★ H.

🛈 Syndicat d'Initiative pl. Paix (fermé dim. et lundi sauf matin hors sais.) ℡ 76.43.89.

Paris 199 ① – Blois 41 ⑤ – Châteauroux 67 ③ – ◆Orléans 68 ① – ◆Tours 93 ④ – Vierzon 33 ③.

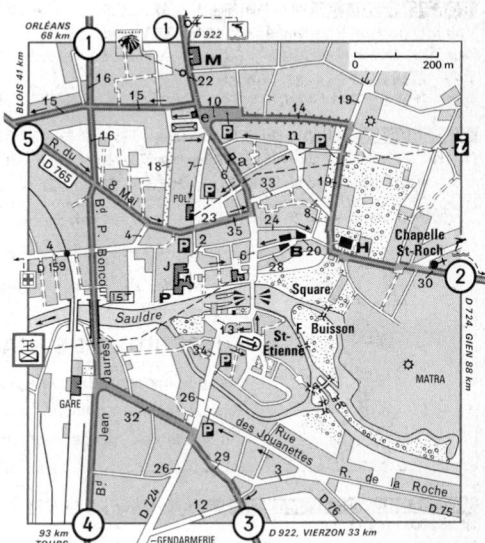

ROMORANTIN-LANTHENAY

🏨 ✿✿ Gd H. Lion d'Or Ⓜ, 69 r. Clemenceau (a) ℡ 76.00.28 – 🛗 📺 ☎ 🄿 – ⚐
35 à 50. 🅰🅴 ⓪ 🅴 𝚅𝙸𝚂𝙰
*fermé début janv. à mi fév. – SC : **R** (nombre de couverts limité - prévenir) 180/300 et
carte – ⌸ 40 – **8 ch** 300/370*
Spéc. Feuilleté d'asperges (avril à juin), Crépinette de pigeon au vinaigre de cidre, Pannequets de
framboises. **Vins** Vouvray, Bourgueil.

⌂ Le Lanthenay 🍴, à Lanthenay par ① 2,5 km, pl. Église ℡ 76.09.19, 🍴 – 🛏wc
◆ 🛁wc ☎ ও 🅴 𝚅𝙸𝚂𝙰
*fermé 24 au 30 sept., 15 fév. au 15 mars, lundi (sauf hôtel) et dim. soir – SC : **R**
49/135 – ⌸ 16 – **14 ch** 85/140.*

XX Le Colombier 🍴 avec ch, 10 pl. Vieux-Marché (n) ℡ 76.12.76, 🍴 – 🛏wc 🛁
☎ 🄿. 🅰🅴 🅴 𝚅𝙸𝚂𝙰
*fermé 19 au 26 sept. et 15 janv. au 15 fév. – SC : **R** (fermé lundi sauf fériés) 70 (sauf
sam. soir)/137 – ⌸ 16 – **10 ch** 114/134.*

XX Orléans avec ch, 2 pl. Gén.-de-Gaulle (e) ℡ 76.01.65 – 🛏wc 🛁 ☎
10 ch.

AUSTIN-ROVER Gar. de l'Étoile, 91 fg d'Or-
léans ℡ 76.18.07
CITROEN Berry Sologne Auto, 91 Av. de Ville-
franche par ③ ℡ 76.03.10
FIAT Gar. Lerepenti, 10 r. de l'Écu ℡ 76.02.42

PEUGEOT Hureau, 14 fg Orléans ℡ 76.01.98
PEUGEOT-TALBOT Girard, 86 fg Orléans par
① ℡ 76.11.01
RENAULT Gar. de Paris, 12-14 av. de Paris par
Fg.-d'Orléans ℡ 76.06.68

*Pour bien utiliser ce guide
reportez-vous aux explications p. 14 à 21.*

RONCHAMP 70250 H.-Saône **66** ⑦ – 3 139 h. alt. 353 – **✪** 84.

Voir Chapelle★★, G. Jura.

🟦 Syndicat d'Initiative à la Mairie (fermé sam. et dim.) ☎ 20.64.70.

Paris 492 – Belfort 21 – Lure 12 – Luxeuil-les-Bains 31 – Vesoul 43.

🏨 **Le Ronchamp** Ⓜ sans rest, rte de Belfort ☎ 20.60.35, 🌴 – 🛏wc 📶wc ☎ 🅿.
VISA
fermé 18 déc. au 31 janv. et dim. soir du 1ᵉʳ nov. au 1ᵉʳ avril – SC : ☷ 14 – **21 ch**
125/170.

au Rhien N : 2,5 km – ⊠ 70250 Ronchamp :

🟈🟈 **Carrer** 🏖 avec ch, ☎ 20.62.32 – 🛏wc 🅿 – 🚹 35. **E** **VISA**. 🕸 ch
➤ SC : **R** 39/130 🍴 – ☷ 13 – **20 ch** 64/85 – P 110/150.

à Champagney E : 4,5 km par D 4 – 3 290 h. – ⊠ 70290 Champagney :

🏨 **Commerce,** ☎ 23.13.24, 🌴 – 📶 ⇐ 🅿. ⓞ **E** **VISA**
➤ *fermé oct.* – SC : **R** *(fermé lundi)* 50/150 🍴 – ☷ 17 – **25 ch** 68/80 – P 150/170.

ROPPENTZWILLER 68 H.-Rhin **66** ⑩ – 708 h. alt. 370 – ⊠ 68480 Ferrette – **✪** 89.

Voir Village ★ de Grentzingen NO : 5 km, G. Vosges.

Paris 543 – Altkirch 15 – ✦Bâle 25 – Belfort 49 – Colmar 76 – Delle 29 – Montbéliard 47.

🟈🟈 **Eicher,** ☎ 25.81.38 – 🅿. 🕸
➤ *fermé 1ᵉʳ au 24 août, mardi soir et lundi* – SC : **R** 38/120, en sem. dîner à la carte.

ROQUEBRUN 34 Hérault **83** ⑭ G. Causses – 573 h. alt. 89 – ⊠ 34460 Cessenon – **✪** 67.

Paris 854 – Béziers 30 – Lodève 63 – ✦Montpellier 97 – Narbonne 51 – St-Pons 39.

🟈 **Petit Nice** avec ch, ☎ 89.64.27, ≤, 🍽, – 📶, sans 📶. 🕸
hôtel ouvert 1ᵉʳ avril-30 sept. ; rest. fermé 1ᵉʳ oct. au 1ᵉʳ déc. et lundi sauf du 1ᵉʳ juin au 30 sept. – SC : **R** 75 bc/150 bc – ☷ 16 – **10 ch** 85/120 – P 140/150.

Pour circuler sur les autoroutes
procurez-vous

AUTOROUTES DE FRANCE nº 400

Cartographie simplifiée en atlas

Renseignements pratiques : aires de repos,

stations-service, péage, restaurants...

ROQUEBRUNE-CAP-MARTIN 06190 Alpes-Mar. **84** ⑩, **195** ㉘ G. Côte d'Azur – 12 578 h.
alt. 68 à 300 – **✪** 93.

Voir Village perché★★ : rue Moncollet★, 🕸★★ du donjon★ – Cap Martin ≤★★ X – ≤★★
de l'hôtel Vistaëro SO : 4 km.

🟦 Office de Tourisme Hôtel de Ville (fermé sam. après-midi et dim.) ☎ 35.60.67 et Esplanade de
Jean Gioan (15 juin-15 sept.) ☎ 57.99.44.

De Roquebrune : Paris 958 – Menton 5 – Monte-Carlo 7 – ✦Nice 26.

Plans : voir à Menton

🏨🏨 **Vistaëro** Ⓜ, Grande Corniche SO : 4 km par ③ ☎ 35.01.50, Télex 461021, ≤
littoral, 🍽, 🛉, 🌴 – 🛗 📺 ☎ 🅿 – 🚹 35. 🅰🅴 ⓞ **E** **VISA**
5 fév.-18 nov. – SC : **R** 160/230 – ☷ 40 – **20 ch** 340/640, 5 appartements – P
585/670.

🏨🏨 **Alexandra** Ⓜ sans rest, 93 av. W.-Churchill ☎ 35.65.45, ≤ – 🛗 🗔 📺 ☎. 🅰🅴 ⓞ
fermé 1ᵉʳ nov. au 10 déc. – SC : **40 ch** ☷ 275/455.   AX **a**

🏨🏨 **Victoria et de la Plage** sans rest, 7 prom. Cap ☎ 35.65.90, Télex 470673, ≤ – 📺
☎ ⇐. 🅰🅴 **VISA**   AX **k**
1ᵉʳ fév.-31 oct. – SC : **30 ch** ☷ 190/340.

🏨 **Regency** sans rest, 98 av. J.-Jaurès par ③ : 2,5 km ☎ 35.00.91, ≤ – 🛏wc 🅐. 🅰🅴
ⓞ **E** **VISA**
fermé 1ᵉʳ nov. au 16 déc. – SC : **12 ch** ☷ 180/250.

🏨 **Westminster,** 14 av. L.-Laurens, quartier Bon-Voyage par ③ : 3 km ☎ 35.00.68,
➤ ≤, 🌴 – 🛏wc 📶wc 🅐 🅿. 🕸
début fév.-15 oct. – SC : **R** (en sais. dîner seul.) 50/75 – ☷ 14 – **28 ch** 85/170 – P
190/200.

🟇 **Reine d'Azur,** 29 prom. Cap-Martin ☎ 35.76.84, 🍽, 🌴   AX **d**
1ᵉʳ fév.-15 oct. – SC : **R** (dîner résidents seul.) 62/75 – ☷ 16 – **17 ch** 84/110 – P
180/215.

XXX ✿ **Roquebrune** (Mme Marinovich), 100 av. J.-Jaurès par ③, (corniche inférieure)
℡ 35.00.16, ≤, ⇔ – ⊡ ① E VISA
fermé 7/11 au 7/12, 9 au 16/1, jeudi midi et merc. du 1/10 au 14/6 et le midi (sauf week-end) du 16/6 au 30/9 – SC : **R** 220
Spéc. Soupe de poissons, Bouillabaisse, Bourride. Vins Bandol, Cassis.

XX ✿ **Hippocampe** (Teyssier), av. W.-Churchill ℡ 35.81.91, ≤ baie et littoral, ⇔ –
🅿 ⇔
AX h
fermé 1er au 30 mai, 1er au 30 oct., 2 au 30 janv. et lundi – SC : **R** (déj. seul. hors sais. et prévenir) 105/210
Spéc. Soupe de poissons, Filets de sole en brioche, Canard aux pêches. Vins Gassin, Bellet.

XX **Au Gd Inquisiteur**, r. Château (accès à pied) au village par ③ ℡ 35.05.37,
« Intérieur rustique » – ▤ ⊡ ⇔
fermé 16 oct. au 15 nov. et lundi du 1er sept. au 1er juil. – SC : **R** 90.

X **Les Lucioles**, au village par ③ ℡ 35.02.19, ≤ – VISA
1er avril-31 oct. et fermé vend. midi et jeudi – SC : **R** 120.

à Monte-Carlo Beach : ressources hôtelières voir à Monaco

CITROEN Gar. de Carnolès, 159 av. Verdun ℡ 35.77.85

ROQUEFAVOUR 13 B.-du-R. 🔢 ②③ – ⊠ 13122 Ventabren – ✿ 42.
Voir Aqueduc★, G. Provence.
Paris 754 – Aix-en-Provence 12 – ♦Marseille 31 – Martigues 37 – Salon-de-Provence 28.

🏠 **Arquier**, ℡ 24.20.45, ≤, parc, ⇔ – ⇔wc 🔔 ☎ 🅿 VISA ⇔
fermé fév. et lundi hors sais. – SC : **R** 85/155 – ⊑ 17 – **18 ch** 60/180 – P 250/320.

ROQUEFORT 40120 Landes 🔢 ⑪⑫ G. Côte de l'Atlantique – 1 828 h. alt. 75 – ✿ 58.
Paris 699 – Agen 120 – Aire-sur-l'Adour 37 – Auch 97 – Langon 61 – Mont-de-Marsan 22.

🏠 **Le Colombier** M ⇔, ℡ 45.50.57, ≤, ⤵, 🔄, ⇔ – 🔔wc ☎ 🅿 ⇔ rest
⇔ SC : **R** 32/95 ⅄ – ⊑ 13 – **20 ch** 42/82 – P 110/126.

PEUGEOT, TALBOT Pallas, ℡ 58.50.25

ROQUEFORT-LES-PINS 06330 Alpes-Mar. 🔢 ⑨ – 3 432 h. – ✿ 93.
Paris 918 – Cannes 18 – Grasse 15 – ♦Nice 25.

🏠 **Aub. du Colombier**, ℡ 77.10.27, ≤, parc, ⇔, 🔄, ⇔, ⇔ – 📺 ⇔wc ☎ 🅿 –
🏤 25. ⊡ ①
fermé 10 janv. au 10 fév. – **R** 135/180 – ⊑ 30 – **14 ch** 150/450 – P 440/540.

ROQUEFORT-SUR-SOULZON 12250 Aveyron 🔢 ⑭ G. Causses – 880 h. alt. 630 – ✿ 65.
Voir Rocher St-Pierre ≤ ★.
Paris 655 – Lodève 65 – Millau 24 – Rodez 82 – St-Affrique 14 – Le Vigan 76.

🏠 ✿ **Grand Hôtel** (Lenfant), ℡ 60.90.20 – ⇔wc 🔔wc 🅿 VISA
1er avril-30 sept. ; fermé dim. soir et lundi sauf juil.-août – SC : **R** 75/110 ⅄ – ⊑ 20
– **16 ch** 71/124
Spéc. Tourte au Roquefort, Côte de bœuf grillée aux trois beurres, Soufflé glacé.

La ROQUE-GAGEAC 24 Dordogne 🔢 ⑰ G. Périgord – 404 h. alt. 150 – ⊠ 24250 Domme –
✿ 53 – Voir Site★★.
Paris 552 – Cahors 54 – Fumel 59 – Lalinde 46 – Périgueux 69 – Sarlat-La-Canéda 13.

🏠 **Belle Étoile**, ℡ 29.51.44, ≤, ⇔ – ⇔wc 🔔 VISA ⇔ ch
⇔ *15 avril-15 oct.* – SC : **R** 40/110 ⅄ – ⊑ 13 – **15 ch** 140 – P 175.

🏠 **Gardette**, ℡ 29.51.58, ≤, ⇔ – ⇔wc 🔔 ☎ 🅿 ⇔ rest
15 avril-15 oct. – SC : **R** 62/160 – ⊑ 16 – **15 ch** 80/200 – P 181/213.

rte de Vitrac SE : 4 km par D 703 – ⊠ 24250 Domme :

🏠 **Le Périgord** M ⇔, ℡ 28.36.55, ⇔ – ▤ rest ⇔wc 🔔wc ☎ 🅿 – 🏤 200. ⊡ ①
VISA
SC : **R** 70/250 – ⊑ 20 – **40 ch** 160/220 – P 220/240.

ROQUEMAURE 30150 Gard 🔢 ⑪⑫ – 4 054 h. alt. 19 – ✿ 66.
Paris 672 – Alès 69 – Avignon 16 – Bagnols-sur-Cèze 19 – Nîmes 45 – Orange 11 – Pont-St-Esprit 30.

🏠 **Château de Cubières**, ℡ 50.14.28, ⇔, « Demeure du 18e s., parc » – ⇔wc ☎
🅿 – 🏤 30
fermé 15 nov. au 1er déc., 20 fév. au 20 mars et mardi hors sais. – SC : **R** 78/120 – ⊑
20 – **15 ch** 155/180 – P 270/324.

La ROQUETTE 12 Aveyron 🔢 ② – rattaché à Rodez.

ROSAY 78 Yvelines 🔢 ⑱, 🔢 ⑮ – rattaché à Mantes-la-Jolie.

ROSBRUCK 57 Moselle 57 ⑯ – rattaché à Forbach.

ROSCOFF 29211 Finistère 58 ⑥ **G. Bretagne** (plan) – 3 787 h. – ✪ 98.

Voir Église★ – Aquarium Ch. Pérez★ – Le grand figuier ★ – Anc. cathédrale ★★ de St-Pol-de-Léon – Clocher★★ de la chapelle du Kreisker★ : ※★★ de la tour S : 5 km par D 769.

🅸 Office de Tourisme r. Gambetta (15 avril-30 sept. et fermé dim.) ☎ 69.70.70.

Paris 565 – ♦Brest 62 – Landivisiau 27 – Morlaix 28 – Quimper 100.

Gulf Stream M ⛰, à Roskogoz ☎ 69.73.19, ≤, 🌳 – |♦| 🅟. E VISA. ✂ rest
1er avril-30 sept. – SC : **R** 90/220 – ☕ 18 – **32 ch** 180/200 – P 210/280.

Triton M ⛰ sans rest, r. Dr Bagot ☎ 61.24.44, 🌳 – |♦| 🛁wc 🚿wc ☎ 🅟. ✂
fermé 15 nov. au 1er fév. – SC : ☕ 19,50 – **45 ch** 115/205.

Talabardon, pl. Église ☎ 61.24.95, ≤ – |♦| 🛁wc 🚿wc ☎. ✂
1er avril-30 sept. – SC : **R** (Résidents seul.) – ☕ 20 – **44 ch** 95/220 – P 190/240.

Régina sans rest, r. Ropartz Morvan ☎ 61.23.55 – |♦| 🛁wc 🚿wc ☎. E
15 mai-15 sept. – SC : ☕ 20 – **50 ch** 127/182.

Bellevue ⛰, r. Jeanne d'Arc ☎ 61.23.38, ≤ – 🛁wc 🚿wc ☎
vacances de printemps (hôtel seul.) et 12 mai-30 sept. – SC : **R** 55/150 – ☕ 18,50 – **23 ch** 80/170 – P 170/235.

Bains, pl. Église ☎ 61.20.65, ≤, 🌳 – |♦| 🚿wc. VISA. ✂ rest
14 mars-fin oct. – SC : **R** 55/155 – ☕ 15 – **63 ch** 82/163 – P 154/220.

Angleterre, r. A.-de-Mun ☎ 69.70.42, « Jardin fleuri » – 🛁wc 🚿wc ☎. ✂
1er mai-30 sept. – SC : **R** *(fermé dim. soir)* 72/95 – ☕ 16 – **40 ch** 78/162 – P 170/205.

Centre "Chez Janie" sans rest., r. Gambetta ☎ 61.24.25, ≤ – 🚿 ☎. E VISA
fermé 15 déc. au 15 janv. et merc. – SC : ☕ 15 – **18 ch** 75/100.

RENAULT Gar. Hamon, 69 r. A.-de-Mun ☎ 69.72.09

ROSHEIM 67560 B.-Rhin 62 ⑨ **G. Vosges** – 3 766 h. alt. 194 – ✪ 88.

Voir Église St-Pierre et St-Paul★.

🅸 Syndicat d'Initiative à la Mairie (fermé sam. et dim.) ☎ 50.40.10.

Paris 482 – Erstein 22 – Molsheim 6,5 – Obernai 6 – Sélestat 29 – ♦Strasbourg 29.

XX **Aub. Cerf** avec ch, 120 r. Gén.-de-Gaulle ☎ 50.40.14, 🌳 – 🚿wc. E VISA. ✂ ch
fermé 27 juil. au 18 août, vac. de Noël, vend. et sam. – SC : **R** carte 110 à 150 🍷 – ☕ 15,50 – **3 ch** 85/145.

X **La Petite Auberge,** 41 r. Gén.-de-Gaulle ☎ 50.40.60 – VISA
fermé 15 au 30 juin, 5 janv. au 5 fév., mardi soir du 1er nov. au 1er juin et merc. – SC : **R** 45/140 🍷.

RENAULT Gar. Béraud, ☎ 50.40.22 N

La ROSIÈRE 73 Savoie 74 ⑱⑲ **G. Alpes** – alt. 1 820 – Sports d'hiver : 1 850/2 400 m ⛷16 – ✉ 73700 Bourg-St-Maurice – ✪ 79.

🅸 Office de Tourisme (fermé sam. après-midi et dim. hors sais.) ☎ 07.11.14.

Paris 685 – Bourg-St-Maurice 23 – Chambéry 124 – Chamonix 61 – Val d'Isère 48.

Relais Petit St-Bernard ⛰, ☎ 06.80.48, ≤ montagnes – 🛁wc 🚿 ☎ 🅟. ✂ ch
20 juin-15 sept. et 15 déc.-20 avril – SC : **R** 55/62 – ☕ 18 – **20 ch** 90/180 – P 185/240.

Roc Noir ⛰, ☎ 07.10.02, ≤ montagnes – 🛁wc 🚿wc ☎. ✂
15 déc.-1er mai – SC : **R** 35/120 🍷 – ☕ 30 – **30 ch** 150/200 – P 180/200.

Les ROSIERS 49 M.-et-L. 64 ⑫ **G. Châteaux de la Loire** – 1 933 h. alt. 24 – ✉ 49350 Gennes – ✪ 41.

🅸 Syndicat d'Initiative à la Mairie (fermé mardi et jeudi après midi, sam. et dim.) ☎ 51.80.04.

Paris 289 – Angers 30 – Baugé 26 – Bressuire 64 – Cholet 62 – La Flèche 44 – Saumur 15.

Val de Loire, pl. Église ☎ 51.80.30 – 🚿wc – 🏛 25. ✂
15 mars-30 sept. et fermé lundi – SC : **R** 46/120 🍷 – ☕ 15,50 – **11 ch** 75/170 – P 152/184.

XXX ✿ **Jeanne de Laval** (Augereau) avec ch, rte Nationale ☎ 51.80.17, « Jardin fleuri » – 🛁wc 🚿wc ☎ 🅟 – 🏛 25. AE ⓓ VISA. ✂ rest
fermé 12 nov. au 28 déc. et lundi sauf fériés – SC : **R** (nombre de couverts limité - prévenir) 150/250 – ☕ 28 – **7 ch** 100/260.

Annexe Ducs d'Anjou ⛰, 🌳
SC : ☕ 28 – **8 ch** 100/260

Spéc. Foie gras frais de canard, Poissons au beurre blanc, Poularde à l'estragon. **Vins** Savennières, Saumur-Champigny.

XX **La Toque Blanche,** O : 0,5 km par N 152 ☎ 51.80.75 – VISA
fermé 28 août au 10 sept., 31 janv. au 23 fév., mardi soir et merc. – SC : **R** 48 bc/98.

ROSPORDEN 29140 Finistère **58** ⑯ G. Bretagne – 3 842 h. alt. 118 – ✪ 98.

Voir Clocher★ de l'église.

Paris 538 – Carhaix-Plouguer 51 – Châteaulin 48 – Concarneau 13 – Quimper 22 – Quimperlé 26.

🏨 **Bourhis,** pl. Gare 🕾 59.23.89 – 🛗 ⌂wc 🕾 ⅃ ⦿ E *VISA*
fermé du 15 au 30 nov., du 15 au 28 fév. ; dim. soir et lundi du 30 sept. au 1ᵉʳ juin –
SC : **R** rest. 105/170 – grill **le jardin R** 55/85 – ⌑ 22 – **27 ch** 190/230 – P 255/275.

🏨 **Arvor,** pl. Gare 🕾 59.20.32 – ⌂wc ⅃wc ⌹ ⇔
34 ch.

🏠 **Gai Logis,** rte Quimper 🕾 59.22.38, *🛋* – ⅃ ⦿
✦ *fermé 15 fév. au 15 mars et sam. hors sais. –* SC : **R** 45/160 ⅃ – ⌑ 15 – **18 ch** 90/130
P 130/160.

CITROEN Monfort, rte de Concarneau 🕾 59.
22.72
PEUGEOT-TALBOT Jourdrain, 3 rte de Quim-
per 🕾 59.20.37

RENAULT Castrec, 1 r. de la Gare, 🕾 59.20.25

ROUBAIX 59100 Nord **51** ⑥ ⑯ G. Nord de la France – 101 886 h. alt. 22 – ✪ 20.

Voir Chapelle d'Hem★ : vitraux★★ 5 km par ⑥ voir plan de Lille p. 3 KS **B.**

🗗 des Flandres 🕾 72.20.74 par ⑦ : 8 km ; 🗗 du Sart, au château du Sart 🕾 72.02.51 par
⑦ : 5 km ; 🗗 de Brigode à Villeneuve d'Ascq 🕾 91.17.86 par ⑦ : 6 km ; 🗗🗗🗗 de
Bondues 🕾 37.80.03 par D 9 : 8 km - AX.

🛈 Office de Tourisme à la Mairie (fermé sam. après-midi, dim. et lundi) 🕾 70.70.02 - A.C. 42 r.
Mar.-Foch 🕾 70.92.80.

Paris 230 ⑦ – Kortrijk 23 ② – ♦Lille 12 ⑦ – Tournai 19 ⑤.

Accès et sorties : voir à Lille p. 2 et 3

Plans pages suivantes

🏨 **P.L.M. Gd Hôtel** sans rest, 22 av. J.-Lebas 🕾 70.15.90, Télex 132301 – 🛗 📺
⌂wc ⅃wc 🕾 – ⅋ 30 à 150. ⅃ ⦿ E *VISA*   BY **r**
SC : ⌑ 24 – **92 ch** 165/245.

🏠 **Flandres** Ⓜ sans rest, 59 r. Holden à Croix ⌧ 59170 Croix 🕾 72.35.01 – 📺
⌂wc ⅃wc 🕾. ⅃   AZ **k**
fermé août – SC : ⌑ 17 – **31 ch** 107/188.

🏠 **Centre** sans rest, 1 r. P.-Motte 🕾 70.69.52 – ⌂wc ⅃ ⌹. ⅌   BY **e**
SC : ⌑ 14,50 – **22 ch** 65/142.

XXX ✿ **Le Caribou** (Siesse), 8 r. Mimerel 🕾 70.87.08 – *VISA*   BY **u**
fermé juil. et août, vacances de fév., Pâques, sam. et lundi le midi – SC : **R** (dîner
sur commande) carte 165 à 215
Spéc. Foie gras chaud, Crustacés, Gibier (en saison).

XX **Chez Charly,** 127 r. J.-B.-Lebas 🕾 70.78.58 – ⅌   AX **a**
fermé août et sam. – SC : **R** (déj. seul.) 80 ⅃.

à Lys les Lannoy par ⑤ et D 206 : 5 km – ⌧ 59390 Lys les Lannoy :

XX **Aub. de la Marmotte,** 🕾 75.30.95 – ⦿. E *VISA*   plan de Lille LS
fermé août, vacances scol. de fév., mardi et dim. le soir et merc. – SC : **R** 65/95.

à Hem par ⑥ : 6 km – ⌧ 59510 Hem :

XX **Aub. Hempempont,** 5 r. Croix 🕾 75.64.32, 🛋, *🛋* – ⦿. ⅃ ⦿ *VISA*
fermé 23 juil. au 11 août et dim. soir – SC : **R** carte 130 à 230.   plan de Lille KS

à Forest sur Marque par ⑤ et D 952 : 9 km – ⌧ 59510 Hem :

XX **Aub. de la Marque,** 🕾 34.94.16 – *VISA*   plan de Lille KT
fermé 25 juil. au 25 août, vacances de fév., dim. soir, lundi soir et mardi – **R** 65/110.

BLF Gar.Baert, 17 r. Mar.-Foch 🕾 70.76.94
CITROEN Cabour et Van Cauwenberghe, 71 r.
Racine AX **a** 🕾 36.01.00
FORD Gar. Ponthieux et Cie, 209 av. R.-Salen-
gro 🕾 75.29.92
FORD Gar. St-Jean 118 r. St-Jean 🕾 70.87.54
LANCIA-AUTOBIANCHI Gar. du Colisée, 6 r.
Molière 🕾 75.13.41
PEUGEOT-TALBOT S.I.A.N., 65 r. Tourcoing
BX 🕾 70.40.74 et 6 bis bd de Metz 🕾 70.90.98

RENAULT Succursale, 33 r. J.-Moulin BY 🕾
70.40.60
RENAULT Gar. Destailleurs, 10 r. Alsace AX
🕾 70.54.21

🛈 Crépy Pneus, 29 r. de l'Ouest 🕾 70.98.02
Pneus et Services D.K, 21 av. Lagache 🕾 75.
44.70
Prévost, 29 r. Victor-Hugo 🕾 75.53.79

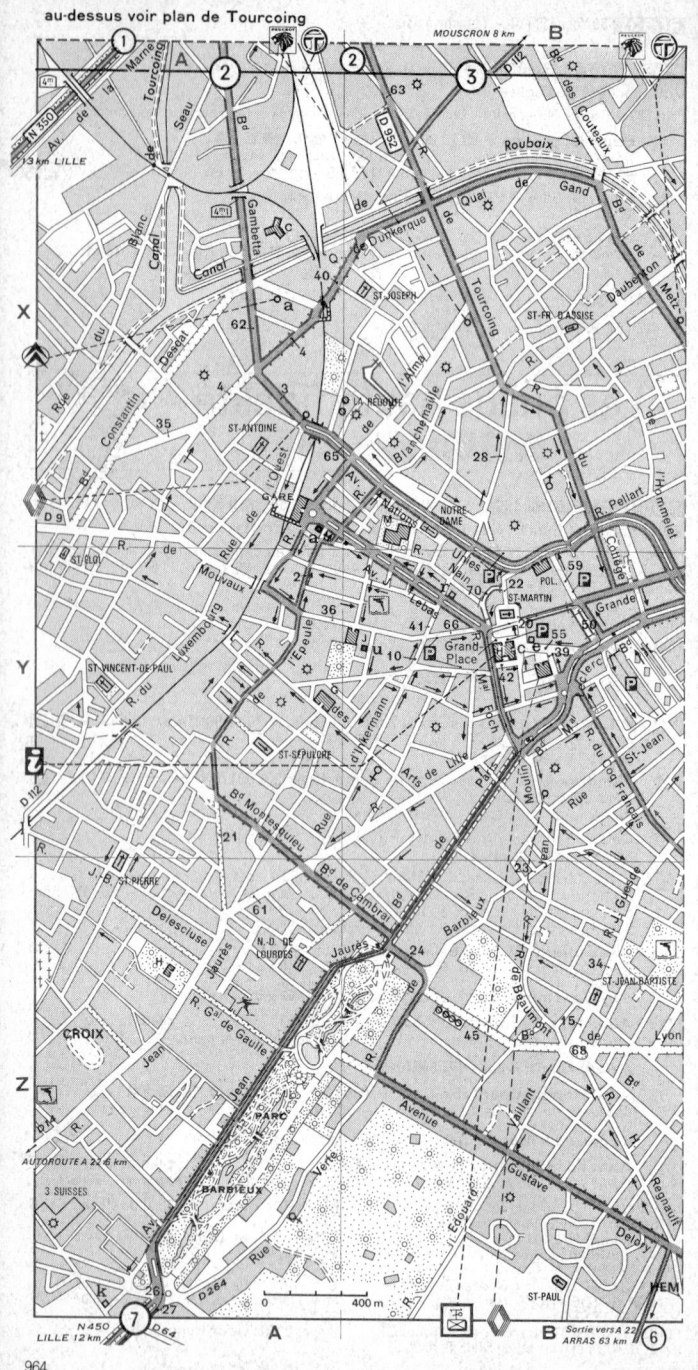

au-dessus voir plan de Tourcoing

964

ROUBAIX

ROUEN 🅿 76000 S.-Mar. 🖽🖽 ⑥ G. Normandie – 105 083 h. alt. 10 – ☺ 35.

Voir Cathédrale★★★ EY – Le Vieux Rouen★★★ DEXY : ※★★ du beffroi DY, Église St-Ouen★★ FX, Église★★ et Aître★★ St-Maclou FY, Palais de Justice★★ DEX J, Rue du Gros Horloge★★ DEY 39, Rue St-Romain★★ FY 57, Place du Vieux-Marché★ DX 65, Verrière★★ de l'église Ste-Jeanne d'Arc DX K, Rue Ganterie★ EX, Rue Damiette★ FY 28, Rue Martainville★ FGY , Église St-Godard★ EX S – Vitraux★ de l'église St-Patrice DX F – Musées: Beaux-Arts★★ (faïences de Rouen★★★) EX M1, Le Secq des Tournelles★★ EX M2 – Antiquités★ (tapisserie des Cerfs Ailés★★, mosaïque de Lillebonne★★) FVX M3 – Côte Ste-Catherine ※★★★B, 3,5 km – Bonsecours : ※★★ du calvaire et ≤★★ du monument à Jeanne d'Arc B N, 3 km – Canteleu ≤★ de la terrasse de l'église et ※★★ de la route en forte descente A, 4 km – Route d'accès au Centre Universitaire A R ※★★ par rue Chasselièvre AB 23.

Env. Roches de St-Adrien ≤★ par ④ et D7 : 8 km puis 15 mn.

🖽 🏌 74.53.46 près Mont-St-Aignan AB, N : 4 km.

Circuit automobile de Rouen-les-Essarts 13 km par ⑥.

🖪 Office de Tourisme (fermé dim. hors saison) et Accueil de France (Informations, change et réservations d'hôtels pas plus de 5 jours à l'avance), 25 pl. Cathédrale 🏌 71.41.77, Télex 770940 – A.C.O. 46 r. Gén.-Giraud 🏌 71.44.89.

Paris 139 ⑥ – ◆Amiens 116 ① – ◆Caen 124 ⑥ – ◆Calais 213 ① – ◆Le Havre 88 ⑧ – ◆Lille 227 ① – ◆Le Mans 195 ⑥ – ◆Rennes 302 ⑥ – ◆Tours 273 ⑥.

ROUEN

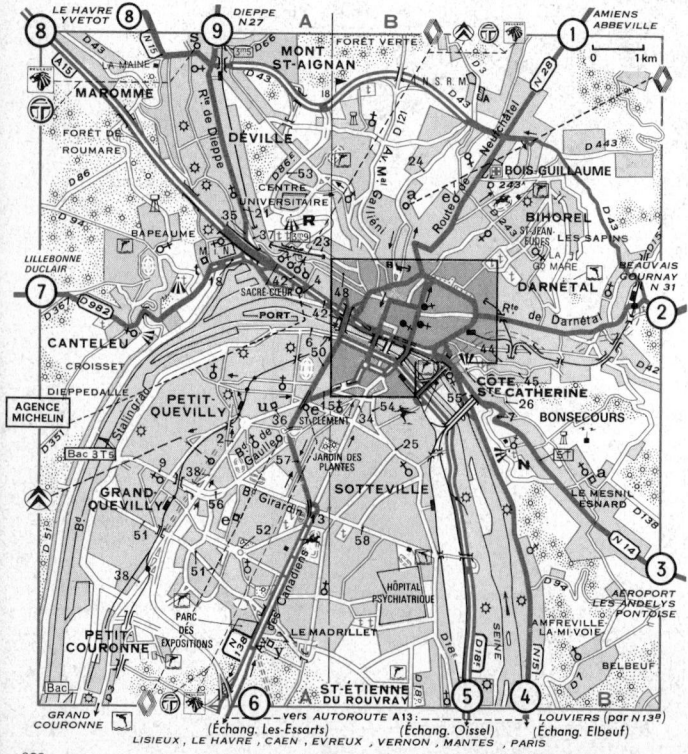

🔼 **Frantel** Ⓜ 🦢, r. Croix de Fer ☎ 98.06.98, Télex 180949 – 📶 🟰 📺 ☎ 🅿 – 🚗 50.
Ⓐ❘Ⓔ ⓞ Ⓔ 𝒱𝐼𝑆𝐴
EY **f**
SC : rest. **le Tournebroche** *(fermé dim.)* **R** carte 110 à 170 – 🖵 32 – **125 ch** 295/400.

🔼 **Dieppe et rest. Le Quatre Saisons**, pl. B. Tissot ☎ 71.96.00, Télex 180413 –
📶 📺 ☎ – 🚗 30. Ⓐ❘Ⓔ ⓞ Ⓔ 𝒱𝐼𝑆𝐴
EV **z**
SC : **R** 120 – 🖵 21 – **44 ch** 250/310.

🏨 **Gd H. Nord** 🦢 sans rest, 91 r. Gros-Horloge ☎ 70.41.41 – 📶 🚿wc 🛁wc ⊛
SC : 🖵 14,50 – **64 ch** 85/178.
DY **u**

🏨 **Viking** sans rest, 21 quai du Havre ☎ 70.34.95, ≤ – 📶 🚿wc 🛁wc ☎. Ⓐ❘Ⓔ 𝒱𝐼𝑆𝐴
SC : 🖵 15,50 – **37 ch** 84/180.
DY **y**

🏨 **Normandie** 🦢 sans rest, 19 r. Bec ☎ 71.55.77 – 📶 🚿wc 🛁wc ☎. Ⓐ❘Ⓔ ⓞ Ⓔ 𝒱𝐼𝑆𝐴
SC : 🖵 16 – **23 ch** 121/196.
EY **n**

🏨 **Paris** sans rest, 12 r. Champmeslé ☎ 70.09.26 – 📶 🚿wc 🛁wc ⊛ 🚗. Ⓐ❘Ⓔ ⓞ 𝒱𝐼𝑆𝐴
fermé 21 déc. au 7 janv. et dim. du 1er nov. au 1er avril – SC : 🖵 17 – **23 ch** 96/206.
DY **t**

🏨 **Cathédrale** sans rest, 12 r. St-Romain ☎ 71.57.95 – 📶 🚿wc 🛁wc ⊛
SC : 🖵 14,50 – **23 ch** 108/193.
EY **h**

🏠 **Morand** sans rest, 1 r. Morand ☎ 71.46.07 – 🛁wc ⊛. 𝒱𝐼𝑆𝐴
SC : 🖵 17 – **17 ch** 125/200.
EX **s**

🏠 **Québec** sans rest, 18 r. Québec ☎ 70.09.38 – 📶 🚿wc 🛁wc ⊛. Ⓐ❘Ⓔ 𝒱𝐼𝑆𝐴
fermé 23 déc. au 9 janv. – SC : 🖵 14,50 – **38 ch** 78/197.
EY **q**

🏠 **Bordeaux** sans rest, 1 pl. République ☎ 71.93.58 – 📶 🚿wc 🛁wc ⊛. Ⓐ❘Ⓔ 𝒱𝐼𝑆𝐴
SC : 🖵 14,50 – **45 ch** 101/226.
EY **e**

🏠 **Lisieux** sans rest, 4 r. Savonnerie ☎ 71.87.73 – 🛁wc ⊛
SC : 🖵 14,50 – **27 ch** 70/164.
EY **b**

🏠 **Bristol** sans rest, 4 r. aux Juifs ☎ 71.54.21 – 🛁wc ⊛. 🛰
fermé 1er au 16 janv. – SC : 🛏 14 – **15 ch** 120/160.
EY **a**

🏠 **Gaillardbois** sans rest, 12 pl. Gaillardbois ☎ 70.34.28 – 🛁wc ⊛. 𝒱𝐼𝑆𝐴
fermé 1er au 15 juil. et 24 déc. au 6 janv. – SC : 🖵 14,50 – **20 ch** 70/149.
EY **z**

🏠 **Vieille Tour** sans rest, 42 pl. Hte-Vieille-Tour ☎ 70.03.27 – 📶 🚿wc 🛁wc ⊛. 𝒱𝐼𝑆𝐴
fermé 26 déc. au 15 janv. – SC : 🖵 14,50 – **23 ch** 60/155.
EY **d**

🍴🍴🍴 **Couronne**, 31 pl. Vieux-Marché ☎ 71.40.90, « Maison normande du 14e s. » – Ⓐ❘Ⓔ
ⓞ 𝒱𝐼𝑆𝐴 🛰
fermé dim. soir et lundi – SC : **R** carte 130 à 190.
DX **d**

🍴🍴🍴 **Aub. l'Écu de France**, pl. Vieux-Marché ☎ 71.46.30, Cadre normand
fermé dim. soir et merc. – SC : **R** 120.
DX **h**

🍴🍴🍴 ❁ **Bertrand Warin**, 9 r. Pie ☎ 89.26.69 – Ⓐ❘Ⓔ 𝒱𝐼𝑆𝐴
DX **h**
fermé 5 août au 3 sept., lundi midi et dim. – SC : **R** 95
Spéc. Aiguillette de St Pierre aux oignons confits, Sauté de canard au vinaigre de cidre, Noisettes
d'agneau à l'estragon.

🍴🍴🍴 ❁ **Beffroy** (L'Hernault), 15 r. Beffroy ☎ 71.55.27, Cadre normand – Ⓐ❘Ⓔ Ⓔ 𝒱𝐼𝑆𝐴
fermé août, vacances de fév., dim. et lundi – SC : **R** 90/145
EX **b**
Spéc. Feuilleté de petits gris, Gigot de lotte Vallée d'Auge, Fricassée de canard Val de Seine.

🍴🍴 **Dufour**, 67 r. St-Nicolas ☎ 71.90.62, « Cadre vieux normand » – Ⓐ❘Ⓔ 𝒱𝐼𝑆𝐴
fermé août, dim. soir et lundi – SC : **R** carte 110 à 150.
EY **w**

🍴🍴 **Reverbère**, 5 pl. République ☎ 07.03.14 – 𝒱𝐼𝑆𝐴
fermé août et dim. – SC : **R** 100 bc/200 bc.
EY **e**

🍴🍴 **Vieux Moulin**, à Bapeaume r. Samuel Lecoeur ✉ 76820 Bapeaume ☎ 36.39.59 –
🅿. Ⓐ❘Ⓔ ⓞ 𝒱𝐼𝑆𝐴
A **t**
SC : **R** 84/177.

🍴🍴 **P'tits Parapluies**, 46 r. Bourg l'Abbé ☎ 88.55.26 – 𝒱𝐼𝑆𝐴. 🛰
FX **e**
fermé 1er au 23 août, vacances de fév., sam. midi et dim. – SC : **R** carte 145 à 185.

🍴🍴 **Bois Chenu**, 23 pl. de la Pucelle ☎ 71.19.54 – Ⓐ❘Ⓔ ⓞ 𝒱𝐼𝑆𝐴
DX **r**
fermé 11 au 25 juil., 11 au 24 fév., mardi soir et merc. – SC : **R** 65/98.

🍴🍴 **La Grillade**, 121 r. Jeanne d'Arc ☎ 71.47.01
EV **a**
↦ fermé 28 juil. au 20 août, sam. soir et dim. – SC : **R** 44 🍷

🍴 **Pascaline**, 5 r. Poterne ☎ 89.67.44 – 𝒱𝐼𝑆𝐴
EX **k**
SC : **R** carte environ 80.

🍴 **Marine**, 42 quai Cavelier-de-la-Salle ✉ 76100 ☎ 73.10.01 – Ⓐ❘Ⓔ Ⓔ 𝒱𝐼𝑆𝐴
DY **p**
↦ fermé août, 24 déc. au 2 janv., dim. soir et sam. – SC : **R** 47/100.

🍴 **La Vieille Auberge**, 37 r. St-Étienne-des-Tonneliers ☎ 70.56.65
DY **v**
↦ fermé août, dim. et fêtes – SC : **R** 50/100.

à Petit Quevilly SO : 4 km – ✉ 76140 Petit Quevilly :

🏠 **Fimotel**, 112 av. Jean-Jaurès ☎ 62.38.50 – 📶 🚿wc 🛁wc 🅿 – 🚗 30. Ⓐ❘Ⓔ 𝒱𝐼𝑆𝐴
↦ SC : **R** 46/77 🍷 – 🖵 17,50 – **42 ch** 181/211.
A **u**

tourner →

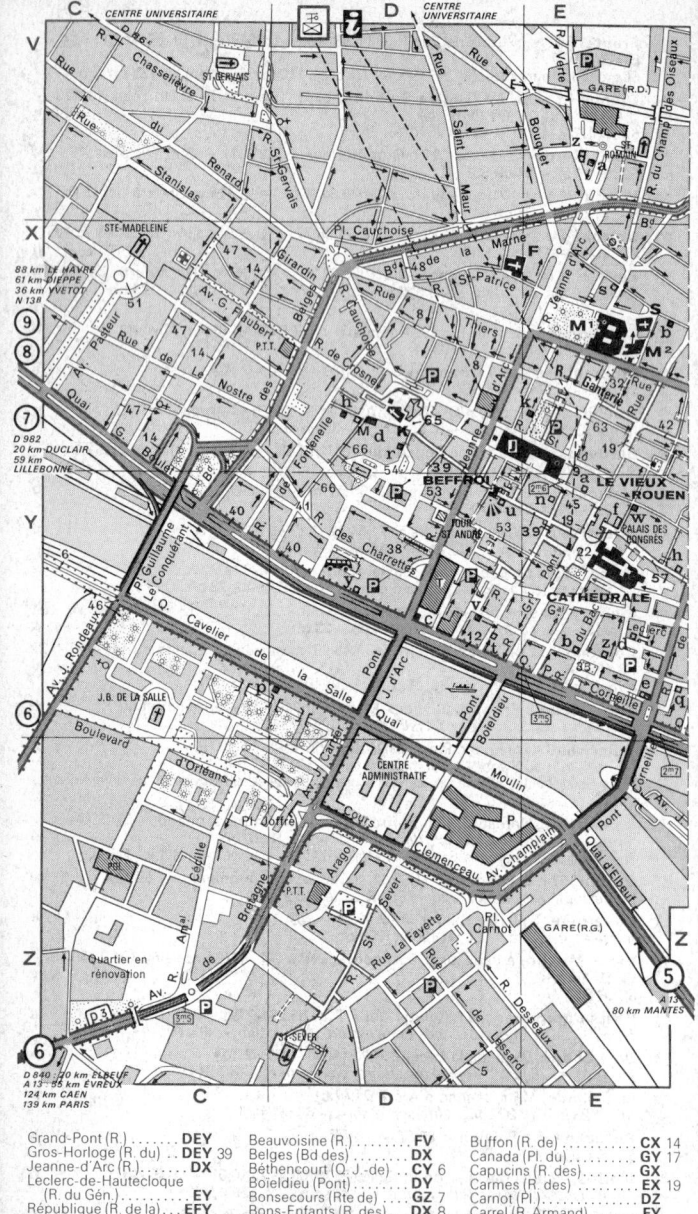

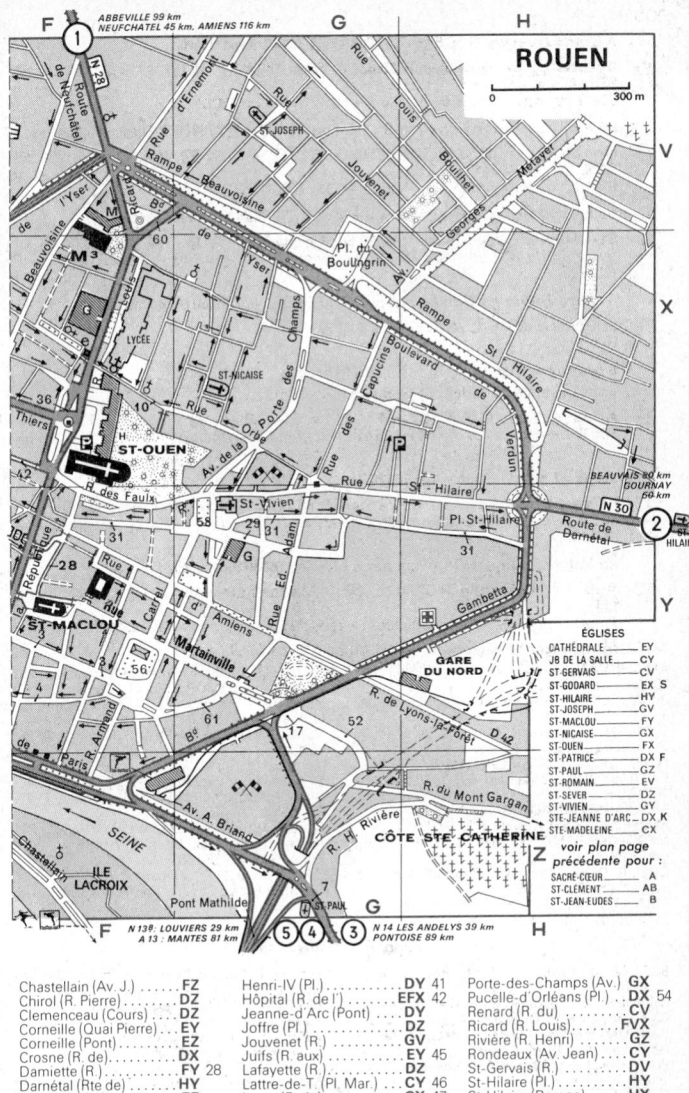

ÉGLISES

CATHÉDRALE	EY
JB DE LA SALLE	CY
ST-GERVAIS	CV
ST-GODARD	EX S
ST-HILAIRE	HY
ST-JOSEPH	GV
ST-MACLOU	FY
ST-NICAISE	GX
ST-OUEN	FX
ST-PATRICE	DX F
ST-PAUL	GZ
ST-ROMAIN	EV
ST-SEVER	DZ
ST-VIVIEN	GY
STE-JEANNE D'ARC	DX K
STE-MADELEINE	CX

voir plan page précédente pour :

SACRÉ-CŒUR	A
ST-CLÉMENT	AB
ST-JEAN-EUDES	B

à Grand Quevilly S : 5,5 km par D 3 – ⊠ 76120 Grand Quevilly :

🏨 **Soretel** Ⓜ, av. Provinces ☏ 69.63.50, Télex 180743 – 🛗 📺 ☎ – 🅿 120. ⒶⒺ ⓸
Ⓥ𝐼𝑆𝐴. ⍟ rest
SC : **R** *(fermé dim. soir)* 64 bc/110 ⌀ – � 21 – **45 ch** 180/240.
A e

au Parc des Expositions par S : 6 km par N 138 – ⊠ 76800 St-Étienne-du-Rouvray :

🏨 **Novotel** Ⓜ, ☏ 66.58.50, Télex 180215, 🏡, ⊒ – 🛗 🖻 📺 ☎ ㊤ 🅿 – 🅿 250. ⒶⒺ
⓸ Ⓔ Ⓥ𝐼𝑆𝐴
R snack carte environ 90 ⌀ – ⊵ 25 – **133 ch** 251/263.
A y

Le Mesnil-Esnard par ③ : 6 km – 5 347 h. – ⊠ 76240 Le Mesnil-Esnard :

🏨 **St-Léonard** ⟨, pl. Église ☏ 80.16.88 – ⌂wc ⋔ℓwc ☎ 🅿 – 🅿 30. Ⓥ𝐼𝑆𝐴. ⍟ ch
↢ *fermé 16 au 31 juil.* – SC : **R** *(fermé lundi)* 50/170 – ⊵ 18 – **20 ch** 70/160 – P
195/220.
B a

à Notre-Dame-de-Bondeville par ⑨ : 7,5 km – ⊠ 76150 Maromme :

XX **Les Elfes** avec ch, ☏ 74.36.21 – ⌂ ⋔ 🅿
10 ch.

à Montigny par ⑦ : 8 km – ⊠ 76380 Canteleu.
Voir Ancienne abbatiale St-Georges★ S : 4 km.

🏨 **Atlas** Ⓜ ⟨, ☏ 36.05.97, 🏡, ⋌ – ⌂wc ⋔ℓwc 🅿 ☎ ⇆ 🅿 – 🅿 30. ⒶⒺ Ⓥ𝐼𝑆𝐴
SC : **R** *(fermé le midi du 1er au 23 août, sam. midi et dim.)* 70/150 – ⊵ 21 – **22 ch**
150/250 – P 270/310.

sur N 14 par ③ : 9 km – ⊠ 76520 Boos :

XX **Le Vert Bocage** avec ch, rte de Paris ☏ 80.14.74 – ⌂wc ⋔ℓwc 🅿 – 🅿 30
↢ SC : **R** *(fermé lundi de début oct. à début avril)* 44 (sauf sam.)/110 – ⊵ 14 – **20 ch**
65/140.

au Val de la Haye SO : 10 km par D 51 – ⊠ 76830 Dieppedalle-Croisset :

XX **Aub. La Muserolle** ☏ 32.40.85, 🏡, « Maison normande du 17e s. », 🕸 – 🅿.
Ⓥ𝐼𝑆𝐴
fermé 15 août au 8 sept., vacances de fév., dim. soir et lundi – SC : **R** 59/97.

MICHELIN, Agence régionale, 19 r. J.-Ango A ☏ 88.18.50

ALFA ROMEO S.N.G.E.A., 4 r. Sablée ☏ 63.
20.10
BMW S.R.D.A., 122 r. de Constantine ☏ 98.
33.77
CITROEN Succursale, 144 av. Mt-Riboudet A
☏ 98.35.50.
FORD Gar. Guez, 135 r. Lafayette ☏ 72.76.84
LADA, SKODA Le Bastard, 5 r. de Bapeaume
☏ 71.43.83
LANCIA-VOLVO-AUTOBIANCHI gar. Conti-
nental, 1 r. Croix d'Yonville ☏ 70.24.79
MERCEDES-BENZ Madeleine Auto, 88 r. Tan-
ger ☏ 88.16.88
OPEL-GM-US Normande Omnium Auto, 31
av. de Caen ☏ 72.11.63
PEUGEOT-TALBOT S.I.A. de Normandie,
71,73 av. de Caen A e ☏ 72.24.84

PEUGEOT, TALBOT S.I.A. de Normandie, 116
av. Mt-Riboudet A ☏ 89.81.44
RENAULT Succursale, 184 av. du Mont Ri-
boudet A ☏ 89.81.89
V.A.G. U.D.T., 90 av. Mont Riboudet ☏ 88.
45.45

⚙ Ansselin-Pneus, 55 av. de Caen ☏ 62.00.24
Blard-Pneus-Center, 46 r. de Lillebonne ☏ 71.
72.97
Central-Auto-Pneus, 27 r. A.-Carrel ☏ 71.49.28
Normandie-Pneus, 28 r. F.-Arago pl. des
Emmurées ☏ 72.32.38
S.R.C.-Pneus, 110 r. d'Elbeuf ☏ 72.70.90
Stapney, 8 r. de Constantine ☏ 89.73.86

Périphérie et environs

BLF Albion-Auto, r. du Canal, Bapeaume ☏
74.46.74
CITROEN Succursale, Centre Commercial de
Bois-Cany à Grand-Quevilly A ☏ 69.77.77 🅽
DATSUN S.E.R.A., 486 rte de Dieppe à Deville
les Rouen ☏ 74.13.76
FIAT Gar. Pillet, 128 av. J.-Jaurès, Petit-Que-
villy ☏ 72.96.96
OPEL J.C.L. Autom., 67 r. Jules Ferry à Deville
les Rouen ☏ 75.07.87
PEUGEOT-TALBOT Bossart Autos, 94 r. Mar-
tyrs de la Résistance à Maromme A s ☏ 74.
22.83
PORSCHE, MITSUBISCHI Rédélé-Autom., 1
r. Chevreul à Petit-Quevilly ☏ 73.24.02
RENAULT Succursale, 20 pl. des Chartreux à
Petit-Quevilly A ☏ 73.01.73
RENAULT Malbert Autom., 1871 rte de Neuf-
chatel à Bois-Guillaume B e ☏ 61.17.14

RENAULT Gar. du Chemin de Clères, 138 Che-
min de Clères à Bois-Guillaume B a ☏ 71.22.70
TOYOTA S.I.D.A.T., 16 av. Carnot à Deville-
lès-Rouen ☏ 74.15.65
V.A.G. U.D.T., Centre Commercial du Bois-
Cany, le Grand-Quevilly ☏ 69.69.45

⚙ Marsat-Pneus, 141 pl. A.-Briand à Maromme
☏ 74.27.69
Subé-Pneurama, r. de la Chesnaie, St-Étienne-
du-Rouvray ☏ 65.24.53
Regnier, 18 av. J.-Jaurès à Petit-Quevilly ☏ 72.
67.01
Rouen-Pneus, r. Cateliers Zone Ind. Madrillet à
St-Étienne-du-Rouvray ☏ 65.34.13
SITEC, 51 à 59 bd du 11-Novembre, Le Petit
Quevilly ☏ 72.16.06
S.R.C.-Pneus, bd Industriel à Sotteville-lès-
Rouen ☏ 72.50.90

Pour des repas simples à prix modiques
choisissez les établissements marqués d'un losange
🏚 XX
↢ ↢

ROUFFACH 68250 H.-Rhin **62** ⑲ G. Vosges (plan) – 4 939 h. alt. 204 – ✿ 89.

Voir Église N.-D.-de-l'Assomption★.

Paris 529 – ◆Bâle 60 – Belfort 60 – Colmar 15 – Guebwiller 10 – ◆Mulhouse 28 – Thann 27.

🏰 **Château d'Isenbourg** ⑤, ☎ 49.63.53, Télex 880819, ≤, 🍴, 🏊, 🛋, ✗ – 🛗 ☎
　　& ❷ – 🕿 50. *VISA*
　　fermé mi-janv. à mi-mars – SC : **R** 165/215 – ☎ 38 – **37 ch** 370/580. 3 appartements
　　– P 500/640.

🏠 **A la Ville de Lyon** M, 1 r. Poincarré ☎ 49.62.49 – 🚽wc 🛁wc ☎ ❷ **E**
　　fermé mi-janv. à mi-fév. – SC : **R** *(fermé lundi)* 65/185 ⅓ – ☎ 13 – **29 ch** 105/175.

　　à Bollenberg SO : 6 km par N 83 et VO – ✉ 68111 Westhalten :

🏠 **Bollenberg** ⑤, ☎ 49.62.47, Télex 880896 – 🚽wc 🛁wc ☎ & ❷ – 🕿 45. AE ⓞ
　　E
　　SC : **R** voir rest. Vieux Pressoir – ☎ 20 – **48 ch** 170/180 – P 285.

✗✗ **Vieux Pressoir**, ☎ 49.60.04, 🍴, meubles rustiques – ❷. AE ⓞ **E**
　　fermé du 23 déc. au 3 janv. – SC : **R** 95/250.

CITROEN Sauter, ☎ 49.61.46　　　　　　Gar. Ebelin, ☎ 49.60.28
RENAULT Habermacher, ☎ 49.60.08

ROUFFILLAC 24 Dordogne **75** ⑱ – ✉ 24370 Carlux – ✿ 53.

Paris 552 – Brive-la-Gaillarde 49 – Gourdon 25 – Sarlat-la-Canéda 17.

🏠 **Cayre**, ☎ 29.70.24, 🛋, 🚜, ✗ – 🚽wc 🛁wc ☎ ❷
　　fermé 1er au 30 oct. – SC : **R** 50/160 – ☎ 18 – **15 ch** 95/140 – P 160/180.

ROUGÉ 44660 Loire-Atl. **63** ⑦ – 2 082 h. alt. 80 – ✿ 40.

Paris 354 – Châteaubriant 10 – Laval 80 – ◆ Rennes 45.

🏡 **Koste Ar C'Hoad** ⑤, ☎ 28.84.18 – 🚽 ❷. *VISA*
◆　 SC : **R** *(fermé midi et dim.)* (dîner seul. pour résidents) 40 ⅓ – ☎ 12 – **15 ch** 50/95.

Le ROUGET 15290 Cantal **76** ⑪ – 910 h. alt. 606 – ✿ 71.

Paris 559 – Aurillac 25 – Figeac 44 – Laroquebrou 15 – St-Céré 37 – Tulle 76.

🏠 **Voyageurs**, ☎ 46.10.14 – 🚽wc 🛁wc ☎ ❷. ✗ ch
◆　 SC : **R** 30 – 🍴 10 – **38 ch** 96 – P 80.

ROUILLAC 16170 Charente **72** ⑬ – 1 799 h. alt. 110 – ✿ 45.

🅱 Office de Tourisme à la Mairie (fermé sam. et dim.) ☎ 96.51.41.

Paris 438 – Angoulême 24 – Cognac 25 – Ruffec 37 – St-Jean-d'Angély 41.

✗ **Commerce** avec ch, 26 r. Jarnac ☎ 96.77.13, 🍴 – 🚽wc ❷ – 🕿 130
◆　 *fermé dim. soir et lundi* – SC : **R** 46/80 ⅓ – ☎ 12 – **8 ch** 65/120 – P 160/200.

ROULLET 16 Charente **72** ⑬ – rattaché à Angoulême.

ROUMAZIÈRES-LOUBERT 16270 Charente **72** ⑤ – 3 146 h. alt. 223 – ✿ 45.

Paris 425 – Angoulême 48 – Chabanais 13 – Confolens 18 – ◆Limoges 59 – Nontron 65 – Ruffec 39.

🏠 **Commerce** M, av. Gare ☎ 71.21.38, 🍴, 🚜 – 🚽wc ❷
　　fermé 15 au 31 déc. – **R** 44/170 ⅓ – ☎ 17,50 – **20 ch** 135/231 – P 187/220.

Les ROUSSES 39220 Jura **70** ⑮⑯ G. Jura – 2 573 h. alt. 1 120 – Sports d'hiver : 1 120/1 680 m
≰38, 🎿 – ✿ 84.

Voir Gorges de la Bienne★ O : 3 km – 🅱 Office de Tourisme pl. Pasteur ☎ 60.02.55.

Paris 469 – ◆Genève 47 – Gex 30 – Lons-le-Saunier 66 – Nyon 25 – St-Claude 33.

🏰 ✿ **France** (Petit) M, ☎ 60.01.45, 🍴 – ❷ – 🕿 30. AE
　　fermé début juin au 6 juil. et 5 nov. au 14 déc. – SC : **R** 80/250 – ☎ 19,50 – **34 ch**
　　107/255 – P 202/268
　　Spéc. Raviolis d'escargots, Volaille de Bresse poêlée, Tarte chaude aux pommes. **Vins** Arlay, Pupillin.

🏠 **La Redoute**, ☎ 60.00.40 – 🚽wc ☎ ❷. **E** *VISA*
　　fermé nov. – SC : **R** 58/140 – ☎ 15,50 – **26 ch** 157/170 – P 210/220.

🏠 **Relais des Gentianes**, ☎ 60.50.64, 🚜 – 🚽wc 🛁wc ☎. ⓞ **E** *VISA*
　　fermé juin et oct. – SC : **R** 68/170 – **14 ch** ☎ 107/214 – P 179/216.

🏠 **Christiania**, ☎ 60.01.32, ≤ – 🚽wc 🛁wc ☎ ❷
　　juil.-15 sept., et déc.-fin avril – SC : **R** 92/156 – ☎ 17,50 – **26 ch** 116/203 – P
　　191/250.

🏠 **des Rousses**, ☎ 60.00.02 – 🚽wc 🛁wc 🖶
　　Pentecôte, 20 juin-20 sept., vacances de nov. et 15 déc.-20 avril – SC : **R** 55/80 ⅓ –
　　☎ 13 – **13 ch** 70/125 – P 135/160.

　　à la Cure SE : 2,5 km – ✉ 39220 Les Rousses :

✗✗ **Arbez**, ☎ 60.02.20 – ❷. ✗
◆　 *fermé juin, nov., lundi soir et mardi hors sais.* – SC : **R** 50/180.

RENAULT Gar. des Neiges, ☎ 60.02.54

ROUSSILLON 84 Vaucluse **81** ⑬ G. Provence (plan) – 1 313 h. alt. 390 – ⊠ **84220** Gordes – ✪ 90.

Voir Site★ du village★ – Chaussée des Géants★★.

Paris 728 – Apt 11 – Avignon 48 – Bonnieux 12 – Carpentras 44 – Cavaillon 27 – Sault 36.

🏨 **Mas de Garrigon** Ⓜ ⤫, N : 3 km par rte St-Saturnin d'Apt 🕿 75.63.22, ≤ Luberon, 佘, ⤬, – 📺 🕿 🅿 🕰 ⓐ E 𝘝𝘐𝘚𝘈, ⤫ rest
SC : **R** *(fermé 15 nov. au 28 déc., dim. soir et lundi midi)* (prévenir) 145/165 – � 35 – **7 ch** 450.

🏨 **Résidence des Ocres** ⤫ sans rest, 🕿 75.60.50 – 🔲 🛁wc 🕿 ⇦ 𝘝𝘐𝘚𝘈
fermé 15 au 30 nov. et fév. – SC : ⊏⊐ 13 – **15 ch** 145/163.

XX **David,** 🕿 75.60.13, ≤ falaises et vallée – ⓐ 𝘝𝘐𝘚𝘈
fermé 2 janv. au 20 mars, mardi du 15 sept. au 15 juin et lundi – SC : **R** (week-ends et fêtes prévenir) 95/180.

ROUTOT 27350 Eure **54** ⑲ G. Normandie – 1 079 h. alt. 145 – ✪ 32.

Voir La Haye-de-Routot : ifs millénaires★ N : 4 km.

Paris 152 – Bernay 47 – Évreux 68 – ◆Le Havre 54 – Pont-Audemer 18 – ◆Rouen 36.

XX **L'Écurie,** 🕿 57.30.30
fermé 10 au 31 janv., mardi et merc. – SC : **R** 85/150.

CITROEN Gar. Bocquier, 🕿 57.30.48　　　　　RENAULT Gar. Dehayes, 🕿 57.30.20
PEUGEOT, TALBOT Gar. Lefieux, 🕿 57.31.23

ROUVRES-EN-XAINTOIS 88 Vosges **62** ⑭ – 385 h. alt. 318 – ⊠ **88500** Mirecourt – ✪ 29.

Paris 332 – Épinal 43 – Lunéville 61 – Mirecourt 9 – ◆Nancy 57 – Neufchâteau 31 – Vittel 24.

XX **Burnel** avec ch, 🕿 65.64.10 – 🛁wc 🕿 🅿 🕰 E 𝘝𝘐𝘚𝘈
fermé 24 déc. au 7 janv., dim. soir hors sais. et lundi sauf fêtes – SC : **R** (dim. et fêtes prévenir) 54/130 ⅙ – ⊏⊐ 17,50 – **8 ch** 70/160 – P 197/247.

ROUVRES-LA-CHÉTIVE 88 Vosges **62** ⑬ – rattaché à Neufchâteau.

┌───┐
│ Vous aimez le camping ?   │
│   Utilisez le guide Michelin   │
│   **Camping Caravaning France.** │
└───┘

ROYAN 17200 Char.-Mar. **71** ⑮ G. Côte de l'Atlantique – 18 125 h. – Casinos : Grand Casino B, Le Sporting à Pontaillac A – ✪ 46.

Voir Front de mer★ – Église N.-Dame★ B E.

🏌 de la Côte de Beauté 🕿 22.16.24 par ④ : 7 Km.

Bac pour la Pointe de Grave : renseignements 🕿 09.60.84.

🅸 Office de Tourisme Palais des Congrès (fermé dim.) 🕿 38.65.11, Télex 790441 et Place Poste (fermé dim.) 🕿 05.04.71.

Paris 505 ① – ◆Bordeaux 129 ② – Périgueux 174 ② – Rochefort 40 ⑤ – Saintes 38 ①.

Plan page ci-contre

Grande Conche :

🏨 **Family Golf H. et rest. Le Galion,** 28 bd Garnier 🕿 05.14.66, ≤, 佘 – 🛗 🛁wc 🕿 🅿. 𝘝𝘐𝘚𝘈
25 mars-5 oct. – SC : **R** 75/130 – ⊏⊐ 20 – **24 ch** 182/250, 3 appartements 440.　　C m

🏨 **Hermitage,** 56 Front de Mer 🕿 38.57.33, ≤, 佘 – 🛁wc 🛁wc 🕿. 🕰 ⓐ E 𝘝𝘐𝘚𝘈
début fév.-fin oct. – SC : **R** 60/120 – ⊏⊐ 19 – **23 ch** 114/204 – P 245/295.　　B h

🏨 **Beauséjour,** 32 av. Grande Conche 🕿 05.09.40, 佘 – 🛁wc 🛁wc 🕿. ⤫　　C e
1er avril-30 sept. – SC : **R** 75/79 – ⊏⊐ 18 – **14 ch** 148/173 – P 225/230.

🏨 **Vialard** sans rest, 23 bd A.-Briand 🕿 05.84.22 – 🛁wc 🛁wc 🕿　　B p
SC : ⊏⊐ 16 – **28 ch** 88/170.

🏨 **Le Girondin,** 109 crs Europe 🕿 05.01.26 – 🛗 🛁wc 🛁　　C k
⟶ *fermé 15 déc. au 31 janv.* – SC : **R** *(fermé lundi d'oct. à Pâques)* 48/140 – ⊏⊐ 13 – **47 ch** 80/150 – P 140/180.

XXX **Le Chalet,** 6 bd La Grandière 🕿 05.04.90 – 𝘝𝘐𝘚𝘈　　C u
1er mai-30 sept. et fermé merc. – SC : **R** carte 105 à 170.

XX **Le Squale,** 102 av. Semis 🕿 05.51.34　　C x
fermé 10 oct. à fin nov., dim. soir hors sais. et merc. – SC : **R** carte 95 à 180.

Conche de Foncillon :

🏨 **Beau Rivage** sans rest, 9 façade Foncillon 🕿 38.73.11, ≤ – 🛗 🛁wc 🛁wc 🕿. E.
⤫　　B z
fermé 15 déc. au 20 janv. – SC : ⊏⊐ 20 – **22 ch** 210/265.

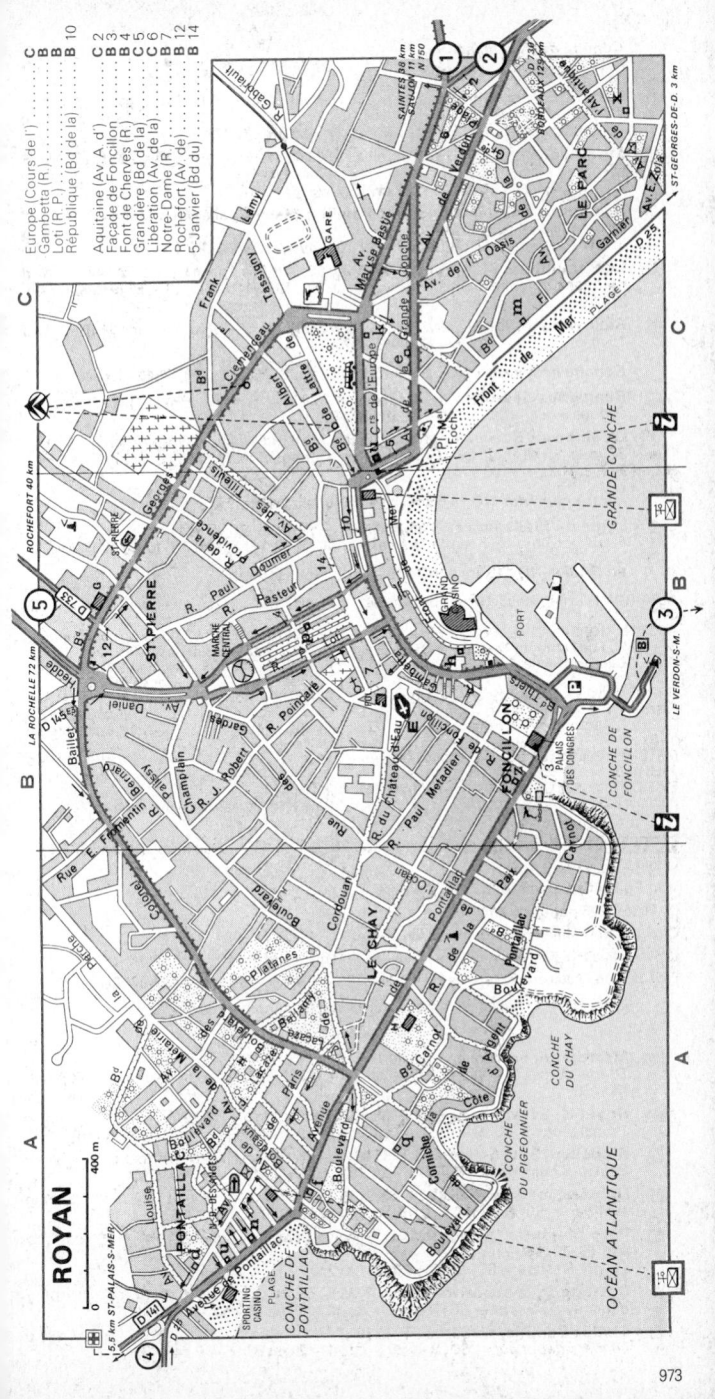

ROYAN

973

Conche de Pontaillac.

Voir Corniche★ et Conche★.

🏨 **Gd H. de Pontaillac** sans rest, 195 av. Pontaillac ⏧ 38.00.44, ≤, 🛲 – 🛗 🛆wc
🛏wc 🕾 – 🛄 120   A u
Pâques et Pentecôte-15 sept. – SC : 🖵 22 – **55 ch** 220/275.

🏨 **Miramar** sans rest, 173 av. Pontaillac ⏧ 38.03.64, ≤ – 🛆wc 🛏wc 🕿 🅿. 🖭 ① E
🗾   A n
1ᵉʳ avril-31 oct. – SC : 🖵 20 – **27 ch** 185/260.

🏨 **Résidence de Saintonge** rest Pavillon bleu ⟍, allée des Algues ⏧ 38.00.00
◆ 🛆wc 🛏wc 🕭 🅿. 🗾 🛏 rest   A q
1ᵉʳ avril-30 sept. – SC : **R** 50/120 – 🖵 20 – **40 ch** 120/180 – P 180/240.

🏨 **La Chaumière,** 61 av. Paris ⏧ 38.01.01, 🍽 – 🛆wc 🛏wc 🕭. 🖭 ① 🗾   A d
mars-oct. et fermé merc. de mars à mai – SC : **R** 68/115 – 🖵 19 – **24 ch** 94/205 – P
220/252.

🏨 **Bellevue** sans rest, 122 av. Pontaillac ⏧ 38.06.75, ≤ – 🛏wc 🕭, sans 🛏 🅿   A f
15 mars-15 oct. – 🖵 18 – **27 ch** 150/220.

Conche de Nauzan NO : 2,5 km, voir aussi à St-Palais : ⊠ 17640 Vaux-sur-Mer :

🏨 **Résidence de Rohan** ⟍ sans rest, ⏧ 38.00.75, ≤, 🛲 – 🛆wc 🛏wc 🕭 🅿
Pâques à oct. – 🖵 28 – **22 ch** 280/400.

✕ **La Biche au Bois** avec ch, rte St-Palais ⏧ 38.01.52, 🍽 – 🛏wc. 🛏 ch
◆ *30 mars-16 sept. et fermé merc. du 1ᵉʳ avril au 30 mai* – SC : **R** 43/140 – 🍺 13 –
9 ch 85/106 – P 156/174.

à Vaux-sur-Mer NO : 4,5 km – ⊠ 17640 Vaux-sur-Mer :

🏠 **Logis de Mélisandre,** ⏧ 38.46.00, 🛲 – 🛏wc 🕭 🅿. 🖭 🗾
fermé oct., dim. soir de nov. à fin avril – SC : **R** 90/140 – 🖵 17 – **10 ch** 120/170.

au Grallet NO : 10 km par D 145 – ✕✕✕ , voir à St-Palais.

ALFA-ROMEO Baribeaud, 50 av. Gde-Conche
⏧ 05.04.62
AUSTIN, MORRIS, OPEL, ROVER Gar. Euro-
péen, 76 bd de Lattre-de-Tassigny ⏧ 05.32.29
BMW Gar. Bienvenue, 43 av. M.-Bastié ⏧ 05.
01.62
CITROEN Casagrande, 24 bd De Lattre-de-
Tassigny ⏧ 05.04.26
CITROEN Corpron, 20 bd Clemenceau ⏧ 05.
07.66
DATSUN Gar. Cassagnau, 44 av. Mar.-Leclerc
⏧ 05.01.66
FIAT LANCIA-AUTOBIANCHI Boisnard, rte de
Saintes ⏧ 05.05.26

FORD Gar. Zanker, 11 r. Notre Dame ⏧ 05.
69.87
MERCEDES-BENZ, Thomas, Zone Commer-
ciale, rte de Saintes ⏧ 05.05.49
PEUGEOT, TALBOT Gar. Richard, Zone Com-
merciale, rte de Saintes par ① ⏧ 05.03.55
RENAULT Royan-Diffusion-Automobile, 32 r.
Lavoisier rte de Saintes par ① ⏧ 05.00.24 🅽
V.A.G. Automobiles 17, Zone Commerciale,
rte de Saintes ⏧ 05.54.75

⊕ Moyet-Pneus, 50 bd de Lattre-de-Tassigny
⏧ 05.54.24
Royan-Pneus, av. de la Libération ⏧ 05.46.93

▣ **ROYAT** 63130 P.-de-D. 🔞 ⑭ G. Auvergne – 4 094 h. alt. 456 – Stat. therm. (1ᵉʳ avril-31 oct.) –
Casino BY – 🕸 73.

Voir Église St-Léger★ AZB.

🛞 ⏧ 35.87.25 par ② : 6 km.

Circuit automobile de montagne d'Auvergne.

🚩 Syndicat d'Initiative pl. Allard (fermé nov., sam. et dim. hors sais.) ⏧ 35.81.87.

Paris 393 ① – Aubusson 92 ③ – La Bourboule 49 ③ – ◆Clermont-Fd 3,5 ① – Le Mont-Dore 47 ②.

Accès et sorties : voir plan de Clermont-Ferrand

Plan page ci-contre

🏨🏨 **Métropole,** bd Vaquez ⏧ 35.80.18 – 🛗 🛗. E. 🛏 rest   BY h
1ᵉʳ mai-30 sept. – SC : **R** 100 – 🖵 25 – **80 ch** 135/380, 5 appartements 665 – P
260/435.

🏨🏨 **Royal H. St-Mart,** av. Gare ⏧ 35.80.01, 🛲 – 🛗 🅿 – 🛄 35   BY n
1ᵉʳ mai-2 oct. – SC : **R** 100/230 – 🖵 22 – **61 ch** 155/260.

🏨 **Richelieu,** 3 av. A.-Rouzaud ⏧ 35.86.31 – 🛗 🛆wc 🛏wc 🕿. 🛏 rest   BY e
29 avril-29 sept. – SC : **R** 70/79 – 🖵 18 – **60 ch** 109/186 – P 165/330.

🏨 **Univers,** av. Gare ⏧ 35.81.28, 🛲 – 🛗 🛆wc 🛏wc 🕭. 🛏 rest   BY p
avril-oct. – SC : **R** 80/120 – 🖵 16,50 – **45 ch** 90/190 – P 190/265.

🏨 **Parc Majestic** ⟍ sans rest, av. Jocelyn-Bargoin ⏧ 35.84.36, 🛲 – 🛆wc 🛏 🕿
◆ 🅿. 🖭   BZ f
1ᵉʳ mai-30 sept. – SC : 🖵 20 – **20 ch** 120/250.

🏠 **Cottage** ⟍, av. Jocelyn-Bargoin ⏧ 35.82.53, 🛲 – 🛆wc 🛏 🕭 🅿. 🛏   BZ y
◆ *début avril-30 sept.* – SC : **R** 50/65 – 🖵 13 – **35 ch** 54/150 – P 125/160.

🏠 **Chalet Camille,** bd Barrieu ⏧ 35.80.87, 🛲 – 🅿. 🛏 rest   BZ u
◆ *fin mars-début oct.* – SC : **R** 45/65 – 🖵 14 – **20 ch** 60/85 – P 145/180.

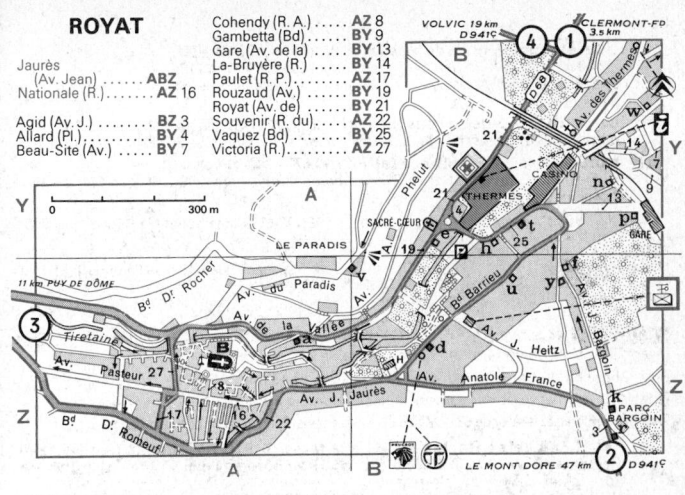

ROYAT

Jaurès
(Av. Jean) .... **ABZ**
Nationale (R.) ...... **AZ** 16

Agid (Av. J.) .... **BZ** 3
Allard (Pl.) .... **BY** 4
Beau-Site (Av.) ..... **BY** 7

Cohendy (R. A.) ..... **AZ** 8
Gambetta (Bd) ...... **BY** 9
Gare (Av. de la) .... **BY** 13
La-Bruyère (R.) ..... **BY** 14
Paulet (R. P.) ...... **AZ** 17
Rouzaud (Av.) ...... **BY** 19
Royat (Av. de) ..... **BY** 21
Souvenir (R. du) .... **AZ** 22
Vaquez (Bd) .... **AZ** 25
Victoria (R.) .... **AZ** 27

XXX **Le Paradis**, av. Paradis 🕾 35.85.46, ≤ Royat et Clermont, 🍴 – 🅿   BZ **v**
    fermé 2 janv. au 10 fév., dim. soir et lundi – SC : **R** 120/150.

XX **Belle Meunière** avec ch, av. Vallée 🕾 35.80.17 – 🛁wc 🏠wc 🕿 ÆE ① AZ **a**
    fermé fév., dim. soir et lundi – SC : **R** 120/240 – 😋 19,50 – **10 ch** 167/231 – P
    261/276.

XX **Coq en Pâte**, 8 bd Vaquez 🕾 35.99.05   BY **t**
    fermé oct., nov., merc. midi et mardi – SC : **R** 90/120.

XX **L'Hostalet**, 47 bd Barrieu 🕾 35.82.67   BZ **d**
    1er avril-31 déc. et fermé dim. soir et lundi – SC : **R** 70 bc/110.

XX **Aub. Écu de France**, av. J.-Agid 🕾 35.81.81 – 🅿   BZ **r**
    fermé dim. soir et merc. – SC : **R** 62/130.

XX **L'Oasis**, Parc Bargoin 🕾 35.82.79, ≤   BZ **k**
    *1er avril-31 oct., week-ends et fériés de nov. à mars et fermé dim. soir et lundi sauf
    juil.-août* – SC : **R** 56/115.

CITROEN Gar. Boyer, 50 av. des Thermes, à   RENAULT Valleix, 57 bd Gambetta, à Chama-
Chamalières 🕾 37.71.57   lières BY 🕾 93.11.43
PEUGEOT-TALBOT S.E.G.T.R.A., 49 bd Barrieu
🕾 35.82.20

Les **guides Rouges**, les **guides Verts** et les **cartes Michelin**
sont complémentaires.
Utilisez les ensemble.

ROYE 80700 Somme 52 ⑳ G. Nord de la France – 6 708 h. alt. 88 – ✪ 22.
Paris 112 ⑤ – ♦Amiens 42 ⑥ – Arras 74 ⑦ – Compiègne 40 ⑤ – St-Quentin 46 ②.

ROYE

Amiens (R. d') 2
Basse-Ville (R.) 3
Dr-Duquesnel (R.) 4
Fontaines (R. des) 5
Jaurès (Av. Jean-) 7
Nesle (R. de) 8
Nord (Bd du) 10
Noyon (R. de) 12
Paris (R. de) 13
Péronne (R. de) 14
St-Médard (R.) 15

*Pour un bon usage des plans
de villes, voir les signes conven-
tionnels p. 21*

ROYE

XXX ✦ **La Flamiche,** pl. H. de Ville (a) ☎ 87.00.56 – ᴀᴇ ⓞ 𝘝𝘐𝘚𝘈
fermé 8 au 16 juil., 15 déc. au 9 janv., dim. et lundi – **R** 100/180
Spéc. Hure d'anguille sauce grelette, Saumon au beurre de fruits de la passion, Colvert aux poires
(20 juil. à fin janv.).

XXX **Croix d'Or,** 123 rte de Paris (b) ☎ 87.11.57, 🌸 – ℗. ᴀᴇ ⓞ 𝘝𝘐𝘚𝘈
fermé 13 août au 4 sept., 12 au 25 fév., mardi soir et merc. – **SC** : **R** 58, carte le dim.

XX **Nord** avec ch, pl. République (e) ☎ 87.10.87 – 𝘝𝘐𝘚𝘈. 🛇 ch
fermé 19 juil. au 3 août, 9 au 28 fév., mardi soir et merc. – **SC** : **R** 63/160 – 🍺 18 –
7 ch 65/100.

CITROEN Roye-Automobiles, Zone Ind.,
Impasse du Moulin ☎ 87.08.36
FORD, TOYOTA Gar. Dallet, 5 pl.de la Répu-
blique ☎ 87.10.99
PEUGEOT-TALBOT Gaudefroy, 10 r. de Nesle
☎ 87.07.88

RENAULT Carlier, pl. de la République ☎ 87.
01.08

🔧 Fischbach Pneu, 12 r. de Péronne ☎ 87.11.03

Le ROZIER 48 Lozère 𝟾𝟶 ④ ⑤ G. Causses – 111 h. alt. 390 – ⊠ **48150** Meyrueis – ✦ 65
(Aveyron) – **Voir** Belvédère des Terrasses du Truel★ E : 3,5 km.

Env. Corniche du Causse Noir ≼★★ SE : 13 km puis 15 mn.

🛈 Syndicat d'Initiative (15 juin-15 sept. et fermé dim. après-midi) ☎ 62.60.89.

Paris 638 – Florac 62 – Mende 63 – Millau 21 – Sévérac-le-Château 31 – Le Vigan 78.

🏨 **Gd H. Muse et Rozier** Ⓜ 🕭, à la Muse (D 907) rive dte du Tarn ⊠ 12720
Peyreleau (Aveyron) ☎ 62.60.01, ≤, 🌸, « au bord de l'eau », 🌸 – 🛗 📺 ☎ 🚗
℗ – 🛁 45. ᴀᴇ ⓞ 𝘝𝘐𝘚𝘈. 🛇 rest
12 avril-30 sept. – **SC** : **R** 90/180 – 🍽 25 – **35 ch** 230/340, 3 appartements 470 – P
295/350.

🏨 **Voyageurs,** ☎ 62.60.09 – 📺wc 🚿wc ☎. 🛇
→ *fermé oct.* – **SC** : **R** 48/90 🍷 – 🍽 15 – **24 ch** 68/150 – P 130/180.

🏨 **Doussière** sans rest, ☎ 62.60.25 – 📺wc 🚿wc
mars-11 nov. – **SC** : 🍽 12 – **20 ch** 60/107.

RUEIL-MALMAISON 92 Hauts-de-Seine 𝟻𝟻 ⑳, 𝟷𝟶𝟷 ⑬ – voir à Paris, Environs.

RUFFEC 16700 Charente 𝟽𝟸 ④ G. Côte de l'Atlantique – 4 766 h. alt. 108 – ✦ 45.

🛈 Office de Tourisme pl. d'Armes (fermé sam. après-midi, dim. et lundi) ☎ 31.05.42.

Paris 401 – Angoulême 43 – Cognac 62 – Confolens 43 – Niort 68 – Poitiers 66 – St-Jean-d'Angély 62.

à Verteuil-sur-Charente S : 6 km par N 10 et D 26 – ⊠ **16510** Verteuil-sur-Charente.
Voir Mise au tombeau★ dans l'église.

🏨 **La Paloma** 🕭, rte Villars ☎ 31.41.32, 🌸 – 📺wc 🚿 ℗
→ *fermé merc.* – **SC** : **R** 50/100 🍷 – 🍽 13 – **10 ch** 95/150 – P 200/240.

CITROEN Vienne-Sud-Autom., N 10 à Ville-
gats ☎ 31.42.04
FIAT Gar. Lavaud, ☎ 31.01.45
PEUGEOT, TALBOT Gar. Pol Loussert, ☎ 31.
05.27

PEUGEOT, TALBOT Moreau, ☎ 31.02.09
RENAULT S.A.C.D.A., Zone Ind. ☎ 31.07.12

🔧 Piot-Pneu, ☎ 31.02.75
Rogeon-Pneus, ☎ 31.07.95

RUFFIEUX 73 Savoie 𝟽𝟺 ⑤ – 454 h. alt. 296 – ⊠ **73310** Chindrieux – ✦ 79.

Paris 516 – Aix-les-Bains 21 – Bellegarde-sur-Valserine 35 – Bourg-en-Bresse 90 – ✦Lyon 110.

🏨 **Château de Collonges** 🕭, ☎ 54.27.38, ≤, parc, 🌸, « Beau mobilier » – ℗. ᴀᴇ
ⓞ. 🛇 rest
15 mars-31 oct. – **SC** : **R** (fermé dim. soir et lundi hors sais.) 100/194 – 🍽 24 –
10 ch 203/309 – P 310/363.

RUGY 57 Moselle 𝟻𝟽 ④ – rattaché à Metz.

RUMILLY 74150 H.-Savoie 𝟽𝟺 ⑤ G. Alpes – 9 236 h. alt. 345 – ✦ 50.

🛈 Syndicat d'Initiative à la Mairie (fermé dim. et lundi) ☎ 01.07.63.

Paris 543 – Aix-les-Bains 20 – Annecy 17 – Bellegarde-sur-Valserine 35 – Belley 45 – ✦Genève 51.

🏨 **Poste,** 17 r. Ch.-de-Gaulle ☎ 01.28.61, 🌸 – 📺 ☎ 🚗. 🛇 ch
→ *fermé 25 sept. au 25 oct.* – **SC** : **R** (fermé dim. soir et lundi sauf août) 45/130 🍷 – 🍺
15 – **14 ch** 70/125 – P 150/200.

à Moye NO : 4 km par D 231 – ⊠ **74150** Rumilly :

🏨 **Relais du Clergeon** 🕭, ☎ 01.23.80, ≤ – 📺wc 🚿wc ☎ 🐾 🚗 ℗ – 🛁 50. 🛇
ⓞ *fermé 10 au 29 sept., 1er au 17 janv. et lundi (hôtel) sauf juil.-août* – **SC** : **R** (fermé
dim. soir et lundi) 55/170 🍷 – 🍽 19 – **22 ch** 100/200 – P 168/215.

CITROEN Gar. Lacrevaz, 7 r. J.-Béard ☎ 01.
11.75

PEUGEOT-TALBOT Gantelet, rte d'Aix les
Bains ☎ 01.41.81
RENAULT Desvignes, 3 r. J.-Béard ☎ 01.10.83

RUNGIS 94 Val-de-Marne 📖 ①, 🔢 ㉕㉖ – voir à Paris, Environs.

RUOMS 07120 Ardèche 📖 ⑨ G. Vallée du Rhône – 1 839 h. alt. 120 – ✿ 75.

Paris 656 – Alès 52 – Aubenas 24 – Pont-St-Esprit 54.

🏠 **Savel** ⬳, ☎ 39.60.02, parc – 📧wc 🕳 ☎ 🅿 – 🅰 25
➡ mi mars-mi nov. et fermé dim. soir (sauf hôtel) et lundi hors sais. – SC : **R** 42/110 🍴
– 🍷 13 – **15 ch** 94/121 – P 135/162.

route d'Alès – ⊠ 07120 Ruoms :

🏨 **Host. Château de Sampzon** ⬳, à 5 km ☎ 39.67.14, ≤, – 📧wc 🕳wc ☎ 🅿 – SC : **R**
(fermé merc.) 75/120 – 🍴 25 – **12 ch** 198/264.

🏠 **La Chapoulière**, à 3,5 km ☎ 39.65.43 – 🕳 🅿
15 mars-fin sept. – **R** (fermé merc. hors sais.) 47/70 – 🍷 16 – **11 ch** 77/92 – P
145/155.

Domaine du Rouret, près Grospierres SO : 13 km par D 111 – ⊠ 07120 Ruoms :

🏯 **Le Caleou** 🎿 ⬳, ☎ 93.60.00, Télex 345478, ≤, « parc ombragé et complexe de
loisirs », 🛁, 🔲, 🎾 – 🛎 🔲 📺 ☎ 🕹 🅿 – 🅰 25 à 250. 🆎 ⓞ 🅴 🗺, 🍽 rest
SC : **R** 105/135 – 🍴 30 – **115 ch** 275/565 – P 405/495.

CITROEN Dupland, ☎ 39.61.23   RENAULT Bouschon, ☎ 39.61.08 🅽
FIAT Perbost, ☎ 39.62.55

RUPT-SUR-MOSELLE 88360 Vosges 📖 ⑯⑰ – 3 570 h. alt. 425 – ✿ 29.

Paris 426 – Epinal 39 – Lure 37 – Luxeuil-les-Bains 30 – Remiremont 12 – Le Thillot 11.

✖✖ **Centre** avec ch, r. Église ☎ 24.34.73 – 🕳wc ☎ 🅿. 🆎 ⓞ 🅴 🗺
➡ fermé janv., dim. soir et lundi sauf du 15 juin au 15 sept. et vacances scolaires –
SC : **R** 50/200 🍴 – 🍷 17 – **11 ch** 70/200 – P 150/240.

RUYNES-EN-MARGERIDE 15320 Cantal 📖 ⑭⑮ – 591 h. alt. 914 – ✿ 71.

🛈 Syndicat d'Initiative à la Mairie (fermé après-midi, sam. et dim.) ☎ 23.41.59.

Paris 503 – Aurillac 89 – Langeac 47 – Le Puy 81 – St-Chély-d'Apcher 31 – St-Flour 13.

🏠 **Moderne** ⬳, ☎ 23.41.17, parc – 📧wc 🕳wc 🚗 🅿 – 🅰 50
➡ 1er mars-15 oct. – SC : **R** 37/80 – 🍴 13 – **38 ch** 65/120 – P 115/150.

RENAULT Brun, ☎ 23.42.31

RY 76116 S.-Mar. 📖 ⑦ G. Normandie – 544 h. alt. 75 – ✿ 35.

Voir Porche★ de l'église.

Paris 113 – Buchy 19 – Fleury 14 – Gournay-en-Bray 31 – Lyons-la-Forêt 14 – ✦Rouen 20.

✖✖ **Aub. La Crevonnière** ⬳ avec ch, ☎ 23.60.52, ≤, « Dans un jardin au bord de
l'eau » – 🅿. 🆎 🅴 🗺. 🍽 ch
15 mars-15 nov. et fermé mardi soir et merc. – SC : **R** 60/150 – 🍴 17 – **4 ch**
120/150.

CITROEN Gar. Duval, ☎ 23.60.76

SAALES 67420 B.-Rhin 📖 ⑧ – 919 h. alt. 560 – ✿ 88.

Paris 472 – Molsheim 47 – Raon-l'Étape 29 – St-Dié 20 – Sélestat 40 – ✦Strasbourg 69.

🏠 **Roche des Fées,** ☎ 97.70.90 – 📧wc 🕳wc ☎ 🅿. ⓞ 🅴 🗺. 🍽
➡ fermé 15 nov. au 5 déc., 10 au 31 janv., mardi soir et merc. hors sais. – SC : **R** 45/155
🍴 – 🍴 16 – **20 ch** 73/135 – P 145/155.

Les SABLES-D'OLONNE ⬅➡ 85100 Vendée 📖 ⑫ G. Côte de l'Atlantique – 16 657 h. –
Casino de la plage AZ, Casino des Sports CY – ✿ 51.

Voir Le Remblai★ BCZ.

🛈 Office de Tourisme, av. Mar.-Leclerc (fermé dim. hors sais.) ☎ 32.03.28.

Paris 450 ② – Angoulême 204 ④ – Cholet 101 ② – ✦Nantes 91 ② – Niort 110 ④ – Poitiers 184 ④ –
Rochefort 129 ④ – La Rochelle 100 ④ – La Roche-sur-Yon 36 ②.

Plans page suivante

🏯 **Atlantic H.** 🎿, 5 prom. Godet ☎ 95.37.71, Télex 710474, ≤, 🔲 – 🛎 📺 ☎. 🆎 ⓞ
🅴 🗺   BY e
SC : **R** 65/130 – 🍴 22 – **30 ch** 160/375 – P 270/380.

🏨 ✿ **Beau Rivage,** 40 prom. G.-Clemenceau ☎ 32.03.01, ≤, – 📧wc 🕳wc ☎. 🆎 🗺
➡ fermé 5 déc. au 15 janv., dim. soir et lundi sauf vac. scol. et fêtes – SC : **R** 95/187 –
🍴 19 – **28 ch** 135/235 – P 260/300   CZ v
Spéc. Gratin de queues de langoustines, Bar braisé à la Vendéenne, Parfait glacé au Kamok.

🏨 **Arundel,** 8 bd F.-Roosevelt ☎ 32.03.77 – 🛎 📧wc ☎. 🅴 🗺   AZ k
➡ fév.-oct. – SC : **R** 68 – 🍴 19 – **42 ch** 200/300 – P 248/270.

tourner →

LES SABLES-D'OLONNE

Bisson (R.) . . . . **BZ** 8
Guynemer (R.) . . . . **CZ**
Halles (R. des) . . . . . . **BZ** 29
H.-de-Ville (R. de l') . . . **BZ**
Nationale (R.) . . . . **CZ**

Travot (R.) . . . . **BZ** 60

Anjou (Av. d') . . . . **BY** 2
Aquitaine (Av. de l') . . . . **CY** 3
Arago (Bd) . . . . **BY** 4
Baudry (Av. F.) . . . . **BY** 5
Bauduère (R. de la) . . . . **BZ** 6
Beauséjour (R.) . . . . . . **BY** 7
Briand (Av. A.) . . . . **CY** 9
Caisse-d'Epargne (R.) . . **BZ** 10

Castelnau (Bd) . . . . **BY** 12
Château-d'Olonne (Av.) . **CY** 13
Collineau (Pl. du Gén.) . . **BZ** 14
Commerce (Pl. du) . . . . **AZ** 15
Coty (Av. R.) . . . . **CY** 16
Dingler (Quai) . . . . **AZ** 18
Dr-Canteleau (R. du) . . . **AY** 19
Dr-Schweitzer (R. du) . . **CY** 22
Doumer (Av. P.) . . . . . . **CY** 23
Fricaud (R. D.) . . . . **BY** 24

Gabaret (Av. A.) . . . . . . **CZ** 25
Gambetta (R.) . . . . **CZ** 26
Godet (Prom. G.) . . . . . **BY** 28
Leclerc (R. Gén.) . . . . . **BZ** 33
Liberté (Pl. de la) . . . . . **BZ** 35
Louis XI (Pl.) . . . . **CZ** 36
Navarin (Pl.) . . . . **BZ** 40
N.-D.-Bon-Port (Pl.) . . . **BZ** B
Nouch (Corniche du) . . . **AY** 43
Nouettes (R. des) . . . . . **CY** 44

Palais-de-Justice (Pl.) . . **BZ** 46
Pasteur (Bd) . . . . **CY** 47
Président-Kennedy
(Prom.) . . . . **CY** 48
Rhin-et-Danube (Av.) . . . **CY** 50
Roosevelt (Bd F.) . . . . . **AZ** 53
St-Michel (⊟) . . . . **CZ** 54
St-Nicolas (R.) . . . . **AY** 55
St-Pierre (⊟) . . . . **BY**
Sauniers (R. des) . . . . . **AY** 57

978

🏠 **Roches Noires** sans rest, 12 prom. G.-Clemenceau ☏ 32.01.71, ← – 🛁wc 🚿wc
⬚   BY **s**
14 avril-30 sept. – SC : ⌂ 18,50 – **27 ch** 150/270.

🏠 **Chêne Vert** Ⓜ, 5 r. Bauduère ☏ 32.09.47 – 🛗 🛁wc 🚿wc ⬚   CZ **p**
← fermé 20 sept. au 15 oct, 15 déc. au 15 janv., sam. (sauf hôtel) et dim. du 15 oct. au
1er juin – SC : **R** 38/50 🍴 – ⌂ 13,50 – **33 ch** 122/235 – P 155/190.

🏠 **Merle Blanc** sans rest, 59 av. A.-Briand ☏ 32.00.35, 🌿 – 🚿   CY **t**
20 mars-30 sept. – SC : ⌂ 14 – **31 ch** 58/145.

🏠 **Chez Antoine**, 60 r. Napoléon ☏ 95.08.36 – 🛁wc 🚿wc. 🍴   AZ **a**
20 mars-30 sept. – SC : **R** (dîner seul.) 65/70 – ⌂ 14 – **19 ch** 90/160.

🏠 **Alizé H.** sans rest, 78 av. Alcide-Gabaret ☏ 32.44.90 – 🛁 🚿. 🍴   BY **n**
1er avril-fin sept. – SC : ⌂ 14 – **22 ch** 70/145.

🏠 **L'Étoile** sans rest., 67 cours Blossac ☏ 32.02.05 – 🚿wc. 🍴   CZ **u**
1er avril-30 sept. – SC : ⌂ 16,50 – **24 ch** 78/138.

🏠 **Les Hirondelles**, 44 r. Corderies ☏ 95.10.50 – 🛗 🚿wc ℗   CZ **r**
hôtel : 1er avril-20 sept., rest. : 1er juin-20 sept. – SC : **R** 72/75 – ⌂ 13 – **60 ch** 75/160
P 152/192.

🏠 **Pins et le Calme**, 43 av. A.-Briand ☏ 32.03.18 – 🚿   CY **v**
Pâques-30 sept. – SC : **R** 70 – ⌂ 14 – **50 ch** 75 – P 154/192.

🏠 **La Pergola**, 8 prom. G.-Clemenceau ☏ 32.04.64 – 🛁wc 🚿wc ⬚   BY **s**
9 ch.

XX **Au Capitaine**, 5 quai Guiné ☏ 95.18.10 – 🅰🅴 🅾 🇪 💳   AZ **s**
fermé oct., 17 au 27 déc., 4 au 13 mars, dim. soir (sauf juil.-août) et lundi – SC : **R**
carte 150 à 220.

X **Théâtre**, 20 bd F.-Roosevelt ☏ 32.00.92 ▦   AZ **d**
← 1er fév.-30 sept. ; fermé lundi de juil. à sept., mardi soir et merc. hors sais. – SC : **R**
45/100.

à la Chaume Ouest du plan – AY – ✉ 85100 Les Sables-d'Olonne :

XX **Loulou**, rte Bleue ☏ 32.00.22, ← côte sauvage – ℗. 🅰🅴 🇪 💳
fermé 3 au 27 oct., le soir du 15 nov. au 31 mars, lundi soir et mardi hors sais. – SC :
R 65/110.

X **Paix**, 20 quai George-V ☏ 95.11.52 – 🅰🅴 🅾 🇪 💳   AY **f**
← 10 mai-20 oct. et fermé lundi hors sais. – SC : **Le Dauphin** (r. de ch.) **R** 47/75 - (1er
étage) **R** 75/127.

à l'Anse de Cayola SE : 7 km par D 32A, route de la Corniche CY – ✉ 85100 Les
Sables-d'Olonne :

XX **Relais de Cayola**, ☏ 95.11.16, ←, 🏵 – ℗. 🅰🅴 🅾 💳
← 1er fév.-15 nov. et fermé mardi – SC : **R** 50/120.

CITROEN Gar. Gambetta, rte de Talmont, le   RENAULT Central Gar., 6 rte de Nantes à
château d'Olonne par ④ ☏ 32.01.63   Olonne sur Mer ☏ 32.51.07
LANCIA-AUTOBIANCHI Morilleau, 8 r. Volta   V.A.G. Tixier, rte la Rochelle, la Mouzinière ☏
☏ 32.03.74   32.41.04
PEUGEOT-TALBOT Gar. de Vendée, rte Tal-
mont, Le Chateau d'Olonne par ④ ☏ 32.36.18   ⓖ Vulc. Sablaise, 14 av. J.-Jaurès ☏ 32.03.92

SABLES-D'OR-LES-PINS 22 C.-du-N. 🗺 ④ G. Bretagne – ✉ 22240 Fréhel – ⓑ 96.
🏌 ☏ 41.42.57, SE.
🅱 Syndicat d'Initiative pl. Fêtes (fin juin-début sept. et fermé dim.) ☏ 41.51.97.
Paris 445 – Dinan 44 – Dol-de-Bretagne 59 – Lamballe 27 – St-Brieuc 39 – St-Cast 20 – St-Malo 45.

🏠 **Bon Accueil**, ☏ 41.42.19, 🌿 – 🛗 🛁wc ⬚ & ℗. 🍴 rest
14-29 avril et 19 mai-23 sept. – SC : **R** 59/180 – ⌂ 20 – **40 ch** 85/240 – P 178/245.

🏠 **Manoir St-Michel** 🍴 sans rest, à la Carquois, E : 1,5 km ☏ 41.48.87, 🌿 –
🛁wc 🚿wc ☏ ℗. 🍴
15 mars-31 oct. – SC : ⌂ 20 – **18 ch** 140/220.

🏠 **Ajoncs d'Or**, ☏ 41.42.12, 🌿 – 🛁wc ⬚ ℗. 🍴 rest
Pâques (sans rest.) et 19 mai-25 sept. – SC : **R** 56/140 – ⌂ 20 – **75 ch** 70/240 – P
160/250.

🏠 **Dunes d'Armor et Mouettes** sans rest, ☏ 41.42.06, 🌿 – 🛁wc ⬚ ℗. 🅰🅴 💳
Pentecôte-15 sept. – SC : ⌂ 20 – **65 ch** 60/230.

🏠 **Voile d'Or**, ☏ 41.42.49, ←, 🌿 – 🛁wc 🚿wc ☏ ℗. 🍴
1er mars-15 nov. et fermé lundi hors sais. – SC : **R** 58/130 – ⌂ 18 – **16 ch** 95/165 –
P 152/210.

🏠 **Diane** sans rest, ☏ 41.42.07, 🌿 – 🛁wc 🚿wc ⬚ ℗. 🅰🅴
20 mai-17 sept. – SC : ⌂ 20 – **50 ch** 75/240.

🏠 **Morgane** Ⓜ sans rest, ☏ 41.46.90, 🌿 – 🛁wc 🚿wc ⬚ & ℗. 🍴
Pâques et 1er juin-20 sept. – SC : ⌂ 20 – **20 ch** 160/260.

🏠 **Pins**, ☏ 41.42.20, 🌿 – ℗. 🇪 💳
25 mars-30 sept. – SC : **R** 58/105 – ⌂ 18 – **22 ch** 85/90 – P 130/145.

à la Plage du Vieux Bourg de Pléhérel E : 3,5 km par D 34 – ⊠ **22240** Fréhel :

🏠 **Plage et Fréhel** ⤳, ℡ 41.40.04, ≤, 🚗 – ⌂wc 🛁 🅿. ⚶ rest
↝ *Pâques-début oct. et vac. de nov.* – SC : **R** 49/117 – **30 ch** ⊑ 86/180 – P 128/165.

Gar. Hamon, ℡ 41.42.48

SABLÉ-SUR-SARTHE 72300 Sarthe 🗟🗟 ① **G. Châteaux de la Loire** – 12 721 h. alt. 27 –
✪ 43 – A.C.O. Mairie ℡ 95.04.17.

Paris 252 ③ – Angers 52 ⑥ – La Flèche 26 ④ – Laval 42 ⑦ – ◆Le Mans 48 ③ – Mayenne 59 ⑦.

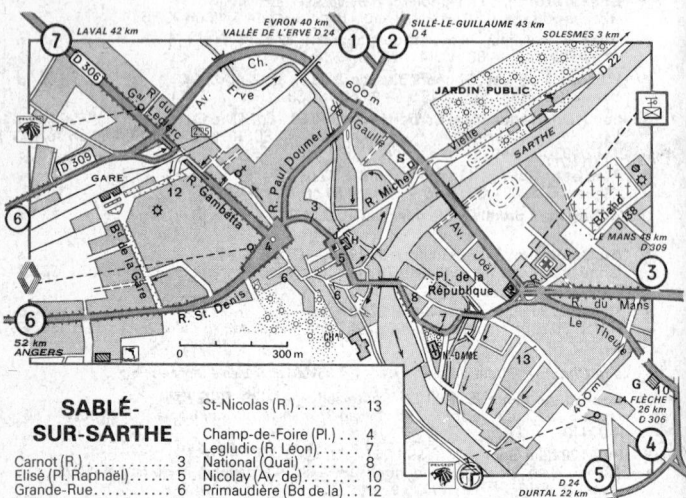

SABLÉ-SUR-SARTHE

Carnot (R.)	3
Elisé (Pl. Raphaël)	5
Grande-Rue	6
St-Nicolas (R.)	13
Champ-de-Foire (Pl.)	4
Legludic (R. Léon)	7
National (Quai)	8
Nicolay (Av. de)	10
Primaudière (Bd de la)	12

🏠 **Campanile,** 9 av. Ch. de Gaulle (s) ℡ 95.30.53, 🚗 – ⌂wc ☎ ♿ 🅿. 𝗩𝗜𝗦𝗔
SC : **R** 60 bc/81 bc – 🍽 22 – **30 ch** 157.

à Solesmes NE : 3 km par D 22 – ⊠ **72300** Sablé-sur-Sarthe.

Voir Saints de Solesmes★★ dans église abbatiale (chant grégorien) – Pont ≤★.

🏨 **Gd Hôtel** 🅼, ℡ 95.45.10, Télex 722903, 🚗 – 📺 ⌂wc 🛁 ☎ – 🔬 100. 🆎 ① E
𝗩𝗜𝗦𝗔
fermé fév. et dim. soir du 1er nov. au 1er mars – SC : **R** *(fermé lundi du 1er nov. au 1er mars et dim. soir)* 74/170 – 🍽 22 – **32 ch** 150/250 – P 210/340.

BMW, FIAT, LANCIA-AUTOBIANCHI Viaduc-Autos, av. Gén.-de-Gaulle ℡ 95.04.42
CITROEN Gar. Gayet, rte du Mans par ③ ℡ 95.06.51
PEUGEOT Gar. Hennequin, 109 r. Gén.-Leclerc ℡ 95.01.32
PEUGEOT-TALBOT Sablé-Auto-Diffusion, 113 r. St-Nicolas ℡ 95.00.82

RENAULT Fressonnet, 13 pl. Champ-de-Foire ℡ 95.01.42
VAG Gar. Bodinier, 3 r. du rôle à Solesmes ℡ 95.45.08

⊕ Perry-Pneus, r. du Pont ℡ 92.20.35

Les SABLETTES 83 Var 🗟🗟 ⑮ **G. Côte d'Azur** – Casino – ⊠ **83500** La Seyne-sur-Mer –
✪ 94 – **Voir Presqu'île de St-Mandrier★** : ⁂★★.

Paris 838 – Aix-en-Provence 79 – La Ciotat 35 – ◆Marseille 62 – ◆Toulon 10.

🏠 **Provence-Plage,** ℡ 94.84.38, ≤ – 🕼 ⌂wc 🛁wc ☎ 🅿. 𝗩𝗜𝗦𝗔. ⚶ rest
↝ SC : **R** 50/100 – 🍽 15 – **18 ch** 115/157 – P 232/260.

à St-Elme E : 2,5 km par D 18 – ⊠ **83500** La Seyne-sur-Mer :

🍴🍴 **Rest. La Jetée,** 1er étage ℡ 94.77.60, ≤ – 𝗩𝗜𝗦𝗔
fermé 2 au 30 janv., lundi sauf juil.-août et fériés, le soir du 1er oct. à Pâques – SC : **R** carte 120 à 190.

SABRES 40630 Landes 🗟🗟 ④ **G. Côte de l'Atlantique** – 1 104 h. alt. 78 – ✪ 58.
Voir Ecomusée ★ de plein air de Marquèze NO : 4 km.
Paris 682 – Arcachon 86 – ◆Bayonne 110 – ◆Bordeaux 93 – Mimizan 40 – Mont-de-Marsan 35.

🏨 **Aub. des Pins** ⤳, ℡ 07.50.47, parc – ⌂wc 🛁 🅿. 𝗩𝗜𝗦𝗔. ⚶
fermé oct., dim. soir et lundi hors sais. – **R** 50/150 – 🍽 14 – **14 ch** 78/155 – P 140/175.

SACHÉ 37 I.-et-L. 64 ⑭ – rattaché à Azay-le-Rideau.

SACLAY 91 Essonne 60 ⑩, 101 ㉓ – voir à Paris, Environs.

SAGY 71 S.-et-L. 70 ⑬ – rattaché à Louhans.

SAHORRE 66 Pyr.-Or. 86 ⑰ – rattaché à Vernet-les-Bains.

SAIGNES 15240 Cantal 76 ② G. Auvergne – 957 h. alt. 500 – ✆ 71.
Paris 478 – Aurillac 83 – ♦Clermont-Ferrand 92 – Mauriac 27 – Le Mont-Dore 57 – Ussel 38.

  🏠 **Relais Arverne**, ☎ 40.62.64 – 🛏wc 🔔 ☎ 🅿. 🄴 VISA
  ➤ *fermé 15 janv. au 15 fév., vend. soir et sam. midi du 1er oct. à Pâques sauf fériés* –
  SC : **R** 40/110 ⅃ – ⇌ 14 – **11 ch** 65/125 – P 85/155.

  🏠 **Les Terrasses** ⑤, ☎ 40.63.75 – 🔔. 🄴. ⚘ ch
  ➤ *fermé 15 déc. au 31 janv.* – SC : **R** 44/75 ⅃ – ⇌ 12 – **10 ch** 43/70 – P 100/120.

SAILLAGOUSE 66800 Pyr.-Or. 86 ⑯ G. Pyrénées – 837 h. alt. 1 305 – ✆ 68.
Voir Gorges du Sègre★ E : 2 km.
🛈 Office de Tourisme à la Mairie (juil.-août et fermé dim.) ☎ 04.72.89.
Paris 1 003 – Bourg-Madame 9 – Font-Romeu 12 – Mont-Louis 12 – ♦Perpignan 91.

  🏩 **Planotel** Ⓜ ⑤, ☎ 04.72.08, ≤, ⛢ – 🛏wc 🔔 ☎ 🅿. VISA. ⚘
  Pâques, 1er juin-30 sept. et vacances scolaires d'hiver – SC : **R** voir H. Planes – ⇌
  18 – **20 ch** 80/175 – P 135/180.

  🏩 **Planes** (La Vieille Maison Cerdane), ☎ 04.72.08 – 🛏wc 🔔 ☎. ⚘ ch
  fermé 13 oct. au 15 déc. – SC : **R** 63/140 – ⇌ 18 – **21 ch** 90/170 – P 160/170.

  à Llo E : 2 km par D 33 – ✉ **66800** Saillagouse.
  Voir Site★.

  🏩 **Aub. Atalaya** ⑤, ☎ 04.70.04, ≤, « Jolie auberge rustique », ⛢ – 🛏wc ☎ 🅿.
  ①. ⚘ rest
  fermé 5 nov. au 15 déc. – SC : **R** *(fermé lundi hors sais.)* 90/150 – ⇌ 21 – **7 ch**
  225/260 – P 300/410.

  à Eyne NE : 8 km par N 116 et D 29 – ✉ **66800** Saillagouse :

  🏩 **Aub. d'Eyne** Ⓜ ⑤, ☎ 04.71.12, ≤, ⛢ – 🛏wc 🔔 ☎ 🚗 🅿. ⚘ rest
  fermé nov. – SC : **R** *(fermé merc. midi hors sais.)* 97/150 – ⇌ 30 – **11 ch** 205/254 –
  P 378/465.

CITROEN Ets Rougé, ☎ 04.70.55   RENAULT Gar. Domenech, ☎ 04.70.30

Pour visiter une région,
les trois inséparables Michelin : le guide Rouge,
    le guide Vert,
    la carte à 1/200 000.

SAIL-LES-BAINS 42 Loire 73 ⑦ – 316 h. alt. 310 – Stat. therm. (15 mai-30 sept.) – ✉ **42310** La
Pacaudière – ✆ 77.
Paris 367 – Digoin 40 – Lapalisse 24 – Roanne 33 – ♦St-Étienne 110 – St-Martin-d'Estréaux 7.

  🏠 **Gd Hôtel** ⑤, ☎ 64.30.81, ≤, « Grand parc », ⚒, – 🛗 🛏wc 🔔wc ☎ 🅿. ⚘ rest
  ➤ *15 mai-fin sept.* – SC : **R** 44/150 – ⛝ 20 – **32 ch** 88/220 – P 132/297.

SAINS-DU-NORD 59177 Nord 53 ⑥ – 3 409 h. alt. 240 – ✆ 27.
Paris 205 – Avesnes-sur-Helpe 7 – Fourmies 10 – Guise 39 – Hirson 23 – ♦Lille 106 – Vervins 34.

  ✗ **Centre** avec ch, r. Léo-Lagrange ☎ 59.15.02 – 🅿. 🄰🄴 🄴 VISA. ⚘
  ➤ *fermé 16 août au 1er sept. et lundi* – **R** 38/93 ⅃ – ⇌ 11 – **8 ch** 50/70.

ST-AFFRIQUE 12400 Aveyron 80 ⑬ G. Causses – 9 188 h. alt. 329 – ✆ 65.
🛈 Office de Tourisme bd Verdun (15 juin-15 sept. et fermé dim.) ☎ 99.00.05.
Paris 662 ② – Albi 82 ④ – Castres 94 ④ – Lodève 72 ② – Millau 31 ② – Rodez 81 ①.

Plan page suivante

  🏠 **Moderne**, à la gare (a) ☎ 49.20.44 – 🛏wc 🔔wc ☎. 🄴 VISA
  ➤ *fermé 15 déc. au 15 janv.* – SC : **R** 49/190 ⅃ – ⇌ 15 – **39 ch** 71/157 – P 138/171.

  🏠 **Le Majestic**, rte Albi par ④ ☎ 99.00.07 – 🔔wc ☎. 🅿
  ➤ *fermé 1er nov. au 10 janv.* – SC : **R** *(fermé lundi midi)* 43/90 ⅃ – ⇌ 15 – **13 ch**
  70/115.

CITROEN Bousquet, 29 bd V.-Hugo ☎ 49.30.15   ⓐ Laurens, 47 bd Verdun ☎ 99.07.91
PEUGEOT-TALBOT Pujol, 36 bd E.-Borel ☎   Maury, rte de Vabres, Le Vern ☎ 99.06.83
49.21.09
TALBOT Martin, av. J.-Bourgougnon ☎ 99.
01.42

33   981

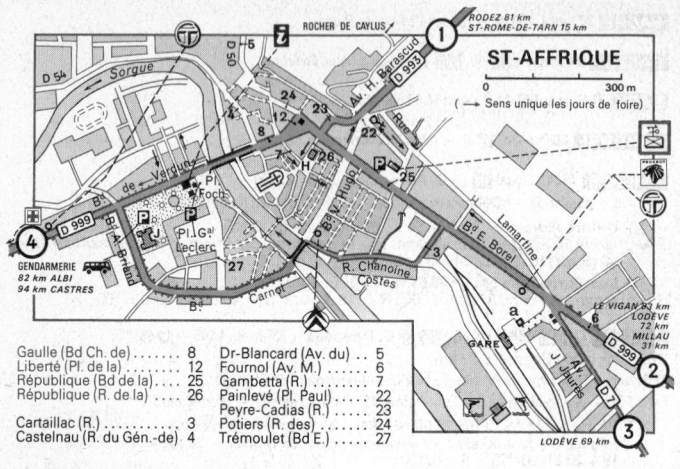

ST-AFFRIQUE

RODEZ 81 km
ST-ROME-DE-TARN 15 km

ROCHER DE CAYLUS

0   300 m

(⟶ Sens unique les jours de foire)

GENDARMERIE
82 km ALBI
94 km CASTRES

LE VIGAN 90 km
LODÈVE
72 km
MILLAU
31 km

LODÈVE 69 km

Gaulle (Bd Ch. de)	8	Dr-Blancard (Av. du)	5
Liberté (Pl. de la)	12	Fournol (Av. M.)	6
République (Bd de la)	25	Gambetta (R.)	7
République (R. de la)	26	Painlevé (Pl. Paul)	22
		Peyre-Cadias (R.)	23
Cartaillac (R.)	3	Potiers (R. des)	24
Castelnau (R. du Gén.-de)	4	Trémoulet (Bd E.)	27

ST-AGNAN-EN-VERCORS 26 Drôme **77** ⑭ – rattaché à la Chapelle-en-Vercors.

ST-AGRÈVE 07320 Ardèche **76** ⑨⑲ G. Vallée du Rhône (plan) – 2 723 h. alt. 1 050 – ✆ 75.

Voir Mont Chiniac ≤★★.

🛈 Syndicat d'Initiative à la Mairie (Pâques après-midi seul., 15 juin-15 sept. et fermé dim.) ☏ 30.15.06.

Paris 604 – Aubenas 76 – Lamastre 21 – Privas 73 – Le Puy 52 – ♦St-Étienne 73 – Yssingeaux 39.

🏨 **Faurie,** 36 av. Cévennes ☏ 30.11.60, 🍴 – ⌂wc 🅿 🐾 🅿. 🛏 rest
Pentecôte-fin sept. – SC : **R** 70/90 ⅄ – ⴷ 14 – **30 ch** 70/150 – P 140/170.

🏨 **Boissy-Teyssier,** ☏ 30.12.43 – 🅿 ⇔ ❶
↔ fermé 25 sept. au 25 oct. et sam. – SC : **R** 48/90 – ⴷ 14 – **11 ch** 72/95 – P 140/160.

🏠 **Cévennes,** ☏ 30.10.22 – 🅿 🛏 rest
↔ fermé 1er au 15 sept., 15 au 30 nov., 20 au 28 fév. et merc. du 15 sept. au 30 juin –
SC : **R** 48/110 – ⴷ 14,50 – **10 ch** 74/92 – P 130/165.

CITROEN Debard, ☏ 30.15.22 **Ⓝ**   RENAULT Gar. Mathias, ☏ 30.14.55
PEUGEOT, TALBOT Chazallet, ☏ 30.12.23

ST-AIGNAN 41110 L.-et-Ch. **64** ⑰ G. Châteaux de la Loire (plan) – 3 690 h. alt. 84 – ✆ 54.

Voir Église★.

🛈 Office de Tourisme (1er juil.-31 août) ☏ 75.22.85 et (hors saison) ☏ 75.13.31.

Paris 219 – Blois 39 – Châteauroux 64 – Romorantin-Lanthenay 33 – ♦Tours 61 – Vierzon 57.

🏨 **Gd H. St-Aignan,** ☏ 75.18.04, ≤ – ⌂wc 🅿wc 🅿 🐾 ⇔ – 🎩 25
fermé déc., janv., dim. soir et lundi hors sais. sauf fêtes – SC : **R** 52/130 ⅄ – ⴷ 21 –
23 ch 75/230.

🍴 **Relais Touraine et Sologne,** Le Boeuf Couronné N : 1 km ⊠ 41140 Noyers-
sur-Cher ☏ 75.15.23 – ❶. **VISA** 🛏
fermé 4 janv. au 20 fév., mardi soir et merc. hors sais. – SC : **R** 67/176.

🍴 **Gare** avec ch, à la gare de Noyers N : 2 km sur D 675 ⊠ 41140 Noyers-sur-Cher ☏
↔ 75.16.38 – ❶
fermé 2 janv. au 2 fév., dim. soir et lundi – SC : **R** 46/135 ⅄ – ⴷ 16 – **11 ch** 60/98 –
P 130/170.

CITROEN Gar. St-Michel, ☏ 75.23.92 **Ⓝ**   RENAULT Rolland, Noyers-sur-Cher ☏ 75.
PEUGEOT-TALBOT Gar. Danger, La Croix-   20.45 **Ⓝ** ☏ 75.34.50
Michel ☏ 75.19.72

ST-AIGULIN 17360 Char.-Mar. **75** ③ – 2 220 h. alt. 31 – ✆ 46.

Paris 509 – Angoulême 64 – Bergerac 68 – Jonzac 49 – Libourne 38 – Périgueux 71.

🏠 **France,** pl. Gare ☏ 04.80.08, 🍴, 🍴 – ⇔ ❶
↔ fermé 1er au 21 oct., vacances de fév. et vend. du 1er sept. au 15 mai – SC : **R** 36/100
⅄ – ⴷ 16 – **12 ch** 65/180 – P 140/160.

ST-ALBAIN (Aire de) 71 S.-et-L. **69** ⑲ – Aire de Service A6 - voir à Mâcon.

ST-ALBAN-DE-MONTBEL 73 Savoie **74** ⑮ – rattaché à Aiguebelette (Lac d').

ST-ALBAN-LES-EAUX 42 Loire 🔢 ⑦ – 813 h. alt. 470 – ⊠ **42370** Renaison – ⓒ 77.

Paris 388 – Lapalisse 45 – Montbrison 59 – Roanne 12 – ◆St-Étienne 90 – Thiers 54 – Vichy 62.

　XX **St-Albanais,** �📞 65.84.23 – ⓟ
　→　*fermé août, mardi soir et merc.* – SC : **R** 45/120 🍴.

ST-ALBAN-SUR-LIMAGNOLE 48120 Lozère 🔢 ⑮ – 2 160 h. alt. 950 – ⓒ 66.

Paris 538 – Espalion 74 – Mende 41 – Le Puy 75 – St-Chély-d'Apcher 13 – Sévérac-le-Château 84.

　🏠 **Centre** Ⓜ, �📞 31.50.04 – 🛏 🍴 ⛤wc ⚙. 🍴 rest
　→　*fermé janv.* – SC : **R** *(fermé dim. soir du 1er nov. à Pentecôte)* 39/86 🍴 – �ⵣ 15,50 –
　　20 ch 61/165 – P 120/170.

ST-AMAND-LES-EAUX 59230 Nord 🔢 ⑦ G. **Nord de la France** – 16 384 h. alt. 17 – Stat.
therm. (1er mars-15 déc.) et Casino par ② : 4 km – ⓒ 27.

Voir Tour★ de l'abbaye B D – Parc naturel régional de St-Amand-Raismes★ par ②.

🛈 Office de Tourisme Tour Abbatiale (fermé lundi hors sais. et mardi) �📞 48.67.09.

Paris 215 ③ – Denain 15 ③ – Douai 33 ④ – ◆Lille 39 ④ – Tournai 18 ① – Valenciennes 14 ③.

Orchies (R. d') .... **B** 9
Thiers (R.) .... **B** 12

Ancienne-Poste (R. de l'). **B** 2
Bruille (R. du) .... **B** 3
Collège (Av. du) .... **C** 4
Dumoulin (R. Mathieu) ... **B** 5
Grande-Place .... **B** 7
Libération (R. de la) ..... **A** 8
Tournai (R. de) .... **B** 13
Valenciennes (R. de) ..... **B** 14

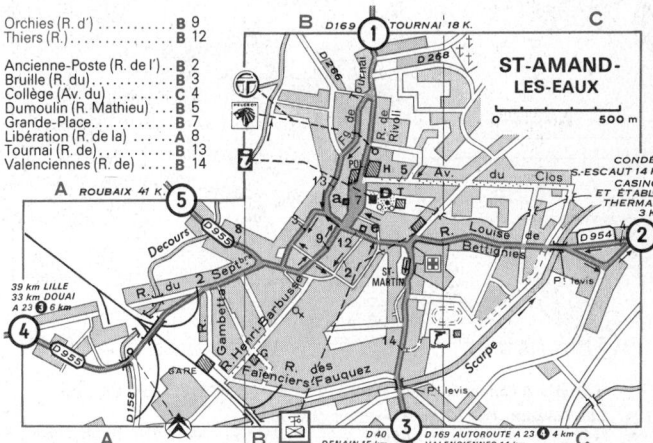

　🏠 **La Tour** sans rest, 19 r. Thiers �📞 48.45.31 – 🛏 ⛤wc 🍴 ⚙. ⒶⒺ Ⓔ 𝗩𝗜𝗦𝗔 　　B **e**
　→　*fermé août* – SC : ⵣ 16 – **19 ch** 65/148.

　XX **Aub. de la Forêt,** rte de Raismes par ③ : 4 km �📞 47.80.99 – ⓟ.

　X **Brasserie Alsacienne,** 23 Gde-Place �📞 48.50.62 – 𝗩𝗜𝗦𝗔 　　　　　　　　　B **a**
　→　*fermé août et lundi sauf fériés* – SC : **R** 56/88 🍴.

CITROEN, Gar. Waymel, rte de Lille, Zone Ind.　　　ⓝ Europneus, 1 r. Gambetta �📞 48.54.43
Louis Leblanc �📞 48.79.51 Ⓝ �📞 48.26.69
PEUGEOT-TALBOT Gar. Guyot, 10 r. de Rivoli
�📞 48.11.11

ST-AMAND-MONTROND ◄◆► 18200 Cher 🔢 ①⑪ G. **Périgord** – 12 801 h. alt. 162 – ⓒ 48.

Voir Ancienne abbaye de Noirlac★ 4 km par ⑦.

Env. Château de Meillant★★ 8 km par ①.

🛈 Office de Tourisme pl. République (fermé dim.) �📞 96.16.86.

Paris 271 ⑦ – Bourges 44 ⑦ – Châteauroux 67 ⑥ – Montluçon 49 ④ – Moulins 85 ③ – Nevers 77
③.

Plan page suivante

　🏠 **Poste,** 9 r. Dr-Vallet �📞 96.27.14 – ⛤wc 🍴 ⚙. ⓟ　　　　　　　　　AB **s**
　　24 ch.

　🏠 **Croix d'Or,** 28 r. 14 Juillet �📞 96.09.41 – ⛤wc 🍴. 🍴 ch　　　　　　　　A **e**
　→　SC : **R** *(fermé vend. soir hors sais. sauf fêtes)* 43/121 🍴 – ⵣ 13,50 – **16 ch** 67/130.

　XX **Pont du Cher** avec ch, 2 av. Gare �📞 96.00.51, <, 🎇 – 🍴 ⚙. 🚗 ⓟ　　　　A **n**
　→　*fermé 21 oct. au 21 nov. et lundi sauf fériés* – SC : **R** 50/90 – ⵣ 12 – **13 ch** 55/105 –
　　P 110/130.

　XX **Boeuf Couronné,** 86 r. Juranville �📞 96.42.72 – ⓟ　　　　　　　　　　A **a**
　→　*fermé sept. et merc. sauf août* – SC : **R** 50/110 🍴.

ST-AMAND-MONTROND

Barbusse (R. Henri) ..... **AB**
Mutin (Pl.) .... **B** 13
Mutin (R. Porte) .... **B** 14
Nationale (R.) .... **B** 15

Audebrand (R. Philibert) .... **B** 2
Constant (R. B.) .... **B** 3
Dr-Vallet (R. du) .... **AB** 4
Dubreuil (Promenades) ... **B** 5
Fleurus (Cours) .... **B** 6
Foch (Av. Mar.) .... **B** 7
Gare (Av. de la) .... **A** 9
Giraud (Pl. Jean) .... **A** 10
Hôtel-Dieu (R. de l') ...... **B** 12

Petit-Vougan (R. du) ...... **A** 16
Pont-Pasquet (R. du) ..... **B** 17
Porte-de-Bourges (R.) .... **B** 18
Porte-Verte (R.) .... **B** 19
Pyat (R. Félix) .... **A** 20
République (Av. de la) .... **B** 23
République (Pl. de la) ..... **B** 24
Rochette (R.) .... **B** 25
Vallette (R. J.) .... **B** 28
Vieilles-Prisons (R. des) ... **B** 29

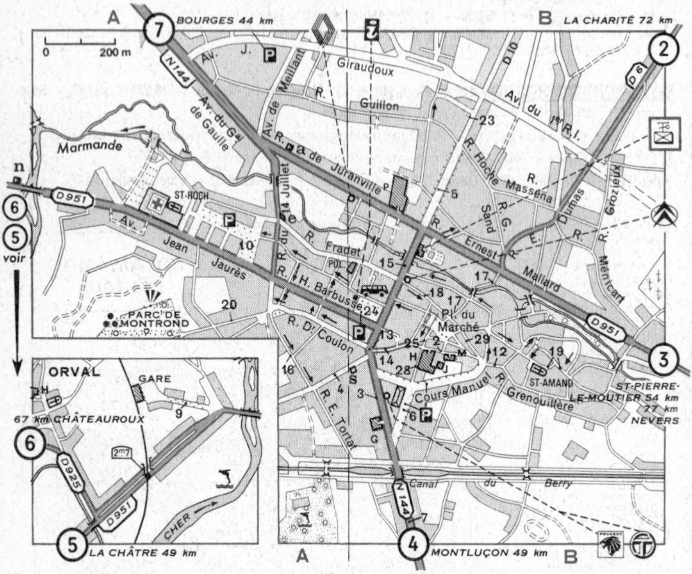

*à **Bruère-Allichamps*** par ⑦ et D 35 : 8,5 km – ✉ **18200** St-Amand-Montrond :

Les Tilleuls, ☎ **61.02.75,** ≤ – wc wc Ⓟ
fermé 21 au 31 déc., fév. et merc. – SC : **R** 37/70 – 13,50 – **10 ch** 69/83 – P 116/137.

CITROEN St Amand Autom., 34 r. Nationale ☎ 96.03.94
PEUGEOT TALBOT Desson, 15 r. B.-Constant ☎ 96.10.07
PEUGEOT-**TALBOT** Berrichonne Automobile, 33 rte de Lignières à Orval par ⑥ ☎ 96.09.16 N ☎ 96.23.15
RENAULT Gar. Centre, 45 r. Juranville ☎ 96.05.89
Chassagnard, 19 r. Petit-Vougan ☎ 96.11.21

ST-AMBROIX **30500** Gard **80** ⑧ – **3 847 h. alt. 151** – **66.**

Paris 688 – Alès 19 – Aubenas 55 – Mende 102.

*à **St-Brès*** N : 1,5 km par D 904 – ✉ **30500** St-Ambroix :

Aub. de Brès Ⓜ, ☎ **24.10.79,** – wc wc ☎ Ⓟ. AE E
fermé 1er au 15 janv. – SC : **R** 48/180 – 18,50 – **7 ch** 117/152 – P 232/257.

*à **Courry*** NO : 7 km par D 904 – ✉ **30500** St-Ambroix :

XX **Aub. Croquembouche** Ⓜ avec ch, ☎ **24.13.30,** – wc ☎ Ⓟ. E. rest
fermé 16 fév. au 14 mars et merc. de juin à fin sept. – SC : **R** 60/100 – 20 – **5 ch** 185 – P 240.

RENAULT Gar. Mayenobe, ☎ 24.01.64
Thomas, ☎ 24.17.91

ST-AMOUR **39160** Jura **70** ⑬ – **2 620 h. alt. 253** – **84.**

Syndicat d'Initiative pl. Chevalerie (27 juin-10 sept. et fermé dim.) ☎ 48.76.69 et à la Mairie (fermé merc., sam. après-midi et dim.) ☎ 48.74.77.

Paris 412 – Bourg-en-B. 28 – Chalon-sur-Saône 74 – Lons-le-Saunier 33 – Mâcon 57 – Tournus 47.

Alliance, ☎ **48.74.94,** « **Demeure du 17e s** », – wc wc ☎. VISA
fermé mars, jeudi midi, dim. soir et lundi hors sais. – SC : **R** 41/147 – 18 – **16 ch** 65/140.

RENAULT Gar. Comas, ☎ 48.73.52 N

ST-ANDIOL 13670 B.-du-R. 🔢 ① – 2 372 h. alt. 52 – ✪ 90.

Paris 698 – Aix-en-Provence 58 – Arles 37 – Avignon 18 – Cavaillon 10 – ◆Marseille 83 – Nîmes 54.

🏩 **Motel Garden Center,** N : 2 km rte d'Avignon ☎ 95.02.60, Télex 431201 –
☰ rest 🍴wc 🛁 & 🄿 – 🔒 45. 🄰🄴 🄾 🄴 𝖵𝖨𝖲𝖠
*fermé 15 au 31 oct. et 15 au 31 janv. – SC : **R** (fermé dim.) 60/90 – 🍽 18 – **21 ch**
125/160 – P 250/300.*

ST-ANDRÉ-D'APCHON 42 Loire 🔢 ⑦ **G. Vallée du Rhône** – 1 699 h. alt. 417 – ✉ 42370
Renaison – ✪ 77.

Paris 386 – Lapalisse 42 – Montbrison 61 – Roanne 11 – ◆St-Étienne 89 – Thiers 55 – Vichy 60.

XX **Lion d'Or** avec ch, ☎ 65.81.53 – ⎣wc 🍴. 𝖵𝖨𝖲𝖠
*fermé 16 au 30 juil., 2 au 23 janv., dim. soir et lundi – SC : **R** 68/180 – 🖵 18 – **6 ch**
78/155.*

ST-ANDRÉ-DE-CORCY 01390 Ain 🔢 ② – 2 131 h. alt. 297 – ✪ 7.

Paris 456 – Bourg-en-Bresse 38 – ◆Lyon 24 – Meximieux 21 – Villefranche-sur-Saône 24.

à **St-Marcel** N : 3 km par N 83 – ✉ 01390 St-André-de-Corcy :

🏩 **Manoir des Dombes** 🔖 sans rest, ☎ 881.13.37, 🌿 – ⎣wc 🕾 🄿. 🄰🄴 🄾
*fermé 23 déc. au 31 janv. et dim. hors sais. – SC : 🖵 22 – **16 ch** 140/285.*

XX **La Colonne,** ☎ 881.11.06 – 🄰🄴 🄴 𝖵𝖨𝖲𝖠
*fermé 15 déc. au 15 janv., lundi soir et mardi – SC : **R** 90/120.*

PEUGEOT-TALBOT Gar. Durand, ☎ 881.11.60

ST-ANDRÉ-DE-CUBZAC 33240 Gironde 🔢 ⑧ – 5 243 h. alt. 30 – ✪ 57.

🄴 Syndicat d'Initiative 143 r. Nationale (15 juin-15 sept., fermé dim. et lundi) ☎ 43.34.40.

Paris 559 – Angoulême 93 – Blaye 26 – ◆Bordeaux 25 – Jonzac 63 – Libourne 20 – Saintes 94.

à **Gueynard** NE : 8 km sur N 10 – ✉ 33240 St-André-de-Cubzac :

XX **Le Girondin** avec ch, ☎ (57) 68.71.32 – 🍴wc 🕾 & 🄿
*fermé mi-déc. à mi-janv., mardi soir et merc. – SC : **R** 42/142 – 🖵 11 – **10 ch** 70/95.*

FORD Gar. de l'Europe, ☎ 43.03.95
OPEL Gar. Abbadie, ☎ 43.01.42
PEUGEOT, TALBOT Gar. Cluzeau, ☎ 43.10.77

RENAULT Nord-Gironde-Auto, N 137 à Pu-
gnac ☎ 68.80.50

ST-ANDRÉ-LES-ALPES 04170 Alpes-de-H.-Pr 🔢 ⑱ **G. Côte d'Azur** – 861 h. alt. 894 – ✪ 92.

Voir Route de Toutes Aures★ SE.

Paris 788 – Castellane 21 – Colmars 28 – Digne 43 – Manosque 84 – Puget-Théniers 45.

🏩 **Monge** 🔖 sans rest, ☎ 89.01.06, 🌿 – ⎣wc 🍴wc 🕾 🄿. 𝖵𝖨𝖲𝖠. ❄
*15 mars-15 oct. – SC : 🖵 15 – **24 ch** 70/130.*

🏩 **Gd Hôtel** 🔖, à la gare ☎ 89.05.06, 🌿 – 🍴 🄿. ❄ rest
*1er mai-fin sept. – SC : **R** 42/92 🍷 – 🖵 13,50 – **24 ch** 58/88 – P 155/170.*

X **Gd. H. Parc** avec ch, pl. Église ☎ 89.00.03, 🌿, 🌿 – ⎣ 🍴 🚗 🄿
*1er fév.-15 nov. – SC : **R** 46/109 – 🖵 17,50 – **12 ch** 65/110 – P 140/175.*

CITROEN Chabot, ☎ 89.00.01 🅽

PEUGEOT TALBOT Rouvier, ☎ 89.03.02 🅽 ☎
89.03.79

ST-ANDRÉ-LES-VERGERS 10 Aube 🔢 ⑯ – rattaché à Troyes.

ST-ANTHÈME 63660 P.-de-D. 🔢 ⑰ **G. Vallée du Rhône** – 1 023 h. alt. 940 – Sports d'hiver ;
1 200/1 450 m ⚡3 – ✪ 73.

Paris 458 – Ambert 22 – ◆Clermont-Ferrand 111 – Montbrison 24.

🏩 **Voyageurs,** ☎ 95.40.16 – ⎣wc 🍴wc 🚗. 🄴
*1er mai-1er nov., vacances scol. de Pâques, Noël, fév., fermé dim. soir et lundi du 15
sept. à fin mai – SC : **R** 42/100 – 🖵 14,50 – **32 ch** 58/130 – P 145/170.*

ST-ANTOINE 05 H.-Alpes 🔢 ⑰ – rattaché à Pelvoux (Commune de).

ST-ANTOINE-PLOUEZOCH 29 Finistère 🔢 ⑥ – rattaché à Morlaix.

ST-ANTONIN-DU-VAR 83 Var 🔢 ⑥ – ✉ 83510 Lorgues – ✪ 94.

Paris 845 – Cannes 80 – Draguignan 20 – ◆ Marseille 94 – ◆ Toulon 76.

X **Lou Cigaloun,** ☎ 04.42.67, ≤, 🌿 – 🍴wc 🕾 🚗 🄿
*hôtel : ouvert 1er avril-30 sept. et fermé mardi ; rest : fermé 1er au 21 oct., 1er au 15
mars et mardi – SC : **R** (déj. seul. du 21 oct. au 31 mars) 48/130 🍷 – 🖵 16 – **7 ch**
143/165 – P 366/390.*

985

ST-ANTONIN-NOBLE-VAL 82140 T.-et-G. **79** ⑱ G. Périgord – 1 869 h. alt. 129 – ❀ 63.

Voir Ancien hôtel de ville★ – Gorges de l'Aveyron★ par route de corniche★★ (D 115ᴮ)
SO : 3,5 km – Paris 653 – Albi 55 – Cahors 58 – Montauban 41 – Villefranche de Rouergue 41.

　　XX　**La Fermette Heureuse**, à Ste Sabine, SE : 4 km par D 19 ℡ 30.64.13
　　　　fermé mi déc. à fin janv., merc. hors sais., jeudi et le midi sauf dim. – SC : **R** 58/150.

RENAULT Gar. Blatger, ℡ 30.61.42 **N**

ST-ARNOULT-EN-YVELINES 78730 Yvelines **60** ⑨. **196** ㉘⑩ G. Environs de Paris –
4 448 h. alt. 130 – ❀ 3.

Voir Vaisseau★ de l'église – Site★ de Rochefort-en-Yvelines NE : 4 Km.
🇫🇷 de Rochefort en Yvelines ℡ 041.31.81, NE : 5 km.

Paris 55 – Chartres 41 – Dourdan 8 – Etampes 26 – Rambouillet 14 – Versailles 36.

　　XX　**La Remarde**, ℡ 041.20.09 – ❀
　　　　fermé août, 23 au 31 déc., mardi soir et merc. – SC : **R** 60/150.

ST-AUBAN 04 Alpes-de-H.-Pr **81** ⑯ – rattaché à Château-Arnoux.

ST-AUBIN-LES-ELBEUF 76 S.-Mar. **55** ⑥ – rattaché à Elbeuf.

ST-AUBIN-SUR-MER 14750 Calvados **55** ① G. Normandie – 1 446 h. – ❀ 31.
🄸 Office de Tourisme Digue Favreau (Pâques et 1ᵉʳ juin-30 sept.) ℡ 97.30.41.

Paris 256 – Arromanches-les-Bains 19 – Bayeux 26 – Cabourg 31 – ◆Caen 18.

　　🏨　**Clos Normand,** ℡ 97.30.47, ≤, ㏖ – ⇔wc �📶wc **P**. **AE** **①** **VISA**
　　　　fin mars-début oct. – SC : **R** 62/175 – � 15,50 – **29 ch** 130/162 – P 175/200.

　　🏨　**St-Aubin,** ℡ 97.30.39, ≤ – ⇔wc ㎡. **VISA** ❀ rest
　　　　1ᵉʳ avril-30 sept. et fermé merc. sauf du 15 juin au 31 août – SC : **R** 52/171 – ⊒ 14 –
　　　　26 ch 78/150 – P 140/190.

　　🏨　**Normandie,** ℡ 97.30.17, ㏖ – ⇔wc �📶wc **P**. **AE** **E** **VISA**
　　　　◆ *20 mars-fin sept.* – SC : **R** 46/160 – ⊒ 13,50 – **26 ch** 59/117 – P 138/183.

ST-AVOLD 57500 Moselle **57** ⑮ G. Vosges – 17 023 h. alt. 230 – ❀ 8.

Paris 369 – Haguenau 115 – Lunéville 76 – ◆Metz 45 – ◆Nancy 73 – Sarrebruck 30 – Sarreguemines
28 – ◆Strasbourg 125 – Thionville 68 – Trier 96.

　　🏨🏨　**Novotel** Ⓜ, sur N 33 (échangeur A 32) ℡ 792.25.93, Télex 860966, 🍴, « A l'orée
　　　　de la forêt », ⬭, ㏖ – ▤ rest ▥ ☎ � **P** – 🛆 200. **AE** **①** **E** **VISA**
　　　　R snack carte environ 90 ⅃ – ⊒ 29 – **60 ch** 225/282.

　　🏨　**Europe,** 7 r. Altmayer ℡ 792.00.33 – ▨ ▤ ch ▥ ☎⇔wc �📶wc ☎ ⇆ **P** – 🛆 50.
　　◆　**AE** **①** **E** **VISA**
　　　　SC : **R** *(fermé sam.)* 44/200 ⅃ – ⊒ 20 – **34 ch** 186/229 – P 253/282.

　　XXX　❀ **Le Neptune** (Pauly), à la piscine ℡ 792.27.90, ≤ – **P**. **VISA** ❀
　　　　fermé 1ᵉʳ au 10 janv., 15 août au 15 sept., sam. midi, dim. soir et lundi – SC : **R** carte
　　　　170 à 260
　　　　Spéc. Poêlon aux trois poissons, Noisettes de chevreuil aux airelles (saison chasse), Gratin aux
　　　　pommes.

CITROEN Gar. Rein, 65 r. Gén.-Mangin ℡
792.23.57 **N**
FORD Gar. Moderne Charpiot, 12 r. Mar.-Foch
℡ 791.10.28
PEUGEOT-TALBOT Epin-Autom., 41 r. Foch
℡ 792.10.47

RENAULT Pierrard, 13 av. G.-Clemenceau ℡
791.12.60

⑭ Berwald, N 3 Moulin-Neuf ℡ 791.19.07
Leclerc-Pneu, 1 r. Gén.-Mangin ℡ 792.29.75

ST-AYGULF 83 Var **84** ⑱. **195** ㉝ G. Côte d'Azur – ⊠ 83600 Fréjus – ❀ 94.
🄸 Office de Tourisme pl. Poste (fermé jeudi après-midi hors sais. et dim.) ℡ 81.22.09.

Paris 880 – Brignoles 69 – Draguignan 33 – Fréjus 7 – St-Raphaël 9 – Ste-Maxime 14.

　　🏨🏨　**Catalogne** Ⓜ sans rest, ℡ 81.01.44, ≤, ⬭, ㏖ – ▨ **P**. **AE** **①** **VISA** ❀
　　　　avril-oct. – SC : ⊒ 17 – **32 ch** 240/298.

　　X　**Belle Époque,** ℡ 81.26.59 – ▤. **AE** **①**
　　　　fermé 15 janv. au 15 fév. et merc. hors sais. – **R** 65.

ST-BARTHÉLÉMY-DE-SÉCHILIENNE 38 Isère **77** ⑤ – 525 h. alt. 450 – ⊠ 38220 Vizille –
❀ 76 – Paris 592 – Le Bourg d'Oisans 26 – ◆Grenoble 27.

　　🏨　Gd Belle Lauze ⬭, S : 6 km sur D 114 ℡ 72.18.15, ≤ – **P** – **8 ch**.

ST-BENOIT 01 Ain **74** ⑭ – 548 h. alt. 210 – ⊠ 01300 Belley – ❀ 74.

Paris 495 – Belley 18 – Bourg-en-Bresse 69 – ◆Lyon 79 – La Tour-du-Pin 26 – Vienne 73 – Voiron 41.

　　X　**Pont d'Evieu,** au pont d'Evieu SO : 2,5 km ℡ 39.72.56, 🍴 – **P**. **E** **VISA**
　　◆　*fermé 5 au 26 sept. et merc.* – SC : **R** 43/120 ⅃.

ST-BENOIT 86 Vienne **68** ⑬⑭ – rattaché à Poitiers.

ST-BENOIT-SUR-LOIRE 45730 Loiret 🔟 ⑩ G. Châteaux de la Loire – 1 925 h. alt. 100 – ✪ 38.

Voir Basilique** (chant grégorien).

Paris 144 – Bourges 90 – Châteauneuf-sur-Loire 10 – Gien 31 – Montargis 43 – ✦Orléans 35.

🏠 **Labrador** ⊗ sans rest, ⌂ 35.74.38, 🚗 – 🛏wc ☎ 🅿. **E**
fermé janv. – SC : ⇌ 18 – **16 ch** 88/210.

CITROEN Bellé, ⌂ 35.74.19

ST-BÉRON 73 Savoie 🔟 ⑮ – 1 164 h. alt. 334 – ⊠ 73520 La Bridoire – ✪ 76 (Pont de Beauvoisin).

Paris 547 – Belley 40 – Chambéry 26 – ✦Lyon 85 – La Tour-du-Pin 25 – Voiron 30.

🍴 **Debauge** avec ch, pl. Gare ⌂ 31.11.16, 🏗, 🚗 – 🛏 🚗 – 🏊 30
fermé janv., fév., merc. sauf août et le soir d'oct. à mai sauf sam. et dim. – SC : **R**
55/140 – ⇌ 18 – **19 ch** 65/160 – P 150/210.

ST-BERTRAND-DE-COMMINGES 31 H.-Gar. 🔟 ⑳ G. Pyrénées (plan) – 228 h. alt. 446 – ⊠ 31510 Barbazan – ✪ 61.

Voir Site* – Cathédrale* : boiseries**, cloître** et trésor* – Basilique St-Just* de Valcabrère NE : 2 km.

Paris 816 – Bagnères-de-Luchon 33 – Lannemezan 25 – St-Gaudens 17 – Tarbes 61 – ✦Toulouse 107.

🏠 **Comminges** ⊗, ⌂ 88.31.43, ≤, 🏗 – 🛏wc 🔲. 🍽 rest
Pâques-5 oct. – SC : **R** (dîner seul.) 63 – ⇌ 16 – **13 ch** 92/170.

ST-BONNET 05500 H.-Alpes 🔟 ⑯ – 1 376 h. alt. 1 025 – ✪ 92.

Env. ≤** du col du Noyer O : 10 km, G. Alpes.

Paris 655 – Gap 15 – ✦Grenoble 90 – La Mure 52.

🏨 **Mauberret-Combassive** ⊗, ⌂ 50.00.19 – 🛗🛏wc ☎ 🚗, 🍽 **E**. 🍽
1er juin-20 oct. et 1er janv.-20 avril – SC : **R** 62/77 – ⇌ 14 – **27 ch** 121/165 – P 168/257.

🏠 **La Crémaillère** ⊗, ⌂ 50.00.60, 🚗 – 🛏wc 🔲wc ☎ 🚗 🅿. 🍽 **E**. 🍽 rest
1er avril-30 sept. et fév. – SC : **R** 60/90 – ⇌ 16,50 – **20 ch** 125/170 – P 170/195.

PEUGEOT, TALBOT Gar. du Pont, ⌂ 50.52.33   RENAULT Gar. Piot, à la Fare-en-Champsaur ⌂ 50.53.80

ST-BONNET-DE-JOUX 71220 S.-et-L. 🔟 ⑱ – 951 h. alt. 382 – ✪ 85.

Voir Château de Chaumont* NO : 3 km.

Env. Butte de Suin 🌸** SE : 7 km puis 15 mn, G. Bourgogne.

Paris 393 – Chalon-sur-Saône 55 – Charolles 14 – Mâcon 53 – Montceau-les-Mines 37.

🍴 **Val de Joux** avec ch, ⌂ 24.72.39 – 🛏 🅿. **VISA**. 🍽
fermé 15 déc. au 15 fév., dim. soir et lundi sauf en été – SC : **R** 42/95 🍷 – ⇌ 14 – **5 ch** 55/100.

LANCIA-AUTOBIANCHI Gar. Express, ⌂ 24.70.56

ST-BONNET-DE-SALERS 15 Cantal 🔟 ② – rattaché à Salers.

ST-BRÈS 30 Gard 🔟 ⑧ – rattaché à St-Ambroix.

ST-BRÉVIN-LES-PINS 44250 Loire-Atl. 🔟 ① – 8 769 h. – Casino à St-Brévin-l'Océan – ✪ 40.

Pont de St-Nazaire : péage en 1983 : auto 22 à 30 F (conducteur et passagers compris), auto et caravane 38 F, camion et véhicule supérieur à 1,5 t : 38 à 95 F, moto 5 F, (gratuit pour vélos et piétons). Tarifs spéciaux pour les résidents de la Loire Atlantique.

🛈 Office de Tourisme 10 r. Église (fermé dim. sauf matin en saison et lundi matin) ⌂ 27.24.32.

Paris 434 – Challans 63 – ✦Nantes 57 – Noirmoutier-en-l'Île 71 – Pornic 17 – St-Nazaire 14.

🏠 **Petit Trianon**, 239 av. Mindin ⌂ 27.22.16, 🚗 – 🛏wc 🔲wc ☎ 🅿. **VISA**. 🍽
fermé fév. – SC : **R** (fermé lundi hors sais.) 45/100 – ⇌ 20 – **18 ch** 86/198 – P 174/252.

à Mindin N : 3 km – ⊠ 44250 St-Brévin-les-Pins :

🏠 **Débarcadère**, ⌂ 27.20.53, ≤, 🚗 – 🔲wc 🅿. 🍽 ① **E** **VISA**
1er fév.-15 oct. et fermé dim. soir sauf juin, juil.-août – SC : **R** 40/90 – ⇌ 13 – **17 ch** 65/127 – P 115/155.

🏡 **la Boissière** ⊗, ⌂ 27.21.79, 🏗, 🚗 – 🔲 🅿. 🍽 **E**
Pâques (rest seul.) et 1er mai-1er oct. – SC : **R** 45/100 – 🍽 13 – **18 ch** 75/140 – P 140/150.

FIAT, LANCIA AUTOBIANCHI Gar. des Pins,   RENAULT Gar. Clisson, 32 r. Albert Chassagne
168 av. R.-Poincaré ⌂ 27.21.25   ⌂ 27.20.07

987

ST-BRIAC-SUR-MER 35 I.-et-V. 59 ⑤ G. Bretagne – 1 748 h. – ✉ 35800 Dinard – ☎ 99.
⛳ ☎ 88.32.07 NO : 2 km.
ℹ Syndicat d'Initiative 49 Grande-rue (Pâques, Pentecôte et 15 juin-15 sept.) ☎ 88.32.47.
Paris 417 – Dinan 24 – Dol-de-Bretagne 30 – Lamballe 43 – ♦Rennes 75 – St-Cast 22 – St-Malo 16.

- **Houle,** ☎ 88.32.17 – wc wc Ⓟ. E VISA
  hôtel fermé janv., fév. et merc. sauf du 15 juin au 15 sept. – SC : **R** *(fin mars-fin sept. et fermé merc. sauf du 15 juin au 15 sept.)* 55/80 – ☕ 14 – **17 ch** 60/120 – P 150/165.

CITROEN Gar. de la Houle, ☎ 88.33.49

ST-BRIEUC Ⓟ **22000** C.-du-N. 59 ③ G. Bretagne – 51 399 h. alt. 99 – ☎ 96 – Voir Cathédrale★ AY – Tertre Aubé ≤★ BV – Env. Pointe du Roselier★ NO : 8,5 km par D 24 BV.

⛳ des Ajoncs d'Or ☎ 70.48.13 par ① : 23 km.
✈ de St-Brieuc : T.A.T. ☎ 94.61.11 E : 3,5 km AX – 🚗 ☎ 94.50.50 – ℹ Office de Tourisme r. St-Gouéno (fermé dim. hors saison) ☎ 33.32.50 – A.C.O. 6 pl. Du-Guesclin ☎ 33.16.20.
Paris 452 ② – ♦Brest 144 ④ – ♦Caen 227 ② – ♦Cherbourg 260 ② – Dinan 59 ② – Lorient 122 ③ – Morlaix 84 ④ – Quimper 139 ③ – ♦Rennes 99 ② – St-Malo 76 ② – Vannes 106 ③.

Plans page ci-contre

- **Le Griffon** 🐦, à l'aéroport par ④ : 3,5 km ☎ 94.57.62, « Jardin », 🎾 – 🛗 ☎ Ⓟ – 🏢 50. AE ⓓ VISA. ✻ rest
  SC : **R** *(fermé 22 au 28 oct., 1er au 15 fév. et dim.)* 68 (sauf fêtes)/150 – ☕ 18 – **42 ch** 185/215, 3 appartements 285.
- **Pomme d'Or** Ⓜ, à Langueux par ② : 4 km ✉ 22360 Langueux ☎ 61.12.10 – 🛗 ☎ ♿ Ⓟ – 🏢 50 à 120. VISA
  fermé 23 déc. au 10 janv. – SC : **R** *(fermé dim. hors sais.)* 50/150 🍷 – ☕ 18 – **46 ch** 180/200.
- **Chêne Vert** Ⓜ, à Plérin par ① : 3 km échangeur St Laurent-de-la-Mer ✉ 22190 Plérin ☎ 74.63.20 – wc ☎ ♿ Ⓟ – 🏢 30 à 50. AE ⓓ E VISA
  fermé 15 déc. au 3 janv. – SC : **R** *(fermé dim. hors sais., sam. midi et dim. midi en sais.)* 55/100 – ☕ 19 – **49 ch** 170/190.
- **Le Covec** sans rest, pl. Poste-et-Théâtre ☎ 33.23.18 – wc ☎. AE ⓓ E VISA. ✻ AY **d**
  fermé dim. – SC : ☕ 20 – **10 ch** 130/160.
- **Ker Izel** Ⓜ 🐦 sans rest, 20 r. Gouët ☎ 33.46.29 – TV wc ☎. AE E VISA. ✻ AY **a**
  SC : ☕ 19 – **22 ch** 105/210.
- **Pignon Pointu** sans rest, 16 r. J.-J.-Rousseau ☎ 33.02.39 – wc wc ☎ 🚗. ✻ BZ **y**
  fermé 15 déc. au 3 janv., sam. et dim. d'oct. à mars – SC : ☕ 16 – **17 ch** 74/210.
- **St-Georges** sans rest, 1 ter r. de Robien ☎ 94.24.06 – ☎ Ⓟ AX **b**
  fermé 22 déc. au 10 janv. et dim. en hiver – SC : ☕ 14 – **27 ch** 80/90.
- XXX **Croix Blanche,** 61 r. Genève à Cesson - BV - E 2 km ☎ 33.16.97
  fermé dim. soir et vend. – SC : **R** 80/125.
- XXX **Aux Pesked,** 59 r. du Légué ☎ 33.34.65, ≤ AV **u**
  fermé 1er au 15 oct., 1er mars au 2 avril, dim. soir et lundi sauf fériés à midi – SC : **R** 66/150.
- XX ✿ **La Vieille Tour** (Hellio), NE : 3 km par D 24, sous la Tour - BV - ✉ 22190 Plérin ☎ 33.10.30, ≤ – AE ⓓ VISA. ✻
  fermé 20 juin à début juil., 23 déc. au 5 janv. et dim. – **R** (nombre de couverts limité - prévenir) 90/165
  Spéc. Foie gras de canard, Homard aux huitres vertes, La Folie des desserts.
- XX **L'Aiguade,** 46 r. Gouët ☎ 33.56.44 – AE VISA AVX **n**
  fermé 1er au 15 juil., 20 déc. au 5 janv., lundi midi, dim. et fêtes – SC : **R** 68/155.

à Tremuson par ④ : 8 km – ✉ **22440** Ploufragan :

- XX **Le Buchon,** ☎ 94.85.84 – Ⓟ. AE VISA
  fermé 1er au 21 oct., 1er au 15 fév., lundi soir et mardi – SC : **R** 60/250.

MICHELIN, Agence, Z.A.C. de la Hazaie à Langueux par ② ☎ **33.44.61**

AUSTIN, ROVER, TRIUMPH Gar. Pieto, rte de Moncontour à Yffiniac ☎ 72.62.58
BMW Gar. Chaudet, 56 r. de Paris ☎ 33.20.42
CITROEN Neumager, 101 r. Gouédic ☎ 33.24.05 🅽 ☎ 33.44.07
FIAT Générale Autom. de l'Ouest, 16 r. J.-Ferry ☎ 94.01.20 🅽 ☎ 33.44.07
FORD Gge Garreau, 44 r. Dr. Rahuel ☎ 33.40.15
MERCEDES-BENZ, OPEL Gar. Hamon, 19 bd de l'Atlantique ☎ 94.43.59
PEUGEOT-TALBOT Gds Gar. des Côtes-du-Nord, 65 r. Chaptal, Zone Ind. par ② ☎ 33.04.24 🅽 ☎ 33.44.07 18 r. Chaptal ☎ 33.68.42
RENAULT S.B.D.A., r. Monge, Zone Ind. par r. de Gouédic, BX ☎ 33.66.28
RENAULT Monfort, rte Paimpol, à Plérin par ① ☎ 74.52.61
V.A.G. Rué, 14 r. Chaptal, ☎ 33.18.48
VOLVO Bretagne-Autom., r. Laennec à Langueux ☎ 33.36.68
Gar. Auto-Service, Les Chatelets à Ploufragan par ③ ☎ 94.21.46

Ⓜ Andrieux-Pneus, 6 r. de Paris ☎ 33.71.50
Auto-Pneus, 55 bd Atlantique ☎ 94.66.66
Desserrey-Pneus, 32 r. E.-Zola ☎ 94.07.33
Eco-Pneus, Le Pont du Gouet à Plérin ☎ 61.70.60
Lorans Pneus, r. Eiffel ZI Douvenant à Langueux ☎ 61.72.58

ST-BRIEUC

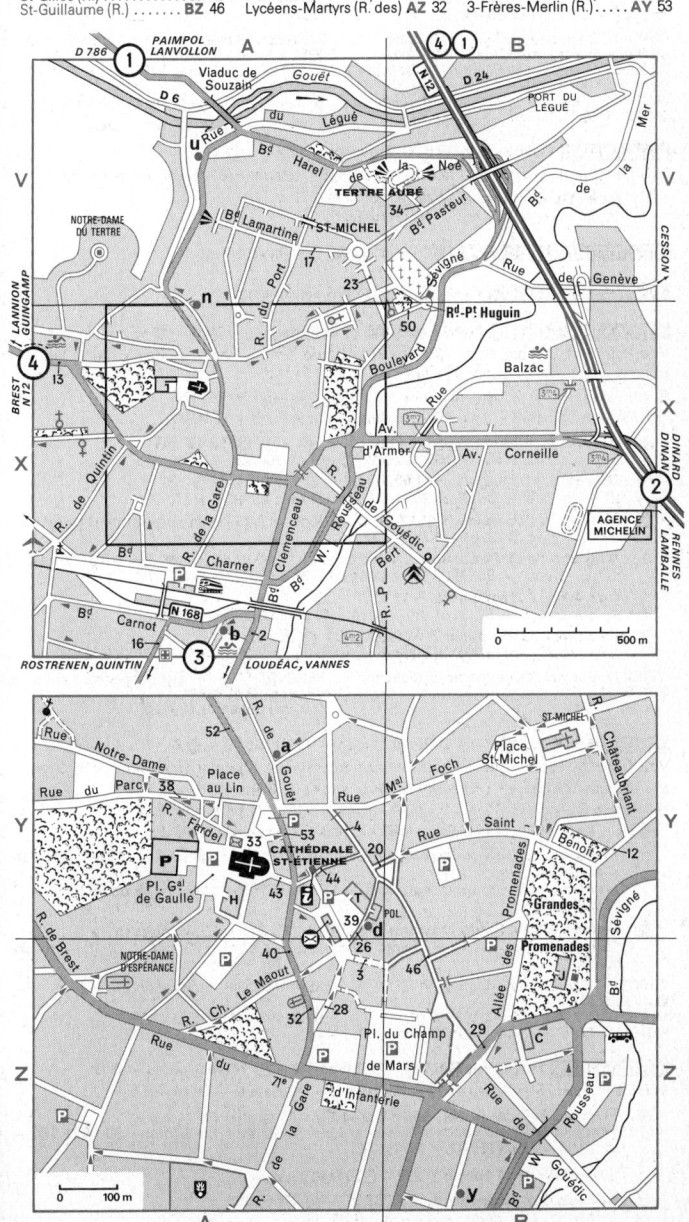

ST-CALAIS 72120 Sarthe 🖸🖸 ⑤ G. Châteaux de la Loire (plan) – 4 779 h. alt. 105 – ✪ 43.

Voir Façade★ de l'église N.-Dame.

🛈 Office de Tourisme à l'Hôtel de Ville (fermé sam. et dim.) ☎ 35.00.36.

Paris 186 – Châteaudun 59 – ◆Le Mans 45 – Nogent-le-Rotrou 53 – ◆Orléans 93 – ◆Tours 73.

　🏛 **Angleterre,** r. Guichet ☎ 35.00.43 – 🍴 ☎ 🅿 ⋘ ch
　　　fermé 12 au 25 juin, 24 déc. au 14 janv., dim. soir et lundi sauf fériés – SC : **R** 55/100
　　　🍷 – 🖾 15 – **13 ch** 70/150.

CITROEN Costes, rte du Mans ☎ 35.00.59
CITROEN Parisse, rte du Mans ☎ 35.01.26
PEUGEOT, TALBOT Gar. Butté, la Croix-de-Pierre ☎ 35.00.98
PEUGEOT-TALBOT Trottier, 19 r. de l'Image ☎ 35.01.52 🖻 ☎ 35.19.90

RENAULT Daguenet, rte de Vendome ☎ 35.05.51
RENAULT Gar. Poitou, 5 r. Image ☎ 35.00.46

● Botras, Pl. du Champ de foire ☎ 35.00.95

ST-CANNAT 13760 B.-du-R. 🖸🖸 ② G. Provence – 2 384 h. – ✪ 42.

Paris 737 – Aix-en-Provence 16 – Apt 40 – Cavaillon 36 – ◆Marseille 46 – Salon-de-Provence 18.

　✕ **Aub. St-Cannat,** ☎ 28.20.22, 🍴 – **E**
　　　fermé mi-oct. à mi-nov. – SC : **R** 62/98 🍷.

ST-CAPRAISE-DE-LALINDE 24 Dordogne 🖸🖸 ⑮ – rattaché à Lalinde.

ST-CASSIEN (Lac de) 83 Var 🖸🖸 ⑧ – rattaché à Montauroux.

ST-CAST-LE-GUILDO 22380 C.-du-N. 🖸🖸 ⑤ G. Bretagne – 3 246 h. – ✪ 96.

Voir Pointe de St-Cast ≤★★ – Pointe de la Garde ≤★★ – Pointe de Bay ≤★ S : 5 km.

🇫 de Pen Guen ☎ 41.91.20, S : 4 km.

🛈 Office de Tourisme pl. Gén.-de-Gaulle (fermé dim. hors sais.) ☎41.81.52.

Paris 435 – Avranches 89 – Dinan 36 – Fougères 99 – St-Brieuc 50 – St-Malo 34.

　🏛🏛 **Ar Vro** ⑤, Grande Plage ☎ 41.85.01, ≤, – ⫴ 🅿 🆎 ⓞ 𝒱𝒾𝒮𝒜
　　　8 juin-9 sept. – SC : **R** 110/200 – 🖾 22 – **47 ch** 200/290 – P 260/320.

　🏛 **Dunes,** r. Primauguet ☎ 41.80.31, 🍴 – 🖾wc 🍴wc ☎ 🅿. ⋘
　　　21 mars-7 oct. – SC : **R** 85/200 – 🖾 19 – **27 ch** 140/190 – P 210/265.

　🏛 **Pins** ⑤, à Pen-Guen ☎ 41.93.81, ≤, « Dans un site boisé surplombant la mer »,
　　　🌳 – 🖾wc 🍴 ☎ 🅿 – *sais.* – **32 ch.**

　🏛 **Angleterre et Panorama** ⑤, r. Fosserole ☎ 41.91.44, ≤, 🌳, 🍴 – 🅿 ⋘ rest
　　　10 juin-6 sept. – SC : **R** 60/94 – 🖾 14,50 – **38 ch** 63/83 – P 132/159.

　🏠 **Bon Abri,** r. Sémaphore ☎ 41.85.74 – 🅿 ⋘ ch
　　　1ᵉʳ juin-8 sept. – SC : **R** 57/75 – 🖾 14 – **43 ch** 55/83 – P 132/140.

　✕ **Le Biniou,** à Pen-Guen ☎ 41.94.53, ≤ – 🅿. **E**
　　　20 mars-20 sept. et fermé merc. hors vacances scolaires – SC : **R** 60/200.

CITROEN Gar. des Rochettes, rte de Matignon ☎ 41.84.04

PEUGEOT-TALBOT Gar. Depagne, bd de la Vieuxville ☎ 41.86.67
Gar. des Dunes, ☎ 41.84.26

ST-CÉRÉ 46400 Lot 🖸🖸 ⑲⑳ G. Périgord (plan) – 4 207 h. alt. 152 – ✪ 65.

Voir Site★ – Tapisseries de Jean Lurçat★ au casino – Château de Montal★★ O : 3 km.

Env. Cirque d'Autoire★ : ≤★★ par Autoire (site★) O : 8 km.

🛈 Office de Tourisme pl. République (fermé après-midi hors saison et dim.) ☎ 38.11.85.

Paris 546 – Aurillac 64 – Brive-la-Gaillarde 54 – Cahors 75 – Figeac 42 – Tulle 58.

　🏛 **Paris et du Coq Arlequin,** bd Dr-Roux ☎ 38.02.13, 🍴, 🌳 – 🖾wc 🍴wc ☎
　　　🚗 🅿. ⋘
　　　fermé janv., fév. et lundi hors sais. – SC : **R** 65/170 – 🖾 22 – **28 ch** 132/230 – P 215/255.

　🏛 **France** 🅼, av. Fr.-de-Maynard ☎ 38.02.16, 🍴, 🌳 – 🖾wc 🍴wc 🅿
　　　18 juin-18 sept. – SC : **R** (*fermé lundi et mardi à midi*) 60/130 – 🖾 16 – **30 ch** 85/180.

CITROEN Gar. du Haut-Quercy, ☎ 38.18.71
🖻 ☎ 38.20.73
MERCEDES-V.A.G. Peyrot, ☎ 38.01.07
PEUGEOT, TALBOT Fournier, ☎ 38.12.50

RENAULT Gar. du Stade, ☎ 38.02.12

● Meublat, ☎ 38.16.54

ST-CERGUES 74 H.-Savoie 🖸🖸 ⑯⑰ – 2 126 h. alt. 615 – ✉ 74140 Douvaine – ✪ 50.

Paris 559 – Annecy 54 – Annemasse 9 – Bonneville 23 – ◆Genève 16 – Thonon-les-Bains 21.

　🏠 **France,** ☎ 43.50.32, 🌳, 🍴 – 🖾wc 🍴wc ☎ 🅿. 𝒱𝒾𝒮𝒜. ⋘ rest
　　　fermé 15 oct. au 1ᵉʳ déc., dim. soir et lundi du 20 sept. au 31 mai – SC : **R** 55/150 –
　　　🖾 16,50 – **22 ch** 85/145 – P 145/190.

　　à Machilly N : 1 km sur D 206 – ✉ 74140 Douvaine :

　✕✕ **Refuge des Gourmets,** ☎ 43.53.87 – 🅿. 🆎 ⓞ **E**
　　　fermé juil., dim. soir et lundi – SC : **R** 84/140.

ST-CERNIN 15310 Cantal 🔢 ② G. Auvergne – 1 271 h. alt. 767 – ✪ 71.

Voir Boiseries★ de l'église St-Louis.

Paris 522 – Aurillac 22 – Brive-la-Gaillarde 113 – Mauriac 36.

🏛 **Les Tilleuls** 🔖, ☎ 47.60.73, ≤ – ☎ 🅿 ✻ ch
R 52/70 ⅃ – 🍽 13 – **10 ch** 78/80 – P 125/128.

ST-CÉZAIRE-SUR-SIAGNE 06780 Alpes-Mar. 🔢 ⑧. 🔢 ㉓ G. Côte d'Azur – 1 578 h. alt.
500 – ✪ 93.

Voir Site★, ≤★, grottes★ NE : 4 km.

🆔 Syndicat d'Initiative à la Mairie (1er juil.-31 août et fermé dim.).

Paris 931 – Cannes 30 – Castellane 62 – Grasse 15 – Draguignan 57 – ✦Nice 55.

au Nord : 2,5 km par rte de St-Vallier :

🏛 **Claux de Taladoire** 🔖, ☎ 60.20.09, ≤, parc, ⍭, ✻ – 🚿wc 🖿wc ☎ 🅿
30 ch.

ST-CHAMOND 42400 Loire 🔢 ⑱ G. Vallée du Rhône – 40 571 h. alt. 375 – ✪ 77.

Paris 510 ① – Feurs 50 ④ – ✦Lyon 47 ① – Montbrison 48 ④ – ✦St-Étienne 12 ④ – Vienne 37 ①.

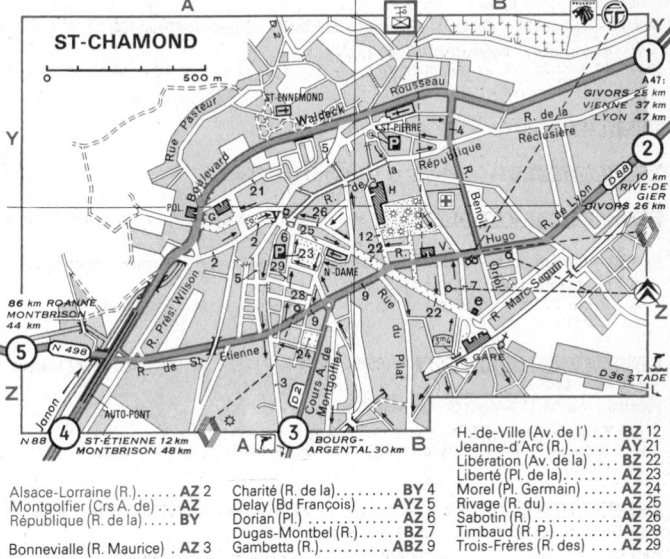

H.-de-Ville (Av. de l') .... **BZ** 12
Jeanne-d'Arc (R.) .... **AY** 21
Libération (Av. de la) .... **BZ** 22
Liberté (Pl. de la) .... **AZ** 23
Morel (Pl. Germain) ..... **AZ** 24
Rivage (R. du) .... **AZ** 25
Sabotin (R.) .... **AZ** 26
Timbaud (R. P.) .... **AZ** 28
Trois-Frères (R. des) .... **AZ** 29

Alsace-Lorraine (R.)...... **AZ** 2
Montgolfier (Crs A. de) ... **AZ**
République (R. de la) .... **BY**

Bonnevialle (R. Maurice) . **AZ** 3

Charité (R. de la)........ **BY** 4
Delay (Bd François) ...... **AYZ** 5
Dorian (Pl.) .... **AZ** 6
Dugas-Montbel (R.)...... **BZ** 7
Gambetta (R.).......... **ABZ** 9

🏛 **Lion d'Or**, 29 bd Delay ☎ 22.01.38 – 🚿wc 🖿wc ☎ 🚗 **AZ y**
14 ch.

XX **Chemin de Fer** avec ch, 27 av. Libération ☎ 22.00.15 – 🚿 🖿 ☎. 🆅🅸🆂🅰 **BZ e**
✦ *fermé août, dim. soir et sam.* – SC : **R** 42/130 ⅃ – ⌿ 14,50 – **11 ch** 60/89.

à l'Horme par ② : 3 km – 4 889 h. – ✉ **42152** l'Horme :

🏛 **Vulcain** 🅼 sans rest, ☎ 22.17.11 – 🛗🚿wc 🖿wc ☎ 🚗 🅿. 🆅🅸🆂🅰
SC : ⌿ 18 – **30 ch** 122/205.

CITROEN Chataing, 3 bis r. R.-Chambovet ☎
22.01.72
CITROEN Gar. des Palernes, 38 r. Victor-Hugo
☎ 22.03.75
FIAT Chabroud, 46 r. Victor-Hugo ☎ 22.05.26
FORD Martinez, 10 r. St-Etienne ☎ 22.03.69
PEUGEOT-TALBOT Boniface-Vallée du Gier,
C.D. 88, bretelle Autoroute St-Julien par ② ☎
22.59.77

PEUGEOT-TALBOT Gar. Reymond, 24 r. Victor-Hugo ☎ 22.02.62
RENAULT Fonsala-Autom., bd Fonsala par ②
☎ 22.22.98
RENAULT, TOYOTA Gar. du Parc, 26 r. Victor-Hugo ☎ 22.04.68
RENAULT Varenne, 26 r. Gambetta ☎ 22.02.58
V.A.G. Quinson-Tardy 14 rte de St Etienne ☎
22.03.17

*Une voiture bien équipée, possède à son bord
des cartes Michelin à jour.*

ST-CHARTIER 36 Indre 🔢 ⑲ — rattaché à La Châtre.

ST-CHÉLY-D'APCHER 48200 Lozère 🔢 ⑮ — 5 543 h. alt. 1 000 — 🟢 66.

🛈 Syndicat d'Initiative bd Guérin d'Apcher (fermé dim.) ☎ 31.03.67.

Paris 525 — Mende 48 — Millau 106 — Le Puy 85 — Rodez 98 — St-Flour 35.

- 🏡 **Jeanne d'Arc,** 49 av. Gare ☎ 31.00.46, 🚿 — 📺 🍴 🚗 🅿 🈁 🕕 🅴 VISA. 🛇
- ◆ fermé 10 nov. au 10 déc. — SC : **R** 40/80 🚼 — ⌷ 15 — **15 ch** 80/110 — P 140/170.

- 🏡 **Lion d'Or,** r. Th.-Roussel ☎ 31.00.14 — 🍴 🚗 🚙. VISA
- ◆ fermé 15 déc. au 31 janv. — SC : **R** (dim. prévenir) 40/110 — ⌷ 16 — **30 ch** 65/110.

  à La Garde N : 9 km par N 9 — ⌧ 48200 St-Chély-d'Apcher :

- 🏠 **Rocher Blanc** (Annexe 🏠 Ⓜ), N9 ☎ 31.90.09, parc, 🛇 — 📺wc 🍴wc 🕿 🅿
  VISA
- ◆ fermé 15 déc. au 1er fév. — SC : **R** 45/110 — ⌷ 17 — **21 ch** 68/120 — P 130/180.

CITROEN Barrandon, 35 av. de la République ☎ 31.00.33 N ☎ 31.15.60
RENAULT Chauvet, 42 av. de la République
☎ 31.06.12 N ☎ 31.03.27
Ⓞ Terrisson-Pneus, 32 av. de Paris ☎ 31.00.64

ST-CHÉLY-D'AUBRAC 12470 Aveyron 🔢 ③④ — 556 h. alt. 800 — Sports d'hiver à Brameloup : 1 120/1 388 m 🔼6 🎿 — 🟢 65.

Paris 565 — Espalion 21 — Mende 75 — Rodez 52 — St-Flour 75 — Séverac-le-Château 58.

- 🏡 **Voyageurs-Vayrou** 🛇, ☎ 44.27.05 — 🛇 ch
- ◆ 1er avril-1er déc. et vacances de fév. — SC : **R** 42/79 🚼 — ⌷ 12 — **14 ch** 48/90 — P 110/120.

ST-CHRISTAU 64 Pyr.-Atl. 🔢 ⑥ — voir à Lurbe-St-Christau.

ST-CHRISTOPHE 14 Calvados 🔢 ⑪ — rattaché à Pont-d'Ouilly.

ST-CHRISTOPHE-EN-BOUCHERIE 36 Indre 🔢 ⑳ — 308 h. alt. 271 — ⌧ 36400 La Châtre — 🟢 54.

Paris 282 — Châteauroux 45 — La Châtre 16 — Issoudun 36 — Montluçon 59 — St-Amand-Montrond 36.

- 🏡 **Le Relais,** D 940 ☎ 30.01.07 — 🍴. 🛇 ch
- ◆ fermé 20 sept. au 20 oct. et lundi — SC : **R** 50/110 — 🍻 14 — **10 ch** 70/110 — P 125/145.

ST-CIRGUES-DE-JORDANNE 15 Cantal 🔢 ②⑫ — 223 h. alt. 800 — ⌧ 15590 Lascelle-Mandailles — 🟢 71.

Paris 563 — Aurillac 17 — Murat 45 — St-Simon 11.

- 🏠 **Tilleuls,** ☎ 47.92.19 — 📺wc 🍴wc 🕿 🅿
- ◆ Pâques-1er nov. et vacances scolaires — SC : **R** 40/150 — ⌷ 13 — **17 ch** 70/150 — P 115/160.

ST-CIRGUES-LA-LOUTRE 19 Corrèze 🔢 ⑩ — 267 h. alt. 460 — ⌧ 19220 St-Privat — 🟢 55.

Voir Tours de Merle★★ SO : 4 km, G. Périgord.

Paris 534 — Argentat 21 — Aurillac 47 — Mauriac 38 — Pleaux 17 — St-Céré 59 — Tulle 51.

- 🏠 **Aub. Ruines de Merle** 🛇, ☎ 28.27.15 — 🅿. 🛇
- ◆ SC : **R** 45/65 — 🍻 13 — **9 ch** 60/80 — P 110/120.

ST-CIRGUES-SUR-COUZE 63 P.-de-D. 🔢 ⑭ — 304 h. alt. 400 — ⌧ 63320 Champeix — 🟢 73.

Paris 431 — ◆Clermont-Ferrand 46 — Issoire 9 — Le Mont-Dore 45.

- 🏠 **des 4 Saisons** 🛇, ☎ 71.10.11, 🚿 — 📺wc 🍴 🕿 🅿
- ◆ fermé 20 au 30 mai, 1er au 10 nov. et vend. — SC : **R** 47/80 — ⌷ 13,50 — **10 ch** 75/95 — P 110/115.

ST-CIRQ-LAPOPIE 46 Lot 🔢 ⑨ G. Périgord — 179 h. alt. 137 — ⌧ 46330 Cabrerets — 🟢 65.

Voir Site★★ — Vestiges de l'ancien château ≼★★ — Le Bancourel ≼★.

Paris 628 — Cahors 33 — Figeac 45 — Villefranche-de-Rouergue 36.

- 🍴🍴 **Aub. du Sombral "Aux Bonnes Choses"** Ⓜ 🛇 avec ch, ☎ 31.26.08, 🚿 — 📺wc 🍴wc 🕿
- ◆ 15 fév.-15 nov. et fermé mardi soir et merc. sauf vac. scolaires — SC : **R** 55/185 — ⌷ 20 — **10 ch** 100/140.

ST-CLAIR 83 Var 🔢 ⑯ — rattaché au Lavandou.

992

ST-CLAUDE <SP> 39200 Jura 70 ⑮ G. Jura – 13 156 h. alt. 434 – ⚙ 84.

Voir Site★★ – Cathédrale★ : stalles★★ BZ **B** – Place Louis-XI ≤★ BZ – Gorges du Flumen★ par ②.

Env. Route de Morez (D 69) ≤★★ 7 km par ① – Crêt Pourri ☀★ E : 6 km puis 30 mn par D 304 BZ.

🛈 Office de Tourisme (fermé dim.) et A.C. 1 av. Belfort ☎ 45.34.24.

Paris 467 ③ – Annecy 87 ② – Bourg-en-Bresse 73 ③ – ◆Genève 61 ② – Lons-le-Saunier 60 ③.

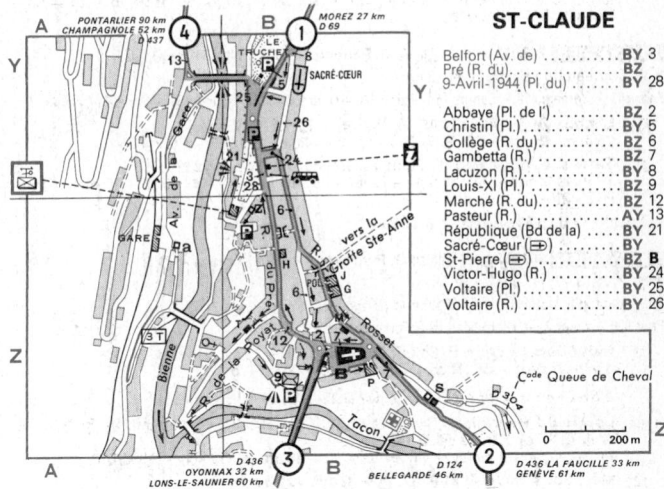

ST-CLAUDE

Belfort (Av. de) .... **BY** 3
Pré (R. du) .... **BZ**
9-Avril-1944 (Pl. du) ...... **BY** 28

Abbaye (Pl. de l') .... **BZ** 2
Christin (Pl.) .... **BY** 5
Collège (R. du) .... **BZ** 6
Gambetta (R.) .... **BZ** 7
Lacuzon (R.) .... **BY** 8
Louis-XI (R.) .... **BZ** 9
Marché (R. du) .... **BZ** 12
Pasteur (R.) .... **AY** 13
République (Bd de la) ...... **BY** 21
Sacré-Cœur (⊟) .... **BY**
St-Pierre (⊟) .... **BZ** **B**
Victor-Hugo (R.) .... **BY** 24
Voltaire (Pl.) .... **BY** 25
Voltaire (R.) .... **BY** 26

🏛 **St-Hubert** Ⓜ sans rest, rte Genève ☎ 45.10.70 – 🛗 🛏wc ⓜwc ☎. AE E VISA
*fermé 20 nov. au 10 déc. – SC : 🍽 17,50 – **30 ch** 130/165.* BZ **s**

🏛 **Jura H.** Ⓜ sans rest, 40 av. Gare ☎ 45.24.04 – 🛏wc ⓜwc ☎. E
SC : 🍽 18 – **23 ch** 90/165. AZ **a**

🏛 **Poste** sans rest, 1 r. Reybert ☎ 45.24.70 – 🛏 ⓜ
*fermé 15 sept. au 15 oct. – SC : 🍽 13 – **16 ch** 50/95.* BZ **z**

✕ **Clef d'Or**, rte Genève ☎ 45.08.84 – E
fermé 1er au 15 oct., dim. soir et lundi du 15 sept. au 1er juin – R 58/90. BZ **s**

par ② et D 290 : 3 km - BZ – ⊠ 39200 St-Claude :

🏛 **Joly** ⑤, au Martinet (près camping) ☎ 45.12.36, ≤, « Jardin fleuri » – 🛏wc ⓜ
🏩 Ⓟ VISA ⚓ ⚙
*fév.-31 oct. et fermé dim. soir et lundi hors sais. – SC : **R** 65 bc/150 🍷 – 🍽 16 –
16 ch 65/175 – P 150/190.*

à Villard-St-Sauveur par ② et D 290 : 5 km - BZ – alt. 580 – ⊠ 39200 St-Claude :

🏛 **Au Retour de la Chasse** ⑤, ☎ 45.11.32, ≤, 🐎, ☀ – 🛏wc ⓜwc Ⓟ – 🏊 100.
→ AE E VISA ⚙ ch
*fermé 26 nov. au 21 déc., dim. soir et lundi sauf vacances scolaires – SC : **R** 46/150
– 🍽 14 – **12 ch** 90/128 – P 137/158.*

CITROEN Duchène, 21 rte Valfin par ④ ☎
45.12.07
FIAT MERCEDES Gar. de Genève, 11 r. Lt-
Froidurot ☎ 45.21.01
FORD Gar. Grenard, 23 r. Carnot ☎ 45.06.48
N ☎ 45.34.83
PEUGEOT, TALBOT Gar. Carnot, ZA d'Etables,
rte de Lyon par ③ ☎ 45.11.07

RENAULT Lacuzon-Autom., 21 r. Carnot par
③ ☎ 45.12.03
V.A.G. Central Gar., 6 r. Voltaire ☎ 45.01.52

⍟ Jura-Pneu, 28 r. Collège ☎ 45.15.37

ST-CLÉMENT-DES-BALEINES 17 Char.-Mar. 71 ⑫ – voir à Ré (Ile de).

ST-CLÉMENT-DES-LEVÉES 49 M.-et-L. 64 ⑫ – 909 h. alt. 26 – ⊠ 49350 Gennes – ⚙ 41.

Paris 285 – Angers 34 – Baugé 30 – Saumur 12 – ◆Tours 76.

✕✕ **Beau Site** avec ch, D 952 ☎ 51.83.72, ≤ – Ⓟ. E
→ *fermé 15 janv. au 1er mars, mardi soir et merc. sauf du 15 juil. au 1er sept. – SC : **R**
49/120 🍷 – 🍺 15 – **8 ch** 65.*

993

ST-CLOUD 92 Hauts-de-Seine 55 ⑳, 101 ⑭ – voir à Paris, Environs.

ST-COME-D'OLT 12 Aveyron 80 ③ – rattaché à Espalion.

ST-CYBRANET 24 Dordogne 75 ⑰ – 282 h. alt. 79 – ✉ **24250** Domme – ✪ 53.

Paris 555 – Cahors 55 – Fumel 51 – Gourdon 29 – Lalinde 49 – Périgueux 72 – Sarlat-la-Canéda 16.

- **Relais Fleuri,** ☎ 28.33.70, – Ⓟ. ch
fermé 15 nov. au 15 déc. et merc. du 15 déc. au 1er avril – SC : **R** 56/76 – 16,50 – **7 ch** 66/105 – P 132/180.

ST-CYPRIEN 24220 Dordogne 75 ⑯ **G. Périgord** – 1 730 h. alt. 72 – ✪ 53.

Voir Château de Fages ≤★ N : 3 km.

Paris 541 – Bergerac 53 – Cahors 75 – Fumel 53 – Gourdon 43 – Périgueux 54 – Sarlat-la-Canéda 21.

- **L'Abbaye** , ☎ 29.20.48, ≤, , – Ⓟ. AE ① E VISA
15 mars-15 oct. – SC : **R** 66/210 – 20 – **20 ch** 160/280 – P 235/305.
- **Terrasse,** pl. Champ-de-Foire ☎ 29.21.69 – wc wc
1er mars-2 nov. – SC : **R** *(fermé lundi hors sais.)* 60/150 – 16,50 – **16 ch** 82/198 – P 130/210.

RENAULT Castillon-Veyssière, ☎ 29.20.23

ST-CYPRIEN 66750 Pyr.-Or. 86 ⑳ **G. Pyrénées** – 4 405 h. – casino – ✪ 68.

9 18 ☎ 21.01.71, N : 1 km.

Syndicat d'Initiative quai A.-Raimbaud (fermé dim. hors sais.) ☎ 21.01.33.

Paris 926 – Céret 33 – ♦Perpignan 15 – Port-Vendres 20.

- **Belvédère** M , r. P.-Benoît ☎ 21.05.93, ≤ – wc wc Ⓟ
4 juin-27 sept. – SC : **R** 55/150 – 15 – **30 ch** 175/190.

à St-Cyprien-Plage NE : 3 km par D 22 – ✉ **66750** St Cyprien :

- **Le Mas d'Huston** M , ☎ 21.01.71, Télex 500834, ≤, « au golf », , – Ⓟ – 120. AE ① E VISA, rest
fermé mi janv. à mi fév. – SC : **R** 100/170 – **46 ch** 350/460 – P 390/510.
- Mar i Sol, r. Rodin ☎ 21.00.17, ≤ – wc wc
40 ch.
- **Glycines,** r. E.-Delacroix ☎ 21.00.11, ≤ – wc wc Ⓟ. VISA
15 avril-fin sept. – SC : **R** *(fermé merc. d'avril à juin)* 65/130 – 20 – **34 ch** 87/205 – P 170/205.

à St-Cyprien-Sud : 3 km – ✉ **66170** St-Cyprien :

- **La Lagune** M , ☎ 21.24.24, ≤, , « entre mer et lagune », , – cuisinette wc Ⓟ. VISA
15 avril-30 oct. – SC : **R** 85 et déj. à la carte – 23 – **50 ch** 180/380 – P 220/280.

RENAULT Gar. des Albères, ☎ 21.02.44 RENAULT Gar. Vandellos, ☎ 21.05.47

ST-CYR-EN-TALMONDAIS 85 Vendée 71 ⑪ – 277 h. alt. 36 – ✉ **85540** Moutiers-les-Mauxfaits – ✪ 51.

Voir Collections d'art★ du château de la Court d'Aron, **G. Côte de l'Atlantique.**

Paris 446 – Luçon 13 – La Roche-sur-Yon 29 – Les Sables d'Olonne 36 – La Tranche-sur-Mer 18.

- **Aub. de la Court d'Aron,** ☎ 30.81.80 – Ⓟ. VISA
1er avril-30 sept. et fermé lundi soir et mardi sauf juil. et août – SC : **R** 62/92 .

RENAULT Gar. Thuaud, ☎ 30.80.56 N ☎ 30.86.80

ST-CYR-L'ÉCOLE 78 Yvelines 60 ⑩, 101 ㉒ – voir à Paris, Environs.

ST-CYR-SUR-MORIN 77750 S.-et-M. 56 ⑬ **G. Environs de Paris** – 1 209 h. alt. 62 – ✪ 6.

Paris 73 – Coulommiers 14 – La Ferté-sous-Jouarre 7,5 – Melun 60.

- **Moderne,** ☎ 023.80.03, ≤, « Collections d'outils anciens », – Ⓟ
fermé 15 déc. au 15 fév. et merc. – SC : **R** (dim. prévenir) 65/170.

ST-DALMAS-DE-TENDE 06 Alpes-Mar. 84 ⑩⑳, 195 ⑧⑨ – alt. 696 – ✉ **06430** Tende – ✪ 93.

Voir S : Haute vallée de la Roya★★ – Gorges de Bergue★ S : 3 km, **G. Côte d'Azur.**

Paris 1 016 – Fontan 8 – ♦Nice 79 – Sospel 36.

- **Terminus** , ☎ 04.60.10 – Ⓟ. rest
fermé 3 nov. au 2 fév. et vend. – SC : **R** 50/80 – 12,50 – **23 ch** 60/170 – P 136/177.

ST-DALMAS-VALDEBLORE 06 Alpes-Mar. 84 ⑲, 195 ⑥ – voir à Valdeblore.

ST-DENIS 93 Seine-St-Denis 🗺️ ⑪, 🗺️ ⑯ – voir à Paris, Environs.

ST-DENIS-D'ANJOU 53 Mayenne 🗺️ ① – 1 279 h. alt. 38 – ⊠ 53290 Grez-en-Bouère – 🕿 43.
Paris 263 – Angers 42 – ♦Le Mans 58 – Sablé-sur-Sarthe 10.

XX **Aub. Roi René,** 🕿 70.52.30 – 🅿
fermé vacances de fév., mardi soir et merc. – SC : **R** 60/135 🍷.

RENAULT Babin, 🕿 70.52.25

ST-DENIS-DE-L'HÔTEL 45 Loiret 🗺️ ⑩ – rattaché à Jargeau.

ST-DENIS-SUR-SARTHON 61420 Orne 🗺️ ② – 1 053 h. alt. 196 – 🕿 33.
Paris 203 – Alençon 12 – Argentan 40 – Domfront 49 – Falaise 63 – Flers 59 – Mayenne 49.

🏠 **La Faïencerie,** 🕿 27.30.16, parc – 📺wc 🛁wc 🕿 🅿
Pâques-15 nov. – SC : **R** *(fermé mardi midi)* 70/110 – 🖃 20 – **18 ch** 90/200 – P 250.

RENAULT Gar. Poirier, 🕿 27.30.32

ST-DÉZERY 19 Corrèze 🗺️ ⑪ – rattaché à Ussel.

ST-DIDIER-EN-VELAY 43140 H.-Loire 🗺️ ⑧ – 2 826 h. alt. 835 – 🕿 71.
Paris 544 – Annonay 48 – Firminy 15 – Lamastre 69 – Le Puy 58 – ♦St-Étienne 25 – Yssingeaux 31.

XX 🕸 **Aub. Velay** (Guichard) avec ch, pl. Fontaine 🕿 61.01.54 – 🛁 **E** 𝒱𝐼𝒮𝒜
fermé août, vacances de fév., dim. soir et lundi – SC : **R** 69/250 – 🖃 13 – **6 ch** 65/150
Spéc. Salade de queues d'écrevisses au foie gras, Dentelles de saumon à la crème de lentilles, Magret de canard aux myrtilles. Vins Côtes du Forez.

ST-DIÉ ⟨S⟩ 88100 Vosges 🗺️ ⑰ G. Vosges – 26 539 h. alt. 343 – 🕿 29.
Voir Église N.-D.-de-Galilée★ A **E** – Cloître★ A **R** – Cathédrale★ A **S**.
🛈 Office de Tourisme 32 r. Thiers (fermé lundi matin et dim.) 🕿 56.17.62.
Paris 459 ④ – Belfort 128 ② – Colmar 63 ① – Épinal 50 ③ – ♦Mulhouse 98 ② – ♦Strasbourg 90 ①.

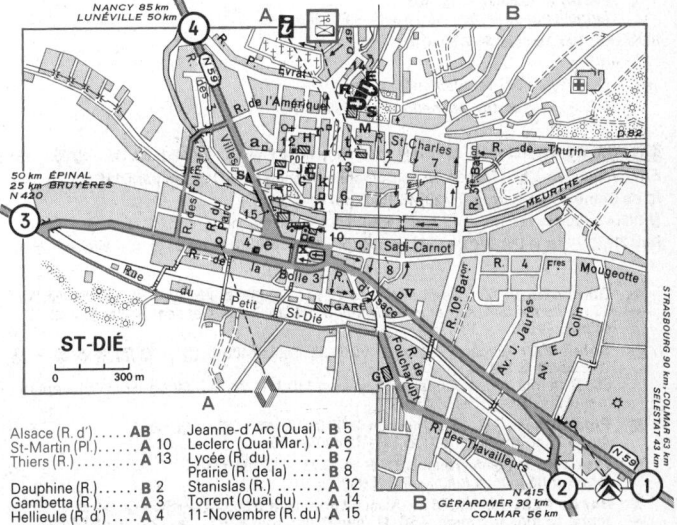

ST-DIÉ
0   300 m

Alsace (R. d')...... **AB**
St-Martin (Pl.)...... **A** 10
Thiers (R.)........... **A** 13

Dauphine (R.)....... **B** 2
Gambetta (R.)....... **A** 3
Hellieule (R. d')..... **A** 4

Jeanne-d'Arc (Quai). **B** 5
Leclerc (Quai Mar.).. **A** 6
Lycée (R. du)........ **B** 7
Prairie (R. de la).... **B** 8
Stanislas (R.)........ **A** 12
Torrent (Quai du).... **A** 14
11-Novembre (R. du) **A** 15

🏠 **France** sans rest, 1 r. Dauphine 🕿 56.32.61 – 📺 📺wc 🖾. 🆎 ⓪ 𝒱𝐼𝒮𝒜   A **t**
SC : 🖃 18 – **11 ch** 182/210.

🏠 **Stanislas** sans rest, 32 r. Stanislas 🕿 56.41.51 – 🛗 📺wc 🛁wc 🕿 🅿. 🆎 𝒱𝐼𝒮𝒜   A **a**
fermé 25 août au 5 sept. et 16 déc. au 10 janv. – SC : 🖃 20 – **24 ch** 130/200.

🏠 **Vosges et Commerce** sans rest, 57 r. Thiers 🕿 56.16.21 – 🛁wc 🖾 🚗 – 🔏   A **r**
40. 🆎 ⓪ 𝒱𝐼𝒮𝒜
SC : 🖃 18 – **30 ch** 82/210.

🏠 **Globe** sans rest, 2 quai de Lattre 🕿 56.13.40 – 📺wc 🛁wc 🖾. 𝒱𝐼𝒮𝒜   A **n**
fermé vacances de nov. et de Noël – SC : 🖃 19 – **18 ch** 84/170.

🏨 **Parc** sans rest, 5 r. J.-J. Baligan ☏ 56.36.54 — ⇔ 🛁wc ⊛   A **k**
SC : ♨ 18 — **7 ch** 110/140.

🏨 **Voyageurs** sans rest, 22 r. Hellieule ☏ 56.21.56 — 🛁. 🖭   A **x**
fermé sept. — SC : ⊐ 12,50 — **14 ch** 60/95.

XX ❀ **Tétras** (Giuliano), 4 r. Hellieule ☏ 56.10.12 — 🖭 ◑ E 💳 ❀   A **x**
fermé 30 sept. au 30 oct., 10 au 17 mars, vend. soir et sam. — SC : **R** (nombre de
couverts limité - prévenir) 70/180 ⅃
Spéc. Parfait de foies de volailles, Sandre à l'oseille, Pâtisseries maison. **Vins** Pinot blanc et pinot
noir.

XX **Gourmet Déodatien**, 60 r. Bolle ☏ 55.36.44 — ◑. ❀   A **e**
fermé lundi — SC : **R** 54/160.

XX **Petit Chantilly**, r. 11 Novembre ☏ 56.15.43 — 🖭 ◑ E 💳   A **s**
fermé 15 août au 15 sept., jeudi soir et vend. — SC : **R** 52/85 ⅃.

X **Moderne** avec ch, 64 r. Alsace ☏ 56.11.71 — 🛁 ⟸ 🅿. 💳 ❀ ch   B **v**
➡ *fermé 20 juin au 4 juil., 23 déc. au 9 janv., vend. soir et sam. sauf juil.-août* — SC : **R**
48/117 ⅃ — ⊐ 15 — **14 ch** 65/89 — P 170/196.

route de Colmar par ② : 6,5 km — ⊠ 88580 Saulcy-sur-Meurthe :

🏨 **Lo Kébé**, à Saulcy-sur-Meurthe ☏ 50.00.78, 🏤 — ⇔🛁wc 🅿. 🖭 ◑ 💳
➡ *fermé 1er au 28 nov., dim. soir et lundi* — SC : **R** 38/80 ⅃ — ⊐ 12 — **7 ch** 50/100 — P
110/160.

BMW, OPEL Gar. Charaud, 1 av. J.-Jaurès ☏
56.20.96
CITROEN Vosges-Autom., 134 r. d'Alsace ☏
56.29.95 🆖 ☏ 55.22.22
FIAT Gasser, 18 quai Carnot ☏ 56.19.66
FORD Gar. Thouzet, rte de Raon ☏ 56.23.30
RENAULT Ets Husson, 52 r. de la Bolle ☏
56.28.57 🆖 ☏ 55.22.22

V.A.G. Gar. Sequeval, 40 quai Carnot ☏ 56.
25.58

🛞 Pneus et Services D.K. 126 r. d'Alsace ☏
56.11.34
Villaume, 73 r. Alsace ☏ 56.11.08

ST-DIER D'AUVERGNE 63520 P.-de-D. 🔢 ⑮ G. Auvergne — 653 h. alt. 446 — ✿ 73.
Paris 409 — Ambert 34 — Billom 17 — ♦Clermont-Ferrand 44 — Issoire 37 — Thiers 27.

X **Paris**, ☏ 70.80.67 — 🅿. 💳
fermé lundi du 1er nov. au 1er avril — SC : **R** 60/140.

RENAULT Gar. Terrissé, ☏ 70.80.56 🆖

☞ *Pour aller loin rapidement,
utilisez les cartes Michelin à 1/1 000 000.*

ST-DIZIER ◀▶ 52100 H.-Marne 🔢 ⑨ G. Nord de la France — 37 445 h. alt. 146 — ✿ 25.
Env. Villiers-en-Lieu : Musée de l'automobile française★ NO : 6 km par D111 Y.
🏌 de Combles-en-Barrois ☏ (29) 45.16.03 par ① : 23 km.
🅸 Office de Tourisme Pavillon du Jard (après-midi seul., fermé sam. et dim.) ☏ 05.31.84.
Paris 212 ⑤ — Bar-le-Duc 24 ① — Chaumont 74 ③ — ♦Nancy 101 ② — Troyes 85 ④ — Vitry-le-F. 29 ⑤.

Plan page ci-contre

🏩 **Gambetta** 🅼, 62 r. Gambetta ☏ 05.22.10 — 📳 📺 ☎ ⟸ 🅿 — 🏌 100. 🖭 ◑ 💳
➡ SC : **R** *(fermé dim. soir et fériés le soir d'oct. au 31 mars et sam.)* 49/89 ⅃ — ⊐ 16 —
63 ch 150/240 — P 190/250.   Z **e**

🏩 **Soleil d'Or** 🅼, par ① : 2 km ☏ 05.68.22, Télex 840946, 🏊, — 📳 📺 ☎ & 🅿 — 🏌
150. 🖭 ◑ E 💳
SC : **R** *(fermé dim. et fériés)* carte environ 110 ⅃ — ⊐ 20 — **60 ch** 196/310, 9 apparte-
ments 266/310 — P 222/263.

🏨 **Picardy** sans rest, 15 av. Verdun ☏ 05.09.12, 🛋 — 🛁wc 🅿. ❀   Z **b**
fermé 17 au 26 août — SC : ♨ 14 — **12 ch** 68/150.

XX **François 1er**, 64 r. François 1er ☏ 05.09.73 — 🖭 ◑ 💳   Y **a**
fermé août, dim. et lundi — SC : **R** 65/120.

X **Bar de l'Est** avec ch, 56 av. Alsace Lorraine ☏ 05.03.14 — 🛁wc 🅿. ❀ ch   Z **s**
➡ *fermé 12 août au 3 sept.* — SC : **R** *(fermé dim. soir)* 35/50 — ♨ 12 — **24 ch** 54/89.

MICHELIN, Agence, Z.I. St-Jean, Voie Sud Y ☏ 05.07.84.

ALFA ROMEO Champagne Autom., 28. r.
Vergy ☏ 05.39.37
AUTOBIANCHI, LANCIA, FIAT Gar. Stabile,
776 bis av. République ☏ 05.40.22
BMW, OPEL Gar. Masson, 92 bis r. E.-Renan
☏ 56.19.81
CITROEN Gar. Fontaine, 34 av. R.-Salengro ☏
05.20.68 🆖
FORD Dynamic-Motors, rte de Bar-le-Duc ☏
05.23.98

PEUGEOT-TALBOT C.A.B., 61 av. Alsace-Lor-
raine ☏ 56.19.72
RENAULT Fogel, 20 av. états-Unis ☏ 56.19.79
V.A.G. Auto Hall 52, 50 av. République ☏ 05.
09.90

🛞 Barrois-Pneus, rte de Bar-le-Duc, Bettan-
court-la-Ferrée ☏ 05.19.16
Saunier-St-Dizier-Pneu, 111 r. E.-Renan ☏ 05.
23.54

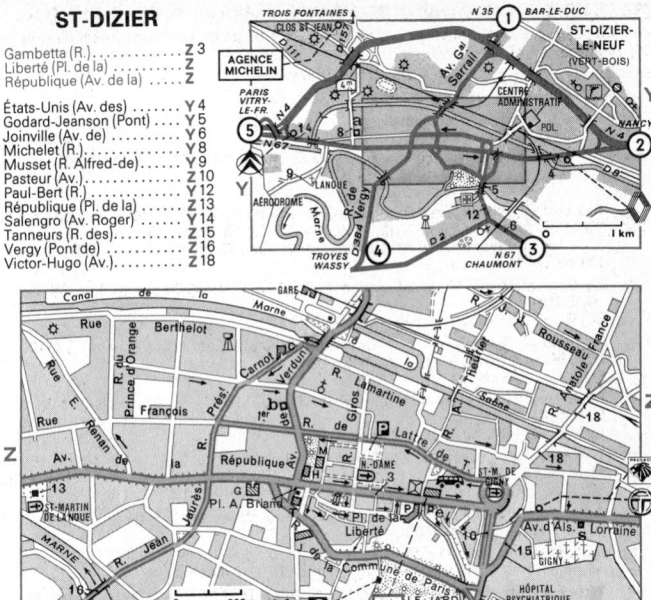

ST-DIZIER

ST-DOULCHARD 18 Cher 🔢 ① – rattaché à Bourges.

ST-DYÉ-SUR-LOIRE 41 L.-et-Ch. 🔢 ⑦⑧ – 762 h. alt. 75 – ⊠ **41500** Mer – ⑬ 54.
Paris 172 – Beaugency 21 – Blois 14 – ◆Orléans 41 – Romorantin-Lanthenay 45.

 🏠 **Manoir Bel Air** ⑤, 🕾 81.60.10, ≤, Parc – ⇌wc 🗍wc ☎ ⓺ ⇠ 🅿 – 🔼 25.
 🍽 rest
 fermé 1ᵉʳ janv. au 15 fév. – SC : **R** 62/125 – ☲ 15 – **30 ch** 100/160 – P 200.

SAINTE... – voir suite nomenclature des Saints.

ST-ELME 83 Var 🔢 ⑮ – rattaché aux Sablettes.

ST-ÉMILION 33330 Gironde 🔢 ⑫ Ⓖ. Côte de l'Atlantique (plan) – 3 040 h. alt. 102 – ⑬ 57.
Voir Site★ – Église monolithe★ – Ancien cloître des Cordeliers★ – ≤★ de la tour du château du Roi – 🚲 Office de Tourisme pl. des Créneaux 🕾 24.72.03.
Paris 611 – Bergerac 56 – ◆Bordeaux 39 – Langon 49 – Libourne 8 – Marmande 60.

 🏛 **Aub. de la Commanderie,** r. Cordeliers 🕾 24.70.19 – ⇌wc 🗍wc ☎. 🍽
 fermé déc., janv. et fév. – SC : **R** *(fermé mardi)* 70/200 – ☲ 18 – **14 ch** 120/200.

 XXX **Host. Plaisance** avec ch, pl. Clocher 🕾 24.72.32, 🔔, – ⇌wc 🗍wc ☎ – 🔼 40.
 🅐🅔 ⓞ Ⓔ 𝘝𝘐𝘚𝘈
 SC : **R** 82/152 – ☲ 25 – **12 ch** 200/300.

 XX **Chez Germaine,** pl. Clocher 🕾 24.70.88 – 🅐🅔 ⓞ Ⓔ
 fermé 1ᵉʳ déc. au 15 janv. et lundi – SC : **R** 68/250.

 X **Logis de la Cadène,** pl. Marché-au-Bois 🕾 24.71.40, 🔔
 fermé 15 au 30 juin, 1ᵉʳ au 15 sept. et lundi – SC : **R** (déj. seul.) 40/95.

RENAULT Vallade, 🕾 24.72.68

ST-ÉTIENNE 04230 Alpes-de-H.-Pr 🔢 ⑮ Ⓖ. Côte d'Azur – 679 h. alt. 697 – ⑬ 92.
Paris 776 – Digne 46 – Forcalquier 17 – Sault 47 – Sisteron 30.

 🏠 **St Clair** ⑤, S : 2 km par D 13 🕾 76.07.09, ≤, ⚱, 🚿 – 🗍wc 🅿. 🍽
 fermé 19 nov. au 16 déc. et 3 au 29 janv. – SC : **R** 65/100 – ☲ 15 – **27 ch** 88/145 – P 154/250.

 🏠 **Parc** ⑤, 🕾 76.01.02, 🚿 – ⇌wc 🗍wc ☎ 🅿 🅐🅔 𝘝𝘐𝘚𝘈
 fermé 24 avril au 24 mai et 10 au 30 oct. – SC : **R** 60/120 – ☲ 15 – **24 ch** 100/140 – P 150/240.

ST-ÉTIENNE 🅿 42000 Loire 🔟🔟 ⑲, 🔟🔟 ⑨ G. Vallée du Rhône – 206 087 h. alt. 517 – ✆ 77.

Voir Musée d'Art et d'Industrie : musée d'Armes★ et peintures modernes★ du musée des Beaux-Arts Z **M**.

Env. Guizay ≼≼★★ S : 10 km V – Gouffre d'Enfer★★ SE : 11 km par D 8 V.

✈ de St-Étienne-Bouthéon : ✆ 36.54.79 par ⑤ : 15 km.

🛈 Office de Tourisme 12 r. Gérentet (fermé dim. et lundi) ✆ 25.12.14, Télex 330683 - A.C. 9 r. Général-Foy ✆ 32.55.99.

Paris 522 ① – ◆Clermont-Ferrand 150 ④ – ◆Grenoble 137 ① – ◆Lyon 59 ① – Valence 118 ①.

Plans pages suivantes

🏨 **Frantel** 🅼, r. Wuppertal SE du plan, par cours Fauriel ⌧ 42100 ✆ 25.22.75, Télex 300050 – 🛗 🗏 rest 📺 ☎ 🕹 🅿 – 🔬 50 à 200. 🕮 ⑩ 🔾 𝘝𝘐𝘚𝘈. ❀ rest   U **a**
SC : rest. **La Ribandière** *(fermé sam. midi et dim.)* **R** carte 140 à 190 ⅄ – ⇌ 28 – **120 ch** 244/312.

🏨 **Le Grand Hôtel**, 10 av. Libération ✆ 32.99.77, Télex 300811 – 🛗 🕹 – 🔬 35. 🕮 ⑩ 🔾 𝘝𝘐𝘚𝘈   Y **b**
SC : **R** voir rest. Gillet – ⇌ 26 – **66 ch** 220/460.

🏨 **Astoria** 🅼 ⤠ sans rest, r. H.-Déchaud SE du plan, par cours Fauriel ⌧ 42100 ✆ 25.09.56 – 🛗 📺 ☎ 🕹 🅿 – 🔬 30. 🕮 ⑩ 🔾 𝘝𝘐𝘚𝘈   U **d**
SC : ⇌ 15 – **33 ch** 134/185.

🏨 **Midi** 🅼 sans rest, 19 bd Pasteur ⌧ 42100 ✆ 57.32.55 – 🛗 🚾wc 🏳wc ☎ 🕹 🚗. 🕮 🔾 𝘝𝘐𝘚𝘈   V **e**
fermé août – SC : ⇌ 17,50 – **27 ch** 170/230.

🏨 **Terminus du Forez**, 31 av. Denfert-Rochereau ✆ 32.48.47 – 🛗 🗏 rest 🚾wc 🏳wc 🚗. 🕮 ⑩ 🔾 𝘝𝘐𝘚𝘈   Y **h**
SC : **R La Loco** *(fermé dim.)* 65/180 ⅄ – ⇌ 17 – **66 ch** 115/180.

🏨 **Arts** sans rest, 11 r. Gambetta ✆ 32.42.11 – 🛗 🚾wc 🏳wc 🚗 🅿   Z **f**
SC : ⇌ 14,50 – **63 ch** 65/169.

🏨 **Hot. Cheval Noir**, 11 r. F.-Gillet ✆ 33.41.72 – 🛗 🏳wc 🚗. 🕮 ⑩ 🔾 𝘝𝘐𝘚𝘈   Y **k**
📞 *fermé août* – SC : **R** *(fermé dim.)* 50/80 – ⇌ 15,50 – **46 ch** 79/160.

🏨 **Touring-Continental** sans rest, 10 r. F.-Gillet ✆ 32.58.43 – 🚾wc 🏳wc 🚗 🅿   Y **m**
fermé 14 juil. au 19 août – SC : ⇌ 15 – **25 ch** 80/140.

🏨 **Central** sans rest, 3 r. Blanqui ✆ 32.31.86 – 🚾wc 🏳 🚗. 🕮 𝘝𝘐𝘚𝘈   Y **n**
fermé 29 juil. au 21 août – SC : ⇌ 13 – **25 ch** 60/140.

🍴🍴🍴 **Gillet**, r. A. Raynal ✆ 32.04.90 – 🕮 ⑩ 𝘝𝘐𝘚𝘈   Y **b**
fermé 15 juil. au 15 août et lundi sauf fériés – SC : **R** 75/177.

🍴🍴🍴 ✿ **Pierre Gagnaire**, 3 r. G.-Teissier ✆ 37.57.93 – 🕮 ⑩ 𝘝𝘐𝘚𝘈   Y **e**
fermé 30 juil. au 19 août, 10 au 18 fév., lundi midi et dim. – SC : **R** 140/280
Spéc. Salade de homard, Framboises et melons (mai à sept.).

🍴🍴🍴 **Le Chantecler**, 5 cours Fauriel ⌧ 42100 ✆ 25.48.55 – 🕮 ⑩ 𝘝𝘐𝘚𝘈   Z **q**
fermé août, sam. et dim. – SC : **R** 75/148.

🍴🍴 **Le Régency**, 17 bd J.-Janin ✆ 74.27.06 – 🕮 🔾 𝘝𝘐𝘚𝘈   X **r**
fermé août, sam. et dim. – SC : **R** 73/131.

🍴🍴 **Colonnes**, 17 pl. J.-Jaurès ✆ 32.66.76 – 🕮 ⑩ 🔾 𝘝𝘐𝘚𝘈   Y **s**
fermé dim. et fêtes – SC : **R** 70/175 ⅄.

🍴🍴 ✿ **Le Bouchon** (Lejeune), 7 r. Robert ✆ 32.93.32 – 🕮 𝘝𝘐𝘚𝘈. ❀   Y **t**
fermé 30 juin au 23 juil., 23 déc. au 2 janv., sam. midi, dim. et fêtes – SC : **R** (nombre de couverts limité - prévenir) 90/160
Spéc. Coquilles St-Jacques (oct. à avril), Poissons, Chariot de desserts. **Vins** Côte Rôtie, Viognier.

🍴🍴 **Taverne Alsacienne**, 5 pl. J.-Jaurès ✆ 32.43.07   Y **u**

🍴 **Le Gratin**, 30 r. St-Jean ✆ 32.32.60 – 𝘝𝘐𝘚𝘈   Y **v**
📞 *fermé 14 juil. au 15 août, sam. midi soir* – SC : **R** 40/120 ⅄.

à St-Priest-en-Jarez par ⑤ : 4 km – 206 087 h. alt. 531 – ⌧ 42270 St-Priest-en-Jarez :

🍴🍴🍴 **Clos Fleuri**, 76 av. A.-Raimond ✆ 74.63.24, 🌳, « Terrasse et jardin fleuris » – 🅿. 🕮 ⑩ 𝘝𝘐𝘚𝘈
fermé août, dim. soir et lundi – SC : **R** 80/220.

Voir aussi ressources hôtelières à *Andrézieux-Bouthéon* par ⑤ : 17 km

MICHELIN, Agence, Z.I. de Montreynaud, 9 r. V.-Grignard T ✆ 74.22.88

ALFA-ROMEO Gar. de la Rue Balay, 40 r. Balay ✆ 32.62.89
BMW, DATSUN Gar. Jourjon, 87 bis r. Désiré-Claude ✆ 57.20.17
CITROEN Sté Commerciale, 1 r. V.-Grignard T ✆ 74.91.77
FIAT Ouillon, Zone Ind. de Montreynaud, r. J.-Neyret ✆ 79.08.45
FORD E.D.A., Z.I. de Montreynaud 17-19 r. G.-Delory ✆ 74.42.44

LADA, SKODA Biosca, 25 r. Désiré-Claude ✆ 32.91.95
LANCIA-AUTOBIANCHI Gar. de Fourneyron, 10 pl. Fourneyron ✆ 32.56.02
MERCEDES-BENZ SALTA, 82 r. Marengo ✆ 25.12.16
OPEL St-Étienne Autom., 50 rue Désiré-Claude ✆ 32.50.25
PEUGEOT-TALBOT Centre-Sud-Autom., 24 à 28 r. du Mont V ✆ 57.17.37

tourner →

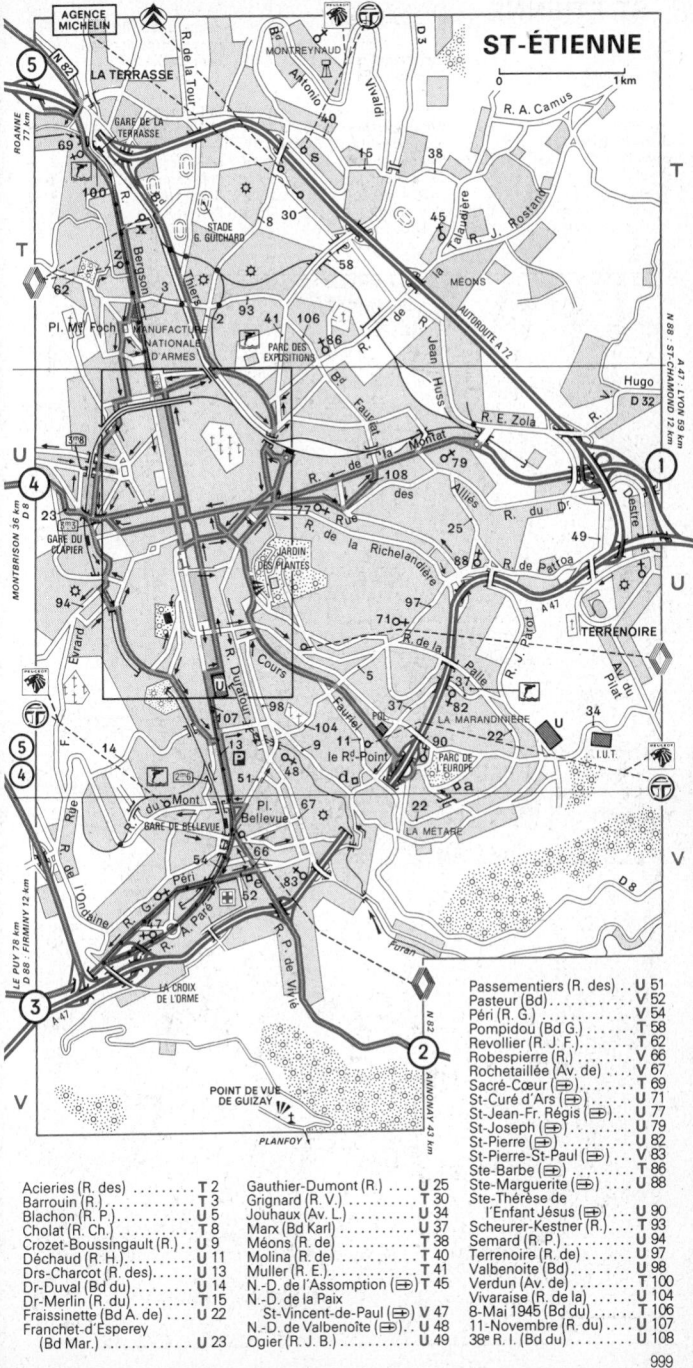

ST-ÉTIENNE

999

ST-ÉTIENNE

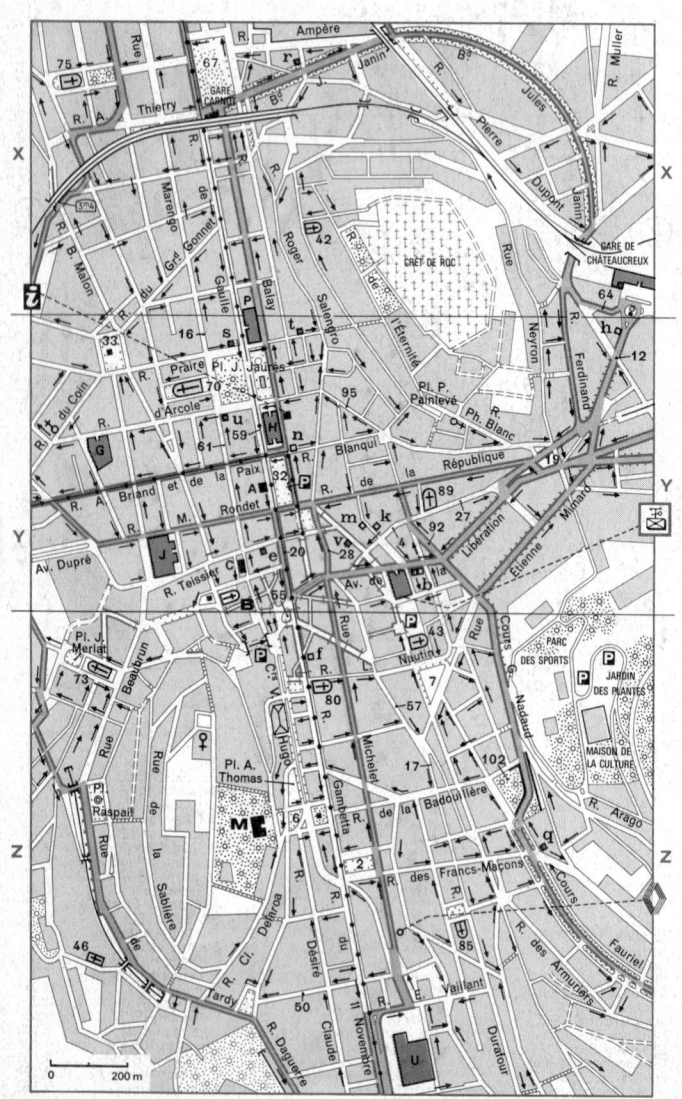

PEUGEOT-TALBOT Boniface, Zone Ind. de Montreynaud 13-15 r. G.-Delory T s ☎ 74.74.66
PEUGEOT-TALBOT Gar. du Rond Point, 23 r. H.-Déchaud U ☎ 25.05.80
RENAULT Succursale, 5 r. Claude-Oddé T x ☎ 74.91.44
RENAULT Bellevue-Autom.-Granet, 1 r. Thimonier V ☎ 57.28.28
RENAULT Gar. Baury, 81 rue Michelet Z ☎ 32.43.52
RENAULT Gar. Centre III, 113 r. Bergson T z ☎ 74.52.11
RENAULT Hardy, 11 r. Liogier U ☎ 25.46.74

V.A.G. Gas, 14 r. de Talaudière, Zone Ind. Verpilleux ☎ 32.39.95 88 r. des Alliés ☎ 32.66.06
V.A.G. Gar. Rocle, rte de l'Etrat à St-Priest-en-Jarez ☎ 74.26.44
VOLVO Dutel, 47 r. 11-Novembre ☎ 57.07.61

⑧ Briday-Pneus, 36 r. de la Montat ☎ 33.06.20
Forez-Pneus, 66 r. Désiré-Claude ☎ 57.29.68
Métifiot, Zone Ind. de Montreynaud 12 r. V.-Grignard ☎ 79.06.03
Pastourel, 2 r. de la Tour ☎ 74.42.66
Piot-Pneu, 109 r. du Soleil ☎ 33.06.81

ST-ÉTIENNE-CANTALÈS 15 Cantal 🗟🗟 ⑪ G. Périgord – 172 h. alt. 540 – ✉ 15150 Laroquebrou – ☼ 71 – Voir Barrage★ – Paris 549 – Aurillac 23 – Figeac 62 – Mauriac 54.

🏠 Pradel ⤳, ☎ 46.35.09, ≼, 🐎 – 🛏wc ⊗ 🅿 – sais. – **19 ch**.

ST-ÉTIENNE-DE-BAÏGORRY 64430 Pyr.-Atl. 🗟🗟 ③ G. Pyrénées – 1 691 h. alt. 162 – ☼ 59.

🖪 Syndicat d'Initiative pl. Mairie (fermé sam. et dim.) ☎ 37.43.11.
Paris 822 – Cambo-les-Bains 31 – Pau 114 – St-Jean-Pied-de-Port 11.

🏠 ✿ **Arcé** ⤳, ☎ 37.40.14, ≼, 🍴, « Terrasse au bord de l'eau », 🐎 – 🛏wc 🛁wc ⊗ 🛬 🅿. 🎾
3 mars-2 nov. – SC : **R** (dim. prévenir) 110/170 – 😅 22 – **24 ch** 220/270 – P 190/280
Spéc. Parfait de foie de canard truffé, Sole farcie gratinée, Tournedos navarrais. Vins Irouleguy, Jurançon.

🏠 **Panoramique**, sur D 15 ☎ 37.41.89, ≼, 🍴, 🐎 – 📺 🛏wc 🛁wc ⊗ 🅿 – 🛎 80. 𝘝𝘐𝘚𝘈
15 fév.-31 oct. – SC : **R** 60/160 – 😅 18 – **20 ch** 90/190 – P 140/240.

ST-ÉTIENNE-DE-CHOMEIL 15 Cantal 🗟🗟 ② – 378 h. alt. 700 – ✉ 15400 Riom-ès-Montagnes – ☼ 71 – Paris 485 – Aurillac 95 – ◆Clermont-Ferrand 100 – Riom-ès-Montagnes 14.

🏠 **Aub. du Mont Redon**, ☎ 78.31.15 – 🛏wc 🛁wc. 🎾
← fermé 20 sept. au 12 oct. et mardi – SC : **R** 48/68 ⅃ – 😅 14 – **7 ch** 80/100 – P 190/210.

ST-ÉTIENNE-DE-FURSAC 23 Creuse 🗟🗟 ⑧ – rattaché à la Souterraine.

ST-ÉTIENNE-DE-TINÉE 06660 Alpes-Mar. 🗟🗟 ⑨, 🗟🗟🗟 ④ G. Côte d'Azur – 2 030 h. alt. 1 144 – ☼ 93 – Voir Site★ – Vallée de la Tinée★★ N et S – Clocher★ de l'église.
Paris 795 – Barcelonnette 58 – Briançon 126 – Cannes 110 – ◆Nice 91 – Puget-Théniers 80.

🏠 **La Pinatelle** ⤳, ☎ 02.40.36, ≼, 🐎
fermé 1ᵉʳ oct. au 1ᵉʳ déc. – SC : **R** 67 – 😅 14 – **14 ch** 72 – P 154.

ST-ÉTIENNE-DU-GRÈS 13 B.-du-R. 🗟🗟 ⑳ – rattaché à St-Rémy-de-Provence.

ST-ÉVARZEC 29 Finistère 🗟🗟 ⑮ – 2 544 h. alt. 55 – ✉ 29170 Fouesnant – ☼ 98.
Paris 550 – Concarneau 14 – Pont-l'Abbé 25 – Quimper 10 – Quimperlé 40.

XX **La Fontaine des Chapons**, à l'Arbre du Chapon NO : 2 km ☎ 94.80.03 – 🅿. 🆎 🇪. 🎾
fermé merc. en juil.-août et mardi soir – SC : **R** 70/130.

ST-FARGEAU 89170 Yonne 🗟🗟 ③ – 1 701 h. alt. 193 – ☼ 86.
Paris 168 – Auxerre 45 – Cosne-sur-Loire 32 – Gien 42 – Montargis 53.

XX **Le Vaudreuil**, 2 pl. Château ☎ 74.04.37 – 🆎 ⑩ 𝘝𝘐𝘚𝘈
fermé janv., mardi soir et merc. sauf en juil.-août – SC : **R** 62/128.

CITROEN Ropars, rte de Montargis ☎ 74.06.10 🗒
PEUGEOT-TALBOT Chambrillon, promenade du Grillon ☎ 74.08.20 🗒

RENAULT Ciechelski, 7 av. de la Gde Demoiselle, ☎ 74.01.39 🗒

ST-FÉLIX 74510 H.-Savoie 🗟🗟 ⑮ – 1 224 h. alt. 368 – ☼ 50.
Paris 581 – Aix-les-Bains 14 – Annecy 19 – Rumilly 11.

🏠 **Relais des Deux Savoies**, ☎ 60.90.02, 🍴, 🏊, 🐎 – 🗟 rest ⇦ 🅿 – 🛎 50. 🆎 ⑩ 🇪 𝘝𝘐𝘚𝘈
fermé fin nov. au 15 fév. et mardi hors sais. – SC : **R** 120/200 – 😅 30 – **20 ch** 160/430.

X **Carrin** avec ch, ☎ 60.90.09, 🍴 – 🛁. 𝘝𝘐𝘚𝘈
← fermé 27 juin au 12 juil., 15 janv. au 15 fév. et lundi – SC : **R** 42/140 – 🍽 13 – **6 ch** 70/100.

ST-FÉLIX-LAURAGAIS 31540 H.-Gar. 🎱🎱 ⑲ G. Causses – 1 188 h. alt. 327 – ✪ 61.

Voir Site★.

Paris 758 – Auterive 45 – Carcassonne 54 – Castres 37 – Gaillac 70 – ◆Toulouse 43.

🏛 **Aub. du Poids Public,** ☎ 83.00.20, ≤, 🏡, « Bel aménagement intérieur », 🚗
→ – 🛏wc 🛏wc 🐾 ⬅ 🅿 – 🏠 25
SC : **R** *(fermé dim. soir du 15 oct. au 15 mars)* 44 bc (sauf sam. soir)/150 – 🖵 18 –
13 ch 150/164 – P 169/192.

🏛 Le Cocagne sans rest, pl. Centrale (Guillaume de Nogaret) ☎ 83.00.02 – 🛏 🐾
7 ch.

ST-FERRÉOL 31 H.-Gar. 🎱🎱 ⑳ – rattaché à Revel.

ST-FIRMIN 05800 H.-Alpes 🎱🎱 ⑯ – 465 h. alt. 900 – ✪ 92.

Paris 639 – Corps 11 – Gap 31 – ◆Grenoble 74 – La Mure 36 – St-Bonnet 18.

🏛 **Alpes,** ☎ 55.20.02, ≤, 🏡 – 🛗 🛏wc 🛏wc 🐾. 🖭 **E**
→ SC : **R** 43/85 – 🖵 15 – **26 ch** 105/164 – P 160/220.

au Séchier E : 4 km – alt. 900 – ⊠ **05800** St-Firmin :

🏛 Loubet 🛏, ☎ 55.21.12, ≤, 🚗 – 🛏wc 🛏wc 🅿. 🚿 rest
→ Pâques et Pentecôte-20 sept. – SC : **R** 44/110 – 🖵 14 – **23 ch** 83/162 – P 120/175.

ST-FLORENTIN 89600 Yonne 🎱🎱 ⑮ G. Bourgogne – 6 757 h. alt. 105 – ✪ 86.

Voir Vitraux★ de l'église E.

🔷 Syndicat d'Initiative 10 r. Terrasse (1er mai-30 sept., fermé mardi et dim.) ☎ 35.11.86.

Paris 174 ④ – Auxerre 31 ③ – Chaumont 134 ② – ◆Dijon 154 ② – Sens 44 ④ – Troyes 50 ①.

ST-FLORENTIN

Pour bien lire

les plans de villes

voir signes et abréviations p. 21

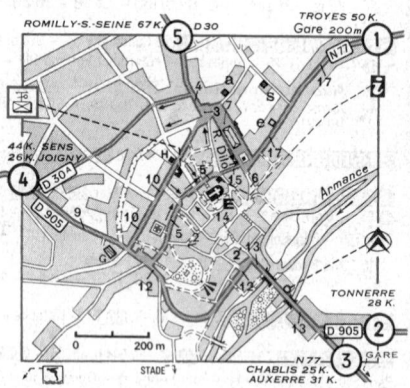

🛗 **Est,** 7 r. Fg St-Martin **(e)** ☎ 35.10.35 – 🚗 🅿. ⓪ **E** 🅅🅸🆂🅰
→ fermé fév. et sam. d'oct. au 1er avril – SC : **R** 50/120 🐾 – 🖵 14,50 – **32 ch** 65/210 –
P 153/198.

XX **Grande Chaumière** avec ch, 3 r. Capucins **(a)** ☎ 35.15.12 – 📺 🛏wc 🛏wc 🛏 ☎
🅿. 🖭 ⓪ 🅅🅸🆂🅰. 🚿 ch
fermé 20 déc. au 20 janv. et merc. hors sais. – SC : **R** 75/180 – 🖵 21 – **10 ch**
145/220.

XX **Tilleuls** avec ch, 3 r. Decourtive **(s)** ☎ 35.09.09, 🏡, 🚗 – 🛏wc 🛏wc 🅿. 🅅🅸🆂🅰. 🚿
fermé 2 nov. au 2 déc., dim. soir et lundi du 1er sept. au 1er juil. – SC : **R** 55/150 – 🖵
16 – **10 ch** 83/175.

à Venizy par ⑤ : 4,5 km – ⊠ **89210** Brienon-sur-Armençon :

🏛 **Moulin des Pommerats** 🛏, ☎ 35.08.04, ≤, « jardin fleuri » – 🛏wc ☎ 🅿. ⓪
E 🅅🅸🆂🅰. 🚿 ch
fermé vacances scolaires de fév., dim. soir et lundi hors sais. – SC : **R** 55/225 – 🖵
28 – **12 ch** 205/380 – P 340.

à Neuvy-Sautour par ① : 7 km – ⊠ **89570** Neuvy-Sautour :

XX **Dauphin,** ☎ 56.30.01 – 🅿. **E** 🅅🅸🆂🅰
fermé 16 au 31 août, 14 au 26 janv., mardi et merc. soir – SC : **R** 68/135.

CITROEN Gar. Bleu, 25 fg du Pont ☎ 35.12.52
PEUGEOT-TALBOT Gar. de l'Europe, av.
8-Mai par ④ ☎ 35.06.05

RENAULT S.A.F.A., rte de Paris par ④ ☎ 35.
06.26
TOYOTA Gar. Moderne, 17 pl. Dilo ☎ 35.02.50

ST-FLORENT-LE-VIEIL 49410 M.-et-L. 🔢 ⑲ G. Châteaux de la Loire – 2 560 h. alt. 16 –
⊙ 41 – Voir Tombeau★ dans l'église – Esplanade ≤★.

Paris 330 – Ancenis 14 – Angers 42 – Châteaubriant 55 – Château-Gontier 63 – Cholet 37 – Laval 92.

- **Host. de la Gabelle,** ⌖ 78.50.19, ≤ – 🚑 🛏 🚗. 🆎 E 𝚅𝙸𝚂𝙰
- *fermé 30 oct. au 5 nov., 23 déc. au 4 janv., dim. soir et lundi d'oct. à avril* – SC : **R**
  46/120 🍴 – 🖵 14 – **17 ch** 55/110 – P 120/160.

PEUGEOT-TALBOT Gar. Alloyer, ⌖ 78.50.07

ST-FLOUR ⟨S⟩ 15100 Cantal 🔢 ④⑭ G. Auvergne – 9 148 h. alt. 881 – ⊙ 71.

Voir Site★★ – Cathédrale★B – Brassard★ dans le musée de la Haute Auvergne M1 –
Plateau de la Chaumette : calvaire ≤★ S : 3 km par D 40 puis 30 mn.

🎫 Office de Tourisme 2 pl. Armes (fermé dim. hors saison) ⌖ 60.14.41.

Paris 490 ① – Aurillac 76 ④ – Issoire 67 ① – Millau 141 ② – Le Puy 92 ② – Rodez 118 ③.

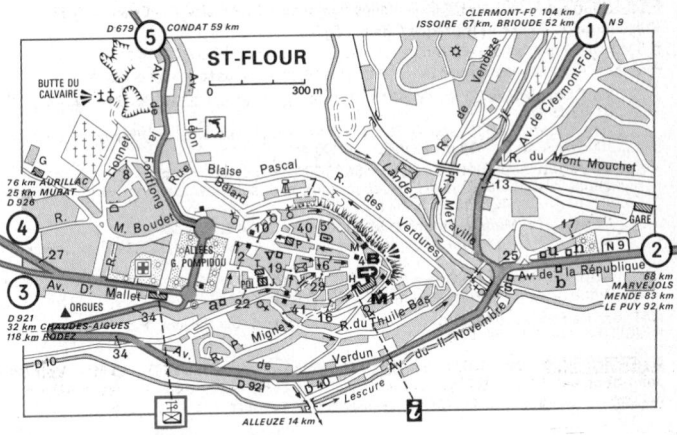

Armes (Pl. d') 4	Agials (R. des) 2	Gaulle (Av. Gén. de)........ 17
Breuil (R. du)............ 6	Belloy (R. de) 5	Halle (Pl. de la) 19
Collège (R. du) 10	Cardinal Bernet (R. du) ... 7	Lioran (Av. du) 27
Lacs (R. des)............ 22	Cardinal Saliège (Av. du) .. 8	Orgues (Av. des) 34
Liberté (Pl. de la) 25	Delorme (Av. du Cdt) 13	Sorel (R.) 40
Marchande (R.) 29	Frauze (R. de la) 16	Thuile-Haut (R. du) 41

Ville basse :

- 🏨 **L'Étape** Ⓜ, 24 av. République (b) ⌖ 60.13.03 – 📱 ᏺ 🚗. 🆎 ① E
- *fermé oct., dim. soir et lundi hors sais.* – SC : **R** 53/190 – 🖵 16,50 – **34 ch** 130/180
  – P 170/220.

- 🏨 **St-Jacques,** 6 pl. Liberté (s) ⌖ 60.09.20, 🦌 – 🛁wc 🛏wc ☎ 🚗. E 𝚅𝙸𝚂𝙰
- *fermé 8 nov. au 10 janv., vend. soir et sam. midi de nov. à avril* – SC : **R** 50/145 – 🖵
  16 – **30 ch** 90/190 – P 180/220.

- 🏨 **Nouvel H. Bonne Table,** av. République (n) ⌖ 60.05.86 – 📱 🛁wc 🛏wc ☎ 🅿.
- 🆎 ① E 𝚅𝙸𝚂𝙰
- *1er mars-1er nov.* – SC : **R** 39/160 – 🖵 18 – **48 ch** 85/175 – P 155/200.

- 🏨 **L'Éventail,** 9 av. République (u) ⌖ 60.14.07 – 📱 🛁wc 🛏 🕿 🚗 🅿.
- *25 mai-30 sept.* – SC : **R** 40/63 – 🖵 14 – **20 ch** 52/120 – P 130/150.

Ville haute :

- 🏨 **Europe,** 12 cours Ternes (a) ⌖ 60.03.64, ≤ vallée – 📱 🛁wc 🛏wc ☎
- *fermé déc. et janv.* – SC : **R** 49/135 – 🖵 15,50 – **45 ch** 70/195 – P 165/200.

- 🏨 **Gd H. Voyageurs,** 25 r. Collège (v) ⌖ 60.15.51 – 📱 🛁wc 🛏wc 🕿 🚗. 🆎 ①
- E 𝚅𝙸𝚂𝙰
- *1er avril au 30 sept.* – SC : **R** 50/120 – 🖵 16 – **39 ch** 80/180 – P 155/195.

ALFA-ROMEO, VOLVO Teissedre, Zone Ind.
Montplain, rte d'Aurillac ⌖ 60.12.97 🄽 ⌖ 60.
10.35
CITROEN Pic, rte d'Aurillac, Zone Ind. Mont-
plain par ④ ⌖ 60.07.42
FORD Tournadre, Les Rosiers Rte de Clermont
⌖ 60.21.25

LADA, OPEL, SKODA Gar. Quérel r. M.-Bou-
det ⌖ 60.09.64
PEUGEOT-TALBOT Montplain-Autom. av. du
Lioran, Z.I.-Montplain par ④ ⌖ 60.02.43 🄽 ⌖
60.18.85
RENAULT Berthet, av. République par ② ⌖
60.01.81
Delair, 5 av. Dr-Mallet ⌖ 60.03.08

ST-FRANÇOIS-LONGCHAMP 73 Savoie **74** ⑰ **G. Alpes** – 221 h. – Sports d'hiver : 1 650/2 305 m ≴15 – ✉ **73130** La Chambre – ✪ 79.

Paris 631 – Albertville 61 – Chambéry 73 – Moûtiers 36 – St-Jean-de-Maurienne 24.

Station haute : Longchamp – alt. 1 610 – ✉ **73130** La Chambre.

ℹ Syndicat d'Initiative Résidence la Madeleine (fermé sam. et dim. hors sais.) ☎ 56.30.06.

Cheval Noir, ☎ 56.33.36, ≤, – TV wc ⋔ ☎ Ⓟ. AE. ✻ rest
20 déc.-20 avril – SC : **R** 70/120 – ☐ 20 – **19 ch** 90/160, 8 appartements 190 – P 180/220.

ST-FULGENT 85250 Vendée **67** ⑭ – 2 895 h. alt. 73 – ✪ 51.

Paris 385 – Cholet 36 – Fontenay-le-Comte 59 – •Nantes 53 – La Roche-sur-Yon 33.

Bon Gîte, 21 r. Nationale ☎ 42.61.12 – wc ⋔wc ☎ Ⓟ. AE ⓓ E VISA. ✻ ch
fermé lundi midi – SC : **R** 46/98 ♖ – ☐ 16 – **12 ch** 107/160 – P 170/260.

CITROEN Gar. David, ☎ 42.65.83

ST-GALMIER 42330 Loire **73** ⑱ **G. Vallée du Rhône** – 3 796 h. alt. 400 – Casino – ✪ 77.

Voir Vierge du Pilier★ et triptyque★ dans l'église.

ℹ Syndicat d'Initiative bd G.-Cousin (fermé matin, sam. et dim. hors sais.) ☎ 54.06.08.

Paris 452 – •Lyon 60 – Montbrison 24 – Montrond-les-B. 10 – Roanne 60 – •St-Étienne 22.

La Charpinière M ⛰, ☎ 54.10.20, parc, ⛱ – ▤ rest wc ☎ Ⓟ – ⛬ 25 à 50. AE ⓓ E VISA
fermé 15 déc. au 15 janv. – SC : **R** *(fermé dim. soir et lundi du 15 janv. au 30 avril)* 100/180 – ☐ 22 – **34 ch** 220/265 – P 400/440.

Voyageurs, pl. Hôtel de Ville ☎ 54.00.25 – ⋔ ⛟. ✻ ch
fermé 20 déc. au 20 janv., 1er au 15 août, dim. soir (rest. seul.) et vend. – SC : **R** 51/110 ♖ – ☐ 12 – **12 ch** 53/117.

Poste, 31 r. Maurice André ☎ 54.00.30, ≤ – AE ⓓ E VISA. ✻
fermé 15 juil. au 5 août, 15 janv. au 5 fév., merc. soir et jeudi – SC : **R** (dim. prévenir) 65/170.

Aub. du Parc, 5 bd Ouest ☎ 54.01.57 – E VISA
fermé 27 août au 10 sept. et merc. – SC : **R** 50/150.

FIAT Gar. les Sources, ☎ 54.00.61
PEUGEOT-TALBOT Morel, ☎ 54.00.92
RENAULT Gar. Pailleux, ☎ 54.06.71

ST-GAUDENS ⟨SP⟩ **31800** H.-Gar. **86** ① **G. Pyrénées** – 12 098 h. alt. 405 – ✪ 61 – **Voir** Bd Jean-Bepmale ≤★ Z – ℹ Office de Tourisme pl. mas-St-Pierre (fermé dim. et fêtes) ☎ 89.15.99.

Paris 797 ② – Auch 76 ① – Foix 90 ② – Lourdes 79 ⑤ – Tarbes 65 ⑤ – •Toulouse 90 ②.

ST-GAUDENS

République (R. de la) .... Y 14
Thiers (R.) .... Y 15
Victor-Hugo (R.) .... Z

Boulogne (Av. de) .... Y 2
Foch (Av. Mar.) .... Z 3
Fossés (R. des) .... Y 4
Isle (Av. de l') .... Y 5
Jaurès (Pl. Jean) .... YZ 6
Joffre (Av. Mar.) .... Z 7
Leclerc (R. Gén.) .... Y 8
Mathe (R.) .... Y 9
Palais (Pl. du) .... Y 10
Pasteur (Bd) .... Y 12
Pyrénées (Bd des) .... Z 13
Toulouse (Av. de) .... Y 16

Les plans de villes sont orientés le Nord en haut.

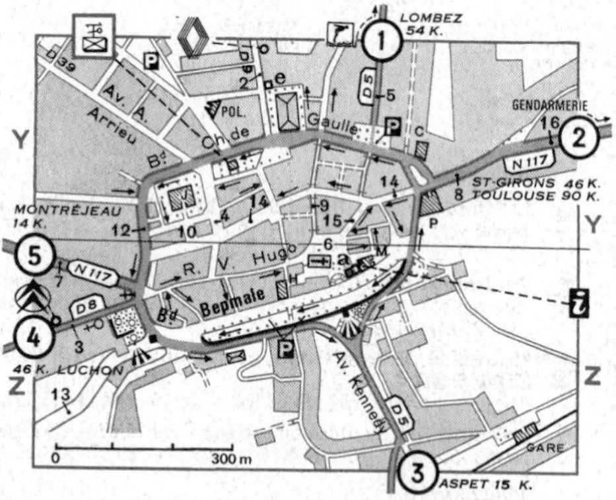

Commerce, av. Boulogne ☎ 89.44.77 – ⧗ TV wc ⋔ ☎ ⛟. ✻ Y e
fermé 15 déc. au 15 janv. – SC : **R** 55/140 – ☐ 17 – **50 ch** 70/200 – P 180/240.

Esplanade sans rest, 7 pl. Mas St-Pierre ☎ 89.15.90, ≤ – ⧗ wc ⋔ ☎. AE Z a
SC : ☐ 22 – **12 ch** 88/145.

Comminges, bd J.-Bepmale ☎ 89.14.04 Z a
fermé 27 août au 30 sept., dim. soir et lundi – SC : **R** 55/150.

à Villeneuve-de-Rivière par ⑤ : 6 km – alt. 386 – ✉ **31800** St-Gaudens :

✿ **Host. des Cèdres** (Clausse) ⛰, ☎ 89.36.00, – TV ☎ Ⓟ – ⛬ 35. ✻
SC : **R** 80/185 – ☐ 25 – **20 ch** 140/250 – P 265/350
Spéc. Navarin de homard, Foie gras, Mignon de veau au basilic. **Vins** Madiran.

Voir aussi ressources hôtelières de *Sauveterre-de-Comminges* par ④ : 9,5 km

ALFA-ROMEO St-Gaudens-Autom., 38 bd Ch.-de-Gaulle ℡ 89.19.52
CITROEN Hugoné, 19 av. Mar.-Foch ℡ 89.14.18
FIAT Auto Confiance, rte Toulouse à Estancarbon ℡ 89.73.52
FORD Comminges Pyrénées, N. 117 à Landorthe ℡ 89.23.79

PEUGEOT, TALBOT Comet, N 117 à Landorthe par ② ℡ 89.60.00
RENAULT S.I.A.C., 14 av. de Boulogne ℡ 89.54.00

🏵 Central-Pneu, 47 bd Ch.-de-Gaulle ℡ 89.11.24
Comptoir du Pneu, 162 av. de Toulouse ℡ 89.28.25

ST-GENIÈS 24 Dordogne 🗗 ⑦ – 710 h. alt. 227 – ⊠ 24590 Salignac-Eyvignes – 🟢 53.

Paris 529 – Brive-la-Gaillarde 41 – Sarlat-la-Canéda 14 – Souillac 25.

 ※ **Relais des Touristes** avec ch, O sur D 704 ℡ 28.82.11, 🛋, 🌳 – 🗎wc ℗
 ➡ *fermé 1er au 15 oct. et sam. du 15 oct. au 1er mars* – SC : **R** 38/90 ⅃ – ⊡ 12 – **11 ch** 60/130 – P 110/140.

CITROEN Lagorce ℡ 28.82.19 　　　　　　RENAULT Gar. 4 routes ℡ 28.86.75

ST-GENIEZ-D'OLT 12130 Aveyron 🗗 ④ G. Causses – 2 201 h. alt. 420 – 🟢 65.

🗗 Syndicat d'Initiative Salles des Cloîtres (1er juil.-15 sept.) ℡ 70.43.42.

Paris 603 – Espalion 27 – Florac 93 – Mende 69 – Rodez 46 – Séverac-le-Château 24.

 🏛 **Poste** 🕭, ℡ 47.43.30, 🛋, 🌳, ※ – 🍴 🗎wc 🗎wc ℗, 🝐 🖭 ⬤ 🅴 𝑽𝑰𝑺𝑨
 ➡ *Pâques-début nov.* – SC : **R** 46/130 ⅃ – ⊡ 17,50 – **52 ch** 69/150 – P 195/250.

 🏛 **France,** ℡ 70.42.20, 🛋, ※ – 🍴 🗎wc 🗎wc 🝐 – 🏧 80. 🅴 𝑽𝑰𝑺𝑨
 ➡ *fermé déc.* – SC : **R** *(fermé sam. soir et dim. hors sais.)* 46/100 ⅃ – ⊡ 16 – **42 ch** 72/140 – P 140/166.

CITROEN Deltour, ℡ 70.42.21 　　　　　　RENAULT Fages, ℡ 70.41.40

ST-GENIS-POUILLY 01630 Ain 🗗 ⑮ – 4 655 h. alt. 450 – 🟢 50.

Paris 536 – Bellegarde-sur-Valserine 28 – Bourg-en-Bresse 109 – ◆Genève 11 – Gex 11.

 🏛 **Motel International,** sur D 984 SO : 2 km ℡ 42.02.72, ← – 🗎wc 🗎wc 🝐 ℗
 ➡ *fermé dim.* – SC : **R** *(fermé oct.)* 45/115 – ⊡ 16 – **42 ch** 155.

CITROEN Gar. du Centre, ℡ 42.10.03 🛇 ℡ 42.06.19 　　RENAULT Pelletier, ℡ 42.12.91

ST-GENIX-SUR-GUIERS 73240 Savoie 🗗 ⑭ G. Alpes – 1 692 h. alt. 236 – 🟢 76.

Ressources hôtelières : voir **Aoste.**

ST-GEOIRE-EN-VALDAINE 38620 Isère 🗗 ⑭ G. Alpes – 1 588 h. alt. 436 – 🟢 76.

Voir Stalles★ de l'église.

Paris 547 – Belley 47 – Chambéry 35 – ◆Grenoble 43 – ◆Lyon 84 – La Tour-du-Pin 25.

 🏠 **Val d'Ainan,** ℡ 06.50.04 – 🗎wc 🝐. ⬤ 🅴 𝑽𝑰𝑺𝑨. ※ ch
 ➡ *fermé oct., vacances scol. de fév., dim. soir et lundi* – SC : **R** 46/130 – ⊡ 12 – **18 ch** 110/150 – P 180/200.

ST-GEORGES-DE-DIDONNE 17110 Char.-Mar. 🗗 ⑮ G. Côte de l'Atlantique – 4 287 h. – 🟢 46.

Voir Pointe de Vallières★ – Forêt et pointe de Suzac★ S : 3 km.

🗗 Office de Tourisme bd Michelet (1er fév.-30 sept. et fermé dim. sauf juil.-août) ℡ 05.07.93.

Paris 508 – Blaye 89 – ◆Bordeaux 125 – Jonzac 58 – La Rochelle 75 – Royan 3.

 🏠 **Les Bégonias,** pl. Michelet ℡ 05.08.13, meubles anciens – 🗎wc 🗎wc. ※
 ➡ *fin mai-15 sept.* – SC : **R** 65/95 – ⊡ 16,50 – **19 ch** 85/130 – P 165/249.

 🏠 **Colinette** 🕭, 16 av. Gde-Plage ℡ 05.15.75, 🌇 – 🗎wc
 ➡ *1er fév.-15 nov.* – SC : **R** *(fermé dim. soir et lundi hors sais.)* 43/83 – ⊡ 16 – **28 ch** 80/150 – P 165/201.

FORD Gar. Central, ℡ 05.07.50 　　　　　　RENAULT Andreu, ℡ 05.08.14
MAZDA Gar. Pont Rouge, ℡ 05.07.88

ST-GEORGES-DE-RENEINS 69830 Rhône 🗗 ① – 3 190 h. alt. 222 – 🟢 74.

Paris 425 – Bourg-en-Bresse 43 – Chauffailles 47 – ◆Lyon 40 – Mâcon 31 – Villefranche-sur-Saône 9.

 🏠 **Sables,** r. Saône ℡ 67.64.08 – 🗎wc 🝐 ℗
 ➡ *fermé janv. et dim. hors sais.* – SC : **R** *(dîner seul. pour résidents)* 55/75 – 🍺 13 – **18 ch** 73/108.

 ※※ **Host. St-Georges,** N 6 ℡ 67.62.78
 ➡ *fermé 12 déc. au 20 janv., dim. soir et merc.* – SC : **R** 46/120.

PEUGEOT-TALBOT Gar. Salus, ℡ 67.64.46 🛇 ℡ 67.75.91

ST-GEORGES-D'OLÉRON 17 Char.-Mar. 🗗 ⑬ – voir à Oléron.

ST-GEORGES-LAGRICOL 43 H.-Loire 🔟🔟 ⑦ – 411 h. alt. 852 – ⊠ **43500** Craponne-sur-Arzon
– ◎ 71 – Paris 475 – Ambert 39 – Montbrison 68 – Le Puy 36 – ♦St-Étienne 65 – Yssingeaux 33.

🏠 **L'Escale**, sur D 9 ⍨ 03.24.22, 🚗 – 🛏 **Ⓟ**
➤ fermé janv. et lundi de sept. à Pâques – SC : **R** 34/70 ⅄ – ♋ 10 – **7 ch** 54/79 – P
110/130.

ST-GEORGES-LA-POUGE 23 Creuse 🔟🔟 ⑩ – 418 h. alt. 565 – ⊠ **23250** Pontarion – ◎ 55.
Paris 388 – Aubusson 21 – Bourganeuf 24 – Guéret 34 – Montluçon 71.

🏠 **Domaine des Mouillères** ⌂, N : 2 km par D 3 et VO ⍨ 66.60.64, ≼, 🚗 –
⚏wc **Ⓟ**. 🐾 ch
15 avril-1er oct. – SC : **R** carte 80 à 115 – ♋ 22 – **7 ch** 170/220.

ST-GEORGES-SUR-LOIRE 49170 M.-et-L. 🔟🔟 ⑩⑳ G. Châteaux de la Loire – 3 015 h. alt. 20
– ◎ 41 – Voir Château de Serrant★★ NE : 2 km.
Paris 306 – Ancenis 32 – Angers 18 – Châteaubriant 63 – Château-Gontier 55 – Cholet 46.

✕ **Tête Noire**, r. Nationale ⍨ 41.13.12 – 🐾
➤ fermé 3 au 9 sept., fév., vend. soir et sam. du 1er sept.-31 juil. – SC : **R** 65/140.

ST-GEOURS-DE-MAREMNE 40 Landes 🔟🔟 ⑰ – 1 238 h. alt. 24 – ⊠ **40230** St-Vincent-
de-Tyrosse – ◎ 58 – Paris 738 – ♦Bayonne 36 – Castets 23 – Dax 17 – Mont-de-Marsan 65.

✕✕ **Host. Landaise** avec ch, face poste ⍨ 57.30.25, « intérieur rustique », 🚗 –
✕✕ ⚏wc 🅰️. 🅰🅴. 🐾 ch
hôtel ouvert du 1er avril. au 1er sept. ; rest. ouvert toute l'année le midi – SC : **R**
90/130 – ☎ 25 – **5 ch** 160.

PEUGEOT-TALBOT Gar. Goulaze, ⍨ 57.30.76

ST-GERMAIN-DE-JOUX 01490 Ain 🔟🔟 ④⑤ – 536 h. alt. 515 – ◎ 50.
Paris 496 – Bellegarde-sur-Valserine 12 – Belley 63 – Bourg-en-Bresse 69 – Nantua 13 – St-Claude 34.

🏠🏠 **Reygrobellet**, N 84 ⍨ 59.81.13 – ⚏wc 🛏wc 🅰️ ⟵ **Ⓟ**. ⓪ **VISA**. 🐾
➤ fermé 1er oct. au 15 nov., 5 au 20 mars, mardi soir et merc. – SC : **R** 59/160 – ♋ 16 –
10 ch 132/162 – P 176/187.

ST-GERMAIN-DES-VAUX 50 Manche 🔟🔟 ① – 273 h. – ⊠ **50440** Beaumont-Hague – ◎ 33.
Voir Baie d'Ecalgrain★★ S : 3 km – Port de Goury★ NO : 2 km.
Env. ≼★★ sur anse de Vauville SE : 9,5 km par Herqueville, G. Normandie.
Paris 389 – Barneville-Carteret 49 – ♦Cherbourg 29 – Nez-de-Jobourg 8 – St-Lô 107.

🏠🏠 **L'Erguillère** ⌂, à Port Racine E : 2 km ⍨ 52.75.31, ≼, « jardin fleuri dominant la
mer » – 🛏wc 🅰️ **Ⓟ**. 🐾 ch
fermé janv., fév., dim. soir et lundi sauf vacances scolaires – SC : **R** 120/200 – ♋ 21
– **10 ch** 188/205 – P 232/288.

PEUGEOT Troude, à Beaumont ⍨ 52.70.12   RENAULT Lecoq, à Beaumont ⍨ 52.76.58
PEUGEOT-TALBOT Bosquet, ⍨ 52.74.61

ST-GERMAIN-DU-BOIS 71330 S.-et-L. 🔟🔟 ③ – 1 952 h. alt. 210 – ◎ 85.
Paris 371 – Chalon-sur-Saône 32 – Dole 52 – Lons-le-Saunier 29 – Mâcon 72 – Tournus 44.

✕ **Host. Bressane** avec ch, ⍨ 72.04.69 – ⚏wc 🛏 **Ⓟ**. **VISA**
➤ fermé 7 au 21 janv. et vend. sauf juil.-août – SC : **R** 44/95 – ♋ 13 – **9 ch** 50/145.
✕ **St-Germain**, pl. Marché ⍨ 72.01.63 – **VISA**
➤ fermé 1er au 10 juil., nov., dim. soir et lundi – SC : **R** 40/150.

PEUGEOT, TALBOT Guyot, ⍨ 72.03.84 🅽

ST-GERMAIN-DU-CRIOULT 14 Calvados 🔟🔟 ⑩ – rattaché à Condé-sur-Noireau.

ST-GERMAIN-DU-PLAIN 71370 S.-et-L. 🔟🔟 ②⑫ – 1 598 h. alt. 192 – ◎ 85.
Paris 359 – Bourg-en-Bresse 63 – Chalon-sur-Saône 14 – Lons-le-Saunier 50 – Tournus 20.

🏠 **Poste** 🅜 sans rest, ⍨ 47.01.96 – ⚏wc 🛏 🅰️
SC : ☎ 16 – **9 ch** 78/192.

ST-GERMAIN-EN-LAYE ⟨ⓈⓃ⟩ 78 Yvelines 🔟🔟 ⑳⑳, 🔟🔟🔟 ⑫ – voir à Paris, Environs.

ST-GERMAIN-LAVAL 42260 Loire 🔟🔟 ⑰ G. Vallée du Rhône – 1 680 h. alt. 430 – ◎ 77.
🅱 Syndicat d'Initiative à la Mairie (fermé sam. après-midi et dim.) ⍨ 65.41.30.
Paris 417 – L'Arbresle 67 – Montbrison 29 – Roanne 35 – ♦St-Étienne 62 – Thiers 47 – Vichy 69.

🏠 **Aub. des Voyageurs**, ⍨ 65.40.84 – ⚏wc 🛏wc
➤ fermé 1er au 14 oct., 2 au 22 janv., dim. soir et lundi sauf juil.-août – SC : **R** 42/130 ⅄
– ♋ 12 – **13 ch** 60/140 – P 120/160.
🏠 **Touristes**, ⍨ 65.41.08 – ⚏wc 🛏 ⟵
➤ fermé fév. et mardi de sept. à juin – SC : **R** 42/140 ⅄ – ♋ 14 – **13 ch** 63/140 – P
130/160.

CITROEN Gar. Burelier, ⍨ 65.46.37   PEUGEOT-TALBOT Rambaud ⍨ 65.41.09

ST-GERMAIN-LEMBRON 63340 P.-de-D. **73** ⑮ – 1 647 h. alt. 420 – ✆ 73.

Paris 433 – Brioude 23 – ♦Clermont-Ferrand 47 – Issoire 10 – Murat 63 – St-Flour 58.

🏠 **Poste,** rte Issoire ℡ 96.41.21 – 🚻wc 🏮 🚗
↦ *fermé 2 nov. au 3 déc.* – SC : **R** 45/90 🛵 – ☷ 12 – **20 ch** 58/115 – P 120/150.

ST-GERMAIN-L'HERM 63630 P.-de-D. **73** ⑯ – 766 h. alt. 1 000 – ✆ 73.

🖪 Syndicat d'Initiative r. du Commerce (fermé mai, sept. et dim.) et à la Mairie (fermé sam. et dim.) ℡ 72.00.56.

Paris 454 – Ambert 29 – Brioude 32 – ♦Clermont-Ferrand 68 – Le Puy 67 – ♦St-Étienne 106.

🏠 **France,** ℡ 72.00.27, ≤, 🎣 – 🚗, 🖭 🛇 rest
↦ *fermé oct.* – SC : **R** 45/90 🛵 – ☷ 15 – **25 ch** 50/80 – P 110/120.

CITROEN, TALBOT Gar. Confolent, ℡ 72.00.77   RENAULT Gar. de Cecco, ℡ 72.00.49 **N**
N

ST-GERMER-DE-FLY 60850 Oise **55** ⑧⑨ – rattaché à Gournay-en-Bray.

ST-GERVAIS-D'AUVERGNE 63390 P.-de-D. **73** ③ G. Auvergne – 1 545 h. alt. 725 – ✆ 73.

🖪 Syndicat d'Initiative à la Mairie (fermé sam. après-midi et dim.) ℡ 85.71.53.

Paris 367 – Aubusson 74 – ♦Clermont-Ferrand 55 – Gannat 48 – Montluçon 48 – Riom 40 – Ussel 88.

🏠 **Castel H.** ⸙, ℡ 85.70.42, 🎣 – 🚻wc 🏮wc 🅿. 🛇
fermé janv. – SC : **R** 52/130 – ☷ 17,50 – **30 ch** 120 – P 150/175.

🏠 **Relais d'Auvergne,** rte
↦ Châteauneuf ℡ 85.70.10,
🎣 – 🏮wc. 🛇 rest
SC : **R** 48/85 🛵 – ☷ 15 –
20 ch 52/150 – P 125/150.

PEUGEOT-TALBOT Terme, ℡ 85.
71.69
RENAULT Guittonny ℡ 85.72.39

ST-GERVAIS-LES-BAINS
74170 H.-Savoie **74** ⑧ G. Alpes –
4 717 h. alt. 807 – Stat. therm. (15
avril-fin sept.) – Sports d'hiver :
800/2 150 m ⛷5 ⛷34, ⛷ – ✆ 50.

Voir Route du Bettex★★★ 3 km
par ③ – SE : Le Nid d'Aigle ≤★★
par Tramway du Mont-Blanc.

Env. par D 43 Le Planey ⚹★★ S :
10,5 km – Le Plateau de la Croix
⚹★★ S : 12 km – Site★★ de St-
Nicolas-de-Véroce S : 9 km.

🚹 ℡ 78.12.76.

🖪 Office de Tourisme av. Mt-Paccard
(fermé dim. hors saison) ℡ 78.22.43,
Télex 385607.

Paris 605 ⑤ – Annecy 87 ⑤ – Bonne-
ville 41 ⑤ – Chamonix 25 ① – Me-
gève 11 ③ – Morzine 56 ③.

🏨 **Carlina** 🅼 ⸙, près télé-
phérique du Bettex **(w)** ℡
93.41.10, ≤, 🔲, 🎣 – 🛗
🅿. 🖭 **E**. 🛇
*15 juin-30 sept. et 19
déc.-20 avril* – SC : **R**
90/200 – ☷ 22 – **33 ch**
180/245 – P 273/302.

🏨 **Host. du Nérey,** av.
Mont d'Arbois **(y)** ℡ 93.
45.21, Télex 385016, ≤, 🔲,
🎣 – 🛗 🚻wc 🏮wc ☎ 🅿
– 🏋 40. 🖭 🛈 **E** 𝘝𝘐𝘚𝘈
*15 mai-30 sept. et 17
déc.-30 avril* – SC : **R**
90/125 – ☷ 22 – **35 ch**
160/240 – P 280/310.

tourner →

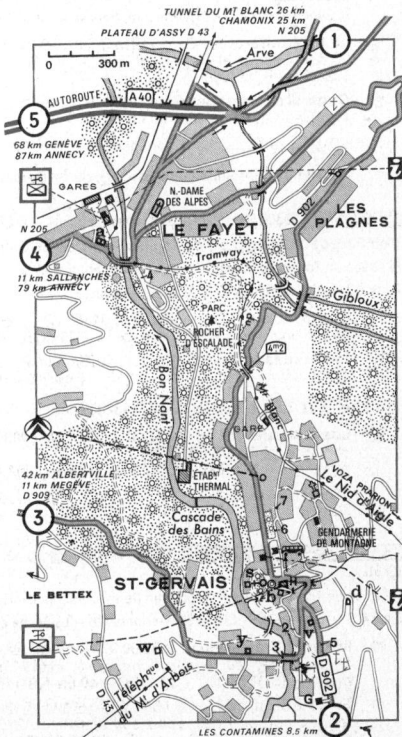

1007

🏛 **Val d'Este**, pl. Église (b) ☎ 78.01.88, ≤ – ⇌wc 🛁wc ☎. 쬬 ⊙ **E** 🚾
fermé 15 nov. au 10 déc. – SC : **R** 80/190 ⅃ – ⊡ 20 – **14 ch** 145/220 – P 200/260.

🏛 **L'Adret** ॐ sans rest, chemin La Mollaz (d) ☎ 93.50.60, ≤ – ⇌wc 🛁wc ☎. ⅍
1er juin-25 sept., 20 déc.-5 janv. et 25 janv.-Pâques – SC : ⊡ 18 – **15 ch** 118/238.

🏠 **Régina**, av. du Miage (v) ☎ 93.52.03, 牀 – ⇌wc 🛠 ☎. 🚾
← fermé 30 sept. au 30 nov. – SC : **R** 45/80 – ⊡ 18 – **19 ch** 143/188 – P 180/220.

🏠 **Maison Blanche** ॐ, r. Vieux Pont du Diable (s) ☎ 78.19.38, ≤ – ⇌wc 🛁wc ☎
14 ch.

CITROEN Tuaz, ☎ 78.30.75
FORD Gar. du Berchat, ☎ 78.21.91

PEUGEOT-TALBOT Grandjacques, par ② ☎ 93.41.23 **N**

à Bellevue par le T.M.B. : 🚠 voir **Les Houches**

au Bettex SO : stat. intermédi. téléphériq. – alt. 1 400 – ⊠ **74170** St-Gervais :

🏛 **Arbois-Bettex** ॐ, ☎ 78.35.44, ≤ Massif Mt-Blanc, 牀, ⅃, 牀 – **P**. ⊙ 🚾.
⅍ rest
1er juil.-31 août et Noël-Pâques – SC : **rest. R** carte 100 à 150 - **grill La Côterie R**
carte environ 100 ⅃ – ⊡ 18 – **27 ch** 190/265.

🏠 **Belle Étoile** ॐ, ☎ 93.11.83, ≤ Massif Mt-Blanc, 牀 – ⇌wc 🛁wc ☎. ⅍
1er juil.-31 août et Noël-Pâques – SC : ⊡ 15 – **20 ch** 70/170 – P 165/210.

au Mt-d'Arbois par téléphérique – ⊠ **74190** Le Fayet :

🏛 **Chez la Tante** ॐ, à la station supérieure ☎ 21.31.30, 牀, « Panorama excep-
tionnel de la chaîne des Aravis au Mt-Blanc » – ⇌wc 🛁wc ☎. ⅍ ch
1er juil.-31 août (rest. seul) et 20 déc.-15 avril – SC : **R** self 80 ⅃ – ⊡ 14 – **21 ch**
180/200 – P 240.

au Prarion – Ressources hôtelières : voir **Les Houches**.

Le Fayet N : 4 km – alt. 567 – ⊠ **74190** Le Fayet.

🛈 Syndicat d'Initiative (fermé dim. hors sais.) ☎ 78.13.88.

🏛 **La Chaumière**, av. Genève (a) ☎ 78.15.88 – ⇌wc 🛁wc ☎ **P**. 쬬 **E**
← 20 déc.-Pâques et 25 avril-29 sept. – SC : **R** *(fermé lundi)* 50/91 – ⊡ 22 – **22 ch**
135/246 – P 169/268.

🏠 **Central** sans rest, av. Gare (a) ☎ 78.15.99 – ⇌wc 🛁wc ☎ **P**. 🚾
fermé nov. – SC : ⊡ 19 – **30 ch** 100/220.

RENAULT Ducoudray, à Chedde Nord par D43 ☎ 78.33.77

Ressources hôtelières aux environs de St-Gervais : voir carte à Chamonix

ST-GILLES 30800 Gard 🎱🎲 ⑨ G. Provence (plan) – 10 845 h. alt. 7 – ✦ 66.

Voir Façade★★ et crypte★ de l'église – Vis de St-Gilles★.

🛈 Office de Tourisme Maison Romane (mars-fin nov. et fermé dim.) ☎ 87.33.75.

Paris 732 – Aigues-Mortes 37 – Arles 16 – Beaucaire 24 – Lunel 30 – ◆Montpellier 57 – Nîmes 19.

🏠 **Cours**, 10 av. F.-Griffeuille ☎ 87.31.93, 牀 – ⊡ 🛁wc ☎. 쬬 ⊙ 🚾
← fermé janv. – SC : **R** 37/100 – ⊡ 15 – **25 ch** 83/185 – P 180/230.

✕✕ **La Rascasse** avec ch, 16 av. F.-Griffeuille ☎ 87.42.96 – ⇌wc
SC : **R** *(fermé merc.)* 53/80 – ⊡ 13 – **5 ch** 100/130.

à l'Est 3,5 km sur N 572 – ⊠ **13200** Arles :

🏛 **Les Cabanettes** Ⓜ ॐ, ☎ 87.31.53, Télex 480451, ≤, 牀, ⅃, 牀 – ▤ ⇌wc ☎
⊜ **P** – 峇 30. 쬬 ⊙ **E** 🚾
fermé fév. – SC : **R** 95/160 – ⊡ 24 – **29 ch** 280/340 – P 330/460.

PEUGEOT TALBOT Crumière, 71 bd Gambetta
☎ 87.31.25

⊕ Peysson-Pneus, 3 pl. F.-Mistral ☎ 87.33.25

ST-GILLES-CROIX-DE-VIE 85800 Vendée 🎯🎲 ⑫ G. Côte de l'Atlantique – 6 339 h. –
✦ 51.

🛈 Office de Tourisme pl. G.-Kergoustin (fermé dim. hors sais.) ☎ 55.03.66.

Paris 448 – Challans 20 – Cholet 99 – ◆Nantes 78 – La Roche-sur-Yon 43 – Les Sables-d'Olonne 30.

🏛 **Marina**, Grande Plage ☎ 55.30.97 – ⇌wc ☎ – 峇 30. 🚾. ⅍
fermé 1er déc. au 15 janv., lundi du 1er oct. à fin mai et dim. soir du 15 nov. au 31
mars. – SC : **R** 53/102 – ⊡ 14,50 – **40 ch** 108/175 – P 175/205.

🏠 **Embruns**, 16 bd Mer ☎ 55.11.40 – ⇌wc 🛠 ☎. 🚾. ⅍
fermé 5 nov. au 7 déc., vend. soir et sam. du 29 sept. au 30 avril – SC : **R** *(dim., juil.*
et août-prévenir) 54/90 – ⊡ 16 – **23 ch** 73/156 – P 163/189.

XX **Bourrine de Riez,** sur la Corniche, O : 2 km ☎ **55.01.83**
fin avril-fin oct. et fermé lundi soir et mardi sauf du 1er juin au 31 août – **R** 50 (sauf sam. soir)/100.

X **Jean Bart,** Grande Plage ☎ **55.86.19,** <, – VISA
fermé janv., lundi en juil.-août, merc. de sept. au 30 juin – **SC : R** carte environ 100.

CITROEN Goillandeau, rte des Sables, Km 3 à Givrand ☎ 55.89.94

PEUGEOT-TALBOT EL.ME.CA., 2 r. Pasteur ☎ 55.10.19

ST-GINGOLPH 74 H.-Savoie **70** ⑱ **G. Alpes** – **665 h. alt. 385** – ✉ **74500** Évian-les-Bains – 50 – Syndicat d'Initiative à la Mairie (fermé sam. après-midi et dim.) ☎ 76.72.28.

Paris 605 – Annecy 101 – Évian-les-Bains 17 – Montreux 21.

National, ☎ **76.72.97,** < – ⓟ. E VISA.
fermé 15 oct. au 15 nov. et merc. – **SC : R** 50/130 – 16,50 – **14 ch** 88/110 – P 130/150.

Ducs de Savoie , ☎ **76.73.09,** <, – wc wc ⓟ. E VISA
fermé janv. et mardi d'oct. à mai – **SC : R** 55/110 – 16 – **13 ch** 100/110 – P 145/160.

PEUGEOT, TALBOT Gar. Bare, ☎ 76.71.06 N ☎ 76.72.30

ST-GIRONS SP **09200** Ariège **86** ③ – **7 716 h. alt. 391** – 61.

Voir St-Lizier : Cloître★ de la cathédrale N : 2 km, G. Pyrénées.

Office de Tourisme pl. Capots (fermé dim. hors sais.) ☎ 66.14.11, Télex 520594.

Paris 800 ① – Auch 114 ① – Foix 44 ② – St-Gaudens 46 ① – ✈Toulouse 91 ①.

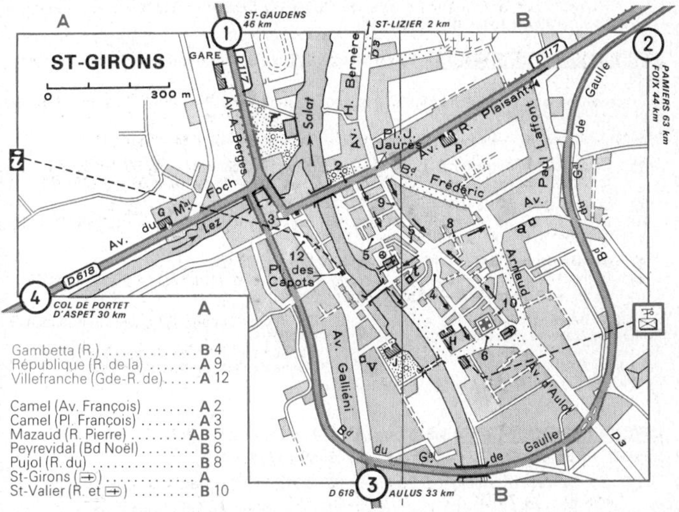

Gambetta (R.) .... B 4
République (R. de la) .... A 9
Villefranche (Gde-R. de)..... A 12

Camel (Av. François) .... A 2
Camel (Pl. François) .... A 3
Mazaud (R. Pierre) .... AB 5
Peyrevidal (Bd Noël) .... B 6
Pujol (R. du) .... B 8
St-Girons (⊕) .... A
St-Valier (R. et ⊕) .... B 10

Eychenne , 8 av. P.-Laffont ☎ **66.20.55, « Bel aménagement intérieur »,** – ⓟ – 50. AE ⓓ E VISA — **B a**
fermé fin déc. à fin janv. – **SC : R** 66/170 – 23 – **48 ch** 95/270 – P 240/290
Spéc. Foie de canard aux raisins, Confit de canard aux cèpes, Soufflé au Grand Marnier.

Gd H. de France, 4 pl. Poilus ☎ **66.00.23** – wc wc . ⓓ VISA. rest — **B t**
fermé fév. – **SC : R** 50/170 – 15 – **21 ch** 75/160 – P 150/180.

Mirouze, 19 av. Gallieni ☎ **66.12.77,** – wc ⓟ — **A v**
fermé 17 déc. au 14 janv. et sam. hors sais. – **SC : R** 47/77 – 13 – **25 ch** 60/145 – P 145/170.

à Lorp-Sentaraille par ① : 5 km – ✉ **09190** St-Lizier :

Horizon 117, ☎ **66.26.80,** , – wc wc ⓟ. AE ⓓ E VISA
fermé 15 oct. au 7 nov. et dim. soir du 10 nov. au 1er juin – **SC : R** 44/130 – 15 – **20 ch** 100/155 – P 164/180.

AUTOBIANCHI-LANCIA-OPEL Tariol, 62 av. de la Résistance ☎ 66.21.77
CITROEN Gar. du Couserans, av. de la Résistance, L'Arial par ③ ☎ 66.34.45
PEUGEOT Carbonne, rte Toulouse à St-Lizier par ① ☎ 66.31.00 N

RENAULT Austria-Autos, rte de Toulouse, St-Lizier par ① ☎ 66.32.32 N

Central Pneu, 77 rte de Foix ☎ 66.44.10
Reynes, 48 bd. F.-Arnaud ☎ 66.07.53
Solapneu, chantereine, St-Lizier ☎ 66.00.81

ST-GOBAIN 02410 Aisne 🗺️🗺️ ④ G. Nord de la France – 2 297 h. alt. 200 – ⓐ 23.

Voir Forêt★★.

Paris 137 – Compiègne 55 – La Fère 11 – Laon 20 – Noyon 31 – St-Quentin 35 – Soissons 28.

　　✕　**Parc,** r. Luce-de-Lancival ☏ 52.80.58, 🏡, 🌳 – 🅿
　　　　fermé 15 juil. au 15 août, dim. soir et lundi – **R** 65/110.

ST-GROUX 16 Charente 🗺️🗺️ ③ – rattaché à Mansle.

ST-GUÉNOLÉ 29 Finistère 🗺️🗺️ ⑭ G. Bretagne – ✉ 29132 Penmarch – ⓐ 98.

Voir Musée préhistorique★ – ≪★★ du phare d'Eckmühl★ S : 2,5 km – Église★ de Penmarch SE : 3 km – Pointe de la Torche ≪★ NE : 4 km.

🅘 Syndicat d'Initiative pl. des Écoles (juil.août) ☏ 58.81.44.

Paris 582 – Douarnenez 43 – Guilvinec 8 – Plonéour-Lanvern 17 – Pont-l'Abbé 14 – Quimper 34.

　　🏨　**Sterenn** 🅼 ⊰, rte Eckmühl ☏ 58.60.36, ≤ pointe de Penmarch – 🛏️wc 🅿.
　　　　🗉 𝚅𝙸𝚂𝙰. 🍴
　　　　1ᵉʳ avril-19 sept. et fermé merc. sauf du 13 juin au 19 sept. – **SC : R** 56/220 – ⊑ 17 –
　　　　16 ch 160/203 – P 215/272.

　　🏨　**Moguerou,** ☏ 58.62.16, ⌛, 🌳 – 🛏️wc 🝮 🅿 – 🛥️ 30 à 50
　　　　sais. – **54 ch.**

　　🏨 ❀ **Mer** (Gloaguen), ☏ 58.62.22 – 🛏️wc 🝮 🝮. 🅰🅴 ⓪ 🗉 𝚅𝙸𝚂𝙰. 🍴 ch
　　　　fermé 15 déc. au 25 nov., 1ᵉʳ au 18 fév. dim. soir et lundi hors sais. – **SC : R** (nombre de couverts limité - prévenir) 78/340 – ⊑ 19,50 – **17 ch** 168/210 – P 215/290
　　　　Spéc. Homard à la bigoudène, Eventail de sole aux St-Jacques, Panaché des trois poissons.

　　🏨　**Les Ondines** ⊰, rte phare d'Eckmühl ☏ 58.60.36 – 🛏️wc 🝮wc 🝮 🗉 𝚅𝙸𝚂𝙰
　　　　1ᵉʳ avril-7 oct. et fermé merc. sauf du 13 juin au 19 sept. – **SC : R** voir H. Sterenn –
　　　　⊑ 17 – **19 ch** 154/170 – P 195/205.

ST-HILAIRE-DU-HARCOUËT 50600 Manche 🗺️🗺️ ⑧ G. Normandie – 5 511 h. alt. 194 – ⓐ 33.

🅘 Office de Tourisme Jardin Public (1ᵉʳ juil.-31 août et fermé lundi) ☏ 49.15.27 et à la Mairie (fermé sam. et dim.) ☏ 49.10.06.

Paris 291 – Alençon 99 – Avranches 27 – ♦Caen 98 – Fougères 28 – Laval 66 – St-Lô 69.

　　🏨　**Cygne,** rte Fougères ☏ 49.11.84 – 🛗 🛏️wc 🝮wc 🝮 🝮 – 🛥️ 60. ⓪ 🗉 𝚅𝙸𝚂𝙰
　　　　fermé 24 déc. au 3 janv. – **SC : R** 56/150 🍷 – ⊑ 17 – **45 ch** 130/190 – P 195/270.

　　🏨　**Lion d'Or,** r. Avranches ☏ 49.10.82, 🌳 – 🛏️wc 🝮wc 🝮 🅿 – 🛥️ 30
　　　　fermé 15 oct. au 3 nov., 3 au 24 fév., dim. soir et lundi midi hors sais. – **SC : R** 50/80
　　　　🍷 – ⊑ 15,50 – **21 ch** 85/165 – P 180/270.

　　🏠　**Relais de la Poste,** r. Mortain ☏ 49.10.31 – 🝮. 🗉 𝚅𝙸𝚂𝙰
　　　　fermé 11 au 30 juin, vacances scol. de Noël et vend. hors sais. – **SC : R** 36/85 🍷 –
　　　　⊑ 15 – **12 ch** 59/135 – P 230/350 (pour 2 pers.).

CITROEN Gar. Aubril, ☏ 49.10.89
FORD Gar. Lerbourg, ☏ 49.12.56
PEUGEOT-TALBOT Gar. Lemonnier, rte de Paris ☏ 49.24.90
RENAULT Gar. Boulaux, 64 r. de Paris ☏ 49.20.71

Gar. Blouin-Dupont, 101 r. de la République ☏ 49.11.41
Gar. Garnier, 126 r. de Martain ☏ 49.12.02
Lelandais, 98 r. de Paris ☏ 49.21.90

ST-HILAIRE-DU-ROSIER 38840 Isère 🗺️🗺️ ③ – 1 559 h. alt. 201 – ⓐ 76.

Paris 580 – ♦Grenoble 63 – Romans-sur-Isère 18 – St-Marcellin 8.

　　✕✕✕ ❀❀ **Bouvarel** avec ch, S : 3 km ☏ 36.50.87, ≤, 🏡, « jardin » – 🛏️wc 🝮wc 🝮
　　　　🝮 🅿 – 🛥️ 25. 🅰🅴
　　　　fermé dim. soir et lundi hors sais. sauf fériés – **SC : R** 160/300 et carte – ⊑ 32
　　　　– **14 ch** 190/250 – P 330/390
　　　　Spéc. Chaussons aux truffes, Poulet aux écrevisses, Ravioles. **Vins** Chante Alouette, St-Joseph.

ST-HILAIRE-LE-CHATEAU 23 Creuse 🗺️🗺️ ⑨⑩ – 352 h. alt. 459 – ✉ 23250 Pontarion – ⓐ 55.

Paris 384 – Aubusson 25 – Bourganeuf 14 – Guéret 31 – ♦Limoges 63 – Montluçon 81.

　　🏨　**du Thaurion** 🅼, ☏ 64.50.12 – 📺 🛏️wc 🝮 🅿. 🅰🅴 ⓪ 🗉 𝚅𝙸𝚂𝙰
　　　　fermé 1ᵉʳ janv. au 30 mars, jeudi midi et merc. – **SC : R** 100/200 – ⊑ 25 – **10 ch**
　　　　180/240 – P 275/300.

ST-HIPPOLYTE 25190 Doubs 🗺️🗺️ ⑱ G. Jura – 1 179 h. alt. 380 – ⓐ 81.

Voir Site★.

🅘 Syndicat d'Initiative à la Mairie (fermé sam. après-midi, dim. et lundi matin) ☏ 96.55.74.

Paris 496 – ♦Bâle 94 – Belfort 50 – ♦Besançon 81 – Montbéliard 30 – Pontarlier 72.

　　🏠　**Bellevue,** rte Maîche ☏ 96.51.53 – 🛏️wc 🝮 🝮 🝮 🅿. 🅰🅴 🗉. 🍴
　　　　fermé janv., dim. soir et lundi midi du 1ᵉʳ oct. au 31 mars – **SC : R** 45/130 🍷 – ⊑ 17
　　　　– **15 ch** 75/170 – P 140/180.

ST-HIPPOLYTE 68590 H.-Rhin 62 ⑲ G. Vosges – 1 191 h. alt. 250 – ☎ 89.
Voir Cimetière militaire allemand ※★ à Bergheim S : 3,5 km.
Paris 504 – Colmar 20 – Ribeauvillé 7 – St-Dié 45 – Sélestat 9 – Villé 17.

Aux Ducs de Lorraine rest. Munsch ⛰, ☎ 73.00.09, ≤, 🌳 – 🛗 📺 ☎ ⓟ – 🏔 30. AE ⓓ. ⛔ ch
fermé 26 nov. au 15 déc. et 10 janv. au 1er mars – SC : **R** *(fermé lundi)* 80/215 – ☕ 25 – **44 ch** 180/330.

A la Vignette, ☎ 73.00.17 – 🛁wc 🚿wc ☎. ⛔
fermé déc., janv. et jeudi – SC : **R** 55/110 🍷 – ☕ 14,50 – **16 ch** 140.

ST-HIPPOLYTE 63 P.-de-D. 73 ④ – rattaché à Châtelguyon.

ST-HONORAT (Ile) ★★ 06 Alpes-Mar. 84 ⑨, 195 ㊱㊴ G. Côte d'Azur – ☎ 93.
Voir Ancien monastère fortifié★ : ≤★★.
Accès par transports maritimes.
⛴ depuis **Golfe-Juan et Juan-les-Pins** (escale à l'Ile Ste-Marguerite). En 1983 : de mars à oct., 2 à 4 services quotidiens - Traversée 1 h – 30 F (AR) - René Conte, port de Golfe-Juan ☎ 63.81.31.
⛴ depuis **Cannes** (escale à l'Ile Ste-Marguerite). En 1983 : de juin à sept. 10 départs quotidiens, hors saison : 5 départs quotidiens - Traversée 30 mn – 20 F (AR) - par Cie Esterel-Chanteclair, gare Maritime des Iles ☎ 39.11.82 (Cannes).

ST-HONORÉ-LES-BAINS 58360 Nièvre 69 ⑥ G. Bourgogne – 831 h. alt. 302 – Stat. therm. (23 mars-25 sept.) – Casino – ☎ 86.
ℹ Office de Tourisme pl. F.-Bazot (fermé après-midi, hors sais. et dim. sauf matin en saison) ☎ 30.71.70.
Paris 307 – Château-Chinon 27 – Luzy 22 – Moulins 66 – Nevers 67 – St-Pierre-le-Moutier 64.

Henry Robert, ☎ 30.72.33, ≤, parc – 🛁wc 🚿wc ☎ ⓟ. AE E VISA
1er mai-30 sept. – SC : **R** 68/120 – ☕ 21 – **16 ch** 128/165 – P 190/210.

du Guet, ☎ 30.72.12, ≤ – 🚿 ☎ 🚗. ⛔ rest
1er mai-1er oct. – SC : **R** 60/67 – ☕ 16 – **30 ch** 85/155 – P 145/175.

ST-IGNACE (col de) 64 Pyr.-Atl. 85 ② – rattaché à Ascain.

ST-JACQUES-DES-BLATS 15580 Cantal 76 ③ – 387 h. alt. 991 – ☎ 71.
Paris 513 – Aurillac 33 – Brioude 75 – Issoire 92 – St-Flour 42.

Griou Ⓜ, ☎ 47.06.25, ≤, 🌳 – 🛁wc 🚿wc ☎ ⓟ. ⛔ rest
fermé 20 avril au 10 mai et 10 oct. au 15 déc. – SC : **R** 40/70 – ☕ 14 – **13 ch** 90/125 – P 125/145.

Touristes, ☎ 47.05.86, 🌳 – 🚿wc ⓟ. ⛔ rest
fermé 20 avril au 1er mai et 15 oct. au 20 déc. – SC : **R** 42/70 – ☕ 13,50 – **15 ch** 75/120 – P 110/130.

ST-JACUT-DE-LA-MER 22750 C.-du-N. 59 ⑤ G. Bretagne – 893 h. – ☎ 96.
Voir Pointe du chevet ≤★ : 2 km.
ℹ Syndicat d'Initiative r. du Chatelet (15 juin-15 sept., fermé dim. et fêtes) ☎ 27.71.91.
Paris 427 – Dinan 25 – Dol-de-B. 38 – Lamballe 38 – St-Cast 16 – St-Malo 24 – St-Brieuc 58.

Vieux Moulin ⛰, ☎ 27.71.02, 🍽, 🌳 – 🛁wc 🚿 ⓟ. AE VISA. ⛔
1er avril-1er oct. – SC : **R** 48/95 – ☕ 17 – **30 ch** 60/155 – P 161/214.

Le Terrier, ☎ 27.71.46, 🍽, 🌳 – E VISA
fermé mardi et merc. – SC : **R** 49/70.

ST-JAMES 50240 Manche 59 ⑧ G. Normandie – 2 895 h. alt. 110 – ☎ 33.
Voir Cimetière américain.
Paris 311 – Avranches 18 – Fougères 22 – •Rennes 60 – St-Lô 74 – St-Malo 58.

Normandie, pl. Bagot ☎ 48.31.45 – E
fermé oct. et vend. soir du 1er nov. au 1er avril – **R** 55/135 – ☕ 15 – **10 ch** 70/100.

CITROEN Gar. Lotton, ☎ 48.33.71 PEUGEOT-TALBOT Select-Auto ☎ 48.30.61

ST-JEAN (col) 04 Alpes-de-H.-P. 81 ⑦ – rattaché à Seyne.

ST-JEAN 31 H.-Gar. 82 ⑧ – rattaché à Toulouse.

☞ *Michelin n'accroche pas de panonceau aux hôtels et restaurants qu'il signale.*

Paris 81 – Beauvais 68 – Compiègne 11 – Senlis 33 – Soissons 37 – Villers-Cotterêts 21.

XXX **La Bonne Idée** 🐾 avec ch, ☎ 442.84.09, 🌊 – 🔲 rest 📺 🛏wc 🕿. 🅰🅴 🆅🆂🅰
fermé 15 janv. au 15 fév., 27 août au 7 sept., merc. midi et mardi – **R** carte 155 à 225
– ☲ 25 – **15 ch** 210/325 – P 480.

Voir Fondation Ephrussi-de-Rothschild★★ M : site★★, musée Ile de France★★, jardins★
– Phare ☀★★ – Pointe de St-Hospice ≤★ de la chapelle.

🛈 Office de Tourisme 59 av. D.-Semeria (fermé sam. après-midi et dim. hors sais.) ☎ 01.36.86.

Paris 944 ④ – Menton 23 ③ – ◆Nice 10 ④.

ST-JEAN-CAP-FERRAT

Les flèches rouges
indiquent les sens
uniques supplémen-
taires l'été

Albert-1er (Av.) 2
Centrale (Av.) 3
États-Unis (Av. des) 5
Gaulle
 (Bd Gén. de) 6
Grasseuil (Av.) 7
Libération (Bd) ... 9
Mermoz (Av. J.) ... 12
Passable (Ch. de) . 13
Phare (Av. du) 14
St-Jean (Pont) 16
Sauvan (Bd H.) 17
Semeria (Av. D.) .. 18
Verdun (Av. de) ... 20
Vignon (Av. C.) 21

Promeneurs,
campeurs,
fumeurs

ATTENTION au FEU

**soyez
prudents !**
**Le feu est le plus
terrible ennemi
de la forêt**

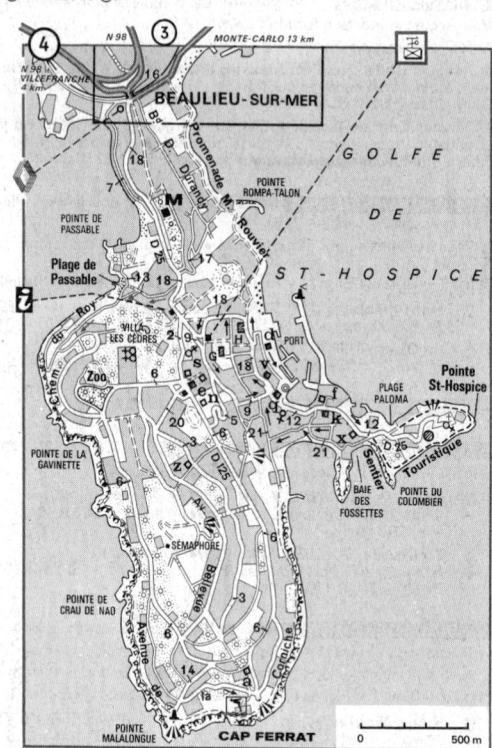

🏨 ✿ **Voile d'Or** 🅼 🐾, au Port **(f)** ☎ 01.13.13, Télex 470317, ≤ port et golfe, 🍴, 🏊,
🌊 – 📶🔲🛏🕭 – 🏌 25
6 fév.-30 oct. – **R** 200/290 – **50 ch** ☲ 580/1 500, 5 appartements – P 930/1 350
Spéc. Royale de loup St-Jeannoise, Feuillantine de St-Pierre, Carré d'agneau aux farcis niçois. Vins
Bandol, Le Luc.

🏨 **Gd H. du Cap-Ferrat** 🐾, au Cap-Ferrat, bd Gén.-de-Gaulle **(a)** ☎ 01.04.54,
Télex 470184, ≤, 🍴, « Vaste parc, ✾, 🏊 en bordure de mer, 🚡 funiculaire
privé » – 📶🔲🛏🕭 **P** – 🏌 80. 🅰🅴 ⓞ 🄴. ✸ rest
14 avril-15 oct. – SC : **R** carte 190 à 250 et **Le Faradol** à la piscine *(1er mai - 1er oct.,
déj. seul.)* **R** carte environ 170 – ☲ 55 – **60 ch** 710/1 480, 7 appartements – P
790/1 175.

🏨 **Panoramic** sans rest, av. Albert-1er **(s)** ☎ 01.06.62, ≤ anse de St-Jean – 🛏wc
🛏wc 🕿. 🅰🅴 ⓞ 🄴 🆅🆂🅰
fév.-fin oct. – SC : ☲ 33 – **20 ch** 305/390.

🏨 **Brise Marine** 🐾, av. J.-Mermoz **(x)** ☎ 01.30.73, ≤, 🍴, 🌊 – 🛏wc 🛏wc 🕿.
✸ rest
1er fév.-31 oct. – SC : **R** (dîner seul.) 82 – **15 ch** ☲ 250/330.

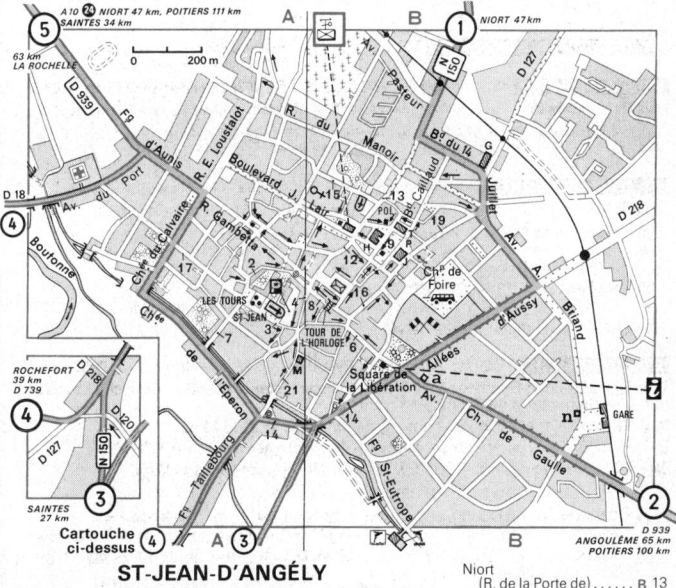

🏠 **Clair Logis** ⟩ sans rest, av. Centrale (z) ☎ 01.31.01, « Parc » – ⌷wc ⌷wc ☎
P ⟩⟨
fermé 15 nov. au 15 déc. – SC : ⌷ 25 – **16 ch** 160/250.

🏠 **La Costière** ⟩, av. Albert 1er (e) ✉ 06290 St-Jean-Cap-Ferrat ☎ 01.30.04, ≤ le
Cap et le Golfe – **P**. ⟩⟨
fermé 1er oct. au 15 déc. – SC : **R** 80 – **14 ch** (pens. seul.) – P 200.

🏠 **La Bastide** ⟩, av. Albert 1er (n) ☎ 01.33.86, 🍴 – ⌷wc **P**. *VISA*
fermé 1er nov. au 20 déc. – SC : **R** *(fermé lundi)* 55/90 ⌷ – ⌷ 18 – **14 ch** 85/120 – P
180/200.

XXX ✿ **Petit Trianon** (Brouchet), bd Gén.-de-Gaulle (e) ☎ 01.31.68, 🍴, « Pergola
fleurie » – Æ ⓞ **E** *VISA*. ⟩⟨
début fév.-fin oct. et fermé merc. soir et jeudi – SC : **R** 150/300
Spéc. Mousseline de rascasse, Langouste grillée, Poulet aux écrevisses. **Vins** Bandol, Cuers.

XXX ✿ **Les Hirondelles** (Mme Venturino), av. J.-Mermoz (k) ☎ 01.30.25, ≤ port, 🍴
– **P**. *VISA*
fermé 15 nov. à fin janv., dim. et lundi sauf fêtes – SC : **R** carte 190 à 250
Spéc. Moules "Mme Marie", Poisson aïoli, Bouillabaisse. **Vins** Cassis, Côteaux d'Aix.

XX ✿ **Provençal** (Migliori), 2 av. St.-Semeria (v) ☎ 01.30.15, ≤ port et golfe, 🍴 – ▤.
VISA
fermé 1er nov. au 31 déc., lundi (sauf de mai à sept.) et mardi – **R** carte 160 à 240
Spéc. St-Pierre aux pleurotes, Fricassée de langoustines et St-Jacques (janv. à mai), Loup braisé.
Vins Bellet.

XX **Cappa,** av. J.-Mermoz (q) ☎ 01.30.07, ≤ port et golfe

XX **Le Sloop,** au nouveau Port (d) ☎ 01.21.60, ≤, 🍴 – Æ ⓞ *VISA*
1er mars-31 oct. et fermé jeudi – SC : **R** 120/150.

Voir aussi ressources hôtelières de *Beaulieu* et de *Villefranche*

RENAULT Gar. Toso, ☎ 01.05.89

ST-JEAN-D'ANGÉLY ⟨⟩ 17400 Char.-Mar. 🔟 ③④ G. Côte de l'Atlantique – 9 530 h. alt.
30 – ✿ 46 – 🅱 Syndicat d'Initiative square Libération (hors saison après-midi seul., fermé 1er nov.
au 1er janv., lundi sauf après-midi en saison et dim.) ☎ 32.04.72.
Paris 444 ② – Angoulême 65 ② – Cognac 36 ③ – Niort 47 ① – La Rochelle 63 ⑤ – Saintes 27 ③.

ST-JEAN-D'ANGÉLY

🏨 **Paix,** 5 av. Gén.-de-Gaulle ☎ 32.00.93 – 🏦wc 🚗 **Ⓟ** – 🏕 25 à 50. ⁂   B a
fermé 24 déc. au 6 janv. – SC : **R** *(fermé sam.)* 60/95 ⅜ – ⴲ 18 – **16 ch** 90/190.

MERCEDES-BENZ   S.A.V.I.A., Zone Ind. du
Point-du-Jour N° 2 ☎ 32.00.13
PEUGEOT, TALBOT   Nouraud-Amy, Zone Ind.,
27 av. Point-du-Jour par ② ☎ 32.01.02
RENAULT   Guiberteau et Gaudin, rte de Sain-
tes par ③ ☎ 32.40.22

V.A.G.   Gar. Drevet, 19 fg Taillebourg ☎ 32.
01.74

🏭 Pneu-équipement, Zone Ind. av. Point-du-
Jour ☎ 32.12.43

ST-JEAN-D'ARVEY 73 Savoie 🟨🟨 ⑮⑯ – 903 h. alt. 578 – ⊠ 73230 St-Alban-Leysse – ✪ 79.
Paris 570 – Albertville 54. – Annecy 46 – Chambéry 9 – Les Déserts 5,5.

🏨 **Therme** ⑤, ☎ 28.40.33, ≤, 🍽, – **Ⓟ**. ⁂ ch
➡ *20 déc.-1er oct.* – SC : **R** 50/74 – ⴲ 15 – **25 ch** 77/90 – P 128/140.

ST-JEAN-DE-BLAIGNAC 33 Gironde 🟨🟨 ⑫ – 378 h. alt. 21 – ⊠ 33420 Branne – ✪ 56.
Paris 620 – Bergerac 56 – ◆Bordeaux 37 – Langon 37 – Libourne 17 – Marmande 48 – La Réole 29.

XXX ⁂⁂ **Aub. St-Jean** (Male), ☎ 84.51.06, ≤ – 🅰🅴 ⓞ
fermé 15 au 30 sept., 1er au 15 janv., dim. soir et lundi – SC : **R** 120/350 et carte
Spéc. Gâteau d'huîtres et caviar, Homard à la vapeur, Pigeon aux truffes. **Vins** Vin du pays.

ST-JEAN-DE-BOISEAU 44 Loire-Atl. 🟨🟨 ③ – rattaché à Nantes.

ST-JEAN-DE-BRAYE 45 Loiret 🟨🟨 ⑨ – rattaché à Orléans.

ST-JEAN-DE-CHEVELU 73 Savoie 🟨🟨 ⑮ – 307 h. alt. 310 – ⊠ 73170 Yenne – ✪ 79.
Paris 562 – Aix-les-Bains 17 – Bellegarde-sur-V. 60 – Belley 21 – Chambéry 19 – La Tour-du-Pin 44.

🏠 **La Source** ⑤, S : 3 km 5 par rte du Col du Chat ☎ 36.80.16, ≤, 🍽, 🌲 – **Ⓟ**.
➡ ⁂ ch
SC : **R** 50/95 – ⴲ 13 – **12 ch** 80/90 – P 120/150.

ST-JEAN-DE-GONVILLE 01 Ain 🟨🟨 ⑤ – 841 h. alt. 490 – ⊠ 01630 St-Genis-Pouilly – ✪ 50.
Paris 530 – Annecy 57 – Bellegarde-sur-Valserine 22 – Bourg-en-Bresse 103 – ◆Genève 19 – Gex 19.

XXX **Demornex** ⑤ avec ch, ☎ 59.35.34, 🍽, « Jardin fleuri » – 🚗 **Ⓟ**. 🅰🅴 ⓞ 🅴 🆅🅸🆂🅰
fermé 5 janv. au 12 fév., dim. soir et lundi – SC : **R** 100/210 – ⴲ 18 – **10 ch** 70/115
– P 130/140.

ST-JEAN-DE-LA-BLAQUIÈRE 34 Hérault 🟨🟨 ⑤ – rattaché à Lodève.

ST-JEAN-DE-LIER 40 Landes 🟨🟨 ⑥ – 339 h. alt. 13 – ⊠ 40380 Montfort-en-Chalosse – ✪ 58.
Paris 743 – Castets 29 – Dax 21 – Mont-de-Marsan 38 – Montfort-en-Chalosse 12 – Orthez 40.

🏨 **Cantelutz** ⑤, ☎ 57.21.94, 🌲 – 🏦wc 🏦 **Ⓟ** – 🏕 25. ⁂
➡ *1er avril-30 oct.* – SC : **R** 42/83 – ⴲ 15 – 12 ch 62/118 – P 110/126.

ST-JEAN-DE-LOSNE 21170 Côte-d'Or 🟨🟨 ③ **G.** Bourgogne – 1 476 h. alt. 184 – ✪ 80.
Paris 345 – Auxonne 17 – ◆Dijon 32 – Dole 22 – Genlis 20 – Gray 52 – Lons-le-Saunier 62.

🏨 **Aub. de la Marine,** à Losne ☎ 29.05.11 – 🏦wc. 🅰🅴 🅴
➡ *fermé 20 déc. au 20 janv.* – SC : **R** *(fermé lundi)* 42/130, carte sam. soir et dim. soir –
ⴲ 18 – **18 ch** 65/130 – P 150/220.

🏨 **Saônotel,** ☎ 29.04.77 – 🍴 🏦 **Ⓟ**. 🅴 🆅🅸🆂🅰
➡ *fermé nov. et sam. en hiver* – SC : **R** 38/145 ⅜ – ⴲ 11 – **14 ch** 64/140 – P 160/270.

PEUGEOT-TALBOT Gaillard, ☎ 29.05.53 🅽

ST-JEAN-DE-LUZ 64500 Pyr.-Atl. 🟨🟨 ② **G.** Pyrénées – 12 921 h. – Casino BY – ✪ 59.
Voir Église St-Jean-Baptiste★★ AZ B – Maison de l'Infante★ AZ D – Corniche basque★★
par ④ – Sémaphore de Socoa ≤★★ 5 km par ④.
🏌 de la Nivelle ☎ 47.18.99, S : 1 km ; 🏌 de Chantaco ☎ 26.14.22 par ② : 2,5 km.
🚹 Office de Tourisme, pl. Maréchal-Foch (fermé dim. sauf matin en sais.) ☎ 26.03.16.
Paris 793 ① – ◆Bayonne 21 ① – Biarritz 15 ① – Pau 128 ① – San-Sebastián 33 ③.

Plan page ci-contre

🏨 **Chantaco,** face golf par ② : 2 km ☎ 26.14.76, 🌲 – **Ⓟ**. 🅰🅴 ⓞ. ⁂ rest
avril-oct. – **R** 150/180 – ⴲ 35 – **24 ch** 300/550, 4 appartements 700 – P 500/650.

🏨 **Madison** sans rest, 25 bd Thiers ☎ 26.35.02 – 📲 🍴wc 🚗. 🅰🅴 ⓞ 🅴 🆅🅸🆂🅰   BY q
SC : ⴲ 19 – **25 ch** 172/218.

🏨 **Commerce** Ⓜ sans rest, 3 bd Cdt-Passicot ☎ 26.31.99, Télex 540518 – 📲 🍴wc
🕿   BZ d
12 avril-30 nov. – SC : **36 ch** ⴲ 203/220.

🏨 **H. Poste** sans rest, 83 r. Gambetta ☎ 26.04.53 – 🍴wc 🏦wc 🚗. 🅰🅴 ⓞ 🅴   BY z
15 mars-15 nov. – SC : ⴲ 19 – **35 ch** 160/230.

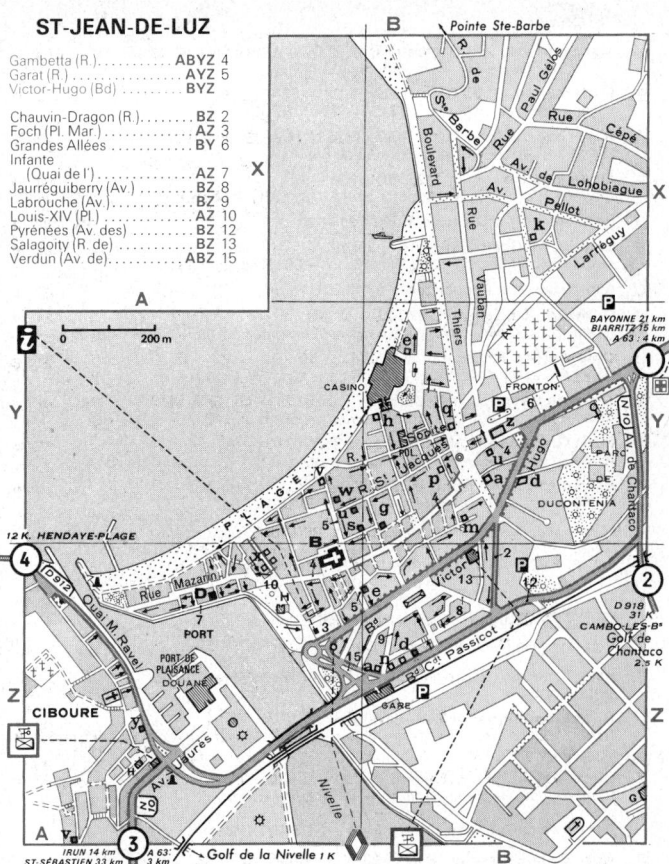

ST-JEAN-DE-LUZ

🏨 **Plage**, 33 r. Garat ⌖ 51.03.44, ≤ – ⇌wc ⋔wc ☎ ⟚. **E** *VISA* ⚓   AY **v**
  Pâques-15 oct. – SC : **R** 63/70 – ⌿ 19 – **30 ch** 121/230 – P 250/255.

🏨 **Les Goëlands** ⟩, 4 av. Etcheverry ⌖ 26.10.05, 佘, 罒 – ⇌wc ⋔wc ☎ **P** *VISA*.   BX **k**
  ⚓ rest
  fermé 15 déc. au 15 janv. – SC : **R** 70/80 – ⌿ 17 – **43 ch** 115/260 – P 210/270.

🏨 **Hôtel et Motels Basques** ⟩, à la pointe Ste-Barbe - BX - ⌖ 26.04.24, ≤, parc,
  佘 – ⇌wc ⋔wc ⅋ **P**. **AE E**
  7 avril-29 sept. – SC : **R** 84/95 – ⌿ 18,50 – **29 ch, 12 pav.** 105/273 – P 263/320.

🏨 **Petit Trianon** sans rest, 56 bd V.-Hugo ⌖ 26.11.90 – ⇌wc ⋔wc ☎ ⟚. **AE**. ⚓   BY **d**
  fermé 25 oct. au 10 janv. et dim. d'oct. à juin – SC : ⌿ 16 – **25 ch** 130/180.

🏨 **La Fayette**, 20 r. République ⌖ 26.17.74 – ⇌wc ⋔wc ⟚. **AE E** *VISA*   AZ **x**
  SC : **R** (1ᵉʳ étage) (fermé lundi) 73/152 ⅃ – ⌿ 21 – **17 ch** 154/180 – P 225.

🏨 **Continental**, 15 av. Verdun ⌖ 26.01.23 – ⅋ ⇌wc ⋔wc ⟚. **E** *VISA* ⚓ rest
  fermé nov. – SC : **R** (fermé dim. hors sais.) (dîner seul.) 68 – ⌿ 18 – **24 ch** 140/185.
       BZ **a**

🏨 **Prado** (Annexe - 15 ch ⇌wc ☎), prom. Plage ⌖ 51.03.71 – ⇌wc ⋔wc ☎. *VISA*
  SC : **R** (1ᵉʳ juin-30 sept.) (dîner seul.) 75/83 ⅃ – ⌿ 16,50 – **38 ch** 169/200.   BY **e**

🏨 **Villa Bel Air**, Promenade J.-Thibaut ⌖ 26.04.86, ≤ – ⇌wc ⋔wc ⟚ **P**. ⚓ rest
  31 mars-5 nov. – SC : **R** (21 mai-6 oct. et fermé dim.) (snack dîner seul.) 58/60 – ⌿
  16,50 – **16 ch** 120/215.   BY **h**

🏨 **Trinquet-Maïtena**, r. Midi ⌖ 26.05.13 – ⇌wc ⟚   BY **m**
  fermé 1ᵉʳ au 20 oct. – SC : **R** (fermé dim. hors sais.) 90 – ⌿ 14 – **13 ch** 106/162 – P
  198/228.

tourner →

🏛 **Agur** sans rest, 96 r. Gambetta ☎ 26.21.55 – ⌷wc ⌷lwc ☜. ⚄ ⚅ . ❄ BY **u**
15 mars-15 nov. – SC : ⊐ 16 – **20 ch** 106/170.

🏛 **Paris** sans rest, 1 bd Cdt-Passicot ☎ 26.00.62 – ⌷wc ☜. ❄ BZ **n**
fermé 20 déc. au 15 fév. – SC : ⊐ 17 – **29 ch** 76/140.

🏛 **Atherbea** sans rest, 10 bd Thiers ☎ 26.14.14 – ⌷wc ⌷lwc ☜ BY **a**
20 mars-15 nov. – SC : ⊐ 14,50 – **18 ch** 85/143.

🏛 **du Jardin**, 5 r. Loquin ☎ 26.05.51, � – ❄ BY **p**
mars-fin sept. – SC : **R** (1/2 pens. seul.) – ⊐ 13,50 – **14 ch** 72/120 – 1/2 p 92/128.

XX **Restaurant 4**, 4 r. Ondicola ☎ 26.05.99 – ▤ BZ **d**

XX **Léonie**, 4 r. Garat ☎ 26.37.10 – ⚄ ⚅ BZ **e**
fermé 15 au 31 oct., 15 au 28 fév. et lundi – SC : **R** carte 95 à 135.

XX **Aub. Kaïku**, 17 r. République ☎ 26.13.20 AZ **x**

XX **Ostatua**, 25 r. Église ☎ 26.47.22 – ⚄ ⚅ ABY **s**
fermé 15 au 30 oct., dim. soir et lundi sauf le soir en saison – SC : **R** carte 95 à 140.

XX **Chipiron**, 4 r. Etchegaray ☎ 26.03.41 – ⚄ BY **g**
fermé fév. et lundi hors sais. – SC : **R** carte 90 à 135 ⅃.

X **Taverne Basque**, 5 r. République ☎ 26.01.26 – ⚄ ⓘ ⎋ ⚅ AZ **x**
1er mars-5 nov., fermé mardi soir et merc. – SC : **R** 55/140.

X **Petit Grill Basque**, 4 r. St-Jacques ☎ 26.03.53 – ❄ AY **u**
fermé 20 déc. au 20 janv., 4 au 19 mai et vend. – SC : **R** carte environ 75.

X **Ramuntcho**, 24 r. Garat ☎ 26.03.89 AY **w**
↠ *fermé 1er oct. au 1er nov. et lundi* – SC : **R** 39/65.

CITROEN Eskualduna, 20 rte de Bayonne par
① ☎ 26.22.28
FORD Autos-Durruty, Zone Ind. de Layatz ☎
26.45.94

RENAULT Gar. Lamerain 4 bd Victor-Hugo ☎
26.04.02 et Zone ind. de Layatz, N 10 par ① ☎
26.94.80

Ciboure AZ du plan – 6 205 h. – ⌧ 64500 St-Jean-de-Luz.

Voir Chapelle N.-D. de Socorri : site★ 5 km par ③.

🏛 **Helro Baïta** 🏊, r. E.-Baignol par ③ ☎ 47.07.73 – ⌷wc ⌷lwc ☜
sais. – **26 ch**.

XX **Chez Dominique**, quai M.-Ravel ☎ 47.29.16, ≤ ⚅ AZ **y**
fermé 2 au 12 avril, 25 sept. au 25 oct., dim. soir sauf juil.-août et lundi – SC : **R**
carte 120 à 185.

X **Chez Mattin**, 51 r. E.-Baignol ☎ 47.19.52 – ⚅ ❄ AZ **v**
fermé 1er nov. au 15 janv. et lundi – SC : **R** carte environ 125.

par rte de la Corniche par ④ : 3 km – ⌧ 64700 Hendaye :

XX **Aub. de la Corniche**, ☎ 47.30.23, ≤ Pyrénées, � – ❷
fermé janv. et lundi – SC : **R** 55/90.

V.A.G. Gar. de l'Avenir, Q. Marinella ☎ 47.26.56

ST-JEAN-DE-MAURIENNE ◁◼▷ 73300 Savoie ⓻⓻ ⑦ G. Alpes – 10 086 h. alt. 546 – ✺ 79.

Voir Ciborium★ et stalles★ de la cathédrale AY E.

🅱 Office de Tourisme pl. Cathédrale (fermé dim.) ☎ 64.03.12.

Paris 632 ① – Albertville 60 ① – Chambéry 71 ① – ✦Grenoble 108 ① – Turino 134 ②.

Plan page ci-contre

🏨 **St Georges** sans rest, 334 r. République ☎ 64.01.06, 🍴 – �📺 ⌷wc ⌷lwc ☎ ❷
⚄ AZ **s**
SC : ⊐ 16 – **23 ch** 92/157.

🏛 **Europe**, 15 av. Mont-Cenis ☎ 64.00.21 – ▯ ⌷wc ⌷ ☜ ❷ AZ **a**
fermé oct. – SC : **R** carte environ 110 ⅃ – ⊐ 16 – **35 ch** 73/170 – P 170/260.

🏛 **Bernard**, 18 r. Libération ☎ 64.01.53 – ⌷wc ☜ AY **r**
fermé nov. et lundi – SC : **R** 48/150 – ⊐ 18 – **15 ch** 75/125 – P 150/180.

CITROEN Deléglise, quai Jules-Poncet ☎ 64.
05.88
PEUGEOT-TALBOT Alpettaz, N 6, Les Plans
par ② ☎ 64.13.88
RENAULT Duverney, N 6 à St-Julien Mont-
Denis par ② ☎ 64.12.33

V.A.G. Maurienne Autom., 353 r. des Chau-
dannes, Zone Ind. Le Parquet ☎ 64.08.89 Ⓝ ☎
64.26.63

⚫ Piot-Pneu, angle pl. Champ-de-Foire ☎ 64.
05.74
Tessaro-Pneus, les Plans ☎ 64.10.75

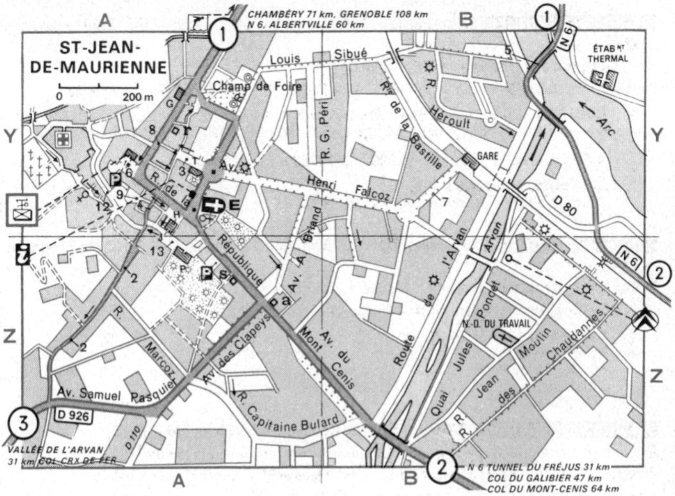
ST-JEAN-DE-MAURIENNE
0 200 m
CHAMBÉRY 71 km, GRENOBLE 108 km
N 6, ALBERTVILLE 60 km
ÉTAB NT THERMAL
Arc
Louis Sibué
Champ de Foire
R. G. Péri
Rte de la Bastille
R. Héroult
GARE
Henri Falcoz
D 80
N 6
R. de la République
Av. A. Briand
Route de l'Arvan
Arvan
N.-D. DU TRAVAIL
Quai Jules Pondet
Moulin des Chaudannes
Av. des Clapeys
Av. du Mont Cenis
R. Marcoz
Av. Samuel Pasquier
D 926
D 110
R. Capitaine Bulard
Jean
VALLÉE DE L'ARVAN
31 km COL CRX DE FER
N 6 TUNNEL DU FRÉJUS 31 km
COL DU GALIBIER 47 km
COL DU MONT-CENIS 64 km

Libération (R. de la) . . . . . **AY** 8	Brun-Rollet (R.) . . . . **AY** 3	Gare (Av. de la) . . . . **BY** 7
République (R. de la) . . **AYZ**	Collège (R. du) . . . . **AY** 4	Marché (Pl. du) . . . . **AY** 9
	Échaillon (Pont de l') . . . . **BY** 5	Orme (R. de l') . . . . **AY** 12
Bonrieux (R. de) . . . . **AZ** 2	Fodéré (Pl.) . . . . **AY** 6	Sous-Préfecture (R. de la) . . **AZ** 13

Les **cartes Michelin** sont constamment tenues à jour.

ST-JEAN-DE-MONTS **85160** Vendée **67** ⑪ **G. Côte de l'Atlantique** – 5 611 h. – Casino La Pastourelle – ☎ 51.

Office de Tourisme Palais des Congrès av. Forêt (fermé dim. hors sais.) ☎ 58.00.48, Télex 711391.

Paris 448 – Cholet 99 – ♦Nantes 76 – Noirmoutier 32 – La Roche-sur-Yon 55 – Les Sables-d'O. 47.

- **Tante Paulette** 🐎, 32 r. Neuve ☎ 58.01.12, – ⋒wc ☎. VISA. ✻ ch
début mars-début oct. – SC : **R** 53/89 – ☕ 15 – **42 ch** 75/140 – P 150/195.
- **La Cloche d'Or** 🐎, 26 av. Tilleuls ☎ 58.00.58 – ⌂wc ⋒wc ☎. VISA. ✻
1er avril-23 sept. et fermé lundi hors sais. – SC : **R** 50/120 – ☕ 17 – **24 ch** 85/150 – P 150/180.
- **Le Montois** sans rest, 79 r. Gén.-de-Gaulle ☎ 58.60.62 – ⌂wc ⋒. ✻
fermé oct. et dim. hors sais. – SC : ☕ 14 – **25 ch** 70/140.
- XXX **Le Galion,** au casino (1er étage) espl. Mer ☎ 58.28.39, ≤ – AE ⓓ E VISA
1er fév.-30 nov. et merc. hors sais. – SC : **R** 70/150.
- XX **La Boucherie,** 9 av. Forêt ☎ 58.02.66 – AE ⓓ E VISA
fermé déc., janv., mardi, merc. hors sais. et lundi – SC : carte 100 à 140.

sur D 38 (rte N.-D. de Monts) : 3 km – ✉ **85160** St-Jean-de-Monts :

- X **La Quich'Notte,** ☎ 58.62.64, « Bourrine aménagée » – Ⓟ. E VISA
15 mars-15 nov. et fermé lundi sauf juil.-août – SC : **R** (dîner seul. du 15 mars au 15 juin et 15 sept. au 15 nov.) carte 85 à 135.

à Orouet SE : 7 km – ✉ **85160** St-Jean-de-Monts :

- **Aub. de la Chaumière,** D 38 ☎ 58.67.44, – ⌂wc ⋒wc ☎ Ⓟ. E. ✻
26 mai-23 sept. – SC : **R** 43/115 – ☕ 15 – **17 ch** 148/170 – P 190/225.

PEUGEOT, TALBOT Gar. Besseau, ☎ 58.29.47 — RENAULT Vrignaud, rte de Challans ☎ 58.26.74

ST-JEAN-DE-REBERVILLIERS 28 E.-et-L. **60** ⑦ – rattaché à Châteauneuf-en-Thymerais.

ST-JEAN-DE-SIXT **74450** H.-Savoie **74** ⑦ **G. Alpes** – 696 h. alt. 956 – ☎ 50.

Voir Défilé des Étroits★ NO : 3 km.

Syndicat d'Initiative à la Mairie (fermé dim. et fêtes) ☎ 02.70.14.

Paris 566 – Annecy 29 – Bonneville 23 – La Clusaz 3 – ♦Genève 48.

- **Beau Site** 🐎, ☎ 02.24.04, ≤, – ⌂wc ⋒wc ☎ Ⓟ. E. ✻ rest
fin juin-début sept. et Noël-Pâques – SC : **R** 52/95 – ☕ 14,50 – **24 ch** 90/165 – P 160/195.

ST-JEAN-DU-BRUEL 12 Aveyron 🎏🎏 ⑮ G. Causses – 843 h. alt. 520 – ⊠ **12230** La Cavalerie – ✿ 65.

Env. Gorges de la Dourbie★★ NE : 10 km.

Paris 672 – Le Caylar 26 – Lodève 45 – Millau 41 – Rodez 112 – St-Affrique 52 – Le Vigan 36.

🏠 **Midi,** 🏤 62.26.04, ≤ – ⇌wc 🛏wc ⊛ 🚗
6 avril-11 nov. – SC : **R** 42/115 – � 13,50 – **20 ch** 53/120 – P 160/168.

à Sauclières S : 6 km par D 999 – ⊠ **12230** La Cavalerie :

✕✕ **Le Cable,** 🏤 62.26.09 – 🅿
15 mars-11 nov. et fermé merc. – SC : **R** 54/100.

ST-JEAN-DU-DOIGT 29 Finistère 🎏🎏 ⑥ G. Bretagne – 656 h. alt. 15 – ⊠ **29228** Plougasnou – ✿ 98.

Voir Enclos paroissial : trésor ★★, église ★, fontaine ★.

Paris 547 – Guingamp 63 – Lannion 34 – Morlaix 17 – Quimper 93.

🏦 **Le Ty Pont,** 🏤 67.34.06, ⋒ – ⇌wc 🛏wc ⊛. **E.** ⅙ ch
hôtel ouvert Pâques-30 oct. et fermé mardi et merc. sauf du 1er juin au 30 sept. –
SC : **R** (fermé 1er nov. au 15 déc., vacances de fév., le soir d'oct. à Pâques et merc.
hors sais.) 42/127 ᠔ – � 13 – **40 ch** 55/136 – P 121/166.

ST-JEAN-DU-GARD 30270 Gard 🎏🎏 ⑰ G. Causses – 2 619 h. alt. 189 – ✿ 66.

🛈 Syndicat d'Initiative av. René-Boudon (15 juin-15 sept. et fermé dim.) 🏤 85.32.11.

Paris 736 – Alès 27 – Florac 53 – Lodève 93 – ✦Montpellier 81 – Nîmes 61 – Le Vigan 59.

🏠 **L'Oronge,** Gde-rue 🏤 85.30.34 – ⇌wc 🛏wc ⊛ 🚗. ᴬᴱ ⓞ **E** 🇻🇮🇸🇦
1er avril-2 janv. et fermé dim. soir et lundi hors sais. – SC : **R** 40 bc/125 – � 13,50 –
30 ch 165/190 – P 155/180.

🏠 **Aub. du Péras** Ⓜ, rte d'Anduze 🏤 85.35.94 – 📺 ⇌wc 🛏wc ☎ 🅿. ⓞ
fermé merc. hors sais. – SC : **R** 38/148 – � 15 – **10 ch** 140/165 – P 168/231.

✕ **Corniche des Cévennes** avec ch, rte Florac 🏤 85.30.38, ≤, ⋒ – 🛏wc 🅿
fermé 3 nov. au 1er fév. et merc. du 1er oct. à Pâques – SC : **R** 42 bc/66 ᠔ – � 15 –
16 ch 88/105 – P 150 bc.

PEUGEOT, TALBOT Rossel, 🏤 85.30.32

ST-JEAN-EN-ROYANS 26190 Drôme 🎏🎏 ③ G. Alpes – 2 945 h. alt. 253 – ✿ 75.

🛈 Syndicat d'Initiative pl. Champ-de-Mars (15 juin-15 sept., fermé dim. après-midi et lundi) 🏤 48.61.39.

Paris 589 – Die 63 – Romans-sur-Isère 27 – St-Marcellin 23 – Valence 45 – Villard-de-Lans 33.

au Col de la Machine SE : 11 km – alt. 1 010.

Env. S : Forêt de Lente★★.

🏦 **du Col** 🦢, ⊠ 26190 St-Jean-en-Royans 🏤 48.57.67, ≤ – 🛏wc 🚗 🅿. ᴬᴱ. ⅙ ch
fermé 12 nov. au 15 déc. et 5 au 19 mars – SC : **R** 55/75 – � 15 – **16 ch** 75/130 – P
130/185.

FIAT Gar. Royannais, 🏤 48.66.86
PEUGEOT-TALBOT Lyonne, 🏤 48.60.18 🇳

RENAULT Usclard, 🏤 48.63.80 🇳 🏤 48.62.75
V.A.G. Villard, 🏤 48.62.04 🇳

ST-JEAN-LA-RIVIÈRE 06 Alpes-Mar. 🎏🎏 ⑲. 🎏🎏🎏 ⑯ – alt. 285 – ⊠ **06450** Lantosque – ✿ 93.

Voir Saut des Français ≤★★ S : 5 km.

Env. Madone d'Utelle ❄★★★ et retable★ de l'église d'Utelle SO : 15 km, G. Côte d'Azur.

Paris 877 – Levens 13 – ✦Nice 40 – Puget-Théniers 44 – St-Martin-Vésubie 24.

✕ **Giletti,** 🏤 03.17.11, ≤, 🍽
SC : **R** (déj. seul.) 55/75.

ST-JEAN-LE-BLANC 45 Loiret 🎏🎏 ⑨ – rattaché à Orléans.

ST-JEAN-LE-THOMAS 50 Manche 🎏🎏 ⑦ – 442 h. – ⊠ **50530** Sartilly – ✿ 33.

🛈 Syndicat d'Initiative r. Gén.-de-Gaulle (fermé dim.) 🏤 48.84.21.

Paris 351 – Avranches 17 – Granville 16 – St-Lô 72 – Villedieu-les-Poêles 30.

🏦 **Bains,** 🏤 48.84.20, 🏊, ⋒ – ⇌wc 🛏wc ☎ 🅿. ᴬᴱ 🇻🇮🇸🇦. ⅙ ch
25 mars-8 oct. et fermé merc. hors sais. – SC : **R** 49/140 – � 18 – **37 ch** 69/176 – P
159/209.

L'EUROPE en une seule feuille
carte Michelin n° 🎏🎏🎏.

ST-JEANNET 06640 Alpes-Mar. **84** ⑨, **195** ㉕㉖ G. Côte d'Azur – 2 469 h. alt. 400 – ✿ 93.

Voir Site★ – ≤★.

Paris 938 – Antibes 24 – Cannes 34 – Grasse 34 – ◆Nice 27 – St-Martin-Vésubie 57 – Vence 8.

✗ **Chante Grill,** ☎ 24.90.63
fermé nov. – SC : **R** 65/90.

ST-JEAN-PIED-DE-PORT 64220 Pyr.-Atl. **85** ③ G. Pyrénées – 1 773 h. alt. 163 – ✿ 59.

Voir Trajet des pèlerins★.

🛈 Office de Tourisme pl. Ch.-de-Gaulle (fermé sam. après-midi et dim.) ☎ 37.03.57.

Paris 825 ③ – ◆Bayonne 54 ③ – Dax 86 ① – Oloron-Ste-M. 70 ① – Pau 103 ① – San-Sebastián 97.

To go a long way quickly,
*use **Michelin maps***
at a scale of 1 : 1 000 000

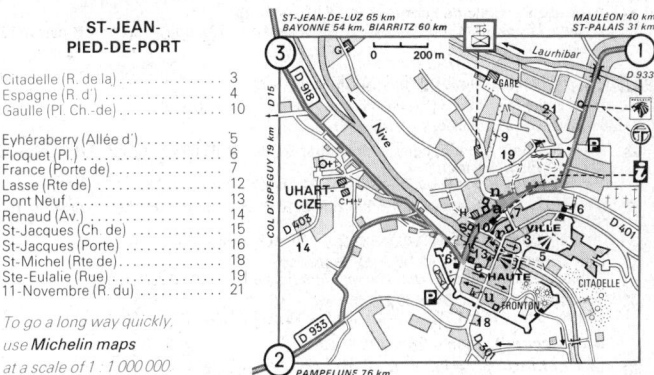

🏨 ✿ **Pyrénées** (Arrambide), pl. Gén.-de-Gaulle **(a)** ☎ 37.01.01, 斎 – 🛗 🛏wc 🛁wc
☎. ✧
fermé 12 nov. au 22 déc., lundi soir et mardi du 20 sept. au 1er juil. sauf fériés – SC :
R (dim. et saison - prévenir) 110/190 – ☲ 18 – **31 ch** 95/210 – P 190/255
Spéc. Saumon frais grillé béarnaise (avril à août), Pigeon rôti aux raviolis de cèpes, Feuilleté aux
poires. Vins Irouléguy, Jurançon.

🏨 **Continental** sans rest, 3 r. Renaud **(n)** ☎ 37.00.25 – 🛗 🛏wc 🛁wc ☎ 🅿. 🅰🅴. ✧
Pâques-11 nov. – SC : ☲ 20 – **22 ch** 150/229.

🏨 **Central, (s)** ☎ 37.00.22 – 🛏wc 🛁 ☎. 🅰🅴. ✧
fermé 22 déc. au 5 fév. – SC : **R** 64/135 – ☲ 18 – **14 ch** 120/195 – P 190/240.

🏠 **Haïzpea** 🦢, à Uhart-Cize 1,5 km par rte de Lasse ☎ 37.05.44, ≤, parc – 🛏wc 🛁
☎ 🅿. ✧
1er juin-1er oct. – SC : **10 ch** (1/2 pens. seul.) – 1/2 p 145/205.

🏠 **Plaza Berri** 🦢 sans rest, av. Fronton **(u)** ☎ 37.12.79 – 🛏wc ☎. ✧
fermé 10 au 31 janv. – SC : ☲ 16 – **8 ch** 87/135.

🏠 **Ramuntcho,** r. de France **(r)** ☎ 37.03.91 – 🛁 🅿
fermé janv. – SC : **R** (fermé merc. hors sais.) 57/75 – ☲ 15 – **17 ch** 87/135 – P
140/210.

✗✗ **Etche Ona** avec ch, **(e)** ☎ 37.01.14 – 🛁 ☎. ✧ ch
fermé 3 nov. au 18 déc. et vend. hors sais. – SC : **R** 60/155 – ☲ 16 – **5 ch** 80/135 –
P 190/259.

✗✗ Ipoutchaïna avec ch, à Ascarat ☎ 37.02.34, 斎 – 🛏 🅿 – **12 ch**.

à Aincillé SE : 4,5 km par D 401 – ⊠ 64220 St-Jean-Pied-de-Port :

🏠 **Pecoïtz** 🦢, ☎ 37.11.88, ≤, 🐴 – 🛏wc 🛁wc 🅿
◆ *fermé janv., fév. et merc. sauf du 1er juil.au 31 oct.* – SC : **R** 43/112 – ☲ 13 – **16 ch**
74/130 – P 130/150.

à Esterençuby – ⊠ 64220 St-Jean-Pied-de Port :

🏠 **Artzaïn-Etchéa** 🦢, S : 3 km par VO ☎ 37.11.55 – 🛏wc 🛁wc ☎ 🅿
◆ *1er mars-30 nov. et fermé merc. hors sais.* – SC : **R** 40/130 – ☲ 17 – **16 ch** 95/130 –
P 155/170.

PEUGEOT, TALBOT Gar. des Pyrénées, ☎ 37.00.81

ST-JEAN-POUTGE 32 Gers **82** ④ – 314 h. alt. 111 – ⊠ 32190 Vic Fezensac – ✿ 62.

Paris 801 – Aire-sur-l'Adour 60 – Auch 22 – Condom 27 – Mont-de-Marsan 82 – Roquefort 75.

🏠 **de la Baïse,** ☎ 64.62.11 – 🛏 🛁wc ☎ 🅿 – 🔬 35. 🅰🅴 ⓞ 🅴 VISA
fermé oct. et lundi – SC : **R** 70/180 – ☲ 17 – **21 ch** 120/160 – P 150/180.

ST-JEOIRE 74490 H.-Savoie **74** ⑦ – 1 959 h. alt. 588 – ✪ 50.

Paris 572 – Annecy 57 – Bonneville 17 – Chamonix 57 – ♦Genève 31 – Megève 43 – Morzine 32.

- 🏨 **Alpes**, ℡ 39.80.33, 🚗 – 🛏wc 📺 🅿
- ← *fermé 25 avril au 25 mai, 25 sept. au 15 nov., lundi hors sais. sauf vacances scolaires* – SC : **R** 42/150 ♨ – � 13,50 – **20 ch** 70/175 – P 140/190.

- 🏨 **Sapins**, ℡ 39.80.38, 🚗 – 🛏wc 🔥 📺
  sais. – **11 ch**

PEUGEOT-TALBOT Gar. Favrat, La Tour de Fer ℡ 39.87.54 🅽 ℡ 39.90.44

ST-JOACHIM 44720 Loire-Atl. **63** ⑮ **G. Bretagne** – 4 260 h. – ✪ 40.

Paris 432 – ♦Nantes 61 – Redon 39 – St-Nazaire 15 – Vannes 63.

- ✗✗ **Aub. du Parc**, Ile de Fedrun ℡ 88.53.01, 🚗 – 🅿
  1er avril-13 nov. et fermé dim. soir et lundi sauf du 15 juin au 15 sept. – **R** carte 115 à 160.

ST-JORIOZ 74410 H.-Savoie **74** ⑥ – 3 348 h. alt. 467 – ✪ 50.

🛈 Syndicat d'Initiative pl. Mairie (15 juin.-15 sept. et fermé dim.) ℡ 68.61.82.

Paris 546 – Albertville 36 – Annecy 9 – Megève 51.

- 🏨 **Bon Accueil** ⚲, à Epagny : 2,5 km par D 10 A ℡ 68.60.40, ≤, 🚗, ✗ – 🛏wc 🔥wc 📺 🅿. **E**. ✗ rest
  7 mai-15 sept. – SC : **R** 55/75 – ⊂district 16 – **21 ch** 90/160 – P 145/185.

- 🏨 **Semnoz**, à Monnetier O : 1,5 km par D 10 A ℡ 68.60.28, 🚗, ✗ – 🔥wc & 🅿. ✗ rest
  1er mai-30 sept. – SC : **R** 55/80 – ⊂district 20 – **40 ch** 90/160 – P 145/160.

- ✗✗ **Les Terrasses**, ℡ 68.60.16 – 🅿. **E** VISA. ✗
  fermé 1er oct. au 30 nov., dim. soir et lundi hors sais. – SC : **R** 55/130 ♨.

- ✗ **Tournette** avec ch, ℡ 68.60.14, 🚗 – 🅿 📺 🅿
  Pâques-oct. – SC : **R** 70/120 – ⊂district 16,50 – **15 ch** 80/120 – P 110/160.

  à La Magne S : 7 km – ✉ 74410 St-Jorioz :

- 🏨 **La Cochette** ⚲, ℡ 68.50.08, ≤, 🍴, 🚗 – 🔥 🅿. 🆎 **E**
- ← *fermé 8 janv. au 8 fév., mardi et merc. hors sais.* – SC : **R** 50/120 – ⊂district 17 – **15 ch** 78/120 – P 180.

ST-JULIEN 56 Morbihan **63** ⑫ – rattaché à Quiberon.

ST-JULIEN-CHAPTEUIL 43260 H.-Loire **76** ⑦ **G. Vallée du Rhône** – 1 684 h. alt. 821 – ✪ 71.

Voir Site★.

Env. Montagne du Meygal★ : Grand Testavoyre ✳︎★★ NE : 14 km puis 30 mn.

🛈 Syndicat d'Initiative à la Mairie (fermé sam. après-midi, merc. et dim.) ℡ 08.70.14.

Paris 536 – Lamastre 53 – Privas 105 – Le Puy 20 – St-Agrève 32 – Yssingeaux 17.

- 🏨 **Barriol**, ℡ 08.70.17 – 🛏wc 🔥wc 📺. **E** VISA. ✗ ch
- ← *fermé 2 nov. au 15 déc., dim. soir et lundi* – SC : **R** 45/120 – ⊂district 20 – **20 ch** 78/185 – P 135/210.

PEUGEOT-TALBOT Gar. Abrial, ℡ 08.72.20 🅽   Gar. Roubin, ℡ 08.70.35 🅽
RENAULT Gar. de Chapteuil, ℡ 08.72.79 🅽 ℡ 08.70.05

ST-JULIEN-DE-JORDANNE 15 Cantal **76** ② – alt. 920 – ✉ 15590 Lascelle Mandailles – ✪ 71.

Voir Vallée de Mandailles★★, G. Auvergne.

Paris 571 – Aurillac 24 – Mauriac 54 – Murat 30.

- 🏨 **Touristes**, ℡ 47.94.71, ≤, 🚗 – 🔥 🅿
- ← *Pâques-30 sept. et vacances scolaires d'hiver* – SC : **R** 45/90 ♨ – ⊊ 12,50 – **18 ch** 44/70 – P 105/125.

ST-JULIEN-D'EMPARE 12 Aveyron **79** ⑩ – rattaché à Figeac.

ST-JULIEN-DU-VERDON 04 Alpes-de-H.-Pr **81** ⑱ **G. Côte d'Azur** – 67 h. alt. 914 – ✉ 04170 St-André-les-Alpes – ✪ 92.

Voir E : Clue de Vergons★.

Paris 796 – Castellane 14 – Digne 50 – Puget-Théniers 38.

- 🏨 **Le Pidanoux**, ℡ 89. 05.87, ≤ – 🛏 🅿. ✗ rest
  15 mars-15 déc. – SC : **R** 51/74 – ⊊ 12 – **17 ch** 80/120 – P 155/175.

ST-JULIEN-EN-BORN 40170 Landes **78** ⑮ – 1 200 h. alt. 22 – ✪ 58.

Paris 712 – ♦Bordeaux 123 – Castets 21 – Mimizan 18 – Mont-de-Marsan 68.

- 🏨 **Pré Fleuri** ⚲ sans rest, rte Mézos ℡ 42.80.09, 🚗 – 🚗 🅿. ✗
  15 mai-15 nov. – ⊊ 13,50 – **10 ch** 60/155.

ST-JULIEN-EN-CHAMPSAUR 05 H.-Alpes 77 ⑯ – 258 h. alt. 1 140 – ✉ **05500** St-Bonnet-en-Champsaur – ⊛ 92.

Paris 660 – Gap 17 – ♦Grenoble 95 – La Mure 57 – Orcières 20.

- **Les Chenêts** ⛰, ☎ 55.03.15 – ⊟wc ⋒wc ☎ 🚗 ⓟ. AE E VISA
  fermé 30 sept. au 15 déc. – SC : **R** 55/80 – ☕ 19 – **21 ch** 105/150 – P 148/175.

ST-JULIEN-EN-GENEVOIS ⟨SP⟩ **74160** H.-Savoie 74 ⑥ – 6 911 h. alt. 461 – ⊛ 50.

Paris 538 – Annecy 35 – Bonneville 35 – ♦Genève 9 – Nantua 55 – Thonon-les-Bains 45.

- **Savoie** Ⓜ sans rest, av. L.-Armand ☎ 49.03.55 – |♦| ⊟wc ⋒wc ☎ ⓟ. AE ⓓ VISA
  SC : ☕ 18 – **20 ch** 135/180.
- **Le Soli** Ⓜ ⛰ sans rest, r. Mgr. Paget ☎ 49.11.31 – |♦| ⋒wc ☎ ⓟ
  fermé 24 déc. au 3 janv. – SC : ☕ 18 – **25 ch** 126/165.
- XXX ✿ **Diligence et Taverne du Postillon** (Favre), av. Genève ☎ 49.07.55 – ▤. AE ⓓ
  fermé 27 juin au 13 juil., 10 au 31 janv., dim. soir et lundi – SC : **R** Taverne (sous sol) 90/200
  Spéc. Mousse de truite, Ecrevisses (15 juil. au 15 mars), Omble du lac au Crépy (fév. à nov.). **Vins** Crépy, Mondeuse.
- XXX **Abbaye de Pomier,** S : 8 km par N 201 et VO ☎ 04.40.64, « Terrasse avec ⩽ campagne genevoise » , ⛱ – ⓟ. VISA
  fermé 1er au 8 sept., 1er au 15 fév., mardi soir et merc. – SC : **R** 120/230.

au Col du Mont-Sion S : 9,5 km – ✉ **74350** Cruseilles :

- **H. Rey** Ⓜ, ☎ 44.13.29, ⩽, parc, ⛱, 🎾 – |♦| TV ⊟wc ⋒wc ☎ ♿ ⓟ. 🐕 ch
  fermé 18 oct. au 1er nov. et 3 au 24 janv. – SC : **R** voir rest. Clef des Champs – ☕ 19 – **31 ch** 160/230 – P 244/274.
- XX **Clef des Champs** avec ch, ☎ 44.13.11, ⩽, parc, ⛱, 🎾 – ⊟wc ⋒wc ☎ ⓟ. E VISA
  fermé 18 oct. au 2 nov., 3 au 25 janv., vend. midi et jeudi sauf juil.-août – SC : **R** 53/145 – ☕ 18 – **9 ch** 70/165 – P 185/235.

ST-JULIEN-LA-VÊTRE 42 Loire 73 ⑰ – rattaché à Noirétable.

ST-JULIEN-SUR-CHER 41 L.-et-Ch. 64 ⑱⑲ – rattaché à Villefranche-sur-Cher.

ST-JUNIEN **87200** H.-Vienne 72 ⑥ **G. Périgord** – 11 194 h. alt. 179 – ⊛ 55.

Voir Collégiale★ BY **B.**

ℹ Office de Tourisme pl. Champ-de-Foire (1er juin-15 sept., fermé merc. matin et dim.) ☎ 02.17.93.

Paris 434 ① – Angoulême 73 ③ – Bellac 33 ① – Confolens 27 ③ – ♦Limoges 30 ① – Ruffec 70 ③.

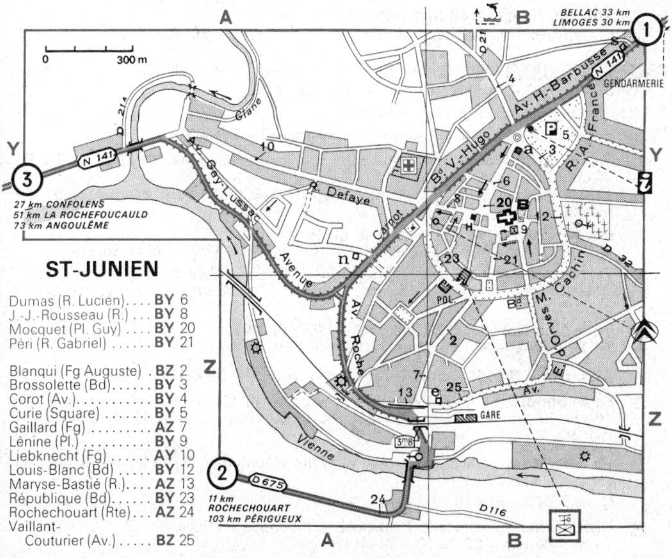

ST-JUNIEN

Dumas (R. Lucien) .... BY 6
J.-J.-Rousseau (R.) .... BY 8
Mocquet (Pl. Guy) .... BY 20
Péri (R. Gabriel) ...... BY 21

Blanqui (Fg Auguste) . BZ 2
Brossolette (Bd) ...... BY 3
Corot (Av.) .... BY 4
Curie (Square) .... BY 5
Gaillard (Fg) .... AZ 7
Lénine (Pl.) .... BY 9
Liebknecht (Fg) ...... AY 10
Louis-Blanc (Bd) ..... BY 12
Maryse-Bastié (R.) .... AZ 13
République (Bd) ...... BY 23
Rochechouart (Rte) ... AZ 24
Vaillant-Couturier (Av.) ..... BZ 25

  🏫 **Relais de Comodoliac** Ⓜ, 22 av. Sadi-Carnot ⌶ 02.12.25, Télex 590336, 😊, 🐎
      – 📺 🕿 🕭 Ⓟ – 🔬 40. 🖭 ⦿ Ⓔ 𝚅𝙸𝚂𝙰   AY **n**
      SC : **R** 55/140 – 🍽 19 – **28 ch** 174/190 – P 230/260.

  🏦 **Concorde** Ⓜ sans rest, 49 av. H.-Barbusse ⌶ 02.17.08 – 📺 🛏wc 🚿wc 🕭 Ⓟ.
      🖭 Ⓔ 𝚅𝙸𝚂𝙰   BY **s**
      SC : 🍽 16 – **26 ch** 103/178.

  🏠 **Modern'H.,** 44 av. P.-Vaillant-Couturier ⌶ 02.17.82 – 🕉 rest   BZ **e**
  → *fermé 22 déc. au 12 janv. et sam. sauf juil.-août* – SC : **R** 42/84 – 🍺 15 – **17 ch**
      60/75 – P 130.

  XX **Le Corot** avec ch, 46 r. L.-Dumas ⌶ 02.17.74 – 🕉 ch   BY **a**
      fermé 20 au 30 nov., dim. soir et lundi – SC : 90/160 🍷 – 🍽 15 – **10 ch** 65/130.

      au pont à la Planche par ① D 675 : 5 km – ✉ **87200** St-Junien :

  X **Rendez vous des Chasseurs** avec ch, ⌶ 02.19.73 – 🛏 🚿 Ⓟ. Ⓔ
  → *fermé 15 oct. au 15 nov. et vend.* – SC : **R** 50/150 – 🍽 12 – **7 ch** 60/150 – P 135/180.

CITROEN Gar. Vigier, Le Pavillon par ① ⌶   PEUGEOT-TALBOT Europ Gar. 4 av. d'Ora-
02.31.29   dour-sur-Glane par ① ⌶ 02.16.28
CITROEN Gar. Carnot, 5 bd de la République   RENAULT St-Junien-Autos, 49 av. Oradour-
⌶ 02.10.97   sur-Glane par ① ⌶ 02.38.37
FORD Gar. Chantemerle, 13 av. d'Oradour-
sur-Glane ⌶ 02.37.37   ⦿ Pneus et C/c, 1 r. Montrozier ⌶ 02.14.57

ST-JUST 01 Ain 🔢 ③ – rattaché à Bourg-en-Bresse.

ST-JUST-EN-CHEVALET 42430 Loire 🔢 ⑦ – 1 798 h. alt. 654 – ✪ 77.
Paris 396 – L'Arbresle 85 – Montbrison 47 – Roanne 30 – ✦St-Étienne 80 – Thiers 29 – Vichy 51.

  🏠 **Moderne,** ⌶ 65.01.53 – 🛏 🚿wc 🚗
  → *fermé 1er au 10 sept., vend. soir et sam. du 1er oct. au 1er juin* – SC : **R** 45/80 🍷 – 🍺
      16 – **10 ch** 85/140 – P 120/145.

  🏠 Poste, r. Thiers ⌶ 65.01.42 – 🚿wc – *fermé sam. du 1er oct. au 30 avril* – **12 ch**.

PEUGEOT Dulac, à Juré ⌶ 65.03.54 🆕   PEUGEOT, TALBOT Chaux, ⌶ 65.04.13 🆕

ST-JUSTIN 40 Landes 🔢 ⑫ – 914 h. alt. 90 – ✉ **40240** Labastide d'Armagnac – ✪ 58.
Paris 710 – Aire-sur-l'Adour 36 – Auch 86 – ✦Bordeaux 116 – Marmande 71 – Mont-de-Marsan 25.

  🏠 **Cadet de Gascogne,** ⌶ 44.80.77 – 🚿 🚗
  → SC : **R** 38/70 🍷 – 🍽 11 – **10 ch** 59/78 – P 100/113.

Garage Labarbe, ⌶ 44.82.61

ST-LAGER 69 Rhône 🔢 ① – 881 h. alt. 222 – ✉ **69220** Belleville – ✪ 74.
Paris 427 – Bourg-en-Bresse 47 – Charolles 66 – ✦Lyon 52 – Mâcon 32 – Villefranche-sur-S. 25.

  X **Aub. St-Lager,** ⌶ 66.16.08, 😊
      fermé 1er au 13 juil., 15 janv. au 15 fév., merc. et le soir – SC : **R** 60/190.

ST-LARY-SOULAN 65170 H.-Pyr. 🔢 ⑱ G. Pyrénées – 921 h. alt. 830 – Sports d'hiver :
1 700/2 450 m ⛷3 ⛷27, 🎿 – ✪ 62 – **Voir Vallée d'Aure★.**
🛈 Office de Tourisme ⌶ 39.50.81, Télex 520360.
Paris 907 – Arreau 12 – Auch 103 – Luchon 44 – St-Gaudens 66 – Tarbes 69.

  🏦 **Motel de la Neste** Ⓜ, ⌶ 39.42.79, ≤ – cuisinette 🛏wc 🕭 Ⓟ – 🔬 25. 🖭
  → 🕉 ch
      1er juin-30 sept. et 15 déc.-30 avril – SC : **R** 50/90 – 🍽 16 – **22 ch** 175/230 – P
      180/230.

  🏦 **Mir,** ⌶ 39.40.03, 🐎 – 🛏wc 🚿 🕭 Ⓟ. 🕉
      15 mai-30 sept. et 15 déc.-10 avril – SC : **R** 65/100 – 🍺 12,50 – **26 ch** 85/170.

  🏦 **Terrasse Fleurie** sans rest, ⌶ 39.40.26 – 📺 🛏wc 🚿wc 🕭 Ⓟ. 🖭
      20 déc.-15 avril et 15 juin-15 sept. – SC : 🍽 17 – **22 ch** 66/140, 6 appartements
      200/215.

  🏠 **Pons ''Le Dahu'',** ⌶ 39.43.66, 🐎 – 🚿wc Ⓟ. 🕉 rest
  → SC : **R** 50/80 🍷 – 🍺 10 – **31 ch** 75/120 – P 130/170.

      à Espiaube NO : 11 km par D 123 et VO – alt. 1 600 – ✉ **65170** St-Lary :

  🏠 **La Sapinière** 📎, ⌶ 98.44.04, ≤ – 🛏wc 🚿wc 🕭 Ⓟ. 🕉 rest
      1er juil.-15 sept. et 15 déc.-1er mai – SC : **R** 60/120 – 🍽 15 – **17 ch** 140/180 – P
      170/190.

      au Pla d'Adet - à la station supérieure du téléphérique O : 13 km par D 123 – alt.
      1 680 – ✉ **65170** St-Lary.
      🛈 Office de Tourisme (15 déc.-30 avril) ⌶ 98.44.41.

  🏦 **Christiania** 📎 sans rest, ⌶ 98.44.42, ≤ Pyrénées – 🛏wc 🕭. 🖭
      15 déc.-Pâques – SC : 🍽 20 – **24 ch** 152/216.

ST-LATTIER 38 Isère **77** ③ – 902 h. alt. 179 – ⊠ **38840** St-Hilaire-du-Rosier – ❸ 76.

Paris 576 – ♦Grenoble 68 – Romans-sur-Isère 14 – St-Marcellin 13.

🏠 **Brun,** N 92 ⌀ 36.54.76, 🍴 – 🛏wc 🛏wc ☜ 🅿
  SC : **R** 55/100 🍷 – ☲ 13 – **11 ch** 100 – P 150.

XXX ❀ **Lièvre Amoureux** 🦐 avec ch, ⌀ 36.50.67, « Jardin fleuri » – 📺 🛏wc ☎ 🅿.
  🅰🅴 ⓪
  fermé janv., dim. soir de nov. à fév. (sauf rest) et lundi – SC : **R** 130/290 – ☲ 35 –
  9 ch 260/375
  Spéc. Homard grillé, Ravioles, Lièvre à la broche. **Vins** Chante-Alouette, Cornas.

XX **Aub. Viaduc,** N 92 ⌀ 36.51.65 –
  fermé déc., lundi soir, mardi soir et merc. – SC : **R** 80/250.

ST-LAURENT-DE-COGNAC 16 Charente **72** ⑪ – rattaché à Cognac.

ST-LAURENT-DE-LA-SALANQUE 66250 Pyr.-Or. **86** ⑳ – 4 542 h. – ❸ 68.

Paris 906 – Elne 22 – Narbonne 60 – ♦Perpignan 14 – Quillan 79 – Rivesaltes 10.

🏠 **Aub. du Pin,** rte Perpignan ⌀ 28.01.62, 🌽 – 🛏wc ☜ 🅿. 🆅🅸🆂🅰. 🎿 rest
  fermé 15 nov. au 15 mars, dim. soir et lundi sauf juil.-août – SC : **R** 46/135 🍷 – ☲ 15
  – **20 ch** 100/120 – P 175/192.

🏠 **Commerce,** r. G. Péri ⌀ 28.02.21 – 🛏wc ☜, 🆅🅸🆂🅰. 🎿
  fermé 15 nov. au 1er et 1er au 15 fév. – SC : **R** (fermé dim. soir et lundi) 55/110 –
  🛏 16 – **26 ch** 78/150 – P 165/246.

CITROEN Gar. Formenty, ⌀ 28.01.08 🅽 ⌀ 28.
03.34

PEUGEOT-TALBOT Gar. Chiffe, ⌀ 28.30.64
PEUGEOT-TALBOT Gar. Balouet, ⌀ 28.32.73

ST-LAURENT-DE-MURE 69720 Rhône **74** ⑫ – 3 340 h. alt. 252 – ❸ 7.

Paris 481 – ♦Lyon 18 – Pont-de-Chéruy 16 – La Tour-du-Pin 38 – Vienne 31.

🏠 **Le St-Laurent,** ⌀ 840.91.44, 🍴, parc – 🛏wc 🛏wc ☜ 🅿. 🅰🅴 ⓪ 🅴 🆅🅸🆂🅰
  fermé vend. soir et sam. – SC : **R** 60/170 (sauf fêtes) 🍷 – ☲ 15 – **20 ch** 130/165.

ST-LAURENT-DU-PONT 38380 Isère **77** ⑤ G. Alpes – 4 125 h. alt. 416 – ❸ 76.

Voir Gorges du Guiers Mort★★ SE : 2 km. – Site★ de la Chartreuse de Curière SE : 4 km.

Paris 565 – Chambéry 29 – ♦Grenoble 33 – La Tour-du-Pin 40 – Voiron 15.

🏠 **Beauséjour,** av. V.-Hugo ⌀ 55.21.88 – 🛏 🛏 ☜ 🅿
  hôtel ouvert Pâques-30 oct. et fermé lundi – SC : **R** (fermé 1er nov. au 5 déc., 1er au
  15 mars et lundi) 55/120 🍷 – ☲ 13 – **15 ch** 100/160.

CITROEN Favre, ⌀ 55.20.24
PEUGEOT, TALBOT Gar. Borderon, ⌀ 55.21.89

RENAULT Roudet, ⌀ 55.21.03
VAG Brille, ⌀ 55.40.86

ST-LAURENT-DU-VAR 06700 Alpes-Mar. **84** ⑨, **195** ㉖ G. Côte d'Azur – 20 719 h. alt. 17 –
❸ 93.

Voir Corniche du Var★ N.

🛈 Syndicat d'Initiative 73 av. Gén.-de-Gaulle (fermé sam. et dim.) ⌀ 07.68.58.

Paris 926 – Antibes 15 – Cagnes-sur-Mer 5 – Cannes 27 – Grasse 31 – ♦Nice 9,5 – Vence 14.

🏨 **Motel Delta 21** sans rest, rte Bord de mer ⌀ 31.75.50, 🏊 – cuisinette 🔳 🛏wc
  🅿 🅰🅴 ⓪
  1er avril-oct. – SC : ☲ 25 – **25 ch** 270/310.

🏨 **Le Gabian** 🕅 sans rest, N 7 ⌀ 31.24.95 – 🛗 cuisinette 🛏wc 🛏wc ☜ 🅿. 🎿
  fermé nov. et déc. – SC : ☲ 14 – **21 ch** 175/230.

🏨 **Plage** sans rest, rte bord de mer ⌀ 31.08.29 – cuisinette 🛏wc ☎ 🅿
  15 fév.-15 oct. – **42 ch.**

XXX **Chez Marius,** au port ⌀ 31.24.11, 🍴 – 🅿. 🅰🅴 ⓪ 🅴 🆅🅸🆂🅰
  fermé 23 déc. au 2 janv., en fév. et dim. soir (sauf juil.-août) – SC : **R** 70/217.

ST-LAURENT-EN-GRANDVAUX 39150 Jura **70** ⑮ G. Jura – 1 813 h. alt. 908 – ❸ 84.

Paris 448 – Champagnole 22 – Lons-le-Saunier 46 – Morez 12 – Pontarlier 60 – St-Claude 30.

🏠 **Commerce,** ⌀ 60.11.41, 🌽 – 🛏wc 🛏wc ☜ 🚗
  fermé 31 oct. au 15 déc. – SC : **R** (fermé dim. soir et lundi d'oct. à mai) 36/76 🍷 – ☲
  16 – **24 ch** 70/200 – P 150/200.

X **Place** (chez Maurice), ⌀ 60.13.97. 🆅🅸🆂🅰. 🎿
  fermé 15 mai au 15 juin, 15 sept. au 15 oct. et mardi – **R** (fermé le soir sauf
  juil.-août) 48/93.

FORD Gar. de la Route Blanche ⌀ 60.11.90 🅽   Gar. Bouvet, ⌀ 60.11.78

Voyagez « hors saison »,
vous vous logerez plus facilement et serez mieux servi.

ST-LAURENT-EN-ROYANS 26 Drôme **77** ③ – 1 347 h. alt. 312 – ⊠ 26190 St-Jean-en-Royans – ✿ 75.

Paris 589 – ♦Grenoble 65 – Romans-sur-Isère 27 – St-Marcellin 19 – Valence 45 – Villard-de-Lans 29.

🏠 **Bérard,** ℡ 48.61.13, 🍽, 🌳 – 🏠
fermé janv. et mardi sauf de juil. à sept. pour rest. – SC : **R** 60/110 🛇 – �] 15 – **8 ch** 65/90 – P 150.

RENAULT Garage Magnan, ℡ 48.65.38 **N**

ST-LAURENT-ET-BÉNON 33112 Gironde **71** ⑰ G. Côte de l'Atlantique – 2 916 h. alt. 10 – ✿ 56.

Paris 621 – Blaye (bac) 16 – ♦Bordeaux 43 – Lesparre-Médoc 20.

✗ Lion d'Or avec ch, ℡ 59.40.21 – 🏠 **℗**
10 ch.

ST-LAURENT-LE-MINIER 30 Gard **83** ⑥ – rattaché à Ganges.

ST-LAURENT-SUR-SÈVRE 85 Vendée **67** ⑤ G. Côte de l'Atlantique – 4 492 h. alt. 125 – ⊠ 85290 Mortagne-sur-Sèvre – ✿ 51.

Paris 361 – Bressuire 36 – Cholet 12 – ♦Nantes 62 – La-Roche-sur-Yon 60.

🏦 **Hermitage,** r. Jouvence ℡ 67.83.03 – 🏠wc 🏠wc ☎ ℗
fermé dim. du 1er sept. à Pâques – SC : **R** 52 carte le dim. – ⊒ 18 – **18 ch** 130/200 – P 160/280.

à La Trique N : 1 km – ⊠ 85290 Mortagne-sur-Sèvre (85 Vendée) – ✿ 51 :

✗✗✗ **Baumotel La Chaumière** avec ch, ℡ 67.88.12, ≤, « Atmosphère originale évoquant l'époque de la Vendée Militaire », ⅃, 🌳, – 📺 🏠wc 🏠 ☎ ℗ – 🔏 30. 🆎 **① E** 🆅🆂🆀
fermé vend. soir du 1er oct. au 30 avril sauf fêtes – **R** 90/190, dim. dîner à la carte – ⊒ 28 – **20 ch** 120/340.

ST-LÉGER 17 Char.-Mar. **71** ⑤ – rattaché à Pons.

ST-LÉGER-EN-YVELINES 78 Yvelines **60** ⑧⑨, **196** ⑰ – 973 h. alt. 150 – ⊠ 78610 Le Perray-en-Yvelines – ✿ 3.

Paris 54 – Dreux 39 – Mantes-la-Jolie 43 – Montfort-l'Amaury 7,5 – Rambouillet 11 – Versailles 33.

🏦 **Aub. Belle Aventure** M, ℡ 486.31.35, 🌳 – 🏠wc 🏠wc ☎
fermé lundi – **R** 100/200 – ⊒ 20 – **13 ch** 180/200 – P 460.

🏠 **Gros Billot,** ℡ 486.30.11, 🌳 – 🏠wc 🏠wc ☎. **① E** 🆅🆂🆀. ❄ ch
fermé 15 juil. au 4 août, 10 au 28 déc., dim. soir et lundi – SC : **R** carte 115 à 195 – ⊒ 17 – **20 ch** 115/200 – P 215/270.

ST-LÉONARD-DE-NOBLAT 87400 H.-Vienne **72** ⑱ G. Périgord – 5 318 h. alt. 346 – ✿ 55.

Voir Église★ : clocher★★.

🛈 Office de Tourisme Foyer Rural (15 juin-15 sept.) ℡ 56.11.18.

Paris 417 – Aubusson 67 – Brive-la-Gaillarde 97 – Guéret 61 – ♦Limoges 21.

🏠 **Gd St-Léonard,** rte Clermont ℡ 56.18.18 – 🏠wc 🏠 🏠. 🆎 **① VISA**. ❄ rest
fermé 2 au 10 mai, 20 déc. au 20 janv., lundi soir et mardi midi hors sais. – SC : **R** 50/163 – ⊒ 15 – **16 ch** 70/140 – P 143/178.

🏠 **Modern,** ℡ 56.00.25 – 🏠 🏠 🏠. **E** 🆅🆂🆀
fermé 15 au 31 oct., fév., dim. soir et lundi sauf juil.-août – SC : **R** 48/140 🛇 – ⊒ 15 – **9 ch** 66/110.

à la Gare de Brignac NO : 10 km par D941 et D 124 :

🏠 **Beau Site** ⌂, ℡ 56.00.56, 🍽, parc – 🏠wc 🏠 ℗. 🆎
fermé vacances de nov. et de fév., vend. soir et lundi midi hors sais. – SC : **R** 45/116 – 🍽 11,50 – **11 ch** 59/130 – P 127/180.

CITROEN Gar. Valade, ℡ 56.04.53   PEUGEOT-TALBOT Gar. Ducros, ℡ 56.17.17
FIAT-LANCIA-AUTOBIANCHI Moderne Gar.,
℡ 56.01.09 **N**

ST-LÉONARD-DES-BOIS 72 Sarthe **60** ⑫ G. Normandie – 512 h. alt. 98 – ⊠ 72590 St-Georges-le-Gaultier – ✿ 43.

Voir Alpes Mancelles★.

Paris 211 – Alençon 20 – Fresnay-sur-Sarthe 12 – Laval 75 – ♦Le Mans 50 – Mayenne 46.

🏨 **Touring H.** M ⌂, ℡ 97.28.03, ≤, « Jardin au bord de l'eau » – 📶 ☎ ℗ – 🔏 80. 🆎 **① E** 🆅🆂🆀. ❄ rest
fermé 20 déc. au 1er fév. – SC : **R** *(fermé vend. soir et sam. du 15 oct. au 31 mars sauf fériés)* (dim. prévenir) 55/160 – ⊒ 20 – **33 ch** 150/240 – P 210/250.

ST-LÔ ℗ 50000 Manche **54** ⑬ G. Normandie – 24 792 h. alt. 14 – ⊛ 33 – **Voir Haras★** B.
🛈 Office de Tourisme (fermé dim. et lundi) et A.C.O. (⏻ 57.06.49) 2 r. Havin ⏻ 05.02.09.
Paris 303 ③ – ◆Caen 63 ② – ◆Cherbourg 78 ⑧ – Fougères 96 ⑥ – Laval 144 ⑥ – ◆Rennes 131 ⑥.

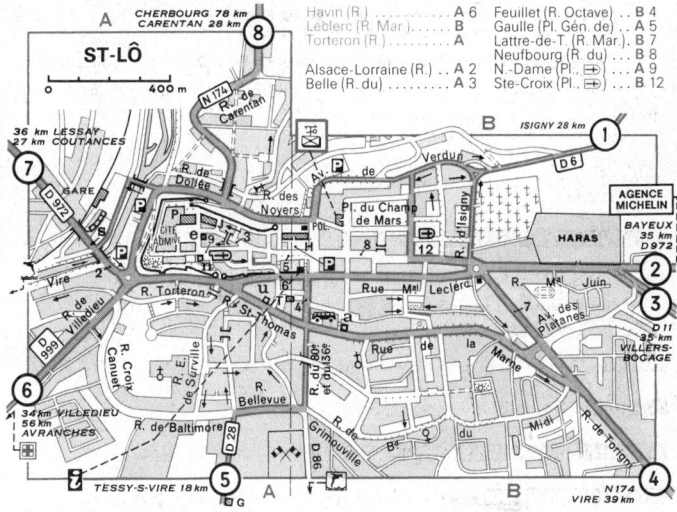

Havin (R.) .... A 6	Feuillet (R. Octave) .. B 4	
Leclerc (R. Mar.) ..... B	Gaulle (Pl. Gén. de) .. A 5	
Torteron (R.) .... A	Lattre-de-T. (R. Mar.). B 7	
	Neufbourg (R. du) ... B 8	
Alsace-Lorraine (R.) .. A 2	N.-Dame (Pl. ⊞) .... A 9	
Belle (R. du) .... A 3	Ste-Croix (Pl. ⊞) ... B 12	

ST-LÔ

CHERBOURG 78 km
CARENTAN 28 km

36 km LESSAY
27 km COUTANCES

34 km VILLEDIEU
56 km AVRANCHES

TESSY-S-VIRE 18 km

ISIGNY 28 km

AGENCE MICHELIN

BAYEUX 35 km D 972

D 11 35 km VILLERS-BOCAGE

N 174 VIRE 39 km

🏨 **Gare et Marignan,** pl. Gare ⏻ 05.15.15, ≤ – 🛏wc ▥wc ☎. **E**   A s
← *fermé 3 au 25 fév., vend. soir et sam. midi hors sais.* – SC : **R** 46/240 🎗 – ⊆ 17 –
  18 ch 68/203 – P 265/294.

🏨 **Gd H. Univers,** 1 av. Briovère ⏻ 05.10.84, ≤ – 🛏wc ▥wc ☎ – 🛗 30 à 50. **AE** A s
← **VISA**
  fermé 26 janv. au 10 fév., sam. et dim. de nov. à mars – SC : **R** 42/90 – ⊆ 15 –
  24 ch 95/150.

🏨 **Voyageurs,** 5 av. Briovère ⏻ 05.08.63, ≤ – 🛏wc ▥wc ☎. **AE ⓞ E VISA** A s
← *fermé 15 déc. au 15 janv., dim. soir et lundi* – SC : **R** 45/95 – ⊆ 14,50 – **15 ch**
  75/170 – P 150/190.

🏨 **Terminus,** 3 av. Briovère ⏻ 05.08.60, ≤ – ▥wc ☎. **E VISA**. ⚭ ch A s
← *fermé 10 déc. au 10 janv.* – SC : **R** *(fermé dim.)* 42/63 – Brasserie **R** carte environ 65
  – ⊆ 15 – **15 ch** 80/145.

🏨 **Régence** sans rest, 18 r. St-Thomas ⏻ 05.50.80 – 🛏 ▥wc. ⚭ A u
  fermé fév. – SC : ⊆ 18 – **15 ch** 62/117.

🏨 **les Remparts** sans rest, 3 r. Prés ⏻ 05.08.06, ☞ – ▥ ☎. **E**. ⚭ A n
  SC : ⊆ 14 – **10 ch** 88/100.

🏨 **Armoric** sans rest, 15 r. Marne ⏻ 05.61.32 – 🛏wc ▥wc ☎ B a
  SC : ⊆ 14 – **21 ch** 70/160.

✕✕ **Crémaillère** avec ch, pl. Préfecture ⏻ 57.14.68 – 🛏wc ▥ – **12 ch**. A e

ST-LOUIS 68300 H.-Rhin 🖬🖬 ⑩ – 18 753 h. alt. 225 – ✪ 89.

Paris 557 – Altkirch 28 – ◆Bâle 5 – Belfort 62 – Colmar 66 – Ferrette 24 – ◆Mulhouse 31.

voir plan de Bâle agglomération

🏢 **Pfiffer** sans rest, 77 r. Mulhouse ⌿ 69.74.44 – 📳 📺wc ⋒wc ☎ 🚗 ⟶   T **x**
fermé 6 au 20 août et 24 déc. au 9 janv. – SC : ⌑ 19 – **36 ch** 110/230.

à Huningue E : 2 km par D 469 – 6 679 h. – ⊠ **68330** Huningue :

🏢 **Tivoli,** 15 av. Bâle ⌿ 69.73.05 – 📳 📺wc ⋒wc ☎ 🅿   T **b**
fermé août et Noël-Nouvel An – **R** *(fermé mardi)* carte 100 à 155 – ⌑ 18 – **30 ch**
100/210 – P 230.

à Village-Neuf NE : 3 km par N 66 et D 21 – ⊠ **68300** St-Louis :

✕✕ **Mayer,** 2 r. St-Louis ⌿ 67.11.15, � – 🅿. ⓓ Ⓔ 𝑽𝑰𝑺𝑨   T **a**
fermé 1ᵉʳ au 20 août et 10 au 20 fév. – SC : **R** 74/200 🅗.

à l'Aéroport de Bâle-Mulhouse NO : 5 km par N 66 et D 12   ✕✕   voir à Bâle

ALFA-ROMEO, OPEL-GM, TOYOTA Gar.
Feldbauer, 20 r. des Prés ⌿ 69.22.26
CITROEN Flury, 11 r. du Rhône T ⌿ 69.13.02
FIAT, LANCIA-AUTOBIANCHI Gar. Salomon,
9 r. St-Louis à Huningue ⌿ 67.18.95
FORD Sax-Autom., 10 r. des Prés ⌿ 67.47.94
PEUGEOT, TALBOT Gar. Ledy, pl. de l'Europe
T ⌿ 69.80.35 🆕

RENAULT Gar. Bader, 81 av. du Gén.-de-
Gaulle T ⌿ 69.00.15

⓪ Pneus et Services D. K, 65 av. du Gén.-de-
Gaulle ⌿ 69.81.08

ST-LOUIS-DE-MONTFERRAND 33 Gironde 🔽🔝 ⑧ – 1 340 h. – ⊠ **33440** Ambares et Lagrave
– ✪ 56.

Paris 575 – Blaye 45 – ◆ Bordeaux 14 – Libourne 36 – St-André-de-Cubzac 17.

✕ **Relais du Marais,** ⌿ 38.89.19 – 🅿. 𝐀𝐄 ⓓ 𝑽𝑰𝑺𝑨. 🌬
⟶ *fermé août, 23 déc. au 1ᵉʳ janv., sam. soir, dim. et fériés* – SC : **R** 45 bc/105 bc.

ST-LOUP 03 Allier 🔲🔲 ⑭ – rattaché à Varennes-sur-Allier.

ST-LOUP 69 Rhône 🔽🔩 ⑨ – rattaché à Tarare.

ST-LOUP-DE-VARENNES 71 S.-et-L. 🔲🔲 ⑨ – rattaché à Chalon-sur-Saône.

ST-LOUP-SUR-SEMOUSE 70800 H.-Saône 🖬🖬 ⑥ – 4 908 h. alt. 245 – ✪ 84.

Paris 360 – Bourbonne-les-Bains 48 – Épinal 50 – Gray 81 – Remiremont 32 – Vesoul 33 – Vittel 59.

🏠 **Trianon,** pl. J.-Jaurès ⌿ 49.00.45 – 📺wc ⋒wc 🌺. 𝑽𝑰𝑺𝑨. 🌬 rest
⟶ *fermé fév., vend. soir et sam. d'oct. au 15 avril* – SC : **R** 45/135 🅗 – ⌑ 13,50 – **10 ch**
90/135 – P 130/160.

FORD Gar. Dormoy, ⌿ 49.02.46

ST-LYPHARD 44 Loire-Atl. 🔢🔢 ⑭ G. Bretagne – 2 364 h. alt. 12 – ⊠ **44410** Herbignac – ✪ 40.

Voir Clocher de l'église ※**★★.**

Paris 445 – La Baule 17 – ◆Nantes 71 – Redon 40 – St-Nazaire 21.

✕✕ **Le Nezil,** SO : 3 km par D 47 ⌿ 45.81.41 – 🅿
fermé janv., fév., dim. soir et lundi – SC : **R** 90/150.

ST-MACAIRE-EN-MAUGES 49450 M.-et-L. 🔢🔽 ⑤ – 5 415 h. alt. 96 – ✪ 41.

Paris 349 – Ancenis 39 – Angers 61 – Cholet 12 – ◆Nantes 47.

🏠 **La Gâtine** 🅜, ⌿ 55.30.23 – ⋒wc 🌺 – 🛏 30. 🌬
fermé 14 juil. au 16 août – SC : **R** *(fermé dim. soir et lundi)* 52/178 🅗 – ⌑ 17 – **15 ch**
65/118.

ST-MACLOU 27 Eure 🖬🖬 ④ – 416 h. alt. 114 – ⊠ **27210** Beuzeville – ✪ 32.

Paris 177 – Bolbec 29 – Évreux 78 – ◆Le Havre 44 – Honfleur 15 – Pont-Audemer 9.

✕✕ **La Crémaillère** avec ch, ⌿ 41.17.75 – 𝑽𝑰𝑺𝑨
fermé 28 sept. au 4 oct., 16 nov. au 7 déc., merc. soir et jeudi – SC : **R** 62/80 – 🍷 14
– **6 ch** 60/90 – P 165/200.

ST-MAIXENT-L'ÉCOLE 79400 Deux-Sèvres 🖬🖬 ⑫ G. Côte de l'Atlantique – 9 358 h. alt. 65 –
✪ 49.

Voir Église abbatiale★ B.

🅔 Office de Tourisme Porte Châlon (fermé merc. et dim.) ⌿ 26.14.50.

Paris 383 ② – Angoulême 104 ② – Niort 24 ④ – Parthenay 29 ① – Poitiers 50 ②.

ST-MAIXENT-L'ÉCOLE

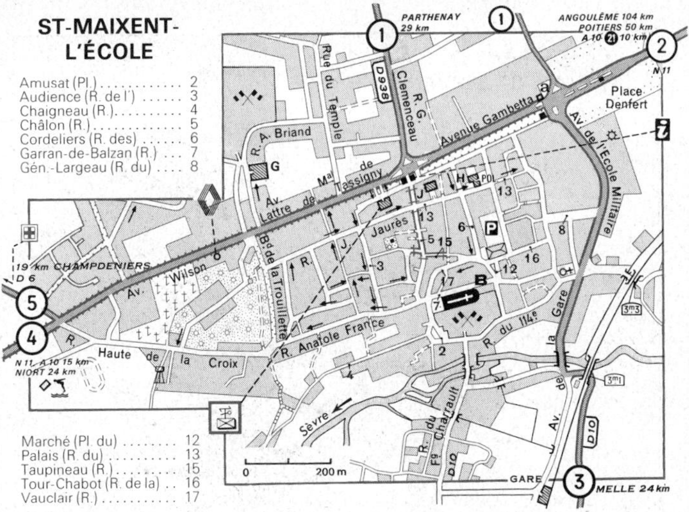

🏠 **Cheval Blanc,** 8 av. Gambetta **(a)** ☏ 05.50.06 – ⋔wc 🚗 **P**. **E** VISA. ✂ rest
SC : **R** *(fermé dim. soir)* 39/110 🍷 – ☕ 12 – **20 ch** 45/139.

PEUGEOT, TALBOT Brochet, 87 av. G.-Clemenceau par ① ☏ 76.13.42
RENAULT S.A.M.E.A., N 11, rte de Niort par ④ ☏ 76.10.75

RENAULT Gar. Mouzin, 13 av. Wilson ☏ 05.50.72

Ⓜ Gaillard-Pneus, 12 av. de Blossac ☏ 05.50.22

ST-MALO SP **35400** I.-et-V. 59 ⑥ **G. Bretagne** – 47 324 h. – Casino AXY – ⚙ 99.

Voir Site★★★ – Remparts★★★ DZ – **Château★★** DZ : **musée de St-Malo★ M , Tourelles du guet ✳★★, Quic-en-Groigne★** DZ **E** – **Fort national★ : ⩽★★ 15 mn** AX – **Vitraux★ de la cathédrale St-Vincent** DZ – **Usine marémotrice de la Rance : digue ⩽★ S : 4 km.**

✈ **de Dinard - Pleurtuit - St-Malo : T.A.T. ☏ 46.15.76 par ③ : 8 km.**

ℹ Office de Tourisme Esplanade St-Vincent (fermé dim. hors saison) ☏ 56.64.48.

Paris 411 ③ – Alençon 178 ③ – Avranches 65 ③ – Dinan 29 ③ – ♦Rennes 69 ③ – St-Brieuc 76 ③.

Plans pages suivantes

Intra muros :

🏨 **Central,** 6 Gde-Rue ☏ 40.87.70 – 🛗 TV ☎ 🚗 – 🎤 25. AE ⓓ VISA — DZ **n**
SC : **R** *(fermé en janv.)* carte 100 à 160 – ☕ 25 – **46 ch** 210/340 – P 300/400.

🏨 **Elizabeth** Ⓜ sans rest, 2 r. Cordiers ☏ 56.24.98 – 🛗 TV 🛁wc ⋔wc ☎. AE ⓓ VISA
SC : ☕ 25 – **17 ch** 325. — DZ **d**

🏨 **Ajoncs d'Or** sans rest, 10 r. Forgeurs ☏ 56.42.87 – 🛗 🛁wc ⋔wc ☎. AE ⓓ VISA
fermé 15 nov. au 25 déc. – SC : ☕ 22 – **20 ch** 115/265. — DZ **a**

🏨 **Quic en Groigne** Ⓜ sans rest, 8 r. d'Estrées ☏ 40.86.81 – 🛁wc ⋔wc ☎. **E** VISA
SC : ☕ 21 – **15 ch** 150/220. — DZ **u**

🏠 **Bristol Union** sans rest, 4 pl. Poissonnerie ☏ 40.83.36 – 🛗 🛁wc ⋔wc ☎. VISA.
✂ — DZ **r**
fermé 20 nov. au 1er fév. – SC : ☕ 17 – **28 ch** 100/210.

🏠 **Louvre** sans rest, 2 r. Marins ☏ 40.86.62 – 🛗 ⋔wc ☎ — DZ **f**
fermé 1er janv. au 15 fév. – SC : ☕ 18 – **45 ch** 95/195.

🏠 **Commerce** sans rest, 11 r. St-Thomas ☏ 40.85.56 – 🛁wc ⋔. ✂ — DZ **b**
fin mars-mi oct. – SC : **42 ch** ☕ 84/212.

🏠 **Noguette,** 9 r. Fosse ☏ 40.83.57 – 🛁wc ⋔ ☎. VISA. ✂ — DZ **y**
fermé 10 nov. au 15 déc., 20 au 30 janv. – SC : **R** *(fermé lundi)* 43/175 – ☕ 14,50 – **12 ch** 124/198 – P 180/210.

XX ✿ Duchesse Anne (Thirouard), 5 pl. Guy La Chambre ☏ 40.85.33, ☂ – ✂ — DZ **e**

XX **A L'Abordage,** 5 pl. Poissonnerie ☏ 40.87.53 — DZ **r**
fermé 12 au 30 nov., 1er au 15 mars, mardi midi et lundi en juil.-août, mardi soir et merc. hors sais. – SC : **R** 75/130 🍷.

X **Gilles,** 2 r. Pie qui boit ☏ 40.97.25 — DZ **t**
fermé oct., 1er au 8 fév. le soir sauf vend. et sam. en hiver, dim. soir et jeudi – SC : **R** 74/78.

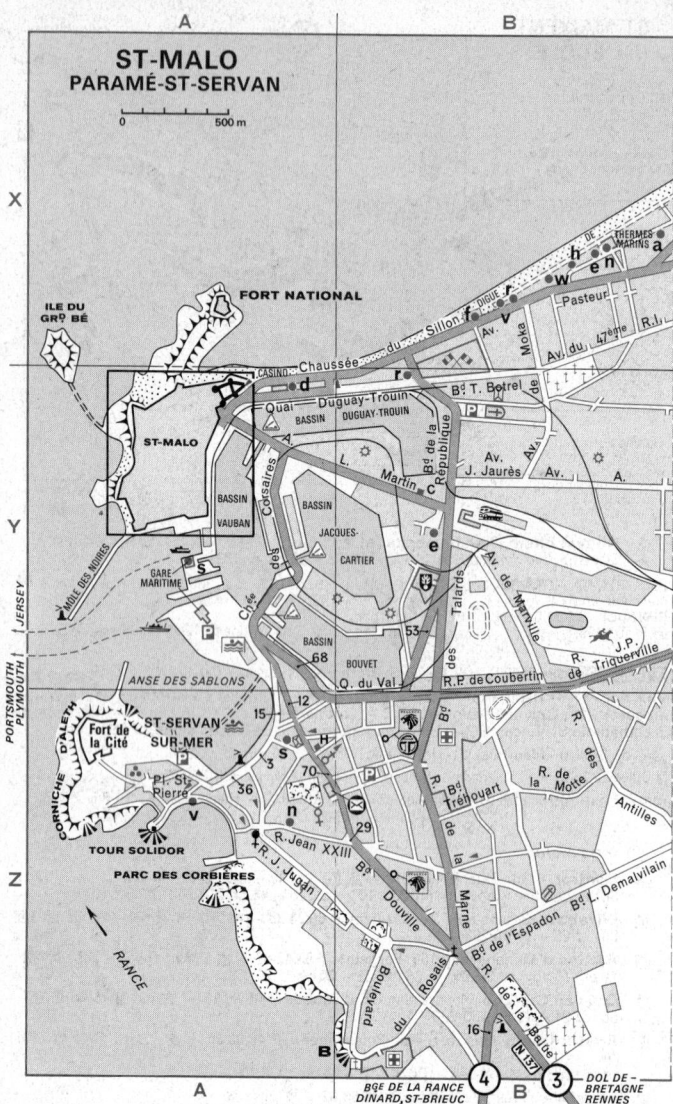

ST-MALO
PARAMÉ-ST-SERVAN

0   500 m

Extra Muros :

🏨 **Mercure** Ⓜ sans rest, 2 chaussée du Sillon ☎ 56.84.84, Télex 740583, ≤ – 🛗 📺
 ☎ 🚻 🚗. 🖭 ① Ⓔ 𝗩𝗜𝗦𝗔
 SC : ♨ 27 – **68 ch** 215/341.
                              AY **d**

🏨 **Alexandra** Ⓜ ⤳ sans rest, 138 bd Hébert ☎ 56.11.12, ≤ – 📺 ➿wc ⋔wc ☎ ℗.
 🖭 𝗩𝗜𝗦𝗔
 SC : ♨ 24 – **15 ch** 230/350.
                              BX **h**

🏨 **Du-Guesclin** Ⓜ sans rest, 1 pl. Du-Guesclin ☎ 56.01.30 – 🛗 ➿wc ⋔wc ☎. 🖭
 ① Ⓔ 𝗩𝗜𝗦𝗔
 SC : ♨ 18,50 – **23 ch** 110/230.
                              BY **r**

🏨 **Digue** sans rest, 49 chaussée Sillon ☎ 56.09.26, ≤ – 🛗 ➿wc ⋔ ☜. 🖭 𝗩𝗜𝗦𝗔. ⤳
 mi mars-mi oct. – SC : ♨ 22 – **50 ch** 220/280, 4 appartements 480.
                              BX **r**

Pour aller loin rapidement, utilisez les cartes Michelin à 1/1 000 000.

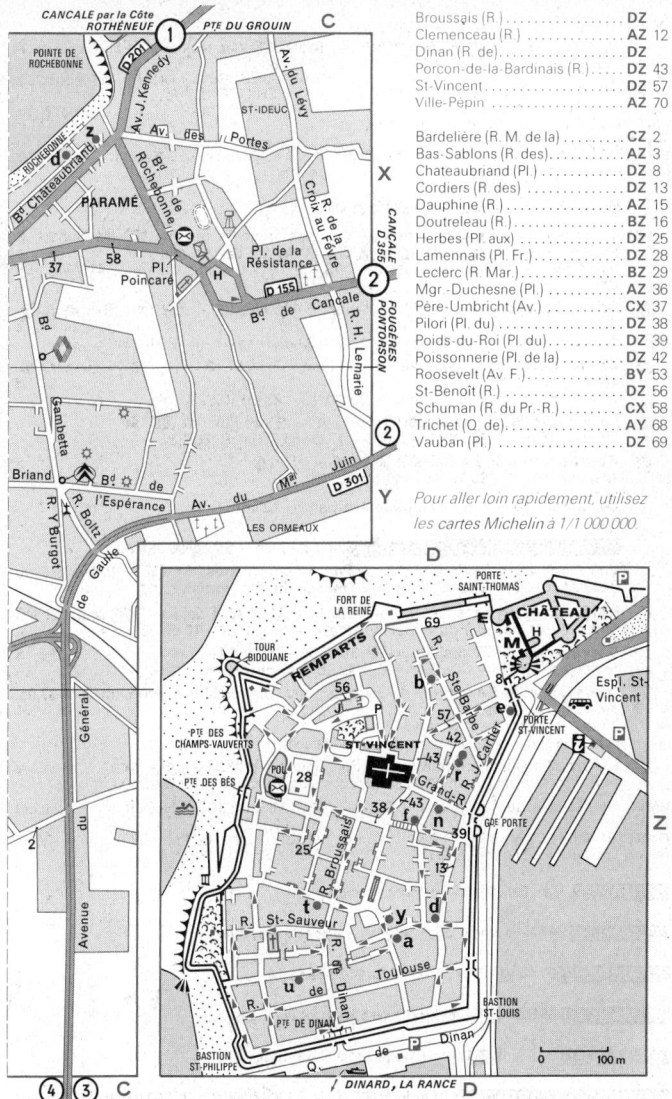

🏨 **Alba** 🦢 sans rest, sur digue ⇗ 40.37.18, ≤ – 🛏wc 🚿wc ⚲ 🅿 🄴 *VISA* 🞗
  fermé 15 nov. au 20 déc. – SC : 🖵 18 – **22 ch** 90/180.　　　　　　　BX **w**

🏨 **Logis de Brocéliande** 🦢 sans rest, 43 chaussée du Sillon ⇗ 56.86.60, ≤ – 📺
  🛏wc 🕿
  fermé 29 janv. au 11 fév. – SC : 🖵 22 – **8 ch** 170/236.　　　　　　　BX **v**

🏠 **Ambassadeurs** sans rest, 11 chaussée Sillon ⇗ 40.26.26, ≤ – 🛗 🛏wc 🚿wc 🕿.
  VISA 🞗
  fermé 15 nov. au 15 déc. et 5 au 20 janv. – SC : 🖵 17 – **19 ch** 140/195.　　BX **f**

XX **Les Écluses,** gare maritime de la Bourse ⇗ 56.81.00, ≤ – 🅿 🄰🄴 *VISA*　　AY **s**
  fermé sam. midi et lundi – SC : **R** 71.

XX **Aub. Hermine** avec ch, 4 pl. Hermine ⇗ 56.31.32 – 🛏wc 🚿wc ⚲. 🄰🄴 *VISA* 🞗 ch
  fermé oct. (sauf hôtel) et vacances de Noël – SC : **R** *(fermé sam. midi et dim.)* 70/80
  – 🖵 15 – **13 ch** 80/165 – P 225/285.　　　　　　　　　　　　　　　BY **e**

AUSTIN, OPEL-GM, ROVER, TRIUMPH Auto-Ouest, r. Gén. Patton, Z.A.C. la Madeleine ☎ 81.57.69
CITROEN Gar. Côte d'Émeraude, 131 bd Gambetta ☎ 81.66.69 N ☎ 82.08.97
FIAT, LANCIA-AUTOBIANCHI Gar. Leborgne, 77 bd des Talards ☎ 56.39.47
PEUGEOT-TALBOT Dutan, Z.A.C. La Madeleine, N 137 par ③ ☎ 81.95.68
RENAULT Gar. Malouins, 61 bd Gambetta ☎ 56.11.02
VAG Gar. du Gd St-Malo, ZAC la Grassinais r. Gal de Gaulle ☎ 81.58.60
VOLVO Gar. Rouxel, 12 av. J.-Jaurès ☎ 56.14.90

Vallée-Pneu, 49 quai Duguay-Trouin ☎ 56.74.74

Paramé BCX du plan – ✉ **35400** St-Malo :

Thermes et rest Cap Horn M, aux Thermes marins, 100 bd Hébert ☎ 56.02.56, ≤, – rest P – 30 à 50. AE VISA. rest — BX **n**
fermé janv. – SC : 64/135 – 22 – **73 ch** 105/350, 9 appartements 410/440 – P 255/370.

Gd H. Courtoisville, 69 bd Hébert ☎ 40.83.83, – wc wc P. — BX **a**
fin mars-mi nov. – SC : **R** 60/65 – 17 – **32 ch** (pens. seul.) P 218/240.

Chateaubriand sans rest, 8 bd Hébert ☎ 56.01.19, ≤ – wc wc P. — CX **d**
1er fév.-15 nov. et 20 déc.-5 janv. – SC : 17 – **23 ch** 102/200.

Le Manoir, 102 bd Hébert ☎ 56.11.08 – wc wc. VISA. rest — BX **e**
25 mars-15 oct. – SC : **R** 45 – 18 – **17 ch** 85/200 – P 160/220.

Courlis sans rest, 9 r. Bains ☎ 56.00.15 – wc P — CX **z**
15 mars-15 oct. – SC : 15 – **11 ch** 85/128.

Voir aussi ✿ à ***La Gouesnière*** par ③ : 12 km

St-Servan-sur-Mer (St-Malo Sud) ABZ du plan – ✉ **35400** St-Malo.

Voir Corniche d'Aleth ≤★★ AZ – **Parc des Corbières** ≤★ AZ – **Belvédère du Rosais**★ ABZ **B** – **Tour Solidor**★ AZ : **musée du Cap Hornier**★, ≤★.

Valmarin M sans rest, 7 r. Jean-XXIII ☎ 81.94.76, « parc » – TV P. AE VISA
fermé fév. et dim. soir du 1er oct. au 1er avril – SC : 25 – **10 ch** 280/380. — AZ **n**

Servannais, 4 r. Amiral Magon ☎ 81.45.50 – wc wc — AZ **s**
fermé janv. et fév. – SC : **R** 47/100 – 16 – **47 ch** 79/195.

XXX ✿ **Métairie de Beauregard** (Gonthier), par ③ et près de l'aéro-club ☎ 81.37.06, – P. AE VISA
1er juil.-15 sept. – SC : **R** carte 130 à 205
Spéc. Foie gras frais de canard, Homard grillé, Poissons.

XX **L'Atre,** 7 esplanade Cdt Menguy (Port Solidor) ☎ 81.68.39, ≤ – — AZ **v**
fermé 15 déc. au 31 janv., mardi soir hors sais. et merc. – SC : **R** 50/100.

BMW Gar. Surcouf, 16 r. de la Marne ☎ 81.61.74
DATSUN, MERCEDES-BENZ Gar. de la Rance, 12 bd de la Rance ☎ 81.89.83
PEUGEOT-TALBOT Chenault, 3 r. E.-Brouard ☎ 81.60.77
PEUGEOT Gar. de l'Arrivée, 81 r Ville -Pépin ☎ 81.20.85

ST-MAMET 31 H.-Gar. 85 ⑳ – rattaché à Luchon.

ST-MANDÉ 94 Val-de-Marne 56 ⑪, 101 ㉖ – voir à Paris, Environs.

ST-MARCEL 01 Ain 74 ② – rattaché à St-André-de-Corcy.

ST-MARCEL 36 Indre 68 ⑰⑱ – rattaché à Argenton-sur-Creuse.

ST-MARCEL 71 S.-et-L. 69 ⑨ – rattaché à Chalon-sur-Saône.

ST-MARCEL-D'ARDÈCHE 07 Ardèche 80 ⑨⑩ – 1 519 h. alt. 62 – ✉ **07700** Bourg St-Andéol – 75.

Paris 647 – Montélimar 41 – Pont-St-Esprit 9,5 – Privas 68.

Jardin, ☎ 04.66.10 – . E
avril-sept. et fermé lundi – SC : **R** 50/100 – 11,50 – **21 ch** 85/115 – P 140.

RENAULT Gar. Chalvesche, ☎ 04.65.54 N

Larges, par Michelin
MXL · MXV · TRX

ST-MARCELLIN 38160 Isère **77** ③ G. Vallée du Rhône – 6 935 h. alt. 281 – ✿ 76.

🛈 Syndicat d'Initiative à l'Hôtel de Ville (fermé sam. après-midi et lundi matin) ☏ 38.41.61.

Paris 571 ① – Die 72 ③ – ♦Grenoble 55 ② – Valence 44 ④ – Vienne 75 ① – Voiron 36 ②.

🏠 **Savoyet-Serve** M, 16 bd Gambetta
(a) ☏ 38.04.17 – 📶 🍽 rest 🛏wc 🚿wc
🕾 🅿 – 🔬 50
fermé janv., dim. soir et lundi midi du 15 sept. au 30 juin – SC : **R** 55/150 ⅃ – 🖂 22 – **76 ch** 72/245 – P 180/260.

AUSTIN, FIAT, ROVER Gar. Cotte-Gaudin, 4 av. des Alpes ☏ 38.10.83
CITROEN Gar. Costaz, 16 avenue des Alpes ☏ 38.09.25
OPEL Lascoumes, 27 av. Provence ☏ 38.12.34 **N** ☏ 38.33.48
PEUGEOT-TALBOT Cuzin, rte de Chatte par av. Dr Carrier ☏ 38.25.90
RENAULT Giraud, 4 rte de Romans par ④ ☏ 38.07.06
V.A.G. Gar. Jourdan, 6 r. St-Laurent ☏ 38.14.74

🅼 Mouren, 19 av. Provence ☏ 38.01.14

Baillet (R. J.)	2	Provence (Av.)	9
Beauvoir (R.)	3	Riondel (Bd)	12
Brenier-de-Montmorand (R.)	4	St-Laurent (R.)	13
Champ de Mars	5	Stendhal (Bd B.)	14
Durivail (R. A.)	6	Vercors (Av. du)	16
Gambetta (Bd)	7	Vinay (Fg de)	17
Gare (Av. de la)	8	19 Mars 1962 (R. du)	19

ST-MARCELLIN-DE-VARS 05 H.-Alpes **77** ⑱ – rattaché à Vars.

ST-MARS-LA-JAILLE 44540 Loire-Atl. **63** ⑱ – alt. 28 – ✿ 40.
Paris 339 – Ancenis 18 – Angers 51 – Chateaubriant 29 – ♦Nantes 51.

✗✗ **Relais St-Mars**, 1 r Industrie ☏ 97.00.13
fermé août, vac. de fév. dim. soir et lundi – SC : **R** 60/190.

ST-MARTIN-AUX-CHARTRAINS 14 Calvados **55** ③ – rattaché à Pont-l'Évêque.

ST-MARTIN-BELLEVUE 74 H.-Savoie **74** ⑥ – rattaché à Annecy.

ST-MARTIN-D'AUXIGNY 18110 Cher **65** ⑪ – 1 705 h. alt. 208 – ✿ 48.
Paris 212 – Bonny-sur-Loire 60 – Bourges 15 – Gien 61 – ♦Orléans 97 – Salbris 41 – Vierzon 34.

🏠 **St-Georges**, à la Pipière D 940 ⌧ 18110 St-Martin-d'Auxigny ☏ 64.50.14 –
🛏wc 🚿 🚘 🅿 – 🔬 30. **E** 🚾
fermé fév. et dim. soir du 15 nov. au 15 mars – SC : **R** 62/135 – 🖂 21 – **10 ch** 80/190.

CITROEN Pinet, ☏ 64.50.21   RENAULT Fachaux, ☏ 64.50.26

ST-MARTIN-DE-CRAU 13310 B.-du-R. **83** ⑩ – 10 155 h. alt. 18 – ✿ 90.
Paris 735 – Arles 17 – ♦Marseille 79 – Martigues 40 – St-Rémy-de-Pr. 23 – Salon-de-Pr. 24.

🏠 **Aub. des Épis**, ☏ 98.41.17, 🍃 – 🛏wc 🚿 🕾 🅿 🚾
fermé 1er fév. au 8 mars, dim. soir et lundi hors sais. – SC : **R** 60/125 – 🖂 14,50 –
12 ch 86/145 – P 177/207.

ST-MARTIN-DE-LA-PLACE 49 M.-et-L. **64** ⑫ – 1 019 h. alt. 25 – ⌧ 49160 Longué – ✿ 41.
Voir Château de Boumois★ SE : 3 km, G. Châteaux de la Loire.
Paris 317 – Angers 38 – Baugé 28 – La Flèche 46 – Les Rosiers 7,5 – Saumur 7,5.

✗ **Cheval Blanc**, ☏ 51.35.23, 🚘 – **E** 🚾 🕸
← *fermé 15 déc. au 15 janv., dim. soir et lundi hors sais.* – SC : **R** 46/125.

ST-MARTIN-DE-LONDRES 34380 Hérault **83** ⑥ G. Causses – 1 073 h. alt. 187 – ✿ 67.
Paris 786 – Alès 69 – Béziers 75 – Lodève 49 – ♦Montpellier 25 – Nîmes 62 – le Vigan 38.

✗✗ **La Crèche** 🕸 avec ch, NO : 5 km par D 122 et chemin privé ☏ 55.00.04, ≤, 🍃,
« Bergeries aménagées », parc, ⌂, 🍴 – 🛏wc 🕾 🅿, 🆎 ⓪ **E**. 🕸 ch
fermé fév., lundi et mardi hors sais. SC : **R** 155/200 – 🖂 24 – **7 ch** 170/220 – P 330/350.

ST-MARTIN-DE-RÉ 17 Char.-Mar. **71** ⑫ – voir à Ré (Ile de).

SAINT-MARTIN-D'ESTRÉAUX 42620 Loire **73** ⑥ ⑦ – 1 279 h. alt. 470 – ✿ 77.
Paris 360 – Chauffailles 56 – Lapalisse 17 – La Pacaudière 7,5 – Roanne 31 – ♦St-Étienne 109.

✗ **Nord**, N 7 ☏ 64.01.91
← *fermé sept. et sam.* – SC : **R** 39/90 ⅃.

ST-MARTIN-DE-VALAMAS 07310 Ardèche 🔢 ⑲ – 1 516 h. alt. 550 – ✪ 75.

Env. Ruines de Rochebonne★ : site★★ E : 7 km, G. **Vallée du Rhône.**

🏛 Syndicat d'Initiative à la Mairie (fermé dim.) ☏ 30.41.76.

Paris 613 – Aubenas 61 – Le Cheylard 9,5 – Lamastre 30 – Privas 58 – Le Puy 67 – St-Agrève 15.

  ☎ **Poste,** ☏ 30.43.79, ≤, 🐎 – 🍴 🚲
    fermé 20 déc. au 20 fév. – SC : **R** 54/90 ⅜ – 🚻 13 – **11 ch** 57/120 – P 140/165.

CITROEN Pourtier, ☏ 30.41.68 🅽   Gar. Faure, ☏ 30.40.76 🅽 ☏ 29.31.85
PEUGEOT, TALBOT Agier, ☏ 30.44.09 🅽

ST-MARTIN-DU-CASTILLON 84 Vaucluse 🔢 ⑭ – rattaché à Apt.

ST-MARTIN-DU-FAULT 87 H.-Vienne 🔢 ⑦ – rattaché à Limoges.

ST-MARTIN-DU-LAC 71 S.-et-L. 🔢 ⑦ – rattaché à Marcigny.

ST-MARTIN-D'URIAGE 38 Isère 🔢 ⑤ – rattaché à Uriage-les-Bains.

ST-MARTIN-DU-TOUCH 31 Hte-Gar. 🔢 ⑦ – rattaché à Toulouse.

ST-MARTIN-DU-VAR 06670 Alpes-Mar. 🔢 ⑨, 🔢 ⑯ – 1 528 h. alt. 122 – ✪ 93.

Paris 945 – Antibes 35 – Cannes 45 – ◆Nice 27 – Puget-Théniers 38 – St-Martin-V. 38 – Vence 23.

  XXX ✿✿ **Issautier** (Auberge Belle Route), S : 3 km sur N 202 ☏ 08.10.65 – **🅿** **⑩**
  VISA
    fermé début fév. à mi mars, dim. soir et lundi – SC : **R** (nombre de couverts limité -
    prévenir) 165/245 et carte
    Spéc. Artichaut et langoustines au beurre de ciboulette, Blanc de St-Pierre à la vapeur, Noisettes
    d'agneau Belle Route. **Vins** Côtes de Provence, Bellet.

ST-MARTIN-EN-HAUT 69850 Rhône 🔢 ⑲ – 2 969 h. alt. 736 – ✪ 7.

Paris 486 – ◆Lyon 31 – Montbrison 46 – Roanne 73 – ◆St-Étienne 49 – Vienne 36.

  X **Soleil** avec ch, pl. Église ☏ 848.60.05 – **E.** ⌖
  ◆ *fermé sept., dim. soir et lundi* – SC : **R** 35/95 ⅜ – 🚻 15 – **12 ch** 47/70 – P 150.

CITROEN Gar. Guyot, ☏ 848.62.37 🅽   PEUGEOT, TALBOT Gar. Joannon, ☏ 848.63.37
                                     🅽 ☏ 848.66.06

ST-MARTIN-LA-GARENNE 78 Yvelines 🔢 ⑱, 🔢 ③ – rattaché à Mantes.

ST-MARTIN-LA-MÉANNE 19 Corrèze 🔢 ⑩ – 393 h. alt. 485 – ✉ 19320 Marcillac-La-Croisille
– ✪ 55 – **Voir Barrage du Chastang★** SE : 5 km, G. **Périgord.**

Paris 517 – Aurillac 67 – Brive-la-Gaillarde 58 – Mauriac 51 – St-Céré 56 – Tulle 34 – Ussel 59.

  🏠 **Voyageurs,** ☏ 29.11.53 – **🅿.** ⌖ rest
  ◆ *fermé 1ᵉʳ au 15 nov. et 1ᵉʳ au 15 fév.* – SC : **R** (en sais. prévenir) 46/110 – 🚻 13 –
    19 ch 55/95 – P 118.

ST-MARTIN-LE-BEAU 37 I.-et-L. 🔢 ⑮ G. **Châteaux de la Loire** – 2 051 h. alt. 56 – ✉ 37270
Montlouis-sur-Loire – ✪ 47.

Paris 231 – Amboise 9,5 – Blois 45 – Loches 33 – ◆Tours 22.

  XX **La Treille** avec ch, ☏ 50.67.17 – 🍴wc
  ◆ *fermé 25 sept. au 20 oct., 10 au 25 fév., dim. soir et lundi* – SC : **R** 50/160 ⅜ – 🚻 15
    – **7 ch** 118/143 – P 130/180.

ST-MARTIN-LE-VINOUX 38 Isère 🔢 ⑤ – rattaché à Grenoble.

ST-MARTIN-SOUS-MONTAIGU 71 S.-et-L. 🔢 ⑨, 🔢 ① – rattaché à Mercurey.

ST-MARTIN-VÉSUBIE 06760 Alpes-Mar. 🔢 ⑱, 🔢 ⑥ G. **Côte d'Azur** (plan) – 1 156 h. alt.
960 – ✪ 93.

Voir Venanson : ≤★, fresques★ de la chapelle St-Sébastien S : 4,5 km.

Env. Le Boréon★★ (cascade★) et Parc national du Mercantour★★ N : 8 km – Vallon de
la Madone de Fenestre★ et cirque★★ NE : 12 km.

🏛 Office de Tourisme pl. Félix-Faure (1ᵉʳ juin-30 sept.) ☏ 03.21.28.

Paris 901 – Antibes 72 – Barcelonnette 115 – Cannes 82 – Digne 156 – Menton 75 – ◆Nice 65.

  🏠 **Edward's et Châtaigneraie** 🦌, ☏ 03.21.22, « Parc » – 🍴wc 🅿 ⌖ rest
    23 juin-10 sept. – SC : **R** (pens. seul.) – **50 ch** – P 165/210.

  🏠 **Bonne Auberge,** ☏ 03.20.49, 🐎 – 🍴wc 🍴 🅿. ⌖ rest
    fermé 10 nov. au 20 déc. – SC : **R** (fermé merc. du 1ᵉʳ oct. au 30 mai) 55/120 – 🚻 14
    – **33 ch** 90/200 – P 150/210.

ST-MATHIEU (Pointe de) 29 Finistère 58 ③ – rattaché au Conquet.

ST-MATHURIN-SUR-LOIRE 49 M.-et-L. 64 ⑪ – 1 934 h. alt. 24 – ⊠ **49250** Beaufort-en-Vallée – ✪ 41.

Paris 285 – Angers 20 – Baugé 25 – La Flèche 43 – Les Rosiers 10 – Saumur 25.

XX **La Promenade**, E : 1,5 km sur D 952 ℡ 80.50.49, ⩽, 🎪 – **🅿**. VISA
fermé 1er au 7 sept., fév., dim. soir et lundi – SC : **R** 90/150.

ST-MAURICE 94 Val-de-Marne 56 ⑪, 101 ㉘㉗ – voir à Paris, Environs.

ST-MAURICE-DE-GOURDANS 01 Ain 74 ⑬ **G. Vallée du Rhône** – 1 157 h. alt. 201 – ⊠ **01800** Meximieux – ✪ 74.

Voir Intérieur★ de l'église.

Paris 468 – Belley 63 – Bourg-en-Bresse 47 – ♦Lyon 40 – La Tour-du-Pin 49 – Vienne 55.

🏠 **Relais St-Maurice** ⬙, rte Meximieux ℡ 61.81.45, 🎪, 🎪 – 🛁wc 🅿. **E** VISA
fermé 1er au 23 sept., 1er au 15 janv., sam. midi et vend. – SC : **R** 60/160 ⅄ – ⬜ 17 – **10 ch** 80/160 – P 130/180.

ST-MAURICE-EN-TRIÈVES 38 Isère 77 ⑭⑮ – 132 h. alt. 840 – ⊠ **38930** Clelles-en-Trièves – ✪ 76.

Paris 626 – Clelles 12 – Die 50 – Gap 63 – ♦Grenoble 61 – Serres 46.

🏨 **Au Bon Accueil** ⬙, ℡ 34.70.13, ⩽ – 🏠 🅿
1er mars-1er déc. – SC : **R** 38/48 – ⬜ 11 – **18 ch** 55/80 – P 105/120.

ST-MAURICE-LES-CHARENCEY 61 Orne 60 ⑤ – 508 h. alt. 204 – ⊠ **61190** Tourouvre – ✪ 33.

Paris 133 – L'Aigle 17 – Alençon 58 – Mortagne-au-Perche 22 – Verneuil 17.

XX **Le Gué Hamel**, N12 ℡ 25.61.17, 🎪 – 🅿
fermé mardi – SC : **R** carte 130 à 170.

CITROEN Houssay, ℡ 25.62.55   RENAULT Gar. Soret, ℡ 25.72.55 🅽

ST-MAURICE-SUR-MOSELLE 88560 Vosges 66 ⑧ **G. Vosges** – 1 774 h. alt. 549 – Sports d'hiver au Ballon d'Alsace : 550/1 250 m ⅄3, ⅄ et à la Tête du Rouge Gazon ⅄5 ⅄ – ✪ 29.

🛈 Syndicat d'Initiative pl. 2 Oct.-1944 (1er juil.-31 août, fermé matin et dim.) ℡ 25.12.34 et à la Mairie (fermé sam. après-midi, dim. et lundi matin) ℡ 25.11.21.

Paris 446 – Belfort 39 – Bussang 3,5 – Épinal 57 – Thann 31 – Le Thillot 7.

🏩 **Host. Relais des Ballons**, ℡ 25.11.09, 🎪 – 🛁wc 🅿 ⬅ 🅿. AE ⓞ **E** VISA
fermé 8 au 21 oct., 5 au 18 mars, dim. soir hors sais. et lundi midi – SC : **R** (dim. prévenir) 60/150 ⅄ – **L'Auberge R** 48/60 ⅄ – ⬜ 22 – **17 ch** 70/180 – P 220/240.

🏠 **Au Pied des Ballons**, ℡ 25.12.54, ⩽, 🎪, ✂ – 📺 🛁wc 🏠wc 🅿 ⬅ 🅿. ⓞ **E** VISA
fermé nov. – SC : **R** (fermé lundi midi hors sais.) 46/170 ⅄ – ⬜ 15 – **12 ch** 106/140, 10 chalets 177/227 – P 148/168.

CITROEN Gar. Vuillemin, ℡ 25.11.23

ST-MAXIMIN-LA-STE-BAUME 83470 Var 84 ④⑤ **G. Provence** – 5 552 h. alt. 303 – ✪ 94.

Voir Basilique★★ – Ancien couvent royal★.

Paris 802 – Aix-en-Pr. 43 – Brignoles 20 – Draguignan 77 – ♦Marseille 50 – Rians 23 – ♦Toulon 55.

XX **Chez Nous**, bd J.-Jaurès ℡ 78.02.57 – VISA
fermé 1er déc. au 15 janv. et merc. – SC : **R** 52/105.

FORD STP Sce Autos, av. d'Etienne d'Orves,   ⓞ Gérard-Pneus, Z.I. N 7, ℡ 78.14.49
℡ 78.00.89
PEUGEOT TALBOT Gar. Grimaud, rte d'Aix-
en-Provence, ℡ 78.00.45

ST-MÉDARD 40 Landes 82 ① – rattaché à Mont-de-Marsan.

ST-MÉDARD-CATUS 46 Lot 79 ⑦ – rattaché à Catus.

ST-MÉDARD-DE-GUIZIÈRES 33 Gironde 75 ③ – 1 961 h. alt. 19 – ⊠ **33230** Coutras – ✪ 57.

Voir Petit-Palais : façade★ de l'église S : 4 km, **G. Côte de l'Atlantique**.

Paris 523 – ♦Bordeaux 52 – Castillon-la-Bataille 21 – Langon 63 – Libourne 21 – Périgueux 69.

🏨 Gare, ℡ 69.60.14 – 🏠 🅿 – **14 ch**.

CITROEN Gar. Conchou, ℡ 69.60.16 🅽

ST-MÉDARD-EN-JALLES 33 Gironde 71 ⑨ – rattaché à Bordeaux.

ST-MICHEL-DE-MAURIENNE 73140 Savoie **77** ⑦ – 3 502 h. alt. 712 – ۞ 79.

Paris 645 – Briançon 69 – Chambéry 84 – Modane 17 – St-Jean-de-Maurienne 14.

🏨 **Savoy H.,** r. Gén.-Ferrié ⌕ 56.55.12 – 🛏️⌸wc 🕾 🚗. 🖭 𝚅𝙸𝚂𝙰, 🕸 rest
 ↦ fermé 15 juin au 10 juil., dim. soir et lundi sauf juil.-août – SC : **R** 50/125 – 🖙 18 –
 22 ch 80/180 – P 180/200.

🏨 **Alpes,** r. Gén.-Ferrié ⌕ 56.51.22, 🍽️ – 🛏️⌸wc ⌸wc 🕾 🚗. 𝙴 𝚅𝙸𝚂𝙰
 ↦ fermé 15 nov. au 15 janv. et lundi – SC : **R** 45/100 – 🖙 14 – **22 ch** 65/150.

CITROEN Gar. Gros, ⌕ 56.53.61 **N**   Gar. Juillard, ⌕ 56.55.85 **N**

ST-MICHEL-DES-ANDAINES 61 Orne **60** ① – rattaché à La Ferté-Macé.

ST-MICHEL-EN-GRÈVE 22 C.-du-N. **58** ⑦ G. Bretagne – 398 h. – ⌗ **22300** Lannion –
۞ 96.

Voir Lieue de Grève⋆ SO – Grand Rocher ⩽⋆ SO : 3 km puis 30 mn.

Paris 522 – Carhaix-Plouguer 69 – Guingamp 39 – Lannion 11 – Morlaix 27 – St-Brieuc 70.

🏨 **Plage,** ⌕ 35.74.43, ⩽ – 🛗 🛏️⌸wc 🕾 🚗
 fermé 3 janv. au 1er mars – SC : **R** 52/85 – 🖙 15 – **38 ch** 90/150 – P 180/220.

🏚️ **St-Michel,** ⌕ 35.74.87 – ℗
 ↦ fermé 20 déc. au 5 janv. et merc. du 1er oct. au 15 fév. – SC : **R** 45/80 – 🍽️ 13 –
 17 ch 45/70 – P 120.

ST-MICHEL-EN-L'HERM 85580 Vendée **71** ⑪ G. Côte de l'Atlantique – 1 993 h. alt. 8 –
۞ 51.

Paris 448 – Luçon 15 – La Rochelle 44 – La Roche-sur-Yon 47 – Les Sables-d'Olonne 54.

🏨 **L'Extase,** pl. Mairie ⌕ 30.20.10 – 🛏️
 ↦ fermé lundi – SC : **R** 42/115 🛢️ – 🍽️ 14 – **10 ch** 87/108 – P 146.

🏨 **Central,** pl. Mairie ⌕ 30.20.24, 🚗 – 🛏️wc ℗
 ↦ fermé 15 sept. au 15 oct. et lundi – SC : **R** 45/120 🛢️ – 🖙 17 – **21 ch** 135 – P
 135/190.

CITROEN Sourdonnier, ⌕ 30.23.09

ST-MICHEL-MONT-MERCURE 85 Vendée **67** ⑮ G. Côte de l'Atlantique – 1 827 h. alt. 287
– ⌗ **85700** Pouzauges – ۞ 51.

Voir ⚶⋆⋆ de la tour de l'église.

Paris 378 – Bressuire 35 – Cholet 29 – Clisson 46 – La Roche-sur-Yon 52.

🍴🍴 **Aub. Mt-Mercure,** près Église ⌕ 57.20.26, ⩽ bocage vendéen, 🚗 – ℗. 🕸
 ↦ fermé 1er au 15 sept., vac. scolaires de fév., mardi soir et merc. – SC : **R** 50/150 🛢️.

RENAULT Genty, ⌕ 57.21.15

ST-MICHEL-SUR-LOIRE 37 I.-et-L. **64** ⑭ – rattaché à Langeais.

ST-MICHEL-SUR-ORGE 91240 Essonne **60** ⑩, **196** ③, **101** ㉟ – 20 071 h. – ۞ ᑦ.

Paris 31 – Arpajon 8,5 – Évry 13 – Melun 34.

🍴🍴🍴 **La Michodière,** 86 bis rte Ste Geneviève ⌕ 015.31.76 – ℗. ① 𝚅𝙸𝚂𝙰
 fermé dim. soir et lundi – **R** carte 100 à 185.

ST-MIHIEL 55300 Meuse **57** ⑫ G. Vosges – 5 555 h. alt. 226 – ۞ 29.

Voir Pâmoison de la Vierge⋆ dans l'église St-Michel AZ E – Sépulcre⋆ dans l'église
St-Étienne BZF.

🛈 Syndicat d'Initiative pl. Halles (Pâques-oct., fermé dim. après-midi, lundi et mardi matin) ⌕
89.04.50 - A.C. 25 r. Carnot ⌕ 89.10.97.

Paris 303 ⑤ – Bar-le-Duc 33 ④ – ♦Metz 66 ① – ♦Nancy 62 ② – Toul 50 ③ – Verdun 35 ⑤.

Plan page ci-contre

🏨 **Régence,** 38 r. Basse-des-Fossés ⌕ 89.01.05 – 🛏️ 🚗. 𝚅𝙸𝚂𝙰   AY **a**
 ↦ fermé 23 déc. au 5 janv. et vend. soir en hiver – SC : **R** 44/100 🛢️ – 🖙 16 – **12 ch**
 75/85.

 à Heudicourt-sous-les-Côtes NE : 15 km par D 901 et D 133 – ⌗ **55210**
 Vigneulles-lès-Hattonchâtel.

 🛝 de Madine ⌕ 89.32.50 à la base de Loisirs.

🏨 **Lac de Madine,** ⌕ 89.34.80 – 🛏️⌸wc 🛏️wc 🕾 ℗. 𝙴 𝚅𝙸𝚂𝙰
 fermé 2 janv. au 8 fév. et lundi (sauf de mai à sept.) – SC : **R** 53/112 – 🖙 15,50 –
 16 ch 65/171 – P 145/177.

CITROEN Gar. Moderne-Collin, 10 r. du   RENAULT Savard et Douvier, pl. J.-Berain ⌕
Marché ⌕ 89.05.80   89.05.76
PEUGEOT-TALBOT Gar. Duvergé, 5 r. Gén.
Pershing ⌕ 89.00.42

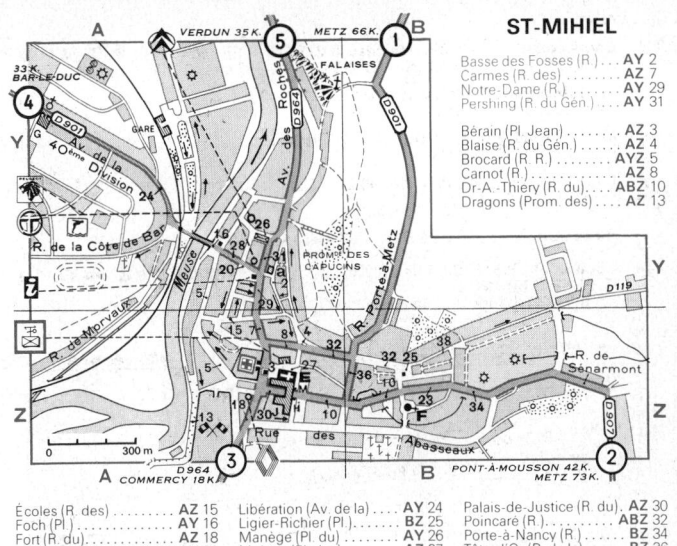

ST-MIHIEL

Basse des Fosses (R.)	**AY** 2
Carmes (R. des)	**AZ** 7
Notre-Dame (R.)	**AY** 29
Pershing (R. du Gén.)	**AY** 31
Bérain (Pl. Jean)	**AZ** 3
Blaise (R. du Gén.)	**AZ** 4
Brocard (R. R.)	**AYZ** 5
Carnot (R.)	**AZ** 8
Dr-A.-Thiery (R. du)	**ABZ** 10
Dragons (Prom. des)	**AZ** 13

Écoles (R. des)	**AZ** 15	Libération (Av. de la)	**AY** 24	Palais-de-Justice (R. du)
Foch (Pl.)	**AY** 16	Ligier-Richier (Pl.)	**BZ** 25	Poincaré (R.)
Fort (R. du)	**AZ** 18	Manège (Pl. du)	**AY** 26	Porte-à-Nancy (R.)
Halles (Pl. des)	**AY** 20	Moines (Pl. des)	**AZ** 27	Tête-d'Or (R. de la)
Larzillère-Beudant (R.)	**BZ** 23	Nantes (R. de)	**AY** 28	Tisserands (R. des)

Palais-de-Justice (R. du)	**AZ** 30
Poincaré (R.)	**ABZ** 32
Porte-à-Nancy (R.)	**BZ** 34
Tête-d'Or (R. de la)	**BZ** 36
Tisserands (R. des)	**BZ** 38

ST-NABORD 88 Vosges **62** ⑯ – rattaché à Remiremont.

ST-NAIXENT 24 Dordogne **75** ⑮ – rattaché à Bergerac.

ST-NAZAIRE ⬆ 44600 Loire-Atl. **63** ⑮ ⑯ G. Bretagne – 68 947 h. – ✿ 40.

Voir Base sous-marine★ et sortie sous-marine du port★ BZ – Pont routier de St-Nazaire-St-Brévin★ – Terrasse panoramique★ BZ **B**

Pont de St-Nazaire : péage en 1983 : auto 22 à 30 F (conducteur et passagers compris), auto et caravane 38 F, camion et véhicule supérieur à 1,5 t : 38 à 95 F moto 5 F, (gratuit pour vélos et piétons). - Tarifs spéciaux pour les résidents de la Loire Atlantique.

✈ de St-Nazaire-Montoir-la Baule : T.A.T. ☎ 22.35.06, NE : 8 km BY

🛈 Office de Tourisme pl. François-Blancho (fermé sam. et dim. hors saison) ☎ 22.40.65 – A.C.O. 120 av. République ☎ 22.46.62.

Paris 433 ① – La Baule 17 ② – ◆Nantes 62 ① – ◆Rennes 124 ① – Vannes 76 ③.

Plan page suivante

🏨 **Berry** Ⓜ, 1 pl. Gare ☎ 22.42.61, Télex 700952 – 🛗 📺 🚻wc 🗻wc ☎. 🆎 ⓞ ⒺⓋⒾⓈⒶ
fermé 21 déc. au 2 janv. – SC : **R** 83 ⅄ – ⒮ 23 – **27 ch** 107/306 – P 294/427. AY **r**

🏨 **Europe** sans rest, 2 pl. Martyrs-de-la-Résistance ☎ 22.49.87 – 🚻wc 🗻 ☜ 🅿. 🆎
ⓋⒾⓈⒶ AY **e**
⒮ 18 – **38 ch** 98/250.

🏨 **Parc** sans rest, 27 rte Côte d'Amour (D 92) ☎ 70.56.74 – 📺 🚻wc ☜ 🅿. ⓋⒾⓈⒶ ✂
fermé 25 déc. au 2 janv. – SC : ⒮ 18 – **32 ch** 160/200.

🏨 **Bretagne** sans rest, 7 av. République ☎ 66.55.66 – 🛗 🚻wc 🗻wc ☎. 🆎 ⓞ Ⓔ
ⓋⒾⓈⒶ AZ **b**
SC : ⒮ 16,50 – **33 ch** 80/175.

🏠 **Dauphin** sans rest, 33 r. J.-Jaurès ☎ 66.59.61 – 🚻wc 🗻 ☎. ⓋⒾⓈⒶ AY **u**
SC : ⒮ 15 – **20 ch** 98/175.

🏠 **Belle Épée** sans rest, 45 r. J.-Jaurès ☎ 22.55.93 – 🗻wc ☜. ⓋⒾⓈⒶ AY **t**
SC : ⒮ 15,50 – **13 ch** 79/132.

🏠 **du Pilotage**, 14 pl. Rampe ☎ 22.06.92, ⇲ – 🍴 rest 🗻 BZ **g**
fermé oct., Noël-jour de l'An, sam. et dim. sauf juil.-août – SC : **R** 47/138 – ⒮ 16,50 – **12 ch** 64/155 – P 178/250.

🏠 **Le Provençal**, 68 r. Anjou ☎ 22.42.84 – 🚻 🗻. 🆎 ⓞ AY **p**
fermé 1er au 20 sept. et 23 déc. au 10 janv. – SC : **R** (fermé sam. soir et dim. hors sais.) 42/90 – ⒮ 13 – **20 ch** 71/100.

🏠 **Touraine** sans rest, 4 av. République ☎ 22.47.56 – 🚻 🗻 ☜. ⓋⒾⓈⒶ AZ **a**
SC : ⒮ 18 – **15 ch** 57/122.

tourner →

XXX **Bon Accueil** avec ch, 39 r. Marceau ☏ 22.07.05 – 📺 🛁wc 🛁wc ☎. 🆎 ⓪ 🇪 VISA
fermé juil. – SC : **R** *(fermé sam.)* 58/135 – 🖵 18 – **13 ch** 230/240.   AZ **n**

X **Le Quimperlé**, 7 r. 28 fév. 1943 ☏ 22.53.12 – 🆎 🇪 VISA   BZ **d**
fermé août, dim. soir et lundi – SC : **R** 59/177.

X **Moderne**, 46 r. Anjou ☏ 22.55.88 – 🆎 ⓪ VISA   AZ **m**
fermé lundi – SC : **R** 53/98.

X **Trou Normand**, 60 r. Paix ☏ 22.46.24 – VISA   AY **f**
◆ fermé lundi – SC : **R** 39/110 🍴.

rte de Pornichet par ③ : 5,5 km – ✉ 44600 St Nazaire :

🏨 **Aquilon** Ⓜ, ☏ 53.50.20, Télex 700066, 🍴, 🏊, 🎾 – 🛗 🖵 📺 ☎ ℥ ⇔ Ⓟ – 🔥
◆ 80. 🆎 ⓪ 🇪 VISA. 🛠 rest
SC : **R** 50/140 🍴 – 🖵 20 – **72 ch** 180/290 – P 300/450.

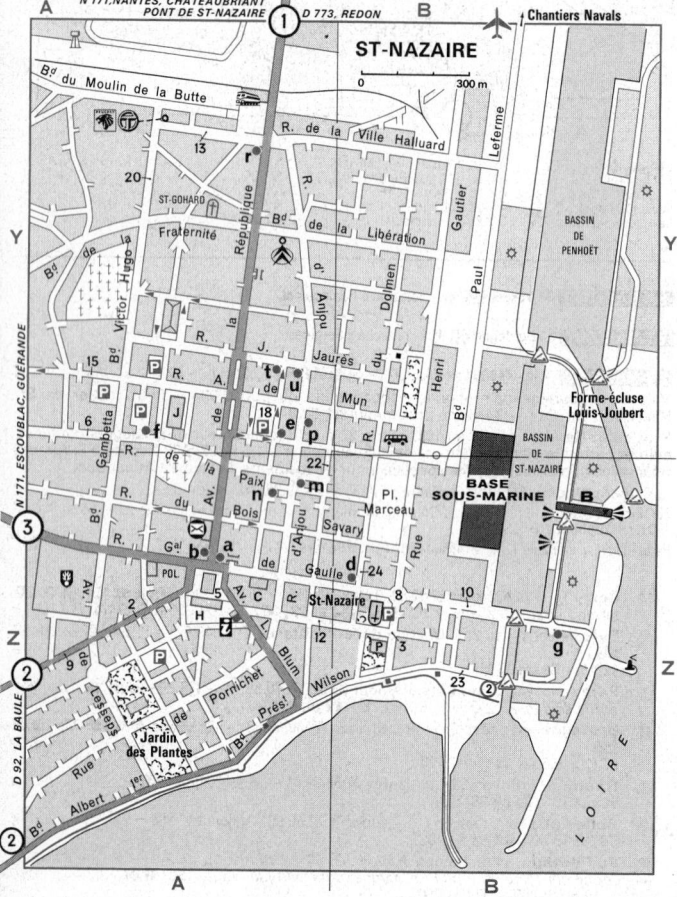

ALFA-ROMEO, MAZDA Bodet, 10 bd R.-Coty ✆ 22.32.57
AUSTIN, TRIUMPH Gar. Hougard, 30 r. B.-Marcet à Trignac ✆ 90.10.08
CITROEN Minot, 49 bd Libération ✆ 22.55.74
DATSUN Europ-Autom, 63 r. d'Anjou ✆ 22.23.07
FIAT, MERCEDES-BENZ Rogier, bd de l'Hôpital ✆ 70.31.67
FORD Auto de la Côte d'Amour, 79 rte Côte d'Amour ✆ 70.44.10
LADA, SKODA, VOLVO Gar. Dumas, 98 rte de la Côte d'Amour ✆ 70.08.99
OPEL Atlantic-Motors, 20 r. H.-Gautier ✆ 66.82.16
PEUGEOT-TALBOT Sodiac, 22 av. Cdt-L'Herminier ✆ 66.18.20
RENAULT Centre-Auto de l'Etoile, Voie Express St-Nazaire-Pornichet par ② ✆ 70.35.07
V.A.G. Gar. Moison, 60 r. de la Ville Halluard ✆ 22.30.30

la Clinique du Pneu, 18 bd Hôpital ✆ 70.07.19
Picaud-Pneus, 210 rte de la Côte d'Amour ✆ 70.00.39

ST-NAZAIRE-EN-ROYANS 26 Drôme 77 ③ **G. Alpes** – 576 h. alt. 175 – ✉ **26190** St-Jean-en-Royans – 75.

Voir Monument aux fusillés de 1944 – Pont de St-Hilaire-St-Nazaire★ NO : 1 km.

Paris 580 – ♦Grenoble 61 – Pont-en-Royans 9 – Romans-sur-Isère 18 – St-Marcellin 15 – Valence 36.

XX **Rome** avec ch, ✆ **48.40.69,** ≤ – ⋔ 🚗 **P**. AE VISA
fermé 2 au 29 nov., 22 au 28 fév., dim. soir et lundi sauf juil.-août – SC : **R** 53/135 – ☕ 14,50 – **10 ch** 100 – P 140.

ST-NECTAIRE 63710 P.-de-D. 73 ⑭ **G. Auvergne** (plan) – 650 h. alt. 760 – Stat. therm. (25 mai-30 sept.) – 73.

Voir Église★★ : trésor★★ – Puy de Mazeyres ✻★ E : 3 km puis 30 mn.

Office de Tourisme Parc Grands Thermes (fermé dim.) ✆ 88.50.86.

Paris 428 – ♦Clermont-Ferrand 43 – Issoire 26 – le Mont-Dore 25.

Le Savoy, ✆ **88.50.28,** – |♦| ⌂wc ⋔wc ☎ **P**. ✻ rest
23 mai-20 sept. – SC : **R** (pour résidents seul.) – ☕ 15 – **32 ch** 70/172 – P 145/185.

Paix, ✆ **88.50.20,** – ⌂wc ⋔wc ☎ **P**
25 mai-30 sept. – SC : **R** 59/75 – ☕ 15 – **27 ch** 136 – P 165/176.

à Rivalet E : 7 km sur D 996 – ✉ **63320** Montaigut-le-Blanc :

X **Le Rivalet,** ✆ **96.73.92,** – **P**. AE VISA
fermé janv., lundi et mardi sauf juil.-août – SC : **R** 48/136.

ST-NICOLAS-DES-EAUX 56150 Morbihan 63 ② **G. Bretagne** – 97.

Paris 466 – Lorient 48 – Pontivy 16 – Quimperlé 47 – Vannes 48.

Vieux Moulin, ✆ **51.81.09,** – ⌂wc ⋔ ☎ **P**
fermé fév. et lundi du 1er sept. au 30 mai – SC : **R** 46/140 ♂ – ☕ 16 – **12 ch** 75/149 – P 130/170.

ST-NICOLAS-LÈS-ARRAS 62 P.-de-C. 53 ② – rattaché à Arras.

ST-NIZIER-DU-MOUCHEROTTE 38 Isère 77 ④ **G. Alpes** – 515 h. alt. 1 160 – Sports d'hiver : 1 160/1 300 m ≴3 ⛷ – ✉ **38250** Villard-de-Lans – 76.

Voir Le Moucherotte ✻★★★ S : par téléphérique – Belvédère ✻★★.

Syndicat d'Initiative (1er juil.-31 août et 15 déc.-15 avril) ✆ 53.40.60.

Paris 580 – ♦Grenoble 17 – Villard-de-Lans 18.

Le Concorde, ✆ **53.42.61,** ≤ – ⌂wc ⋔wc ☎ **P**. ✻ ch
fermé 25 oct. au 18 déc. – SC : **R** 55/105 ♂ – ☕ 14,50 – **35 ch** 98/144 – P 154/176.

ST-OMER SP 62500 P.-de-C. 51 ③ **G. Nord de la France** – 15 497 h. alt. 21 – 21.

Voir Basilique N.-Dame★★ AZ **E** – **Hôtel Sandelin et musée★★** AZ **K** – **Anc. chapelle des Jésuites★** AZ **F** – **Jardin public★** AZ.

Env. Ascenseur des Fontinettes★ 5,5 km par ②.

Office de Tourisme à l'Hôtel de Ville (fermé sam. après-midi et dim.) ✆ 98.40.88.

Paris 261 ② – Abbeville 86 ④ – ♦Amiens 113 ② – Arras 81 ⑤ – Béthune 54 ⑤ – Boulogne-sur-Mer 53 ⑤ – ♦Calais 40 ⑤ – Dunkerque 39 ① – Ieper 54 ② – ♦Lille 64 ②.

Plan page suivante

Bretagne, 2 pl. Vainquai ✆ 38.25.78 – ⌂wc ⋔wc ☎ **P**. AE ① VISA. ✻ ch
SC : **R** *(fermé 13 au 31 août, 2 au 17 janv., dim. et fêtes le soir et sam.)* 95/145 - **Maeva** grill *(fermé 23 déc. au 1er janv. sam. midi et lundi)* - **R** 53 bc – ☕ 18 – **33 ch** 96/235. BY **r**

St-Louis sans rest, 25 r. Arras ✆ 38.35.21 – ⌂wc ⋔wc ☎ 🚗. **E** VISA BZ **s**
fermé 23 déc. au 2 janv. – SC : ☕ 16 – **20 ch** 78/145.

tourner →

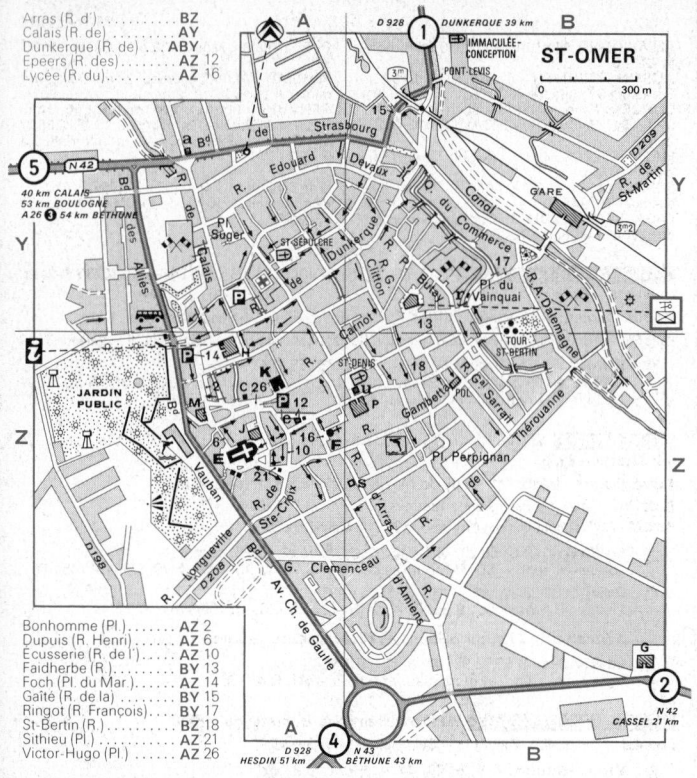

ST-OMER

XXX **La Truye qui File,** 8 r. Bleuets ☏ 38.41.34 – 𝚅𝙸𝚂𝙰 BZ **u**
fermé 1ᵉʳ août au 1ᵉʳ sept., dim. soir et lundi – SC : **R** 70/130.

XX **Le Cygne,** 8 r. Caventou ☏ 98.20.52 AZ **e**
fermé 12 au 31 déc., sam. midi et mardi sauf fêtes – SC : **R** 60/156.

X **Crémaillère,** 12 bd Strasbourg ☏ 38.42.77 – 𝙰𝙴 𝚅𝙸𝚂𝙰 AY **a**
✦ *fermé 22 juil. au 3 août, 16 déc. au 2 janv. et lundi* – **R** 41/77 ᕦ.

à Tilques par ⑤, N 43 et VO : 6 km – ⊠ 62500 St-Omer :

🏨 **Le Vert Mesnil** ⑤, ☏ 93.28.99, Télex 133360, ≤, parc, ⚒ – 📺 🚿wc 🛁wc ☎
♣ 🄿 – 🔬 40 à 80. 𝙰𝙴 ① 𝙴 𝚅𝙸𝚂𝙰, ⚒ rest
SC : **R** *(fermé sam. midi)* 75/140 ᕦ – ⊆ 24 – **40 ch** 210/360 – P 250/350.

CITROEN Gar. Boulant, 33 bd de Strasbourg
☏ 38.20.88 🄽 ☏ 98.42.13
PEUGEOT-TALBOT SADA-Damide, r. St-
Adrien - prolongée à Longuenesse ☏ 98.04.44
🄽 ☏ 98.49.10
RENAULT Gar. Audomarois, rte d'Arras à
Longuenesse par ② ☏ 38.25.77

🖉 Comptoir du Pneumatique, 47 r. Faidherbe
☏ 38.34.84
Equipneu, r. du Lobel, Zone Ind., Arques ☏
38.42.43
Foulon Pneus, 15 r. d'Aire ☏ 98.70.00

ST-OMER-EN-CHAUSSÉE 60860 Oise 🖥 ⑨ – 1 132 h. alt. 101 – ◕ 4.

Paris 89 – Aumale 35 – Beauvais 13 – Breteuil 33 – Gournay-en-Bray 28 – Poix 31.

XX **Aub. de Monceaux,** aux Monceaux S : 1 km sur D 901 ☏ 484.50.32, 🏡, 🛢 –
🄿. 𝚅𝙸𝚂𝙰
fermé 18 au 26 juil., janv., merc. soir et jeudi – SC : **R** carte 115 à 195.

ST-OUEN 93 Seine-St-Denis 🖥 ⑳, 🔟🔟 ⑮ – voir à Paris, Environs.

ST-OUEN-L'AUMÔNE 95 Val-d'Oise 🖥 ⑳, 🔟🔟 ⑥, 🔟🔟 ② – rattaché à Cergy Pontoise.

ST-OYEN-MONTBELLET 71 S.-et-L. 🖥 ⑲⑳ – rattaché à Fleurville.

ST-PAIR-SUR-MER 50380 Manche 59 ⑦ G. Normandie – Casino – ✪ 33.

🏛 Office de Tourisme pl. Eglise (15 juin-15 sept.) ☏ 50.52.77.

Paris 353 – Avranches 23 – Granville 3,5 – St-Lô 60.

- 🏠 **France,** ☏ 50.19.03
- ◆ fermé nov., 1er au 15 fév. et mardi hors sais. – SC : **R** 48/180 – � 11 – **19 ch** 65/98 – P 131/156.

MERCEDES Drey, ☏ 50.21.65

ST-PALAIS 64120 Pyr.-Atl. 85 ④ G. Pyrénées – 2 205 h. alt. 51 – ✪ 59.

🏛 Syndicat d'Initiative pl. H. de Ville (fermé sam. après-midi et dim. hors sais.) ☏ 38.71.78.

Paris 801 – ◆Bayonne 54 – Dax 55 – Pau 80 – St-Jean-Pied-de-Port 31.

- 🏚 **Trinquet,** ☏ 38.73.13 – 🛏 🔥. ⚒ ch
- ◆ fermé 6 au 28 fév., dim. soir (hôtel seul.) et lundi de sept. à juin – SC : **R** 50/125 – ⊡ 16 – **12 ch** 75/115 – P 120/130.

ST-PALAIS-SUR-MER 17420 Char.-Mar. 71 ⑮ G. Côte de l'Atlantique – 2 447 h. alt. 15 – ✪ 46 – Voir Sentier de la Corniche★ – La Grande Côte ★★ NO : 3 km.

🏌 de la Côte de Beauté ☏ 22.16.24 N : 3 km.

🏛 Office de Tourisme Résidence St-Palais (fermé oct., dim. sauf matin en saison et lundi) ☏ 22.11.09.

Paris 511 – La Rochelle 77 – Royan 5,5.

- 🏨 **Villa Nausicaa,** ☏ 22.14.78, ≤, 🍽, « jardin » – 🛏wc 🔥wc ☎ **P**. ⚒ rest
  10 juin-25 sept. – SC : **R** 88/130 – ⊡ 25 – **10 ch** 190/340.
- 🏨 **Le Cordouan,** ☏ 22.10.33 – 🛏wc 🔥wc 🔥. ⚒ rest
  4 juin-9 sept. – SC : **R** 91/123 – ⊡ 23 – **35 ch** 176/251 – P 283/320.
- 🏨 **Primavera** 🔊, rte Gde Côte : 2 km ☏ 22.20.35, ≤, parc, 🏊, ⚒ – 🛏wc 🔥wc ☎ **& P** – 🔥 30. **E** **VISA**. ⚒ ch
  fermé 1er nov. au 24 déc. – SC : **R** 70/90 – ⊡ 22 – **21 ch** 150/200 – P 240/250.
- 🏚 **Plage,** ☏ 22.10.32 – 🔥wc 🔥. ⚒
  Pâques-15 oct. – SC : **R** 65/100 – ⊡ 25 – **20 ch** 90/160 – P 205/260.

à la plage de Nauzan SE : 1,5 km – ✉ 17420 St-Palais-sur-Mer :

- 🏚 **Téthys** 🔊, ☏ 38.31.00, ≤, 🍽 – 🔥wc ☎ **P**. ⚒ ch
- ◆ 1er juin-15 sept. – SC : **R** 50/150 – ⊡ 20 – **23 ch** (pens. seul.) – P 180/220.

au Grallet N : 6 km par D 242 – ✉ 17920 Breuillet :

- XXX **La Grange,** ☏ 22.72.64, 🍽, « Ancienne ferme aménagée, parc fleuri, 🍒 », ⚒ – **P**. **VISA**
  23 juin-9 sept. – SC : **R** carte 140 à 185.

ST-PANCRACE 06 Alpes-Mar. 84 ⑨ – rattaché à Nice.

ST-PANTALÉON 71 S.-et-L. 69 ⑦⑧ – rattaché à Autun.

ST-PARDOUX 63440 P.-de-D. 73 ④ – 378 h. alt. 600 – ✪ 73.

Paris 371 – Aubusson 105 – ◆Clermont-Ferrand 39 – Montluçon 52 – Vichy 43.

- 🏚 **Bon Accueil,** ☏ 97.40.02 – 🔥 **P**
- ◆ fermé oct. et lundi hors sais. – SC : **R** 42/95 ⅄ – ⊡ 14 – **10 ch** 65/110 – P 120/150.

RENAULT Malleret, ☏ 97.40.94

ST-PARDOUX 79 Deux-Sèvres 68 ⑪ – 1 185 h. alt. 195 – ✉ 79310 Mazières-en-Gâtine – ✪ 49.

Paris 385 – Fontenay-le-Comte 53 – Niort 32 – Parthenay 11 – St-Maixent-l'École 28.

- X **Voyageurs,** ☏ 63.40.11 – **VISA**
- ◆ fermé 15 au 28 fév. et lundi – SC : **R** 38/110 ⅄.

CITROEN Guérin, ☏ 63.40.06   PEUGEOT Gar. Martin, ☏ 63.40.31

ST-PARDOUX-LA-CROISILLE 19 Corrèze 75 ⑩ – 168 h. alt. 520 – ✉ 19320 Marcillac-la-Croisille – ✪ 55.

Paris 511 – Aurillac 81 – Mauriac 45 – St-Céré 68 – Tulle 28 – Ussel 51.

- 🏨 **Beau Site** 🔊, ☏ 27.85.44, ≤, parc, 🍒, ⚒ – 🛏wc 🔥wc 🔥 **P** – 🔥 60. ⚒ rest
  15 avril-1er oct. – SC : **R** (nombre de couverts limité - prévenir) 80/180 – ⊡ 16 – **32 ch** 140/220 – P 185/215.

ST-PAUL 04520 Alpes-de-H.-P. 81 ⑧⑨ G. Alpes – 208 h. alt. 1 470 – ✪ 92.

Voir Site★★ du pont du Châtelet★ NE : 4,5 km.

Paris 734 – Barcelonnette 22 – Briançon 62.

ST-PAUL 06570 Alpes-Mar. 84 ⑨, 195 ㉘ G. Côte d'Azur – 2 565 h. alt. 150 – ✿ 93.

Voir Site★ – Remparts★ – Fondation Maeght★.

🛈 Office de Tourisme Maison Tour, r. Grande (fermé merc. et dim. matin) ☏ 32.86.95.

Paris 930 – Antibes 16 – Cagnes-sur-Mer 7 – Cannes 27 – Grasse 22 – ◆Nice 20 – Vence 4,5.

🏠 **La Colombe d'Or**, ☏ 32.80.02, Télex 970607, « Peintures modernes, cadre ''vieille Provence'' ⤴ et jardin romain » – 🗐 ch 🖵 ☎ 🚗 🅿 🖭 ⓸ ⋿ 𝗩𝗜𝗦𝗔
fermé 3 nov. au 15 déc. – SC : **R** carte 170 à 235 – **17 ch** ☲ 475/545, 7 appartements 630/650.

par route de la Colle et des Hauts de St-Paul :

🏰 ✿ **Mas d'Artigny** M ⌖, ☏ 32.84.54, Télex 470601, « Luxueux ensemble hôtelier, ≤, ⤴, ⟡, parc » – 🛗 🗐 🖵 ☎ ⚅ 🅿 – 🛎 80 à 250
SC : **R** 190/250 – ☲ 40 – **52 ch** 460/950, 29 appartements dont 25 avec piscine privée – P 620/1 160
Spéc. Bourride de loup, Foie gras de canard sauté aux petits farcis niçois, Soufflé chaud au miel et aux pignons.

sur la route de la Colle, D 7 :

🏠 **Le Hameau** M ⌖ sans rest, ☏ 32.80.24, ≤, « Jardin en terrasses » – 🛏wc 🛗wc ☎ 🅿
1er fév.-31 oct. – SC : ☲ 25 – **16 ch** 230/300.

🏠 **Orangers** M sans rest, ☏ 32.80.95, ≤, « Beau jardin » – 🛏wc ☎
SC : ☲ 25 – **9 ch** 280/420.

✕✕✕ **Aub. du Soleil** avec ch, ☏ 32.80.60, ≤ St-Paul, ⤴ – 🛏wc 🛗wc ☜ 🅿. 🖭 ⓸ ⋿ 𝗩𝗜𝗦𝗔
fermé déc. et janv. – SC : **R** (fermé merc. sauf le soir en sais.) 75/200 – ☲ 22 – **7 ch** 199/273.

ST-PAUL-DES-LANDES 15 Cantal 76 ⑪ – 1 017 h. alt. 540 – ✉ 15250 Jussac – ✿ 71.

Paris 555 – Aurillac 12 – Figeac 65 – Laroquebrou 13 – Mauriac 61 – St-Céré 52 – Tulle 72.

🏠 **Voyageurs**, ☏ 46.30.05 – 🛗 🅿
◆ fermé 15 au 30 juin, 15 oct. au 10 nov. et lundi du 10 nov. au 15 juin – SC : **R** 45/70 ⅊ – ☲ 13 – **11 ch** 62/75 – P 110/115.

RENAULT Gar. Nangeroni, ☏ 63.30.01 🗷 ☏ 46.30.01

ST-PAUL-DE-VARCES 38 Isère 77 ④ – rattaché à Grenoble.

ST-PAUL-EN-BORN 40 Landes 78 ④ ⑭ – 474 h. alt. 15 – ✉ 40200 Mimizan – ✿ 58 – Paris 693 – Arcachon 58 – ◆Bordeaux 103 – Castets 56 – Labouheyre 21 – Mimizan 7 – Mont-de-Marsan 75.

🏠 **L'Écureuil**, ☏ 07.41.16 – 🛗wc ☎ 🅿 – **12 ch.**

ST-PAUL-EN-CHABLAIS 74 H.-Savoie 70 ⑰⑱ – 1 003 h. alt. 827 – ✉ 74500 Évian-les-Bains – ✿ 50 – Paris 590 – ◆Genève 44 – Lausanne 73 – Montreux 43 – Thonon-les-Bains 11.

🏠 **Host. de Gavot** M ⌖, rte Thollon ☏ 75.30.38, ≤, 🖼, 🌳 – 🛏wc 🛗wc ⚞ 🅿
fermé 15 nov. au 18 déc. et lundi hors sais. – SC : **R** 75/130 – ☲ 22 – **24 ch** 125/180 – P 175/210.

ST-PAUL-LE-JEUNE 07460 Ardèche 80 ⑧ – 819 h. alt. 255 – ✿ 75.

Voir Banne : ruines de la citadelle ≤★ N : 5 km, G. Vallée du Rhône.

Paris 677 – Alès 30 – Aubenas 44 – Pont-St-Esprit 52 – Vallon-Pont-d'Arc 27 – Villefort 37.

✕✕ **Aub. de la Cocalière**, S : 2,5 km D 104 ☏ 39.81.34, 🖼 – 🅿.

ST-PAUL-LES-MONESTIER 38 Isère 77 ⑭ – rattaché à Monestier-de-Clermont.

ST-PÉE-SUR-NIVELLE 64 Pyr.-Atl. 85 ② – 3 056 h. alt. 30 – ✉ 64310 Ascain – ✿ 59.

Paris 791 – ◆Bayonne 19 – Cambo-les-Bains 18 – Pau 131 – St-Jean-de-Luz 13.

🏠 **Nivelle**, ☏ 54.10.27 – 🅿. 🖭 ⋿ 𝗩𝗜𝗦𝗔
◆ fermé 1er janv. au 15 mars et merc. – SC : **R** 48/110 – ☲ 14 – **38 ch** 65/96 – P 153/188.

à Ibarron O : 1,5 km – ✉ 64310 Ascain :

🏠 **Bonnet**, ☏ 54.10.26, Télex 541104, ≤, ⤴, 🌳, ⟡ – 🛗 🛏wc 🛗wc ⚞ 🅿 – 🛎 60. 🖭 ⋿ 𝗩𝗜𝗦𝗔
fermé 2 nov. au 8 déc. et lundi d'oct. à mars – SC : **R** 60/130 ⅊ – ☲ 16,50 – **60 ch** 150/152 – P 196/202.

🏠 **Fronton**, ☏ 54.10.12, 🖼 – 🛗. 🖭 ⓸
fermé 16 au 26 oct., janv. et merc. d'oct. à mai – SC : **R** 82/100 – ☲ 17 – **16 ch** 80/150 – P 140/160.

par rte de St-Jean-de-Luz et D 307 : 4 km – ✉ 64310 Ascain :

🏠 **Aub. Basque** ⌖, ☏ 54.10.15, ≤, « Jardin » – 🛗wc ⚞ 🅿. ⟡
15 juin-sept. – SC : **R** (1/2 pens. seul.) – **16 ch** – 1/2 p 130/165.

ST-PÉRAY 07130 Ardèche 👪 ⑪⑫ – 5 200 h. alt. 128 – ۞ 75.

Voir Ruines du château de Crussol : site★★★ et ≤★★ SE : 2 km, G. Vallée du Rhône.

Paris 566 – Lamastre 36 – Privas 39 – Tournon 14 – Valence 4.

à *Soyons* S : 7 km par N 86 – ⊠ 07130 St-Péray :

🏡 **La Musardière** 🅼, quartier du Vivier 🎋 60.83.55, ≤ parc, 🎜, ⊐, ℅ – 🕴 📺 ☎
&. 🅿 – 🛦 30. 🆎 ⑩ Ε 𝘝𝘐𝘚𝘈
fermé 20 déc. au 10 janv. – SC : **R** 80/180 – � 25 – **12 ch** 180/300 – P 320.

à *St-Romain-de-Lerps* NO : 9 km par D 287 – ⊠ 07130 St-Péray.

Voir ✳★★★, G. Vallée du Rhône.

🏡 ۞ **Château du Besset** 🅼 🦢, SO : 3 km par VO 🎋 44.41.63, ≤, 🎜, « château
sur la colline, beaux aménagements, parc ⊐, ℅, » – 📺 ☎ 🅿 – 🛦 60. 🆎 ⑩
𝘝𝘐𝘚𝘈
16 avril-14 oct. – SC : **R** carte 220 à 280 – **6 ch** ⊂⊃ 1 300, 4 appartements
Spéc. Salade ardéchoise aux écrevisses, Navarin de homard, Carré d'agneau rôti. **Vins** Cornas,
Château Grillet.

ST-PÈRE 89 Yonne 👪 ⑮⑯ – rattaché à Vézelay.

ST-PHILBERT-DE-BOUAINE 85660 Vendée 👪 ③ – 2 048 h. – ۞ 51.

Paris 404 – Cholet 53 – ◆Nantes 27 – Noirmoutier-en-l'Ile 73 – la Roche-sur-Yon 38.

🏡 **Relais des Etangs**, S : 1 km sur D 937 🎋 41.92.44 – ⇱wc 🛏 ☎ 🅿 – 🛦 30
14 ch.

ST-PHILIBERT 56 Morbihan 👪 ⑫ – rattaché à La Trinité-sur-Mer.

ST-PIERRE-DE-BOEUF 42410 Loire 👪 ① – 1 051 h. alt. 155 – ۞ 74.

Paris 513 – Annonay 23 – ◆Lyon 50 – ◆St-Étienne 50 – Tournon 45 – Vienne 22.

💥 **La Diligence,** 🎋 59.11.21 – 🅿. 🆎 ⑩
fermé 15 au 31 juil., 1ᵉʳ au 15 mars, dim. soir et lundi – SC : **R** 68/150.

ST-PIERRE-DE-CHARTREUSE 38 Isère 👪 ⑤ G. Alpes – 563 h. alt. 888 – Sports d'hiver :
900/1 700 m ≰2 ≰10, ⬩ – ⊠ 38380 St-Laurent-du-Pont – ۞ 76.

Voir Terrasse de la Mairie ≤★ – Prairie de Valombré ≤★ sur couvent de la Grande
Chartreuse O : 4 km et belvédère des Sangles ≤★★ O : 6 km puis 30 mn – La Scia ✳★
par télébenne – Site★ de Perquelin E : 3,5 km – La Correrie : musée Cartusien★ du
couvent de la Grande Chartreuse NO : 3,5 km.

🛈 Office de Tourisme (fermé dim. hors sais.) 🎋 88.62.08.

Paris 576 – Belley 66 – Chambéry 40 – ◆Grenoble 29 – La Tour-du-Pin 51 – Voiron 26.

🏡 **Beau Site,** 🎋 88.61.34, ≤, ⊐, – ⇱wc 🛏wc ☎ – 🛦 40. 🆎 Ε 𝘝𝘐𝘚𝘈. ℅ rest
fermé 24 avril au 6 mai, 15 oct. au 15 déc. et merc. hors sais. – SC : **R** 70/130 – ⊂⊃ 22
– **34 ch** 120/240 – P 180/250.

🏡 **Nord,** 🎋 88.61.10, 🎏 – ⇱wc 🅿
fermé en mai et en oct. – SC : **R** 45/100 – ⊂⊃ 17,50 – **19 ch** 65/111 – P 144/180.

💥 **Aub. Atre Fleuri** 🦢 avec ch, S : 3 km sur D 512 🎋 88.60.21, 🎜, 🎏, – ⇱ 🛏wc
🅿
fermé vacances de nov. au 26 déc., 23 au 30 juin, mardi soir et merc. hors sais. –
SC : **R** 47/139 – 🍴 14 – **8 ch** 92/126 – P 159/176.

au *Col du Cucheron* N : 3,5 km par D 512 – Sports d'hiver : 1 050/1 550 m ≰7 –
⊠ 38380 St-Laurent-du-Pont :

💥 **Chalet H. du Cucheron** 🦢 avec ch, 🎋 88.62.06, ≤ – 🛏wc 🅿. Ε 𝘝𝘐𝘚𝘈. ℅ rest
fermé 15 oct. au 15 déc. sauf week-end et mardi hors vacances scolaires – SC : **R**
55/105 – 🍴 11,50 – **8 ch** 75/118 – P 165/187.

ST-PIERRE-DELS-FORCATS 66 Pyr.-Or. 👪 ⑯ – rattaché à Mont-Louis.

ST-PIERRE-D'ENTREMONT 38 Isère 73 Savoie 👪 ⑮ G. Alpes – 459 h. alt. 640 – ⊠ 73670
St-Pierre-d'Entremont – ۞ 79 – Voir Cirque de St-Même★★ SE : 4,5 km – Gorges du
Guiers Vif★★ et Pas du Frou★★ O : 5 km – Château du Gouvernement★ : ≤★ SO : 3 km.

🛈 Syndicat d'Initiative (fermé matin, dim. après-midi hors sais. et vend.) 🎋 65.81.90.

Paris 568 – Belley 61 – Chambéry 25 – Les Échelles 12 – ◆Grenoble 50 – ◆Lyon 106.

🏡 **H. du Château de Montbel,** 🎋 65.81.65, ≤ – ⇱wc ⊟. ℅
*fermé 15 au 30 avril (sauf Pâques) début nov. au 20 déc., dim. soir et lundi sauf sais.
et vacances scolaires* – SC : **R** 50/110 ⅄ – ⊂⊃ 15 – **10 ch** 75/145 – P 130/170.

🏡 **Le Grand Som** 🅼, 🎋 65.80.22, ≤ – 🛏wc 🍽 &. Ε. ℅ ch
fermé 1ᵉʳ oct. au 30 nov. et merc. hors sais. – SC : **R** 45/120 – ⊂⊃ 15 – **20 ch** 90/140
– P 160/200.

ST-PIERRE-DES-CORPS 37 I.-et-L. 👪 ⑮ – rattaché à Tours.

ST-PIERRE-DES-NIDS 53370 Mayenne 🔟🔟 ② – 1 528 h. alt. 184 – ✪ 43.

🏢 Syndicat d'Initiative à la Mairie (fermé sam. après-midi, lundi matin et dim.) ☎ 03.50.13.

Paris 206 – Alençon 15 – Argentan 45 – Domfront 48 – Laval 78 – Mayenne 48.

　　XX **Dauphin** avec ch, rte Alençon ☎ 03.52.12 **℗** – 🛁 30. VISA 🛠
　　　　fermé 20 août au 6 sept., vacances de fév., mardi soir hors sais. et merc. – SC : **R**
　　　　62/175 🖟 – ☲ 15,50 – **10 ch** 65/108 – P 126/166.

ST-PIERRE-D'OLÉRON 17 Char.-Mar. 🔟🔟 ⑬ – voir à Oléron (Ile d').

ST-PIERRE-DU-VAUVRAY 27430 Eure 🔟🔟 ⑰ – rattaché à Louviers.

ST-PIERRE-EN-FAUCIGNY 74 H.-Savoie 🔟🔟 ⑦ – rattaché à Bonneville.

ST-PIERRE-LE-MOUTIER 58240 Nièvre 🔟🔟 ③ G. Bourgogne – 2 261 h. alt. 214 – ✪ 86.

Paris 263 – Autun 109 – Bourges 67 – Château-Chinon 84 – Montluçon 76 – Moulins 31 – Nevers 23.

　　🏠 **Vieux Puits** 🍴 sans rest, près Église ☎ 68.41.96 – 🛏 📶wc 🕾 🚗. **E** VISA
　　　　SC : ☲ 15 – **11 ch** 110/140.

　　XX **La Vigne, Relais Gastronomique,** rte de Decize ☎ 68.41.66, parc – **℗**
　　　　fermé fév., lundi soir et mardi – SC : **R** (dim. et fêtes prévenir) 100/160.

CITROEN Gar. Blondelet, ☎ 68.40.60　　　　　　　　Puyet, ☎ 68.48.26
PEUGEOT, TALBOT St-Pierroise Rép. Auto, ☎
68.40.74 🔃 🅽 ☎ 68.46.99

ST-PIERRE-LÈS-AUBAGNE 13 B.-du-R. 🔟🔟 ⑭ – rattaché à Aubagne.

ST-PIERRE-QUIBERON 56 Morbihan 🔟🔟 ⑪⑫ – rattaché à Quiberon.

ST-PIERRE-SUR-DIVES 14170 Calvados 🔟🔟 ⑬ G. Normandie – 4 514 h. alt. 32 – ✪ 31.

Voir Église★ – Collection de meubles miniature★ dans l'orangerie du château de Vendeuvre SO : 5 km par D511.

🏢 Syndicat d'Initiative 17 r. St-Benoit (1er juil.-15 sept., fermé dim. et fêtes).

Paris 203 – ✦Caen 31 – Falaise 20 – Lisieux 29 – Livarot 16 – Vimoutiers 25.

　　X **Gare** avec ch, bd Collas ☎ 20.74.22, 😋, 🐎 – **℗**. VISA
　　→　SC : **R** 36/120 – ☲ 12 – **19 ch** 55/75 – P 120/150.

CITROEN Gar. Depussay, ☎ 20.71.36　　　　　　🛞 Tout pour le Pneu, ☎ 20.80.97

ST-PIERRE-SUR-MER 11 Aude 🔟🔟 ⑭ – rattaché à Narbonne.

ST-POL-SUR-TERNOISE 62130 P.-de-C. 🔟🔟 ⑬
– 6 322 h. alt. 87 – ✪ 21.

Paris 212 ② – Abbeville 54 ③ – Arras 34 ② – Béthune
29 ① – Boulogne-sur-Mer 85 ④ – Doullens 28 ③ –
St-Omer 55 ⑤.

　　🏠 **Lion d'Or,** 74 r. Hesdin (a) ☎ 03.12.93,
　　　　🐎 – 🛏wc 📶wc 🕾 – 🛁 50 à 60. **E**
　　　　VISA
　　　　SC : **R** (fermé dim. soir hors sais.) 56/128
　　　　🖟 – ☲ 18 – **34 ch** 72/192.

CITROEN Martinage, rte Nationale à St-Michel-
sur-Ternoise par ② ☎ 03.09.54
PEUGEOT-TALBOT Gar. Guerci, 110 r. d'Hesdin ☎
03.15.54
RENAULT Bailleul, 184 r. Béthune par ① ☎ 03.06.55
🅽

	ST-POL-SUR-TERNOISE	
Carmes (R. des) . . 2	Faidherbe (R.) . . 6
Carnot (Bd) 3	Frévent (R. de) . . 7
Drecq (R. J.) 4	Gambetta (Bd) . . 9
	Gaulle (Av. de) . . 10
	Hesdin (R. d') . . . 12
	Pt-Simon (R. du) . 13
	Wathieumetz (R.) . 15

ST-PONS-DE-THOMIÈRES 34220 Hérault 🔟🔟
⑬ G. Causses – 2 998 h. alt. 301 – ✪ 67.

Voir Grotte de la Devèze★ SO : 5 km.

🏢 Office de Tourisme pl. Foirail (Pentecôte-1er oct.)
☎ 97.06.65.

Paris 878 – Béziers 51 – Carcassonne 71 – Castres 51 – Lodève 73 – Narbonne 52 – St-Affrique 88.

　　🏰 **Château de Ponderach** 🍴, S : 1,2 km par rte de Narbonne ☎ 97.02.57, ≤, 😋,
　　　　parc – 🛏wc 🕾 🚗 **℗**. AE ① **E**
　　　　15 avril-15 oct. – SC : **R** 120/280 – ☲ 35 – **11 ch** 180/335 – P 446/560.

　　au Nord : 10 km sur D 907 – ✉ 34220 St-Pons :

　　XX **Aub. du Cabaretou** 🍴 avec ch, ☎ 97.02.31, ≤ vallée et montagne, 😋, 🐎 –
　　　　🛏wc 🕾 **℗**. **E**. 🛠 rest
　　　　fermé 1er oct. au 31 mars, 10 au 18 sept., fév. et merc. – SC : **R** (nombre de couverts
　　　　limité - prévenir) 80/240 – ☲ 20 – **10 ch** 80/210 – P 200/250.

PEUGEOT Barthez, ☎ 97.01.86　　　　　　　　RENAULT Prax, ☎ 97.01.42

ST-POURÇAIN-SUR-SIOULE 03500 Allier 🔁 ⑭ G. Auvergne – 5 433 h. alt. 237 – ✪ 70.

Voir Anc. abbatiale Ste-Croix★ AY**B**.

🛈 Syndicat d'Initiative bd Ledru-Rollin (20 juin-20 sept. fermé lundi matin et dim.) ☏ 45.32.73.

Paris 325 ① – Montluçon 61 ⑤ – Moulins 31 ① – Riom 50 ③ – Roanne 79 ② – Vichy 27 ③.

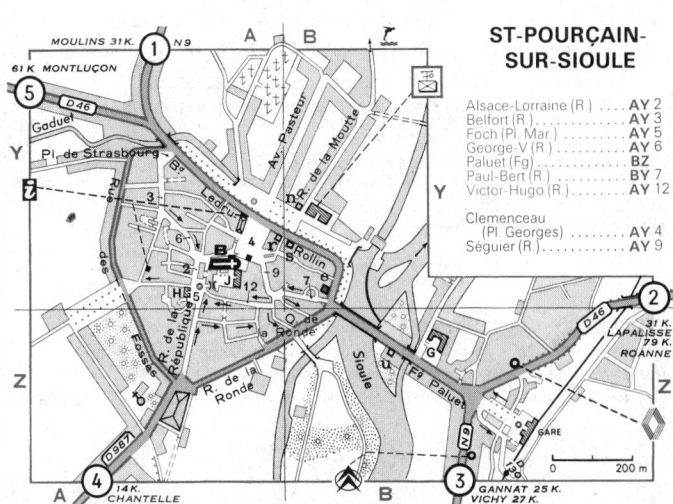

ST-POURÇAIN-SUR-SIOULE

Alsace-Lorraine (R.) . . . . . **AY** 2
Belfort (R.) . . . . **AY** 3
Foch (Pl. Mar.) . . . . **AY** 5
George-V (R.) . . . . **AY** 6
Paluet (Fg) . . . . **BZ**
Paul-Bert (R.) . . . . **BY** 7
Victor-Hugo (R.) . . . . . . **AY** 12

Clemenceau
 (Pl. Georges) . . . . **AY** 4
Séguier (R.) . . . . **AY** 9

🏠 ❀ **Chêne Vert** (Giraudon), bd Ledru-Rollin ☏ 45.40.65 – 🛏wc 📶 ☎ 🚗 – 🏛
80. 🅰🅴 ⓪ 🅴 𝘝𝘐𝘚𝘈   ABY **s**
*fermé 2 au 11 oct., 6 janv. au 8 fév., mardi d'oct. au 30 juin et merc. midi – SC : **R***
(nombre de couverts limité - prévenir) 60/170 – 🖙 17 – **35 ch** 70/175
Spéc. Terrine de ris de veau, Parfait d'écrevisses, Poulet au fromage. **Vins** St-Pourçain.

🏠 **Le Club** sans rest, r. du Chêne-Vert ☏ 45.43.18 – 🛏wc 📶wc ☎   AY **r**
*fermé 13 au 20 mai et 15 nov. au 15 déc. – SC : 🖙 15 – **12 ch** 60/140.*

🏠 **Deux Ponts,** îlot de Tivoli ☏ 45.41.14 – 🛏wc 📶wc ☎ 🚗 🅿 – 🏛 60 à 130. 🅰🅴
🔸 ⓪ 🅴 𝘝𝘐𝘚𝘈   BZ **u**
*fermé 25 nov. au 10 janv., lundi (sauf hôtel) et dim. soir hors sais. sauf fêtes – SC : **R***
50/170 🍴 – 🖙 17 – **27 ch** 68/175 – P 185/250.

🏠 **Globe,** r. M. Berthelot ☏ 45.30.42 – 🛏 🅿. 🅴. ❀   BY **n**
🔸 *fermé 12 au 22 juin, 10 oct. au 15 nov., dim. soir et lundi du 16 nov. au 20 juin sauf*
*fêtes – SC : **R** 45/130 🍴 – ☴ 14 – **15 ch** 54/92.*

✕ **Host. des Cours,** bd Ledru-Rollin ☏ 45.31.92   BY **e**
🔸 *fermé oct. et mardi – SC : **R** 45/78.*

CITROEN Gar. de Paris, ☏ 45.33.99   RENAULT Bussonnet, ☏ 45.30.48
FORD Gaulmin, 7 pl. de la Liberté ☏ 45.37.39

ST-PRIEST 69800 Rhône 🔁 ⑫ – rattaché à Lyon.

ST-PRIEST-EN-JAREZ 42 Loire 🔁 ⑲ – rattaché à St-Étienne.

ST-PRIEST-TAURION 87480 H.-Vienne 🔁 ⑧ G. Périgord – 2 268 h. alt. 240 – ✪ 55.

Paris 395 – Bellac 49 – Bourganeuf 40 – ♦Limoges 14 – La Souterraine 55.

🏠 **Relais du Taurion,** ☏ 39.70.14, 🎇, 🌳 – 📶 🅿
🔸 *fermé fév., dim. soir et lundi midi hors sais. – SC : **R** 42/120 – 🖙 15 – **10 ch** 70/130*
– P 125/170.

ST-PRIVAT-D'ALLIER 43460 H.-Loire 🔁 ⑯ – 551 h. alt. 800 – ✪ 71.

Paris 527 – Brioude 72 – Cayres 20 – Langogne 55 – Le Puy 22 – St-Chély-d'Apcher 63 – St-Flour 72.

🏠 **Vieille Auberge,** ☏ 57.20.56 – 🛏wc 📶wc ☎. 𝘝𝘐𝘚𝘈
🔸 *fermé 10 au 31 oct. et 5 janv. au 1ᵉʳ mars – SC : **R** 40/120 – 🖙 13,50 – **36 ch** 60/106*
– P 110/140.

ST-PROJET-DE-CASSANIOUZE 15 Cantal 🔁 ⑪⑫ – alt. 220 – ✉ 15340 Calvinet – ✪ 71.

Paris 593 – Aurillac 47 – Entraygues-sur-Truyère 19 – Figeac 53 – Rodez 46 – Villefranche-de-R. 64.

🏠 **Pont** 🎣, ☏ 49.94.21, ≤, parc – 📶 ☎ 🅿. 🅴
🔸 *1ᵉʳ avril-31 oct. – SC : **R** 38/130 – 🖙 13 – **17 ch** 65/119 – P 110/140.*

ST-QUAY-PORTRIEUX 22410 C.-du-N. 59 ③ **G. Bretagne** – 3 399 h. – Casino – ✪ 96.

Voir Sémaphore ⩽★★ – Chemin de ronde ⩽★.

⛳18 des Ajoncs d'Or ☎ 70.48.13 O : 7 km.

ℹ Office de Tourisme pl. Verdun (fermé dim. hors saison) ☎ 70.40.64.

Paris 472 – Étables-sur-Mer 4 – Guingamp 28 – Lannion 55 – Paimpol 26 – St-Brieuc 21.

- **Ker Moor** Ⓜ, 13 r. Pt la Sénécal ☎ 70.52.22, ⩽, – – ☎ Ⓟ – 30 à 50. AE VISA
  fermé janv., fév. et lundi – SC : **R** 90/180 – 25 – **28 ch** 195/295.
- **Gerbot d'Avoine,** bd Littoral ☎ 70.40.09 – wc wc ☎ Ⓟ. ch
  fermé 19 nov. au 10 déc., 7 au 21 janv., dim. soir et lundi d'oct. à mai – SC : **R** 55/165 – 16 – **26 ch** 110/170 – P 158/200.
- **Le Bretagne,** au port ☎ 70.40.91, ⩽ – .
  1er mars-15 nov. et fermé mardi sauf juil.-août – SC : **R** 58/130 – 16 – **15 ch** 75/100 – P 170/180.

RENAULT Gar. Moderne, ☎ 70.40.21

Prévenez immédiatement l'hôtelier
si vous ne pouvez pas occuper la chambre que vous avez retenue.

ST-QUENTIN SP 02100 Aisne 53 ⑭ **G. Nord de la France** – 65 067 h. alt. 74 – ✪ 23.

Voir Basilique★ BY**E** – Pastels de Quentin de la Tour★★ au musée Lécuyer AX**M**.

ℹ Office de Tourisme (fermé lundi matin et dim.) à l'Hôtel de Ville ☎ 67.05.00.

Paris 155 ⑦ – ♦Amiens 74 ⑦ – Charleroi 118 ③ – ♦Lille 116 ⑦ – ♦Reims 96 ④ – Valenciennes 70 ①.

ST-QUENTIN

Croix-Belle-Porte (R.) . . . AY 6
États-Généraux (R. des) . AX 8
Hôtel-de-Ville (Pl. de l') . . AY 17
Isle (R. d') . . . . BY
Lyon (R. de) . . . . BY 24
Raspail (R.) . . . . AXY
Sellerie (R. de la) . . . . . ABY 33
Zola (R. Émile) . . . . AY 40

Basilique (Pl. de la) . . . . ABY 2
Brossolette (R. Pierre) . . . AY 3
Canonniers (R. des) . . . . . AY 4
Danton (R.) . . . . BY 7
Faidherbe (Av.) . . . . AY 10
Foch (R. du Mar.) . . . . BZ 12
Gouvernement (R. du) . . . BY 14
Guise (R. de) . . . . BZ 16
Joffre (R. du Mar.) . . . . . . BZ 18
Lafayette (Pl.) . . . . AX 20
Lécuyer (R.) . . . . AX 21
Le Sérurier (R.) . . . . AX 22
Longueville (Pl.) . . . . . . AXY 23
Marché-Franc (Pl. du) . . . . BY 25
Michelet (R.) . . . . BY 26
Péri (R. Gabriel) . . . . AY 27
Picard (R. Ch.) . . . . BX 28
Président-Kennedy (R. J.-F.) . . . . AX 29
Richelieu (Bd) . . . . AX 30
St-André (R.) . . . . AY 31
Sous-Préfecture (R. de la) . BY 34
Thomas (R. Albert) . . . . . AX 36
Toiles (R. des) . . . . ABY 37
Verdun (Bd de) . . . . AY 38
Voltaire (R.) . . . . AZ 39
8-Octobre (Pl. du) . . . . . . BZ 41

🏨 ❀ **Gd Hôtel et rest. Président**, 6 r. Dachery ☏ 62.69.77, Télex 140225 – 📺 ☏
🅿 – 🔥 40. 🆎 ⓞ 🇪 *VISA*   BZ **n**
R *(fermé 29 juil. au 20 août, 6 au 20 fév., dim. soir et lundi)* 105/195 – ☲ 22 – **41 ch**
170/250
Spéc. Gâteau de lapin, Escalope de saumon au Bordeaux, Pomme de ris de veau rôtie.

🏨 **Paix, Albert 1er et rest. Le Brésilien**, 3 pl. du 8-Octobre ☏ 62.77.62, Télex
140225 – 📶 📺 📥wc 🛁wc ☏ 🅿. 🆎 *VISA*   BZ **a**
R 65 – ☲ 22 – **80 ch** 105/250.

🏨 **France et Angleterre** sans rest, 28 r. E.-Zola ☏ 62.13.10 – 📺 📥wc 🛁wc ☏
🚗. 🆎 ⓞ 🇪 *VISA*   AY **d**
SC : ☲ 19,50 – **28 ch** 100/225.

XX **Le Pichet**, 6 bd Gambetta ☏ 62.03.67 – 🇪 *VISA*   BY **u**
fermé dim. soir et lundi soir – SC : **R** 70/125.

XX **Au Petit Chef**, 31 r. Émile-Zola ☏ 62.28.51   AY **s**

X **Le Riche**, 10 r. Toiles ☏ 62.33.53 – *VISA*   ABY **e**
fermé 20 juil. au 10 août, 5 au 20 janv., dim. soir et mardi – **R** 150 bc/ 57.

X **Univers**, 11 pl. H.-de-Ville ☏ 62.76.58 – 🍽. 🆎 ⓞ 🇪 *VISA*   AY **r**
fermé dim. – **R** 55/85.

à Neuville St-Amand SE : 3 km par D 12 – BZ – ⊠ **02100** St-Quentin :

XXX ❀ **Château** (Meiresonne), ☏ 68.41.82, parc – 🅿. 🆎 ⓞ 🇪 *VISA*
fermé 2 au 21 août, 23 déc. au 1er janv., vacances de fév., dim. soir, lundi et merc.
soir – SC : **R** (prévenir) 110/200.
Spéc. Salade de confit de volaille au vinaigre de framboise, Terrine de sole au vin blanc de champagne, Ris de veau sauté aux graines de moutarde.

à Holnon par ⑦ : 6 km – ⊠ **02760** Holnon :

XX **Pot d'Étain**, ☏ 66.67.29, 🍴 – 🇪 *VISA*
R 70 bc/250 bc.

MICHELIN, Agence, 6 rte de Chauny BX ☏ 68.03.29

FIAT St-Quent'Auto, 92 av. des Fusillés-Fontaine-Notre-Dame ☏ 68.19.87
FORD Gar. Moderne, r. du Cdt-Raynal ☏ 67.14.90
OPEL Fiszel-Auto, 32 bd V.-Hugo ☏ 67.21.91
PEUGEOT-TALBOT Ets Favresse, 418 rte de Paris par ⑥ ☏ 62.34.23
RENAULT Gueudet, rte de Vermand par ⑦ ☏ 67.47.47

V.A.G. Gar. du Cambrésis, 98 r. A.-Dumas ☏ 62.45.43
VOLVO Ets Lesot, 52 av. Faidherbe ☏ 62.29.41

🔘 Joncourt-Pneus, 51 ter av. Gén.-de-Gaulle ☏ 62.59.37
Pneus-Lepilliez-Dubois, 3 pl. Basilique ☏ 62.33.30 et Zone Ind., r. de Picardie à Gauchy

ST-QUENTIN-SUR-LE-HOMME 50 Manche 59 ⑧ – rattaché à Avranches.

ST-RAMBERT-D'ALBON 26140 Drôme 77 ① – 4 062 h. alt. 144 – ◕ 75.
Paris 521 – Annonay 19 – La Côte-St-André 42 – St-Vallier 11 – Tournon 26 – Valence 50 – Vienne 29.

🏡 **Croix d'Or**, r. Nationale ☏ 31.00.35 – 📥wc 🛁wc ☎ 🅿. 🆎 🇪 *VISA*
➡ *fermé 8 au 25 août, 14 fév. au 1er mars et jeudi* – SC : **R** 48/105 – ☲ 16 – **11 ch**
88/170 – P 140/185.

CITROEN Gar. Cochard, ☏ 31.01.74
RENAULT Jay-Rolland, N 7 Chanas (Isère) ☏ 31.00.37

RENAULT Gar. Ortega, ☏ 31.01.49 🔊

ST-RAPHAËL 83700 Var 84 ⑧, 195 ㉝ G. Côte d'Azur – 24 310 h. – Casino Z – ◕ 94.
Voir Collection d'amphores★ dans le musée archéologique Y **M**.
🏌 de Valescure ☏ 52.16.58, NE par D 37 : 6 km – 🚅 ☏ 95.13.89.
🅘 Office de Tourisme (fermé dim. sauf matin en saison) et A.C. r. W.-Rousseau ☏ 95.16.87.
Paris 877 ③ – Aix-en-Provence 119 ③ – Cannes 43 ④ – ✦Marseille 131 ③ – ✦Toulon 96 ③.

Accès et sorties : voir plan de Fréjus

Plan page suivante

🏨 **Beau Séjour**, prom. Prés.-Coty ☏ 95.03.75, ≤, 🍴 – 📶 📥wc 🛁wc ☎. ⓞ *VISA*
1er fév.-24 oct. – SC : **R** 82/118 – ☲ 17 – **40 ch** 201/266 – P 225/280.   Z **m**

🏨 **Excelsior**, bd F.-Martin ☏ 95.02.42, ≤ – 📶 📥wc 🛁wc 🕮. 🆎 ⓞ 🇪 *VISA*   Z **h**
SC : **R** *(fermé sam. d'oct. à mai)* 79/180 – ☲ 23 – **40 ch** 120/270 – P 260/360.

🏨 **Europe et Gare** sans rest, 9 r. Amiral-Baux ☏ 95.42.91 – 📶 📥wc 🛁wc 🕮. 🆎 🇪
VISA 🐾   Y **v**
SC : ☲ 16,50 – **32 ch** 153/192.

🏨 **Pastorel**, 54 r. Liberté ☏ 95.02.36, 🍴 – 📥wc 🛁wc 🕮   Y **t**
➡ *1er fév. (rest.) 20 mars (hôtel) - 15 oct. et fermé lundi* – SC : **R** 50/110 – ☲ 13 –
30 ch 100/200.

tourner →

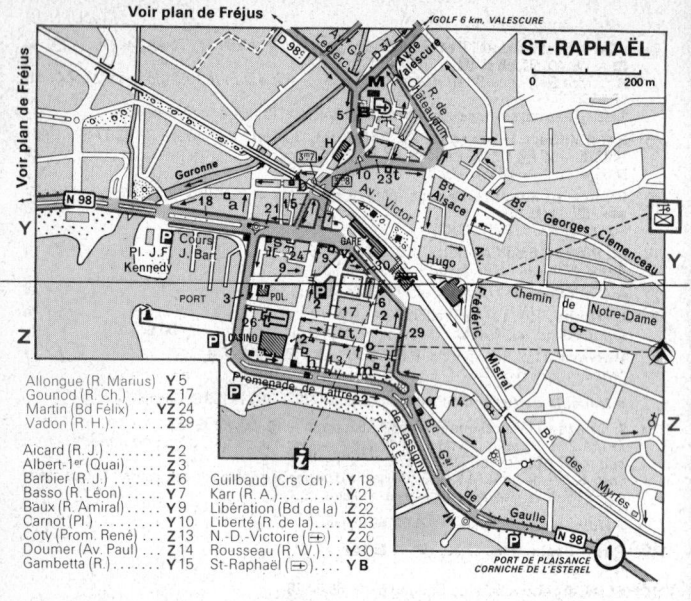

Voir plan de Fréjus

GOLF 6 km, VALESCURE

ST-RAPHAËL

0   200 m

PORT DE PLAISANCE
CORNICHE DE L'ESTEREL ①

Allongue (R. Marius) . . . . . . **Y** 5
Gounod (R. Ch.) . . . . **Z** 17
Martin (Bd Félix) . . . . **YZ** 24
Vadon (R. H.) . . . . **Z** 29

Aicard (R. J.) . . . . **Z** 2
Albert-1er (Quai) . . . . **Z** 3
Barbier (R. J.) . . . . **Z** 6
Basso (R. Léon) . . . . **Y** 7
Baux (R. Amiral) . . . . **Y** 9
Carnot (Pl.) . . . . **Y** 10
Coty (Prom. René) . . . . . . **Z** 13
Doumer (Av. Paul) . . . . . . **Z** 14
Gambetta (R.) . . . . **Y** 15

Guilbaud (Crs Cdt) . . **Y** 18
Karr (R. A.) . . . . **Y** 21
Libération (Bd de la) . **Z** 22
Liberté (R. de la) . . . . **Z** 23
N.-D.-Victoire (⇘) . . . **Z** 22
Rousseau (R. W.) . . . **Y** 30
St-Raphaël (⇘) . . . . . **Y** B

🏠 **Provençal** sans rest, 197 r. Garonne ☎ 95.01.52 – 🛏wc ⋒wc ☎. 🛠
   fin mars-fin oct. – SC : ⊐ 14 – **28 ch** 81/172.　　　　　　　　　　　**Y a**

🏠 **France** sans rest, pl. Galliéni ☎ 95.17.03 – 🛗 ⋒wc ☎
   fermé fin nov. à début janv. et dim. hors sais. – SC : ⊐ 18 – **28 ch** 176.　　**Y v**

🏠 **Sélect H.** sans rest, r. Boëtmann ☎ 95.06.22 – 🛏wc ⋒ ☎
   15 fév.-15 nov. – SC : ⊐ 15 – **19 ch** 66/176.　　　　　　　　　　　　　**Z t**

XXX **La Voile d'Or**, 1 bd Gén.-de-Gaulle ☎ 95.17.04, ≤, 🌫 – 🖭 ⓞ E 𝘝𝘐𝘚𝘈
   fermé 15 nov. au 23 déc. et merc. sauf le soir en juil. et août – SC : **R** 130/175.　**Z q**

XX **Sirocco**, 35 quai Albert 1er ☎ 95.39.99, ≤, 🌫 – 🖭 ⓞ E 𝘝𝘐𝘚𝘈
   fermé 20 nov. au 20 déc. et mardi du 15 sept. au 1er juin – SC : **R** 80/250.　　**Y s**

XX **Le Tisonnier**, 70 r. Garonne ☎ 95.28.51 – SC : **R** 77/105.　　　　　　**Y b**
   fermé 1er au 21 mai, 3 au 17 déc. et lundi

   au NE : 5 km par D 37 et rte Golf – ⊠ **83700** St-Raphaël :

🏨 **Golf H. de Valescure** 🅼 🗲, ☎ 52.01.57, Télex 461085, ≤, parc, 🌫, ⤥, 🎾 – 🛗
   🖂 ☎ ৬ 🅿 – ⚠ 40 à 60. 🖭 ⓞ E 𝘝𝘐𝘚𝘈 🛠 rest
   30 mars-15 oct. – SC : **R** carte environ 160 – **40 ch** ⊐ 274/374 – P 374/385.

🏨 **San Pedro** 🅼 🗲 sans rest, av. Colonel Brooke ☎ 52.10.24, parc – 🛗 🖂 🛏wc
   ☎ 🅿. 🖭 ⓞ 𝘝𝘐𝘚𝘈
   Pâques-fin oct. – SC : ⊐ 22 – **25 ch** 340/430.

   à Boulouris par ① : *5 km –* ⊠ **83700** St-Raphaël :

🏨 **Cap Boulouris** 🅼 🗲, ☎ 95.45.45, Télex 461558, ≤, 🌫, parc, ⤥ – 🛗 🖂 🛏wc
   ☎ ⇚ 🅿. 🖭 ⓞ E 𝘝𝘐𝘚𝘈 🛠 rest
   SC : **R** 120/190 – ⊐ 23 – **50 ch** 370 – P 714 (pour 2 pers.).

🏨 **La Potinière** 🅼 🗲, ☎ 95.21.43, 🌫, parc, ⤥, 🎾 – 🖂 🛏wc ☎ 🅿. 🖭 ⓞ 𝘝𝘐𝘚𝘈
   fermé 5 nov. au 20 déc. – SC : **R** (fermé jeudi du 1er oct. au 31 mai) 109/179 – ⊐ 25
   – **21 ch** 225/316, 4 appartements 385.

CITROEN Gar. Bacchi, 658 av. de Verdun par　　　FORD Gar. Vagneur, 142 av. Valescure ☎ 95.
D37 Y ☎ 52.27.36　　　　　　　　　　　　　　　　42.78
CITROEN Gd Gar. des Bains, 98 r. J.-Barbier
☎ 95.16.72

ST-RÉMY 21 Côte-d'Or 🖥🖥 ⑦ – rattaché à Montbard.

ST-RÉMY 79 Deux-Sèvres 🔲🔲 ① – rattaché à Niort.

Aux environs des grandes villes,
il est prudent de retenir sa table les samedis et dimanches.

Voir Hôtel de Sade : dépôt lapidaire★ B – Cloître★ de l'ancien monastère de St-Paul-de-Mausole par ③ – Les Antiques★★ : Mausolée★★, Arc municipal★, Ruines de Glanum★ 1 km par ③.

Env. ☆★★ de la Caume 7 km par ③.

🛈 Office de Tourisme pl. J.-Jaurès (fermé dim. et fêtes sauf matin en saison) ℡ 92.05.22.

Paris 709 ① – Arles 25 ④ – Avignon 21 ① – ◆Marseille 91 ② – Nîmes 42 ④ – Salon-de-Pr. 37 ②.

Lafayette (R.) 6

Commune (R.) 2
Favier (Pl.) 3
Hoche (R.) 4
Libération (Av.) . . 7
Mirabeau (Bd) 8
Nostradamus (R.) . 10
Parage (R.) 12
Résistance (Av.) . . 13

🏨🏨 **Château des Alpilles** Ⓜ ॐ sans rest, O : 2 km par D 31 ℡ 92.03.33, Télex 431487, parc, 🏊, ⚒ – 🛗
📺 ☎ 🅿. 🆎 ⓞ Ε 🆅🅸🆂🅰
1er avril-15 nov. – SC : ☲ 30 – **15 ch** 300/515.

🏨🏨 **Host. du Vallon de Valrugues** Ⓜ ॐ sans rest, Chemin Canto Cigalo par ② ℡ 92.04.40, Télex 431677, ≼, 🍴, ⚒, ℀ –
🛗 ☎ 🅿. 🆅🅸🆂🅰. 🛠
1er mars-3 nov. – SC : ☲ 34 – **24 ch** 312/342, 10 appartements 396/471.

🏨🏨 **Les Antiques** ॐ sans rest, 15 av. Pasteur **(e)** ℡ 92.03.02, « Beaux salons, parc, club hippique », 🏊 – 🅿. 🆎 ⓞ 🆅🅸🆂🅰
1er avril-oct. – SC : ☲ 32 – **27 ch** 260.

🏨 **Le Castelet des Alpilles**, pl. Mireille **(h)** ℡ 92.07.21, 🍴, ⚒ – 🛁wc
🚿wc ☎ 🅿 – 🔥 25. 🆎 ⓞ 🆅🅸🆂🅰
3 mars-15 nov. – SC : **R** 62/150 – ☲ 23 – **19 ch** 120/260 – P 300/360.

🏨 **Canto Cigalo** ॐ sans rest, chemin Canto Cigalo par ② ℡ 92.14.28, ≼, ⚒ – 🛁wc 🚿wc ☎ 🅿. 🛠
1er mars-1er nov. – SC : ☲ 16 – **20 ch** 150/190.

🏨 **Aub. Sant Roumierenco** ॐ, NE : 2 km par ② et rte Noves ℡ 92.12.53, ≼, 🍴, 🏊, ⚒, ℀ – 🛁wc 🚿wc ☎ 🅿. 🛠
SC : **R** *(fermé mardi, merc. et jeudi hors sais.)* 95/195 – ☲ 32 – **7 ch** 200/330 – P 295/520.

🏨 **Mas des Carassins** ॐ sans rest, 1 chemin Gaulois par ③ ℡ 92.15.48, ≼, ⚒ – 🛁wc 🚿wc ☎ 🅿.
SC : ☲ 25 – **10 ch** 155/270.

🏨 **Soleil** ॐ sans rest, av. Pasteur **(z)** ℡ 92.00.63, 🏊, ⚒ – 🛁wc 🚿wc ☎ 🚗 🅿. 🆅🅸🆂🅰. 🛠
fermé 19 nov. au 1er fév. – SC : ☲ 17 – **15 ch** 160/180.

🏨 **Van Gogh** ॐ sans rest, av. J.-Moulin par ② ℡ 92.14.02, 🏊, ⚒ – 🛁wc 🚿wc ☎ 🛠
15 fév.-15 nov. – SC : ☲ 16 – **18 ch** 150/180.

🏨 **Château de Roussan** ॐ sans rest, rte Tarascon par ④ : 2 km ℡ 92.11.63, ≼, « Demeure 18e s. dans un parc » – 🛁wc ☎ 🚗 🅿. 🛠
24 mars-24 oct. – SC : ☲ 27 – **12 ch** 200/350.

🏨 **Cheval Blanc** sans rest, 6 av. Fauconnet **(n)** ℡ 92.09.28 – 🛁wc 🚿wc ☎ 🅿
SC : ☲ 15 – **22 ch** 100/150.

🏠 **Arts**, 30 bd Victor-Hugo **(d)** ℡ 92.08.50 – 🛁wc ☎
◆ *fermé 1er au 10 nov., 1er au 27 fév. et merc. (sauf hôtel du 15 mars au 15 oct.)* – SC : **R** 50/95 ♨ – ☲ 17 – **16 ch** 86/166 – P 180/220.

🍴🍴 **Villa Glanum** avec ch, rte des Baux par ③ ℡ 92.03.59, 🍴, ⚒ – 🚿wc 🅿. 🆅🅸🆂🅰
fermé 1er déc. au 15 janv. – SC : **R** *(fermé lundi)* 75/140 ♨ – ☲ 17 – **8 ch** 130/145 – P 210/230.

🍴🍴 **Jardin de Frédéric**, 8 bd Gambetta **(k)** ℡ 92.27.76 – 🆅🅸🆂🅰
fermé 2 nov. au 20 déc. et mardi – SC : **R** 66/100.

à Maillane NO : 7 km par D 100 – ✉ **13910** Maillane :

🍴🍴 **Oustalet Maïanen**, ℡ 94.74.60, 🍴
◆ *1er mars-15 déc. et fermé dim. soir, lundi et le soir du 15 sept. au 30 juin* – SC : **R** 45/75 ♨.

tourner →

à St-Etienne-du-Grès par ④ : 9 km – ✉ **13150** St-Etienne-du-Grés :

XX **Aub du Grès,** ℡ 91.18.61
fermé 15 fév. au 20 mars et mardi – SC : **R** 59/130.

à Verquières par ②, D 30 et D 29 : 11 km – ✉ **13670** St. Andiol :

XX **Coupe Chou,** pl. Eglise ℡ 95.18.55, ☆ – ❀
fermé lundi et mardi sauf fêtes – SC : **R** (prévenir) 115 (sauf fêtes).

CITROEN Gar. des Alpilles, 22 bd Mirabeau ℡ 92.09.34
FORD Merklen, Zone d'activité ℡ 92.01.24
PEUGEOT, TALBOT Maurin, rte de Tarascon par ④ ℡ 92.13.16

RENAULT Gar. Cabassut, rte Tarascon par ④ ℡ 92.00.35
Gar. Jilliot, 29 av. Fauconnet ℡ 92.10.21

ST-RÉMY-LÉS-CHEVREUSE 78470 Yvelines ⑥⓪ ⑨⑩. ⑲⑥ ㉘. ⑩⑪ ㉜ G. Environs de Paris – 5 265 h. alt. 73 – ❀ 3.

❧ ❧ de Chevry 2, ℡ 012.40.33 SE : 4,5 km.

Paris 30 – Longjumeau 21 – Rambouillet 21 – Versailles 14.

XX ❀ **La Cressonnière** (Toulejbiez), ℡ 052.00.41, ☆ ♨ – AE ⓞ VISA
fermé vacances de fév., mardi et merc. – SC : **R** carte 160 à 230
Spéc. Cassolette de homard et filets de sole, Filets de lapereau au basilic (juin à oct.), Aiguillette de caneton bourguignonne.

TOYOTA Gar. du Claireau, ℡ 052.41.00

ST-RÉMY-SUR-DUROLLE 63550 P.-de-D. ⑦⑥ ⑥ G. Auvergne – 2 022 h. alt. 650 – ❀ 73.

Voir Calvaire ⁕⁕*.

Paris 395 – Chabreloche 12 – ◆Clermont-Ferrand 54 – Thiers 8,5.

✿ **Voyageurs,** ℡ 94.30.53 – ⓜwc ⊂⇒. VISA
→ *fermé déc.* – SC : **R** *(fermé sam. sauf juil.-août)* 40/65 – ☲ 13 – **9 ch** 59/99.

XX **Vieux Logis** avec ch, N : 3,5 km sur D 201 ℡ 94.30.78 – ⓜwc ❿
fermé 1er au 15 sept., fév., dim. soir et lundi – SC : **R** (nombre de couverts limité - prévenir) 55/90 – ☛ 14 – **4 ch** 100/110.

ST-RESTITUT 26 Drôme ⑧⑪ ① G. Vallée du Rhône – 630 h. alt. 150 – ✉ **26130** St-Paul-Trois-Châteaux – ❀ 75.

Voir Décoration* de l'église et belvédère ≼* 15 mn – Cathédrale* de St-Paul-Trois-Châteaux NO : 4 km.

Paris 637 – Bollène 9 – Montélimar 31 – Nyons 36 – Valence 74.

XX **Aub. des Quatre-Saisons** ⧉ avec ch, ℡ 04.71.88, « Maisons romanes aménagées en hostellerie », ☆ – ⊂⇒wc ⓜ ☎. AE ⓞ
fermé 15 nov. au 1er déc., 15 janv. au 1er fév., lundi soir hors sais. et mardi midi – SC : **R** 54/190 – ☲ 24 – **11 ch** 178/295 – P 420/510.

ST-ROMAIN-DE-LERPS 07 Ardèche ⑦⑦ ⑪ – rattaché à St-Péray.

ST-ROMAIN-EN-GAL 69 Rhône ⑦④ ⑪ – rattaché à Vienne.

ST-ROME-DE-CERNON 12490 Aveyron ⑧⓪ ⑬⑭ – 878 h. alt. 110 – ❀ 65.

Paris 648 – Lodève 58 – Millau 17 – Rodez 75 – St-Affrique 14 – Le Vigan 69.

✿ **Commerce,** ℡ 62.33.92 – ⓜ. ❀
fermé 23 déc. au 6 janv. – **R** 50/75 ♨ – ☲ 12 – **13 ch** 66/92 – P 100/120.

ST-SALVADOUR 19 Corrèze ⑦⑤ ⑨ – rattaché à Seilhac.

ST-SAMSON-DE-LA-ROQUE 27 Eure ⑤⑤ ④ – 292 h. alt. 72 – ✉ **27680** Quilleboeuf-sur-Seine – ❀ 32.

Voir Phare de la Roque ⁕* N : 2 km, G. Normandie.

Paris 179 – Beuzeville 12 – Bolbec 23 – Évreux 81 – ◆Le Havre 38 – Honfleur 21 – Pont-Audemer 13.

XXX **Relais du Phare,** pl. Église ℡ 57.61.68, ☆ – ❿. AE ⓞ E
fermé 16 janv. au 4 fév., lundi soir et mardi – SC : **R** 140/165.

ST-SATUR 18 Cher ⑥⑤ ⑫ – rattaché à Sancerre.

☞ *Pour être inscrit au **guide Michelin***
- pas de piston,
- pas de pot de vin !

ST-SATURNIN-D'APT 84490 Vaucluse 81 ⑭ **G. Provence** – 1 741 h. alt. 422 – ✆ 90.
Paris 739 – Apt 9 – Avignon 68 – Carpentras 40.

Voyageurs, ☎ 75.42.08 – ⋒wc ☎. AE VISA. ✻ ch
fermé janv. et merc. sauf juil. et août – SC : **R** 55/130 – ☕ 19 – **13 ch** 90/190 – P 200/240.

XX **St-Hubert,** ☎ 75.42.02
fermé juin, fév., dim. soir et lundi – SC : **R** *(dim. et fêtes prévenir)* 80/120.

ST-SAUD-LACOUSSIÈRE 24 Dordogne 72 ⑯ – 1 045 h. alt. 340 – ✉ **24470** St-Pardoux-la-Rivière – ✆ 53.
Paris 450 – Brive-la-Gaillarde 113 – Châlus 23 – ♦Limoges 58 – Nontron 16 – Périgueux 68.

XX **Host. St-Jacques** avec ch, ☎ 56.97.21, « Terrasse et jardin fleuri », ⛱, ✻ – ⌂wc ☎ Ⓟ
avril-fin sept. et fermé lundi hors sais. ; dim. et fêtes ouvert toute l'année – SC : **R** 41/150 – ☕ 18,50 – **14 ch** 120/168 – P 190/220.

ST-SAUVEUR-LA-SAGNE 63 P.-de-D. 76 ⑥ – 139 h. alt. 814 – ✉ **63220** Arlanc – ✆ 73.
Paris 462 – Ambert 26 – Brioude 45 – ♦Clermont-Ferrand 111 – Issoire 51 – Le Puy 59.

La Dore, ☎ 72.40.16, ≤, ⛱ – Ⓟ. ✻ rest
1er juil.-20 sept. – SC : **R** (dîner seul. pour résidents) 50 ⅓ – ☕ 12 – **26 ch** 68/80.

ST-SAUVEUR-LES-BAINS 65 H.-Pyr. 85 ⑱ – rattaché à Luz-St-Sauveur.

ST-SAUVEUR-LE-VICOMTE 50390 Manche 54 ② **G. Normandie** – 2 236 h. alt. 30 – ✆ 33.
ℹ Syndicat d'Initiative à la Mairie (fermé dim. et lundi) ☎ 41.60.26.
Paris 339 – Barneville-Carteret 19 – Carentan 31 – ♦Cherbourg 35 – Coutances 40 – St-Lô 55.

XX **Aub. Vieux Château,** ☎ 41.60.15, ⛱ – Ⓟ. E
fermé 15 déc. au 15 janv., dim. soir et lundi hors sais. – SC : **R** 45/100.

CITROEN Gar. Jacqueline, ☎ 41.60.41
PEUGEOT-TALBOT Gar. du Vieux Château, ☎ 41.61.18 N
RENAULT Gar. Maignan, ☎ 41.65.34

ST-SAVIN 38 Isère 74 ⑬ – rattaché à Bourgoin-Jallieu.

ST-SAVIN 65 H.-Pyr. 85 ⑰ – rattaché à Argelès-Gazost.

ST-SAVIN 86310 Vienne 68 ⑮ **G. Côte de l'Atlantique** – 1 058 h. alt. 83 – ✆ 49.
Voir Église abbatiale★★ : Peintures murales★★★ – Pont-Vieux ≤★.
Paris 317 – Le Blanc 19 – Poitiers 41.

La Grange, rte d'Antigny ☎ 48.07.06, ⛱ – ⌂wc ⋒
fermé oct. et lundi sauf du 1er juil. au 30 sept. – SC : **R** 45/140 – ☕ 15 – **9 ch** 85/95.

CITROEN Gar. Central, ☎ 48.00.23

ST-SAVINIEN 17350 Char.-Mar. 71 ④ **G. Côte de l'Atlantique** – 2 299 h. alt. 15 – ✆ 46.
Env. Château de la Roche Courbon★ et Jardins★ : ≤★★ SO : 10 km.
ℹ Syndicat d'Initiative pl. des Halles (15 juin-15 sept. et fermé dim.) ☎ 90.21.07.
Paris 459 – Rochefort 28 – La Rochelle 60 – St-Jean-d'Angély 15 – Saintes 19 – Surgères 30.

X **L'Auberge,** ☎ 90.20.79
fermé nov. au 15 déc. et merc. sauf fériés – SC : **R** 45 (sauf sam. soir)/120 ⅓.

CITROEN Gar. Roy, ☎ 90.21.12 N
RENAULT Garnier, ☎ 90.20.24

ST-SÉBASTIEN-SUR-LOIRE 44 Loire-Atl. 67 ③ – rattaché à Nantes.

ST-SERNIN-SUR-RANCE 12380 Aveyron 80 ⑫ **G. Causses** – 636 h. alt. 290 – ✆ 65.
Paris 694 – Albi 50 – Cassagnes-Bégonhès 58 – Castres 75 – Lacaune 30 – Rodez 83 – St-Affrique 32.

France, ☎ 99.60.26, ≤, ⛱ – ⌂wc ⋒wc ☎ Ⓟ – 🏛 80. AE ◑ E VISA
fermé dim. soir et lundi du 1er nov. au 1er avril – SC : **R** 50/154 ⅓ – ☕ 15,50 – **20 ch** 80/168 – P 140/180.

CITROEN Gar. Bardy, ☎ 99.61.61

ST-SERVAN-SUR-MER 35 I.-et-V. 59 ⑥ – rattaché à St-Malo.

ST-SEURIN-DE-CURSAC 33 Gironde 71 ⑦ – rattaché à Blaye.

STS-GEOSMES 52 H.-Marne 66 ③ – rattaché à Langres.

ST-SEVER 40500 Landes **78** ⑥ G. Pyrénées – 4 800 h. alt. 102 – ✪ 58.

Voir Chapiteaux★ de l'église.

🛈 Syndicat d'Initiative pl. Tour du Sol (15 juin-15 sept. et fermé dim. après-midi) ℡ 76.00.10.

Paris 740 – Aire-sur-l'Adour 32 – Dax 48 – Mont-de-Marsan 17 – Orthez 37 – Pau 69 – Tartas 23.

  🏠 ✿ **Relais du Pavillon** (Dumas) Ⓜ, au N : 2 km D 933 ℡ 76.20.22, 🌳 – 🍽 rest
    📺wc 🛏wc ☎ 🅿 AE ⓞ E VISA
    fermé dim. soir du 1er nov. au 30 avril – SC : **R** 80/140 – ☑ 20 – **14 ch** 120/180
    Spéc. Foie de canard en terrine, Foie de canard aux pommes, Brochette gourmande. Vins Madiran, Tursan.

  🏠 **France et Ambassadeurs**, pl. Cap-du-Pouy ℡ 76.00.01 – 📺wc 🛏 🚗 – 🛇
  ➝ 30
    fermé oct., dim. soir et lundi – SC : **R** 37/141 🍷 – ☑ 13,50 – **22 ch** 38/85.

PEUGEOT Junca, ℡ 76.02.95   RENAULT Gar. Cazenave, ℡ 76.00.19

ST-SORLIN-D'ARVES 73 Savoie **77** ⑥⑦ G. Alpes – 309 h. alt. 1 550 – ✉ 73530 St-Jean-d'Arves – ✪ 79.

Voir Site★ de l'église de St-Jean-d'Arves SE : 2,5 km.

Env. Col de la Croix de Fer ※★★ O : 7,5 km – Col du Glandon ≤★ puis Combe d'Olle★★ O : 10 km.

Paris 644 – Albertville 80 – Le Bourg-d'Oisans 44 – Chambéry 91 – St-Jean-de-Maurienne 20.

  🏠 **Chardon Bleu** ⑤, ℡ 59.71.47, ≤ – 📺 🛏 🐎 🅿 ❀ ch
    20 juin-31 août et 10 déc.-17 avril – **R** 70/100 – ☑ 25 – **29 ch** 100/130 – P 160/220.

ST-SULPICE-SUR-LÈZE 31 Hte-Garonne **82** ⑰ – 1 264 h. alt. 198 – ✉ 31410 Noé – ✪ 61.

Paris 744 – Auterive 13 – Foix 52 – St-Gaudens 61 – ♦ Toulouse 35.

  XX **La Commanderie**, pl. H. de Ville ℡ 87.57.19, ≤, 🌤, 🌳 – AE ⓞ VISA
    fermé 1er au 15 sept., lundi soir et mardi – SC : **R** 63/170.

ST-SYLVAIN 14 Calvados **54** ⑯ – 903 h. alt. 48 – ✉ 14190 Grainville-Langannerie – ✪ 31.

Paris 245 – ♦Caen 20 – Falaise 20 – Lisieux 41 – St-Pierre-sur-Dives 13.

  XX **Aub. Crémaillère**, ℡ 78.11.18
    fermé 1er au 15 juil. et merc. – SC : **R** (déj. seul. sauf été et week-end) 80/150.

ST-SYMPHORIEN-DE-LAY 42470 Loire **73** ⑧ – 1 544 h. alt. 480 – ✪ 77.

Paris 409 – ♦Lyon 69 – Montbrison 59 – Roanne 17 – ♦St-Étienne 67 – Thizy 17.

  🏠 **Poste**, N 7 ℡ 64.75.35 – 🛏 🅿 ❀ ch
    fermé oct. et mardi sauf juil. à sept. – **R** 50/70 🍷 – ☑ 12 – **10 ch** 70/110.

  à Neaux NO : 3 km sur N 7 – ✉ 42470 St-Symphorien-de-Lay :

  XX **Relais de l'Ecoron** avec ch, ℡ 64.78.60
  ➝ *fermé 12 nov. au 3 déc., mardi soir et merc.* – SC : **R** 48/150 🍷 – ☛ 10 – **5 ch** 60/65
    – P 120.

ST-SYMPHORIEN-DE-MARMAGNE 71 S.-et-L. **69** ⑦⑧ – rattaché à Marmagne.

ST-THÉGONNEC 29223 Finistère **58** ⑥ G. Bretagne – 2 133 h. alt. 112 – ✪ 98.

Voir Enclos paroissial★★.

Env. Enclos paroissial★★ de Guimiliau SO : 7,5 km.

Paris 549 – Châteaulin 52 – Landivisiau 12 – Morlaix 12 – Quimper 73 – St-Pol-de-Léon 23.

  XX **Aub. St-Thégonnec** avec ch, pl.Mairie ℡ 79.61.18, 🌳 – 🛏 🐎 ❀ rest
    fermé 15 déc. au 1er janv., lundi soir et mardi hors sais., en saison lundi midi seul. –
    SC : **R** 52/170 – ☑ 15 – **8 ch** 80/147 – P 128/216.

ST-THIBAULT 18 Cher **65** ⑫⑬ – rattaché à Sancerre.

ST-TROJAN-LES-BAINS 17 Char.-Mar. **71** ⑭ – voir à Oléron (Ile d').

Participez à notre effort permanent
de mise à jour

Adressez-nous vos remarques
et vos suggestions.

Cartes et guides Michelin
46 avenue de Breteuil - 75341 Paris Cedex 07

Voir Musée de l'Annonciade★★ – Port★ – Môle Jean Réveille ≼★ – Citadelle★ : ≼★
des remparts, ☀★★ du donjon – Chapelle Ste-Anne ≼★ S : 4 km par ① et D 93.

🛈 Office de Tourisme quai Jean-Jaurès (fermé dim. sauf matin en saison) ⏂ 97.41.21.

Par ① : Paris 878 – Aix-en-Provence 120 – Brignoles 63 – Cannes 75 – Draguignan 50 – ♦Toulon 69.

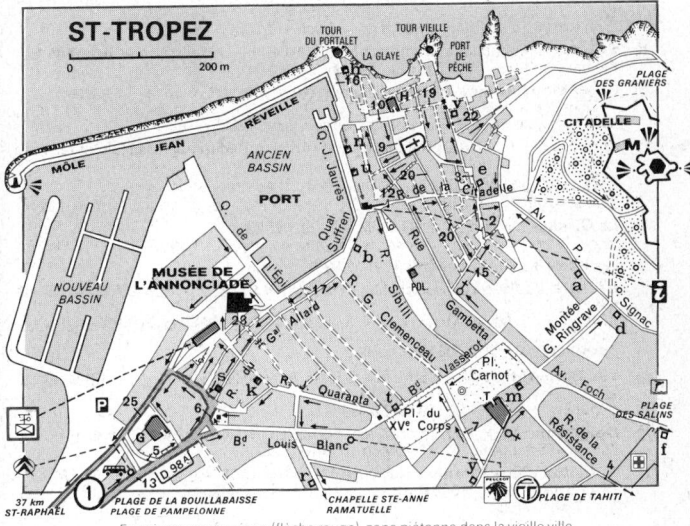

En saison : sens unique (flèche rouge), zone piétonne dans la vieille ville.

Aire-du-Chemin (R.) 2	Guichard (R. du Cdt) 9	Péri (Quai Gabriel) 17
Aumale (Bd d') 3	Hôtel-de-Ville (Pl. de l') 10	Ponche (R. de la) 19
Belle-Isnarde (Ch. de la) 4	Laugier (R. V.) 12	Portail-Neuf (R. du) 20
Blanqui (Pl. Auguste) 5	Leclerc (Av. Maréchal) 13	Remparts (R. des) 22
Croix-de-Fer (Pl. de la) 6	Miséricorde (R.) 15	Seillon (R.) 23
Grangeon (Av.) 7	Mistral (Quai Frédéric) 16	11-Novembre (Av. du) 25

🏛️ ✿ **Byblos** Ⓜ 🦢, av. P.-Signac (d) ⏂ 97.00.04, Télex 470235, ≼, « Demeures
provençales richement meublées », 🏊, – 🔋🗐 📺 ☎ 🕳 🅿 – 🚗 130. 🖭 ⓸ 🆅🅸🆂🅰
12 avril.-31 oct. – **R** 230 – ➟ 65 – **40 ch** 830/1 350, 19 appartements
Spéc. Gâteau de homard, Mignonnettes d'agneau, Tarte chaude amandine aux poires.

🏛️ **Résidence de la Pinède** Ⓜ 🦢, à la plage de la Bouillabaisse par ① : 1 km ⏂
97.04.21, Télex 470489, ≼, 🏊, 🦺 – 🗐 ch 📺 ☎ 🕭 🅿. 🖭 ⓸ 🆅🅸🆂🅰. 🕷 rest
avril-oct. – SC : **R** 185/200 – **35 ch** ➟ 700/1 100, 5 appartements.

🏛️ **La Mandarine** Ⓜ 🦢, rte de Tahiti ⏂ 97.21.00, ≼, 🏊 – 🕳 ☎ 🅿. 🖭 ⓸ 🆅🅸🆂🅰
14 avril-7 oct. – SC : **R** carte 180 à 245 – **40 ch** ➟ 590/1 050.

🏨 **Yaca** Ⓜ sans rest, 1-3 bd Aumale **(e)** ⏂ 97.11.79, 🏕️, 🏊 – 🗐 📺 ☎. 🖭 ⓸ 🆅🅸🆂🅰
1er avril-30 sept. – SC : **22 ch** ➟ 410/780.

🏨 **Résidence des Lices** Ⓜ sans rest, **(y)** ⏂ 97.28.28, 🏊, 🏕️ – ☎ 🅿. 🖭 ⓸ 🅴 🆅🅸🆂🅰
1er avril-15 oct. – SC : ➟ 25 – **38 ch** 220/450.

🏨 **Levant** Ⓜ 🦢, rte Salins : 2,5 km ⏂ 97.33.33, ≼, « Beau jardin », 🏊 – ☎ 🅿. 🖭
⓸ 🆅🅸🆂🅰
23 mars-16 oct. – SC : **R** grill carte environ 120 🍷 – ➟ 32 – **28 ch** 480.

🏨 **Pré de la Mer** Ⓜ 🦢 sans rest, 2,5 km par rte des Salins ⏂ 97.12.23, 🏕️ –
cuisinette 🛏️wc ☎ 🕭 🅿
1er avril-1er nov. et Noël-2 janv. – SC : ➟ 33 – **11 ch** 375/420.

🏨 **La Tartane** Ⓜ 🦢, rte des Salins 3 km ⏂ 97.21.23, ≼, « Jardin », 🏊, 🎾 – 🗐
🛏️wc ☎ 🕭 🅿. 🆅🅸🆂🅰
15 mars-31 oct. – SC : **R** snack (déj. seul.) – ➟ 32 – **12 ch** 345/450.

🏨 **La Ponche** Ⓜ, pl. Rèvelin **(v)** ⏂ 97.02.53 – 🔋🗐 ch 📺 🛏️wc 🕮wc 🕾
1er avril-1er oct. – SC : **R** 96/200 – **23 ch** ➟ 230/460.

🏨 **Lou Troupelen** 🦢 sans rest, chemin des Vendanges **(f)** ⏂ 97.44.88, 🏕️ –
🛏️wc 🕮wc ☎ 🕭 🅿. ⓸ 🆅🅸🆂🅰
1er avril-15 oct. – SC : ➟ 26 – **43 ch** 191/268.

🏨 **Les Capucines** 🦢 sans rest, quartier Treizain par ① : 2 km ⏂ 56.05.46, 🏊, 🏕️
– 🗐 🛏️wc 🕮wc ☎ 🅿. 🖭 ⓸ 🅴 🆅🅸🆂🅰. 🕷
1er avril-15 oct. – SC : ➟ 25 – **22 ch** 220/580.

🏨 **Ermitage** sans rest, av. P.-Signac **(a)** ↗ 97.52.33, ≤, 🚗 – 📺wc 🛁wc ☎ 🅿. ⓪
fin mars-fin oct. – SC : ⌷ 23 – **29 ch** 200/285.

🏨 **Palmiers** sans rest, 26 bd Vasserot **(t)** ↗ 97.01.61, 🚗 – 📺wc 🛁wc ☎ ᴔ
SC : ⌷ 22 – **22 ch** 120/220.

🏨 **Lou Cagnard** ⤢ sans rest, av. P.-Roussel **(r)** ↗ 97.04.24, 🚗 – 📺wc 🛁wc ☎
🅿
fermé 15 nov. au 22 déc. – SC : ⌷ 15 – **19 ch** 118/192.

🏨 **Sube** sans rest., 15 quai Suffren **(b)** ↗ 97.30.04, ≤ – 📺wc 🛁wc ☎. ﷼ ⓪ ᴇ 𝗩𝗜𝗦𝗔
1er mars-1er nov. – SC : **26 ch** 120/385.

✕✕✕ ✿ **Leï Mouscardins**, extrémité du port **(h)** ↗ 97.01.53, ≤ golfe – ▤ 𝗩𝗜𝗦𝗔
1er fév.-1er nov. – **R** carte 150 à 210
Spéc. Langouste grillée, Bouillabaisse, Capoun farci. Vins Gassin.

✕✕ Aub. des Maures, 4 r. Dr Boutin **(k)** ↗ 97.01.50, « Décoration originale et terrasse ombragée » – sais.

✕✕ **L'Escale**, quai J.-Jaurès **(n)** ↗ 97.00.63, ≤ – ▤
1er mars-1er oct. – **R** carte 120 à 175.

✕✕ **Le Girelier**, au port **(u)** ↗ 97.03.87, ≤ – ▤. ﷼ ⓪
fermé 11 nov. au 10 janv. et mardi du 10 janv. au 1er juil. – **R** 60/84.

✕✕ Les Lices, 3 pl. des Lices **(m)** ↗ 97.29.00.

✕ **Laétitia-La Frégate** avec ch, 52 r. Allard **(s)** ↗ 97.04.02 – 📺wc 🛁wc ☎. ﷼ ⓪
𝗩𝗜𝗦𝗔
avril-fin oct. – SC : **R** (fermé merc. sauf juil. à sept.) 86/126 – ⌷ 21 – **16 ch** 210/280.

par ① et D 93 – ⊠ 83350 Ramatuelle :

🏨 **Les Bergerettes** Ⓜ ⤢ sans rest, à 5 km ↗ 97.40.22, ≤, parc, ⤢ – 📺 ☎ 🅿. ﷼
𝗩𝗜𝗦𝗔
début avril-mi-oct. – SC : **29 ch** ⌷ 450/500.

🏨 **Dei Marres** Ⓜ ⤢ sans rest, à 3 km ↗ 97.26.68, ≤, 🚗 – 📺wc 🛁wc ☎ 🅿
15 mars-15 oct. – SC : ⌷ 30 – **24 ch** 150/410.

✕✕ **Aub. des Vieux Moulins** avec ch, à 4 km ↗ 97.17.22 – 📺wc ☎ 🅿. ﷼ ⓪ 𝗩𝗜𝗦𝗔
Pentecôte-15 sept. – SC : **R** (dîner seul.) (fermé merc. en mai et juin) 150/200 – ⌷
33 – **7 ch** 110/380.

Ouest par ① : 3,5 km – ⊠ 83990 St-Tropez :

🏨 **Mas de Chastelas** Ⓜ ⤢, ↗ 56.09.11, parc, ᴔ, « Ancienne magnanerie au milieu des vignobles », ⤢, ✖ – 📺 ☎ 🅿. ﷼ ⓪ 𝗩𝗜𝗦𝗔. ✖ rest
début avril-fin sept. – SC : **R** (dîner seul.) (déj. snack pour résidents) 200 – ⌷ 40 –
21 ch 420/700, 10 appartements.

à la Plage de Tahiti SE : 4 km – ⊠ 83350 Ramatuelle :

🏨 **La Figuière** Ⓜ ⤢, ↗ 97.18.21, ≤, ⤢, 🚗, ✖ – ☎ 🅿. ✖
14 avril-30 sept. – SC : **R** Grill carte environ 120 – **43 ch** ⌷ 320/480.

🏨 **St-Vincent** Ⓜ ⤢ sans rest, ↗ 97.36.90, ≤, ⤢ – 📺 ☎ 🅿
1er avril-30 oct. – SC : **15 ch** ⌷ 400/450.

🏨 **St-André** Ⓜ ⤢ sans rest, ↗ 97.21.54, 🚗 – 📺wc ᴔ 🅿. ✖
12 avril-30 oct. – SC : ⌷ 21 – **28 ch** 230/320.

🏨 **La Ferme d'Augustin** ⤢ sans rest, ↗ 97.18.12, ≤, 🚗 – 📺wc ᴔ 🅿
15 avril-oct. – SC : ⌷ 25 – **35 ch** 235/340.

CITROEN Azzena, à Gassin ↗ 56.10.38   PEUGEOT-TALBOT Gar. L.-Blanc, bd L.-Blanc
↗ 97.00.03

ST-USUGE 71 S.-et-L. 🔟 ⑬ – rattaché à Louhans.

ST-VAAST-LA-HOUGUE 50550 Manche 🟦 ③ G. Normandie – 2 359 h. – ✪ 33.

📍 de Fontenay-sur-Mer ↗ 41.28.13 S : 16 km.

🅱 Office de Tourisme Quai Vauban (15 juin-15 sept.) ↗ 54.41.37.

Paris 350 – Carentan 40 – ◆Cherbourg 30 – St-Lô 68 – Valognes 17.

🏨 **France et Fuchsias**, r. Mar.-Foch ↗ 54.42.26, 🚗 – 📺wc 🛁wc ᴔ. ⓪ 𝗩𝗜𝗦𝗔
◆ fermé 10 janv. au 20 fév. et lundi du 1er sept. au 31 mai sauf vac. scolaires – SC : **R**
50/148 – ⌷ 20 – **17 ch** 80/190 – .P 180/200.

PEUGEOT Gar. du Port, ↗ 54.43.64 🆖 ↗ 54.11.33

ST-VALÉRIEN 89150 Yonne 🟦① ⑬ – 1 437 h. – ✪ 86.

Paris 112 – Auxerre 63 – Nemours 32 – Sens 14.

✕✕ **Gatinais**, ↗ 88.62.78
fermé 1er au 20 sept., 1er au 20 fév., mardi et merc. – SC : **R** 68 (sauf sam.)/170.

PEUGEOT-TALBOT Gar. Février, ↗ 88.61.05

ST-VALÉRY-EN-CAUX 76460 S.-Mar. 52 ③ G. Normandie (plan) – 5 814 h. – Casino – ✪ 35.

Voir Falaise d'Aval ≤★ O : 15 mn.

🄵 Office de Tourisme pl. H. de Ville (avril-oct. et fermé merc.) ⌂ 97.00.63.

Paris 198 – Bolbec 42 – Dieppe 32 – Fécamp 32 – ♦Rouen 59 – Yvetot 30.

 🏨 **Terrasses,** sur plage ⌂ 97.11.22, ≤ – ➡️wc ⋔wc ☎. **E**
   fermé 15 déc. au 30 janv. et vend. – SC : **R** 73/132 – ⛱ 18,50 – **12 ch** 112/196.

 🏨 **Bains,** pl. Marché ⌂ 97.04.32 – ✁ ch
   fermé 1er déc. au 15 fév., lundi (sauf hôtel) et dim. soir – SC : **R** 55/80 – ⛱ 14 –
   14 ch 70/125 – P 140/165.

 XX **Port,** ⌂ 97.08.93, ≤ – *VISA*
   fermé 20 sept. au 10 oct., 20 déc. au 6 janv., vacances de fév., dim. soir de nov. à
   mars, jeudi soir et lundi – SC : **R** 73/128.

 X **Pigeon Blanc,** près vieille Église ⌂ 97.03.55, 🌿 – *VISA*
   fermé 10 janv. au 10 fév. et vend. – SC : **R** 42/99 ♨.

CITROEN Soudé, ⌂ 97.01.88

ST-VALLIER 26240 Drôme 77 ① G. Vallée du Rhône – 4 556 h. alt. 138 – ✪ 75.

Voir Défilé de St-Vallier★ SO.

Paris 531 – Annonay 21 – ♦St-Étienne 61 – Tournon 15 – Valence 33 – Vienne 40.

 XX **Terminus,** 116 av. J.-Jaurès, rte de Lyon ⌂ 23.01.12 – **AE** ⓞ **E** *VISA*
   fermé 5 au 22 août, vacances de fév., mardi soir et merc. – SC : **R** 80/200 ♨.

 XX **Voyageurs** avec ch, 2 av. J.-Jaurès ⌂ 23.04.42 – 🍴 rest ➡️wc ⋔ ☎ 🚗 – 🛁
   30. **AE** ⓞ *VISA*
   fermé 5 au 27 juin, 10 au 19 janv., dim. soir et lundi – SC : **R** (nombre de couverts
   limité - prévenir) 70/200 – ⛱ 16 – **9 ch** 96/132.

CITROEN Gar. de la Brassière, ⌂ 23.02.65 **N**   RENAULT Martin-Nave, ⌂ 23.13.34
PEUGEOT-TALBOT Gar. Sud St-Val, ⌂ 23.   RENAULT Gar. Trouiller, ⌂ 23.07.78
22.79

ST-VALLIER-DE-THIEY 06460 Alpes-Mar. 84 ⑧, 195 ㉓ G. Côte d'Azur – 931 h. alt. 724 – ✪ 93.

Voir Pas de la Faye ≤★★ NO : 5 km – Col de la Lèque ≤★ SO : 5 km.

Paris 930 – Cannes 29 – Castellane 51 – Draguignan 61 – Grasse 12 – ♦Nice 51.

 🏨 **Le Préjoly,** ⌂ 42.60.86, 🌿, 🌳 – ➡️wc ⋔wc ☎. **AE** ⓞ **E** *VISA*
   fermé 1er déc. au 1er fév. et mardi de fév. à mai – **R** 50/120 – ⛱ 18 – **20 ch** 120/200
   – P 200/250.

ST-VÉRAN 05490 H.-Alpes 77 ⑱ G. Alpes – 275 h. alt. 2 040 : la plus haute commune d'Europe –
Sports d'hiver : 2 040/2 700 m ✂6, 🎿 – ✪ 92.

Voir Village★★.

🄵 Syndicat d'Initiative (fermé sam. et dim. hors sais.) ⌂ 45.82.21.

Paris 748 – Briançon 51 – Guillestre 32.

 🏨 **Grand Tétras** M 🌳, ⌂ 45.82.42, ≤ – ➡️wc ⋔wc ☎ **P**
   17 juin-10 sept. et 18 déc. – *vacances de printemps* – SC : **R** 45/70 ♨ – ⛱ 20 –
   21 ch 118/198 – P 205/265.

ST-VINCENT-DE-MERCUZE 38 Isère 77 ⑤ – 757 h. alt. 346 – ✉ 38660 Le Touvet – ✪ 76.

Paris 588 – Allevard 16 – Chambéry 27 – ♦Grenoble 39.

 🏨 Aub. St-Vincent 🌳, ⌂ 08.46.97 – ⋔wc ☎ **P**
   18 ch.

ST-VINCENT-DE-TYROSSE 40230 Landes 78 ⑰ G. Côte de l'Atlantique – 4 474 h. alt. 23
– ✪ 58.

Paris 745 – ♦Bayonne 25 – Dax 24 – Mont-de-Marsan 72 – Pau 95 – Peyrehorade 24.

 🏨 **Côte d'Argent** 🌳, rte Hossegor ⌂ 77.02.16, 🌿 – 🉑 ➡️wc ⋔wc ☎ 🚗 **P**
   fermé 15 déc. au 15 janv. – SC : **R** (fermé sam. et dim. du 1er oct. au 31 mai) (dîner
   résidents seul.) 50/78 ♨ – ⛱ 12 – **22 ch** 100/130.

 🏨 **Touristes,** N 10 (face arènes) ⌂ 77.03.28, 🌿 – ➡️wc ⋔wc ☎ 🚗 **P**
   fermé 10 déc. au 10 janv. et sam. du 1er nov. au 31 janv. – SC : **R** 50/130 ♨ – 🍴 12 –
   10 ch 58/135.

 XXX ✿ **Le Hittau** (Dando), ⌂ 77.11.85, « Ancienne bergerie dans un jardin fleuri » –
   P. **AE** ⓞ *VISA*
   fermé 15 fév. au 15 mars, lundi (sauf le soir en juil.-août) et dim. soir – SC : **R** carte
   130 à 210 ♨.
   Spéc. Saumon frais (fév. à fin août), Foie chaud au vinaigre de Xérès, Escalopines de canard au
   poivre vert. **Vins** Madiran, Rosé du Béarn.

RENAULT Darrigade, ⌂ 77.03.33 **N**   🛞 Comptoir Landais Pneu, ⌂ 77.00.88

ST-VINCENT-DU-LOROUËR 72 Sarthe 🔟 ④ **G. Châteaux de la Loire** – 791 h. alt. 84 – ⌧ 72150 Le Grand Lucé – ☎ 43.

Paris 222 – La Flèche 54 – ♦Le Mans 32 – ♦Tours 54 – Vendôme 55.

   XX **Aub. Hermitière,** aux sources de l'Hermitière : SO par D 304 et D 137 ☎ 44.84.45, 🍴, 🗐 – ❶, ﹏﹏ ①
      fermé janv., fév., jeudi du 1er oct. au 1er avril, mardi et merc. – SC : **R** 70/140.

CITROEN Gar. Gérault, ☎ 44.84.01

ST-VINCENT-SUR-JARD 85 Vendée 🔟 ⑪ **G. Côte de l'Atlantique** – 528 h. alt. 10 – ⌧ 85520 Jard-sur-Mer – ☎ 51.

🄳 Syndicat d'Initiative r. Clemenceau (juil.-août) ☎ 90.42.06.

Paris 447 – Challans 67 – Luçon 32 – La Roche-sur-Yon 33 – Les Sables-d'Olonne 22.

   🄰 **Bon Accueil** (annexe La Résidence 🏠 ⅀ 16ch ﹏﹏wc), pl. Église ☎ 33.41.88
      – ﹏﹏wc ❶ – 🅰 30. ﹏﹏ ① **E**
      1er avril-20 sept. – SC : **R** 70/140 🖢 – ⌷ 16 – **35 ch** 70/140.

   🄰 **Océan** ⅀, S : 1 km (près maison de Clémenceau) ☎ 33.40.45 – ﹏﹏wc ﹏﹏wc ❶.
 ◆   ①
      fermé 15 nov. au 15 fév. et jeudi sauf du 1er avril au 10 juil. (rest) au 31 août (hôtel) –
      SC : **R** 42/130 🖢 – ⌷ 14,50 – **30 ch** 80/140 – P 150/195.

   X **Chalet St Hubert** avec ch (annexe 10 ch), rte Jard ☎ 33.40.33 – ﹏﹏wc ﹏﹏wc ❶.
 ◆   ﹏﹏ ①
      fermé 11 nov. au 20 déc., vacances de fév., mardi soir et merc. hors sais. – SC : **R**
      35/110 – ⌷ 14,50 – **20 ch** 75/160 – P 128/170.

ST-VIT 25410 Doubs 🔟 ⑭⑮ – 2 419 h. alt. 251 – ☎ 81.

Paris 392 – ♦Besançon 18 – Dole 28 – Gray 39 – Pontailler-sur-Saône 40 – Salins-les-Bains 37.

   XX **Soleil d'Or** avec ch, ☎ 87.71.40, 🗐 – ﹏﹏ ﹏. 🍴 ch
      fermé 20 au 29 juin, 24 déc. au 1er fév., lundi soir sauf juil.-août et mardi – SC : **R**
      55/165 🖢 – ⌷ 18 – **7 ch** 93/180.

   XX **Le Tisonnier,** E : 5 km rte Besançon ☎ 55.10.01 – ❶
      fermé 1er au 20 juil. et mardi – SC : **R** 60 bc/90.

CITROEN Faivre-Naudot, ☎ 55.13.33 🔃 ☎ 87.71.53

ST-VRAIN 91770 Essonne 🔟 ⑩, 🔟🔟 ㊸ – 2 295 h. alt. 60 – ☎ 6.

Voir Parc animalier et de loisirs ★, G. Environs de Paris.

Paris 41 – Corbeil-Essonnes 16 – Étampes 23 – Melun 31.

   XX **Host. de St-Caprais** avec ch., r. St-Caprais ☎ 456.15.45, 🍴, 🗐 – ﹏﹏wc. ﹏﹏
      fermé 15 au 31 juil. et 15 au 30 nov. – SC : **R** *(fermé lundi)* 72/125 – ⌷ 25 – **6 ch**
      150/170.

ST-WANDRILLE-RANÇON 76 S.-Mar. 🔟🔟 ⑤ – 1 184 h. alt. 25 – ⌧ 76490 Caudebec-en-Caux
– ☎ 35.

Voir Abbaye★★ (chant grégorien), G. Normandie.

Paris 167 – Barentin 18 – Duclair 15 – Lillebonne 20 – ♦Rouen 35 – Yvetot 14.

   XX **Aub. Deux Couronnes,** ☎ 96.11.44, « Maison normande ancienne » – **E** ﹏﹏
      fermé 3 au 16 sept., 1er au 21 fév., dim. soir et lundi – SC : **R** 58/108 🖢.

ST-YRIEIX-LA-PERCHE 87500 H.-Vienne 🔟 ⑰ **G. Périgord** – 8 037 h. alt. 369 – ☎ 55.

Voir Collégiale du Moûtier★ B.

🄳 Office de Tourisme pl. Eglise (1er juil.-31 août et fermé dim.) ☎ 75.94.60 et 13 pl. Nation (15 nov.-15 mai et fermé dim.) ☎ 75.06.92.

Paris 436 ① – Brive 62 ③ – ♦Limoges 40 ① – Périgueux 62 ④ – Rochechouart 52 ⑤ – Tulle 74 ②.

Plan page ci-contre

     à l'étang de Puymoreau par ③ : 4 km – ⌧ *87500 St-Yrieix-la-Perche :*

   X **Vieux Moulin,** ☎ 75.08.21, ← – ❶. 🍴
 ◆ *fermé janv., fév. et merc.* – SC : **R** 35/72.

     à la Roche l'Abeille par ① : 12 km – ⌧ *87800 Nexon :*

   🄰 **Moulin de la Gorce** (Bertranet) ⅀, S : 2 km par D 17 ☎ 00.70.66, ←, « En
      bordure d'étang, parc » – 📺 ﹏﹏wc ☎ ❶. ﹏﹏ ① ﹏﹏
      fermé 3 au 10 déc., janv., dim. soir (sauf hôtel) et lundi sauf juil.-août – SC : **R** carte
      170 à 220 – ⌷ 25 – **6 ch** 200/280 – P 320/350
      Spéc. *Copeaux de bar aux truffes, Foie de canard poêlé, Lièvre à la Royale (saison de chasse).*

CITROEN Lenfant, Av. de Périgueux par ④ ☎   V.A.G. Faurel, 9 bis bd Hôtel de Ville ☎ 75.
75.00.30   10.70
RENAULT Saint-Yrieix Autom., rte de Limoges
par ① ☎ 75.90.80 🔃

ST-YRIEIX-LA-PERCHE

Hôtel-de-Ville (Bd de l') 12

Attane (Pl.) 2
Condamy (R.) 3
Dr-Lemoyne (Av.) 5
Ferry (Av. Jules) 6
Gambetta (Av.) 7
Gare (Av. de la) 8
Gutenberg (Av.) 9
Limoges (Av. de) 14
Loménie (R. de) 15
Marceau (Av.) 16
Marché (R. du) 18
Nation (Pl. de la) 19
Pont-las-Bordas (R. du) 21
Poterne (R. de la) 22
République (Pl. de la) 24
Timbault (Av.) 25
4-Septembre (Pl.) 27
63e Régiment d'Infanterie (R. du) .. 28

Pour un bon usage des plans de villes, voir les signes conventionnels p. 21

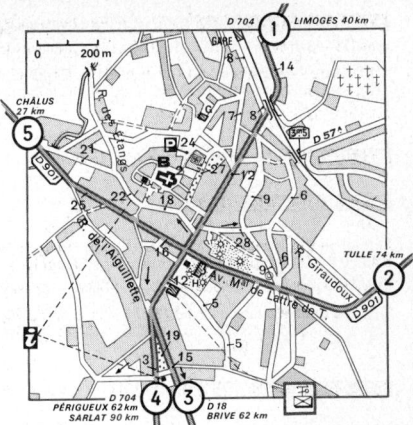

STE-ADRESSE 76 S.-Mar. 55 ③ – rattaché au Havre.

STE-AGNÈS 06 Alpes-Mar. 84 ⑩⑳, 195 ㉘ – rattaché à Menton.

STE-ANNE-D'AURAY 56 Morbihan 63 ② **G. Bretagne** – 1 554 h. alt. 34 – ✉ **56400** Auray – ✆ 97.

Voir Trésor★ de la basilique – Pardon (25 et 26 juil.).

Paris 476 – Auray 6 – Hennebont 30 – Locminé 27 – Lorient 38 – Quimperlé 54 – Vannes 16.

Croix Blanche, 25 r. Vannes ☎ 57.64.44, – wc wc ☎ **P**.
fermé 2 janv. au 20 fév., dim. soir et lundi sauf du 15 mai au 30 sept. – SC : **R** 51/127 – 21 – **16 ch** 173/207 – P 225/294.

Paix, 26 r. Vannes ☎ 57.65.08 –
1er avril-fin sept. et fermé lundi soir et mardi – SC : **R** 48/85 – 12 – **16 ch** 55/80.

Annexe le Myriam M, r. Parc ☎ 57.70.44 – wc ☎ **P**
Pâques-fin sept. – SC : 14 – **30 ch** 135/190.

XX **L'Auberge** avec ch, 56 r. Vannes ☎ 57.61.55 – **P**. VISA
fermé mardi soir et merc. sauf du 15 juin au 15 sept. – SC : **R** 50/150 – 13 – **9 ch** 80/125 – P 145/182.

RENAULT Josset, ☎ 57.64.13

STE-ANNE-DU-CASTELLET 83 Var 84 ⑭ – rattaché au Castellet.

STE-ANNE-LA-PALUD (Chapelle de) 29 Finistère 58 ⑭ **G. Bretagne** – alt. 65 – ✆ 98.

Voir Pardon (fin août).

Paris 570 – •Brest 66 – Châteaulin 19 – Crozon 38 – Douarnenez 16 – Plomodiern 11 – Quimper 25.

Plage, à la plage ✉ 29127 Plomodiern ☎ 92.50.12, ←, – **P** – 30. AE ① E VISA. rest
1er avril-30 sept. – SC : **R** 125/220, dîner à la carte – 30 – **30 ch** 350/460 – P 440/520
Spéc. Homard et langouste grillés, Bar fumé, Crêpes farcies.

STE-APPOLINE 78 Yvelines 60 ⑨, 196 ⑯ – rattaché à Pontchartrain.

La STE-BAUME 83 Var 84 ⑭ **G. Provence** – alt. 670 – ✉ **83640** St-Zacharie – ✆ 94.

Voir Forêt de la Ste-Baume★★ au SE de l'Hôtellerie.

Paris 797 – Nans-les-Pins 12.

Ressources hôtelières : voir à *Nans-les-Pins*

STE-CÉCILE-LES-VIGNES 84290 Vaucluse 81 ② – 1 838 h. alt. 106 – ✆ 90.

Paris 652 – Avignon 47 – Bollène 12 – Nyons 26 – Orange 16 – Vaison-la-Romaine 22.

XXX **Le Relais,** ☎ 30.84.39, – **P**.
fermé 15 fév. au 15 mars, dim. soir et lundi – SC : **R** 65/120.

Comtat-Pneus, ☎ 30.88.11

SAINTE-CHRISTIE 32 Gers 82 ⑤ – rattaché à Auch.

STE-COLOMBE-LA-COMMANDERIE 27840 Eure 🖼 ⑳ – 498 h. alt. 147 – ✪ 32.

Paris 123 – Bernay 30 – Evreux 20 – Lisieux 54 – ✦ Rouen 44.

XX **Les Templiers,** N 13 ⴕ 35.40.04 – 🖼 ⓞ 🖾 VISA
     fermé 16 août au 12 sept., 13 au 24 fév., mardi soir et merc. – SC : **R** 69/110.

CITROEN Gar. Loisel, ⴕ 35.40.02 🔲   RENAULT Gar. Poilvez, ⴕ 35.40.17 🔲

STE-CROIX 01 Ain 🖼 ② – rattaché à Montluel.

STE-CROIX-AUX-MINES 68 H.-Rhin 🖼 ⑱ – 2 010 h. alt. 314 – ✉ 68160 Ste-Marie
– ✪ 89.

Tunnel de Ste-Marie-aux-Mines SO : 2 km : Péage aller simple : autos 12,50 F, camions 25
à 49,50 F - Tarifs spéciaux AR pour autos et camions.

Paris 484 – Colmar 40 – Ribeauvillé 23 – St-Dié 25 – Sélestat 18.

XX **Central** avec ch, ⴕ 58.73.27 – 🛏wc ☎ 🖼 ⓞ 🖾 VISA ※
     fermé 11 au 26 juin, 15 au 22 oct., 20 fév. au 6 mars,dim. soir et lundi – SC : **R** 70/200
     🌡 – ☲ 16 – **9 ch** 90/150.

STE-CROIX-EN-JAREZ 42 Loire 🖼 ⑲ – rattaché à Rive-de-Gier.

STE-ÉNIMIE 48210 Lozère 🖼 ⑤ **G. Causses** (plan) – 500 h. alt. 470 – ✪ 66.

🅸 Office de Tourisme à la Mairie (fermé sam. et dim. sauf saison) ⴕ 48.50.09.

Paris 599 – Florac 27 – Mende 28 – Meyrueis 29 – Millau 56 – Sévérac-le-Château 46 – Le Vigan 86.

🏛 ✿ **Château de la Caze** : voir à La Malène.

🏠 **Burlatis** ➹ sans rest, ⴕ 48.52.30 – 🛏wc 🛏wc 🕾 ※
     1ᵉʳ mai-30 sept. – SC : ☲ 13 – **18 ch** 135/155.

🏠 **Paris,** ⴕ 48.50.02, ≼ – 🛏wc 🕾 🅿
✦ *15 juin-15 sept.* – SC : **R** 50/80 – ☲ 18 – **15 ch** 130/165.

🏠 **Commerce,** rte de Meyrueis ⴕ 48.50.01, ≼ – 🛏wc 🕾 🖎 VISA
     1ᵉʳ avril-début oct. et fermé lundi midi hors sais. – SC : **R** 110 bc/55 – ☲ 17 – **20 ch**
     85/140 – P 190/220.

STE FEYRE 23 Creuse 🖼 ⑩ – rattaché à Guéret.

STE-FOY 71 S.-et-L. 🖼 ⑧ – rattaché à Marcigny.

STE-FOY-LA-GRANDE 33220 Gironde 🖼 ⑬⑭ **G. Côte de l'Atlantique** – 3 218 h. alt. 20 –
✪ 57.

🅸 Office de Tourisme à la Mairie (fermé dim.) ⴕ 46.10.84.

Paris 642 ⑤ – ✦Bordeaux 70 ⑤ – Langon 57 ④ – Marmande 44 ③ – Périgueux 64 ①.

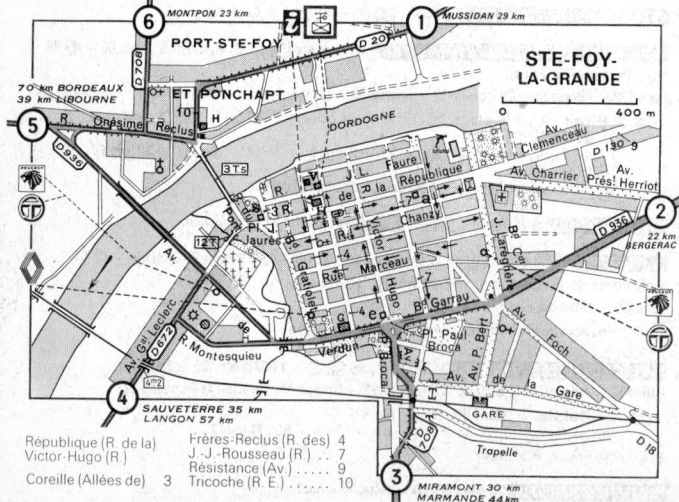

République (R. de la)
Victor-Hugo (R.)

Coreille (Allées de)   3

Frères-Reclus (R. des)   4
J.-J.-Rousseau (R)   7
Résistance (Av.)   9
Tricoche (R. E.)   10

🏨 **Gd Hôtel,** 117 r. République **(a)** ℙ 46.00.08, 🍽 – 🛏wc ☎ 🚗, 🖭 ⓪ ᴇ 𝗩𝗜𝗦𝗔
  fermé 9 au 23 oct., 8 au 22 janv., dim. soir et lundi du 15 sept. au 15 juin – SC : **R**
  57/195 – ⚂ 21 – **18 ch** 157/260.

🏨 **Victor Hugo** Ⓜ, 101 r. V.-Hugo **(e)** ℙ 46.18.03 – 🛏wc 🛁wc 🚗, 🖭 𝗩𝗜𝗦𝗔
◆ SC : **R** brasserie *(fermé lundi)* carte environ 50 🍸 – ⚂ 15 – **12 ch** 120/140.

🏠 **Boule d'Or,** pl. J.-Jaurès **(s)** ℙ 46.00.76, 🍽 – 🛏wc 🛁wc 🚗 🚗 ⓪ ⚿
◆ *fermé 1er au 15 sept., 20 déc. au 20 fév. et lundi sauf juil. et août* – SC : **R** 43/120 🍸 –
  ⚂ 12 – **25 ch** 71/150.

🍴 **Vieille Auberge** avec ch, r. Pasteur **(v)** ℙ 46.04.78 – 🛁 ⚿ ch
◆ *fermé 26 mars au 12 avril, 22 oct. au 8 nov., dim. soir et lundi* – SC : **R** 50/150 🍸 – ⚂
  15 – **7 ch** 70/105 – P 150/170.

AUSTIN, TRIUMPH Letellier, ℙ 46.15.85   PEUGEOT-TALBOT Bleynie ℙ 46.01.24
FORD Angelini, ℙ 46.08.22   RENAULT Daniel, ℙ 46.01.63
PEUGEOT, TALBOT A.C.A.L., à Pineuilh ℙ 46.
33.10   🏍 Service du Pneu, à Port Ste Foy ℙ 46.03.50

STE-FOY-LÈS-LYON 69 Rhône 🗖🗖 ⑪ – rattaché à Lyon.

STE-FOY-TARENTAISE 73640 Savoie 🗖🗖 ⑱ – 609 h. alt. 1 051 – ✪ 79.

Paris 674 – Chambéry 113 – Moûtiers 39 – Val d'Isère 19.

🏨 **Le Monal** Ⓜ, ℙ 07.01.05, ≤ – 🖤 🛏wc 🛁wc 🚗
◆ *fermé 1er mai au 15 juin et 8 oct. au 15 nov.* – SC : **R** 45/70 – ⚂ 17 – **27 ch** 90/180 –
  P 145/170.

STE-GEMME-MORONVAL 28 E.-et-L. 🗖🗖 ⑦, 🗖🗖🗖 ㉕ – rattaché à Dreux.

STE-GENEVIÈVE-SUR-ARGENCE 12420 Aveyron 🗖🗖 ⑬ – 1 174 h. alt. 800 – ✪ 65.

Env. Barrage de Sarrans★★ N : 8 km, G. Auvergne.

Paris 559 – Aurillac 59 – Chaudes-Aigues 37 – Espalion 47 – Mende 114.

🏡 **Voyageurs,** ℙ 66.41.03, 🚗 – 🛏wc 🛁wc 🚗 🚗
◆ *fermé 21 sept. au 9 oct. et dim. soir de sept. à juin* – SC : **R** 38/75 🍸 – ⚂ 13 – **17 ch**
  51/90 – P 110/129.

STE-HERMINE 85210 Vendée 🗖🗖 ⑮ – 2 340 h. alt. 30 – ✪ 51.

Paris 417 – Fontenay-le-Comte 22 – ✦Nantes 89 – La Roche-sur-Yon 34 – Les Sables-d'Olonne 61.

🏠 **Relais de la Marquise,** ℙ 30.00.11 – 🛁 🅿 ⚿
◆ *fermé 11 au 28 oct., 21 déc. au 13 janv., dim. soir en hiver, vend. soir et sam.* – SC :
  R 47/110 – ⚂ 15 – **12 ch** 70/120.

STE-HONORINE-DES-PERTES 14 Calvados 🗖🗖 ⑭ – rattaché à Port-en-Bessin.

STE-LIVRADE-SUR-LOT 47110 L.et-G. 🗖🗖 ⑤ – 5 960 h. alt. 53 – ✪ 53.

Voir Fongrave : retable★ de l'église O : 5 km, G. Côte de l'Atlantique.

🚇 Office de Tourisme à la Mairie (fermé jeudi et sam. après-midi) ℙ 01.04.76.

Paris 747 – Agen 39 – Marmande 43 – Nérac 49 – Tonneins 26 – Villeneuve-sur-Lot 9,5.

  à Teysset : 9 km par D 667 – ✉ 47380 Monclar d'Agenais :

🍴 **Le Teysset,** ℙ 79.95.56 – 🅿 🖭 𝗩𝗜𝗦𝗔
  fermé 15 janv. au 1er mars, vend. midi et jeudi – **R** 50/130.

AUTOBIANCHI, LANCIA Boudou, bd du Nord   PEUGEOT-TALBOT Gar. Getto, bd du Nord ℙ
ℙ 01.02.09   01.01.15
CITROEN S.E.D.E.A.C., rte de Villeneuve ℙ   PEUGEOT-TALBOT Gar. de la Poste, r. Téron
01.05.70   ℙ 01.04.77 🅽

STE-MARGUERITE (Ile) ★★ 06 Alpes-Mar. 🗖🗖 ⑨, 🗖🗖🗖 ㊳㊴ G. Côte d'Azur – ✉ 06400
Cannes – ✪ 93.

Voir Forêt★★ – ≤★ de la terrasse du Fort-Royal.

Accès par transports maritimes.

  🚢 depuis **Cannes**. En 1983 : de juin à sept. 10 départs quotidiens, hors saison : 5
  départs quotidiens - Traversée 15 mn - 17 F (AR) - par Cie Esterel-Chanteclair, gare
  maritime des Iles ℙ 39.11.82 (Cannes).

  🚢 depuis **Golfe-Juan et Juan-les-Pins**. En 1983 : de mars à oct., 2 à 4 départs
  quotidiens dans les deux sens - Traversée 35 mn – 26 F (AR) - René Conte, port de
  Golfe-Juan ℙ 63.81.31.

STE-MARGUERITE-SUR-MER 76 S.-Mar. 🗖🗖 ④ – rattaché à Varengeville-sur-Mer.

STE-MARIE 44 Loire-Atl. 🗖🗖 ① – rattaché à Pornic.

STE-MARIE-DE-CAMPAN 65 H.-Pyr. 🎿 ⑱ – alt. 857 – ✉ 65200 Bagnères-de-Bigorre – 😊 62 – Env. ✳✳✳ du col d'Aspin SE : 13 km, G. Pyrénées.

Paris 838 – Arreau 26 – Bagnères-de-Bigorre 12 – Luz-St-Sauveur 35 – Tarbes 33.

🏨 **Chalet H.** ⤸, NO : 1 km sur D 935 ☎ 91.85.64, ≤, 🚗, ℀ – ⌂wc ⋔wc ☜ 🅿
✿ rest
1er juin-25 sept. et 20 déc.-25 avril – SC : **R** 50/95 – ☲ 14 – **25 ch** 110/210 – P 176/235.

à Campan NO : 6,5 km par D 935 – ✉ 65200 Bagnères-de-Bigorre :

⌂ **Beauséjour,** ☎ 95.35.30 – ⋔ ☜
✦ *fermé 1er nov. au 15 déc. et merc. hors sais.* – SC : **R** 36/64 ♨ – ☲ 10,50 – **12 ch** 49/81 – P 118/130.

à Payolle, au bord du lac par D 918 et VO : 9 km – alt. 1 070 – ✉ 65200 Bagnères-de-Bigorre :

🏠 **Arcoch** ⤸, ☎ 91.85.76, ≤, ℀ – ⋔wc ☜ ⴵ 🅿
✦ *1er juin-15 oct. et 1er déc.-1er mai* – SC : **R** 65/85 – ☲ 15 – **19 ch** 120/140 – P 165/185.

STE-MARIE-DE-GOSSE 40750 Landes ⑱ ⑰ – 729 h. alt. 40 – 😊 59.

Paris 757 – ✦Bayonne 24 – Dax 27 – Mont-de-Marsan 79 – Peyrehorade 14.

🏠 **Les Routiers,** sur N 117 ✉ 40390 St-Martin-de-Seignanx ☎ 56.32.02 – ⋔ 🅿
✦ *fermé 1er au 15 avril, 15 oct. au 6 nov., et sam. sauf du 1er juil. au 15 sept.* – SC : **R** 40/85 ♨ – ☲ 13 – **15 ch** 48/65 – P 102/112.

STE-MARIE-DE-RÉ 17 Char.-Mar. ⑰ ⑫ – voir à Ré (Ile de).

STE-MARIE-DE-VARS 05 H.-Alpes ⑰ ⑱ – rattaché à Vars.

STES-MARIES-DE-LA-MER – voir après Saintes.

STE-MARINE 29 Finistère ⑱ ⑮ – ✉ 29120 Pont-l'Abbé – 😊 98.

Paris 562 – Bénodet 5,5 – Concarneau 26 – Pont-l'Abbé 9,5 – Quimper 19.

℀℀ ✿ **Le Jeanne d'Arc** (Fargette) ⤸ avec ch, ☎ 56.32.70 – 🅿
1er avril-30 sept., fermé lundi soir et mardi sauf juil.-août – SC : **R** (nombre de couverts limité - prévenir) 98/260 – ☲ 15 – **9 ch** 85/115
Spéc. Terrine de poissons, Homard en cocotte, Feuilleté chaud aux fruits.

STE-MAURE-DE-TOURAINE 37800 I.-et-L. ⑱ ④⑤ G. Châteaux de la Loire – 4 130 h. alt. 72 – 😊 47.

🅸 Syndicat d'Initiative r. du château (15 juin-15 sept. et fermé dim.) ☎ 65.66.20 et à la Mairie (fermé sam. après-midi et dim.) ☎ 65.40.12.

Paris 272 – Le Blanc 69 – Châtellerault 35 – Chinon 33 – Loches 31 – Thouars 71 – ✦Tours 37.

🏠 **Veau d'Or,** 13 r. Dr Patry ☎ 65.40.41 – ⌂wc 🅿. **E** 𝗩𝗜𝗦𝗔
✦ *fermé 20 sept. au 6 oct., 2 au 23 fév., mardi soir et merc.* – SC : **R** 41/94 ♨ – ☲ 14 – **11 ch** 63/96 – P 140.

℀℀ **La Gueulardière** avec ch, rte Nationale ☎ 65.40.71 – ⌂ 🅿. 𝗩𝗜𝗦𝗔. ✿ rest
fermé 15 au 29 oct., 28 janv. au 11 fév., dim. soir d'oct. à mars et lundi – SC : **R** 52/150 – ☲ 15,50 – **16 ch** 63/151.

à Pouzay SO : 8 km – ✉ 37800 Ste-Maure-de-Touraine :

℀ **Gardon Frit,** ☎ 65.21.81, 🌫. 𝗩𝗜𝗦𝗔
fermé 1er au 20 sept., mardi soir et merc. – SC : **R** 56/130 ♨.

CITROEN Bou. à Noyant ☎ 65.82.18 **N**
CITROEN Gar. Rico, ☎ 65.40.46 **N**
PEUGEOT-TALBOT Duport, à Pouzay ☎ 65.21.89

PEUGEOT, TALBOT Saint-Aubin, ☎ 65.40.85 **N**
RENAULT Esnault, ☎ 65.41.13

STE-MAXIME 83120 Var ⑱ ⑰ G. Côte d'Azur – 7 364 h. – Casino A – 😊 94.

Voir Sémaphore ✳ N : 1,5 km.

🅂 de Beauvallon ☎ 96.16.98 par ③ : 4 km.

🅸 Office de Tourisme (fermé dim. sauf matin en saison) avec A.C. Promenade Simon-Lorière ☎ 96.19.24, Télex 970080.

Paris 880 ① – Aix-en-Provence 122 ① – Cannes 61 ② – Draguignan 36 ① – ✦Toulon 73 ③.

Plan page ci-contre

🏨 **Belle Aurore,** La Croisette par ③ ☎ 96.02.45, « En bordure de mer, ≤, 🏖 » – ☎ 🅿
15 mars-20 oct. – **R** 150/250 – ☲ 35 – **18 ch** 380/480 – P 450/500.

🏨 **Résidence Brutus** sans rest, bd Mer par ③ ☎ 96.13.55, ≤ mer – 🛗 𝗔𝗘 𝗩𝗜𝗦𝗔
1er mars-4 nov. – SC : ☲ 30 – **49 ch** 150/350.

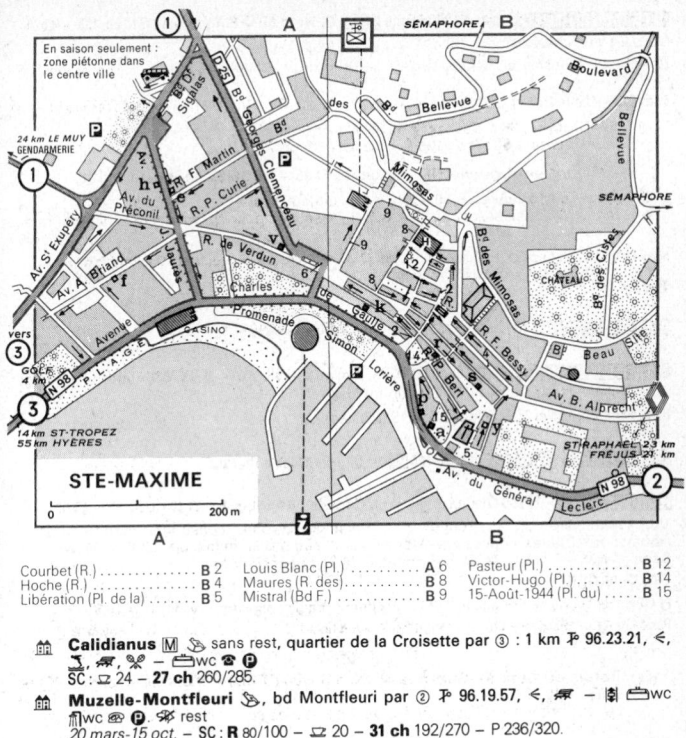

STE-MAXIME

0 _____ 200 m

Courbet (R.) .... **B** 2	Louis Blanc (Pl.) .... **A** 6	Pasteur (Pl.) .... **B** 12
Hoche (R.) .... **B** 4	Maures (R. des) .... **B** 8	Victor-Hugo (Pl.) .... **B** 14
Libération (Pl. de la) ...... **B** 5	Mistral (Bd F.) .... **B** 9	15-Août-1944 (Pl. du) .... **B** 15

🏛 **Calidianus** Ⓜ 🏊 sans rest, quartier de la Croisette par ③ : 1 km ☏ 96.23.21, ≤,
🏊, 🛥, ❊ – 🖚wc ☎ 🄿
SC : 🚏 24 – **27 ch** 260/285.

🏛 **Muzelle-Montfleuri** 🏊, bd Montfleuri par ② ☏ 96.19.57, ≤, 🛥 – 🛗 🖚wc
🕯wc 🕾 🄿. ❊ rest
20 mars-15 oct. – SC : **R** 80/100 – 🚏 20 – **31 ch** 192/270 – P 236/320.

🏛 **"La Croisette" Résidence** 🏊 sans rest, bd Romarins par ③ ☏ 96.17.75, ≤,
🛥 – 🛗 🖚wc 🕯wc 🕾 🄿. Ⓔ 𝗩𝗜𝗦𝗔
1er mars-31 oct. – SC : **20 ch** 🚏 200/265.

Royal Bon Repos sans rest, r. J.-Aicard ☏ 96.08.74 – cuisinette 📺 🕯wc 🕾 🄿
1er avril-15 oct. – SC : 🚏 19 – **23 ch** 155/244.　　　　　　　　　　　　　B **y**

🏠 **Le Revest**, av. J.-Jaurès ☏ 96.19.60 – 🖚wc 🕯wc 🕾　　　　　　　　　A **h**
Pâques-fin oct. – SC : **R** 52/84 – 🍽 15 – **26 ch** 150/167 – P 175/197.

🏠 **L'Ensoleillée**, av. J.-Jaurès ☏ 96.02.27 – 🖚wc 🕯wc 🕾. ❊　　　　　　A **e**
hôtel : 1er avril-1er oct., rest. 1er mai-1er oct. – SC : **R** 66/88 – 🍽 15 – **29 ch** 80/160 –
P 150/190.

🏠 **Préconil** sans rest, bd A.-Briand ☏ 96.01.73 – 🕯wc 🕾　　　　　　　　　A **f**
1er mars-fin nov. – SC : 🚏 16 – **19 ch** 99/198.

✕✕ **L'Esquinade**, sur le port ☏ 96.01.65, Produits de la mer – ⓪　　　　　　B **p**
fermé 3 nov. au 20 déc. et merc. hors sais. – SC : **R** carte 145 à 220.

✕✕ **La Gruppi**, av. Ch.-de-Gaulle ☏ 96.03.61, ≤, produits de la mer – ▤　　　B **k**
fermé lundi sauf fêtes et juil.-août – SC : **R** carte 130 à 190.

✕✕ **Hermitage**, sur le port ☏ 96.17.77, produits de la mer　　　　　　　　　B **a**
SC : **R** carte 110 à 160.

✕ **Sans Souci**, r. Paul-Bert ☏ 96.18.26　　　　　　　　　　　　　　　B **s**
23 mars-5 oct. – SC : **R** 60/72.

✕ **La Réserve**, pl. Victor-Hugo ☏ 96.18.32 – ▤　　　　　　　　　　　B **r**
1er avril-15 oct. – SC : **R** 61/90.

✕ **Chez Michel**, pl. Louis-Blanc ☏ 96.02.16　　　　　　　　　　　　A **v**
fermé déc., janv. et lundi d'oct. à nov. et de fév. à mars – SC : **R** 55/70.

à La Nartelle par ② : 4 km – ✉ **83120** Ste-Maxime :

🏛 **Host. Vierge Noire** Ⓜ sans rest, ☏ 96.33.11 – 🖚wc 🕾 🄿. 🄐𝗘 ⓪
20 mars-10 oct. – SC : 🚏 25 – **10 ch** 240/290.

🏠 **Plage** sans rest, ☏ 96.14.01, ≤ – 🖚wc 🕯wc 🕾 🄿
25 mai-10 oct. – SC : 🚏 15 – **18 ch** 194/302.

Voir aussi ressources hôtelières de *Beauvallon* par ③ : 4,5 km

RENAULT Gar. de l'Arbois, av. Gén.-Leclerc ☏ 96.14.03

STE-MENEHOULD ⟨SP⟩ 51800 Marne 🆖 ⑩ G. Nord de la France – 5 807 h. alt. 139 – ⊕ 26.

Voir ⩽* du "château".

🛈 Office de Tourisme pl. Général-Leclerc (après-midi seul., fermé sam. sauf saison et dim.) �📞 60.85.83.

Paris 220 – Bar-le-Duc 48 – Châlons-sur-Marne 46 – ◆Reims 78 – Verdun 47 – Vitry-le-François 51.

  🏠 **St-Nicolas,** 36 r. Chanzy �📞 60.80.59 – ⌂wc ☎
    fermé mardi – SC : **R** 53/133 🍷 – ⊇ 15 – **16 ch** 70/120.

  à Florent-en-Argonne NE : 7,5 km par D 85 – ⊠ 51800 Ste-Menehould :

  ✗ **Aub. la Menyère,** ⌂ ⏀ 60.93.70, « Maison du 16ᵉ s. »
  ◆ *fermé fév., dim. soir et lundi* – SC : **R** 35 (sauf sam. soir), carte sam. soir, dim. midi, fêtes.

MAZDA Gar. Garet, 49 r. Florion ⏀ 60.81.38 🅽
PEUGEOT-TALBOT Crochet, 61 av. Bournizet
⏀ 60.84.78

RENAULT Roudier, rte Chalons ⏀ 60.80.80

STE-MONTAINE 18 Cher 🆖 ⑳ – rattaché à Aubigny-sur-Nère.

STE-ODILE (Mont) 67 B.-Rhin 🆖 ⑨ G. Vosges – alt. 761 – ⊠ 67530 Ottrott - Pèlerinage 13 décembre – Voir Couvent de Ste-Odile* : ⋇**.

Paris 506 – Molsheim 23 – Sélestat 28 – ◆Strasbourg 42.

STE-RADEGONDE 79 Deux-Sèvres 🆖 ⑦ ⑧ – rattaché à Thouars.

SAINTES ⟨SP⟩ 17100 Char.-Mar. 🆖 ④ G. Côte de l'Atlantique – 27 486 h. alt. 27 – ⊕ 46.

Voir Vieille ville* AZ – Arènes* Y – Église St-Eutrope : église inférieure** AZ D – Abbaye aux Dames : église Ste-Marie* BZ – Arc de Germanicus* BZ F – Musée des Beaux-Arts* AZ M2 – 🅖 de Hautmont ⏀ 74.27.61 par ② : 3 km.

🚉 ⏀ 93.01.03.

🛈 Office de Tourisme Esplanade A.-Malraux (fermé lundi et dim. hors saison) ⏀ 74.23.82.

Paris 470 ⑧ – ◆Bordeaux 116 ⑥ – Niort 73 ⑧ – Poitiers 137 ⑧ – Rochefort 42 ⑨ – Royan 38 ⑦.

Plans page ci-contre

  🏨 **Relais du Bois St-Georges** 🅼 ⤳ r. Royan (D 137) ⏀ 93.50.99, ⩽, parc – 📺 ☎
    🕭 🅟 – 🏛 70   Y d
    SC : **R** (*fermé 3 au 23 juil., 21 fév. au 4 mars, dim. soir et lundi sauf fêtes*) 82 – ⊇ 30
    – **21 ch** 135/310.

  🏨 **Commerce Mancini** ⤳, r. des Messageries ⏀ 93.06.61, Télex 791012 – 📺 ☎
    🚗. 🆎 ⓪ 🅴 𝘝𝘐𝘚𝘈   AZ e
    fermé 20 déc. au 20 janv. – SC : **R** (*fermé dim. soir et sam. du 1ᵉʳ oct. au 30 mai sauf Pâques*) 80/200 – ⊇ 25 – **41 ch** 110/242, 6 appartements 265.

  🏨 **Les Bosquets** 🅼, rte Rochefort : 2 km ⏀ 74.04.47, ⚘ – ⌂wc 🛁wc ☎ 🅟. 🅴
    𝘝𝘐𝘚𝘈   Y b
    SC : **R** Grill 72/110 🍷 – ⊇ 20 – **35 ch** 168/200.

  🏨 **Messageries** sans rest, r. Messageries ⏀ 93.64.99 – 📺 ⌂wc 🛁wc ☎ 🚗. 🆎
    ⓪ 𝘝𝘐𝘚𝘈   AZ r
    fermé 24 déc. au 2 janv. – SC : ⊇ 16 – **37 ch** 97/159.

  🏨 **Avenue** 🅼, 116 av. Gambetta ⏀ 74.05.91 – ⌂wc 🛁wc ☎ 🅟 – 🏛 60. 𝘝𝘐𝘚𝘈
    ❄ ch   BZ s
    fermé fév. – SC : **R** voir Brasserie Louis – ⊇ 17 – **15 ch** 100/180.

  🏨 **France et rest. Chalet,** pl. Gare ⏀ 93.01.16, ⚘ – 🕭 ⌂wc 🛁wc ☎ 🚗 – 🏛
  ◆ 25 à 120. 🆎 ⓪ 🅴 𝘝𝘐𝘚𝘈   BZ a
    fermé nov. – SC : **R** (*fermé vend. de déc. à Pâques*) 42/105 🍷 – ⊇ 18 – **26 ch**
    120/200.

  ✗ **Brasserie Louis,** 116 av. Gambetta ⏀ 74.16.85 – 🅟. 𝘝𝘐𝘚𝘈   BZ s
  ◆ *fermé fév. et lundi sauf fériés* – SC : **R** 45/90 🍷.

  rte de Rochefort par ⑨ : 6 km – ⊠ 17810 St-Georges-des-Coteaux :

  ✗✗ **La Vieille Forge,** N 137 ⏀ 92.98.30, ⚘ – 🅟
    fermé 5 au 29 juin, 4 au 15 janv., lundi soir et mardi – SC : **R** 62/160.

MICHELIN, Agence, Z. I., 4 r. de l'Ormeau de Pied Y ⏀ 74.08.29

CITROEN Ardon, rte Bordeaux par ⑤ ⏀ 93.
37.22 🅽 ⏀ 93.31.33
FIAT Dufour, 20 av. S.-Allende à Bellevue ⏀
93.12.04
FORD S.A.V.I.A.L., Zone Ind. des Charriers,
rte Bordeaux ⏀ 93.43.44
PEUGEOT, TALBOT Guerry, av. de Saintonge,
Zone Ind., rte de Royan ⏀ 93.48.33
RENAULT Bagonneau, Zone Ind., Cours
P.-Doumer ⏀ 93.67.66

RENAULT Saintonge-Automobiles, 145 av.
Gambetta ⏀ 93.55.38
V.A.G. Basty, 7 r. F.-Mestreau ⏀ 93.43.88

🅑 Aubert-Pneus, ZI de l'Ormeau de Pied ⏀
93.11.03
Moyet-Pneus, 14 r. Gauthier ⏀ 74.26.86
Relais du Pneu, av. de Nivelles ⏀ 74.15.03

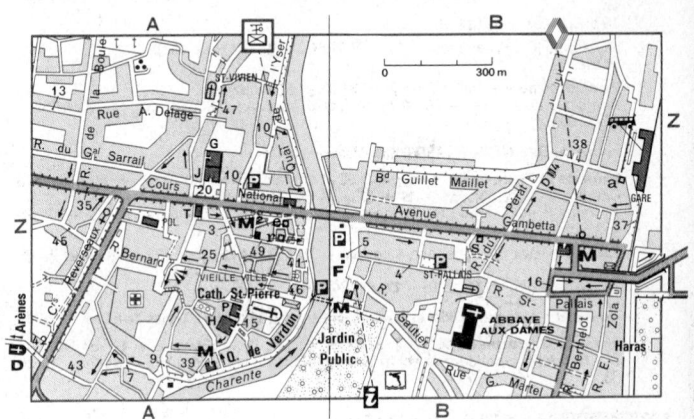

SAINTES

STES-MARIES-DE-LA-MER 13460 B.-du-R. **83** ⑱ G. Provence (plan) – 2 045 h. – ۞ 90.

Voir Église★ – Pèlerinage des Gitans★★ (24 et 25 mai).

🛈 Office de Tourisme av. Van Gogh (fermé dim. après-midi hors sais.) ☎ 97.82.55.

Paris 767 – Aigues-Mortes 32 – Arles 38 – ◆Marseille 129 – ◆Nîmes 53 – St-Gilles 34.

🏨 **Mas des Rièges** M ⬩ sans rest, par rte Cacharel ☎ 97.85.07, ≤, ⌤, ☞ –
⌂wc ⛟wc ☎ ₲ ᴇ. 🛇
  1ᵉʳ avril-fin oct. – SC : ⊡ 20 – **14 ch** 212/246.

🏨 **Le Fangassier** M sans rest, 12 rte Cacharel ☎ 97.85.02 – ⌂wc ⛟wc ☎. 🛇
  fin mars-fin oct. – SC : ⊡ 14 – **20 ch** 150/170.

🏨 **Lou Marquès** ⬩ sans rest, 6 r. Vibre ☎ 97.82.89 – ⌂wc ⛟wc ☎. 🛇
  mars-oct. – SC : – **17 ch** ⊡ 169/179.

🏨 **Galoubet** sans rest, rte Cacharel ☎ 97.82.17, ≤ – ⌂wc ⛟wc ☎ ₲. 🛇
  fermé 15 janv. au 20 fév. – SC : ⊡ 16 – **20 ch** 171/215.

🏨 **Mirage** sans rest, r. C.-Pelletan ☎ 97.80.43, ☞ – ⌂wc ⛟wc ☎. 🛇
  20 mars-20 oct. – SC : ⊡ 14 – **27 ch** 125/150.

🏨 **Camargue** sans rest, av. Arles ☎ 97.82.03 – ⌂wc ⛟wc ☎. 🛇
  1ᵉʳ avril-30 sept. – SC : ⬥ 13 – **25 ch** 132/155, 10 appartements 224/256.

🏨 **Méditerranée** sans rest, r. F.-Mistral ☎ 97.82.09 – ⛟wc ☎. 🛇
  fermé 30 nov. au 20 déc. et 5 au 31 janv. – SC : ⊡ 13 – **14 ch** 79/156.

tourner →

XXX **Brûleur de Loups**, av. G.-Leroy ☎ 97.83.31, ≤ – ⚏
15 fév.-15 nov. et fermé mardi soir et merc. sauf août et sept. – SC : **R** 99/110.

XX **Hippocampe**, r. C.-Pelletan ☎ 97.80.91, ☞
15 mars-11 nov. et fermé mardi sauf juil., août et sept. – SC : **R** 78/140.

au Nord : rte Arles N 570 – ✉ 13460 Stes-Maries-de-la-Mer :

🏛 **Pont des Bannes** ⌂, ☎ 97.81.09, ☞, « Cabanes de gardians dans les marais »
⤢ – ♨ ⊕ – ♨ 35
30 avril-15 oct. – SC : **R** 145 – **20 ch** ⊇ 345/375 – P 485/635.

au Mas Ste Hélène 🏛 Ⓜ ⌂, ☞
fermé 3 janv. au 15 fév. – SC : ⊇ 30 – **14 ch** 320/350 – P 465/610.

🏛 **Aub. Cavalière** ⌂, au pont des Bannes ☎ 97.84.62, Télex 440459, ≤, ⤢, ☞, ☞ –
📺 ⇔wc �fllwc ☎ ♨ ⊕ – ♨ 30
sais. – **18 ch**.

Annexe La Résidence – ⇔wc ☎ ⊕
R voir l'Auberge – **30 ch**.

🏛 **L'Étrier Camarguais** ⌂, à 2,5 km et VO ☎ 97.81.14, ☞, ⤢, ☞, ☞ – 📺
⇔wc ☎ ⊕ – ♨ 35. ⚏ ⓞ Ⓔ Ⅵ🅢🅐
1ᵉʳ avril-15 nov. – SC : **R** *(fermé lundi hors sais.)* 130/140 – ⊇ 22 – **33 ch** 240/302 –
P 478/540.

🏛 **Le Boumian** ⌂, à 1,5 km ☎ 97.81.15, ☞, ⤢ – ⇔wc ☎ ⊕ – ♨ 30
fermé 3 janv. au 15 fév. – SC : **R** 110/120 – ⊇ 30 – **28 ch** 250/280 – P 360/470.

🏛 **Mas des Roseaux** Ⓜ ⌂ sans rest, à 1 km ☎ 97.86.12, ≤, ⤢ – ⇔wc ☎ ♨ ⊕.
18 avril-8 oct. – SC : **15 ch** ⊇ 340.

🏛 **La Lagune** Ⓜ ⌂ sans rest, à 2 km ☎ 97.84.34, ⤢ – ⇔wc ☎ ⊕
15 ch.

XX **Pont de Gau** avec ch, à 5 km ☎ 97.81.53 – ⇔wc ☎ ♨
fermé 4 janv. au 5 fév. – SC : **R** *(fermé merc. hors sais.)* 58/190 – ⊇ 19 – **9 ch** 155 –
P 310/393.

route du Bac NO – ✉ 13460 Stes-Maries-de-la-Mer :

🏛 **Mas de la Fouque** Ⓜ, 4 km par D 38 et chemin privé ☎ 97.81.02, ≤, « ⌂ dans la
Camargue », ⤢, ☞ – ☎ ♨ ⊕ – ♨ 30. ⚏ ⓞ Ⅵ🅢🅐
20 mars-2 nov. – SC : **R** *(fermé mardi)* (dîner seul.) 160/190 – ⊇ 35 – **12 ch**
450/820.

🏛 **Le Clamador** ⌂ sans rest, 4 km par D 38 ☎ 97.84.26, ≤ – ⇔wc fllwc ☎ ♨ ⊕.
☞
31 mars-31 oct. – SC : ⊇ 18 – **22 ch** 184/208.

au Nord : 7 km par D 85A et chemin privé – ✉ 13460 Stes-Maries-de-la-Mer :

🏛 **Mas du Clarousset** Ⓜ ⌂, ☎ 97.81.66, ≤, ☞, ⤢ – ⇔wc ☎ ♨ ⊕. ⓞ Ⅵ🅢🅐
SC : **R** *(fermé lundi sauf fêtes)* (prévenir) 125 *(sauf sam. soir)*/170 – ⊇ 24 – **10 ch**
330/430.

▓ **STE-SAVINE** 10 Aube 🗺️ ⑯ – rattaché à Troyes.

▓ **STE-SÉVÈRE-SUR-INDRE** 36160 Indre 🗺️ ⑱ ⑳ G. Périgord – 1 056 h. alt. 307 – ✿ 54.
Paris 316 – Châteauroux 51 – La Châtre 15 – Guéret 46 – Montluçon 59.

X **Écu de France** avec ch, ☎ 30.52.72 – ⇔wc. ☞ rest
fermé 15 sept. au 8 oct., fév. et lundi – SC : **R** 60/140 ♨ – ⊇ 15 – **7 ch** 65/130 – P
175/200.

▓ **SALBRIS** 41300 L.-et-Ch. 🗺️ ⑲ G. Châteaux de la Loire – 6 134 h. alt. 112 – ✿ 54.
Paris 187 – Blois 67 – Bourges 50 – Montargis 101 – ◆Orléans 56 – Vierzon 23.

🏛 **Parc** Ⓜ, 10 av. Orléans ☎ 97.18.53, Télex 751164, parc – ☎ ⇔ ⊕. ⚏ ⓞ Ⅵ🅢🅐
☞ rest
fermé 15 janv. au 22 fév. – SC : **R** *(fermé lundi hors sais.)* 70/150 – ⊇ 20 – **29 ch**
105/265 – P 300/450.

🏛 **La Sauldraie**, N : 1 km N 20 ☎ 97.17.76, parc – ⇔wc fllwc ♨ ⊕. ☞ rest
fermé 13 au 23 sept. et 15 fév. au 1ᵉʳ avril – SC : **R** *(fermé lundi midi et mardi)* 60/100
♨ – ⊇ 18 – **13 ch** 65/165.

X **La Clé des Champs**, 52 av. Orléans ☎ 97.14.15, ☞ – ⊕. Ⓔ Ⅵ🅢🅐
◆ *fermé 18 au 24 sept., 8 fév. au 20 mars, dim. soir et merc.* – SC : **R** 50/95 ♨.

BMW, LANCIA-AUTOBIANCHI, TALBOT Gar.
Deniau, 70 bd République ☎ 97.00.42
CITROEN Gar. Vincent, 41 bd République ☎
97.16.46

PEUGEOT-TALBOT Gar. Grimault, 56 av. Nan-
cay ☎ 97.00.07
RENAULT Gar. le Bozec, 92 rte d'Orléans ☎
97.05.14

SALERNES 83690 Var 🎛 ⑥ G. Côte d'Azur – 2 933 h. alt. 222 – ✪ 94.

Paris 851 – Aix-en-Provence 93 – Digne 92 – Draguignan 23 – ◆Marseille 93 – ◆Toulon 82.

🏠 **Host. Allègre**, ✆ 70.60.30, 🛋 – 🛏wc 🛏wc 🚗
◆ fermé mi janv. à mi fév., dim. soir et lundi hors sais. – SC : **R** 50/120 – ☲ 14 – **24 ch**
70/160 – P 135/180.

CITROEN Gar. Piaget, ✆ 70.60.44 🔃 ✆ 70.70.53   RENAULT Gar. Garabedian, ✆ 70.72.38
FORD Gar. Boutal, ✆ 70.60.52

SALERS 15410 Cantal 🎵 ② G. Auvergne (plan) – 470 h. alt. 951 – ✪ 71.

Voir Grande-Place★★ – Église★ – Esplanade de Barrouze ≼★.

🚩 Syndicat d'Initiative pl. Tissandier d'Escous (15 juin-15 sept.) ✆ 40.70.68 et à la Mairie (fermé sam. et dim.) ✆ 40.72.33.

Paris 505 – Aurillac 49 – Brive-la-Gaillarde 102 – Mauriac 19 – Murat 43.

🏨 **Le Bailliage** Ⓜ ⏃, ✆ 40.71.95, 🛋 – 🛏wc 🛏wc 🕿 🚗 🅿 – 🏛 30. **E**
fermé 15 nov. au 15 déc. – SC : **R** 55/80 – ☲ 14,50 – **30 ch** 105/150 – P 145/165.

🏨 **Beffroi** ⏃ sans rest, ✆ 40.70.11 – 🛏wc 🛏wc 🕿 🅿 – **10 ch**.

🏠 **Remparts** ⏃, ✆ 40.70.33, ≼ Monts du Cantal – 🛏wc
◆ fermé oct. et 5 au 30 nov. – SC : **R** 50/70 – ☲ 14 – **18 ch** 125/150 – P 130/165.

à **St-Bonnet-de-Salers** NO : 4 km par D 22 et D 29 – alt. 843 – ✉ **15140** St-Martin-Valmeroux :

🏩 **Dagiral** ⏃, ✆ 69.12.65 – 🅿
Pâques-30 sept. – SC : **R** 58/70 – ☲ 13 – **15 ch** 59/77 – P 118.

au **Theil** SO : 6 km par D35 et D37 – ✉ **15140** St-Martin-Valmeroux :

🏠 **Host. Maronne** Ⓜ ⏃, ✆ 69.20.33, ≼, 🛋 – 🛏wc 🛏wc 🕿 🅿
24 mars-3 nov. – SC : **R** (dîner seul.) 70/130 – 🍽 16 – **20 ch** 150/170.

à **Anglards-de-Salers** NO : 11 km par D 22 – ✉ **15380** Anglards-de-Salers.

Voir Gorge de St-Vincent★ E : 5 km.

🏩 **Commerce** ⏃, ✆ 40.00.33, 🛋 – 🛏. ✻
15 janv.-15 oct. – SC : **R** (fermé dim. du 15 janv. au 15 avril) 55/80 – ☲ 13 – **28 ch**
75/120 – P 130/140.

CITROEN Gar. Moderne, ✆ 40.70.80 🔃   RENAULT Gar. Roux, ✆ 40.72.04

SALÈVE (Mont) ★★ 74 H.-Savoie 🎵 ⑥ G. Alpes – alt. 1 380 au Grand Piton, 1 184 à la table d'orientation des Treize Arbres ✻★★ (13 km SO d'Annemasse par ④, D 41 puis 15 mn) – ✪ 50

🏠 **Dusonchet** ⏃, à la Croisette – Alt. 1 176 ✉ 74560 Monnetier-Mornex ✆ 94.52.04,
◆ ≼ – 🛏wc 🛏wc 🅿. ✻
fermé 1er nov. au 15 déc. et merc. sauf juil.-août – SC : **R** 46/92 – ☲ 16 – **10 ch**
90/160 – P 145/155.

SALIES-DE-BÉARN 64270 Pyr.-Atl. 🎵 ⑧ G. Pyrénées – 5 175 h. alt. 54 – Stat. therm. – Casino La Rotonde – ✪ 59.

🚩 Office de Tourisme 4 bd St-Guily (fermé après-midi hors sais. et dim.) ✆ 38.00.33.

Paris 787 ③ – ◆Bayonne 54 ③ – Dax 36 ① – Orthez 17 ① – Pau 58 ① – Peyrehorade 18 ③.

SALIES-DE-BÉARN

Coustère (R: Élysée) 4
Jardin-Public (Cours du) 8
Jeanne d'Albret (Pl.) 10
St-Vincent (R.) 24

Bains (R. des)..................... 2
Drs-Foix (Av. des) 5
Gare (Av. de la) 7
Lacampagne (R.).................. 12
Laclabote (R.)..................... 13
Lanabère (Bd du Gén.) 15
Leclerc (Av. du Mar.)............. 16
Martinàa (R.) 18
Pécaut (Av. Félix) 19
Pyrénées (Av. des) 21
St-Martin (R.) 23
Tannerie (R. de la) 26
Temple (Pl. du)................... 27
Toulet (R. Paul-Jean) 28

Pour aller loin rapidement,
*utilisez les **cartes Michelin***
à 1/1 000 000.

BIARRITZ 62 km
BAYONNE 54 km

MONT DE-
MARSAN 71 km
PAU 58 km
ORTHEZ 17 km

MAULÉON 46 km
OLORON 50 km

Le Blason, pl. J.-d'Albret **(n)** ☎ 38.00.53 – wc ⋔ ☎
fermé janv. – **R** 43/45 – ☐ 14 – **27 ch** 59/102 – P 142/194.

Larquier, r. Salines **(r)** ☎ 38.10.43 – wc Ⓟ. ✻
1er avril-30 sept. – SC : **R** 50/65 – ☐ 15 – **20 ch** 70/86 – P 165/190.

Les Chênes ⛰, bd Paris **(b)** ☎ 38.12.05,
Pâques-30 sept. – SC : **R** voir rest. La Terrasse – ☐ 10 – **14 ch** 65/90 – P 195.

Terrasse, r. Loumé **(e)** ☎ 38.09.83
fermé vacances scolaires de Pâques, de Noël et lundi – SC : **R** 48/58 ♨.

CITROEN Gar. des Thermes, ☎ 38.14.45
PEUGEOT, TALBOT Gar. Hourdebaigt, ☎ 38.06.19 N
RENAULT Gar. Garbay, ☎ 38.11.63

SALIES-DU-SALAT 31260 H.-Gar. 86 ② – 2 195 h. alt. 300 – Stat. therm. (2 mai-21 oct.) – Casino – ⛳ 61 – ℹ Syndicat d'Initiative bd J.-Jaurès (1er mai-30 sept.) ☎ 90.53.93 et à la Mairie (fermé sam. après-midi et dim.) ☎ 90.53.26.

Paris 785 – Auch 88 – St-Gaudens 22 – St-Girons 25 – ♦Toulouse 76.

Gd Hôtel ⛰, ☎ 90.56.43, – wc ⋔wc Ⓟ. ✻
2 juin-22 sept. – SC : **R** 50/95 ♨ – ☐ 11 – **26 ch** 62/155.

SALINS-LES-BAINS 39110 Jura 70 ⑤ G. Jura – 4 181 h. alt. 331 – Stat. therm. (1er fév.-30 nov.) – Casino Y – ⛳ 84.

Voir Site★ – Fort Belin★ Z B – Fort St-André★ O : 4 km par D 94 (S du plan).

ℹ Office de Tourisme pl. Anc.-Salines ☎ 73.01.34.

Paris 411 ④ – ♦Besançon 45 ④ – Dole 45 ④ – Lons-le-Saunier 52 ④ – Poligny 25 ④ – Pontarlier 43 ②.

Aub. le Val d'Héry avec ch, par ③ : 3 km sur D 467 ☎ 73.06.54 – Ⓟ. E VISA
fermé mardi soir et merc. sauf juil.-août – SC : **R** 49/196 ♨ – ☐ 15,50 – **7 ch** 66/86 – P 140.

CITROEN Gar. Salins-Zurich, ☎ 73.04.80
CITROEN Gar. Salinois, ☎ 73.08.63 N ☎ 73.12.33
PEUGEOT-TALBOT Vurpillot, ☎ 73.05.45
RENAULT Gar. Vieille-Girardet, ☎ 73.11.56

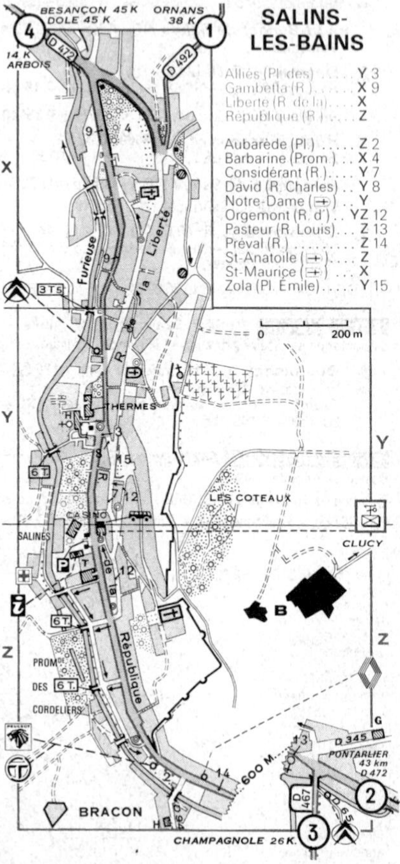
SALINS-LES-BAINS
BESANÇON 45 K
DOLE 45 K
ORNANS 38 K
14 K ARBOIS
Alliés (Pl. des) . . . . . Y 3
Gambetta (R.) . . . . . . X 9
Liberté (R. de la) X
République (R.) . . . . . Z
Aubarède (Pl.) . . . . . . Z 2
Barbarine (Prom.) . . X 4
Considérant (R.) . . . . Y 7
David (R. Charles) . . Y 8
Notre-Dame . . Y
Orgemont (R. d') . . YZ 12
Pasteur (R. Louis) . . . Z 13
Préval (R.) . . . . Z 14
St-Anatoile . . . . Z
St-Maurice . . . X
Zola (Pl. Émile) . . . . . Y 15
Furieuse
Liberté
THERMES
LES COTEAUX
CASINO
SALINES
CLUCY
République
PROMDE DES CORDELIERS
PONTARLIER 43 km D 472
D 345
D 467
BRACON
CHAMPAGNOLE 26 K.
600 M.

SALLANCHES 74700 H.-Savoie 74 ⑧ G. Alpes – 10 509 h. alt. 554 – ⛳ 50.

Voir ✻★★ sur le Mt-Blanc – Chapelle de Médonnet : ✻★★ – Cascade d'Arpenaz★ N : 5 km.

ℹ Syndicat d'Initiative quai Hôtel de Ville (fermé sam. après-midi et dim. hors sais.) ☎ 58.04.25.

Paris 597 – Annecy 75 – Bonneville 29 – Chamonix 28 – Megève 13 – Morzine 44.

Les Sorbiers et rest. Les Darblots, 17 r. Paix ☎ 58.01.22, ≤, parc – wc ⋔wc ☎ ♿ Ⓟ – 40. AE E VISA
SC : **R** *(fermé nov. et dim. sauf vacances scolaires)* 58/75 – ☐ 17,50 – **36 ch** 74/188 – P 171/218.

Mont-Blanc sans rest, 8 r. Mont Blanc ☎ 58.12.47 – wc ⋔ ☎. VISA
SC : ☐ 15 – **24 ch** 65/126.

St-Jacques sans rest, 1 quai St-Jacques ☎ 58.01.35 – wc ☎. VISA. ✻
SC : ☐ 13 – **9 ch** 100/120.

XX **La Crémaillère** ⌂ avec ch (nouveaux aménagements prévus début sais. 84), S :
1,5 km par ancienne rte Combloux ☎ 58.32.50, Télex 385398, < Mt-Blanc, 🎿 – 🛗
📺 ⌂wc ☎ 🅿 – 🏊 50. 🖭 E 𝘝𝘐𝘚𝘈
fermé début janv. à début fév. – SC : **R** 55/250 – ☑ 30 – **43 ch** 180/250 – P
210/230.

XX **La Chaumière,** rte de Megève ☎ 58.00.59 – 🅿. 🖭 E 𝘝𝘐𝘚𝘈
fermé 22 mai au 2 juin et merc. – SC : **R** 75 🦪.

à Cordon SO : 4 km par D 113 – alt. 871 – Sports d'hiver : 1 050/1 600 m ⚡3 – ⊠ **74700**
Sallanches :

🏨 **Chamois d'Or** ⌂, ☎ 58.05.16, < chaîne Mont-Blanc, 🍴, 🌊, 🎿, ※ – 🛗 📺 ⅊
🅿 – 🏊 25. 🖭 ⑩
26 mai-15 sept. et 20 déc.-15 avril – SC : **R** 70/95 – ☑ 22 – **30 ch** 160/250 – P
200/245.

🏨 **Roches Fleuries** ⌂, ☎ 58.06.71, < chaîne Mont-Blanc, « Bel intérieur », 🎿 –
⌂⌂ ※ rest
fermé 1er oct. au 20 déc. – SC : **R** 85/110 – ☑ 22 – **29 ch** 170/220 – P 200/265.

🏨 **Solneige** ⌂, ☎ 58.04.06, < chaîne Mont-Blanc, 🎿 – ⌂wc ⅊wc ☎ 🅿
fermé 24 sept. au 20 déc. – SC : **R** 55/75 – ☑ 18 – **29 ch** 120/150 – P 148/170.

🏨 **Le Cordonant** Ⓜ ⌂, ☎ 58.34.56, < chaîne Mont-Blanc, 🍴 – ⌂wc ⅊ ☎ 🅿.
※ rest
fermé 10 oct. au 15 déc. – SC : **R** 60/100 – ☑ 20 – **15 ch** 140/160 – P 153/180.

🏨 **Les Rhodos** ⌂, ☎ 58.13.54, < chaîne Mt-Blanc – ⌂wc ⅊wc ☎ 🅿. ※ rest
1er juin-20 sept. et 18 déc.-Pâques – SC : **R** 58/75 – ☑ 16 – **26 ch** 110/140 – P
140/170.

CITROEN Gar. Greffoz, 50 av. de Genève ☎
58.20.49
FIAT, LANCIA-AUTOBIANCHI Gar. St-Martin,
rte de Passy, St-Martin-sur-Arve ☎ 58.41.88
FORD Gar. des Alpes, rte de Chamonix ☎
58.14.44
MAZDA Gar. Levet, 51 av. de Genève ☎ 58.
06.28

PEUGEOT TALBOT Gar. de Warens, 44 av. de
Genève ☎ 58.11.32
RENAULT Les Gar. Réunis, 27 av. de Genève
☎ 58.10.05
Gar. des Aravis, rte du Fayet ☎ 58.24.75 🅽 ☎
58.27.68

Ⓐ Sallanches-Pneus, 7 av. Genève ☎ 58.00.34

SALLES-ARBUISSONNAS-EN-BEAUJOLAIS 69 Rhône 🏧 ⑨ G. Vallée du Rhône –
513 h. alt. 343 – ⊠ **69830** St-Georges-de-Reneins – ✆ 74.

Paris 433 – Bourg-en-Bresse 50 – Chauffailles 46 – ♦Lyon 42 – Mâcon 38 – Villefranche-sur-Saône 11.

XX **La Benoite,** ☎ 67.52.93.

CITROEN Gar. du Chapitre, à Fond-de-Salles ☎ 67.54.09

SALLES-CURAN 12410 Aveyron 🎆 ⑬ – 1 424 h. alt. 833 – ✆ 65.

Paris 644 – Albi 77 – Millau 37 – Rodez 40 – St-Affrique 37.

🏨 ✿ **Host. du Lévézou** (Bouviala) ⌂, ☎ 46.34.16, 🍴, demeure du 14e s., 🎿 –
⌂wc ⅊wc ☎ 🅿. 🖭 ⑩ E 𝘝𝘐𝘚𝘈 ※ rest
1er avril-15 oct. – SC : **R** (dim. prévenir) 65/160 – ☑ 20 – **25 ch** 70/180 – P 200/225
Spéc. Croustade chaude au foie gras de canard aux truffes, Râble de lapereau grillé sur la braise,
Tarte aux cèpes. **Vins** Faugères.

🏨 **Aub. du Pareloup,** ☎ 46.35.22 – ⅊
➡ *Pâques-1er déc. et fermé lundi du 1er oct. au 30 avril –* **R** 45 bc/105 bc – ☑ 12 –
15 ch 108 – P 126.

Les SALLES-SUR-VERDON 83 Var 🎆 ⑥ – 131 h. alt. 503 – ⊠ **83630** Aups – ✆ 94.

Paris 806 – Brignoles 60 – Draguignan 50 – Manosque 63 – Moustiers-Ste-Marie 13.

🏨 **Aub. des Salles** ⌂, ☎ 70.20.04, <, 🍴, 🎿 – ⌂wc ⅊wc ☎ 🅿
début mars-fin nov. – SC : **R** 60/132 – ☑ 20 – **22 ch** 120/138 – P 210/227.

🏨 **Le Verdon** Ⓜ ⌂, ☎ 70.20.02, < – ⌂wc ☎ 🅿. ※
fermé déc. et vend. hors sais. – SC : **R** 58/120 – ☑ 22 – **19 ch** 150/180 – P
414/434 (pour 2 pers.).

Michelin Green Guides in English

Paris	Austria	New York City
Brittany	Canada	Portugal
Châteaux of the Loire	Germany	Spain
Dordogne	Italy	Switzerland
French Riviera	London	
Normandy	New England	
Provence		

Voir Château de l'Empéri : musée★★ BYZ.

🏌 de l'École de l'air ✆ 53.90.90 par ② : 3 km.

🅱 Office de Tourisme (fermé dim. sauf sais.) et A.C. 56 Cours Gimon ✆ 56.27.60, Telex 430156.

Paris 724 ① – Aix-en-Pr. 36 ② – Arles 41 ③ – Avignon 46 ① – ◆Marseille 55 ② – Nîmes 71 ③.

SALON-DE-PROVENCE

Carnot (Cours) . . . . AY 3
Crousillat (Pl.) . . . . BY 8
Frères-Kennedy
    (R. des) . . . . AY
Gimon (Cours) . . . . BZ
Victor-Hugo (Cours) . . . . BY 29

Capucins (Bd des) . . . . . BZ 2
Clemenceau
    (Bd Georges) . . . . . . AY 4
Coren
    (Bd Léopold) . . . . AY 6
Craponne
    (Allées de) . . . . BZ 7
Fileuses-de-Soie
    (R. des) . . . . AY 9
Gambetta (Pl.) . . . . BZ 10
Horloge (R. de l') . . . . . . BY 12
Ledru-Rollin (Bd) . . . . . . AY 14
Mistral
    (Bd Frédéric) . . . . BZ 16
Nostradamus (Bd) . . . . . BZ 19
Pasquet (Bd) . . . . BZ 19
Pelletan
    (Cours Camille) . . . . . AY 22
République
    (Bd de la) . . . . AY 23
Reynaud-d'Ursule (R.) . . BZ 26
St-Laurent (Square) . . . . BY 27
St-Michel (R.) . . . . BY 28

Les principales voies

commerciales figurent en

rouge au début de la liste

des rues des plans de ville.

🏛 **Midi**, 518 allées Craponne par ② ✆ 53.34.67 – 📶 🍽 rest ⇔wc 🛁wc ☎ 🅿 🅴 𝐕𝐈𝐒𝐀
fermé nov. et fév. – SC : **R** (dîner seul.) 56/66 🍷 – ⚏ 18 – **25 ch** 140/210.

🏛 **Roi René** sans rest, 561 allées Craponne par ② ✆ 53.20.22 – 📶 ⇔wc 🛁wc ☎ 🅿 🅴 𝐕𝐈𝐒𝐀
fermé déc. et janv. – SC : ⚏ 18 – **30 ch** 139/198.

🏠 **Vendôme** sans rest, 34 r. Mar.-Joffre ✆ 56.01.96 – ⇔wc 🛁wc ☎ 𝐕𝐈𝐒𝐀   BY **v**
SC : ⚏ 16 – **22 ch** 110/160.

🏠 **Sélect-H.** ⌂, sans rest, 35 r. Suffren ✆ 56.07.17 – 🛁wc ☎ 🞤   AY **s**
SC : ⚏ 14 – **19 ch** 110/140.

XXX ✿ **Robin**, 1 bd G.-Clemenceau ✆ 56.06.53 – 🅴 ⓞ 🅴   AY **n**
fermé vacances de fév., dim. soir et lundi sauf fêtes – SC : **R** 130/260
Spéc. Poissons, Civet de homard, Chariot des desserts. **Vins** Meyreuil, Rousset.

XX **Craponne**, 146 allées Craponne ✆ 53.23.92 – 𝐕𝐈𝐒𝐀   BZ **m**
fermé 2 au 24 juil., 1er au 7 sept., dim. soir et lundi – SC : **R** 60/130.

XX **Le Touring**, 20 pl. Crousillat ✆ 56.00.07 – 🅴 🅴   BY **k**
fermé fév. et merc. de sept. à juin – SC : **R** 55/130.

X **Le Poêlon**, 71 allées Craponne ✆ 53.31.38 – 🅴 ⓞ 𝐕𝐈𝐒𝐀   BZ **u**
fermé août, sam. midi et mardi – SC : **R** 80/105.

au NO : 4 km par ① et D 17 – ✉ 13300 Salon-de-Provence :

XX **Château de Richebois** (ch prévues), ✆ 56.49.11 – 🅿
fermé fév. et lundi – SC : **R** 80/220.

au NE : 5 km par D 16 BY et voie privée – ✉ 13300 Salon-de-Provence :

🏛 **Abbaye de Ste-Croix** ⌂, ✆ 56.24.55, Télex 401247, ≤, parc, ⌇, 🎿 – 🅿 – 🏛
35. 🅴 ⓞ 🅴 𝐕𝐈𝐒𝐀
1er mars-31 oct. – SC : **R** (fermé lundi midi) 190/255 – ⚏ 38 – **22 ch** 420/570 – P
575/775.

SALON-DE-PROVENCE

à la Barben SE : 8 km par ②, N 572 et D 22E – ⊠ 13330 Pélissanne.
Voir Château★ E : 2 km.

XX **Touloubre** ⟫ avec ch, ☏ 55.16.85, ☞ – ⌂wc ☏ **P** – 🏡 30. ⅢⅢ ⅥⅢⅣ ⅏ ch
fermé 15 nov. au 1er déc., 15 fév. au 1er mars et lundi d'oct. à avril – SC : **R** 80/180 –
⊂⊃ 20 – **16 ch** 98/197 – P 275/333.

à Lançon-Provence par ② et N 113 : 8 km – 3 990 h. – ⊠ 13680 Lançon.
Voir table d'orientation ⩽★★ SE : 4 km puis 15 mn.

XX **Les Olivarelles,** près Église ☏ 57.73.89
fermé 15 au 31 août, vacances de fév., dim. soir et lundi sauf fêtes – SC : **R** 78/160 🍴.

sur Autoroute A 7 : Aire de Lançon SE : 11 km par ② – ⊠ 13680 Lançon :

🏨 **Mercure** Ⓜ, ☏ 53.90.70, Télex 440183, ⌄ – 🛗 🗏 ⓉⓋ ☏ 🚹 **P** – 🏡 120. ⅢⅢ ⓄⒹ Ⓔ
ⅥⅢⅣ
R carte environ 90 🍴 – ⊂⊃ 26 – **100 ch** 249/347.

MICHELIN, Agence, r. des Canesteux, Z.I. du Quintin par bd du Roi René AZ ☏ 53.35.46

CITROEN SAMICA, 306 av. Michelet par ② ☏ 53.29.64
FORD Gar. Foch, 302 bd Mar.-Foch ☏ 56.21.19
PEUGEOT Blanc, rte de Miramas par ③ ☏ 56.23.71
RENAULT S.A.P.A.S., 666 bd du Roi-René AZ ☏ 53.32.02
V.A.G. Gar. Palma, 25 r. Sévigné ☏ 53.32.95

Gar. M.A.S.A., 86 rue Désiré Alleman ☏ 53.44.99

🏵 Bués-Pneus, quartier Crau-Sud déviation N 113 ☏ 53.30.40
Omnica, bd du Roi-René ☏ 53.15.75
Pyrame, 411 bd du Roi-René ☏ 53.30.38

SALORNAY-SUR-GUYE 71810 S.-et-L. 🔢 ⑱⑲ – 705 h. alt. 212 – ✪ 85.
Paris 388 – Chalon-sur-Saône 49 – Charolles 29 – Mâcon 36 – Montceau-les-Mines 31 – Tournus 35.

🏠 **Pompanon,** rte Autun ☏ 59.44.38 – 🚗 ⅥⅢⅣ
⟶ *fermé sept. et dim. d'oct. à mars* – SC : **R** 38/60 🍴 – 🍽 12 – **10 ch** 48/85 – P 110.
PEUGEOT, MERCEDES-BENZ Forest et Simon, ☏ 59.43.11
RENAULT Gar. Descombes, ☏ 59.41.28

SALSES 66 Pyr.-Or. 🔢 ⑨ – 2 098 h. alt. 12 – ⊠ 66600 Rivesaltes – ✪ 68.
Voir Fort★★, G. Pyrénées.
Paris 892 – Narbonne 47 – ✦Perpignan 16 – Rivesaltes 9,5 – St-Laurent-de-la-Salanque 9.

Les SALVAGES 81 Tarn 🔢 ① – rattaché à Castres.

SALVAGNY 74 H.-Savoie 🔢 ⑧ – rattaché à Samoëns.

La SALVETAT-SUR-AGOUT 34330 Hérault 🔢 ③ G. Causses – 1 174 h. alt. 663 – ✪ 67.
🄑 Office de Tourisme (15 juin-15 sept.) ☏ 97.64.44.
Paris 729 – Castres 49 – Lacaune 20 – Lodève 82 – ✦Montpellier 141.

🏠 **Cros,** ☏ 97.60.21, 🌧, ☞ – 🛗wc 🚗 Ⓔ
⟶ *fermé 25 déc. au 10 fév. et lundi d'oct. à mai* – SC : **R** 45/160 🍴 – ⊂⊃ 12 – **21 ch** 70/150 – P 150/190.

SAMATAN 32130 Gers 🔢 ⑮ – 1 978 h. alt. 165 – ✪ 62.
Paris 733 – Auch 35 – Gimont 17 – Montauban 77 – St-Gaudens 56 – Tarbes 91 – ✦Toulouse 48.

🏛 **Maigné,** ☏ 62.30.24 – 🛗 🚗 – 🏡 30
fermé 20 sept. au 20 oct. – SC : **R** 58 bc/160 bc – ⊂⊃ 13 – **15 ch** 60/90 – P 180.

SAMOËNS 74340 H.-Savoie 🔢 ⑧ G. Alpes – 1 956 h. alt. 720 – Sports d'hiver : 720/2 480 m ⩶4
⩶38 ⅔ – ✪ 50.
Env. La Rosière ⩽★★ N : 6 km – Cirque du Fer à Cheval★★ E : 13 km.
🄑 Office de Tourisme ☏ 34.40.28, Télex 385924.
Paris 596 – Annecy 85 – Bonneville 36 – Chamonix 63 – ✦Genève 68 – Megève 49 – Morzine 30.

🏨 **Neige et Roc** Ⓜ ⟫, ☏ 34.40.72, ⩽, ⌄, ☞, ⅏ – 🛗 cuisinette ⌂wc 🛗wc ☏ **P**
– 🏡 25. ⅏ rest
début juin-15 sept. et 15 déc.-15 avril – SC : **R** 75/100 – ⊂⊃ 22 – **50 ch** 200/220 – P 220/260.

🏨 **Glaciers,** ☏ 34.40.06, ⩽, ⌄, ☞ – 🛗 ⌂wc 🛗wc ☏ 🚗 **P**. ⅢⅢ Ⓔ ⅏ rest
7 juin-15 sept. et 18 déc.-Pâques – SC : **R** 60/120 – ⊂⊃ 20 – **50 ch** 120/190 – P 175/230.

🏨 **Sept Monts,** ☏ 34.40.58, ⩽, ☞ – 🛗 ⌂wc 🛗 ☏ **P**. Ⓔ ⅥⅢⅣ
1er juin-15 sept. et 15 déc.-15 avril – SC : **R** 59/74 – ⊂⊃ 16 – **36 ch** 71/185 – P 150/230.

tourner →

🏠 **Edelweiss** ⑤, NE : 1,5 km par rte Planpraz 🌣 34.41.32, ≤ montagnes, 🚗 – 🛏️
🍴 ⓟ ⑤ rest
début juin-15 sept. et 20 déc.-15 avril – SC : **R** 60/100 – 🖴 15 – **12 ch** 120/160 – P
140/180.

🏠 **Eteski** ⑤, à Vercland SO : 3 km 🌣 34.44.60, ≤ montagnes, 🚗 – 🍴 ⓟ ⑤ rest
◆ *fermé 15 sept. au 15 déc.* – SC : **R** (prévenir) 50/68 ⓐ – 🖴 16 – **22 ch** 80/102 – P
154/162.

à Salvagny SE : 9 km par D 907 et D 29 – ⊠ 74740 Sixt :

🏠 **Le Petit Tetras** ⑤, 🌣 34.42.51, ≤ – 🛏️wc 🍴wc ⓟ ⒠ ⑤ rest
9 juin-10 sept. et 21 déc.-15 avril – SC : **R** 57/115 – 🖴 17 – **24 ch** 90/175 – P
170/205.

à Morillon O : 4,5 km – ⊠ 74440 Taninges :

🏠 **Le Sauvageon** ⑤, SE : 1,5 km par D 255 et VO 🌣 90.10.25, ≤, 🚗 – 🛏️wc 📞
ⓟ ⒠ *VISA* ⑤ rest
fermé 15 avril au 15 juin et 15 sept. au 15 déc. – SC : **R** *(fermé lundi hors sais.)*
75/140 ⓐ – 🖴 16,50 – **14 ch** 60/132 – P 180/200.

🏠 **Morillon,** 🌣 90.10.32, ≤, 🚗 – 🛏️wc 🍴wc 📞 ⓟ ⒠ ⑤
15 juin-5 sept. et 20 déc.-20 avril – SC : **R** 55/80 – 🖴 16,50 – **22 ch** 120/175 – P
165/220.

CITROEN Gar. Central, 🌣 90.43.82

SAMOIS-SUR-SEINE 77920 S.-et-M. 🖽 ②, 🖽🖽 ㊻ G. Environs de Paris – 1 575 h. alt. 84 –
❀ 6.

Voir Ensemble★ (quai, île du Berceau) – Tour Dénecourt ※★ SO : 5 km.

Paris 64 – Fontainebleau 7,5 – Melun 14 – Montereau-Faut-Yonne 21.

🏨 **Host. Country Club** ⑤, quai F.D. Roosevelt 🌣 424.60.34, ≤, ℅ – 🛏️wc 🍴 📞
ⓟ – 🅰 30, *VISA* ⑤ ch
fermé 30 juil. au 10 août, 23 déc. au 4 janv., dim. soir et lundi – SC : **R** 89/145 – 🖴
19 – **15 ch** 170/180 – P 320/340.

In Frankreich ist das Tragen der Sicherheitsgurte Vorschrift.

SANARY-SUR-MER 83110 Var 🖼 ⑭ G. Côte d'Azur – 11 689 h. alt. 20 – ❀ 94.

Voir Chapelle N.-D.-de-Pitié ≤★ B – Site★ de N.-D.-de-Pépiole E : 5 km.

🛈 Office de Tourisme Jardins de la Ville (fermé dim.) 🌣 74.01.04.

Paris 829 ① – Aix-en-Provence 71 ① – La Ciotat 27 ① – ◆Marseille 54 ① – ◆Toulon 12 ②.

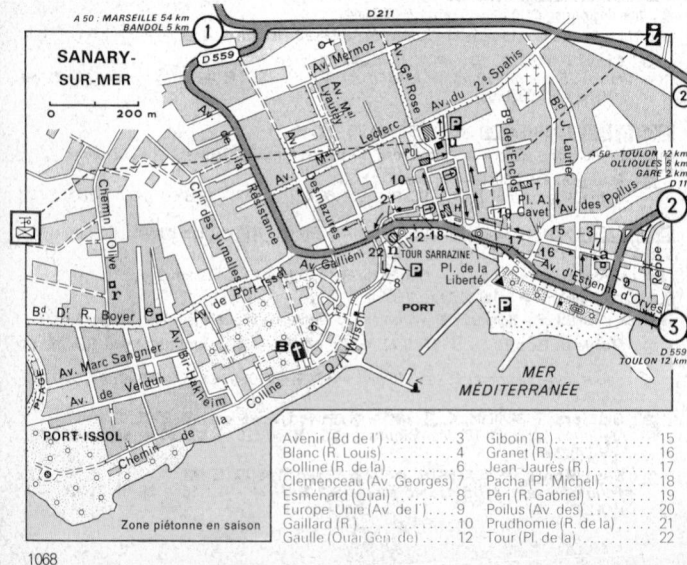

Avenir (Bd de l')	3	Giboin (R.)	15
Blanc (R. Louis)	4	Granet (R.)	16
Colline (R. de la)	6	Jean Jaurès (R.)	17
Clemenceau (Av. Georges)	7	Pacha (Pl. Michel)	18
Esménard (Quai)	8	Péri (R. Gabriel)	19
Europe-Unie (Av. de l')	9	Poilus (Av. des)	20
Gaillard (R.)	10	Prudhomie (R. de la)	21
Gaulle (Quai Gén. de)	12	Tour (Pl. de la)	22

🏨 **Gd H. des Bains,** bd d'E.-d'Orves **(a)** ☎ 74.13.47, ≤, 🐴 – 🛗 🛁wc ☎ 🅿️. 🆎
Ⓞ 𝑽𝑰𝑺𝑨
fermé janv. – SC : **R** 80/155 – ☲ 16 – **34 ch** 82/190 – P 175/250.

🏨 **Tour,** quai Gén-de-Gaulle **(n)** ☎ 74.10.10, ≤ – 🛁wc 🎬 ☎. 🆎 Ⓞ E 𝑽𝑰𝑺𝑨
fermé 15 nov. au 15 janv. et mardi hors sais. – SC : **R** 65/150 – ☲ 20 – **27 ch**
110/210 – P 210/255.

🏨 **Primavera,** av. Port-Issol **(e)** ☎ 74.00.36 – 🛁wc ☎ 🅿️
fermé nov. – SC : **R** *(fermé merc. de sept. à avril)* 71/113 – ☲ 13 – **14 ch** 130/203 –
P 184/209.

🏨 **Synaya** ⚜, chemin Olive **(r)** ☎ 74.10.50, 🐴 – 🛁wc 🅿️. ⚜ rest
mars-fin oct. – SC : **R** *(dîner pour résidents seul.)* 52 – ☲ 12 – **11 ch** 79/105.

🍴 **La Calèche,** pl. Poste **(u)** ☎ 74.22.20 – ⚜
fermé 10 au 30 juin, 1ᵉʳ au 25 nov., dim. soir et lundi – SC : **R** 60/130.

Voir aussi ressources hôtelières de *Six-Fours-les-Plages* par ③ : 4 km

SANCERRE 18300 Cher 🔠 ⑫ G. Châteaux de la Loire – 2 286 h. alt. 312 – ✪ 48.

Voir Site* – Promenade de la porte César** – Tour des Fiefs ⚜* – Carrefour D923
et D7 ≤** O : 4 km.

🛈 Syndicat d'Initiative Bureau de Tourisme (juin-fin sept.) ☎ 54.08.21.

Paris 204 ① – Bourges 46 ③ – La Charité-sur-Loire 26 ② – Salbris 75 ③ – Vierzon 71 ③.

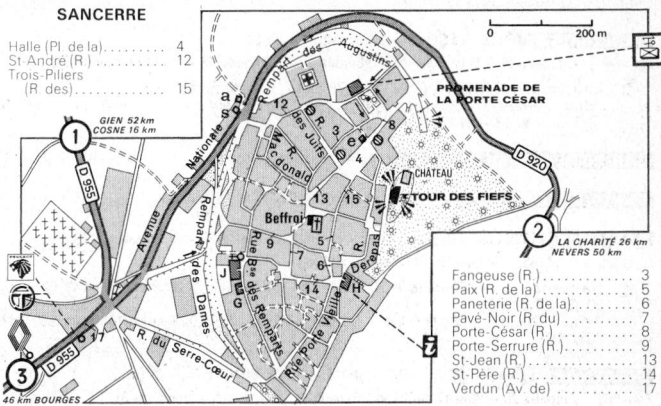

SANCERRE

Halle (Pl. de la)	4
St-André (R.)	12
Trois-Piliers (R. des)	15

Fangeuse (R.)	3
Paix (R. de la)	5
Paneterie (R. de la)	6
Pavé-Noir (R. du)	7
Porte-César (R.)	8
Porte-Serrure (R.)	9
St-Jean (R.)	13
St-Père (R.)	14
Verdun (Av. de)	17

🏨 **Panoramic** Ⓜ, rempart des Augustins **(a)** ☎ 54.22.44, ≤ vignobles – 🛗 📺
🛁wc ☎ 🔥 – 🏌 20 à 80. 🆎
SC : **R** voir rest. La Tasse d'Argent – ☲ 17 – **56 ch** 150/195, 3 appartements 600 – P
230/250.

🍴🍴 **La Tasse d'Argent,** 18 Rempart des Augustins **(s)** ☎ 54.01.44, ≤ vignobles –
🆎 E. ⚜
fermé janv. et merc. d'oct. à mars – SC : **R** 59/190.

🍴 **Tour,** pl. Halle **(e)** ☎ 54.00.81
fermé 26 nov. au 13 déc., 3 au 22 janv. et lundi sauf juil. et août – SC : **R** 70/140.

à St-Satur par ① : 4 km – ⊠ 18300 Sancerre :

🍴🍴 **Laurier** avec ch, 29 r. Commerce ☎ 54.17.20 – 🎬 𝑽𝑰𝑺𝑨
➡ *fermé fév., et lundi* – SC : **R** 48/138 🍴 – ☲ 15 – **10 ch** 60/120.

à St-Thibault par ① et D 4 : 5 km – ⊠ 18300 Sancerre :

🍴🍴 **Étoile** avec ch, quai Loire ☎ 54.12.15, ≤, 🍴 – 🛁 ☎ 🅿️. ⚜ ch
1ᵉʳ mars-15 nov. et fermé merc. sauf juil. et août – SC : **R** 74/187 – ☲ 20 – **11 ch**
78/143.

🍴🍴 **L'Auberge** avec ch, 37 r. J.-Combes ☎ 54.13.79 – 🅿️. 🆎 Ⓞ 𝑽𝑰𝑺𝑨
fermé 12 nov. au 5 déc., 27 fév. au 13 mars et mardi sauf sais. – SC : **R** 52/150 🍴 –
☲ 16 – **5 ch** 90/135 – P 150/160.

CITROEN Gar. Declomesnil à St-Satur par ① ☎ 54.11.34
PEUGEOT, TALBOT Gar. Cotat-Mulhausen, ☎ 54.00.62

RENAULT Bonlieu, ☎ 54.12.82 🅽 ☎ 54.32.91

SANCOINS 18600 Cher **59** ③ G. Bourgogne – 3 667 h. alt. 206 – 🟢 48.
Paris 265 – Bourges 51 – Montluçon 72 – Nevers 39 – St-Amand-Montrond 38.

🏠 **Parc** ॐ sans rest, r. M.-Audoux ₽ 74.56.60, 🛋 – 🛏️wc 🛗wc ☎ 🚗 – 🛎️
70 à 100. 🎈
SC : 🖵 18 – **12 ch** 115/138.

🏠 **St-Joseph,** ₽ 74.56.13 – 🛏️wc 🛗 🐝 🚗
fermé nov., dim. soir (sauf hôtel) et lundi – SC : **R** 58/120 ⚬ – 🖵 17 – **11 ch**
100/188.

CITROEN Central Gar., ₽ 74.50.42   🔵 Pneus Center, ₽ 74.55.28

SANCY-LES-MEAUX 77 S.-et-M. **56** ③, **196** ㉓ – rattaché à Meaux.

SANCY (Puy de) 63 P.-de-D. **73** ⑬ G. Auvergne – alt. 1 886.
Voir ✳️✳️✳️.
Accès : N 683 jusqu'au chalet du Sancy, à 4 km du Mont-Dore ② puis téléphérique, du terminus au
sommet : 20 mn – **Ressources hôtelières** : voir au **Mont-Dore**.

SAND 67 B.-Rhin **62** ⑩ – 762 h. alt. 143 – ✉️ **67230** Benfeld – 🟢 88.
Paris 530 – Barr 15 – Erstein 6,5 – Molsheim 24 – Obernai 14 – Sélestat 19 – ♦Strasbourg 28.

🏠 **Host. La Charrue** ॐ, ₽ 74.42.66 – 🔲 ch 🛏️wc 🛗wc ☎ 🅿️
◆ *fermé dim. soir (sauf hôtel en août) et lundi* – SC : **R** 35/135 ⚬ – 🖵 13,50 – **26 ch**
98/156 – P 165/185.

OPEL Gar. Schneider, ₽ 74.42.02

SANGUINET 40460 Landes **78** ③ – 1 368 h. alt. 24 – 🟢 58.
Paris 648 – Arcachon 26 – Belin-Beliet 26 – ♦Bordeaux 59 – Mimizan 39 – Mont-de-Marsan 93.

🏠 **Les Eaux qui Rient** ॐ, au lac ₽ 78.61.15, ≤ – 🛗 🅿️. 🎈 rest
hôtel : Pâques-31 oct., rest. : ouvert toute l'année sauf du 6 nov. au 6 janv. – SC : **R**
70/130 – 🍽️ 13 – **11 ch** 90 – P 135.

SAN-PEIRE-SUR-MER 83 Var **84** ⑰⑱ – rattaché aux Issambres.

SANTA-COLOMA Principauté d'Andorre **86** ⑭, **43** ⑥ – voir à Andorre.

SANTENAY 21590 Côte-d'Or **70** ① – 1 014 h. – Stat. therm. (avril-oct.) – Casino – 🟢 80.
Paris 335 – Autun 45 – Beaune 18 – Chalon-sur-Saône 21.

🏠 **Santana** ॐ, av. Sources ₽ 20.62.11, Télex 350190 – 📶 🔲 rest 🛏️wc ☎ 🅿️ – 🛎️
30. 🅰️🅴 ⓞ 🅴 🎗 🗻
1er avril-31 oct. – SC : **R** 90 ⚬ – 🖵 23 – **65 ch** 190/220, 3 appartements 280 – P
305/315.

SANTENAY 41 L.-et-Ch. **64** ⑥ – 262 h. alt. 115 – ✉️ **41190** Herbault – 🟢 54.
Paris 198 – Amboise 25 – Blois 17 – Château-Renault 17 – Herbault 5 – Vendôme 31.

🛎️ **Union,** ₽ 46.11.03 – 🛏️ 🅿️. 🎈 ch
◆ *fermé 4 au 27 mars, dim. soir et lundi* – SC : **R** 38/120 – 🖵 18 – **5 ch** 95/135 – P
165/175.

SANT-JULIA-DE-LORIA Principauté d'Andorre **86** ⑭, **43** ⑥ – voir à Andorre.

Le SAPPEY-EN-CHARTREUSE 38 Isère **77** ⑤ G. Alpes – 557 h. alt. 940 – Sports d'hiver :
1 000/1 370 m ⚡5, ⚡ – ✉️ **38700** La Tronche – 🟢 76.
Voir Charmant Som ✳️✳️✳️ NO : 4,5 km puis 1 h – Fort du St-Eynard ✳️✳️ S : 4 km.
Paris 577 – Chambéry 52 – ♦Grenoble 15 – St-Pierre-de-Chartreuse 14 – Voiron 38.

🏠 **Skieurs** ॐ, ₽ 88.80.15, ≤, 🌳, 🛖, 🍴, 🛋 – 🔟 🛏️wc 🛗wc 🐝 🅿️. 🎈 rest
*fermé 30 avril au 15 mai, 1er oct. au 15 nov., dim. soir et lundi sauf vacances
scolaires* – SC : **R** 80/120, carte le dim. – 🖵 18 – **17 ch** 110/190 – P 150/230.

🛎️ **Bon Abri** ॐ, ₽ 88.81.20, ≤ – 🛗 🅿️
◆ *juin-10 sept., 22 déc.-7 janv., vacances de fév. et de printemps* – SC : **R** 60/80 – 🍽️
16 – **12 ch** 76/168 – P 170/180.

XX **Le Pudding,** ₽ 88.80.26 – 🎈
fermé mi août à mi sept., 16 au 30 nov., dim. soir, soirs de fêtes et merc. – SC : **R**
65/95.

au Col de Porte N : 4,5 km par D 512 – alt. 1 350 – Sports d'hiver : 1 340/1 700 m ⚡6 –
✉️ **38700** La Tronche.

🏠 **Chalet H. Rogier** ॐ, ₽ 88.82.04, ≤ – 🛗wc 🐝 🅿️. 🎈
◆ *fermé 15 oct. au 20 déc. et mardi* – SC : **R** (dim. prévenir) 50/85 – 🖵 15 – **17 ch**
100/150 – P 170/190.

SARE 64 Pyr.-Atl. 85 ② G. Pyrénées – 1 930 h. alt. 70 – ✉ **64310** Ascain – ☎ 59.

Paris 807 – Cambo-les-Bains 24 – Pau 137 – St-Jean-de-Luz 14 – St-Pée-sur-Nivelle 8.

- ❀ **Arraya** (Fagoaga), ☎ 54.20.46, ≤, « Cadre rustique basque, jardin » – TV wc wc ☎. AE. ch
  25 mai-1er oct. – SC : **R** 86/155 – 26 – **20 ch** 182/250
  Spéc. Salade de gésiers de canards confits, Foie de canard frais aux poires, Gratin de louvine. **Vins** Jurançon, Madiran.
- **Picassaria** ⓢ, S : 2 km par VO ☎ 54.21.51, ≤ – wc ☎ ⓟ. ch
  1er mars-1er déc. et fermé merc. sauf juil.-sept. – SC : **R** 60/90 – 14 – **34 ch** 75/140 – P 120/155.
- **Lastiry,** ☎ 54.20.07 – wc.
  1er mars-20 nov. et fermé lundi – SC : **R** 45/100 – 12 – **20 ch** 80/110 – P 120/140.

SARLAT-LA-CANÉDA SP

24200 Dordogne 75 ⑰ G. Périgord – 10 627 h. alt. 145 – ☎ 53.

Voir Vieux Sarlat★★ : Maison de la Boétie★ Z **D, place des Oies★** Y, **Hôtel de Malleville★** Y **B** – **Quartier Ouest★** YZ.

Env. Décor★ et mobilier★ du château de Puymartin NO : 10 km par ④.

Office de Tourisme pl. Liberté (fermé dim. hors saison) ☎ 59.27.67.

Paris 539 ① – Bergerac 74 ③ – Brive-la-Gaillarde 51 ① – Cahors 71 ② – Périgueux 66 ④.

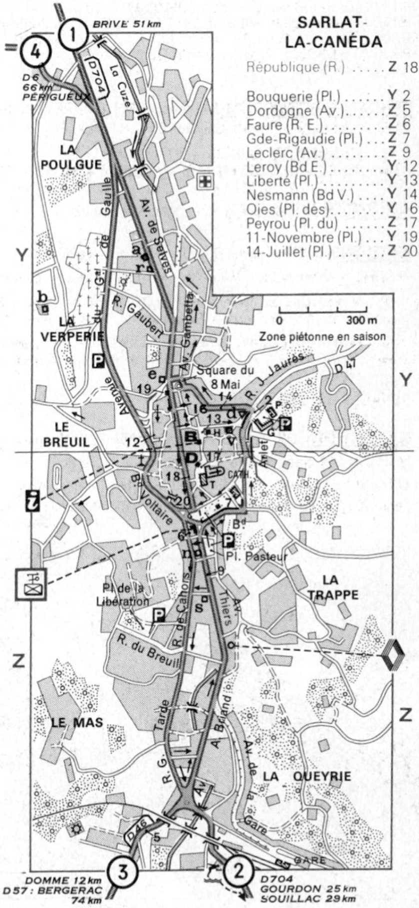

SARLAT-LA-CANÉDA

République (R.)	Z	18
Bouquerie (Pl.)	Y	2
Dordogne (Av.)	Z	5
Faure (R. E.)	Z	6
Gde-Rigaudie (Pl.)	Z	7
Leclerc (Av.)	Z	9
Leroy (Bd E.)	Y	12
Liberté (Pl.)	Y	13
Nesmann (Bd V.)	Y	14
Oies (Pl. des)	Y	16
Peyrou (Pl. du)	Z	17
11-Novembre (Pl.)	Y	19
14-Juillet (Pl.)	Z	20

- **La Madeleine,** 1 pl. Petite-Rigaudie ☎ 59.10.41, – AE ⓓ E VISA — Y **e**
  15 mars-15 nov. – SC : **R** 70/170 – 20 – **19 ch** 175/214, 3 appartements 225 – P 250/285.
- **St-Albert,** pl. Pasteur ☎ 59.01.09 – rest wc wc ☎ – 35. AE ⓓ E VISA. ch
  SC : **R** 63/190 – 18 – **57 ch** 100/160 – P 190/240. — Z **n**
- **Salamandre** M, r. Abbé Surguier ☎ 59.35.98 – TV wc ☎. AE ⓓ E VISA. ch — Z **s**
  1er avril-15 nov. – SC : **R** voir H. St Albert – 22 – **18 ch** 180/250, 5 appartements 300.
- **La Couleuvrine,** 1 pl. Bouquerie ☎ 59.27.80 – wc ☎. AE ⓓ E VISA
  SC : **R** *(fermé 15 au 31 janv., et mardi du 2 nov. au 28 fév.)* 63/125 – 20 – **20 ch** 125/185 – P 205/235. — Y **d**
- **Compostelle** M sans rest, 18 av. Selves ☎ 59.08.53 – TV wc wc ☎ — Y **r**
  25 mars-6 nov. – SC : 17 – **12 ch** 148/165.
- **Host. la Verperie** ⓢ, ☎ 59.00.20, ≤, « Jardin ombragé et fleuri » – wc wc ☎ ⓟ. — Y **b**
  fermé 1er déc. au 31 janv. et dim. du 1er oct. au 1er avril – SC : **R** 55/130 – 17 – **15 ch** 105/180 – P 163/200.
- XX **Marcel,** 8 av. Selves ☎ 59.21.98 — Y **a**
  1er fév.-15 nov., fermé lundi du 1er fév. au 30 mars et du 10 sept. au 15 nov. – SC : **R** 42/135.
- X **Rossignol,** bd H. Arlet ☎ 59.03.20, — Y **v**
  fermé 12 au 26 mars, 19 au 30 nov. et lundi – **R** 45/170.

au Sud par ② : 2 km :

🏠 **La Hoirie** ⑤ sans rest, 𝄞 59.05.62, ≤, « Maison périgourdine dans un parc » –
🚪wc �filwc ☎ ⑤ 🅿 𝑉𝐼𝑆𝐴
1er avril-2 nov. – SC : ⬚ 23 – **13 ch** 190/255.

par route des Eyzies , ④ : 3 km :

🏠🏠 **Host. Meysset** Ⓜ ⑤, 𝄞 59.08.29, ≤, 🍽, parc – ᕦ 🅿 – ᕤ 100. 🅰🅴 ⓘ 𝑉𝐼𝑆𝐴
18 avril-6 oct. – SC : **R** *(fermé jeudi midi sauf juil.-août)* 110/220 – ⬚ 27 – **21 ch**
210/260, 7 appartements 290/320 – P 295/325.

CITROEN Sarlat-Autos, rte Vitrac par ③ 𝄞 59.10.64

FIAT Lacombe, 3 av. Gambetta 𝄞 59.00.93
FORD Fournet, rte de Vitrac 𝄞 59.05.23
OPEL Matigot, r. Louis Mie 𝄞 59.37.67
PEUGEOT-TALBOT S.M.A.S., av. la Dordogne par ③ 𝄞 59.10.75

RENAULT Robert, 33 av. Thiers 𝄞 59.35.21
V.A.G. Gar. du Viaduc, au Pontet 𝄞 59.06.83

⊚ Comptoir Sarladais du Pneu, Zone Ind. de Madrazès 𝄞 59.00.33

SARLIAC-SUR-L'ISLE 24 Dordogne 🗗🗗 ⑥ – 755 h. alt. 102 – ⊠ 24420 Savignac-les-Églises –
❸ 53 – Paris 479 – Brive-la-Gaillarde 81 – ◆Limoges 87 – Périgueux 15.

🏠 **Chabrol,** 𝄞 06.01.35 – ⎕wc. 🍽
fermé sept. – SC : **R** 42/70 ᕤ – 🍴 14 – **12 ch** 54/65 – P 135/145.

SARPOIL 63 P.-de-D. 🗗🗗 ⑮ – rattaché à Issoire.

SARRAS 07370 Ardèche 🗗🗗 ① – 1 669 h. – ❸ 75.
Paris 532 – Annonay 19 – ◆Lyon 70 – ◆St-Étienne 58 – - Tournon 16 – Valence 35.

🏠 **Vivarais,** av. Vivarais 𝄞 23.01.88, 🍽 – ⎕wc ⎕ ☎ 🚗 🅿
fermé fév. et mardi – SC : **R** 50/120 ᕤ – ⬚ 14 – **10 ch** 90/135.

🏠 **Commerce,** av. Vivarais 𝄞 23.03.88 – ⎕wc 🚗. 🍽 ch
fermé 15 oct. au 12 nov., dim. soir et lundi midi – SC : **R** 38/70 ᕤ – ⬚ 12 – **11 ch** 58/82.

RENAULT Cézard, rte Bleue 𝄞 23.03.56

SARREBOURG ◈ 57400 Moselle 🗗🗗 ⑥ **G. Vosges** – 15 139 h. alt. 250 – ❸ 8.
Voir Vitrail★ dans la chapelle des Cordeliers B.
🅹 Office de Tourisme Chapelle des Cordeliers *(fermé dim. et mardi)* 𝄞 703.11.82.
Paris 426 ④ – Épinal 84 ④ – Lunéville 53 ④ – ◆Metz 111 ① – St-Dié 67 ④ – Sarreguemines 53 ①.

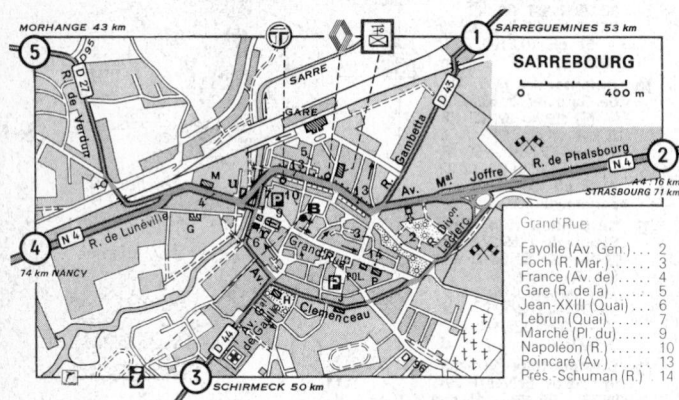

🏠 **France,** 3 av. France (u) 𝄞 703.21.47 – ▣ rest ⎕wc ⎕wc ☎ 🅿 – ᕤ 50. 🅴 𝑉𝐼𝑆𝐴.
🍽 rest
SC : **R** *(fermé 1er au 15 nov., 15 au 28 fév., sam. et pour le grill Saravis lundi)* 35/150 ᕤ
– ⬚ 21 – **46 ch** 115/205 – P 168/220.

✕✕ **Chez Eddy,** N : 2 km par D 27 et D 95 𝄞 703.32.01, ≤ – 🅿. 🅴 𝑉𝐼𝑆𝐴
fermé août, mardi soir et merc. – SC : **R** 68/150 ᕤ.

✕✕ **du Soleil** avec ch, 5 r. Halles (r) 𝄞 703.21.71 – ⎕wc ☎. 🍽
fermé 23 déc. au 15 janv., dim. soir et lundi – SC : **R** 55/130 ᕤ – ⬚ 15 – **14 ch** 65/170 – P 150/175.

CITROEN Gar. Rein SARREBOURG N 4 par ④ ☏ 703.29.29
FIAT Europ'Auto, 8 av. Joffre ☏ 703.22.12
FORD Gar. des 2 Sarres, pl. de la gare ☏ 703.32.60
PEUGEOT-TALBOT Sarrebourg-Auto, N 4, à Imling par ④ ☏ 703.29.66 **N**
RENAULT Billiar, 25 av. Poincaré ☏ 703.21.14

TALBOT Est-Gar., 8 av. Poincaré ☏ 703.23.48
V.A.G. Lett, 6 av. Joffre ☏ 703.14.02

⑭ Kautzmann, 5 r. du Dr-Schweitzer ☏ 703.23.53
Pneus et Services D.K. voie A.-Malraux ☏ 703.21.87

SARREGUEMINES ⟨SP⟩ 57200 Moselle **57** ⑯ ⑰ G. Vosges – 25 178 h. alt. 220 – ✿ 8.
🅱 Office de Tourisme r. Poste (fermé sam. et dim.) ☏ 798.52.32.
Paris 394 ③ – Colmar 149 ② – Épinal 137 ② – Karlsruhe 138 ① – Lunéville 93 ② – Mannheim 143 ③ – ◆Metz 69 ③ – ◆Nancy 90 ② – St-Dié 120 ② – Saarbrücken 18 ③ – ◆Strasbourg 104 ②.

SARREGUEMINES

Chapelle (R. de la) . . . . **AY** 3
Cremer (R. des Généraux) . . . . **AY** 6
Gare (Av. de la) . . . . **BZ** 9
Marché (Pl. du) . . . . **AY** 14
Nationale (R.) . . . . **AY** 20
Pasteur (R. Louis) . . . . **BY** 23
Ste-Croix (R.) . . . . **AY** 26

Chamborand (R.) . . . . **ABY** 2

Cité (R. de la) . . . . **BY** 4
Clemenceau (R.) . . . . **BX** 5
Faïenceries (Bd des) . . . . . . **BY** 7
France (R. de) . . . . **AY** 8
Gaulle (Bd du Gén.) . . . . **AY** 10
Geiger (R. A. de) . . . . **BX** 12
Louvain (Chaussée de) . . . . **BY** 13
Or (R. d') . . . . **AY** 22
Roth (R. Jacques) . . . . **BXY** 24
St-Nicolas (R.) . . . . **AY** 25
Sibille (Pl. Gén.) . . . . **AZ** 27
Utzschneider (R.) . . . . **AY** 28
Verdun (R. de) . . . . **AY** 29

🏨🏨 **Alsace et Rôtisserie Ducs de Lorraine** M, 10 r. Poincaré ☏ 798.44.32 – 🅿️ 📺
☎ 🅿 – 🔟 30. 🆎 ⓄⒺ 𝓥𝓘𝓢𝓐. ⋘
ABY **r**
fermé juil. et 24 au 31 déc. – **R** 100/210 ⅄ **La Taverne R** carte 70 à 120 ⅄ – ⟐ 27 – **26 ch** 203/264.

🏨 **Union**, 28 r. Geiger ☏ 795.28.42 – ⌐wc 🛏wc ☎ 🅿. 🆎 Ⓞ Ⓔ 𝓥𝓘𝓢𝓐
BX **s**
SC : **R** *(fermé 5 au 19 août, 23 déc. au 2 janv., sam. midi et dim.)* 60/120 ⅄ – ⟐ 17 – **22 ch** 118/190.

🏠 **Deux Étoiles** sans rest, 4 r. Gén.-Crémer ☏ 798.46.32 – ⌐wc 🛏 ☜. 🆎 Ⓔ 𝓥𝓘𝓢𝓐
AY **a**
SC : ⟐ 11 – **18 ch** 80/133.

✗ **Laroche**, 3 pl. Gare ☏ 798.03.23 – 🆎 𝓥𝓘𝓢𝓐. ⋘
ABZ **x**
fermé 17 août au 8 sept., 22 déc. au 7 janv., vend. soir et dim. – SC : **R** 47/69 ⅄.

par ③ : *2 km* – ✉ 57200 Sarreguemines :

XXX ✿ **Aub. St-Walfrid** (Schneider), rte de Grosbliederstroff ☏ 798.43.75, 🏡, 🌳 –
🅿
fermé août, janv., dim. et lundi – **R** 80/145.

XXX **Vieux Moulin**, ☏ 798.22.59 – 🅿. 🆎 Ⓞ Ⓔ 𝓥𝓘𝓢𝓐
fermé 15 août au 8 sept., mardi et merc. – **R** 50/150 ⅄.

à Neufgrange S : 4 km sur D 919 - BZ - ✉ 57910 Hambach :

XX **Le Grillon,** ☏ 798.43.60 – **Ⓟ** ⅭⅭ ⓞ E *VISA*. ❄
fermé 18 juil. au 5 août, 2 au 15 janv., lundi et mardi – SC : **R** 55/220.

MICHELIN, Agence, rte de Sarreinsming ZI par ① ☏ 795.42.40

BMW, FIAT Gar. Meyer, 57 rte de Nancy ☏ 795.61.31
CITROEN Gar. Stutzmann, 95 r. Mar.-Foch ☏ 795.04.24
FORD Salon de l'Auto, 29 r. Poincaré ☏ 798.49.30
LANCIA-AUTOBIANCHI Sarre Auto, 4 bd des Faienceries ☏ 798.05.50
OPEL-GM S.A.M.A. à Grosbliederstroff ☏ 798.10.04
PEUGEOT-TALBOT Derr. r. Gutemberg Zone Ind. par ① ☏ 795.67.94

RENAULT Bang Sarreguemines 17 av. Gare ☏ 795.63.93
RENAULT Gar. Fournier, 79 r. Clemenceau ☏ 795.10.88 Ⓝ
V.A.G. Gd Gar. Niderlender, 1 A rte de Nancy ☏ 798.54.78

Ⓦ Berwald, 22 a r. Claire-Oster ☏ 795.06.42
Relais du Pneu, 120 av. Foch ☏ 795.18.24

SARRE-UNION 67260 B.-Rhin 🖸🗗 ⑦ – 3 173 h. alt. 240 – ✿ 88.
Paris 407 – Lunéville 75 – ♦Metz 83 – ♦Nancy 81 – St-Avold 38 – Sarreguemines 25 – ♦Strasbourg 81.

🏠 **Au Cheval Noir,** r. Phalsbourg ☏ 00.12.71 – ⇌wc 🗑 ☎ Ⓟ – 🛏 80. ⅭⅭ ⓞ E
→ *VISA*. ❄ ch
fermé 1er au 21 oct. – SC : **R** *(fermé lundi)* 35/160 – ⲥ 16,50 – **21 ch** 65/170 – P 130/230.

CITROEN Gar. Stutzmann, ☏ 00.10.70 Ⓝ
RENAULT Gar. Schoepfer, ☏ 00.10.02 Ⓝ

Ⓦ Weiss-Pneus, à Diemeringen ☏ 00.42.60

SARS-POTERIES 59216 Nord 🖸🗗 ⑥ **G. Nord de la France** – 1 699 h. alt. 176 – ✿ 27.
Paris 214 – Avesnes-sur-Helpe 9 – Charleroi 43 – ♦Lille 108 – Maubeuge 19.

XXX ✿ **Aub. Fleurie** (Lequy), ☏ 61.62.48 – **Ⓟ**. ⅭⅭ ⓞ *VISA*
fermé 17 au 31 août, 15 janv. à fin fév., dim. le midi de mars à sept. et lundi –
SC : **R** *(nombre de couverts limité - prévenir)* carte 150 à 200
Spéc. Crustacés à la crème, Agneau de lait rôti (déc. à juin).

Annexe (🏠) ♨, ☏ 61.62.72, 🌳 – ⇌wc 🗑 ☎ Ⓟ. ❄ ch
SC : ⲥ 19,50 – **11 ch** 110/140.

SARZEAU 56370 Morbihan 🖸🗗 ⑫ – 4 443 h. alt. 21 – ✿ 97.
Voir Ruines★ du château de Suscinio SE : 3,5 km, **G. Bretagne.**
Paris 463 – ♦Nantes 110 – Redon 62 – Vannes 22.

🏛 **Le Sage,** pl. Église ☏ 41.85.85, 🌳 – ⇌wc 🗑wc ☎. ❄
fermé janv. et lundi hors sais. – SC : **R** 60/120 – ⲥ 22 – **50 ch** 160/287 – P 287/412.

à la Grée-Penvins SE : 7,5 km par D 198 – ✉ 56370 Sarzeau :

XXX **Espadon,** ☏ 41.72.48, « Auberge rustique » – ⅭⅭ ⓞ E *VISA*
→ *fermé 15 nov. au 1er déc. et merc. hors sais.* – SC : **R** 50/154.

CITROEN Clinchard, rte de St-Gildas ☏ 41.81.23
PEUGEOT Mahéas, r. des quatre Vents ☏ 41.85.65

RENAULT Pépion, 17, r. des Venetes ☏ 41.84.12

SASSETOT-LE-MAUCONDUIT 76 S.-Mar. 🖸🗗 ⑫ – 890 h. – ✉ 76540 Valmont – ✿ 35.
Paris 205 – Bolbec 28 – Fécamp 15 – ♦Rouen 64 – St-Valéry-en-Caux 21 – Yvetot 29.

XXX **Relais des Dalles,** près château ☏ 27.41.83, « Jardin fleuri » – ⅭⅭ
→ *fermé 3 au 23 nov., 15 au 28 fév., lundi soir et mardi sauf fériés* – SC : **R** *(dim. prévenir)* 48/130.

SATHONAY-CAMP 69 Rhône 🖸🗗 ⑫ – rattaché à Lyon.

SATILLIEU 07290 Ardèche 🖸🗗 ⑨ – 1 869 h. alt. 476 – ✿ 75.
Paris 548 – Annonay 14 – Lamastre 37 – Privas 93 – St-Vallier 20 – Tournon 31 – Yssingeaux 54.

🏛 **Gentilhommière** Ⓜ ♨, rte de Lalouvesc ☏ 34.94.31, Télex 345548, « Parc ombragé », ♨, ❄ – ⇌wc ☎ Ⓟ – 🛏 80. E
SC : **R** *(25 mars-1er nov.)* 60/160 🍷 – ⲥ 16,50 – **41 ch** 230/260 – P 265.

Annexe H. Pont, Grand'Rue ☏ 34.95.31 – ⇌wc ☎
15 mars-1er nov. – SC : ⲥ 16,50 – **28 ch** 80/170.

🏠 **Julliat-Roche,** ☏ 34.95.86 – 🍴 rest ⇌wc 🗑 ☎ 🚗. ⅭⅭ *VISA*
→ *fermé janv., fév. et dim. soir hors sais.* – SC : **R** 46/140 🍷 – ⲥ 17 – **11 ch** 90/160 – P 160/190.

RENAULT Géry, ☏ 34.95.53 Ⓝ

SAUGUES 43170 H.-Loire 🔠 ⑯ G. Auvergne − 2 497 h. alt. 960 − ❀ 71.

Paris 506 − Brioude 50 − Mende 74 − Le Puy 44 − St-Chély-d'Apcher 41 − St-Flour 50.

☝ **La Terrasse,** ☎ 77.83.10 − ➩wc 🏚 ☜
  fermé janv. et dim. hors sais. − SC : **R** 40/85 − ⚌ 15 − **20 ch** 60/124 − P 120/140.

CITROEN Gar. Sauvant, ☎ 77.82.54   TALBOT Gar. Villedieu-Eymard, ☎ 77.81.40
RENAULT Giris, ☎ 77.80.08

SAUJON 17600 Char.-Mar. 🔠 ⑮ − 4 777 h. alt. 7 − Stat. therm. − ❀ 46.

🛈 Syndicat d'Initiative pl. Ch.-de-Gaulle (1ᵉʳ juil.-31 août et fermé dim.) ☎ 02.83.77.

Paris 494 − ♦Bordeaux 123 − Marennes 22 − Rochefort 32 − La Rochelle 64 − Royan 11 − Saintes 26.

🏠 **Commerce,** r. Saintonge ☎ 02.80.50, 🏛, 🎋 − ➩wc 🏚wc ☜ 🅿. **E**
  fermé déc., janv. et lundi hors sais. − SC : **R** 63/85 ⅃ − ⚌ 15,50 − **19 ch** 97/183 − P
  172/205.

🏠 **Thermalia,** pl. Église ☎ 02.80.62 − ➩wc 🏚wc ☜. **E**. 🍴 ch
  fermé 10 déc. au 10 janv. et merc. sauf juil.-août − SC : **R** 55/90 ⅃ − ⚌ 15 − **19 ch**
  75/140.

✕✕ **Aub. du Moulin** ⅀ avec ch, par D 17 et VO : 2 km ☎ 02.83.25, ≼, ⌃, 🎋 −
◆ ➩wc 🏚 ☎ 🅿. 🍴
  week-end de Pâques au 10 juin et 10 juin-15 sept. − SC : **R** 50/110 − ⚌ 15 − **15 ch**
  90/140.

  à Châlons par D 1 : 7 km au Nord − ⬚ 17600 Saujon :

🏛 **Moulin de Châlons** Ⓜ, D 733 ☎ 22.82.72, « Ancien moulin à marée du 18ᵉ s.,
  belle décoration intérieure », 🎋 − ➩wc 🏚wc ☜ 🅿. 🆎 ⓪ **E**
  1ᵉʳ mai-sept. et fermé mardi hors sais. − SC : **R** 90/220 − ⚌ 23 − **14 ch** 195/243 − P
  287/323.

🏛 **La Galiote** Ⓜ sans rest, ☎ 22.81.94, « Bel intérieur », 🎋 − ➩wc 🏚wc 🅿
  1ᵉʳ mai-30 sept. − SC : ⚌ 20 − **9 ch** 130/170.

CITROEN Central Gar., ☎ 02.80.25   RENAULT Gar. du Parc, ☎ 02.81.45
PEUGEOT, TALBOT Daviaud, ☎ 02.80.30 🅽 ☎
02.82.45

SAULCE-SUR-RHÔNE 26 Drôme 🔠 ⑪ − 1 210 h. alt. 103 − ⬚ 26270 Loriol − ❀ 75.

Paris 593 − Crest 25 − Montélimar 17 − Privas 26 − Valence 30.

🏠 **La Capitelle** ⅀, à Mirmande SE : 3 km ☎ 61.02.72, ≼, « Demeure ancienne » −
  ➩wc 🏚wc ☜. 🆎 ⓪ **E** 🆚. 🍴 rest
  mars-oct. − SC : **R** (en sem. dîner seul.) 65/110 − ⚌ 19 − **14 ch** 130/370.

🏠 **Clutier** (Les Reys de Saulce), aux Reys de Saulce N 7 ☎ 61.00.22, ⌃, 🎋 −
◆ ▤ rest ➩wc 🏚wc ☜ 🚗 🅿. 🆎 **E** 🆚. 🍴 rest
  fermé 1ᵉʳ déc. au 15 janv., dim. soir hors sais. et lundi − SC : **R** 45/90 ⅃ − ⚌ 13,50 −
  15 ch 68/170 − P 170/260.

SAULCHOY 62 P.-de-C. 🔠 ② − 233 h. alt. 13 − ⬚ 62870 Campagne-lès-Hesdin − ❀ 21.

Paris 197 − Abbeville 34 − Arras 74 − Berck-Plage 24 − Doullens 44 − Hesdin 18 − Montreuil 15.

✕✕ **Val d'Authié,** ☎ 90.30.20 − 🆚. 🍴
  SC : **R** 56/105.

SAULGES 53 Mayenne 🔠 ⑪ G. Châteaux de la Loire − 348 h. alt. 80 − ⬚ 53340 Ballée −
❀ 43.

Paris 255 − Château-Gontier 40 − La Flèche 48 − Laval 37 − ♦Le Mans 60 − Mayenne 43.

🏛 **Ermitage** Ⓜ ⅀, ☎ 01.22.28, 🎋 − ➩wc ☜ 🅿 − 🔒 100. **E** 🆚
◆ *fermé fév., dim. soir et lundi sauf juil., août et fériés* − SC : **R** 45/135 ⅃ − ⚌ 14 −
  16 ch 58/145 − P 105/145.

SAULIEU 21210 Côte-d'Or 🔠 ⑰ G. Bourgogne − 3 183 h. alt. 514 − ❀ 80.

Voir Basilique St-Andoche⋆ D − Le Taureau⋆ par Pompon B − Salle Pompon⋆ au
musée M1.

Paris 252 ① − Autun 41 ④ − Avallon 39 ① − Beaune 76 ② − Clamecy 77 ① − ♦Dijon 73 ②.

Plan page suivante

🏨 **Poste** sans rest, 1 r. Grillot (t) ☎ 64.05.67, Télex 350540 − ☕ 🚗 🅿 − 🔒 50. 🆎
  🆚
  SC : ⚌ 18 − **48 ch** 73/220, 3 appartements 250.

☝ **Tour d'Auxois,** pl. Abreuvoir (u) ☎ 64.13.30, 🏛 − 🏚 🚗
◆ *fermé 1ᵉʳ déc. au 8 janv., dim. soir et lundi* − SC : **R** 50/90 − ⚌ 15 − **30 ch** 40/90.

SAULIEU

Marché (R. du) 14

Argentine (R.) 2
Bertin (R. J.) 3
Courtépée (R.) 4
Foire (R.) 6
Gare (Av. de la) 7
Gaulle (Pl. Ch. de) 8
Grillot (R.) 12
Sallier (R.) 15
Vauban (R.) 18

Les localités citées dans le
guide Michelin
sont soulignées de rouge
sur les cartes Michelin
à 1/200 000

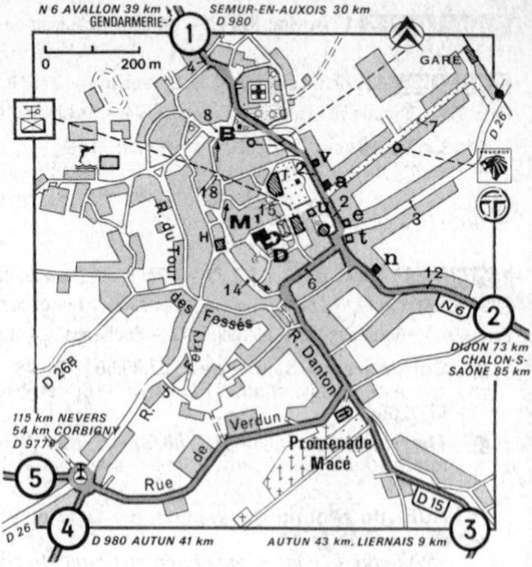

XXX ✿✿ **Côte d'Or** (Loiseau) avec ch, 2 r. Argentine **(e)** ☎ 64.07.66 – TV ⇔wc ⋔wc ☎ ⇔. AE ◑ VISA
fermé 20 nov. au 20 déc. et mardi du 1er nov. au 30 avril sauf fériés – **R** 140 (déj. seul.)/350 et carte – ☐ 40 – **18 ch** 220/370
Spéc. Soupe d'huîtres et langoustines (1er sept. au 30 juin), Saumon à la purée de persil, Canard aux navets. Vins Bourgogne.

XX **Borne Impériale** avec ch, 16 r. Argentine **(v)** ☎ 64.19.76 – ⇔wc ⋔wc. E VISA
fermé 15 nov. au 15 déc., lundi soir et mardi hors sais. – SC : **R** 75/160 – ☐ 20 – **7 ch** 85/155.

XX **Aub. du Relais** avec ch, 8 r. Argentine **(a)** ☎ 64.13.16 – ⋔wc ⇔. VISA
fermé 4 janv. au 7 fév., merc. soir et jeudi sauf août et le soir du 11 nov. au 15 fév. – SC : **R** 58/125 – ☐ 16,50 – **5 ch** 108/143.

X **Vieille Auberge** avec ch, 17 r. Grillot **(n)** ☎ 64.13.74 – ⇔ **P**
fermé 1er déc. au 15 janv. et merc. – SC : **R** 59/120 – ☐ 13 – **7 ch** 75/90.

CITROEN Gar. Griesser, ☎ 64.17.99
PEUGEOT TALBOT Gar. Fontaine, ☎ 64.00.87 **N**
RENAULT S.C.A.S.A., par ② ☎ 64.03.45 **N**
Gar. Moderne, ☎ 64.08.08

SAULT 84390 Vaucluse **81** ⑭ **G. Provence** – 1 231 h. alt. 765 – ✪ 90.

Voir Nef★ de l'église – Env. Gorges de la Nesque★★ : belvédère★★ SO : 11 km par D 942.

i Syndicat d'Initiative av. Promenade (15 juin-15 sept. et fermé dim.) ☎ 64.01.21.

Paris 729 – Aix-en-Provence 92 – Apt 37 – Avignon 68 – Carpentras 45 – Digne 93 – Gap 102.

⌂ **Signoret,** ☎ 64.00.45, ⛱ – ⋔. AE
→ *fermé janv.* – SC : **R** 50/80 – ☐ 14 – **24 ch** 55/75 – P 115.

à Aurel N : 5 km par D 942 – ✉ **84390** Sault :

⌂ **Relais du Ventoux** ⛰, ☎ 64.00.62 – ⋔
→ *1er avril-15 nov.* – SC : **R** 50/90 – ☐ 18 – **11 ch** 85/120 – P 155/170.

CITROEN Gar. Pantoustier, ☎ 64.02.29
RENAULT Gar. de la Lavande, ☎ 64.02.41

SAULX-LES-CHARTREUX 91 Essonne **60** ⑩, **196** ㉛ – voir à Paris, Environs (Longjumeau).

SAULZET-LE-CHAUD 63 P.-de-D. **73** ⑭ – rattaché à Ceyrat.

SAUMUR <SP> 49400 M.-et-L. **64** ⑫ **G. Châteaux de la Loire** – 22 050 h. alt. 30 – ✪ 41.

Voir Château★★ : musée d'Arts décoratifs★★, musée du Cheval★, tour du Guet ✳★ Z – Église N.-D.-de-Nantilly★ : tapisseries★★ Z B – Vieux quartier★ Y : Hôtel de ville★ H, Tapisseries★ de l'église St-Pierre D – Musée de la Cavalerie★ Y M1 – St-Hilaire-St-Florent : école nationale d'Equitation★ NO : 2 km.

i Office de Tourisme (fermé dim. hors sais.) et A.C.O. 25 r. Beaurepaire ☎ 51.03.06.

Paris 299 ① – Angers 52 ① – Châtellerault 76 ③ – Cholet 66 ④ – La Flèche 51 ① – Laval 119 ① – ♦Le Mans 92 ① – ♦Nantes 127 ④ – Niort 115 ④ – Poitiers 90 ③ – ♦Tours 66 ①.

Plan page ci-contre

⌂ **Londres** sans rest, 48 r. Orléans ☎ 51.23.98 – ⇔wc ⋔wc ☎ **P**. VISA. ✻ Y **x**
fermé 10 nov. au 10 déc. – SC : ☐ 18 – **26 ch** 78/165.

⌂ **Croix Verte,** 49 r. Rouen par ① ☎ 67.39.31 – ▤ rest ⋔wc **P**. E VISA
→ *fermé 15 déc. au 1er fév.* – SC : **R** *(fermé vend. soir et dim. en hiver)* 43/145 ♆ – ☐ 17,50 – **18 ch** 72/150 – P 155/180.

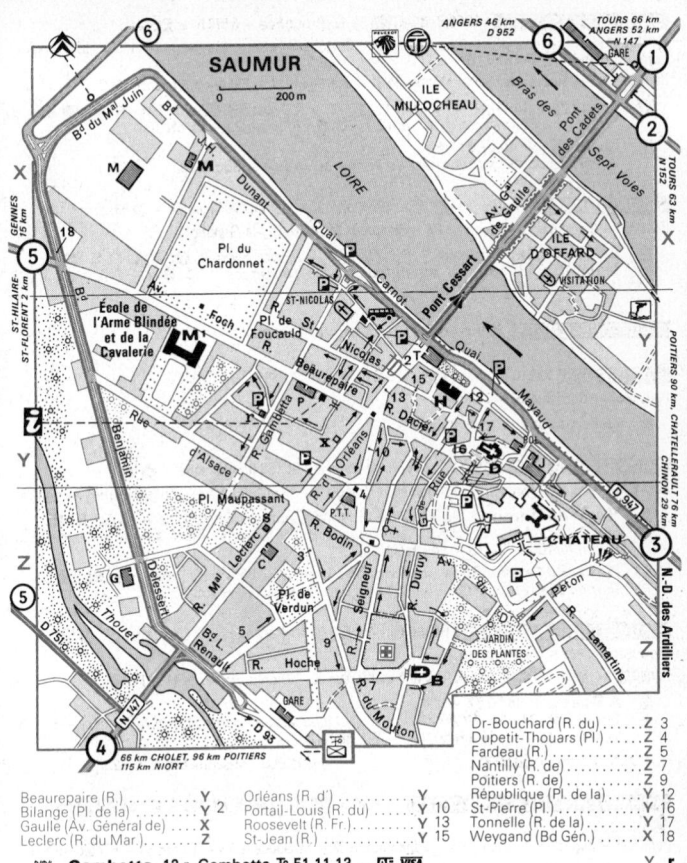

SAUMUR

ANGERS 46 km
D 952

TOURS 66 km
ANGERS 52 km
N 147

TOURS 63 km
N 152

POITIERS 90 km, CHATELLERAULT 78 km, CHINON 29 km

N.-D. des Ardilliers

66 km CHOLET, 96 km POITIERS
115 km NIORT

XX **Gambetta**, 12 r. Gambetta ☏ 51.11.13 – 🆎 VISA
Y r
fermé 24 mars au 3 avril, 27 oct. au 3 nov., 20 déc. au 10 janv., dim. soir et lundi –
SC : **R** 50/125 🍴.

XX **L'Escargot**, 30 r. Mar.-Leclerc ☏ 51.20.88. ✻
Z s
fermé 27 juin au 4 juil., 24 déc. au 2 janv., 20 fév. au 6 mars et merc. du 1er nov. au 30
mars – SC : **R** 42/80.

à Bagneux par ④ : 1,5 km – ⊠ 49400 Saumur :

🏠 **Campanile**, ☏ 50.14.40, Télex 720183 – 📺 🛁wc ☎ & 🅿 – 🛏 35. VISA
SC : **R** 60 bc/81 bc – 😋 22 – **43 ch** 170.

à Chênehutte-les-Tuffeaux par ⑤ et D 751 : 8 km – ⊠ 49350 Gennes :

🏨 ✿ **Le Prieuré** ⑤, ☏ 50.15.31, Télex 720379, ≤, « Site boisé dominant la Loire,
parc, 🏊 », ✻ – ☎ 🅿 – 🛏 50. 🆎
fermé 5 janv. au 1er mars – SC : **R** 150/280 – ⊡ 40 – **36 ch** 320/780 – P 515/680
Spéc. Filet de boeuf mariné aux herbes, Poissons au beurre d'écrevisses, Entremets aux deux
chocolats. **Vins** Brézé, Champigny.

CITROEN Jolly, bd Mar.-Juin ☏ 50.41.01
FIAT Gar. du Centre, 136 r. Pont-Fouchard, à
Bagneux ☏ 50.10.39
FORD Boutin, 81 r. d'Orléans ☏ 51.22.33
OPEL Gar. de la Loire, rte de Montreuil ☏
50.13.76
PEUGEOT Charbonneau, 103 r. du Pont-Fou-
chard à Bagneux par ④ ☏ 50.11.33
PEUGEOT, TALBOT Gar. Guillemet, 5 r. Rouen
☏ 67.48.68

RENAULT C.E.S.A.M., 86 rte Rouen par ① ☏
67.38.66
V.A.G. Gar. Rabiller, rte du Mans ☏ 67.39.69

🖤 Soréval Anjou-Pneus, 1 bd L.-Renault ☏ 51.
08.46
Godelu-Pneus, 70 quai Mayaud ☏ 51.20.08 et
rte de cholet, Distre ☏ 50.17.96

Um diesen Führer bestens zu nutzen, siehe Erklärungen S. 38 bis 45.

SAUSSET-LES-PINS 13960 B.-du-R. 84 ⑫ **G. Provence** – 3 876 h. – ☺ 42.

🛈 Office de Tourisme bd Ch.-Roux (juil.-août) ⅆ 45.16.34 et à la Mairie (hors saison, fermé sam. après-midi et dim.) ⅆ 45.06.15.

Paris 778 – Aix-en-Provence 45 – ◆Marseille 31 – Martigues 12 – Salon-de-Provence 56.

 XX **Plage** Ⓜ avec ch, ⅆ 45.06.31, ≤, ⅁, 🐎 – 🗖 rest 📺 ⊟wc 🛗wc 🅰. 🖭 ⓞ 𝘝𝘐𝘚𝘈
   fermé nov. et lundi sauf juil.-août – SC : **R** 120 – ☎ 20 – **11 ch** 180.

 X **La Jetée,** ⅆ 45.07.61, ≤
   15 fév.-15 oct. et fermé merc. du 15 fév. au 1er juin – SC : **R** 98.

SAUSSIGNAC 24 Dordogne 75 ⑭ – 399 h. alt. 123 – ✉ 24240 Sigoulès – ☺ 53.

Paris 571 – Bergerac 17 – Libourne 52 – Périgueux 64 – Ste-Foy-la-Grande 13.

 🏠 **Relais de Saussignac** ⑊, ⅆ 27.92.08 – ⊟wc 🛗wc 🅰 🅿 – 🏖 40. 🄴 𝘝𝘐𝘚𝘈
 ➡ fermé 10 au 25 nov., fév. et lundi de fin sept. à Pâques – SC : **R** 48/110 ⅄ – ☎ 15,50
   – **18 ch** 98/160 – P 150/200.

SAUT-DES-CUVES 88 Vosges 62 ⑰ – rattaché à Gérardmer.

SAUTERNES 33210 Gironde 79 ① – 578 h. alt. 50 – ☺ 56.
Paris 645 – ◆Bordeaux 56 – Langon 9.

 X La Forge, au bourg ⅆ 63.60.69.

SAUVETERRE 30 Gard 81 ⑪ – 1 161 h. alt. 28 – ✉ 30150 Roquemaure – ☺ 66.
Paris 676 – Alès 73 – Avignon 12 – Nîmes 49 – Orange 15 – Pont-St-Esprit 34 – Villeneuve-lès-Avignon 8.

 🏠 **Host. de Varenne** ⑊, ⅆ 82.59.45, ≤, ⌂, parc, – 🛗wc 🅰 🅿 – 🏖 50. 🖭 🄴
   SC : **R** (fermé 1er au 9 nov., 2 au 10 janv., 1er au 15 mars, mardi sauf le soir en été et
   lundi) 70/160 – ☎ 15 – **14 ch** 90/130.

 XXX **Host. La Crémaillère,** rte Avignon : 1 km ⅆ 82.55.05, ⌂, 🐎 – 🅿. 🖭 𝘝𝘐𝘚𝘈
   fermé 20 janv. au 20 fév., mardi soir et merc. – SC : **R** 65/195.

SAUVETERRE-DE-BÉARN 64390 Pyr.-Atl. 85 ④ **G. Pyrénées** – 1 596 h. alt. 67 – ☺ 59.
Voir Site★, ≤★★ du vieux pont.
Paris 795 – ◆Bayonne 62 – Dax 45 – Mont-de-Marsan 80 – Oloron-Ste-Marie 41 – Pau 66.

 🏠 **A Boste,** ⅆ 38.50.62 – ⋇
 ➡ fermé 2 au 11 mai, 1er au 12 oct., 2 au 18 janv., dim. soir et lundi hors sais. – SC : **R**
   44/150 – ☎ 18 – **10 ch** 56/120 – P 135/160.

CITROEN Serres, ⅆ 38.50.21   PEUGEOT Maisonnave ⅆ 38.52.71

SAUVETERRE-DE-COMMINGES 31 H.-Gar. 86 ① – 654 h. alt. 480 – ✉ 31510 Barbazan – ☺ 61.
Paris 806 – Bagnères-de-Luchon 36 – Lannemezan 32 – St-Gaudens 9,5 – Tarbes 68 – ◆Toulouse 100.

 🏨 ☺ **Host. des Sept-Molles** (Ferran) ⑊, à Gesset S : 3 km par D 9 ⅆ 88.30.87, ≤,
   parc, ⅁, ⋇ – 📶 ⅄ 🅰 🅿 – 🏖 30. 🖭 ⓞ
   15 mars-fin oct. – SC : **R** (dim., fêtes, juil. et août - prévenir) 120/170 – ☎ 30 –
   19 ch 250/320, 4 appartements 350 – P 330/360
   Spéc. Charcuterie maison, Truite au bleu, Magret grillé au feu de bois. **Vins** Jurançon.

SAUVETERRE-DE-ROUERGUE 12 Aveyron 80 ① **G. Causses** – 793 h. alt. 460 – ✉ 12800 Naucelle – ☺ 65.
Paris 664 – Albi 54 – Millau 95 – Rodez 40 – St-Affrique 89 – Villefranche-de-Rouergue 44.

 🏨 **Aub. du Sénéchal** ⑊, ⅆ 47.05.78 – ⊟wc 🛗wc ☎. 𝘝𝘐𝘚𝘈 ⋇
   1er mai-15 oct. – SC : **R** (nombre de couverts limité - prévenir) 55/200 ⅄ – ☎ 18 –
   15 ch 110/130 – P 165/185.

SAUX 65 H.-Pyr. 85 ⑧ – rattaché à Lourdes.

Le SAUZE 04 Alpes-de-H.-P. 81 ⑧ – rattaché à Barcelonnette.

SAUZON 56 Morbihan 63 ⑪ – voir à Belle-Ile-en-Mer.

SAVERDUN 09700 Ariège 82 ⑱ – 3 863 h. alt. 235 – ☺ 61.
Paris 758 – Muret 36 – Pamiers 15 – ◆Toulouse 49.

 🏨 **Château Larlenque,** S : 2 km sur N 20 ⅆ 60.30.20, parc, 🐎 – ⊟wc 🛗wc 🅰 🅿
   – 🏖 30. 𝘝𝘐𝘚𝘈 ⋇ rest
   fermé 1er au 15 janv. et lundi – **R** 54/131 – ☎ 22 – **17 ch** 120/192 – P 150/165.

SAVERNE 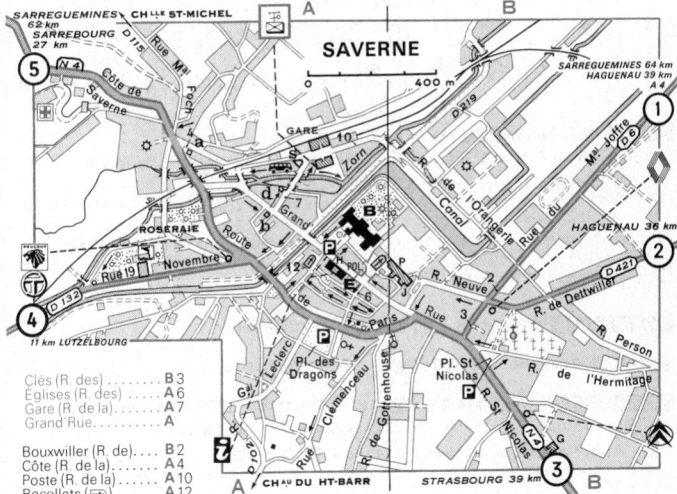 67700 B.-Rhin 57 ⑱ G. Vosges – 10 484 h. alt. 210 – ✪ 88.

Voir Château★ : façade★★ AB – Maisons anciennes★ A E – St-Jean-Saverne : chapelle St-Michel★, ≤★ N : 4,5 km par D 115 puis 30 mn A – Ruines du château du Haut-Barr★ : ≤★ SO : 5 km par D 102 puis D 171 A – 🛈 Office de Tourisme Château des Rohan (15 juin-30 sept.) ⎷ 91.80.47 et à l'Hôtel de Ville (30 sept.-15 juin, fermé sam. et dim.) ⎷ 91.18.52.

Paris 446 ① – Lunéville 80 ⑤ – St-Avold 85 ① – Sarreguemines 64 ① – ◆Strasbourg 39 ③.

Clés (R. des) .... B 3
Églises (R. des) ...... A 6
Gare (R. de la) .... A 7
Grand'Rue .... A

Bouxwiller (R. de) .... B 2
Côte (R. de la) .... A 4
Poste (R. de la) ...... A 10
Recollets (⇨) .... A 12

🏛 **Chez Jean**, 3 r. Gare ⎷ 91.10.19 – 劇 🛏wc 🛆wc ☎ – 🛆 40. ⓪ E. 🛇   A d
fermé 1er au 15 sept., 23 déc. au 15 janv., dim. soir et lundi – SC : **R** 68/145 🛆 – 🖙 14,50 – **22 ch** 72/137.

🏛 **Geiswiller**, 17 r. Côte ⎷ 91.18.51 – 🛏wc 🛆wc ☎ ⇦ 🅿. 🖭 ⓪ E 𝗩𝗜𝗦𝗔. 🛇 rest   A a
fermé 11 nov. au 2 déc. et 1er au 15 janv. – SC : **R** *(fermé dim soir et lundi hors sais.)* 60/130 – 🖙 18 – **18 ch** 78/170.

🏚 **Boeuf Noir**, 22 Gde-Rue ⎷ 91.10.53 – 🛏wc 🛆wc ☎. E 𝗩𝗜𝗦𝗔   A b
◆ *fermé 15 au 30 juil., 1er au 21 oct., dim. soir et mardi* – SC : **R** 36/120 – 🖙 11,50 – **20 ch** 59/129.

🏚 **Fischer**, 15 r. Gare ⎷ 91.19.53 – 🛏wc 🛆wc ☎ 🅿. E. 🛇   A s
◆ *fermé 23 avril au 3 mai, 23 déc. au 20 janv., vend. soir et sam. sauf hôtel de juil. à sept.* – SC : **R** 37/95 🛆 – 🖦 20 – **19 ch** 130/190 – P 160/240.

CITROEN Wallior, 21 r. St-Nicolas ⎷ 91.17.52
FORD Saverne-Autos, 40 rte de Paris ⎷ 91. 12.55
OPEL Gar. Diemer, 32 r. de L'Hermitage ⎷ 91.19.00
PEUGEOT-TALBOT Gar. Roser, N 4 à Otterswiller par ③ ⎷ 91.26.33
PEUGEOT, TALBOT Gar. Ohl, 37 rte Paris ⎷ 91.17.15

RENAULT Billiar, 116 r. St-Nicolas par ③ ⎷ 91.22.22 𝗡
RENAULT Guss, 6 r. Dettwiller ⎷ 91.17.23
V.A.G. Frey, 55 r. St. Nicolas, ⎷ 91.10.29

🅿 Pneus et Services D.K. 26 r. de L'ermitage ⎷ 91.18.22

SAVIGNAC-LES-ÉGLISES 24420 Dordogne 75 ⑥ – 747 h. alt. 111 – ✪ 53.

Paris 476 – Brive-la-Gaillarde 62 – Lanouaille 25 – ◆Limoges 84 – Périgueux 21 – Uzerche 72.

🏛🏛 ✿✿ **Parc** Ⓜ ⑤, ⎷ 05.08.11, 🖼, « Parc » – ☎ 🅿. 🖭 ⓪ E 𝗩𝗜𝗦𝗔. 🛇
fermé 15 au 28 oct., 5 janv. au 1er mars et mardi hors sais. – SC : **R** *(nombre de couverts limité - prévenir)* 145/270 – 🖙 40 – **14 ch** 330/380
Spéc. Biscuit de cèpes à la crème de persil, Ragoût d'huîtres chaudes, Magret de canard grillé. **Vins** Bergerac, Cahors.

SAVIGNÉ-L'ÉVÊQUE 72000 Sarthe 60 ⑬ – rattaché au Mans.

SAVIGNY-LÈS-BEAUNE 21420 Côte-d'Or 69 ⑨ – 1 405 h. alt. 265 – ✪ 80.

🛈 Syndicat d'Initiative r. Vauchey-Very (Pâques-15 sept.) et à la Mairie (fermé jeudi et dim.) ⎷ 21.51.21 – Paris 322 – Beaune 6 – Bouilland 10 – ◆Dijon 38.

🏛 **L'Ouvrée** ⑤, ⎷ 21.51.52, 🖼 – 🛏wc 🛆wc 🅿 🕭 🅿 – 🛆 25
23 mars-23 nov. – SC : **R** 65/149 – 🖙 14 – **22 ch** 130/170 – P 250/472.

PEUGEOT Gar. Busquin, ⎷ 21.52.06

SAVIGNY-SUR-ORGE 91600 Essonne 🔟 ①. 🔟🔟 ㉟㊱ – voir à Paris, Environs.

SAVINES-LE-LAC 05160 H.-Alpes 🔟 ⑦ G. Alpes – 859 h. alt. 810 – ✿ 92.

Voir Forêt de Boscodon★★ : ≤★★ SE : 5 km.

Paris 696 – Barcelonnette 46 – Briançon 59 – Digne 87 – Gap 28 – Guillestre 32 – Sisteron 72.

🏨 **Flots Bleus** M sans rest, ⅊ 44.20.89, ≤, 🚗, 🚲 – ⌂wc 🏢wc ☎ 🅿 – ⚖ 25
1er avril-30 sept. – SC : ⌑ 18 – **20 ch** 145/220.

🏠 **Eden Lac** 🦆, ⅊ 44.20.53, ≤, 🍽, 🚗 – ⌂wc ☎ 🅿. 🅰🅴
SC : **R** 58/92 ⅄ – ⌑ 17,50 – **20 ch** 121/200 – P 200/240.

✕✕ **Relais Fleuri**, ⅊ 44.20.32, ≤ – 🅿
15 mai-15 oct. et fermé lundi du 15 mai au 15 juin et du 10 sept. au 15 oct. – SC : **R**
carte 87 à 148.

SCAER 29111 Finistère 🔟 ⑯ – 6 039 h. alt. 185 – ✿ 98.

Paris 524 – Carhaix-Plouguer 37 – Châteaulin 48 – Concarneau 27 – Pontivy 65 – Quimper 36.

🏠 **Brizeux,** 56 r. Jean-Jaurès ⅊ 59.40.59 – ⌂wc 🏢. 🄴
↦ *fermé 3 janv. au 15 fév. et lundi hors sais.* – SC : **R** 50/160 ⅄ – ⌑ 16 – **17 ch** 60/150
– P 150/190.

PEUGEOT-TALBOT Gar. de l'Isole, Moulin du ⬤ Ster-Pneus, Zone Artisanale ⅊ 59.44.62
Pont ⅊ 59.41.74
PEUGEOT-TALBOT Trévarin, 27 r. Laennec ⅊
59.44.04

SCAFFARELS 04 Alpes-de-H.-P. 🔟 ⑱, 🔟🔟 ⑫ – rattaché à Annot.

SCEAUX 92 Hauts-de-Seine 🔟 ⑩, 🔟🔟 ㉕ – voir à Paris, Environs.

SCEAUX-SUR-HUISNE 72 Sarthe 🔟 ⑭⑮ – 463 h. alt. 93 – ✉ 72160 Connerré – ✿ 43.

Paris 175 – La Ferté-Bernard 11 – ◆Le Mans 33 – Nogent-le-Rotrou 32 – St-Calais 35 – Vibraye 15.

✕✕ **Aub. Panier Fleuri,** N 23 ⅊ 93.40.08 – 🅰🅴 ⓞ 🄴 𝗩𝗜𝗦𝗔
↦ *fermé 15 au 30 juin, 15 au 28 fév., mardi soir et merc.* – SC : **R** 48/136.

SCHIRMECK 67130 B.-Rhin 🔟 ⑭ ⑧ G. Vosges – 2 533 h. alt. 317 – ✿ 88.

🅱 Syndicat d'Initiative à la Mairie (fermé sam. et dim.) ⅊ 97.00.02.

Paris 499 – ◆Nancy 109 – St-Dié 40 – Saverne 53 – Sélestat 56 – ◆Strasbourg 49.

🏨 **La Rubanerie** 🦆, à la Claquette SO : 2 km ⅊ 97.01.95, 🚗 – ⌂wc 🏢wc ☎ ⬤
🅿. 𝗩𝗜𝗦𝗔. ✕ rest
SC : **R** 65/110 ⅄ – ⌑ 17 – **16 ch** 150/200 – P 225/285.

RENAULT Gar. Fitte, à La Broque ⅊ 97.04.43

La SCHLUCHT (Col de) 88 Vosges 🔟 ⑱ G. Vosges – alt. 1 139 – Sports d'hiver : 1 100/1 250
m ⅝7 – ✿ 89.

Voir Route des Crêtes★★★ N et S.

Paris 496 – Colmar 37 – Épinal 56 – Gérardmer 15 – Guebwiller 46 – St-Dié 39 – Thann 48.

🏨 **Collet** 🦆, au Collet : 2 km sur rte de Gérardmer, ✉ 88400 Gérardmer, ⅊ (29)
↦ 63.11.43, ≤ – ⌂wc ☎ 🅿. 🅰🅴 ⓞ
fermé 15 nov. au 15 déc. – SC : **R** 48/160 ⅄ – ⌑ 20 – **23 ch** 120/190 – P 200/220.

SCHWEIGHOUSE-SUR-MODER 67 B.-Rhin 🔟 ⑲ – rattaché à Haguenau.

La SÉAUVE-SUR-SEMÈNE 43470 H.-Loire 🔟 ⑧ – 1 018 h. alt. 735 – ✿ 71.

Paris 547 – Le Puy 55 – ◆ St-Étienne 29.

🏠 **Source,** ⅊ 61.03.79, ≤ – ⌂wc 🏢wc ☎ 🅿. 🄴
SC : **R** 35/70 ⅄ – ⌑ 13 – **16 ch** 83/105 – P 140/150.

SEBOURG 59 Nord 🔟 ⑤ – rattaché à Valenciennes.

Le SECHIER 05 H.-Alpes 🔟 ⑯ – rattaché à St-Firmin.

SÉCHIN 25 Doubs 🔟 ⑯ – rattaché à Baume-les-Dames.

SECONDIGNY 79130 Deux-Sèvres 🔟 ⑰ – 2 153 h. alt. 183 – ✿ 49.

Paris 388 – Bressuire 27 – Fontenay-le-Comte 39 – Niort 35 – Parthenay 14 – La Roche-sur-Yon 86.

🛖 **Écu de France,** ⅊ 63.70.22 – 🏢wc 🅿 – ⚖ 25
↦ *fermé dim. du 1er oct. au 1er mars* – SC : **R** 50/100 ⅄ – 🍽 15 – **15 ch** 60/110 – P
175/200.

CITROEN Gar. Bernier, ⅊ 63.70.20   Gar. Guérin ⅊ 63.70.27

Voir Château fort★ BY.

🆔 Office de Tourisme pl. Crussy (fermé sam. après-midi, dim. et lundi matin) ☎ 29.31.14 et Château Fort (27 mars-23 oct.) ☎ 29.03.28.

Paris 237 ③ – Châlons-sur-Marne 116 ③ – Charleville-Mézières 22 ③ – Liège 149 ② – Luxembourg 100 ② – ✦Metz 139 ② – Namur 108 ② – ✦Reims 96 ③ – Thionville 123 ② – Verdun 80 ②.

Armes (Pl. d')	BZ 3	Crussy (Pl.)	BZ 7
Carnot (R.)	BZ 5	Fleuranges (R. de)	AZ 8
Gambetta (R.)	BZ 12	Franquin (Av. E.)	BY 10
Halle (Pl. de la)	BZ 14	Goulden (Pl.)	BY 13
Leclerc (Av. du Mar.)	BZ 21	Harcourt (Pl. d')	BY 16
Ménil (R. du)	BZ 26	Jardin (Bd du Gd)	BY 17
		La-Rochefoucauld (R. de)	BY 18
Alsace-Lorraine (Pl. d')	BZ 2	Lattre-de-T. (Bd Mar.-de)	AZ 19
Calonne (Pl.)	BZ 4	Law (Bd)	BY 20
Château (Pl. du)	BY 6	Marne (Av. de la)	AZ 22

Martyrs-de-la-R. (Av. des)	AZ 24
Ménil (Fg du)	BZ 25
Promenoir des Prêtres	BZ 28
Rochette (Bd de la)	BZ 29
Rovigo (R.)	BY 30
St-Vincent (Pl.)	ABY 32
Strasbourg (R. de)	BZ 33
Turenne (Pl.)	BY 35
Vesseron-Lejay (R.)	AY 36
Wuidet-Bizot (R.)	BZ 37

🏨 **Univers**, pl. Gare ☎ 27.04.35 – 🚾wc 📶 ☎. ⑩ 𝚅𝙸𝚂𝙰   AZ **e**
  fermé août et dim. – SC : **R** 55/150 🍷 – ☷ 16,50 – **11 ch** 80/220 – P 170/260.

XX ✿ **Au Bon Vieux Temps**, 3 pl. Halle ☎ 29.03.70 – 🆎 ⑩ 🇪 𝚅𝙸𝚂𝙰. ❄   BZ **r**
  fermé dim. soir et lundi sauf fêtes – SC : **R** 115/165
  Spéc. Galantine de crabe (début mai à sept.), St Jacques à la mousse de cresson (oct. à avril), Aiguillettes de canard. Vins Bouzy.

XX **Embassy** avec ch, 28 r. Gambetta ☎ 29.00.77 – 𝚅𝙸𝚂𝙰   BYZ **s**
→ fermé janv. et lundi – SC : **R** 35/79 🍷 – 🛏 15 – **15 ch** 60/72 – P 160/214.

X **Chariot d'Or**, 20 pl. Torcy ☎ 27.04.87 – ℗. 𝚅𝙸𝚂𝙰   AZ **v**
→ fermé dim. soir et lundi soir – SC : **R** 45/95 🍷.

CITROEN Froussart, 19 av. Verdun ☎ 27.08.23 🄽

FORD Gar. Turenne, 20 av. Philippoteaux ☎ 27.32.88

OPEL-GM Gar. St-Christophe, 1 av. Philippoteaux ☎ 27.17.89

PEUGEOT-TALBOT S.I.S.A., 6 av. Gén.-de-Gaulle ☎ 27.13.25

RENAULT Ardennes-Autos, 67 av. Ch.-de-Gaulle, Balan par ② ☎ 27.35.40 🄽

V.A.G. Poncelet, 2 pl. de Torcy ☎ 27.01.01

🅜 Pneu-Station, 45 av. Ch.-de-Gaulle, Balan ☎ 27.44.22

A la carte	Dans les restaurants à « prix fixes », il est généralement possible de se faire servir aussi à la carte.

SÉES 61500 Orne 🔟 ③ G. Normandie (plan) – 5 173 h. alt. 188 – ☺ 33.

Voir Cathédrale★ : chœur et transept★★ – Forêt d'Écouves★★ SO : 5 km.

🛈 Syndicat d'Initiative à l'Hôtel de Ville (1er mai-30 sept., fermé matin et mardi) ☎ 28.74.79.

Paris 183 – L'Aigle 43 – Alençon 22 – Argentan 23 – Domfront 65 – Mortagne-au-Perche 33.

☎ **Cheval Blanc**, 1 pl. St-Pierre ☎ 27.80.48 – 🏛 🐟 ᴠɪsᴀ. ⅏
→ fermé oct., 1er au 15 fév, vend. en été., vend. soir et sam. en hiver – SC : **R** 34/105 – ☲ 13 – **9 ch** 53/75.

✗ **Normandy**, 20 pl. Gén.-de-Gaulle ☎ 27.80.67
→ fermé 15 sept. au 8 oct. – **R** 45/90.

à Macé : 5,5 km par rte d'Argentan et D 303 – ✉ 61500 Sées :

🏛 **Ile de Sées** ⑤, ☎ 27.98.65, 🐟 – 🛏wc ☜ 🅿 – 🔒 25. ᴇ ᴠɪsᴀ. ⅏ ch
fermé 1er janv. au 15 fév., dim. soir (sauf hôtel) et merc. – SC : **R** 70/125 – ☲ 15 – **16 ch** 99/169 – P 190.

CITROEN Gar. Hugeron, 60 r. de la République ☎ 27.80.13
PEUGEOT Gar. Boivin, 38 r. Gén.-Leclerc ☎ 27.80.14

RENAULT Gar. Herouin, rte de Mortagne ☎ 27.84.10

SÉEZ 73 Savoie 🔢 ⑱ – 1 300 h. alt. 904 – ✉ 73700 Bourg-St-Maurice – ☺ 79.

Paris 665 – Aosta 83 – Bourg-St-Maurice 3 – Chambéry 104 – Val-d'Isère 28.

🏛 **Malgovert**, ☎ 07.02.05, ≤, 🐟 – 🛏wc 🏛wc ☜ 🅿. ⅏
Pâques, 10 juin-30 sept., Noël-jour de l'An, fév. et week-end en janv., mars et 1er mai
– SC : **R** 56/62 – ☲ 19 – **20 ch** 80/165 – P 160/195.

🏛 **Belvédère** ⑤, E : 11 km par N 90 ✉ 73700 Bourg-St-Maurice ☎ 07.02.04, ≤
→ vallée et montagne – 🛏wc 🏛 🅿
juil.-6 sept., vacances scolaires et week-end – SC : **R** 45/85 – ☲ 15 – **28 ch** 110/189
– P 171/201.

SEGOS 32 Gers 🔢 ② – rattaché à Aire-sur-l'Adour.

SÉGURET 84 Vaucluse 🔢 ② – rattaché à Vaison-la-Romaine.

SÉGUR-LES-VILLAS 15 Cantal 🔢 ③ – 404 h. alt. 1 000 – ✉ 15300 Murat – ☺ 71.

Paris 514 – Allanche 12 – Aurillac 64 – Condat 18 – Mauriac 56 – Murat 18 – St-Flour 43.

🏛 **Santoire** 🅼, à La Carrière du Monteil de Ségur S : 4 km sur D 3 ☎ 20.70.68, ≤, ⅏
→ – 🛏wc 🏛wc 🅿. ᴀᴇ ᴇ
fermé 31 oct. au 15 déc. – **R** 40/110 – ☲ 13,50 – **33 ch** 95/125 – P 145/160.

SEICHES-SUR-LE-LOIR 49140 M.-et-L. 🔢 ① – 2 207 h. alt. 28 – ☺ 41.

🛈 Syndicat d'Initiative à la Mairie (fermé après-midi) ☎

Paris 269 – Angers 19 – Château-Gontier 42 – Château-la-Vallière 52 – La Flèche 28 – Saumur 45.

🏛 **Host. St-Jacques** ⑤, à Matheflon N : 2 km par VO ☎ 80.00.30 – 🛏wc 🏛wc
→ ☜ 🅿
fermé 15 janv. au 15 fév., dim. soir et lundi – SC : **R** 50/95 – ☲ 12 – **10 ch** 55/98.

La SEIGLIÈRE 23 Creuse 🔢 ① – rattaché à Aubusson.

SEIGNELAY 89250 Yonne 🔢 ⑤ G. Bourgogne – 1 485 h. alt. 126 – ☺ 86.

Paris 172 – Auxerre 14 – Chablis 25 – Joigny 21 – Nogent-s. 79 – St-Florentin 18 – Tonnerre 42.

☎ **Commerce**, ☎ 47.71.21 – 🏛. ⅏ rest
→ fermé 20 août au 1er oct., dim. soir et lundi – SC : **R** 39/72 – ☲ 11 – **19 ch** 59/89.

PEUGEOT-TALBOT Gar. Leray, ☎ 47.73.15

SEIGNOSSE 40510 Landes 🔢 ⑰ – 1 412 h. – ☺ 58.

🛈 Office de Tourisme av. des Lacs (fermé sam. après-midi et dim. hors sais.) ☎ 43.32.15.

Paris 751 – ✦Bayonne 27 – Castets 36 – Mont-de-Marsan 79 – Soustons 12.

✗✗ **La Soleillade** ⑤, avec ch, ☎ 72.80.38, 🏛, « Parc » – 🛏wc 🏛wc ☜ ♿ 🅿
→ 15 juin-15 sept. – SC : **R** 45/140 – ☲ 20 – **7 ch** 99/220.

SEILHAC 19700 Corrèze 🔢 ⑨ – 1 440 h. alt. 490 – ☺ 55.

🛈 Syndicat d'Initiative à la Mairie (fermé sem. et dim.) ☎ 27.05.26.

Paris 468 – Aubusson 101 – Brive-la-Gaillarde 33 – ✦Limoges 72 – Tulle 15 – Uzerche 16.

🏛 **Relais des Monédières**, à Montargis de Seilhac SE : 1 km ☎ 27.04.74, parc, ⅏
→ – 🏛 🚗 🅿
fermé nov. – SC : **R** 42/110 🗴 – ☲ 13 – **21 ch** 60/105 – P 125/135.

à St-Salvadour NE : 8 km par D 940, D 44 et D 173E – ✉ 19700 Seilhac :

✗✗ **Ferme du Léondou**, ☎ 21.60.04, « Grange aménagée », 🐟 – 🅿
→ fermé 5 au 30 nov., janv. et merc. – SC : **R** 36/160.

SEILLANS 83 Var 84 ⑦, 195 ㉒ G. Côte d'Azur – 1 609 h. alt. 366 – ✉ 83440 Fayence – ⊕ 94 – **Voir N.-D. de l'Ormeau : retable★★ SE : 1 km.**

Syndicat d'Initiative Le Valat (1er juil.-15 sept. et fermé dim.) ☎ 76.98.06 et à la Mairie (fermé sam. et dim.) ☎ 76.96.04.

Paris 896 – Castellane 56 – Draguignan 32 – Fayence 7,5 – Grasse 31 – St-Raphaël 41.

Clariond et H. de France Ⓜ ⛰, ☎ 76.96.10, ≤, ⛱, ⛲, 🌳 – ⇨wc ⋒wc ☎. ✂
fermé janv. et merc. hors sais. – SC : **R** 90/226 – ☕ 25 – **26 ch** 220/300 – P 300/380.

Deux Rocs ⛰, ☎ 76.05.33 – ⇨wc ⋒wc ☎. ✂ rest
15 mars-3 nov. – SC : **R** *(fermé mardi)* 70/130 – ☕ 25 – **15 ch** 140/280 – P 255/315.

XX **Aub. Mestre Cornille,** ☎ 76.87.31, ⛱ – Ⓟ
1er fév.-30 nov. et fermé lundi soir et mardi – SC : **R** 70 bc/130 bc.

route de Draguignan SO : 10 km par D 53 et D 562 – ✉ **83440** Fayence :

XXX Relais de Garron, ☎ 76.09.43 – Ⓟ.

SEIN (Ile de) ★ 29162 Finistère 58 ⑫ G. Bretagne – 504 h. – ⊕ 98.

Voir Phare ☀★.

Accès par transports maritimes.

⛴ depuis **Audierne** En 1983 : du 1er juil. au 31 août, 3 services quotidiens ; hors saison, 1 service quotidien (sauf mercredi) - Traversée 1 h 10 mn – 60 F (AR). Renseignements : quai Jean Jaurès ☎ 70.02.38 et ☎ 70.02.37.

XX Aub. des Sénans, ☎ 70.90.01 – *sais.*

SEIX 09140 Ariège 86 ③ – 953 h. alt. 510 – ⊕ 61.

Voir Vallée du Haut Salat★ N et S, G. Pyrénées.

Paris 818 – Ax-les-Thermes 76 – Foix 62 – St-Girons 18.

X **Aub. des Deux Rivières** avec ch, au **pont de la Taule** S : 5 km ☎ 66.83.57, 🌳 – ✈ Ⓟ. ✂
1er juin-15 sept., vacances scolaires et week-end – **R** 39/84 🍼 – ☕ 10,50 – **11 ch** 57/62 – P 110/140.

SÉLESTAT ⟨SP⟩ 67600 B.-Rhin 62 ⑲ G. Vosges – 15 482 h. alt. 182 – ⊕ 88.

Voir Église Ste-Foy★ BY **B** – **Église St-Georges★** BY **E** – **Bibliothèque humaniste★** BY **M** – **Volerie des Aigles : démonstrations de dressage★ au château de Kintzheim par ④ : 4,5 km puis 30 mn.**

Office de Tourisme pl. République (fermé dim.) ☎ 92.02.66.

Paris 508 ① – Colmar 22 ③ – Gérardmer 75 ③ – St-Dié 43 ⑤ – ♦Strasbourg 47 ①.

Chevaliers (R. des) .... **BYZ** 3
Hôpital (R. de l') .... **BZ** 6
Président-Poincaré (R. du) .... **BZ** 20
4e-Zouaves (R. du) ...... **AZ** 31
Marché aux Choux....... **BY** 8
République (Pl. de la) ... **AZ** 21
Ste-Barbe (R.) .... **BZ** 22
Schaal (Pl. du Gén.) ... **ABY** 23
Schwilgué (R.) .... **BY** 24
Serruriers (R. des) ...... **BY** 25
Strasbourg (Pl. Porte-de) **BY** 27
Victoire (Pl. de la) .... **BZ** 28
Vieux Marché aux Vins .. **BY** 29
17-Novembre (R. du) .... **BZ** 32

SÉLESTAT

🏛 **Belle Vue** Ⓜ, 9 rte Ste-Marie-aux-Mines ☏ 92.92.88 – ⚐wc ♨wc ☎ ⇐ ❶ ⑩
R *(fermé vend. midi et jeudi sauf du 1er juin au 30 sept.)* 55/150 – ⚏ 20 – **22 ch**
130/190 – P 180/230.
AY **a**

XX **Edel**, 7 r. Serruriers ☏ 92.86.55, ♨ – 🆎 ⑩ 🆅🆂🅰
BY **e**
fermé 29 juil. au 25 août, du 8 janv., mardi soir et merc. – **R** 80 bc/150 bc.

XX **Vieille Tour**, 8 r. Jauge ☏ 92.15.02
BY **s**
→ fermé 25 juin au 15 juil., 5 au 11 mars, dim. soir et lundi – SC : **R** 50/190 ⅃.

XX **Lido**, au stade nautique ☏ 92.07.43, ≤, ♨
BZ **t**
→ fermé 16 au 31 août, 24 déc. au 4 janv., dim. soir et lundi – SC : **R** 50/150 ⅃.

à Val-de-Villé par ⑤ : 6 km – ⊠ 67730 Châtenois :

X **Aub. de la Forêt**, ☏ 82.06.82, ♨, ⋒ – ❶
→ fermé lundi soir et mardi – SC : **R** 48/130, dîner à la carte.

à Baldenheim E : 8,5 km par D 21 – BY - et D 209 – ⊠ 67600 Sélestat :

XX ❀ **Couronne** (Mme Trebis), r. Sélestat ☏ 85.32.22 – ❶. 🆎 ⑩
fermé 23 au 31 juil., 7 au 15 janv., dim. soir et lundi sauf fériés – SC : **R** 80/250
Spéc. Feuilleté de grenouilles au Riesling, Blanc de turbot au safran, Selle de chevreuil forestière
(juin au 31 déc.). **Vins** Riesling, Pinot noir.

BMW, ALFA-ROMEO Gar. Walter, 33 rte de
Ste Marie aux Mines à Chatenois ☏ 82.07.22 🅽
CITROEN Alsauto, 14 rte de Colmar ☏ 92.38.99
CITROEN Gar. Ménétré, 89 rte Strasbourg par
① ☏ 92.08.42
FIAT, MERCEDES-BENZ Gar. Ligner, 24 rte
de Sélestat à Chatenois ☏ 82.05.20
PEUGEOT, TALBOT Sélestat Autom., 109 rte
Colmar par ③ ☏ 92.00.25

RENAULT Borocco, 101 rte de Colmar par ③
☏ 92.88.77
V.A.G. Gar. Michel, 49 rte Strasbourg ☏ 92.
10.75

⚙ Ets Kautzmann, 28 Rte de Colmar ☏ 92.38.00
Pneus et Services D.K, 95 rte de Colmar ☏
92.14.95

☞ *En mars 1985, ce guide ne sera plus valable.*
Achetez le guide de l'année !

SELLES-ST-DENIS 41 L.-et-Ch. 🔢 ⑱ G. Châteaux de la Loire – 1 172 h. alt. 98 – ⊠ 41300
Salbris – ✪ 54.

Paris 198 – Blois 56 – Mennetou-sur-Cher 16 – Romorantin-Lanthenay 15 – Salbris 11 – Vierzon 25.

XX **Cheval Blanc**, ☏ 83.21.11 – ❶. 🆎 ⑩ 🅴 🆅🆂🅰
fermé 20 fév. au 21 mars, lundi soir et mardi – SC : **R** 85/150.

SEMÈNE 43 H.-Loire 🔢 ⑧ – rattaché à Aurec-sur-Loire.

Le SEMNOZ 74 H.-Savoie 🔢 ⑥ ⑯ G. Alpes – ⊠ 74000 Annecy – ✪ 50.

Voir Crêt de Châtillon ※*** (accès par D 41 : d'Annecy 20 km ou du col de Leschaux 14
km, puis15 mn).

sur D41 – ⊠ 74000 Annecy :

🏚 **Semnoz Alpes** ⌂, au sommet, alt. 1 704 ☏ 01.23.17, ≤ Mont-Blanc – ⇐ ❶
→ Pentecôte-30 sept. et 15 déc. vacances de Pâques – SC : **R** 50/86 – ☎ 14,50 –
15 ch 54/107 – P 140/170.

🏚 **Rochers Blancs** ⌂, près du sommet, alt. 1 650 ☏ 01.23.60, ≤ – ⚐wc ❶. 🅴
→ 🆅🆂🅰
15 mai-30 sept. et 1er déc.-1er mai – SC : **R** 50/120 – ⚏ 18 – **24 ch** 80/160 – P
180/200.

SEMUR-EN-AUXOIS 21140 Côte-d'Or 🔢 ⑰ ⑱ G. Bourgogne – 5 364 h. alt. 290 – ✪ 80.

Voir Site* – Église N.-Dame* **B** – Pont Joly ≤*.

🅱 Office de Tourisme (fermé sam. après-midi, dim. et lundi matin hors saison) avec A.C. pl.
Gaveau ☏ 97.05.96.

Paris 250 ④ – Auxerre 86 ④ – Avallon 42 ④ – Beaune 82 ④ – ♦Dijon 81 ④ – Montbard 19 ①.

Plan page ci-contre

🏛 **Lac** ⌂, au lac de Pont ③ : 3 km par D 103B ☏ 97.11.11 – ⚐wc ♨wc ☎ ❶. 🆅🆂🅰
🍴 ch
fermé 15 déc. au 1er fév., dim. soir (sauf hôtel) et lundi sauf juil.-août – SC : **R** 60/110
– ⚏ 19 – **23 ch** 60/170 – P 150/200.

🏚 **Gourmets**, r. Varenne (r) ☏ 97.09.41, ♨ – ♨wc ⚙ ⇐
→ fermé 25 oct. au 1er janv. et vend. – SC : **R** (dim. prévenir) 55/120 – ⚏ 15 – **15 ch**
55/140.

XX **La Cambuse**, 8 r. Févret (e) ☏ 97.06.78 – 🆎 ⑩ 🆅🆂🅰
17 mars-12 nov. et fermé mardi sauf juil.-août – SC : **R** 75/120.

X **Aub. des Quinconces**, 58 r. Paris (a) ☏ 97.02.00, ♨ – ❶
→ fermé oct. et lundi sauf fériés – SC : **R** 50/110.

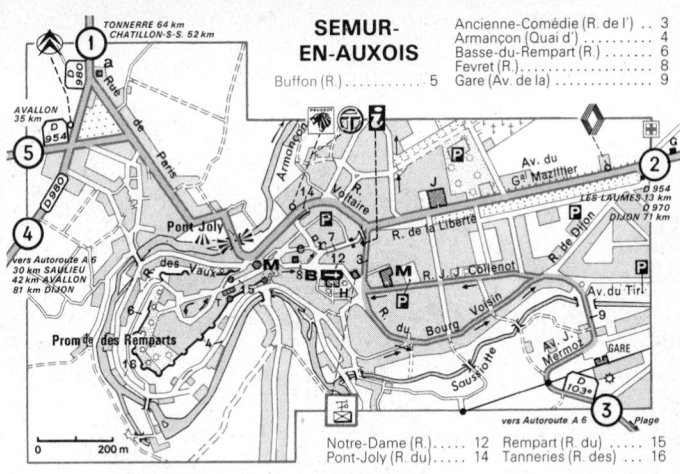

SEMUR-EN-AUXOIS

Ancienne-Comédie (R. de l') .. 3
Armançon (Quai d') 4
Basse-du-Rempart (R.) 6
Fevret (R.) 8
Buffon (R.) 5   Gare (Av. de la) 9

Notre-Dame (R.) 12   Rempart (R. du) 15
Pont-Joly (R. du) 14   Tanneries (R. des) ... 16

à Villeneuve-sous-Charigny : SE 9 km par ② et D 970 – ⊠ 21140 Semur-en-Auxois :

☆ **Aub. du Chaudron,** ☏ 97.10.14, 斧 – ➾wc 氚 ☎ ℗
   fermé oct., 24 déc. au 2 janv. et lundi d'oct. à avril – SC : **R** 56 ⅃ – ☳ 14,50 – **7 ch**
   65/135 – P 140/160.

CITROEN ets Jarno, ☏ 97.07.89
PEUGEOT-TALBOT Bardey, ☏ 97.13.43

PEUGEOT-TALBOT Pignon, ☏ 97.07.18
RENAULT Girard, ☏ 97.05.10

SENARPONT-GARE 76 S.-Mar. ⑤⑥ ⑥ – rattaché à Aumale.

SÉNAS 13560 B.-du-R. ⑧④ ② – 3 906 h. alt. 95 – ✦ 90.

Paris 714 – Aix-en-Provence 46 – Avignon 36 – ◆Marseille 66 – St-Rémy-de-Provence 25 – Salon-de-Provence 12.

XX **Luberon** avec ch, N7 ☏ 57.20.10, 斧 – 氚 ☎. 𝖵𝖨𝖲𝖠
   fermé 15 oct. au 15 déc., lundi soir et mardi de déc. à juin – SC : **R** 52/140 – ☳ 12 –
   7 ch 92/150.

X **Terminus** avec ch, N7 ☏ 57.20.08, 斧 – 氚wc ☎ ⟺ ℗. 𝔸𝔼 E. ⅏ rest
   fermé 3 janv. au 6 fév. et jeudi hors sais. – SC ⅃ **R** 50/120 – ☳ 16,50 – **16 ch** 95/160
   – P 260/310.

à Pont-Royal, rte Aix-en-Provence : 9 km – ⊠ 13370 Mallemort :

🏰 **Moulin de Vernègues** Ⓜ, N7 ☏ 59.12.00, Télex 401645, 斧, « Ancien relais
   royal de chasse, parc », ⅃, ⅏ – ▭ ℗ – 🔔 50 à 100. 𝔸𝔼 ⓞ E 𝖵𝖨𝖲𝖠
   SC : **R** 150/220 – ☳ 38 – **37 ch** 285/535 – P 480/560.

🏠 **Le Provençal,** N7 ☏ 57.40.64 – 氚 ☎ ⟺ ℗. ⅏ ch
   fermé 31 déc. au 1er fév. et dim. sauf du 1er juil. au 30 sept. – SC : **R** 45/90 ⅃ – ☳ 15
   – **10 ch** 100/130 – P 210.

CITROEN Gar. Tarrillion, ☏ 57.24.83

SENLIS ⬦ 60300 Oise ⑤⑥ ⑩⑫. ⑲⑥ ⑧⑨ G. Environs de Paris – 15 280 h. alt. 76 – ✦ 4.

Voir Cathédrale N.-Dame✦✦ BY – Vieilles rues✦ ABY – Place du Parvis✦ BY – Église
St-Frambourg✦ BY B – Jardin du Roy ⩾✦ AY – Forêt d'Halatte✦ 5 km par ① – Butte
d'Aumont ⅏✦ 4,5 km par ⑥ puis 30 mn.

Env. Ruines du château fort de Montépilloy✦ 9 km par ③.

📷⑱⑨ de Morfontaine, ☏ 454.68.27 par ④ : 10 km.

🎫 Office de Tourisme pl. Parvis-N.-Dame (fermé 1er déc. au 1er mars, matin et mardi) ☏ 453.06.40.

Paris 51 ③ – ◆Amiens 101 ③ – Arras 131 ③ – Beauvais 52 ⑥ – Compiègne 35 ③ – ◆Lille 172 ③ –
Mantes-la-Jolie 87 ⑤ – Meaux 38 ③ – Soissons 61 ③.

Plan page suivante

🏠 **Host. de la Porte Bellon,** 51 r. Bellon ☏ 453.03.05, 斧, 斧 – ➾wc 氚 ☎ ⟺
   ℗. 𝖵𝖨𝖲𝖠. ⅏ ch   BY t
   fermé 15 déc. au 15 janv. – SC : **R** *(fermé vend. hors sais.)* 78/130 – ☳ 18 – **19 ch**
   78/175.

XX **Rôt. de Formanoir,** 17 r. Châtel ☏ 453.04.39   AY a
   R carte 135 à 195.

1085

SENLIS

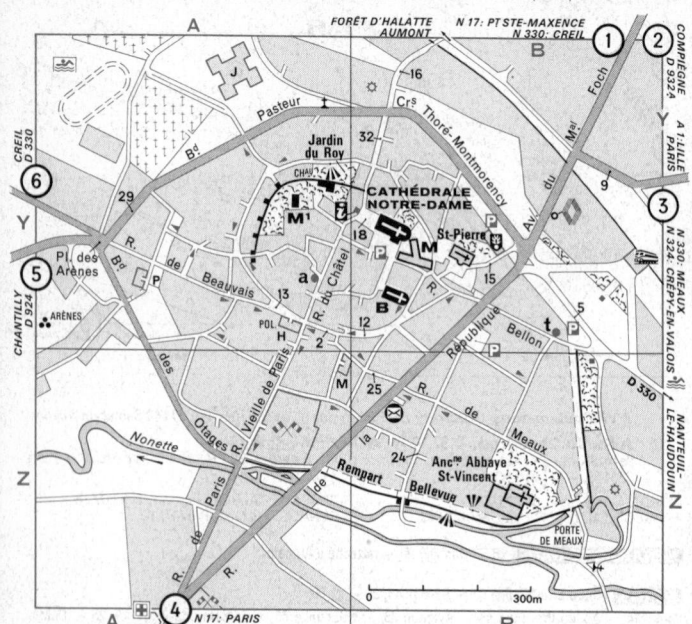

CITROEN Gd Gar. des Obiers 51 fg St-Martin par ④ ℡ 453.12.42
PEUGEOT, TALBOT Safari-Senlis, 56 av. de Creil par ⑥ ℡ 453.16.46
RENAULT S.A.C.L.I., 64 av. Gén.-de-Gaulle par ③ ℡ 453.08.18

RENAULT Delacharlery, 10 av. Mar.-Foch ℡ 453.09.68 ℡ 453.08.18
V.A.G. Gar. du Valois, 39 rte de Crépy ℡ 453. 02.17
Gar. Briziou, cours Boutteville ℡ 453.02.53

SENLISSE 78 Yvelines 𝟨𝟶 ⑨, 𝟏𝟗𝟔 ㉘, 𝟏𝟎𝟏 ㉛ – 413 h. alt. 103 – ⊠ **78720** Dampierre – ⚙ 3.
Paris 40 – Longjumeau 30 – Rambouillet 15 – Versailles 24.

XXX   **Aub. du Pont Hardi** avec ch, ℡ 052.50.78, ≤, « Beau jardin fleuri » – ⌂wc ☏
⊛ **℗**. ᴀᴇ ⓄⒾ 𝗩𝗜𝗦𝗔
fermé 16 au 24 août, 24 janv., au 8 fév., mardi soir et merc. – SC : **R** carte 170 à 225 –
⊡ 28 – **5 ch** 220/250.

XX   **Aub. du Gros Marronnier** ⑤ avec ch, ℡ 052.51.69, ♣ – ⌂wc ☏wc **℗**. ᴀᴇ
Ⓞ 𝗩𝗜𝗦𝗔. ⊛ ch
R *(fermé déc. au 20 fév.)* 88, carte le dim. – ⊡ 23 – **14 ch** 135/200.

SENNECEY-LÈS-DIJON 21 Côte-d'Or 𝟨𝟨 ⑫ – rattaché à Dijon.

SENNEVILLE 78 Yvelines 𝟓𝟓 ⑱, 𝟏𝟗𝟔 ⑮ – rattaché à Mantes-la-Jolie.

SENS ⊛ 89100 Yonne 𝟨𝟏 ⑭ G. Bourgogne – 26 961 h. alt. 69 – ⚙ 86.
Voir Cathédrale★★ : trésor★★ Z – Palais synodal-Officialité★ ZD.
🛈 Office de Tourisme pl. Jaurès (fermé mardi hors sais. et dim.) ℡ 65.19.49.

Paris 119 ⑥ – Auxerre 57 ③ – Châlons-sur-Marne 134 ① – ✦Dijon 204 ③ – Fontainebleau 53 ⑥ –
Meaux 106 ⑥ – Montargis 51 ④ – ✦Reims 151 ① – Soissons 159 ⑥ – Troyes 65 ②.

Plans page ci-contre

🏨   **Paris et Poste,** 97 r. République ℡ 65.17.43, Télex 801831, 🎐, « Salle à manger rustique bourguignon » – 🍴 rest 📺 ☎ 🚗. ᴀᴇ Ⓞ Ⓔ 𝗩𝗜𝗦𝗔
SC : **R** 150/250 – ⊡ 25 – **37 ch** 180/290.
Z **a**

🏨   **H. Résidence R. Binet** sans rest, 20 r. R.-Binet ℡ 65.67.89 – 🛗 ⌂wc ☏wc ☎
℗. Ⓔ
fermé dim. soir du 1er oct. au 31 mars – SC : ⊡ 18 – **33 ch** 83/190.
Z **b**

SENS

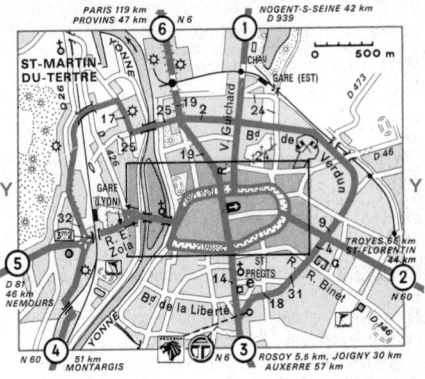

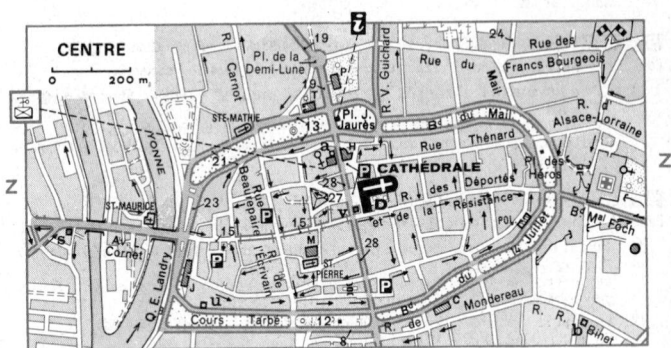

🏛 **Parc** ॐ sans rest, 9 cours Tarbé ☎ 64.26.99, 🚗 – 🛏wc ♨wc ☎. 🝙 ① 𝘝𝘐𝘚𝘈
SC : ☲ 19 – **21 ch** 94/199. Z u

🏠 **St-Pregts**, 89 r. Gén.-de-Gaulle ☎ 65.19.63 – 🛏wc ♨wc ℗ Y e
➜ fermé 20 déc. au 31 janv., dim. soir et vend. – SC : **R** 43/90 🛦 – ☲ 10,50 – **18 ch**
60/108 – P 152/176.

🟉🟉 **Palais**, 18 pl. République ☎ 65.13.69 Z v
fermé 18 juin au 9 juil., 6 au 28 janv., dim. soir et lundi – SC : **R** 66/108.

🟉🟉 **Aub. de la Vanne,** rte Lyon par ③ ☎ 65.13.63, ≤, 🚗 – ℗. 🝙 𝐄 ① 𝘝𝘐𝘚𝘈
fermé 29 juil. au 4 août, 15 déc. au 5 janv., vend. soir et sam. – SC : **R** 57/100.

🟉🟉 **Soleil Levant**, 51 r. E.-Zola ☎ 65.71.82 – 🝙 𝘝𝘐𝘚𝘈 Z s
fermé 15 déc. au 15 janv., sam. midi et vend. – SC : **R** 60/100 🛦.

à Soucy par ① *: 7 km –* ⊠ *89100 Sens :*

🟉🟉 **Aub. du Regain** avec ch, ☎ 86.64.62, cadre campagnard, 🚗 – 🛏 ☎ ℗ – 🔬
25
fermé sept., dim. soir et lundi – SC : **R** 65/95 – ☲ 15 – **10 ch** 85/145 – P 170.

à Malay-le-Petit par ② *: 8 km –* ⊠ *89100 Sens :*

🟉🟉 **Aub. Rabelais** avec ch, ☎ 88.21.44, 🚗 – ℗
fermé 15 janv. au 15 fév., merc. soir hors sais. et jeudi – SC : **R** 90/150 – ☲ 20 –
7 ch 100/140.

à Rosoy par ③ *: 5,5 km –* ⊠ *89100 Sens :*

🟉🟉 **Bon Abri** avec ch, ☎ 86.10.05 – 🛏wc ♨ ☎ ℗
fermé nov. – SC : **R** (fermé dim. soir et lundi hors sais.) 75 🛦 – ☲ 18 – **11 ch**
108/168.

à Subligny par ④ *: 7 km sur N 60 –* ⊠ *89100 Sens :*

🟉 **Relais de Subligny,** ☎ 88.83.22, 🚗 – ℗. 𝘝𝘐𝘚𝘈
➜ fermé sept., mardi soir et merc. – SC : **R** 47/130.

à Villeroy par ⑤ *: 6 km –* ⊠ *89100 Sens :*

🟉🟉 **Relais de Villeroy** Ⓜ avec ch, ☎ 88.81.77, 🚗 – 🛏wc ♨wc ☎ ℗. 🝙 ① 𝘝𝘐𝘚𝘈
fermé 23 juil. au 7 août, 19 déc. au 12 janv., dim. soir et lundi – SC : **R** 98/200 – ☲
15,50 – **8 ch** 140/170.

AUSTIN, ROVER, TRIUMPH OPEL Gar. Paris-Genève Autos, 10 cours Chambonas ℡ 65.05.93
BMW Éts Berni, 133 rte de Lyon ℡ 65.70.90 🆖 ℡ 65.19.97
CITROEN Gd Gar. de l'Yonne, rte de Lyon par ③ ℡ 65.12.92
DATSUN Gar. du Mail, 12 bd du Mail ℡ 64.25.34
FORD Sens-Bourgogne-Autos, 5 bd Verdun ℡ 65.51.23
MERCEDES Etoile Gar., Zone Ind. 7 bis bd Pont-Neuf ℡ 64.25.24
PEUGEOT-TALBOT S.E.G.A.M., 16 bd Kennedy ℡ 65.19.12

RENAULT Sté Senonaise d'Autom., Carr. Ste-Colombe N 6 à St-Denis-sur-Sens par ⑥ ℡ 65.18.33
RENAULT Gar. Prieur, rte de Lyon, Pont Bruant par ③ ℡ 95.23.50
V.A.G. Gar. de la Vanne, 184 rte de Lyon ℡ 65.00.37 🆖 ℡ 65.19.97

🖝 La Centrale du Pneu, 105 r. du Gén.-de-Gaulle ℡ 65.24.33
S.O.V.I.C., 18 bd Kennedy ℡ 65.25.05
Tous les Pneus, 189 rte Lyon ℡ 65.12.18

SENTEIN 09 Ariège 🎵🎵 ② G. Pyrénées – 204 h. alt. 732 – ✉ 09800 Castillon-en-Couserans – 🛈 61.

🗉 Syndicat d'Initiative à la Mairie (juil.-août et fermé matin) ℡ 96.73.93.

Paris 841 – Argein 15 – Foix 68 – St-Girons 24.

🏨 Nouvel H. Moune, ℡ 96.72.70 – 🦐
sais. – **21 ch.**

SEPT-SAULX 51 Marne 🎵🎵 ⑰ – 338 h. alt. 96 – ✉ 51400 Mourmelon-le-Grand – 🛈 26.

Paris 166 – Châlons-sur-Marne 26 – Épernay 29 – ♦Reims 25 – Rethel 47 – Vouziers 60.

🏨 🕸 **Cheval Blanc** (Lefevre) 🅼 🌭, ℡ 61.60.27, parc, 🍴 – 🚻wc 🛏wc 🕿 🕭 🅿. 🆎 ⓪ 🔳 🆅🆂🆀
fermé mi janv. à mi fév. – **R** 150/215 – 🖵 27 – **22 ch** 135/280 – P 350/400
Spéc. Écrevisses au vin de Champagne, Assiette de la Vesle, Gibier (en saison). **Vins** Coteaux Champenois.

SEREILHAC 87620 H.-Vienne 🎵🎵 ⑰ – 1 462 h. alt. 312 – 🛈 55.

Paris 413 – Châlus 15 – Confolens 52 – ♦Limoges 20 – Nontron 49 – Périgueux 81 – St-Yrieix-la-P. 42.

🏩 **Motel des Tuileries** 🌭, aux Betoulles NE : 2 km sur N 21 ℡ 39.10.27 – 🚻wc
🖝 🕭 🕭 🅿 – 🛎 25. 🔳
fermé 3 nov. au 1ᵉʳ déc., vacances de fév., dim. soir et lundi hors sais. – SC : **R** (dim. prévenir) 46/120 🐚 – 🖵 18 – **10 ch** 130/150 – P 150/180.

XX **La Meule** avec ch, N 21 ℡ 39.10.08 – 🚻wc 🕭 🅿 – 🛎 30. 🆎 ⓪ 🆅🆂🆀
SC : **R** 70/180 – 🖵 20 – **10 ch** 155 – P 280.

SEREZIN-DU-RHÔNE 69 Rhône 🎵🎵 ⑪ – 1 925 h. alt. 164 – ✉ 69360 St-Symphorien-d'Ozon – 🛈 7.

Paris 479 – ♦Grenoble 104 – ♦Lyon 16 – Rive-de-Gier 22 – La Tour-du-Pin 55 – Vienne 15.

🏨 **La Bourbonnaise**, ℡ 802.80.58, « Jardin fleuri » – 📺 🚻wc 🛏wc 🕿 🅿. 🆎 🆅🆂🆀
SC : **R** 58/200 – 🖵 19 – **36 ch** 120/195 – P 280/340.

EL SERRAT Principauté d'Andorre 🎵🎵 ⑭, 🎵🎵 ⑥ – voir à Andorre.

SERRAVAL 74 H.-Savoie 🎵🎵 ⑰ – 313 h. alt. 763 – ✉ 74230 Thones – 🛈 50.

Paris 579 – Albertville 26 – Annecy 30 – Bonneville 42 – Faverges 10 – Megève 41 – Thônes 10.

🏩 **Tournette**, ℡ 02.06.64, ≤ – 🚻wc 🛏 🕭 🖝 🅿. 🔳
fermé 15 oct. au 15 nov. et mardi hors sais. – SC : **R** 52/85 🐚 – 🖵 20 – **18 ch** 80/145 – P 140/180.

SERRE-CHEVALIER 05 H.-Alpes 🎵🎵 ⑱ G. Alpes – Sports d'hiver : 1 350/2 660 m ✦6 ✦51, 🎿 – 🛈 92.

Voir ⁕⁕.

De Chantemerle : Paris 675 – Briançon 6 – Gap 93 – ♦Grenoble 110 – Col du Lautaret 22.

à *Chantemerle* – alt. 1 350 – ✉ 05330 St-Chaffrey .

Env. Col de Granon ⁕⁕ NE : 12 km.

🗉 Office de Tourisme (fermé sam. après-midi et dim. hors sais.) ℡ 24.00.34.

🏨 **La Balme** 🅼 🌭, ℡ 24.01.89, ≤ – 🚻wc 🕿 🖝 🅿. 🆎 ⓪ 🔳 🆅🆂🆀
début juin-fin sept. et début déc.-mi avril – SC : **R** (snack le soir) – **28 ch** 🖵 170/290.

🏨 **Boule de Neige**, ℡ 24.00.16 – 🛏
20 déc.-Pâques – SC : **R** (pens. seul.) 65 – 🖵 15 – **10 ch** 80/120 – P 170/220.

X **La Fourchette**, ℡ 24.06.66
15 juin-30 sept. et 10 déc.-20 avril – SC : **R** 59/89 🐚.

CITROEN Gar. Puy et Dovetta, à St-Chaffrey ℡ 24.00.07

à Villeneuve-la-Salle – alt. 1 452 – ⊠ **05240** La-Salle-les-Alpes.

🛈 Office de Tourisme Centre de Pré Long (fermé sam. après-midi et dim. hors sais.) ☎ 24.71.88, Télex 400152.

🏨 **Vieille Ferme** ⤸, ☎ 24.76.44, ≤, « Belle salle voûtée, rôtisserie », 🌲 – ➱wc ⋔wc ☎ 🅿. *VISA*. ✦ rest
23 juin-9 sept. et 15 déc.-1er mai – SC : **R** 68/150 – ☲ 20 – **30 ch** 200/370 – P 200/335.

🏨 **Serre Chevalier,** ☎ 24.74.67, ≤, 🌲 – ➱wc ⋔ ☎. ✦
29 juin-9 sept. et 20 déc.-20 avril – SC : **R** (hiver seul.) 68/90 – ☲ 24 – **24 ch** 125/235 – P 206/306.

🏨 **Lièvre Blanc,** ☎ 24.74.05, ⤓, 🌲 – ➱wc ⋔ ☎ ← 🅿. 🖭 ⓪ *VISA*
25 juin-10 sept., 1er mai et week-end en mai-juin, oct.-nov. – SC : **R** 65/150 – ☲ 18 – **26 ch** 96/257 – P 187/300.

✕✕ **Aux Trois Pistes** ⤸ avec ch, ☎ 24.74.50, ≤, 🌲 – ➱wc ⋔wc 🅿. 🖭 **E** *VISA*
fermé nov. – SC : **R** (fermé dim. hors sais.) 58/110 – ☲ 18 – **15 ch** 83/188 – P 177/236.

✕ **Aub. Ensoleillée** ⤸ avec ch, ☎ 24.74.04 – ⋔wc. **E**
✦ *15 juin-30 sept. et 15 déc.-1er mai* – SC : **R** 50/78 🍷 – ☲ 17 – **8 ch** 75/155 – P 144/176.

au Monetier-les-Bains – 970 h. alt. 1 470 – ⊠ **05220** Le Monetier-les-Bains.

🛈 Office de Tourisme Pré Chabert (saison, fermé mer. et dim.) ☎ 24.41.98.

🏨 **Aub. du Choucas** ⤸, ☎ 24.42.73, « Salle voutée ancienne », 🌲 – ➱wc ⋔wc ☎. 🖭 ⓪
sans rest. du 15 avril au 15 juin et du 30 sept. au 15 déc. – SC : **R** 99 – ☲ 31 – **13 ch** (pens. seul.) – P 215/345.

🏦 **Europe** Ⓜ ⤸, ☎ 24.40.03 – ➱wc ⋔wc ☎. 🖭 **E**
1er juin-30 sept. et 15 déc.-25 avril – SC : **R** 55/107 – ☲ 17 – **31 ch** 160/172 – P 225/240.

🏠 **Bergerie** ⤸, ☎ 24.41.20 – ⋔wc. ✦ rest
15 juin-15 sept. et 20 déc.-Pâques – SC : **R** 52/70 – ☲ 16 – **10 ch** 75/130 – P 160/185.

SERRE-PONÇON (Barrage et Lac de) ★★ 05 H.-Alpes 🗗🗗 ⑦ G. Alpes.

SERRES 05700 H.-Alpes 🗗🗗 ⑤ G. Alpes – 1 213 h. alt. 663 – ✪ 92.

🛈 Syndicat d'Initiative à la Mairie (fermé dim.) ☎ 67.03.50.

Paris 672 – Die 65 – Gap 42 – ✦Grenoble 107 – La Mure 80 – Manosque 87 – Nyons 64.

🏨 **Fifi Moulin** ⤸, ☎ 67.00.01, 🌲 – ➱wc ⋔ ☎ ←. 🖭 ⓪ **E** *VISA*
fermé 1er nov. aux vacances de fév. et merc. – R 60/95 – ☲ 17 – **26 ch** 102/148 – P 166/188.

🏠 **Nord,** ☎ 67.00.25, 🏡 – ➱wc ⋔wc ☎ ←. 🖭 **E** *VISA*
✦ *fermé 15 nov. au 15 déc. et mardi d'oct. à juin* – SC : **R** 50/90 – ☲ 14,50 – **16 ch** 70/140 – P 160/180.

CITROEN Alleoud, ☎ 67.00.28   TALBOT Faure, ☎ 67.03.60 🅽
RENAULT Reynaud, ☎ 67.00.11 🅽

SERRIÈRES 07340 Ardèche 🗗🗗 ① G. Vallée du Rhône – 1 342 h. alt. 139 – ✪ 75.

🛈 Syndicat d'Initiative quai J.-Roche (juil.-août et fermé lundi) ☎ 34.06.01.

Paris 520 – Annonay 15 – Privas 91 – Rive-de-Gier 40 – ✦St-Étienne 54 – Tournon 37 – Vienne 28.

🏠 **Schaeffer,** ☎ 34.00.07 – ➱. *VISA*. ✦
fermé 20 déc. au 31 janv., lundi soir et mardi sauf juil.-août – SC : **R** 67/155 – ☳ 15 – **12 ch** 75/110.

✕ **Parc** avec ch, ☎ 34.00.08, 🏡 – ➱. 🖭 *VISA*
fermé fév. et lundi – SC : **R** 55/140 – ☲ 14 – **10 ch** 85/95.

VAG Gar. Gines, ☎ 34.02.25 🅽 ☎ 59.13.16

SERVOZ 74 H.-Savoie 🗗🗗 ⑥ G. Alpes – 435 h. alt. 815 – ⊠ **74310** Les Houches – ✪ 50.

Voir Gorges de la Diosaz★ : chutes★★.

Paris 611 – Annecy 92 – Bonneville 43 – Chamonix 14 – Megève 23 – St-Gervais-les-Bains 12.

🏠 **Chamois** ⤸, ☎ 47.20.09, ≤, 🌲 – ⋔wc ☎ 🅿. **E** *VISA*. ✦
fermé 23 avril au 19 mai, 24 nov. au 18 déc. – SC : **R** (fermé lundi hors sais.) 60/120 – ☲ 17 – **9 ch** 160 – P 170/190.

🏠 **La Sauvageonne,** ☎ 47.20.40, ≤, 🏡 – 📺 ➱wc ☎ 🅿. **E** *VISA*. ✦ rest
fermé 10 au 31 mai, 27 oct. au 30 nov. et merc. hors sais. – SC : **R** 50/130 – ☲ 17,50 – **10 ch** 155/176 – P 165/197.

🏠 **Cimes Blanches** ⤸, N : 2 km par D 143 ☎ 47.20.05, ≤ – 🅿. **E**. ✦
✦ *15 juin-15 sept., 20 déc.-4 janv. et 1er fév.-Pâques* – SC : **R** 45/80 – ☲ 15 – **12 ch** 100 – P 125/135.

SÈTE 34200 Hérault 83 ⑯ **G. Causses** – 40 466 h. – ✪ 67.
Voir Circuit★ du Mt-St-Clair ✻★★ 1,5 km, AZ.
Office de Tourisme 22 quai d'Alger (fermé sam. après-midi et dim. hors sais.) ☎ 74.73.00.
Paris 791 ③ – Béziers 53 ③ – Lodève 72 ③ – ♦Montpellier 34 ③.

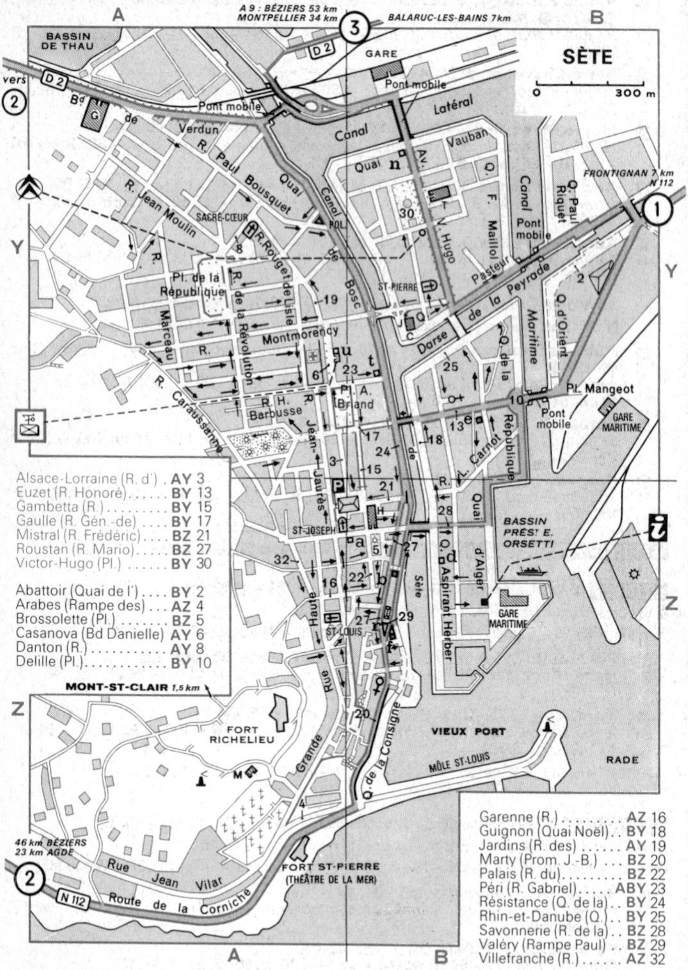

Alsace-Lorraine (R. d') . AY 3
Euzet (R. Honoré) . . . . . . BY 13
Gambetta (R.) . . . . BY 15
Gaulle (R. Gén.-de) . . . . BY 17
Mistral (R. Frédéric) . . . . BZ 21
Roustan (R. Mario) . . . . . BZ 27
Victor-Hugo (Pl.) . . . . . . BY 30

Abattoir (Quai de l') . . . . BY 2
Arabes (Rampe des) . . . AZ 4
Brossolette (Pl.) . . . . BZ 5
Casanova (Bd Danielle) AY 6
Danton (R.) . . . . AY 8
Delille (Pl.) . . . . BY 10

Garenne (R.) . . . . AZ 16
Guignon (Quai Noël) . . BY 18
Jardins (R. des) . . . . . . AY 19
Marty (Prom. J.-B.) . . . BZ 20
Palais (R. du) . . . . BZ 22
Péri (R. Gabriel) . . . . . ABY 23
Résistance (Q. de la) . . BY 24
Rhin-et-Danube (Q.) . . BY 25
Savonnerie (R. de la) . . BZ 28
Valéry (Rampe Paul) . . BZ 29
Villefranche (R.) . . . . . . AZ 32

Grand Hôtel, 17 quai Mar.-de-Lattre-de-Tassigny ☎ **74.71.77, Télex 480225** – TV ☎ – 30. AE ① E VISA — BY **t**
SC : **R** voir rest La Rotonde – ☕ 21 – **47 ch** 155/275, 4 appartements 330.

Orque Bleue sans rest, 10 quai Aspirant Herbert ☎ **74.72.13,** ≤ – TV wc wc ☎. AE ① VISA. — BZ **d**
16 avril-15 janv. et fermé dim. en nov. et déc. – SC : ☕ 18 – **30 ch** 172/335.

Régina sans rest, 6 bd D.-Casanova ☎ **74.31.41** – wc ☎. AE ① VISA. — AY **u**
fermé 6 nov. au 16 déc. – SC : ☕ 15 – **20 ch** 100/192.

Dôme, 29 av. V.-Hugo ☎ **74.91.78,** – wc ☎. ch — BY **n**
SC : **R** *(fermé 1er au 14 oct., 1er déc. au 14 fév., dim. soir et sam. du 1er sept. au 31 mai)* 71/101 – ☕ 15,50 – **16 ch** 86/155 – P 221/245.

XX **La Palangrotte,** rampe P.-Valéry ☎ **74.80.35,** ≤, – ①. — BZ **r**
fermé 10 janv. au 10 fév., dim. soir et lundi hors sais. – SC : **R** 88/180.

XX **Le Chalut,** 38 quai Gén.-Durand ☎ **74.81.52,** , **produits de la mer** – — BZ **f**
fermé 2 janv. au 9 fév. et merc. – SC : **R** 75/120.

XX **Jacques Coeur,** 17 r. P.-Valéry ⏰ 74.33.70 — 🆎 ⓿ 𝑉𝐼𝑆𝐴 — BZ **a**
fermé 24 déc. au 5 janv., dim. soir et lundi — SC : **R** 97.

XX **La Madrague,** 16 quai Gén.-Durand ⏰ 74.78.37, 🍴 — BZ **b**
fermé nov. et merc. — SC : **R** 70.

XX **La Rotonde,** 17 quai Mar.-de-Lattre-de-Tassigny ⏰ 74.71.77, Télex 480225 — 🆎
◆ ⓿ Ⓔ 𝑉𝐼𝑆𝐴 — BY **t**
fermé 20 déc. au 5 janv. et dim. de sept. à juin — SC : **R** 50/80.

X **Rest. Alsacien,** 25 r. P.-Sémard ⏰ 74.77.94 — BY **e**
fermé juil., 24 déc.-3 janv., dim. soir et lundi — SC : **R** (dîner seul. en août sauf dim.
et fêtes) carte 95 à 150.

sur la Corniche par ② : 2 km :

🏨 **Impérial** sans rest, pl. É.-Herriot ⏰ 53.28.32, Télex 480046 — 🛗 🗄 🖵 ☎ 🅿 — 🏮
40. 🆎 ⓿ Ⓔ 𝑉𝐼𝑆𝐴
SC : ☷ 21 — **37 ch** 155/355, 4 appartements 350/400.

🏨 **Sables d'Or** sans rest, pl. Ed.-Herriot ⏰ 53.09.98 — 🛗 ⇌wc 🚿wc ☎ 🅿. 𝑉𝐼𝑆𝐴
SC : ☷ 19 — **30 ch** 140/241.

🏨 **Les Tritons** sans rest, bd Joliot-Curie ⏰ 53.03.98 — 🛗 ⇌wc 🚿 ☎ 🅿. ⓿ 𝑉𝐼𝑆𝐴.
🍴
14 avril-7 oct. — SC : ☷ 17 — **40 ch** 135/255.

🏠 **Le Bosphore,** pl. É.-Herriot ⏰ 53.05.53 — ⇌wc 🚿wc ☎ 🅿. 🆎 ⓿ Ⓔ 𝑉𝐼𝑆𝐴. 🍴 rest
SC : **R** *(fermé 20 sept. au 15 oct. et dim. hors sais.)* 56/150 — ☷ 17 — **17 ch** 169 — P
365/409 (2 pers.).

ALFA-ROMEO, **TOYOTA** Sète-Autom., 46 quai
de Bosc ⏰ 74.36.66
CITROEN Vernhet 23 av. V.-Hugo ⏰ 74.37.23
FIAT-LANCIA-AUTOBIANCHI Auto-Hall, 5 pl.
Delille ⏰ 74.04.00
LADA-SKODA Auto Agence Sétoise, 13 quai
L.-Pasteur ⏰ 74.54.00
MERCEDES Gar. du Midi, 26 quai Mar. de
Lattre de Tassigny ⏰ 74.72.96
OPEL France-Autos, Zone Ind. des Eaux Blan-
ches ⏰ 48.48.61

RENAULT Sète-Exploitation-Autos, Zone Ind.
des Eaux Blanches par ③ ⏰ 48.79.79

🅐 Comptoir Méridional du C/c, 76 rte de
Montpellier ⏰ 48.80.50
Escoffier-Pneus, 18 quai F.-Maillol ⏰ 74.56.21
Guittard, 2 quai L.-Pasteur ⏰ 74.08.91
Martinez-Pneus, 24 quai République ⏰ 74.93.61

SEURRE 21250 Côte d'or 🔢 ⓾, 🔢 ② — 2 795 h. alt. 181 — ✿ 80.
Paris 339 — Beaune 26 — Chalon-sur-Saône 38 — ◆Dijon 39 — Dole 41.

🏨 **Le Castel,** av. Gare ⏰ 20.45.07, 🍴 — ⇌wc 🅿
fermé 2 janv. au 2 fév. et lundi du 1er oct. au 15 juin — **R** 52/130 — ☷ 16 — **20 ch**
64/170.

PEUGEOT, **TALBOT** Gar. Fuant, ⏰ 20.41.46 🅽
PEUGEOT Seurre autos, ⏰ 21.11.53

RENAULT Gar. Central, ⏰ 20.45.41

SÉVÉRAC-LE-CHÂTEAU 12150 Aveyron 🔢 ④ G. Causses — 2 838 h. alt. 750 — ✿ 65.
🅩 Syndicat d'Initiative r. des Dunes (1er juil.-31 août, fermé sam. après-midi et dim.) ⏰ 46.67.31 et
à la Mairie (fermé sam. et dim.) ⏰ 46.62.63.
Paris 599 — Alès 144 — Espalion 47 — Florac 73 — Mende 65 — Millau 32 — Rodez 49 — St-Flour 109.

🏠 **Moderne Terminus,** à Sévérac-gare ⏰ 46.64.10 — 🛗 ⇌wc 🚿 🖙
fermé 30 mars au 7 avril, oct., 25 déc. au 1er janv., vend. soir et sam. sauf juil.-août —
SC : **R** 60/100 — ☷ 30 — **20 ch** 130/182 — P 150/210.

🏠 **Causses,** à Sévérac-gare ⏰ 71.60.15 — ⇌wc 🚿 🅿. Ⓔ. 🍴 rest
fermé oct. — SC : **R** *(fermé dim. de nov. au 1er avril)* 40/80 🍷 — ☷ 18 — **13 ch** 60/130
— P 125/160.

RENAULT Gar. Cartaillac, Sévérac-Gare ⏰ 46.
62.04 🅽

TALBOT Dardevet, Sévérac-Gare ⏰ 71.60.61

SEVREAU-DE-MAGNÉ 79 Deux-Sèvres 🔢 ② — rattaché à Niort.

SÈVRES 92 Hauts-de-Seine 🔢 ⓾, 🔢 ㉔ — voir à Paris, Environs.

SÉVRIER 74 H.-Savoie 🔢 ⑥ G. Alpes — 2 465 h. alt. 456 — ✉ 74410 St-Jorioz — ✿ 50.
🅩 Office de Tourisme à la Mairie (fermé sam. après-midi et dim.) ⏰ 46.40.56.
Paris 542 — Albertville 40 — Annecy 5 — Megève 55.

🏨 **Eramotel** Ⓜ 🅖, ⏰ 46.43.83, ≤, 🛋, 🍴 — 🖵 ⇌wc ☎ 🅙 🅿 — 🏮 50. 🆎 ⓿ 𝑉𝐼𝑆𝐴.
🍴 rest
fermé nov. — SC : **R** carte 90 à 120 — ☷ 20 — **18 ch** 220.

🏠 **Beau-Séjour,** ⏰ 46.41.06, 🍴 — ⇌wc 🚿wc 🖙 🅿. 🍴
début avril-fin sept. — SC : **R** 65/140 — ☷ 17 — **34 ch** 120/215 — P 160/225.

au Nord sur N 508 – ✉ 74410 St-Jorioz :

🏨 **Beauregard,** à l'Etraz, rte d'Annecy ☎ 46.40.59, Télex 370679, ≤, 🍴 – 🕽 📺
🛏️wc 🛁wc ☎ 🅿️ – 🚂 35. 🆎 E 𝖵𝖨𝖲𝖠
fermé dim. du 1ᵉʳ oct. au 31 mars – SC : **R** 60/150 – 🍲 20 – **32 ch** 170/230.

🏨 **Les Tonnelles,** ☎ 46.41.58, 🍴 – 🛏️wc ☎ 🅿️ – 🚂 30. 🆎 E
fermé nov. – SC : **R** *(fermé dim. soir de déc. à Pâques)* 60/135 – 🍲 15 – **26 ch**
100/220.

🏡 **La Fauconnière,** ☎ 46.41.18, 🌳 – 🛏️ ☎ 🅿️. 🎿
➤ *fermé janv., dim. et lundi midi hors sais.* – SC : **R** 44/100 – 🍲 14 – **21 ch** 55/105 –
P 130/165.

CITROEN Alp'Autos, ☎ 46.41.44

SEWEN 68 H.-Rhin 🔢 ⑧ G. Vosges – 516 h. alt. 500 – ✉ 68290 Masevaux – ☎ 89.

Voir Lac d'Alfeld★ O : 4 km.

Paris 529 – Altkirch 39 – Belfort 32 – Colmar 65 – ✦Mulhouse 38 – Thann 30 – Le Thillot 28.

🏡 **Au Relais des Lacs,** ☎ 82.01.42, ≤, 🌳 – 🛏️wc 🛁wc 🚗 🅿️. 𝖵𝖨𝖲𝖠 🎿 rest
fermé 27 août au 12 sept., 5 janv. au 18 fév., mardi soir et merc. – SC : **R** 65/135 – 🍲
16 – **18 ch** 62/170 – P 150/184.

🏡 **Vosges,** E : 0,5 km ☎ 82.00.43, ≤, 🌳 – 🛏️wc 🛁 ☎ 🚗 🅿️. 🆎 ⓞ 𝖵𝖨𝖲𝖠. 🎿 rest
fermé 15 oct. au 18 nov., 15 au 31 janv. et jeudi hors sais. – SC : **R** *(fermé dim. soir
de déc. à Pâques et jeudi hors sais.)* 64 bc/130 🍷 – 🍲 15 – **22 ch** 59/145 – P
128/175.

SEYNE 04140 Alpes-de-H.-P. 🔢 ⑦ G. Côte d'Azur – 1 287 h. alt. 1 200 – Sports d'hiver :
1 360/1 800 m ⚠️9 – ☎ 92.

Voir Col du Fanget ❄★ SO : 5 km.

🎗️ Syndicat d'Initiative à la Mairie (vacances scolaires, fermé sam. et dim.) ☎ 35.11.00.

Paris 713 – Barcelonnette 45 – Briançon 104 – Digne 42 – Gap 45 – Guillestre 77.

🏡 **Au Vieux Tilleul** 🌸, SE : 1,5 km par D 7 et VO ☎ 35.00.04, ≤, cercle hippique,
patinoire, 🍴, 🎿, 🌳 – 🛏️wc 🛁wc ☎ 🅿️. 🎿 rest
Pâques-30 sept. et du 20 déc. à Pâques : week-end et vacances scolaires seul. –
SC : **R** 60/120 – 🍲 17 – **18 ch** 70/200 – P 180/230.

🏠 **La Chaumière,** ☎ 35.00.48 – 🎿 ch
➤ *fermé 15 au 30 nov., dim. soir et lundi hors sais.* – SC : **R** 39/65 – 🍲 13 – **11 ch**
65/180 – P 160/170.

au col St Jean au N : 12 km alt. 1 333 – Sports d'hiver 1 300/2 100 ⚠️8 – ✉ 04140 Seyne :

🏨 **Le St-Jean** Ⓜ 🌸, ☎ 35.03.28, ≤, 🍴 – 🛏️wc ☎ 🅿️. 🆎 E
➤ *fermé 12 nov. au 15 déc.* – SC : **R** 40/150 – 🍲 16,50 – **30 ch** 110/155 – P 175/200.

La SEYNE-SUR-MER 83500 Var 🔢 ⑮ G. Côte d'Azur – 58 146 h. – ☎ 94.

Voir ❄★ du musée naval de Balaguier E : 3 km.

🎗️ Office de Tourisme 6 r. Léon-Blum (fermé dim., sam. après-midi hors sais. et dim.) ☎ 94.73.09.

Paris 835 – Aix-en-Provence 77 – La Ciotat 33 – ✦Marseille 60 – ✦Toulon 7.

🏡 **Univers** sans rest, 11 quai S.-Fabre ☎ 94.85.70, ≤ – 🛁 ☎
SC : 🍲 13 – **8 ch** 100/110.

🏡 **Moderne** sans rest, 2 r. Léon-Blum ☎ 94.86.68 – 🛏️wc 🛁wc ☎
SC : 🍲 13 – **18 ch** 95/170.

PEUGEOT TALBOT S.O.T.R.A., av. Estienne-
d'Orves, q. Bregaillon ☎ 94.18.95
RENAULT Grisoni, D 26, camp Laurent, bre-
telle-autoroute ☎ 94.19.55

🅰️ Aude, 105 av. Gambetta ☎ 87.09.38
Vulcanisation Seynoise, 2 r. Mabily ☎ 94.83.48

SEYSSEL 74910 H.-Savoie 🔢 ⑤ G. Jura – 1 558 h. alt. 258 – ☎ 50.

Voir Val du Fier★ SE : 3 km, G. Alpes.

Paris 530 – Aix-les-B. 33 – Annecy 39 – Bellegarde 22 – Belley 30 – Bourg-en-Br. 98 – ✦Genève 49.

🏨 ☸ **Rhône** (Herbelot), ☎ 59.20.30, ≤ – 🛏️wc 🛁wc ☎ 🚗 🆎 ⓞ E 𝖵𝖨𝖲𝖠
fermé 15 nov. à fin janv., dim. soir et lundi midi sauf juil.-août – SC : **R** (nombre de
couverts limité - prévenir) 78/225 – 🍲 25 – **17 ch** 68/200 – P 195/240.
Spéc. Escargots "mamanière", Lavaret Robert's (15 fév.-15 nov.), Poularde de Bresse aux morilles.
Vins Peclette, Seyssel.

🏡 **Berlincourt,** rive gauche ☎ 59.22.09 – 🛏️wc 🛁 ☎. 🆎
➤ *Pâques-fin nov.* – SC : **R** *(fermé dim. d'oct. à juin)* 45/140 🍷 – 🍲 17 – **15 ch** 80/140
– P 150/180.

🏡 **Beau Rivage,** ☎ 59.20.08, ≤ – 🛏️wc 🛁wc ☎ – 🚂 35. E
➤ *fermé 19 sept. au 10 oct., 28 fév. au 14 mars, lundi soir et mardi* – SC : **R** 48/130 🍷 –
🍲 16,50 – **22 ch** 58/135 – P 125/165.

dans le Val de Fier **S : 3 km par D 991 et D 14 :**

XX ✿ **Rôt. du Fier** (Michaud), ☎ 59.21.64, ⇌ – Ⓟ. AE ⓓ E
fermé 15 au 30 sept., 15 au 30 janv., lundi soir et merc. – SC : **R** 50/225.

CITROEN Gar. Rossi, ☎ 59.21.85 N — PEUGEOT-TALBOT Vigouroux, ☎ 59.22.44

SEYSSUEL **38 Isère 73 ⑳, 74 ⑪ – rattaché à Vienne.**

SÉZANNE **51120 Marne 61 ⑤ G. Nord de la France – 6 177 h. alt. 137 – ✪ 26.**

ℹ Syndicat d'Initiative pl. République (1er juin-30 sept. et fermé dim. après-midi) ☎ 80.51.43.

Paris 118 ④ – Châlons-sur-Marne 57 ② – Meaux 75 ④ – Melun 90 ④ – Sens 79 ③ – Troyes 60 ③.

SÉZANNE

Doumer (R. Paul) . . . . Z 7
Halle (R. de la) . . . . . . Y 13
Jolly (R. Léon) . . . . . YZ 17
Notre-Dame (R.) . . . . . Z
République (Pl.) . . . . YZ 31

Acacias (Mail des) . . . Y 2
Bouvier-Sassot (R.) YZ 3
Châlons (R. de) . . . . . . Y 4
Cordeliers (Mail des) Y 5
Dr-Faurichon (R. du) . Z 6
Écoles (R. des) . . . . . . Z 8
Épernay (R. d') . . . . . . Y 9
Faucon (R. du Cap) YZ 10
Fontaine du Vé (Av. de la) . . . . Y 12
Haute (R.) . . . . Z 14
Hôtel-de-Ville (R.) . . . Y 15
Jaurès (Av. Jean) . . . . Z 16
Juiverie (R. de la) . . . YZ 18
Laplatte (R. Gaston) . . Y 19
Marseille (Mail de) . . . Z 20
Mont-Blanc (Mail du) . . . . Z 21
Orléans (Cours d') . . . Y 24
Paris (R. de) . . . . YZ 25
Pierre Fitte (R.) . . . . . . Y 26
Provence (Mail de) . . . Z 27
Récollets (R. des) . . . . Z 28
Religieuses (Mail des) . . . . YZ 29
Vauvert (R. du) . . . . . . Y 33
Victimes-de-la-Résistance (R. des) Z 35
Virgo-Maria (R.) . . . . . Y 36

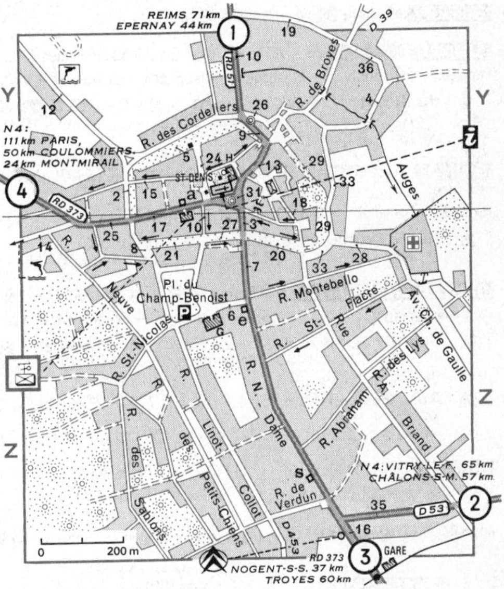

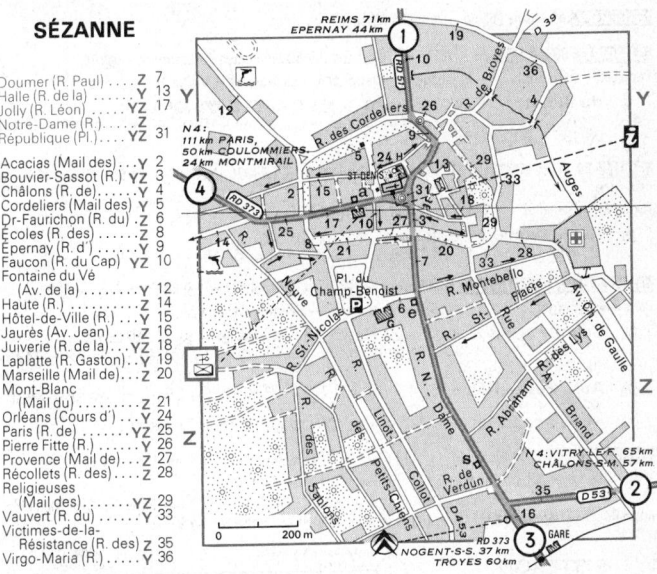

🏨 **France,** 25 r. Léon-Jolly ☎ 80.52.52 – ⊟wc ⋒wc ☏ ⇌. AE VISA — Y **a**
SC : **R** 65/107 – ☕ 16 – **24 ch** 72/139.

🏨 **Croix d'Or,** 53 r. N.-Dame ☎ 80.61.10 – ⊟wc ⋒wc ☏ Ⓟ. AE ⓓ E VISA — Z **e**
fermé 8 au 16 oct., 1er au 15 janv. et lundi sauf juil.-août – SC : **R** *(fermé lundi)* 46/90 ♨ – ☕ 14 – **13 ch** 73/119 – P 210/250.

🏨 **Relais Champenois et Lion d'Or, 157 r. Notre-Dame** ☎ **80.58.03** – Ⓟ. AE E VISA
fermé 8 au 15 juin, 8 au 15 sept., 15 déc. au 1er janv., vacances scolaires de fév., dim. soir et lundi – SC : **R** carte 90 à 130 – **8 ch**. — Z **s**

CITROEN Vissuzaine, av. J.-Jaurès ☎ 80.50.02
PEUGEOT-TALBOT Gar. Notre-Dame, Zone Ind., rte Troyes par ③ ☎ 80.71.01
RENAULT S.C.A.T., Zone Ind., rte de Troyes par ③ ☎ 80.57.31

SIDOBRE (Plateau du) ★★ **81 Tarn 83 ①② G. Causses.**

SIERCK-LES-BAINS **57480 Moselle 57 ④ G. Vosges – 1 665 h. alt. 202 – ✪ 8.**

Voir ≤★ du château fort.

Paris 357 – Luxembourg 32 – ♦Metz 45 – Thionville 18 – Trier 52.

XXX ✿ **La Vénerie** (Terver), ☎ 283.72.41, Parc, « Cadre élégant »
fermé 25 janv. au 1er mars et lundi – **R** 85/180
Spéc. Gratin de cuisses de grenouilles, gâteau de foies blonds au coulis d'écrevisses, Tournedos aux huîtres. **Vins** Contz.

à Montenach **SE : 3,5 km sur D 956 – ✉ 57480 Sierck-les-Bains :**

X **Aub. de la Klauss,** ☎ 283.72.38, ⇌ – Ⓟ. E
fermé 1er au 14 août, 1er au 21 janv. et lundi – SC : **R** 50/100 ♨.

SIEYES **04 Alpes-de-H.-P. 81 ⑰ – rattaché à Digne.**

SIGNES 83870 Var 🄫 ⑮ – 1 078 h. alt. 344 – ✪ 94.

Paris 816 – Aix-en-Provence 61 – Brignoles 32 – ✦Marseille 47 – ✦Toulon 38.

XX **L'Estaminet,** ℡ 90.88.93 – **E** 𝗩𝗜𝗦𝗔
fermé fév., dim. soir hors sais. et lundi sauf le soir en juil.-août – SC : **R** (prévenir) 85.

SIGNY-L'ABBAYE 08460 Ardennes 🄼 ⑰ G. Nord de la France – 1 494 h. alt. 206 – ✪ 24.

Paris 203 – Charleville-Mézières 34 – Hirson 40 – Laon 71 – Rethel 23 – Rocroi 31 – Sedan 46.

🏨 **Aub. de l'Abbaye,** ℡ 35.81.27 – 🚿wc
✦ *fermé janv., fév., merc. soir et jeudi* – SC : **R** 50/85 🍷 – ⊒ 16 – **10 ch** 80/140 – P 30/165.

RENAULT Turquin, ℡ 35.81.37

SILLERY 51 Marne 🄽 ⑰ – rattaché à Reims.

SINARD 38 Isère 🄼 ⑭ – 281 h. alt. 790 – ⊠ 38650 Monestier-de-Clermont – ✪ 76.

Paris 595 – ✦Grenoble 31 – Monestier-de-Clermont 5 – La Mure 38 – Vizille 27.

🏠 **du Violet** ⑤, ℡ 34.03.16, ≤, 🌭 – 🚿 🛏 🅿. 🖭 **E** 𝗩𝗜𝗦𝗔 🐾
fermé 2 janv. au 2 fév. et dim. soir de sept. à juin – **R** 58/110 🍷 – ⊒ 18 – **12 ch** 90/135 – P 155/175.

SION 54 M.-et-M. 🄲 ④ G. Vosges – alt. 497 – ⊠ 54330 Vézelise – ✪ 8 – **Voir** ✳✯ du calvaire.

Paris 329 – Épinal 52 – ✦Nancy 37 – Toul 37 – Vittel 43.

🏨 **Notre Dame,** ℡ 326.91.82, ≤, 🌭 – 🛏 🅿. 🐾
1er avril-15 nov. – SC : **R** 52/88 🍷 – ⊒ 15 – **16 ch** 75/115 – P 118/145.

SIORAC-EN-PÉRIGORD 24 Dordogne 🄻 ⑯ – 871 h. alt. 77 – ⊠ 24170 Belvès – ✪ 53.

Paris 544 – Bergerac 45 – Cahors 67 – Périgueux 57 – Sarlat-la-Canéda 29.

🏩 **Scholly** ⑤, ℡ 28.60.02 – 📺 🚿wc 🛏wc ☎ ☜ 🅿 – 🍴 80. 🖭 **E** 𝗩𝗜𝗦𝗔
1er mai-1er nov. – SC : **R** *(fermé mardi midi hors sais.)* 85/240 – ⊒ 25 – **32 ch** 100/240 – P 215/270.

🏩 **Aub. Petite Reine,** S : 1 km sur D 710 ℡ 28.60.42, ⤴, ✖ – 🚿wc 🛏wc ☎ 🅿. 🐾 ch
6 avril-24 oct. – SC : **R** 68/97 🍷 – 🍽 22 – **32 ch** 141/154 – P 190/220.

SISTERON 04200 Alpes-de-H.-P. 🄱 ⑤⑥ G. Côte d'Azur – 6 572 h. alt. 482 – ✪ 92.

Voir Site✯✯ – Citadelle✯ : ≤✳ – Église Notre-Dame✯ B.

🄴 Office de Tourisme av. Paul Arène (fermé lundi hors sais.) ℡ 61.12.03 – Paris 706 ① – Barcelonnette 97 ① – Carpentras 111 ② – Digne 39 ② – Gap 48 ① – ✦Grenoble 141 ①.

SISTERON

Droite (R.)
Provence (R. de) 25
Saunerie (R.)

Arcades (R. des) 2
Arène (Av. Paul) 3
Bourg-Reynaud (Pl.) 5
Combes (R. des) 6
Cordeliers (R. des) 8
Coste (R. de la) 9
Dr-Robert (Pl. du) 10
Gaulle (Pl. Gén. de) 13
Glissoir (R. du) 14
Horloge (Pl. de l') 15
Libération (Av. de la) 16
Longue-Androne (R.) 18
Marres (Chemin des) 19
Melchior-Donnet (Cours) 20
Mercerie (R.) 22
Moulin (Av. Jean) 23
Porte-Sauve (R.) 24
République (Pl. de la) 26
Ste-Ursule (R.) 27
Tivoli (Pl. du) 29
Verdun (Allée de) 30

*Pour un bon usage
des plans de villes,
voir les signes
conventionnels p. 21.*

1094

Gd H. du Cours sans rest., pl. Église (r) ☏ 61.04.51 – 🛎 ☎ ⇌ **P**. 🆎 ⓘ **E** VISA
15 mars-15 nov. – SC : ⌧ 18,50 – **50 ch** 120/220.

Tivoli, pl. Tivoli (u) ☏ 61.15.16 – ⇌wc 🕯wc ☞ ⇌. 🆎 ⓘ VISA
1er mars-15 déc. – SC : **R** (fermé sam. soir et dim.) 55/150 – ⌧ 14 – **19 ch** 72/145 –
P 150/180.

ALFA-ROMEO, TOYOTA Alpes-Autom., av.
de la Libération ☏ 61.01.64 🗈
FIAT, LANCIA-AUTOBIANCHI, PEUGEOT Gar.
Moderne, rte Marseille par ② ☏ 61.03.17 🗈 ☏
61.03.29

RENAULT Provence Dauphiné, rte de Mar-
seille par ② ☏ 61.12.28

⊕ Ayme-Pneus, av. de la Libération ☏ 61.08.15

SIVRY-COURTRY 77115 S.-et-M. 🖽 ②, 🖽 ㊻ – 690 h. alt. 85 – ✪ 6.
Paris 63 – Coulommiers 52 – Fontainebleau 16 – Melun 7,5 – Provins 43.

XX **La Vieille Auberge**, N 105 ☏ 452.09.93 – **P**. VISA
fermé 16 au 28 août et lundi soir – SC : **R** 55/120 🍴.

SIX-FOURS-LES-PLAGES 83140 Var 🖽 ⑭ G. Côte d'Azur – 25 577 h. – ✪ 94.
Voir Fort de Six-Fours ✳* N : 2 km.
Env. Chapelle N.-D.-du-Mai ✳** S : 6 km.
🖪 Syndicat d'Initiative pl. de Bonnegrâce (fermé sam. hors sais. et dim.) ☏ 07.02.21.
Paris 833 – Aix-en-Provence 75 – La Ciotat 31 – ◆Marseille 58 – ◆Toulon 11.

L'Isly H. hors saison sans rest., 101 bis r. République ☏ 25.43.68, ⚞ – 🕯wc ☞
P. ✻
SC : **R** (en saison 1/2 pens. seul.) – ⌧ 16 – **20 ch** 100/150 – 1/2 p 130/150.

XX **Aub. St-Vincent**, au pont du Brusc ☏ 25.70.50 – **P**. 🆎 ⓘ **E** VISA
fermé dim. soir et lundi hors sais. – SC : **R** 69/130.

à la Plage de Bonnegrâce N : 1 km – ⊠ 83140 Six-Fours :

Ile Rose, ☏ 07.10.56, ← – ⇌wc 🕯wc ☞ **P**. **E** VISA
SC : **R** 55/120 – ⌧ 15 – **23 ch** 120/200 – P 220/240.

Rayon de Soleil, ☏ 25.71.07, ←, ⚞ – 🕯 **P**
fermé déc. – SC : **R** (fermé vend.) 50/100 – ☙ 15 – **14 ch** 70/120 – P 130/154.

⊕ Eligert-Pneus, 1745 av. de la Mer ☏ 07.41.07   Mendez Pneus, 454 av. Mar.-Juin ☏ 25.20.80

SIZUN 29237 Finistère 🖽 ⑤ G. Bretagne – 1 811 h. alt. 113 – ✪ 98.
Voir Enclos paroissial* – Bannières* dans l'église de Locmélar N : 5 km.
Paris 557 – Carhaix-Plouguer 52 – Châteaulin 34 – Landerneau 17 – Morlaix 32 – Quimper 57.

Voyageurs, ☏ 68.80.35 – 🕯 **P**
fermé 8 sept. au 1er oct. – SC : **R** (fermé sam. soir hors sais.) 45/100 🍴 – ⌧ 16 –
16 ch 60/115 – P 120/143.

RENAULT Dolou, ☏ 68.80.38 🗈

SOCHAUX 25600 Doubs 🖽 ⑧ – 5 254 h. alt. 318 – ✪ 81.
Paris 482 – Audincourt 4 – Belfort 18 – ◆Besançon 81 – Montbéliard 5.

Voir plan de Montbéliard agglomération

Motel de Sochaux sans rest, 3 r. Gd Charmont ☏ 94.16.04 – ⇌wc 🕯wc **P**
fermé août – SC : ☙ 12,50 – **12 ch** 87.   BY s

CONSTRUCTEUR : S.A. des Automobiles Peugeot, BY ☏ 91.83.42

SOISSONS ⬥ 02200 Aisne 🖽 ④ G. Nord de la France – 32 236 h. alt. 55 – ✪ 23.
Voir Anc. Abbaye de St-Jean-des-Vignes** BZ ← Intérieur** de la Cathédrale St-
Gervais et St-Protais* BY – Musée de l'anc. abbaye de St-Léger* BY M.
🖪 Office de Tourisme av. Gén.-Leclerc (fermé matin et dim.) ☏ 53.08.27.
Paris 100 ⑥ – ◆Amiens 114 ⑦ – Arras 144 ⑦ – Compiègne 38 ⑦ – Laon 37 ② – ◆Lille 185 ⑦ –
Meaux 65 ⑥ – ◆Reims 56 ③ – St-Quentin 60 ① – Senlis 61 ⑥ – Troyes 151 ⑤.

Plan page suivante

Motel des Lions 🅼, rte Reims par ③ : 3 km ☏ 59.30.60, 🏛, ⚞ – 📺 ⇌wc ☞
P – 🛎 50. 🆎 ⓘ VISA
SC : **R** 85/100 – ⌧ 25 – **28 ch** 180/260.

Gare sans rest, pl. Gare ☏ 53.31.61 – ⇌ ☞. ✻   CZ a
fermé août et lundi – SC : ☙ 13 – **12 ch** 65/98.

XX **Grenadin**, 19 rte de Fère-en-Tardenois ☏ 53.08.12 – VISA   CZ u
fermé août, dim. soir et lundi – SC : **R** 41/115 🍴.

tourner →

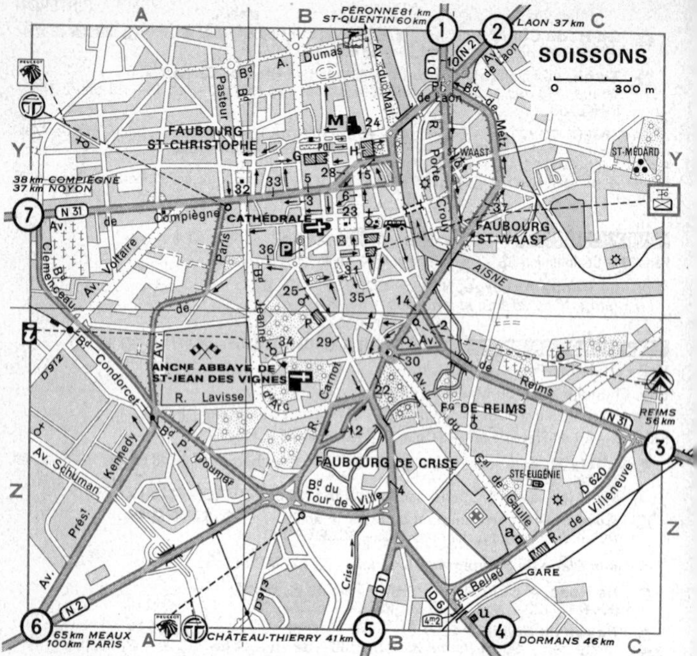

Collège (R. du) . . . . BY 5
Commerce (R. du) . . . . . . BY 6
St-Christophe (R.) . . . . . . BY 33
St-Martin (R.) . . . . BY 35

Arquebuse (R. de l') . . . . . BZ 2
Buerie (R. de la) . . . . BY 3
Château-Thierry (Av. de) . BZ 4
Coucy (Av. de) . . . . BCY 10
Desmoulins (Bd C.) . . . . . BZ 12
Gambetta (Bd L.) . . . . BY 14
Intendance (R. de l') . . . . . BY 15
Leclerc (Av. Division) . . . . BZ 22
Marquigny (Pl. Fernand) . BY 23
Paix (R. de la) . . . . BY 24
Panleu (R. de) . . . . BY 25
Quinquet (R.) . . . . BY 28
Racine (R.) . . . . BZ 29
République (Pl. de la) . . . . BZ 30
St-Antoine (R.) . . . . BY 31
St-Christophe (Pl.) . . . . . ABY 32
St-Jean (R.) . . . . BZ 34
St-Rémy (R.) . . . . BY 36
Strasbourg (Bd de) . . . . . CY 37

CITROEN Soissons-Auto, 8 bd Gambetta ☎ 59.13.24 🅽
FIAT S.E.V.A., 12 r. Belleu ☎ 53.31.63
PEUGEOT-TALBOT Gd Gar. Jeanne-d'Arc, 13 bd du Tour de Ville ☎ 53.04.14
PEUGEOT-**TALBOT** Idoine, 3 av. Compiègne ☎ 53.04.41

RENAULT Larminaux, rte Reims par ③ ☎ 73.34.34
TOYOTA Gar. Central, 7 r. St-Jean ☎ 53.27.57

Fischbach-Pneu, 60 av. de Compiègne ☎ 53.25.76

Pour des repas simples à prix modiques choisissez les établissements marqués d'un losange	◆ ◆

SOLDEU Principauté d'Andorre 86 ⑮, 43 ⑦ – voir à Andorre.

SOLÉRIEUX **26** Drôme 81 ② – 132 h. alt. 105 – ✉ **26130** St-Paul-Trois-Châteaux – ☎ 75.
Env. Clansayes ≤** N : 9 km, **G. Vallée du Rhône.**
Paris 640 – Bollène 15 – Montélimar 33 – Nyons 29 – Orange 28 – Pont-St-Esprit 25 – Valence 77.

Ferme St-Michel, rte de la Baume D 341 ☎ 98.10.66, ≤, wc wc ☎ ⓟ.
SC : **R** *(fermé dim. soir et lundi)* 63/110 – 19 – **10 ch** 160/210.

SOLESMES **72** Sarthe 64 ①② – rattaché à Sablé-sur-Sarthe.

SOLLIÈS-TOUCAS **83** Var 84 ⑮ – 2 098 h. alt. 106 – ✉ **83210** Solliès-Pont – ☎ 94.
Paris 835 – Aix-en-Provence 77 – Brignoles 33 – ◆ Marseille 68 – ◆ Toulon 17.

XXX ✿ **Le Lingousto,** ☎ 28.90.26, – ⓟ. AE ⓓ
fermé de mi-oct. à mi-nov., vacances de fév., dim. soir et lundi – SC : **R** 155/230
Spéc. Salade tiède "Lingousto", Fleurs de courgettes farcies (juin-sept.), Filet de St Pierre à l'estragon.

59740 Nord **53** ⑥ G. Nord de la France – 2 153 h. alt. 200 – ✪ 27.

🛈 Syndicat d'Initiative à la Mairie (fermé sam. et dim.) ℸ 61.61.14.

Paris 219 – Avesnes-sur-Helpe 14 – Charleroi 38 – Hirson 31 – ◆Lille 113 – Maubeuge 18 – Trélon 14.

XX **La Potinière,** ℸ 61.64.55 – ஊ **VISA**
→ fermé 23 au 30 déc., 1ᵉʳ au 15 mars, dim. soir et lundi sauf fêtes – SC : **R** (prévenir)
200 bc/ 45.

SOLUTRÉ 71 S.-et-L. **70** ⑪ G. Bourgogne – 360 h. alt. 325 – ⊠ 71960 Pierreclos – ✪ 85.

Paris 406 – Cluny 22 – ◆ Lyon 77 – Mâcon 9,5.

🏠 **Relais de Solutré** ⮲, ℸ 37.82.67 – ⇔wc 🛉wc ☎ **P** – 🏊 30. ① **VISA**
fermé janv. – SC : **R** 65/95 – ⊊ 17,50 – **30 ch** 120/200 – P 190/230.

SOMBERNON 21540 Côte-d'Or **66** ⑪ – 713 h. alt. 535 – ✪ 80.

Paris 286 – Avallon 77 – Beaune 58 – ◆Dijon 29 – Montbard 52.

🏠 **Le Sombernon,** ℸ 33.41.23, ≤ – ⇔wc ☎ 🚗
→ fermé 15 janv. au 15 fév. et merc. – SC : **R** 46/120 – ⊊ 15 – **10 ch** 60/150 – P 150.

CITROEN Lefaure, ℸ 33.40.16   RENAULT Guyot, ℸ 33.40.21 **N**

SOMMIÈRES 30250 Gard **83** ⑧ G. Causses (plan) – 3 026 h. alt. 34 – ✪ 66.

Paris 740 – Aigues-Mortes 28 – Alès 42 – Lunel 13 – ◆Montpellier 28 – Nîmes 28 – Le Vigan 63.

🏠 **Aub. Pont Romain** ⮲, ℸ 80.00.58, 🌳, 🏓 – ⇔wc 🛉wc ☎ **P** – 🏊 80. ①
VISA
fermé 15 janv. au 15 mars – SC : **R** (fermé merc.) 120/165 – ⊊ 18 – **14 ch** 120/220 –
P 220/300.

XXX **Enclos Montgranier,** S : 3 km rte Junas ℸ 80.92.00 – **P**. ஊ
fermé dim. soir d'oct. au 10 juin – SC : **R** 165/275.

SOPHIA-ANTIPOLIS 06 Alpes-Mar. **84** ⑨ – rattaché à Antibes.

SORGES 24 Dordogne **75** ⑥ G. Périgord – 911 h. alt. 178 – ⊠ 24420 Savignac-les-Églises –
✪ 53 – 🛈 Syndicat d'Initiative Maison de la Truffe (fermé matin et mardi) ℸ 05.90.11.

Paris 470 – Brantôme 25 – ◆Limoges 77 – Nontron 45 – Périgueux 24 – Thiviers 13 – Uzerche 74.

🏠 **Mairie,** pl. Mairie ℸ 05.02.11, ≤ – ⇔wc 🛉wc ☎ **P**. **E** **VISA**
→ SC : **R** (fermé vend.) 45/170 🍷 – ⊊ 16 – **12 ch** 70/145 – P 135/155.

🏠 **Aub. de la Truffe,** ℸ 05.02.05, 🏓 – ⇔wc 🛉wc ☎ **P**. **VISA**
→ fermé janv. – SC : **R** (fermé lundi) 45/140 🍷 – ⊊ 16 – **15 ch** 70/145 – P 135/155.

SORGUES 84700 Vaucluse **81** ⑫ – 14 126 h. alt. 30 – ✪ 90.

Paris 684 – Avignon 11 – Carpentras 16 – Cavaillon 28 – Orange 18.

🏠 **Davico,** ℸ 39.11.02 – 📶 ⇔wc 🛉wc ☎. **VISA**. 🐾 ch
fermé 15 déc. au 15 janv. et dim. – SC : **R** 46/140 🍷 – ⊊ 18 – **30 ch** 124/200 – P
286/315.

à Entraigues E : 4,5 km par D 38 – ⊠ 84320 Entraigues :

🏠 **Le Béal** Ⓜ, ℸ 83.17.22, 🌳 – ⇔wc 🛉wc ☎ **P**. **E**
→ SC : **R** (fermé sam. midi) 48/120 🍷 – ⊊ 13 – **21 ch** 110/145 – P 210/260.

CITROEN Gar. Rolland, N7, rte d'Orange ℸ   RENAULT Gar. Sorgauto, Zone Ind., Quart.
39.30.04   Barette ℸ 39.47.02 **N**
PORSCHE Gar. Sonauto, Zone Ind., lotisse-
ment 32 ℸ 39.90.40   ⑧ Piot-Pneu, 80 av. d'Avignon ℸ 39.62.60

SOSPEL 06380 Alpes-Mar. **84** ⑳, **195** ⑱ G. Côte d'Azur – 2 278 h. alt. 349 – ✪ 93.

Voir Retable de l'Immaculée Conception * dans l'église St-Michel – Route** du col de
Braus SO – Route* du col de Brouis N – Vallée de la Bévera* et gorges de Piaon**
NO : 4 km – Paris 980 – Menton 22 – ◆Nice 43.

🏠 **Étrangers,** bd Verdun ℸ 04.00.09 – 📶 ▤ rest ⇔wc 🛉wc ☎ – 🏊 30. **E**
fermé 2 déc. au 22 janv. – SC : **R** 54/100 – ⊊ 20 – **35 ch** 95/200 – P 172/235.

🏡 **Gare,** espl. Gianotti ℸ 04.00.14 – **P**. 🐾 ch
SC : **R** 55/80 – ⊊ 12 – **10 ch** 73/96 – P 130/160.

XX **Aub. Provençale** ⮲ avec ch, rte Menton à 1,5 km ℸ 04.00.31, ≤ – ⇔wc 🛉wc
→ ☎ **P**. ஊ **E** **VISA**
SC : **R** (fermé jeudi midi) 48/120 – ⊊ 18 – **10 ch** 70/230 – P 185/280.

au Col de Brouis N : 10 km par D 2204 – alt. 880 – ⊠ 06540 Breil-sur-Roya.

Voir ≤ *.

X **Aub. du Col de Brouis** avec ch, ℸ 04.41.75, ≤ – 🛉 🚗 **P**. 🐾
hôtel : ouvert 1ᵉʳ juin-30 oct., rest. : fermé nov. et lundi – SC : **R** 55/90 – 🍽 17 –
9 ch 100/150.

PEUGEOT-TALBOT Rey, ℸ 04.01.24 **N**

SOUBISE 17 Char.-Mar. 71 ⑬⑭ – rattaché à Rochefort.

SOUCY 89 Yonne 61 ⑭ – rattaché à Sens.

SOUESMES 41 L.-et-Ch. 64 ⑳ – 1 122 h. alt. 127 – ✉ 41300 Salbris – 54.
Paris 198 – Aubigny-sur-Nère 21 – Blois 78 – Bourges 49 – Cosne-sur-Loire 62 – Gien 51 – Salbris 11.

XX **Aub. Croix Verte** avec ch, ☎ 98.83.70 – 🚿 P
fermé dim. soir et lundi – SC : **R** 45/70 – ☕ 12 – **20 ch** 45/85.

SOUILLAC 46200 Lot 75 ⑱ **G. Périgord (plan)** – 4 062 h. alt. 104 – 65.
Voir Anc. église abbatiale : bas-relief "Isaïe"★★, revers du portail★.
Office de Tourisme 9 bd Malvy (fermé matin hors sais. et dim. sauf matin en saison) ☎ 37.81.56.
Paris 529 – Brive-la-Gaillarde 37 – Cahors 66 – Figeac 74 – Gourdon 29 – Sarlat-la-Canéda 29.

Les Granges Vieilles, rte Sarlat O : 1,5 km ☎ 37.80.92, ←, parc – wc 🚿wc ☎ P – 50.
fermé nov. – SC : **R** 65/160 – ☕ 18 – **11 ch** 153/290 – P 235/310.

Puy d'Alon sans rest, av. J.-Jaurès ☎ 37.89.79, – wc 🚿wc ☎ P. AE VISA
15 avril-15 oct. – SC : ☕ 16 – **11 ch** 143/167.

Ambassadeurs, 12 av. Gén.-de-Gaulle ☎ 32.78.36 – wc 🚿wc ☎
fermé 28 sept. au 28 oct., 1er au 7 janv., vacances de fév., vend. soir et sam. d'oct. à juin – SC : **R** 42/175 – ☕ 16 – **28 ch** 103/180 – P 170/220.

Le Quercy sans rest, 1 r. Récège ☎ 37.83.56, – wc 🚿wc ☎. VISA
15 mars-31 déc. – SC : ☕ 16 – **25 ch** 130/145.

Gd Hôtel, 1 allée Verninac ☎ 32.78.30 – wc 🚿wc ☎ – 30. AE VISA
1er mai-30 sept. et fermé merc. hors sais. – SC : **R** 50/160 – ☕ 14 – **20 ch** 140/175 – P 183/200.

Renaissance, 2 av. Jaurès ☎ 32.78.04, – wc 🚿wc ☎ P. AE E VISA
1er avril-3 nov. – SC : **R** 55/78 – ☕ 17 – **24 ch** 128/184 – P 188/206.

Périgord, 31 av. Gén.-de-Gaulle ☎ 32.78.28, – wc 🚿 ☎ P – 30. E VISA
1er mai-15 oct. – SC : **R** 55/78 – ☕ 18 – **42 ch** 110/215 – P 185/224.

XX **Vieille Auberge** avec ch, pl. Minoterie ☎ 32.79.43, – cuisinette rest wc 🚿wc ☎ – 60. E VISA
fermé fév., lundi soir et mardi du 1er nov. à Pâques – SC : **R** 75/160 – ☕ 16,50 – **20 ch** 100/180.

XX **Aub. du Puits** avec ch, 5 pl. Puits ☎ 37.80.32 – wc 🚿. ch
fermé 1er nov. au 1er janv., dim. soir et lundi hors sais. – SC : **R** 42/140 – ☕ 14 – **16 ch** 65/130 – P 135/170.

Voir aussi ressources hôtelières de *Lacave* S : 11 km, *Cressensac* N : 17 km

PEUGEOT, TALBOT Gar. Cadier, ☎ 37.82.72
RENAULT Sanfourche, ☎ 32.73.03 N ☎ 32.63.87
Pneus-Service, ☎ 37.81.88

SOULAC-SUR-MER 33780 Gironde 71 ⑯ **G. Côte de l'Atlantique** – 2 590 h. – Casino de la Plage – 56.
Office de Tourisme pl. Marché (fermé oct., dim. et lundi hors sais.) ☎ 09.86.61.
Paris (bac) 517 – Arcachon 134 – ♦Bordeaux 94 – Lesparre-Médoc 30 – Royan (bac) 9,5.

à l'Amélie-sur-Mer SO : 4,5 km par VO – ✉ 33780 Soulac-sur-Mer :

Pins, ☎ 09.80.01 – wc 🚿 ☎ P. AE ⓞ E VISA.
fermé 15/11 au 31/1 ; hôtel : vend. du 1/10 au 31/3 ; rest. : dim. soir et vend. du 1/10 au 15/5 – SC : **R** 65/100 – ☕ 18 – **35 ch** 95/210 – P 195/250.

RENAULT Gar. de la Gare, ☎ 09.85.55

SOULAGES-BONNEVAL 12 Aveyron 76 ⑬ – rattaché à Laguiole.

Le SOULIÉ 34 Hérault 83 ③ – 107 h. – ✉ 34330 La Salvetat-sur-Agout – 67.
Paris 739 – Béziers 65 – Castres 50.

X **Moulin de Vergouniac,** SO : 1,5 km sur D 150 ☎ 97.05.62 – P
fermé 15 janv. au 3 mars et mardi – SC : **R** (dim. prévenir) 62/260.

SOULLANS 85 Vendée 67 ⑫ – 2 629 h. alt. 9 – ✉ 85300 Challans – 51.
Paris 438 – Challans 6 – La-Roche-sur-Yon 45 – Les Sables-d'Olonne 38 – St-Jean-de-Monts 18.

X **Relais du Marais,** ☎ 68.04.18 – E VISA
fermé 1er au 15 oct. et lundi – SC : **R** 40/95.

SOULTZ 68 H.-Rhin 66 ⑨ – rattaché à Guebwiller.

SOULTZEREN 68 H.-Rhin 62 ⑱ – 969 h. alt. 450 – ✉ 68140 Munster – 89.

Syndicat d'Initiative 80 r. Principale (fermé dim.) ☎ 77.37.33.

Paris 459 – Colmar 23 – Gérardmer 29 – Guebwiller 43 – St-Dié 53 – Thann 60 – Le Thillot 49.

Pont, rte Schlucht 1,5 km ☎ **77.35.23** – P. VISA
fermé nov. et lundi sauf vacances scolaires – SC : **R** 34/80 – 16 – **14 ch** 66/80 – P 120/130.

SOUMOULOU 64420 Pyr.-Atl. 85 ⑦ – 837 h. alt. 296 – 59.

Paris 802 – Lourdes 24 – Nay 16 – Pau 17 – Pontacq 11 – Tarbes 23.

Béarn, ☎ 04.60.09, – wc fl wc P – 40. AE E. rest
fermé 15 nov. au 15 déc. et lundi d'oct. à juin – SC : **R** 45/110 – 14 – **15 ch** 70/180 – P 161/204.

SOUQUET 40 Landes 78 ⑤ – ✉ 40260 Castets – 58.

Paris 702 – •Bordeaux 113 – Castets 12 – Mimizan 38 – Mont-de-M. 53 – St-Julien-en-Born 19 – Tartas 26.

Paris-Madrid M, ☎ 89.60.46, , , – wc fl wc P. E VISA.
1er mars-1er nov. et fermé lundi hors sais. – SC : **R** 55/110 – 21 – **15 ch** 120/160.

RENAULT Gar. Fauret, ☎ 89.61.15

SOURDEVAL 50150 Manche 59 ⑨ – 3 582 h. alt. 220 – 33.

Voir Vallée de la Sée★ O, G. Normandie.

Paris 270 – Avranches 38 – Domfront 36 – Flers 32 – Mayenne 63 – St-Hilaire-du-H. 26 – Vire 13.

Le Temps de Vivre, ☎ 59.60.41 – P. VISA
fermé 22 sept. au 2 oct. et lundi – SC : **R** 40/80 – 12 – **8 ch** 55/70 – P 105/120.

PEUGEOT-TALBOT Gar. Postel, ☎ 59.60.35

SOUSCEYRAC 46190 Lot 75 ⑳ – 1 058 h. alt. 559 – 65.

Paris 562 – Aurillac 48 – Cahors 92 – Figeac 40 – Mauriac 73 – St-Céré 16.

✿ **Au Déjeuner de Sousceyrac** (Espinadel), ☎ **33.00.56** – fl wc. AE VISA. rest
1er avril-15 nov. et fermé sam. sauf juil. et août – SC : **R** 50/140 – 15 – **15 ch** 80/110 – P 140/160
Spéc. Escalope de foie de canard aux pommes, Escalope de saumon, Oeufs brouillés aux truffes. **Vins** Cahors, Coteaux du Quercy.

SOUSSANS 33 Gironde 71 ⑧ – rattaché à Margaux.

SOUSTONS 40140 Landes 78 ⑯ – 5 113 h. alt. 5 – 58.

Voir Étang de Soustons★ O : 1 km, G. Côte de l'Atlantique.

Syndicat d'Initiative "La Grange" (fermé matin hors sais. et dim.) ☎ 48.02.62.

Paris 738 – Castets 23 – Dax 28 – Mont-de-Marsan 76 – St-Vincent-de-Tyrosse 13.

La Bergerie, av. Lac ☎ **48.01.43, parc** – wc P. VISA.
1er mai-1er oct. – SC : **12 ch.** (1/2 pens. seul) – 1/2 p 180.

Château Bergeron, r. du Vicomte ☎ **41.58.14,** – ch wc P. VISA.
1er juin-15 oct. – SC : **R** (résidents seul.) – 18 – **15 ch** 170/180.

Host. du Marensin, pl. Sterling ☎ **48.05.16** – fl.
fermé 1er au 15 nov., 1er au 15 fév. et sam. hors sais. – SC : **R** 38/120 – 13 – **14 ch** 90/120 – P 149/168.

XX ✿ **Pavillon Landais** (Ducassé) avec ch, **av. Lac ☎ 48.04.49, , « Belle vue sur lac, parc »,** – TV wc fl wc P. AE VISA
fermé 22 déc. au 18 fév., dim. soir et lundi midi en oct., dim. soir et lundi de nov. au 15 mai sauf vacances – SC : **R** 102 – 19 – **8 ch** 170/186
Spéc. Escalope de foie frais au vinaigre de framboises, Filets de sole, Matelote d'anguilles au vin rouge. **Vins** Madiran, Jurançon.

CITROEN Lartigau, 12 av. Mal-Leclerc ☎ 48.04.80
PEUGEOT, TALBOT Desbieys, 7 r. d'Aste ☎ 48.00.57
PEUGEOT, TALBOT Gar. Bouyrie, 6 av. Gen.-de-Gaulle ☎ 41.51.75
RENAULT Dufour, 40 av. Mal-Leclerc ☎ 48.00.22 N

La SOUTERRAINE 23300 Creuse 72 ⑧ **G. Périgord** – 5 850 h. alt. 366 – 55.

Voir Église★ B.

Office de Tourisme 8 av. Gén.-Leclerc (15 juin-15 sept. et fermé dim.) ☎ 63.00.12.

Paris 343 ⑤ – Bellac 40 ③ – Châteauroux 72 ⑤ – Guéret 34 ① – •Limoges 56 ③.

LA SOUTERRAINE

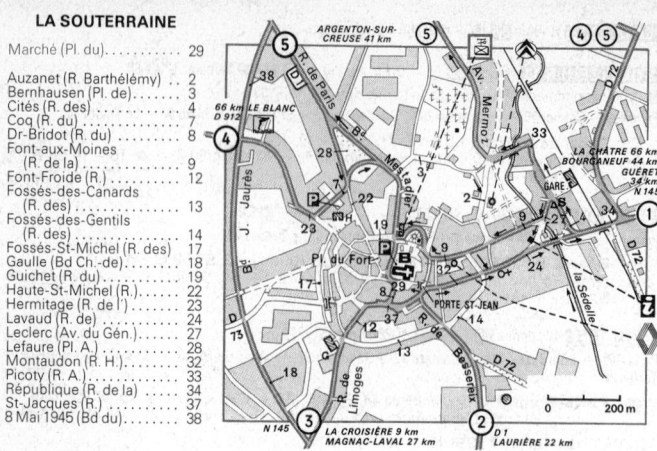

🏨 **La Véranda,** pl. Gare **(s)** ☏ 63.00.32 – 🛗 ⇔ **P.** 🅰🅴 **E** 𝘝𝘐𝘚𝘈 ⚓ rest
⬥ fermé 15 déc. au 1er janv. – SC : **R** (fermé dim. d'oct. à avril) 38 🍴 – ⬛ 11 – **13 ch** 44/91 – P 134/156.

à St-Etienne-de-Fursac par ② : 11 km – ⬛ **23290** St-Etienne-de-Fursac :

🏨 **Moderne-Nougier,** ☏ 63.60.56, ⌂ – 🛗wc ☎ ⇔ – 🏊 35 à 90. ⑩ **E** 𝘝𝘐𝘚𝘈
⬥ fermé fév., dim. soir et lundi hors sais. – SC : **R** 50/170 – ⬡ 17 – **14 ch** 60/195 – P 147/187.

CITROEN Chambraud, ☏ 63.08.89
PEUGEOT-TALBOT Gar. du Massif Central, à
St-Maurice la Souterraine par ③ ☏ 63.11.34 🅽

RENAULT Husson, ☏ 63.03.47

⚙ Rousseau, ☏ 63.00.25

SOUVIGNY 03210 Allier 🔢 ⑭ G. Auvergne – 1 929 h. alt. 242 – ✪ 70.
Voir Prieuré St-Pierre★★ – Paris 306 – Bourbon-l'Archambault 15 – Montluçon 55 – Moulins 12.

✗ **Aub. des Tilleuls,** ☏ 43.60.70 – 🅰🅴
fermé 3 au 19 oct., 1er au 15 fév., lundi soir et mardi – SC : **R** 70/130.

SOUVIGNY-EN-SOLOGNE 41 L.-et-Ch. 🔢🔢 ⑩ – 430 h. alt. 143 – ⬛ **41600** Lamotte-Beuvron
– ✪ 54 – Paris 175 – Gien 42 – Lamotte-Beuvron 14 – Montargis 63 – ◆Orléans 44.

✗✗ **Aub. Croix Blanche** avec ch, ☏ 88.40.08 – **P.** ⚓ ch
fermé 15 janv. au 28 fév., mardi soir et merc. – SC : **R** 62/132 – ⬡ 15,50 – **9 ch** 86 – P 173/188.

✗ **Perdrix Rouge,** ☏ 88.41.05
fermé 1er au 25 mars, 17 au 25 janv., lundi soir et mardi – SC : **R** 65/165.

RENAULT Gar. Paret, ☏ 88.43.18

SOYAUX 16 Charente 🔢 ⑭ – rattaché à Angoulême.

SOYONS 07 Ardèche 🔢 ⑪⑫ – rattaché à St-Péray.

SPEZET 29135 Finistère 🔢 ⑱ – 2 076 h. alt. 111 – ✪ 98.
Voir Chapelle N.-D.-du-Crann★ : vitraux★★ S : 1 km, G. Bretagne.
🛈 Syndicat d'Initiative à la Mairie (fermé sam. après-midi et dim.) ☏ 93.80.03.
Paris 523 – Carhaix-Plouguer 18 – Châteaulin 32 – Concarneau 51 – Pontivy 67 – Quimper 44.

✗ **L'Argoat** avec ch, rte Châteauneuf ☏ 93.80.23, ⌂ – **P.** – **10 ch.**

STAINS 93 Seine-St-Denis 🔢 ⑪, 🔢 ⑯ – voir à Paris, Environs.

STAINVILLE 55 Meuse 🔢 ① – 416 h. alt. 209 – ⬛ **55500** Ligny-en-Barrois – ✪ 29.
Paris 232 – Bar-le-Duc 19 – Commercy 36 – Joinville 35 – Neufchâteau 70 – St-Dizier 20 – Toul 59.

✗✗ ❀ **La Petite Auberge,** ☏ 78.60.10 – ⑩ 𝘝𝘐𝘚𝘈
fermé 21 juil. au 13 août, vend. soir, dim. soir et sam. – SC : **R** (nombre de couverts limité - prévenir) 79/160
Spéc. Truite aux herbes en papillote (avril à oct.), St-Jacques à la nage (15 oct. au 15 mai), Filet de boeuf aux morilles.

STEINBRUNN-LE-BAS 68 H.-Rhin 🔢 ⑩ – rattaché à Mulhouse.

STELLA-PLAGE 62 P.-de-C. 🔢 ⑪ – rattaché au Touquet.

STRASBOURG P 67000 B.-Rhin 62 ⑩ G. Vosges – 252 264 h. communauté urbaine 409 161 h. alt. 139 – ۞ 88.

Voir Cathédrale*** : horloge astronomique*, ≤** CX – Cité ancienne*** BCX : la Petite France** BX, Rue du Bain-aux-Plantes** BX 7, Place de la Cathédrale* CX 17, Maison Kammerzell* CX e, Château des Rohan* CX, Cour du Corbeau* CX 19, Ponts couverts* BX B, Place Kléber* CV, Hôtel de Ville* CV H, rue Mercière : ≤* CX 53 – Barrage Vauban ※** BX D – Mausolée* dans l'église St-Thomas CX E – Orangerie* DEU – Promenades sur l'Ill et les canaux* CX – Visite du port* en vedette CY – Musées : Oeuvre N.-Dame** CX M1, collections de céramiques** du château des Rohan CX, Alsacien* CX M2, Historique* CX M3.

᠍ᕼ à Illkirch-Graffenstaden P 66.17.22 FS – ⤳ de Strasbourg-Entzheim : Air France P 32.99.74 par D 392 : 12 km FR – ☑ P 32.07.51 – 目 Office de Tourisme (fermé sam. après-midi et dim.) et Accueil de France (Informations et réservations d'hôtels, pas plus de 5 jours à l'avance), Palais des Congrès av. Schutzenberger P 35.03.00, Télex 890666 ; pl. Gare (fermé sam. après-midi et dim. hors saison) P 32.51.49 et 10 pl. Gutemberg (fermé sam. après-midi et dim. hors saison) P 32.57.07 – Bureau d'accueil, pont Europe (Opération de change) (fermé sam. après-midi et dim. hors saison) P 61.39.23 - A.C. 5 av. Paix P 36.04.34.

Paris 486 ① – ◆Bâle 145 ③ – Bonn 359 ③ – ◆Bordeaux 1 040 ① – Frankfurt 218 ③ – Karlsruhe 82 ③ – ◆Lille 524 ① – Luxembourg 219 ① – ◆Lyon 489 ③ – Stuttgart 160 ③.

Plans : Strasbourg p. 2 à 6

🏨 **Hilton** M, av. Herrenschmidt P 37.10.10, Télex 890363, ☂ – |᠊| cuisinette 🍴 📺 ☎ ⓖ ⓟ – 🔬 30 à 250. 🅰🅴 ⓞ 🅔 𝓥𝓘𝓢𝓐   CT e
SC : Le Jardin R carte environ 110 ᠕ - La Maison du Bœuf *(fermé 23 juil. au 19 août)* R carte 160 à 220 – ⌷ 38 – **247 ch** 430/570, 5 appartements.

🏨 **Sofitel** M, pl. St-Pierre-le-Jeune P 32.99.30, Télex 870894, patio – |᠊| 🍴 📺 ☎ ⓖ ⟷ – 🔬 30 à 100. 🅰🅴 ⓞ 🅔 𝓥𝓘𝓢𝓐. ⌘ rest   CV s
SC : R *(fermé 6 au 19 août et dim.)* rest. Le Chateaubriand R carte 140 à 200 ᠕ – ⌷ 38 – **180 ch** 395/565, 5 appartements.

🏨 **Holiday Inn** M, 20 pl. Bordeaux P 35.70.00, Télex.890515, ▨ – |᠊| 🍴 📺 ☎ ⓖ ⓟ – 🔬 50 à 600. 🅰🅴 ⓞ 🅔 𝓥𝓘𝓢𝓐   CT n
SC : La Louisiane R 88/108 – ⌷ 42 – **165 ch** 379/469.

🏨 **Terminus-Gruber**, 10 pl. Gare P 32.87.00, Télex 870998 – |᠊| 📺 ☎ ⓖ – 🔬 60. 🅰🅴 ⓞ 🅔 𝓥𝓘𝓢𝓐   BV m
rest. Cour de Rosemont *(fermé 12 déc. au 15 janv.)* R 85/130 ᠕ – ⌷ 25 – **72 ch** 160/325, 6 appartements 385/420 – P 295/360.

🏨 **Novotel** M, quai Kléber P 22.10.99, Télex 880700 – |᠊| 🍴 📺 ☎ ⓖ ⓟ – 🔬 30 à 200. 🅰🅴 ⓞ 🅔 𝓥𝓘𝓢𝓐   BV k
R snack carte environ 90 ᠕ – ⌷ 28 – **97 ch** 355/402.

🏨 **France** M sans rest, 20 r. Jeu-des-Enfants P 32.37.12, Télex 890084 – |᠊| 📺 ☎ ⟷ – 🔬 30. 🅰🅴 ⓞ 𝓥𝓘𝓢𝓐   BV v
SC : ⌷ 22 – **70 ch** 259/340.

🏨 **Monopole-Métropole** sans rest, 16 r. Kuhn P 32.11.94, Télex 890366, « Décor alsacien » – |᠊| 📺 ☎ ⟷. 🅰🅴 ⓞ 🅔 𝓥𝓘𝓢𝓐   BV p
fermé Noël au Nouvel An – SC : ⌷ 18,50 – **100 ch** 120/313.

🏨 **Gd Hôtel** sans rest, 12 pl. Gare P 32.46.90, Télex 870011 – |᠊| ⓖ. 🅰🅴 ⓞ 𝓥𝓘𝓢𝓐   BV m
SC : ⌷ 28 – **90 ch** 260/360, 4 appartements 360.

🏨 **des Rohan** M sans rest, 17 r. Maroquin P 32.85.11 – |᠊| 📺 ☎. ⌘   CX u
SC : ⌷ 24 – **36 ch** 205/340.

🏨 **Nouvel H. Maison Rouge** sans rest, 4 r. F.-Bourgeois P 32.08.60, Télex 880130 – |᠊| ☎ 🅰🅴 𝓥𝓘𝓢𝓐   CX g
SC : ⌷ 21 – **130 ch** 130/270, 6 appartements 425.

🏨 **Villa d'Est** M sans rest, 12 r. J.-Kablé P 36.69.02 – |᠊| 📺 ☎wc ☎ ⓖ. 🅰🅴 ⓞ 🅔 𝓥𝓘𝓢𝓐   CU s
fermé 23 déc. au 2 janv. – SC : ⌷ 21,50 – **32 ch** 262/274.

🏨 **La Dauphine** sans rest, 30 r. 1ᵉ Armée P 36.26.61, Télex 880766 – |᠊| 📺 ☎wc 🛁wc ☎ ⟷. 🅰🅴 ⓞ 𝓥𝓘𝓢𝓐   CY a
fermé 23 déc. au 2 janv. – SC : ⌷ 20 – **45 ch** 260/270.

🏨 **Hannong** sans rest, 15 r. 22-Novembre P 32.16.22, Télex 890551 – |᠊| 📺 ☎wc 🛁wc ☎ ⓟ – 🔬 50. 🅰🅴 ⓞ 🅔 𝓥𝓘𝓢𝓐   BV f
fermé 23 au 30 déc. – SC : ⌷ 21 – **70 ch** 210/340.

🏨 **Bristol**, 4 pl. Gare P 32.00.83, Télex 890317 – |᠊| 🍴 rest 📺 ☎wc 🛁wc ☎. 🅰🅴 ⓞ 🅔 𝓥𝓘𝓢𝓐   BV h
SC : R *(fermé sam. midi et lundi du 1ᵉʳ oct. au 31 mars)* 75/150 ᠕ – ⌷ 24 – **36 ch** 180/360.

🏨 **Europe** sans rest, 38 r. Fossé-des-Tanneurs P 32.17.88, Télex 890220 – |᠊| 📺 ☎wc 🛁wc ☎ ⓖ. 🅰🅴 ⓞ 🅔 𝓥𝓘𝓢𝓐   BX g
SC : ⌷ 18 – **60 ch** 95/236.

🏨 **Princes** sans rest, 33 r. Geiler P 61.55.19 – |᠊| ☎wc 🛁wc ⟷   DV n
SC : ⌷ 18,50 – **43 ch** 190/227.

tourner →

Au Vieux St. 5, r du Maroquin

STRASBOURG
AGGLOMÉRATION

RÉPERTOIRE DES RUES DE STRASBOURG

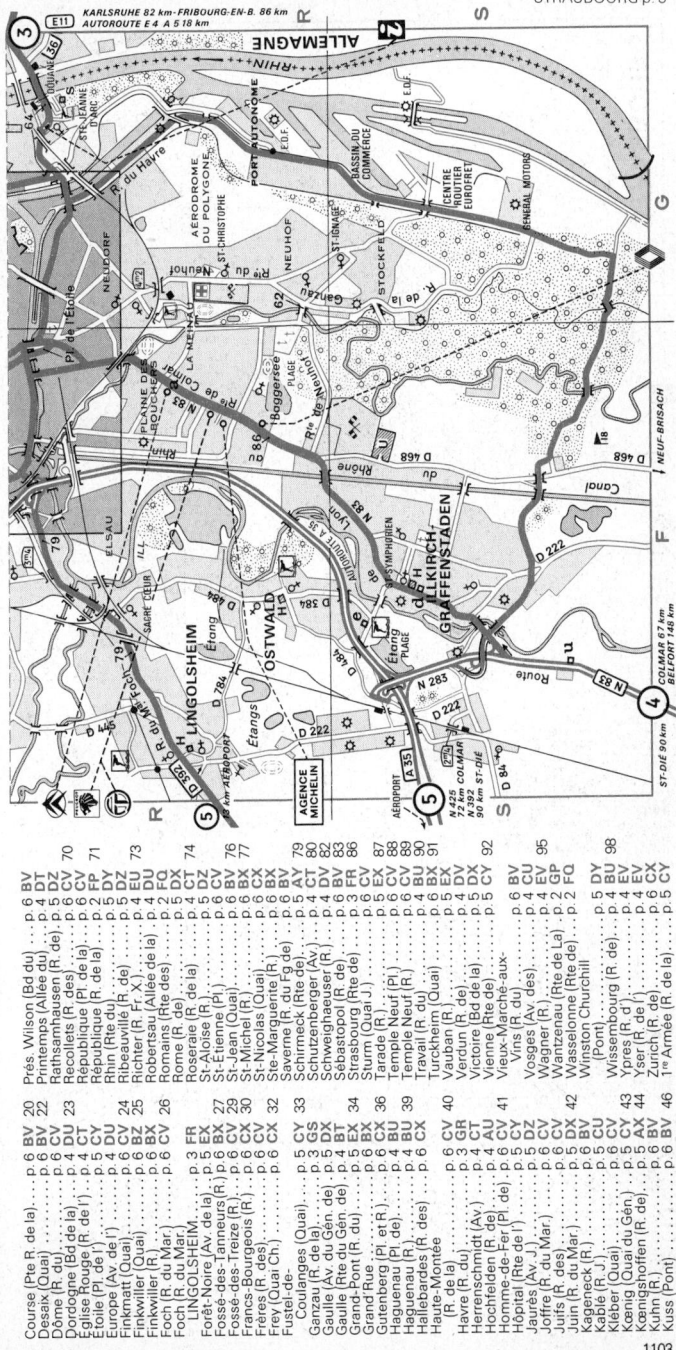

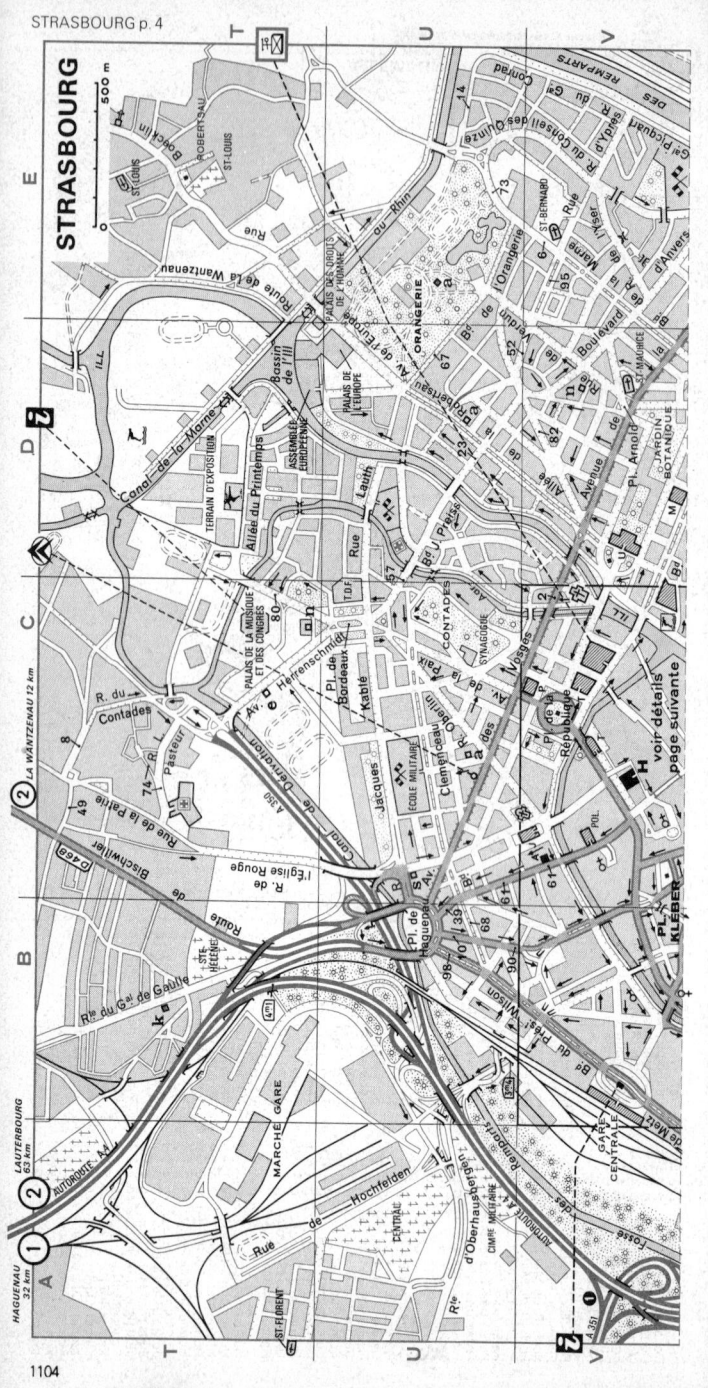

STRASBOURG

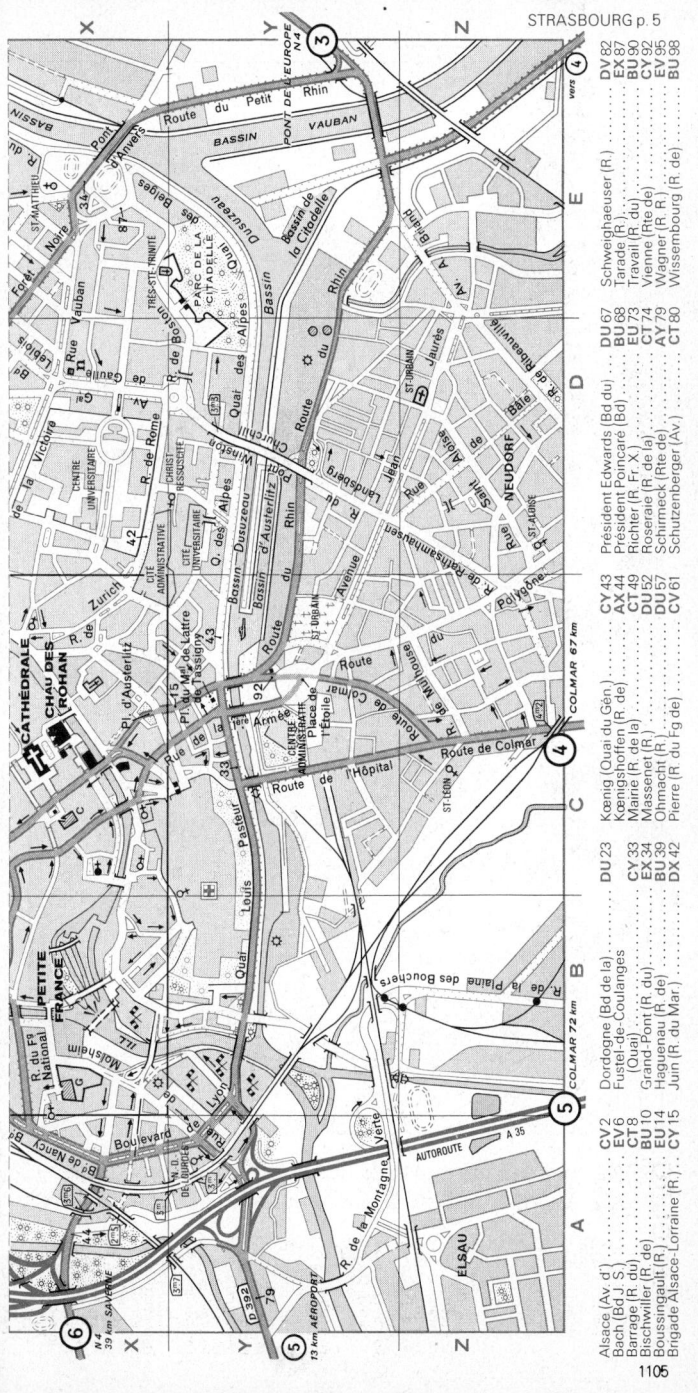

Alsace (Av. d') .... CV 2
Bach (Bd J. S.) .... EV 6
Barrage (R. du) .... CT 8
Bischwiller (R. de) .... BU 10
Boussingault (R.) .... EU 14
Brigade Alsace-Lorraine (R.) .... CY 15

Dordogne (Bd de la) .... DU 23
Fustel-de-Coulanges (Quai) .... CY 33
Grand-Pont (R. du) .... BU 39
Haguenau (R. de) .... DX 42

Koenig (Quai du Gén.) .... CY 43
Koenigshoffen (R. de) .... AX 44
Maire (R. de la) .... CT 49
Massenet (R.) .... DU 52
Ohmacht (R.) .... DU 57
Pierre (R. du Fg de) .... CV 61

Président Edwards (Bd du) .... DU 67
Président Poincaré (Bd) .... BU 68
Richter (R. Fr. X.) .... EU 73
Roseraie (R. de la) .... CT 74
Schirmeck (Rte de) .... AY 79
Schutzenberger (Av.) .... CT 80

Schweighaeuser (R.) .... DV 82
Tarade (R.) .... EX 87
Travail (R. du) .... BU 90
Vienne (Rte de) .... CY 92
Wagner (R. R.) .... EV 95
Wissembourg (R. de) .... BU 98

STRASBOURG

1106

Au Port-St-Martin 13-15, r des Moulins (P.F.)

Rest. D'Quetsch 6, rue du Faisan

🏨 **St Christophe** sans rest, 2 pl. Gare ☎ 22.30.30, Télex 880136 – 🛗 ➚wc ⃒wc 🅿.
🕙 📼 — SC : 🗄 16 – **70 ch** 150/240.
BV **t**
fermé 24 déc. au 5 janv. –

🏨 **Gutenberg** sans rest, 31 r. Serruriers ☎ 32.17.15 – 🛗 ➚wc ⃒wc ☜. ℅℈ CX **k**
fermé 1er au 8 janv. – SC : 🗄 17 – **50 ch** 91/186.

🏨 **Orangerie** sans rest, 58 allée Robertsau ☎ 35.10.70 – 🛗 📼 ➚wc ⃒wc ☎. 🅰🅴
📼 DU **a**
SC : 🗄 18 – **25 ch** 125/240.

🏨 **Continental** sans rest, 14 r. Maire Kuss ☎ 22.28.07, Télex 880881 – 🛗 📼 ➚wc
🅰🅴 🅾 📼 BV **s**
SC : 🗄 15 – **50 ch** 166/202.

🏨 **Ibis**, 1 pl. Halles ☎ 22.14.99, Télex 880399 – 🛗 📼 ➚wc ☎ – 🔬 50. 🕙 📼
SC : 🗄 carte environ 65 ⃒ – 🍽 18 – **97 ch** 208. BV **d**

🏨 **Vendôme** sans rest, 9 pl. Gare ☎ 32.45.23 – 🛗 ➚wc ⃒wc ☎. 🕙 📼
SC : 🗄 16 – **48 ch** 130/200. BV **b**

🏨 **Pax**, 24 r. Fg-National ☎ 32.14.54, Télex 880506 – 🛗 ➚wc ⃒wc ☎ – 🔬 25 à 80.
📼 BVX **u**
fermé 23 déc. au 6 janv. – SC : **R** *(fermé dim. de nov. à fév.)* 55/120 ⃒ – 🗄 18 –
110 ch 103/192.

🏨 **National**, 13 pl. Gare ☎ 32.35.09, Télex 890070 – 🛗 ➚wc ⃒wc ☎. 🅰🅴 🅾 🕙 📼
➜ SC : **R** snack 47/70 ⃒ – 🗄 16,50 – **87 ch** 110/200. BV **q**

🏨 **Lutétia** sans rest, 2 r. Gén.-Rapp ☎ 35.20.45 – 🛗 ➚wc ⃒wc ☎. 📼 CU **a**
SC : 🗄 16,50 – **43 ch** 78/193.

🍴🍴🍴🍴 ☼☼ **Crocodile** (Jung), 10 r. Outre ☎ 32.13.02 – 🍽. 🅰🅴 🅾. ℅℈ CV **x**
fermé 8 juil. au 6 août, 24 au 31 déc., dim. et lundi – SC : **R** 170 et carte
Spéc. Flan de cresson aux grenouilles, Gratin de langouste, Caneton au gingembre et genièvre. **Vins**
Riesling, Kaefferkopf.

🍴🍴🍴 ☼☼ **Buerehiesel** (Westermann), dans le parc de l'Orangerie ☎ 61.62.24, « Belle
demeure alsacienne dans le parc » – 🅿. 🅰🅴 🅾 EU **a**
fermé 8 au 23 août, 24 déc. au 4 janv., vacances de fév., mardi soir et merc. – SC : **R**
150/250 et carte ⃒
Spéc. Terrine de pintadeau et foie gras de canard, Blanc de turbot au coulis de poivrons doux,
Poêlée de Sot-l'y-laisse à la purée de persil. **Vins** Tokay, Sylvaner.

🍴🍴🍴 ☼ **Valentin-Sorg** (14e ét.), 6 pl. Homme-de-Fer ☎ 32.12.16, ≤ Strasbourg – 🅰🅴
📼 BV **r**
fermé 15 au 31 août, 15 au 28 fév., dim. soir et mardi – SC : **R** 120/180
Spéc. Matelote d'anguille au riesling, Gigot de volaille aux morilles, Crêpes au kirsch. **Vins** Riquewihr,
Pinot noir.

🍴🍴🍴 ☼ **Maison Kammerzell**, 16 pl. Cathédrale ☎ 32.42.14, Télex 890221, « Belle
maison alsacienne du 16e s. » – 🅰🅴 🅾 🕙 📼 CX **e**
fermé vend. – SC : **Leo Schnug** (rez-de-chaussée) **R** 140 bc/115 ⃒ - aux étages **R**
150/250
Spéc. Parfait de foie gras frais, Choucroute, Daube de poissons aux girolles. **Vins** Sylvaner, Riesling.

🍴🍴🍴 **Maison des Tanneurs dite ''Gerwerstub''**, 42 r. Bain-aux-Plantes ☎ 32.79.70,
« Vieille maison alsacienne, au bord de l'Ill » – 🅰🅴 🅾 BX **n**
fermé 25 juin au 9 juil., 22 déc. au 18 janv., dim. et lundi – SC : **R** carte 120 à 190.

🍴🍴🍴 **La Volière**, 1 av. Gén.-de-Gaulle ☎ 61.05.79 – 🍽. 🅰🅴 🅾 📼 DX **n**
fermé 10 juil. au 10 août, sam. midi et dim. – SC : **R** 126/200 ⃒.

🍴🍴 **Zimmer**, 8 r. Temple-Neuf ☎ 32.35.01 – 🍽. 🅰🅴 📼 CV **y**
fermé août, sam. et dim. – SC : **R** 130/200 ⃒.

🍴🍴 **Gourmet sans Chiqué**, 15 r. Ste-Barbe ☎ 32.04.07 – 🍽. 🅰🅴 CX **b**
fermé lundi midi et dim. – SC : **R** 158/165.

🍴🍴 **Muller's**, 10 pl. Marché aux Cochons de lait ☎ 32.01.53 – 🍽. ℅℈ CX **d**
fermé 12 juin au 1 juil., fév., lundi soir et mardi – SC : **R** carte 105 à 165.

🍴🍴 ☼ **La Table Gourmande** (Reix), 43 rte Gén.-de-Gaulle ✉ 67300 Schiltigheim ☎
83.61.67 – 🍽. 🅰🅴 🅾 📼 BT **k**
fermé fin juil. à mi août, 24 déc. au 2 janv., 24 au 30 avril, lundi midi et dim. – SC : **R**
90/110
Spéc. Feuilleté chaud de tourteaux, Blanc de turbot en daube, Aiguillettes de saumon.

🍴🍴 **Buffet Gare**, pl. Gare ☎ 32.68.28 – 🅰🅴 🅾 🕙 📼 BV
➜ SC : **R** 46/95 ⃒.

🍴🍴 **L'Arsenal**, 11 r. Abreuvoir ☎ 35.03.69 – 📼 CX **m**
fermé 15 juil. au 15 août, 15 au 30 janv., sam. et dim. – SC : **R** *(nombre de couverts
limité - prévenir)* carte 110 à 145 ⃒.

🍴 **A l'Ancienne Douane**, 6 r. Douane ☎ 32.42.19, « Terrasse au bord de l'eau »
SC : **R** 52 ⃒. CX **v**

🍴 **Strissel**, pl. Grande-Boucherie ☎ 32.14.73, Rest.-dégustation de vins, cadre rus-
➜ tique – 🍽. 📼 CX **a**
fermé 8 au 31 juil., vacances de fév., dim. soir et lundi – SC : **R** 34/75 ⃒.

au pont de l'Europe :

🏨 **P.L.M. Motel du Pont de l'Europe** Ⓜ ॐ, ☎ 61.03.23, Télex 870833, 🕿 – 📺 GR s
☎ 🅿 – 🛖 100 à 400. 🆎 ⓞ ⵎ *VISA*
SC : **R** 49/120 ♨ – 🖙 24 – **88 ch** 215/285, 5 appartements 360.

à Cronenbourg NO : 2 km par D 31 – ⊠ **67200** Strasbourg :

XX **Rolling**, 127 rte Mittelhausbergen ☎ 30.33.88 – 🅿 FQ k

à Reichstett : 7 km par D 63 – FP – 4 464 h. – ⊠ 67116 Reichstett :

🏨 **Aigle d'Or** sans rest, ☎ 20.07.87 – 🛁wc 🛏wc ☎. 🆎 ⓞ *VISA* FP a
SC : 🖙 21 – **18 ch** 167/230.

à Illkirch-Graffenstaden 8 km – FS – ⊠ 67400 Illkirch-Graffenstaden :

🏨 **Alsace** Ⓜ, 187 rte Lyon ☎ 66.41.60 – 🛗 🛁wc ☎ 🅿 – 🛖 60. FS d
fermé 24 déc. au 2 janv. – SC : **R** *(fermé sam. midi et dim.)* 75/125 ♨ – 🖙 18 –
40 ch 189/205 – P 256/330.

au Nord : 10 km par D 263 et D 64, rte de Hoerd, FP – ⊠ 67550 Vendenheim :

XX **Aub. de la Forêt** avec ch, ☎ 20.01.15 – 🛏 🅿. *VISA* ॐ ch
SC : **R** *(fermé lundi)* 46/115 ♨ – 🖙 12 – **10 ch** 80/160.

près de l'échangeur de Colmar A 35 10 km – FS – ⊠ 67400 Illkirch-Graffenstaden :

🏨 **Novotel** Ⓜ, ☎ 66.21.56, Télex 890142, 🕿, ☴, ൸ – 🍽 rest 📺 ☎ 🕭 🅿. 🆎 ⓞ 🅴
VISA FS u
R snack carte environ 90 ♨ – 🖙 29 – **76 ch** 277/303.

🏨 **Mercure** Ⓜ, ☎ 66.03.00, Télex 890277, 🕿, ☴ – 🛗 📺 ☎ 🕭 🅿 – 🛖 200. 🆎 ⓞ
🅴 *VISA* FS e
R carte environ 90 ♨ – 🖙 30 – **91 ch** 265/305.

à La Wantzenau NE du plan par D 468 – 4 084 h. – ⊠ 67610 La Wantzenau :

🏨 **H. Au Moulin** sans rest, S : 1,5 km par D 468 ☎ 96.27.83 – 🛗 🛁wc 🛏wc ☎ 🅿.
🆎 *VISA* GP a
fermé 24 déc. au 2 janv. – SC : 🖙 24 – **20 ch** 160/230.

🏨 **A la Gare**, 32 r. Gare ☎ 96.63.44 – 🛁wc 🛏wc ☎ 🅿. *VISA* ॐ ch
fermé 30 juil. au 12 août et 30 janv. au 12 fév. – SC : **R** *(fermé dim. soir et vend.)*
50/90 ♨ – ☕ 15 – **19 ch** 95/145.

XXX ✿ **A la Barrière** (Aeby), 3 rte Strasbourg ☎ 96.20.23 – 🅿. 🆎 ⓞ *VISA*
fermé 16 août au 6 sept., 8 au 24 fév., merc. soir et jeudi – SC : **R** *(dim. prévenir)*
carte 160 à 220
Spéc. Foie gras d'oie, Panaché de poissons, Pièce de boeuf "Royale". **Vins** Riesling, Kaefferkopf.

XX **Rest. Au Moulin**, S : 1,5 km par D 468 ☎ 96.20.01, « Jardin fleuri » – 🅿. 🆎 ⓞ
🅴 *VISA* GP a
fermé 28 juin au 25 juil., 5 au 20 janv., jeudi, dim. et fériés le soir – SC : **R** 110/155.

XX ✿ **Zimmer**, r. Héros ☎ 96.62.08 – 🅿. 🆎 ⓞ 🅴 *VISA*
fermé 16 juil. au 20 août, dim. soir et lundi – SC : **R** 80/170 ♨
Spéc. Panaché de poissons à l'oseille, Matelote au Riesling, Poussin aux morilles. **Vins** Pinot noir, Edelzwicker.

XX **J. Schaeffer**, 1 quai Bâteliers ☎ 96.20.29 – 🅿. 🆎 ⓞ. ॐ
fermé 16 juil. au 1er août, 15 au 31 janv., dim. soir et lundi – **R** 90/170 ♨.

à Ittenheim par ⑧ : 12,5 km – ⊠ 67370 Truchtersheim :

🏨 **Au Boeuf**, ☎ 69.01.42, ൸ – 🛁wc 🛏wc ☎. ॐ ch
fermé 15 juin au 6 juil., 20 déc. au 25 janv. et lundi – SC : **R** 32/85 ♨ – ☕ 12 – **13 ch**
120 – P 150.

MICHELIN, Agence régionale, 9 r. Livio, Strasbourg-Meinau FR ☎ 39.39.40

ALFA ROMEO, AUTOBIANCHI, LANCIA Gar.
des Boulevards 2 r. du Rhin Napoléon ☎ 61.
18.86
BMW Gd Gar. le Building, 24 r. Fossé-des-
Tanneurs ☎ 32.31.21
CITROEN Succursale, 200 rte de Colmar FR a
☎ 79.99.10 Ⓝ ☎ 05.24.24
CITROEN Gar. Astoria, 46 av. des Vosges CU
☎ 35.27.04
CITROEN Herberich, 30 r. fg-Saverne BV ☎
32.69.35
DATSUN, VOLVO Albert-Auto., 48 rte de
l'Hopital ☎ 34.29.51
FIAT Gar. des Halles, 60 r. du Marché gare ☎
28.26.10
MERCEDES-BENZ Select-Station Service, 1 b
pl. Haguenau ☎ 23.10.50
OPEL-GM Général Tourisme Auto, 19 r. Saglio
☎ 79.07.01
PEUGEOT-TALBOT SCA Hautepierre, av,
Pierre Corneille FQ ☎ 28.90.28 Ⓝ

PEUGEOT-TALBOT SCA Strasboug Sud, 270
rte de Colmar FR ☎ 79.46.46
RENAULT Succursale Ponts Couverts, 47 r.
de la Charmille FQ ☎ 30.18.48
RENAULT Finck, 201 rte des Romains FQ a ☎
30.20.39
V.A.G. Gd Gar. du Polygone, 25 rte de Colmar
☎ 34.31.33

🏮 Pneus et Services D.K., 75 av. des Vosges ☎
35.16.10 et 15 r. de Marlenheim ☎ 22.08.35
Kautzmann, 8 bd Poincaré ☎ 32.42.04, 15 r.
Vauban ☎ 61.32.35 et 280 rte de Colmar ☎
39.99.20
Letzelter, 8 r. de la Schwanau ☎ 34.25.80
Louis, 24 r. du Mar.-Lefebvre ☎ 39.02.93
Metzger, 34 r. du fg de Pierre ☎ 32.39.20
Vulca-Moderne, 7 av. J.-Jaurès ☎ 34.05.10

Périphérie et environs

ALFA-ROMEO Gar. T.T.A., 8 r. Le-Nôtre à Mittelhausbergen ☏ 56.04.88

LANCIA-AUTOBIANCHI, PORSCHE-MITSU-BISHI Gar. Hess, 46 rte de Brumath à Souffelweyersheim ☏ 20.90.90

RENAULT Succursale, 4 rte de Strasbourg à Illkirch Graffenstaden FR ☏ 39.99.85

RENAULT Gar. Simon, 1 r. des Pompiers à Schiltigheim FP ☏ 33.62.22 av. Énergie à Bischeim GP ☏ 83.56.42

V.A.G. Gd Gar. du Polygone, N 83 à Illkirch-Graffenstaden ☏ 66.66.99 33 rte de Brumath à Hoenheim ☏ 83.76.40

@ Metzger, 121 r. Gén.-Leclerc à Ostwald ☏ 30.22.72

Pneus Accessoires Distribution, Zl. Sud 1 r. Hoeltzel à Illkirch ☏ 66.21.30

Pneus et Services D.K, 2 rte de Strasbourg à Illkirch-Graffenstaden ☏ 39.21.10

Vulcastra, 58 rte de Brumath à Souffelweyersheim ☏ 20.22.75

SUBLIGNY 89 Yonne **61** ⑭ — rattaché à Sens.

SUC-AU-MAY 19 Corrèze **72** ⑲ **G. Périgord.**
Voir ☀️ ★★★.

SUCÉ-SUR-ERDRE 44 Loire-Atl. **63** ⑰ — rattaché à Nantes.

SUCY-EN-BRIE 94 Val-de-Marne **61** ①, **101** ㉘ — voir à Paris, Environs.

SULLY (Château de) ★★ 71 S.-et-L. **69** ⑧ **G. Bourgogne.**

SULLY-SUR-LOIRE 45600 Loiret **65** ① **G. Châteaux de la Loire** — 5 825 h. alt. 119 — ✪ 38.
Voir Château★ : charpente★★.
☖ ☏ 36.52.08 par ⑥ : 4 km.
ｺ Office de Tourisme pl. Gén.-de-Gaulle (fermé dim. et fêtes) ☏ 36.32.21.
Paris 155 ① — Bourges 82 ④ — Gien 23 ③ — Montargis 40 ① — ✦Orléans 42 ① — Vierzon 80 ⑤.

SULLY-SUR-LOIRE

Grand-Sully (R. du) 6
Porte-de-Sologne (R.) 12

Champ-de-Foire (Bd du) 2
Chemin de Fer (R. du) 3
Collégiale St-Ythier (⊖) . . . . **B**
Épinettes (R.) 5
Jeanne-d'Arc (Bd) 7
Marronniers (Rue des) 9
Porte-Berry (R.) 10
St-François (R. du Fg) 15
St-Germain (R. du Fg) 16
St-Germain (⊖) . . . . **E**

Les principales voies commerçantes figurent en rouge au début de la liste des rues des plans de villes.

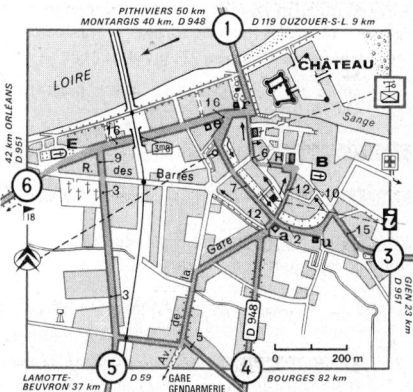

🏨 **Poste,** r. Fg St-Germain (e) ☏ 36.26.22, 🍴 – 🛏 🗖wc 🕿 ⇦ 🅿. 🆎 Ｅ 𝗩𝗜𝗦𝗔
fermé 9 au 20 fév. – SC : **R** 75/190 – ☷ 19 – **27 ch** 70/200 – P 207/336.

🏨 **Pont de Sologne,** r. Porte-de-Sologne (a) ☏ 36.26.34 – 🛏wc ☜ 🅿. ⓞ
fermé 20 déc. au 9 janv. – SC : **R** 65/140 – ☷ 17 – **25 ch** 58/168 – P 166/201.

✕✕✕ **Host. Grand Sully** avec ch, bd Champ-de-Foire (u) ☏ 36.27.56, 🍴 – 📺 🛏wc ☜ ⇦ 🅿. 𝗩𝗜𝗦𝗔
fermé 15 déc. au 15 janv. et merc. sauf fériés et juil.-août – SC : **R** 66/178 – ☷ 25 – **12 ch** 84/180.

✕✕ **Esplanade** avec ch, pl. Pilier (r) ☏ 36.20.83 – 𝗩𝗜𝗦𝗔 🐾
fermé 19 au 27 déc., fév., mardi soir et merc. – SC : **R** 66/137 – ➡ 19 – **5 ch** 86/128.

CITROEN Gar. Beury, 2 bd Jeanne-d'Arc ☏ 36.33.08

SUPER-BESSE 63 P.-de-D. **73** ⑬ — rattaché à Besse-en-Chandesse.

SUPER-LIORAN 15 Cantal 🔢 ③ — rattaché au Lioran.

SUPER-SAUZE 04 Alpes-de-H.-Pr 🔢 ⑧ — rattaché à Barcelonnette.

Le SUQUET 06 Alpes-Mar. 🔢 ⑲, 🔢 ⑯ — alt. 400 — ✉ 06450 Lantosque — 🔢 93.
Paris 881 — Levens 17 — ♦Nice 45 — Puget-Théniers 48 — Roquebillière 10 — St-Martin-Vésubie 20.

🏨 **Aub. Bon Puits** M, ☎ 03.17.65, 🌲 — 🛎 🍽 ch 📺 🛁wc 📞 🚗 🅿 — 🏊 150
   fermé janv., fév. et mardi hors sais. — SC : **R** 55/85 🍷 – ☐ 16 – **10 ch** 140/190 – P
   200/230.

SURGÈRES 17700 Char.-Mar. 🔢 ③ **G. Côte de l'Atlantique** — 6 491 h. alt. 24 — 🔢 46.
Voir Église N.-Dame★.
🛈 Office de Tourisme pl. Martyrs de la Résistance (1ᵉʳ juin-30 sept. et fermé dim.) ☎ 07.20.02.
Paris 440 — Luçon 61 — Niort 34 — Rochefort 26 — La Rochelle 34 — St-Jean-d'Angély 29.

🏨 **Ronsard**, pl. Château ☎ 07.00.63 — 🛁 🍽 ch
   ♦ *fermé 15 au 30 juil. et sam. sauf août* — SC : **R** 48/100 — ☐ 13 – **11 ch** 70/129.

CITROEN Dupont, rte La Rochelle ☎ 07.01.71   ⓦ Woodman-Pneus, 4 r. Tonnay-Boutonne ☎
PEUGEOT TALBOT Glénaud, 1 r. Brillouet ☎   07.11.03
07.01.16
RENAULT Boisseau, 12 av. St-Pierre ☎ 07.
00.47

SURVILLIERS-ST-WITZ 95470 Val-d'Oise 🔢 ⑪, 🔢 ⑧ — 3 701 h. alt. 140 — 🔢 3.
Paris 35 — Chantilly 14 — Lagny 32 — Luzarches 10 — Meaux 37 — Pontoise 40 — Senlis 14.

🏨 **Novotel** M 🍴, sur D 16 par échangeur A1 Survilliers ☎ 468.69.80, Télex 695910,
   🌳, 🏊, 🌲 — 🍽 rest 📺 ☎ 🅿 — 🏊 25 à 300. 🅰🅴 ⓞ 🅴 🆅🅸🆂🅰
   R carte environ 90 🍷 — ☐ 30 – **79 ch** 289/318.

🏨 **Mercure** M 🦢, près échangeur A1 ☎ 468.28.28, Télex 695917, 🌳, 🏊, 🌲 — 🛎
   🍽 rest 📺 🛁 ᵴ 🅿 — 🏊 25 à 200. 🅰🅴 ⓞ 🅴 🆅🅸🆂🅰
   R carte environ 90 🍷 — ☐ 25 – **114 ch** 262/289.

CITROEN Gar. de la Liberté, 12 r. de la Liberté ☎ 468.36.26

SUZE-LA-ROUSSE 26130 Drôme 🔢 ② **G. Provence** — 1 396 h. alt. 129 — 🔢 75.
Paris 646 — Bollène 7 — Nyons 28 — Orange 17 — Valence 80.

🏨 **Relais du Château** M 🦢, ☎ 04.87.07, ≤, 🏊, 🌲, 🎾 — 🛎 🛁wc 📞 🅿. 🅰🅴 🅴
   🆅🅸🆂🅰 🍷
   ♦ *fermé 15 déc. au 15 janv.* — SC : **R** 50/110 — ☐ 20 – **20 ch** 145/185 – P
   440/460 (pour 2 pers.).

TAHITI (Plage de) 83 Var 🔢 ⑰⑱ — rattaché à St-Tropez.

TAILLECOURT 25 Doubs 🔢 ⑧ — rattaché à Audincourt.

TAIN-TOURNON 🔢 ①② **G. Vallée du Rhône.**
Voir Corniche du Rhône★★★ par ④.
🛈 voir à Tain-l'Hermitage et à Tournon.
Paris 550 ② — ♦Grenoble 99 ② — Le Puy 106 ⑤ — ♦St-Étienne 75 ① — Valence 18 ② — Vienne 59 ②.

Plan page ci-contre

Tain-l'Hermitage 26600 Drôme — 5 638 h. alt. 124 — 🔢 75.
🛈 Syndicat d'Initiative pl. Église (fermé matin hors sais et dim.) ☎ 08.06.81.

🏨 **Commerce**, 1 av. République ☎ 08.65.00, Télex 345573 — 🍽 ch 📺 🛁wc 🚻wc
   ☎ 📞 🅿 — 🏊 50. 🅰🅴 ⓞ 🅴 🆅🅸🆂🅰   Y e
   fermé 15 nov. au 15 déc. — SC : **R** 77/230 — ☐ 19 – **28 ch** 191/230 – P 250.

🏨 **Deux Côteaux** sans rest, 18 r. J.-Péala ☎ 08.33.01 — 🛁wc 🍽 📞 🚗   Y a
   fermé 5 au 20 nov., 5 au 20 fév. et dim. du 1ᵉʳ nov. au 1ᵉʳ avril — SC : ☐ 15 – **22 ch**
   75/195.

✕ **Grappe d'Or**, 13 av. Jean-Jaurès ☎ 08.28.52, 🌳   Y s
   fermé fév. et lundi — SC : **R** 55/130 🍷.

   route de Romans par ② : 4 km — ✉ 26600 Tain-l'Hermitage :

🏨 **L'Abricotine** M, ☎ 08.42.00, ≤, 🌲 — 🛁wc 📞 🅿. 🅴
   ♦ *fermé 20 nov. au 5 déc. et sam. soir du 1ᵉʳ nov. au 1ᵉʳ mars* — SC : **R** (dîner seul.)
   38/50 — ☐ 15 – **9 ch** 150.

ⓦ Tournaire-Pneus, ☎ 08.28.97

1110

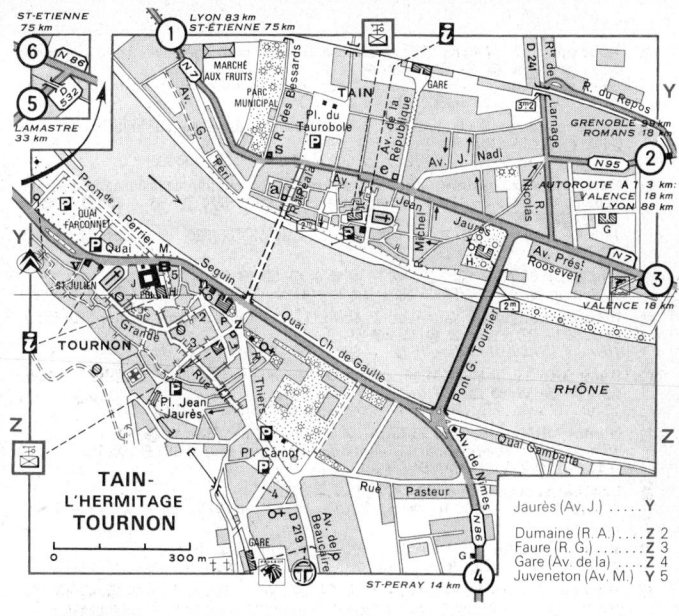

Tournon <SP> 07300 Ardèche **77** ① – 9 707 h. alt. 123 – ⓒ 75.

Voir Terrasses★ du château Y **B**.

🛈 Syndicat d'Initiative pl. St-Julien (15 avril-30 sept. et fermé dim.) ☏ 08.10.23 et à la Mairie (fermé sam. et dim.) ☏ 08.10.65.

🏛 **Paris**, pl. Lycée ☏ 08.01.11, Télex 345156 – 🛗 📺 🛁wc 🚿wc ☎ 🚗. AE ① VISA
fermé dim. hors sais. – SC : **R** voir rest. du Château – ☑ 17,50 – **22 ch** 145/250.
Z **z**

XX **Château** avec ch, 12 quai M.-Seguin ☏ 08.60.22, Télex 345156 – 🛁wc ☎ 🚗 –
🅰 40. AE ① E VISA
Y **n**
fermé 1er au 15 nov., vac. scolaires fév., sam. et dim. hors sais. – SC : **R** 75/150 – ☑
17,50 – **7 ch** 140/210.

X **Chaumière** avec ch, 76 quai Farconnet ☏ 08.07.78, 🍽, « Cadre rustique » –
◆ 🚿wc ☎. AE ① VISA
Y **v**
13 mars-1er nov. et fermé lundi soir et mardi hors sais. – SC : **R** 48/155 – ☑ 21 –
10 ch 102/215 – P 195/210.

route de Lamastre par ⑤ : 3,5 km – ⊠ 07300 Tournon :

🏛 **Le Manoir** sans rest, ☏ 08.20.31, ≤, ⧖, – 🛁wc 🚗 🚗 **P**. AE VISA
15 mars-30 sept. – SC : ☑ 16 – **10 ch** 90/140.

BMW Centre Rhône Automobile, 63 av. de Nîmes ☏ 08.14.09
CITROEN Gélibert, quai Farconnet ☏ 08.01.33

PEUGEOT, TALBOT Fournier, r. V.-d'Indy ☏ 08.11.22

TALANT 21 Côte-d'Or **66** ⑫ – rattaché à Dijon.

TALENCE 33 Gironde **71** ⑨ – rattaché à Bordeaux.

TALLOIRES 74 H.-Savoie **74** ⑥ G. Alpes – 931 h. alt. 447 – ⊠ 74290 Veyrier-du-Lac – ⓒ 50.
Voir Site★★★ – Site★★ de l'Ermitage St-Germain★ E : 4 km.
🏌 du lac d'Annecy ☏ 60.12.89, NO : 1 km.
🛈 Office de Tourisme pl. Mairie (fermé sam. et dim. hors saison) ☏ 60.70.64.
Paris 562 – Albertville 33 – Annecy 13 – Megève 48.

🏛🏛 ⓒⓒ **Aub. du Père Bise** M ⧖, bord du lac ☏ 60.72.01, Télex 385812, ≤,
« Repas sous l'ombrage, face au lac, parc » – 🛗 📺 ☎ & **P**. AE ① VISA
10 mai-25 nov. et 2 fév.-25 avril – SC : **R** 280/450 et carte – ☑ 50 – **22 ch** 350/1 200,
12 appartements – P 800/1 500
Spéc. Tourte de canard à l'ancienne, Turban de soles aux pommes, Pot-au-feu de canard.

tourner →

🏨 **Abbaye** ⑤, ℡ 67.40.88, 斎, « Terrasse et jardin ombragés avec belle vue sur le lac », 🚣 – ☎ 🅿. 🖭 ⑩ 🄴 𝘝𝘐𝘚𝘈. ⅏ rest
hôtel ouvert du 1er mai au 15 oct. ; rest. fermé mardi et merc. en hiver – SC : **R** 130/220 – � 35 – **33 ch** 360/570 – P 470/630.

🏨 **Le Cottage** ⑤, ℡ 60.71.10, 斎, « De la terrasse, belle vue sur le lac », 🛲 – 📺 🆃🆅 🅿. 🖭 ⑩. ⅏ rest
15 mars-15 oct. – SC : **R** 120/240 – ⊑ 40 – **36 ch** 400/600 – P 380/600.

🏨 **Hermitage et Domaine des Primevères** 🅼 ⑤, chemin de la cascade d'Angon ℡ 60.71.17, Télex 385196, ≤ lac et montagnes, parc, 斎, 🏊, ⅏ – 📲 🆃🆅 ☎ 🅿 – 🄰 40. 🖭 🄴 𝘝𝘐𝘚𝘈. ⅏
1er mars-31 oct. – SC : **R** 105/170 – ⊑ 25 – **35 ch** 265/300, 15 appartements – P 281/335.

🏨 **Lac** ⑤, ℡ 60.71.08, 斎, 🏊, 🛲 – 📲 ☎ ও. 🅿. 🖭 ⑩ 𝘝𝘐𝘚𝘈
10 juin-fin sept. – SC : **R** 105/120 – ⊑ 24 – **47 ch** 125/360 – P 265/345.

🏩 **Près du Lac** 🅼 ⑤ sans rest, ℡ 60.76.11, ≤, « Dans un parc au bord du lac », 🚣, ⅏ – 🆃🆅 ⌂wc ☎ 🅿. 🖭 𝘝𝘐𝘚𝘈
15 mars-15 nov. et 15 déc.-15 fév. – SC : ⊑ 30 – **9 ch** 500/600.

🏩 **Beau Site** ⑤, ℡ 60.71.04, ≤, « Dans un parc au bord du lac », 🚣, ⅏ – ⌂wc 🛖wc ☎ 🅿. 🖭 ⑩ 𝘝𝘐𝘚𝘈. ⅏ rest
19 mai-30 sept. – SC : **R** 96/160 – ⊑ 24 – **38 ch** 155/266 – P 200/305.

🏩 **Manoir-Bellevue**, ℡ 60.73.73, ≤, 斎, parc – ⌂wc 🛖wc ☎ 🅿. ⑩
15 mars-31 oct. et fermé mardi soir et merc. sauf juil.-août – SC : **R** 100/180 – ⊑ 22 – **13 ch** 200/230 – P 263/280.

🏠 **La Charpenterie**, ℡ 60.70.47 – ⌂wc 🕿. 🖭
1er mai-15 oct. – SC : **R** *(fermé mardi sauf juil.-août)* 78/135 – ⊑ 20 – **16 ch** 140/195.

🏡 **Villa Tranquille** ⑤, ℡ 60.70.43, 🛲 – ⌂wc 🛖 🕿 🅿. ⅏ rest
1er juin-15 sept. – SC : **R** *(résidents seul.)* – ⊑ 17 – **19 ch** 125/145 – P 175/210.

XX **Villa des Fleurs** ⑤ avec ch, ℡ 60.71.14, 斎, ⅏ – ⌂wc 🛖wc ☎ 🅿. 🖭 ⑩ 𝘝𝘐𝘚𝘈
fermé 2 janv. au 1er mars, lundi sauf juil.-août et dim. soir sauf l'hôtel en sais. – SC : **R** 85/175 – ⊑ 22 – **8 ch** 160/195.

à Angon S : 2 km par D 909A – ⊠ **74290** Veyrier-du-Lac :

🏩 **Les Grillons** ⑤, ℡ 60.70.31, ≤, 🛲 – ⌂wc 🕿 🅿. 🖭. ⅏ rest
1er avril-30 oct. – SC : **R** 85/110 – ⊑ 20 – **34 ch** 110/200 – P 165/225.

🏡 **La Bartavelle** ⑤ sans rest, ℡ 60.70.68 – 🛖
15 mai-15 sept. – SC : ⊑ 14,50 – **8 ch** 71/130.

TALMONT 17 Char.-Mar. �· ⑮ G. Côte de l'Atlantique – 79 h. alt. 23 – ⊠ **17120** Cozes – ✪ 46.

Voir Site★ de l'église Ste-Radegonde★.

Paris 517 – Blaye 76 – La Rochelle 88 – Royan 16 – Saintes 35.

XX **L'Estuaire** avec ch, au Caillaud ℡ 90.73.85, ≤, 🛲 – 🛖 🅿. ⅏ ch
hôtel ouvert 1er avril-15 oct., fermé mardi soir et merc. sauf juil.-août – SC : **R** *(fermé 24 sept. au 3 oct., 14 déc. au 25 janv., mardi soir et merc. sauf juil.-août)* 58/135 – ⊑ 13,50 – **7 ch** 80/120 – P 130/170.

LA TAMARISSIÈRE 34 Hérault 🚲 ⑮ – rattaché à Agde.

TAMNIÈS 24 Dordogne 🚵 ⑰ – 284 h. alt. 193 – ⊠ **24620** Les Eyzies-de-Tayac – ✪ 53.

Paris 539 – Brive-la-Gaillarde 51 – Les Eyzies-de-Tayac 14 – Périgueux 59 – Sarlat-la-Canéda 15.

🏩 **Laborderie** ⑤, ℡ 29.68.59, ≤, 🛲 – ⌂wc 🛖wc ☎ 🅿. 🄴. ⅏ rest
15 mars-15 nov. – SC : **R** 55/160 – ⊑ 20 – **26 ch** 140/185 – P 170/235.

TANCARVILLE (Pont routier de) ★ 76 S.-Mar. 🚳 ④ G. Normandie – 1 139 h. alt. 48 – ⊠ **76430** St-Romain-de-Colbosc – ✪ 35.

Voir ≤★ sur estuaire.

Péage : auto 4 à 9 F (conducteur et passagers compris), remorque 2,50 F, moto 1 F, cyclomoteur 0,50 F, camion de 6,50 à 23 F, gratuit pour piétons et vélos.

Du centre du pont : Paris 175 – ✦Caen 77 – ✦Le Havre 29 – Pont-Audemer 19 – ✦Rouen 59.

à Tancarville-Écluse – ⊠ **76430** St-Romain-de-Colbosc :

XX **Marine** avec ch, au pied du pont D 982 ℡ 39.77.15, ≤ pont, 🛲 – ⌂wc 🛖 🕿 🅿. 𝘝𝘐𝘚𝘈. ⅏ ch
fermé 15 août au 6 sept., dim. soir et lundi – SC : **R** 113 bc/200 – 🍴 16 – **10 ch** 86/150.

TANINGES 74440 H.-Savoie **74** ⑦ **G. Alpes** – 2 756 h. alt. 640 – ❀ 50.

🛈 Syndicat d'Initiative av. Thézières (fermé matin, sam. hors saison et dim.) ☏ 34.25.05.

Paris 585 – Annecy 74 – Bonneville 25 – Chamonix 52 – ◆Genève 55 – Megève 38 – Morzine 19.

　　XX　**La Crémaillère,** à Flérier SO : 1 km ☏ 34.21.98, ☞ – **Ⓟ**. 𝚅𝙸𝚂𝙰
　　　　fermé merc. sauf juil. et août et mardi soir – SC : **R** 55/105, dîner à la carte.

PEUGEOT-TALBOT　Gar.　Anthonioz,　☏　34.　　　　RENAULT　Gar. Delfante, ☏ 34.20.71
20.45　　　　　　　　　　　　　　　　　　　　　　　　　　Gar. Klipfel, ☏ 34.22.27

TANTONVILLE 54116 M.-et-M. **62** ⑤ – 667 h. alt. 302 – ❀ 8.

Voir Château d'Haroué★ E : 3,5 km.

Env. Signal de Vaudémont ※★★ (monument à Barrès) SO : 10 km, G. Vosges.

Paris 401 – Épinal 46 – ◆Nancy 28 – Vittel 43.

TANUS 81 Tarn **80** ⑪ – 565 h. alt. 440 – ⊠ 81190 Mirandol-Bournounac – ❀ 63.

Paris 655 – Albi 32 – Millau 89 – Rodez 46 – St-Affrique 73.

　　XX　**Voyageurs** avec ch, ☏ 76.30.06, ☞ – 🛉wc ☎ ⇦, 𝚅𝙸𝚂𝙰. ※ ch
　　　　fermé 15 oct. au 15 nov. et vend. sauf juil. et août – SC : **R** 55/160 – 🖙 17 – **17 ch**
　　　　100/145 – P 140/170.

TAPONAS 69 Rhône **73** ⑩ – rattaché à Belleville.

TARARE 69170 Rhône **73** ⑨ **G. Vallée du Rhône** – 10 935 h. alt. 375 – ❀ 74.

🛈 Office de Tourisme pl. Madeleine (fermé sam. après-midi, dim et lundi) ☏ 63.06.65.

Paris 468 ① – ◆Lyon 43 ① – Montbrison 60 ② – Roanne 43 ③ – Villefranche-sur-Saône 32 ①.

TARARE

Janisson (Pl.)	9
Pêcherie (R.)	15
Baronnat (R.)	2
Boucher-de-Perthes (R.)	3
Cornil (R.)	4
Croizat	
(Pl. Ambroise)	5
Dolet (R. E.)	6
Gaulle (Av. Ch. de)	7
Herriot (Av. E.)	8
Jaurès (Av. Jean)	10
Lamartine (Bd)	12
Liberté (Av. de la)	13
Montagny (R.)	14
Radisson (R.)	16
République (Pl. de la)	18
République (R. de la)	19
Serroux (R.)	23
Verdun (R. de)	25

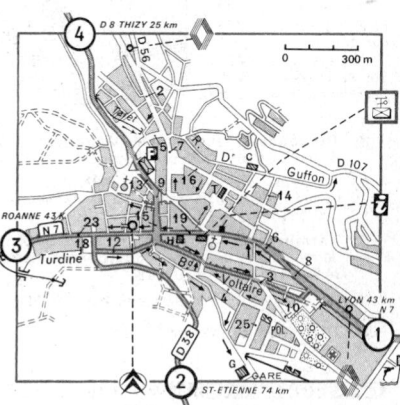

　🏠　**Mère Paul,** par ③ : 2 km ☏ 63.14.57 – ⇔wc ☜ **Ⓟ**
　➡　*fermé 1er au 26 sept., vacances de fév., mardi soir et merc.* – SC : **R** 39/120 ⚘ – 🖙 15
　　　– **14 ch** 100/160.

　XXX　**Jean Brouilly,** 3 ter r. Paris par ③ ☏ 63.24.56 – **Ⓟ**. 𝙰𝙴 ① 𝚅𝙸𝚂𝙰
　　　fermé 6 au 21 août, vacances de fév., dim. et lundi – SC : **R** 60/220 ⚘.

à St-Loup par ①, E : 3 km par N 7 – ⊠ 69490 Pontcharra-sur-Turdine :

　🏨　**Git'Otel** Ⓜ, ☏ 63.44.01, 🍴 – ⇔wc ☎ **Ⓟ** – 🔬 80. 𝙰𝙴 ① 𝚅𝙸𝚂𝙰
　➡　SC : **R** *(fermé dim.)* 37/70 ⚘ – 🖙 16 – **33 ch** 144/166 – P 175/230.

à Pontcharra-sur-Turdine par ① : 5,5 km – ⊠ 69490 Pontcharra-sur-Turdine :

　🏠　**France,** ☏ 63.72.97 – 🛉wc ☜ **Ⓟ**. 𝙰𝙴 𝙴 𝚅𝙸𝚂𝙰. ※ ch
　➡　*fermé nov. et merc. du 1er oct. au 30 juin* – SC : **R** 50/130 ⚘ – 🖙 20 – **11 ch** 105/230
　　　– P 175/195.

　X　**Bains,** sur D 33 ☏ 63.71.09, 🍴
　➡　*fermé fin janv. à fin fév. et mardi* – SC : **R** 35/75 ⚘.

CITROEN　Central Gar.,　28 r. République ☏　　　RENAULT　Laurent, rte Valsonne ☏ 63.04.07
63.06.10　　　　　　　　　　　　　　　　　　　　　　　RENAULT　Gar. Vericel, 46 av. Ed. Herriot ☏
FORD　Beylier, 17 r. Serroux ☏ 63.05.41 **N**　　　63.15.92
OPEL　Duperray, 14 av. Ed.-Herriot ☏ 63.03.66　　V.A.G.　Gar. du Viaduc 33 rte de Paris ☏ 63.
PEUGEOT-TALBOT　Dubois, N 7 par ① ☏ 63.　　06.04
03.80

Voir Château★★ : ※★★ Y – Église Ste-Marthe★ Y B.

🛈 Office de Tourisme av. République (fermé dim.) 🕿 91.03.52.

Paris 711 ⑥ – Arles 18 ③ – Avignon 23 ① – ◆Marseille 107 ② – Nîmes 26 ⑤.

TARASCON

Halles (R. des)	**YZ**
Mairie (Pl. de la)	**Y** 15
Monge (R.)	**Y**
Pelletan (R. E.)	**Z** 19
Proudhon (R.)	**Z** 20
Victor-Hugo (Bd)	**Z**
Aqueduc (R. de l')	**Y** 2
Berrurier (Pl. Colonel)	**Z** 3
Blanqui (R.)	**Z** 4
Briand (Crs Aristide)	**Z** 5
Château (Bd du)	**Y** 6
Château (R. du)	**Y** 7
Hôpital (R. de l')	**Z** 9
Jaurès (R. Jean)	**Y** 12
Jeu-de-Paume (R. du)	**YZ** 14
Millaud (R. Ed.)	**YZ** 16
Mistral (R. Frédéric)	**Z** 18
Raffin (R.)	**Y** 23
République (Av. de la)	**Z** 24
Ste-Marthe (⊟)	**Y** B
Salengro (Av. R.)	**Y** 25

🏨 **Provence** Ⓜ sans rest, 7 av. Victor-Hugo 🕿 91.06.43 – 🛏wc 🕿. ⑩ 𝖵𝖨𝖲𝖠   Z r
fermé vacances de Noël et 18 au 25 fév. – SC : 🖵 18 – **11 ch** 190/240.

🏨 **St-Jean**, 24 bd Victor-Hugo 🕿 91.13.87 – 🛏wc 🛋wc 🕿. 𝔸𝔼 ⓞ 𝐄 𝖵𝖨𝖲𝖠. ⁓
fermé 15 déc. au 15 janv. – SC : **R** (fermé merc. hors sais.) 55/130 – 🍴 17 – **12 ch**
140/165 – P 200/215.   Z q

🏚 **Terminus**, pl. Colonel-Berrurier 🕿 91.18.95, 🍴 – 🛏wc 🛋wc 🕿. 𝐄   Z n
⟼ fermé mi janv. à mi fév. – SC : **R** (fermé merc.) 40/75, sam. soir à la carte ♨ – 🖵 15
– **24 ch** 65/130 – P 115/202.

CITROEN Gar. Chabas, 8 bd Gambetta 🕿 91.   RENAULT Rostain, 59 bd Itam 🕿 91.00.38
12.71 🅽 🕿 91.15.55
PEUGEOT-TALBOT Barthélémy, 13 bd V.-Hu-
go 🕿 91.00.71

Voir Grotte de Niaux★★ (dessins préhistoriques) SO : 4 km – Grotte de Lombrives★
SE : 3,5 km.

🛈 Syndicat d'Initiative à la Mairie (fermé sam. et dim.) 🕿 05.64.00.

Paris 808 – Ax-les-Thermes 26 – Foix 16 – Lavelanet 29.

🏚 **Host. Poste**, av. V.-Pilhes 🕿 05.60.41, 🍴, ⁓ – 🛏wc 🛋 🕿. 𝔸𝔼 ⓞ 𝐄
fermé nov. – SC : **R** 55/160 ♨ – 🍴 14,50 – **30 ch** 88/170.

🏚 **Confort** sans rest, 3 quai A.-Sylvestre 🕿 05.61.90 – 🛏wc 🛋wc 🅿
fermé 24 déc. au 1er janv., sam. soir et dim. du 1er oct. au 30 juin – SC : 🖵 14,50 –
14 ch 80/160.

CITROEN Gar. du Stade, 🕿 05.89.20   RENAULT Fernandez, 🕿 05.60.59
PEUGEOT, TALBOT Comelera et Spadotti, 🕿
05.61.11

Voir Jardin★ et Musée Massey (musée international des Hussards★ BX **M**).

✈ de Tarbes - Ossun - Lourdes 🕿 34.42.22 par ⑥ : 9 km.

🚂 🕿 93.56.22.

🛈 Syndicat d'Initiative pl. Verdun (fermé dim.) 🕿 93.36.62 - A.C. 6 r. E.-Ténot 🕿 93.14.23.

Paris 805 ① – ◆Bordeaux 210 ① – Lourdes 19 ⑥ – Pau 40 ⑦ – ◆Toulouse 154 ④.

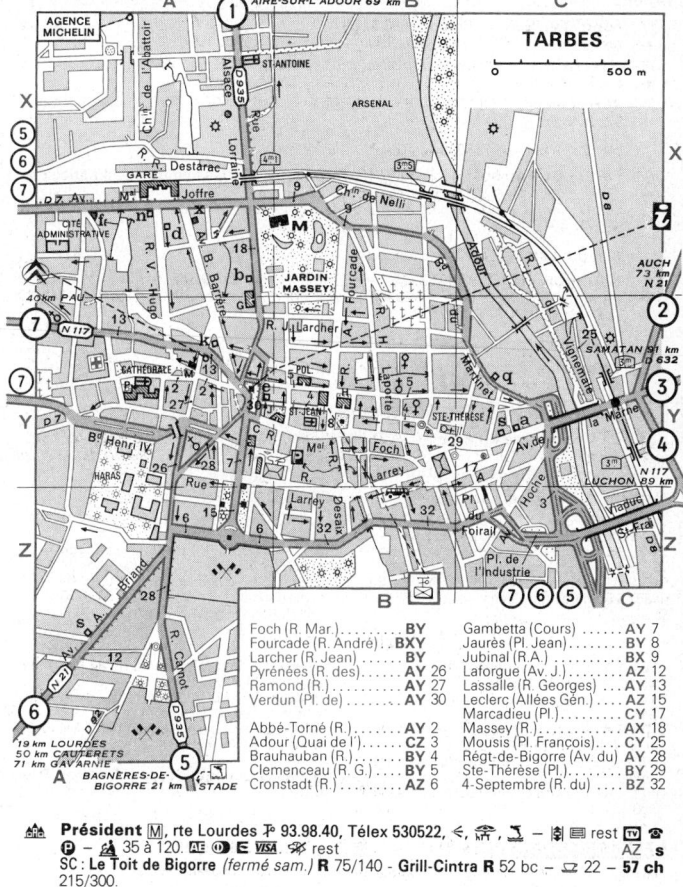

Président Ⓜ, rte Lourdes ℡ 93.98.40, Télex 530522, ≤, 🏡, 🏊, – 🛗 🍽 rest 📺 ☎
🅿 – 🔬 35 à 120. 🆎 ⓞ ⒺVISA. ❄ rest
AZ s
SC : **Le Toit de Bigorre** *(fermé sam.)* **R** 75/140 - **Grill-Cintra R** 52 bc – ☐ 22 – **57 ch**
215/300.

Concorde Ⓜ, par ⑥ : 3 km sur rte Lourdes ✉ 65310 Laloubère ℡ 93.51.18, Télex
530194, 🏡 – 🛗 📺 ☎ 🅿 🅰. ❄
SC : **R** 55/110 – ☐ 16 – **42 ch** 140/255.

Foch Ⓜ sans rest, 18 pl. Verdun ℡ 93.71.58 – 🛗 📺 ☎ 🅱 🅿. 🆎 VISA
AY e
fermé 5 au 25 juil., 23 déc. au 2 janv. et dim. soir – SC : ☐ 17,50 – **30 ch** 160/250.

Henri IV sans rest, 7 av. B.-Barère ℡ 34.01.68 – 🛗 ⌂wc 🛁wc ☎. 🆎 ⓞ Ⓔ VISA
SC : ☐ 19 – **24 ch** 145/220.
AY k

Normandie sans rest, 33 r. Massey ℡ 93.08.47 – ⌂wc 🛁wc ☎ 🅿
AX b
21 ch.

Terminus, 42 av. Joffre ℡ 93.00.33 – ⌂wc 🛁 ☎. ❄ ch
AX n
➡ SC : **R** *(fermé sept. et sam.)* 45/75 🍷 – ☐ 15 – **32 ch** 80/175 - P 175/235.

Martinet sans rest, 13 bd Martinet ℡ 37.96.30 – 🛁wc ☎ 🅿. Ⓔ VISA
CY q
SC : ☐ 14 – **24 ch** 62/164.

Béarn Bigorre sans rest, 6 bis av. Marne ℡ 93.23.23 – 🛗 📺 ⌂wc 🛁wc ☎ ➡
🆎 Ⓔ VISA. ❄
CY a
SC : ☐ 22 – **38 ch** 80/200.

Marne sans rest, 4 av. Marne ℡ 93.03.64 – 📺 ⌂wc 🛁wc ☎ ➡. Ⓔ VISA
CY s
SC : ☎ 12 – **26 ch** 60/139.

Campanile, par ⑥ 4 km sur rte de Lourdes ✉ 65310 Laloubère ℡ 93.83.20, Télex
530571 – 📺 ⌂wc ☎ 🅱 🅿 – 🔬 40. VISA
– SC : **R** 60 bc/81 bc – ☎ 22 – **41 ch** 170.

Family H. sans rest, 64 r. Victor-Hugo ℡ 93.02.33 – ⌂wc 🛁wc ☎. 🆎 Ⓔ VISA
SC : ☐ 12 – **21 ch** 79/132.
AX d

☆☆ **Toup' Ty,** 86 av. B.-Barère ☎ 93.32.08   AX **x**
→   *fermé 2 au 9 avril, 1er au 16 juil., 19 au 26 déc.* – SC : **R** 50/105.

☆☆ **L'Isard** avec ch, 70 av. Mar.-Joffre ☎ 93.06.69, 🍽 – **E** 𝘝𝘐𝘚𝘈. ✧   AX **f**
→   SC : **R** *(fermé sam. midi et dim. soir)* 45/145 – ⚌ 12 – **7 ch** 72.

☆ **Buffet Gare,** ☎ 93.16.22 – 𝖠𝖤 ⓘ **E** 𝘝𝘐𝘚𝘈   AX
✕   SC : **R** 48/95 ⚙.

par ② : 9 km – ⊠ **65800** Aureilhan :

🏠 **Ferme St-Ferréol** ⚘, ☎ 36.22.15, ≤, parc, 🍽, « Dans un domaine agricole »,
→   ✧ – ⌂wc 📶wc 🅰 & **P** – 🏊 100. 𝖠𝖤 ⓘ **E** 𝘝𝘐𝘚𝘈
  SC : **R** *(fermé vend. soir et dim. soir sauf juil.-août)* 20/120 – ⚌ 13,50 – **21 ch**
  84/180 – P 210/220.

par ⑥ : 4 km – ⊠ **65290** Juillan :

🏠 **L'Aragon,** N 21 ☎ 93.99.33, 🍽 – ⌂wc 📶 📺 **P.** 𝖠𝖤 ⓘ 𝘝𝘐𝘚𝘈
→   *fermé 12 nov. au 19 déc.* – SC : **R** *(fermé lundi du 1er oct. au 1er juil.)* 50/110 – ⚌ 14
  – **14 ch** 110/140 – P 145/160.

à l'Aéroport par ⑥ : 9 km – ⊠ **65290** Juillan :

☆☆☆ **Caravelle,** ☎ 34.59.96, ≤ Pyrénées – 🍽 **P.** 𝖠𝖤 ⓘ 𝘝𝘐𝘚𝘈
  fermé dim. soir et lundi – SC : **R** 115/180.

par ⑦ : 6 km rte de Pau – ⊠ **65420** Ibos :

🏨 **La Chaumière du Bois** Ⓜ, ☎ 31.03.51, parc, 🍽, ⚄, – 📺 ⌂wc **P.** 𝖠𝖤 𝘝𝘐𝘚𝘈
→   *fermé 2 au 10 avril, 1er au 15 sept., 24 déc. au 4 janv.* – SC : **R** *(fermé dim. soir et*
  lundi) 50/150 – ⚌ 20 – **10 ch** 170/220.

MICHELIN, Agence, chemin de l'Abattoir AX ☎ 36.53.87

CITROEN Garoby, 23 r. Lassalle ☎ 93.31.36 🆖
DATSUN Raoux Bd Kennedy ☎ 93.28.97
FIAT Auto 65, 7 r. Corps-Francs Pommies ☎
93.21.11
RENAULT Pyrénées Véhicules, Rte de Bor-
deaux à Bordères-sur-l'Echez par ① ☎ 37.64.02
🆖

V.A.G. Gar. Tolsan, rte de Pau ☎ 34.35.83

⚫ Central-Pneu, 1 bd Mar.-de-Lattre-de-Tassi-
gny ☎ 34.74.96
Dours, 13 bis cours de Reffye ☎ 93.01.84
Labazuy-Pneus, 6 r. Destarac ☎ 36.58.20
Saliot, 10 r. Clément ☎ 34.52.01

Périphérie et environs

ALFA-ROMEO Continental-Motors, 18 rte
Lourdes à Odos ☎ 34.28.60
BMW Tarbes-Auto, rte de Pau à Ibos ☎ 34.
38.45
CITROEN Vinches, 28 rte de Lourdes à Odos
par ⑥ ☎ 93.94.95 🆖 🆖 ☎ 37.18.72
FORD Gar. Pomiers, 137 rte de Toulouse à
Semeac ☎ 37.96.76
OPEL Auto 2000, 80 rte Toulouse à Séméac ☎
36.69.15

PEUGEOT, TALBOT Benoît, rte de Pau à Ibos
par ⑦ ☎ 34.53.90
PEUGEOT, TALBOT C.-Fabre, rte de Toulouse
à Séméac par ④ ☎ 37.18.74
RENAULT Pyrénées-Autom., rte de Lourdes à
Odos par ⑥ ☎ 34.38.83

⚫ Germa, 2 av. des Sports à Aureilhan ☎ 36.
61.52

TARDETS-SORHOLUS 64470 Pyr.-Atl. 𝟾𝟻 ⑤ – 787 h. alt. 216 – ✆ 59.
Paris 830 – Mauléon-Licharre 13 – Oloron-Ste-Marie 27 – Pau 60 – St-Jean-Pied-de-Port 53.

🏠 **Gave,** ☎ 28.53.67, ≤ – ⌂wc 📶wc ☎ **P. E** 𝘝𝘐𝘚𝘈. ✧ rest
→   *15 fév.-15 nov. et fermé lundi hors sais.* – SC : **R** 40/120 – 🍽 16 – **12 ch** 91/198 – P
  160/201.

☆☆ **Pont d'Abense** ⚘ avec ch, à Abense de Haut ☎ 28.54.60, 🍽, « jardin fleuri »
→   – ⌂wc **P.** ✧
  fermé 15 nov. au 15 janv. et vend. hors sais. – SC : **R** 42/90 ⚙ – ⚌ 13 – **12 ch** 85/180
  – P 140/170.

TARGASSONNE 66 Pyr.-Or. 𝟾𝟼 ⑯ – rattaché à Font-Romeu.

TARN (Gorges du) ★★★ 48 Lozère 𝟾𝟶 ⑤ G. Causses.

TARNAC 19 Corrèze 𝟽𝟸 ⑳ G. Périgord – 472 h. alt. 700 – ⊠ **19170** Bugeat – ✆ 55.
Paris 441 – Aubusson 49 – Bourganeuf 54 – Eymoutiers 24 – ◆Limoges 69 – Tulle 72 – Ussel 47.

🏠 **Voyageurs** ⚘, ☎ 95.53.12 – ⌂wc 📶wc 📶. 𝘝𝘐𝘚𝘈. ✧ rest
  fermé 20 déc. au 1er fév., lundi (sauf hôtel) et dim. soir du 15 oct. au 15 juin sauf
  Pâques – SC : **R** 62/140 – ⚌ 17 – **17 ch** 81/140 – P 130/170.

TARTAS 40400 Landes 𝟽𝟾 ⑥ – 2 976 h. alt. 52 – ✆ 58.
Paris 726 – Arcachon 132 – ◆Bordeaux 135 – Dax 25 – Mont-de-Marsan 27 – Orthez 43 – Pau 100.

🏠 **L'Aub. à Bros,** à Bégaar O : 2 km N 124 ☎ 73.41.67 – 📶 🚗 **P.** ✧ ch
  fermé janv., fév., dim. soir et sam. – **R** carte 70 à 95 – 🍽 10 – **10 ch** 60/150.

TASSIN-LA-DEMI-LUNE 69 Rhône **73** ⑳ — rattaché à Lyon.

TAULÉ 29231 Finistère **58** ⑥ — 2 722 h. alt. 90 — ✪ 98.
Paris 544 — ♦Brest 57 — Morlaix 7 — Quimper 83 — St-Pol-de-Léon 14.

🏠 **Relais des Primeurs**, à la gare N : 1,5 km 🏱 67.11.03, 🚗 — 🛏 ☎ **P**
← fermé sept., vend. soir et sam. midi sauf juil. et août — SC : **R** 45/133 🍴 — ⌧ 14 —
16 ch 77/103 — P 145/160.

TAUSSAT-LES-BAINS 33148 Gironde **78** ② — ✪ 56.
Paris 629 — Andernos-les-Bains 4,5 — Arcachon 36 — ♦Bordeaux 48.

🏠 **Plage**, 🏱 82.06.01, � — 🛏wc 🛏🛏 **P**. 🕸
fermé oct. et lundi sauf juil.-août ; sans rest de nov. à Pâques — SC : **R** 75/95 — 🍷
20 — **17 ch** 120/210.

TAVEL 30126 Gard **81** ⑪ — 1 383 h. alt. 80 — ✪ 66.
Paris 681 — Alès 67 — Avignon 14 — Nîmes 39 — Orange 20 — Pont-St-Esprit 33 — Roquemaure 8,5.

XXX ❀ **Aub. de Tavel** (Bonnevaux) **M** avec ch, 🏱 50.03.41, �, 🍴, — 📺 🛏wc 🛏wc
☎ — 🔏 30. **AE ①** **VISA**
fermé fév. et lundi — SC : **R** 100/175 — ⌧ 27 — **11 ch** 200/290 — P 405/495
Spéc. Escalope de foie gras sauce poivrade, Barbue en soufflé, Caneton rôti. Vins Tavel, Lirac.

XX **Host. du Seigneur** avec ch, 🏱 50.04.26, expo. tableaux — **E**. 🕸 ch
fermé 15 déc. au 15 janv. et jeudi — SC : **R** 59/86 — ⌧ 15 — **7 ch** 80/93 — P 200/240.

TAVERS 45 Loiret **64** ⑧ — rattaché à Beaugency.

Le TEIL 07 Ardèche **80** ⑩ **G. Vallée du Rhône** — 8 352 h. alt. 73 — ✉ **07400** Le Teil-d'Ardèche —
✪ 75.

Voir Baptistère ★ de l'église de Mélos.

🗓 Office de Tourisme pl. P.-Sémard ''Les Sablons'' (fermé janv., fév., dim. et lundi) 🏱 49.10.46.
Paris 611 — Aubenas 37 — Montélimar 6 — Privas 28.

XX **L'Ardéchois**, 🏱 49.21.39 — **AE** **VISA**
fermé juil., lundi, vend. et dim. le soir et sam. midi — SC : **R** 73/160 🍴.

X **Coissieux**, 🏱 49.06.83 — **AE** **VISA**
fermé vacances de nov., vacances de fév., mardi soir et merc. soir — **R** 65/135.

Le TEILLEUL 50640 Manche **59** ⑨ — 1 542 h. alt. 70 — ✪ 33.
Paris 272 — Avranches 46 — Domfront 19 — Fougères 38 — Mayenne 38 — St-Lô 77.

🏠 **Clé des Champs** **M**, E : 1 km sur N 176 🏱 59.42.27 — 🛏wc ☎ 🚗 **P** — 🔏 25.
← **AE ① E** **VISA**
fermé 30 janv. au 3 mars et dim. soir du 1er oct. au 1er avril — SC : **R** 50/115 🍴 — ⌧
17,50 — **20 ch** 90/190 — P 185/205.

PEUGEOT-TALBOT Gar. Lemonnier, 🏱 59.   RENAULT Gar. Bonsens, 🏱 59.40.28 **N** 🏱 59.
40.20   42.86

TELGRUC-SUR-MER 29 Finistère **58** ⑭ — 1 844 h. alt. 80 — ✉ **29127** Plomodiern — ✪ 98.
🗓 Syndicat d'Initiative pl. du 3 sept. 1944 (fermé dim.) 🏱 27.78.06.
Paris 574 — Châteaulin 23 — Douarnenez 33 — Quimper 42.

XX **Aub. du Gerdann**, E : 2 km sur D 887 🏱 27.78.67 — **P**. **E**
fermé 15 oct. au 3 nov., fév., lundi soir et mardi — SC : **R** 60/120.

TEMPLERIE 35 I.-et-V. **59** ⑲ — rattaché à Fougères.

TENCE 43190 H.-Loire **76** ⑧ **G. Vallée du Rhône** — 2 733 h. alt. 840 — ✪ 71.
🗓 Syndicat d'Initiative 2 r. St-Agrève (fermé après-midi hors sais., lundi et dim. sauf saison) 🏱
59.81.99.
Paris 573 — Le Chambon-sur-Lignon 8,5 — Lamastre 41 — Le Puy 46 — ♦St-Étienne 53 — Yssingeaux 19.

🏠 ❀ **Le Gd Hôtel** (Placide), 🏱 59.82.76, parc — 🛏wc 🛏wc ☎. 🕸 rest
1er fév.-30 nov. et fermé lundi soir et mardi sauf hors sais. — SC : **R** 115/230 — ⌧ 25 —
18 ch 190/250 — P 270/320
Spéc. Foie gras frais de canard poêlé, Pain d'écrevisses sauce cardinal, Myrtilliade d'aiguillettes de
canard. Vins St-Joseph, Crozes-Hermitage.

🏠 **Poste**, r. St-Agrève 🏱 59.82.87, 🚗 — 🛏 ☎ 🚗. 🕸 ch
← 1er avril-30 sept. et fermé lundi — SC : **R** 37/80 — ⌧ 14 — **17 ch** 65/135 — P 115/135.

🏠 **Gouit**, pl. Chatiague 🏱 59.82.39 — 🛏
← avril-fin sept. et fermé dim. soir et lundi sauf du 1er juin au 31 août — SC : **R** 43/120
— ⌧ 11,50 — **21 ch** 55/88 — P 110/125.

PEUGEOT-TALBOT Gar. Bachelard, 🏱 59.80.20 **N** 🏱 59.83.30

TENDE 06430 Alpes-Mar. 🎱🎱 ⑳ G. Côte d'Azur – 2 045 h. alt. 816 – ✪ 93.
Paris 1 020 – Cuneo 45 – Menton 57 – ♦Nice 83 – Sospel 40.

🏠 **Centre** sans rest, 12 pl. République ⌀ 04.62.19 – 🛁wc
fermé 15 au 30 oct. – SC : ☲ 15,50 – **17 ch** 65/100.

TENDU 36 Indre 🎱🎱 ⑱ – rattaché à Argenton-sur-Creuse.

TERMIGNON 73 Savoie 🎱🎱 ⑥ G. Alpes – 344 h. alt. 1 300 – ⊠ **73500** Modane – ✪ 79.
Paris 679 – Chambéry 120 – Col du Lautaret 75 – Modane 17 – St-Jean-de-Maurienne 48.

🏔 **Doron**, ⌀ 20.50.44 – 🚗 🅿. 🛎 rest
♦ *20 juin-10 sept., 1er-10 mars et vacances scolaires* – SC : **R** 48/60 – ☲ 14 – **16 ch**
70/90 – P 130/140.

La TERRIÈRE 85 Vendée 🎱🎱 ⑪ – rattaché à La Tranche-sur-Mer.

TERTENOZ 74 H.-Savoie 🎱🎱 ⑰ – rattaché à Faverges.

TESSÉ-LA-MADELEINE 61 Orne 🎱🎱 ① – rattaché à Bagnoles-de-l'Orne.

La TESSOUALLE 49 M.-et-L. 🎱🎱 ⑥ – rattaché à Cholet.

TESSY-SUR-VIRE 50420 Manche 🎱🎱 ⑱ – 1 531 h. alt. 47 – ✪ 33.
Paris 301 – Avranches 47 – ♦Caen 61 – Granville 45 – St-Lô 18 – Villedieu-les-Poêles 25
– Vire 24.

🏠 **France**, ⌀ 56.30.01, 🚲 – 🛁 🚗 🅿. 🄴 𝘝𝘐𝘚𝘈
♦ *fermé 10 au 25 janv. et dim. soir* – SC : **R** *(fermé dim. soir et lundi midi sauf du 1er
juil. au 30 sept.)* 38/104 – ☲ 13 – **12 ch** 54/103 – P 110/140.

CITROEN Burnouf, ⌀ 56.30.15 🅽 ⌀ 56.33.13   RENAULT Herbert, ⌀ 56.36.43
PEUGEOT-TALBOT Lefranc, ⌀ 56.30.11

La TESTE 33260 Gironde 🎱🎱 ②⑫ – 19 030 h. – ✪ 56.
🚂 ⌀ 22.44.00, O : 2 km.
🎫 Office de Tourisme pl. J.-Hameau (fermé après-midi hors sais., dim. et lundi) ⌀ 66.45.59.
Paris 648 – Andernos-les-Bains 35 – Arcachon 4 – Belin-Beliet 39 – Biscarrosse 34 – ♦Bordeaux 59.

🏠 **France** sans rest, 35 r. Port ⌀ 66.27.69 – 🛁 ☎. 🛎
fermé 15 oct. au 12 nov. – SC : ☲ 16,50 – **15 ch** 124/173.

ALFA-ROMEO, **MAZDA** Auto-Service, 50 bis   RENAULT Arc-Auto, Zone Ind. ⌀ 66.44.50
r. du Port ⌀ 22.48.47   🅽 ⌀ 22.41.10
FIAT-LANCIA-AUTOBIANCHI Auto-Port, Parc   RENAULT Gar. de la Côte, 36 av. Gén.-de-
Ind., rte Cazaux ⌀ 66.42.13   Gaulle ⌀ 66.31.98
PEUGEOT, TALBOT Estrade, Zone Ind., bd In-
dustrie ⌀ 66.34.69   🔧 Lascaray, 53 av. Gén.-de-Gaulle ⌀ 66.27.22

TÉTEGHEM 59 Nord 🎱🎱 ④ – rattaché à Dunkerque.

Le TEULET 19 Corrèze 🎱🎱 ⑳ – ⊠ **19430** Mercoeur – ✪ 55.
Paris 537 – Argentat 24 – Aurillac 30.

🏠 **Relais du Teulet**, ⌀ 28.71.09 – 🛎 ch
♦ *fermé sam. du 1er nov. à Pâques* – SC : **R** 38/100 🍷 – 🛏 10 – **10 ch** 55.

TEYSSET 47 Lot-et-Gar. 🎱🎱 ⑤ – rattaché à Ste-Livrade-sur-Lot.

THANN ◁🅂▷ 68800 H.-Rhin 🎱🎱 ⑨ G. Vosges (plan) – 7 788 h. alt. 340 – ✪ 89.
Voir Collégiale St-Thiébaut★★.
Paris 537 – Belfort 42 – Colmar 44 – Épinal 88 – Guebwiller 23 – ♦Mulhouse 22.

FIAT, LANCIA Boeglin, 64 rte Mulhouse,   PEUGEOT, TALBOT Jeker, 16 rte de Roderen
Vieux-Thann ⌀ 37.04.03   par D 103 et D 35 ⌀ 37.81.72

THANNENKIRCH 68 H.-Rhin 🎱🎱 ⑲ G. Vosges – 367 h. alt. 510 – ⊠ **68590** St-Hippolyte –
✪ 89.
Voir Route★ de Schaentzel (D 48 1) N : 3 km.
Paris 497 – Colmar 21 – St-Dié 39 – Sélestat 15.

🏠 **Touring**, ⌀ 73.10.01, ≼ – ⛲wc 🛁wc 🅿. 🄰🄴 𝘝𝘐𝘚𝘈. 🛎 rest
début avril-fin oct. – SC : **R** 54/95 🍷 – ☲ 20 – **27 ch** 136/204 – P 174/230.

🏔 **Taennchel** 🛖, ⌀ 73.10.15, 🚲 – 🛁wc 🅿. 🛎 ch
15 mars-15 nov. et fermé lundi soir et mardi hors sais. – SC : **R** 60/140 – 🛏 17 –
15 ch 70/135 – P 150/170.

THAON 14610 Calvados 🔢 ⑮ **G. Normandie** – 1 146 h. alt. 29 – ✪ 31.

Voir Ancienne église★.

Paris 252 – Bayeux 20 – ◆Caen 12 – Courseulles-sur-Mer 10.

XX **Aub. de la Mue,** ☎ 80.01.47 – ✪. 𝚅𝙸𝚂𝙰
  ◆ fermé merc. – SC : **R** 50/120.

CITROEN Gar. Goumault, ☎ 80.03.03 🅽 ☎ 80.01.83

THAON 88 Vosges 🔢 ⑯ – rattaché à Épinal.

Le THEIL 15 Cantal 🔢 ② – rattaché à Salers.

THEIX 56 Morbihan 🔢 ③ – rattaché à Vannes.

THEIZÉ 69 Rhône 🔢 ⑨ – 944 h. alt. 490 – ⊠ 69620 Le Bois-d'Oingt – ✪ 74.

Paris 448 – Chauffailles 51 – ◆Lyon 34 – Tarare 23 – Villefranche-sur-Saône 12.

🏠 **Espérance** ⚲, carrefour D 38E D 96 ☎ 71.22.26, ≤ – 🕅. 𝙰𝙴 ⓞ 𝙴 𝚅𝙸𝚂𝙰
  fermé 20 sept. au 20 oct., mardi soir et merc. – SC : **R** 72/110 – � 17,50 – **9 ch** 80/110.

RENAULT Gar. Mazallon, ☎ 71.22.40 🅽 ☎ 71.25.14

THEL 69 Rhône 🔢 ⑧ – rattaché à Cours.

THÈMES 89 Yonne 🔢 ⑭ – ⊠ 89410 Cézy – ✪ 86.

Paris 139 – Auxerre 36 – La Celle-St-Cyr 4 – Joigny 8,5 – Montargis 50 – Sens 27.

XX **P'tit Claridge** avec ch, ☎ 63.10.92, 🌿 – 🚪 ✪. 𝙰𝙴 ⓞ 𝙴 𝚅𝙸𝚂𝙰
  fermé 27 janv. au 25 fév. – SC : **R** (fermé lundi hors sais.) 55/110 ⓙ – ⊊ 18 – **13 ch** 90/110 – P 160/180.

THENISY 77 S.-et-M. 🔢 ③④ – 156 h. alt. 71 – ⊠ 77520 Donnemarie-Dontilly – ✪ 6.

Paris 86 – Coulommiers 42 – Melun 46 – Montereau-faut-Yonne 21 – Provins 15 – Sens 38.

X **Aub. Fleurie,** ☎ 067.33.02 – ✪
  fermé merc. – **R** (dîner prévenir) carte 90 à 140.

THÉOULE-SUR-MER 06590 Alpes-Mar. 🔢 ⑧, 🔢 ㉞ **G. Côte d'Azur** – 1 010 h. alt. 4 à 155 – ✪ 93 – 🅸 Office de Tourisme pl. Gén.-Bertrand (fermé nov. et dim.) ☎ 49.97.75.

Paris 902 – Cannes 10 – Draguignan 57 – ◆Nice 41 – St-Raphaël 36.

🏠 **Gd Hôtel** sans rest, ☎ 49.96.04 – 🕅wc 📞 🚗
  22 avril-30 sept. – SC : ⊊ 20 – **24 ch** 130/240.

  à la Galère S : 1,8 km par N 98 – ⊠ 06590 Théoule :

🏨 ✿ **Villa Anna Guerguy** ''La Galère'' ⚲, ☎ 75.44.54, 🌴, « Jardins en terrasses, ≤ littoral et les îles » – 📺 ☎ ✪. 🌳
  1er fév.-31 oct. – **R** (fermé merc. sauf de juil. au 30 sept. et fêtes) (nombre de couverts limité - prévenir) carte 190 à 300 – ⊊ 35 – **14 ch** 450/550
  Spéc. Bourride, Langouste grillée au whisky, Filet de loup en papillote. **Vins** Côteaux d'Aix, Cassis.

  Voir aussi ressources hôtelières de *Miramar* S : 6 km

THÉRONDELS 12 Aveyron 🔢 ⑬ – 606 h. alt. 960 – ⊠ 12600 Mur-de-Barrez – ✪ 65.

Paris 547 – Aurillac 49 – Chaudes-Aigues 54 – Espalion 68 – Murat 59 – Rodez 88 – St-Flour 57.

🏠 **Miquel,** ☎ 66.02.72 – 🚪wc 🕅wc ✪
  ◆ fermé 1er au 15 oct. et 2 janv. au 1er fév. – SC : **R** 40/60 ⓙ – ⊊ 13 – **22 ch** 55/90.

THÉSÉE 41 L.-et-Ch. 🔢 ⑰ **G. Châteaux de la Loire** – 1 157 h. alt. 68 – ⊠ 41140 Noyers-sur-Cher – ✪ 54.

Paris 216 – Blois 34 – Châteauroux 77 – Montrichard 9,5 – Romorantin-Lanthenay 40 – Vierzon 64.

🏠 **Host. Moulin de la Renne,** ☎ 71.41.56, ≤, 🌿 – 🚪 🕅wc 📞 ✪
  fermé 15 janv. à début mars, dim. soir et lundi hors sais. – SC : **R** 55/120 – ⊊ 17 – **15 ch** 75/150 – P 196/238.

XX **La Mansio** avec ch, ☎ 71.40.07 – ✪
  ◆ fermé 20 au 30 oct., 2 janv. au 3 fév., lundi soir et mardi hors sais. – SC : **R** 40/120 ⓙ – ⊊ 12 – **9 ch** 54/90 – P 95/98.

THIBERVILLE 27230 Eure 🔢 ⑭ – 1 657 h. alt. 169 – ✪ 32.

Paris 158 – Bernay 13 – Brionne 23 – Évreux 56 – Lisieux 17 – Orbec 16 – Pont-Audemer 27.

🏛 **Levrette,** ☎ 43.80.22 – 🕅 ✪
  fermé fév., dim. soir et jeudi – SC : **R** 60/85 ⓙ – ⊊ 12 – **8 ch** 40/80.

RENAULT Gar. Leprevost, ☎ 43.93.98

THIERS ◁❯ **63300** P.-de-D. **73** ⑯ G. Auvergne – 16 820 h. alt. 436 – ✪ 73.

Voir Site★★ – Maison du Pirou★ B – Terrasse du Rempart ≼★ – Rocher de Borbes
≼★ S : 3,5 km par D 102.

🖪 Office de Tourisme pl. du Pirou (fermé sam. matin hors sais. et dim.) ☏ 80.10.74 et pl. Mutualité
(1er juil.-30 sept. et fermé lundi).

Paris 387 ③ – Bourg-en-Bresse 181 ① – Chalon-sur-Saône 232 ① – ◆Clermont-Ferrand 45 ② –
Issoire 60 ② – ◆Lyon 137 ① – Le Puy 128 ② – Roanne 59 ① – ◆St-Étienne 107 ① – Vichy 36 ③.

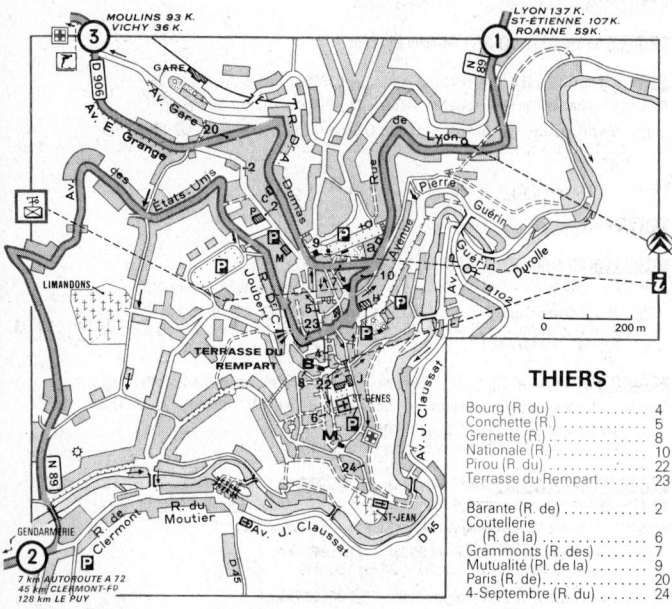

THIERS

Bourg (R. du)	4
Conchette (R.)	5
Grenette (R.)	8
Nationale (R.)	10
Pirou (R. du)	22
Terrasse du Rempart	23
Barante (R. de)	2
Coutellerie (R. de la)	6
Grammonts (R. des)	7
Mutualité (Pl. de la)	9
Paris (R. de)	20
4-Septembre (R. du)	24

🏠 **Aigle d'Or**, 8 r. Lyon **(a)** ☏ 80.00.50 – 🛏️wc 🛗 📶. 🖪 **VISA**. ⚘
↦   fermé nov. et lundi – SC : **R** 44/74 🍴 – ☲ 13,50 – **25 ch** 48/126 – P 130/165.

rte de Clermont par ② : 5 km sur N 89 – ⊠ **63300** Thiers :

🏠 **Fimotel** Ⓜ, ☏ 80.64.60 – 📶 📺 🛏️wc 🛗 📶. 🖪 **VISA**
↦   SC : **R** 41/72 🍴 – ☲ 16,50 – **42 ch** 177/190 – P 180/240.

Voir aussi ressources hôtelières de *Pont-de-Dore* par ② : 6 km

CITROEN Sauvagnat, 90 r. de Lyon ☏ 80.03.74
PEUGEOT, TALBOT Thiers-Autom., 52 av.
L.-Lagrange par ② ☏ 80.57.54
RENAULT S.A.R.A.C Zone Ind. du Felet par
② ☏ 80.55.10
V.A.G. Gar. Perron, 79 av. L.-Lagrange ☏ 80.
20.49

⊛ Estager-Pneu, Zone des Molles, av.
L.-Lagrange ☏ 80.15.97
Piot-Pneu, 95 r. de Lyon ☏ 80.13.75

THIÉZAC 15450 Cantal **76** ⑫⑬ G. Auvergne – 742 h. alt. 805 – ✪ 71.

Voir Pas de Compaing★ NE : 3 km.

Paris 519 – Aurillac 27 – Murat 24 – Vic-sur-Cère 6.

🏠 **Casteltinet**, ☏ 47.00.60 – 🛏️wc 🛗 📍. 🖪 🖪 **VISA**. ⚘ rest
↦   fermé 15 oct. au 15 déc. – SC : **R** (fermé merc. hors sais.) 55/85 – ☲ 17 – **20 ch**
130/165 – P 150/160.

🏠 **Elancèze** (annexe **Belle vallée** ⚑), ☏ 47.00.22 – 🛏️wc 🛗wc 🛗 📍. 🖪
↦   SC : **R** 45/80 🍴 – ☲ 14 – **29 ch** 75/120 – P 110/150.

🏠 **Commerce**, ☏ 47.01.67 – 🛗 🖪 ⚘ rest
↦   SC : **R** 40/90 – ☲ 12 – **35 ch** 70/120 – P 115/130.

Pour un bon usage des plans de villes, voir les signes conventionnels p. 21.

Le THILLOT 88160 Vosges 🖫🖫 ⑧ G. Vosges – 4 867 h. alt. 500 – ✪ 29.

🖫 Syndicat d'Initiative à la Mairie (fermé sam. après-midi, dim. et lundi matin) ☏ 25.00.59.

Paris 439 – Belfort 44 – Colmar 81 – Épinal 50 – ◆Mulhouse 59 – St-Dié 63 – Vesoul 63.

au Menil NE : 3,5 km par D 486 – alt. 515 – ⊠ **88160** Le Thillot :

🏠 **Les Sapins,** ☏ 25.02.46, ≼, 🐎 – ⌂wc 🏚wc ☎ **🄿**. 🕮. 🛠 rest
    fermé 10 nov. au 20 déc. – SC : **R** 55/100 🖑 – ⊑ 17 – **21 ch** 95/145 – P 165/200.

au col des Croix SO : 4 km par D 486 – alt. 753 – ⊠ **88160** Le Thillot :

🏠 **Perce-Neige,** ☏ 25.02.63 – ⌂wc 🏚wc ☎ **🄿**. 🕮
⬦   fermé 10 nov. au 20 déc. – SC : **R** 50/110 🖑 – ⊑ 15 – **20 ch** 80/150 – P 160/180.

THIONVILLE ◁🆂🅿▷ 57100 Moselle 🖫🖫 ③④ G. Vosges – 41 448 h. alt. 155 – ✪ 8.

Voir Château de la Grange∗ par ① : 2 km.

🖫 Office de Tourisme 16 r. Vieux-Collège (fermé dim.) ☏ 253.33.18.

Paris 339 ④ – Luxembourg 35 ⑦ – ◆Metz 29 ① – ◆Nancy 83 ③ – Trier 70 ② – Verdun 87 ④.

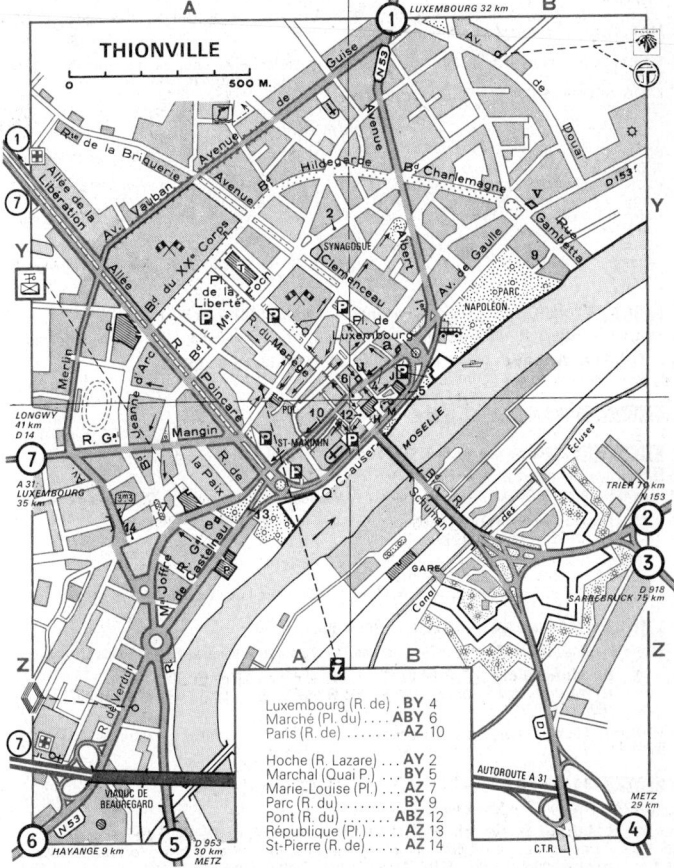

THIONVILLE

Luxembourg (R. de) . **BY** 4	
Marché (Pl. du) . **ABY** 6	
Paris (R. de) . . . . **AZ** 10	
Hoche (R. Lazare) . . . **AY** 2	
Marchal (Quai P.) . . **BY** 5	
Marie-Louise (Pl.) . . **AZ** 7	
Parc (R. du) . . . . **BY** 9	
Pont (R. du) . . . . . . **ABZ** 12	
République (Pl.) . . . . **AZ** 13	
St-Pierre (R. de) . . . . **AZ** 14	

🏨 **Parc** sans rest, 10 pl. République ☏ 253.71.80 – 🔳 ⌂wc 🏚wc ☎. 🕮 **VISA**   AZ **e**
    SC : ⊑ 22 – **42 ch** 135/195.

🏠 **Aux Portes de France,** 1 pl. Gén.-Patton ☏ 253.30.01 – 🔳 ⌂wc 🏚wc ☎. 🛠
    fermé 30 juil. au 20 août – SC : **R** *(fermé dim. soir et lundi)* 80 – ⊑ 18 – **21 ch**
    70/180.   BY **v**

🏠 **Beffroi** sans rest, 2 r. Mersch ☏ 253.31.30 – 🔳 ⌂wc 🏚 . **VISA**. 🛠   BY **u**
    fermé 15 au 31 août – SC : ⊑ 13 – **24 ch** 62/150.

THIONVILLE

XXX **Concorde** avec ch, 6 pl. Luxembourg ℡ 253.83.18, ✻ Thionville – 🛗 📺 🛏wc
🛏wc ☎ ⬅️, 🅰️ 🄴 *VISA*   BY **a**
R *(fermé 1er au 26 août)* 120/188 – ⌧ 24 – **25 ch** 169/201.

au NO par allée de la Libération et allée Bel Air - AY : 3 km – ⌧ **57100** Thionville :

🏨 **Horizon** 🔉, 50 rte Crève-Coeur ℡ 288.53.65, ≤, 🍽️, 🛋, – 🛏wc ☎ 🅿 – 🏕️ 25.
🄰🄴 ⓘ *VISA*
fin fév.-fin nov. – SC : **R** *(fermé sam. midi)* 130/250 – ⌧ 30 – **10 ch** 220/420.

XX **Aub. Crève-Coeur,** ℡ 288.50.52 – 🅿, ⓘ *VISA*
fermé 28 janv. au 13 fév., dim. soir et lundi – SC : **R** 80/150.

à Florange par ⑤ et D 18 : 5 km – 11 766 h. – ⌧ **57190** Florange :

🏨 **Capon** sans rest, av. Lorraine ℡ 258.51.37 – 🛗 🛏wc 🛏wc ☎ 🅿 🄰🄴 ⓘ 🄴
SC : ⌧ 13,50 – **36 ch** 95/157.

AUSTIN, LANCIA-AUTOBIANCHI, ROVER
Gar. du Fort, rte de Yutz, Percée Sud ℡ 256.
11.74
CITROEN Gar. Weiland, 36 rte d'Esch-sur-
Alzette par ⑦ ℡ 288.10.15 ℡ 253.32.46
FIAT Gar. du Centre, 50 av. de Guise ℡ 253.
27.13
FORD Central Auto, 1 rte de la Digue ℡ 288.
55.48
LADA, SKODA Soval, 18 bd. R. Schumann, ℡
256.18.53

PEUGEOT-TALBOT Gar. Moderne, 10 av.
Douai ℡ 253.30.08 🅽
VAG Gar. Diettert, 39 av. Clemenceau ℡ 253.
26.04
VOLVO Gar. Vaillant, 18 r. de Verdun ℡ 288.
58.81

🛞 Leclerc-Pneu, boucle du Ferronnier Zone
Ind. du Linkling 2 ℡ 288.43.28

Périphérie et environs

BMW Gar. Burlet, 27 rte de Verdun à Terville
℡ 288.58.83
PEUGEOT-TALBOT Gar. de la Fensch, 14 r.
Verdun à Florange par ⑥ ℡ 258.46.21 🅽
RENAULT Gd Gar. de la Moselle, 25 r. de Ver-
dun à Terville ℡ 288.49.60 🅽
RENAULT Gar. Colombo, av. de Lorraine à
Florange par ⑥ ℡ 258.50.53

V.A.G. Gar. Charron, 46 b r. de Hayange à
Uckange ℡ 258.21.67
V.A.G. Gar. Diettert, 4 r. de la République à
Hettange-Grande ℡ 253.10.98 🅽
V.A.G. Gd Gar. Lorrain, 5 r. République à Knu-
tange ℡ 285.25.19

🛞 Becker Pneus, 22 rte de Metz à Florange ℡
288.45.45

THIRON 28480 E.-et-L. 🔟 ⑯ G. **Normandie** – 1 019 h. alt. 241 – 🟢 37.
Paris 132 – Chartres 41 – Châteaudun 41 – La Loupe 22 – Nogent-le-Rotrou 14 – Verneuil-sur-Avre 56.

XX **Aub. Abbaye** avec ch, r. Commerce ℡ 49.54.18, 🛋 – 🅿 *VISA*
fermé dim. soir et lundi midi – SC : **R** 40/110 🍷 – ⌧ 24 – **10 ch** 69/115 – P 130.

THIVARS 28 E.-et-L. 🔟 ⑰, 🔟🔟 ⑰ – rattaché à Chartres.

THIVIERS 24800 Dordogne 🔢 ⑥ G. **Périgord** – 4 215 h. alt. 253 – 🟢 53.
🅱 Syndicat d'Initiative pl. Mar.-Foch (fermé lundi) ℡ 55.12.50.
Paris 457 – Brive-la-Gaillarde 82 – ♦Limoges 64 – Nontron 32 – Périgueux 37 – St-Yrieix-la-Perche 31.

🏨 **France et Russie** 🇲 sans rest, 51 r. Lamy ℡ 55.17.80 – 🛏wc ☎
SC : ⌧ 25 – **11 ch** 105/195.

CITROEN Beaufils, ℡ 55.00.74
PEUGEOT, TALBOT Boucher, ℡ 55.00.86
PEUGEOT, TALBOT Gar. Moderne, ℡ 55.00.46

RENAULT Gar. Joussely, ℡ 55.01.24

🛞 Maury-Pneus, ℡ 55.17.11

THIZY 69240 Rhône 🔢 ⑧ – 3 699 h. alt. 504 – 🟢 74.
Paris 414 – Chauffailles 27 – ♦Lyon 70 – Roanne 22 – Tarare 25 – Villefranche-sur-Saône 53.

🏨 **La Musardière** 🔉, ℡ 64.03.15, ≤, 🛋 – 🛏wc 🛗 🅿 🄰🄴 *VISA*
fermé dim. soir et lundi midi – SC : **R** 55/120 🍷 – ⌧ 12,50 – **10 ch** 90/128 – P
160/206.

PEUGEOT-TALBOT Gar. des Promenades, ℡
64.01.42

RENAULT Flandin, à Bourg-de-Thizy ℡ 64.
05.43 🅽

THIZY 89 Yonne 🔢 ⑥⑦ – 135 h. alt. 303 – ⌧ **89420** Guillon – 🟢 86.
Paris 220 – Avallon 17 – Montbard 37 – Tonnerre 45.

XX **L'Atelier** 🔉 avec ch, ℡ 32.11.92, 🛋 – 🛏wc 🛗 🅿 🄰🄴 ⓘ 🄴 *VISA* 🦌
fermé 17 déc. au 3 janv., merc. et jeudi du 13 avril au 6 nov. ; en hiver ouvert le
week-end seul. – SC : **R** 80/160 – ⌧ 19 – **8 ch** 90/190.

RENAULT Cervo, à l'Isle sur Serein ℡ 33.84.87

THOIRETTE 39 Jura 🔟 ⑭ – 293 h. alt. 292 – ⌧ **39240** Arinthod – 🟢 74.
Paris 460 – Bourg-en-Bresse 33 – Lons-le-Saunier 54 – Nantua 20 – Oyonnax 16 – St-Claude 40.

🏨 **Source,** SO : 1 km sur D 936 ℡ 76.80.42, ≤, 🛋 – 🛗 ⬅️ 🅿 🦌
fermé 15 oct. au 5 nov., 2 au 23 janv. et vend. sauf juil., août – SC : **R** 40/100 🍷 – ⌧
12 – **10 ch** 70/110 – P 115/125.

1122

THOIRY 78770 Yvelines 🗆🗆 ⑨, 🗆🗆🗆 ⑤🗆 G. Environs de Paris – 713 h. alt. 160 – ✪ 3.

Voir Réserve africaine⋆.

Paris 51 – Dreux 46 – Mantes 24 – Rambouillet 31 – Versailles 30.

🏠 **Étoile** Ⓜ, 🕾 487.40.21, 🚗, 🗆 ⇔wc 🕾 ☎ – 🔒 50. 🗚 ⓞ 🗚 🚾. 🕸 ch
fermé janv. et lundi – SC : **R** 60/92 – ☲ 25 – **12 ch** 140/235.

THOISSEY 01140 Ain 🗆🗆 ① – 1 481 h. alt. 175 – ✪ 74.

Paris 416 – Bourg-en-Bresse 37 – Chauffailles 53 – ◆Lyon 56 – Mâcon 16 – Villefranche-sur-Saône 29.

🏠🏠 ❀❀ **Chapon Fin et rest. P. Blanc** 🕾, 🕾 04.04.74, « Élégante installation », 🚗
– 🖤 🗆 ⇔ ☎ 🕾. 🚾
fermé 3 janv. au 11 fév. et mardi sauf le soir du 1er juin au 1er oct. – SC : **R** 150/300 et
carte – ☲ 28 – **25 ch** 185/420
Spéc. St-Jacques "Paul Blanc" (oct. à avril), Assiette Val de Saône, Fricassée de volaille aux morilles.
Vins Fleurie, St-Véran.

🕅 **Beau Rivage** 🕾, au port 🕾 04.01.66, ≤ – 🕅wc 🕾. 🕸 ch
15 mars-15 oct. et fermé dim. soir et lundi sauf fêtes – SC : **R** 60/115 – ☛ 15 –
10 ch 86/125 – P 165.

CITROEN Delorme, à St-Didier-sur-Chala-   RENAULT Chevrolat, 🕾 04.02.25
ronne 🕾 04.03.26 🖪
PEUGEOT-TALBOT Berry, à St-Didier-sur-
Chalaronne 🕾 04.04.68 🖪

THOLLON 74 H.-Savoie 🗆🗆 ⑱ G. Alpes – 416 h. alt. 992 – Sports d'hiver : 1 000/1 950 m ≰1 ≰14
– 🖂 74500 Évian-les-Bains – ✪ 50.

Voir Pic de Mémise ⋇⋆⋆ 30 mn.

Paris 599 – Annecy 95 – Évian-les-Bains 11 – Thonon-les-Bains 20.

🏠 **Bon Séjour** 🕾, 🕾 75.07.56, 🚗 – 🖤🕅wc 🕾 ⴵ ⇔ 🕾. 🗚 🚾
fermé 15 nov. au 20 déc. – SC : **R** 60/150 – ☲ 25 – **22 ch** 120/180 – P 180/200.

🕅 **Les Gentianes** 🕾, au télécabine E : 2 km 🕾 75.09.35, ≤ lac et montagnes –
◆ ⇔wc 🕅wc ☎ 🕾. 🚾
1er juin-15 sept. et 20 déc.-15 avril – SC : **R** 47/110 – ☲ 17,50 – **22 ch** 149/155 – P
197/288.

🕅 **Bellevue**, 🕾 75.07.01, ≤, 🚗 – 🕅 ⇔ 🕾. 🚾
15 mai-25 oct. et 10 déc.-25 avril – SC : **R** 55/95 – ☲ 15 – **15 ch** 100/120 – P
150/190.

Le THOLY 88530 Vosges 🗆🗆 ⑰ – 1 583 h. alt. 600 – ✪ 29.

Voir Grande Cascade de Tendon⋆ NO : 5 km, G. Vosges.

🖪 Syndicat d'Initiative à la Mairie (fermé sam. après-midi et dim.) 🕾 61.81.18.

Paris 419 – Bruyères 21 – Épinal 30 – Gérardmer 10 – Remiremont 18 – St-Amé 10 – St-Dié 40.

🏠 **Gérard**, 🕾 61.81.07, Télex 961408, ≤, 🖾, 🚗 – ⇔wc 🕅wc ☎ ⇔ 🕾. 🗚 ⓞ 🗚
◆ 🚾
fermé oct. – SC : **R** 45/90 ⅄ – ☲ 16 – **20 ch** 110/175 – P 160/175.

🕅 **Grande Cascade**, NO : 5 km sur D 11 🕾 66.21.08, ≤ – ⇔ 🕅wc ☎ 🕾. 🗚 🚾
◆ *fermé nov.* – SC : **R** (fermé lundi hors sais.) 50/120 ⅄ – ☲ 17 – **20 ch** 70/128 – P
130/160.

THONES 74230 H.-Savoie 🗆🗆 ⑦ G. Alpes – 4 461 h. alt. 626 – ✪ 50.

Voir Vallée de Manigod⋆⋆ S : 3 km – Morette-Glières (cimetière militaire de Morette)
NO : 3 km.

🖪 Office de Tourisme 1 pl. Avet 🕾 02.00.26.

Paris 569 – Albertville 36 – Annecy 20 – Bonneville 32 – Faverges 20 – Megève 41.

🏠 **Nouvel H. Commerce** Ⓜ, r. Clefs 🕾 02.13.66 – 🖤 ⇔wc 🕅wc 🕾 ⇔ – 🔒 45.
◆ 🗚 🗚 🚾
fermé 25 avril au 5 mai, 29 oct. au 30 nov. et lundi hors sais. – SC : **R** 46/130 – ☲
18,50 – **25 ch** 123/193 – P 194/213.

🏠 **Gd H. Central**, 1 r. Clefs 🕾 02.00.04, 🚗 – ⇔wc ☎ 🕾. 🗚 🚾. 🕸
◆ *fermé 15 sept. au 15 oct., 20 avril au 10 mai et lundi* – SC : **R** 42/75 – ☲ 17 – **30 ch**
120/170 – P 170/190.

🕅 **Hermitage**, av. Vieux-Pont 🕾 02.00.31 – ⇔wc 🕅wc ☎ ⇔ 🕾 – 🔒 30. 🗚. 🕸
◆ *fermé 20 oct. au 15 nov.* – SC : **R** (fermé vend. hors sais.) 38/72 ⅄ – ☛ 12 – **38 ch**
55/110 – P 110/140.

🕅 **Midi**, pl. Hôtel de Ville 🕾 02.00.44 – ⇔wc 🕅wc 🕾 ⇔. 🚾
◆ *fermé 15 mai au 1er juin, 15 sept. au 1er oct., 30 oct. au 15 déc. et jeudi* – SC : **R**
39/82 ⅄ – ☲ 17 – **22 ch** 87/160 – P 140/175.

Ne voyagez pas aujourd'hui avec une carte d'hier.

THONON-LES-BAINS ⬦⬦ 74200 H.-Savoie **70** ⑰ G. Alpes – 25 894 h. alt. 426 – Stat. therm. (3 janv.-22 déc.) – ❸ 50.

Voir Les Belvédères★★ ABY – Chemin de Croix★ de la Basilique AY **D** – Voûtes★ de l'église St-Hippolyte AY **E** – Château de Ripaille★ N : 2 km BY.

🖪 Office de Tourisme pl. Hôtel de Ville (fermé sam. après-midi et dim.) ☎ 71.00.51.

Paris 580 ④ – Annecy 81 ③ – Chamonix 107 ③ – ✦Genève 33 ④.

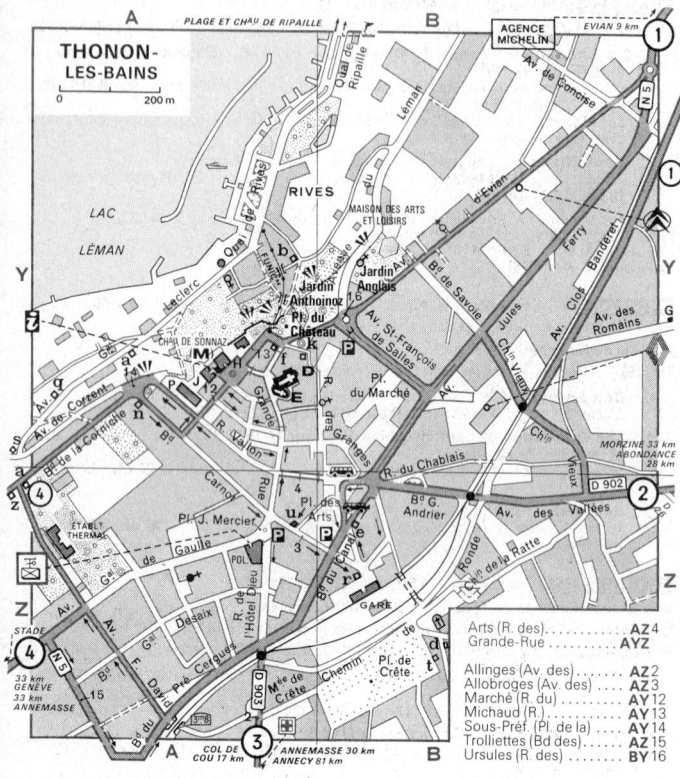

| Arts (R. des) | **AZ** 4 |
| Grande-Rue | **AYZ** |

Allinges (Av. des)	**AZ** 2
Allobroges (Av. des)	**AZ** 3
Marché (R. du)	**AY** 12
Michaud (R.)	**AY** 13
Sous-Préf. (Pl. de la)	**AY** 14
Trolliettes (Bd des)	**AZ** 15
Ursules (R. des)	**BY** 16

🏛 **Savoie et Léman** (École hôtelière), 2 bd Corniche ☎ 71.13.80, Télex 900812, ≤, 🌐 – 🕴 & 🄿 – 🔏 50. 🄰🄴 Ⓞ **E**. ⁂ rest
fermé sept., vacances scol. de nov., de Noël, de fév. et de Pâques – SC : **R** 98/130 –
31 ch ⊊ 142/295, 4 appartements 385 – P 308/423.
AY **n**

🏛 **Rénovation** Ⓜ, 4 pl. Château ☎ 26.44.66 – 🕴 ⌷wc ᵭ & – 🔏 30. 🄰🄴 Ⓞ **E** 𝗩𝗜𝗦𝗔
SC : **R** (fermé lundi) 58/110 – ⊊ 18 – **26 ch** 130/200, 3 appartements 400.
AY **k**

🏛 **Duché de Savoy**, av. Gén.-Leclerc ☎ 71.40.07, 🌼 – ⌷wc ⛴wc ᵭ 🚗. ⁂ ch
fermé fin oct. à mi-nov. – SC : **R** (fermé lundi) 65/120 – ⊊ 18,50 – **15 ch** 136/160 –
P 225/235.
AY **a**

🏛 **Clos Savoyard**, 50 av. Genève par ④ : 2 km ☎ 71.03.91, 🌼, 🌐 – ⌷wc ⛴wc
🚗 🄿. 🄰🄴 Ⓞ 𝗩𝗜𝗦𝗔. ⁂ rest
Pâques-fin oct. – SC : **R** (fermé dim. sauf juil. et août) 75/120 – ⊊ 22 – **18 ch**
132/210 – P 264/300.
AY **e**

🏛 **Alpazur H.** sans rest, 8 av. Gén.-Leclerc ☎ 71.37.25, ≤, 🌐 – 🕴 ⛴wc 🚗. ⁂
1ᵉʳ avril-15 oct. – SC : ⊊ 18 – **26 ch** 95/185.
AY **q**

🏛 **France**, 12 bd Canal ☎ 71.24.47 – 🕴 ⌷wc 🚗 🄿. 𝗩𝗜𝗦𝗔
fermé janv. – SC : **R** (fermé jeudi sauf de juin à fin sept. 48/70 – ⊊ 17 – **53 ch**
98/180 – P 170/235.
BZ **e**

🏛 **Corniche**, 24 bd Corniche ☎ 71.10.73, ≤, 🌼, 🔾 – ⛴wc 🚗 🄿. ⁂
15 mai-15 sept. – SC : **R** 51/93 – ⊊ 16,50 – **23 ch** 150/185 – P 170/200.
AZ **a**

🏛 **Beau Site** ⟰ sans rest, 1 r. du Port ☎ 71.26.89, ≤, 🌐 – ⌷ ⛴wc 🚗 🚗 🄿. ⁂
1ᵉʳ juin-15 sept. – SC : ⊊ 19 – **22 ch** 98/185.
AY **b**

1124

🏛 **Trianon du Léman** 🦺, av. Corzent ☏ 71.25.78, ≤, 佘, 🐎, ⅋ — 🖵wc 🅿. 𝖵𝖨𝖲𝖠.
ᵃ̊ᵃ ch AY s
15 avril-23 sept. – SC : **R** 61/175 – 🛏 20 – **17 ch** 94/175 – P 185/275.

🏛 **Ma Campagne** 🦺, av. Allinges par ① ☏ 71.58.24 — 🖵wc ▥wc ☜ 🅿. 𝖵𝖨𝖲𝖠. ᵃ̊ᵃ
15 mai-15 sept. – SC : **R** 60/100 – 🛏 19 – **24 ch** 95/180 – P 165/210.

🏛 **Villa des Fleurs** 🦺 sans rest, 4 av. Jardins ☏ 71.11.38, 🐎 — 🖵wc ▥wc ☜ 🅿.
ᵃ̊ᵃ BZ d
Pâques-30 sept. et vacances de fév. – SC : 🛏 17 – **11 ch** 104/162.

🏛 **Bocage H.** sans rest, 38 bd Corniche ☏ 71.01.20, 🐎 — 🖵wc ▥wc 🅿.
fermé nov. – SC : 🛏 17 – **7 ch** 105/178. AZ z

🏛 **H. Terminus** sans rest, pl. Gare ☏ 71.25.69 – 🛗 🖵wc ☜ 🅿. ᵃ̊ᵃ BZ r
fermé oct. – SC : 🛏 15 – **41 ch** 70/130.

🏛 **A l'Ombre des Marronniers**, 17 pl. Crête ☏ 71.26.18, 🐎 — 🖵wc ▥wc ☜ 🅿.
✦ ᵃ̊ᵃ BZ t
fermé nov. – SC : **R** *(fermé lundi)* 50/102 – 🛏 16 – **19 ch** 86/150.

🏛 **Lausanne** sans rest, pl. Château ☏ 71.07.13 – 🖵 ☜ AY f
fermé janv. et dim. hors sais. – SC : 🛏 14 – **10 ch** 65/110.

🞨🞨 **La Grillandière**, 11 av. Genève par ④ : 1,5 km ☏ 71.36.87, 🐎 — 🅿. 🅰🅴 ① 🅴 𝖵𝖨𝖲𝖠
fermé 25 juin au 8 juil. et dim. – SC : **R** 58/82 🍷.

🞨 **Victoria**, 5 pl. Arts ☏ 71.02.82 AZ u

à Armoy SE : 7 km par D 26 – BZ – alt. 620 – ✉ 74200 Thonon-les-Bains :

🏛🏛 **Carlina** Ⓜ 🦺, ☏ 71.39.09, ≤, 佘, 🐎 — 🖵wc ☜ 🅿 – 🛁 60. ᵃ̊ᵃ rest
fermé 15 oct. au 10 nov., 20 déc. au 15 fév., dim. soir et lundi hors sais. – SC : **R**
75/120 – 🛏 25 – **16 ch** 130/150 – P 175/185.

🏛 **A l'Écho des Montagnes** 🦺 (annexe 🏛🏛 Ⓜ 🛗 🖵wc ☜), ☏ 71.32.01, 🐎 —
✦ 🚗 🅿. ᵃ̊ᵃ ch
fermé 1ᵉʳ au 7 oct., début déc. à début fév., lundi soir et mardi hors sais. – SC : **R**
48/110 – 🛏 17 – **64 ch** 70/160 – P 120/170.

Voir aussi ressources hôtelières de **Bonnatrait** par ④ : 9,5 km

MICHELIN, Agence, Z.I. de Vongy par ① ☏ 71.36.76

ALFA-ROMEO, LANCIA-AUTOBIANCHI Gar.
Grillet, av. de Senevulaz ☏ 71.37.43
AUSTIN, BMW, PORSCHE-MITSUBISHI Gar.
de la Source, 5 chemin de Morcy ☏ 71.39.78
CITROEN SADAL, 13 av. d'Évian ☏ 71.00.93
FIAT Gar. du Chablais, 10 av. Gén.-de-Gaulle
☏ 71.33.71
FORD Gar. de Thuyset, 16 av. des Prés-Verts
☏ 71.31.50
MAZDA, VOLVO Millet, N 202, Direction
Morzine ☏ 71.23.35
OPEL Gar. Ricaud, av. des Abattoirs ☏ 71.
02.11

PEUGEOT, TALBOT Lemuet, Rte de Genève
Anthy sur Léman par ④ ☏ 71.34.58
RENAULT Degenève, av. J.-Ferry ☏ 71.00.74
Ⓝ ☏ 71.78.83

🏵 Chablais Autos Accessoire, av. des Romains
☏ 71.46.29
Pneus-Service, av. du Clos de la Forge, Tully ☏
71.45.23
Quiblier-Pneus, r. du Commerce ☏ 71.38.72

THORAME-HAUTE-GARE 04 Alpes-de-H.-P. 🟦 ⑱ – alt. 1 135 – ✉ 04170 St-André-les-Alpes
– ✪ 92.

Paris 799 – Beauvezer 11 – Castellane 32 – Colmars 17 – Digne 54 – Manosque 95 – Puget-Th. 56.

🏛 Gare, ☏ 89.02.54, ≤, 🐎 — 🖵wc ▥wc
sais. – **15 ch.**

THORENC 06 Alpes-Mar. 🟦 ⑲, 🔢 ㉙ G. Côte d'Azur – alt. 1 250 – ✉ 06750 Caille – ✪ 93.
Voir Col de Bleine ≤★★ N : 4 km.
Paris 834 – Castellane 35 – Draguignan 65 – Grasse 40 – ◆Nice 79 – Vence 42.

🏨 **Voyageurs** 🦺, ☏ 60.00.18, ≤, 🐎 — ▥wc ☎ 🚗 🅿
15 janv.-15 oct. – SC : **R** 58/85 – 🛏 21 – **15 ch** 70/170 – P 200/235.

THORENS-GLIÈRES 74570 H.-Savoie 🟦 ⑥ G. Alpes – 1 783 h. alt. 674 – ✪ 50.
🅱 Syndicat d'Initiative Immeuble P.T.T. (20 juin-30 août, fermé sam. et dim.) ☏ 22.40.31.
Paris 567 – Annecy 19 – Bonneville 24 – ◆Genève 41 – ◆Lyon 156 – La Roche-sur-Foron 16.

🏛 **Parmelan**, ☏ 22.41.08, ≤ — 🖵wc ☜ 🅿
Pâques-15 oct. – SC : **R** *(fermé dim. midi hors sais.)* 52/75 – 🛏 15,50 – **37 ch** 86/215
– P 127/190.

THORIGNÉ-SUR-DUÉ 72 Sarthe 🟦 ⑭ – rattaché à Connerré.

THORIGNY-SUR-MARNE 77 S.-et-M. 🟦 ⑫, 🔢 ㉓㉒, 🔢 ㉓ – rattaché à Lagny.

Le THORONET 83 Var 84 ⑥ – 819 h. alt. 142 – ⊠ **83340** Le Luc – ✪ 94.

Voir Abbaye du Thoronet★ O : 4,5 km, G. Côte d'Azur.

Paris 840 – Brignoles 25 – Draguignan 22 – St-Raphaël 47 – ✦Toulon 64.

XX **Relais de l'Abbaye** ⤻ avec ch, NO : 3 km par D 84 ☎ 73.87.59, ≤, 斧, 霜 – 翩wc ☜ **❷**
R (fermé lundi soir et mardi) 110 – ⊑ 25 – **5 ch** 107/210.

THOUARS 79100 Deux-Sèvres 67
⑧ **G. Châteaux de la Loire** –
11 913 h. alt. 87 – ✪ 49.

Voir Façade★★ de l'église St-Médard★ – Site★ – Maisons anciennes★ D, E.

🛈 Office de Tourisme 17 pl. Saint-Médard (fermé sam. hors sais., dim. et lundi) ☎ 66.17.65 - A.C. 36 bd E.-Renan ☎ 66.42.13.

Paris 327 ② – Bressuire 29 ④ – Châtellerault 69 ③ – Cholet 67 ⑤ – La Roche-sur-Yon 111 ⑤.

🏛 **Château** M, rte de Parthenay (a) ☎ 66.18.52, ≤ – ➩wc 翩 ☎ **❷**. **VISA**
⅍ ch
SC : **R** 48/107 ⅃ – ⊑ 16,50 – **20 ch** 88/117.

🏛 **Le Relais** M sans rest, par ① : 3 km rte Saumur ☎ 66.29.45 – ➩wc 翩wc ☜ **❷**. ⅍
SC : ⊑ 14 – **15 ch** 80/110.

à **Ste-Radegonde** par ⑤ et VO : 5 km – ⊠ **79100** Thouars :

X **Aub. de Pommiers** ⤻
✦ avec ch, ☎ 66.06.13, ≤ – 翩wc **❷**. **E**. ⅍ ch
fermé 1er au 14 sept., 24 déc. au 2 janv., mardi soir (sauf rest.) et merc. de sept. à mai – **R** 39 ⅃ – ⤻ 10 – **8 ch** 44/58.

CITROEN Papin, 56 av. V.-Leclerc ☎ 66.21.45
MERCEDES-BENZ, OPEL Gélineau, 96 r. C.-Pelletan ☎ 66.15.25
PEUGEOT-TALBOT Géront-Chauvin, 25 à 29 av. Victor Hugo ☎ 68.08.22
PEUGEOT TALBOT S.E.D.A., Zone Ind., rte de Saumur par ① ☎ 68.07.65
RENAULT Salvra, 41 bd P.-Curie ☎ 66.21.78

Gar. Rouilleau, pl. Berton ☎ 66.08.14

⊕ Perry-Pneus, 10 r. Lamartine ☎ 66.51.40
Thouars-Pneus, 24-26 pl. Lavault ☎ 66.06.52

DOUÉ-LA-FONT. 26 km ⑥

ANGERS 71 km
SAUMUR 34 km ①

THOUARS

ARGENTON-CHÂTEAU 20 km

CHOLET 67 km ⑤

CHINON 44 km D 65

POITIERS 66 km
LOUDUN 25 km D 759

PARTHENAY 39 km ④
29 km
BRESSUIRE

0   100 m

Bergeon (Bd) 2
Château (R. du) 3
Curie (Bd Pierre) 5

Drouineau-de-Brie (R.)... 6
Lavault (Pl.)............. 7
Porte-au-Prévost (R.) ... 9
Porte-Maillot (R.) 10
République (Bd de la)... 13
St-Médard (R.).......... 14

THUEYTS 07330 Ardèche 76 ⑧ **G. Vallée du Rhône** (plan) – 1 013 h. alt. 462 – ✪ 75.

Voir Coulée basaltique★.

🛈 Syndicat d'Initiative pl. Champ de Mars (juin-sept.).

Paris 651 – Privas 50 – Le Puy 72.

🏛 **Nord,** N 102 ☎ 36.40.38, 霜 – ➩wc 翩 ☜
1er avril-1er oct. et fermé mardi hors sais. – SC : **R** 58/69 – ⊑ 18,50 – **25 ch** 63/161.

🏛 **Platanes,** N 102 ☎ 93.78.66, 霜 – ⧮ ▤ rest ➩wc 翩wc ☎ ☜ **❷**
1er fév.-3 nov. et fermé mardi en fév., mars et oct. – SC : **R** 45/120 ⅃ – ⊑ 15 – **30 ch** 80/160 – P 140/200.

🏛 **Marronniers,** ☎ 36.40.16, 霜 – ➩wc 翩wc. ⅍
fermé 1er janv. au 5 mars et merc. – SC : **R** 51/90 – ⊑ 13,50 – **18 ch** 53/150 – P 140/190.

Visitez la capitale avec le **guide Vert Michelin PARIS**.

THURY-HARCOURT 14220 Calvados 🔠 ⑩ G. Normandie – 1 615 h. alt. 46 – ✪ 31.

Voir Parc du château★ – Boucle du Hom★ NO : 3 km.

🏛 Office de Tourisme pl. St-Sauveur (fermé après-midi hors sais., oct. et dim.) ☎ 79.70.45.

Paris 265 – ◆Caen 26 – Condé-sur-Noireau 19 – Falaise 26 – Flers 31 – St-Lô 53 – Vire 45.

XXX **Relais de la Poste** avec ch, rte Caen ☎ 79.72.12, 🐴 – ⇔wc ⌂ 🐞 🅿. 🆎 ⓪ 🇪
🎴
SC : **R** (dim. prévenir) 100/180 – ☲ 20 – **10 ch** 110/180 – P 260/410.

à Goupillières N : 8,5 km par D 6 et D 212 – ⊠ 14210 Evrecy :

XX **Aub. du Pont de Brie** ⑤ avec ch, Halte de Grimbosq E : 1,5 km par D 171 ☎
◆ 79.37.84, ⬅, 🐴 – 🅿. 🎴. ⑤
fermé 16 au 28 août, 2 au 14 fév. et merc. – SC : **R** 49/130 – ☲ 15 – **6 ch** 58/65.

CITROEN Duval, ☎ 79.70.74

THYEZ 74 H.-Savoie 🗗🛝 ⑦ – 3 117 h. alt. 497 – ⊠ 74300 Cluses – ✪ 50.

Paris 580 – Annecy 49 – Bonneville 11 – Chamonix 49 – Cluses 7 – Megève 35 – Morzine 34.

🏠 **Savoyard,** ☎ 98.60.54, ⬅, 🐴 – 🅿. 🌿 ch
SC : **R** *(fermé sam.)* 55 bc/80 – ☲ 10 – **25 ch** 75/80 – P 180.

ALFA-ROMEO, MERCEDES Gar. Vallée de L'Arve, ☎ 98.41.16

TIERCÉ 49 M.-et-L. 🗗🛝 ① – 2 627 h. alt. 31 – ⊠ 49140 Seiches-sur-le-Loir – ✪ 41.

Env. Plafond★★ de la salle des Gardes du château★ de Plessis-Bourré O : 8 km G.
Châteaux de la Loire.

Paris 275 – Angers 21 – Château-Gontier 36 – Château-la-Vallière 63 – La Flèche 34 – Saumur 56.

🏠 **Le Tiercé** sans rest, 19 r. de Longchamp ☎ 42.64.02 – 🅿
SC : ☲ 12 – **18 ch** 65.

TIGNES 73320 Savoie 🗗🛝 ⑱ G. Alpes – 1 486 h. alt. 2 100 – Sports d'hiver : 1 650/3 650 m ≰7 ≴47
– ✪ 79 – Voir Site★★ – Barrage★★ NE : 5 km – 🎿 ☎ 06.37.22 S : 2 km.

🏛 Office de Tourisme au Lac ☎ 06.15.55, Télex 980030.

Paris 692 – Bourg-St-Maurice 30 – Chambéry 131 – Val-d'Isère 13.

🏨 **Campanules** Ⓜ ⑤, ☎ 06.34.36, ⬅ – 🛗 📺 ⇔wc ⌂wc 🐞. 🌿 rest
juil.-août et 1er-déc.1er mai – SC : **R** 65/90 – ☲ 28 – **36 ch** 220/270 – P 230/265.

🏨 **Aiguille Percée,** ☎ 06.52.22, ⬅ – 🛗 📺 ⇔wc ⌂wc 🐞. 🎴. 🌿 rest
fin oct.-début mai – SC : **R** 72 – ☲ 24 – **38 ch** 240/300 – P 260/275.

🏨 **Pramecou** ⑤, ☎ 06.36.33, ⬅ – ⇔wc 🐞. 🌿 rest
15 déc.-1er mai – SC : **R** 65/70 – ☲ 27 – **32 ch** 163/326 – P 220/260.

🏨 **Paquis** ⑤, ☎ 06.37.33, ⬅ – 🛗 ⇔wc ⌂wc 🐞. 🌿 rest
1er juil.-30 août et 1er sept.-2 mai – SC : **R** 60/70 – ☲ 28 – **31 ch** 130/250 – P
220/245.

🏨 **Terril Blanc,** ☎ 06.32.87, ⬅ – ⇔wc 🐞 🅿. 🎴
1er juil.-30 août et 22 déc.-1er mai – SC : **R** 75/80 – ☲ 28 – **18 ch** 260/270 – P
265/275.

🏠 **Neige et Soleil,** ☎ 06.32.94, ⬅ – ⇔wc ⌂wc 🐞. 🌿 ch
1er juil.-31 août et 25 oct.- 2 mai – SC : **R** 80/90 – ☲ 25 – **29 ch** 150/280 –
P 203/278.

🏠 **Gentiana** ⑤, ☎ 06.52.46, ⬅ – ⇔wc ⌂wc 🐞. 🌿 rest
30 juin-30 août et début nov.-2 mai – SC : **R** 56/125 – ☲ 25 – **18 ch** 150/260 – P
255/275.

🏠 **Alpaka** ⑤, ☎ 06.32.58, ⬅ – ⇔wc ⌂wc 🐞. 🌿
juil.-août (sans rest.) et 1er déc.-1er mai – SC : **R** 80 – ☲ 25 – **14 ch** 220/320 – P
220/270.

🏠 **Lo Terrachu** ⑤, ☎ 06.31.37, ⬅ – ⇔wc 🐞. 🇪 🎴. 🌿 rest
25 juin-8 sept. et 1er nov.-10 mai – SC : **R** 70/75 – 🍴 20 – **15 ch** 120/240 –
P 200/270.

au Val Claret SO : 2 km – ⊠ 73320 Tignes.
🏛 Office de Tourisme (1er juil.-31 août et 15 déc.-1er mai) ☎ 06.50.09.

🏨 **Ski d'Or** Ⓜ ⑤, ☎ 06.51.60, ⬅ – 🛗 🐞
15 déc.-1er mai – SC : **R** carte 150 à 205 – **22 ch** – ½ p 450.

🏨 **Curling** Ⓜ ⑤, sans rest, ☎ 06.34.34, ⬅ – 🛗 🐞. 🆎 ⓪ 🇪 🎴
5 juil.-27 août et 27 oct.-5 mai – SC : **35 ch** ☲ 350/450.

🏠 **Vanoise** ⑤, ☎ 06.31.90, ⬅, 🌿 – 🛗 ⇔wc ⌂wc 🐞. 🌿 rest
1er juil.-20 août, et 28 oct.-15 mai – SC : **R** 65/150 – ☲ 28 – **21 ch** 190/320 – P
240/275.

aux Boisses NE : 5 km – alt. 1 810 – ⊠ 73320 Tignes :

🏠 **Mélèzes,** ☎ 06.40.02, ⬅ – ⇔wc ⌂wc 🐞 🅿. 🌿
10 déc.-30 avril – SC : **R** 53/60 – ☲ 20 – **18 ch** 110/170 – P 160/182.

TIL-CHÂTEL 21 Côte-d'Or **66** ⑫ G. Bourgogne – 755 h. alt. 284 – ⊠ 21120 Is-sur-Tille – ✿ 80.

Paris 338 – Châtillon-sur-Seine 76 – ✦Dijon 26 – Dole 65 – Gray 42 – Langres 42.

☎ **Poste,** ☏ 95.03.53 – 🏠 ⇦⇨ ⌘ ch
➡ *fermé vacances de nov., de Noël, de fév., dim. soir et sam. du 1er oct. au 31 mai* – SC : **R** (*fermé dim. midi en déc. et janv.*) 45/95 – ☱ 12 – **12 ch** 52/91.

TILLÉ 60 Oise **52** ⑰ – rattaché à Beauvais.

TILLY-SUR-SEULLES 14250 Calvados **54** ⑮ – 1 092 h. alt. 60 – ✿ 31.

Paris 260 – Balleroy 17 – Bayeux 12 – ✦Caen 20 – St-Lô 38 – Vire 47.

☎ **Jeanne d'Arc,** ☏ 80.80.13 – 🏠 ⇦⇨ ℗. VISA
➡ *fermé janv. et merc.* – SC : **R** 48/96 ⅋ – ☱ 18 – **11 ch** 70/140 – P 220/240.

CITROEN Onfray, ☏ 80.80.14

TILQUES 62 P.-de-C. **51** ③ – rattaché à St-Omer.

Les TINES 74 H.-Savoie **74** ⑧⑨ – rattaché à Chamonix.

TINTÉNIAC 35190 I.-et-V. **59** ⑯ G. Bretagne – 2 598 h. alt. 56 – ✿ 99.

Voir Château de Montmuran★ et église des Iffs★ SO : 5 km.

Paris 382 – Avranches 63 – Dinan 24 – Dol-de-Bretagne 30 – Fougères 60 – ✦Rennes 27 – St-Malo 42.

🏠 **Voyageurs,** ☏ 68.02.21, 🌴 – 🏠wc ⇦⇨ ℗. ⌘ ch
➡ *fermé 23 déc. au 15 janv., dim. soir et lundi* – SC : **R** 48/140 ⅋ – ☱ 14,50 – **11 ch** 90/170 – P 106/152.

RENAULT Gar. Garçon, ☏ 68.01.03 **N**

TOCQUEVILLE-SUR-EU 76 S.-Mar. **52** ⑤ 146 h. alt. 84 – ⊠ 76910 Criel-sur-Mer – ✿ 35.

Paris 178 – Dieppe 20 – Eu 13 – Neufchâtel-en-Bray 44 – ✦ Rouen 81 – Le Tréport 12.

✗ ✿ **Le Quatre Pain** (Brachais), près Église ☏ 86.75.40 – AE Ⓞ VISA
fermé 10 août au 10 sept., fév., dim. soir du 1er nov. au 28 fév. et lundi – SC : **R** (nombre de couverts limité - prévenir) carte 90 à 135
Spéc. Terrine de canard, Suprême de barbue, Filet de boeuf en chevreuil.

TONNAY-BOUTONNE 17380 Char.-Mar. **71** ③ G. Côte de l'Atlantique – 1 059 h. alt. 24 – ✿ 46.

Paris 462 – Niort 52 – Rochefort 21 – Saintes 31 – St-Jean-d'Angély 18.

🏛 **Le Prieuré** M ⅏, ☏ 33.20.18, 🌴 – ⇨wc 🏠wc ☎ ℗
fermé 23 déc. au 5 janv. – SC : **R** (dîner seul.) 75 – ☱ 25 – **12 ch** 150/180.

☎ **Beau Rivage,** ☏ 33.20.01, ⇐ – ⇨wc 🏠 ℗
➡ *fermé 22 sept. au 15 oct.* – SC : **R** (*fermé lundi midi*) 46/130 ⅋ – ☱ 13,50 – **7 ch** 97/140 – P 150/170.

TONNEINS 47400 L.-et-G. **79** ④ – 9 366 h. alt. 39 – ✿ 53.

Paris 701 ⑤ – Agen 41 ③ – ✦Bordeaux 106 ⑤ – Nérac 40 ③ – Villeneuve-sur-Lot 36 ②.

🏛 **Host. du Parc** M ⅏, rte Marmande ☏ 79.30.30, parc, 🌴 – ⇨wc 🏠wc ☎ ℗. AE ⓄVISA
fermé 15 déc. au 7 janv., sam. midi et dim. sauf juil.-août – SC : **R** 70/170 – ☱ 20 – **17 ch** 145/230 – P 200/260.

🏠 **Fleurs** sans rest, (e) ☏ 79.10.47 – 🏠 🌴 ⇦⇨ ℗
fermé sept. – SC : ☱ 12 – **12 ch** 60/100.

CITROEN Baudrin, rte de Bordeaux ☏ 79.02.16
PEUGEOT-TALBOT Garonne-Auto, rte de Bordeaux par ⑤ ☏ 79.14.75 **N**
RENAULT Dupouy, rte de Bordeaux ☏ 79.01.94

⊛ Delapierre, 46 bd Marx-Dormoy ☏ 79.02.85

TONNERRE 89700 Yonne **65** ⑥ G. Bourgogne – 6 181 h. alt. 145 – ✿ 86.

Voir Ancien hôpital D : charpente★ et Mise au tombeau★.

Env. Château★★ de Tanlay 8,5 km par ② – 🅸 Office de Tourisme pl. Marguerite de Bourgogne (1er avril-30 sept. et fermé mardi) ☏ 55.14.48.

Paris 200 ③ – Auxerre 35 ③ – Châtillon-sur-S. 48 ② – Joigny 61 ③ – Montbard 46 ② – Troyes 57 ①.

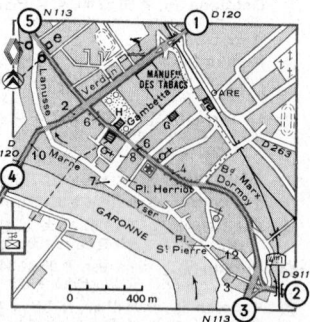

1128

TONNERRE

*Les principales voies
commerçantes figurent en
rouge au début de la liste
des rues des plans de ville.*

*Les plans de villes sont
orientés le Nord en haut.*

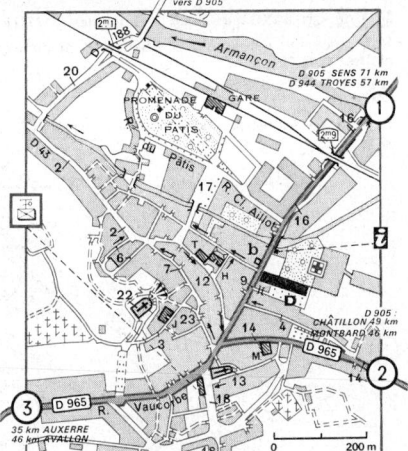

- **Centre**, 63 r. Hôpital **(b)** ☎ 55.10.56 – 🍴wc 📺
  fermé 25 déc. au 30 janv. – SC : **R** 36/95 🍴 – 🖵 12,50 – **30 ch** 45/115 – P 98/130.

XXX 🏛 **Abbaye St-Michel** Ⓜ 🍴 avec ch, r. St-Michel, sud du plan, ☎ 55.05.99, ≤, 🍴, « Parc fleuri », ❄ – 📺 🍴wc ☎ 📁. 🅰🅴 ⓪ 𝚅𝙸𝚂𝙰
  fermé 23 déc. au 1er fév., dim. soir et lundi d'oct. à juin – SC : **R** 190 carte le dim. midi – 🖵 42 – **7 ch** 420/620, 4 appartements
  Spéc. Escargots à la Chablisienne, Daube bourguignonne, Tarte aux poires. **Vins** Irancy, Epineuil.

CITROEN Gar. Viard, rte de Paris par ① ☎ 55.08.12 Ⓝ ☎ 70.02.96
OPEL Gar. Sud-Autom., r. G.-Pompidou ☎ 55.08.80
PEUGEOT-TALBOT Hérault-Autos, 22 r. Chevalier d'Éon par ① ☎ 55.08.98

PEUGEOT-TALBOT Gar. Tonnerrois, 86 bis r. G.-Pompidou par ② ☎ 55.14.11
RENAULT Perrot, rte de Paris par ① ☎ 55.15.89

🏁 SOVIC, quai du Canal ☎ 55.16.29

TORCY 71 S.-et-L. 🔟 ⑧ – rattaché au Creusot.

TORIGNI-SUR-VIRE 50160 Manche 🮖 ⑭ **G. Normandie** – 2 967 h. alt. 89 – 🔾 33.

Env. Roches de Ham ≤★★ O : 6,5 km puis 15 mn.

Paris 291 – ◆Caen 51 – St-Lô 13 – Villedieu-les-Poêles 35 – Vire 26.

X **Aub. Orangerie**, ☎ 56.70.64 – 𝚅𝙸𝚂𝙰
  fermé vacances de fév., lundi soir de sept. à mi-juin et mardi – SC : **R** 55/135.

CITROEN Lemoine, ☎ 56.71.53 Ⓝ
PEUGEOT-TALBOT Leboucher, ☎ 56.71.09

RENAULT Pagnon, à St-Amand ☎ 56.72.46

TOUCY 89130 Yonne 🮖 ④ **G. Bourgogne** – 2 865 h. alt. 202 – 🔾 86.

Paris 161 – Auxerre 24 – Avallon 67 – Clamecy 44 – Cosne-sur-Loire 50 – Joigny 30 – Montargis 60.

XX **Ville d'Auxerre** avec ch, bd P.-Larousse ☎ 44.02.77 – 🚘 📁
  fermé le soir du 1er nov. au 31 mars, dim. soir et lundi – SC : **R** 55/120 🍴 – 🖵 14 – **14 ch** 61/92.

CITROEN Ragon, ☎ 44.11.99

PEUGEOT-TALBOT Gar. Leclerc, ☎ 44.12.17

TOUËT-SUR-VAR 06 Alpes-Mar. 🮘🮖 ⑲㉓, 🮘🮘🮖 ⑭ **G. Côte d'Azur** – 320 h. alt. 350 – ⌧ 06710 Villars-sur-Var – 🔾 93.

Env. Villars-sur-Var : mise au tombeau★, retables du maître-autel, de l'Annonciation★ dans l'Église E : 8,5 km.

Paris 843 – ◆Nice 55 – Puget-Théniers 10 – St-Étienne-de-Tinée 70 – St-Martin-Vésubie 63.

🏛 **Poste**, ☎ 05.71.03 – 🍴wc
  fermé 1er déc. au 15 janv. et merc. – SC : **R** 51/90 – 🍴 11 – **10 ch** 100/150 – P 115/130.

TOUGUES 74 H.-Savoie 🯷🯰 ⑯ – rattaché à Douvaine.

TOUL ⚫ 54200 M.-et-M. 🔢 ④ G. Vosges – 17 752 h. alt. 220 – ⬡ 8.

Voir Ancienne cathédrale St-Étienne★★ et cloître★ BYZ – Église St-Gengoult★ et cloître★★ ABZ **E**.

🛈 Syndicat d'Initiative pl. Gén.-de-Gaulle (1er avril-30 sept.) ☎ 364.11.69 – A.C. 7 r. Michatel ☎ 343.08.27.

Paris 290 ⑤ – Bar-le-Duc 61 ⑤ – ◆Metz 74 ② – ◆Nancy 23 ② – St-Dizier 78 ⑤ – Verdun 81 ①.

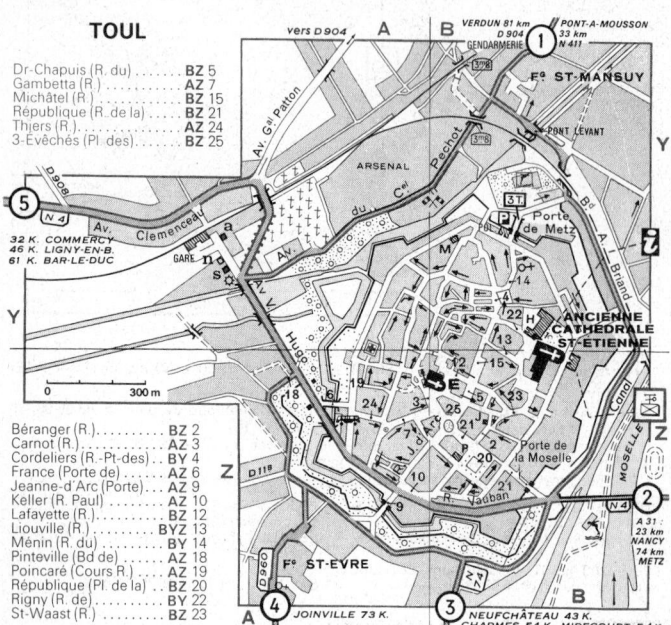

TOUL

Dr-Chapuis (R. du)	BZ 5
Gambetta (R.)	AZ 7
Michâtel (R.)	BZ 15
République (R. de la)	BZ 21
Thiers (R.)	AZ 24
3-Évêchés (Pl. des)	BZ 25

Béranger (R.)	BZ 2
Carnot (R.)	AZ 3
Cordeliers (R.-Pt-des)	BY 4
France (Porte de)	AZ 6
Jeanne-d'Arc (Porte)	AZ 9
Keller (R. Paul)	AZ 10
Lafayette (R.)	BZ 12
Liouville (R.)	BYZ 13
Ménin (R. du)	BY 14
Pinteville (R.)	AZ 18
Poincaré (Cours R.)	AZ 19
République (Pl. de la)	BZ 20
Rigny (R. de)	BY 22
St-Waast (R.)	BZ 23

🏨 **Europe** sans rest, 35 av. V.-Hugo ☎ 343.00.10 – 🛁wc 📶 ☎ 🔁
fermé 1er au 15 fév. – SC : 🔁 16 – **23 ch** 85/200.   AY **n**

XX **Au Feu de Bois**, 14 av. V.-Hugo ☎ 343.00.58 – 𝘝𝘐𝘚𝘈   AY **a**
fermé dim. du 22 avril au 1er nov. – SC : **R** 67/100.

XX **La Belle Époque**, 31 av. V.-Hugo ☎ 343.23.71 – 𝘝𝘐𝘚𝘈. 🦐   AY **s**
fermé 1er au 15 juil., 1er au 15 janv., sam. midi, dim. soir et lundi – SC : (nombre de couverts limité, prévenir) 65/145.

CITROEN Michel, N 411 Z.I Croix d'Argent par ① ☎ 343.08.61
PEUGEOT-TALBOT Mathiot-Meny, av. 1re Armée Française, rte de Troyes par ④ ☎ 343.00.74

RENAULT Frémont, rte de Paris à Écrouves par ⑤ ☎ 343.11.92
RENAULT Simard, 22 av. Gén.-Leclerc à Dommartin par ② ☎ 343.02.53

TOULON 🅿 83000 Var 🔢 ⑮ G. Côte d'Azur – 181 405 h. – ⬡ 94.

Voir Rade★★ – Corniche du Mont Faron★★ : ⬆★ BCU – Vieille ville★ EY : Atlantes★ de l'ancien hôtel de ville EY **F**, Musée de la Marine★ DY **M** – Port★ – Cap Brun★ SE : 4,5 km CV.

Env. Tour Beaumont (Mémorial du Débarquement★ et ✳★★★) au Nord accès par téléphérique – Circuit du Faron★★★ N : 18 km par D 46 et V 40 BU – Baou de 4 Oures ⬆★ NO : 7 km par D 62 AU et D 262 – Mont Caume ✳★★ NO : 15 km par D 62 AU – Fort de la Croix-Faron ⬆★ N : 7 km CU – Gorges d'Ollioules★ par ⑤ : 10 km.

🛫 de Toulon-Hyères : ☎ 57.41.41 par ① : 21 km.

🚲 ☎ 22.39.19.

⚓ pour la Corse (juin à sept.) : Société Nationale Maritime Corse-Méditerranée 21 et 49 av. de l'Infanterie-de-Marine ☎ 41.25.76 EZ **B**.

🛈 Office de Tourisme (fermé dim. hors saison) et Accueil de France (Informations et réservations d'hôtels, pas plus de 5 jours à l'avance), 8 av. Colbert ☎ 22.08.22, Télex 400479 – A.C. 17 r. Mirabeau ☎ 93.01.18.

Paris 839 ④ – Aix-en-Provence 81 ④ – Cannes 128 ① – ◆Marseille 64 ④ – ◆Nice 153 ①.

🏨 **Frantel** Ⓜ ⚬, au pied du téléphérique du Mont-Faron ☎ 24.41.57, Télex 400347,
≼ Toulon et la rade, 斎, ⚒, 禾 – 劇 📺 ☎ & 🅿 – 🏛 80 à 300. 🖭 ⓞ 🖻 𝘝𝘐𝘚𝘈
SC : rest. **La Tour Blanche** *(fermé sam. midi et dim. sauf du 15 juin au 15 sept.)* **R**
carte 130 à 170 – ⌷ 31 – **93 ch** 265/370.   BU **a**

🏨 **Gd Hôtel** sans rest, 4 pl. Liberté ☎ 22.59.50, Télex 430048 – 劇 📺 ⟷ – 🏛
50 à 100   EX **k**
81 ch.

🏨 **Nouvel H.** sans rest, 224 bd Tessé ☎ 89.04.22 – 劇 ▤ 📺 ⇔wc ⋔wc ☎   EX **f**
fermé 10 déc. au 10 janv. – SC : ⌷ 15,50 – **29 ch** 104/188.

🏨 **Dauphiné**, 10 r. Berthelot ☎ 92.20.28, 斎 – 劇 ⇔wc ⋔wc ☎ – 🏛 25. 🖭 𝘝𝘐𝘚𝘈   EX **s**
SC : **R** *(fermé dim. et fériés)* 60/110 – ⌷ 16,50 – **57 ch** 120/165 – P 180/235.

🏨 **Amirauté** sans rest, 4 r. A.-Guiol ☎ 22.19.67 – 劇 ⇔wc ⋔wc ☎. 🖭 ⓞ 🖻 𝘝𝘐𝘚𝘈   DX **d**
SC : **64 ch** ⌷ 68/214.

🏨 **Moderne** sans rest, 21 av. Colbert ☎ 22.29.84 – 劇 ⇔wc ⋔wc ☎. 𝘝𝘐𝘚𝘈   EX **u**
SC : ⌷ 14 – **39 ch** 82/135.

🏨 **Ibis** sans rest, 51 r. J.-Jaurès ☎ 92.32.19 – 劇 ⇔wc ☎. 𝘝𝘐𝘚𝘈   DX **n**
SC : ⌷ 19 – **30 ch** 165.

🏨 **La Résidence** sans rest, 18 r. Gimelli ☎ 92.92.81 – 劇 ⇔wc ⋔wc ⊗   DX **r**
SC : ⌷ 16 – **27 ch** 82/195.

🏨 **Maritima** sans rest, 9 r. Gimelli ☎ 92.39.33 – 劇 ⇔wc ⋔wc ⊗   DX **b**
SC : ⌷ 16 – **47 ch** 78/170.

🏨 **Terminus** sans rest, 14 bd Tessé ☎ 89.23.54 – 劇 ⇔wc ⋔ ☎. 🖭 ⓞ 🖻   DX **a**
SC : ⌷ 15 – **40 ch** 65/155.

🏨 **Le Jaurès** sans rest, 11 r. J. Jaurès ☎ 92.83.04 – ⇔wc ⋔wc ⊗. 𝘝𝘐𝘚𝘈   DX **f**
SC : ⌷ 12 – **16 ch** 75/125.

🏨 **Europe** sans rest, 7 bis r. Chabannes ☎ 92.37.44 – 劇 ⇔wc ⋔wc ⊗   EX **e**
SC : ⌷ 20 – **29 ch** 80/160.

❌❌ **Le Dauphin**, 21 bis r. Jean-Jaurès ☎ 93.12.07 – ▤. ⓞ 𝘝𝘐𝘚𝘈   DX **e**
fermé juil., vacances de fév., sam., dim. et fériés – SC : **R** 80/110 &.

❌❌ **Melodia**, 12 r. Molière ☎ 92.25.43, 斎 – 🖭 ⓞ 𝘝𝘐𝘚𝘈   EX **w**
SC : **R** 75/180.

❌❌ **Calanque**, 25 r. Denfert-Rochereau ☎ 92.28.58 – 🖭 ⓞ 𝘝𝘐𝘚𝘈   DX **v**
fermé lundi soir – SC : **R** 75/110.

❌ **Au Sourd**, 10 r. Molière ☎ 92.28.52, 斎   EX **w**
fermé 1er juil. au 1er août, lundi et mardi – SC : **R** 95.

❌ **Madeleine**, 7 r. Tombades ☎ 92.67.85 – ⓞ 𝘝𝘐𝘚𝘈   EY **r**
fermé mardi soir et merc. – SC : **R** 70.

❌ **Pascal**, square L.-Verane ☎ 92.79.60, Spécialités tunisiennes   EY **z**
fermé lundi – SC : **R** carte environ 100.

au Mourillon – ✉ 83000 Toulon.

Voir Tour royale ❄★.

🏨 **Corniche**, 1 littoral F.-Mistral ☎ 41.39.53, ≼ – 劇 📺 🖭 ⓞ 🖻 𝘝𝘐𝘚𝘈. ❄ ch   BV **a**
SC : **R** *(fermé 15 janv. au 1er mars, dim. soir et lundi)* 85/155 – ⌷ 25 – **18 ch**
190/290, 4 appartements 330.

❌❌❌ **Le Lutrin**, 8 littoral F.-Mistral ☎ 42.43.43, ≼, 禾 – 🖭 ⓞ 🖻 𝘝𝘐𝘚𝘈   BV **n**
fermé juin et sam. – SC : **R** 100.

❌❌ **La Vigie**, 57 littoral F.-Mistral ☎ 41.37.92, ≼, 斎 🅿. 𝘝𝘐𝘚𝘈   CV **s**
fermé 6 au 31 janv., dim. soir et merc. – SC : **R** 76.

à la Valette-du-Var par ① : 7 km – ✉ 83160 La Valette-du-Var :

❌❌ **Lou Pantaï**, parking Barnéoud par rte d'Hyères ☎ 21.03.39, 斎, 禾 – 🅿. 𝘝𝘐𝘚𝘈
fermé dim. – SC : **R** 110/190.

Le Camp St-Laurent par ④ autoroute B52 sortie Ollioules : 7,5 km – ✉ 83500 La
Seyne :

🏨 **Novotel** Ⓜ ⚬, ☎ 63.09.50, Télex 400759, 斎, ⚒, 禾 – 劇 ▤ 📺 ☎ & 🅿 – 🏛
200. 🖭 ⓞ 🖻 𝘝𝘐𝘚𝘈
R carte environ 90 & – ⌷ 27 – **86 ch** 237/247.

Voir aussi ressource hôtelière de *La Pauline* par ① : 10 km

MICHELIN, Agence, 1824 av. du Col.-Picot à la Valette du Var CU ☎ 27.01.67

AUSTIN, JAGUAR, ROVER, TRIUMPH Auto-
rex, 13 av. Gén.-Pruneau ☎ 41.18.14
AUTOBIANCHI-LANCIA Gar. Cuzin, 69 bd de
Paris ☎ 89.46.67
OPEL Champ-de-Mars Autom., Palais Réaltor,
pl. Champ-de-Mars ☎ 41.74.21
PEUGEOT TALBOT Gds Gar. du Var, bd des
Armaris Ste-Musse CU ☎ 23.90.55 🅽 ☎ 27.
25.56

V.A.G. S.A.V.A.R., 402 av. F.-Cuzin ☎ 41.27.55

🏵 Aude, chem. Belle-Visto ☎ 24.27.60
Escoffier-Pneus, 704 av. Col. Picot ☎ 20.20.63
Pneu-Leca, bd Cdt-Nicolas ☎ 93.04.51 et pl.
Pasteur ☎ 41.42.87
Marcel-Pneus, 126 r. du Dr-Gibert ☎ 42.41.42

A

TOULON

0   1 km

LES ROUTES
SACRÉ-CŒUR

L'ESCAILLON

AIX-EN-P. 81 km
N 8, AUBAGNE 48 km

MARSEILLE 64 km
MARSEILLE 69 km (par la Côte)
LA CIOTAT 40 km
LA CIOTAT 37 km

Av. R. Briand

d'E. d'Orves

AUTOROUTE A 50

ARSENAL MARITIME

FORT DE
MALBOUSQUET

PORT

PETITE RADE

LES GUIDES VERTS MICHELIN

Paysages, monuments

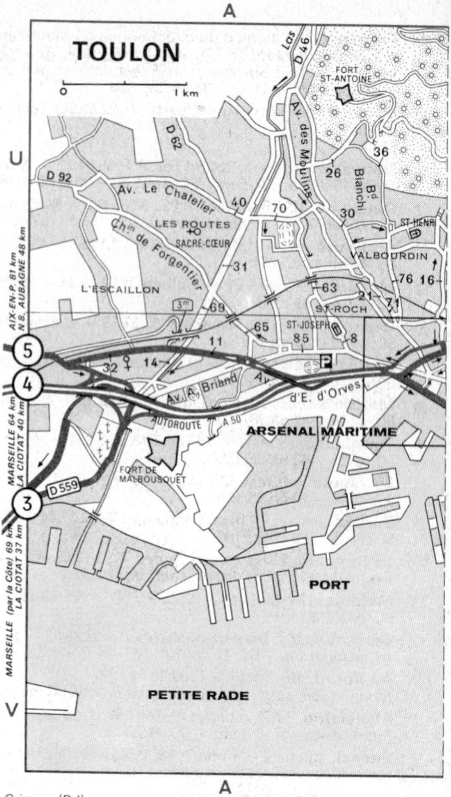

Routes touristiques

Géographie, Économie

Histoire, Art

Itinéraires de visite

Plans de villes et de monuments

La France en 19 guides

Corse   Vosges Lorraine-Alsace   Pyrénées

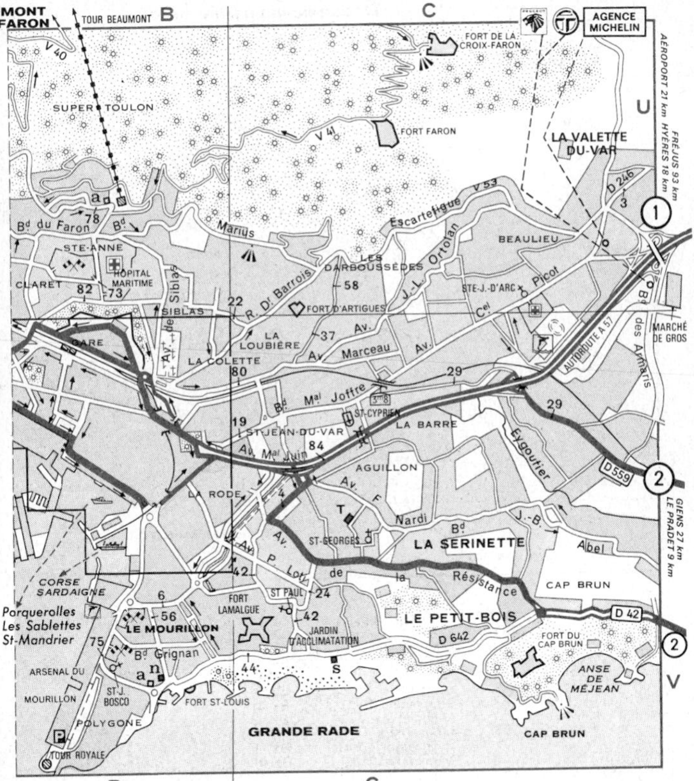

(Street index below map)

B			
Moulins (Av. des)	AU	Pont-de-Bois (Ch. du)	AV 65
Muraire (R.)	EX 49	Pressensé (R. F. de)	EY 66
Murier (R. du)	EY	Puget (Pl.)	EXY
Nardi (Av. F.)	CV	Rageot-de-	
Nicolas (Bd Cdt)	DEX	la-Touche (Av.)	DX
Noguès (Av. Gén.)	DX	Raynouard (Bd)	EX
Nomy (R. Amiral)	EZ	République (Av.)	DEY 68
Orfèvres (Pl. des)	EY 53	Résistance (Av. de la)	CV
Ortolan (Av. J.-L.)	CUV	Richard (Bd G.)	EX
Pasteur (Pl. L.)	EZ	Rivière-Neuve (Q. de la)	AUV 69
Paul-Bert (Bd)	EZ	Roosevelt (Av. F.)	EYZ
Pelletan (Bd E.)	BV 56	Routes (Av. des)	AU 70
Péri (Pl. G.)	DX	Sadi-Carnot (Pl.)	AU 71
Perroud (Av. C.)	CU 58	St-Bernard (R.)	EY
Peyresc (R.)	DX	St-Roch (Av.)	DX 72
Picon (Bd L.)	AU 63	Ste-Anne (Bd)	BX 73
Picot (Av. Col.)	CUV	Ste-Anne (Pont)	DX
Poincaré (R. H.)	EY	Semard (R. P.)	EY

C			
Siblas (Av. de)	EX		
Sinse (Q. de la)	EZ		
Stalingrad (Q. de)	EY		
Tessé (Bd de)	EX		
Tirailleurs-Sénégalais			
(Av. des)	BV 75		
Toesca (Bd P.)	DX		
Valbourdin (Av.)	AU 76		
Vauban (Av.)	DX		
Vence (Bd Amiral)	BU 78		
Vert-Côteau (Av.)	BCV 80		
Victoire (Av. de la)	BU 82		
Victor-Hugo (Pl.)	EX		
Vienne (R. H.)	DX		
Weygand (Av. Gén.)	CV 84		
9e-D.I.C. (Rd-Pt)	EZ		
112e-Régt-d'Infanterie			
(Bd du)	EX		

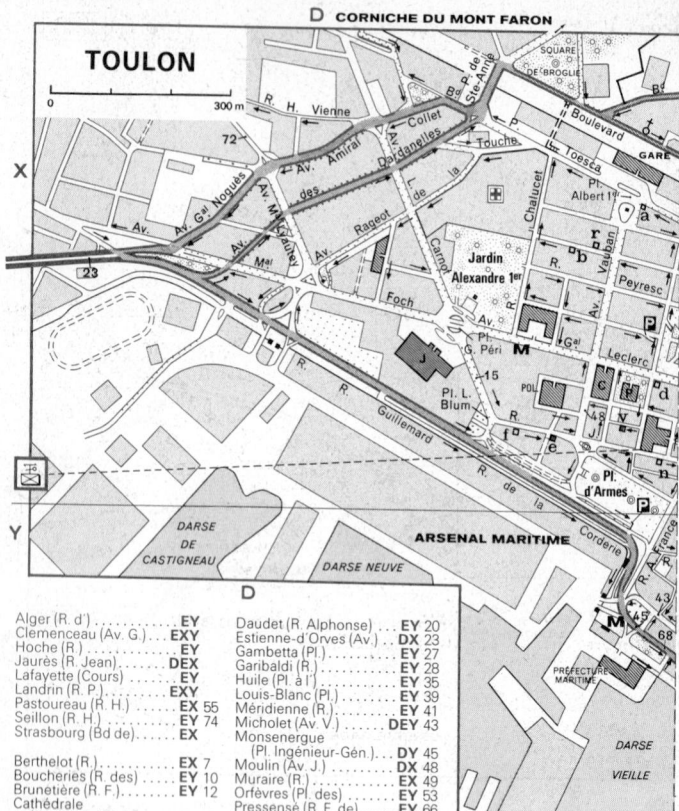

Périphérie et environs

BMW Bavaria-Motors, av. de l'Université, Zone Ind. les Espaluns à La Valette du Var ☎ 75.36.60

CITROEN Succursale, rte de Sanary, quartier Berthe à la Seyne sur Mer par ③ ☎ 94.71.90 Zone Ind. les Espaluns à la Valette du Var par ① ☎ 21.90.90

FIAT D.I.A.T., La Coupiane à La Valette du Var ☎ 27.17.41

FORD Gar. d'Azur, av. de l'Université à la Valette du Var ☎ 21.04.00 Ⓝ ☎ 23.24.39

MERCEDES-BENZ Gar. Foch, Domaine Ste-Claire à La Valette-du-Var ☎ 23.24.66 Ⓝ ☎ 27.25.56

RENAULT Succursale, S.C.I les Espaluns à la Valette du Var par ① ☎ 27.90.10

Ⓖ Costa-Pneus, Centre Commercial Barnéoud à la Valette du Var ☎ 21.03.35

Guillamon, 80 av. Char.-Verdun à La Valette-du-Var ☎ 27.36.31

Piot-Pneu, chemin Tombouctou, l'Escaillon ☎ 22.44.82 et Domaine Ste-Claire, r. P. et M. Curie à la Valette du Var ☎ 23.23.46

Pneu-Leca, Zone Ind. à La Garde ☎ 75.83.97

Mendez-Pneus, 101 av. Ed.-Herriot, L'Escaillon ☎ 24.54.25

Per viaggiare in Europa, utilizzate :

Le carte Michelin scala 1/1 000 000 **Le Grandi Strade ;**

Le carte Michelin dettagliate ;

Le guide Rosse Michelin (alberghi e ristoranti) :

Benelux, Deutschland, España Portugal, Main Cities Europe, Great Britain and Ireland, Italia.

Le guide Verdi Michelin che descrivono le curiosità e gli itinerari di visita : musei, monumenti, percorsi turistici interessanti.

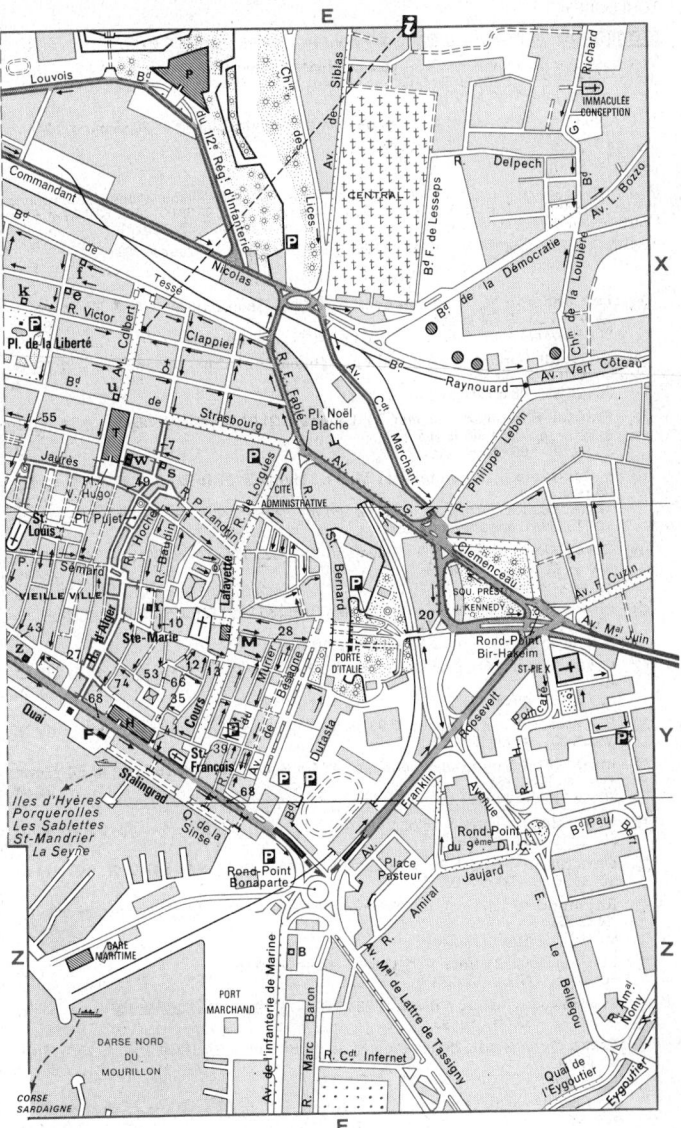

TOULOUSE 🅿 31000 H.-Gar. 🔢🔢 ⑧ G. Pyrénées – 354 289 h. alt. 146 – ✇ 61.

Voir Basilique St-Sernin★★★ FX — Les Jacobins★★ (église) FY — Capitole★ FY — Hôtel d'Assézat★ FY B — Cathédrale★ GY — Musées : Augustins★★ (sculptures★★★) GY **M1**, Histoire naturelle★★ GZ **M2**, Paul Dupuy★ GZ**M4**.

🏌 🇵 73.45.48, S : 10 km par D 4 BV ; 🏌 de Palmola Country Club 🇵 84.20.50 par ③ : 24km.

✈ de Toulouse-Blagnac : 🇵 71.11.14 - AT.

🚗 🇵 62.50.50.

🅸 Office de Tourisme (fermé dim. hors saison) et Accueil de France (Informations et réservations d'hôtels, pas plus de 5 jours à l'avance), Donjon du Capitole 🇵 23.32.00, Télex 531508 et Gare Matabiau (fermé sam. et dim.) 🇵 63.11.88 — A.C. 17 allées Jean-Jaurès 🇵 62.76.21 -.

Paris 709 ① — Barcelona 387 ⑦ — ◆Bordeaux 253 ① — ◆Lyon 534 ⑦ — ◆Marseille 399 ⑦.

Plans : Toulouse p. 2 à 5

🏨 **Le Concorde** M, 16 bd Bonrepos 🇵 62.48.60, Télex 531686 — 🛗 🗏 📺 ☎ 🚗 –
🔁 40 à 220. ⬛ ⓞ 🄴 ⦻⦻
SC : **R** (fermé août, dim. et fêtes) 80 bc/140 bc — **97 ch** ☲ 260/400.
GX z

🏨 **Gd H. de l'Opéra** M sans rest, 1 pl. Capitole 🇵 21.82.66, Télex 521998 — 🛗 📺 ☎
– 🔁 100. ⬛ ⓞ ⦻⦻
SC : ☲ 38 — **46 ch** 280/700.
FY q

🏨 **Frantel-Wilson** M sans rest, 7 r. Labéda 🇵 21.21.75, Télex 530550 — 🛗 🗏 📺 ☎
🔥 🅟 – 🔁 50. ⬛ 🄴 ⦻⦻
SC : ☲ 38 — **95 ch** 350/415.
GY y

🏨 **d'Occitanie** (École hôtelière) M, 5 r. Labéda 🇵 21.15.92 — 🛗 🗏 ch 📺 ☎. ⬛
🎅 rest
fermé vacances scolaires — SC : **R** (fermé samedi soir et dim.) 85/100 — **17 ch**
☲ 115/260, 3 appartements 350.
GY y

🏨 **Caravelle** M sans rest, 62 r. Raymond-IV 🇵 62.70.65, Télex 530438 — 🛗 🗏 📺 ☎
🚗 – 🔁 25. ⬛ ⓞ 🄴 ⦻⦻
SC : ☲ 27 — **30 ch** 265/330.
GX m

🏨 **Mercure** M, r. St-Jérome (pl. Occitane) 🇵 23.11.77, Télex 520760 — 🛗 🗏 📺 ☎
– 🔁 25 à 250. ⬛ ⓞ 🄴 ⦻⦻
R carte environ 90 ⅋ – ☲ 28 — **170 ch** 304/378.
GY s

🏨 **Orsay** M sans rest, 8 bd Bon repos 🇵 62.71.61 — 🛗 📺 🛁wc 🚿wc ☎ 🅟. ⬛ ⓞ
⦻⦻
SC : ☲ 18 — **40 ch** 184/207.
GX n

🏨 **Royal** sans rest, 6 r. Labéda 🇵 23.38.70 — 🛗 🛁wc 🚿wc 🚗 — 🔁 25. ⦻⦻
SC : ☲ 20 — **25 ch** 185/315.
GY h

🏨 **Inter Hôtel Voyageurs** sans rest, 11 bd Bonrepos 🇵 62.89.79 — 🛗 📺 🛁wc
🚿wc ☎. ⬛ 🄴 ⦻⦻
SC : ☲ 17,50 — **34 ch** 130/190.
GX n

🏨 **Touristic H.** sans rest, 25 pl. V.-Hugo 🇵 23.14.55 — 🛗 📺 🛁wc 🚿wc ☎
SC : ☲ 16 — **38 ch** 140/167.
GY u

🏨 **Ours Blanc** sans rest, 2 r. V.-Hugo 🇵 21.62.40 — 🛗 📺 🛁wc 🚿wc ☎. ⦻⦻ GY m
SC : ☲ 16,50 — **37 ch** 105/185.

🏨 **Raymond IV** sans rest, 16 r. Raymond-IV 🇵 62.89.41 — 🛗 🛁wc 🚿wc 🚗 🚗. ⬛
ⓞ 🄴 ⦻⦻
SC : ☲ 20 — **41 ch** 178/216.
GX d

🏠 **Taur** sans rest, 2 r. Taur 🇵 21.17.54 — 🛗 🛁wc 🚿 ☎
SC : ☲ 15 — **40 ch** 102/180.
FY a

🏠 **Progrès** sans rest, 10 r. Rivals 🇵 23.21.28 — 🛗 🛁wc 🚿wc 🚗. ⬛ ⦻⦻ FY n
SC : ☲ 17 — **33 ch** 100/190.

🏠 **Prado** ⌕, sans rest, 26 r. Prado par rte de St-Simon ✉ 31300 🇵 40.49.29 — 🚿wc
🚗 🅟. 🎅
fermé août — SC : ☲ 13,50 — **22 ch** 111/134.
BU f

🏠 **Gds Boulevards** sans rest, 12 r. Austerlitz 🇵 21.67.57 — 🛗 🛁wc 🚿wc 🚗. ⬛ 🄴
⦻⦻. 🎅
fermé 1er au 25 août et 24 au 31 déc. — SC : ☲ 15 — **30 ch** 72/149.
GY t

🏠 **Riquet** sans rest, 92 r. Riquet 🇵 62.55.96 — 🛗 🛁wc 🚿wc ☎ 🅟
SC : ☲ 14 — **74 ch** 67/125.
HX x

🏠 **Bordeaux** sans rest, 4 bd Bonrepos 🇵 62.41.09 — 🚿wc 🚗. 🄴 ⦻⦻
SC : ☲ 17 — **22 ch** 75/143.
GHX a

🍴🍴🍴 ✿✿ **Vanel**, 22 r. M.-Fontvieille 🇵 21.51.82 — 🗏. ⬛ 🄴
fermé 28 juil. au 27 août, lundi midi et dim. — SC : **R** carte 175 à 230
Spéc. Pigeon, Agneau de lait, Millefeuille.
GY e

🍴🍴🍴 ✿ **Darroze**, 19 r. Castellane 🇵 62.34.70 — 🗏. ⬛ ⓞ. 🎅
fermé sam. midi, dim. et fériés — SC : **R** 110/220
Spéc. Foie gras frais de canard, Poissons, Grand dessert.
GY v

XXX **Le Séville,** 45 r. Tourneurs ☎ 21.37.97 — 🗐. 🝰 𝘝𝘐𝘚𝘈   FY **x**
fermé 1er au 15 août et lundi – SC : **R** 100/220.

XXX **La Frégate,** 16 pl. Wilson ☎ 21.59.61, Décor contemporain — 🗐. 🝰 ⓞ 🝔 𝘝𝘐𝘚𝘈
SC : **R** 70/110.   GY **p**

XXX **Belvédère,** 8e étage 11 bd Recollets ⊠ 31400 ☎ 52.63.73, ≤ Garonne, Toulouse
et environs — 🗐 🅿 🝰 ⓞ 🝔 𝘝𝘐𝘚𝘈   BV **a**
fermé août, dim. et jours fériés – SC : **R** *(déj. seul.)* 80.

XX ✿ **La Belle Époque** (Roudgé), 3 r. Pargaminières ☎ 23.22.12 — 🗐. 🝰 ⓞ   EY **d**
fermé 22 au 30 déc., sam. midi, dim. et fériés – SC : **R** 120/200
Spéc. Fricassée de St-Pierre aux artichauts, Ris de veau au Sauternes, Grande assiette de desserts.

XX **Orsi Bouchon Lyonnais,** 13 r. Industrie ☎ 62.97.43 — 🗐. 🝰 ⓞ 𝘝𝘐𝘚𝘈   GY **f**
fermé 10 au 30 juil., sam. et dim. – **R** 100/160.

XX **Rôtisserie des Carmes,** 11 pl. Carmes ☎ 52.73.82 — 🝰 ⓞ 𝘝𝘐𝘚𝘈   FZ **a**
fermé sam. – SC : **R** 54/75.

XX **Chez Emile,** 13 pl. St-Georges ☎ 21.05.56 — 🗐. 🝰 ⓞ 🝔 𝘝𝘐𝘚𝘈   GY **r**
fermé 11 au 31 août, 23 déc. au 9 janv., dim. et lundi – **rez-de-chaussée** (poissons)
R carte 115 à 150- **1er étage** (viandes) **R** carte 100 à 150.

XX **Le Paysan,** 9 r. G.-Péri ☎ 62.70.44 — 🗐. 🝰 ⓞ 𝘝𝘐𝘚𝘈   GY **k**
fermé sam. midi et dim. – SC : **R** 75/150.

X **L'Occitan,** 53 r. Riquet ☎ 62.80.44   HY **d**

X **Fournil,** 36 allées J. Jaurès ☎ 62.66.19 — 🗐. 🝰 𝘝𝘐𝘚𝘈   GY **q**
⬤ *fermé lundi midi et dim.* – SC : **R** 45/100 🍴.

X **Le Cassoulet,** 40 r. Peyrolières ☎ 21.18.99   FY **e**
fermé 8 au 24 juil., 23 déc. au 10 janv. et lundi – **R** carte environ 75 🍴.

à Purpan - AU – ⊠ 31300 Toulouse :

🏨 **Novotel** Ⓜ, ☎ 49.34.10, Télex 520640, 🏫, ⤣, 🐎, 🎾 – 🛗 🗐 📺 ☎ 🛆 🅿 – 🔼
400. 🝰 ⓞ 🝔 𝘝𝘐𝘚𝘈   AU **a**
R carte environ 90 🍴 – 🍽 28 – **123 ch** 237/247.

à St-Martin-du-Touch AU – ⊠ 31300 Toulouse :

🏨 **Airport H.** Ⓜ sans rest, 176 rte Bayonne ☎ 49.68.78, Télex 521752 – 🛗 🗐 📺
🛏wc 🕿 🚗 🅿 – 🔼 25. 🝰 ⓞ 🝔 𝘝𝘐𝘚𝘈   AU **s**
SC : 🍽 22 – **45 ch** 224/244, 3 appartements 256.

à Blagnac : 7 km - AT – 14 942 h. – ⊠ 31700 Blagnac :

🏨 **Sofitel** Ⓜ, accès aéroport ☎ 71.11.25, Télex 520178, ⤢, 🎾 – 🛗 🗐 📺 ☎ 🛆 🅿 –
🔼 350. 🝰 ⓞ 🝔 𝘝𝘐𝘚𝘈   AT **e**
rest. **La Caouec R** carte 130 à 170 – 🍽 35 – **100 ch** 355/490.

XXX ✿ **Pujol,** 21 av. Gén.-Compans ☎ 71.13.58, parc – 🅿 ⓞ   AT **a**
fermé 11 août au 2 sept., dim. soir et sam. – SC : **R** (nombre de couverts limité -
prévenir) carte 160 à 220
Spéc. Foie de canard froid ou chaud, Poissons, Cassoulet.

XXX **Horizon,** à l'Aéroport par D 1 E - AT - ☎ 71.02.75, ≤ – 🗐. 🝰 ⓞ 𝘝𝘐𝘚𝘈
R 74.

au Sud-Ouest : 8 km par D 23 - AV – ⊠ 31100 Le Mirail :

🏨 **Diane et rest. Saint-Simon** Ⓜ 🦢, 3 rte St-Simon ☎ 07.59.52, Télex 530518,
parc, 🏫, ⤣, 🎾 – 📺 ☎ 🅿 – 🔼 30. 🝰 ⓞ 🝔 𝘝𝘐𝘚𝘈. 🏂 rest
SC : **R** *(fermé dim.)* 120 – 🍽 24 – **32 ch** 240/321.

à Vieille Toulouse S : 9 km par D 4 - BY – ⊠ 31320 Castenet :

🏨 **La Flânerie** 🦢 sans rest, rte Lacroix-Falgarde ☎ 73.39.12, ≤ vallée, parc – 📺
🚗 🅿. 🝰 ⓞ 𝘝𝘐𝘚𝘈
SC : 🍽 25 – **14 ch** 130/310.

à Lacourtensourt par ① : 8 km – ⊠ 31140 Aucamville :

XXX **La Feuilleraie,** ☎ 70.16.01, 🏫, « dans un parc, ⤣ » – 🗐 🅿 – 🔼 80.

à St-Jean par ③ : 9 km – 6 512 h. – ⊠ 31240 L'Union :

🏨 **Horizon 88** Ⓜ, ☎ 74.34.15, 🐎 – 🛗 📺 🚗 🅿 – 🔼 30. ⓞ   CT **n**
SC : **R** *(fermé dim.)* 60/200 🍴 – 🍽 25 – **38 ch** 180/260.

à Fonsegrives par ⑤ : 8 km – ⊠ 31130 Fonsegrives :

XX **La Grange,** ☎ 24.00.55, 🏫 – 🅿. 🝰 𝘝𝘐𝘚𝘈
SC : **R** 76/120.

à Vigoulet-Auzil par ⑦ sortie Ramonville et D 35 : 12 km – ⊠ 31320 Castenet :

XXX ✿ **Aub. de Tournebride** (Nony), ☎ 73.34.49, 🏫 – 🅿. 🝰 ⓞ 𝘝𝘐𝘚𝘈
fermé 10 au 30 août, vacances de fév., dim. soir et lundi – SC : **R** carte 140 à 210
Spéc. Petite marmite des pêcheurs, Steack au pot, Emincé de veau aux pâtes fraîches et foie frais.
Vins Pacherenc, Madiran.

RÉPERTOIRE DES RUES DU PLAN DE TOULOUSE

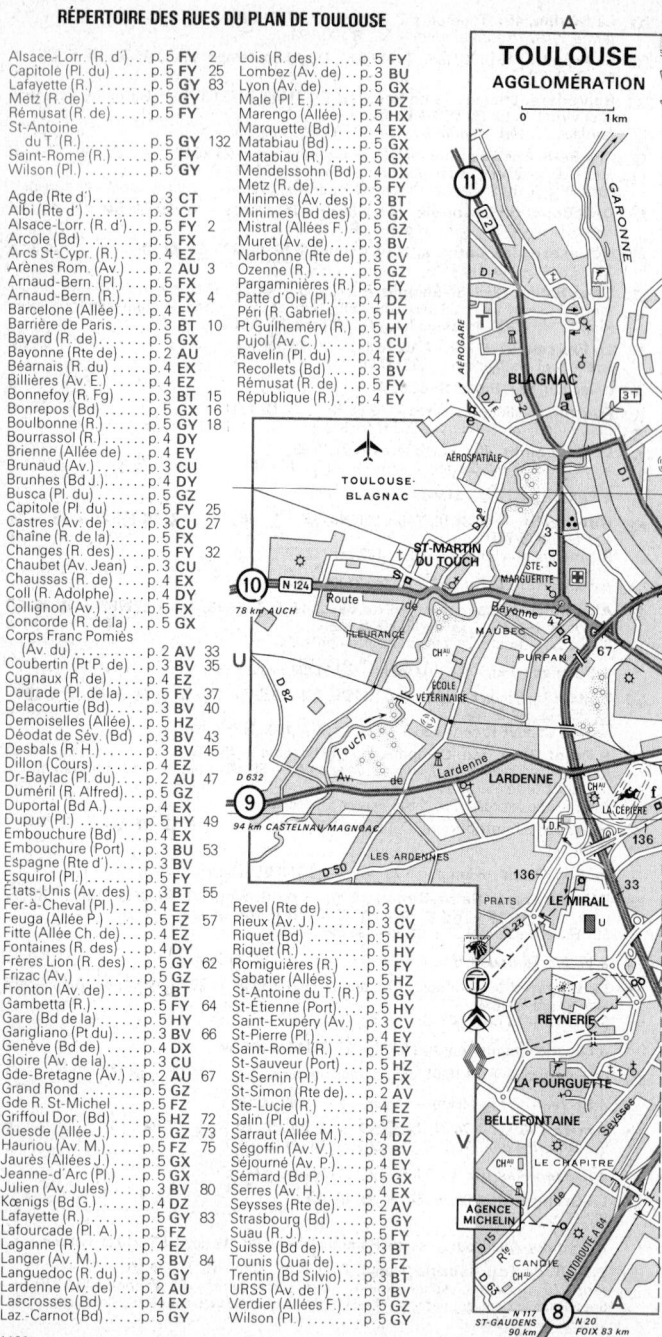

TOULOUSE
AGGLOMÉRATION

0   1 km

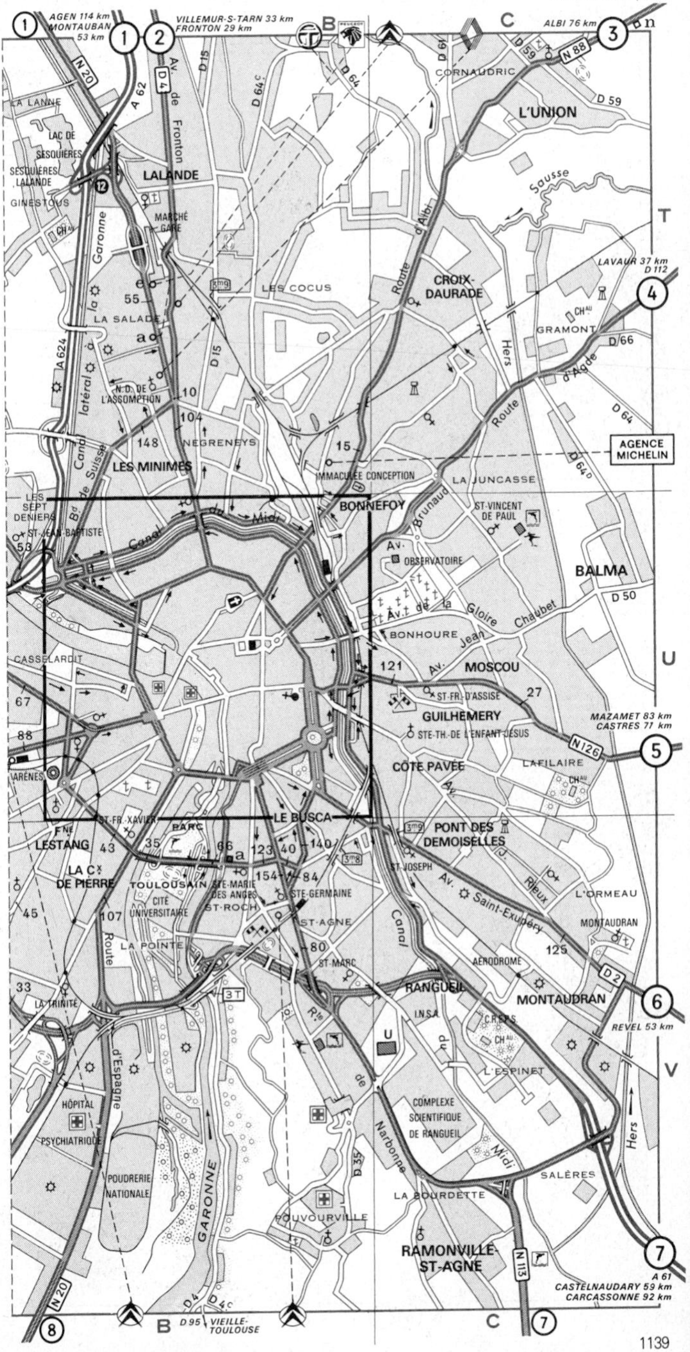
AGEN 114 km
MONTAUBAN 53 km
VILLEMUR-S-TARN 33 km
FRONTON 29 km
ALBI 76 km
CORNAUDRIC
L'UNION
LA LANNE
LAC DE SESQUIÈRES
SESQUIÈRES LALANDE
GINESTOUS
LALANDE
Av. de Fronton
MARCHÉ GARE
LES COCUS
Route d'Albi
CROIX-DAURADE
LAVAUR 37 km
D 112
GRAMONT
LA SALADE
Canal latéral à la Garonne
N.D. DE L'ASSOMPTION
NEGRENEYS
LES MINIMES
Bd de Suisse
Route d'Agde
AGENCE MICHELIN
IMMACULÉE CONCEPTION
LA JUNCASSE
LES SEPT DENIERS
ST-JEAN-BAPTISTE
BONNEFOY
ST-VINCENT DE PAUL
Canal du Midi
Av. Brunaud
OBSERVATOIRE
BALMA
Av. de la Gloire
Av. Jean Chaubet
BONHOURE
CASSELARDIT
MOSCOU
ST-FR. D'ASSISE
GUILHEMERY
STE-TH. DE L'ENFANT-JÉSUS
MAZAMET 83 km
CASTRES 71 km
N 126
CÔTE PAVÉE
LAFILAIRE
ARÈNES
ST-FR. XAVIER
LE BUSCA
PARC
PONT DES DEMOISELLES
Fne LESTANG
LA Cx DE PIERRE
TOULOUSAIN
STE-MARIE DES ANGES
ST-ROCH
STE-GERMAINE
ST-AGNE
ST-JOSEPH
Av. J. Rieux
Av. Saint-Exupéry
L'ORMEAU
MONTAUDRAN
CITÉ UNIVERSITAIRE
LA POINTE
ST-MARC
AÉRODROME
Route d'Espagne
LA TRINITÉ
RANGUEIL
I.N.S.A.
C.R.E.P.S.
REVEL 53 km
Rte de Narbonne
Canal du Midi
L'ESPINET
HÔPITAL PSYCHIATRIQUE
COMPLEXE SCIENTIFIQUE DE RANGUEIL
Hers
POUDRERIE NATIONALE
GARONNE
SALÈRES
LA BOURDETTE
POUVOURVILLE
RAMONVILLE-ST-AGNE
N 113
A 61
CASTELNAUDARY 59 km
CARCASSONNE 92 km
D 95 VIEILLE-TOULOUSE

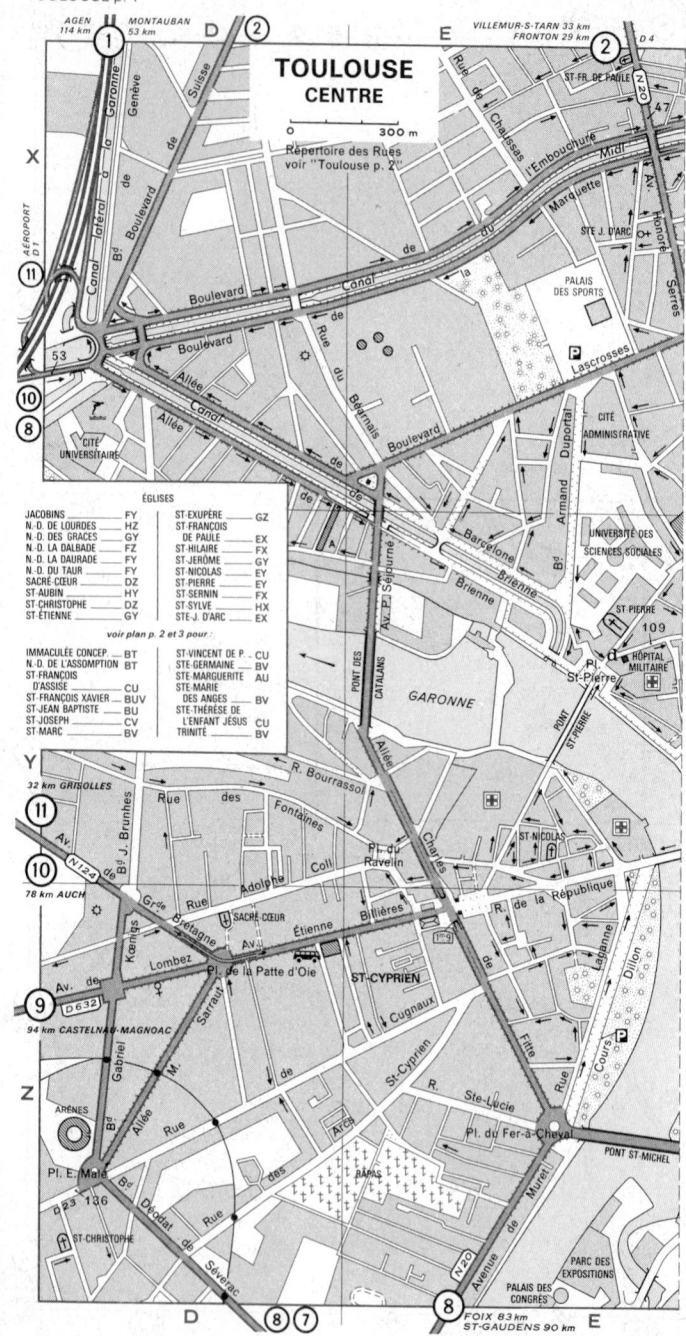

TOULOUSE CENTRE

0   300 m

Répertoire des Rues
voir "Toulouse p. 2"

ÉGLISES

JACOBINS	FY	ST-EXUPÈRE	GZ
N.-D. DE LOURDES	HZ	ST-FRANÇOIS	
N.-D. DES GRACES	GY	DE PAULE	EX
N.-D. LA DALBADE	FZ	ST-HILAIRE	FX
N.-D. LA DAURADE	FY	ST-JÉRÔME	GY
N.-D. DU TAUR	FY	ST-NICOLAS	GY
SACRÉ-CŒUR	DZ	ST-PIERRE	EY
ST-AUBIN	HY	ST-SERNIN	FX
ST-CHRISTOPHE	DZ	ST-SYLVE	HX
ST-ÉTIENNE	GY	STE-J. D'ARC	EX

voir plan p. 2 et 3 pour :

IMMACULÉE CONCEP.	BT	ST-VINCENT DE P.	CU
N.-D. DE L'ASSOMPTION	BT	STE-GERMAINE	BV
ST-FRANÇOIS		STE-MARGUERITE	AU
D'ASSISE	CU	STE-MARIE	
ST-FRANÇOIS XAVIER	BUV	DES ANGES	BV
ST-JEAN BAPTISTE	BU	STE-THÉRÈSE DE	
ST-JOSEPH	CV	L'ENFANT JÉSUS	CU
ST-MARC	BV	TRINITÉ	BV

AGEN 114 km   MONTAUBAN 53 km

VILLEMUR-S-TARN 33 km   FRONTON 29 km

AÉROPORT D 1

CITÉ UNIVERSITAIRE

PALAIS DES SPORTS

CITÉ ADMINISTRATIVE

UNIVERSITÉ DES SCIENCES SOCIALES

ST-PIERRE

HÔPITAL MILITAIRE

Pl. St-Pierre

GARONNE

PONT DES CATALANS

PONT ST-PIERRE

32 km GRISOLLES

78 km AUCH

94 km CASTELNAU-MAGNOAC

R. Bourrassol

Rue   des   Fontaines

Pl. du Ravelin

SACRÉ-CŒUR

ST-NICOLAS

Pl. de la Patte d'Oie

ST-CYPRIEN

R. de la République

ARÈNES

PI. E. Malé

ST-CHRISTOPHE

Pl. de Fer-à-Cheval

PONT ST-MICHEL

RAMS

PARC DES EXPOSITIONS

PALAIS DES CONGRÈS

FOIX 83 km
ST-GAUDENS 90 km

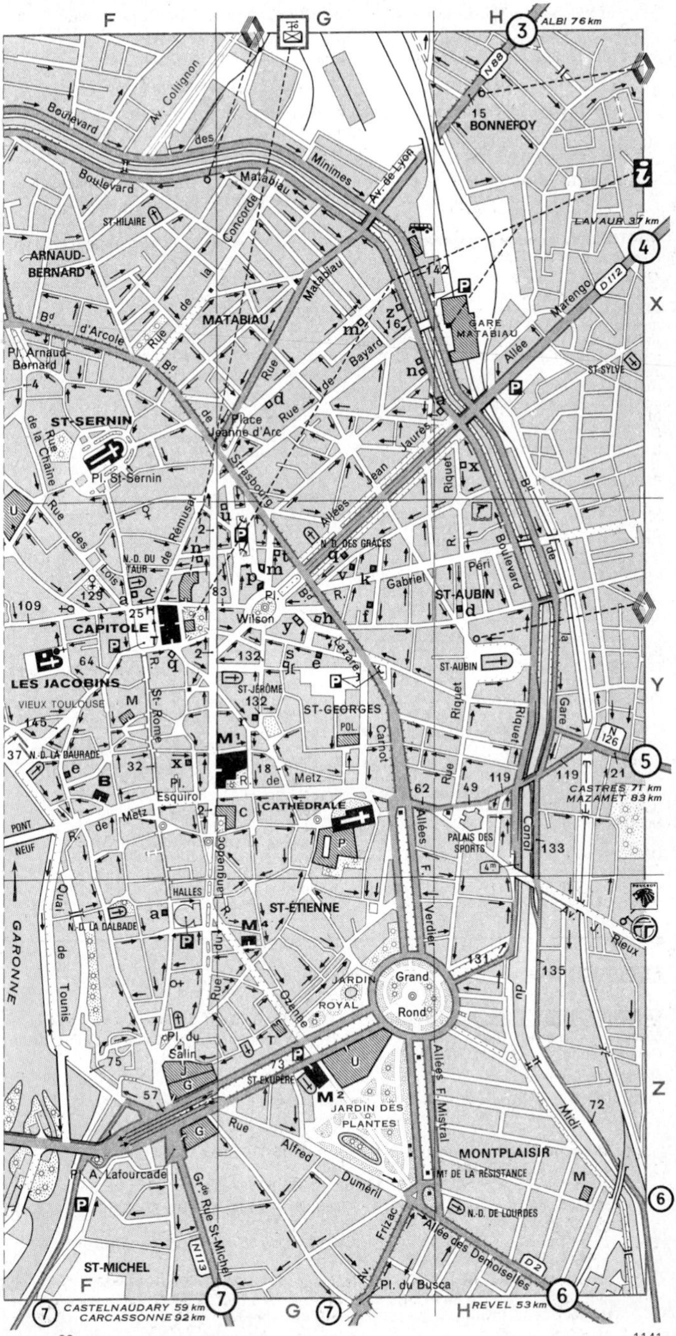

F   G   H   ③ ALBI 76 km

BONNEFOY

LAVAUR 37 km   ④   X

ⁱ

P142

GARE
MATABIAU

ARNAUD-
BERNARD

MATABIAU

ST-HILAIRE

B⁴
d'Arcole

Pl. Arnaud-
Bernard

ST-SERNIN

Pl. St-Sernin

Place
Jeanne d'Arc

ST-SYLVE

N.D. DU
TAUR

N.D. DES GRACES

CAPITOLE

ST-AUBIN

109

129

Wilson

LES JACOBINS

ST-JÉROME

VIEUX TOULOUSE

145

ST-GEORGES

ST-AUBIN

N.D. LA DALBADE

CATHÉDRALE

CASTRES 71 km
MAZAMET 83 km   ⑤   Y

PONT
NEUF

de Metz

PALAIS DES
SPORTS

HALLES

N.D. DE LA DALBADE

ST-ÉTIENNE

GARONNE

JARDIN
ROYAL

Grand
Rond

Pl. du
Salin

ST-EXUPÈRE

JARDIN DES
PLANTES

MONTPLAISIR

Z

Pl. A. Lafourcade

MT DE LA RÉSISTANCE

N.D. DE LOURDES

ST-MICHEL

⑥

F   ⑦ CASTELNAUDARY 59 km
CARCASSONNE 92 km   ⑦   G   ⑦   REVEL 53 km   ⑥
Pl. du Busca   H

38

1141

à *Villeneuve-Tolosane* par ⑧ et D 15 : 13 km – 6 438 h. – ✉ **31270** Cugnaux :

🏛 **Promenade**, 22 allées Platanes 🕿 92.04.45, 🏕 – 🛏 🎬 ⊛. 🍴 ch
fermé dim. soir et merc. – **R** 60/140 – 🍽 10 – **9 ch** 70/110 – P 145/165.

à *Lacroix-Falgarde* par ⑥ : 15 km – ✉ **31120** Portet-sur-Garonne :

✗✗ **Bellevue**, 🕿 76.24.39, ‹, 🏕 – ⑲ 🖪 *VISA*
fermé fév. et lundi – **R** 55/220.

à *Tournefeuille* par ⑨ : 8,5 km – 8 541 h. – ✉ **31170** Tournefeuille :

🏛 **Les Chanterelles** Ⓜ ⏱ sans rest, S : 1 km par D 63 🕿 86.21.86, « Pavillons dans un jardin fleuri et ombragé » – 🛏wc ⊛ ⅙ 🚗 ⑲. 🍴
SC : 🗕 16 – **10 ch** 235.

MICHELIN, Agence régionale, Z.I., 30 bd de Thibaud AV 🕿 41.11.54 et **Agence** 72 ch. Lapujade BT 🕿 48.77.95

ALFA ROMEO Arquier, rte Castres, Lasbordes 🕿 24.05.92 🖪 🕿 42.99.11
ALFA-ROMEO-FERRARI Autorama, 103-115 rte Espagne 🕿 44.69.44
ALFA ROMEO PORSCHE-MITSUBISHI Europ-Auto, 10 bd d'Arcole 🕿 62.03.25 🖪 🕿 52.39.07
AUTOBIANCHI-LANCIA, DATSUN Languedoc Autos, 24 bd Matabiau 🕿 62.86.48 🖪
BLF Gar. du Pont-St-Michel, 2 allées Paul-Feuga 🕿 52.60.60
BLF SMECA, 123 r. Vauquelin, Mirail 🕿 40.10.10
BMW Soulié, 15 Gde-Rue-St-Michel 🕿 52.93.75
CITROEN Gar. du Mirail, 59 av. Lombez BU 🕿 49.40.80
CITROEN Succursale, 138 av. de Fronton BT 🕿 47.67.01 🖪
CITROEN Succursale, 2 av. des Crêtes à Ramonville St-Agne par N 113 CV 🕿 73.81.73
CITROEN Auto-Sud, 4 r. E.-Baudot AV 🕿 40.16.25
CITROEN Samazan, 29 av. du 14·R.I. BV 🕿 52.90.17
CITROEN Techene, rte Castres à Lasbordes par ⑤ 🕿 24.13.29
FIAT, LANCIA-AUTOBIANCHI S.O.M.E.D.A. 58 rte Bayonne 🕿 49.11.12
FIAT, LANCIA-AUTOBIANCHI S.O.M.E.D.A. 127 av. États-Unis 🕿 47.14.00
FORD S.L.A.D.A., 83 bd Silvio-Trentin 🕿 47.24.24
LADA Mondial Auto, rte Castres Lasbordes, Balma 🕿 24.35.73 🖪 🕿 42.99.11
MERCEDES-BENZ Jour et Nuit, 37 av. H.-Serres 🕿 23.11.78
OPEL Général Autom., 16 allée Ch.-de-Fitte 🕿 42.91.36
PEUGEOT, TALBOT S.I.A.L., 105 av. États-Unis BT a 🕿 47.81.60 🖪 🕿 52.63.60

PEUGEOT, TALBOT S.I.A.L., 23 av. J.-Rieux HZ 🕿 54.52.52
PEUGEOT-TALBOT S.I.A.L., rue L.-N. Vauquelin AV 🕿 41.23.33
PEUGEOT-TALBOT S.I.A.L., 142 av. États-Unis BT e 🕿 47.67.67 🖪 🕿 52.63.60
RENAULT Automobiles Lormand, 32 r. Riquet HY 🕿 62.62.21
RENAULT Succursale, 75 av. États-Unis BT 🕿 47.79.09
RENAULT Succursale, ZA r. Branly à Ramonville St-Agne par ⑦ 🕿 73.81.81
RENAULT Gar. Bonnefoy, 22 fg Bonnefoy HX 🕿 48.84.82
RENAULT Puel, 2 r. J.-Babinet AV 🕿 40.41.40
TOYOTA, VOLVO Autos 31, 166 av. de Muret 🕿 42.91.50
V.A.G. Centre Mirail Auto, r. Babinet, la Reynerie 🕿 44.44.44
V.A.G. Ets Gauch, à Labège 🕿 20.05.52
V.A.G. Toulouse-Automobile, 34 Gde r. St-Michel 🕿 52.64.08
VAG Toulouse Autom. Sud, 116 rte Espagne 🕿 52.64.08

⊛ Bellet-Pneus, 25 av. de Lyon 🕿 48.55.55 24 allées Ch.-de-Fitte 🕿 42.56.56
Central-Pneu, 24 r. G.-Péri 🕿 62.70.90, ZI 19 av. Thibaut Mirail 🕿 40.28.72, 71 bd de la Marquette 🕿 21.68.13
Central-Pneu, 336 av. de Fronton 🕿 47.59.59
L'Eclair Pneus 1 rte de Bessières à l'Union 🕿 74.02.96
Escoffier-Pneus, 205 av. États-Unis 🕿 47.80.80
Perrier, Zone Ind. de Prat-Gimont, Balma 🕿 48.61.76
Roudez, 15 av. Camille-Pujol 🕿 80.88.46
Solapneu, 82 r. N-Vauquelin 🕿 40.40.56
Solapneu, 85 bd Suisse 🕿 47.61.90
Solapneu, 211 rte Narbonne 🕿 52.11.89
Stand du Pneu, 25 allées F.-Verdier 🕿 52.06.54

TOUQUES 14 Calvados 🗐🗐 ③ – rattaché à Deauville.

Le TOUQUET-PARIS-PLAGE 62520 P.-de-C. 🗐🗐 ⑪ G. Nord de la France – 5 425 h. – Casinos : La Forêt BZ, Quatre saisons AY – ⑤ 21 – **Voir** Phare ‹‹★★ BYR – Vallée de la Canche★ par ① – 🖫🖫🖫 🕿 05.20.22, S : 2,5 km par ②.
🖪 Office de Tourisme Palais de l'Europe (fermé janv.) 🕿 05.21.65.

Par ① : Paris 221 – Abbeville 58 – Arras 99 – Boulogne-sur-Mer 32 – ◆Lille 132 – St-Omer 70.

Plan page ci-contre

🏨 **Westminster** sans rest, av. Verger 🕿 05.19.66, Télex 160439 – 🛗 📺 ⑲ – 🏄 30 à 100. 🖭 ⑩ 🖪 *VISA*   BZ a
15 mars-15 nov. et 15-22 fév. – **145 ch** 🗕 365/575, 4 appartements.

🏨 **Manoir H.** ⏱, aux Golfs par ② : 2,5 km 🕿 05.20.22, ‹, 🏕, 🏊, 🎾 – 📺 ☎ ⑲ – 🏄 40. 🖭 *VISA*. 🍴
1er avril-3 janv. – SC : **R** *(fermé mardi et merc. du 15 nov. au 31 déc.)* 145/180 – 🗕 30 – **44 ch** 280/375 – P 430/655.

🏨 **Novotel-Thalamer** Ⓜ ⏱, sur la plage 🕿 05.24.00, Télex 160480, ‹ mer et plage, 🏊, 🔺 – 🛗 🖿 rest 📺 ☎ ⅙ ⑲ – 🏄 60 à 120. 🖭 ⑩ 🖪 *VISA*   AZ e
R snack carte environ 90 🍴 – 🗕 35 – **104 ch** 345/408.

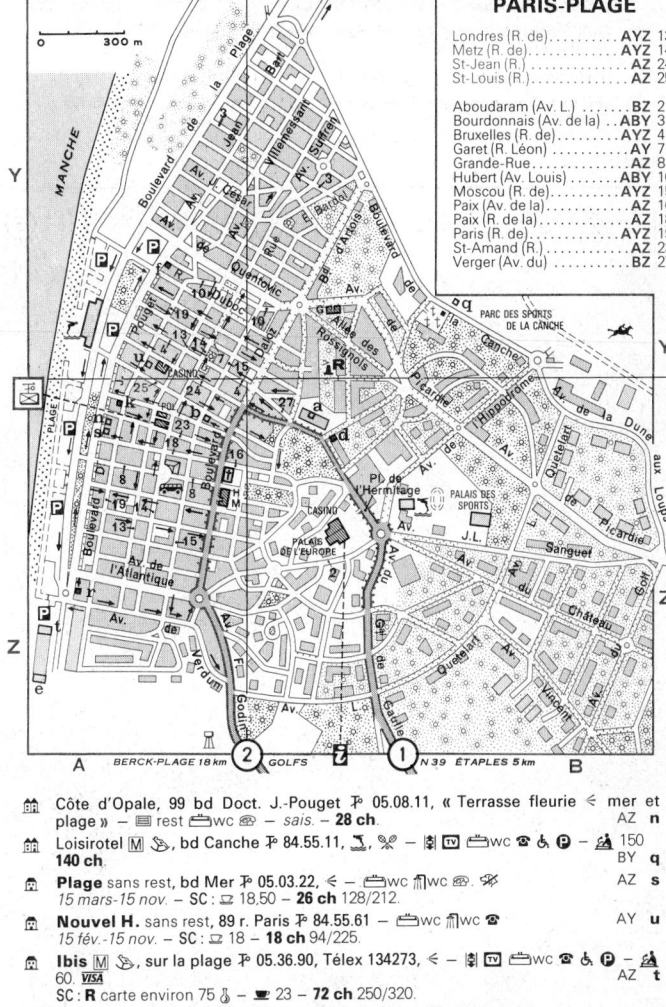

LE TOUQUET-PARIS-PLAGE

Londres (R. de)	**AYZ** 13
Metz (R. de)	**AYZ** 14
St-Jean (R.)	**AZ** 24
St-Louis (R.)	**AZ** 25
Aboudaram (Av. L.)	**BZ** 2
Bourdonnais (Av. de la)	**ABY** 3
Bruxelles (R. de)	**AYZ** 4
Garet (R. Léon)	**AY** 7
Grande-Rue	**AZ** 8
Hubert (Av. Louis)	**ABY** 10
Moscou (R. de)	**AYZ** 15
Paix (Av. de la)	**AZ** 16
Paix (R. de la)	**AZ** 18
Paris (R. de)	**AYZ** 19
St-Amand (R.)	**AZ** 23
Verger (Av. du)	**BZ** 27

🏨 **Côte d'Opale**, 99 bd Doct. J.-Pouget ☎ 05.08.11, « Terrasse fleurie ≤ mer et plage » – 🗐 rest 📞wc ☎ – sais. – **28 ch**. AZ **n**

🏨 **Loisirotel** M ⑤, bd Canche ☎ 84.55.11, 🔲, ⅍ – 🛗 TV 📞wc ☎ ᵴ 🅿 – 🏛 150 **140 ch**. BY **q**

🏨 **Plage** sans rest, bd Mer ☎ 05.03.22, ≤ – 📞wc 🛉wc ☎. ⅍ AZ **s**
15 mars-15 nov. – SC : 😄 18,50 – **26 ch** 128/212.

🏨 **Nouvel H.** sans rest, 89 r. Paris ☎ 84.55.61 – 📞wc 🛉wc ☎ AY **u**
15 fév.-15 nov. – SC : 😄 18 – **18 ch** 94/225.

🏨 **Ibis** M ⑤, sur la plage ☎ 05.36.90, Télex 134273, ≤ – 🛗 TV 📞wc ☎ ᵴ 🅿 – 🏛 60. 𝘝𝘐𝘚𝘈 AZ **t**
SC : **R** carte environ 75 🍴 – ☕ 23 – **72 ch** 250/320.

🏨 **Forêt** sans rest, 73 r. Moscou ☎ 05.09.88 – 📞wc ☎. 𝘈𝘌 𝘝𝘐𝘚𝘈. ⅍ AZ **b**
SC : 😄 17,50 – **10 ch** 145/171.

XXXX ✿ **Flavio-Club de la Forêt**, av. Verger ☎ 05.10.22 – 𝘈𝘌 ⓞ 𝘌 𝘝𝘐𝘚𝘈 BZ **d**
fermé 5 nov. au 28 fév., sauf week-ends en nov. et merc. du 3 oct. au 30 avril – **R** 200 bc/290
Spéc. Homard, Aiguillettes de bar soufflées, Foie gras de canard.

XXX **Georges II**, bd de la Mer ☎ 05.00.68 – 🗐 **E** AZ **r**
1ᵉʳ juil.-15 sept. et hors sais. week-end et fêtes seul. – SC : **R** 150/280.

XX **Chalut**, 7 bd J.-Pouget ☎ 05.22.55 – 𝘝𝘐𝘚𝘈 AY **f**
fermé janv., mardi soir hors sais. et merc. – SC : **R** 92/160.

X **Diamant Rose**, 110 r. Paris ☎ 05.38.10 AZ **k**
➜ *fermé 1ᵉʳ au 15 oct., 18 déc. au 20 janv., mardi soir du 1ᵉʳ sept. au 6 juin et merc.* –
SC : **R** 50/110.

à l'Aéroport E : 2,5 km BZ :

XX **L'Escale**, ☎ 05.23.22 – 🅿 𝘈𝘌 ⓞ 𝘝𝘐𝘚𝘈
fermé jeudi soir en hiver – SC : **R** carte 120 à 180.

à Stella-Plage par ② : 7 km – ✉ **62780** Cucq :

🏠 **Dell'Hôtel** Ⓜ, ☏ 94.60.86 – 📳 🛁wc 📺wc ☎ 🅿 – 🛏 30
1er avril-30 sept. – SC : **R** 55/80 – ☳ 18 – **30 ch** 87/206 – P 211/327.

à Merlimont-Ville par ① et D 940 : 10 km – ✉ **62155** Merlimont :

XXX ⚘ **Host. Georges,** 139 r. Étaples ☏ 94.70.87, « Jardin fleuri » – 🅿 Ⓔ 𝖵𝖨𝖲𝖠
fermé 2 janv. au 2 fév., lundi soir et mardi hors sais. – SC : **R** 140/280
Spéc. Homard grillé, Choucroute aux poissons, Escalope de saumon aux morilles.

RENAULT Gar. de la Canche, par av. Charles de Gaulle par ① ☏ 94.91.00

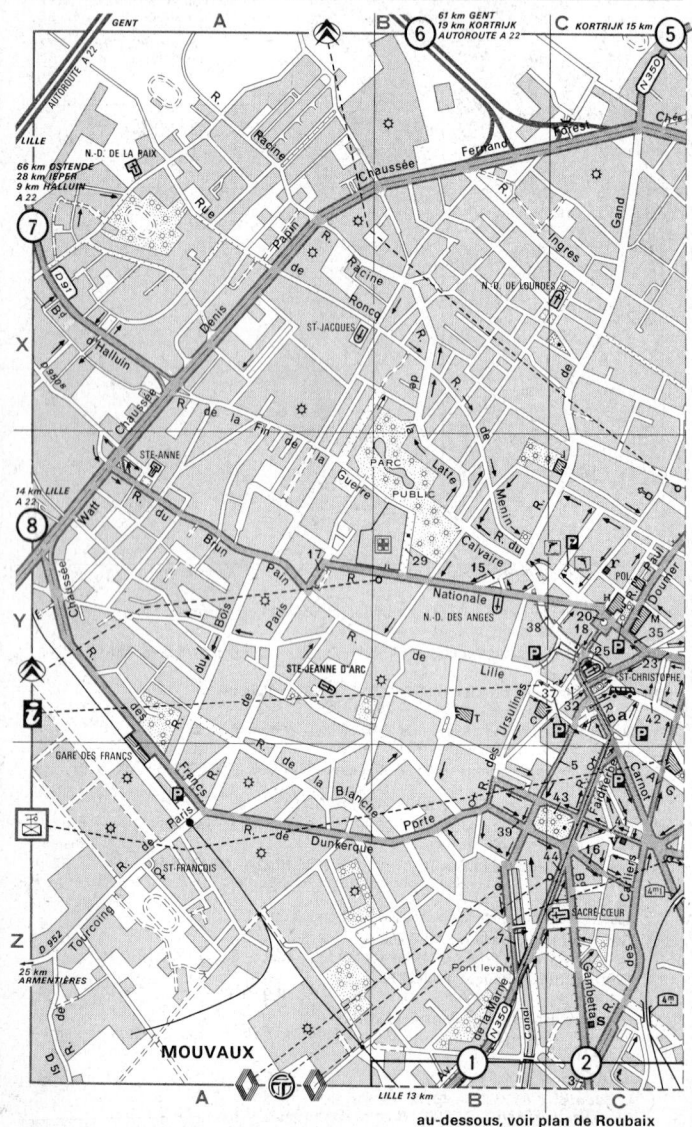

au-dessous, voir plan de Roubaix

1144

TOURCOING 59200 Nord **51** ⑥ **G. Nord de la France** – 97 121 h. alt. 42 – ✪ 20.

Voir Château du Vert-Bois★ SO : 5 km.

☞ des Flandres ☏ 72.20.74 par ① : 9,5 km ; ☞ du Sart au château du Sart ☏ 72.02.51 par ① : 12 km ; ☞☞☞ de Bondues ☏ 37.80.03, SO : 7 km – 🛈 Syndicat d'Initiative Grand'Place (fermé dim. après-midi) ☏ 26.89.03 - A.C. 13 r. Desurmont ☏ 26.56.35.

Paris 234 ⑧ – Kortrijk 19 ⑥ – Gent 61 ⑥ – ♦Lille 13 ⑧ – Oostende 66 ⑦ – Roubaix 4 ②.

Accès et Sorties : Voir à Lille p. 2 et 3

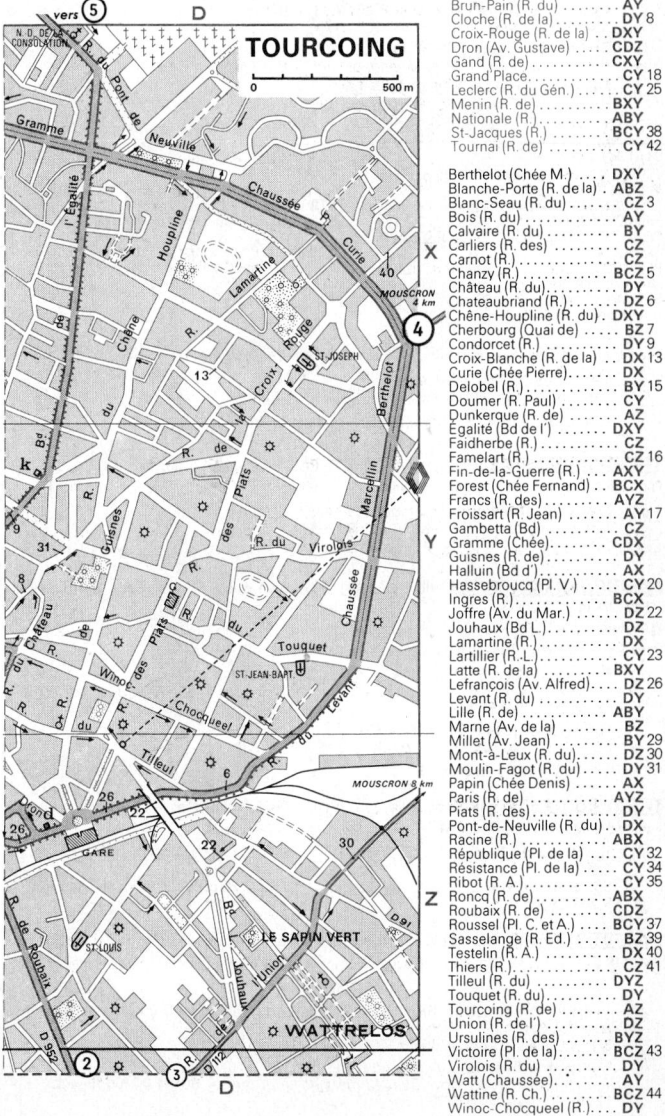

🏨 **Novotel** Ⓜ, au Nord près échangeur de Neuville-en-Ferrain ✉ 59960 Neuville-en-Ferrain ☏ 94.07.70, Télex 131656, 🏊, 🐾 – 🛏 🖿 📺 ☎ ♿ 🅿 – 🛎 30 à 300. 🆎 ❶ Ⓔ 🆅🆂🅰
R snack carte environ 90 ⚖ – 🍽 28 – **118 ch** 240/274.
plan Lille p 3 JKR

🏨 Ibis Ⓜ, r. Carnot ☏ 24.84.58, Télex 132695 – 🛏 🚻wc ☎ – 🛎 25   CY **a**
102 ch.

XXX **La Saucière,** 189 bd Gambetta ☏ 26.67.90 – 🆅🆂🅰   CZ **s**
fermé 30 juil. au 7 sept., vacances de fév., sam. midi, dim. et fériés – **R** carte 145 à 205.

XX **P'tit Bedon,** 5 bd Égalité ☏ 25.00.51 – 🆎   DY **k**
fermé 15 au 31 juil., 1er au 15 sept. et lundi – **R** carte 125 à 170.

XX **Le Plessy,** 31 av. Lefrançois ☏ 25.07.73 – 🆅🆂🅰   DZ **d**
fermé août, dim. soir et lundi – **R** 80/170.

X **Enrico,** 5 r. Thiers ☏ 25.32.79 – 🖿 🆅🆂🅰   CZ **v**
➜ *fermé août et déj. seul. sauf vend. et sam.* – **R** 42/70.

X **Milano,** 66 r. Haze ☏ 26.43.08 – 🆅🆂🅰   CY **r**
fermé août et sam. – **SC : R** carte 90 à 135.

CITROEN Gar. du Dronckaert, angle r. des Champs, r. du Dronckaert à Roncq par ⑦ ☏ 03.61.90
CITROEN Gar. Corselle, 4 r. F.-Roosevelt CY ☏ 01.55.51
CITROEN Vigneau et Delehaye, 135 r. Nationale BY ☏ 26.68.71
FORD Gar. Ponthieux, 75 r. de Roubaix ☏ 26.67.05
PEUGEOT Gar. de L'Autoroute, 13 r. du Dronckaert à Roncq par ⑦ ☏ 94.33.00
RENAULT D.I.A.N.O.R., 53 r. du Dronckaert à Roncq par ⑦ ☏ 94.01.35

RENAULT Guilbert, 95 r. du Tilleul DZ ☏ 26.74.18 🔃 ☏ 75.40.03
RENAULT Gar. du Nord, 4 av. Lefrançois CZ ☏ 01.46.11
RENAULT Ropital, 19 quai Cherbourg BZ ☏ 26.61.94
V.A.G. Beulque, 20 r. du Tilleul ☏ 24.36.45

🛞 Nord-Pneu, 9 bis r. F.-Buisson ☏ 25.31.78
Promo-Pneus, 486 r. du Blanc Seau ☏ 36.43.58

Wenn Sie vom Hotelier eine schriftliche Bestätigung Ihrer Zimmerreservierung
oder eine Antwort auf eine Anfrage erwarten,
fügen Sie Ihrem Schreiben bitte Rückporto bei.

La TOUR-D'AIGUES 84240 Vaucluse 🔢 ③ G. Provence – 2 479 h. alt. 268 – 🍎 90.
Paris 755 – Aix-en-Pr. 26 – Apt 41 – Avignon 83 – Cavaillon 51 – Manosque 27 – Salon-de-Pr. 47.

XX **Host. du Château,** (1er étage) ☏ 77.43.55 – 🆎 ❶
fermé juin, dim. soir et lundi – **SC : R** 57/92.

RENAULT Felines, ☏ 77.40.47 🔃 ☏ 77.45.19

La TOUR-D'AUVERGNE 63680 P.-de-D. 🔢 ⑬ G. Auvergne – 900 h. alt. 990 – Sports d'hiver : 1 200/1 380 m 🎿3 – 🍎 73.
🅸 Syndicat d'Initiative à la Mairie (1er juil.-31 août et fermé dim.) ☏ 21.50.12.
Paris 446 – ◆Clermont-Ferrand 60 – Mauriac 57 – Le Mont-Dore 17 – Ussel 60.

🏨 **Lac,** rte de Bort ☏ 21.52.19, ≤ – 🖿 🐾 🅿. ❤ rest
➜ *1er mai-30 sept., 15 déc.-30 avril et vacances scolaires* – **SC : R** 50/85 – 🍷 12,50 – **12 ch** 90/145 – P 140/180.

🏨 **Reine Margot,** ☏ 21.50.96 – 🚪
➜ **SC : R** 43/74 ⚖ – 🍽 13,50 – **20 ch** 52/114 – P 112/134.

RENAULT Gar. Maillard, ☏ 21.50.43

Le TOUR-DU-PARC 56 Morbihan 🔢 ⑬ – 571 h. – ✉ 56370 Sarzeau – 🍎 97.
Paris 460 – Muzillac 22 – Redon 59 – La Roche-Bernard 37 – Vannes 22.

🏩 **La Croix du Sud** Ⓜ 🍴, ☏ 26.40.26, 🏊, 🐾, ❤ – 🚻wc 🐾 ♿ 🅿 – 🛎 25. ❶ 🆅🆂🅰
SC : R *(fermé dim. soir et lundi)* 109/169 – 🍽 18 – **22 ch** 89/218, 8 appartements – P 263/295.

La TOUR-DU-PIN ◀🅢▶ 38110 Isère 🔢 ⑭ G. Vallée du Rhône – 7 037 h. alt. 339 – 🍎 74.
Paris 518 ④ – Aix-les-B. 53 ① – Chambéry 47 ④ – ◆Grenoble 67 ④ – ◆Lyon 55 ④ – Vienne 57 ④.

Plan page ci-contre

🏨 **France et rest. Bec Fin,** 12 av. Alsace-Lorraine (a) ☏ 97.00.08 – 🚻wc 🖿wc
➜ 🐾 🚗, 🆅🆂🅰
SC : R 50/140 – 🍽 15 – **30 ch** 100/160 – P 190/290.

🏨 **Dauphiné Savoie,** r. A.-Briand (n) ☏ 97.03.87 – 🖿wc 🐾 Ⓔ
fermé 15 oct. au 1er nov., 5 au 12 mars et lundi midi – **SC : R** 51/105 ⚖ – 🍽 15 – **12 ch** 77/105 – P 150/170.

LA TOUR-DU-PIN

Billard (R. Marius) 4
Briand (R. Aristide) 5
Bruyères (R. des) 7
Contamin (R. Claude) 8
Dubost (Pl. Antonin) 9
Jaurès (R. Jean) 13
Lescure (R. Jean) 15
Nation (Pl. de la) 16
Pasteur (R.) 17
Paul-Bert (R.) 18
Recollets (R. des) 20
République (R. de la) 21
Sage (R. Paul) 23
Savoyat (R. Joseph) 24
Thevenon (Pl. Albert) 25
Viricel (R.) 29

Les plans de villes sont orientés le Nord en haut.

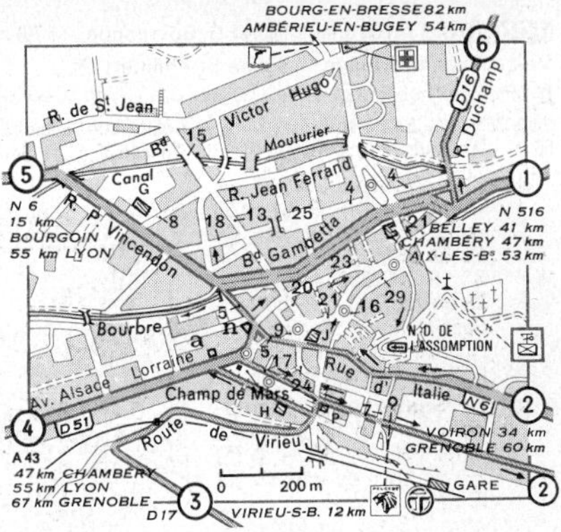

à Cessieu par ③ : 6 km – ✉ **38110** La Tour-du-Pin :

XX **La Gentilhommière** avec ch, ☎ 88.30.09, parc – wc wc Ⓟ. AE ⓓ E VISA
fermé 15 nov. au 5 déc., dim. soir et lundi – SC : **R** 75/180 – 16 – **7 ch** 90/160.

à Faverges-de-la-Tour par ①, N 75 et D 145 E : 10 km – ✉ **38110** La-Tour-du-Pin :

✿ **Le Château de Faverges**, ☎ 97.42.52, Télex 300372, ≤, parc, « Très beaux aménagements intérieurs », – TV ☎ Ⓟ – 100. VISA. rest
12 mai-1er nov. – **R** 150/300 – 45 – **36 ch** 300/700 – P 590/810
Spéc. Escalope de foie gras poêlé, Lavaret sauce fleurette, Pigeon rôti au chou.

CITROEN Gar. Vial, N 6 Zone Ind. à St-Jean-de-Soudain par ⑤ ☎ 97.30.34
CITROEN Monin, à St-Clair de la Tour par ① ☎ 97.10.82
PEUGEOT-TALBOT Brochier, 9 r. Bruyères ☎ 97.03.68
RENAULT Tour-Autos, Zone Ind. à St-Jean-de-Soudain par r. St-Jean ☎ 97.25.63
V.A.G. Alp'Gar. 23 r. Pasteur ☎ 97.09.84

TOURMALET (Col du) 65 H.-Pyr. 85 ⑱ G. Pyrénées – alt. 2 114.

Voir ☼★★.

Paris 855 – Luz-St-Sauveur 18 – La Mongie 4.

TOURNAY 65190 H.-Pyr. 85 ⑨ – 1 118 h. alt. 260 – 62.

Paris 823 – Bagnères-de-Bigorre 16 – Lannemezan 17 – Tarbes 18.

Moderne, ☎ 35.70.30 – Ⓟ. ch
fermé oct. et vend. sauf juil., août et sept. – SC : **R** 50/70 – 11 – **22 ch** 71/90 – P 95/120.

TOURNEFEUILLE 31 H.-Gar. 82 ⑦ – rattaché à Toulouse.

TOURNON 07 Ardèche 77 ① – rattaché à Tain-Tournon.

TOURNON-D'AGENAIS 47370 L.-et-G. 79 ⑥ G. Périgord – 921 h. alt. 167 – 53.

Voir Site★.

Syndicat d'Initiative à la Mairie (juil.-août et fermé dim.) ☎ 71.70.19.

Paris 641 – Agen 42 – Cahors 46 – Castelsarrasin 56 – Montauban 63 – Villeneuve-sur-Lot 26.

Midi, ☎ 71.70.08, – wc
fermé 1er au 24 sept. et sam. sauf juil.-août – SC : **R** 40/80 – 14 – **12 ch** 60/150 – P 140/160.

RENAULT Gar. Mirabel, ☎ 71.72.07 N ☎ 71.70.20

Besonders angenehme Hotels oder Restaurants sind im Führer rot gekennzeichnet.
Sie können uns helfen,
wenn Sie uns die Häuser angeben,
in denen Sie sich besonders wohl gefühlt haben.
Jährlich erscheint eine komplett überarbeitete Ausgabe aller Roten Michelin-Führer.

XXXXX ... X

TOURNUS 71700 S.-et-L. 69 ⑳ G. Bourgogne – 6 704 h. alt. 193 – ✪ 85.

Voir Ancienne abbaye★ : église St-Philibert★★.

Office de Tourisme pl. Carnot (1er mars-31 oct. et fermé dim. après-midi) ☎ 51.13.10.

Paris 365 ① – Bourg-en-Bresse 54 ② – Chalon-sur-Saône 27 ① – Charolles 63 ③ – Lons-le-Saunier 56 ② – Louhans 29 ② – ♦ Lyon 102 ② – Mâcon 30 ② – Montceau-les-Mines 65 ①.

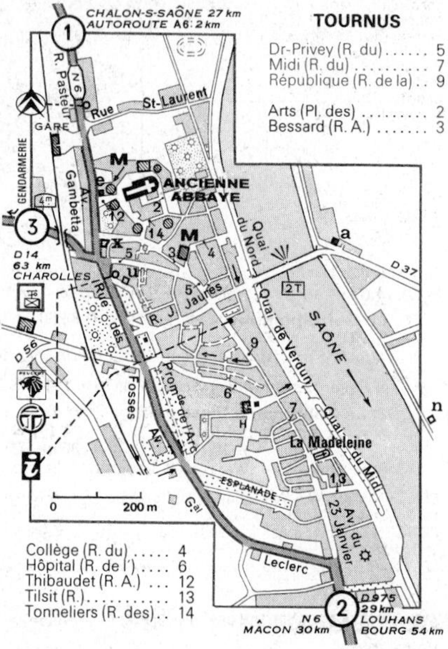

🏨 ✿ **Le Rempart** Ⓜ, 2 av. Gambetta **(x)** ☎ 51.10.56 – ... AE ⓓ E VISA
SC : **R** 137/280 – ☕ 28 – **28 ch** 160/290 – P 330/450
Spéc. Filet de Sandre à la moëlle, Pigeonneau de Bresse à l'ail doux, Délices d'Eugénie.

🏨 **Le Sauvage,** pl. Champ-de-Mars **(u)** ☎ 51.14.45, Télex 800726, ... AE ⓓ E VISA
fermé 15 nov. au 15 déc. – SC : **R** 75/160 – ☕ 21 – **31 ch** 180/200.

🏨 **Motel Clos Mouron** Ⓜ sans rest, par ① : 0,5 km ☎ 51.23.86 – wc ☎ & Ⓟ. AE ⓓ VISA
fermé 23 déc. au 1er janv. et dim. du 1er nov. au 1er avril – SC : ☕ 18 – **20 ch** 115/165.

🏠 **La Saône** 🐦 sans rest, rive gauche **(n)** ☎ 51.03.38, ⩤ – wc Ⓟ
fermé déc. et janv. – SC : ☕ 12 – **12 ch** 70/118.

XXX ✿✿ **Greuze** (Ducloux), 1 r. A.-Thibaudet **(e)** ☎ 51.13.52 – Ⓟ. AE VISA
fermé 13 au 23 juin, 14 nov. au 9 déc. et jeudi sauf fériés – **R** 170/250 et carte
Spéc. Gratin de queues d'écrevisses, Quenelle de brochet, Entrecôte à la Charolles. **Vins** Beaujolais, Mâcon.

X **Nouvel H.** avec ch, 1 bis av. Alpes **(a)** ☎ 51.04.25 – Ⓟ. E VISA
fermé 14 au 19 mai, 1er au 29 déc., dim. soir en hiver et merc. sauf juil.-août – SC : **R** 58/118 🍷 – ☕ 14 – **6 ch** 83/137.

à Martailly-lès-Brancion par ③ et D 14 : 12 km – ✉ **71700** Tournus :

X **Relais de Martailly,** ☎ 51.19.56 – Ⓟ. AE E
mars-15 oct. et fermé lundi sauf le soir du 14 juil. au 15 sept. – SC : **R** 40/115 🍷.

à Brancion par ③ D 14 : 14 km – ✉ **71700** Tournus.
Voir Bourg★.

🏨 **Montagne de Brancion** Ⓜ 🐦 sans rest, au col de Brancion ☎ 51.12.40, ⩤ – wc wc ☎ Ⓟ
SC : ☕ 14 – **20 ch** 118/205.

CITROEN Gar. Guillemaut, 4 av. Pasteur ☎ 51.03.17
FORD Gar. Pagneux, 3 av. Gambetta ☎ 51.06.45
PEUGEOT-TALBOT Tournus-Pneus, 16 pl. du Champ-de-Mars ☎ 51.07.58
RENAULT Pageaud, 3 rte de Paris par ① ☎ 51.07.05

TOUROUVRE 61190 Orne 60 ⑤ G. Normandie – 1 627 h. alt. 236 – ✪ 33.

Voir Église : Adoration des Mages★ du retable.

Paris 143 – L'Aigle 22 – Alençon 48 – Chartres 73 – Mortagne-au-Perche 12 – Verneuil-sur- 27.

X Relais Fleuri, au Gué-à-Pont sur N 12 SO : 2 km ☎ 25.70.44 – Ⓟ.

FIAT, LANCIA-AUTOBIANCHI Gar. Roussel, N 12 à Ste-Anne ☎ 25.73.41 N
PEUGEOT-TALBOT Toussaint, ☎ 25.70.02
RENAULT Chardon, ☎ 25.73.12

Si vous cherchez un hôtel tranquille,
ne consultez pas uniquement les cartes p. 46 à 53,
mais regardez également dans le texte
les établissements indiqués avec le signe 🐦.

TOURRETTE-SUR-LOUP 06 Alpes-Mar. 84 ⑨. 195 ㉕ G. Côte d'Azur – 2 727 h. alt. 400 –
✉ 06140 Vence – ✿ 93.

Voir Vieux village★.

Paris 934 – Grasse 21 – ✦Nice 28 – Vence 6.

- 🏠 **Aub. Belles Terrasses,** E : 1 km sur D 2210 ℘ 59.30.03, ≼ – 🛋wc 🛁wc ☎ **P**
  SC : **R** 55/80 – ☲ 15 – **16 ch** 155 – P 365 (pour 2 pers.).

- 🏠 **Grive Dorée,** rte Grasse ℘ 59.30.05, ≼ – 🛁wc ☎
  28 janv.-15 oct. – SC : **R** 65/120 – ☲ 16 – **14 ch** 120/175 – P 245/270.

TOURS ℗ 37000 I.-et-L. 64 ⑮ G. Châteaux de la Loire – 136 483 h. communauté urbaine
251 320 h. alt. 48 – ✿ 47.

Voir Quartier de la cathédrale★★ : Cathédrale★★ EX, musée des beaux-Arts★★ EXY **M2**,
La Psalette★ EX F, Place Grégoire de Tours★ EX47 – Vieux Tours★★ : Place Plumereau★
CY 67, hôtel Gouin★ CX **M4**, rue Briçonnet★ CY 15 – Quartier de St-Julien★ : musée du
Compagnonnage★ DX **M5**, Jardin de Beaune-Semblançay★ DX **B**, – Rampe d'escalier★
de l'hôtel Mame DY **D** – Prieuré de St-Cosme★ O : 3 km AV **E** – Grange de Meslay★
NE : 10 km AU **S**.

🅱 de Touraine ℘ 53.20.28 ; domaine de la Touche à Ballan-Miré par ⑪ : 14 km.

✈ de Tours-St-Symphorien : T.A.T. ℘ 54.21.45 NE : 7 km AU.

🚗 ℘ 20.23.43.

🅱 Office de Tourisme et Accueil de France (Informations, change et réservations d'hôtels, pas plus
de 5 jours à l'avance), pl. Mar. Leclerc ℘ 05.58.08, Télex 750008 – A.C.O. 4 pl. J.-Jaurès ℘ 05.50.19.

Paris 234 ③ – Angers 106 ⑭ – ✦Bordeaux 348 ⑩ – Chartres 139 ② – ✦Clermont-Ferrand 301 ⑧ –
✦Limoges 220 ⑩ – ✦Le Mans 82 ⑮ – ✦Orléans 112 ③ – ✦Rennes 235 ⑮ – ✦St-Étienne 423 ⑦.

Plans pages suivantes

- 🏨 **Méridien** Ⓜ, 292 av. Grammont ✉ 37200 ℘ 28.00.80, Télex 750922, ☇, ☞, ☜ –
  🛗 🖵 🖵 ☎ **P** – 🔬 40 à 200. 🆎 ⓪ ᴇ 𝘝𝘐𝘚𝘈
  SC : **R** 92 – ☲ 32 – **119 ch** 315/425, 6 appartements.   AV **s**

- 🏨 **Royal** Ⓜ sans rest, 65 av. Grammont ℘ 64.71.78 – 🛗 ♿ ☞. 🆎 𝘝𝘐𝘚𝘈 ❊   DZ **s**
  SC : ☲ 24 – **35 ch** 210/245.

- 🏨 **Bordeaux,** 3 pl. Mar.-Leclerc ℘ 05.40.32, Télex 750414 – 🛗 🖵 ☎ ♿. 🆎 ⓪ ᴇ
  𝘝𝘐𝘚𝘈. ❊ ch   DY **t**
  R 70/98 – ☲ 54 **ch** ☲ 120/260 – P 301/466.

- 🏨 **Univers,** 5 bd Heurteloup ℘ 05.37.12 – 🛗 🖵 ☎ ☜ – 🔬 30. 🆎 ⓪ ᴇ 𝘝𝘐𝘚𝘈
  SC : **R** *(fermé sam.)* 87/130 – ☲ 28 – **91 ch** 215/305.   DY **u**

- 🏩 **Central H.** sans rest, 21 r. Berthelot ℘ 05.46.44, ☞ – 🛗 🛋wc 🛁wc ☎ ♿ ☜
  P. 🆎 ⓪ ᴇ 𝘝𝘐𝘚𝘈   DY **k**
  SC : ☲ 20 – **42 ch** 100/240.

- 🏩 **Europe** sans rest, 12 pl. Mar.-Leclerc ℘ 05.42.07, « Meubles anciens, tableaux »
  – 🛗 🛁wc ☎   EY **m**
  SC : ☲ 17 – **51 ch** 100/200.

- 🏩 **Criden** Ⓜ sans rest, 65 bd Heurteloup ℘ 20.81.14 – 🛗 🖵 🛋wc ☎ ♿ ☜. 🆎 ⓪
  ᴇ 𝘝𝘐𝘚𝘈   EY **g**
  SC : ☲ 17 – **33 ch** 200/280.

- 🏩 **Armor** sans rest, 26 bis bd Heurteloup ℘ 05.29.60 – 🛗 🖵 🛋wc 🛁wc ☎. 🆎 ⓪
  ᴇ 𝘝𝘐𝘚𝘈   EY **s**
  SC : ☲ 20 – **50 ch** 91/234.

- 🏩 **Gambetta** sans rest, 7 r. Gambetta ℘ 05.08.35 – 🛋wc 🛁wc ☎ – 🔬 70. 🆎 𝘝𝘐𝘚𝘈
  SC : ☲ 17 – **39 ch** 170/230.   DY **e**

- 🏩 **Mirabeau** sans rest, 89 bis bd Heurteloup ℘ 05.24.60 – 🛗 🛋wc 🛁wc ☎. 🆎 ᴇ
  𝘝𝘐𝘚𝘈. ❊   EY **e**
  fermé vacances de Noël – SC : ☲ 18 – **27 ch** 159/200.

- 🏩 **Cygne** sans rest, 6 r. Cygne ℘ 66.66.41 – 🛋wc 🛁wc ☎ ☜. 𝘝𝘐𝘚𝘈. ❊   DX **a**
  fermé 14 déc. au 7 janv. – SC : ☲ 18 – **20 ch** 85/200.

- 🏩 **des Châteaux de la Loire** sans rest, 12 r. Gambetta ℘ 05.10.05 – 🛗 🛋wc 🛁wc
  ☎. 🆎 ⓪ 𝘝𝘐𝘚𝘈   DY **x**
  fermé 15 déc. au 15 janv. – SC : ☲ 17 – **32 ch** 87/187.

- 🏠 **Italia** Ⓜ ❧ sans rest, 19 r. Devilde ✉ 37100 ℘ 54.43.01 – 🛋wc 🛁wc ☎ **P**. 𝘝𝘐𝘚𝘈.
  ❊   AU **n**
  fermé 30 août au 15 sept. et 25 déc. au 5 janv. – SC : ☲ 16 – **20 ch** 90/165.

- 🏠 **Balzac** sans rest, 47 r. Scellerie ℘ 05.40.87 – 🛋wc 🛁wc ☎. 🆎 ⓪ ᴇ 𝘝𝘐𝘚𝘈   DY **v**
  SC : ☲ 16 – **19 ch** 73/195.

- 🏠 **Rosny** sans rest, 19 r. B. Pascal ℘ 05.23.54 – 🛋wc 🛁wc ☎ **P**. 𝘝𝘐𝘚𝘈   DEY **a**
  fermé 20 déc. au 5 janv. – SC : ☲ 16 – **22 ch** 77/179.

- 🏠 **Akilène** sans rest, 22 r. Gd Marché ℘ 61.46.C4 – 🛗 🛋wc 🛁wc ☎. 𝘝𝘐𝘚𝘈   CY **v**
  fermé 27 déc. au 3 janv. – SC : ☲ 16,50 – **19 ch** 95/184.

tourner →

Théâtre sans rest, 57 r. Scellerie ☎ 05.31.29 – wc wc ☎. AE E VISA — DY v
SC : ☕ 15,50 – **14 ch** 105/176.

Colbert sans rest, 78 r. Colbert ☎ 66.61.56 – wc ☎ — DX f
SC : ☕ 16,50 – **18 ch** 86/184.

Foch sans rest, 20 r. Mar.-Foch ☎ 05.70.59 – wc ☎. AE VISA — CY q
SC : ☕ 15 – **15 ch** 84/137.

XXXX ✿✿ **Barrier,** 101 av. Tranchée ✉ 37100 ☎ 54.20.39, patio fleuri – ▤ Ⓟ. AE ⓓ VISA — AU f
fermé dim. soir et merc. – **R** 280/340 et carte
Spéc. Compote de joue de bœuf et de langue d'agneau, Saumon frais en papillote, Canard Challandais. Vins Bourgueil, Vouvray.

XXX Le Lyonnais, 48 r. Nationale ☎ 05.66.84 — DY n

XXX **La Rôtisserie Tourangelle,** 23 r. Commerce ☎ 05.71.21 – AE ⓓ VISA — CX z
fermé 23 juil. au 13 août, 12 au 26 mars, dim. soir et lundi – **R** 80/110.

XXX **Au Gué de Louis XI,** 36 quai Loire ✉ 37100 ☎ 54.00.43 – AE ⓓ VISA — AUV a
fermé 20 déc. au 10 janv., dim. et lundi – **R** 70/130.

XX **Bistro 17,** 17 pl. Victoire ☎ 64.73.72 – AE ⓓ E VISA — BY k
fermé août et dim. sauf fériés – SC : **R** carte 125 à 180.

XX ✿ **Les Tuffeaux** (Devaux), 19 r. Lavoisier ☎ 47.19.89 — EX r
fermé 12 au 27 août, 2 au 23 janv., dim. et lundi – SC : **R** carte 150 à 205
Spéc. Foie gras de canard, Blanc de turbot au vin du Layon, Fricassée de caneton au miel et pamplemousse.

XX **Relais Buré,** 1 pl. Résistance ☎ 05.67.74, – VISA — CXY w
fermé lundi – SC : **R** (1er étage) 78/98 - (rez de chaussée snack) **R** carte environ 85.

XX **La Poivrière,** 13 r. du Change ☎ 20.85.41 – AE E VISA — CY b
fermé août, dim. et lundi – SC : **R** 92 (dîner à la carte).

XX **L'Atlantic,** 59 r. Commerce ☎ 64.78.41, Poissons et fruits de mer — CX t
fermé août, dim. soir et lundi – SC : **R** carte 105 à 170.

XX **La Petite Marmite,** 103 av. Tranchée ✉ 37100 ☎ 54.03.85 – Ⓟ. VISA — AU f
fermé dim. soir et merc. – **R** 62/100 ♁.

XX **Le Ronsard,** 47 av. Bordeaux (N 10) ✉ 37300 Joué-lès-Tours ☎ 28.04.58 – Ⓟ. — AV k
fermé 14 au 22 août, fév., mardi soir et merc. – SC : **R** 105/140.

à La Guignière O : rte de Saumur - AV – ✉ **37230** Luynes :

Le Manoir sans rest, ☎ 42.04.02, ≤ – wc ☎ — AV t
fermé janv. – SC : ☕ 15 – **16 ch** 87/150.

à Saint-Pierre des Corps E : 3,5 km - AV – ✉ **37700** Saint-Pierre-des-Corps :

Dancotel Ⓜ, 10 r. J.-Moulin ☎ 44.44.67 – ▤ rest wc wc ☎ Ⓟ – 25 à 100. AE ⓓ E VISA — AV d
SC : **R** snack *(fermé dim. soir en hiver)* 45 bc/100 – ☕ 20 – **32 ch** 160/180 – P 235/305.

à Rochecorbon NE : rte de Blois - AU – ✉ **37210** Vouvray :

Les Fontaines sans rest, 6 quai Loire ☎ 52.52.86, ≤, parc – wc wc ☎ ♿ Ⓟ. AE ⓓ E VISA — AU z
SC : ☕ 15 – **15 ch** 110/195.

XX **La Lanterne,** ☎ 52.50.02, – Ⓟ. VISA — AU d
fermé 27 au 31 août, janv., fév., dim. soir hors sais. et lundi – **R** 50/120.

XX **L'Oubliette,** ☎ 52.50.49 – Ⓟ. E VISA — AU s
fermé fév., dim. soir et lundi – SC : **R** 90/135.

rte de Poitiers : par ⑩ échangeur Tours Sud – ✉ **37170** Chambray-les-Tours :

Novotel Ⓜ, ☎ 27.41.38, Télex 751206, – ▤ ch ☎ ♿ Ⓟ – 200. AE ⓓ E VISA
R snack carte environ 90 ♁ – ☕ 27 – **91 ch** 271/334.

à Joué-lès-Tours SO : 5 km par D 86 - AV – ✉ **37300** Joué-les-Tours :

Château de Beaulieu ⑤, rte Villandry ☎ 53.20.26, ≤, parc, – wc ☎ ♿ Ⓟ – 50. VISA — AV b
SC : **R** 130/250 – ☕ 25 – **17 ch** 175/340 – P 347/418.

Parc Ⓜ sans rest, 17 bd Chinon ☎ 28.40.19 – wc wc ☎ ♿ Ⓟ. AE E VISA — AV n
fermé 15 janv. au 15 fév. – SC : ☕ 20 – **32 ch** 182/215.

Chantepie Ⓜ ⑤ sans rest, 6 r. Poincaré ☎ 53.06.09 – wc ☎ Ⓟ. E VISA — AV e
fermé 15 déc. au 5 janv. – SC : ☕ 18 – **20 ch** 80/190.

TOURS

1151

TOURS

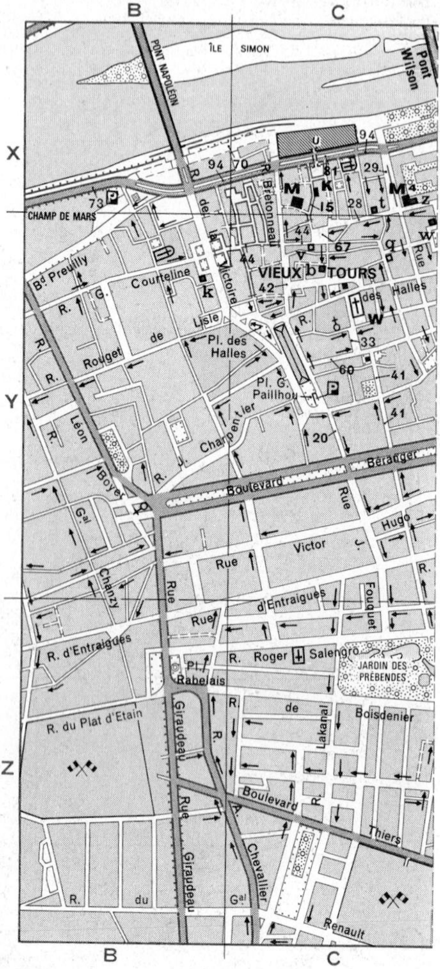

rte de Savonnières par ⑫ : 10 km sur D 7 – ⊠ 37510 Joué-les-Tours :

🏨 **Cèdres** sans rest, ☎ 53.00.28, ⊼, ☞ – ⊯ ⊡wc ⋔wc ☎ ⇐ ⊕ _VISA_
SC : ⊐ 30 – **38 ch** 165/390.

XX **Rest. des Cèdres**, ☎ 53.37.58 – ⊕. E _VISA_
*fermé vacances de fév., dim. soir et vend. – SC : **R** 90/200.*

Voir aussi ressources hôtelières de *Luynes* par ⑬ : 13 km, de *Montbazon* par
⑨ : 13 km

MICHELIN, Agence régionale, Zone Ind. Chambray-lès-Tours AV ☎ 28.60.59

ALFA-ROMEO,   PORSCHE-MITSUBISHI
L.O.V.A., 4 r. Blaise Pascal ☎ 05.21.68 181 bd
Thiers ☎ 20.45.15
DATSUN S.D.A., 73 av. de Grammont ☎ 05.
17.72
FIAT, LANCIA-AUTOBIANCHI Gd Gar. Ouest,
150 bd Thiers ☎ 20.95.39

FORD Gar. Pont, Z.I. Menneton ☎ 39.25.33
MAZDA Gar. Nouveau Tours, 16 r. Constantine
☎ 05.74.92
OPEL-GM Gar. Colin, 200 r. Giraudeau ☎ 05.
15.65
PEUGEOT-TALBOT Grands gar. de Touraine,
20 r. d'Entraigues DY ☎ 20.30.57 🆕 ☎ 41.15.15

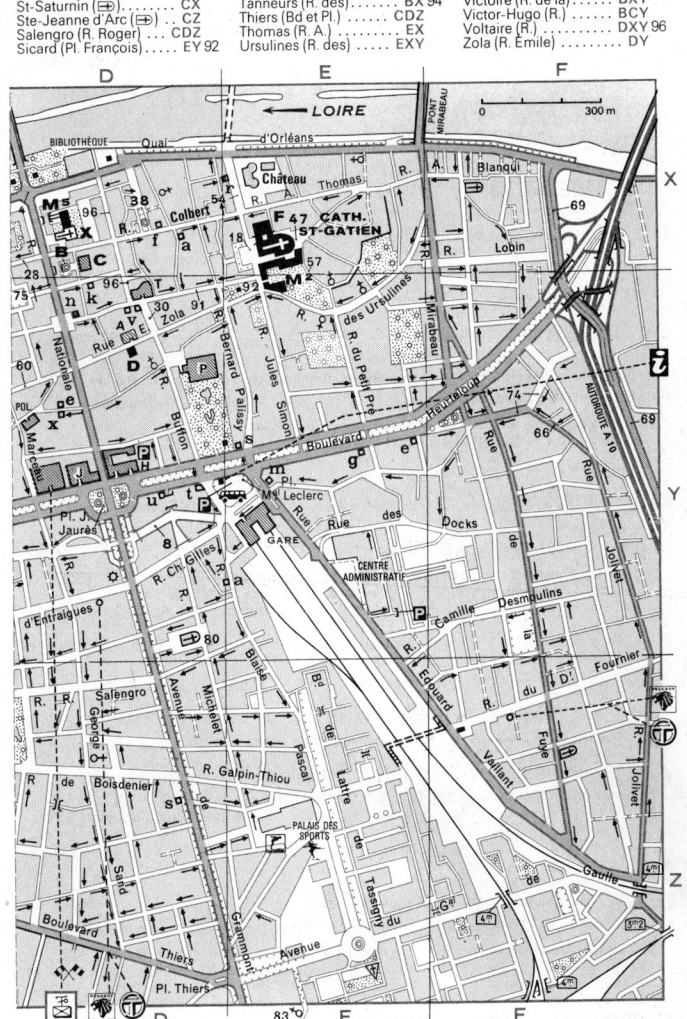

PEUGEOT-TALBOT Gar. de la Passerelle, 17 r. Dr.-Fournier FZ ☎ 46.15.93
RENAULT RNUR, N 10 à Chambray-les-Tours AV f ☎ 28.02.37
RENAULT SELTA, 194 av. Maginot AU s ☎ 54.04.00
SKODA Hamelin, 68 r. Salengro ☎ 61.02.88
VOLVO Autos-Services, 131 quai Paul-Bert ☎ 54.21.66

Gar. Thiers, 187 bd Thiers ☎ 20.61.47

🏢 Bourdin-Pneus, 41 r. des Docks ☎ 05.36.08
Nourry Pneus, 276 av. Maginot ☎ 54.19.92
Perry-Pneus, 74 av. de Grammont ☎ 05.11.55
Super-Pneus, 55 r. Voltaire ☎ 05.74.83
Tours-Pneus, 145 av. Maginot, N 10 ☎ 54.57.50
20 r. E. Vaillant ☎ 05.41.29

Périphérie et environs

BLF Gar. Gauron, 24 rue Gutenberg à Joué-lès-Tours ☎ 53.83.45
BMW Gar. St-Simon, av. des Fontaines à St Avertin ☎ 27.28.24
CITROEN S.I.C. de Banville, rte de Chinon à Joué-lès-Tours AV ☎ 53.98.18

CITROEN Gar. Lechiffre, à Savonnières ☎ 50.00.35
PEUGEOT, TALBOT Gds Gar. de Touraine, 207 av. du Mans à St-Cyr AU ☎ 54.24.24 ☎ 41.15.15 13 rte de Bordeaux à Chambray les Tours AV ☎ 41.15.15

TOURS

PEUGEOT-TALBOT Gar. Gayout, Zone Ind. n°
2, 13 r. Prony à Joué-lès-Tours par ⑪ ℡ 53.84.53
PEUGEOT-TALBOT Gge de la Source, 31 r.
Grandmont à St-Avertin ℡ 27.02.44
RENAULT Boutet, 26 r. Larçay à St-Avertin
AV y ℡ 27.01.41
RENAULT Gar. de la Lanterne, 26 quai de la
Loire à Rochecorbon AU ℡ 52.50.62
V.A.G. Busker, rte Mont-Louis à St-Pierre-
des-Corps ℡ 44.02.67

V.A.G. Gar. Intersport, av. Pompidou, les
Granges Galand à St-Avertin ℡ 28.02.56

⑩ La Maison du Pneu, 55 bd de Chinon à
Joué-lès-Tours ℡ 28.06.73
Tours-Pneus, 83 rte de Bordeaux, Chambray-
lès-Tours ℡ 28.25.89

TOURS-SUR-MARNE 51150 Marne 🖸🖸 ⑯⑰ – 1 207 h. alt. 985 – ⊙ 26.
Paris 155 – Châlons-sur-Marne 22 – Épernay 13 – ◆Reims 27.

☎ **Touraine Champenoise**, r. du Pont ℡ 59.91.93 – 🗍wc 🚘 🅿. ⑩ 🗉 𝘝𝘐𝘚𝘈
◆ *fermé vacances de Noël, de fév. et lundi du 1er janv. à Pâques* – SC : **R** 48/155 – �
14,50 – **9 ch** 72/130.

RENAULT Gar. Croizy-Floquet, ℡ 59.90.99

TOURTOIRAC 24 Dordogne 🗏🗏 ⑥⑦ G. Périgord – 756 h. alt. 140 – ⊠ **24390** Hautefort –
⊙ 53.

Voir Château de Hautefort★★ : charpente★★ de la tour du Sud-Ouest E : 9,5 km.
Paris 472 – Brive-la-Gaillarde 55 – Lanouaille 20 – ◆Limoges 76 – Périgueux 37 – Uzerche 67.

🏠 **Voyageurs**, ℡ 50.42.29, 🚗 – 🖰wc 🗍wc ☜ 🚘. 🞲 ch
◆ *fermé janv.* – SC : **R** 42/100 – ⊡ 14 – **11 ch** 90/165 – P 120/170.

CITROEN Bourrou, ℡ 50.42.16

TOURTOUR 83 Var 🗐🗐 ⑥ G. Côte d'Azur – 384 h. alt. 633 – ⊠ **83690** Salernes – ⊙ 94.
Voir Église 🞲★.
Paris 862 – Aups 10 – Draguignan 20 – Salernes 11.

🏰 ⊙ **La Bastide de Tourtour** Ⓜ 🞲, rte Draguignan ℡ 70.57.30, Télex 970827, ≼
massif des Maures, parc, ⌧, 🞲 – 🛏 ☎ ㊐ 🅿 – 🔏 30. ⅍ ⑩ 𝘝𝘐𝘚𝘈
1er mars-1er nov. et fermé lundi (sauf en sais.) et mardi midi – SC : **R** 230 – ⊡ 35 –
26 ch 400/740.
Spéc. Salade de saumon et foie gras, St Pierre au blanc de poireaux, Selle d'agneau. **Vins** Ste-
Roseline, Villecroze.

🏠 **Aub. St-Pierre** 🞲, E : 3 km par D 51 et VO ℡ 70.57.17, ≼, parc, ⌧, 🞲 – 🖰wc
🗍wc ☜ 🅿
1er avril-15 oct. – SC : **R** *(fermé jeudi)* 110/140 – ⊡ 25 – **15 ch** 210/240 – P 270/285.

🏠 **Petite Auberge** Ⓜ 🞲, S : 1,5 km par D 77 ℡ 70.57.16, ≼ massif des Maures, ⌧
– 🖰wc 🗍wc ☜ 🅿. 🞲
1er avril-30 sept. – SC : **R** 100 – ⊡ 21 – **11 ch** 160.

🞤🞤 ⊙ **Chênes Verts** (Bajade), O : 2 km sur rte Villecroze ℡ 70.55.06 – 🅿
fermé 1er janv. au 15 fév., dim. soir et merc. – SC : **R** (nombre de couverts limité -
prévenir) 200/300
Spéc. Truffes du pays (15 nov. au 15 mars), Gratin de queues d'écrevisses, Canette rôtie. **Vins** Rians,
Le luc.

TOURVES 83650 Var 🗐🗐 ⑮ – 2 137 h. alt. 290 – ⊙ 94.
Paris 805 – Aix-en-Pr. 47 – Aubagne 35 – Brignoles 12 – Draguignan 65 – Rians 30 – ◆Toulon 47.

🞤 **Lou Paradou** avec ch, E : 2 km par N 7 ℡ 78.70.39, 🚗 – 🖰wc 🗍wc 🅿. 𝘝𝘐𝘚𝘈
fermé 1er au 15 juil., 1er au 15 oct., dim. soir et lundi – **R** 80/110 – ⊡ 13 – **6 ch**
86/96.

TOURY 28390 E.-et-L. 🖸🖸 ⑲ – 2 493 h. alt. 134 – ⊙ 37.
Paris 84 – Chartres 48 – Châteaudun 51 – Étampes 33 – ◆Orléans 34 – Pithiviers 26 – Voves 30.

☎ **Parc**, ℡ 90.50.06, 🚗 – 🚘
◆ *fermé 1er au 15 sept., vacances de fév. et merc.* – SC : **R** 48/80 🍷 – ⊡ 18 – **8 ch**
70/130.

CITROEN Denizet, ℡ 90.50.25 🚹 ℡ 21.94.39 et
à Janville ℡ 90.22.57 🚹 ℡ 21.94.39
RENAULT Gar. Georges, ℡ 90.50.35

⑩ La Centrale du Pneu, ℡ 90.51.61

CARTES ET GUIDES MICHELIN
Bureau d'informations et de vente
46, avenue de Breteuil, Paris 7e - ℡ 539.25.00.
*Ouvert du lundi au vendredi de 9 h à 11 h 30
et de 12 h 15 à 16 h 30.*

La TOUSSUIRE 73 Savoie **77** ⑥⑦ **G. Alpes** – alt. 1 690 – Sports d'hiver : 1 700/2 230 m ⚡13 – ⊠ **73300** St-Jean-de-Maurienne – ☎ 79.

Voir Route d'accès★.

🛈 Office de Tourisme (fermé dim. hors sais.) ☏ 56.70.15.

Paris 649 – Chambéry 89 – St-Jean-de-Maurienne 18.

🏨 **Les Airelles** ⑤, ☏ 56.75.88, ≤ – 🛋 ⌷wc 🛗wc ☜ **P**. ⅋ rest
30 juin-2 sept. et 15 déc.-20 avril – SC : **R** 52/125 – ☲ 16 – **31 ch** 97/135 – P 143/230.

🏨 **Les Soldanelles** ⑤, ☏ 56.75.29, ≤ – ⌷wc 🛗wc ☎ **P**. ⅋ rest
juil.-août et 1er déc.-vacances de printemps – SC : **R** 55/140 – ☲ 15,50 – **22 ch** 90/130 – P 140/210.

🏨 **La Ruade**, ☏ 56.74.93, ≤ – 🛋 ⌷wc 🛗wc ☜ **P**. 🖭 ⅋ rest
juil.-août (hôtel seul.) et 15 déc.-15 avril – SC : **R** 60/65 – ☲ 20 – **28 ch** 140/180 – P 170/220.

TOUTEVOIE 60 Oise **56** ⑪. **196** ⑦⑧ – rattaché à Chantilly.

TOUZAC 46 Lot **79** ⑥ – rattaché à Fumel.

TRACY-LE-MONT 60 Oise **56** ③ – 1 547 h. – ⊠ **60170** Ribecourt-Dreslincourt – ☎ 4.

Paris 100 – Compiègne 18 – Noyon 15 – Soissons 32.

✗✗ **Aub. de Quennevières**, à Ollencourt NO : 2 km par D 16 et D 40 ☏ 475.28.57 –
➜ **P**. ⓪ 𝘝𝘐𝘚𝘈
fermé fév., dim. soir et mardi – SC : **R** 50 (carte le dim.).

TRAENHEIM 67 B.-Rhin **62** ⑨ – 477 h. alt. 200 – ⊠ **67310** Wasselonne – ☎ 88.

Paris 466 – Haguenau 41 – Molsheim 7 – Saverne 20 – ✦Strasbourg 27 – Wasselonne 6.

✗✗ **Zuem Loejelgücker**, ☏ 50.38.19, « Vieille demeure alsacienne » – 🖭 ⓪
fermé fév., lundi soir et mardi – SC : **R** 55/88 ⅃.

TRAÎNEL 10 Aube **61** ④ – rattaché à Nogent-sur-Seine.

La TRANCHE-SUR-MER 85360 Vendée **71** ⑬ **G. Côte de l'Atlantique** – 2 071 h. – ☎ 51.

🛈 Office de Tourisme pl. Liberté (fermé dim. hors sais.) ☏ 30.33.96.

Paris 454 – Luçon 32 – Niort 93 – La Rochelle 61 – La Roche-sur-Yon 40 – Les Sables d'Olonne 38.

🏨 **Le Rêve** ⑤, ☏ 30.34.06, ≤, ⬛, 🌳 – 🛗wc ☎ **P** – 🏊 30
fermé oct., dim. soir et lundi hors sais. – SC : **R** 77/159 – ☲ 22 – **43 ch** 89/163 – P 167/225.

🏨 **Carvor**, ☏ 30.38.26 – ⌷wc 🛗wc ☜. 🖭 E 𝘝𝘐𝘚𝘈. ⅋ rest
15 mars-15 sept. – SC : **R** 59/93 – ☲ 15 – **23 ch** 150 – P 215.

🏨 **Dunes**, ☏ 30.32.27 – ⌷wc 🛗wc ☎ **P**.
1er avril-1er mai et 15 mai-18 sept. – SC : **R** 60/100 – ☲ 16 – **50 ch** 120/190 – P 145/240.

🏨 **Océan** ⑤, ☏ 30.30.09, ≤, 🌳, ⅋ – 🛗wc **P**. E 𝘝𝘐𝘚𝘈
1er avril-30 sept. – SC : **R** 66/100 – ☲ 15 – **56 ch** 80/162 – P 140/195.

✗✗ **Milouin**, ☏ 30.37.05 – 🖭 𝘝𝘐𝘚𝘈
1er mars au 7 oct. et fermé 14 au 18 mai et mardi sauf fériés – SC : **R** 75/110 ⅃.

à la Grière E : 2 km par D 46 – ⊠ **85360** La Tranche-sur-Mer :

🏨 **Cols Verts**, ☏ 30.35.06 – 🛋 ⌷wc 🛗wc ☜. E 𝘝𝘐𝘚𝘈. ⅋ ch
fermé 15 déc. au 15 janv., dim. soir et lundi hors sais. – SC : **R** 60/180 – ☲ 16 – **34 ch** 125/212 – P 182/242.

🏨 **Mer**, ☏ 30.30.37 – 🛗 **P**. 🖭
15 mai-30 sept. – SC : **R** 47/100 – ☲ 16,50 – **40 ch** 70/110 – P 135/180.

à la Terrière NO : 3 km par D 105 – ⊠ **85360** La Tranche-sur-Mer :

🏠 **Côte de Lumière**, ☏ 30.30.35 – 🛗wc ☎ **P**
15 mars-30 sept. – SC : **R** 50/110 – ☲ 15 – **27 ch** 80/120 – P 150/184.

à Angles au Nord, par D 747 et D 46 rte des Conches – ⊠ **85750** Angles :

✗✗ **Aub. de la Gravelle**, ☏ 97.51.25 – **P**
fermé 22 au 30 sept., 1er au 15 déc. et merc. du 15 sept. au 15 juin – SC : **R** carte 100 à 150.

TRANS-EN-PROVENCE 83720 Var **84** ⑦ – 3 159 h. alt. 146 – ☎ 94.

Paris 865 – Brignoles 54 – Draguignan 4,5 – St-Raphaël 28 – Ste-Maxime 32.

🏠 **Commerce**, ☏ 70.80.04 – ⌷wc 🛗. ⅋ ch
15 mars-1er oct. et fermé vend. – SC : **R** 60/100 – ☲ 18 – **16 ch** 55/150.

Le TRAYAS 83113 Var 🎫 ⑧. 🅻🅾🅵 ㉔ G. Côte d'Azur – alt. 1 à 200 – ✪ 94.

Voir Pointe de l'Observatoire ⩽⋆ S : 2 km – Rocher de St-Barthélemy ⩽⋆⋆ SO : 4 km puis 30 mn – Paris 897 – Cannes 20 – Draguignan 52 – St-Raphaël 20.

🏠 **Relais des Calanques,** Corniche de l'Esterel ⊠ 83700 St-Raphaël ☏ 44.14.06, ⩽, 🔆, 🐎 – 🚻wc 🗐wc 🐾 ⇐ 🄿
SC : **R** (fermé 20 nov. au 20 déc., merc. midi et vend. midi) (dîner pour résidents seul.) 95/163 – 🖙 28 – **10 ch** 200/330 – P 325/380.

TRÉBEURDEN 22560 C.-du-N. 🎓 ① G. Bretagne – 3 228 h. alt. 80 – ✪ 96.

Voir Le Castel ⩽⋆ – Pointe de Bihit ⩽⋆ SO : 2 km.

🏌 de St-Samson ☏ 23.87.34, NE : 7 km.

🚩 Office de Tourisme pl. Crech'Héry (fermé dim.) ☏ 23.51.64.
Paris 524 – Lannion 9 – Perros-Guirec 13 – St-Brieuc 72.

🏨 **Ti al-Lannec** Ⓜ 🦢, ☏ 23.57.26, Télex 740656, ⩽ parc – 🚻wc 🖂 🄿 – 🛁 25. 🄰🄴 **VISA** 🛇 rest
15 mars-15 nov. – SC : **R** (fermé lundi midi) 105/195 – 🖙 25 – **23 ch** 180/260 – P 300/375.

🏨 ✿ **Manoir de Lan-Kerellec** 🦢, ☏ 23.50.09, ⩽, 🐎 – 🚻wc 🖂 🄿. 🄰🄴 **VISA**
15 mars-15 oct. – SC : **R** (fermé lundi sauf du 15 juin au 15 sept.) 120/180 – 🖙 38 – **10 ch** 350/450
Spéc. Petits gris et langoustines en cassolette, Suprême de St Pierre au cidre, Marquise au chocolat.

🏨 **Family,** ☏ 23.50.31 – 🚻wc 🗐wc 🐾 🄿. 🄰🄴 ① **VISA**. 🛇 rest
15 mars-15 oct. – SC : **R** (fermé lundi du 15 mars au 31 mai) 75/180 – 🖙 20 – **25 ch** 180/210 – P 200/260.

🏠 **Ker-an-Nod,** ☏ 23.50.21, ⩽ – 🚻wc 🗐wc 🐾. 🄰🄴 🄴 **VISA**. 🛇 rest
avril-nov. – SC : **R** (hors sais. : fermé le midi) 75/140 – 🖙 27 – **20 ch** 100/205 – P 200/265.

TRÉBOUL 29 Finistère 🎓 ⑭ – voir à Douarnenez.

TREFEUNTEC 29 Finistère 🎓 ⑭ – rattaché à Plonévez-Porzay.

TRÉGASTEL-PLAGE 22730 C.-du-N. 🎓 ① G. Bretagne (plan) – 2 063 h. – ✪ 96.

Voir Rochers⋆⋆ – Ile Renote⋆⋆ NE – Table d'Orientation ⩽⋆.

🏌 de St-Samson ☏ 23.87.34, S : 3 km.

🚩 Office de Tourisme pl. Ste-Anne (fermé sam. après-midi et dim. hors sais.) ☏ 23.88.67.
Paris 528 – Lannion 13 – Perros-Guirec 7 – St-Brieuc 76 – Trébeurden 11 – Tréguier 27.

🏨 **Belle Vue** 🦢, ☏ 23.88.18, ⩽, « Jardin fleuri » – 🚻wc 🗐wc 🐾 🄿. 🄴 **VISA**. 🛇 rest
Pâques et 10 mai-30 sept. – SC : **R** 86/200 – 🖙 22 – **33 ch** 200/250 – P 245/335.

🏨 **Armoric,** ☏ 23.88.16, ⩽, 🎾 – 🛗 🖒 🄿. 🄰🄴 ① 🄴 **VISA**. 🛇 rest
25 mai-25 sept. – SC : **R** 80/200 – 🖙 25 – **55 ch** 150/300 – P 200/300.

🏨 **Gd. H. Mer et Plage,** ☏ 23.88.03, ⩽ – 🚻wc 🗐wc 🐾 🄿. 🄰🄴 🄴 **VISA**
20 mars-15 oct. – SC : **R** 52/160 – 🖙 23 – **40 ch** 105/260.

🏠 **Beau Séjour,** ☏ 23.88.02, ⩽ – 📺 🚻wc 🐾 🄿. 🄰🄴 ① 🄴 **VISA**
1er avril-30 sept. – SC : **R** 70/150 – 🖙 20 – **20 ch** 95/200 – P 190/250.

🏠 **Grève Blanche** 🦢, ☏ 23.88.27, ⩽ mer et rochers – 🚻wc 🗐wc 🐾 🄿. 🛇 rest
fin mars-fin sept. – SC : **R** 75/95 – 🖙 19 – **28 ch** 90/185 – P 200/250.

🍴 **Corniche,** ☏ 23.88.15 – 🗐wc. 🛇 rest
1er juin-15 sept. – SC : **R** (en sem. dîner seul.) 55/90 🍷 – 🖙 15 – **20 ch** 60/110.

Garage de la Corniche, ☏ 23.88.70

TRÉGUIER 22220 C.-du-N. 🎓 ② G. Bretagne – 3 400 h. alt. 46 – ✪ 96.

Voir Cathédrale St-Tugdual⋆⋆ et cloître⋆⋆.

Env. St-Gonéry : bahut sculpté⋆ et mausolée⋆ dans la chapelle N : 6 km – Le Gouffre⋆ N : 10 km puis 15 mn.

🚩 Syndicat d'Initiative à la Mairie (Pâques, Pentecôte et 15 juin-15 sept.) ☏ 92.30.19.
Paris 511 ① – Guingamp 30 ② – Lannion 18 ③ – Paimpol 15 ① – St-Brieuc 60 ①.

Plan page ci-contre

🏨 **Kastell Dinec'h** 🦢, rte de Lannion et VO : 2 km ☏ 92.49.39, 🐎 – 🚻wc 🐾 🄿.
VISA 🛇 rest
fermé 15 au 28 oct., 1er janv. au 1er mars et merc. hors sais. – SC : **R** 59/145 – 🖙 21 – **15 ch** 145/195 – P 170/210.

🏠 **Estuaire,** pl. Gén.-de-Gaulle (a) ☏ 92.30.25 – 🚻wc. 🄴 **VISA**. 🛇 ch
fermé dim. soir et lundi sauf août – SC : **R** 56/160 🍷 – 🖙 13 – **15 ch** 65/170 – P 155/220.

PEUGEOT-TALBOT Sté de Vente Automobile du Trégor ☏ 92.32.52

TRÉGUIER

Martray (Pl. du)

Chantrerie (R. de la) 2
Gambetta (R.) 3
Gaulle (Pl. Gén.-de) 4
La Chalotais (R.) 5
Le Braz (Bd A.).......... 6
Le Peltier (R.) 8

*Les plans de villes
sont orientés
le Nord en haut*

*Pour bien lire les plans
de villes, voir signes
et abréviations p. 21.*

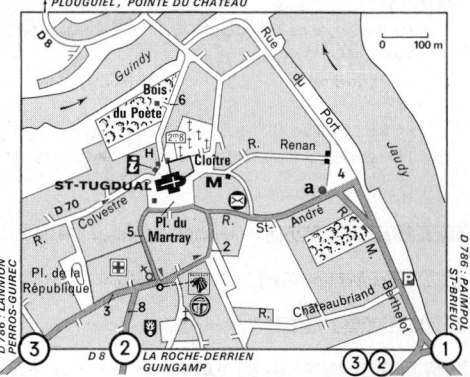

TRÉGUNC 29128 Finistère 58 ⑪ ⑯ — 5 919 h. alt. 41 — ✪ 98.
Paris 536 — Concarneau 6,5 — Pont-Aven 8,5 — Quimper 28 — Quimperlé 26.

🏨 **Aub. Les Gdes Roches** ⑳, NE : 0,6 km par V 3 ☎ 97.62.97, « parc fleuri » —
⬜wc ⋔wc ☎ 🅿 — 🛄 30. ⅏ ch
fermé 5 au 30 nov. et 7 au 30 janv. — SC : **R** *(fermé lundi)* 55/200 — ⌷ 16,50 — **21 ch**
150/260 — P 135/245.

🏨 **Le Menhir,** ☎ 97.62.35 — ⬜wc ⋔wc ☎ 🅿. ⅏ ch
1ᵉʳ avril-1ᵉʳ oct. — SC : **R** *(fermé lundi du 1ᵉʳ avril au 15 juin)* 59/220 — ⌷ 17 — **28 ch**
70/195 — P 165/210.

RENAULT Gar. Le Goarant, ☎ 97.62.29

TRELLY 50 Manche 54 ⑫ — ⊠ 50660 Quettreville — ✪ 33.
Paris 342 — Avranches 39 — Bréhal 13 — Coutances 12 — Granville 23 — St-Lô 39 — Villedieu-les-P. 24.

XXX **Verte Campagne** ⑳ avec ch, au hameau Chevalier SE : 1,5 km par D 539 et VO
☎ 47.65.33, « Ferme normande ancienne », 🌲 — ⬜wc ⋔ ☎ 🅿. ⅏ ch
fermé 1ᵉʳ nov. à mi-déc., 12 au 20 fév., dim. soir et lundi — SC : **R** 60/120 — ⌷ 18 —
8 ch 110/225 — P 290/400.

TREMBLAY 35 I.-et-V. 59 ⑰ G. Bretagne — 1 653 h. alt. 82 — ⊠ 35460 St-Brice-en-Cogles —
✪ 99.
Paris 345 — Combourg 23 — Fougères 23 — ♦ Rennes 42.

🏠 **Roc-Land,** ☎ 98.20.46, parc, ⅏ — ⬜wc ⋔wc 🅿 — 🛄 30. ⅏ ch
*fermé 1ᵉʳ au 15 juil., 15 au 31 oct., 1ᵉʳ au 10 fév., sam. et lundi sauf du 15 juil. au 15
sept.* — SC : **R** 65/200 🍷 — ⌷ 20 — **19 ch** 150/230 — P 220/250.

Le TREMBLAY-SUR-MAULDRE 78 Yvelines 60 ⑨, 196 ㉘ — 798 h. — ⊠ 78490 Montfort-
L'Amaury — ✪ 6.
Paris 44 — Houdan 24 — Mantes 34 — Rambouillet 18 — Versailles 22.

XXX **La Gentilhommière,** ☎ 487.80.96 — 🅰🅴 ⓞ 🆅🅸🆂🅰
fermé août, vacances de fév., dim. soir et lundi — SC : **R** carte 130 à 210.

CITROEN Durlet, ☎ 487.80.07

TRÉMINIS 38 Isère 77 ⑮ G. Alpes — 191 h. alt. 959 — ⊠ 38710 Mens — ✪ 76.
Voir Site★.
Paris 639 — Gap 74 — ♦Grenoble 74 — Monestier-de-Clermont 41 — La Mure 31 — Serres 57.

⛺ **Alpes** ⑳, à Château-Bas ☎ 34.72.94, 🌲 — 🅿. ⅏ rest
◆ *fermé nov.* — SC : **R** 41/63 🍷 — ⌷ 11 — **13 ch** 53/67 — P 110/120.

TRÉMOLAT 24 Dordogne 75 ⑯ G. Périgord — 543 h. alt. 52 — ⊠ 24510 Ste-Alvère — ✪ 53.
Paris 540 — Bergerac 34 — Brive-la-Gaillarde 86 — Périgueux 54 — Sarlat-la-Canéda 45.

🏨 **Vieux Logis** ⑳, ☎ 22.80.06, ≼, « jardin fleuri ouvert sur la campagne » — 🔥
⟺ 🅿 — 🛄 25. 🅰🅴 ⓞ 🅴 🆅🅸🆂🅰
fermé 2 janv. au 2 fév. — **R** *(fermé mardi sauf du 15 avril au 15 nov.)* 95/175 — ⌷ 35
— **20 ch** 265/475, 4 appartements 525.

CITROEN Gar. Imbert, rte du Cingle ☎ 61.80.10

tourner →

TRÉMOLAT

rte du Cingle de Trémolat NO : 2,5 km par D 31 – ⊠ **24510** Ste-Alvère.

Voir Cingle★★ : ✳★★.

🏨 **Le Panoramic** Ⓜ ⓢ sans rest, ☎ 22.80.42, ≼, – ⌷wc 🕾 🅿. **E**
Pâques-fin sept. – SC : ☲ 16 – **23 ch** 115/160.

au NE : 6 km par D 31 – ⊠ **24510** Ste-Alvère :

✕✕ **Terrasses de Beauregard** ⓢ avec ch, ☎ 22.03.15, ≼, 🍴 – ⌷wc 🕾 🅿
1er juin-30 sept. et fermé merc. sauf juil. et août – SC : **R** 70/200 – ☲ 23 – **8 ch**
170/190 – P 258/278.

TRÉMONT-SUR-SAULX 55 Meuse 🖥 ⑩ – rattaché à Bar-le-Duc.

TREMUSON 22 C.-du-N. 🖥 ③ – rattaché à St-Brieuc.

TRÉPASSÉS (Baie des) 29 Finistère 🖥 ⑬ – rattaché à Pointe-du-Raz.

Le TRÉPORT 76470 S.-Mar 🖥 ⑤ G. Normandie – 6 555 h. – Casino Z – 🕾 35.

Voir Calvaire des Terrasses ≼★ Z**E.**

🇿 Office de Tourisme Esplanade plage (hors saison fermé matin, dim. et mardi) ☎ 86.05.69.

Paris 169 ① – Abbeville 37 ① – Beauvais 94 ① – Blangy 26 ① – Dieppe 30 ③ – ✦Rouen 91.

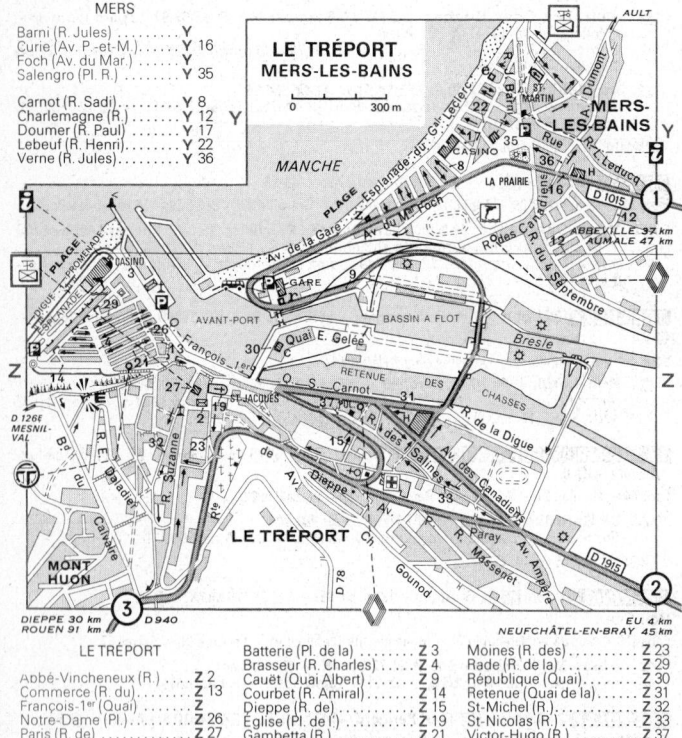

MERS

Barni (R. Jules)	Y	
Curie (Av. P.-et-M.)	Y	16
Foch (Av. du Mar.)	Y	
Salengro (Pl. R.)	Y	35
Carnot (R. Sadi)	Y	8
Charlemagne (R.)	Y	12
Doumer (R. Paul)	Y	17
Lebeuf (R. Henri)	Y	22
Verne (R. Jules)	Y	36

LE TRÉPORT

Abbé-Vincheneux (R.)	Z	2
Commerce (R. du)	Z	13
François-1er (Quai)	Z	
Notre-Dame (Pl.)	Z	26
Paris (R. de)	Z	27
Batterie (Pl. de la)	Z	3
Brasseur (R. Charles)	Z	4
Cauët (Quai Albert)	Z	9
Courbet (R. Amiral)	Z	14
Dieppe (R. de)	Z	15
Église (Pl. de l')	Z	19
Gambetta (R.)	Z	21
Moines (R. des)	Z	23
Rade (R. de la)	Z	29
République (Quai)	Z	30
Retenue (Quai de la)	Z	31
St-Michel (R.)	Z	32
St-Nicolas (R.)	Z	33
Victor-Hugo (R.)	Z	37

🏨 **Picardie**, pl. P.-Sémard ☎ 86.02.22 – ⌷wc 🛁wc 🕾, **VISA**. ✳ rest   Z **r**
fermé 9 déc. au 14 janv., dim. soir et lundi du 23 sept. à la Pentecôte – SC : **R** 80/135
⅄ – ☲ 20 – **30 ch** 95/170 – P 210/320.

RENAULT Gar. Moderne, 9 quai S.-Carnot ☎
86.13.90 Ⓝ

TALBOT Gar. Lemercier, 23 r. Falaise ☎ 86.
30.67

Mers-les-Bains 80350 Somme – 3 950 h. – Casino Y – 🛂 Office de Tourisme r. J.-Barni (Rameaux-fin sept., fermé merc. et dim. après-midi) ☎ 86.06.14.

🏨 **Bellevue**, esplanade Gén.-Leclerc ☎ 86.12.89, ≤ – 🛁wc 🛗 ☎. 𝘝𝘐𝘚𝘈　　　Y　e
fermé 15 nov. au 20 déc. – SC : **R** (fermé lundi hors sais.) 85 – ⊑ 18 – **25 ch** 100/185 – P 436/506 (pour 2 pers.).

✗ **Les Charmettes** avec ch, espl. Gén.-Leclerc ✉ 76470 Le Tréport ☎ 86.13.79, ≤ – 𝘝𝘐𝘚𝘈　　　Y　z
Pâques-fin sept. – SC : **R** 55/120 – 🍽 15 – **20 ch** 83/100 – P 150/200.

TRÉVEZEL (Roc) 29 Finistère 🖺🖺 ⑥ G. Bretagne – Voir ✳︎✳︎✳︎ du D 785 : 30 mn.
Env. Église★ de Commana O : 6 km – Allée Couverte★ de Mougau-Bian O : 6 km.
Paris 543 – Huelgoat 16.

TRÉVOU-TRÉGUIGNEC 22 C.-du-N. 🖺🖺 ① – 1 312 h. – ✉ 22660 Trélévern – ✪ 96.
Paris 514 – Guingamp 37 – Lannion 14 – Paimpol 29 – Perros-Guirec 12 – Tréguier 14.

🏨 **Ker Bugalic** 🏖, ☎ 23.72.15, ≤, 🌳 – 🛗wc ☎ 🅿. 🍴 rest
➡ 15 mars-30 sept. et week-end de nov. et déc. – SC : **R** 48/176 – ⊑ 21 – **18 ch** 130/177 – P 195/203.

🏨 **Trestel-Bellevue** 🏖, ☎ 23.71.44, ≤, 🌳 – 🛗wc 🅿. 🍴
➡ Pâques-fin sept. – SC : **R** 43/115 – 🍽 15 – **14 ch** 100/160.

TRÉVOUX 01600 Ain 🖺🖺 ① G. Vallée du Rhône (plan) – 5 055 h. alt. 179 – ✪ 74.
Paris 442 – L'Arbresle 27 – Bourg-en-Bresse 51 – ◆Lyon 27 – Mâcon 48 – Villefranche-sur-Saône 11.

✗✗ **Gare** avec ch, rte Lyon ☎ 00.12.42, 🌴 – 🛗. **E**. 𝘝𝘐𝘚𝘈
➡ fermé en juil., vacances de fév., lundi soir et mardi – SC : **R** 40/155 🍷 – ⊑ 12 – **7 ch** 51/72.

RENAULT Gar. du Midi, ☎ 00.21.82 🔳

La TRICHERIE 86490 Vienne 🖺🖺 ④ – alt. 150 – ✪ 49.
Paris 316 – Bressuire 80 – Châtellerault 14 – Jaunay-Clan 7 – Parthenay 58 – Poitiers 20 – Thouars 66.

✗ **Relais du Clain**, N 10 ☎ 90.07.59 – 🅿
➡ fermé 1er au 15 juin, 1er au 15 oct., lundi soir et mardi – SC : **R** 36/98 🍷.

TRIE-SUR-BAÏSE 65220 H.-Pyr. 🖺🖺 ⑨ – 1 075 h. alt. 240 – ✪ 62.
Paris 813 – Auch 48 – Lannemezan 29 – Mirande 24 – Tarbes 30.

🏨 **Tour**, ☎ 35.52.12, 🌴 – 🛁wc 🛗wc ☎. 𝘝𝘐𝘚𝘈
➡ fermé 1er au 20 oct. – SC : **R** (fermé lundi midi) 43/100 🍷 – ⊑ 15,50 – **11 ch** 90/145 – P 140/176.

TRIGANCE 83 Var 🖺🖺 ⑥⑦ – 122 h. alt. 734 – ✉ 83840 Comps-sur-Artuby – ✪ 94.
Paris 819 – Castellane 20 – Comps-sur-Artuby 12 – Draguignan 44 – Grasse 72 – Manosque 91.

🏨 **Château de Trigance** 🏖, accès par voie privée ☎ 76.91.18, « Cadre médiéval, terrasse avec vue étendue sur vallée et montagnes » – 🛁wc ☎ 🅿. 🄰🄴 ⑩ **E** 𝘝𝘐𝘚𝘈
24 mars-1er nov. et fermé merc. du 24 mars au 31 mai et du 15 sept. au 1er nov. – SC : **R** 120/190 – ⊑ 25 – **7 ch** 170/340.

La TRIMOUILLE 86290 Vienne 🖺🖺 ⑯ – 1 245 h. alt. 113 – ✪ 49.
Paris 319 – Argenton-sur-Creuse 51 – Bellac 41 – Le Blanc 20 – Châteauroux 71 – Poitiers 62.

🏨 **Paix**, rte Journet ☎ 91.60.50 – 🛁wc 🛗wc ☎. 𝘝𝘐𝘚𝘈
➡ 15 mars-30 sept. et fermé mardi sauf juil.-août – SC : **R** 43/150 – ⊑ 15 – **12 ch** 77/162.

CITROEN Gar. Pailler, ☎ 91.60.23　　　　　　　　RENAULT Gar. Foulon, ☎ 91.60.56 🔳

La TRINITÉ-SUR-MER 56470 Morbihan 🖺🖺 ⑫ G. Bretagne – 1 478 h. – ✪ 97.
Paris 485 – Auray 12 – Carnac 4,5 – Lorient 41 – Quiberon 22 – Quimperlé 58 – Vannes 30.

🏨 **Le Rouzic**, ☎ 55.72.06, ≤ – 🗄 🛁wc 🛗 ☎. 🄰🄴 **E** 𝘝𝘐𝘚𝘈
fermé 15 nov. au 15 déc. – SC : **R** (fermé dim. soir et lundi du 1er oct. au 31 mai) 66/150 – ⊑ 25 – **31 ch** 110/202.

✗✗✗ **L'Azimut**, ☎ 55.71.88, 🌴
fermé déc., janv., dim. soir de nov. à juin et lundi sauf juil.-août – SC : **R** 91.

✗✗ **Les Hortensias**, ☎ 55.75.11, ≤, 🌴 – 🄰🄴 ⑩ **E** 𝘝𝘐𝘚𝘈
1er mars-31 nov. et fermé merc. et jeudi sauf juil.-août – SC : **R** 78/95.

✗✗ **Ostréa** avec ch, ☎ 55.73.23, ≤ – 🅿. 🄰🄴 𝘝𝘐𝘚𝘈. 🍴 ch
1er avril-20 sept. et fermé merc. – SC : **R** 95/150 – ⊑ 16 – **11 ch** 91/107.

✗ **Restoport**, ☎ 55.72.73, 🌴 – 🄰🄴 𝘝𝘐𝘚𝘈
fermé 10 sept. au 30 oct., 8 janv. au 1er mars et mardi – SC : **R** 77.

tourner →

à St-Philibert E : 2,5 km par D 781 – ⊠ 56470 La Trinité-sur-Mer :

🏠 **Panorama** ⚓, ☎ 55.00.56 « Jardin fleuri » – ⇔wc ⋔wc ☜ **P**. ℅ rest
fin mars-fin sept. – SC : **R** 60/120 – ☲ 15 – **25 ch** 117/150 – P 150/180.

RENAULT Le Naviel, ☎ 52.72.53

La TRIQUE 85 Vendée 🗗🗗 ⑤ – rattaché à St. Laurent-sur-Sèvre.

Les TROIS-ÉPIS 68410 H.-Rhin 🗗🗗 ⑱ G. Vosges – alt. 658 – 🔇 89.
Voir Le Belvédère ⩽★ O : 15 mn.
Paris 519 – Ammerschwihr 7,5 – Colmar 12 – Gérardmer 50 – Munster 17 – Orbey 12 – Turkheim 8,5.

🏨 **Gd Hôtel** ⚓, ☎ 49.80.65, Télex 880229, ⩽ forêt vosgienne et plaine d'Alsace, 🔲, parc, 🏛 – 🔌 📺 ☎ **P** – 🔬 80. 🝰 ① 🇪 𝘝𝘐𝘚𝘈
SC : **R** carte 155 à 205 – ☲ 35 – **49 ch** 360/500 – P 510/680.

🏨 **Marchal** ⚓, ☎ 49.81.61, ⩽ forêt vosgienne, plaine d'Alsace, parc – 🔌 ☎ **P** – 🔬 🇪 𝘝𝘐𝘚𝘈. ℅
fermé 1er déc. au 15 janv. – SC : **R** 80/170 🍷 – ☲ 23 – **40 ch** 180/330 – P 220/320.

🏠 **Croix d'Or**, ☎ 49.83.55, ⩽ forêt vosgienne, 🏛 – ⇔ ⋔wc ☎ **P** – 🔬 25
🔸 fermé 4 janv. au 10 fév. – SC : **R** (fermé merc.) 50/140 🍷 – ☛ 16 – **12 ch** 90/175 – P 150/180.

🏠 **La Chêneraie** ⚓, ☎ 49.82.34, parc – ⋔wc ☎ **P**. ℅
fermé 20 déc. au 1er fév. et merc. – SC : **R** 55/115 🍷 – ☛ 17 – **26 ch** 90/180 – P 170/195.

🏤 **Villa Rosa**, ☎ 49.81.19, ⩽ – ⇔wc ⋔wc. ℅ rest
🔸 fermé 3 nov. au 15 janv. – SC : **R** (fermé vend. midi et jeudi) 45/130 🍷 – ☲ 16,50 – **9 ch** 80/150.

%% **L'Auberge**, ☎ 49.80.65, ⩽ forêt vosgienne et plaine d'Alsace, 🏛, parc – **P**
SC : **R** 55/145, dîner à la carte 🍷.

TRONÇAIS 03 Allier 🗗🗗 ⑫ – ⊠ 03360 St-Bonnet-Tronçais – 🔇 70.
Voir Forêt de Tronçais★★★ – Étang de St-Bonnet★ NO : 4 km – Étang de Saloup★ S : 5 km, G. Auvergne.
Paris 288 – Bourges 61 – Montluçon 43 – St-Amand-Montrond 24.

🏠 **Le Troncais** ⚓, ☎ 06.11.95, parc, %% – ⇔wc ⋔wc ☎ **P** – 🔬 35. ℅ rest
fermé déc., janv., fév., dim. soir et lundi hors sais. – SC : **R** 65/130 – ☲ 16 – **12 ch** 100/180 – P 160/190.

La TRONCHE 38 Isère 🗗🗗 ⑤ – rattaché à Grenoble.

Le TRONCHET 35 I.-et-V. 🗗🗗 ⑯ – 827 h. alt. 46 – ⊠ 35540 Miniac-Morvan – 🔇 99.
Paris 380 – Dinan 19 – ✦Rennes 50 – St-Malo 27.

🏠 **Host. l'Abbatiale** ⚓, ☎ 58.93.21, parc, 🛥, %% – ⋔wc ☎ **P**. ℅ rest
fermé 2 janv. au 28 fév. et merc. hors sais. – SC : **R** carte 70 à 125 – ☛ 20 – **78 ch** 135/230 – P 140/230.

TROO 41 L.-et-Ch. 🗗🗗 ⑤ G. Châteaux de la Loire – 337 h. alt. 65 – ⊠ 41800 Montoire – 🔇 54.
Voir La "butte" ※ ★ – St-Jacques des Guérets : peintures murales★ de l'église S : 1 km.
Paris 197 – Château-du-Loir 33 – ✦Le Mans 62 – ✦Tours 48 – Vendôme 25.

% **Cheval Blanc**, r. A.-Arnault ☎ 85.08.22 – 𝘝𝘐𝘚𝘈
🔸 fermé oct., vacances de fév., lundi soir et mardi – SC : **R** 50/160.

TROSLY-BREUIL 60 Oise 🗗🗗 ③, **196** ⑪ – rattaché à Compiègne.

TROUVILLE-SUR-MER 14360 Calvados 🗗🗗 ③ G. Normandie – 6 012 h. – Casino AY – 🔇 31.
Voir Corniche ⩽★ BX.
🛫 de Deauville-St-Gatien : ☎ 88.31.28 par D 74 : 7 km BZ.
🇧 Office de Tourisme pl. Mar.-Foch (fermé dim. hors saison) ☎ 88.36.19.
Paris 206 ② – ✦Caen 43 ③ – ✦Le Havre 74 ② – Lisieux 28 ② – Pont-L'évêque 11 ②.

Plan page ci-contre

🏨 **St-James**, 16 r. Plage ☎ 88.05.23 – ⇔wc ⋔wc ☜. ①   AY **e**
R (pour résidents) – ☲ 17 – **14 ch** 220/265 – P 368/520.

🏠 **Reynita** sans rest, 29 r. Carnot ☎ 88.15.13 – ⇔wc ⋔wc ☎. 🝰 ① 𝘝𝘐𝘚𝘈. ℅   AY **s**
fermé janv. – SC : ☲ 15 – **25 ch** 91/167.

🏠 **Les Sablettes** sans rest, 15 r. P.-Besson ☎ 88.10.66 – ⇔wc ⋔wc ☜. ℅   AY **r**
fermé 15 nov. au 1er fév. – SC : ☲ 14,50 – **17 ch** 88/178.

TROUVILLE-SUR-MER

HONFLEUR 15 km

MANCHE

voir plan de **DEAUVILLE**

CABOURG 19 km
CAEN 43 km

A 13 : CAEN 58 km
LE HAVRE 74 km, ROUEN 90 km

11 km
PONT-L'ÉVÊQUE

PONT DE TANCARVILLE 39 km
AÉROPORT 7 km

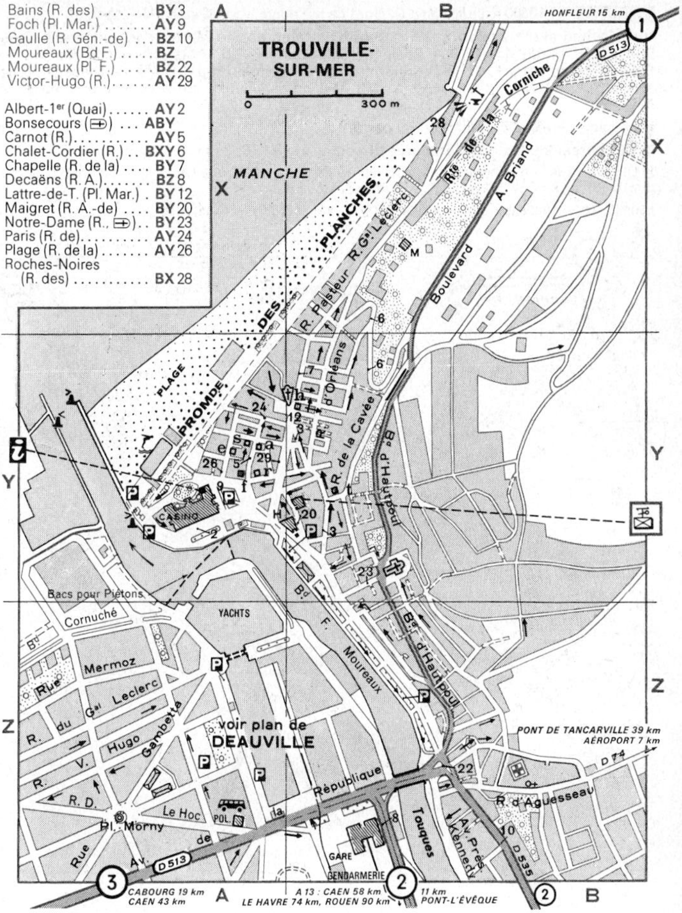

🏠 **Maison Normande,** 4 pl. Mar.-de-Lattre-de-Tassigny ☏ 88.12.25 – ⌂wc 🛏 ☎.
🌿   BY **h**
hôtel : fév.-fin nov., rest. : Pâques-début sept. et fermé mardi hors sais. – SC : **R**
(pour résidents seul.) 66/90 – ⟷ 20 – **20 ch** 155/300 – P 250/300.

🏠 **Carmen,** ☏ 88.35.43 – 📺 ⌂wc 🛏wc ☎. 🆑 ⓞ 𝘝𝘐𝘚𝘈. 🌿 rest   AY **a**
➡ *fermé 4 janv. au 1er fév. et mardi sauf hôtel* – SC : **R** 50/90 – ⟷ 15 – **15 ch** 90/215 –
P 160/330.

XX **Le Provençal,** 7 r. Dr-Leneveu ☏ 88.36.45 – 🆑 𝘝𝘐𝘚𝘈. 🌿   BY **t**
fermé 15 déc. au 15 janv., jeudi hors sais. et merc. – SC : **R** 80/140.

XX **La Petite Auberge,** 7 r. Carnot ☏ 88.11.07   AY **f**
fermé 15 nov. au 15 janv., mardi hors sais. et merc. – SC : **R** (prévenir) 52/100.

DATSUN, FORD, LADA Trouville-Auto, 113 av. du Gal-de-Gaulle ☏ 98.01.32

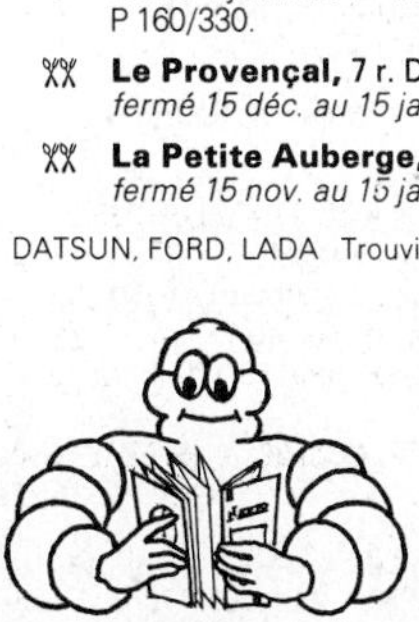

Pour vos voyages,

en complément indispensable de ce guide

utilisez

les **cartes Michelin** détaillées à 1/200 000.

Voir Cathédrale★★ : trésor★ CY – Jubé★★, statue de Ste-Marthe★ et verrières★ dans l'église Ste-Madeleine BZ **D** – Basilique St-Urbain★ BYZ **B** – Maisons anciennes★ BZ – Église St-Pantaléon★ BZ **E** – Pharmacie★ de l'Hôtel-Dieu CY **M4** – Musées : Art Moderne★★ CY **M5**, Beaux-Arts★ CY **M3**, Maison de l'Outil et de la Pensée ouvrière★ BZ **M2**.

Env. Lac et forêt d'Orient★★ 21 km par ③.

📷 du château de la Cordelière, près Chaource ☎ 46.11.05 ; par ④ : 31 km.

🅱 Office de Tourisme (fermé dim. hors sais.) 16 bd Carnot ☎ 43.01.03 et 24 quai Dampierre (fermé dim. et lundi) ☎ 72.34.30 - A.C. 38 bd Carnot ☎ 72.60.22.

Paris 165 ⑦ – ◆Amiens 276 ⑦ – ◆Dijon 152 ④ – ◆Metz 233 ① – ◆Nancy 186 ②.

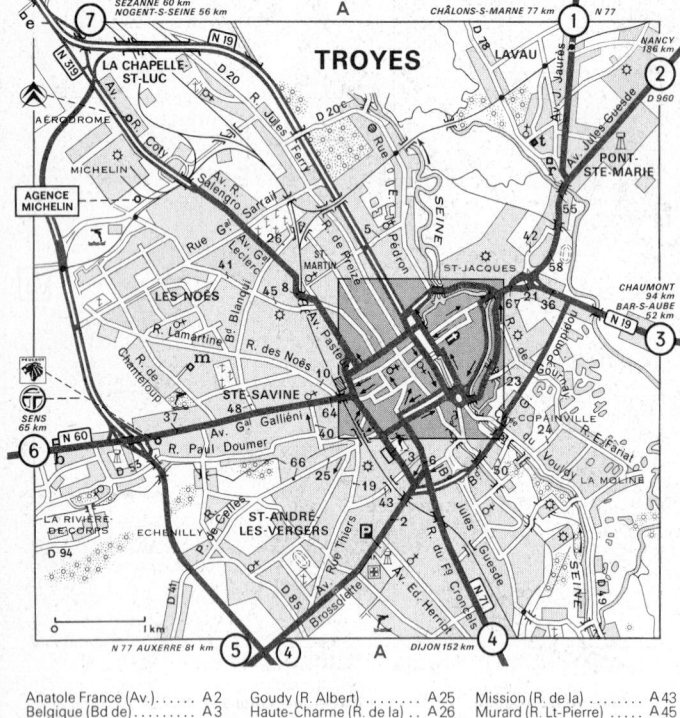

Anatole France (Av.) ...... A 2	Goudy (R. Albert) .... A 25	Mission (R. de la) .... A 43
Belgique (Bd de) .... A 3	Haute-Charme (R. de la) .. A 26	Murard (R. Lt-Pierre) ..... A 45
Brocard (R.) .... A 5	Lattre-de-Tassigny	Péri (R. Gabriel) .... A 48
Brossolette (Av. Pierre) ... A 6	(Av. du Mar. de) ..... A 36	Ponts (R. des) .... A 50
Buffard (Av. M.) .... A 8	Leclerc (Av. Gén.)	Salengro (R. Roger)
Chalmel (R.) .... A 10	STE-SAVINE .... A 37	PONT-STE-MARIE... A 55
Didier (R. Jules) .... A 19	Malon (R. Benoit) .... A 40	Schuman (Av. Robert) .... A 58
Europe (Rd-Pt de l') ...... A 21	Marots (R. des) .... A 41	Voltaire (R.) .... A 64
Fortier (R.) .... A 23	Martyrs-de-la-Résistance	Wilson (Av. du Prés.) ..... A 66
Godard-Pillaveinne (R.) ... A 24	(Av. des) .... A 42	1er Mai (Av. du) .... A 67

🏰 **Gd Hôtel,** 4 av. Mar.-Joffre ☎ 79.90.90, Télex 840582 – 🛗 cuisinette 📺 ☎ – 🛋 80 à 180. 🖭 ⓪ 🇪 𝘝𝘐𝘚𝘈   BZ **u**
rest. **Le Champagne R** 100 bc/155 ⅄ – **Brasserie Croco R** carte environ 85 ⅄ Grill **Jardin de la Louisiane** *(fermé lundi)* **R** carte environ 100 ⅄ – ⇄ 21 – **95 ch** 235/260.

🏨 **Poste** Ⓜ, 35 r. E.-Zola ☎ 73.05.05 – 🛗 📺 rest 📺 ⇌wc ☎. 𝘝𝘐𝘚𝘈   BZ **a**
R *(fermé dim. soir)* 100 – **Le Cintra** (pizzeria) **R** 53 ⅄ – ⇄ 22 – **34 ch** 130/280.

🏨 **Royal H.,** 22 bd Carnot ☎ 73.19.99 – 🛗 ⇌wc 🏳wc ☎. 🖭 ⓪ 𝘝𝘐𝘚𝘈   BZ **n**
fermé 10 déc. au 3 janv. – SC : **R** *(fermé dim. soir et lundi midi)* 58/100 – ⇄ 18 – **39 ch** 105/198 – P 230/255.

🏨 **France et rest le Dampierre,** 18 quai Dampierre ☎ 43.38.30 – 🛗 📺 ⇌wc
🏳wc ☎. 🖭 ⓪ 🇪 𝘝𝘐𝘚𝘈   BY **x**
R 54/110 ⅄ – ⇄ 17 – **60 ch** 79/225 – P 215/290.

🏠 **Le Champenois** ⌂ sans rest, 15 r. P.-Gauthier ☎ 76.16.05 – ⇌wc ☎ 🅿. ✾
fermé 3 au 19 août, 15 déc. au 6 janv. et dim. – SC : ⇄ 15,50 – **26 ch** 65/170.   BY **m**

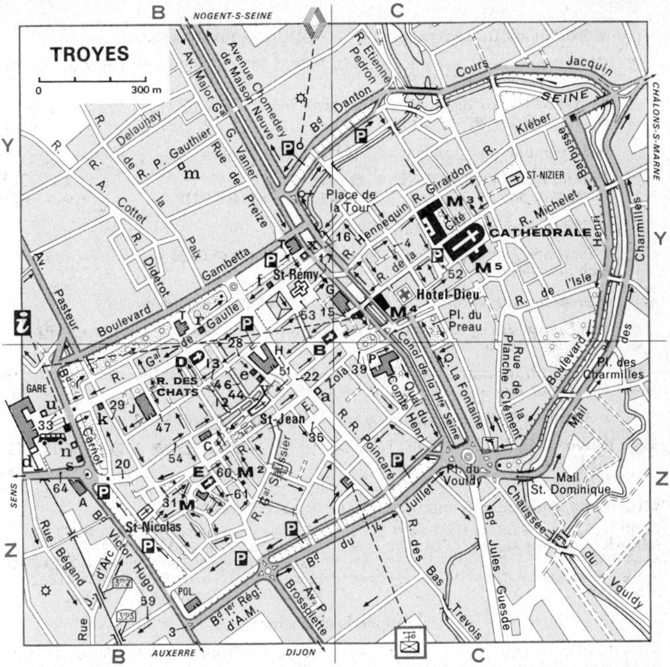

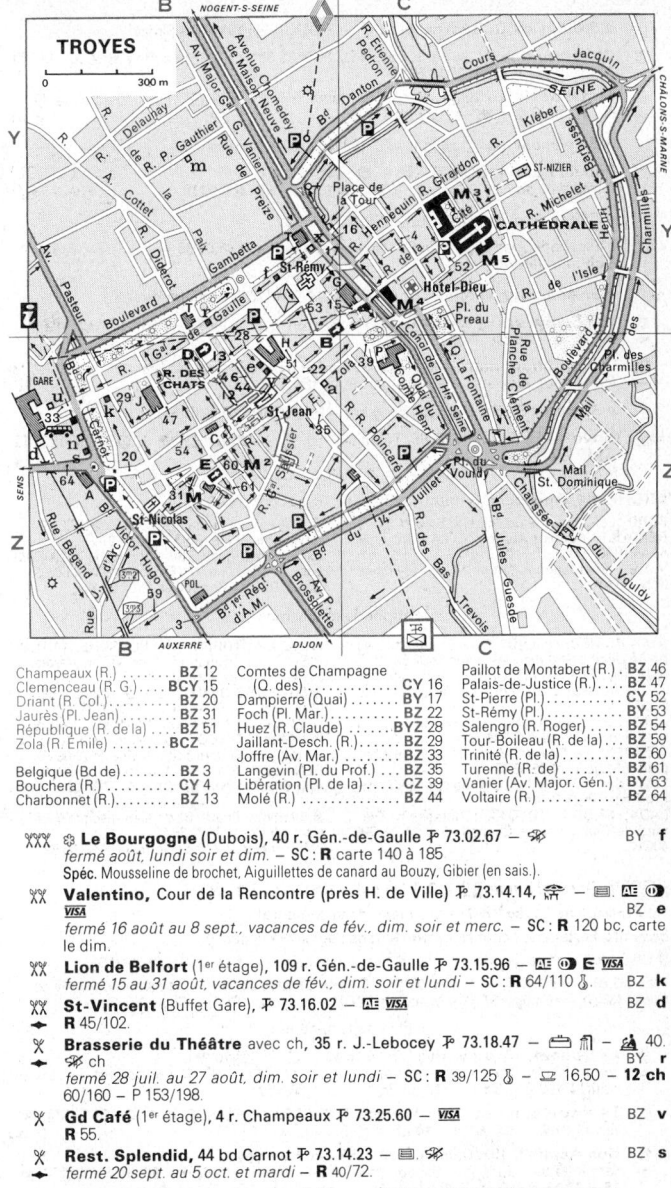

Champeaux (R.) .... BZ 12
Clemenceau (R. G.) .... BCY 15
Driant (R. Col.) .... BZ 20
Jaurès (Pl. Jean) .... BZ 31
République (R. de la) .... BZ 51
Zola (R. Émile) .... BCZ

Belgique (Bd de) .... BZ 3
Bouchera (R.) .... CY 4
Charbonnet (R.) .... BZ 13
Comtes de Champagne (Q. des) .... CY 16
Dampierre (Quai) .... BY 17
Foch (Pl. Mar.) .... BZ 22
Huez (R. Claude) ...... BYZ 28
Jaillant-Desch. (R.) ...... BZ 29
Joffre (Av. Mar.) .... BZ 33
Langevin (Pl. du Prof.) ... BZ 35
Libération (Pl. de la) ..... CZ 39
Molé (R.) .... BZ 44
Paillot de Montabert (R.) . BZ 46
Palais-de-Justice (R.) .... BZ 47
St-Pierre (Pl.) .... CY 52
St-Rémy (Pl.) .... BY 53
Salengro (R. Roger) ..... BZ 54
Tour-Boileau (R. de la) ... BZ 59
Trinité (R. de la) .... BZ 60
Turenne (R. de) .... BZ 61
Vanier (Av. Major. Gén.) . BY 63
Voltaire (R.) .... BZ 64

XXX ✿ **Le Bourgogne** (Dubois), 40 r. Gén.-de-Gaulle ☎ 73.02.67 – ✗ — BY **f**
fermé août, lundi soir et dim. – SC : **R** carte 140 à 185
Spéc. Mousseline de brochet, Aiguillettes de canard au Bouzy, Gibier (en sais.).

XX **Valentino,** Cour de la Rencontre (près H. de Ville) ☎ 73.14.14, ⛱ – ▤. AE ⓓ VISA — BZ **e**
fermé 16 août au 8 sept., vacances de fév., dim. soir et merc. – SC : **R** 120 bc, carte le dim.

XX **Lion de Belfort** (1er étage), 109 r. Gén.-de-Gaulle ☎ 73.15.96 – AE ⓓ E VISA
fermé 15 au 31 août, vacances de fév., dim. soir et lundi – SC : **R** 64/110 🌡. — BZ **k**

XX **St-Vincent** (Buffet Gare), ☎ 73.16.02 – AE VISA — BZ **d**
◆ **R** 45/102.

X **Brasserie du Théâtre** avec ch, 35 r. J.-Lebocey ☎ 73.18.47 – ⊟ 🛗 – 🏊 40. ✗ ch — BY **r**
◆ *fermé 28 juil. au 27 août, dim. soir et lundi* – SC : **R** 39/125 🌡 – ☕ 16,50 – **12 ch** 60/160 – P 153/198.

X **Gd Café** (1er étage), 4 r. Champeaux ☎ 73.25.60 – VISA — BZ **v**
R 55.

X **Rest. Splendid,** 44 bd Carnot ☎ 73.14.23 – ▤. ✗ — BZ **s**
◆ *fermé 20 sept. au 5 oct. et mardi* – **R** 40/72.

à Pont-Ste-Marie N : 3 km par N 77 - A – 5 136 h. – ✉ **10150** Pont-Sainte-Marie :

🏠 **H. Ste-Marie et Rôt. des Tonnelles,** 51 r. Roger Salengro ☎ 81.04.65, ⛱ – ▤ rest 🛗wc ☎ Ⓟ – 🏊 40. AE ⓓ E VISA — A **r**
SC : **R** *(fermé lundi)* 55/150 – ☕ 21 – **26 ch** 93/154 – P 215.

XXX ✿ **Host. Pont Ste-Marie** (Roger), près église ☎ 81.13.09 – AE ⓓ E VISA
fermé 7 au 21 août, 7 au 27 fév., dim. soir et lundi – **R** 160/230 — A **t**
Spéc. Pâté chaud de caille au ris de veau et foie gras truffé, Blanc de turbot feuillantine, Rognon de veau en cocotte.

à Ste-Savine O : 3 km par N 60 - A – 9 694 h. – ⊠ **10300** Ste-Savine :

🏨 **Chantereigne** Ⓜ ⟋ sans rest, N 60 ⚏ 74.89.35 – 📺 ▭wc ▥wc ☎ ⅋ ❷. ⅀ ⅥⅤⅢ
SC : ⚏ 17.50 – **29 ch** 160/190.
A b

🏨 **Motel Savinien** Ⓜ ⟋, 87 r. La Fontaine ⚏ 79.24.90 – 📺 ▭wc ▥wc 🐾 ⅋ ❷
↤ SC : **R** 48/80 ⅃ – ⚏ 14 – **92 ch** 106/151.
A m

à Bréviandes par ④ : 5 km – ⊠ **10800** St-Julien-les-Villas :

XX **Pan de Bois**, ⚏ 83.02.31, 😨 – ❷. ⅥⅤⅢ
fermé dim. soir du 15 oct. au 15 avril et lundi – SC : **R** 62/110.

à Clérey-Sud par ④ : 15 km – ⊠ **10390** Clérey :

X **L'Escapade** avec ch, rte de St-Parres-lès-Vaudes ⚏ 46.00.30 – ▭wc 🐾 ⇦ ❷
4 ch (bungalow).

à St-André-les-Vergers par ⑤ : 5 km – ⊠ **10120** St-André-les-Vergers :

🏨 **Les Épingliers** Ⓜ sans rest, 180 rte d'Auxerre ⚏ 83.05.99 – ▭wc 🐾 ❷. ⅥⅤⅢ
↤ SC : ⚏ 12 – **15 ch** 100/129.

XX **La Gentilhommière**, 180 rte d'Auxerre ⚏ 82.13.96 – ❷. ⅢⅢ ⅥⅤⅢ
↤ fermé août, dim. soir et lundi – SC : **R** 45/166 ⅃.

à Barberey St-Sulpice par ⑦ : 5 km – ⊠ **10600** La Chapelle-St-Luc :

🏨 **Novotel** Ⓜ ⟋, ⚏ 74.59.95, Télex 840759, ⅃ – ▤ rest 📺 ☎ ⅋ ❷ – 🔏 120. ⅢⅢ
ⓄⒹ ⅀ ⅥⅤⅢ
A e
R snack carte environ 90 ⅃ – ⚏ 28 – **84 ch** 225/271.

MICHELIN, Agence, r. G.-Bizet, la Chapelle-St-Luc A ⚏ **74.40.13**

FORD Est-Autos, 19 bd Danton ⚏ 43.24.51
RENAULT Contant-Autom., 15 bd Danton ⚏ 43.48.19 Ⓝ
V.A.G. Champagne Autom., 4 av. A.-France ⚏ 82.08.45

🅿 La Centrale du pneu, 11 r. Paix ⚏ 73.35.24
Devliegher, 2 r. E.-Zola ⚏ 43.67.91
Est Pneumatiques, 8 bd Victor Hugo ⚏ 73.40.83
Lohly Pneus, 71 av. P.-Brossolette ⚏ 43.65.39
Rémy, 94 Mail Charmilles ⚏ 81.04.10

Périphérie et environs

ALFA-ROMEO, VOLVO Sélection-Autos, 43 bd de Dijon à St-Julien-les-Villas ⚏ 82.58.12
AUSTIN, ROVER, TRIUMPH Gar. Juszak, 37 rte Auxerre à St-André-les-Vergers ⚏ 82.56.87
BMW Gar. Sud-Autom., 132 bd de Dijon à St-Julien-les-Villas ⚏ 82.03.76
CITROEN La Cité de l'Auto, N 19 à La Chapelle-St-Luc ⚏ 74.46.98 Ⓝ
FIAT Gar. du 14 Juillet, r. R.-Salengro à Pont-Ste-Marie ⚏ 81.12.45
LADA, SKODA, TOYOTA Thomas, r. Teilhard-de-Chardin à La Chapelle-St-Luc ⚏ 79.40.78

LANCIA-AUTOBIANCHI, PORSCHE, MITSUBISHI Gar. Industriel, Zone Ind. r. Verdier à Pont-Ste-Marie ⚏ 81.18.67
MERCEDES-BENZ Ets Craeye, 38 r. Mar.-Leclerc à Bréviandes ⚏ 82.38.78
OPEL Girost, N 63 à Pont-Ste-Marie ⚏ 81.26.26
PEUGEOT, TALBOT Gds Gar. de l'Aube, 35 av. du Gén.-Leclerc à Ste-Savine ⚏ 79.09.56
RENAULT S.A.D.A., 114 rte Auxerre à St-André-les-Vergers par ⑤ ⚏ 82.37.34 Ⓝ

🅿 Barniche-Pneus, 61 av. Gén.-Leclerc à La Rivière-de-Corps ⚏ 79.36.09
Lohly Pneus, N 77 à St Germain ⚏ 82.06.89

TULLE 🅿 **19000** Corrèze ⅦⅤ ⑨ G. Périgord – 20 642 h. alt. 212 – ⊛ 55.

Voir Maison de Loyac★ B B – Clocher★ de la cathédrale B D.

Env. Ste-Fortunade : chef reliquaire★ dans l'église 9 km par ④.

🛈 Office de Tourisme (fermé dim. et lundi hors saison) avec A.C. quai Baluze ⚏ 26.59.61.

Paris 483 ① – Albi 208 ③ – Aurillac 84 ③ – Brive-la-Gaillarde 29 ⑤ – ♦ Clermont-Ferrand 146 ② – Guéret 136 ① – ♦Limoges 87 ① – Montluçon 170 ② – Périgueux 102 ⑤ – Rodez 165 ③.

Plan page ci-contre

🏨 **Le Dunant**, 136 av. V.-Hugo ⚏ 20.15.42 – ▭wc ▥wc ☎
A u
↤ fermé 20 déc. au 10 janv. et dim. sauf juil. et août – SC : **R** (fermé dim. en juil. et août) 45/60 ⅃ – ⚏ 12 – **13 ch** 75/110 – P 130/160.

🏨 **Le Royal** sans rest, 70 av. V.-Hugo ⚏ 20.04.52 – ▭wc ▥wc 🐾 ❷. ⅢⅢ ⅀ ⅥⅤⅢ ⅏
A e
fermé janv. – SC : ⚏ 14 – **14 ch** 75/110.

🏨 **Bon Accueil**, 10 r. Canton ⚏ 26.70.57 – ▭wc ▥wc
B y
↤ fermé 15 déc. au 4 janv. et dim. (sauf le soir en juil. et août) – SC : **R** 45/60 ⅃ – ⚐
12 – **17 ch** 50/100 – P 120/140.

XXX **Toque Blanche** avec ch, pl. M. Brigouleix ⚏ 26.75.41 – ▥wc 🐾. ⅢⅢ ⅥⅤⅢ ⅏ rest
fermé 10 au 30 janv. et lundi hors sais. – SC : **R** 62/110 – ⚐ 15 – **11 ch** 85/150 – P 200/250.
B z

XX **Central**, 1ᵉʳ étage 32 r. J.-Jaurès ⚏ 26.24.46 – ▤
AB a
fermé 21 juil. au 19 août, dim. soir et sam. – SC : **R** 65/190.

XX **L'Esculou**, 2ᵉ étage 17 pl. Cathédrale ⚏ 26.54.48 – ⅢⅢ ⓄⒹ ⅀ ⅥⅤⅢ
B n
fermé oct. et lundi – SC : **R** 65/105 ⅃.

TULLE

Baluze (Quai) . . . . B
Gambetta (Pl.) . . . . B 8
Gaulle (Av. Ch.-de) . . . . B
Jaurès (R. Jean) . . . . B
République (Quai de la) . . . . B 15
Victor-Hugo (Av.) . . . . A 22
Zola (Pl. Émile) . . . . B 24

Briand (Quai A.) . . . . B 2
Brigouleix (Pl. Martial) . . . . . B 3
Chammard (Quai A.-de) . . . . B 4
Chivallier (R. R.) . . . . A 5
Dunant (R. Henri) . . . . A 6
Faucher (Pl. Albert) . . . . A 7

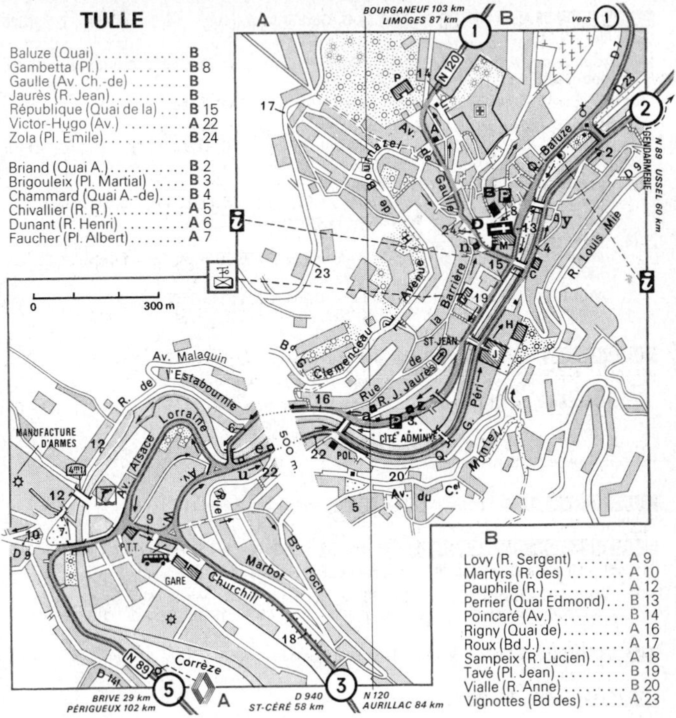

Lovy (R. Sergent) . . . . A 9
Martyrs (R. des) . . . . A 10
Pauphile (R.) . . . . A 12
Perrier (Quai Edmond) . . . B 13
Poincaré (Av.) . . . . B 14
Rigny (Quai de) . . . . A 16
Roux (Bd J.) . . . . A 17
Sampeix (R. Lucien) . . . . . A 18
Tavé (Pl. Jean) . . . . B 19
Vialle (R. Anne) . . . . B 20
Vignottes (Bd des) . . . . . . A 23

à Naves 6 km par ① – ✉ **19460** Naves :

Aub. de la Route, N 120 ☎ **26.62.02** – wc ☎ Ⓟ. AE ⓓ E VISA. ch
fermé janv. et dim. soir sauf de juin à sept. – **SC : R** 44/100 – ☕ 14 – **22 ch** 100/140 – P 180.

CITROEN Bru, 31 av. de Ventadour par ② ☎ 26.18.82
FIAT, LANCIA-AUTOBIANCHI Veyres-Périé, 17 quai G.-Péri ☎ 20.15.22
FORD Ets Carles, 23 r. Dr.-Valette ☎ 20.08.05
MERCEDES-BENZ, **OPEL** Gar. de l'Oasis rte de Brive ☎ 20.10.61
PEUGEOT-TALBOT Gar. Bigeargeas, rte de Limoges par ① ☎ 20.22.18

RENAULT SACOR, 43 r. du Dr.-Valette ☎ 20.00.55
V.A.G. Gar. Jacquet 20 pl. M.-Brigouleix ☎ 20.03.31
Diederichs, av. Alsace-Lorraine ☎ 20.10.93

Cammas, 3 av. Alsace-Lorraine ☎ 20.06.48
Peuch, 3 av. W.-Churchill ☎ 20.12.28

TULLINS 38210 Isère 77 ④ – 6 106 h. alt. 201 – 76.

Syndicat d'Initiative à la Mairie (fermé sam. et dim.) ☎ 07.00.05.

Paris 548 – Bourgoin-Jallieu 44 – La Côte-St-André 27 – ♦Grenoble 32 – St-Marcellin 23 – Voiron 13.

Malatras, S : 2 km sur N 92 ☎ **07.02.30,** – wc wc ☎ Ⓟ – 30. VISA
fermé lundi de sept. à mai – **R** 78/210 – ☕ 19 – **28 ch** 120/180.

CITROEN Roudet, ☎ 07.03.40
PEUGEOT-TALBOT Bourguignon, ☎ 07.01.48
PEUGEOT-TALBOT Gar. Penon, ☎ 07.01.25
RENAULT Baboulin, ☎ 07.02.74

La TURBALLE 44420 Loire-Atl. 63 ⑭ G. Bretagne – 3 276 h. – 40.

Office de Tourisme pl. de Gaulle (fermé jeudi et dim.) ☎ 23.32.01.

Paris 456 – La Baule 13 – Guérande 7 – ♦Nantes 85 – La Roche-Bernard 32 – St-Nazaire 27.

XX **Terminus, quai St-Paul ☎ 23.30.29,** ≤.

In this guide,
a symbol or a character, printed in *red* ***or black in*** *light* ***or bold type, does not have the same meaning.***
Please read the explanatory pages carefully (pp. 22 to 29).

La TURBIE 06 Alpes-Mar. 📖 ⑩. 📗 ㉗ G. Côte d'Azur (plan) – 1 969 h. alt. 480 – ⊠ 06320 Cap-d'Ail – ❸ 93.

Voir Trophée des Alpes★ : ✳★★★ – Intérieur★ de l'église St-Michel-Archange – Place Catherine-Davis ≼★.

Paris 950 – Eze 4,5 – Menton 13 – Monte-Carlo 8 – ◆Nice 18 – Roquebrune-Cap-Martin 7.

🏨 **Le Napoléon** M, 𝄞 41.00.54, 🚗 – 🛏wc 🛁wc 🅰🅴 E VISA. ❀ ch
   fermé 15 nov. au 15 déc. et mardi d'oct. à mars – SC : **R** 80/100 ⅄ – ⊑ 15 – **24 ch**
   150/180 – P 250.

🏨 **France,** 𝄞 41.09.54 – 🛏wc 🛁 ☎. ❀ ch
   fermé 1er nov. au 15 déc. merc. midi du 15 juin au 15 sept., jeudi midi et merc. hors
   sais. – SC : **R** 58/110 ⅄ – 🍽 18,50 – **17 ch** 76/178 – P 204/265.

🏨 **Césarée,** 𝄞 41.16.08 – 🛁. ❀ ch
   fermé 15 nov. au 15 janv. – SC : **R** (fermé sam.) 55/70 – 🍽 15 – **11 ch** 70/130 – P
   170/190.

✗ **Moulin d'Alsace,** NO : 1,5 km par D 2 204 A 𝄞 41.11.60, 🏡 – 🅟
   fermé merc. – SC : **R** (déj. seul.) 60/100.

TURCKHEIM 68230 H.-Rhin 📖 ⑱⑲ G. Vosges (plan) – 3 510 h. alt. 225 – ❸ 89.
Paris 514 – Colmar 6,5 – Gérardmer 45 – Munster 12 – St-Dié 55 – le Thillot 65.

🏨 **Berceau du Vigneron** M sans rest, pl. Turenne 𝄞 27.23.55 – 🛏wc 🛁wc ☎ 🅟
   ❀
   1er mars-1er nov. – SC : 🍽 15 – **16 ch** 128/167.

PEUGEOT-TALBOT Bertrand, 𝄞 27.00.56

TURINI (Col de) 06 Alpes-Mar. 📖 ⑲. 📗 ⑰ – rattaché à Peira-Cava.

TURQUESTEIN-BLANCRUPT 57 Moselle 📖 ⑧ – 25 h. – ⊠ 57560 Abreschviller – ❸ 87.
Paris 464 – Lunéville 56 – ◆Metz 107 – Sarrebourg 25 – Saverne 49 – ◆Strasbourg 73.

🏨 **Aub. du Kiboki** ⌂, 𝄞 708.60.65, ≼, 🏡, parc, ✗ – 🛏wc 🛁wc ☎ 🅟
   fermé fév., mardi sauf hôtel – **R** 70/120 – ⊑ 17,50 – **15 ch** 121/232 – P 182/246.

TY-SANQUER 29 Finistère 📖 ⑮ – rattaché à Quimper.

UFFHOLTZ 68 H.-Rhin 📖 ⑨ – rattaché à Cernay.

UHART-CIZE 64 Pyr.-Atl. 📖 ③ – rattaché à St-Jean-Pied-de-Port.

UNAC 09 Ariège 📖 ⑮ – rattaché à Ax-les-Thermes.

UNTERMUHLTHAL 57 Moselle 📖 ⑱ – rattaché à Niederbronn-les-Bains.

URCAY 03 Allier 📖 ⑪⑫ – 324 h. alt. 169 – ⊠ 03360 St-Bonnet-Tronçais – ❸ 70.
Paris 286 – La Châtre 58 – Montluçon 34 – Moulins 67 – St-Amand-Montrond 15.

✗ **Étoile d'Or** avec ch, 𝄞 06.92.66 – 🅟. ❀ ch
◆ fermé 1er au 30 oct., dim. soir et merc. – SC : **R** 47/110 ⅄ – ⊑ 12 – **6 ch** 60/100 – P
   120.

URCEL 02 Aisne 📖 ⑤ – 470 h. alt. 88 – ⊠ 02000 Laon – ❸ 23.
Paris 122 – Fère-en-Tardenois 41 – Laon 13 – ◆Reims 58 – Soissons 22 – Vailly-sur-Aisne 12.

✗✗ **Host. de France,** rte Nationale 𝄞 21.60.08, 🚗 – 🅟
◆ fermé 20 août au 7 sept., vacances de fév. et jeudi – SC : **R** 50/120.

URDOS 64720 Pyr.-Atl. 📖 ⑯ – 162 h. alt. 760 – ❸ 59.
Env. Col du Somport★★ SE : 14 km, G. Pyrénées.
Paris 859 – Jaca 46 – Oloron-Ste-Marie 41 – Pau 74.

🏨 **Voyageurs-Somport,** 𝄞 34.88.05, 🚗 – 🛏wc 🛁wc ☎. VISA
   fermé 15 au 30 nov. – SC : **R** 52/75 – ⊑ 13 – **41 ch** 65/160 – P 125/160.

URIAGE-LES-BAINS 38410 Isère 📖 ⑤ G. Alpes – alt. 414 – Stat. therm. (2 avril-25 oct.) – Casino – ❸ 76.

Voir Forêt de Prémol★ SE : 5 km par D 111.

🛈 Syndicat d'Initiative Gare V.F.D. (cars) (1er mai-30 sept., fermé sam. après-midi et dim.) 𝄞 89.10.27.

Paris 577 – ◆Grenoble 10 – Vizille 9.

🏨 **Gd Hôtel,** ☎ 89.10.81, parc, 🔲, ❨❩ – 🛗 🗖wc 🅿. ❄
1er mai-25 sept. – SC : **R** 90/100 – ♨ 21 – **51 ch** 135/200 – P 235/260.

🏨 **Mésanges** ⌂, rte St-Martin-d'Uriage ☎ 89.70.69, ≤, ✿ – 🗖wc 🀫 🅿. ❄
➤ *1er mai-30 sept., vacances de fév. et week-end du 15 janv. au 15 mars* – SC : **R** 47/80
🍸 – ♨ 15 – **38 ch** 70/150 – P 129/175.

🏨 **Le Manoir,** ☎ 89.10.88, ✿ – 🗖wc 🀫wc 🐾 🅿
➤ *fermé 19 nov. au 10 déc., 7 au 21 janv., dim. soir et lundi hors sais.* – SC : **R** 50/95 –
♨ 15 – **19 ch** 65/190 – P 150/210.

à St-Martin-d'Uriage NE : 3 km par D 280 – alt. 680 – ⊠ **38410** Uriage :

🏨 **Belvédère,** ☎ 89.70.47, ≤, ✿ – 🗖wc 🀫 🅿
➤ *26 mai-22 sept.* – SC : **R** 45/100 – ♨ 20 – **30 ch** 80/200 – P 175/250.

URMATT 67 B.-Rhin 🔢 ⑧ ⑨ – 1 121 h. alt. 240 – ⊠ **67190** Mutzig – ❈ 88.

Voir Église★ de Niederhaslach NE : 3 km, G. Vosges.

Paris 482 – Molsheim 17 – Saverne 36 – Sélestat 46 – ◆Strasbourg 39 – Wasselonne 22.

🏨 **Poste,** ☎ 97.40.55 – 🗖wc 🀫wc 🐾 🅿. ❄ ch
fermé 12 au 26 mars, 15 au 29 oct., 2 au 10 janv. et lundi – SC : **R** 52/215 🍸 – ➡
16,50 – **13 ch** 82/160 – P 139/166.

🏨 **Chez Jacques,** ☎ 97.41.35 – 🗖wc 🀫wc 🐾 🅿. 🆎 ⑩ 🗲 🆚
➤ *fermé 7 au 27 janv.* – SC : **R** *(fermé lundi)* 40/95 – ♨ 15 – **10 ch** 90/126.

URT 64 Pyr.-Atl. 🔢 ⑱ – 1 120 h. alt. 42 – ⊠ **64240** Hasparren – ❈ 59.

Paris 762 – ◆Bayonne 14 – Cambo-les-Bains 28 – Pau 97 – Peyrehorade 25 – Sauveterre-de-Béarn 42.

❳❳ **Aub. Galupe,** au Port de l'Adour ☎ 56.21.84
➤ *fermé fév. et merc.* – SC : **R** 50/120.

URVILLE-NACQUEVILLE 50 Manche 🔢 ① – 1 280 h. alt. 14 – ⊠ **50460** Querqueville –
❈ 33.

Voir Château de Nacqueville : parc★ – ≤★ du rocher du Castel-Vendon NO : 5 km puis
15 mn, G. Normandie.

Paris 371 – Barneville-Carteret 43 – Bricquebec 33 – ◆Cherbourg 11 – St-Lô 89.

🏨 **Beaurivage,** ☎ 03.52.40, ✿ – 🀫. ❄ ch
➤ *fermé déc., dim. (sauf rest) du 15 sept. au 15 avril et sam.* – SC : **R** 39/95 🍸 – ➡ 13
– **16 ch** 65/105 – P 132/145.

URY 77 S.-et-M. 🔢 ⑪⑫ – rattaché à Fontainebleau.

USSAC 19 Corrèze 🔢 ⑧ – rattaché à Brive-La-Gaillarde.

USSEL ⓢ **19200** Corrèze 🔢
⑪ G. Périgord – 11 989 h. alt. 631 –
❈ 55 – 🛈 Office de Tourisme pl.
Voltaire (25 juin-8 sept.) ☎ 72.11.50
et 67 av. Carnot (9 sept.-24 juin, fermé
sam. et dim.) ☎ 96.11.32.

Paris 439 ① – Aurillac 103 ③ – ◆Clermont-Ferrand 86 ② – Guéret 101 ①
– ◆Limoges 114 ④ – Tulle 60 ④.

🏨 **Les Gravades** Ⓜ ⌂, à
St-Dezery par ② : 4 km ⊠
19200 Ussel ☎ 72.21.53, ≤
– 🗖wc 🀫wc 🐾 🅿. 🆎
🆚
SC : **R** *(fermé vend. soir et
sam. midi hors sais.)*
75/110 🍸 – ♨ 25 – **16 ch**
170/300.

🏨 **Gd Hôtel Mabru,** av.
➤ P.-Sémard par ② *(près
gare)* ☎ 72.25.98 – 🗖
🀫wc 🐾 🅿. ⑩ 🗲 🆚
❄ rest
*fermé 3 au 21 janv. et sam.
du 1er oct. au 31 mars* –
SC : **R** 40/100 – ♨ 18 –
31 ch 80/170.

🏨 **Teillard** sans rest, 26 av. Thiers **(r)** ☎ 72.12.54 – 🗖wc 🀫 🅿. ❄
Pâques-1er nov. – SC : ♨ 14 – **26 ch** 53/135.

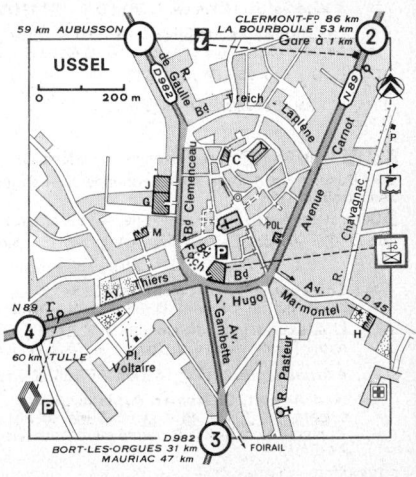

CITROEN Fraisse, 70 av. Carnot ☎ 72.17.81
FIAT, LANCIA Gar. du Centre, 5 r. A.-Chavagnac ☎ 72.11.54
OPEL Gar. Barbier, 20 bd Dr.Goudounèche ☎ 96.23.59
PEUGEOT-TALBOT Gar. du Collège, rte de Clermont par ② ☎ 96.10.68 🅽 ☎ 72.19.95
RENAULT Gar. Thiers, 20 av. Thiers ☎ 96.11.01 🅽 ☎ 96.14.59
V.A.G. Gar. du Stade, 23 bd Dr. Goudounèche ☎ 72.12.66
Gar. Salagnac, 56 av. Gén.-Leclerc ☎ 96.23.23
Estager Pneu, 61 av. Gén.-Leclerc ☎ 72.15.83

USSON-EN-FOREZ **42550** Loire **76** ⑦ **G. Vallée du Rhône** – 1 358 h. alt. 910 – ✆ 77.

Paris 475 – Ambert 39 – Montbrison 50 – Le Puy 51 – St-Bonnet-le-Château 14 – ♦St-Étienne 47.

Rival, ☎ 50.63.65 – wc wc ☎. ✻
fermé 25 au 30 juin et lundi de sept. à juin – SC : **R** 40/120 – ☕ 13 – **13 ch** 70/185 – P 145/190.

Gd H. Aubert, ☎ 50.63.42 – 🚗. VISA. ✻ ch
fermé 15 déc. au 15 janv. et lundi du 1er sept. au 1er juil. – SC : **R** 45/105 🍷 – ☕ 15 – **16 ch** 55/110 – P 130/175.

CITROEN Gar. Gardon, Le Pin Mallet ☎ 51.62.15
PEUGEOT-TALBOT Gar. Maitrias, ☎ 50.63.27
RENAULT Gar. Colombet, ☎ 50.60.53

USTARITZ **64480** Pyr.-Atl. **85** ② – 3 814 h. alt. 14 – ✆ 59.

Syndicat d'Initiative à la Mairie (fermé sam. et dim.) ☎ 31.00.44.

Paris 784 – ♦Bayonne 12 – Cambo-les Bains 7 – Pau 119 – St-Jean-de-Luz 25.

La Patoula ⑤, ☎ 31.00.56, ←, 🌳, parc – wc wc ☎ ♿ 🅟. AE VISA
fermé 1er au 15 mars, 15 au 30 nov., merc. sauf juil. et août – SC : **R** 80/110 – ☕ 25 – **9 ch** 250/280.

Arretz sans rest, ☎ 31.00.25 – ⋒. ✻
avril-oct. – SC : ☕ 14 – **8 ch** 55/100.

CITROEN Gar. Iharour, à Larressore ☎ 31.01.79
RENAULT Gar. Etchegaray, à Larressore ☎ 31.04.37 🅽 ☎ 29.80.02

UZERCHE **19140** Corrèze **75** ⑧ **G. Périgord (plan)** – 3 185 h. alt. 333 – ✆ 55.

Voir Ste-Eulalie ←★ E : 1 km.

Office de Tourisme pl. Lunade (1er avril-30 sept.) ☎ 73.15.71.

Paris 452 – Aubusson 102 – Bourganeuf 80 – Brive-la-Gaillarde 40 – ♦Limoges 56 – Périgueux 93 – Tulle 31.

Ambroise, av. Paris ☎ 73.10.08, 🌳 – wc wc ☎ 🚗
fermé nov., sam. et dim. hors sais. – SC : **R** 40/86 🍷 – ☕ 14 – **20 ch** 64/92.

Moderne sans rest, av. Paris ☎ 73.12.23 – wc ☎ 🚗
fermé fév. et merc. sauf de mai à nov. – SC : ☕ 15 – **7 ch** 90/140.

Host. Chavant, pl. A.-Boyer ☎ 73.12.28 – wc wc ☎ 🚗 🅟
SC : **R** 40/95 🍷 – ☕ 15 – **34 ch** 70/120.

à Vigeois SO : 9 km par N 20 et D 3 – ✉ **19410** Vigeois :

Les Semailles, rte Brive ☎ 98.93.69 – wc ☎. ✻ ch
fermé fév., dim. soir et lundi – SC : **R** 42/95 🍷 – ☕ 16 – **7 ch** 78/130 – P 110/150.

CITROEN Gar. Chauffour, ☎ 73.12.05 🅽 ☎ 73.22.19
RENAULT Gar. Bachellerie, ☎ 73.15.75 🅽 ☎ 73.16.51
RENAULT Gar. Hochscheid à Vigeois, ☎ 98.92.59

UZÈS **30700** Gard **80** ⑲ **G. Provence** – 7 826 h. alt. 138 – ✆ 66.

Voir Duché★ : ←★ de la Tour Bermonde A – Orgues★ de la Cathédrale B **V** – Tour Fenestrelle★ B **W**.

Office de Tourisme à l'Hôtel de Ville (fermé sam. et dim. hors sais.) ☎ 22.68.88.

Paris 707 ② – Alès 33 ④ – Arles 55 ② – Avignon 38 ② – Montélimar 81 ① – Nîmes 25 ②.

Plan page ci-contre

Entraigues ⑤, pl. Évêché ☎ 22.32.68, 🌳 – wc ☎. ◐ E VISA B **s**
SC : **R** Grill *(fermé mardi)* 60/85 – ☕ 24 – **18 ch** 180/260 – P 524/604 (pour 2 pers.).

L' Alexandry, 6 bd Gambetta ☎ 22.27.82 A **e**
fermé 15 nov. au 15 déc., 15 janv. au 15 fév. et lundi – SC : **R** 75.

à Arpaillargues par ③ : 4,5 km – ✉ **30700** Uzès :

H. d'Agoult, Château d'Arpaillargues ⑤, ☎ 22.14.48, 🌳, « Demeure du 18e s., parc, 🎾, 🏊 » – 🅟 – 🏛 50. E VISA. ✻ rest
15 mars-16 oct. – SC : **R** *(fermé merc. hors sais.)* 90/145 – ☕ 28 – **25 ch** 265/400 – P 416/533.

CITROEN Gar. Mandon, Champs-de-Mars par ② ☎ 22.22.64 🅽 ☎ 22.20.71
PEUGEOT-TALBOT Laborie, av. de la Gare par ③ ☎ 22.59.01
RENAULT SUVRA, rte d'Alès par ④ ☎ 22.60.99

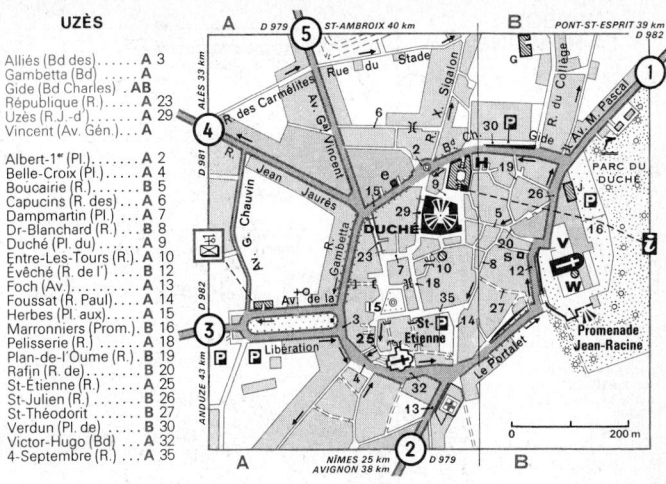

VACQUIERS 31 H.-Garonne 🮮🮮 ⑧ – 736 h. alt. 230 – ⊠ 31340 Villemur-sur-Tarn – ✿ 61.
Paris 691 – Albi 67 – Castres 75 – Montauban 35 – ✦Toulouse 26.

- 🏠 **Villa des Pins** ⬩, O : 2 km par D 30 🕾 84.96.04, ≤, 🏛 – 🛏wc 🗍wc 🕿 **P** –
  ✦ 🏊 50. 🖭 ⓞ. ⚿ ch
  SC : **R** (fermé dim. soir) 50/150 – 🍽 15 – **16 ch** 80/140 – P 250/300.

VAIGES 53480 Mayenne 🮵🮵 ⑩ – 969 h. alt. 91 – ✿ 43.
Paris 254 – Château-Gontier 37 – Laval 22 – ✦Le Mans 53 – Mayenne 32.

- 🏠 **Commerce** 🖩, 🕾 01.20.07, 🚜 – 🛗🛏wc 🕿 **P** – 🏊 80. ⓞ 𝘝𝘐𝘚𝘈. ⚿
  ✦ fermé 1er au 7 oct., en fév., dim. soir et lundi – SC : **R** 72/130 – 🖵 18 – **34 ch**
  130/190 – P 150/200.

CITROEN Gar. de la Charnie, 🕾 01.20.05

VAILLY-SUR-AISNE 02370 Aisne 🮶🮶 ④⑤ – 1 883 h. alt. 48 – ✿ 23.
Paris 118 – Fère-en-Tardenois 29 – Laon 24 – ✦Reims 49 – Soissons 18.

- 🏨 **Cheval d'Or,** 🕾 54.70.56 – **P. E** 𝘝𝘐𝘚𝘈
  ✦ fermé fév. – SC : **R** 40/112 🖟 – 🖵 11 – **20 ch** 48/65 – P 84.

VAILLY-SUR-SAULDRE 18260 Cher 🮶🮶 ⑫ – 875 h. alt. 200 m – ✿ 48.
Paris 191 – Aubigny-sur-Nère 17 – Bourges 53 – Cosne-sur-Loire 24 – Gien 37 – Sancerre 26.

- ✗ **Aub. Lièvre Gourmand,** 🕾 73.80.23
  fermé fév. et merc. – SC : **R** 80/140.

VAISON-LA-ROMAINE 84110 Vaucluse 🮱🮱 ②③ **G. Provence** – 5 864 h. alt. 200 – ✿ 90.
Voir Les ruines romaines★★ Y – Cloître★, Maître-autel★ de l'ancienne cathédrale
N.-Dame Y **B** – Chapelle de St-Quenin★ Y **D** – Musée (statue de l'empereur cuirassé★)
Y **M.**

🛈 Office de Tourisme pl. Chanoine Sautel 🕾 36.02.11.
Paris 671 ④ – Avignon 47 ③ – Carpentras 28 ② – Montélimar 65 ④ – Pont-St-Esprit 41 ④.

Plan page suivante

- 🏠 **L'Oustaü** ⬩, rte Villedieu 🕾 36.01.10, 🚜 – 📺 🛏wc 🗍wc 🕿 **P.** ⓞ. ⚿ – SC : **R**
  carte 130 à 190 – **8 ch** (1/2 pens. seul.), 3 appart. – 1/2 p 250/315.   Y **e**
  mi-mars-mi-oct. et fermé du 18 au 26 juin, dim. soir et lundi hors sais. – SC : **R**
- 🏠 **Le Beffroi** ⬩, Haute Ville 🕾 36.04.71, 🏛, 🚜 – 🛏wc 🗍wc 🕿 **P** – 🏊 30. 🖭
  ⓞ **E** 𝘝𝘐𝘚𝘈. ⚿ rest   Z **a**
  15 mars-15 nov. – SC : **R** (fermé mardi midi et lundi) 82/116 – 🖵 23 – **20 ch** 79/244
  – P 244/297.
- 🏠 **Logis du Château** 🖩 ⬩, Les Hauts de Vaison 🕾 36.09.98, Télex 431389, ≤,
  parc, 🏊, ⚿ – 🛗🍽 rest 🛏wc 🕿 ⇦ **P** – 🏊 30. 🖭 ⓞ 𝘝𝘐𝘚𝘈   Z **s**
  15 mars-31 oct. – SC : **R** 87/120 – 🖵 20 – **40 ch** 200/250 – P 260/300.
- 🏠 **Théâtre Romain,** pl. Chanoine-Sautel 🕾 36.05.87 – 🛏wc 🗍wc 🕿 ⇦. ⚿
  ✦ fermé 10 au 20 sept., 15 nov. au 1er mars et jeudi – SC : **R** (dîner seul.) 45/50 – 🖵 16
  – **21 ch** 100/150 – P 135/170.   Y **r**

1169

VAISON-LA-ROMAINE

CARPENTRAS 28 km
MONT VENTOUX 31 km

à Seguret par ③ et D 88 : 9,5 km – ⊠ **84110** Vaison-La-Romaine :

XX ✿ **La Table du Comtat** (Gomez) ⌂ avec ch, ☏ 36.91.49, ≤ plaine, ⌁, – ⌂wc
🖅wc ☎ **P**. **Ⓞ E**. ⌘ rest
  fermé mi janv. à fin fév., mardi soir et merc. sauf du 1ᵉʳ juil. au 20 sept. et fêtes –
  SC : R (nombre de couverts limité - prévenir) 145/220 – ⊇ 25 – **8 ch** 200/250
  Spéc. Truffe du Tricastin (nov. à mars), Millefeuille de saumon sauvage à l'oseille (mai à fin janv.),
  Noisette d'agneau panée aux truffes (oct. à juin). **Vins** Côtes du Rhône, Rasteau.

à Rasteau par ④ et D 69 : 9 km – ⊠ **84110** Vaison-la-Romaine :

🏨 **Bellerive** M ⌂, sur D 69 ☏ 46.10.20, ≤, ⌁ – cuisinette ⌂wc ☎ **P**
  fermé janv. et fév. – **SC : R** 75 (sauf fêtes)/120 – ⊇ 20 – **20 ch** 205.

CITROEN Gar. de France, la Rocade ☏ 36.10.90   RENAULT Gar. Baffie, rte de Nyons par ① ☏
FIAT Peyrol, Quart. St-Laurent ☏ 36.00.08   36.02.06
PEUGEOT-TALBOT De Luca, rte de Nyons par   RENAULT Vaisonnaise-Autom. rte d'Orange
① ☏ 36.24.33 N   ☏ 36.07.63
PEUGEOT-TALBOT Adage, 7 cours Taulignan   RENAULT Gar. Digonnet à Rasteau ☏ 46.10.53
☏ 36.01.50

VALADY 12 Aveyron 80 ② – 957 h. alt. 340 – ⊠ **12330** Marcillac-Vallon – ✆ 65.

Paris 632 – Decazeville 19 – Rodez 18.

🏠 **Combes,** ☏ 72.70.24, ⛬ – ⌂wc 🖅wc ⟷. ⌘
↞ fermé fév. – **SC : R** (fermé lundi du 15 sept. au 30 juil.) 48/82 ⅊ – ⊇ 15 – **14 ch**
  65/145 – P 125/160.

à Nuces SE : 2,5 km – ⊠ **12330** Marcillac-Vallon :

XX **Gare** avec ch, ☏ 72.60.20 – **P**. **AE** **VISA**
↞ fermé fév. et dim. soir sauf juil.-août – **SC : R** 49/150 ⅊ – ⬝ 20 – **7 ch** 70/125.

Le VAL-ANDRÉ 22 C.-du-N. 59 ④ – voir à Pléneuf-Val-André.

VALBERG 06 Alpes-Mar. 81 ⑨⑩, 195 ④ G. Côte d'Azur – alt. 1 669 – Sports d'hiver :
1 430/2 100 m ⛷22, ✚ – ⊠ **06470** Guillaumes – ✆ 93.

Voir Intérieur★ de la chapelle N.-D.-des-Neiges.

🛈 Office de Tourisme Centre Administratif ☏ 02.52.54, Télex 461002.

Paris 853 – Barcelonnette 77 – Castellane 71 – Digne 109 – ◆Nice 85 – St-Martin-Vésubie 59.

🏨🏨 **Adrech de Lagas** M, ☏ 02.51.64, ≤ – |💈| **TV**. **AE** **Ⓞ E**. ⌘ rest
  1ᵉʳ juil.-30 sept. et 20 déc-15 avril – **SC : R** 105/170 – ⊇ 23 – **22 ch** 265 – P 300/350.

🏨 **Chalet Suisse,** ☏ 02.50.09, ⛬ – |💈| ⌂wc 🖅wc ☎. **E** **VISA**
  1ᵉʳ juil.-15 sept. et 15 déc.-20 avril – **SC : R** 90/100 – ⊇ 22 – **23 ch** 130/250.

🏠 **La Clé des Champs** ⌂, ☏ 02.51.45, ≤, 🍽 – 🖅wc ☎ ⟷ **P**. ⌘ ch
  7 juil.-15 sept. et 20 déc.-15 avril – **SC : R** (résidents seul.) – ⊇ 16 – **18 ch** 158 – P
  210.

VALBONNE 06560 Alpes-Mar. 84 ⑨, 195 ㉔㉕ **G. Côte d'Azur** – 4 032 h. alt. 202 – ✪ 93.

⛳18 ☎ 42.00.08 NE : 2 km.

ℹ Office de Tourisme bd Gambetta (fermé matin, dim. et lundi) ☎ 42.04.16.

Paris 913 – Antibes 17 – Cannes 13 – Grasse 9 – Mougins 6,5 – ♦Nice 30 – Vence 21.

XX **Caves St-Bernardin,** ☎ 42.03.88
fermé 15 déc. au 15 janv., dim. et lundi – SC : **R** (nombre de couverts limité - prévenir) 80/100.

au Val de Cuberte SO : 1,5 km sur D 3 – ✉ **06560** Valbonne :

XX Val de Cuberte, ☎ 42.01.82 – Ⓟ.

X **Aub. Fleurie** avec ch, ☎ 42.02.80, ⛱ – ⛀wc ⛆wc Ⓟ
fermé 15 déc. au 5 fév. – SC : **R** *(fermé merc.)* 69/130 ♁ – ☕ 16 – **10 ch** 105/160.

RENAULT Gar. Cuberte, ☎ 42.02.24

VALCEBOLLÈRE 66340 Pyr.-Or. 86 ⑯ – ✪ 68.

Paris 1017 – Bourg-Madame 9 – ♦Perpignan 105 – Prades 62.

🏠 **Les Ecureuils** 🐦, ☎ 04.52.03 – ⛆wc ☎. VISA
15 juin-15 sept. et vacances scol. – SC : **R** 75/140 ♁ – ☕ 15 – **9 ch** 110/135 – P 148/167.

VAL CLARET 73 Savoie 74 ⑲ – rattaché à Tignes.

VALDAHON 25800 Doubs 66 ⑯ – 4 472 h. alt. 649 – ✪ 81.

Paris 442 – ♦Besançon 31 – Morteau 33 – Pontarlier 32.

🏨 **Relais de Franche Comté** Ⓜ 🐦, ☎ 56.23.18, ←, ⛱ – ⛀wc ☎ Ⓟ – 🏛 30. AE ◆ ⓓ E VISA
fermé 20 déc. au 10 janv., vend. soir et sam. midi sauf juil.-août – SC : **R** 45/150 ♁ – ☕ 17 – **20 ch** 130/165 – P 155/200.

CITROEN Gar. Pétot, ☎ 56.27.12 **N** ☎ 56.26.19

Le VAL-D'AJOL 88340 Vosges 62 ⑯ **G. Vosges** – 5 293 h. alt. 346 – ✪ 29.

ℹ Syndicat d'Initiative 93 Grande-Rue (1er juil.-31 août et fermé lundi) ☎ 66.66.69.

Paris 377 – Épinal 44 – Luxeuil-les-Bains 16 – Plombières-les-Bains 9 – Remiremont 17 – Vittel 75.

🏠 **Résidence,** r. Mousses ☎ 66.68.52, « Parc » – ⛀wc ⛆wc ☎ Ⓟ – 🏛 100. AE E ◆ VISA. ✂ rest
fermé mars – SC : **R** *(fermé vend. soir sauf vacances scol.)* 50/170 ♁ – ☕ 17 – **64 ch** 75/160 – P 150/210.

VALDEBLORE (Commune de) 06 Alpes-Mar. 84 ⑱⑲, 195 ⑥ **G. Côte d'Azur** – 599 h. – Sports d'hiver au Col de la Colmiane : 1 400/1 800 m ⛷11 – ✉ **06420** St-Sauveur-sur-Tinée – ✪ 93.

Paris 895 – Cannes 91 – ♦Nice 73 – St-Étienne-de-Tinée 46 – St-Martin-Vésubie 11.

à La Bolline – alt. 1 000 – ✉ **06420** St-Sauveur-sur-Tinée.
Voir Rimplas : site★, ←★ de la chapelle Ste-Madeleine SO : 4 km.

🏠 **Valdeblore,** ☎ 02.81.05, ← – ⛀wc ☎ 🚗. ✂ rest
1er juin-30 sept. – SC : **R** 72/85 – ☕ 16 – **17 ch** 90/160 – P 170/200.

à St-Dalmas-Valdeblore – alt. 1 300 – ✉ **06420** St-Sauveur-sur-Tinée.
Voir Pic de Colmiane ✳★★ E : 4,5 km.

🏨 **Aub. des Murès** 🐦, ☎ 02.80.11, ← – ⛀wc ⛆wc ☎ Ⓟ
1er juin-31 oct. et 1er fév.-30 avril – SC : **R** 60/80 – ☕ 20 – **10 ch** 200/210 – P 230/250.

🏠 **Lou Mercantour** 🐦, ☎ 02.80.21, ← – ⛀wc ⛆wc ☎ Ⓟ. ✂ rest
juin-sept. et vac. scol. – SC : **R** 63/73 – ☕ 12,50 – **22 ch** 178 – P 152/204.

🏠 **Host. des Colmianes** 🐦, ☎ 02.83.36, ← – ⛀wc ⛆wc ☎ Ⓟ. ✂ rest
1er juin-20 sept. et 20 déc.-30 mars – SC : **R** (résidents seul.) – ☕ 18 – **15 ch** 100/250.

VAL-DE-LA-HAYE 76 S.-Mar. 55 ⑥ – rattaché à Rouen.

VAL DE VILLÉ 67 Bas-Rhin 62 ⑲ – rattaché à Sélestat.

VAL-D'ISÈRE 73150 Savoie 74 ⑲ **G. Alpes** – 1 637 h. alt. 1 840 – Sports d'hiver : 1 850/3 300 m 🚡6 ⛷50 ⛷ – ✪ 79 – **Voir Rocher de Bellevarde ✳★★★ par téléphérique – Tête du Solaise ✳★★ SE par téléphérique.**

Altiport de Tovière NO : 5 km.

ℹ Office de Tourisme, Maison de Val d'Isère (1er nov.-8 mai) ☎ 06.10.83, Télex 980077 et Antenne de la Daille (15 déc.-15 avril) ☎ 06.14.93.

Paris 693 – Albertville 85 – Briançon 158 – Chambéry 132.

🏨 **Sofitel** M 🦢, ☎ 06.08.30, Télex 980558, ≤, ⌧, – 📱 TV ☎ ⇔ 🅿 – 🏧 110. 🖭 ① E VISA
1er juil.-26 août et 1er déc.-1er mai – SC : **R** carte 200 à 260 – ☲ 45 – **51 ch** 440/700 – P 680/720.

🏨 **Christiania** 🦢, ☎ 06.08.25, ≤ – 📱 🅿. 🕱 rest
déc.-mai – SC : **R** 160 – ☲ 35 – **42 ch** 483/699.

🏨 **Gd Paradis** M 🦢, ☎ 06.11.73, ≤, 🎾 – 📱 ☎ ⇔. 🖭 ① E VISA. 🕱 rest
juil.-août et déc.-avril – SC : **R** 140 – ☲ 30 – **39 ch** 240/495, 4 appartements 730 – P 450/590.

🏨 **Blizzard** M, ☎ 06.02.07, ≤, 🍽, – 📱 TV ☎. 🖭 VISA. 🕱 rest
8 déc.-2 mai – SC : **R** 105 – ☲ 30 – **72 ch** 290/350.

🏨 **Tsanteleina**, ☎ 06.12.13, ≤, 🎾 – 📱 ☎ 🅿. 🕱 rest
30 juin-2 sept. et 1er déc.-30 avril – SC : **R** 70/125 – ☲ 28 – **51 ch** 152/370 – P 255/375.

🏨 **La Savoyarde** 🦢, ☎ 06.01.55, Télex 980342, ≤ – 📱 cuisinette 🛁wc 🚿wc ☎ 🅿.
🖭 VISA
déc.-fin avril – SC : **R** (dîner seul.) 105/120 – ☲ 24 – **44 ch** 280/380.

🏨 **Altitude** M 🦢, ☎ 06.12.55, ≤, ⌧, – 📱 🛁wc 🚿wc ☎ 🅿. VISA. 🕱
25 juin-30 août et 1er déc.-5 mai – SC : **R** 75/100 – ☲ 30 – **30 ch** 180/350 – P 230/350.

🏨 **Aiglon** 🦢, ☎ 06.04.05, ≤ – 🛁wc 🚿 ☎. 🖭 VISA
7 juil.-25 août et 1er déc.-5 mai – SC : **R** 100/120 – ☲ 25 – **22 ch** 250/330 – P 333.

🏨 **Bellier** 🦢, ☎ 06.03.77, ≤ – cuisinette 🛁wc 🚿 ☎ 🅿. 🖭 ① VISA
1er déc.-1er mai – SC : **R** (dîner seul.) carte 125 à 170 – ☲ 25 – **22 ch** 160/320.

🏨 **Danival** M 🦢 sans rest, ☎ 06.00.65, ≤ – 🛁wc ☎ ⇔
20 déc.-1er mai – SC : **16 ch** ☲ 270.

🏨 **Squaw-Valley** 🦢, ☎ 06.02.72, ≤ – 🛁wc 🚿wc ☎
sais. – **21 ch.**

🏨 **Santons** 🦢 sans rest, ☎ 06.03.67, ≤ – 🛁wc 🚿wc ⇔ 🅿
1er déc.-1er mai – SC : **26 ch** ☲ 175/356.

🏨 **L'Avancher** 🦢, rte Fornet ☎ 06.02.00, ≤, ⌧ – 🛁wc ⇔
30 juin-3 sept. et 1er déc.-5 mai – SC : **R** (dîner seul.) 75/85 – ☲ 25 – **17 ch** 141/242.

🏨 **H. Oreiller** 🦢 sans rest, ☎ 06.08.45, ≤ – 🛁wc ☎
sais. – **23 ch.**

🏨 **Vieux Village**, ☎ 06.03.79, ≤ – 🛁wc 🚿wc ☎
juil.-août (sans rest.) et déc.-avril (1/2 pens. seul.) – SC : ☎ 23 – **23 ch** 125/165 – 1/2 p 245/305.

🏨 **Kandahar et Taverne d'Alsace**, ☎ 06.02.39, ≤ – 🛁wc ☎ 🅿
1er déc.-1er mai – SC : **R** (dîner seul.) carte 95 à 120 – ☲ 20 – **16 ch** 140/240.

🏨 **La Galise**, ☎ 06.05.04 – 🛁wc 🚿wc ☎. 🕱 rest
1er déc.-16 avril – SC : **R** 65/100 – ☲ 20 – **37 ch** 95/250 – P 180/250.

🏨 **Chamois d'Or** 🦢, ☎ 06.00.44, ≤ – 🛁wc 🚿wc ☎ 🅿. 🕱
◆ *1er juil.-29 août et 15 déc.-2 mai* – SC : **R** 67 – **21 ch** (pens. seul.) – P 182/253.

Une voiture bien équipée, possède à son bord des cartes Michelin à jour.

🍴🍴 **Goitschel's Lodge**, ☎ 06.02.01 – 🖭 ① VISA
1er juil.-28 août et 28 oct.-8 mai – SC : **R** (déj. seul.) carte 130 à 200.

🍴 **Le Chatelard** 🦢, S 1,5 km par VO ☎ 06.04.31, ≤, 🍽 – 🅿. 🖭 VISA
20 déc.-20 avril – SC : **R** (déj. seul.) carte environ 80 🍷.

à la Daille NO : 2 km – ✉ 73150 Val-d'Isère :

🏨 **Samovar**, ☎ 06.13.51, ≤ – 🛁wc 🚿wc ☎. VISA. 🕱 rest
5 déc.-15 avril – SC : **R** 100 – ☲ 27 – **16 ch** 315/345 – P 294/312.

🏨 **La Tovière**, ☎ 06.06.57, ≤ – 🛁wc 🚿 ⇔ 🅿. 🕱 rest
◆ *24 juin-20 août et 24 nov.-20 avril* – SC : **R** 42/65 🍷 – ☲ 19 – **26 ch** 198/266 – P 191/227.

BLF, CITROEN Gar. Galise et Iseran, ☎ 06.03.76 RENAULT Gar. Bozzetto, ☎ 06.01.70

VALDOIE 90 Ter.-de-Belf. 66 ⑧ – rattaché à Belfort.

VALENCAY 36600 Indre 64 ⑱ G. Châteaux de la Loire – 3 139 h. alt. 140 – ✪ 54.
Voir Château★★.

🏛 Office de Tourisme av. de la Résistance (15 juin-15 sept.) ☎ 00.04.42.
Paris 235 ⑤ – Blois 55 ⑤ – Bourges 74 ② – Châteauroux 43 ③ – Loches 48 ④ – Vierzon 49 ①.

VALENÇAY

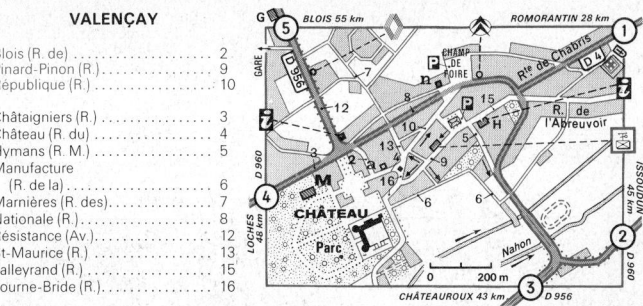

🏨 ✸ **Espagne** (Fourré) ⬧, 8 r. Château **(a)** ☏ 00.00.02, Télex 751675, « Terrasse fleurie » – 📺 🅿 ⏏ ① Ⓔ 𝚅𝙸𝚂𝙰
15 mars-15 nov. – SC : R (nombre de couverts limité - prévenir) 150/200 – ⊂⊃ 40 –
8 ch 220/380, 9 appartements 650 – P 600/800
Spéc. Les trois terrines, Coquelet à la crème de ciboulette, Pêches flambées. **Vins** Sauvignon, Gamay.

✕ **Chêne Vert, (n)** ☏ 00.06.54, 🍴
◆ *fermé 4 au 24 juin, 3 déc. au 6 janv., dim. soir et sam. hors sais. –* **R** 40/105 ⅓.

CITROEN Huard, ☏ 00.05.35   RENAULT Caisel, ☏ 00.02.24
PEUGEOT-TALBOT Debris, par ① ☏ 00.17.99

VALENCE 🅿 26000 Drôme 🔢 ⑫ **G. Vallée du Rhône** – 68 157 h. alt. 123 – ✿ 75.

Voir Maison des Têtes⋆ AY**B** – Intérieur⋆ de la cathédrale AZ**D** – Champ de Mars ≤⋆ AZ – Sanguines de Hubert Robert⋆⋆ au musée AZ**M1.**

✈ de Valence-Chabeuil : ☏ 85.28.63, par D 68 : 5 km - BYZ.

🛈 Office de Tourisme (fermé dim. sauf matin en sais.) ☏ 43.04.88, Télex 345265 et A.C. ☏ 43.61.07 pl. Gén.-Leclerc.

Paris 562 ① – Aix-en-Provence 190 ⑤ – Avignon 125 ⑤ – ◆Clermont-Ferrand 268 ① – ◆Grenoble 99 ② – ◆Lyon 99 ① – ◆Marseille 215 ⑤ – Nîmes 149 ⑤ – Le Puy 113 ⑦ – ◆St-Étienne 118 ①.

Plan page suivante

🏨 **Hôtel 2000** 🅼, rte Grenoble ☏ 43.73.01, Télex 345873, 🚲 – ⬧ 📺 ☎ 🚗 🅿 –
🔏 25. ⏏ ① 𝚅𝙸𝚂𝙰   BY **v**
SC : R snack (dîner seul.) – ⊂⊃ 19 – **31 ch** 195/330.

🏨 **Novotel** 🅼, 217 av. Provence par ⑤ près échangeur Valence Sud ☏ 42.20.15, Télex 345823, 🏊, 🚲 – ⬧ 🍴 📺 ☎ ♿ 🅿 – 🔏 25 à 300. ⏏ ① Ⓔ 𝚅𝙸𝚂𝙰
R snack carte environ 90 ⅓ – ⊂⊃ 28 – **107 ch** 240/268.

🏨 **France** 🅼 sans rest, 16 bd Ch.-de-Gaulle ☏ 43.00.87 – ⬧ 🍴 ⌁wc 🕪wc ☎ 🚗.
⏏ ① Ⓔ 𝚅𝙸𝚂𝙰   AZ **w**
SC : ** ⊂⊃ 19 – **34 ch 170/230.

🏨 **Park-H.** sans rest, 22 r. J.-Bouin ☏ 43.37.06 – ⌁wc 🕪wc ☎ 🅿. ⏏ ① Ⓔ 𝚅𝙸𝚂𝙰
SC : ** ⊂⊃ 16 – **21 ch 115/175.   AY **u**

🏨 **Gd St-Jacques**, 9 fg St-Jacques ☏ 42.44.60 – ⬧ ⌁wc 🕪wc ☎ 🍽 🅿   BY **n**
fermé 24 déc. au 30 janv. – SC : R (fermé lundi) 51/152 – ⊂⊃ 15,50 – **32 ch** 83/173 –
P 200/290.

🏨 **Europe** sans rest, 15 av. F.-Faure ☏ 43.02.16 – ⌁wc 🕪wc 🍽 🚗. 𝚅𝙸𝚂𝙰   BYZ **e**
SC : ** ⊂⊃ 15 – **26 ch 79/193.

🏨 **Voyageurs** sans rest, 30 av. P.-Sémard ☏ 44.02.83 – ⬧ ⌁wc 🕪wc 🍽. ⏏ ① Ⓔ
𝚅𝙸𝚂𝙰   AZ **h**
SC : ** ⊂⊃ 16 – **40 ch 100/185.

✕✕✕✕ ✸✸✸ **Pic** avec ch, 285 av. Victor-Hugo, sortie autoroute Valence-Sud ☏ 44.15.32, « Jardin ombragé » – 🍴 rest ⌁wc ☎ 🅿. ⏏ ①
fermé 1ᵉʳ au 25 août, vacances de fév., dim. soir et merc. – SC : R (dim. prévenir)
280/350 – ⊂⊃ 30 – **4 ch** 250/450
Spéc. Menu Rabelais. **Vins** Crozes-Hermitage, St-Péray.

✕✕ **La Licorne**, 13 r. Chalamet ☏ 43.76.83 – ⏏ ① 𝚅𝙸𝚂𝙰   BZ **s**
◆ *fermé sam. et dim. – SC : R* (prévenir) 44/115.

✕ **La Petite Auberge**, 1 r. Athènes ☏ 43.20.30 – ⏏ 𝚅𝙸𝚂𝙰   BY **t**
fermé août et dim. – SC : R 68/190.

✕ **Rabelais** (pizzeria), 7 pl. Clercs ☏ 43.23.19 – 𝚅𝙸𝚂𝙰   AZ **v**
fermé août, 19 au 28 fév., mardi et merc. – R carte environ 95 ⅓.

tourner →

Alsace (Bd d') .... **BY**
Augier (R. Émile) .... **AYZ**
Bancel (Bd G.) .... **AZ** 3
Félix-Faure (Av.) .... **BZ**
Gaulle (Bd de) .... **ABZ** 6
Grande-Rue .... **AY** 7
Madier-de-Montjau (R.) .... **BY** 13
République (Pl. de la) ..... **AZ** 18

Sémard (Av. Pierre) ...... **AZ**
Victor-Hugo (Av.) .... **AZ**

Balais (R. des) .... **AY** 2
Clerc (Bd M.) .... **BZ** 5
Carnot (Av. Sadi) .... **AY** 4
Jacquet (R. Victor) .... **AZ** 8
Lacroix (R. André) .... **AY** 9
Leclerc (Pl. Gén.) .... **BY** 10
Liberté (Pl. de la) .... **AY** 12
Manouchian (Pl.) .... **ABY** 14

Manutention (R. de la) .. **AY** 15
Notre-Dame (⌂) .... **BZ**
Pérollerie (R.) .... **AY** 17
République (R. de la) ..... **AY** 19
Roux (R. Barthélémy) ..... **AY** 20
St-Apollinaire (⌂) .... **AZ D**
St-Grégoire (⌂) .... **AY** 21
St-Jacques (Fg) .... **BY** 22
St-Jean (⌂) .... **AY**
Saunière (R.) .... **AZ** 23
Vernoux (R.) .... **AY** 24

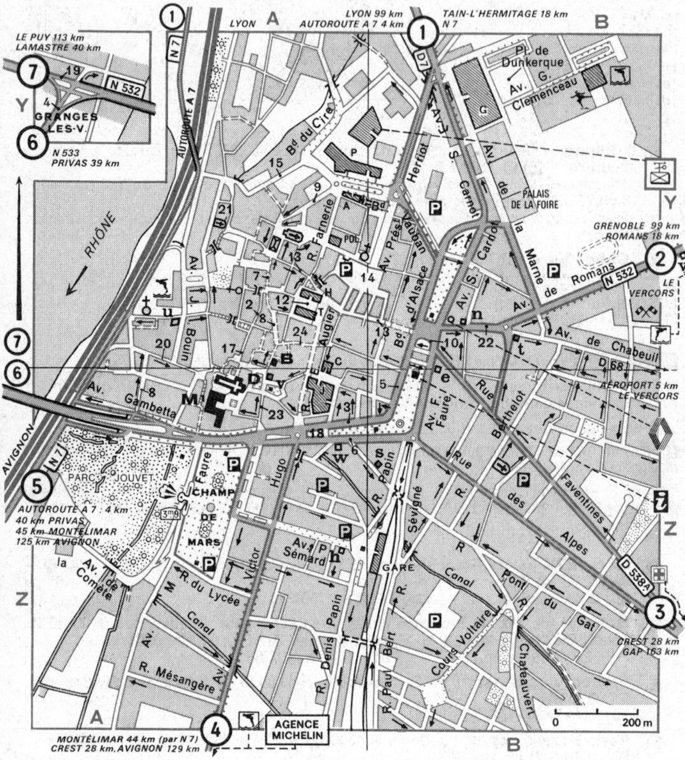

à *Bourg-lès-Valence* par ① : 1 km – ⌂ 26500 Bourg-lès-Valence :

🏨 **Seyvet,** 24 av. Marc-Urtin ☏ 43.26.51 – 🛗 ▤ rest ⌂wc 🚿 🅿 – 🔬 50. ◫ ⓪
Ⓔ 𝗩𝗜𝗦𝗔
fermé 5 au 20 janv. – SC : **R** *(fermé dim. soir hors sais.)* 52/180 – ⌂ 19 – **33 ch**
152/216.

à *Pont de l'Isère* par ① : 9 km – ⌂ 26600 Tain-l'Hermitage :

XXX ✿ **Chabran** Ⓜ *avec ch*, N 7, sortie autoroute Valence Nord ☏ 84.60.09, 🌣 –
▤ rest 📺 ⌂wc ☏ 🅿. 𝗩𝗜𝗦𝗔
fermé 6 au 23 août, dim. soir hors sais., mardi midi en sais. et lundi non ferié – SC :
R 145/290 – ⌂ 28 – **12 ch** 150/250.
Spéc. Filets de rouget tièdes, Langoustines rôties aux pâtes fraîches, Pigeonneau rôti en cocotte.
Vins Hermitage, St-Joseph.

à *Granges-lès-Valence* (Ardèche) par ⑥ : 3 km – ⌂ 07500 Granges-lès-Valence –
✿ 75 :

🏨 **National,** SO : 2 km rte Nimes ☏ 41.65.33 – ⌂wc 🚿wc ☏ ⇔ 🅿 – 🔬 200.
🍽 rest
SC : **R** grill (dîner seul.) 60/75 – ⌂ 15 – **52 ch** 145/170 – P 240/280.

🏨 **Alpes-Cévennes** sans rest, 641 av. République ☏ 44.61.34 – 🛗 ⌂wc 🚿wc ☏
⇔ ◫ 𝗩𝗜𝗦𝗔
fermé 6 au 19 août – SC : ⌂ 15 – **26 ch** 130/150.

XX **Aub. des 3 canards,** 565 av. République ⌖ 44.43.24 – **P. AE ◎ E VISA**
fermé août, dim. soir et lundi – SC : **R** 95/175.

à la Paillasse par ⑤ : 10,5 km – ⌧ **26800** Portes-lès-Valence.

🏨 **Château de Clavel** ◈, SE : 2,5 km ⌖ 60.61.93, parc, ≤, 🍽, ⌇, ✣ – ☎ **P** – 🏊 150. **AE ◎ VISA**
fermé 15 janv. au 1er fév., dim. soir et lundi en hiver – SC : **R** 130/220 – ⌸ 30 – **23 ch** 250/600.

Voir aussi à *St-Péray* (Ardèche) par ⑦ : 5 km

MICHELIN, Agence, 368 av. V.-Hugo par ④ ⌖ 41.30.66

ALFA-ROMEO VALFA, 73 r. Denis-Papin ⌖ 44.08.08
BMW Fourel, 37 av. de Marseille ⌖ 44.20.97
CITROEN Minodier, 126 rte de Beauvallon par ④ ⌖ 44.31.24 **N** ⌖ 57.23.43
FORD Valence-Autom., 287 av. de Romans ⌖ 42.54.44
MERCEDES-BENZ Royal-Gar., av. de Provence ⌖ 42.12.00
PEUGEOT, TALBOT SOVACA, 125 av. M.-Faure AZ et 268 av. V.-Hugo par ④ ⌖ 44.11.66

RENAULT Succursale, 105 av. Sadi-Carnot ⌖ 43.93.23
V.A.G. Clauzier et Genin, 269 av. Victor-Hugo ⌖ 44.45.45
V.A.G. Gar. J.-Jaurès, 410-416 av. de Chabeuil ⌖ 42.12.66

⓪ Barrial-Pneus, 106 av. Victor-Hugo ⌖ 44.24.43
Dorcier, 15 à 17 av. des Beaumes ⌖ 44.11.40
Piot-Pneu, av. de Provence, Pont-des-Anglais ⌖ 44.13.40

Périphérie et environs

CITROEN Gar. Pélissier, 82 av. J.-Jaurès à Porte-lès-Valence par ④ ⌖ 57.30.00 **N**
LADA, SKODA Gar. Moulin, 508 av. République à Guilherand (07) ⌖ 44.44.90

PEUGEOT, TALBOT Vinson et Verd, 35 r. de la Cartoucherie à Bourg-lès-Valence par ① ⌖ 43.01.92
RENAULT Succursale, rte de Lyon à Bourg-lès-Valence par ① ⌖ 43.93.23

Campers...

Use the current Michelin Guide

Camping Caravaning France.

VALENCE 82400 T.-et-G. **79** ⑯ – 4 734 h. alt. 69 – ✦ 63.

Paris 760 – Agen 26 – Cahors 66 – Castelsarrasin 25 – Moissac 17 – Montauban 46.

🏨 **Tout va bien,** 35 r. République ⌖ 39.54.83 – ⌂wc ⋔wc ☜ – 🏊 25. **AE ◎ VISA**
fermé janv. – SC : **R** (*fermé lundi*) 65/115 – ⌸ 20 – **22 ch** 90/150 – P 200/260.

XX **La Campagnette,** NE : 2 km par rte Cahors (D 953) ⌖ 39.65.97, 🍽, 🐎 – **P. AE VISA**
fermé 15 au 25 mai, 24 sept. au 5 oct., 23 au 28 déc., lundi soir et mardi sauf juil.-août – SC : **R** 65/180.

FIAT Gar. Ongaro, ⌖ 39.50.29
PEUGEOT-TALBOT Maggiori, ⌖ 39.50.60

RENAULT Mosconi, ⌖ 39.52.42
RENAULT Semenadisse, ⌖ 29.03.03 **N**

VALENCE-EN-BRIE 77830 S.-et-M. **61** ②③, **196** ⑰ – 495 h. alt. 108 – ✦ 6.

Paris 77 – Fontainebleau 16 – Melun 21 – Montereau-Faut-Yonne 8,5.

🏨 **Aub. St-Georges,** 1 pl. Église ⌖ 431.81.12 – ⌂wc ⋔wc ☜
fermé 23 déc. au 28 janv., lundi soir et mardi – SC : **R** 50/74 – ⌸ 14,50 – **10 ch** 97/125.

à Pamfou NO : 2,5 km – ⌧ **77830** Valence-en-Brie :

🏩 **Le Relais,** ⌖ 431.81.88 – ⋔wc ☜ **P** – 🏊 30
fermé 20 déc. au 20 janv., sam. soir et lundi (sauf hôtel) vend. soir et dim. soir – SC : **R** 42/100 – ⌸ 16,50 – **16 ch** 75/150 – P 144/154.

VALENCE-SUR-BAÏSE 32310 Gers **82** ④ – 1 218 h. alt. 110 – ✦ 62.

Voir Abbaye de Flaran★ NO : 2 km, G. Pyrénées.

Paris 783 – Agen 49 – Auch 35 – Condom 9.

🏨 **Ferme de Flaran** M, rte Condom ⌖ 28.58.22, 🍽, ⌇, 🐎 – ⌂wc ☎ **P** – 🏊 30. **AE ◎ E VISA**
fermé 28 oct. au 18 nov., dim. soir et lundi – SC : **R** 80/200 – ⌸ 20 – **15 ch** 170/230.

VALENCIENNES ◈ 59300 Nord **53** ④⑤ G. Nord de la France – 40 881 h. alt. 22 – ✦ 27.

Voir Musée des Beaux-Arts★ BYM.

🏌 ⌖ 46.30.10 E : 1,5 km - CV.

🗓 Office de Tourisme 1 r. Askièvre (après-midi seul., fermé sam. et dim. sauf saison) ⌖ 46.22.99 – A.C. 2 r. Mons ⌖ 46.34.32.

Paris 206 ⑥ – ♦Amiens 107 ⑥ – Arras 69 ⑥ – Beauvais 181 ⑥ – Bruxelles 102 ② – Charleroi 82 ② – Charleville-Mézières 131 ③ – ♦Lille 51 ⑦ – ♦Reims 150 ③ – St-Quentin 70 ⑥.

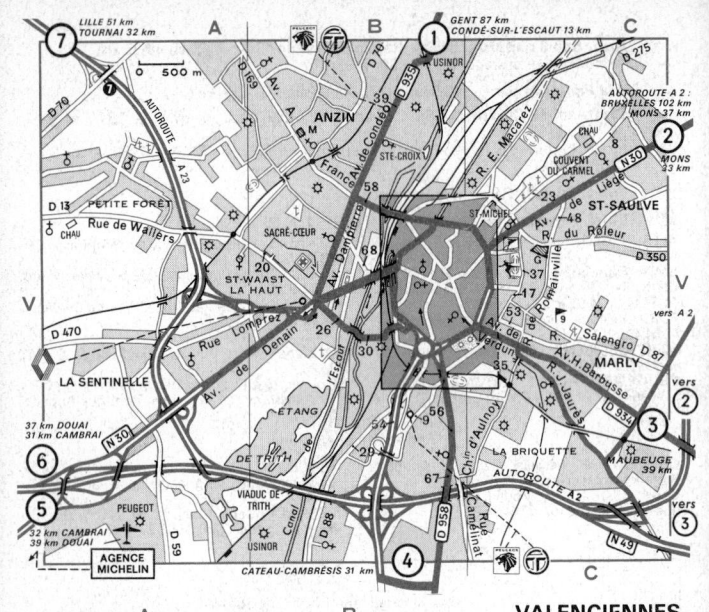

VALENCIENNES

🏨🏨 **Gd Hôtel**, 8 pl. Gare ⏸ 46.32.01, Télex 110701 – 🛗 📺 ☎ – 🔒 25 à 150. 🅰🅴 ⓞ 🅴
VISA AX d
R 60/120 – �� 23 – **90 ch** 197/246, 6 appartements 257/278.

🏨 **Notre-Dame** ⤴ sans rest, 1 pl. Abbé-Thellier-de-Poncheville ⏸ 42.30.00 –
🖵wc 🛏wc ☎. 🕿 BY s
SC : ⟷ 16,50 – **40 ch** 66/143.

🏨 **H. La Coupole** sans rest, pl. Gare ⏸ 46.37.12 – ·🛗 🖵wc 🛏 🕿. **VISA** AX e
SC : ⟷ 15 – **38 ch** 85/150.

🏨 **Bristol** sans rest, 2 av. de Lattre-de-Tassigny ⏸ 46.58.88 – 🛗 🖵wc 🛏 🕿. ⤴
SC : ⟷ 14 – **20 ch** 86/148. AX u

🏠 **Modern'H** sans rest, 92 r. Lille ⏸ 46.20.70 – 🖵wc 🛏 🕿 🅿 AX n
fermé août – SC : ⟷ 14 – **30 ch** 75/146.

XXX ❀ **Buffet-Gare**, ⏸ 46.86.30 – 🅰🅴 ⓞ 🅴 **VISA** AX
fermé dim. soir et soirs de fêtes – SC : **R** 135 bc/250 bc
Spéc. Langues Lucullus, Pot-au-feu de poissons, Filet d'agneau.

par l'échangeur Valenciennes-Ouest, Z.I. de Prouvy-Rouvignies, sorties ⑤ ou
⑥ – ✉ **59300** Valenciennes :

🏨🏨 **Novotel** Ⓜ, SO : 5 km par N 30 ⏸ 44.20.80, Télex 120970, ⣿, ☷ – 🍽 rest 📺 ☎ 🕭
🅿 – 🔒 25 à 200. 🅰🅴 ⓞ 🅴 **VISA**
R snack carte environ 90 🍷 – ⟷ 28 – **75 ch** 240/282.

à Sebourg par ③ : 11 km par D 934 et D 250 – ✉ **59990** Saultain :

XX **Jardin Fleuri** ⤴ avec ch, r. Moulin ⏸ 46.85.03, « Jardin » – 🖵wc 🛏wc 🕿 🅿.
VISA. ⤴ ch
fermé 16 août au 1er sept. et 20 janv. au 10 fév. – SC : **R** *(fermé jeudi soir et dim.
soir)* 50/100 🍷 – ⟎ 11 – **12 ch** 90/140 – P 120/155.

à Quievrechain par ② : 12 km – 7 190 h. – ✉ **59920** Quievrechain :

XX **Petit Restaurant**, 182 r. J.-Jaurès ⏸ 45.43.10 – 🅿. 🅴 **VISA**
fermé août et lundi – **R** 50/130 🍷.

MICHELIN, Agence, Z.I. N° 2, N 29 Prouvy par ⑤ ⏸ 44.02.35.

BLF Service Auto Européen, 23 bd Carpeaux ⏸ 33.08.96
BMW Gar. Deligne, r. 19 Mars 1962 à Marly ⏸ 33.41.33
CITROEN D.V.A, 3 bd Eisen ⏸ 46.56.80 🅽
FIAT Gar. du Hainaut, voie express de Lille à Petite Forêt ⏸ 46.82.36
FORD N.V.A, 51 av. A.-France, Croix d'Anzin à Anzin ⏸ 33.19.55
LANCIA-AUTOBIANCHI Gar. du Centre, 147 av. de liège ⏸ 46.09.92
MERCEDES-BENZ Marty et Lecourt, 10 bd Saly ⏸ 46.34.71
PEUGEOT-TALBOT Caffeau et Ruffin, 136 à 162 r. J.-Jaurès à Anzin ⏸ 46.02.03
PEUGEOT-TALBOT Central-Gar., r. des Bourgeois, Sortie Valenciennes Sud ⏸ 45.01.13

PORSCHE-MITSUBISHI Gar. Pietrzack, 197 av. République à Douchy les Mines ⏸ 43.46.00
RENAULT Succursale, 20 av. Denain ⏸ 30.92.05 🅽
V.A.G. S.A.D.I.A.V., 114 rte Nationale à Aulnoy ⏸ 33.03.03

🛞 Hainaut-Pneu, 11 quai des Mines ⏸ 33.33.06
Lotterie, 4 bd Saly ⏸ 46.41.06
Pneus et Services D.K., 317 av. Dampierre ⏸ 46.47.03
Rénova-Pneu, Zone Ind. N° 2 Rouvignies 32.02.54 et 85 bd Saly ⏸ 46.34.70
Thurotte, 46 av. St-Amand ⏸ 42.57.57

VALENSOLE 04210 Alpes-de-H.-P. 🔳 ⑯ G. Côte d'Azur – 1 944 h. alt. 569 – ✿ 92.
Paris 793 – Brignoles 71 – Castellane 77 – Digne 47 – Forcalquier 30 – Manosque 21 – Salernes 58.

🏨 **Piès** ⤴, ⏸ 74.83.13, ≼, 🛱 – 🖵wc 🕿 🅿. 🅴 **VISA**. ⤴ rest
fermé 9 au 31 janv. et jeudi du 15 oct. au 15 mars – SC : **R** 55/130 🍷 – ⟷ 16 – **16 ch**
128/145 – P 156/173.

CITROEN Tardieu, ⏸ 74.80.43
PEUGEOT Meyer, ⏸ 74.83.65

RENAULT Taix, ⏸ 74.80.15

VALENTIGNEY 25700 Doubs 🔠 ⑱ – 14 370 h. alt. 340 – ✿ 81.
Paris 484 – ♦Bâle 69 – Belfort 23 – ♦Besançon 82 – Montbéliard 9 – Morteau 67.

Voir plan de Montbéliard agglomération

RENAULT S.A.C.M.A., rte de Belchamp ⏸ 91.66.11

CONSTRUCTEUR : S.A. des Cycles Peugeot, à Beaulieu CZ ⏸ 91.83.21

La VALETTE-DU-VAR 83 Var 🔠 ⑮ – rattaché à Toulon.

VALFLEURY 42 Loire 🔞 ⑱ – 446 h. alt. 720 – ✉ **42320** La Grand'Croix – ✿ 77.
Paris 515 – ♦Lyon 53 – Montbrison 58 – Roanne 99 – St-Chamond 10 – ♦St-Étienne 22.

X **de la Vallée** avec ch, ⏸ 29.85.72, ≼ – 🅿. ⤴ ch
fermé vacances de Noël, de fév. et jeudi sauf juil.-août – SC : **R** 50/90 🍷 – ⟎ 12 –
5 ch 70/110 – P 140.

VALGORGE 07 Ardèche 🎗🚳 ⑧ G. Vallée du Rhône – 433 h. alt. 561 – ⊠ 07110 Largentière – ✪ 75.

Paris 671 – Alès 86 – Aubenas 38 – Langogne 52 – Privas 68 – Le Puy 85 – Vallon-Pont-d'Arc 43.

🏠 **Le Tanargue** Ⓜ ⊛, ⅌ 93.68.88, ≤, ← – 🛗 ⊟wc ⋔wc ☎ ᕋ ⇔ 🅿 – 🔏 30
fermé janv. et fév. – SC : **R** (en saison prévenir) 60/130 – ⊇ 18 – **25 ch** 165/225 – P
200/240.

VALLAURIS 06220 Alpes-Mar. 🎗🗗 ⑨, 🔢🔢🔢 ㊟㊴ G. Côte d'Azur – 21 217 h. alt. 122 – ✪ 93.

Voir Musée National ''La Guerre et la Paix''★ (Château) VD.

🛈 Syndicat d'Initiative av. Martyrs de la Résistance (fermé sam. après-midi et dim.) ⅌ 63.82.58.

Paris 915 – Antibes 7,5 – Cannes 6 – Le Cannet 4,5 – Grasse 18 – ◆Nice 31.

Voir plan de Cannes-le Cannet-Vallauris

🍴🍴 **Gousse d'Ail,** 11 av. Grasse ⅌ 64.10.71 – ⓞ 𝗩𝗜𝗦𝗔   **V y**
fermé 5 au 28 nov., 7 au 23 jan., lundi soir et mardi sauf sais. et fériés – SC : **R** 73/86
⊛.

VALLERAUGUE 30570 Gard 🎗🚳 ⑯ G. Causses – 1 041 h. alt. 438 – ✪ 67.

Paris 674 – Mende 105 – Millau 94 – Nîmes 91 – Le Vigan 22.

🏠 **Petit Luxembourg,** ⅌ 82.20.44 – ⊟wc ⋔ ☜
← *fermé 15 nov. au 15 janv.* – SC : **R** 42/80 ⊛ – ⊇ 18 – **12 ch** 90/155 – P 145/165.

RENAULT Garage Bertrand, ⅌ 82.21.36 🔃 ⅌ 82.22.97

VALLOIRE 73450 Savoie 🗗🗗 ⑦ G. Alpes – 943 h. alt. 1 430 – Sports d'hiver : 1 430/2 550 m ⅍1
⅍30, ⅍ – ✪ 79.

Voir Col du Télégraphe ≤★ N : 5 km.

🛈 Office de Tourisme (fermé dim. hors saison) ⅌ 56.03.96, Télex 980553.

Paris 662 – Chambéry 101 – Lanslebourg 57 – Col du Lautaret 24 – St-Jean-de-Maurienne 31.

🏨 **Gd Hôtel Valloire et Galibier,** ⅌ 59.00.95, Télex 980553, ≤, ☞ – 🛗 ⊟wc
⋔wc ☎ 🅿. 𝗔𝗘 ⓞ
15 juin-15 sept. et 20 déc.-15 avril – SC : **R** 68/180 – ⊇ 25 – **43 ch** 193/265,
4 appartements 570 – P 204/315.

🏨 **La Sétaz,** ⅌ 56.01.03, ≤, 🔟, ☞ – ⊟wc ⋔wc ☎ 🅿. 𝒮𝒮 rest
31 mai-30 sept. et 22 déc.-15 avril – SC : **R** 62/90 – ⊇ 17 – **22 ch** 150/180 – P
192/245.

🏨 **Christiania,** ⅌ 56.00.57 – ⊟wc ⋔wc ☎. 𝒮𝒮 rest
← *25 juin-10 sept. et 15 déc.-15 avril* – SC : **R** 50/87 – ⊇ 16,50 – **25 ch** 120/160 – P
160/240.

🏠 **Centre,** ⅌ 56.00.83, ☞ – ⊟wc ⋔wc ☎. 𝒮𝒮 rest
20 juin-9 oct. et 18 déc.-15 avril – SC : **R** 60/100 – ⊇ 15 – **37 ch** 80/150 – P 135/235.

🏠 **Gentianes,** ⅌ 56.03.66, ☞ – ⊟wc ⋔ 🅿. 𝒮𝒮 rest
← *3 juil.-20 sept. et 20 déc.-15 avril* – SC : **R** 56/88 – ⊇ 16,50 – **25 ch** 80/155 – P
125/180.

    aux Verneys S : 2 km – ⊠ 73450 Valloire :

🏠 **Relais du Galibier,** ⅌ 59.00.45, ≤, ☞ – ⊟wc ⋔ ☎ 🅿. 𝒮𝒮 rest
← *20 juin-20 sept. et 20 déc.-20 avril* – SC : **R** 47/85 ⊛ – ⊇ 17 – **26 ch** 82/160 – P
145/200.

Gar. Bouvet, ⅌ 56.02.40

VALLON-EN-SULLY 03 Allier 🎗🗗 ⑪⑫ – 1 775 h. alt. 193 – ⊠ 03190 Hérisson – ✪ 70.

Paris 298 – Cérilly 29 – La Châtre 52 – Montluçon 64 – Moulins 64 – St-Amand-Montrond 27.

🍴 **Le Lichou** avec ch, N 144 ⅌ 06.50.43 – ⋔wc 🅿
← *fermé nov. et vend. hors sais.* – SC : **R** 32/75 ⊛ – ⊇ 13 – **10 ch** 53/90 – P 130/150.

CITROEN Gar. Lachassagne, ⅌ 06.51.85 🔃   RENAULT Gar. Renard, ⅌ 06.50.26 🔃

VALLON-PONT-D'ARC 07150 Ardèche 🎗🚳 ⑨ G. Vallée du Rhône – 1 823 h. alt. 118 – ✪ 75.

Voir Gorges de l'Ardèche★★★ au SE.

Paris 663 – Alès 51 – Aubenas 33 – Avignon 79 – Carpentras 95 – Mende 119 – Montélimar 57.

🏠 **Manoir de Raveyron** ⊛, ⅌ 37.03.59, 🌺 – ⋔wc. 𝗔𝗘 𝗩𝗜𝗦𝗔. 𝒮𝒮
← *1ᵉʳ mars-30 sept. et fermé merc. sauf de mars à mai* – SC : **R** 42/120 – ☞ 13,50 –
11 ch 75/116 – P 140/170.

🏠 **Parc,** ⅌ 37.02.17 – ⋔. 𝒮𝒮 ch
← *fermé 4 janv. au 10 fév., sam. midi et vend. du 1ᵉʳ juin au 1ᵉʳ oct.* – SC : **R** 48/110 –
⊇ 15 – **20 ch** 90/115 – P 150/180.

CITROEN Bonnaud, ⅌ 37.02.25   PEUGEOT-TALBOT Rel. Pont d'Arc, ⅌ 37.02.26

1178

VALLORCINE 74660 H.-Savoie **74** ⑨ G. Alpes – 303 h. alt. 1 261 – Sports d'hiver : 1 265/1 605 m ⨯3 – ❄ 50 – Paris 640 – Annecy 112 – Chamonix 16.

🏠 **Buet et Gare,** au Buet SO : 2 km par N 506 𝖯 54.60.05, ≤, 🐎 – 🛏wc 🏠 **Ⓟ.** 𝕍𝕀𝕊𝔸
15 juin-20 sept. et 20 déc.-20 avril – SC : **R** 58/70 ⅄ – 🗌 16 – **35 ch** 60/165 – P 140/170.

🏠 **Ermitage** ⌂, au Buet SO : 2 km par N 506 𝖯 54.60.09, ≤, 🐎 – 🛏 **Ⓟ.** ❄
23 juin-16 sept., 23 déc.-mi avril – SC : **R** 60/66 – 🗌 17 – **14 ch** 60/140 – P 140/176.

🏫 **Mont-Blanc,** 𝖯 54.60.02, ≤, 🐎 – 🛏wc ❄ rest
◆ Pâques, 7 juin-16 sept., 21 déc.-4 janv., 17 janv.-15 mars – SC : **R** 50/77 – 🗌 15,50 – **24 ch** 57/135 – P 135/175.

VALMOREL 73 Savoie **74** ⑰ – alt. 1 400 – Sports d'hiver : 1 400/2 400 m ⨯2 ⨯25 – ⊠ 73260 Aigueblanche – ❄ 79.

🚹 Office de Tourisme Maison de Valmorel (fermé sam. et dim. hors sais.) 𝖯 09.85.55.
Paris 648 – Albertville 40 – Chambery 87 – Moutiers 19.

🏫 Fontaine Ⓜ ⌂, 𝖯 09.87.77, ≤, ⛲ – 🛗🛏wc 🕾. 𝔸𝔼 Ⓞ 𝔼 𝕍𝕀𝕊𝔸
sais. – SC : **R** 85 – **40 ch** – P 277/462.

🏠 **H. du Bourg** Ⓜ ⌂ sans rest, 𝖯 24.16.13, ≤ – 🛏wc 🕾. 𝔸𝔼 Ⓞ 𝕍𝕀𝕊𝔸
SC : **53 ch** 🗌 165/320.

VALOGNES 50700 Manche **54** ② G. Normandie – 6 963 h. alt. 35 – ❄ 33.

🖥 de Fontenay-sur-Mer 𝖯 41.28.13 par ② : 11 km.

✈ de Cherbourg-Maupertus : 𝖯 53.45.07 par ① : 18 km par D 24.

🚹 Syndicat d'Initiative pl. Château (début mai-fin sept. et fermé dim.) 𝖯 40.11.55.
Paris 340 ② – ◆Caen 100 ② – ◆Cherbourg 20 ⑤ – Coutances 55 ③ – St-Lô 58 ②.

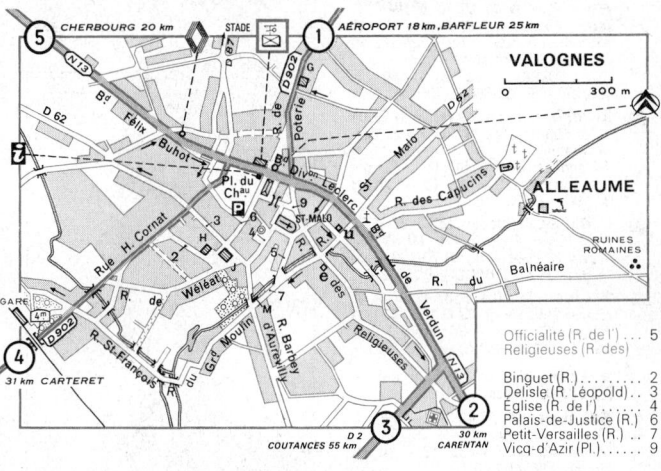

Officialité (R. de l') ... 5
Religieuses (R. des)

Binguet (R.) 2
Delisle (R. Léopold) .. 3
Église (R. de l') 4
Palais-de-Justice (R.) . 6
Petit-Versailles (R.) ... 7
Vicq-d'Azir (Pl.) 9

🏠 **St Malo** sans rest, 7 r. St-Malo (u) 𝖯 40.03.24 – 🛗wc. 𝕍𝕀𝕊𝔸
SC : 🗌 13 – **17 ch** 62/140.

🏫 **Louvre,** 28 r. Religieuses (e) 𝖯 40.00.07 – 🛏 🛗 🕾 🚗 **Ⓟ.** ❄
◆ fermé 1er déc. au 3 janv. – SC : **R** (fermé sam.) 38/58 – 🗌 13 – **20 ch** 56/130 – P 140/170.

CITROEN Gar. Paul, bd Div.-Leclerc 𝖯 40.17.59
FORD Gar. Valognais 80 r. Religieuses 𝖯 40.01.30
OPEL Gge Luce, Tapotin à Yvetot-Bocage 𝖯 40.29.09

PEUGEOT-TALBOT Valognes Autom. N 13 par ② 𝖯 40.09.38
RENAULT Gar. Mangon, 10 r. F.-Buhot 𝖯 40.00.74

VALRAS-PLAGE 34350 Hérault **83** ⑯ G. Causses – 2 590 h. – Casino – ❄ 67.

🚹 Office de Tourisme pl. R.-Cassin (fermé dim. hors sais.) 𝖯 32.36.04.
Paris 830 – Agde 26 – Béziers 15 – ◆Montpellier 72.

🏫 **Plage Sauvi,** 𝖯 32.08.37 – 🛏wc 🛗wc 🕾. 𝔸𝔼 Ⓞ 𝕍𝕀𝕊𝔸
fermé 10 nov. au 15 déc. et merc. du 15 oct. à Pâques – SC : **R** 60/170 – 🗌 20 – **24 ch** 160/240 – P 200/220.

🏫 **Mira-Mar,** 𝖯 32.00.31, ≤ – 🛗 🛏wc 🛗wc 🕾. 𝕍𝕀𝕊𝔸. ❄ rest
mars-début oct. – SC : **R** 65/160 – 🗌 20 – **52 ch** 85/300 – P 180/300.

tourner →

VALRAS-PLAGE

- 🏠 **Moderne,** ☏ 32.25.86, 🍴 – ➟wc 🏠wc ☎ ➣. 🆅🆂🆀
  Pentecôte-fin sept. – SC : **R** 55/110 – 🛏 18,50 – **29 ch** 126/228 – P 201/245.

- ✕✕ **La Chaumière,** ☏ 32.04.78
  ➟ *Pâques-oct.* – SC : **R** 50/180.

VALRÉAS 84600 Vaucluse 🗺️ ② G. Provence (plan) – 8 796 h. alt. 270 – ✿ 90.

🚩 Office de Tourisme, pl. A.-Briand (fermé matin hors sais. et dim.) ☏ 35.04.71.

Paris 643 – Avignon 65 – Crest 56 – Montélimar 37 – Nyons 14 – Orange 35 – Pont-St-Esprit 38.

- 🏨 **Gd Hôtel,** 1 av. Gén.-de-Gaulle ☏ 35.00.26, 🐎 – ➟wc 🏠 ☎
  fermé 15 déc. au 15 janv., sam. soir et dim. hors sais. et rest. le dim. en sais. – SC :
  R 60/120 ⅃ – 🛏 15 – **18 ch** 80/170 – P 335/435.

CITROEN Gar. Giai, rte d'Orange ☏ 35.14.60
PEUGEOT, TALBOT Ginoux, 61 cours V.-Hugo ☏ 35.01.53
RENAULT SOVATRA, rte d'Orange ☏ 35.04.06

🖝 Pneumatique-Sce, Chemin de Marie-Vierge ☏ 35.19.08

VALS-LES-BAINS 07600 Ardèche 🗺️🗺️ ⑱ G. Vallée du Rhône – 3 976 h. alt. 248 – Stat. therm.
– Casino – ✿ 75 – 🚩 Syndicat d'Initiative 12 av. Farincourt (fermé sam. hors sais. et dim.) ☏ 37.42.34 – A.C. 7 av. C.-Expilly ☏ 37.42.19.

Paris 636 ② – Aubenas 6 ③ – Langogne 58 ④ – Privas 34 ② – Le Puy 87 ④.

- 🏨 **Gd H. des Bains** ⑤, **(a)** ☏ 94.
  65.55, parc – 🛗 🙋 ॐ 🅿️ 🄰🄴 🄾 🆅🆂🆀
  25 mai-5 oct. – SC : **R** 90/160 – 🛏
  24 – **62 ch** 160/300 – P 250/350.

- 🏨 **Vivarais,** av. C.-Expilly **(e)** ☏ 37.
  42.63, Télex 345866, 🐎 – 🛗 📺
  ➟wc 🏠wc ☎ 🅿️. 🄰🄴 🄾 E 🆅🆂🆀
  fermé 15 nov. au 31 déc. – SC : **R**
  *(fermé dim soir, lundi midi du 1er
  janv. au 30 avril et du 1er oct. au 15
  nov.)* 80/120 – 🛏 23 – **40 ch**
  185/270 – P 260/360.

- 🏨 **Europe,** r. J.-Jaurès **(r)** ☏ 37.43.94
  – 🛗 ➟wc 🏠wc ☎. 🄰🄴 🄾 E 🆅🆂🆀.
  ❄ rest
  14 avril-1er oct. – SC : **R** (en sais.
  prévenir) 70/110 – 🛏 18 – **36 ch**
  90/190 – P 180/240.

- 🏨 **Lyon,** av. Farincourt **(s)** ☏ 37.43.70
  – 🛗 ➟wc 🏠wc ☎ ➣. 🄰🄴 🄾 🆅🆂🆀
  7 avril-30 sept. – SC : **R** 70/100 – 🛏
  18,50 – **35 ch** 145/210 – P 195/250.

- 🏨 **St-Jean** ⑤, **(u)** ☏ 37.42.50 – 🛗
  ➟wc 🏠wc ☎ 🅿️. 🄰🄴 E 🆅🆂🆀. ❄ rest
  Pâques-30 sept. – SC : **R** 65/110 –
  🛏 17 – **32 ch** 90/170 – P 180/290.

  à Labégude par ③ : *1 km* –
  ✉ 07200 Aubenas :

- 🏠 **Sabaton,** ☏ 37.40.37 – ➟wc
  ➟ 🏠wc ☎ ➣ 🅿️. ❄ rest
  SC : **R** 48/100 ⅃ – 🛏 13 – **18 ch**
  68/160 – P 145/175.

  à Lalevade par ④ : *4 km* –
  ✉ 07380 Lalevade :

- ✕✕ **Terminus** avec ch, ☏ 38.01.07 –
  ➟wc 🏠 🅿️. 🄰🄴 E 🆅🆂🆀. ❄ rest
  fermé janv. et dim. hors sais. – SC :
  R 60/130 ⅃ – 🛏 18 – **14 ch** 72/140
  – P 150/190.

VAL-SUZON 21 Côte-d'Or 🗺️🗺️ ⑪ G. Bourgogne – 178 h. alt. 363 – ✉ 21121 Fontaine-lès-Dijon – ✿ 80.

Paris 309 – Auxerre 144 – Avallon 100 – Châtillon-sur-S. 67 – ✦Dijon 16 – Montbard 58 – Saulieu 68.

- 🏨 **Le Chalet de la Fontaine aux Geais** ⑤ sans rest, ☏ 31.61.19, « jardin fleuri »
  – ➟wc 🏠wc ☎ 🅿️. 🆅🆂🆀. ❄
  15 mars-1er nov. et fermé merc. – SC : 🛏 20 – **10 ch** 110/180.

- ✕✕ **Host. Val-Suzon** ⑤ avec ch, N 71 ☏ 31.60.15, 🍴, « Jardin fleuri avec volière »
  – ➟wc 🏠wc ☎ 🅿️. 🄰🄴 E 🆅🆂🆀. ❄ rest
  fermé début janv. à début fév., jeudi midi et merc. hors sais. – SC : **R** (nombre de
  couverts limité - prévenir) 130/210 – 🛏 19 – **7 ch** 90/170.

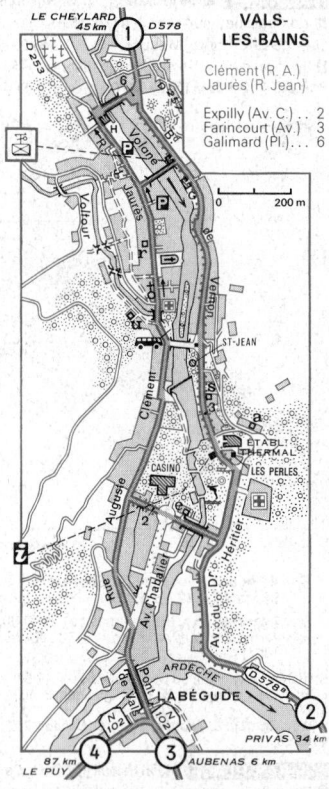

**VALS-
LES-BAINS**

Clément (R. A.)
Jaurès (R. Jean)

Expilly (Av. C.) . . 2
Farincourt (Av.) . . 3
Galimard (Pl.) . . . 6

0   200 m

VAL-THORENS 73 Savoie 🏔 ⑥ – Sports d'hiver : 2 300/3 300 m ⛷ 4 ⛷ 25 – ☒ **73440** St-Martin-de-Belleville – ❀ 79.

🗊 Office de Tourisme (22 oct.-13 mai) ☎ 00.08.08, Télex 980572.
Paris 670 – Chambéry 109 – Moûtiers 36.

🏨 **Val Chavière** M ⚘, ☎ 00.00.33, ≤ – 🛗 🛏wc ☎ ⟵. 🕮. 🕸 rest
  20 oct.-10 mai et juil. – SC : **R** 90 – **42 ch** ⟷ 185/320 – P 258/380.

🏨 **Le Sherpa** M ⚘, ☎ 00.00.70, ≤ – 🛗 🛏wc ☎ ❿. 🕸 rest
  fin oct. -début mai – SC : **R** 90 – ⟷ 24 – **25 ch** (pens. seul.) – P 210/330.

🏚 **Corotel** ⚘, ☎ 00.02.70, ≤, 🍴 – 🛏wc ☎ ❿. 🕸 rest
  10 nov.-1er mai – SC : **R** 86 – ⟷ 24 – **25 ch** 235/280 – P 295.

🏚 **La Marmotte** ⚘, ☎ 00.00.07 – 🛏wc ☎
  déc.-début mai – SC : **R** carte environ 120 – ⟷ 20 – **25 ch** (pens. seul.) – P
  285/325.

🏚 **Trois Vallées** M ⚘, ☎ 00.01.86, ≤ – 📺 🛏wc 🛏wc ☎
  fermé 13 mai au 20 juin et 1er sept. au 20 oct. – SC : **R** 65/75 – ⟷ 25 – **28 ch**
  200/230 – P 228/268.

Le VALTIN 88 Vosges 🗺 ⑱ – 87 h. alt. 760 – ☒ **88230** Fraize – ❀ 29.
Paris 487 – Colmar 40 – Épinal 54 – Guebwiller 52 – St-Dié 28 – Col de la Schlucht 8,5.

✗ **Aub. Val Joli** avec ch, ☎ 50.31.37, 🍴 – ❿. 🕮
  fermé 15 nov. au 15 déc., dim. soir et lundi sauf vacances scol. – SC : **R** 38/80 – ⟷
  14,50 – **11 ch** 66/97 – P 132/151.

  au Gd-Valtin O : 4 km – ☒ **88230** Fraize :

✗✗ **Louisière,** ☎ 50.31.39, ≤, 🍴, « Auberge rustique » – ❿
  fermé 11 nov. au 26 déc. et jeudi – SC : **R** (nombre de couverts limité, prévenir)
  carte 125 à 165 🍴.

  Passez à table aux heures normales de repas.
  Vous faciliterez le travail de la cuisine et du personnel de salle.

VANNES 🅿 **56000** Morbihan 🗺 ③ G. Bretagne – 45 397 h. alt. 22 – ❀ 97.

Voir Vieille ville★ AZ : Place Henri-IV★ AZ10, Cathédrale★ AZB, Remparts★, Promenade
de la Garenne ≤★★ BZ – Musée archéologique★ dans le château Gaillard AZ M – Golfe
du Morbihan★★ en bateau.

🗊 Office de Tourisme (fermé dim. hors sais.) et A.C.O. Morbihan 29 r. Thiers ☎ 47.24.34.
Paris 456 ② – Quimper 115 ④ – ✦Rennes 106 ② – St-Brieuc 106 ① – St-Nazaire 76 ③.

Plan page suivante

🏨 **La Marébaudière,** 4 r. A.-Briand ☎ 47.34.29, 🌿 – 📺 🛏wc 🛏wc ☎ ⬡ 🚗 – 🔔
  150. 🕮 ⓞ 🕒 🚗 **VISA** 　　　　　　　　　　　　　　　　　　　　　　　　　　　　BZ **r**
  fermé 21 déc. au 8 janv. et dim. soir du 11 nov. au 15 avril – SC : **R** voir rest. Marée
  Bleue – ⟷ 16,50 – **40 ch** 166/210 – P 220/320.

🏨 **Manche Océan** M sans rest, 31 r. lieut. col. Maury ☎ 47.26.46 – 🛗 🛏wc 🛏wc
  ☎ ⟵. 🕮 **VISA** 　　　　　　　　　　　　　　　　　　　　　　　　　　　　　　　　AY **n**
  SC : ⟷ 17 – **42 ch** 95/210.

✦ **Image Ste-Anne,** 8 pl. Libération ☎ 63.27.36, Télex 950352 – 🛗 📺 🛏wc 🛏wc
  ☎ ❿ 🕒 **VISA** 　　　　　　　　　　　　　　　　　　　　　　　　　　　　　　　　　AY **x**
  SC : **R** 50/150 – ⟷ 18 – **33 ch** 160/175.

🏚 **Ibis** M, Z.U.P de Ménimur (r. E.-Jourdan) par rte Locminé ☎ 63.61.11, Télex
  950521 – 🛏wc ☎ ❿ – 🔔 50. 🕒 **VISA**
  SC : **R** carte environ 65 🍴 – ⛟ 19 – **59 ch** 166/192.

🏚 **Anne de Bretagne** sans rest, 42 r. O. de Clisson ☎ 54.22.19 – 📺 🛏wc 🛏wc 🚗
  ⟵. **VISA** 　　　　　　　　　　　　　　　　　　　　　　　　　　　　　　　　　　　　BY **d**
  fermé 10 janv. au 1er mars – SC : ⟷ 19 – **20 ch** 75/180.

🏚 **Verdun** sans rest, 10 av. Verdun ☎ 47.21.23 – 🛏wc 🛏wc 🚗. 🕸 　　　　BZ **u**
  fermé 10 déc. au 20 janv. et dim. – SC : ⛟ 17 – **24 ch** 80/160.

✗✗ **Marée Bleue** avec ch, 8 pl. Bir-Hakeim ☎ 47.24.29 – 🛏 ❿. 🕮 🕒 🕒 **VISA** 　BZ **u**
  fermé 21 déc. au 8 janv. et dim. soir du 11 nov. au 15 avril – SC : **R** 58/195 🍴 – ⟷
  16,50 – **16 ch** 77/95 – P 170/227.

✗ **Le Lys,** 51 r. Mar.-Leclerc ☎ 47.29.30 – 🕒 **VISA** 　　　　　　　　　　　　　　BZ **k**
  fermé lundi – SC : **R** 78/160.

  à Conleau SO : 4,5 km - AZ – ☒ **56000** Vannes.

  Voir Ile Conleau★ 30 mn.

✗✗ **Le Roof** ⚘ avec ch, ☎ 63.47.47, ≤, 🍴, 🌿 – 🛏wc ☎ ❿ – 🔔 50 à 100. 🕮 ⓞ
  VISA 🕸 ch
  fermé 8 janv. au 18 fév. – SC : **R** *(fermé mardi hors sais.)* 68/200 – ⟷ 16 – **11 ch**
  130/200.

1181

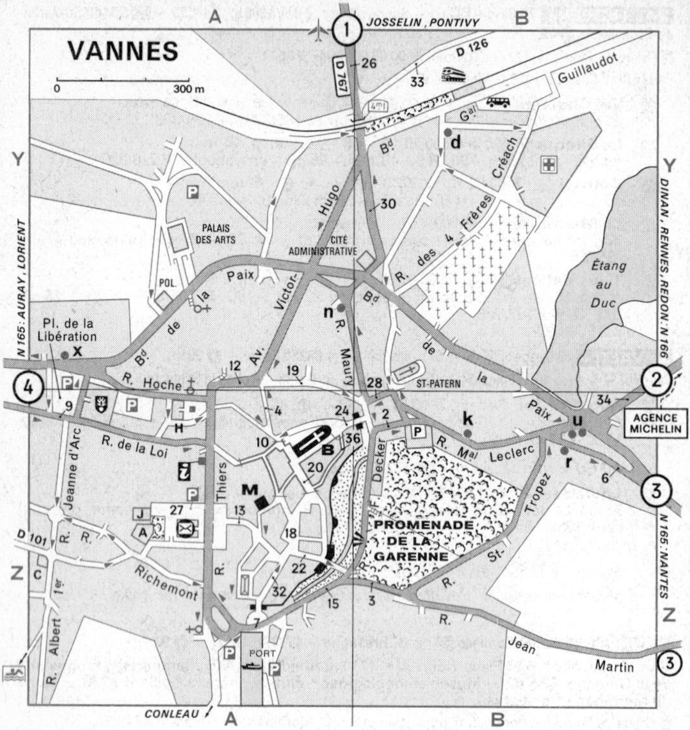

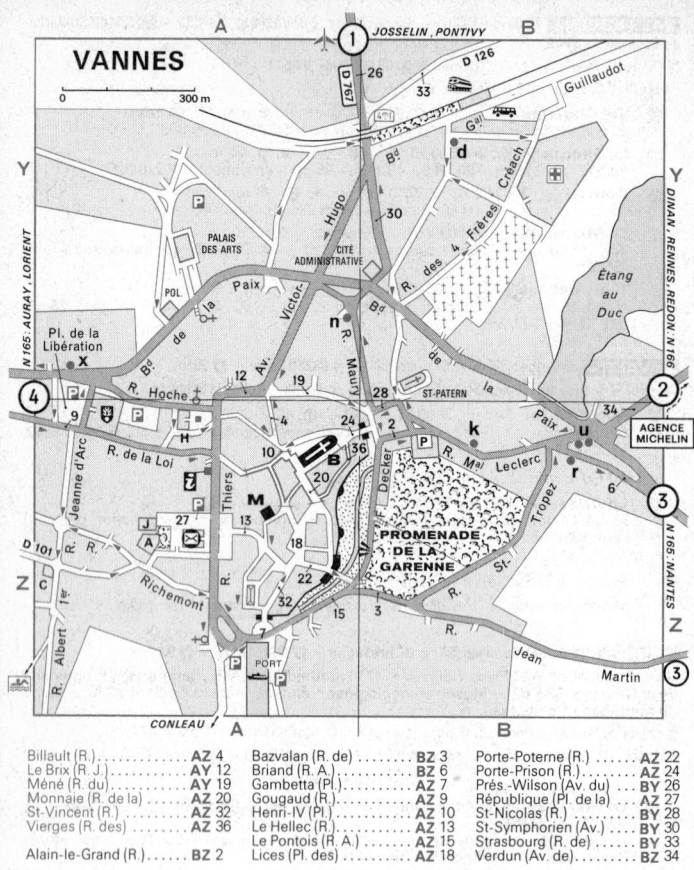

Billault (R.) . . . . **AZ** 4
Le Brix (R. J.) . . . . **AY** 12
Méné (R. du) . . . . **AY** 19
Monnaie (R. de la) . . . . . . **AZ** 20
St-Vincent (R.) . . . . **AZ** 32
Vierges (R. des) . . . . **AZ** 36

Alain-le-Grand (R.) . . . . . . **BZ** 2
Bazvalan (R. de) . . . . **BZ** 3
Briand (R. A.) . . . . **BZ** 6
Gambetta (Pl.) . . . . **AZ** 7
Gougaud (R.) . . . . **AZ** 9
Henri-IV (Pl.) . . . . **AZ** 10
Le Hellec (R.) . . . . **AZ** 13
Le Pontois (R. A.) . . . . **AZ** 15
Lices (Pl. des) . . . . **AZ** 18
Porte-Poterne (R.) . . . . **AZ** 22
Porte-Prison (R.) . . . . **AZ** 24
Prés.-Wilson (Av. du) . . . . **BY** 26
République (Pl. de la) . . . . **AZ** 27
St-Nicolas (R.) . . . . **BY** 28
St-Symphorien (Av.) . . . . . **BY** 30
Strasbourg (R. de) . . . . **BY** 33
Verdun (Av. de) . . . . **BZ** 34

à Arradon **par ④ : 7 km ou D 101** AZ – 3 935 h. – ✉ **56610** Arradon – **Voir** ≤★.

Les Vénètes ⛵, **à la pointe : 2 km** ℡ **44.03.11,** ≤ **golfe et les îles** – TV wc wc ☎. ✂
31 mars-30 sept. – SC : **R** *(fermé dim. soir et lundi sauf juil. et août)* 80/170 – ☕ 20 – **12 ch** 190/242 – P 323/444.

Le Guippe M ⛵, **au bourg** ℡ **44.03.15,** – wc wc ☎ Ⓟ – 35
fermé 1er au 21 oct. – SC : **R** *(fermé lundi)* 49/92 – ☕ 17 – **43 ch** 120/140 – P 180/200.

à Theix **par ③ : 9,5 km** – 3 523 h. – ✉ **56450** Theix :

Poste sans rest, **centre bourg** ℡ **43.01.18** – wc ☎. ✂
SC : ☕ 14 – **18 ch** 77/160.

à Noyalo **par ③ et D 780 : 10,5 km** – ✉ **56450** Theix :

Aub. de Noyalo ⛵, ℡ **43.01.22** – Ⓟ. E. ✂ rest
fermé nov. et lundi hors sais. – SC : **R** 55/130 – ☕ 12 – **14 ch** 80/100 – P 120/150.

MICHELIN, Agence, r. du Général-Weygand par ② ℡ **47.26.41**

ALFA-ROMEO, FIAT Le Poulichet, 13 r. A.-Briand ℡ 47.45.46
BMW Auto-Diffusion, Parc Lann, ℡ 40.74.75 N ℡ 63.31.96
CITROEN S.A.V.V.A., rte de Nantes, St-Laurent-Séné par ③ ℡ 54.22.74
CITROEN Gar. Borgat, rte de Pontivy par ① ℡ 47.43.77
FORD Autorep, 41 r. du Vincin ℡ 63.10.35
OPEL Gar. Mahéo, rte d'Auray Kerthomas ℡ 47.11.56 N ℡ 63.23.45
PEUGEOT-TALBOT Gar. Lainé, 9 av. Marne par ④ ℡ 63.27.27 N ℡ 63.13.76
RENAULT S V D A 95 av. Éd-Herriot par ③ ℡ 54.20.70
TOYOTA, MERCEDES-BENZ Desbois, 34 r. Capit.-Jude ℡ 54.09.44
V.A.G. auto-Golfe, 8 Bd de Montsabert ℡ 63.49.14

Foucaud, 1 pl. J.-Le-Brix ℡ 47.12.91
Jahier, 2 r. du 65-R.I. ℡ 47.18.50

Les VANS 07140 Ardèche 🔟 ⑧ **G. Vallée du Rhône** – 2 098 h. alt. 175 – ❄ 75.

🛈 Syndicat d'Initiative pl. Ollier (15 juin-15 sept. fermé dim. et lundi) ℡ 37.24.48.

Paris 669 – Alès 43 – Aubenas 37 – Pont-St-Esprit 65 – Privas 66 – Villefort 24.

🏛 **Château le Scipionnet**, NE : 3 km par D 104 A ℡ 37.23.84, ≤, « 🌳 dans un parc », ⚚, ✗ – ⌷wc ᧢wc ☎ 🅿 – 🦽 25. **E**. ✸ rest
15 mars-1er oct. – SC : **R** 150/175 – **23 ch** ⊑ 235/360, 3 appartements 440 – P 310/360.

🕎 **Cévennes**, ℡ 37.23.09, 🛋 – 🅿. ✸ rest
fermé 1er au 7 oct., 15 janv. au 15 fév. et lundi – SC : **R** (dim. prévenir) 52/90 – ⊑ 13 – **15 ch** 60 – P 160.

CITROEN Brueyre et Volle, ℡ 37.22.39 🔃 ℡   PEUGEOT, TALBOT Boissin, ℡ 37.21.41
37.35.76

VARCES 38 Isère 🔟 ④ – rattaché à Grenoble.

VARENGEVILLE-SUR-MER 76119 S.-Mar. 🔢 ④ **G. Normandie** – 1 048 h. alt. 83 – ❄ 35.

Voir Site★ de l'église – Parc des Moustiers★ – Manoir d'Ango★ S : 1 km – Ste-Marguerite : arcades★ de l'église O : 4,5 km – Phare d'Ailly ☀✶ NO : 4 km.

Paris 201 – Dieppe 8 – Fécamp 63 – Fontaine-le-Dun 17 – ◆Rouen 63 – St-Valéry-en-Caux 25.

🏠 **La Terrasse** 🌿, à Vasterival NO : 3 km par D 75 et VO 13 ℡ 85.12.54, ≤, 🛋, ✗ – ⌷wc ᧢wc ☎ 🅿. **E**. ✸ rest
15 mars-1er nov. – SC : **R** 52/100 – ⊑ 16,50 – **28 ch** 58/155 – P 144/185.

🏠 **Sapins** 🌿, à Ste-Marguerite-sur-Mer O : 3 km par D 75 ℡ 85.11.45, ≤, « parc fleuri » – ᧢ 🅿. ✸ rest
fermé déc. et janv. – SC : **R** 52/60 – ⊑ 15,50 – **25 ch** 68/81 – P 127/132.

La VARENNE-ST-HILAIRE 94 Val-de-Marne 🔟 ①, 🔢 ㉘ – voir à Paris, Environs.

VARENNES-EN-ARGONNE 55270 Meuse 🔟 ⑩⑳ **G. Vosges** – 700 h. alt. 155 – ❄ 29.

🛈 Syndicat d'Initiative à la Mairie (matin seul. et fermé dim.) ℡ 80.71.01.

Paris 250 – Bar-le-Duc 64 – Dun-sur-Meuse 25 – Ste-Menehould 30 – Verdun 37 – Vouziers 39.

🕎 **Gd Monarque**, ℡ 80.71.09 – ᧢. ✸
🛋 fermé oct. et lundi – SC : **R** (dîner seul.) 36/60 🖐 – ⊑ 12 – **9 ch** 60/80.

RENAULT Gar. Flamand, ℡ 80.71.35 🔃

VARENNES-JARCY 91 Essonne 🔟 ①, 🔢 ㉒㉓, 🔢 ㉘ – 1 243 h. alt. 55 – ✉ **91480** Quincy-sous-Sénart – ❄ 6.

Paris 28 – Brunoy 8,5 – Évry 13 – Melun 20.

XX **Moulin de Jarcy** 🌿 avec ch, au NO ℡ 900.89.20, ≤, « Fraîche terrasse au bord de l'eau » – 🅿. ✸ rest
fermé 1er au 23 août, 26 déc. au 17 janv., mardi soir (sauf rest.), merc. et jeudi – **R** (dim. prévenir) 88/100 – ⊑ 20 – **5 ch** 120/140.

XX **Host. de Varennes,** 12 r. Mandres ℡ 900.97.03 – 🅿. ⓪ 𝑽𝑰𝑺𝑨
fermé août, mardi soir et merc. – **R** 70 carte le reste.

VARENNES-SUR-ALLIER 03150 Allier 🔟 ⑭ – 4 917 h. alt. 248 – ❄ 70.

Paris 324 – Digoin 58 – Lapalisse 20 – Moulins 31 – St-Pourçain-sur-Sioule 11 – Vichy 27.

🏨 **Aub. de l'Orisse**, SE : 2 km sur N 7 ✉ 03150 Varennes-sur-Allier ℡ 45.05.60, ≤, ᧢, 🛋, ✗ – 🅿 – 🦽 50. ᴀᴇ
fermé 1er janv. au 6 fév., dim. soir et lundi midi du 15 sept. au 15 juin sauf fêtes – SC : **R** 59/150 – ⊑ 17 – **23 ch** 99/185 – P 245/280.

XX **Dauphin,** r. Hôtel de Ville ℡ 45.01.03 – ᠍. ᴀᴇ ⓪
fermé 15 nov. au 1er déc., vacances de fév. et merc. de fin sept. à début juil. – SC : **R** 52/180 🖐.

XX **Central,** pl. de la Mairie ℡ 45.05.07 – ᴀᴇ **E** 𝑽𝑰𝑺𝑨
fermé 1er au 15 juil., 1er au 15 nov.,dim. soir et lundi – SC : **R** 67/150 🖐.

à St-Loup N : 5,5 km sur N 7 – ✉ 03150 Varennes-sur-Allier :

🏠 **Route Bleue,** ℡ 45.07.73 – ⌷wc ᧢wc ☎ ⇔ 🅿 – 🦽 60. ᴀᴇ ⓪ **E** 𝑽𝑰𝑺𝑨. ✸ rest
🛋 SC : **R** 50/140 – ⊑ 16 – **22 ch** 85/210 – P 200/240.

XX **La Locaterie,** N : 1 km par N 7 ℡ 45.13.90, « auberge rustique » – 🅿
fermé déc., vacances de fév. et merc. soir et merc. – SC : **R** 90/200.

CITROEN Muet, ℡ 45.00.19 🔃   RENAULT Sabot, ℡ 45.05.23
PEUGEOT-TALBOT Central Gar., ℡ 45.05.02   VAG Mantin, ℡ 45.06.08
🔃

VARETZ 19 Corrèze 🔟 ⑧ – rattaché à Brive-la-Gaillarde.

VARREDDES 77 S.-et-M. 🔟 ⑬, 🔢 ㉒ – rattaché à Meaux.

VARS 05560 H.-Alpes **77** ⑱ **G. Alpes** – 897 h. alt. 1 639 – ✿ 92.

De Ste-Marie-de-Vars : Paris 727 – Barcelonnette 37 – Briançon 47 – Digne 124 – Gap 72.

   à Ste-Marie-de-Vars – alt. 1 658 – ⊠ 05560 Vars :

🏛 **Le Vallon** ⑤, ⏥ 45.54.72, ≤ – 🛁wc ᴍwc ☎ 🅿. 🝗 **E**. 🛇
 ↤ *juil.-août et 20 déc.-20 avril* – SC : **R** 45/70 – ⚌ 17 – **34 ch** 165/200 – P 195/215.

🏛 **de la Mayt,** ⏥ 45.50.07, ≤ – 🛁wc ᴍwc ☎ 🅿. **E** 𝗩𝗜𝗦𝗔. 🛇 rest
 1er juil.-31 août et 22 déc.-10 avril – SC : **R** 58/85 – ⚌ 19 – **21 ch** 125/185 – P 190/240.

   aux Claux – alt. 1 900 – Sports d'hiver : 1 650/2 850 m ∮27 – ⊠ 05560 Vars.
 🅱 Office de Tourisme cours Fontanarosa (15 juin-15 sept. et 10 déc.-1er mai) ⏥ 45.51.31, Télex 420671.

🏛 **Caribou** Ⓜ ⑤, ⏥ 45.50.43, ≤ – 🛗 📺 🚗 🅿
 21 déc.-15 avril – SC : **R** 145/190 – **35 ch** (pens. seul.) – P 350/420.

🏛 **Les Escondus,** ⏥ 45.50.35, ≤, 🝐 – 🛁wc ᴍwc ☎ 🅿. 🛇 rest
 1er juil.-31 août et 15 déc.-30 avril – SC : **R** 59/107 – ⚌ 24 – **22 ch** 184/196 – P 190/261.

🏛 **L'Écureuil** ⑤ sans rest, ⏥ 45.50.72, ≤ – 📺 🛁wc ᴍwc ☎ 🅿. **E** 𝗩𝗜𝗦𝗔
 1er juil.-31 août et 18 déc.-20 avril – SC : ⚌ 22 – **12 ch** 160/260.

   à St-Marcellin-de-Vars – ⊠ 05560 Vars :

🏛 **Le Paneyron** sans rest, ⏥ 45.50.04 – 🛁wc ᴍ 🚗
 15 juin-15 sept. – SC : ☙ 17 – **11 ch** 72/120.

VARZY 58210 Nièvre **65** ⑭ **G. Bourgogne** – 1 595 h. alt. 229 – ✿ 86.

Paris 227 – La Charité-sur-Loire 36 – Clamecy 16 – Cosne-sur-Loire 42 – Nevers 53.

🏛 **H. Poste** sans rest, fg de Marcy ⏥ 29.41.89 – 🛁wc ☎ 🅿
 fermé 19 nov. au 17 déc., 1er au 15 fév. et dim. soir du 1er oct. au 1er mai sauf fêtes – SC : ⚌ 16 – **10 ch** 75/150.

XX **Aub. de la Poste,** ⏥ 29.41.72 – 🅿. 🝗 𝗩𝗜𝗦𝗔
 fermé fév., dim. soir et lundi hors sais. – SC : **R** 60/160.

CITROEN Gar. Noel ⏥ 29.43.41   RENAULT Gar. Moreau, ⏥ 29.42.10

VASSIVIÈRE (Lac de) 87 H.-Vienne **72** ⑲ – rattaché à Peyrat-le-Château.

VASTÉRIVAL 76 Seine-Mar. **52** ④ – rattaché à Varengeville.

VATAN 36150 Indre **68** ⑧ ⑨ **G. Périgord** – 2 052 h. alt. 132 – ✿ 54.

Paris 237 – Blois 78 – Bourges 50 – Châteauroux 31 – Issoudun 21 – Vierzon 27.

XX **France** avec ch, ⏥ 49.74.11, 🝐 – ᴍ ☎ 🚗 🅿
 fermé 11 au 18 sept., 8 janv. au 8 fév., mardi soir et merc. – **R** 70/150 – ⚌ 18 – **12 ch** 70/160.

CITROEN Thibault, ⏥ 49.75.27   🕮 Leseche, ⏥ 49.74.02
FORD Gar. Moreau, ⏥ 49.70.48

VAUCHOUX 70 H.-Saône **66** ⑤ – rattaché à Port-sur-Saône.

VAUCIENNES-LA-CHAUSSÉE 51 Marne **56** ⑯ – rattaché à Épernay.

VAUCOULEURS 55140 Meuse **62** ③ **G. Vosges** – 2 511 h. alt. 254 – ✿ 29.

Paris 278 – Bar-le-Duc 49 – Commercy 20 – ✛Nancy 46 – Neufchateau 31.

XX **Relais de la Poste** avec ch, ⏥ 98.40.01 – 🛁 ᴍwc ☎. 🛇
 ↤ *fermé janv., dim. soir et lundi* – SC : **R** 50/105 🍴 – ⚌ 15 – **11 ch** 77/115 – P 140/170.

VAUCRESSON 92 Hauts-de-Seine **60** ⑩, **101** ㉓ – voir à Paris, Environs.

VAUDEURS 89 Yonne **61** ⑮ – 438 h. alt. 160 – ⊠ 89320 Cerisiers – ✿ 86.

Paris 144 – Auxerre 42 – Sens 24 – Troyes 55.

🏛 **La Vaudeurinoise** ⑤, ⏥ 88.13.30 – 🛁wc ☎ 🅿. 𝗩𝗜𝗦𝗔
 fermé fév., mardi soir et merc. de sept. à mai – SC : **R** 70/150 – ⚌ 19 – **10 ch** 150/180 – P 200.

Une voiture bien équipée, possède à son bord
des cartes Michelin à jour.

VAUDRAMPONT (Carrefour de) 60 Oise 56 ②. 196 ⑩ – alt. 81 – ⊠ 60127 Morienval – ✪ 4.

Voir Église★ de Morienval SE : 5 km – Les Grands Monts★ SO : 4 km puis 30 mn, G. Environs de Paris.

Paris 80 – Beauvais 67 – Compiègne 10 – Crépy-en-Valois 14 – Senlis 33 – Villers-Cotterêts 23.

   XX   **Bon Accueil** avec ch, sur D 332 ☎ 442.84.04, ≤, ⇗, – ⊟ ⋔ **P**. VISA
       fermé 15 janv. au 1ᵉʳ mars, lundi soir et mardi – SC : **R** 120/210 – ⊊ 23 – **7 ch** 160/210.

VAUGNERAY 69670 Rhône 73 ⑲ – 3 318 h. alt. 430 – ✪ 7.

Paris 472 – L'Arbresle 18 – ♦Lyon 17 – Montbrison 59 – Roanne 88 – Thiers 118.

   🏠 **Besson-Midey,** près carrefour Maison-Blanche ☎ 845.80.37, ⇗, ✗ – ⊟ ⋔
  ↔ ⊛ **P** – 🏿 30
       fermé lundi – SC : **R** 45/135 – ⊊ 15 – **20 ch** 75/125 – P 175/200.

   XX   **Au Petit Malval,** au Col de Malval alt. 732 O : 7 km par D 50 ☎ 845.82.66, ≤, ⇞,
       « jardin » – **P**. ✗
       fermé août, lundi et mardi – SC : **R** 87/220.

VAUJANY 38 Isère 77 ⑥ G. Alpes – 419 h. alt. 1 253 – ⊠ 38114 Allemond – ✪ 76.

Voir Site★ – Cascade de la Fare★ E : 1 km – Collet de Vaujany ≤★★ NO : 5 km.

Paris 618 – Allemond 8 – Le Bourg-d'Oisans 18 – ♦Grenoble 53 – Vizille 36.

   🏠 **du Rissiou** ⑤, ☎ 80.71.00, ≤ – ⋔wc **P. E.** ✗ rest
  ↔ *1ᵉʳ mai-15 sept., 15 déc.-15 avril* – SC : **R** 45/80 🍷 – ⊊ 15 – **15 ch** 70/100 – P 110/150.

VAUVENARGUES 13126 B.-du-R. 84 ③④ G. Provence – 640 h. alt. 432 – ✪ 42.

Paris 767 – Aix-en-Provence 14 – Brignoles 51 – Manosque 49 – ♦Marseille 45 – Rians 20.

   🏠 **Au Moulin de Provence** ⑤, ☎ 24.93.11, ≤ – ⊟wc ⋔wc **P**. ✗ rest
       15 mars-31 oct. et lundi – SC : **R** 65/145 – ⊊ 20 – **12 ch** 110/180 – P 200/240.

VAUX 89 Yonne 65 ⑤ – rattaché à Auxerre.

VAUX (Monts de) 39 Jura 70 ④ – rattaché à Poligny.

VAUX-LE-PÉNIL 77 S.-et-M. 61 ②. 196 ⑤ – rattaché à Melun.

VAUX-LE-VICOMTE (Château de) 77 S.-et-M. 61 ②. 196 ③③④ G. Environs de Paris – ⊠ 77950 Maincy.

Voir Château★★ et jardins★★★.

Env. Église★ de Champeaux NE : 7 km.

Paris 61 – Melun 6.

VAUX-SUR-MER 17 Char.-Mar. 71 ⑮ – rattaché à Royan.

La VAVRETTE 01 Ain 74 ③ – rattaché à Bourg-en-Bresse.

VEAUCHE 42340 Loire 73 ⑱ G. Vallée du Rhône – 5 707 h. alt. 387 – ✪ 77.

Voir Bras reliquaire★ dans l'église.

Paris 452 – ♦Lyon 76 – Montbrison 23 – Roanne 61 – ♦St-Étienne 16.

   XX   **Relais de l'Etrier,** N 82 ☎ 54.60.11 – **P**. VISA
       fermé 7 au 31 août, 15 au 28 fév., dim. soir et lundi – SC : **R** 70/180 🍷.

VEILLAC 19 Corrèze 76 ② – rattaché à Bort-les-Orgues.

VELARS-SUR-OUCHE 21 Côte-d'Or 66 ⑪ – 1 313 h. alt. 284 – ⊠ 21370 Plombières-lès-Dijon – ✪ 80.

Paris 302 – Autun 74 – Avallon 94 – Beaune 44 – ♦Dijon 12 – Montbard 70 – Saulieu 62.

  XXX ✿ **Aub. Gourmande** (Barbier), ☎ 33.62.51, ⇞ – **P**
       fermé 15 au 30 nov., dim. soir et lundi – SC : **R** 72/120
       Spéc. Turbot grillé, Coq au vin, Nougat glacé. **Vins** Rosé de Marsannay.

VELIZY-VILLACOUBLAY 78 Yvelines 60 ⑩. 101 ㉓ – voir à Paris, Environs.

VELLUIRE 85 Vendée 71 ⑪ – rattaché à Fontenay-le-Comte.

VENCE 06140 Alpes-Mar. **84** ⑨, **195** ㉕ G. Côte d'Azur – 13 428 h. alt. 325 – ✪ 93.

Voir Chapelle du Rosaire★ (chapelle Matisse) A – Place du Peyra★ B 13 – Stalles★ de la cathédrale B **E.**

Env. Col de Vence ⁂★★ NO : 10 km par D 2 A.

🛈 Office de Tourisme pl. Gd-Jardin (fermé dim. et lundi après-midi) ☎ 58.06.38.

Paris 930 ① – Antibes 19 ① – Cannes 30 ① – Grasse 25 ② – ◆Nice 22 ①.

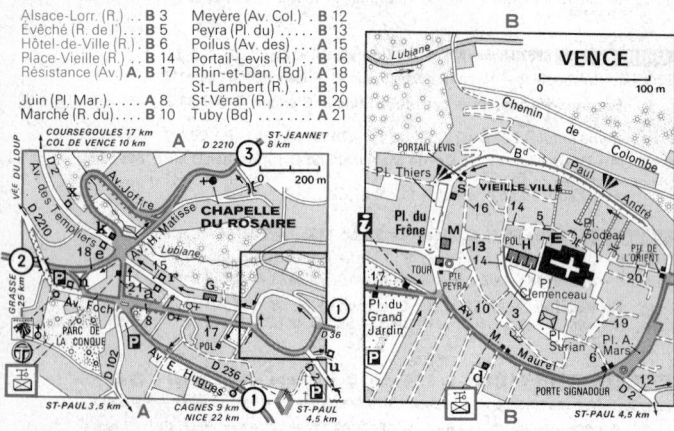

🏰 ⚜ **Château du Domaine St-Martin** Ⓜ ⬥, N : 2,5 km rte Coursegoules par D 2 - A - ☎ 58.02.02, Télex 470282, ≤ Vence et littoral, parc, ⌐, ⁒ – 📺 ☎ ♣, ◠ 🅿 – ▲ 30. AE ① E VISA
début mars-20 nov. – **R** (fermé merc. hors sais.) 260/290 – ⌑ 50 – **15 ch** 950/1 250, 10 villas et bastides
Spéc. Ragoût de pâtes fraîches aux truffes, Carré d'agneau provençal, Soufflé glacé aux noisettes. Vins Cassis, Côtes de provence.

🏨 **Floréal** Ⓜ sans rest, 440 av. Rhin et Danube par ② ☎ 58.64.40, Télex 461613, ⌐ – 🎧 ☎ 🅿 – ▲ 30. VISA
1er mars-15 oct. – SC : ⌑ 25 – **41 ch** 300/320.

🏨 **·Diana** Ⓜ sans rest, av. Poilus ☎ 58.28.56 – 🎧 cuisinette ◠. AE ① E. ⁒
SC : ⌑ 20 – **25 ch** 190/210.   A **a**

🏨 **Miramar** ⬥ sans rest, plateau St-Michel ☎ 58.01.32, ≤, ⌂, ◂ – ➘wc 🗍wc ☎ 🅿.
AE VISA. ⁒   A **u**
1er fév.-31 oct. – SC : ⌑ 16 – **17 ch** 174/268.

🏠 **Parc H.** sans rest, 50 av. Foch ☎ 58.27.27, ◂ – ➘wc 🗍 ◠. VISA. ⁒   A **n**
1er mars-15 oct. – SC : ⌑ 15 – **13 ch** 170/230.

🏠 **Les Muscadelles**, av. H.-Giraud ☎ 58.01.25, ◂ – ➘wc 🗍wc ◠   A **e**
fermé 15 oct. au 15 nov. – SC : **R** (fermé mardi hors sais.) (dîner seul.) 75/110 – ⌑
20 – **14 ch** 123/214.

🏠 **Val d'Azur** sans rest, 10 av. Poilus ☎ 58.07.02, ◂ – 🗍wc ◠ 🅿. ⁒   A **r**
fermé nov. – SC : **16 ch** ⌑ 90/170.

🏡 **La Roseraie**, rte de Coursegoules ☎ 58.02.20, ◂ – ➘wc 🗍 🅿. ⁒   A **x**
fermé oct. – SC : **R** (résidents seul.) – ⌑ 15 – **9 ch** 130/200 – P 180/200.

✕✕ **Aub. des Seigneurs** avec ch, pl. Frêne ☎ 58.04.24, Auberge provençale – 🗍wc
◠   B **s**
fermé 15 oct. au 1er déc., dim. soir et lundi sauf fériés – SC : **R** 70/130 – ⌑ 18 –
10 ch 160/190.

✕✕ **Aub. des Templiers**, 39 av. Joffre ☎ 58.06.05   A **k**
fermé 20 déc. au 20 janv., dim. soir et lundi – SC : **R** carte 120 à 170 ♣.

✕ **Closerie des Genets** avec ch, 4 imp. M. Maurel ☎ 58.33.25 – 🗍 ◠. AE ⓔ VISA
R (fermé 14 nov. au 20 déc., sam. soir, dim. soir hors sais. et lundi) 57/70 ♣ – ⚍ 13
– **10 ch** 80/200.   B **d**

MERCEDES-BENZ, PEUGEOT TALBOT Gar.   RENAULT Gar. de la Rocade, 840 av. E. Hu-
Simondi, 39 av. Foch ☎ 58.01.21 🆖   gues, la Rocade ☎ 58.00.29

VENDEUIL 02 Aisne **58** ⑭ – rattaché à la Fère.

Passez à table aux heures normales de repas.
Vous faciliterez le travail de la cuisine et du personnel de salle.

VENDÔME ⟨S⟩ 41100 L.-et-Ch. 64 ⑥ G. Châteaux de la Loire – 18 218 h. alt. 82 – ✪ 54.

Voir Anc. abbaye de la Trinité★ : église abbatiale★★ A – Musée★ dans les bâtiments conventuels A M – Château : terrasses ≼★ A.

🛈 Office de Tourisme (fermé lundi sauf après-midi en saison, dim. et fêtes) r. Poterie ☏ 77.05.07.

Paris 172 ① – Blois 32 ③ – Lisieux 185 ① – ◆Le Mans 77 ⑥ – ◆Orléans 74 ① – ◆Tours 56 ④.

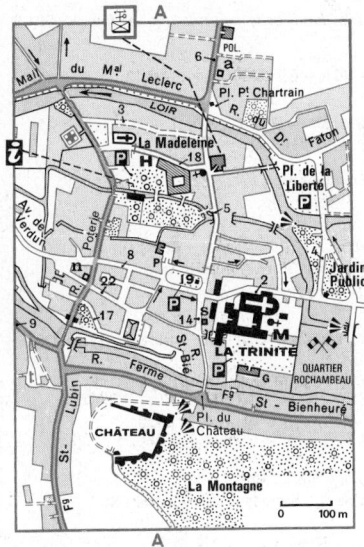

VENDÔME

Change (R. du) . . . **A** 5
Poterie (R.) . . . . **A**
Abbaye (R.) . . . . **A** 2
Béguines (R.) . . . **A** 3
Bourbon (R. A.) . . **A** 4
Chartrain (Fg) . . **AB** 6
Gaulle (R. de) . . . **A** 8
Grève (R.) . . . . **AB** 9
Kennedy (Bd) . . **B** 10
Quatre-Huyes
(R.) . . . . **B** 12
République (Pl.) **A** 14
Rochambeau
(R. du Mar. de)**B** 15
Ronsard (Av.) . . **B** 16
St-Georges (Q.) . **A** 17
St-Jacques (R.) . **A** 18
St-Martin (Pl.) . . **A** 19
Saulnerie (R.) . . **A** 22

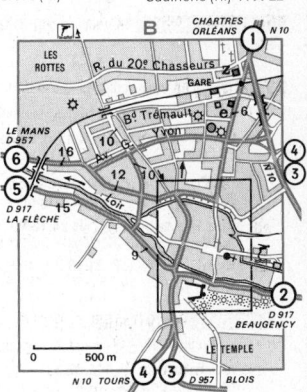

🏨 **Vendôme**, 15 fg Chartrain ☏ 77.02.88, Télex 750383 – 🛗 📺 ⇔wc 🛁wc ☎ ⟨S⟩.
🗲 VISA
A a
SC : **R** (fermé lundi midi et dim. du 15 oct. au 31 mars) 70/180 – ⌸ 19 – **35 ch**
178/269 – P 220/275.

🏨 **Gd. H. St-Georges**, 14 r. Poterie ☏ 77.25.42 – 🛗 📺 ⇔wc 🛁wc ☎ – 🏋
30 à 80. ΑΕ ⓞ 🗲 VISA. ⅏ rest
A n
SC : **R** (fermé 1er au 15 nov., dim. soir et sam. midi) 65/185 – ⌸ 18 – **34 ch** 110/250
– P 230/290.

🏛 **Moderne**, face gare ☏ 77.21.15 – ⇔wc 🛁wc ⟨S⟩. VISA. ⅏ rest
B e
fermé 5 au 26 août et 23 déc. au 2 janv. – SC : **R** (fermé dim. midi et sam.) 55 ⅄ – ⌸
17 – **16 ch** 70/150.

XX **Le Paris**, 1 r. Darreau ☏ 77.02.71 – VISA
B z
fermé dim. soir et lundi – SC : **R** 54/130.

XX **Le Daumier**, 17 pl. République ☏ 77.70.15 – ΑΕ VISA
A s
◆ fermé merc. soir et jeudi soir – SC : **R** 39/75 ⅄.

X **Chez Annette**, 194 bis fg Chartrain ☏ 77.23.03 – ΑΕ VISA
B e
fermé 27 juin au 13 juil., vacances de Noël et jeudi – SC : **R** 53/88 ⅄.

ALFA-ROMEO, MERCEDES Vendôme-Moto-
culture, 45 rte de Paris, St-Ouen ☏ 77.09.43
CITROEN Gar. Granger, N 10, St-Ouen par ①
☏ 77.13.06
FIAT, VOLVO Gauthier, 6 bis r. Abbaye ☏ 77.
35.04
FORD Coutrey, rte de Paris, St-Ouen par ①
☏ 77.14.40

PEUGEOT TALBOT Automobile-Vendômoise,
33 rte de Paris, St-Ouen par ① ☏ 77.13.50
RENAULT Bruère, N 10 Les Grouets à St Ouen
par ①, ☏ 77.15.94
Gar. Mauny, 113 fg St-Lubin ☏ 77.03.16

⊚ Moreau, 192 fg Chartrain ☏ 77.58.04
Perry-Pneus, 28 fg Chartrain ☏ 77.77.35

VENDRANGES 42 Loire 73 ⑧ – 205 h. alt. 480 – ⊠ 42590 Neulise – ✪ 77.
Paris 406 – ◆Lyon 82 – Montbrison 50 – Roanne 14 – ◆St-Étienne 63.

🏠 **La Châtaigne** ⌂, ☏ 64.91.91 – ⇔wc 🛁 ☎. ⅏
fermé 1er au 20 oct., 25 déc. au 5 janv. et jeudi – SC : **R** 58/100 – ⌸ 15 – **10 ch**
56/120.

VENÈRE 70 H.-Saône 66 ⑭ – rattaché à Gray.

VENEUX-LES-SABLONS 77 S.-et-M. 61 ⑫, 196 ㊻ – rattaché à Moret-sur-Loing.

VENIZY 89 Yonne 🔲🔲 ⑮ — rattaché à St-Florentin.

VENTABREN 13122 B.-du-R. 🔲🔲 ② G. Provence — 2 717 h. alt. 218 — ✪ 42.
Voir ≼⋆ des ruines du Château.
Paris 753 — Aix-en-Provence 15 — ✦Marseille 32 — Salon-de-Provence 25.

  XX **La Petite Auberge,** ☏ 28.80.01, ≼, 🏝
      fermé 1ᵉʳ au 15 sept., 15 au 31 janv., lundi et le soir des dim. et fêtes — SC : **R**
      100/130.

VENTAVON 05 H.-Alpes 🔲🔲 ⑮ G. Alpes — 362 h. — ✉ 05300 Laragne — ✪ 92.
Paris 697 — Gap 29 — Serres 28 — Sisteron 23.

  ⛲ **Les Marronniers** ⤸, ☏ 66.40.33, ≼, 🏝 — 🖤. 🍽
      1ᵉʳ janv.-30 sept. — SC : **R** 56/90 — ☲ 18 — **10 ch** 96 — P 145.

VENTOUX (Mont) 84 Vaucluse 🔲🔲 ③ G. Provence — alt. 1 912.
Voir ☀⋆⋆⋆.

VENTRON 88 Vosges 🔲🔲 ⑰ — 970 h. alt. 680 — ✉ 88310 Cornimont — ✪ 29.
Paris 444 — Épinal 57 — Gérardmer 26 — Remiremont 30 — Thann 30 — Le Thillot 13.

  X **Frère Joseph** avec ch, pl. Église ☏ 24.18.23
  ✦ SC : **R** 50/90 🍸 — ☲ 12 — **12 ch** 70 — P 130.

     à l'Ermitage du Frère Joseph S : 5 km par D 43 et D 43E — alt. 850 — Sports d'hiver :
     900/1 100 m ≰6 — ✉ 88310 Cornimont :

  🏨 **Les Buttes** Ⓜ ⤸, ☏ 24.18.09, ≼, 🍽 — 📳 📺 ☎ 🛴 ⟷ 🅿 — 🏋 30. 🍽 rest
      fermé 2 nov. au 20 déc. — SC : **R** 80/160 — ☲ 22 — **30 ch** 120/240 — P 250/280.

  🏠 **Ermitage** ⤸, ☏ 24.18.29, ≼, 🍽 — ⟷wc 🖤 ☎ 🅿 — 🏋 80 à 250
      fermé 15 oct. au 15 déc. — SC : **R** 55/75 🍸 — 🍵 18 — **25 ch** 110/250 — P 190/250.

VERBERIE 60410 Oise 🔲🔲 ②, 🔲🔲🔲 ⑩ — 2 298 h. alt. 33 — ✪ 4.
Paris 66 — Beauvais 61 — Clermont 35 — Compiègne 14 — Senlis 18 — Villers-Cotterêts 30.

  X **Normandie,** ☏ 440.92.33 — 🅿
      fermé en août, 24 au 31 déc. et merc. — **R** 56/96 🍸.

VERCHAIX 74 H.-Savoie 🔲🔲 ⑧ — 296 h. alt. 787 — ✉ 74440 Taninges — ✪ 50.
Paris 593 — Annecy 85 — Bonneville 33 — Chamonix 60 — ✦Genève 63 — Megève 46 — Morzine 27.

  🏠 **Chalet Fleuri** ☏ 90.10.11, ≼, 🌳 — 🍽 rest
  ✦ *1ᵉʳ juin-30 sept. et 20 déc.-25 avril* — SC : **R** 48/77 — ☲ 14 — **28 ch** 72/93 — P 130/145.

VERCHIZEUIL 71 S.-et-L. 🔲🔲 ⑲ — rattaché à Verzé.

VERDELAIS 33 Gironde 🔲🔲 ② G. Côte de l'Atlantique — 880 h. alt. 34 — ✉ 33490 Saint-Macaire
— ✪ 56.
Voir Calvaire ≼⋆ — Ste-Croix-du-Mont : ≼⋆, grottes⋆ O : 3 km.
Paris 647 — ✦Bordeaux 48 — Cadillac 10 — Langon 5,5 — Libourne 50 — Marmande 37 — La Réole 18.

  🏠 **St-Pierre,** ☏ 62.02.03, 🏝, 🌳 — 🖤
  ✦ *fermé 1ᵉʳ au 15 fév. et dim. soir du 15 sept. au 15 juil.* — SC : **R** 50/140 — ☲ 12 — **9 ch**
      50/80 — P 120/160.

VERDON (Grand Canyon du) ⋆⋆⋆ 04 Alpes-de-H.-Pr 🔲🔲 ⑰ G. Côte d'Azur.
Ressources hôtelières : voir à *Aiguines*.

Le VERDON-SUR-MER 33123 Gironde 🔲🔲 ⑮ G. Côte de l'Atlantique — 1 616 h. — ✪ 56.
Voir Pointe de Grave : dune ≼⋆ N : 4 km.
Bac de la Pointe de Grave : renseignements ☏ 09.60.84.
🄴 Syndicat d'Initiative r. François Lebreton (Pâques et juin-sept.) ☏ 09.61.78.
Paris (Bac) 511 — Arcachon 142 — ✦Bordeaux 98 — lesparre-Médoc 34 — Royan (bac) 4.

  XX **Côte d'Argent,** ☏ 09.60.45, 🏝 — 🅿. ᴀᴇ ⓞ 𝖵𝖨𝖲𝖠
      fermé oct., lundi soir et mardi du 1ᵉʳ nov. au 30 mai — SC : **R** 56/195.

VERDUN ⟨🆂🅿⟩ 55100 Meuse 🔲🔲 ⑪ G. Vosges — 24 120 h. alt. 199 — ✪ 29.
Voir Cathédrale⋆ : cloître⋆ ZE — Palais Episcopal⋆ ZR — Les champs de bataille par ②.
🄴 Office de Tourisme pl. Nation (fermé dim. hors saison) ☏ 84.18.85, Télex 860464 — A.C. 17 pl.
A.-Maginot ☏ 86.06.56.
Paris 261 ⑤ — Châlons-sur-M. 88 ⑤ — ✦Metz 78 ③ — ✦Nancy 120 ③ — ✦Reims 120 ⑤.

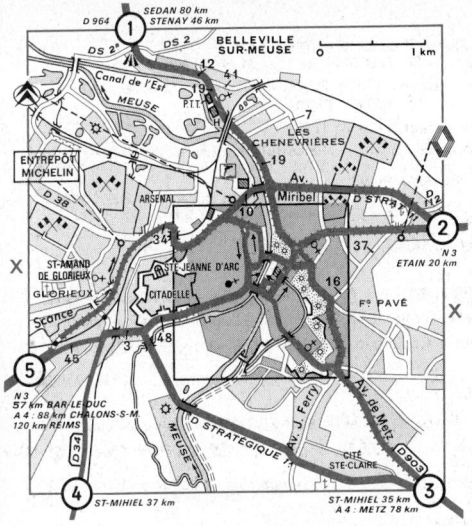

VERDUN

Foch (Pl. Mar.) . . . . Z 15
Mazel (R.) . . . . Y 29

Belle-Vierge (R.) . . . . Y 2
Boichut (Av. du Gén.) . . . X 3
Boulhaut (R. Frères) . . . . Y 5
Chaussée (R. et P.) . . . . . Y 6
Demenois (Av. G.) . . . . . X 7
Douaumont (Av. de) . . YZ 8
Driant (Av. du Col.) . . . XY 10
Driant (R. du Col.) . . . . . . X 12
Fort-de-Vaux (R. du) . . XZ 16
Gaulle (R. du Gén.-de) . . . . . . X 19
Jeanne-d'Arc (Pl.) . . . . . Y 22
Lattre-de-T. (R. de) . . . . . Y 24
Legay (Pont-F.) . . . . Z 25
Mautroté (R.) . . . . YZ 27
Montgaud (R.) . . . . YZ 33
Mort-Homme (R. du) . . . X 34
Pont Lilette (R. du) . . . . . Z 35
Prés.-Poincaré (R. du) . . Z 36
Raynal (Av. du Cdt) . . . . X 37
République (Quai) . . . . YZ 39
République (R. de la) . . . X 41
St-Paul (R.) . . . . Y 42
Vancassel (R.) . . . . X 45
Victoire (Av. de la) . . . . . Y 47
5e-R.A.P. (R. du) . . . . . . XZ 48
7e-Div.-Blindée-U.S.A. (R. de la) . . . . Y 50

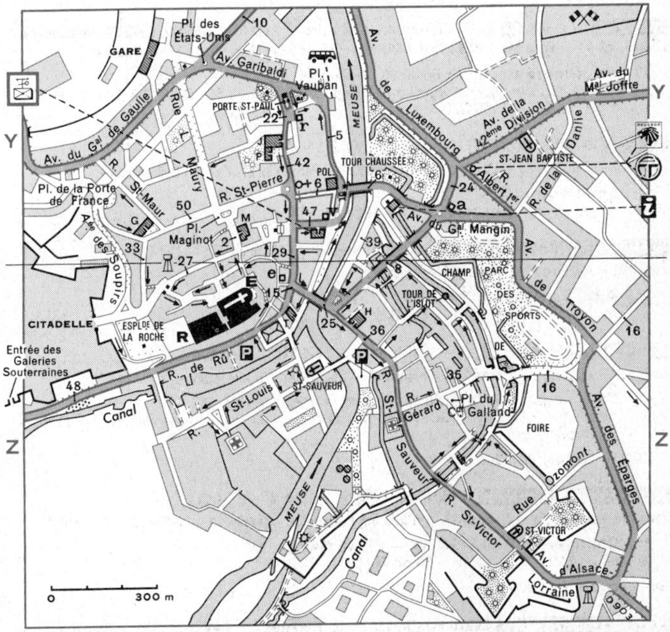

Bellevue, rond-point de-Lattre-de-Tassigny ☎ 84.39.41, Télex 860464 – 🛗 📺 🚗 Ⓟ – 🏛 100 à 500. AE ⓞ VISA Y a

1er avril-15 oct. – SC : **R** *(dîner seul.)* 70 bc/130 bc – **72 ch** ☐ 110/320 – P 250/320.

❀ **Host. Coq Hardi,** 8 av. Victoire ☎ 86.00.68, Télex 860464 – 🛗 📺 ♿ – 🏛 40. AE ⓞ Y v

fermé 23 déc. au 31 janv. – **R** *(fermé merc. sauf fériés)* 125/235 – **39 ch** ☐ 110/280, 3 appartements 450

Spéc. Bohémienne de rouget et bar, Canard au vinaigre de framboises, Mirabelles flambées au caramel. **Vins** Bouzy, Crémant.

tourner →

🏨 **St-Paul**, 12 r. Gén.-Sarrail ☏ 86.02.16 – 🛏 🛁wc ☎
fermé 15 déc. au 15 janv. – SC : **R** 60/95 – 🍽 16 – **31 ch** 70/135.　　　　　　Y　**r**

🏨 **Montaulbain** ॐ sans rest, 4 r. Vieille-Prison ☏ 86.00.47 – 🛁wc ☎. ॐ　　　　Z　**e**
fermé 20 déc. au 20 janv. – SC : 🖵 17 – **10 ch** 94/160.

MICHELIN, Entrepôt, 3 av. J.-Jaurès X ☏ 86.11.47

CITROEN Gd Gar. de la Meuse, av. Col.-Driant
☏ 86.44.05
FIAT Gar. du Rozelier, bd de l'Europe à Hau-
dainville par ③ ☏ 84.33.47 N
FORD Rochette-Auto, 22 r. V.-Schleiter ☏ 86.
50.49
PEUGEOT-TALBOT Verdun Auto Loisirs, 2 av.
de la 42ᵉ Division ☏ 84.32.63

RENAULT Friob, av. d'Etain ☏ 84.40.72
V.A.G. Gar. Voie Sacrée, N3 Regret ☏ 86.04.51

🏭 Frattini 21 av. Douaumont ☏ 86.04.36
Leclerc-Pneu, 13 av. Col.-Driant ☏ 86.29.55

VERDUN-SUR-LE-DOUBS 71350 S.-et-L. 🗺️ ② G. Bourgogne – 1 139 h. alt. 180 – ✦ 85.

Paris 335 – Beaune 22 – Chagny 24 – Chalon-sur-S. 22 – Dole 48 – Lons-le-Saunier 55 – Mâcon 80.

✕✕✕ **Host. Bourguignonne** avec ch, rte Ciel ☏ 91.51.45, ᚻ – 🛏wc 🛁wc ☎ ☻. 🆎
ⓞ 𝘝𝘐𝘚𝘈
fermé 23 au 30 sept., 17 déc. au 2 fév., mardi hors sais. et merc. – SC : **R** 100/250 –
🖵 22 – **14 ch** 160/240.

à Chaublanc NO : 10 km par D 184 et D 183 – ✉ 71350 Verdun-sur-le-Doubs :

🏨 **Moulin d'Hauterive** ॐ, ☏ 91.55.56, ≼ parc, ᚻ, ✕ – 🛏wc 🛁wc ☎ ☻. 🆎
ⓞ 𝗘 𝘝𝘐𝘚𝘈
fermé 1ᵉʳ déc. au 31 janv., dim. soir et lundi hors sais. – SC : **R** 80/160 – 🖵 22 –
12 ch 220 – P 330/360.

CITROEN Gar. Guenot, ☏ 91.51.70

VÉRETZ 37 I.-et-L. 🗺️ ⑮ G. Châteaux de la Loire – 2 379 h. alt. 45 – ✉ 37270 Montlouis-sur-
Loire – ✦ 47 – Paris 246 – Bléré 15 – Blois 52 – Chinon 52 – Montrichard 32 – ◆Tours 10.

✕✕ **St-Honoré** avec ch, ☏ 50.30.06 – 🛁wc ☎. 𝘝𝘐𝘚𝘈
fermé fév., dim. soir et lundi du 15 sept. au 1ᵉʳ juin – SC : **R** 53/155 ⅄ – 🖵 11,50 –
9 ch 80/165 – P 160/270.

VERGT 24380 Dordogne 🗺️ ⑤ ⑮ – 1 419 h. alt. 213 – ✦ 53.

Paris 500 – Bergerac 32 – Le Bugue 30 – Lalinde 31 – Périgueux 21 – Sarlat-la-Canéda 54.

✕✕ **Lou Cantou,** ☏ 54.91.89
◆ *fermé 15 au 28 fév. et lundi soir* – SC : **R** 40/140.

VERMENTON 89270 Yonne 🗺️ ⑤ G. Bourgogne – 1 166 h. alt. 125 – ✦ 86.

Paris 199 – Auxerre 24 – Avallon 28 – Vézelay 28.

✕ **Aub. Espérance,** ☏ 53.50.42 – ⓞ 𝘝𝘐𝘚𝘈
fermé dim. soir et lundi – SC : **R** 58/110 ⅄.

Le VERNET 31 H.-Gar. 🗺️ ⑱ – 1 715 h. alt. 167 – ✉ 31810 Venerque – ✦ 61.

Paris 731 – Auch 85 – Auterive 11 – Pamiers 42 – St-Gaudens 79 – ◆Toulouse 22.

🏨 **Clair Logis,** N 20 ☏ 08.50.44, ᚻ, ᚻ – 🛏wc ☎ ☻. 𝘝𝘐𝘚𝘈
◆ *fermé 15 au 31 janv.* – SC : **R** (fermé merc. sauf de juil. à sept.) 40/126 ⅄ – 🖵 16 –
16 ch 57/121.

CITROEN Gar. des Platanes ☏ 08.50.41

VERNET-LA-VARENNE 63580 P.-de-D. 🗺️ ⑮ – 734 h. alt. 817 – ✦ 73.

Paris 444 – Ambert 38 – Brioude 38 – ◆Clermont-Ferrand 58 – Issoire 22 – Le Puy 77 – Thiers 82.

🏨 **Commerce,** ☏ 71.31.73, ᚻ – 🛏wc 🛁wc ☻. 𝘝𝘐𝘚𝘈
◆ SC : **R** 35/190 ⅄ – 🖵 15 – **18 ch** 70/110 – P 120/150.

Gar. Bourgne, ☏ 71.30.97

VERNET-LES-BAINS 66820 Pyr.-Or. 🗺️ ⑰ G. Pyrénées – 1 442 h. alt. 650 – Stat. therm. –
✦ 68 – Voir Site★ – Église★ de Corneilla-de-Conflent 2,5 km par ①.

🇮 Office de Tourisme 1 square Mar.-Joffre (fermé dim. sauf matin en saison) ☏ 05.55.35.

Par ① : Paris 967 – Montlouis 36 – ◆Perpignan 55 – Prades 12.

Plan page ci-contre

🏨 **Résidence des Baüs et Mas Fleuri** 🅼 ॐ sans rest, bd Clemenceau (a) ☏
05.51.94, « Parc ombragé », ⏚, 🛏wc 🛁wc ☎ ⅙ ☻. 🆎 ⓞ 𝗘 𝘝𝘐𝘚𝘈. ॐ
Pâques-1ᵉʳ nov. – SC : 🖵 21 – **39 ch** 106/281.

🏨 **Princess** ॐ sans rest, r. Lavandières (k) ☏ 05.56.22 – 🛏wc 🛁 ☎ 🚗. 𝘝𝘐𝘚𝘈
1ᵉʳ avril-1ᵉʳ nov. – SC : 🖵 15 – **23 ch** 105/170.

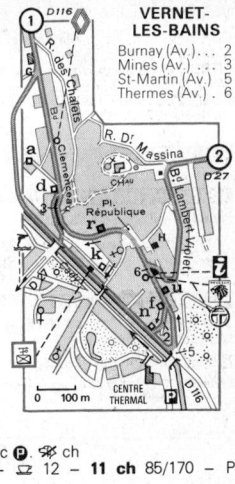

VERNET-LES-BAINS

Burnay (Av.) ... 2
Mines (Av.) ... 3
St-Martin (Av.) . 5
Thermes (Av.) . 6

🏠 **Angleterre,** av. Burnay (f) ☎ 05.50.58, ⌖ – 冊wc ☎, ⌖ ch
2 mai-26 oct. – SC : **R** 65 – ☲ 12 – **20 ch** 70/120 – P 134/161.

🏠 **Eden,** prom. Cady (n) ☎ 05.54.09 – 🛗 冊wc ☎ **℗**, **E** *VISA*
fermé janv. et fév. – SC : **R** 100 bc/52 – ☲ 17 – **11 ch** 110/130 – P 143/200.

XXX **Comte Guifred de Conflent** (collège d'application hôt.) Ⓜ avec ch, av. Thermes (u) ☎ 05.51.37, 斎, ⌖ – 🛗 冊wc ☎ **℗** *VISA*
fermé 5 nov. au 20 déc. – SC : **R** 70/110 – ☲ 20 – **6 ch** 180/200 – P 335/405.

XX **Rest. Thalassa H. des Deux Lions** avec ch, (r) ☎ 05.55.42, 斎 – 冊wc 冊 **℗**
12 ch.

à Casteil S : 2 km par D 116 – alt. 730 – ⌧ 66820 Vernet-les-Bains :

🏠 **Molière** 🔊, ☎ 05.50.97, ⌖ – 冊wc **℗**. *VISA*. ⌖
1er mai-30 sept. – SC : **R** (1/2 pens. seul.) – ☲ 12,50 – **12 ch** 90/110 – 1/2 p 120/130.

à Sahorre SO : 3,5 km par D 27 – ⌧ 66360 Olette :

🏠 **Châtaigneraie** 🔊, ☎ 05.51.04, ≤, 斎, ⌖ – 冊wc **℗**. ⌖ ch
Pâques et fin mai à fin sept. – SC : **R** 55/85 – ☲ 12 – **11 ch** 85/170 – P 260/308 (pour 2 pers.).

PEUGEOT-TALBOT Gar. Villacèque, ☎ 05.51.14

RENAULT Gar. Pous, ☎ 05.52.81

VERNEUIL-EN-HALATTE 60550 Oise 🔢 ① – 3 463 h. alt. 35 – ✪ 4.

Paris 62 – Beauvais 45 – Clermont 19 – Compiègne 34 – Creil 4,5 – Roye 62 – Senlis 13.

♨ **Aub. du Marronnier,** r. Professeur-Calmette ☎ 425.10.10 – *VISA*. ⌖ ch
fermé 15 janv. au 15 fév., dim. soir et lundi – SC : **R** 47/130 ⌖ – 🍷 15 – **6 ch** 58/78.

VERNEUIL-SUR-AVRE 27130 Eure 🔢 ⑥ G. Normandie – 6 926 h. alt. 175 – ✪ 32.

Voir Église de la Madeleine✶ E – Statues✶ de l'église N.-Dame D.

🅱 Syndicat d'Initiative pl. Madeleine (fermé sam. et dim.).

Paris 116 ③ – Alençon 75 ⑥ – Argentan 77 ⑦ – Chartres 56 ④ – Dreux 35 ③ – Évreux 43 ①.

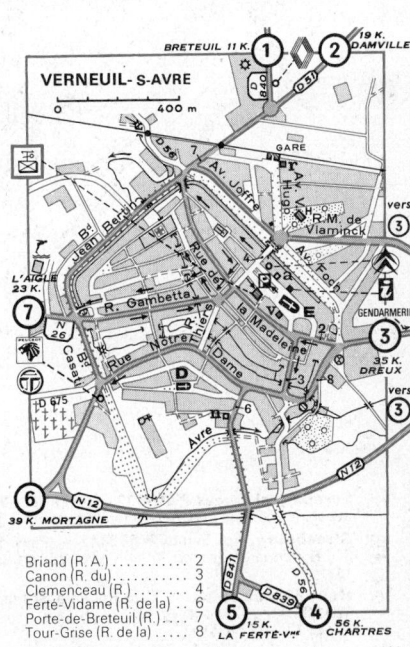

VERNEUIL- S-AVRE

🏠 **Host. du Clos** Ⓜ 🔊, 98 r. Ferté-Vidame (n) ☎ 32.21.81, Télex 172770, ≤, 斎, ⌖ – 📺 冊wc 冊 ☎ **℗**. **AE** **◯** *VISA*
fermé mi-déc. à mi-janv. et lundi sauf fériés – SC : **R** 120/200 – ☲ 28 – **9 ch** 230/320.

🏠 **Saumon,** 89 pl. Madeleine (a) ☎ 32.02.36 – 📺 冊wc 冊wc ☎. **AE**
SC : **R** (fermé merc. midi) 42/78 – ☲ 16 – **24 ch** 65/195.

XX **Gd Sultan,** 30 r. Poissonnerie (v) ☎ 32.13.41
fermé août, 25 déc. au 2 janv. et lundi – SC : **R** (déj. seul.) 40/64 ⌖.

X **Gare-Pavillon Bleu** avec ch, pl. Gare (r) ☎ 32.12.72, ⌖ – 冊
fermé lundi midi en hiver – SC : **R** 50/80 ⌖ – ☲ 16 – **11 ch** 77/120.

Briand (R. A.) 2
Canon (R. du) 3
Clemenceau (R.) 4
Ferté-Vidame (R. de la) .. 6
Porte-de-Breteuil (R.) 7
Tour-Grise (R. de la) 8

tourner →

VERNEUIL-SUR-AVRE

CITROEN Gar. de la Madeleine, 27 pl. de la Madeleine ☏ 32.16.18
CITROEN Heurtaux, rte de Paris par ③ ☏ 32.14.83
FORD, VOLKSWAGEN, **VOLVO** Gar. Moderne, rte de Paris ☏ 32.00.45

PEUGEOT-TALBOT Gar. Martin, Porte Mortagne ☏ 32.13.27 **N**
PEUGEOT-TALBOT Gar. Dore, rte de Paris par ③ ☏ 32.16.90
RENAULT Huillery, 228 av. R. Zaigue ☏ 32.17.54

Les VERNEYS 73 Savoie **77** ⑦ – rattaché à Valloire.

VERNIERFONTAINE 25 Doubs **66** ⑯ – 308 h. alt. 730 – ⊠ **25580** Nods – ✿ 81.
Paris 443 – Baume-les-Dames 37 – ◆Besançon 32 – Morteau 43 – Pontarlier 27.

🏠 **Chez Ninie** ⑤, ☏ 56.23.64 – ⇔wc ⋔wc ☎ ℗ **E**. ⑳
◆ *fermé 1er au 20 sept.* – SC : **R** 42/93 ⅄ – � 17 – **10 ch** 88/189 – P 138/191.

VERNON 27200 Eure **55** ⑰⑱, **196** ①② **G. Normandie** – 23 464 h. alt. 16 – ✿ 32.
Voir Église N.-Dame★ BY**E** – Côte St-Michel ≼★ BX – Giverny : propriété Claude Monet★ **E** : 5 km par D 5.
🖪 Syndicat d'Initiative passage Pasteur *(fermé dim. et lundi)* ☏ 51.39.60.
Paris 82 ② – Beauvais 66 ⑥ – Évreux 31 ③ – Mantes-la-Jolie 25 ② – ◆Rouen 63 ③.

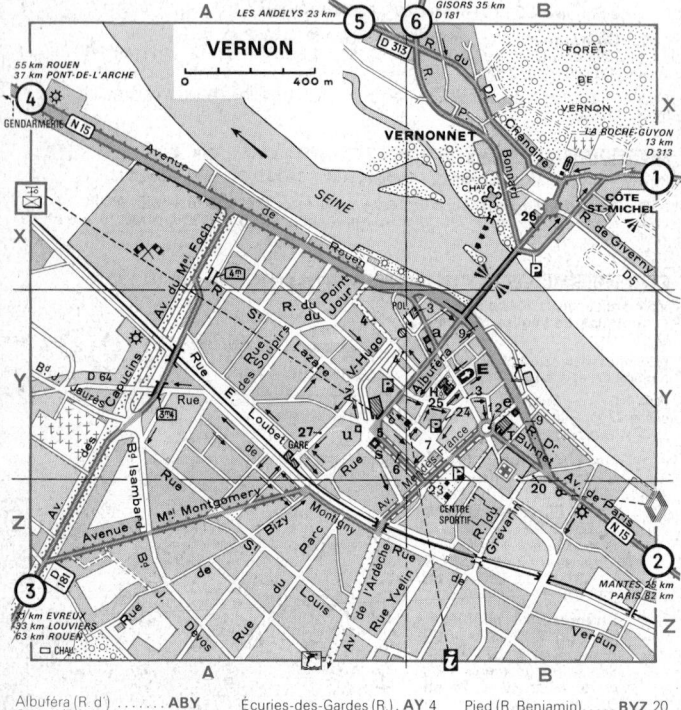

Albuféra (R. d') . . . . **ABY**	Écuries-des-Gardes (R.) . . . **AY** 4	Pied (R. Benjamin) . . . . . **BYZ** 20
Carnot (R.) . . . . **BY** 3	Évreux (Pl. d') . . . . **AY** 5	République (Pl. de la) . . . . **BZ** 23
Gaulle	Gambetta (Av.) . . . . **AY** 6	St-Jacques (R.) . . . . **BY** 24
(Pl. Charles-de) . . . . . **BY** 7	Leclerc (Av. du Mar.) . . . **BY** 9	Soret (R. Jules) . . . . **BX** 26
Ste-Geneviève (R.) . . . . . . **BY** 25	Paris (Pl. de) . . . . **BY** 12	Steiner (R. E.) . . . . **AY** 27

🏨 **Évreux**, 7 pl. Évreux ☏ 21.16.12 – 🖵 ℗ **AE** ⓪ **E** **VISA**   AY **s**
   SC : **R** *(fermé août et dim. sauf fêtes)* carte 105 à 170 – � 22 – **20 ch** 145/280.

🏨 **Strasbourg**, 6 pl. Évreux ☏ 51.23.12 – ⇔wc ⋔wc ☎ ℗ **E** **VISA**   AY **u**
◆ SC : **R** *(fermé 25 déc. au 10 janv., dim. soir et lundi)* 50/87 – � 18,50 – **22 ch** 65/142.

🏠 **Haut Marais** sans rest, 2 rte Rouen à St-Marcel par ④ ⊠ 27950 St-Marcel ☏ 51.41.30 – ⇔ ⋔wc ☎ ℗ ⑳
   SC : � 13 – **28 ch** 60/117.

XX **Les Fleurs,** 71 r. Carnot ℡ 51.16.80 – *VISA* BY **a**
fermé 10 sept. au 1ᵉʳ oct. – SC : **R** *(fermé dim. soir et lundi)* 95 bc/145 bc.

XX **Beau Rivage,** 13 av. Mar.-Leclerc ℡ 51.17.27 – AE E *VISA* BY **e**
fermé 1ᵉʳ au 15 oct., vacances de fév., dim. soir et lundi – SC : **R** 64/120 🍴.

à **Port-Villez** par ② : 4 km – ⊠ 78270 Bonnières-sur-Seine - 78 Yvelines – 🏙 3.

Voir N.-D. de la mer ≤★ S : 2 km – Signal des Coutumes ≤★ S : 3 km.

XXX **La Gueulardière,** ℡ 476.22.12, ☞ – *VISA*
fermé juil., dim. soir et lundi – SC : **R** carte 140 à 190.

CITROEN S.C.A.E., rte de Rouen à St-Just par V.A.G. Gar. de l'Avenue, 78 av. de Rouen ℡
④ ℡ 51.21.55 Ⓝ ℡ 51.40.24 51.26.63
FIAT COVERPNEU, 11 bd Isambard ℡ 51.08.95 VOLVO Gar. des Sports, 5 r. de l'Artisanat ℡
FORD Auto-Normandie, r. de l'Industrie, Zone 51.17.41
Ind. ℡ 51.59.39
PEUGEOT-TALBOT Gervilliers, 10 av. Paris par ⊚ Marsat-Vernon-Pneus, 121 r. Carnot ℡ 21.
② ℡ 51.50.14 26.52
RENAULT Ouest Autom., 141 av. de Paris ℡
21.16.34

VERNOU-SUR-BRENNE 37 I.-et-L. 64 ⑯ – 2 050 h. alt. 48 – ⊠ 37210 Vouvray – 🏙 47.
Paris 228 – Amboise 12 – ◆Tours 14 – Vendôme 49.

🏠 **Host. Perce Neige** ⑤, r. A.-France ℡ 52.10.04, parc, ☞ – ⇔wc ⋔wc ☏ 🅿 –
🏨 25 à 50. AE E *VISA*
fermé fév., dim. soir et lundi en hiver – SC : **R** 66/140 – ☞ 18 – **8 ch** 125/190 – P
215/266.

CITROEN Hurson, ℡ 52.10.61 RENAULT Huguet, ℡ 52.10.78

VERQUIÈRES 13 B.-du-R. 84 ① – rattaché à St-Rémy-de-Provence.

La VERRIE 85 Vendée 67 ⑤ – 3 306 h. alt. 125 – ⊠ 85130 La Gaubretière – 🏙 51.
Paris 365 – Bressuire 46 – Cholet 16 – ◆Nantes 59 – La Roche-sur-Yon 52.

XX **La Malle Poste,** ℡ 91.56.14 – *VISA*
→ *fermé 20 juil. au 18 août et lundi* – SC : **R** 38/97.

VERRIÈRES-LE-BUISSON 91 Essonne 60 ⑩, 101 ㉔ – voir à Paris, Environs.

VERSAILLES 78 Yvelines 60 ⑨⑩, 101 ㉒ – voir à Paris, Environs.

VERS-EN-MONTAGNE 39 Jura 70 ⑤ – 217 h. alt. 610 – ⊠ 39300 Champagnole – 🏙 84.
Paris 423 – Arbois 21 – Champagnole 9,5 – Lons-le-Saunier 44 – Pontarlier 44 – Salins-les-Bains 16.

🏠 **Le Clavelin,** ℡ 51.43.33, ☞ – ⋔wc ☏. *VISA*
→ SC : **R** 40/120 🍴 – ☞ 14 – **8 ch** 90/110 – P 140/160.

VER-SUR-MER 14 Calvados 54 ⑮ – rattaché à Courseulles-sur-Mer.

VERT-BOIS (Plage du) 17 Char.-Mar. 71 ⑭ – voir à l'Ile d'Oléron.

VERTES FEUILLES 02 Aisne 56 ③ ④ – rattaché à Villers-Cotterêts.

VERTEUIL-SUR-CHARENTE 16 Charente 72 ④ – rattaché à Ruffec.

VERTOLAYE 63480 P.-de-D. 73 ⑯ – 623 h. alt. 512 – 🏙 73.
Paris 423 – Ambert 14 – ◆Clermont-Ferrand 76 – Cunlhat 27 – Feurs 65 – Issoire 67 – Thiers 41.

🏠 **Voyageurs,** près gare ℡ 95.20.16, ☞ – ⇔wc ⋔wc ☏ ☎ 🅿. AE E. ✗ rest
→ *fermé oct., 26 déc. au 1ᵉʳ janv., vend. soir et sam. sauf juil.-août* – SC : **R** 50/100 🍴 –
☞ 14 – **29 ch** 65/140 – P 120/150.

VERTOU 44 Loire-Atl. 67 ③ ④ – rattaché à Nantes.

VERT-ST-DENIS 77 S.-et-M. 61 ②, 196 ③㊸ – rattaché à Melun.

VERTUS 51130 Marne 56 ⑯ G. Nord de la France – 2 870 h. – 🏙 26 – Voir Mont Aimé★
S : 5 km – Paris 137 – Châlons-sur-Marne 30 – Épernay 20 – Fère Champenoise 17 – Montmirail 38.

🏠 **Host. Reine Blanche** Ⓜ ⑤, av. Louis-Lenoir ℡ 52.20.76 – 📺 ⇔wc ☎ 🅿 –
🏨 50. AE ⓞ E *VISA*
R 85/135 – ☞ 25 – **23 ch** 140/190 – P 285/320.

🏠 Commerce, r. Chalons ℡ 52.12.20 – 🏨 80 – **11 ch.**

à **Bergères-les-Vertus** S : 3,5 km par D 9 – ⊠ 51130 Vertus :

X **Mont-Aimé** ⑤ avec ch, ℡ 52.21.31, ☞ – ⇔wc ⋔wc ☏ 🅿. ⓞ E *VISA*
→ *fermé 24 déc. au 2 janv. et dim. soir* – SC : **R** 47/135 🍴 – ☞ 15 – **13 ch** 70/137 – P
140/160.

Les VERTUS 76 S.-Mar. 🗺️52 ④ – rattaché à Dieppe.

VERVINS ◁SP▷ 02140 Aisne 🗺️53 ⑯ **G. Nord de la France** – 2.989 h. alt. 174 – ❄️23.

🛈 Office de Tourisme pl. Gén.-de-Gaulle (juin-sept. matin seul.) ☎ 98.11.98.

Paris 172 – Charleville-Mézières 72 – Laon 36 – ◆Reims 71 – St-Quentin 52 – Valenciennes 79.

🏨 ❄️ **Tour du Roy** (Mme Desvignes), ☎ 98.00.11, 🚗 – 📺 🛁wc 🚿wc ☎ 🅿️ 🆎 ①
📧 VISA
fermé 15 janv. au 15 fév. – SC : **R** *(fermé dim. soir et lundi midi)* (dim. et fêtes
prévenir) 80/250 – 🖵 25 – **15 ch** 120/280 – P 320/400
Spéc. Flan de truffes, Marmite des pêcheurs, Ris de veau aux morilles.

CITROEN Gar. Carlier, La Chaussée de Fontaine ☎ 98.00.08

VERZÉ 71 S.-et-L. 🗺️69 ⑲ – 579 h. – ✉️ 71960 Pierreclos – ❄️85.

Paris 397 – Charolles 49 – Cluny 11 – ◆Lyon 82 – Mâcon 14 – Tournus 33.

🍴 **Rest. de Verchizeuil,** E : 4 km par D 434 et D 134 ☎ 33.32.12, 🚗 – 🅿️ 📧
◆ *fermé 15 août au 15 sept., jeudi soir et vend.* – SC : **R** 47/78 🍷

Le VÉSINET 78 Yvelines 🗺️55 ⑳, 🗺️101 ⑬ – voir à Paris, Environs.

VESONNE 74 H.-Savoie 🗺️74 ⑯ – rattaché à Faverges.

VESOUL 🅿️ 70000 H.-Saône 🗺️66 ⑤⑥ **G. Jura** – 20 269 h. alt. 220 – ❄️84.

Voir Colline de la Motte ☀️ ★ 30 mn AY.

🛈 Office de Tourisme r. Bains (fermé sam. hors sais. et dim.) ☎ 75.43.66, Télex 361250 - A.C. 1 quai
Yves Barbier ☎ 75.71.34.

Paris 449 ⑥ – Belfort 64 ③ – ◆Besançon 47 ④ – ◆Dijon 113 ⑤ – Dole 95 ① – Épinal 85 ② –
Langres 75 ⑥ – Neufchâteau 103 ⑥ – St-Dié 118 ② – Vittel 87 ⑥.

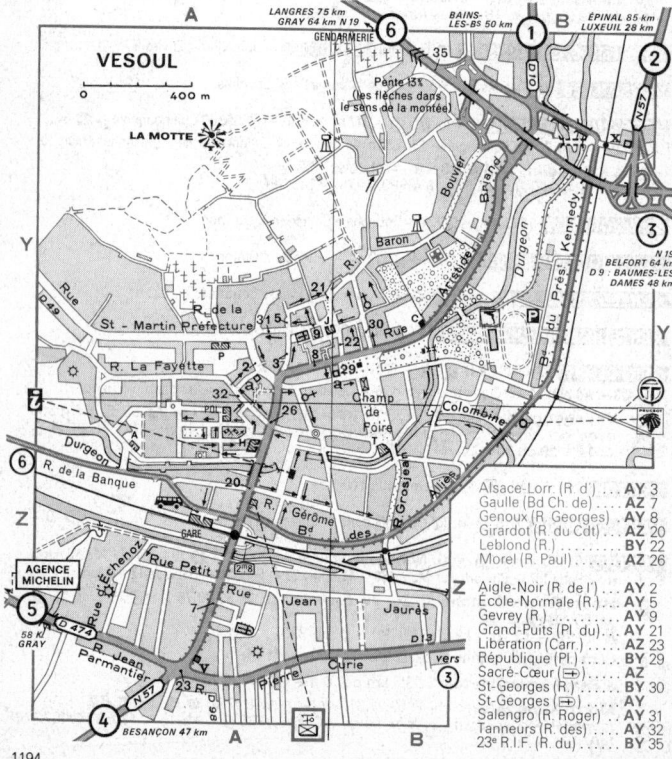

Alsace-Lorr. (R. d') .... AY 3
Gaulle (Bd Ch. de) .... AZ 7
Genoux (R. Georges) . AY 8
Girardot (R. du Cdt) . AZ 20
Leblond (R.) .... BY 22
Morel (R. Paul) ...... AZ 26

Aigle-Noir (R. de l') ... AY 2
École-Normale (R.) .... AY 5
Gevrey (R.) .... AY 9
Grand-Puits (Pl. du) .. AY 21
Libération (Carr.) .... AZ 23
République (Pl.) ...... BY 29
Sacré-Cœur (➡️) ...... AZ
St-Georges (R.) .... BY 30
St-Georges (➡️) ...... AY
Salengro (R. Roger) .. AY 31
Tanneurs (R. des) .... AY 32
23ᵉ R.I.F. (R. du) ..... BY 35

🏨 **Relais N 19** Ⓜ, rte.de Paris par ⑥ : 3 km ☏ 76.42.42, 🏛 – 📺 ⊟wc 🛁wc ☎ 🅿.
🅰🅴 ⑩ 𝗩𝗜𝗦𝗔
fermé 21 déc. au 13 janv. et sam. en hiver – SC : **R** 58/155 🍷 – � 20 – **26 ch**
140/220 – P 220/260.

🏨 **Vendanges de Bourgogne,** 49 bd Ch.-de-Gaulle ☏ 75.12.09 – ⊟wc 🛁wc ☎
🅿. 🅰🅴 ⑩ 🅴 𝗩𝗜𝗦𝗔   AZ **v**
SC : **R** 40/140 🍷 – ⊷ 16 – **31 ch** 70/170.

🏨 **Bonne Auberge,** rte Luxeuil ☏ 75.25.01 – ⊟wc 🐾 🚗 🅿. 🅰🅴 𝗩𝗜𝗦𝗔   BY **x**
SC : **R** 60/160 – ⊷ 18 – **20 ch** 140/160.

🏠 **Lion** Ⓜ sans rest, **4 pl. République** ☏ 75.74.13 – 🛗 ⊟wc 🛁wc ☎ 🅿. 🅰🅴 🅴 𝗩𝗜𝗦𝗔
SC : ⊷ 15 – **19 ch** 107/175.   BY **a**

MICHELIN, Agence, Z.I. Noidans-lès-Vesoul, par ⑤ ☏ 76.24.22

AUTOBIANCHI-LANCIA   Goudey, 1 r.
Gén.-Lelerc à Navenne ☏ 75.21.79
CITROEN Gd Gar. de Vesoul, 6 av. de la Mairie
à Frotey-lès-Vesoul par ③ ☏ 75.76.77 🇳 🇽 ☏ 05.
24.24
FIAT Delamotte, 12 r. de Fleurier ☏ 75.61.23
FORD Dormoy, rte Paris ☏ 75.46.34
OPEL Gar. de la Rocade, 69 av. A.-Briand ☏
75.53.30
PEUGEOT, TALBOT Larue, 90 bd des Alliés ☏
75.34.03

RENAULT Bloch, rte de Gray à Noidans-lès-
Vesoul par ⑤ ☏ 76.21.44

🅖 Hyper-Pneus, av. de la gare ☏ 75.68.62
Pneus-Est, r. du Lt-Kopp à Frotey-lès-Vesoul
☏ 75.34.32
Pneus et Services D.K. 33 r. P.-Curie à Navenne
☏ 75.23.29

VEULES-LES-ROSES 76980 S.-Mar. 🗺 ③ G. Normandie – 686 h. alt. 42 – Casino – ✪ 35.

Paris 196 – Dieppe 24 – Fontaine-le-Dun 8 – ◆Rouen 57 – St-Valéry-en-Caux 8.

XXX ❀ **Les Galets** (Plaisance), à la plage ☏ 97.61.33 – 🍽. 𝗩𝗜𝗦𝗔
fermé fév., mardi soir et merc. – SC : **R** (nombre de couverts limité - prévenir)
170/230
Spéc. Salade au foie gras cru mariné, Arlequin de sole et turbot, Feuilleté aux fruits.

PEUGEOT-TALBOT Gar. Bruban, ☏ 97.63.66

VEULETTES-SUR-MER 76 S.-Mar. 🗺 ②③ G. Normandie – 404 h. – Casino – ✉ 76450
Cany-Barville – ✪ 35.

🛈 Syndicat d'Initiative Esplanade du Casino (1ᵉʳ juil.-10 sept.) ☏ 97.51.33.

Paris 205 – Fécamp 26 – ◆Rouen 66 – Yvetot 33.

XX **Les Frégates** avec ch, ☏ 97.51.22, ≤ – ⊟ 🛁wc ☎. 𝗩𝗜𝗦𝗔
fermé 19 déc. au 17 janv., dim. soir et lundi du 15 sept. au 15 juin – SC : **R** 68/200 🍷
– ⊷ 16 – **16 ch** 115 – P 230.

Le VEURDRE 03 Allier 🗺 ③ G. Auvergne – 651 h. alt. 190 – ✉ 03320 Lurcy-Levis – ✪ 70.

Paris 271 – Bourges 65 – Montluçon 68 – Moulins 34 – Nevers 31 – St-Amand-Montrond 52.

🏨 **Pont-Neuf,** ☏ 66.40.12, parc – ⊟wc 🛁wc 🐾 🅿. ⑩ 🅴 𝗩𝗜𝗦𝗔
fermé dim. soir et lundi du 15 oct. au 31 mars – SC : **R** 55/150 🍷 – ⊷ 16 – **26 ch**
85/170 – P 190/240.

VEYNES 05400 H.-Alpes 🗺 ⑤ – 3 278 h. alt. 824 – ✪ 92.

Paris 663 – Clelles 49 – Die 69 – Gap 26 – La Mure 71 – Serres 16.

🛖 **Terminus,** pl. Gare ☏ 58.00.11 – 🛁 🅿
SC : **R** *(fermé lundi hors sais.)* 44/100 🍷 – ⊷ 15 – **11 ch** 56/85 – P 122/137.

CITROEN Gar. Ribeiro, ☏ 58.01.41
PEUGEOT-TALBOT Gar. Hubaud, ☏ 58.18.30

RENAULT Gar. Central, ☏ 58.01.39

VEYRIER-DU-LAC 74290 H.-Savoie 🗺 ⑥ – 1 770 h. alt. 504 – ✪ 50.

Voir Mt Veyrier ⚹⚹** NE par téléphérique, G. Alpes.

🛈 Syndicat d'Initiative pl. Mairie (1ᵉʳ juin-30 sept. et fermé dim.) ☏ 60.22.71.

Paris 542 – Albertville 40 – Annecy 5,5 – Megève 55 – Thônes 15.

🏨 **La Chaumière,** ☏ 60.10.06, 🐾 – ⊟wc 🛁 🐾 🚗. 🛁 rest
1ᵉʳ fév.-31 oct. – SC : **R** *(fermé merc. en fév. et mars)* 83/150 – ⊷ 18 – **37 ch**
100/195 – P 155/200.

XX **Aub. du Colvert** avec ch, ☏ 60.10.23, ≤, 🏛, 🐾 – 📺 ⊟wc 🐾 🅿. 🅴 𝗩𝗜𝗦𝗔
1ᵉʳ avril-18 nov. – SC : **R** *(fermé dim. soir et lundi du 2 juil. au 18 nov.)* 190/350 – ⊷
30 – **10 ch** 230/280 – P 300/350.

VÉZAC 24 Dordogne 🗺 ⑰ – rattaché à Beynac et Cazenac.

VÉZELAY 89450 Yonne 🖪🖪 ⑮ G. Bourgogne (plan) – 582 h. alt. 302 – Pèlerinage (22 juil.) – ✪ 86.

Voir Basilique Ste-Madeleine★★★ : tour ※★ – Env. Site★ de Pierre-Perthuis SE : 6 km.

🛈 Syndicat d'Initiative pl. Champ-de-Foire (Pâques, 1ᵉʳ juil.-sept., fermé merc. et dim. après-midi) ☎ 33.23.69.

Paris 225 – Auxerre 51 – Avallon 15 – Château-Chinon 60 – Clamecy 23.

▲▲ **Poste et Lion d'Or,** ☎ 33.21.23, Télex 800949, 🚗 – 🆎 𝘝𝘐𝘚𝘈, ✾ rest
Pâques-début nov. et fermé jeudi midi et merc. – SC : **R** 120/220 – ☲ 25 – **42 ch** 152/510, 5 appartements 510.

✕ **Relais du Morvan** avec ch, ☎ 33.25.33 – 🗊 ✾
fermé 11 au 25 juin, dim. soir et lundi – SC : **R** 40/90 – ☲ 14 – **10 ch** 70/90.

à St-Père SE : 3 km par D 957 – alt. 148 – ⊠ 89450 Vézelay :

Voir Église N.-Dame★.

✕✕✕ ✿✿✿ **Espérance** (Meneau) avec ch, ☎ 33.20.45, Télex 800005, ≼, « jardin fleuri » – 📺 🛏wc 🗊wc 🕾 🅿. 🆎 𝘝𝘐𝘚𝘈
fermé début fév. à début fév. – **R** (fermé merc. midi et mardi sauf juil.-août) (prévenir) 160 (déj. seul.)/330 et carte – ☲ 40 – **19 ch** 350/550
Spéc. Ambroisie de volaille au foie gras et truffes, Salmigondis de pigeon au cresson, Feuillantine aux fruits rouges. Vins Chablis, Coulanges.

VEZELS-ROUSSY 15 Cantal 🖪🖪 ⑫ – 124 h. alt. 630 – ⊠ 15130 Arpajon-sur-Cère – ✪ 71.

Paris 567 – Aurillac 21 – Entraygues-sur-Truyère 49.

🏤 **La Bergerie** ⏠, ☎ 62.42.90, ≼ – 🅿
SC : **R** 35/55 – ☲ 10 – **13 ch** 50/55 – P 95/100.

VIA 66 Pyr.-Or. 🖪🖪 ⑯ – rattaché à Font-Romeu.

VIALAS 48 Lozère 🖪🔟 ⑦ – 421 h. alt. 607 – ⊠ 48220 Le Pont-de-Montvert – ✪ 66.

🛈 Syndicat d'Initiative à la Mairie (fermé sam. et dim.) ☎ 61.00.05.

Paris 650 – Alès 41 – Florac 40 – Mende 77.

✕✕ **Chantoiseau** ⏠ avec ch, ☎ 61.00.02, ≼, 🚗 – 🛏wc 🗊. ✾
Pâques-1ᵉʳ nov. et fermé lundi – SC : **R** carte 125 à 195 – ☲ 20 – **15 ch** 130/200 – P 170/250.

VIAUR (Viaduc du) ★ 12 Aveyron 🖪🔟 ⑪ G. Causses - NE de Carmaux 27 km – alt. 500 – ⊠ 12800 Naucelle – ✪ 65.

Paris 650 – Albi 37 – Millau 96 – Rodez 41 – St-Affrique 78 – Villefranche-de-Rouergue 65.

🏠 **Host. du Viaduc du Viaur** ⏠, par D 574 ☎ 69.23.86, ≼ viaduc et vallée, 🖪 – 🛏wc 🗊 🕾 🚗 🅿. 🆎 **E**
1ᵉʳ mai-1ᵉʳ oct. – SC : **R** 70/130 – ☲ 17 – **10 ch** 88/175 – P 200/240.

VIBRAC 16 Charente 🖪🖪 ⑬ – 232 h. alt. 100 – ⊠ 16120 Châteauneuf-sur-Charente – ✪ 45.

Voir Abbaye de Bassac : église★ NO : 4 km, G. Côte de l'Atlantique.

Paris 466 – Angoulême 22 – ♦Bordeaux 107 – Cognac 31 – Jonzac 43.

🏠 **Ombrages** ⏠, rte d'Angeac ☎ 97.14.74, 🛋, ⌇, ✕ – 🛏wc 🗊wc 🕾 🅿. **E**. ✾
fermé 1ᵉʳ déc. au 28 fév., dim. soir et lundi en hiver – SC : **R** 60/92 – ☲ 12 – **10 ch** 89/126 – P 126/170.

VIBRAYE 72320 Sarthe 🖪🔟 ⑯ – 2 593 h. alt. 124 – ✪ 43.

Paris 170 – Brou 40 – Châteaudun 55 – Mamers 47 – ♦Le Mans 45 – Nogent-le-R. 37 – St-Calais 16.

🏠 **Chapeau Rouge,** pl. Hôtel-de-Ville ☎ 93.60.02 – 🗊 🅿 – 🔬 50. **E** 𝘝𝘐𝘚𝘈. ✾ ch
fermé 1ᵉʳ au 15 sept., fév., dim. soir et lundi – SC : **R** 53/150 🖟 – ☲ 13,50 – **12 ch** 65/130 – P 170/220.

CITROEN Guillard, ☎ 93.60.22 🛚 ☎ 93.74.25   OPEL Bienvenu, ☎ 93.60.21 🛚

VIC-EN-BIGORRE 65500 H.-Pyr. 🖪🖪 ⑧ – 5 064 h. alt. 215 – ✪ 62.

Paris 788 – Aire-sur-l'Adour 52 – Auch 62 – Mirande 37 – Pau 42 – Tarbes 17.

🏠 **Le Tivoli,** pl. Gambetta ☎ 96.70.39, 🛋 – 🛏 🗊wc 🕾 – 🔬 50
SC : **R** (fermé 5 au 20 sept., 20 janv. au 10 fév. et lundi) 42/110 🖟 – ☲ 15 – **24 ch** 62/130 – P 157/195.

VIC-FEZENSAC 32190 Gers 🖪🔟 ④ – 3 851 h. alt. 110 – ✪ 62.

Paris 768 – Agen 68 – Auch 30 – Mont-de-Marsan 74 – Tarbes 82 – ♦ Toulouse 108.

🏤 **Le D'Artagnan,** 3 cours Delom ☎ 06.31.37 – 🗊
fermé lundi – SC : **R** 40/125 🖟 – ☲ 13 – **10 ch** 50/95 – P 110/130.

✕✕ **Relais de Postes** avec ch, 23 r. Raynal ☎ 06.44.22 – 🛏wc 🗊 🕾
fermé mars – SC : **R** (fermé mardi) 37/120 🖟 – 🍽 12,50 – **10 ch** 64/128 – P 128/170.

1196

VICHY ⟨S⟩ 03200 Allier **78** ⑤ G. Auvergne – 30 554 h. alt. 264 – Stat. therm. (1er fév.-17 déc.) – Casinos : Élysée Palace BX **r**, Grand Casino AY – ✆ 70.

Voir Parc des Sources★ AY – Parcs de l'Allier★ ABZ – Site des Hurlevents ≤★ 4,5 km par ②.

🏌 ⏀ 32.39.11 par ④ : 2 km – ✈ de Vichy-Charmeil : T.A.T. ⏀ 32.34.09 par ⑤ : 6 km.

🛈 Office de Tourisme et de Thermalisme (fermé sam. après-midi, dim. et fêtes hors saison) et Accueil de France (Informations, change et réservations d'hôtels, pas plus de 5 jours à l'avance), 19 r. Parc ⏀ 98.71.94, Télex 990278.

Paris 351 ① – Chalon-sur-Saône 160 ① – ♦Clermont-Ferrand 59 ④ – ♦Limoges 228 ④ – ♦Lyon 160 ① – Mâcon 151 ① – Montluçon 88 ⑤ – Moulins 57 ① – Roanne 74 ① – ♦St-Étienne 145 ②.

VICHY

Clemenceau (Av. G.) .... **BY** 5
Hôtel-des-Postes (R.) ... **BY** 15
Lucas (R.) .... **ABX** 20
Paris (R. de) .... **BX** 22
Prés.-Wilson (R. du) .... **AY** 24

Bordeaux (R. de) .... **CX** 2

Briand (Av. A.) .... **AY** 3
Casino (R. du) .... **AY** 4
Croix-St-Martin (Av.) ... **CZ** 6
Eisenhower (Av.) .... **AX** 7
Foch (R. du Mar.) .... **BY** 8
Gambetta (Pl.) .... **BX** 9
Gaulle (Pl. Ch. de) ..... **BY** 10
Gramont (Av. de) .... **CX** 12
Hôtel-de-Ville (Pl.) ..... **BY** 13
Jeanne-d'Arc (⊞) ...... **BV**

Léger (Pl. P.-V.)...,.... **BV** 16
Parc (R. du) .... **AY** 21
Petit (R.) .... **AX** 23
Russie (Bd de) .... **AY** 25
St-Blaise (⊞) .... **BZ**
St-Louis (⊞) .... **BY**
Salignat (R.) .... **BY** 26
Source-Hôpital (R.) ..... **BY** 27
Victoire (Pl. de la) ..... **BYZ** 28
Victor-Hugo (Pl.) .... **BY** 30

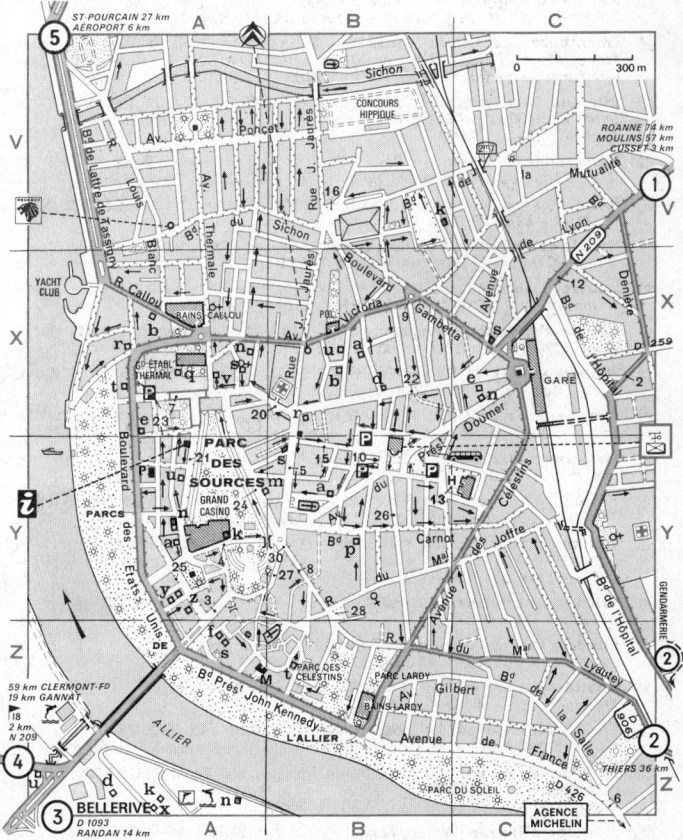

🏨 **Pavillon Sévigné**, 10 pl. Sévigné ⏀ 32.16.22, ≤, « dans un jardin à la française, ancienne demeure de Madame de Sévigné » – 🛗 📺 ☎ ⟨&⟩ 🅿 – 🔬 30. 🆎 ⓪ 🇪
🅅🇮🇸🇦 ⨝ rest
2 mai-30 sept. – SC : **R** 130/150 – 🖙 28 – **48 ch** 278/524 – P 438/658.

AZ **s**

tourner →

1197

🏨 **Régina,** 4 av. Thermale ☎ 98.20.95, 🚗 – 📶   AX **v**
2 mai-1er oct. – SC : **R** 90/120 – ☲ 17 – **90 ch** 140/290 – P 210/390.

🏨 **Aletti Thermal Palace** sans rest, 3 pl. J.-Aletti ☎ 31.78.77 – 📶 📺 ☎ 🌣   AY **n**
mai-sept. – SC : ☲ 30 – **54 ch** 290/390, 3 appartements 460.

🏨 **Thermalia Novotel** [M], 1 av. Thermale ☎ 31.04.39, Télex 990547, 🛥, 🚗 – 📶
🍽 ch 📺 ☎ 🕭 ⬤ – 🚗 250. 🝙 ⓪ 🝙 𝘝𝘐𝘚𝘈, ❄ rest   AX **q**
R snack carte environ 100 🍴 – ☲ 25 – **128 ch** 280/335 – P 416/484.

🏨 **Magenta,** 23 av. Walter-Stucki ☎ 98.80.99, 🚗 – 📶. ⓪. ❄ rest   AX **r**
fin avril-début oct. – SC : **R** 95/120 – ☲ 19 – **62 ch** 190/240 – P 195/330.

🏨 **Paix,** 13 r. Parc ☎ 98.20.56, 🚗 – 📶. ⓪. ❄ rest   AY **u**
2 mai-30 sept. – SC : **R** 95/120 – ☲ 19 – **80 ch** 130/245 – P 205/360.

🏨 **Ermitage Pont-Neuf,** 5 square Albert-1er ☎ 32.09.22 – 📶. ❄ rest   AZ **f**
5 mai-30 sept. – SC : **R** 90/120 – ☲ 17 – **65 ch** 97/240 – P 165/280.

🏨 **Albert 1er** sans rest, av. Prés.-Doumer ☎ 31.81.10 – 📶 📺. 🝙 ⓪ 🝙 𝘝𝘐𝘚𝘈   BY **a**
Pâques-15 nov. – SC : ☲ 18 – **33 ch** 125/175.

🏨 **Portugal,** 121 bd États-Unis ☎ 31.90.66 – 📶 ⌂wc ☎. ❄ rest   AX **t**
1er mai-30 sept. – SC : **R** 82/104 – ☲ 21 – **50 ch** 125/240 – P 210/335.

🏨 **Pavillon d'Enghien,** 32 r. Callou ☎ 98.33.30 – ⌂wc ☎. 🝙 𝘝𝘐𝘚𝘈   AX **b**
SC : **R** carte environ 75 🍴 – ☲ 20 – **25 ch** 75/290 – P 180/450.

🏨 **Chambord** [M], 82 r. Paris ☎ 31.22.88 – 📶 ⌂wc 📶wc ☎. 🝙 ⓪ 🝙 𝘝𝘐𝘚𝘈   CX **e**
fermé 24 juin au 3 juil., 20 déc. au 10 janv. et week-end de nov. à mars – SC : **R** voir
rest. **Escargot qui tête** – ☲ 15 – **35 ch** 90/180 – P 160/210.

🏨 **Mimosa,** 25 r. Beauparlant ☎ 98.30.48 – ⌂wc 📶wc ☎ – 🚗 30. 𝘝𝘐𝘚𝘈. ❄   BX **a**
fermé 18 au 30 oct. – SC : **R** *(fermé sam. du 1er nov. au 1er mars)* 58/88 – ☲ 16 –
29 ch 90/190 – P 227/289.

🏨 **Beauparlant** sans rest, 31 r. Paris ☎ 98.22.02 – 📶wc 🚗 🚗. ⓪ 𝘝𝘐𝘚𝘈   BX **d**
fermé 20 déc. au 10 janv. et dim. de nov. à fév. – SC : ☲ 16 – **24 ch** 94/165.

🏨 **Royal** sans rest, 12 r. Prés.-Wilson ☎ 98.62.14 – 📶 ⌂wc 📶wc 🚗. 🝙 ⓪ 🝙 𝘝𝘐𝘚𝘈   ABY **m**
SC : ☲ 16 – **53 ch** 78/187.

🏨 **Séville et Lisbonne,** 9 bd Russie ☎ 98.23.41 – 📶 ⌂wc 📶wc 🚗. ❄ rest   AY **z**
1er mai-30 sept. – SC : ☲ 15 – **90 ch** 94/220 – P 204/319.

🏨 **Louvre,** 15 r. Intendance ☎ 98.27.71 – 📶 ⌂wc 📶wc 🚗. 🝙 ⓪. ❄ rest   AX **n**
1er mai-1er oct. – SC : **R** 60/70 – ☲ 15,50 – **50 ch** 167 – P 233/274.

🏨 **Cloche d'Argent,** 2 r. Angleterre ☎ 98.22.88 – 📶 ⌂wc 📶wc 🚗. ⓪. ❄ rest   AY **y**
2 mai-30 sept. – SC : **R** 65/76 – ☲ 14 – **53 ch** 109/158 – P 173/245.

🏨 **Moderne,** 8 r. Dr-M.-Durand-Fardel ☎ 31.20.21 – 📶 ⌂wc 📶wc 🚗. ❄   AX **s**
7 mai-7 oct. – SC : **R** 65 – **32 ch** 125/300 – P 160/300.

🏨 **Amérique,** 1 r. Petit ☎ 31.88.88 – 📶 ⌂wc 📶wc 🚗. 🝙 ⓪ 𝘝𝘐𝘚𝘈. ❄ rest   AX **e**
25 avril-3 oct. – SC : **R** 75/80 – ☲ 18 – **48 ch** 125/180 – P 250/275.

🏨 **Le Carnot,** 24 bd Carnot ☎ 98.36.98 – 📶 📶wc 🚗. ❄   BY **p**
mai-25 sept. – SC : **R** 70/120 – ☲ 16 – **28 ch** 125/159 – P 175/235.

🏨 **Fréjus** 🦀, 6 r. Presbytère ☎ 32.17.22 – 📶 ⌂wc 📶wc 🕭 🕭. 🝙 ⓪ 𝘝𝘐𝘚𝘈. ❄ rest
1er mai-30 sept. – SC : **R** 63/75 – ☲ 17 – **35 ch** 100/170 – P 165/260.   BZ **t**

🏨 **Tiffany,** 59 av. P.-Doumer ☎ 31.82.99 – 📶 📶wc ☎. 🝙 ⓪ 🝙 𝘝𝘐𝘚𝘈. ❄   CX **x**
fermé 17 juin au 2 juil., 21 au 31 déc. et dim. soir du 1er oct. au 30 juin – SC : **R**
53/130 – ☲ 16,50 – **10 ch** 105/195 – P 195/240.

🏨 **Trianon** sans rest, 9 r. Desbrest ☎ 98.46.88 – 📶 ⌂wc 📶wc 🚗. 🝙 ⓪ 𝘝𝘐𝘚𝘈   BX **b**
SC : ☲ 14 – **24 ch** 73/154.

🏨 **Londres** sans rest, 7 bd Russie ☎ 98.28.27 – ⌂wc 📶wc 🚗   AY **z**
avril-7 oct. – SC : ☲ 15 – **22 ch** 88/170.

🏨 **Beau Souvenir** sans rest, 11 bis r. Desbrest ☎ 98.28.70 – ⌂wc   BX **u**
fin avril-fin oct. – SC : ☲ 12 – **25 ch** 48/115.

XXX **La Grillade Strauss,** 5 pl. Joseph-Aletti ☎ 98.56.74 – 🝙 ⓪ 🝙 𝘝𝘐𝘚𝘈   AY **n**
fermé 15 janv. à fin fév., dim. soir et lundi d'oct. à Pâques – SC : **R** 100/250.

XXX **La Rotonde du Lac,** bd de-Lattre-de-Tassigny, au "Yacht Club" ☎ 98.72.46, ≤
plan d'eau – 🍽 🝙 ⓪ 𝘝𝘐𝘚𝘈   AX
fermé 21 janv. au 28 fév. et mardi – SC : **R** 135/260.

XXX ❀ **Violon d'Ingres** (Muller), 22 pl. J.-Epinat ☎ 98.97.70 – 🝙 ⓪ 🝙   BV **k**
fermé fin juin au 20 juil., 23 déc. à 3 janv., merc. midi et mardi – SC : **R** (nombre de
couverts limité -prévenir) carte 190 à 260
Spéc. Salade de pigeon au foie gras, Filet de St-Pierre au confit de citron, Poulet en fricassée à
l'estragon. **Vins** Châteaugay, St-Pourçain.

XXX **Relais des Parcs,** r. Casino ☎ 31.98.99 – 🝙 ⓪ 🝙 𝘝𝘐𝘚𝘈   AY **k**
fermé 15 janv. au 15 fév., lundi et mardi d'oct. à avril – SC : **R** 145/190.

XX Gentry avec ch, 15 r. Burnol ℡ 98.29.37 – 🏠wc 🅰 – **8 ch.**   BY **s**

XX **Escargot qui tète**, 84 r. Paris ℡ 31.22.88 – ▆ ⓪ **E** 𝘝𝘐𝘚𝘈   CX **e**
fermé 24 juin au 3 juil., 20 déc. au 10 janv., dim. soir et lundi – SC : **R** 60/160.

X **Nièvre** avec ch, 17 av. Gramont ℡ 31.82.77 – 🏠 🅰. ▆ 𝘝𝘐𝘚𝘈   CX **s**
→ SC : **R** *(fermé dim. soir du 1er oct. au 31 mars)* 49/110 – 🖙 18 – **21 ch** 75/105 – P
155/185.

à Bellerive-sur-Allier : rive gauche - AZ – 8 535 h. – ✉ 03700 Bellerive :

🏯 **Marcotel et rest. Chateaubriand** Ⓜ ⑤, ℡ 32.34.00, Télex 990665, ⩽ – 🛗
▆ rest 📺 ☎ ⅋ 🅿 – 🕴 40 à 100. ⓪ **E** 𝘝𝘐𝘚𝘈   AZ **x**
fermé 15 au 31 déc., lundi midi et dim. soir d'oct. à Pâques – SC : **R** 80/177 – 🖙 18
– **35 ch** 189/300, 3 appartements 405 – P 350/395.

🏯 **Bellerive** Ⓜ ⑤ sans rest, rte Hauterive ℡ 32.02.55, ⩽ – 🛗 cuisinette ☎ 🅿 – 🕴
40 – **122 ch**.   AZ **d**

🏠 **Résidence** Ⓜ ⑤ sans rest, rte Hauterive ℡ 32.37.11, ⩽ – 🛗 cuisinette 🖙wc ☎
🅿 – 🕴 30 à 150. ▆   AZ **k**
SC : 🖙 15 – **114 ch** 130/155, 12 appartements 186.

🏠 **Allier** Ⓜ, 1 av. République ℡ 32.29.22 – 🏠wc 🖙 🅿   AZ **u**
→ *fermé lundi du 1er oct. au 30 avril* – SC : **R** 50/100 🍷 – 🖙 16 – **17 ch** 95/170 – P
170/190.

XX **Chez Mémère** ⑤ avec ch, Chemin de Halage ℡ 32.35.22, ⩽ – 🏠wc 🅿. ⅋% ch
5 mai-10 sept. – SC : **R** *(dîner seul.)* 120/150 – 🖙 18 – **10 ch** 82/155.   AZ **n**

à Abrest par ② : 4 km – ✉ 03200 Vichy :

XX **La Colombière** avec ch, SE : 1 km sur D 906 ℡ 98.69.15, ⩽, « Jardin ombragé en
terrasses » – 🖙wc 🏠wc 🅰 🅿. ⓪ 𝘝𝘐𝘚𝘈
fermé janv., dim. soir et lundi d'oct. à Pâques – SC : **R** *(nombre de couverts limité -
prévenir)* 65/120 – 🖙 15 – **4 ch** 95/175.

à Vichy-Rhue par ⑤ : 5 km – ✉ 03300 Cusset :

XX **La Fontaine**, ℡ 31.37.45, 🌺 – 🅿. ⓪ **E** 𝘝𝘐𝘚𝘈
fermé 24 déc. au 15 fév., mardi soir et merc. – SC : **R** 110/170.

à Charmeil par ⑤, D 6E et D 6 : 6 km – ✉ 03110 Escurolles :

XX **La Musarde**, ℡ 32.09.76 – 🅿
fermé 20 juin au 1er juil., 25 oct. au 6 nov. et lundi – SC : **R** 100/150.

MICHELIN, Agence, 16 av. La Croix-St-Martin CZ ℡ 32.34.35

ALFA-ROMEO Vichy Automobile, 6 r. de Paris
℡ 98.62.73
AUSTIN, JAGUAR, MORRIS, ROVER,
TRIUMPH Gar. St-Blaise, 2 r. de Lisbonne ℡
98.63.71 Ⓝ ℡ 98.15.44
BMW, DATSUN Auto-Contrôle, Zone Ind. Vi-
chy Rhue à Creuzier le Vieux ℡ 98.65.80
CITROEN Gar. Palace, 24 r. J.-Jaurès ℡ 31.
82.66
FIAT Gar. Moderne, 63 r. J.-Jaurès ℡ 98.48.86
FORD Gar. Impérial, 59 av. Thermale ℡ 98.
67.71
LANCIA-AUTOBIANCHI, MERCEDES-BENZ
Perfect-Gar., rte de l'Aéroport à Charmeil ℡
32.51.34

PEUGEOT-TALBOT Olympic Gar., rte de Vi-
chy, Charmeil par ⑤ ℡ 32.42.84
RENAULT Sodavi, 18 av. de Vichy à Bellerive
par ④ ℡ 32.22.77
RENAULT Gar. de Nîmes, 102 av. Poincaré
par ② ℡ 98.34.32
V.A.G. Vichy Auto Sport, 53 r. de Vingré ℡
31.05.75

🅿 Briday-Pneus, 40 bd de l'Hôpital ℡ 98.10.69
Soulat, 17 r. du Sport ℡ 98.50.90 et 54 r. Jean
Zay à Bellerive ℡ 32.44.20

VIC-SUR-AISNE 02290 Aisne 🖅 ③ – 1 685 h. alt. 50 – ✦ 23.
Paris 105 – Compiègne 23 – Laon 52 – Noyon 27 – Soissons 17.

XX Lion d'Or, ℡ 55.50.20.

RENAULT Leroux, av. de la Gare ℡ 55.50.60

VIC-SUR-CÈRE 15800 Cantal 🖅 ⑫ G. Auvergne (plan) – 2 113 h. alt. 681 – Casino – ✦ 71.
Env. Rocher des Pendus ⅍★★ SE : 6,5 km puis 30 mn.
🛈 Office de Tourisme, av. Mercier (fermé sam. et dim. hors sais.) ℡ 47.50.68.
Paris 525 – Aurillac 21 – Murat 30.

🏠 **Vialette** ⑤, ℡ 47.50.22, 🌺 – 🛗 🖙wc 🅰 🚗. ▆ **E**. ⅋%
Pâques-1er oct. et vacances scolaires – SC : **R** 55/100 – 🖙 16,50 – **51 ch** 155/200 –
P 150/220.

🏠 **Bains** ⑤, ℡ 47.50.16, ⩽, 🌺 – 🖙wc 🏠wc 🅰 🅿 – 🕴 40. **E**. ⅋%
→ *19 mai-13 oct. et 22 déc.-15 avril* – SC : **R** 50/150 – 🖙 17 – **38 ch** 165 – P 150/220.

🏠 **Beauséjour**, ℡ 47.50.27, parc – 🛗 🖙wc 🏠wc 🅰 & 🅿. **E**. ⅋% rest
15 mai-1er oct. – SC : **R** 55/75 🍷 – 🖙 15 – **76 ch** 75/190 – P 130/190.

tourner →

🏛 **Bel Horizon,** ☎ 47.50.06, < vallée, ☛ – 亡wc 🎢wc ☜ **Ⓟ**, ❄ rest
➡ fermé 1ᵉʳ nov. au 15 déc. – SC : **R** 50/170 – ☲ 16 – **35 ch** 85/130 – P 120/170.

🏛 **Family H.,** ☎ 47.50.49, <, parc – 🛗 🎢wc ☜ **Ⓟ**. **Ⓔ** **VISA**. ❄ rest
➡ Pâques-30 sept., 20 déc. au 4 janv., 4 au 25 fév. et 24 mars au 14 avril – SC : **R** 47/70
– ☲ 16,50 – **38 ch** 92/140 – P 115/179.

au Col de Curebourse SE : 6 km par D 54 – ✉ 15800 Vic-sur-Cère :

🏛 **Aub. des Monts** ❧, ☎ 47.51.71, < montagne et vallée, ☛ – 亡wc 🎢wc ☜
Ⓟ. **ⒶⒺ**. ❄ ch
15 mai-15 sept. – SC : **R** 60 – ☲ 16 – **27 ch** 160.

Voir aussi ressources hôtelières de *Thiézac* NE : 6 km

CITROEN Gar. Borel, ☎ 47.50.53   RENAULT Dameron, ☎ 47.50.32
PEUGEOT-TALBOT Gar. Lours, ☎ 47.50.71

VIDAUBAN 83550 Var 𝟠𝟜 ⑦ – 3 811 h. alt. 56 – 🌢 94.
🚹 Syndicat d'Initiative à la Mairie (fermé sam. et dim.) ☎ 73.00.07.
Paris 846 – Cannes 65 – Draguignan 17 – Fréjus 29 – ◆Toulon 64.

✗ **Concorde,** pl. G.-Clemenceau ☎ 73.01.19 – **Ⓔ**
fermé 5 au 25 janv., mardi soir et merc. hors sais. – SC : **R** 70/155.

VIEIL ARMAND 68 H.-Rhin 𝟞𝟞 ⑨ **G. Vosges** – alt. 956.
Voir Monument national près D 431 puis ❄❄ (1 h) – Paris 548 – Guebwiller 20.

VIEILLE-TOULOUSE 31 H.-Gar. 𝟠𝟚 ⑱ – rattaché à Toulouse.

VIEILLEVIE 15 Cantal 𝟟𝟞 ⑫ – 197 h. alt. 212 – ✉ 15120 Montsalvy – 🌢 71.
Paris 597 – Aurillac 51 – Entraygues-sur-Truyère 15 – Figeac 57 – Montsalvy 13 – Rodez 50.

🏠 **Terrasse,** ☎ 49.94.00, ⌣, ☛ – 亡wc 🎢wc **Ⓟ**
➡ SC : **R** (fermé dim. de Noël à fin fév.) 36/145 ⅃ – ☲ 13 – **35 ch** 57/130 – P 112/155.

VIENNE ◆ 38200 Isère 𝟟𝟜 ⑪⑫ **G. Vallée du Rhône** – 29 050 h. alt. 158 – 🌢 74.

Voir Site★ – Cathédrale St-Maurice★★ AY – Temple d'Auguste et de Livie★★ AY –
Théâtre romain★ BYD – Église★ et cloître★ St-André-le-Bas AYE – Esplanade du Mont
Pipet <★ BY – Anc. église St-Pierre★ : musée lapidaire★ AZF – Groupe sculpté★ de
l'église Ste-Colombe AY **B**.

🚹 Office de Tourisme (fermé dim. hors saison) avec A.C. 3 cours Brillier ☎ 85.12.62.

Paris 493 ⑧ – Chambéry 100 ② – ◆Grenoble 88 ② – ◆Lyon 30 ⑧ – Le Puy 124 ⑧ – Roanne 126 ⑧
– ◆St-Étienne 49 ⑧ – Valence 71 ⑤ – Vichy 194 ⑧.

Plan page ci-contre

🏛 **La Résidence de la Pyramide** sans rest, 41 quai Riondet ☎ 53.16.46, ☛ –
亡wc 🎢wc ☜ **Ⓟ**. **ⒶⒺ**   AZ **e**
fermé 1ᵉʳ nov. au 15 nov. et fév. – SC : ☲ 17,50 – **15 ch** 120/260.

🏛 **Central** sans rest, 7 r. Archevêché ☎ 85.18.38 – 🛗 **TV** 亡wc 🎢wc ☜ ♿ ⇦. **ⒶⒺ**
VISA   AY **u**
SC : ☲ 16,50 – **26 ch** 143/179.

🏠 **Gd H. Poste,** 47 cours Romestang ☎ 85.02.04 – 🛗 亡wc 🎢wc ☜ ⇦. **ⒶⒺ** **Ⓞ**
➡ **VISA**   AZ **v**
SC : **R** (fermé nov. et sam. du 1ᵉʳ déc. au 28 fév.) 50/100 – ☲ 16,50 – **42 ch** 100/165.

XXXX ❀❀❀ **Pyramide** (Mme Point), bd F.-Point ☎ 53.01.96, « Jardin fleuri » – 🍴 **Ⓟ**.
ⒶⒺ **Ⓞ**   AZ **a**
fermé 20 janv. à fin fév., lundi soir et mardi – **R** (nombre de couverts limité -
prévenir) 310/350 et carte
Spéc. Gratin de queues d'écrevisses, Omble-Chevalier farci, Poularde de Bresse truffée en vessie.
Vins Condrieu, Juliénas.

XX ❀ **Magnard** (Janonat), 45 cours Brillier ☎ 85.10.43, 🌤 – 🍴 **ⒶⒺ** **Ⓞ** **VISA**   AZ **x**
fermé 5 au 20 août, vacances de fév., mardi et merc. – **R** (dim. prévenir) 78/190
Spéc. Croustade d'escargots au foie gras, Saumon grillé sauce choron, Pièce de charolais en
brioche. **Vins** Viognier, Côte rôtie.

XX **Molière,** 11 r. Molière ☎ 53.08.41 – **ⒶⒺ** **Ⓞ** **Ⓔ** **VISA**   AZ **s**
fermé 8 au 30 juil., 1ᵉʳ au 16 avril, dim. soir et lundi – SC : **R** carte 130 à 200.

XX **Bec Fin,** 7 pl. St-Maurice ☎ 85.76.72 – **ⒶⒺ** **Ⓞ** **Ⓔ** **VISA**   AY **r**
fermé 4 nov. au 4 déc., dim. soir et lundi – **R** 80/150.

à Seyssuel par ① et D 4E : 4,5 km – ✉ 38200 Vienne :

🏛 **Château des 7 Fontaines** ☎ 85.25.70, 🌤, ☛ – 亡wc 🎢wc ☎ ⇦ **Ⓟ** – 🅰
40. **ⒶⒺ** **Ⓞ** **VISA**
fermé janv. – SC : **R** (fermé lundi) 69/120 ⅃ – ☲ 20 – **15 ch** 165/215.

à St-Romain-en-Gal (69 Rhône) - AY – ✉ 69560 Ste-Colombe-lès-Vienne – 🌢 74.
Voir Cité gallo-romaine★ AY

XX **Chez René,** rive droite ☎ 53.19.72 – 🍴 **Ⓟ**. **ⒶⒺ** **Ⓞ** **VISA**   AY **z**
fermé 16 août au 14 sept., dim. soir et lundi sauf fériés – **R** 90/225.

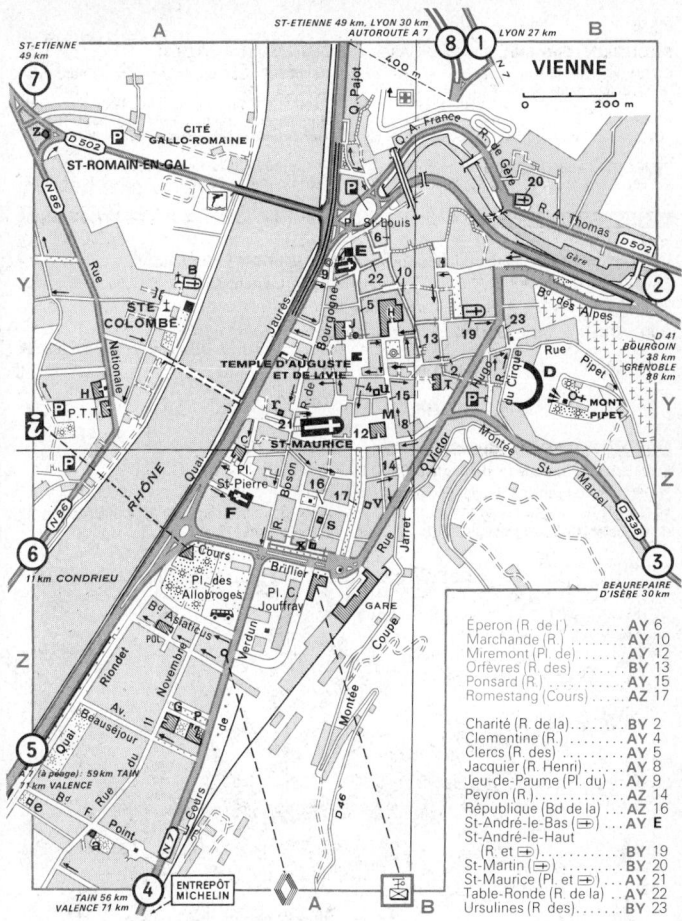

à Pont-Évêque par ② : 4 km – 5 542 h. – ⊠ 38780 Pont-Évêque :

🏨 **Midi** ⑤ sans rest, pl. Église 🕾 85.90.11, 🚗 – ⌂wc ⋔wc ☜ ₺ 🄿 🗚 ⓞ
fermé janv. – SC : ⟳ 17 – **17 ch** 150/200.

à Estrablin par ② : 9 km – ⊠ 38780 Pont-Évêque :

🏨 **La Gabetière** sans rest, sur D 502 🕾 58.01.31, parc – ⌂wc ⋔wc ☜ 🄿 – 🏛 40.
🗚 ⓞ
SC : ⟳ 17 – **11 ch** 100/185.

au Sud par ④ :

🏠 **Domaine de Clairefontaine** ⑤, à Chonas-l'Amballan, 9 km par N 7- ⊠ 38121
Reventin-Vaugris 🕾 58.81.52, ≤, parc, ⋇ – ⌂wc ⋔wc ☜ 🄿 – 🏛 30. 𝘝𝘐𝘚𝘈.
⋇ rest
fermé 10 déc. au 30 janv., dim. soir hors sais. et lundi midi – SC : **R** 55/130 – ⟳ 16
– **18 ch** 85/180.

à Chasse-sur-Rhône par ⑥ : 8 km (Échangeur A7 Chasse-Givors) – 4 414 h. –
⊠ 38670 Chasse-sur-Rhône – ✆ 78 :

🏨 **Mercure** Ⓜ, 🕾 873.13.94, Télex 300625 – 📇 🗐 📺 ☎ 🄿 – 🏛 80 à 180. 🗚 ⓞ E
𝘝𝘐𝘚𝘈
R carte environ 90 ♨ – ⟳ 30 – **115 ch** 205/246.

Voir aussi ressources hôtelières de *Condrieu* par ⑥ : 11 km

1201

VIENNE

MICHELIN, Entrepôt, quartier St-Alban-les-Vignes par ④ ℡ 53.08.31

CITROEN Gévaudan et Dumond, 163 av.
Gén.-Leclerc par ④ ℡ 53.16.07
FIAT, LANCIA-AUTOBIANCHI, MERCEDES
BENZ R.V.L. 27 quai Riondet ℡ 53.05.54
FORD Gar. Central, 76 av. Gén.-Leclerc ℡ 53.
13.44
PEUGEOT, TALBOT Barbier Automobile, 140
av. Gén.-Leclerc par ④ ℡ 53.22.75

RENAULT Gar. du Rhône, 4 cours Verdun ℡
53.42.23
RENAULT Rostan, 72 rte Nationale à St-
Romain-en-Gal (Rhône) par ⑦ ℡ 53.29.15
Gar. Brussoz, 22 bd République ℡ 85.08.70

⑩ Delphis, 4-6 av. Beauséjour ℡ 53.23.05
Tessaro-Pneus, 93 av. Gén.-Leclerc ℡ 53.19.17

VIERVILLE-SUR-MER 14 Calvados 🟦🟦 ④ G. Normandie – 292 h. alt. 39 – ⌧ **14710** Trévières
– ⬡ 31.

Voir Omaha Beach : plage du débarquement du 6 juin 1944 E : 2,5 km.

Env. Pointe du Hoc★★ O : 7,5 km – Cimetière de St-Laurent-sur-Mer E : 7,5 km.

Paris 289 – Bayeux 22 – ◆Caen 50 – Carentan 32 – St-Lô 40.

🏨 **Casino** 🍴, ℡ 22.41.02, ← – 🛏 🕾 🅿. 🆎
fermé 3 janv. au 3 fév. et jeudi hors sais. sauf vacances scolaires et fêtes – SC : **R**
58/145 – ⬜ 17,50 – **13 ch** 92/120 – P 185/215.

Une réservation confirmée par écrit est toujours plus sûre.

VIERZON 18100 Cher 🟦🟦 ⑲ ⑳ G. Périgord – 34 886 h. alt. 122 – ⬡ 48.

Env. Brinay : fresques★ de l'église SE : 7,5 km par D 27 B.

🚹 Office de Tourisme pl. Gabriel-Péri (fermé matin et dim.) ℡ 75.20.03.

Paris 210 ① – Auxerre 141 ② – Blois 74 ⑥ – Bourges 33 ③ – Châteauroux 58 ⑤ – Châtellerault 143
⑤ – Guéret 143 ⑤ – Montargis 109 ② – ◆Orléans 79 ① – ◆Tours 116 ⑥.

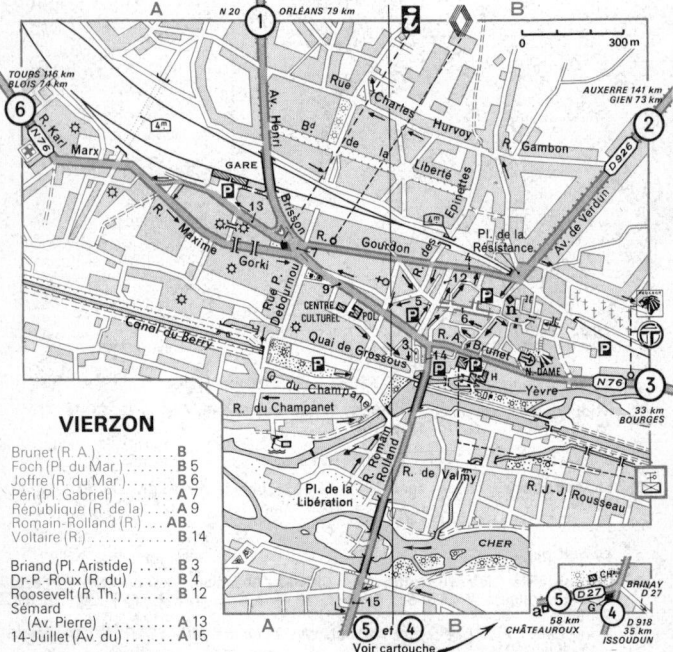

VIERZON

Brunet (R. A.)	B
Foch (Pl. du Mar.)	B 5
Joffre (R. du Mar.)	B 6
Péri (Pl. Gabriel)	A 7
République (R. de la)	A 9
Romain-Rolland (R.)	AB
Voltaire (R.)	B 14
Briand (Pl. Aristide)	B 3
Dr-P.-Roux (R. du)	B 4
Roosevelt (R. Th.)	B 12
Sémard (Av. Pierre)	A 13
14-Juillet (Av. du)	A 15

🏨 **Le Sologne** 🍴 sans rest, rte Châteauroux par ⑤ : 2 km ⌧ 18100 Vierzon ℡
75.15.20, « Beau mobilier », 🎣 – 🚽wc 🛁wc 🕾 🅿   B a
SC : ⬜ 22 – **24 ch** 160/220.

🏨 **Continental** 🅼, rte Paris par ① ℡ 75.35.22 – 🛗 🚽wc 🛁wc 🕾 🚗 🅿 – 🏧 35.
🔷 ⑩ 🆅🆂🅰 🛇 rest
SC : **R** snack *(fermé août, 1er au 7 mars, sam., dim. et fêtes)* (dîner seul.) 50/100 🍷 –
⬜ 18 – **36 ch** 130/224.

CITROEN Berry-Sologne Auto, 100 av. 8 Mai
1945 par ② ℡ 75.10.71 Ⓝ
FORD Perchaud, 58 av. J.-Jaurès ℡ 75.37.57
PEUGEOT Paris-Gar., 6 av. Ed.-Vaillant par ①
℡ 71.23.56
PEUGEOT-TALBOT Gar. Delouche 50 r. Bre-
ton ℡ 71.00.32

RENAULT Gar. du Centre, 41 r. Gourdon ℡
71.03.33 Ⓝ ℡ 75.57.57

🏍 Estager-Pneu, 24 r. Pasteur ℡ 75.15.02
Pneus Europe Service, 29 av. du 14 Juillet ℡
75.06.34

VIEUX-BOUCAU-LES-BAINS 40480 Landes 🗟🗟 ⑯ G. Côte de l'Atlantique – 1 151 h. –
✪ 58.

🛈 Office de Tourisme pl. des Tamaris (fermé dim. sauf matin en saison) ℡ 48.13.47.

Paris 746 – ♦Bayonne 38 – Castets 31 – Dax 36 – Mimizan 55 – Mont-de-Marsan 84.

🏨 **La Maremne,** ℡ 48.12.70 – 🖵wc🛏wc 🅿. 🛬 ch
20 mars-31 oct. et fermé lundi du 20 mars au 1ᵉʳ juin – SC : **R** 90 – 🍽 11,50 – **38 ch**
51/114 – P 140/190.

🏨 **Côte d'Argent,** ℡ 48.13.17 – 🛏wc 🅿. 🛬 ch
fermé 1ᵉʳ oct. au 10 nov. et lundi – SC : **R** 60/85 – 🍽 14 – **47 ch** 70/155 – P 150/175.

🏨 **Centre,** ℡ 48.10.33 – 🛏. 🛬
1ᵉʳ mars-30 sept. et fermé merc. du 15 nov. au 30 mai – **R** 72/125 – 🍽 15 – **35 ch** 95
– P 130/155.

CITROEN Duchon, ℡ 48.10.42
PEUGEOT-TALBOT Gar. Lafarie, ℡ 48.10.82

RENAULT Gar. Canicas, ℡ 48.15.31

VIEUX-BOURG-DE-PLÉHÉREL (Plage) 22 C.-du-N. 🗟🗟 ⑫ – rattaché à Sables-d'Or-les-Pins.

VIEUX-MAREUIL 24 Dordogne 🗟🗟 ⑤ G. Périgord – 395 h. alt. 125 – ✉ 24340 Mareuil –
✪ 53.

Paris 498 – Angoulême 43 – Brantôme 15 – ♦Limoges 91 – Périgueux 42 – Ribérac 31.

🗙🗙 **L'Étang Bleu** 🍃 avec ch, ℡ 56.62.63, ≤, parc, 🏊 – 🖵wc🛏wc 🕾 🅿. 🆎 ⓪
🅴 𝒱𝐼𝑆𝐴
15 mars-31 déc. et fermé merc. sauf de Pâques au 1ᵉʳ nov. – SC : **R** 77/227 – 🍽 17 –
11 ch 159/165 – P 240/242.

VIEUX-MOULIN 60 Oise 🗟🗟 ③, 🗟🗟🗟 ⑪ G. Environs de Paris – 418 h. alt. 49 – ✉ 60350
Cuise-la-Motte – ✪ 4.

Voir Mont St- Marc★ N : 2 km.

Env. Les Beaux Monts★★ : ≤★ NO : 7 km.

Paris 91 – Beauvais 67 – Compiègne 9,5 – Soissons 32 – Villers-Cotterêts 23.

🗙🗙🗙 **Aub. du Daguet,** ℡ 485.60.72
fermé en juil., vacances de fév. et merc. – SC : **R** 135.

Le VIGAN ◁🚲▷ 30120 Gard 🗟🗟 ⑯ G. Causses (plan) – 4 593 h. alt. 231 – ✪ 67.

🛈 Syndicat d'Initiative pl. Marché (fermé lundi hors sais. et dim. sauf matin en saison) ℡ 91.01.72.

Paris 774 – Alès 65 – Lodève 52 – Mende 112 – Millau 72 – ♦Montpellier 63 – Nîmes 81.

🏨 **Voyageurs,** r. Sous-le-quai ℡ 81.00.34 – 🖵 🛏 🅿. 🛬
→ *fermé 22 sept. au 20 oct., 18 déc. au 31 janv., dim. soir et lundi* – SC : **R** 45/85 🍷 –
🍽 13 – **19 ch** 45/130 – P 145/165.

🏨 **Commerce** sans rest, 26 r. des Barris ℡ 81.03.28 – 🖵wc🛏wc 🅿. 🛬
fermé oct. et dim. hors sais. – SC : 🍽 12 – **14 ch** 41/122.

au Rey E : 5 km par D 999 – ✉ 30115 Pont d'Hérault :

🏰 **Château du Rey,** ℡ 82.40.06, parc, 🛬 – 🖵wc 🕾 🅿. ⓪ 𝒱𝐼𝑆𝐴
1ᵉʳ avril-30 nov. – SC : **R** *(fermé dim. soir et lundi sauf juil.-août)* 85/150 – 🍽 20 –
12 ch 200/235.

à Pont d'Hérault E : 6 km par D 999 – ✉ 30570 Valleraugue :

🏨 **Maurice,** ℡ 82.40.02, ≤, 🎋 – 🖵wc 🛏 🕾 🅿. – 🍴 40. 🛬 ch
fermé 23 déc. au 1ᵉʳ fév. et vend. du 1ᵉʳ oct. au 1ᵉʳ mai – **R** 70/140 – 🍽 18 – **18 ch**
110/190.

à Aulas NO : 7 km par D 48 et D 190 – ✉ 30120 Le Vigan :

🏨 **Mas Quayrol** Ⓜ 🍃, ℡ 81.12.38, ≤, 🏊 – 🖵wc 🕾 🔥 🅿. ⓪
12 avril-7 oct. – SC : **R** 80/180 – 🍽 22 – **16 ch** 200/210.

CITROEN Gar. Teissonnière, ℡ 91.03.11
PEUGEOT-TALBOT Gar. Arnal, ℡ 81.03.77

VIGEOIS 19 Corrèze 🗟🗟 ⑧ – rattaché à Uzerche.

Les VIGNES 48 Lozère 🎖️🎖️ ⑤ **G. Causses** – 107 h. alt. 420 – ✉️ **48210** Ste-Enimie – 🎯 66.

Voir Pas du Souci★ N : 2 km puis 15 mn.

Env. Roc des Hourtous ⩽★★ NE : 8 km puis 30 mn.

Paris 620 – Florac 52 – La Malène 12 – Mende 53 – Millau 31 – Sévérac-le-Château 21 – Le Vigan 88.

🏨 **Gévaudan,** ☎ 48.81.55, ⩽ – ➪wc ⋔wc 🐾 ⟸
⬩ *8 juin-fin sept.* – SC : **R** 45/75 – ☲ 19,50 – **18 ch** 75/180.

🏚️ **Parisien,** ☎ 48.81.51, ⩽ – ⋔. 🍴 rest
⬩ *14 avril-30 sept.* – **R** 41/70 – ⬛ 13,50 – **11 ch** 60/110 – P 123/135.

VIGOULET-AUZIL 31 H.-Gar. 🎖️🎖️ ⑱ – rattaché à Toulouse.

VILLAGE-NEUF 68 H.-Rhin 🎖️🎖️ ⑩ – rattaché à St-Louis.

VILLANDRAUT 33730 Gironde 🎖️🎖️ ① **G. Côte de l'Atlantique** – 914 h. alt. 31 – 🎯 56.

Voir Château★ – Église d'Uzeste★ SE : 5 km.

Paris 658 – Arcachon 79 – Bazas 14 – ⬩ Bordeaux 64 – Langon 17.

🏚️ **Goth,** ☎ 25.31.25, 🌤️ – ➪wc ⋔wc 🍴 ch
⬩ *fermé 15 nov. au 15 déc. et vend.* – SC : **R** 50/100 – ☲ 18,50 – **9 ch** 80/185 – P 140/170.

VILLANDRY 37 I.-et-L. 🎖️🎖️ ⑭ – 742 h. alt. 94 – ✉️ **37510** Joué-lès-Tours – 🎯 47.

Voir Château : jardins★★★, G. Châteaux de la Loire.

Paris 254 – Azay-le-Rideau 10 – Chinon 31 – Langeais 13 – Saumur 52 – ⬩Tours 20.

🏨 🎯 **Cheval Rouge,** ☎ 50.02.07 – 🍽️ rest ➪wc ⋔ 🐾 🅿️. 🆚
fermé janv., fév., dim. soir en hiver et lundi – SC : **R** 90/190 – ☲ 22 – **20 ch** 153/220 – P 313/358

Spéc. Terrine de foie gras, Blanquette de la mer, Fraises gratinées (saison). **Vins** Vouvray, Chinon.

VILLAR-D'ARÈNE 05480 H.-Alpes 🎖️🎖️ ⑦ – 184 h. alt. 1 650 – 🎯 76 (Bourg-d'Oisans).

Paris 645 – Le Bourg-d'Oisans 31 – Gap 123 – La Grave 3 – ⬩Grenoble 80 – Col du Lautaret 8.

🏚️ **Les Agneaux,** N 91 ☎ 79.90.62, ⩽ – ➪wc ⋔wc 🅿️
⬩ *1er juin-15 sept.* – SC : **R** 52/100 – ☲ 15 – **30 ch** 70/180 – P 140/180.

VILLARD-DE-LANS 38250 Isère 🎖️🎖️ ④ **G. Alpes** – 3 320 h. alt. 1 023 – Sports d'hiver : 1 050/2 170 m ⩽2 ⩽22 ⚡ – 🎯 76.

Voir Gorges de la Bourne★★★ – Gorges de Méaudre★ NO : 4 km – Côte 2000 ⩽★ SE : 4,5 km puis télécabine – **Env.** Route★ de Valchevrière : calvaire ⩽★ O : 8 km.

🔖 Office de Tourisme pl. Mure-Ravaud (fermé dim. hors sais.) ☎ 95.10.38, Télex 320125.

Paris 588 ① – Die 68 ② – ⬩Grenoble 34 ① – ⬩Lyon 125 ① – Valence 69 ② – Voiron 48 ①.

Plan page ci-contre

🏨 **Eterlou** 🌅, (e) ☎ 95.17.65, ⩽, ⬙, 🌳, 🎾 – 📺 🅿️. 🆎 ⓞ 🅴 🆚. 🍴 rest
10 juin-9 sept. et 20 déc.-10 avril – SC : **R** 90/220 – ☲ 25 – **20 ch** 170/330, 4 appartements 550 – P 300/360.

🏨 **Christiania,** av. prof.-Nobecourt (k) ☎ 95.12.51, ⩽, 🌤️, ⬙, 🌳 – 📶 🅿️. 🆎 🆚.
🍴 rest
25 mai-30 sept. et 10 déc.-fin avril – SC : **R** 95/150 – ☲ 28 – **26 ch** 310/395 – P 290/370.

🏨 **Paris** 🌅, (m) ☎ 95.10.06, ⩽, parc, 🎾 – 📶 🅿️ – 🛁 80. 🆎 ⓞ 🅴 🆚. 🍴 rest
10 mai-20 sept. et 18 déc.-Pâques – SC : **R** 83/190 – ☲ 24 – **65 ch** 210/275 – P 273/340.

🏨 **Pré Fleuri** Ⓜ 🌅, rte des Cochettes (t) ☎ 95.10.96, ⩽, 🌳 – ➪wc 🐾 ⟸ 🅿️.
🍴
25 mai-3 oct. et 20 déc.-Pâques – SC : **R** 68/73 – ☲ 17 – **18 ch** 190 – P 210/235.

🏨 **H. Le Dauphin** sans rest., av. Alliés (r) ☎ 95.11.43 – 📶 📺 ➪wc ⋔wc 🐾 🅿️. 🆎 ⓞ 🅴 🆚.
fermé 17 avril au 7 mai et 27 nov. au 10 déc. – SC : ☲ 22 – **21 ch** 185/335.

🏚️ **La Roche de Colombier** 🌅, rte Valchevrière par D 215C : 1 km ☎ 95.10.26, ⩽, 🌤️, 🌳 – ➪wc ⋔wc 🐾 🅿️. 🍴 rest
début juin-15 sept. et 15 déc.-Pâques – SC : **R** 70/110 – ☲ 22 – **22 ch** 200/220 – P 200/220.

🏚️ **Georges,** av. St-Nizier (u) ☎ 95.11.75, ⬙, 🎾 – ➪wc ⋔wc 🐾 ⟸ 🅿️. 🆚.
🍴 rest
1er juin-30 sept. et 15 déc.-30 avril – SC : **R** 60/80 – ☲ 22 – **24 ch** 100/190 – P 180/210.

🏚️ **Villa Primerose,** Quartier "des Bains" (d) ☎ 95.13.17, ⩽, 🌳 – ➪ ⋔wc 🐾 🅿️
1er juil.-31 août et 15 déc.-15 avril – SC : **R** 60 – ☲ 20 – **18 ch** 95/150 – P 190/215.

🏚️ **Lilas,** r. Lycée Polonais (z) ☎ 95.14.14, ⩽, 🌤️, 🌳 – ⋔wc 🐾 🅿️. 🍴 rest
⬩ *15 juin-20 sept., week-ends : 1er et 11 nov. et 20 déc.-30 avril* – SC : **R** 44/90 – ☲ 17 – **16 ch** 85/140 – P 170/190.

VILLARD-DE-LANS

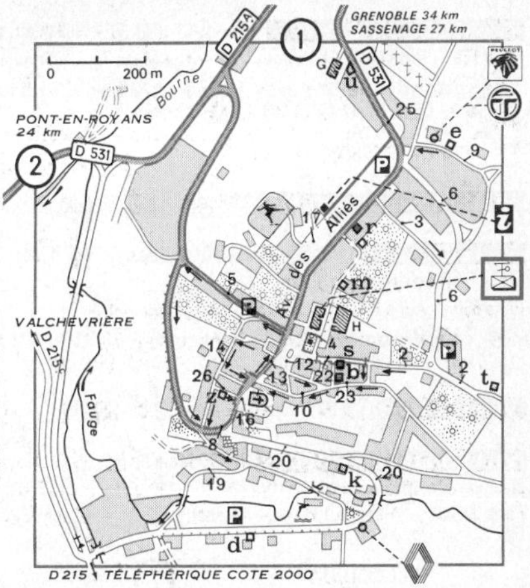

Les plans de villes sont orientés
le Nord en haut.

XX **Rest. Le Dauphin,** av. Alliés (r) ☏ 95.15.56, ⇪ – **④**. 🆎 ⓞ **E** 𝚅𝙸𝚂𝙰
➤ *fermé 2 au 25 mai et 26 nov. au 14 déc.* – SC : **R** 40/200.

X **Petite Auberge,** (b) ☏ 95.11.53
➤ *15 juin-15 oct., 15 déc.-15 mai et fermé merc.* – SC : **R** 42/90 ⅄.

X **Le Grillon,** r. République (s) ☏ 95.14.18
➤ *fin juin-fin oct., 20 déc.-20 mai et fermé lundi* – SC : **R** 38/92.

au Balcon de Villard SE : 4 km par D 215 et D 215B – ⊠ **38250** Villard de Lans :

🏠 **Playes,** ☏ 95.14.42, ≤, ⇪ – 🛗wc ☎ **④**. ⅏ ch
15 juin-15 sept. et 15 déc.-30 avril – SC : **R** 52/100 – � 22 – **16 ch** 140/185 – P
200/230.

LADA, V.A.G. Gar. des Olympiades, ☏ 95.10.42   RENAULT Chavernoz, les Bains ☏ 95.15.61
PEUGEOT-TALBOT Rolland, à la Conterie ☏
95.12.69

VILLARD-ST-SAUVEUR 39 Jura 🏷 ⑮ – rattaché à St-Claude.

VILLARS-LES-DOMBES 01330 Ain 🏷 ② G. Vallée du Rhône – 2 832 h. alt. 286 – ✪ 74.
Voir Vierge à l'Enfant★ dans l'église – Parc ornithologique★ S : 1 km.
Paris 455 – Bourg-en-Bresse 28 – ◆Lyon 34 – Villefranche-sur-Saône 27.

XX ✿ **Aub. des Chasseurs** (Dubreuil), à Bouligneux NO : 4 km par D 2 ☏ 98.10.02,
⇪ – **④**. 𝚅𝙸𝚂𝙰
fermé 15 août au 1ᵉʳ sept., fév., mardi soir et merc. – SC : **R** (nombre de couverts
limité - prévenir) 90/200
Spéc. Salade royale de l'auberge, Assiette de crustacés et St-Jacques (sept. à mai), Canard sauvage
rôti (11 oct. au 30 janv.). **Vins** Beaujolais blanc, Bugey pétillant.

X **de la Tour,** ☏ 98.03.21 – 𝚅𝙸𝚂𝙰
fermé vacances de nov., de fév., merc. soir et jeudi – SC : **R** 68/130.

au Plantay NE : 5 km par N 83 et D 70 – ⊠ **01330** Villars-les-Dombes :

XX **Table des Étangs,** ☏ 98.15.31 – 𝚅𝙸𝚂𝙰
fermé 1ᵉʳ au 15 sept., 19 au 29 déc., 1ᵉʳ au 15 fév., jeudi midi et merc. – SC : **R** 85/195.

VILLARS-SOUS-DAMPJOUX 25 Doubs 🏷 ⑱ – 393 h. alt. 363 – ⊠ **25190** St-Hippolyte-sur-
le-Doubs – ✪ 81 – Paris 489 – Baume-les-Dames 45 – ◆Besançon 74 – Montbéliard 23 – Morteau
48.

XX **Sur les Rives du Doubs,** à Dampjoux S : 1 km ☏ 96.93.82, ≤ – **④**. ⅏
fermé janv., mardi soir et merc. – SC : **R** carte 90 à 125 ⅄.

VILLE 67220 B.-Rhin 🏷 ⑧ ⑨ G. Vosges – 1 616 h. alt. 260 – ✪ 88.
🅩 Syndicat d'Initiative à la Mairie (fermé dim. hors sais.) ☏ 57.11.69.
Paris 489 – Lunéville 80 – St-Dié 36 – Ste-Marie-aux-Mines 25 – Sélestat 15 – ◆Strasbourg 54.

🏠 **Bonne Franquette,** 6 pl. Marché ☏ 57.14.25 – 🛗wc ☎. ⅏
➤ *fermé 24 déc. au 3 janv., 9 fév. au 20 mars, merc. soir et jeudi* – SC : **R** 30/110 ⅄ – �
18 – **10 ch** 120/155.

🏠 **Ville de Nancy,** ☏ 57.10.10 – 🛗 **④**. ⅏
➤ *fermé oct., dim. soir et lundi* – SC : **R** 45/90 ⅄ – � 13,50 – **20 ch** 50/92 – P 108/125.

CITROEN Gar. Jost, ☏ 57.15.44

La VILLE-AUX-CLERCS 41 L.-et-Ch. 64 ⑥ – 969 h. alt. 143 – ⊠ 41160 Maurée – ✿ 54.
Paris 159 – Brou 40 – Châteaudun 34 – ✦Le Mans 73 – ✦Orléans 68 – Vendôme 16.

 🏨 **Manoir de la Forêt** ⤫, à Fort-Girard E : 1,5 km par VO ⌖ 80.62.83, ≤, parc, 🏤
  – 📺 🛁wc 🛆wc ☎ 🅿 – 🅰 60. 𝗩𝗜𝗦𝗔
  fermé 15 fév. au 15 mars et lundi du 1ᵉʳ oct. à fin mars – SC : **R** 100/180 – ⚏ 23 –
  22 ch 120/300 – P 230/330.

VILLEBON-SUR-YVETTE 91 Essonne 60 ⑩, 101 ㉞ – voir à Paris, Environs.

VILLECROZE 83 Var 84 ⑥ G. Côte d'Azur – 867 h. alt. 350 – ⊠ 83690 Salernes – ✿ 94.
Voir Belvédère★ N : 1 km.
Paris 856 – Aups 8 – Brignoles 41 – Draguignan 21.

 🏨 **Le Vieux Moulin** ⤫, sans rest, ⌖ 70.63.35, 🌴 – 🛁wc 🛆wc ☎ 🅿. 🅰🅴. 🦅
  1ᵉʳ avril-30 sept. – SC : ⚏ 16 – **10 ch** 99/160.

VILLE-D'AVRAY 92 Hauts-de-Seine 60 ⑩, 101 ㉓ – voir à Paris, Environs.

VILLEDIEU-LES-POÊLES 50800 Manche 59 ⑧ G. Normandie – 4 971 h. alt. 103 – ✿ 33.
🛈 Office de Tourisme pl. Costils (26 juin-11 sept.) ⌖ 61.05.69.
Paris 321 ② – Alençon 134 ④ – Avranches 22 ⑤ – ✦Caen 78 ② – Flers 59 ③ – St-Lô 34 ①.

VILLEDIEU-LES-POÊLES

flèche rouge : sens unique le mardi

République (Pl. de la) 15

Bourg-l'Abbesse (R. du) 2
Carnot (R.) 3
Chignon (R. du Pont) 4
Costils (Pl. des) 5
Dr-Havard (R. du) 6
Flandres Dunkerque (R.) 7
Gasté (R. Jean) 8
Gaulle (R. Gén. de) 9
Leclerc (Bd Mar.) 13
Tetrel (R. Jules) 17

*Allacciate le cinture di sicurezza
sia in viaggio sia in città.*

*Nelle piante di città
il Nord è sempre in alto.*

 🏨 **St-Pierre et St-Michel,** pl. République (a) ⌖ 61.00.11 – 🛁wc 🛆wc ☎ 🚗
  🅿. 🦅 ch
  fermé 15 déc. au 1ᵉʳ janv. et vend. du 1ᵉʳ nov. au 15 mars – SC : **R** 37/84 🍷 – ⚏ 13 –
  25 ch 52/134.

 🏨 **Le Fruitier,** r. Gén.-de-Gaulle (x) ⌖ 51.14.24 – 🛁wc 🛆wc ☎ 🚗. 🦅 ch
  fermé vacances de fév. – SC : **R** 40/62 🍷 – ⚏ 13,50 – **14 ch** 125/150.

 🏫 **Paris,** 1 bd Mar.-Leclerc (e) ⌖ 61.00.66 – 🅿. 🦅
  SC : **R** 35/85 🍷 – ⚏ 12 – **16 ch** 59.

CITROEN Pichon, ⌖ 61.06.20
PEUGEOT-TALBOT Gar. Bes, ⌖ 61.00.35 N ⌖
61.09.60

PEUGEOT-TALBOT Auto-Normandie, ⌖ 61.
00.33
RENAULT Loreille, ⌖ 61.00.70

VILLE-EN-TARDENOIS 51 Marne 56 ⑮ – 332 h. alt. 147 – ⊠ 51170 Fismes – ✿ 26.
Paris 125 – Châlons-sur-Marne 58 – Château-Thierry 42 – Épernay 25 – Fère-en-Tardenois 25 –
✦Reims 20 – Soissons 52.

 ✕ **Le Postillon,** D 380 ⌖ 61.83.67
  fermé fév. et merc. – SC : **R** 36 bc/94 🍷.

VILLEFORT 48800 Lozère 80 ⑦ G. Vallée du Rhône – 791 h. alt. 605 – ✿ 66.
Env. Belvédère du Chassezac★★ N : 8 km puis 15 mn.
🛈 Office de Tourisme r. Église (fermé sam. après-midi et dim.) ⌖ 46.80.26.
Paris 600 – Alès 55 – Aubenas 60 – Florac 67 – Mende 59 – Pont-St-Esprit 89 – Le Puy 91.

 🏨 **Balme,** ⌖ 46.80.14 – 🛁wc 🛆 ☎ 🚗. ⓪
  1ᵉʳ fév.-11 nov. et fermé dim. soir et lundi hors sais. – SC : **R** 50/85 🍷 – ⚏ 16 –
  23 ch 60/150 – P 132/170.

CITROEN Bedos, ⌖ 46.80.07 N ⌖ 46.80.06   RENAULT Barrial, ⌖ 46.80.18

VILLEFRANCHE 06230 Alpes-Mar. 84 ⑨⑩, 195 ㉗ G. Côte d'Azur – 7 411 h. – 93.

Voir Rade★★ – Vieille ville★ – Chapelle St-Pierre★ B – Musée Volti★ M.

Office de Tourisme square F.-Binon (fermé dim. hors sais. et lundi) 01.73.68.

Paris 940 ③ – Beaulieu-sur-Mer 4 ④ – ♦Nice 6 ③.

VILLEFRANCHE (ALPES-MAR.)

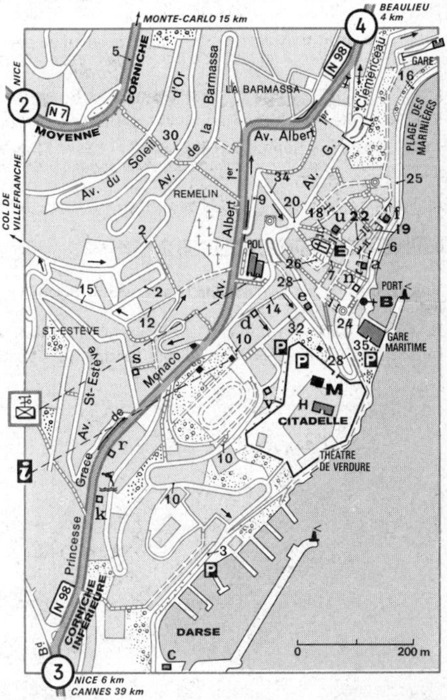

To go a long way quickly, use ***Michelin maps*** *at a scale of 1 : 1 000 000.*

Versailles, av. Princesse-Grace **(k)** 80.89.56, Télex 970433, ≤ rade, – – ☎ ♿ . AE ⓓ VISA. rest
fermé 15 oct. au 15 déc. – SC : **R** 125/180 – 30 – **46 ch** 260/470, 3 appartements 528.

Welcome et rest. St-Pierre, 1 q. Courbet **(n)** 55.27.27, Télex 470281, ≤, – ☎ ♿. AE ⓓ E VISA. rest
fermé fin. oct. au 20 déc. – SC : **R** 102/198 – **32 ch** 305/495 – P 595/850.

Vauban Ⓜ sans rest, 11 av. Gén.-de-Gaulle **(v)** 01.71.20, « Décor Louis XV, Jardin » – wc wc .
15 fév.-15 nov. – SC : 16,50 – **12 ch** 120/300.

St-Estève Ⓜ sans rest, r. Duhamel **(s)** 01.72.59 – wc wc . AE ⓓ.
fermé 10 nov. au 15 déc. – SC : 16 – **17 ch** 175/210.

Provençal, 4 av. Mar.-Joffre **(d)** 80.71.82, ≤, – rest wc wc . AE ⓓ E VISA. rest
SC : **R** *(fermé 1er nov. au 12 déc.)* 65/77 – 14,50 – **45 ch** – P 148/246.

La Flore, av. Princesse-Grace **(r)** 56.80.29, ≤ rade, , – wc wc
fermé 30 oct. au 15 nov. (hôtel) au 15 déc. (rest.) – SC : **R** 50/75 – **18 ch** 141/228 – P 185/225.

XXXX **Massoury,** par ④ 01.03.66, ≤ rade, – . AE ⓓ VISA.
fermé nov. et merc. sauf le soir de juin à sept. – SC : **R** carte 195 à 310.

XX **Mère Germaine,** quai Courbet **(a)** 01.71.39, ≤, – AE VISA
fermé nov., mardi soir (sauf de mai à oct.) et merc. – SC : **R** carte 160 à 230.

XX **Le Méditerranée,** av. Sadi-Carnot **(e)** 80.78.56, ≤,
fermé 1er au 15 juil., et merc. – **R** 80/120.

X **La Campanette,** 2 r. Baron de Brès **(u)** 80.79.98 – VISA
fermé 1er au 15 nov., 1er au 15 janv. et dim. – SC : **R** (dîner seul.) 95.

X **La Frégate,** quai Courbet **(f)** 01.71.31, ≤, – AE ⓓ VISA
fermé 2 janv. au 15 fév., merc. soir en hiver, vend. midi en été et jeudi – SC : **R** carte 145 à 220.

VILLEFRANCHE-DE-CONFLENT 66 Pyr.-Or. 86 ⑰ G. Pyrénées – 294 h. alt. 432 – ⊠ 66500
Prades – ✿ 68.

Voir Ville forte★.

🅸 Office de Tourisme pl. Église (Pâques, juin-sept. et Noël) ☏ 96.10.78.

Paris 961 – Mont-Louis 30 – Olette 10 – ♦Perpignan 49 – Prades 6 – Vernet 5,5.

　🍴　**Au Grill,** r. St-Jean ☏ 96.17.65, exposition de peintures – 𝘝𝘐𝘚𝘈
　　　fermé 5 nov. à fin déc. et lundi sauf juil.-août – SC : **R** 57/77 ⅃.

VILLEFRANCHE-DE-LAURAGAIS 31290 H.-Gar. 82 ⑲ – 3 127 h. alt. 175 – ✿ 61.

Paris 742 – Auterive 26 – Castelnaudary 22 – Castres 56 – Gaillac 67 – Pamiers 40 – ♦Toulouse 33.

　🏨　**France,** r. République ☏ 81.62.17 – ⇌wc 🕾 ☎ ⇌ – 🏔 70. 🅰🅴 ⊙ 🄴
　→　*fermé 2 au 23 juil., 25 janv. au 7 fév. lundi sauf fériés* – SC : **R** 46 bc/82 ⅃ – ⇱ 14 –
　　　19 ch 68/105 – P 140/160.

PEUGEOT-TALBOT Gar. Moderne, ☏ 81.60.41

VILLEFRANCHE-DE-ROUERGUE ⟨SP⟩ 12200 Aveyron 79 ⑳ G. Causses – 13 869 h. alt.
254 – ✿ 65.

Voir La Bastide★ B – Ancienne chartreuse St-Sauveur★ AB – Place Notre-Dame★ B –
Église Notre-Dame★ B **E.**

🅸 Office de Tourisme Promenade Guiraudet (fermé dim.) ☏ 45.13.18, Télex 530315.

Paris 620 ⑥ – Albi 72 ③ – Aurillac 103 ⑥ – Cahors 61 ④ – Montauban 73 ④ – Rodez 57 ⑥.

Boriès (R. du Serg.)	B **2**
Fabre (R. Marcellin)	B **3**
Notre-Dame (Pl. et ⇨)	B
République (R. de la)	B **15**
Fontaine (Pl. de la)	B **4**
Guiraudet (Prom. du)	B **5**
Hôpital (Quai de l')	B **6**
Jean-Jaurès (Pl.)	A **7**
Lhez (Pl. B.)	B **8**
Marteau (R. du)	B **9**
Montlauzeur (R. Durand)	B **10**
Pomairol (R. J.-de)	B **12**
Prestat (R. du Gén.)	B **13**
St-Augustin (⇨)	C
Saint-Gilles (Av. R.-de)	B **16**
St-Jacques (R.)	B **17**
St-Jean-d'Aigremont (R.)	C **18**
St-Joseph (⇨)	A
Sénéchaussée (R. de la)	B **19**

　🏨　**Lagarrigue** ◇, pl. B.-Lhez ☏ 45.01.12 – ⇌wc 🕾 ☎ **E**. 💥 rest
　　　15 avril-1ᵉʳ déc. et fermé dim. du 15 sept. au 1ᵉʳ déc. – SC : **R** 55/100 ⅃ – ⇱ 20 –
　　　20 ch 80/195.
　　　B **u**

　🏨　**France** sans rest, pl. J.-Jaurès ☏ 45.05.10 – 🕼 ⇌wc 🕾wc ☎. 🄴 𝘝𝘐𝘚𝘈
　　　SC : ⇱ 15 – **22 ch** 120/140.
　　　A **r**

　🏨　**Poste,** 45 r. Gén.-Prestat ☏ 45.13.91 – ⇌wc 🕾wc
　→　*fermé dim. sauf de mai à oct.* – SC : **R** 50/60 ⅃ – ⇱ 14 – **20 ch** 64/110 – P 110/135.
　　　B **a**

　🍴🍴　**Univers** (1ᵉʳ étage) avec ch (Annexe 🏨 M – 15 ch), pl. République ☏ 45.15.63
　→　– 🕼 ⇌wc 🕾wc ☎
　　　SC : **R** (*fermé 23 nov. au 9 déc., 24 fév. au 11 mars, vend. soir et sam. sauf du 6 juil.
　　　au 10 sept.*) 41/175 ⅃ – ⇱ 16 – **32 ch** 65/180 – P 135/180.
　　　B **s**

au Farrou par ⑥ : 4 km ou par ① : 5 km – ⊠ **12200** Villefranche-de-Rouergue :

XX **Relais de Farrou** avec ch, ☏ 45.18.11, 佘, ⇙ – ⋔ **❷**. **E**
◆ *fermé 16 au 26 déc., 1er au 13 mars, din. soir (sauf en juil.-août) et lundi (sauf hôtel en juil.-août)* – SC : **R** 43/120 ⅄ – � 17,50 – **12 ch** 52/108 – P 128/144.

à Martiel par ④ : 10 km rte de Cahors – ⊠ **12200** Villefranche-de-Rouergue :

🏠 **Dolmens** Ⓜ ॐ, ☏ 45.12.52, 佘, ⇙ – ⌂wc ⋔wc **❷ ❷**. **VISA**. ⅍ rest
◆ *1er mars-30 nov.* – SC : **R** *(fermé dim. soir et lundi hors sais.)* 40/75 ⅄ – ⊒ 15 –
23 ch 120/138 – P 175.

CITROEN Lizouret, rte de Toulonjac par ⑤ ☏ 45.01.74
FIAT, LANCIA-AUTOBIANCHI Gaubert Ch., rte de Montauban ☏ 45.19.65 🅽
PEUGEOT-TALBOT Trebosc, rte de Montauban Les Cabrières par ④ ☏ 45.59.54
RENAULT Trebosc-Gaubert, rte de Cahors par ④ ☏ 45.21.83

RENAULT Gar. du Languedoc, 45 bd de Haute-Guyenne ☏ 45.22.27

🅐 Central-Pneu, Les Plantades, rte Hte du Farrou ☏ 45.24.64
La Maison du Pneu, 23 av. Vézian-Valette ☏ 45.14.67

VILLEFRANCHE-DU-PÉRIGORD 24550 Dordogne �753 ⑰ G. Périgord – 800 h. alt. 270 –
❸ 53 – 🅱 Syndicat d'Initiative à la Mairie *(fermé sam. et dim.)* ☏ 29.91.44.

Paris 584 – Bergerac 65 – Cahors 40 – Périgueux 85 – Sarlat-la-Canéda 45 – Villeneuve-sur-Lot 49.

🏠 **Commerce,** ☏ 29.90.11, 佘 – ⌂wc ⋔wc ☏
◆ *1er mars-1er déc.* – SC : **R** 50/160 – ⊒ 18 – **29 ch** 55/165 – P 160/180.

VILLEFRANCHE-SUR-CHER 41 L.-et-Ch. 🅖🅸 ⑱ G. Châteaux de la Loire – 2 064 h. alt. 98 –
⊠ **41200** Romorantin-Lanthenay – ❸ 54.

Paris 207 – Blois 49 – Châteauroux 58 – Montrichard 48 – Romorantin-Lanthenay 8 – Vierzon 25.

XX **Croissant** avec ch, ☏ 98.41.18 – ⌂wc ☏. **VISA**. ⅍
◆ *fermé 9 au 17 sept., jan. din. soir et lundi* – SC : **R** 43/100 – ⊒ 14 – **9 ch** 110/140.

XX **Les Deux Pierrots,** à St-Julien-sur-Cher au S : 1 km par D 922 ⊠ **41320** Mennetou-sur-Cher ☏ 98.40.07 – **VISA**
◆ *fermé 24 sept. au 2 oct., fév., lundi soir et mardi* – SC : **R** 50/125.

RENAULT Gar. du Cher, ☏ 98.42.29

VILLEFRANCHE-SUR-SAÔNE ◆ **69400** Rhône 🅷🅴 ① G. Vallée du Rhône – 29 066 h.
alt. 191 – ❸ 74.

🅱 Office de Tourisme *(fermé dim.)* et A.C. 290 rte Thizy ☏ 68.05.18.

Paris 436 ③ – Bourg-en-Bresse 51 ② – ✦Lyon 31 ③ – Mâcon 41 ③ – Roanne 75 ⑤.

Plan page suivante

🏨 **Plaisance** Ⓜ, 96 av. Libération ☏ 65.33.52 – 🛗 📺 ⇦ **❷** – ▵ 50. 🅰🅴 ⑩ **E VISA**
fermé 24 déc. au 2 janv. – SC : **R** voir rest. **La Fontaine bleue** – ⊒ 21 – **68 ch**
154/210.   AZ n

🏠 **Ibis** Ⓜ, par ③ échangeur A 6 (péage Limas) ☏ 68.22.23, Télex 370777 – 🛗 📺
⌂wc ☏ **❷** – ▵ 40. **E VISA**
SC : **R** carte environ 65 ⅄ – ⊒ 19 – **116 ch** 160/201.

🏠 **Bourgogne,** 91 r. Stalingrad ☏ 65.06.42 – ⌂wc ☏. **VISA**   BZ f
SC : **R** voir rest. **Potinière** – ⊒ 11,50 – **22 ch** 65/100.

XXX ❀ **Aub. Faisan-Doré** (Cruz), au Pont de Beauregard NE : 2,5 km par D 44 - BY-
☏ 65.01.66, 佘, ⇙ – **❷**. 🅰🅴 ⑩ **VISA**
fermé 6 au 28 août, dim. soir et lundi sauf fériés – SC : **R** 90/250
Spéc. Foie gras frais, Assiette de poissons, Charolais au poivre vert. **Vins** Mâcon, Chiroubles.

XX **La Fontaine Bleue,** pl. Libération ☏ 68.10.37 – **❷**   AZ n

X **La Colonne** avec ch, 6 pl.Carnot ☏ 65.43.69 – ⌂. ⅍ ch   BZ a
◆ *fermé 3 au 25 août, 29 déc. au 7 janv., dim. midi et sam.* – SC : **R** 45/120 – ⊒ 14 –
14 ch 60/115.

X **Potinière,** 79 r. Stalingrad ☏ 65.37.09 **VISA**   BZ f
◆ *fermé vend. soir d'oct. à fin mai* – **R** 38/79 ⅄.

à Chervinges par ⑤ : 3 km – ⊠ **69400** Villefranche-sur-Saône :

🏨 **Château de Chervinges** ॐ, ☏ 65.29.76, Télex 380772, ≼, parc, ⌁, ⅍ – 🛗 ☏
❷. 🅰🅴 ⑩ **VISA**. ⅍
fermé janv. et fév. – SC : **R** *(fermé dim. soir, mardi midi et lundi; en juil. et août
dîner seul.)* 150/200, dîner à la carte – **12 ch** ⊒ 460/700, 6 appartements.

à Beauregard NE : 3 km par D 44 - BY – ⊠ **01480** Jassans Riottier.

Voir Château de Fléchères★ N : 3,5 km.

X **Aub. Bressane,** ☏ 60.93.92 – **❷**. 🅰🅴 **VISA**
fermé 27 nov. au 18 déc., vacances de fév., mardi soir et merc. – SC : **R** 60/170.

Voir aussi ressources hôtelières de *Salles Arbuissonas* NO : 11 km par D 35 –
AY

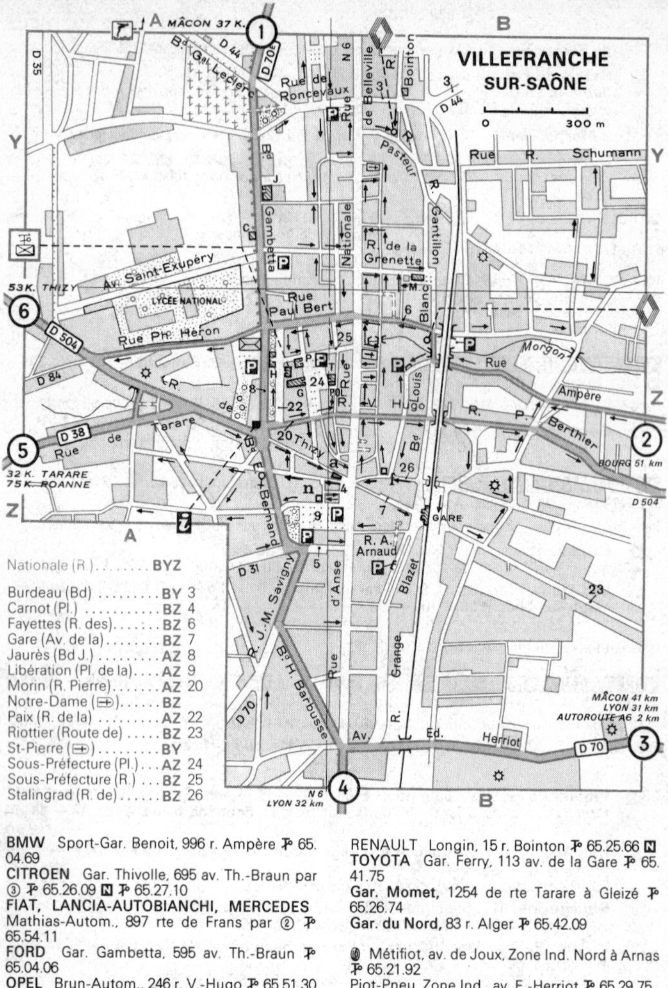

Nationale (R.) . . . . BYZ

Burdeau (Bd) . . . . BY 3
Carnot (Pl.) . . . . BZ 4
Fayettes (R. des) . . . . . . BZ 6
Gare (Av. de la) . . . . BZ 7
Jaurès (Bd J.) . . . . AZ 8
Libération (Pl. de la) . . . . AZ 9
Morin (R. Pierre) . . . . AZ 20
Notre-Dame (⊞) . . . . . . BZ
Paix (R. de la) . . . . AZ 22
Riottier (Route de) . . . . . BZ 23
St-Pierre (⊞) . . . . BY
Sous-Préfecture (Pl.) . . . AZ 24
Sous-Préfecture (R.) . . . BZ 25
Stalingrad (R. de) . . . . . . BZ 26

BMW Sport-Gar. Benoit, 996 r. Ampère ☎ 65.04.69
CITROEN Gar. Thivolle, 695 av. Th.-Braun par ③ ☎ 65.26.09 **N** ☎ 65.27.10
FIAT, LANCIA-AUTOBIANCHI, MERCEDES Mathias-Autom., 897 rte de Frans par ② ☎ 65.54.11
FORD Gar. Gambetta, 595 av. Th.-Braun ☎ 65.04.06
OPEL Brun-Autom., 246 r. V.-Hugo ☎ 65.51.30
PEUGEOT-TALBOT Nomblot, 1193 av. de l'Europe par D 44 BY ☎ 65.22.50
RENAULT Technic'Auto, 176 bd L.-Blanc ☎ 68.05.83
RENAULT Longin, 15 r. Bointon ☎ 65.25.66 **N**
TOYOTA Gar. Ferry, 113 av. de la Gare ☎ 65.41.75
Gar. Momet, 1254 de rte Tarare à Gleizé ☎ 65.26.74
Gar. du Nord, 83 r. Alger ☎ 65.42.09

Ⓜ Métifiot, av. de Joux, Zone Ind. Nord à Arnas ☎ 65.21.92
Piot-Pneu, Zone Ind., av. E.-Herriot ☎ 65.29.75
Tessaro-Pneus, 629 r. d'Anse ☎ 65.41.98

VILLEMAGNE **11 Aude** **82** ⑳ – **260 h. alt. 450** – ⊠ **11310** **Saissac** – ⓢ **68.**
Paris 784 – Carcassonne 31 – Castelnaudery 16 – Mazamet 44 – ♦ Toulouse 75.

Castel de Villemagne 🐎, ☎ **60.22.95, parc** – 🛁wc 🚿wc ☎ 🚗. VISA
1er avril-30 sept. (hiver prévenir) – **SC** : **R** 68/170 🌡 – ☕ 22 – **5 ch** 120/250.

VILLEMOMBLE **93 Seine-St-Denis** **56** ⑪, **101** ⑯ – **voir à Paris, Environs.**

VILLEMUR-SUR-TARN **31340** **H.-Gar.** **82** ⑧ **G. Périgord** – **4 456 h. alt. 99** – ⓢ **61.**
Paris 682 – Albi 62 – Castres 73 – Montauban 26 – ♦Toulouse 33.

XX **La Ferme de Bernadou,** rte Toulouse ☎ **09.02.38,** ≤, **parc,** 🍽 – **P**. AE VISA
fermé fév., dim. soir, lundi et mardi – **SC** : **R** 64/150.

CITROEN Vacquie, ☎ 09.01.60
PEUGEOT, TALBOT Terral, à Pechnauquié ☎ 09.04.73

VILLENEUVE 01 Ain 74 ① – 733 h. alt. 269 – ⊠ **01480** Jassans Riottier – ✪ 74.
Paris 444 – Bourg-en-Bresse 38 – ♦Lyon 40 – Meximieux 42 – Villefranche-sur-Saône 13.

   ✗   Barberis, ℡ 00.71.05 – **℗**.

VILLENEUVE 04 Alpes-de-H.-P. 81 ⑮ – rattaché à Manosque.

VILLENEUVE 12260 Aveyron 79 ⑩ G. Périgord – 1 649 h. alt. 421 – ✪ 65.
Paris 609 – Cahors 63 – Figeac 25 – Rodez 53 – Villefranche-de-Rouergue 11.

   🏠   **Poste,** ℡ 45.62.13 – 🛏wc 🗮 🚗
   🍴   SC : **R** 40 bc/70 bc – 🖙 13 – **14 ch** 60/110 – P 120/150.
RENAULT Lagriffoul-Ortalo, ℡ 45.61.11

La VILLENEUVE 23 Creuse 73 ② – 117 h. alt. 705 – ⊠ **23260** Crocq – ✪ 55.
Paris 382 – Aubusson 24 – ♦Clermont-Ferrand 68 – Guéret 63 – Montluçon 62 – Ussel 55.

   🏠   **Relais Marchois,** ℡ 67.23.17, 🐎 – 🗮. **AE** **VISA** 🍴 ch
   🍴   fermé oct. et lundi de sept. à fin mai – SC : **R** 45/90 🍷 – 🖙 15 – **10 ch** 60/110 – P
      170/200.

VILLENEUVE D'ASCQ 59 Nord 51 ⑯ – rattaché à Lille.

VILLENEUVE-DE-BERG 07170 Ardèche 80 ⑨ G. Vallée du Rhône – 2 083 h. alt. 320 – ✪ 75.
Env. Mirabel : ✱✱, promenade✱ au Bomier 30 mn N : 7 km.
Paris 633 – Aubenas 16 – Montélimar 27 – Pont-St-Esprit 54 – Privas 46.

   ✗✗   **Aub. de Montfleury** avec ch, à la gare O : 4 km par rte Aubenas ℡ 37.82.73 –
      🛏 **℗** **AE**
      fermé nov., 12 au 18 mars et merc. sauf juil., août – **R** 57/150 – 🖙 14 – **5 ch** 85.
CITROEN Mathevon, ℡ 37.81.32 **N**   PEUGEOT, TALBOT Gabriel, ℡ 37.81.50 **N**

VILLENEUVE-DE-MARSAN 40190 Landes 82 ①② – 2 035 h. alt. 90 – ✪ 58.
Paris 715 – Aire-sur-l'Adour 21 – Auch 87 – Condom 64 – Mont-de-Marsan 17 – Roquefort 16.

   🏨   **Darroze,** ℡ 45.20.07, 🐎 – 🚗 **℗**. **AE** **VISA**
      fermé 1er au 14 fév., dim. soir et lundi d'oct. à juin sauf fêtes – SC : 85/200 – 🖙 25 –
      35 ch 70/260 – P 220/380.
   🏠   ✿ **Europe (Garrapit),** ℡ 58.20.08, 🏊, – 🛏wc 🗮 🚗 **℗** – 🏧 100. **VISA**
      fermé du 2 au 20 janv. – SC : **R** 75/200 – 🖙 18 – **18 ch** 80/180 – P 180/200
      Spéc. Salade de cèpes aux filets d'oie grillés, Cuisse de canard confite, Salmis de pintade aux
      pruneaux. **Vins** Tursan, Madiran.
CITROEN Roumégoux, ℡ 58.22.05   RENAULT Barrère, ℡ 58.22.27

VILLENEUVE-DE-RIVIÈRE 31 H.-Gar. 85 ⑩ – rattaché à St-Gaudens.

VILLENEUVE-L'ARCHEVÊQUE 89190 Yonne 61 ⑮ G. Bourgogne – 1 234 h. alt. 111 – ✪ 86.
Paris 139 – Auxerre 56 – Nogent-sur-Seine 37 – Pont-sur-Yonne 32 – Sens 24 – Troyes 41.

   ✗   **Relais Fleuri,** ℡ 86.70.52 – **VISA**
   🍴   fermé 15 au 30 sept., dim. soir et lundi – SC : **R** 45/75.
PEUGEOT-TALBOT Gar. Louis, ℡ 86.76.97   RENAULT Talvat, à Molinons ℡ 86.71.13 **N** ℡
                                       86.73.37

VILLENEUVE-LA-SALLE 05 H.-Alpes 77 ⑧⑱ – voir à Serre-Chevalier.

VILLENEUVE-LE-COMTE 77174 S.-et-M. 61 ②, 196 ㉒ – 1 181 h. alt. 126 – ✪ 6.
Paris 42 – Lagny-sur-Marne 13 – Meaux 21 – Melun 39.

   ✗   **La Vieille Auberge,** 11 av. Gén.-de-Gaulle ℡ 025.00.35
      fermé 22 déc. au 20 janv. et mardi – SC : **R** 80.

VILLENEUVE-LÈS-AVIGNON 30400 Gard 81 ⑪⑫ G. Provence (plan) – 9 535 h. alt. 24 –
✪ 90 (Vaucluse).
Voir Fort St-André✱ : ≼✱✱✱ U – Tour Philippe-le-Bel ≼✱✱ UF – Vierge en ivoire✱✱ dans
la sacristie de l'église UD – Couronnement de la Vierge✱✱ au musée municipal UM –
Chartreuse du Val-de-Bénédiction✱ UR – Abbaye St-André : ≼✱ de la terrasse U.
🛈 Office de Tourisme, 1 pl. Ch.-David ℡25.61.33.
Paris 691 ② – Avignon 3 – Nîmes 44 ⑥ – Orange 24 ⑦ – Pont-St-Esprit 43 ⑤.

Plan : voir à Avignon

🏨 ❀ **Prieuré** ⑤, pl. du Chapitre ☎ 25.18.20, Télex 431042, 斎, parc, « Sous les ombrages d'un vieux prieuré », ⊒, ✗ – ⌕ ▤ ⅏ ☎ Ⓟ – 🖾 50. ஊ ⑨ Ⅎ 𝘝𝘐𝘚𝘈. ❄ rest   U t
3 mars-1ᵉʳ nov. – SC : **R** 220 – ⌷ 38 – **26 ch** 330/750, 9 appartements
Spéc. Foie gras frais de canard. Trois poissons à la menthe fraîche. Pâtisseries. **Vins** Tavel, Cairanne.

🏨 **La Magnaneraie** Ⓜ ⑤, 37 r. Camp-de-Bataille ☎ 25.11.11, 斎, ⊒, 禾, ✗ – ⅏ ⌂wc ⋔wc ☎ 🚗 Ⓟ – 🖾 30. ஊ ⑨ Ⅎ 𝘝𝘐𝘚𝘈   U b
SC : **R** 120/160 – ⌷ 25 – **21 ch** 170/380.

🏨 **Atelier** sans rest, 5 r. Foire ☎ 25.01.84, « Maison 16ᵉ s., patio » – ⌂wc ⋔wc ☎. ஊ 𝘝𝘐𝘚𝘈   U e
fermé 20 déc. au 4 fév. – SC : ⌷ 16 – **19 ch** 116/196.

🏨 **Résidence Les Cèdres** ⑤, à Bellevue 39 bd Pasteur ⊠ 30400 Villeneuve-lès-Avignon ☎ 25.43.92, 斎, ⊒, 禾 – ⌂wc ⋔wc ☎ Ⓟ.   U a
SC : **R** Grill *(fermé dim.)* 58 – ⌷ 17 – **25 ch** 110/200.

VILLENEUVE-LOUBET 06270 Alpes-Mar. 🟄 ⑨. 🟦🟦🟦 ㉟ G. Côte d'Azur – 8 210 h. – ❀ 93.

Voir Musée de l'Art culinaire★ (fondation Auguste Escoffier) ɤ**M2**.

Paris 923 ⑤ – Antibes 12 ④ – Cagnes-sur-Mer 3 – Cannes 23 ⑤ – Grasse 23 ⑥ – ◆Nice 16 ③ – Vence 12 ①.

Voir plan de Cagnes-sur-Mer-Villeneuve-Loubet-Haut de Cagnes

XX **Vieille Auberge**, 11 r. Mesures ☎ 73.90.92 – ஊ 𝘝𝘐𝘚𝘈   Y e
fermé 1ᵉʳ au 20 déc., lundi soir et mardi d'oct. à avril – SC : **R** 60/140.

MERCEDES-BENZ Succursale, av. des Baumettes, N 7 ☎ 73.06.11

à Villeneuve-Loubet-Plage :

🏨 **Baie des Anges**, rte bord de mer ☎ 20.08.54, ≼, 🏖, – cuisinette ⅏ ⌂wc ⋔wc 🅐 Ⓟ. ஊ 𝘝𝘐𝘚𝘈   Z t
SC : **R** 55/110 ⅃ – ⌷ 14 – **28 ch** 170/250 – P 185/230.

🏨 **Syracuse** Ⓜ sans rest, chemin de la Batterie ☎ 20.45.09, ≼, 🏖 – ⅏ cuisinette ⌂wc ⋔wc 🅐 Ⓟ. ❄   Z x
SC : ⌷ 21 – **27 ch** 200/280.

🏨 **Pétanque** sans rest, N 98 ☎ 20.07.05 – cuisinette ⌂wc ⋔wc 🅐 Ⓟ   Z w
30 ch.

🏨 **Palerme** sans rest, chemin de la Batterie ☎ 20.16.07, 禾 – cuisinette ⋔wc 🅐 Ⓟ   Z d
43 ch.

🏨 **Baléares** sans rest, sur N 7 ☎ 20.91.07 – cuisinette ⋔wc Ⓟ   Z k
fermé 15 au 30 nov. – SC : ☎ 15 – **18 ch** 125/185.

XX **Singe Nu**, chemin Batterie ☎ 20.40.53, ≼, 🏖 – Ⓟ   Z x
◆ *1ᵉʳ avril-30 sept.* – SC : **R** 50/100 ⅃

VILLENEUVE-SOUS-CHARIGNY 21 Côte-d'Or 🟝🟝 ⑱ – rattaché à Semur-en-Auxois.

VILLENEUVE-SUR-LOT ◀🅿▶ 47300 L.-et-G. 🟩🟩 ⑤ G. Périgord – 23 730 h. alt. 55 – ❀ 53.

🅕 Office de Tourisme Théâtre G. Leygues (1ᵉʳ avril-30 sept., fermé dim. et lundi matin) ☎ 70.31.37.

Paris 614 ① – Agen 29 ⑤ – Bergerac 60 ① – ◆Bordeaux 142 ⑥ – Brive-la-Gaillarde 144 ③ – Cahors 75 ③ – Libourne 110 ⑥ – Mont-de-Marsan 123 ⑥ – Pau 183 ⑥.

Plan page ci-contre

🏨 **Prune d'Or**, 29 av. L. Carnot ☎ 70.00.95 – ⌂wc ⋔ 🅐 🚗 – 🖾 50. ஊ 𝘝𝘐𝘚𝘈
fermé 20 oct. au 10 nov., vend.soir et sam. midi hors sais. – SC : **R** 55/160 – ⌷ 15 –
17 ch 60/120 – P 160.   AZ b

🏨 **La Résidence** ⑤ sans rest, 17 av. L.-Carnot ☎ 70.17.03, 禾 – ⌂wc ⋔wc 🅐 🚗   BZ s
fermé 10 déc. au 10 janv. – SC : ⌷ 12 – **18 ch** 58/115.

🏨 **Le Glacier** Ⓜ ⑤ sans rest, 23 r. A.-Daubasse ☎ 70.50.61 – ⋔wc 🅐 𝘝𝘐𝘚𝘈 ❄   BY d
SC : ⌷ 14 – **18 ch** 55/100.

🏨 **Les Platanes** sans rest, 40 bd Marine ☎ 70.01.29 – ⋔wc 🅐. ஊ   BY n
fermé 9 au 15 mai et 24 déc. au 2 janv. – SC : ⌷ 15 – **22 ch** 70/138.

🏨 **Terminus**, pl. Gare ☎ 70.30.87 – ⋔ 🚗. Ⅎ 𝘝𝘐𝘚𝘈   AZ b
◆ *fermé janv. et lundi* – SC : **R** 45/70 ⅃ – ⌷ 11 – **19 ch** 54/65.

🏨 **Tortoni** sans rest, 3 bd G.-Leygues ☎ 70.04.02 – ⋔   BY e
SC : ☎ 12 – **7 ch** 70/90.

XX **Host. du Rooy**, chemin de Labourdette par ④ ☎ 70.48.48, parc, 斎 – Ⓟ. ⑨ 𝘝𝘐𝘚𝘈
fermé 16 juil. au 1ᵉʳ août, 13 au 29 fév., dim. soir et merc. – **R** 60/180 ⅃.

X **Normandy**, 5 pl. Marine ☎ 70.36.09   BY u

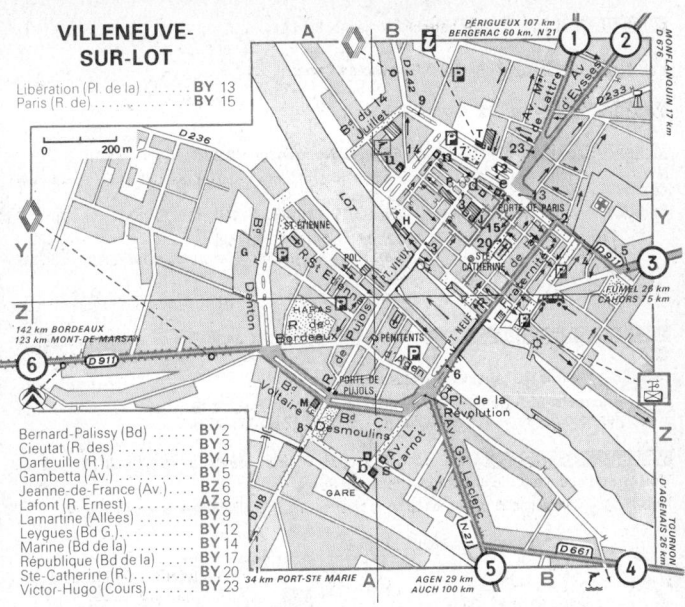

VILLENEUVE-SUR-LOT

Libération (Pl. de la) ...... **BY** 13
Paris (R. de) .... **BY** 15

(map legend)
BORDEAUX 142 km
MONT-DE-MARSAN 123 km
PÉRIGUEUX 107 km
BERGERAC 60 km, N 21
MONFLANQUIN 17 km
FUMEL 26 km
CAHORS 75 km
TOURNON D'AGENAIS 26 km
34 km PORT-STE MARIE
AGEN 29 km
AUCH 100 km

Bernard-Palissy (Bd) ...... **BY** 2
Cieutat (R. des) .... **BY** 3
Darfeuille (R.) .... **BY** 4
Gambetta (Av.) .... **BY** 5
Jeanne-de-France (Av.) ... **BZ** 6
Lafont (R. Ernest) .... **AZ** 8
Lamartine (Allées) .... **BY** 9
Leygues (Bd G.) .... **BY** 12
Marine (Bd de la) .... **BY** 14
République (Bd de la) ..... **BY** 17
Ste-Catherine (R.) .... **BY** 20
Victor-Hugo (Cours) .... **BY** 23

à *Pujols* SO : 4 km par D 118 et CC 207 - AZ - ⊠ 47300 Villeneuve-sur-Lot :

Chênes M ⑤ sans rest, ☎ 49.04.55, ⩽ – 🖂 ☎ 🕭 🕭 – ⚑ 40. 🝙 ⓄⒺ 𝗩𝗜𝗦𝗔
⟷ 22 – **21 ch** 150/230.

XXX ⚜ **La Toque Blanche** (Lebrun), ☎ 49.00.30, ⩽, 🏕 – 🕭. 🝙 Ⓔ 𝗩𝗜𝗦𝗔. ⚞
fermé 7 au 14 juin, 15 au 30 nov., 6 au 13 fév., lundi hors sais. et dim. soir – SC : **R**
70/270
Spéc. Omelette aux truffes, Baudroie au vieux Cahors, Pigeon au coulis d'échalotes.

XX **Aub. Lou Calel,** ☎ 70.46.14, ⩽ Villeneuve – 🕭. 𝗩𝗜𝗦𝗔
fermé 15 au 30 sept., 20 déc. au 20 janv., dim. soir, lundi et mardi midi – SC : **R**
(prévenir) 95/155.

BLF Lalaurie, rte de Fumel ☎ 70.07.29
BMW, OPEL Lompech, 29-31 bd Voltaire ☎
70.88.22 Ⓝ
CITROEN S.E.D.E.A.C., av. Bordeaux ☎ 49.
17.17
FORD Autom. Villeneuvoise, 17 av. d'Agen ☎
70.01.03
PEUGEOT, TALBOT Gar. de Bordeaux, rte
Bordeaux à Bias par ⑧ ☎ 70.01.04
RENAULT Villeneuve-Auto, 33 av. d'Agen par
⑤ ☎ 70.32.87

RENAULT Gar. Central Villeneuvois, 7 rte de
Casseneuil ☎ 70.00.50
RENAULT Gouillon, 19 av. de Bordeaux ☎ 70.
03.03
TOYOTA, VOLVO Gar. Franco, 68 av. de Fumel
☎ 70.14.54

🔘 Solapneu, 41 av. Bordeaux ☎ 70.12.57
Stat. Moderne du Pneu, 7 av. de Bordeaux ☎
70.65.75
Villeneuve Pneus, rte Bordeaux à Bias ☎ 70.
10.62

▮**VILLENEUVE-SUR-YONNE**▮ 89500 Yonne ⑥① ⑭ G. Bourgogne (plan) – 4 980 h. alt. 74 – ✿ 86
– 🚩 Syndicat d'Initiative 4 r. Carnot (15 juin-15 sept.) ☎ 87.36.28.
Paris 135 – Auxerre 44 – Joigny 17 – Montargis 45 – Nemours 57 – Sens 13 – Troyes 72.

X **La Boursine** avec ch, N : 1 km sur N 6 ☎ 87.14.26, 🏕
fermé oct., lundi soir et mardi – SC : **R** 50/85 🔆 – ⟷ 14 – **8 ch** 70/75.
CITROEN Gar. Desmurs, 8 r. Puits d'Amour ☎
87.18.21 Ⓝ

PEUGEOT-TALBOT Lesellier, 23 fg St-Nicolas
☎ 87.04.24
RENAULT Paille, rte de Sens ☎ 87.02.23

▮**VILLENEUVE-TOLOSANE**▮ 31 H.-Gar. ⑧② ⑰ – rattaché à Toulouse.

▮**VILLEPINTE**▮ 93 Seine-St-Denis ⑤⑥ ⑪ – voir Paris Environs.

▮**VILLEQUIER**▮ 76 S.-Mar. ⑤⑤ ⑤ G. Normandie – 769 h. – ⊠ 76490 Caudebec-en-Caux – ✿ 35.
Voir Site★ – Musée Victor-Hugo★.
Paris 171 – Bourg-Achard 27 – Lillebonne 16 – ◆Rouen 41 – Yvetot 17.

X **Gd Sapin,** ☎ 56.78.73, 🏕, « Terrasse au bord de Seine », 🏕 – 🕭. 𝗩𝗜𝗦𝗔
fermé 12 au 21 nov., 15 janv. au 6 fév. et merc. de mi-oct. à fin mars – SC : **R** 41/106.

VILLERAY 61 Orne 60 ⑮ – rattaché à Nogent-le-Rotrou.

VILLEREVERSURE 01 Ain 74 ③ – rattaché à Ceyzeriat.

VILLEROY 89 Yonne 61⑬ – rattaché à Sens.

VILLERS-BOCAGE 14310 Calvados 54 ⑮ G. Normandie – 2 623 h. alt. 140 – ✪ 31.

🛈 Syndicat d'Initiative pl. Petit Marché (15 juin-15 sept., fermé dim. après-midi et lundi matin) ℡ 77.16.14.

Paris 268 – Argentan 70 – Avranches 75 – Bayeux 25 – ◆Caen 26 – Flers 43 – St-Lô 35 – Vire 34.

🏚 **Trois Rois,** rte Vire ℡ 77.00.32, 🗱 – 🛗 🅿. 🗲 🆅🅸🆂🅰. 🛠 ch
fermé 25 juin au 2 juil., fév., dim. soir sauf juil.-août et lundi (sauf fêtes) – SC : R 68/130 – 🖵 16 – **17 ch** 80/160.

PEUGEOT-TALBOT Gar. Duthé, ℡ 77.00.81 🅽   PEUGEOT-TALBOT David, ℡ 77.00.33

VILLERS-BRETONNEUX 80380 Somme 53 ⑪ G. Nord de la France – 3 347 h. alt. 91 – ✪ 22.

Paris 137 – ◆Amiens 17 – Arras 68 – St-Quentin 57.

🏚 **Victoria** Ⓜ, 5 rte Péronne ℡ 48.02.00 – 🚻wc 🛗wc ☎ 🅿
fermé dim. soir – **R** grill 50/200 🍴 – 🖵 13 – **12 ch** 110/130.

VILLERS-COTTERÊTS 02600 Aisne 56 ③ ⑬ G. Environs de Paris – 8 402 h. alt. 133 – ✪ 23.

Voir Grand escalier★ du château – Forêt de Retz★ par ②.

Paris 77 ④ – Compiègne 29 ① – Laon 58 ② – Meaux 42 ③ – Senlis 38 ④ – Soissons 23 ②.

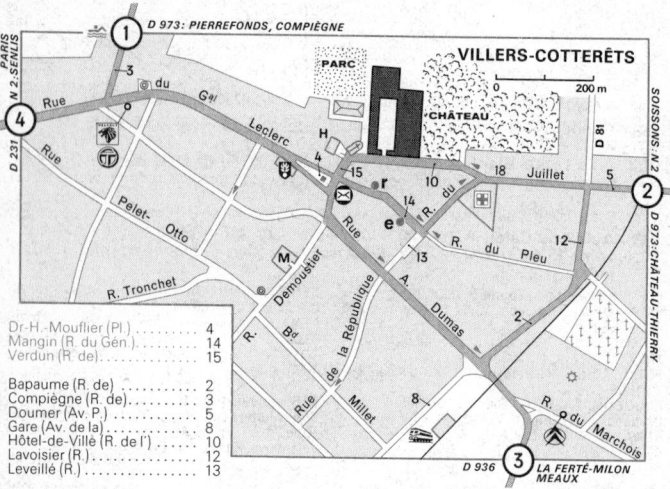

Dr-H.-Mouflier (Pl.) 4
Mangin (R. du Gén.) 14
Verdun (R. de) 15

Bapaume (R. de) 2
Compiègne (R. de) 3
Doumer (Av. P.) 5
Gare (Av. de la) 8
Hôtel-de-Ville (R. de l') 10
Lavoisier (R.) 12
Leveillé (R.) 13

🏨 **Régent** 🦢 sans rest, 26 r. Gén.-Mangin **(e)** ℡ 96.01.46, Télex 150747 – 📺 🚗
🅰🅴 ⓞ 🆅🅸🆂🅰
SC : 🖵 22,50 – **16 ch** 116/195.

XX **Commerce,** 17 r. Gén.-Mangin **(r)** ℡ 96.19.97, 🍽 – ⓞ 🆅🅸🆂🅰
fermé 20 janv. au 20 fév. et dim. soir – SC : **R** (dim. prévenir) 65/85.

aux Vertes Feuilles par ② : 11 km – ⊠ 02600 Villers-Cotterêts :

XX **Le Retz,** ℡ 96.01.42, ← – 🅿. 🆅🅸🆂🅰. 🛠
fermé mardi – SC : **R** 70/190.

à Longpont par ② et D 17 : 12 km – ⊠ 02600 Villers-Cotterêts :

🏚 **Abbaye** 🦢, ℡ 96.02.44 – 🚻wc 🛗wc 🖴. 🗲 🆅🅸🆂🅰
SC : **R** 70/160 – 🖵 26 – **11 ch** 100/230 – P 250/290.

CITROEN Gar. des Sablons, 52 av. de la Ferté-Milon par ③ ℡ 96.04.96
CITROEN Molicard-Genestier, impasse du Marchois ℡ 96.04.63 🅽 ℡ 96.01.02
PEUGEOT Féry, 75 r. Gén.-Leclerc ℡ 96.19.64

VAG Vag France Services, rte de la Ferté Milon ℡ 96.19.03

🏵 Fischbach-Pneu, 6 r. Victor-Hugo ℡ 96.13.64
Hurand-Pneus, av. de la Ferté-Milon ℡ 96.13.84

CONSTRUCTEUR : V.A.G.-France, à Pisseleux, par av. de la Gare (S du plan) ℡ 96.08.03

70110 H.-Saône 🔓🔓 ⑥⑦ – 1 675 h. alt. 265 – ✪ 84.
Paris 475 – Belfort 40 – ♦Besançon 61 – Lure 18 – Montbéliard 37 – Vesoul 26.

🏠 **Terrasse,** rte Lure ☎ 20.52.11, 🌡, 🌴 – 🛏wc 🛁wc ☎ **P.** **E** 𝘝𝘐𝘚𝘈
↔ fermé 21 déc. au 3 janv., 25 janv. au 4 fév., dim. soir hors sais. et vend. soir – SC : **R**
45/160 ⅄ – ☲ 15 – **18 ch** 70/130 – P 110/150.

✕✕ **Commerce** avec ch, ☎ 20.50.50 – 🛏wc **P.** ⑩ **E** 𝘝𝘐𝘚𝘈
↔ fermé 8 au 21 oct., 1er au 14 janv. et lundi soir – SC : **R** 36/140 ⅄ – ☲ 18 – **15 ch**
70/115 – P 150/150.

25130 Doubs 🔓🔓 ⑦ G. Jura – 4 142 h. alt. 746 – ✪ 81.
Voir Saut du Doubs★★★ – Lac de Chaillexon★★.
🛈 Syndicat d'Initiative r. Berçot (15 juin-15 sept. et fermé dim. après-midi) ☎ 43.00.98 et r. Leclerc
(fermé sam. après-midi et dim.) ☎ 43.02.81.
Paris 483 – ♦Bâle 122 – ♦Besançon 73 – La Chaux-de-Fonds 16 – Morteau 6 – Pontarlier 37.

🏛 **France,** Pl. Nationale ☎ 43.00.06, Collection de montres anciennes – 🛏wc 🕿
🕿➡ **P.** 🅰 ⑩ **E**
1er fév.-31 oct. – SC : **R** (fermé dim. soir et lundi) 60/150 – ☲ 16 – **14 ch** 125/170 –
P 190/210.

PEUGEOT-TALBOT Gar. Franco-Suisse, les Terres Rouges ☎ 43.03.47 🄽

---

21 Côte-d'Or 🔓🔓 ⑬ – rattaché à Auxonne.

---

08 Ardennes 🔓🔓 ⑲ – rattaché à Charleville-Mézières.

14640 Calvados 🔓🔓 ③ G. Normandie – 1 853 h. alt. 38 – Casino – ✪ 31.
🛈 Office de Tourisme pl. Mermoz (1er avril-30 sept.) ☎ 87.01.18 et à la Mairie (hors sais., fermé sam.
après-midi et dim.) ☎ 87.00.54.
Paris 215 – Cabourg 11 – ♦Caen 35 – Deauville-Trouville 8 – Lisieux 30 – Pont-l'Évêque 19.

🏛 **Bonne Auberge,** r. Mar.-Leclerc ☎ 87.04.64, ≤, 🌴 – 🕸 🛏wc 🛁wc 🕿 **P**
1er avril-30 sept. et vacances de nov. – SC : **R** carte 110 à 170 – ☲ 21 – **24 ch**
250/300 – P 260/330.

🏠 **Frais Ombrages** 🕊 (annexe 🏛 Ⓜ), 38 av. Brigade Piron ☎ 87.40.38, ⑊, 🌴
– 📺 🛏wc 🛁wc 🕿 **P**
1er fév.-15 nov. et fermé mardi soir, merc. et jeudi hors sais. – SC : **R** 82/120 – ☲ 19
– **13 ch** 120/230 – P 220/285.

14113 Calvados 🔓🔓 ③ G. Normandie – 733 h. alt. 45 – ✪ 31.
🛈 Syndicat d'Initiative r. Mar.-Leclerc (fermé oct. et jeudi) ☎ 87.21.49.
Paris 212 – ♦Caen 49 – Deauville-Trouville 5,5 – Honfleur 9,5.

🏠 **Bellevue** 🕊, rte Honfleur ☎ 87.20.22, ≤, 🌡, 🌴 – 🛏wc 🕿 ➡ **P.** 🅰 ⑩ **E**
𝘝𝘐𝘚𝘈
fermé 15 nov. au 31 déc. ; en janv.-fév. ouvert week-end seul. – SC : **R** (fermé merc.)
105/160 – ☲ 16,50 – **20 ch** 120/200 – P 180/220.

RENAULT Gar. Moderne, ☎ 87.21.13

---

69 Rhône 🔓🔓 ⑪⑫ – rattaché à Lyon.

89127 Yonne 🔓🔓 ⑭ – 421 h. – ✪ 86.
Paris 136 – Auxerre 36 – Montargis 46 – Sens 21 – Troyes 80.

🏠 **Pavillon Bleu,** ☎ 63.12.22, 🌴 – 🛏wc 🛁 🕿 **P** – 🅰 50 à 150. 𝘝𝘐𝘚𝘈
↔ fermé 15 nov. au 1er déc., 15 fév. au 1er mars – SC : **R** (fermé lundi du 15 oct. au 15
mars) 40/120 – ☲ 18 – **25 ch** 90/165 – P 150/185.

69910 Rhône 🔓🔓 ① – 1 592 h. alt. 290 – ✪ 74.
Paris 418 – ♦ Lyon 55 – Mâcon 23 – Villefranche-sur-Saône 27.

🏨 **Parc** sans rest, ☎ 04.22.54 – 🛁
fermé 13 nov. au 13 déc. et merc. – SC : ☲ 15 – **7 ch** 90/110.

PEUGEOT-TALBOT Granger, ☎ 04.23.24 🄽   RENAULT Anère, ☎ 04.20.91

---

91 Essonne 🔓🔓 ⑩, 🔟🔟 ③ – voir à Paris, Environs.

61120 Orne 🔓🔓 ⑬ G. Normandie – 5 063 h. alt. 100 – ✪ 33.
🛈 Syndicat d'Initiative à la Mairie (fermé sam. après-midi et dim.) ☎ 39.09.10.
Paris 184 – L'Aigle 43 – Alençon 63 – Argentan 31 – Bernay 38 – ♦Caen 56 – Falaise 37 – Lisieux 27.

🏠 **Soleil d'Or,** 16 pl. Mackau ☎ 39.07.15 – **P.** **E** 𝘝𝘐𝘚𝘈
↔ fermé fév. – SC : **R** (fermé mardi) 39/91 ⅄ – ☲ 14 – **22 ch** 57/135 – P 150.

🏠 **La Couronne,** 9 r. 8-Mai ☎ 39.03.04 – 🛁 🕿
↔ fermé 30 août au 15 sept. et mardi – SC : **R** 36/120 ⅄ – ☲ 11 – **13 ch** 50/85 – P
85/100.

tourner →

XX **Escale de Vitou,** Centre de Loisirs, rte Argentan : 2 km par D 916 ✆ 39.12.37, ≼ – Ⓟ. VISA
fermé 15 au 30 janv., dim. soir et lundi du 15 sept. au 15 juin – SC : **R** 38 (sauf sam. soir)/135 ♁.

CITROEN Goubin, ✆ 39.01.95
PEUGEOT Noël-Gérard, ✆ 39.00.27
PEUGEOT-TALBOT Letourneur, ✆ 39.03.65
RENAULT Bertolini, ✆ 39.04.00 N ✆ 39.07.52

VINAY 51 Marne 56 ⑯ – rattaché à Épernay.

VINCENNES 94 Val-de-Marne 56 ⑪, 101 ⑰ – voir à Paris, Environs.

VINCEY 88 Vosges 62 ⑮ – rattaché à Charmes.

VINON-SUR-VERDON 83 Var 84 ④ – 2 196 h. alt. 284 – ✉ 83560 Rians – ✪ 92 (Alpes-de-H.-P.).

Paris 780 – Aix-en-Provence 43 – Brignoles 57 – Castellane 88 – Cavaillon 75 – Draguignan 75.

Olivier M ⛰ sans rest, rte aérodrôme ✆ 78.86.99, ≼, 🏊, ✕ – TV ⛀wc ☎ Ⓟ. E VISA
SC : ☕ 20 – **20 ch** 170/200.

XX **Relais des Gorges** avec ch, ✆ 78.80.24 – ⛆wc Ⓟ. E VISA
fermé 1er au 30 nov., 20 déc. au 10 janv. et sam. du 1er déc. au 1er avril – SC : **R** 60/160 – ☕ 16 – **9 ch** 110/130 – P 175/185.

RENAULT Gar. Ramu, ✆ 78.80.35

VIOLAY 42780 Loire 73 ⑱ – 1 380 h. alt. 820 – ✪ 74.

Paris 479 – ♦Lyon 54 – Montbrison 54 – Roanne 43 – ♦St-Étienne 67 – Thiers 82.

Perrier, pl. Église ✆ 63.91.01 – ⛀wc ⛆wc ☎ 🚗. VISA. ✗
fermé 11 janv. au 11 fév. – SC : **R** *(fermé sam. du 1er nov. à Pâques)* 50/130 ♁ – ☕ 15 – **15 ch** 80/140 – P 130/160.

RENAULT Blein, ✆ 63.90.62 N

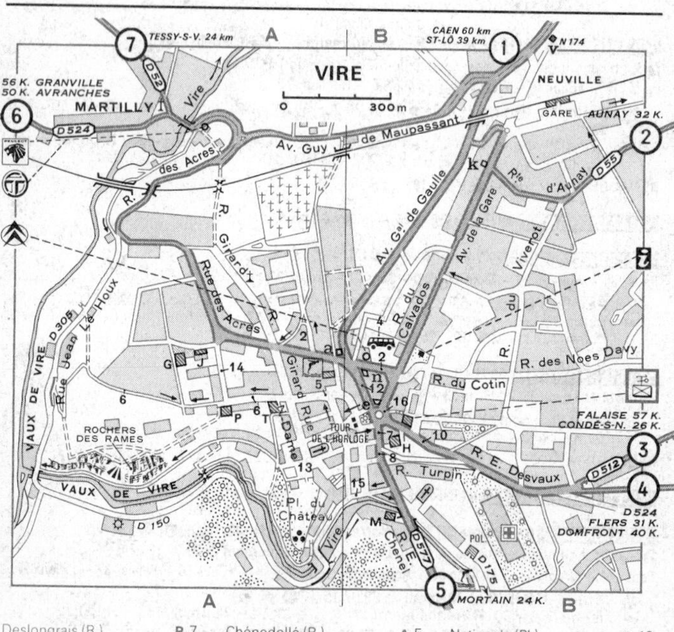

Deslongrais (R.) .... B 7
6-Juin (Pl. du) .... B 16
Aignaux (R. d') .... AB 2
Champ de Foire (Pl.) ...... B 4
Chénedollé (R.) .... A 5
Cordeliers (R. des) .... A 6
Gasté (R. Armand) .... B 8
Haut-Chemin (R. du) ...... B 10
Leclerc (R. Gén.) .... B 12
Nationale (Pl.) .... A 13
Notre-Dame (⊕) .... A
Ste-Anne (⊕) .... B
Sous-Préfecture (R. de la) . A 14
Valhérel (R. du) .... B 15

VIRE <SP> **14500** Calvados 59 ⑨ **G. Normandie** – 13 827 h. alt. 134 – ✆ 31.
Office de Tourisme square Résistance (1er juin-15 sept. et fermé dim.) ✆ 68.00.05.
Paris 270 ④ – ♦Caen 60 ① – Flers 31 ④ – Fougères 67 ⑤ – Laval 105 ④ – St-Lô 39 ①.

Plan page ci-contre

Cheval Blanc, 2 pl. du 6-Juin-1944 ✆ 68.00.21, exposition de tableaux – TV ⇔wc ⋒wc ☎ – 🏛 30. AE ⓓ E VISA B e
fermé janv., 1er au 7 fév., vend. soir et sam. midi hors sais. – SC : **R** 65/220 ₰ – ☐ 17 – **22 ch** 86/200 – P 230/300.

St-Pierre, 20 r. Gén.-Leclerc ✆ 68.05.82 – ⇔wc ☏ 🚗. VISA B n
fermé 19 juin au 4 juil. et 11 déc. au 3 janv. – SC : **R** 44/90 ₰ – ☐ 16 – **30 ch** 78/145 – P 180/248.

Voyageurs, av. Gare ✆ 68.01.16 – ⇔wc 🚗 Ⓟ B k
SC : **R** 46/110 ₰ – ☐ 17 – **14 ch** 76/120.

France, 4 r. Aignaux ✆ 68.00.35 – ⇔ ☏. E VISA A a
fermé vacances de fév. – SC : **R** 40/100 ₰ – ☐ 13 – **10 ch** 75/135.

XX **Pomme d'Or,** par ④ : 3 km ✆ 68.07.71 – Ⓟ. AE ⓓ VISA
fermé 23 juil. au 8 août, 28 fév. au 21 mars et lundi – SC : **R** 70/190.

XX **Roger** avec ch, rte Caen ✆ 68.01.25 – ⋒ ☏ Ⓟ. E VISA. ✻ B v
fermé août et sam. – SC : **R** 44/102 – ☐ 15 – **8 ch** 62/86.

CITROEN SADAEP Ets Paquot, pl. du Champ de Foire ✆ 68.08.55 N
FIAT Onésime, 1 rte de Caen ✆ 68.09.98
FORD Gar. Thibaut, rte de Caen ✆ 68.01.59
PEUGEOT, TALBOT Gournay, 19 rte de Granville ✆ 68.11.86
RENAULT Guilbert, rte de Caen par ① ✆ 68.02.33
V.A.G. Gar. Lemauviel, 12 r. d'Aunay ✆ 68.00.78
Gar. Duchemin, 1 r. E.-Desvaux ✆ 68.01.46
Gar. Prunier, rte de Caen ✆ 68.33.87 N

Colin-Pneus, Rue de Paris ✆ 68.38.65
Vire-Pneus, 28 rte d'Aunay ✆ 68.26.75

VIRIEU-LE-GRAND **01510** Ain 74 ④ – 920 h. alt. 267 – ✆ 79.
Paris 497 – Aix-les-Bains 39 – Annecy 67 – Belley 12 – Bourg-en-B. 70 – Meximieux 55 – Nantua 52.

Michallet, ✆ 87.80.97 – ⋒wc ☎ 🚗 Ⓟ. E VISA. ✻ ch
fermé 21 au 29 juin, 10 au 30 sept., 10 au 17 fév. et vend. de sept. à juin – SC : **R** 46/150 ₰ – ☐ 20 – **10 ch** 77/125 – P 138/150.

PEUGEOT-TALBOT Belmondy, ✆ 87.82.76 N

VIRIVILLE **38980** Isère 77 ③ – 1 223 h. alt. 360 – ✆ 74.
Paris 535 – La Côte-St-André 13 – ♦Grenoble 54 – Romans-sur-Isère 44 – St-Marcellin 28 – Vienne 43.

Bonnoit ⛰, ✆ 54.02.18, ⛱, 🌳 – ⇔wc ⋒wc ☏ Ⓟ – 🏛 30. ✻
SC : **R** 55/260 – ☐ 16 – **17 ch** 100/160 – P 180/240.

VIROFLAY **78** Yvelines 60 ⑩, 196 ⑯ – voir à Paris, Environs.

VIROLLET **79** Deux-Sèvres 72 ①② – rattaché à Beauvoir-sur-Niort.

VIRONVAY **27** Eure 55 ⑰ – rattaché à Louviers.

VIRY **71** S.-et-L. 69 ⑱ – rattaché à Charolles.

VIRY-CHATILLON **91** Essonne 61 ①, 101 ㊱ – voir à Paris, Environs.

VITRAC **24** Dordogne 75 ⑰ – 631 h. alt. 150 – ✉ **24200** Sarlat-la-Canéda – ✆ 53.
Voir Site★ du château de Montfort NE : 2 km – Cingle de Montfort★ NE : 3,5 km, G. Périgord.
Paris 546 – Cahors 54 – Gourdon 22 – Lalinde 52 – Périgueux 76 – Sarlat-la-Canéda 7.

Plaisance, au port ✆ 28.33.04, ≤, ⛱, 🌳 – ⇔wc ⋒wc ☎ Ⓟ. VISA
1er fév.-25 nov. – SC : **R** *(fermé vend. sauf de Pâques au 30 sept.)* 45/160 – ☐ 15 – **38 ch** 100/180 – P 160/180.

à Caudon-de-Vitrac E : 3 km – ✉ **24200** Sarlat :

X **La Ferme,** ✆ 28.33.35 – Ⓟ
fermé oct. et lundi – SC : **R** 50/105.

VITRÉ **35500** I.-et-V. 59 ⑱ **G. Bretagne** – 13 491 h. alt. 90 – ✆ 99.
Voir ≤★★ du D178 et ≤★★ du D857 A **– Château★★ : tour de Montalifant ≤★** A **– La Ville★ : rue Beaudrairie★★** A**, remparts★** B**, église Notre-Dame★** B **– Tertres noirs ≤★★ par ⑤ – Jardin public★ par ④.**
Env. château des Rochers-Sévigné★ 6,5 km par ③ – Champeaux : place★, stalles★ et vitraux★ de l'église 9 km par ⑤.
Office de Tourisme pl. St-Yves (fermé sam. après-midi, dim. et lundi hors sais.) ✆ 75.04.46.
Paris 311 ② – Châteaubriant 51 ④ – Fougères 29 ⑥ – Laval 37 ② – ♦Rennes 36 ⑤.

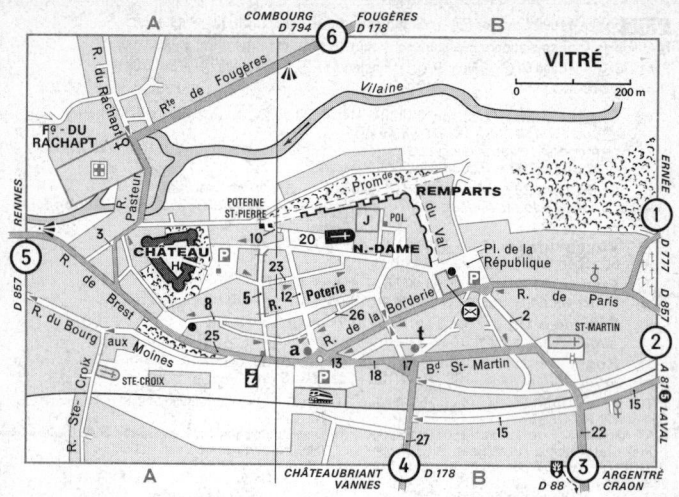

VITRÉ

🏠 **Petit-Billot,** 5 pl. Mar.-Leclerc ☎ 75.02.10 – 🛁wc 🛁wc ☎ ⟵. **E.** 🍴   B **t**
✦ fermé 15 déc. au 15 janv., vend. soir et sam. (sauf le soir en sais.) – SC : R 50/90 ⅄ –
🛏 19 – **23 ch** 66/170.

🏠 **Chêne Vert,** pl. Gare ☎ 75.00.58 – 🛁wc 🛁 ☎. 🍴 ch   B **a**
✦ fermé 22 sept. au 22 oct., vend. soir hors sais. et sam. – SC : **R** 48/91 – 🛏 16 –
22 ch 57/165.

CITROEN Gar. Pinel, rte de Laval par ② ☎ 75.06.52   RENAULT Vitré Automobiles, rte de Laval par ② ☎ 75.00.53
PEUGEOT, TALBOT Gar. Gendry, Av. d'Heimstedt par ③ ☎ 75.00.57

🔧 Jollive, 4 bd Chateaubriand ☎ 75.17.75

VITROLLES 13 B.-du-R. 🔢 ② – rattaché à Marignane.

VITRY-LE-FRANÇOIS ⟨S⟩ 51300 Marne 🔢 ⑧ G. Nord de la France – 18 829 h. alt. 105 – ✪ 26.

🛈 Office de Tourisme pl. Giraud (fermé dim. et lundi) ☎ 74.45.30.

Paris 183 ⑤ – Châlons-sur-Marne 32 ① – Meaux 144 ⑤ – Melun 154 ⑤ – St-Dizier 29 ③ – Sens 142 ⑤ – Troyes 78 ⑤ – Verdun 92 ②.

Plan page ci-contre

🏨 **Poste,** pl. Royer-Collard ☎ 74.02.65 – 🛗 🛁wc 🛁 ☎ – 🔬 25 à 40. 🅰🅴 ⓪ 💳
fermé 1er au 29 août (sauf hôtel), 20 déc. au 3 janv. et dim. – SC : R 52/100 ⅄ – 🛏
16 – **30 ch** 110/180.   BZ **a**

🏛 **Au Bon Séjour,** 4 fg Léon-Bourgeois ☎ 74.02.36 – ⓟ. 🅰🅴   BZ **f**
✦ fermé sam. – SC : **R** 35/65 ⅄ – 🍴 13 – **22 ch** 65/85 – P 130/150.

à Thiéblemont-Farémont par ③ : 10 km – ✉ 51300 Vitry-le-François :

XX **Le Champenois** avec ch, ☎ 41.81.03 – 🛁wc 🛁wc ☎ ⓟ. 🅰🅴 ⓪ 🄴 💳
fermé 15 au 30 oct., 15 au 28 fév., dim. soir et lundi du 15 sept. au 31 mars – SC : **R**
75/190 – 🛏 16 – **11 ch** 130/185.

CITROEN Blacy Auto., rte Nationale 4 à Blacy par ⑤ ☎ 74.15.29
FORD Dynamic Motors, 4 quai St-Germain ☎ 74.35.04
MERCEDES-BENZ, **V.A.G.** Gar. Ruffo, 10 fg St-Dizier ☎ 74.39.33
OPEL-GM Gar. Labroche, rte de Frignicourt ☎ 74.13.58

PEUGEOT-TALBOT Vitry-Champagne-Autom., 2 av. de Paris ☎ 74.11.47
RENAULT Sté Dist. Autom. du Perthois, Zone Ind. par ③ ☎ 74.60.22

🔧 Auto-Pneu-Marché, 14 av. de Paris ☎ 74.04.14

EN Gar. de Chartreuse, 22 bd E.-Kofler
3.16
 Gauduel-Voiron, Zone Ind. des Blan-
ries, rte de Bourg ℡ 05.06.99
GM Gar. de la Gare, 5 bis av. Tardy ℡
9
OT, TALBOT Ets Parendel, Zone Ind.
nchisseries, N 75 par ① ℡ 05.85.33

RENAULT Autom. Voironnaise, 7 bd Edg
Kofler ℡ 05.91.61

Ⓟ Brun-Pneus, bd Denfert-Rochereau ℡
06.39
Rivoire-Pneus, bd du 4-Septembre ℡ 05.02.2

INS-LE-BRETONNEUX 78 Yvelines ⓺⓪ ⑨, ⓵⓺⓺ ㉒, ⓵⓪⓵ ㉑ – 5 234 h. alt. 165 – ⊠ 781
ny-le-Bretonneux – ❸ 3.

ncienne abbaye de Port-Royal-des-Champs★ SO : 4 km G. Environs de Paris.
 – Chevreuse 12 – Rambouillet 27 – Versailles 9.

Port Royal M ⤬ sans rest, 20 r. H.-Boucher ℡ 044.16.27 – ⟝wc ⋔ ☎ Ⓟ. ⓋⒾⓈⒶ
SC : ⌸ 15 – **28 ch** 105/145.

ORE-MONTAGNE 63 P.-de-D. ⓻⓷ ⑯ – 450 h. alt. 840 – ⊠ 63120 Courpière – ❸ 73.
3 – Ambert 45 – L'Arbresle 98 – ◆Clermont-Fd 63 – Montbrison 54 – Roanne 57 – Thiers 21.

Touristes, ℡ 53.77.50, ≤ – ⟝ ☎ ⇐ Ⓟ. ⓋⒾⓈⒶ
fermé 25 oct. au 10 déc., 8 au 15 mars, mardi soir et merc. sauf juil.-août – SC :
38/120 – ⌸ 14 – **16 ch** 90/180 – P 160/180.

NNE 04290 Alpes-de-H.-P. ⓼⓵ ⑯ G. Côte d'Azur – 1 309 h. alt. 500 – ❸ 92.
 – Digne 28 – Forcalquier 33 – Manosque 42 – Sault 77 – Sisteron 13.

Modern ⤬ sans rest, r. République ℡ 64.07.56 – ⤬
1er avril-15 sept. – SC : ⌸ 10 – **10 ch** 80/90.
T Delaby, ℡ 64.05.23

AS 01540 Ain ⓻⓸ ② – 2 505 h. alt. 189 – ❸ 74.
 – Bourg-en-Bresse 24 – ◆Lyon 66 – Mâcon 43 – Villefranche-sur-Saône 39.

⓷⓷⓷ **Georges Blanc** M, ℡ 50.00.10, Télex 380776, ⌇, ⚞, ⚝ – ⬛ rest ⓣⓥ ☎
⇌ Ⓟ. ⒶⒺ ⓞ ⓋⒾⓈⒶ
fermé 1er janv. au 10 fév. – **R** (fermé jeudi sauf le soir du 15 juin au 15 sept. et merc
sauf fériés) (nombre de couverts limité - prévenir) 185/300 et carte – ⌸ 36 – **21 ch**
20/850, 5 appartements
péc. Marinade de blanc de poularde Alexandre, St-Jacques à la coque, Bar à la marinière. Vins
Montagnieu, Beaujolais Villages.

Ferrand, ℡ 50.00.27
T, TALBOT Mousset, ℡ 50.06.02

RENAULT Gautret, ℡ 50.02.41 Ⓝ
Gar. Morel, ℡ 50.15.66

43800 H.-Loire ⓻⓺ ⑦ – 1 276 h. alt. 550 – ❸ 71.
 – Allègre 23 – Ambert 62 – Le Puy 22 – Retournac 15 – ◆St-Étienne 67 – Yssingeaux 27.

iniou sans rest, ℡ 03.41.30 – ⋔ Ⓟ. ⤬
ermé 15 au 30 juin et merc. – SC : ⌸ 15 – **11 ch** 85/120.

-ROMANÉE 21 Côte-d'Or ⓺⓺ ⑫ G. Bourgogne – 530 h. alt. 230 – ⊠ 21700 Nuits-
es – ❸ 80 – Paris 324 – Beaune 21 – ◆Dijon 20 – Dole 53 – Gevrey-Chambertin 8,5.

a Toute Petite Auberge, N 74 ℡ 61.02.03 – Ⓟ. ⒶⒺ ⓞ Ⓔ ⓋⒾⓈⒶ
ermé déc., janv. et jeudi – SC : **R** 55/110.

E 86190 Vienne ⓺⓼ ⑬ – 2 499 h. alt. 107 – ❸ 49.
 – Châtellerault 39 – Parthenay 33 – Poitiers 17 – Saumur 84 – Thouars 52.

heval Blanc, ℡ 51.81.46 – Ⓟ – ⛴ 60 à 100. Ⓔ ⓋⒾⓈⒶ. ⤬ ch
 : **R** 40/100 – ⌸ 16 – **13 ch** 55/100 – P 120/150.

Clovis (⋒ M sans rest), ℡ 51.81.46 – ⓣⓥ ⟝wc ☎ Ⓟ. Ⓔ ⓋⒾⓈⒶ. ⤬
 : ⌸ 16 – **11 ch** 135/150.
Gge du Coquet, ℡ 51.80.04 Ⓝ

LTE-SUR-RHÔNE 07800 Ardèche ⓻⓻ ⑨ G. Vallée du Rhône – 5 301 h. alt. 92 –
oir Corniche de l'Eyrieux★★★ NO : 4,5 km – Plan d'eau du Rhône★.
Crest 23 – Montélimar 33 – Privas 20 – Valence 19.

usée, pl. 4-Septembre ℡ 62.40.19 – ⟝wc ⋔wc ☎. ⒶⒺ ⓞ Ⓔ ⓋⒾⓈⒶ
mé fév. et sam. de sept. à avril – SC : **R** 50/140 – ⌸ 16 – **15 ch** 100/170 – P
/190.

llée, quai A.-France ℡ 62.41.10, ≤ – ⟝wc ⋔ ☎ ⇐ Ⓟ. ⒶⒺ Ⓔ ⓋⒾⓈⒶ
mé janv. et sam. – SC : **R** 40/130 ⚖ – ⌸ 14,50 – **17 ch** 75/160 – P 160/185.
Gar. Coutton, ℡ 62.00.82

Ⓟ Plantin Pneus, ℡ 62.44.46

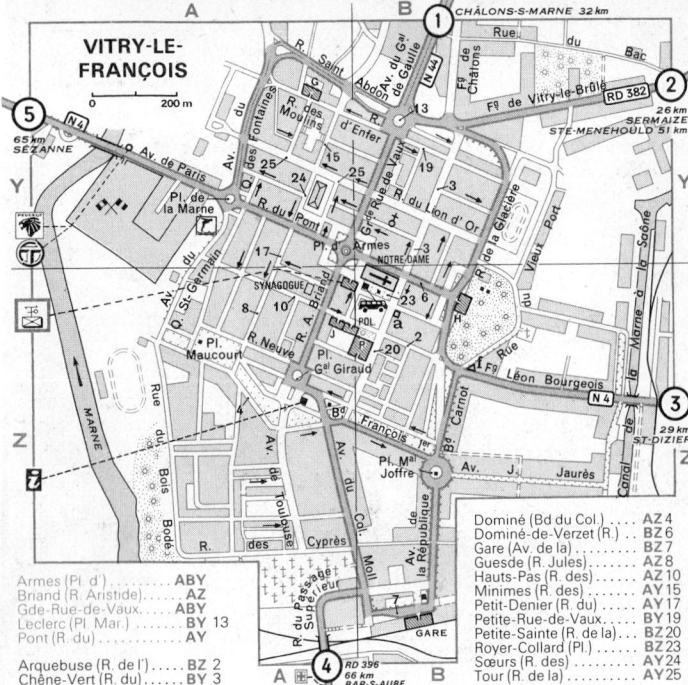

VITRY-LE-FRANÇOIS

VITRY-SUR-LOIRE 71 S.-et-L. ⓺⓽ ⑮ – 515 h. alt. 240 – ⊠ 71140 Bourbon-Lancy – ❸ 85.
Paris 302 – Bourbon-Lancy 9,5 – Decize 29 – Digoin 37 – Mâcon 119 – Moulins 39 – Nevers 63.

☎ **Acacias,** D 979 ℡ 89.71.36 – ⇐ Ⓟ. ⤬
 fermé 20 déc. au 10 janv. – SC : **R** 45/65 ⚖ – ⌸ 13 – **10 ch** 50/70 – P 114.

VITTEAUX 21350 Côte-d'Or ⓺⓺ ⑱ G. Bourgogne – 1 138 h. alt. 325 – ❸ 80.
Paris 263 – Auxerre 100 – Avallon 56 – Beaune 67 – ◆Dijon 48 – Montbard 33 – Saulieu 34.

⚝ **Vieille Auberge,** ℡ 49.60.88
 fermé 6 janv. au 10 fév. et lundi – SC : **R** (déj. seul.) 40/80 ⚖.

VITTEL 88800 Vosges ⓺⓶ ⑭ G. Vosges – 6 440 h. alt. 324 – Stat. therm. – Casino ABY – ❸ 29.
Voir Parc★ BY – Mt St-Jean ⚞⚟★ NE : 3,5 km par D 68 BY
ⓕⓕ de l'Île Verte ℡ 08.18.80, N du plan.
⦿ Syndicat d'Initiative Palais des Congrès (fermé sam. et dim. hors saison) ℡ 08.12.72.
Paris 334 ② – Belfort 129 ① – Chaumont 82 ② – Épinal 43 ① – Langres 72 ② – ◆Nancy 70 ①.

Plan page suivante

⟐ **Angleterre,** r. Charmey ℡ 08.08.42, ⚞ – ⥾ ⟝wc ⋔wc ☎ Ⓟ – ⛴ 60. ⒶⒺ ⓞ
ⓋⒾⓈⒶ. ⤬ rest
 fermé 15 déc. au 15 janv. – SC : **R** 90/140 – ⌸ 20 – **65 ch** 147/250 – P 200/360.
AZ s

⟐ **Bellevue** ⤬, 503 av. Châtillon ℡ 08.07.98, ⚞ – ⟝wc ⋔wc ☎ Ⓟ. ⚖ ⒶⒺ ⓋⒾⓈⒶ.
⤬ rest
 1er avril-1er oct. – SC : **R** 80/150 – ⌸ 19 – **40 ch** 100/200 – P 190/310.
AYZ b

⟐ **Beauséjour,** 160 av. Tilleuls ℡ 08.09.34 – ⟝wc ⋔wc ☎. Ⓔ
 2 mai-30 sept. – SC : **R** 70/91 ⚖ – ⌸ 18 – **37 ch** 101/225 – P 161/326.
AY a

⟐ **Castel Fleuri** ⤬, 2 r. Jeanne d'Arc ℡ 08.05.20, ⚞ – ⟝wc ⋔wc ☎
 20 mai-20 sept. – SC : **R** 77 – ⌸ 15 – **45 ch** 78/222 – P 160/212.
BZ k

⟐ **Le Chalet,** 70 av. G.-Clemenceau ℡ 08.07.21 – ⟝wc ⋔wc ☎ Ⓟ. Ⓔ
 fermé oct. et lundi – SC : **R** 62/120 ⚖ – ⌸ 18 – **10 ch** 100/165 – P 188/247.
BZ u

tourner →

VITTEL

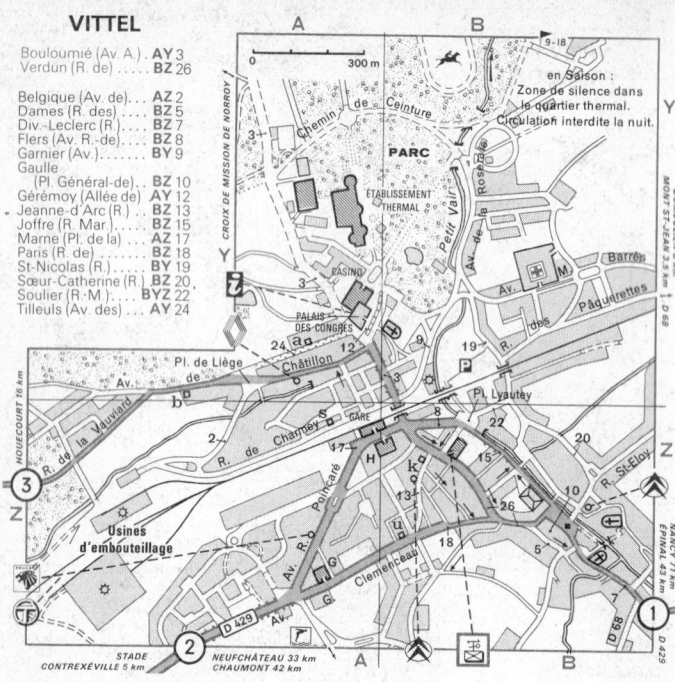

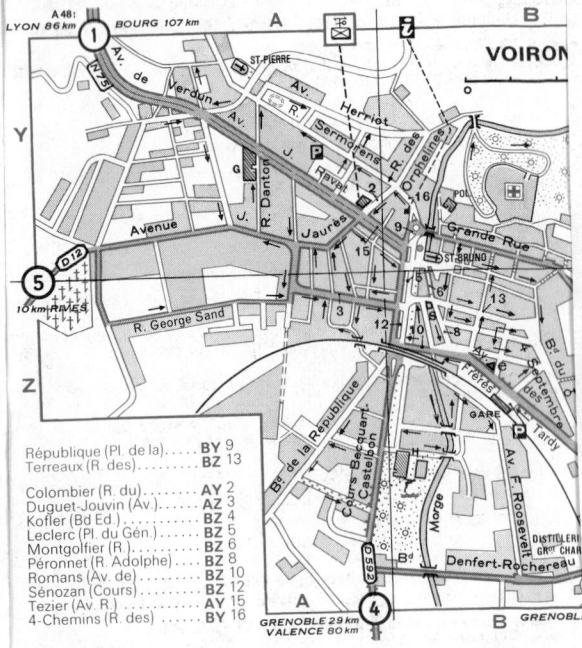

Bouloumie (Av. A.) . **AY** 3
Verdun (R. de) . . . . . **BZ** 26

Belgique (Av. de) . . . . . **AZ** 2
Dames (R. des) . . . . . **BZ** 5
Div.-Leclerc (R.) . . . . . **BZ** 7
Flers (Av. R.-de) . . . . . **BZ** 8
Garnier (Av.) . . . . . . **BY** 9
Gaulle
(Pl. Général-de) . **BZ** 10
Gérémoy (Allée de) . **AY** 12
Jeanne-d'Arc (R.) . . **BZ** 13
Joffre (R. Mar.) . . . . **BZ** 15
Marne (Pl. de la) . . **AZ** 17
Paris (R. de) . . . . . . **BZ** 18
St-Nicolas (R.) . . . . **BY** 19
Sœur-Catherine (R.) . **BZ** 20
Soulier (R.-M.) . . . . **BYZ** 22
Tilleuls (Av. des) . . . **AY** 24

par ③ : 3 km rte Hippodrome – ✉ 88800 Vittel :

🏨 **Orée du Bois**, ℡ 08.13.51, ≼, 🚗, 🐎, – 🛁wc 🚿wc 🕾 – 🏊 50. 🏧 💳
🛏 🍴 ch
fermé nov. et lundi du 1er déc. au 31 mars – SC : **R** 46/123 🛢 – 🖵 17 – **27 ch** 81/179
– P 200/288.

CITROEN Muller, 36.40 r. St-Eloy ℡ 08.05.65
CITROEN Villeminot, 106 av. Jeanne d'Arc ℡
08.19.44
PEUGEOT, TALBOT Rambaud, 288 av. Poin-
caré ℡ 08.05.24

RENAULT Ets Leterme, av. Châtillon ℡ 08.
07.09

VIVES 66 Pyr.-Or. 🎇 ⑲ – rattaché au Boulou.

Le VIVIER-DANGER 60 Oise 🎇 ⑨ – alt. 165 – ✉ 60650 La Chapelle-aux-Pots – ♨ 4.
Paris 90 – Beauvais 14 – Chaumont-en-Vexin 28 – Gisors 23 – Gournay-en-Bray 16.

🍴🍴 **Lapin Vert,** sur N 31 ℡ 481.61.02 – 🅿
fermé 1er au 15 août, vacances de fév., mardi soir et merc. – SC : **R** carte 65 à 95.

VIVIERS 07220 Ardèche 🎇 ⑩ G. Vallée du Rhône (plan) – 3 287 h. alt. 71 – ♨ 75.
Voir Vieille ville* – Défilé de Donzère** au S.
Paris 623 – Aubenas 41 – Montélimar 11 – Pont-St-Esprit 29 – Privas 41 – Vallon-Pont-d'Arc 44.

🍴 **Relais du Vivarais** avec ch, NO : 2 km sur N 86 ℡ 52.60.41, 🐎 – 🅿
🛏 *fermé 20 déc. au 20 janv.* – SC : **R** 45/98 🛢 – 🖵 14 – **10 ch** 46/90.
PEUGEOT-TALBOT Sabadel, ℡ 52.62.70 🅽

VIVIERS-DU-LAC 73 Savoie 🎇 ⑮ – rattaché à Aix-les-Bains.

Le VIVIER-SUR-MER 35960 Ille-et-V. 🎇 ⑥ – 914 h. – ♨ 99.
Paris 381 – Dinan 34 – Dol-de-Bretagne 8 – Fougères 59 – Le Mont-St-Michel 31 – St-Malo 21.

🏨 **Bretagne**, ℡ 48.91.74, ≼ – 🛁wc 🚿wc 🕾 🚗 🅿 🏧 ⓞ 🄴 💳
fermé janv., fév., dim. soir et lundi sauf juil.-août – SC : **R** 70/130 🛢 – 🖵 20 – **22 ch**
95/138 – P 185/215.

VIVONNE 86370 Vienne 🎇 ⑬ G. Côte de l'Atlantique – 2 817 h. alt. 83 – ♨
Paris 354 – Angoulême 90 – Confolens 61 – Niort 63 – Poitiers 19 – St-Jean-d'Angél

🍴 **La Treille** avec ch, av. Bordeaux ℡ 43.41.13, 🐎 – 🄴 🄴 💳
fermé 8 au 31 janv. et merc. – SC : **R** 58/141 – 🖵 14,50 – **4 ch** 70/12

PEUGEOT-TALBOT Babeau, ℡ 43.41.29 🅽

VOGELGRUN 68 H.-Rhin 🎇 ⑳ – 420 h. alt. 192 – rattaché à Neuf-Brisach.

VOGLANS 73 Savoie 🎇 ⑮ – rattaché à Chambéry.

VOIRON 38500 Isère 🎇 ④ G. Alpes – 19 658 h. alt. 290 – ♨ 76.
🚹 Office de Tourisme (fermé matin hors saison, dim. et lundi) avec A.C. pl. Répub.
Paris 550 ④ – Bourg-en-Bresse 107 ① – Chambéry 44 ② – ♦Grenoble 29 ④ – ♦Ly
171 ① – Romans-sur-Isère 62 ④ – ♦St-Étienne 118 ④ – Valence 80 ④ – Vienne 69 ④

République (Pl. de la) . . . . . **BY** 9
Terreaux (R. des) . . . . **BZ** 13

Colombier (R. du) . . . . . **AY** 2
Duguet-Jouvin (Av.) . . . . **AZ** 3
Kofler (Bd Ed.) . . . . **BZ** 4
Leclerc (Pl. du Gén.) . . . . **BZ** 5
Montgolfier (R.) . . . . . . **BZ** 6
Péronnet (R. Adolphe) . . . **BZ** 8
Romans (Av. de) . . . . . . **BZ** 10
Sénozan (Cours) . . . . . . **BZ** 12
Tezier (Av. R.) . . . . **AY** 15
4-Chemins (R. des) . . . . . **BY** 16

🏨 **Aub. Castel Anne** Ⓜ, par ④ : 2 km ℡ 05.86.00, 🐎 – 📺 🕾 🚗
🅿 💳
fermé vacances de fév. – SC : **R** (fermé merc.) 83 – 🖵 18 – **12 ch** 18

🏨 **Empir'Hôtel** sans rest., 4 r. Péronnet ℡ 05.03.38 – 🛗 🛁wc 🚿wc 🕾
fermé 1er au 15 déc. – 🖵 18 – **40 ch** 105/190.

🏨 **La Chaumière** 🏡, r. Chaumière (par bd République - AZ) ℡ 05.
🚿wc 🅿 🚿
*fermé 15 au 30 sept., sam. et dim. sauf sais. et vacances scolaires (ho
soir)* – SC : **R** 55/130 🛢 – 🖵 15 – **25 ch** 110/165.

🍴🍴 **Pub Baron de Cheny,** ℡ 05.29.88 – 🄴 ⓞ 🄴 💳
11 sept.-28 mai et fermé dim. soir et lundi – SC : **R** 85/250 🛢.

🍴 **Eden,** par ② : 1 km ℡ 05.17.40, ≼ – 🅿 🄴 🄴 💳
fermé oct., lundi et mardi – SC : **R** 48/125.

à la Croix Bayard par ② : 3 km – ✉ 38500 Voiron :

🍴 **Au Feu de Bois**, ℡ 05.10.58 – 🅿 💳
fermé 24 au 30 juin, 1er au 15 nov., 1er au 15 fév., dim. soir et lundi –
environ 105.

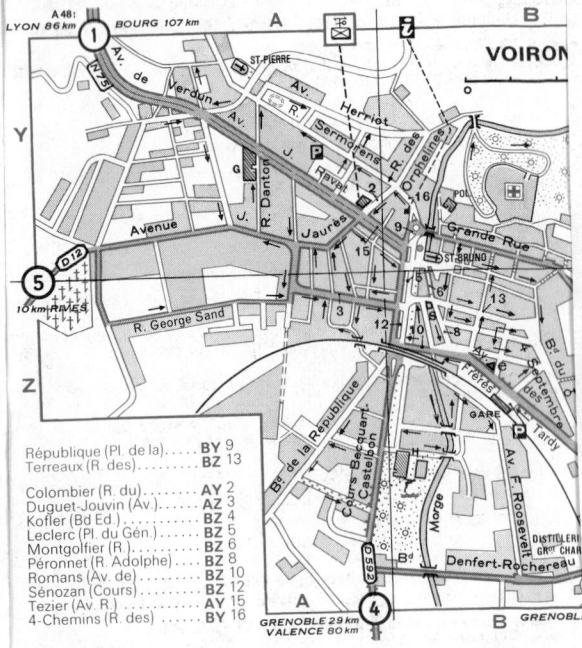

VOUTENAY-SUR-CURE 89 Yonne 65 ⑥⑯ G. Bourgogne – 193 h. alt. 133 – ✉ 89270 Vermenton – ⚙ 86.

Paris 210 – Auxerre 37 – Avallon 14 – Clamecy 37 – Vézelay 14.

XX **Aub. le Voutenay** avec ch, N 6 ☎ 33.41.94, parc – wc ⋔ ☎ Ⓟ. AE
fermé déc., janv. et lundi – SC : **R** 60/130 – ☕ 18 – **10 ch** 86/180 – P 180/200.

VOUVRAY 37210 I.-et-L. 64 ⑮ G. Châteaux de la Loire – 2 598 h. alt. 60 – ⚙ 47.

Paris 233 – Amboise 16 – Blois 49 – Château-Renault 26 – ♦Tours 10.

Aub. Gd Vatel, av. Brûlé ☎ 52.70.32, – wc ⋔wc ☎. AE VISA. ch
fermé 20 nov. au 28 déc. et lundi – SC : **R** 75/170 – ☕ 15 – **7 ch** 110/170.

RENAULT Gar. des Sports, ☎ 52.73.36

VOUZERON 18 Cher 64 ⑳ – 394 h. alt. 226 – ✉ 18330 Neuvy-sur-Barangeon – ⚙ 48.

Paris 214 – Bourges 32 – Gien 61 – ♦Orléans 83 – Vierzon 13.

Relais de Vouzeron, ☎ 51.61.38, , « Bel intérieur » – wc ☎ Ⓟ. AE ⓓ VISA
fermé 30 juil. au 30 août., dim. soir et lundi – SC : **R** carte environ 160 – ☕ 25 – **9 ch** 240/270.

RENAULT Gar. de Vouzeron, ☎ 51.62.01 N

VOUZIERS SP 08400 Ardennes 56 ⑧ G. Nord de la France – 5 075 h. alt. 110 – ⚙ 24.

Voir Portail★ de l'église St-Maurille E.

Syndicat d'Initiative pl. Carnot (1er juil.-31 août, fermé lundi matin et dim.) ☎ 30.84.59.

Paris 197 ④ – Châlons-sur-Marne 64 ④ – Charleville-Mézières 51 ⑤ – ♦Reims 56 ④ – Rethel 31 ④ – Ste-Menehould 41 ③ – Verdun 88 ③.

Ville de Rennes, r. Chanzy (e) ☎ 30.84.03 – wc ⋔ ☎ . VISA
R 55/95 – ☕ 16 – **20 ch** 70/155 – P 143/187.

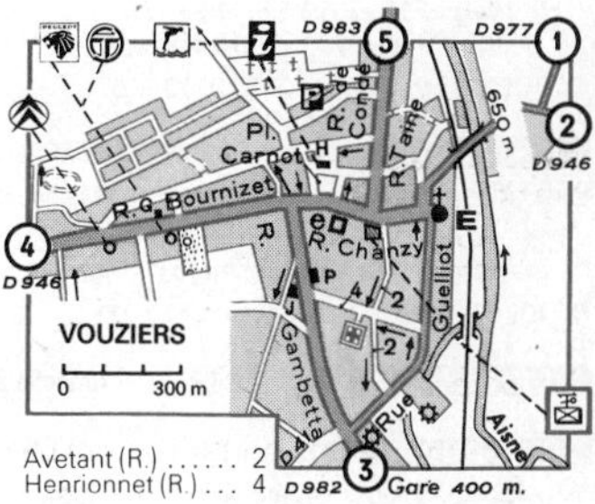

Avetant (R.) 2
Henrionnet (R.) ... 4

CITROEN Froussart, ☎ 30.84.22 N
PEUGEOT-TALBOT S.I.V.A Gar. Prévost, ☎ 30.71.20

VOVES 28150 E.-et-L. 60 ⑱ – 2 853 h. alt. 145 – ⚙ 37.

Paris 97 – Ablis 34 – Bonneval 22 – Chartres 24 – Châteaudun 36 – Étampes 52 – ♦Orléans 58.

Mairie, ☎ 99.01.65 – wc ⋔wc. E.
1er avril-déc. et fermé lundi – SC : **R** 65/95 – ☕ 18 – **12 ch** 65/130.

XX **Aux Trois Rois,** ☎ 99.00.88 – VISA
fermé dim. soir et lundi – SC : **R** 62/130.

CITROEN Jeannot, ☎ 99.01.70 N
PEUGEOT, TALBOT Poupaux, ☎ 99.10.55
RENAULT Nadler, ☎ 99.17.82

La VRINE 25 Doubs 70 ⑥ – alt. 836 – ✉ 25520 Goux-lès-Usiers – ⚙ 81.

Paris 453 – ♦Besançon 49 – Morteau 36 – Mouthier-Hte-Pierre 11 – Pontarlier 9 – Salins-les-Bains 42.

Ferme H., ☎ 38.20.04 – wc ☎ Ⓟ. rest
R 50/120 – ☕ 25 – **40 ch** 120/140 – P 180/200.

VUILLAFANS 25840 Doubs 70 ⑥ G. Jura – 600 h. alt. 360 – ⚙ 81.

Paris 442 – ♦Besançon 33 – Levier 22 – Ornans 7 – Pontarlier 27 – Salins-les-Bains 45.

Villa sans Façon, ☎ 62.11.97, – Ⓟ. rest
1er mars-1er déc. – SC : **R** 33/70 – ☕ 11 – **12 ch** 65/90 – P 100/130.

VULAINES-SUR-SEINE 77870 S.-et-M. 61 ②, 196 ㊻ – 1 687 h. alt. 29 – ⚙ 6.

Paris 70 – Fontainebleau 5 – Melun 16 – Montereau-faut-Yonne 17 – Provins 48.

XX **Aub. de la Source,** angle D 210 et D 227 ☎ 423.71.51 – VISA
R 66/120.

WANGENBOURG 67710 B.-Rhin 62 ⑧⑨ G. Vosges – 224 h. alt. 452 – ⚙ 88.

Voir Site★.

Syndicat d'Initiative 47 r. du Gén.-de-Gaulle (juil.-août et fermé dim.) ☎ 87.32.44 et à la Mairie (fermé sam. et dim.) ☎ 87.31.46.

Paris 464 – Molsheim 29 – Sarrebourg 38 – Saverne 20 – Sélestat 62 – ♦Strasbourg 41.

🏛 **Parc H.** 🦢, ⅁ 87.31.72, ≤, parc, 🔲, ✖ – 🛏 ➚wc 🚿wc ☎ ➾ 🅿 – 🛗 50. ✖
fermé 2 nov. au 22 déc. et merc. en hiver – SC : **R** 64/160 🍷 – � 19,50 – **34 ch**
81/189 – P 163/241.

🏛 **Scheidecker-Fruhauff**, ⅁ 87.30.89, �_, 🌴 – 🅿
→ *fermé 6 nov. au 6 déc. et merc. en hiver* – SC : **R** 48/150 🍷 – ⊞ 18 – **25 ch** 90/160 –
P 120/170.

à Engenthal N : 2 km carrefour D 218 - D 224 – ✉ **67710** Wangenbourg :

✖✖ **Les Vosges** 🦢 avec ch, ⅁ 87.30.35, ≤, 🌿, 🌴 – ➚wc ☎ 🅿. 🔘
fermé mardi soir et merc. hors sais. – SC : **R** 70/120 – ⊞ 15,50 – **14 ch** 90/160 – P
130/170.

La WANTZENAU 67 B.-Rhin 🄑🄖 ⑩ – rattaché à Strasbourg.

WASSELONNE 67310 B.-Rhin 🄑🄖 ⑨ G. Vosges – 4 862 h. alt. 200 – ✪ 88.
🄩 Syndicat d'Initiative pl. Gén.-Leclerc (fermé sam. et dim. hors sais.) ⅁ 87.17.22.
Paris 460 – Haguenau 39 – Molsheim 13 – Saverne 14 – Sélestat 46 – ◆Strasbourg 25.

✖✖ **Au Saumon** avec ch, r. Gén.-de-Gaulle ⅁ 87.01.83, 🌴 – ➚wc 🚿wc ➾ 🅿. 🄰🄴
🔘 𝗩𝗜𝗦𝗔
fermé 15 au 30 juin, 15 au 30 janv., dim. soir du 15 oct. au 15 mars et lundi – SC : **R**
65/150 🍷 – ⊞ 12 – **18 ch** 72/120 – P 135/155.

CITROEN Gar. Bohnert, ⅁ 87.03.72

WESTHALTEN 68111 H.-Rhin 🄑🄖 ⑱ G. Vosges – 745 h. – ✪ 89.
Paris 535 – Colmar 21 – Guebwiller 11 – ◆Mulhouse 29 – Thann 29.

✖✖✖ **Aub. Cheval blanc**, 20 r. Rouffach ⅁ 47.01.16 – 🅿. 𝗩𝗜𝗦𝗔
fermé 1er au 10 juil., en janv., merc. soir et jeudi – SC : **R** 72/175 🍷.

PEUGEOT-TALBOT Gar. Karch, ⅁ 47.00.52

WETTOLSHEIM 68 H.-Rhin 🄑🄖 ⑱ – rattaché à Colmar.

WIHR-AU-VAL 68 H.-Rhin 🄑🄖 ⑱ – 1 051 h. alt. 320 – ✉ **68230** Turckeim – ✪ 89.
Paris 468 – Colmar 15 – Gérardmer 38 – Guebwiller 34 – Munster 5.

sur D 417 E : 2 km – ✉ **68230** Turckheim :

🏛 **Motel la Prairie**, ⅁ 71.10.00 – ➚wc 🚿wc ➾ 🍴 🅿. 🔘 𝗩𝗜𝗦𝗔
fermé janv. – SC : **R** (fermé dim. soir et lundi) 73/107 🍷 – ⊞ 18 – **20 ch** 142/178.

RENAULT Meyer et Philippe, ⅁ 71.11.09

WIMEREUX 62930 P.-de-C. 🄑🄙 ① G. Nord de la France – 7 023 h. – ✪ 21.
🖹 ⅁ 32.43.20, N : 2 km – 🄩 Syndicat d'Initiative pl. Albert-1er (15 juin-15 sept.).
Paris 306 – Arras 121 – Boulogne-sur-Mer 6,5 – ◆Calais 31 – Marquise 10.

🏛 **Centre**, 78 r. Carnot ⅁ 32.41.08 – ➚wc 🚿wc ☎ 🅿. 🄴 𝗩𝗜𝗦𝗔. ✖
fermé 12 au 26 juin, 24 déc. au 7 janv, dim. soir de nov. à mars et lundi – SC : **R**
55/110 🍷 – ⊞ 15 – **25 ch** 80/195.

🏛 **Aramis** sans rest, 1 r. Romain ⅁ 32.40.15 – 🚿wc ➾. ✖
fermé déc., janv., dim. soir et lundi du 1er oct. au 30 juin – SC : ☎ 16,50 – **16 ch**
90/162.

✖✖ **Atlantic H.** avec ch, digue de mer ⅁ 32.41.01, ≤ – 🛏 ➚wc 🚿wc ☎ 🅿 – 🛗
40 à 90
fermé fév., dim. soir et lundi d'oct. à mars – **R** 110/140 – ⊞ 20 – **11 ch** 200.

RENAULT Coquart, 5 pl. O.-Dewavrin ⅁ 32.40.02

WINGEN-SUR-MODER 67290 B.-Rhin 🄑🄛 ⑱ – 1 550 h. alt. 220 – ✪ 88.
Paris 436 – Bitche 20 – Haguenau 35 – Sarreguemines 42 – Saverne 31 – ◆Strasbourg 57.

🏛 **Wenk**, ⅁ 89.71.01, 🌴 – ➚wc 🚿wc ➾ 🅿. 🄰🄴 🔘 🄴 𝗩𝗜𝗦𝗔. ✖ rest
→ *fermé 2 janv. au 7 fév.* – **R** (fermé mardi soir et merc.) 37/160 🍷 – ⊞ 15,50 – **19 ch**
56/150 – P 135/160.

✖✖ A l'Orée du Bois, ⅁ 89.71.59 – 🅿.

WINTZENHEIM 68 H.-Rhin 🄑🄖 ⑱⑲ – rattaché à Colmar.

WISEMBACH 88 Vosges 🄖🄑 ⑱ – 356 h. alt. 475 – ✉ **88520** Ban-de-Laveline – ✪ 29.
Paris 473 – Colmar 44 – Épinal 64 – St-Dié 14 – Ste-Marie-aux-Mines 10 – Sélestat 32.

✖✖ **Blanc Ru** 🦢 avec ch, ⅁ 57.78.51, 🌿, 🌴 – 🚿wc ➾ 🅿
fermé 11 au 20 sept., fév., dim. soir et lundi sauf juil.-août – SC : **R** 68/120 🍷 – ⊞ 15
– **7 ch** 82/176 – P 165/198.

Voir Église St-Pierre et St-Paul★ A E – Col du Pigeonnier ≤★ 5 km par ④.

Env. Village★★ d'Hunspach par ② 11 km.

🛈 Office de Tourisme à l'Hôtel de Ville (fermé sam. et dim.) ☎ 94.14.55.

Paris 509 ② – Haguenau 32 ② – Karlsruhe 42 ② – Sarreguemines 80 ④ – ✦Strasbourg 64 ②.

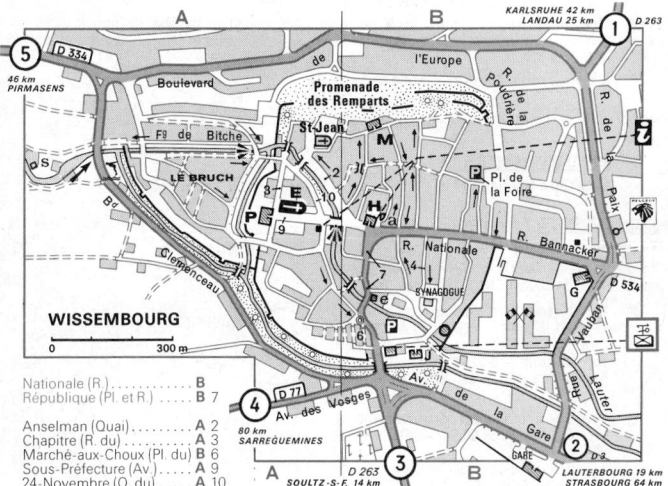

Nationale (R.).............**B**
République (Pl. et R.)....**B 7**

Anselman (Quai).........**A 2**
Chapitre (R. du).........**A 3**
Marché-aux-Choux (Pl. du) **B 6**
Sous-Préfecture (Av.)....**A 9**
24-Novembre (Q. du).....**A 10**

🏨 **Cygne**, 3 r. Sel ☎ 94.00.16 – ➪wc ⋔wc ☎ **P**. **E** **VISA**. ⅍ ch B **a**
fermé juil., vacances de fév., jeudi midi et merc. – SC : **R** carte 100 à 145 – 🍽 15 –
16 ch 90/180.

🏨 **Walck** M ⑤, ☎ 94.06.44 – ➪wc ⋔wc ☎ **P**. ⓘ **VISA**. ⅍ ch A **s**
SC : **R** *(fermé 15 au 30 juin, 15 au 30 janv., dim. soir et lundi)* 55/150 ⅃ – 🍽 15,50 –
15 ch 140/148.

✗✗ **Ange** avec ch, r. République ☎ 94.12.11, « Maison du 16ᵉ s. » – ➪wc ⋔wc ☎.
AE **VISA**. ⅍ ch B **e**
fermé en sept., fév., dim. soir et lundi – **R** 50/130 – 🍽 12 – **8 ch** 80/140.

PEUGEOT Gar. Arbogast, 4 r. de la Paix ☎   RENAULT Gar. Grasser, allée des Peupliers
94.97.30   par ② ☎ 94.96.00 **N**

🛈 Office de Tourisme rte Letanche (fermé dim. et lundi) ☎ 36.82.70.

Paris 553 – Aix-les-B. 22 – Bellegarde-sur-Valserine 55 – Belley 12 – Chambéry 24 – La Tour-du-Pin 35.

✗✗ **La Diligence**, r. A.-Laurent ☎ 36.80.78 – **AE** **VISA**
fermé 12 au 20 nov., 20 au 30 janv. et lundi – SC : **R** 52/140 ⅃.

✗ **Fer à cheval** avec ch, r. des Prêtres ☎ 36.70.33, 🍴
✦ *fermé nov. et vend. sauf juillet-août* – SC : **R** 42/100 ⅃ – 🍽 16 – **13 ch** 80/130 – P
140/150.

Gar. Clément, ☎ 36.72.32 **N** ☎ 36.86.83

Accès : Transports maritimes, pour **Port-Joinville** (retenir passage autos très longtemps
à l'avance, surtout pour juil.-août : 8 F) écrire Gare de Port-Joinville ou ☎ 58.36.66.

⚓ depuis **Fromentine.** En 1983 : du 15 juin au 15 sept., 2 à 4 services quotidiens ;
hors saison, 1 service quotidien - Traversée 1 h 10 – Voyageurs 74 F (AR), autos de 194
à 270 F par Régie Départementale des Passages d'Eau ☎ 68.53.65.

tourner →

YEU (Ile d')

Port-Joinville .

Voir Vieux Château★ : ≤★★ SO : 3,5 km — Grand Phare ≤★ SO : 3 km.

🛈 Syndicat d'Initiative quai Canada (fermé oct., nov. et dim.) ☎ 58.32.58.

🏨 **Flux H.** ⬟ sans rest, 27 r. P.-Henry ☎ 58.36.25, ≤, 🛋 — 🛏wc 🕭 🛴 **⊕**
avril-oct. — SC : ⟂ 18 — **15 ch** 170/210.

🏨 **Grand Large,** 1 r. Courseau ☎ 58.36.77 — 🛏wc 🕭wc 🕾. **VISA**. 🞼 rest
↦ fermé 2 janv. au 5 fév. — SC : **R** (fermé dim. soir hors sais.) 47/165 — **22 ch** ⟂ 142/210
— P 220/290.

✗ **Clipper,** 10 r. Gén.-de-Gaulle ☎ 58.71.82
1er avril-1er oct. et fermé lundi sauf juil.-août — SC : **R** 90/150.

RENAULT Gar. Cantin 55 Rue de la Saulzaie ☎ 58.33.80 🅽 ☎ 58.54.24

Le Port de la Meule .

Voir Côte Sauvage★★ : ≤★★ E et O — Pointe de la Tranche★ SE.

YSSINGEAUX ◁𝕊𝕡▷ 43200 H.-Loire 🅖🅖 ⑧ **G.**
Vallée du Rhône — 6 718 h. alt. 860 — ✿ 71.

Paris 570 ① — Ambert 72 ④ — Privas 112 ② — Le
Puy 27 ③ — ◆St-Étienne 51 ① — Valence 100 ②.

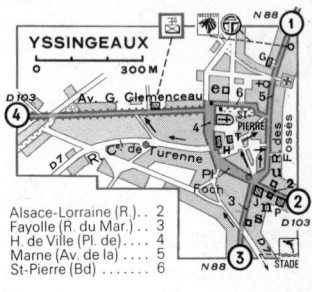

🏨 **H. Cygne,** 8 r. Alsace-Lorraine (n)
☎ 59.01.87, 🛋 — 🛏wc 🕭 🕾 **⊕**. 🞼
fermé sept., 20 déc. au 5 janv., dim.
soir et lundi — SC : **R** voir rest. Le Cy-
gne — ⟂ 15 — **18 ch** 90/148 — P
215/255.

🏠 **Voyageurs et rest. Bourbon,** 5 pl.
↦ Victoire (e) ☎ 59.06.54 — 🕭wc 🕾. **E**
VISA
fermé oct., jeudi soir et vend. du 1er
nov. au 30 juin — SC : **R** 46/120 ⅃ — ⟂
15 — **11 ch** 80/149 — P 150/185.

🏠 **Parc** sans rest, 27 r. Mar.-Fayolle (s) ☎ 59.00.29 — 🛏 🕭 **⊕**. 🞼
fermé janv., fév., vend. et sam. — SC : ☲ 13 — **10 ch** 62/120.

✗✗ **Cygne,** 8 r. Alsace-Lorraine (n) ☎ 59.01.87 — **⊕**
SC : **R** 55/140 ⅃.

Alsace-Lorraine (R.).. 2
Fayolle (R. du Mar.).. 3
H. de Ville (Pl. de)... 4
Marne (Av. de la) 5
St-Pierre (Bd) 6

CITROEN Gar. de Bellevue, rte de Retournac
par ④ ☎ 59.00.68 🅽
PEUGEOT-TALBOT Gar. Berlier, rte de Saint-
Etienne par ① ☎ 59.06.65 🅽
PEUGEOT-TALBOT Chapuis, av. Mar.-de-Vaux
☎ 59.05.24 🅽

RENAULT Renault Yssingeaux, La Guide par
① ☎ 59.13.31
RENAULT Gar. Sagnard, ZI La Guide par ① ☎
59.03.39

YVETOT 76190 S.-Mar. 🄻🄻 ⑬ **G. Normandie** — 10 895 h. alt. 144 — ✿ 35.

Voir Verrières★★ de l'église E — 🛈 Syndicat d'Initiative pl. V.-Hugo (15 juin-15 sept., fermé
merc., lundi matin et dim.) ☎ 95.08.40 et r. Calvaire (fermé sam. après-midi et dim.) ☎ 95.49.64.

Paris 176 ② — Dieppe 53 ⑤ — Fécamp 34 ⑤ — ◆Le Havre 51 ⑤ — Lisieux 85 ⑤ — ◆Rouen 36 ②.

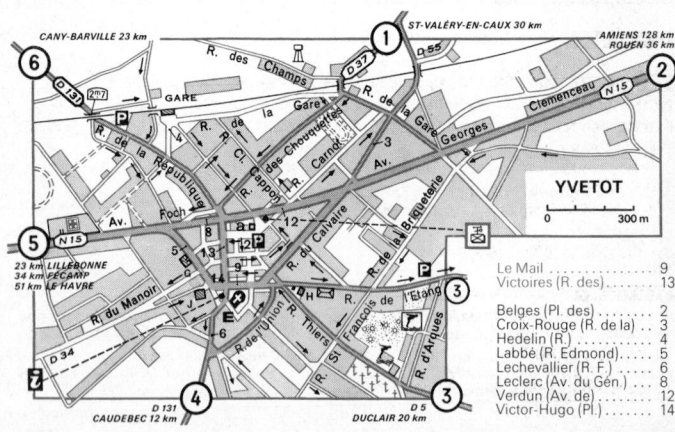

Le Mail 9
Victoires (R. des)........ 13

Belges (Pl. des) 2
Croix-Rouge (R. de la) .. 3
Hedelin (R.) 4
Labbé (R. Edmond)..... 5
Lechevallier (R. F.) 6
Leclerc (Av. du Gén.) ... 8
Verdun (Av. de) 12
Victor-Hugo (Pl.) 14

🏠 **Havre,** pl. Belges **(a)** ℡ 95.16.77 – 🛁wc 🚿wc ☎ 🚗. **E** 💳
   fermé hôtel : 24 déc. au 2 janv. et dim., rest : 18 déc. au 18 janv. et dim. sauf fériés –
   SC : **R** 60/130 🍷 – 🍽 17 – **41 ch** 100/190.

   à Croix-Mare par ② N 15 : 8 km – ⊠ **76190** Yvetot :

✕✕ **Aub. de la Forge,** ℡ 91.25.94, parc – **❷**. 🖭
   fermé 16 août au 3 sept., mardi soir et merc. – SC : **R** 105 bc/72.

FIAT, LANCIA-AUTOBIANCHI Vasselin, Zone
Ind. d'Yvetot à Ste Marie des champs ℡ 95.
18.44
FORD Lethuillier, av. Gén.-Leclerc ℡ 95.12.99
OPEL Gar. Perchey, av. G.-Clemenceau ℡ 95.
01.75
PEUGEOT, TALBOT Leroux N 15 bis à Valli-
querville par ⑤ ℡ 95.16.66

RENAULT Roussel Autom., rte N 15 par ⑤ ℡
95.00.88

🅜 Aubé, Zone Ind. ℡ 56.89.89
Central-Pneu, 17 r. du Vieux Ste Marie ℡ 95.
42.13

YVOIRE 74 H.-Savoie 🔟 ⑯⑰ **G. Alpes** – 357 h. alt. 390 – ⊠ **74140** Douvaine – 🕿 50.
🛈 Syndicat d'Initiative pl. Mairie (1er juil.-10 sept. et fermé dim.) ℡ 72.80.21.
Paris 573 – Annecy 71 – Bonneville 40 – ♦Genève 26 – Thonon-les-Bains 16.

🏠 **Pré de la Cure** Ⓜ ⑤, ℡ 72.83.58, ≤, 😊, 🌳 – 🛗 🛁wc 🚿wc ☎ 👍 **❷**. 🍴 ch
   1er avril-31 oct. et fermé merc. sauf du 15 juin au 15 sept. – SC : **R** 60/140 – 🍽 20 –
   23 ch 180/240.

🏠 **Port** ⑤, ℡ 72.80.17, ≤, 😊, « Terrasse dominant le lac » – 🛁wc 🚿wc ☎. **E**
   💳 🍴 ch
   8 mai-30 sept. et fermé merc. hors sais. – SC : **R** 65/100 – 🍽 17 – **8 ch** 100/170.

🏠 **Vieux Logis,** ℡ 72.80.24, 😊 – 🛁wc. 🖭 **E**
   22 avril-15 oct. et fermé lundi – SC : **R** 58/180 – 🍽 20 – **12 ch** 90/200.

✕✕ **Flots Bleus** ⑤ avec ch, ℡ 72.80.08, ≤, 😊 – 🛁wc 🚿 ☎ **❷**. 🍴 ch
   10 mai-15 sept. – SC : **R** 65/135 – 🍽 18 – **8 ch** 132/247.

✕ **Aub. Porte d'Yvoire,** face poste ℡ 72.80.14, ≤, 😊, « Façade fleurie » –
   31 mars-1er nov. et fermé lundi sauf juil.-août – SC : **R** 60/150.

YZERON 69 Rhône 🟨 ⑱ **G. Vallée du Rhône** – 590 h. alt. 728 – ⊠ **69510** Thurins – 🕿 7.
Voir Église ≤★.
Paris 483 – L'Arbresle 25 – ♦Lyon 28 – Montbrison 47 – Roanne 76 – ♦St-Étienne 52 – Thiers 106.

✕✕ **Cheval Blanc** avec ch, ℡ 881.02.63 – 🚿 **❷**
   fermé 20 oct. au 20 nov., mardi soir et merc. – SC : **R** 75/130 – 🍽 18 – **12 ch** 70/130
   – P 170/200.

YZEURES-SUR-CREUSE 37 Indre-et-Loire 🔟 ⑤ – 1 820 h. alt. 80 – ⊠ **37290** Preuilly-sur-
Claise – 🕿 47.
Paris 324 – Chateauroux 71 – Chatellerault 29 – Poitiers 54 – ♦Tours 90.

✕✕ **La Promenade** Ⓜ avec ch, ℡ 94.55.21 – 🛁wc 🚿wc ☎. 🍴
   fermé 15 janv. au 1er mars et lundi – SC : **R** 70/250 – 🍽 25 – **8 ch** 120/150 – P
   175/195.

en français
   Visitez la capitale avec le
   guide Vert Michelin PARIS

in English
   Visit the capital with the
   Michelin Green Guide PARIS

in deutsch
   Besuchen Sie die französische Hauptstadt mit dem
   Grünen Michelin-Führer PARIS

VITESSE

Comment déterminer la vitesse à laquelle on roule :

Chronométrer le temps employé pour parcourir un kilomètre à vitesse constante ; lire ensuite dans le tableau ci-dessous, en face du temps relevé, la vitesse correspondante en kilomètres ou en miles par heures. (Cette vitesse est calculée avec une approximation pratiquement négligeable).

SPEED

To determine the speed at which you are travelling :

Check the time you take to cover a kilometre at constant speed ; opposite it, in the table below, you will find the corresponding speed in kilometres or miles per hour. (The figures have been rounded to the nearest m.p.h.).

VELOCITÀ

Come determinare a quale velocità si sta correndo :

Cronometrare il tempo impiegato per percorrere un km a velocità costante ; leggere quindi nella tabella che segue, a fianco del tempo determinato, la velocità corrispondente, calcolata in km o miglia orari. (Questa velocità è calcolata con un'approssimazione praticamente trascurabile).

GESCHWINDIGKEIT

Wie man die Geschwindigkeit bestimmt, mit der man fährt :

Messen Sie genau die Zeit, die Sie brauchen, um einen Kilometer bei gleichbleibender Geschwindigkeit zurückzulegen. Auf der untenstehenden Tabelle können Sie dann Ihre Geschwindigkeit in Kilometern oder Meilen pro Stunde ablesen. (Diese Werte weisen eine nur geringfügige Ungenauigkeit auf).

TEMPS chronométré	VITESSE en km	miles	TEMPS chronométré	VITESSE en km	miles	TEMPS chronométré	VITESSE en km	miles
0mn18s	.200	. 124	0mn49s	. 73	. 45	1mn30s	. 40	. 25
19	.189	. 117	50s	. 72	. 44,5	33	. 39	. 24
20s	.180	. 112	51	. 70	. 43,5	35	. 38	. 23,5
21	.171	. 106	52	. 69	. 43	37	. 37	. 23
22	.164	. 102	53	. 68	. 42	40s	. 36	. 22,5
23	.157	. 97	54	. 67	. 41,5	43	. 35	. 21,5
24	.150	. 93	55	. 66	. 41	46	. 34	. 21
25	.144	. 89	56	. 64	. 39,5	50s	. 33	. 20,5
26	.138	. 86	57	. 63	. 39	53	. 32	. 20
27	.133	. 82	58	. 62	. 38,5	56	. 31	. 19
28	.129	. 80	59	. 61	. 38	2mn00	. 30	. 18,5
29	.124	. 77	1mn00	. 60	. 37	5	. 29	. 18
30s	.120	. 74	1	. 59	. 36,5	10	. 28	. 17,5
31	.116	. 72	2	. 58	. 36	15	. 27	. 16,5
32	.113	. 70	3	. 57	. 35,5	20	. 26	. 16
33	.109	. 68	4	. 56	. 34,5	24	. 25	. 15,5
34	.106	. 66	6	. 55	. 34	30s	. 24	. 15
35	.103	. 64	7	. 54	. 33,5	35	. 23	. 14,5
36	.100	. 62	8	. 53	. 33	45	. 22	. 13,5
37	. 97	. 60	9	. 52	. 32	55	. 21	. 13
38	. 95	. 59	10s	. 51	. 31,5	3mn00	. 20	. 12,5
39	. 92	. 57	12	. 50	. 31	15	. 19	. 11
40s	. 90	. 56	14	. 49	. 30,5	20	. 18	. 11
41	. 88	. 55	15	. 48	. 30	30s	. 17	. 10,5
42	. 86	. 53	17	. 47	. 29	45	. 16	. 10
43	. 84	. 52	19	. 46	. 28,5	4mn00	. 15	. 9,5
44	. 82	. 51	20s	. 45	. 28	15	. 14	. 8,5
45	. 80	. 50	22	. 44	. 27,5	30	. 13	. 8
46	. 78	. 49	24	. 43	. 26,5	5mn00	. 12	. 7,5
47	. 77	. 48	26	. 42	. 26	30	. 11	. 7
48	. 75	. 46	28	. 41	. 25,5	6mn00	. 10	. 6

D'OU VIENT CETTE AUTO ?

Voitures françaises :

Le régime normal d'immatriculation en vigueur comporte :
- un numéro d'ordre dans la série (1 à 3 ou 4 chiffres) ;
- une, deux ou trois lettres de série (1re série : A, 2e série : B,... puis AA, AB,... BA,...) ;
- un numéro représentant l'indicatif du département d'immatriculation.

Exemples : 854 BFK **75** : Paris — 127 HL **63** : Puy-de-Dôme.

Voici les numéros correspondant à chaque département :

01 Ain	**24** Dordogne	**48** Lozère	**72** Sarthe
02 Aisne	**25** Doubs	**49** Maine-et-Loire	**73** Savoie
03 Allier	**26** Drôme	**50** Manche	**74** Savoie (Hte)
04 Alpes-de-H.-Pr.	**27** Eure	**51** Marne	**75** Paris
05 Alpes (Hautes)	**28** Eure-et-Loir	**52** Marne (Hte)	**76** Seine-Mar.
06 Alpes-Mar.	**29** Finistère	**53** Mayenne	**77** Seine-et-M.
07 Ardèche	**30** Gard	**54** Meurthe-et-M.	**78** Yvelines
08 Ardennes	**31** Garonne (Hte)	**55** Meuse	**79** Sèvres (Deux)
09 Ariège	**32** Gers	**56** Morbihan	**80** Somme
10 Aube	**33** Gironde	**57** Moselle	**81** Tarn
11 Aude	**34** Hérault	**58** Nièvre	**82** Tarn-et-Gar.
12 Aveyron	**35** Ille-et-Vilaine	**59** Nord	**83** Var
13 B.-du-Rhône	**36** Indre	**60** Oise	**84** Vaucluse
14 Calvados	**37** Indre-et-Loire	**61** Orne	**85** Vendée
15 Cantal	**38** Isère	**62** Pas-de-Calais	**86** Vienne
16 Charente	**39** Jura	**63** Puy-de-Dôme	**87** Vienne (Hte)
17 Charente-Mar.	**40** Landes	**64** Pyrénées-Atl.	**88** Vosges
18 Cher	**41** Loir-et-Cher	**65** Pyrénées (Htes)	**89** Yonne
19 Corrèze	**42** Loire	**66** Pyrénées-Or.	**90** Belfort (Ter.-de)
2A Corse-du-Sud	**43** Loire (Hte)	**67** Rhin (Bas)	**91** Essonne
2B Hte-Corse	**44** Loire-Atl.	**68** Rhin (Haut)	**92** Hauts-de-Seine
21 Côte-d'Or	**45** Loiret	**69** Rhône	**93** Seine-St-Denis
22 Côtes-du-Nord	**46** Lot	**70** Saône (Hte)	**94** Val-de-Marne
23 Creuse	**47** Lot-et-Gar.	**71** Saône-et-Loire	**95** Val-d'Oise

Voitures étrangères :

Des lettres distinctives variant avec le pays d'origine, sur plaque ovale placée à l'arrière du véhicule, sont obligatoires (F pour les voitures françaises circulant à l'étranger).

A Autriche	**DK** Danemark	**L** Luxembourg	**RCH** Chili
AND Andorre	**DZ** Algérie	**MA** Maroc	**RL** Liban
AUS Australie	**E** Espagne	**MC** Monaco	**S** Suède
B Belgique	**FL** Liechtenstein	**MEX** Mexique	**SF** Finlande
BR Brésil	**GB** Gde-Bretagne	**N** Norvège	**SU** U.R.S.S.
CDN Canada	**GR** Grèce	**NL** Pays-Bas	**TN** Tunisie
CH Suisse	**H** Hongrie	**P** Portugal	**TR** Turquie
CS Tchécoslovaquie	**I** Italie	**PE** Pérou	**ROU** Uruguay
D Allemagne Féd.	**IL** Israël	**PL** Pologne	**USA** États-Unis
DDR Rép. Dém. d'Allemagne	**IR** Iran	**RO** Roumanie	**YU** Yougoslavie
	IRL Irlande	**RA** Argentine	**ZA** Afrique du Sud

Immatriculations spéciales :

CMD Chef de mission diplomatique (orange sur fond vert)	**K** Personnel d'ambassade ou de consulat ou d'organismes internationaux (blanc sur fond vert)
CD Corps diplomatique ou assimilé (orange sur fond vert)	**TT** Transit temporaire (blanc sur fond rouge)
D Véhicules des Domaines	
C Corps consulaire (blanc sur fond vert)	**W** Véhicules en vente ou en réparation
	WW Immatriculation de livraison

1229

FORMALITÉS DOUANIÈRES

AUTOMOBILISTES ÉTRANGERS, pour se rendre en France, il faut :

Pour le conducteur et chacun des passagers :

- soit une carte d'identité (pour les Allemands de l'Ouest, Andorrans, Autrichiens, Belges, Espagnols, Grecs, Hollandais, Islandais, Italiens, Luxembourgeois, Maltais et Suisses) ;
- soit un passeport (pour les ressortissants des autres pays) ;
En outre, le visa est exigé pour les Allemands de l'Est, Bulgares, Hongrois, Polonais, Roumains, Russes, Tchèques, Turcs.

Pour la voiture : aucun document douanier.

Assurance : La « carte verte » d'assurance internationale est conseillée.
A défaut de présentation de la « carte verte », une « assurance frontière » peut être souscrite aux bureaux de douane français pour une durée de 8, 15 ou 30 jours.

CUSTOMS FORMALITIES

MOTORISTS COMING FROM ABROAD require the following to enter France :

For the driver and all passengers :

- either an identity card (for nationals of Andorra, Austria, Belgium, Greece, Holland, Iceland, Italy, Luxembourg, Malta, Spain, Switzerland and West Germany) ;
- or a passport (for other nationals) ;
In addition, a visa is required for nationals of Bulgaria, Czechoslovakia, East Germany, Hungary, Poland, Rumania, Russia, Turkey.

For the car : no customs papers are required.

Insurance : An International Motor Insurance Card (Green Card) or, failing that, for a stay of 8, 15 or 30 days, a "frontier insurance", available at French Customs.

FORMALITÀ DOGANALI

AUTOMOBILISTI STRANIERI, per recarsi in Francia, occorre :

Per il guidatore e per ogni passeggero :

- o una carta d'identità (per gli Austriaci, i Belgi, i Greci, gli Islandesi, gl'Italiani, i Lussemburghesi, i Maltesi, gli Olandesi, gli Spagnoli, gli Svizzeri e i Tedeschi occidentali) ;
- o un passaporto (per i provenienti da altri Paesi) ;
Inoltre, il visto è obbligatorio per i Bulgari, i Cechi, i Polacchi, i Rumeni, i Russi, i Tedeschi orientali, i Turchi e gli Ungheresi.

Per la vettura : nessun documento doganale.

Assicurazione : La « carta verde » di assicurazione internazionale è obbligatoria ma, in mancanza, per un soggiorno di 8, 15 o 30 giorni, una « assicurazione di frontiera » può essere sottoscritta presso gli uffici della dogana francese.

ZOLLBESTIMMUNGEN

AUSLÄNDISCHE AUTOMOBILISTEN ! Um nach Frankreich einreisen zu können :

- muß **der Fahrer** und **jeder Mitreisende** im Besitz eines gültigen Personalausweises sein. Dieser genügt für Westdeutsche, Andorraner, Belgier, Griechen, Holländer, Isländer, Italiener, Luxemburger, Malteser, Österreicher, Schweizer und Spanier. Angehörige anderer Staaten benötigen einen Reisepaß. Für Bürger der DDR, für bulgarische, ungarische, polnische, rumänische, tschechische, türkische und russische Staatsangehörige wird ein französisches Einreisevisum gefordert.

Für den Wagen : keine Zollpapiere.

Versicherung : Man verlangt die grüne Internationale Versicherungskarte. Sie können aber auch für einen Aufenthalt von 8, 15 oder 30 Tagen in den franz. Zollbüros eine sog. Grenzversicherung (assurance frontière) abschließen.

NOTES

MANUFACTURE FRANÇAISE DES PNEUMATIQUES MICHELIN
Société en commandite par actions au capital de 700 000 000 de francs.
Place des Carmes-Déchaux - 63 Clermont-Ferrand (France)
R.C.S. Clermont-Fd B 855 200 507
© MICHELIN et Cie, propriétaires-éditeurs, 84
Dépôt légal : 3-84 — ISBN 2 06 006 444-9

Printed in France — 1-84-68545
Photocomposition : S.C.I.A., La Chapelle d'Armentières
Impression : Plusieurs imprimeurs

1233

Les cartes et les guides Michelin sont complémentaires, utilisez-les ensemble.

Michelin maps and guides are complementary publications. Use them together.

Die Michelin-Karten und Führer ergänzen sich. Benutzen Sie diese zusammen.

Le carte e le guide Michelin sono complementari: utilizzatele insieme.

Guides verts touristiques

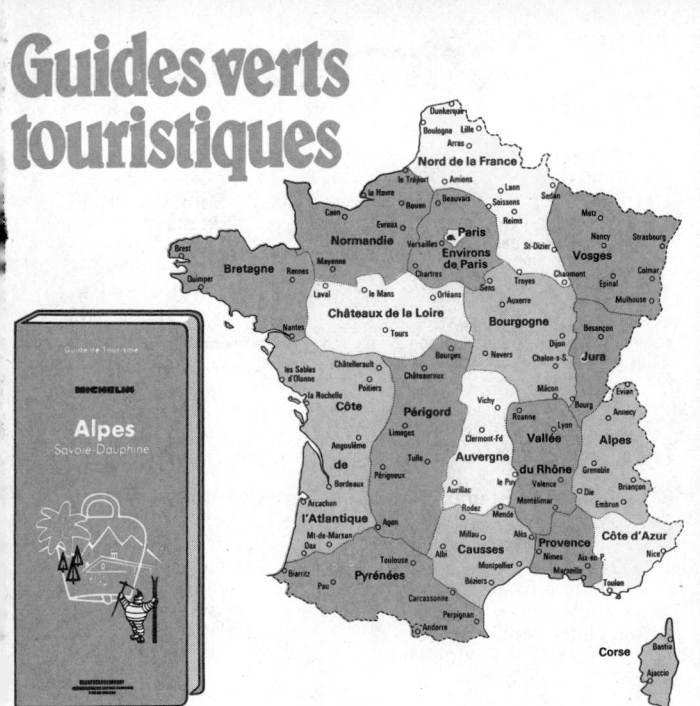

Alpes
Savoie-Dauphiné

Guide de Tourisme

MICHELIN

Cartes France

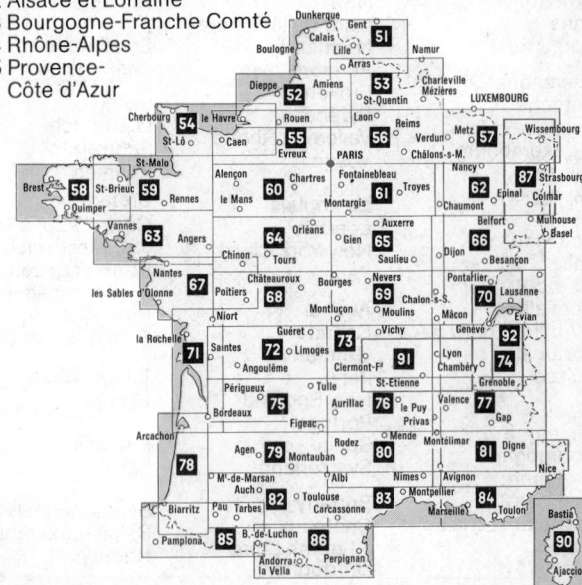

Cartes Europe

détaillées

Nouvelle Numérotation en Cours.

pays et grandes routes

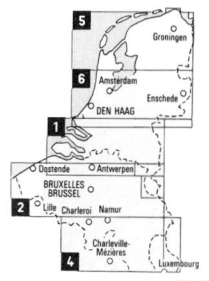

* Nouveautés
●**A paraître**

Autriche

426 Autriche

Benelux

408 Pays-Bas
409 Belgique,
    Luxembourg

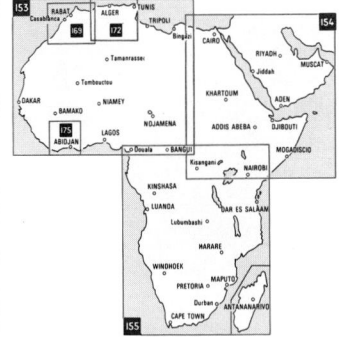

Cartes Afrique

*Non disponible

1237

Guides rouges
hôteliers

- Sélection d'hôtels et restaurants dans chaque catégorie.
- Bonnes tables.
- Plans de villes.
- Principales curiosités.
- Mécaniciens.
- Agents de marques.

France
Benelux
Deutschland
España Portugal
Great Britain and Ireland
Italia

Greater London

Paris ${}^{et}_{and}$ environs

main cities Europe.

Editions annuelles

Camping
Caravaning

France
- Chapitre explicatif en 4 langues.
- Une sélection des meilleurs terrains dans chaque catégorie.
- Tableau des localités par régions
- Atlas en couleur.

Edition annuelle

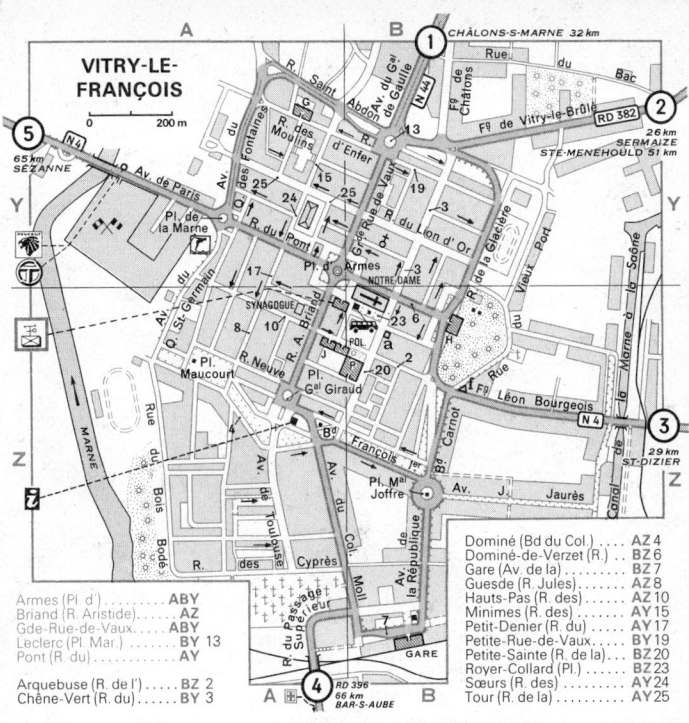

Armes (Pl d') . . . . **ABY**
Briand (R. Aristide) . . . . **AZ**
Gde-Rue-de-Vaux . . . . . **ABY**
Leclerc (Pl. Mar.) . . . . **BY** 13
Pont (R. du) . . . . **AY**

Arquebuse (R. de l') . . . . . **BZ** 2
Chêne-Vert (R. du) . . . . . **BY** 3

VITRY-SUR-LOIRE 71 S.-et-L. 🖼️ ⑮ – 515 h. alt. 240 – ⊠ 71140 Bourbon-Lancy – 🕙 85.
Paris 302 – Bourbon-Lancy 9,5 – Decize 29 – Digoin 37 – Mâcon 119 – Moulins 39 – Nevers 63.

☎ **Acacias**, D 979 ☏ 89.71.36 – 🚗 🅿. 🛇
➔ *fermé 20 déc. au 10 janv.* – SC : **R** 45/65 🍷 – ☕ 13 – **10 ch** 50/70 – P 114.

VITTEAUX 21350 Côte-d'Or 🖼️ ⑱ G. Bourgogne – 1 138 h. alt. 325 – 🕙 80.
Paris 263 – Auxerre 100 – Avallon 56 – Beaune 67 – ◆Dijon 48 – Montbard 33 – Saulieu 34.

✕ **Vieille Auberge**, ☏ 49.60.88
➔ *fermé 6 janv. au 10 fév. et lundi* – SC : **R** (déj. seul.) 40/80 🍷.

VITTEL 88800 Vosges 🖼️ ⑭ G. Vosges – 6 440 h. alt. 324 – Stat. therm. – Casino ABY – 🕙 29.
Voir Parc★ BY – Mt St-Jean ❄★ NE : 3,5 km par D 68 BY
🏌️ 🏌️ de l'Ile Verte ☏ 08.18.80, N du plan.
🛈 Syndicat d'Initiative Palais des Congrès (fermé sam. et dim. hors saison) ☏ 08.12.72.
Paris 334 ② – Belfort 129 ① – Chaumont 82 ② – Épinal 43 ① – Langres 72 ② – ◆Nancy 70 ①.

Plan page suivante

🏨 **Angleterre**, r. Charmey ☏ 08.08.42, 🌳 – 🛗 🛀wc 🚿wc 🅿 – 🔼 60. 🆎 ⓞ
🎫 🛇 rest
fermé 15 déc. au 15 janv. – SC : **R** 90/140 – ☲ 20 – **65 ch** 147/250 – P 200/360. AZ **s**

🏨 **Bellevue** 🕊, 503 av. Châtillon ☏ 08.07.98, 🌳 – 🛀wc 🚿wc 🕿 🕭. 🅿. 🆎 🎫
🛇 rest AYZ **b**
1er avril-1er oct. – SC : **R** 80/150 – ☲ 19 – **40 ch** 100/200 – P 190/310.

🏨 **Beauséjour**, 160 av. Tilleuls ☏ 08.09.34 – 🛀wc 🚿wc 🕿. **E** AY **a**
2 mai-30 sept. – SC : **R** 70/91 🍷 – ☲ 18 – **37 ch** 101/225 – P 161/326.

🏨 **Castel Fleuri** 🕊, 2 r. Jeanne d'Arc ☏ 08.05.20, 🌳 – 🛀wc 🚿wc 🕿 BZ **k**
20 mai-20 sept. – SC : **R** 77 – ☲ 15 – **45 ch** 78/222 – P 160/212.

🏨 **Le Chalet**, 70 av. G.-Clemenceau ☏ 08.07.21 – 🛀wc 🚿wc 🕿 🅿. **E** BZ **u**
fermé oct. et lundi – SC : **R** 62/120 🍷 – ☲ 18 – **10 ch** 100/165 – P 188/247.

tourner →

VITTEL

par ③ : 3 km rte Hippodrome – ✉ 88800 Vittel :

🏨 **Orée du Bois,** 🕾 08.13.51, ≤, 🏠, 🚲, – 🛏wc 🛁wc ☎ 🅿 – 🔥 50. 🆎 *VISA*
➡ 🗣 ch
fermé nov. et lundi du 1ᵉʳ déc. au 31 mars – SC : **R** 46/123 ⅃, – ☲ 17 – **27 ch** 81/179
– P 200/288.

CITROEN Muller, 36.40 r. St-Eloy 🕾 08.05.65
CITROEN Villeminot, 106 av. Jeanne d'Arc 🕾 08.19.44
PEUGEOT, TALBOT Rambaud, 288 av. Poincaré 🕾 08.05.24

RENAULT Ets Leterme, av. Châtillon 🕾 08.07.09

VIVES 66 Pyr.-Or. **86** ⑲ – rattaché au Boulou.

Le VIVIER-DANGER 60 Oise **55** ⑨ – alt. 165 – ✉ 60650 La Chapelle-aux-Pots – ✪ 4.
Paris 90 – Beauvais 14 – Chaumont-en-Vexin 28 – Gisors 23 – Gournay-en-Bray 16.

※※ **Lapin Vert,** sur N 31 🕾 481.61.02 – 🅿
fermé 1ᵉʳ au 15 août, vacances de fév., mardi soir et merc. – SC : **R** carte 65 à 95.

VIVIERS 07220 Ardèche **80** ⑩ G. Vallée du Rhône (plan) – 3 287 h. alt. 71 – ✪ 75.
Voir Vieille ville✶ – Défilé de Donzère✶✶ au S.

Paris 623 – Aubenas 41 – Montélimar 11 – Pont-St-Esprit 29 – Privas 41 – Vallon-Pont-d'Arc 44.

※ **Relais du Vivarais** avec ch, NO : 2 km sur N 86 🕾 52.60.41, 🚲 – 🅿
➡ *fermé 20 déc. au 20 janv.* – SC : **R** 45/98 ⅃ – ☲ 14 – **10 ch** 46/90.

PEUGEOT-TALBOT Sabadel, 🕾 52.62.70 🅽

VIVIERS-DU-LAC 73 Savoie **74** ⑮ – rattaché à Aix-les-Bains.

Le VIVIER-SUR-MER 35960 Ille-et-V. **59** ⑥ – 914 h. – ✪ 99.
Paris 381 – Dinan 34 – Dol-de-Bretagne 8 – Fougères 59 – Le Mont-St-Michel 31 – St-Malo 21.

🏨 **Bretagne,** 🕾 48.91.74, ≤ – 🛏wc 🛁wc ☎ ➡ 🅿. 🆎 ⓞ 🇪 *VISA*
fermé janv., fév., dim. soir et lundi sauf juil.-août – SC : **R** 70/130 – ☲ 20 – **22 ch**
95/138 – P 185/215.

VIVONNE 86370 Vienne 🔢 ⑬ **G. Côte de l'Atlantique** – 2 817 h. alt. 83 – 🔞 49.

Paris 354 – Angoulême 90 – Confolens 61 – Niort 63 – Poitiers 19 – St-Jean-d'Angély 89.

    ✗ **La Treille** avec ch, av. Bordeaux ☎ 43.41.13, 🍴 – ⅀ **E** 𝖵𝖨𝖲𝖠
    fermé 8 au 31 janv. et merc. – SC : **R** 58/141 – ⅏ 14,50 – **4 ch** 70/125 – P 145/170.

PEUGEOT-TALBOT Babeau, ☎ 43.41.29 🅽

VOGELGRUN 68 H.-Rhin 🔢 ⑳ – 420 h. alt. 192 – rattaché à Neuf-Brisach.

VOGLANS 73 Savoie 🔢 ⑮ – rattaché à Chambéry.

VOIRON 38500 Isère 🔢 ④ **G. Alpes** – 19 658 h. alt. 290 – 🔞 76.

🅱 Office de Tourisme (fermé matin hors saison, dim. et lundi) avec A.C. pl. République ☎ 05.00.38.
Paris 550 ④ – Bourg-en-Bresse 107 ① – Chambéry 44 ② – ◆Grenoble 29 ④ – ◆Lyon 87 ④ – Le Puy 171 ④ – Romans-sur-Isère 62 ④ – ◆St-Étienne 118 ④ – Valence 80 ④ – Vienne 69 ④.

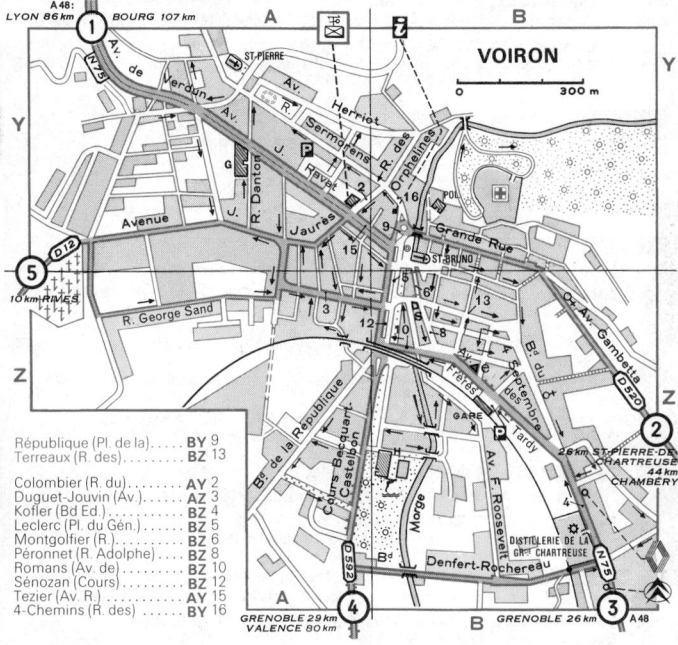

République (Pl. de la) ..... **BY** 9
Terreaux (R. des) .... **BZ** 13

Colombier (R. du) .... **AY** 2
Duguet-Jouvin (Av.) .... **AZ** 3
Kofler (Bd Ed.) .... **BZ** 4
Leclerc (Pl. du Gén.) .... **BZ** 5
Montgolfier (R.) .... **BZ** 6
Péronnet (R. Adolphe) ...... **BZ** 8
Romans (Av. de) .... **BZ** 10
Sénozan (Cours) .... **BZ** 12
Tezier (Av. R.) .... **AY** 15
4-Chemins (R. des) .... **BY** 16

🏨 **Aub. Castel Anne** 🅼, par ④ : 2 km ☎ 05.86.00, 🐎 – 📺 ☎ 🚗 🅿 – 🔥 50. ⅀ ⓞ 𝖵𝖨𝖲𝖠
  fermé vacances de fév. – SC : **R** (fermé merc.) 83 – ⅏ 18 – **12 ch** 180/235.

🏨 **Empir'Hôtel** sans rest., 4 r. Péronnet ☎ 05.03.38 – 🛗 ➰wc 🛁wc 🐾. ⅀ ⓞ 𝖵𝖨𝖲𝖠
  fermé 1er au 15 déc. – ⅏ 18 – **40 ch** 105/190.   BZ **s**

🏨 **La Chaumière** ⮬, r. Chaumière (par bd République - AZ) ☎ 05.16.24 – ➰wc
  🛁wc 🅿 🌂
  fermé 15 au 30 sept., sam. et dim. sauf sais. et vacances scolaires (hôtel ouvert dim.
  soir) – SC : **R** 55/130 ⅑ – ⅏ 15 – **25 ch** 110/165.

✗✗ **Pub Baron de Cheny**, ☎ 05.29.88 – ⅀ ⓞ **E** 𝖵𝖨𝖲𝖠   · BZ **e**
  11 sept.-28 mai et fermé dim. soir et lundi – SC : **R** 85/250 ⅑.

✗ **Eden**, par ② : 1 km ☎ 05.17.40, ≼ – 🅿. ⅀ **E** 𝖵𝖨𝖲𝖠
 ➖ fermé oct., lundi et mardi – SC : **R** 48/125.

  à la Croix Bayard par ② : 3 km – ✉ **38500** Voiron :

✗ **Au Feu de Bois**, ☎ 05.10.58 – 🅿 𝖵𝖨𝖲𝖠
  fermé 24 au 30 juin, 1er au 15 nov., 1er au 15 fév., dim. soir et lundi – SC : **R** carte
  environ 105.

tourner →

VOIRON

CITROEN Gar. de Chartreuse, 22 bd E.-Kofler ☏ 05.03.16
FORD Gauduel-Voiron, Zone Ind. des Blanchisseries, rte de Bourg ☏ 05.06.99
OPEL GM Gar. de la Gare, 5 bis av. Tardy ☏ 05.03.49
PEUGEOT, TALBOT Ets Parendel, Zone Ind. des Blanchisseries, N 75 par ① ☏ 05.85.33

RENAULT Autom. Voironnaise, 7 bd Edgar-Kofler ☏ 05.91.61

⑩ Brun-Pneus, bd Denfert-Rochereau ☏ 05.06.39
Rivoire-Pneus, bd du 4-Septembre ☏ 05.02.25

VOISINS-LE-BRETONNEUX 78 Yvelines 🔟 ⑨, 🔟🔟🔟 ㉙, 🔟🔟🔟 ㉑ – 5 234 h. alt. 165 – ✉ 78180 Montigny-le-Bretonneux – ❸ 3.

Voir Ancienne abbaye de Port-Royal-des-Champs★ SO : 4 km G. Environs de Paris.
Paris 30 – Chevreuse 12 – Rambouillet 27 – Versailles 9.

🏦 **Port Royal** Ⓜ 🦮 sans rest, 20 r. H.-Boucher ☏ 044.16.27 – ⇽wc 🛏 ☎ 🅿. 𝑉𝐼𝑆𝐴
SC : 😑 15 – **28 ch** 105/145.

VOLLORE-MONTAGNE 63 P.-de-D. 🔟🔟 ⑯ – 450 h. alt. 840 – ✉ 63120 Courpière – ❸ 73.
Paris 408 – Ambert 45 – L'Arbresle 98 – ◆Clermont-Fd 63 – Montbrison 54 – Roanne 57 – Thiers 21.

☎ **Touristes,** ☏ 53.77.50, ◁ – ⇽ 🚗 🅿. 𝑉𝐼𝑆𝐴
→ fermé 25 oct. au 10 déc., 8 au 15 mars, mardi soir et merc. sauf juil.-août – SC : **R** 38/120 – 😑 14 – **16 ch** 90/180 – P 160/180.

VOLONNE 04290 Alpes-de-H.-P. 🔟🔟 ⑯ G. Côte d'Azur – 1 309 h. alt. 500 – ❸ 92.
Paris 719 – Digne 28 – Forcalquier 33 – Manosque 42 – Sault 77 – Sisteron 13.

☎ **Modern** 🦮 sans rest, r. République ☏ 64.07.56 – 🏕
→ 1er avril-15 sept. – SC : 😑 10 – **10 ch** 80/90.

RENAULT Delaby, ☏ 64.05.23

VONNAS 01540 Ain 🔟🔟 ② – 2 505 h. alt. 189 – ❸ 74.
Paris 412 – Bourg-en-Bresse 24 – ◆Lyon 66 – Mâcon 19 – Villefranche-sur-Saône 39.

🏯 ❀❀❀ **Georges Blanc** Ⓜ, ☏ 50.00.10, Télex 380776, ⑅, 🌬, 🍴 – ▤ rest 📺 ☎
⬅ 🅿. 𝐴𝐸 ⑩ 𝑉𝐼𝑆𝐴
fermé 1er janv. au 10 fév. – **R** (fermé jeudi sauf le soir du 15 juin au 15 sept. et merc. sauf fériés) (nombre de couverts limité - prévenir) 185/300 et carte – 😑 36 – **21 ch** 220/850, 5 appartements
Spéc. Marinade de blanc de poularde Alexandre, St-Jacques à la coque, Bar à la marinière. **Vins** Montagnieu, Beaujolais Villages.

CITROEN Ferrand, ☏ 50.00.27
PEUGEOT, TALBOT Mousset, ☏ 50.06.02

RENAULT Gautret, ☏ 50.02.41 🅽
Gar. Morel, ☏ 50.15.66

VOREY 43800 H.-Loire 🔟🔟 ⑦ – 1 276 h. alt. 550 – ❸ 71.
Paris 498 – Allègre 23 – Ambert 62 – Le Puy 22 – Retournac 15 – ◆St-Étienne 67 – Yssingeaux 27.

🏦 **Biniou** sans rest, ☏ 03.41.30 – 🛏 🅿. 🏕
fermé 15 au 30 juin et merc. – SC : 😑 15 – **11 ch** 85/120.

VOSNE-ROMANÉE 21 Côte-d'Or 🔟🔟 ⑫ G. Bourgogne – 530 h. alt. 230 – ✉ 21700 Nuits-St-Georges – ❸ 80 – Paris 324 – Beaune 21 – ◆Dijon 20 – Dole 53 – Gevrey-Chambertin 8,5.

✗ **La Toute Petite Auberge,** N 74 ☏ 61.02.03 – 🅿. 𝐴𝐸 ⑩ 𝐸 𝑉𝐼𝑆𝐴
fermé déc., janv. et jeudi – SC : **R** 55/110.

VOUILLÉ 86190 Vienne 🔟🔟 ⑬ – 2 499 h. alt. 107 – ❸ 49.
Paris 341 – Châtellerault 39 – Parthenay 33 – Poitiers 17 – Saumur 84 – Thouars 52.

☎ **Cheval Blanc,** ☏ 51.81.46 – 🅿 – 🏛 60 à 100. 𝐸 𝑉𝐼𝑆𝐴 🏕 ch
→ SC : **R** 40/100 – 😑 16 – **13 ch** 55/100 – P 120/150.
Le Clovis (🏦 Ⓜ sans rest), ☏ 51.81.46 – 📺 ⇽wc ☎ 🅿. 𝐸 𝑉𝐼𝑆𝐴 🏕
SC : 😑 16 – **11 ch** 135/150.

RENAULT Gge du Coquet, ☏ 51.80.04 🅽

La VOULTE-SUR-RHÔNE 07800 Ardèche 🔟🔟 ⑪ G. Vallée du Rhône – 5 301 h. alt. 92 – ❸ 75 – Voir Corniche de l'Eyrieux★★★ NO : 4,5 km – Plan d'eau du Rhône★.
Paris 590 – Crest 23 – Montélimar 33 – Privas 20 – Valence 19.

🏦 **Musée,** pl. 4-Septembre ☏ 62.40.19 – ⇽wc 🛏wc 🐾. 𝐴𝐸 ⑩ 𝐸 𝑉𝐼𝑆𝐴
→ fermé fév. et sam. de sept. à avril – SC : **R** 50/140 – 😑 16 – **15 ch** 100/170 – P 140/190.

🏦 **Vallée,** quai A.-France ☏ 62.41.10, ◁ – ⇽wc 🛏 🐾 ⬅ 🅿. 𝐴𝐸 𝐸 𝑉𝐼𝑆𝐴
→ fermé janv. et sam. – SC : **R** 40/130 🍷 – 😑 14,50 – **17 ch** 75/160 – P 160/185.

CITROEN Gar. Coutton, ☏ 62.00.82   ⑩ Plantin Pneus, ☏ 62.44.46

1222